神道史大辞典

薗田稔　橋本政宣編

吉川弘文館

序

神道とは端的に日本の民族宗教というが、学問的にはなかなかに摑みがたい宗教文化である。その理由の一つは、まず日本の永い歴史のいつどこに発したものか、実はいっこうに定説が得られない。学者のなかには縄文の森林文化にその起源をみる者もいれば、いや弥生の稲作文化に発端ありとする者も、やはり古墳文化の古代国家形成時代だという者、はては中世の鎌倉時代にやっと誕生したと主張する者さえいる始末である。

また、そうなる理由の二つには、神道が、ほかの仏教やキリスト教や近現代の諸宗教のように、その成立や組織の面ではっきりと歴史がある教団宗教でないということがある。創唱宗教という言葉があるように、ふつう宗教といえば、開祖なり教祖ともいう歴史的人物が開教しその教えを伝える教典や経典があり、信者たちが形成する教団の組織や活動のあるのがおゝかたの宗教である。ところが神道の場合、誰という教祖もなく、何という教典教義もなく、特に信者といえるほどの篤信者の強固な団体をもったこともない。

要は、古代から中世にかけて大陸の先進文明を受容しながら、日本の民族文化が形成されるうちに、おもにウジ(氏)の血縁同族やムラ(村)の地縁を単位にする共同体が営む敬神崇祖の習俗が、氏神や鎮守の神祭を中心にいわば自然発生的にまとまって、大きくは古代大和の王権祭祀をも形成した。その宗教文化が、『日本書紀』の用明天皇および孝徳天皇の即位前紀から見られるように、凡そ七世紀から八世紀にかけて朝廷にまで及んだ「仏法」の伝来に対応する「神道」の名を得て、ようやくその自覚形態の手がかりを掴んだといえよう。とはいえ、そののち国教的地位を得た仏教側のいわば大乗的な神仏習合の枠内に甘んじて近世にまで至った神道は、辛うじて律令制度の神祇伯を家職に継ぐ白川や吉田などのお家流神道や伊勢神道はともかくとして、ついに独立した教勢を確保することはなかった。ただ、その代わりに神仏習合の形で日本社会に浸透した仏教の諸宗派も、おもに共同体の先祖供養を担いながらも本地垂迹の論理で神社の縁起や祭祀に深く関わってきただけに、仏教もまた、近世に至るまで真に独立した教団宗教とは言いがたい歴史をたどったといえよう。つまり、おもに神仏習合の形で古代から近世までほぼ一千年に及び共存してきた仏教と神道は、それだけに実はどちらも民族の信仰を独占することなく日本の宗教文化をそれぞれ分担して補いあうという、世界にも珍しい宗教史を形成してきたわけである。このように複数の宗教がある程度それぞれの個性を失わずに共存ないし共生するという宗教文化のあり方は、とかく信仰の一元性や排他性を当然とする宗教観からすれば許しがたいものと批判されようが、ともに生命の霊性を神とも仏ともする宗教の論理からすれば、むしろ現代にふさわしい宗教共存のあり方でもあろう。

明治近代化における強制的な神仏分離後はともかくとして、こうした過去の仏教的要素ばかりでなく、中国から伝来の道教文化や儒教哲学とも多様に結びついてきた神道文化は、それを歴史の上で十分に理解するためには、やはりそうした関連をできるだけありのままに広くとりあげることが是非とも必要である。

そこで本辞典は、そうした意図のもとに、従来の神道辞典が対象外としてきた神仏習合史の関連項目を重点的に加えたほか、儒教、道教、修験道、キリスト教など広く日本史のなかで微妙に神道に関連してきた史実や史料をも努めて立項したつもりである。

終わりに、『国史大辞典』全十五巻より撰択した二八〇〇の項目に加えて、新たに立項した一三〇〇項目を今回執筆していただいた多くの研究者諸兄姉に心から敬意と感謝の念をささげて、巻頭の蕪辞を結びたい。

平成十六年四月

薗田稔
橋本政宣

凡　例

編集方針

一　本辞典は、神道をめぐる文化を広く視野に入れるとともに、宗教史・神道史などに関心を持つ研究者、および日本の精神文化をより深く知ろうとする一般読者を対象として企画・編集した。

二　記述は、平易簡潔な文章を心がけ、敬語・敬称の使用は避けた。また、本文記述をより理解しやすくするため、できるだけ豊富に挿図（図版・写真）・表を掲載した。

三　本辞典は、『国史大辞典』より日本の神道史関係の項目を適宜抽出し補訂を加え再録するとともに、神道史の視点から不可欠な項目を新たに収載した。

四　巻末に索引を付載し、見出し項目はもとより、本文記述中の用語の情報も検索できるように配慮した。

項　目

一　本辞典に収録する項目は、神名・神社・神事・祭礼、神道説・神道書、神道家・国学者、年中行事や人生儀礼、宮中祭祀・民間信仰など日本の神道の歴史全般にわたり、なかでも神社・神道書の項目を多く採取して、研究の便を図った。

二　一つの項目で、別の呼称や読みのある場合は、適宜その一つを選んで見出しを立て、他は必要に応じてカラ見出しとし、その項目を指示した。

三　見出し

1　項目名の見出しは、かな見出し、本見出しの順に示した。

2　かな見出しは、現代かなづかいによる「ひらがな」書きとした。また、外国語・外来語は、「カタカナ」書きとし、「ヴ」は使用せず、長音符号（ー）を用いた。

3　本見出しは、日本語読みのものは、漢字と「ひらがな」を用い、外来語で漢字表記が慣用されているものは、漢字を用いた。また、かな見出しと全く一致する場合は、本見出しを省略した。

配　列

一　配列は、かな見出しの五十音順とした。清音・濁音・半濁音の順とし、また、促音・拗音も音順に加えた。長音符号（ー）は、その前の「カタカナ」の母音をくり返すものとみなして配列した。

二　かな見出しが同じ場合は、本見出しの字数・画数の順とした。

三　かな見出し、本見出しが同じ場合は、おおむね著名順または年代順とし、㈠㈡㈢…を冠して一項目にまとめた。

記　述

一　文体・用字

1　漢字まじりの「ひらがな」書き口語文とし、かなづかいは、引用文をのぞき、現代かなづかいを用いた。

2　漢字は、新字体を用い、歴史的用語・引用史料などのほかは、なるべく常用漢字内で記述した。また、難読語には必要に応じて適宜振りがなを付けた。

3　数字は、漢数字を使用し、十・百・千・万などの単位語を付けた。ただし、西暦、西洋の度量衡、百分比、文献の編・巻・号などは、単位語を略し、桁数が多い時は、万以上の単位語を付けた。また、壱・弐・参・拾・廿・卅などの数字は、引用文などのほかには使用しなかった。

二　年次・年号

1　年次表記は、原則として年号を用い、（　）内に西暦を付け加えた。同年号が再出する場合は、西暦を省略した。

2　改元の年は、原則として新年号を用い、太陽暦採用（明治五年、一八七二）前は、一月とはせず、正月とした。

3　年号のない時代は、『日本書紀』『続日本紀』により、天皇の治世をもって年次を表わした。また、崇峻天皇以前は、西暦の注記を略した。

三　記述の最後に、基本的な参考文献となる著書・論文・史料集をあげ、研究の便を図った。

四　項目の最後に、執筆者名を（　）内に記した。

五　記号

『　』書名・雑誌名・叢書名などをかこむ。

「　」引用文または引用語句、特に強調する語句、および論文名などをかこむ。

（　）注および角書・割書を一行にしてかこむ。

〔　〕小見出しをかこむ。

⇨　カラ見出し項目について、参照すべき項目を示す。

→　参考となる関連項目を示す。

⇀　別刷図版のあることを示す。

—　区間を示す。

〜　数の幅を示す。

・　並列点および小数点を示す。

＝　二語以上の外国語を「カタカナ」書きにしてつなぐ時に用いる。

函は、広島県厳島神社

五十音見出しは、本居宣長『古事記伝』（寛政二年版）より採った

あ

あいざわせいしさい　会沢正志斎　一七八二―一八六三　江戸時代後期の儒学者。水戸藩士。名は安《やすし》、字は伯民、幼少時の通称は市五郎または安吉、元服して恒蔵と改めた。号は正志斎・欣賞斎、弘化二年(一八四五)致仕して憩斎といった。天明二年(一七八二)五月二十五日、水戸城西南下谷の宅に恭敬の長男として生まれた。彼は幼少より学を好み、寛政三年(一七九一)十歳の時、藤田幽谷の門に入り、儒学・史学を学び、その高弟となった。同十一年彰考館に入って『大日本史』の編纂に従って以来、実力を認められて昇進し、文化元年(一八〇四)には二十三歳で徳川斉昭ら諸公子の侍読を命ぜられた。幕末尊攘運動に思想的影響を与えた『新論』は、文政八年(一八二五)に脱稿したものである。同九年彰考館総裁代役、同十二年藩主斉脩の継嗣問題が起ると、藤田東湖らとともに斉昭擁立派として活躍、藩主斉昭を中心とする天保の藩政改革にあたっては、改革派の中核として活躍した。天保元年(一八三〇)郡奉行、同二年御用調役、ついで彰考館総裁。特に藩校弘道館の建設に尽くし、同十一年弘道館の初代総教(教授頭取・督学)となった。弘化元年斉昭が失脚すると、その雪冤運動にくわわり、同二年致仕し、翌三年蟄居を命ぜられた。この間に多くの著作がなされた。嘉永二年(一八四九)赦され、同六年学校教職となり、安政二年(一八五五)には弘道館総教に復した。同五年戊午の密勅をめぐって水幕関係が悪化すると、正志斎は藩内過激派の鎮圧を主張し、かつての改革派同志の一部から、鎮派・柳派などと非難されるに至った。文久三年(一八六三)七月十四日水戸の自邸で没した。八十二歳。墓は水戸城外千波原先塋の地、本法寺境内にある。真木和泉・吉田松陰らも水戸訪問の際、彼に会って啓発された。正志斎は自著について、これを閑聖(国体・教育・政治・経済・道徳・時務論など)、息邪(破邪論)、思問(経伝の注釈を主とした儒学書)、言志(詩)、達己(文章)の五編に分類している。その主要なものには、閑聖編の『新論』『下学邇言』『江湖負暄』『迪彝篇』『時務策』『人臣去就説』、息邪編の『豈好辨』『諳夷問答』『三眼余考』、思問編の『泰否炳鑑』『読論日札』『読書日札』『典謨述義』『読周官』、言志編の『言志篇』『眄柯集』、達己編の『正志斎文稿』などがある。

参考文献　『水府系纂』、寺門謹『会沢先生行実』、同『正志斎先生略譜』、西村文則『会沢伯民』、高須芳次郎『会沢正志斎』、瀬谷義彦『会沢正志斎』(『日本教育先哲叢書』一三)、山口宗之『幕末政治思想史研究』、尾藤正英『新論・迪彝篇』解説(『岩波文庫』)

(瀬谷　義彦)

あいちけんごこくじんじゃ　愛知県護国神社　名古屋市中区三ノ丸に鎮座。祭神は嘉永六年(一八五三)以降第二次世界大戦に至るまでの諸事変・戦役における愛知県ゆかりの戦没者を祀る。明治二年(一八六九)五月二日、前名古屋藩主徳川慶勝が愛知郡川名村(名古屋市昭和区)に社殿を造営し、旌忠社《せいちゅうしゃ》と名づけ、戊辰戦争において戦死した藩士二十五名の霊を祀ったことを創始とする。その後の戦死者、ならびに嘉永六年にさかのぼる国事殉難者を合祀している。社名は明治八年十一月に招魂社と改め、同三十四年六月官祭の招魂社となり、昭和十四年(一九三九)に護国神社制度が公布され一道府県に一社を限りとした内務大臣指定の護国神社となる。第二次世界大戦後の占領下、昭和二十二年愛知神社と改称したが、サンフランシスコ講和条約締結後の昭和三十年に現社名に復した。鎮座地は大正七年(一九一八)四月大正天皇の即位大礼の際の名古屋離宮賢所奉安殿下賜により西春日井郡金城村《きんじょう》(城北練兵場内、現在の名古屋市北区名城公園)に社殿を造営、遷座し、昭和十年四月現在地に遷座した。同二十年三月の戦災により社殿を焼失し、同三十三年十一月に戦災復興造営が成り現在に至る。例祭は春のみたま祭(四月二十八―三十日)、秋のみたま祭(十月二十八―三十日)で、四月二十七日には霊璽奉安祭が行われる。

参考文献　『全国護国神社会五十年史』

(大井　鋼悦)

あいづじんじゃし　会津神社志　会津藩主保科正之が、藩士服部安休《はっとりあんきゅう》らに命じ編纂させた書物。一巻。会津藩領四郡の由緒正しい神社名二百六十八座(会津郡八九、耶麻郡七六、大沼郡六二、河沼郡四一)を記載したもので、寛文十二年(一六七二)十月に完成している。これより先、正之は吉川惟足について神道を学び、寛文五年ごろから、領内における中世以来の仏教的迷妄を払拭し、神道尊信の実を挙げるため、寺社の縁起改めを実施した。ついで邪神淫祠の破却、小社の合併整理を断行し、式内社をはじめ来歴ある神社を復興し、本領および御預り地(南会津)で千八百余座の神社を公認した。『会津神社志』に載せられた二百六十八座は、その中でも重要なものである。本書編纂の直接の責任者は服部安休で、郡奉行木村忠成が助力した。山崎闇斎・吉川惟足・服部安休・林春斎・林鳳岡らが序や跋を書いている。本書の原本は内閣文庫、写本は福島県の会津若松市立図書館にある。『神祇全書』四、『続神道大系』論説編保科正之に収めて刊行されている。

参考文献　『会津若松史』三、平重道「会津藩の学問と教化」(『近世日本思想史研究』所収)

(平　重道)

あいづたかくらのやしろかんじんちょう　会津高倉社勧進帳　陸奥国会津郡倉谷村・水抜村(福島県南会津郡下郷町栄富)鎮座の高倉神社の勧進帳。著者不詳。一巻。奥書に「明応九年月日」とあるが、その後に「自治承四年

(一一八〇)一至二明応九年一三百二十一年、自二明応九年一至二文化元年(一八〇四)一三百五年」と付記されており明応九年(一五〇〇)の成立を疑う説もある。高倉社鎮祭の由来と神徳の広大さを説き社殿修復のための寄進を募る内容。それによると祭神は高倉宮以仁王で、治承四年源頼政の勧めで平氏打倒の兵を挙げたが宇治の合戦で敗北、陸奥探題を頼りこの地に落ち延びて村人の尊崇を受けた。居ること一年、宮は再起を期して都に帰り、その遺徳をしのんで祀ったという。中世に多い貴種流離譚型縁起。会津から新潟にかけての山間に高倉宮関係の伝承が多く、宗教的唱道者の介在を指摘する説もある。『続群書類従』神祇部および『神道大系』神社編二六(「高倉社勧進帳」)に翻刻。後者にはかなりの欠落部分がある。

参考文献 『群書解題』一下、柳田国男「史料としての伝説」(『定本柳田国男集』四所収)　(高橋美由紀)

あいづとうでらはちまんぐうながちょう　会津塔寺八幡宮長帳　福島県河沼郡会津坂下《あいづばんげ》町大字塔寺心清水《こころしみず》八幡神社に伝わる古記録。『塔寺八幡宮長帳』ともいう。南北朝時代観応元年(一三五〇)から江戸時代寛永十二年(一六三五)迄、三百余年間の年々正月『大般若経』転読の巻数を記した料紙を続き合わせたもの。その裏書には時々世間の出来事を記す。巻数はもと四巻を近時展開に便せんため八巻に改めた。総紙数百九十七枚に及ぶので長帳と呼ばれ、また一に「年日記」「続年日記」などとも称された。この裏書の内容中に天喜三年(一〇五五)のこと、八幡宮の草創についても古事を記し、蘆名・上杉・伊達などの武将の動静が記してあり、東北地方の貴重な史料とされている。その料紙は大略各年々のものであるから、地方製紙資料としても貴い。重要文化財に指定。『続群書類従』雑部、『新編会津風土記』、『(改定)史籍集覧』二五などに収められている。

参考文献 是澤恭三編『(重要文化財)会津塔寺八幡宮長帳』、是澤恭三「会津塔寺八幡宮長帳に就いて」(『日本歴史』一二四)、太田晶二郎「会津塔寺八幡宮長帳に関する疑問」(『太田晶二郎著作集』二所収)、大石直正「『会津塔寺八幡宮長帳』覚書」(『東北文化研究所紀要』一)、『群書解題』二〇　(是澤恭三)

あいどの　相殿　神社で一社殿のなかに、主神のほかに一柱以上の神を合祀すること、または合祀した社殿のこと。正しくは前者を相殿神、後者を相殿造という。会殿・合殿とも書く。また、相殿神を配祀神・従祀神・合祀神と称することもある。一方、これが本殿の二間を一つに合わせて造った社殿であるからして、相殿造のことを二間社ともいう。しかし、単に相殿といっても各種の事例が見られる。たとえば、その神社の鎮座と同時に相殿に祀られる相殿神もあれば、後になって祀られる場合もある。一般的にいえば、相殿神は主祭神(主神)と深い関係にあるが、なかには主神と全く由縁のない神も祀られている。相殿神に対する待遇は主祭神より一段下がるのが一般的であるが、同等、あるいはより重い待遇を受ける場合もある。なお、相殿神の柱数は定まっていない場合が多い。このように相殿は主祭神に対する神であるり、この語は相当古くから用いられていたことがわかる。たとえば、谷川士清の『倭訓栞』に、「凡そ神社には皆相殿あり、儀式帳に同殿坐神称二相殿一と見ゆ、神代紀に復勅二天児屋根命太玉命一惟爾二神亦同侍二殿内一善為二防護一と見えたり、西土の書に神佐といふ是也」とある。『神道名目類聚抄』には「由意ありて、同殿に祭を相殿の神と云」とある。一例を示せば、神宮の正殿内には左方に天手力男神、右方に万幡豊秋津姫命を配祀し、豊受大神宮には主神豊受大神のほか相殿神三座(東一座・西二座・御伴神)を祀るなどである。　(三橋　健)

あいなめのまつり　相嘗祭　新嘗祭に先立って新穀を神祇に供える祭。「あいにえのまつり」「あいむ(ん)べのまつり」ともいう。『日本書紀』天武天皇五年(六七六)十月丁酉条に「祭二幣帛於相新嘗諸神祇一」とあるを初見とするが、神祇令では仲冬(十一月)上卯に行われることになっている。その祭に預かる神祇としては『令集解』神祇令の釈に大倭以下十五社の名が挙げられているが、『延喜式』四時祭には七十一座を掲げ、そのそれぞれについて祭料色目が載せられている。今その筆頭左京二条に坐す太詔戸《ふとのと》社二座についてみると、「絹四疋、絲二絇二両、綿六屯、調布七端三丈八尺、庸布二段二丈六尺、木綿《ゆう》三斤四両、鰒一斤四両、堅魚五斤四両、腊八斤、凝海藻六斤、塩二升、海藻四斤、筥二合、䟭・缶・水瓫・山都婆波・小都婆波・筥瓶・酒垂・匜・等呂須伎・高盤・片盤・短女坏・筥坏・小坏・陶臼各四口、酒稲百束(神税)」とその量すこぶる多く、他社もまた皆これに準ずるところからみて、もとこの祭がはなはだ重んぜられたものであったことが察せられるが、令制の弛緩とともに次第に行われなくなり、わずかに賀茂斎院ならびに日前・国懸および住吉などの諸社においてのみ見られるにすぎなくなった。その理由はその祭日が十一月下卯の大嘗祭(新嘗祭)と相近く、その趣旨が相混同して両者同一視せられるようになった故かと考えられる。その名義に関しては、神嘗・大嘗などの間に行われる故、もとは間嘗(『後漢書』にその語がある)の意であろうとする説(『倭訓栞』)もあるが、一般には天皇と相伴に新饗し奉る故の名とする本居宣長の説(『玉勝間』)がよしとされている。しかしそれも後世的説明であるらしく、『令義解』所引『貞観講書私記』にも「上卯所司所レ行也、下卯為下以二新穀一供中至尊上所レ祭也」とあって、天皇がこの日に相伴に新饗せられることはなかったようである。　(柴田　実)

あえくにじんじゃ　敢国神社　三重県上野市一之宮に鎮座。旧国幣中社。敢国《あえのくに》津神《つのかみ》を主とし、少彦名《すくなひこな》神《のかみ》・金山比《かなやまひ》咩神《めのかみ》を配祀する。創建年代不詳。伊賀国阿拝《あべ》郡の国神をまつった古社であろう。祭神について中世敢国大明神を少彦名神とし、また南宮山金山大明神とも呼ばれたことから金山比咩命と称したこともあった。度会延経が『神名帳考証』で、敢国津神は四道将軍の一人阿閉臣の祖大《おお》彦命《ひこのみこと》と唱えたが、明治七年(一八七四)考証の末、現在のごとくした。貞観九年(八六七)十月従五位上、同十五年九月正五位下となる。延喜の制では名神大社、のち伊賀国一宮また総社として崇敬された。天正九年(一五八一)織田信長の攻略の兵火にあったが、慶長十三年(一六〇八)藤堂高虎が藩主として入国以来、上野城鬼門守護として崇敬、社殿を造営、神領百七石四斗を寄進復興した。明治四年国幣中社。例祭十二月五日。(鎌田 純一)

あえどはしひめじんじゃ　饗土橋姫神社　三重県伊勢市宇治今在家町に鎮座。伊勢神宮の所管社で、宇治橋姫社とも呼ばれる。宇治橋守護の女神を祀る。『氏経卿神事日次記』文明九年(一四七七)四月条に、橋姫社造営のことが所見しているから、室町時代中期には祀られていたことが明らかであるが、これを饗土橋姫というは、もとこの地が道饗《みちあえ》の旧跡にあたるを以て、かく称えたもの。もとは宇治橋の西のたもとにあったが、明治四十二年(一九〇九)橋の西正面の現在地に移された。例祭は十月二十二日。(近藤 喜博)

あえのこと　⇩霜月祭《しもつきまつり》

↓宇治《うじ》橋姫明神《はしひめのみょうじん》

あおいあそじんじゃ　青井阿蘇神社　熊本県人吉市上青井町に鎮座。旧県社。祭神は健磐竜命《たけいわたつのみこと》・阿蘇津姫命・国《くに》造速瓶玉命《みやつこはやみかたまのみこと》。社伝によれば、大同元年(八〇六)阿蘇社の神主尾形権之助大神惟基が神託により分霊を勧請、天喜年間(一〇五三―五八)に再興と伝える。建久九年(一一九八)相良頼景は遠江国より肥後国多良木荘に下向、元久二年(一二〇五)その長男永頼が人吉荘地頭職に補任され、近隣に勢力をはる。寛元二年(一二四四)当社は神田を寄進され荘内の有力社として保護を受ける。延徳三年(一四九一)相良為続は当社を造営。永禄年中(一五五八―七〇)、相良氏および家臣団統制の精神的支柱でもあった。現社殿は文禄・慶長の役に出陣した相良長敏が凱旋の奉賽として改築。豪荘重厚な桃山様式の本殿・廊・幣殿・拝殿・楼門などは重要文化財。大宮司職は大神惟基の子孫が継承し大神青井氏と称した。近世期は藩内諸社の筆頭として大宮司が諸社支配にあたった。例祭は十月三―九日。御輿御幸などがある。

参考文献　『相良家文書』、『青井阿蘇神社社殿修理報告書』(伊藤 勇人)

あおいまつり　葵祭　⇩賀茂祭《かものまつり》

あおうまのしんじ　白馬神事　正月七日、神社において行われる神事。平安時代以降、山城国の賀茂別雷神社、摂津国の住吉大社、常陸国の鹿島神宮、筑前国の宗像神社、同香椎宮などの著名な神社で行われた。白馬を「アオウマ」と訓むため、『住吉社諸神事次第』(文永年間(一二六四―七五)撰)および『宗像宮年中行事』(応安元年(一三六八)撰)においても、これをともに青馬神事と記している。宮中の白馬節会を神社に移し神事としたもので、青馬は陽気の動物とされたため、当日午の時を選び除災招福を祈って行なったものである。住吉大社のそれについて述べるに、『住吉社諸神事次第』の正月七日条によると、古儀では当日辰刻(午前八時)神前に神饌を供進し、祝詞を奏上し、再拝の後、神馬を牽いて三度社殿の周囲を引き廻す。ついで巳刻(午前十時)には摂津国の在庁の官人などが参進し、馬四疋(一疋は葦毛)と練男《ねりお》十人(弓矢を持ち青摺の狩衣を着す)が出る。使と代官の二人(衣冠を着す)の出仕のない時は、禰宜四人(布衣)が参進、境内の下客殿に着座、ここで酒肴、引出物として紙十三束が出たとある。現在の神事は『住吉大社特殊神事調』(昭和五年刊)によると、奉行の神人二人が神馬に付き添って、神馬を第一本殿の庭上に牽き出し、神職が祝詞を奏上した後、神馬舎人が神馬の口をとって拝礼し、次に第一本殿の周囲を北から駆け廻ること一回、次に各本殿を拝礼し、おのおのその周囲を駆け廻ること各一回、畢《おわ》って退下するとある。

参考文献　『古事類苑』歳時部、土師惟朝編『住吉松葉大記』(岡田 米夫)

あおきながひろ　青木永弘　一六五六―一七二四　江戸時代中期の吉田流の神道家。藤原長広とも称す。長崎の人。長崎の諏訪神社の祠官を勤めた。京都へのぼって、主に吉田神道の神学を修めた。一方、日本の古典にも造詣が深く、特に古学をよく修めた。元禄ごろより全国各地を歩き、神書を講じて皇道を宣揚した。彼がいかなる神書を講じ、また、それをどのような人々が聴いたかは詳細でないが、『神道大意聞書』の奥書には「主計頭永弘之所レ講也、吉備津神人藤井高世謹而聴誌畢、元禄己卯(一六九九)九月十有一日」とある。彼の神道論は、当時の神社界を一新し、その影響は特に北陸地方に大きかったといわれている。また、皇道本位論は、のちの復古神道の基礎となり、特に尊王論の出てくる素地となった。享保九年(一七二四)正月十日没。六十九歳。京都吉田山吉田芝墓地に葬られた。『中臣祓松風鈔』『六根清浄大祓松風鈔』『諏訪伝記』などの著がある。昭和三年(一九二八)贈正五位。

参考文献　盧千里『先民伝』、北野孝治編『長崎郷土誌』、古川増寿編『長崎県人物伝』、長崎市役所編『長崎史蹟人物誌』(三橋 健)

あおしまじんじゃ　青島神社　宮崎市青島に鎮座。旧村社。祭神は彦火火出見命《ひこほほでみのみこと》・豊玉姫命《とよたまひめのみこと》・塩筒大神《しおつつのおおかみ》。宮崎市南部の日南海岸にある青島は、全島が波蝕台からなり干潮時には海岸と地続きとなる。島の中央に当社が鎮座し、山幸彦・海幸彦の神話の舞台で、天孫瓊々杵命の皇子彦火火出見命が海積《わたつみ》宮から還幸した時の宮居の跡と伝える。平安時代初期の嵯峨朝に青島大明神として崇敬されたという。文明十三年(一四八一)伊東祐尭による堂宇の修理や神事のための所堂・所田の寄進以来、同氏は再建再興に尽力。江戸時代には飫肥《おび》藩主の崇敬社として神事料・修繕料などを給付され、社領高十石八斗。藩は島奉行を置き島中と近辺を監視警戒、他領人の渡島参拝を禁じ渡瀬より遙拝させた。元文二年(一七三七)宮司長友氏の願により旧三月のみ許可。維新後、現社名に改め村社に列した。例祭は秋祭十月十八日、春祭(島開祭)旧三月十六日、夏祭旧六月十七日・十八日、冬祭(裸祭)旧十二月十七日。 (伊藤 勇人)

あおとなみえ 青戸波江 一八五七—一九二九 明治・大正時代の神職。神社祭式・礼典の師範。出雲国意宇郡(松江市和多見町)の売布《めふ》神社祠官青戸建庭の四男として、安政四年(一八五七)十月八日に生まれる。松江藩藩校修道館にて、皇漢学や剣術を修め、生口守長に国学を学ぶ。明治十年(一八七七)四月、神宮司庁設立につき、本教館に学び、同十三年四月神宮教院寮監、十五年皇典講究所剣道師範。十六年四月内務省社寺局より神社祭式調査委員を嘱託。十九年十一月内大臣秘書官附事務取扱を命ぜられる。二十二年四月宮内省を辞し、皇典講究所に戻り寮監心得兼書記、二十四年六月国学院大学主事、傍ら神社祭式・礼典の研究指導にあたる。二十七年五月国学院体操科教授。四十年六月内務省告示「神社祭式行事作法」制定に多大の貢献をした。大正十一年(一九二二)八月国学院大学教授。同年四月から昭和四年(一九二九)三月まで東京市芝区(港区)の芝大神宮社司。昭和四年十二月十日没。七十三歳。著書に『神社祭式行事作法教範』がある。 ↓神社祭式行事作法教範《じんじゃさいしきぎょうじさほうきょうはん》 (沼部 春友)

あおにぎて 青和幣 ⇩和幣《にぎて》

あおばじんじゃ 青葉神社 仙台市青葉区青葉町に鎮座。旧県社。祭神は仙台藩祖伊達政宗。六十二万石の大藩を開いた政宗の遺徳をしのび、明治七年(一八七四)旧藩士族その他の関係者により創祀された。同時に政宗には武《たけ》振彦命《ふるひこのみこと》の神号がおくりなされ、県社に列せられた。社名は、仙台城のある山を青葉山といい、城も青葉城と呼ばれるのによる。例祭は十月九日で、もとは小・中学校は休日、市内官公庁も半日休業とするところが多かった。 (高橋 富雄)

あおふしがきのしんじ 蒼柴垣神事 島根県にある美保神社の神事。四月七日例祭の当日行われる。事代主神は三穂之碕で国譲りを承諾したのち、船をふみ傾けて青柴垣の内に隠れた、という神話に基づいている。四方に榊を結びつけた柱を立て、周囲に笹を立て回らし、注連縄《しめなわ》を張った神船二艘をつくり、頭家神主・小忌人・神職・供人などが乗り、港の中央まで出し、船内の儀を行い社前の宮の灘に還る。

参考文献 和歌森太郎『美保神社の研究』 (友田吉之助)

あおやぎたねのぶ 青柳種信 一七六六—一八三五 江戸時代後期の国学者、福岡藩士。明和三年(一七六六)二月二十日生、福岡藩足軽青柳勝種の次男、母は岡村氏。初名種麿、のち種信。通称勝次、号柳園。初め漢学を井土南山に学ぶ。寛政元年(一七八九)江戸出府の途次、伊勢松坂に立ち寄り本居宣長に入門。その後五年間の在府中は、賀茂真淵の門人である狛諸成《こまもろしげ》・加藤千蔭らと交わり、書物を精力的に書写している。一方、宣長や遠江の内山真竜《またつ》とは書状を通して学問的交流を保ち、多大な影響を受けた。文化三年(一八〇六)香椎宮大宮司に随行して京都に赴き、在京の国学者と交流を深める。同九年伊能忠敬の筑前測量に同行し、『宗像宮略記』『後漢金印略考』を進呈。忠敬の高い評価を得、同十一年に福岡藩の「国学家業」として士分に転じるが、儒官の反発に遭い一ヵ月で解任される。その後は藩命による『筑前国続風土記拾遺』編纂に専念。天保六年(一八三五)十二月十七日没。七十歳。福岡市顕乗寺墓地に葬られる。

参考文献 『福岡県史』通史編福岡藩文化上 (入口 敦志)

あおやまかげみち 青山景通 一八一九—九一 幕末・明治時代の国学者。美濃国苗木藩士。文政二年(一八一九)の生まれ。幼名は直意、通称は稲吉。平田篤胤の門に入り、また書を三好想山に学び、明治維新後は神祇事務局、神祇官の権判事、神祇少祐に任ぜられ、神祇大副近衛忠房らと明治四年(一八七一)の神宮改革にもあたった。苗木藩の神仏分離も景通父子に負うところが多い。明治二十四年二月十一日没。七十三歳。名医青山胤通(男爵)はその三男である。 ↓神仏分離令《しんぶつぶんりれい》

参考文献 鵜崎熊吉『青山胤通』、常世長胤『神祇官沿革物語』、同『神教組織物語』 (阪本 健一)

あおやまのぶつね 青山延彝 一七二九—一八〇一 江戸時代中・後期の国・漢学者。享保十四年(一七二九)十二月二十二日、常陸国水戸で生まれる。本姓、小泉。通称は一之進、字は子好。瑤渓と号。父は小泉正房、養父は青山一渓(別号西塢)。西塢および安積澹泊門の菊池南汀に就いて漢学を修める。のち水戸彰考館の生員となり、名越《なごや》南渓に神祇史を学ぶが、国朝の学問に暗いことを恥じて、もっぱら国学の修得に力を注ぎ、やがて神道局を管掌するに至る。その後、徳川治保によって江戸邸に召され、侍読を命じられるなど、和漢の典籍に通じた学者として、藩の中で重きを成した。門人に菊池重固(南洲)、鈴木重宣(大凡)らがおり、子の延于《のぶゆき》(号拙斎)、孫の延光(号佩弦斎)ともに有名。享和元年(一八〇一)八月二十九日没、七十三歳。墓は水戸常磐共有墓地。著書に、『神道解義』『大日本史神祇誌稿』『常陸二十八社考』『中臣祓講義』などがある。 (鈴木 淳)

あかがみじんじゃ 赤神神社 秋田県男鹿《おが》市船川港本山《ほんざん》門前に鎮座。祭神は天津彦火瓊々杵尊《あまつひこほのににぎのみこと》、天手力男命《あめのたじからおのみこと》、大山祇命《おおやまずみのみこと》、天照皇大神《あまてらすおおみかみ》、ほか二柱。赤神権現を信仰する修験道場として開かれた。貞観二年(八六〇)、慈覚大師円仁により堂塔建立がなされ、はじめは赤神日積寺《にっしゃくじ》と称した。同寺は古代陸奥の在地豪族安倍氏とその系譜を引く安東氏、平泉藤原氏の寺領寄進・堂宇再興を受け、中世を通じ繁栄した。慶長七年(一六〇二)、秋田に入部した佐竹氏からも篤い保護を受けた。現存の五社堂は建保四年(一二一六)の源実朝による造営以来、数度の再興を

経て延宝三年(一六七五)―四年に建立され、重要文化財に指定されている。同寺は明治元年(一八六八)の神仏分離令により赤神神社と名称を変えた。同社は県指定有形文化財である彫刻三点を所蔵する。平安時代の作とされる聖観世音菩薩像と唇部分に朱彩が残存する十一面観世音菩薩像はともに木像で損傷がはなはだしい。室町時代の作とされる石製狛犬は凝灰岩製の将棋の駒状台座に鎮座する。

参考文献 秋田県神社神道史編集委員会編『秋田県神社神道史』、『秋田県神社名鑑』 （高橋 寿拓）

あかぎじんじゃ 赤城神社 群馬県勢多郡宮城村に鎮座。旧県社。祭神は大己貴命《おおなむちのみこと》・豊城入彦命《とよきいりひこのみこと》。創建は崇神天皇、また允恭天皇の世とも伝えるが、しかしその起源は赤城山を神体とする祭場にあったらしく、近くの櫃石は古代祭祀遺跡とされ、もとの社地は赤城小沼の下流、粕川村大字宮沢にあったという。ここの神は火山の神であるとともに雷神的な性格ともされ、古くから祈雨の祭が行われた。元慶四年(八八〇)には従四位上に叙せられ、

明治時代の赤城神社

延喜の制では名神の大社とされ、上野国の二宮であった。中世に入ると竜神信仰の上に『神道集』には大沼の赤城御前、小沼の高野辺大将をめぐる悲話が語られるとともに、黒檜岳の覚満大菩薩が加わって、赤城三所明神と呼ばれた。戦国時代には北条・上杉両氏、江戸時代には前橋の酒井氏の尊崇をうけて朱印領五十石。一方社家の手になる赤城講の普及によって、勧請社は関東地方を中心に約百二十社に達している。例祭は五月五日。

参考文献 押木耿介『赤城神社誌』、尾崎喜左雄「赤城神社」(『勢多郡誌』所収)、『赤城』(『みやま文庫』一) （近藤 喜博）

あかぎだいみょうじんえんぎ 赤城大明神縁起 比叡山西麓の京都市左京区修学院開根坊町に鎮座する赤山禅院(明神)の縁起。一冊。まず表題に赤城大明神とあるが、本書の記述と内容からみて、明らかに赤山大明神の縁起であり、何らかの誤りであろう。あるいは、「附赤城大明神事」とあるように、続群書類従本が拠った写本には赤城大明神の縁起が合綴されていたために生じた間違いと思われる。赤山は慈覚大師円仁が密教を学ぶため渡唐した折、明州で山神の赤山廟に詣で、求法守護の神としてあがめ帰国を果たし、弟子たちが遺言により祀った神である。本書は慈覚大師の二つの伝記「禅院事」と「赤山事」から成る。後者は平安時代中期の書写になる竜門文庫蔵『禅院並赤山記』が引用され「天暦二年(九四八)朔橘朝臣直斎謹記之」の奥書がある。『続群書類従』神祇部所収。なお、『群書解題』が赤城神社の縁起書とするのは誤りである。 （嵯峨井 建）

あかぎただはる 赤木忠春 一八一六―六五 江戸時代後期の教派神道人。黒住宗忠の創始した黒住教の初期における有力な布教者、組織者。文化十三年(一八一六)十月十三日、美作国久米南条郡八出村(岡山県津山市八出)の庄屋の家に生まれる。眼病に苦しみ、いったん失明したが、宗忠の「御道講釈」を聞くうち視力を回復したという体験を得、弘化二年(一八四五)入信。六高弟の一人と称せられる。嘉永三年(一八五〇)宗忠の死後、京都布教を開始。市中において講釈と病気治癒を行うとともに、上層公家とも接触、三条実美も一時門下であった。教祖の「七箇条」の訓戒のうち「神国」の条を特に重視し、尊王思想と結びつけた。岡山の本部(大元)とはときに対立があったが、安政三年(一八五六)宗忠に大明神号許可、文久二年(一八六二)京都神楽岡に宗忠神社建立、慶応元年(一八六五)同社勅願所となるなど、教団と中央との結びつきに力をふるった。慶応元年四月十六日没す。五十歳。著書に『七箇条論辨』がある。

参考文献 高野隆文『赤木忠春大人伝』 （柳川 啓一）

あがじんじゃ 阿賀神社 ⇩太郎坊阿賀神社《たろうぼうあがじんじゃ》

あがたいじんじゃ 県居神社 静岡県浜松市東伊場に鎮座。旧県社。賀茂真淵を祀る。天保十年(一八三九)三月、真淵の出生地の賀茂神社の境内に県居翁霊社を建て、その霊を祀ったのがはじまりである。明治十七年(一八八四)四月、県居神社と公称し、大正十三年(一九二四)、現鎮座地に遷した。昭和三年(一九二八)十一月二日、県社に列す。なお、社名の県居は、真淵の家号「県居《あがたい》」にちなんで名付けられた。例祭は十月三十日。

参考文献 高柳光寿「県居霊社の建立に就いて」(『高柳光寿史学論文集』下所収) （三橋 健）

あがたじんじゃ 県神社 京都府宇治市宇治に鎮座。旧村社。祭神は木花開耶姫命《このはなさくやひめのみこと》。一説に弓削道鏡、または藤原頼長の霊ともいう。その位置は平等院西門跡の傍で、もとその鎮守であり、永承年中(一〇四六―五三)藤原頼通の勧請するところという。六月五日の県祭は裸祭としても知られ、古来性的行事を伴う祭として特色がある。 （村山 修二）

あがたまつり 県祭 京都府宇治市に鎮座の県神社(祭神は木花開耶姫《このはなさくやひめ》)の祭礼。深夜に渡御が行われる暗闇祭とし

て著名。六月五日(もと五月五日)長者宅で青竹に紙垂《しで》をつけた梵天を作り、翌未明に本社で神霊を移し午前三時、触れ太鼓・猿田彦・御膳櫃・獅子頭・神鏡・供物・梵天・御幣・神主の順に「お渡り」があって御旅所に向かう。渡御に際し沿道の民家が消燈する例は、神籬《ひもろぎ》である梵天(もと大榊)への物忌であろう。

参考文献　井上頼寿『京都古習志』　(山上伊豆母)

あかは　明衣　⇩あけごろも

あかひきのいと　赤引糸　赤は明で明潔の意。引は糸を引き出す意。すなわち明潔に作った生糸のこと。「あからひきのいと」ともいう。初見は『日本書紀』の持統天皇六年(六九二)閏五月丁未条の「然応ㇾ輸ニ其二神郡ㇾ赤引糸参拾五斤(下略)」。なお延暦の『儀式帳』に「赤引生糸」「赤引御調糸《あからひきのみつきのいと》」(『皇太神宮儀式帳』)または「明曳御調糸」「曳荷前御調糸《ひきのさきのみつきのいと》」(『止由気宮儀式帳』)とみえ、『建久年中行事』には「赤良《あから》曳荷前御調糸」とあって、例年神郡あるいは御厨から神宮に献進する生糸のことで、これで御衣を織り、四月と九月(新儀では五月と十月)の十四日の神衣祭《かんみそのまつり》に皇大神宮および荒祭宮にたてまつる。『令義解』神祇令にも「参河赤引神調糸」とあり、古来三河国が特に有名。なお赤引を『守夏神主覚書』などには『和名類聚抄』の「参河国宝飯郡赤孫(安加比古)」とあるのを引いて所の名なりと説いている。　(鈴木　義一)

あかぶちじんじゃ　赤淵神社　兵庫県朝来《あさご》郡和田山町枚《ひら》田《た》に鎮座。『延喜式』神名帳に記される。旧県社。日下部氏の祖神赤淵足尼命《あかぶちのすくねのみこと》を祭神として祀る。同社縁起などによれば、日下部氏の祖、表米親王が但馬沖などで新羅と海戦になり、軍船の底に穴が開いて苦戦となったとき、大きな鰒が現れて助けたという伝説が残り、今日でも氏子は鰒を食しない。本殿は、柿葺・三間社流造の規模の大きなもので重要文化財。様式および『永代要記』(赤淵神社蔵)より永徳―応永年間(一三八一―一四二八)ころの建立と推定され、また日下部氏の後裔でこの地域に勢力を張った八木城主の八木豊信が天正二年(一五七四)に再建したとも伝えられる。平面は内外陣の区画で、外陣の左脇に板戸をつる古い形式を伝える。『但馬国大田文』では、朝来郡の国衙領に「赤淵社　十一町百六十八歩」とみえる社領も天正八年の羽柴秀吉による但馬攻略によって「社田十一町百十歩」を没収されたとする。例祭は十月第二日曜日。『赤淵神社縁起』一巻、『日下部氏系図』などを社蔵する。

参考文献　兵庫県神職会編『兵庫県神社誌』　(芦田　岩男)

あかまじんぐう　赤間神宮　山口県下関市阿弥陀寺町に鎮座。旧官幣大社。安徳天皇をまつる。文治元年(一一八五)三月二十四日平氏が壇ノ浦で敗滅のとき、安徳天皇も入水崩御、その遺骸は赤間関紅石山麓の阿弥陀寺境内に葬られたが、建久二年(一一九一)閏十二月長門国に勅してその陵上に御影堂を建立、阿弥陀寺を勅願寺とし、建礼門院乳母の女少将局命阿尼に命じ奉仕させ、菩提を弔わしめられた。これが起源で、以後皇室の崇敬をうけ、明治維新ののち、御影堂を改めて天皇社と称したが、木戸孝允らの計らいで明治八年(一八七五)十月官幣中社とし、地名により赤間宮と称し、さらに昭和十五年(一九四〇)八月官幣大社に昇格、赤間神宮と改称した。同二十年七月戦災をうけたが、同二十五年本殿・祝詞殿を復興、三十三年水天門を完成した。所蔵宝物中、長門本『平家物語』二十巻は損傷をうけたが、他に『安徳天皇御事蹟及源平合戦絵図』(重要美術品)八幅があり、『赤間神宮文書』(旧阿弥陀寺文書、重要文化財)十巻一冊には、後土御門天皇・後奈良天皇・正親町天皇の綸旨や天福元年(一二三三)の長門国司庁宣、嘉禎四年(一二三八)の関東下知状などがある。赤間神宮編『重要文化財赤間神宮文書』として影印・釈文が刊行されている。例祭は十月七日。特殊神事として、後白河法皇が安徳天皇のために営まれた法会に始まる先帝祭が、四月二十三日より二十五日にわたり行われる。安徳天皇の阿弥陀寺陵は境内に隣接してある。

参考文献　『赤間宮略誌』　(鎌田　純一)

あかまじんぐうもんじょ　赤間神宮文書　安徳天皇廟である旧長門国阿弥陀寺の祠官大司家に伝来した文書。現存するのは六十五通の文書と田地坪付幷土貢帳一冊で、文書は現在十巻に成巻されている。第一巻は天福元年(一二三三)国司庁宣以下、文永二年(一二六五)国宣に至る十一通、第二巻は弘安五年(一二八二)国司庁宣以下、正安三年(一三〇一)守護代遵行状に至る十通、第三巻は文和五年(一三五六)足利尊氏御判御教書以下、応永十六年(一四〇九)守護大内家奉行人奉書案に至る六通、第四巻は弘治二年(一五五六)毛利元就安堵状以下、年未詳毛利輝元書状に至る十二通、第五巻は年未詳毛利家奉行人国司元武書状以下、天正十四年(一五八六)同内藤元栄書状に至る八通、第六巻は元和元年(一六一五)長府藩重役連署申渡状以下、天正十五年和歌会作者覚に至る十通、第七巻は文明十一年(一四七九)後土御門天皇綸旨以下、永禄五年(一五六二)正親町天皇綸旨に至る四通、第八巻は元和四年長府藩主毛利秀元禁制一通、第九巻は永正十六年(一五一九)阿弥陀寺別当秀益申状案と阿弥陀寺別当次第の二通、第十巻は阿弥陀寺境内図である。昭和五十一年(一九七六)重要文化財に指定された。第二次世界大戦末期までは境内にある鎮守八幡宮に関する文書五通も存したが、空襲の際に焼失し、写真を存するのみである。なお毛利藩政時代に支藩を含む領内の神社・寺院から『寺社由来』と称してその由緒・年中行事・宝物などを書上げさせているが、阿弥陀寺からの書上げは元文四年(一七三九)・文化四年(一八〇七)・文政四年(一八二一)の三回分が残っている。特に元文度の分は綸旨をはじめ鎌倉・南北朝時代の文書は全文書写、毛利氏時代の分は文書の書出しと差出し・充所が記されており、現存文書との対比が可能であるが、その結果は『鎮守八幡宮文書』

を含めたものとほぼ変化がなく、文化・文政両度の分は目録のみであるが、結果は同じであり、文書の伝来過程を知りうる。したがって長府毛利家所蔵『古文書手鑑』(重要文化財)に貼り込まれている三通、長府博物館寄託『武久家文書』所収の一通(いずれも鎌倉時代の文書)、下関市在住の伊藤家所蔵の七通などは、元文四年以前に寺外に出たことがわかる。特に『伊藤家文書』の大部分は大内家判物であり、『赤間神宮文書』中にある大内家関係のものがわずか四通の案文のみであるのと著しい対照をみせている。『重要文化財赤間神宮文書』が刊行されている(平成二年(一九九〇))。 (今江　廣道)

アカマタ・クロマタ 沖縄県八重山地方で豊作をもたらすとされる来訪神。八重山諸島の西表島《いりおもて》古見《こみ》・小浜島《こはま》・新城島《あらぐすく》上地《かみじ》・石垣島宮良《みやら》で、収穫感謝と予祝を祈願する豊年祭(プールィ)に理想郷であるニライカナイより豊年をもたらす仮面草装の神で、ニイルピトゥの別称がある。祭は、旧暦六月の壬《みずのえ》または癸《みずのと》の日を中心に、通常三日間ないし四日間行われる。大正十年(一九二一)に石垣島を訪問した柳田国男は「二色人」と表現している。西表島の古見が起源とされ、ほかの地域には直接・間接に伝わったとされている。古見では、クロ・シロ・アカの三神が、小浜・宮良では、アカ・クロの二神、上地においては、アカ・クロの親子四神が来訪する。アカマタ・クロマタ祭祀は女性や子どもを排除し、男性のみの閉鎖的で秘儀的な祭祀集団によって行われる。きびしい戒律があり現在でも厳格に守られている。その戒律はただ祭祀集団の秩序だけではなく、村落全体の秩序を規制する非常に重要な役割をもっている。

参考文献　宮良高弘「八重山群島におけるいわゆる秘密結社について」(『民族学研究』二七ノ一) (上原　創)

あがもの　贖物 古代、人が罪穢を祓い清めるため、その代償として差し出し、罪穢の償いとした物品をいう。古代の未だ法制の確立していなかった時代においては、罪も穢も祓によって解消させうると考えていたことの反映である。中世、法制の観念が確立した後においては、穢は祓によって、罪は刑によって償わるべきものとされるに至った。ここに至って古来の贖物は次の二様に解釈され、取り扱われるようになった。すなわち㈠は祓の時、古例に従って罪穢の代償として出すものであり、『延喜式』四時祭上に御贖《みあがもの》として鉄人像・金装横刀・五色薄絁・糸・安芸木綿・凡木綿・麻・庸布・御衣・袴・被・鍬・米・酒・鰒・堅魚・腊・海燥・塩・水盆・坩坏・匏・柏・小竹などの挙げられているのがそれである。㈡は罪科の償いものとして出すもので、『延喜式』太政官のうちに、諸国の税帳使などで着京の日程が延緩し、期日までに到着し得ない場合は法によって、贖物を刑部省に収めよ、とあるのがそれである。次に毎年六月・十二月の晦日の大祓のときに神祇官から天皇の節折《よおり》の御贖物として奉る御服のうち、荒妙(白絹)を荒世《あらよ》、和妙(紅絹)を和世《にごよ》の御服といった。『延喜式』四時祭上のうちに、晦日卜部各明衣を着け、二人は荒世を執り、二人は和世を執る。中臣は卜部の荒世を執れる者を率いて階下に就き、席の上に置くとあって、祓が行われた後、その荒服は卜部に、その和服は宮主に賜わったとある。右の荒世・和世の贖物の意味は近藤芳樹の『大祓執中抄』によると、「荒世・和世の御服とは宸儀の罪穢をつけて祓却り給ふ服の事にて、荒世は悪祓《あしはらえ》の具、和世は善祓《よしはらえ》の具なり」とある。 →節《よ》折《おり》

参考文献　『古事類苑』神祇部二 (岡田　米夫)

あがり　殯 ⇨もがり

あきたけんごこくじんじゃ　秋田県護国神社 秋田市寺内字大畑に鎮座。祭神は護国の神霊ならびに伊邪那岐命《いざなぎのみこと》・伊邪那美命《いざなみのみこと》を祀る。明治元年(一八六八)十月、秋田藩主佐竹義堯によって高清水丘に起工、この際太政官より金千両が下付され、同二年八月に創建成り招魂社と称し、戊辰戦争の戦没者の霊を祀ったことを創始とする。この社殿は明治二十六年十二月に焼失し、同二十八年二月社殿再興費補助として政府より金五百円が下付され、県内有志相議《はか》り寄附を募り、同三十二年久保田城跡(秋田市千秋公園本丸)に社殿を営み、官祭の招魂社となる。昭和十四年(一九三九)三月に護国神社制度が公布され、一道府県に一社を限りとした内務大臣指定の秋田県護国神社となり、旧社地(現在地)高清水丘に本殿を流造とする社殿の造営が成り遷座。第二次世界大戦後の昭和二十二年十月、高清水宮と改称し、その際に伊邪那岐命・伊邪那美命を配祀神として合祀したが、サンフランシスコ講和条約締結後の同二十七年に現社名に復した。平成二年(一九九〇)七月、放火により社殿を焼失し、同四年十月、社殿造営竣工し本殿遷座祭斎行。例祭は春季四月二十九日、秋季十月二十四日。

参考文献　『全国護国神社会五十年史』 (大井　鋼悦)

あきたすわぐう　秋田諏訪宮 秋田県仙北郡六郷町六郷字本道町に鎮座。通称「おすわさま」。祭神は建御名方富命《たけみなかたとみのみこと》、八坂刀女命《やさかとめのみこと》。延暦年間(七八二—八〇六)の東征で坂上田村麻呂が国家鎮護を祈願し創建したという。鎌倉幕府の文官二階堂氏が出羽国六郷地頭職を得、建久三年(一一九二)に大規模な普請を施工。至徳年間(一三八四—八七)に二階堂氏が当地に下向、城塞および大集落形成にあたり同社を近隣二十数ヵ村の総鎮守と定め外護した。同時期に信濃国守護職諏訪氏も当地に下向、社家斎藤氏の祖となる。二階堂氏は室町時代中期に六郷氏と改姓、近世初期の政乗《まさのり》は数度の転封を経験するも同社への崇敬は篤く、毎年代参を派遣し同社神符を城中にまつることを通例とした。江戸時代には総鎮守として繁栄した。明治十四年(一八八一)の明治天皇東北巡幸では御小休所が造営された。二月十五日のかまくら竹打ち神事は重要無形民俗文化財に指定されている。神苑の清水は全国名水百選中「六郷湧水群」の一つである。

〔参考文献〕 秋田県神社神道史編集委員会編『秋田県神社神道史』、『秋田県神社名鑑』 （髙橋　寿拓）

あきつかみ　現神　⇨現御神《あきつみかみ》

あきつしま　秋津洲　『日本書紀』神代の主文と一書にみえる大日本豊秋津洲の略。『古事記』は大倭豊秋津嶋。現在の本州島を指す。『日本書紀』神代の主文によれば、伊弉諾尊《いざなぎのみこと》と伊弉冉尊《いざなみのみこと》が磤馭慮嶋《おのごろしま》に天降って交合し、淡路洲《あわじのしま》の次にこの洲を生む。このほか伊予二名洲・筑紫洲・億岐洲・佐渡洲・越洲・大洲を生んだという。「あきつしま」の名について、神武紀に蜻蛉《あきつ》の名にかけた語源説話があるが、真の意味は不明である。 （川副　武胤）

あきつみかみ　現御神　現身の神。明神・明津神・現神とも書く。七世紀後半、とりわけ壬申の乱以後、天皇を神であるとする意識がたかまって、『万葉集』にも天武・持統両天皇を「大君は神にしませば」と宮廷歌人らが歌いあげている。文武天皇の即位の宣命には、「現御神と大八嶋国知《しろ》しめす天皇」と記されていたが、『大宝令』公式令では、外国使臣に大事を宣する時には「明神御宇日本天皇」、次事の場合には「明神御宇天皇」、国内の大事のおりには「明神御大八洲天皇」と定めた。奈良時代以降の宣命・詔勅はこれに準じている。出雲国造の神賀詞《かんよごと》にも「明御神と大八嶋国知しめす天皇命《すめらみこと》」とみえている。天皇を天照大御神の後裔とする神統意識は、七世紀後半において顕著となり、『古事記』や『日本書紀』の神話にも投影されたが、中世の神道家、特に近世の国学者らにより天皇の神聖性が強調され、明治の天皇制においていっそうその色あいが深められた。旧憲法の「天皇ハ神聖ニシテ侵スヘカラス」とする条文などはその具体化であった。昭和二十一年（一九四六）一月一日いわゆる「天皇人間宣言」によって、現御神天皇観は否定された。

〔参考文献〕 御巫清勇『宣命評釈』、上田正昭「天皇および天皇制の歴史」（『社会科教育大系』三所収） （上田　正昭）

あきのかた　明の方　⇨恵方《えほう》

あきばしんこう　秋葉信仰　秋葉山三尺坊大権現に対する信仰をいう。三尺坊は、『秋葉山秋葉寺略縁起』によると、観音菩薩の応化身で、信州に生まれ、越後国蔵王堂に奉仕する十二坊の一つであったが、大同四年（八〇九）不動三昧の法を修し、火炎につつまれ、手に羂索を持ち肩に両翼をつけ、白狐に乗って遠江国周智《すち》郡の秋葉山に飛来し、以後秋葉山の鎮守になったという。しかし一般には、むしろ刀難・火難・水難なかんずく火防の霊験あらたかな天狗として有名である。大登山秋葉寺に鎮守としてまつられたほか、全国各地に分祀された。秋葉山三尺坊は近世には朝廷・公卿・武将から庶民に及ぶ幅広い層の人々から信仰された。特に庶民の間では、愛宕と並ぶ火防の神としてあがめられ東海筋から関東にわたって数多くの秋葉講が結成され、三尺坊大権現の分社や秋葉常夜燈などが作られ、火祭が行われた。秋葉山の火祭は、三尺坊大権現が秋葉山に示現した旧十一月十六日・十七日（現在十二月十五日・十六日）に行われ、全国から多数の信者があつまった。明治以降秋葉山信仰は秋葉山上の秋葉神社、八合目の秋葉寺、山麓の可睡斎のそれぞれを中心として弘められている。

〔参考文献〕 中野東禅・吉田俊英編『秋葉信仰』（『民衆宗教史叢書』三一） （宮家　準）

あきばじんじゃ　秋葉神社　静岡県周智《すち》郡春野町領家の標高八六六メートルの秋葉山頂に鎮座。旧県社。火之迦具土神《ほのかぐつちのかみ》を祀る。社伝によると、秋葉神社は『三代実録』貞観十六年（八七四）五月条記載の岐気保神であるという。近世末まで秋葉山には秋葉山三尺坊大権現がまつられ、僧侶・修験・禰宜の三者が奉仕した。明治六年（一八七三）神仏分離により秋葉寺は廃され、秋葉神社となった。秋葉神社は、庶民の間に弘がっていた火防の神としての秋葉山三尺坊大権現の信仰にのって、全国各地に分祀され講を組織し多数の信者を擁している。

〔参考文献〕 中野東禅・吉田俊英編『秋葉信仰』（『民衆宗教史叢書』三一） （宮家　準）

あきひろおうき　顕広王記　神祇伯顕広王の日記。もと永久五年（一一一七）から治承四年（一一八〇）に至る年次のうち、二十一ヵ年の記事があったが、現在はその中で、応保元年（一一六一）・長寛元年（一一六三）・永万元年（一一六五）・仁安二年（一一六七）・承安四年（一一七四）・安元二年（一一七六）・治承元年・同二年の八ヵ年が伝えられている。内容は神事関係の記事を主とし、神祇研究の好資料である。諸本には広本と、『伯家五代記』と題して、白川雅陳・雅喬父子が他の四神祇伯の日記とともに抄出した抄略本の二種があり、宮内庁書陵部・内閣文庫その他に江戸時代以降の写本が伝えられ、抄略本はまた曾根研三『伯家記録考』、『続史料大成』二一に収めて出版されている。顕広王は花山天皇の玄孫源顕康の男で、神祇伯となり（永万元年―安元二年）、伯在職の間、王氏に復する例を開いた。治承四年没。八十六歳。子孫は神祇伯を世襲し、白川家を称する。 （武部　敏夫）

あきまつり　秋祭　農作に伴う季節祭。春祭が豊作祈願を目的として、予祝的、呪術的な儀礼を伴うのに対して、秋祭は収穫感謝の意味をもって、神に初ものと豊富な食物の献供、人々の盛大な共同飲食が一般的特徴。『類聚三代格』の寛平七年（八九五）十二月三日の太政官符に二月・四月・十一月が「先祖之常祀」という記事があるのを柳田国男が指摘して以来、二月または四月の春祭に対し、十一月が秋祭の古い型であることが定説となった。十一月は宮廷において新嘗祭が行われ、民間の年中行事として、刈上げ祭、山の神送りが行われる。しかし、霜月祭が秋祭であることは、季節としては異なっている。また、神社の秋の例祭は九月にも多く行われる。このことは、わが国の秋祭が複雑な分化を経ていることを示す。一つは、宮廷祭祀の神嘗祭と新嘗祭が、前者が新穀を神に献上する行事、後者は神前で天皇が新穀を食す行事として分かれて来た。民間行事においても、早稲を献上する神社の祭と、農作業全体の終了を意味する霜月祭の区分がある。前者をもって十一月に至る長い物忌のはじまりが別の祭のように考えられたとして、農作の始めと終りを画する春秋の祭と解する説と、折口信夫のように、収穫祭、十二月の鎮魂祭、正月の祈年祭をもとは、一年の半分の聖なる季節の連続した祭とみなして、ここから秋祭・冬祭・春祭が分化したとみる説とがある。 (柳川 啓一)

参考文献 柳田国男『祭日考』(『定本柳田国男集』一一)、折口信夫『古代研究』民俗学篇一(『折口信夫全集』二)

あきもとやすたみ 秋元安民 一八二三―六二 江戸時代後期の国学者、洋学研究者。通称正一郎、名は正蔭・逸民・御民・安民。『勤王烈士伝』によれば、文政六年(一八二三)正月一日、播磨国姫路に生まれる(墓碑銘には文政七年と刻む)。父は同藩士秋元右源次包菊、母は矢嶋氏でその次男。国学者野之口(大国)隆正に入門。養子となり野之口正蔭と称したが、のち離縁して秋元姓に復し、伴信友について国学を修め、同国三木に私塾を開く。その後姫路藩校国学寮教授となり、傍ら洋学にも志し、西洋事情を研究、写真術を試み、特に洋型帆船の建造を安政三年(一八五六)に建議し、速鳥丸・神護丸を造った。他方勤王思想を主唱して門人を指導し、文久二年(一八六二)京坂に出入りして有志と交わったが、八月二十九日京都三本木の寓居に病死した。四十歳。京都廬山寺に葬られる。法号は徹心院正純空室居士。国学を基礎として西洋の知識を採り、開明進取を志した人で、その師野之口隆正らとともに幕末国学の新たな方向を示した。著書には『宇宙起源』『蛮名漢訳箋』『隣域異聞』『海外名所歌集』『大祓詞集疏』『古祝詞新疏』『高橋氏文注補意』『類題青藍集』『空室雑考』『伊勢の浜荻』『神議』などがある。

参考文献 秋元安平『秋元安民伝』、萩原正太郎編『勤王烈士伝』 (伊東多三郎)

あきやまのしたひおとこ 秋山之下氷壮夫 ⇩春山之霞《はるやまのかすみ》壮夫《おとこ》・秋山之下氷壮夫《あきやまのしたひおとこ》

あくじんおいのしんじ 悪神追神事 ⇩おかおしんじ

あくたいまつり 悪態祭 悪口祭・喧嘩祭などともいい、社寺の祭の日に参詣人が互いに相手の悪口を言い合い、勝った方が神の思召しにかなって幸福を得るとする信仰である。民間行事として行われ、ほとんど全国各地にあり、時期は季節的には定まっていないが、正月の初詣での時が一般に多く、年占にもなっている。京都祇園社の初詣でや栃木県足利市毘沙門堂の大晦日の悪態祭など古くから知られ、その他も昔は多かったが次第に廃絶した。しかし茨城県西茨城郡岩間町愛宕神社の旧十一月十四日の祭、和歌山県有田郡の山村で正月行われる笛踊にも、参詣者が悪口を言い合うという。岐阜市美江寺の正月晦日の蚕祭にも、青竹でつくった猩々の胴を群衆中に投げると、その竹片を争い取り、蚕室におくと蚕の生育がよいという。岐阜県関市倉知の白山神社の四月二十日の祭や、大分県宇佐八幡宮の新暦七月三十一日の夏越祭のように、組が分かれて競争し、あるいは三つの神輿が競争するなど、多くは競技が祭の中心になっている。 (岩崎 敏夫)

参考文献 柳田国男編『分類祭祀習俗語彙』

あぐちじんじゃ 開口神社 大阪府堺市甲斐町東二丁に鎮座。旧府社。延喜式内社であり、塩土老翁神《しおつちのおじのかみ》などを祀る。明治以前仏地となり大念仏寺と名づけ寺僧が社務を執っていたので、今も「大寺さん」の俗称で親しまれている。主祭神の塩土老翁は山幸海幸神話に、また天孫降臨や神武天皇東征に説示された神と伝え、事勝国勝長狭《ことかつくにかつながさ》神《のかみ》・住吉神と同体ともいう。社蔵の『大寺縁起』ほか二点は重要文化財に指定されている。例祭は九月十二日。 (今井 啓一)

参考文献 『大阪府神社史資料』

あくまばらえ 悪魔祓 ⇩祓《はらえ》

あげうましんじ 上げ馬神事 三重県桑名郡多度町の多度大社の、五月四日・五日の多度祭で行われる神事。参道傍らの急坂を馬で駆け登るところから、上げ馬神事の名で親しまれている。起源は南北朝時代のころにさかのぼるとされるが、現在の神事の形ができたのは、第二代桑名城主本多忠政による祭復興によると伝えられる。祭の一ヵ月ほど前に、肱江《ひろえ》地区から神児一名、ほかの六地区(多度・小山・戸津・北猪飼・猪飼・力尾)から少年一人ずつが騎手として選ばれ、潔斎と別火生活の中で乗馬の練習を重ねる。五月四日の宵宮は、急坂を削り整備する坂爪掛《さかつめかけ》を済ませたのち、陣笠裃姿で、各地区二回ずつ十二回の上げ馬が行われる。五日の本祭では、早朝に祭典があり、午前中、祭馬の馬場への乗り込み、馬場を走る馬場乗りなどがある。七度半の神児迎式ののち、六人の少年が、花笠武者姿で馬に乗り、各地区一回ずつの上げ馬神事を行う。はじめに「はな馬」(最初に疾走する当番地区の馬)が群集に囲まれた馬場を疾走しそのまま急坂を駆け登る。見事に坂上に上がった馬が多い時ほど豊作になるという。三基の神輿の肱江御旅所船着社への渡御があり、流鏑馬なども行われる。同じ三重県員弁郡東員町の猪名部《いなべ》神社でも、四月第一土・日曜日に上げ馬神事が行われている。約三メートルの急な崖を登ることができれば馬を出した地区は豊作というので、皆で懸命に馬の尻押しをする。宵祭は十二頭、本祭には六頭の馬が駆け上がる。埼玉県秩父郡小鹿野町飯田の八幡神社の二月十五日の鉄砲祭も、俗に上げ馬祭といい、神社近くの急な崖を馬に駆け登らせる。その際、坂の両側に並んだ鉄砲打ちたちが一斉に空砲を打つ。いずれも豊作の占いの要素を持つ。 (茂木 栄)

あけごろも 明衣 斎戒の時の衣服。『論語』郷党に「斉必有明衣、布也」とある明衣を、神事の時の浴衣または祭衣の名称として、浴衣を「あけごろも」、祭衣を「みょうえ」と呼んで区別した。「あけごろも」は天皇が小忌御《おみのお》湯《ゆ》の時につける湯帷《ゆかたびら》で、近世は大嘗祭の時の所用とされている。この際の湯帷は、入浴中の料を天羽衣《あまのはごろも》、浴後の料を明衣と呼んで区別するのを例とし、その形状は、『言成卿記』嘉永元年(一八四八)九月二十四日条に「昨日女房等、直ニ相二尋御平常御湯帷御寸法一也、以二件御寸法一明衣縫立先例也」として、その寸法を「一御たけ四尺五寸、一御袖下壱尺三寸五分、一御えりたけ二尺五寸、一御おくみはゞ四寸五分、一御身はゞ御ゆき御晒はゞ一ぱい」と伝えているので明衣の大様を推考することができる。「みょうえ」は、伊勢神宮の式年の遷宮などの時に、祭主以下禰宜までが束帯の上につける白の生絹の闕腋《けつてき》の袍の制で、裾の短い仕立てをいう。なお権禰宜以下は、一幅のまま、五尺六寸の長さの白の生絹を衣冠の袍の左肩から掛けて右脇下に結んで巾明衣《はばみようえ》という。また十三派神道の中、神道本局・金光教・大成教・神習教などでは白の闕腋の袍を明衣と呼んで用い、天理教では青摺の闕腋の袍を明衣と呼んでいる。 (鈴木 敬三)

あざかじんじゃ　阿射加神社　三重県松阪市大阿坂町に鎮座。旧村社。猿田比古大神《さるたひこのおおかみ》を祀る。一説に伊豆速布留《いつはやふる》神《のかみ》とも、底度久神《そこどくのかみ》ともいう。猿田毘古神が阿邪訶に坐し漁をし、貝に手をはさまれ海に没したとき、三神が出現したと『古事記』にあるが、その三神を奉斎したのが起源ともいい、『延喜式』神名帳、伊勢国壱志郡の条でも三座とするが、『倭姫命世記』では、垂仁天皇十八年倭姫命が天照大神を奉じてよい宮処を求めて巡幸中、阿佐加の峯に伊豆速布留神を奉斎したとあり、これを起源ともする。嘉祥三年(八五〇)十月従五位上、斉衡二年(八五五)正月従四位下、貞観元年(八五九)正月従四位上を授けられ、延喜の制では三座並びに名神大社とされた。応永二十一年(一四一四)北畠満雅が後亀山天皇の孫小倉宮を奉じて社地に砦を築き義兵を挙げてのち、現在地に遷座したが、永禄十二年(一五六九)織田信長の伊勢攻略のとき社殿焼失、元禄三年(一六九〇)奥村要人が復興した。明治四十一年(一九〇八)村社。なお松阪市小阿坂町にも同名社があり、旧社地で問題がある。例祭は十月八日。 (鎌田 純一)

あさくさじんじゃ　浅草神社　東京都台東区浅草公園に鎮座。旧郷社。祭神は土師真中知命《はじのまなかちのみこと》ほか四柱。明治維新前は浅草寺鎮守の三社権現と称したのを、神仏分離令により明治元年(一八六八)三社明神と改称、さらに同六年浅草神社と改称したもので、祭神も三柱だったのを、その際徳川家康・倉稲魂命《うかのみたまのみこと》を合祀した。浅草観音堂は、推古天皇の御代に隅田川に流れ寄った観音像を、漁夫の檜《ひの》前《くま》竹成・同浜成が拾い上げて祀ったと伝えられており、この漁夫とそれを教え諭した土師真中知命との三人を祀ったのが三社権現であるという。中世での状態はわからないが、近世初期の『浅草寺縁起』には、これを「三所護法」、同一本には「三所権現」としており、以後『江戸名所記』には「三所の護法神」、『江戸雀』には「三所の護法」とし、『紫の一本』あたりから「三社権現」と記している。社殿は慶安二年(一六四九)に成った壮麗な権現造のものが現存し、重要文化財に指定されている。その祭礼(もとは三月十七・十八日、現在は五月十七・十八日)は江戸・東京の市民に三社祭《さんじゃまつり》として親しまれたもので、現在も多数の神輿の渡御や古風な田楽舞が行われている。
→三社祭《さんじゃまつり》

参考文献　松平定常『浅草寺志』、網野宥俊『浅草寺史談抄』 (萩原 竜夫)

あさくらじんじゃ　朝倉神社　高知市朝倉に鎮座。旧県社。天津羽羽神《あまつははのかみ》(天石戸別命の子で、八重事代主命の后神)および天豊財重日足姫《あめとよたからいかしひたらしひめ》天皇(斉明天皇)を祀る。延喜式内社で上下の信仰厚く、土佐国二宮と称せられ、江戸時代には、藩主山内家より社領二石の寄進を受けていた。背後の赤鬼山は神体山とせられる。祭神の一座斉明天皇は、同天皇の行宮名の朝倉宮(筑紫の朝倉橘広庭宮、七年五月行幸)にちなんで、あとから奉祀するにいたったという。例祭は十一月十日。本殿は江戸時代初期の建築で、重要文化財に指定されている。 (阪本 健一)

あさひこしんのう　朝彦親王　一八二四―九一　幕末・維新期の政治家。伏見宮邦家親王の第四子。幼名熊千代・富宮。母は青蓮院坊官鳥居小路経親の女信子。文政七年(一八二四)正月二十八日京都に生まれる。天保七年(一八三六)八月仁孝天皇の養子となり、奈良一乗院門跡に補せられ、翌八年十二月親王宣下、成憲と名乗り、同九年閏四月得度、入道尊応親王と称した。嘉永元年(一八四八)三月二品に叙し、同五年三月勅旨により、改めて京都粟田口青蓮院門跡となり、尊融と改称し、世に粟田宮と称せられた。人となり豪気で、水戸藩士から今大塔宮と注目されていたが、安政五年(一八五八)のころ、通商条約調印と将軍継嗣の二大問題が起ると、水戸藩士らの働きかけもあって、親王は条約勅許に反対し、将軍継嗣には一橋慶喜を嘱望した。このため安政の大獄が起ると、同六年二月慎に、同年十二月隠居、永蟄居に処せられ、相国寺塔頭桂芳軒に幽居し、獅子王院宮と称した。文久二年(一八六二)四月幕府の内奏により、永蟄居を赦され、青蓮院門跡に還補した。親王に対する孝明天皇の親任は厚く、同年十二月国事御用掛の新設とともにこの職につき、翌年正月には特旨をもって還俗の内勅を賜わり、ついで中川宮と称した。同三年八月二十七日元服し、名を朝彦と賜わり、弾正尹に任ぜられ、世に尹宮と称され、翌元治元年(一八六四)十月宮号を賀陽《かや》宮と改称した。その後も公武合体派の重鎮として国事にあたり、慶応年間(一八六五―六八)に及んだが、孝明天皇の崩御するに及んで次第に孤立し、慶応三年十二月、「王政復古の大号令」発布とともに国事御用掛の職が廃止され、参朝を停止され、その政治的生命は終った。明治元年(一八六八)八月、反政府運動を計画したとの嫌疑により、親王の宣旨を奪われ、広島藩に幽閉された。同三年閏十月京都帰住を許され、爾来伏見宮邸に謹慎したが、五年宮号を称することを許され、同八年五月一家を立て、久邇宮と称した。

同年七月神宮祭主に任ぜられ、職にあること十六年余、その間、明治十五年三月には造神宮使となり二十二年の遷宮を成功させた。また神宮の古礼旧典の究明に努力し、その蔵書は神宮文庫に久邇宮本として残る。同二十四年十月二十五日没した。六十八歳。

参考文献 『朝彦親王日記』(『日本史籍協会叢書』)、『青蓮歌集』、徳富猪一郎『維新回天の一面』

(小西　四郎)

あさまじんじゃ　浅間神社　富士山に対する信仰から生まれた神社。富士山に対する畏敬とその信仰は古代に発し、『万葉集』や『竹取物語』には、信仰内容の一面を伝えるが、駿河・甲斐両国の山麓地域には、早くより遥拝施設も多く設けられたものと思われる。そして主要地域には著聞な浅間神社の鎮座を見たのであって、これらの社頭を中心に富士信仰も拡張した。特に富士山の眺められる地域には、分社の分布も稠密、これらは富士道者による勧請も少なしとしなかった。浅間ないし富士を社名とする神社は全国に約千三百社を数えるといわれるが、これらの根本社壇が、駿河国大宮、甲斐国一宮の浅間神社であったようで、一方、吉田口とか須山口とかの登山口にも有力な浅間神社が祀られてきた。なお「あさま」は古称で、最近では「せんげん」という。ちなみに富士山への信仰に基づく社頭に、何故に浅間神社と呼称してきたのかは、浅間山の存在とも併せて考察を要する点であろう。

(一)静岡県富士宮市大宮に鎮座。戦後、富士山本宮浅間神社と改称された。旧官幣大社。駿河国一宮。富士山頂に奥宮があり、別に浅間大菩薩・浅間大明神・富士権現・富士浅間宮ともいう。祭神は木花開耶姫《このはなさくやひめ》を中心に、母神の大山祇神《おおやまずみのかみ》と夫神の瓊瓊杵尊《ににぎのみこと》を配祀。富士登山道の南口にあり、諸国の浅間神社の根本社で、その創建は垂仁天皇三年と伝える。しかし、その起源は富士の山神の祭場に発したらしく、現社地に固定したのは大同元年(八〇六)ごろといわれる。仁寿三年(八五三)名神に預かり従三位、貞観三年(八六一)には正三位、延喜の制では名神大社に列した。他方平安時代末期には真言修験者の手によって大日寺が立てられ(『本朝世紀』)、爾後山岳仏教とも習合して、富士浅間大菩薩とも呼ばれるようになる。また神仙思想と結合して山頂に仙宮が考えられたり(『神道集』)、あるいは大山祇神社の幽宮といったように、死霊のおもむく他界観念の山に思われたり、さらには行者も集まってさまざまな要素が加わった。一方武将の崇敬としては源頼朝・北条義時・同泰時、下っては足利・武田・今川らの武将の庇護をうけ、この地方では三嶋大社と並ぶ著名社となった。江戸時代に入ると徳川氏の崇敬厚く、神領は約千百石にのぼったが、これとともに庶民信仰として注目すべきは富士講の隆盛であろう。本殿は慶長九年(一六〇四)徳川家康の造営にして、重層五間四面の四注造の、いわゆる浅間造である。社宝には後陽成天皇宸翰・武田信玄願文・太刀(備前国長船住景光)・脇指(応永二十四年作)などがある。祭礼は十一月四日。五月五日流鏑馬祭、七月七日御田植祭。

浅間神社(一)本殿

参考文献 『浅間文書纂』、『浅間神社史料』、宮地直一『浅間神社の歴史』

(二)山梨県東八代郡一宮町に鎮座。旧国幣中社。木花開耶姫命を祀る。延喜の制名神大社、甲斐国一宮。霊峰富士に対する信仰に成立した社頭で、もとは本社より東南二キロにある峯城山の山腹の摂社山宮の地に在ったが、貞観年間(八五九―七七)、現社地に遷祀すといい、毎年三月十五日、山宮神幸祭が行われるのは、古来の因縁に基づくものであろう。鎌倉時代には鎌倉幕府の崇敬をうけ、建久五年(一一九四)十一月、社殿修復のことが『吾妻鏡』にみえ、下って戦国時代、武田氏の報賽篤く、社蔵文書によると、武田信玄は天文二十年(一五五一)二月、一宮郷荒間二十貫の地を、弘治二年(一五五六)正月に信州筑摩郡小松郷内十貫の地を、また元亀三年(一五七二)三月には、駿河富士郡押出村内に十五貫の地を、それぞれ寄進しており、徳川家康に及んでは、早く二百貫文の社領を寄せ、江戸時代を通じて安堵されてきた。さらに宝物中の後奈良天皇の宸筆『般若心経』は、天文十九年四月、同天皇が国土安穏万民和楽のために進められたもので、当社の由緒にとっても特筆に値する。例祭四月十五日にして俗に川除祭という。

(三)静岡市宮ヶ崎町に鎮座。旧国幣小社。祭神は木花開耶姫を中心に、瓊瓊杵尊《ににぎのみこと》・栲幡千千姫《たくはたちぢひめ》を配祀。富士新宮・府中浅間宮とも呼ばれ、富士浅間神社の分霊を勧請した国司崇敬の社であった。場所は静岡市の北部、賤機山の南麓にあり、境内には式内の古社で駿河国の総社の神部神社、産土神で穀物守護神である大歳御祖神社がある。これら三社の合祀は、元仁元年(一二二四)駿河国総社と富士新宮が焼失した際に執権北条義時が再建したときという。江戸時代には徳川氏の崇敬厚く、神領は三社で二千六百余石にのぼり、本社に範をとった浅間造の社殿の美しさには駿河日光の称がある。社宝には山田長政奉納の「軍艦額面」「大象図」および古文書などがある。例祭の廿日会祭は四月一日より五日。→大歳御祖神社《おおとしみおやじんじゃ》 →神部神社《かんべじんじゃ》

参考文献 『国幣小社神部・浅間・大歳御祖神社誌』

(近藤 喜博)

あさまじんじゃもんじょ 浅間神社文書 静岡県富士宮市の浅間神社の文書で、本宮の文書と大宮司家や社家の文書に分けられる。いずれも東京大学史料編纂所架蔵の影写本にあるほか、『静岡県史料』『浅間文書纂』として刊行されている。本宮文書は東大影写本は十八点、『静岡県史料』には五点あるがいずれも東大影写本におさめられているものである。『浅間文書纂』は二十一点あるが近世文書が多く、東大影写本と一致するのは永禄十三年(一五七〇)四月二十三日武田信玄願文のみである。大宮司家富士氏の文書は東大影写本は四十九点、『静岡県史料』は六十点、『浅間文書纂』には五十八点あり、公文富士氏の文書は東大影写本二十一点、『静岡県史料』二十二点、『浅間文書纂』は近世文書を含めて八十九点ある。影写本と二つの刊本との間には文書の所在について若干の異同がみられる。これらの文書の内容は足利・今川・武田・後北条・豊臣・徳川といった武家の同社によせた信仰や社領寄進に関するものが多い。なお同社では昭和九年(一九三四)には『浅間神社史料』を編纂しているが、これには東寺文書をはじめ他所所在の浅間神社に関係する文書をおさめている。

(福田栄次郎)

あさまやま 朝熊山 三重県伊勢市の東南、伊勢・志摩の国境に立つ標高五五三メートルの霊山。里宮《さとみや》の伊勢神宮に対する山宮《やまみや》として古くから崇敬され、「伊勢へ参らば朝熊をかけよ、朝熊かけねば片参り」と歌われ、中世以降の参宮道者は必ず朝熊山へも登拝し、いわゆる片参宮を避けるのが慣例であった。また山麓の周辺村落には、人の死後その霊魂がタケの朝熊山へのぼり山中に鎮留するという信仰があった。そこで人々は、埋葬の翌日あるいは七七忌などに、このタケに登って死霊を供養するタケ参りを行う。その参拝道をタケミチといい、道案内の道標が古さを物語っている。こうした山中他界観の民間信仰を基盤として、頂上に金剛証寺が創建された。開基を弘法大師とするのは密教修験の付会であるけれども、承安三年(一一七三)の埋経筒の発掘は、霊山信仰の実修を証明したといえよう。その奥の院には、信者の安置するタケ参りの石塔がこけむし、木の香新たな卒塔婆が無数に林立し、朝熊信仰の深さを示している。

参考文献 桜井徳太郎「山中他界観の成立と展開」(『日本歴史』二四九)

(桜井徳太郎)

あさまやまえんぎ 朝熊山縁起 三重県朝熊山の山頂にある金剛証寺の縁起。著者・巻数・成立年ともに不詳。この縁起は弘法大師作と称する『神鏡広博記』五巻の内の「朝熊山ノ秘」を祖述し、大師がこの山で求聞持法を成就し東寺法務となる証を得たから寺号を金剛証寺ということなどから鎮守の大事、赤精童子事などを説明する。鎮守の大事は天照大神との関係で内外宮の奥の院であると説き、赤精童子事は天照大神が大師に託宣して雨宝童子となって守護せんと約された事を説くなどあたかも秘法を注したもののごとくで、修験風な所が多い。伝本として類従本は東寺観智院の蔵本に拠るもので、奥書に「此一巻、永正八年(一五一一)辛未五月中旬之候、濃州下向之時、於三円鏡寺定照院二令三書写二了、法印権大僧都真海(于レ時五十八)」とある。『続群書類従』釈家部、『日本思想大系』二〇所収。

参考文献 『群書解題』一八下

(是澤 恭三)

あさみけいさい 浅見絅斎 一六五二―一七一一 江戸時代中期の朱子学者。崎門三傑の一人。名は安正、通称は重次郎といった。望楠楼・望楠軒を絅斎の号とするのは誤りである。承応元年(一六五二)八月十三日、近江国高島郡太田村(滋賀県高島郡新旭町太田)に生まれる。京都に出、高島順良と称して医師として立ったが、二十八歳のとき山崎闇斎の門にはいり、学ぶこと三年、佐藤直方とともに最も愛され、ことに経義の点では最も認められた。医を棄てて儒となり、浅見姓に復した。闇斎のすすめで伊藤仁斎に文章の指導をうけたこともあるという。その学問は闇斎より規模がはるかに狭いが師説を忠実に継承し、ますます精密にしたというのが定評である。しかし闇斎の神道説は取らず、またその敬義内外の説(『近思録』に論ぜられている『易』の「敬以直内、義以方外」を内＝身、外＝家・国・天下とする)を反駁して闇斎より破門せられ、その葬儀にも列しなかった。肥えた大男で撃剣乗馬を好み、長刀の鎺金《はばき》に赤心報国の四字を漆書していた。毎朝東方(つまり江戸の方角)に向かって長刀を振るうのを日課としていたとの説もある。死に臨んで兄の子をして学統を継がしめたという。弟子に若林強斎がいる。著作(講義筆記を含む)は『靖献遺言』八巻(むしろ編纂書)、『靖献遺言講義』八巻、『拘幽操附録』一巻、『辨大学非孔氏之遺書辨』一巻、『氏族辨証』一巻などの刊本のほか写本で伝わるものが多い。所説のうち最も顕著なものは『靖献遺言』にみられるような勤王主義的大義名分論で、この書は早く竹内式部の罪状にもその講説があげられているが、特に幕末水戸派など勤王運動の志士たちの必読書となり、非常な影響を及ぼした。韓愈『拘幽操』をめぐっての湯武放伐絶対否定論などもこの系列のもので、崎門派中でも佐藤直方の湯武是認と明白に対立している。また関連して注目すべきは闇斎以来の南朝正統論、楠木正成の顕彰である。幕末の志士たちに愛誦せられた長文の「楠公桜井駅訣別の歌」(和文)は徳川斉昭説もあるが、実は絅斎の作であるともいう。その他当時の儒者のシナ崇拝を排撃して、中国夷狄の称呼はみな自国中心の称呼にすぎぬこと、時として日本こそ中国なりと主張していること、文弱に対して武骨を擁護していることのごとき、佐藤直方の説と対比して興味がある。

正徳元年(一七一一)十二月一日没。六十歳。墓は京都市東山区の延年寺墓地にある。明治四十三年(一九一〇)従四位を追贈された。

参考文献 佐藤豊吉『浅見絅斎先生と其の主張』、井上哲次郎『日本朱子学派の哲学』、『日本倫理彙編』七、『浅見絅斎集』(『近世社会経済学説大系』)

(島田 虔次)

あさみはちまんぐう 朝見八幡宮 ⇩八幡《はちまん》朝見《あさみ》神社《じんじゃ》

あさめどのせんぐうようとき 嫐殿遷宮用途記 香取神宮遷宮の鎌倉時代の記録断簡。著者不詳。一巻。本書は文永八年(一二七一)の遷宮記録の断簡で、元来は香取神宮全体の遷宮記録であったものが、前部・末尾が欠損していたため最初の事書を表題としたので、書名としては「香取神宮遷宮記断簡」ともいうべきであろう。本文に引用されている年次などからして、文永八年の遷宮の記録として、あまり隔てない時期に作成されたものと思われる。内容は、嫐殿遷宮用途をはじめ正神殿用途事や御神宝物・御装束・御衣料など遷宮全体にわたる記録であり、鎌倉時代の香取神宮遷宮の様子を知ることができる。記事のなかには、用途を負担した所領と地頭も記されており、北条実時をはじめとする武士との関わり合いも窺える。『香取神宮文書』には「造営記録断簡」があり、異同はあるが続群書類従本の原本とみられ、また遷宮に関係する文書も伝わっており、『千葉県史料』中世篇香取文書に収められている。『続群書類従』神祇部所収。

参考文献 『群書解題』二下

(川島 孝一)

あさりふとかた 浅利太賢 生没年不詳 江戸時代中期の神学者。日峯軒と号し、受領して甲斐守を称した。はじめ白川雅光に神道を学び、のちに通俗神道家として一家をなした。その人物評は『ぬなは草紙』にみえているが、少しく酷評に失している。著書に『神祇政道服忌令』(一冊)、『中臣祓大全』(刊十冊)、『神代倭訓集成鈔』(刊十冊)、『神道苧手巻』(一冊)、『神道袁美衣』(二冊)、『神道纂言上帯』(五冊)などがある。門人に神田千秋がいる。

(近藤 喜博)

あしがらのさかのかみ 足柄坂神 ⇩科野《しなの》之《の》坂神《さかのかみ》・足柄《あしがらの》坂神《さかのかみ》

あしかりのしんじ 葦刈神事 四月から特に六月に多い諸神社における葦刈りと葦流しの神事。御葭《みよし》の神事、御葦流しともいう。愛知県海岸に多く、津島神社の神葭苅神事は著名で、六月十四日に川葦数千を簀にして紺染の糸で巻き疫神を移して流す。漂着した地に仮殿を建て発見者が施主となり祭る。熱田神宮にも古く御葭神事があり、豊橋牛頭天王社・御葦天王社の名がみえる。おそらく祟《たたり》神遷却儀礼の遺習であろう。

(山上伊豆母)

あじすきたかひこねのかみ 味耜高彦根神 大国主神と多紀理毘売命《たきりびめのみこと》の御子神で葛城賀茂の神。記紀には、親しかった天稚彦《あめわかひこ》の喪を弔いに行ったところ、死んだ天稚彦に間違われて怒り、喪屋を剣で切り伏せた、とある。『古事記』による別名は迦毛大御神《かものおおみかみ》。『出雲国風土記』では葛城賀茂社に坐《ま》す神で、一日中哭《な》いている神としても描かれている。『延喜式』神名帳の出雲国阿須伎《あすきの》神社(島根県簸川《ひかわ》郡阿須伎《あずき》神社)、大和国高鴨阿治須岐託彦根命《たかがもあじすきたかひこねのみこと》神社(奈良県御所市高鴨神社)の祭神。

参考文献 神野志隆光編『古事記・日本書紀必携』、式内社研究会編『式内社調査報告』二・二〇

(渡辺瑞穂子)

あしつみじんじゃ 阿志都弥神社 滋賀県高島郡今津町弘川に鎮座。式内社、旧郷社。木花開耶姫命《このはなさくやひめのみこと》を祭神とする。鎮座地今津は高島郡の旧善積《よしつみ》郷に属しているが、阿志都弥の社名は善積の古名を葦積《あしつみ》と称したことに基づく。郷の総氏神として、古代からの信仰を保ってきた古社である。菅原道真を合祀し、「行過天満宮」「桜花大明神」などの俗称もある。例祭は四月二十五日。同郡の安曇川町川島にも同名の神社(旧村社)がある。

(景山 春樹)

あしなずち・てなずち 脚摩乳・手摩乳 記紀神話の八《や》岐大蛇《またのおろち》退治に登場する神名。田の神に仕える女性であるオナリの印象が濃い奇稲田《くしいなだ》姫の父母にあたる。名義は手足の働きによって水田を得る、その足・手の神霊の意とも、娘を足撫で手撫でして、いつくしむところからつけられた名ともいう。またこの二神は素戔嗚尊《すさのおのみこと》から、稲田宮主神の名を賜わったと伝える。すなわち、元来は司祭者で、それの神格化した神名と考えられる。↓八岐大《やまたのおろ》蛇《ち》

参考文献 松本信広『日本神話の研究』、肥後和男『古代伝承研究』、竹野長次『古事記の民俗学的研究』

(尾畑喜一郎)

あしのはらえ 悪祓 ⇩善祓《よしのはらえ》

あしはらのしこお 葦原醜男 ⇩大国主神《おおくにぬしのかみ》

あしはらのなかつくに 葦原中国 『古事記』『日本書紀』にあらわれる日本国土の神話的な別称。豊葦原中国(『日本書紀』神代)ともいう。初出は『古事記』神代、黄泉比良坂段であるが、海神の宮段に、海神の国からみてこの国を「上つ国」と呼んでいる点からすると、上は高天原(天上界)に、下は黄泉国(幽界)や海原(海神の国)に対するその中間の国の意味がある。また神勅段に「豊葦原之千秋長五百秋之水穂国は我が御子正勝吾勝勝速日天忍穂耳命の知らさむ国と言よさしたまひて天降したまひき」(原漢字)とあるあとに「此の葦原中国は」と、上と同義に使用しているので、その美称性も認められる。神話ではこの国をはじめ須佐之男命(素戔嗚尊)の子孫たる大国主神が統治し、のち天照大御神の神勅によって天孫が治めるようになる。「葦原」の名については、国土をかこむ四方の海岸に葦が繁っている様をあらわすという説と、豊葦原之水穂国の水(瑞)穂が稲の穂を意味するとみて、葦原も同義に解する説とがある。

(川副 武胤)

あじろひろのり 足代弘訓 一七八四―一八五六 江戸時代後期の国学者。幼名慶二郎、その後式部・権大夫。号は寛居《ゆたい》。天明四年(一七八四)十一月二十六日伊勢国山

田に生まれる。父は弘早《ひろとし》。母は池田氏、幸子。足代家は代々伊勢外宮の禰宜。十七歳の時父の死により家を相続し、翌年内宮の荒木田久老について国学を修め、その後本居大平・本居春庭にも従学、他方律令の学を亀田末雅に、和歌を芝山持豊に、有職故実を竹屋光棣に学んだ。京都・大坂・江戸にも出て、国学者・儒者その他多くの文人と交わり、学風は広く見識は高かった。また憂国経世の志を持ち、文化・文政のころは山田でも奢侈の風俗が流行し、祠官で破産絶家する者が多かったので、その弊風粛正運動を起し、幕府に請願したこともある。天保の大飢饉の時には同志を語らって窮民救済に奔走し、古今の飢饉の史実と救荒食物の製法を記した『おろかおひ』を著述した。大坂の大塩平八郎とは特に親しく交わり、平八郎が著書を神宮に奉献したのは、弘訓の斡旋であり、天保八年(一八三七)大塩騒動の時、弘訓は大坂に召喚されて、取調べを受けた。他方尊王の志が強く、弘化二年(一八四五)三条実万の手により著述二十五冊を禁裏に献上した。嘉永六年(一八五三)米艦来航以来、特に時局対策に苦心し、諸方の有志と交わり、門人を教導した。そのころ、吉田松陰が二度も足代家を訪れた。安政三年(一八五六)十一月五日山田で病死した。年七十三。山田の鷺山の墓所に葬られ、養子弘直があとを継いだ。門人は多いが、その中に佐々木弘綱(明治時代の歌人で佐佐木信綱の父)が出た。弘訓の学風は古典の考証にも優れていたが、本居系の学者の中で最も思想性が強く、時勢認識が鋭かったことは他に類例がない。著書に『日本紀人名部類』『続日本紀人名部類』以下六国史・律令・『万葉集』・神宮などの部類、および『寛居雑纂』『海士《あま》の囀《さえずり》』(歌集)、『大塩平八郎一件記』などがある。自筆本・筆写本は多く神宮文庫・宮内庁書陵部・無窮会神習文庫に所蔵されている。

参考文献　榊原頼輔『足代弘訓』　(伊東多三郎)

あすかき　飛鳥記　⇩豊受皇太神御鎮座本紀《とゆけこうたいじんごちんざほんぎ》

あすかにますじんじゃ　飛鳥坐神社　『日本書紀』朱鳥元年(六八六)条に「奉二幣(中略)飛鳥四社一」とあり、『延喜式』神名帳には「飛鳥坐神社四座(並名神大月次相嘗新嘗)」とあるが、その他には『三代実録』貞観元年(八五九)九月条に「飛鳥神(中略)等遣レ使奉レ幣為二風雨一祈」とあるだけで、その後は衰微してその所在が確かでない。現在は奈良県高市郡明日香村飛鳥に、もと村社の飛鳥神社があり、式内社とする。しかし特殊神事の田植祭も実は摂社となっている八幡神社の行事で、村の氏神はむしろ八幡神社で、飛鳥神社には氏子がない。　(原田　敏明)

あすけはちまんぐう　足助八幡宮　愛知県東加茂郡足助町足助字宮《みや》ノ後《あと》に鎮座。祭神は品陀和気命《ほむだわけのみこと》・帯中日子命《たらしなかつひこのみこと》・息長帯比売命《おきながたらしひめのみこと》など五柱。近くの飯盛《いいもり》山に対する信仰より発し、八幡信仰の流入によって八幡社に代わったものと思われる。江戸時代中期の棟札にみえる「嶽《たけ》之八幡宮」は明治時代初めまで飯盛山にまつられていた。足助惣郷の惣社と称して、七十七ヵ村を氏子区域とし、明治五年(一八七二)郷社に列し、昭和三十五年(一九六〇)、それまでの足助八幡神社より改称した。旧来の社家は成瀬氏である。例祭は足助祭といい、山車《だし》(鉾車)・飾馬・鉄炮・棒の手が出る。現在は十月十五日に近い日曜日に行われる。本殿は檜皮葺三間社流造で文正元年(一四六六)造立、重要文化財に指定されている。宝物に『足助八幡宮縁起』(室町時代写)・「扁額鉄砲的打図板額」(慶長十七年(一六一二)、県指定文化財)などがある。

参考文献　太田正弘『足助八幡宮』　(太田　正弘)

あすけはちまんぐうえんぎ　足助八幡宮縁起　愛知県東加茂郡足助町鎮座の足助八幡宮の霊験譚を記した縁起。著者不詳。一巻。成立年代は不明であるが、一番新しい記事が建武四年(一三三七)であり、それ以降室町時代初期の成立と推定される。文体は和文であり、前半に足助八幡の出現譚が記され、後半にその霊験譚が列記されている。その出現は、天智天皇の時代に、三河国宝飯郡の大深山に鬼体となって顕われ、人身に身を転じ帰能士と称し、土地の女との間に一女二男をもうけた。その後、帰能士が世を去ると、その遺言から、帰能士が八幡神であることが判明し、社殿を造り神宮寺に本地仏の薬師如来を安置した。そして子供の好基士は宮守となり、もう一人の賀浄夫は稲荷明神となったという。これが本社の出現譚で、ついで二十九項目にわたり疾病治癒・立身出世などの大願成就の霊験譚が列記される。当地を本貫とする足助氏のことはほとんどみえず、わずかに足助又三郎なる武士が不敬のため失脚する記事のみである。これは足助氏が南朝の忠臣であったためと考えられる。『続群書類従』神祇部、『神道大系』神社編一五に収録されている。

参考文献　『群書解題』一下　(川島　孝二)

アストン　William George Aston　一八四一―一九一一　イギリスの外交官、日本学者。一八四一年四月九日アイルランドに生まれ、六二年同地のクインズ＝カレッジを卒業し、元治元年(一八六四)外務省の競争試験をパスして江戸駐在英国公使館付日本語通訳生として来日、公使パークスのもとで同僚サトウとともに幕末維新期の対日交渉にあたった。明治三年(一八七〇)通訳兼翻訳官となり、同五年八月より十二月まで日本使節に付して一時帰国、同八年より十五年まで日本語書記官補、同年より十七年まで長崎領事の職にあり、この間しばしば兵庫領事代理を兼ねた。十七年より十九年まで朝鮮総領事として京城に赴任、十九年より二十二年退官するまで東京公使館書記官を勤めた。帰国後日本の言語・文化の研究に没頭し、チェンバレン、サトウとともに明治時代西洋日本学の三大学者の一人に数えられている。代表作に Nihongi, chronicles of Japan from the earliest times to A. D. 697(1896)(英訳『日本書紀』)があり、サンソムも「翻訳や註釈に使える材料が何もない、まったく零のスタートラインから始めた仕事だが貴重な出来ばえ」とほめている。またShinto, the way of the Gods(1905)(『神道』)は宗教学的に日本固有の信仰を研究した最初の書といわれる。一九一一年十一月二十二日サウス＝デボン州ビーヤで没。七十二歳。　（金井　圓）

あずまあそび　東遊　東国の歌舞。「あそび」は神霊を慰める芸能の意であった。古代東国の民俗的歌舞が中央に流入し、宮廷や神社で行われるようになって、平安時代に固定した。『三代実録』によると、貞観三年(八六一)三月十四日の東大寺大仏供養に、内舎人二十人の倭舞に対して、近衛二十人の東舞が供えられた。この東舞が東遊そのものであるかは断定できないけれどもその可能性は考えられる。固定した東遊の舞人が帯剣するのは、近衛府の官人の舞の名残にふさわしい。本来の東国の民俗的歌舞の形姿はうかがわれないけれども、近衛の官人が演じたということは、やはり東国は鎮撫されるべき境域であり、その国魂のこもった歌舞を支配管掌することが征定の意味を有したのであろう。宇多天皇の寛平元年(八八九)十一月二十一日に賀茂の臨時祭が創始された時に東遊が用いられて定着し、石清水・松尾・平野・稲荷・春日・大原野・日吉・祇園・北野・住吉などの各社にも用いられた。鍋島家本『東遊歌』によると、延喜二十年(九二〇)十一月十日に譜が勅定された。平安時代中ごろに栄えたが、室町時代に中絶し、文化十年(一八一三)三月に再興された。序曲が一歌、二歌で、次に舞を伴う駿河歌、求《もとめ》子《ご》歌があり、終曲が大比礼《おおひれ》(片下)である。歌人に伴奏楽器として和琴・笛・篳篥《ひちりき》がつく。舞人は青摺の小忌衣に剣を佩き、冠は巻纓老懸《おいかけ》、桜橘などの花を挿す。歌詞は一歌「をををを、はれな、手をとゝのへろな、歌とゝのへむな、相模《さがむ》の嶺《ね》、をゝを」、二歌「え、我が夫子《せこ》が今朝の琴手は七つ緒の八つ緒の琴を調べたるごとや、なをかけ山のかづの木や、をゝゝ」、駿河歌㈠「や、有度《うど》浜に駿河なる有度浜に、うち寄する波は七草の妹《いも》、ことこそよし、七草の妹はことこそよし、逢へる時いざさは寝なむ、や、七草の妹ことこそよし」㈡「あな安らけ、あな安ら、安ら、あな、あな安らけ、練《ねり》の緒の衣の袖を垂れてや、あな安らけ」㈢「千鳥ゆゑに浜に出て遊ぶ、千鳥ゆゑにあやもなき小松が梢《うれ》に網な張りそや、網な張りそ」㈣「磐田志太江笠忘れたり、や、磐田志太江殿ばらもしるくもがなや、笠まつり置かむ、笠まつり置かむ、や、知らざらむ、あぜかその殿ばら知らざらむ、磐田なるやたべの殿は、近き隣を、近き隣を」、求子歌「あはれ、ちはやぶる賀茂の社の姫小松、あはれ、姫小松、万代《よろずよ》経《ふ》とも色は変、あはれ、色は変らじ」、大比礼「大比礼や小比礼の山は、や、寄りてこそ、寄りてこそ、山はよらなれや、遠目はあれど」。相模や駿河の地名が現われる歌は東国産であることを明らかにしている。特に駿河歌の第一曲は安閑天皇の代に有度浜に天女が舞い降りたのを写したという伝説もあり、たしかに伝承性は濃厚に感ぜられる。歌垣風の行事を含む地方神事を基盤に発生したものであろう。求子歌はそれぞれの神社にふさわしく部分的に改変される。駿河歌と求子歌を舞うのを諸舞《もろまい》、求子歌だけ舞うのを片舞という。現在も京都の賀茂祭、さいたま市の氷川神社の祭などで行われる。

参考文献　関深『本朝楽府三種合解』(『日本歌謡集成』二)、小西甚一『古代歌謡集』解説(『日本古典文学大系』三)　（臼田甚五郎）

あずままろじんじゃ　東丸神社　京都市伏見区深草藪之内町に鎮座。江戸時代中期の国学者荷田春満を祀る。春満は稲荷神社の社家に生まれ、羽倉を姓とし、通称斎宮、はじめ信盛のち東麿といった。国学の祖として、賀茂真淵・本居宣長・平田篤胤とともに国学四大人の一人に数えられ、その神霊を本社に祀る。明治二十三年(一八九〇)に創建せられ、同三十六年府社に列せられた。例祭は四月三日。→荷田春満《かだのあずままろ》　（加藤　隆久）

あずみうじ　安曇氏　古代の豪族。阿曇とも記す。海人《あま》部《べ》の伴造として著名である。その発祥地は筑前国糟屋郡阿曇郷(福岡県粕屋郡新宮町)と考えられている。早くより東方に進出し、安曇・厚見・渥美・安積などの地名は同氏の発展居住した跡を示すものとされる。『古事記』によれば、伊耶那岐神が筑紫の日向の橘の小門の阿波岐原で禊祓をした時に生成した三柱の綿津見神を祖神と仰ぎ、『新撰姓氏録』では海神綿積豊玉彦神の子穂高見命のあととしている。早くより海人を支配し、『日本書紀』応神天皇三年十一月条に阿曇連の祖大浜宿禰が諸所の海人の騒ぎを鎮めて「海人之宰」となったとあるのも、その関係によるものであろう。履中天皇の時、阿曇連浜子が住吉仲皇子の叛に加担し処罰されて以後、しばらく史上に顕著な活動を見せなかったが、推古朝以後再び活発に活動し始め、特に半島関係に活躍した阿曇連比羅夫は著名である。大化改新の際には一族より東国国司を出しており、また百済救援の役にも参加し(阿曇連比羅夫)、あるいは天武天皇十年(六八一)の「帝紀及上古諸事」の記定事業にも加わっている(阿曇連稲敷)。同十三年宿禰の姓を賜わり、持統天皇五年(六九一)十八氏に「墓記」の上進を命ぜられた時、阿曇氏もその中にあり、当時の有力な氏族の中に数えられている。律令制の成立以後は、永く海人部の伴造として奉仕した経歴により、内膳奉膳に任ぜられることになったが、同じ職掌の高橋氏と神事の際の行立の前後を争ってしばしば対立し、ついに延暦十年(七九一)十一月新嘗の日に、奉膳安曇宿禰継成は高橋氏を先と定められたことを不満として詔旨に従わず退出したため、翌年三月佐渡に流され、以後安曇氏は内膳司における地位を失ったものと思われる。安曇氏より出て犬養の職にあったものとして阿曇犬養連があり、屯倉の守衛にあたったものと考えられている。なお、海人族としての安曇氏について、その種族的源流を東南アジアからインドネシア方面に求める説がある。安曇氏に黥面の風習のあったことは、「阿曇目」(『日本書紀』履中天皇元年条)の語によって知られ、『肥前国風土記』に値嘉島の海人について、「此嶋白水郎容貌似二隼人一、恒好二騎射一、其言語異二俗人一也」とあって、海人族が一般の日本人と異なっていた様子が窺われるとともに、隼人との間の親近性が認められ、また筑紫系神話に南方的要素がきわめて顕著である点から見て、十分考慮すべき問題である。このほかに、阿曇族と隼人族を同族とし、阿曇隼人族の原住地を華南とする説もある。

参考文献 松村武雄『日本神話の研究』、宮地直一「安曇族文化の信仰的象徴」、黛弘道「犬養氏および犬養部の研究」(『学習院史学』二)、滝川政次郎「猪甘部考」(『日本歴史』二七二・二七三)、西田長男「安曇磯良」(『神道史研究』五ノ六)、後藤四郎「大化前後における阿曇氏の活動」(『日本歴史』二二六)、同「内膳奉膳について」(『書陵部紀要』一一)　(後藤　四郎)

あすわじんじゃ　足羽神社　福井市足羽山に鎮座。旧県社。継体天皇・生井神《いくいのかみ》・福井神《さくいのかみ》・綱長井神《つながいのかみ》・阿須波神《あすはのかみ》・波比岐神《はひきのかみ》を主神とし、大穴持《おおなもち》の像石神《かたいしのかみ》など九神を合祀する。社名より推すに、古代、住地の守護神と信奉された阿須波神(足羽神)を祀ったのが起源であったろう。社伝では、男大迹王《おおどのおう》(継体天皇)が越前在住時代に、大宮地の霊すなわち宮中を守る五神を祀ったというが、足羽神はその一神である。継体天皇を祀るのは、馬来田皇女《まくたのおうじょ》の斎祀するところだという。神階は延暦十年(七九一)従五位下に叙され、累進して天慶三年(九四〇)従三位に昇叙。延喜の制では国幣の小社に列す。中世は朝倉氏、近世は越前松平氏の尊信をうけたほか、五十年一度の大祭には勅許の宣命を賜わる例があり、光明・仁孝天皇より額字を下賜された。昭和二十年(一九四五)七月の空襲により炎上したが復興。例祭は五月十五日。七月三十一日に「わくぐり祭」がある。なお近世の国学者足羽敬明は本社の社司であった。

参考文献 足羽敬明『足羽社記略』、井上翼章編『越前国名蹟考』　(小倉　学)

あすわもりはる　足羽敬明　一六七二―一七五九　江戸時代中期の神主・国学者。氏は馬来田《まくた》。雉堂・雉山人と号す。寛文十二年(一六七二)正月二十五日、福井藩士渥美新右衛門友信の子の生まれ、右京と称したが、延宝六年(一六七八)足羽神社(福井市)祠官馬来田尚家《なおいえ》の養子となり(室は尚家女加奈)、神主を嗣ぐ。足羽社家の官位叙任の再興を志し、関連資料を渉猟し上京し、時の武家伝奏中院通躬・中山兼親の殊遇を得て、享保七年(一七二二)十月二十八日従五位下・内蔵権頭に叙任される。同十八年五月三日従五位上、元文四年(一七三九)九月二十二日正五位下、寛延元年(一七四八)六月二十八日従四位下に昇叙した。社例もなく破格の昇進であったが、さらに宝暦五年(一七五五)には齢八十余ということで従四位上を望み、六月二十七日勅許された。このときかつての位記の姓氏を改竄したことが発覚したが、憐愍を以て不問に付され、自今は足羽戸朝臣を用いることとされた。敬明以降、武家伝奏が執奏家となる。宝暦九年二月十日没。八十八歳。墓所は福井華蔵寺にある。著者に『足羽社記』『越前国式社地名考』『続日本紀故事考』『続日本後紀故事考』『文徳実録故事考』『三代実録故事考』『日本逸史故事考』などがある。

参考文献 福田源三郎『越前人物志』下、足立尚計「馬来田家公文職系図記」上(『若越郷土研究』三三ノ三)　(橋本　政宣)

あそうじ　阿蘇氏　阿蘇神社の大宮司家で、阿蘇谷の開発豪族の後裔と考えられる。神武皇孫の健磐竜命が阿蘇に封ぜられ、その子速瓶玉命が阿蘇国造となって阿蘇氏を賜わり、景行天皇の時に勅命により阿蘇神社を創始し、代々阿蘇君として健磐竜命を祀って来たと伝う。実際は、神霊池(阿蘇山噴火口)の信仰と、阿蘇谷の開拓に伴う国造神信仰が、開拓豪族の祖神と結合することによって、八世紀ごろまでにかかる所伝が形成されたものであろう。奈良時代から平安時代前期には、神主・郡司そして私営田領主的な性格をも加えつつ、朝廷の山上神霊池に対する奉幣を背景に、祭政一致の首長として、近隣の小共同体に対する支配を強めていった。平安時代後期以降在地領主化し、荘園領主(皇室)の補任を受ける惣領大宮司(宇治姓を称す)を中心に、惣領制的な武士団を形成した。上島・恵良・土田・坂梨・光永・竹崎・子守などの諸氏は、いずれもその庶家である。鎌倉時代には、北条氏の勢力が阿蘇氏の惣庶関係に楔を打ち込む形で強く及んで来、一族内部の関係は複雑化していった。南北朝時代は阿蘇氏が最も顕著かつ複雑な動きを示す時期である。北条氏を倒す段階には一応一致していた一族の行動も、南北朝の対立、武家方内部の対立などの情況の中で、征西将軍宮懐良親王および菊池氏を中心とする南軍の活動に、その領主的発展のすべてをかける惟澄、尊氏によって大宮司に任ぜられた坂梨孫熊丸、その間にあって必ずしも南軍に密着することなく、伝統的惣領中心主義によって一族結合の保持につとめる惟時と、三様の動きをとった。その後応永三十一年(一四二四)ごろまで、惟村・惟郷の北朝大宮司と惟武・惟政・惟兼の南朝大宮司が対立した。宝徳二年(一四五〇)両大宮司は合体したが、戦国時代には菊池氏同様大友氏の意のままに動かされることになった。さらに天正十三年(一五八五)には島津氏に降り、同十五年からは豊臣秀吉の支配を受け、文禄元年(一五九二)の梅北の乱に関係ありとして惟光は自刃させられ、阿蘇大宮司職は終りをつげることになった。加藤清正は三百五十石を惟善に与え、細川氏もそれをひきついだが、もはや阿蘇社神主としての地位を保持するにすぎなかった。明治十七年(一八八四)には男爵家とされた。

参考文献 『阿蘇文書』、杉本尚雄『中世の神社と社領』　(工藤　敬一)

あそさんしゃだいぐうじけいず　阿蘇三社大宮司系図　肥後国阿蘇神社(熊本県阿蘇郡一の宮町鎮座)の大宮司家の系図。『続群書類従』系図部所収。一巻。阿蘇三社とは、神日本磐余彦尊(神武天皇)孫の健磐竜命、阿蘇都媛および曾孫の速瓶玉命をいう。阿蘇社の総神主として世襲した大宮司家は、この子孫という。なお、本系図には、健磐竜命など三者に「三社之内」と注し、速瓶玉命には加えて「号国造」とも注す。当家は中世武家としても名高く、武家領主化した当家の政治動向を示す史料に『阿蘇文書』がある。本系図は阿蘇大宮司家における書継系図であるため、著者は不詳。速瓶玉命の子稚人君命以下友隆に及ぶ。位階を注したところもあるが、概しては歴代の名のみを記した棒系図。貞享二年(一六八五)の書写奥書があるが、最後の友隆の部分には、「貞享六年迄」との記載がある。この系図は続群書類従編纂過程では除くべきとされたものである。この続群書類従本のほかには、『阿蘇家略系譜』『異本阿蘇系譜』『阿蘇系図』(以上、阿蘇宮司家本)などがある。

参考文献 『群書解題』三下 (川島 慶子)

あそしんこう　阿蘇信仰　阿蘇山と阿蘇神社に対する信仰。阿蘇山は霧島火山帯と白山火山帯の会合点、九州中央部の熊本県東部に聳立する複式火山で、高岳・根子岳・中岳・杵島岳・烏帽子岳の五岳よりなる総称である。最高峰高岳の標高は一五九二メートル、カルデラの規模は東西一七キロ、南北二五キロ、周囲一二〇キロに及び、外輪山の一部は大分・宮崎両県に跨がる。古くより阿蘇中岳火口と火口池が崇拝対象となり、阿蘇大明神健磐竜命《たけいわたつのみこと》(阿蘇神社主祭神)などを祀った。『延喜式』神名帳によれば、肥後国四座のうち阿蘇郡に三座をしめる。「健磐竜命神社(名神大)、阿蘇比咩神社、国造神社」がそれで、いわゆる阿蘇三社と呼ばれ国造阿蘇氏の奉斎するものであった。『隋書』倭国伝には「其の石、故なくして火起こり、天に接する者、俗を以って異と為し、因って禱祭を行う」(原漢文)とあって、阿蘇山の「其の石《いわ》」の噴火に対して祭祀を行なっていることが記される。「タケ磐《いわ》タツ」の本義が窺えるとともに、『釈日本紀』引用の『筑紫風土記』逸文は頂上の「霊《あや》しき沼」と「群の川」の源となる中岳を「閼宗《あそ》の神宮《かむつみや》」としており、火山信仰に加えて水神(タケイワ竜)信仰の性格が習合していったことがわかる。また、健磐竜命は『阿蘇家伝』によれば、神武天皇の子神八井《かむやい》耳命《みみのみこと》の子としてあり、筑紫平定のため阿蘇国に下向したところ、その国内が水海にして青山四連するのを見、西山を蹴落し阿蘇谷の水を干して耕地となし、歳神をまつって百穀を播殖し霜神を斎きて豊饒を祈ったとする。阿蘇氏の阿蘇地方開拓に伴い、火山・水神信仰に農耕・国造祖神信仰が組み込まれていく。一方、平安時代初期以降、祈禱仏教の盛行に伴い、阿蘇山噴火口は阿蘇御嶽として一地方信仰から国家祈禱の対象として、とりわけ託宣神の性格を強くおび、官社として確立していくこととなる。さらに山上噴火口を上宮、山上奉仕のための天台系寺坊を中宮(古坊中《ふるぼうちゅう》、現在の草千里あたり)として山上衆徒・行者の活動も行われた。

参考文献 杉本尚雄『中世の神社と社領』、村崎真智子『阿蘇神社祭祀の研究』 (加藤 健司)

あそじんじゃ　阿蘇神社　熊本県阿蘇郡一の宮町宮地に鎮座。別名阿蘇宮・阿蘇大明神。旧官幣大社。主祭神健《たけ》磐竜命《いわたつのみこと》を一宮とし、二宮は阿蘇都比咩命《あそつひめのみこと》、三宮は国竜《くにたつ》神《のかみ》、四宮は比咩御子神《ひめみこのかみ》、五宮は彦御子神《ひこみこのかみ》、六宮は若比咩《わかひめ》神《のかみ》、七宮は新彦神《にいひこのかみ》、八宮は新比咩神《にいひめのかみ》、九宮は若彦神《わかひこのかみ》、十宮は弥比咩神《やひめのかみ》、十一宮は国造速瓶玉命《はやみかたまのみこと》、十二宮は金凝神《かなごりのかみ》で、以上を阿蘇十二明神と称し、特に一宮・二宮・十一宮を阿蘇三社という。阿蘇国造の子孫阿蘇氏によってまつられる。主神健磐竜命は神武皇孫で、天皇が速瓶玉命の子惟人に仰せて宮地にこれをまつらせたという。阿蘇氏が阿蘇谷を開発し、周辺の諸共同体を従えていくのに対応し、火山神と国造神とが結合し、阿蘇神主家が成立し、健磐竜の人格神が確立していったものと思われる。平安時代初期以降祈禱仏教の盛行に伴い、山上に多くの寺坊が作られる一方、阿蘇神も託宣神としての性格をもつに至り、たび重なる火山活動の異変を神意とみる朝廷の奉幣を受け、官社として確立していった。弘仁十四年(八二三)には従四位下勲五等健磐竜命に、封戸二千戸が寄せられた。さらに斉衡元年(八五四)には三十戸が加えられ、貞観元年(八五九)には正二位を授けられた。そして同十七年には阿蘇都比咩を従二位に叙し、承和十四年(八四七)には国造神社の官社化も行われた。『延喜式』では一宮は明神大社に列せられ、さらに寛仁三年(一〇一九)には一代一度の大奉幣を受け、その後肥後国一宮となり、社殿の造営も国司の専当するところとなった。かかる国家的保護を背景に、阿蘇大宮司家の領主化が進み、十一世紀後半には皇室を本所とする荘園関係にはいることになり(阿蘇荘の成立)、大宮司は荘園領主の補任を受けることになった。十二世紀前半には甲佐・健軍・郡浦の三社を末社とし、阿蘇社および阿蘇氏の勢力は広く肥後平野に及ぶことになった。しかし、武士的領主としての発展は、祭祀家としての阿蘇氏の性格を複雑にし、鎌倉時代中期大宮司惟義は南郷に本拠を移し、以来大宮司は南郷や矢部にあって主として武士団活動に従事し、権大宮司が神事を司ることになった。南北朝時代には阿蘇氏の去就を重視する両勢力から所領の寄進や安堵が相ついだが、安定せず、以後次第に没落に向かった。天正十五年(一五八七)の豊臣秀吉の九州平定に至り神領は没収され、大宮

阿蘇神社楼門

司惟光は謀殺され阿蘇大宮司職は終りを告げた。その後加藤清正から三百五十石の神領を与えられ、細川氏も篤く信仰し、社殿造営などにあたったが、もはや昔日の威勢はなかった。しかし長年にわたる阿蘇氏の勢力および阿蘇社の神威の及ぶいたる所に阿蘇神信仰は伝えられ、明治以降熊本県で阿蘇神を祀る社(併祀を含む)は三百二社に達する。その他筑後・豊後などにも十数社を数える。明治四年(一八七一)国幣中社、同二十三年官幣中社、大正三年(一九一四)官幣大社となる。例祭は七月二十八日。特殊神事として御田植神事・火焚神事はよく知られている。

参考文献 『阿蘇郡誌』、杉本尚雄『中世の神社と社領』

社領 中世の阿蘇本社領は阿蘇谷を中心に、小国・南郷・矢部に及ぶ。中でも本社近傍の「宮地四面内」は、古代より阿蘇社と関係をもつ神人の耕作地と考えられ、神事負担を重点的に負う境内郷である。この地を含め阿蘇谷の本社領の多くは、田堵=名主階層の神官・供僧に神事奉仕のための給田として与えられ、それが大宮司を中心とする封建的関係形成の基盤となった。末社領はいずれも十二世紀の初め、郡郷司層在地領主がその所領を阿蘇社に寄進して成立したもので、健軍社領は津守保(熊本県上益城郡)、甲佐社領は堅志田・小川・海東・砥用などで下益城郡を中心に分布し、郡浦社領は宇土半島の大半を占める。大宮司私領は、大宮司の武士化が、南郷・矢部地方を中心に展開したため、その方面に多かった。新恩地は元弘以来のもので社領と大宮司私領を合わせると、大隅を除く九州各国に分布する。

参考文献 『阿蘇文書』、杉本尚雄『中世の神社と社領』

(工藤 敬一)

あそのくにのみやつこ　阿蘇国造 古代の阿蘇地方の豪族。九州の名族で阿蘇君と称し神武天皇の皇子神八井耳命の裔という系譜を持つ。国造とあるのは『国造本紀』だけであるが、『筑紫風土記』逸文には「閼宗(阿蘇)県」とあり、早くから阿蘇と朝廷との間の密接な関係が認められる。その子孫は、「健磐竜命(阿蘇都彦)神社」をはじめ、同じく式内社の「阿蘇比咩神社」「国造神社」など十二社からなる肥後一宮「阿蘇神社」を祀って現在に至っているが、平安時代以来大宮司として権威を把持して来た。武家時代にも源頼朝社領を寄進しこの社と家とを重んじたが、南北朝時代にはことにその強大な武力が南北両側から評価され、特に征西将軍麾下南朝勢力の重鎮であった。豊臣秀吉の九州征伐で伝領は没収されたが、加藤清正以下近世領主から改めて寄進があり、『西遊雑記』によれば江戸時代後期には大宮司三百石、二十一社人以下に七百石の食地があったというから、藩政期にも阿蘇国造の実力は維持されていた。→国造《くにのみやつこ》

参考文献 『古事類苑』神祇部四

(新野 直吉)

あそびべ　遊部 古代の職業部の一種。古代人は死または病気を魂の遊離によるものと考え、放浪魂を呼び戻せば蘇生回復すると信じた。このような観念のもとに天皇の殯宮に侍して霊魂の復活、死者蘇生の呪術を行なった呪術者が遊部である。喪葬令の古記の記す伝承によると、殯に供奉する遊部は、一人が刀を負い戈を持ち、一人が刀を負い酒食を捧げた。前者を禰義、後者を余比と称する。禰義は、宮中における鎮魂祭の御巫《みかんなぎ》や天岩戸神話における天鈿女《あめのうずめ》と同じく、戈を手に歌舞して遊離魂を引き戻す呪術を行い、余比は酒食によって放浪霊を引き付けようとするものであろう。ところが喪葬令にみえる遊部は、親王・公卿の葬儀に参ずる者として規定されており、これは殯における鎮魂者としての遊部ではなく、古記が「野中古市人歌垣之類」と注するように、実体は歌垣の歌舞が採用されており、天皇の大葬の場合も同様であった。遊部は死に対する古代人の観念の変化とともに次第に形骸化し、やがては葬送の行列を飾る単なる歌舞へと変質していったのである。

参考文献 折口信夫「上代葬儀の精神」(『折口信夫全集』二〇所収)、新井喜久夫「遊部考」(『続日本紀研究』九ノ九)

(新井喜久夫)

あそもんじょ　阿蘇文書 本来は熊本県阿蘇郡一の宮町にある阿蘇神社の旧大宮司阿蘇元男爵家に伝えられた文書を意味するが、昭和七年(一九三二)から九年にかけて、東京大学史料編纂所から、『阿蘇文書』三冊(『大日本古文書』家わけ一三)が刊行されてからは、それに収められた阿蘇神社文書十点(これも大宮司家より神社に寄付されたもの)、大宮司家伝来の文書原本三百五十一点、転写本三十六冊(原本は天保七年の火災で大半焼失したが、これはそれ以前に転写されたもの)を総称する。現在は神社文書以外の大部分は熊本大学に移管されている(三十四巻、写本三十六冊)。時代的には平安時代末より江戸時代末に及ぶが、なかんずく、南北朝時代の阿蘇氏を中心とする複雑な政治的動きを示す史料を多く含んでいる。なお『阿蘇文書』には、右のほか旧別当寺の『西巌殿寺文書』(阿蘇町)、末社の一つである『健軍神社文書』(熊本市)、大宮司惟時の時以来阿蘇氏とゆかりの深い『満願寺文書』(阿蘇郡南小国町)を収めている。

参考文献 熊本県教育委員会編『阿蘇文書』(『熊本県文化財調査報告』一一)

(工藤 敬一)

あたごごんげん　愛宕権現 ⇨愛宕神社《あたごじんじゃ》

あたごしんこう　愛宕信仰 主として火伏せの神(鎮火神)としての愛宕社に寄せる信仰。愛宕の名は、その祭神迦《か》具土《ぐつち》が、生まれるにあたって母神伊弉冉尊《いざなみのみこと》を焼き死なしめた仇子であったことにちなむと俗説されている(『古事記伝』『倭訓栞』など)が、むしろもとは側面・背面を意味するアテに由来し、その神は境を守る神であったのではないかともいわれ(柳田国男『地名の研究』)、京都では王城鎮護のためにその西北の山上にまつられたものと考えられる。中世、仏教との習合によって多くの修験者がこの山に住んだところから、その祭神は愛宕権現太郎坊と呼ばれて、天狗と考えられるようになり、輩下に多数

の部類眷属を率いるものとして大いに畏怖された。他方その本地仏は勝軍地蔵と名づけられて、これを尊崇するものは必ず軍陣の勝利を得るといわれ、戦国武将の間にその信仰が弘まった。特に徳川家康は関ヶ原の戦に勝軍法を修して勝利を得たところから、慶長八年(一六〇三)芝桜田山の丘陵に愛宕権現を勧請して社殿を営んだ。また最上氏も愛宕神への崇敬厚く、東北地方には愛宕社が諸方に勧請されている。近世、一般庶民の間では竈神としてこれを台所にまつるものが多くその崇敬者たちは講を組織して代参月詣を行い、護符と樒を持ちかえって火災から免れることを願った。また毎年六月二十四日(今、七月三十一日)の夜は千日詣と称し、その日参詣すれば千日の参詣と等しい功徳があると伝えられる。

（柴田　実）

あたごじんじゃ　愛宕神社　京都市右京区嵯峨愛宕山上に鎮座する。旧府社。全国各地にある愛宕社の本社として、祭神は本宮には稚産日命《わくむすびのみこと》・埴山姫命《はにやまひめのみこと》・伊弉冉尊《いざなみのみこと》・天熊人命《あめくまうしのみこと》・豊受姫《とようけひめ》の五柱、若宮には雷神・迦遇槌命《かぐつちのみこと》・破无神《はむのかみ》の三柱を祀ると公称されているが、世俗にはもっぱら火の神迦遇槌を中心に鎮火神(火伏せの神)として尊崇されている。本社は『神祇拾遺』『神社啓蒙』などによれば、もと愛宕郡鷹峯(京都市北区鷹峯)にあったのを、のち今の山上に移したものという。『三代実録』によれば貞観六年(八六四)正六位上から従五位下に昇叙、元慶三年(八七九)さらに従四位下に進められ、また翌四年には阿当護山无位雷神・破无神に並びに従五位下を授くとみえ、古代における崇敬の一端を窺うことができる(それらの記事がいずれも丹波国愛当護神と記されているのは、当時は愛宕山が丹波に属していたからと解せられる。『延喜式』にも丹波国桑田郡条に阿多古神社を入れている)。中世神仏習合の進展に伴い、その祭神は愛宕権現太郎坊と呼ばれ、その姿は天狗と考えられて畏怖されたが、他方その本地仏としては勝軍地蔵がまつられ、これを本宮とし、太郎坊をもって奥院とした。そのほかに別当寺・教学院・福寿院・長康坊・御蔵院・威徳大善寺など多くの坊舎があり、唐の五台山に擬して愛宕五峯と呼ばれた。古来朝廷ならびに武門の信仰が厚く、禁中御撫物四筥ずつが納められたのに対し、当社からは丙午の年ごとに護符を奉ったという。応仁の乱後、細川勝元は社殿を修造、織田・豊臣二氏はそれぞれ社地を寄進し、徳川氏もまた六百五十二石の朱印地を寄せた。明治維新の後権現号を停め、別当・供僧などを廃して今日に至っている。例祭は九月二十八日。別に四月二十四日に鎮火祭を執り行なっている。愛宕神社は諸方にひろく分祀勧請されているが、その最も著名なものは東京都港区の桜田山(愛宕山)上にあるもので、慶長八年(一六〇三)将軍の命により修法僧神証春音の勧請するところ。同十五年に本社・幣殿・拝殿・閣門などが完成。山下に六院を置き、遍照院をもって別当の住坊とした。

（柴田　実）

あたゆたじんじゃ　阿多由太神社　岐阜県吉城《よしき》郡国府町木曾垣内《きそがいと》に鎮座。産土神《うぶすながみ》・権現社とも呼ぶ。旧郷社。祭神に大歳《おおとし》(年)御祖神《みおやのかみ》・家津御子神《けつみこのかみ》、相殿に速玉大神《はやたまのおおかみ》・阿須波乃神《あすはのかみ》を祀る。『延喜式』神名帳には、荒城《あらき》郡(吉城郡)五座の一つとして、阿多由太神社は大津神社・荒城神社・高田神社・栗原神社とともに、登載されている。『三代実録』によれば、貞観九年(八六七)、阿多由太神は、水無神らとともに、従五位上に位階を進める。『斐太後風土記』一一によれば、木曾垣内村の元禄検地帳などに、「権現」と記されているのが、阿多由太神社としている。木曾垣内村民は、木曾氏の子孫が産土神とする御嶽権現を「権現」と呼んで尊崇してきたのであったが、文化年間(一八〇四―一八)京都吉田家の社人玉田常陸永辰が来て、権現の社名を「阿多由太神社」にあてたという。三間社流見世棚造・柿葺《こけらぶき》の本殿は、雄健で技法優れた神社建築として、昭和三十六年(一九六一)、重要文化財指定を受けた。例祭は、四月二十二日。

（丸山幸太郎）

あちめのわざ　阿知女作法　神楽の序曲ともいうべき庭《にわ》燎《び》の歌に次いで行われる神事作法。すなわち本方の楽人が「阿知女おおおお」と唱えるのに対し、末方の楽人が「おけ阿知女おおおお」と和するもの。阿知女は筑前の志賀島を本拠とする、安曇《あずみ》海人族の奉じていた磯良神《いそらがみ》と関係がある。『太平記』三九の伝えによると、磯良は神功皇后の新羅征討に際し、水の威力を奉って功を立てた神であり、神楽はこの神(実は醜怪な海の精霊)を誘い寄せるために奏されたものだという。つまり神楽の起源に関連しての磯良神を呼び出す声が「阿知女」であり、「おおお」はその返答の声、「おけ」は一種の囃し詞である。志賀島は宇佐八幡と深い関係にあるが、阿知女作法も元来は、八幡系統の神楽に属する海の神の神事芸であった。それがやがて宮廷神楽に合流された。海の精霊を呼び出すのは、神楽の効果を表わすための作法であった。

［参考文献］　橘守部『神楽催馬楽歌入文』(『橘守部全集』七)、『折口信夫全集』七・一二、同ノート編五、西角井正慶『神楽研究』、同『神楽歌研究』

（尾畑喜一郎）

あつたぐうかんぴょうえんぎ　熱田宮寛平縁起　熱田神宮の根本縁起とされた書。一巻。一般に『尾張国熱田太神宮縁起』という。本書の末尾には、神宮別当尾張連清稲が記し、尾張守藤原朝臣村椙が筆削を加えて、寛平二年(八九〇)十月十五日に成る旨を記しているが、これは仮託で、鎌倉時代初期ごろの成立と推定される。内容は草薙神剣・日本武尊・同妃宮酢媛に関する同宮鎮座の由緒を述べ、さらに天智・天武両朝における神剣の事跡に及んでいる。記紀および『尾張国風土記』によった部分が大半を占めているが、歌謡をはじめ独自の所伝も含んでいる。刊本として『群書類従』神祇部がある。

［参考文献］　伊藤信民・秦鼎『参考熱田大神縁起』、尾崎知光『尾張国熱田太神宮縁記』(『熱田神宮文化叢書』一)、『群書解題』一中「尾張国熱田太神宮縁起」

（小島　鉦作）

あつたぐうひしゃくけんもん　熱田宮秘釈見聞　神仏習合にもとづく熱田社の本地・縁起に関する秘事口伝をまとめた書。著者不詳。一巻。成立は鎌倉時代末から室町時代前期と推定されているものの確定しない。内容は熱田大明神の本地は五智如来で、衆生を化度するために尾張国愛智郡に垂迹したことから始める。五智如来の東方の阿閦《あしゅく》仏を素戔嗚尊《すさのおのみこと》、南方の宝生仏を宮簀媛《みやずひめ》、西方の阿弥陀如来を伊弉冉尊《いざなみのみこと》、北方の釈迦如来を稲種命、中央の大日如来を天照大神とし、当社の祭神にあてる。大日如来すなわち天照大神が天叢雲剣《あめのむらくものつるぎ》として現れたとし、熊野権現・伊勢太神宮・熱田大明神は一体分身であるという。その他、神剣の由来や神宮寺について記し、当地を蓬莱島とみている。最後に諸社の本地を述べ、南門の海蔵門は竜宮城、鎮皇門は西方浄土の東門にあたると説いている。これらは記紀や『熱田太神宮縁起』にみえる縁起からかけ離れたものであり、その後の熱田宮の縁起由緒に関する著述に影響を与えており、近年、「中世日本紀」としての研究が進められている。刊本として『続群書類従』神祇部、『神道大系』神社編一九、『真福寺善本叢刊』七、『熱田神宮史料』縁起由緒編などがある。

参考文献　『群書解題』二下、『熱田神宮史料』縁起由緒編解説　（藤本　元啓）

あつたこうしき　熱田講式　神仏習合説にもとづく熱田大明神の威徳を讃える講の式次第に加えて、和讃、神分、和歌および魔界回向をも記した書。著者不詳。一帖。成立はこれまで平安時代末ないし鎌倉時代中期から末期とみられていた。しかし和歌「世にかくて」は冷泉為秀の作で、自身が判者であった『年中行事哥合』貞治五年に収載されていることから、式文と和讃以下が同時期の成立であれば、貞治五年(一三六六)以後の成立となる。さらにこの講式を『熱田宮秘釈見聞』と『熱田宮秘密百録』の熱田縁起説が講式化したものと見なし、室町時代の成立とする見解もある。式文は三段構成で、第一段では熱田大明神の本地について「白鳳託宣」によって大威徳五大力が示現し、諸神は大権薩埵で、南北両社は胎金一体の法王であるという。第二段では垂迹を讃えて、熱田社は慈悲万行の明徳、日域無双の尊主であり、霊剣を神体とするのは当社が源で、百王鎮護の宗廟、万民与楽の社壇とする。第三段では当地を蓬莱不死宮で竜宮城とし、衆生は霊地の徳を讃えて神の冥助を蒙り、正路に赴くことを願い望んでいることを記す。刊本として『続群書類従』神祇部、『神道大系』神社編一九、『真福寺善本叢刊』七、『熱田神宮史料』縁起由緒編などがある。

参考文献　『群書解題』二下、『熱田神宮史料』縁起由緒編解説　（藤本　元啓）

あつたじんぐう　熱田神宮　愛知県名古屋市熱田区新宮坂町に鎮座。旧官幣大社で、三種神器の一つである草薙神剣を祀り、伊勢の神宮につぐ由緒ある大社である。景行天皇の代、皇子日本武尊は東夷征討の際、伊勢の神宮に詣でて斎王倭姫命からこの神剣を授けられ、これを奉持して偉功をたてた。東夷平定の後、尊は尾張国造の館にとどまり、その女宮簀媛《みやずひめ》を妃とし、神剣をそのもとに置いて近江伊吹山の妖賊を討伐したが、病を得て没した。ここにおいて媛は天璽の神宝で、尊が常に身近かに斎いたことを畏み、やがて熱田の地に社を建ててこれを奉斎した。これが当宮の起源であるという。下って天智天皇七年(六六八)、新羅国の僧道行は、ひそかに神剣を盗んで帰国しようとしたが、風波のため難波に漂着し、ついに果たさなかった。それより神剣は皇居にとどめられたが、朱鳥元年(六八六)六月天武天皇の病いに際し、卜占によって神剣の祟であることを奏したので、勅してこれを熱田に奉還せしめた。こうして草薙神剣はもとのごとく熱田の宮に奉斎されて今日に至っている。大同二年(八〇七)斎部広成は、当宮の礼遇の薄いことを嘆き、例幣に預からんことを奏請したが、やがて弘仁十三年(八二二)従四位下を授けられ、貞観元年(八五九)正二位、のち久しからずして正一位の極位に昇叙され、また神封を寄せられ、神宝を奉献されるなど、種々の篤い礼遇に浴した。『延喜式』神名帳では、名神大社に列し、また神税の穀は、社用のほかに用いるを許さないという特別規定が設けられている。源頼朝はその母が熱田大宮司藤原季範の女であることから、外戚神として崇事した。建武の新政の際には、後醍醐天皇は特に当宮を官社に列して朝廷の宗祀とした。しかし、僅々二年にして中興の政治は崩壊したので、十分に実現するに至らなかった。のち、足利・織田・豊臣・徳川諸氏は、いずれも当宮を尊崇し、社殿の修造を行なった。当宮の尊貴な社柄は近世文運の復興とともに次第に認識され、幕末にはしばしば外寇の祈禳《きじょう》がなされたが、特に明治時代に入り、明治元年(一八六八)には熱田神社の社号を改めて神宮号を宣下、熱田神宮と称せしめた。ついで王政復古の由奉告と御即位の由奉幣使が発遣されたが、これは伊勢と当宮との二社に限られたもので、同四年官幣大社に列せられた。当宮の社殿はもと尾張造といわれる様式で、神剣は土用殿に奉斎されていたが、同二十六年には従来の様式を改めて、伊勢とほぼ

熱田神宮

同様の神明造に改造せられ、大正六年(一九一七)には勅祭社に治定された。その後昭和十年(一九三五)本宮をはじめ、別宮、摂・末社に至るまで修築が行われ、建造物、諸施設とともに整ったが、同二十年その大半が戦災にかかった。その後鋭意復興に努め、三十年には本殿の改築が成り、神器奉斎の社にふさわしい偉容が整えられた。なお、相殿に天照大神・素戔嗚尊・日本武尊・宮簀媛命・建稲種命《たけいなたねのみこと》の五柱の神が奉祀されており、別宮八剣宮以下四十四の摂・末社があるが、その中の十社は、『延喜式』神名帳に載せられている。当宮の祠官は、もと尾張氏が奉仕したが、平安時代末院政時代初期、藤原氏が大宮司職に就き、尾張氏は祝詞師職・総検校職として、権宮司に補せられて明治維新に至っている。祝詞師職を継承したのが田島家で、祭祀に際して祝詞を奏上するという職務にあたり、総検校職は馬場家が継承し庶事を監督する職務を負っていた。当宮には年間約六十の恒例祭典のほか、十余度の特殊神事がある。そのうち最も盛大なのは、熱田祭の名で呼ばれる六月五日の例祭で、勅使が参向する。特殊神事は、世様《よだめし》神事(一月七日)、踏歌《とうか》神事(一月十一日)、封水《ふうすい》世様《よだめし》神事(一月十二日)、歩射《ほしゃ》神事(一月十五日)、舞楽神事(五月一日)、酔笑人《えようど》神事(五月四日)、神輿渡御神事(五月五日)、豊年祭(五月八日)、御衣《おんぞ》祭(五月十三日)、南新宮祭(六月五日)、御田植祭(六月十八日)、神輿渡御祭(八月八日)である。なお当宮には、国宝短刀銘国俊一振、重要文化財熱田本『日本書紀』十五巻以下、書蹟・経巻・舞楽面・刀剣・鏡鑑など約三千点の宝物を蔵している。これらは昭和四十一年に完成した境内の文化殿に格納、その一部は常時展示されて一般の観覧に供している。

参考文献 『熱田神宮文書 田島家文書 馬場家文書』、内藤正参『張州雑志』二四―五八(『熱田神宮史料』)、『名古屋市史』社寺編、田中善一『熱田神宮とその周辺』、篠田康雄『熱田神宮』

社領 平安中期以降律令体制が解体過程に入ると、当宮古来の神戸や神田は次第に荘園化し、多くの氏人・神人を擁した当宮は、尾張の沃野に荘園を立てて経済的基礎の強化を図った。大宮司が尾張氏より藤原氏に移ると、公家との関係は密となり、鳥羽上皇時代に当宮とその社領とは皇室御領の班に入り、やがて皇女上西門院が管領され、のち宣陽門院領となり、持明院統の最有力御領の一つとして伝領された。一方、武家とも親縁関係を結んで社会経済的発展を遂げ、正安ごろには、ある係争にかかわる社領だけでも、二千六百四十四町に達しており(文和三年(一三五四)四月の注進によれば、権宮司家領だけでも五百六十二町に上っている)、それらは尾張一帯に棋布《きふ》し、美濃・三河にも若干存していた。建武中興の際、持明院統の管領は停止されたが、その崩壊とともにまた復活し、禁裏御領、ついで仙洞御領に入り、永享五年(一四三三)十二月に、伏見宮御領となった。当社領は全国的には分布していないが、尾張国における密度が高く、総面積では伊勢および両八幡宮(宇佐・石清水)に次ぐ広大な社領で、それが三百数十年の久しきにわたって皇室御領となり、史上に重要な役割を果たしたことが注目される。なお、江戸時代には御供料四百五石、大宮司領七百十七石が寄せられ、地元熱田の地(四千二百四十石)は、古来の縁故により神領地と呼ばれていた。

参考文献 『名古屋市史』社寺編、小島鉦作『小島鉦作著作集』一・三、上村喜久子「尾張三宮熱田社領の形成と構造」(『日本歴史』二九四)
(小島 鉦作)

あつたじんぐうじ 熱田神宮寺 愛知県熱田神宮に付属した仏寺で、現在は廃寺。創建年代は明らかでないが、承和十四年(八四七)の尾張国符(『熱田大宮司千秋家文書』)に別当補任のことがみえ、経論一万五千九百巻・仏像・堂塔の存在が知られる。『延喜式』臨時祭に、春秋二期の『金剛般若経』千部転読を規定し、享禄年間(一五二八―三二)の絵図に、本堂・五重塔・多宝塔などの堂舎がみえる。慶長二年(一五九七)焼失、同十一年豊臣秀頼が再興し、さらに元禄十六年(一七〇三)徳川綱吉これを修造、新たに医王院・不動院・愛染院の三院を建てて併せて神宮寺一山といい、本津山と号し、現在の八剣宮の北にあり、新義真言宗に属した。ちなみに、社僧として天台宗の如法院(座主)・宝蔵坊(権座主)・円定坊・持福院なども存したが、明治元年(一八六八)ともに廃絶した。

参考文献 内藤正参『張州雑志』五四(『熱田神宮史料』)、『名古屋市史』社寺編
(小島 鉦作)

あつただいぐうじけ 熱田大宮司家 熱田神宮の大宮司職を世襲した家柄で、千秋元男爵家。大宮司家の本姓は尾張氏で、その祖小豊命《おとよのみこと》は尾張国造となり、その裔は代々当宮に奉仕して祭祀に従うとともに神務を統べ、一社の長官たる重職を継いだ。平安時代に入り、他の大社と同じくその職掌を大宮司と称するに至ったが、寛徳より応徳にかけて(十一世紀後半)、四十余年間大宮司職にあったといわれる尾張員職は、その女松(松御前・職子ともいう)を尾張国目代藤原季兼に見合わせ、松女は季範を生んだ。このような両家の姻戚関係は、いつしか公的方面に波及し、季範は外祖父員職より、大宮司職を譲与されることとなった。これは季兼の没した康和三年(一一〇一)十月以前のことであろう。かくて大宮司職は尾張氏を離れて藤原氏に移り、藤原南家に熱田大宮司流が成立するのである。季範は藤原氏初代の大宮司として公家方面と深い関係を繋いだが、範忠・範信・範雅の三子は三流に分かれ、あるいはこもごも大宮司に補せられ、あるいは京官に任ぜられ、範忠の流よりは野田氏を、範信の流よりは千秋・星野両氏を出し、また範雅の裔は庶子の流とせられた。一方、季範の女二人は宮廷に仕えたが、他の一女は源義朝に嫁して頼朝を生み、大宮司家は源氏の棟梁の外戚となり、公武双方に親縁関係を結び、社会経済的な発展を遂げ、その一族はすこぶる繁衍し、諸流こもごも大宮司となり、南北朝時代には大宮司職競望のこと

が朝議に付されている(『園太暦』貞和二年十二月二十一日条)。その間にあって永くその流を伝え、大宮司職を世襲したのは千秋氏であって、範信の二子憲朝・信綱がこれを称したのに起り、憲朝五代の孫高範以後、次の経季一人を除いてはすべて大宮司職に就き、江戸時代を経て明治九年(一八七六)、千秋季福が没するまで累代その職にあり、同十七年男爵を授けられた。

参考文献　内藤正参『張州雑志』三四、『名古屋市史』社寺編、西岡虎之助「熱田社領を背景とする大宮司家の変遷」(『荘園史の研究』下一所収)、田中善一「精神生活より見たる地方武士団の展開―熱田大宮司家の消長―」(『熱田神宮とその周辺』所収)　(小島　鉦作)

あとべよしあきら　跡部良顕　一六五八―一七二九　江戸時代中期の垂加神道家。万治元年(一六五八)に生まれた。本姓は源。良隆の男。名は良賢、のちに良顕。通称は宮内、重舒斎と号し、霊社号を光海《てるみ》といった。幕府の旗本で二千五百石を領す。天和三年(一六八三)駿府御定番勤務中に、浅間神社の神主から神道説を聞き、元禄八年(一六九五)伴部安崇から儒学を学び、ついで佐藤直方・浅見絅斎に従学した。しかし宝永元年(一七〇四)ごろから深く神道に志し、同四年『垂加翁神説』を編集、山崎闇斎の神儒合一思想に傾倒し、享保三年(一七一八)九月正親町公通から垂加神道の奥秘を伝授された。良顕は学者として優れていたばかりでなく、旗本としての身分も高かったので、東国における垂加神道の中心人物として、人々から重んぜられた。彼の垂加神道家としての業績は、闇斎の神儒合一思想を理論的に発展させたこと、華夷の弁を明確にし日本中心主義を主張したこと(『神道中国之説』)、三種神器を重視し、南朝正統説を唱えたこと(『南山編年録』『三種神器極秘伝』)、『垂加文集』七巻、『続垂加文集』三巻、同付録一巻、同拾遺三巻などを編纂刊行し、山崎闇斎の学績を後世に伝えたことなどである。京都の垂加神道家は正親町公通・出雲路信直・玉木正英と、いずれも神道専守の人々であったが、良顕は闇斎が実行した神儒兼学の立場を守り、江戸垂加神道の特色を確立した。また多数の通俗神道書を著わし、垂加神道の普及に尽力した功績も多大である。享保十四年正月二十七日七十二歳で没。法名仁山院殿智海守節居士。墓は群馬県伊勢崎市宮子町の跡部氏開基の紅巌寺墓地にある。

参考文献　『寛政重修諸家譜』二一六、小林健三『垂加神道の研究』、佐伯有義『跡部良顕の伝付略年譜』(『大日本文庫』神道篇、垂加神道下)、谷省吾「跡部良顕覚書」(『神道史研究』二三ノ一)、同「失明の跡部良顕―特に『安座伝』の成立との関係―」(『皇学館論叢』八ノ二)　(平　重道)

あなしにますひょうずじんじゃ　穴師坐兵主神社　⇩兵《ひょう》主《ず》神社《じんじゃ》

あなしのかみ　穴師神　各地に祀られているが、奈良県磯城郡の穴師坐兵主神社が代表的。「アナシ」については金属鉱の採掘者、機を織る綾師、悪風としての西北風説などがある。しかし現在の祭神は、御食津神《みけつのかみ》と天鈿女命《あめのうずめのみこと》である。史書には一切記されていないので、幻の神社・神というよりほかないが、おそらくは風神であろう。兵《ひょう》主《ず》というのも、猛威をふるう風神が、暴風雨神の性格を持つシナの兵主神に似ていたからである。

参考文献　柳田国男編『増補風位考資料』、鳥越憲三郎『神々と天皇の間』、尾畑喜一郎『古代文学序説』、志賀剛「穴師と日置」(『神道史研究』七ノ五)　(尾畑喜一郎)

あなないきょう　三五教　大本系の新宗教。創始者の中野与之助(一八八七―一九七四)は、第一次大本教事件で出口王仁三郎《おにさぶろう》に魅力を感じて入信、本田親徳《ちかあつ》の鎮魂帰神や大石凝《おおいしごり》真素美《ますみ》の言霊学などを学ぶが、第二次大本教事件に連座して入獄した。出所後、本田霊学を出口王仁三郎に伝えた清水市の長沢雄楯《かつたて》に招かれて直伝を受け、重要神示をすべて伝えられたという。その中に、「清水市玉井里に「三五」と書いて「あなない」と読む世界的な宗教が生まれる、ここから神の道を全世界に開く」という神示があったのを受けて、昭和二十四年(一九四九)に三五教が立教された。大本の万教一致主義と同様に諸宗教との提携を教義にかかげ、バハイ教などと提携、世界宗教会議を数回主催した。これと平行して、「宗教と天文は一如」という神示に基づき、昭和三十一年から各地に天文台を建設した。三十五年には財団法人国際文化交友会を設立するなど、国際交流活動を展開した。平成十三年(二〇〇一)末現在、教師一五一、信者一万〇一三八(文化庁編『宗教年鑑』平成十四年版)。　(津城　寛文)

あなもりいなりじんじゃ　穴守稲荷神社　東京都大田区羽田に鎮座。羽田の穴守さんとも通称される。祭神は豊受姫命。境内地は二千坪、本殿・幣殿・拝殿のほか境内神社として奥の宮がある。当社は文化十二年(一八一五)羽田猟師町の名主鈴木弥五右衛門が開墾し、村立てされた鈴木新田(現東京国際空港内)の鎮守神である。当地はしばしば暴風、波浪のため堤防が欠損したため、名主鈴木氏により堤上に稲荷大神が勧請されたという。このため堤防の「穴を守り給ふ」ことから社名となった。例祭は十一月三日。明治十八年(一八八五)には社殿が新築され、魚介業者、花柳界、一般の商売繁盛祈願の流行神となり、また二十七年、付近で鉱泉が開発されると社頭周辺は行楽地として賑わった。第二次世界大戦後、米軍により羽田空港一帯が接収され、いったん羽田神社に合祀されたのち現在地に遷座された。社宝には、お姿墨絵(年代作者不詳)、太刀二振り(藤原家次・伝志津関兼光)・小太刀(宇多国宗)・神剣一振などがある。

参考文献　『大田区史』資料編寺社一　(石倉　孝祐)

あにじんじゃ　安仁神社　岡山市西大寺一宮に鎮座。旧国幣中社。祭神は神武天皇の皇兄五瀬命《いつせのみこと》というが明確でない。『続日本後紀』の承和八年(八四一)二月己酉条に「備前国邑久郡安仁神預二名神一焉」とある。『延喜式』にも名神大社とある。『備前国内神名帳』には「正二位安仁大明神」とみえる。のち備前国の二宮と称せられた。中世にはようやく衰えたが、江戸時代、岡山藩主池田綱政は、宝永二年(一七〇五)社殿を造営し、その子継政は、享保三年(一七一八)に社領五石を寄進した。明治四年(一八七一)国幣中社に列した。例祭は十月十一日。宝物として銅鐸(重要美術品)一個を所蔵する。

参考文献 小林久磨雄『邑久郡誌』、永山卯三郎『現存国内神名帳』、『特選神名牒』 (藤井駿)

あねさきじんじゃ　姉埼神社　千葉県市原市姉崎に鎮座。旧県社。祭神は志那斗弁命《しなとべのみこと》・天児屋根命《あめのこやねのみこと》・日本武尊・大雀命《おおさざきのみこと》など十柱を奉斎する。社伝によると、日本武尊東征の折、風神を奉祀せられ、のち景行天皇巡幸の折に日本武尊を合祀したのに創まるという。元慶元年(八七七)正五位下に叙せられ、同八年正五位上に昇叙し、延喜の制では上総国五座に加えて小社に列せられた。例祭は七月二十日。十月二十日に流鏑馬神事がある。また社伝では祭神志那斗弁命が夫神志那都比古命(島穴神社祭神)を待ち給うこと久しくついに帰り給わなかったので、待つは松に通ずるといって古来松を忌み、氏子は門松を飾らない風習がある。なお境内および付近に古墳群があり、中に前方後円墳数基を含む。けだし上海上国造《かみつうなかみのくにのみやつこ》の治所にあたり、本社も同国造の奉祀にかかるものと推定される。祠官は海上氏で国造家の後と伝える。 (大場磐雄)

あぶらひじんじゃ　油日神社　滋賀県甲賀郡甲賀町油日に鎮座。旧県社。主祭神は油日神、配祀神は猿田彦神・罔象女神。背後にそびえる油日岳の頂上には奥宮がまつられており、神体山信仰の祭祀形態を今に残している。縁起によれば聖徳太子の創建とされており、『三代実録』元慶元年(八七七)十二月三日条に油日神に従五位下の神階が授与されている。同社は神仏習合のかたちを色濃く残しており、明治以前は境内に成就院・光明院・照養院・善応寺・燈明坊が建立され、社僧金剛寺が活躍した。中世には甲賀武士五十三家の尊崇をはじめ、広く崇敬を受けることとなった。例祭は五月一日の油日祭で、そのなかの「奴振」は県選択無形民俗文化財、「油日の太鼓踊」は国選択無形民俗文化財である。社殿のうち本殿(三間社流造)・拝殿・楼門・廻廊は、それぞれ重要文化財に指定されている。そのほか、福大夫面附ずずい子(県指定文化財)や曼荼羅図など美術工芸品を多数所蔵する。 (宇野日出生)

あふりじんじゃ　阿夫利神社　神奈川県伊勢原市の相模原を俯瞰する大山の山中に鎮座する式内社。旧県社。祭神を大山祇神《おおやまずみのかみ》とすることからも明らかなように民間の山の神信仰を基盤に成立した霊社である。別当寺の大山寺が建てられ大山修験が活躍する中世以降、その霊験が喧伝されると、源頼朝・足利尊氏をはじめ、小田原北条氏・徳川氏らの武将が帰依し、社領の安堵や寄進をうけて栄えた。民間では雨乞の対象として農村に根強く信仰されている。例祭は七月二十七日。

参考文献 『新編相模国風土記稿』五一(『大日本地誌大系』) (桜井徳太郎)

あべうじ　阿倍氏　古代豪族。安倍とも記す。『日本書紀』では孝元天皇の皇子大彦命を祖とするが、『古事記』は大彦命の子建沼河別命を祖としている。本拠地は大和国十市郡安倍が有力視されている。崇神天皇十年に大彦命を北陸に、武渟川別を東海に派遣したり、崇峻天皇二年に阿倍臣を北陸道にやって越などの国境を観せたとある(『日本書紀』)ことや、阿倍氏を伴造とする丈部《はせつかべ》が東国・北陸に多く分布することからみると、東国・北陸の経営と関係深い氏族であったようである。この氏の職掌は五、六世紀ごろにかけて宮廷で盛行した形跡のある新嘗・服属儀礼(のちの大嘗祭に移行)と関係がある。阿倍氏は同族に供膳と関連のある氏族を有すること、『延喜式』にみえる践祚大嘗祭にも悠紀の御膳にたずさわる膳部・釆女・卜部・水部などを統率する地位にあること、さらに阿倍氏が大嘗祭に吉志舞を演ずることなどがそれを物語っている。吉志舞は高句麗の新羅駐兵の故事と新羅の服属儀礼を芸能化したものである。『古事記』『日本書紀』にみえる崇神天皇の事績は、皇祖神・大物主神や天神地祇の祭祀、百穀豊饒・民生安定、異俗の服属の三つにまとめられるが、これは天皇が皇祖神や天神地祇とともに新穀を聞食し、あわせて百穀豊饒を祈念する新嘗祭の儀礼と、地方豪族や朝鮮の帰服という服属儀礼の姿が示されている。それに阿倍氏の祖大彦命・武渟川別の活躍が添えられているのは、阿倍氏の職掌がこの儀礼と結びついていたことを物語っている。したがって本拠地の安倍という地名も新嘗・服属儀礼の食物供献とも関連する饗《あえ》と無関係ではない。阿倍氏は宣化朝以降、蘇我大臣のもとで大夫として政治に参加しており、大化改新のときに阿倍内(倉梯)麻呂は左大臣となったが、そのころまでの阿倍氏の系譜はあまり明らかではなく、『安藤系図』などの掲げる系図も確かではない。しかし大化のころにはすでに布勢・引田・許曾倍・狛などいくつかの家に分かれており、したがって天武天皇十三年(六八四)に朝臣の姓を賜わった阿倍臣は、これらの傍系氏族を含んだものであった。持統天皇八年(六九四)布勢御主人が氏上となってからは、阿倍氏の中心は布勢氏系に移る。しかし『続日本紀』和銅五年(七一二)十一月の阿倍宿奈麻呂の奏言には、引田氏系こそ阿倍氏の正宗だと主張している。また阿倍氏の同族で天武天皇十三年に朝臣の姓を賜わった氏族に阿閉氏がいる。敢臣とも記し、本拠は伊賀国阿拝郡といわれる。『日本書紀』顕宗天皇三年条に、阿閉臣事代が任那に使いしたとき、月神と日神の託宣を得たので田を献じて壱伎県主と対馬下県直にまつらせたとあるので、阿閉氏は祭祀卜事に結びつく性格をもっていたようである。なお平安時代の陰陽家の安倍氏は布勢氏系の流れをくむと伝えられている。

参考文献 志田諄一『古代氏族の性格と伝承』、同「阿

倍氏とその伝承」(『茨城キリスト教大学紀要』二)、大塚徳郎「阿倍氏について」(『続日本紀研究』三ノ一〇・一一)　(志田　諄一)

あべしんとう　安倍神道　⇒土御門神道《つちみかどしんとう》

あべのじんじゃ　阿部野神社　大阪市阿倍野区北畠に鎮座。旧別格官幣社。祭神は北畠親房・顕家父子。鎮座地は暦応元年(延元三、一三三八)五月二十二日、顕家が足利軍と戦い戦死した地と伝えられ、古くから墳墓があったが、住民の熱望により、明治十五年(一八八二)一月二十四日創建、別格官幣社に列し、同二十年社殿竣工、同二十三年鎮座祭が執行された。昭和二十年(一九四五)空襲により焼失したが、同三十一年再建された。例祭は一月二十四日。

参考文献　藤井貞文「阿部野神社の創建」(『国史学』三〇)、梅田義彦「神に祀られし北畠氏一族」(平泉澄監修『北畠親房公の研究』所収)　(久保田　収)

あべのせいめい　安倍晴明　九二一―一〇〇五　平安時代中期の有名な陰陽家。土御門家の祖。『尊卑分脈』『安倍系図』などによれば大膳大夫益材の子。讃岐国の人という後世の伝説もある。記録では天徳四年(九六〇)に天文得業生として節刀の形状を勘申したのを初見とし、以後、天文博士・主計権助などを歴任し、長保三年(一〇〇一)従四位下、同四年大膳大夫、寛弘元年(一〇〇四)左京権大夫とみえ、同二年三月を最後に活躍のあとがない。一説に同年九月二十六日没とし、安倍晴明社の例祭日となっている。年齢は系図類に八十五歳とする。晴明は賀茂忠行を師として天文道を伝え、天文密奏を奉仕し、天皇をはじめ諸家の陰陽道諸祭や占に従事し、名声がきわめて高かった。その技倆に関しては古くから神秘的な説話が数多く伝えられているが、すでに『大鏡』にも、天変を察して花山天皇の退位を知ったという話がみえている。また、『今昔物語集』に、よく識神《しきがみ》(式神)を使い、老僧と術比べをして勝った話や、草の葉を投げて蛙を殺した話を載せるほか、『古事談』『古今著聞集』『宇治拾遺物語』『平家物語』『元亨釈書』以下にも藤原道長に対する呪咀をあらわしたこと、瓜の毒気を占いあてたことなど多くの説話があって、後世、わが国第一の陰陽家としてあがめられた。著書には『占事略決』一巻があり、尊経閣文庫や京都大学に古写本を蔵する。他に『続群書類従』雑部に収める『簠簋内伝《ほきないでん》』五巻も晴明の著と伝えるが、これは疑わしい。子に吉平がある。

参考文献　『大日本史料』二ノ五、寛弘二年三月八日条　(土田　直鎮)

あまがつ　天児　⇒人形《ひとがた》

あまくだりしんわ　天降神話　わが天孫火瓊瓊杵尊《ほのににぎのみこと》の降臨神話がその代表的なものである。この神話は記紀その他の古典に多くの異伝があり、その数は十種以上にも及んでいる。そのうち『古事記』および『日本書紀』神代天孫降臨章第一の一書の所伝は著しく発達したものになっているのに対して、『日本書紀』本文の所伝ははなはだ簡単で、それによると高皇産霊神《たかみむすびのかみ》の命令によって、高天原から日の御子火瓊瓊杵尊がただひとり嬰児の姿で日向の高千穂峯に天降ったという。ところが同書神代天孫降臨章第一の一書の所伝になると、天孫に五部神《いつとものおのかみ》をはじめ多くの神々が随伴して天降り、そのうえ天照大神から三種の神器を授けられ、葦原の瑞穂国《みずほのくに》を統治せよという、いわゆる天壌無窮の神勅を宣告されたという。このような詳しい所伝ははなはだしく発達した形であって、特に神勅は神話の発展段階の最後に添加された政治的な要素である。また同書神代天孫降臨章第二の一書には宗教儀礼的な説明がみられ、天皇が親祭する稲穂の収穫儀礼すなわち即位の大嘗祭の原義を説明しており、儀礼神話の特色を示している。そして同書本文の最も簡単な所伝は降臨神話の基本的な形を伝えた初期的なものであるが、そこにも収穫儀礼の原義がホノニニギすなわち穂之丹饒君(穂の赤く熟すの意)という名によって示されており、したがって天降る嬰児神は穀霊的存在であることを示唆している。天孫降臨の神話のうちでも『日向国風土記』逸文の知鋪郷《ちほのさと》の所伝は、この神話の古い形を伝えている地方伝承である。そうした天降神話の原像的なものは他にも類例が多く、『出雲国風土記』の飯梨郷《いいなしのさと》条に大国魂命が天降ったとか、『旧事本紀』に饒速日命《にぎはやひのみこと》が河内国河上哮峯《はつまのたけ》に天降ったと伝えている。このように人間の始祖や統治者の祖先が天界から地上に降るという観念ないし神話は、日本だけでなく他民族の間にもいろいろな様式で語られている。日本民族および民族文化は南方の海洋系の要素と北方のアジア大陸系の要素との複合によって形成され、時間的には南方系が古層に属し、その上に北方系が重層してでき上がっている。天降神話においてもこの南北両系要素がみられる。まず南方ではインドネシア・インドシナ・台湾高砂族の間にも同類型の神話がみられ、たとえば高砂族の間では、太陽が山頂に卵を生み、その中から人間の祖先と作物の種子が現われたとか、壺に日光が当たってわれると中から人間の祖先が生まれ出たという類である。これらは日の御子の降誕を語るもので、わが日の御子火瓊瓊杵尊の降臨と共通する観念を伝えている。だが一方北方アジアの満蒙諸民族や朝鮮の古代韓族の間にも日の御子の神話が伝承されており、この方面では特にシャーマニズムの天上界の信仰が発達しており、天神の御子の降誕として語られている。たとえば日本と最も関係の深い加羅国(任那国ともいう)の始祖神話によれば、加羅の村長たちが亀旨峯《きじほう》の麓に集まって迎神の呪儀を行うと、天界から神の子が卵に入って降って来た。この嬰児は首露《しゅろ》と呼ばれ加羅国の建国者となったという(『三国遺事』所引『駕洛国記』)。新羅でもこれと類似した始祖神話を語っている。これらの古代韓族の神話では天降って来るのは嬰児神であり、それを地上で多くの人たちが迎神儀礼を行なって迎えるのであるが、わが天孫降臨神話では多くの神々が天孫とともに天降って来るという形になっている。本来、五部神などの神々は迎神儀礼の実修者であったのであるが、それが高天原から天孫とともに天降るというふうに特殊な発展を遂げたのである。北方アジアに盛行しているシャーマニズムの世界観では天界・地上・地下すなわち高天原・中ツ国・根ノ国という三段階の観念が発達している。このような世界観を受容した日本民族は高天原神話を発達させ、その結果天孫降臨神話においても、高天原の神々の世界から火瓊瓊杵尊をはじめ多くの神々が天降るという物々しい神話が構成されたのである。なお古代韓族の神話では高天原の観念と神話をわが国のように発達させてはいない。その点でわが高天原神話および天降神話は独特な発展を示しているのである。かつて天孫降臨神話を解して海外から大遠征軍が渡来した歴史を語るものであるとする説が行われたことがあるが、天降神話は軍事史ではなく、むしろ古代宗儀史・民族文化史の問題として捉えるべきものである。

参考文献　松村武雄『日本神話の研究』三、三品彰英『建国神話の諸問題』(『三品彰英論文集』二)、同『増補日鮮神話伝説の研究』(同四)、同「神話と文化境域」(同三所収)　(三品　彰英)

あまごい　雨乞　稲作農業を生活の中心にしてきた日本では、水の需要は絶対的なもので、神に降雨を祈る風習は古代からのものであった。『日本書紀』や『風土記』にも雨乞の記事がすでにみられるが、中世の記録・物語類にも、共同祈願の代表的なものとして雨乞がみられる。対象とされる神としては雨をつかさどるという雷神と竜神とが特に多いのは当然として、ほかに雨神・滝神のような水関係の神があるが、滝や淵は雨乞の場所にもなる。ほかに貴船も多いが、これも祭神が竜神の故である。雨は山に降って川を流れ下って田畑をうるおしてくれるために、農夫は山を信仰することが多く、元来海の神である竜神をも山や山の入口にまつることがある。竜神にも種類多く八大竜王もその類であるが、伝えられている「ときにより過ぐれば民の歎きなり八大竜王雨止めたまへ」の源実朝の止雨祈願の歌は世に知られている。民間に伝わる雨乞のうたには「雨たんもれ竜王や、沖から雲立ってきて、ざぁざぁと降ってこい、みのも笠もたまんねぇ」(磐城地方)の類のものが多く、これを山頂などで簑笠をつけた村人たちが合唱するもので、時には手にした笠で沖から雨雲を招くしぐさをした。「あま呼ばい」と称せられるゆえんである。雨乞の方法としては、おこもり・千《せん》駄《だ》焚《た》き・もらい水・神を怒らせる、というのが多い。共同祈願が特色で、おこもりには千度参りやお百度をふむことがよく伴う。千駄焚きは千ばたきともいい薪を山と積んで焚くこと。もらい水とはたとえば福島県いわき市辺の話では、茨城県水戸の雷神様から種水を頂いてくることで、途中で休めば休んだ所に雨が降ってしまうといって休まず歩いて来たものだという。神を怒らせるとは雨の神や水神のすむ神聖な淵などをわざと汚すことである。このほか雨乞の時に鉦・太鼓で踊りをすることや、女の相撲もあり、百枡あらいといって百個のますを借り集めて洗うなどの方法もあった。また雨を祈る雨乞地蔵の分布もひろく、年中行事にもなっている火振りの風もかなりひろかった。半ば伝説的な言い伝えをもつ雨降石・雨降松などの類もいたるところに見られたが、近年これら雨乞の風習は急激におとろえほとんど絶滅に近い。

参考文献　柳田国男「竜王と水の神」(『定本柳田国男集』二七所収)、同編『分類祭祀習俗語彙』　(岩崎　敏夫)

あまごいのかみ　祈雨神　雨を司る神。農業が基幹産業であった日本では旱魃に村氏神にお籠りしたり、山頂で千駄焚きの祈願などして雨乞することが多かった。雨神として特に名高いのは高龗神《たかおかみのかみ》(山上の竜神)・闇龗神《くらおかみのかみ》(谷に住む竜神)・水分神《みくまりのかみ》(分水嶺の神)・罔象女神《みつはのめのかみ》(水の神)・山口神など。奈良県の丹生川上神社(現在上社に高龗神、中社に罔象女神、下社に闇龗神を祭る)と京都市鞍馬の貴船神社(闇龗神を祀るが高龗神または罔象女神という説もある)は古代から知られ、祈雨には黒馬、止雨には白馬または赤馬が朝廷から献ぜられたことは、平安時代の記録に散見する。『延喜式』臨時祭には、この両社を含め祈雨神《あまごいのかみ》祭に奉幣した畿内の著名大社八十五座が記されている。中世以降は奈良県の室生竜穴神社など竜穴の前で僧侶による読経祈願がなされることもあった。　(平井　直房)

あまごいのまつり　祈雨祭　雨の降ることを祈願する祭。アマゴイは雨乞・雨請・雩などとも書く。祈雨に対して、雨の止むことを祈る祭を止雨祭または祈晴祭という。両祭とも古来、まず丹生川上《にふかわかみ》と貴布禰《きふね》の両社をまつり、幣《へい》帛《はく》と黒毛馬(止雨には白毛馬)を献った。霊験のないときは、広瀬・竜田の両社にも奉幣し、さらには諸所の神社にも奉幣した。『延喜式』臨時祭によると、祈雨神祭八十五座が記されている。祈雨の例は『日本書紀』皇極天皇元年(六四二)八月条に「天皇、南淵の河の上に幸して、跪きて四方を拝み、天を仰ぎて祈ひたまふ、即ち、雷なり大雨ふる」(原漢文)とあるのをはじめ、神職・僧侶をして祈禱せしめた記事が、古文献に散見する。民間の雨乞も種々あり、神社や堂に籠る形、雨乞踊などをする形、霊水をもらってまきちらす形、山頂などで火を焚く形などがある。福井県三方郡や岡山県真庭郡の各東部高所には、雨乞岳の名がある。　(沼部　春友)

あまついわさか　天津磐境　⇩磐境《いわさか》

あまつかみ　天津神　⇩天神地祇《てんじんちぎ》

あまつかみのよごと　天神寿詞　⇩中臣寿詞《なかとみのよごと》

あまつくめのみこと　天津久米命　記紀神話などにみえる久米氏の祖先神。天孫瓊瓊杵《ににぎ》尊が降臨するさい、天忍《あめのおし》日命《ひのみこと》とともに、その先供をしたと伝える。『古事記』では分註に久米直の祖なりとし、『日本書紀』神代天孫降臨章第四の一書では、来目部《くめべ》の遠祖天槵津大来目《あめのくしつおおくめ》とする。『古事記』では天忍日命と対等の先供神として描かれているが、『日本書紀』では、天忍日命が引率した従属神として位置づけている。

（上田　正昭）

あまつつみ　天津罪　国津罪とともに日本最古の犯罪を包括的に示す概念。両者を整合的に伝える資料は『延喜式』の大祓祝詞である。しかし天津罪と刑罰との関係を示す資料としては素戔嗚尊追放の神話があげられる。天津罪には、畔放《あはなち》・溝埋《みぞうめ》・樋放《ひはなち》・頻蒔《しきまき》・串刺《くしさし》・生剝《いきはぎ》・逆剝《さかはぎ》・屎戸《くそへ》という諸罪が含まれている。畔放・溝埋・樋放は他者の畔・溝・樋を壊して他者の田を溢水させる行為であり、頻蒔は重播種子《しきまき》ともかかれるように、他者の田に稗その他の雑草の種を蒔く行為であり、串刺は他者の田に串を多く隠し刺す行為であって、いずれも農耕生活に対する侵害行為である。生剝・逆剝・屎戸については諸説があるが、これらの行為が天照大神の「新嘗きこしめす」こと、「神御衣織らしめたまふ」ことを妨害する意味を示していたことから、祭の行事に対する妨害行為といえよう。したがって天津罪に包括される諸罪は共同体(氏族)の共同生活の平和を侵害する行為を意味する。このような天津罪に対していかなる刑罰が科せられたかは、素戔嗚尊追放の神話にその一例がみられる。素戔嗚尊は天津罪であるもろもろの犯罪を犯した。それについて、『古事記』には「是に八百万神共に議りて、速須佐之男命に、千位置戸を負はせ、亦鬚を切り、手足の爪をも抜かしめて、神やらひやらひき、(中略)故避追えて、出雲国の肥河上なる鳥髪の地に降りましき」(原漢字)、『日本書紀』には「已にして罪を素戔嗚尊に科せて、その祓具を責りき、是を以て手端の吉棄物、足端の凶棄物あり、また唾を以て白和幣とし、洟を以て青和幣として、此を用ちて解除へ竟りて、遂に神逐の理以て逐ひき」(原漢文)とある。呪術的贖罪手続(刑事手続)である解除《はらえ》を行い、祓具の没収刑を科し、神夜良比を科したのである。呪術的刑事手続を前提として刑罰が執行されている点に注目するを要する。天津罪に対して国津罪は性的タブー違反・さまざまの災い・病などを包括するが、かかる国津罪には呪術的刑事手続たる解除は伴わず、そのような刑事手続成立の余裕を与えることなく即座に絶対的制裁が科せられたのである。天津罪と刑罰の関係はこれとは異なり、刑罰執行の前提として被害者の氏族と加害者の氏族の族長たちの贖罪契約の成立する可能性があった。贖罪契約によって復讐を回避しえたならば、賠償が成立する。そこに復讐から賠償へという刑罰の発展史が始まり、贖罪金のカタログと評されるような財産刑を基本とする刑罰体系が成立する。天津罪を犯した素戔嗚尊に対して祓具の没収という財産刑が科せられたのは、賠償を意味する財産刑が対応したことを示す。その刑罰の決定について八百万神が「共議」したことは、部族集会における贖罪契約の成立を物語る。それは、国津罪に対して即座に絶対的制裁すなわち死刑が科せられたことと著しく相違するのである。贖罪契約を前提とする刑罰は、犯罪と刑罰が氏族間の関係として氏族共同体を単位として行われるという意味で外部的刑罰というならば、国津罪を犯した犯人に対しては、神の制裁を基本観念とする死刑が対応し、犯人を含む氏族共同体がその共同性を放棄し、刑罰が共同体の内部に入りこむのを防禦しえないという意味でその刑罰を内部的刑罰ということができる。この外部的刑罰と内部的刑罰の二元的存在が原始刑法の特色であるが、日本最古の法もその例外ではない。なお、素戔嗚尊に対する刑罰については、祓具の没収ではなくして神夜良比を重視し、追放刑が科せられたのであるという説があるが、神夜良比は宗教的儀礼であって刑罰ではない。素戔嗚尊が神夜良比によって追放されたところが簸ノ川の川上というように川である点に注目すべきである。古代の「死の追放」という宗教的儀礼では、死を象徴する人形を川に流した。素戔嗚尊は笠蓑をつけた蒭霊《くさひとかた》(流離)の形で川上に追放されたのである。この神話が『延喜式』大祓祝詞と深く関連することからも、「死の追放」の儀礼の伝承として語り伝えられたことは明白であり、刑罰の資料はその伝承のなかから抽出しなければならないのである。

参考文献　井上光貞『日本古代国家の研究』、石尾芳久『日本古代法の研究』、石母田正「古代法小史」(『日本古代国家論』一所収)、高柳真三「上古の罪と祓および刑」(『法学』一五)

（石尾　芳久）

あまつのりとこう　天津祝詞考　『延喜式』祝詞に見出される「天津祝詞」のうち六月晦大祓(通称大祓詞)に用いられたアマツノリトに関して論じたもの。『大祓太祝詞考』『大祓太詔刀考』とも称する。平田篤胤著。二巻。文化十二年(一八一五)脱稿。文政五年(一八二二)の平田篤真(鉄胤・銕胤)の序を付す。本居宣長は大祓詞中に「天津祝詞の太祝詞事を宣れ、かくのごとくのらば」(原漢字)とあるものは大祓詞そのものであるとした。これに対して篤胤は、大祓詞とは別にそれなりの祝詞が存在したと考えた。そこで五種の禊祓詞を参照し「天津祝詞」としてふさわしいものを勘案したのである。なお荷田在満も大祓詞とは別に「天津祝詞」が存在すると考えた。ただし鈴木重胤や大国隆正らは卜占の際に鹿の骨や亀甲に刻まれる筋目に由来した「吐普加美依身多女」を「天津祝詞」であると見ている。『平田篤胤全集』四(内外書籍)、『(新修)平田篤胤全集』七(名著出版)などに収録。

参考文献　河野省三「天津祝詞太諄辞考」(『国学院大学紀要』二)、小野祖教「天津祝詞の考証」(『国学院大学紀要』八)

（金子　善光）

あまつのりとのふとのりとごと　天津祝詞乃太祝詞事　天津祝詞の美称。「太」は称詞であり、「事」は言の意。天津神が天孫降臨の際に授けた宣り言とする説があるが、中臣氏によって宣せられた祝詞であったのではないかと考えられている。『延喜式』の大祓・鎮火祭・道饗祭の祝詞のなかにも「天津祝詞乃太祝詞事」という表現がみられる。

参考文献　平田篤胤『天津祝詞考』、金子武雄『延喜式祝詞講』

（上田　正昭）

あまつのりとふとのりとこう 天津詔詞太詔詞考 『延喜式』祝詞所収の六月晦大祓(通称大祓詞)の注釈書。大国隆正著。五巻。嘉永四年(一八五一)以降の成立か。詳細は不明。久しく写本で伝わっていたが、明治三十三年(一九〇〇)福羽美静の校訂により刊行された。賀茂真淵『祝詞考』や本居宣長『大祓詞後釈』を承け、その是正に執筆意図を据えた。隆正は卜占における鹿の肩甲骨や亀甲に加えた亀裂の名称に由来するのが祝詞だとした。さらには吉田神道における三種大祓の一つである「ト・ホ・カミ・エミ・タメ」を大祓詞にみえる「天津祝詞の太祝詞事」(原漢字)であるとし、「様々の妙理を備えた神言」であると尊重した。また大祓詞の本文のうち、特に「高天原に神留り坐す」(原漢字)以下を十段に分け、詳解を試みている。『大国隆正全集』七(有光社、野村伝四郎編)、『(増補)大国隆正全集』七(国書刊行会、野村伝四郎編)所収。 (金子 善光)

あまつひこひこほのににぎのみこと 天津彦彦火瓊瓊杵尊 ⇩瓊瓊杵尊《ににぎのみこと》

あまつひつぎ 天津日継 天照大神の系統を承け継ぐこと、すなわち皇位の継承を意味するとともに皇位そのものをいう。「日継」は日嗣・日続とも記す。『日本書紀』の古訓では宝祚・天基・天業・天緒・帝位・帝業・鴻基・鴻業・宸極・鴻祚・大運・大業などの語を「あまつひつぎ」と訓んでいる。『日本書紀私記』(国史大系本丙本)にみえる「安末津日月」の訓に注目し、日月を以て天皇の地位を表わす考え方が、「あまつひつぎ」の原義であるとする説が提出され、なお検討すべき問題であろう。

参考文献 友田吉之助「アマツヒツギの原義」(『日本歴史』二六一) (後藤 四郎)

あまつやしろ・くにつやしろ 天社・国社 上代定められたという神社の種別。社格の萌芽を示すものとせられる。『日本書紀』崇神天皇七年十一月条に群神をまつ、天社・国社を定めたとみえている。天社は天神《あまつかみ》を、国社は地祇《くにつかみ》を祀った神社である。『古事記』崇神天皇段には「天神地祇之社」とある。もっとも「天社・国社」の語については、神武天皇戊午年九月条に、これらの神を祭ったとみえているが、社格として制定のことは崇神天皇の時である。天武天皇十年(六八一)正月条には「天社・地社」とも記される。『延喜式』祈年祭祝詞にも「天社・国社」とあるが、同式神名帳上には、常陸国多珂郡に佐波波地祇社とあり、また中世の国内神名帳には、天神の社と地祇の社とを区別して記載したものが多い。 ↓社格《しゃかく》 ↓天神地祇《てんじんちぎ》

参考文献 『古事類苑』神祇部一、神祇院『社格制度の沿革』 (梅田 義彦)

あまてらしますいせにしょこうたいじんぐうごちんざしだいき 天照坐伊勢二所皇太神宮御鎮座次第記 鎌倉時代中期の神道書。伊勢神道の経典。神道五部書の一つ。略して『御鎮座次第記』といい、『阿波羅波命記』『神記第二』などの別名でも呼ばれている。著者は奈良時代以前の阿波羅波命などに仮託されているが、鎌倉時代の外宮神官によって作られたものであり、『皇字沙汰文』にその名がみえることから、永仁四年(一二九六)を下限として遠くない時期に成ったものと考えられる。一巻。伊勢二宮の鎮座次第を述べたもので、天照大神の生誕、天孫降臨、五十鈴川のほとりに鎮座したこと、豊受大神宮の神格、山田原への鎮座を説き、さらに二宮の相殿、別宮のことを述べている。諸本の中では神宮文庫の南北朝時代初期の書写と思われる本が善本で、それを底本とする『大神宮叢書』度会神道大成前篇所収があり、『(新訂増補)国史大系』七、『続群書類従』神祇部にも収められている。 ↓神道五部書《しんとうごぶしょ》

参考文献 大山為起『天照坐伊勢二所皇太神宮御鎮座次第記葦水草』、吉見幸和『五部書説辨』、久保田収『中世神道の研究』、岡田米夫「神道五部書に見える古縁起の遡及性」(千家尊宣先生還暦記念神道論文集編纂委員会編『千家尊宣先生還暦記念神道論文集』所収) (大隅 和雄)

あまてらすおおみかみ 天照大神 『日本書紀』神代の本文によると、伊弉諾尊・伊弉冊尊の二神が大八洲国をはじめ万物を生み終って、最後に天の下の主として日神を生む。これを大日孁貴《おおひるめむち》と号し、一書には天照大神または天照大日孁尊という。光華明彩《ひかりうるわしく》して六合《あめつち》の内に照り徹る。天上にあって最初の統治者。のちにその孫瓊瓊杵尊《ににぎのみこと》を天上から葦原の中国《なかつくに》の主として下し遣わす。これは日本国家の統治者に関する起源の物語で、実際に天皇の大殿に倭大国魂神とともに奉斎されていた。その後『日本書紀』崇神天皇六年条には天照大神と同殿に共住するのを安からずとして、豊鍬入姫命《とよすきいりひめのみこと》に託して倭笠縫邑《やまとのかさぬいのむら》に祀り、さらに垂仁天皇二十五年三月条には天照大神を倭姫命に託して鎮祭の地を求め、伊勢国五十鈴川の川上に至り、現在の伊勢神宮の地に鎮祭したとある。それ以来天皇統治の太祖として、ひいてはその祖先神として奉斎され、景行天皇二十年条に五百野皇女《いおののひめみこ》を遣わして天照大神を祀らせたとあるが、これが伊勢斎王の初見で、もともと民衆の奉斎はなかったのが、中世以後民衆参詣の風が盛んとなり、次第に天皇を中心とした国民全体の大祖神の実を発揮して現在に及んだ。この祖神としての天照大神も『日本書紀』『古事記』の伝えるところは「日神」であり、「大日孁貴」にしても多分に太陽崇拝に基づくとみるべきものがあり、これまでも多くは一種の太陽崇拝と解することが一般に行われている。ことに最近の民族学や宗教学の進歩に伴い、エジプトその他の諸民族の間にみる太陽崇拝とも関係せしめて文化の伝播と理解する場合が多くなった。もとより古典成立の当時にすでに「日神」ともあるので、太陽を基盤にした信仰は存したとはいえるが、また大祖神を権威づける結果でもあるといえる。そこで「天照大神」という神名に対して、原始日本人の太陽信仰を認め、「あまてらす」というのはそれを示したも

のとする。すなわち一種の自然崇拝にその起源があるとするのが、現在一般に行われる解釈であろう。しかしそのいわゆる自然崇拝も、日本の場合、ことに古典に現われる事実を検討すれば、おのずから特徴がみられる。山岳崇拝のごとき、奈良時代以前に存した神社を通観しても、山岳を対象とし、山中に奉斎している神社はまずないといってよい。また四面海をめぐらす地理的環境にありながら、必ずしも海によって生活する民族でなかったために、天体や気象にも関心がきわめて薄い。風雨雷電のごときも農耕に関係深いものとして宗教的儀礼の対象となったといってよい。かくて風雨も広瀬大忌祭と竜田風神祭のごとき、いずれも農耕の儀礼となっている。また星に関する信仰も物語も少なく、日月の運行についても比較的に貧弱である。天照大神と素戔嗚尊とを太陽と嵐とに配して解するごときは、その名前の解釈に基づく考えである。すでに『日本書紀』や『古事記』の神話には天照大神を「日神」といった場合もあるが、はたして当時一般の宗教信仰として存したかどうか疑わしい。天照大神のほかにも『日本書紀』顕宗天皇三年には日神および月神のこともあるが、天照大神を太陽神とするのは記紀神話の構想で、もっと古代日本人の実際生活に関係したものと解すべきである。すなわちここに天照というのは、他に「あまてる」「くにてる」「しなてる」とか「たかひかる」などの例とも同じく、優れた様子をたたえる語で、天照大神という名の示すところは、むしろ大神という点にある。この意味からすると天照大神は一般にもいわれるようにSun-Goddessと解すべきでなく、Great-Gorious-Goddessということになる。この「大神」の信仰は特殊の機能神ではなく、至上神highest god的なもので、同じようなことはいずれの民族でも、その民族の神についていえることであり、地方的にも『常陸国風土記』では鹿島の神が大神であり、『出雲国風土記』では大国主神が大神である。また大和の三輪の神もその土地での大神であった。それと同じく天照大神というのも実は日本国における大神であったのである。（原田　敏明）

あまなわしんめいぐう　甘縄神明宮　甘縄は地名で、いまの神奈川県鎌倉市長谷の東部をいう。『新編相模国風土記稿』には、長谷村の鎮守は俗に甘縄明神と呼ばれ、その神体は源義家の守護神であったというが、この社は『吾妻鏡』にみえる甘縄神明宮の後身と考えられる。同書によると、文治二年(一一八六)正月源頼朝は夫人と甘縄神明宮に参詣し、同年十月安達盛長に命じて同社を修理して鳥居を建てさせ、その完成には頼朝も監臨した。さらにその後も、奉幣や、頼朝、その夫人政子、実朝の参詣などのことを記している。記事中、伊勢別宮なりと注した個所があるように、同宮は伊勢神宮を勧請したもので、後世おびただしく発生する諸国の神明社の先駆と見るべきものであるが、なぜまた何時この地に勧請されたかは明らかでない。かつてこの地の北西に広大な大庭御厨があり、その成立に関係深い鎌倉権五郎景政を祀る御霊社が、この社と同じく長谷村に存在することと何らか関係があると思われる。（萩原　竜夫）

参考文献　『鎌倉市史』社寺編、萩原竜夫『中世祭祀組織の研究』

あまのいわと　天岩戸　日本神話で天上の高天原にある、天照大神が素戔嗚尊の乱暴狼藉に立腹して閉じこもった場所。洞窟と堅固な屋敷と二説ある。別名、あまのいわやど(天岩屋戸)。『日本書紀』神代天孫降臨章第四の一書では、高皇産霊尊《たかみむすびのみこと》が瓊瓊杵尊《ににぎのみこと》に対して「天磐戸を引き開け、天八重雲を排分《おしわ》けて、降《あまくだ》し奉る」(原漢文)とある。また、『延喜式』祝詞大祓祝詞の「天つ神は天磐門を押し披きて天の八重雲を(下略)」(原漢文)も同義と思われるので、「天上界の出入り口の堅固な戸」の意味でも用いたらしい。『万葉集』二の「天の原石門を開き、神あがり、あがり座《いま》しぬ」や「磐隠り」(原万葉仮名)が草壁皇子や高市皇子などの貴人の死を意味する表現であることから、天照大神の天岩戸ごもりを再生のための象徴的な死とみなす意見がある。太陽の消失と再出現の神話やそれに関連する冬至や日食の儀礼が環太平洋地域に広く見られるので、その可能性は高い。だが岩で作った陵墓に収めるという実際の側面が第一義で、天上の岩戸との関連づけは副次的かも知れない。（松村　一男）

あまのいわとじんじゃ　天岩戸神社　宮崎県西臼杵郡高千穂町岩戸に鎮座。旧村社。五ヶ瀬川の支流岩戸川を挟んで東本宮と西本宮があり、祭神は東本宮が天照皇大神、西本宮は大日孁尊《おおひるめのみこと》。西本宮対岸の断崖に天照大神が籠ったと称する天岩窟《あまのいわや》があり、これを神体としてまつる西本宮は拝殿が主体である。西本宮の旧称は天磐戸神社、東本宮は氏神社で明治四年(一八七一)に現社名に改称。昭和四十五年(一九七〇)両社は合併し、天岩戸神社の西本宮・東本宮となる。社伝によれば弘仁三年(八一二)大神《おおが》惟基《これもと》が再興と伝える。戦国時代、当社はたびたび焼失。宝永四年(一七〇七)社地が整備され文政四年(一八二一)岩戸村庄屋が延岡藩の助力により社殿再建。皇室の祖神を祀るが、現実的には農村の生活に密着した祭礼の中で縁結び・安産・商売繁盛の神として信仰された。例祭は、春祭五月二日・三日、秋祭九月二十二日・二十三日。岩戸夜神楽は十一月三日に夜通し三十三番を上演、奉納する。重要無形民俗文化財。

参考文献　谷川健一『日本の神々』一（伊藤　勇人）

あまのさだかげ　天野信景　一六六三―一七三三　江戸時代中期の国学者。尾張国名古屋藩士。名は信景、字は子顕、通称は権三郎・源蔵・治部、残翁・白華・問津亭・運甓斎・輶棹翁・凝寂堂・信阿と号した。寛文三年(一六六三)九月二十五日、名古屋城下南大津町に出生(『塩尻』)。父信幸は禄高四百五十石、町奉行を勤めた。貞享元年(一六八四)、父の没後相続して寄合に列し、正徳五年(一七一五)から鉄炮頭を勤め、享保十五年(一七三〇)致仕剃髪して信阿弥陀仏と称した。学風は朱子学的であるが、元禄十一年（一六九八）、藩主徳川綱誠の命をうけて吉見幸和らと『尾張風土記』の編纂に従事したことから実証的方法を体得した。神儒仏各分野における歴史学的考察批判、『万葉集』『源氏物語』に対する見解、歌語・俗語などの言語、さらには本草・天文に至るまで、すべて実証主義的態度で臨んでいる。この影響は広く同学・後学に及び、平田篤胤の『俗神道大意』や谷川士清の『倭訓栞』は信景の『塩尻』に負っているところがはなはだ多いのは周知の事実であり、本居宣長・伴信友・河村秀根・大田南畝らにもなんらかの点で影響をあたえ、実証的風潮の先蹤をなした。享保十八年九月八日没。七十一歳。名古屋性高院に葬る。著書は代表的述作『塩尻』千巻をはじめ国学・神祇・儒学・仏道・国史・地誌・文学・天文・本草にわたる百五十一種に及んでいる。

参考文献　天野信景『塩尻拾遺』（『名古屋叢書』一八）、松平君山『士林泝洄』一〇（同続編一七）、『名古屋市史』人物編二、細野忠陳『尾張名家誌』　（小島　広次）

あめつち　天地　天と地ないし上天と地上、すなわち世界あるいは宇宙をさす。テンチともいう。『古事記』序に「天地開闢」、神代冒頭に「天地初発之時」、『日本書紀』神代に「古天地未剖」、『万葉集』三所収の長歌（山部赤人）に「天地の分れし時ゆ」とある。いずれも古訓でアメツチとよむ。『万葉集』一三穂積老の歌に「天地を歎き乞ひ禱《の》み幸くあらば」、同二〇大田部荒耳の歌に「天地の神を祈りて」（原万葉仮名）にみるように古代では天地は天地神と同義で、天神地祇すなわち天津神国津神をさす神々の総称でもあった。『古事記』神代冒頭の「天地初発之時」に続いて「於高天原成神名、天之御中主神」とある割註に「高の下の天を訓みてアマと云ふ、下は此れに効へ」（原漢字）とあるように天はアマともよみ、地もクニとよんで天神地祇もアマツカミ・クニツカミとよむ。古典神話の世界観では、天に高天原、地に中津国、死後の他界に黄泉国を構想するが、「天地初発」「天地開闢」での天地は、これらが出現する根源世界ないし混沌たる宇宙をさしている。　（薗田　稔）

あめのいわや　天石屋　記紀や『古語拾遺』にみえる神代物語で、天照大神が弟の素戔嗚尊の乱行に怒って閉じ籠った岩窟。古代人は石を崇拝し、神の座は磐座《いわくら》と呼ばれ、天孫が下界に降臨する時も磐座をおしはなって降ったとある。天照大神が、石屋に籠ると天下が闇となり、昼夜の区別がなくなった。そこで八百万の神々が天安河原に集まり、長夜《とこよ》の長鳴鳥（鶏）に鳴かせ、榊をたててその上に玉や鏡や幣束《にぎて》をかけ、天鈿女命が、覆槽《うけ》をふみとどろかし、裸身を露して踊り、衆を笑わせた。大神が奇異に感じ石戸を細目にあけ、外をのぞいた時手力男神が、その手をひいて外に出し、天下は再び明るくなったという。この天石屋の話は、はじめ太陽と暴風との争いの象徴であるとか、日蝕神話であるとか自然現象の説明神話として解釈されていたが、現在は季節の祭儀と結びつけて解釈されている。農耕民族では農事は人と神霊とが協力して行うものであり、農事のはじめに人界に迎えられた神霊も農事が終るとこれを他界に送って、けがれをおとしてもらわねばならない。ちょうどその季節は日の力も弱まり、草木も枯死する冬である。太陽の力を強めようとするまじない、不妊の大地を笑わせようとするおどけた行事、せまい石のはざまをくぐりぬけて清めさせる儀式、いろいろのしぐさがこの物語に表わされている。ことに農耕民にとって最も大切な新嘗の祭をけがした素戔嗚尊は、年の終りに不用になって追却せられる神霊の象徴の役目を演じさせられ、高天原から放逐されるのである。この時石戸の前に踊った天鈿女命の後が、毎冬宮中で天子の魂を招く鎮魂式の主役をつとめるという風にこの石戸物語に参与したものは、のちに天孫に従い降臨し、皇室祭祀に奉仕する部族たちの祖神となる。天石戸神話は、祭政一致の古代宮廷において天子を取り巻く有力貴族にとって大切な縁起譚であった。

参考文献　松村武雄『日本神話の研究』三、松前健『日本神話の新研究』、松本信広『日本神話の研究』、大林太良『日本神話の起源』（『角川選書』六三）、同「東南アジアの日蝕神話の一考察」（『東洋文化研究所紀要』九）　（松本　信広）

あめのうきはし　天浮橋　神話上の設定。『古事記』『日本書紀』などの神話に、神が高天原から地上にくだる際に天地の間にかかるもののように伝えている。ハシという語は、古くは中間・媒介などの意に用いられたから、本来の観念は橋梁や階梯に限定されるものではなかったろうが、現に伝えられる範囲では、橋・梯という印象が強い。『丹後国風土記』逸文に天の椅立《はしだて》の起源説話があり、もと天に通う梯だったとしている。　（太田　善麿）

あめのうずめのみこと　天鈿女命　神事に関与した猿女君の祖神。『古事記』では天宇受売命と書く。天岩戸神話で伏せた槽を踏みとどろかして踊り、天岩戸に隠れた天照大御神を引き出すことに成功したこと、天孫降臨の際、瓊瓊杵尊《ににぎのみこと》に随従する五部神の一神として、途中衢神《ちまたのかみ》猿田彦神と問答をかわす話などが記紀にみえる。これらはいずれも朝廷の儀式をもとに作られた神話で、天鈿女命はこの儀式に参加した猿女君の反映といえる。天岩戸神話は十一月中寅の日に行われる鎮魂祭を背景とするといわれる。『古語拾遺』に「鎮魂之儀者天鈿女命之遺跡」とあり、天皇の生命力を強める鎮魂祭が、皇祖神の再生をテーマとする天岩戸神話と深い関係にあることは明瞭である。また天孫降臨神話は践祚大嘗祭との関連が指摘されており、ここにおいて猿女は中臣・忌部・御巫らとともに廻立殿より大嘗宮に向かう天皇の前行の役割を与えられている（『貞観儀式』）。これが五部神随行の原型であろう。→猿女氏《さるめうじ》

参考文献　松村武雄『日本神話の研究』、大林太良『日本神話の起源』（『角川選書』六三）、折口信夫『古代研究』民俗学篇二（『折口信夫全集』三）　（新井喜久夫）

あめのおしひのみこと　天忍日命　記紀神話などにみえる大伴氏の祖先神。『古事記』では天孫降臨の際、天津久《あまつく》米命《めのみこと》とともに先供を奉仕した神と伝えられる。『日本書紀』では来目部の祖先神天槵津《あめのくしつ》大来目《おおくめ》を従えて、天孫の御前に立ったと描かれているが、この伝承は大伴氏が来目(久米)集団を統属した段階の反映と考えられている。　（上田　正昭）

あめのおしほみみのみこと　天忍穂耳尊　天孫降臨の主人公瓊瓊杵尊《ににぎのみこと》の父とされる神。正哉吾勝勝速日《まさやあかつかつはやひ》天忍穂耳尊・天忍骨尊・天忍穂根尊とも書く。天照大神と素戔嗚尊(須佐之男命)との誓約《うけい》の時に生まれた五柱男神の一。穂は稲穂、耳は稲魂の霊(祇)を現わす神名であろう。『古事記』や『日本書紀』神代天孫降臨章第一・二の一書では、この神を葦原中国《なかつくに》に天降らせようとしたが、瓊瓊杵尊が生まれたので、それに譲ったと伝える。　（上田　正昭）

あめのおはばり　天尾羽張　一名に『古事記』では伊都《いつ》之尾羽張《のおはばり》、『日本書紀』では稜威雄走《いつのおはしり》ともいう。『古事記』に伊邪那岐神が火神迦具土《かぐつち》を斬った剣、またその霊神とする。天孫降臨に先立ち、先遣の天若日子が斃れたのちさらに河上の天石屋に坐す伊都之尾羽張神を派遣する代理に、その子の建御雷之男神《たけみかずちのおのかみ》を派遣した。火神と剣霊との接触から雷神が生まれる伝承は三者が同神格という神話で、建御雷が武神であるのは天尾羽張の剣霊を負うからである。

参考文献　高崎正秀「神度剣考」(『神道史研究』一ノ三)、山上伊豆母「火雷と霊剣」(『古代祭祀伝承の研究』所収)　（山上伊豆母）

あめのかぐやま　天香具山　大和国、奈良盆地南部(奈良県橿原市)に位置する山の名。天香山、天香久山とも書く。標高一五二・四メートル。畝傍山、耳成山とともに大和三山と称される。しかしその中でも聖山とされていたらしく、記紀では特別視されている。たとえば、天石戸に閉じこもった天照大神を連れ出すための一環として、天児屋命《あめのこやねのみこと》と太玉命《ふとたまのみこと》の二神は天香具山から沢山の榊を掘ってきて、それに勾玉や鏡や幣をかけて祈禱をしている。次に『日本書紀』神武天皇即位前紀では、神武が夢で天神から教えられたように、天香具山の社の中の土を取って、平瓦八十枚を作り、また神酒を入れる瓶を作って天神地祇をまつったところ、敵に勝利したとされる。記紀以外では、三山が相争ったという神話があったことが、『万葉集』一の中大兄皇子の三山歌から窺える。このほか、『播磨国風土記』揖保郡上岡里の記事では、出雲の阿菩大神が三山を相争うと聞いて、諫めようとして上岡里に来たとき、争いが止んだと聞いて、乗ってきた船を覆して鎮座したとされている。　（松村　一男）

あめのかぐやまじんじゃ　天香山神社　奈良県橿原市南浦町天指に鎮座。旧村社。祭神は櫛真命。『延喜式』神名帳、大和国十市郡の「天香山坐櫛真命神社(大、月次新嘗、元名ニ大麻等乃知神ニ)」にあてているが、必ずしもあたらない。櫛真知命神社は、もと天香久山頂にあったという。『延喜式』神名帳に左京二条坐神社二座として、太詔戸命神と並記されている久慈真智命神は、当社の分霊ともいう。貞観元年(八五九)正月、天香山大麻等野知神に従五位上を授く(『三代実録』)。卜占を司る神とする説がある。　（原田　敏明）

あめのことしろぬしのみこと　天事代主命　⇨事代主神《ことしろぬしのかみ》

あめのこやねのみこと　天児屋命　中臣氏の遠祖とされた神。記紀神話の天石窟(天岩屋戸)の段、天孫降臨の段に活躍し、神事を掌り天降りに随行した五部神(五伴緒《いつとものお》)の一。『日本書紀』神代天石窟章第三の一書では、興台産《こごとむ》霊《すび》の子神とし、『古語拾遺』(前田家本)には津速産霊《つはやむすび》の子とする。中臣氏が中央祭官として登場する六世紀の半ば以降有力神化し、中臣鎌足以後は藤原氏の祖神として重視された。枚岡《ひらおか》神社・春日大社・大原野神社・吉田神社などの祭神としてまつられる。　（上田　正昭）

あめのさぐめ　天探女　『古事記』では天佐具売と書く。記紀神話の、中つ国へ派遣された天稚彦《あめのわかひこ》が八年も復奏せず居るとき、天神より偵察に降された雉《きぎし》の鳴き声を聞き分けて天稚彦に射させた女。『神代巻口訣』に「天探女従ニ神譏ニ女也」、『和名類聚抄』に「鬼魅の類」など古来魔女視され、「天邪鬼《あまのじゃく》」もその訛言という説もあるが、天稚彦横死の結果から邪神化されたので、本来は鳥獣の言語を聞く呪力をもつ一種の巫女であったと思われる。　（山上伊豆母）

あめのたじからおのかみ　天手力雄神　⇨手力男神《たじからおのかみ》

あめのたながおおじんじゃ　天手長男神社　長崎県壱岐郡郷ノ浦町田中触に鎮座。旧村社。正哉吾勝勝速日天忍穂《まさやあかつかつはやひあめのおしほ》耳尊《みみのみこと》・天手力男命《あめのたじからおのみこと》・天鈿女命《あめのうずめのみこと》を祀る。創建年代不詳。嘉祥三年(八五〇)十月天手長比売神社とともに官社に列せられ、延喜の制名神大社、壱岐一宮で島民の崇敬あつく、社殿ほか一切を造営、その新築ごとに国主より白銀七枚を奉納された。明治十二年(一八七九)村社となる。例祭は十月十六日。　（鎌田　純一）

あめのとこたちのみこと　天常立尊　『日本書紀』『古事記』冒頭の世界化成神話に現われる別天神《ことあまつかみ》五柱のなかの一神。記では天之常立神と書く。国常立尊の対称。↓国常立尊《くにのとこたちのみこと》　（倉塚　曄子）

あめのとりふね　天鳥船　伊弉諾尊と伊弉冉尊の神生みによって生まれた神。鳥之石楠船神《とりのいわくすふねのかみ》と同じ。『古事記』神代に「鳥之石楠船神、亦の名は天鳥船と謂ふ」(原漢字)とある。国譲り神話では建御雷神《たけみかづちのかみ》の副神として出雲に下り、事代主神《ことしろぬしのかみ》への使者を務める。『日本書紀』神代四神出生章の本文と第二の一書では蛭児を棄てる際にこの船に乗せて流している。また天孫降臨章第二の一書には大己貴神《おおなむちのかみ》が用いる海での遊具の一つとしてこの名前がみえる。楠は丈夫なので古来、船の材料となった。楠で作られた丸木舟は弥生から古墳時代にかけて日本各地で発見されているし、『播磨国風土記』逸文には速鳥という名の楠から作られた船の物語がある。鳥と船の結びつきについては、足の速い船の意味で鳥の名前を冠したのか、死者の霊魂を運ぶものとして鳥と船が多く選ばれたから、両者が融合したのか、あるいは実際に航海において鳥が用いられたからなのか、諸説ある。福岡県の装飾古墳の珍敷塚《めずらしづか》では舳先に鳥の乗った船が描かれており、死者の魂を天界に送る船の観念があったらしい。天鳥船が蛭子や大己貴神を乗せるというのは死者儀礼の神話への投影かも知れない。

参考文献 大林太良編『船』(『日本古代文化の探究』六)
(松村　一男)

あめのひすみのみや 天日隅宮 ⇩出雲大社《いずもたいしゃ》

あめのひぼこ 天日槍 『古事記』では天之日矛。記紀などにみえる帰化人伝説の中の人名で、新羅の王子とされている。記では応神天皇段に、また『日本書紀』では垂仁天皇三年条に記されているが、本来は渡来人の始祖伝説として語られていたもので、年次的には不明とすべきである。記による伝説の大要は、昔新羅の沼のほとりで女が昼寝していると、日光が女の陰上を照らし、それによって女ははらみ赤玉を生んだ。新羅王子天之日矛はその赤玉を得たが、その玉から女が化生したので妻とした。その女は阿加流比売《あかるひめ》と呼ばれ、夫のもとを去って日本に渡ったので、それを追って天之日矛も日本に渡来し、筑紫・播磨・摂津・近江・越前・敦賀などを遍歴して、最後に但馬の出石《いずし》にとどまった。出石神社は天日槍が将来した八種の神宝をまつったところである。その子孫は出石を根拠地として繁栄して、その後裔には常世の国に使した田道間守《たじまもり》や、神功皇后など有名な伝説上の人物がある。天日槍は出石一族の始祖神であり、アメノヒボコと呼ばれたものの原態は日神招禱の呪矛で、それを人態化したものである。この伝説は満蒙系の日光感生型の流れを汲むもので、大陸系のシャーマニズム的宗儀を語っており、出石系の人々はそうした北方アジア系宗儀の将来者であり、またその宗儀と神楽を発展させたのであった。神功皇后もその系統を継ぐ巫儀の実修者であり、ヤマトの宮廷におけるミタマフリの神楽にもこの系統の要素が多く採り入れられている。 ↓出石神社《いずしじんじゃ》

参考文献 三品彰英『増補日鮮神話伝説の研究』(『三品彰英論文集』四)
(三品　彰英)

あめのひらか 天平瓮 ⇩平瓮《ひらか》

あめのひわしのかみ 天日鷲神 阿波忌部氏《あわいんべうじ》の祖神。『日本書紀』神代の一書には天の岩戸開きと天孫降臨の際に、木綿《ゆう》(神事に用いる楮《こうぞ》の糸)を作る神としてあらわれる。『古語拾遺』では忌部氏の神である太玉命《ふとだまのみこと》に率いられる神として天日鷲命があり、阿波で子孫が種を植えて木綿・麻・織布などを作り大嘗祭で貢納する、と記されている。天日鷲翔矢尊《あまひわしかけるやのみこと》はこの神の別名といわれており、『延喜式』神名帳の阿波国忌部神社(徳島市忌部神社)の祭神である。

参考文献 式内社研究会編『式内社調査報告』二三
(渡辺瑞穂子)

あめのふきねのかみ 天之葺根神 素戔嗚尊の五世の孫神で、素戔嗚尊が八岐大蛇《やまたのおろち》を退治した時に尾から出てきた草薙剣《くさなぎのつるぎ》を天に奉った神(『日本書紀』神代宝剣出現章第四の一書)。『古事記』の天之冬衣神《あめのふゆきぬのかみ》と同神とする説がある。天之冬衣神は淤美豆奴神《おみずぬのかみ》と布帝耳神《ふてみみのかみ》の子で、刺国若《さしくにわか》比売《ひめ》との間に大国主神を生んだ神。天之葺根神は島根県の日御碕《ひのみさき》神社摂社の祭神であり、『日本書紀』の故事にもとづく神剣奉天神事が大晦日にある。

参考文献 谷川健一編『日本の神々』七、島根県神社庁編『島根の神々』
(渡辺瑞穂子)

あめのふとだまのみこと 天太玉命 忌部氏の遠祖とされた神。『古事記』では布刀玉命と書く。記紀神話に忌部の祖先神として活躍する。天石窟(天岩屋戸)の段では天児屋命とともに神事を奉仕し、天孫降臨の段では降臨に随行した五部神(五伴緒《いつとものお》)の一。太玉は、祭祀に用いる曲玉・管玉などにちなんだ神名であろう。記紀神話の伝承は細部においては異なっており、天児屋命と天太玉命が卜占に関与した話は『日本書紀』になく、天太玉命が御幣をとり、天児屋命が祝詞を奏する伝承(『古事記』『日本書紀』の神代天石窟章第二・三の一書)にたいして、『日本書紀』本文は「相ともにのみ祈りまうす」(原漢文)と記すような違いがある。『古語拾遺』には高皇産霊《たかみむすび》神が千々姫を娶って生める子と伝える。忌部氏ゆかりの社の祭神となるが、特に千葉県の安房神社などはその代表的な社である。
(上田　正昭)

あめのふとだまのみことじんじゃ 天太玉命神社 奈良県橿原市忌部町に鎮座。古くは単に太玉命神社という。旧村社。天太玉命・大宮売命《おおみやのめのみこと》・豊石窓神《とよいわまどのかみ》・櫛石窓神をまつる。天太玉命は天孫とともに降った斎部氏の祖神で、当地は斎部一族のいた地であろう。貞観元年(八五九)従五位上を授けられ、延喜の制では名神大社、月次・新嘗の幣にも預かる有力社であったが、のちあまりふるわなかった。例祭は十月十五日。

参考文献 『奈良県高市郡神社誌』
(鎌田　純一)

あめのほあかりのみこと 天火明命 尾張連らの祖先とされた神。『日本書紀』神代天孫降臨章本文および第二の一書などには、火瓊瓊杵尊《ほのににぎのみこと》が木花開耶姫《このはなさくやひめ》を娶って、火の盛んなる時に生める子とし、同じく第六・第八の一書には天忍穂耳尊《あめのおしほみみのみこと》が千々姫命を娶って生んだ子とする。火が明るくなる時に誕生した神を意味する神名で、天照国照彦火明命ともいう。天照御魂神社の祭神には、天照大神ではなく、天火明命をまつるものが多い。
(上田　正昭)

あめのほひのみこと 天穂日命 出雲臣らの祖先とされた神。『古事記』では天菩比命とも書く。ほ(穂)は稲の穂、ひ(日・比)は霊を表現した稲魂にゆかりの神名。天照大神と素戔嗚尊(須佐之男命)の誓約《うけい》の際に生まれた男神五柱の一神とされ、葦原中国平定のおり、高天原から中つ

国に派遣されたが、大己貴神《おおなむちのかみ》(大国主神)に媚びて復命しなかった神として描かれる。ただし、出雲国造の神賀詞《かんよごと》では返事《かえりごと》した功績ある神と伝える。　（上田　正昭）

あめのますひと　天益人　立派な人民の意。一説に天つ神の意思によって数を増して栄える人民の意とも。天之益人とも表記し、「あまのますひと」とも訓む。「天の」は記紀神話にしばしばみられる語で、高天原に所属するものに対する美称と説かれるが、一説に天つ神の意思で生み出されたものの意ともされる。次に「益人」の「益」は「増」であり、日に日に増加する人民のこと。一般的には記紀神話のイザナミが一日に千人絞殺するというと、イザナギは千五百の産屋を建てるといったので、人民を天益人と称すようになったと説明している。『延喜式』祝詞の六月晦大祓に「安国《やすくに》と平《たい》らけく知《しろ》し食《め》さむ国中《くぬち》に、成《な》り出《い》でむ天之益人等《あめのますひとら》が過《あやま》ち犯《をか》しけむ雑雑《くさぐさ》の罪事《つみごと》」(原漢字)との用例があり、天之益人は人民の古語であることがわかる。また、人民の増加するのを草が生い茂るのにたとえた語に、青人草(『古事記』)・蒼生(『日本書紀』)・万生(『伊予国風土記』逸文)が注意される。これらはいずれも「あおひとぐさ」と訓まれ、天益人と同義語である。　（三橋　健）

あめのまない　天之真名井　高天原にある聖なる井泉。「あまのまない」とも。『古事記』は天之真名井、『日本書紀』は天真名井と表記。『日本書紀』神代瑞珠盟約章第一の一書にみえる天淳名井《あまのぬない》、去来《いざ》之真名井と同語で、これらは天照大神と素戔嗚尊の誓約の段にみえる。「天之」は高天原に所属するものをいい、「真名」は可愛いという気持ちを表した語というが、真名井は真淳名井《まぬない》の約《つづ》まった語と考えるのが妥当であろう。真淳名井の「真」は美称、「淳」は沼の意との説もあるが、これは瓊《ぬ》(玉)であり、「名」は連体助詞「の」の母音交替形、よって「真淳名井」は瓊(玉)ノ井となり、水を汲む井を賞賛しているものと解される。古来、井と瓊(玉)は深い関係がある。なお玉は魂と同意で、その魂は体内から遊離すると信じられた。そのような遊離する魂を留め、さらなる生命力を与えるのが天之真名井である。　（三橋　健）

あめのまひとつのかみ　天目一箇神　一眼の神。鍛冶部の神であったらしい。天目一神(『延喜式』)、天久斯麻比止都命(『新撰姓氏録』)などとも。『日本書紀』天孫降臨章第二の一書には、高皇産霊尊が天目一箇神を作金者《かなだくみ》として大物主神をまつったとある(同書に対応する『古事記』の伝承では、この役は鍛冶天津麻羅)。『古語拾遺』には同神を筑紫・伊勢両国の忌部などの祖神と記し、同書天岩戸の段には、天目一箇神に雑刀・斧・鉄鐸《さなぎ》を作らせたとある。また崇神天皇段にも、同神の裔二氏が鏡を鋳、剣を造ったとある。『播磨国風土記』託賀郡賀眉里荒田条には、この地の道主日女命が父不明の子を生み、神意によりこれを占おうと、田を作りその稲で醸した酒を父に奉らせたら、天目一命に捧げたとある。『新撰姓氏録』は、山背忌寸・菅田首・葦田首を同神の末裔とする。『延喜式』神名帳には、播磨国多可郡に天目一神社の名がある。同じく式内社の大和国添下郡(奈良県大和郡山市八条町)菅田神社の祭神天櫛杵命《あめのくしきのみこと》は、別称天津真羅・天目一箇命・天津真浦。鍛冶神で同神の子孫は倭鍛冶として全国に拡散したと伝える。また三重県桑名郡多度町の多度神社の一目連社は、鍛冶・鞴を司る金属精練の神である。鍛冶神一眼(あるいは一足)の伝承は世界の各所に事例がある。紀州熊野の青岸渡寺の伝承、釣鐘を被って出現した妖怪「一つ目だたら」も、鍛冶と関係があったらしい。ギリシア神話においてゼウスの雷電を鍛えたキュクロプス、またアイルランドの巨人バロールなども一眼であった。鍛冶神はまた一本足ともいうが、これら一眼神・一足神と鍛冶職との関連については、広い視野に立った比較民俗学的研究が必要であろう。

参考文献　柳田国男『一目小僧その他』(『定本柳田国男集』五所収)、高崎正秀『金太郎誕生譚』(『高崎正秀著作集』七)
（山本　節）

あめのみなかぬしのかみ　天御中主神　『古事記』冒頭の世界化成神話で最初に成った神。天の中央にいる主神、至上神の意。『日本書紀』では本文・六異伝のうち、ただ一つの一書にしか現われない。この神は、同時に化成した高皇産霊《たかみむすび》・神皇産霊《かみむすび》両神ののちの活躍ぶりに比べ、以後何の役割ももたず、またムスビ(産霊)二神が宮中八神殿に祭られているのに、この神はみえない。『延喜式』神名帳にも、神名・神社名はみあたらない。したがってこの神は、古くから信仰された神ではなく、記紀神話形成のかなり新しい段階で、諸物生成の神であるムスビ二神とあわせて数を三に整えるために、中国の「天」の思想に基づいて作られた高度に思弁的な神といえる。三神にしたのは、世界化成神話の神々を三・五・七という中国的な整数観念に従って配列しようとする意図があったからである。現在この神を祭る神社があるが、これは北辰社・妙見社が明治以後祭神をこの神に改めたものである。

参考文献　松村武雄『日本神話の研究』二
（倉塚　曄子）

あめのみはしら　天之御柱　天を支える柱。『古事記』神代に「其の島に天降《あまくだ》り坐《ま》して、天之御柱を見立て、八尋《やひろ》殿《どの》を見立てたまひき」(原漢字)とある。天が柱によって支えられているという観念は、『楚辞《そじ》』の天問や『淮南子《えなんじ》』の天文訓に由来するという説がある。たしかに『日本書紀』はそれら漢籍からの借用がみられるが、中国神話の世界を支える柱は八本で、天之御柱とは異なる観念であろう。むしろ東南アジアや現代日本の民俗にも見られる柱祭の系譜とのつながりをみるべきである。もちろん、縄文時代の三内丸山遺跡、伊勢神宮の心御柱《しんのみはしら》、そして古代の出雲大社に想定される超高床式建築といった、巨大柱の伝統とのつながりはいうまでもない。またより広い観点からは、垂直的世界観において高天原《たかまのはら》・葦原中国《あしはらのなかつくに》・黄泉国《よもつくに》をつなぐ一種の宇宙樹と考えられていた可能性もある。それはシベリア系のシャーマニズムの世界観と共通するもので、さらに遠く北欧神話における世界樹イグドラシルとも呼応している。 （松村 一男）

あめのむらくものつるぎ 天叢雲剣 三種神器の一つ。草薙剣《くさなぎのつるぎ》ともいう。素戔嗚尊《すさのおのみこと》が出雲の簸《ひ》の川上で八岐大蛇《やまたのおろち》を退治し、大蛇の尾よりこの剣を得て、天照大神に献上した。大蛇のいるところ常に雲気があったので、天叢雲剣と呼ばれたという。天照大神はこの剣を三種神器の他の二種（鏡と玉）とともに、孫の彦火瓊瓊杵尊《ひこほのににぎのみこと》に授けて天下らせ、以来皇居に安置された。崇神天皇のとき、神威をおそれて剣を神鏡とともに皇居から遷して大和の笠縫邑に祀り、さらに垂仁天皇のとき、伊勢の五十鈴川のほとりに遷した。これが伊勢神宮の起源である。景行天皇の代、日本武尊《やまとたけるのみこと》は東国遠征に際し、この剣を賜わり、駿河（『古事記』では相模）の焼津で賊の火攻めにあったとき、これで草を薙ぎ払って難を逃れたので、草薙剣の名が生じた。剣は遠征の帰途に尾張にとどめおかれたので、以後熱田神宮で祀られることとなった。以上は『日本書紀』などの古典にみえる伝承である。この伝承にしたがえば、剣は鉄剣と考えられるが、江戸時代の実見記によって、銅剣とする説もある。 ↓三種神器《さんしゅのじんぎ》

参考文献 『古語拾遺』、後藤守一「日本古代史の考古学的検討』、佐竹昭広「草薙の剣」（『古語雑談』）

（直木孝次郎）

あめのやえことしろぬしのかみ 天八重事代主神 ⇩事《こと》代主神《しろぬしのかみ》

あめのやすのかわ 天安河 記紀神話などにみえる高天原の河。天安河原に神々が参集する伝承などが有名で、『古語拾遺』には「天八湍河原」と記す。ヤスはヤセ（八瀬）の転じたもので、天八十河とも書く。高天原をのちには天上とみなすようになるが、古くからこの安河のヤスの名については、滋賀県の野洲、福岡県の夜須などの地名に求める説がある。しかしこれらの見解は、神話をただちに歴史化するもので、瀬の多い河として名づけられた神話伝承とすべきであろう。特定の地域とみなすよりは、神話的思考の産物とする説が有力である。

（上田 正昭）

あめのやすのかわのちかい 天安河誓 記紀で天照大神と素戔嗚尊が行うウケヒのこと。素戔嗚尊が高天原にやってくるが、その荒々しい様子から天照大神は弟がみずからの領土を奪いにきたのではないかと恐れ、武装した姿で出迎える。素戔嗚尊は互いの持ち物を交換して、それによって子供を生むというウケヒ（宇気比（『古事記』）、誓約（『日本書紀』））をすることでみずからの邪心のなさを示すとして、天照大神と天上の川である天安河を挟んで対峙して子生みを行なったとされる。 （松村 一男）

あめわかひこ 天稚彦 『古事記』では天若日子。天孫降臨に先立ち、葦原中つ国の国つ神平定のため、二度目の使者として天上から派遣された神。下界に降ると大国主神の女下照姫を娶って中つ国を支配しようと八年に至るまで復命せず、事の成行きを問うために遣わされた天上の雉《きぎし》を天の羽羽矢で射殺したため、その返し矢で逆に殺される。その後弔問にきた味耜高彦根神《あじすきたかひこねのかみ》が天稚彦と酷似していたので、諸人死者のよみがえりと間違えたという。天上の若き王を意味する名、天神の子と国つ神の女との結婚、殺された時新嘗の床にいたこと、死者の復活を想わせる話のあることなどから、神話成立の基盤には、穀霊の象徴としての王の死、新たなる王の復活、聖婚という、王権祭式化された豊饒祈願の復活儀礼があると考えられる。古代西アジアにはこれと同類型の、若き王にして穀物神なるタムムズの神話がある。

参考文献 松前健「天若日子神話考」（『国学院雑誌』六三ノ九） （倉塚 曄子）

あやかしこねのかみ 阿夜訶志古泥神 於母陀流神《おもだるのかみ》とともに神世七代のうち第六代の対偶神を成す神。『古事記』神代、『日本書紀』神代に所出。アヤはアナと同じ感動詞、カシコは可畏《かしこし》の語幹で恐れ多いという畏怖の意味、ネも哉《かな》の意味の助辞。オモダルが「面足る」という女性の美貌を讃える呼び掛け、アヤカシコネはその賛辞に恐縮する女性の返答という男女相聞対話の神名化と解される。第七代イザナギ・イザナミの誘《いざな》い合う男女の神名とも対応する。『日本書紀』では惶根尊《かしこねのみこと》。別名を吾屋惶根尊・忌橿城尊《いむかしきのみこと》・青橿城根尊《あおかしきねのみこと》・吾屋橿城尊《あやかしきのみこと》ともする。生産豊饒の神とされる。 （薗田 稔）

あやこてんまんぐうじんじゃ 文子天満宮神社 京都市下京区間ノ町通花屋町下ル天神町に鎮座。旧村社。文子は祭神菅原道真の乳母。道真が西遷の時、西七条にあった文子親子の居宅に小休みし、形見にその真像を遺していったのを祀っていたが、慶長以後現在の地に移したものという。市内二十五天神の一つにかぞえられる。例祭は四月十六日。 （柴田 実）

あゆかいはちまんぐう 鮎貝八幡宮 山形県西置賜《おきたま》郡白《しら》鷹《たか》町大字鮎貝字桜館《さくらだて》に鎮座。旧県社。祭神は、応神天皇・倉稲魂命《うかのみたまのみこと》。康平二年（一〇五九）、源義家の勧請と社伝にはあるが、未詳。戦国時代は鮎貝氏の祈願所。慶長三年（一五九八）以後、上杉領となってからは同氏代々の崇敬を集め、寛永元年（一六二四）には上杉定勝が社領二十五石を寄進し社殿を改築、近郷十八ヵ村の総鎮守となっている。さらに寛延二年（一七四九）にも社殿修復がなされた。天保十四年（一八四三）に本殿が再建され、明治三十二年（一八九九）、南方の八幡台より現在地の鮎貝城本丸跡に遷座した。十月十日の例祭に演じられる獅子舞は、正徳二年（一七一二）に始まったという百足獅子の七五三舞であり、町無形文化財指定。同日、童女の浦安の舞も奉納される。本殿は、天保十二年建造の流造で山形県指定文化財。

参考文献 『白鷹町史』 （誉田 慶信）

あらいはくせき 新井白石 一六五七―一七二五 江戸時代中期の儒学者、政治家。名は君美《きんみ》、はじめの名を璵

という。通称は与五郎・伝蔵・勘解由。字は在中または済美。白石はその号。ほかに紫陽・錦屏山人・天爵堂・勿斎などとも号した。明暦三年(一六五七)二月十日江戸に生まる。幼時から上総国久留里の領主土屋利直にかわいがられ、常に側近く召し使われた。しかし利直の晩年、継嗣をめぐって藩に内紛が生じ、延宝五年(一六七七)白石二十一歳の時、土屋家を追われ、他家の奉公も禁ぜられた。その後、土屋家改易により他家へ仕官も可能となり、天和二年(一六八二)、時の大老堀田正俊に仕えた。貞享元年(一六八四)正俊が殺され、その七年後の元禄四年(一六九一)再び浪人生活に入った。この間貞享三年三十歳のころから木下順庵の門に入り、やがて順庵の推挙により、甲府藩主徳川綱豊(のちの六代将軍家宣)の侍講となり、宝永元年(一七〇四)家宣が五代将軍綱吉の世子として江戸城西ノ丸に入ると、かれも寄合に列せられた。同六年家宣が将軍となってからは、その篤い信任のもとに幕府政治上に積極的な発言をし、前代以来の弊政の改善につとめた。正徳元年(一七一一)には従五位下筑後守に叙任し、武蔵国埼玉郡、相模国鎌倉・高座二郡において一千石を領した。同二年家宣が死去し、その子家継が将軍となって後も、側用人間部詮房とともに政治に力を尽くしたが、享保元年(一七一六)吉宗が将軍となると政治上の地位を失った。その後は不遇のうちに著述にはげんだが、同十年五月十九日六十九歳をもって死去した。法名慈清院殿釈浄覚大居士。墓はもと東京都浅草報恩寺にあったが、今は中野区上高田の高徳寺に移されている。白石は上に立つ為政者がまずみずから高い徳を身につけ、道に則った政治を率先して行うことこそ幕府長久の安定を得る根本だとの信念のもとに、将軍家宣が堯舜のような理想的君主となることを念願して講義をした。その回数は十九年間に千二百九十九日に及んだという。そうして礼楽の振興に力を尽くし、仁愛の精神をもって人民に臨むことを主張した。かれは朱子学派の系統に属するが、日本の文献についても強い関心と豊かな知識をもち、これに合理的、実証的態度で臨み、広い領域にわたって独自の見解を表明している。その中でも特に力を注いだのは日本史についての論述であった。家宣への進講案をまとめたものとして、『藩翰譜』『読史余論』がある。古代史については、『日本書紀』よりは『古事記』の価値を認め、神話に合理的解釈を試み、その中に含まれる歴史的事実を究明しようとした『古史通』があり、神の世界のことを地上人事として理解し、神世および神々の創業を時間的、空間的に決定し、限定しようとした。さらに『史疑』を著わし、六国史の文献批判を行なったが、これは現在ほとんど伝わっていない。その他、制度史・有職故実に関する考証的著述も少なくない。地誌編著においてもかれは先駆者である。ことにローマ人宣教師シドッチを訊問して得た知識に基づいて著わした『西洋紀聞』『采覧異言』は、ヨーロッパの宗教・道徳の価値を否定する一方、その知識・技術の優秀性を認めた態度は、その後長く日本人がヨーロッパ文化に対していだいた観念の起源をなすものであった。また蝦夷地・琉球についての最初のまとまった地誌として、『蝦夷志』『南島志』『琉球国事略』を著わしている。言語・文字の研究においては、『東雅』で広範囲に国語の名詞を集めて、その語源とその後の変遷を考証し、『東音譜』では五十音を表わす漢字について、わが国と当時の中国諸地域とを比較し、『同文通考』では漢字の起源ならびにわが国における神代文字・仮名・国字・俗字などについて述べている。かれが幕政上の地位を退いてから著わした『折たく柴の記』は、当時を考える史料としても貴重であり、自叙伝文学としても高く評価されているが、またかれの和文の代表作の一つでもある。『新井白石全集』全六巻がある。

[参考文献] 羽仁五郎『白石・諭吉』、栗田元次『新井白石の文治政治』、宮崎道生『新井白石の研究』

(辻　達也)

あらいみ・まいみ　散斎・致斎　散斎を「あらいみ」と読むのは『園太暦』『貴嶺問答』などに「荒忌」に同じとあるごとく、荒々(粗々)と物忌する意味である。これにたいし致斎を「まいみ」と読むのは、これも前掲書に「真忌」というのと同じとあるごとく、真剣に祭事に心掛け物忌する意味である。このことのはじめて古儀にみえたのは神祇令で、大祀・中祀・小祀に際しての物忌の期間を掲げ「凡そ一月斎するを大祀とせよ、三日斎するを中祀とせよ、一日斎するを小祀とせよ」(原漢文)といい、さらに、『令義解』によれば「上条に散斎一月といへり、即ち此の条に斎と称するは皆散斎なり、唯一日の斎に於ては更に散斎なし、其の致斎は皆散斎の限の内に在るなり」(原漢文)とある。すなわち大祭に際して一ヵ月間、粗粗と物忌しているのが散斎、その大祭の前後三日間を特に真剣に物忌するのが致斎だというのである。同義解の天皇即位後の大嘗祭に際して一ヵ月間「仲冬の月の朔より晦に至る」間、物忌しているのが「散斎一月」であり、その「致斎三日」とはその間の「丑より卯に至るまでをいふ、其の辰日より以後は即ち散斎となす」(原漢文)とあるのがそれで、「故に下条に云ふ致斎の前後を兼ねて散斎とせよ」(原漢文)と解釈されているのである。このことが厳重に守られ、このことに違反したときは刑罰に処する規定になっていたことは、職制律によって明らかである。さらに、神祇令によると、散斎については、その期間中は「諸司事を理むること旧の如くせよ、喪を弔ひ、病を問ひ、宍を食ふことを得ざれ、亦刑殺を判らざれ、罪人を決罰せざれ、音楽を作さざれ、穢悪の事に預らざれ」(原漢文)という心得(これを後世六色禁忌といった)が示され、致斎についてはその期間中は「唯祭祀の事をのみ行ふことを得、自余は悉く断めよ」(原漢文)として厳重の物忌が要求された。以上の物忌は『延喜式』も同じで、践祚大嘗祭の散斎一月・致斎三日のうちは「仏斎・清食に預るを得ざれ、其の言語は死を直と称ひ、病を息と称ひ、哭を塩垂と称ひ、打を撫と称ひ、血を汗と称ひ、宍を菌と称ひ、墓を壌と称へ」(原漢文)として、ここでは忌詞が守られている。しかるに同式四時祭のうち国司が祭る祈年祭については「散斎三日、致斎一日」とされたのが、後世では流例となり、明治以降においても、皇室祭祀令(明治四十一年)においてはその第六条に「祭祀ニ奉仕スル者ハ大祭ニハ其ノ当日及前二日、小祭ニハ其ノ当日斎戒スヘシ」とされ、官国幣社以下一般神社の神職斎戒(大正三年)については、「祭祀ニ奉仕シ又ハ参向スル者ハ大祭・中祭ニハ其ノ当日及前日、小祭ニハ其ノ当日斎戒スヘシ」と定められた(終戦後も一般神社はこの例によっている)。ただし中世以降は規定としての散斎・致斎の名称は絶えた。祭典当日を致斎、前二日(もしくは前一日)を散斎とする精神だけは今日も残っている。↓忌詞《いみことば》 ↓物忌《ものいみ》 ↓六色禁忌《ろくじきのきんき》 (岡田 米夫)

あらかしひこじんじゃ 阿良加志比古神社 ⇩久麻加夫《くまかぶ》都阿良加志比古神社《とあらかしひこじんじゃ》

あらきじんじゃ 荒城神社 岐阜県吉城《よしき》郡国府町宮地に鎮座。荒城郷荒城宮とか河伯大明神とも呼ばれる。旧県社。祭神は、河伯大明神《かはくだいみょうじん》・大荒木之命《おおあらきのみこと》・弥都波能売神《みずはのめのかみ》・天之水分神・国之水分神、すなわち川の神・水の神。『延喜式』神名帳に、荒城郡(のちに吉城郡)五座の一つとして荒城神社が登載されている。『三代実録』によれば、貞観九年(八六七)従五位上に位階を進めた。『飛州志』によれば、土地の舟が尾という谷間に河伯(蛟竜)が出現し洪水が発生するので、村民は河伯を荒城神社に合祀して、洪水の害から郷内民を助けてほしいと祈ったことから、河伯《かわ》の神と俗称するようになったという。『斐太後風土記』は諸史書の説を紹介しつつ、荒木川の水源地折敷地《おしきじ》村には蛇谷・蛇抜という地名があるように、しばしば大蛇が抜け出たような大洪水が発生し、苦しんだ郷民が荒城神社に水神を合祀したのであろうとしている。本殿は、明徳元年(一三九〇)建造と伝え、雄健な三間社流造・柿葺《こけらぶき》で、室町時代の様式が諸所に見られ、付属の棟札とともに、重要文化財。例祭は九月七日。このとき奉納される闘鶏楽と獅子舞は、県の重要無形民俗文化財。 (丸山幸太郎)

あらきだうじ 荒木田氏 伊勢皇大神宮に奉仕してきた神主家。『皇太神宮儀式帳』によると、中臣氏の祖大鹿島命の孫天見通命が、倭姫命とともに聖地を求めて巡幸、五十鈴川上に鎮座とともに禰宜に任ぜられ、以後子孫が世襲したという。『皇太神宮禰宜譜図帳』によると、一族は度会郡大貫に居住し、景行天皇のとき伊己呂比命《いころひのみこと》に地名により大貫連の姓を賜わり、成務天皇のとき最上《いとかみ》が大神の御饌料田三千代《しろ》を奉った功により荒木田神主の姓を賜わったとある。荒木田は墾田《あらきだ》で氏の名、神主が姓であろう。のち一時荒木田を脱し神主とのみ称したが、元慶三年(八七九)本姓に復した。最上の十一世の孫石敷より、一門佐禰麿、二門田長の二派に分かれ、ともに現在の度会郡玉城町付近を開拓移住した。一族に室町時代末期の俳人守武、江戸時代の国学者久老ほか学者・歌人としても著名な人が多い。一族より禰宜・権禰宜・内人・物忌などが出たが、その正員禰宜になる家を重代家または神宮家、権禰宜になる家を地下権任家といい、神宮家は一門で薗田・井面《いのも》・沢田、二門で世木《せぎ》・納米《なじめ》・藤波・中川・佐八《そうち》などがあり、うち沢田が嫡流として明治二十三年(一八九〇)男爵を授けられ、大正七年(一九一八)荒木田氏を名のった。なお明治四年その世襲制は外宮の度会氏とともに廃された。 (鎌田 純一)

あらきだうじつね 荒木田氏経 一四〇二—八七 室町時代の伊勢内宮の祠官。氏貫(内宮権禰宜)の次男で、家を藤波と号した。永享四年(一四三二)内宮禰宜(九禰宜)に補せられ、以後累進して寛正三年(一四六二)一禰宜に進み、文明五年(一四七三)従三位にのぼった。この時代は式年遷宮の制の弛廃や、神宮神領の退転、ことに守護による上分半済という形の侵略、新関設置や今神明の濫立による参詣者のわずらいなど、神宮の経営のうえで困難な問題が山積したが、かれは常に敢然としてこれに立ち向かい、ひるむことなく、陳情や抗議をつづけた。長享元年(一四八七)正月十二日没。八十六歳。墓は伊勢市宇治浦田町の荒木田氏の墓地にある。かれの書き留めた『氏経卿神事日次記』は、後代の祠官たちに典拠とされ、『氏経卿引付』もかれの自筆本七巻が現存している。そのほか『遷宮記』『服仮令』『祠官系譜』などの編述もあり、ことに『皇太神宮年中行事』(『建久年中行事』)の増補を行なったことの意義は大きい。↓氏経卿神事日次記《うじつねきょうしんじひなみき》

参考文献 宇仁一彦『(内宮長官)藤波氏経神主を讃う』 (萩原 竜夫)

あらきだすえほぎ 荒木田末寿 一七六四—一八二八 江戸時代後期の伊勢内宮の祠官。国学者。益谷《ますや》氏。通称玄蕃また大学といい桜屋翁と号した。父は末村。安永四年(一七七五)内宮権禰宜となり、風日祈宮内人《かざひのみのみやのうちんど》正六位となる。寛政四年(一七九二)本居宣長の門に入ったが、両宮の祭神論・儀式・神楽歌などで師説にあわず、享和三年(一八〇三)『二宮割竹辨難』を書き論難した。文政元年(一八一八)平田篤胤の門に入った。ことに神宮に詳しく、世の人が伊勢両宮の区別も知らなくなっているので、内宮・外宮の祭神、その関係などについて平易に論じ『内宮外宮辨略解』などを出す。他に著書『内宮外宮辨身禊海』『内宮外宮辨詳解』『相殿別宮辨』『大神宮儀式解摘要』『御使御詣記』『伊勢二宮割竹辨難』『伊勢二宮割竹三四辨』『荒木田度会系譜論辨』などがあり、江戸その他に影響をうけた人が多い。文政十一年八月十六日没。六十五歳。墓は伊勢市宇治浦田町今北山にある。 (鎌田 純一)

あらきだつねただ 荒木田経雅 一七四二—一八〇五 江戸時代後期の神道学者、伊勢内宮の神官。中川経雅ともいう。寛保二年(一七四二)九月四日、伊勢国宇治(三重県宇治市)に内宮三禰宜中川経正(経行)の子として生まれ

る。幼名は岩五郎、通称は豊後・尚侍。安永二年(一七七三)、内宮の禰宜に任ぜられたことに感激して、斎館に百日百夜の参籠を為し、『延暦儀式帳』の釈義にとりくみ、二年後の安永四年十二月、『大神宮儀式解』三十巻が完成した。同書には本居宣長の序詞があり、宣長とは親しく往来し、互いに裨益するところがあったとされる。薗田守良・同守宣・井面《いのも》守訓《もりのり》・益谷《ますや》末寿《すえほぎ》らがその学統を継承した。文化二年(一八〇五)三月没。六十四歳。墓は伊勢市山田浦田町今北山にある。著作にはほかに、『明和記』『経雅記』『経雅卿雑記』『経雅神主筆記』『氏神まうでの記』などといった身辺覚書、子孫を戒めた『慈裔真語《じえいしんご》』、諸家の歌文をあつめた『清渚集《きよなぎさのしゆう》』などがある。→大神《だいじん》宮儀式解《ぐうぎしきげ》

参考文献 「中川経雅卿伝」(『大神宮叢書』大神宮儀式解後篇所収)　(岡野　友彦)

あらきだひさおゆ　荒木田久老　一七四六―一八〇四　江戸時代後期の伊勢内宮の祀官、国学者、歌人。伊勢外宮の祠官度会正身《わたらいまさのぶ》の第四子。初名正恭、また正董《まさただ》。のち主税・主殿・中書・斎《いつき》などを称し、五十槻園《いつきその》と号した。八歳のとき、外祖父秀世の養子となり、権禰宜職をついだが、のち故あって離縁した。安永二年(一七七三)二十八歳、職を辞し、内宮権禰宜荒木田求馬久世の婿養子となり、名を久老と改め、内宮権禰宜職をついだ。明和二年(一七六五)江戸に下って賀茂真淵に入門、師風をついで『日本書紀』歌謡と『万葉集』の注解に業績を挙げ、万葉調の和歌をよくした。文化元年(一八〇四)八月十四日没。五十九歳。豪放不羈な人となりを反映し、その学風も独創に富むが、飛躍に走り過ぎたものも多い。『万葉考槻の落葉』『日本紀歌解槻乃落葉』『竹取翁歌解』『信濃漫録』などの著述があり、家集『槻落葉歌集』がある。

参考文献 伊藤正雄「荒木田久老の生涯」(神宮司庁編『荒木田久老歌文集並伝記』所収)　(大久保　正)

あらきだひさもり　荒木田久守　一七七九―一八五三　江戸時代末期の国学者、伊勢内宮の神官。安永八年(一七七九)三月一日、伊勢国宇治(三重県伊勢市)に生まれる。荒木田久老の次男。はじめ父久老の兄橋村正令《まさのり》の家を嗣いで図書といい、また正任・正睦・令睦とも呼んだ。文化十四年(一八一七)、兄久敬《ひさいや》の死によって実家宇治家に帰り、荒木田姓に復し、父と同名の久老を名乗り、同じく五十槻園《いつきのその》と号した。家学を嗣いで国文・和歌に精通。内宮権禰宜となり、従四位上に叙せられた。嘉永六年(一八五三)五月八日没。七十五歳。墓は伊勢市浦口天神丘墓地にある。その著作は数多く、『荒木田神主系譜』『石川集』『言因抄《げんいんしよう》』『源氏箒巻』『真菅集』『万葉集鳥獣草木考』『万葉集同字部類』『倭姫命世紀古文解』『吉野山歌集』『宇治の人とよめる歌の控』『雅言集注《がげんしゆうちゆう》』『紀記歌略解』『詞《ことば》づかひ道のしるべ』『真薦集』『新勅撰許注』などが知られている。

参考文献 伊藤正雄「荒木田久老の生涯」(神宮司庁編『荒木田久老歌文集並伝記』所収)　(岡野　友彦)

あらきだもりたけ　荒木田守武　一四七三―一五四九　室町・戦国時代の伊勢内宮の祠官。連歌・俳諧作者。文明五年(一四七三)の誕生。内宮の三禰宜荒木田(薗田)守秀の男(通説、九男)。母は一禰宜藤波氏経の女。同六年従五位下。長享元年(一四八七)禰宜に補任、爾来累進して天文五年(一五三六)正四位上、同十年一禰宜に進み、同十八年八月八日、七十七歳で没。墓は伊勢市宇治浦田町にある。連歌をよくし、早くも文明十七年、十三歳で、宗祇の連歌集『老葉』を筆写、明応四年(一四九五)撰の『新撰菟玖波集』に、兄守晨とともに一句入集。『法楽発句集』(永正五年)・『合点之句』(天文九年)の連歌句集、最晩年の独吟『秋津洲千句』(天文十五年)など、自筆で現存。永正二年(一五〇五)『何路百韻』以下、内・外宮の禰宜との一座のほか、宗長・宗碩・肖柏との交わりが深く、特に宗長には深く師事し、その死没に際して、追善の独吟千句を賦している。俳諧には、周桂に送った『俳諧詠草』、享禄三年(一五三〇)の『俳諧独吟百韻』、晨彦・常信・宗仙との四吟『何袋百韻』と、有名な『守武千句』(『飛梅千句』)があり、宗鑑とともに俳諧の始祖とされる。『守武千句』は、慶安五年(一六五二)の板本のほかに自筆の草稿本および定稿本が現存し、その比較から、天文五年より推敲を重ねて、同九年冬ようやく成ったことが知られる。俳諧千句の最初のもので、これによって俳諧の形式が確立し、俳諧興隆の素地を築いたものとして、その功績は大きい。ほかに、大永二年(一五二二)の『法楽和歌百首』、教訓歌『世中百首』、および笑話二十三篇を集めた『守武随筆』がある。神宮司庁編『荒木田守武集』全一巻がある。

参考文献 伊藤正雄「荒木田守武」(明治書院『俳句講座』二所収)　(島津　忠夫)

あらきだもりとき　荒木田守晨　一四六六―一五一六　室町・戦国時代の伊勢内宮の祠官。神宮学者。薗田氏。禰宜守秀の子。母は荒木田氏経の女。幼名経晨。文明十年(一四七八)十禰宜に補せられ、つぎつぎ昇進、永正二年(一五〇五)二禰宜となり、翌年従五位上、六年正五位下、九年従四位下、十一年従四位上、十三年には一禰宜となったが、長官たること六日にして同年十一月十七日没した。五十一歳。幼少より神道に深い志をもち、氏経より神道の奥儀、奉仕の切紙、三口伝を伝授された。その著に『永正記』二巻があり、諸書にあたって神宮の服暇触穢禁忌、また諸儀の典拠を明らかにしており、また『荒木田守晨引付』(『永正引付』)は永正四年八月より同十二年六月までの神宮寺、神宮祭祀また造営などが記されるが、そこにすぐれた考証的態度がみられる。『続群書類従』に書目のみある『荒木田守晨句集』は守晨句集かともみられ、守武の兄にあたり、連歌もよくし『新撰菟玖波集』にも一句をのせる。→永正記《えいしようき》　(鎌田　純一)

あらきだもりなつ　荒木田守夏　一六六八―一七二四　江戸時代中期の国学者、伊勢内宮の神官。薗田守夏とも

いう。寛文八年(一六六八)、伊勢国宇治(三重県伊勢市)に生まれる。内宮禰宜薗田守洪《もりひろ》の長男。弟に薗田守敬《もりよし》、子に薗田守浮《もりちか》がいる。通称は源十郎、または将監。延宝三年(一六七五)に七歳で叙爵。元禄三年(一六九〇)四月、内宮禰宜に補され、同年五月従四位下に叙される。在職三十余年、ひろく和漢の学を修め、特に神典・国史に通じた。元禄十二年の神御衣《かんみそ》祭の再興は、もっぱら彼の功績によるものとされている。宝永六年(一七〇九)六月、正四位上に叙された。享保九年(一七二四)八月八日没。五十七歳。墓は伊勢市北中村枕返。著作に『外宮新規之勘例』『外宮長官記』『神宮考証』『神宮祝文類記』『勢陽類編』『内宮神号例文』『内宮神拝略記』『万寛集』『守夏覚書』『守夏随筆』『和歌鎮終記』などがある。

(岡野　友彦)

あらきだわたらいにししゅつじこう　荒木田度会二氏出自考　伊勢神宮内宮の荒木田、外宮の度会二氏の出自を考証した書。御巫《みかんなぎ》清直著。一巻。著作・成立年月は未詳。二氏ともに古代においては神主という氏の一系同祖であったこと、後世、氏人が多くなり居住する地名を冠して「荒木田神主」「度会神主」と称するようになったことを厳密な史料批判によって説く。『大神宮叢書』神宮神事考証中篇に所収。

(本澤　雅史)

あらたえ・にぎたえ　荒妙・和妙　神に献ずる幣帛の一種。荒妙は古くは帛布の総名であったが、今日は、麻または糸目の荒い織物を指す。一方、絹や糸目の精緻な織物を和妙といい、白い布の総称でもある。種々の織物を献ずる意味で、和妙荒妙という美称を用いて幣帛をたたえることも多い。特に古来、大嘗祭の神供の荒妙は忌部氏が貢進するのを例としていた。

(西島　一郎)

あらだじんじゃ　荒田神社　兵庫県多可郡加美町的場に鎮座。旧県社。主祭神に少彦名命《すくなひこなのみこと》、相殿に木花開耶姫命《このはなさくやひめのみこと》・素戔嗚命を祀る。『新抄格勅符抄』によると、称徳天皇天平神護元年(七六五)神封四戸を充てられた。『延喜式』神名帳所載播磨国多可郡六座の中の一つで、播磨国の二宮と称せられ、地方の名社。また『播磨国風土記』には、天目一箇命《あまのまひとつのみこと》・道主日女命《みちぬしのひめのみこと》を祭神とする説もある。例祭は十月十七日。

(西島　一郎)

あらにごのおおはらえ　荒和大祓　名越祓に同じ。住吉大社の神事の一つ。荒和とは荒妙《あらたえ》・和妙《にぎたえ》の斎衣を神に奉る故事であり、後世荒ぶる神を和《なご》す意としたのは誤りともいい、江戸時代より諸説ある。荒和神事・荒和祓とも称されるほか、近世には荒和の禊・荒和の禊祓などの表記もみられる。読みは『住吉名勝図会』に「あらにごおはらひ」とみえる。その初源および由緒は定かでない。近世には、旧暦六月晦日に神輿一基を社前に出し、神遷を行なったのち、神輿を担ぎ、騎馬や徒歩の行列を組んで堺宿院(開口《あぐち》)まで巡幸した。堺宿院頓宮での神輿着輿祭(頓宮祭)を済ませ、飯匙堀《いいがいぼり》において祓いの祭を執り行なった。神輿が還幸する際、橋爪で数多の提燈を点じてこれを迎える迎提燈は住吉の火替として有名である。行列は華麗で荒和祓家《あはらや》と称される独特の神役もあった。現在では住吉祭の一部として、七月三十日の宵宮祭、翌三十一日の例大祭および夏越大祓神事を終えた後、八月一日に堺宿院頓宮への渡御《おわたり》祭と荒和大祓が行われている。

↓住吉大社《すみよしたいしゃ》　↓住吉祭《すみよしまつり》

参考文献　浦井祥子「住吉大社における荒和の大祓神事をめぐって」(薗田稔・福原敏男編『祭礼と芸能の文化史』所収)

(浦井　祥子)

あらひとがみ　現人神　天皇を指していう称の一つで、天皇は現身を以て、この世に現われた神であるとする観念にもとづき、天皇の神聖を称え、これを畏敬する意味をもつ称呼である。用例の一、二をあげると、『日本書紀』景行天皇四十年是歳条に、日本武尊の言として、「吾是現人神之子也」とあり、また『続日本後紀』嘉祥二年(八四九)三月庚辰条に記載された興福寺大法師ら奉献の長歌に、「我国之聖乃皇波尊毛御坐加(中略)毎皇爾現人神止成給御坐世波(下略)」とみえている。

参考文献　帝国学士院編『帝室制度史』六

(武部　敏夫)

あらぶるかみ　荒振神　『古事記』や『日本書紀』の神代巻では、高天原から見た葦原中国のまつろわぬ神を指している。『古事記』では、高御産巣日神《たかみむすびのかみ》・天照大神の命令で八百万神を天安河原に集め、天照大神が「この葦原中国は、我が御子の知らさむ国と言依さしたまへる国なり、かれこの国にちはやぶる荒ぶる国つ神ども多《さわ》なり」(原漢字)と詔した。『日本書紀』神代天孫降臨章第一の一書では天照大神が天稚彦《あめわかひこ》に似た勅をしているが、そこでは「ちはやぶるあしき神」(原漢文)となっている。同様な荒振神の用例は『延喜式』大祓祝詞にもある。神武天皇以降の記事では、天皇の権威に反抗する地方の勢力を代表する神を荒振神という。『日本書紀』景行天皇四十年七月の詔に「今東《あずま》国安からずして、暴《あら》ぶる神多《さわ》に起る、亦蝦夷悉《ふつく》に叛きて屢人民《おおみたから》を略《かす》む」(原漢文)とあり、『古事記』では神武天皇が荒ぶる神どもを言向けやわし、まつろわぬ人どもを退け撥《はら》ったとあるように、荒振神とまつろわぬ人で一組になっている。

(大林　太良)

あらまつりのみや　荒祭宮　皇大神宮第一の別宮。祭神は天照坐皇大御神荒御魂。神威霊験がしばしば史上に現われ、歴朝の崇敬ことに驚く、恒例臨時の祭祀は本宮についで同日に行われ、五月と十月(明治十二年以前四月・九月)の神御衣祭は皇大神宮と当宮に限って執行される。創立は本宮と同時の垂仁天皇二十六年九月とされている。造営遷宮も本宮とともに式年に行われたが、中世以後中絶。慶長十五年(一六一〇)十月ようやく仮殿遷宮が行われ、ついで寛永八年(一六三一)八月式年造替の制に復し、明治四十二年(一九〇九)度式年造替の折に玉垣と玉垣御門の増設をみた。本宮との配置について、『太神宮本記帰正鈔』には『太神宮諸雑事記』の天武天皇白鳳十四年乙酉(六八五)の記事を引き、この時和魂宮を造大し、殿舎・

四面御垣を作り加えたので、当初は和魂宮(本宮)と荒魂宮とは東西に同等に並べ建てられてあったものが、当宮はこの時に現在地に移造されたのであろうと述べている。

(鈴木　義一)

あらみがわのはらえ　荒見川祓　大嘗祭の時国郡卜定が終り行事の職員が定まると、京都北野に斎場が設けられ、大嘗祭の準備に着手するが、それに先立っての祓が斎場の近くを流れている紙屋川の辺で行われる。これを荒見川祓という。紙屋川は平野神社の前より北野神社の横を流れ、官立の製紙場紙屋院の置かれた所。この祓は九月晦日に行われ、大嘗祭奉仕の上卿以下行事弁・史など出仕する。大嘗祭の散斎《あらいみ》は十一月朔日より始まるが、その以前に関係諸職の穢を祓うものである。

参考文献　『儀式』(『(新訂増補)故実叢書』三一)、『御代始鈔』(同二三)

(是澤　恭三)

あらみたま　荒魂　⇩和魂《にぎみたま》・荒魂《あらみたま》

あらよ　荒世　⇩贖物《あがもの》

ありどおしじんじゃ　蟻通神社　大阪府泉佐野市長滝に鎮座。旧郷社。蟻通明神(大名持命)を祀る。現在の位置は太平洋戦争中佐野飛行場建設のため移転したところで、もとは長瀬部落の北方約五〇〇《メートル》、安松と市場の中間で小栗街道沿いにまつられており、『和泉名所図会』によると馬場約二町、境内に鐘楼と神宮寺があった。『延喜式』神名帳にはみえず、紀貫之の出た十世紀に存在していたかどうかは、『紀貫之家集』に彼が乗馬で当地を通りかかったとき、馬が俄に進まず、そこへ老翁があらわれ、明神のたたりであると告げたので貫之が和歌を詠進したところまた馬が動き出したとあり、『枕草子』はこの話を引用した上、さらに仏典にある蟻通の故事を賢才で孝行な日本の中将の物語とし、その中将の父が明神になったと説明している以外に裏付けになる史料はない。例祭は五月八日・十月十一日。

(村山　修一)

あるきみこ　あるき巫女　市井や在郷を漂泊しながら霊言を託宣する巫女。本来は神社に付属して神託を述べていたが、民間の求めに応じ、部落や家を門付けする里巫女となり、正月にオシラあそばせ、春先に部落祈禱・家祈禱・身祈禱を行い、また喪家を訪れて死霊の口寄せを執行した。平安時代の末には、山臥とかたらって山間都鄙を遊行した記事が多くみえ、民間の呪術信仰の形成に寄与した。しかし中世末からは白拍子まがいの売女に堕するものも出てきた。

参考文献　中山太郎『日本巫女史』、桜井徳太郎『日本のシャマニズム』上、柳田国男「巫女考」(『定本柳田国男集』九所収)

(桜井徳太郎)

あれ　阿礼　⇩御阿礼神事《みあれのしんじ》

あれおとこ　阿礼乎止古　⇩御阿礼神事《みあれのしんじ》

あれおとめ　阿礼乎止女　⇩御阿礼神事《みあれのしんじ》

あわがじんじゃ　粟鹿神社　兵庫県朝来郡山東町粟鹿に鎮座。旧県社。祭神は社伝に三社九神と称し、上中下の三社に分かれ、上社に彦火々出見命《ひこほほでみのみこと》ほか二神、中社に竜神(女体神也)ほか二神、下社に豊玉姫命ほか二神を祀るとあるが、『延喜式』神名帳は一座とし、和銅元年(七〇八)注進の『粟鹿大明神元記』に拠れば、阿米美佐利命《あめみさりのみこと》を祀ると明記され神明帳の一座に合致する。この注進にはさらに神社の創立を大彦速命《おおひこはやのみこと》により垂仁天皇の御代に祀られたとしている。奈良時代神封二戸、承和十二年(八四五)七月無位粟鹿神に従五位下を授け、貞観十六年(八七四)三月正五位上に陞された。延喜の制、国幣大社名神に列し、但馬国の一宮、また二宮と称され、弘安八年(一二八五)には神田百町七段二百二十六歩を有し、戦国時代但馬に蕃衍した日下部の族、八木・朝倉・奈佐など皆この神を祖神と崇敬し、朝倉のごときはのち越前に移って居城中にこの社を勧請している。江戸幕府より三十三石一斗の朱印を寄す。社殿は建保元年(一二一三)粟鹿社法養院真福寺建立の記事が『会津塔寺八幡宮長帳』にみえ、遠く奥羽の地に聞えたが、応仁の兵火に社殿旧器ことごとく焼失、文明十七、八年ようやく仮殿を造営、天保十年(一八三九)社殿を再造したが慶応二年(一八六六)再び焼失、明治十二年(一八七九)再建にかかるものが現社殿である。例祭は十月十七日(旧は太陰暦の九月九日)。本社正殿の後ろに神墓《おつか》と呼ばれる古墳があり、祭神を葬ると伝う。

参考文献　兵庫県神職会編『兵庫県神社誌』、是澤恭三「粟鹿大明神元記の研究」(『日本学士院紀要』一四ノ三、一五ノ一)、同「但馬国朝来郡粟鹿大明神元記に就いて」(『書陵部紀要』九)

(是澤　恭三)

あわぎはら　阿波岐原　⇩橘之小戸之檍原《たちばなのおどのあわぎはら》

あわしましんこう　淡島信仰　和歌山市加太加太浦の淡島神社の祭神に対する信仰。祭神についていろいろの伝説が語られているが、この神は住吉神社の妃神で、白帯《こし》下《け》の病のためここに流されたという。そのため婦人の下の病・安産祈願・縁結びなどに利益があるとされている。祈願者は櫛・笄《こうがい》・簪《かんざし》などを奉納する。江戸時代にはこの神の絵姿を入れた箱を背負って村々を歩いたアワシマサマと呼ばれる修業者があった。そのためこの信仰は東北地方より九州に至るまでひろがった。岩手県では性神として男の金精様に対して女の淡島様をまつっている。神奈川県の三浦半島では安産・縁結びの神として信仰され、妊娠した月から毎月お詣りする。淡島様は海から柄杓で救いあげられたからとて、底抜け柄杓を奉納する。熊本県宇土郡では淡島明神が桑の木の独木舟に乗せられて流され、その途中蛆虫が生じ、それが桑の木を食って大きくなったのが蚕であるという伝説を伝えている。

参考文献　折口信夫「偶人信仰の民俗化並びに伝説化せる道」(『折口信夫全集』三所収)

(大藤　時彦)

あわしまじんじゃ　淡島神社　和歌山市加太加太浦に鎮座。旧称は加太神社で、一般には「淡(粟)島さん」で親しまれ、戦後加太淡島神社と呼ばれている。旧郷社。少《すくな》彦名命《ひこなのみこと》・大己貴命《おおなむちのみこと》・息長足姫命《おきながたらしひめのみこと》(神功皇后)を祀る。はじめ淡島(加太の友ヶ島の神島)にまつられていたが、仁徳天皇行幸の時現地に遷し、神功皇后を合わせ祀ると伝える。『延喜式』神名帳が名草郡に、『国内神名帳』が海部郡に載せるのは、郡域の変更によるものであろう。婦女が祈願し今も雛人形・手道具などの奉納が多い。蓋しもと加太潜女の余習か。重要文化財の金銅造丸鞘太刀・大円山形星兜を蔵する。針供養(二月八日)、雛流し(三月三日)、雛祭(四月三日)、甘酒祭(十月三日)などがある。

参考文献　仁井田好古他編『紀伊続風土記』

(今井　啓一)

あわじんじゃ　安房神社　千葉県館山市大神宮に鎮座。旧官幣大社。祭神は天太玉命《あめのふとだまのみこと》を主神とし、后神天比理乃《あめのひりの》咩命《めのみこと》を配祀する。『古語拾遺』によると、忌部氏の祖神天太玉命の孫天富命《あめのとみのみこと》が、神武天皇の時阿波の一族を率いて東国に移住し、麻と穀《かじ》とを播殖させた。そこで一族はここに祖神天太玉命を奉祀して安房神社と称し、安房郡の名もここから起ったと伝えている。いま天富命は摂社下宮に祀られる。また景行天皇が上総国に行幸した時、磐鹿六雁命《いわかむつかりのみこと》は、この神を御食饌神《みけつかみ》として仕奉したという。大同元年(八〇六)には神戸百四戸を所有し、承和三年(八三六)従五位下、貞観元年(八五九)正三位に叙せられる。延喜の制では名神大社に列し、祈年・月次・新嘗の官幣に預かった。のち安房国の一宮となり、東国第一の大社と崇められ、武将の尊信厚く、ことに里見氏は累代社領三十余石を寄進し、江戸幕府は三十石の朱印領を安堵した。例祭は八月十日、その他神田祭・置炭神事・粥占神事・早苗振神事・浜降神事・御狩神事などの特殊神事がある。

(大場　磐雄)

あわたぐちしんめい　粟田口神明　京都市山科区日ノ岡夷谷町にある日向神社がそれにあたると『雍州府志』や『都名所図会』には記されている。貞観年中(八五九―七七)、勅により菅原船津が伊勢神宮を勧請、荒廃後慶長十九年(一六一四)伊勢の神職野呂左衛門尉宗光が霊夢により再興した。後水尾天皇以来禁中よりたびたび御供寄進の事があった。『康富記』宝徳三年(一四五一)九月条に中原康富当社に参詣の記事がみえる。

(村山　修一)

あわなぎのみこと　沫蕩尊　水の泡を神格化した神。『日本書紀』神代神代七代章第八の一書では伊弉諾尊の父神として沫蕩尊の名がある。『古事記』では、沫那芸神・沫那美神の二神。流れの速い河口の神である水戸神《みなとのかみ》(速秋《はやあき》津日子神《つひこのかみ》・速秋津比売神《はやあきつひめのかみ》)が河側と海側とでそれぞれ生んだ神が二神と記されている。神名は、ナギが穏やか、ナミがうねる水面の状態を示すとも、伊邪那岐・伊邪那美同様に男女二神を示すともいわれている。

参考文献　西郷信綱『古事記註釈』一

(渡辺瑞穂子)

あんぐう　行宮　⇨かりみや

あんけしんとう　安家神道　⇨土御門神道《つちみかどしんとう》

あんげのかんぺい　案下官幣　⇨幣帛《へいはく》

あんじょうのかんぺい　案上官幣　⇨幣帛《へいはく》

あんずもとひこ　安津素彦　一九一二―八五　昭和時代の神道学者。明治四十五年(一九一二)五月三十一日、東京都台東区に生まれる。昭和十年(一九三五)国学院大学道義学科倫理科卒業。直ちに道義研究室助手となる。同十三年財団法人日本文化中央連盟研究員、同十五年国学院大学講師に就任した。同二十三年数え歳三十七の時に国学院大学教授となった。同二十八年「神道研究序論」により文学博士を授与される。同三十八年二月、欧米の宗教事情の研究・視察のため八ヵ月間海外出張。同四十年日本学術会議会員に当選し、同四十四年に再選された。同四十五年日本宗教学会常務理事となる。同五十年国学院大学日本文化研究所所員となり、同五十五年神道宗教学会会長に選任される。同五十八年国学院大学教授を定年退職し、同年四月新設の信州豊南女子短期大学長に就任。同六十年十一月二十八日、七十三歳にて死去。専攻は神道思想史および神道理論。著書には、『神道思想論叢』『神道思想史前編』『日本人の宗教心意』『国旗の歴史』『異邦人の神道観』『日本人と神道』などがある。

参考文献　上田賢治「安津・内野両博士の急逝を悼む」(『国学院大学日本文化研究所報』一二八)

(安蘇谷正彦)

い

いいがおかはちまんぐう　飯香岡八幡宮　千葉県市原市八幡に鎮座。旧県社。祭神に誉田別尊・息長帯姫尊・玉依姫尊ほかを祀る。社伝によると創建は天武天皇四年(六七五)。国府の地に鎮祭された一国一社の国府八幡宮とされ、上総の惣社でもあった。『石清水文書』の保元三年(一一五八)十二月三日付官宣旨には、石清水八幡宮寺領の「上総国市原別宮」と記される。天正二十年(一五九二)八月に本多正綱が徳川家康の武運長久を祈って奉納した太刀(全長一六三センチ)が伝来し、その銘に「上総国市原庄八幡宮」と記されることから、中世には市原(庄)八幡宮と呼ばれたことが知られる。市原は国庁が所在した郡本地区に隣接しており、そこの市原八幡神社が当社の旧鎮座地と伝承される。中世後期に江戸湾の港津に近い現在地に遷座して、飯香岡八幡宮と称されるようになったと推測される。毎年旧暦八月十五日に大祭柳楯神事が行われる。本殿(重要文化財)は室町時代末期、拝殿は元禄四年(一六九一)の建立。

参考文献　『市原市史』、小川信『中世都市「府中」の展開』　(木村　修)

いいだたけさと　飯田武郷　一八二七―一九〇〇　幕末・明治時代の国学者。通称彦介、のちに守人、蓬室と号した。父は信州高島藩士飯田小十郎武敏、母は同藩飯島義道の娘諦子。文政十年(一八二七)十二月六日江戸の芝金杉の藩邸に生まれ、はじめ儒学を服部元済に学んだが、のち本居宣長の著書に感ずるところあって国学に志し、平田篤胤の没後の門人となり、また和歌を海野游翁に学んだ。嘉永五年(一八五二)二十六歳のときに畢生の大著『日本書紀通釈』の筆を起したが、やがて文久のころから尊王運動に加わり、郷里の信州上諏訪において同志を糾合し、慶応二年(一八六六)に家督を長男武夫に譲り、権田直助・落合直亮らと共に江戸薩摩屋敷と連絡をとったり、上洛して岩倉具視に献策するなど、東西に奔走した。王政復古後、明治元年(一八六八)京都大学皇学所創設とともに御用掛、ついで同講師、同二年高島藩皇学所開設とともに帰郷してその皇学教授となり、同五年廃藩後、気比神宮、貫前・諏訪・浅間(富士)神社などの宮司を歴任したが、同九年東京に移って大教院講師、同十一年太政官修史館御用掛、同十三年から十九年まで東京大学教授、同二十一年皇典講究所講師となり、同二十三年国学院講師を兼ね、翌二十四年慶応義塾大学部教授、同二十六年神宮教校教授、同二十九年帝国大学文科大学講師となったが、同三十年眼疾のため職を辞した。『日本書紀通釈』七十巻は先行の諸注釈を集大成した『日本書紀』全巻の注釈書で、前後四十八年を費やして明治三十二年春に完成、その翌三十三年八月二十六日、東京市牛込区(東京都新宿区)東榎町の自宅で病没した。年七十四。人となり沈着重厚で義理にあつく、歌文を好んだ。歌文集『蓬室集』がある。→日本書紀通釈《にほんしょきつうしゃく》

参考文献　「飯田武郷伝」(飯田武郷『日本書紀通釈』付録)、山崎節子「飯田武郷」(『近代文学研究叢書』四所収)　(関　晃)

いいのきちさぶろう　飯野吉三郎　一八六七―一九四四　明治・大正時代の神道系の行者。東京渋谷の穏田《おんでん》に住んでいたので「穏田の行者」と呼ばれた。美濃国岩村に生まれ、神秘的な雰囲気の祈禱行法によって政界首脳の伊藤博文・山県有朋・清浦奎吾らの知遇を得て、政界上層に陰然たる勢力をもつに至った。特に下田歌子の信任があつく、その線で宮中に影響力を及ぼし、大正十年(一九二一)の皇太子外遊問題に介入した。また貞明皇后にも近づき、公然と宮中に出入りしたため、「日本のラスプーチン」と評判された。のち霊のはたらきを説き国家主義を掲げる大日本精神団を結成したが、利権をめぐる詐欺事件に関係したため、多年にわたって政界上層と宮中に扶植した勢力を一挙に失った。　(村上　重良)

いいのはちまんぐう　飯野八幡宮　福島県いわき市平に鎮座。旧県社。祭神は品陀別命《ほむだわけのみこと》・息長帯姫命《おきながたらしひめのみこと》・比売神《ひめがみ》。中世の好島荘(鎌倉時代には関東御領)の中心であった。文治二年(一一八六)の創立。創立者は源頼朝ではないかとみられている。はじめ荘内の赤目崎物見岡にあったが、のち現在地に移ったという。同社の神主職は好島荘預所の兼ねるところであり、宝治元年(一二四七)関東御家人伊賀盛光が同西荘預所になって以後、同氏に相伝された。現宮司の飯野氏はその子孫にあたる。例祭は九月十五日。

参考文献　佐々木慶市『中世東北の武士団』　(大石　直正)

いいのはちまんぐうもんじょ　飯野八幡宮文書　福島県いわき市平の飯野八幡宮祠官飯野氏に伝えられた文書。元久元年(一二〇四)の八幡宮領好島荘田地目録注進状案に始まり、中世文書だけで二百余点を数える。飯野八幡宮を中心とする地域は中世の好島荘にあたり、同社の祠官飯野氏の祖伊賀氏は同西荘預所であった。そこでこの文書には、好島荘の内部構成、預所伊賀氏・地頭岩城氏の動向を示す史料が多く含まれており、特に南北朝内乱期の関東・東北地方の政治過程に関する史料が豊富である。刊行史料集として王山成元『飯野八幡宮文書』(『史料纂集』古文書編)があるが、『福島県史』七・『いわき市史』八にも飯野文書の名称で収録されている。またCD—ROM版として『定本飯野文書中世論』が刊行されている。東京大学史料編纂所には一部分の影写本がある。　(大石　直正)

いいのやぐう 井伊谷宮 静岡県引佐郡引佐町井伊谷に鎮座。旧官幣中社。祭神宗良親王。親王は後醍醐天皇の皇子で、建武中興瓦解後も東国各地に転戦し、征東将軍として指揮にあたり、七十余歳で没した。親王の終焉の年と所は明らかでないが、早くから井伊谷を終焉地とする伝えがあり、寛保二年(一七四二)八月、信濃国伊那郡の旗本知久頼久が井伊谷の竜潭寺境内に親王の宝篋印塔の墓石を造った。墓銘に「冷湛寺殿、元中二乙丑年八月十日」とある。明治維新後、神社創建の議が起り、明治二年(一八六九)二月十三日、井伊谷宮創建。彦根藩主井伊直憲は、その先祖井伊道政が親王を奉護した関係から造営に尽力し、同三月竣工。同五年十二月十二日鎮座。同六年六月官幣中社に列格した。例祭は九月二十二日。摂社は井伊神社、祭神井伊道政およびその子高顕。ともに親王に仕えた。

参考文献 市村咸人『宗良親王』、藤井貞文「井伊谷宮創建始末」(『国史学』四七・四八合併号)

(久保田 収)

いかがしけいず 伊香氏系図 近江の中臣氏族伊香氏の系図。『続群書類従』系図部所収。一巻。『帝王編年記』所載の『近江国風土記』逸文では、「近江国伊香郡与胡郷伊香小江」に住んだ伊香刀美が天女の妹と契って二男二女を生んだ、との伝説がみえ、すなわち伊香連の遠祖であるとし、『新撰姓氏録』では、伊香連を「大中臣同祖、天児屋根命十世孫巨知人命之後也」と記す。伊香津臣命に始まり、「文明年中(一四六九—八七)入俗家、名南黒田、東神田構住」との記載のある厚興の代で終わる。伊香津臣命の次代宿禰豊厚が、天武天皇の白鳳十年に伊香の姓を賜わったとする。『古今集』には、本系図で寛平—延喜年間(八八九—九二三)の人とされる厚行の歌が存する。なお、これには「イカゴノアツユキ」とある。また厚行の部分には、伊香具神社の神幸祭礼が、昌泰二年(八九九)から菅家の奏達により始められたとある。加えて保元—永万年間(一一五六—六六)ころの人とされる安助の子助吉が神主の時、源頼朝の嘱により御家人役を勤めたとある。奥に、貞享二年(一六八五)の書写奥書がある。

参考文献 『群書解題』三下

(川島 慶子)

いかごじんじゃ 伊香具神社 滋賀県伊香郡木之本町大音に鎮座。旧県社。伊香津臣命《いかつおみのみこと》を祀る延喜式内の大社。土地の古代氏族たる伊香連《いかのむらじ》の祖神であり、伊香郡の古郷である大音《おおと》郷の総氏神として、永い信仰を保ってきた。古代の羽衣伝説で有名な余呉湖《よごのうみ》に近く、伊香連の祖という伊香刀美や、『日本書紀』仲哀紀で活躍する中臣烏賊津《なかとみのいかつ》使主《おみ》の物語なども、みなこの神社の古代史と深い関係が考えられる。七本槍の古戦場で名高い賤ヶ岳の南麓に位置している。例祭は四月六日。

(景山 春樹)

いかすりじんじゃ 坐摩神社 大阪市東区渡辺町に鎮座。旧官幣中社。「ざまじんじゃ」ともいう。旧地は八軒屋(東区石町)という。『延喜式』にみえ、延喜の制では大社に列し、祈年・月次・新嘗の官幣に預かる。貞観元年(八五九)従四位下に叙され、昭和十一年(一九三六)官幣中社に列格された。祭神は生井《いくい》・福井《さくい》・綱長井《つながい》・波比祇《はひき》・阿須波《あすは》の五神。以上の五座を総称して世に座摩神という。ただし『住吉大社神代記』に「二前」、『延喜式』に「一座」とあり、検討を要する。坐摩は「ヰカスリ」「ヰカシリ」「ヰカテリ」「サカスリ」などと訓み、地名説のほか、「居之代《ゐのしろ》」で屋敷を守る神、「井之後」または「井之塘」で井や溝水の辺に坐す神、「居所知(領)」で宮中を守る神、イサマの転訛で巨石の神、などの説がある。神武天皇朝に「大宮地之霊」として奉斎されたと伝え、のち宮中神として神祇官西院で祭られた。住吉大神の子神または御魂で、仁徳天皇朝の顕現とする説もある。奈良時代の神戸は二烟、神田は七段百四十四歩。現社殿は第二次世界大戦による戦災後、昭和三十四年に復興したものである。例祭は四月二十二日、秋祭は十月二十二日。特殊神事として献花祭(四月二十二日)・夏越神事(七月二十二日)・懸鳥祭(十二月二日)がある。

参考文献 『(官幣中社)坐摩神社誌』

(田中 卓)

いかすりのかみ 座摩神 神祇官の西院にまつられた生《いく》井《い》・福井《さくい》(栄井)・綱長井《つながい》・波比祇《はひき》(婆比支)・阿須波《あすは》の五神の総称。音読して「ざまのかみ」ともいう。「いかすり」は、居処領《いかしり》の転で、邸宅などの敷地の守護神。座摩巫《みかんなぎ》がまつり、『延喜式』の宮中神名、同祝詞(祈年祭・六月月次祭など)に祭神としてみえる。『古語拾遺』には「是大宮地の霊、今坐摩嶋の巫斎き奉る所なり」(原漢文)とある。大阪市東区渡辺町に鎮座する坐摩神社は、座摩神をまつる古社。

(上田 正昭)

いかすりのみかんなぎ 座摩巫 宮中神祇官の西院に祭る座摩神五座(生井神・福井神・綱長井神・波比祇神・阿須波神)に仕える女巫で、古くは国造氏の七歳以上の未婚女が任用されていた。祈年祭祝詞には大御巫に次ぎ二番目に奏上するほど重視されていた。「いかすり」の語義については諸説があるが、『古語拾遺』の「大宮地之霊」また五座の名からみて井水の守護神なのであろう。天平九年(七三七)に爵を給わったと『続日本紀』にみえる。

(山上伊豆母)

いがはちまんぐう 伊賀八幡宮 愛知県岡崎市伊賀町に鎮座。旧県社。祭神は応神天皇・仲哀天皇・神功皇后。文明年間(一四六九—八七)、松平信光の子親忠が額田郡下井田村に勧請創祀し、以来松平家の氏神として尊崇した。永禄九年(一五六六)松平家康が徳川への復姓と三河守に任ぜられたことの報賽に、社殿を整え、慶長七年(一六〇二)には社領を寄進し、同十六年には社殿の造営を命じている。さらに元和年間(一六一五—二四)・寛永年間(一六二四—四四)の両度に加増して五百四十石の有勢な社頭となった。徳川家光は寛永十三年に社殿の大造営を行い、これは現在重要文化財に指定されている。例祭は十月二日。

参考文献 『岡崎市史』

(近藤 喜博)

いかほじんじゃ　伊香保神社　群馬県北群馬郡伊香保町に鎮座。旧県社。祭神は大己貴命《おおなむちのみこと》・少彦名命《すくなひこなのみこと》。上野国三宮。元慶四年(八八〇)従四位上、延喜の制では名神大社。榛名山の北東の山腹にあり、古代温泉の発見とともに世に現われた神社である。地名は古く『万葉集』に「上毛野伊香保の沼」「伊香保」とみえ、中世の唱導として『神道集』にはくわしい縁起が語られている。例祭は九月十九日。（近藤　喜博）

いかん　衣冠　衣服とかぶり物をつけた姿を総称するが、狭義には公家用の装束の一種をさす。これは参朝用の束帯の略装であり、束帯を昼装束《ひのしょうぞく》と呼ぶのに対して、宿衣《とのいぎぬ》ともいう。『西宮記』一八には、伊勢使が宿所から衣冠に改めて発向することを伝え、かような遠行の使者の路次の際や、臨時の行幸啓の供奉、院参、私的な行事の際などに着けるのが平安時代の所用例であり、衣冠による参内は、特例を除いて平安時代の末まで認められなかった。平安時代末期以来、強装束《こわしょうぞく》の普及につれ、取扱いが複雑になった束帯は、禁中の行事用になり、日常の参内には、雑袍《ざっぽう》の宣旨を蒙った公卿や公達を除く一般諸臣は、衣冠を束帯代として用いるのが普通となった。衣冠の構成は、冠・袍・衣(晴に用いる)・単《ひとえ》・小袖(近世は肌に「ひよ」と呼ぶ襦袢を加える)・指貫(近世の日常の参内には代用として指袴を用いる)・下袴(晴に用いる)・檜扇(室町時代以来は末広、夏は蝙蝠)・帖紙《たとう》(晴の際、平常は紙入れ)・浅沓であるが、時代の下降とともに簡略となり、衣はもとより、単さえ省いたのを普通に衣冠といい、単を加えたのを晴の装備として単衣冠または重衣冠《かさねいかん》と呼んで区別した。衣冠の冠は、束帯のそれと同様であるが、文武官を通じ、すべて垂纓《すいえい》であり、非常の際だけは特例として纓を巻くが、武官も緌《おいかけ》はかけない。懸緒も単衣冠は紙捻《こびねり》、尋常の衣冠は勅許を得て糸製の組懸《くみかけ》を用いることもあった。袍は文武の別なく縫腋《ほうえき》の制とし、束帯と同様に位階相当の色による当色《とうじき》とするが、石帯を用いないので、腰の格袋《かくぶくろ》を外に引き出して小紐で結ぶのを特色とした。衣は束帯を用いない御楽始めのような晴の儀式に、単の上に重ねたので、束帯の衵よりも装飾用とされ、文様や色目は自由で、重ねの色に趣向がこらされた。また前身の裾を特に長く仕立て、袴の中に着込めずに裾を袍の襴の下からのぞかせたのを出衣《いだしぎぬ》と呼んで賞美した。単は束帯の具ほど厳格でないので、繁菱《しげびし》・遠菱《とおびし》・花菱の遠文、または無文なども用いられ、赤・萌葱・黄・縹《はなだ》など色も自由で、若年だけは濃色《こきいろ》、老人は白とされた。小袖は白の平絹の袷の二枚重ねを普通とし、厳寒には「おなかいれ」といって真綿を入れて用い、暑中には布の帷《かたびら》とした。指貫と下袴はともに八幅《やの》からなり、束帯の表袴《うえのはかま》と大口の四幅の狭い仕立てに対して、ゆるやかなくつろぎを示している。直衣・小直衣・狩衣の類にも用いられ、地質・色目・文様をはじめ、仕立ての面でも、衣冠の付属に限って見られるというような特例はない。ただ近世の尋常の衣冠では、下袴を用いず、動作を簡易にするために、指貫の裾を短く、足の長さに合わせて切り離したまま括緒《くくりお》を入れない切袴《きりばかま》を指袴《さしこ》と呼んではくのを特色とした。檜扇はもっぱら冬の料として用いられたが、室町時代のころから扇の骨の両面を紙で張り包んで、畳むと手許よりも先端が末広がりになる扇が生じて、これを檜扇に代えて末広と呼んで用いるようになった。また夏は粗い骨で、その一面にだけ紙を張った蝙蝠《かわほり》の扇を夏扇として用いた。帖紙は単衣冠に限って用いられ、尋常の衣冠には紙入れを懐中にするのを例とした。また素足を本義とし、襪《しとうず》は老齢または病養の理由で、勅許を得なければはくことができなかった。また一度はけば、再び御免の勅許を得なければ脱ぐことができないほど厳重に規定されていた。衣冠の際の太刀は、武官であっても佩用しないが、焼亡のような非常の場合は特例として用いる。その際は兵仗の野太刀《のだち》である。なお江戸時代の諸侯も、官位相当により衣冠をつけたが、これは武士であるために太刀を佩用するのを原則とし、四位以上は毛抜形の長目貫を入れた衛府の太刀、五位は糸巻の太刀を用いた。この際の衣冠は、高倉流様式による公家の例にならうが、指貫などは便宜化して裾くくりとせず、しぼったらしく紐で内側に吊ったのを用いた。明治以後、神職の祭典の際の服は衣冠と定められた(正服)が、これに付属する指貫の様式は、便化した武家風を継承している。（鈴木　敬三）

いきがみしんこう　生神信仰　宗教・文化・政治・軍事等々の分野で、格別の力量を発揮し、偉業をなした生身の人間を神としてまつる風習。唯一神の宗教では起り得ないが、日本では多く認められる。この信仰については、人神信仰との関わりが考えられる。平安時代、非業に倒れた偉大な人間の怨霊を恐れ、これを神としてまつる風があった。平将門や六所御霊・八所御霊などへの信仰がそれである。それは近世に至っても佐倉惣五郎を義民としてまつる風として受け継がれた。政治的権力者を神とする事例としては、豊臣秀吉を祀る豊国大明神、徳川家康を祀る東照大権現など、軍事の例では靖国神社や護国神社など戦死者の祭祀、また乃木希典・東郷平八郎などの祭祀が認められる。生者が神となる場合には、特に宗教的・呪術的に超越した能力を持つとされる者が、みずからそれを認め、衆庶の承認をも得てまつられる。その一つは天皇である。国家神道を治国の根幹とした明治以降の政治体制において、天皇は「現人神」とされた。その基底に聖人君子の道を実修した儒教的聖天子の思想の影響を見る見方、古代の天皇霊の信仰の影響とする見方、また村落共同体で天皇をまつる信仰に基づくとする見方などがある。明治天皇・昭和天皇などの全国巡行時の聖跡への崇拝は、古代の遊幸神歓待の観念に繫がるかもしれない。また近世・近代の新興宗教においては、教組がみずから神と名乗り、あるいは教団の信者がその姿を理想化し、超人的な力量を備えるカリスマすなわち「生神教祖」として信仰された。黒住教の黒住宗忠、天理教の中山みき、天照皇大神宮教の北村サヨ、金光教の赤沢文治、大本教の出口なおなど。彼らは世俗生活の中で突然強力な神が憑依し、神と交融し、神語を語るという成巫《せいふ》過程の上に生神となった。古来神をまつり神霊を招ぎ降ろす神官・御子《みこ》・巫女《みこ》なども、神が憑依する存在として一時的な神と見なされた。これらもまた神懸かりして超自然的、霊的存在と交融し、その意を民間に伝えるシャーマニズムと深く関わっている。ミコとは本来神の御子《みこ》を意味する。神の子として神に仕え、神霊を背負い、神語を説き、神に扮した者をこのように呼んだものが、のちにその神使自身が神そのものと見なされたものであろう。修行を積んだ彼らの中には、一時的でなく、恒久的な神格として特別視された者もいた。イタコ、カミサマ、オカミンなどと呼ばれた東北の民間巫女、ノロ、ユタ、スンガンカカリャーなど沖縄の巫女等々その例は少なくない。　↓現御神《あきつみかみ》　↓現人神《あらひとがみ》

［参考文献］　加藤玄智『本邦生祠の研究』、柳田国男「人を神に祀る風習」(『定本柳田国男集』一〇所収)、堀一郎『民間信仰』(『堀一郎著作集』七)、桜井徳太郎『日本シャマニズムの研究』(『桜井徳太郎著作集』五・六)、宮田登『生き神信仰―人を神に祀る習俗―』、島薗進「生神思想論」(宗教社会学研究会編『現代宗教への視角』所収)　(山本　節)

いきすじんじゃ　息栖神社　茨城県鹿島郡神栖町息栖に鎮座。旧県社。もとは「おきす」といったというから、本来は海中にできた洲に霊験を認めて祀ったものであろう。祭神を岐神《くなどのかみ》・天鳥船神《あめのとりふねのかみ》というのも、水上交通の神であったことを物語る。鹿島・香取の両社とともに東国の三社と称せられるのも、大和朝廷による東国開発の一拠点と見られたためではあるまいか。社地は本来軽野の地にあったという伝説もあるが、詳らかでない。とにかく鹿島との関係が深く、その摂社と見られ、四月十三日の剣座祭には鹿島の宮司が来て執行する例であった。明治十年(一八七七)独立して県社となった。

［参考文献］　『息栖神社由来記』、中山信名編『新編常陸国誌』　(肥後　和男)

いくぐいのみこと　活樫樴尊　⇩角樴尊《つぬぐいのみこと》・活樫樴尊《いくぐいのみこと》

いくにたまじんじゃ　生国魂神社　大阪市天王寺区生玉町に鎮座。生玉神社ともいう。旧官幣大社。生島神《いくしまのかみ》・足島神《たるしまのかみ》二座を祀り、後世、大物主神《おおものぬしのかみ》を相殿に配祀する。生島・足島二神は大地・国土の守護神として早くより石山碕(大坂城付近)に鎮祭され、宮中では生島巫の斎祀に預かる。『延喜式』には難波坐生国咲国魂神社と記載され、また難波大社と称して名神大社に列し、上町台地北端の要衝に位置する大坂の総鎮守神であった。中世、その境内に隣接して石山本願寺が建てられたが、豊臣秀吉の大坂城築造に際し、現社地へ移建され、大坂城守護の意図を以て「北向八幡宮」が、その境内に勧請された。爾来、徳川幕府も前例にならい三百石の朱印領を寄せ、「御城鎮守御祈禱所」として城士の崇敬をも集めた。明治四年(一八七一)官幣大社に列し、社殿・祭祀も拡充・整備されたが、昭和二十年(一九四五)戦火をうけ、ほとんどの社殿・付属建物は類焼してしまった。現在の社殿は、同三十一年以降に鉄筋コンクリート造りで再復興したもので、往時の「生玉造」と呼ばれる一宇三破風の豪荘な桃山建築の遺構を本殿に遺している。九月九日の例祭をはじめ、若菜卯杖祭・走馬神事・神衣祭・道饗祭など、古来の神事を今なお斎行しているが、七月十一日・十二日の夏祭は最も殷賑をきわめる。

［参考文献］　野田菅麿『(官幣大社)生国魂神社誌』　(二宮　正彦)

いくさがみ　軍神　戦勝と武人守護の神。古代から鹿島神宮の武甕槌神《たけみかずちのかみ》と香取神宮の経津主神《ふつぬしのかみ》は東北平定の神とされ、また武道の神となった。八幡神は源頼義・義家以来の崇敬により源氏の氏神になり、代表的な武神として全国に多数の分社が勧請された。石上神宮や諏訪神社も顕著な軍神である。仏教系ではまた摩利支天・勝軍地蔵・不動明王・千手観音など同じ意味で信仰された。　(平井　直房)

いぐさはちまんぐう　井草八幡宮　東京都杉並区善福寺に鎮座。当宮は『新編武蔵風土記稿』に多摩郡上井草村「八幡社」とあり、また遅野井《おそのい》八幡とも呼ばれた。祭神は八幡大神。上井草・下井草両村の鎮守であった。縁起に、源頼朝が、文治五年(一一八九)奥州征伐に向かう際にこの地に陣を張り、征討終了ののち、建久四年(一一九三)に八幡宮を勧請したものという。江戸時代には、寛永年間(一六二四―四四)に社殿が徳川家光によって建てられ、朱印地六石を慶安二年(一六四九)に付与、本山派修験の林光房・城円坊が別当を勤めた。例祭日は十月一―三日で井草祭という。また、五年に一度、流鏑馬神事が行われる。境内および周辺から住居跡が発見され、井草式土器の名称で知られる縄文時代早期の土器が出土している。付設の井草民俗資料館には、同区井荻三丁目から出土した顔面把手付釣手形土器(重要文化財)や武蔵野新田村の生活用具(都指定有形民俗文化財)が所蔵される。

［参考文献］　村尾正靖『嘉陵紀行』、『神社明細帳』(東京府東多摩南豊島郡)　(石倉　孝祐)

いぐし　忌串　神を招き降す時にその料とする串、または祓に用いる串をいう。五十籤・斎串などとも書く。「イミグシ」の意。檜や杉などでつくった細い串、あるいは榊の枝に麻・木綿・紙などをつけたものが多い。『万葉集』一三、雑歌に「五十串立て神酒坐ゑ奉る神主部のうずの玉蔭見れば乏しも」とあるのは、神を降すための料である。賀茂御祖神社・賀茂別雷神社では、祓串として、五十串(陰陽串ともいう)を用いている。　(沼部　春友)

いくしなじんじゃ　生品神社　群馬県新田郡新田町に鎮座。旧県社。祭神は大穴牟遅命《おおなむちのみこと》・品陀和気命《ほむだわけのみこと》を中心に二十五神。『上野国神名帳』には「従三位生階明神」とみえている。源義家奥州征討の際、戦勝祈願を込めたと伝

える古社で、鎌倉時代以降この地の豪族新田氏の崇敬厚く、元弘三年(一三三三)五月、新田義貞が護良親王の令旨を奉じて、この社頭に北条高時追討の旗をあげた話は著聞する。以後は新田一族・金山城主らの庇護をうけ、明治四十一年(一九〇八)には皇太子(大正天皇)御親拝、昭和九年(一九三四)、境内が義貞挙兵の地として史跡に指定されている。例祭は五月八日(鏑矢祭)。特殊神事として恵比須祭(十一月十九日・二十日)がある。

(近藤 喜博)

いくしまたるしまじんじゃ 生島足島神社 長野県上田市下之郷に鎮座。旧国幣中社。祭神は生島神・足島神の二座。『新抄格勅符抄』には神封一戸とあり、『延喜式』神名帳は名神大とする。中世武田氏をはじめ、甲斐・信濃・上野三国の武将が崇敬して、時に応じ社殿を造立修覆し、願文を納めて崇めた。本殿は池中の島上にあって、床を張らず、直接大地を祀るという特殊な構造をもつ。けだし祭神はともに土地の神で、国魂を奉斎し、土地の開拓発展にはこの神威を蒙らなければならぬという信仰から起っている。摂社は下宮と称する諏訪神社で、祭神は健御名方富命《たけみなかたとみのみこと》・八重事代主命《やえことしろぬしのみこと》・八坂刀売命《やさかとめのみこと》を祀り、社殿は慶長年間(一五九六―一六一五)真田信之の建立にかかる。例祭は四月十九日・九月十九日。なお蟇目鳴弦並蛙狩神事・御門祭・御筒粥卜神事・遷座神事・御歳代種蒔神事並祇園天王降祭・御籠祭・御柱祭などの特殊神事がある。

(大場 磐雄)

いくしまたるしまじんじゃもんじょ 生島足島神社文書 長野県上田市下之郷に鎮座する生島足島神社伝来の古文書。戦国時代のものが多く、天文二十二年(一五五三)八月十四日付武田信玄安堵状をはじめ真田昌幸・同信之などの文書がある。なかでも本文書の特徴をなすのは永禄九年(一五六六)から十年にかけて、信玄が甲斐・信濃・西上野の将士から徴した誓紙八十三点である。これはそれらの将士が信玄に対して異心をはさまず、また上杉謙信に与同しないことを誓った起請文で、料紙の多くは熊野牛玉宝印を用い血判を捺したものも少なくない。充所は信玄の老臣にあてられ、差出しは個人のものもあるが、多くは一族・同名衆連署のものでその地域の将士の氏名や家臣団組織のあり方を知る好史料といえる。東京大学史料編纂所に影写本四冊があり、また『(新編)信濃史料叢書』一として刊行されている。

(稲垣 泰彦)

いくしまのみかんなぎ 生島巫 『延喜式』神名帳の神祇官西院に「生島巫祭神二座」とみえている生島神・足島神に仕える御巫。両神は大八洲の霊をあらわす(『古語拾遺』)。祈年祭祝詞には「生嶋の御巫の辞」として生く国・足る国をたたえ八十島の平安を祈るほか、『文徳実録』嘉祥三年(八五〇)九月条に初見する八十島祭は、『延喜式』臨時祭にみえ、生島の御巫が史・御琴弾・神部・内侍・内蔵属・舎人らとともに、難波の津に赴いてまつる。

→八十島祭《やそしままつり》

(山上伊豆母)

いくたじんじゃ 生田神社 兵庫県神戸市中央区下山手通に鎮座。旧官幣中社。稚日女尊《わかひるめ》を祀る。『日本書紀』神功皇后摂政前紀によると、皇后の三韓征伐の際、広田・住吉・長田の祭神とともに、皇后の玉体を護られ、皇后凱旋の途中、祭神の託宣によって活田長峡国《いくたのながおのくに》に祭祀されんことを求められたので、海上《うなかみの》五十《い》狭茅《さち》をしてまつらしめたのが本社の起源と伝えられている。はじめ旧生田川の上流である砂山《いさごやま》にまつられたが、のち水害によって現在の地に遷座されたと考えられている。大同元年(八〇六)には神戸四十四戸を有しており、貞観元年(八五九)従四位下、同十年十二月従三位、同閏十二月従一位が授けられた。延喜の制には名神大社に列せられ、祈雨神祭八十五座の一つに班せられた。近世には武家・領主・藩主らの崇敬厚く、社領二百石を有したといわれている。明治五年(一八七二)県社、同二十九年官幣中社に昇格。昭和二十年(一九四五)戦災で社殿を焼失したが、のち復興。平成七年(一九九五)一月の阪神・淡路大震災では、本殿以下社殿が全半壊など大きな被害にあったが、翌年六月にほぼ再建がなった。例祭は四月十五日。社地は源平合戦の古戦場生田森で有名。民俗資料として杉盛、特殊神事として千燈祭がある。

参考文献 『生田神社誌』、兵庫県神職会編『兵庫県神社誌』上、加藤隆久「生田と文学」(『甲南大学文学会論集』二四)、同「杉山考」(『大和文化研究』一二ノ五)

(加藤 隆久)

いくたまじんじゃ 生玉神社 ⇨生国魂神社《いくくにたまじんじゃ》

いくたまよりひめ 活玉依媛 タマヨリは神霊が憑りつく意味で、タマヨリヒメの名は古代の物語に数多く登場する。イクタマヨリヒメはそれに「イク」と冠称したもので、『古事記』崇神天皇段に河内の陶津耳命《すえつみみのみこと》の娘で美人であったが、毎夜男が通ってくるので、父母がその男の裾に麻糸をつけさせたところ、美和山の社に達していたので、三輪の神(大物主神)とわかり、しかも糸が三巻だけ残ったのでミワの神という名が生じたとある。いわゆる神婚神話の一種で、「ミワ」は蛇神の象形と見るべきものである。

(肥後 和男)

いくたよろず 生田万 一八〇一―三七 江戸時代後期の国学者。諱は国秀、字は救卿、号は華山・大中道人。幼名を暸または雄、長じて小膳・多門・万と称し、生田首道麿・菅原道満・大和田篤道・東寧山人・桑園主人・博桑山人・利鎌屋・桜園などともいった。父は上野国館林藩士生田信勝。少年時代は藩校に入り朱子学を学んだが、詩文を好み、藩校主流の崎門の学風を喜ばなかった。その後、独学をつづけ、生田家の祖先である栄(号は抱一)の著書『大中経』を手引きにした。そしてこの青年時代に尊皇思想・現実批判を養い、平田篤胤の著書を読んで国学に志し、文政七年(一八二四)篤胤に入門した。このころ孔子や朱子学に対する批判、『霊能真柱』や『三大考』を参考として天文説・宇宙論・『日文伝評論』などを草している。また、同藩の香取政徳の女鎬《こう》と結婚、翌年に一子を儲けた。同十一年藩政改革の意見書を藩当局に呈上した。これが『岩にすむ苔』一巻で、国学者の時局策として注目できる。この建白は却下され、藩当局に忌まれ藩籍追放となった。以後は流浪の生活がつづき、利根川のあたり、江戸平田塾、その他を転々とし、生活苦の日日にますます現実社会否定の傾向が強くなった。天保二年(一八三一)赦されたが、家督は弟が嗣いでいたので藩士に復帰できず、上野国太田に塾(厚載館)を開き、門弟教授と著述に従事した。同七年越後柏崎の樋口英哲に招かれ、一家をあげて移住し、ここで桜園塾を開き国学を教えた。この年と翌年は越後は天災がつづき、農民は飢餓に襲われたが、柏崎代官(桑名藩の支領)は救済策を施さず、かえって米価のつり上げを計って暴利を貪った。彼は再三嘆願するところがあったが容れられず、八年二月に大坂で大塩平八郎の騒動の報が伝わると、六月一日、同志を募って柏崎の陣屋襲撃を決行した。しかし多くの農民は参加せず、失敗して自殺した。三十七歳。著書は『大中道人謾稿』『大学階梯外篇』『日文伝評論』『良薬苦口』など多い。『生田万全集』がある。

参考文献 伊東多三郎「生田万の生涯と思想」(『近世国体思想史論』所収)　（山本　武夫）

いくむすびのかみ 生魂神 ⇩八神殿《はっしんでん》

いけだみつまさ 池田光政 一六〇九―八二 江戸時代前期の備前国岡山藩主。幼名は幸隆《よしたか》、通称は新太郎、諡は芳烈公。慶長十四年(一六〇九)四月四日岡山城に生まれ、父は利隆、母は榊原康政の次女鶴子(法号福照院)。利隆は元和二年(一六一六)没し、遺領(備前岡山三十八万石)をついだが、翌三年因幡・伯耆両国三十二万石へ減封されて鳥取に入城し、寛永五年(一六二八)本多忠刻と将軍徳川秀忠の娘千姫との間にできた勝子を娶った。同九年岡山城主池田忠雄は没し、嗣子光仲が幼少だったので、幕命で因伯両国と備前との国替となり、光政は同年七月岡山に入城して岡山藩三十一万五千二百石の実質的な藩祖となり、前後五十年にわたって藩政の確立を主導した。熊沢蕃山・市浦毅斎などについて特に儒学を究めて、仁政理念を藩政に体現するとともに、質素を本旨とする「備前風」を内外にひろめた。承応三年(一六五四)備前一帯を襲った大洪水で藩政が危機に真面したとき、地方知行制度を変革して家臣統制・領民直接支配を強化し、農政では仁政理念に基づいて役人を教導し、農民を撫育して民力を培養し、年貢増徴・小農民自立化を促進した。光政は政治と学問・教育の一体化の見地から士庶の教育に異常な熱意を注ぎ、全国に先駆して寛永十八年家臣修学のため上道花畠に「花畠教場」を設け、これは寛文九年(一六六九)本格的な藩校に発展した。また、同八年庶民子弟のため手習所を各地に設置したが、これらはやがて藩営の郷学としての閑谷《しずたに》学校に統合された。また、光政はその学問・思想の立場から寺院淘汰・神社整理・キリシタン神道請制度の採用など、大胆な宗教政策を断行した。天和二年(一六八二)五月二十二日岡山城内で没。七十四歳。和気郡和意谷(岡山県和気郡吉永町和意谷)の墓地に儒法で埋葬さる。『撿過録』『帝鑑評』の著作、『大学』『中庸』『論語』の要語解や自筆『池田光政日記』のほか、儒書・歌書・経典の筆写などきわめて多い。

参考文献 『寛政重修諸家譜』二六三、永山卯三郎『池田光政公伝』、谷口澄夫『池田光政』(『人物叢書』八二)　（谷口　澄夫）

いけにえ 生贄 生きた動物を神に供えること。『皇太神宮儀式帳』祭料部に「志摩国神戸百姓、生贄を進上す」(原漢文)とあり、実例としては『宇治拾遺物語』四に、「三河国に、風祭といふ事をしけるに、いけにへといふ事に、猪をいけながらおろしけるを見て」とある。『今昔物語集』二六に、美作で神から白羽の矢を立てられた娘の身代りになった男が、犬の協力で猿神を追放した話や、飛驒で滝の彼方の別世界に迷いこんだ僧が、神の生贄とされたが、逆に猿神を捕えてこらしめた話がみえる。静岡県磐田市の見付天神にも、伊那の早太郎という犬によって、猿神が退治された伝説があるが、これらは中国の話の翻案であろう。人身御供の思想は牧畜民のもので、わが国では、神が奉仕する巫女《みこ》として娘を要求するか、または人が死んで霊となって神と対決するという考え方で、前者は恒例で、後者は非常の場合である。日本武尊の妻の弟橘姫の入水や、人柱伝説は後者に属する。　（小池　長之）

いけにますあさぎりきはたひめじんじゃ 池坐朝霧黄幡比売神社 奈良県磯城郡田原本町大字法貴寺に鎮座。旧郷社。天万栲幡黄幡比売命《あめよろずたくはたきはたひめのみこと》・菅原天神を祀る。天平二年(七三〇)の『大倭国正税帳』(『正倉院文書』)に「池神戸」とあり、『新抄格勅符抄』の大同元年(八〇六)牒にも「池神三戸」とあり、また『延喜式』神名帳には「池坐朝霧黄幡比売神社(大月次相嘗新嘗)」とみえる。その後次第に衰微して所在を確かにせず、『大和志』に法貫寺村にあり、今天神と称するとあることによって、その後にそれを式内の池社と称して郷社に列した。ただし法貴寺の記録によると、天慶九年(九四六)に北野から勧請した天満宮という。例祭は十月十九日。　（原田　敏明）

いけんびくひっき 惟賢比丘筆記 石清水八幡宮などの垂迹縁起を抜粋した記録。一巻。奥書の「建武二年六月八日、為進入殿中、於鎌倉円頓宝戒寺、枢要書之訖、既是記緑(ママ)之秘要也、散在雖有其憚、偏為顕揚神徳奉増霊威也、後見莫嘲之矣、大乗菩薩戒小比丘惟賢記之」によれば、成立年は建武二年(一三三五)となる。著者は鎌倉宝戒寺二世の昌景惟賢。応安五年(一三七二)に八十四歳であったから、四十七歳の時の執筆となる。内容は、八幡宮垂迹本縁事・石清水社使始用納言事・同社放生会事・大隅正八幡宮本縁事・武内大明神事・賀茂上下本縁事・高雄山神護寺事(八幡大菩薩当寺御建立縁起事)・日吉十禅師宮御事・日吉七社降臨垂迹時代事など、各社の垂迹本縁起について記す。テキストは『続群書類従』神祇部があり、宮内庁書陵部、内閣文庫などに写本を蔵する。

参考文献 『群書解題』二上、福田晃編「昔話の発生と伝播」(関敬吾監修『日本昔話集成』二) （林 讓）

いこなひめのみことじんじゃ 伊古奈比咩命神社 静岡県下田市白浜に鎮座。白浜神社とも称す。旧県社。祭神は伊古奈比咩命、相殿に三島大神ほかを祀る。社伝によると孝安天皇六年に建立。三島大神が三宅島よりこの地に渡御し、さらに三島に遷座したことにちなむ。后伊古奈比咩命ともども、噴火造島の火神であるとも説かれ、海上守護、五穀豊穣の伊豆開拓の神として尊信された。神名の初見は『日本後紀』天長九年(八三二)五月癸丑条に「伊豆国言上、三島神、伊古奈比咩神二前預二名神一」とあり、以後『文徳実録』に数度の神位加叙があり正一位となった。『延喜式』神名帳には三島神社、伊古奈比咩命神社がともに白浜に鎮座し、社務は前者が官幣大社、後者が国幣大社。白浜神社は二社を祀る。例祭は十月二十九日、前日の火達祭《ひたちさい》は伊豆随一の火祭で伊豆の島々の神に祭典を知らせる。翌日御幣を海岸から各島々に流す御幣祭がある。本殿背後の火達山には奈良・平安時代の土師器・須恵器片が出土する祭祀遺跡がある。 （安藤 孝一）

いごもりのまつり 斎籠祭 一定期間の厳重な忌ごもりを中心にした祭。忌籠神事ともいう。神祭りの古い形態は、心身を清めて夕方から神を迎え、飲食を供え参加者も頂戴し、燈明を守り夜を徹して神前に籠ることであった。この方式は今も多数の神社の例祭に行われるほか、日待ち・月待ちなど小規模な組の祭にも残っている。斎籠祭はこうした古い祭が何日間もの厳しい物忌精進を伴ってなされるものである。高知県土佐神社の斎籠祭は三月十一日夕刻から三日間、宮司以下が社殿に参籠し参拝者も高声を遠慮する。祭典は十二日深夜と十三日早暁で、昔はこの祭儀中、村内で杵や糸車の音を立てることは禁ぜられていた。島根県物部神社の忌籠神事は十月晦日夕刻から十一月三日朝までで、村内の鳴物を停止する。社家の一人は忌籠役を伴って参籠し、毎夜丑の刻に川で禊し拝殿前でさらに水を浴び、十二座の祓を行う。京都府南部の忌籠祭は、山城町で一月二の午から三日間、祝園で同じく一の申から翌日の夜半まで、氏子は自宅で物忌みする。祭典はその最後にある。もとは昼眠り夜起き、水を汲まず下駄をはかず、柄杓の柄に縄を巻き水瓶の音を防いだ。兵庫県加古郡付近のオイミゴモリも、昔は一月亥の日亥の刻から巳の日巳の刻まで同様の習俗を守った。房総半島南部のミカリ神事、伊豆七島の忌《き》の日、出雲大社や佐太《さだ》神社の御忌祭なども、斎籠祭の類型に属するものである。

参考文献 柳田国男『日本の祭』(『定本柳田国男集』一〇) （平井 直房）

イザイホー 沖縄県島尻郡知念村久高島で十二年に一回、午年の旧暦十一月十五日から数日間にわたって行われる祭事。久高島は三十歳以上の全女性が加入する村落祭祀組織を有し、イザイホーはその祭祀組織への加入儀礼である。イザイホーを経た女性はナンチュと呼ばれ、以後ヤジク、ウンサク、タムトゥという年齢階梯を昇格していき、七十歳になると組織からぬける。ナンチュになると、タマガエー・ヌ・ウプティシジという御嶽の神霊を家のトゥパシリと呼ばれる場所で祀り、その神霊に対して家族の健康祈願などを行う。沖縄の他地域の神女就任儀礼との共通要素があるが、神女にほぼ該当する久高島のハミンチュ(神人)という概念には、ナンチュからタムトゥまでの女性は含まれないなど、ナンチュからタムトゥまでの女性を「神女」とすべきかについては問題点も少なくない。琉球王権との関わりでイザイホーを捉えるべきだとする説もある。平成二年(一九九〇)と同十四年に予定されていたイザイホーは、過疎化や先導する神役の不在などの理由で中止された。

イザイホー

参考文献 湧上元雄他『沖縄久高島のイザイホー』(『弧琉球叢書』二)、赤嶺政信「歴史のなかの沖縄―イザイホー再考―」(宮田登編『民俗の思想』所収) （赤嶺 政信）

いさかわおんしゃごせんぐうにっき 率川御社御遷宮日記 率川神社の造替遷宮の日記。著者は若宮常住神殿守《じょうじゅうかんとのもり》春雄。一巻。奈良市本子守町鎮座の同社は中世以来春日興福寺の所管(神職には興福寺の大童子を補任)であったが、明治十二年(一八七九)大神神社の摂社となった。元来春日社の中小社の遷宮は大宮(春日本殿)周辺は南北両郷の神人が、若宮方は若宮神人が受け持ったが、率川社は三方(北郷・南郷・若宮)が一殿から三殿を奉仕するという特殊な例であった。応永七年(一四〇〇)の下遷宮、翌八年の正遷宮について興福寺方よりの祭具や諸費用請取などの文書を収載するとともに、精進中の重要事項を列挙し、御殿の御鎰《みかぎ》を三日間水谷川《みずやがわ》の水で注ぎ浄め用いるというほかの中小社にない特殊な故実などが記録されている。直接奉仕した人物の著述であるだけに、簡略な内容ながらも貴重な記事が多い。『続群書類従』神祇部所収。

参考文献 『群書解題』一中　（岡本　彰夫）

いさかわしゃちゅうしんじょう　率川社注進状　春日興福寺（奈良市）の所管、率川神社の遷宮神事執行に伴い、諸神事の用具の給付を願い出た注進状。正安元年（一二九九）五月五日に若宮常住神殿守《じょうじゅうかんとのもり》春名が書きおこしている。一通。正安四年の注進状も収載している点が疑問であり、正安元年は正安四年の誤りとみられる。北郷（社家大中臣氏方）常住神殿守守職、南郷（社家中臣氏方）神殿守春家、若宮（若宮神主方）常住神殿守春名の連署による注進状を収載する。春日社（奈良市春日大社）の中社（摂社格）として処遇する社であるため、遷宮時には旧御殿の横に移殿《うつしどの》（仮御殿）が設けられ、その間を往復することとなる。その道中に敷く莚道《えんどう》の詳しい配分や、仮殿が狭隘であるため神宝が収納しきれず寸尺を六尺間から九尺に改めることなど具体的な覚えを含めて記録している。『続群書類従』神祇部所収。

参考文献 『群書解題』一中　（岡本　彰夫）

いさかわのまつり　率川祭　⇩三枝祭《さいぐさのまつり》

いざさわけのかみ　去来紗別神　⇩気比大神《けひのおおかみ》

いさすみじんじゃ　伊佐須美神社　福島県大沼郡会津高田町宮林に鎮座。旧国幣中社。大毘古命《おおひこのみこと》・建沼河別命《たけぬなかわわけのみこと》・伊弉諾尊・伊弉冉尊四柱を祀る。祭神について『神名帳頭註』では伊弉諾・伊弉冉二尊とし、『官社祭神考証』では大毘古命・建沼河別命とした。社伝で四道将軍派遣のとき、大毘古命・建沼河別命が勅をうけて東海・北陸道を進攻してこの地で会い、伊弉諾・伊弉冉二尊を御神楽山に奉斎したのが起源といい、のち博士山・波佐間山を経て欽明天皇十三年現在地に遷座したという。会津盆地第一の古社で、承和十年（八四三）九月従五位下が授けられ、延喜の制名神大社、奥州二宮と称された。永正年間（一五〇四―二一）に領主蘆名氏が社殿を造営、ついで寛文年間（一六六一―七三）に藩主保科正之が社殿を造営、厚く崇敬した。明治六年（一八七三）国幣中社となる。例祭は九月十五日。特殊神事の御田植祭（旧七月十二日）は日本三大田植祭の一つとして賑わう。　（鎌田　純一）

いざなぎじんぐう　伊弉諾神宮　兵庫県津名郡一宮町多賀に鎮座。旧官幣大社伊弉諾神社。通称は淡路一宮。祭神は伊弉諾尊。『延喜式』神名帳にはこのほかイザナギ神社が六つあるが、伊弉諾尊が幽宮を淡路に作って長く隠れた話（『日本書紀』神代）、淡路島で同神が「居ㇾ嶋伊弉諾神」と呼ばれていたこと（履中天皇五年条）、淡路のものだけが延喜の制で名神大社であり、また他とは別格扱いで一品を授けられていること（『三代実録』）などから、淡路の伊弉諾神社が特に由緒深く格式高いものであったことがわかる。昭和二十九年（一九五四）伊弉諾神宮と改称された。例祭は四月二十二日。

参考文献 岡田精司「国生み神話について」（『古代王権の祭祀と神話』所収）　（倉塚　曄子）

いざなぎのみこと・いざなみのみこと　伊弉諾尊・伊弉冉尊　『古事記』では伊耶那岐・伊耶那美とも書く。記紀の世界化成神話の最後に生まれた男女神。「いざ」は誘うことば、「き」「み」は男女を示す接尾語。互いにいざない合って万物を生みなす神として出現した。『古事記』では二神の神話は、国生み・神生みから女神の死に至る前半と、男神が女神を黄泉国に訪問する後半とからなる。まず二神は、天浮橋より天沼矛で海を攪きなして得た淤能碁呂島に天降り、天の御柱をめぐって婚姻した。その結果大八洲および土石・河海・山野・食物等々の神を生むが、最後に生んだ火の神に焼かれて伊耶那美命は死ぬ。伊耶那岐命が黄泉国を訪れ、「見るな」の禁をおかしてのぞくと伊耶那美命は蛆にたかられ身体に雷神を化成させていた。約束を破ったために絶縁は決定的となり、怒った女神は逃げる男神を追って現世と黄泉の境に至る。ここで「ことどわたし」が行われ、二神はそれぞれ人間の生と死を支配することを宣言する。この後、伊耶那岐命が死の国の穢れを祓うために日向阿波岐原《あわぎはら》で禊をした時、最後に左右の目と鼻を洗うと天照大神・月読命・須佐之男命の三貴子が生まれた。『日本書紀』では後半の黄泉国訪問譚を語らない伝が多く、本文にもみえない。そこでは三貴子が諾冉二神によって生まれたとあり、火の神のために女神が死ぬ話はない。前半の、淡路島を筆頭とする国生み神話は、宮廷の供御料地の一つとして重要であった淡路地方の海人族の島生み神話を母胎とし、天皇の即位儀礼の一環として大八洲霊を天皇に付着させ支配力を呪的に強化するために行われた八十島祭の反映をうけながら、宮廷神話として完成したとみられる。日向で禊をした時に日神・月神を化成させ、やがて昇天したとも語られる伊弉諾尊は天神的であり、土地・穀物を生み地下の冥界に住むことになった伊弉冉尊は大地母神的である。天神と地母の分離から始まる世界的な天地創造神話と二神の創造神話とはかなり異なるが、両者の婚姻という神話的モチーフは共通するわけである。また二神の天の御柱をめぐる婚姻や神生みの話には、性交を伴う豊饒儀礼の反映もみられる。その他ギリシャ神話オルフェウスの話を想わせる冥界遁走譚、同じくギリシャ神話や、後世の甲賀三郎伝説にも同モチーフのみられる「よもつへぐい」の話、あるいは北アジアからアメリカ大陸にまで広がる対立型死の起源神話と同類型の「ことどわたし」の話等々。世界的な広がりをもつ神話的モチーフがからみ合いながら、この二神の神話は成り立っている。しかしその構想には、出雲と対立する高天原を支配した天つ神の子の、大八洲統治の由来とその正統性を説くという政治的意図がはっきりと貫かれている。伊勢神宮の別宮伊佐奈岐宮・伊佐奈弥宮をはじめ、兵庫県淡路島に伊弉諾神宮、徳島県に伊射奈美神社などがある。

参考文献 松村武雄『日本神話の研究』二、沼沢喜市

『日本神話における世界原初観』、岡田精司「国生み神話について」(『古代王権の祭祀と神話』所収)、西郷信綱「近親相姦の神話」(『古事記研究』所収)

(倉塚　曄子)

いざなぎのみや　伊佐奈岐宮　三重県にある月読宮域内に鎮座。皇大神宮の別宮。天照皇大神・月読尊の父神伊弉諾尊を奉斎。恒例臨時の祭祀、官幣奉納の儀すべて本宮に准ぜられる。鎮祭は、宝亀三年(七七二)八月、月読神の祟りによって月読荒御魂命《つきよみあらみたまのみこと》・伊佐奈弥命とともに官社に入っており(『続日本紀』)、『皇太神宮儀式帳』には「月読宮一院(在二太神宮以北一相去三里)、正殿四区之中(中略)比一称二伊弉諾尊一」とあるから、奈良時代末期には月読宮域内に存立していたことが知られる。仁寿三年(八五三)八月大風洪水により神殿以下流損。ために斉衡二年(八五五)月読宮とともに現在地に神殿を造立、同年九月奉遷(『大神宮諸雑事記』)。貞観九年(八六七)八月二日宮号宣下あって、月次祭に頂かり、内人一員を置かれた(『三代実録』)。翌十年遷宮に際しては神殿の寸法を増作された。しかるにその後久しく荒廃に帰したが、寛永九年(一六三二)六月式年制に復し、さらに明治六年(一八七三)に現形に再興された。

(鈴木　義二)

いざなみのみや　伊佐奈弥宮　三重県伊勢市中村町月読宮域内、伊佐奈岐宮の西方に並んで鎮座。皇大神宮別宮の一所。天照皇大神・月読尊の母神伊弉冉尊を祀る。『延喜式』伊勢太神宮に、「伊佐奈岐宮二座(去二太神宮北一三里)、伊弉諾尊一座・伊弉冉尊一座(中略)、右諸別宮、祈年・月次・神嘗等祭供レ之」とあり、恒例臨時の祭祀、官幣奉納の儀、伊佐奈岐宮とともに、すべて本宮に准じて行われる。鎮祭は奈良時代以前とされ、宝亀三年(七七二)八月官社に列し、仁寿三年(八五三)八月二十八日風水害にあって神殿以下流失。斉衡二年(八五五)東南の現台地に月読宮とともに移転。貞観九年(八六七)八月二日宮号宣下。翌十年伊佐奈岐宮の神殿は増作されたが当宮はそのままであったので小殿と呼ばれた。中世以後は式年造替制が中絶し、この小殿も退転したため伊佐奈岐宮に合祭し、ようやく明治六年(一八七三)神殿以下が造営されて神霊の奉遷があり、さらに同二十二年度の遷宮から式年造替のことが行われるようになった。

(鈴木　義二)

いさにわじんじゃ　伊佐爾波神社　松山市桜谷町に鎮座。道後湯月八幡宮ともいう。祭神は誉田別尊《ほむだわけのみこと》(応神天皇)・気長帯姫尊《おきながたらしひめのみこと》(神功皇后)など六柱。旧県社。延喜式内社(小社)で、温泉郡四座の一つ。かつて伊佐爾波岡にあったが、河野《こうの》氏の湯築築城の際、現在地へ移されたという。河野氏や加藤嘉明、松山藩主久松松平氏などの領主の篤い崇敬を得た。特に松山藩三代藩主松平定長は、寛文二年(一六六二)、江戸城における将軍の上覧する射礼に無事に的を射ることができたので、誓願により社殿の造営を行なった。工事は同四年から着手され、同七年に完成したが、延べ六万九千人余の人夫役を要する大工事であった。社殿(本殿)は、宇佐八幡宮・石清水八幡宮とともに八幡造の代表例に数えられ、その柱には金箔などの華麗な装飾が施され、江戸時代初期の建造物ではあるが、安土桃山期の雄渾、豪華な様式を伝えている。本殿・申殿・楼門・廻廊は重要文化財。現在の例祭は十月五―七日。

(石野　弥栄)

いざわのみや　伊雑宮　三重県志摩郡磯部町鎮座。「いぞうのみや」とも称し、俗に「磯部の宮」ともいう。皇大神宮別宮の一つ。本宮より遠隔の地に在るので古来遙宮《とおのみや》と称せられる。上下の尊崇篤く、恒例臨時の祭祀、官幣奉納の儀はおおむね本宮に准ぜられる。創立は、倭姫命が皇大神宮供御の御にえ地を定めようとして志摩国を巡行した際、伊佐波登美命がこの地に神殿を造営、皇大神の御魂を鎮祭したものという。造替遷宮は本宮とともに式年に行われたが、中世以後その制乱れ、神人らによって行われた。かくて寛文三年(一六六三)先例に復したがなお私営の余風を残して他の別宮と異なるところがあった。したがって明治四十二年(一九〇九)度遷宮から金銅金物を鉄金物に改め、造替年期も明治二十一年度より一年おくらせ本宮と同年に執行のこととなる。なお志摩一円の崇敬篤く、毎年六月二十四日には近郷の人々の奉仕で古儀による御田植神事が斎行され、殷賑を極める。

(鈴木　義二)

いざわばんりゅう　井沢蟠竜　一六六八―一七三〇　江戸時代中期の神道家。肥後国熊本藩士。名は長秀、十郎左衛門と称し、蟠竜と号した。寛文八年(一六六八)熊本に生まれたが、はじめ父とともに江戸にいた。この間、垂加神道を学んだが、のち垂加神道の域を脱し、ひろく和漢の書に通じ、博学多識で世に知られた。その学問は神道を主としたが、また武芸、特に撃剣と柔術を得意とした。なお江戸時代中期における啓蒙的神道家として、その業績は著しいものがあった。享保十五年(一七三〇)十二月三日、六十三歳で没し、熊本の宗岳禅寺に葬られた。その著書には、神道関係書として『神道天瓊矛記』『神道訓』『俗説辨』『広益俗説辨』『広益俗説辨後編』『広益俗説辨遺編』『広益俗説辨附編』『広益俗説辨残編』『広益俗説辨贅辨』などがあり、このほか武士道関係書として『武士訓』『武士男子訓』『明君家訓』、女子教訓書として『大和女訓』がある。　→神道天瓊矛記《しんとうあめのぬぼこのき》

参考文献　河野省三「井沢蟠竜と本居宣長」(『国学院雑誌』三六ノ五)、岸本芳雄「江戸時代に於ける武士道論の発達と井沢蟠竜」(『道義論叢』五所収)

(岸本　芳雄)

いしかわごこくじんじゃ　石川護国神社　金沢市石引に鎮座。祭神は石川県縁故の諸事変・戦役において戦没した殉難殉職者の霊を祀る。明治三年(一八七〇)十二月、金沢市郊外の卯辰山中腹に明治元年の戊辰戦争・北越戦争の戦病没者百八柱の霊を祀るために招魂社を造営したことを創始とする。明治三十四年六月、官祭の招魂社と

料金受取人払

本郷局承認

5948

差出有効期間
平成21年1月
31日まで

郵便はがき

113-8790

251

東京都文京区本郷7丁目2番8号

吉川弘文館 行

愛読者カード

本書をお買い上げいただきまして、まことにありがとうございました。
このハガキを、小社へのご意見またはご注文にご利用下さい。ご注文は
通常より早くお取寄せになることができます。

お買上
書　名

＊本書に関するご感想、ご批判をお聞かせ下さい。

＊出版を希望するテーマ・執筆者名をお聞かせ下さい。

お買上
書店名　　区市町　　書店

◆新刊情報はホームページで　http://www.yoshikawa-k.co.jp/
◆ご注文、ご意見については　E-mail:sales@yoshikawa-k.co.jp

ふりがな ご氏名	年齢　　歳	男・女
〒□□□-□□□□ ご住所	電話	
ご職業	所属学会等	
ご購読 新聞名	ご購読 雑誌名	

今後、吉川弘文館の「新刊案内」等をお送りいたします(年に数回を予定)。
ご承諾いただける方は右の□の中に✓をご記入ください。　□

注文書

月　　日

書　名	定　価	部　数
	円	部
	円	部
	円	部
	円	部
	円	部

配本は、○印を付けた方法にして下さい。

イ.下記書店へ配本して下さい。

(直接書店にお渡し下さい)

(書店・取次帖合印)

書店様へ=書店帖合印を捺印の上ご投函下さい。

ロ.直接送本して下さい。

代金(書籍代+送料・手数料)は、お届けの際に現品と引換えにお支払下さい。送料・手数料は、書籍代計1,500円未満500円、1,500円以上200円です(いずれも税込)。

＊お急ぎのご注文には電話、FAXもご利用ください。

電話 03—3813—9151(代)

FAX 03—3812—3544

なる。昭和十年(一九三五)四月、陸軍出羽町練兵場(現社地)に新社殿を造営、遷座し、同十四年に護国神社制度が公布され、四月に一道府県に一社を限りとした内務大臣指定の石川護国神社と改称し、以後県内一円を崇敬区域とする。第二次世界大戦後の昭和二十四年四月石川神社と改称したが、サンフランシスコ講和条約締結後の昭和二十七年四月に現社名に復した。なお、祭神には満蒙開拓の犠牲となった女性たちも合わせて祀られている。例祭は春季四月十九日・二十日、秋季十月十九日・二十日。

参考文献 『全国護国神社会五十年史』（大井　鋼悦）

いしこりどめのみこと　石凝姥命　『古事記』では伊斯許理度売命とも書く。記紀天岩屋戸の段で、岩戸に隠った天照大神を引き出す祭儀に必要な八咫鏡を作った神。『日本書紀』神代宝鏡開始章第一の一書によれば、日矛やふいごの役をなす天羽鞴《はぶき》を作ったともいう。天孫降臨に従った五部神の一柱でもあり、『古事記』には鏡作連の遠祖とある。鏡作連の前身鏡作造は、金属で鏡その他の器物の製作にあたった鏡作部の管理者。（倉塚　曄子）

いしだばいがん　石田梅岩　一六八五―一七四四　江戸時代中期の町人哲学・心学の開祖。諱は興長、通称勘平、梅岩と号した。貞享二年(一六八五)九月十五日、丹波桑田郡東懸村(京都府亀岡市東別院町)の百姓権右衛門の次男として生まれた。母は角氏の女で、名をたねという。十一歳の時から京都の商家に奉公に出されたが、ひそかに神道を慕い、商売の暇に読書に励み、また諸方の講釈をよく聴聞した。三十五、六歳のころから人性に疑を懐き、種々煩悶を重ねるうち、小栗了雲なる隠士に遭い、その指導によって「性は目なし」(我なし)であること、人はその我なしの性を知り、性のままに行うときは、おのずから天理(=人道)にかなない、心は常に安楽であることを「発明」(悟了)するに至った。そこで享保十四年(一七二九)四十五歳にしてはじめて自宅に講席を開き、謝礼をとらず、紹介をも要せぬ、全く自由な講義を始めた。特別の師承伝授もなく、また詩作文章の素養も有しなかった梅岩にははじめのうちほとんど聴講者もなかったが、やがて少しずつ信従する門弟もふえ、大坂その他の地へも招かれて出講するまでになった。門弟はほとんど市中の商人で、梅岩はかれらに四書をはじめ、『太極図説』『近思録』その他『老子』や『徒然草』などを講じた。これからもわかるように、かれの学問は一応朱子学をもととしながら、老荘や禅や神道の所説をも自由に採り用いて「一モ舎《ステ》ズ、一ニ泥《ナズ》マ」ぬことを特色とした。梅岩によれば学問の要は心を尽くし性を知るにあり、そのためには名医が何でも効あるものは薬に用いて万病を治するように神儒仏三教はいずれも心を磨く磨《と》ぎ草であると。その主著『都鄙問答』四巻(元文四年刊)は、毎月門弟たちを集めて開いていた塾会(月次会)における師弟の問答をもとに成立したもので、町人に町人の道あることを知らせんために公にされたといわれる。そのために梅岩はまず商人が社会にとって必要不可欠の職分を有するものであり、売買の利潤は武士が主君から受ける俸禄にも比すべき正当なものであることを説いて商人の自信を高めるとともに、他面正直と倹約を中心に商人の最も具体的な道を説き示した。一般に貴穀賤金の思想をもとに商人蔑視の気風の強かったこの時代に「売利ヲ得ルハ商人ノ道ナリ、元銀ニ売ヲ道トイフコトヲ聞ズ」といい、相場の高下は「天ノナス所、商人ノ私ニアラズ」といい切り、商工は「市井ノ臣」として士農とともに「天下ノ治ル相《タスケ》トナル」べきものであると述べたのは特に高く評価せらるべきであろう。それと同時に、商人が仕入れと販売とに二重の利を計るのはもとより不当であり、「実《マコト》ノ商人ハ先モ立、我モ立ツコトヲ思フナリ」と誡めたがそれはとりも直さず正直を重んずることであった。またかれは商人が日常最も肝要として勉めるべきは倹約であるとしたが、それは決してわがために物を惜しむことでなく、余るところを世に施すがためである。真の倹約は「時にあたり法にかなふやうに用ふる事」であり、「倹約をいふは他の儀にあらず、生れながらの正直にかへし度為なり」と説いた。かくてかれのいう正直と倹約の道は一つとなり、併せて知足安分、性に率《したが》って道を楽しむよろこびを人に頒とうとしたのがかれの心学の極意であったということができよう。かれが直接その対象にしたのは上述のように主として町人であったが、道はもとより一つであり、「商人ノ道ト言トモ何ゾ士農工ノ道ニ替ルコト有ランヤ」とかれがいったことは、のちにかれの学問がその門弟を通じて全国的に弘められたとき武家や公家の間にも多くの信奉者を見出すようになったことによって証せられた。かようにして梅岩はその開講以来十五年の間、簡素な独身生活を送りながら真摯に道を説きつづけ、最後に『倹約斉家論』二巻(延享元年刊)を著わして、延享元年(一七四四)九月二十四日、六十歳をもって病没した。京都鳥辺山延年寺の墓域に葬られた。遺著に『石田先生語録』二十四巻その他があり、また『石田梅岩全集』全二巻が刊行されている。

参考文献 柴田実『石田梅岩』(『人物叢書』九四)、石川謙『石門心学史の研究』、同『石田梅巌』（柴田　実）

いしづかすけもと　石塚資元　一七七八―一八五〇　江戸時代後期の国学者。安永七年(一七七八)十二月二十七日に生まれる。越前敦賀の人。本姓、河端。通称は辰蔵、主殿。名は親秀、厳満。紫陽花園と号した。養父の石塚元美は、竜公美門の詩人、書家。実父の河端(中臣)親義は気比神宮大宮司。資元は石塚家の家督を継いで、気比神宮の神官となり、のち累進して権宮司に補され、従五位下、安芸守に任じた。在職五十余年を経て、弘化二年(一八五四)五月願いにより致仕、邸内に別荘を営んで閑居し、諷詠、読書三昧の余生を送る。和漢の学に通じたが、京都の歌人賀茂季鷹について、詠歌をもっとも嗜んだ。また伴信友、足代弘訓ら諸方の学者と広く交際し、神祇史をはじめとする学問の発展に貢献した。特に気比神宮はじめ敦賀郡内の古書、記録類の散佚を惜しみ、その書写、保存に努めた。嘉永三年(一八五〇)八月七日没。七十三歳。墓は福井県敦賀郡湯浅墓地。著書は『敦賀志稿』『歌道の枝折』『紫陽花の散残』など。

(鈴木　淳)

いしづちしんこう　石鎚信仰　愛媛県に聳える石鎚山(標高一九八二メートル)をめぐる信仰。『日本霊異記』には寂仙、『文徳実録』では上仙などの行者や僧侶が修行したと記す。『梁塵秘抄』では大峯・葛城と並ぶ聖《ひじり》の住所とされ、『熊野権現御垂迹縁起』にも熊野権現が中国から彦山(英彦山)に至り、石鎚、淡路を経て熊野に鎮座したと記す。蔵王権現、熊野権現、三十六王子をまつり、大峰山との関連が深い。『深仙灌頂系譜』は役行者の弟子の芳元が大峰修行ののちに熊野権現を勧請したと伝える。江戸時代には別当の前神寺《まえがみでら》が勢力を拡大し、各地に先達を配して精進潔斎して登拝する石鎚講が結成された。石鎚講は近世中期以降、伊予・備後を主に、土佐・宇和・備前に広がった。金光教の教祖、金光大神《こんこうだいじん》(赤沢文治)にもその影響があった。明治の神仏分離で石鎚神社が誕生し、従来の信仰形態は変形して神社側に引き継がれた。第二次世界大戦後に、石鎚神社は石鎚本教という修験系教団を設立して石鎚講を包摂し、祭神を石鎚毘古命(石鎚大神)として活動を続けている。前神寺(真言宗石鉄派総本山)、横峰寺(真言宗御室派)、極楽寺(石鎚山真言宗総本山)などは仏教側の修験系教団を形成し独自に活動する。登拝路は河口《こうぐち》から行者堂を経て、黒川道や今宮道を辿り、中腹の成就(近世は常住)に至る。ここには石鎚神社の中宮の成就社や奥前神寺が建ち登拝宿も多数ある。成就からは前社ヶ森、剣山、天柱石、窟の薬師などの霊地を経て、最大の修行場である鎖場をよじ登る鎖禅定を行なって弥山山頂に達する。さらに裏行場の来迎谷を経て、天狗の法起坊が棲むという最高峰の天狗岳に至る。現在の石鎚神社大祭は山開きの七月一日から十日間で(一日は女人禁制)、中国・四国の各地から講員の道者が先達に率いられて登る。山頂では御神像を身体にこすりつけて加護を祈る御神像拝戴が行われ、信者は神体を上げ下げする「お上り」「お下り」に熱狂し、先達会符《えふ》が配布される。

参考文献　西海賢二『石鎚山と修験道』、宮家準編『大山・石鎚と西国修験道』(『山岳宗教史研究叢書』一二)

(鈴木　正崇)

いしづちじんじゃ　石鎚神社　愛媛県西条市西田に鎮座。旧県社。石土毘古神《いしづちひこのかみ》を祀る。鎮座の年代はきわめて古く、『日本霊異記』に「伊与国神野郡郷内有レ山、名号二石鎚山一是即彼山有二石鎚神一之名也」とみえ、早く修験の徒によって仏説を混じ、石土蔵王権現・石鎚権現などと称せられた。古来有名な高僧が多く錬行精進し、寂山(上仙)・空海・光定らが信仰を示している。空海は『三教指帰』に石峯(伊志郡知能太気)に攀じてこの神を崇めたことを記している。別当に横峯寺・前神寺があったが、江戸時代横峯寺を廃し、もっぱら前神寺に奉仕させ、明治維新に至り、蔵王権現を改めて石鎚神社と号した。石鎚山は四国第一の高山で、社地はその山頂にあって、古来著名な修験の霊場となり、七月一日より七月十日まで祭典を行い、登拝者が群をなす。例祭は四月五日・十月五日。

参考文献　宮脇通赫『伊予温故録』、『(府県郷社)明治神社誌料』

(是澤　恭三)

いしのほうでん　石宝殿　兵庫県高砂市阿弥陀町生石の宝殿山の山腹生石《おおしこ》神社社殿の背後にあって、三方を断崖で囲まれ、池中に横たわる大石塊で、その形が石殿を横転させたように棟を西に向け、正面を底に見せ、上部は土砂が堆積して樹木が生えた特異な古代遺跡である。高さは約五メートル、幅七メートル、奥行七・四メートル。『播磨国風土記』印南郡の項に「原南有二作石一、形如レ屋、長二丈、広一丈五尺、高亦如レ之、名号曰二大石一」とあり、また『和漢三才図会』に「神号称二生石子大明神一、神殿号二石宝殿一、(天女

石宝殿

用レ石所レ造也)、其高二丈六尺、経営甚奇、而非レ可二人力致一者上」と記されている。社記には大己貴・少彦名二神が天津神の命を受けて国土経営の際、一夜にして造り給わんとして成らず半ばにして止めたもの、と伝え、また生石神社の神体ともいう。考古学的にみると古代の石室あるいは石棺の遺跡ではないかと考えられている。『万葉集』三の生石村主真人の歌からこれを静窟《しずのいわや》に擬する説もある。

参考文献　井上通泰『播磨風土記新考』、兵庫県神職会編『兵庫県神社誌』、武藤誠「石宝殿—生石神社—」(『兵庫県史蹟名勝天然紀念物調査報告』九)

(加藤　隆久)

いしばいのだん　石灰壇　平安宮内裏の仁寿殿や清涼殿にあり、ゆかを漆喰塗りとした部分。仁寿殿では庇の東南隅で、壇上・壇間とも書かれた。清涼殿では東庇南端の二間で、東南隅に円形の地炉(塵壺ともいう)があり、冬・春は火をおこし料理などをし、夏・秋は蓋をした。石灰壇での天皇の毎朝の御神拝のときには、内侍が大床子の円座を敷いた。東側には御簾や蔀をつり、南側は壁で、西側母屋との境には御簾をつり、北側は柱間開放になっていた。建保六年(一二一八)の『中殿御会図巻』には閑院内裏の清涼殿の石灰壇が描かれている。

参考文献　裏松光世『大内裏図考証』一一上・一三(『(新訂増補)故実叢書』二七)

(福山　敏男)

いしむらよしすけ　石村吉甫　一九〇三―八一　昭和時代の国史学者、神道学者。明治三十六年(一九〇三)九月二十二日、東京市麴町(東京都千代田区)に生まれる。父は石村貞吉。昭和四年(一九二九)東京大学文学部国史学科卒。八年同大学院修了。十二年神宮皇学館教授。十七年神宮皇学館大学教授兼神宮皇学館専門部教授。二十一年退官。二十四年信州大学文理学部教授。四十一年同大学人文学部教授兼人文学部長。四十四年退官。同年同大学名誉教授。四十八年勲三等旭日中綬章。五十六年四月十九日没。七十七歳。贈従三位。主著『神道論』。『現代のエスプリ』八は初版本『神道論』を抄出掲載し「当時のものとしては最も適正」とし、『悠久』一一号は「紀元二千六百一年の発刊であり乍ら冷静」とする。昭和十六年の本書への評価である。

参考文献　石村吉甫先生遺稿刊行会編『神道論』、皇学館百二十周年記念誌編纂委員会編『皇学館百二十周年記念誌―群像と回顧・展望―』　（白山芳太郎）

いずごんげん　伊豆権現　⇨伊豆山神社《いずさんじんじゃ》

いずごんげんえんぎ　伊豆権現縁起　⇨走湯山縁起《そうとうさんえんぎ》

いずさんじんじゃ　伊豆山神社　静岡県熱海市伊豆山鎮座。旧国幣小社。祭神は現在伊豆山神一座であるが、明治以前には火牟須比命《ほむすびのみこと》・伊邪那岐命《いざなぎのみこと》・伊邪那美命《いざなみのみこと》三柱説や、瓊瓊杵命《ににぎのみこと》説などがあったが、昭和三年(一九二八)昇格の際現祭神に改めた。けだし、鎮座地を伊豆の雄山とも伊豆の高嶺とも称することから起ったものである。社号もまた明治以前は「伊豆山権現」「伊豆権現」「走湯《そうとう》(はしりゆとも)権現」などと呼ばれた。なお『延喜式』にある田方郡の小社「火牟須比命神社」に相当するとも伝えており、『伊豆国神階帳』には正一位千眼大菩薩とみえる。本社の創祀については詳らかでないが、中世に書かれた『走湯山縁起』には応神天皇の御代相模国の海岸に一つの円鏡が出現し、ある時日金山頂にあらわれ、これを最初に奉祀したのが松葉仙人であり、ついで仁徳天皇の時温泉(走湯)を出して衆生を救い、その霊地に鎮座されたと伝え、また、安居院《あぐい》の『神道集』には箱根権現の出現譚と合わせて説かれ、インドの大将とその娘二人および王子兄弟の垂迹とし、賢安大徳の温泉出現と関連させている。要するに王朝時代盛行した山林仏徒の手によって開かれたが、その信仰の中心となったのは日金山と走湯とであって、二者の原始信仰から発祥したものと推察することができる。式の火牟須比命神社は、本社の日金山中にある中の本宮の所在地を牟須夫峯と呼ぶ点から、もとここに奉斎されていたのが、のちに伊豆権現が勢威をもつに至り、その中に包摂されたものと考えられる。鎌倉時代に入り、源頼朝は早くから深く本社を崇敬し、蛭ヶ小島に蟄居中、密かに走湯山住侶と内談し、治承四年(一一八〇)八月挙兵決行にさいし、妻政子に『般若心経』十九巻を奉納させ、天下平定の暁は伊豆・相模の地各一所を寄進すべきことを誓った。のちその実現によりしばしば本社に社領その他を寄進し、平家が滅亡するや文治三年(一一八七)十月奉幣使を遣わして神馬を納めて報賽の意を示したが、さらに翌四年正月みずから本社と箱根・三嶋社に参詣した。爾後幕府累代は頼朝の遺志を継いで崇事し、歴代奉幣寄進が行われたが、特に箱根神社とともに、本社に対して毎年社参するを恒例とし、これを二所詣といった。北条氏没落後も足利尊氏は社領を寄せ祈禱を修せしめ、足利義詮にも同様の事例がみえ、さらに室町時代に入ると足利義満・同満兼らの社領寄進があり、戦国時代には北条早雲およびその子氏綱も社領を寄せたが、特に氏綱は天文十年(一五四一)『走湯山法度』を定めて祭祀を厳修せしめた。江戸時代徳川家康は朱印領三百石を寄進し、歴代将軍もこれを安堵とし、家綱は寛文七年(一六六七)に社殿を修造し、のち綱吉は元禄九年(一六九六)にこれの修覆を行うなど崇敬にかわるところがなかった。なお本社は早くから別当寺として東明寺があったが、鎌倉時代末から醍醐三宝院末寺の密厳院がこれにかわり、現在その一部が般若院として残っている。また以上の由緒に関し、社蔵の宝物も少なくないが、中でも後奈良天皇宸筆『般若心経』一巻、三仙人所用の古剣(いずれも重要文化財)、境内発見経塚遺物などが著しい。例祭は四月十五日。　（大場　磐雄）

伊　豆　山　神　社

いずしじんじゃ　出石神社　兵庫県出石郡出石町宮内に鎮座。旧国幣中社。祭神は新羅王子天日槍命《あめのひぼこのみこと》と、来帰した折将来された八種神宝《やくさのかんだから》を伊豆志八前大神《いずしのやまえおおかみ》として祭祀する。『延喜式』神名帳には「伊豆志坐神社」とある。祭神について、『古事記』には「伊豆志之八前大神」と記すが、『日本書紀』によると、垂仁天皇の代天日槍命がはじめて渡来した時、詔して播磨国宍粟《しさわ》邑と淡路島出浅《いでさ》邑とを賜わったが、さらに永住の地を賜わりたいと願って諸国を巡歴し、近江国から若狭国を経て但馬国に入り定住地とし、将来した神宝を奉斎したとある。神宝の内容につい

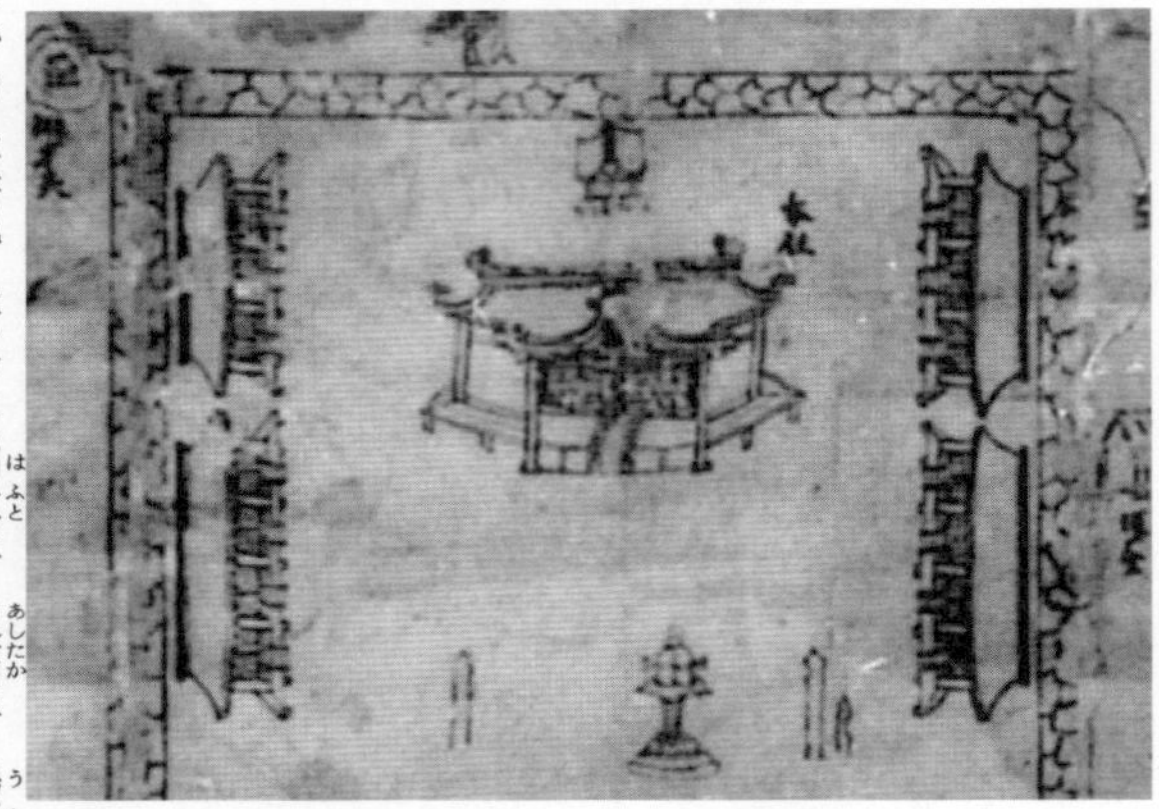

出石神社社頭絵図（部分）

ては、『日本書紀』本文には羽太玉《はふと》・足高玉《あしたか》・鵜鹿鹿赤石《うかかのあかし》玉・出石小刀《いずしのかたな》・出石桙・日鏡《ひのかがみ》・熊神籬《くまのひもろぎ》の七種とし、同書の一云にはその他に胆狭浅大刀《いささのたち》を加えて八種とするが、『古事記』では応神天皇の代に将来したとし、その名称も玉津宝《たまつ》二貫・振浪比礼《なみふるひれ》・切浪比礼《なみきる》・振風比礼《かぜふる》・切風比礼・奥津鏡《おきつ》・辺津鏡《へつ》の八種となって、その由来を異にしている。さらに『日本書紀』垂仁天皇八十八年条に天日槍将来の宝物を見ようとして日槍の曾孫清彦に奉献せしめた時には、出石桙を記さず六種とし、そのうち出石小刀は神庫を脱して淡路島に出現したとある。故に栗田寛は『特選神名牒』において記と紀の神宝は別物で、『古事記』にいう八種は最も重要な神宝で長く奉斎せられていたと考え、本居宣長は『古事記伝』に八種神宝を航海の安全を祈った呪物であろうとする。いずれにしても天日槍を中心とする一族がかの地から将来した宝物をのちに神として奉斎したものであろう。天平九年(七三七)の『但馬国正税帳』に「出石神戸祖代四百卅五束六把」「出石神戸調絁廿四四丈五尺直稲一千二百卌五束」とあり、『新抄格勅符抄』の大同元年(八〇六)牒には神封十三戸とある。承和十二年(八四五)従五位下を初授、貞観十年(八六八)に正五位下、同十六年に正五位上に叙せられ、延喜の制名神大社に列せられた。弘安八年(一二八五)には神田およそ百四十一町を有していた。のち天正年間(一五七三—九二)豊臣秀吉のために社領を没収されたが、江戸時代には藩主仙石家の崇敬が厚かった。例祭は十月二十日。特殊神事に立春祭・新嘗祭がある。 ➡天日槍《あめのひぼこ》

（大場　磐雄）

いずしのやまえのおおかみ　伊豆志八前大神　⇩出石神社《いずしじんじゃ》

いずのくにじんかいちょう　伊豆国神階帳　国内神名帳の一種。一巻。諸本の多くは「伊豆国神階帳」と表題するが、これは後人の加筆である。冒頭に「伊豆国三ヶ郡内神明帳事」と記すように、伊豆国三郡内に鎮座する神名を神階とともに登載してある。内訳は田方郡三十四所、那賀郡二十四所、賀茂郡三十七所(大島および島々の十五所を含む)の総数九十五所である。奥書に「康永二年辛亥(癸未か)十二月廿五日、在庁(判)」とあり、当神階記が康永二年(一三四三)に書写されたことを示している。また、一本の奥書に「右、伊豆国神階帳、伊豆国加茂郡三島神社神人在庁家所伝也」と記すように、当神階記は三島神社在庁奉幣使伊達家に所伝したものである。おそらく伊達家が三島大社の神事で奉唱ないし勧請のために用いたものと考えられる。現存する主な写本に、伊達家所蔵本・伴信友本・群書類従本・国学院大学図書館所蔵本(小杉榲邨謄写本)・『松雲公採集遺編類纂』所収本(金沢市立図書館加越能文庫所蔵本)・三島大社所蔵本などがある。『群書類従』神祇部、『神道大系』神社編一所収。

参考文献　『群書解題』一上、三橋健『国内神名帳の研究』論考編・資料編、足立鍬太郎「伊豆国神階帳の研究」(『南豆神祇誌』所収)

（三橋　健）

いずはらはちまんぐう　厳原八幡宮　長崎県下県郡厳原町中村に鎮座。旧県社。祭神は応神天皇・神功皇后・仲哀天皇・姫大神・武内宿禰。本殿は流造で、末社は八社。社伝によると神功皇后三韓征伐後天神地祇を祀り、白鳳六年(六七七)創立、爾来朝廷・領主・藩主特に宗氏の厚い崇敬をうけ社殿の改築が行われ、元寇に神異を現わしたという。厳原町の総鎮守で、大正五年(一九一六)県社となった。神事・芸能として神楽舞・鉾の舞がある。現在の氏子二千五百戸。例祭は旧暦八月十五日。

（中野　幡能）

いずみあなしじんじゃ　泉穴師神社　大阪府泉大津市豊中に鎮座。式内二座(和泉国和泉郡)、旧府社。いま社家説によって天忍穂耳尊《あめのおしほみみのみこと》・栲幡千々姫命《たくはたちぢひめのみこと》を祀るとしているが、祭神については古来異説もある。歴朝崇敬あり。穴師社は他にもあるので、鎮座地によって和泉を冠している。穴師は昔、この大津に吹きくる戌亥風《あなじ》(あなぜとも、西北風)を恐れて神格化したものか。『延喜式』玄蕃寮に安那志社、『新撰姓氏録』に穴師神主を載す。本殿と摂社二棟および社蔵の多くの古神像のうち八軀は重要文化財に指定。例祭は十月五日。

参考文献　『大阪府神社史資料』

（今井　啓一）

いずみいのうえじんじゃ　泉井上神社　大阪府和泉市府中町に鎮座。旧府社。『延喜式』神名帳には「泉井上神社」とみえるが、和泉大社、井八幡社、井戸ノ森八幡宮なども称す。神功皇后、仲哀天皇、応神天皇、および神功皇后の従者四十五座の神々を祭神とする。『泉州志』によれば、神功皇后の新羅出兵の年に、一夜にして泉が湧き出し、新羅からの帰途に皇后はこの泉を賞したと伝える。天正十三年(一五八五)、十四年に豊臣秀吉が茶の湯を催した際、泉の水を大坂に取り寄せている。和泉の国名の由来とされるこの泉は、今も境内にあり、「和泉清水」として府指定史跡。平安時代末期には、大鳥神社(現堺市)、泉穴師神社(現泉大津市)、聖神社(現和泉市)、積川神社

(現岸和田市)、日根神社(現泉佐野市)の祭神が当社の隣接地に五社総社として勧請されたが、慶長十年(一六〇五)に豊臣秀頼が当社と五社総社の社殿を再興した際、当社は総社の境内に移され、これ以降、両社は「泉井上総社」と混同して称されるようになったという。例祭は十月五日。和泉五社総社本殿は重要文化財。南朝戦死者の碑である「石造板状塔婆」は府指定文化財。

参考文献 『和泉市史』 (高島幸次)

いずみどの 和泉殿 京都北野天満宮の摂社で、かつて和泉守であった菅原定義(一〇二一―六四)を祀る。寿永二年(一一八三)後白河法皇北野御幸の賞として神階を加える議があったが、決せず(『玉葉』)、翌年従三位になったことが『柱史抄』『諸社根元記』『諸神社記』などにみえ、乾元元年(一三〇二)正二位を贈られたと『菅家伝』に記し、元徳二年(一三三〇)後醍醐天皇行幸の賞として従一位を追贈せられたと『菅家伝』『本朝諡号雑記』にある。

参考文献 北野神社編『北野誌』、『古事類苑』神祇部三 (竹内秀雄)

いずみのくにじんみょうちょう 和泉国神名帳 平安時代末期に和泉国の国衙で勘造された国内神名帳。一巻。七本の写本が現存し、表題は「国内神名帳(和泉国)」「和泉国国内神名帳」など一定していない。書写年代により正応本と明応本とに分けられる。奥書に、正応本は正応二年(一二八九)正月二十九日に大鳥神社禰宜橘高信が書写、明応本は明応元年(一四九二)の書写とある。諸本のほとんどが和泉国一宮の大鳥神社の社家に伝来したと記すが、『神祇全書』所収本(伴信友書写本)の奥書には大鳥神社の田所より出たと記している。いずれの伝本も和泉国全四郡内に鎮座する神名を神階とともに登載してある。その内訳を名古屋市立鶴舞中央図書館所蔵本(河村秀根謄写本)によって示すと、大鳥郡に三百八十四社(実数百九十二社、国学院大学図書館所蔵本は百九十二社)、和泉郡に百八十九社(実数百四十七社、国学院本は百四十七社)、泉南郡に四十五社(実数四十三社、国学院本は四十三社)、日根郡に十九社(実数十八社、国学院本は十八社)、総数は五百三十四社(実数四百社、国学院本は四百社、明応本は五百三十四社)となる。このように諸本により社数が異なり、また巻頭や郡名の下に記す社数と本文の実数との相違がみられるのは、当神名帳がたびたび書き換えられたことによるものと考えられる。『続群書類従』神祇部、『神祇全書』三、『神道大系』神社編一所収。

参考文献 『群書解題』一下、三橋健『国内神名帳の研究』論考編・資料編 (三橋健)

いずもいわいじんじゃ 出雲伊波比神社 埼玉県入間郡毛呂山町岩井に鎮座。旧郷社。延喜式内社とする説もある。祭神は大名牟遅神・天穂日命。社伝によれば、景行天皇四十三年に日本武尊が東征の帰途に立ち寄り、侍臣の武日命に開拓祖神の大名牟遅神を創祀させ、成務天皇の世に武蔵国造の出雲臣兄多毛比命《えたもひのみこと》が祖神の天穂日命を合祀したことから、両神とも出雲の神を斎《いわ》う意味で「出雲伊波比」の社号となったという。旧毛呂七郷の中央にそびえる臥竜山《がりゅうざん》上に鎮座する郷中の総鎮守で、十一月三日の例祭に中世以来の流鏑馬(県指定無形文化財)の奉納がある。社殿は戦国時代の古建築で棟札とともに昭和十二年(一九三七)に重要文化財に指定される。

参考文献 埼玉県神社庁神社調査団編『埼玉の神社―入間・北埼玉・秩父―』 (薗田稔)

いずもうじ 出雲氏 天穂日命《あめのほひのみこと》の後裔を称する出雲地方の豪族。『古事記』には天穂日命の子とする建比良鳥命《たけひらとりのみこと》を出雲国造の先祖とし、『日本書紀』は天穂日命を出雲臣の遠祖とする。記紀神話によると、高天原から葦原中国の平定に派遣された天穂日命は、出雲に土着して復命しなかった神として伝えられる。出雲臣は出雲国の意宇《おう》郡に鎮座する熊野大社および同国出雲郡にまつられる杵築大社(出雲大社)の神の祭祀を掌り、国造となった。意宇郡は神郡として重視され、郡司と国造を出雲臣が兼任した。国造が新任されると朝廷に参向して神賀詞《かんよごと》を奏上し、従属の誓いを新たにするならわしのあったことが『続日本紀』『日本後紀』『続日本後紀』『類聚国史』などによって知られる。出雲氏は、丹波・山城・大和・河内・摂津などにも分布して、その繁栄を誇ったが、出雲では南北朝の時代、孝時の嫡子清孝の死後に、国造職をめぐる争いがおこった。孝宗は千家を名のり、貞孝が北島を称して、千家・北島の両家に分裂し、康永三年(一三四四)の和与状によって、神事を分掌し、所領を分割することになった。→出雲国造《いずものくにのみやつこ》 →北島氏《きたじまし》 →千家氏《せんげし》 (上田正昭)

いずもおおやしろきょう 出雲大社教 ⇨大社教《たいしゃきょう》

いずもかぐら 出雲神楽 出雲地方の神楽。佐太神社(島根県八束郡鹿島町)の神楽をその中心とする。佐太神社の「御座替祭」(九月二十五日、もと八月二十四日・二十五日)に、古くは島根・秋鹿・楯縫・意宇(西半分)の三郡半の神職が祭事に奉仕し、その後に天下国家の御祈禱として神楽を行なった。この神楽は三郡半の神職の各神社にも同様に行われ、さらに出雲国全郡にもあまねく普及し、やがて山陰・山陽方面にも広く分布するに至った。その主なものに、大原能(大原郡)・飯石神楽(飯石郡)・大元神楽(石見国)・石見神楽(同)・神殿神楽《こうどのかぐら》(備中国)・備中神楽(同)などがある。この神楽は「七座神事」と「佐陀神能」とからなる。七座神事はその曲目の次第が祭の次第と同じ構成をもつ神事的な舞で、剣舞・清目《きよめ》・散供・勧請・祝詞・御座・手草《たぐさ》の七曲がある。これを前段とし、後段には神能を演じる。これは神話や神社の縁起などを題材として、近世の猿楽の影響のもとに能の形に脚色構成した演劇的なものである。曲目は式三番・大社・真切霊・厳島・恵比須・日本武・八幡・磐戸・三韓・八重垣・荒神・住吉・武甕槌《たけみかずち》の十三曲で、土地により曲目上の異同がある。大元神楽・神殿神楽・隠岐島の神楽などには、神がかり・託宣などの宗教的要素を存し、近世の能風改革以前の古い神楽の姿をうかがわせるものがある。

参考文献 西角井正慶『神楽研究』、本田安次『神楽』

（倉林 正次）

いずもきょう 出雲教 出雲大社を信仰の対象とする神道教団。島根県簸川郡大社町杵築東に本部がある。明治五年（一八七二）、国造北島全孝《たけのり》が出雲大社の崇敬講社を結成。これを端緒に明治十五年、第七十六世国造北島脩《なが》孝《のり》が出雲北島教会を設立して発足した。この教団は、もう一方の国造家である千家家が主宰する大社教とは別に設立されたものである。同十六年、神道出雲教会と称し、脩孝が大教主に就任した。以後、北島斎孝《なりのり》、同貴孝《よしのり》が大教主を勤めた。同教会は、教派神道十三派の一派である神道本局に属して活動し、昭和十七年（一九四二）には神道大教出雲教会と称した。同二十七年、大教から独立して、出雲教を称した。信者は、島根県内を中心に、全国に広がる。出雲大社の東側に隣接する北島国造邸内に教本院を設け、祭祀・教化活動を行なっている。平成十三年（二〇〇一）末現在、信者九万二七二八、分院・教会九、教師六六（文化庁編『宗教年鑑』平成十四年版）。

（佐伯 徳哉）

いずもじのぶなお 出雲路信直 一六五〇—一七〇三 江戸時代中期の垂加神道家。本姓斎部。代々京都下御霊社の神主を務めた家柄で、信直はその三十五代。慶安三年（一六五〇）三月二日京都に生まれた。父元専が山崎闇斎と交わり、神道伝授を受けたこともあったので、信直も闇斎に入門し、もっぱら垂加神道を学び、正親町公通とともに、道の奥秘を授与された。闇斎没後の垂加神道は、公通・信直によって道統を維持し、隆昌をもたらした。信直は貞享元年（一六八四）下御霊社神主となり、従五位下に叙し、元禄十五年（一七〇二）従五位上に昇り、同十六年三月二十日、五十四歳で没した。神号を八塩道《やしおじ》霊社という。門人百三十人余り、玉木正英に奥秘を伝授した。出雲路家は一時、春原・板垣を姓としていたので、信直もこれを称したことがある。民部は彼の通称である。現在下御霊社に天和元年（一六八一）十二月一日から、元禄十六年正月十三日に至る、彼の日記二十冊が保存されていて、垂加神道の歴史を闡明する好資料を提供している。

参考文献 出雲路敬直「『出雲路信直日記』序論」（『神道史研究』九ノ三）

（平 重道）

いずもじみちじろう 出雲路通次郎 一八七八—一九三九 明治から昭和時代前期にかけての有職故実家。明治十一年（一八七八）八月八日、京都の下御霊神社社司出雲路興通《もりみち》の次男として誕生。諱は敬通。小学校卒。同三十四年霊山官祭招魂社神職。三十八年下御霊神社社司となり、昭和十四年（一九三九）十一月二十六日、六十二歳で没す。大正四年（一九一五）・昭和三年の即位大礼諸儀および器具・被服に関する故実取調べを、宮内省から依嘱されたほか、京都御所東山御文庫取調べ、衣紋講習・調査、三勅祭の考証指導にもあずかった。大正四年には明治神宮造営局から神宝装飾に関することを依嘱され、内務省からは官国幣社殿内舗設に関することを依嘱された。大阪府立女子専門学校・京都帝国大学・竜谷大学の有職故実・神道講座を担当し、上代様草仮名の名筆としても著名である。著書に「有職故実」（『（岩波講座）日本歴史』所収）、『御大礼用語類集』『神祇と祭祀』『大礼と朝儀』などがある。

参考文献 所功「出雲路通次郎翁の遺著『大礼と朝儀』」（出雲路通次郎『大礼と朝儀』解説）

（出雲路敬和）

いずもしんこう 出雲信仰 島根県に鎮座する出雲大社を信仰するもので、その起源は歴史的にきわめて古いようであるが、正確な起源は明らかでない。とにかくそこには大穴持神という名で験徳あらたかなる大神の信仰が発達し、それを中心に出雲国造の政治的宗教的勢力がのびていった。それは大胆な推測を加えると三世紀ごろ大和朝廷の政治圏に入ったが、朝廷のもった大きな統一力にたくみに便乗し、全国的な信仰圏をもつようになったと筆者は推測している。この基盤は古代日本社会の大部分の構成分子である農民生活と宗教的に深く滲透することができたからであろう。朝廷も農業社会の主として農民の保護神たらんとしたが、やはり権力的にかたむいたことから、実際に農民の保護神として出雲の大神が広く信仰されることになった。それは広義のムスビの神であったと思われる。多くの妃をもち百八十の子神があったとする神話などもその生産力の旺盛を象徴するもので、その多数の子神こそ全国に分布する可能性をもったので、彼が結局大国主という名で一般化したのはそのためである。この広義の生産力が後世には仏教の大黒天と混同され、福徳果報を生ずる神として信仰され、エビス神と並んで日本の福の神を代表するものとなる。そうした俗信仰に支えられて、広く農民を守り商家を保護するというように広い信仰を集めた次第である。今日一般の民間信仰によれば、十月には全国の村々の神たちが出雲に集まるとされる。その意味については細かい思想は存在しないが、大体において村々の生産状況なり、農民生活なりについて報告し、協議するというように考えられている。その点で農民にとって最高の守護神とされているわけである。大黒はエビス神と並称されるが、エビスが漁業や商業の神とされているのに対し、大黒は広い福の神として仰がれている。また縁結びの神としての信仰も広い。男女の縁は子孫繁栄の本とされてきたが、日本は特に農耕社会であったためか、家の存続と繁栄に深い関心がそそがれた。縁結びはその根源ともなるもので大変重大に考えられたが、それをつかさどるのは出雲の神と信ぜられた。十月における神の寄合において、あの息子とあの娘をひとつにしようといった相談が行われるというような俗説もあって、そのことも出雲信仰を深める理由となった。神話によるとこの大神が博く禁厭の法を始め、天下その恩恵を蒙ったとある。それは今日の出雲信仰からは必ずしも十分にはうかがえないが、古代における験者たちはやはりこの神を祖神としたのであろう。役行者が賀茂の役氏の出身だという伝説もそこに関係があると思われる。古代医術においては禁厭つまり呪術的な要素が重要であったことは明らかであり、出雲大神はその開祖たる性格を与えられたのである。因幡の白兎の話や諸国の温泉がこの大神によって発見されたという伝説があるのもこれを証している。今日出雲大社では、旧暦の十月に全国の神々を迎え、やがてそれを送りかえす祭といったものを行なっている。とにかく日本の神道において伊勢神宮を中心とする国家的体制が一応存在するのに対し、出雲を中心とするこれまた大きな信仰の空気が存在することはまことに注目すべきことで、民衆はこの両者に仕えることによって神道信仰のバランスを保っているように見える。出雲大社は古代以来出雲国造家によって奉祀されたが、その家は南北朝時代に千家・北島の両家に分かれて神社に奉仕した。明治時代となり教派神道が出現するにあたり千家を中心とする大社教、北島を中心とする出雲教がそれぞれ結成され、教会組織によって信徒を集め布教活動を行なった。そこに一般の出雲信仰とは別に教会としての出雲信仰の規制と活動が出現した。それは今日あまり盛んとはいえないがなお若干は存続し、宗教としての出雲信仰を実行している。（肥後　和男）

いずもしんわ　出雲神話　出雲神話という時には二つの範疇がある。その一つは『出雲国風土記』に記されたもので、出雲の現地そのものに伝えられたものである。もう一つは『古事記』や『日本書紀』に出雲という地名を舞台として述べられているものである。この二つは判然と区別すべきであろう。まず出雲の現地における神話として著名なものは八束水臣津野命による国引きの話で、今の島根半島は彼が志羅紀の三埼をさいて引きよせたとの説話で、かなり後世の話ではあろうが、一種の開闢神話をなしている。しかしこの国の神話の主神は大穴持命（大己貴命）で、「天の下造らしし大神」と形容し、建国者としての名が与えられている。杵築の宮（出雲大社）もその大神のためにもろもろの皇神たちが協力して作るところとしている。素戔嗚尊の名も出るが、記紀の高天原から天降った話とか、八岐大蛇退治の話、奇稲田姫《くしいなだひめ》と結婚した話などは全くみえず、また大穴持命が天孫に国譲りをした話なども出ていないので、そうした話は、多分この現地では語られていなかったとみるべきであろう。これに対し記紀にみえる出雲神話はまことに大規模な構造をもっている。それによると素戔嗚尊は天照大神・月読命の弟で伊弉諾尊・伊弉冉尊二神の生んだ三貴子の一人であり、父母からしかるべき所を治めるべく命じられたが、それに従わず、ひたすらに泣きさけんだので、根の堅洲国に追いやられることになった。そのため高天原に上り、天照大神に暇乞いをしたが、大神がその本心を疑ったので天真名井のほとりでうけいをし、天忍穂耳尊が生まれた。その後多くの乱暴を働いたので、千座置戸《ちくらのおきど》を課せられ、追放されて出雲の簸《ひ》の川上に天降った。そこで手摩乳《てなずち》・脚摩乳《あしなずち》を助け、その娘の奇稲田姫を助けるために八岐大蛇を退治し、天叢雲剣《あめのむらくものつるぎ》を得て、これを天照大神に奉った。また須賀の地に八重垣宮をおこして奇稲田姫と結婚し、大国主神を生んだ。『日本書紀』の一書ならびに『古事記』ではこの二神の六世の孫が大己貴神だとされる。この神は柊《ひいらぎ》の八尋鉾を用いて国々を平定したので大国主神と呼ばれ、至るところに美しい姫神を求める神であり、またいろいろな禁厭《まじない》の法を工夫して民衆を救う神でもあった。一方高天原では、この大国主が支配する大八洲は天照大神の御子の統治すべき国であるとし、天穂日命らの使を次々に遣わして大国主に国譲りの交渉をさせたが一向にらちがあかず、最後に武甕槌神《たけみかづちのかみ》と経津《ふつ》主神《ぬしのかみ》という二柱の武神をつかわして交渉させた。大国主は子の事代主神に相談し、事代主は国土を天神に奉るべしと答えたが、もう一人の子の建御名方神はこれに反対し武甕槌神と力くらべをして負け、信濃国諏訪まで追いつめられて降参した。ここに国譲りが成立し、天孫が天降ることにより、大国主神のためには杵築の社を作り、大国主神は「世の幽事《かくりごと》」をなし、天穂日命の子孫が出雲国造としてこれを奉祀することになったとある。このように記紀にみる出雲関係の神話は、規模が大きく話が入りくんでいて、その成立や構造を学問的に明らかにすることはかなり困難で、定説と称すべきものはない。しかし歴史的には出雲地方に原始国家がかなり後まで存続し、ある程度の宗教的勢力を保ち、諸国におくれて大和朝廷の統一下に入ったことは事実かもしれない。『日本書紀』の崇神天皇や垂仁天皇の巻には出雲の神宝を検校する話があり、『古事記』には倭建命（日本武尊）が出雲建をうち殺す話がある。これらはある程度の歴史事実をあらわすものといえよう。出雲神話の主神である大穴持命は、多分耕地の神で、生産力の持主として後世永く信仰され、そこからムスビの神として遇せられ、さらには縁むすびの神にまで発展したものと思われる。

参考文献　松村武雄『日本神話の研究』、松前健『日本神話の形式』（肥後　和男）

いずもぞく　出雲族　『古事記』『日本書紀』『出雲国風土記』などにのせるいわゆる日本神話に、出雲地方に関係した須佐之男命・大国主神の説話が大きな部分を占め、国譲りの説話もここを舞台として展開するところから、これらの説話を出雲神話ないし出雲系神話として、高天原（系）神話・筑紫（系）神話と区別し、それを、かつて史上に存在した出雲地方の種族すなわち「出雲族」なる種族の伝承した固有のものとする学説が生じた。高木敏雄・松村武雄ら神話学者がその代表的な主張者であるが、この説によれば、日本神話は、はじめ大和朝廷、出雲族、筑紫の海洋系種族のそれぞれ別個に伝えた神話があり、これを大和朝廷の手で高天原(系)神話に統合したものであるという。「出雲族」というほど明確な大和勢力に対する独立観・対立観はなくても、「出雲地方の神話・伝承」とか「出雲人の手になる」というような表現をもって、右の出雲族固有の神話という説の流れをくむ学者は現在も多い。しかし人種的にはもちろん、考古学上の所見からも、出雲地方には古墳その他遺跡・遺物など、大和地方その他のそれと、特に際立った文化的異質性はみられないし、出雲建征討譚をも含めて、記紀の伝える神話および神話的な説話を除けば、文献上も他と比較して特に強大な政治勢力が存在したともみえない。神話についても、大和三輪山の大物主神や、大和葛城鴨の事代主神、同じく阿遅志貴高日子根神、信濃諏訪の建御名方神が、その出雲を舞台としたり、ないしは大国主神の子神として活躍するなど、出雲がある神話の舞台であることが、そのままその地方の固有性とつながるわけではないし、またそれらの神話を、明確に他の部分と分離することもできない。これらの点が、出雲族固有説にとっての大きな難点である。他方、須佐之男命・大国主神その他、登場する前掲の神々にしても、大和朝廷で述作した日本神話の全構成の一環として、その構想上の必然性から説明することができるので、「出雲族」という語も、神話学説上に成立した一つの概念で、歴史的には全く実体のない観念としてしりぞける説もある。（川副　武胤）

いずもたいしゃ　出雲大社　島根県簸川郡大社町杵築に鎮座。杵築大社《きづきのおおやしろ》・杵築社・杵築宮ともいう。旧官幣大社。大国主神(大己貴命・八千矛神)を祀る。『古事記』の大国主神の国譲りの段に、自分の住いを天つ神の御子の宮殿のように、太い柱を地中からしっかりと立て、千木を空高く上げて作られたいという要請によって出雲国のタギシの小浜に宮を造り、櫛八玉命《くしやたまのみこと》が膳夫となって盛大な神饌を備えたと記し、『日本書紀』神代天孫降臨章第二の一書ではこの宮を天日隅宮《あめのひすみのみや》と呼び、柱は高く太く、板は広く厚く造り、部材を長い縄で繋く結び、神田を寄せ、水上の神事の用に高橋・浮橋・天鳥船を備え、河には打橋を渡し、神宝の楯を供し、天穂日命《あめのほひのみこと》(出雲国造の祖)を司祭者としたと記す。『出雲国風土記』には出雲郡杵築郷の所造天下大神之宮は出雲御崎山の西下にあり、造営のとき神々が杵築したこと、この天日栖宮を長い縄で結び、天つ神の構えにのっとって造ったとき、天御鳥命が天降って神宝の楯を作ったこと、この宮の用材は神門郡吉栗山から採ることなどを記す。『古事記』垂仁天皇段の本牟《ほむ》智和気《ちわけ》王の物語に出る出雲大神宮と、葦原色許男《あしはらしこお》大神《おおかみ》(大国主神)を祭神とし、出雲国造の祖岐比佐都美が肥河でその仮宮の祭をしたという出雲の石硐《いわくま》曾《そ》宮《のみや》とは、両者とも出雲大社を指すようである。『日本書紀』崇神天皇六十年条の出雲大神宮と同書斉明天皇五年(六五九)条の厳神之宮(あるいは神之宮)とは普通出雲大社を指すとされているが、意宇郡熊野大社(『令義解』に「出雲国造が斎く神」とある)のことも解釈される。天禄元年(九七〇)の『口遊《くちずさみ》』に大屋の誦「雲太、和二、京三」をあげ、雲太は出雲国城築明神の神殿、和二は大和国東大寺の大仏殿、京三は京の大極殿を指すと説明している。当時出雲大社の本殿が高さ十二丈(三六八メートル)余あるいは十五丈といわれた大仏殿より高大であるとされていたことがわかる。このように床下の柱が特に長大であったため、平安時代では本殿が不安定で数回も折れて倒れるという他社に見られない事故が記録されている。平安時代初期には造出雲社使が朝廷から派遣されて造営していたが、のちには出雲国司が同国内の社寺権門の荘園に平均に課して造営にあたる例になった。建久元年(一一九〇)度造営までは本殿は従来の規模を維持したという。宝治二年(一二四八)度には規模を縮小したが、そのころの絵図によると床を特別に高くした本殿の形式はなお伝えられていたことがわかり、前方に楼門や舞殿もあった。鎌倉時代後期からは国衙の力が衰え、大社神主の出雲国造が幕府の命をうけて同国で段別三升米を徴して造営に従った。そのころの杵築大社の造営料として神主は一万一千八百七十余石と見積り、幕府は七千五百八十余石と定めた例がある。明徳二年(一三九一)の『鰐淵寺旧記』に杵築大社は景行天皇の時は三十二丈と伝え、その後十六丈、次に八丈、今は四丈五尺であると記す。慶長十四年(一六〇九)度の豊臣秀頼による造営ではやや規模をととのえた本殿のまわりに玉垣、前方に楼門、拝殿・会所・長庁・御供所・摂末社などがあった。寛文七年(一六六七)度の将軍家綱による造営の時は、社殿の位置を多く北方山際に移し、本殿の規模を拡大して復古を目ざした。本殿のほかに楼門・八足門・回廊上段(観祭楼)・水屋・拝殿・庁屋・会所・御供所・文庫・神馬屋・大鳥居・中鳥居その他摂末社があり、前回の造営より建物も増加した。次の延享元年(一七四四)度の造営には在来の本殿の西南に新本殿を建て、遷宮の時まで古い本殿を存置し、玉垣・瑞垣や楼門・八足門とその内の諸建物を一旦撤去して一様に西南に移動させたが、その際瑞垣内を高さ二メートル近く土盛りした。本殿・天前社・御向社・筑紫社・門客人社二棟は新造され、楼門・八足門・回廊・観祭楼は旧材を用いて建てた。昭和二十八年(一九五三)五月拝殿・庁舎は焼失し、その後再興された。→出雲信仰《いずもしんこう》　→古伝新嘗祭《こでんしんじょうさい》　→身《み》逃神事《にげのしんじ》

建築　本殿は普通の神社のとちがって、きわめて柱が長いもので、奈良・平安時代では規模が大きかったが、宝治度から小形になって平面方八・五メートルほどであったことが『遷宮記』によって知られ、そのころの絵図によって大社造の形式であったことがわかる。慶長度の本殿は方九・〇九メートル、棟高一七・四メートルで、その姿を示す絵図も残っている。寛文度の本殿は方一〇・九メートル、総高二四・二メートルで当時の図面からも延享再建の現本殿と大体同形同大であったことがわかる。現本殿は方二間(一〇・九メートル)で南面し、前面向かって右の間が戸口、左の間が蔀、他の三面は板

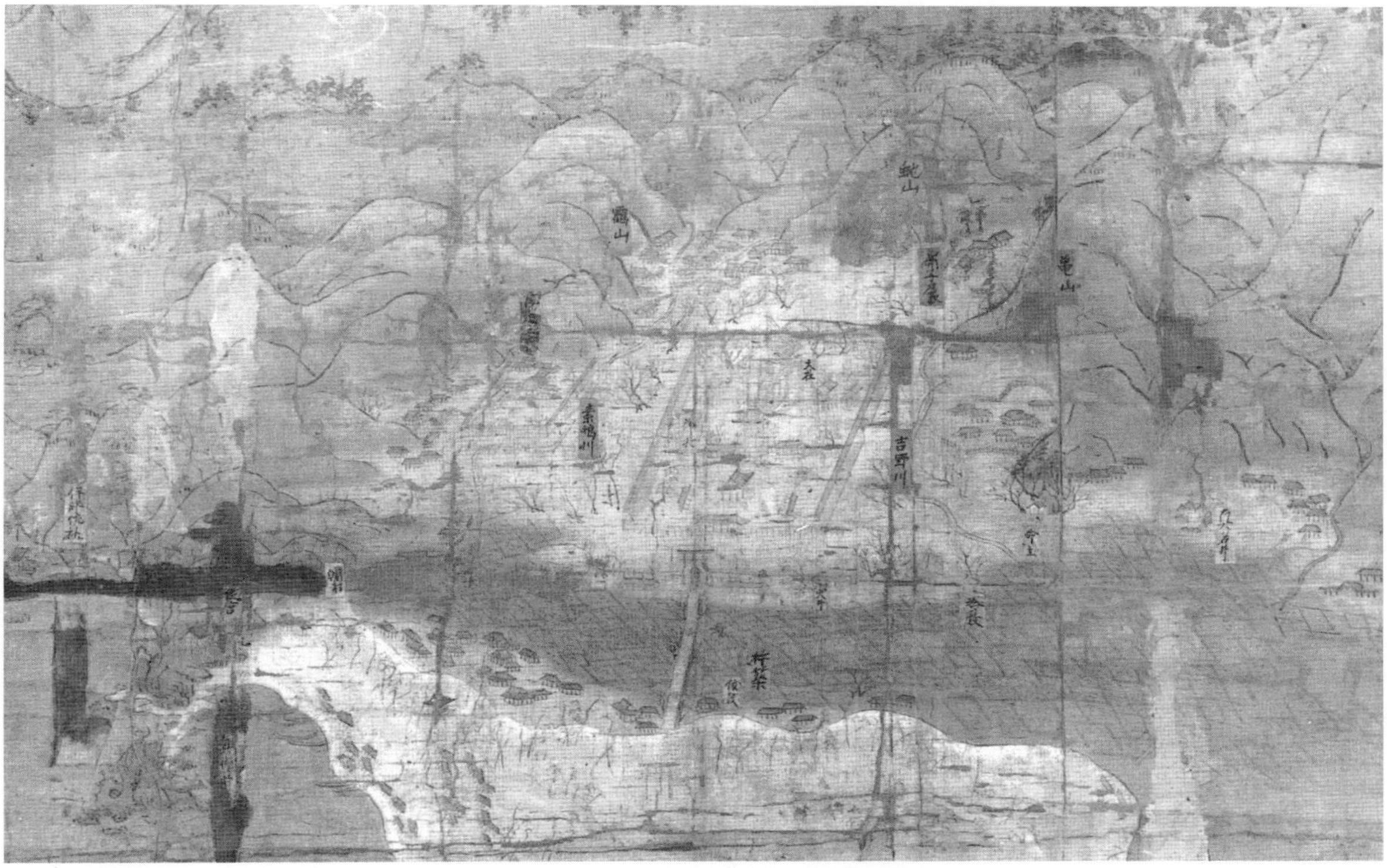

出 雲 大 社 幷 神 郷 図（部分）

出 雲 大 社

壁、内部は板敷で畳を敷きつめ、中心の柱の右脇は板壁、左脇は開放でそこから内は床の一段高い上段となり、上段の東奥に西を向けて内殿を置き神座をしつらえる。外まわりの縁は高欄つきで、前面だけ少し幅を広くし、戸口の前方に木階段と浜床がある。屋根は切妻造・妻入りで、千木と堅魚木を上げ、階段・浜床上にも切妻造の屋根を構える。大社造の代表例である。国宝指定。

参考文献 福山敏男「出雲大社の社殿」(『日本建築史研究』所収)　(福山　敏男)

社領　記紀の出雲神話が、何らかの事実を背景にもつとすれば、山陰地方は出雲大社の支配下にあったということになるが、確かでない。出雲大社を祭祀する出雲国造は、崇神朝の任命と伝えるが、大和朝廷の勢力下では、出雲一帯が神領化し、そのうち杵築・黒田・免結・鷺・宇峠・井呑・宇竜の七浦が、後世まで御贄貢進の社領となっているのや、『延喜式』式部省の神郡の条に、出雲国神郡として意宇郡をあげているのは、その名残りとみられる。しかし『出雲国風土記』に、出雲・秋鹿・楯縫・意宇の各郡に神戸里をあげているが、『新抄格勅符抄』には、天平神護元年(七六五)に充てられた杵築神六十一戸をあげているが、その実支配は、これら各郡全般に及んでいたと考えるべきであろう。史料的には鎌倉時代の文書になるが、杵築十二郷所々国造管領とみえ、遙勘・高浜・稲岡・鳥屋・武志・出西・求院・北島・富・伊志見・千家・石墓(塚)の十二ヵ郷村三百余町が注進されている(康元元年(一二五六)十二月)。これらは、おそらく平安時代以来の社領として継承されて来たものと思われ、これらのほかに、鎌倉時代幕府や国司から寄進された社領や国造家領として、大草郷・国屋郷内の田畠、田尻大庭地頭職、揖屋荘、国富荘、氷室荘などが成立したが、鎌倉時代末期から室町時代にかけて、日御碕社と社領相論をくり返す一方、国造家も千家・北島両家に分立して、その主導権を争った。ただ、原始時代には山陰一帯の主導勢力という伝説をもつにかかわらず、その社領は、出雲の数郡を出ることはなかった。戦国時代、天正十九年(一五九一)の検地で毛利氏から安堵された社領十二ヵ郷の高辻は五千四百四十五石余。そのうち、文禄・慶長の外征の際、豊臣秀吉に七ヵ郷・五ヵ浦を没収され、残高二千七百三十石を、千家・北島両家でほぼ折半して知行した。江戸時代松江藩主からの寄進により、明治維新当時は、惣高三千五百六十石余、蔵米五百石に及んでいた。

参考文献 『出雲国造家文書』、『千家家譜旧記写』、『島根県史』　(竹内　理三)

いずもたいしゃけいしんこう　出雲大社敬神講　⇩大社《たいしゃ》教《きょう》

いずもだいじんぐう　出雲大神宮　京都府亀岡市千歳町に鎮座。旧国幣中社出雲神社。祭神は大国主命と三穂津《みほつ》姫命《ひめのみこと》二柱(一座)。創立年代は不詳であるが、古代出雲国杵築神を遷し奉ったという。のち弘仁九年(八一八)名神に預かり、承和十二年(八四五)無位より従五位下を授けられ、以後累進して延喜十年(九一〇)正四位上に叙せられ、延喜の制では名神大社に列し、丹波国一宮となる。さらにのち『西園寺相国実兼公日記』に正応五年(一二九二)正一位を授けられたことがみえる。また万寿二年(一〇二五)七月、旱天の際本社に雨を祈って験があり(『左経記』)、神威いよいよ揚がった。元暦元年(一一八四)源頼朝は院宣によって玉井四郎資重の濫行を停め、文暦元年(一二三四)北条泰時は社領を安堵し、貞和元年(一三四五)足利尊氏は本社ならびに末社神宮寺以下を修造し、ついで文和三年(一三五四)社領を安堵した。なお本殿は三間社流造で建坪十四坪弱、屋根は檜皮葺、貞和二年の修造と伝え、様式より見て南北朝時代の建築と推定され、重要文化財に指定されている。例祭は十月二十一日。ほかに粥占祭・花祭の特殊神事がある。　(大場　磐雄)

いずもたけおじんじゃ　出雲建雄神社　奈良県天理市布留町石上神宮境内に鎮座。石上神宮の摂社で、祭神の出雲建雄神は天叢雲剣《あめのむらくものつるぎ》の分魂《わけみたま》である。創立年代は詳らかでないが、『石上神宮旧記』によると、天武天皇の時神主布《ふ》留邑智《るのおうち》が夢で神託を蒙り創祀したと伝える。延喜の制小社に列する。なお本社拝殿はもと内山永久寺の鎮守の拝殿を大正三年(一九一四)に移したもので、鎌倉時代の建造で、最古の割拝殿《わりはいでん》とせられ、国宝に指定されている。例祭は一月十五日。　(大場　磐雄)

出雲建雄神社割拝殿

いずものくにのみやつこ　出雲国造　天穂日命《あめのほひのみこと》を祖先とする出雲の豪族。出雲国の意宇《おう》(島根県八束郡)地方を本拠にして勢力を伸張し、出雲臣を称した。『日本書紀』には、崇神天皇の代、その遠祖の出雲振根《ふるね》が筑紫に赴いている間に弟の飯入根《いいいりね》が神宝を貢上し、振根が誅伐された説話が記述され、『古事記』には、景行天皇の代、倭建命《やまとたけるのみこと》が出雲建を平定する説話が述べられている。斉明天皇五年(六五九)出雲国造に命じて、神の宮を修厳せしめたという記事が『日本書紀』にみえるが、この神の宮は意宇

出雲大神宮　出雲神社社領牓示絵図

郡の熊野大社であったと考えられる。律令制下においても、出雲臣は国造を世襲し、熊野大社が鎮座する意宇郡は、神郡として重視され、出雲臣は国造と意宇郡大領を兼任した。新国造の制度は、補任の形式をとったが、国造就任のおりには、朝廷に参向して神賀詞を奏上した。霊亀二年(七一六)の国造果安《はたやす》の奏上、神亀元年(七二四)の国造広嶋の奏上をはじめとして、天長十年(八三三)の国造豊持の奏上まで、神賀詞の申上が行われた。広嶋は天平五年(七三三)の『出雲国風土記』編纂者の有力者となり、記紀神話とは異なった出雲土着の伝承を収録している。国造職は、南北朝の時代から、千家・北島両家に分かれてうけつがれたが、この両家は出雲国造の系脈を継承して今日に及ぶ。特にその相続にあたっての火継式は有名である。　↓北島氏《きたじまし》　↓国造《くにのみやつこ》　↓千家氏《せんげし》

参考文献　千家尊統『出雲大社』、上田正昭『日本神話』(『岩波新書』七四八)、井上光貞「国造制の成立」(『史学雑誌』六〇ノ一一)　(上田　正昭)

いずものくにのみやつこのかんよごと　出雲国造神賀詞　『延喜式』の祝詞に収められるもので、『台記別記』中にある。「中臣寿詞」とともに、現存する寿詞の一つ。この神賀詞は、天穂日命《あめのほひのみこと》よりつづくという出雲国造が新任の際上京、朝廷にて天皇の大御世を祝して奏聞する寿詞で、古代信仰の上でも、また上代文学としても注目すべきものである。この神賀詞奏上の委細は『延喜式』臨時祭に規定され、国造はその職に任ぜられると、負幸物《おいさちもの》を賜わって国に還り、潔斎すること一年にして入朝、京外の便処に献物を飾り、官に申して奏聞、その後また一年後斎《のちのものいみ》を経て入朝し、神賀詞を奏聞する。何時から奏上が開始されたか明らかでないが、文献上では『続日本紀』の霊亀二年(七一六)二月条を初見とし、その後代々絶えることはなかったであろうが、廃絶の時期は明白でない。本文については、九条家本を善本とすべきである。　↓寿《よ》詞《ごと》

参考文献　本居宣長『出雲国造神寿後釈』(『本居宣長全集』七)、山田孝雄『出雲国造神賀詞義解』

(近藤　喜博)

いずものくにふどき　出雲国風土記　和銅六年(七一三)五月二日、元明天皇によって風土記撰進の詔が出され、諸国から奏進された解文の一つとされる。巻首の総記から巻末の署名まで完全に存する唯一の風土記。一巻。天平五年(七三三)二月三十日の年紀を帯び、勘造者は出雲国秋鹿郡の神宅臣金太理、責任者は出雲国造で意宇郡大領外正六位上勲十二等の出雲臣広嶋。昭和二十五年(一九五〇)藪田嘉一郎『出雲風土記剝偽』によって本書は延長三年(九二五)以後の偽撰とされたが、これが契機となって本書の研究が俄かに進み、同二十八年平泉澄監修『出雲国風土記の研究』によって偽撰説が否定された。ただし天平五年が和銅の詔から二十年もへだたっており、一方、『常陸国風土記』や『播磨国風土記』が和銅の詔よりおそらく数年を出でずして成立したと認められることなどから、本書を再撰とみる説もある。内容は出雲国の地勢、広さ、国名地名の由来をはじめ、行政上の区画、郷里の状況、各地の伝説、駅家の配置、社寺の列名、山野河海の形勢、道路橋梁の設備、港の収容力、動植物の分布、正倉の配置、郡家より各地への里程などを載せ、最後に道度、軍団・烽・戍の所在を記している。神話には八束水臣津《やつかみずおみつ》野《の》命《のみこと》の国引きをはじめ天の下造らしし大神大《おお》穴持命《なもちのみこと》の所伝などに記紀と異なった特色がある。本書の古写本として管見に入ったのは約五十であるが、系統は四類に大別される。その一は細川本で、これは慶長二年(一五九七)十月十二日という奥書の明らかな最古写本である。その二は倉野本で、書写年代も細川本と前後し、系統も両者は祖本を共通にする従兄弟またはそれに類する並列関係と思われる。その三は岸崎時照の『出雲風土記鈔』に代表される系統、その四は『万葉緯』所収本の系統である。細川本・倉野本・日御碕神社本・万葉緯本の影印が『出雲国風土記諸本集』と題して刊行されている。刊本として千家俊信『訂正出雲風土記』をはじめ『続群書類従』雑部、『出雲国風土記の研究』『日本古典文学体系』二、『日本古典全書』、『神道大系』古典編、『日本古典文学全集』五所収本などがある。

参考文献　内山真竜『出雲風土記解』、後藤蔵四郎『出雲国風土記考証』、加藤義成『出雲国風土記参究』、水野祐『出雲国風土記論攷』、田中卓『出雲国風土記の研究』(『田中卓著作集』八所収)、秋本吉郎『風土記』解説(『日本古典文学大系』二)、植垣節也『風土記』解説(『日本古典文学全集』五)、荻原千鶴『出雲国風土記』解説(講談社学術文庫)、『群書解題』二一

(田中　卓)

いずものふるね　出雲振根　『日本書紀』の崇神天皇六十年七月条に伝える出雲臣の遠祖。弟の飯入根《いいいりね》は、兄の振根が筑紫へでかけた留守に、出雲の神宝を天皇に貢上した。それを怒った振根は、止屋の淵のほとりで、弟をだまし討ちにしたが、朝廷から派遣された吉備津彦・武渟《たけぬな》河別《かわわけ》に殺されたという説話で知られている。これに類似する伝承として、『古事記』の倭建命(日本武尊)による出雲建誅伐説話がある。

(上田　正昭)

いするぎしんこう　石動信仰　能登と越中の国境に聳える石動山《せきどうさん》(石川県鹿島郡鹿島町、標高五六五メートル)を対象とする霊山信仰。山内に延喜式内社の伊須流岐比古《いするぎひこ》神社が鎮座し、能登国二宮とされた。鎌倉時代能登国石動山《いするぎやま》は、勅願所とあり、石動五社権現・石動寺《いするぎでら》と称し、真言宗仁和寺の末寺であった。『拾芥抄』には、本地は虚空蔵菩薩で、奈良時代の宝亀四年(七七三)に智徳上人が開いたとする。しかし、室町時代の古縁起では、方道仙人を開山とし、中興の祖を智徳としており、江戸時代の新縁起は、泰澄が白山に次いで石動山を開いたとした。また五社権現は、大宮・客人《まろうど》・火《ひ》宮・梅宮・剣《つるぎ》宮から構成される。建武二年(一三三五)、越中国司中院定清を追って攻め寄せた足利尊氏方の越中武士に、全山を焼き払われたが、暦応四年(一三四一)足利将軍家の助力によって、山上の堂塔が復興された。このとき本山は、旧来の仁和寺から勧修寺に代わり、寺号も天平寺《てんぴょうじ》と改称した。室町時代には、石動山法師(山伏)の畿内での活動が、謡曲『野守』『比良』に登場するほか、『義経記』では、石動山の峰から吹き下す西からの順風が、日本海を行き交う船を、無事に東北へ運んでくれるとみえている。『神道集』によれば、病衆に薬種を与えるのが、石動権現の功徳とされ、石動山伏の医薬頒布が窺われる。これが越中売薬の始まりとの説もある。天正十年(一五八二)石動山の衆徒が越後上杉方と結んだため、前田利家らによって攻められ、全山炎上したが、そののち金沢藩主前田家によって再興がはかられ、再び仁和寺の末寺となった。江戸時代の社領は百五十石であった。石動山では毎年九月から十一月に、能登・越中・加賀・越後・佐渡・飛驒・信濃の北越七ヵ国を産子として、知識米を徴収(勧進)しており、江戸時代末期には、五十八坊が山内に所在した。しかし明治初年の神仏分離と版籍奉還によって、経済基盤をことごとく失い、全山は瓦解に至った。

参考文献　『鹿島町史』石動山資料編

(東四柳史明)

いせあまてらすこうたいじんぐうねぎふとちょう　伊勢天照皇太神宮禰宜譜図帳　皇大神宮御鎮座以来延喜七年(九〇七)までの禰宜補任の次第を記した書。一巻。延喜七年九月十七日、禰宜荒木田茎貞・前禰宜荒木田徳雄ら荒木田神主十一人の連署をもって神祇官に注進したもの。内容は記紀以下の古典の伝、『神宮旧記』と矛盾するところもあるが、荒木田氏の出自についてもと大貫連とし、成務天皇のとき波己利命の次男最上《いとかみ》が、大神の朝御饌夕御饌料三千代の田を治開供奉したことにより、荒木田姓を賜わった由をのせるような荒木田氏の古伝承がみられる。神宮文庫本は荒木田姓藤波家旧蔵、延喜四年書写の国宝『玉篇』の紙背に記され、外題『皇太神宮禰宜譜図

帳』とあり徳治二年(一三〇七)の書写、そのあとに続けて延喜六年より徳治二年までの禰宜補任を類聚した『皇太神宮禰宜補任次第』をのせている。昭和十一年(一九三六)影印本出版。（鎌田　純一）

いせおどり　伊勢踊　近世初期に流行した民俗芸能の一つ。『当代記』によれば、慶長十九年(一六一四)八月、伊勢大神動座の託宣がくだり、その後さまざまの託宣や奇瑞が相ついだ時、伊勢国内の郷民が踊の徒党を組んで参宮し、その風潮が次第に畿内一円から東国西国に及び、翌元和元年(一六一五)には遠く奥州にまで及んだという。その踊の原型はすでに戦国時代にあったが、流行したのは上記の一件以来で、寛永元年(一六二四)・延宝五年(一六七七)にも流行し、元来伊勢の神を村から村へ送っていく宗教的な舞踊であったものが、土地によって豊作祈禱や悪魔払いの踊にもなり、また盆踊や町の娯楽的な歌舞にもなった。歌詞は各地一定しないが、古くは「松坂越えて(下略)」の定句があり、それがなまって「松原越えて伊勢踊」などの文句がうたわれた。のち江戸時代中末期に流行した伊勢音頭と混交したが、その命脈はいまも各地の郷土芸能の中に保たれている。

参考文献　小寺融吉「伊勢踊から伊勢音頭へ」(『郷土舞踊と盆踊』所収)（三隅　治雄）

いせかぐら　伊勢神楽　伊勢神宮の御師の家で行なった神楽。伊勢に神楽のあったことは『琴歌譜』に「伊勢神歌」があり、『建久内宮年中行事』に「其ノ後神楽三番」とみえることなどから推察される。中世、戦乱のため離宮院に奏進された楽舞が行われなくなると、これに奉仕していた楽人たちは、それぞれ摂社・末社の各神社に所属して「社神楽《やしろかぐら》」を始めた。そして霜月(十一月)十三日には楽人たちは一口頭太夫の家に寄り集まり、「寄合神楽」を催した。このときに各社の神歌をあつめ、一連の形に整理したものが、『伊勢神楽歌』(『日本古典全集』所収)であるとみられる。この神楽がのちに御師の家の神殿で行われるようになった。これには太々神楽・太神楽・神楽の区別があり、願主の奉賽の多少により、その種類が決められた。神楽にこうした大小の区別が生じたのは大永年間(一五二一―二八)前後であり、その後太々神楽が生まれ、奉納神楽が盛んになったのは、正保年間(一六四四―四八)ごろと見られる。願主の申し出があると、神殿に神座を設け皇大神を勧請し、御師配下の神楽役人が神楽を行なった。その主要な曲目においては神前の釜で湯立《ゆたて》を行い、その芸能内容は神歌を歌い、神楽舞をまうことを主とし、一般の里神楽のごとき演劇的なものを有しないことを特色とした。この系統は湯立神楽・霜月神楽などと称し、現在も地方の神楽の中にそのおもかげを伝えている。

参考文献　西角井正慶『神楽研究』、本田安次『神楽』（倉林　正次）

いせくぎょうちょくしぞうれい　伊勢公卿勅使雑例　伊勢神宮へ臨時に派遣された公卿勅使についての記録。著者不明。一巻。鎌倉時代初期に成立し、後期まで書き継がれた。伊勢公卿勅使とは、朝廷に大事が発生した時、伊勢神宮に差遣される勅使のことで、王・中臣・忌部・卜部のほかに殿上人および公卿が特に差遣されることになっていた。一般に、その嚆矢は天平十年(七三八)の右大臣橘諸兄の事例とされるが、諸兄の差遣は通常の臨時奉幣の範疇内にあるもので、清涼殿で勅使の発遣儀が執行される公卿勅使の要件を充足してはいない。公卿勅使の制度としての成立は、降って宇多天皇の寛平六年(八九四)の新羅賊襲来に際してのことであったと考えられる。本書は『神道大系』神宮編三所収『伊勢公卿勅使』と、巻頭部分および後醍醐天皇以降の記述を除きほぼ合致する。また、同所収『伊勢勅使雑例』と本書中の「伊勢奉幣使雑例」は内容が合致する。なお、「伊勢奉幣使雑例」には公卿勅使以外の臨時奉幣や恒例の四度幣に関する記載もみられる。『続群書類従』神祇部所収。

参考文献　『群書解題』一中、藤森馨「平安時代中期における神宮奉幣使の展開―公卿勅使制度成立に関する試論―」(『平安時代の宮廷祭祀と神祇官人』所収)（藤森　馨）

いせこう　伊勢講　伊勢信仰にもとづいて結成された信者の集団。大別して伊勢神宮への参拝を目的とするものとそうでないものとに分けられる。しかしながら大部分は参宮講で、また神明講とも称された。参宮を希望するものが組織をつくり、旅費などを頼母子方式で醵出貯金したり、講員の協同労働から得た収入や共有の田畑(伊勢講田・伊勢講畑)や山林(伊勢講山)の収益を経費にあてたりする。伊勢に近い地方では、講員全体が参宮する惣参方式がとられるが、遠隔地のため個人の資力で費用の負担ができない場合には、籤引きで二、三人の代表者をえらぶ代参形式をとった。代参は多く春先の農事始めの前か秋の収穫作業完了後の農閑期に施行され、二年参りといって歳末年頭にわたることもある。代表者の出発に際しては、講中が伊勢講宿に集まってデタチの祝いをする。まず天照皇大神の掛軸を床の間に掲げて礼拝してから宴を張り、餞別をおくる。全行程を徒歩にたよったころは、水盃をかわして訣別した。潔斎を重んずる所では、家の周囲に注連縄を張り連日水垢離をとり、特別に建てた小屋で精進してから出発した。そのとき講中や縁者・知友が村境まで見送る慣行もみられた。留守宅では参宮道中の無為を祈念して鎮守社に日参したり、疲労を癒すため門口につくった藁人形に湯水を掛けてねぎらったりした。また講員親類から留守見舞が届けられた。参宮道者が伊勢に着くと、講ごとに指定される御師の宿坊に泊り、御師の引導で内外宮を参拝し、また太々神楽を奉納した。一生に一度は必ず伊勢参りをしたいと念願する庶民は少なくなかった。伊勢から帰着のときにも村中が村境まで出迎えに出た。それをサカムカエと称し、出会った所で持参の酒食を開き、無事を祝福した。また華やかに飾った馬に参宮者をのせ、伊勢音頭を高らかに歌って村入りする所もあった。その晩はデタチと同様に講中が集まって賑やかな祝宴を催した。それを東日本でハバキヌギ、西日本ではドウブレという。旅装を解いて道中のほこりをことごとく洗い流すという意味である。その席上、勧請した祓札や伊勢土産を各人に配布する。参宮を直接の目的としない伊勢講も開かれる。多くは毎月日を決めて講宿に参集し大神宮の祓札や掛軸の前で神事を行い、そのあとで直会の酒食を摂る。このとき伊勢から配布された神札を講員に配給する。この神札はおのおのの神棚に収めて朝夕礼拝する。家内・講中・部落の平穏無為と息災延命、五穀豊穣、福徳円満を祈請するためであり、これによって豊産が招来され、すべての禍厄が除去されるものと信じていた。民間における伊勢講は、元来こうした部落共同体に根をおく素朴な信仰形態を基盤にしながら成立し、やがて前者のような参宮方式をとる組織へと発展したものと思われる。そしてその媒介役を果たしたのが伊勢御師であった。伊勢神宮は、もともと民間の私幣をかたく拒んでいた。そのため律令体制下の古代では、民衆の参宮は不可能であり、ほとんど無関係な存在であった。それを民間に紹介し国民の各層に滲透させ日本列島の各地に普及させたのが伊勢御師であり、その時期は中世以降であった。古代国家によって生活が保証された神宮の祠官たちは、その崩壊によって自活の道をえらばねばならなくなった。そこで多くは、伊勢神宮の霊験を説き、その信仰を伝道するための御師となって諸国を巡回し、神符・神札・暦などを配布し、その代償として米銭などの初穂料を徴収した。これらが神宮経営の経済を支え、祠官の活計を維持することとなった。また一方、御師の地方檀回によってはじめて神宮の存在を知った民衆は、その指導のもとに伊勢神宮崇拝の信仰集団を組織するとともに、御師との間に緊密な師檀関係を結ぶに至った。この傾向は戦国時代から江戸時代にかけてますます強まり、地方住民の遠隔地参詣の要求とも合致して、伊勢参宮の風を助長した。特に六十年ごとに訪れる御蔭年を期しての御蔭参や、青年子女・小前・奉公人などの抜参が流行し、江戸時代中期には参宮道者の往来で道路が狭くなるほどの盛況を呈したといわれる。

[参考文献] 桜井徳太郎『講集団成立過程の研究』、同『日本民間信仰論増訂版』、新城常三『社寺参詣の社会経済史的研究』、井上頼寿『伊勢講と民俗』

（桜井徳太郎）

いせごよみ　伊勢暦　伊勢暦は元来二種がある。古く伊勢暦というのは後年江戸時代には丹生暦といわれたものであり、宇治または山田で寛永以後作られたものを普通伊勢暦という。ここでは丹生暦をも含めて説明する。丹生暦は後土御門天皇のころ（十五世紀後半）にできたものらしく、北畠国司暦博士賀茂杉太夫の作ったものである。寛永以前のいずれの暦が丹生暦であるかは今日明らかにし得ないが、享禄・天文・天正などの年号の書類が現存する。丹生とは伊勢市の西約二〇キロにあり、一時は紀州（和歌山藩）領となったこともあるので紀州暦ともいう。この暦は貞享以後官暦の写本を得て、丹生暦として明治初年に至る。筆者は天保・弘化のころの「懐中暦七十二候入」なる一枚刷十二折表紙付のものに賀茂杉太夫とあるものが存する。伊勢参宮者が次第に増すとともに暦の需要も増して、寛永九年（一六三二）山田の森若大夫安豊がはじめて出板し、その後次第に頒暦者を増して、貞享以後は全国の頒暦の約半数を占めるに至った。宣明暦時代の伊勢暦は三種に分類される。まず第一に内宮暦とあるもので、延宝年間（一六七三—八一）には榊原と榊葉と板元がある。山田暦には寛永から貞享初めまで森・金剛・曾原・千貫・中村・堀田・箕曲与市大夫・箕曲甚大夫・森村などの名がみられる。造暦者の名としては勝良・みのふ在延・馬重などの名がある。以上二種が折暦であり、他に綴暦のものが延宝・天和のころに知られている。表紙には単に「いせこよみ」と書き、表紙に結竜の日本地図を画いたもので、他にも星曼荼羅の絵などが入っている。折暦には頭書に「暦日吉凶凡例」を記すもの、「伝暦鈔狂歌」五十余首を記すものがある。暦注は暦の上下に貞享以後のものにみられないようなものも少なくない。各造暦者によって記事も自由であり、日食の有無さえある。貞享以後は内宮暦は佐藤、山田暦は多数の板元があった。折暦は明治六年（一八七三）改暦の年までつづけられた。その後も稀にあった。

[参考文献] 川瀬一馬「伊勢暦の刊行」（『日本書誌学之研究』所収）

（神田　茂）

いせさいぐうりょう　伊勢斎宮寮　⇨斎宮寮《さいぐうりょう》

いせさだたけ　伊勢貞丈　一七一七—八四　江戸時代中期の故実家。幕臣。俗に貞丈《ていじょう》という。幼名は万助。通称は兵庫、のちに平蔵。号を安斎、ときに銀郷散人ともいう。享保二年（一七一七）十二月二十八日、江戸の麻布鷺森に生まれた。出自は伊勢平氏。室町幕府の政所執事の家柄として知られ、殿中の礼法故実を伝えて伊勢流と称した。室町幕府滅亡の後、沈淪したが、寛永十四年（一六三七）に伊勢貞衡は、春日局の縁故により、旧家の末として江戸幕府に召出され、稟米千俵給付された。貞衡の曾孫が貞丈である。享保十一年兄の貞陳が、父貞益の跡式を相続して継目の礼もあげずに十三歳で没したため、家名断絶、領地没収となったが、幕府は伊勢家の絶えるのを遺憾として、特に同年八月五日、弟の貞丈を名跡とし、旧領地相模国大住郡の三百石を与えて寄合の列に加えた。ときに貞丈十歳のため、官には十二歳として届けた。貞丈の生誕年に正徳五年（一七一五）説があるのはこれがためである。延享二年（一七四五）九月十三日、御小性組御番勤となり、諸儀式の周旋、将軍出行の扈従、市街の巡廻にあたった。そのために貞丈の著書には「江戸幕下扈従隊士」の署名が散見する。天明四年（一七八四）二月三日、官年七十歳、実年六十八歳で致仕し、小普請入となり、五月二十八日に没した。官に届けた死亡日は六月朔日。流布の『寛政重修諸家譜』などには六月五日と伝える。芝の浄土宗西谷山大養寺に葬る。大正十一年(一九二二)に世田谷の浄土宗大吉寺に改葬。貞丈の故実は、家学の上に、当時の古儀再興と国学形成の風潮を反映して展開したのであり、その内容は、公武の故実、典礼作法から神道に及んでいる。著書は、伊勢家として他からの質疑応答のために古書を渉猟した備忘の記事、随想、考証の類であり、特に『貞丈雑記』は子孫のために編修したという。『伊勢書目』によると著書の類は百七十三種に上り、その主要なものは『安斎叢書』『安斎雑考』に収めてあるが、いずれも写本で伝えられた。貞丈の没後『平義器談』『武雑記補註』『四季草』『貞丈雑記』『貞丈家訓』『軍用記』『刀剣問答』『包結図説』『鎧着用次第』が刊行され、さらに『安斎随筆』『安斎雑考』『武器考証』が『故実叢書』に、『条々聞書貞丈抄』が『続々群書類従』に、『五武器談』が『国文註釈全書』に、『神道独語』が『神道叢書』に収められた。

参考文献 石村貞吉『伊勢貞丈』 (鈴木 敬三)

いせじんぐう 伊勢神宮 三重県伊勢市に鎮座。古くは伊勢大神宮・大神宮または二所大神宮といったが、現在では神宮を正式名称とし、一般に伊勢神宮・お伊勢さまなどと呼んでいる。天照坐皇大御神を祀る皇大神宮と豊受大御神を祀る豊受大神宮とから成り、前者はまた天照皇大神宮・天照大神宮・伊須受《いすず》宮・渡遇《わたらい》宮ともいわれ、普通は内宮と称し、後者を外宮《げくう》といって来た。また平安時代末期以来大神宮を太神宮と書く慣習であったが正式ではない。両宮のそれぞれに所属の多くの宮社がある。すなわち正宮に対して別宮があり、内宮に十ヵ所、外宮に四ヵ所。そのほかに内宮には摂社三十三社、末社十六社あり、外宮にも摂社十七社、末社八社がある。また正宮および別宮に管せられる社があり、これを所管社といい、内宮に三十社、またその別宮の滝原宮に三社、伊雑宮に五社あり、さらに外宮にも四社がある。それぞれ由緒があり、年中恒例の祭祀が行われる。『日本書紀』崇神天皇六年条によると、もと宮中殿内に祀ってあったのを、畏多いとして皇女豊鍬入姫命《とよすきいりひめのみこと》に託して大和の笠縫邑に磯《し》城《き》神籬《ひもろぎ》を立てて祀り、さらに垂仁天皇二十五年三月条には改めて皇女倭姫命に託し、鎮祭すべきところを求めて近江・美濃を巡り伊勢に至り、神教に従って五十鈴川上に斎宮《いわいのみや》を立て祀ったのが、現在伊勢市の宇治にあって伊勢神宮の内でも中心をなす皇大神宮、すなわち内宮の起源である。外宮はまた豊受宮・度会宮ともいって、伊勢市の山田にあって五穀の神である。『止由気宮儀式帳』によると、雄略天皇の夢に天照大神のお告げがあり、朝夕に奉る御饌の神として、その二十二年九月丹波国比治の真奈井原から、今の山田原の地に遷座されたものという。その後外宮の御饌殿で天照大神の毎日朝夕の御饌供進を掌る神となったという。かつ一年一度の大祭すなわち神嘗祭にあたっては、直接内宮正殿で御饌が供進されるので、あるいは毎日の御饌も直接に供進されるべきものであったかも知れない。殿舎は、古代の規模は知るよしもないが、すでに延暦二十三年(八〇四)の両儀式帳にしめすところは現在と同様で、簡素にして雄大な建築である。神明造と称し茅葺き屋根掘立柱で、本来はきわめて素朴なもの、毎年造替するほどのものであったか。しかし神宮の記録によれば天武天皇の時には二十年ごとに造替する式年の制が定められ、造営の規模も大きくなり、大陸文化の影響も烈しく、変化も大きかった。構造は茅葺で切妻の白木造、屋上には原始的構造の名残りをとどめて千木・堅魚木がある。それに四方には大床をめぐらし、階および高欄を付け、高欄には五色の玉二十七個、階には六個を据える。床下には柱を建てて、これを心《しん》の御柱または斎《いみ》柱という。この心の御柱のもとで祭儀が行われたが、それについては神秘の説がある。神宮に限らず、この地方では最近まで一般に、本殿床下には榊の枝を以て蔽ったものが見られた。現在では度会郡二見町松下の松下神社で、その一例を見るだけである。外宮の正殿も大同小異であるが、ただその千木は、内宮は内削《そ》ぎとい

「大神宮印」

「内宮政印」

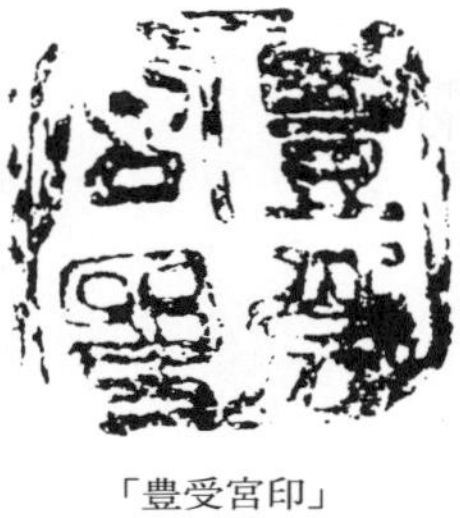
「豊受宮印」
伊勢神宮印

昭和48年式年遷宮時の伊勢神宮新旧正殿

って尖端を水平に切り、外宮では外削ぎといって垂直に切る。堅魚木も内宮が十本であるのに対して、外宮は九本である。高欄の玉も内宮の三十三個に対して三十一個となっている。これらの相違については陰陽五行の考で神秘な説明が付会されて来た。宝殿は東西二殿であり、現在は内宮では正殿の後の東西に並び、外宮では正殿の前の東西に並ぶ。その位置は歴史的にも変遷があるが、建築は蒸籠《せいろう》造で、おそらく正殿よりも古い形であろう。内宮では外宮と違って中重《なかのえ》鳥居の両袖に八重榊が付設されている。これは『皇太神宮儀式帳』によると、「天乃八重佐加岐弁禰宜乃捧持太玉串仁大中臣隠侍弖天津告刀乃太告刀乃厚広事遠多々倍申」とある。すなわち八重榊と太玉串に隠れて祝詞を奏するとなっているので、神宮の儀式として重要なもので、それがかつては内玉垣南門前に東西に付けられたが、一時正遷宮の中絶とともに廃絶していたのを、遷宮の再興にあたって、改めて現在のところに備え設けたのである。また外宮では正殿の後方、外玉垣の外に御饌殿がある。外宮鎮座の由緒により天照大神の御饌供進のために建てられたものというが、『大神宮諸雑事記』には神亀六年(七二九)創設の記事がある。殿内に御饌神《みけつかみ》を奉斎し天照大神に対する朝夕の御饌もここで遙かに供える。内外両宮の相違について大概を述べたが、このほか祭儀でも内宮その他の宮社にも春秋二度の神衣祭があるにかかわらず、外宮だけはこれがない。祭儀は『大宝令』によると、春秋の神衣祭と神嘗祭とを重儀とする。前者は神更新の祭で、特に神嘗祭の前儀として行われたものが、次第に、その内容にも変遷があり、ことに遷宮祭の行われる場合には、早くその月の初日に行われた。二十年一度の遷宮祭もまた神更新の祭で、神嘗祭の日に行われ、むしろ二十年一度の大神嘗祭ともいうべく、遷宮祭の行われる場合にはその年の神嘗祭はない。神宮造営のための遷宮というよりも、神嘗祭のうちで二十年一度に造営を行なって神嘗祭を行うのである。

神衣祭というのも夏冬の御衣を供進することが殿舎造営と同儀と見るべく、これは各地の諸社にその例が少なくない。そこで式年の遷宮も神嘗祭の一つと見るべきか。『延喜式』によれば神嘗祭は六月・十二月の月次祭とともに三時祭または三節祭などといい、最も由緒のある重儀で、昔は九月十七日に新穀の「由貴《ゆき》の大御饌」を天照大神に奉る祭で、その起源もきわめて古い。一般神社で行われる秋の新嘗祭にあたるもので、ただ大祭といえばこの神嘗祭をさす。現在でもその土地で秋の神嘗祭をただ「おおまつり」といって一年中最大の祭礼となっている。しかし明治になって官祭が全国各神社で行われるにあたり、新たに新嘗祭がとり行われ、同じ意味を持つ農耕の収穫祭が重複してとり行われるに至った。この点、月次祭も同じく農耕祈願の祭で、『延喜式』に納められた祝詞でもほとんど同じである。職員は『続日本紀』和銅四年(七一一)三月条に渡相神主の名があり、『三代実録』元慶三年(八七九)五月二十三日条に荒木田神主・根木神主・度会神主の名がはじめてみえる。また荒木田神主・度会神主についてはすでに延暦二十三年の両儀式帳にみえ、これを禰宜と称し、荒木田氏は内宮に度会氏は外宮にもっぱら奉仕して祭祀を担当した。最初は一員ずつであったが、次第に十員まで増員し、その首位を長官という。禰宜に補せられるのは直系の家に限られ、神宮家または重代家・譜第ともいった。早くから権禰宜の制があり、近世になり神宮家出身のものは権官といい、禰宜に進むが、これにつぐ叙爵家または地下の出身は権任といい、勅使参向や遷宮行事に出仕した。禰宜の下に内人《うちんど》や物忌があるが、なかでも大物忌は両儀式帳によると倭姫命不在の時に禰宜家の女川姫命が代行奉仕したのに始まり、昼夜近侍して奉仕する。斎王はまた御杖代《みつえしろ》と称し未婚の皇女をあて、斎内親王といって伊勢に常駐した。別に祭主があり、起源は明らかでないが、神祇官五位以上の中臣氏を任じ、勅使として参向したもの、のちには中央にあって神宮の行政に参与した。現地に駐在して行政にあたるものは宮司で、大神宮司と称し中臣氏を補し、両宮の守護宿直を監し、神宮の財政を見、神郡はじめ諸国に散在する神戸を管した。 ↓伊勢詣《いせもうで》

参考文献 直木孝次郎『神話と歴史』、田中卓『神宮の創祀と発展』、福山敏男他『神宮』
（原田 敏明）

建築 正殿を中心とする最も神聖な区域を内院または大宮院といい、その殿地は東西に分かれて式年遷宮ごとにかわるがわる一方の敷地を用いる。敷地の中央少し北寄りに正殿が南面し、内宮ではその後方左右に、外宮では前方左右に東西宝殿が建つ。この三殿をめぐって瑞垣・内玉垣があり、その前方に広い祭場をつくって、さらにこれらを取り囲んで外玉垣・板垣がめぐる。正殿は桁行三間・梁行二間の神明造で、円柱を掘立てとし、床を高く張り、正面中央に板扉を開くほかはすべて板壁につくる。屋根は切妻造茅葺で棟上に堅魚木を並べ、また破風は屋根を突き抜いて千木となる。妻の中央柱とは別に遊離した棟持柱がある。宝殿は正殿を小さくし、かつ簡略にした形式をもつ。板垣より外を外院といい、外幣殿・御倉・忌火屋殿その他付属の殿舎が建つ。なお外宮の板垣の内側に御饌殿があるが、これは通常の神明造でなく板倉の形式を残している。伊勢神宮の建築は式年遷宮の制度を今日まで厳守しており、内宮は持統天皇四年(六九〇)、外宮は同六年に始まると伝え、これを第一回とすると昭和四十八年(一九七三)の遷宮が、ともに六十回目にあたる。内宮では寛正三年(一四六二)と天正十三年(一五八五)の間、外宮では永享六年(一四三四)と永禄六年(一五六三)の間、それぞれ式年遷宮制が中絶し、この間に建築上の古式がかなり失われた。それ以前は正殿をのぞく主要社殿および別宮正殿が現在の外宮御饌殿と同様の板倉形式であったと考えられている。

参考文献 福山敏男『神宮の建築に関する史的調査』
（稲垣 栄三）

社領　古代の神宮領は封戸（神戸）と神田であり、封戸は宝亀十一年（七八〇）に千二十三戸、大同元年（八〇六）に千百三十戸であったが、「大神宮封戸非〓改減之限〓」という原則と寄進により、文治元年（一一八五）まで増加した。このうち天慶三年（九四〇）以前のものを本神戸、同三年に寄進された尾張・三河・遠江の神戸を新神戸、文治元年寄進の同上三国の神戸を新加神戸と称した。神戸の集中した伊勢国では度会・多気の両郡が奈良時代より神郡とされ、寛平九年（八九七）に飯野郡が寄進されると、三郡をあわせて神三郡《しんさんぐん》と呼び、道後《どうご》と称した。神三郡の封戸は九百七十二烟（度会四百四十七、多気三百十五、飯野二百十）であった。神三郡に対し員弁・三重・朝明の三郡を道前《どうぜん》三郡と呼んだ。律令制下ではこれら封戸の徴税には国司があたっていたが、弘仁十二年（八二一）以後は大神宮司によりなされるようになり、また神三郡を中心とする地域では、封戸が直接神宮の神官に分与されるようになった。分与された封戸の土地を戸田《へた》と呼んだ。神田は『延喜式』によれば、大和二町、伊賀二町、伊勢三十二町一段、計三十六町一段であり、さらに『神宮雑例集』一によれば神田のほかに御常供田五十九町三段百二十歩があった。これら封戸・神田は大神宮司のもとに内宮・外宮ともに統轄されていた。十世紀以降になると、律令制の解体により新しい形態の所領が出現するようになった。それが御厨《みくりや》・御園《みその》であった。御厨・御園は両宮領・内宮領・外宮領と分割され支配された。供祭物を貢進した御厨・御園には、古代以来の神郡・神戸の内に成長してきた田堵・名主層を中心に形成・成立したものと、主に東国の在地領主が、これら田堵・名主層でもあった神宮の下級神職権禰宜層を口入《くにゅう》神主に定めて、寄進したものとがある。後者では大治五年（一一三〇）に平経（常）繁が権禰宜荒木田延明を口入神主として寄進した下総国相馬御厨がある。建久三年（一一九二）の神領注進は神宮領のすべてを示したものではないが、御厨百十があげられている。十三世紀初めの『神宮雑例集』では、御厨・御園合わせて四百五十余としている。神宮のこれら神領に対する支配は土地の把握を欠くものが多く、鎌倉時代以降、在地勢力による押領が増加し、口入神主が在地領主に御祓・大麻をおくる御師としての活動により口入料を得るにとどまり、神領は退転した。享徳の内宮庁宣では二百四十八、大永の庁宣では九十四、天文の庁宣では五十六の名称をあげるにとどまっている。神領も多く支配力も強かった伊勢国でも、室町時代には守護（仁木氏）が神三郡内を押領し、北畠国司も同様であった。太閤検地は、伊勢では文禄三年（一五九四）に施行されたが、宮川以東の地は神宮の敷地として検地は免除され、また諸役も免除され、山田・宇治・大湊の惣中に付せられた。また宮川以西にあった多気・度会郡内で二千六百四十石、別に内宮領として五百二十六石五斗の地が与えられた。これは江戸幕府に踏襲され、朱印地として認められ、元和三年（一六一七）徳川秀忠の朱印状では三千五百四十石となっている。

参考文献　『皇太神宮建久已下古文書』（『神宮雑書』）、『神鳳鈔』、『神領給人引付』、『外宮神領目録』、『天養記』、『櫟木文書』、『光明寺古文書』、『荒木田氏経引付』、足代弘訓『神領考証』、一志茂樹『信濃国御厨史料とその考察』、祝宮静『神社の経済生活』、大西源一『大神宮史要』、御巫清直「神封通考」（『神宮神事考証』後篇所収）、西岡虎之助「坂東八カ国における武士領荘園の発達」（『荘園史の研究』下一所収）、梅田義彦「関東八州に於ける大神宮領と其遺跡」（『史蹟名勝天然記念物』八ノ二―九ノ二）、河合正治「伊勢神宮と武家社会」（『中世武家社会の研究』所収）、西垣晴次「律令体制の解体と伊勢神宮」（『史潮』五六）、萩原竜夫「中世における伊勢神宮神職団」（『東京学芸大学研究報告』三）、棚橋光男「中世伊勢神宮領の形成」（『中世成立期の法と国家』所収）、勝山清次「伊勢神宮伊賀神戸の変質と御厨・御園の形成」（『中世年貢制成立史の研究』所収）

（西垣　晴次）

いせじんぐうやくぶたくまい　伊勢神宮役夫工米　⇩造《ぞう》大神宮役夫工米《だいじんぐうやくぶたくまい》

いせしんこう　伊勢信仰　伊勢の皇大神宮はもと大和朝廷で宮中に祀ったが、同殿共床は畏れ多しとして崇神明に笠縫邑《かさぬいのむら》に遷して祀り、さらに垂仁朝に倭姫命に託して鎮祭の地を各地に求め、ついに五十鈴川上の現社地に至り、そこに鎮祭して今日に至る。神体は八咫鏡《やたのかがみ》で、皇室の祖神で同時に国家鎮護の最高の神とされる。祭神の天照大神はまた日神ともあるが必ずしも太陽神ではない。その天照というのは他の用例から見ても称讃の辞大神すなわち最高神の信仰で、大和朝廷の発展とともに国家守護の神としてまつられた。荒木田氏が禰宜としてもっぱらこれに奉仕し、称して大神宮の氏人という。歴代天皇はその御杖代《みつえしろ》（奉仕者）として皇女を斎宮《いつきのみや》とし伊勢で日夕奉仕、また中臣氏を以て大宮司や祭主とし、伊勢に常駐させた。恒例臨時の祭典にはそのつど勅使を差遣されたが、天皇親ら参拝することのないのを特徴とする。また朝廷と国家の奉賽するところで、一般の奉賽を禁じ仏寺を忌み憚かった。平安時代末期戦乱相つぐころから熊野三山参詣をはじめとして寺社参詣の風が起り、大神宮にも御師が起って信仰宣布につとめ、僧侶の参詣も多くなった。源頼朝の信仰も厚く、そのころ関東方面に多くの御厨《みくりや》および御園《みその》ができた。かくて鎌倉時代にかけて民衆の崇敬が普及し、また願主の依頼に応じて祈禱をなし、大神宮の分霊を奉斎することになり東国一帯には多くの神明社ができた。伊勢はまた東国交通の要所にあたり、年々の大祭、特に二十年一度の遷宮祭には庶民の参詣多く、このころすでに十万を超えたと伝える。ために内宮・外宮の対立抗争は激しく、外宮は地の利を得て栄え、内宮を凌駕する勢を示し、内宮と同じく皇字を用い、また いわゆる神道五部書を作って外宮の優越を主張し、両宮の間に武力抗争を展開した。五部書の思想は外宮祠官の間に起り宋学の影響を受けたもので、これが後世神道思想の淵源をなした。中世末期には戦乱相次ぎ式年の遷宮に事欠くようになり、尼僧慶光院の勧進によらざるを得なくなった。もともと僧尼については忌詞があり、祓の法が定められていたが、その参拝を絶対に拒否したのではない。ただ一般の拝所で拝することは許されず、そのために近世においては僧尼拝所と称する一定の拝所が設けられた。一方民衆参詣の風は伊勢詣として全国に普及し、御師はそれぞれ一定の地方について、師檀関係を結び、檀家廻りをして、御祓の神札を配布し信仰を高め、参宮を勧誘・指導した。年々の大祭の時に限らず、民衆の参詣は絶えることなく、ことに約六十年ごとに周期的に、大神宮の御札が降ったとして、女子供に至るまで、思い思いに出掛け、道中をお互いに助け合って参宮をした。これを「おかげまいり」といって異常な興奮を以て伝播してゆき、一時的に数十万人が参詣するという現象を呈した。伊勢はまた八幡・春日とともに三社の託宣を以て民衆の生活に密着して来たが、殊に伊勢講はその他の講に先立って、しかも全国的に普及した。その毎月の集会は民衆の生活を支配し、一年一度の総参宮または代参をし、この風習は明治以後にも行われ、今日もその影響を残している。また岐阜県や愛知県地方では、伊勢参宮から「お鍬さん」と称して、鍬の形にした小枝を、分霊として戴いて帰り、農業の神として祀っている。近世の後半、国学が盛んになって伊勢神宮は民衆の手から遠ざかり、国家の宗祀としての性格を強くし、しばしば攘夷の祈願が行われた。ことに明治維新には親政のもとに、神祇行政にも一大転換をなした。伊勢神郡を度会府とし、神宮の旧儀を復興し、すべて『儀式帳』の姿に返すことにした。明治二年(一八六九)三月には天皇としてははじめて、異例の親拝がある。さらに同三年正月には大教宣布があり、挙国一致、神仏合同の布教を目ざしたが、当時の新しい思想から信教の自由が高唱され、同八年には大教院も廃せられ、伊勢信仰は宗教宗派に属せず、もっぱら国民信仰の枢機として、その他一般の神社とも違って別格とした。爾来国運の進展とともに高揚され、国民奉賽のために、従来御師の行なっていた民衆奉賽の仕事を継承して神部署を設置して大麻を頒布し、神楽殿を神域に設けて内外の奉賽を受けた。ことに新領土と植民地の発展に伴い、伊勢大神宮の分霊は奉斎され、全く国民信仰の帰一するところとされた。 →伊勢講《いせこう》 →伊勢詣《いせもうで》

（原田　敏明）

いせしんとう　伊勢神道　鎌倉時代に伊勢神宮において形成された神道説をいい、厳密にいえば伊勢神宮の中でも外宮の祠官であった度会氏の人々によって唱えられたものであるところから、度会神道・外宮神道などと呼ばれることもある。伊勢神道は、伊勢神宮、中でも外宮を権威づけるための教説を組織したもので、日本史上広汎にあらわれる伊勢信仰の中で、特殊な一側面をなすものである。その成立の時期については、現在まだ充分な解明がなされていないが、鎌倉時代の前期にその胎動が始まり、文永・弘安のころにその形をととのえ、南北朝時代に体系化を終えたものと考えられる。〔成立の背景〕古来の神社の中でも特殊な地位を占めてきた伊勢神宮も、律令国家の解体に伴って、平安時代中期には経済的基盤が動揺し始め、神職団の組織にも変化が見られるようになった。伊勢神宮の国家的な性格は次第に失われ、祭主を中心に神職団の再編成が進む中で、神官は積極的に伊勢神宮の所領の拡大へと向かっていった。摂関政治のもとで国家的な祭祀の中心に位置していた伊勢神宮と春日大社のほかに、八幡宮や熊野神社の信仰が活発になる中で、変化を余儀なくされた伊勢神宮は、地方の領主層へ政治的な権威をかざして働きかけるようになり、鎌倉時代になると神官は御師化し始めた。こうした中で重源・貞慶・無住・叡尊など僧侶の参詣も盛んに行われるようになったが、神官は熊野神社や八幡宮などに対して伊勢神宮の独自性を説くことが必要になって行った。伊勢神宮の内・外両宮のうち外宮がこうした動きに対して敏感であったが、その中心をなしたのが度会氏であった。伊勢神宮のもつ国家的で統一的な権威は、権力が分化し、統一的な権威の存在が不明確になった鎌倉時代の状況の中で、さまざまな要求を満たすものでもあった。そしてさらに蒙古の来襲を契機に生まれた対外意識の自覚がこの動向に拍車をかけ、比叡山を中心とした古い仏教の体制が崩壊し権威を失って行くのと並行して、仏教に対立する一つのセクトとしての神祇信仰という意識を生み出すようになった。神道ということばが仏教や儒教などと並立する一つの思想・宗教をあらわすことばとして用いられるようになるのは鎌倉時代の中ごろからであり、その先駆的役割を果たしたのが伊勢神道であった。〔伊勢神道の典籍とその作者〕伊勢神道の教説を述べた典籍はかなりの数にのぼるが、その多くは短編で、鎌倉時代中期以降の比較的短期間に続々と作られたものと考えられる。それらは作者の判明しないものが多く、相互の引用関係も入りくんでおり、文献学的な研究がおくれている現在の段階では、明確な整理は困難であるといわざるを得ない。したがってこれらの典籍に対する評価も、自覚的な日本思想の成立を示すものとして賞揚するか、荒唐無稽な諸思想の付会によって成り立った空虚なものと見なすかの両極に分かれており、歴史的な位置づけも正当になされてはいない。諸典籍の中でまずあげるべきものは、いわゆる神道五部書である。五部書とは『天照坐伊勢二所皇太神宮御鎮座次第記』『伊勢二所皇太神御鎮座伝記』『豊受皇太神御鎮座本紀』『造伊勢二所太神宮宝基本記』『倭姫命世記』をさし、伊勢神道の根本経典とされてきたものである。五部書はいずれも奈良時代以前の作と仮託されているが、文永・弘安から永仁のころに成立したものと考えられる。もっとも鎌倉時代には五部書の呼称は

なく、五部書という形で尊重するようになるのは近世になってからである。各書は思想的には必ずしも一致せず、『宝基本記』は外宮の色彩が弱く、『倭姫命世記』は神本仏従的な主張が強く出ているなどの差が認められる。伊勢神道の成立の上で重要な役割を果たしたのは、度会行忠であった。行忠は外宮の祠官の中心として活動し、豊受皇太神宮という称号の中にある皇の字の可否をめぐって内宮の神官と争い、また『伊勢二所太神宮神名秘書』や『心御柱記』『古老口実伝』などを著わした。前者は亀山上皇に奏覧したとされる。行忠は伊勢神道形成期の中心人物であったから五部書を行忠の作と推定する説もある。行忠についであらわれたのは度会家行である。家行は行忠によって形成された神道説を大成した人物で、伊勢神道の教説に体系を与えた。中でも『類聚神祇本源』は伊勢神道の典籍の中で最も大部なもので、教説のすべてを天地開闢・本朝造化・天神所化・天宮・内宮御遷座・外宮御遷座・宝基・形文・心御柱・内宮別宮・外宮別宮・神宣・禁誡・神鏡・神道玄義の十五篇に分類して集成したものである。家行はさらに『瑚璉集』『神道簡要』『神祇秘抄』などを著わして教説の整理につとめ、教理の体系化をはかった。また北畠親房らに接近し、南朝方を支援して行動したことも知られている。家行と同時代の度会常昌(はじめ常良)は『常昌祓』『大神宮両宮之御事』を著わし、行忠の時の内宮との相論の文書を集めて『皇字沙汰文』を編んだ。常昌は教説の中で宗教的な面を強化しようとした人物である。その後、上記の諸典籍をはじめとする諸書を祖述した人々は少なくないが、重要な人物や著述はあらわれず、江戸時代に入って度会(出口)延佳が出るに及んで、中世の伊勢神道は大きく変化した。

〔周辺の主要な文献〕伊勢神宮の外部の人々の手になる書で、伊勢神道教説の成立と展開を知る上で重要なものも少なくない。たとえば無住は弘長のころに伊勢神宮に参詣しており、『沙石集』には形成期の伊勢神道の側面を伝える説話が収められている。参詣記の中で特に重要なものは『通海参詣記』であろう。通海は真言宗の僧であったが、伊勢神宮の祭主大中臣隆通の子であったから、神宮に関する知識も豊かであり、僧侶の立場で弘安のころの状況を記述している。また坂十仏『伊勢太神宮参詣記』は家行の教説を参詣者の立場で記録している。参詣記以外では天台宗の僧慈遍が著わした『神懐論』『旧事本紀玄義』『豊葦原神風和記』をあげねばならない。慈遍は卜部氏の出で、吉田兼好の兄弟にあたる。その神道説には伊勢神道の影響が強くあらわれており、伊勢神道を発展させ吉田神道をはじめ他の神道説へと影響を及ぼしている点で重要である。また北畠親房の『神皇正統記』や『元々集』が伊勢神道の影響を強く受けていることはよく知られている。〔教説の特色〕以上の典籍を概観し、そこで主要な論点となっている問題を通じて教説の特色を考えると、第一に伊勢神宮の由来についての論述をあげねばならない。この点で作者たちの古典に関する知識は必ずしも豊かではなく、『日本書紀』をはじめとする国史はあまり参照されておらず、『古事記』もほとんど読まれていない。おそらく神宮に伝えられていた古伝承をもとにして、京都の公家知識人との交流のないところで作られたものと思われる。古伝承という点からみて重要な部分は神宮の祠官が伝えていた禁忌に関するものである。伊勢神宮は他の神社に比してきわめて厳格な禁忌を守っていたらしく、仏教との緊張関係も強かったから、それが神道説を生み出す力にもなっていた。第二の論点は内宮と外宮の関係についての主張である。それはたとえば外宮の祭神である豊受大神はまたの名を御饌津神というが、「ミケツ」のミは水であり、五行説でいう水徳にあたる。水は万物の根源であるから、豊受大神は根源神であり、国常立尊《くにのとこたちのみこと》と同一であるという。また内宮の祭神天照大神は地神の祖であり、外宮の祭神は天御中主神《あめのみなかぬしのかみ》の祖であるとし、天地・日月などに内外両宮を付会して、両宮の関係は二宮一光に帰すると説く。こうした論法の中心になっているのは密教的な習合思想で、密教の金剛界・胎蔵界に両宮を付会するなどによってすべてを神秘化し、権威づけようとする傾向が強い。さらには陰陽五行説や老荘の説などもとり入れて神宮の諸事を説明するところは、参詣者を納得させようとした祠官の意図が見てとれる。第三に大きな論点となっているのは神と仏の関係である。天照大神と豊受大神はともに無上の神であり、仏の根本であると説く神主仏従の思想は、神道説の発展とともに変化を示しているが、元来日本の神の神格が不明確である上に、仏教と対抗しようとしても仏教というものを適確に把握することはきわめて困難であったから、神や仏の性格という点で両者の優劣を考えるという方向へは進まず、いずれがより天地開闢の昔に近いか、万物の根源に近いかという形で論断する傾向が強い。そうして家行の教説では天地開闢の直前における空無の瞬間を神の境地であると説く一種の神秘主義となっている。そこで第四に神道説の唱える実践の問題となるが、それは清浄・正直の心の状態を実現し、一心不乱に祈禱することが肝要であると説かれる。この神秘主義的な体験を得るためには厳重な禁忌が必要であった。第五に政治思想の側面を見ておかねばならない。もともと都から離れた伊勢の神職団の内部で生まれたこの教説は、きわめて観念的な政治思想しか持っていなかった。しかし、伊勢神宮の権威を宣伝し、仏教に対する神道の立場を主張した結果、統一的な国家の権威を説くようになり、神と天皇の合一を説くようになった。王法と仏法が相即していた状態が解体した時には神道による秩序の回復があるべき方向だと考えられたのである。しかし、清浄・正直の心と祈禱では現実の政治過程に対処できなかった。北畠親房や慈遍が儒教をはじめとする政治思想を別にとりいれることによって、新しい思想を展開していることに、そのことはよく示されている。伊勢神道は共同体的な祭祀によって成り立つ神社の信仰と、教説を掲げて新しい教団を組織して行く方向との両面を持っていたが、実際に教団を組織することはできなかった。

参考文献 吉見幸和『五部書説辨』、大西源一『大神宮史要』、宮地直一『神道史』中一、津田左右吉『日本の神道』(『津田左右吉全集』九)、西田長男『日本古典の史的研究』、久保田収『中世神道の研究』、萩原竜夫『中世祭祀組織の研究増補版』 (大隅 和雄)

いせだいさん 伊勢代参 ⇩伊勢詣《いせもうで》

いせだいじんぐうさんけいき 伊勢太神宮参詣記 康永元年(一三四二)十月の伊勢参宮紀行。『太神宮参詣記』『伊勢参詣記』『十(十)仏参詣記』などともいう。著者は京都の医師坂十仏(『群書類従』に士仏とするは誤り)。一巻。伊勢の安濃津に筆を起し、途中斎宮の旧跡を訪らい、ついで両大神宮および諸別宮などに詣で、朝熊山を経て二見浦に遊び、山田の宿所三宝院における連歌会に列したことで終っている。道中の風物についての詩歌や両宮を詠じた長歌など、流麗典雅な筆致と相まって文学作品としても推重されるが、特に外宮一禰宜度会家行に面晤《めんご》して、その教えを聴き、その神道説を随所に書き留めるとともに、敬虔な敬神崇祖の態度が行文ににじみ出ていることは大きな特色であり、紀行文の白眉というだけでなく、神道書としても注目すべきで、『群書類従』がこれを神祇部に収録したゆえんであろう。伝本として群書類従本のほか、慶安四年(一六五一)・貞享元年(一六八四)・元禄二年(一六八九、度会延佳頭書)などの各板本があり、『扶桑拾葉集』にも収められている。

参考文献 久志本常彰『参詣記纂註』(『大神宮叢書』神宮参拝記大成)、加藤玄智『(研究評釈)坂翁大神宮参詣記』(『冨山房百科文庫』)、同「坂翁大神宮参詣記について」(『参詣記纂註』昭和十八年刊本付録所収)、『群書解題』一中「太神宮参詣記」 (小島 鉦作)

いせだいじんぐうさんけいしょうじんじょうじょう 伊勢大神宮参詣精進条々 中世の伊勢神宮の服忌令《ぶっきりょう》。著者不詳。一巻。奥書に「永亨十二年(一四四〇)正月廿三日書之」とあるが、それは書写の時期で、成立を示すものではない。『文保記』によると、文保二年(一三一八)二月十七日に神宮の庁宣で美濃・尾張などの国々に「太神宮参詣精進法」を告知した。それは美濃・尾張などの国々からの参詣者が増加し、古来からの慣例が無視されるという現象がみられるようになったためである。『文保記』のほかに『永正記』がまとめられ、また精進法を仮名で示したものがいくつもみられるのは、この時期の参詣者の層が広い範囲に及んだためである。中世に明応八年(一四九九)の「豊後一宮八幡宮服忌令」(『宮成万里文書』)、慶長十五年(一六一〇)の「広田社服忌令」、応永十年(一四〇三)の「山城御霊社服忌令」、文明九年(一四七七)の「大社物忌量」などの服忌令がみられるのは、参詣者の層が中世になり変化したためである。『続群書類従』神祇部所収。

参考文献 『群書解題』一下、岡田重精「伊勢神宮をめぐる忌と祓」(『皇学館大学紀要』一三) (西垣 晴次)

いせだいじんぐうじ 伊勢大神宮寺 伊勢神宮に法楽を奉る目的でつくられた神宮寺。『続日本紀』文武天皇二年(六九八)十二月二十九日条に多気大神宮寺(ただし「寺」の字は一本にのみ存する)を度会郡に遷すとみえ、天平神護二年(七六六)七月二十三日条には伊勢大神宮寺に丈六仏像を造ったとあり、宝亀三年(七七二)八月六日条に大神宮のたたりにより度会郡の神宮寺をまた飯高郡度瀬山房に、さらに同十一年他の地へ移すとある。『伊勢名勝志』に度瀬山は神山の旧名で神山の中にいま神宮寺の字が残ると記している。 (村山 修一)

いせだいじんぐうしんいき 伊勢太神宮神異記 伊勢神宮に関する神異霊験の出来事を記した書。豊受大神宮(外宮)の禰宜度会延佳《わたらいのぶよし》の著。上下二巻。奥書によれば、寛文六年(一六六六)七月十二日に稿を成し、伊勢山田にて刊行された。その版木は神宮の豊宮崎文庫に奉納されたという。霊験譚編集の趣旨は、神宮にまつわる神異のうち、民間信仰者の「妄言」による「妖術奇怪」に属することを避け、信心をもととした神の感応を明らかにしうる霊験について記したとする。俗説の否定、民衆の教化と神職たちの心構えを正すことを目指したものといえる。著者が外宮の祠官だったため、外宮神主の話とするものが多い。神域侵犯や肉食禁忌のことなど多様な話が収められている。同類の書に度会(中西)弘乗編『伊勢太神宮続神異記』二巻がある。宝永三年(一七〇六)、伊勢山田で刊行された。延佳の神異記を意識し、その続編として子女教化のため著わしたもので、前年のお蔭参りの各地の様子を神異の現れとみて記しており、前著とは構想を異にしている。そのほか『(明和)続後神異記』(度会《わたらい》重全《しげまさ》著)として明和八年(一七七一)のお蔭参りを扱った書もある。翌年刊。これら三書はともに『大神宮叢書』神宮参詣記大成に収められている。 (渡辺 修)

いせにしょこうたいじんごちんざでんき 伊勢二所皇太神御鎮座伝記 鎌倉時代中期の神道書。伊勢神道の経典。神道五部書の一つ。略して『御鎮座伝記』といい、『大田命訓伝』『大田命記』『神記第一』などの別名でも呼ばれる。著者は奈良時代以前の彦和志理命に仮託されているが、鎌倉時代の外宮神官によって作られたもので、『伊勢二所太神宮神名秘書』に本書が引用されていることから、弘安八年(一二八五)を下限とする近い時期に成立したものと考えられる。著者を度会行忠とする説もある。一巻。伊勢二宮の鎮座次第を述べたもので、猿田彦神の子孫大田命の託宣に付会して、天照大神の祭祀と五十鈴川上鎮座の由来を説き、豊受大神との関係を述べており、伊勢神道の教説がよく出ている。諸本の中では真福寺と神宮文庫の本が善本で、鎌倉時代末から南北朝時代初期のもの。後者を底本として『大神宮叢書』度会神道大成前篇に収められ、『(新訂増補)国史大系』七、『続群書類従』

神祇部にも収める。 ↓神道五部書《しんとうごぶしょ》

参考文献 吉見幸和『五部書説辨』四・五、久保田収『中世神道の研究』、岡田米夫「神道五部書に見える古縁起の遡及性」(千家尊宣先生還暦記念神道論文集編纂委員会編『千家尊宣先生還暦記念神道論文集』所収) (大隅 和雄)

いせにしょだいじんぐうしんめいひしょ 伊勢二所太神宮神名秘書 中世伊勢神道書の一つ。略称『神名秘書』。外宮祠官度会(西河原)行忠著。一巻。奥書によれば、弘安八年(一二八五)十二月三日に関白藤原兼平の命により撰進、亀山上皇の叡覧に供され、弘安十年七月以降に補訂されたとみられる。内外両宮ならびに相殿、別宮、摂末社の祭神、由緒のほか、斎宮、離宮院、神服麻続両機殿にも言及しており、鎌倉時代における神宮の状況を知るための重要史料。また、伊勢神道の教説との連関を示す記述があり、伊勢神道の成立を考える上でも不可欠の史料。本書は『続群書類従』第三輯下に『重校神名秘書』の名で収められているものと『続群書類従』第一輯上に『伊勢二所皇太神宮神名秘書』の名で収められているものの二種類があり、前者を広本、後者を略本と称する。略本は序文を欠き、その内容も簡潔だが広本と異なる記述もあり、永仁元年(一二九三)以降に行忠が改めて著したものと考えられる。神宮文庫に貞治二年(一三六三)の写本があり、真福寺に鎌倉時代末期・南北朝時代それぞれの写本を蔵する。『続群書類従』神祇部、『大神宮叢書』度会神道大成前篇、『神道大系』論説編五所収。

参考文献 『群書解題』一中、久保田収『中世神道の研究』 (高橋美由紀)

いせのおし 伊勢御師 ⇩御師《おし》

いせのかんみそのまつり 伊勢神衣祭 ⇩神衣祭《かんみそのまつり》

いせのつかい 伊勢使 ⇩伊勢例幣使《いせれいへいし》

いせもうで 伊勢詣 伊勢参りともいう。伊勢神宮への参詣のこと。伊勢神宮は本来皇室祖先神を祀る所として、臣庶の奉幣を禁じていたが、平安時代末期朝廷の財政上の支持が不足すると、一般の霊地霊山と同じように御師の制度を生み、師檀関係によって広く国民各層の信仰を集めるという情勢に至った。当初見られたのは貴族が使僧を遣わして行う代参の形式であったが、鎌倉時代後期には尾張・美濃を中心に広汎な層による伊勢詣が現出するに至った(『文保服假令』など)。南北朝時代のような動乱期を経てもこの動きは増大する一方で、室町時代に入るころには、御師の側では檀那株を売買することも、参詣者集団の間には伊勢講または神明講を結成することもしきりに行われた。すでに正応元年(一二八八)のころ通海権僧正(神宮祭主家出身)は『太神宮参詣記』を著わして、仏法に帰依することが神宮崇敬と毫も矛盾するものでないことを説いたが、康永元年(一三四二)に参詣した坂十仏は外宮禰宜家行の口から、参詣の心として「念珠をもとらず、幣帛をもささげずして、心にいのる所なき」内清浄の境地が至極のものであると説かれている。当時行われていた神仏習合説に立って、内外の両宮は金剛界・胎蔵界の両部の大日の表現であると説くことも一般化した。おそらく中世の民衆は、熊野三山や高野山とならべて、「南無天照大神ハ一切衆生ノ父母」(『身自鏡』)であり、ここに参詣すれば現当二世の福を得られると信じていたのであろう。事実関東・東北からは当時伊勢・熊野をあわせて参詣する風があり、そのコースも駿河の江尻港から伊勢の大湊へ航行することが多かったという。西国の方でも、室町時代中期に備中国から牛が伊勢詣をするといって評判になった例があり、九州南端の島津氏やその家臣(上井覚兼など)も詣でている。こうして狂言に「伊勢は諸国のつきあいで晴いなに依て」などと語られ(『素襖落』など)、天正十三年(一五八五)キリスト教宣教師が本国に報じたごとく、「かれらは、同所(伊勢神宮をさす)に行かざる者は人間の数に加ふべからずと思へるが如し」というほどの景況となったのである。中世末のはげしい政治上、社会上の変動を経た直後、慶長十九年(一六一四)はげしい伊勢踊の流行という爆発的現象が起った。踊の村々辻々における盛行と種々の託宣の降った評判とが、いよいよ伊勢参詣を盛大にしたことはいうまでもない。この傾向は江戸時代の民衆に引きつがれてゆき、東国の民衆のあいだには、一生に一度は伊勢参りと上方めぐりを兼ねた大旅行に、仲間数人とともに出るものだ、との通念が広まった。日本の民衆のこころには古くから聖地巡拝へのあこがれが強く存在する。それは修験道による山岳登拝が最も典型的な形を示して(中世の熊野詣の流行もそれ)いるが、伊勢詣においても明らかであり、その事情は、伊勢詣の出発・留守間・帰着の際の、サカムカエ・ハバキヌギ・ドウブレ等々の民間習俗の存在によって証明されるのである。 ↓伊勢信仰《いせしんこう》

参考文献 藤谷俊雄『「おかげまいり」と「ええじゃないか」』(『岩波新書』青六八〇)、桜井徳太郎『日本民間信仰論増訂版』、萩原竜夫『中世祭祀組織の研究増補版』 (萩原 竜夫)

いせやまこうたいじんぐう 伊勢山皇大神宮 横浜市西区宮崎町に鎮座。旧県社。祭神は天照大御神。『新編武蔵風土記稿』に「太神宮、除地三畝許、村内延命寺持」とみえる戸部村の海岸伊勢の森と称する山上に鎮座していた神社を、横浜開港にあたり内外教化・国家鎮護のために明治三年(一八七〇)四月に神奈川県権知事井関盛良《いせきもりとめ》が「伊勢山に皇祖の御社の勧請あれば、是を四月十四日仮に野毛山の頂に遷宮し奉り、追て壮大高麗の宮殿を創立し、皇祚永久・国家の鎮撫を祈」るとの告諭を発し現社地へ奉遷、地名もそれまでの野毛山から伊勢山と変えた。さらに十一月に県は太政官に社殿を拡充し管内の宗社と仰ぎたき旨の伺書を提出。十二月宗社と定められ造営に着手し、翌四年四月十五日に正遷宮が行われた。これに対して神祇省は九月に官国幣社等外別格とし、例祭に幣使の参向を通達している。十月には英照皇太后宮(明治天皇

嫡母)御名代参拝。明治八年県社に列格。例祭は五月十五日。

[参考文献]『横浜市史稿』神社編、『神奈川県史』通史編四　（土肥　誠）

いせれいへいし　伊勢例幣使　朝廷が伊勢神宮の神嘗祭に際して幣帛奉献のために毎年九月十一日をもって発遣される祭使のこと。神嘗祭の奉幣を特に例幣と唱えたのは「例幣とは伊勢大神宮へ御幣を奉らせ給ふ毎年の御事なるによりて例幣とは申也」との『公事根源』の説明にてよくわかる。『三代実録』貞観十三年(八七一)九月十一日甲申条に「遣二使者於伊勢大神宮一奉二例幣一」とあるから、すでにこのころには例幣と称していたようである。例幣使は五位以上の諸王の中から発遣四日前に卜食をもって定め、これに神祇官職員中の中臣・忌部・卜部を副従せしめた。これを四姓幣使と称した。しかるにこの四姓の幣使のうち卜部使は、延徳元年(一四八九)卜部兼倶が大神宮御神体吉田山に天降り坐す由奏上したことから、両宮祠官より神敵とみなされ、解状をもって四姓中から除かれるよう上訴したので、以後廃絶し、王使ならびに忌部使はその代りをおき他姓をもって充当せられた。なお中臣使は祭主を充てられるのが例であり、室町時代以降は祭主の藤波家が累代奉仕して明治維新に至った。伊勢例幣使は「一日(九月)よりけふ(十一日)にいたるまで、僧尼重軽服の人参内せず、是は大神事なる故なり」と『公事根源』にもある如く宮中でも大嘗会由奉幣につぐ重儀とされ、幣使発遣の儀は大極殿もしくは小安殿(後には神祇官)にて行われ、天皇出御、幣帛ならびに宣命を授けられ「好く申して奉れ」との勅語がある。かくて奉幣使は即日十一日に神祇官を発ち十四日に伊勢離宮院に到着、十五日夕刻から十七日まで、外宮ついで内宮の祭儀を執行し、二十日帰京して内侍について復命するのを例とした。その後天皇親臨の儀は平安時代末期に廃せられ、例幣使の発遣は、応仁年間(一四六七―六九)以降中絶したが、正保四年(一六四七)には復活して明治維新まで継続されている。なお伊勢使《いせのつかい》は、伊勢大神宮に遣わされる勅使のことで、例幣使のほかに臨時の奉幣使をも称するのである。　（鈴木　義一）

いぞうのみや　伊雑宮　⇩いざわのみや

いそのかみじんぐう　石上神宮　奈良県天理市布留町布留に鎮座。旧官幣大社。祭神は布都御魂大神《ふつのみたまのおおかみ》一座。『延喜式』には「石上坐布留御魂神社」とあり、また布留御魂は韴霊《ふつのみたま》・佐士布都神《さじふつのかみ》・甕布都神《みかふつのかみ》とも称えられる。記紀によれば神武天皇東征の折、紀伊熊野において悩んだ時、本剣の威力によって難を免れたので、のち橿原に都した時、物部氏の遠祖宇麻志麻治命をして殿内に奉斎せしめ、のち崇神天皇の御代はじめて今の地に移して石上大神と申し物部氏の氏神とした。仁徳天皇は布瑠宿禰の祖市川臣を神主とし、天武天皇の朝に忍壁皇子を神宮に遣わして諸家の宝物を子孫に還さしめ、聖武天皇は天平二年(七三〇)神戸祖稲三千八百余束を寄進し、神護景雲二年(七六八)神封五十戸を奉る。延暦二十三年(八〇四)社蔵の器仗を兵庫に遷したが、間もなく神異のためこれを返納せしめた。『日本後紀』延暦二十四年条には、その返還にあたり、造石上神宮使が役夫として、十五万七千余人を積算していることがみえている。大同元年(八〇六)八十戸の神封を有し、嘉祥三年(八五〇)正三位に、貞観元年(八五九)に従一位を授け、同九年正一位に昇叙せらる。延喜の制名神大社に列し、祈年・月次・相嘗・新嘗の官幣および祈雨の幣帛に預かる。なお正殿および伴・佐伯二殿の鑰《かぎ》おのおの一口を神祇官庫に納めて、みだりに開くを許さず、本社の門鑰匙は官庫に納めて、祭事に官人

石上神宮楼門

石上神宮拝殿

神部卜部をして門を開き、社地を掃除して祭に供せしめらるなど、朝廷よりの崇敬他と異なった。上述のように本社が古来武器の貯蔵を以て特別な性格を有するに至ったことは、武人の棟梁たる物部氏の氏神である点と、その鎮座地が大和平野から山辺郡に至る門戸にあって、交通上の要衝にあり、有事に際して防備の役を負ったことなどが合わせ考えられる。故に神庫の管理については『日本書紀』垂仁天皇条に、物部氏が歴代これにあたるとみえ、その鑰は官庫に納めて厳重に保管せられており、現在も境内の一角に校倉造の神庫を有し、多数の神宝類が納められている。なお特筆しなければならぬことは本社はもと本殿なく、拝殿の背後に禁足地と称する箇所があり、御正体たる神剣が埋納されていると信じ来たったが、明治七年(一八七四)時の大宮司菅政友はこの伝えを立証して神剣を掘り出し、正しく奉斎したいと考え、教部省の許可を得て発掘を行なった。その結果多数の玉類(勾玉・管玉など)とともに、一口の鉄製素環頭内反大刀《そかんとううちぞり》が出現した。それこそ真の師霊であるとして本殿内に奉安して現在に至っている。この時発見された勾玉十一顆は、いずれも硬玉製の優秀品で重要文化財に指定され、その他の玉類も優れた作品であり、禁足地が一種の祭祀遺跡であることを示しており、発見の素環頭大刀とともに四世紀代の作品と推定される。なお上述の神庫に納まる後世品中にも他に類を見ない鉄盾二枚や色々威腹巻(いずれも重要文化財)をはじめ、多数の武器・武具があり、さらに今は本殿内に納められ御正体に次いで重要とせられている七支刀(国宝)は、その形状奇古であるばかりでなく、金象嵌の銘文があり、百済から倭王に贈られたもので、わが国の古代史上に重要な資料を提供している。

参考文献　石上神宮編『石上神宮宝物誌』、宮地直一「上代史上に於ける石上神宮」(『神祇史の研究』所収)

(大場　磐雄)

建築　『延喜式』臨時祭、石上鑰条に、石上社の門、正殿、伴《とも》・佐伯《さえき》二殿の名がみえる。古来石上社は本殿をもたなかったが、大正二年(一九一三)拝殿後方の禁足地に本殿が建てられて古制が失われた。いま拝殿ならびに摂社出雲建雄神社拝殿が国宝、楼門が重要文化財に指定されている。鎌倉時代中期と考えられる拝殿は、入母屋造檜皮葺、正面五間側面二間の母屋の四周に庇をめぐらした平面をもち、木部を丹塗として総体に仏堂風の趣をもつ。摂社拝殿は、付近の内山永久寺の鎮守社拝殿だったのを大正三年移建したもので、正安二年(一三〇〇)の建築、桁行五間梁間一間、切妻造檜皮葺で、優雅な唐破風と蟇股をもつ最古の割拝殿。楼門は文保二年(一三一八)の棟木銘をもつ。その左右の丹塗の回廊は昭和七年(一九三二)改築されたものである。

(稲垣　栄三)

七支刀《しちしとう》　同宮の宝庫に蔵されて伝来した七支刀は、江戸時代では「六叉の鉾」と呼ばれ、例年六月の祭の神幸に霊代とされていたが、明治になってからその銘文が注意され、諸学者によって解読が試みられた。この七支刀は鉄製の両刃の剣で、柄や鞘などの外装は失われている。剣身の両側に左右交互に三つずつの小枝を造り出している。身の長さ六五・六センチ、幅は中ほどで二・二センチ、身の下部で折れていて、茎《なかご》の長さ九・三センチである。身と枝を通じて刃の内側に沿って界線を刻み、身の表と裏の二条の界線の間に合計六十一字の銘文を刻むが、界線にも銘文にも金象嵌が施されている。銘文は損傷や銹によって文字の部分または全画を失ったものもあり、全文を読むことはできなくなっている。読み方は学者によって相違するが、いま一案を示すと、表の文は「泰和四年(?)□月十六日丙午正陽　造百練鉄七支刀　生(?)辟百兵　宜供供侯王　□□□□作」と、裏の文は「先世以来　未有此刀　百滋□世□　奇生聖音　故為倭王旨造　伝不□世」と判読される。およその意味は「(東晋の)泰和四年某(正か四か五)月十六日の純陽日中の時に、百練の鉄の七支(枝)刀を造る。もって兵難をのがれるし、侯王の供用とするのに適する。某作る。先の世以来未だこのような刀はなかった。百済王と太子とは生を御恩に依っているが故に、倭王の御旨によって造る。永く後世に伝わるように」というのであろう。そうすると東晋の太和四年(三六九)に百済王が自国で造らせて、重大な事件を記念して倭王に贈ったものと思われる。百済の近肖古王十九年(三六四)―二十七年の大和朝廷と百済との交渉は『日本書紀』神功皇后四十九年にあり、近肖古王二十四年(太和四年)にわが軍は渡海して新羅を破り、比自炑《ひしほ》以下の七国を平定し、忱弥多礼《とむたれ》(済州島)を占領して百済に与えたので、肖古王と王子貴須も来会して大和朝廷に忠誠を誓ったとある。またその三年後、百済王は同国谷那鉄山の鉄で作らせた七枝刀《ななつさやのたち》一口と七子鏡その他の重宝を大和朝廷に献じたとあるのは、太和四年の倭国軍の援助を感謝し記念したものと思われる。『古事記』の応神天皇段に、百済の照古王(肖古王)が横刀と大鏡を貢上したとあるのも、右の七枝刀・七子鏡送献のことを裏書するものであろう。石上神宮の七支刀は右の七枝刀(横刀)にあたると考えられ、古代史の重要資料として国宝に指定されている。

参考文献　石上神宮編『石上神宮宝物誌』、村山正雄編『(石上神宮)七支刀銘文図録』、福山敏男「石上神宮七支刀の銘文」(『日本建築史研究』所収)、星野恒「七枝刀考」(『史学叢説』一所収)、喜田貞吉「石上神宮の神宝七枝刀」(『民族と歴史』一ノ一)、榧本杜人「石上神宮の七支刀とその銘文」(『朝鮮学報』三)、栗原朋信「七支刀銘文についての一解釈」(『日本歴史』二一六)

(福山　敏男)

いそのじんじゃ　伊曾乃神社　愛媛県西条市中野日明《ひあけ》に鎮座。旧国幣中社。天照大神と御村別《みむらわけ》の始祖武国凝別命《たけくにこりわけのみこと》を祀る。一に磯野宮・磯大神宮・伊曾乃大社・礒野神・礒大神宮などと称されている。天平神護元年(七六五)十月神野郡賀茂郷にて神封十戸を、同二年四月従四位下を授け、神戸五烟を増し、貞観八年(八六六)閏三月正四位下に、同十二年八月正四位上に、同十七年三月従三位に累進、延喜の制国幣の大社名神の列に入り、天慶三年(九四〇)二月承平中海賊平定の報賽として正二位を授けられる。鎌倉時代建長七年(一二五五)の「伊予国田所注進田文」によれば免田三町四段を有し、『清滝宮勧請神名帳』には大山積大明神に次いで磯野大明神を挙げている。足利義満は細川頼之に本社を修治させ、また江戸時代藩主松平氏は社領を寄進し、神戸・賀茂両郷の総社とした。本社の神宮寺は内山金光院、はじめ天台宗、足利尊氏の時保国禅寺と禅刹に改まり、爾後保国寺と称したが、別に金光院の堂塔を存して保国寺塔院二十四ヵ所の第一に置いた。社宝に重要文化財『与州新居系図』一巻がある。例祭は十月十五日・十六日。

参考文献 『伊曾乃神社志』 (是澤 恭三)

いたきそじんじゃ　伊太祁曾神社　和歌山市伊太祈曾に鎮座。旧官幣中社。五十《い》猛命《たけるのみこと》を祀る。五十猛命は素戔嗚尊の子、妹大屋《おおや》津《つ》姫命《ひめのみこと》・抓津《つまつ》姫命《ひめのみこと》とともに多くの木種をもって紀伊国に至り、はじめ今の日前宮《ひのくまのみや》の地に同社殿で祀られていたが、大宝二年(七〇二)同じ名草郡内に分かち奉斎されたという。『新抄格勅符抄』大同元年(八〇六)牒に神封五十四戸に紀伊国十二戸を加うとあり、嘉祥三年(八五〇)十月従五位下、貞観元年(八五九)正月従四位下、元慶七年(八八三)十二月従四位上、延喜六年(九〇六)二月正四位上を授けられた。延喜の制、名神大社で月次・相嘗・新嘗の官幣をうけ、紀伊国一宮として崇敬された。天正年間(一五七三—九二)豊臣秀吉により社領を没収されたが、羽柴秀長がこの地を預かるに至って社殿を造営、つづいて浅野氏のとき社領が寄せられた。明治十八年(一八八五)国幣中社、大正七年(一九一八)官幣中社となる。例祭十月十五日、特殊神事として一月十四日・十五日の卯杖祭・管粥祭、七月三十日の茅輪祭がある。

(鎌田 純一)

いたけるのかみ　五十猛神　『日本書紀』神代宝剣出現章第四・五の一書にあらわれる、素戔嗚尊《すさのおのみこと》の子神。父神とともに新羅にわたって帰国後、天上より将来した樹種を、妹大屋《おおや》津《つ》姫命《ひめのみこと》・抓津《つまつ》姫命《ひめのみこと》とともに日本全土に播き、のちに紀伊国に坐す大神となった。植林神話と木の国である紀伊との結びつきがみられる。『古事記』にみえる木国の大屋毘古神は、大屋津姫命の対の名前であるから、『旧事本紀』のいうように五十猛神の別名と考えてよい。『延喜式』神名帳紀伊国名草郡にある名神大社伊太祁曾神社の祭神。

(倉塚 曄子)

いたこ　もとの弘前・盛岡藩領内で活躍する民間の盲目の巫女。その語義には諸説があるがいずれも十分でない。祈禱・卜占・オシラあそばせ・口寄せなどの巫業を行う。自宅に祭壇を設けて信者の依頼にこたえるが、イタコマチといい、恐山の地蔵祭や津軽の川倉地蔵講会など寺社の縁日には、参詣者対象の口寄せのために出張する。少女のうちに弟子入りし、数年間修業ののち神憑けと称する入巫テストをうけ、それに合格しはじめて一人前となる。

参考文献 桜井徳太郎『死霊の誘い』、同『日本のシャマニズム』上、柳田国男「巫女考」(『定本柳田国男集』九所収)

(桜井徳太郎)

いたてひょうずじんじゃ　射楯兵主神社　⇩兵主神社《ひょうずじんじゃ》

いちきしまひめのみこと　市杵島姫命　⇩宗像神《むなかたのかみ》

いちきもんじょ　櫟木文書　伊勢神宮(外宮)の神官度会(檜垣)貞惟の家に伝来した文書を整理・筆写した文書集。『檜垣文書』とも呼ばれる。寛文三年(一六六三)に度会常基・同常副が貞惟の家(檜垣兵庫家)の文書を整理・筆写し『檜垣兵庫家証文旧記案集』と名付けた。これをもとに同十二年、年代順に度会(黒瀬)益弘が再編したのが『櫟木文書』である。檜垣家は以前、櫟木に居住し、櫟木兵庫家とも呼ばれていた。『櫟木文書』の名称はこれによる。『鏑矢伊勢宮方記』も同じく年代順に再編されているが、編者は不詳。足代弘訓は文政九年(一八二六)、これを内容別に整理し『檜垣兵庫家古券』と題した。収められている文書は百二十六通。大治五年(一一三〇)六月十一日の平経繁寄進状(相馬御厨)から寛永六年(一六二九)九月二十三日の一社奉幣幣帛送文に及んでいる。内容は下総国相馬御厨・葛西御厨、伊勢国朝明郡岩田御園、遠江国鎌田御厨、三河国伊良胡御厨などの神宮の所領関係と、正中二年(一三二五)三月の度会行文処分状をはじめとする神官の経営や神宮への信仰を示す文書を収めている。なお、度会貞惟家にあった原文書は所在不明。

参考文献 西垣晴次校訂『鏑矢伊勢方記』(『東京学芸大学附属高等学校研究紀要』四・五)

(西垣 晴次)

いちこ　市子　神社の神事に奉祀する神女《みこ》に対し、死者の口寄せを行う民間の巫女をいう。その名称はきわめて地方色に富み、イタコ、オカミン、アズサ、アガタ、ワカ、モリコ、ノノウ、マンチ、ユタなど数多くの別称をもつ。市子に関する称としては、イチドノ(市殿)、イチジョウ(市女)、イツ(侑もしくは斎)、イツメ(市女)などがあげられる。いずれも「小さき梓弓を鳴らして、くちよせ、ささはたきなど云ふ事を業とする」(『安斎随筆』一二)女である。語義は必ずしも明白でないが、島根県の美保神社のように、神楽を舞う神女の家筋を示す例もあり、また神託をうける神女を斎宮《いつきのみや》(伊勢神宮)・斎院(賀茂神社)・斎子《いつきこ》(松尾神社)と称する古例の多いことからみて、イチコは「斎《いつ》く子《こ》」の転訛で、口寄せのイチコも源流をたどれば神事に仕えて神託を告げる神女《みこ》から発したものといえよう。『吾妻鏡』治承五年(一一八一)七月八日条に、相模国大庭御厨の庤に一古《いちこ》娘が奉仕したとあり、その古態を示している。

参考文献 中山太郎『日本巫女史』、萩原竜夫『中世祭祀組織の研究(増補版)』、柳田国男「巫女考」(『定本柳田国男集』九所収)

(桜井徳太郎)

いちじつさい　一日祭　⇩旬祭《じゅんさい》

いちじつしんとう　一実神道　⇩山王神道《さんのうしんとう》

いちじつしんとうき　一実神道記　山王一実神道書。四巻。天台の学僧慈本の著。江戸時代後期(文政ごろ)の成立。『山王一実神道記』ともいう。三諦一実の理に基づき、山王一実神道を温和に昂揚した書。天地開闢に始まり、比叡山王の神大己貴の神徳、聖真子大権現のことなど二十一章より成る。彼は神仏一致の立場から、結局八百万の神々は天台教義の三諦一実の理に無窮の化導を施与されていると説き、一実神道の教学を集成し世に示した。明治三十三年(一九〇〇)、天台宗宗務庁からはじめて刊行された。　↓山王神道《さんのうしんとう》

参考文献　菅原信海『山王神道の研究』、多賀義仁「山王一実神道」(『竜谷大学論叢』二五三―二五五)、田島徳音「日本天台と一実神道の教義」(『明治聖徳記念学会紀要』四一)　(三橋　健)

いちじょうかねよし　一条兼良　一四〇二―八一　室町時代の公卿。俗に「かねら」とも呼ばれる。桃華老人・三関老人また東斎と号し、「五百年以来の才人」(『長興宿禰記』)とうたわれた。応永九年(一四〇二)五月二十七日に生まれる。父は関白一条経嗣、母は文章博士東坊城秀長の女。病弱の兄の経輔が辞したので、同十九年に十一歳で急ぎ元服、翌年四月に従三位に叙され、永享元年(一四二九)に従一位左大臣に昇る。同四年、後花園天皇の元服に際し、将軍足利義教が佳例により左大臣で理髪を勤仕するため摂政に任ぜられたが、拝賀もとげず解任された。しかし、『公事根源』を著述した有職の学才や歌学の造詣が知られて将軍家からも重んぜられ、同十年勅撰集『新続古今和歌集』の和漢両序を執筆した。これで和漢兼帯の学才が称され、著述・談義を盛んに請われた。文安四年(一四四七)には故義教夫人日野重子に頼って宿望の関白に任ぜられる。世は応仁の乱の前夜となったが、公家武家の好学に迎えられた。享徳二年(一四五三)関白を辞して准三宮となり、長禄二年(一四五八)これも辞した。『伊勢物語註』『尺素往来』『四書童子訓』など啓蒙書の著述がある。応仁の乱の勃発に際し、奈良に疎開していた一条家重書をたよりにして著述に専心した。『源氏物語』の註釈書『花鳥余情』や『日本書紀纂疏』を完成し、文明五年、出家して後成恩寺殿、法号を覚恵という。同九年末、終戦の参賀に上洛。まもなく復古文化時代となったため、兼良の教学がいっそう求められた。義政夫人日野富子に請われて『源氏物語』を談義して女性への禁書を解き、政道書『文明一統記』『小夜のねざめ』を与えて女人政治の道理を明らかにし、さらに将軍足利義尚のために『樵談治要』を著述した。同十三年、『江家次第』の御進講のさなか風邪で倒れ、四月二日八十歳で没した。京都の東福寺普門院で葬礼され、常楽院に葬られる。兼良の和漢教学の註釈や談義は、「鎖された学問」の禁を解くことになり、また、その神儒仏一致思想は「和魂漢才」を一歩進めたもので、その教説は古典を親しみやすくしたといえる。兼良の学問と思想とを最もよく表したものとして掲げべきは『日本書紀纂疏』で、これは神儒仏三教一致の立場からの神道説であり、中世における三教融合の思想を明示するものとして神道史上、また儒教史上、日本思想史上にも重要な意味を有する。兼良の学識は、いわゆる東山文化の醸成に役立ち、またその研究は近世の「和学」の基となった。　↓公事根源《くじこんげん》　↓日本書紀纂《にほんしょきさん》疏《そ》

参考文献　『大日本史料』八ノ一三、文明十三年四月二日条、永島福太郎『一条兼良』(『人物叢書』三一)　(永島福太郎)

いちだいいちどのだいほうべい　一代一度大奉幣　天皇の即位に際して、全国の有力な大社に勅使を派遣して神宝をたてまつり、そのことを奉告せしめる儀式をいう。平安時代中期から鎌倉時代中期にかけて重要視された。『三代実録』の貞観元年(八五九)正月十日条にみえるのを初めとする。後一条天皇寛仁元年(一〇一七)度に奉幣を受けた大社は次の如くである。園韓神・石清水・賀茂上下・稲荷・松尾・平野・大原野(山城)、春日・大和・大神・石上・率川(大和)、恩智・枚岡(河内)、住吉・大依羅・広田・生田・長田(摂津)、伊勢内外・多度(伊勢)、熱田(尾張)、浅間(駿河)、三嶋(伊豆)、香取(下総)、鹿島(常陸)、日吉(近江)、不破(美濃)、須波(信濃)、貫前(上野)、二荒山(下野)、塩竈(陸奥)、大物忌(出羽)、若狭彦(若狭)、気比(越前)、気多(能登)、白山(加賀)、熊野・杵築(出雲)、伊和(播磨)、中山(美作)、吉備津彦(備中)、伊都伎島(安芸)、日前国懸(紀伊)、大山津見(伊予)、香椎・宗像(筑前)、高良(筑後)、宇佐(豊前)、阿蘇(肥後)。これらのことは、『西宮記』七、『北山抄』五、『江家次第』一五や当時の日記などにみえている。　(西山　徳)

いちにちさい　一日祭　⇩旬祭《しゅんさい》

いちねんかんぬし　一年神主　⇩神主《かんぬし》

いちのかみ　市神　市の守護神で市姫ともいう。『金光寺縁起』には延暦十四年(七九五)、藤原冬嗣が宗像大神を東西市に祭って守護神としたという伝説がある。宗像大神は市杵島姫《いちきしまひめ》・田心《たこり》姫・湍津《たぎつ》姫の三女神で、交易の神として斎かれたのか、市杵島姫の「市」に縁を求めて祭神としたものか明らかでない。そのほか祭神を大市姫・大国主命・事代主命とすることもあり、神体は円形の自然石を用いている場合が多い。『和漢三才図会』には聖徳太子が市を始め蛭子神を商賈鎮護神としたという伝説をのせ、さらに後世恵美須《えびす》を称して福徳神となしたと記している。中世以降、市に市神を勧請するのが常となり、永仁三年(一二九五)若狭国倉見荘の「実検田目録注文」に市姫のことがみえるのがその早い例という。また恵美須(夷)神が祀られた例として、乾元元年(一三〇二)奈良南市の開設と同時に恵美須社が祭られたこと、延文四年(一三五九)大和常楽寺の市の開設にあたり夷御社が造られたことがあげられる。

参考文献　西村真次『日本古代経済』交換篇二、豊田

武『(増訂)中世日本商業史の研究』、西岡虎之助「平安時代の商業及び商人の生活について」(『歴史地理』四五ノ一)、長井政太郎「市神と市神祭」(『民間伝承』一一ノ六・七)
（佐伯　有清）

いちのみや　一宮　平安時代から中世にかけて行われた一種の社格。『今昔物語集』に周防国の一宮玉祖《たまのや》大明神とみえるのが文献上の初出で、伯耆国の倭文《しどり》神社旧境内地から発見された康和五年(一一〇三)在銘の経筒に一宮大明神とみえる。一宮は、おそらく平安時代初期にその実が備わり、同中期から鎌倉時代初期までに逐次整った制と考えられる。それは朝廷または国司が特に指定したのではなく、諸国において由緒の深い神社、または信仰の篤い神社が勢力を有するに至って、おのずから神社の階級的序列が生じ、その首位にあるものが一宮とせられ、奉幣などに優先的地位を占めることが公認せられるに至ったもののようである。『延喜式』(十世紀)には、一宮の名こそないが、祭祀・神階などの点で、他社にまさって有力な神社とせられるものが明らかにみられるので、それら最上位のものが一宮とせられ、以下二宮・三宮・四宮などの順位を付けたのである。そして時代の変遷とともに、中には、一宮が甲社から乙社に移ったものもある。たとえば、筑前で住吉神社が衰えて筥崎宮がこれに代わり、越中の気多と高瀬の両社が一宮たることを争ったようなのがこれである。なお一宮の称は、一国についてだけでなく、一郷の、また一社内各神殿での一宮・二宮などという称も行われた。　→総社《そうじゃ》

参考文献　『大日本国一宮記』、『古事類苑』神祇部一、宮地直一『神祇史大系』
（梅田　義彦）

いちのみやき　一宮記　諸国の一宮の社名・祭神・鎮座地を記したもの。一巻。『大日本国一宮記』『諸国一宮記』『大倭国一宮記』『国々一之宮神名記』など類本が多い。卜部吉田氏に伝書されたもので、はじめ吉田兼熙(一三四八―一四〇二)によって述作され、その後、訂正・増補を経て、江戸時代初期に現存の形態に固定したと考えられる。『六十余州名神之事』(兼見筆)や『諸国一宮記』(梵舜筆)は、類本の最古の写本。『大日本国一宮記』は『群書類従』神祇部に収められている。

参考文献　『大倭国一宮記幷聞書』、『豊葦原一宮伝記』、橘三喜『一宮巡詣記』、同『一宮巡詣記抜萃』(『神祇全書』二)、岡田正利編『諸国一宮巡覧記』、『群書解題』一上「大日本国一宮記」、隅田定治『諸国一宮考』、宮地直一「一宮に就きて」(『歴史地理』一六ノ四)
（三橋　健）

いちのみやじゅんけいき　一宮巡詣記　全国の一宮を巡拝した紀行文。橘三喜《たちばなみつよし》著。江戸時代中期に江戸浅草で神道講釈を行なっていた橘三喜が、延宝三年(一六七五)から元禄十年(一六九七)の二十三年間の歳月を費し、実地調査のうえ著わした。元禄末年ごろの成立。内容は、三喜の見聞記の部分と、一宮諸社の絵図や古文書類を書写収録したものなどからなる。原本は十三巻であったとされるが、現存するものは、橘家神道の玉木正英の門人岡田正利が、享保七年(一七二二)に、このうちの延宝三年から貞享四年(一六八七)分と、元禄九・十年の記事を抄出し、『一宮巡詣記抜粋』(一巻)と題したものがあるのみである。『神祇全書』二、『日本庶民生活史料集成』二六に収録するほか、『明治聖徳記念学会紀要』五〇には、全挿図と巻一のみが紹介されている。

参考文献　大林太良『私の一宮巡詣記』
（東四柳史明）

いちのみやじんじゃ　一宮神社　徳島市一宮町西丁に鎮座。徳島市の南西、鮎喰《あくい》川流域の丘陵部に位置する。旧県社。祭神は阿波の国璽の神大宜津比売命・天石門別八倉比売命。古くは一宮大明神と称した。『延喜式』神名帳名方郡条にみえる名神大社「天石門別八倉比売神社」にあたるとされる。開運・安産の神、農工商業の神として崇敬が篤い。明治の神仏分離までは四国八十八ヵ所霊場第十三番札所であった。創建については諸説があり、一宮築城にあたり一宮成宗が名西《みょうざい》郡神山町の上一宮大粟《かみいちのみやおおあわ》神社の分霊を勧請したとされる。成宗は承久三年(一二二一)阿波国守護となった小笠原長清の子孫にあたり、一宮大宮司を称した小笠原長宗の子であった。以後小笠原氏の末裔が大宮司として代々奉祀したという。また一宮制成立当初は名西郡神山町の上一宮大粟神社が一宮であったが、久安二年(一一四六)段階までには国府に近い現在地の一宮神社に移された。南北朝の抗争のなかで守護細川氏の影響下において細川氏の守護所に近い大麻比古《おおまひこ》神社(鳴門市)が一宮に位置づけられたとの説があるが、一宮は最初から大麻比古神社とする説がある。天正年間(一五七三―九二)の争乱で社殿を失ったが、蜂須賀家政が入国直後に一宮城を居城としたことから、当社はその嫡子至鎮の産宮として歴代藩主の崇敬を受けるようになった。祭事料米・神馬などが奉納され、社殿の造替が行われた。別当は大日寺が勤め、伝行基作の本地仏十一面観音は神仏分離の際大日寺の本尊として移された。明治六年(一八七三)郷社に列し、昭和十七年(一九四二)に県社に昇格した。三間社流造の現社殿は寛永七年(一六三〇)に二代藩主忠英が造営したもので、平成五年(一九九三)に重要文化財に指定された。例祭は十月十八日。春祭には湯立て神楽を奉納。屋根葺替の棟札や古文書が残る。裏山は徳島県指定史跡の一宮城跡である。境内社に若宮神社・秋葉神社・天神社などがある。

参考文献　阿波一宮城史料集刊行委員会編『阿波一宮城史料集』、福家清司「院政期における阿波国一宮社とその成立事情について」(『阿波・歴史と民衆』二所収)、石尾和仁「中世阿波国の一宮をめぐって」(『史窓』二一)
（須藤　茂樹）

いちばさいもん　市場祭文　中世、市を開くにあたって、市の無事息災と繁昌を祈願して市の守護神の市神(市杵島姫・夷神)の前で、山伏など修験者によって読みあげられ

諸国一宮一覧

国名	旧社格	神社名	鎮座地
山城	官幣大社	賀茂別雷神社	京都市北区上賀茂本山町
同	同	賀茂御祖神社	京都市左京区下鴨泉川町
大和	同	大神神社	奈良県桜井市三輪
河内	同	枚岡神社	大阪府東大阪市出雲井町
和泉	同	大鳥神社	大阪府堺市鳳北町
摂津	同	住吉大社	大阪市住吉区住吉町
伊賀	国幣中社	敢国神社	三重県上野市一之宮
伊勢	県社	椿大神社	三重県鈴鹿市山本町
同	同	都波岐・奈加等神社	三重県鈴鹿市一ノ宮町
志摩	神宮別宮	伊雑宮	三重県志摩郡磯部町
尾張	国幣中社	真清田神社	愛知県一宮市真清田
三河	国幣小社	砥鹿神社	愛知県宝飯郡一宮町
遠江	同	小国神社	静岡県周智郡森町
駿河	官幣大社	浅間神社	静岡県富士宮市大宮
伊豆	同	三嶋大社	静岡県三島市大宮町
甲斐	国幣中社	浅間神社	山梨県東八代郡一宮町
相模	同	寒川神社	神奈川県高座郡寒川町
武蔵	官幣大社	氷川神社	さいたま市大宮区高鼻町
安房	同	安房神社	千葉県館山市大神宮
上総	国幣中社	玉前神社	千葉県長生郡一宮町
下総	官幣大社	香取神宮	千葉県佐原市香取
常陸	同	鹿島神宮	茨城県鹿島郡鹿島町
近江	同	建部神社	滋賀県大津市瀬田神領町
美濃	国幣大社	南宮神社	岐阜県不破郡垂井町
飛騨	国幣小社	水無神社	岐阜県大野郡宮村
信濃	官幣大社	諏訪大社	長野県諏訪市中洲宮山
上野	国幣中社	貫前神社	群馬県富岡市一ノ宮
下野	同	二荒山神社	栃木県日光市山内
陸奥	同	都都古別神社	福島県東白川郡棚倉町
出羽	同	大物忌神社	山形県飽海郡遊佐町
若狭	同	若狭彦神社	福井県小浜市遠敷
越前	官幣大社	気比神宮	福井県敦賀市曙町
加賀	国幣中社	白山比咩神社	石川県石川郡鶴来町
能登	国幣大社	気多神社	石川県羽咋市寺家町
越中	国幣小社	高瀬神社	富山県東礪波郡井波町
越後	国幣中社	弥彦神社	新潟県西蒲原郡弥彦村
同	県社	居多神社	新潟県上越市五智
佐渡	国幣小社	度津神社	新潟県佐渡郡羽茂町

国名	旧社格	神社名	鎮座地
丹波	国幣中社	出雲大神宮	京都府亀岡市千歳町
丹後	同	籠神社	京都府宮津市大垣
但馬	同	出石神社	兵庫県出石郡出石町
同	県社	粟鹿神社	兵庫県朝来郡山東町
因幡	国幣中社	宇倍神社	鳥取県岩美郡国府町
伯耆	国幣小社	倭文神社	鳥取県東伯郡東郷町
出雲	官幣大社	出雲大社	島根県簸川郡大社町
石見	国幣小社	物部神社	島根県大田市川合町川合
隠岐	国幣中社	水若酢神社	島根県隠岐郡五箇村
同	郷社	由良比女神社	島根県隠岐郡西ノ島町
播磨	国幣中社	伊和神社	兵庫県宍粟郡一宮町
美作	同	中山神社	岡山県津山市一宮
備前	国幣小社	吉備津彦神社	岡山市一宮
備中	官幣中社	吉備津神社	岡山市吉備津
備後	国幣小社	吉備津神社	広島県芦品郡新市町
安芸	官幣中社	厳島神社	広島県佐伯郡宮島町
周防	国幣中社	玉祖神社	山口県防府市大崎
長門	官幣中社	住吉神社	山口県下関市楠乃
紀伊	官幣大社	日前・国懸神宮	和歌山市秋月
淡路	同	伊弉諾神宮	兵庫県津名郡一宮町
阿波	国幣中社	大麻比古神社	徳島県鳴門市大麻町坂東
讃岐	同	田村神社	香川県高松市一宮町
伊予	国幣大社	大山祇神社	愛媛県越智郡大三島町
土佐	国幣中社	土佐神社	高知市一宮
筑前	官幣大社	筥崎宮	福岡市東区箱崎
同	官幣小社	住吉神社	福岡市博多区住吉
筑後	国幣大社	高良大社	福岡県久留米市御井町
豊前	官幣大社	宇佐神宮	大分県宇佐市南宇佐
豊後	国幣中社	西寒多神社	大分市寒田
同	国幣小社	柞原八幡宮	大分市八幡
肥前	県社	河上神社	佐賀県佐賀郡大和町
同	国幣小社	千栗八幡宮	佐賀県三養基郡北茂安町
肥後	官幣大社	阿蘇神社	熊本県阿蘇郡一の宮町
日向	国幣小社	都農神社	宮崎県児湯郡都農町
大隅	官幣大社	鹿児島神宮	鹿児島県始良郡隼人町
薩摩	国幣小社	枚聞神社	鹿児島県揖宿郡開聞町
壱岐	村社	天手長男神社	長崎県壱岐郡郷ノ浦町
対馬	国幣中社	海神神社	長崎県上県郡峰村

た祈願文の一種。『武州文書』の応永二十二年（一四一五）七月二十日の書写で、延文六年（一三六一）九月九日付の「市場之祭文」が有名。この祭文では、市の由来が天竺・唐土の門前市にあること、わが国の市の起源は大和国三輪市にあり、古来住吉の浜、鹿島大明神・熱田大明神・日光権現・出羽羽黒権現・諏訪大明神・氷川大明神など有名な神社の境内・門前に市が開かれてきたこと、市は国土太平・人民富貴の根源であることを説き、末尾に市祭が行われた武蔵国内三十三ヵ所の市場名が付記されている。この祭文は市の由来と中世末期武蔵国市町の成立をさぐる好個の史料である。しかし文章の形式・内容、市場集落発達の歴史から考えて、この祭文の市は、おそらく戦国時代末期、後北条氏時代の岩槻太田氏の勢力圏内の市が書き上げられたものといわれている。

参考文献　豊田武『（増訂）中世日本商業史の研究』、杉山博「六斎市」（『講座日本風俗史』別巻八所収）

（佐々木銀弥）

いちまつり　市祭　中世以降、市場の開設に際し市神（市姫）の前で行われた祭礼。古代においても市祭はあったと思われるが、その実体は判明しない。市神として普通に祀られたのは市杵島姫であったが、のちには恵美須（夷）神も市神として祀られた。市祭にあたって山伏が市場祭文を読みあげる慣例があり、延文六年（一三六一）の武蔵国埼玉郡岩槻付近一帯の市場での市祭の祭文には「昔大和国宇多郡に三輪の市をたて、いちをり長者此市を立はしめ此かた、住よしの浜に草木の市と名付て、九月十三日に立けり、その頃より西のはまのえひすの三郎殿のはまの市とて立（下略）」（『武州文書』一五）とみえる。市祭には猿楽など種々の芸能も演ぜられ、庶民相集まってこれを楽しんだという。現今では市神祭として残っており、正月の初市の日に行われる場合が多い。東北地方とくに山形県下と長野県に多く残り、山形県尾花沢には市神祭に道路に縄を張り、子供が張り番をして通行人から賽銭をとる行事がある。

参考文献　豊田武『（増訂）中世日本商業史の研究』、喜田貞吉「夷三郎考」（『民族と歴史』三ノ一）、長井政太郎「市神と市神祭」（『民間伝承』一一ノ六・七）

（佐伯　有清）

いちみしんすい　一味神水　同盟を結ぶ人々が、神前に水をそなえ、その水をくみかわして掟書・起請文・契約状などをつくり、約束に違背しないことを神前で誓うこと。文永七年（一二七〇）・永仁六年（一二九八）に、近江大島・奥津島神社の神官と百姓が一味同心して起請文をつくり、違反者は在地を追い出されることを定めたのは、中世村落内部の自治的結合を示すものとして著名である。また南北朝時代以降、国人層と呼ばれた在地領主たちも次第に地縁的結合の傾向を強め、国人一揆を形成していったが、彼らも一揆結合の際一味神水して契約状をつくった。永和三年（一三七七）の九州の国人層の「為二将軍家御方一一味同心可レ致二忠節一候」という趣旨の一揆契状には、「一揆契約状神水案文」との端裏書が付されている。長禄元年（一四五七）の日根野秀盛など和泉国日根郡の九人の国人の一揆契状も、公私の事につき一味同心してあたることを誓約したものである。

（小泉　宜右）

いちやかんにょ　一夜官女　住吉神社（大阪市西淀川区野里町）の二月二十日の祭礼あるいは奉仕する役の少女。一夜官女は一時上臈《いっときじょうろう》ともいい、七、八歳から十三歳までの少女七人が、一日だけ神に仕える役をする。特殊な神饌を七台の夏越桶に納め、献饌する行事である。一夜官女は巫女姿で冠をかむり、榊の枝を持ち、一の官女に続いて草履取・腰元各一人が付添い、白丁二人が並んで夏越桶の両端を左右の肩に担いで運ぶ。以下、二の官女から七の官女まで同じ姿で続き、幣帛を納めた唐櫃、神官、宮惣代の順に行列を組んで頭屋から住吉神社に進む。神社に着くと神饌は本殿の大床に上げられ、精進の桶を中央に、鮒、小豆、鯉の薄身の神饌三台を東側に、鯉の頭付、豆腐、鯰の神饌三台を西側に供え、それぞれの神饌の手前に一度官女が着座して祭典が行われる。終ると官女が拝殿からおり、撤饌される。

一夜官女

参考文献　岩井宏實・日和祐樹『神饌―神と人との饗宴―』

（岩井　宏實）

いつきのいん　斎院　⇨さいいん

いつきのひめみこ　斎王　⇨斎宮《さいぐう》

いつきのみや　斎宮　⇨さいぐう

いつきのみやのつかさ　斎宮寮　⇨さいぐうりょう

いつきめ　斎女　神を斎きまつる未婚の女性。特に伊勢神宮の斎宮、賀茂社の斎院にならって、藤原氏が貞観八年（八六六）に氏神である大和春日神社と山城大原野神社を藤原須恵子に祀らしめて以来、同氏出身の年少の斎女をいう。斎女を広義に解すれば、上賀茂社の賀茂氏の忌子《いみこ》、松尾社の斎子《いこ》をはじめ、各地方に多い市子・一古《いちこ》・梓巫子《あずさみこ》なども、民間信仰につながる巫術を使う斎女である。　➡忌子《いみこ》

参考文献　山上伊豆母『巫女の歴史』　（山上伊豆母）

いつくしまごほんじ　厳島御本地　広島県の厳島神社についての中世的な本地物語。同様の諸本として『厳島縁起』もしくは『唐土《もろこし》物語』と題するものがあり、多数に従うとすれば『厳島縁起』と呼ぶのが妥当かと思われる。著者不詳。三巻。本書の成立時期は、他の本地物語・縁起書と同様に特定は難しい。巻末には、保元二年（一一五七）に平清盛が「思召立給ひ」て、治承元年（一一七七）に厳島神社に奉納したと記されている。これによれば、清盛奉納本が原本となり、成立時期・理由が明確になるが、他の史料において記すものはない。諸本の中に貞和二年（一三四六）五月の奥書があることから、鎌倉時代にはすでに原型となる語り物が存在したと考えられる。また、現存する諸本には、根本的な展開の変化は少ないが、表現の変化や内容の簡略化がある。諸本の表現形態・内容の比較検討による系統整理などが、本書の成立年代・背景を明らかにする手だてとなろう。本書は三部構成であって、第一段は善哉王の婚姻について、第二段は善哉王の妻と子である姫宮と王子を中心とした物語、第三段では姫宮が安芸に着き、佐伯氏と会って宮殿が建立されるまでを記している。また、第二段では『熊野の本地』、第三段では長門本『平家物語』と『源平盛衰記』に一部関連して共通する部分がある。本書は、諸本が多くあり、そのすべてが知られているわけではない。刊行された代表的なものは、『続群書類従』神祇部、『神道大系』神社編四〇、『室町時代物語大成』二・補遺一、『室町時代物語集』一、『神道物語集』などに所収されている。

参考文献　『群書解題』一下、中世説話・絵巻研究会編「（翻刻）安芸国厳島縁起（旅葵文庫蔵）」（『駒沢国文』二七）　（菊田龍太郎）

いつくしましまめぐりまつり　厳島島廻祭　「安芸の宮島廻れば七里」と民謡にうたわれて有名な厳島は、全島が神の支配する島として、住民たちも特異の斎忌習俗を守ってきたが、これを一周する行事が昔から行われてきた。この行事は願主と祠官と協議の上行われるもので、舟三艘に乗り、水手の舟漕ぎ唄を響かせつつ廻った。杉ノ浦・鷹ノ巣・青海苔など、伝説のまつわる名所ごとに上陸して参拝・神楽・祓などを行なった。養父《やぶ》崎に舟を漕ぎよせると、ここで御鳥喰《おとぐい》の祭を執行する。祠官が粢《しとぎ》を波上に浮かべ笛の曲を奏すると、神聖視されている島が一つがい舞いおりて、舟にとまって粢を食べることになっていたという。それがすむとまた舟で、山白浜・洲屋浦・御床ノ浦（ここでは各人が石上にひざまずいて参拝した）を経て、大元ノ浦に帰着上陸してこの行事を終えたという。現在もおおむねその風は残っている。古来の聖地巡拝の信仰を基礎として、祓の儀礼と観光・舟遊びとが合流して構成された行事ということができる。→御鳥喰《おとぐい》神事《しんじ》

参考文献　重田定一『厳島誌』　（萩原竜夫）

いつくしまじんじゃ　厳島神社　広島県佐伯郡宮島町に鎮座。旧官幣中社。市杵島姫命《いちきしまひめのみこと》・田心姫命《たごりひめのみこと》・湍津姫命《たぎつひめのみこと》を祭神とする。市杵島姫命以下三神は九州の宗像《むなかた》神社に祀る三女神であり、古代のある時期に、この瀬戸内海の神聖な島に宗像神を迎えてまつり始めたことが推定される。いつく島とは神霊の斎《いつ》きまつられる島のことで、その点では当社も宗像も同じであり、市杵島姫とはそれを擬人視した神号であり、当社も『延喜式』には「伊都伎《いつき》島神社」と記す。弘仁二年（八一一）名神に列し四時幣に預かり、延喜の制に名神大社に列なり、寛仁元年（一〇一七）一代一度の幣帛神宝を奉られ、そのころから安芸国一宮とされた。平清盛は父忠盛以来瀬戸内海の舟運の発展を策しており、安芸守に任ぜられるや当社を海上守護神として尊信し大いにその建造荘厳に尽くした。清盛の全盛期たる承安四年（一一七四）後白河法皇は清盛ら平氏一門とともに当社に参詣し、高倉上皇は治承四年（一一八〇）二度参詣した。貞応年間（一二二二―二四）火災にあったが仁治二年（一二四一）再建された。室町時代には足利義満の参詣があり、大内義隆も修造を施したが、元亀二年（一五七一）毛利元就による大規模な造営があり、末社に至るまで古式のままに造られた。以後毛利氏・広島藩主浅野氏の絶大な崇敬庇護のもとに、瀬戸内海域の大社として栄えた。天正十九年（一五九一）の記録によると祭田燈明料高辻七百十八石余とある。同十四年には豊臣秀吉が参詣し、慶長五年（一六〇〇）には毛利輝元らが四座舞楽を当社に寄進した。神職組織は中世末には社家方・供僧方・内侍方より成り、これを社家三方と総称し、棚守・座主・御子内侍がそれぞれを代表していた。中世末には、門前町の発展とともに、町人の成長が見られ、かれらも自治的な「惣中」の結合をなした。近世には春・夏・秋の三季の市が開催され、寛永九年（一六三二）の浅野家の記録によると、黒羅紗・紺羅紗・緋羅紗・虎皮・繻珍・白紗綾などの買物が宮島市でなされたとある。明治維新とともに別当大聖院・本願大願寺を分離し、明治四年（一八七一）国幣中社に、同四十四年官幣中社に列せられた。当社においては、管絃祭（旧暦六月十七日）・玉取延年祭（旧暦七月十八日、有名な裸祭）をはじめ年中祭祀が荘重に執行されている。なお当社は多数の美術工芸品を蔵しているが、最も有名なのは華麗な装飾経の絶品たる平家納経であって、長寛二年（一一六四）平氏一門の奉納にかかる。これは、社蔵の古神宝類・彩絵檜扇・密教法具・刀剣・鎧・紺紙金字法華経観普賢経（嘉応から承安にかけて平清盛・頼盛が合筆書写したもの）とともに国宝に指定されている。→厳島詣《いつくしままいで》

参考文献　頼杏坪他編『芸藩通志』一三―二一、『芸州厳島図会』（『日本図会全集』）、重田定一『厳島誌』、『神道史研究』一一ノ六（厳島神社特輯）、松岡久人「厳島門前町の形成」（魚澄惣五郎編『瀬戸内海地域の社会史的研究』所収）　（萩原竜夫）

建築　社殿が現在のような規模をもつようになったの

厳島神社（『一遍上人絵伝』より）

明治時代の厳島神社

厳 島 神 社 鳥 居

は平安時代の末に平家一族が当社を尊崇してからで、仁安三年（一一六八）ないし翌嘉応元年には造営が完成した。その後火災による焼失のために、建保三年（一二一五）および仁治二年（一二四一）に大規模な修造が行われ、その後もしばしば部分的な修理あるいは古材を利用した再建が行われた。現在の主要社殿は概ね仁治再興の建物を基調とし、これに改修の手を加えたものと理解することができる。本社本殿（元亀二年再興）はいわゆる両流造で九間の母屋の前後に庇を付加した形式をもつ。内・外陣とも前面に建具がなく内陣の床を高くするなど他の本殿には見ない特色がある。前に屋根を接して方一間の幣殿、さらに九間の母屋の四周に庇を付加した入母屋造の拝殿、その前に五間の母屋の三方に庇を付けた妻入の祓殿がつづく。祓殿の前方に無蓋の平舞台、その中央に高欄付きの高舞台がある。正面の海中はるかに相対して明治八年（一八七五）再建の大鳥居が立つ。本社右前方にある摂社客神社社殿も本社と同様の構成をもち、本社・客神社ならびに付属建築の間を廻廊が繋いで屈曲する。これら国宝のほかに、重要文化財に指定されているものに朝座屋・能舞台・揚水橋・長橋・反橋・摂社大国神社本殿（元亀二年）・天神社本殿（弘治二年）・五重塔（応永十四年）・多宝塔（大永三年）・末社荒胡子神社本殿（嘉吉元年）・豊国神社本殿（千畳閣、天正十五年）・摂社大元神社本殿（大永三年）・宝蔵（室町時代中期）がある。

（稲垣　栄三）

参考文献　福山敏男「厳島神社の社殿」（『日本建築史研究』所収）

社領　『大願寺縁起』に推古天皇の時当社領水田一千百八十町、修理杣八千町とあるが疑わしい。社領は平家の信仰を得て以後急激に増加した。長寛二年（一一六四）以前に、安芸国山県郡の荒野が地主から寄進されたのをはじめ、平安時代末までの当社領は山県郡の寺原村（のち寺原荘）・壬生荘・志道原・春木市折村、佐東郡の若狭郷内の私領田畠、若狭郷・伊福郷の志道原荘倉敷、桑原郷萩原村の壬生荘倉敷、高田郡の七郷、三田郷内尾越村荒野、安南郡の安麻荘・世能荘市吉別符、佐西郡の大竹・小方、周防国の今同名などの多きを数える。壬生荘は公家・建春門院御祈禱料、安麻荘は八条院領であるが、荘号をつけない諸所は国領で半不輸のものが多い。鎌倉時代には異国降伏祈禱のため幕府が寄進した播磨国神部荘、因幡国船岡郷半分・新庄村半分のほか、国内では平良荘・桑原新荘・香屋村・三角野村などが加えられ、南北朝時代には足利尊氏が豊田郡造果保・佐東郡己斐村を、大内義弘が賀茂郡志芳荘二分方地頭職を寄進した。また安芸国一宮たる当社には国衙から免田が給され、正治元年(一一九九)には本御供田十六町をはじめ計六十三町三段で、佐東・佐西・安南・高田・山県・賀茂の諸郡にまたがっていた。十三世紀中葉には総田数は百町歩以上に増し、うち御読経免が三十町歩以上を占める。また十三世紀前半神社が二度も炎上した時は安芸国が造営料国にあてられた。南北朝時代以降社領の多くは次第に近隣の諸豪族に押領され当知行地は戦国時代には佐西郡の一部に限られ、『房顕記』に、六、七千貫もあった神領がわずか三百貫となった、とある。天文十年(一五四一)神主家滅亡後、大内氏は佐西郡の山里四郷を寄進し、毛利氏とその家中は尊崇厚く小山・西浦のほか寄進を重ね、関ヶ原の戦以前社領は五千百十二石、別に島内の町屋敷があった。福島氏は社領を取り上げ造営料は別として毎年千三百五十石、浅野氏はさらに減じて千九十一石を支給、ともに島中の地子銀は従来どおりとした。

参考文献 『厳島神社文書』、『厳島野坂文書』、『野坂文書』、『大願寺文書』、頼杏坪他編『芸藩通志』、重田定一『厳島誌』、『新修広島市史』、松岡久人「上代末期の地方政治」(『広島大学文学部紀要』四)、同「戦国期を中心とする厳島社の社領支配機構」(同一二)、同「厳島の歴史」(『仏教芸術』五二)
(松岡 久人)

いつくしまじんじゃもんじょ　厳島神社文書　広島県佐伯郡宮島町にある厳島神社の文書。厳島神社はすでに平安時代初期から安芸国内での地位が高かったが、平清盛一門の信仰以後急速に社格が高まり、鎌倉・室町時代と社勢を維持し、近世には広島藩主の尊信が厚かった。今日『厳島神社文書』と称されるのは、神社宝庫におさめる『御判物帖』(二帖)と『厳島文書』(十一巻)とであり、社家の野坂家に伝わる『野坂文書』、もと野坂家に伝わり神社に移管された『厳島野坂文書』、造営修理を掌った大願寺に伝わる『大願寺文書』などと区別されている。十九世紀の初め編纂の『芸藩通志』の厳島の箇所には、これら伝存によらず部類分けで古文書を掲げ総称は用いていない。『御判物帖』は天喜元年(一〇五三)の安芸国司庁宣から天正十五年(一五八七)の秀吉朱印状まで、清盛や鎌倉室町将軍、有力大名などの社領寄進、敬信祈願など、特に重要な文書を折帖に仕立てたもの、数通を除き真書で、重要文化財に指定。高田郡司藤原氏関係の一連の文書は十一世紀ごろの国衙領の推移を示し貴重。『厳島文書』は神領・祭祀・寄進・制令・雑翰・豊太閤高麗陣書物などおよび社家の棚守・熊野などの部類より成り、いずれも写しで、『御判物帖』所収文書の写しもあるが、真書の所在不明な文書が多く軽視できない。なお『厳島神社文書』に属すべきで散佚したものが、『芸藩通志』『古事類苑』『史料通信叢誌』『三原浅野家所蔵文書』(未刊)などに収録されている。特に最後のものは総数七十四通で、うち保延五年(一一三九)藤原成孝所領寄進状と安元二年(一一七六)伊都岐島千僧供養日記は貴重。野坂家は厳島神社の大宮棚守を世襲した社家。天文十年(一五四一)神主家滅亡以後は社家の筆頭となったため、神社あての文書も多く伝わった。うち約二千点は神社に移管し『厳島野坂文書』と呼ぶ。大内・毛利・福島・浅野などの関係と雑とに分類され、十六世紀の房顕・元行父子二代のものが中心だが、平安時代末以降も少なくない。『野坂文書』は慶長以前整理済みだけでも五百点を超え、十一・十二世紀の土地売券など貴重文書を含む。東京大学史料編纂所に影写本がある。

参考文献 重田定一『厳島誌』、松岡久人「厳島の歴史」(『仏教芸術』五二)、同「厳島神社関係文書の伝存整理状況と未紹介史料」(『広島大学文学部紀要』特輯号二)
(松岡 久人)

いつくしまもうで　厳島詣　安芸国厳島神社への参詣をいう。厳島社は古く宮島の神霊として崇められ、瀬戸内海交通の発達に伴い海路守護神として信仰された。平清盛が安芸守となり、当社を信仰して以来、神威ようやく中央にも聞え、近隣はもとより、中央貴紳の参詣で賑わうようになった。後白河法皇・高倉上皇をはじめとし、清盛六度、清盛の弟頼盛二十度の参詣のほか、平家一門の参詣者が多く、くだっては足利尊氏・同義満などにも見られた。平安時代末の厳島法会には、参詣者が群集し、遠近より集まり来たった船は、岸辺に所狭く、三重四重に繋がれる盛況だったと記されている。中世には、海路守護神として、または夷神として、瀬戸内海海賊や漁民のほか、博多商人、京・堺商人なども参詣した。近世に入り、厳島詣は民衆化し、さらに発展した。たとえば、伊予小松藩(一万石)の領民は、江戸時代中期以降、年々平均四十五名ほどが参詣したが、これは同藩の伊勢参宮・四国遍路を超え最高であった。このため、門前町は賑わい、遊女町などもできた。(新城 常三)

いっしゃほうべい　一社奉幣　⇨奉幣《ほうべい》

いつせのみこと　五瀬命　鸕鷀草葺不合尊《うがやふきあえずのみこと》の子で、神武天皇の兄と伝える。彦五瀬命とも書く。五は厳《いつ》・斎《いつ》、瀬は神稲を意味する。神武天皇東征説話では、孔舎衛坂《くさえのさか》の戦で傷つき、紀伊の竈山《かまやま》に葬ったと『古事記』『日本書紀』にみえる。(上田 正昭)

竈山墓《かまやまのはか》　和歌山市和田にあり、南海鉄道貴志川線竈山駅の南南西約七〇〇メートルにある。高さ約九メートルの独立山丘の頂上に位置し、南は竈山神社本殿の背面と境を接する。

墳丘は東面する直径約六メートル、高さ約一メートルの円丘で、裾に護石がある。『延喜式』諸陵寮には遠墓として、「在二紀伊国名草郡一、兆域東西一町、南北二町、守戸三烟」とあるが、のち所在不明となり、明治九年(一八七六)当所に考定された。

参考文献　松葉好太郎『陵墓誌』　（石田　茂輔）

いつとものおのかみ　五部神　天孫降臨に随行した神々で、朝廷に奉仕する五つの団体の長をいう。『日本書紀』神代天孫降臨章第一の一書や『古事記』によれば、天児《あめのこ》屋命《やねのみこと》(中臣連の祖)・太玉《ふとだま》(布刀玉)命《のみこと》(忌部首の祖)・天《あめの》鈿女《うずめ》(天宇受売)命《のみこと》(猿女君の祖)・石凝姥《いしこりどめ》(伊斯許理度売)命《のみこと》(鏡作連の祖)・玉屋《たまのや》(玉祖)命《のみこと》(玉作連の祖)の五神で、これらの神々は天石窟《あめのいわや》の神祭のときの神でもあり、祭祀関係の神々である。天孫降臨神話のうち、五部神が出てくるのは、三種の神器の授与や瑞穂国統治の神勅が出て来て天照大神が中心的な役割を果たす最も発達した形式の部分、つまり『日本書紀』神代天孫降臨章第一の一書と『古事記』だけである。岡正雄は五部神の話を饒速日《にぎはやひ》尊《のみこと》が天降するとき五部造《いつとものみやつこ》が二十五の天物部を率いた話(『旧事本紀』三)とともに、朝鮮古代の五部の制やアルタイ系諸族の五組織と比較し、天孫降臨神話のアルタイ系説の一論拠としたが、松前健は後世に韓人が渡来帰化し、朝廷や豪族に仕えて朝鮮の信仰・文物を輸入した結果とみている。　↓天降神話《あまくだりしんわ》

参考文献　岡正雄・石田英一郎・江上波夫・八幡一郎『日本民族の起源』、松前健「大嘗祭と記紀神話」(『古代伝承と宮廷祭祀』所収)　（大林　太良）

いづなごんげん　飯縄権現　飯縄修験者の信奉した神。その本源は、長野県の北部の飯綱(飯縄)山(一九一七メートル)に鎮座した飯綱神社(現在は石の小祠だけ)である。この神は天狗(小天狗)であるとも、狐(三狐神)であるともいう。飯縄遣と称する一種の呪術者が信仰した。その姿容は、秋葉山三尺坊権現と同じで、白狐に乗った小天狗である。長野県の飯綱山は三尺坊権現の出生地と伝えている。ほかに越前の日永岳、武蔵の高尾山、仙台(飯綱三郎)、神奈川宿の飯縄権現が有名である。　（三橋　健）

いつのおはばり　稜威尾羽張　⇩天尾羽張《あめのおはばり》

いつのかしり　厳呪詛　敵をはげしく呪詛することで、これを行うと手を下さずに敵が敗北すると信じられた。『日本書紀』神武天皇即位前紀に、天皇の夢に天神《あまつかみ》が現われ「厳呪詛をせよ、かくの如くせば、虜自からに平《む》き伏《したが》ひなむ」(原漢文)と教えた。かかることは、後世にも戦いに臨んで敵国降伏の祈禱がなされたり、人目をしのんで憎い者を祈り殺そうとする祈願がなされたのと共通である。　（小池　長之）

いつのちわき　稜威道別　江戸時代後期の国学者橘守部の主著の一つで、『日本書紀』の巻三(神武紀)までの注釈書。十二巻。書名は神代天孫降臨章の「稜威之道別道別而天降」から採ったもので、はじめ『温源録』といい、撰述の途中で改名した。起稿は文政年間(一八一八—三〇)らしく、天保十三年(一八四二)にいったん脱稿し、さらに改稿して弘化元年(一八四四)、守部が六十四歳のときに完成した。内容は巻一・二が総論(上・下)、巻三—十一が神代、巻十二が神武紀にあてられ、総論(上)では神話伝承の筆録化の過程と記紀その他の古典の成立事情、および各古典の特色について論じ、総論(下)では秘伝として、旧辞と本辞の差、古伝説の本義、稚言・談辞の弁、略語・含言の大概、天・黄泉・幽・現・顕露の大意の五項目について詳説している。これらは守部の神話伝承に対する基本的見解で、これに基づいて巻三以下の注釈を行なっているが、それによると、天と黄泉とは人の世から全く離れたところにある別の世界ではなく、現に対する幽、すなわち超人間的存在たる神と鬼の世界として理解すべきであり、神話伝承には、独得の簡略な表現法(略語・含言)と伝承の間に付加された童話的要素(稚言・談辞)があるために、合理的解釈の困難な部分が多く混在しているが、それらを弁別すれば真の古道を明らかにしうるという。これらは古伝をあるがままに受けとろうとする本居宣長らの学派と対立するとともに、神話を人間の世界の事実として解釈する歴史的合理主義とも立場を異にするが、その神道学・語学上の解釈には創見も少なくない。巻一—五(五冊)は嘉永四年(一八五一)の板本があり、巻十二は未定稿であるが、全巻が『橘守部全集』一に収められている。　↓橘守部《たちばなもりべ》　（関　晃）

いっぺんひじりえ　一遍聖絵　鎌倉時代に興った新しい仏教運動の担い手の一人で、時宗の開祖である一遍(一二三九—八九)の生涯と宗教を伝える基本史料。きわめて近い肉親で最初の弟子となった聖戒の編。十二巻。没後十年目の祥月命日にあたる正安元年(一二九九)八月二十三日の成立。原本は歓喜光寺(京都市山科区)と清浄光寺(神奈川県藤沢市)との共有(巻七のみ東京国立博物館所蔵)。鎌倉時代を代表する絹本着色の豪華美麗な高僧絵巻として国宝に指定されている。本書は、一概に写生とは限らず、類型的な粉本によって描写されている部分や「らしさ」の表現に注意する必要があるにしても、当時に生活した多様な人物・器物を活写しており、鎌倉時代後期の社会を知る上で貴重な史料である。特に、神道や神社との関係に限れば、出自とする伊予河野氏と氏神である伊予一宮大山祇神社三島大明神との関係、布教方法に悩んだ一遍が紀伊熊野本宮に参籠し熊野権現の神託によって一層他力念仏の深奥を理解した出来事、備前福岡の市における吉備津宮神主の息子とのやりとり、伊勢大神宮・山王権現や西宮神主の結縁などのほか、大隅一宮大隅正八幡宮・安芸一宮厳島社・伊豆一宮三島社・美作一宮中山社・摂津一宮住吉社・石清水八幡宮・松原八幡宮・備後一宮吉備津社・淡路二宮大和大国魂社などにおける出来事と景観描写、などが注目される。テキストは、研究の画期となった浅山円祥編『六条縁起—一遍聖絵—』の

ほか、望月信成編『一遍聖絵』(『新修日本絵巻物全集』一一)、橘俊道著『現代語訳一遍ひじり絵―遊行念仏者の生涯―』、『定本時宗宗典』、長島尚道・岡本貞雄編『一遍聖絵索引』、小松茂美編『一遍上人絵伝』(『日本絵巻大成』別巻)など多数がある。

参考文献 渋沢敬三・神奈川大学日本常民文化研究所編『(新版)絵巻物による日本常民生活絵引』二、黒田日出男「中世を旅する人々―「一遍聖絵」―とともに」(『朝日百科・日本の歴史』別冊歴史を読みなおす一〇所収) (林　譲)

いとうづし　到津氏　南北朝時代に分かれた宇佐氏の一流。宇佐宮大宮司宇佐公通六代の孫公世には公敦・公浦・公連らがあり、鎌倉時代末期にそれぞれ大宮司職に補せらる。公連は後醍醐天皇に補任せられたので南北朝時代を通じて南朝方として活動する。公連は豊前国到津荘(福岡県北九州市小倉区内)などを領有したので到津氏を名乗り、はじめ嫡子公敦(宮成氏祖)と大宮司職を争ったが、ついには南朝大宮司として続く結果になった。南北朝統一後は宇佐に定着し、宮成氏とともに大宮司職に補任され、戦国時代には宮成・到津・岩根・安心院・出光の五氏から大宮司職に補任されたが、江戸時代に入ると宮成・到津氏のみが両大宮司家として続き明治維新を迎え、男爵を授けられた。→宇佐氏《うさうじ》

参考文献 『宇佐八幡宮文書』一(『大分県史料』二)、中野幡能『八幡信仰史の研究(増補版)』 (中野　幡能)

いとうづもんじょ　到津文書　宇佐宮大宮司旧男爵到津家が所蔵している文書。平安時代二三、鎌倉時代一四九、南北朝時代七七、室町時代七八、戦国時代一七八、合計五百五通の文書と巻子・近世文書などがある。源平の緒方惟栄、永禄の大友宗麟の焼討ち、および昭和十八年(一九四三)の水害でおおくを失った。特に貴重なのは『宇佐宮神領大鏡』で、昭和四十五年重要文化財に指定された。そのほか田染荘にかかる長寛三年(一一六五)関白家政所下文、建久の豊前・豊後国図田帳、承安二年(一一七二)中津尾寺(比咩神宮寺)別当紛失状、富貴寺にかかる貞応二年(一二二三)公仲寄進状、建治元年(一二七五)関東寄進状、永仁徳政に関する文書、弥勒寺度縁など貴重な文書が多い。戦前到津公熙によりわずか整理され、東京大学史料編纂所が一部を影写したほかは未公開であった。戦後本格的に編年整理したのは筆者で、『大分県史料』一・二四に校合の上収められた。目録に大分県教育委員会編『(到津小山田)文書目録』、同編『到津近世文書目録』がある。

参考文献 中野幡能『到津文書』解題(『大分県史料』一) (中野　幡能)

いとうろくろべえ　伊藤六郎兵衛　一八二九―九四　明治時代前期の宗教家。丸山教教祖。行名は孝行。文政十二年(一八二九)七月十五日武蔵国橘樹郡登戸村(神奈川県川崎市多摩区登戸)の農民清宮家に生まれ、嘉永五年(一八五二)同村の地主伊藤家の入婿となった。同村は富士信仰の丸山講の本拠で、富士信仰が盛んであった。六郎兵衛は数回の大病を体験して富士信仰を深め、丸山講の先達となって修行を重ねた。明治元年(一八六八)明治維新の内戦に直面して、富士信仰の天下泰平、五穀成就の教えで世を救おうと志した。同三年には信仰の境地がさらにすすみ、神から「地の神一心行者」と称することを許されたとして、富士信仰に立つ独自の神道系教義を説き、現世利益の呪術・祈禱を施した。六郎兵衛は「登戸の生き神行者」と評判され、丸山教は関東・東海の農村に教線を伸ばしたが、同六年以後、たび重なる禁圧をうけ、しばしば検挙・拘留された。同八年布教活動を合法化するために、宍野半がひきいる富士一山講社(のち扶桑教)と合同し、同十五年、参元職(副管長)となった。丸山教は、同十八年扶桑教をはなれ、神道丸山教会として神道本局に所属し、六郎兵衛は同二十六年その大教正となった。同二十七年三月三十日登戸村の丸山教会本院にて没した。六十六歳。墓は登戸にある。述作に、教義と丸山教の沿革を記した『おしらべ(教祖親蹟御法)』八冊(明治二十一―二十七年)などがある。

参考文献 柚利淳一『丸山教祖伝』、村上重良・安丸良夫校注『民衆宗教の思想』(『日本思想大系』六七) (村上　重良)

いどじんじゃ　井戸神社　島根県大田市大森町に鎮座。祭神は、井戸平左衛門正明(一六七二―一七三三)。江戸時代中期の天領石見銀山領の代官。享保十六年(一七三一)九月、同代官職に着任した。この年、石見は、大飢饉(享保の飢饉)にみまわれていた。これに接した平左衛門は、幕府に願い出て甘薯の種芋を取り寄せ沿海諸村に試作させるとともに、官倉を開き、私財を投じて領民の救済に努めた。平左衛門は、着任からわずか一年九ヵ月後の同十八年四月に備中笠岡に転出し、その直後に没した。青木昆陽に先んじた甘薯栽培は、以後、石見の地に根づき、飢饉から多くの人々を救うこととなった。石見諸村では、平左衛門を「芋代官」と呼び、その功を讃え各地に表徳碑が建てられた。明治十二年(一八七九)五月七日、大森に井戸神社を創立してこれをまつることとなった。明治四十三年には社殿を造営。大正七年(一九一八)には県社に列せられた。例祭は五月二十六日、新年祭は三月二十六日、新嘗祭は十一月二十六日に行われる。

参考文献 『島根県史』、島根県神社庁編『神国島根』 (佐伯　徳哉)

いなげじんじゃ　稲毛神社　神奈川県川崎市川崎区宮本町に鎮座する。河崎山王社・山王権現・武甕槌《たけみかづち》神社と呼ばれていたが、明治元年(一八六八)に、鎮座地がかつての武蔵国稲毛庄にあたることから稲毛神社と改称された。旧郷社。武甕槌神を主祭神とし、経津主神《ふつぬしのかみ》・菊理媛神《くくりひめのかみ》・伊弉諾神《いざなぎのかみ》・伊弉冉神《いざなみのかみ》を配祀する。社伝によれば、東国が大和朝廷に平定されていないころ、武甕槌神を祀って天

皇軍の勝利を祈る社として建てられ、欽明天皇により、経津主神・菊理媛神・伊弉諾神・伊弉冉神が祀られたと伝える。また、平安時代末、領主河崎冠者基家が山王権現を勧請して以降、河崎山王社となったと伝えられる。近世には社家九家、社人十三人を抱え、川崎宿と近隣七ヵ村の鎮守とされていた。例大祭は川崎山王祭《かわさきさんのうまつり》と呼ばれ、本来は旧六月十四日から十六日、現在は八月一日から三日に行われており、最終日の神幸には男女二基の神輿が出される。旧社家の「お台所役」が麦御供・濁酒を造る八月二日の「古式宮座式《こしきみやざしき》」は、神奈川県の民俗文化財に指定されている。 （島田　潔）

いなだま　稲魂　稲や米に宿る神聖な霊。記紀神話に穀物神として登場する宇迦之御魂神《うかのみたまのかみ》は『延喜式』祝詞の大殿祭祝詞に「稲霊」と記され、稲そのものを神霊とする信仰が古代よりあったことが知られる。伊勢神宮には、稲穂を納める高床、唯一神明造の御稲御倉《みしねのみくら》と呼ばれる小社がある。この稲穂は収穫祭である神嘗祭《かんなめさい》に用いるものであるが、古代より稲穂に神聖性を認識していたことが知られる。弥生時代の高床の穀倉を神社（社殿）の起源と主張する説も存する。民間習俗としては、奄美大島のアラセツ（旧暦八月の夏正月）として行われるショチョガマにおいては男が山から、平瀬マンカイにおいては女（神女ノロたち）が海から稲魂を迎えて、稲の豊作を祈願する。石川県能登地方では、俵に入れた種籾を神棚の下に置いたり（アエノコト）、長崎県対馬では、天井に吊した後に、俵を次の頭役に継承する例（赤米神事）も見られる。種籾の祭祀が次の年の稲作の前提として不可欠であったのである。　↓田神《たのかみ》 （松尾　恒一）

いなのみどの　稲実殿　大嘗祭の斎場の内院と、悠紀・主基各斎田の傍に設けられ、神供の料の稲を納め置く殿舎。稲実屋とも記す。斎場定まってはじめて斎場の雑屋が構えられるが、斎場の外院に七間の庁以下の諸屋が設けられる中に抜穂御稲を納める屋も設けられる。かくて神祇官が抜穂使（稲実卜部一人、禰宜卜部一人）を卜定し、使は斎郡に赴いて国司とともに稲実殿の地、稲実公を卜定、卜定の御田（大田と称す）の傍に八神殿・高萱御倉・稲実殿その他の殿舎を設ける。稲の実ったころ抜穂の儀が行われて御稲を稲実殿に納め、ついで大嘗祭の斎場に運ばれる。まず外院の権屋《かりや》に納められる。上述の抜穂御稲を納める屋である。次に内院の雑殿が作られて八間の神座殿・高萱片葺御倉・稲実殿その他が立てられて、しかるのちに御稲が稲実殿に納め置かれる。　↓大嘗祭《だいじょうさい》　↓悠紀《ゆき》・主基《すき》

参考文献　『儀式』（『（新訂増補）故実叢書』三一） （是澤　恭三）

いなのみのきみ　稲実公　⇩稲実殿《いなのみどの》

いなばじんじゃ　伊奈波神社　岐阜市伊奈波通に鎮座。旧国幣小社。祭神は五十《い》瓊敷入彦命《にしきいりひこのみこと》（垂仁天皇の皇子）を主神とし、渟《ぬ》熨《の》斗《し》媛命《ひめのみこと》（景行天皇の皇女）・日《ひ》葉《ば》酢《す》媛命《ひめのみこと》（垂仁天皇の皇后）・彦多都彦命（日葉酢媛命の父）・物部十千根《とおちね》命《のみこと》（物部連の祖）の四柱を配祀神とする。祭神は三野国造・本巣国造のゆかりによって祀るという。由緒は景行天皇の時、五十瓊敷入彦命が東夷の教化、地方開拓に大功を樹てた功績を偲び、岐阜市稲葉山の西北の椿原に鎮祭したのに始まるという。弘長元年（一二六一）正一位に昇叙、文永四年（一二六七）正一位因幡大神の神額を賜わった。延文四年（一三五九）卜部兼前は当社本縁起を勘録、文明四年（一四七二）斎藤妙椿は本縁起を再写し、土御門天皇より題簽を賜わった。天文八年（一五三九）斎藤秀竜（道三）は稲葉山を居城とするにあたって現社地に移遷した。このとき厚見郡の延喜式内社の物部神社をも当社に合祀した。爾来稲葉城鎮護の神として織田・豊臣両氏の崇敬を受けた。明治六年（一八七三）に県社、昭和十四年（一九三九）に国幣小社に列した。現社殿は明治三十年の造営にかかる。宝物に景依銘太刀・亀山天皇勅額・卜部兼前撰当社本縁起・狛犬などがある。例祭は四月四日・五日。特殊神事に花撓（旧一月晦日・二月一日）、例大祭には岐阜祭として神幸行列・くどき神楽・山車曳出などがある。

参考文献　『特選神名牒』、『神社明細帳』 （岡田　米夫）

いなばまさくに　稲葉正邦　一八三四―九八　明治時代の教派神道の一派、神道本局の初代管長。天保五年（一八三四）五月二十六日生。父は陸奥国二本松藩主丹羽長富、母は酒井忠発の長女鏗子。山城国淀藩主稲葉正誼の養子となり、家督相続後、京都所司代や老中など江戸幕府要職を歴任するが、戊辰戦争では維新政府側につく。平田派国学を学び、明治維新後は神道界で活躍。明治初期の宗教行政に深く関与した。明治五年（一八七二）、教部省中教正に任じられたのをはじめに、静岡県三島神社大宮司、大教院大教正などを歴任。神仏合同布教体制崩壊をにらみ、三条西季知・田中頼庸・鴻雪爪・平山省斎などと同八年、神道事務局を設立し神道の組織化を図る。翌年には三部制となった神道の第三部管長に就任。同十五年の神道の祭教分離、同十七年の教学分離に伴い発足された神道（本局）の初代管長となる。また、同年に子爵となる。明治三十一年七月十五日六十五歳で死去。東京青山墓地に葬られる。著書には『東閣遺草』などがある。

参考文献　『淀稲葉家文書』（『日本史籍協会叢書』一八七） （永井美紀子）

いなりこう　稲荷講　稲荷神を崇拝する信者が結成する宗教結社、またはその行事。二つに分けられる。一つは伏見稲荷社・豊川稲荷社、または津軽の高山稲荷など著名な霊社に参詣する講集団で、講員全体が参加する総参講と一部の代表者が代理する代参講の二形式がある。いずれも本部の宗教行事に出席し、帰村後勧請した祈禱札などを神棚や門口に掲げ五穀豊穣や豊漁を祈念する。もう一つは、霊社への参拝形式を踏まず、部落内の家・同族ごとに屋敷や田の一隅に小祠を建て、初午とか春秋の

二季に氏子が集まって祭典を催す講組織である。その祭日には祠前に甘酒・赤飯・油揚げなどの神供を供え、初午には年間の息災を、また春には豊かな秋の実りを祈願し、そして秋の収穫後には当年の豊産に対する感謝祭を施行する。そのとき新藁で祠の屋根を葺くところもある。本来農神から発した民俗信仰が、稲荷神普及の影響をうけて神名を変えたものと考えられる。

参考文献　五来重『稲荷信仰』、肥後和男「稲荷伝説」(『日本神話研究』所収)、柳田国男「田の神の祭り方」(『定本柳田国男集』一三所収)　(桜井徳太郎)

いなりしゃけぶっきりょうのこと　稲荷社家物忌令之事　京都の伏見稲荷大社の服忌令。おそらく稲荷社の社人によって鎌倉時代末期ないし室町時代初期に作成されたものと考えられる。一巻。『稲荷服忌令』ともいう。表題の物忌は『日光山物忌令』にもみられるが、一般的には服忌と書く。さらに服忌は忌服とも称し、近親者が死去したとき喪に服するもので、一定の期間は神前に出ることが慎まれた。服忌令は神社や神職にも定められたのであり、たとえば伊勢神宮・賀茂社・八幡社・新羅社、また吉田家・白川家などの服忌令がある。当物忌令は断簡であり、現存のものは十ヵ条より成る。うち一条「二親仮五十日、服十三个月」から七条「産女穢、卅个日」までは他社の服忌令と似ているが、八条の「猪者三十三日、鹿七十五个日」、九条の「蒜《ヒル》七十五日、葱《ツキ》七个日、薤《ニラ》三个日」、十条の「二親服、同火七日忌之、軽服同火三个日忌之」などに特徴がみられる。稲荷社の古い服忌令は『諸社禁忌』の中にみられ、比較すると、当物忌令の方が重い。『続群書類従』神祇部所収。

参考文献　『群書解題』一下　(三橋　健)

いなりしんこう　稲荷信仰　京都市伏見稲荷大社に祀られる稲荷大神(宇迦之御魂大神《うかのみたまのおおかみ》)の信仰。この神は山城の帰化豪族である秦氏と特別の関係をもち、古く『山城国風土記』逸文にも、稲を象徴する神であることがみえている。五穀をはじめ、すべての食物や蚕桑のことをつかさどる神で、「稲生り《いねなり》」が約音便によりイナリとなったが、その神像が稲を荷っているところから、稲荷の字を充てたといわれている。わが国は往古から農業国で水田に稲を作り、米を主食としていたから、深く農耕神を信仰し、これが自然に稲荷信仰と結びついたと考えられる。平安時代に入り、教王護国寺(東寺)の草創に際して真言密教と習合し、稲荷神社は同寺の鎮守と仰がれ、朝野の尊崇をあつめて社運が隆盛となり、稲荷信仰もそれに伴ってひろく伝播し、特に初午などには一般民衆が群参した。中世から近世にかけて工業が興り、商業が盛んになると、稲荷の神格も農耕神から殖産興業神・商業神・屋敷神と拡大し、「衣食住の大祖、万民豊楽の神霊」と仰がれ、農村だけでなく、大名・町家の随所に稲荷神が勧請されるに至った。江戸の市中では、最も多いものの一つは稲荷神祠であるといわれたが、これは全国的な傾向で、津々浦々に至るまで、稲荷大神が奉祀された。この稲荷神勧請のことは現代も引きつづき行われ、現在その神社数全国で三万余に達し、諸神のうちでは最も多い。これに個人の邸内祠などを加えればほとんど無数であって、その信仰の広くして強いことが知られる。このことは稲荷大社の社頭や、お山(稲荷山)における信仰者の熱烈な行状からもうかがわれる。ちなみに、稲荷神の神使をキツネとする民間信仰(眷属信仰)は、中世にまでさかのぼり今なお根強いものがある。これは宇迦之御魂神の一名を御《み》饌津神《けつかみ》というので、キツネの古名のケツとの音通から、三狐神《みけつかみ》の字を充てたことにもとづく。仏家では稲荷神を経典中の荼枳尼天《だきにてん》に習合してまつり、狐に付会しているが、これらは本来的な稲荷信仰とはいいがたい。なお、本宮の背後の稲荷山には、各信者の守護神(御眷属)が祀られ、お塚と称し、その数は七千七百六十二基(昭和四十一年調)にも及んでいる。

稲荷信仰　稲荷山参道

参考文献　『稲荷大社由緒記集成』信仰著作篇、近藤喜博『古代信仰研究―稲荷信仰論―』、肥後和男「稲荷信仰のはじめ」(『朱』一)　(小島　鉦作)

いなりじんじゃしりょう　稲荷神社史料　京都の伏見稲荷大社の歴史に関する根本史料集。伏見稲荷大社編。既刊五冊。昭和十年(一九三五)より同十六年にわたり同社社務所より刊行された。同社では明治三十七年(一九〇四)十一月に『稲荷神社志料』一冊を刊行、ついで同四十二年増訂版を刊行したが、なお遺漏・不備などがあったので、それを遺憾とし、大正十四年(一九二五)、三上参次・辻善之助の指導のもと、竹島寛が史料の蒐集にあたり、昭和四年より新たに小島鉦作が協力し、高山昇宮司の監督のもとに稿本の整備が進められた。全体の編目は、㈠祭神、㈡鎮座地及社地、㈢社殿及摂末社、㈣祭祀、㈤祠官及氏子、㈥神階及社格、㈦社領及社費、㈧奉幣及祈請、㈨行幸啓及御幸、㈩崇敬、(十一)仏寺及社僧、(十二)稲荷山、(十三)稲荷門前町、そして別編に稲荷信仰・稲荷神社分布・年表・索引などが予定されたが、刊行されたのは第五輯(㈥神階及社格・㈦社領及社費㊤、七三六頁、昭和十年三月)、第六輯(㈦社領及社費㊥、八一八頁、同十一年三月)、第七輯(㈦社領及社費㊦、八三〇頁、同十二年三月)、第八輯(㈧奉幣及祈請㊤、八五四頁、同十四年三月)、第九輯(㈧奉幣及祈請㊥、七八〇頁、同十六年十二月)の五冊だけであり、その他は未刊である。　(三橋　健)

いなりじんじゃもんじょ　稲荷神社文書　京都市伏見稲

荷大社の文書。元弘三年(一三三三)五月十日足利高氏書下以下、雑訴決断所牒、足利氏御教書、豊臣・徳川両氏朱印状などがある。昭和初年以降、同社は史料編纂のため、文書の調査と収集とに努めたが、それが機縁となって大西・西羽倉・松本など旧社家の襲蔵文書が相ついで寄納され、さらに坊間の関係文書の収集を怠らなかったので、現在社蔵の文書は総数四千七百余通に達している。ただ同社は応仁の乱に戦火に罹ったため、時代のさかのぼるものがやや乏しい憾みがないではないが、戦火を免れたと見られる応仁以前の文書十一通を蔵している。東京大学史料編纂所には明治二十年(一八八七)影写の影写本二冊および旧社家の羽倉文庫(東西両家)の影写本一冊を蔵する。 (小島　鉦作)

いなりしんとう　稲荷神道　京都市伏見稲荷大社の社家に発達した神道説で、稲荷大神の奉斎を中心とした所伝である。稲荷大社は古く朝野の尊崇をあつめたが、時代とともにその神徳・神事などにもとづいて所伝が形成され、同社奉仕の秦・荷田両家は、それぞれ社家の立場から説をなした。『神号伝幷後付十五ヵ条口授伝之和解』は秦氏所伝として著しいものであり、荷田氏の所伝は『稲荷社奥秘口伝』(『稲荷社由緒注進状』)において窺うことができる。これらは中世に成立し、近世に入って大成されたもので、大山為起・荷田春満・天阿の三人は、稲荷神道中興の祖と認められる。為起は秦姓社家に生まれ、垂加神道家としても著聞するが、つとに稲荷社の古儀と伝家の秘説とを研鑽してこれを大成しており、春満は荷田姓社家の出で、周知のように国学の四大人の一人であるが、為起に刺激されて思いを神道に潜め、江戸に出たはじめは稲荷の秘伝を伝授したと伝えられ、また道徳至上主義を基調とした神祇道徳説をたてた。秦親盛・同親臣らはその門流で、いずれも稲荷祠官であった人である。天阿は稲荷本願所愛染寺の住持で、『稲荷一流大事』で代表せられる、神仏習合による愛染寺流とも称すべき稲荷神道説をなした。これらはいわゆる稲荷勧請の思想的精神的背景となったものである。

参考文献　山本信哉「隠れたる神道家大山為起翁の伝」(『神社協会雑誌』七ノ三―九)、岩橋小弥太「荷田春満の神祇道徳説」(『神道史叢説』所収)、小島鉦作「天阿上人と稲荷神道」(『朱』一〇) (小島　鉦作)

いなりたいしゃ　稲荷大社　京都市伏見区稲荷山西麓に鎮座。旧官幣大社。現在伏見稲荷大社と称する。全国三万余を数える稲荷神社の総本社。祭神は古来諸説があるが、現今は、宇迦之御魂大神《うかのみたまのおおかみ》(下社・中央座)・佐田彦大《さだひこのおお》神《かみ》(中社・北座)・大宮能売大神《おおみやのめのおおかみ》(上社・南座)・田中大神《たなかのおおかみ》(田中社・最北座)・四大神《しのおおかみ》(四大神社・最南座)の合わせて五座で、これを稲荷大神、あるいは稲荷五社大明神と称している。和銅四年(七一一)二月七日初午の日に、稲荷山三ヶ峯に鎮座したと伝える。爾後秦氏一族が禰宜・祝となって祭祀に奉仕した。国史における初見は、天長四年(八二七)従五位下を授けられたことであるが、以後神階は次第に進み、天慶三年(九四〇)従一位、ついで同五年ごろには、はやくも正一位の極位に叙せられた。一方、それと相まって仁寿二年(八五二)以降、朝廷よりしきりに奉幣のことがあり、崇敬ことに篤く、また封戸・神田など寄進のことがあった。『延喜式』の制では、稲荷神三座(下・中・上三社の神)は名神・大社に列し、祈年・月次・新嘗の案上および祈雨の官幣に預かり、やがて二十二社の制が成立すると、その一つに加えられ、上七社第六に位するに至った。ことに後三条天皇は、延久四年

稲荷大社外拝殿・楼門

稲荷大社本殿・内拝殿

（一〇七二）三月にはじめて当社に行幸のことがあり、以後、鎌倉時代にわたって当社行幸のことは歴代の流例となった。またしばしば行啓・御幸の儀が執り行われた。平安時代末期以降荘園盛行の時代になると、当社も山城・美作・備後・加賀・越前・美濃などの諸国に荘園をもち、地元の山城国には豊田荘を領知したほか、当社付近の地区には多くの神田を有し、これらは神用に供するとともに、社家の経済生活に充てられた。下って建武新政の際には、建武元年（一三三四）九月、社領加賀国針道荘が安堵され、室町時代には将軍家よりしばしば諸荘安堵のことがあった。さらに正親町天皇は、元亀二年（一五七一）、特に室町幕府に対して本社に濫妨した三淵藤英らの非違を糺弾せしめた。豊臣秀吉は天正十七年（一五八九）社領として百六石を寄せ、かつ境内地子以下を免除し、徳川氏はこれを承け、朱印領として安堵して幕末に及んだ。明治四年（一八七一）五月、新制度によって官幣大社に列したが、第二次世界大戦後は国家管理を離れ、昭和二十一年（一九四六）七月、新たに規則が制定せられ、宗教法人伏見稲荷大社として運営されるようになった。当社は古来民衆の信仰が強く、国家管理の時代にも民衆の信仰の最も強い神社の随一とされていた。これは衣食住という民衆の日常生活を守護する祭神の神徳にもとづくものである。なお、朱印領が明治維新の際上知されたことはいうまでもないが、境内地においても、もと稲荷山の山上・山下を含めて総面積約二十六万坪に及ぶ広大なものであったのが、一挙に二万坪余を残して他は上知された。しかし、その後政府と折衝を重ね、明治三十五年と昭和三十七年との二回の払下げによって、現在はおおむね上知以前の規模に復帰した。当社はもと稲荷山に、下社・中社・上社の三社があったが、のち田中大神と四大神とが奉祀されて五社となった。応仁の乱にそれらの多くが灰燼に帰し、その後現在のような五社相殿の本殿が山麓に建立されたといわれている。現在の本殿は明応八年（一四九九）の建造にかかり、天正十七年豊臣秀吉の修理を経ており、稲荷造と呼ばれる檜皮葺五間社流造、五十六坪（一八五平方メートル）余である。昭和三十六年新たに内拝殿を造営し、向拝大唐破風をその正面に移して、本殿を明応造営当時の姿に復元した。ちなみに、当社は古くから教王護国寺（東寺）の鎮守と仰がれ、五月の還幸祭には、旅所を出た五座の神輿は、途中同寺に入り、神供のことがあって還幸するのを例とした。神宮寺のことは古く所見はないが、中世末期ごろから本願所（のちの愛染寺）のことがみえ、近世には社家にならって御分霊授与のことも行なっているが、維新の際廃せられた。当社の祭礼は古来稲荷祭として知られた。現在特殊神事の主なものは大山祭（一月五日）、奉射祭（一月十二日）、初午大祭（二月初午の日）、稲荷祭、火焚祭（十一月八日）、御煤払祭（十二月初申日）である。なお、本殿ならびに境内なる後水尾天皇御下賜御茶屋（寛永十八年当社祠官荷田延次拝領、禁裏庭内のものを移築）はともに重要文化財に、また荷田春満の旧宅は史跡に、いずれも指定されている。

参考文献 『稲荷大社由緒記集成』祠官著作篇、『（増訂）稲荷神社志料』、『稲荷神社史料』五、伴信友『験の杉―稲荷神考証―』（『稲荷大社由緒記集成』研究著作篇）、前田夏蔭『稲荷神社考』（同）、西田長男「稲荷社の本縁」（『日本古典の史的研究』所収）、同「荷田氏所伝の稲荷社縁起」（『神道史の研究』二所収）、福山敏男「伏見稲荷大社の社殿」（『日本建築史研究』所収）

（小島 鉦作）

いなりたいしゃゆいしょきしゅうせい 稲荷大社由緒記集成 京都の伏見稲荷大社の由緒記を集成したもの。伏見稲荷大社編。全六巻、総目次・索引一冊。昭和二十四年（一九四九）四月より小島鉦作を責任者として編纂事業が始められ、全国各地の稲荷大社由緒記に関する史料調査と採訪がなされ、これを『稲荷大社由緒記集成』と名付け、昭和二十八年八月より同五十八年五月に至る三十年間に、祠官・信仰・研究・教化・続祠官・補遺の六篇に類別して逐次刊行された。総頁数は二一五〇余頁に達し、巻頭に各文献の解説を施してあり、貴重な箇所はコロタイプ図版（一一〇葉）として掲載してある。伏見稲荷大社ならびに広く稲荷神社の由緒記の根本史料として貴重である。各巻の刊行年月日を示すと、祠官著作篇（昭和二十八年八月刊）・信仰著作篇（同三十二年九月刊）・研究著作篇（同四十二年十一月刊）・教化著作篇（同五十一年一月刊）・続祠官著作篇（同五十四年三月刊）・補遺篇（同五十八年五月刊）となり、同六十三年三月、総目次・索引が刊行されている。

参考文献 三橋健「伏見稲荷大社編『稲荷大社由緒記集成』補遺編」（『日本歴史』四三二）

（三橋 健）

いなりちんざゆらい 稲荷鎮座由来 京都の伏見稲荷大社の鎮座に関わる由来記。一巻。伝本には「稲荷鎮座由来事」「稲荷大明神流記」「稲荷流記」との外題および内題をもつものもある。著者・成立は不詳。杲宝（一三〇六―六二）撰『東宝記』に、当書の主文の一部をそのまま引用してあることから、南北朝時代以前に成立していたことがわかる。内容ははじめに空海が紀州の田辺で稲荷神の化身の老翁と会い、そのとき老翁は稲を荷なって東寺に来臨し、鎮守神となることを約束したと述べ、次に「私云」として稲荷五社の本地を掲げ、続いて「竜頭太事」と題し、荷田氏の祖である竜頭太と荷田社の鎮座を記し、次に「命婦事」と題し、老狐が船岡山から稲荷山へ来て、稲荷神の眷属となるなど四部から構成されている。これらの内容は後世の稲荷社の縁起類に影響を及ぼした。本書の伝本には東寺観智院に賢宝自筆本・融然自筆本・賢賀本などがあり、ほかに高野山親王院本・東寺執行阿刀家本・東寺私用集所収本などが存する。世に流布している続群書類従本は文化十三年（一八一六）に融然自筆本から書写したものである。『続群書類従』神祇部所収。

参考文献 『群書解題』一上、小島鉦作『稲荷大明神流

記』解題(『稲荷大社由緒記集成』信仰著作篇)　(三橋　健)

いなりまつり　稲荷祭　京都市伏見稲荷大社の祭礼。古くは四月上卯日(三卯あれば中卯日)を式日とした。この祭礼は、まず三月中午日の御輿迎の儀に始まる(これを渡御祭または御出という)。当日は神璽を神輿に遷し、旅所に渡御があり、駐ること二十日で、上述の四月上卯日に還幸があって祭典が行われる。この還幸祭を稲荷祭という。旅所より還幸の際、神輿が教王護国寺(東寺)に入り寺家の献神供あるを例とした。祭儀厳正で、平安時代から京中殷賑を極めたことは多くの記録にみえているが、中世以降毎年勅裁の綸旨を神祇伯に下され、祭典執行を社司に委せられることとなり、漸次簡略となった。しかし安永三年(一七七四)以後再び旧儀に復し、綸旨を行列の中央に奉じ、社司が供奉した。しかし、明治六年(一八七三)の改正によって綸旨の下賜が停められ、四月九日が例祭とされ、神幸・還幸両祭も一社限りの祭典となった。すなわち式日も改暦によって四月第二午日を神幸祭、五月第一卯日を還幸祭と変更されたが、稲荷祭の名は依然として存し、京洛における春の重要年中行事の一つとなっている。現在は四月下旬の第一日曜日に神幸があり、五月三日に還幸がある。神幸・還幸とも稲荷祭というが、本儀は還幸祭である。

参考文献　近藤喜博「稲荷祭攷」(『古代信仰研究』所収)、赤松俊秀「稲荷祭と東寺」(『朱』三)　(小島　鉦作)

いなりもうで　稲荷詣　年中行事の一つ。二月初午《はつうま》の日、稲荷神社(現伏見稲荷大社)に参詣すること。稲荷神が山城国稲荷山三ヶ峯に鎮座したと伝える和銅四年(七一一)二月壬午(七日)は、二月の初めの午の日であったので、その日を初午といって、稲荷神社に詣でて福を祈る風を生じた。『今昔物語集』二八に、二月初午の日は「昔ヨリ京中ニ、上中下ノ人、稲荷詣トテ参リ集フ日也」とあるように、初午の日には古くから稲荷山の稲荷下社・中社・上社に群参した。早く『紀貫之集』や『枕草子』にもみえ、『源道済集』や『永久四年百首』、下っては『孝明天皇御集』などには、稲荷詣の詞書のもとに幾首かの和歌が詠まれており、初午の日であるのでまた初午詣とも称している。この日は神木である験《しるし》の杉の小枝を請い受けて家にもち帰る風習があったが、これは福を祈るためで、これによってまた福参りともいっている。ちなみに、稲荷信仰が盛んになるにつれて、午の日は二月の初午に限らず常に賑わい、その前日の巳の日も宵宮《よいみや》として参詣者が多い。　(小島　鉦作)

いぬがみ　犬神　憑物は世界のどこでもみられ、日本でもほとんどの地域でみられた。時代の上るほどその考え方は一般的であり、その力も強かった。犬神は現在四国・中国西部・九州東部に分布している。「犬を殺して祭り、妖術を行ふ」(『鬼神論』)とあり、犬の霊が人に憑くという考え方を中心とした文化複合である。わが国の憑物の中で、その分布は最も広い。出雲の狐憑などと同じ形態の事象である。『賤者考』などは「もろこしの蠱毒の類にて」と述べている。律にも「造二畜蠱毒一及教令者絞」とみえる。文明四年(一四七二)の阿波の犬神下知状、土佐長宗我部の犬神持の死刑などその禁止の姿は諸著につたえられている。土中に埋めた飢えた犬に食物をみせて首を打ち落とし、焼いた灰を辻に埋め、人にふませたものを用いての妖術ともいわれて来た。この呪物の造り方は紀州の猫神などにもみられ、共通の中国巫蠱術に基づいている局面を示している。この現象は病気・死などの場合、犬神持に犬神を憑けられた故にとの解釈の上に立っている。その症状は「心身悩乱して病をうけ、もしは死する」(『醍醐随筆』)、「骨節犬の咬むが如く、熱盛にして譫言妄語す」(『土州淵岳志』)、「自ら思わざるに口ばしり、憑いた人の声音、様子にて話し行動する」などである。中心的パターンは無意識の状態で喋ることであり、この状態で話される事への社会的信頼度の高さである。憑くものが犬神であれ、狐であれ社会心理現象としては同じである。社会的暗示の強く働いている現象である。犬神持が憑けると考えられているが、この持ちの数は多い。四国南西部の場合、普通部落の一割程度であるが、部落全部に近い所もある。この犬神筋との婚姻はなされない。犬神は婚姻について来るといわれる。狐持・くだ持・トンビョウなどの場合も同じである。また一度なったものは絶対にきえない。そこで村々は犬神持、筋の悪いものと、よいものとの混在の姿になっている。犬神筋から田畑・家を買わない所もある。土佐の畑一郷の焼き殺しなどは、かつてからこの姿の存在を示している。これは術者のみが、犬神持といわれる場合と異なった姿である。犬神は「大きさ米粒ほどの狗なり」色はなどその形態への言及も多いが、犬神が憑いているとか、どの人からということは祈禱師・巫女・修験の解釈診断による。この解釈がこの現象で重要因子であるが、これが地域の人々に受け入れられる時に意味をもつ。この憑物を落とす場合も、彼らの祈禱その他の方法による。憑座《よりまし》を用いるものもある。同一部落で犬神・生霊・死霊・トンビョウなど数多くのものが憑くこともあり、同時に一人に多くが憑くと解釈されることもある。現在、持ちは被害者としてあるが、かつては犬神は主人の意志を行うものとして捉えられて来た。犬神現象はこのような諸要素と時代的変化を含む文化複合である。

参考文献　石塚尊俊『日本の憑きもの』、堀一郎『日本宗教の社会的役割』、柳田国男「巫女考」(『定本柳田国男集』九所収)、吉田禎吾他「西南日本村落に於ける秩序と変貌」(『九州大学比較教育文化施設紀要』一八)　(野村　暢清)

いぬじにん　犬神人　中世近畿地方の大社に隷属した最も身分の低い神人。特に祇園社の犬神人が有名で、長元四年(一〇三一)、宣旨により祇園四至の葬送法師を捕獲させた(『小右記』)とあるのがその初見である。その後延久二年(一〇七〇)後三条天皇より社領回りの広大な神領を下賜された時、四条以南五条以北の河原田が犬神人に支給された。犬神人の源流は前記の葬送法師のほか、律令制の解体によって、造兵司の雑工戸が受け継いだものと思われる。彼らが弓矢を製造販売して、「つるめさん」(つるめそ、弦売僧)と呼ばれ、現在もその辺に弓矢町の町名が残っているからである。彼らは社内の清掃から、祇園会の山鉾巡幸の警固、社領区域内の警察や執達吏の仕事まで受け持ったが、不浄の清掃区域は市中全域に拡がり、葬送・埋葬などに関する特権を獲得した。そのほか祇園社ならびにその本所山門の走狗として、一向宗や法華宗などの迫害の先兵を務めた。→神人《じにん》

参考文献　『八坂神社記録』、喜田貞吉「つるめそ(犬神人)考」(『社会史研究』九ノ四―六)、野田只夫「中世賤民の社会経済的一考察―特に祇園社犬神人について―」(『京都学芸大学学報』A一四)
(野田　只夫)

いぬまつり　犬祭　山形県鶴岡市馬町の椙尾《すぎお》神社で六月五日に行われる、人身御供の伝説にちなんだ祭。大山犬祭ともいう。言い伝えでは、椙尾神社の裏山には、昔、ムジナが住んでいて、化け物となって田畑を荒らし、毎年娘を人身御供させて、村人を苦しめていた。そこへ六部が通りかかり、夜中に社殿に隠れていたところ、化け物が現われ、「丹波の国メッケ犬に聞かせるな」とつぶやくのを聞いた。六部は丹波国でメッケ犬を捜し出し、駕籠に乗せて人身御供の代わりに差し出した。翌朝、大ムジナ二体の死体と血に染まったメッケ犬が倒れていた。村人はこれを感謝し、以後、メッケ犬の霊を弔って犬祭を行うようになったと伝えている。この祭は、上頭・大山頭・下頭の三地域の頭屋によって支えられている。六月五日の本祭では、行列の先頭にメッケ犬の模型を乗せた箱車、子どもたちが担ぐ犬神輿、人身御供の行列に模した、駕籠に乗った仮女房に着飾った侍女たちが従う花嫁行列、鎌倉時代の出羽太守武藤氏が参拝したときの行列になぞらえたとされる大名行列、巫女舞などあり、からぐり山車が引き回される。渡御の行列は神社下で合流し、山上の神社へ登る。昔の祭日は旧暦三月十五日、その後五月十五日に変更され、現在の祭日になった。
(茂木　栄)

いのうえてつじろう　井上哲次郎　一八五五―一九四四　明治・大正時代の哲学者。号は巽軒。安政二年(一八五五)十二月二十五日、筑前大宰府の医家に生まれた。幼時漢学を、ついで英学を学び、明治八年(一八七五)に上京し、東京開成学校予科を経て、同十年新設された東京大学の哲学科に進み、同十三年七月同科の第一回卒業生となる。同十四年杉浦重剛らと『東洋学芸雑誌』を刊行し、翌十五年には、外山正一・矢田部良吉と『新体詩抄』を出して、新体詩運動の先駆者となる。同十五年東大助教授となり、東洋哲学史を講じ、また西洋哲学の紹介と訳語に腐心して、『西洋哲学講義』(明治十六年―十八年)、『哲学字彙』(同十七年)の二著を、有賀長雄と共同で出した。明治十七年ドイツに留学し、クーノー＝フィッシャー、ツェラー、ブントらの講義を聞き、エドアルト＝フォン＝ハルトマン、フェヒナー、リープマンらと接触した。二十三年十月に帰国後直ちに、日本人としてはじめて帝大哲学科の教授に任ぜられ、以後大正十二年(一九二三)三月に六十九歳で退職するまで、哲学界の大御所として教育界にも隠然たる勢力をもっていた。その間、明治三十八年に東京学士会院会員に選ばれたほか、文科大学長、哲学会会長、文部省中等教育修身科検定委員、教科書調査委員などを歴任し、また哲学館・学習院などでも哲学・修身を講じた。東大退職後、大正十四年に大東文化学院総長となり、また貴族院議員となったが、翌年、前年の著作『我国体と国民道徳』における三種の神器の解釈を「不敬」とする非難がおこり、問題の拡大を避けるために一切の公職を辞任した。その後、東洋大学・上智大学・立正大学などで東洋哲学・日本哲学を講じ、国家主義的な立場から多数の著書を出したが、昭和十九年(一九四四)十一月九日に没した。九十歳。井上は、『倫理新説』(明治十六年)のなかで、すでに観念論への傾向と西洋哲学への関心を強く示していたが、留学後はドイツ哲学の論理を手がかりとして東洋思想の哲学的研究への道をひらくとともに、哲学の立場から東西思想の「融合統一」をはかることの必要を強調した。井上の『現象即実在論』(明治二十七年)は、こうした志向にもとづく一つの先駆的な試みではあったが、思考方法の安易さのために、結果としては表面的な折衷の域を脱しえなかった。東洋哲学研究の主要著作としては、『日本陽明学派之哲学』(明治三十三年)、『日本古学派之哲学』(同三十五年)、『日本朱子学派之哲学』(同三十八年)の三部作があり、文献集としては蟹江義丸と共編の『日本倫理彙編』全十巻、有馬祐政と共編の『武士道叢書』全三巻などがある。また、井上は国民道徳・国民教育の問題にも強い関心を示し、教育勅語が出されるとその注釈書『勅語衍義』(同二十四年)を著わして、忠君愛国の精神を鼓吹し、さらに『教育ト宗教ノ衝突』(同二十六年)では国家主義的立場からキリスト教を排撃した。この面での主要著作としては、『国民道徳概論』(大正元年)、『日本精神の本質』(昭和九年)、『戦陣訓本義』(同十六年)などがあげられる。

参考文献　井上哲次郎『懐旧録』、船山信一『明治哲学史研究』、下村寅太郎・古田光編『哲学思想』(『現代日本思想大系』二四)、井上哲次郎「明治哲学界の回顧」(『(岩波講座)哲学』所収)
(古田　光)

いのうえまさかね　井上正鐵　一七九〇―一八四九　江戸時代後期の神道家。禊《みそぎ》教の教祖。寛政二年(一七九〇)八月四日、江戸浜町館林藩主秋元但馬守永朝の邸内で誕生。安藤市郎左衛門真鉄の次男。母は伊予今治の藩士井出久兵衛の女で千代子。幼名は喜三郎。幼くして、富田家(本姓井上)の養子となる。十八歳ごろより修業に出て、卜占・医学などを学び、さらに白川流の神道伝授を受

け、禊祓の法、および調息の法(「長息《ながよ》の伝」といって無声の祓)を体得した。三十九歳の時、上総の久留里藩士安西常助の三女糸子(のちの男也)を妻とする。天保十一年(一八四〇)四月十五日、武蔵国足立郡梅田村の神主となり、一派の神道説をたて、その教説を宣布した。その信仰の根本は、天照大神にただひたすらにすがり、「その神徳を仰ぎ唱ふる声枯尽き果てし時、突息引息《つくいきひくいき》も出兼ねる時に至りて身体豁然として快き事を覚え、をしや、ほしや、いとしや、可愛やの迷ひの心もなく」(『神道唯一問答書』)、忘我の状態になったときに、身心ともに救われるという。しかし、異端な神秘主義であるとして、幕府の取調べを受け、天保十二年十一月二十三日、寺社奉行に拘引された。翌年二月、いったん許されたが、その後も信徒(門中)は増える一方であったので、同十四年、再び拘引され、ついに三宅島へ流された。在島中も島民を教化していたが、嘉永二年(一八四九)二月十八日、謫所で没した。六十歳。明治十一年(一八七八)、門人らが遺骨を梅田村に改葬、同十二年十二月十二日、高弟坂田鐵安らによって、東京下谷西町に井上神社が建てられ、そこに祀られた。著書に、幕府に弁明書として提出した『神道唯一問答書』二巻のほか、『神道唯一問答書継』『遺訓集』などがある。→禊教《みそぎきょう》

[参考文献] 荻原稔編『井上正鐵年譜稿』、井上祐鉄『井上正鐵真伝記』、小木藤太郎『教祖井上正鐵大人実伝』、麻生正一『神道家井上正鐵翁』、みそぎ文化会編『禊教の研究』、三橋健「井上神社の成立」(『神道大系月報』二一)　(三橋　健)

いのうえよりくに　井上頼圀　一八三九―一九一四　幕末・明治時代の国学者。幼名を次郎、通称を肥後または鉄直、号は伯随または厚載。天保十年(一八三九)二月十八日井上民造の長子として江戸神田松下町に生まる。母は鈴木小兵衛の女喜知子。弘化元年(一八四四)手習師匠山本伊兵衛に入門、ついで高崎藩士犬塚義章について漢籍の素読をうけ、嘉永三年(一八五〇)には旗本の家に出入りして朱子学を講じ、また自宅で近隣の児童に素読を授けたりした。安政三年(一八五六)相川景見について歌学を修め、文久元年(一八六一)平田鉄胤の門に入り、元治元年(一八六四)には権田直助の門下となり、明治二年(一八六九)皇漢医道御用掛を仰せ付けられた。また同四年には私塾神習舎を開き、八年には大神神社少宮司兼補大講義となり、十年には宮内省御系譜掛を命ぜられた。かくて十五年六月には松野勇雄以下五名とともに発起人となって皇典講究所を設立した。これより後、皇典講究所講師、国学院講師、『古事類苑』校閲員、宮内省図書寮御系譜課長、華族女学校教授、学習院教授、図書寮編修課長、六国史校訂材料主任などを歴任し、この間三十八年には文学博士の学位を授けられた。大正三年(一九一四)七月四日東京麴町に七十六歳で没し、青山墓地に葬られた。著者の主なものには『都々古別神社考証』『越洲考』『皇統略記』『古史対照年表』『長慶天皇御即位論』『後宮制度沿革考』などがある。また愛書家としても有名であったが、今日その旧蔵書は無窮会図書館に神習文庫として収められている。　(岸本　芳雄)

[参考文献] 田辺勝哉『井上頼圀翁小伝』、甲斐知恵子・加藤幸子「井上頼圀」(『近代文学研究叢書』一四所収)

いのうひでのり　伊能穎則　一八〇五―七七　幕末・明治時代前期の国学者、歌人。通称は三右衛門・三造・外記、号は蒿村・梅宇。文化二年(一八〇五)下総香取郡佐原村に生まれた。神山魚貫・小山田与清・井上文雄に和歌を、平田篤胤に古学を学ぶ。嘉永のころ、家業(呉服商)を棄て江戸に出て家塾を開いた。明治二年(一八六九)大学大助教となり、『令義解』の御前講義をつとめた。ついで宣教中博士、帰郷して香取神宮少宮司兼権少教正となり、人心補導にあたった。また、蔵書をすべて香取神宮に寄付した。下総地方に歌道・国学のひろまった一因は彼に負うところが大きい。明治十年七月十一日没。七十三歳。香取郡牧野村(千葉県佐原市牧野)の観福寺に葬る。著書に『大日本史類名称訓』正続編、『歌語童喩』『神道新論』『夏衣集』『歌文集』などがあり、小中村清矩・木村正辞・横山由清・榊原芳野らは門人である。

[参考文献] 清宮秀堅『古学小伝』　(山本　武夫)

いばらきけんごこくじんじゃ　茨城県護国神社　水戸市見川に鎮座。祭神は、嘉永六年(一八五三)以降の国難に殉じた者ならびに以後の諸事変・戦役において没した者の霊を祀る。もと鎮霊社と称し、明治十一年(一八七八)二月、徳川光圀・斉昭を祀る常磐神社の境内に明治維新前後に殉難した水戸藩士を祀る招魂社を建立したことを創始とする。その後昭和二十年(一九四五)七月までは、靖国神社に合祀された祭神にして茨城県出身者の霊を逐次合祀し、第二次世界大戦後は戦没した県関係の軍人・軍属の霊を合祀している。昭和十四年四月、鎮霊社護国神社と改称し、同十六年十月、一道府県に一社を限りとした内務大臣指定の護国神社となり、同年十一月、現在地に社殿を造営、遷座する。第二次世界大戦後の同二十二年八月桜山神社と改称したが、サンフランシスコ講和条約締結後の同二十九年十月現社名に復した。例祭は春季四月十日、秋季十一月十日。

[参考文献] 『全国護国神社会五十年史』　(大井　鋼悦)

いぶきどぬしのかみ　気吹戸主神　世の罪穢、凶事を吹き放ち、除き去ることを司る神。伊吹戸主神と記すこともある。『延喜式』祝詞の六月晦大祓詞にみえる祓所《はらえど》四神の一神。記紀には現れないが、『古事記伝』では『倭姫命世記』の説を採り、この神を伊邪那伎神の禊祓の段で化生した神直毘神《かんなおびのかみ》・大直毘神と同一としている。神道五部書の『天照坐伊勢二所皇太神宮御鎮座次第記』では、豊受大神の荒御魂《あらみたま》であるとする。　(林　亨)

いぶりいぞう　飯降伊蔵　一八三三―一九〇七　明治時代の天理教の宗教者。教祖中山みきのあとをうけ神意の

伝達者となった。「本席《ほんせき》」と称さる。天保四年(一八三三)十二月二十八日大和国宇陀(奈良県宇陀郡)に誕生。弘化三年(一八四六)ごろから大工修業を始め、のち添上郡櫟本(天理市)に住して大工を家業とした。元治元年(一八六四)妻おさとの産後の煩いを契機に入信。その実直な人柄と一途な信仰態度の故にみきの厚い信頼をうけた。明治十五年(一八八二)春からは中山家の屋敷内に家族共々住みこんで仕え、時には代理として神言を伝えることもあった。同二十年三月二十五日より「本席」の座につき、以来同四十年六月九日七十五歳で没するまで、信者の願に応じあるいは折節にあたって神言を伝え、草創期の天理教団を信仰的に導いた。筆録された言葉は一万数千件にのぼり、天理教の三原典の一つである『おさしづ』(改修版)全七巻の中におさめられている。⇨天理教《てんりきょう》

[参考文献] 植田英蔵編『人間本席様』、奥谷文智『本席飯降伊蔵』 (松本 滋)

いまいじかん 今井似閑 一六五七—一七二三 江戸時代中期の国学者。初名は小四郎といい、似閑・自閑と称し、見牛また偃鼠亭と号した。明暦三年(一六五七)京都に生まれる。家は京都の豪家で、その祖は新羅三郎に発し、信州今井村に住した折に、今井氏を名乗った。代々長州毛利家の御用を勤めたとも、大文字屋市兵衛、また播磨屋善兵衛と称する酒屋であったともいう。似閑の生涯は二つに分けられる。ようやく家運の傾いた家を兄から継いで、二十年にしてこれを回復せしめた前期と、六波羅の阿仏屋敷に隠退後、学者生活をした後期とである。この時代ははじめ木瀬三之・下河辺長流に就き、ついで僧契沖に学んで師を助け、みずからも『万葉緯』『神楽歌注釈』『諸書所証風土記文』などの著述を成している。なお特筆すべきは契沖の手沢本を集めて、これを上賀茂神社の三手《みて》文庫に納めたことで、享保三年(一七一八)ごろから始め、自身は同八年十月四日、六十七歳で没したため完納できなかったが弟子樋口宗武がその意を遂げさせた。墓は京都東山黒谷にある。

[参考文献] 清宮秀堅『古学小伝』、佐佐木信綱他編『契沖全集』九、森銑三「新資料に拠る下河辺長流伝の研究」(『近世文芸史研究』所収)、武田夏葉子「文学遺跡巡礼(国学篇四〇)」(『学苑』七ノ六) (丸山 季夫)

いまいずみさだすけ 今泉定助 一八六三—一九四四 大正から昭和にかけての神道家、教育者。文久三年(一八六三)二月九日、陸奥国刈田郡白石(宮城県白石市)に仙台藩家老片倉家の臣、今泉伝吉の三男として誕生。明治七年(一八七四)、白石神明社の神職佐藤広見の養子となった。同十二年、神道事務局生徒寮に入寮し、丸山作楽《さくら》の書生として薫陶をうけた。十五年、東京大学古典講習科に入学し、卒業後は、東京学士院編纂委員として『古事類苑』編纂に従事した。二十三年、国学院創設に参画し、同校講師に就任。この年今泉姓に復す。四十一年、神宮奉斎会宮城県本部長に就任。大正十年(一九二一)には神宮奉斎会会長に就任し、これ以降、六期にわたって同会会長を務めた。とりわけ大正時代以来、祭政一致の国体論を主唱して、軍人・政治家の間に多くの信奉者を輩出した。昭和九年(一九三四)、血盟団事件の特別弁護にあたる。十九年九月十一日、八十二歳で没。青山墓地に埋葬される。主著に『国体原理』『大祓講義』『皇道論叢』など。

[参考文献] 『今泉定助先生研究全集』一—三 (武田 秀章)

いまきのかみ 今木神 ⇨平野神《ひらののかみ》

いまくまのじんじゃ 新熊野神社 京都市東山区今熊野椥ノ森町に鎮座。旧村社。伊弉冉尊をはじめ、熊野十二社の祭神と樟権現の神を祀る。熊野信仰にとりわけ篤い後白河法皇は、その御所である法住寺殿近くに熊野神を勧請し、日常の参詣の便にしようとの考えから、永暦元年(一一六〇)、平清盛をして社殿造営を行わしめた。以後熊野御幸の際は必ずまずここに社参した。のち熊野本山の検校に本社の検校を兼ねさせた。境内の樟の大木は、創立当時紀州より移植されたものと伝えられる。例祭は五月五日。

[参考文献] 宮地直一『熊野三山の史的研究』 (村上 修一)

いまはちまんぐう 今八幡宮 山口市上宇野令に鎮座。旧郷社。祭神は仲哀天皇・応神天皇・神功皇后・玉依姫命・宇治皇子で、もと宇治皇子一体であったところへ、大内政弘が朝倉八幡を合祀した。大内氏代々崇敬篤く、毛利氏も社領三十余石を寄せて保護した。本殿・拝殿・楼門・左右廊は文亀三年(一五〇三)の造営で、重要文化財に指定されている。明応八年(一四九九)足利義稙は細川政元に逐われて大内氏をたより、今八幡宮司坊神光寺を一時居館とした。例祭は十月六日。 (村山 修一)

いまひえじんぐう 新日吉神宮 京都市東山区妙法院前側町に鎮座。旧府社。新日吉神社。祭神は大山咋命《おおやまぐいのみこと》・大《おお》己貴命《なむちのみこと》・賀茂玉依姫命・田心比売命《たごりひめのみこと》・菊理比売命のほか素盞嗚尊・大年神を配祀する。日吉神社の信仰篤い後白河法皇は、都心に近く礼拝の便を求め、永暦元年(一一六〇)天台座主最雲法親王をして法住寺殿御所東面に社殿を造営し、応保二年(一一六二)四月九日、はじめて祭が行われた。五月には小五月会《こさつきえ》が催され、競馬・流鏑馬・闘鶏が行われる例となった。鎌倉時代中期に祭は衰えたが、宝治元年(一二四七)五月後嵯峨上皇御幸して大いに面目を改め、競馬・田楽・獅子舞を催し幕府より流鏑馬射手を召された。いま当社にはこの有様をしのぶ絵巻物が遺っている。応仁の乱に荒廃したのを、明暦元年(一六五五)妙法院宮堯然入道親王が智積院北に再建、享保年間(一七一六—三六)神事再興をみ、大仏門前の民家より神事を勤めることになった。明治三十年(一八九七)現地に移り、昭和三十四年(一九五九)新日吉神宮と改称された。例祭は十月十六日。

[参考文献] 藤島益雄『新日吉神宮略史』、村山修一『皇

族寺院変革史』

（村山　修一）

いまぼりひえじんじゃもんじょ　今堀日吉神社文書　滋賀県八日市市の南部今堀郷の鎮守である今堀日吉神社の本殿より、大正時代の初めに発見された六百余通の中世文書（近世文書若干を含む）。現在、滋賀大学史料館に保管されているが、東大・京大に影写本がある。中川泉三が『近江蒲生郡志』編纂の際発見したもので、特に中世近江商人の研究は本文書により画期的に前進した。郡志第五巻中の商業志の記述はこの文章を中心としてなされており、座商人の実体が争論などを通じて大いに明らかにされた。今堀郷は山門（比叡山）領、得珍保《とくちんのほう》内の一小字であるが、山門を本所とする保内（得珍保）商人の中心勢力であったため、保内と他郷との争論文書を多く伝えたのであろう。だがそれら争論や市場関係文書などを除けば、六百余点の過半は農村今堀郷自体に関する在地文書である。中でも売券・寄進状の類と宮座関係文書が多く、前者は無慮二百点余、十四世紀中期貞和年間（一三四五―五〇）から十六世紀中期弘治年間（一五五五―五八）にわたって分布もひろく、連券もかなり見出されるが、徳政文言を記載するものはごくわずかである。また後者は今堀日吉神社の社領目録や直し物日記などのほか、掟書十数点を蔵し、室町時代惣村形成の実状を探るべき好個の史料である。これら文書の分析による中世農村の在地構造、惣発達の具体相、貨幣経済の問題などに関する研究論文は逐年増加してきている。

参考文献　『滋賀県史』、菅野和太郎『近江商人の研究』、江頭恒治『近江商人』、熊田亨「自由市場の成立について」（『史学雑誌』五九ノ四）、佐々木銀弥「保内商人の土地所有と商業」（『経済学季報』一〇）、脇田晴子「中世商業の展開」（『日本中世商業発達史の研究』所収）、金本正之「中世後期に於ける近江の農村」（宝月圭吾先生還暦記念会編『日本社会経済史研究』中世編所収）

（金本　正之）

いまみやえびすじんじゃ　今宮戎神社　大阪市浪速区恵美須西に鎮座。旧郷社。「えべっさん」と呼ばれ、祭神は事代主命《ことしろぬしのみこと》。もとこの辺は海に面して今宮浜といい漁民が守護神として西宮の広田神社から夷《えびす》神を分祀したのに始まる。中世漁民は御厨子所供御人となり、また京都祇園社大宮駕輿丁として今宮神人と称し、生魚販売権を保護せられた。後世夷神は商売の神として大阪市民に信仰あつく、一月十日の十日戎祭は江戸時代以降には恒例化し、参詣者雑踏して賑わう。

（村山　修一）

いまみやじんじゃ　今宮神社　京都市北区紫野今宮町に鎮座。旧府社。大国主命・事代主命《ことしろぬしのみこと》・稲田姫命《いなだひめのみこと》の三柱を祭神とする。社伝によと、正暦五年（九九四）、国中に疫病が流行したので、朝廷は木工寮修理職に命じ、疫神のために神輿を造らしめ、船岡山に安置して御霊会を修したのに始まるという。長保三年（一〇〇一）また天下疫癘猖獗を極め、都民の倒れるもの相つぎ、人心大いに動揺したので再び疫神を紫野に祀り、病害を防ごうとした。東山の祇園社が疫神であるため、それに対して祇園の今宮の意をとって今宮と称した。その後悪疫のあるごとに上下官民の崇信を集め、常に奉幣や神馬寄進が行われた。紫野一帯の産土神ともなって庶民の信仰篤きものがあった。特に室町幕府からは今宮の社名にちなみ、将軍家若君の守護神とされ、特別の奉賽が絶えなかった。江戸時代になっても社領五十石が与えられ、例祭日には京都所司代から祭祀料として米五石の寄進があった。祭儀は延喜の制にならって卜部氏の管するところとなり、弘安七年（一二八四）正一位の神階を得た。洛の北郊唯一の大社である。境内に天治二年（一一二五）の年紀ある石造四面仏があり、また本邦最古の更紗に外国船グーテンブルグ号を描いた若杉磯八の油絵を蔵する。長保三年除疫の祭を行なったとき、京中各条から細男を出して歌舞を行わしめたことや、久寿元年（一一五四）京中の子女が風流をそなえて鼓笛をならし当社に参集、除疫長寿を祈念したことに端を発した夜須礼祭《やすらいまつり》は、今もなお毎年四月十日に行われ、京都における珍しい古式祭事として注目されている。現在例祭は十月九日。

参考文献　黒川道祐『雍州府志』（『（増補）京都叢書』三）

↓夜須礼祭《やすらいまつり》

（中村　直勝）

いまみやまつり　今宮祭　⇨夜須礼祭《やすらいまつり》

いみ　忌　「いみ」は避けること、近づけないことで、タブーtabooというのに等しい。恐れ多いために畏《かしこ》む方面と恐るべきものから避ける方面を含み、忌または斎とが区別なく用いられる。いずれも「いみ」または「いわい」と訓み、『古事記』では「忌」と書き、『日本書紀』では「斎」を用いる。「いみ」の内容の二方面が平安時代になって分化してよい方面とよくない方面とになり、忌み清まわるばあいには「斎」を用い、忌み嫌うばあいには「忌」を用いる。『日本逸史』所引の国史の逸文によると、延暦二十二年（八〇三）三月十四日条に、「右京人正六位上忌部宿禰浜成等改二忌部一為二斎部一」とあり、『三代実録』貞観十一年（八六九）十月二十九日条に「神祇大祐正六位上忌部宿禰高善改二忌部一為二斎部一」とあり、使い分けた。現在でもいみ籠るとか潔斎という場合と、いみ憚るとか忌中をさす場合とは、同じく「いみ」であって、しかも全く反対の意味を現わすことになっている。

↓斎戒《さいかい》　↓禁忌《きんき》

（原田　敏明）

いみこ　忌子　また童女・斎子とも書く。『色葉字類抄』によれば、忌子・童女はともに「イムコ」（いみこの音便）とよみ、御即位（忌子）および大嘗会（童女）に奉仕する女子の司をいう。斎子八女は大嘗祭の時、稲春歌を歌う八人の童女のこと。もう一つは、賀茂の斎院に奉仕する童女をいう。『神道名目類聚抄』に「山州鴨神宮ニアル女官ナリ、社司等ノ女子ヲ以コレニ補ス」とあって、賀茂別雷神社（上賀茂）では神職の無垢の女子を補任し、それが明治維新まで続いたが、その起源は詳らかではない。『延喜式』には、斎院の相嘗祭条に、勅使が奉幣の後、社前において両社の禰宜・祝とともに忌子にも禄を給うことがみえるから、上下両社には古くから置かれていた。もともと「いみこ」とは、斎戒して神に仕える未犯の少女のことで、これをして親しく神勤せしめる風習は古代からあった訳で、伊勢神宮にも古くから物忌の童女が奉仕している。→斎女《いつきめ》 （鈴木 義一）

いみことば 忌詞 不吉な語の使用を嫌い、その代りに用いる語。神道では汚れを忌み、仏教をしりぞける思想から忌詞が使われた。伊勢神宮で用いられた斎宮忌詞は『延喜式』などにみえて有名である。斎宮忌詞は、仏教関係の内七言と仏教関係以外の外七言と別忌詞とからなる。『延喜式』には賀茂斎院の斎院忌詞も記されているが、斎宮忌詞の外七言と同じである。これらの語の中には「なく」の忌詞「しほたる」のように、一般化し文学作品にみえるものもある。院政・鎌倉時代の武士詞にも、「引く」「退く」の代りに「開く」を用いるなど忌詞に類するものがある。正月の忌詞を正月ことばというが、『兎園小説』には「雨」を「おさくり」、「寝る」を「いねつむ」というのは正月の忌詞であるとあり、江戸時代から行われていたことがわかる。現代の忌詞には、「硯箱」を「あたりばこ」、「終る」を「お開きにする」など縁起をかつぐもの、狩猟部落で用いる山言葉などがある。

斎宮忌詞一覧（『延喜式』神祇 斎宮）

内七言

仏—中子《なかこ》　経—染紙《そめかみ》

塔—阿良良岐《あららぎ》　寺—瓦葺《かはらふき》

僧—髪長《かみなか》　尼—女髪長《めかみなか》

斎—片膳《かたしき》

外七言

死—奈保留《なほる》　病—夜須美《やすみ》

哭—塩垂《しほたれ》　血—阿世《あせ》

打—撫《なつ》　宍—菌《くさひら》

墓—壌《つちくれ》

別忌詞

堂—香燃《こりたき》　優婆塞—角筈《つのはず》

参考文献 安藤正次「異名隠語の研究を述べて特に斎宮忌詞を論ず」（『国学院雑誌』一九ノ七・八） （前田 富祺）

いみこもり 忌籠り 祭祀の奉仕者が神聖な空間に入って行う精進潔斎。お籠りともいう。神仏を迎えて祈願を行う祭においては、穢れを遠ざけて、心身を清浄な状態に保持しなくてはならなかった。古代においては、特に忌籠りをして神に奉仕する物忌みと呼ばれる童女が、賀茂・春日・鹿島・香取などの大社に置かれていた。血を穢れと考える理由より、女性の立ち入りを禁じたり、魚・動物の食事を禁じたりする例が多い。また火を通して穢れが移るとの考えより、煮炊きの竈を祭の奉仕者以外の者とは別にしたりするのも多々見られるが、これを別火《べっか》という。神社・寺院の行事において一般に大きな儀礼になるほど、また神仏により近くに奉仕する役ほど厳重な精進潔斎が求められる。畿内では、村落の鎮守神をまつる頭屋《とうや》行事において、頭屋に任命されて翌年の行事を終えるまでの一年間、忌籠りを送る例もあり、このような頭屋は「一年神主」の名でよばれたりした。越年のために家の煤払い（大掃除）をして風呂に入り、夜眠らずに屋内で新年を迎える習俗も、忌籠りとして理解することができる。 （松尾 恒一）

いみざし 忌刺 祭礼または年頭に際して、村の境に榊の枝などを立てること。神を迎える前提として、村ないし氏子区域が清められたことを表示するために行う。京都松尾神社の神幸祭の七日前に氏子の家の屋根に榊の小枝に幣をとりつけたものを投げ上げておく「榊立て」も同じ。京都市南区久世でも同じく投げ上げるほか、村境に二本ずつ、祭の前日の夕刻に立てるのを「榊刺し」という。京都府綴喜郡草内では祭の前の晦日に頭屋《とうや》の者三人が、白張《はくちょう》姿で村境に榊をさしに行くのを「きさいさし」と呼んでいる。和歌山県那賀郡岩出町の総社（岩出大宮）で毎年八月一日夜、丑の刻に村境まで走って行き榊を立ててくるのが土地では有名な行事で、「いみざし祭」と呼ばれる。

参考文献 柳田国男『日本の祭』（『定本柳田国男集』一〇） （萩原 竜夫）

いみずじんじゃ 射水神社 富山県高岡市古城町に鎮座。旧国幣中社。二上神《ふたかみのかみ》を祀る。早くから国史にあらわれ、神階は貞観元年（八五九）正三位に昇り、延喜の制では名神大社に列す。越中平野鎮護の神と仰がれ、別当に養老寺があった。明治四年（一八七一）に国幣中社に列し、同八年に二上山麓から現地に遷座。例祭は四月二十三日。

明治時代の射水神社

旧社地の二上にある射水神社分社は、昭和二十九年（一九五四）独立、古風な築山神事があり、平安時代中期の男神座像は重要文化財に指定されている。

参考文献 森田平次『越中志徴』、『高岡市史』、高野義太郎『国幣中社射水神社志』、伊勢宗治『射水神社』 （小倉 学）

いみのみやじんじゃ　忌宮神社　山口県下関市長府に鎮座。旧国幣小社。祭神は仲哀天皇・神功皇后・応神天皇の三柱。長門国二宮。社伝によると、本社の地は仲哀天皇行宮穴門《あなとの》豊《と》浦宮《ゆらのみや》の旧跡という。貞観十五年(八七三)十二月従五位上を授けられ、『延喜式』では小社とされた。平安時代末期から鎌倉時代初期にかけて次第に知られ、幕府の崇敬をうけ、神事・社領などの保護をうけた。恒例の大祭「御斎神事」には、旧例に任せ本朝専一の政とし、造宮は長門一国の諸課によって行われ、ついで大内・毛利氏の尊崇も続いた。大正五年(一九一六)十二月県社より国幣小社となり、現在は神社本庁別表神社となっている。宝物には『法楽和歌』一巻・伝則宗刀一口・備前長船盛光刀一口・忌宮神社文書二十八巻三冊・忌宮神社境内絵図一幅(以上重要文化財)がある。境内摂社には若宮社(忌宮別宮)・高良社・八坂社などがあり、境外摂社に惣社宮(豊浦)・守宮司社(応神天皇)などがある。特殊神事として数方庭(八月七―十三日)・奉射祭(一月十六日)・御斎祭(十二月七―十五日)ほかに後鳥神事(十二月十六日)がある。

(中野　幡能)

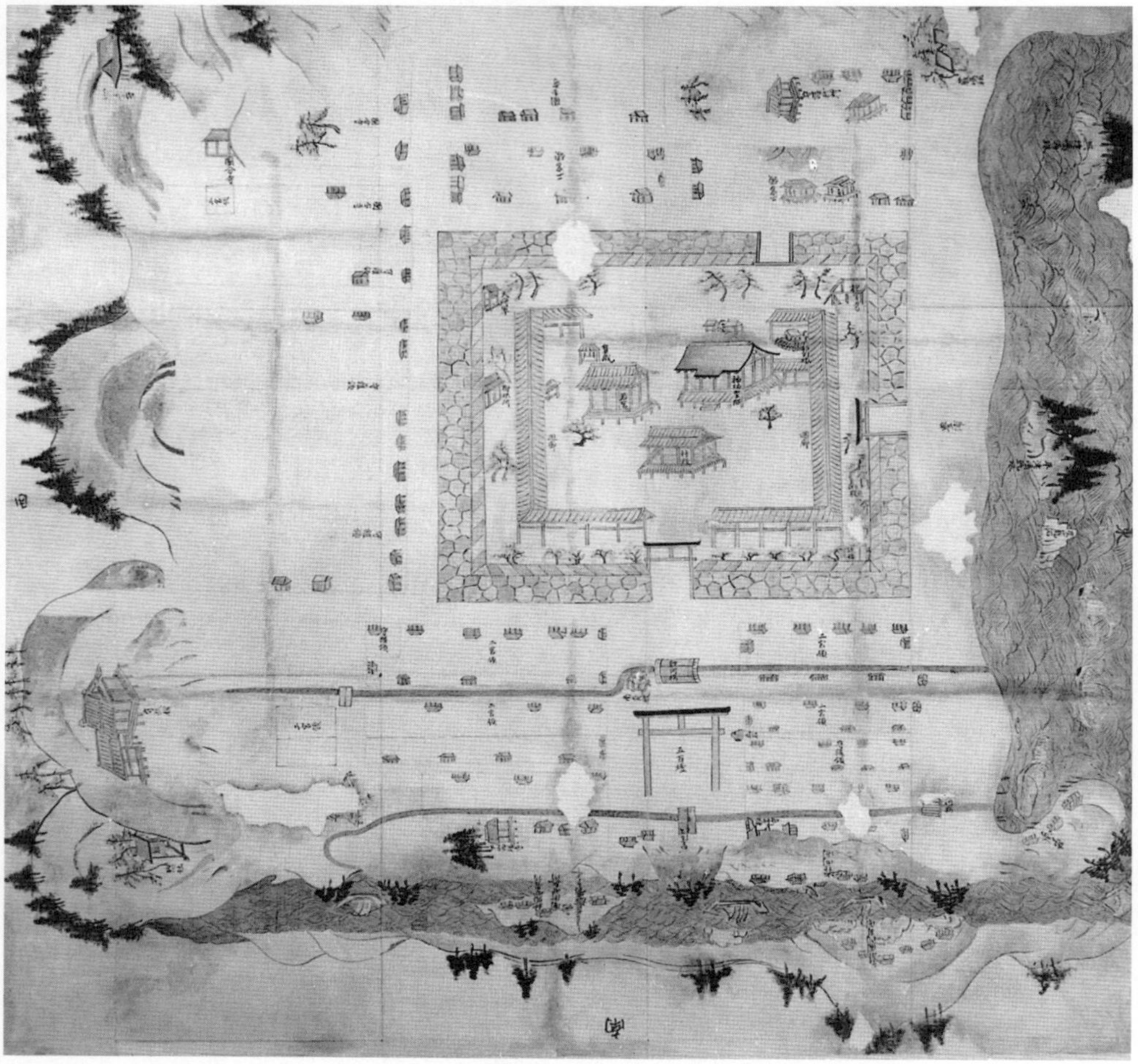

忌宮神社　長門二宮絵図

いみのみやじんじゃもんじょ　忌宮神社文書　山口県下関市長府宮の内町の長門二宮忌宮神社に伝来する文書。三百八十七点。重要文化財。武内大宮司家旧蔵文書・神社伝来文書からなり、江戸時代以前の文書が大多数を占める。同社の縁起、神事、造営、神官の所職、社領安堵、課役免除などに関するものを主とし、関東・六波羅探題・長門探題の御教書、足利直義御判御教書、大内弘世以下大内氏歴代の発給文書、毛利元就・同隆元・同輝元の書状などを含む。足利尊氏・同直義・斯波高経・足利直冬がそれぞれ奉納した豊浦宮法楽和歌は、彼らの教養とともに南北朝時代前期の政治・軍事情勢をも反映している。また文明十三年(一四八一)の国衙衆出仕注文は大内氏治下での長門一宮・二宮などの国衙祭祀の存続をうかがわせ、天正九年(一五八一)の二宮御神事御能法度や慶長三年(一五九八)の長府町衆連署書状などは、能・風流の芸能史料であるとともに、町衆による祭礼の自治的運営を示す。また、忌宮神社境内絵図は、鎌倉時代後期ないし建武年間(一三三四―三八)ころの境内を中心に長門府中とその周辺の景観を描写し、府中の街区や、惣社・国分寺、さらに守護館・守護代所などを描いた貴重な絵図である。刊本に田村哲夫編『(長門国二ノ宮)忌宮神社文書』(昭和五十二年刊)がある。

参考文献　「重要文化財」編纂委員会編『解説版新指定重要文化財』九、小川信「中世の長門府中と守護館・

守護代所―「忌宮神社境内絵図」による景観復原を中心として―」(『国史学』一二七)　（小川　信）

いみはたどの　斎服殿《はたどの》　神に奉る衣、すなわち神衣を織る清浄神聖な機殿のこと。『日本書紀』神代宝鏡開始章には、天照大神が斎服殿で神御衣《かんみそ》を織るさまを見ていた時、素戔嗚尊が天斑駒《あまのふちこま》を投げ入れたという説話がみえており、また同章第一の一書(斎服殿)、第二の一書(織殿)、『古事記』天石屋段(忌服屋)、『古語拾遺』(織室)にも同様の説話が伝えられている。また『常陸国風土記』久慈郡条にも機殿に関する伝承がみえている。伊勢の皇大神宮では、古くから神衣を大神に奉る神御衣祭《かんみそのまつり》が行われているが、その際供進する和妙《にぎたえ》(絹)を織る機殿を神服織《かんはとり》機殿といい、荒妙《あらたえ》(麻)を織る機殿を神麻続《かんおみ》機殿と称呼している。これらについては、『伊勢太神宮機殿儀式』二巻が存したが(『本朝書籍目録』)、現在では散逸し、わずかに『伊勢二所太神宮神名秘書』に引用されている若干の逸文が知られるのみである。　（渡辺　寛）

いみび　忌火　「いんび」ともいい、斎火とも書く。鑽《きり》火で発火させた浄い火をいう。宮中では六月・十一月・十二月の一日に「忌火の御飯」というのを内膳司から天皇にさしあげた。出雲大社、秩父の三峯神社、信州の御座石神社など、鑽火による忌火で供物を調える例が少なくない。和歌山県那賀郡那賀町では、一年神主という頭屋のことを「インビ(斎火)」と呼んでいるのは、頭屋が浄火を守る役であることを示している。　（大藤　時彦）

いみびにわびのまつり　忌火庭火祭　⇩斎火祭《いみびのまつり》

いみびのまつり　斎火祭　忌火庭火祭《いみびにわびのまつり》ともいう。忌火神は庭火神と一対で内膳司に、大炊寮の大八嶋竈神ともとは三位一体の「かまど神」。『続日本紀』天平三年(七三一)正月条の「庭火御竈四時祭祀、永為二常例一」が初見で、庭火は平常炊飯の用に供し、忌火は神今食・新嘗祭・大嘗祭に、忌火屋女による忌火御飯に用いられる。忌火庭火祭は『延喜式』に、毎月朔日に幣物を供え「宮主、内膳司に於て事を行へ」(原漢文)とあるほか大殿祭の後でも行う。京都市上京区の平野神社などでも斎火祭の神事がある。　↓忌火《いみび》　（山上伊豆母）

いやたかじんじゃ　弥高神社　秋田市千秋公園(矢留城跡)に鎮座。旧県社。平田篤胤を祀った神社で、佐藤信淵を合祀している。明治十四年(一八八一)、天皇東北巡幸のおり、篤胤の霊前に勅使差遣の儀があったが、地元には篤胤を祀る社はなく、勅使は手形山の墓前に立つほかなかった。これを機に神社創祀の議が起り、同年八月、八橋日吉神社内に平田篤胤神社を創建、同四十二年東根小屋町に移転し、信淵を合祀、弥高神社と改称した。大正四年(一九一五)現在地に移り、同八年県社に列した。例祭は五月二日。　（新野　直吉）

いやひこじんじゃ　伊夜比古神社　⇩弥彦神社《やひこじんじゃ》

いよつひこのみことじんじゃ　伊予豆比古命神社　松山市居相町に鎮座。伊予豆比子命神社、伊与津比古神社とも記される。主祭神は伊予豆比古命で、そのほか伊予主《いよぬし》命《のみこと》・伊予豆比売命《いよつひめのみこと》・愛日売命《えひめのみこと》を祀る。旧県社。延喜式内社(小社)、伊予郡四座の一つ。主祭神の伊予豆比古命は、伊予御村別の祖、伊予国造・久米国造の先祖という説があるが、伊予を統治する神とも考えられている。また、神階叙位を受けた国史見在社としての久米郡伊予神、伊予村神との関係は定かではない。旧正月七日・八には盛大な祭礼があり、「真床覆衾《まとこおおいふすま》の神事」という御旅所への神輿渡御の特殊祭礼がある。当社の祭礼は椿祭と呼ばれて、西日本全域から数十万人の参詣者で賑わう。本殿は寛延三年(一七五〇)に再建されたもので、妻入りの入母屋造であり、三手先組物を用いた神社建築の先駆けをなすものといい、残存する同様式の神社本殿としては、県内最古のものである。　（石野　弥栄）

いよみしまえんぎ　伊予三島縁起　伊予国一宮で元国幣大社である大山祇神社(愛媛県越智郡大三島町)と、同社を氏神とする越智一族の縁起。一巻。内題に「天神第六代面足尊惶根尊末孫代々異国敵誅伐目録」とあり、三島大明神の縁起と神徳に併せ、上古以来の異敵の襲来と国内の争乱に、越智氏および一族の伊予国守護河野氏が活躍した事績を、元亨二年(一三二二)の大山祇神社の罹災、永和四年(一三七八)の社殿再建までを編年に叙述する。ことに文永・弘安の役や河野氏出身の一遍上人について特記し、元亨二年の罹災時に焼失した社宝の目録が詳細である。本書の成立は、永和四年の再建が契機と思われる。ことさらに熊野権現の父母神・天照大神の祖父母神である面足尊を持ち出したのは、瀬戸内海に割拠し、古代から内外の兵戦に従い常に外寇と対峙しつづけた越智一族が、氏神の三島大明神に日本惣鎮守という由緒を付与しみずからの精神的支柱とするためでもあった。奥に河野氏歴代の略系図が越智氏の始祖から続いて記されるが、天文五年(一五三六)までの記事がみえ、のちに付載されたものであろう。続群書類従本には、さらに境内摂社である十六王子社(現十七神社)の縁起が記されるが、大山祇神社所蔵本にはみえない。『続群書類従』神祇部、『神道大系』神社編四二(大山祇神社所蔵本)、『三島宮御鎮座本縁』(大山祇神社刊)に所収。　↓大山祇神社《おおやまずみじんじゃ》

参考文献　『群書解題』二下　（根岸　茂夫）

いれいさい　慰霊祭　死者の霊を慰《なぐさ》める祭。「みたまなごめのまつり」ともいう。場合によっては、人間以外の諸霊を慰める祭もある。一般に死者の霊魂は、遺族が神式・仏式などの葬送儀礼に従ってまつる。式年の祭(年忌)も同様であるが、この場合、慰霊祭という名称は普通用いない。慰霊祭は、非命の死者霊や功績顕著な偉人の霊をまつる場合などに用いる。前者は、戦死者・事故死者・殉職死者などである。古来、戦死者の霊は手厚くまつられてきた。明治維新後は、これが靖国神社の創祀(明治十二年(一八七九))へとつながる。その起源は幕末から明治初年にかけて、殉国の忠霊を招魂《しょうこん》し慰霊の祭を行なったことによる。関東大震災や近くは阪神淡路大震災などの

慰霊祭も恒例化して営まれている。警察官や鉄道関係の殉職者の霊は、それぞれの職域にて慰霊祭を行なっている。学校や会社などの創設者、学者・偉人などの功績をたたえる慰霊祭も盛んである。近年では動物諸霊の慰霊祭もある。（茂木　貞純）

いろかわみなか　色川三中　一八〇一―五五　江戸時代後期の商人、国学者。享和元年（一八〇一）六月二十四日、常陸国土浦（茨城県土浦市）の商家、色川英恵の長男として誕生。文政八年（一八二五）、父の死去に伴って家業を継ぐや、その再興を図り、在村医師向けの薬種行商を始める。その傍ら、田制研究・本草学研究・度量衡研究などの学問研究にも励む。この間、国学者の橘守部に入門、考証学者の中山信名、国学者の黒川春村・塙忠宝・大国隆正、歌人の佐久良東雄らと交わる。安政二年（一八五五）六月二十三日、五十五歳で没。土浦市文京町の神竜寺に墓がある。編著として、香取神宮の社家文書を編纂した『香取文書纂』、土地制度史・量制史研究の『皇国田制考』、中山信名の遺稿を修訂した『新編常陸国誌』などがあり、その多くは静嘉堂文庫、土浦市立図書館に所蔵される。

参考文献　中井信彦『色川三中の研究』伝記篇・学問と思想篇（武田　秀章）

いわいどのまつり　斎戸祭　正しくは「鎮御魂斎戸祭《みたまいわいどにしずむるまつり》（みたまふりのいんべのまつりともいう）」という。毎年十一月の鎮魂祭において「御魂ふり」をした天皇の御魂を、十二月吉日をえらび神祇官の神殿（斎戸殿）に鎮める祭儀。『延喜式』四時祭下十二月祭条によると供進の料物は、絁一疋・五色帛各一尺・糸一絇をはじめ神饌から匏一柄・槲十把・食薦一枚などをととのえ「斎院に於て中臣事を行へ」（原漢文）とある。中宮（皇后・皇太后・太皇太后）や春宮（東宮）も同様に行われる。『延喜式』祝詞によれば、「この十二月より始めて、来らむ十二月に至るまでに、平らけく御坐所《おましどころ》に御坐さしめたまへ」（原漢字）と、神祇官たる中臣氏が「斎ひ鎮めまつ」ることになっている。神祇令にはみえないことから、「鎮魂祭」の付随的な宮廷祭儀であろう。

参考文献　賀茂真淵『祝詞考』（『賀茂真淵全集』二）（山上伊豆母）

いわいぬしのかみ　斎主神　⇩経津主神《ふつぬしのかみ》

いわいべ　忌瓮　⇩平瓮《ひらか》

いわきじんじゃ　石城神社　山口県熊毛郡大和町塩田に鎮座。主祭神は大山祇神、配祀神は雷神・高龗神《たかおかみのかみ》を祀る。敏達天皇三年に、吉備屯倉《きびのみやけ》の津史《つのふひと》が当地に来て「石城宮」の勅願を賜わったのが創祀と伝える。『三代実録』貞観九年（八六七）条に従四位下を賜わったことが記されること、また式内社であることからも、当地きっての古社である。本殿は文明元年（一四六九）に大内政弘が再建したものであり、以後大内氏・毛利氏によってたびたび修復が加えられ現在に至る。春日造柿葺、四坪、重要文化財。なお、当社は石城山の頂上にあるが、中腹には長さ二・五キロにわたって「神籠石《こうごいし》」といわれる列石が取り巻き、昭和十年（一九三五）国の史跡に指定された。この列石は古代山城の土塁の基底部となった石であることが判明し、山城説が確定的となっている。幕末には、神域に隣接して萩藩の第二奇兵隊の本陣が置かれていた。例祭は十月七日・八日に近い土・日曜日。

参考文献　山口県神社庁編『山口県神社誌』（津田　勉）

いわきやまじんじゃ　岩木山神社　青森県中津軽郡岩木町に鎮座。旧国幣小社。津軽半島の岩木山を御神体とする。顕国魂神《うつしくにたまのかみ》・多都比姫神《たつひひめのかみ》・宇賀能売神《うがのめのかみ》を祭神とし、他に大山祇神《おおやまずみのかみ》と、坂上苅田麻呂を配祀する。桓武天皇の代、坂上田村麻呂が奥州を平定した折に、社殿を設け、父の坂上苅田麻呂を祀ったと伝えるが、明らかでない。山麓の百沢《ひゃくたく》にある里宮は、弘前藩四代目の藩主津軽信政が、黄金十八万両を投じて完成したもので、奥の日光といわれる華麗な建築である。頂上は三つの峰に分かれているので、古来、弥陀・薬師・観音の堂を設け、百沢寺岩木山三所大権現と称していたが、明治の神仏分離の際に百沢寺は廃せられ、観音堂は移築されて今は岩木山神社の拝殿となっている。夏の岩木山詣では津軽地方の重要な年中行事で、頂上の祠の神像に神酒を注ぎ、餅で神像を撫でて、この餅は持ち帰る。なお岩木山の神は岩城判官正氏の娘の安寿姫であるという俗信があり、安寿は旅の途中で人買いのために、丹後の山椒太夫のもとに売られて責め殺されたので、丹後の人が津軽領内に入ると、風雨がひどく、天候不順となり、津軽領内を去ると天気が回復するといわれる。例祭は旧暦八月一日。⇩お山参《やまさん》詣《けい》（小池　長之）

いわくまはちまんぐう　岩隈八幡宮　山口県玖珂郡玖珂町久重山に鎮座。一名熊毛宮《くまけのみや》ともいう。旧県社。祭神は仲哀天皇・応神天皇・神功皇后ほか。社伝に和銅七年（七一四）宇佐宮より勧請という。玖珂六郷の総社で、永正十年（一五一三）多々良興房らが楼門を造営、天文三年（一五三四）興房・大江房述が宝殿建立、天正二年（一五七四）上葺、江戸時代には藩主吉川氏が尊崇し、元禄四年（一六九一）同広紀が祖生村より現社地に移し、以後造営が続いた。昭和三年（一九二八）県社。例祭は十月九日。飾馬流鏑馬神事がある。（中野　幡能）

いわくら　磐座　わが国古代における石信仰の一つ。その名称は記紀および風土記などにみえ、同名を冠した延喜式内社や地名も認められる。神の座となる石で、神社建築の発生以前には、神を随時石や樹に招き降して祭を行なったもので、これには神の降臨にふさわしい比較的小形の石が選ばれた。この石が神の座として固定すると、石自身も神聖視されるに至ったものと思われる。考古学上から、磐座が明らかな形で認められるのは古墳時代に入ってからである。その実態は、奈良県三輪山山麓の山ノ神遺跡や、静岡県上多賀多賀神社境内遺跡のように、自然石の周囲から多数の石製・土製の模造品、土器など

磐座（島根県飯石郡三刀屋町飯石神社）

の祭器類を出土するもので、このような例は多い。これらの石には各種の伝説や信仰が残されている場合が多く、中世以後に腰掛石・影向石《ようごういし》・姥石などと呼ばれているものはそのなごりである。島根県飯石郡三刀屋町鎮座の式内飯石神社は、本殿がなく石そのものを神体としてまつった古制を残す顕著な例である。→磐境《いわさか》

参考文献　大場磐雄「磐座・磐境等の考古学的考察」(『神道考古学論攷』所収)　（亀井　正道）

いわさか　磐境　古代における神霊祭祀の施設。文献の上では『日本書紀』神代天孫降臨章第二の一書に、「天津《あまっ》神籬《ひもろぎ》および天津磐境を起したて」(原漢文)とあるのが唯一のもので、同文が『古語拾遺』にもみられる。その実態については古来諸説あるが、社殿発生以前に神をまつるため、臨時に設けられた小規模な石囲いの施設と考えるのが妥当である。和歌山県白浜町坂田山遺跡や、福岡県沖ノ島遺跡などにみられる、自然石を円形あるいは方形に配列して小さい区画をつくり、祭場としたものがこれにあたると思われ、その内部からは祭祀用の遺物が発見されている。このような簡単な施設を随時設け、終るとそのまま放棄したため、磐座《いわくら》のように後世にまで残りにくかったのであろう。かつては神籠石《こうごいし》を磐境とする説も有力であったが、最近山城であることが明らかにされた。『日本書紀』の記載などから考えても、このような大規模な施設とは考え難い。→磐座《いわくら》

参考文献　大場磐雄「磐座・磐境等の考古学的考察」(『神道考古学論攷』所収)　（亀井　正道）

いわしみずぐうごがんしょ　石清水宮御願書　元亨元年(一三二一)十月四日持明院統の後伏見上皇が石清水八幡宮の神前に、皇子量仁親王の速やかな立太子を祈請した願文。別名は『後伏見天皇宸翰御願文』。一巻。京都市上京区盧山寺に草案が所蔵されている。当時は大覚寺統の後醍醐天皇の治世であり、皇太子はその兄後二条天皇の皇子邦良親王であった。これより先、文保元年(一三一七)の和談に際して、邦良親王の即位後の皇太子には量仁親王が立つことが定められていた。後伏見上皇はその早期実現を望み、元亨元年九月二十八日近臣を集め、親王立太子について日野俊光を使者として鎌倉幕府へ派遣することを定めた。この願文はその六日後に記されたものである。その内容は、自身の在位が三年と短く、祖父後深草天皇・父伏見天皇の崩御後の不遇、量仁親王の立太子がなかなか実現しないことを嘆き、辛酉革命にあたるこの年に開運を石清水八幡宮へ祈願したものである。盧山寺所蔵の草案は重要文化財に指定され、『宸翰英華』一に翻刻されている。『群書類従』神祇部所収。

参考文献　『群書解題』一中　（川島　孝一）

いわしみずごこうき　石清水御幸記　鎌倉時代の御幸記。一巻。本書は『群書類従』帝王部に収められているが、元来は『管見記』所収の『公衡公記別記』の一部分であり、独立した記録ではなく、題名も内容によって付されたものである。内容は弘安十一年(一二八八)正月二十六日より七ヵ日間の後深草上皇の石清水八幡宮参籠の様子を、当時供奉の一員であった西園寺公衡が書き記したものである。公衡が常磐井殿に参仕するところから始まり、上皇の乗輿・出発・供奉の公卿・官人などの動向や、石清水八幡宮着御後の御禊・参宮・御誦経・御八講などの行事が克明に記されているが、途中で終っている。本書は『公衡公記』弘安十一年正月二十六日条に「八幡御幸事在別記」とある別記の一部であり、自筆本は宮内庁書陵部に伝わっており、この別記原本は正月二十六日から翌二月四日の還御までの記事がある。『公衡公記』(『史料纂集』)弘安十一年正月条に全文が翻刻されている。

参考文献　『群書解題』二下　（川島　孝一）

いわしみずさい　石清水祭　⇨石清水放生会《いわしみずほうじょうえ》

いわしみずしかんけいず　石清水祠官系図　石清水八幡宮神主家の系図。一巻、上中下三冊。『続群書類従』系図部に所収されており、その底本の書名は『石清水八幡宮祠官系図』であり、内容からして『紀氏系図』の一本であろう。著者は未詳であるが、その奥書によれば延宝辛酉年(一六八一)ころの石清水八幡宮前別当であった田中法印要清の家蔵本であったという。本文は神武天皇より始まり、寛永十七年(一六四〇)に没した別当権大僧都敬清までに及び、書き継がれていったものと思われる。本系図の後には、石清水八幡宮関係の検校や別当で、紀氏とは別系統の人物の略譜や醍醐天皇時代の安宗の弟子会俗の系図、後一条天皇時代の宇佐弥勒寺別当元命の系図、武内宿禰から紀友則までの略系図などが加えられている。なお『石清水八幡宮史』首巻には「石清水祠官家系図」として田中家をはじめ祠官諸家の系図が掲載されており、こちらは昭和にまで及んでいる。

参考文献　『群書解題』三下　（川島　孝一）

いわしみずじにん　石清水神人　石清水八幡宮に従属して、神事に奉仕した人々。別名八幡神人とも呼ぶ。本社所属のものは、その役務によって、私市郷の御前払神人、

淀のかいそへ・馬副・御鉾・御綱引神人、松井の御幡神人、下鳥羽の駒形神人、山崎の鏡澄神人、奥戸の火燈神人、下奈良の獅子神人、そのほか火長・駕輿丁・仕丁神人などに分かれていた。彼らは神事勤仕の代償として、在方の諸公事を免除されるなど種々の特権が与えられた。中でも淀の神人は、淀魚市の専売権と馬借・淀船による水陸運送権を持ち、駒形神人は南北朝時代ごろより五条室町の馬市権や洛中洛外の伯楽権を有していた。末社の大山崎神人は、鎌倉時代より荏胡麻《えごま》油座として営業の特権を有した。これらの神人は、神社側の嗷訴《ごうそ》に際して神輿を奉じてその先兵を承り、また本社内部の不満に対しても、神殿に閉籠し神殿を汚損破壊することさえあった。

参考文献 『石清水八幡宮史』四、中村直勝『南北朝』(『日本文化史』七)

(野田 只夫)

いわしみずはちまんぐう 石清水八幡宮 京都府八幡市高坊に鎮座。旧官幣大社。祭神は誉田別尊《ほむだわけのみこと》・息長帯比売命《おきながたらしひめのみこと》・比咩大神《ひめおおかみ》。貞観元年(八五九)、奈良大安寺の僧行教が奏請し、宇佐八幡宮に准じ六宇の宝殿を造り、同二年八幡宮を勧請し鎮護国家を祈ったのが起源。男山には勧請以前に石清水寺があり、同五年行教が官符を申下して護国寺と改め神宮寺としたが、実際には八幡宮と護国寺は不二一体の宮寺であった。かかる意味もあってか、『延喜式』神名帳にみえない。はじめから皇室の崇敬篤く、同十一年の宣命には皇大神(八幡神)はわが朝の大祖としている。皇室・庶民が尊崇したが特に皇室の崇敬は篤く、天皇の行幸、上皇の御幸は、天元二年(九七九)三月の円融天皇の参詣以来、明治十年(一八七七)に至るまで、二百四十余度を数える。貞観十八年山城国に勅し石清水八幡護国寺料として米四十二石を充て、天慶三年(九四〇)には神封二十五戸をうけ、後三条天皇の代には荘園三十四所を有し、伊勢に次ぐ第二の宗廟として尊崇され、賀茂・春日とともに三社の随一とされ、天慶五年平将門ら平定の報賽に始まる三月の臨時祭や、天延二年(九七四)に始まる放生会は朝廷の大会とされ、永保元年(一〇八一)には二十二社に列せられた。源氏が八幡神を祖神にしたのは清和天皇の石清水勧請に遠因を求められるが、直接祖神の信仰をもち始めたのは頼信からとされ、頼義・義家は特に石清水を崇敬し、各地の勧請が始まった。鶴岡八幡宮は頼朝が崇敬し、武士を通じて各地に八幡宮が勧請された。頼朝は当社に対しても文治元年(一一八五)神領を寄進し、建久二年(一一九一)には別当領を保護した。文永・弘安の役には亀山上皇が参籠し、西大寺の叡尊も社前に異敵追討の祈禱を修した。南北朝時代には本社は京都西の関門として南北両党争奪の拠点となり、別当家の田中家・善法寺家も両党分属を余儀なくされ、後村上天皇は一時本宮を行宮とした。室町時代にも足利将軍はしばしば参詣し、織田信長・徳川家康も参宮し、文久三年(一八六三)孝明天皇は攘夷祈願に行幸した。本社は宮寺で、創祀の時には神官はなく、貞観十八年宇佐に准じ行教一族の紀朝臣御豊が勅により神主となり、紀氏が相続したが、宇佐宮祠官とは全く異質である。支配権は検校にあり、宮寺務は別当が握り、下に権別当・修理別当・三綱・所司があり、のちには祠官・神官・三綱・所司と区別された。当初は宇佐弥勒寺講師元命が別当として入り、みずから紀氏を名乗り、外孫二十三代別当光清の子勝清・成清が田中家・善法寺家祖となった。中世神人制が起るが、末社離宮八幡大山崎油神人が最も優勢であった。社殿は保延・建武・永正の三回炎上し、現社殿(国宝)は寛永八年(一六三一)家光の造営である。明治二年男山と改称、同四年官幣大社、同十六年賀茂とともに勅祭社となり、大正七年(一九一八)石清水と復称した。『石清水文書』のほか、五輪塔一基(重要文化財)・石造燈籠一基(同)がある。例祭は九月十五日。→八幡信仰《はちまんしんこう》

参考文献 『石清水八幡宮史』、中野幡能『八幡信仰史の研究(増補版)』

(中野 幡能)

社領 当宮領は神宮寺護国寺別当が管轄したので、宮寺領と呼ばれた。朱雀天皇天慶三年(九四〇)将門・純友の乱(承平・天慶の乱)平定報賽として二十五戸の封戸を寄進されたのをはじめとし、公封・私封の寄進相つもって、平安時代末には封戸三百余戸に及んだ。荘園は、承平六年(九三六)開発された河内国矢田荘をはじめとして次第にその数を増し、延久の荘園整理の際には、宮寺領は山城国に六ヵ所、河内国に十六ヵ所、和泉国に三ヵ所、紀伊国に七ヵ所、美濃・丹波国に各一ヵ所、計三十四ヵ所を数えたが、うち十三ヵ所は券契不分明の故を以て停止された。しかし当宮に対する上下の信仰は厚く、特に源頼信がこの神を崇信して以降は、源氏の氏神として各

「八幡寺印」

石清水八幡宮寺印

石清水八幡宮楼門

地に勧請され、それが宮寺領となったため、保元三年(一一五八)には荘園・別宮などを合わせた宮寺領は、百ヵ所、分布せる国は三十三ヵ国に及んだ。武家政権成立後は、この傾向がますますはなはだしく、たとえば弘安八年(一二八五)の『但馬国大田文』には、八幡宮領と注する別宮は十三ヵ所百数十町に及ぶ。伊勢大神宮領・賀茂社領と合わせて三社領と呼んで一国平均の諸役も免除され、幕府もまたしばしば宮領の地頭職を停止、武士の対捍を制止した。このほか、護国寺宿院である極楽寺領も保元三年に三十七ヵ所があった。社家は田中・善法寺・東竹などの諸坊に分かれたが、各坊にも所領があり、特に田中坊は、天承元年(一一三一)以来筑前筥崎宮検校を兼任してその宮領を支配し、善法寺は百四ヵ所の寺領をもつ宇佐八幡宮弥勒寺を支配し、東竹坊は宝塔院を管領してその院領伊予玉生荘以下十二荘を支配した。かくて鎌倉・室町時代の宮寺坊領は四百余ヵ所に達したが、近世に至り、これらの所領坊領の大部分は宮寺からはなされ、朱印地六千三百八十四石余、その他諸大名の寄進地、社僧神官の買得地二千三百余石を擁し、明治維新に及んだ。

参考文献 『石清水八幡宮史』

(竹内理三)

いわしみずはちまんぐうごこくじりゃっき　石清水八幡宮護国寺略記　一巻。貞観元年(八五九)行教が宇佐八幡宮にいたり、八幡大菩薩の託宣を蒙り、これを山城男山に勧請し、社殿をつくり、石清水八幡宮と称した由緒を述べた縁起で、末尾に「貞観五年正月十一日建立座主大安寺伝燈大法師位行教」とある。古く『朝野群載』に収められているが、伝本の寛喜四年(一二三二)二月二十日田中宗清の奥書によれば、世尊寺行能筆の古写本が存在する。また石清水八幡宮所蔵の諸縁起などの古記に多く引用せられ、おのおの少しく異同がある。『群書類従』神祇部にも収める。

参考文献 『石清水八幡宮史』、『石清水文書』五、『群書解題』一中

(村田正志)

いわしみずはちまんぐうじりゃくぶにん　石清水八幡宮寺略補任　石清水八幡宮寺の役職についた人を、年代順に年ごとに記した職員録、院勝の撰。一冊。弘安二年(一二七九)四月につくられた。一丁に横界九、縦界七をひき、右端に三綱・検校・別当・権別当・修理別当・俗別当・神主と書き、もと裏書であった分を朱で次行に上座・権上座・寺主・権寺主・都維那・権都維那と記している。原本は巻子仕立であったのであろう。清和天皇の貞観元年(八五九)より起り、弘安二年以後も書きつがれて、元徳三年(元弘元、一三三一)に至る。貞観五年に別当安宗が初出、六年に朱で上座長松・寺主教鎮・都維那運貨がいずれも寺任と記され、墨で弁俗別当高向朝臣公輔・在庁俗別当継成が記されている。神主の初出は貞観十八年である。人名のほかに、補任の官符の年月日、あるいは綸旨の文、死欠、交替の理由など記入しているところが少なくない。『石清水八幡宮記録』三一に収められているのは、寛文元年(一六六一)九月十五日召清が写したものである。内閣文庫・東京大学史料編纂所に影写本がある。

(貫達人)

いわしみずはちまんぐうまっしゃき　石清水八幡宮末社記　石清水八幡宮の本宮や諸末社について解説した由来書。著者不詳。一巻。南北朝時代、室町時代初期の成立か。冒頭に石清水八幡宮の本宮(六宇宝殿)に鎮まる祭神三座の説明と宝殿造立の由来を記し、ついで若宮・武内社など三十余の諸末社、二十余の堂塔・寺院を列記、それに本地仏・本尊など簡単な説明を加え、ほかに「石清水」の名が護国寺の前身たる山寺の名に由来すること、保延六年(一一四〇)および暦応元年(一三三八)の本宮焼失の際は護国寺に御体を移し奉ったこと、下院(極楽寺)の草創と境内整備のこと、白河院・後白河院の御願による宝前以下各所での供養の由来などを記す。『続群書類従』神祇部所収本には、万治三年(一六六〇)記の奥書に「此書当寺之本者、文字所々被為虫毀、往々脱落、而其事義理不明通」であったため、公文所院豪家伝来本を書写したとある。筆写者名は不詳。底本は不明であるが、写本は内閣文庫と静嘉堂文庫とに蔵されている。

参考文献 『群書解題』二上

(西中道)

いわしみずはちまんのかぐら　石清水八幡の神楽　京都府八幡市高坊の石清水八幡宮の神事芸能。もと、二月・十一月の上卯の日に行われた恒例の「初卯の神楽」、三月の「臨時祭の神楽」、十二月の「安居《あぐい》神楽」、ほかに「高良神楽」「里神楽」「八幡職掌人等の神楽」などがあった。「初卯の神楽」(二季御神楽ともいう)は、寛平年間(八八九―九八)の始行(『宮寺縁事抄』)で、『宮寺幷極楽寺恒例仏神事惣次第』(『石清水文書』)によると、同夜まず神主・陪従・近衛召人らが宝前舞殿に参着、次に八島殿(竈殿)に参り、次に若宮、次に南楼前庭に行き、ここで「榊迎」があり、次に舞殿に来て神楽を始める。韓神のあと木綿を巾子に挿す古風や、近衛召人の「乱舞」があった。神楽の後「神宝を廻す」のは、園韓神祭で御巫の湯立舞のあと、神部らが神宝を持って舞い廻るのと似ている。次に其駒、次に禄物のことがあって退出。この神楽は応仁以前に絶えたが、延宝六年(一六七八)に復興、その後の式次第は、『楽家録』一の「石清水八幡宮恒例神楽略式」に詳しい。榊迎・人長作法から早韓神・勧盃までの次第は内侍所御神楽と同じ。神楽のあと「宮巡り」の法があり、ここで神子《みこ》が人長とともに舞う。「臨時祭の神楽」の初見は長保二年(一〇〇〇)三月(『権記』)。神楽次第は『兵範記』保元三年(一一五八)三月の記事に詳しい。曲目は『宮寺縁事抄仏神事次第御神楽次第』(『石清水文書』)にも挙げてあり、特に「弓立《ゆたて》」は、採物のあと人長と採物の神人とで行う神宝舞の歌とある。「弓立前後は韓神か」ともあるので、その神宝とは、「初卯の神楽」の場合と同様、園韓神祭の榊・桙・弓・剣などを思わせる。一方、内侍所御神楽にも、「神宝挙げ」の時歌う「湯立」および、そ

れと同趣の「磯良崎」(共に海人部伝承の神事歌)があったことを参稽すると、石清水神楽の神宝は、八幡系神楽の起源に関連する安曇磯良(志賀海神社の祭神)が海神から借りうけたという「旱珠・満珠」の呪宝が、原態かもしれぬ。「安居神楽」は、男山八幡で十二月朔日から十五日まで潔斎する安居当人の執行するもの(『楽家録』二)。神楽次第は内侍所のごとしとあるが、庭燎・早韓神・其駒・宮巡りという次第は、現在十二月十五日に当宮で行われているのと同じ。「高良神楽」は摂社高良神社の神遊びらしいが、その法は安居神楽と同様である(同)。「里神楽」は郷里人の執行するもので、鼓・銅拍子を撃ち、神子が鈴を鳴らして舞い、曲は庭燎・早韓神で終るという(同)。『宮寺縁事抄仏神事次第 御神楽《みかぐら》次第』に誌す「八幡職掌人等の神楽」も、内侍所御神楽とは別趣の神社神楽。韓神の末歌および其駒での人長舞に八乙女の舞が伴うこと、「千歳万歳」の発唱があることなどに、八幡系神楽の古風をとどめるか。長保四年制定の内侍所御神楽は、宮廷内・外の神遊びを集成・統整したものだが、その主流に八幡系統の神遊びがあったことは、男山の惣検校が人長を奉仕するという名告りや、安曇磯良の参加を示す阿知女作《あちめのわ》法《ざ》・才男芸・千歳法《せんざいほう》などから考察されている。神功皇后の三韓渡海伝承にまつわる磯良神の出現説話をもって、「御神楽の濫觴」とする『八幡大菩薩愚童訓』に、神楽男《かぐらおとこ》の楽奏と八乙女舞のこと、旱珠・満珠のことを記すのも、石清水神楽の巫女舞・神宝舞が、八幡系統の神遊びに特有の要素だったことを暗示しよう。『諸国図会年中行事大成』には、「初卯の神楽」はもと宇佐宮より伝わったと記す。この説は、石清水八幡が宇佐八幡宮から勧請したものであった事実と、安曇氏(海人部の宰領)の奉祀した志賀海神社の磯良神説話が、宇佐八幡宮の縁起に採られ、さらに石清水宮および諸国の八幡系諸社に継承された事実と相まって、注目に価する伝承と思われる。

参考文献 『折口信夫全集』二・七・一七・一八、同ノート編二—四、西角井正慶『神楽研究』、同『神楽歌研究』、本田安次『神楽』、西田長男『古代文学の周辺』、土橋寛『古代歌謡と儀礼の研究』 (小林　茂美)

いわしみずふだんねんぶつえんぎ　石清水不断念仏縁起　石清水八幡宮寺の仏事に関する縁起。一巻。延久二年(一〇七〇)十月、大江匡房(一〇四一—一一一一)の著。わが国に天台の教えが広まった由来から説き起こし、慈覚大師円仁(七九四—八六四)が唐土より常行三昧を伝え、比叡山で七箇日不断念仏を修するようになってから二百余年、「結縁不知幾千万人」という状況となった旨を記す。ついで八幡大菩薩の神徳を称えつつ、祠官の徒に善業をなす者の少ないことを嘆いた石清水八幡宮寺の別当清成(一〇一〇—六七)が、同宮でも不断念仏を修そうと努めたものの果たさずして没してしまったこと、しかるに治暦三年(一〇六七)十月、叡山西塔院の結衆十二口を屈請し、ついに宝前において三箇日夜念仏三昧を修しえたことを記し、今後この三昧を万葉に留めたいとの意を述べ締め括っている。写本は石清水八幡宮蔵の建保七年(承久元、一二一九)別当幸清撰の奥書がある『諸縁起』一巻(『石清水八幡宮史料叢書』二所収)中のものが古く、『群書類従』釈家部には訓点付のものが収載されている。

参考文献 『群書解題』一六下 (西　中道)

いわしみずほうじょうえ　石清水放生会　京都府八幡市高坊の石清水八幡宮で毎年旧八月十五日に行われる勅祭。今は石清水祭という。『政事要略』に放生会は宇佐宮より伝わり、会日に縁起文を読み最勝妙典を講ずとあるごとく宇佐から伝わった仏教儀礼で儀礼は山下の頓宮で行う。本宮放生会は貞観五年(八六三)安宗の沙汰ではじめて行い、天暦二年(九四八)勅祭となり、天延二年(九七四)朝廷の節会に準じ楽を奏し、延久二年(一〇七〇)より神幸を行幸の儀に準じて盛大となった。室町時代末期戦乱により延引が多く、寛正六年(一四六五)中絶、延宝七年(一六七九)再興され、明治維新後旧儀は中絶した。明治十七年(一八八四)勅祭として旧儀を復し、日も九月十五日に改めた。古は十四日宮中より使が到着、十五日未明より行事があり神輿は仮屋に着き、儀式の後神前に諸鳥放生、川に諸魚を放ち、楽・相撲などがあり、神輿は深更還宮した。

参考文献 『石清水八幡宮史』 (中野　幡能)

いわしみずほうじょうえき　石清水放生会記　室町時代の石清水放生会に関する記録。同名書が二種知られ、一つは明徳四年(一三九三)八月十五日、左大臣でもあった将軍足利義満(一三五八—一四〇八)が放生会に上卿として参向したときの記録で、同日供奉した左大史小槻兼治の述作にかかり、他方は少外記中原康富によって記された永享十年(一四三八)八月十五日、左大臣兼将軍足利義教(一三九四—一四四一)が上卿として参向したときの記録である。いずれも一巻。内容は石清水八幡宮で催行される勅会、石清水放生会の式次第を中心に、当日勤仕した各所役の人名や、その装束・位置・所作などを詳細に記し、所々で若干の解説や所感などを覚書風に織り交ぜたもの。前者は『群書類従』神祇部、後者は『続群書類従』神祇部にそれぞれ収められている。底本は定かでないが、宮内庁書陵部に壬生家旧蔵本と庭田家旧蔵本が、内閣文庫に甘露寺家旧蔵本が伝わるほか、石清水八幡宮蔵『明徳四年石清水八幡宮放生会記録』一巻にも兼治記の放生会記が含まれている。

参考文献 『群書解題』一中・二上 (西　中道)

いわしみずもんじょ　石清水文書　京都府綴喜郡八幡町にある石清水八幡宮に所蔵する古文書。同宮の田中坊(田中家)所伝の分と善法寺(菊大路)所伝の分とから成り、その量はきわめて多く、内容は平安時代から江戸時代末期に及び、各種の重要文書を包含する。明治になり、文書はすべて石清水八幡宮の所有になったが、その内政治・経済・文化など一般国史に関するものだけを選択して、明治四十二年(一九〇九)以降『大日本古文書』家わけ四、石清水文書六冊として刊行された。その巻一より巻四までが『田中家文書』、巻五が『宮寺縁事抄』、巻六が『菊大路家文書』である。『石清水文書』は、その他に同宮の由緒来歴、祭神の縁起考証、祭祀の礼式行事、祠官の継承次第などに関する古文献がきわめて多く、『石清水八幡宮記録』と称する写本に若干は収められている。昭和七年(一九三二)以降石清水八幡宮で編集刊行された『石清水八幡宮史』九冊にも、これらの文献は、かなり多く収録されたが、なお未収のものも多い。同三十五年十一月田中家伝来の分三百五十巻、二十八冊、二十六通、二鋪が重要文化財に指定され、その価値があらためて認識された。ここに『石清水文書』の代表的な数点を列挙し、参考に資したい。その一は永承元年(一〇四六)源頼信が八幡大菩薩に奉った告文であり、原本ではなく、鎌倉時代の古写本であり、それに先祖の本系について述べた一文は注目すべきである。その二は延久四年(一〇七二)九月五日太政官牒であり、後三条天皇の記録荘園券契所の設置により、同宮所領の存廃処置が実施された重要文書である。その三は建治二年(一二七六)五月『筥崎宮神宝記』で、紙背には約二十通の文書があり、いずれも同年三月・閏三月中の異国征伐に関するもので、元寇に関する重要史料である。その四は康治二年(一一四三)四月沙弥慶清の度縁であり、全文版刻にして、人名年月日など必要ある箇所だけが筆書されており、古文書学上珍貴なるものである。その五は『諸縁起』と題する石清水八幡宮を中心とする諸社の縁起集で、奥書に建保七年(一二一九)閏二月二十五日僧隆宴書写の奥書があり、この種のものの代表である。

（村田　正志）

いわしみずりんこうき　石清水臨幸記　鎌倉時代の御幸記。一巻。文応元年(一二六〇)八月、後深草上皇(一二四三―一三〇四)が譲位後はじめて石清水八幡宮に参詣した時の記録。著者はこの御幸に当時左衛門権佐として供奉した葉室頼親(一二三四―一三〇六)。八月七日からの「八幡御精進」に始まり、十日の還御までを記すが、大部分は九日の社参記事が占める。すなわち同日未明、新院御所の三条坊門殿に参着した頼親は、雨天のため供奉人の多くが遅参したこと、御禊の儀や八幡神に供する幣帛・神馬などの諸準備、約百人からなる行列の列次と左大臣以下供奉人の名、洛中から八幡への路程、八幡山下の宿院に午後遅く到着したこと、さらに山上の本宮殿上における深夜の御拝や付随する神事・仏事の様子、馬場殿での御休憩、武内社・若宮および護国寺薬師堂への御参などを詳細に記す。八幡宮関係者では検校宮清・別当行清の名もみえる。『群書類従』帝王部収載。底本は不明だが、伝写本が宮内庁書陵部、内閣文庫などに所蔵されている。

参考文献　『群書解題』二下

（西　中道）

いわしみずりんじさい　石清水臨時祭　京都府八幡市高坊の石清水八幡宮で毎年旧三月午の日(三午には中の午の日、二午には下の午の日)に行う祭。臨時とは放生会の恒例に対する臨時。天慶五年(九四二)平将門・藤原純友の乱平定の報賽に臨時に勅使を立て神封歌舞を奉ったのが始まりで、天禄二年(九七一)には永式となり、都の人は賀茂臨時祭を北祭、これを南祭と呼んで親しんだが、永享四年(一四三二)戦乱のため中絶、文化十年(一八一三)再興したが今はない。祭式は二月に祭使・舞人・陪従などを定め楽所で歌舞の調習を行い(調楽という)、祭の二日前に清涼殿で歌舞を試練する(試楽という)。試楽には天皇出御、使以下参入、駿河舞と求子《もとめご》を舞う。同日天皇は祭に供する左右十列の御馬をご覧になる。祭の日天皇は清涼殿に出御、人形と麻で祓をし、御幣を拝し御座を改める。庭上には所司の座を設ける(庭座という)。天皇出御、使以下に宴を賜い舞をご覧になる。式が終ると使以下は装束を更め列をなして社頭に参向、宿院に到着すると衣服を更め、神前舞殿の座につき、再拝して宣命を読む。社司も再拝して返祝詞を述ぶ。次に十列の御馬をひいて舞殿を八度周る。この時駿河舞が殿上で行われる。その夜使以下は宿院に宿泊、翌日使以下は帰参する。これを還立《かえりだち》といい、天皇は清涼殿に出御、使以下に酒饌あり、求子を舞う。このように賀茂臨時祭によく似ている。

参考文献　『石清水八幡宮史』

（中野　幡能）

いわしみずりんじさいのき　石清水臨時祭之記　南北朝時代の石清水臨時祭と賀茂臨時祭に関する断片的記事を出納従四位上行大蔵大輔中原職忠(一五八〇―一六六〇)が寛永元年(一六二四)に編纂したもの。一巻。『石清水賀茂臨時祭之記』ともいう。建武元年(一三三四)三月十八日、延元元年(建武三、一三三六)三月十九日、建武四年四月二十四日、同五年(暦応元、一三三八)四月二十八日、暦応三年二月(三月の誤記か)二十九日、同四年三月二十八日および年代は明記しないが建武二年五月一日のものとみられる石清水臨時祭と、暦応元年十二月二十八日、同二年十二月の賀茂臨時祭について、年により内容は異なるが臨時祭用途料を諸国に命じた綸旨、使・舞人・楽人の氏名などをごく簡単に記す。ただし暦応三年の石清水臨時祭に限り、やや詳しい内容となっている。若干の誤記も認められるが、おそらく原資料からそのまま抽出・書写されたものか。『続群書類従』神祇部所収。底本は定かでないが、伝本が宮内庁書陵部と内閣文庫に蔵されている。

参考文献　『群書解題』二上

（西　中道）

いわじんじゃ　伊和神社　兵庫県宍粟郡一宮町須行名に鎮座。旧国幣中社。祭神は大己貴神《おおなむちのかみ》。『延喜式』には「伊《い》和坐《わにます》大名持《おおなもち》御魂《みたま》神社」とあり、播磨国の一宮。『播磨国風土記』によれば、大名持命が国造りを終えて同所に至り於和といって鎮座したとある。『新抄格勅符抄』には神封十三戸とあり、元慶五年(八八一)正四位下に叙せられ、延喜の制で名神大社に列した。のち建長元年(一二四九)社殿焼亡の際には軒廊御卜《こんろうのみうら》と仗儀《じょうぎ》が行われた。例祭は十月十五日。特殊神事として、三つ山神事(六十一年目ごと に行う)、渡御祭(十月十六日)、万燈祭(二百十日の前七、

八日ごろ)などがある。　→三《み》つ山神事《やましんじ》　(大場　磐雄)

いわそのにますたくむしたまじんじゃ　石園座多久虫玉神社　奈良県大和高田市片塩町に鎮座。旧県社。中世磯《いそ》野《の》郷にあたる。竜王宮と通称される。建玉依彦命・建玉依比売命を祀る。『新抄格勅符抄』には、「射園神《いそののかみ》」とし、大同元年(八〇六)美濃国に神封一戸を寄せられたとあり、『三代実録』貞観元年(八五九)正月二十七日条には、従五位下より従五位上に昇叙したとある。『延喜式』神名帳には「石園坐多久虫玉神社二座(並大、月次新嘗)」とみえる。『新撰姓氏録』和泉国神別に「爪工連、神魂命男多久豆玉命之後也」とあり、国史大系本『三代実録』『延喜式』などは「多久虫玉」は「多久豆玉」の誤りとみる。大和では桜井市の大神神社は竜神の頭で、当社は胴体、北葛城郡當麻《たいま》町の長尾神社は尻尾であるという俗信がある。西方を流れる高田川は昭和二十六年(一九五一)まで境内すぐ西側を流れ、水神として竜王宮の名がついたものか。例祭は十月九日。十日に神幸祭。四月八日には祈年祭に引続き御田植祭が行われる。

参考文献　式内社研究会編『式内社調査報告』二、谷川健一編『日本の神々』四　(山田　浩之)

いわとかぐら　岩戸神楽　里神楽の一種。天岩屋戸の前で演じた天鈿女《あめのうずめ》命《のみこと》の鎮魂舞踊に、神楽が起源するという伝えに基づいて、神々の舞を仕組んだもの。秩父神楽・江戸神楽も同じ系統に属するが、宮崎県高千穂地方を中心とした岩戸神楽が有名である。毎年十一月の末から翌年の二月ごろまで行われる。各部落ごと、大きな農家の広間を開放して神庭を設け、三十三番の神楽を徹夜で舞い明かす。これを夜神楽といい、略式ですますのを日神楽という。曲目の次第・名称・内容は土地によって多少異なるが、大体は神下しなどの儀式舞に始まり、幣神添《へいかんぞえ》鞭かざしなどいう採物の舞、岩戸の神話に取材した五場にわたる舞などを演ずる。その中の、手力男命《たぢからおのみこと》が岩戸を取り払う戸取りの舞は、翌朝の夜明けごろに舞われる。最後は雲下しの舞(舞所の紙飾りを引き下す)で行事を終る。全体としては、鎮魂を主とした霜月神楽の印象が濃く、古風な神事舞の俤を今に伝えるものとして価値がある。

参考文献　西角井正慶『神楽研究』、同『神楽歌研究』　(尾畑喜一郎)

いわながひめ　磐長姫　岩のごとく永遠に変わることのない女神の意。一面、神衣を織る棚機津女《たなばたつめ》の印象も濃い(『日本書紀』神代天孫降臨章第六の一書)。記紀に父神の大山祇神《おおやまずみのかみ》が妹の木花開耶姫とともに天孫瓊瓊杵尊《ににぎのみこと》に奉ったが、容貌が醜いので返された。以来天皇の寿命は短くなったという伝えがみえる。生命力の秘密に関連した話ゆえ、岩石をトーテムとする神名とも受け取れる。またインドネシアの「バナナ型」と呼ばれる話は、これと酷似するので注意される。

参考文献　松村武雄『日本神話の研究』、高崎正秀『文学以前』、松前健『日本神話の新研究』、折口信夫「水の女」(『折口信夫全集』二所収)、同「信太妻の話」(同所収)　(尾畑喜一郎)

いわのおおかみ　伊和大神　『播磨国風土記』に登場する神。同国宍禾郡伊和を本拠とし、揖保・讃容・宍禾三郡を信仰圏としていた。国占め、国作り、また国巡りの伝承から、この地方を占拠開拓し共同体の基礎を作った族長の神格化されたものと考えられる。しかしその際呪術や霊力に頼るという古い手段をとっている点で、同じく国の定礎神的性格をもつ大己貴神より前段階に属し、やがてこの神と同一神化した。『延喜式』にみえる「伊和坐大名持御魂神社」の名によって、それがわかる。

参考文献　川崎庸之・石母田正「日本神話と歴史」(『(岩波講座)日本文学史』三所収)　(倉塚　曄子)

いんいせつ　因位説　⇩本地垂迹説《ほんじすいじゃくせつ》

いんしゅうじんみょうちょう　隠州神名帳　平安時代末期に隠岐国の国衙で勘造された国内神名帳。表題は「隠岐国神名帳」「国内神名帳(隠岐国)」「(隠州)国内神名帳」など諸本により異なる。寛文七年(一六六七)八月、幕府の命により、隠岐島を巡見した某が記した『隠州視聴合紀』全四巻の巻四のはじめに、当神名帳は隠岐国の惣社(玉若酢《たまわかす》命神社、島根県隠岐郡西郷町)に伝来すると記す。なお、当惣社の祈年祭祝詞のなかにも隠岐国内神名帳が記載されており、同社の祈年祭で国内神名帳が唱えられたことがわかる。隠岐国内神明帳は多くの写本が現存しているが、神名・神階などは大同小異である。しかし郡の配列順序に異同がみられる。国学院大学図書館所蔵本(小杉榲邨謄写本)よれば、周吉郡に四十八所、隠地郡に二十三所、知夫郡に十五所、海部郡に二十一所、総数百七社を記載してある。また神号は大明神・明神・神の三種類が用いられ、それぞれに神階を付してある。主な写本として続群書類従本・松浦家所蔵本(六社神主宇野重邦書写本)・国学院億岐家所蔵本などがある。『神道大系』神社編一、『神祇全書』五、『続群書類従』神祇部所収。

参考文献　『群書解題』一下、三橋健『国内神名帳の研究』論考編・資料編　(三橋　健)

いんべ　忌部　大化前代の部民の一つ。忌部には、氏の私有民である部曲《かきべ》と、朝廷に奉仕する品部《ともべ》の二種がある。品部である忌部は朝廷の祭祀に必要な物資を貢納し、宮殿の造営にも従った。出雲・紀伊・阿波・讃岐の諸国に設置されていたが、出雲国の忌部は玉を貢納し、紀伊国名草郡御木・麁香《あらが》二郷の忌部は材木を貢納し、ときには上番して宮殿や社殿の造営に従事した。また阿波国麻殖郡の忌部は木綿・麻布などを貢納し、讃岐国の忌部は祭祀に用いる盾を貢納した。紀伊国名草郡の忌部は直接中央の忌部氏に隷属していたが、出雲・阿波・讃岐などの忌部は国造の管掌下にあって、国造を介して中央官司に貢納していた。『古語拾遺』には、阿波国の忌部が天富命に率いられて東国に行き麻と穀《ゆう》の木を播殖させたという伝承がみえるが、これは東国における中臣氏の勢力と対抗するため忌部氏の手による奈良時代ごろの造作といわれている。また『日本書紀』に作金者《かなだくみ》としたとみえる天目一箇神《あめまひとつのかみ》は、『古語拾遺』によれば筑紫・伊勢両国の忌部の祖であるといわれ、この神に刀・斧・鉄鐸・鏡などを作らせた所伝があるので筑紫・伊勢にも忌部がいて、彼らは鍛冶として刀・斧などを作り貢納していたことが推測できる。

参考文献 平野邦雄『大化前代社会組織の研究』、津田左右吉「古語拾遺の研究」(『日本古典の研究』下所収)、上田正昭「忌部の職能」(『日本古代国家論究』所収)

(佐伯 有清)

いんべうじ　忌部氏　忌部の「忌」は斎戒の意で中臣氏とともに朝廷の祭祀を担当した古代の氏族。宮殿の造営の監督にもあたる。天太玉命を祖と伝え、古くは首《おびと》のカバネをもつ。中央の忌部氏の本貫は大和国高市郡金橋村(奈良県橿原市)あたりで、阿波国にも忌部首氏がいた。忌部氏は私有民である忌部を領有するほか、品部としての忌部を管掌し、出雲・紀伊・阿波・讃岐の諸国に設定されていた部民から祭祀に必要な物資を徴収した。同族の正史における初見は『日本書紀』大化元年(六四五)七月条で、忌部首子麻呂が神幣を賦課するため美濃国に遣わされている。壬申の乱に際し忌部首子人(首・子首にも作る)は将軍大伴吹負《ふけい》に属し、荒田尾直赤麻呂とともに倭の古京を守り、天武天皇九年(六八〇)弟の色弗(色夫知・色布知にも作る)と並んで連《むらじ》のカバネを賜わり、同十三年宿禰の新姓を授けられた。持統天皇四年(六九〇)色弗は持統天皇の即位にあたり神璽の剣・鏡を奉じた。慶雲元年(七〇四)子人は伊勢奉幣使となって鳳凰鏡・窠子錦を伊勢大神宮に献じている。その後中臣氏とともに伊勢奉幣使となる例となったが、次第に中臣氏の権勢におされて奉幣使の任から排除されるようになった。そのため天平七年(七三五)忌部宿禰虫名・鳥麻呂らは忌部氏を奉幣使に任じることを訴え、それが認められた。ところが天平宝字元年(七五七)六月、伊勢奉幣使には中臣氏だけを任じ、他姓の人を用いないことになったが、実際は天平宝字年間(七五七—六五)に忌部宿禰人成・呰麻呂らが奉幣使に任じられているので、忌部氏から訴えがあって、忌部氏の奉幣使任用が認められたものと思われる。しかしそれ以後、中臣氏(大中臣氏)による排斥のため伊勢奉幣使はじめ忌部氏固有の職掌につけない傾向が著しくなってくる。その事情は斎部宿禰広成の『古語拾遺』をみれば明らかである。忌部氏が斎部氏と改字したのは延暦二十二年(八〇三)で、忌部宿禰浜成らの申請によったものであることは『日本逸史』の引く古記によってうかがわれる。→古語拾遺《こごしゅうい》

参考文献 津田左右吉「古語拾遺の研究」(『日本古典の研究』下所収)、上田正昭「忌部の職能」(『日本古代国家論究』所収)、佐伯有清「古語拾遺と新撰姓氏録」(『古代史への道』所収)

(佐伯 有清)

いんべじんじゃ　忌部神社　徳島市二軒屋町に鎮座。旧国幣中社。祭神は阿波の忌部の遠祖天日鷲命《あめのひわしのみこと》。『延喜式』では麻殖郡にあって、名神大社。月次・新嘗の祭幣に預かり、麻殖神《おえのかみ》・天日鷲神とも呼ばれた。『日本書紀』『古語拾遺』などによれば、天日鷲命は、忌部の遠祖天太玉《あめのふとだま》命《のみこと》に従って木綿を作り、その子孫が阿波国に至って穀麻の種を植えたと伝えている。この神の裔である三木氏が大嘗祭ごとに荒妙御衣をたてまつる例となって、御衣《みそ》御殿人《みあらとうど》と呼ばれた。嘉祥二年(八四九)従五位下、貞観元年(八五九)従五位上、元慶二年(八七八)正五位下、同七年従四位下に昇叙した。明治四年(一八七一)国幣中社に列することになったが、鎮座地が不明で、ことに麻植郡山崎村忌部(麻植郡山川町忌部)と美馬郡端山村西端山(美馬郡貞光町西端山)を主張する論争が起ったので、明治十八年新たに現在地に祀ることになった。例祭は十月十九日。

参考文献 栗田寛『神祇志料』、同『栗里先生雑著』、小杉榲邨編『阿波国徴古雑抄』

(西山 徳)

いんべしんとう　忌部神道　忌部正通に始まる神道説の一派。一名根本崇源神道。正通は貞治六年(一三六七)『神代巻口訣』を著わしたが、なかで宋学理気説を基礎に一定不変の理を根本とした神道説を創唱、のち江戸時代初期広田坦斎(忌部丹斎)は忌部の嫡流と称してこれをうけ、『神代巻神亀抄』を著わし、石金伝を伝授して吉田神道に対抗した。この神道説は山鹿素行・石出帯刀ら儒学者に影響を与えた。→忌部正通《いんべのまさみち》

参考文献 宮地直一『神道史』下一

(鎌田 純一)

いんべたんさい　忌部坦斎　生没年不詳　江戸時代前期の神道家。広田坦斎とも称す。また、丹斎とも書く。忌部氏の嫡流という。『神代巻神亀抄』を著わし、元本宗源神道(吉田神道)に対立して、、根本崇源神道(忌部神道)を唱導した。日本の古典・歌道にも造詣が深い。京都の公家の門に出入りして石金の伝を伝授したという。その後、江戸へ移り、神道書をはじめ、日本の古典を講じた。門人に、山鹿素行や山崎闇斎の師である石出帯刀らがあったというが、疑わしい点が多い。正保・慶安のころ没したと伝える。坦斎の行動は不詳なところがある。そのような次第で、慶長・寛永のころに江戸に出て、伊雑宮(三重県志摩郡磯部町鎮座)の復興運動をした出口市正と坦斎とを同一人とする説もある。また、『旧事大成経』の偽作者は坦斎であるとの説もある。つまり坦斎は伊雑宮の繁栄を計画し、その手段として『旧事大成経』を偽作し、さらに、それを根本崇源神道の経典としたのではないかというのである。

(三橋 健)

いんべのひろなり　斎部広成　生没年不詳　奈良・平安時代前期の官人。大同二年(八〇七)平城天皇の下問に応じ、のちに『古語拾遺』と呼ばれた上表を記し、朝廷の祭祀職をめぐる斎(忌)部氏の役割を主張した。忌部氏は中臣氏とともに朝廷の祭祀を担当していたが、同族の藤原氏の権勢を背後にもつ中臣氏が勢力を強め、忌部氏を排斥する動きが天平七年(七三五)ごろから顕著となり、

大同元年には、忌部・中臣両氏の職掌争いが頂点に達した。朝廷は祈禱や臨時祭の奉幣使に両氏が並んで任につくべきであるとの裁定を下したが、広成は『古語拾遺』で忌部氏の由緒を明らかにするとともに、中臣氏に対する多年の忿懣を十一ヵ条にわたって吐露した。時に年八十余歳。同三年正六位上から従五位下となる。→古語《こご》拾遺《しゅうい》

参考文献　山本信哉「古語拾遺の史的価値と其の後世に及ぼせる影響」（史学会編『本邦史学史論叢』上所収）、佐伯有清「古語拾遺と新撰姓氏録」（『古代史への道』所収）

（佐伯　有清）

いんべのまさみち　忌部正通　生没年不詳　『神代巻口訣』の著者。その伝記は一切不明で、その著に貞治六年（一三六七）の自序があり、南北朝時代ごろの神道家とみられるが、儒教・仏教を異国のものと排しながら、儒学とくに宋学の理気説をとりいれ倫理的に説く内容、ことに三種の神器についての解説などよりすれば、少しく後世の人とみるか、またはその著は後人の仮託とみざるを得ない。その説くところ、高天原とは空虚清浄の名、人にあっては無一念の胸中であるとし、その高天原に所生の天御中主尊は明理の本源、高皇産霊尊は万物化生の神、神皇産霊尊は霊降って生物の魂となる神と説き、三神は一神にして国常立尊と同一理であるとのごとくで、一条兼良の『日本書紀纂疏』の神儒仏一致の立場と異なり、神道を本邦の正路としての理説で一貫している。忌部神道説の展開に影響を与えた。→忌部神道《いんべしんとう》　→神代巻口訣《じんだいのまきくけつ》

参考文献　宮地直一『神道史』中、辻本直男「忌部正通の神代巻口訣」（『歴史教育』一一・一二）

（鎌田　純一）

いんべはっかのりと　忌部八箇祝詞　忌部神道の経典の一つ。『忌部色布知八箇祝詞』とも、単に、『八箇祝詞』とも称す。この祝詞は、『古語拾遺』とともに忌部氏の家伝という。すなわち、その祖神、天太玉命の口訣で、代々相伝してきたのを色布智《しこぶち》（色布知・色夫知・色弗）がはじめて文字に記したという。一説に、忌部連自丸の述作という。しかし「土金之伝」の思想など、度会神道の人々と一致する主張の多いことより、おそらく度会神道の系統を引く、忌部神道の一派の人々による偽作であると考えられる。この祝詞は『色布知記』に収められているが、その内容は、天地祝詞・陽祝詞・陰祝詞・木祝詞・火祝詞・土祝詞・金祝詞・水祝詞の八章からなる。つまり、八つの祝詞の集成であることにより本書を八箇祝詞と称したと思われる。註釈書として、伴部安崇の『八箇祝詞解』、藤本惟一の『八箇祝詞国字解』がある。

（三橋　健）

いんやくしん　印鑰神　国衙の印とその不動倉などの鑰、また神社・神主家の印などを特に神聖視し、それを神格化して称したもの。それらの印が国衙領・神領文書に捺され、その鑰が穀倉開閉に重視されたことから、その印鑰を貢納物出納の主役とみて印殿などにまつった。現在も旧国府近くに印鑰神社の残る地があり、また大社境内社として存する社があるが、そのなかで賀茂御祖神社の印鑰神は印神また神主亭大明神と呼ばれ、その垂跡は倉《うか》稲魂命《のみたまのみこと》とされ、中世以降、毎年拝賀ののち、神主が庁屋で別当が執筆する年中の神事・日供《にっく》をまかなう加賀国金津荘の米所検納に関する書状に捺印、そののち初の祭儀を行うのを恒例とした。

（鎌田　純一）

いんようごぎょうせつ　陰陽五行説　一口に陰陽五行というが、陰陽と五行とでは、その由来を異にし、陰陽よりも五行の方が思想として古い。陰陽というと、すぐ易を連想するかもしれないが、易の理論は、経文においては九・六（奇数・偶数）、彖《たん》伝・象伝においては剛・柔によって展開していて、陰陽は、わずかに繋《けい》辞伝において組織的な構成を見せているにすぎない。おそらく陰陽が易と結んだのは、戦国時代も末期になってからのことであろう。ただ、九六・剛柔と陰陽とでは、陰陽の方がより抽象的で原理的な性格が濃いから、ひとたび陰陽が用いられるようになると、それ以後は、相《そう》反（正・反）の関係にあるものが、皆陰陽によって代表されるようになったと考えられる。思うに陰陽という思想は、本来は戦国時代中期の自然科学系の学者たちによって、宇宙自然界の解明のための理論として構成されたもので、その流行の結果は、季節・方位に関連するものはいうに及ばず、易に関するものまでもその支配下に包摂して、自然現象と人事現象とを一気に解説しようとする、いわゆる陰陽説の成立を見るようになる。陰陽説の起りは、戦国時代、斉の鄒衍《すうえん》（前二七〇前後か）にあるとされているが、その流行は大体、前漢の中ごろで、その具体例は、董仲舒《とうちゅうじょ》（前一七九―一〇四）に見る春秋災異説である。董仲舒の春秋災異説とは、『春秋』に記されている自然や人事の変災の記事を、陰陽の見地から説明しようとしたものである。一方、五行に関する記載は、古く『書経』の洪範に見えている。洪範の五行は、文字通り、水・火・木・金・土の五つの物質について、その性状を冷静に記したもので、世にこれを民用五材の思想という。そこには、五をたてまえとする思想構成は間違いなく見られるが、後世のいわゆる五行説のような性格は全く見出されない。思うに、五をたてまえとするものの考え方は、古くから、いろいろあった。民用五材もその一つであったであろうが、五材が民用という点から強く意識せられるようになって、次第に他の五によるものを広くその配下に収め、ついには五材というものを抽象化し原理化することによって、いよいよその包摂力を強化し、自然や人事の現象を打って一丸として解明しようとするところに、五行説の成立を見るようになったと考えられる。今日残存する古い五行説で、最も組織的なものは、おそらくは鄒衍の五徳終始説であろうが、五徳終始説というのは、五帝時代から夏・殷・周と推移してきた王朝変遷の跡を五行説で理論づけ、その後に出現する王朝の性格を規定しよう

としたものであり、この説を立てた鄒衍は、暦家とされている。かくて陰陽と五行とは、その由来においてまた性格において、全く異なり、しかも陰陽より五行の方が古いと考えられるが、それが原理化する段階になると、いずれも自然界や人間界の事象を一つに統合して組織化しようとするようになる。この両者間の共通性は、やがてまた、陰陽説と五行説とを一連のものとする可能性を暗示する。この両者合体の基礎的態勢を図式的にまとめて載せているのが、『礼記《らいき》』の月令である。そこには、季節も方位も五行的諸象も、一つの体系のもとに統合されている。このようにして陰陽と五行とは逐次接近し、『漢書』の天文志あたりになると、陰陽・五行の両説が、日月・五星を中心に明らかに一体化されてくる。これがさらにいっそう組織化されるところに、かの後世の陰陽《おんよう》道の展開がある。→陰陽道《おんみょうどう》

参考文献 『史記』孟子荀卿列伝、小林信明『中国上代陰陽五行思想の研究』

(小林 信明)

う

ういやまぶみ　宇比山踏　本居宣長が、初学者のために国学の精神とその研究を平易に説いた学問論。一冊。書名は、はじめて学問に入ることを、登山に譬えたもの。寛政十年(一七九八)に成り、翌年刊行。はじめに綱領的な本文を掲げ、続いて本文中に合印《あいじるし》を付した二十九項を詳説している。まず学問の概念について考え、従来学問といえば漢学をさし、わが国の学問を和学・国学などと呼ぶのは顚倒の見であるとし、わが国の学問をこそただ学問と呼ぶべきであるとして、その意味の学問を神学・有職《ゆうそく》の学・歴史記録の学・歌の学びの四科に分け、中でも道の学問を主とすべきであるとし、ついでそれぞれの学問の研究法について、詳細に論述している。近代的な学術の理論的な精しさには及ばないとしても、既成の理論に頼ることなく、その国学の方法をきりひらいた宣長の深い体験に裏づけられている点に、わが国学問論の古典としての本書の価値がある。『本居宣長全集』一、『岩波文庫』、『日本思想大系』四〇などに収められている。

(大久保 正)

うえすぎじんじゃ　上杉神社　山形県米沢市丸の内に鎮座。旧別格官幣社。祭神は上杉輝虎(謙信)に同治憲(鷹山)を配祀。上杉景勝は慶長三年(一五九八)、石棺に入れて葬られていた謙信の遺骸を掘りおこして会津に移し、のちに米沢城内本丸の東南に祠堂(不識庵)を建て、遺骸とともに右に善光寺如来、左に泥足毘沙門天の像を安置した。以後三月十三日の命日には歴代藩主の参拝が行われた。明治四年(一八七一)中興の治憲を合祀し、翌年社号を上杉神社と定め、同八年城跡中央に社地を移し、社殿を新造した。同三十五年四月、別格官幣社に加列し、大正八年(一九一九)には社殿が炎上したがほどなく再建された。本殿・幣殿・拝殿は三宇連続の権現造風である。社宝としては「絹本著色毘沙門天像」(一幀)、「紫綾金泥両界曼荼羅図」(二幅)、太刀(伝倫光作)、長巻、剣(伝上杉謙信所持)、紙本墨書『綜芸種智院式』(一巻)、輪羯磨蒔絵筥(一合)、他に謙信・景勝にゆかりのものが多数ある。例祭は四月二十九日。

参考文献 大乗寺良一編『上杉神社誌』

(近藤 喜博)

うえだかずとし　上田万年　一八六七―一九三七　明治から昭和時代にかけての国語学者。うえだまんねんとも通称される。慶応三年(一八六七)正月七日江戸大久保の名古屋藩下屋敷に生まれた。父は虎之丞、母はいね子。大学予備門を経て帝国大学文科大学和文学科を明治二十一年(一八八八)七月卒業、大学院に進み英語学授業嘱託となった。はじめ近世文学のうち、ことに演劇学を志望したが、のちに、B・H・チェンバレンに師事して国語学に転じた。同二十三年からドイツ・フランスに博言学修業のため遊学、二十七年帰国し、帝国大学教授に任ぜられた。また文部省専門学務局長、国語調査委員会主査委員、文科大学学長、神宮皇学館長、臨時国語調査委員会会長として教育家・国語政策推進者として活動した。三十二年文学博士となり、また大正七年(一九一八)には皇典講究所の理事、翌八年から十五年まで神宮皇学館(皇学館大学の前身)の館長として神職の養成に努めた。昭和二年(一九二七)東京帝大教授を退官して名誉教授の称号を受けた。日本音声学協会会長・国学院大学学長その他の位置にあって、教育界・学界の長老として仰がれたが、同十二年十月二十六日没した。七十一歳。東京府赤坂区(東京都港区南青山)の竜泉寺に葬られる。「国語」

という用語の定立、国語研究室の創設・充実、国語調査委員会での後進の誘掖など、その指導的な役割は大きなものがあった。主著『国語のため』『国語学の十講』などがある。蔵書の多くは神宮文庫に寄贈された。

参考文献 『国語と国文学』一四ノ一二(上田万年博士追悼録)、『方言』八ノ二(上田万年博士追悼記念号)

(山田　俊雄)

うえまつありのぶ　植松有信　一七五八―一八一三　江戸時代後期の国学者。宝暦八年(一七五八)十二月四日生まる。通称は市九郎、のち忠兵衛。家はもと名古屋藩士であったが、父の代に浪人となり、名古屋で板木屋を営んだ。本居宣長の『古事記伝』の刊行にたずさわってから、横井千秋の紹介で宣長と識り、寛政元年(一七八九)三月、宣長が名古屋を訪れた折に門人となった。享和元年(一八〇一)九月、宣長没するや、直ちに松坂に行き、葬儀に列し、宣長の墓辺に奉仕して『山室日記』を残した。ほかに遺文『長閑日記』(文化四年の日記)がある。文化十年(一八一三)六月二十日没。五十六歳。

参考文献 『名古屋市史』人物編二

(大久保　正)

うえまつしげおか　植松茂岳　一七九四―一八七六　江戸後期から明治時代前期の国学者。尾張国名古屋藩士。名は茂岳(一時、藩主の諱をさけて成岳・懋嶽)、通称は庄左衛門、松蔭・不言・不知と号した。寛政六年(一七九四)十二月十日、名古屋藩士小林常倫の次男として名古屋城下流川町で出生。十歳で父を失い貧しかったため、版木彫刻を業としていた鈴屋門の俊足植松有信の養子となって国学を学び、有信の死後は本居大平に就学。天保六年(一八三五)に藩校明倫堂に出仕、のちに藩主の侍講となり、『尾張志』の撰述、『古事記』・六国史の校合、熱田文庫の建設、真福寺本の調査にあたる。安政の大獄に連坐、文久二年(一八六二)職禄を復し、明治三年(一八七〇)致仕、同九年三月二十日に没。八十三歳。熱田神官墓地に葬る。著書には平田篤胤の『霊能真柱』を駁し、篤胤の名古屋藩仕官を遂げさせなかった『天説辨』や、『皇国大道辨』『鎮国説』『愛国一端』などがある。

参考文献 正木梅谷『明倫堂典籍秘録』(『名古屋叢書』二)、『名古屋市史』人物編一、名古屋市教育委員会編『明治の名古屋人』、川島丈内『名古屋文学史』、大川茂雄・南茂樹編『国学者伝記集成』二

(小島　広次)

うおぬまじんじゃ　魚沼神社　新潟県小千谷市土川《つちかわ》に鎮座する。祭神は天香語山命《あめのかごやまのみこと》。『延喜式《えんぎしき》』に記載されている「魚沼《いをぬ》神社」を本社にあてる説もある。拝殿入口にある永享九年(一四三七)銘の鰐口《わにぐち》(県指定文化財)に「弥彦南無大明神」、延徳三年(一四九一)の懸仏銘《かけぼとけめい》に「弥彦大明神」、永禄五年(一五六二)の上杉輝虎証状に「上弥彦大明神」、慶長二年(一五九七)の上杉家奉公人連署知行書出に「上弥彦神主」、慶安元年(一六四八)の将軍徳川家光朱印状に「弥彦明神」とあるように、かつては「上弥彦《かみやひこ》大明神」と称した。上杉氏の信仰が厚く、特に永禄五年九月十三日、上杉謙信が社領一町八反を寄進している。安永九年(一七八〇)三月、京都の吉田家へ願い出て、魚沼神社の称号を許可された。境内の阿弥陀堂は、もとは魚沼神社の神宮寺池源《ちげん》寺の堂であった。神宮寺池源寺が寺号を慈眼寺と改め、寛永年間(一六二四―四四)に寺町(小千谷市寺町)に移る際、残されたと伝える。明治の神仏分離の際、現在地に移され、神輿舎《しんよしゃ》として使用された。方三間、宝形《ほうぎょう》造の茅葺屋根で、永禄六年の建立、重要文化財に指定されている。

(花ヶ前盛明)

うがじんしんこう　宇賀神信仰　宇賀神は仏説に白蛇神ともいい、また福神の天女ひいては弁財天に付会するようにもなった。のみならず宇迦御魂命《うかのみたまのみこと》と名音が相通ずるので、保食《うけもち》の女神とも習合、やがて稲荷の使いの狐神さらに稲荷神そのものと考えるようになった。竹生島明神が宇賀神であったり、宇賀神を人首蛇身に作り、俵の上に蛇を置いてこの神の像としたものもある。また弁財天の頭上に蟠蛇をのせて宇賀弁財と唱えるものもあった。中世の福徳神信仰の高揚がこの神の性格のさまざまな曲折を許した。宇賀神の法と称する密教の修法も行われた。この神はすなわち一方に稲荷神につながる穀霊つまり農作の豊饒を祈る神となる。白蛇の信仰は水神に結びつき、願えば田の水が満ち足りるように諸事意のごとくなるを期待した。また公武の貴紳をはじめ都市の人々には富貴自在を祈って現世の栄華利益をほしいままに満たしてくれるものとしてまつられ、後世まで福禄幸を願う神事の行法が伝承された。

参考文献 喜田貞吉「宇賀神考」(『民族と歴史』三ノ一)

(平山敏治郎)

うかのみたまのみこと　倉稲魂命　『古事記』では宇迦之御魂神とも書く。伊弉諾・伊弉冉二神の子(『日本書紀』神代四神出生章第六の一書)。あるいは速須佐之男命の子(『古事記』)ともいう。「うか」は「うけ」の転で穀物・食物を意味し、「たま」は霊の義。神武紀で粮そのものを「厳稲魂女《いつのうかのめ》」と呼んでいるのが参考になる。保食神《うけもちのかみ》・豊受《とよう》気毘売神《けひめのかみ》とも性格が共通する。『延喜式』神祇の大殿祭祝詞では、後者を「稲霊也」と注し、その俗名を「うかのみたま」としている。

(倉塚　曄子)

うがやふきあえずのみこと　鸕鷀草葺不合尊　『古事記』では鵜草葺不合命とも書く。記紀神話で彦火火出見尊(日子穂穂手見命)と海神の女豊玉姫(豊玉毗売命)との間に生まれた子。神武天皇の父。彦火火出見尊が海神宮より帰国後、豊玉姫が御子を生むべく尊のもとを訪れたので、海辺に鵜の羽で屋根を葺いた産屋を作ろうとしたところ、葺きおえぬうちに生まれたためかく命名された。妊産婦がいる時には屋根を葺かないという沖縄地方の俗信が参考になる。宮崎県鵜戸神宮はこの神を主神とする。

(倉塚　曄子)

うけい　誓盟　神に誓いを立てて祈り、神意によって吉凶黒白を占うこと。『日本書紀』神代下に、木花開耶姫が一夜にして天神の御子を妊んだのを疑われたので、誓い

を立てて密室に閉じこもり火を放って無事に御子を生んであかしを立てたことが記してある。また天智天皇十年(六七一)十一月丙辰条に大友皇子が天皇の詔に誓盟を立て、もし違うことがあれば天罰《あまつつみ》を被るだろうといったとある。中世の武士は熊野牛王の紙の裏に起請文を書いて身の潔白を神に誓った。　（大藤　時彦）

うけもちのかみ　保食神　穀物神。この神の伝えは『日本書紀』神代四神出生章に載っている。すなわち、天照大神が月夜見尊を保食神のもとに遣わした折、保食神が口から飯・魚類・食用獣などを出して饗応した。尊は穢らわしいことだと思い、剣で保食神を撃ち殺し、この旨を天照大神に復命した。のちに大神が天熊人《あめのくまひと》を遣わして見させると、屍体の各箇所から牛・馬・粟・蚕・稗・稲・麦・大豆・小豆が化生している。熊人がこれをことごとく取って献ると、大神は喜んで、粟・稗・麦・豆を陸田の、稲を水田の種子とし、また養蚕の道を始めたという。同じ型の話は『古事記』にもみえており、それでは月夜見尊が須佐之男命に、保食神が大宜都比売神《おおげつひめのかみ》に入れ替わっている。保食神は宇迦之御魂神《うかのみたまのかみ》・豊受気毘売神《とようけびめのかみ》などと同性質の神で、最初はおそらく稲の精霊であったろうが、のちには五穀、さらに魚類・獣類等の一般食料、牛馬などの農耕用家畜、蚕・桑などの副業的産物までも含めての、豊饒霊格となったものと見られる。またその点は、穀物を掌る女神としての大宜都比売神も同じ。大宜都比売神が須佐之男命に殺される話は、後世の嫁殺し田の伝説、田の神に仕える女性オナリの死を語る口碑とも、無関係ではないらしい。これに対し、日月離反の由来譚を伴う、月夜見尊の保食神殺戮譚は、月と農耕との深い関係を物語る神話といえる。神が殺されその屍体から穀物が化生する話は、諸外国の神話にも多く見出される。それは農耕儀礼の場において、穀物の豊穣力を増すため、選ばれて穀物神にされた人が殺されるという、人身供犠の習俗を反映したものであろうといわれる。同じ話は東南アジア・インドネシアでも語られているが、それらはこれと酷似するわが国の神話の出自・系統を示唆するものである。　↓おなり神《がみ》

参考文献　高木敏雄『日本神話伝説の研究』、松村武雄『日本神話の研究』、松本信広『日本の神話』(『日本歴史新書』)、中島悦次「食物起源神話の展開」(『日本文学論究』一七)　（尾畑喜一郎）

うさうじ　宇佐氏　宇佐八幡宮の大宮司家。その祖神については『旧事本紀』の『国造本紀』には「高魂尊孫宇佐都彦命定㆓賜国造㆒」とあり、『古事記』には「土人名宇沙都比古・宇沙都比売」、『日本書紀』には「菟狭国造祖号曰㆓菟狭津彦・菟狭津媛㆒」、『宇佐氏系図』には「天三降命」の子「菟狭津彦命(中略)始賜㆓国造㆒」「菟狭津姫命」とあり、記紀によるとこの二神が神武天皇を一柱騰宮《あしひとつあがりのみや》を造って歓待したとある。『続日本紀』によると養老五年(七二一)六月三日沙門法蓮は三等以上の親に「宇佐君姓」を賜わっているので宇佐国造の姓は君であったと推定するが、『宇佐氏系図』には公姓とあり、平安時代には実名の一字に公を使っている。『宇佐氏系図』にみる手人以前は周辺の地名であり、原始小国家統合の史実を伝えたもののごとく、池守以後の数代の名は三毛地方に関係が深い。三柱神社社伝には筑前の宗像に追われたとあり、複雑な事情が秘されている。八幡宮が官社になってからは大和系の大神《おおが》氏が宮司であったが、道鏡事件に関連してはじめて池守が宮司に補せられ、九世紀に大神氏が大宮司、宇佐氏が少宮司となった。石清水八幡宮が山城に勧請されると、宇佐氏と大神氏は大宰府をめぐって争い、大宮司職は両氏交互に補されたが、争いは続き、大神氏の一流は豊後に敗退、由原宮を根拠に石仏文化を遺した。宇佐宮大宮司職は宇佐氏が独占し、公則・公相・公順・公基・公通と続き、宇佐宮領荘園は西国第一に発展、宇佐氏黄金時代を作り、公通は豊前守、大宰少弐を兼帯し、寿永二年(一一八三)には公通の館に安徳天皇を迎えた。豊後の国東半島の六郷満山諸寺はこの五代の時代に建立されたものが多いので、筆者は公通までを宇佐氏五代と名づけた。鎌倉時代末期には安心院《あじむ》・岩根氏などの庶流も大宮司に補せられ、公世の時にはその子公敦は宮成《みやなり》氏、公浦は吉松氏、公連は到津《いとうづ》氏を称し、公敦より出光氏も分かれ、それぞれ大宮司に補せられ南北朝時代には宮成氏は北朝大宮司、到津氏は南朝大宮司として両立した。南北朝統一以後室町時代にも宮成・到津・安心院・出光氏などから大宮司職が補任されたが、江戸時代には朱印領千石の知行で、その勢力はとみに衰え、宮成・到津氏の嫡流のみが大宮司職に補任され、これを両大宮司家と称した。明治になると両家は華族に列し、ともに男爵を授けられた。姓については古くは公であったが、延喜年間(九〇一—二三)に宿禰姓、高倉天皇のとき朝臣姓を賜わった。　↓到津氏《いとうづし》　↓宮成氏《みやなりし》

参考文献　中野幡能『八幡信仰史の研究(増補版)』　（中野　幡能）

うさかじんじゃ　鵜坂神社　富山県婦負郡婦中町鵜坂に鎮座。旧県社。『神社明細帳』には淤母陀琉尊《おもだるのみこと》・訶志古《かしこ》泥尊《ねのみこと》を主神とし、鵜坂姉比咩神《うさかねひめのかみ》・鵜坂妻比咩神《うさかめひめのかみ》・大彦命を相殿とするが、主神はおそらく鵜坂神とすべきであろう。鵜坂神の神階は承和十二年(八四五)に従五位下より従五位上になってから累進して貞観九年(八六七)には従三位になった。鵜坂姉比咩神・鵜坂妻比咩神も同五年には正六位上から従五位下に叙せられている。延喜の制では国幣の小社に列し、承暦四年(一〇八〇)には神事をけがした祟ありとして社司が中祓を科せられた。別当鵜坂寺は明治初年に復飾した。例祭は四月十六日。奇祭として知られた楉《しもと》祭は尻打祭とも呼ばれ、祭日に、参詣の女に男と関係した数を問い、その数だけ榊の枝で尻を打ち、もし偽れば神罰をうけたという。元来は婦女の懐胎を願う呪術にもとづく習俗である。明治以後、女馬を打つことにし、楉神馬の行事と称した。

参考文献 『特選神名牒』、森田平次『越中志徴』、『富山県政史』七、『富山県史』通史編一　（小倉　学）

うさぎがみ　兎神　因幡の白兎を祀ったもの。因幡の白兎が鰐をだまして淤岐嶋から気多岬まで渡り、罰として皮を剝がれ、大国主神のおかげで本復する話は、『古事記』や『因幡国風土記』逸文に記せられているが、その白兎は鳥取市白兎の白兎神社に祀られている。気多岬から沖合まで鰐を幾匹も並べたように岩が並列しており、説話がこの地に結びつけられたのだろう。そのほか西伯郡中山町東積中山神社にも別の白兎神が祀られている。この話の類話はインドネシア（鼠鹿と鰐）、インドシナ（兎と鰐）、インド（ジャカールと鰐）、ギリヤーク（狐とおっとせい）、コリヤク（狐と鯨）と広く分布している。わが国の説話に出てくる鰐は、本来鱶《ふか》を指しているという説が有力であるが、当時の「わに」は、海にも河にも住む神怪な動物を意味し、説話記録者は「鰐」の漢字の正確な意味を幾分知っておりながら使用した場合も考えられる。

参考文献 西岡秀雄「兎と鰐説話の伝播」（『史学』二九ノ二・三）、小島瓔礼「稲羽の素兎考」（『国学院大学久我山高等学校紀要』三）　（松本　信広）

うさぎょうこうえ　宇佐行幸会　放生会とともに宇佐八幡宮の二大特殊神事の一つ。卯・酉の年七月豊前国下毛郡大貞社の三角池の薦を刈って作った枕の神験と朝廷からの御装束を本宮に納めると、新神験は十一月本宮より出て田笛・鷹居・郡瀬・泉・乙咩・大根川の摂社を巡り（大根川社より鉾だけが大貞社を巡る）、さらに安心院妻垣・辛川・小山田の摂社を巡って本宮上宮に入る。すると古い神験・装束は上宮から下宮に移り、さらに豊後国国東郡来縄郷若宮・田染元宮・田原社を巡って、安岐郷奈多八幡宮に納められる。奈多八幡は古神験をさらに伊予国宇和の八幡宮に納める。この神事は天平勝宝元年（七四九）に始まった勅祭で、はじめは四年に一度行われた、弘仁二年（八一一）、六年に一度、卯・酉の年に行うことになった。その後鎌倉時代に中絶、応永三十年（一四二三）大内盛見が復興、寛正六年（一四六五）中絶、元和元年（一六一五）細川忠興が復興したが、のち廃絶した。この神事は豊前・豊後・日向の三国と伊予国に関連し儀礼だけに五ヵ月を要する大規模なもので、八幡宮成立の起源を物語る重要な神事である。

参考文献 中野幡能『八幡信仰史の研究（増補版）』上　（中野　幡能）

うさじんぐう　宇佐神宮　大分県宇佐市南宇佐に鎮座。八幡宮・八幡大神宮・宇佐八幡宮・宇佐宮ともいう。旧官幣大社。誉田《ほむた》別尊《わけのみこと》（応神天皇）・比売《ひめ》大神《おおかみ》・大帯姫命《おおたらしひめのみこと》（神功皇后）を祀る。『延喜式』神名帳には八幡大菩薩宇佐宮（名神大）・比売神社（名神大）・大帯姫廟神社（名神大）とある。平安時代から豊前国一宮という。『扶桑略記』などによると、欽明天皇三十二年、大神比義が誉田天皇広幡八幡麻呂の神託をうけ奉斎し、元明天皇和銅五年（七一二）鷹居社を造り、その後小山田に移り、神亀二年（七二五）現在地に社殿を、その東方に弥勒寺を造ったという。八幡造の原型は地主社の北辰社といい、一・二・三の御殿が完成したのは弘仁十一年（八二〇）。元慶三年（八七九）以来三十三年ごとに九州一円の所役で式年造営をした。飛鳥時代から朝廷の崇敬を受けたもののごとく奈良時代には鎮護国家の神として厚い崇敬をうけ、新羅の無礼、藤原広嗣の乱に祈願し、大仏鋳造には八幡神の託宣により陸奥国の黄金が出たとされ、神体は奈良に遷され、神位神封をうけた。称徳天皇の代には道鏡の皇位覬覦事件が起り、神意糺明のために和気清麻呂が参宮した。この事件により比咩神宮寺ができ、光仁天皇は護国霊験威力神通大菩薩の神号を贈り、嵯峨天皇は詔により大帯姫神社を造らしめた。天長四年（八二七）僧金亀が豊後国に由原宮を観請し、宮寺化が始まった。同十年仁明天皇即位のとき和気真綱（清麻呂の子）が使として奉告し、これから即位に和気氏を使として奉幣することとなり、これを宇佐和気使という。貞観元年（八五九）由原宮にならい山城国に石清水八幡宮が観請され、弥勒寺と強く結んだ。九世紀末、宇佐宮・弥勒寺の荘園拡大とともに全国に八幡宮が伝播した。平安時代末期の宇佐宮大宮司職は宇佐氏が独占し、宇佐氏は弥勒寺の末寺六郷山、旧大宮司大神氏は豊後国府を中心に互いに平安文化の花を競い絢爛と咲き誇った。中世に入ると宇佐宮・弥勒寺は武士に侵され、徐々に勢力を落とし、辛うじて豊前・豊後の神領を維持し、式年造営、宇佐使なども中絶したが、応永二十五年（一四一八）足利義持、永正四年（一五〇七）足利義澄、大永四年（一五二四）大内義興、天正十九年（一五九一）黒田長政、慶長十年（一六〇五）細川忠興が社殿堂宇の造営を行なった。明治四年（一八七一）官幣大社に列せられ、同六年宇佐神宮となり、十年ごとの例祭（三月十八日）に勅使が派遣された。本宮には摂末社が多く、北辰社は宇佐氏と辛嶋氏合体の時の社と推定される。中世の本宮で

宇佐神宮本殿

は年に八十余度の神事・法会があり、行幸会・放生会は特に重要で盛大であった。本殿は八幡造の本源で国宝、若宮五神像・銅鐘・太刀一口・『宇佐宮神領大鏡』一巻は重要文化財、奥宮を含め十五万坪の境内地は史跡に指定されている。本宮の起源に諸説があったが、管見では山国と豊国の神が統合し大陸文化を吸収した神で、創祀は豊前国筑城郡綾幡郷の矢幡八幡宮ではないかと考える。
↓八幡信仰《はちまんしんこう》

[参考文献] 伊藤常足編『太宰管内志』豊前八―一一、宮地直一『八幡宮の研究』、中野幡能『八幡信仰史の研究(増補版)』

社領　宇佐郡は神郡ではなかったかと思われるが、史料はない。天平十二年(七四〇)藤原広嗣の乱の報賽として封戸二十戸が寄せられたのをはじめ、同十八年には聖武天皇病気平癒の祈願に霊験あり、三位に叙し封四百戸・水田二十町が寄進され、神託により大仏鋳造の黄金が発見されると、天平勝宝二年(七五〇)には大神に封八百戸・位田八十町、比売神に封六百戸・位田六十町が寄進され、伊勢大廟を凌ぐ日本第一の神封となった。しかし、同七歳神託によって国庫に返したが、天平神護二年(七六六)比売神封戸六百戸が復された。『新抄格勅符抄』によると延暦十七年(七九八)には大神分八百戸も復され千四百十戸となった。この比売神封戸は、豊前四百十烟(上毛・下毛・宇佐郡)・豊後百十五烟(大野・国東郡)・日向百十五烟(児湯・臼杵郡)で、これを三国七郡の御封と呼び、平安時代中期以後は十郷三ヵ荘となる。大神分は豊前(全郡)・豊後(国東・速見郡)・筑前(嘉麻・穂浪郡)・筑後(生葉・御井・山門郡)・肥前(三根・小城・杵島郡)の五ヵ国約十七ヵ郷内に散在し、のちに本御荘十八ヵ所と呼ばれ、後の寄進・開発・買得系荘園を常見名田または新荘として管理した。封戸の荘園化は九世紀末から始まり、位田・供田なども荘園化された。荘の立券年代をみると、年代分明の荘は八十余荘があり、これを封戸衰退一期(九―十世紀初め)・二期(十―十一世紀半ば)・三期(十一世紀半ば―十二世紀末)に分けると、第一期三ヵ荘、第二期二十九ヵ荘、第三期五十ヵ荘となる。これに成立不分明の所領を加えると百二十二ヵ所があり、建久図田帳には豊前国五千町、豊後国二千八百余町、日向国千九百余町とみえる。ほかに弥勒寺領として九州九ヵ国に百十四ヵ所の荘園領所がある。到津記録などには宇佐宮領一万六千町弥勒寺領八千町歩とある。その後武士に押領され、室町時代末期には豊前・豊後・筑前を辛うじて留めたが、豊臣秀吉の九州征伐で没収され、社頭は破壊、神職は四散した。天正十七年(一五八九)には黒田長政が三百石、ついで細川忠興が千石、正保三年(一六四六)には徳川家光が千石の朱印地を寄せ明治維新を迎えた。

[参考文献] 中野幡能『八幡信仰史の研究(増補版)』

(中野　幡能)

うさづかい　宇佐使　天皇即位のときと国家に異変あるとき、宇佐八幡宮に奉告祈願の奉幣をするため派遣される勅使。国家の変事奉告の使の初見は『続日本紀』天平九年(七三七)四月乙巳朔条の新羅無礼の奉告であり、最も著名なものには神護景雲三年(七六九)道鏡皇位覬覦事件での和気清麻呂の奉幣がある。即位を告げる奉幣は平安時代から清麻呂の功により和気氏五位の人をあてる例になったので宇佐和気使と呼んだ。その初見は天長十年(八三三)清麻呂の子真綱《まつな》が遣わされたもの(『続日本後紀』天長十年四月壬戌条)。六国史および以外の諸書によると、宇佐使は二百十六回があり、奈良時代に始まり、元亨元年(一三二一)中絶、延享元年(一七四四)復興。江戸時代には三回行われ、明治以後は十年ごとの例大祭に勅使の奉幣が行われている。この二百十六回をおおよそ種別に分類すると、即位奉告使四十八、一代一度大神宝使三十一、恒例使六十三、六十年一度大奉幣使三、臨時祈願使など七十一である。即位奉告以外には諸氏が選ばれたが、中には行教・安宗のごとき仏僧もある。勅使は幣物と宣命を奉持し、逓送には国司に官符が下され、国々郡司駅家長に次第の準擬を守り、雑事に従わせた。日数は片道二十日余であった。

[参考文献] 小野精一『大宇佐郡史論』、中野幡能『八幡信仰史の研究(増補版)』上、山田孝雄「宇佐和気使考」(『国体の本義』所収)、宮崎道生「宇佐和気使小考」(『史学雑誌』五六ノ二)

(中野　幡能)

うさのきみふさ　宇佐公房　生没年不詳　平安後期から鎌倉時代前期にかけての宇佐八幡宮の神官。宇佐大宮司宇佐公通の子で、安元元年(一一七五)から治承四年(一一八〇)までと建久四年(一一九三)より建保三年(一二一五)までの二回大宮司となった。宇佐氏が平家方であったため公房は自力で宇佐宮造営にあたらされたという。そのためか宇佐宮領荘園の成立発展の歴史を『宇佐宮神領大鏡』一巻として編纂したようである。

[参考文献] 中野幡能『宇佐大鏡』解題(『大分県史料』二四)

(中野　幡能)

うさのわけづかい　宇佐和気使　⇩宇佐使《うさづかい》

うさはちまんぐう　宇佐八幡宮　⇩宇佐神宮《うさじんぐう》

うさはちまんぐうたくせんしゅう　宇佐八幡宮託宣集　⇩八幡《はちまん》宇佐宮《うさぐう》御《ご》託宣集《たくせんしゅう》

うさはちまんひめじんぐうじ　宇佐八幡比咩神宮寺　大分県宇佐神宮に付属した仏寺で現在は廃寺。存在を疑われていたが、神護景雲元年(七六七)起工した中津尾寺のことで、十坊で構成され、本坊は真乗坊。平安時代末、宇佐系寺院が統合すると本坊が学頭坊となる。貞和元年(一三四五)近衛家祈願所となり宮佐古山栄興寺と改む。宇佐宮と運命をともにし、宇佐宮領内を知行し、中世末から宮佐古山といい、明治に亡んだ。↓宇佐神宮《うさじんぐう》

[参考文献] 中野幡能『八幡信仰史の研究(増補版)』

(中野　幡能)

うさほうじょうえ　宇佐放生会　養老四年(七二〇)に始まる宇佐神宮勅祭の神事。『政事要略』二三に起源説話が

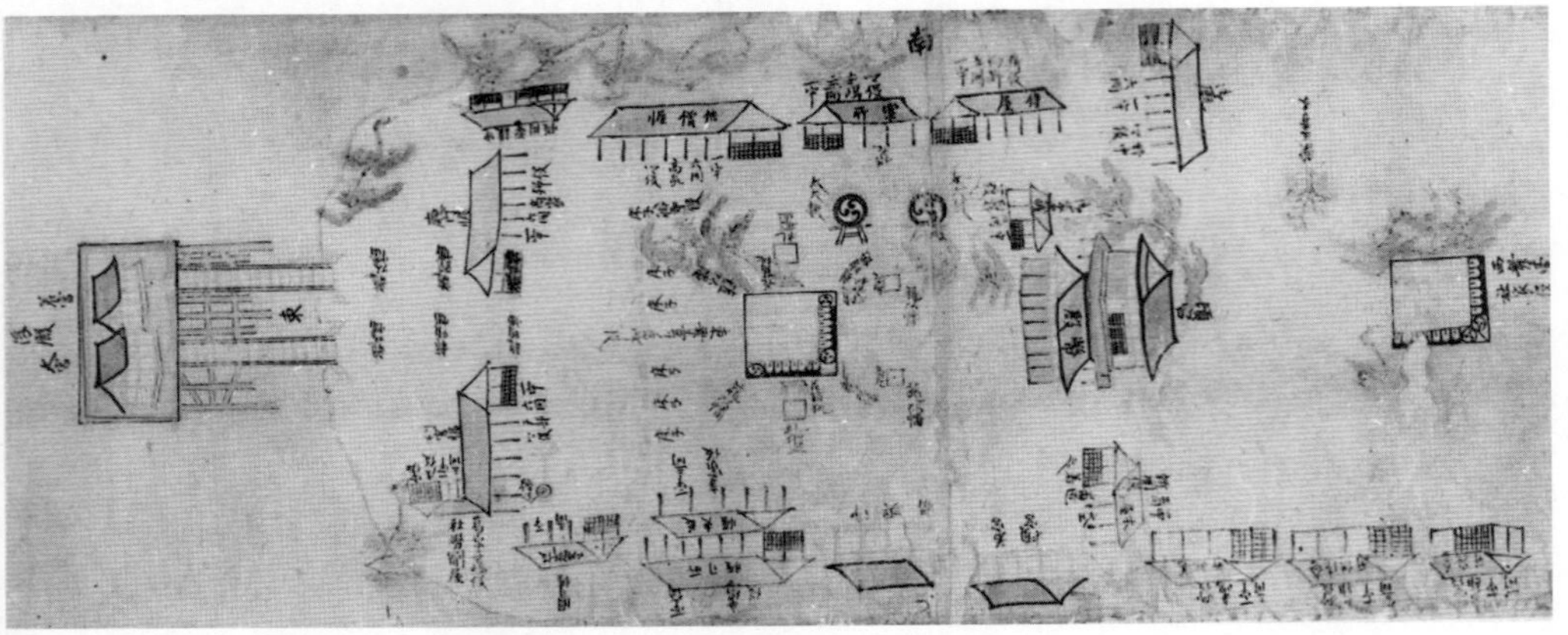

宇佐放生会之次第（応永27年8月）

みえる。中世までの祭儀は、豊前国田川郡採銅所豊比咩社の「宮柱」の家が勅使参向のもとに鋳造した三面の銅鏡神験を、企救郡の民が供奉して豊日別宮に入御、京都郡の民が奉仕、ここで神験は八幡大神と号する。この神験は八月九日出発、諸所で一泊ずつして十三日宇佐凶士塚で宇佐本宮からの神幸と合流し、同列で和間浜の浮殿に向かう。一方、上毛・下毛郡の古表・古要社は同十三日神輿・傀儡子を船に乗せ、細男楽を奏し和間浜に向かう。また宇佐郡神人は同十三日蜷を拾い蜷塚に納める。十四日大宮司以下の行列が和間浜に到着、行事、翌十五日は日向・豊後両国の対抗相撲があり、神験は浮殿に移り傀儡子船も浮殿前に出る。舞楽があり、神官・社僧が船に乗り、海上に蜷を放つ。のち多くの舞楽があり、終って本宮に還御。今は仲秋祭として十月十一―十二日に行う。わが国最古の放生会であるが、宝鏡奉納の古儀にあとから放生儀礼が結びついたもので八幡宮の起源を伝える重要な神事である。

参考文献　中野幡能『八幡信仰史の研究（増補版）』上

（中野　幡能）

うじがみ　**氏神**　一般に氏神とは祖神のこと、血縁的祖先にして氏一統の守護神として氏の長者が祭るものをいう。しかしこの血縁関係が薄らいで、必ずしも祖神でなくても、氏一統が共同で祭る神でもこれを氏神と称した。さらに血縁関係が無くても特に地縁によって、その地域の守護神として祭られる神をも氏神と称した。すなわち産土神《うぶすながみ》を以て氏神と称するようになったとする。そこで中臣氏や藤原氏が祭る天児屋命《あめのこやねのみこと》、忌部氏が祭る太玉命《ふとだまのみこと》はその祖先神であるが、尾張氏が熱田社を祭り、藤原氏が鹿島・香取を祭るのは氏一統の氏神ではあっても祖先神ではない。梅宮は橘氏の氏神であり、平野社は四座あってそれぞれ源氏・平氏・高階氏・大江氏の氏神ではあっても祖先神ではない。かつ源氏は別に八幡を、平家は厳島をその氏神としている。かように古くは血縁的祖先神であったのが、後には必ずしも祖先神ではなくても、一族のものがその守護神として祭るようになり、さらに血縁的でなく地縁により地域の守護神として祭る氏神ということになる。したがって初めのうちは家の守護神として祭られたものが、のちに分家または隷属の関係で本家の神を共同で祭り同族全体の守護神ともなり、地域の産土神とも発展したと、そういう考えから、今日でも九州南部で門《かど》と称する同族団の祭るウッガン（内神）や関東地方で各家に祭る屋敷神をウチガミといっているのが発展して氏神となったともいう。近畿地方でも奈良県あたりでは、郷内の小部落の神をウチガミ（内神）といい、これが普通には氏神といわれている。それに対して郷の神は一般に大氏神などと呼ぶが、古い文献によれば明神とはいっても氏神とはいわない。もともと氏神ということは氏の神であり、『旧事本紀』にみえる物部氏の「氏神」がもっとも早い例である。『栄花物語』にも「御氏神のたたり」とあり、『玉葉』にも「氏明神」とある。その氏というのは古くは同族団をいった。したがって氏神とは氏を称する同族団の守護神であって、必ずしもその祖先神であるとは限らない。氏神というのはもともと祖先崇拝の思想とともに発展してきたものであるが、ただの祖先ということではない。すなわち祖先崇拝といっても祖霊崇拝とは異なる。その同族団に共通かつ最初の祖先すなわち元祖をその守護神として祭るのである。この考えはすでに『古事記』や『日本書紀』の神代記事のうちにもみえる。宗像三女神を宗像氏の祭るところとし、三海童神《わだつみのかみ》を阿曇氏の斎くところとする。大神《おおみわ》神社もその神孫大田田根子に祭らせたとある。しかしこれはむしろ数少ない例で、一般には同族団の出自を示すもので、氏の神を同時に祖先神としての記事ではない。たとえば天児屋命は中臣連の遠祖とはあっても、中臣氏の斎きまつるところと書いてない。もともと『古事記』と『日本書紀』の神代記事に語るところは、文献の性質上、当時の国家組織に統合される各氏族の位置を、その氏族の出自によって説明したもの、したがって神代記事に現われる神々にはその子孫があることになる。そこでたとえば天児屋命が中臣氏の遠祖であるという意味では祖先神であっても、それは中臣氏の氏神ということではない。中臣氏の氏神といったのは『神宮雑例集』を以てその最初とする。これは祖先崇拝の考えで、氏族の守護神をその遠祖の神とし、これを氏神と称するに至ったのである。それは歴史的には新しい現象であって、氏神は本来必ずしも祖先と関係するものではない。たとえば藤原氏の遠祖は天児屋命であるが、それはもともとから藤原氏の氏神ではない。藤原氏の氏神は春日社で、春日社は鹿島・香取二神であって、第三殿の天児屋命と第四殿の姫神とは、のちに枚岡社から迎えて祭ったものである。また源氏の氏神は八幡で、平家の氏神は厳島社であり、いずれも祖先神ではない。これを見ても古く氏神といったのは、氏族に共通の遠祖ではなく、しかも古代の諸氏族は血縁的同族団であって、氏神はそれを守護する神であるとする。しかしこの同族団も次第にその血縁的関係が薄くなり、氏神は血縁的祖先神でもなく、また同族団の祭る守護神でなく、主として地縁的な部落の守護神として祭られるものとなる。ここに至って氏神は氏族の祖先神でもなく単なる守護神でもなく、それは産土神とか鎮守神ということになる。かくて氏神といっても地縁的なものが多い。ことに日本の古代社会は農耕社会で、必然的に地縁関係が強い。一定の地域に定住するために、おのずから血縁的になる。すなわち地縁は必須の条件であるが、血縁はむしろ自然の結果であるといってよい。かくて部落の神は氏族の神となり、さらに氏族の祖先神ともなる。氏の神を祭るのは氏族的社会特に血縁意識を基盤として発展するが、しかもその祭は古来の農耕儀礼を継承するのである。文献にみるところでは、すでに早くから血縁意識も強いが、氏神を祭ることは平安時代初期以後、特に顕著になって来る。そこで氏神の祭も毎年春は二月もしくは四月、秋は十一月に氏の長者を中心にして氏人が集まった。『続日本後紀』『三代実録』によるとそのために五位以上の氏人は官符を待たずに京外にも帰り、かつ正税を以てその旅費を給せられた。

（原田　敏明）

うじかみじんじゃ　宇治上神社　京都府宇治市宇治山田に鎮座。旧村社。祭神は応神天皇・菟道稚郎子・仁徳天皇。『延喜式』神名帳に山城国宇治郡宇治神社二座とあるその上の社である。社地はもと菟道稚郎子が住んだ桐原日桁宮跡で醍醐天皇のとき山城の国司が勅をうけて社殿を造営したのがその起源という。下社と合わせて宇治鎮守明神または離宮明神と呼ぶ。長承二年（一一三三）の離宮祭には競馬・田楽などの芸能が催され雑踏を呈した。例祭五月一日—五日。なお、下社は上社の南方に接して鎮座しており、現在は宇治神社と称している。旧府社。祭神は菟道稚郎子命。例祭は五月八日。宇治神社本殿は三間社流造で重要文化財に指定されている。

（村山　修一）

建築　本殿および拝殿はともに国宝、境内社春日神社社殿は重要文化財に指定されている。本殿は桁行五間、梁行三間の流造で、そのなかに一間社流造の内殿三棟が左右に併立する。本殿の柱や壁の一部は左右の内殿と共用しているが、中央の内殿はきわめて小さくすべてが独立してつくられている。内殿は向かって右・中央・左の順に古く、およそ十一世紀後半から十二世紀にかけての造営と考えられる。しかし本殿の側回りは少しおくれて鎌倉時代と推定される。内殿は神社建築最古の遺構であり、平安時代に属するものは当社しかない。本殿のすぐ前に建つ拝殿は桁行六間梁行三間、切妻造平入で、その左右にそれぞれ一間の庇を縋破風《すがるはふ》で付加した建築である。中央に板扉を開くほかは建具を蔀戸とし、床は低く、全般に住宅風の趣をもち、鎌倉時代のすぐれた遺構である。境内社春日社社殿は一間社流造で、鎌倉時代初期の特色をもつ。

参考文献　福山敏男『日本建築史研究』続編、太田博太郎他編『日本建築史基礎資料集成』二

（稲垣　栄三）

宇治上神社本殿

宇治上神社拝殿

うじこ　氏子　神社の祭祀圏を構成する人々のこと。氏子の概念は四つの段階を経過してきている。古代においては、氏神をまつる集団は氏人であって、氏子という成語はなかった。平安時代後期の古文書にはしばしば某氏子という人名を見出すが、これは某氏女というのと同じく、その氏の族員たる女子の呼称にすぎない。『石清水八幡宮記録』にみえる、託宣を降す女性は、藤原氏子と自称し、単に氏子とも略称している。祭祀圏と関係のある氏子は、文永八年(一二七一)の『山城国多賀郷大梵天王社再建流記』と日蓮の『諫暁八幡鈔』とに出現する。前者には「我等又依二先世之結縁一、生二天王之氏子一」とあって、氏神の傅育を受ける者としての意義を特に盛ろうとしたかに見える。後者でも「氏子なれば、愛子の失のやうに、捨てずして守護し給ひぬる」と、氏神の眷顧を蒙る者という意味が濃い。前者においては同じ文中に、氏人という語が何度も用いられ、それが氏神の祭祀圏を表わす語なのであるから、いわば氏人のいっそう精神的な面を強調すべく「氏子」という語が出現したと考えられる。そしてその後も『太平記』『難太平記』、謡曲『桜川』などではその傾向のもとに用いられている。こうしてこの語が広まるにつれて、氏人との混用が生じ、祭祀圏を意味する「氏子等」「氏子衆」「氏子共」がしきりと文書や棟札の類に現われる。氏人との混用がしきりに行われた理由は、その時代が、名子・寄子などと呼ばれた従属的存在が、次第に地位の上昇により一般成員と同等に扱われはじめる時代であったことにあるのであろう。すなわち、第一段階の「傅育眷顧される者」の意から、このように、祭祀圏構成員として第二段階の意味に入っている。この段階はおおむね室町時代にあたっている。次に地域的性格が強まって第三段階に入る。それは、氏神の概念が、鎮守神や産土《うぶすな》神と同一視されがちであるという近世初期の動向と相応じて、氏子も同一地域内の集団という性格を濃く有するようになったことによる。いわゆる郷村制の発展によるもので、近世には村落という地域的単位が従来よりもはるかに重視されたため、氏神も地域社会の守護神という性格を強めるとともに、氏子も地域的祭祀圏と見なされるようになったのである。幕藩体制下にこの観念を明文化した法制や公文は見当たらないが、郷村の鎮守社を書き上げるに際して、村氏神あるいは単に氏神と標記している例はごくふつうであるから、その祭祀圏も多くは氏子と呼ぶ慣例であったと思われる。「氏子場」「氏地」とか和歌山藩などの「氏下」とかが、祭祀圏の範囲を示すべく用いられたのもそのためである。しかし所によっては、氏ということにつきまとう族縁性からきりはなすため、「産子《うぶこ》」とした例もある。これは、かつて氏人から氏子が派生したごとく、氏子が一般化する中で特に精神面を強めるために用いられたともいえる。「うぶ」には、産湯《うぶゆ》・うぶ毛など生育の意味が含まれているからである。第四段階は国家神道とともに現われ、それとともに消滅した。すなわち、明治初年から昭和二十年(一九四五)までである。すでに天保十四年(一八四三)水戸藩では、寺院に依存する宗門人別改制度に代わるものとして氏子改制度を採用し、「人別帳を氏子帳と改め、即ち其帳を村々郷社に納め、国内悉く神の氏子たらしめようとした(栗田寛『戸籍考』)。政権確立早々神仏分離令を発した明治政府が氏子制を重視したのは当然であって、明治二年(一八六九)五月公議所において「氏子改」の採用が議に上り、同年九月集議院においてその検討が進められ、翌年六月にはキリスト教徒の多いとされた九州諸藩に「氏子調仮規則」が施行され、翌四年には戸籍法と「氏子調規則」「郷社定則」が一斉に発布され、全国民あまねく氏子として戸長と神社とに届け出、「氏子札」と通称される守札を受けて所持すべきものと定められた。同時に神社に勤める神官は、氏子帳を神社に備えつけ、出生や氏子入りの届出のたびにこれを登載し、毎年十一月に管轄庁へ提出すべきものとされた。その際神社によって氏子数には大差のある場合があり、小さい神社には常勤の神官がいないこともあるため、郷社・村社の区別を立て、村社は数社または十数社で一郷社に所属させ、神官も郷社は祠官、村社には祠掌を置いて、両者間に統轄従属のような関係を保たせた。しかし社会体制の近代化に即応した戸籍制度を運用して行く上で、この氏子改制度は妨げとなる観を呈したため、明治六年五月には廃された。したがって氏子の制度を積極的に国民組織として運営することはやめたものの、政府は依然氏子の慣行を法制上認めて、風教上にはこれを大いに助長して行く方策を採った。すなわち同十五年に内務省が出した達にも、「各町村鎮座氏神ノ儀ハ、其土地ニ就キ従来一定ノ区域有之儀ニ付、各自ノ信否ニ任セ猥ニ去就スベキモノニ無之」としている。氏子は江戸時代からひきつづき一定の地域のものとして扱われた。したがって氏子以外に単なる信徒(のちこれを崇敬者と呼ぶ)の存在を認め、後者は氏子に比しやや流動的なものとされ、後者のみで氏子を有しない神社は無格社かさもなければ府県社以上の社格の高い神社であった。また、郷の中心にあたるような神社が広範囲に氏子をもとうとすると、村社の氏子と重複することが起る。これが二重氏子の問題で、内務省は明治十年の島根県への回答にそれを認めたが、のち同二十九年の熊本県への回答には「一戸一神社ニ限ル」とする見解を妥当としており、民間にややもすれば二重氏子形態が容認されやすいのに対して、政府は右の態度を保持していたようである。日本における近代的社会制度の展開は、これら氏子の制度を昔のままに存置させるほど悠長なものではなかったが、明治・大正・昭和を通じて風教としての氏子慣行はたえず説かれていた。ただし、一部の法学者の中に国民組織としての氏子制度の樹立を企図した例はある。戦後は神社に対する国家の保護が止んだため、氏子の問題が制度として説かれることはほとんどない。ただ慣行としての氏子制は依然日本社会の基底に横たわ

座《ざ》っていると見てよかろう。　↓氏神《うじがみ》　↓神社制度《じんじゃせいど》　↓宮《みや》

参考文献　和歌森太郎『中世協同体の研究』、萩原竜夫『中世祭祀組織の研究(増補版)』、千葉正士『祭りの法社会学』、高木宏夫「郷社定則と戸籍法」(福島正夫編『戸籍制度と「家」制度―「家」制度の研究―』所収)、森岡清美「明治末期における集落神社の整理」(『東洋文化』四〇)、同「明治末期における集落神社の整理」二(東京教育大学『社会科学論集』一六)　(萩原　竜夫)

うじこがり　氏子狩　氏子の強制登録。この狩という用語は、織田信長の茶器名物狩などの用例に発する。細川忠興や金森可重の領国における茶器「小壺狩」のことが寛永十四年(一六三七)の『松屋会記』にみえるからこの用語の使用が知られる。かくて氏子狩の称もおこったが、特に「木地師《きじし》」の強制登録が有名である。近世後期、神祇官の白川・吉田両家は、それぞれ支配する近江国愛智郡小椋郷(滋賀県神崎郡永源寺町)の君ヶ畑大皇太神(鏡寺)・蛭ヶ谷筒井八幡(帰雲庵)を木地師の氏神とたたえ、全国に漂泊する木地屋はその氏子と主張し、巡回してこれを探し、自己の支配下に登録せしめた。文化十三年(一八一六)筒井八幡宮造替には三十六ヵ国約三千六百名の木地屋が氏子として費用を献じた。氏子狩の成果である。

参考文献　橋本鉄男『木地屋の移住史』一　(永島福太郎)

うじこしらべ　氏子調　明治四年(一八七一)七月四日太政官布告第三二二号による「大小神社氏子取調」の政策。すなわち、出生児はすべて戸長に届け出、その証書を持参して神社から守札を接授する。これが氏子札で、身分証明書兼守札である。一般の老若者も出生国・姓名・住所・出生年月日・父の名を戸長に届け出、戸長より神社に達し守札を交付し、移転のときは、その地の神社の守札を受け、死亡のときは、戸長を経て神社に返納せしめ、神葬祭の者は、その守札を神霊主となす。六年目ごとの

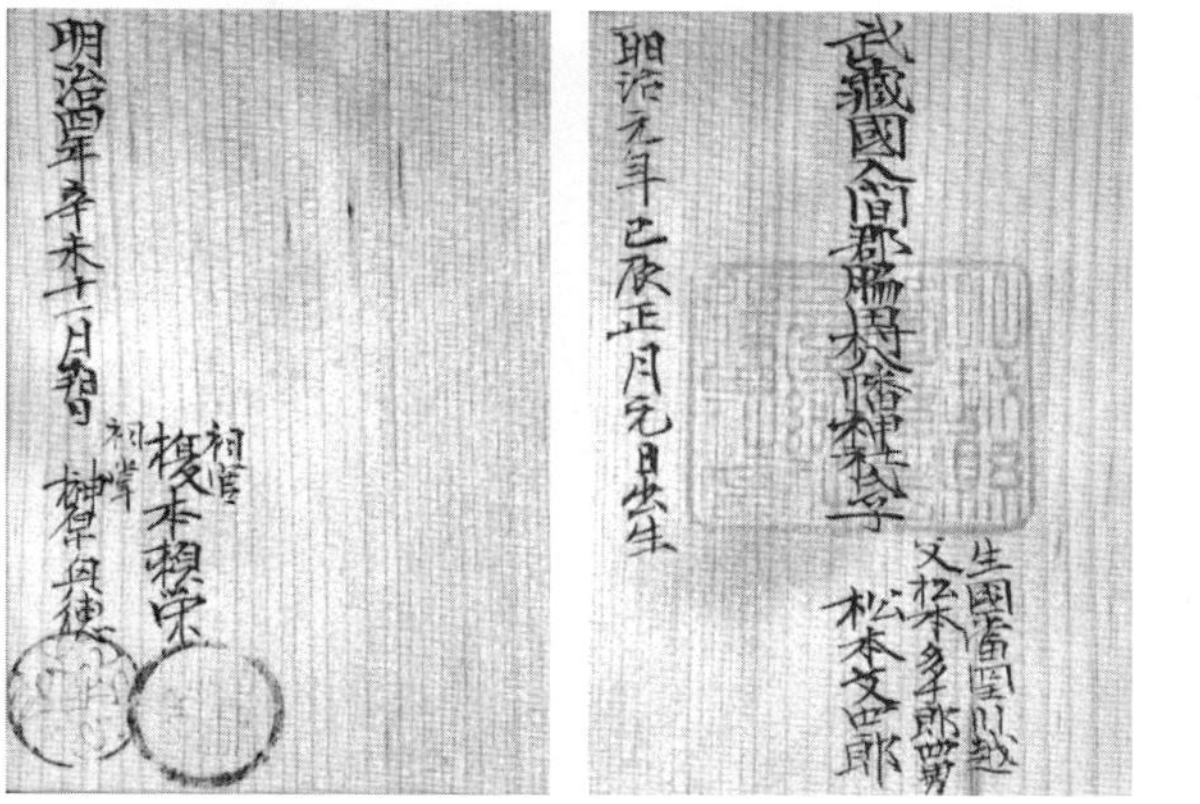

(裏)　(表)

氏子調　武蔵国入間郡脇田村八幡神社氏子札

戸籍改めの際に戸長が検査する、とされた。守札は、縦三寸(約九・一《センチ》)、横二寸の木札で、表面に某所某神社氏子・生国および姓名・住所・出生の年月日と父の名を記し、裏面に神官氏名印と発給年月日を記す。神社は、その数その名前を録し、毎年十一月中その管轄方へ差し出し、十二月中太政官へ差し出す。したがって、戸長の権限は強く、神官は守札の発給決定権を有せず、単に守札記入と統計処理の役割を果たすのみである。同六年五月二十九日太政官布告第一八〇号で中止。

参考文献　内閣官報局編『法令全書』明治四年、竹内利美「都市と村落」(『明治文化史』一二所収)、高木宏夫「郷社定則と戸籍法」(福島正夫編『戸籍制度と「家」制度―「家」制度の研究―』所収)　(藤井　貞文)

うじこそうだい　氏子総代　⇩総代《そうだい》

うしじまじんじゃ　牛島神社　東京都墨田区向島一丁目に鎮座。もと本所区向島須崎町にあったが、関東大震災後、昭和三年(一九二八)九月現在地へ移った。旧郷社。祭神は建速須佐男命・天穂日命・貞辰《さだとき》親王の三柱である。はじめ慈覚大師円仁が貞観二年(八六〇)に牛頭天王を勧請し、元慶元年(八七七)には清和天皇第七皇子貞辰親王がこの地になくなられたのを円仁の弟子良本阿闍梨がその神霊を合祀し、王子権現と称したと社伝は述べている。社殿下に一基の古碑を収蔵し、高さ約一《メートル》、幅約五〇《センチ》の青石の前面に釈迦の立像、背面に「奉造立釈迦像一軀／貞観十七乙未天／三月日／法花千部　明王院」の文字を刻している。ただしこの銘文の真偽については検討を要する。江戸時代は本所表町の牛宝山明王院最勝寺が当社の別当職をもっていた。『江戸名所図会』に牛御前王子権現社とあり、牛御前の称について、その地が昔牛島の出崎にあったところから牛御崎といい、のち崎《さき》を前と書き、さらに御前《ごぜん》と称するようになったのではないかとの説を載せている。往古この辺は海浜に面し多くの島々が散在し、参詣者稀な淋しい処であった。例祭は九月十五日。

参考文献　『新編武蔵風土記稿』二一(『大日本地誌大系』)　(村山　修一)

うじじんじゃ　宇治神社　⇩宇治上神社《うじかみじんじゃ》

うじつねきょうしんじひなみき　氏経卿神事日次記　伊勢神宮(内宮)の禰宜荒木田氏経の神事奉仕を中心とする日記。『氏経神事記』『一禰宜氏経神事記』『氏経日次記』とも称せられる。記事は氏経三十三歳の永享六年(一四三四)から八十五歳の文明十八年(一四八六)までであるが、文安元年(一四四四)から同四年、享徳二年(一四五三)から康正元年(一四五五)、長禄二年(一四五八)から寛正元年(一四六〇)、文明三年(一四七一)から同八年までを欠いている。嘉吉元年(一四四一)から享徳元年、文明十六年から同十八年までは自筆本が存し記事は豊富である。全体に記事内容は神事や神事負担だけでなく、宇治と山田の対立、北畠氏の動向など神宮周辺の社会動向を知る

とのできるものが多い。氏経には神事記と対応する引付がある。この引付により神事記の欠けた部分を補うことができる。神事記の自筆本・写本、引付はともに神宮文庫に蔵されている。神事記は『大神宮叢書』神宮年中行事大成前篇、『続々群書類従』神祇部に、また引付の一部は『続群書類従』神祇部および『伊勢神宮引付記録』の名称で『(新訂増補)史籍集覧』三二にそれぞれ収められている。 ↓荒木田氏経《あらきだうじつね》

参考文献 『群書解題』一下「内宮禰宜荒木田氏経引付」

(西垣 晴次)

うじとこうじ 宇治土公氏 伊勢神宮の皇大神宮(内宮)に仕えた大内人《おおうちんど》三員のうち、最上職である宇治大内人(一名、玉串大内人《たまぐしのおおうちんど》)を世襲した家。「うじのつちのきみのうじ」ともいう。祖先は猿田彦大神の末裔大田命と伝え、倭姫命が天照大神の鎮祭する場所を求めた際、伊勢の五《い》十鈴《すず》川上の現在の鎮座地を教えたとする。内宮の禰宜《ねぎ》・大内人らは、中世まで伊勢国度会郡城田《きだ》郷に住んでいたが、宇治土公だけは現在の内宮の地、同郡宇治郷に住み、番直の禰宜と二人は忌火の物を常食していた。そのため禰宜に次ぐ重職を任され、宇治郷名を名乗った。恒例の三節祭・春秋神御衣《かんみそ》祭や幣帛駅使の際には太玉串を調供し、また天八重榊《あめのやえさかき》を儲けたことから、一名「玉串大内人」の由来となった。遷宮の造営に際しては、心御柱《しんのみはしら》・御船《みふな》代《しろ》の木本《このもと》祭を奉仕し、遷御には東相殿《ひがしのあいどの》のご神体を奉戴する役を果たした。神道五部書の一つ『伊勢二所皇太神御鎮座伝記』は、『大田命訓伝』とも称され、祖神の事績を中心に皇大神宮の鎮座を記したもの。明治時代以降の神官世襲廃止後は、元邸内社であった猿田彦神社《さるたひこじんじゃ》(三重県伊勢市)の宮司職を嗣いでいる。 ↓猿田彦神社

(八幡 崇経)

うじとこけひきつけ 宇治土公家引付 伊勢神宮の内宮の祠官宇治土公氏に伝えられた神事記録。一巻。宇治土公氏は宇治大内人(玉串大内人)を世襲し、その職務は禰宜につぐものであり、心御柱の造立にもかかわった。本書の記事は玉串大内人にかかわるものでもある。内宮御鍬山神事、玉串神事、六月神事、九月神事、十二月神事、御遷宮之次第、山口祭之次第、木ノ本祭之次第、正保四年九月十五日奉幣次第などの記事がみられる。玉串が神事の時にどのように用いられたか、また、心御柱の扱いが具体的に記されている。続群書類従本は一巻であるが、神宮文庫には天保十三年(一八四二)書写の三冊が蔵されている。内閣文庫の正徳四年(一七一四)書写本は『玉串記』ともあり、別の内閣文庫本には『内宮諸神事記』とある。『続群書類従』神祇部所収。

参考文献 『群書解題』一下

(西垣 晴次)

うじのかみ 氏上 氏の首長。古訓にはコノカミとあり、氏宗・氏長ともしるす。氏上の史料上の初見は『日本書紀』天智天皇三年(六六四)二月条で、この年大氏の氏上には大刀を、小氏の氏上には小刀を賜うことがみえている。ついで天武天皇十年(六八一)・同十一年・大宝二年(七〇二)九月に、それぞれ諸氏に命じて氏上を申告させ官の判を受けさせている。これらのことは従来私的な存在にすぎなかった氏上を公的に認め、国家が氏上を通じて諸氏族の秩序維持をはからんとしたものと考えられる。『養老令』継嗣令にも氏宗は勅を聴けと定められていて、実際には氏中官位第一の人が氏上に認定せられたようである。律令時代氏上は三位以上に准じて墓を営むことが許され(喪葬令)、正月氏上に対する拝礼を許す(『続日本紀』文武天皇元年閏十二月庚申条)など族長的礼遇が認められた。また氏上の権能としては氏神の祭祀を掌ること(『令集解』神祇令)、氏の共有財産たる氏賤の管理(『令集解』戸令)、公事に際して族人をあつめて奉仕する権能(『続日本紀』天平宝字元年六月乙酉条)などがあり、氏上の推挙によって氏人の改姓が行われている。これらはいずれも大化以前の族長の有していた権能の名残りとみるべきである。大化前代には以上の権能のほか、氏人に対する裁判権をもち(『日本書紀』大化元年八月庚子条)、また財産権としても部民の支配など強力なものがあったと思われる。氏上は平安時代には氏長者と呼ばれた。

参考文献 太田亮『(全訂)日本上代社会組織の研究』、竹内理三「氏長者」(『律令制と貴族政権』二所収)、阿部武彦「古代族長継承の問題について」(『北大史学』二)

(阿部 武彦)

うしのごぜん 牛御前 ⇩牛島神社《うしじまじんじゃ》

うしのりしんじ 牛乗り神事 ⇩統人行事《とうにんぎょうじ》

うじはしひめのみょうじん 宇治橋姫明神 山城国宇治川にかかる宇治橋を守る女神。「さむしろに衣かたしき今宵もやわれを待つらむ宇治のはしひめ」(『古今和歌集』一四)とあるのは、宇治橋姫の初見。その後、種々のものにみえるが、この女神は嫉妬深い性格をもつとともに、鬼類化の道も辿っていった。『平家物語』剣巻の話のごときは典型的な例であって、鬼類化した橋姫は仏果往生を遂げ、ほどなく一社にまつって宇治橋姫明神と名づけたといい、現在三重県伊勢市宇治今在家町の宇治橋の守治橋の守護神として、橋の西正面にまつられる。 ↓饗土橋《あえどはし》姫神社《ひめじんじゃ》 ↓橋姫伝説《はしひめでんせつ》

(近藤 喜博)

うしまつり 牛祭 京都市右京区太秦広隆寺大酒社で、十月十二日(もと九月十二日)の夜行われる牛と摩多羅神《まだらじん》の奇祭。異形の面をつけた摩多羅神が牛に乗り諸役も装束で四周巡行ののち、上宮王院の前で四方に赤鬼・青鬼が立ち、その中で摩多羅神が祭文を称える。読み終るといっさんに神も鬼も堂へ駈け込もうとし、村人は祭文を奪おうとして揉みあう。縁起は源信とも円仁の伝ともいうが、洛西農村の中にまつわる収穫祭であったろうか。

参考文献 江馬務『日本歳事全史』(『江馬務著作集』八)

(山上伊豆母)

うすいまさたね 臼井雅胤 生没年不詳 江戸時代中期の伯家神道学頭。下総国印旛郡臼井(千葉県佐倉市)より出た臼井氏の裔。本姓千葉氏、玄鉾子と号す。はじめ平

姓を称し平胤栄と名乗ったが、神祇伯白川雅光王につき伯家神道を学び、宮中に『日本書紀』を進講するに及んで、その猶子となり雅光の雅をうけて雅胤と改め、伯家が源姓であることから源雅胤と称した。雅光王・雅冬王・雅富王三代をたすけ伯家の学頭となり、両部・吉田神道を論難、ことに吉田家に対抗してその家系の疑問をつき、その神道説は吉田兼倶の偽作と断じ、伯家伝来の道統の存在を明らかにして、白川神道(伯家神道)説を樹立、その神社界における地位確立につとめた。その著に『神祇破偽顕正問答』『神代紀秘解』『式内神社考』『顕正神社考』『三種神宝秘決』『荒魂和魂崇秘秘決』『神道霊符神祭』などがある。 ↓伯家神道《はっけしんとう》 (鎌田 純一)

うずひこ 珍彦 ⇩椎根津彦命《しいねつひこのみこと》

うそかえのしんじ 鷽替神事 太宰府天満宮などで行われる神事。文政二年(一八一九)より大阪天満宮、翌年、亀戸天神社でも始められた。鷽は鷽鳥の形を木で造り、頭と尾とを黒く、口の辺を赤く背を緑にして金箔をつけたりする。一年中の嘘を木鷽に託して神前に納め罪を償うとか、今までの凶を嘘にして吉に取り替えるとかの信仰がある。太宰府では参拝者が鷽を互いに替えながら、神社から出した黄金の鷽を得た者は好運の兆とした。

参考文献 敬順『十方庵遊歴雑記』四中(『江戸叢書』六)、斎藤幸成『東都歳事記』(『東洋文庫』一五九)、山崎美成『三養雑記』四(『日本随筆大成』二期)、同『海録』一、須藤由蔵編『藤岡屋日記』四、竹内秀雄『天満宮』(吉川弘文館『日本歴史叢書』一九) (竹内 秀雄)

うたき 御嶽 琉球諸島において崇拝の対象となっている聖地の総称。地域によってオガン、オン、グスク、ムイ、ヤマなどとも呼ばれる。その規模は字単位の小規模のものから琉球王府時代の国家的規模のものまで存するが、通常は村落規模の御嶽を指していう。村落の御嶽はその背後の森中に置かれているものが多いが、その他のものは集落の中や海岸などにも置かれている。村落の御嶽はその村落の創建者の墓がのちに御嶽になったともいわれる。その形態は地域的偏差が見られるが、一般には御嶽内の最も聖なる場所をイビと称し、大岩や大木あるいは自然石などがあるが、その前に香炉が置かれて、そこで拝礼が行われる。イビは女性神役以外は立ち入り禁止とされている。御嶽から草木の枝葉や石などを持ち出すと神罰があたるとも考えられている。第二次世界大戦中には御嶽を廃止し、村落ごとに神社を建て、天照大神を勧請して国家神道に組み込む政策がとられたが沖縄戦の前年に挫折して、大部分の御嶽は従来の形態を保っている。

参考文献 『琉球国由来記』(『琉球史料叢書』一・二)、仲松弥秀『古層の村』(『タイムス選書』四)、同『神と村』、牧野清『八重山のお嶽』 (安達 義弘)

うたざいもん 歌祭文 ⇩祭文語《さいもんかたり》

うだのすみさかのかみ 菟田墨坂神 『古事記』崇神天皇段と『日本書紀』崇神紀・雄略紀に所出の神。『古事記』では宇陀墨坂神。「うだのすみさか」は大和国宇陀郡墨坂のこと。記紀には三輪山麓に宮居した崇神天皇が疫病を鎮めるため神告により三輪山の大物主神を祀り、天神地祇の社を祀るとともに、大和の東西の国堺にある墨坂神と大坂神とをそれぞれ赤色と黒色の楯と矛とでまつったとある。『日本書紀』雄略天皇七年七月丙子(三日)条には、天皇が三諸岳(三輪山)の神の形として大蛇を捕えるが、この神を大物主神または菟田墨坂神としている。同名の神社は現存しないが、今の奈良県宇陀郡榛原町下井足に鎮座の宇太水分《みくまり》神社(旧県社、延喜式内名神大社)に比定する説もある。 (薗田 稔)

うだのみくまりじんじゃ 宇太水分神社 『延喜式』神名帳にみえる大和国の神社。同式祈年祭の祝詞には水分坐皇神とある。神名帳では宇陀郡十七座中の一座。同国の吉野・葛木・都祁の各水分社とともに大社に列せられ、

宇太水分神社 水分宮

宇太水分神社 上水分宮本殿

月次・新嘗の中祭に預かり、祈年祭には座ごとに絁《あしぎぬ》五尺以下を、また特に馬一匹を加えられ、また祈雨の臨時祭には八十五座中の一座で、五色の薄絁一尺以下を供えられ、庸布一反を加えられた。『新抄格勅符抄』の大同元年(八〇六)牒には神封一戸とみえている。承和七年(八四〇)に従五位下、貞観元年(八五九)に正五位下を授けその九月八日には使を遣わし奉幣して風雨を祈った。現在、奈良県宇陀郡には菟田野町古市場に宇太水分神社があり、上水分宮といういうに対し、榛原町下井足に下水分宮がある。ほかに菟田野町上芳野にも水分宮があり、いずれが式内の宇太水分神社であったか確かめ難い。上水分宮は本殿をはじめ鎌倉時代末期の建築を残し、昭和二十九年(一九五四)改めて国宝に指定され、末社の春日神社と宗像神社は室町時代中期および末期のもので重要文化財に指定された。

(原田　敏明)

うちびと　内人　伊勢神宮の旧祠官の名で禰宜につぐ重職。のちに音便で「うちんど」とも唱えた。その意は「内とは殊に親しみ給ふよし也、されば内人も大御神宮に殊に親しく仕奉るよしの称なるべし」と本居宣長は『玉勝間』に説く。起源は『延暦儀式帳』に倭姫命の定められたものとある。国史における初見は『続日本紀』天平二年(七三〇)七月癸亥条。大内人と小内人とがあり、祖業継承の職。大内人は番直のほか、太玉串・八重榊の調進、神戸調進の神酒・御贄などの出納、祭時の斎内親王・斎宮諸司の供給、日別朝夕大御饌祭などに従事。小内人は内宮に御笥作《みけつくり》・忌鍛冶《いみかじ》・陶器作《すえのうつわものつくり》・御笠縫《みかさぬい》・日祈《ひのみ》・御《み》巫《かんなぎ》・山向《やまげ》・御馬飼《みまかい》などの内人、外宮に御巫・木綿作《ゆうつくり》・忌鍛冶・御馬飼・御笠縫・陶器作・土師器作《はじのうつわものつくり》・山向・地祭などの内人があり、その職掌を伺いうる。員数は『儀式帳』に皇大神宮大内人三人・小内人十三人、豊受大神宮大内人三人・小内人五人とあるが、その後変遷があって職種・人員は増加した。なお内人は熱田・鹿島・日前・国懸・平野の各神社にもおかれた。

(鈴木　義二)

うちまき　散米　⇩さんまい

⇩さんまい

うちやままたつ　内山真竜　一七四〇—一八二一　江戸時代中期の国学者。農、里正。遠江国豊田郡大谷村里正内山徳右衛門美真の長男として元文五年(一七四〇)正月一日に生まる。幼名市六、弥兵衛敬美と称し、竜麿に改め、次に真竜とした。また奉国史翁と号した。賀茂真淵には宝暦十年(一七六〇)ごろから歌の添削をうけたが、江戸にこれを訪い修学したのは明和六年(一七六九)である。翌七年師渡辺蒙庵の孫女布佐を後妻とし、安永元年(一七七二)には大藺村の里正をも兼ねるに至った。学風は契沖・真淵の説を主とし、諸書の比校や実地踏査をも行なった。本居宣長の説には必ずしも服さなかった。天明六年(一七八六)には山陰より長崎に至る旅行をして、『出雲風土記解』を大成、出雲大社に献じ、『日本紀類聚解』を禁裏に献じて賜賞を賜わり、その功により苗字御免ともなった。その学殖と旅行とによって、中川忠英・谷川士清・本居大平・木村蒹葭堂・池大雅夫妻らとも交わりがあった。文政四年(一八二一)八月二十二日没した。八十二歳。江戸の清水浜臣は悼歌を詠んでいる。墓は静岡県天竜市大谷の生家にある。

参考文献　小山正『内山真竜の研究』、静岡県編『静岡県人物志』

(丸山　季夫)

うづえのまつり　卯杖祭　神に卯杖を奉献する祭。卯杖は邪気をはらうと信ぜられる。和歌山市の伊太祁曾《いたきそ》神社の卯杖祭は一月十五日で、神前に卯杖と粥占神事の品を供えて祭典があり、終って参拝者に対して卯杖が投げられる。この時の卯杖は、梅の楉《しもと》を九〇センチ(三尺)ほどに切ったものを数本束ねて奉る。京都の上賀茂神社では、社家の間に配られた。また熱田神宮踏歌祭(一月十一日)には、卯杖を持つ卯杖舞がある。

(沼部　春友)

うづきようか　卯月八日　旧暦四月八日の民俗行事を称してきた。この日は灌仏会《かんぶつえ》を寺院で行うことで知られているが、民俗的には釈迦の誕生会とは無縁な姿で、この日の行事が伝承してきた。むしろ灌仏会を俗に花祭と呼ぶその根拠ば、卯月八日の民俗の中にあったと解するのが正しいとさえいえる。修験道の峰入行事として重要なものの一つに、華供の峰と称するものがあるが、その根柢をなした民俗は、四月八日に山に登って、ツツジや藤の花・石楠花《しゃくなげ》などを採り、これを里に持ち帰り、竿の先に結んで高く立てる風習であった。これを夏花《げばな》・天道花《てんとうばな》・八日花《ようかばな》などと呼んでいる。近畿地方や中部地方の各地にそれが近代まで伝承して来ている。四月の八日と限定せずに、ほぼその上旬のうちにというならば、さらに広く各地に同様の習俗が伝わって来た。このころ、村人が近くの小高い山に登って花見をするとか、花を摘むとかする慣いは、鹿児島県の大隅半島地域にも著しかった。それが若者・娘のあいだの一種の歌垣をも伴って来たりしている。福島県下に、卯月八日を神の日と呼ぶふうが伝わって来たが、それはこのころに山の神が里に降りて田の神となるとの意味であった。日本中に広く信じられていることだが、田の神は田植の支度にかかるころに、山の方から降臨して、しばらく里にとどまり、収穫を終えたころに、また山に戻るとみられてきた。この、山の神が田の神として降りる際の媒介が花なのであった。したがって、山から花を摘み採って来て、家の傍、田畝の傍に高々とこれをかかげ、田の神の迎えられたことを示そうとしたのである。なおいえば、山の神は、じつは祖霊である。それ故一般の神が榊などの常磐の葉の樹枝に憑くのに対し、花を依り代とするのである。山から花を介して祖霊を迎え、田の生産を守護していただく、そのはじまりを卯月の、上弦のころである八日に認めて花祭を行なった。この民俗に、仏教がいわば習合した結果が灌仏会の花祭なのである。

参考文献　和歌森太郎「春山入り」(『神ごとの中の日本人』所収)、同「花をめぐる民俗信仰」(同所収)

(和歌森太郎)

うつしよ　顕世　目に見える現実の世界に生きていること。目に見えない幽世《かくりよ》に対する語。現世とも書く。『古事記』『日本書紀』などの古典に顕世という語は見出せないが、『日本書紀』神代宝剣出現章第六の一書に「顕、此をば宇《う》都《つ》斯《し》と云ふ」(原漢文)とある。同天孫降臨章には大己《おおな》貴神《むちのかみ》の別名として「顕国玉《うつしくにたま》」が登場する。これら顕国は顕世と同義語であり、現実の国土のこと、目に見える地上の国を意味している。また同章第二の一書に「顕露、此をば阿羅播貳《あらはに》と云ふ」とあり、「顕」は「あらは」とも訓まれた。『延喜式』祝詞の出雲国造神賀詞に「大八嶋国の現《うつ》し事、顕《あら》は事」とみえる現し事と顕は事とは同義語で、ともに現実に目に見える地上のことであり、ここでは現実に日本国で行われる治政を指している。これに対するのが幽事《かくりごと》で、これは目に見えない神のことを意味している。また『日本書紀』神代天孫降臨章第二の一書に、高皇産霊尊《たかみむすびのみこと》が大己貴神に「夫れ汝《いまし》が治《しら》す顕露《あらは》の事は、是《これ》吾孫《すめみま》治すべし、汝は以て神の事を治すべし」と詔をしたとあり、これに対して大己貴神は「吾が治す顕露の事は、皇孫《すめみま》当《まさ》に治《をさ》めたまふべし、吾《われ》は退《さ》りて幽事《かくれたること》を治《しらし》めむ」(原漢文)と応えている。つまり目に見える顕世を皇孫が治め、目に見えない幽世を大己貴神が治めると記している。このような顕と幽の概念を発展させた平田篤胤は『霊能真柱』において顕世は天皇が統治する世界、幽世は神の支配する世界とし、特に幽世は霊魂の安住の地であると述べ、そこを支配する中心的な神が大国主神であると説いている。　(三橋　健)

うつのみやだいみょうじんだいだいきずいのこと　宇都宮大明神代々奇瑞之事　宇都宮大明神(現宇都宮二荒山神社)の霊験記で、『宇都宮奇瑞記』とも称する。「文明十六年(甲辰)九月卅日」の奥書を持つが、選者は未詳。内容はまず、藤原秀郷が平将門の乱に際し大明神の神剣によってこれを討伐したことに始まり、源義家の安部貞任征討、源頼朝の平家討伐、奥州藤原氏征討、文永・弘安の役の敵国調伏など、いずれも大明神の奇瑞であることを箇条書きに記し、最後に、大明神は神護景雲元年(七六七)日光山に顕れた後、承和五年(八三八)に温佐郎麿が河内郡小寺峯に移しまつり補陀洛大明神と号したとの縁起を述べる。本書は、日光山の二荒山権現と宇都宮の大明神を同神とするもので、日光山の霊験記である『下野国河内郡日光山満願寺祈請感応条々』と類似の内容を持つ。元来この二書は一つのもので、日光山の記事に平将門・安部貞任討伐を加えて編集しなおしたと考えられる。ちなみに、後者には日光山の濫觴と神橋に関する記事が含まれる。『群書類従』神祇部、『神道大系』神社編三一に所収。

参考文献　『群書解題』一中、菅原信海『日光・二荒山解題(『神道大系』神社編)　(高藤　晴俊)

うでんしんとう　烏伝神道　江戸時代末期、江戸を中心に行われた大衆的神道説で、京都賀茂別雷神社の社家、梅辻家の出身である賀茂規清(一七九八―一八六一)によって大成された神道である。賀茂氏の祖先、八咫烏《やたがらす》から伝わった神道であるとしてその名を「烏伝神道《からすづたえ》」と称した。近世の初期ごろから、賀茂神社の氏人の間では、吉田神道にならって、賀茂流唯一神道(賀茂流正嫡両部習合神道とも)と称する神道が行われていたが、江戸時代後期になると規清が出て、この神道を組織立て烏伝神道を成立せしめた。規清は、文学・神道・天文・暦数に造詣があったが、陽明学・禅学の知識も深かった。また、彼はことのほか遍歴を好み、十二年間に、三十三ヵ国もの深山幽谷をめぐり歩いたと伝える。烏伝神道説は、この遍歴における彼の宗教体験と日ごろの神道信仰、さらに、陽明学・禅学の思想を摂取して確立されたものである。その教説の主旨は、「神とは万物の親にして、天地日用の活用也」(『烏伝神道大意』)というように、神道を日常生活と密接に関係づけて説いたところにある。また「我烏伝の神道は実学にして、(中略)故に神代の国体を今日の世の国体に融合し、其要を説くが其人に当る修行の功なり」(『蛸蛉備』)と、時代的色彩の濃い教えでもあった。平易で通俗ではあったが、それだけに大衆にもてはやされ、それがまた当神道の布教の目的でもあった。一方では、社会教育のために行われた神道であるともいわれている。天保ごろに彼は江戸へ出て、その神道説を布教していたが、弘化三年(一八四六)、江戸下谷の池之端に瑞烏園を創立して、神道教法の本社とした。のち、中ノ橋松川町・京橋山城町にも支社を設け、講筵をひらき、庶民を教化した。もっぱら天照大神の道と静坐の修行を力説したが、その独創的な神道説は、常に当時の政治経済問題に触れることが多かったので、幕府は危険思想と認め、同四年四月、規清を投獄した。のちに彼は八丈島に配流されたが、配所でも信心修行すること十四年に及んだという。文久元年(一八六一)、配所で病没した。烏伝神道関係書として、規清の著わした『烏伝神道大意』をはじめ、『日本書紀常世長鳴鳥』『烏伝神代巻』『神道烏伝祓除抄』などがある。↓賀茂規清《かものりきよ》

参考文献　末永恵子『烏伝神道の基礎的研究』、河野省三「賀茂規清の神道説―濃厚な時代的色彩―」(『神道史の研究』所収)　(三橋　健)

うとうじんじゃ　善知鳥神社　(一)青森市安方に鎮座。旧県社。市杵島姫命《いちきしまひめのみこと》・多紀理姫命《たぎりひめのみこと》・多岐都姫命《たぎつひめのみこと》を主神とする。もと弁天社と呼ばれ、領主南部氏の崇敬をうけた名社。例祭は九月十五日。謡曲「善知鳥」はこの地の伝説によったもの。

(二)新潟県佐渡郡相川町下戸村に鎮座。旧郷社。表筒男神《うわつつのおのかみ》など九神を祀る。もと住吉社と称し、慶長年間(一五九六―一六一五)に下相川より移転。現社名は古い地名によるという。相川町の総鎮守。例祭は十月十九日。　(小倉　学)

うどじんぐう　鵜戸神宮　宮崎県日南市宮浦海岸の洞窟内に鎮座。旧官幣大社。祭神は鸕鷀草葺不合尊《うがやふきあえずのみこと》を主神と

し、大日孁貴尊《おおひるめむちのみこと》・天忍穂耳尊《あめのおしほみみのみこと》・彦火瓊々杵尊《ひこほのににぎのみこと》・彦火々出見尊《ひこほほでみのみこと》・神日本磐余彦尊《かんやまといわれひこのみこと》を配祀神とする。本殿は八つ棟造。境内は十二万六千五百五十八坪(約四二ヘクタール)。古く鵜戸山大権現仁王護国寺と称し、鹿児島藩・飫肥藩からも厚く崇敬された。永禄三年(一五六〇)以降領主伊東氏はしばしば神殿を造替した。明治七年(一八七四)鵜戸神宮と改称、同二十八年官幣大社に列した。例祭は二月一日。

参考文献 『神社明細帳』 (岡田 米夫)

うににっき 有爾日記 伊勢神宮の祭事に用いられる土器調進にかかわる記録。著者不詳。成立年代は奥書に寛文丁未(七)年(一六七七)の書写とみえることからそれ以前と考えられる。一巻。内閣文庫の一本には『両太神宮土器小枚帳 有爾郷』、また旧和学講談所本も『両太神宮土器小枚帳』とある。有爾は地名で『延喜式』の多気郡有弐郷をさし、現在の三重県多気郡明和町の有爾中村が中心であったとされる。延享三年(一七四六)の有爾の長年寄から田丸藩に提出した口上書によると、中世には郷内に土器調進の神役人が三百六十人に及んだが、天正十九年(一五九一)、神宮はこれを二十四家とし、長年寄と称した。土器調進は下有爾、世古、井倉、有爾中、吉祥寺、谷、別所、蓑、門前の村々であり、年間四万九千二十六個の土器を調進したという。本書は神宮の神事に用いられる土器の種類と数量を正月一日から十二月二十一日までの祭日ごとに内・外宮以下に分けて記している。『続群書類従』神祇部に所収されているが、脱落がみられるため、他本を参照することが必要である。

参考文献 『群書解題』一下、大西源一『大神宮史要』 (西垣 晴次)

うねびやまぐちじんじゃ 畝火山口神社 奈良県橿原市大谷町に鎮座。旧郷社。祭神は気長足姫命《おきながたらしひめのみこと》・豊受比売命《とゆけひめのみこと》・表筒男命《うわつつのおのみこと》。『新抄格勅符抄』の大同元年(八〇六)牒に「畝火山口神 一戸」とあり、貞観元年(八五九)従五位下を授けられ(『三代実録』)、『延喜式』神名帳に「畝火山口坐神社(大、月次新嘗)」とあり、大和国内山口十二社の一つで、これらの社はいずれも大社に列せられ、月次祭・新嘗祭に官幣を奉られている。もとは山の口に奉斎され、『和州五郡神社神名帳』には「畝火山口神社一座、在久米郷畝火山西山尾」とみえるが、のち畝傍の峯山に移しまつった。特殊神事として埴取神事があり、祈年祭・新嘗祭の前に、大阪市住吉の住吉大社から埴使が来て祭を行い、この山の土を持ち帰り土器を製作する。明治六年(一八七三)郷社に列し、昭和十五年(一九四〇)に畝傍山麓の高市郡真菅村(橿原市)大字大谷字東畑の旧地に移された。例祭は四月十六日。 (原田 敏明)

うのまつり 卯の祭 熊本県阿蘇郡一の宮町阿蘇神社の神事。三月(古くは旧暦二月)初卯の日から中卯の日まで(卯の日が月中に三回ある年は中卯の日から三卯の日まで)十三日間にわたって行われる。この期間中、巳の日より亥の日までの七日間が田作り神事で、その第四日目の申の日に御前迎えとも呼ばれる火振神事が行われる。伝承によれば阿蘇神社主祭神健磐竜命《たけいわたつのみこと》が九州鎮撫のためこの地に来たのが二月卯の日であって、これに由来すると伝え、年禰神(穀霊神)に五穀豊饒を祈るものである。かつては初卯の日前夜、阿蘇神社に祀る神霊を拝殿におかれた四基の神輿に遷したが現在は行われていない。初卯の日、神前に神饌を供し、阿蘇古代神楽「幣の舞」を奉納する。二日目の辰の日から神輿前に同様の祭典が勤仕される。三日目の巳の日は田作り神事初日となり、夕方、神輿一基が年禰社に向かい、御神体を神輿に遷し(横莚神事)、終ると神輿は旧社家に赴く。旧社家では御献の儀・神楽といった宅祭が行われ、翌朝、再び宅祭を終え帰社するが、神輿が出御しての宅祭は六晩続けられる。亥の日は田作り神事の祭あげで、拝殿正面に年禰神の神輿が奉安され、その前に案山子役に扮した神職が立つ。拝殿では数人の神職によって溝さらえ・鍬柄配り・種蒔き・田植えなどの田遊びの式が無言で演じられ、豊作が祈願される。かつて、阿蘇地方ではこの神事が春の農耕の開始を告げるものとなっていた。 ↓阿蘇神社《あそじんじゃ》 ↓火振神事《ひぶりしんじ》

参考文献 一の宮町教育委員会編『阿蘇の農耕祭事』、加藤健司「阿蘇の農耕神事と御前迎え」(高橋秀雄・坂本経昌編『祭礼行事熊本県』所収) (加藤 健司)

うひぢにのみこと・すひぢにのみこと 埿土煑尊・沙土煑尊 『日本書紀』神代に国常立尊など独化三神に継ぐ四代目に最初の対偶神として所出の神。埿土根尊《うひちねのみこと》・沙土根尊《すひちねのみこと》とも。『古事記』神代では宇宙最初に出現する造化三神など別天神五柱に継ぐ神世七代の三代目に対偶神の宇比地邇神・須比智邇神として登場する。ヒヂが泥土の古語であるところから両神とも天地が未だ泥沼のような混沌状態を体現する神、土地を鎮める神ともされる。福岡県宗像市吉留宮ノ尾に鎮座の八所神社では両神から伊弉諾尊・伊弉冉尊まで四代の対偶神を祭神としている。 (薗田 稔)

うぶがみ 産神 出産のとき母体と生児を守護する神。ウブサマ・オブノカミなどとも呼ばれる。産神を産土神《うぶすな》と同一視する例は『今昔物語集』をはじめ文献や伝承にみられるが、産神が産屋に迎えまつられる神であるのに対し、産土神・氏神には産の穢れ(血の忌)を遠慮して出産直後は近づかない。人の誕生を管理する神の信仰が、この二つに分化したとも考えられる。産神はふつう出産と同時に産飯を炊き、酒と共に産屋に供えてまつる。産飯の膳にはウブイシなどという丸い小石を添えることが多い。この小石は産神の依代《よりしろ》とされ、渥美半島では氏神や屋敷神の境内または産婆の家から持ってくる。高知県長岡郡では七夜まで毎日床の間にオブノカミをまつる。膳には雨垂れの小石を二つ洗ってのせ、雑煮も供える。長野県では産神の座として藁束を飾る。産神を送るのは生後三日目または七夜ごろであるが、百日目にも膳に小

石を置いて祝う。産神を山の神・箒神・厠神・道祖神などと関係づける地方も多い。

参考文献　柳田国男『家閑談』(『定本柳田国男集』一五)、大藤ゆき『児やらい』(『民俗民芸双書』二六)

（平井　直房）

うぶこ　産子　産土《うぶすな》の神の霊威により生命を受けて誕生した子の意で、産土神を同じくする者の集団の全体あるいはそれに所属する個人を指して称する名称。産児とも書く。氏神の概念は、古代の血縁的共同体の氏族神より、中・近世には地縁的な村落共同体の鎮守神に変化し、またその地域の生産力・産出力を司る産土神としての信仰形態が成立し、氏神に所属する者を氏子と称するのと同様に、産土神(産社、産神とも)に対応する人間を指す呼称として産子が用いられ、氏子と産子とはほぼ同義語として使用されている。『神道名目類聚抄』には「帝都ノ二條ヨリ上ノ方ハ、上下ノ御霊社ノ敷地ナリ、此地ニ出生ノ児ハ上下ノ御霊社ヲ産社トシ、児ヲ御霊ノ産子トス、二條ヨリ下ノ方松原ニ至テハ、祇園社ノ敷地ナリ、此地ニ出生ノ児ハ、祇園社ヲ産社トシ、其児ヲ祇園ノ産児ト云ナリ」とあって、京都の町割りと対応して産神(産土神)と産子の観念の成立がうかがわれる。

（佐野　和史）

うぶすながみ　産土神　自分の生まれた土地の神。その人が他所に移住しても、一生を通じ守護してくれる神と信じられている。鎮守の神(現在住む土地や宮造物の守り神)とは本来別だが、出生地に定住する人の場合、産土神とその土地の鎮守の神は同一である。また中世以降、氏神の語が地域社会の守り神の意味にも使われるに至り、産土神と氏神の混同が見られる。ウブスナは宇夫須那・本居・産土・生土・産生などと書かれ、人の出生地をいう。比較的古い用例として『尾張国風土記』逸文に「尾州葉栗郡若栗ノ郷ニ宇夫須那ノ社ト云フ社アリ、廬入姫ノ誕生産屋之地ナリ」(『塵袋』二に引用。『塵添壒囊鈔』一三はこれを風土記の文とする)とあったといわれ、同社は『延喜式』神名帳に宇夫須那神社とある。本居の語は『日本書紀』推古天皇三十二年(六二四)十月条に「葛城県者元臣之本居也」とみえ、北野本はこれをウブスナと訓じているほか、『続日本紀』『続日本後紀』『三代実録』などにも散見される。生土は『平治物語』三に「越鳥南枝ニ巣ヲカケ、胡馬北風ニイバヘケルモ生土ヲ思故ゾカシ」などとある。産土と書く例は近世後期からと思われる。語原的にウブスナのウブは産・生であるが、スナについては砂・住場はじめ種々異論がある。ひるがえって産土神は前述の宇夫須那神社以外に、『三代実録』貞観六年(八六四)十月条には讃岐国正六位上宇夫志奈神がみえ、『歌林四季物語』一には賀茂の社を「ことにこの御国の一の宮井にておはして、みかどの御うぶすなの御神なれば」という。また産社(『運歩色葉集』)・産宮(『節用集』)・生社(『書言字考節用集』三)などウブスナと読ませ産土神の社にあてる例がある。産神という例は『今昔物語集』三〇に「七条辺ニテ産レタリケレバ産神ニ御ス」として稲荷に初午詣するのをはじめ、近世の文献にも若干みられる。ただ産土神としての産神とは別に、出産のとき産屋に臨み母子を守る産神があり、両者の関係は民俗学的にもまだ明確でない。産土神の信仰は、神社信仰の主流が氏族・一門など血縁集団の守り神(狭義の氏神)から地縁集団の守護神の信仰へ移行する過程で、広く国内に普及した。旅行・出産などに産土の社の砂をいただいてくる習俗があり、氏神に対する氏子のように産土神の加護を受けて生まれた子を産子と称し、初宮詣りや一般の氏神参りをウブスナ詣りともいうに至った。近世の神道学者、ことに平田篤胤はこれらに着目し、産土神をその教説に組入れた。すなわち産土神は人の一生を守護するだけでなく、死者の霊魂を幽世の主宰神(大国主神)の裁きの庭に導き、生前没後を通じて氏子の力になる。毎年十月出雲大社に神々が集うという神在月の信仰はこれに関連すると説いた。明治維新後は氏子制度の整備により、氏神という名称が産土神よりも一般化しているが、ウジガミが屋敷神を意味する東北地方では村氏神をオボスナ・オボツナといい、佐渡では生まれた土地の守り神をウブガミと呼んでいる。

参考文献　小山田与清『神祇称号考』二(『神道叢書』四)、柳田国男『氏神と氏子』(『定本柳田国男集』一一)

（平井　直房）

うぶすなしゃこでんしょう　産須那社古伝抄　幕末の国学者六人部《むとべ》是香《よしか》(一七九八―一八六三)の代表的神道書。一巻。安政四年(一八五七)八月成立。是香は産須那神の職掌として現世の守護にのみ重きが置かれ、死後の役割について一般に認知されていないのを遺憾《いかん》として本書執筆に着手したとするが、その背景には山城国向日《むこう》神社の社司として全国各地の産須那信仰の普及・教化を期して著されたものといえる。本書の内容は㈠生産の根元、㈡顕世の守護、㈢没後の使命の三点より産須那社の機能・役割について説き、「産須那」とは「為ㇾ産根」つまり万物を産みなす根本の神であり、現世における守護は当然とし、来世においても霊魂の司令を掌るとする。すなわち良善の者には死後幽政の大任を任せられ、不善をなす者には艱難辛苦《かんなんしんく》が待ち受けると説く。このような思想には一部仏教思想の影響もみられるが、産須那神の職掌を万物の生成に始まり、さらに現世から来世まで敷衍《ふえん》させる試みは、是香独自の豊熟した神道思想を窺わせ、平田篤胤以降盛んになる死後の安心をテーマとする神道論にも一石を投じることになる。安政六年二月には本書の解説書である『産須那社古伝抄広義』四巻が成立。『日本思想大系』五一所収。

参考文献　三輪和平「六人部是香の幽冥観に関する一考察―特に『大無量寿経』との関連をめぐって―」(『神道史研究』三九ノ二)

（三輪　和平）

うふのやしろ　有封社　封戸を有する神社。無封社の対。それは、特に朝廷が崇敬の意を表わしたものであって、大同元年(八〇六)の調査(『新抄格勅符抄』神封部)によると、百六十一社に及んでいるが、そのうち六〇%は近畿地方にあり、中でも大和国は五十五社を数える。また封戸五十戸以上を有するものは十八社にすぎず、ただ一戸を有するもの二十八社、二戸を有するもの三十五社というような状態で、伊勢の神宮が千百三十戸を有したのは特例である。それも東大寺の五千戸、飛鳥寺の千八百戸などにくらべると、著しく数が少ない。これは神社の経営規模が、寺院のそれにくらべて、おおむね簡素であったからであろう。この調査には九州地方は含まれていないが、前記の百六十一社以外では、宇佐の八幡宮が千四百戸ないし千六百六十戸を有したと伝えられている(『続日本紀』『新抄格勅符抄』)のは、すでに神仏習合の段階が進んでいたことを示すものかとおもわれる。神社に寄せられた封戸(すなわち神戸)も、一般の封戸と同じく、公戸として納める租の半分と庸・調の全部が、給主たる神社に与えられるわけであったが、天平十一年(七三九)には租の全部と中男作物も封主に与えられることになり、同十九年以後は、一戸の納める租の基準は四十束と決められた。神戸からの収入が、はたして、どの程度の意義を有したかは、神社経済史の課題である。(祝 宮静)

うぶめし 産飯 産後直ちに炊く飯のこと。うぶたてめしともいう。産神・生児・産婦に供えるほかに産婆やその他大勢の人にたべてもらう。神と人と共食することによって、神の助力を求め、人々の力をもらって小児の生命をこの世にとどめようと願ったものである。山梨県河口湖周辺の村々では産飯を荒神様(火の神)に供え、それを産婆にたべてもらう。産飯を火の神に供える風は各地にあり、子供を家の火の神の庇護のもとにおいて、安らかな成長を願ったものである。産飯には雨だれ石、河原で拾ってきた小石などを供える風が全国的にみられる。小児の頭が石のように固く丈夫に育つようにと伝えているが、この小石は本来は産神の依代《よりしろ》だったものであろう。産飯はなるべく固く高く盛った方がよいといい、この高盛の飯に箸を一本さして、こうすると小児にえくぼができて、幸せがあるという。産飯の作法には三人杵・四人臼などといって大勢の人がつく所があるが、これは死後の枕飯の作法とも共通していて、ともに食物の力と、人人の合力をもっとも心要とした時だったのである。

参考文献 柳田国男編『産育習俗語彙』、母子愛育会編『日本産育習俗資料集成』(鎌田 久子)

うべじんじゃ 宇倍神社 鳥取県岩美郡国府町宮下に鎮座。旧国幣中社。武内宿禰命《たけしうちのすくねのみこと》を祀る。社伝では武内宿禰が仁徳天皇五十五年因幡国へ下向、本社本殿裏の亀金山に双履をのこし身を隠したので、そこへ社殿を設けたのが創建という。『二十二社註式』石清水条に、大化四年(六四八)社壇を造るとあるが根拠不明。嘉祥元年(八四八)七月従五位下を授けられ官社に列し、貞観四年(八六二)五月正五位上、同年十二月従四位下、同十年閏十二月従四位上、同十三年二月正四位下、同十六年三月従三位、元慶二年(八七八)十一月正三位と授けられ、延喜の制で名神大社。因幡国一宮、また総社として崇敬された。江戸時代には藩主池田光政が社領三十石を寄進保護し、明治四年(一八七一)五月国幣中社となる。例祭は四月二十一日。本社に伝来の麒麟獅子舞は県無形文化財である。

参考文献 『国幣中社宇倍神社誌略』(鎌田 純一)

うほうどうじ 雨宝童子 両部神道でまつる神仏習合的な尊像。くわしくは金剛赤精善神雨宝童子といい、天照大神が日向に下生の姿で大日如来の化身と称する。右手に金剛宝棒を支え左手に赤色宝珠を持ち白衣を着、額に白宝珠をつけ頂上に五輪塔を頂き足下に白狸を踏む童子形である。『雨宝陀羅尼経』にこの像を安置帰依すれば災を除き福を得るとある。木像として三重県伊勢市朝熊山《あさま》金剛証寺のものは現存最古の藤原期の作で、重要文化財に指定されている。

参考文献 「金剛証寺雨宝童子」解説(『国宝全集』四)(村山 修一)

うましあしかびひこじのかみ 可美葦牙彦舅神 『日本書紀』神代の神代七代章の一書に所出の神。第二・第三の一書では宇宙最初に化生した神、第六の一書では天常立尊に継ぐ二代目に化生した神。『古事記』神代では宇麻志阿斯訶備比古遅神とし、宇宙最初に出現する別天神五柱のうち四代目の神。ウマシは美称、アシカビは葦の芽、ヒコヂは男性を指し、『古事記』では世界がまだ固まらず泥沼の状態から葦の芽を見るようにして出現した独化神。『日本書紀』一書も宇宙最初の混沌からの神誕生を湿原からの葦の発芽になぞらえる。愛媛県温泉郡重信町牛頭守に鎮座する浮嶋神社(旧県社)の祭神、浮嶋上神は可美葦牙彦舅大神である。(薗田 稔)

うましまでのみこと 可美真手命 物部氏らの祖とされた神。饒速日命《にぎはやひのみこと》の子と伝える。宇摩志麻遅命(『古事記』)、宇摩志麻治命・味間見命(『旧事本紀』)とも書く。『古事記』には邇芸速日命《にぎはやひのみこと》が登美毘古《とみひこ》の妹の登美夜毘売《とみやひめ》を娶って生むとし、物部連・穂積臣・采女臣の祖とする。また『日本書紀』には長髄彦《ながすねひこ》の妹の三炊屋媛《みかしきやひめ》を娶って生むとし、物部氏の遠祖とする。『旧事本紀』によると、十種の神宝を献じ、矛楯を立てて神武天皇に奉仕したという。鎮魂の呪法や宮門の守備などに関する物部氏の伝承として興味深い。島根県物部神社などの祭神。(上田 正昭)

うまつり 鵜祭 石川県にある旧国幣大社気多神社の神事。七尾市鹿渡島海岸で生捕った鵜を、同地の鵜捕部が神社に運び、十二月十六日午前四時、神事中に燈を消し、鵜捕部を召して問答後、鵜を本殿階下に放つ。鵜が殿内の案上にのぼると神職が取り押えて一ノ宮海岸に放つ。鵜の殿内への進み具合によって吉凶をうらなう習俗がある。謡曲「鵜祭」はこの神事を脚色したもので金春流にだけある。

参考文献 小倉学「鵜祭考」(『加能民俗』一ノ一二・一

三）、同「鵜祭の研究」（『国学院雑誌』六二ノ一〇）

（小倉　学）

うまやがみ　**厩神**　厩を守護する神。『諸社根元記』に生馬神は左馬寮に坐して天徳三年（九五九）正三位、保馬神は右馬寮に坐して延喜三年（九〇三）従五位下に叙せらるとある。『日本紀略』にも左馬寮の生馬神の加階のことがみえ、また『倭訓栞』には保食神は馬祖なり、建御名方神は先牧なりとあってこの二神を厩神とするとある。しかし民間においては別に祭神のことを問題にせず、関西地方では厩の戸に赤く申の字を書いて厩の守りとするという。また烏帽子姿の猿が馬をひいている絵を厩の入口に貼る風は広く、正月ごろ厩の祭をする時猿まわしが関与することも多かった。猿を厩の守護とするのは馬をいじめる河童に対して猿は強いからだともいう。このほか馬の守護神としてはそうぜん神（蒼前・勝善など）・馬頭観音・馬櫪神などがある。福島県の阿武隈山間地方で馬を飼っている家では、家ごとに部屋に大神宮の棚より一段下げて神棚をつくり馬神をまつっている。

（岩崎　敏夫）

うみがみまつり　**海神祭**　沖縄本島の北部の村々で旧暦七月に行われるウンジャミという祭は、海神の祭の意だとされている。ノロ・ネガミを中心に多くの神女たちが集まり、鬘《かずら》・菅などを冠りものとし、神秘的な行事を行う。唱える神謡の中に、山から木を伐り出して美しい船を作って船出する光景を歌ったものがあり、終りに海辺のなぎさの砂の中に、猪をあらわすものとしての鼠を埋めるなどのことがあり、海から訪れる神を饗応するという性格を含んでいると考えられる。

参考文献　宮本演彦「沖縄国頭村比地の海神祭」（馬淵東一・小川徹編『沖縄文化論叢』三所収）

（萩原　竜夫）

うみさちやまさち　**海幸山幸**　日本の古代生活は農耕を主としたので、山でとれる鳥獣、海でとれる魚介は食事の生彩を増した。そこに山幸とか海幸とかいう言葉ができたと思われる。その間に交換が行われたであろう。今も残る山地の神輿が浜降りをするという行事も、そうした古代生活の痕跡と思われる。このような生活を背景に成立したのが、記紀にみる山幸彦と海幸彦の神話であろう。話の筋は次のごとくである。瓊瓊杵尊《ににぎのみこと》（『古事記』では邇邇芸能命）の三人の男子の中で彦火火出見尊《ひこほほでみのみこと》（『古事記』では日子穂穂手見命・火遠理命）は山幸彦であり、火《ほの》闌降命《すそりのみこと》（『古事記』では火照命）は海幸彦であった。ある時両者は互いにサチをとりかえたが火火出見尊は借りた釣針を失ってしまった。これを求めるために火火出見尊は海宮《わだつみのみや》に赴くが、海神の娘豊玉姫と恋に陥り、数年をそこに送った。ある時火火出見尊は、失った釣針を手に入れ、陸に帰って来て、兄火闌降命に仕返しをした。残された豊玉姫は火火出見尊の後を追って浜辺へ来て、そこで鸕鷀草葺不合尊《うがやふきあえずのみこと》（『古事記』では鵜葺草葺不合命）を生み、その筋が皇祖になる。これは上代における海産物と山の産物との交換にまつわる神話と思われる。そこには海の彼方に存在すると想像された豊かな世界のイメージが反映している。また海幸彦が屈服せしめられたという話にはその子孫が隼人となったというところに隼人屈服の歴史が説明されているともいえる。

参考文献　松村武雄『日本神話の研究』

（肥後　和男）

うみのかみ　**海神**　⇩海神信仰《かいじんしんこう》

うみはちまんぐう　**宇美八幡宮**　『古事記』『日本書紀』に応神天皇誕生地と伝える福岡県粕屋郡宇美町に鎮座する八幡宮。旧県社。境内に神功皇后を祀る聖母宮がある。『水鏡』や『愚管抄』にもみえるように古来安産信仰で知られている。現に湯蓋の森、衣掛の森と呼ぶ樟の老大木のほか、子安の木、子安の石、うぶゆの井などがあり、民俗資料として県の文化財に指定されている。毎年一月五日誕生祭、四月十五日子安祭、十月十五日放生会がある。なお、同様の信仰による宇美八幡宮が、神功皇后鎮懐伝説石に近い同県糸島郡前原町川付にもある。

参考文献　貝原篤信『筑前国続風土記』（『福岡県史資料』続四）、伊藤常足編『太宰管内志』

（筑紫　豊）

うむがいひめ・きさがいひめ　**蛤貝比売・蚶貝比売**　大《おお》穴牟遅神《なむちのかみ》が八十《やそ》神の焼いた大きな石で殺された時、神産《かみむ》巣日之命《すびのみこと》が蘇生のために遣わせた神。『古事記』によると赤貝の化身の蚶貝比売が貝殻の削り粉を集め、蛤の化身の蛤貝比売が蛤の汁と合わせ、母乳汁《おものちしる》を塗ると大穴牟遅神が蘇った。赤貝の粉末と蛤の白い汁を合わせたものを火傷の薬とする古代の民間療法が背景にあるとされている。

参考文献　西郷信綱『古事記注釈』二

（渡辺瑞穂子）

うめぞのこれとも　**梅園惟朝**　生没年不詳　江戸時代中期の神道家。本姓は土師（菅原とも）。黄鳥散（山とも）人・愚直堂・愚狂とも号した。摂津国住吉神社客方職役の家に生まれる。神道的立場から歴史を研究しようと試みた神祇史研究の先駆者の一人である。とりわけ『国史神祇集』十巻は、神武天皇より光孝天皇仁和三年（八八七）に至る神祇関係史料を編年体に抄録し列記したもので、神祇史研究の基礎をなす書として注目される。当書は元禄十二年（一六九九）に成立したが、この後を受けて、樋口宗武は享保二年（一七一七）『続国史神祇集』十巻を編纂した。昭和七年（一九三二）、これらの二書は合冊され、『（正続）国史神祇集』（宮地直一・曾根研三校訂）として刊行された。彼の著作は以上のほかに、元禄年間に著わした『住吉松葉大記』二十二巻がある。これは大阪の住吉大社について述べたもので、とりわけ同社の主祭神である住吉の三筒男神が祓除の神として重要であると強調している。彼の神道思想は垂加神道の流れを受けているが、和学者松下見林の影響が大きい。門弟に高屋近文が出た。

（三橋　健）

うめだよしひこ　梅田義彦　一九〇六―八〇　昭和時代の神祇・宗教官僚、神道学者。明治三十九年(一九〇六)十月二十九日、大阪市天王寺区に生まれる。昭和四年(一九二九)三月神宮皇学館本科を卒業。同年内務省神社局考証官補に任じられ、十六年神祇院調査官。二十一年三月、神祇院の廃止に伴い退官したが、二十二年二月、文部大臣官房宗務課嘱託となり、二十四年六月、文部事務官に任じられる。三十三年、宗務課専門委員となり、四十二年三月に退官するまで同職。以後、東海大学短期大学部教授、皇学館短期大学講師を歴任し、神社本庁参与、式内社顕彰会常任理事などを務める。戦前・戦後と一貫して神社・宗教行政に関わり、そこで培われた神社の考証および制度史に精通し、三十五年には「神祇制度史の基礎的研究」により国学院大学から文学博士の学位を授与される。四十七年十一月に、紫綬褒章、五十三年十一月には勲四等旭日小綬章を受章した。五十五年七月五日死去。七十三歳。死後正五位を追贈された。代表的著作として『(改訂増補)日本宗教制度史』全四巻、『神道の思想』全三巻など。ほかに事典類の編纂や、『宗像神社史』をはじめとする個別神社史の執筆も数多い。

参考文献　吉田玄蕃「梅田義彦」(『悠久』三〇)

(松本　久史)

うめつじのりきよ　梅辻規清　⇨賀茂規清《かものりきよ》

うめのみやたいしゃ　梅宮大社　京都市右京区梅津フケノ川町に鎮座。旧官幣中社。『延喜式』神名帳に「梅宮坐神四社(並名神大、月次新嘗)」とある。大若子《おおわくご》・小若子《こわくご》・酒解《さかとけ》・酒解子《さかとけのこ》の諸神を祀り、さらに嵯峨天皇・仁明天皇・橘嘉智子(檀林皇后)・橘清友を配祀する。はじめ、橘諸兄の母県犬養橘三千代が創祀したのを、のち相楽郡枎山《かせやま》に移座し、仁明朝に神託が宮人に下って天皇は大社に準じた神社造営を思い立ったが、母后檀林皇后はこれを認めず、みずから葛野川辺の現地のあたりに社地を定めたという。橘三千代以来の伝統をついで歴代皇妃の尊崇があつく、聖武皇后の藤原光明子、藤原房前夫人牟漏女王などが知られ、皇室の奉幣や神階昇叙も年々行われたことが承和以後の記録にみえるが、平安時代末には次第に社勢退潮し、社領の押妨も多かった。古来梅宮祭は著名で、安産信仰があり、例祭はもと四月・十一月上酉日の夏冬二季に行われたが、現在は四月三日である。祭儀はすこぶる古雅で盛観を極め、山人が庭燎を焚いて倭舞を舞い、神児舞や走馬もあった。もと橘氏の氏神の故により祭日には橘氏五位の者一人を奉幣使としたが、同氏の衰微のために藤原氏の長者が橘氏の是定《ぜじょう》となって、幣帛・神馬を献じた。元慶三年(八七九)に中断したが、同八年に復旧した。醍醐朝延喜の制では名神大社、また延喜十一年(九一一)に正三位に昇叙された。祭儀は宇多朝以後停廃していたのを天慶八年(九四五)に再興、寛弘二年(一〇〇五)旧儀に復し中世・近世も断続したが明治以降ふるわない。祭神にちなみ酒造家の信仰が篤い。昭和二十六年(一九五一)梅宮大社と改称された。

(山上伊豆母)

うめもとみょうじん　梅本明神　奈良市春日野町に鎮座。春日大社の内院の一御殿の後ろに祀る。隼明神《はやぶさ》ともいう。紀乙野の祖神と説く『春日古社記』があるが、現在は大物主神を祀るという。なお、海本明神と記されたりするが、『大乗院寺社雑事記』応仁二年(一四六八)十月十五日条に引く「春日末社神御名」によると春日大社には榎本・椿本などという小神の例が他にあるので、梅本が正しい。

(永島福太郎)

うらぐし　卜串　亀卜の卜兆を記したるものをいう。これを筥に入れ置き、卜にあたって筥より押し出して合不合を見る。『江家次第』に奉幣使が卜串を開く儀を載せ、上卿が外記を召して卜串を持参させ、外記卜串三枚を筥に入れて進め、上卿が推し出し、外記がこれを開くとあり、大臣里亭での儀、門外車の時の儀などを説明してある。『倭訓栞』は亀卜串の義としこれを鬮筒のもとだといっている。

(是澤　恭三)

うらしまみょうじんえんぎ　浦島明神縁起　京都府与謝郡伊根町宇良神社蔵で、同社祭神の浦島神のいわれを描いた絵巻物。一巻。詞書はなく、およそ十四段の絵により話の筋をはこぶ。その内容は古代の浦島伝説を描いていて、浦島子が与謝の海で亀を釣った因縁により、仙女と化した亀に伴って蓬萊山の仙宮(竜宮)に行ってそこに

『浦島明神縁起』　仙宮で楽しく暮らす浦島子

住むが、やがて故郷に帰った。別れに際して仙女からおくられた玉手箱を、むかし浦島子が植えた老松の下で開くと、たちまち老人となる。以上の伝説に加えて、浦島子を神として祀り、供饌《ぐせん》をはじめ田楽・放下僧・競馬・相撲・流鏑馬などの祭礼の様子を描きたして、この絵巻が神社の縁起であることを示している。絵の筆者は不詳であるが、かなり入念に描いていながら素朴な画趣があって、中央の一流絵師の手になるとは考えられないところがあり、鎌倉時代末・室町時代初めのころの製作と推定される。重要文化財に指定。なお同神社には、これを掛幅に描いた江戸時代の作品も伝わっている。

参考文献 秋山光夫「浦島画巻に就て」(『美之国』八ノ七)

(宮 次男)

うらじんじゃ 宇良神社 京都府与謝郡伊根町本庄浜字浦島に鎮座。旧郷社。浦島子(近くの筒川村住民の祖日下《くさか》部首《べのおびと》らの遠祖で筒川嶼子ともいう)を主神とし、月読命《つきよみのみこと》・祓戸《はらえどの》四《よ》柱神《はしらのかみ》を配祀する。『延喜式』神名帳にみえる古社で、社宝に『浦島子伝記』一巻(鎌倉時代)、『浦島明神縁起』一巻(室町時代、重要文化財)および小袖・手道具・手箱や大小鼓胴・仮面(安土桃山時代)があり、本地仏五体はかつて別当寺院であった同地の平野山来迎寺にまつられている。例祭は八月七日。

参考文献 『京都府史蹟勝地調査会報告』六

(村山 修一)

うらたながたみ 浦田長民 一八四〇—九三 江戸時代後期から明治時代前期の神道家。伊勢の人、字は穀夫、改亭と号した。天保十一年(一八四〇)正月二十八日の生まれ。父は長一、母は和田氏。幼時八羽光穂の言を聞いて尊王の志を起し、鷹羽雲淙の門に入り、また津藩の斎藤拙堂の塾にも学んだ。若くして配札に託し京都・大坂に赴き、安政四年(一八五七)皇大神宮権禰宜・大内人、同六年宇治年寄の列に入り、文久騒擾の際有栖川宮に謁し、三条家に上書して、神宮警衛の勅書を賜わると称して宇治に帰り、禁錮三年の刑に処せられた。明治元年(一八六八)度会府出仕、二年度会県少参事、三年宇治山田督学、四年上京して神祇官、教部省に出仕、同五年七月神宮少宮司兼任(十月専任)、神宮改革の事にあたり大麻頒布の事業を神宮に収め、神宮教院を開いて教化運動を推進し、大宮司田中頼庸と『神宮明治祭式』十九巻を撰上した。十年辞任後再び上京、伏見宮家附などとなり、また帰県して度会・鈴鹿・奄芸の各郡長を歴任し、明治二十六年十月二日病没した。年五十四。著書に『神典採要』『大道本義』『読無字書斎詩鈔』などがある。

参考文献 神宮司庁編『公文類纂』教導篇・祭儀篇、同編『神宮司庁日誌』、阪本健一「明治初期に於ける神宮の教化運動」(神宮司庁編『神宮・明治百年史』上所収)、西川順土「神宮御動座問題」(同補遺所収)、三木正太郎「神宮祠官の活動—浦田長民を中心とする—」(神道文化会編『(明治維新)神道百年史』五所収)

(阪本 健一)

うらてしんじ 占手神事 山口県防府《ほうふ》市大崎に鎮座する玉祖《たまのおや》神社に伝わる神事。現在は例祭は九月二十五日に近い日曜日、神事はその前日の夕方に行われている。昭和五十一年(一九七六)県指定無形民俗文化財、平成九年(一九九七)に国の記録作成などの措置を講ずべき無形の民俗文化財として選択された。社伝では神功皇后が西征の時に吉凶を占ったことに始まる神事とされる。古くは旧暦八月十五日の例祭の前夜丑の刻(二時)に行われたため、夜相撲とも占手相撲ともいわれる。神事は、神門前で褌を締めた二人の男が東西に分かれて蹲踞《そんきょ》して向かい合い、互いに両手を腰にあて左右交互に摺り足で進み、出合ったところで自分の腰をたたく。このような動作を三回繰り返し、最後に両手を絡ませて組み合ったまま飛びはねながら東西の位置を交換し、掌で平年は十二回、閏年は十三回地面をたたく。その後二人は神前に向かって両手を挙げ鬨《とき》の声をあげるというものである。現在は保存会によって奉仕されている。

参考文献 防府市教育委員会編『玉祖神社史料集録』(『防府史料』二七)、「玉祖神社の占手相撲」(『月刊文化財』四一二)

(津田 勉)

うらない 占い 神仏の意志を問い、判ずる行為。わが国の占いの歴史は古く、弥生時代にすでに認められる。亀の甲羅を火であぶり、その亀裂によって神意を判ずる「亀卜《きぼく》」がこれである。古代には、天皇の即位後に行われる新嘗祭として大嘗祭が行われ、悠紀・主基の二国が新穀を献じたが、この二国の選定が亀卜によって行われた。律令時代には、神祇官に亀卜を行う専門職たる卜部が置かれていたが、その多くが対馬の出身者であった。古代以降、日時・方位の吉凶の判断の基準の上で大きな影響を与えたのが、中国から伝来した陰陽五行説で、その専門職が陰陽師であった。平安時代中期以降、物忌や方違などの陰陽道禁忌が確立し、天皇・貴人のための占いや除災の法を行なった。陰陽五行説は、陰陽二気を根源として万物が生成転変し、木火土金水の五行が互いに循環、作用し合って万物が生成すると考える思想で、また、日・月・星などの天体の運行が、国家・社会・個人の運命を支配すると考えた。祥瑞や災異の判定を行うための占いや、金神・太白・天一などの諸神が遊行する方角に基づく物忌・方違、厭日《えんにち》・坎日《かんにち》・凶会日《くえにち》・衰日《すいにち》といった日の吉凶に伴う禁忌が流行したのである。古代・中世においては寺社に参籠して祈願を行うことが盛んであったが、その目的の一つが夢告によって示される神仏の託宣を得ることにあり、占いとしての性格を認めることができる。祭は、神仏へ祈願を行う営みであるが、特に当日の天候は、祈願の成否を判ずる大きな目安とされた。祭の進行の過程で、祈願が聞き届けられているかを判ずる場合もあった。高知県香美郡物部村に伝承されるいざなぎ流は屋祈禱・病人祈禱・山川の祭などを行う民間宗教であるが、祈禱においてはその節目節目で数珠によるクジを引き、神・仏・精霊などの意志を問う。民間の農・漁村においては、歩射・相撲・綱引き・凧揚げ・粥占《かゆうら》などによって、その年の収穫の豊凶や天災の有無について判ずる年占《としうら》を行う習俗がかつては多く見られた。占いは、このように本来共同体が共有する作柄の吉凶、天災など公的な関心事について判ずるものであったが、時代が下るにつれて、金銭・恋愛・捜し人・捜し物等々個人的な事がらについての関心へと推移し、神社においてはおみくじなどが定着し、あるいは賭博・富籤などの遊興へと展開し、現在の星座占いなどの流行へとつながってゆくのである。（松尾　恒一）

うらのかみ　浦神　浦辺を守護する神。『日本書紀』仲哀天皇八年正月壬午条に、天皇筑紫の岡浦《おかのうら》の水門《みなと》に幸した時、大倉主・菟夫羅媛《つぶらひめ》なる男女の二神が天皇の船をとめたことがみえ、同じく欽明天皇五年十二月条に瀬波河浦神、斉明天皇四年（六五八）四月条に齶田浦神《あきたのうらのかみ》の名が出ている。現在民間でいわれている浦神としては浦島明神・夷《えびす》・弁天などであり、不漁の時、漁師が神主に祈禱してもらう浦祭は瀬戸内海など諸所にある。（岩崎　敏夫）

うらべ　卜部　律令制の神祇行政の中央機関である神祇官に仕えた専門職。同官の伯（長官）の職掌中に卜兆、すなわち卜占による吉凶判断のこと（いわゆる亀卜法）があるが、このことに主として奉仕したのが卜部で、定員二十人、常勤者と非常勤者とがあった。卜部は、卜占のほか、六月・十二月の道饗祭《みちあえのまつり》・鎮火祭《ひしずめのまつり》や二季の大祓《おおはらえ》にあたっての解除《はらえ》のことにも従った。卜部は、伊豆・壱岐から各五人、対馬から十人、卜術にすぐれた者が選ばれた。
→亀卜《きぼく》　→神祇官《じんぎかん》

参考文献　岩橋小弥太「卜部」（『神道史叢説』所収）（梅田　義彦）

うらべうじ　卜部氏　卜兆を業としていた古代の氏族。『延喜式』臨時祭、宮主卜部条に「凡宮主取二卜部堪レ事者一任レ之、其卜部取二三国卜術優長者一（伊豆五人、壱岐五人、対馬十人）」とあり、『新撰亀相記』にも「四国卜部《よくにのうらべ》在二数氏一焉、伊豆国卜部五人、一氏（ト部并伊豆国嶋）、壱岐嶋卜部五人、二氏（卜部幷土也、其卜部在二二門一、家記具レ之）、対馬嶋卜部十人、三氏（上県郡五人、直幷卜部也、下県郡五人、直・卜部・夜良直也）、惣廿人」とあるように、伊豆・壱岐・対馬の三国にト部氏がおり、神祇官の宮主・卜部に任ぜられたものは卜部氏のほか伊豆では嶋直、壱岐では土《つち》、対馬では上県・下県両郡の直《あたい》、下県郡の夜良直（与良直）の諸氏であった。対馬の直氏は『日本書紀』顕宗天皇三年四月条に神事に奉仕したとみえる対馬下県直の系統に連なる氏で、平安時代の人として卜部長上直宿禰宗守・太皇太后宮宮主直千世麻呂・斎院宮主直伊勢雄・神祇官卜部直宿禰全連らがいる。壱岐の卜部氏は同応神天皇九年条にみえる壱伎直の祖真根子、同顕宗天皇三年二月条にみえる壱岐県主の祖押見宿禰の子孫と考えられる宮主卜部是雄・神祇権少史卜部業孝らの名が国史にみえ、貞観五年（八六三）伊伎宿禰の氏姓を賜わっている。伊豆の卜部氏は宮主卜部雄貞・神祇少祐卜部業基らが亀筮の術に長じて名を著わし、斉衡三年（八五六）占部宿禰の氏姓を賜わり、神祇官の卜部・大史・少祐・権大祐・宮主を歴任し元慶五年（八八一）に死んだ卜部宿禰平麻呂は卜部業基と同一人ではないかといわれている。三国の卜部は、いずれも宿禰―直―卜部の構成をもっていたと考えられ、ともに中央に出仕して神祇官の宮主・卜部・史・祐などに任ぜられていた。伊豆・壱岐・対馬の卜部が後世天児屋命《あめのこやねのみこと》の後孫雷《いかつ》大臣命の系統に結びついたのは、中臣氏に率いられて祭祀に加わったからであろう。なお卜（占）部を氏とするものは武蔵・上総・下総・常陸・陸奥・因幡・筑前の諸国に分布していた。また伊豆の卜部氏の出身である平麻呂の子孫は代々神祇伯または神祇大副に任じ吉田・平野両社の社務をも掌り、また吉田・萩原・藤井の家に分かれ、多くの著名な神道学者を出した。→吉田氏《よしだし》

参考文献　伴信友『正卜考』（『伴信友全集』二）、平野邦雄『大化前代社会組織の研究』（佐伯　有清）

うらべけいず　卜部系図　吉田神道の宗家である吉田氏と平野社神主を継いだ平野流卜部氏の系図。卜部系図で早く明瞭な形をとったものは、『唯一神道名法要集』に付載する「唯受一流血脈」である。従来、この系図は吉田兼倶の偽作であるといわれてきたが、『吉田家日次記』応永七年（一四〇〇）四月一日条にみえる吉田兼熙の請文からして、その頃すなわち、兼倶の四代祖、兼熙の時代には、すでに成立していたと考えられる。この系図は天児屋命十二世の孫なる雷大臣命を祖とし、大織冠鎌足を経て卜部の氏祖、平麻呂に至る系図であるが、これらは吉田神道の尊厳を強調するために作成されたものと考えられる。近世に入ると、吉田神道の相承血脈図の意味から、多く作成された。『続群書類従』系図部に収められている『卜部氏系図』は、吉田・平野両流の争論が朝廷・幕府をまきこんでいた大永三年（一五二三）ころの成立であろう。『尊卑分脈』にも卜部氏の系図がある。

参考文献　度会延経『辨卜抄』、吉見幸和『増益辨卜鈔俗解』、『群書解題』三中、西田長男「吉田神道の成立期に就て」（『神道史の研究』所収）（三橋　健）

うらべしんとう　卜部神道　⇨唯一神道《ゆいいつしんとう》

うらべのかねかた　卜部兼方　生没年不詳　鎌倉時代中期の学者。『釈日本紀』の編者で弘安年間（一二七八―八八）から嘉元年間（一三〇三―〇六）ごろにかけて卜部家の主として活躍した。兼文の子。官は神祇権大副兼山城守。父兼文の『日本書紀』神代巻講義の講本所用の神代巻を自筆で書写し、後年それを基礎に、書紀私記や和漢の古典などを多く引用して『釈日本紀』を編集した。私記・風土記などの逸文が多く今日伝えられているのは、その功績である。　→釈日本紀《しゃくにほんぎ》

参考文献　赤松俊秀『国宝卜部兼方自筆日本書紀神代巻』研究篇（影印本別冊）（赤松　俊秀）

うらべのかねとも　卜部兼倶　⇨吉田兼倶《よしだかねとも》

うらべのかねなお　卜部兼直　生没年不詳　鎌倉時代前期の古典学者、神道家、歌人。冷泉というところに住んでいたので、冷泉歌人と称した。どういう理由か、彼の歌は『古今著聞集』をはじめ、『新勅撰和歌集』『続古今和歌集』『続拾遺和歌集』『風雅和歌集』『新千載和歌集』『新拾遺和歌集』『新後拾遺和歌集』『新続古今和歌集』に収められている。おそらく吉田家が奔走したのであろう。清水浜臣撰『勅撰作者部類』に、「吉田禰宜、四位三河守」とあり、『吉田家系譜』に、「長上、神祇大副侍従、左兵衛督、号㆓冷泉㆒七朝侍読」とある。また、神祇の有職家として重んぜられたと『後中記』にみえるが、これは確からしい。左京権大夫藤原長倫の『古語拾遺』を書写したことは有名である。これは、兼直の代に、卜部家では、累祖相伝の古典が霊異を表わしたと神聖視され、これらに触れると祟を受けるとまでいわれたので、兼直は嘉禄元年(一二二五)二月二十三日、式家の『古語拾遺』を借用して書写し、家に蔵したのである。これが『古語拾遺』現存最古の写本となった(天理図書館蔵、重文)。また元久三年(一二〇六)五月中原師員の『日本書紀』も書写している(伊勢本『日本書紀』巻四、奥書)。『神道大意』『八雲神詠口訣』『神代紀和訓抄』などは彼の著わすところであると伝えるが、信憑の限りでない。『宮主秘事口伝抄』に、『参大記』という彼の日記の存したことが記されており、『神祇官年中行事』にも彼の名がみえる。

(三橋　健)

うらべのかねなが　卜部兼永　一四六七―一五三六　室町時代後期の古典学者、神道家。神祇大副。応仁元年(一四六七)卜部兼倶の次男として生まれたが、平野社預、卜部兼緒の養子となり、平野流を継いだ。事蹟は不明な点が多いものの、宮内庁書陵部本『卜部系図』等から察するに、神道を父兼倶より相伝し、古典についても造詣が深かったようである。しかし、意地っ張りで、志操堅固な性格であったため、父兼倶との仲が悪く、訴論がたえず、時には幕府の裁決を仰ぐという始末になり(『宣胤卿記』永正十四年十二月二十二日条)、ついには父子の縁を絶つまでとなった。この対立は、一家内を両流に分立せしめ、兼致・兼満・兼右の時までも続き、互いに嫡庶・正統を争う原因となったのである。神道関係の著作としては、『延喜式』神名帳の諸社や祭神を卜部流で訓んだ『延喜式神名帳秘釈』、また『旧事本紀』『唯一神道名法要集』を自写し(『旧事本紀』は現存最古の写本、天理図書館蔵)、加えるに、これらの古典の講明にも努力した。そして弟の宣賢とともに、兼倶の没後、二十数年間(永正八年―天文の初め)、吉田家の学問の伝統をよく守った。『公卿補任』によれば、永正九年(一五一二)十月五日従三位、同十五年神祇権大副、同十六年十二月二十五日正三位、大永三年(一五二三)三月十三日神祇大副、天文五年(一五三六)三月一日丹波権守に任ぜられたとある。天文五年七月二十七日、天文法華の乱にまきこまれて戦死した(『公卿補任』『快元僧都記』『祐園記抄』『続応仁後記』)。時に七十歳。

(三橋　健)

うらべのかねふみ　卜部兼文　生没年不詳　鎌倉時代中期の学者。兼頼の子。文永年間(一二六四―七五)に卜部家の主として活躍し、文永三年七月二十八日に神祇権大副に在任したことが卜部兼方自筆『日本書紀』神代巻上裏書に所見する。兼文の事績で注目されるのは、同十一年から建治元年(一二七五)にかけて一条実経らに対して神代巻を講じたことで、兼方自筆神代巻はその時に講本に用いられたものと推測され、『釈日本紀』はそれを基にして成立した。

参考文献　赤松俊秀『国宝卜部兼方自筆日本書紀神代巻』研究篇(影印本別冊)

(赤松　俊秀)

うらべのかねより　卜部兼頼　生没年不詳　鎌倉時代中期の古典学者、神道家。平野流の出身。中世期にあって、『日本書紀』と同等ぐらいに価値のあった『旧事本紀』を書写したことは有名。また、伊勢本『日本書紀』二四・二六・二八巻や、兼右本『日本書紀』二七・二八・三〇巻の各奥書からして、兼頼が『日本書紀』を研究し、これに訓点を付したことがわかる。さらに、『文徳実録』『三代実録』などの国史の研究も行なっている。一方、諸社の由緒・祭神・祭祀などの方面にも詳しく、当時の神道学の権威者とされていたようである。たとえば嘉禄二年(一二二六)十一月六日、彼は石清水八幡宮にたいし、祭神・由緒・行事などについて指南を与えており、さらに、安貞二年(一二二八)六月二日にも、同宮のために神膳之時祈請之詞の註を施している(『石清水文書』)。『宮主秘事口伝抄』所引の『兼頼宿禰記』は、平野流の最も古い日記として注目される。

(三橋　健)

うらべのひらまろ　卜部平麻呂　八〇七―八一　平安時代前期の神祇官人。伊豆国を出自とする。幼少より亀卜道を修め、神祇官の卜部職につき、卜術を通して功を多く為す。承和年間(八三四―四八)の初め遣唐使の随員となり、その役割をよく果たす。帰朝後神祇大史となり、嘉承三年(八五〇)少祐に転じ、天安二年(八五八)権大祐兼宮主《みやじ》、貞観八年(八六六)三河の権介に転じ、同十年従五位下に叙せられる。のち丹波介となり、『三代実録』元慶五年(八八一)十二月五日条によれば、七十五歳にて没するという。平麻呂は平野社預として宮主になったことにより従来の亀卜道のほかに、古くより神道に溶けこんでいた陰陽道的祭祀をもよく修め、それらをもって宮廷祭祀を勤修し己の地位を確立していった。この亀卜道と陰陽道の二大要因が神道的要因とともに平麻呂以下卜部氏代々に伝え入れられていき、卜部氏の氏祖と仰がれる。今日伝わる卜部系図(「唯受一流血脈」など)によると、その流れは天児屋尊より出、十一世孫雷大臣の時に卜部姓を賜わり、十八世孫大連公の時に卜部姓を改めて中臣姓を賜わり、この二十六世孫日良丸(平麻呂)に至って元の氏である卜部を賜わったとし、その祖は中臣氏と同じであると述べているが、これは後世の偽作である。

参考文献　岡田荘司『平安時代の国家と祭祀』、出村勝明「吉田神道における陰陽道要素の一考察」(『皇学館大学神道研究所紀要』一五)　(出村　勝明)

うわつつのおのみこと　表筒男命　⇩住吉三神《すみよしのさんじん》

うんしゅうひのかわかみあめがふちのき　雲州樋河上天淵記　三種の神器の一つ、天叢雲剣《あめのむらくものつるぎ》(草薙剣《くさなぎのつるぎ》)が出現したいわれと剣のその後の行方を語った書。著者は不明であるが、文中に「当国」とみえることから出雲国出身の者である可能性が高い。一巻。成立年代については、本文中に「自天照皇太神即位甲寅、至今大永三年癸未也」とあることから、大永三年(一五二三)に書かれたものと推定される。天叢雲剣の由来を語る過程で、素戔嗚尊の大蛇退治の場面が詳細に語られている。その中で、「出雲州仁多郡三沢郷樋河上天淵」(島根県大原郡木次町天が淵)を八岐大蛇《やまたのおろち》の住みかであるとし、大蛇が「流滞」した場所を八本杉(同町里方)、大蛇の「腹皮」が流れ止んだ場所を皮原(同県飯石郡三刀屋町三刀屋萱原か)、大蛇の「八尾」が流れ落ちた場所を尾崎(同町古城尾崎)、大蛇が枕した場所を草枕(大原郡加茂町神原)であるとする。これらの場所は、斐伊《ひい》川や三刀屋《みとや》川流域にかけて分布しており、この書が出雲地方山間部の地域社会の伝承を踏まえて書かれたものであることを示している。『古事記』や『日本書紀』においては王権神話の一部を構成する大蛇退治の神話が、地域社会において、どのような形で受容され付加されていったか、その過程を知る上で貴重な文献である。杵築大社の祭神を素戔嗚尊とするなど、出雲の神話の中世的展開を示す史料としても重要。本書の写本は、神宮文庫や内閣文庫などに存在するが、いずれも江戸時代中期をさかのぼらず、佐陀大社縁起や出雲小縁起などと合綴された形で残されている。活字本は、『群書類従』神祇部に所収。これは、温故堂旧蔵本を底本とし、小野高潔本で校合したものとされているが、これらの写本の所在は現在不明である。

参考文献　『群書解題』一中　(森田喜久男)

うんでんしんとう　雲伝神道　江戸時代中期、河内国葛城山高貴寺の真言僧、慈雲尊者飲光(一七一八―一八〇四)が唱道した神道。名称は慈雲が伝えた神道に由来し、慈雲の居所が葛城山であったので、一名、葛城神道ともいう。飲光は、広く神儒仏の学問を修め、また書道・歌道にもすぐれていた。博覧強記にして「今釈迦」とたたえられた。三十七歳の時、『神儒偶談』を著わして神道の本質を明白にした。のちに『比登農古乃世』『神道要語』『天の御蔭』『神勅口伝』『神道国歌』『神致要頌』などを作述し、ここに雲伝神道が大成したといわれている。慈雲の神道説は、仏教、とりわけ密教の理論を基礎にして、さらに儒教の倫理をもとり入れたものであるが、あくまでも神道の根本は失っていない。たとえば『古事記』『日本書紀』によって、神道の真髄を説き、神道は、「一箇の赤心、君臣の大義のみ」(『神儒偶談』)と主張し、「此の一箇の赤心、家に在りて孝なり、夫婦に在りて和なり、隣里朋友に交つて欺なし、今日にしてみれば孝悌忠信は教の末なり、此君臣の道一たび立つて万国違はず、不孝の子あれば罪を加ふ、不義の夫婦あれば刑を加ふ、一として治らざるなし」と述べ、さらに、儒教の倫理は無心のうちに行われる造化のはたらきであるから、あえて教える必要はなく、したがって、そこには道も立たないと、儒教を批判している。これに対して「君臣の道が立つ」という神道根本の教理は、天照大神の出現により、はじめて樹立したものであり、「神道は有為法なり、国家の守りたがひなく、君臣のみち謬らず、君は常に君たり、臣はとこしなへに臣たり、万代をへて其位うごかず、臣はつくし敬を行なふ、この道臣庶に伝はりて、大小諸国貴賤万家みなその守りを失はず」(『天の御蔭』)と説いた。つまり、君臣の道が確立すれば、それが家に及んで夫婦の道、父子の道ともなる。だから君臣の道を根本とする神道は、人間一切の秩序の本源であり、生活の規範である。すなわち、神道は日本人の生活そのままの姿であるから、仏教と習合させたり、儒教によって神道を説明するのは誤りであると主張した。さらに、「万国道を立る者、我神国より分付せる枝葉なり」(『神儒偶談』)と、日本を万国の宗国と力説し、わが国に孔子や孟子のような聖人がないのは、わが国はもとより神国であり、仁義忠孝などを教える必要がなかったからであると述べている。このような説は、慈雲と同時代の本居宣長の神道説と似たところが多い。なお慈雲の没後、天如がその教理・思想を継承し、「神道を一言に云はば、唯一箇の赤心なり、赤心にして臣民を撫育するは君の道なり、赤心にして君に仕ふるは臣の道なり、赤心にして親に仕ふるは子の道なり、赤心にして災穢を懺悔し、改めて赤心に帰するは祓の法なり、天下の人をして此の赤心に帰せしむれば国治り、家斉り、身修り、心清浄なり、是れ真の神道也」(『入門十二通聞書』)と説いた。この神道説は、さらに阿波国万福寺の量観(難波生玉に住す)などを経て、和田大円に継承された。昭和四年(一九二九)十月、「慈雲尊者鑽仰会」が創立された。↓飲光《おんこう》

参考文献　樹下快淳編『慈雲尊者』、和田大円『雲伝神道』、木南貞一『雲伝神道の研究』　(三橋　健)

え

え　穢　⇩けがれ

えい　纓　朝服の冠の後脚。後脚は、黒の羅に薄く漆を引いて作った幞頭と呼ぶ冠の後縁中央につけた冠と同地質の二本の紐であり、紐の先端を円形とし、冠を被ってから引き締めて結んだ余りの裾開きの形状から古様の纓を燕尾《えんび》ともいう。『続日本紀』霊亀二年(七一六)十月壬戌条に「幞頭後脚莫レ過二三寸一」として必要以上の纓の長さの禁制を示しているが、時代の下降とともに装飾化し、頸上《くびかみ》を越えて垂下するのが普通となった。平安時代中期から幞頭は、髻《もとどり》を納める巾子《こじ》と接合して冠の様式を定型化し、巾子の両側面下方から挿しこむ簪《かんざし》で頭に固定させることによって纓は形式的存在となったが『枕草子』に「ゑいをひきこして、かほにふたぎて、すぎぬるもおかし」とみえるように、なお燕尾のまま、しなやかに垂らしていた。平安時代末期に至って強装束の流行につれ、纓は玉縁《たまぶち》を硬化して二枚重ねたまま付根を反らせ、巾子の背面下方に設けた纓壺《えつぼ》に上から挿しこむようになり、裾開きの燕尾を改め、付根に纓袖《えそで》を設けて長方形となった。かくて燕尾は、加冠の際の冠者用に古様を伝えるだけとなったが、纓を垂下させるためにたわめる位置は時代の降下につれて高くなった。一般諸臣は巾子よりも低く、大臣は巾子よりも高く、天皇は、特に深く垂下せずに四五度近く傾斜させるのを例とし、他の垂纓《すいえい》に対して、立《りゅう》纓《えい》と称したが、近世の立纓は、全くたわめずに巾子に併行して挿し立てて天皇の特例としている。六位以下の料は、特に幅を狭くして細纓《さいえい》といい、纓先《えさき》を垂下せずに、先窄みに作り、たわめて纓の両端を纓壺に挿しこんで行動を便を計ったが、近世はさらに簡易化して、纓筋だけを残し、竹または鯨鬚の細線二本を黒塗りにして挿しこむにすぎなくなった。五位以上の垂纓も、不時の災害や凶事などの非常事態には、纓を巻いて柏夾《かしわばさみ》とした。柏夾は、臨時に檜扇を折り欠いて夾木《はさみぎ》としたことに始まるとして白木を特徴とし、纓を巾子の高さだけ巻いて夾み、わなは内に、纓先は外にするのを例としている。これに対し、武官は、日常も巻纓《けんえい》を専用とした。柏夾と違って、纓先を内にして巻きこみ、黒塗りの夾木で押えるのを特徴としたが、平安時代末期から次第に混乱し、春日祭の使などは柏夾と称して黒塗りを用い、日常の巻纓の夾木も凶事には白木を用いる風を生じた。高倉流はこの風を伝え、山科流は反対に凶事にあっても黒塗りを用いた。かくて近世は柏夾の用はなくなり、一般に巻纓だけとなった。巻き方も家流によって相違したが、山科流は二巻、高倉流は一巻半を例としている。

参考文献　松岡辰方『冠帽図会』(『(増訂)故実叢書』三四)　(鈴木　敬三)

えいきょうがんねんきゆうじゅういちがつはつかやまぐちさいき　永享元年己酉十一月廿日山口祭記　永享元年(一四二九)十二月二十五日の豊受大神宮仮殿遷宮、および同六年九月十五日の同宮式年遷宮に関する記録。一巻。書名は、便宜、冒頭の十四文字に続けて記の一文字を加えたにすぎず、内容と相応しない。続群書類従本にはみえないが、別本に載せる奥書によれば、元禄二年(一六八九)、外宮大物忌父黒瀬(度会)益弘が「一紙・二紙之残稿」を集めて一冊となしたものだと知られ、その材料は豊受大神宮子良館に伝存したものだと推測される。冒頭に配された、仮殿遷宮に先立って行われる山口祭の記事は、折紙に記された某年三月吉日付の注進状の写しであることが記されており、本書は、永享年中の外宮遷宮に関連する記録や文書を、年代順に編集したものだと考えてよかろう。『続群書類従』神祇部、『神宮遷宮記』三所収。『永享年中日記』『永享年中物忌日記』などの書名で、神宮文庫ほかに写本が伝わっている。

参考文献　『群書解題』一中　(末柄　豊)

えいきょうだいじょうえき　永享大嘗会記　室町時代中期の外記局官人中原氏支流の中原康富《やすとみ》の日記『康富記』から、永享二年(一四三〇)十一月に行われた後花園天皇の大嘗祭の記事を抄出したもの。一巻。記主の康富は英隆の子で権大外記となり、長禄元年(一四五七)に五十九歳で没。後花園天皇は正長元年(一四二八)七月、称光天皇の崩御により皇位を継承。その二年後に大嘗祭が執り行われた。本書は同年十一月十八—二十一日までの詳細な記録で、当時の大嘗祭の変遷・衰退の実情をうかがわせる。国栖《くず》奏《そう》などの儀礼について「国栖奏、歌女国風、語部古語等一向無之(永徳度、外記依レ例勤二国栖役一、又国風古語等猶奏レ之云々、於二国栖一者例年如二節会一不参也、国風古語兼無レ拠二于催一云々、澆季至、尤歎存)」とあるのはその一例。『群書類従』公事部、『神道大系』朝儀祭祀編五(「大嘗会記(永享二年権大外記)康富記」)に収める。後者の底本は宮内庁書陵部本。現存の『康富記』には永享年間の記事を欠く。

参考文献　『群書解題』六、大野健雄『践祚大嘗祭』解題(『神道大系』朝儀祭祀編五)　(高森　明勅)

えいしょういらいぐうじひきつけ　永正以来宮司引付　伊勢神宮の宮司が関係した明徳元年(一三九〇)から天正十年(一五八二)にかけての百四十二点の文書を収めたもの。一巻。これらは大宮司の任である仮殿遷宮に関するものであり、慶長六年(一六〇一)の内・外宮の仮殿遷宮にあたり集成されたものとされる。神宮文庫蔵の原本には『宮司引付』とある。これに続く天正十一年(一五八三)から元和四年(一六一八)までの百三十六点は『宮司引付下』として神宮文庫に蔵されている。『続群書類従』神祇部に収められているが、その奥書に宇治土公貞時が寛文八年(一六六八)に「右之本誤字落字繁多也、後正焉」と記したように、利用にあたっては、『三重県史』資料編中世一上所収の『宮司引付』によるべきであろう。遷宮が遅延した時代にあたるので、宮殿の荒廃についての記事が少なくない。

参考文献 『群書解題』一下、稲本紀昭「解説と史料解題—永正九年宮司引付—」(『三重県史』資料編中世一上所収)　(西垣　晴次)

えいしょうき　永正記　中世伊勢神宮の服暇・触穢・禁忌、また制規に関する書。内宮禰宜荒木田守晨《もりとき》撰。二巻。永正十年(一五一三)二月成る。上巻は「内外親族仮服事」「夫婦仮服有無事」「半減仮幷服減事」以下三十六条にわたり服暇・触穢・禁忌・忌火物などについて記し、下巻は「六色禁忌」「元々本々之儀」「可レ守二謹慎一之本文」等およそ百二十条にわたり、神明の遺勅、朝家の憲章、両宮の規範について往昔の例、中古の趣、当時の儀を挙げ記したもの。外宮側の『文保記』とともに、諸儀の典拠を明らかにした重要な書で、のちながく神宮での規範とされた。末尾の自跋によると、神宮祠官家に相伝した服忌令をあつめ、それらを私を加えず批判しつつ抄出、二巻としたとあり、文明以後次第に増注し永正十年に成ったもの。『群書類従』雑部所収、自筆本が神宮文庫にある。

参考文献 『群書解題』二〇　(鎌田　純一)

えいしょうじゅうごねんいっしゃほうへいしさんこうき　永正十五年一社奉幣使参向記　永正十五年(一五一八)に行われた一社奉幣の参向に関する記録。本文中に「予、氏考《ママ》」とみえ、当時内宮四禰宜であった荒木田氏秀(一四七八—一五五四)が記主である可能性が考えられる。一巻。冒頭に、奉行職事日野内光から祭主藤波伊忠に充てた奉幣使の発遣を伝える御教書と、これを大宮司・宮長へと次第に伝達した下知状とが配され、奉幣使参向の次第、宣命、幣帛送状、官幣の詳細、一社奉幣の先例などを詳しく載せる。なお、この度の奉幣は、本書および『拾芥記』所載の宣命、『宣胤卿記』などによれば、同年五月外宮の神前に不浄の生じたことを契機に、後柏原天皇が践祚以来十八年間奉幣を行なっていないことを憂慮し、未だ即位の行われざる事由を奏することが目的であったと知られる。『続群書類従』神祇部所収。『内宮一社奉幣記』などの名で神宮文庫ほかに写本が伝わる。

参考文献 『群書解題』一下、『大日本史料』九ノ八、永正十五年十一月三日条　(末柄　豊)

えいだいじんぐうにしょじんぎひゃくしゅわか　詠太神宮二所神祇百首和歌　神道百首和歌。豊受太神宮別宮多賀宮(高宮)の御炊物忌度会元長(山田大路《ようだおおじ》家祖)著。一巻。『二所太神宮神祇百首和歌』『元長太神宮神祇百首』『神祇百首和歌』などとも称される。応仁二年(一四六八)成立。『堀河院百首』に準じた組題をもとに内宮・外宮に関する和歌百首を春二十首・夏十五首・秋二十首・冬十五首・恋十首・雑二十首に詠み、それぞれの歌に自注を加える。注の対象は別宮・地名・有職・故事などであり、神道五部書や、『麗気記』そして万葉歌や伊勢物語歌、西行歌を引く。その内容はいわゆる伊勢神道の思想による。ただし現在通行の五部書とは異なる部分も認められる。写本として神宮文庫本・内閣文庫本・桜山文庫本・無窮会神習文庫本などが知られ、活字本としては『群書類従』神祇部所収本・『大神宮叢書』度会神道大成前篇所収本がある。

参考文献 『群書解題』一中　(八木意知男)

えいとくにねんかすがしょうしつき　永徳二年春日焼失記　永徳二年(一三八二)、春日社(奈良市)におきた火事の顛末記。著者は若宮常住神殿守《じょうじゅうかんとのもり》春雄。一巻。至徳四年(一三八七)八月三日成書。閏正月二十三日子刻に竈殿より出火し、現本殿廻廊内をすべて焼き尽くした。廻廊内は一部の小社を残して、本殿・宝蔵などすべて焼失。さらに飛火によって、酒殿・著到殿も焼失するという大惨事であったが、多数の社司・氏人・神人が協力して、ほとんどの品々を搬出し罹災をまぬがれた。のち室町幕府はすぐさま、日本全国に十文ずつの棟別銭、大和国内には段銭を課して復興が執り行われた。焼失した神宝の処理や、具体的な遷宮の手順や諸弁備などかなり詳細な記述がある。また同時に若宮の修築も行われ、成満の至徳二年八月二十八日には足利義満が下向し社参していることなどもみえる。『続群書類従』神祇部所収。

参考文献 『群書解題』一中　(岡本　彰夫)

えいわだいじょうえき　永和大嘗会記　南北朝時代、北朝の後円融天皇の大嘗会(永和元年(一三七五)十一月二十三日)の様子を記した記録。著者は二条良基。一冊。「此日記ハ、見物の人の中にありしほどに、おろ〳〵たゝう紙のはしにうつしたるを書付はべるなり」という記述からも知られるように、著者は拝観者の立場から盛儀を見聞録調の文体で詳細に記している。書名は『永和元年大嘗会記』とも『大嘗会記』ともいうが、仮名書きであるところから『永和大嘗会仮名記』とも『永和度大嘗会仮名次第』ともいう。また、御禊行幸の記事から起筆しているところから『永和御禊記』とも『御禊記』ともいう。本書は十月二十八日の鴨川での御禊行幸の記事から、同十一月二十六日の午日の豊明の節会までの諸行事作法、装束の色目などを詳しく記しながら、大嘗会における三種の神器のこと、卯日の神膳のことなどについてそのときどきの思いを随所に記しており、著者の神道観をみることができる。『群書類従』公事部、『神道大系』朝儀祭祀編五所収。

参考文献 『群書解題』六、木藤才蔵『二条良基の研究』　(安江　和宣)

えがらじんじゃ　荏柄神社　神奈川県鎌倉市二階堂荏柄に鎮座。旧村社。祭神は菅原道真で、相殿に須佐男尊・伊弉諾尊《いざなぎのみこと》・伊弉冊尊《いざなみのみこと》・天鈿女命《あめのうずめのみこと》を祀る。二階堂の鎮守。社伝によると長治元年(一一〇四)の勧請と伝える。『正倉院文書』の天平七年(七三五)『相模国封戸租交易帳』と『和名類聚抄』にみえる鎌倉郡荏草郷は、このあたりであると推定されている。源頼朝は当社を幕府の鬼門の鎮守としたと伝える。建仁二年(一二〇二)九月十一日、当社の祭に源頼家が奉幣している。道真の三百年祭であるとされている。建保元年(一二一三)、和田氏の乱の発端となった事件で捕えられ、殺されるはずであった渋河兼守は十首の和歌を当社に奉納し、源実朝から特赦をうけた。寛元二年(一二四四)、密通の有無につき、起請参籠をさせたこともある。『鎌倉年中行事』によると、鎌倉公方が正月二十三日と二十五日に参詣、千句の催し、二月二十三日より二十五日までは参籠する例であった。『鎌倉大草紙』によれば、康正元年(一四五五)今川範忠が鎌倉に乱入し、足利成氏が古河に逃れた際、当社の神体が掠奪されたが、のちにおのずから戻ったという。室町時代中期以後、少別当の名がみえ、戦国時代以後、神仏分離までは別当一乗院があった。社殿は、弘安三年(一二八〇)・延慶三年(一三一〇)など火災にあっている。天文十七年(一五四八)には北条氏康が社殿造営のため関を寄進し、関銭徴収の法を定めている。関はいまの関取橋の付近にあったと伝える。境内から桃山時代の十六花弁菊花文の棟瓦が出土した。寛永元年(一六二四)以後は、鶴岡八幡宮修造のたびに、その古材・残木をうけて社殿を造営している。現在の社殿も、大正十二年(一九二三)大震災のあとの八幡宮の仮宮を移建したという。社領は、『小田原衆所領役帳』に二十一貫百文とみえ、天正十九年(一五九一)、徳川家康は十九貫二百文を寄進している。例祭は七月二十五日。社宝に『荏柄天神縁起』三巻、庖丁正宗一口などがあったが、現在はいずれも尊経閣文庫の所蔵に帰し、当社には模造が残されている。

参考文献 河井恒久『新編鎌倉志』二(『大日本地誌大系』)、『新編相模国風土記稿』九〇(同)、『鎌倉市史』社寺編
(貫 達人)

えがらてんじんえんぎ 荏柄天神縁起 北野天満宮の縁起を記した絵巻物。三巻。尊経閣文庫所蔵。鎌倉の荏柄神社旧蔵で、『群書類従』が一模本の詞をこの題によって収めているので、この名で知られるが、荏柄社に関する記述はなく、京都の北野天満宮の縁起を描いたいわゆる『北野天神縁起』の一伝本である。その系統はいわゆる承久本系の三巻本と大同とせられるが、序文に「建久の今に至るまで」の文字があるのは注目すべきである。絵も他にみない構図がある。元応元年(一三一九)十二月朔日、この絵巻三巻を制作して奉納する旨をしるした右近将監藤原行長の奥書がある。尊経閣文庫本はまさにその絵巻と考えられるが、この行長を絵師とみる説は根拠に乏しい。重要文化財に指定。原寸色刷全巻の複製(『尊経閣叢刊』)がある。 ↓北野天神縁起《きたのてんじんえんぎ》

参考文献 『群書解題』一中、松本二千里「荏柄天神縁起絵巻に就て」(『国華』四四八)
(梅津 次郎)

えきしん 疫神 ⇩やくしん

えちぜんこくかんしゃこう 越前国官社考 越前国の式内社および若干の国社を考証した書。大虫神社(福井県武生市)の大宮司岡野吉孝(一八三一―九七)著。五巻。安政四年(一八五七)二月に着手し翌年に成稿、卜部吉田家に献上された。この書名は「越前国官社考目次」に、『延喜式』神名式所載の百二十六座の社名と国社八社を列挙し、「右、式社・国社合一百三十四座、凡称官社、此拠記於鎮座由縁顕廃盛衰、号謂越前国官社考也」と記すごとくである。本書考証の意図は巻一に「開題記」と称し五ヵ章を記す第一に、「考述於此書大意」として明記されている。構成は、巻一開題記、巻二敦賀郡、巻三上丹生郡、巻三下今立郡、巻四下大野郡、巻五坂井郡である。巻四上は足羽郡に該当するようであるが、いま伝存しない。開題記の考証の大意を述べた後の四章は、謂神祭国政本論、明正社・淫祀差弁、造殿官祭之論、神階位田之事であり、吉孝独自の神学・神道史を展開したものとして注目される。巻二以降は各郡の総論に官社諸路之図が付され、各社の考証がなされている。自筆稿本が岡野家に、吉田家献上本が国学院大学図書館に所蔵されている。『神道大系』神社編三三所収。
(橋本 政宣)

えどさんだいまつり 江戸三大祭 江戸でもっとも大がかりな祭礼で、山王・神田・根津のそれをさす。山王は江戸時代の山王権現で現在の日枝神社、神田は江戸時代の神田明神で現在の神田神社、根津は江戸時代の根津権現で現在の根津神社で、この三社の祭礼は、特に将軍の上覧が行われたりして天下祭と呼ばれた。根津のかわりに浅草三社権現や深川八幡宮(富岡八幡宮)を数えることもあったが、天下祭を言いかえたものとするのが妥当であろう。 ↓神田祭《かんだまつり》 ↓山王祭《さんのうまつり》 ↓根津祭《ねづまつり》
(萩原 竜夫)

えのくまのくにつやしろ 疫隅国社 この社の縁起説話は『釈日本紀』七、素戔嗚尊乞㆓宿於衆神㆒条に引く『備後国風土記』逸文にみえ、また同工の話は『公事根原』『古事記裏書』『二十二社註式』などにもみえる。いま広島県芦品郡新市町戸手にある江熊の「天王」こと旧県社素盞嗚神社を『延喜式』神名帳の深津郡須佐能袁能神社にあて、この社を疫隅国社と比定するが異説もある。『備後国風土記』に記す大意は、昔、北海に坐した武塔神が南海に幸し日が暮れた。彼所に兄弟あり、弟の巨旦将来は富有であったが吝嗇《りんしょく》で宿せず、兄の蘇民将来は貧窮であったが仁俠で武塔神を厚遇した。神は蘇民の好意を喜び、疫気あれば茅輪を著けて免れよと教え、時に吾は速須佐雄能神なりと詔したという。中世以降、祇園社の牛頭天王は素戔嗚命とみずから名のったとしても、まだ武塔神・牛頭天王・素戔嗚命三者一体の信仰形態は形成されていない。 ↓素盞嗚神社《すさのおじんじゃ》

参考文献 平田篤胤『牛頭天王暦神辨』(『平田篤胤全集』二)、天野信景『牛頭天王辨』(同)、紀繁継編『八坂社旧記集録』下、菅茶山編『福山志料』、井上通泰『上代

歴史地理新考』、今井啓一「祇園社の鎮座以前について」(『神道史研究』一〇ノ六)、吉井良隆「牛頭天王・武塔神・素戔嗚尊」(同)、西田長男「祇園牛頭天王縁起の成立」(『神社の歴史的研究』所収) (今井 啓二)

えのしまじんじゃ 江島神社 神奈川県藤沢市江の島に鎮座。旧県社。日本三大弁財天の一つ。『梅花無尽蔵』に「日本三処弁才天之一也」とみえ、厳島・竹生島とならび称せられた。お岩屋と三宮より成る。お岩屋は海蝕洞窟で天照皇大神・須佐之男命と三宮の祭神を、本宮は奥津宮といい、多紀理毘売命《たぎりひめのみこと》を、上ノ宮は中津宮といい、市《いち》寸島比売命《きしまひめのみこと》を、下ノ宮は辺津宮といい、田寸津比売命《たぎつひめのみこと》を祀る。宗像三神と同じく海上交通の神である。神仏分離以前は岩本院が本宮を預かり、一山の総別当で金亀山与願寺と号した。『吾妻鏡』に寿永元年(一一八二)四月、源頼朝祈願のため文覚が弁財天をこの島に勧請したことがみえる。以来武家・庶民の尊崇あつく、特に後北条氏の厚い外護をうけた。江戸時代には本宮十五石、上ノ宮十石、下ノ宮十石八斗余の朱印地を寄進され、庶民の参詣もさかんであった。例祭は四月初巳の日、宝物には神奈川県重要文化財の八臂弁財天像のほか、裸弁財天像などがある。

参考文献 『新編相模国風土記稿』一〇六(『大日本地誌大系』)、『藤沢市史』四 (貫 達人)

えひこやまじんぐう 英彦山神宮 ⇩ひこさんじんぐう

えびす 夷 ⇩夷信仰《えびすしんこう》

えびすこう 恵美須講 旧正月と十月の二十日を恵美須講といい、恵美須をまつる日としてきた所が多いが、京阪地方では正月十日を十日夷と称して夷神社への初詣が盛大に行われてきた。また十月の恵美須講には特に井戸や川に鮒を放ち、また鯛・鮭などの馳走で、各家庭内で恵美須を祀るところが多い。文化年間(一八〇四―一八)の記事と推定される『阿波国風俗問状答』には、この日所用の人が来れば酒肴を饗応する家もあって、これを誓文払いというとあり、京阪地方の秋の売出しを今日も誓文払いというのも、このような取引先との商家内での、恵美須神前での酒杯のとりかわしから始まったのであろう。そしてこのような恵美須講は、天文年間(一五三二―五五)ごろから流行した各家が夷大黒の神像や掛絵を祀ることから次第に盛んになったものと思う。もう一つの恵美須講すなわち恵美須を講宿に祀って同業の町人や職人が集まり、これを祀る方は、同業組合的な組織を導き出す方向に進んで、何々えびす講中は何々株仲間そのものである場合が珍しくなくなる発展の仕方をしたが、これは江戸の元禄前後の、新興商人台頭以後のことではあるまいか。 (桜田 勝徳)

えびすごぜん 恵美酒御前 伊弉諾(伊耶那岐)・伊弉冉(伊耶那美)の間に生まれた第一の子、蛭児の別称。中世以後、蛭児は恵比須とか、恵美酒の御前、夷の御前《ごぜ》とも称された。赤木文庫本『神道集』二七、天神七代事に、諸冉二神が「天浮橋上ニシテ山川草木ヲ産成、次、一女三男産、其一女者蛭児尊是ナリ、今ノ代恵美酒ノ御前ト申ス是ナリ」とある。ここに、「今ノ代」とは、『神道集』の成立した文和・延文のころと考えられるから、南北朝時代には蛭児を「恵美酒御前」と称していたことがわかる。また、「其一女者蛭児尊是ナリ」とあること、御前が女性に対する敬称であることなどより、この神は女神と思われる。近世に入ると、台所の守護神、福利をもたらす神として崇められ、この信仰は傀儡師《くぐつし》や神事舞太夫によって全国的に広められた。ことに盲人の女性芸能者を瞽女《ごぜ》と称したことより、彼女たちとも深く係りあい、彼女たちもまた、この神を各地へ持ち歩いた。 (三橋 健)

えびすさぶろう 夷三郎 ⇩西宮神社《にしのみやじんじゃ》

えびすしんこう 夷信仰 福神の神名の一つとしてのエビスと異邦人または辺境者の意味で用いられたエミシ・エビスと同語であるかどうかは、後者のエビスからどんな経過をたどって前者を派生させたかを明らかにしないと何ともいえない。招福の神としてお馴染になる以前に、市神として登場するエビスのまつられた市を考えると、そこは山の幸・海の幸の集まる、したがって異質な生活者たちの集まり出会う場であったにちがいない。一方、陸続きの国境を持たなかった日本で、辺境や異邦人意識がどうゆれ動いてきたかは、近畿地方に形成された中央意識と対置される反面、日本に入った北方文化と南方文化との対立・融合の移り変わりとも関連して、それが市の神秘性とも深くからみ、それが上記のエビスの派生にもつながるように思われる。また後世エビスは七福神中の福神として一定の形式を持つに至るが、一方近代の漁村には、海幸をもたらす威力あるものを、エビスと見なしまつる習慣の存続したことに注目される。エビスは官社として扱われなかった神名だけに、もっぱら民間信仰により盛んになったと思われるが、長寛元年(一一六三)に奈良東大寺内に、また石清水八幡宮の摂社として江美須神の名であらわれ、これが建長五年(一二五三)に鶴岡八幡宮に勧請されたのは、市の守護神としての神であったろう。平安京の東西市にははじめ宗像の大神を祭神としたという市姫祠がまつられていたが、それがエビスになるのも、このころの福原遷都や飢饉などの災害から平氏滅亡に続く、京の市場の不安定な中での変化かと思われる。広田神社の西方の海辺にあった末社だから、西の宮といわれたという西宮の夷社が、夷信仰の大きな本拠となる路を歩き始めたのは鎌倉時代中ごろかと思われるが、商業の発達につれて七福神中の夷大黒が、各家々でもまつるほど招福の神として人気を博するに至ったのは、『塵塚物語』の「夷大黒之事」や狂言『蛭子大黒天』の家庭内への勧請の仕方を述べる言葉などから見て、天文年間(一五三二―五五)をそうさかのぼることはできないと思う。そしてその夷信仰を盛んにしたのは、『人倫訓蒙図彙』に「昔はえびすの鯛を釣給ひし所を、仕形にして春の初に出けるとなり」とあるような在り方を生み出す、人形芝居の源流となった傀儡師の伝統をもつ、百太夫・道薫坊らの社の神人の活躍に負うところが大であったようである。一方、福神信仰が中世の堺・兵庫・博多などの港や水辺の魚塩集散地でまず盛んになったとすると、漁業との関係が深いであろう。最近まで、特に釣・延縄漁師や海女たちの作業中チェッエビス・ツォーエビスと唱え、また秋田の鮭を捕った漁師たちが、捕ると直ちに鮭の頭を木槌などでなぐり殺してしまう時にエビスと掛け声をかけたエビス、また海幸のつきをもたらす力があると見なしたら、海辺の石でも鯨でも鮫でも漂流死体でもエビスとしてまつってきた漁する人たちのエビスは、夷大黒と並び称せられてきた中で固定化した形をととのえた夷さまとは、同一視できない。不安定な要素の多い漁を、良い方向へもって行くきっかけを与える力としてうけとられた点に注目される。平安時代末期や鎌倉時代初期の市神エビスもまた、魚塩集散地に持ち込まれた漁業者の、海の幸を呼びこもうと願った祈願の対象から出て来たものではあるまいか。そしてそれが市を通じて商人・船主たちの信仰を集め、都市の町人・職人の間に普及してから、農村にも及んだように思われる。漁業者の間では既存の夷社をまつりもしたが、絶えず新しいつきを持つエビスを探し造ってきた観がある。その内九州には漁村で良い青年一名が選ばれて、目かくしをして海底に入り、拾ってきた石をエビスという漁業神としてまつる儀礼がある。また瀬戸内海を中心に大きな漁網の中央の浮子《あば》を網霊《おおだま》エビスとしてまつる儀礼がある。漁撈作業上、網の中央が常にどこにあるかの標識として、特殊な形をそなえたこの浮子の、波のまにまに漂う様子は、力ある神霊の寄り来たる姿を思わすものであり、漂流死体を喜んでエビスとしてまつってきたことなどを合わせ考えると、漁師のエビスは海から来たり、あるいはそこに求めてきた神であったと思われる。

参考文献　桜田勝徳「漁村におけるエビス神の神体」(『漁撈の伝統』所収)、中山太郎「えびす神異考」(『日本民俗学』歴史篇所収)、喜田貞吉「夷神考」(『歴史地理』二九ノ一)　(桜田　勝徳)

えひめけんごこくじんじゃ　愛媛県護国神社　松山市御幸に鎮座。祭神は戊辰戦争以降の県出身の戦没者四万九千余柱を祀る。明治二十九年(一八九六)芦原速見ほか数名の発議により招魂社創建を決議、同三十二年温泉郡道後村に創建された。大正二年(一九一三)に松山市新立町に移転し、昭和十四年(一九三九)に新立町から御幸町に再移転し、愛媛県護国神社と改称して現在地に社殿が営まれた。同二十年七月戦災により社殿が炎上。第二次世界大戦後の占領下では御幸《みゆき》神社と改称した。サンフランシスコ講和条約締結後の昭和二十七年現名に復した。同三十年社殿が復興して、十月二十六日に社殿竣工祭、遷座祭ならびに奉祝祭が行われた。例祭は春季(四月九日・十日)・秋季(十月九日・十日)。

参考文献　『全国護国神社会五十年史』　(津田　勉)

えほう　恵方　陰陽道の吉方の一つで、歳徳神の方位をいう。吉方・兄方とも書き、「明《あき》の方《かた》」ともいう。結婚・建築・移転など一切に吉の方角で、甲・己年は東北東、乙・庚年は西南西、丙・辛年は南南東、丁・壬年は北北西、戊・癸年は南南東にあたる。恵方は年神と混同されて、年神の来る方角とされ、正月に家の内の恵方に歳徳棚を設けてまつる習俗がある。また恵方詣といい、利福を求めて恵方にあたる神社仏閣に参拝する。→年徳神《としとくじん》

参考文献　『暦林問答集』上、平田篤胤『玉襷』(『平田篤胤全集』四)　(岡田　芳朗)

えぼし　烏帽子　烏の羽の色を連想させる黒色の布帛または紙製の帽子。「えぼうし」ともいう。髻《もとどり》をあげて髪をととのえた成人男子の不可欠のかぶりもので、参内や儀礼の際に位階相応の冠を用いる以外は、貴賤の別なく、広く日常の料とされ、烏帽子をかぶらぬままの露頂《ろちょう》を他人に見せることを恥辱とした。古様の烏帽子は揉烏帽子《なええぼし》で、柔らかに髪の乱れを押え、常住坐臥も離すことなく、外出の藺笠も、軍陣の冑(兜)も、烏帽子の上からかぶるのを例とした。十五世紀以来、烏帽子が硬化して各種の複雑な構造による区別を生じ、日常の実用困難となるにつれ、成人の男子の間に、月代《さかやき》と称して前額部を剃りあげる風潮が蔓延し、烏帽子は特殊の儀礼用となって、露頂の風が一般化した。烏帽子は、黒く染めた羅や紗や平絹の類を二枚重ね、峰《みね》を円形にして縫い合わせて薄く漆を塗り、口に縁《へり》を設けた帽子で、縫目を前額中央と、後頭部中央にあて、正面の縫目の部分をくぼませてかぶるのを正式とした。なお烏帽子を頭に固定させるため、縁の後方近くの左右に組紐をつけて懸緒とし、後頭部に結び締めるに用い、頭部に余る縁の後方を風口《かざぐち》と呼んだ。十二世紀のころから強装束の普及につれて、烏帽子も漆の厚薄による区別を生じた。『餝抄』中、一烏帽に「宿老之人薄塗、壮年厚塗、近年不㆑論㆓老少㆒着㆓薄塗㆒、不㆑可㆑然事也」とあるが、総体に漆で形状を固定した。礼容をととのえて高く引き立てたのを立烏帽子と呼んで殿上人以上の所用とし、風になびいて峰の頂辺が斜めに折れたのを風折《かざおり》烏帽子といい、折れたまま作りつけにして地下の料とした。また召具《めしぐ》は揉えた平礼《へいれい》烏帽子を用い、衆庶は峰の中央を尖らせた圭頭《はしはがしら》の揉烏帽子をつけた。武士の間では、綾藺笠や冑をかぶる必要から髻を納める巾子形《こじがた》を残して揉烏帽子を細かく折ってかぶることが流行し、折烏帽子と称した。十五世紀以来、かぶったままの形状に紙で張り固めて漆塗りとした固い烏帽子が一般化するに及び、表面に生じた皺の名残りを形式化して「さび」と呼び、大小によって「大さび」「小さび」「柳さび」などと称した。また烏帽子正面上部をやや前方にのぞかせて「まねぎ」とし、そのまま内部をふくらませたことによって生じたくぼみと、これに続く額の上の皺を固定して、くぼみの中の小突起を雛頭《ひながしら》といい、額の上の皺の横

線を眉《まゆ》と呼び、諸眉・片眉の位置によって使用を区別するに至った。上皇の立烏帽子は右眉、一般は左眉、特に若年は諸眉とし、「さび」も粗密によって老少の差を設け、老年ほど粗く、塗りも、黒く艶のあるのを若年、艶を消したのを壮年、薄く「さわし塗」としたのを宿老とした。また頭に固定させるために正面頂辺から懸緒をつけて顎の下で結ぶのが普通となり、紙捻《こより》の緒を用いたが、蹴鞠の入門者は、勅許をうけて打紐による組懸《くみかけ》を使用した。

参考文献 『古今要覧稿』二三五―二四四、松岡辰方『冠帽図会』(『(増訂)故実叢書』三四)、田中尚房『歴世服飾考』二下(『(新訂増補)故実叢書』五)

(鈴木 敬三)

えま 絵馬 社寺に祈願のために奉納する絵入りの板額。起源は古代における神への生馬献上の習俗に発し『常陸国風土記』『続日本紀』など古文献に散見される。ついで馬形を献上することも行われた。奈良・平安時代前半では呪術的儀礼としてこれらの献上が行われた。馬形には土馬と木馬があり、これらは神域、古墳、聚落の遺跡などから出土するが、静岡県浜松市伊場遺跡の奈良時代の遺物包含層からは多数発見されている。伝世品の木馬は鎌倉時代中期の作であるが、厳島神社の馬形が古作で、江戸時代の作品なら京都今宮神社ほか各地の神社に数多くみられる。「絵馬」という言葉は寛弘九年(一〇一二)六月二十五日に大江匡衡が北野天神に奉納した品々の目録中「色紙絵馬三疋」とある(『本朝文粋』一三)のが初見で、『本朝法華験記』一二八にも「板絵馬」の記載があるが、伊場遺跡からは奈良時代の馬図の板絵が発見されており、かなり古くから絵馬奉納の習俗が行われたことを知る。平安時代の絵馬も伊場遺跡出土品や『年中行事絵巻』今宮社祭礼場面に窺われ、鎌倉時代の絵馬は『天狗草紙』東寺巻、『一遍聖絵』などに窺われる。いずれも小形の板絵馬である。遺品では室町時代以降で、仏・菩薩像を描いた元興寺極楽坊の「己亥八月」銘のもの、秋篠寺の応永銘神馬図、滋賀白山神社永享八年(一四三六)銘三十六歌仙図など古例である。また室町時代以降には大形絵馬も作られた。画題は馬図をはじめ、武者絵・歌仙絵・芸能・船・生業・風俗・動物などがあり、専門絵師が描いたのも多く存していて、鑑賞画としての一面をもち、それらを掲げた絵馬堂は画廊としての性格をもった。これに対し小形絵馬は庶民性のつよい稚拙な作が多いが、それだけにひたむきな信仰態度があらわれている。画題としては馬図のほか、神仏の像、神仏を象徴する持物や眷属、祈願の内容、祈願者の姿、干支の動物などさまざまがあるが、民芸的な画趣をもつ作品が多い。したがって現代では民芸品として再認識されていて、信仰面とは別にこれを鑑賞する風潮がおこっている。

参考文献 岩井宏実・神山登『日本の絵馬』、岩井宏実『絵馬』、同「絵馬」(『月刊文化財』一二四)

(宮 次男)

えみきよかぜ 江見清風 一八六八―一九三九 明治の末より昭和時代の初めにかけての神道学者。明治元年(一八六八)五月十一日新潟市沼垂町乙子神社の神職金子豊雄の次男として誕生。母みわ子。二十三年八月新潟県村上市西奈弥羽黒神社の神職江見田鶴雄に懇望され養嗣子に入る。二十七年七月国学院選科卒業。中等学校国語教科書の編纂に従事。二十八年四月帝国大学文科大学史料編纂掛になる。二十九年九月弥彦神社宮司、三十三年十月神宮禰宜。『古事類苑』・『大神宮史』編纂。大正十二年(一九二三)一月八坂神社宮司。十四年二月明治神宮権宮司。国学院大学講師・神社調査会委員・神職高等試験臨時委員。昭和三年(一九二八)五月春日神社宮司。五年十一月勅任官待遇。十二年十一月退職。十三年北鎌倉に居を構える。十四年胃癌にて死去。七十二歳。神道の実践と学究の両者を成し遂げ、文献史料を主とする精緻な研究で五部書・唯一神道の研究に先鞭をつける。著書・論文は『神道説苑』(昭和十七年)、「五部書神道の祖述者及其の神道論」(『神社協会雑誌』九〇)、「唯一神道論」(『国学院雑誌』一七ノ一―一二)など多数。

参考文献 押木耿介「江見清風」(『神道宗教』四一)

(出村 勝明)

えもん 衣紋 礼服《らいふく》・束帯・衣冠・直衣・狩衣などの装束着用に際し、着用者自身または他者に着せるときの、着装技法をいう。衣文とも書く。奈良時代から平安時代前期ごろまでは、宮廷官人の朝廷参内服(朝服―束帯)は体格に合わせ、身に馴染む柔らかなもの(柔《なえ》装束)であった。しかし、同後期ごろから藤原氏政権の安定とともに長大化し、さらに武士が擡頭《たいとう》すると固く張らせて(強《こわ》装束)武張った着装法を好むようになった。その結果、着用者自身での着装に困難をきたすようになり、他の着せ手を必要とするようになった。その着せ方の技法(衣紋)をよく心得た者は、「さうぞくし(装束師)」(『満佐須計《まさすけ》装束抄』(平安・鎌倉時代初期成)」、「後(前)装束師」(『蓮阿《れんあ》口伝抄』貞治五年(一三六六)成)、近世から近代以降は「衣紋者《えもんじゃ》」「衣紋方《えもんかた》」などと称される。そして装束故実全般を心得、着装法に熟達した伝統を「衣紋道《えもんどう》」という。公家の高倉家と山科家は、その道の両雄として中世以来つとに著名であり、近世以降は家例による相違を生じ、各「流儀」を称した。また、祭祀執行の服装については、弘仁十一年(八二〇)二月、嵯峨天皇の詔に、「其、朕大小諸神事及季冬奉二幣諸陵一、則用二帛衣一」(『日本紀略』)とあり、さらに斎服、引直衣なども天皇の神事著御の料となった。臣下においては束帯・衣冠・浄衣などを神事服の基本としてきた。中世以降、官社制の変様により、神祇伯白川家、同大副の吉田家などによる諸社の差配が進むと、社人の祭祀服もおのおの家例をもって着用の許認可を執行するようになった。しかしいずれにしても、着用規定の基本は宮廷官人所用の装束故実であった。明治時代以降、西洋服の移入により祭儀参列においては洋装の着用も認められるようになったが、祭式執行者においては伝統的和装(いわゆる装束)を着用のことが規定され、明治十六年(一八八三)には賀茂祭と石清水祭、同十八年には春日祭の各勅祭が古儀に則っての斎行とされ、各種装束の着用と衣紋の技の継承存続が図られることとなった。第二次世界大戦後の神社本庁の「神職の祭祀服装に関する規定」によっても、衣冠以下各種装束の着用が定められている。（宍戸 忠男）

参考文献 『古事類苑』服飾部、鈴木敬三『高倉家調進控装束織文集成』解説

エルベール Jean Herbert 一八九七―一九八〇 フランスの同時通訳者、宗教学者。日本では主に神道学で知られている。英語教師の子として一八九七年にパリで生まれ、パリのチャプタル大学やスコットランドのエジンバラ大学、パリ、ソルボンヌ大学などで教育を受けた後、第一次世界大戦でフランス軍の同時通訳者をつとめた。インドの思想家ガンディー、タゴールなどとの出会いによって東洋の思想に興味を覚え、彼らの作品を多数仏訳して、宗教と神話学研究に入った。第二次大戦後、国連でフランスの同時通訳者を一時つとめた後、一九四七年にヨーロッパに戻り、ジュネーブ大学の教授になり、東洋の神話学の講座を担任しながら国際会議同時通訳連盟の会長をつとめるなど、通訳の仕事をしばらくつづけた。一九五〇年代から通訳活動からはなれ、宗教や神話学の研究に専念したが日本の神道にも好意をしめし、昭和三十年(一九五五)ごろから数回の来日で行なった神道関係者との面接調査を中心に日本の神道を集中的に研究、インドとの比較神話学などの観点から神道について書籍を書いた。ヒンドゥー教の仏訳や書籍が多く、神道関係では、特にAux source du Japon: le Shinto(一九六四年、和訳『神道―日本の源泉―』、昭和四十五年)、Les dieux nationaux du Japon(日本国の神々、一九六五年)、La religion d'Okinawa(沖縄の宗教、一九八〇年)などがある。一九八〇年没。（ノルマン＝ヘイヴンズ）

えんぎ 縁起 本来は仏教の基本的な教理で、万象は縁によって生起するという根本理念をいう。それから転じて、日本では社寺縁起というように寺院や神社の故事来歴を記し、また本尊や祭神の奇瑞や霊験を語る文章や絵巻をいう。俗に縁起物とは吉事や幸運を期待し祈るための品物で、正月の門松や酉の市の熊手などがある。六世紀の仏教伝来当初から縁起物の先駆ともいうべき仏典解説や渡来仏の霊験功徳譚が登場し、奈良時代の律令による宗教統制に応じて『元興寺伽藍縁起幷流記資財帳』をはじめ大安寺や法隆寺などの古縁起が成立した。平安時代には、こうした仏教の釈経縁起・霊験縁起・寺院縁起とともに仏教の立場で仏本神迹を説く垂迹縁起が登場して、特に天台系の山王神道と真言系の両部神道の成立に伴い、前者では『山家要略記』『日吉山王利生記』『日吉社神道秘密記』『耀天記』などに伝存し、後者では『三輪大明神縁起』『春日社古社記』『春日社私記』『東大寺八幡験記』『太神宮参詣記』などがある。本格的な神社縁起の歴史的に早い例は平安時代中期に成立した『若狭国一二宮縁起』で、そこには一宮の本地が薬師如来、二宮が千手観音とされるなど垂迹思想が介入するものの、主な内容は一宮若狭彦大明神が霊亀元年(七一五)に、養老五年(七二一)に二宮若狭姫大神が、同じ遠敷川の源流に示現したという創建神話であるように、その後独自に展開する神社縁起は、地域の山河や海浜に降臨し鎮座するなどの創建神話や祭祀伝承を内容とするようになる。鎌倉時代初期成立の『三輪大明神縁起』や広瀬神社の『河相宮縁起』も創建縁起の代表例である。ほかには、京都八坂の祇園牛頭天王や北野の天満大自在天神などの御霊神をめぐる霊験縁起に『祇園牛頭天王縁起』『北野天神縁起絵巻』があり、八幡神・諏訪神・熊野神などの霊威神を勧請した諸社の勧請縁起に『宇佐八幡宮弥勒寺建立縁起』(通称『承和縁起』)、『八幡愚童訓』『諏訪大明神絵詞』などがある。近世に台頭した儒学がその排仏論と神儒一致論の立場から従来の仏本神迹や両部習合の神社縁起を根本から見直す気運となり、寛永十五年(一六三八)ころの『本朝神社考』三巻など神社研究を進めた林羅山が『武州王子社縁起』『筑波山縁起』『河越天神縁起』を著わし、神祇管領長上の吉田兼連(のちの兼敬)が播磨国一宮伊和神社の『大明神縁起』や『塩釜社縁起』、幕府の神道方となった吉川惟足が秩父大宮の『鎮座縁起』を著わすなど、儒学者や神道家が縁起と題しながら仏教色を排した神社の由緒や沿革を数多く制作した。明治の神仏分離以来は神社縁起の名称が排され神社由緒の名が一般化して今日に至っている。『群書類従』神祇部、『続群書類従』神祇部、明治神社誌料編纂所編『明治神社誌料』、桜井徳太郎・萩原竜夫・宮田登編『寺社縁起』(『日本思想大系』二〇)、谷川健一他編『神社縁起』(『日本庶民生活史料集成』二六)などに所収されている。（薗田 稔）

えんぎしき 延喜式 律令格に対する施行細則を集大成した古代法典の一つ。先行の『弘仁格』『弘仁式』『貞観格』『貞観式』および同時に編纂された『延喜格』とともに三代格式と総称されるが、ほとんど完全な姿で今日に伝えられているのは本書だけである。しかも規定の内容が微細な事柄にまで及んでいて、百科便覧的な趣すらあるだけに、公家制度はもちろん、ひろく日本古代史の研究に不可欠の宝庫である。延喜五年(九〇五)八月、醍醐天皇の命により、藤原時平を長とする十二名の編纂委員によって編纂を開始したが、その後あまりはかばかしく進捗せず、時平の死後、弟忠平が長となってから本格的な編纂が行われたらしい。完成奏上は延長五年(九二七)十二月二十六日。その後、修訂事業が継続されたらしいが、それも中絶したらしい。施行は四十年後の康保四年(九六七)十月九日(『日本紀略』は七月に係けるが、しばらく『別聚符宣抄』による)のことである。本書の内容の大部分は、『弘仁式』およびその改訂増補部分のみを集めた『貞観式』からそのまま受けつがれたものであるから、

その施行を急ぐ必要はなかったとはいうものの、編纂そのものに二十二年を要し、さらに四十年後に施行されたことは、この事業が立法事業というより文化事業の色彩の濃いものであったことを物語る。本書はすべて五十巻。神祇官関係の式(神祇式、巻一―巻十)、太政官八省関係の式(巻十一―巻四十)、それ以外の諸司の式(巻四十一―巻四十九)、雑式(巻五十)のごとく、律令官制に従って次第され、分量としては全体の約三分の一弱を占める神祇式を別とすれば、中務省・民部省・宮内省関係の式が特に目立っている。個々の条文は律や令と同様に「凡」字を冠した体裁をとっているが、儀式や年中行事に関する規定、数量的規定、一覧表的規定および公文書の書式などは、これに捉われない自由な体裁をとっている。その内容は、延喜以前のある時点において成立し、その後ある期間効力を持った個々の条文を網羅的に集大成したものであるから、本書を利用するにあたっては、そのことを常に念頭に置く必要がある。本書はその施行後、古代・中世を通じて、主として公事や年中行事の典拠として、特に公家の世界で珍重されたが、近世に入ってからは、主として国学者の間で、祝詞式・神名式・諸陵式に対する個別研究が行われた。ことに祝詞式(巻八)や神名式(巻九・十)は、古代を尊ぶ神道界において典拠としての高い地位を占めたから、これらだけを抜き出した写本も数多く作成され、なかんずく神名式は、中世以来、唯一神道の興隆とともに『延喜式神名帳《じんみょうちょう》』とも呼ばれ、ここに収録されている神社は、式内社としてその社格を誇ることができた。本書の古写本としては、大治二年(一一二七)の奥書を有する金剛寺本(五十巻中四巻)が年代の明記されたものとしては最も古く、そのほかに、平安時代末か鎌倉時代初期に位する古写本として九条家本(五十巻中二十七巻、紙背の文書は『九条家本延喜式裏文書』として著名)、一条家本(五十巻中五巻)があり、鎌倉時代のものとして、三条西家本(五十巻中一巻)、一条家別本(五十巻、ただし巻十三と巻二十四の二巻は後世の補写)がある。また、神名式だけの古写本としては、中院家本(武田本)、卜部兼永本(二種)、卜部兼右本などがある。校訂本には、中原職忠とそれをついだ林道春(羅山)による慶安本(慶安元年刊)、その覆刻たる明暦本(明暦三年刊)、さらにこれに多少の修正をほどこした享保本(享保八年刊)、塙保己一とそれをついだ藍川慎による雲州本(松江藩主松平斉恒、文政十一年刊)、活字本として国史大系本(明治三十三年刊)、新註皇学叢書本(昭和二年刊)、日本古典全集本(昭和二―四年刊)、皇典講究所版『(校訂)延喜式』(昭和四―七年刊)、新訂増補国史大系本(昭和十二年刊)、神道大系本(平成三年刊)などがある。 →神祇式《じんぎしき》

参考文献 虎尾俊哉編『延喜式』上(『訳注日本史料』)、宮城栄昌『延喜式の研究』、虎尾俊哉『延喜式』上(吉川弘文館『日本歴史叢書』八)

(虎尾　俊哉)

えんぎしきじんみょうちょう　延喜式神名帳　『延喜式』のうち、神名式を収めた巻九・十の別称。延長五年(九二七)に奏進された『延喜式』は全五十巻からなるが、一巻から十巻までを神祇関係の式が占め、そのうち九・十の二巻が上下の神名式となっている。この『延喜式』の神名式を、通常、延喜式神名帳と呼ぶ。これはいわば官社の名簿・一覧であって、当時、祈年祭班幣の対象であった二千八百六十一社、三千百三十二座の神社名を登載する。この式は、『延喜式』の大部分で採られている「凡」で始まる条文の形式を採らず、宮中や京中、国郡などの鎮座地ごとに神名・社名を挙げ、それに名神や大社・小社などの社格や祭祀対象とされた祭の名称その他を記す形になっている。また、『延喜式』以前、『弘仁式』および『貞観式』にも神名式が存在していたが、『延喜式』神名式はそれらに掲載の神社を収録した上で、それ以降官社とされたものを追加付加する形を採っている。しかし、その際、特に整理編集を行わなかったらしい。そのため、神社の所在地の郡名などが『延喜式』段階のものとは異なる例があることが指摘されている。『延喜式』以降は式の編纂がなされなかったため、神名を集大成した形の『延喜式』神名式は、延喜式神名帳と呼ばれ、重要視されるようになった。登載された神社も式内社と称され、『延喜式』以後も官社とされた神社があり、また官社制が早くに衰退したのにもかかわらず、他社と異なる由緒ある神社とみなされた。『延喜式』神名式が延喜式神名帳と呼ばれるようになった経緯は判然としない。もっとも、諸国で作られた神社名簿は神名帳と呼ばれる例が多い。また、神祇官では、元来、官社となった社名・神名を「神祇官帳」「官帳」に記したことが知られるほか、神祇官で作成されたと見られる「神帳」や「社名帳」「神名帳」の語が諸書に散見する。ただし、それら相互の関係およびそれらと神名式の関係については、不明な点が多い。延喜式神名帳については、中世以来、研究が重ねられ、『延喜式』からこれだけを取り出した写本が作られているほか、注釈書や論考も多数著わされている。 →神祇式《じんぎしき》 →神名帳《じんみょうちょう》

参考文献 伴信友『神名帳考証』、宮城栄昌『延喜式の研究』、虎尾俊哉編『延喜式』(『訳注日本史料』)

(並木　和子)

えんぎしきじんみょうちょうとうちゅう　延喜式神名帳頭註　吉田神道を伝えてきた吉田家における『延喜式』神名帳の注釈書。書名を『神名帳頭註』『神名帳頭書註』『神名帳頭書』とする伝本もある。一巻。群書類従本の奥書に「文亀三年十二月廿六日、神道長上従二位行神祇大副兼侍従、卜部朝臣兼倶」と記すように、文亀三年(一五〇三)十二月に、吉田神道を大成した吉田兼倶によって著わされたものである。吉田家では累代にわたって『延喜式』神名帳に対する研究が行われており、本書の以前にも兼敦の『延喜式神名帳鈔』がある。このような従来の吉田家における『延喜式』神名帳の研究を集成したのが本書であると思われる。京中より対馬に至る全国の式内

社から二百余社を掲げ、それらの祭神・祭祀・鎮座地・由緒などを『日本書紀』『日本後紀』『続日本後紀』、風土記、『旧事本紀』『元元集』など多くの文献から援引して注釈を加えている。引用文献の中には、たとえば美濃や肥前国の風土記など、現存していない文献も見られる。『群書類従』神祇部所収。

参考文献　『群書解題』一中　（三橋　健）

えんぎしきのりと　延喜式祝詞　延長五年（九二七）十二月、醍醐天皇の命により藤原時平・忠平らが編集した『延喜式』祝詞に収められている二十七篇の祝詞。延喜祝詞式ともいう。冒頭には、祝詞の宣読者・奏上者、また未収の祝詞の奏上者、臨時祭の祝詞の修撰手続きなどが規定され、さらに、朝廷の恒例祭祀の祝詞がその祭の行われる月日順に配列され、ついで伊勢大神宮の祝詞を恒例・臨時にまとめて並べ、終りに朝廷の臨時祭の祝詞が収められている。『延喜式』は、先行の『貞観式』（貞観十三年（八七一））および『弘仁式』（弘仁十一年（八二〇））の条文をも含むが、これらの祝詞は、『弘仁式』六所載の祝詞をほぼそのまま継承したものと推定されている。その表記法は、主として自立語を漢字の大字で書き、助詞・助動詞や用言の活用語尾を万葉仮名の小字で書く宣命書きが用いられ、その文体は祭（班幣）の場に参集した人々に対して神々に申し上げる祝詞を読み聞かせる宣命（宣下）体の祝詞と、直接神々に申し上げる奏上体の祝詞とがある。祈年祭《としごい》・六月月次祭は五穀豊穣ならびに天皇の御世の長久を祈り、広瀬大忌祭・竜田風神祭は農作物に風水の災害がないよう祈る。鎮御魂斎戸祭《みたまをいわいどにしずむる》・遷却祟神《たたりがみをうつしやる》・道饗《みちあえ》祭は天皇をはじめ皇室の安泰、繁栄を祈り、大殿祭《おおとのほがい》・御《み》門祭《かどほかい》は天皇の宮殿の平安を祈る。六月晦大祓《みなつきのつごもりのおおはらえ》は年二回天下の罪や災を祓う大祓の儀に読まれたもので、後世中臣祓とも称され、『日本書紀』神代と並んで神道思想形成上最も重要な古典とされ、今日に至るまで読み継がれている。出雲国造《いずものくにのみやつこの》神賀詞《かんよごと》は新任の出雲国造が一年間潔斎して出雲の神々をまつり、出雲の神宝と御贄を捧げて上京し、天皇にそれらを献上して御代の長久を祝福し出雲の忠誠を誓う寿詞である。延喜式祝詞全篇の本格的な註釈は、賀茂真淵に始まり『延喜式祝詞解』や『祝詞考』が著わされ、以後本居宣長『出雲国造神寿後釈』『大祓詞後釈』、鈴木重胤『延喜式祝詞講義』などが著わされた。（本澤　雅史）

えんぎしきのりとこうぎ　延喜式祝詞講義　『延喜式』祝詞所収の二十七篇の祝詞の注釈書。『祝詞講義』ともいう。鈴木重胤著。十五巻。嘉永元年（一八四八）十月起稿、同五年春脱稿。『日本書紀伝』とともに重胤の主著。『古事記』『日本書紀』が皇統の事実を記した「大御正史」であるのに対して、祝詞を朝家の政令、民用の綱紀がことごとく備わった「天下の大御政の御制度書」として捉え、巻頭には祝詞の総論を掲げ、各篇においては、祭祀の意義や起源、沿革などを詳述し、語釈にあたっても関係文献や諸説を博引傍証している。考証が繁雑に過ぎて、その要旨を捉えるのに困難であるという欠点があるものの、近世における国学者の祝詞研究は、本書によって大成されたといえる。国書刊行会版『日本文学古註釈大成』があり、また『鈴木重胤全集』（一〇―一二）に収める。なお本書脱稿後に著わされた『中臣寿詞講義』は「中臣寿詞」の最初の注釈である。（本澤　雅史）

えんきょうにねんだいじょうえごけいき　延慶二年大嘗会御禊記　花園天皇の大嘗祭のための御禊行幸の記録。著者は藤原長基。一巻。花園天皇は延慶元年（一三〇八）八月に後二条天皇の崩御をうけて践祚、同年十一月に即位の式を行なった。翌二年十月二十一日、大嘗祭に先立って御禊があった。長基は当日、左近衛中将として行幸に供奉。その時の委細を記録したのが本書である。実際の体験にもとづき、作法や装束について詳しく記し、故実関係の貴重な資料にもなっている。現場での儀礼執行をめぐる供奉者間のやりとりや、不測の出来事なども生生しく描写され、興味をひく。「長基出二東門一可レ奉三進御輿二之由令三下知一之処、右将奉レ抑云々、長基下知云、御輿長争不レ従二左将命一哉、太奇怪也」とあるのなどはその一例。「今日供奉上下、具見二鹵簿図一」とあり、もとは鹵簿図もあったことがわかる。『群書類従』公事部のほか、『歴代残闕日記』にも『長基卿記』として収められている。

参考文献　『群書解題』六　（高森　明勅）

えんじょうじかすがどう・はくさんどう　円成寺春日堂・白山堂　円成寺の鎮守の一つで、神仏分離により堂と称されるようになったものである。二棟並び、塀でつないだ小さな社殿で、春日造最古の遺構である。春日大社では本殿以下末社に至るまで造替のとき他に譲る慣習があり、この二殿は建暦二年（一二一二）の造替のとき、末社の旧建物を移したものと推測される。この推定が正しければ、その年代は、建久八年（一一九七）となろう。鎮守の一つである宇賀神社本殿は同じ春日造ではあるが、少し時代が遅れる。本堂は文明四年（一四七二）、楼門は応

円城寺春日堂㊧・白山堂㊨

仁元年(一四六七)の建築である。国宝指定。

参考文献 太田博太郎「円成寺春日堂・白山堂は春日社旧殿か」(『大和文化研究』一一ノ五) (太田博太郎)

えんちん 円珍 八一四―九一 平安時代前期の天台宗の僧。第五世天台座主。諡号智証大師。義真の弟子。寺門派の祖。弘仁五年(八一四)三月(一説、二月)十五日、讃岐国那珂郡に生まれる。仁寿三年(八五三)入唐して天台山・長安などを巡拝し、顕密を学んで天安二年(八五八)帰国。特に密教の修得に力を尽くし、円仁に続いて台密を大きく発展させたが、円珍の入唐は比叡山の山王明神の夢告によるという。また、彼は帰国の途次船中に出現した新羅明神を信仰し、貞観元年(八五九)みずから再興した園城寺の鎮守としたと伝えるが、これは後世の寺門派が喧伝したところで、実際には彼以前から祭祀されていたものらしい。円珍の神祇信仰は諸神崇敬にあったが、特に山王を篤く信仰し、ために山王院大師とも称せられた。仁和三年(八八七)には彼は朝廷に上表し、「当寺(延暦寺)法主大比叡小比叡両明神(中略)弘誓亜レ仏、護国為レ心」(『三代実録』同年三月十四日条)として大毘盧遮那経業専攻の年分度者一名(大比叡神(大宮)分)、一字頂輪王経業専攻の年分度者一名(小比叡神(二宮)分)の追加を請うて勅許され、また「山王三聖」(大宮・二宮・聖真子)を創唱するなど、山王神道の発展に大きく寄与した。寛平三年(八九一)十月二十九日没。七十八歳。

参考文献 『智証大師伝』、大山公淳『神仏交渉史』(『大山公淳著作集』六所収)、菅原信海『山王神道の研究』 (山口 興順)

えんどうつがん 艶道通鑑 江戸時代中期の思想的述作。通俗神道家増穂残口の主著。木版本六冊。正徳五年(一七一五)以後に数回刊行。残口は、民衆の間に説教してまわった神道家で、町人の主情主義を代弁する独特の思想をもって、人情を無視した道学的教訓を説く儒学を攻撃するところなど、のちの本居宣長の先駆ともみられる傾向を示しているが、その思想をもっともよくまとめたものが本書である。特に「礼」を重んずる儒教に日本伝統思想である「和」を対置させつつ、男女間の恋愛を尊重すべきことを力説し、これこそが人間精神の根源であり至極であって、真の情さえあれば姦通して殺されても悔いるところがないとまで言っている。『日本思想大系』六〇所収。 →増穂残口《ますほざんこう》

参考文献 家永三郎「増穂残口の思想」(『日本近代思想史研究』所収) (家永 三郎)

えんとくき 延徳記 室町時代の伊勢神宮(内宮)の引付。編者は荒木田守晨か。一冊。『延徳記』の名称は巻頭に延徳元年(一四八九)十月の吉田兼倶の京都吉田山の斎場所に神器が降臨したことを告げた「密奏神異事」があることによるものであろう。本書所収の文書四十二通のうち十九通は『守朝長官引付』(『三重県史』資料編中世一上所収)によっている。所収の文書は延徳のいわゆる吉田兼倶の神器降臨の謀計事件、山田と宇治の対立・抗争・戦火にかかわるもの、またそれに伴う遷宮の遅延、心御柱の顚倒、退転についてのものである。なかでも数度に及ぶ宇治と山田の戦火により神宮の祭事と祭祀組織に大きな影響が及んだことがうかがわれる。また宇治と山田の対立については、本書を補うものとして『内宮子良館記』『外宮子良館記』、足代弘訓《あじろひろのり》編『神境合戦類聚』などがある。『続群書類従』神祇部所収。

参考文献 『群書解題』一下、稲本紀昭「解説と史料解題―守朝長官引付―」(『三重県史』資料編中世一上所収) (西垣 晴次)

えんにち 縁日 神仏の示現・誓願などの由緒にもとづいて、法会・供養などを行う日と定めたもの。この日その神仏を念ずれば特別な功徳ありとの信仰に支えられている。中国では五代のころに、毎月の各日に仏菩薩の特定のものを配当することが行われたと伝えるが、縁日の語は仏典や中国の記録にはみえない。日本で早く文献にあらわれるのは観世音菩薩についてであって、『今昔物語集』一四、修行僧至越中立山会小女語に、「今日ハ十八日観音ノ御縁日ナリ」と、十八日にはただ一度観音を念じた女が、立山の地獄に堕ちながら毎月十八日には観音が代わって苛責を受けてくれた話を載せている。かつ同書巻一九の美濃守侍五位遁急難存命語は、日ごろ観音を念じていた男が十八日に禍を免れた話である。さらに地蔵の縁日が八日であることが『古事談』に、阿弥陀のそれが十五日であることが『古今著聞集』に、北野天神のそれが二十五日であることが『太平記』にある。この傾向が進んで一ヵ月にそれぞれの仏菩薩を配当するようになったのには、おそらく、一ヵ月三十日に三十柱の神祇を配当するという「如法経守護三十番神」(のちに日蓮宗がこれを自宗に応用する)の思想も関連があるであろう。その上、中世には社寺参詣が発達して、特定の仏菩薩に対する結縁《けちえん》の思想が、特定の参詣日の観念に発展し、縁日が社会の各層に親しまれるようになったのであろう。これには社寺に依存する御師《おし》・先達・堂守らの働きかけによる点も大きい。近世に入って都市の発達はいっそう縁日の普及をもたらした。それには門前市の開催の事情も与っており、大都市では縁日が市《いち》を運営する商人によって日柄を按配されることがあった。近世にほぼ固定したのは、八日・十二日の薬師、十五日の阿弥陀および妙見、十六日の閻魔、十八日の観音、二十四日の地蔵、二十五日の天神、二十八日の不動、子の日の大黒、巳の日の弁天などである。右のうち二十五日が天神の縁日なのは、菅原道真の忌日によるのであり、同様に忌日が縁日のように一般人に親しまれたものに、十三日の日蓮上人、二十一日の弘法大師などがある。江戸の繁栄とともに、その名所案内記・歳時記の類が数多く刊行されたが、その中に縁日とは記さなくとも「何々参但し月次《つきなみ》」としてあるのがそれにあたり、江戸の有名な縁日には、見世物・露店・掛茶屋がならんで群集をいやが上にも惹きつけず

にはおかなかったのである。明治中期の『東京風俗志』(平出鏗二郎著)には、「賽日」という項を挙げ、「俗に縁日といふ。(中略)賽日の多きこと都下一日に十数箇処をも重ね、全市に賽日なき日は一日もこれなし」と述べ、中にはあたかも地方の六斎市が一六《いちろく》とか三八とか呼ばれたのと同様、二七不動、三七稲荷、四七地蔵、五十稲荷などの称あるものもあったとしている。そして約百五十の寺社の賽日表を掲げ、縁日の数は約三百となっている。明治末期の『東京年中行事』にも同様約二百五十の縁日を掲げた。もって明治期の東京の縁日の盛行を察し得る。したがってこれら縁日の市をめぐって香具師《やし》(大道商人)の勢力は隠然たるものがあり、その特異な社会慣習も注目すべきものを有したのである。

参考文献 平山敏治郎「縁日と開帳」(『日本民俗学会報』一四)　(萩原 竜夫)

えんにん 円仁 七九四―八六四 平安時代前期の天台宗の僧。第三世天台座主。諡号慈覚大師。最澄の弟子。山門派の祖。延暦十三年(七九四)、下野国都賀郡に生まれる。承和五年(八三八)還学生として入唐し、五台山・長安などを巡拝して顕密を学び、同十四年帰国。特に最澄以来立ち遅れていた密教を本格的に請来して日本天台宗発展の基礎を築いた。帰国後一時九州に滞在し、この間大宰府の竈門大神はじめ住吉大神・香椎名神・香春名神・八幡菩薩などの諸神に対して『金剛般若経』を転読して渡航成功の神恩に謝した。また、入唐中逗留した登州赤山の山神である赤山明神を日本に勧請したと伝え、貞観六年(八六四)正月十四日七十一歳で没した直後に赤山禅院が比叡山西坂本に建立されたのはその遺言によるといわれるが、これらのことは後世の山門派が寺門派の新羅明神に対抗するために画策したことと推測されている。円仁はほかにも念仏の守護神である摩多羅神を勧請したとされるが、これも後人の仮託。いったい円仁の神祇信仰は、最澄と同様に、仏法をもって諸神の業苦を脱せしめ仏教に対する外護を願うという初期的な神仏習合思想であったと考えられるが、さらに彼の場合は第一次史料に比叡山独自の山王信仰に関わる事跡も見出すことができない。

参考文献 『慈覚大師伝』、大山公淳『神仏交渉史』(『大山公淳著作集』六所収)、菅原信海『山王神道の研究』　(山口 興順)

えんのおづの 役小角 生没年不詳 七―八世紀の間、大和の葛城(木)山にいた呪術師。『続日本紀』文武天皇三年(六九九)五月条に「役君小角流二于伊豆島一」という事件が記されている。その説明によれば、彼は葛木山に住して呪術を以て評判であった。外従五位下韓国連広足も一応彼に師事したほどであったが、のちに小角の能力を非難攻撃する讒言をして、小角は妖言を以て衆を惑わすと申し出たために、かように遠流に処されたという。続紀の編纂時までにも、すでに小角のすぐれた呪術師としての面目が世間に語り伝えられ、彼が精霊(鬼神)を能く役使して、これを自由に操作できた人物だとされている。大和朝廷の発展期から、大和の葛城山のあたりには特異な政治社会的雰囲気がおおい、その豪族葛城氏と大和王権とのかかわりにも微妙な問題があったところである。五―六世紀ころには、その祭神一言主神の霊異も雄略天皇との緊張関係を物語る話を通じて伝えられた。小角はそうした特殊な霊界で呪術などを行う、一種のシャーマンとして名声を博していたらしい。大化改新以来の律令制のしかれていく中にあって、葛城付近の歴史因縁からも、反官的民衆の期待にこたえる巫呪として衆望を集めた。その人望が災いして、帰化人系の呪術師韓国連広足の讒となったのである。巫呪としての言動に、律令が禁じた「妖言惑衆」の面があったと理由づけられたのであった。しかし、古来の固有の山岳信仰界にあって、役小角は遠流されたことによりいよいよ評判を高めた。平安時代初頭に、天台・真言の密教的側面が山岳信仰に習合していった関係で、役小角も仏教界の優婆塞だったと称したり、さらに進んで密教的呪法に長じた行者であったときめつけるに至った。こうして役行者《えんのぎょうじゃ》という名が世にひろがり、密教験者《みっきょうけんざ》の山岳修行が果敢に行われ、修験道が発展するにつれて、役行者はその道の一大祖師として崇仰されるようにもなった。中世以来修験道の霊山が各地に活気をもって来ると、それぞれの山のどれにも役行者は登ったなどという伝説がつくられ、どこの山伏にとっても、彼が理想の修行者のように崇拝されることになった。

参考文献 和歌森太郎『修験道史研究』(『東洋文庫』二一一)、同『山伏』(『中公新書』四八)、村山修一『山伏の歴史』(『塙選書』七一)　(和歌森太郎)

えんぶんがんねんかもりんじさいき 延文元年賀茂臨時祭記 延文元年(一三五六)十二月二十七日に追行された賀茂臨時祭、ならびに同二年正月七日の白馬節会に関する記録。著者は、この時左大弁宰相であった権大納言広橋兼綱(一三一五―八一)。一巻。賀茂臨時祭については、大弁の使勤仕の不相応・行粧沙汰・祭式次第・所役など、白馬節会については式次第・所役・諸作法などを記す。奥書に「右為類本自園太暦抄之」と記されているように、両記事ともに、太政大臣洞院公賢(一二九一―一三六〇)の日記『園太暦』に引載された『兼綱公記』を抄出したものである。したがって、本書名は妥当ではないとされる。テキストは『続群書類従』神祇部のほか、『大日本史料』延文元年十一月二十一日条、ならびに同二年正月七日条に『園太暦』として収録されている。

参考文献 『群書解題』一上　(林 譲)

えんりやくぎしきちょう 延暦儀式帳 ⇩皇太神宮儀式《こうたいじんぐうぎしき》帳《ちょう》 ⇩止由気宮儀式帳《とゆけぐうぎしきちょう》

お

おいそじんじゃ　奥石神社　滋賀県蒲生郡安土町東老蘇《おいそ》に鎮座。旧県社。別称、鎌宮《かまみや》ともいう。主祭神は天児屋根命。大正十三年(一九二四)に鎌宮から奥石神社に改称した。鎌宮の由来については鎮座地の「蒲生宮《がもうのみや》」から転化したものとも、あるいは火除けの神として信仰され、竈大明神・釜大明神から鎌宮となったともいう。式内社。古来より朝廷の崇敬も厚く、神護景雲元年(七六七)には封戸一が付せられ、仁寿元年(八五一)には正六位上の神階が授与されている。中世においては近江守護佐々木氏の尊崇を受け、近世においては旗本根来氏の領内に入り同氏の崇敬を得た。祭礼は四月六日の「管弦渡御《かんげんとぎょ》」が知られている。四座(現在は三座)からなる組織によって構成された古式祭礼。本殿は三間社流造にて重要文化財に指定されている。また神社境内地でもある老蘇森は、平安時代以降、和歌・紀行文・謡曲などにも詠じられ、現在国の史跡に指定されている。

[参考文献]　式内社研究会編『式内社調査報告』一二

(宇野日出生)

おいみまつり　御斎祭　神祇令所載の散斎《あらいみ》・致斎《まいみ》が神事化したもので、一七日間潔斎をなすとともに神御衣・神宝の調進・奉納を行うのを主眼としている。御斎神事とも御斎会《ごさいえ》ともいう。山口県下関市の忌宮神社ならびに同市の住吉神社にその古式を伝えている。いずれも十二月五日の例祭に先だち、毎年十二月七日夕刻から十五日朝に至るまでの間、神職一同は斎殿に参籠、夜中燈火を用いず、音響を停止し、その間しばしば海中に入って禊を行うほか神衣を縫い、神宝を調製し、十四日早暁これを神殿に納めるのである。

[参考文献]　神祇院編『官国幣社特殊神事調』四

(柴田　実)

おいみまつり　御忌祭　⇩神在祭《かみありまつり》

おうあんにねんかすがさんじゅうはっしょぞうたいき　応安二年春日卅八所造替記　春日社(奈良市春日大社)若宮の中社(摂社《せつしや》)である三十八所神社の造替に関する注進状で、応安二年(一三六九)七月二十日の日付が記されている。おそらく若宮常住神殿守《じようじゆうかんとのもり》春雄の記述かと思われる。一通。造替の事始《ことはじめ》にあたる釿始《ちようなはじめ》の禄物から雑具といわれる調度品や諸祭具、祭員の着する襷《ちはや》などの装束関係まで詳細に書き連ねている。春日番匠座の大工に給する禄物も大工(惣大工)には馬一疋、白布五端、綾被物《あやのひもつ》一重、饗料の米一石とするなどの記載もある。また正遷宮では殿内の御壁代《おかべしろ》なども寸法を明記し、中世の調度の仕様を確かめるうえでも貴重な史料といえる。若宮経所の法具なども修理が加えられており、花机一脚と閼伽具《あかぐ》(お供えの水)一式や釣棚一枚も同時に調進されており、神前読経の法具の内容も知られ、簡潔ながらも興味深い内容といえよう。『続群書類従』神祇部所収。

[参考文献]　『群書解題』一中

(岡本　彰夫)

おうえいいらいげくうちゅうしんじょう　応永以来外宮注進状　伊勢神宮(外宮)の応永五年(一三九八)から寛永六年(一六二九)に至る文書集。一巻。奥書によると、禰宜度会常有神主が自家の文書と他家の反古を一軸にまとめたとあり、年記は寛文五年(一六六五)十一月とある。文書の多くは遷宮をめぐる問題にかかわるものである。本書をまとめた度会常有は承応二年(一六五三)に十禰宜、元禄十三年(一七〇〇)に一禰宜、享保八年(一七二三)、八十二歳で没している。『続群書類従』神祇部所収。

[参考文献]　『群書解題』一下、恵良宏「解説と史料解題―外宮引付―」(『三重県史』資料編中世一上所収)

(西垣　晴次)

おうえいにじゅうろくねんげくうしんぽうそうかんぷ　応永廿六年外宮神宝送官符　伊勢大宮司充の太政官符(送官符)の記録。原本は応永二十六年(一四一九)十二月二十一日に行われた豊受大神宮(外宮)の式年遷宮に先立ち同年六月二十七日に外宮からの申請により同十一月二十日に送付された応永二十六年度の神宝送官符。一巻。二十年ごとに行われる伊勢神宮の式年遷宮に用いられる神宝や殿内の御装束・調度品、さらには正宮・別宮・東西の宝殿・御饌殿の金物など、『延暦儀式帳』『延喜式』伊勢太神宮に記されている神宝以下の品々は京都で調製される。神宝使は神宮からの解文(申請書)により調製したすべての品々とその品名・数を記した目録を捧持し、遷御の日の約一月前に京都を出発し伊勢へと下行する。このとき伊勢大宮司充の目録を送官符という。伊勢に到着した神宝使は、禰宜の立会いのもとに送官符に記載されている神宝以下の品々と現物とを読合し神宮へと引き渡す。巻末に応永より百十三年前の嘉元四年(一三〇六)度の外宮の式年遷宮の送官符の逸文を記載する。『続群書類従』神祇部所収。

[参考文献]　『群書解題』一中、神宮司庁編『神宮要綱』、同編『大神宮故事類纂』遷宮部、大西源一『大神宮史要』、阪本広太郎『神宮祭祀概説』、八幡崇経「御装束神宝の奉献について―嘉保二年内宮遷宮を中心として―」(『皇学館大学神道研究所紀要』一五)

(安江　和宣)

おうぎさい　王祇祭　⇩黒川能《くろかわのう》

おうぎまつり　扇祭　⇩那智《なち》の火祭《ひまつり》

おうじがみ　王子神　御子神《みこ》・皇子神と同じで、神が貴い児童の姿に顕現するものをいう。多くは古来の大社の内部に神が分出するかたちをとるから、若宮と呼ばれるものとも似ている。こういうことが起るのは、信仰の固定化をやぶって、新たに巫女の活動が生じ、時人を覚醒させる託宣が降されたことを意味する。王子神の早く、かつ顕著に文献に現われるものは熊野権現の場合で、五所王子(若王子・禅師宮・聖宮・児宮・子守宮)の称が平安時代末期に現われ、中にも若王子は、若宮王子(『中右記』)・若宮(『長秋記』)・若一王子(『寺社元要記』)・若女一王子(『壒嚢鈔』)とも呼ばれ、少女の姿に現われた王子神で、熊野権現の勧請された所によく随伴して祀られた。のち仏教風に解説され、ニャクオウジと呼ばれるに至る。春日明神にも主神四所につぐものとして五所王子(長承二年(一一三三)注進状、第五所の意)があった。また熊野参詣の路傍には王子がしきりにまつられ、多くは地名を冠して何々王子と呼んだが、その数の多さは「九十九王子」の称に示されている。これらには歌枕にもされるものがあり、熊野信仰の伝播に伴って喧伝された。次に、熊野信仰とは別に、『法華経』の序品に出ている「八王子」を、記紀所載の「五男三女神」(天照大神と素戔嗚尊(『古事記』では須佐之男命)との天真名井でのうけいの時出現した神)に付会することが行われ、まず祇園牛頭《ぎおんごず》天王の眷属神の形で認められ、ついで山王権現の諸社にも数えられるようになった。すなわち、近江の日吉大社の背景にそびえる山が八王子山で、ここに八王子権現(現称牛尾神社)と三宮とを祀り、その霊威は『梁塵秘抄』にも「峰には八王子ぞ恐ろしき」とうたわれている。こうして祇園や山王の勧請される所には、全国津々浦々まで、八王子社を見るに至る。東京都下の著名な地名として、八王子市や北区王子があるのは、いずれもこうした勧請社の存在からきている。

参考文献 宮地直一『熊野三山の史的研究』、柳田国男「流され王」(『定本柳田国男集』五所収)

(萩原 竜夫)

おうじんてんのう 応神天皇 『日本書紀』『古事記』に第十五代と伝える天皇。和風諡号は誉田別尊《ほむたわけのみこと》。『古事記』仲哀天皇段に大鞆和気命《おおともわけのみこと》ともあり、胎中天皇ともいう。『日本書紀』応神紀には、もと去来紗別尊《いざさわけのみこと》といったが、太子になってから角鹿《つぬが》の笥飯大神《けひおおかみ》と名まえを交換して誉田別尊と称するようになったとの別伝がみえる。『日本書紀』によれば、仲哀天皇の第四子で、母は神功皇后。仲哀天皇の死後、皇后が三韓征伐に赴いたときにはその胎内にあり、帰路に筑紫で生まれ、中央に戻って異腹の兄の麛坂《かごさか》王と忍熊《おしくま》王を皇后が攻め亡ぼした後、皇后摂政三年に立太子、同六十九年に皇后が死ぬとその翌年に即位、軽島豊明宮《かるしまのとよあきらのみや》におり、品陀真若《ほむたのまわか》王の女の仲姫を皇后とし、在位四十一年、百十歳(記では百三十歳)で没したという。応神朝は前朝から引き続き武内宿禰が勢力を有したと伝えるが、この朝になると、王仁・阿知使主・弓月君その他の帰化人の渡来、それに伴う大陸の文物・技術の導入、中央における大規模な耕地の開発などの所伝が急に多く現われてくる。またこのころから鉄製農工具・武具が普及して、中期古墳時代に入ったとみられ、記紀の記述にもある程度史実性が加わってくるなど、前朝までとかなり様相を異にする面があるので、天皇が河内の勢力と関係が深かったらしいことや、天皇の和風諡号がこれ以後一転して簡素な名称になっていることなどをも考え合せて、応神朝を河内から出た新王朝とみる説も出されている。『宋書』にみえる倭の五王の最初の倭王讃を応神天皇とする説もあるが、もし讃が次代の仁徳天皇とすれば、応神朝の絶対年代は四世紀末から五世紀初頭のころということになる。天皇は後世になって八幡宮の祭神の一とされるようになった。陵は恵我藻伏岡陵といい、仁徳陵と並ぶ最大の前方後円墳。

(関 晃)

恵我藻伏岡陵《えがのもふしのおかのみささぎ》 大阪府羽曳野市大字誉田《こんだ》に所在する。誉田山陵ともいわれている。『古事記』に「御陵在㆓川内恵賀之裳伏岡㆒」とあり、『延喜式』諸陵寮に「恵我藻伏崗陵(軽嶋明宮御宇応神天皇、在㆓河内国志紀郡㆒、兆域東西五町、南北五町、陵戸二烟、守戸三烟)」とある。応神天皇陵を中心として藤井寺市にまたがり、「允恭天皇陵」古墳・「仲姫皇后陵」古墳・古室山古墳などをふくむ古市古墳群を構成するもので、平たい台地に営まれた壮大な前方後円墳である。前方部は北北西に面しており、主軸の長さ四一五メートル、後円部の径二六七メートル。その高さ三六メートル。前方部の端の復原幅三三〇メートル。この部分の高さ三五メートル内外で、三段に築成され、二重の堀をもつ。墳丘の土量は一四三万三九六〇立方メートルと算定されており、仁徳天皇陵の土量を超えており、墳丘の上では日本最大の古墳ということができる。葺石が見られ、墳丘内および内堀と外堀との間の土堤にも円筒埴輪列が見られる。他に家形埴輪・蓋《きぬがさ》形の埴輪などの形象埴輪も発見された。また明治二十二年(一八八九)堀の中から水鳥形の埴輪も発見。同二十五年には、堀の中から魚形土製品が発見された。『日本書紀』雄略天皇九年条に、河内国飛鳥戸(安宿)郡の人田辺史伯孫の馬が誉田陵の土馬と取り替えられたという伝承が記されている。この陵とすると早くから馬形埴輪が露呈していたかも知れない。付近に小円墳もあり、ことに丸山古墳からは金銅透彫金具などが発見され、著名である。また本陵の南がわに応神天皇を祀る誉田八幡宮が鎮座している。

参考文献 梅原末治「応神・仁徳・履中三天皇陵の規模と営造」(『書陵部紀要』五)

(斎藤 忠)

おうせいふっこ 王政復古 江戸幕府が倒れ明治天皇制政府が成立したことをいう。倒幕および新政府成立のための理念。江戸時代における朝廷は、政治権力を持たない儀礼の府であり、天皇はヨーロッパにおける教皇に似た存在であった。形式的には征夷大将軍は天皇から任命されたが、それはあくまで形式的であり、政治の実権は幕府によって握られていた。したがって当時の外国人は、将軍を皇帝あるいは国王と考え、米国使節ペリーが国書を提出した際にも、将軍についてエンペラーという言葉を使っている。ところで天皇がかつての日本の支配者であり、万世一系のその子孫が実際には日本の統治者であり、政務を将軍に委任したものであるとの考えは、江戸幕府創立当初から存在していた。それは明確な形では尊王論となって主張され、その代表的なものとして水戸学がある。そして尊王論は、江戸時代後期に入り対外関係の緊迫とともに尊王攘夷論を形成し、また一方国学者によっても尊王論が唱えられた。しかしこのような尊王論は、幕府政治を否定するものではなく、むしろこれを肯定しその権威をたかめる意図のもとに主張された。したがってそこには王政復古―幕府否定の思想は全く存在しなかった。幕末期に入り、諸外国との国交が開始されるとともに尊王攘夷論はさらにたかまり、それにつれてようやく朝廷は政治的発言権を持つようになった。天皇や廷臣の多くは攘夷論者で、幕府の対外政策に不満であったが、しかしあくまで幕府をして攘夷を実行させる考えで、そこには幕府否定の考えはなかった。しかしこのような攘夷論を受けとめ、幕府の対外策や公武合体政策に憤激する尊攘論者の中に、ようやく幕府否定―王政復古を考える人がでてきた。その最も代表的な人物は久留米水天宮祠官真木和泉守保臣・宇都宮藩儒大橋訥庵らであり、ほぼ文久元年(一八六一)ごろに王政復古策を述べている。さらに尊攘運動の激化とともに、長州藩士をはじめとし多くの討幕派志士が生まれたが、全体としてその倒幕の具体策、王政復古の具体的内容は、きわめて空疎であり、観念的なものであった。同三年八月十八日の政変前後においては、天誅組の乱・生野の変のごとき討幕先駆戦も開始されたが、それらも一応王政復古を志向しているとはいえるが明確なものでなく、たちまち鎮圧された。それらは狂熱的な攘夷論者の行動で、朝議に圧力をかけて幕府をして攘夷を実行させ、もし幕府が勅旨に背くならば違勅の罪でこれを討とうとしたものである。しかし攘夷の実行によって敗北を経験し、他方文久三年八月十八日の政変とその前後の弾圧の経験から、尊攘派の一部は倒幕派へと転換し、ここに本格的な倒幕運動が開始された。それは時期的には慶応年間(一八六五―六八)に入ってであり、その中心となったのは長州藩である。倒幕運動の政治目標は、国内的また対外的危機の責任を幕府の失政に求め、一切の政治的改革の要求を倒幕へ集中した。それとともに幕府に代わる政治体制を、天皇の政治に求めたのであるが、これはそれ以外に当時として恰好の政権担当者がなかったことに由来する。倒幕運動の方法としては、かつての尊攘派のとった藩勢力を離れての行動をもってしては成功は困難であるとし、藩勢力全体をもって幕府勢力にあたろうとした。こうして倒幕が具体的日程に入ったが、長州一藩ではそれは容易に実現されるものでなく、慶応二年に入っての薩長連合によってようやく強力となり、翌年六月に至って薩摩藩の武力討幕・王政復古方針が決定した。だがこのころになって王政復古の一つのコースとして、大政奉還方式が高知藩を中心に計画された。それは新政権に徳川氏勢力をできるだけ残そうとするものであり、同三年十月この線にそって将軍慶喜の大政奉還の上表が行われ勅許された。しかしそれによって直ちに王政復古に進んだのではなく、政治体制などは諸侯の参集を待って決せられることとなった。一方、それと同時に討幕の密勅が薩長二藩に出された。これには廷臣のうち、岩倉具視をはじめ王政復古派公家の画策によるところが大きかった。岩倉は薩長討幕派と密接に提携し、正親町三条実愛・中御門経之らの公家を動かした。岩倉以外の王政復古派公家らは、大政奉還コースによって形式的にでも王政復古となることで十分満足であった。そこで薩長や岩倉らの武力討幕派のクーデターによる王政復古計画が進められ、同三年十二月九日王政復古の大号令が発せられた。ここに至る間、王政復古の内容については、人々によってさまざまなものが考えられた。志士の間に、あるいは建武中興を理想とする議があり、また岩倉具視の側近玉松操は、その規範を神武創業に則るべしとの意見を持っていた。こうして形式的には王政復古となったが、それはただ単なる復古ではなく、大きな変革の中の一つの現象であった。しかし明治維新の解釈について、王政復古に力点を置く史観が生まれ、この史観がその後の明治維新論に対し、きわめて大きな地位を保った。

[参考文献] 萩野由之『王政復古の歴史』、井上清『天皇制』(『東大新書』六)、羽仁五郎「明治維新史解釈の変遷」(史学会編『明治維新史研究』所収)

(小西　四郎)

おうちだにじんじゃ　樗谿神社　鳥取市上町《うえまち》に鎮座。もとは東照宮と称されていた。旧県社。主祭神は徳川家康。寛永九年(一六三二)に入国した池田光仲によって、慶安三年(一六五〇)に日光東照宮の分霊を奉祀して創建された。以後、代々の鳥取藩主によって崇敬され、因幡国邑《おう》美郡《みぐん》富安村(鳥取市富安)内に五百石の神領が与えられている。毎年九月十七日の祭礼には、藩士や社家のほか、城下の町人も多数行列に参加し、練物は華麗を極め競馬なども行われたという。承応元年(一六五二)には千代川の河畔に神輿の御旅所が設けられている。明治七年(一八七四)に、藩祖三公の霊を合祀し、神社名を樗谿神社と改称した。さらに明治十一年には鳥取藩の最後の藩主である池田慶徳をも合祀している。例祭は四月十七日。創建当時の本殿・唐門・拝殿・幣殿は重要文化財。

(森田喜久男)

おうまながししんじ　御馬流し神事　横浜市中区本牧町の本牧神社の馬人形流し神事。八月第一日曜日か第二日曜日、昼の満潮時に本牧海岸で行われる。古くは旧暦六月十五日の早朝に行われたという。社伝によれば永禄九年(一五六六)より始まると伝える。萱で五〇センチほどの亀形のお馬六体(旧本牧六ヵ村(間門・牛込・原・宮原・箕輪・台)に対応)をつくり、頭に幣束をさし、口に稲穂をくわえさせる。胴体には麦・白豆・大豆粉でこしらえた団子と酒を素焼きの皿に容れて供える。祭当日神社で氏子総代たちが扇形の板に乗せたお馬を受け、頭上から頭上に順送りにうやうやしく渡してゆく。お馬は待機している船型に飾った車に安置されたあと、氏子各町を巡って、本牧埠頭先の漁協の港に運ばれる。ここでお馬を三体ずつ二隻の神船の舳先に移し、船を沖合に出したところで、宮元の合図で海に流す。お馬には厄がこめられており、お馬が海岸に戻ると、厄がつくといって嫌う。かつて、お馬を流し終った帰りの二隻は、左回りに舳先を回し、船漕ぎ競争をしながら帰岸したという。この時振り返ってはならないとされた。また、海に流したお馬の方向によって年の吉兆を占ったともいう。（茂木　栄）

おうみくにたまじんじゃ　淡海国玉神社　静岡県磐田市見付字宮小路に鎮座する。大国主命を祀る延喜式内社で、旧県社。相殿(御子神社)には瓊々杵命《ににぎのみこと》ほか十五座を祀る。見付は磐田郡の豊国郷にあたり、いまも付近には国府跡・国分寺跡・国府八幡宮などがあり、古代における遠江一国の中心に鎮座する神社として、また総社明神とも呼ばれ、信仰の中心であったことを示している。神宮寺を大見寺と呼び『大見寺縁起』一巻がある。社名は遠江《とおつおうみ》の国玉神社という意を表わすものである。謡曲『舞車』には、当社の古式祭のことがみえる。例祭は七月十三日・十四日・十五日。

参考文献　静岡県郷土研究協会編『静岡県神社志』、鈴鹿連胤『神社覈録』下　（景山　春樹）

おうみじんぐう　近江神宮　滋賀県大津市錦織に鎮座する。旧官幣大社。天智天皇を祭神とする。天皇は中臣鎌足らと謀って大化元年(六四五)に蘇我氏の一族を討滅して、大化改新をなしとげ、のち都を近江の大津に移し、ここで『近江令』を発し、また「庚午年籍《こうごねんじゃく》」を作るなどの事績があったので、その功績をたたえるために、大津宮跡に近い宇佐山の麓に神宮が創祀された。すでに明治四十一年(一九〇八)に神社創立の運動が起り、そののち議会に請願なども行われて来たが、昭和九年(一九三四)には神社奉祀調査会が設けられ、大津宮とその関係遺跡の調査などが行われた。同十三年五月一日、皇室より大津に天智天皇を奉祀する近江神宮創立のことが布告されて、鎮座祭は同十五年十一月七日に行われた。例祭は四月二十日。琵琶湖を一望にする景勝の地に在り、境内には天皇の事績にちなんだ時計博物館や水時計などがある。また崇福寺跡から出土した舎利容器(国宝)一具をはじめ、付近の関係遺跡から発見された多くの出土資料を所蔵している。

参考文献　景山春樹『近江大津宮址』、『神道史研究』八ノ六(天智天皇と近江神宮特輯号)、肥後和男『大津京阯の研究』(『滋賀県史蹟調査報告』二)、同『大津京阯の研究補遺』(同三)、柴田実『大津京阯』(同九・一〇)　（景山　春樹）

おうみのくにべつほうはちまんえんぎ　近江国別浦八幡縁起　大津市杉浦町に鎮座する若宮八幡神社の縁起。著者不詳。一巻。内題には「別浦八幡之縁起」と記される。成立は江戸時代初期ごろと思われる。内容からみると、同縁起の文末には応仁元年(一四六七)の記載があり、さらに他書への引用文献として享保十九年(一七三四)成立の『近江国輿地志略』中の若宮八幡社の項にも、同縁起が抄録されている。この縁起は文末が不完全な状態で終結しており、成立年は諸般の状況から推して江戸時代初期ごろまではさかのぼれるやもしれない。縁起の内容構成については、明らかに若宮八幡社の社伝を後世において編纂したことが窺える。そもそも内容は年代記のかたちで記されており、巧みに史書から事項を引用して全体が構成されている。たとえば『日本書紀』『日本紀略』などの文献を駆使し、祭神と天皇、八幡縁起の活用、木曾義仲の事績なども社伝に取り込んでいる。社伝を正す意図のもと、後世に編纂された縁起と位置付けられるものである。『続群書類従』神祇部所収。

参考文献　『群書解題』一下　（宇野日出生）

おうらいでん　往来田　京都の賀茂別雷神社(上賀茂社)で行われていた特殊の土地制度。同社の氏人(社家)の共有に属する田地があり、百四十人分に区分されていて、年齢順に百四十人まで給与され、その氏人が死亡するか神主・禰宜などの社司に任ぜられれば社中に返還して、次の順位の氏人(未受給者の最年長者)に給与される。社務で死亡したときには、遺族に十年または十五年給与したこともある。社中と氏人の間を往来するので往来田といったという。また廻給田ともいう。同じ仕組みで給与されるものに、貴布禰田(五十七人分)・老者田(十人分)・河原畑(二十三人分)があり、往来田と合わせて給与された。往来田の起源は、嘉元元年(一三〇三)に、一条以北の水田が徳政によって社家に返付されたときに、七十町の地を五段ずつに分けて、氏人へ年齢順に配当したのに始まるといい、応仁元年(一四六七)写の『往来田古帳』によれば、大宮・川上・中村・岡本・小山の五郷に一段ずつ存していた。太閤検地などでこの区分はこわれ、一ヵ所にまとめられたようである。江戸時代には、受給資格として年齢のほかに、一定の神事に勤務するなどの条件がつけられていた。また一人あたりは平均して七—八石の高であったが、十二—十三石より五—六石までの差があったために、仕替田と称して、給与された田地を一旦返還して、良田が上ゲ田(返還田)になるのを待って受け取る制度も行われた。往来田の耕作は社領の農民が作人となって行なったが、作人職の売買は認められた。氏人より下級の刀禰・神人にもそれぞれ廻給田があった。これらの制度は明治維新で消滅したが、田地は社禄廃止のときに公債を下付して上地させたものと推測される。近世の地割制度とも異なり、賀茂氏の一族間に平等に配分するという特殊制度が数百年間も存続したのは他に例をみない。

参考文献 『賀茂別雷神社文書』、『賀茂別雷神社社記』、『大徳寺文書』、『往来田訴論記』、清水三男『日本中世の村落』(『清水三男著作集』二)、須磨千頴『賀茂別雷神社境内諸郷の復元的研究』、児玉幸多「賀茂別雷神社の往来田制度」(『(近世)農村社会の研究』所収)

(児玉　幸多)

おおあがたじんじゃ　大県神社　愛知県犬山市宮山に鎮座。旧国幣中社。祭神は尾張開拓の祖神たる大県大神で、『旧事本紀』にいう邇波県君の祖神大荒田命を祀るという。延喜式内の名神大社。本殿は三棟造、境内は約四・六五ヘクタル。尾張国の二宮として崇敬を集めた。仁明天皇承和十四年(八四七)従五位下に叙し、文徳天皇仁寿元年(八五一)官社に列して以降、同三年従四位下に、清和天皇貞観元年(八五九)従四位上に、また同年右中弁兼行式部少輔大枝音人を遣わして当社に神位記と財宝とを奉られ、同十五年正四位下に昇叙された。『尾張国内神名帳』には「正一位大県大明神」とある。元亀年中(一五七〇―七三)に織田信重は制札を下し、天正十年(一五八二)織田信雄は田畠十五町ならびに屋敷二十一所、得分三十七貫二百文の安堵状を下した。江戸時代名古屋藩主は代々社領二百石を寄せ、特に寛文元年(一六六一)には社殿を造替した。本社を去る十二町の所にある本宮山の頂上には当社の奥宮があり、大県大神の荒魂を祀る。宝物には、宝剣・制札・下知状などがある。例祭は十月十日。特殊神事としては、田打祭(一月一日)・御鎮座祭(旧六月十七日)・茅輪神事(八月七日・八日)などがある。明治九年(一八七六)県社に、大正七年(一九一八)国幣中社に列した。

参考文献 『神社明細帳』

(岡田　米夫)

おおあさひこじんじゃ　大麻比古神社　徳島県鳴門市大麻町板東に鎮座。旧国幣中社。祭神は大麻比古神。『延喜式』では名神大社に列した。のちに阿波国の一宮と呼ばれ、大麻神ともいう。『日本書紀』や『古語拾遺』によれば、忌部氏の遠祖天太玉命《あめのふとだまのみこと》の孫である天富命が、阿波の忌部氏の遠祖天日鷲命《あめのひわしのみこと》の孫を率いてこの国に穀麻の種を植えたと伝えているので、忌部神社が天日鷲命を祀るのに対して、この神社は大麻比古神すなわち天太玉命を祀るとの説があるが明らかではない。貞観元年(八五九)従五位下から従五位上へ、同九年正五位上、元慶二年(八七八)従四位下、同七年従四位上に昇叙した。のちも代々の領主の崇敬をうけた。神社を中心に東西数キロにわたって古墳群が散在すること、『続日本紀』『正倉院文書』によると粟国造が鎮座地の板野郡を本貫としたことが知られるので、国造たる粟凡直の奉じた神社であろう。例祭は十一月一日。

(西山　徳)

おおあらいいそざきじんじゃ　大洗磯前神社　茨城県東茨城郡大洗町磯浜町に鎮座。旧国幣中社。大己貴命《おおなむちのみこと》を主神とし少彦名命《すくなひこなのみこと》を配祀。『文徳実録』によれば、斉衡三年(八五六)常陸国の上言に、夜半海上に光り輝くを見、翌日は海辺に二個の怪石を発見、次の日には二十余の小石が左右にあって彩色常ならず、沙門の形に似たものがあり、「我是大奈母知少比古奈命也、昔造二此国一訖、去往二東海一、今為レ済レ民、更亦来帰」と託宣したという。よって大己貴命を本社に、少彦名命を酒列《さかつら》磯前神社に祀り、二社とも翌天安元年(八五七)に官社となり、薬師菩薩名神の号を授けられた。延喜の制では名神大社に列したが、社名は大洗礒前薬師菩薩神社と登載されている。元禄三年(一六九〇)徳川光圀は社殿を造営、正徳五年(一七一五)同綱条は縁起をつくり、享保十五年(一七三〇)現地に遷座。明治十八年(一八八五)県社から国幣中社に昇格。例祭は八月二十五日で八朔祭に併せて行う。この他太々神楽(四月十四日・十五日)・有賀祭(十一月十一日)がある。

参考文献 内閣編『明治十八年公文録』、彰考館編『鎮守帳』、徳川綱条『大洗磯前神社本縁』(『神祇全書』四)、安積覚『大洗磯前神社縁起』、中山信名編『新編常陸国誌』下、式内社研究会編『式内社調査報告』一一

(小倉　学)

おおいしごりますみ　大石凝真素美　一八三二―一九一三　明治時代の言霊学者。姓は望月、幼名は春雄、元服し大輔広矛。天保三年(一八三二)十一月、伊賀国上野(三重県伊賀上野市)に生まれる。父望月登、母川村文。はじめ医学や国学を学ぶ。維新後、美濃の修験者、山本秀道に師事、修行と神典研究に没頭する。明治六年(一八七三)、大石凝真素美と改名する。江戸時代の言霊学者、山本志道や中村孝道の影響を受けて、「ますみの鏡」という七十五音図に基づく日本言霊学を説き、また神算木《かなぎ》で古典を解読する天津金木《あまつかなぎ》学を説く。明治三十一年の伊勢神宮炎上の予言により、警察の監視を受ける。また明治末には法華経に基づき世界的大戦乱を予言した。その特異な思想は大本教の出口王仁三郎《おにさぶろう》に影響を与えた。大正二年(一九一三)四月死去。八十二歳。墓所は三重県鈴鹿郡にある。著書に『天津神算木之極典』『大日本言霊』など。『大石凝真素美全集』(三巻、八幡書店)にまとめられている。

(津城　寛文)

おおいしじんじゃ　大石神社　兵庫県赤穂市上仮屋に鎮座。祭神は赤穂事件にかかわった大石良雄以下いわゆる四十七士と萱野重実(三平)・浅野家三代・森家七武将を祀る。大正元年(一九一二)赤穂城跡内の大石良雄宅跡(史跡)に建立された。赤穂藩主浅野家三代と大石家の菩提寺である花岳寺の住職であった仙珪和尚が建立を計画し、明治十九年(一八八六)にはその必要性を唱えた。折からの国粋主義や三国干渉などの時流にも乗って進められ大正元年に落成した。赤穂城を築いた浅野長直の孫長矩が、有名な刃傷事件を引き起こして元禄十四年(一七〇一)に浅野家断絶して以降、吉良義央邸への討ち入り事件までは「忠臣蔵」として名高い。その義央の首級をあげた元家老大石良雄以下を祭神としている。本殿は檜皮葺で一間社流造。社殿の造営にあたってはすべて楠正行を祀る四条畷《しじょうなわて》神社の形式を取り入れて建築した。境内社として、大石稲荷神社と合祀殿七社がある。祭礼は二月四日の義

士御命日祭、四月第二日曜日の春の大祭、八月二十四日の浅野長直公報恩祭、九月二十六日の山鹿素行先生報恩祭、十二月十四日の義士祭などがある。

参考文献　飯尾巌夫『大石神社鎮座五十年記念史―附奉仕五十年間の回顧―』　（芦田　岩男）

おおいじんじゃ　大井神社　かつて東海道の難所の一つとして知られた大井川に近い、静岡県島田市大井町に鎮座する。旧県社。祭神は、弥都波能売《みづはのめ》神《のかみ》・波邇夜須比売《はにやすひめ》神《のかみ》・天照大神《あまてらすおおみかみ》。『三代実録』に、貞観七年（八六五）に従五位下を賜わったことがみえる。鎮座起源については、大井川上流の谷畑大沢（榛原郡本川根町大沢）から、建治二年（一二七六）に洪水で流されて来たと伝えられる。その後も何度か大井川の氾濫によって移転しており、現在地に鎮座したのは元禄二年（一六八九）の九月十三日とされる。元禄八年からは、建治二年に最初に鎮座した下島の地を御旅所とする祭が始まったといわれる。それが、三年に一度、寅・巳・申・亥年の旧九月十五日（現在は十月十五日前の日曜日）まで三日間行われる帯祭である。神輿を先導する大名行列の、金襴緞子の丸帯を太刀に掛けて歩く大奴の姿からその名があるが、鹿島踊《かしまおどり》や長唄の踊り屋台なども出される。大奴の丸帯には、安産の御利益があるといわれている。→帯祭《おびまつり》　（島田　潔）

おおいたけんごこくじんじゃ　大分県護国神社　大分市牧松栄山《しょうえいさん》に鎮座。祭神は佐賀の乱・西南戦争、その後の事変・戦争に没した大分県出身者、相殿に警察官・消防士・自衛官の殉職者を祀り、四万四千余柱を合祀。明治八年（一八七五）大分県初代県令森下景端《もりしたけいたん》は佐賀の乱で没した大分県出身者を祀るため、松栄山招魂社を創建した。昭和十年（一九三五）大分県招魂社と改め、同十四年内務省令により大分県護国神社と改称。同十八年鎮座地を敷地南西にわずかに移動させ、流造の現社殿を造営した。第二次世界大戦後、一時豊霊宮と称し、サンフランシスコ講和条約締結後の同二十七年現社名に復した。同五十九年神門が竣工し今日のたたずまいを完成。境内五万坪。松栄山裾に拡がる住宅の氏神としても崇敬が篤い。例祭は春季が四月九日、十日に平和祈念祭。秋季は十月九日、二十二日に平和祈念祭を斎行。みたま祭が八月十三―十五日の三日間にわたり斎行される。

大分県護国神社

参考文献　『全国護国神社会五十年史』　（椎原　晩聲）

おおいみのかみ　大忌神　朝廷に御饌を供する神。若宇加能売命ともまた広瀬大忌神ともいう。『日本書紀』天武天皇四年（六七五）四月条に竜田風神とともに広瀬の河曲《かわわ》にまつられたとあるのが初出で、以来神祇官所祭の四時祭で竜田風神祭とともに例年四月と七月の四日に両度まつられた。『延喜式』祝詞の広瀬大忌祭祝詞には「広瀬の川合」にまつる皇神で「御饌持たする若宇加能売命」（原漢字）とある。広瀬の川合（曲）は、奈良盆地一帯を潤す大和川水系の合流地点（川合）で広い川瀬を成す意味の地名。ワカは美称、ウカノメは食物女神を指すところから朝廷に御饌を供する神とされ、特に天皇に捧げる聖餐を忌むことを表わして大忌祭、また大忌神と称した。御饌は主に稲米であり、水稲耕作を左右する風水の順調を祈って四月と七月に、悪風を制する竜田の風神と灌漑を制する広瀬の水神すなわち大忌神をまつったと理解される。『延喜式』神名帳所載の大和国広瀬郡の広瀬坐和可宇加乃《わかうかの》売《め》命《のみこと》神社（広瀬神社、奈良県北葛城郡河合町）の祭神。

参考文献　薗田稔『祭りの現象学』　（薗田　稔）

おおいみのまつり　大忌祭　広瀬大忌祭（『延喜式』祝詞）とも呼ばれ、奈良県北葛城郡河合町にある式内名神大社広瀬神社の八月二十一日（もと四月と七月の四日）の祭儀。祭神は若宇加能売命《わかうかのめのみこと》で、さらに櫛玉命・穂雷命を配祀し、広瀬大忌神・広瀬河合神とも総称する。「わかうかのめ」が若い穀霊女神を意味することは疑いないが、『日本書紀』の「稚産霊《わくむすびのみたま》」や「倉稲魂《うかのみたま》」、『古事記』の「豊宇気毗売《とようけひめ》」とも差異があり、『丹後国風土記』の「豊宇賀能売《とようかのめ》」に最も近似すると考える。『日本書紀』天武天皇四年（六七五）四月条の風神を竜田の立野に、大忌神を広瀬の河曲にまつらせたという初見記事をはじめ、広瀬社・竜田社（奈良県生駒郡三郷町立野）両社の祭儀は同日に行う慣例であった。神祇令には孟夏（四月）・孟秋（七月）に大忌祭・風神祭を定め、これに対する『令義解』の注に「広瀬竜田二祭也、欲レ令下山谷水変成二甘水一浸二潤苗稼一、得中其全稔上、故有二此祭一也」（大忌祭）、「亦広瀬竜田二祭也、欲レ令二沴風不レ吹、稼穡滋登一、故有二此祭一」（風神祭）と記すから、豊饒と風水を祈る農祭であった。『延喜式』四時祭上の四月祭には「大忌祭一座（広瀬社、七月准レ此）」「風神祭二座（竜田社、七月准レ此）」と料物を分けて記し、両社とも王臣の五位已上各一人、神祇官六位以下官人各一人を差遣し、七月も准ずるとある。同祝詞にも農耕水利と五穀祈願の内容が多く、「広瀬竜田祭」の名で古代王朝の重要農耕祭祀として励行され、六国史をはじめ『西宮記』『北

山抄』『簾中抄』などにもしばしばみられる。　（山上伊豆母）

おおうちびと　大内人　⇩内人《うちびと》

おおがうじ　大神氏　⇩おおみわうじ

おおかみやまじんじゃ　大神山神社　鳥取県米子市尾高に鎮座。旧国幣小社。大己貴神《おおなむちのかみ》・大山津見神・須佐之男神・少名毘古那神を祀る。創建年代不詳。伯耆大山《だいせん》を『出雲国風土記』に大神岳とあるが、大山を神体山とする信仰に発する神社で、祭神も古くは一座であろう。承和四年（八三七）二月従五位下、斉衡三年（八六五）八月正五位下、貞観九年（八六七）四月正五位上と授けられ、延喜の制小社、伯耆国二宮とされた。『今昔物語集』『梁塵秘抄』などにみられるように早くより修験道場となり、盛時には僧坊四十院、僧徒三千人を数えた。後醍醐天皇は船上山遷幸のとき、戦捷祈願のため神剣奉納され、尼子氏の崇敬につづき、毛利氏も崇敬して神殿を修築、天正十年（一五八二）一千貫の社領を寄進、元和二年（一六一六）八月、亀井政矩は末社下山神社を造営、のち鳥取藩主池田氏も社領寄進、社殿造営につとめた。明治四年（一八七一）五月国幣小社。例祭は十月九日。↓神水取神事《もひとりしんじ》

参考文献　朝山晧『大神山神社史綱』　（鎌田　純一）

おおかんぬし　大神主　⇩神主《かんぬし》

おおぎまちきんみち　正親町公通　一六五三—一七三三　江戸時代中期の神道家。風水軒・風水翁・白玉翁と称し、守初斎・須守霊社と号する。権大納言正親町実豊の男、母は権中納言藤谷為賢の女。承応二年（一六五三）閏六月二十六日誕生。侍従・近衛少中将を経、延宝五年（一六七七）参議に任ぜられ、元禄八年（一六九五）権大納言に至り、翌九年辞官、正徳二年（一七一二）従一位に叙せらる。またこの間元禄六年八月武家伝奏となり、同十三年二月まで在職した。これより先延宝八年山崎闇斎の門に入って垂加神道を学び、その高弟となり、天和二年（一六八二）九月闇斎の死去に先立ち、同流の根本経典ともいうべき『中臣祓風水草』を闇斎より託され、かつ神道許可の権などを譲られた。この後門人である一条兼輝と議して、同書を後西上皇の叡覧に供し、家秘として妄りに人に示すべからずとの仰せを蒙ったが、垂加神道を一に正親町神道と称するのは、この際に起因とするといわれる。その説は闇斎の説を忠実に踏襲したもので、垂加神道の正統とされ、門人には吉見幸和・玉木正英・跡部良顕らがいてさらに学統の発展を見たが、また堂上諸家の門弟も少なくなく、垂加神道説は宝暦年間（一七五一—六四）の竹内式部をまたずに朝廷内に伝えられた。享保十八年（一七三三）七月十一日没。八十一歳。京都真如堂に葬る。法名慧明院石峰常堅秀空。著書・口授の筆録には、同三年江戸に下向した際の講義を筆録した『正親町公通卿口訣』をはじめ、『甲子祭考』『無窮紀』『三種神器筆記』などがあり、また狂歌を能くし、その歌集に『雅筵酔狂集』がある。なおその日記は『八角記』と称し、寛文十三年（一六七三）・貞享五年（一六八八）および元禄六年より同十四年に至るもの十一冊が伝存する。

参考文献　『正親町家系譜』　（武部　敏夫）

おおぎまちしんとう　正親町神道　江戸時代中期の神道家正親町公通の唱道した神道説。公通は前権大納言藤原（正親町）実豊の末子で従一位に叙せらる。神道の号を風水軒また白玉霊社という。和歌・有職の学に詳しく、神道を山崎闇斎について学び、その奥義を授けられて門流の指導者となった。公通の功績としては第一に闇斎の遺著『中臣祓風水草』を整理して伝授書『持授抄』をつくり、垂加神道にはじめて組織を与えたこと、第二に闇斎の『倭鑑』（未完）の思想をついで神器授受による南朝正統論を『無窮紀』によって発揮し門流に影響を与えたことである。いずれも闇斎の意をくみ、さらに発展させた地位にあるから、これらを総称して正親町神道と呼ぶので、内容は㈠三種神宝極秘伝、㈡神籬磐境極秘伝、㈢神道系図をさす。門下に玉木正英・跡部良顕の逸材が現われ、師説を敷衍し全国に普及せしめた。↓正親町公通《おおぎまちきんみち》

参考文献　山本信哉編『神道叢説』、平泉澄編『闇斎先生と日本精神』、小林健三『垂加神道の研究』　（小林　健三）

おおぐちのまがみ　大口真神　大きな口を有する狼・山犬を神格化し、それを憚った呼び名。『万葉集』八に「大口の真神の原にふる雪はいたくなふりそ家もあらなくに」（原万葉仮名）と、また同一三に「大口の真神の原ゆ思ひつつ帰りにし人家に到りきや」（原万葉仮名）とあり、また『枕詞燭明抄』に引く『大和国風土記』逸文には、「むかし明日香の地に老狼在て、おほく人を食ふ、土民畏れて大口の神といふ、名二其住処一号二大口真神原一云々、見二風土記一」としている。『延喜式』神名帳にある尾張国中島郡の「大口神社」も、あるいはこの神を祭祀したものか。

三峯神社の大口真神札

狼は大神の意。山に住むこの獣は、古来山の神に随伴する神と考えられ、農作物を荒らす害獣を駆除し、田を守る益獣として、これに食物を供し尊崇する風があった。近世には武蔵の三峯神社（埼玉県秩父郡三峯）、丹後の大川神社（京都府舞鶴市大川）、但馬妙見山の養父神社（兵庫県養父郡養父町養父市場）などにおいて、この神の祭祀が始まっていた。現在、三峯神社や静岡県磐田郡水窪町山住の山住神社では、同神の姿を印した守札を配っている。また例えば岐阜県稲葉郡では、盗賊避けに南宮様の山犬の姿を印した護符を貼るなど、各地のお犬様の守札にもその名を記したものが見られる。

参考文献　柳田国男「狼史雑話」（『定本柳田国男集』二二所収）　（山本　節）

おおくにたかまさ　大国隆正　一七九二―一八七一　幕末・明治時代前期の国学者。初名は秀文または秀清、字は子蝶、通称は仲衛。はじめ一造、のち総一郎・匠作・仲、号は戴雪・天隠・如意山人・佐紀乃屋・葵園・居射室・真瓊園など。はじめ今井氏、中ごろ野之口と改め、のち大国を称した。石見国津和野藩士今井秀馨の子、母は久留米藩士石里氏の女。寛政四年(一七九二)十一月二十九日江戸桜田の藩邸に生まれた。文化四年(一八〇七)平田篤胤の門に入り、また昌平坂学問所に学んで業を古賀精里に受け、同六年同所の舎長となった。若くして音韻の学に志し、本居宣長の門人村田春門について教えを受けた。同十四年家を嗣ぎ、文政元年(一八一八)長崎に遊学すること数ヵ月、西洋の理学やインドの梵書をも渉猟した。また書法を清国人に問い、ついで津和野を過《よ》ぎり江戸に還り、皇朝諸名家の筆跡を学び、みずから一家をなした。その後もっぱら神代の古事や五十音図に係る諸書を攻めて、『古伝通解』および『矮屋一家言』などの稿を起すに至った。同十一年藩命により大納戸武具役についたが、故あって亡命し、天保二年(一八三一)父秀馨没して家運傾き、同五年再度の火災に罹って妻子と離れ、六年単身大坂に赴いて精励し、爾来国学を京摂の間に講じて、いわゆる「本教」「本学」の名を高からしめた。七年播磨小野藩一柳氏の帰正館に赴き、子弟を教導すること五ヵ年。十二年よりは京都に家塾報本学舎を開き、その前後姫路藩の和学校好古堂に国典を講じ、また福山藩の阿部氏に聘せられ、あるいは水戸斉昭の知遇を受け、あるいは関白鷹司政通に見《まみ》えて皇典を釈き、公家堂上に皇室の復興を説いた。嘉永四年(一八五一)津和野藩主亀井茲監が隆正の学識を嘉賞して臣籍に復せしめた恩義に感謝して、藩校養老館に講義し国学教師岡熊臣とともに、幾多の人材を養成した。明治初頭の神祇行政は津和野藩主従の奉公を多とすべく、隆正の構想に基づくところ少なくない。明治元年(一八六八)内国事務局権判事より神祇事務局にうつり、宣教の事に力をつくし、四年八月十七日病没した。年八十。東京赤坂霊南坂陽泉寺に葬る。著書は『本学挙要』『馭戎問答』『文武虚実論』『直毘霊補注』など百有余種に上る。昭和十二年(一九三七)『大国隆正全集』全七巻が刊行され、その主なるものを収めている。これより先、大正四年(一九一五)十一月従四位を贈られた。

[参考文献]　井上瑞枝編『(維新前後)津和野藩士奉公事蹟』上、河野省三「大国隆正と幕末の国学」(国学院大学道義学会編『幕末勤王思想の研究』所収)、上田賢治「大国隆正の回心」(『神道宗教』八)、山口鋭之助「明治戊辰の祭政一致の御制度回復」(『神道学雑誌』五)

(阪本　健一)

大国魂神社(一)本殿

おおくにたまじんじゃ　大国魂神社　(一)東京都府中市宮町に鎮座。旧官幣小社。武蔵大国魂神を中央に祀る。そのはじめは武蔵国造の奉斎に起るといわれる。その後この地に国府の置かれるに及んで、新しく国内諸神を勧請して国衙の斎場にもあてられ、武蔵総社を兼ねるに至ったが、国内諸神勧請にあたっては、由緒顕著な一宮から六宮までの、すなわち小野大神・小河大神・永川大神・秩父大神・金佐奈大神・杉山大神を迎えた。世に六所明神とも称されるゆえんである。鎮座地が鎌倉街道と甲州街道との交点にあったため、鎌倉時代以降は『吾妻鏡』に散見するごとく武家の崇敬をうけ、一方『神道集』のごときものにもその名が唱えられている。天正十八年(一五九〇)八月、徳川家康、江戸に入城するや、その翌年十一月、先規によって五百石を寄進した。正保三年(一六四六)十月に社殿が炎上したが、寛文七年(一六六七)三月、将軍家綱の命によって再建した。例祭は五月五日とし、俗に府中の闇《くらやみ》夜祭として聞えている。

[参考文献]　『(武蔵総社)大国魂神社史料』、猿渡盛厚『武蔵府中物語』

(近藤　喜博)

(二)福島県いわき市平菅波に鎮座。旧県社。祭神は事代主《ことしろぬし》命《のみこと》・大己貴命《おおなむちのみこと》・少彦名命《すくなひこなのみこと》。創立の年代は詳らかでないが、この地方が古代石城国造の地にあたるので、その奉斎にかかるものであろう。延喜の制では小社に列し、中世以降武将の尊信が厚い。乾元元年(一三〇二)鎌倉幕府は社領を安堵し、また社家国魂家は累代地頭の地位にあった。江戸時代内藤家も歴代崇拝し、特に五代義孝は元禄年代社殿を造立し、また正応以来の古文書を発見し『鬼角記』と名付け、社宝として献納した。例祭は四月八日。

(大場　磐雄)

おおくにぬしのかみ　大国主神　日本神話において多くの国々をことむけ、それを天孫に譲ったと語り伝えられる神格。この神格は日本古代の政治的統一の発達の過程において成立したもので、その原型は大名持(あるいは大穴持)神にあったであろう。大名持の原義も定かではないが多分大地主の意味で、日本の農耕発達の初期に大きく耕地を占める族長などが輩出したので、それを背景として成立した神格であろう。『古事記』『日本書紀』ともにこの神は異名が多いとし、八千戈神《やちほこのかみ》・葦原醜男《あしはらのしこお》・顕国玉《うつしくにだま》神《のかみ》・大物主神《おおものぬしのかみ》・大国魂神《おおくにたまのかみ》・大己貴神《おおなむちのかみ》・大名持神など多くの名は同じ神であるとしている。しかし発生的に考えるとそれらの神名はいずれもそれぞれに特殊な発生理由をもっていたので、歴史上の人物とは同一視すべきではあるまい。各地で各段階で発生した諸神格が、日本神話の綜合期にまとめあげられたものであろう。その中で大国主神というのは最も新しい成立で、古代日本の統一が大きく進んだ段階において成立したものと思われる。歴史の現実としては日本は本来多数の原始国家に分かれ、それぞれに小さい国主がいたわけである。それを皇祖を中心とする大和朝廷が次第に征服し併合して大きな統一にまで高めた。その際にくり返し行われたであろう国譲の物語を神話的に統合し、ここに大国主神による国譲の神話が成立したと見られる。つまり大国主というのは数多い原始的小国家の集合的な観念にほかならない。それが出雲の国にいたとされたのは、その地が比較的後世まで独立を保ち、相当の政治力をもち、大和と対立するような形を示したことが実際に存したためかも知れぬ。大和は結局これを従えて、大和系とされる天穂日命の子孫をその国造として送りこんだという話の筋になっているのは多少の問題がある。しかし律令制時代に出雲国造がその交代ごとに皇都に出て来て出雲国造神賀詞《いずものくにのみやつこのかんよごと》なるものをよみ、天皇に対する服従を誓った事は大きな象徴的意味をもち、天皇の大八洲統治を歴史に証明する意味をもったものである。そして神話によれば国譲に際し巨大なる神殿を造営しこの大神を安置し、天皇がこの世の顕事《あらわにごと》をつかさどるのに対し、大国主神はその幽事《かくりごと》をおさめるとしたという神話には古代日本人の宗教観があらわれているわけである。かくて出雲は日本民族の精神生活において皇室と相対する重要性をもつに至った。民間信仰においては十月は全国の民間の神々がすべて出雲に集まり、この大神を中心とする一大饗宴を開くように考えられて、諸国の十月は神無月であるが、出雲の十月は神在月であるなどと称せられた。この解釈の当否は別として全国の神が出雲に集まると広く信ぜられたことは、大国主神がやはり目に見えぬ幽事を支配しており、作柄の豊凶などにも十分の決定力を及ぼしているように考えられたのであろう。神話によるとこの神はいたるところに妻を求めたことになっているが、これは一面においてこの神をむすびの神と見る結果を生じ、そのことから進んで縁結びの神として信仰されることにもなった。この神の一名と称せられる八千戈神とは、彼が武力を以て国々を従えたという話から来ているのであろう。それは大きな国主というものがまさにそうあるべき存在と考えられたことを示している。また葦原醜男という名はおそらく古代演劇における一種の道化役として、この神が田を這いまわるような役を演じ、それによって豊作をもたらしめる呪術としたのではあるまいか。顕国玉神は御利益のある国土神であろうが、大名持という意味に通ずるものがある。

参考文献　肥後和男『古代伝承研究』　（肥後　和男）

おおくにみたまのかみ　大国御魂神　⇩国魂神《くにたまのかみ》

おおくめのみこと　大久米命　『古事記』によれば久米直の祖。神武天皇の東征に従い、大和の宇陀の豪族兄宇迦《えうか》斯《し》や、忍坂《おさか》の土雲《つちぐも》を誅伐して大功を立てた。その時に歌われたのが久米歌である。軍卒の士気を鼓舞するため、身振り・手振りを交えて歌われたものらしい。また大和の高佐士野《たかさじの》では、神武天皇と伊須気余理比売《いすけよりひめ》(のちの后)の仲を取り持つため、使者となって比売に歌いかけている。それを見ると、大久米命をはじめ久米人の間には、眼尻に入墨をする風習(歌垣での異装とも受け取れる)のあったらしいことがわかる。久米人のクメは垣《くへ》(『万葉集』一四)で、宮廷の御垣守《みかきもり》の意であろう。『日本書紀』では、来目(久米)部は常に大伴氏の配下として扱われているが、それは大伴氏が来目部を支配するようになった後の姿を反映していよう。同時に久米一門における、実在人物の汎称が大久米命であったと理解される。

参考文献　松村武雄『日本神話の研究』四、高崎正秀『文学以前』、折口信夫「久米部の話」(『折口信夫全集』一六所収)、喜田貞吉「久米部考」(『歴史地理』二九ノ三・五)　（尾畑喜一郎）

おおげつひめのかみ　大宜都比売神　⇩保食神《うけもちのかみ》

おおさいばり　大前張　⇩前張《さいばり》

おおさかごこくじんじゃ　大阪護国神社　大阪市住之江区南加賀屋に鎮座。祭神は、大阪府出身あるいは縁故ある戦没者十五万五千余柱を祀る。大阪府下では、明治十六年(一八八三)から大阪市中之島の明治紀念標前で大阪偕行会が中心となって招魂祭を行なっていた。また明治三十三年からは忠魂会が城東練兵場にて第四師団縁故の英霊の招魂祭を行なった。昭和十三年(一九三八)官民の声を背に知事・府・市・商工会議所代表が賛同して、同十四年大阪護国神社造営奉賛会が発足した。同年住之江公園内一万坪に社域の地鎮祭が行われ、同十五年三月仮本殿等が竣工し、同年五月四日に鎮座祭、五日に例祭が行われた。本建築は昭和三十八年に造営竣工し遷座祭が行われた。第二次世界大戦後占領下では浪速宮《なにわぐう》と改称したが昭和二十七年現名に復称した。例祭は春季(五月二十日)・秋季(十月二十日)の慰霊大祭、献燈みたま祭(八月十四日・十五日)。

参考文献　『大阪護国神社五十年史』　（津田　勉）

おおさかてんまんぐう　大阪天満宮　大阪市北区天神橋に鎮座。古くは摂津南中島惣社天満宮・中島天満宮ともいい、地元では「天満《てんま》の天神さん」と呼ぶ。旧府社。主祭神は天満大自在天神(菅原道真)。社伝によれば、孝徳天皇の長柄豊碕宮(現中央区)遷都に伴い、白雉元年(六五〇)、宮域の西北を鎮護するためにまつられたのが大将軍社で、天暦三年(九四九)のある夜、その社前に松七本が生え、夜ごとに光り輝いたため、村上天皇はこれを菅公に関わる奇瑞であるとして当宮を創祀したという。この七本松伝承は、天神信仰の成立基盤に大将軍信仰があったことを示す伝承として重要。十一世紀後半に当宮に参拝した藤原敦基・敦光兄弟の漢詩「九月尽日陪天満天神祠」は初見史料であり、当宮周辺に松林が広がる景観が詠まれている(『本朝無題詩』)。この松林は当初「大将軍の森」と呼ばれたが、天満宮創祀ののちは「天神の森」と呼ばれ、大将軍社も当宮の境内社となった。『太平記』二五住吉合戦事に「天神の松原」や、同三六秀詮兄弟討死事に「天神の森」が合戦の舞台としてみえる。文明十年(一四七八)七月二十五日には法楽連歌が行われ(『大乗院寺社雑事記』)、これ以後、明応四年(一四九五)三月二十一日には細川政元が(『実隆公記』)、文亀二年(一五〇二)二月二十五日の菅公六百年祭には飯尾宗祇が(『自然斎発句集』)、永正八年(一五一一)九月二十五日には牡丹花肖柏が(『牡丹花連歌』)、永正十二年二月二十五日には三条西実隆が(『再昌草』)、天文十四年(一五四五)九月二十五日には宗訊《そうじん》が(『宗訊句集』)、当宮の千句連歌に名を連ねている。また、本願寺十世証如が石山本願寺に移ると、その『証如上人日記』(『天文日記』)や、順興寺実従の『私心記』にも当宮関係の記事が散見できる。天文十八年には三好三人衆と河内衆の戦いにより当宮は焼失し、また織田信長と石山本願寺の合戦(一五七〇—八〇)では当宮は本願寺に味方し、創祀以来の神宝・史料類も灰燼に帰した。天正十三年(一五八五)五月、豊臣秀吉が当宮会所の東の隣接地に本願寺(天満本願寺)の寺基を定めると、その寺内町の建設に伴って当宮門前町も復興した。寺内に居住した山科言経は、当宮の天神祭や流鏑馬神事なども見物し、また社僧大村由己の連歌会にも参加している(『言経卿記』)。由己は当宮の神宮寺であった宝珠院の僧であり、秀吉の御伽衆をも務めた。大坂の陣にも罹災し、特に元和元年(一六一五)の夏の陣では吹田に避難した。還座してのちは、大坂の町の復興に伴い再興され、天満郷の産土神として発展した。正保四年(一六四七)に連歌宗匠として西山宗因を迎え、翌々年には月次連歌も再興された(『宗因発句集』)。一月二十五日は梅花祭・鷽《うそ》替神事、七月二十五日は天神祭、十月二十五日は流鏑馬神事。社殿のうち神楽所・参集所・梅花殿は国登録有形文化財。天神祭の御迎船人形十四体は大阪府指定民俗資料。天神祭礼船渡御図屏風と船地車天神丸は市指定文化財。

[参考文献] 大阪天満宮史編纂会編『大阪天満宮所蔵古文書目録』、大阪天満宮史料室編『大阪天満宮史の研究』、同編『大阪天満宮史の研究』二
(高島　幸次)

大阪天満宮

「天満菅廟御文庫奉納書籍標印不許売買」大阪天満宮蔵書印

おおさきはちまんじんじゃ 大崎八幡神社 宮城県仙台市八幡に鎮座。旧村社。祭神は応神天皇・仲哀天皇・神功皇后。大崎八幡は、伊達氏入部前の仙北(仙台以北)の領主大崎氏の鎮守神として、もと宮城県遠田郡田尻町にあった。葛西・大崎領に転封された伊達政宗が、玉造郡岩出山に居城すると、その鎮守としてこれを岩出山に移した。そして、さらに仙台に居城すると、これを再び仙台の現在地に移した。現存する社殿は、慶長九年(一六〇四)から同十二年まで四年間かけて造営されたものであり、桃山様式の権現造(石の間造)としては、京都北野神社とともに最古の遺構であり、国宝に指定されている。大工山城日向守家次、棟梁梅村三十郎頼次・刑部左衛門国次、鍛冶雅楽助吉家、画師佐久間左京らであった。かれらは仙台城大広間・瑞巌寺・国分寺薬師堂を造営する工匠たちとも大部分かさなっている名工たちであった。そこに仙台藩初期の建築が全国的水準を保ちえた理由がある。社殿は本殿と拝殿とこれをつなぐ石の間とから成る。本殿は五間に三間、拝殿は七間に三間、ともに入母屋造。

大崎八幡神社

石の間は切妻造。本殿は内陣が中央にあって四方がめぐれるように設計されている。拝殿は正面に千鳥破風があり、さらに向拝には軒唐破風がつくという変化があって、はなやかな紋章のような観がある。内部には左右に親王間・将軍間と称する間がある。内部装飾は彫刻・金具とも意匠をこらし、はなやかな極彩色にいろどられている。桃山の粋を工芸的に集約したような建築である。例祭は九月十四日・十五日の両日。

参考文献 『仙台市史』三、宮城県教育委員会編『宮城県の文化財』、仙台市教育委員会編『仙台の文化財』、高橋富雄『宮城県の歴史』(『県史シリーズ』四)

(高橋　富雄)

おおささはらじんじゃ　大笹原神社　滋賀県野洲郡野洲町(旧篠原村)大字大篠原にあり、神速須佐男命《かんはやすさのおのみこと》・櫛稲田姫命《くしいなだひめのみこと》・八王子を祀る。旧郷社。古くは王子社・牛頭《ごず》天王社などとも呼ばれていたが、明治初年大笹原神社と改称された。社地は旧中山道、鏡の宿に近い鏡山の西北麓に在り、銅鐸の出土地として名高い小篠原や史跡丸山古墳・甲山《かぶとやま》古墳などにも近いので、やはり古代における篠原郷の氏族的な信仰の中心をなす神社であったものと推定される。例祭は五月五日・六日、年中行事として古式天王神事(頭人祭)がある。本殿は三間社流造、屋根入母屋造・檜皮葺、正面一間に向拝をつけた神社建築で、付属の棟札によって室町時代初期応永二十一年(一四一四)の建立と知られる。明治三十四年(一九〇一)に特別保護建造物に指定され、文化財保護法に基づく国宝には昭和三十六年(一九六一)に指定されている。また境内社の篠原神社本殿は一間社隅《すみ》木《ぎ》入《いり》春日造、檜皮葺の小さな建物だが、やはり室町時代の神社建築として、重要文化財に指定されている。

大笹原神社本殿

参考文献 滋賀県編『国宝大笹原神社本殿・重要文化財大笹原神社境内社篠原神社本殿修理工事報告書』

(景山　春樹)

おおしおはちまんぐう　大塩八幡宮　福井県武生市国兼町に鎮座。旧県社。祭神は帯中日子天皇《たらしなかつひこのすめらみこと》(仲哀天皇)・品陀和気天皇《ほむだわけのすめらみこと》(応神天皇)・息長帯日売尊《おきながたらしひめのみこと》(神功皇后)。寛正五年(一四六四)八月十五日の本奥書(天正元年(一五七三)五月五日書写)を有する『大塩八幡大菩薩御縁起』によれば、仁和三年(八八七)讒言により府中(武生)の南大谷口泉島に配流となった紀友仲が、日夜石清水の神霊に祈願し、赦免されたことから寛平三年(八九一)八月王子保の桜井峰に石清水八幡宮を勧請したのがはじまりという。中世には武門の崇敬篤く、朝倉氏より社領の寄進・安堵もうけた。近世には福井藩松平氏・府中藩本多氏の庇護をうけ、慶長八年(一六〇三)結城秀康に従って越前に入部した本多富正が武運長久を祈願して以来、本多氏の祈願所となり、元和九年(一六二三)には松平忠直が大塩村・国兼村のうち五十石の社領を寄進した。明治七年(一八七四)六月県社に列格。社家は代々瓜生氏。例祭は九月二十四日。昭和四十六年(一九七一)八月二十八日八幡神社の社名を大塩八幡宮と改めた。社宝に県文化財指定の鶴亀松筆絵算額一面、巴散文螺鈿鞍など多数がある。拝殿は桁《けた》行七間、梁《はり》間四間の大型のもので、室町時代の建立。重要文化財。昭和五十三年十月より解体修理され、従来の寄棟造・栈瓦葺の屋根を入母屋造・柿葺に改められた。平成十四年(二〇〇二)・十五年の両年にわたり屋根葺替事業がなされ、十五年十一月三日、竣工奉祝祭が斎行された。

参考文献 文化財建造物保存技術協会編『重要文化財大塩八幡宮拝殿修理工事報告書』

(橋本　政宣)

おおしま・おきつしまじんじゃ　大島・奥津島神社　滋賀県近江八幡市北津田町にあり、正式名称は大島神社・奥津島神社。大国主命を祀る大島神社と奥津島姫命を祀る奥津島神社の二社として鎮座する。大島神社は延喜式内の小社、奥津島神社は式内名神大社で、ともに旧県社。中世文書を多く伝存している。大島はその名のごとく、近江八幡市の北方、琵琶湖中に突出する小群峰からなる旧島嶼であり、いまは麓の沖積平野と広大な内湖の干拓によって、ほとんど陸つづきとなってしまっているが、古代においては、湖畔からはるかに印象的な山容をながめ得る一島嶼であった。大島の沖にある沖島には、奥宮が祀られているが、本来はこの島に祀られていたのが奥津島神社、大島に祀られていたのが大島神社であったものと考えられる。島山(大島)の南端には、西国三十三所の観音霊場で名高い天台宗の長命寺もあるが、この神社の裏山から長命寺山にかけては、岩石の自然露頭を磐座《いわくら》として崇敬した原始信仰のおもかげを幾箇所も残しており、おそらく太古においては全島を禁足の神地、神籬《ひもろぎ》とする神の島であったと思える。それはその名の示すごとく、島を神体とする原始的な自然神道の形式から、その祭祀がはじまって来たことを物語る古式の神社である。例祭は四月十八日・十月十八日。　↓奥津島神宮寺《おきつしまじんぐうじ》

参考文献 『近江蒲生郡志』六 （景山　春樹）

おおしま・おきつしまじんじゃもんじょ　大島・奥津島神社文書　滋賀県近江八幡市北津田町に鎮座する大島・奥津島神社に中世以来蔵せられた文書。鎌倉時代から南北朝・室町時代を経て江戸時代中期にまで及ぶもので総数約二百点。この地は古く近江蒲生郡島村といって湖岸より離れた島であり、祭神大国主命・奥津島姫命を奉斎する二社が式内社として相並んでおり、中世には奥島荘としておおむね延暦寺領に属した。荘民は半農・半漁を業としたから江利(魞)に関する文書も多い。文書中古いものとしては、鎌倉時代中期、仁治二年(一二四一)に奥島荘民が、新江利および馬押借の件につき下司職の非法を山門に訴えた際の領主側下文がある。この種、荘官と農民との確執を伝える文書も多く含まれているが、圧倒的に多いのは、南北朝から室町時代にかけての寄進状・譲状・売券の類いであり、また室町から江戸時代にかけての神社日記も多い。原本は滋賀大学経済学部附属史料館にあり、東京大学史料編纂所にこの影写本を架蔵する。『滋賀大学経済学部附属史料館研究紀要』一―九に連載されている。 （金本　正之）

おおすぎじんじゃ　大杉神社　茨城県稲敷郡桜川村阿波《あば》に鎮座。旧郷社。倭大物主櫛甕玉命《やまとおおものぬしくしみかたまのみこと》・大己貴命《おおなむちのみこと》・少彦名命を祀る。社伝によれば創建は神護景雲元年(七六七)、称徳天皇の代にさかのぼる。江戸時代に入ると水運の神として信仰を集め、利根川流域を中心に大杉神社は勧請されていったが、関東・東北地方の太平洋岸には、船霊様の親神とされ、通称あんば様と呼ばれて、漁民たちの豊漁祈願の神として信仰が広がっていった。「あんば」とは魚網の縁辺部につける浮きである浮子《あば》のことである。あんば様には祠がない。不定期に漁民の若者たちが漁具や網を栈橋などに積み上げ、これをあんば様と称してまつった。こうなるとあんば休みといって仕事を休まなければならなかったため、休み日を求めるときの手段の一つとなった。一方利根川流域では、疱瘡除けの信仰的側面もあり、あんば様を信仰していれば疱瘡が軽く済むと信じられていた。疱瘡にかかった家があれば、集団で行って病人に赤い頭巾をかぶせてあんば囃子に合わせて踊った。踊りに乗せて疱瘡を送る習俗と習合していたと考えられる。現在でも利根川流域の大杉神社の祭にはあんば囃子が奏されるところがある。例祭は十月二十六日・二十七日。 （茂木　栄）

おおすみしょうはちまんぐう　大隅正八幡宮　⇩鹿児島《かごしま》神宮《じんぐう》

おおたきじんじゃ　大滝神社　福井県今立郡今立町大滝に鎮座する旧県社。国常立尊・伊弉那諾尊・伊弉那美尊を祀り、末社として天忍穂耳尊《あめのおしほみみのみこと》を祀る。もと大滝児権現と称し、僧泰澄の開山と伝え、別当大滝寺が奉仕、神位は従一位にのぼり(『越前国惣神分』)、中世以来、領主・藩主の崇敬をうけ、近郷四十八村の氏神と仰がれた大社。例祭は十月十二日。なお境内神社の岡太《おかもと》神社は水波能売《みずはのめ》命《のみこと》(川上御前)・天水分神《あめのみくまりのかみ》を祀り、古来製紙の祖神として業者の信仰があつい。 （小倉　学）

おおたたねこ　大田田根子　日本古代における伝説的存在。記紀にその名がみえ、『古事記』では意富多多泥古と書く。『日本書紀』によれば、崇神天皇の時、国家がうまく治まらなかった。時に大物主神が天皇の夢にあらわれて、わが児大田田根子をして吾をまつらしめたならば立ちどころに天下平らぎなんといったので、天皇はこれをさがし、茅渟県陶邑においてこれを発見したが、それは大物主神が陶津耳の女活玉依媛に通って生ませた子であるという。天皇は物部連祖伊香色雄に命じ物部八十手が作った祭神の諸器を以て大田田根子に大物主神をまつらせた。また翌年、天皇は大田田根子に大神神《おおみわのかみ》をまつらせた。同日、高橋邑の人活日《いくひ》は大神の掌酒《さかびと》として神酒を天皇にささげ、「このみきはわがみきならず大和なす大物主のかみしみきいくひさ」(原万葉仮名)と歌って祝福した。この大田田根子こそはのちの三輪君の祖先にあたるという。『古事記』崇神天皇段にも類似の記事がみえ、意富多多泥古を神君《みわ》・鴨君の祖であるとしている。これらは伝説でありその歴史的真相は明らかではないが、大物主神は本来大和の主神と考えられるので、新たに大和の政治的君主となった皇祖がこの神の処遇にいろいろ苦心したことが十分に想像される。 （肥後　和男）

おおとこぬしのかみ　大地主神　『古語拾遺』にみえる土地の神。この神が田作りの日に牛肉を田人にくわせたため、穀物の豊饒を掌る御歳神の祟りにあう。卜占によってそれを知った大地主神は、白猪・白馬・白鶏を献じて怒りを解いたという。この条は『延喜式』にみえる御歳神祭祀の習俗と一致する。また祟りによって枯れた田を回復するために御歳神が教えたさまざまな呪法、たとえば男茎形を溝の口におくこと、呉桃の葉や塩を田の畔にまくことなどには、豊饒を祈願する農耕民俗の反映がある。

参考文献 松村武雄『日本神話の研究』四 （倉塚　曄子）

おおとしのかみ　大歳神　⇩年神《としがみ》

おおとしみおやじんじゃ　大歳御祖神社　静岡市宮ヶ崎町に鎮座。旧国幣小社。大歳御祖命を祀り、雷神を配祀する。創立年代を詳らかにしないが、古くは奈古屋明神と称され、『延喜式』神名帳にみえて古き鎮祭とされる。一説には奈古屋社と大歳御祖社とは別々の社頭にして、奈古屋社は倭文《しずはた》機部の祖神をまつって、はじめ賤機山上に坐し、大歳御祖社は、阿倍市《あべのいち》の市神大市比売命をまつったのに起ったが、いつしか両社結合して、大歳御祖神社と称するに至ったともいう。この神社は、神部・浅間両社と同一境内にあるが、両社とは別個の社頭であり、同一境内にまつられた時期と経過についてもそれぞれ異なっている。奈古屋明神としての大歳御祖社は、阿倍市の発展とともに興隆したものであり、神部神社は総社と

大歳御祖神社神門

しての地位を得て発展し、また国司行政のある時期に、新宮として浅間神社がこの地に迎祭され、三社がそれぞれの特徴を発揮したと思われるが、大歳御祖神社は今も境内の南部に別の一郭をなしている。例祭は四月五日。

参考文献 『国幣小社神部・浅間・大歳御祖神社誌』

(近藤　喜博)

おおとのじのみこと・おおとまべのみこと　大戸之道尊《おおとのじのみこと》・大苫辺尊　『日本書紀』神代本文に所出の神。大戸摩彦尊《おおとまひこのみこと》・大戸摩姫尊《おおとまひめのみこと》、また大富道尊《おおとみじのみこと》・大富辺尊《おおとみべのみこと》とも表記する。『古事記』神代では意富斗能地神・妹大斗乃弁神とある男女の対偶神にあたる。オオは美称、トは戸口あるいは生殖器、ノは所有の助詞でマとミはその転訛、ジとベは彦と姫に同じ男女を指す助辞。『日本書紀』では独化三神に続く対偶神四代の二番目、『古事記』では別天神五柱に続く対偶神五代の三番目に登場し、対偶神最後の伊弉諾・伊弉冉の神婚へと導く神々である。

(薗田　稔)

おおとのほがい　大殿祭　宮廷殿舎の災害を予防し平安を祈願する宮中祭儀。『延喜式』宮内省・四時祭上ならびに祝詞に詳しい。屋船久久遅《やふねくくのち》・屋船豊宇気姫《やふねとようけひめ》・大宮売《おおみやのめ》の三神をまつる。恒例には神今食・新嘗祭・大嘗祭の前後に行われ、臨時には宮殿の新築・移居や斎宮・斎王のト定ののち行われた。『古語拾遺』に記す由来によれば、太玉命の孫である天富命が諸「斎部」を率い天璽を正殿に安置し殿祭《おおとのほがい》の祝詞を奏したのが本義で、のち中臣が参加して並び、宝亀以後の中臣が斎部を率いるという奏詞は、中臣による後世の改変という。式次第は、糸四両・安芸木綿一斤・筥四合・米四升・酒二升・瓶一口・盞二口・案二脚を揃え、中臣・忌部の官人、宮主、史生、神部、御巫らが奉仕、中臣は御殿の南に侍し、忌部は巽に向かって微声で祝詞を申す。祝詞には神殿構立が忌部の専業であった時代の呪術や呪言がふくまれ、他にみられない古態がのこる。

(山上伊豆母)

おおとみじんじゃ　大富神社　福岡県豊前市四郎丸に鎮座。旧県社。祭神は湍津姫命《たぎつひめのみこと》・田心姫命《たごりひめのみこと》・厳島姫命・仲哀天皇・神功皇后・応神天皇・表筒男命《うわつつのおのみこと》・中筒男命《なかつつのおのみこと》・底筒男命《そこつつのおのみこと》・斎主命。東殿に宗像三神、中殿に八幡三神、西殿に住吉三神と地主神を配祀。嘉祥三年(八五〇)と翌年の太政官符により正六位上に叙し、貞観二年(八六〇)従五位下に昇格した国史見在社。十一世紀前半、当地は宇佐宮弥勒寺の荘園に設定され八幡三神を勧請。寺用米運送の海上交通のため宗像三神を勧請。応永十一年(一四〇四)の棟札に「宗像・八幡大菩薩」とあり、貞享四年(一六八七)の棟札には「宗像・八幡宮・住吉大神宮」とある。宝永二年(一七〇五)の記録では大富神が復活し、天明六年(一七八六)の棟札で十柱が整列する。維新後は社名を旧称に改めた。例祭は四月三日、春季神幸大祭(四月二十九日―五月一日)・秋季御供揃祭(十月十九日)。神事に豊前感応楽船歌などがある。古文書・古記録・棟札ほか社宝多数。社叢は福岡県環境指標の森に指定。

参考文献 『明治神社誌料』、『豊前市史』

(伊藤　勇人)

おおとりじんじゃ　鷲神社　東京都台東区千束三丁目に鎮座。一般に「おとりさま」と呼ばれている。旧村社。祭神は天之日鷲命《あめのひわしのみこと》・日本武尊。当社は明治維新前は下谷田圃の長国寺(日蓮宗)の境内社鷲大明神であり、上総国長柄郡鷲山寺から勧請したもので、本地は妙見菩薩と伝えていた。維新の神仏分離に際し、社名を鷲神社と改称した。毎年十一月酉の日の例祭は、酉の市(古くは酉のまち)と呼ばれ、参詣の群集で雑踏し、大小とりどりの熊手を売るので有名である。『遊歴雑記』によると、当社の繁昌は江戸時代明和期からといい、そのころ当社の酉の市を「新とり」と呼ぶのに対して、武州足立郡花又村鷲明神(東京都足立区花畑町の大鷲神社)の「大とり」(同じく十一月酉の日)がすでににぎわっていたという。　↓酉《とり》の市《いち》

(萩原　竜夫)

おおとりじんじゃ　大鳥神社　大阪府堺市鳳北町に鎮座。旧官幣大社。大鳥連祖神・日本武尊を祀る。大鳥連は天児屋命の後裔。古くより日本武尊が伊勢国能褒野《のぼの》で没してのち、その霊が白鳥となりこの地に飛来したため、社殿を創建したとの伝承があり、昭和三十二年(一九五七)日本武尊を増祀した。大同元年(八〇六)和泉に二戸の神封を有し、貞観三年(八六一)七月従三位を授けられ、延喜の制名神大社で月次・新嘗祭の官幣をうけ、和泉国の一宮とされた。永禄・天正の兵乱にあい、慶長七年(一六〇二)豊臣秀頼が再建したが、大坂の陣で兵火にあい社殿・社宝はすべて焼失し、寛文二年(一六六二)幕府が堺奉行石河利政に命じ復興、元禄十四年(一七〇一)柳沢保明に命じ修理、遷宮入仏料金二百両を寄せた。社殿は大社造に似た大鳥造、寛文年間造営の社殿は明治三十八年(一九〇五)焼失、四十二年再建した。明治四年五月官幣大社となる。例祭は八月十三日。

(鎌田　純二)

おおとりせっそう　鴻雪爪　一八一四―一九〇四　幕末

から明治時代前期にかけての宗教家。文化十一年(一八一四)正月備後に生まる。出家して清拙、のち雪爪を号とす。石見津和野大定院(曹洞宗)無底に就いて出家。弘化三年(一八四六)より大垣全昌寺に住し、大垣藩主戸田家の藩老小原鉄心と親交、国事に関心をもち黒衣宰相の観あり。安政四年(一八五七)福井孝顕寺に晋山、福井藩主松平春嶽は雪爪に師事す。慶応三年(一八六七)彦根清涼寺に晋住、井伊氏の請ずる処。この年京に召されて耶蘇教取扱いについて意見を徴せらる。明治元年(一八六八)五箇条の誓文に時を同じくして戊辰の建白書を呈し、神・儒・仏三教協同して外教の進出に備うべきを主張し、軽率なる廃仏論を誡しむ。福井に国漢梵洋の僧学校成るも師の示す処。翌年五月教導局御用掛として東上、四年再び法教について建白し、特に僧侶の噉肉蓄妻の公許を求む。同年左院の少議生に任ぜられ、在官中の還俗を申し付けらる。翌五年教部省出仕を罷め大教院の院長につき、のち芝琴平神社の祠官につき神道管長となり、三十七年六月十八日死去。九十一歳。東京赤坂の青山墓地に葬る。従四位に叙せらる。著書に『山高水長図記』三巻がある。

参考文献 服部荘夫『鴻雪爪翁』、小林正盛『鴻雪爪翁山雨楼詩文鈔』 (友松　圓諦)

おおとりづくり 大鳥造　神社本殿形式の一つ。切妻造妻入で、方二間の正方形の平面であるが、正面妻中央の柱を欠き、二つの小柱を立ててその間に板扉を開く。内部は前後に二分して内陣・外陣とし、内外陣境もまた正面と同様板扉によって区切られている。前後二室に分けている点、形式としては住吉造と同系統であり、かつ住吉造の桁行四間に対して桁行二間にすぎないので、簡略化した住吉造と考えることができる。大阪府堺市の旧官幣大社大鳥神社本殿がこの形式を踏襲するのでこの名がある。 (稲垣　栄三)

おおなおびのかみ 大直毘神　⇩直毘神《なおびのかみ》

おおなかとみうじ 大中臣氏　⇩中臣氏《なかとみうじ》

おおなかとみしけいず 大中臣氏系図　欽明朝にはじめて中臣連を賜わったとされる常盤の父黒田を祖とし、常盤の孫御食子・国子・糠手子を三門の始祖とする三門流の大中臣氏の系図。『群書類従』系譜部所収。書名は『中臣氏系図』。一巻。延喜六年(九〇六)撰の『大中臣本系帳』によったもの。嘉暦年間(一三二六—二九)ごろまでを載せる。三門の内、最初に二門国子の系統を長く記す。国子の孫意美麿は神祇伯に任ぜられたとし、光仁朝に右大臣に任ぜられた曾孫清万呂は、神護景雲三年(七六九)、称徳天皇から大中臣の氏称を賜わったとする。その子孫は伊勢神宮祭主や神祇官の官に任ぜられたとする。国子に続いて、糠手子、御食子の順にそれぞれの系統を載せる。奥に「嘉暦三年六月七日終功畢」との記載や、「正慶元年(元弘二、一三三二)七月廿五日終書功畢」との記載がみられる。また承応年間(一六五二—五五)ごろまでを記した宮司近代系図を併載。なお、『続群書類従』系図部には、(一)『大中臣氏系図』、(二)『大中臣氏系図』、(三)『大中臣系図』を収める。各一巻。(一)は、元久二年(一二〇五)に神祇権大副大中臣為定が撰進。延喜六年撰の『大中臣本系帳』を元久二年まで増補したもの。元久二年為定撰進以後、奥書にみえる永仁二年(一二九四)の書写の時までは氏人某の附記。(二)は、二門が詳細で伊勢神宮祭主を務めた系統中心。最下限の年紀の記載は、慶忠への内昇殿が許された天正十六年(一五八八)。(三)は、大織冠(鎌足)から唯俊の娘に及び、常陸国那珂湊浄光寺系図と称すべきもの。ほかに神宮文庫本などがある。

参考文献 『群書解題』三上・下 (川島　慶子)

おおなむちのかみ 大己貴神　⇩大国主神《おおくにぬしのかみ》

おおなもちかたいしじんじゃ 大穴持像石神社　石川県羽咋市寺家町に鎮座。旧県社。延喜式内社で、『三代実録』貞観二年(八六〇)六月条に「能登国大穴持神、宿那彦神像石神二前、並列ニ於官社ニ」とある。大穴持神を祀り少《すく》彦名神《なのかみ》を相殿とする。西方にある気多神社の摂社関係にあった。ウナジ社と呼ばれ、中世は畠山氏、近世は前田氏の崇敬をうけた。境内にある地震石は霊異あらたかな神石として尊信される。明治十六年(一八八三)に県社となった。例祭は四月十八日。

参考文献 森田平次『能登志徴』、石川県図書館協会編『気多神社文献集』(『加賀能登郷土図書叢刊』)、『羽咋市史』中世・社寺編 (小倉　学)

おおなもちじんじゃ 大名持神社　奈良県吉野郡吉野町河原屋に鎮座。旧郷社。大名持御魂神・須勢理比咩命《すせりひめのみこと》・少彦名命《すくなひこなのみこと》を祀る。貞観元年(八五九)従一位より正一位、『延喜式』では名神大社、祈年・月次・相嘗・新嘗祭などは案上官幣に預かる。『大神分身類社鈔』によると少彦名命は後代に合祀されたものという。明治六年(一八七三)郷社。境内に潮生淵があり早魃祈願をする。例祭は一月十七日。本殿は神明造、境内約一九二・六アール、末社四、氏子百九十六戸、崇敬する者が多い。 (中野　幡能)

おおにえ 大嘗　⇩大嘗祭《だいじょうさい》

おおにえのとの 大嘗殿　⇩大嘗宮《だいじょうきゅう》

おおぬさ 大麻　神社祭式の祓の具。『古語拾遺』に「古語麻謂二之総一也」とあることによっても、古く麻をフサまたはヌサと訓んだことが知られる。麻はこれを神に手向けるときは乞禱ぐためのものであり、これを祓具に用いるのは不浄を祓うためのものである。後者の祓具に用いる場合には、各自に麻を出さしめるのが古儀であった。『日本書紀』天武天皇五年(六七六)八月条に、四方の大解除のための用物として毎戸麻一条を出さしめたとあるのがこれである。次に延暦の『皇太神宮儀式帳』によると、人ごとに麻を持たしめて不浄を祓い清める儀式を伝えている。しかるにのちには人ごとに持たしめることを省き、諸人に麻を引かせて祓い清めることとなった。『江家次第』大祓条に大麻を行う所作は上卿以下が座前でこれを引くと記されている。また麻を細かく切って(これを切麻《きりぬさ》という)人ごとに頒ち、これで祓わせた例もある。『江家次第』

大祓条に「神祇官頒₌切麻₋」とあるもの、また『後拾遺和歌集』に「水無月祓」の題で和泉式部の和歌として「思ふことみな尽きねとて麻の葉を切りに切りても祓へつるかな」とある例などがそれである。さらにのちには麻を手に執ってこれを振り、人を清めることが行われ、これを祓麻《はらえぬさ》と呼んだ。『皇太神宮年中行事』二月九日、祈年御祭次第行事に、祓麻とは「五尺許榊枝ニ木綿ヲ付」けたものだといい、同神宮の『司家旧記』に「大麻は五尺許の賢木の枝に麻と垂《しで》とを著たる物」とあるのがそれで、これが今日の大麻の姿である。ちなみにこの大麻を執って祓う所役を祓主とも大麻所役ともいっている。ただしこの大麻を「たいま」と読むときは、伊勢神宮から頒布される神宮大麻(御神札)をいう例になっている。→切《きり》麻《ぬさ》

（岡田　米夫）

[参考文献]『古事類苑』神祇部二、薗田守良『神宮典略』一六(『大神宮叢書』)

おおのみなとじんじゃ　大野湊神社　金沢市寺中町に鎮座。旧県社。八幡大神・猿田彦大神・天照大神を祀る。犀川河口に位置する大野湊の守護神であった延喜式内社で、平安時代末期から江戸時代には、佐那武《さなたけ》社と号した。加賀馬場白山本宮の末社に属し、鎌倉時代には、加賀国の「国之八社」のうちにあげられており、観応二年(一三五一)に足利直義が、天下泰平を祈願し、社領を寄進した。戦国時代に佐那武寺尊重坊が、天台宗延暦寺西塔北谷の正観院の末寺としてみえるが、やがて社僧坊は退転した。天正十四年(一五八六)前田利家は、旧大野庄内の十五ヵ村を氏子と定め、社領二町を寄進した。ついで慶長九年(一六〇四)前田利長が、今日に伝わる神事能興行の例を開き、江戸時代には、金沢城下町の外港宮腰の産土社としても知られた。例祭は五月十五日。本殿三棟は、寛永十六年(一六三九)前田利常の建立で県指定有形文化財。八月の夏祭には、旧社地への勇壮な神輿渡御がある。

（東四柳史明）

おおのやすまろ　太安麻呂　?―七二三　奈良時代の官人。名は安万侶とも書く(『古事記』序文・墓誌)。壬申の乱に天武天皇方の武将として功があった多品治(「太」と「多」は通じる)の子という伝えもある。慶雲元年(七〇四)従五位下に叙され、和銅四年(七一一)正五位上となり、同年九月元明天皇の詔によって『古事記』を撰録し、翌年正月に献上した。霊亀元年(七一五)従四位下に進み、同二年氏の長、養老七年(七二三)七月六日没(『続日本紀』は庚午にかけ、通説は七日とする)。時に民部卿であった。かれは、多人長《おおのひとなが》の『日本紀弘仁私記』の序文によると、『日本書紀』の編修にも参与したというが、状況的にも、本文調査の上からも、その公算は大きい。『古事記』序文(上表文)の格調から推して、かれが当代一流の文筆家であったことはいえるが、稗田阿礼《ひえだのあれ》と協同して国語の表現を基調にした『古事記』の撰録を成就したのには、のちに宮廷音楽を担当することになる太(多)氏の家の教養も役立ったであろう。墓誌が現存する。

（太田　善麿）

おおばいわお　大場磐雄　一八九九―一九七五　大正・昭和時代の考古学者。明治三十二年(一八九九)九月三日東京に生まれる。谷川利一・たかの三男。昭和三年(一九二八)母方大場家を相続、改姓。大正十一年(一九二二)国学院大学大学部国史学科卒業後、内務省神社局嘱託として神社に関する調査考証にあたり、かたわら国学院大学講師を兼務する。その間考古学的立場から古代祭祀関係遺跡・遺物を研究し、日本考古学の中に神道考古学という一分野を開拓した。昭和二十三年「祭祀遺蹟の研究」で文学博士の学位を受け、同二十四年より国学院大学教授となる。同四十五年定年により客員教授。その間同四十四年から四十六年まで日本考古学協会委員長、同四十七年より文化財保護審議会専門委員をつとめる。主要著書に『日本考古学概説』『考古学』『神道考古学論攷』『まつり』『祭祀遺蹟―神道考古学の基礎的研究―』『大場磐雄著作集』全八巻があり、ほかにも著書・論文四百篇以上がある。昭和五十年六月七日没。年七十五。渋谷区幡ヶ谷清岸寺の大場家墓地に葬る。

[参考文献]　大場磐雄先生記念事業会編『楽石大場磐雄先生略年譜幷著作論文目録』、『信濃』二七ノ一〇(大場磐雄先生追悼号)、「大場磐雄博士追悼記事」(『国史学』九七)

（乙益　重隆）

おおはふり　大祝　⇨祝《はふり》

おおはらえ　大祓　百官以下万民の罪穢を祓い除き、清浄にするための神道儀礼。毎年六月・十二月晦日に行うほか、大嘗祭、斎宮・斎院の卜定・群行、また疫病流行、妖星出現、災害異変などのときに行なった。その起源は、伊弉諾尊が黄泉国よりかえり、筑紫の日向の小戸橘之檍《おどのたちばなのあわぎ》原《はら》で、その濁穢を祓い除き清浄とされたこと、また素戔嗚尊が高天原での罪を贖うため、千座置戸《ちくらおきど》を科し、髪を抜き贖罪したことに始まるとされる。『古事記』仲哀天皇段にその崩御ののち、国の大祓をした記事があり、『日本書紀』天武天皇五年(六七六)八月条に、四方に大解除《おおはらえ》をさせ、国ごとに国造は祓柱《はらえつもの》馬一匹・布一常、郡司は刀一口・鹿皮一張などを出させられた記事があり、同十年七月・朱鳥元年(六八六)七月にも諸国大解除の記事があるが、これらがもととなり『大宝令』以後その制度が定例化したものとみられる。神祇令に「凡そ六月・十二月の晦日《つごもり》の大祓には、中臣は御祓麻《みはらえのぬさ》をたてまつれ、東西文部《やまとかわちのふみべ》は祓刀をたてまつり、祓詞を読め、訖りなば、百官男女を祓所に聚め集へて、中臣は祓詞を宣り、卜部は解除をせよ」(原漢文)とあり、その祓料として「凡そ諸国にて大祓すべくば、郡毎に刀一口、皮一張、鍬一口、及び雑物等を出せ、戸別に麻一条、其の国造は馬一疋を出せ」(原漢文)とある。『延喜式』太政官には「凡そ六月・十二月の晦日に、宮城の南路に於て大祓せよ、大臣以下五位以上は朱雀門につき、弁・史各一人、中務・式部・兵部等の省を率ゐて、見参の人数を申せ、百官の男女悉く会して祓へ、臨時の大祓も亦同じくせよ」(原漢文)と規定され

ており、さらに諸省寮にも細かい規定がある。しかし、律令体制もくずれるとすたれ、応仁の乱ののち廃絶された。元禄四年(一六九一)六月復興されたが、その盛時のような儀礼でなく、吉田家が内侍所清祓と唱えて、その西庭でわずかに行なったにすぎなかった。しかし、その大祓詞は中世以降中臣祓と称されて、ことに神道界で重視され経典視されたこともあって、各神社では、大祓を年中行事の一つとして保存してきた。また民間では六月の大祓を夏越祓《なごしのはらえ》・水無月祓などと称して、災厄よけの意をふくめ、茅の輪をくぐったり、水辺で祓をしたりした。明治四年(一八七一)旧儀を再興し、天下万民に修めさせようとし、同五年六月その儀式次第を定め府県に達した。またさらに大正三年(一九一四)三月、内務省訓令で官国幣社以下神社における大祓が定められ、これが現在踏襲されている。現在宮中では神嘉殿前庭で行われ、伊勢の神宮では恒例の大祓のほか、祈年・月次・神嘗・新嘗の各大祭の前月晦日に五十鈴川のほとりでこれを行なっている。　(鎌田　純一)

おおはらえのことば　大祓詞　恒例臨時の大祓に、中臣が唱える宣命体の祝詞《のりと》。また、中臣祓詞《なかとみのはらえことば》・中臣祭文《さいもん》、略して中臣祓ともいう。『延喜式』祝詞に載す。天智天皇時代の成立というが、もちろん確証はない。天孫降臨の古からいい起し、この世の天津罪・国津罪の数々が、この祝詞を唱えると、天神は天の岩戸を押開き、天の八重雲を播別けて、国祇は高山低山の頂に登り、あるいはもろもろの山の岩窟から聞こし召され、一切の罪穢が祓い清められて、急流の瀬にいる瀬織津比咩神《せおりつひめのかみ》が大海原に流しやる。それを水平線の彼方にいる速開都比咩神《はやあきつひめのかみ》が、水と一緒にがぶがぶ呑み込み、気吹戸主神《いぶきどぬしのかみ》が根国底国《ねのくにそこのくに》に吹き払ってしまう。それを速佐須良比咩神《はやさすらひめのかみ》が、さすらいながら絶滅してしまう、という思考法に特異のものがある。流麗壮大、祝詞中の雄篇。神道経典の一つとして尊重され、これを神前に読誦すれば祈禱の趣旨が達せられると信ぜられ、仏家の祈禱巻数《かんず》に擬して、千度祓・万度祓などが盛行した。　↓中臣祓《なかとみのはらえ》　(高崎　正秀)

おおばらえのことばこう　大祓詞考　⇩祝詞考《のりとこう》

おおはらえのことばごしゃく　大祓詞後釈　『延喜式』祝詞所収六月晦大祓《みなつきのつごもりのおおはらえ》の注釈書。本居宣長著。二巻二冊。寛政七年(一七九五)七月十五日再稿書了、翌八年刊行。賀茂真淵の『祝詞考』(明和五年(一七六八))の「大祓詞」の項に対する「後釈」であり、真淵の説が「考云」として逐一掲げられ、それに対する宣長の修正、批判が加えられている。その考証は真淵より一層精密になっており、語釈や文脈解釈に卓見が多くみられる。また、巻末には、大祓詞以外の祝詞について『祝詞考』の誤りを指摘する「つけそへぶみ」が収められている。『祝詞考』の刊行は本書より遅く、寛政十二年であるが、宣長は明和九年に『祝詞考』を書写している。宣長の祝詞注釈としてはほかに『出雲国造神寿後釈』(寛政四年成立、同八年刊)がある。『大祓詞註釈大成』中、『本居宣長全集』七、『神道大系』古典註釈編八に収める。　(本澤　雅史)

おおばらえのことばちゅうしゃくたいせい　大祓詞註釈大成　昭和十年(一九三五)から十六年にかけて編纂された大祓詞の注釈書類の集大成。宮地直一・山本信哉・河野省三の共編。全三巻。毎年六月・十二月晦日の朝廷の大祓において中臣氏によって宣読され、さらには私的に唱読された中臣祓は神道の古典として古くから重視され、中世以降多くの注釈書が著わされているが、本書には、それらのうち主要なものが時代別・学派別に収録されており、中臣祓の解釈を通して神道思想史を解明する基礎資料である。まず上巻には第一類として、九条家本『延喜式』所載の大祓詞、『朝野群載』所収の中臣祭文をはじめとする中臣祓の諸本が収められ、次に第二類として、上巻に両部神道・伊勢神道・卜部神道・吉川神道・垂加神道(上)、中巻に垂加神道(下)・復古神道、下巻に独立派の総計六十五種の注釈書を収載する。昭和五十六年には岡田荘司の解説を付して覆刻版が刊行されている。本書の構成は次の通りである。

上

一大祓詞

大祓詞(九条家本『延喜式』所載)・中臣祭文(『朝野群載』所載)・中臣祓(清世本・賢円本・平泉寺本・氏経相伝本・仁和寺本・真福寺本・雅業王伝授本)・中臣祓詞(弘治二年写本)・中臣祓(平仮名本・仮名付本・春日社家大東家本・『神祇提要』所収)・最要中臣祓(『神祇提要』所収)・大祓詞正訓(平田篤胤)

二大祓詞註釈

両部神道　中臣祓訓解・中臣祓注抄

伊勢神道　諸祓集・元長修祓記(度会元長)・大宮司聞書・守是解除集・皇天記・中臣祓注(度会常辰)・中臣祓瑞穂鈔(出口延佳)・追考中臣祓瑞穂鈔(同)・伊勢神宮祓具図説(同)・中臣祓或問(藤波時綱)

卜部神道　中臣祓解(清原宣賢)・中臣祓抄・神道私見聞

吉川神道　中臣祓御講談聞書(吉川惟足)・中臣祓仮名抄(同)

垂加神道上　中臣祓風水草(山崎闇斎)・中臣祓諸葉草(桑名松雲)・中臣祓清名抄(高田未白)・中臣祓直解抄(梅園惟朝)・中臣祓風水草管窺(玉木葦斎)・中臣祓清浄草(跡部良顕)・中臣祓美曾加草(岸昭之)・中臣祓禊除草(岡田盤斎)・中臣祓二重口授(玉木葦斎)・中臣祓口授本義(留守希斎)

中

垂加神道下　中臣祓啓秘録(松岡雄淵)・竹内式部中臣祓講義(竹内式部)・神道秘伝抄

復古神道　大祓詞解(賀茂真淵)・大祓詞考(同)・大祓詞後釈(本居宣長)・大祓詞後釈余考(上田百樹)・大祓詞後々釈(藤井高尚)・中臣祓詞要解(伴信友)・

天津祝詞考(平田篤胤)・大祓詞新解(荒木田守訓)・大祓詞講義(鈴木重胤)・大祓詞執中抄(近藤芳樹)・大祓詞天津菅麻(六人部是香)・大祓詞塩之八百会(岡熊臣)・大祓述義(岡吉胤)

下

中臣祓考索(和田静観窩)・中臣祓集説(橘三喜)・中臣祓集説纂引(同)・中臣祓纂言(宮城春意)・中臣祓白雲抄(白井宗因)・中臣祓大全(浅利太賢)・中臣祓八箇伝付九箇伝(浅利慎斎)・中臣祓諺解(山本豊安)・中臣祓義解(流泉散人撰)・中臣祓諸解弁断(同)・中臣祓千別抄(清水以義)・中臣祓句投(八剣勝重)・中臣祓旁観(並河誠所)・中臣祓伐柯(山角友勝)・中臣祓示蒙説解(小早師永澄)・中臣祓古義(多田義俊)・創禊弁(同)・中臣祓気吹抄(同)・大祓解付言(伊勢貞丈)・大祓燈(富士谷御杖)・烏伝中臣祓講釈(賀茂規清)・烏伝中臣祓再考(同)

(本澤　雅史)

おおはらえのつかい　大祓使　大嘗祭にあたり諸方に派遣し、大祓を修させる使のこと。『延喜式』践祚大嘗祭に規定があり、八月上旬・下旬に差遣された。上旬卜定された使を左右京一人、五畿内一人、七道各一人、下旬さらに卜定された使を左右京一人、五畿内一人、近江・伊勢二ヵ国一人というように派遣した。文武天皇二年(六九八)十一月使を諸国に遣わして大祓せしめたが、諸国の疫、天皇の不幸・諒闇などのときも、使を卜定、諸国に遣わし大祓をした。

(鎌田　純二)

おおはらのじんじゃ　大原野神社　京都市西京区大原野南春日町に鎮座。建御賀豆智命《たけみかずちのみこと》・伊波比主命《いわいぬしのみこと》・天之子《あめのこ》八根命《やねのみこと》・比咩大神《ひめおおかみ》の四座を祭神とする旧官幣中社(式外社)。桓武天皇が延暦三年(七八四)に奈良の平城京から山城の長岡京(乙訓京)へ遷都の際、歴代にわたって崇敬の厚かった奈良の春日大社の祭神を遷して、新しい都城の鎮守社としたことに始まる。現在の社地へはさらに平安京へ遷都ののち、藤原氏の手によって社殿が造営され、平安京の鎮護と藤原氏の氏神として、厚い崇敬の歴史が始まった。祭祀はすべて奈良の春日大社に准じ、春二月上卯、冬十一月中子の日の二度祭が行われ、斎女を置き、藤原氏の氏長者をはじめ、藤原氏出身の皇后や中宮らの社参は常につづけられて、賀茂や石清水などの諸大社とともに「二十一社奉幣」の神社に列している。現在の社殿は往時にくらべると簡素になっているが、本殿は春日造の四所の神殿が並列し、摂社の若宮社も春日造である。例祭は四月八日。特殊神事として毎年一月二十二日に行われる大原野御弓祭が知られている。　↓春日大社《かすがたいしゃ》

参考文献　『古事類苑』神祇部三

(景山　春樹)

おおひこのみこと　大彦命　崇神天皇の代の将軍派遣説話に登場する四道将軍の一人。『古事記』は大毘古命と記す。開化天皇の兄と伝え、孝元天皇の皇子で、母は鬱色《うつし》謎命《こめのみこと》。阿倍臣・膳臣・阿閉臣・狭々城山君・筑紫国造・越国造・伊賀臣らの始祖として系譜化をみる。『日本書紀』では崇神天皇十年、武埴安彦《たけはにやすひこ》の謀叛を鎮圧して、北陸征討の途につき、翌年凱旋したと物語る。同類の説話は『古事記』にもみえる。

(上田　正昭)

おおひじんじゃ　意富比神社　⇩船橋大神宮《ふなばしだいじんぐう》

おおひるめむちのみこと　大日孁貴命　⇩天照大神《あまてらすおおみかみ》

おおまがつひのかみ　大禍津日神　⇩禍津日神《まがつひのかみ》

おおみ・おみ　大忌・小忌　神事の前にその祭儀を行う人々が身心を清めて斎戒することで、これに大忌と小忌とがあった。わが国では古代から祭祀は国家的な政治的な朝廷の公事でもあったので、大嘗や新嘗などの重要なものをはじめ祭儀は上卿・公卿・諸司諸役の執行するので、神事上の戒慎だけではなく、令制では神祇令にも大忌には散斎《あらいみ》、小忌には致斎《まいみ》という行政上の規定があった。それは「凡散斎之内、諸司理レ事如レ旧、不レ得二弔レ喪、問レ病、食レ宍、亦不レ判二刑殺一、不レ決二罰罪人一、不レ作二音楽一、不レ預二穢悪之事一、致斎、唯祭祀事得レ行、自余悉断、其致斎前後、兼為二散斎一」というもので、諸司がそのまま事務をしながらそれぞれの禁忌を負う散斎(大忌)と、その祭儀のためにそれのみを専行して各自の事務はすべて執らない致斎(小忌)とであった。肉を食べないとは、鹿肉と猪肉とのこととされていた。また、特に重要な祭儀には、小忌に服して致斎する諸司諸役を卜占によって任命したこともあった。令制では、大祀大嘗や朝廷公事としての祭儀については衣服令の規定があったが、特に散斎には大忌衣、致斎には小忌衣を加えたのである。それで、祭儀によりまたその祭儀執行者の軽重によって、散斎・致斎の別を分けて、服飾の上にも現わしたのである。大嘗や新嘗には、現代もその伝統が伝わっている。　↓散斎《あらいみ》・致斎《まいみ》　↓小忌衣《おみごろも》　↓六色禁忌《ろくじきのきんき》

(猪熊　兼繁)

おおみけつかみ　大御膳都神　食物の守護神。「大」も「御」も美称。御食津神とも記す。天皇の食事を大御食《おおみけ》というのに基づき、宮中大膳職の神としてもまつられた。大嘗祭の斎場の八神殿に奉斎された神でもあり、『延喜式』祝詞の祈年祭・月次祭にみえる。古典にみえる御食津神としては、『古事記』仲哀天皇段の気比大神を御食津大神とし、『高橋氏文』に安房神を御食津神とする例などがある。

(上田　正昭)

おおみしま　大三島　⇩大山祇神社《おおやまずみじんじゃ》

おおみそか　大晦日　一年の最終の日。毎月ある晦日(「みそか」とは三十日の意)に大の字をつけたのである。大つごもり(「つごもり」は月籠りの義)ともいう。商家では決算に忙しく、家庭では正月祝いの準備を整える。この夜は除夜とも大年の夜とも呼ばれ、その夜半をもって新年の訪れとするので、特につつしみこもるべきものとされた。所によって、年ごもりといって、神社や堂に村人あるいは若衆・小児がこもり、終夜眠ることなく元日を迎えるところがあり、この夜は眠るものではないとする禁忌の観念も行きわたっている。仮眠をするにしても、わざわざ「稲を積む」などと忌み言葉を用いることにし

ているのもそのためである。この夜半に火を打ち替える行事は各地に残っており、京都の祇園(八坂神社)の白朮《おけら》祭や平野神社の斎火《いみび》祭もその例である。神社によっては終夜大篝火《おおかがりび》を焚くところもある。またこの日は、盆と同じように、亡き魂を迎えて祀る夜でもあった。中部から関東にかけてミタマメシの習俗が伝わっている村があるのはその名残で、文献上では、『枕草子』に、師走の晦日にゆずりはを亡き人に供える食物に敷くことを記し、またこの夜に亡き魂が訪れ来ることを詠んだ和泉式部の和歌もあり、『徒然草』には、都ではすでにすたれたが関東ではこの夜魂まつるわざをすると記している。またこの夜寺々では除夜の鐘をつく。この百八の鐘の音は、宋代から始まったといわれ、十二ヵ月・二十四気・七十二候を合算した数であるというが、後世は「百八煩悩」をさますためのものと説かれるようになった。（萩原 竜夫）

おおみなかみじんじゃ 大水上神社 香川県三豊郡高瀬町羽方に鎮座。大山積命・保牟多別命・宗像大神を祀る。旧県社。清和天皇貞観七年(八六五)十月従五位上より正五位下に、同十七年五月正五位上に陞叙せられ、延喜の制式内社に列した。朝野の尊崇篤く讃岐国の二宮となり、寿永・元暦のころには源平の将士おのおの願文を捧げて戦勝を祈った。建長年中(一二四九―五六)沙弥寂阿大願主となり社殿の大造営を行い、応永年中(一三九四―一四二八)暴風により社殿大破の際は朝旨を受け幕府は資を献じ、讃岐国一円に人別銭を課して再建した。江戸時代には藩主の崇敬するところとなり、生駒・京極氏のごときは祠官を督して祭典を行わせた。例祭は十月十四日・十五日。

参考文献 中山城山『全讃史』、竹内隣山『生駒記』、香川県神職会編『香川県神社誌』（是澤 恭三）

おおみまのみうら 御体御卜 ⇨ごたいのみうら

おおみやごんげん 大宮権現 大津市坂本本町の比叡山麓に鎮座する日吉《ひよし》大社の、数多い祭神中の一座に対する仏教神道的な呼称。日吉大社は山王七社とか、山王二十一社などと呼ばれているとおり、たくさんの祭神群から構成されているが、大宮はその筆頭の祭神である。大己《おおな》貴命《むちのみこと》を祭神とし、古くは大比叡神《おおびえのかみ》とも呼ばれ、いまは西本宮と称されている。日吉大社は平安時代以降は天台一宗の護法神として、また比叡一山の地主神として、延暦寺とは深い神仏習合の関係をむすび、北斗七星と山王七社を対比する天台教学などの影響をうけて、七社には早くから本地仏が配当されている。大宮権現には釈迦如来を本地仏とし、「山王曼荼羅」では常にその中心部に描かれて、中世の天台神道における重要な信仰対象であった。

↓権現《ごんげん》 ↓日吉山王曼荼羅《ひえさんのうまんだら》 ↓日吉大社《ひよしたいしゃ》

参考文献 実俊編『日吉山王新記』、行丸編『日吉社神道秘密記』（景山 春樹）

おおみやじ 大宮主 ⇨宮主《みやじ》

おおみやのめじんじゃ 大宮売神社 京都府中郡大宮町周枳《すき》に鎮座。大宮売命と若宮売命《わかみやのめのみこと》の両神を祀る。旧府社。『延喜式』神名帳、丹後国丹波郡に「大宮売神社二座(名神大)」とあり、貞観元年(八五九)従五位下から従五位上に昇叙されている。竹野川の上流に鎮座し、付近に『丹後国風土記』に著名な八天女伝説の比沼麻奈為神社があり、伊勢神宮外宮起源と関係の深い穀神・醸酒伝承も存する。例祭は十月十日。（山上伊豆母）

おおみやのめのかみ 大宮売神 大宮売神は宮中の祀祭神として著名であり、『古語拾遺』の天石窟段によると、御前に侍し君と臣の間を和らげる神であるが、同書に「太玉命、久志備所生神《くしびにうみませるのかみ》」とあるほか神統譜が明らかではない。平田篤胤の『古史伝』には天鈿女とも同神視しており、『延喜式』にみえる大殿祭の祝詞に「皇御孫の命の同じ殿のうちに塞《さや》りまして、参入り罷出る人の選び知らし」(原漢字)とあるから、大宮(宮廷)の屋敷神女の性格も見うけられる。したがって宮廷守護神として重んぜられ、神祇官御巫祭神八座の一神であり、宮内省造酒司にも大宮売神社四座として、春二月・冬十一月の上午日、あまたの料物を供えてまつられている。大宮売の祭祀は以上のほか祈年祭に大御巫の祈念する八神の中にあり、大殿祭には屋船の神とともに祭祀の対象とされ、朝御膳・夕御膳の供奉者に過失なきよう、親王から諸官人まで誠心誠意勤めることを大宮売に祈願する。神名に類似の姓に宮能売《みやのめ》公が『新撰姓氏録』山城国神別にみえる。↓大《おお》殿祭《とのほがい》（山上伊豆母）

おおみやはちまんぐう 大宮八幡宮 東京都杉並区大宮に鎮座。別称、和田八幡宮。子育て八幡とも通称される。旧府社。応神天皇・仲哀天皇・神功皇后を祭神とする。当宮は社伝に、康平六年(一〇六三)前九年の役に勝利した源頼義が、奥州より京への途上にて阿佐ヶ谷の地に石清水八幡宮の分霊を勧請したものと伝える。この付近は交通の要衝であり、古代には武蔵国府につながる官道が、中世には鎌倉街道が通っていた。在地領主阿佐ヶ谷氏は熊野と師檀関係を結び、その先達として大宮住僧のあったことが、貞治元年(一三六二)十二月十七日の先達交名(『熊野那智大社文書』)に「武蔵国多東郡中野郷 大宮住僧」とあることから確認される。近世に入り、天正十九年(一五九一)に社領三十石が徳川家康より寄進され、江戸時代には境内除地六万坪、総門・鳥居・中門・本殿・拝殿・護摩所・鐘楼・神楽殿・東照宮・境内末社七社を有した。例大祭は九月十五日、ほかに春の大祭が五月五日に執行される、徳川家光の献木千株を含む社叢は都指定天然記念物。

参考文献 岡田米夫『大宮八幡宮史』、『神社明細帳』(東京府東多摩南豊島郡)（石倉 孝祐）

おおみわうじ 大神氏 (一)九州北部の古代氏族。九州では「おおが」と呼び、豊前宇佐の大神氏と豊後の大神氏が著名である。

(1)宇佐大神氏 宇佐八幡宮大宮司家。その祖は大神比義で、八幡神を現わしたと伝え、禰宜・主神、奈良時代末に大宮司として宇佐八幡宮の実権を握り、平安時代からは宇佐氏とともに大宮司家となる。雄黒麻呂の子家弘は祝・大宮司に、家弘の子弘宗以後は小山田社司御装束所検校(祠官)となり、後には大々工職も兼ね小山田氏と称し明治に至った。家弘の弟家頼・宮主の後は祝・大宮司として、十一世紀まで大宮司職をめぐって宇佐氏と争ったが、大宮司職を宇佐氏に譲り、祝職祠官として明治まで宇佐神宮に属した。宮主の後は祝氏となり、その庶流の今永・矢部氏らは宮に仕えた。その他の庶流は九州の別宮・宇佐宮・弥勒寺領荘園の荘官として土着した者も多い。比義は大和三輪氏に出るといわれるが、宇佐にきたのは蘇我馬子による派遣で、応神天皇の信仰を齎した人物と推定する。

参考文献　中野幡能『八幡信仰史の研究(増補版)』

(2)豊後大神氏　その先は大和三輪氏とされる(『高宮系図』)。平安時代末期に活躍し、その祖は祖母岳明神で、諸系図には大神良臣の子庶幾(大太)、その子を惟基とあるが疑わしい。惟基の子は、それぞれ高千穂・阿南・稙田・大野・臼杵氏らの祖となり、史上にあらわれるのは惟基五代の孫大野泰基・臼杵惟隆・緒方惟栄(惟義)らである。従来、豊後大神氏は宇佐大神氏と異なるといわれているが、良臣は九世紀、惟基は十一世紀の人物で、「惟」の通字は宇佐祝大神氏と同じであり、十一世紀に宇佐大神氏が大宮司職を退くと、その庶流は九州各地の宇佐宮・弥勒寺領荘園に入った形跡があり、肥前千栗宮・豊後由原宮にも大神氏が大宮司となっている。かかる点から宇佐大神氏庶流が豊後の令制・荘園制末端組織に入り、在地領主化し石仏文化を遺したもので、祖母伝説は惟栄のころに付会させたものではなかろうかと推定する。

参考文献　中野幡能『八幡信仰史の研究(増補版)』、『大分市史』

(中野　幡能)

(二)　⇩三輪氏《みわうじ》

おおみわきょうかい　大神教会　奈良県の大神神社(もと三輪明神)の講が連合して、明治十三年(一八八〇)につくった宗教団体。同十五年、神社と分離して、同十八年、神道本局(神道大教)の付属教会となった。同神社は、日本最古の神社とされ、三輪山を神体として、大物主神を主祭神とするが、神仏習合により真言神道(両部神道)系の三輪神道が成立し、密教系の教義と行法が発達した。大神教会は、この神仏習合の教義と行法をうけつぎ、関西の酒造業者をはじめ、農民・商工民の現世利益信仰を基盤として成立した。昭和二十七年(一九五二)いくつかの教会、講社を合わせ大神教を設立。平成十一年(一九九九)末現在、教会四、布教所二五、教師七二、信者一万一〇七二(文化庁編『宗教年鑑』平成十二年版)。

(村上　重良)

おおみわじんじゃ　大神神社　奈良県桜井市三輪の三輪山(三諸山)に鎮座する大和国一宮、旧官幣大社。三輪神社・三輪明神とも称する。『延喜式』には大神大物主神社とみえ、大物主大神を祀る。大物主神はは大己貴神《おおなむちのかみ》の和魂と伝え、『古事記』神武天皇段に三嶋湟咋《みしまみぞくい》の女勢夜陀多《せやだた》良比売《らひめ》との神婚を伝えており、同書崇神天皇段には、疫病が蔓延し多くの死者が出たとき、大物主大神の教えによってその子意富多多泥古《おおたたねこ》を神主となし、この神を祀らしめられたところ、疫病は止み、国内は平静に帰したという所伝を載せている。その後もいく度か神教の開示があり、歴代もっとも尊崇せられ、天平神護元年(七六五)には神封百六十戸を寄せられ、貞観元年(八五九)正一位を賜わった。延喜の制では名神大社に列し、新年・月次・相嘗・新嘗祭に案上の官幣に預かり、また祈雨の幣にも預かった。二十二社の中では第九位を占め、終始朝廷の殊遇を受けた。江戸時代には朱印地六十石のほか、百数十石の社領を有した。本社はまた世俗に酒の神として知られ、古来酒造家の尊信篤く、神木杉の葉の玉はひろく酒屋の店の標示として用いられた。本社は古来三輪山自体を神体と見て神殿を設けず、その前に拝殿・楼門・鳥居などを建てて神社の形をなしており、またその鳥居は普通の大鳥居の左右に小鳥居を付加した独特の様式をもち三輪鳥居と呼ばれている。摂社には狭井坐大神荒魂神社(式内)・檜原神社・高宮神社・磐座神社・大直禰子神社・活日神社・玉列神社(式内)・神坐日向神社(同)・綱越神社(同)・神御前神社・率川坐大神御子神社三座(式内)などがある。例祭は、貞観以来四月上卯(三卯のときは中卯)日とされてきたが、明治以降四月九日に一定、その他に繞道祭(元旦)・御田植祭(二月六日)・鎮花祭(四月十八日)など特殊神事がある。また宝物として『周書』断簡(平安時代初期写、重要文化財)・木楯(嘉元三年在銘、重要文化財)・高坏・三輪枡などがある。　↓三輪伝説《みわでんせつ》　↓三輪山《みわやま》

参考文献　『大神神社史』、『大神神社史料』

(柴田　実)

大神神社拝殿

おおみわのかみ　大三輪神　⇩大物主神《おおものぬしのかみ》

おおみわのかみさんしゃちんざしだい　大三輪神三社鎮座次第　大和国一宮大神《おおみわ》神社（奈良県桜井市）の古縁起を載せた社記。一巻。書名は『大三輪鎮座次第』ともいう。本書の成立について、奥書には嘉禄二年（一二二六）仲冬十九日とある。続いて北畠大納言（北畠親房）と今出河宰相（西園寺実尹か）が参詣、本書を一覧し、大三輪氏博学の人の述作かと語り、加えて肩書きしたと記し、その後に貞和二年（一三四六）十二月の年号を載せる。これより

大神神社　三輪山絵図

当社累代の神主家である高宮氏ゆかりの人の著作と考えられる。内容は前半に、三輪山内に存する磐座につき、奥津磐座に大物主命、中津磐座に大己貴命、辺津磐座に少彦名命の三神の鎮座次第を、後半には、神階・祭礼・別宮小社などの由来と鎮座を記す。なお本書は近年、江戸時代中期の造作とする見解が出されたが、傍注の社伝は注目すべきものがあり、特に奥津・中津・辺津の各磐座三神の由緒、伝承は貴重な内容である。『群書類従』神祇部、『三輪叢書』、『神道大系』神社編一二などに所収。

参考文献 『群書解題』一上 (森 好央)

おおみわのまつり 大神祭 大和大神神社で毎年四月・十二月の上卯日(三卯日ある場合には中卯)に行われた祭。崇神天皇八年十二月乙卯に大田田根子《おおたたねこ》をして祀らしめたのが起源といわれるが、『公事根源』には貞観のころ始まるとしている。勅使参向のほか、中宮・東宮もまた使を遣わし幣帛を供えられた。 →大田田根子 (柴田 実)

おおみわのもりめ 大神杜女 生没年不詳 八世紀の人。宇佐八幡宮の神官。毛理売とも書く。天平二十年(七四八)八月、八幡大神の祝部で従八位上から一躍外従五位下を授けられた。八幡神が東大寺大仏造成を助ける託宣をしたことと関係するらしい。天平勝宝元年(七四九)十一月に主神司大神田麿とともに大神朝臣姓を賜わる。時に禰宜と記され、昇任していた。翌十二月二十七日に東大寺を拝したが、乗輿は天皇のそれと同じ紫色と特記され、神の憑代《よりしろ》だったと推定される。同日従四位下に昇叙された。同六年十一月薬師寺僧行信の行なった厭魅《えんみ》に連坐し、本姓にもどされ、日向国に流され、その封戸・位田・雑物などは大宰府が検した。翌年八幡神は偽託による封戸・神田を返したところをみると杜女が偽託したらしい。

参考文献 横田健一『道鏡』(『人物叢書』一八) (横田 健一)

おおむしじんじゃ 大虫神社 福井県武生《たけふ》市大虫町に鎮座。旧県社。天津日高彦火火出見命《あまつひだかひこほほでみのみこと》を主神とし、水波之《みずはの》売命《めのみこと》・豊玉姫命・大山祇神《おおやまずみのかみ》・鸕鶿草葺不合命《うがやふきあえずのみこと》を配祀する。古くから除蝗に霊験あり、宝亀十一年(七八〇)従五位下を授けられ、延暦十年(七九一)には従四位下に進み、延喜の制では名神大社に列した名社。中世以降、武将の崇敬あつく、近世に入ってからは福井・鯖江藩主の尊信をうけた。配祀神のうち水波之売命は雨夜神社の祭神で、同社はもと丹生岳にあり、宝亀五年従五位下、延暦十年には従五位上を授けられた延喜式内社。また豊玉姫命は小虫神社の祭神で、同社も宝亀十一年に幣社となり、延暦二十四年には従五位下を授けられた延喜式内社である。大山祇神は雷神社の祭神で、延喜式内社に充てられているが明らかでない。以上はいずれも地方の名社であるが、天正年間(一五七三—九二)に合祀されたという。例祭は十月十日。

参考文献 井上翼章編『越前国名蹟考』(『福井県郷土叢書』五)、島津盛太郎編『福井県神社誌』 (小倉 学)

おおもときょう 大本教 明治二十五年(一八九二)、出口なおによって開教された神道系の宗教。正しくは大本。開祖出口なおは、天保七年(一八三六)福知山城下の大工職の桐村家に生まれ、十八歳の時、綾部城下の叔母出口ゆりの養女となる。大工政五郎を婿として、三男五女の子女をもうけたが、貧苦の生活がつづき、五十二歳のおり、未亡人となった。明治二十五年旧正月、神がかりによる御筆先《おふでさき》を書き、ここに大本が開教された。時になお五十七歳。同三十二年、京都府南桑田郡曾我部村(亀岡市曾我部町)穴太出身の上田喜三郎(のちの出口王仁三郎)を教団に迎えて、金明霊学会を組織した。翌年喜三郎はなおの五女すみと結婚、教団の基礎づくりにつとめたが、一時旧幹部と対立して教団本部の綾部をはなれた。同四十一年、教団に帰って大日本修斎会を結成、大正初年には全国的に教線を拡大した。大正五年(一九一六)には皇道大本と改称。御筆先にもとづく『大本神諭』を発表して、教義の整備をはかり、世の立替え立直しを唱えた。同七年、なおは八十三歳で没し、その後をすみが継承して、二代目教主となる。翌年亀山城跡を入手、宣教の聖地とした。同九年には『大正日日新聞』を買収したが、同十年二月、第一次大本教事件が起り、幹部は不敬罪・新聞紙法違反などの容疑で検挙され、神殿・開祖なおの墓が破壊された。大赦によって免訴となったが、この事件を機として幹部の有力者は教団を去り、王仁三郎による教団の再建が積極的に進められた。神殿破壊のさなかに新教典『霊界物語』の口述が開始され、名称も大本と改めた。エスペラントとローマ字を採用し、同十四年には人類愛善会を設立、国際的活動が活発化した。昭和三年(一九二八)三月三日のみろく大祭を画期として宣教はさらに盛んとなり、国家革新の風潮を反映して同八年大本を改めて、再び皇道大本という名称に復帰。翌年には

大正時代の大本教本部　拝殿と神殿(右)

昭和神聖会が組織された。同十年十二月、内務省警保局の指揮によって、第二次大本教事件勃発。全国的な手入れがなされ、王仁三郎以下六十一名の幹部が治安維持法違反・不敬罪などで起訴、綾部・亀岡の両本部をはじめ大本の全施設が破壊された。同十七年治安維持法は無罪となり、同二十年の大赦で不敬罪も免訴となったが、王仁三郎は、同二十一年愛善苑として大本を再建した。同二十三年王仁三郎没後、すみ二代教主のもとに同二十四年人類愛善会が再発足し、世界連邦運動など平和運動にとりくむ。同二十七年、すみの没後、大本と改称、直日が三代目教主となり、原水爆禁止運動などの諸活動を展開。芸術方面にも力を入れている。大本の教義は、国祖神とあおぐ艮《うしとら》の金神(国常立尊)の再現を基調とし、世の立替え立直しを警告して、地上天国の実現をめざす神観に立脚している。開祖なおの御筆先、王仁三郎の『霊界物語』などが根本教典であり、民族的であって、しかも国際的な二面性をもつ。記紀神話の神観とは異なる国常立尊を中心にした教義とその運動は、宗教界や思想界に大きな影響を与えた。世界救世教・三五教《あなない》・生長の家などの新興宗教もまた旧大本幹部によって開かれており、いわゆる大本系とみなされる諸宗教の前提をも形づくった。大本は、平成十一年(一九九九)現在、教会六八六、布教所一八五、教師五九九二、信者一七万二三三五(文化庁編『宗教年鑑』平成十二年版)となっている。→出口《でぐち》王仁三郎《おにざぶろう》 →出口《でぐち》なお

参考文献 『大本七十年史』、安丸良夫『出口なお』(『朝日評伝選』一三)、村上重良『出口王仁三郎』

(上田　正昭)

おおもときょうじけん　大本教事件　大本教に対する第一次・第二次の弾圧。大正十年(一九二一)二月十二日、京都府警察部は、約二百名の警官によって大本本部を襲い、出口王仁三郎ら幹部を不敬罪・新聞紙法違反などの容疑で検挙・起訴し、神殿と開祖出口なおの墓を破壊した。この第一次事件は一審・二審ともに有罪判決になったが、出口王仁三郎は綾部の本宮山神殿が破壊されるなかで、大本教典『霊界物語』の口述を開始、早くもその再建に乗り出した。昭和二年(一九二七)五月、大赦令で第一次事件は免訴。昭和十年十二月八日、武装警官隊五百五十名が、綾部・亀岡の大本本部を急襲し、出口王仁三郎は旅先松江で検挙された。この第二次事件は治安維持法違反・不敬罪等の容疑に基づいて全国的手入れが行われ、信者多数が取り調べられた。幹部六十一名を起訴し、治安維持法が全員に適用されたほか、併合罪として王仁三郎ら十一名が不敬罪、幹部二名は不敬罪と出版法・新聞紙法違反に問われた。起訴の直後、大本関係八団体の結社を禁止し、建造物は強制破壊となった。同十五年の第一審で全員が有罪となり、同十七年の第二審で治安維持法違反は無罪、不敬罪は有罪となったが、検事側・大本側はともに上告し、控訴中に終戦、同二十年九月上告棄却で不敬罪についての二審判決が確定、同年十月不敬罪も免訴。一次・二次にわたる大本教事件は、宗教史上の大弾圧であったにとどまらず大正・昭和史の政治的動向をみるうえで、注目すべき事件となった。

大本教事件　破壊された月宮殿

参考文献 大本七十年史編纂会編『大本事件史』、出口栄二『大本教事件』(『三一新書』六八四)

(上田　正昭)

おおものいみ　大物忌　⇨物忌《ものいみ》

おおものいみじんじゃ　大物忌神社　⇨鳥海山大物忌神社《ちょうかいさんおおものいみじんじゃ》

おおものぬしくしみかたまのみこと　大物主櫛𤭖玉命　⇨大物主神《おおものぬしのかみ》

おおものぬしのかみ　大物主神　大和の三輪山に鎮座する神。大神《おおみわ》神社の祭神。大国主神(大己貴神)の異名。大三輪神とも大物主櫛𤭖玉命《くしみかたまのみこと》ともいう。「オオモノ」の「モノ」は物質という意味よりも、いくらか下等な精霊で沖縄語の「ムヌー」と同じことと思われる。したがってこの神は日本の古代社会における偉大なる精霊であった。それは大和平野の農業開発を背景とする三輪山信仰によると思われる。三輪山は本来「ミモロヤマ」と呼ばれたもので、「ミモロ」とは御山の義であり、大和を代表する秀麗な山容をもち、広い信仰を集めた。この山をうしはくミモロの神は早く蛇体とされ、その信仰は今日まで変わらずにつづいている。古代における蛇神は第一に水の神であり、農業の守護神であった。そこから豊作を保障する作神と仰がれたので、このミモロの神は古代における大和の主神であったと思われる。この神は神婚神話に富むことで有名であり、いくつか類似の神話が伝えられている。それは美しい娘のところに姿を見せずに通ったので、娘の父母の知慧で、神のきもののすそに麻糸をさしておいたらそれがミモロ山までつづいたのでその神とわかったということ、そしてその麻糸が三勾《みわ》残ったことからミワの神と呼ばれるようになったという話である。この三勾残ったというのはおそらくこの神が古代社会において蛇体の表象として麻糸の輪で表現される風習があったところから出たものではあるまいか。『日本書紀』崇神紀によれば倭迹迹日百襲姫命《やまとととひももそひめのみこと》がこの神に仕える神女となって神の意志を伝宣し、ついにはその妻となったとある。またその神は常に夜来て朝も闇いうちに帰ってしまうので、倭迹迹姫が一度お姿を見たいといったら、神は

明朝お前の櫛の筐の中に入っているといった。翌朝あけて見ると小さい蛇の姿になっていたので、姫はびっくりして箸で陰をついて死んだ。そのために大きな墓を作った。これがのちの箸墓である、との物語を伝えている。この神話の意味を理解することは困難であるが、本来大物主神の祭祀権は三輪君がもっていたのを皇室が肩代りした形で、このトトヒモモソヒメというのがすぐれた手腕の持主であり、この神を背景として日本の大きな統一をはかったのではあるまいか。崇神天皇の初年に国内に疫病が大流行し処置なしという状態だったので八十万神を神浅茅原につどえて卜問した時にモモソヒメに大物主神が神がかりして、われをまつれと託宣したことが『日本書紀』に伝えられているが、天照大神が台頭する以前にはこの大物主神こそ大和の主神であった可能性がかなり大きいと筆者は考えている。とにかく日本の地主の神と考えられ、天智天皇は大津京を営むに際しこれを比叡山に移しまつって大比叡の神としたことは著名である。崇神天皇が天照大神を笠縫邑に祀ったというが、それが永続しなかったのもこの神の神威が強大であったためではあるまいか。その後歴史時代を通じてこの神の信仰はつづけられ、明治時代には官幣大社に列せられ、今日それは失われたが信仰そのものは少しもゆるぐことなく、ことに大阪方面に根強い信仰をもち、今なお蛇神として仰がれている。 ↓大神神社《おおみわじんじゃ》 ↓三輪伝説《みわでんせつ》

参考文献 『大神神社史』、『大神神社史料』

(肥後 和男)

おおやしまのくに 大八洲国 神話に由来するわが国の美称の一つ。大八嶋国(『古事記』)とも書く。『古事記』『日本書紀』によれば、伊弉諾・伊弉冉二神が天浮橋に立って天之瓊矛をさしおろして淤能碁呂嶋《おのごろしま》(磤馭盧嶋)を得、ここに天降って夫婦となり国土を生んだ。その島名は『古事記』と、『日本書紀』本文と、五種の一書がそれぞれ伝えるところに小異を示している。いまこれを表示すれば別表のとおりである。『古事記』も『日本書紀』もはじめの八島をもって大八洲(嶋)国というとしている。他の一書群はいずれも登載を八島にかぎっている。これによると、厳密には大八洲の名は日本列島の総称とはいえないわけであるが、『養老令』公式令に「明神御大八洲天《あきつかみとおほやしましろしめすすめら》皇《みこと》」とあるような表現では、大八洲が日本国全体を指すことを示している。この名のうち、「大」は大きいの語義から神霊・瑞祥の意味を含み、「八」も同様にして多数に瑞祥の意味が複合したもので、諸書はこの数値に合わせて島名をえらんだものと考えられる。別表をみると、『日本書紀』本文その他に越洲(越の国)のように島嶼でないものがふくまれている点が不審であるが、これを、のちの越前・越中・越後などを指す北陸地方の称とみず、越人すなわちアイヌ系先住民所住の島の義(北海道)ではないかとの説もある。また喜田貞吉は『古事記』の文を引いたと思われる『旧事本紀』に、佐度嶋がなく、『日本書紀』本文と一書に億(隠)岐と佐度を双生すと伝えるもののあることから、はじめ佐渡島は大八洲の中に入らず、また『旧事本紀』が熊襲国を筑紫とは別に立てて、大八嶋の一つに数えていることと考え合わせて、越・熊襲は化外の民の地として特別にあつかい、これらを大八嶋に

	子の数に含まず	胞	1	2	3	4	5	6	7	8	9	10	11	12	13	14
古事記	水蛭子・淡嶋		淡道之穂之狭別嶋	伊予之二名嶋	隠伎之三子嶋	筑紫嶋	伊岐嶋	津嶋	佐度嶋	大倭豊秋津嶋	吉備児嶋	小豆嶋	大嶋	女嶋	知訶嶋	両児嶋
日本書紀本文		淡路洲	大日本豊秋津洲	伊予二名洲	筑紫洲	億岐洲=	=佐度洲	越洲	大洲	吉備子洲	対馬嶋	壱岐嶋	処々小嶋			
第一の一書	蛭児・淡洲		大日本豊秋津洲	淡路洲	伊予二名洲	筑紫洲	億岐三子洲	佐度洲	越洲	吉備子洲						
第六の一書		淡路洲・淡洲	大日本豊秋津洲	伊予洲	筑紫洲	億岐洲=	=佐度洲	越洲	大洲	子洲						
第七の一書			淡路洲	大日本豊秋津洲	伊予二名洲	億岐洲	佐度洲	筑紫洲	壱岐洲	対馬洲						
第八の一書		磤馭慮嶋	淡路洲	大日本豊秋津洲	伊予二名洲	筑紫洲	吉備子洲	億岐洲=	=佐度洲	越洲						
第九の一書		淡路洲	大日本豊秋津洲	淡洲	伊予二名洲	億岐三子洲	佐度洲	筑紫洲	吉備子洲	大洲						

(胞は胎盤として生んだものの例、=印は双生児の例)

算入していた時期があるのではないかと推定した。こう考えれば、『古事記』に「次生二筑紫嶋一、此嶋亦身一而有二面四一」とある筑紫嶋の四面は、現在同書にみえる筑紫・豊・肥・熊曾ではなく、筑紫・豊・肥・日向となり、筑紫嶋のほかに熊襲嶋を立てる形になる。そして現にみる「肥国謂建日向日豊久士比泥別」という不自然に長い名称も、もとは「肥国謂建日別、日向国謂豊久士比泥別」とあったろうという。

参考文献 喜田貞吉「大八洲国新考」(『歴史地理』六九ノ一・二)　(川副　武胤)

おおやつひめじんじゃ　大屋都姫神社　和歌山市宇田森に鎮座。旧県社。大屋都姫命を祀る。大屋都姫命は素戔嗚尊の子で、兄五十《いそ》猛《たける》命、妹抓都姫《つまつひめ》神とともに木の神として、いまの日前宮《ひのくまのみや》の地にまつられ、大宝二年(七〇二)三神を分祀したとき平田荘御祓山に遷し、のち現在地にまつったと伝える。貞観元年(八五九)従四位下、延喜の制名神大社、月次・新嘗祭の例幣をうけた。例祭は十月二十一日。　(鎌田　純一)

おおやつひめのみこと・つまつひめのみこと　大屋津姫命・抓津姫命　『日本書紀』神代宝剣出現章第五の一書に、両神は五十猛命《いたけるのみこと》とともに素戔嗚尊の御子神三社として所出。素戔嗚尊が体毛を杉・檜・槙・楠の苗に化したのを御子神たちが全国に植えてのち紀伊国に渡ったとある。『続日本紀』大宝二年(七〇二)二月己未(二十二日)条に、紀伊国に祀る三柱を伊太祁曾《いたきそ》神社と大屋都比売神社と都麻都比売神社の三社に分祀したとある。『三代実録』貞観元年(八五九)正月二十七日条には従五位下勲八等の伊太祁曾神と大屋都比売神と都麻都比売神が揃って従四位下を授かると記す。三社とも紀伊国名草郡の『延喜式』神名帳所載の名神大社で、両神はそれぞれ和歌山市宇田森に鎮座する大屋都姫神社(旧県社)と同市吉礼宮垣内および同市平尾に鎮座する都麻都姫神社の祭神とされる。　(薗田　稔)

おおやまくいのみこと　大山咋命　『古事記』によれば大年神の子で、母は天知迦流美豆比売《あめちるかるみずひめ》。別名を山末之大主神といい、「坐二葛野之松尾(京都市松尾神社)一、用二鳴鏑一神者也」とある。また『本朝月令』所引『秦氏本系帳』によると、この神は丹塗矢《にぬりや》に化して秦氏の女子と婚したといい、子を賀茂別雷神と伝える。鏑矢は雷神の象徴らしい丹塗矢と同質ゆえ、この命には雷神の一面が窺えそうである。また別名である山末之大主神は、山頂を支配する神の意。山の神ではあろうが、「くい」の意は未詳。複雑な神格である。

参考文献 中島悦次『古事記評釈』、尾崎暢殃『古事記全講』、高崎正秀『文学以前』　(尾畑喜一郎)

おおやまこう　大山講　相模の霊山大山へ登拝することを目的に結集された信仰集団。雨乞に霊験を示すというので、はじめは山麓農村からの信者の崇拝をうけていた。真言修験の道場となってからは、山伏が先達となって信者を案内する風がおこり、相模原を中心に崇敬結社の講が形成されるに至った。成立の時期は明らかでないが江戸時代になると、本山の雨降山大山寺が積極的な布教を心がけ、その霊験性をかかげる祈禱札を村々に配布して廻ったり、信者から初穂や祈禱料を徴収する御師檀廻の制度が確立した。そのため大山講は相模のみならず関東・東海地方にくまない成立をみせた。奥の院に石尊大権現を祀ることから、例祭の時と六月二十八日に参拝するのを特に大山詣りまたは石尊参りといった。一般に六月中の登拝を初山といい、七月十三日から十七日の盂蘭盆期間中の参拝を盆山と称し、以前はそれ以外の入山は厳禁されていた。近世の江戸市中では、ことに盛んな大山詣りが行われ、町内の各所にしきりと大山講の結成がみられ、落語の題材に採用されるほどの盛況をみせた。それにつれて入山の規制も弛められ、夏季は登拝の道者が群をなして雑踏をきわめた。江戸で結成された大山講の石尊参りは、まず両国川で水垢離《みずごり》をとってから白衣に着換え、先達の案内で出発する。講員は各自に大願成就と墨書した木太刀を携え、これを奥の院本尊の前へ奉納し、すでに奉献してあるものと交換して持ち帰り、家の神棚に安置して護符とした。木太刀の奉納は、石尊社の神体の石剣にあやかったと伝えられ、形の大きなものを誇りとする風があった。当時殷賑をきわめた大山街道の道しるべは、今も東京都の近郊に建っている。

参考文献 村上専精・辻善之助・鷲尾順敬編『(明治維新)神仏分離史料』中、圭室文雄編『大山信仰』(『民衆宗教史叢書』二二)、桜井徳太郎「門前町の移り変わり—宗教都市成立の歴史民俗学的考察—」(『祭りと信仰』所収)　(桜井徳太郎)

おおやまざきのじにん　大山崎神人　京都府乙訓郡大山崎町の離宮八幡宮に所属し、本社の石清水八幡宮内殿燈油を備進した神人で、大山崎から男山への八幡神の遷幸の儀式をかたどった四月三日の日使頭祭に、頭役をつとめるものである。その住地は淀川右岸の東は円明寺を限り、西は水無瀬川を限る地であり、公方課役免除、守護使不入の地として室町幕府から認められていた。この地に早くから油絞りが居住していたことは、すでに平安時代末期成立の『信貴山縁起絵巻』飛倉の巻で、山崎長者の家に、油締木、荏胡麻を煎るための竈や釜が描かれていることからもわかる。山崎には摂関家の散所もおかれており、造船技術をもつものなど、交通の要衝だけに手工業者が多かったが、そのうち八幡宮に所属する製油業者が勢力を得ていったものと思われる。正治二年(一二〇〇)藤原定家は山崎の油売りの家に泊まっている(『明月記』)。貞応元年(一二二二)には、油神人は美濃不破関の過書を得ていた。弘安二年(一二七九)京都塩小路・油小路に八幡油神人が住んでいたという『花園天皇宸記』の記事は、このころにおける神人の京都進出を物語るものであり、京都市中交易税としてであろうか、穀倉院へも油一斗余を納入している。永和二年(一三七六)に至ると、住京神人は、新加として札を下げわたされたものだけでも六十四人を数えている。かれらは油の専売権を行使して、他商人を駆逐したのみならず、紺紫・薄打・酒麴などの商売にも従事していた。この住京新加神人の名簿が、溝口保・関戸保など大山崎郷内の十保に分類されていることから見て、京都においても、大山崎における地縁的結合組織をそのまま維持したものと見ることができる。一方、大山崎神人は、原料である荏胡麻の買入れに、近江・尾張・美濃・伊勢・河内・摂津・播磨・備前・阿波・伊予など、西日本各地に、数十駄の隊商を組んで赴いたが、荏胡麻購入のみならず、京都と諸国との隔地間取引に従事した。その結果、本拠大山崎には、広瀬の大文字屋など為替屋が存在した。また、淀魚市に対抗して塩市を開く企てもあった。油商売については、室町幕府成立以後新儀非分商売停止の奉書を得て、諸国の商人の営業権を否定し、荏胡麻購入・油販売の独占権を主張した。摂津・播磨の油商人のあるものは抵抗して争ったが、諸国商人の大部分はその支配下に入り、大山崎方近江国神人などという形で新加神人として、日使頭役をつとめ、貢納物を負うことを代償として営業を認められた。これに対して大山崎神人は本所神人と称し、本所神人下向のときは、荏胡麻購入優先権などの特権を行使した。これは幕府の下知状に従う守護の権力によって保障されたが、戦国大名権力の自国商人保護政策によって否定されるに至った。幕府が特権を容認していた京都においてさえ、諸国から抜油が流入し、その独占権は有名無実となった。その後、洛中油座は織田信長によって棄破されたといわれるが、天正十一年(一五八三)豊臣秀吉によって復活され、同十二年前田玄以にも確認されているが、その後座特権が守られたという文書はなく、近世の記録は秀吉のころに廃止されたと伝える。

参考文献　魚澄惣五郎・沢井浩三『離宮八幡宮と大山崎油商人』、脇田晴子『日本中世商業発達史の研究』、同『日本中世都市論』、小野晃嗣「油商人としての大山崎神人」(『社会経済史学』一ノ四)、豊田武「大山崎油神人の活動」(『歴史地理』六二ノ五)
(脇田　晴子)

おおやまざきりきゅうはちまんぐう　大山崎離宮八幡宮
⇨離宮八幡宮《りきゅうはちまんぐう》

おおやましんこう　大山信仰　神奈川県の丹沢山地に位置する一二四二㍍の大山への山岳信仰。十世紀の『延喜式』の神名帳に「阿夫利《アフリ》神社」とみえるのが史料上の初見であり、雨雲がよく発生する立地条件によるもので雨降りの意味とされる。中世に成立したとされる『大山寺縁起』は、奈良時代の僧良弁と大山の関係を説き、良弁は弥勒《みろく》菩薩の化身であり、大山の山上は兜率天《とそつてん》の浄土であるとされ、山上他界と観念された。縁起には安房・上総・相模の三国との関係が強く示されており、この関係は江戸時代まで続く。神仏習合は奈良時代からあったであろうが史料上にみえるのは鎌倉時代以後のことである。鎌倉幕府は阿夫利神社が神仏習合した大山寺に所領を保証するとともに祈禱の対象として重んじた。江戸幕府の成立と大都市としての江戸の発展は、江戸から二、三泊の行程にある霊山大山の信仰を庶民の間に広めるとともに、大山の側からも御師(明治以後先導師と称した)の活動により信仰の範囲を広めた。寛政四年(一七九二)に刊行された『大山不動霊験記』(十五巻)には百二十九の霊験譚が収められ、大山への信仰の多様性が示されている。農作を支える雨乞の信仰から都市住民の多様な現世利益への願いを示す信仰は、百六十六軒とされる御師により組織された大山講により庶民の間に根付いた。その活動の様子は明治時代初期の『開導記』によると約七十万の講員がみられる。埼玉・千葉・静岡・神奈川・茨城の五県で全体の約七二%が占められている。江戸時代には両国橋近くの大川(隅田川)で垢離をとり、大山にむかい、大きな木刀を奉納するのが例であり、江戸から大山への大山街道には道標が立てられた。また農村では日照りには大山の頂上から水をいただき、これを村の池などに注ぎ、かきまわし雨を祈る風習がみられた。参詣は毎年七月二十七—三十一日の初山《はつやま》、八月十三—十五日の盆山《ぼんやま》、八月十六日・十七日の仕舞山《しまいやま》に賑わった。落語「大山詣」は江戸時代の状景をよく物語っている。

参考文献　圭室文雄編『大山信仰』(『民衆宗教史叢書』二二)
(西垣　晴次)

おおやまずみじんじゃ　大山祇神社　愛媛県越智郡大三島町大字宮浦に鎮座。旧国幣大社。瀬戸内海大三島にあるため、大三島神社ともいう。大山積神を祀る。『伊予国風土記』逸文(『釈日本紀』所載)に仁徳天皇の時百済国より渡来、摂津国御島に坐せしを、のち伊予国三島に遷し奉ったので、三島大神・和多志《わたし》大神《のおおかみ》とも称する、と記している。天平神護二年(七六六)四月神戸五烟をあて、神階従四位下から貞観十七年(八七五)三月正二位に累進、延喜の制名神大社に列せられている。のち伊予国の一宮となる。後一条天皇寛仁元年(一〇一七)一代一度の大神宝大奉幣を受けた。その後源氏・北条氏・足利氏・大内氏などをはじめ、領主・藩主らの崇敬篤く、社領を寄せ保護を加えた。なかんずく国主越智氏、豪族河野氏は早くから氏神として崇敬した。社殿は文武天皇の創建と伝えるが、建保五年(一二一七)および貞応元年(一二二二)に焼亡した。建長七年(一二五五)にはさきに焼亡した宝殿以下諸末社などを国中段別平均米をもって造営すべきことを幕府から下知し、正応元年(一二八八)には造営が悉く成った。乾元元年(一三〇二)には右弁官符を下して当社十六王子の御体を新造の正殿に遷座することを令し、正和元年(一三一二)にはさきの段米未納のものに対して幕府御教書を下して督促した。元亨二年(一三二二)兵火によってまた焼失し、永和年中(一三七五—七九)段別造営米をもって大小の社殿を復旧し、ついで明応七年(一四九八)には河野・越智両氏によって造営された。今の本殿は当時の建物であり、以後藩主がしばしば修理を加え、

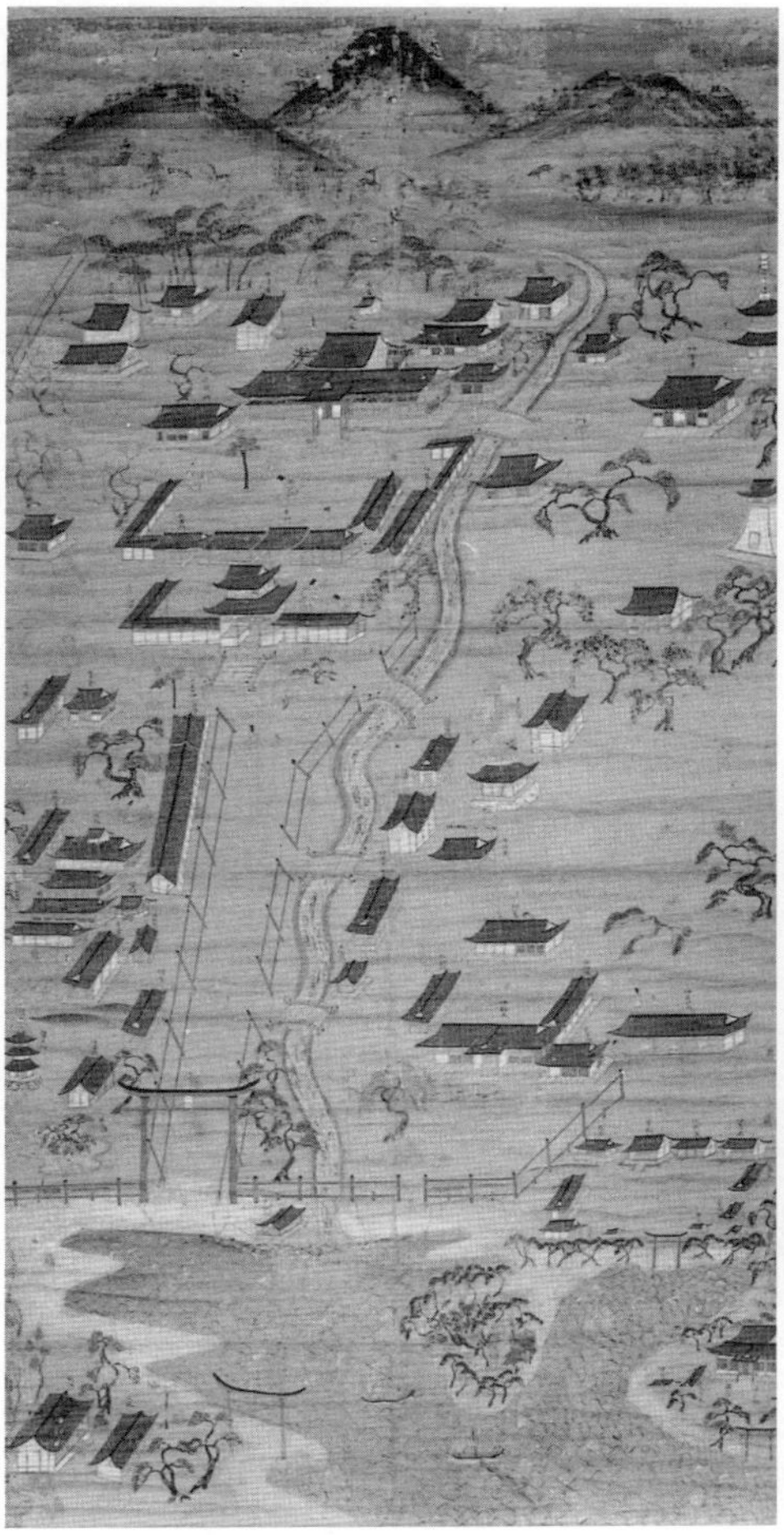

大山祇神社古図

大山祇神社（『一遍上人絵伝』より）

大山祇神社拝殿

重要文化財に指定されている。社領は江戸時代を通じて五十石を有した。本社は古来海上守護神として聞え、また農神・武神として上下の崇敬を受け、明治四年(一八七一)国幣中社、大正四年(一九一五)国幣大社に昇格した。上津社・下津社・阿奈波神社などの摂社、姫子村社・八重垣神社などの末社がある。例祭は、旧暦四月二十二日。特殊神事に二日祭(一月二日)・四日祭(一月四日)・七日祭(一月七日)・生土祭(一月七日)・御更衣祭(四月二十二日)・御田植祭(六月五日)などがある。宝物は数多いが、国宝に指定されているもの八点、重要文化財二十三点(細目二百三十余)。おもなものは兵器類で、甲冑のごときは全国の総点数の八割を占めている。

参考文献　半井梧庵『愛媛面影』二、『三島宮御鎮座本縁』、『大山積神社関係文書』(『伊予史料集成』五)、『集古文書』、『神社明細帳』

（是澤　恭三）

おおやまずみのかみ　大山祇神　大山津見神とも書く。山の神。山霊の神格化の代表。その誕生については、イザナギ・イザナミ二神の子(『日本書紀』本文)、またはこの両神の生んだ男女神の子とする説(『古事記』)、イザナギノミコトが火神を斬った時に屍体から化生したとする説(『日本書紀』一書)などがある。『古事記』によれば野の神と分担して土・霧・谷の神を生んだという。天孫ニニギノミコトが娶ったコノハナサクヤ姫は、この神の女である。山霊の神格化は相当に古く、水源ひいては田の稔りも支配するゆえに水の神・田の神としても信仰された。記紀で「大」を冠せられ人格神化されたこの神と、古い民間信仰との関係ははっきりしないが、生誕神話や神系譜には山の神的性格が仄見えている。愛媛県越智郡大三島町に大山祇神社があり、航海の神として崇拝されているが、この神社については、仁徳天皇の世百済から渡来した大山積神を祀ったという縁起譚があり(『伊予国風土記』)、記紀の大山祇神と直ちに同一神視することには疑問も残る。

（倉塚　曄子）

おおやまためおき　大山為起　一六五一―一七一三　江戸時代中期の神道家。京都市伏見稲荷大社の旧秦姓神主家松本氏の出で、上社神主為穀《ためよし》の三男として慶安四年(一六五一)に出生。初名を大膳、通称を松本左兵衛、号を葦水斎《いすいさい》という。三歳の時に京都五条の商賈大山七右衛門正康の養子となり、大山七介と称したが、二兄相ついで夭折したので実家に帰り、松本姓に復して家職の神楽《かぐら》預《あずかり》を嗣いだ。性来学を好み、稲荷社の古儀、家伝の秘説を研鑽して稲荷神道の大成に努めた。延宝八年(一六八〇)三十歳の時、垂加山崎闇斎の門に入り、その道統をついだ。貞享元年(一六八四)御朱印頂戴のため江戸参府、徳川光圀に謁見した。同三年養父正康の遺命により、神職を辞し寓を京中に移し、大山氏を称し葦水と号した。同四年三十七歳のとき、伊予松山藩主久松(松平)定直の招きに応じて、同地味酒《みさけ》社祠官となり、神書・古典を講説すること二十四年に及び、門人千余に達したという。宝永七年(一七一〇)六十歳のとき、『日本書紀』全巻の注釈書を完成し、これを「味酒講記《うまさけこうき》」と名づけ、藩主と正親町公通とに献呈し、翌正徳元年(一七一一)帰洛するに際し、みずからの魂魄を封じて葦水霊社混沌宮《いすいれいしゃこんとんのみや》と称して同社境内に建て、松山を辞して帰洛し、問屋町五条下ル音羽橋に葦水軒を開塾して古典を講じた。同二年松本姓に復帰、翌三年三月十七日六十三歳をもって没した。墓は京都市東山区の鳥辺山にある。著書の主要なものに、前掲『日本書紀味酒講記』五十五巻、『稲荷社記録』二十二巻、『延喜神名式比保古』十五巻、『氏族母鑑』二十二巻、『稲荷大明神縁起』三巻などすこぶる多いが、その中には史料集の類も少なくない。

参考文献　岡部譲編『大山為起翁記念篇』、山本信哉「隠れたる神道家大山為起翁の伝」(『神社協会雑誌』六ノ三・四・六・八・九)、三浦周行「大山葦水」(『日本史の研究』所収)、羽倉信一郎「神道家大山葦水為起のことども」(『神道学雑誌』二)、菟田俊彦「大山葦水為起年譜」(『神道史学』五)、西田長男「大山為起とその著『氏族母鑑』」(同校訂『氏族母鑑』付載)、同「大山為起伝補遺」(『朱』二一―四)　（小島　鉦作）

おおやまとおおくにたまじんじゃ　大和大国魂神社　⇩やまとおおくにたまじんじゃ

おおやまとじんじゃ　大和神社　奈良県天理市新泉町に鎮座。もと官幣大社。古くは、嘉祥三年(八五〇)に従二位、貞観元年(八五九)に従一位、寛平九年(八九七)に正一位の神階を授けられ、平安時代には二十二社の一つに列せられた。『延喜式』には「大和坐大国魂神社三座(並名神大、月次相嘗新嘗)」とあり、『日本書紀』崇神天皇六年条によると、天照大神と相並んで宮中に祀られてあったのを、同殿共床は畏れ多しとして、天照大神を豊鍬《とよすき》入姫命《いりひめのみこと》に託して笠縫邑に祀らせ、日本大国魂神《やまとおおくにたまのかみ》を渟名城《ぬなき》入姫命《いりひめのみこと》に託して祀らせたが、同七年十一月には改めて市《いち》磯長尾市《しのながおち》をして倭大国魂神の祭の主とした。これがこの社の起源とされている。また『大倭神社註進状』によると、この社は大和国山辺郡大倭邑にあり、出雲杵築大社の別宮で、国家の守護神であるために倭大国魂神といい、また大地主神ともいうとある。すなわち大和国の守護神であるが、ひいては日本の国魂神ということになる。もともと国魂とは国土の神霊で、『延喜式』によると、他にも尾張大国霊神社、陸奥の大国魂神社、淡路の大和大国魂神社、遠江の淡海国玉神社、土佐の天石門別安国玉主天神社などがあるが、神代の記事ではそれぞれの国魂神を、大国魂神として統一し、それを大国主神の別名として神々の組織のうちに入れたのである。「大国主」は「大国魂」と同じく国土の神霊を指すが、主は魂というよりも一層人格化された表現といってよい。現在祭神は八千《やち》矛大神《ほこのおおかみ》・日本大国魂大神《やまとおおくにたまのおおかみ》・御年大神《みとしのおおかみ》とする。例祭は四月一日。摂社に若宮増御子《ますみこ》神社があり、一に地主神ともいう。本殿の東南方にある。末社高龗《たかおかみ》神社は雨師明神と称する。『大倭神社註進状』は吉野の丹生神社を当社の別宮とし、『延喜式』にも丹生川上神の奉幣には大和社の神主が使に随って参向したとある。神主は長尾市を始祖とするが、姓は大和直で大和の国造を兼ねる。『続日本紀』和銅七年(七一四)条に大倭忌寸五百足を氏上とし神祭を司らしめたとあるが、この五百足は養老七年(七二三)条には大倭国造とある。神主にして国造を兼ねるものは他にも多く、祭政一致の制である。　（原田　敏明）

おおやまとじんじゃちゅうしんじょう　大倭神社註進状　奈良県天理市に鎮座する大和《おおやまと》(大倭)神社と奈良市に鎮座する大神神社の摂社率川《いさがわ》神社の社記。一巻。書名は詳しくは『大倭神社註(注)進状並率川神社記裏書』という。著者と成立年などについては、奥書に仁安二年(一一六七)二月十三日に大和国の国司の命により、大倭神社の祝部《はふりべ》大倭直盛繁が注進した草案とあり、さらに同年十月二十一日、人の求めに応じ勘作した率川神社の縁起を添えたものと記す。内容は大倭神社註進状、率川神社記、裏書の三部から成る。註進状は同社祭神の由来・神徳・鎮座と別社の由緒を添記、率川神社記は由緒と別社の縁起を、裏書は斎部《いんべ》氏の家牒・斎部禊詞を収め、穴師神社・鏡作神社の由来も載せる。なお本書は、江戸時代中期の述作とする説もあるが、各神社の所伝や由来は軽視できない解釈もあり、参考とすべき内容を含んでいる。『群書類従』神祇部、『神道大系』神社編五・一二、『三輪叢書』などに所収。

参考文献　『群書解題』一上　（森　好央）

おおやまととよあきつしまうらさだめのき　大和豊秋津嶋卜定記　室町時代の吉田神道書の一つ。著者は一条兼良に仮託されているが、吉田兼倶作が明らかな『神楽岡縁起』と近い関係にあり、吉田兼倶とみてよいであろう。一巻。成立時期は、吉田兼倶が斎場所を建てた文明十六年(一四八四)前後(『群書解題』)のころとされている。内容は、兼倶が文明十六年のころ、吉田神道の根本道場として建設した日本最上神祇斎場所の鎮座地である神楽岡の地について、神代以来のただならぬ神縁のある所であると述べようとしたもの。そのため、平安京の四方四隅の諸社の霊験を説きつつ説明した方がより説得力が増すと判断したらしく、これら諸社に言及している。そういった斎場所以外の神社への言及の中に、各社が伝えた中世縁起の古い面影が残されている点も重要。『群書類従』神祇部所収。

参考文献 『群書解題』一上

（白山芳太郎）

おおよさみじんじゃ　大依羅神社　大阪市住吉区庭井町に鎮座。旧府社。『延喜式』神名帳摂津国住吉郡条に「大依羅神社四座（並名神大、月次相嘗新嘗）」とみえる式内社。天平神護元年（七六五）摂津・備前両国で神戸十八戸を充てられ、承和十四年（八四七）官社に列し、貞観元年（八五九）従四位下に陞叙、延喜九年（九〇九）正二位に叙す。祭神は武豊波豆羅和気《たけとよはずらわけ》王（開化天皇皇子、依網之阿毘古らの祖）と住吉三神（底筒之男命・中筒之男命・上筒之男命）。この辺は『和名類聚抄』に大羅郷・依羅郷、『日本書紀』に依網池・依網屯倉とみえる地域で、依網（依羅）氏族が居住し、その祖依網吾彦男垂見は、『日本書紀』神功皇后摂政前紀に皇后の命をうけて住吉神を創祀したと伝えられる。例祭は四月十六日。昭和四十四年（一九六九）九月本殿以下をほとんど焼亡したが、四十六年十月再建。

参考文献 大阪府編『大阪府神社史資料』

（今井 啓一）

おかおしんじ　悪神追神事　島根県簸川郡大社町に鎮座する日御碕神社《ひのみさきじんじゃ》で、もと一月十五日に行われた神事。「あくじんおいのしんじ」とも訓む。小豆粥・餅・握飯十二個などを神饌として供えた。正月七日、十四日早朝にも御饗《みにえ》を神前に奉ったが、現在は七日のみ御饗が供えられている。悪神追神事という名称は、社伝によれば、天元三年（九八〇）一月十四日の夜、にわかにかき曇った空から、今、悪神がこの地に集まっている、神饌を炊き藻に包んで神前に奉り、海に送るならば、悪神らは出ていくであろうと、声が聞こえてきた。翌朝、そのことばの通り御饗を奉ったことに由来するという。御饗を奉って悪神を追うことができたことから、御饗神事ともいわれている。

（茂木 栄）

おかくまおみ　岡熊臣　一七八三―一八五一　江戸時代後期の国学者。石見国鹿足郡木部村（島根県鹿足郡津和野町）の富長山《とみたけやま》八幡宮の神職岡忠英の長男として、天明三年（一七八三）三月九日に生まれた。はじめ忠栄、通称内蔵助といい、桜舎と号した。本居宣長に私淑した父の影響で早くより神道および国学を根底とした教育を受けた。のち越後流の兵学を保々光亨に、弓術を石河勘左衛門に学び、江戸に上って村田春門を訪ね、帰国後宣長の門人千家俊信（清主）について国学を学ぶ。文政元年（一八一八）大国隆正の紹介にて平田篤胤の門に入る。この間家塾「桜蔭館」を営み、著述に努め、『日本書紀私伝』八十一巻をはじめ『兵制新書』『皇国史略』『柿本人麻呂事蹟考辨』『千世の住処』など六十部四百冊に及ぶ書物を著わした。嘉永二年（一八四九）津和野藩主亀井茲監は藩校養老館に国学科を新設し、熊臣をその国学教師に抜擢して学則を選ばしめた。以後これが津和野藩の教育の指針となった。文化八年（一八一一）より神葬祭の復興運動を興し、弘化三年（一八四六）に勅許を得て津和野藩内外の国学者や神職に多大の影響を及ぼした。嘉永四年八月六日、津和野官場町の官邸内で死去。六十九歳。墓は津和野町大字中組字恵比須山にある。

参考文献 宮崎幸麿「贈従四位岡熊臣小伝」（好古社編『好古類纂』三編七所収）、加藤隆久「岡熊臣と養老館学則」（『神道史研究』八ノ五）、同「神葬祭復興運動の一問題―津和野藩を中心として―」（『国学院大学日本文化研究所紀要』一八）

（加藤 隆久）

おかげさんぐうぶんせいしんいき　御陰参宮文政神異記　文政十三年（一八三〇）の御蔭参にまつわる神異を記し、神宮の霊威を述べたもの。編者は外宮の門前町山田の岩淵の住人箕曲在六《みのわありむつ》（一七七二―一八三二）。二巻。天保三年（一八四二）刊。こうした神異記は出口延佳の『伊勢太神宮神異記』、中西（度会）弘乗『伊勢太神宮続神異記』、藤原（度会）重全《しげまさ》『明和続後神異記』などが本書以前に刊行されており、いずれも『大神宮叢書』神宮参拝記大成に収められている。このうち弘乗のものは宝永二年（一七〇五）、重全のものは明和八年（一七七一）の事例によっている。本書で文政十三年の御蔭参が阿波（徳島県）の子供から発生したことから、まず阿波の事例から始まり、大和・河内・紀伊などの近畿、四国の土佐、それに関東の武蔵の事例があげられている。そこにみられる神異は小僧の御蔭参を阻止した主人に罰が与えられ、参宮の途中で苦しんでいる者が神により助けられるなどであった。これらの事例は各地に及んでいた御師の情報によりもたらされたものと思われる。

参考文献 西垣晴次『ええじゃないか―民衆運動の系譜―』、相蘇一弘「おかげ参りの実態に関する諸問題について」（『大阪市立博物館研究紀要』七）

（西垣 晴次）

おかげまいり　御蔭参　江戸時代、伊勢神宮への集団参宮をいう。御蔭参の起源は元来おかげ・おかぎなどと称する神木を、神社から授かって田の中に立て豊作を祈った農耕儀礼に始まるといわれるが、近世には伊勢神宮に限られるようになった。伊勢神宮への集団参宮は伊勢信仰の普及に伴い、十四世紀末ごろから畿内中心に現われ、天正末期を最初とする説もあるが、御蔭参と呼ばれるのは江戸時代以後である。近世最初の御蔭参と伝えられるのは慶安三年（一六五〇）で、江戸の商人たちが大神宮へ群参、その数は一日五、六百人から八、九百人に上り、三月中旬から五月までの間に、一日二千百人に達したという。抜参《ぬけまいり》をはやらせ、正月下旬から天下の人民が白衣をきて抜参をはやらせ、正月下旬から天下の人民が白衣をきてる。その後宝永二年（一七〇五）に大規模の御蔭参が京都から起り、閏四月九日から五月二十九日までに東は江戸、西は安芸・阿波に及び、三百三十万―三百七十万人が参宮、しかも多くが抜参で、これより御蔭参を抜参ともいうようになった。またこのころから降札《おふだふり》などの神異が伝えられた。その後享保年間（一七一六―三六）に地方的に小規模のものが見られたが、大規模なものが明和八年（一七七一）に起ってから、六十年が周期と考えられた。この年四月初旬山城宇治から始まり、七月初旬までに東北を除く全国に拡がり、約二百万人が参加、多数の老若男女が群をなしのぼりを立てて口々にざれごとを唱えて熱狂状態で歩いた。次は天保元年（一八三〇）で、閏三月一日阿波から始まり、地域は明和度に及ばなかったが、参加人数は遙かに多く八月末までに約五百万人に達した。近世の御蔭参は主として都市および近郊農村を中心に起り、参加者は商工業の奉公人や農村労働者が主体であったと見られる。それゆえに着の身着のまま銭ももたず、明和度阿波から始まった風俗である柄杓《ひしゃく》一本だけをもって道中するものが多く、途中の町々では治安を守るために富豪たちが金品の施行を行い、宿泊などの世話をした。多人数が往来するので物資の消費も増し、物価が暴騰して経済的にも少なからぬ影響があったと見られる。明和の記録には参宮人を百五十万人と見積もって、路用銀を三万三千五百貫目としているが、これは当時の相場で米三十八万五千石余にあたる。また施行の銭についても、大坂だけで鴻池善右衛門その他合わせて七千三百貫文以上と記している。なお天保度の前後から摂津・河内・山城などでおかげ踊が行われ、これが一揆に変じて村役人にせまって年貢の減免などを要求したこと（摂津中尾村など）がみえている。また御蔭参には最初から熱狂的な踊を伴ったが、それが伊勢参宮からきり離されて、各地での踊だけが行われたのが慶応三年（一八六七）のええじゃないかである。　→抜参《ぬけまいり》

参考文献　神宮司庁編『神宮参拝記大成』（『大神宮叢書』）、『浮世の有様』二（『日本庶民生活史料集成』一一）、新城常三『社寺参詣の社会経済史的研究』、藤谷俊雄『「おかげまいり」と「ええじゃないか」』（『岩波新書』青六八〇）、同「近世「おかげまいり」考」（『立命館文学』一五三・一五四）、井上頼寿「御蔭参の源流管考」（『歴史と地理』二四ノ二）、同「御蔭詣の源流と沿革」（『歴史地理』五五ノ四）
（藤谷　俊雄）

おがさわらしょうぞう　小笠原省三　一八九二―一九七〇　大正・昭和時代の海外神社の活動家。明治二十五年（一八九二）九月十四日、青森県南津軽郡藤崎に鎮座の鹿島神社の社家に生まれる。国学院大学教習科卒業。若くして執筆活動に入り、大正五年（一九一六）『日本神代物語』や同六年『日本国民伝説』、同八年『情の江戸時代』を出版。同十一年に『神道評論』を創刊、翌年には関東大震災で亡くなった朝鮮人震災物故者慰霊祭を神式で行なった。その後、ブラジル・南洋各地・北京・朝鮮・満洲など各地を歴訪し、小笠原の座右詞である「日本人の行くところ神社あり」との信念に従って、異国の地に渡った日本人のための神社建設の促進に尽力したが、敗戦のために中絶を余儀なくされる。戦後の移民再開の中で神社創建を訴えるが実効を挙げず執筆を中心に活動し、神社界の支援を得て昭和二十八年（一九五三）『海外神社史』上巻を出版した。本書は第二次世界大戦前の関係者に執筆を依頼、当時の記録などを収録し、きわめて史料性が高く、海外神社研究の基本書として不朽の地位にある。昭和四十五年十一月十二日国分寺市の自宅で没。七十八歳。墓所は東京都八王子市東京霊園。（嵯峨井　建）

おかだじんじゃ　岡太神社　兵庫県西宮市鳴尾町に鎮座。旧県社。祭神は天御中主神《あめのみなかぬしのかみ》その他五柱。本殿は流造。境内は約三三アール。寛平五年（八九三）武庫郡広田村の岡司氏が、この地を開発したという由緒から古くは音加志社とも称した。延喜式内の古社で、のちには広田神社の祭神五座をも当社に合わせまつった。例祭は十月十一日。例祭には一時上﨟《いっときじょうろう》と称する行事がある。

参考文献　兵庫県神職会編『兵庫県神社誌』
（岡田　米夫）

おかだまさとし　岡田正利　一六六一―一七四四　江戸時代中期の国学者、神道学者。本名吉川、通称左近、盤斎・礒波翁また潮翁と号した。寛文元年（一六六一）奈良に生まれる。二十二歳の時江戸に出たが、兄のすすめで岡田家を継いだ。垂加神道を玉木正英（葦斎）に学び、その正統を伝えるとともに、葦斎の橘家神道をも継承した。江戸にあっては跡部良顕に師事し、師説を祖述して通俗的な宣伝につとめ、垂加神道を関東に弘めるのに力があった。盤斎の系統から京都賀茂社神官玉田永教が現われ、その著『神国由来』が吉田松陰の少年時代に尊皇精神を培う上に役立ったことはよく知られている。著書はあまたあったようだが、今日伝わらない。その中で『神代巻日蔭草口訣』（写本一冊）、『神代巻初重二重三重講義』（写本六巻三冊）が無窮会図書館に保存されている。前者は玉木葦斎の『神代巻日蔭草』（未完成）を註解した点、後者は『潮翁語類』の別称のように葦斎の学風を知る上に貴重な文献である。延享元年（一七四四）六月十五日没。八十四歳。浅草新寺町行安寺に葬る。法号元有院見誉盤斎正利居士。

参考文献　山本信哉『垂加神道伝統系図』、『吉田松陰全集』一〇、関根只誠編『（訂正改版）名人忌辰録』、谷省吾「岡田正利の自叙小伝『磐斎之記』」（『皇学館論叢』六ノ二）
（小林　健三）

おかだよねお　岡田米夫　一九〇八―八〇　昭和時代の神道学者。明治四十一年（一九〇八）四月五日、東京都中野区に生まれる。昭和五年（一九三〇）三月神宮皇学館本科第二部歴史学科を卒業、同年神宮文庫書記となる。十年、神宮皇学館普通科教諭、十四年四月神宮皇学館助教

授、十七年三月には皇学館大学附属専門部助教授となる。二十年四月には神祇院考証事務嘱託、同八月に考証官となるが、神祇院廃止とともに免官となる。二十一年二月に神社本庁が発足するとともに、主事となり、調査部第二調査課長、教化部調査課長、調査部長、神宮奉賛部長、教学部長、教学研究室長などの要職を歴任した。五十一年に定年退職。神社本庁発足以来、教学・調査研究を担当し、『神道文献概説』などの概説書を執筆するとともに、多くの神社史の編纂にも携わっている。五十五年二月九日死去。七十一歳。著書としては、『建武中興と神宮祠官の勤王』、『海国日本の誕生』など。

参考文献 岡田米夫先生遺稿刊行会編『岡田米夫先生神道論集』 (松本 久史)

おかふとじんじゃ 岡太神社 福井県今立郡今立町に鎮座。旧県社。延喜式内の古社で、祭神は建角身命《たけつのみのみこと》・国狭槌尊《くにさつちのみこと》・大己貴命《おおなむちのみこと》を主神とし、継体天皇以下十三神を併せ祀る。例祭は十月十三日。本殿は大社造、境内は約五八・七アール。古く『越前国総神分』に正五位岡太神社とみえ、国主・武将の厚い崇敬を受けた。特殊神事に薬祀(二月十三日)がある。宝物に豊臣秀吉の禁制、薬祀古図などがある。 (岡田 米夫)

おかみのかみ 龗神 ⇩高龗神《たかおかみのかみ》

おかやまけんごこくじんじゃ 岡山県護国神社 岡山市奥市に鎮座。祭神は明治戊辰戦争以降戦没した岡山県出身者ならびに岡山県に縁故ある戦死者五万六千余柱を祀る。明治二年(一八六九)四月三日、備前藩主池田章政が戊辰戦争の戦没者大田万治をはじめ三十四名の招魂祭を後楽園裏竹田河原において行い、同年六月に上道郡門田村幣立山《へいたてやま》に社殿と碑石を建て、奥羽・箱館の戦いに斃《たお》れた将士の霊をまつったことに始まる。同七年に官祭招魂社に列し、祭祀ならびに修繕費一切が官費支給された。同十六年に同字内北方高地に移転し、さらに大正四年(一九一五)現在地に遷座した。昭和十四年(一九三九)岡山県護国神社と改称、内務大臣指定護国神社となった。第二次世界大戦後の占領下では操山《みさおやま》神社と称したが、同二十七年岡山県護国神社に復称した。例祭は春季(五月六日)・秋季(十月六日)、万燈みたま祭(八月十五日・十六日)。

参考文献 『岡山県護国神社百年史』 (津田 勉)

おかりや お仮屋 ⇩御旅所《おたびしょ》

おがんのしんじ 御願神事 石川県加賀市の菅生石部《すごういそべ》神社で二月十日に行う神事。祝詞奏上ののち、氏子の青年たちが白装束で、二メートルほどの青竹を所かまわず打ち叩き、全部を砕き尽くす。そののち、太縄を持ち出し庭上を引きずり廻して大あばれをした上、橋から川へその縄を投げおろす。青竹の破片は災難よけの霊験があるといって群衆が争って取る。この神事はもとは氏子二部落の対抗行事であったというから、鞍馬の竹伐り神事に似ていて、競争によって神意のあるところをトう意味があったのであり、御願神事なる名称もそれに由来するのであろう。 (萩原 竜夫)

おきじんじゃ 隠岐神社 島根県隠岐郡海士《あま》町に鎮座。旧県社。後鳥羽天皇を祀る。承久の乱のあと後鳥羽上皇はこの地に遷され、延応元年(一二三九)二月崩御されたが、土地の村上氏がその霊を奉斎。明治六年(一八七三)神霊を水無瀬宮に奉遷したのちも、島民の崇敬の念あつく、昭和十三年(一九三八)神社設立を出願し、翌年二月一日創立許可をうけ、四月三日鎮座祭をなした。例祭は四月四日。 (鎌田 純一)

おきつしまじんぐうじ 奥津島神宮寺 滋賀県近江八幡市北津田町に鎮座する延喜式内社の大島・奥津島神社の神宮寺。この神宮寺については『三代実録』によると清和天皇貞観七年(八六五)四月二日に、南都元興寺の僧、伝燈法師賢和の奏状にもとづいて、彼の建立した「堂舎」をもって、その神宮寺と定めたことがみえている。いまは禅宗の阿弥陀寺がその法燈を伝えている。 ↓大島《おおしま》・奥津島神社《おきつしまじんじゃ》 (景山 春樹)

おきつしまじんじゃ 奥津島神社 ⇩大島《おおしま》・奥津島神社《おきつしまじんじゃ》

おきながたらしひめのみこと 気長足姫尊 ⇩神功皇后《じんぐうこうごう》

おきのしま 沖ノ島 福岡県宗像郡大島村に属し、宗像神社辺津宮の前港神湊《こうのみなと》から五七キロ、玄海灘の北域に浮かぶ周囲約四キロの孤島。大正十五年(一九二六)天然記念物に指定された「沖ノ島原始林」が全島を蔽っている。一望千里の玄海灘の最中に屹立《きつりつ》する島の姿相は、森厳そのもので古くから神の島とされ、宗像神社三宮の一つである沖津宮は、島の最高峰一の岳(海抜二四三・一メートル)にいたる途上に鎮座し、わが国で最も大きな祭祀遺跡である沖ノ島祭祀遺跡は同宮本殿付近の巨岩重畳する地点に存する。祭祀遺跡とは別に生活遺跡があり、縄文式および弥生式土器が発見されている。この島のことが『古事記』『日本書紀』にみえていることはいうまでもないが、中世の『正平年中行事』には「息御嶋」と記し、「日本与高麗之堺」と註してわが国のいやはての島とし、また朝鮮の『海東諸国紀』には「小崎於島」とみえている。江戸時代福岡藩は寛永十六年(一六三九)防人《さきもり》九人をおいて警備にあたらせ、明治三十八年(一九〇五)の日本海海戦は、この島の近海で行われている。なお、この島には忌詞が伝えられ、禁忌・習俗も他と異なっている。 ↓宗像神社《むなかたじんじゃ》

参考文献 宗像神社復興期成会編『宗像神社史』上、同編『沖ノ島』、同編『続沖ノ島』、毎日新聞社編『海の正倉院沖ノ島』 (小島 鉦作)

おきのしまいせき 沖ノ島遺跡 福岡県宗像郡大島村沖ノ島にある祭祀遺跡。古社宗像神社の沖ツ媛の鎮座する沖ノ島は玄界灘の直中にあり、周り約四キロ、最高峰二四三メートルに燈台がある。突堤をめぐらした一ヵ所の船着場を除いて、他の海岸は絶壁である。博多より七七キロ、宗像神社辺津宮所在地に近い神湊《こうのみなと》より五七キロである。この島の祭祀遺跡は早くから知られていたが、戦後数回学術調査が行われて多くの遺跡と遺品が明らかにされた。第一

次の調査は昭和二十九年(一九五四)より三十二年に至る間五回。第二次は同四十四年より四十六年まで行われた。遺跡の第一は巨岩の岩上にあって、最も古い様式である。第二に岩陰に発見されるものは、祭祀に使用された器財をまとめて収納したような姿である。第三は野天になっているが、依代《よりしろ》が臨時に作られた場所かとも考えられる。第四は御金蔵《おかなぐら》と称する巨岩の累積する自然の洞穴に収蔵されたものである。これらの遺跡から発見される遺物の量と質は、地方豪族の私有財をはるかに超えた感じである。おそらく大和朝廷の主宰する国家の大祭祈願の行事が、この離島でとり行われたものであろう。遺宝の中心は古墳時代の後期にあるが、古式の鏡や石製模造品などは中期にさかのぼる。鉄製品(刀・剣・斧・挂甲類)、装玉(ガラス小玉・切子玉・硬玉勾玉・滑石製臼玉など)、装身具(指輪・釧など)、馬具(雲珠・杏葉・帯金具・鞍類)など多彩である。なかでも金銅製品は、新羅その他の大陸製品の輸入とその模造品があり、製作の精巧さが注意をひく。奈良時代に降ると三彩・金銅すかし彫り香炉形製品、雛形機織具などがある。沖ノ島はきびしい信仰によって神域が荒されず、これらの貴重な遺宝が保たれてきた。ちなみに島の社務所付近には縄文時代の住居跡もあって、石器時代はこの離島にも居住者のあったことがわかる。古墳時代以降は国家的祭祀の場となり、古代を通じての遺宝が出土している。中世以降は祭祀の形態が変わったものか注目すべき遺品はとどめていない。

参考文献　宗像神社復興期成会編『沖ノ島』、同編『続沖ノ島』、毎日新聞社編『海の正倉院沖ノ島』

（鏡山　猛）

おきひき　お木曳　伊勢神宮で二十年に一度行われ、式年遷宮と呼ばれる祭祀に伴った社殿造営に関わる行事の一つ。造営に必要な用材を宮域まで運び入れる行事である。古く用材は、神宮に近い山を御杣山《みそまやま》として採取し、中世以降は多くは木曾山に求めている。造営の役夫は東海道五ヵ国から集められたが、中世になると神宮近辺の神領地内の人々がもっぱら作業に携わることとなる。現在ではこの伝統を継承し、三重県伊勢市とその周辺の度会郡御薗村・二見町の各地に結成される約八十団体が、遷宮の七年前から二ヵ年にわたり行なっている。古く木曾からの運材は川を下し、海上を伊勢の大湊まで運んだ。大湊から外宮へは宮川を経由し木製の車に移し替え参宮街道を、内宮へは橇に載せて五十《い》鈴《すず》川を遡上して宮域に至る。御木曳には、浜参宮・上がり参宮・のぼせ車・帰り車と呼ばれる行事や、民俗芸能としての木遣歌などが各地区に伝承されている。昭和四十一年(一九六六)三月「記録作成等の措置を講ずべき無形の民俗資料」に選定された。

参考文献　『民俗資料選集』四、「第六十一回神宮式年遷宮諸祭・関係行事記録写真二」(『皇学館大学神道研究所紀要』五)

（八幡　崇経）

お木曳　五十鈴川の川曳

おくつき　奥津城　墓のこと。死者のむくろ(遺体)を納め、まつる所。「おく」は遠い、あるいはへだたった処、「き」は城・柵、また囲い込み、守られた空間を意味する。墓城(兆城)は溝や土堤・塀などによって囲まれ守られていた。また子孫などによるまつりの場でもあった。『万葉集』一八には「大伴の遠つ神祖の於久都奇はしるく標立て人の知るべく」(原万葉仮名)とあり、大伴家持のころには墓標を明らかに立て、人にわかるようにしている。時代により墓制も変化しているが、仏教伝来後、墓に供養塔を立てるようになり、これが墓を示す墓石あるいは墓標となってきた。しかし、近世以降の神葬祭墓地では、代々の木の墓標を立て替え、石塔にしない例もある。また、「おくつきどころ」「おきつすたへ」などの言葉もある。なお、日本の墓の歴史的変化を概観すれば、縄文時代は多く土壙で、一部には自然石で囲み石囲土壙としたもの、自然石を墓上に立てて墓標としたもの、環状列石を伴うものもあり、遺体は手足を折り曲げて屈葬としたもの、甕など土器を頭部上に覆ったもの、石を抱かせたものなどがある。弥生時代も土壙に納めるものが多いが、北九州地方では朝鮮半島とも関係する支石墓があり、大型の甕棺に納める甕棺墓は中期を中心に一つの文化圏をつくり、地域によっては一部の甕棺が墳丘を持つようになり、墓前には大柱が立てられ、墓前祭に関係する大型掘立柱建物が伴うなど地域首長墓が現われる。一方近畿地方をはじめ関東、東北に至るまで方形周溝墓と呼ばれる周囲の溝を持つ方形の墳丘が弥生時代を通じて造られる。弥生時代の終わりころには吉備を中心として大型の墳丘墓(一〇〇《メートル》を超すものもある)、山陰の四隅突出墳丘墓などがある。古墳時代になると日本列島独自の前方後円墳が造られる。墓石で覆われた円壇と方形の壇で、時代により前方部は変化していく。推古朝になると前方後円形に対する価値観の変化から、中央で方墳が造られると、全国一律に前方後円墳が造られなくなる。その後、方墳から上円下方墳、八角形墳などの形の墳丘も造られるが、九州で五世紀ころから流行する山腹へ墓室を掘り込む横穴墓が七世紀中心に東北地方まで分布する。このころから火葬墓が広まり、畿内中心に墓誌を納める風も現われるが、関東などの鉄板墓誌は文字も判明しない。日本列島では大陸にみられる売地券など類例は、ごく限られており、墓誌も普及しなかった。なお海岸地域では洞窟葬、砂浜への埋葬なども行われた時代があった。また全ての地域ではないが遺体を埋葬する埋墓とまつりをする墓石を立てたまいり墓を分かる両墓制もある。　（椙山　林継）

おぐにじんじゃ　小国神社　静岡県周智郡森町に鎮座。旧国幣小社。祭神は小国神一座。社伝によれば欽明天皇の代に奇瑞があって、本宮山に出現したという。承和七年(八四〇)従五位下を授けられ、貞観二年(八六〇)従四位下、同十六年従四位上に叙せられた。延喜の制では小社に列し、祈年の国幣に預かった。遠江国の一宮として社勢著しく、永保二年(一〇八二)清原則房を神主に補任、承徳元年(一〇九七)には神宮寺のあったことが知られる。江戸時代に入ると徳川将軍家より尊崇され、慶長八年(一六〇三)五百九十石の朱印領を寄進、以後歴代これを安堵した。また寛保二年(一七四二)社殿修復のため、遠江・駿河・三河・信濃の諸国に勧化を許可された。奥宮は本社を去る約六キロ本宮山頂に鎮座する。例祭は四月十八日。なお特殊神事として田遊祭(三月三日)がある。　（大場　磐雄）

おくみや　奥宮　同じ神社でありながら距離をおいて二つの関係ある社殿を持ち、この内、山上など本社より奥地にある社。奥社・奥院ともいう。一般に奥宮は本社とは別に離れた奥まったところにある神社、という程度に認識されている。この二社の関係は同一祭神である場合、親子関係にある場合、などがある。この内圧倒的に多いのが同一祭神の例で、山上の山宮を奥宮とし、山麓の里宮を本社とするもので、奥宮は神の降臨地とされる。たとえば加賀の白山では、山麓に白山比咩神社が鎮座し山頂にはその奥宮がある。立山における雄山神社、富士山の浅間神社、相模の大山と大山阿夫利神社など、いずれも山頂もしくはその近くに奥宮が祀られている。これらは本社と奥宮が同一祭神である。あるいは、祭神を同一としながらも山麓の本社を和魂とし奥宮を荒魂とする、近江の日吉大社の例もある。同大社東本宮の奥宮は背後の八王子山に大山咋命荒魂を祀っている。祭神の親子関係の例として、能登一宮の気多神社があげられる。同社は大己貴命を祀るが、本殿の背後に入らずの森と称する禁足地があり、そこに本社の父母神である須佐男命・稲田姫命をそれぞれ祀る二つの奥宮がある。柳田国男は全国的なフィールド調査にもとづき山宮・里宮という類型があることを明らかにし、山は祖霊の籠るところであり、また冬には田の神が籠るところとした。こうした民俗的な山中他界観によって山宮が成立し、山麓の里宮(本社)とは別に人里離れた頂、あるいは文字通り奥まったところに籠り坐す霊威を奥宮として祀ったのである。こうしてみると奥宮という名称の内に、本社とは違った性格をおのずと示しているといえよう。なお一般論として、里宮より山宮の方が古いとみられてきたが、祭祀の場としては、むしろ里宮の方が古い。日常祭祀の中心はあくまで里宮にあったのである。奥宮は、山上・山中といった、たやすく行きがたい立地条件にあり、奥まったところに坐す霊威の宮処といえよう。

参考文献　景山春樹『神体山』、柳田国男「山宮考」(『定本柳田国男集』一一所収)
（嵯峨井　建）

おくわまつり　御鍬祭　江戸時代から昭和にかけ、東海地方、美濃・飛驒地方にほぼ六十年に一度流行した伊勢信仰の一つ。桑の木でつくられた小形の鍬を村送りにして送る。背後に志摩の伊雑宮《いざわのみや》の御師、神宮の御師の働きかけがあった。初見は寛永八年(一六三一)で『武蔵国足立郡上尾鍬太神略由来』(『神道大系』神社編一七所収)にみえる。以後、天和二年(一六八二)、元禄十六年(一七〇三)、寛保二年(一七四二)、明和四年(一七六七)、享和二年(一八〇二)、文政十年(一八二七)、安政六年(一八五九)、文久二年(一八六二)、明治十四年(一八八一)、同二十一年、昭和二十二年(一九四七)。流行には壬戌の年、丁亥の年の二つがあった。流行の地域は飛驒・美濃・尾張・三河・遠江に限られた。村送りの行列は名古屋では練り物や衣装で人目をひいた。その状況は画家高力猿猴庵《こうりきえんこうあん》の筆により『御鍬祭真景図略』などとしてみることができる。神体とされる鍬は最後は村の神社の末社に納められた。

参考文献　名古屋市博物館編『盛り場』(特別展図録)、西垣晴次「御鍬神考―近世伊勢信仰の一側面―」(『民衆宗教史叢書』一三所収)、山本祐子「高力猿猴庵著作年譜」(『名古屋市博物館紀要』二四)
（西垣　晴次）

おくんち　旧暦九月九日の重陽の節供にあわせた祭。九日をくんちと呼ぶ。神事ということで「お」と尊称を付して呼ぶこともあり、「お宮日」と書くこともある。柳田国男は「供日」説をとっている。民俗語彙としてはくんちと呼び慣わすことが多く、次の四つの用例がある。佐賀県杵島郡武雄などではうぶすな神の祭日。岡山県苫田郡富などでは神社の秋祭。広島県比婆郡峯田などでは九月九日の節供。鹿児島県喜界島・奄美大島などでは月末の晦日。この第二・三の用例のくんちは、九州西北部一帯に広く分布している秋祭である。特に有名なのが長崎市上西山町の諏訪神社の祭礼(正確には諏訪神社に合祀されている住吉大明神と森崎大権現との三社の祭礼)である長崎くんちである。元和九年(一六二三)、佐賀の修験者青木賢清が三社を諏訪町に祭祀し、寛永十一年(一六三四)九月七日・九日に、遊女の高尾と音羽が謡曲の舞を演じたのが、奉納踊りの創始であるとの説がある。かつては旧暦の九月九日、現在は十月七―九日を中心として行わ

おくんち　長崎くんちの奉納竜踊

れる。十月七日に神事のあと奉納踊りが行われ、長崎港の大波止に臨時に設けられる御旅所に三基の神輿渡御がある。「お下り」という、浜降り祭である。九日の午後から神事のあと、神輿の還幸である「お上り」となる。長崎くんちは近世都市祭礼の特徴である、練物の典型的なかたちをとる。奉納踊りの基本構成はしゃぎりの連中が傘鉾を囃すことにあり、その間に本踊り、曳き物、通り物、担ぎ物などが競い合う趣向を取り入れている。神社にとっては三基の神輿が本社から御旅所を往復する神幸行列・神輿渡御が中心であるが、氏子・見物客側からみると奉納踊りの風流芸能がメインである。踊りを奉納する町を「踊り町」といい、町印である傘鉾を先頭にして、各踊り町がめいめい趣向を凝らして竜踊《じゃおどり》などの出し物を奉納する。寛文十二年(一六七二)、長崎総町七十七町が十一町ずつに編成され、七年ごとの一巡するシステムが定まった。当時と踊り町は異なるが、現在も氏子七十七ヵ町が十一ヵ町ずつのグループに分かれ、七年に一回奉納する。長崎のほかには、佐世保くんち・伊万里くんち(トンテントン祭)・唐津くんちなどが有名である。

(福原　敏男)

おけらまつり　白朮祭　京都の八坂神社(祇園社)で、大晦日から元旦にかけて行う祭。例年十二月二十八日から神官ら潔斎して浄火を鑽り出し、これを社内の金燈籠に移し置き、元旦丑刻に十二の折敷に盛った削り掛の木にその火を移し、これに白朮《おけら》(うけらとも)を加えて焚いた、と『感神院旧記』などにみえる。白朮は古来薬草として重んじられた植物で、これを加えることは悪疫消除の効ありとしたのである。現在もこの霊験あらたかな浄火を年頭に受けようとして深夜参詣客が群集する。江戸時代にはこの群集の間に、悪口雑言の言い競べの風習が行われたことが、井原西鶴の『世間胸算用』などに描かれている。

(萩原　竜夫)

おこもり　お籠り　⇨忌籠《いみこも》り

おざきじんじゃ　尾崎神社　金沢市丸の内に鎮座。旧郷社。祭神として徳川家康・天照大神・前田利常を祀る。加賀藩四代藩主前田光高が、寛永十七年(一六四〇)東照大権現の勧請を幕府から許可され、同十九年に幕府の大工木原木工允の設計により、金沢城北の丸で社堂の造営に着手し、同二十年に至り完成した。藩老村井長朝が神霊奉迎使として江戸に遣わされ、東叡山寛永寺門主の常照院憲海らが、神霊を供奉し、九月十七日金沢城内で遷座式が行われた。東照宮・権現堂と称され、別当屋敷は城外に設けられて神護寺と号し、明暦三年(一六五七)越中国新川郡のうちで百二十石が、寺領として寄進された。明治元年(一八六八)神仏分離令により、権現号が廃されて、仏像・仏具は除かれ、同七年に現社号に改称。城内が陸軍省の管轄となったため、同十一年現在地に移転した。例祭は六月一日。本殿(付厨子)・幣殿・拝殿・中門・透塀は、重要文化財。

(東四柳史明)

おし　御師　特定の社寺に所属し、参詣者をその社寺に誘導し、祈禱・宿泊などの世話をする者をいう。御師は元来御祈禱師の略で、平安時代中期まず寺院で用いられたが、神社で祈禱を行う比較的下級の祠官も御師と呼ばれるようになった。熊野、石清水八幡、賀茂、日吉などにその例を見ることができる。なかでも代表的なのは熊野の御師である。熊野御師は平安時代末期に盛んになった朝廷や貴族の熊野参詣の時に熊野で祈禱や宿泊の便をはかったものである。御師と参詣者の関係は、最初のうちは参詣の時だけの一時的なものであった。しかし両者の間で御師を師とし参詣者を檀那とする師檀関係が次第に恒常化するようになった。なお熊野の場合は、御師と檀那の間に先達が介在した。熊野先達は御師の配下に属し、檀那を御師の処に嚮導する役割を果たす者である。そのさい参詣の途上で、精進・潔斎・奉幣・献饌などの導師をつとめ、参詣者の宗教的疑問に応えるなどの役割を果たした。先達は大部分のものが修験者(山伏)であったが、まれには時宗の僧侶などが先達になったこともある。鎌倉時代になると熊野御師は貴族のみでなく、新興の武士階級をも檀那とするようになった。特に東国の武士社会に入り込んだ御師は武家の一門を一括して自己の檀那とした。そして室町時代には、領主などを通して庶民を檀那とするようにすらなった。ちなみに応永ころには熊野御師は尊勝院や実報院など代表的なものを中心として六、七十家に達したと推定される。中世の御師としては、熊野御師のほか、伊勢・松尾・三島・富士・白山などのものが知られている。これらの中では特に伊勢の御師《おんし》が有名である。伊勢神宮は元来天皇家の氏神として私幣の奉献が禁じられていたが、鎌倉時代初期にはこの制度がゆるみ、伊勢にも次第に貴族や武士が参詣するようになった。こうしたことから、内宮と外宮の両所に居住した伊勢の御師は、このころから次第に東国の武家社会にその勢力をひろげて行った。伊勢の御師は鎌倉時代末期以降は特に活発に活動し、室町時代には領主を通じて領内の農民を檀那とするようになった。なお伊勢の御師は、熊野の場合と違って檀那との間に先達を介在させることなく、御師みずからが檀那の処に赴いて参詣をすすめ祓・大麻を配布するなどした。この結果、師檀関係はより密接なものとなった。すなわち地方の檀那は御師の廻檀に対して伝馬や宿舎を提供したり、関税を免除するなどして歓待した。一方御師は、祓・大麻のほかに扇・帯・茶・白粉などを土産物として檀那に提供し、貨幣や米などを受けとった。もっともこうしたことからのちには御師が次第に行商人的性格を持つようになった。中世末の文禄年間(一五九二―九六)には伊勢の御師の数は外宮だけで百四十五家に達し、その活動範囲は畿内を中心として、能登・加賀・陸奥・出羽などをのぞく全国に及んだ。ところで御師にとって檀那は信者であるのみならず、財物を与えてくれるものでもあった。そこで中世末以降、熊野・伊勢などの御師の間では、檀那は一種の財産と考えられ、檀那の相続・譲渡・売買がしきりに行われた。そして零細な御師から強大な御師への檀那の集中化がすすみ、多数の檀那を擁する御師は祈禱料・宿泊料によって富を蓄積し、これを商業資本化、高利貸資本化してますます富をふやして行った。近世に入ると、熊野の御師は熊野信仰の衰退や、仲介者であった先達が次第に地域社会に定住するようになったことから檀那の掌握が因難となり、急速におとろえた。これに対して伊勢をはじめ諸社寺の御師は急速に発達した。伊勢の御師は正徳年間(一七一一―一六)には外宮五百四家、内宮二百四十一家を数えている。これらの御師は近畿地方を中心として全国各地の農民の間に伊勢への参宮を目的とした伊勢講を結成させ、この講親を掌握することによって精緻な組織を作って行った。近世期には伊勢神宮以外の社寺でも御師制度が著しく発達した。その主なものをあげれば、出羽三山、相模大山・相模江之島、武蔵御嶽、富士山、身延山、信濃善光寺、尾張津島神社、立山芦峅寺、加賀白山、近江多賀神社、山城愛宕山、高野山、豊前英彦山などがある。しかし近世末から近代になると、参詣の主体が檀那中の篤信者を中心とした講に移って行き、御師はただ宿泊と参詣の便宜のみをはかる宿坊的な性格を強く持つようになって行った。

参考文献　宮家準『熊野修験』(吉川弘文館『日本歴史叢書』四八)

(宮家　準)

おしき　折敷　飲食具を載せる饗応用の食膳の一種。檜の「へぎ板」で作った縁つきの方形の盆で、清浄簡易な曲物《まげもの》として広く愛好された。形状・材質・色彩・髹漆による各種がある。方形の四隅を角だたないように裁ち切って縁を折り曲げてつけた角切《すみきり》折敷を常用として、角折《すみお》敷《しき》ともいい、径三寸の小角、径五寸の中角、径八寸の大角の三種を恒例の法量としたが、時宜によって大きさを増し、『太平記』三三、公家武家栄枯易レ地事には食膳方丈にならって面五尺の折敷の使用を伝えている。これに対し、四隅の角を切らない四角のままの折敷を角切らずとも平折敷ともいう。また平敷とせずに、高坏《たかつき》の上に据えて作りつけた折敷の高坏や刳形《くりがた》を入れた板二枚を併行して立てた上に載せた足打がある。足打は高折敷ともいうが、この足に刳形のないのを傍《そば》折敷という。また近世は四本足として、蝶足・銀杏足・猫足・宗和足などに作り、台盤と同様に用いて台膳《だいのぜん》ともいう。なお菓子類を盛るために角切の縁を特に高く作ったのを縁高折敷といい、『大諸礼』に「賞翫へは足付のふちだか、各へは足つけずにふちだか也」としている。元来は、へきの素地のまま樺《かば》綴として用いて「へぎ」と呼んだが、その表面を滑らかに削り上げたのを鐁懸《かなかけ》折敷といい、祝儀には、全体に胡粉をかけた白折敷、緑青をかけた青折敷、さらにその上に文様を画いた絵折敷の類を用いた。材質も、檜のほかに、杉や橡《とち》を用い、『宇津保物語』梅の花笠には紫檀の折敷、『源氏物語』若菜には浅香《せんこう》の折敷、『紫式部日記』には沈の折敷の使用を伝えている。また近世は多く塗折敷を用い、黒塗や砂子蒔《すなごまき》をはじめ、皆朱《かいしゅ》・青漆《せいしつ》・春慶・根来《ねごろ》などがあり、産地から吉野折敷・飛驒の山折敷・根来折敷・石見折敷などが知られている。

(鈴木　敬三)

おしたてじんじゃ　押立神社　滋賀県愛知《えち》郡湖東町北菩提寺に鎮座。旧県社。祭神は火産霊神・伊邪那美神。明治以前は押立二社大明神・客人大明神と称したが、明治元年(一八六八)に押立神社と改称。創建は未詳ながらも、当初は押立山中に鎮座していたが、下一色村にあった文屋康兼邸内に霊水が湧き、その地に社殿を建立して遷座したという。古来より朝廷の尊崇も厚く、中世においては近江守護佐々木氏の崇敬も得た。近世においては彦根藩領域となり、藩主井伊家より社領の寄進も受けた。例祭は四月二十四日。祭礼には一月十四日に農作物の豊凶を占う「御卜田《おうらないだ》御《お》管焚神事《くだたきしんじ》」や、六十年に一度斎行される「ドケ祭」などがある。社殿のうち本殿と大門は重要文化財に指定されている。本殿は三間社流造・向拝一間・檜皮葺の形式をなし、棟札二枚には応安六年(一三七三)四月二十八日の銘文がある。大門は四脚門・入母屋造・檜皮葺からなり、延文二年(一三五七)の建立。

(宇野日出生)

おしらさま　おしら様　東北地方の民間巫女が、神憑りまたはオシラ遊ばせのときに用いる執りもの。その用途・機能により二種に区別される。一つは、民間の旧家で祀られる家の神としてのおしら様を、正月とかオシラ講のときに巡回してきた巫女が供養する形態。五、六センチほどの桑の木の頭を紅絹か錦織の布片で丸く覆ったもの。男女とみなす一対を神棚に蔵し、オシラ遊ばせのとき、または弘前市郊外、久渡《くどう》寺の縁日に携行して新しい衣を重ねてきせる。家の盛衰・運命を握る神として尊崇され、別にオクナイサマ(山形県)、オシンメサマ(福島県)ともいう。他の一つは、イタコなどの巫女が携行するもので、巫業のはじめ神憑りに入るとき、あるいは部落祈禱などで神の降臨を仰いだり、オシラ祭文をかたるときに用いる。両手で前後、左右、上下に振りかざすさまは神秘的である。ただし死者の口寄せには原則として用いない。

参考文献 柳田国男『大白神考』(『定本柳田国男集』一二)、楠正弘『下北の宗教』 (桜井徳太郎)

おすくに 食国 居《を》す国より、治める、しろしめす国の意味になる。「をす」の「す」は敬語。主として「天皇の治めたまう国」の義に用いる。『古事記』神代に伊耶那岐命が月読命に対し、「汝命は夜之食国を知しめせと事依さしたまひき」(原漢字)と命ずる条がある。『万葉集』に「吾が大君のきこし食す天の下に」「食す国を見し給はむと」「食国を定めたまふと」「やすみしし、吾が大君の御食国《みをすくに》は」(原万葉仮名)などの用例が多い。 (川副 武胤)

おたうえまつり 御田植祭 神社の御供田などを植えるとき行う祭儀。古来の大社にはこの神事を伝承する所が少なくない。三重県志摩郡磯部町の伊雑宮の御田植オミタは六月二十四日、これより早く五月末から伊勢内外両宮と猿田彦神社でも御田植祭が営まれる。大阪市の住吉大社で六月十四日、京都市の稲荷大社は同十六日にこの祭儀がある。また福島県大沼郡会津高田町の伊佐須美神社七月十二日、熊本県阿蘇郡の阿蘇神社七月二十八日をはじめ、北は岩手県水沢市羽田の出羽神社五月十五日から南は鹿児島神宮旧五月五日、種子島の宝満神社四月十日前後の祭まで、田植神事は全国に広く分布して、神社の神が農業神でもあることをよく示している。その祭式は、由緒の歌舞や神態《かみわざ》を保存する社もあるが、一般には社殿から祭場の神田へ神幸があり、晴装した多くの早乙女が田に入り、並んで苗を挿す。田の畔に立つ男たちが田楽を奏するのが例式である。これは民間の田植の古格である大田植と類型的な形態であった。田植は夏の日の激しい数日間の労働であるが、以前はこれが田の神を迎えてまつりかつ植えるいわば儀礼的行為で、一日に終るものであった。またこれとは別に小正月の祝儀として、年頭に田仕事のさまを演じてその年の豊作を祈る神事もある。東京都板橋区徳丸の北野神社二月十一日、隣町下赤塚の諏訪神社同月十三日の田遊は、いずれも苗代から田植、刈入れと次第に行う。もと正月行事であった。静岡県では三島市の三嶋大社正月三日のお田打をはじめ、磐田郡水窪町西浦の観音堂の田楽は旧正月十八日で地謡三十三番のうちに稲作の次第がある。この付近に旧正月の田遊を伝える社が多い。周智郡森町の小国神社はいま三月三日の神事が、もとは正月にあった。長野県下伊那郡阿南町新野の雪祭は伊豆神社の田楽祭で、正月十四日に行う。愛知県三河地方では南設楽郡の鳳来寺旧正月三日、北設楽郡の田峯観音堂旧正月十七日など田楽神事が数々伝承された。奈良県高市郡明日香村飛鳥坐神社二月第一日曜の御田は珍しい所作がある。これももと正月神事。この県下の神社に年頭おんだを伝えることが多い。和歌山県伊都郡花園村梁瀬では旧正月八日に下花園神社と遍照寺大日堂とで御田の舞、同郡かつらぎ町上天野丹生都比売神社で旧正月十日の御田式がある。いずれも古風を存している。正月初めの田植祭は民間の田打正月の習俗と比較される。これは中国地方から東に存して、九州では少ない。瀬戸内海地方が最も盛んで、ここでは農神を迎えまつり、家族そろって田を拝む風もある。さらに東方では行事は仕事始めの予祝祭となり、サツキ・ニワタウエなどと称して形ばかり田植の所作を演じて祝い、田植踊の祝儀を楽しむ。また小正月にはモノツクリといって秋の稔りの豊かさを祈り占う飾物をもつくった。ハナホダレ・餅花・繭玉などがこれである。これらも初春の御田植神事と同様の趣旨につながる行為であることは明らかである。

参考文献 宮本常一編『日本祭礼風土記』 (平山敏治郎)

おたじんじゃ 織田神社 ⇩劔神社《つるぎじんじゃ》

おたにさんし 小谷三志 ⇩こたにさんし

おたびしょ 御旅所 神社の祭神が神輿・鳳輦また船などで神幸し、仮に遷座する場所のこと。頓宮・御輿宿・御旅宮などともいう。『百錬抄』平治元年(一一五九)十一月二十六日条に「祇園旅所焼亡」とあるのが初見であるが、神輿は平安時代初期よりあるから、それ以前にあったものとみられる。神幸は、その神社鎮座に古縁のある地へのそれ、祭神の事績によるそれ、氏子区域内の悪疫退散、また巡視、さらに神意をなごめるためのそれなどと種々の理由によりなされるため、御旅所も一ヵ所の場合もあれば、数ヵ所にわたる場合もあった。それも大阪天満宮の天神祭のごとく、神幸に先だち鉾流神事といい、鉾を川に流し、その漂着地を御旅所と定める場合もあったが、通例は滋賀の多賀大社の大宮祭で、旧鎮座地栗栖の里を御旅所と定めたごとく一定し、それも飛驒高山の桜山八幡神社の高山祭のように、古来よりの単なる空地をそれとする場合もあれば、京都八坂神社の祇園祭のごとく建造物がある場合もあり、また厳島神社管絃祭で地御前神社・長浜神社・大元神社を、甲斐一宮浅間神社の水防祭で三社神社をそれぞれ御旅所とするように、他社を御旅所とする場合もある。通例御旅所へ神幸があると、そこで祭礼が行われ、しばらく休憩ののち還幸する。その本社より御旅所への神幸道順も一定し厳重に守られてきている。 (鎌田 純一)

おためし ⇩花《はな》の撓《とう》

おたりやさい おたりや祭 宇都宮市の二荒山神社の祭。春は一月十五日、冬は十二月十五日に行われ、それぞれ春渡祭・冬渡祭と記された。明治六年(一八七三)太陽暦採用前は旧正月と十二月の初の子《ね》または午《うま》の日に行われた。五穀豊穣の祭であったのが、江戸時代中期ごろから火防《ひぶせ》の信仰が加わり、針仕事をしない、風呂を焚かないなど、忌みつつしむ風習もあった。夕方神社で神輿《みこし》へ遷《せん》霊《れい》して発輿《はつよ》する出御祭《しゅつぎょさい》を執行、御旅所《おたびしょ》(下之宮《しものみや》、旧社殿跡)に渡御《とぎょ》して御旅所祭《おたびしょさい》があり、市内を渡御してから夜神社に帰り、還御祭《かんぎょさい》がある。御旅所祭では市無形文化財の田楽舞が奉奏される。これは当社古来の伝統神楽で、五月の田舞祭《たまいさい》にも奉奏される。舞人は妻折笠・端袖付上衣《はたそでつきうわぎ》・たっつけ袴を着用し、簓《ささら》・柄太鼓を持った二人で、楽人は鉦《しょう》・笛・簓・羯鼓《かっこ》の四人で奏する。歌詞は三節あり、これを三回繰り返す。一節は「国も栄えて民も豊かに治まる御代《みよ》のためしには」と歌われる。なお、御旅所は時代により変遷がある。（沼部　春友）

おちあいなおあき　落合直亮　一八二七―九四　幕末の勤王家。文政十年（一八二七）八月二十六日、落合俊雄の長男として武蔵国多摩郡駒木野村（東京都八王子市）に生まる。通称源一郎。家は代々駒木野関所の関守で、国学を叔父の山内嘉六と堀秀成に学んだ。嘉永六年（一八五三）ペリー来航するや、家督を弟の直澄に譲り、尊王攘夷を唱えて志士と交わった。文久三年（一八六三）幕府の浪士徴募に応じて上京、清川八郎らと封事を学習院に上り、藤本鉄石と連絡をとり、天誅組の大和挙兵に呼応して関東で攘夷挙兵を画策し、ついで元治元年（一八六四）水戸天狗党の筑波挙兵に応じ、上州で挙兵しようとして金井之恭とも往来し、この間小島四郎（相楽総三）とも交わった。慶応三年（一八六七）十月薩藩が浪士を募集するや、小島の檄文に応じ、門下生五人を率いて江戸芝三田の薩藩邸に投じ、変名して水原二郎と称し、糾合所屯集隊を組織、小島を総裁に、直亮は副総裁となり、関東の擾乱を画策した。同年十二月薩藩邸が旧幕兵により焼打ちされるや、薩藩士伊牟田尚平ら三十余人と重囲を脱し、品川沖碇泊の薩藩軍艦翔鳳丸に乗じて西走、紀伊九鬼湊に上陸し、翌明治元年（一八六八）正月入京して西郷隆盛に関東の情勢を報じ、ついで政府軍に従って大坂・姫路に赴いた。二月岩倉具視の内命を受けて関東を視察、帰って復命した。維新後刑法官監察司判事・伊那県判事を経て、三年同県大参事に進んだが、四年横浜打払い事件に連坐して免官となった。六年陸前志波彦神社宮司兼大講義・仙台市神道中教院の統督となり、十年伊勢神宮禰宜・伊勢神宮教院の教官となり、十五年これを辞し、二十六年浅間神社宮司となった。二十七年十二月十一日没。年六十八。贈従五位。国文学者落合直文はその養子。

参考文献　史談会編『（国事鞅掌）報効志士人名録』一、落合直亮述「落合君国事鞅掌に関する来歴」（『史談速記録』一二・一三・一五）（吉田　常吉）

おちあいなおずみ　落合直澄　一八四〇―九一　明治時代前期の国学者。天保十一年（一八四〇）武蔵国多摩郡駒木野村（東京都八王子市）に生まる。駒木野関所の関守落合俊雄の四男。通称一平、小槇舎・植舎と号す。国学を堀秀成・富樫広蔭に学んだ。勤王の志が厚く、兄直亮と国事に奔走した。明治元年（一八六八）戊辰戦争起るや、東山道先鋒総督府参謀河田景与に従い、下野に戦って功を樹てた。二年神祇官宣教権少博士に任ぜられ、のち豊受大神宮禰宜・多度津神社宮司・出雲大社少宮司・伊勢神宮禰宜を経て大教正に進み、その間東京・京都また宇都宮の神宮教本部長として布教に専心し、公務のかたわら古書を研究し、著述に従事した。二十二年皇典講究所に招かれて講師となり、二十四年一月六日没した。年五十二。墓は東京都豊島区南池袋の雑司ヶ谷墓地にある。『語格大成図』『日本古代文字考』『古事記後伝』『古事記別伝』『古事記講録』など著書が多い。（吉田　常吉）

おちあいなおぶみ　落合直文　一八六一―一九〇三　明治時代の国文学者、歌人。萩之家と号す。文久元年（一八六一）十一月十五日、仙台藩家老鮎貝盛房の次男として陸奥国本吉郡松崎村（宮城県気仙沼市）に生まれる。明治七年（一八七四）に国学者であり志波彦神社宮司であった落合直亮の養子となり、同十年に父の伊勢神宮転任に伴い神宮教院に入学、父の師でもあった堀秀成に国文を、鈴屋国学の流れを汲む植松有園に和歌を学ぶ。十五年には東京大学古典講習科に第一期生として入学。二十一年には皇典講究所の講師となり国文を教授し、のちに学監補も務めるなど晩年まで在職し、同所および国学院の運営に助力した。また、第一高等中学（のちの第一高等学校）をはじめ多くの学校で教鞭をとり、教育者として広く活躍するとともに、萩之家と号し詩文・和歌の創作活動にも積極的に関わり、和歌・国文の改良を唱えた。「桜井の里」（桜井の決別）や「孝女白菊の歌」などの詩文は唱歌として広く親しまれた。三十六年十二月十六日、東京市本郷区（文京区）の自宅で死去。四十三歳。青山墓地に葬られる。

参考文献　国学院大学日本文化研究所編『国学院黎明期の群像』（松本　久史）

おちじんじゃ　越知神社　福井県丹生郡朝日町大谷寺に鎮座。旧郷社。伊邪那美神・大山祇神《おおやまずみのかみ》・火産霊神《ほむすびのかみ》を祀る。養老二年（七一八）、僧泰澄の開山と伝え、越知山上に本社・越南知・別山があって越知山三所大権現と称し、別当大谷寺の奉仕する霊場として栄えた。中世は朝倉氏がしばしば社領などを寄せ、近世には藩主松平氏が権現領百石を寄進するなど崇事するところがあった。近郷四十七村の総鎮守として知られる。例祭は七月十八日。

参考文献　山田秋甫編『越知神社文書』、井上翼章編『越前国名蹟考』（『福井県郷土叢書』五）（小倉　学）

おちみず　変若水　⇩若水《わかみず》

おつきたいしゃ　小槻大社　滋賀県栗東《りっとう》市下戸山に鎮座。式内社。別称、小杖社《おづえしゃ》ともいう。祭神は古代において当地に勢力を有していた豪族である小槻山君（公）の祖神である於知別命と、のちに合祀した大国主命である。小槻大社は貞観五年（八六三）に従五位下に叙せられて以降昇進し、南北朝時代には正一位を授与された。この背景には、小槻山君の末裔である小槻氏が宮廷官人（壬生官務家）として活躍した時期、神階授与を願い出たからではないかと考えられる。中世においては、近江守護佐々木六角氏の被官青地《あおじ》氏の信仰と保護を受けた。近世においては膳所《ぜぜ》藩本多氏の保護を受け、明治以降は郷社に位置付けられた。祭礼としては、五月五日に行われる例祭の花傘踊りが知られている。この祭は「小杖祭りの祭礼芸能」という名称で、滋賀県選択無形民俗文化財となっている。社殿は本殿が永正十六年(一五一九)建立で、一間社流造の様式をもち重要文化財。御神体である神像彫刻二躯のうち主神の於知別命は十世紀後半、配祀神の大国主命は十世紀後半から十一世紀初めの作で、ともに重要文化財。

参考文献 宇野日出生「中世武士団と祭祀権―近江国青地氏と小槻大社を中心に―」(『儀礼文化』一一八)

(宇野日出生)

おつどう・わかどう 乙童・若童 乙童・若童は低い霊的な存在で、一対で現われてくるのを常態とし、時処に応じて変幻し、習合移行し、かつ使令的性格を有し、大きくは護法《ごほう》と考えられるものの中に班別される。こうした護法の早くみえたのは『日本霊異記』であろうが、乙童・若童は、そうしたものの童子の姿で現われた護法童子の一つで、書写山の性空の場合が著聞する。正しくは乙天護法・若天護法、また乙護法・若護法といわれるが、この護法は性空の先住地の霧島山から背振山、それから書写山へと随逐したが、その形姿は丈短く、身太く、かぶろ頭に赤髪にして、使令に使われる。こうした形が護法童子の姿で、その背景に金剛童子などのイメージの投影が濃い。かかる姿を最も具体的に示したのは『信貴山縁起』にみえる剣蓋護法童子であろうが、性空の場合もこれに類似し、書写山円教寺には乙・若両童の護法祠が今も鎮祭されている。

(近藤　喜博)

おとぐいしんじ 御鳥喰神事 神聖視される烏に供物を捧げ、烏がそれを食べることによって成就する神事。この神事における鳥は、一般的には烏であることが多い。烏に餅や団子などを与えて食べさせる行事は、東北地方から九州地方まで広く各地に伝えられていたが、第二次世界大戦期の食糧難を期に行われなくなった例が多い。それらは烏勧請・烏呼びなどと呼ばれた行事で、正月行事やこと八日、収穫儀礼などに際して、家ごとの年中行事として行われたものであり、東北地方の山間部では厄災除けや吉凶判断、関東地方の農村地帯では烏がどの供物をついばむかによって早稲・中稲・晩稲などその年の当たり作を占う烏占《からすうら》いの意味があった。そのような民俗行事とともに、特に神社の神事として烏に供物を捧げる神事が主として西日本各地の神社に伝えられており、御《お》烏喰神事《とぐいしんじ》・鳥喰神事《とりばみしんじ》などと呼ばれている。広島県厳島神社の御鳥喰神事、滋賀県多賀大社の先食台《せんじきだい》、愛知県熱田神宮の摂社御田神社《みたじんじゃ》の春秋の祭における烏喰の神事、烏《からす》祭《まつり》などがよく知られている。現在も烏の鳥喰いが伝えられる代表的な例は、厳島神社の御島廻式での御鳥喰神事である。御島廻り式は毎年三月と九月の七浦神社祭や五月の宮島講の大祭などで執行されている重要神事で、厳島の周囲七浦の末社を船に乗って順拝するものである。途中の養父崎神社沖の海上で、神饌の粢《しとぎ》を海上に浮かべて山中に棲息する神烏《ごがらす》と呼ばれる烏に食べさせるのが御鳥喰の神事である。烏が食べることを「御鳥喰があがる」といい、無事あがれば参拝者一同の無病息災・家内安全のご利益があるという。もし参拝者の中に穢れのある者があれば神烏は出てこないという。多賀大社の先食台は、かつてすべての神事に先立ってモッソと呼ばれる円柱状のご飯の供物を載せておき、それを烏が食べれば穢れなしとして神事を執行することができたが、食べなければ障りがあるとして神事に入ることができなかった。御田神社の祭でも供物の粢を神職が神殿屋上に投げ上げてそれを烏が食べれば神事に入れるが、食べなければ穢れありとして神事を執行することができなかった。しかし、両神社とも戦後しばらくのちには烏がこなくなりこの神事は形式化してしまった。いずれも、烏の種類はハシボソカラスやミヤマカラスであったと思われるが、都市化などの環境変化による雑食性の強いハシブトカラスの繁殖とともに、森林や田園域を主な生息場とするハシボソカラスの移動によるとも推測される。

↓厳島島廻祭《いつくしましまめぐりまつり》

参考文献 新谷尚紀『神々の原像―祭祀の小宇宙―』(『歴史文化ライブラリー』九二)

(新谷　尚紀)

おとこづかい・おんなづかい 男使・女使 平安時代、諸祭に遣わされる男女の勅使。男使は、平野・春日・大原野などの祭に遣わされる男の勅使を指し、近衛の中将・少将の中より選んで差遣わされた。近衛府より出たために、近衛使といわれ、今日賀茂祭の勅使を近衛使というのはその名残りである。また、ただ使といえば男使を指す。女使は、春日・賀茂などの祭に大内より遣わされる女の使をいい、内侍がこれを勤めた。『雅言集覧』に「今按するに、春日祭にも此平野祭にも男女の御使あり、春日祭のは男をたゞ祭の使といひ女のをば女使といへり、仍て思ふに平野祭の男使をも祭の使といはゞ、女のをも女使といひ、春日の男の使をも男使といふべきか、猶可考」とある。

(西島　一郎)

おとこみこ 男神子 神憑りして神意を託宣するのは本来女性巫者であった。ところがその役を代行する男性があらわれ、男神子またはおとこかんなぎ(男覡)などといわれた。『梁塵秘抄』二に「東には女は無きか男巫《おとこみこ》されば や神の男には憑く」とあるのは、女巫男覡の交替を示すものであろう。平安時代末より鎌倉時代にかけて、しきりに法師巫の活躍が史上に出現するのも証拠となる。江戸時代には風俗壊乱を問われるほどに堕落した。

参考文献 中山太郎『日本巫女史』

(桜井徳太郎)

おとこやまぎょうこう 男山行幸 幕末における攘夷祈願のための孝明天皇の行幸。石清水社行幸ともいう。文久三年(一八六三)に入ると尊攘運動はますますたかまり、将軍徳川家茂も上京して攘夷の勅命を受け容れていた。このような状勢のなかで、三条実美や姉小路公知らの急進派公卿と長州藩を中心とする尊攘派志士は、攘夷親征を計画し、幕府に受け容れた攘夷の実行を迫り、これを窮地に追いこもうとした。まず三月十一日に賀茂下上両社への行幸が実現し、ついで三月十九日、男山の石清水八幡宮への行幸が布告され、二十六日には将軍家茂が供奉することも公にされた。しかるに急進派公卿中山忠光が長州藩世子とともに天皇を奪い、天皇を擁して天下に号令しようとしているとの噂が流れたため、行幸が中止されたが、結局姉小路公知の活躍もあり、四月三日になって、十一日に行幸されることが決定された。さらに在京諸藩主に、当日の警備を命じ、準備がすすめられたが、前日になって将軍家茂は風邪を理由に供奉を辞しているが、これは、神前において実行不可能の勅命を強請されるのを避けるためだともいわれている。行幸当日は、関白鷹司輔熙以下の公卿、将軍名代一橋慶喜以下の諸侯が供奉し、諸藩兵が厳重に警固するなかを、夕刻男山八幡に到着し、夜中にかけて参拝の儀式がすすめられた。このとき慶喜は腹痛を理由に山下の寺院にとどまっていたが、夜中、攘夷の節刀授与のために召された。これは三条実美らの計画であったが、果たさなかった。このことから、慶喜が節刀を授けられ攘夷の実行を誓わせられることを恐れて、仮病をかまえたのだともいわれている。要するに、実行不可能な破約攘夷を幕府に迫り、その勢いにのって政局の主導権をにぎろうとした尊攘派の計画であった。幕府は、かろうじてそれを避け得たが、同時に「真の御太刀はいらないものよ、どうで攘夷は出来やせぬ」と世間から嘲笑され、幕府の権威を失墜させることとなった。　（池田　敬正）

〔参考文献〕宮内省編『孝明天皇紀』四、山川浩『京都守護職始末』

おとこやまはちまんぐう　男山八幡宮　⇨石清水八幡宮《いわしみずはちまんぐう》

おとたちばなひめ　弟橘媛　日本武尊(倭建命)の妃。『日本書紀』景行天皇四十年条は穂積氏忍山宿禰の女とする。『古事記』は倭建命の后とし、出自を記さない。『日本書紀』の伝は『古事記』成務天皇段に、穂積臣らの祖建忍山垂根の女弟財郎女を娶り、和訶奴気王を生んだとある弟財郎女の名を訛伝《かでん》したものと考えるべきか。日本武尊が馳水(走水)の海をわたるとき、船が暴風のために漂蕩した際、媛が犠牲となって入水し、渡の神の心を鎮めたので、尊は無事渡海し、使命を遂行できたという説話(『古事記』『日本書紀』)がある。『常陸国風土記』には倭武天皇の皇后として大橘比売命の名を伝える。　（川副　武胤）

おとりさま　⇨鷲神社《おおとりじんじゃ》

おなりがみ　おなり神　姉妹を神格化した沖縄方言。おなりは姉妹を指示する沖縄の親族名称で、うなり・うない・ぶなり・ぶないともいう。沖縄では、姉妹はその兄弟を守護する霊力を具えていると信じられ、すべての女性はその兄弟からおなり神としてあがめられていた。男性はその姉妹を蹴ったり、姉妹の方に足を向けて寝てはならないという禁忌は、おなり神信仰に基づいた女性観の一端を示している。旅御願《たびうがん》と呼ばれる旧慣は、こうした兄弟に対する姉妹の霊的優越の思想をかなりはっきり伝えている。兄弟が本土などに旅立つ時に、その姉妹の守護を仰いで、姉妹から髪や手織りの手拭などを贈られた。これは航海中の兄弟に姉妹の霊魂が始終つきまとい、守護するという観念に基づいた慣行である。沖縄の古代歌謡集の『おもろさうし』や琉歌《りゅうか》には旅御願を謡ったものが多く、白い鳥や蝶は姉妹の化身と考えられていたらしい。沖縄の最南端の八重山群島の農耕儀礼や年中行事のなかで、兄弟に対して姉妹が重要な儀礼的地位を占めているのも、兄弟に対する姉妹の霊的優越というおなり神信仰に根ざしている。粟の播種儀礼の際、家々では稲積型の握り飯をつくって家族や招待した親戚と分食するが、その握り飯に最初に庖丁を入れるのは世帯主の姉妹に限られている。また父祖伝来の水田の田植の折に、所有者の男性はその姉妹に稲の成育祈願をたのみ、収穫の時には姉妹にお礼として稲束もしくは籾を贈る。この種の行事は、いずれもおなり神信仰の儀礼的表現であるが、こうした兄弟姉妹の呪術宗教的関係は、親族関係の枠に限られず、沖縄の宗教や社会の伝統と深くかかわっている。江戸時代初期に第二尚氏王統の尚真は、政治体制の中央集権化を促進するとともに、祭祀制度の全国的統一を確立した。国王はその姉妹を聞得大君《きこえおおぎみ》と称する沖縄最高位の女性司祭者に任命し、その下に各地の祝女《のろ》を中心とする女性司祭者集団を従属せしめ、聞得大君を頂点とする祭祀体制の階層的序列化を行なった。聞得大君は、霊威が世界に及ぶ大君を意味し、沖縄最高のおなり神でもあった。こうして国王と聞得大君の兄弟姉妹による政教二重統治形態が成立したが、その基礎には沖縄の伝統的なおなり神信仰が横たわっていた。八重山群島の村落に見られる祭祀組織が、姉妹を女性司祭者に、その兄弟を姉妹の補佐役に当てるのを原則としているのも、おなり神信仰の原理に基づいたものである。日本本土で、田植の日に重要な役をつとめる女性をおなりと呼んでいたのも、沖縄のおなり神信仰となんらかの関係があるらしい。奈良県では田植の日に炊事する女性をおなり婆と呼んでいる。京都の賀茂神社の旧記にみえる養女《おなり》や熊本県の阿蘇神社の神事に登場する宇奈利《うなり》などは、いずれも稲作儀礼のなかで重要な役割をになった人物である。　（伊藤　幹治）

〔参考文献〕伊波普猷『をなり神の島』(『伊波普猷全集』五)、島越憲三郎『琉球宗教史の研究』、柳田国男『妹の力』(『定本柳田国男集』九)

おに　鬼　想像上の怪物。裸体に虎の褌をつけており、姿は人に似ているが、肌の色が赤や青や黒などで、頭に角が生え、口・鼻・眼などが特に大きく、鋭い牙をもっている。その姿は異民族から思い付いたものであろう。インドでは仏教成立以前のベーダ神話に、ヤクシャ(夜叉)、ラクシャス(羅刹)などの悪神が登場し、これが仏教に取り入れられて、地獄における閻魔《えんま》の手下の獄卒(加害者)の役割を果たしている。中国では祀られざる死者の霊を鬼《き》といい、この世をうろついて禍の原因となるという。

艮《うしとら》(東北)の角を鬼門《きもん》といい、家のこの方角から禍を受けやすいという。わが国の鬼《おに》が、牛の角をもち、虎の褌をつけているのは、艮からの思い付きといわれる。艮の角に桃の木を植えると、桃は百鬼を防ぐので、禍の入るのを防ぐといわれる。仏教で地獄や餓鬼道の亡者が鬼《き》であって、被害者としての死者の霊である。『魏志』倭人伝の中で、卑弥呼が鬼道《きどう》に仕えたというのは、スピリットを支配していたことを意味するのであろう。『日本書紀』の中で、伊弉諾尊が、泉津《よもつ》平坂で、桃の実を投げて、追って来る鬼を防いだという伝説は、すでに書紀編纂の時代に、桃の呪力が死霊の禍(百鬼)を防ぐという中国の信仰が輸入されて取り入れられていたことが知り得る。鬼ヶ島に鬼退治に行く豪傑を、桃から生まれた桃太郎という名にしたのも、桃が百鬼を防ぐという思想の輸入であろう。『日本書紀』の中で「葦原中国《なかつくに》の邪鬼《あしきもの》を撥ひ平げんと欲す」(原漢文)とか「山に邪神《あしきかみ》あり、郊に姦鬼《かだましきおに》あり」(原漢文)とかいうのは、禍をなす悪霊をいったものであろう。鬼ごっこの鬼も、鬼になった者が、逃げる者をつかまえると、つかまった者が悪霊の依坐《よりまし》になり、子供たちはその悪霊をおそれて逃げるのである。『大鏡』太政大臣忠平の条に「この殿、何御時とはおぼえ侍らず、思に延喜・朱雀院の御ほどにこそはべりけめ、宣旨奉らせ給てをこなひに、陣座ざまにおはします道に、南殿の御帳のうしろのほどゝほらせ給に、ものゝけはひして、御大刀のいしづきをとらへたりければ、いとあやしくて、さぐらせ給に、毛はむく〳〵とおひたるての、爪ながく刀のはのやうなるに、鬼なりけりと、いとおそろしくおぼしけれど(下略)」とあるのは、正体不明の怪物《もののけ》を鬼といっているので、このときには地獄図絵のような鬼の姿を思い浮かべたのであろう。『出雲国風土記』には、一目鬼が来て農民を食ってしまった記事がある。これも正体不明の怪物であろう。『日本霊異記』『今昔物語集』にも、正体不明の怪物について鬼として記している。一方、『今昔物語集』一四、依千手陀羅尼験力遁蛇難語には、千手陀羅尼を信奉する僧が、鳩槃荼鬼《くはんだき》に助けられる物語を載せている。鬼も禍のみを与えるとは限らず、仏法擁護の側にまわることもあるわけで、これは彫刻においても、四天王によって天邪鬼《あまのじゃく》が踏みつけられて征せられている場合もあり、興福寺の天燈鬼・竜燈鬼のごとく、燈明を支え、仏に仕えている場合もある。大江山で源頼光に退治される鬼共や、羅生門で渡辺綱によって腕を斬られる鬼は、盗賊であろうが、仏教の方ですでに鬼の具体的な姿が描き出されているために、絵巻物では、地獄の鬼と同じ姿に描かれている。安達ヶ原の鬼や、『浅草観音霊験記』の一ッ家の鬼女も、盗賊を描いたものであろう。年中行事で鬼が現われるのは、立春の前夜の追儺《ついな》で、「福は内、鬼は外」と唱えつついり豆をまき、福をもたらす神は迎え入れ、禍をもたらす悪霊は追放して、よい年を迎えようという行事である。しかし鬼は必ずしも正体不明の怪物や、禍をもたらす悪神とは限らない。各地の祭に伴う芸能で、鬼の面をかぶった踊が見られるが、この際、鬼は悪霊を追い払う役になっている。鬼は一人で出てくることは稀で、大勢ぞろぞろ出てくる場合が多く、常に主役にはならず、その他大勢の立場を取っている。追儺の鬼も、追われて消え失せるばかりでなく、病気や禍を防ぎ、人を丈夫にしてくれるという信仰が大隅半島(鹿児島)や国東《くにさき》半島(大分)にある。秋田県のなまはげも、鬼とはいわないが、鬼の面をかぶり、悪を追放する神の役を果たしている。わが国では、神の姿を人間と違うという意味で、異様な姿に描いたものの一つが鬼で、その姿が仏教の地獄図絵に出てくる羅刹や、中国の鬼《き》(死者の霊)とむすびついて、独特の姿をもつようになったものであろう。大峯山(奈良)の山奥に前鬼《ぜんき》・後鬼《ごき》という部落があり、役《えんの》行者《ぎょうじゃ》が従者として使った鬼の子孫であると伝えている。また、熊野には九鬼《くき》という地名があり、熊野本宮に仕える神官を九鬼氏というのも、神に仕えるその他大勢の神の子孫であるという伝承であろう。

参考文献 馬場あき子『鬼の研究』(『角川文庫』)、近藤喜博『日本の鬼』、藤沢衛彦『(図説)日本民俗学全集』四、小池長之『日本の神々』

(小池　長之)

おにすべ　鬼すべ　⇩鷽替神事《うそかえのしんじ》

おのごろしま　淤能碁呂島　記紀の国生み神話などにみえる島。磤馭慮嶋とも書く。伊弉諾・伊弉冉両神が指し下した矛の先から滴りおちた塩が凝集して島となり、両神はこの島に降って国生みをしたと伝える。「おの」はおのずから、「ごろ」は凝るの意。『古事記』には仁徳天皇が淡路島に赴く時に「おしてるや難波の崎よ出で立ちてわが国見れば淡島淤能碁呂島檳榔《あじまさ》の島も見ゆ佐気都島見ゆ」(原万葉仮名)とこの島をよみこんだ国見歌を記載する。淡路島周辺の島で、絵島の近くの島であろうという説がある。淡路島周辺の島を拠点とする国生み神話の背景には、淡路地方を中心にする海人たちの島生みの信仰があり、大阪湾に臨む河内地方を有力な基盤とした五世紀の王朝のころに国生み神話の内容が形づくられたものと考えられている。

(上田　正昭)

おのじんじゃ　小野神社　滋賀県滋賀郡志賀町大字小野小字浮気谷《ふけのたに》に鎮座。天足彦国押人命《あまたらしひこくにおしひとのみこと》・米餅搗大使主命《たがねつきおおおみのみこと》を祀る。旧郷社。延喜式内社。天足彦国押人命は孝昭天皇の皇子、米餅搗大使主命は同天皇の七世の孫といわれ、ともに小野氏の祖とされている。神社を中心とする小野郷の一帯は、小野妹子をはじめとする古代の名族小野氏の一本貫地であったと思われ、大塚山古墳や唐臼山古墳をはじめとする古墳が群集し、この神社が小野氏の祖神を祀る氏族信仰に発することを明らかにしている。社殿は末社の小野篁《たかむら》神社本殿・道風神社本殿の二宇が重要文化財に指定されている。境内には鎌倉時代の石造宝塔があり、『大般若経』六百巻を所蔵している。例祭は九月五日。行事として粢祭(十一月二日)がある。

参考文献 柴田実「小野神社と唐臼山古墳」(『滋賀県史

蹟調査報告』八)　(景山　春樹)

おのたかきよ　小野高潔　一七四七—一八二九　江戸時代後期の国学者。通称は斎宮、初名は高成、探賾堂・反古亭・玄々亭・三近舎・竹叢・牛隠・東山などの号がある。延享四年(一七四七)生まれる。幕府の大番役を務めた国学者小野高尚の子。同じく幕府の小普請方となり、国学に委しかった。天明四年(一七八四)十二月家を継ぎ、寛政三年(一七九一)七月致仕した。著書は『神代巻事物考』『旧事紀文段考』『日向国神迹考』『中臣祓四箇辨』『日本紀仮名類聚』『日本逸史考異補遺』『辨古事記伝』『姓氏録神別系考』『辨国号考』『夏越祓大意』『和歌かなづかひの辨』『和歌釈教辨』『太伯徐福辨』『子祭考』『日向草』『鈴考』『兵器旧証』など多数ある(『慶長以来諸家著述目録』)。文政十二年(一八二九)十月九日没。八十三歳。法名精学智進居士。牛込の松源寺に葬られたが、のち同寺の移転に伴い、東京府豊多摩郡野方村(東京都中野区上高田)に改葬。　(阪本　健一)

おはけ　おはけさんと呼び祓解という字をあてている例があるがその意味はよくわからない。頭屋制で祭祀を営む場合に、その年の頭屋の庭などに設ける表示のことをいう。盛砂をし、青竹を立てて御幣や神符をつける。頭屋の役が決まると「おはけ立て」といってこれをつくり神宿であることを明示して、ここに神霊を迎え、一切の不浄なものを避ける。土地によってはこれを「おだんつき」という所もある。おはけの形式は場所によってさまざまであり高い柱を立てたり、扇をつけたりするのもある。兵庫県加古川市では頭屋の屋根の上におはけを立てる例もある。おはけの風習はおもに近畿地方を中心とし中国・北陸地方などに見られる。祭礼のみでなく伊勢参りなどの代参に出掛けた家に立てることもある。香川県三豊郡の村々では家に旅人があれば祠官を招いて家に注連を張って神祭をする。これを「はけおろし」といった。おはけは祭の当日または前日に、これをおろして神社に持ってくるというのが多い。

参考文献　原田敏明「オハケ」奉斎の形式とその変遷」(『帝国学士院紀事』二ノ一)、同「オハケ」採訪記」(『神道研究』三ノ二)　(大藤　時彦)

おはらえ　御祓　⇩祓《はらえ》

おひつおさめしんじ　納櫃神事　静岡県小笠郡浜岡町佐倉の池宮神社の秋彼岸の神事。砂丘地帯の丘の上にある神社の境内に広がる桜ヶ池の周辺には、椎や樫の木が鬱蒼と茂っている。伝説では、浄土宗開祖法然上人の師、皇円阿闍梨が末法ののちの弥勒菩薩の出現のときまで待とうと竜に変じてこの池に住んだのを、のち法然上人が当地に来て、師を供養するため赤飯を入れた御櫃を神前に献じたことからこの神事が始まったと伝えている。九月二十三日(彼岸の中日)、神輿渡御の際に、泳ぎ手二十人ばかりが池の中に入り、対岸の御旅所まで泳いでいって、そこで神田から穫れた米で炊いた赤飯をぎっしり詰め込んだ御櫃を受け、池の中央に泳いでゆき、御櫃をぐるぐる廻しながら逆さまに水中に沈める。この御櫃には五色の小幣が立ててある。浮き上がらなければ願いは成就するという。毎年、献納の御櫃は五十個以上、泳ぎ手の若者たち(佐倉地区氏子遊泳団)は、離屋で水垢離をとり別火精進生活を七日間続けたのち、この御櫃奉納の役を勤める。没した御櫃は一週間か十日過ぎると再び水面に浮かび上がってくるが、その時御櫃の中が空であったら吉、もし強飯が残っていたら凶として、吉凶占いをする。信州の諏訪湖と桜ヶ池はその底がつながっているという伝承があり、翌日諏訪湖に御櫃が一個浮かぶといわれる。参詣者たちは、この日底なしの柄杓で水を汲み、池に奉納する。　(茂木　栄)

おびひろじんじゃ　帯広神社　北海道帯広市東三条南二丁目に鎮座。祭神は大国魂神・大那牟遅神・少彦名神。創建は明治四十三年(一九一〇)九月で、帯広町議会の議を経て仮殿を新営し、札幌神社(のちに北海道神宮)の三祭神を鎮斎した。北海道で神社が創建される際には氏子が故郷の祭神を奉斎する場合のほかに、当社のように札幌神社からいわば分霊を奉斎する場合もあった。当地では、これより以前、明治十六年に静岡県伊豆半島の松崎より依田勉三が入植し、明治十八年に天王祭と称する祭礼を営んだ。これが前史とみられる。社格は創建の翌年の明治四十四年に無格社として公認された。大正七年(一九一八)に郷社に列し、昭和五年(一九三〇)九月に県社になった。昭和二十一年に神社本庁に所属する宗教法人になった。昭和五十四—五十五年にかけて神殿・社務所などを新たに造営した。例祭は九月二十四日。

参考文献　『北海道神宮史』、『北海道神社庁誌』　(秋元　信英)

おびまつり　帯祭　静岡県島田市大井町鎮座の大井神社の秋祭の大祭として、三年に一度、寅・巳・申・亥の年の十月十三—十五日に行われる安産祈願の祭。神輿渡御には十万石の格式をもつ大名行列、大黒頭巾を被った鹿島踊、山車屋台が従う。一キロにも及ぶ神幸行列である。大名行列と鹿島踊は、御神旗に染め抜かれた「元禄八年」ころに始まったとされる。大井神社が現在地に遷ったのは、元禄二年(一六八九)のことで、元の社地は御旅所となっている。帯祭とは、大名行列の大奴が腰に二メートル余の二本の木太刀を柄を上に左右から腰で交差させて差し、それに豪華な丸帯を垂らして道行きすることに由来する名称である。大奴は総勢二十五名、奴姿に紺の襦袢、金襴のまわし、脚袢と草履、左手で唐傘を差し調子をとりながらゆっくり練って進む。木太刀の先には安産祈願の短冊が吊される。昔、島田宿に嫁いできた女性は、帯を締め晴着姿で顔見せのために町内を巡る習慣があったという。町が大きくなるとその習慣は衰え、代わりに帯を一旦大井神社に奉納して、三年に一度の祭のときに大奴の木太刀の下げ緒代わりに帯を飾り、町の人たちに見てもらうようになったのだという。現在は貸し衣裳屋から

帯祭の大奴

帯を借り、安産祈願のために帯を披露してもらっている。同様の祭は、同県志太郡大井川町吉永の八幡神社にもあり、また、大名行列も周辺地域に分布している。 ↓大《おお》井神社《いじんじゃ》 (茂木　栄)

おふだ　お札　⇩神札《しんさつ》

おふねまつり　御船祭　神霊を御座船に乗せて海または川を渡御する祭。㈠川や海を支配する神が氏子圏を巡幸するかたちの神幸船の祭、㈡海神や湖神に供物を捧げるために飾り立てた船を出す竜神(海神)祭・湖水祭の類、㈢水辺に出て禊《みそぎ》祓を行う儀式から発展した浜降祭などに分けることができる。第一の例は茨城県鹿島神宮の御船祭、千葉県香取神宮の神幸祭(ともに十二年一度)、和歌山県熊野速玉大社の御船祭、滋賀県宝厳寺の竹生島蓮華会など、第二の例は福井県気比神宮の総参祭、滋賀県日吉大社の日吉祭、神奈川県箱根神社の湖水祭、島根県美保神社の青柴垣神事など、第三の例は大阪天満宮の天満祭、愛知県津島神社の津島祭などが有名である。長野県諏訪大社下社の八月一日の、春宮から秋宮への遷幸祭なども御船祭と呼ばれるが、これは翁・嫗の人形をのせた槽《ふね》(枠形)を神輿のあとからかつぎ行くもので、むしろ神霊奉安の具(現世と他界とを渡す具とも考えられる)としての槽が、水上の船に擬して用いられたことによるのであろう。 (萩原　竜夫)

おほこまつり　御鉾祭　栃木県栃木市惣社町の大神《おおみわ》神社の秋祭。本来は十一月十八—二十五日までの祭。現在は十一月二十五日の前の日曜日から始まる。大神神社はかつて惣社六所明神とも称され、下野国の総社であった。祭神の大物主神は、疫病退散のために大和の三輪山から勧請した神で、その時に鉾をいただいたと伝える。この神体の鉄製のお鉾様は長さ約四五センチ、祭のはじめに藁で覆い、その上から荒縄で三十六回巻いて包む。祭典ののち、境内にあるお旅所に、行列を組み宮司が大切に抱えて渡御する。青木と笹竹で囲われたお旅所に据えられた厨子の中に安置する。かつては畑の中に作られた仮屋で、クルメ様と呼ばれる十三歳以下の少女とトウドノ(伴男)が寝泊まりし、精進潔斎、お鉾様に奉仕したという。最近まで中の日(二十二日)の夜には御紐解《おひもとき》祭があり、鉾を巻いた縄を宮司が切り、安産のお守りとして妊婦に配った。二十五日夕の還御にはお旅所へクルメ様を先頭にお鉾様を迎えに行く行列が組まれ、お旅所での神事を経て神社本殿に還御、納められ、翌日引継ぎの式があり、祭を終える。 (茂木　栄)

おほしざししんじ　御星指神事　熊本県玉名市宮原の南八幡宮と伊倉北方の北八幡宮で、一月十一日に行われる頭屋の精進はじめの神事。両宮の社地は旧小田郷とされた地域に道を挟んで相対している。一年間の節頭区《せっとうく》(節頭家を出す当番地区)にあたっている南北二地区(南十二地区・北十五地区の内)の地区内各戸から一人ずつ出て、列を組んでそれぞれの宮に行く。宮に上がると、節頭家と呼ばれる頭屋を神籤で決める。南北両宮それぞれ節頭家にあたった者は、宮から御幣をいただいて帰り、節頭家の神前で親子・神職・その他がそろって杯をいただく。終ると一間の勧請棚(神棚)が作られ、三本の御幣と榊・燈明などを設ける。部屋の右側の欄間に枡形の箱を取り付け、神様の出入り口とする。さらに庭には一・五メートルほどの榊の棒を立て、榊の枝やナギの枝で飾る。その周囲を長さ約二・五メートルの女竹三百六十五本を四角に組んで、端籬《はしかき》と称する瑞垣《みずがき》を作り、白砂を撒き芝を敷く。そして供物を献じ神事を行う。また、門口には斎竹を立て注連縄を張り、この日から頭屋は精進生活に入る。 (茂木　栄)

オボツ・カグラ　奄美・沖縄で、地上世界と対応して観念化された天上世界。オボツは沖縄最古の歌謡集である『おもろさうし』の原注や、琉球方言の辞書である『混効験集《こんこうけんしゅう》』(尚益二年(一七一一))などにそれぞれ「空」や「天上」と記されているが、その語源については不明である。カグラは「神の座」の意とされる。オボツとカグラは異称同意で対句的に使われている。従来、伊波普猷《いはふゆう》などの先学により、オボツ・カグラは天上であると理解されてきた。小野重郎は、奄美大島のオボツヤマの研究から、奄美のオボツヤマは沖縄のオボツ・カグラ信仰に由来するとし、単なる村落の神山という概念から天上世界へ抽象化されていったとした。外間守善《ほかましゅぜん》は、琉球王権強化のため王府の知識人が育てた思想であると考えた。また、奄美・沖縄の民俗踏査から導かれた仲松弥秀の、単に「神の居所」とする考え方もあるが、なお検討していく余地が残されている。

参考文献　仲松弥秀『神と村』、外間守善『おもろさうし』 (上原　創)

おまもり　お守り　社寺で販売し、信者はこれを購入して、守袋に入れ、常時身につけることによって、宗教上の超自然的な力を得、人間の力プラス神仏の力で、災厄から免れ、効験を得ると信ぜられるもの。護符を守袋等に入れて身につける懸守《かけまもり》、子供の着物の背中に飾り縫いをして魔よけにする背守《せまもり》などの形態がある。中国の『抱朴子』には、登山の時に持つ昇山符、水中の難をさける東海小童符、虎や狼や虫の害を防ぐ四十九真符、病人の不安と悲しみを除く治心安寧符、気絶した時に魂を呼び戻す失魂追魂符や、体内にいて禍の原因となる三尸神を殺す斬三尸桃板之宝符などいろいろなものがみえる。わが国でも神社仏閣で発行するご守護を守袋に入れ、身につける風習は早くから行われ、『明月記』にも護袋の語がみえている。四天王寺(大阪)には平安時代の貴族が用いたと思われる懸守が七懸あり、いずれも国宝に指定されている。また社寺の由緒によって、一定の功徳があると信ぜられ、成田不動(千葉)の身代り、浅草観音(東京)の雷除け、秋葉神社(静岡)の火伏せ、三峯神社(埼玉)の泥棒除け、北野天満宮(京都)と太宰府天満宮(福岡)の学業上達、金刀比羅宮(香川)の海上安全、水天宮(東京日本橋)の安産などが名高い。なお宗教性のないものを、マスコットという。↓護符《ごふ》　(小池　長之)

おみ　小忌　⇩大忌《おおみ》・小忌《おみ》

おみくじ　⇩神籤《みくじ》

おみこし　⇩神輿《みこし》

おみごろも　小忌衣　大嘗祭・新嘗祭などの厳重な斎戒を必要とする神事に参列する小忌の奉仕者が上衣として着用する青摺の衣。白布に山藍で小草・梅・柳・水・蕨・雉・蝶・小鳥などの文様を木型にあてて摺染めとした方領・闕腋《けってき》の裏なしの衣で、右肩の前後に赤紐《あかひも》二条を懸け垂れて、束帯の上にはおり、裾を石帯にはさむのを例とした。摂関・大臣以下、小忌の公卿、四位・五位・六位の職事などの着用する諸司の小忌、祭儀の神殿伺候の紙燭や御服奉仕の近臣所用の別勅の小忌ともいう出納《すいのう》の小忌、主殿・掃部・木工・膳部・酒部などの駈仕丁や内豎などの用いる如形《じょけい》の小忌がある。諸司の小忌は、身二幅・袖各一幅からなる四幅の制で、袖下を縫い合わさず、紙捻で結び留めておくだけとする。出納の小忌は、袖がなく、裲襠の正面中央を切り開いただけの方領衣で、二幅からなる簡素な仕立てである。如形の小忌は、出納のそれと同形であるが、青摺とせず、白布のままで、襖や浄衣の上に加えて用いた。なお釆女や女官の唐衣の上につける青摺の袖なしの小忌も如形というが、普通には千早《ちはや》(襅)とよんでいる。このほか、行幸供奉の近衛の次将以下の衛府官や弁官は、束帯の位袍の代りに、身一幅からなる盤領・闕腋の青摺の袍を尻長に仕立て、半臂・下襲の上に着用するのを小忌の袍といい、肩の赤紐を右につけることによって、左肩に赤紐をつける舞人《まいうど》の青摺の袍と区別した。小忌の袍はいずれも所用者自身の私弁とされたので私の小忌といい、とくに裾短かに仕立てたのを外記の料として纔着《さいじゃく》の小忌という。また身二幅に仕立てた盤領・闕腋の青摺の袍は、散斎《あらいみ》の官人の所用として大《おお》忌《み》の衣といい、寿詞奏上の斎主は縫腋の青摺を用いて縫腋の小忌という。　(鈴木　敬三)

おむらじんじゃ　小村神社　高知県高岡郡日高村下分小村宮ノ内に鎮座。旧県社。祭神は国常立尊。清和天皇貞観十二年(八七〇)従五位上を授けられ(『三代実録』)、のち、土佐国の二宮として社勢きわめて盛んで、二宮大明神とも称し、武門武将の尊崇があつかった。正中元年(一三二四)には藤原重頼が舎利塔一基を奉納し、近世では藩主山内氏が社領を寄せている。例祭は十一月十五日。金銅荘環頭大刀一口(国宝)・木造菩薩面二面(重要文化財)を蔵する。

参考文献　『神社明細帳』、『(府県郷社)明治神社誌料』下、竹崎五郎編『高知県神社誌』　(阪本　健一)

おむろせんげんじんじゃ　小室浅間神社　山梨県富士吉田市下吉田に鎮座。旧郷社。下宮浅間明神、富士下宮浅間宮ともいう。富士山二合目にある小室浅間明神を上浅間というのに対し、上吉田の富士浅間明神を下浅間、下吉田の本社は下宮浅間と称した。祭神は木花開耶姫命。坂上田村麻呂が大同二年(八〇七)に創建したという由緒をもつ。江戸時代には、社中除地千百八十四坪、神田十二石八斗余を有した。神田は百姓五家によって耕作され、うち四石余は祭礼免として流鏑馬神事の費用にあてられ、残りを神主に配分した。江戸時代には下吉田村の氏神であったが、往古は上下吉田・松山三ヵ村の産神であった。同村内にある水上山月江寺(臨済宗妙心寺派)の鎮守。九月十九日の例大祭では流鏑馬神事が行われ一年の吉凶が占われるほか、一月十四日夜から十五日にかけて筒粥神事が行われる。

参考文献　松平定能編『甲斐国志』三(『大日本地誌大系』四六)、『甲斐国社記・寺記』一(『山梨県史料』九)　(西田かほる)

おもいかねのかみ　思兼神　記紀神話の神。『古事記』では思金神と書く。また『旧事本紀』の『天神本紀』には八意思兼神《やごころおもいかねのかみ》、同『国造本紀』には八意思金命ともある。多くの思慮を兼ね有する神の義。天岩屋戸から天照大神の出現を請う際、長鳴き鳥(鶏)を鳴かせたのは、思兼神の考えによると伝える。その点は、大国主神の帰順譚における、出雲国への使者のとりきめの場合も同じ。またこの神は、いろいろな意味を兼ね持つ言葉を唱え出した神とも考えられていたようである。あるいはこの点に、より本質的な意味が秘められているのかも知れない。

参考文献　折口信夫『古代研究』民俗学篇二(『折口信夫全集』三)、竹野長次『古事記の民俗学的研究』、尾崎暢殃『古事記全講』　(尾畑喜一郎)

おもだるのみこと　面足尊　⇩阿夜訶志古泥神《あやかしこねのかみ》

おものいみじんじゃ　小物忌神社　山形県飽海郡平田町山楯に鎮座。旧県社。庄内平野東部山麓に鎮座する古社で、北部に鎮座する鳥海山の大物忌神社と並び称される。級長津彦命・級長津姫命・豊受比売命を祀る。別伝に物忌直の祖、椎根津彦命を祀るともいわれる。元慶二年

(八七八)八月俘囚の乱の時の霊験により従五位下勲七等、同四年二月従五位上を授けられ、延喜の制では小社に列せられた。昔は正月と十月の酉の日から三日間、斎を行い、山楯組十八ヵ村の者は業を休んで祭に参加したという。例祭は八月十七日。　(小池　長之)

おもろそうし　おもろさうし　沖縄最古の歌謡集。沖縄・奄美の島々に伝わる「おもろ」を三回にわたって採録し冊と為したもの。尚清王五年(享禄四、一五三一)に首里《しゅり》王府による第一回の結集が行われ、四十一首の「おもろさうし」が成立した。第一巻である。それから八十二年後、尚寧王二十五年(慶長十八、一六一三)に第二回の結集があって四十六首の第二巻が成り、さらに十年後、尚豊王三年(元和九、一六二三)に第三巻から第二十二巻までができ上がり、全二十二巻が完成している。二十二巻の総歌数は千五百五十四首であるが、その中の重複を整理すると実数千二百四十八首となる。尚清王五年(享禄四、一五三一)に第一回の結集が行われたとはいえ、実際には、これに先だち、尚真王が中央集権を断行した同王二年(文明十、一四七八)に、各地方の按司《あじ》を首里に集め、その際、各地方の神祭りに密着していた神歌《おもろ》を集めて冊と為し、神歌主取《おもろぬしどり》を置いて神歌に関する一切の事務を司らしめたということである。「おもろ」の発生起源は、沖縄が歴史的出発をしたその始原にさかのぼるであろうが、謡われた時代はおおよそ部落時代(五、六―十二世紀)、按司時代(十二―十五世紀)、王国時代前期(十五―十七世紀)にわけることができる。部落時代の主題は、主に神であり、太陽であり、祭祀儀礼が中心である。按司時代には、築城・造船・貢租・貿易や、按司の讃美、そして集団舞踊を伴う新しい「ゑさおもろ」が発生する。王国時代になると、貿易・築城・建寺・植樹・航海・貢租・属島征伐などを主題にしながら、一種の労働歌である「ゑとおもろ」が生まれた。さらに王府を中心にした神歌もたくさんつくられている。「おもろ」は、沖縄の原始と古代社会にまたがる歴史・民俗・宗教・言語などを包みこんだ古代歌謡で、一般に「琉球の万葉歌」と呼ばれたが、祝詞のもつ呪詞的要素を内包し、記紀歌謡、万葉歌の一部、それに神楽、催馬楽歌などと比べることのできる幅の広い内容をもっている、ということができよう。「おもろ」はもともと「うむい」といったらしく、「うむい」または「おもい」と称していたのが後になって「おもろ」という呼称が生まれたものである。「うむい」は「思い」の転訛である。ただし「思い」の意味は、人間の心が内側に向けられる内的思考の「思い」ではなく、外に対する「宣《の》る」であり「唱える」であると考えられる。「おもろ」の同義語として「せるむ(宣るむ)」があり、「せるむ」の原形が「みせせる(神託)」で、さらに「みせせる」は「お崇《たか》べ」「宣立言《のだてごと》」と並んで、人と神との心を繋ぐ呪詞的機能をもつものであることなどからそのことを推測することができる。すなわち「おもろ」は、村落共同体の平和や繁栄を願う心を、神に申し上げる、宣り奉る呪術的詞章であったわけである。内的思考の「思い」が人間個々に芽生えるようになる社会段階から、「おもろ」の内容は発想や詩形の緊張がみられるようになり、叙事的内容から抒情的傾斜をみせ始め、後期おもろの中にその移り行きの過程をうかがうことができる。時代的には十五世紀ごろで、叙事的歌謡おもろから叙情詩琉歌への変遷交替がそれである。現在は尚家本《しょうけ》(重要文化財、沖縄県立博物館蔵)、仲吉本《なかよし》(琉球大学附属図書館蔵)などが伝わる。刊本として『校本おもろさうし』『日本思想大系』一八に収められている。　(外間　守善)

参考文献　外間守善『おもろさうし』解説(『日本思想大系』一八)

おやだじんじゃ　大矢田神社　岐阜県美濃市大矢田に鎮座。旧郷社。社伝によれば、祭神は天稚彦命《あめのわかひこのみこと》・建速須佐《たけはやすさ》之男命《のおのみこと》という。これは、大矢田が『日本書紀』の喪山《もやま》神話の地であるという伝承に拠っている。高天原で、葦原《あしはらの》中国《なかつくに》の邪鬼の征圧を命ぜられた天稚彦が弓矢をもらって出発したが、葦原中国で下照姫《したてるひめ》を娶り帰らないので、高天原では、無名雉に天稚彦を探らせたところ、雉は天稚彦に矢を射られ、その血ぬられた矢が高天原に着いた。やがて、天稚彦は高天原からの返矢で死に、喪屋が作られたが、弔問にきた天稚彦の親友が下照姫から天稚彦と間違えられたことから、喪屋を蹴飛ばし、バラバラになった喪屋は落ちて山になった、という。大矢田の椎山《しいやま》が、その喪山という。この喪山神話の神々を祀る神社は、近くの笠神《かさがみ》に下照姫を祭神とする上神神社、喪山に天若日子命を祭神とする喪山天神社などがある。なお、不破郡垂井町に喪山と呼ばれてきた小山がある。本殿は、寛文十二年(一六七二)建造。三間社流造・檜皮葺で各所に精巧な彫刻が施された豪華なもので、平成元年(一九八九)拝殿とともに重要文化財指定を受けた。九月八日の例祭は「ひんここ」と呼ばれ、神人(須佐之男命)が八岐大蛇退治をしたのを主題とした古典的な人形劇風の神事で県重要無形民俗文化財。　(丸山幸太郎)

おやまさんけい　お山参詣　青森県の岩木山に集落単位で集団登拝する行事。津軽地方の男子の通過儀礼となっている。同県中津軽郡岩木町の岩木山《いわきやま》神社では旧暦七月二十五日山開祭、旧暦八月十五日に山納祭を執行し、主に旧津軽藩領の人々が、お山参詣・お山がけと称して岩木山に登拝する。なかでも旧暦七月二十九日を九日山《くにちやま》、旧暦八月一日を朔山《ついたちやま》といい登拝が集中する。古くは名峰・霊山への登山は信仰行事であって、通常はそうした山への登拝を禁じ、夏の一定期間に限ってこれを許した。岩木山への登山口は四ヵ所あるが、一般に長平口からは九日山、百沢口では朔山と定まっていた。旧暦八月一日は岩木山神社の例祭日であるところから朔山が最も賑いをみせ、お山参詣の代名詞ともなっている。登拝前日にカンナガラ(檜などの角材に鉋をかけて削った薄いテープ状のものを梵天にしたもの)や布一反の幟・大鏡餅などを中心に行列を組み岩木山神社に向かう。神社に詣でた後、午前零時になると神社脇奥の登山口(百沢口)から「サイギサイギ」の唱えを掛け山頂の奥宮を目指す。奥宮では「ハジ、今来た」と神像を叩き、御礼酒や餅を供えて御来光を待つ。下山には五葉松を雷よけとして持ち帰ったが、今は植物保護のため禁止されている。境内へ下り着いた一行は「いい山かけた、バダラバダラ、バタラョー」と歌い囃しながら、それぞれの地区まで帰っていく。↓

岩木山神社《いわきやまじんじゃ》

参考文献 青森県立郷土館編『岩木山』

(加藤　健司)

おやまじんじゃ　尾山神社　金沢市尾山町に鎮座。旧別格官幣社。金沢藩主前田家の祖、前田利家を祀る。慶長四年(一五九九)閏三月三日、利家が没するや、子孫によって、その霊を奉祀しようとしたが、当時の法に違反するとして許可されなかった。そこで、表面上、越中国射水郡守山海老坂烏帽子に鎮座の八幡神社を金沢の北郊、卯辰山《うたつやま》の麓に遷座したとし、これを卯辰山八幡と称し、以来前田家累代これを怠ることなく祭祀してきた。廃藩後、一時利家の神像を卯辰山天神社に遷座したが、明治六年(一八七三)十一月十六日、前田邸旧跡(現在地)に社殿を竣工し、さらに現社地へ遷祀し、社名を尾山神社と改称した。同年郷社に列した。翌七年県社に、三十五年四月二十六日別格官幣社に昇格した。摂社の金谷神社には、前田利長・同利常を祀る。明治八年に落成したステンドグラス張りのエキゾチックな神門は、オランダ人ホイットマンの設計によるもので、社蔵の伝利家佩用の蒔絵朱鞘大小刀二口とともに重要文化財に指定されている。例祭は四月二十七日。六月十四日に行われる「百万石まつり」は、俗に市祭《しさい》と称され、金沢市民に親しまれている。

参考文献 佐久間竜太郎編『旧藩祖三百年祭記事』、同編『尾山神社昇格慶賀会記事』、同編『(尾山神社昇格記念)梅薫録』、森田平次『尾山神社来歴考』

(三橋　健)

おやまじんじゃ　雄山神社　富山県中新川郡立山町岩峅《いわくら》寺に鎮座する。旧県社。祭神は天之手力雄命・伊邪那岐之神。明治以前は雄山権現または立山権現と称せられた。創立の年代は不明であるが、『万葉集』にみえるようにすこぶる古く、そのはじめ立山に対する原始信仰に発したものであろう。社伝では大宝元年(七〇一)佐伯有頼(慈興)の建立とも、同三年釈教興の勧請ともいう。貞観五年(八六三)正五位上に、寛平元年(八八九)従四位下に叙せられ、延喜の制では小社に列した。平安時代以降山林仏徒の尊信厚く、本朝屈指の禅定の一所とせられ、登拝する者絶えず、中世以降には累代領主の尊信厚く、社殿を造営し社領を寄進したが、文明十五年(一四八三)室町幕府は三条西実隆に立山勧進帳の起草を依頼した。近世に入り領主佐々成政四百五十俵の地を寄せ、前田利家は別当岩峅寺・芦峅寺に各百俵の地を進じ、かつ社殿などを修造した。本社は立山の頂に鎮座し、山麓芦峅寺に中宮祠、同岩峅寺に前立社殿(重要文化財)がある。また社蔵の慈興上人坐像も重要文化財に指定されている。例祭は七月二十五日。

(大場　磐雄)

おやまだともきよ　小山田与清　一七八三―一八四七　江戸時代後期の国学者。武蔵国多摩郡の人。名は寅吉・仁右衛門・庄次郎・与清、字は文儒・将曹、号は松屋・知非斎・擁書倉などがある。天明三年(一七八三)三月十七日、武蔵国多摩郡小山田村(東京都町田市)に生まれた。父は田中本孝。母は平戸稲、子を産むや翌日没した。その家は葛原親王を遠祖とし、小山田氏・田中氏を称していた。寛政の末ごろ江戸に出で、村田春海・古屋昔陽を師として、学事に励んだ。文化三年(一八〇六)見沼通船方の高田好受の養子となり、庄次郎・与清と名乗った。以後与清の好学は高田家の富により群書を集むること五万巻。その擁書楼に日ごとに好学の士が集まり、考証の業が絶えなかった。その状は『擁書楼日記』(『近世文芸叢書』一二)に明らかである。当時考証の学は最も盛んで、与清は索引学者の雄で、その著『色葉類函』『群書捜索目録』その他の著書は当時の多くの学者に恩沢を及ぼしたことである。ついに平田篤胤・伴信友とともに当時の三大家を以て目せられた。文政八年(一八二五)病により家を孫清常に譲り、小山田姓に復し将曹と称した。以後はあるいは華頂宮尊超入道親王に仕え、また徳川斉昭の召に応じてその史館彰考館に出仕などした。その著『松屋筆記』『松屋叢考』などすでに世に流布しているが、その蔵書手沢本は彰考館に生前献ぜられ、高田家に有したものはその裔高田早苗によって早稲田大学に収められて現存している。弘化四年(一八四七)三月二十五日、六十五歳で没した。江戸深川霊岸寺中霊哲寮に葬られた。

参考文献 紀淑雄『小山田与清』(『偉人史叢』一八)

(丸山　季夫)

おゆみのしんじ　御弓神事　神前において弓で矢を射る神事。歩射《ぶしゃ》神事・武射祭・奉射祭・弓始神事・蟇目《ひきめ》神事などともいう。多くは小正月(正月十五日)を中心に行われる。この神事の目的には、神に矢を奉ることや、武術奨励なども考えられるが、本来は、悪魔退散すなわちその年中の厄を免れることと、年占の意味を兼ねた神事といえよう。その方法もさまざまであるが、一人または数人が装束や裃を着けて、弓で矢を的に射る形式が多い。御弓神事の名では、広島県福山市の沼名前《ぬなくま》神社(一月七日前後)、歩射神事の名では、名古屋市の熱田神宮(一月十五日)と福岡市の志賀海神社(同日)、弓始神事の名では、新潟県西蒲原郡弥彦村の弥彦神社(一月七日)、武射祭の名では、栃木県日光市の二荒山神社(一月四日)、その他がある。なお関東の一部では、歩射を「オビシャ」と称する地方もある。

(沼部　春友)

おりくちしのぶ　折口信夫　一八八七―一九五三　大正・昭和時代前期の国文学者、歌人。筆名は釈迢空《しゃくちょうくう》。明治二十年(一八八七)二月二十一日、大阪府西成郡木津村(大阪市浪速区鷗町一丁目)に、父秀太郎、母こうの四男として生まれた。祖父造酒介は、奈良県高市郡の飛鳥坐《あすかにます》神社の神主家から折口家に養子にはいって、町医者を本業として従来の家職、生薬と雑貨商を兼ねた。この大和の古社につながる縁が、少年期の信夫を古典に誘うための大きな刺戟となった。同三十二年大阪府立第五中学(後の天王寺中学)に入学。同級に武田祐吉・岩橋小弥太・西田直二郎がいた。武田・岩橋らとともに短歌回覧誌を作り、また中学の図書室で古典を耽読した結果、卒業期に落第して同三十八年卒業。国学院大学予科に入学して国文科に進み、三矢重松教授の指導を受けた。同四十三年大学卒業、大阪の今宮中学校教員となったが、大正三年(一九一四)職を辞して上京、翌四年民俗学者柳田国男に会い、民俗学の中にやがて自分の新しい学問の方途を見出すに至った。同五―六年の間に『口訳万葉集』三巻を著わし、八年国学院大学講師となり、のち教授となった。十年と十二年には二度にわたって沖縄本島および壱岐・宮古・八重山諸島の民俗を実地調査し、古代研究の上に大きな示唆を得た。昭和四年(一九二九)から五年の間に『古代研究』三巻を出版して、国文学の民俗学的研究に著しい業績を示した。同十四年には万葉びとの生活を具象化した小説『死者の書』を雑誌『日本評論』に発表した。二十八年七月、箱根の山荘において病を発し、九月三日、東京四谷の慶応病院において没した。六十六歳。遺骨は石川県羽咋市寺家に、養子春洋と一つ墓に埋葬、また大阪木津願泉寺の折口家の墓にも分骨を埋葬した。信夫の学問は、国文学・民俗学・宗教学・芸能史などの領域にわたり、広い視野と鋭い洞察力によって、日本の古典、古代の民俗生活の研究に独自の方法による業績を示した。また一方には、歌人・詩人としての創作も多い。著書には『近代短歌』『日本芸能史六講』『日本文学の発生序説』『かぶき讃』などがある。没後、同二十九年から三十二年にわたって出版された折口博士記念古代研究所編『折口信夫全集』(全三十一巻・索引一巻)は、日本芸術院恩賜賞を受けた。また同編『折口信夫全集』ノート編(全十八巻・索引一巻、同四十五―四十九年)がある。平成七(一九九五)―十四年にかけて『新編集決定版折口信夫全集』全三十六巻・総索引一巻が刊行された。

参考文献 池田弥三郎『まれびとの座』(『中公文庫』)、加藤守雄『わが師折口信夫』、岡野弘彦『晩年の折口信夫』(『中公文庫』)、同『折口信夫伝』、同編『折口信夫』(『新潮日本文学アルバム』二六)、岡野弘彦・西村亨『折口信夫必携』 (岡野 弘彦)

おわりおおくにたまじんじゃ　尾張大国霊神社　愛知県稲沢市国府宮町に鎮座。旧国幣小社。祭神は尾張の国魂たる尾張大国霊神。ただし、室町・江戸時代においては大国主神を祀るという説もあった。例祭は五月六日。本殿は流造。境内は約二・七七ヘクタール。当社は尾張国府の創始とともに始まったもので、一般には国府宮とも尾張国の総社とも称された。境内の別宮大御霊神社(大御魂神)と宗形神社(田心姫命)と本社とを併せて国府宮三社と称した。延喜式内の古社で、文徳天皇仁寿三年(八五三)六月に官社に列した(『文徳実録』)。『尾張国内神名帳』には正一位国玉名神とされ、文亀年中(一五〇一―〇四)には百七十貫文の采地を領した。特殊神事としては、梅酒盛神事・儺追神事・的射神事・鍬形祭などがあるが、なかでも儺追神事(旧正月十三日)は裸祭といわれ、裸の群集が一人の儺負人(神男ともいう)に触れて厄疫を祓わんと競う壮烈な神事である。当社の拝殿・楼門は重要文化財であり、庁宣三通・大鳴鈴・陶製狛犬・獅子頭の宝物がある。

参考文献 『尾張大国霊神社史』、『尾張大国霊神社史料』、『稲沢市史』 (岡田 米夫)

おわりのくにあつただいじんぐうえんぎ　尾張国熱田太神宮縁起　⇨熱田宮寛平縁起《あつたぐうかんぴょうえんぎ》

おわりのこくないじんみょうちょう　尾張国内神名牒　平安時代末期に尾張国の国衙で勘造された国内神名帳。諸本が多く、現存するもののほとんどは奉唱用神名帳へと変化している。表題は「尾張国内神名帳」「尾張国神名帳」「奉唱国内神名帳」などとあって一定していない。熱田座主如法院本は熱田神宮寺の如法院に伝来した尾張国内神名帳であり、巻首に正月十一日に行われた神事において座主が国内神名帳を読んだとあり、奥書にも貞治三年(一三六四)正月七日の酉刻に奉唱したとあり、さらに熱田神宮寺の修正会結願日の夜に尾張の国内神名帳を読み上げたことも記されている。諸本により内容の異同がみられるが愛知県春日井市密蔵院所蔵本によると、最初に諸国の重要な諸神を大菩薩と大明神とにわけて掲げ、ついで海部郡二十座・中島郡四十八座・葉栗郡十二座・丹羽郡三十五座・春日井郡二十座・山田郡二十四座・愛智郡二十七座・智田郡十六座の順で掲げてある。神名を神階とともに登載し、神号は明神と天神が用いられている。『群書類従』神祇部、『神道大系』神社編一、『神祇全書』四所収。

参考文献 『群書解題』一上、三橋健『国内神名帳の研究』論考編・資料編、井後政晏「『尾張国神名帳』の諸本分類の系統」(所功先生還暦記念会編『国書・逸文の研究』所収) (三橋 健)

おんこう　飲光　一七一八―一八〇四　江戸時代後期の真言宗の僧。正法律を興復した。字は慈雲、諱は飲光(はじめは忍瑞)、みずから百不知童子・葛城山人と号した。飲光は享保三年(一七一八)七月二十八日、外祖父川北氏の家(大坂中之島)に生まれた。父は早く没し、十三歳の時、母の命により摂津田辺の法楽寺の貞紀(忍綱)に師事し剃髪した。十五歳、十八道如意輪法の道場観に際し、はじめて仏道の甚深なることを体験したという。十六歳から三年間、師の命により京都の伊藤東涯の門に入り儒学・詩文を学び、十九歳、河内の野中寺において秀巌より沙弥戒をうけてから、顕密を学んだ。二十四歳から三年間は、信濃正安寺に大梅法環(曹洞宗)を訪ね参禅した。延享元年(一七四四、二十七歳)、河内の高井田の長栄寺に住した。翌年正法律を唱え、寺を結界して僧坊とした。摂津有馬の桂林寺の住持などを経て、明和八年(一七七一、五十四歳)、京都の阿弥陀寺に移住し、正法律の道場とした。安永五年(一七七六、五十九歳)、河内葛城山中の高貴寺に隠遁し、正法律の総本山とした(天明六年(一七八六)幕府の認可を得る)。そして文化元年(一八〇四)十二月二十二日の夜、京都の阿弥陀寺において遷化した。八十七歳。墓は大阪府南河内郡河南町平石の高貴寺にある。正法律とは、釈迦仏在世の時のごとくに、僧尼として修行しようという志によるものであった。四分律を本位とし、大乗律によりこれを補い、仏制のままに行じなければならぬという信仰に基づくものであった。正法律の護持と弘通こそ、慈雲尊者の一生の事業であった。『梵学津梁』千巻を著わしたが、その学問的な価値は、今日では、世界的に認められている。正法律の立場は、代表作『十善法語』に述べられている。また晩年神道を研究し、神儒仏を会通して、雲伝神道と呼ばれる神道説を説き、伝授した。その書は、その高い人格をよく示すものとして、尊ばれている。『慈雲尊者全集』(首巻・補遺を含み全二十冊)に伝記資料、著作、遺文が網羅されているが、『梵学津梁』は含まれていない。　↓雲伝神道《うんでんしんとう》

参考文献　樹下快淳編『慈雲尊者』、木南卓一『慈雲尊者―生涯とその言葉―』、同『慈雲の書』、神田喜一郎「慈雲尊者の余技について」(『敦煌学五十年』所収)、岡村圭真「富永仲基と慈雲飲光」(高野山大学編『密教学密教史論文集』所収)、同「慈雲の生涯と思想」(『墨美』一二七)、同「慈雲尊者と梵学・梵字」(同二二八)

(田中　久夫)

おんじじんじゃ　恩智神社　大阪府八尾市恩智に鎮座。旧府社。大御食津彦神《おおみけつひこのかみ》・大御食津姫命二座を祀る。飲食を司る神徳があり、本来は国道一七〇号線西側の「天王の森」に鎮祭されたが、近世、恩智城築城に際し、同国道東側の山腹に移建されたと伝える。天平神護二年(七六六)に神封三十七戸(河内・丹後・播磨・美作)を充てられ、貞観元年(八五九)には従二位の神階をうける。『延喜式』には恩智神社二座と記載され、名神大社に列す。また同玄蕃寮によれば、新羅使に給う神酒の酒稲料を分掌しており、正暦五年(九九四)には疾疫鎮静の幣帛をうけるなど、河内国二宮として特殊な信仰をあつめた。一方、「元春日」とも称し、枚岡神社・春日大社と神縁が結ばれていた。明治初年神宮寺であった感応院が分離され、大正元年(一九一二)府社に昇格した。例祭は十一月二十五日・二十六日。一月十五日の粥占神事、旧暦五月五日の茅巻神事、十一月二十六日の卯辰祭など神徳に由来する特殊神事が遺されている。

参考文献　滝川政次郎「恩智神社考」(『史迹と美術』二七ノ八)

(二宮　正彦)

おんしめまつり　御注連祭　しめなわ(注連縄)は斎場を標するに不可欠のものであるから、これを中心に神事が意味づけられる例は多く、各地にしめ祭(京都府伏見稲荷大社・島根県佐太神社のが有名)・しめ張り祭・しめ掛け神事・しめ焼き祭などがある。中でも美作国一宮たる岡山県中山神社の十二月一日(もとは旧暦十一月一日)から七日間の一連の神事、奉幣に始まり、百座祓・神楽・湯立・流鏑馬・弓の神事を経て、鉾立て神事に至るものは、雄大荘重な「おんしめまつり」として有名であった。

(萩原　竜夫)

おんぞまつり　御衣祭　⇩神衣祭《かんみそのまつり》

おんだ　御田　⇩田遊《たあそび》

おんたけきょう　御岳教　教派神道十三派の一つで、明治十五年(一八八二)九月にそれまで属していた神道大成教より別派独立した教団。信仰の中心は、長野県木曾御岳に対する山岳信仰である。近世以来神がかりをする行者を指導者として、江戸を中心に関東地方、名古屋を中心として濃尾平野一帯に御岳講が簇出した。江戸浅草に住む行者の一人下山応助は、自分の傘下にあった巴講を中心に近在の講の組織化を進め、出雲神道系の教導職であった平山省斎と結びつきその教団化をはかった。御岳講を教団の基礎にしようとした教派神道教団は、他に神習教・神道修成派などがあり、下山応助の組織の拡大化に伴い、それら教団との緊張関係は激しくなり、下山応助はついに退陣してしまう。そこで平山省斎はみずから組織していた大成教の中に御岳講を吸収する一方、次第に勢力の増加する御岳派を独立させ、初代管長に就任したのである。立教の大旨は、敬神尊皇愛国を中心に国家神道的色彩の濃いものである。しかし教団の実態はきわめて呪術性の濃いもので、御岳行者の神がかりによる託言を神の啓示として受け止めるのが中心である。行事も神式を採用してはいるが、修験色が強く、白衣で荒行を行い、護摩を焚き、『般若心経』を唱え、毎年御岳登拝を行なっている。平成十一年(一九九九)段階で、教会三九八、布教所九一が文化庁に登録されている。

参考文献　中山慶一『教派神道の発生過程』

(宮田　登)

おんたけしんこう　御岳信仰　狭義には、長野県木曾の御岳山に対する信仰をさすが、広義には、国御岳《くにみたけ》に対する信仰や、沖縄の御嶽《うたき》の信仰も含まれる。木曾の御岳は、山麓やその周辺からは、なかなか眺望もきかない山で、原始・古代にははるか山波の奥まった地に鎮座する聖山と見なされていた。室町時代に熊野系の修験が蔵王権現を奉じて定着し、この山を支配した。このころより、御《み》岳《たけ》と称され神秘的な山として京にも知られるようになった。中世から近世中期まで、御岳登拝する者を道者といい、かれらはかなり厳しい潔斎を経ることを必要とした。この潔斎を百日精進といい、登拝する道者は、黒沢口と王滝口にある蔵王権現(現在御嶽神社)に籠った。潔斎の内容は、本精進・湯道精進・合力精進・女精進などに分

かれ、すべて白衣を着し、新しい椀道具を用い、食事は別火である。女人や不浄の人を近づけてはならず、また仏事に関係してはならない、衆人と交わってはいけない。精進中は、神田の米を食べる。五辛ならびに魚肉・鳥肉を食べてはいけない、といった禁忌が課せられていた。六月十五日から登山が可能となるのであるが、いちばん重い本精進は三月三日から入ることになっていた。この重潔斎方式を打ち破ったのは、尾張国春日井郡出身の覚明とよばれる旅の修験者で、彼は天明五年(一七八五)、木曾へ来るや、御岳登拝を望む木曾の信者たちを引き連れ、中世以来の道者たちの掟を破って黒沢口から登山を強行した。続いて寛政四年(一七九二)、江戸在住の修験普寛が、江戸の信者たちを連れて、王滝口からやはり潔斎方式を無視して強行登山した。これらが一般民衆に対する御岳開山の端緒となり、御岳は道者の山から行者の山へと変化したことになる。御岳行者の神がかりは、木曾の修験が巫女と対になり、神下ろしをする方式を模倣して、中座と前座が組んで行う。中座に神がかりがあり、前座は託宣を中座から聞き取る役である。中座と前座が御岳行者で、かれらは中世の道者と同じように、御岳山中で厳しい修行をした。特に寒行が激しく、中座・前座になりたいと希望する者は、十七、八歳ごろから行に加わり、七~八年かかって神を下ろしたり、神語を聞きわけたりするようになった。御岳行者の神がかりは、日本のシャーマニズムでも特殊なケースとして注目されている。近世中期以降、関西は覚明系、関東は普寛系の信仰集団が展開する。それぞれ覚明行者と普寛行者を主神とする講で、各講の中座は、覚明・普寛の霊を御岳から呼び出し、信者たちの苦悩を救済する方途などの託宣を聞くのである。普寛系の一心・一山行者は江戸幕府の弾圧にあって島流しになったが、御岳講は断絶することなく、幕末・明治を経て教派神道の一派御岳教に成長したのである。なお御岳信仰の原初形態を考える上で、考えておかねばならないのは、沖縄に見るような聖地としての御《う》嶽《たき》である。こんもり繁った森に神霊が宿るとした原始信仰に発するものであるが、複雑化した御岳《おんたけ》信仰の淵源を知る上に比較されるべき信仰といえる。

参考文献 生駒勘七『御岳の歴史』、鳥越憲三郎『琉球宗教史の研究』、池上広正「木曾の御岳講」(『社会と伝承』二ノ二)、鈴木昭英編『富士・御岳と中部霊山』(『山岳宗教史研究叢書』九)　(宮田　登)

おんたけじんじゃ　御嶽神社　長野県木曾郡三岳村と王滝村に鎮座。旧県社。三岳村黒沢田中にある神社を本社としている。祭神は少彦名命。王滝村上島に里宮があり、祭神は国常立尊・少彦名命。なお三岳村には若宮(祭神大己貴命)も祀られている。三社はいずれも御岳の山頂に鎮座する山神に対する里宮として発生したものであろう。近世には、三岳村の本社は八幡大菩薩、若宮は安気大菩薩、王滝村の里宮は王御岳権現(または岩戸権現)と称していた。元来御岳を修行の道場とする山岳道者たちによって司宰されていたが、中世以後領主木曾氏の保護を受け大規模な社殿が建てられた。本社には天文二十三年(一五五四)、若宮には至徳二年(一三八五)の棟札が残っている。王滝里宮には文明十六年(一四八四)の古文書がある。例祭は本社と若宮は七月十八日、十九日。里宮は七月二十七日、二十八日。いずれも神輿渡御がある。祭の際に木曾踊が氏子たちによって奉納され、木曾節として明治以後全国に知られるようになった。　(宮田　登)

おんとうさい　御頭祭　長野県諏訪大社上社の四月十五日(例祭)の神事。古くは年中七十二度の神事中最も重んじられ、正月の頭郷御占・御符渡・境注連などの神事を経て四月に至るものであった。頭郷といって諏訪郡内十六ヵ村が定められており、輪番で少年一人を出させこれを神使とし、例祭前三十日間潔斎させた。当日は本宮から前宮十間廊に渡御あり、おびただしい神饌を列ね(中に鹿頭を加える例であった)、「御杖柱の幣」と称する特別の幣束を奉ることをした。なお以前は神使が烏帽子水干姿で流鏑馬式を行い、のち数日にわたり神領の村々を巡った。これとやや似た例に、茨城県の鹿島神宮の祭頭《さいとう》祭があり、ここでは旧神領の村々が神籤によって頭《とう》を指され、その村からは大将または新発意と呼ばれる児童を出し、この者は当日には甲冑姿で肩車に乗って社参する。

頭(ふつうお頭と呼ばれる)とは、文献上では平安時代中期から大寺・大社の記録に見出され、頭役・頭人、さらに中世後期からは頭屋(当屋・禱屋とも書く)と呼ばれ、祭礼行事を輪番で執行する氏子内の慣行のことであり、宮座組織・氏子組織とともに展開したものである。現在は近畿・北陸から中国・四国にかけて濃密な分布を示し、各地の郷村において盛んな頭人祭り、頭屋神事の類が行われている。もっとも明治以後神社制度の執行により、一般祭式に地歩を譲り背後に退いた観があるが、なお中世以来の慣行を守って重要神事のうちに頭屋制を加えている地方大社もあり、上に述べた諏訪・鹿島の場合はその代表的な例ということができる。↓頭屋《とうや》

参考文献 肥後和男『宮座の研究』、和歌森太郎『中世協同体の研究』、辻本好孝『和州祭礼記』、萩原竜夫『中世祭祀組織の研究増補版』、原田敏明「当屋に於ける氏神奉斎」(『帝国学士院紀事』一ノ一)　(萩原　竜夫)

おんなづかい　女使　⇩男使《おとこづかい》・女使《おんなづかい》

おんばしらまつり　御柱祭　長野県諏訪大社の特殊神事。この神事を地元では単に「おんばしら」と呼ぶ慣わしであり、祭の字を加える場合は「みはしらさい」と呼んでいる。諏訪大社は上社と下社から成り、上社は前宮《まえみや》と本《もと》宮《みや》、下社は春宮《はるみや》と秋宮《あきみや》に分かれ、四宮とも境内の四隅に巨大な自然木(樅)の柱が立てられている。この柱は申《さる》と寅《とら》の年に立てかえる慣わしで、これに伴う一切の山仕事を代々つかさどってきた一群(八戸~九戸)を「山作り」と呼び、その年の正月に、そのうちから一戸をえらんで

御柱祭

当番役とし、その家を「やど」とする。この「やど」で山の神を祀ったり伐採用具の火入れ式を行なったりする。その後、山出し(伐採)・曳き出し・里曳き・冠落しを行い、所定の位置に柱を立てる。多数の労力を要する場合には諏訪地方の氏子が総動員され、木落し・川渡しなどの見せ場があったり、あるいは木遣り音頭の競演などもあったりして、近在近郷からの見物衆でわきかえるような賑いを呈する。昔からこの年は普請や婚礼など出費のかさむことを遠慮する例になっていたが、衣裳の新調だけは例外で、着飾った娘たちの間から嫁をさがす風習が生まれ、それは現在でも残っている。巨大な自然木の柱を立てることの意義については、古来、いろいろな説があり、儒・仏の教理に由来するとの説もあったが、今日では神霊降臨のための「よりしろ」説、聖地の四至標示説、社殿造営代用説などが検討の余地を残し、今後の考古学・民俗学・民族学などによる比較研究の成果に俟つところが多い。

[参考文献] 宮地直一『諏訪神社の研究』後編、宮坂清通『諏訪の御柱祭』 (祝 宮静)

おんみょうじ 陰陽師 特殊な卜占法によって国家・社会もしくは個人の吉凶禍福を判じ、またそれに対応する呪術作法を行う方術士。古く飛鳥時代から存在したが、令制では陰陽寮に官人としての陰陽師六人が置かれ、占筮・相地を掌った(職員令)。従七位上の官(官位令)。官人としての陰陽師の初見は『日本書紀』天武天皇十三年(六八四)二月条で、陰陽博士が別に居て陰陽生の教育にあたり、陰陽師は技術をもっぱらとした。陰陽得業生から陰陽師に任ぜられ、陰陽師から陰陽属や允に任ぜられるのが普通の昇進の途であった(『官職秘抄』下・『朝野群載』一五)。このほか大宰府にも一人置かれ(職員令)、正八位上の官であったが(官位令)、元慶六年(八八二)には、陸奥鎮守府に「軍用之用、卜筮尤要」として陰陽師を置き、貞観十四年(八七二)五月には、武蔵国で、出羽国が中央の陰陽生をその国の陰陽師としたのと同じケースでありながら、名称が権史生であったのを陰陽師と改称し、同十八年七月には、下総国の史生を割いて陰陽師を置き(『類聚三代格』五)、おいおい諸国の需要も満たされた。鎌倉時代に入っても、公武ともに陰陽師の官が置かれ、鎌倉幕府の陰陽師は安倍氏(土御門家)の支配下にあった。一方、一般職業名ともいうべき用法は早くから相並んで行われており、この方は民間に多く民衆生活と結び付いた。『今昔物語集』二四にみえる播磨国の智徳は達人として聞え、中世には陰陽師巫《かんなぎ》・陰陽師法師などがあらわれた。江戸時代には、諸国数万の陰陽師が土御門家の支配を受け、諸国に陰陽家触頭や取締を置き、職札を渡し、毎年運上を差し出させた。このうち、特に摂津・河内・若狭などの陰陽師は古来の由緒から「歴代組」と称し、朝廷の陰陽道祭たる天曹地府祭には「具官」として奉仕した。明治維新以後は、これら民間の陰陽師は多くは神道各派の教師などに転じた。

[参考文献] 斎藤励『王朝時代の陰陽道』、村山修一『日本陰陽道史総説』、同「若杉家旧蔵の陰陽書について」(『史林』六九ノ六)、同「日本の陰陽道と安倍清明」(『国文学解釈と鑑賞』六七ノ八)、同「宮廷陰陽道の成立」(古代学協会編『延喜天暦時代の研究』所収)、山上伊豆母「陰陽道の伝流と土御門「歴代組」の一考察」(『風俗』一ノ四) (村山修一・桃裕行)

おんみょうどう 陰陽道 もと古代中国に発生したもので、これがわが国に伝わり特殊な占法をもって四季のめぐりや方位などを基に国家・社会あるいは人の行為行動に関し吉凶禍福を判定する方術をいう。その中心となる思想は陰陽五行説で日月や十干十二支の運行配当を考え、そこから吉凶の判断を導き、そのために時日方位に関し日常茶飯事にも煩雑な禁忌を設けてさまざまの祭祓作法を行う。継体朝百済から五経博士段楊爾がわが国に派遣されたのは陰陽道伝来を思わせる最古の記録で、以後百済より交代に学者が来朝して指導にあたったが、推古天皇十年(六〇二)、百済僧観勒は暦本および天文地理書・遁甲方術の書を献ったので書生三、四人を選んでこれを学ばしめた。聖徳太子は冠位十二階や十七条憲法の制定発布に、また国史編纂に陰陽五行説を利用した。大化改新にはじめて大化の元号をたて、爾来祥瑞改元(瑞兆とみられる現象により年号を改める陰陽思想)を実施し、天智天皇は漏刻を創設したが、天武天皇は天文遁甲の術をよくし、陰陽寮をおき占星台を興した。かくて陰陽道は次第に僧侶の手をはなれ、律令官制の中で地位を確立し、陰陽寮として中務省の一機関となった。このころの陰陽道の人としては、大津首・津守通・王仲文・大津大浦らの名が知られている。平安時代に入ると藤原氏は政権掌握に伴い、陰陽道禁忌の乱用による天皇および公家の拘束をはかる一方、祥瑞改正を排して災異改元(天災地変の発生により年号を改める陰陽思想)に代え、天皇一代に改元を頻繁にして宮廷政治を形骸化した。ために律令制下の陰陽道はその意義を失い、藤原貴族の御用的性格をおびた、いわゆる宮廷陰陽道へと変質し、陰陽道的禁忌は宮廷公家の有職として重んぜられた。この傾向は良房のころより著しく、師輔に至っては『九条殿遺誡』や『九条年中行事』を著わして禁忌の守るべきものを明示した。国史上陰陽道が最も強い影響力を与えた平安時代は斯道の推移の上からこれを分かって四期となしうる。第一期は初頭より淳和朝まで、この時期には律令的陰陽道がなお維持された。第二期は仁明朝より宇多朝までで、この時期には藤原氏の進出に伴い陰陽道的禁忌が重視せられ、祥瑞災異両現象の文献に上るものが急増し、特に後者はめざましいが、祥瑞改元は陽成朝で終り、以後はもっぱら災異改元に移行した。すなわち上記宮廷陰陽道への変転期で、春苑玉成・滋岳川人・藤原並藤・弓削是雄などのすぐれた陰陽師のほか一般学者にも造詣の深いものが輩出した。特に川人は多数の著作をのこし、後世日本流陰陽道の基礎をきずいた。第三期は醍醐朝より後三条朝までで、この時期には宮廷陰陽道の確立に伴い賀茂・安倍両氏の支配体制ができ上がり天皇公家は物忌・方違などの禁忌に毎日を送るようになった。辛酉・甲子の歳や三合の厄にあたる歳に改元することも常態化するが、これは三善清行・賀茂保憲らの活躍による結果で、かような陰陽道の周期的災厄説やさまざまの呪術・禁忌をふやすことが当期陰陽家の存在を意義づけるものであった。賀茂保憲は陰陽頭となったのみならず、その子光栄およびその弟子安倍晴明という二人の非凡な後継者が出たため、光栄には暦道、晴明には天文道を伝え、これより陰陽道が賀茂・安倍両家に分掌される基を開いた。特に晴明の占験がすぐれたことについては、さまざまの挿話が伝えられる。晴明の子吉平は安倍氏としてはじめて陰陽頭の地位につき、賀茂氏は光栄の孫道言よりその子孫相ついで頭に任じ、ほとんど独占の観を呈した。第四期は白河朝より後鳥羽朝までで、この時期には院庁政権の恣意的奢侈的性格を反映してますます煩雑な禁忌作法が加わり、迷信化は極度に高められた。金神の禁忌についての論争が盛んになったのはその一例である。陰陽頭および暦博士はおおむね賀茂氏、天文博士はほとんど安倍氏、陰陽博士は両氏で占められ、その勢力範囲は定まった。しかし政局の動揺がはげしくなると不安の世相に自己の将来を予測しようとして陰陽道にすがる公家や知識階級が多く、安倍泰親のような専門家のほか、大江匡房・藤原通憲(信西)・同頼長・清原頼業など一般識者の中にも大家があらわれた。泰親は安倍氏としては珍しく頭に任ぜられ、「指神子《さすのみこ》」といわれるほど占験すぐれ、源平興亡の政局激動期には、政変や天変地異の卜占に活躍した。これに対して暦道は人材なく不振の一途を辿りこれに乗じて算道や宿曜《すくよう》道などが進出した。陰陽寮は大治二年(一一二七)、治承元年(一一七七)とつづいて火災にかかり重要な器物を失って衰退に向かいつつあり、漏刻鐘には薬師如来の眷属である十二神将の姿を鋳付けたものが掲げられて宿曜道(密教)と陰陽道の習合をみるようになった。鎌倉幕府が成立すると武家では建築造作など主に実用的な面で陰陽道をとりいれ、ほとんど安倍氏がこれにあたった。陰陽道の祭には鬼気祭・泰山府君祭・属星祭・土公祭・天曹地府祭・四角四境祭・雷公祭・三万六千神祭はじめ五十に近い種類があり、七瀬祓・河臨祓など神道の祓に似た行事もあった。また邪気を鎮め祓うためには反閇《へんばい》・呪詛・身固などの作法を行なった。平安時代に行われた陰陽道の典籍は多く亡びて伝わらないが、安倍晴明の著わした『占事略決』のみは今日鎌倉時代の古写本が尊経閣文庫に保存されている。室町時代初期には晴明に仮託した『簠簋内伝《ほきないでん》』という書がつくられ詳細に年月日に関する吉凶をのせているが、そうした俗信は当時巷間にも拡がりつつあった。特に往亡《おうもう》日・厭対日・坎《かん》日・凶会《くえ》日は凶日として、八将神方・王相方・鬼門方・太白方・天一方・金神方は凶の方位として知られ、貪狼・巨門・禄存・文曲・廉貞・武曲・破軍の各星に生年を配してこれをまつる本命星の信仰も普及したが、それには中世以降の村里における修験山伏の活動が大いに預かって力があったのである。

参考文献 村山修一編『陰陽道基礎資料集成』、同『修験・陰陽道と社寺史料』、同『日本陰陽道史総説』、同『日本陰陽道史話』(『平凡社ライブラリー』)、斎藤励『王朝時代の陰陽道』、岡田正之『近江奈良朝の漢文学』、陰陽道額田歴代組編史委員会編『陰陽道と額田歴代組』、田村圓澄「陰陽寮成立以前」(『史淵』八二)、大畑正一「天平時代の陰陽思想」(『日本歴史』一一一)、滝川政次郎『元号考証』、同「一代一度の天曹地府祭」(『神道史研究』一四ノ一―四)

(村山 修一)

おんみょうりょう　陰陽寮　律令時代、中務省の管轄下の一役所。天文密奏・造暦・報時・卜筮などを扱った。事務官として頭(従五位下)・助(従六位上)・允(従七位上)・大属(従八位下)・少属(大初位上)各一人、技術者・教官・学生として、陰陽師(従七位上)六人、陰陽博士(正七位下)一人、陰陽生十人、暦博士(従七位上)一人、暦生十人、天文博士(正七位下)一人、天文生十人、漏刻博士(従七位下)二人、守辰丁二十人、ほかに使部二十人、直丁二人がいた(『養老令』職員令、括弧内は『養老令』官位令、のち史生を置いた)。藤原仲麻呂政権下の天平宝字二年(七五八)、大史局と改名したが、同八年旧に復した(『続日本紀』)。『日本書紀』天武天皇四年(六七五)正月条の献物の記事にみえるものが初見で、平安京では太政官の北、中務省の東にあったが(『大内裏図考証』)、大治二年(一一二七)焼けたことがある(『百錬抄』『中右記』)。技術者教育は、陰陽・暦・天文に分けて行われ、諸生はまず占氏および世習の者を取り、次に庶人の十三以上十六以下の聡令なものを取り、修業年限等は大学生に准じた(『養老令』雑令)。守辰丁は、漏刻の目盛りを見守り、時を報ずる役であったが、漏刻博士にも学んだであろう。天平二年(七三〇)三月には、陰陽三人、暦二人、天文二人の得業生を置き(『令義解』職員令、『延喜式』陰陽寮)、天平宝字元年には、陰陽寮に勧学田十町を置き諸生の食料に充てた。学問の分科では、陰陽・暦・天文三道にわたるが、唐制の秘書省管下の太史局が暦・天文にあたり、太常寺管下の太卜署が陰陽にあたり、唐制にならうにあたり二者を合わせたものと考えられる。

参考文献 斎藤励『王朝時代の陰陽道』、村山修一「上代の陰陽道」(伊東多三郎編『国民生活史研究』四所収)、同「宮廷陰陽道の成立」(古代学協会編『延喜天暦時代の研究』所収)　(桃　裕行)

おんゆうきょう　隠幽教　顕露教と対語で、室町時代の神道家吉田兼倶が説いた唯一宗源神道の根幹を成す語。三部本書をもとに神道の歴史的内容を説く顕露教に対し、隠幽教は三部神経をもとに兼倶の神道説の本質的内容を説くというが、そこには多く密教・陰陽道・道教などの教説の影響がみられる。顕露教と隠幽教の二分も、仏教の顕密を模しているという。三部神経(『天元神変神妙経』『地元神通神妙経』『人元神力神妙経』)とは、天児屋根命《あめのこやねのみこと》の神宣を、北斗七元星の神格化である北斗七元星宿真君が漢文にして伝えたものであるといい、これらの神経に依拠して、天・地・人三才は感応しあうこと(三才之霊応)、三才の神秘的な関係やその特殊な働きのこと(三妙之加持)、三種の神器のこと(三種之霊宝)などが説かれている。また、隠幽教に拠る行事では、内清浄を重んじ、致斎《まいみ》により、斎場にて「無上霊宝神道加持」の八字を祈願や表白などの文のはじめに用いて加持などの秘儀がなされたという。

参考文献　宮地直一『神道史』下ノ一、大隅和雄「中世神道論の思想史的位置」(『日本思想大系』一九所収)　(永井美紀子)

おんようどうしんとう　陰陽道神道　⇩土御門神道《つちみかどしんとう》

おんりょうしそう　怨霊思想　怨恨を抱いて死んだ人の霊が祟りをなすという思想。平安時代より盛んになった御霊信仰はこの考えにもとづく。この時代になると政治上いろいろの葛藤があり、失意の人の怨霊が祟りをなすという考えが社会不安となってあらわれた。最も有名なのは菅原道真で、その御霊が雷火となって京に祟ったので、これを火雷天神として祀りその霊を鎮めた。怨霊には幽霊となってあらわれるものが多い。『平家物語』三、頼豪には頼豪阿闍梨の怨霊が白河院の皇子に祟ったことを記し「怨霊は昔もおそろしき事也」とある。謡曲「舟弁慶」には平知盛の亡霊が舟幽霊となってあらわれたことがあり、浄瑠璃『神霊矢口渡』には新田義興の亡霊があらわれたことが語られている。民間の信仰でも怨恨を抱いて死んだ者の霊を祀りその祟りを防ぐことは類例が多い。著名の例をあげると愛媛県の和霊様がある。山家清兵衛なる者が政敵に陥れられて殺されたためその霊が祟りをなすのでこれを和霊様として祀った。四国各地で六月二十三日を和霊祭といってこの晩は一晩中戸外で夜を明かすことにしている。民間行事の中でこの怨霊思想にもとづくものに虫送りがある。これを「さねもり送り」と呼んでいる所が多い。西日本の各地では斎藤別当実盛の怨霊が稲の害虫となって害をするのでこれを送って災いを除くのだといっている。怨霊はまた怪異譚として諸地方で語られている。御霊信仰は御霊社の名で祀っている所が多く、鎌倉権五郎はその中で最も有名であるが、新潟県三条市如法寺には五十野の権五郎という博徒の伝説がある。この男が殺された遺念といって、権五郎火という火の燃える場所がある。今ではこれは雨の予兆といってこの火を見ると急いで稲架を取り込むという。沖縄では亡霊を遺念と呼び、遺念火の怪についての話が多い。この火は遠くへは飛んで行かず、男女二つの霊の火が往往連れだって出るという。本土でも亡霊火という海上の怪を各地でいう。↓御霊信仰《ごりょうしんこう》

参考文献　堀一郎『我が国民間信仰史の研究』、池田弥三郎『日本の幽霊』　(大藤　時彦)

か

かいがいじんじゃ　海外神社　海外神社は狭義にはサンフランシスコ講和条約によって日本の領土が確定された域外(旧版図)の神社、明治以降に日本が国防上、海外進出に伴う日本人の移動および開拓によって造営した神社をいう。例外的に延宝六年(一六七八)韓国釜山に造営された金刀比羅神社(のちの龍頭山神社)などもある。広義には労働者または移民として外国領に渡りその地に定住または永住した人々が造営した神社も含む。前者は朝鮮、中華民国、満洲国、関東州、台湾、南洋諸島、樺太および東南アジアなどである。日本の版図になったため神社規則などが整備され日本にならい官国幣社などに列格した場合もある。多くは民意で建設されたが、一部は国家の意思で造営された神社もある(原則的に全社廃絶)。後者は、北米(ハワイを含む)、およびブラジル、ペルー、アルゼンチンなどの南米である。多くは戦前に造営され、日系社会の変容により多くが廃絶されたが、ハワイ、ブラジルなどでは現存している例がある。日本の旧版図とそれ以外の区域とでは実態が違うので区別して取り扱うべきである。旧版図内の神社は、いわゆる日本の「軍国主義・超国家主義・植民地主義」などとの関係で論ぜられることが多いが、実態に即した論考も必要である。外国領にある神社は、その国に神社を認知させる努力、奉仕者の確保、神社護持組織および後継者確保、戦時中・終戦直後の信教の自由の確保、戦後の衰退への対応が課題となっている。海外神社の総数は、次のようになって

いる。旧版図内の朝鮮八〇、中華民国五〇、満洲国三〇二、関東州一三、台湾六八、南洋二七、樺太一二七。神社として取り扱われないが規則に基づく「神祠」が朝鮮九六九、同様に社・遙拝所が台湾一三三(巻末付編参照)。なお、海外神社には該当しないが千島列島四社、北方領土五二社が確認されている(「千島列島並に北方領土鎮座の神社について」『北海道神社庁誌』)。一方ハワイについては五九社(現存七社)を確認できるが北米、南米については資料の不足のため明示が困難である。いずれも教派神道色が強いが、ハワイではアメリカの法律による適法な法人として存立したが、戦前は日本的発想で祭典が行われ、教学的にも同質であり、日本の「神社」であろうとし続けた。

参考文献 小笠原省三『海外の神社』、同編『海外神社史』上、近藤喜博『海外神社の史的研究』、嵯峨井建『満洲の神社興亡史』、前田孝和『ハワイの神社史』、同「ブラジルの神社―遥か二万キロの彼方にて―」(『皇学館大学神道研究所所報』四二)、佐藤弘毅「戦前の海外神社一覧」一・二(『神社本庁教学研究所紀要』二・三)、同「戦前の海外神社資産一覧」(同四)、中島三千男「「海外神社」研究序説」(『歴史評論』六〇二)

(前田　孝和)

満洲地域　満洲では日清戦争後、激戦地で神宮教布教使による慰霊祭が行われたが、直接神社につながるのは、日露戦争直後の明治三十八年(一九〇五)に朝鮮国境の安東に置かれた神宮遙拝所(のちの安東神社)が初例。満洲の神社は、建国神廟や軍隊内神社などを除き、ほぼ全て居留民・開拓民による創建で、南満洲鉄道沿線の居留地を中心に設立され、満洲国建国の昭和七年(一九三二)までに三十九社があった。建国後、日本人居住地が全満洲に拡大し、また開拓地入植に際しても、神社奉斎が奨励されたため飛躍的に増加、満洲国・関東州併せて昭和十七年で約二百数十社、同二十年八月のソ連侵攻による満洲国崩壊の時点で三百五十社ほどが存在した。祭神は天照大神が最も多く、明治天皇がそれに次ぐ。これは移民の出身地によらず日本人意識に直結するため、という。なお大正十一年(一九二二)に満鉄付属地神社の関東庁長官管理が制度化されたが、のちの満洲国の神社もやはり駐満日本大使(関東庁長官・軍司令が兼任)管理下にあった。 ↓建国神廟《けんこくしんびょう》

参考文献 大陸神道同盟編『大陸神社大観』、嵯峨井建『満洲の神社興亡史』、佐藤弘毅「戦前の海外神社一覧」二(『神社本庁教学研究所紀要』三)

台湾地域　日清戦争後の台湾平定戦中に明治二十八年(一八九五)台湾総督府が設置され、山口透ら神宮教従軍布教使により神葬祭・慰霊祭が行われた。台南入城の際、山口は鄭成功廟の調査を行い、全島占領後この廟は神社化され台湾最初の神社開山神社となった。ついで三十四年に台湾神社(のちの台湾神宮)が鎮座、山口が初代宮司となった。山口は在任中在来信仰の尊重を主張し、事実総督府は始政より四十年ほど寺廟を放任していた。宗教関係の抗日運動である、大正四年(一九一五)の西来庵《せいらいあん》事件以後、総督府は在来宗教調査に乗り出し、同七年に社寺課(十三年に社寺係)を独立させたが、本国政府と異なり台湾では敗戦まで神社と宗教は同一部署の所管であった。もっとも各宗派代表の台湾神社祭典参列や、公学校での能久親王を祀る神社への参拝など、台湾統治の守護神としての親王の超宗教的象徴化も進められた。十二年の東宮行啓を機に法規・施設の両面で神社整備が進み、同年に神社と宗教の法規が分離、神社より小規模の「社」も規定され、翌十三年には台湾神職会が創立せられた。昭和に入ると国民教化が強まり、日華事変以降は「民風作興」として正庁改善や寺廟整理など皇民化が始まる。在来信仰排撃運動は行過ぎとして問題視され数年後に下火にはなるが、「一街庄一社」運動により、昭和六年(一九三一)に二十五社だった台湾の神社が六十八社(うち官幣大社一、官幣中社一、国幣小社三(新竹・台中・嘉義)、巻末付編参照)に急増、そのまま終戦を迎えた。 ↓開山《かいさん》神社《じんじゃ》 ↓台南神社《たいなんじんじゃ》 ↓台湾神宮《たいわんじんぐう》

参考文献 蔡錦堂『日本帝国主義下台湾の宗教政策』、佐藤弘毅「戦前の海外神社一覧」一(『神社本庁教学研究所紀要』二)、横森久美「台湾における神社―皇民化政策との関連において―」(『台湾近現代史研究』四)、青井哲人「日本植民地期における台湾神社境内の形成・変容過程」(『日本建築学会計画系論文集』五二一)

朝鮮半島地域　朝鮮半島には近世より龍頭山神社が存在したが、近代以降では明治十五年(一八八二)、元山港に居留日本人が祠を建てたのが初例である。明治四十三年の韓国併合の段階で、朝鮮半島には神社十一社、神宮遙拝所二ヵ所が存在していたが全て居留民が設立したもので、これらが法的に神社となるのは大正四年(一九一五)の朝鮮総督府令「神社寺院規則」以降である。大正六年には神社より小規模な神祠も規定され、十四年には朝鮮で初の社格を持つ神社として官幣大社朝鮮神宮が鎮座した。昭和に入ると、農村振興政策の一環である道徳運動「心田開発」で神社崇敬が奨励された。昭和十一年(一九三六)の総督府による大規模な制度改正では、地方公共団体が幣帛料を供進し得ることが制度化され、一道一国幣社設置の方針も打ち出された。また日華事変以降は、今日「強制参拝」と呼ばれる、集団での神社参拝が、戦時総動員体制形成のために皇民化の名で盛んとなった。同時期に一面一社(面は村に相当)を目指す神社創建運動も進み、終戦時に官幣大社二社、国幣小社八社、その他の神社七十二社、神祠約九百が存在したが、全て廃絶した。朝鮮総督府の神社政策は、日朝同祖論を政治的方便としてのみ解釈し、神社と土着信仰との習合を拒否する一方で、制度的には朝鮮神宮を中心に居留民設立神社を再編し、地方村落には神祠を設置するなど、行政単位に合わせた秩序化を目指す最中に終焉した。 ↓京城神社《けいじょうじんじゃ》 ↓

朝鮮神宮《ちょうせんじんぐう》 ➡扶余神宮《ふよじんぐう》

参考文献　小笠原省三『海外神社史』上、小山文雄『神社と朝鮮』、韓晳曦『日本の朝鮮支配と宗教政策』、佐藤弘毅「戦前の海外神社一覧」二（『神社本庁教学研究所紀要』三）　（菅　浩二）

かいさんじんじゃ　開山神社　台湾台南市に明治三十年（一八九七）一月十三日に創建された神社。社格は県社。祭神は鄭成功命。法的に神社とされた海外最初の例であり、かつ漢民族式の廟（延平郡王祠）を神社化した特異な例である。鄭成功は近松門左衛門『国姓爺合戦』の和唐内のモデルとなった明末の英雄で、母の故郷である九州平戸で生まれ育った。清に抗し明の復興を目指して活動、大陸反攻のため台湾からオランダ人を駆逐し、漢民族の台湾開拓の象徴となった。死後もその人気は根強く、敵方であった清の皇帝すらも鄭成功の忠義をたびたび顕彰している。日本に縁を有する鄭成功は、日本の台湾統治を運命的物語として解釈するに格好の素材で、総督府が領台当初に彼に注目したのも当然だが、神社化には首相伊藤博文の台湾視察時の意向も関係している。ただし神社化といっても、当初は回廊式の廟の前に鳥居を立てただけで、大正四年（一九一五）に廟の空間的特徴を残したまま改築されている。昭和十六年（一九四一）に至り純和風の社殿が隣接して建立されたが、これは時期的に見て寺廟整理などと同様、日華事変以降の漢民族的文化排撃運動の一つであろう。日本の敗戦後、和風社殿は破壊されたが、鄭成功を祀る廟としての延平郡王祠は今も続いている。現在も毎年四月二十九日に台湾政府より内政部長が出向して国家公祭が行われているほか、一般の崇敬も篤く、また鄭氏宗親会や平戸からの訪問団による神道式祭典なども行われている。

開山神社本殿・拝殿

参考文献　山田孝使編『県社開山神社沿革志』、菅浩二「台湾最初の神社とナショナリティ」（『国学院大学日本文化研究所紀要』八八）　（菅　浩二）

かいじんじゃ　海神社　⇨わたつみじんじゃ

かいじんしんこう　海神信仰　海洋民族の間に伝承される信仰。古代人にとって、海は天や高い山および地上や地下とともに、一つの世界（または国）であり、そこを支配する神霊の実在が信じられた。それが海神である。古代日本人は、海のことをワタまたはワタノハラといい、その支配神をワタツミとよんだ。古典神話におけるイザナギ・イザナミの二神には、オオワタツミノミコトという子があったとつたえられる。また、ヒコホホデミノミコトはワタツミの力を借りて、失った兄の釣針をとりかえしたが、ワタツミは海中の宮殿にあってワタノハラを支配し、魚群を動員することができた。また、ワタツミは怒ると風波をおこすことがあるので、人身や宝物をささげて、これを鎮めなければならなかった。このような呪術は後世においても行われ、海上交通の安全をワタツミに祈願することが多かった。ワタツミは、また潮の干満を司るものと信じられ、それを左右するための呪術も行われた。ワタツミがホホデミに与えたシオミツタマ・シオヒルタマは、そのための呪具であった。後世、海神社（但馬国・壱岐島）や和多都美神社（対馬島）などにまつられた神と古典神話に現われるワタツミとの関連は、必ずしも明確ではないが、スミヨシ（あるいはスミノエ）神社やムナカタ神社の祭神は、海上交通の安全を守る意味が強く、いわゆるワタツミ的性格を有するものと考えられる。沖縄では、海神をウンガミとよび、ウンザミまたはウンジャミに転訛した。旧七月の亥日に、これをまつる慣わしが続いている。それは海の幸を祈るものといわれるが、まつりの所作には、山神と海神との交遊を示すものがあるという。ウンガミは、海の彼方の世界（ニライカナイ）から人間の世界へ訪ねてくるものと信じられている。ニライカナイには魚や亀を助けた人間が案内されて行き、幸福を授けられるとも信じられている。このような信仰が、いわゆる竜宮説話の根底にあったことは確かであるとともに、一方では古代中国の竜神・竜王信仰とも混線しているとおもわれる。日本の漁村に見られるところの竜神・竜王信仰は、山伏（修験道）によって弘められたものが多く、古典神話に現われるワタツミとの関連を直接的に見出すことはできないようである。日本の漁民が、いわゆる海の幸を祈る神としては、海中から出現したとか海の彼方から渡来したとか伝えられるエビスを信仰する例が多い。しかしエビスの正体も明確に把握されているとはいえず、これを沖縄のウンガミと直接的に関連づけることもできない。古典神話における海神と神社にまつられた海神との間には、ある程度の関連があるとしても、民間信仰における海神との間には、伝承上の断絶があるということを見のがしてはならないようである。　（祝　宮静）

かいばらえっけん　貝原益軒　一六三〇―一七一四　江戸時代前期の儒学者、本草家、庶民教育家。筑前国福岡藩士。寛永七年（一六三〇）十一月十四日、寛斎とちくの五男として生まれる。名は篤信、字は子誠、通称ははじめ助三郎、二十六歳で剃髪して柔斎と称すること十余年、結婚し蓄髪してのち藩主より久兵衛（祖父の通称）を賜わった。以後損軒と号し、晩年致仕後に益軒と改めた。先祖は備中国吉備津神社の神官であったが、祖父宗喜の代に黒田家に仕えるに至り、ついで父寛斎は右筆役であったらしく、益軒が生まれたのも福岡城内であった。十九歳の時に二代藩主黒田忠之に仕え、その後一時致仕したが、再出仕し、七年間にわたる藩費の京都留学となった。三十九歳の時支藩秋月の江崎氏を娶るが、これが東軒夫人で内助の功が少なくなかった。夫人は和歌・古楽をよくし、また楷書に巧みで益軒との合作になる軸物も遺っている。四十二歳の時に『黒田家譜』編纂の命をうけ、その改正本を藩主に献上した五十九歳の元禄元年(一六八八)に、かねて藩に依頼していた『筑前国続風土記』編纂の認可が下りた。後者は甥の貝原好古が中心になったとはいえ十六年間を要し、さらに最終的修正を加えた時には八十歳であった。彼の学問的業績を見ると、その主著はほとんど五十歳以後、特に七十一歳の致仕後に完成している。また彼自身の即事・即物的な思考方法、京都に勃興しつつあった経験・実証主義的な学風を留学時代に体得したこと、多くの旅行から得た観察と体験、博学をこととする方針などにより一種独特の学風を遺し得た。まず儒学では壮年期以来『近思録備考』その他の校訂・註釈書を多く出した。彼のライフワーク『大和本草』は自説と独創に富むものとして今日の博物学界でも高く評価される。本書序文で彼が本草学の意義を述べて、朱子学の標語とする「格物致知」の一端とするところに新時代の到来を示すものがある。またいわゆる『益軒十訓』も封建道徳を説いたものには相違ないが、人間の本性を認めた上での独創的見解も随所にみえる。そのうちで特に有名なのは『養生訓』で、みずからの体験に基づき精神的修養と自然療法による健康法を示し、現代に至るまで多くの影響を及ぼした。生涯にわたり公私ともに多くの旅をなした彼は十余種の紀行記を書いたが、清新な写実でその地方独特の自然美や産業・地理を記すに至ったのは彼に始まるとされる。さらに先祖が神職であったからか彼自身も『神儒併行不相悖論』を書き、北九州の諸神社の縁起で彼や好古の筆になるものが多い。そしてこうした膨大な編著をなし得た背景には高弟竹田定直の献身的な援助があった。益軒は繰り返し「民生日用の学」を強調し、著作も多く平易な和文で書いているが、その背景には彼の人間観があった。『慎思録』や『益軒十訓』には人間性の尊重、温情的な立場からではあるが愛が強調される。天地の万物化育の行為をその愛の発現と解した彼は、人間も互いに敬愛し合うべきだと考えたのであった。正徳四年(一七一四)八月二十七日荒戸四番丁(福岡市中央区荒戸二丁目)の自宅に没す。八十五歳。西町(同今川二丁目)金竜寺に葬る。その主要な編著は『益軒全集』全八巻に収められる。→神祇訓《じんぎくん》

[参考文献] 井上忠編『益軒資料』(『九州史料叢書』五・七・一〇・一三・二〇・二五・補遺)、伊東尾四郎『家庭における貝原益軒』、津田左右吉『蕃山・益軒』(『津田左右吉全集』一八)、入沢宗寿『貝原益軒』(『日本教育先哲叢書』八)、井上忠『貝原益軒』(『人物叢書』一〇三)、同「貝原益軒と『吉斎漫録』」(『西南学院大学論集』一ノ一)、貝原守一「日本科学を育てた人々—貝原益軒—」(『科学朝日』三ノ六)、岡田武彦「貝原益軒の儒学と実学」(『西南学院大学文理論集』一五ノ一)

(井上　忠)

かいばらはちまんじんじゃ　柏原八幡神社 ⇨八幡神社《はちまんじんじゃ》

かいびゃくしんわ　開闢神話　世界の起源に関する神話を一般に開闢神話と総称するが、記紀に記された神話は四類型に整理できる。㈠高天原の存在を前提とし、高天原においてアメノミナカヌシ・タカミムスビ・カミムスビの三神が出現したと説く(『古事記』、および『日本書紀』神代神代七代章第四の一書の「又曰」)。これはイザナキ・イザナミ神話を飛びこえて高天原・天孫降臨神話に直接結びついていたと思われ、おそらくアルタイ系支配者文化の神話であろう。この神話と直接関係があるかどうかは不明だが、『日本書紀』顕宗天皇三年条にタカミムスビが天地を鎔造したという神話がある。㈡国土が稚く、水に浮かんだ海月《くらげ》・魚・脂のようであったところに葦が生えたという類型。この類型では原初神がウマシアシカビヒコジだった(『古事記』、および『日本書紀』神代神代七代章第二・第三の一書)というのが本来であって、クニノトコタチが原初神とする伝え(『日本書紀』同本文および第五・第六の一書)の多くも、この神が葦牙《あしかび》のように出現したと記す。海に近い低湿地の漁民や農民の世界像であろう。㈢空虚のなかにクニノトコタチが出現し、次々に独神が生まれていった形式(『日本書紀』同第一・第四の一書、第六の一書は第二類型との混合形)。この第三類型には「天地初めて判《わか》るるとき」という表現が用いられており、ことによるとクニノトコタチは中国の盤古のような天地を分離した世界巨人だったかもしれない。㈣男女の対偶神が次々に出現して大地の形成の諸段階が語られ、イザナキ・イザナミの出現に至る類型で、進化の観念と性別双分観が顕著であり、国生み・神生み神話の序曲をなしている。これら四類型のうち、第一類型を除いた三類型は、互いに系統的に近い関係にあったと想像され、いずれも中国の江南地方ないし東南部から、水稲耕作や発達した漁撈を特徴とする文化とともに日本に波及したものと考えられる。

[参考文献] 大林太良『日本神話の起源』(『角川選書』六三)、同編『国生み神話』(『(シンポジウム)日本の神話』一)、上田正昭『日本神話』(『岩波新書』青七四八)、松村武雄『日本神話の研究』二

(大林　太良)

かえしのりと　返祝詞　朝廷の神社奉幣の時、神職が勅使に神意納受の趣を復命する言葉で、「かえりのりと」ともいい、返祝言・返祝とも書く。賀茂臨時祭・同葵祭・石清水臨時祭・春日祭にその例が知られ、葵祭の場合をみると、勅使が奉幣、宣命を奏した後、下社では舞殿、上社では橋殿で宮司が勅使に返祝詞を申している。石清

水もこれに準じ、その儀式・祝詞の詳細は『榊葉集』に収められている。↓祝詞《のりと》 （近藤　喜博）

かえりあそび　還遊　⇩還立《かえりだち》

かえりだち　還立　賀茂臨時祭・石清水臨時祭・春日祭などにあたって、祭儀の終了後、勅使以下が宮中に帰参、天皇の前にて、歌舞の遊びをするのをいい、還遊《かえりあそび》ともいう。賀茂の場合では、上下両社頭の祭儀を終って、勅使舞人たちが日暮れに宮中に帰り、清涼殿東庭で神楽を奏し、天皇出御、公卿参列して勧盃賜禄の儀が行われた。石清水でも賀茂に準じたが、途中寛治年間（一〇八七―九四）ごろからは天皇出御はなく、祭の翌日、勅使一行は宮中で東遊《あずまあそび》、弓場殿にて勧盃賜禄の儀を行なった。春日祭では、まず勅使が立ちながら盃を賜い、後で歌舞賜禄があるけれども、ここでも天皇出御はない。このように還立の儀は勅使の復命とその労をねぎらう意味とをもったもので、その起源は、賀茂臨時祭の場合は寛平元年（八八九）の創始時にさかのぼる。途中室町時代より江戸時代にかけて中絶もあったが、明治三年（一八七〇）の廃止まで続き、石清水も中絶があったが、ここも同年まで存続した。 （近藤　喜博）

かえりもうし　報賽　「還申」、すなわち命令についてその結果を復奏・復命することを原義とし、詳しくは「かえりごともうし」（「還事奏」）という。報祭とも書く。神より命令を受けることを「みこともちて（中略）よさしまつる」というが、この場合、必ずその結果を「かえり（ごと）もうし」しなくてはならない。神道の祭祀は、簡単にいえば、「みこともちて（中略）よさしまつる」にあたる祈年祭と、「かえり（ごと）もうし」にあたる新嘗祭とを大本として、その体系を作り上げているといってよい。つまり、「神命」とそれに対する復命との祭典にほかならない。そしてこの原義から移って、中略して「かえりもうし」といわれるようになると、神に祈願した結果の期待通りであったことへの報賽（いわゆる御礼参り）の意ともなった。今は一般にこれを音読して「ほうさい」という。

参考文献　折口信夫「神道に現れた民族論理」（『折口信夫全集』三所収）、西田長男「祭りの根本義」（『日本神道史研究』二所収） （西田　長男）

ががく　雅楽　本来は雅正の楽という意味であったが、唐代には俗楽・宴楽に相対して、もっぱら宗廟や孔子廟に用いる祭祀の楽を指していた。しかしわが国では、大宝元年（七〇一）制定された『大宝令』に基づく官庁である雅楽寮において扱う楽舞を雅楽と称した。その中には和楽・三韓（新羅・百済・高句麗）楽・唐楽・度羅楽・林邑楽・渤海楽などが含まれていた。天平勝宝四年（七五二）四月に行われた大仏開眼の法会には、これらの各楽舞が雑然と行われた。当時使用された多くの楽器は、聖武天皇遺愛の器とともに東大寺の正倉院に納められて今日に保存されているが、これを見ても、当時の雅楽が東アジア各民族の楽舞が混然と行われていたものであることがわかる。ところが平安時代に入り、仁明天皇の承和年間（八三四―四八）嵯峨上皇を中心に、雅楽寮の楽人大戸清上・尾張浜主・和邇部大田麻呂・常世乙魚・林真倉・犬上是成・大戸真縄らに加え、特に音楽に造詣の深い良峯安世（桓武天皇皇子）・源信（嵯峨天皇皇子）・藤原諸葛らが相寄り研究の結果、わが国風に適した雅楽に改造された。その主要な改革点は、㈠管絃の合奏を小規模な室内楽形式に改めたこと、㈡従来の楽曲を改作し、かつこれに倣った多くの新曲を作ったこと、㈢演奏形式を管絃（楽器の演奏だけ）と舞楽（舞を伴うもの）とに分けたこと、㈣雅楽曲の全部を左方（唐楽ともいう）・右方（高麗《こま》楽ともいう）の二種に分かち、おのおの独自の楽器とその合奏形式とを定めたことである。舞楽の場合、絃楽器は使用しないが、まれに絃を用いる場合がある。これを「管絃舞楽」と称し、平安時代には行われたが、近代には絶えた。また右方においては、近代はほとんど舞楽のみが行われている。舞楽の場合、普通左方の舞一曲とこれに応ずる右方の舞一つを順に組み合わせて行う。これを番舞《つがいまい》といい、左方の舞に対して組み合わされた右方の舞を答舞《とうぶ》という。この左方右方の舞を以て舞一番とする。古くは一日に舞数番を行なった（『陵王』（左）と『納曾利《なそり》』（右）、『承和楽』（左）と『仁和楽《にんならく》』（右）など）。舞楽を行う前には、はじめに振鉾《えんぶ》という作法が行われ、舞台を清める。わが雅楽の規模は平安時代に至り小規模の室内楽形式に改められたので、宮廷貴紳の人たちにとって好適な娯楽となり、「御遊《ぎょゆう》」または「あそび」と称されて、平安時代中期の藤原氏全盛時代にはすこぶる盛んに行われた。当時流行した催馬楽《さいばら》・朗詠などの歌謡も音楽的に整理され、御遊の中に加えられた。これが近代に至って催馬楽・朗詠が雅楽の一部とされる遠因である。

元来、雅楽を専業とするのは雅楽寮の楽人たちであったが、平安時代に入ると楽制改革とともに雅楽が宮中の諸行事に盛んに用いられ、近衛や衛府の官人などが最も多く雅楽に関連するようになった。天暦二年（九四八）八月には大内に特に楽所《がくしょ》が設けられて雅楽寮にかわって宮中の楽事を管掌し、雅楽を扱う者を楽人と称した。当時近畿にあって主として雅楽を業とした楽人団に、京都の御所楽人（主として楽所の楽人）、奈良の楽人（南都楽人）、大阪の天王寺楽人の三所の楽人（三方楽人）があった。御所楽人は多《おお》・阿部・豊《ぶん》（豊原姓）・山井《やまのい》（大神《おおが》姓）、南都楽人は狛《こま》姓の東《ひがし》・辻・奥・窪《くぼ》・上《うえ》および中《なか》（大神姓）・芝（藤原姓）、天王寺楽人は秦《はた》姓の薗《その》・林・東儀《とうぎ》・岡の各氏から成る。三所の楽人によって、同一の曲でも多少所伝の異同があった。鎌倉時代に至り、宮廷貴紳の勢力失墜とともに、雅楽は生活から離れて固定化し、単に宮廷の儀式に使用されるのみとなり、室町時代に入ると一層衰微し、ことに応仁の乱以後は、御所楽人はほとんど散佚して滅亡に瀕した。桃山時代に至って豊臣秀吉はその復興を図り、御所楽人の欠を南都および天王寺の楽人を以て補給する策を立てた。それが完成したのは江戸時代に入ってからで、ことに寛永三年(一六二六)九月の三代将軍徳川家光上洛に際しての上演を機に新制度を定め、三方楽人中の主な楽人を集めて一団とし、その本流を京都の御所に(御所楽人)、庶流の一部を江戸城中の紅葉山《もみじやま》に置いた(紅葉山楽人)。御所楽人は宮廷の儀式を、紅葉山楽人は江戸幕府の祭祀や日光東照宮の祭祀などを扱った。和歌山藩や岡山藩など、藩内に雅楽の楽人を養成するものも現われ、伊勢神宮・熱田神宮・厳島神社、その他の神社や本願寺などの寺院でも専属の楽人を養成するものが多かった。明治維新後皇居が東京に移されるや、御所楽人の大部分は東京に移り、江戸城中にわずかに残っていた紅葉山楽人も加え、明治三年(一八七〇)に太政官の中に雅楽局を設置した。翌年、式部寮に移し、雅楽課と称した。七年から西洋楽(欧州楽)を併せ行い、大正十年(一九二一)宮内省楽部と称し、従来楽人を伶人と称していたのを楽師とした。宮内省は昭和二十二年(一九四七)宮内府、二十四年宮内庁となり、楽部の組織も極度に縮小し、最小限度の楽人で辛うじてその亡滅を防止し得た状態にあった。その後漸次増員し、現在では雅楽は海外文化人たちの賞讃の下に、再び隆盛に赴きつつある。現在宮内庁楽部を中心とした雅楽には、㈠古楽に基づき祭祀および儀式に用いるもの(御神楽《みかぐら》・和舞《やまとまい》・東遊《あずまあそび》・鎮魂歌・田舞・久米歌(舞)・五節舞など)、㈡管絃および舞楽、㈢催馬楽・朗詠の三種の芸能が含まれている。 (田辺 尚雄)

かがみ 鏡 映像の具である鏡は、わが国古代においては容飾のために用いられる場合よりも、呪術的な魔力をそなえるものとして重要視された。中国では鏡を鑑とも書き、時には鏡鑑・鑑鏡とも記されており、おそらく後漢代終末ころから鏡と鑑を同一視するようになったものと思われる。『周礼』の秋官司寇によれば、鑑は祭祀のための用具であり、夜露を集めとる具であった。「以レ鑑取二明水於月一」とあり、大盆に露を集めて映像に用いたのである。周代には鑑に、氷を置いて食物を貯えるものという意味も存在していた。『荘子』には記載がなく、『淮南子』などによれば鏡のほかに鑑が存在しており、戦国時代には鏡と鑑とは別物であるが、ともに映像の具であったと思われる。銅製を主とする金属鏡には、古代中国を中心とするものと、エジプト・ギリシャ・エトルスキィ方面を中心とするものとの二つの系統がある。中国鏡の系統は円板形を中心とし、鏡背に紐を通す鈕があり、後者は鈕がなく柄のあるものが多い。中国鏡は周末・漢初に出現した秦鏡から、前漢鏡・後漢鏡・三国六朝鏡へとつづき、六朝時代の末期に新形式の鏡があらわれ、隋唐鏡へと至る。日本においては弥生時代から古墳時代にわたって中国鏡が流入し、舶載鏡の別名があり、すべて円鏡である。これに対しわが国で製作した鏡を倣製鏡と呼称している。唐鏡から以後の鏡には円鏡のほかに八稜鏡・八花鏡などもあらわれる。弥生時代には朝鮮半島の系統をひく多鈕細文鏡をはじめ、前漢鏡・後漢鏡が合口甕棺のごとき墳墓の副葬品として発見されている。古墳時代には後漢鏡を一部に含みながら、三国六朝代の鏡がかなり大量に出土している。中国・朝鮮における鏡は一、二面の副葬から容飾の具という性格がきわめて濃いのに反して、わが国の弥生時代と、特に古墳時代前半期においては、一古墳から三十数面の発見を伝えるように、除魔具であり権威のシンボルとして存在していた可能性が強い。古墳時代には前漢鏡・後漢鏡・三国六朝鏡から倣製鏡がつくられたが、漢鏡を中心としているために漢式鏡の名が用いられたこともある。鏡面は普通平滑に鋳造され光沢があって、姿をうつすことができる。鏡背の中央には紐を通す鈕があり、縁を除いて全面に文様が鋳出されている。考古学の研究上これらの文様などを基準に、内行花文鏡・方格規矩四神鏡・神獣鏡・画象鏡あるいは直弧文鏡・家屋文鏡などと名づけられ、鏡の製作地の名を冠して徐州鏡・湖州鏡と呼ばれることもある。また製作技法上、鍍金のある鍍金鏡、金・銀を貼った金・銀貼鏡のほか螺鈿鏡・平脱鏡など各種のものもある。鏡の背面は鈕を中心にして内区と外区とに分かれ、主文様は内区をめぐる。外区にも文様帯が帯文としてあらわれ、一段高く肉厚となった縁に至る。縁は断面の形状によって平縁・三角縁・蒲鉾縁・匙面縁などと呼ばれ、舶載鏡より倣製鏡の方が反りが大きい。また内区の外方寄りに銘帯が設けられ、銘文を鋳出することがある。銘文は吉祥句を主とするが、冒頭に「景初三年(二三九)」「赤烏元年(二三八)」の例のごとく製作年代を示す紀年銘を表現した鏡もある。日本において弥生時代の副葬鏡は、朝鮮半島を経て流入した多鈕細文鏡と、前漢鏡および後漢鏡が中心であった。しかし古墳の発生とともに、鏡がどのような意味を持つに至ったかは重要な問題で、遺骸に密着した形態で副葬されている点に大きな意味があると思われる。日本の古墳では、小林行雄の見解によれば、中国伝来の舶載鏡のみを中心とした段階と、倣製鏡を混じえた段階とがある。鏡が古代の日本においてどのように扱われたのか、その意味は深いが、鏡面の妖しくひかりかがやく魔力は、古代人にとっても呪術の世界を理解させるものであったと思われる。日本においては、中国鏡が最初にあらわれた鏡であったが、北九州において、倣製鏡が弥生時代に出現したらしいことも問題となっている。古墳時代には、鏡が特別な意味を持ったことは古文献に詳しいが、巫子の埴輪が腰に鈴鏡を吊りさげている状況を想えば、鏡の持つ意味が、単に装飾の具ではなかったことを証しているものと思われる。古墳時代後期の六、七世紀代になると、鏡の副葬は減少する。この時期の東国では鈴鏡が盛行するが、一般的には前代からの伝世鏡が副葬されるにすぎない。終末期古墳の奈良県高松塚古墳からは、海獣葡萄鏡が出土している。これは七世紀後半から奈良時代にかけて、中国の隋唐鏡が盛んに船載された証明でもある。唐鏡は円形・方形のほかに、八花形・

八稜形のものなどがあり、背文も内行花文・神獣文などは消失し、唐草文・宝相華文・狩猟文・動物文などが流行した。奈良時代には、船載された唐鏡を母型として鋳造したいわゆる踏返し鏡が多かった。『大安寺伽藍縁起幷流記資財帳』には千二百七十五面が記され、正倉院御物に五十六面が存在するが、出土鏡はそれほど多くない。しかし、寺院の舎利埋納や鎮壇のために用いられた鏡で発掘された例は約五十面ある。平安時代になると次第に中国鏡の趣を脱し、この時代の末期には日本独特の文様を配置する和鏡の成立を見るに至った。

参考文献　三木文雄編『埴輪・鏡・玉・剣』(『日本原始美術』六)、田中琢編『鐸剣鏡』(『日本原始美術大系』四)、後藤守一『古鏡聚英』、田中琢『古鏡』(『日本の原始美術』八)　(大塚　初重)

奈良時代船載された唐鏡を模した唐式鏡が平安時代初期まで製作されたが、永延二年(九八八)在銘の瑞花双鳳八稜鏡(線刻阿弥陀五仏鏡像、中村隆燈蔵、重要文化財)においては和様化の傾向が見られ、こののち日本製の鏡すなわち和鏡は純日本風に変化していった。これがいわゆる藤原鏡であって、十一世紀末・十二世紀初めにその和様の形式が確立した。康和五年(一一〇三)営造経塚伴出品の草花蝶鳥六稜鏡(倭文神社蔵、国宝)はそのはじめである。唐風の瑞花が和様の松・梅・山吹・秋草・菊花などに置きかえられ、空想的な鸞や鳳凰などの瑞鳥が、現実に日本の山野や水辺にあそぶ鶴・雀・千鳥・鴛鴦などに代わっていった。そのうちでも松と鶴とを配した意匠は一般の趣向にあったのか、盛んに製作され、また技術的な面でも図様をつくる箆の肉取りも薄く柔らかになった。藤原鏡の特色は、総体に小型で、鏡胎も薄く、軽量なことである。これに調和して縁も細縁で鈕もつつましい素鈕が多く、鏡背文様は具象的な自然の草花や蝶鳥などをとり上げているが、正円形という限定された空間の中において構図が巧みにまとめられている。その文様は、当時行われていた和歌の意を体したと思われるものが少なくない。藤原鏡を代表するものとして、山形県東田川郡羽黒山の出羽神社の本殿前の御手洗池から発見された鏡が現在約六百面ほどある。花鳥を主題とした優雅な文様がすぐれている。また、他に当時その築造が盛んであった経塚から紀年のわかる和鏡が多く出土している。鎌倉時代は和鏡の完成期である。形も大型になり、鏡胎も厚く、周縁も幅広い厚縁になり、鈕も大きく、総体に量感にとんだ鏡になった。鏡背の文様は、多種類の箆の肉取りの高低によって立体的、写実風にして絵画的構成の図様を表わした。これは技術的には単一の箆を使用した藤原鏡より進歩したといってよい。牡丹蝶鳥鏡(東京国立博物館蔵)・檜垣梅樹群雀鏡(貫前神社蔵、重要文化財)・蓬萊鏡(大戸神社蔵)などは鎌倉時代の特色を示すが、これらの図様の鏡に類品も多い。室町時代の鏡は技術的には高度に発達したが、末梢的な技巧に走るきらいがあり、趣がうすれてしまった。また復古的な雰囲気があって、平安時代初期の瑞花双鳳鏡のごとき古様のものを模した擬古作が生まれ、また和鏡の文様の外縁に漢式鏡風の鋸歯文および櫛歯文帯を付け加えた作品も現われた。室町時代の末期には和鏡の形を変え、鈕の代わりに柄をつけた柄鏡《えかがみ》が製作されるに至った。桃山時代は室町時代に始まった柄鏡が和鏡の主流になって一般に使用されるに至り、円鏡は儀鏡としてのみ製作された。また柄鏡の出現とともに鏡師の姓名が鏡背文様の傍に鋳出されることが多くなった。儀鏡のうち、後陽成天皇の御拝の鏡と称する桐竹文鏡(東京国立博物館蔵)はその鋳出文様がきわめて細緻鮮麗で類を見ない優品である。また文様中に「天正十六(一五八八)　天下一青家次」の鋳出銘がある。青家は京都の鏡師の棟梁である。江戸時代に入ると、柄鏡が全盛で、踏返しの技法によって大量生産され、粗悪な銅質を材料とした鏡が一般に普及した。しかし江戸時代に入り、不用になっていた柄鏡の鈕が鋳出されなくなり鏡背全面に装飾文様を施したので、自由暢達な図様の柄鏡が製作された。明治時代には西欧より技術輸入されたガラス製の鏡に移って行った。　(蔵田　蔵)

かがみじんじゃ　鏡神社　(一)佐賀県唐津市鏡字宮ノ原鎮座。旧県社。祭神、一宮は息長足姫命《おきながたらしひめのみこと》、二宮は藤原広嗣。一宮は神功皇后三韓遠征の時、松浦郡七面山の頂で宝鏡を捧げて、天神地祇に戦勝を祈り霊威を受け、凱旋の際この鏡に生霊を、二宮は大宰少弐藤原広嗣が僧玄昉らを除かんとして失敗し、この地に没したのでその霊を祀った社という。古来松浦社と称え当地の総社、江戸時代は唐津藩主祈願の社であった。楊柳観音画像(朝鮮高麗時代作、重要文化財)所蔵。例祭は四月九日・十月九日。

参考文献　『特選神名牒』、伊藤常足編『太宰管内志』肥前四、佐賀県神職会編『佐賀県神社史要』、松代松太郎『(修訂増補)東松浦郡史』　(阪本　健一)

(二)滋賀県蒲生郡竜王町大字鏡に鎮座。旧村社。祭神は天《あめの》日槍命《ひぼこのみこと》。創建は不詳。天日槍は新羅の王子で、日本に渡

鏡神社(二)本殿

来後に各地を遍歴し、この地に没したという伝説に基づいて祀られている。滋賀県下には天日槍を祀る神社やその伝説が多いのは、新羅系渡来人の文化のあとを物語るものである。また、平安時代源義経が当地で元服し、その折参拝し源氏の再興と武運長久の祈願をしたという伝説がのこる。参道にはその際烏帽子を掛けたという烏帽子掛け松がある。本殿は三間社流造、こけら葺、南北朝時代の建築で重要文化財に指定されている。神社から国道をへだてて南側の山林中に鏡神社宝篋印塔(重要文化財)があり鎌倉時代の作とされる。例祭は四月二十八日。

参考文献 滋賀県教育委員会編『重要文化財鏡神社宝篋印塔修理工事報告書』 (景山 春樹)

かがみつくりにますあまてるみたまじんじゃ 鏡作坐天照御魂神社 奈良県磯城郡田原本町八尾に鎮座。旧県社。祭神は天照国照《あまてるくにてる》火《ほ》明命《あかりのみこと》とする。『延喜式』神名帳の大和国城下郡条にみえ、大社に列し月次・新嘗の官幣に預かるとある。鎮座地は『和名類聚抄』にいう鏡作郷で、天平二年(七三〇)の『大倭国正税帳』に「鏡作神戸」とあり、古く鏡作部の居住地に祀られたものである。『新抄格勅符抄』の大同元年(八〇六)牒には神封十八戸(大和二戸・伊豆十六戸)とある。『三代実録』貞観元年(八五九)正月条に、従五位下から従五位上に昇叙されたことがみえている。祭神について、『八尾鏡作大明神作法書』には、「御祭神遠祖糠戸命、遠祖石凝戸姥命、児己凝戸辺命奉レ号二三社鏡作大明神一」とみえ、法印真我の天文二年(一五三三)社記には「石凝姥命中天糠戸命右天児屋命左」とある。『神社明細帳』によると、「天照国照日子・火明命・石凝姥命・天児屋根命」とある。また『大倭社注進状』裏書に引く『穴師神主斎部氏家牒』によると、中座は天照大神之御魂、左座は麻気神、右座は伊多神とする。これを鏡作三座とするが、鏡作伊多神社と鏡作麻気神社はともに『延喜式』神名帳に所載の神社である。例祭は十月二十五日。 (原田 敏明)

かがみみつあき 加賀美光章 一七一一―八二 江戸時代中期の神道家。正徳元年(一七一一)二月十五日江戸幕府旗本の士間宮高成の男として江戸小石川に生まれた。字を太章、また霞沼・桜園・河上と号した。甲斐国山梨郡下小河原村(甲府市下小河原町)山王権現祠官加賀美壱岐堯光の養子となる。享保年中(一七一六―三六)京都に遊学、姉小路実紀に和歌、烏谷三蔵に国学、三宅尚斎に儒学、玉木正英に垂加神道を学ぶ。その他有職・天文暦学を修め、帰郷後、家塾環松亭を開き書庫を公開して子弟を教えて門人が多かった。延享二年(一七四五)従五位下信濃守に叙任された。天明二年(一七八二)五月二十九日没。七十二歳。墓は甲府市上町の加賀美家墓所にある。また日吉神社(山王権現社)に祀られている。その弟子に明和事件の山県大弐があり、光章も大弐とともに江戸伝馬町の牢に下獄、のち赦免となった。主著に『神学指要』(明和七年(一七七〇)序、一冊)があり、垂加派の説をうけ三宅尚斎の大義名分論を発揮、独自の見識を示した。ほかに『神学持衡』『甲陽随筆』などがある。

参考文献 楠本吉甫編『崎門学脈系譜』、同編『日本道学淵源録』続録増補上 (小林 健三)

かきつさい 嘉吉祭 談山神社(奈良県桜井市多武峯)の神事。嘉吉元年(一四四一)に始まり、寛正六年(一四六五)勅使参向の上、永世不朽の礼事とする宣下があり、以後、九月祭祀・秋祭の名で陰暦九月十一日に行われたが、明治四十四年(一九一一)から太陽暦十月十一日に改められた。行事は輪番の当屋(頭屋)を中心に行い、一日事始、五日御供盛始のあと宵宮祭(十日)と本祭を奉仕する。百《ひゃく》味御食《みのおんじき》(和稲・荒稲・栗・柿・榧の実などの野の幸や山の幸を精妙に盛ったもの)と呼ばれる特殊神饌を供える古式の神事である。 →談山神社《たんざんじんじゃ》

参考文献 村上専精・辻善之助・鷲尾順敬編『(明治維新)神仏分離史料』下、『桜井町史』続 (加藤 泰朗)

かきのもとじんじゃ 柿本神社 兵庫県明石市人丸町に鎮座。旧県社。柿本大明神(贈正一位柿本朝臣人麻呂)を祀る。「天ざかる夷《ひな》の長道ゆ恋ひ来れば明石の門より倭《やまと》島見ゆ」(原万葉仮名)などの『万葉集』の詠歌より、いつのころよりかこの地に歌聖人麻呂の信仰が定着したものであろう。もとは木像を奉安した祀堂であったといわれ、元和四年(一六一八)小笠原忠政が明石城を築くにあたって現在の地に遷座し、社殿も改造された。豊臣秀吉が社領を寄せ、享保八年(一七二三)人麻呂一千年祭にあたって神位正一位神号柿本大明神の宣下があり、毎年三月十八日例祭を行い、宝祚長久歌道繁栄を祈願する勅命を受けた。その後、桜町・桃園・後桜町天皇の崇敬厚く、数数の奉納品があり、とりわけ後桜町・仁孝天皇の宸筆は有名。現在、例祭は四月十七―十九日。なお島根県益田市高津町にも旧県社、柿本神社があり、この地は人麻呂終焉の地跡とされ、石見国津和野藩領内における宗たる神社として重きをなした。例祭は四月十五日。 (加藤 隆久)

がくしんさいろんそう 学神祭論争 『大宝令』以来の儒教の釈奠《せきてん》礼にかわって、維新直後に新興の国学派が大学で皇国学神を祀ったことから生じた国・漢両学派間の抗争。明治元年(一八六八)二月、復古思想を背景とした平田鉄胤・玉松操・矢野玄道ら平田派国学者が学校制度取調を命じられ、古代の大学寮にならって学舎制を立案したが、このとき孔子廟釈奠のかわりに皇祖天神社を奉祭することにした。一方東京奠都に伴い、翌二年六月、旧幕府直轄の昌平・開成・医学の三校は大学校と総称されることになったが、同年八月、大学本校(昌平学校)において博士平田鉄胤を中心に学神祭が挙行された。このため漢学派が反発して紛糾し、集議院に付議される有様となった。そこで政府は同年十二月学制を改め、さきの三校を大学・大学南校・大学東校と改称して一体化を進めたが、翌三年二月公布された「大学規則」に西欧の影響

が濃いところから紛争が再燃し、今度は国・漢両派が結束して学内洋学派にあたった。こうして同年七月、大学は閉鎖され別当以下は免職、生徒は総退学となった。維新政変を背景とした一種の党争であったが、明治五年の「学制」以前に、学校制度が近代化されるための過渡期の事件でもあった。

参考文献 『東京帝国大学五十年史』上、大久保利謙『日本の大学』(『創元選書』)

(上沼 八郎)

かぐつちのかみ　軻遇突智神　『古事記』では迦具土神と書く。伊弉冉尊《いざなみのみこと》の子で、火之夜芸速男神《ほのやぎはやおのかみ》・火之炫毗古神《ほのかがびこのかみ》・火産霊神《ほのむすびのかみ》とも呼ばれ、火の神をいう。『古事記』神代では、母神が火の神を生んだために陰所《ほと》を焼かれて死に、そのあと父神伊《い》邪《ざ》(耶)那岐命《なぎのみこと》が火の神を斬り殺したといい、剣についた血および火の神の体から神々が出現したと伝える。迦具土神の体から八種の山津見神が、血から岩石神・雷神などが化生する話は、火山の爆発、また噴火に伴う火山弾、雷雨などの現象を神話化したものであろうという。一方『日本書紀』神代四神出生章第二の一書には、火神軻遇突智が誕生してのち、母神が埴山《はにやま》姫と罔象《みずはの》女《め》を生み、ついで軻遇突智が埴山姫に娶《あ》って稚産霊《わくむすび》が生まれ、稚産霊の頭の上に蚕と桑、臍《ほそ》の中に五穀が生じたとある。これは火と土と水の結合による豊饒霊の発生を物語るもので、一種の農耕的火祭りの行事の説明であるらしい。軻遇突智神はかような農耕祭儀において新生復活する、古代豊饒霊の一面をも有していたようである。

参考文献 松本信広『日本神話の研究』(『東洋文庫』一八〇)、松村武雄『日本神話の研究』二、西田長男「古代人の神—神道より見た—」(『古事記大成』五所収)、守屋俊彦「火神出生の神話」(『古事記年報』二)

(尾畑喜一郎)

かぐら　神楽　神事に伴う歌舞。斎場に神座を設けて庭《にわ》燎《び》を焚き、神々を勧請して行う招魂・鎮魂の神事芸能をいう。『古今和歌集』二〇所収の神楽歌(採物の歌六首、日《ひる》女《め》の歌一首)が「神あそびの歌」と標示されているように、古くは「神遊」と呼称されていた。神自身が行う呪術的な鎮魂舞踊という受けとめ方からである。もとは特定の建物を必要としなかったが、のちには仮殿や神楽殿を建てるようになった。宮中の御神楽は賢所を正面とする前庭に幔幕をめぐらして、その中が神楽舎で、民間の場合は神殿の隣室や神社の拝殿などに神座を設けた。神座には太柱を立てたが、後世は榊や幣《みてぐら》、さらに松・竹・柳・剣・鉾・弓矢などにも替わり、それを採物とする舞が発達した。「神楽」の文字は『万葉集』にみえ、神楽浪・神楽声浪・楽浪を「ささなみ」と訓じている。訓み方の根拠については、㈠神楽の採物が笹であるから、㈡ササは栄えよという意味の囃子詞であるから、㈢鎮魂の際の鈴の擬声音説のほかに、㈣「楽」には「あそび」の意味があること(『古事記』)から、神遊のときの声音「ささ」によって「神楽」を宛てたとみる上田正昭説や、㈤「神楽浪」の大部分は「志賀」の枕詞とされていること、近江の「滋賀」は安曇連を宰領とする九州志賀島の海人が入植し開拓した国であることなどから、安曇磯良神《あずみのいそらのかみ》を主体とする「志賀の海人」の神楽の東漸軌跡と、宮廷への伝来時期を推測する西田長男説もある。「かぐら」の語原についても諸説あるが、結局は「かむくら(神座)」の約音説(榎並隆璉・大槻文彦)が穏当。それを展開させて、神体を入れて持ち歩く移動式の神座とみる折口信夫説や、神楽の本体を採物とみる立場から、神の降臨する場所としての採物を神座と称したのが楽舞全体の名になったとする志田延義説もある。

神楽を大別すると、宮中および伊勢神宮・賀茂神社などで行われる御神楽《みかぐら》と、それ以外の諸社・民間で奏される里神楽とに分けられる。宮廷式楽として大成された内侍所御神楽は、一条天皇の時代(長保四年(一〇〇二)五月、あるいは寛弘二年(一〇〇五)十二月とも)に起り、はじめは隔年、承保年間(一〇七四—七七)以後は毎年十二月の恒例行事となった。御神楽の進行順序は、『江家次第』、鍋島家本『神楽歌』巻頭の「神楽歌次第」とその裏書、『楽章類語鈔』の「神楽次第」などに詳しい。神楽の起源については、天石屋戸の前における天鈿女命の神懸りと俳優《わざおぎ》(『古事記』『日本書紀』『古語拾遺』)にかけて説かれている。しかしこの伝承は、天鈿女命の子孫猿女《さるめ》氏(神祇官の女官)に伝来された鎮魂術の本縁であり、その名残りは、平安時代の宮廷の鎮魂祭に見ることができる。それと系統を別にする内侍所御神楽は、これに先行する多くの神遊(古神楽)を集成し合体したものであった。その古神楽には第一に、大嘗祭に接続して舞楽殿の後房で行われた清暑堂御神楽がある。琴歌神宴とも称されているように、和琴を弾じ神歌をうたうことが内容の宴会であった。この神宴の音楽的唱和に舞踊的条件が加わって清暑堂御神楽が整ったのは、清和天皇の貞観元年(八五九)で、内侍所御神楽の次第とかわりがない。第二は、延喜十年(九一〇)を初見とする賀茂臨時祭の還《かえり》立《だち》御神楽。還立とは、五節舞の後行われる解斎舞のようなもので、大嘗祭の夜、勅使が宮中に帰参して行われた神楽である。賀茂臨時祭は寛平元年(八八九)十一月の大嘗祭の後に行われたのが最初で、のちには毎年十一月下酉の日、または十二月上酉の日になった(『江家次第』一〇)。式次第は、㈠庭燎、㈡王卿以下勧盃、㈢人長作法、㈣取物(逓歌遊)、㈤勧盃、㈥召㆓才男㆒、㈦前張、㈧朝倉、㈨其駒、㈩給禄の順であって、内侍所御神楽の骨格がすでに備わっている。第三は、平安遷都以前から皇居の地に祀られていた園韓《そのから》神祭《かみのまつり》の神楽。この祭儀は、十一月新嘗祭の前の丑の日と十二月春日祭の後の丑の日に執行されるが、その創始は賀茂臨時祭より早く、古代朝鮮から渡来した韓風の鎮魂歌舞がもとである。それが宮廷式楽としての御神楽次第に組みこまれ、律令的祭儀観にもとづく体系化のなかで、和風の神遊びに改編されている。祭儀次第の骨子は、神部二人が神前の庭に榊を立て、庭燎を焚き、御巫が微声で祝詞を奏し、御神子の湯立舞や神部による神宝舞(採物舞)、神祇官の祐以上の和舞、大臣以下の退出後、神祇官が御巫・物忌・神部を率いて両神殿に供する朝神楽がある。御神楽「韓神」の歌にいう「韓神の韓招ぎ」とは、韓風の神降し作法と韓神自身の神遊を意味していよう。第四は石清水八幡臨時祭の神楽で、その初見は長保二年三月(『権記』)だが、始行はもっと古いであろう。『兵範記』保元三年(一一五八)三月条の神楽次第では、㈠庭燎、㈡使以下盃酌、㈢人長の行事、㈣才男を召す、㈤笛・篳篥《ひちりき》・和琴《わごん》、㈥一献の次一・二歌あって復座、㈦神宴、㈧韓神(人長舞)、㈨勧盃、㈩退下の順。神楽歌の曲目は『宮寺縁事抄仏神事次第御神楽次第本』(『石清水文書』)にも挙げられていて、特に弓立《ゆたち》は当社ばかりに歌うと注記し、それは採物のあと人長と採物の神人とで行う神宝舞の歌とある。弓立前後は韓神かともあるので、その神宝は、当社の初卯神楽(二一・十一月)の場合と同様、園韓神祭の榊・桙・弓・剣を思わせる。内侍所御神楽にも「神宝挙げ」のとき歌う「湯立」、およびこれと同趣の「磯良崎」(ともに海人部伝承の神事歌謡)があることを参稽すると、安曇磯良神が竜宮から借り受けたという「旱珠・満珠」の呪宝と無関係ではない。以上の古神楽群が、内侍所御神楽の成立に影響を与えた。民間の神楽(里神楽)は、その形態の上から、㈠巫女神楽、㈡出雲流神楽、㈢伊勢流神楽、㈣獅子神楽の四種に分類されている。㈠は、石清水八幡や奈良の春日その他の各社に伝来する巫女舞中心の神楽。神懸り前の清めの舞が洗練され、様式化されて、今みるような祈禱の舞となった。㈡は、出雲佐太神社の莫蓙(御座)替神事を母胎とする神楽。前段で素面の採物舞、後段では、神話・神社縁起を能風に脚色した十二段の神能を演じた。それが地方色を加えつつ、山陰・山陽から全国に広まった。岩戸神楽・神代神楽・太々神楽などがそれである。㈢は、伊勢神宮摂末社の神楽役人による霜月の湯立神楽を範としたもの。やがて御師の家でも行うようになり、奉納神楽の盛行をみて広く流布した。三河・信濃では霜月祭・花祭・遠山祭と呼ばれ、清めの湯立のほかに、猿楽衆・田楽衆の伝えた面形舞を演ずる所もある。諸国の霜月神楽はこの系統。㈣は、獅子頭を門ごとに捧持し、悪魔を払い息災延命を祈禱する神楽で、奥羽の山伏神楽・番楽、伊勢や尾張の太神楽などがそれ。山伏神楽は山伏修験の神楽で、一種の能をも演じ、下北半島から陸中・羽前に及び、獅子舞・権現舞・ひやま・舞曲(あそび)とも称される。伊勢・尾張の太神楽は、伊勢のお祓いと称して諸国を巡り、散楽風な曲芸や狂言をも演じ、今日でも歓迎されている。このように趣を異にして行われても、実際には、伊勢神楽に巫女舞や採物舞があったり、出雲神楽に湯立が入っているなど、各流の神楽要素が混じっていることが多い。その他、舞楽・田楽と呼ばれるべきものが、奉納舞という意味で神楽・太々神楽と称するところもある。民間の神楽は豊かな内容を持つ神事芸能であって、能大成以前の古い形式を残す仮面劇もあり、芸能史的にも貴重なものを含んでいる。

参考文献 小寺融吉『芸術としての神楽の研究』、『折口信夫全集』二・七・一七・一八、同ノート編五・六、早川孝太郎『花祭』(『早川孝太郎全集』一・二)、西角井正慶『神楽研究』、同『神楽歌研究』、本田安次『陸前浜乃法印神楽』、同『山伏神楽・番楽』、同『霜月神楽の研究』、同『神楽』、志田延義『日本歌謡圏史』、土橋寛『古代歌謡と儀礼の研究』、西田長男『古代文学の周辺』、倉林正次『饗宴の研究』儀礼編、上田正昭「神楽の命脈」(芸能史研究会編『日本の古典芸能』一所収)、小林茂美「韓神の芸態論序説」(『国学院雑誌』六七ノ一・二)、同「韓神の芸態伝承論」(伏見稲荷大社『朱』三二)

(小林 茂美)

かぐらうた 神楽歌 神楽の際うたわれる神歌や民謡。『古今和歌集』二〇に「神あそびの歌」十三首があり、『拾遺和歌集』二〇にも「神楽歌」十一首を載せるが、ふつう神楽歌といえば、右を含めた宮廷御神楽の「神楽次第」の歌をさす。その歌本は、天暦年間(九四七―五七)ごろに生存した源信義自筆と伝える信義本(東京国立博物館蔵、重要文化財)が最も古い。ほかに鍋島家本(鍋島家蔵、重要文化財)、『神楽和琴秘譜』(陽明文庫蔵、国宝)、重種本(天理図書館蔵、重要文化財)などあるが、小山田与清の校合した『楽章類語鈔』には、およそ九十首を載せてある。内侍所の御神楽歌にない「北御門」「気比歌」に関しては、康和元年(一〇九九)書写の『古謡集』に、前者を九首、後者を七首収めている。以下、御神楽次第にそって神楽歌の曲目を略述する。夕刻、神楽を奏する殿上人・陪従・召人が、人長(神楽の宰領役)に引率されて内侍所の前庭に参入し、人長の名告《なのり》・音取《ねとり》・寄合などがあり、篝に火を点じて、序曲に「庭燎」の歌(採物「葛」の歌)がある。次の「阿知女作法《あちめのわざ》」は、八幡系神楽・宮廷御神楽の成立に関係ふかい安曇磯良神を呼びだす呪法・呪文がもとである。つづいて行われる神楽歌は「採物歌」「前張」「星」の三種に大別できる。採物とは神や舞人が手に持つもので、招代・依代(神座)としての機能をもつ。それは榊・幣《みてぐら》・杖・弓・篠《ささ》・剣・鉾・杓《ひさご》・葛の九種で、歌は本方末方一首ずつ別伝(或説)を合わせて約三十首ある。歌詞内容は、祭の雰囲気を詠んだり、神の社を祝福し、神の恵みをいい、また採物の出処の神聖を説き讃美するもので、結びの反覆句を除けば短歌形式の古歌である。次の「韓神」曲も採物歌に属するが、これは外来の神であって、韓風の鎮魂歌舞が、律令的祭祀儀礼にもとづく体系的な編曲のうえで定着したもの。その別伝を重種本は「大宜《おおむべ》」とも題するように、ここで一段落し、いわゆる中入りがあって、次の「前張」部に移る。前張は「大前張」と「小前張」に大別される。前者の七種目は、囃子詞と反覆句を除けば短歌形式であるが、後者の九種目は不整形式で、片歌問答体の名残りを留めたものもあり、内容・修辞からみても民謡的色彩が濃い。大前張のうち「宮人」「難波潟」「木綿志天」「榛」は衣に関する歌で、祓の信仰を中心とする夏神楽との繋がりが認められ、「階香取」「猪名野」「我妹子」は鳥にちなむ歌で、海辺の禊祓に関係ふかい。小前張の「薦枕」「賤家の小菅」「湊田」も鳥を詠んでおり、「磯良崎」における海人の鯛とともに、祭りの贄物ないし宴席の肴類と関連があろう。その他「細波」「殖槻」「総角」は、悠紀・主基両国の聖田・聖米に関するものらしい。稲舂き蟹の所作をエロティックに詠んだ「細波」は、「総角」「大宮」曲とともに嫁・婿をほしがる歌で、独り神を揶揄するものとも説かれている。また「細波」「磯良崎」「蟋蟀」には、身振りを伴う問答劇詞章としての前身がしのばれる。次の「千歳法」は山人の祝言を連ねた詞章で、海人部系統の「阿知女作法」に対するもの。「早歌《そうが》」は、山坂を越えて都の冬祭(御魂の触ゆ祭)に訪れる下級神人の、滑稽な早口問答の長歌。ともに山人系統の芸能的な伝承歌謡で、「前張」から「星」へ移る間の橋わたしをつとめている。「星」以下十種目の部分は朝神楽に相当し、祭りの後宴・解斎の宴にふさわしい「酒殿歌」「得選子《とくせにこ》」や、神送りに際して名残りを惜しむ「日霊女歌《ひるめのうた》」「神上」等々の歌群がならんでいる。一方、民間神楽の神楽歌は多く伝わっている。そのうち、出雲・伊勢・獅子各流の神楽歌はほぼ共通していて、神降し歌(囃歌)・讃め歌・清めの歌・祈禱歌・遊び歌・神上の歌などに分けられる。内容は『梁塵秘抄』の神歌系統の、素朴で清らかなものが多い。出雲神楽には、関東の里神楽のように歌を省略して黙劇に近いものもある。伊勢神楽は湯立の間や余興的な能のときに謡い、獅子神楽では獅子を舞わすときにうたわれる。奥羽の山伏神楽の能には、古風を留めた謡いや語りがあり、巫女神楽にも、奈良の春日大社や大阪の住吉大社などに古雅な神歌が伝わっている。うたい方はさまざまだが、囃子方・舞人・周囲の者などにより、掛合いないし同音でうたうが、特に禰宜方の大鼓打が大きな役割を担う点では、各流神楽とも共通する。また最後の一句を繰り返すことが多く、時にはその繰返しを、語句を替えてうたうことがあり、いわゆる仏足石歌の歌形をなすものも若干ある。神楽歌のテキストとしては、野村八良『古代歌謡集』(『有朋堂文庫』)、高野辰之編『日本歌謡集成』二、佐伯常麿『古歌謡集』(『校註国歌大系』一)、志田延義編『歌謡集』上(『日本古典全集』四期)、武田祐吉『神楽歌・催馬楽』(『岩波文庫』)、土橋寛・小西甚一『古代歌謡集』(『日本古典文学大系』三)、新間進一編『続日本歌謡集成』一、上田正昭・本田安次・三隅治雄編『神楽・舞楽』(『日本庶民文化史料集成』一)などがある。

参考文献 『梁塵愚案抄』(『日本歌謡集成』二)、熊谷直好『梁塵後抄』(同)、賀茂真淵『神遊考』(『賀茂真淵全集』二)、本居大平『神楽歌新釈』(『本居大平全集』)、橘守部『神楽歌入文』(『橘守部全集』七)、西角井正慶『神楽研究』、同『神楽歌研究』、高崎正秀『六歌仙前後』、志田延義『日本歌謡圏史』、土橋寛『古代歌謡と儀礼の研究』、本田安次『神楽』、芸能史研究会編『神楽』(『日本の古典芸能』一)、池田弥三郎「神楽歌」(『鑑賞日本文学』四所収)、臼田甚五郎「神楽歌」(『日本古典文学全集』二五所収)、小林茂美「韓神の芸態論序説(二)」(『国学院雑誌』六七ノ二)　(小林　茂美)

かぐらおか　神楽岡　京都市左京区吉田神楽岡町にある丘陵。別名を吉田山という。名称の由来は、神々が神楽を奏した跡といわれるが、これは室町時代に吉田神道が興盛をみたころに、卜部家でいいだしたものである。『類聚国史』に、延暦十三年(七九四)桓武天皇が康楽岡に猟したことがみえるのが史料的初見である。京都への入口(志賀越道)にあったために、古来より、合戦の場となることが多かった。建武三年(延元元、一三三六)正月、足利尊氏と新田義貞が戦った時には、尊氏方である宇都宮氏、紀・清両党がここに城を構えて闘った。また、観応二年(正平六、一三五一)にも、南朝方の兵がここで足利義詮の兵と闘って、これを破った。また永禄四年(一五六一)七月、三好長慶の家臣松永久秀が六角義賢とこの地で合戦している。山の西面には吉田神社があり、東面には宗忠神社が座し、東麓には真如堂がある。ほかに付近には陽成天皇の神楽岡東陵や後一条天皇の菩提樹院陵がある。　(黒川　直則)

かぐらおとこ　神楽男　神楽を奏する男。宮廷御神楽の濫觴を安曇磯良の説話にかけて説く『八幡愚童訓』(鎌倉時代中・末期の成立)には、神功皇后が新羅を攻めた際、海底にすむ安曇磯良(海の精霊、海人部の宰領安曇族の祖神)を、渡航の案内者とするため呼びだす目的で神楽を奏した伝えがある。このとき、宝満大菩薩をはじめ八人の女房が「八乙女」となって舞い遊ぶのに対して、住吉神は拍子をとって歌い、諏訪・熱田・三嶋・高良の諸神はそれぞれ笙・笛・和琴《わごん》・篳篥《ひちりき》を鳴らしたとあり、これを「五人ノ神楽男」と記している。『神道名目類聚抄』にも、「神楽ノ事ニ預ル役人ナリ、五人ノ神楽男ト云ハ、八乙女ニ対シテ云ナリ」とか、「覡　男子ニシテ湯立ヲツトムル役人ナリ」ともあるように、八乙女(巫女)の舞を伴奏する楽人という役掌以外の、神事にも参与する覡《げき》(男みこ)をさすときもあった。平安時代初期から伝承されている奈良の春日大社の巫女舞では、烏帽子・浄衣・袴姿の神楽男五人が、笏拍子(付歌)・和笛・小鼓・銅鈸(もとは大鼓もあった)を奏し、箏(もとは和琴)を弾く琴師とともに囃子方を受けもっている。必ずしも五人と決まっているわけでなく、『厳島図会』一には「神楽男《かぐらを》六員」とあり、十二人のところもあった。

参考文献 本田安次『神楽』　(小林　茂美)

かぐらし　神楽師　神楽に従事する者。神楽太夫・舞太夫・太夫と呼ぶ地方もある。もとは神主・禰宜などの神職や神楽役が携わった。近世後期には、社人が神祇管領からの神道裁許状を受けて神楽に参与した例が多く、のちには、埼玉県さいたま市の氷川神社の神楽師のように社人としての専属を離れて職業化し、依頼に応じて遠近の神社に出向き、祭礼の神賑いとして演ずるようになる。維新後は神職の制度が崩れて、民間の者が多く携わることになった。神職以外の神事舞太夫は、指定の神社で受験して免許をとり、祭礼での神楽興行を許されたが、現今ではその資格を問わない所が多い。江戸の神楽では、浅草三社権現の社家で神事舞太夫の頭《かしら》田村八太夫が、代代神楽師の元締として関東に勢力を持っていた。その配下が明治七年(一八七四)には三十七家あり、中教院の直轄で教導職となった。同三十五年ごろは、東京麴町上六番町に住む子爵吉田家がこの種神職家の総家で、受領名・神道裁許状を出した。配下の神楽師たちは、麻布の広尾、鼠穴、浅草の新堀端の三ヵ所に土地・家屋を拝領していたが、昭和三十年(一九五五)代には九軒が都内に残り、兼業であるが、その演目は百番を越えていた。備中神楽の神楽太夫も平素は農業に従事し、必要に応じ六、七名で神楽社を結成して、仮面・衣装道具の一切を持って村村の祭に出かけた。三重県桑名市太夫の地には伊勢神楽専業の神楽組が数組現存し、獅子舞および曲芸・道化の芸能を演じながら、諸国を一ヵ年間巡回する。また、明治・大正から昭和にかけて、相模一円に顔の売れた高橋鯛五郎らは、神代神楽の家元であった相模の萩原一座や浅草の若山家で修業し、九代目市川団十郎にも入門して二等俳優の鑑札まで受けた神楽師であった。表芸の神代神楽よりも、神楽面を応用しての面芝居役者として人気があった。このことは、舞太夫系神楽師の俳優化、神楽殿の歌舞伎舞台化などの消息とともに、面芝居の形態や近世以来の村芝居の様相を示唆するもので、民間芸能史上の重要な資料となるであろう。

参考文献 西角井正慶『神楽研究』、本田安次『神楽』、飯塚友一郎「神楽師鯛五郎始末記」(『芸能』六ノ一—五)

(小林 茂美)

かぐらちゅうひしょう 神楽注秘抄 神楽に用いる歌謡である神楽歌を註釈した歌学書。一条兼良《いちじょうかねよし》(一四〇二—八一)著。一巻。本書は奥書に「右神楽秘注、借手於中院中納言通秀令書写、数度校合、入落字等、尤可為証本矣、康正元年九月十日 権中納言有俊(中略)以有俊卿所望、桃花坊令注之由承及者也(下略)」とあるから、康正元年(一四五五)のころ、郢曲《えいきょく》(神楽・朗詠・催馬楽など)・和琴・箏・笛などの師範家であった綾小路有俊《あやのこうじありとし》の求めに応じて、一条兼良が講釈したものを、有俊が講録し、これを中院通秀に清書させたものであることがわかる。同じ兼良の著である『梁塵愚案抄《りょうじんぐあんしょう》』二巻の上巻にあたる。歌ごとに註釈のはじめに「愚案」とあるところから「愚案抄」というのであろう。なお、奥書によると、本書の正本は応仁の乱で紛失し、その副本が原本となって世に流布したのである。『続群書類従』管絃部所収。

参考文献 『群書解題』一五

(沼部 春友)

かぐらでん 神楽殿 神慮を慰めまつるため神前にて神楽を奏舞する建造物。「かぐら」は「かみくら(神座)」の音便「かんくら」のつづまったものといわれる。現存最古の神楽殿は、平安時代末期に建てられた春日若宮神社前のものとされているが、神楽の歴史はすこぶる古いから、臨時仮設のものはもっと昔からあったであろう。この春日若宮神社の神楽殿(重要文化財)は建物の一部を利用したものであるが、神楽専用の独立建物としては、江戸時代初期の日光東照宮のお神楽堂(同)が古い。『日光山志』には「御神楽堂、陽明御門の東にあり、御拝殿へ向ふ、銅葺黒塗、前椽側階段あり」とある。なお神楽殿の建築様式にみられる高舞台に勾欄を付けたものは、唐楽や林邑楽などの舞楽による影響であり、また能舞台に屋根をつけた様式の神楽殿も建立された。伊勢神宮では、明治四年(一八七一)の神社制度の改正以前は師職(御師)の私邸に設けられた神楽の間で神楽は行われていたが、神楽殿の前身である祈禱所が同五年七月内宮に創建された。

(鈴木 義一)

かくりごと 幽事 目に見えない神や霊魂の世界、あの世のこと。「かみごと」「かみのこと」とも訓む。神事《かみのこと》・幽冥事《かみごと》と同義語で、目に見える人間の世界である現《うつ》し事・顕《あら》わ事《こと》・顕明事《あらわにごと》などに対する語。幽事という語は、『日本書紀』神代天孫降臨章第二の一書に大己貴神《おおなむちのかみ》(大国主神)が高皇産霊尊《たかみむすびのみこと》の「夫《そ》れ汝《いまし》が治《しら》す顕露《あらは》の事は、是吾孫《これすめみま》治すべし、汝は以て神の事を治すべし」との詔を受けて、「吾《われ》は退《さ》りて幽事《かくれたること》を治《しら》めむ」(原漢文)と応えたなかにみえており、ここでは幽事が神の事と同意語として用いられている。このように目に見えない幽世《かくりよ》のことが幽事で、その幽世や幽事を主宰するのが大己貴神(大国主神)である。なお、幽事を深く考察して独自の幽世(幽冥)観を確立したのは平田篤胤である。篤胤は従来の「人の死ぬれば、其魂は尽《ことごと》に、夜見国《よみのくに》に帰《ゆ》くといふ説《こと》」を批判し(『霊能真柱』下)、幽冥界(幽世)に霊魂の永遠の鎮まる処を求め、新たな世界観を展開させ、のちの国学者らに大きな影響を与えた。→幽世《かくりよ》

(三橋 健)

かくりみ 隠身 身体を隠していること。神道の神は神霊なので、人間の目に見えない存在であるとの意。『説文解字』に「幽」を「隠也」と説明してあり、隠は幽すなわち、冥界と同意となる。それゆえ隠身とは暗い冥界に身を隠すことである。『古事記』神代の「天地初発」の条に「三柱の神は、みな独神《ひとりがみ》と成りまして、身を隠したまひき」とあり、また「この二柱の神も、みな独神と成りまして、身を隠したまひき」(原漢字)とみえる。ここに「身を隠したまひき」とは姿を隠しておられたとの意であり、その理由をこれらの神が単独の神として生成したからと記してある。『日本書紀』神代瑞珠盟約章に伊弉諾尊《いざなぎのみこと》は神としての仕事を終えたので「幽宮《かくれのみや》を淡路の洲に構《つく》りて、寂然《しづか》に長く隠れましき」(原漢文)とある。この幽宮は神霊が永遠に鎮まる宮の意である。また『古語拾遺』に大己貴命《おおなむちのみこと》が「今我隠《か》去《く》れなむ」と申し、「遂に隠れましき」とある「隠れ」は冥界にこもることである。齋藤彦

麿の随筆『傍廂《かたびさし》』に、「神の御姿」で「人の目には見え給はぬ故に、隠身といふを、略きて神とはいへるなり」と記されるのは、神の語源を考える上で注目すべきである。（三橋　健）

かくりよ　幽世　隠れていて目に見えない神や霊魂の世界・あの世のこと。隠世とも書く。目に見える人間世界すなわち、この世を意味する顕世《うつしよ》・現世《うつしよ》に対する語で、幽冥・冥府・黄泉《こうせん》などと同義語とされるが、これらは必ずしも幽世と合致しないとの説もある。『古事記』『日本書紀』に幽世という語はないが、『日本書紀』神代瑞珠盟約章に、伊弉諾尊《いざなぎのみこと》は神としてのつとめを終え、あの世へ行こうとして淡路の洲《くに》に幽宮《かくれのみや》を作ったとある。「幽」は隠れるとの意、すなわち冥界であるが、その幽宮を地上に作ったことになる。また神代天孫降臨章第二の一書に、大己貴神《おおなむちのかみ》が「吾《われ》は退《さ》りて幽事《かくれたること》を治めむ」と述べている。幽事は目に見えない神事《かみのこと》を指しており、これは高皇産霊《たかみむすび》尊《のみこと》が大己貴神に「夫《そ》れ汝《いまし》が治《しら》す顕露《あらは》の事は、是吾孫《これすめみま》治すべし、汝は以て神の事を治すべし」（原漢文）と詔したのに対する答えである。幽世を論じた代表的著作に平田篤胤の『霊能真柱《たまのみはしら》』があり、そこには死後の霊は大国主神（大己貴神）の支配する幽冥へ行くとの主張がみられる。

↓幽事《かくりごと》　（三橋　健）

かけいがんねんかすがりんじさいき　嘉慶元年春日臨時祭記　官祭である春日祭とは別に興福寺（奈良市）僧徒が、臨時祭として私的に行なった祭礼の記録。著者不明。一巻。永島福太郎によると、嘉慶元年（一三八七）は誤記であるとし、内容から考証して「同六年□□中旬之比」に神木が帰座、強訴成就の慶賀のため臨時祭を執行したことや、寺僧の五師（別当の意をうけ一山を統括する五人の僧、最上首を別会五師という）に教願坊琳英や信継の名があること、また楽所に南都の狛真葛・左近将監朝葛、北京の判官多久資とその三人の子の名があることから弘安四年（一二八一）の神木入洛事件の事後処理に関連する一連のものであるとし、同六年の記録とする。本祭礼は僧徒の主催であるため、大宮で執行されず、若宮御旅所で若宮祭に準じて行われ、舞楽田楽細男《せいのお》猿楽といった諸芸に多くの児と興福寺僧が出演するとともに、僧も俗服烏帽子を着し髪鬚を蓄えて供奉している。『続群書類従』神祇部所収。

参考文献　『群書解題』一中　（岡本　彰夫）

かけくま　懸久真　⇩懸税《かけぢから》

かけぢから　懸税　神社に奉納された稲穂をその玉垣に懸けて供えたもの。「ちから」とは貢物または租税のことをいう。『倭姫命世記』には稲を懸久真に懸けるといい、『日本書紀』では奠を「くま」と訓み、祝詞では懸税といった。『延喜式』神祇の外宮神嘗祭の祝詞には、「懸税千税余五百税乎如二横山一久置足成天」とあり、同伊勢太神宮には十把・五把・一把からなる三種の束を設けて両宮に奉納したとある。その起源については、『倭姫命世記』によると、垂仁天皇二十七年九月倭姫命が天照大神を奉じて佐々牟江の宮にある時、一茎千穂の稲が生えたので、抜穂として神前に懸けたことによるという。鎌倉時代には諸神戸からの供進も絶え、『皇太神宮年中行事』によると、神嘗祭の懸税も正員禰宜が二束ずつ供えて玉串御門の左右の玉垣に懸けたが、それものちには全く廃絶した。この行事はその他の神社でも行われ、現在もなお供えているところが少なくない。（原田　敏明）

かけひかつひこ　筧克彦　一八七二―一九六一　明治から昭和時代にかけての法学者。明治五年（一八七二）十一月二十八日筧朴郎の長男として長野県上諏訪に生まれる。母は小枝。同三十年七月東京帝国大学法科大学法律学科卒業、翌年ドイツに留学。同三十六年東京帝国大学法科大学教授となり行政法講座を担当、その後法理学・憲法学をも担当し、昭和八年（一九三三）三月停年により退官、国学院大学などで講義する。留学中ハルナックの神学、ディルタイ・パウルゼンの哲学、ギールケのゲルマン固有法の影響をうけ、日本では穂積八束の家制国家論に動かされ、次第に古神道の研究に入り、これを自己の法理学・国家論の基礎とした。大正期以後この方向での活動は多くの労作となり、形而上学的方法により古神話を解釈し、「神ながらの道」を説いて天皇絶対化・天皇中心主義を唱道した。日中戦争以後、著書と講演により、軍部の推進する超国家主義の昂揚に多大の寄与をなした。著書に『仏教哲理』『西洋哲理』『古神道大義』『神ながらの道』『皇国行政法』『大日本帝国憲法の根本義』その他がある。昭和三十六年二月二十七日神奈川県三浦郡葉山町の自宅にて没。八十八歳。東京都港区の青山墓地に葬られる。また郷里長野県諏訪市湯ノ脇温泉寺山麓の先祖代代の墓所にも分骨されている。

参考文献　筧泰彦「父筧克彦のことども」（『学士会会報』六九〇）　（福島　正夫）

かけほ　懸穂　⇩懸税《かけぢから》

かけぼとけ　懸仏　鏡面に仏・菩薩・明王・神像などの像を現わしたもので、古くは御正体《みしょうたい》と呼んだ。十世紀ごろから行われた鏡像が発展し、神仏習合の思想なども加わって平安時代から江戸時代に至るまで盛んに制作され、神社や寺に奉納された。平安時代の遺品としては、奈良県金峯山から多数出土した御正体が重要。これらは仏・菩薩や神像を線彫にしたり、鏡面に薄肉の像を現わしたのが多い。平安時代の懸仏にはほとんど銘がないが、島根県安来市宮島神社の比丘形像懸仏はめずらしく保元元年（一一五六）の銘がある。鎌倉時代に入っても初期ものは肉の薄い像を現わしたものが多く、木製の懸仏でも像は浮彫風である。安貞二年（一二二八）の銘をもつ山形県天童市昌林寺の十一面観音像懸仏（重要文化財）などはその例である。鎌倉も時代が下るに従って丸彫に近いものが現われてくる。これは鏡板と像とが別鋳であっても同様で、代表的な遺品には、弘安五年（一二八二）銘の千葉県佐原市観福寺釈迦如来・十一面観音像懸仏（重要文化財)、嘉暦元年(一三二六)銘の神奈川県鎌倉市長谷寺の十一面観音像懸仏(重要文化財)などがある。南北朝時代にも懸仏の制作は盛んで、やはり丸彫に近いものがあるが、次第に再び像は薄手になり、中には衣文などを線彫にした省略的なものや眼や口を線彫にした像などが現われてくる。さらに室町時代になると、像はいっそう簡略化し、それに対して天蓋や波形・花瓶などの装飾が煩雑についたものが多くなる。→御《み》正体《しょうたい》

参考文献 塩田敏郎「懸仏に就いて」(『考古学雑誌』六ノ六)、同「懸仏記銘年表」(同二六ノ五)、香取秀真「懸仏について」(『美術研究』七〇) (久野 健)

かげやまはるき 景山春樹 一九一六―一九八五 昭和時代の宗教文化史学者。神道美術の提唱者。大正五年(一九一六)一月九日、滋賀県滋賀郡坂本村(大津市)に生まれる。比叡山延暦寺の公人の家系を継承したことが学問の方向を決定づける。昭和十四年(一九三九)国学院大学文学部国史学科卒、恩賜京都博物館鑑査員、京都国立博物館学芸部長、帝塚山大学教授を歴任。この間、全国の社寺に伝わる遺宝を調査する中で、仏教美術が主流であった日本美術史の内に日本の風土を母胎に神道的思想、文化に育まれた独自のジャンルに着目して、神道美術ありと提唱した。もちろん仏教的影響は色濃いものの、神仏習合という多彩な宗教世界の中で熊野曼荼羅、山王曼荼羅、八幡曼荼羅、春日曼荼羅など一連の遺宝の位置付けを試みた。また古神宝、舎利、古絵図、絵巻、経塚など幅広く宗教文化史全般を視野に入れたものであった。昭和六十年(一九八五)七月二十二日、六十九歳で没した。主な著作に『神体山』『神道美術―その諸相と展開―』『神像―神々の心と形―』(『ものと人間の文化史』二八)などがある。 (嵯峨井 建)

かげんねんじゅうかもさいき 嘉元年中賀茂祭記 嘉元年間(一三〇三―〇六)の賀茂祭に関する記録。一巻。鎌倉時代末期成立か。内容は、㈠賀茂別雷神社(上賀茂社)神主賀茂経久の日記『乾元二年日記』嘉元元年(乾元二)四月十五日条の抄出、㈡同じく経久の手になる『賀茂社嘉元年中行事』四月中酉日(賀茂祭)条の抄出、㈢賀茂御祖神社(下鴨社)の社司から注送された「賀茂祭次第事」の三種類の記録抜書からなり、それぞれ社頭における勅使の作法に関する内容である。㈠と㈡の作者である賀茂経久は永仁元年(一二九三)から延慶元年(一三〇八)まで神主であり、ここにみえる日記や年中行事のほか、遷宮記や年代記を残している。本書に引用されたのは断片的な記録にすぎないが、当時の賀茂祭の盛儀をよく伝えており、上賀茂社の社司が現在の形に編集したものであろう。『続群書類従』神祇部所収。

参考文献 尾上陽介「賀茂別雷神社所蔵『賀茂神主経久記』について」(『東京大学史料編纂所研究紀要』一一) (尾上 陽介)

鹿児島県護国神社

かごしまけんごこくじんじゃ 鹿児島県護国神社 鹿児島市草牟田に鎮座。祭神は安政の大獄、戊辰戦争、西南戦争、日清・日露戦争を経て第二次世界大戦に至る国事・事変・戦争に没した鹿児島県出身者七万七千余柱。昭和二十三年(一九四八)から警察官・消防士・自衛官の殉職者を相殿合祀する。明治元年(一八六八)正月、鹿児島藩主島津忠義、勅旨を奉じ山之口馬場(市内天文館)に靖献《いさ》霊《たま》社を創建、翌年山下町(同市照国町)に遷座、同七年官祭鹿児島招魂社、昭和十四年内務省令により鹿児島県護国神社となる。第二次世界大戦後、一時薩隅頌徳《さつぐうしょうとく》社と称したが、同二十六年サンフランシスコ講和条約締結後、現社名に復した。同二十三年現鎮座地に白木流造の本殿が竣工、山下町より遷座。境内一万四千坪。例祭は春季が四月十三日、秋季は十月十三日に斎行、ほかに七月末・八月初めの両日献燈みたま祭、八月十五日の太平洋戦争戦没者慰霊祭などの恒例祭典がある。

参考文献 『全国護国神社会五十年史』 (椎原 晩聲)

かごしまじんぐう 鹿児島神宮 鹿児島県姶良郡隼人町に鎮座。旧官幣大社。祭神は天津日高彦穂々出見尊・豊玉比売命、相殿に帯中比子尊ほか四座。大隅宮・大隅一宮・正八幡宮などともいう。古くはこの地方を鹿児島といったらしい。社伝には神武天皇石体宮の地に創祀し、現地には和銅元年(七〇八)に遷るという。異説もあるが、貞観二年(八六〇)の神階昇叙の鹿児島神は本社の祭神と推定される。『延喜式』には鹿児島神社とし、大社(一座)とある。当初の祭神は彦穂々出見尊だけで、承平・天慶の乱(九三五―四一)のころに八幡神が配され、五社別宮の一つになったと推定される。のち勢力をまし、寛治元年(一〇八七)には神宝紛失により大宰府に修造させ、同六年焼亡再建したが、長承元年(一一三二)八幡の文字がある石体が出現したと称し、朝廷に陳謝させた。これより前、八幡の陳王伝説を流布させて正八幡宮と称し、保安年間(一一二〇―二四)のころから社勢盛んとなり、宇佐・石清水に対抗しようとした。十二世紀には社領増加があり、建久八年(一一九七)の『大隅国図田帳』『薩摩国

鹿 児 島 神 宮

図田帳』には正宮領として大隅・薩摩に千五百二十一町余を有し、五社別宮中最大の社領がみられる。『吾妻鏡』元久元年(一二〇四)条には、宮寺の訴により三ヵ所の地頭職を停止したことがみえ、弘安七年(一二八四)・正安三年(一三〇一)には将軍惟康親王・久明親王の社領寄進があり、南九州大社の神威を示した。江戸時代には千石ともあるが黒印領二百石となった。本殿は権現造、寛治五年・嘉保元年(一〇九四)・建長五年(一二五三)・貞和三年(一三四七)・文安四年(一四四七)・大永七年(一五二七)と災にあい、永禄三年(一五六〇)島津貴久が再興し、宝暦六年(一七五六)島津重年が改造した。神宮寺は日当山の麓にあり、鷲峰山霊峰山寺弥勒院と号し、性空の開基と伝え、天台宗に属したが近世末廃絶した。社家百宇、社僧十五坊があった。明治四年(一八七一)国幣中社鹿児島神社と改称、同七年神宮となり官幣中社、同二十八年官幣大社。例祭は八月十五日。芸能に隼人舞・翁舞がある。

参考文献　伊藤常足編『太宰管内志』大隅上、五代秀堯・橋口兼柄他編『三国名勝図会』、中野幡能『八幡信仰史の研究(増補版)』下、宮地直一『八幡宮の研究』

(中野　幡能)

かごしまじんじゃ　鹿児島神社　鹿児島市草牟田町に鎮座。旧県社。祭神豊玉彦命・豊玉姫命・彦火々出見尊《ひこほほでみのみこと》・豊受命。鹿児島三社の一つ。創立は不詳。従来貞観二年(八六〇)従五位上に進んだ薩摩国鹿児島神をあてているが疑いもある。地主神とされ一名氏瀬大明神という。応永・寛正の棟札には宇津佐大明神とある。応永年間(一三九四―一四二八)に島津元久、宝永二年(一七〇五)同吉貴により造営された。安政六年(一八五九)正一位。例祭は二月・十月の十八日。芸能としては田の神舞などが知られている。

参考文献　伊藤常足編『太宰管内志』薩摩下、五代秀堯・橋口兼柄他編『三国名勝図会』

(中野　幡能)

かざひのみのまつり　風日祈祭　伊勢神宮の両宮をはじめ別宮・摂社以下の諸社に、風雨の災害なく五穀が豊熟するよう祈る神事。従来四月十四日と七月四日とに執行されてきたのを、明治十三年(一八八〇)より五月十四日と八月四日とに改定された。五月十四日の祭儀には御幣《みてぐら》および御蓑《みみの》・御笠《みかさ》を、八月四日には御幣のみが供進される。しかし延暦のころには、四月の神衣祭《かんみそ》の当日の十四日に笠縫内人が御蓑と御笠とを供進し、ついで七月一日より八月三十日まで毎朝夕、日祈内人が宮司のたてまつる御幣を奉献して年穀の豊穣を祈ったが、延喜の時代には七月一ヵ月に集約され、さらに鎌倉時代初期には七月四日当日のみの神事となった。この祭を両宮ともに風日祈祭といい、また柏流神事とも呼んだ。一方、笠縫内人の奉仕した四月十四日の神事は御笠神事と称した(この二祭典の模様については、『皇太神宮年中行事』『氏経卿神事日次記』参照)。しかるにこの行事に日祈内人も関与するようになったので、寛正のころにはこの御笠神事もまた風日祈祭と呼ばれ今日に至っている。なお御幣は現今では正宮・別宮に供進のものは幹榊に白絹(五尺)と麻を、摂社以下には枝榊に白絹(三尺)と麻とを取り垂れたもの。御蓑・御笠はともに真菰《まこも》をもって奉製される。蓑や笠がこの祭に何故供進されるのかについて、荒木田経雅は『大神宮儀式解』二四の中で「蓑笠は(中略)風雨を防ぐ具なれば、それを奉りて悪風雨無からんことを祈るなり」といっているが、むしろ苗を植えたあとに蓑笠を用いるほどの適度の雨を降らせて下さるようにとの一種の予祝行事と考えるべきではなかろうか。また神衣祭との関係について『神宮要綱』には「蓑笠を供進することは神宮に最も深き縁由を有する行事で、或は当初は神御衣奉納行事の一部たりしやも知るべからず」とある。

(鈴木　義二)

かざひのみのみや　風日祈宮　三重県伊勢市五十鈴川上に鎮座。皇大神宮の域内別宮。伊弉諾尊の子、風神級長《しな》津《つ》彦命《ひこのみこと》・級長戸辺命《しなとべのみこと》を奉斎。恒例臨時の祭祀、官幣奉納の儀は本宮に准じて行われる。創立年代は元禄九年(一六九六)の『神宮勘文』には倭姫内親王の祭祀とあるも不詳。ただし延暦の『皇太神宮儀式帳』に日祈内人がこの神の祭祀を掌っていることがみえており、鎌倉時代初期の『皇太神宮年中行事』の中に四月十四日の風御社祭があり、『吾妻鏡』文治三年(一一八七)条に、風社に別宮なみの神馬奉献のことがみえるので、未官帳の社ながら早くから格別の待遇をうけたことがわかる。ついで蒙古撃滅の神功により、永仁元年(一二九三)三月宮号の宣下あって別宮に列せられた。しかるに式年造替の制は応永十八年(一四一一)以後久しく中絶、その間勧進聖乗賢の神忠による文明十一年(一四七九)の造営・遷御の執行もあったが、式年遷宮の復興はようやく寛文十年(一六七〇)から実現した。なお外宮域内鎮座の別宮風宮《かぜのみや》(三重県伊勢市山田原)は、祭神・別宮加列など当宮と同じで、古来ことに航海業者の崇敬が厚い。

参考文献 神宮司庁編『神宮大綱』、同編『神宮要綱』

(鈴木 義一)

かさまいなりじんじゃ 笠間稲荷神社 茨城県笠間市笠間に鎮座。古くは胡桃下《くるみした》稲荷、また紋三郎稲荷とも呼ばれた。旧村社。祭神は宇迦之御魂命《うかのみたまのみこと》。関東地方屈指の名稲荷で、創建は孝徳天皇の白雉年間(六五〇―五五)と伝えるのはともあれ、江戸時代に入って全国的に知られるようになる。寛保三年(一七四三)笠間城主井上正賢が霊験を感じて社殿・社地を拡張、ついで城主となった牧野貞通からも崇信をうけ、以後藩主牧野氏代々の祈願所として栄えることとなった。例祭は四月九日。神事芸能としては、御田植祭・追儺祭・流鏑馬がある。節分の追儺祭は桃弓と葦矢を用いて古式に則り斎行される。本殿(県重要文化財)は江戸末期の再建で、特に側面の彫刻は精巧を極めている。境内の藤樹二株は樹齢四百年に及び、県の天然記念物指定。本社は、京都の伏見稲荷、佐賀の祐徳稲荷とともに三大稲荷と称される。

(近藤喜博・橋本政宣)

かざまつり 風祭 ⇨竜田祭《たつたのまつり》

かしいぐう 香椎宮 福岡市東区香椎に鎮座。旧官幣大社。祭神仲哀天皇・神功皇后、配祀応神天皇・住吉大神。『万葉集』に神亀五年(七二八)十一月大宰帥大伴旅人ら「香椎廟」奉拝、『続日本紀』に天平九年(七三七)四月朝廷の使が新羅の無礼を同宮に告げたことがみえている。よって奈良時代の盛時すでに本廟の存在したことを知る。『延喜式』神名帳にはみえないが、同式部省上に「凡そ諸神宮司幷に橿日廟司、六年を以て秩限とせよ」(原漢文)と神宮司と廟司とを区別しており、八代国治はもと本廟は山陵に准じて取り扱われたものであると論証している。これによってか社伝では古くから皇后をのみ主神としてきたのを改めて、大正四年(一九一五)天皇・皇后を合祀し現在に及んでいる。『続日本紀』によると天平宝字三年(七五九)八月新羅を伐つべき状を報ずるため奉幣あり、以来国の大事には勅使差遣あり、また承暦元年(一〇七七)二月など本宮炎上の際には廃朝された。勅使差遣のことは建武三年(一三三六)度で一旦中断したが、延享元年(一七四四)再興、六十年ごととし、大正十三年以来十年一度として現在に及んでいる。現在の本殿は享和元年(一八〇一)福岡藩主黒田長順の造営、「香椎造」として重要文化財に指定されている。本宮はたびたびの戦禍により史料を失っているが、『新古今和歌集』の「千早振る香椎の宮の綾杉は神のみそぎに立てるなりけり」の綾杉は現存している。綾杉については神功皇后の新羅出兵や足利直義が被った瑞相に伴う説話があり、江戸時代まで正月に綾杉の枝と武内宿禰の不老水とを朝廷に奉献した。例祭は古くは仲哀天皇崩御の二月六日および十一月六日であったが、現在は神功皇后崩御の十月二十九日をもって行われており、なお天皇より皇后を尊崇する信仰の強さを示している。社宝に大正十一年摂政宮渡欧の際に、本宮に親拝して宮の無事帰国を祈願した貞明皇后寄進の黄金造りの燈籠一対のほか、近世に属する文献類がある。

明治時代の香椎宮南大門

明治時代の香椎宮本殿・拝殿

参考文献 貝原篤信『筑前国続風土記』一九(『福岡県史資料』続四)、伊藤常足編『太宰管内志』筑前九、八代国治「天皇と神社の祭神」(『国史叢説』所収)

(筑紫 豊)

かじきとう 加持祈禱 加持と祈禱とは本来異なった概念である。加持は梵語 adhiṣṭhāna の訳で、確立とか、決意の義から転じて加護の意味に用いられる。密教では特殊な解釈をして「加」とは仏の大悲大智が衆生に加わること、「持」とは衆生がこれを受持することであるという。行者が手に密印を結び、口に真言を誦し、心に本尊を観ずれば、本尊の三密が行者の三業《さんごう》を清浄にして即身成仏を達成させる、これが三密加持の説である。またある効験を願って特定の陀羅尼・印契を修し、その効験を念ずるといった呪術作法をも意味する。これが転じて祈禱と同義に用いられるようになるのである。祈禱とは仏菩薩の冥助を求めて招福攘災を祈念することである。インドでは古くベーダ時代に呪術祈禱の法が盛んに行われたが、初期の仏教経典にはそういう呪術思想はみえない。やはり密教が興ってから中国で行われるようになったのである。わが国では古く太占《ふとまに》・祓《はらえ》といった呪術的習俗があり、欽明朝に仏教が伝来するとそういう古習俗と仏教の現世《げんぜ》利益《りやく》の信仰とが融合して祈禱は次第に流行していった。法隆寺薬師如来像銘に、用明天皇元年天皇が病気平癒を祈って寺を建て薬師仏の像を造る誓願を立てたとあるのが初見例である。飛鳥・白鳳時代では病気平癒の祈願が多く、聖徳太子と王妃の病気平癒を願って釈迦三尊像が造られ(推古天皇三十一年)、斉明天皇二年(六五六)に藤原鎌足は『維摩経』の読誦によって病気を癒し、天武天皇九年(六八〇)、天皇が皇后の病気平癒を祈って薬師寺の造営を始めたなどは著しい例である。また死者の追福祈願の例としては、推古天皇三十六年(六二八)に蘇我馬子の三周忌にあたって作られた釈迦三尊像などがあり、祈雨の例としては同三十三年に高句麗の僧恵灌が三論を講説して甘雨を降らせたということがある。このころは主に個人的な招福攘災の祈願であったが、天武朝以後になると国家の安寧福祉を祈る護国思想が顕著になった。護国の経典である『金光明経』の講説・読誦が盛んになり、それが聖武天皇の代になって国分寺の建立となって結実し、また毘盧遮那仏像・東大寺も造立されて、祈禱も国家的規模で行われるようになった。平安時代になって天台・真言二宗が興り、密教が主流を占めると、陰陽道と混合していわゆる加持祈禱が盛んになった。そして祈禱の種類には孔雀王法・仁王法・請雨法・大北斗法・普賢延命法などその数多く、皇室・貴族より庶民に至るまで、国家の大事から日常の些事まですべて祈禱によって解決しようとする風潮を生んだ。

参考文献 辻善之助『日本仏教史』一　(大野達之助)

かしこどころ　賢所　天照大神の御霊代として神鏡を祭る所。尊所・恐所・畏所・威所とも書き、「けんしょ」ともいう(平安宮内裏では宣陽門の内、綾綺殿《りょうきでん》の東にあった南北十一間、東西四間の温明殿《うんめいでん》の南半の、神座または神殿とよぶ部屋)。ここには太刀・節刀・契(魚符)・鈴なども納めてあった。温明殿の中央馬道を隔てた北半の部屋は神殿に奉仕する内侍がいたので内侍所とよばれた。ひいては温明殿全体を賢所とも内侍所ともよぶようになった。『年中行事絵巻』内宴の図には温明殿の東面と屋根が描かれている。温明殿と綾綺殿の間の庭上で内侍所御神楽が行われたときは、温明殿西庇に天皇の御拝の座を東面して、神楽御覧の座を西面して設けた(『雲図抄』)。里内裏にも内侍所があった。室町時代から神鏡は内裏の春興殿に安置されたので、同殿を温明殿とも内侍所ともよぶようになった。明治時代以後は宮城内に賢所が建てられ、神殿・皇霊殿とともに宮中三殿とよばれている。また古記には神鏡を、時には契をも加えて、賢所・内侍所と称することがある。

参考文献 裏松光世『大内裏図考証』一六付録(『(新訂増補)故実叢書』二七)、藤岡通夫『京都御所』　(福山　敏男)

かしこどころのみかぐら　賢所御神楽　⇩内侍所御神楽《ないしどころのみかぐら》

かしこねのみこと　惶尊　⇩阿夜訶志古泥神《あやかしこねのかみ》

かじしん　鍛冶神　製鉄や鉄製品製造業の守護神としてまつられる神。『古事記』に、火之迦具土神《ひのかぐつちのかみ》を産んで陰部の火傷に苦しんでいた伊邪那美命《いざなみのみこと》の嘔吐物に生じた神として、金山毘古神《かなやまひこのかみ》(『日本書紀』では金山彦神)と金山毘売神《かなやまひめのかみ》がみえ、その名から鍛冶職と鍛冶職人の守護神として信仰されている。この二神を祀る岐阜県不破郡垂井町の南宮大社は、刃物製造業者を中心に全国的に篤い崇敬を受けている。十一月八日の金山祭(鞴《ふいご》祭)には刀匠による刀の鍛練式がある。中国地方では、この二神の御子神とされる金屋子《かなやご》神が、島根県能義郡広瀬町の金屋子神社を中心に信仰されている。また、天目一箇神《あめのまひとつのかみ》を鍛冶の神とする信仰も根強く、兵庫県西脇市大木町の天目一神社は大和鍛冶の祖神とされている。なお、全国的に十一月八日(一部に十二月三日のところもある)は鍛冶の神をまつる鞴祭の日だが、これは、十五世紀に堺の鉄砲鍛冶職人が伏見稲荷の十一月八日の御火焚でお札を受け、それを鍛冶場にまつっていた習俗が、稲荷信仰とともに各地に広まったものともいわれる。　↓天目一箇神《あめのまひとつのかみ》　↓金山彦《かなやまびこ》　(島田　潔)

かしはらじんぐう　橿原神宮　奈良県橿原市久米町に鎮座。旧官幣大社。祭神は神武天皇ならびに皇后の媛蹈鞴《ひめたたら》五十鈴媛命《いすずひめのみこと》。神武天皇は第一代の天皇であり、早くより広く景仰されてきたが、近世尊王論が勃興するや、天皇奉祀の神社や山陵の修補が唱えられ、明治政府は新政の大本を天皇の創業の事績に則ることとなった。明治五年

橿 原 神 宮

(一八七二)太陽暦の施行とともに天皇の即位紀元が行われ、紀元節(即位の日とされた二月十一日)が定められ、同二十二年の紀元節に大日本帝国憲法が発布された。そのころ奈良県高市郡の人々が橿原宮の遺跡に天皇奉斎の神社の創建を請願し、同年七月聴許、京都御所の内侍所(温明殿)を神(本)殿に、神嘉殿を拝殿に賜わった(のちに拝殿は新しく造営され、旧拝殿は御饌殿、現在は神楽殿となり、神殿とともに重要文化財に指定)。翌二十三年三月二十日祭神・社号・社格が定まり、同年四月二日鎮座祭を執行した。例祭は二月十一日。昭和十五年(一九四〇)の紀元二千六百年に際し、社殿の改築、神苑の拡張、競技場の開設など大いに内外を整備した。

参考文献 藤井貞文「欽定憲法の発布と橿原神宮の創建」(中山久四郎編『神武天皇と日本の歴史』所収)

(藤井 貞文)

かしまおおねぎけいず 鹿島大禰宜系図 ⇨鹿島当禰宜《かしまとうねぎ》系図《けいず》

かしまおどり 鹿島踊 鹿島にみろくの船が着いた云々の歌詞を伴う、男子のみの集団舞踊。神奈川県の西部海岸地方から伊豆の東海岸にかけて分布する。静岡県島田や東京都西多摩郡小河内にも同名のものがあるが、系統は異なる。芸能上大きな特色は、十五歳以上の男子のみということ、二十数人が方形になって踊る方式のあること、服装は白張に烏帽子が本体であること、執り物として黄金柄杓と幣と扇のあることなどである。常陸の鹿島から神輿を出して方々へ廻し、厄難除けの祈禱として踊り始め、江戸時代中期以降流行したと『雑長持』にあり、『嬉遊笑覧』には伊勢踊・住吉踊と並べ挙げている。鹿島神宮には古く建借間命《たけかしまのみこと》の「杵島曲《きしまぶり》」など歌舞行事の伝承があり、近世になって神人修験の徒が鹿島信仰の庇護のもとに村々を廻って流布せしめたものであろう。『鹿島志』にいう、鹿島神宮の周辺の女たちのみろく踊とは本来別ものだが、鹿島信仰が弥勒信仰と共通するところがあるため、歌詞の上では混融が起り、鹿島にみろくの船云々を言いはやすようになっている。

参考文献 永田衡吉『神奈川県民俗芸能誌』上

(萩原 竜夫)

かしまおふなまつり 鹿島御船祭 茨城県鹿島神宮で十二年に一度、午の年に盛大に行われる船渡御《ふなとぎょ》の祭。九月一日夕刻大篝に点火し、神輿を拝殿中央に奉安し、霊遷《みたまうつし》ののち祝詞奏上、神宝読上げがあって神輿出御となり行宮に赴く。二日は行宮を出、北浦の大船津河岸から神輿を御船に移し、御本船を先頭に多数の船が随行し、浪逆浦を経て北利根川加藤洲において香取神宮の船に迎えられ、それより潮来河岸に寄航の上鹿島の行宮に至り、三日行宮より還御となる。この祭の維新前の形は毎年七月十日から三日間大祭として次のことを行うものであった。すなわち第一日には出陣の備えとして、楼門に神宝の大刀を飾り、大小の提燈を携え来った群衆に和して、神官が大刀を振って鬨の声をあげる。第二日は凱陣の備えとして、丸木を刳りぬいて軍船をあらわしたものを楼門に飾って、神官が勝鬨の声をあげる。第三日は楼門の儀と神宝納めというものである。それに対し、当宮の古伝承と認められる『鹿島宮社例伝記』に船の神事を行なったとあり、江戸時代の慣例は古儀の退化と考えられるに至ったので、明治三年(一八七〇)から前記のごとく午年ごとに神幸船による祭儀を執行することとなったのである。最近では平成十四年(二〇〇二)に行われた。

(萩原 竜夫)

かしまぐうしゃれいでんき 鹿島宮社例伝記 鹿島神宮の鎮座の由来と末社・神宮寺の来歴を記したもの。『鹿島大神宮社例伝記』ともいう。一巻。著者・成立年代は未詳。鎌倉時代末期の社僧の作と伝えられ、鹿島神宮大宮司家に代々伝来した書物である。「天地未剖」より書き起こし、武甕槌神・経津主神の所生・霊徳を説き、神武天皇元年より式年遷宮がなされたことなど、往古よりの崇敬を記し、ついで参詣記のかたちをとって、奉拝殿・正御殿・奥院をはじめ諸末社や神宮寺、境内外の名所史跡などを順にとりあげ霊験や由来を述べている。さらに七月上旬・中旬の神事についてわが国第一の祭礼で三韓降伏・天下泰平の大神事であるとし、異国退治の鬨《とき》の声をあげ三艘の船を内海へ漕ぎ出し、下総国香取神宮の末社津宮に至り種々の神事を行うと記している。これは後世社殿楼門前でのみ行われた御船祭の古態が御霊の対岸への渡御であったことを伝えるもので、明治以降、本書に従って午年ごとに船渡御の祭が行われている。また、三十一首の和歌が随所に詠み込まれており、仮名交りの漢文で書かれた本文を要約している。『続群書類従』神祇部所収。

参考文献 『群書解題』二下

(森本ちづる)

かしまぐうねんじゅうぎょうじ 鹿島宮年中行事 鹿島神宮の恒例神事を記したもの。一巻。著者・成立年代は未詳。正月朔日より日を追って記述し、正月七日大宮祭、二月十五日常楽会、七月七日・十日—十二日の神功皇后三韓退治の神事、八月初丑日の新嘗会など主要な神事についてはその由来や次第を述べ、巻末に恒例の祭事に神官・物忌・総大行事の出仕する日限など九項目の祭事に関して心得ておくべきことが記されている。正月朔日と毎月十一日・二十一日のいわゆる旬祭にあたる大宮祭の神供調進の役人について「国役世谷権禰宜、官人行事手伝分」とあり、往古は国役として官人行事が毎年社領を廻り神事銭を納めたが、今は佐竹に居住する社家の権禰宜が佐竹領内の社領分を納めると述べ、さらに常陸帯神事の祭日ものちに十四日のみとなったが、同書には八日日暮れより七夜八座の神事と記されていること、また正月八日に謡始之式法があることなど全体の内容から室町時代の作と考えられる。『続群書類従』神祇部所収。

参考文献 『群書解題』二下

(森本ちづる)

かしまし 鹿島氏 古代から中世末にかけ鹿島神宮を中

心に活動した氏族。常陸地方には早くから中臣部・占部(卜部《うらべ》)が多く居住し、神職を兼ねる者も多かった。一方、鹿島神の子孫と称する土着の氏族もあったらしく、天平十八年(七四六)常陸国鹿島郡の中臣部・占部の二十五戸に対し中臣鹿島連の姓を賜わった(『続日本紀』)のは、土着族を中臣氏が包摂する動きを示すものである。この後裔から鹿島宮司になる者(『類聚三代格』)も、朝廷に得度を申請する者(『類聚国史』)もあったようである。鹿島神宮の大宮司職を世襲する大中臣氏に対してこの方は中臣氏を称し、概して禰宜職・祝職以下を世襲した。以上と別に神宮の経営に力をもつ常陸大掾氏の一族から出た鹿島氏がある。大掾重幹(繁幹)の子吉田清幹の三男三郎成幹が鹿島郡鹿島郷に住んで鹿島氏と称し、その三男三郎政幹は養和元年(一一八一)源頼朝から鹿島社総追捕使に補せられ、子孫は鎌倉幕府の御家人として力を振った。その孫宗幹の代に鹿島神宮に金泥『法華経』を寄進し、その孫幹氏の郎従盛親が詐謀により永仁二年(一二九四)大禰宜職となったことがあり、南北朝時代に入って幹重の代に鹿島神宮に『大般若経』を寄進し、かつ同社総大行事に補せられ、代々それを兼ねた。室町時代中期の実幹から孝幹を経て義幹に至るころは常陸一帯の国人層に伍して鹿島郡を本拠に各地で転戦した。清秀に至って天正十九年(一五九一)佐竹義宣に謀殺されて滅んだ。国分氏の一族胤光が当家と姻戚関係があって当家を復興し、子孫鹿島神宮総大行事職を世襲して神官中有力な地位を占め、もって明治維新に及んだ。

参考文献　中山信名編『新編常陸国誌』

（萩原　竜夫）

かしまじんぐう　鹿島神宮　茨城県鹿嶋市に鎮座。旧官幣大社。常陸国の一宮。祭神は武甕槌神《たけみかずちのかみ》。『続日本後紀』には建御賀豆智命・建御加都智命とある。『常陸国風土記』によると、崇神天皇のとき「大坂山乃頂」に現われた神が、われを祭らば大国小国を安らかに支配させようとい い、これいかなる神かとの天皇の問いに、大中臣の神聞勝命《かむききかつ》がこれ香島に坐す天つ大神なりと答えたので、天皇は大刀・鉾・鉄弓・鏡以下の神宝を献げたとある。鹿島(香島)の地は東国の東端、大洋に臨む形勝の地で、ここの土着勢力を大和朝廷が早く吸収したことがわかる。ここに祀られた鹿島神とは、のちの『古語拾遺』によると、武甕槌神のことだとされる。武甕槌神(建御雷神)とは、記紀によれば、天孫降臨の際、天神の勅に従って、経津主神《ふつぬしのかみ》(香取神宮の祭神)とともに、出雲国に赴いて大国主命を諭してその国土を天孫に譲らせ、さらに建御名方命《たけみなかたのみこと》を追跡して洲羽(諏訪)に至ってこれを降伏せしめ、なおまた神武天皇東征にあたって霊剣を降してこれを援けたと伝えられる英雄神である。こうした鹿島・香取の神を藤原氏は氏神として崇めるようになったと見え、平城京遷都の際、鹿島・香取の神を春日山に勧請してその遙宮となし、天平神護元年(七六五)鹿島社の封二十戸を割いて春日社の用途に宛て、ついで神護景雲二年(七六八)国家的待遇を与えられた春日社の第一殿(香取神は第二殿)と定まった。宝亀八年(七七七)には藤原良継の病に際し、氏神鹿島社は正三位に叙せられ(『続日本紀』)、延暦元年(七八二)には、凶賊を討撥するに神験ありとの陸奥国の奏によって勲五等を授けられ(同)、承和三年(八三六)には従二位勲一等から正二位、同六年には従一位を授けられた(『続日本後紀』)。『延喜式』神名帳では、大神宮は別としても、宇佐宮・筥埼宮とならんで例の少ない「神宮」を称し、名神大社に列し、祈年・月次・新嘗の案上幣帛に預かっている。周辺の地はすでに孝徳天皇の時に海上《うなかみ》国造の地と那賀国造の地とを割いて神郡を設定し、卜部氏一族が多く住み、神戸六十五烟あったという(『常陸国風土記』)。天平宝字二年(七五八)には神奴二百十八人を神戸とし(『続日本紀』)、神護景雲元年には神賤男女百五十五人を良民とした(同)。延暦五年には封百五戸、神賤戸五十烟、課六百八十五人、不課二千六百七十六人を有した(『新抄格勅符抄』)。その正殿の造営は古くから二十年ごとに造替する例であった(『日本後紀』弘仁三年(八一二)六月辛卯条)。その用材は五万余枝、工夫十六万余人、料稲十八万余束を要した(『三代実録』貞観八年(八六六)正月二十日条)。このように当社は王朝の殊遇を受けたが、中世に入って源頼朝も当社を崇め、養和元年(一一八一)当社は「武家護持之神」であるとして多くの社領を寄せ、建久四年(一一九三)の式年造替には小栗重成らを奉行に任じてこれを督励している。近世に入って慶長七年(一六〇二)徳川家康は二千石の朱印地を寄せ、元和五年(一六一九)秀忠の代に大がかりな造営を完成したが、現社殿はその時のもので重要文化財に指定されている。社宝として、直刀および拵(平安時代初期、国宝)・太刀(平安時代)・梅竹蒔絵鞍(鎌倉時代、重要文化財)・古瀬戸狛犬などがある。例祭は九月一日、ほかに祭頭祭《さいとう》(三月九日)・御船祭(十二年ごとの毎午年)が有名である。

鹿　島　神　宮

参考文献　岡泰雄編『鹿島神宮誌』、宮井義雄『鹿島香取の研究』、東実『鹿島神宮』、丸山二郎「中臣氏と鹿

島香取の神」(『日本古代史研究』所収)　(萩原　竜夫)

社領　『常陸国風土記』によれば神戸は大化前代に八戸あり、孝徳天皇は五十戸を加え、那賀国造・下総国海上国造の部内をさき合わせて神郡鹿島郡を置き、天武天皇はまた九戸を加えたが、持統天皇四年(六九〇)六十五戸に整えたという。神賤は奈良時代放たれて神戸となるものが多く(『続日本紀』)、延暦五年(七八六)当時、神封百五戸(うち神賤戸五十戸、別に神賤戸五十戸という解釈もある)であった(『新抄格勅符抄』)。平安時代、藤原氏長者は職封より十戸を寄進するのを例とした。平安時代末期以降、神官はそれぞれ職に付属する所領(職領)と私領を基礎に、その職を世襲した。大宮司は宮地・宮領・神田・渡田・御供従料・幣馬・幣牛・立網・引網などのすべてを知行したが私領は少なく、中世を通じて多くの所領を得た大禰宜が最も実力を有した。慶長七年(一六〇二)、徳川家康は二千石を与え、同十一年神官の屋敷を除き、宮中・佐田村・延方村・大生村の地をもってこれにあてた。うち大宮司百石、当禰宜三百石、大禰宜・大祝各四十石であった。

参考文献　鹿島神宮社務所編『鹿島神宮文書』一、『茨城県史料』古代編・中世編一　(網野　善彦)

かしまじんぐうじ　鹿島神宮寺　茨城県鹿島神宮に付属した仏寺で現在は廃寺。社伝によると修行僧満願が鹿島宮司や鹿島郡司とはかって建立したという。満願(万巻)は天平期仏教宣布に活躍したとの伝承を各所にとどめた僧で、その肖像と伝える彫刻(重要文化財)が現在箱根神社(神奈川県)にある。当寺は承和四年(八三七)定額寺に列せられ、嘉祥三年(八五〇)太政官符をもって住僧五人を置くことが定められ、貞観十七年(八七五)朝廷は勅使を遣わして幡三十四旒を施入した。のちには真言宗仁和寺末として、末寺門徒寺を百ヵ寺近く擁する有力寺院となったが、幕末に至って文久三年(一八六三)水戸の天狗党の、翌元治元年(一八六四)正義隊の襲うところとなり廃壊はなはだしく、明治元年(一八六八)十月廃寺となった。　(萩原　竜夫)

かしまじんぐうもんじょ　鹿島神宮文書　常陸国鹿島神宮とその神官諸家に伝来した文書。広義には根本寺・護国院など、付属寺院の文書を含む。平安時代後期以降、神官職はそれぞれに付属する所領とともに世襲されたので、所領に関する文書も神官諸家に集積された。現存の文書の大部分は大宮司・大禰宜の家に伝来したもの。『大宮司文書』は鹿島神宮(『大禰宜文書』の一部を合わせ約三百点)と鹿島則幸家(四十六点)に分蔵され、一部は湯本武比古(旧蔵)・東京国立博物館に所蔵されている。鎌倉・室町時代の文書は少数。古河公方・佐竹・小田・常陸大掾・真壁・江戸・茂木らの戦国時代の武将書状、近世初頭の遷宮、当禰宜東氏との相論関係の文書などからなる。『大禰宜文書』のうち『鹿島神宮文書』第一輯に収録された文書(三巻六十五点)の原本は現在所在不明。残りは鹿島神宮・枝家禰宜塙不二丸家(九十九点)・塚原賢三家(一点)に分蔵されている。大禰宜家は摂関家・国衙に保証された職領と、武家の寄進による私領とを相伝したので、前者に関わる摂関家政所下文・留守所下文などの公家様文書、後者に関する関東下知状などの武家様文書、譲状など、鎌倉時代の文書を多数伝え、室町時代の鎌倉御所との関係を示す文書も多く、関東有数の中世文書を伝えている。なお『安得虎子』には『鹿島新祝文書』が書写され、宍戸氏関係の文書がみえるが、原本は不明である。付属寺院のうち、『根本寺文書』は現在茨城県立歴史館が所蔵し、鎌倉時代末から戦国時代の寄進状、常陸平氏鹿島氏に関する文書を伝え、護国院も常陸国司庁宣・高師冬奉書など南北朝・室町時代の注目すべき文書十九点を所蔵する(以上の文書点数は寛永以前の点数)。近世後期、これらの文書は学者の注目を集め、多くの写本が作られた。新見正路が書写させた『賜蘆文庫文書』本、小宮山楓軒の書写した『楓軒文書纂』本(内閣文庫所蔵)、色川三中の影写した静嘉堂文庫所蔵本、和学講談所の影写本を基礎に黒川春村が校合した鹿島神宮所蔵冊子本などがそれで、これらのなかには現在原本が伝来していない文書も多数見出される。この間、文書の一部は原所蔵者の手から次第に前述の状態に分散したが、文化・文政期、立原翠軒は当時鹿島神宮が所持した『大宮司文書』『大禰宜文書』を一括して十巻の巻子に仕立て、現在に至っている。なお鹿島神宮社務所は、宮地直一監修、胡麻鶴醇之・広野三郎纂によって本文書の刊行を企てたが、『大宮司文書』(鹿島神宮および鹿島則幸家所蔵のもの)・『大禰宜文書』を収めた『鹿島神宮文書』第一輯(昭和十七年(一九四二)刊)を刊行したのみで中絶した。そのうち、寛永以前の文書はすべて『茨城県史料』中世編一に収録されている。

参考文献　中山信名編『新編常陸国誌』　(網野　善彦)

かしましんこう　鹿島信仰　常陸国の鹿島神宮を中心として広まった信仰。鹿島神宮の鎮座する地域は古代には東の涯と意識されていた。『常陸国風土記』にはこの地に天降った香島大神の霊威と、多くの武器類を中心とした神宝のことと、毎年四月に人々がここに集まって歌舞を楽しんだことなどが記されている。大洋に臨む地方なので、船を自在に扱う力をもち、航海を守る神とされた。大和国家の東北進出にも威力を添えるとされ、海岸ぞいに鹿島御子神(苗裔神)が多く祀られ、貞観八年(八六六)には三十八社もあった(『三代実録』)。他社と異なり、社殿が北面して建てられていることも北方への霊威の故と信じられていた。鹿島神宮には古くから巫女の機能を具えた「物忌」という女性神職が置かれ、これが本殿の奥に出入することは神の託宣を告げる力ありとされ、こうして示された一年の豊凶の予示などを民間に伝えるべく神人団の巡回が行われたが、これが「鹿島事触」のもとである。鹿島神と歌舞についても、前記四月の宴遊のほか、敵を誘い出すため、船・筏を連ね、旗や幕で飾り、琴と笛とではやしたて七日間歌舞を行なって敵をあざむき滅ぼした建借間命《たけかしまのみこと》の伝承がある。豊図の事触れと相まって、鹿島神が悪霊を歌舞によって退散させ得るとの信仰を扶植し、東日本各地に鹿島送り・鹿島流し・鹿島人形・鹿島踊の習俗を流布させるに至った。しかも災難が生じた時これから回復させる力、時には「世直し」の動きさえもが鹿島からもたらされるとの信仰も広まり、関連のみろく踊や関東私年号の「弥勒」もそうした基盤から生じたのにちがいない。→鹿島御児神社《かしまみこじんじゃ》

参考文献 宮田登『ミロク信仰の研究』 （萩原 竜夫）

かしまだいぐうじけいず 鹿島大宮司系図 鹿島神宮総大行事家鹿島氏の家系図。著者・成立年不詳。一巻。標題に『鹿島大宮司系図』とあるのは誤りである。副題の『鹿島実系図』は、総大行事家が中世末に断絶したあとを武家の鹿島氏が継承したため、本系図が総大行事職継承の系譜ではなく近世の総大行事鹿島氏実際の血統であることを意味すると思われる。本系図の内容により以下のようなことがわかる。鹿島氏は桓武平氏の分派大掾平氏の一系統であり、鹿島三郎政幹が養和元年(一一八一)三月、源頼朝から鹿島社総追捕使に補せられた。それから十数代後の治時の代に佐竹氏に攻められ没落、治時の子幹連の早世後、治時の女が国分大膳大夫胤政の妻であったためその子胤光が総大行事職を継承した。胤光から七代後の幹明は、大宮司家との長年にわたる紛争ののち明和五年(一七六八)に総大行事に復職、本系図はこの幹明の本をもって写したと文化十二年(一八一五)の中山信名の奥書に記されている。『続群書類従』系図部所収。なお、大宮司系図については『鹿島神宮文書』一(昭和十七年(一九四二)、鹿島神宮社務所刊)に収められている。

参考文献 『群書解題』三中 （森本ちづる）

かしまだち 鹿島立 旅立ち、出立の意。語源は鹿島・香取の二神が天孫降臨に先立ち、鹿島を発って国土を平定したことに拠る(『倭訓栞』『大言海』)、防人や武士が旅立ちの前日、道中の安全を鹿島に鎮座する阿須波神に祈ったことに拠る(『本朝世事談綺』『俚言集覧』)、また『万葉集』二〇の「霰降り鹿島の神を祈りつつ皇御軍にわれは来にしを」(原万葉仮名)を引き、防人が出立前に鹿島神宮を遥拝した故事に拠るともいわれる。『鹿島宮社例伝記』は、総鎮守である鹿島神宮に神々が集まり、鹿島の地より諸国へ旅立った故と伝え、中山信名は『新編常陸国誌』にて、東国の習俗として物詣ですべきはじめにまず鹿島神宮に詣でることから旅立ちを鹿島立と称すると説く。このように語源は諸説あり、明らかでないが、鹿島立の信仰的起源は、本州東端の鹿島を常世国・理想郷に近い境と捉え、そこに万物の発動と新たなる出発を見た古代信仰に基づく。弥勒信仰と結びついた鹿島踊や疫病・害虫を送る鹿島流しの神事などと同様に鹿島信仰の本質に深く関わるものと考えられる。

参考文献 宮田登『ミロク信仰の研究』 （森本ちづる）

かしまづかい 鹿島使 茨城県鹿島神宮に遣わされた奉幣使。鹿島神宮は皇室の崇敬もあつく、藤原氏も氏神として仰いだので、平安時代初期春日祭の整備に伴い、祭使(奉幣使)が遣わされる例が始まり、これを鹿島使とよんだ。春日祭の当日である二月上申日に藤原氏氏長者が勧学院の学生(六位以上の者)を選定し、これに祭使の宣旨を下し内印官符を賜い、内蔵寮史生一人を相添え、常陸に発遣する例であった(『類聚符宣抄』『北山抄』『朝野群載』など)。王朝の衰退とともに、朝廷に代わって常陸国司代常陸大掾家より一族の者に命じて毎年七月中旬鹿島使として参向させる例となり、応永年間(一三九四―一四二八)まで続き、その後は断続的に行われて文亀三年(一五〇三)に至った。

参考文献 岡泰雄編『鹿島神宮誌』 （萩原 竜夫）

かしまとうねぎけいず 鹿島当禰宜系図 鹿島神宮当禰宜家の家系図。著者・成立年不詳。一巻。鹿島神宮当禰宜職は、本殿内陣の鑰を預かる未婚の女性祀職である物忌の後見役で、近世においては大宮司・総大行事とならび三支配と呼ばれた。本系図には、中世以前の当禰宜職の家系は記されておらず、武士であった東《とう》氏の社家となった一支流についてのみ記されている。東氏は、千葉常胤の六男胤頼(一一五六―一二二八)が東六郎大夫と称したのに始まるが、中世末に胤重の代で没落、胤重の女が当禰宜中臣清長の妻であったことから、胤重の子勝繁は清長の養子となって当禰宜職を継いだ。大宮司家としばしば紛争を生じたため、寺社奉行との交渉が累代注記されている。奥書の「以東長門本写之」は、文化年間(一八〇四―一八)ごろの中山信名の記入らしく、東長門は胤豊かその子であろう。本系図は明和六年(一七六九)の胤豊相続からほどなく編まれたと思われる。『続群書類従』系図部所収。なお同系図部所収の『鹿島大禰宜系図』は、標題の誤りで本系図と全く同内容のものである。また、中世以前の累代の当禰宜の系図として『鹿嶋大明神御斎宮神系代々当禰宜家譜』が東家に所蔵され、『鹿島神宮誌』『鹿島町史』一に収められている。

参考文献 『群書解題』三中、同「鹿島大禰宜系図」 （森本ちづる）

かしまのおおかみ 鹿島大神 古く常陸国鹿島の地を支配したと伝えられる神。『常陸国風土記』によると、天地のはじめ高天原に天つ神が会合して、「今あが御孫命のしらさむ豊葦原水穂の国」(原漢字)と宣して降した神が「香島天之大神」であるという。また孝徳天皇の時中臣鎌子らがはかって、海上国造と那賀国造とから地を割かせて神郡を置き、この大神の宮ほか坂戸・沼尾の二社があることから香島郡と命名したという。しかもこの宮は天の宮殿のうつし、沼尾は天の水の流れ来った池だという。鹿島神宮とその周辺の地の神話的由来が語られており、

やがて藤原氏の権威確立とともにこの神に武将の武甕槌《たけみかずち》神《のかみ》が代位せしめられた。（萩原　竜夫）

かしまのそうついぶし　鹿島総追捕使　常陸国鹿島神宮の警護をつかさどった職。『吾妻鏡』養和元年（一一八一）三月十二日条の、源頼朝が治安維持のため、鹿島三郎政幹をもって「当社惣追捕使」に補したのが初見。鹿島神宮の検断職には惣大行事・検非違使・押領使・総追捕使の四職があり、このうち、押領使と総追捕使とは「両追捕」と称せられ、神領内の狼藉取締や年貢徴収などの任にあたった。はじめは御家人鹿島氏をもって、当使に補したが、のちには神人世襲の職となった。

参考文献　『鹿島太神宮諸神官補任之記』（『茨城県史料』中世一）、『武家名目抄』職名部一九ノ一（『（新訂増補）故実叢書』一二）、井上満郎『平安時代軍事制度の研究』（渡辺　直彦）

かしまのものいみ　鹿島物忌　茨城県の鹿島神宮に明治維新前まで置かれた女性の神官。鹿島斎とも書く。賀茂の斎院（忌子）などと似て、神の御杖代《みつえしろ》として仕える者。『鹿島宮社例伝記』によると、鹿島神宮の南の神野にある館に女性が一人置かれており、神主が亀卜の法によって定め、当社の神符を授け、物忌として任命する。毎年正月七日の真夜中に本殿の御戸を開いて、昨年納めた幣を取り出し本年のを納めるというのが職分である。百歳まで生きてもこの職は守り通さねばならない。すなわち終身の職であり、なくなると後任を亀卜の法により定めるという。鹿島神宮の神官団から未婚の女性二人を選び、百日間斎戒させたのち、亀卜によって決定したが、江戸時代には千富禰宜（物忌代）とよばれる神官家の娘から選ばれることに固定した。これに定まると一生涯婚せず勤めたという。その父は多くの場合千富禰宜の当主だが、この家はもと中臣氏で、千葉一族の東《とう》氏から養子を採って以来、当（東と通ず）禰宜とも称するに至ったと伝え、本殿の御戸を扱う女性の父としての地位から神官団のうちで重きをなし、幕末期には大禰宜以下神官の任命書に加署するまでになった。物忌を定める亀卜の法には、ハワカ（天葉若木と記す）の枝を用いるが、延文元年（一三五六）神域のハワカ樹が枯れたとて、怪異として神官一同が連署して注進しており、そのころすでに「御物忌」が重職であったこともわかる。（萩原　竜夫）

かしまのりぶみ　鹿島則文　一八三九―一九〇一　幕末・明治時代の神職。天保十年（一八三九）正月十三日生まれる。父は鹿島神宮大宮司則孝。号は桜宇。儒書を安井息軒に学び、また、みずから皇典を究めて国事に奔走、慶応元年（一八六五）幕府に忌まれて八丈島に流されたが、明治二年（一八六九）赦免、六年鹿島神宮大宮司、十七年伊勢神宮大宮司に任じ、祭儀の復興、林崎文庫の整備、神宮皇学館の拡充、『古事類苑』の出版などに力をつくした。三十一年神宮炎上の責を負い辞職帰郷。三十四年十月十日病没。年六十三。茨城県鹿島郡鹿島町（現鹿嶋市）三笠墓地に葬る。

参考文献　鹿島敏夫編『中臣鹿島連姓鹿島氏系譜』（『鹿島神宮文書』一）、「鹿島則文君実歴附十二節」（『史談速記録』六〇）、葦津大成「神祇官復興運動における神職の活動」（神道文化会編『（明治維新）神道百年史』五所収）（阪本　健一）

かしまみこじんじゃ　鹿島御児神社　鹿島神宮（茨城県鹿嶋市に鎮座）の御子神の社。鹿島神宮は古代における東国開拓の基地であったことから、その分祠が各地にできた。『常陸国風土記』によると神宮付近の村落にもできたが、著しいのは福島県・宮城県の海岸地帯にあるもので、『三代実録』貞観八年（八六六）正月二十日条に収めた鹿島神宮司の奏言に「大神之苗裔神卅八社在㆓陸奥国㆒」として郡別に数を録している。それらは海岸伝いに北上し、今の石巻市に及んでおり、大和朝廷の勢力の北進の跡を示している。陸奥第一の社である塩竈神社も鹿島・香取の両神宮を合祀したもので、大化前代においては鹿島の神威を仰いで開拓の歩を進めたことが考えられる。

参考文献　宮井義雄『鹿島香取の研究』（肥後　和男）

かしゅういしかわのこおりはくさんえんぎ　加州石川郡白山縁起　加賀国石川郡に鎮座する白山神の縁起書。本文ならびに奥書によれば、神亀元年（七二四）六月十八日、泰澄が宝代坊と右京進安本の両人に、白山開闢の縁由を筆録伝授したとするが、もとより偽作であり、元禄十年代ころの成立であろう。一巻。内容は、泰澄が白山山頂の池中から十一面観音の示現を仰ぎ、やがて社頭を建立する経緯が語られ、末尾で、加賀の白山権現を強調する。これは山頂の堂舎造営の権利をめぐる相論で、越前国平泉寺と争う加賀国尾添《おぞう》村の村民たちが、元禄十一年（一六九八）の訴訟時に、幕府に提出した『鏡之巻』を書写・改題したものらしく、同書は『元亨釈書』所収の白山明神条に依拠した内容であった。同十六年宝代坊澄隆なる僧が、尾添村から神輿を奉じて、江戸の護国寺で出開帳を行なったが、相論を優位に進める上から、そのころ本書が作成され、江戸で流布した可能性がある。『続群書類従』神祇部所収。

参考文献　『群書解題』一下（東四柳史明）

かしわで　拍手　神拝作法の一つで、手を打ち鳴らすこと。一般にこれを音読して「はくしゅ」という。食物を盛る葉椀《くぼて》・葉盤《ひらで》などを作る材料の木の葉を「かしわ」（柏・槲、葉の厚く堅い意の「堅し葉」の約）というが、それから移って饗膳のことを掌る人（膳夫・主膳）、また、饗膳そのもののことを「かしわで」というようになり、さらには宴会の席で手を打ち鳴らす「うたげ」（「うちあげ」の約で、宴会そのものの意ともなった）と同義に用いられるようにもなった。拍手は、喜びや驚き、あるいは対者を敬愛するときに、自然に行われるもので、それが作法となったのである。『魏志』倭人伝にも「見㆓大人所㆒敬、但搏㆑手以当㆓跪拝㆒」とみえるように、はやくより行われていたものであるが、次第に神拝の時に限るようになっていったのである。平手・開手・広手・弘手・打手などともいい、八つ拍手をする八開手《やひらで》(伊勢の神宮で用いられている)、食事をする前などに行う礼手《らいしゅ》、葬儀の際に用い、ほとんど音をたてない短手(忍手《しのびで》)などの種類がある。

参考文献　神社本庁編『神社祭式同行事作法儀註』

（西田　長男）

かすがごたくせんき　春日御託宣記　春日大明神から明恵上人への託宣の詳細を記したもので、弥勒菩薩を中尊に、左右に春日・住吉両大明神を配祀する縁起書といえよう。成立は貞永年中(一二三二―三三)と考えられる。著者は託宣の場にも同席した華厳宗沙門喜海とする。一巻。そもそも栂尾高山寺(京都市右京区)の明恵上人高弁は、春日大明神に対する崇敬はことのほか深かった。仏法修学のため、天竺へ渡り仏蹟巡拝を実施しようとしたが、建仁三年(一二〇三)春日大明神が橘氏女に憑かり渡天を留めた。さらにその真偽を問うたところ重ねて霊告があったという。弥勒春日住吉三尊図の制作や、その後笠置寺(京都府相楽郡笠置町)の解脱上人貞慶が神託により仏舎利を高弁に授けたこと、春日社参時におこった奇瑞や数々の夢告を書き留めている。文中春日明神の縁日が戊申であるとする記事もある。『春日権現験記』一七の原話と考えられ、のちには能の「春日竜神」ともつながっていく。『続群書類従』神祇部、『明恵上人資料』一(『高山寺資料叢書』一)、『大日本仏教全書』八四所収。

参考文献　『群書解題』一中

（岡本　彰夫）

かすがごんげんれいげんき　春日権現霊験記　奈良三笠山下に鎮座の春日明神の由来、霊験に関する物語を綴り合わせた絵巻物。絹本着色二十巻、それに目録一巻。古く春日大社に秘蔵されてきたが、皇室御物を経て現在は宮内庁三の丸尚蔵館蔵。略して『春日験記』ともいう。目録および『看聞御記』永享十年(一四三八)二月二十七日条によると、延慶二年(一三〇九)三月、左大臣西園寺公衡の立願による制作、詞書の筆者は前関白鷹司基忠とその息の摂政冬平・権大納言冬基・興福寺一乗院良信僧正ら四人で、絵はすべて絵所預右近大夫将監高階隆兼の揮毫にかかる。制作の動機については、目録によると、明神の神護を願うとともに、後代の信仰に資するにあったが、その制作が当時の氏長者鷹司冬平ではなくして、西園寺公衡であったことは、西園寺家の実力を示している。鎌倉時代の西園寺家は、朝廷と幕府とを結ぶ執奏家として立つ一方、大覚寺・持明院両統の天皇家の外戚としても重きをなしたことにより、その政治力・経済力が背景をなしたのであろうが、表面的には、皇嗣問題で後宇多上皇の忌諱に触れ、公衡が失脚したといわれる嘉元三年(一三〇五)以降、一門の繁栄の回復と祈願とを、この絵巻制作に托したとされている。このころ、西園寺家の実力者は、四代公経以来豪壮で知られた北山邸に住む公衡らの父、前太政大臣入道実兼であったから、絵巻制作の企画・実行者は公衡と興福寺別当覚円としても、氏長者冬平一族を加えるとともに、興福寺の二大勢力大乗院(慈信)と一乗院(良信)をも参加させたのは、背後における実兼の配慮を思わせるものがあろう。しかし、西園寺家にゆかりのある霊験談を多く採用して、春日明神の霊験と西園寺家とを結び留める工夫をも忘れていない。詞書の蒐集には、覚円法師、慈信・範憲両僧正らが参画したけれども、その多くは伝来の春日の霊験記に求め、若干の増補をしたもののようで、承平七年(九三七)の託宣より、嘉元二年の神火に至る霊験談を撰択したのである。しかし時代的に近いものを比較的多く採用して、絵巻の現実性に意を用いているといえようか。絵師高階隆兼は、鎌倉時代末期一流の南都絵師で、二十巻という長篇にもかかわらず、巧みな構成と、精力的な精緻な描写は、理智的に現実の対象を把握しようとする時代精神の特徴をよく示している。中世絵巻として掉尾の傑作とされるものである。『日本絵巻物集成』五・六、『日本絵物全集』一五に収められている。

参考文献　和田英松「春日権現験記に就て」(『国史国文之研究』所収)

（近藤　喜博）

かすがさいきゅうれい　春日祭旧例　春日祭の旧例を集めた儀式書。若宮神主千鳥《ちどり》祐之が編集して京都へ注進した草稿を次預《つぎのあずかり》東地井《とちい》祐宣が筆写したもの。祐之が若宮神主に補せられたのは寛文七年(一六六七)、祐宣が次預に補されるのは延宝四年(一六七六)だから江戸時代中期ころの成立となろう。一巻。春日祭は嘉祥二年(八四九)以来春冬二季に春日祭使参向のもと連綿と奉仕されてきた。『貞観儀式』『西宮記』『北山抄』『江家次第』など平安時代の儀式書には多くその記録をみるが、鎌倉・南北朝時代ころの次第書は大変少ない。当記録には弘安六年(一二八三)の『春日若宮神主祐春記』以下室町時代までの春日社家方の神事記録が抄出されている。春日祭はその千有余年の歴史の中で、幾度かの「旧儀再興」が行われており、そのつど古記録の考証が重ねられているが、ちょうど公家方の記録の少ない中世ころの神社側の記録を提出させ、旧儀の再検討がそのころになされたものであろう。『続群書類従』神祇部所収。

参考文献　『群書解題』一中、西田長男「春日祭旧礼について」(『ぐんしょ』一ノ八)

（岡本　彰夫）

かすがしゃき　春日社記　奈良市春日大社の社記。著者は不詳だが春日社の祠官の手になるものと思われる。一巻。鎌倉時代中期から末期の作と考えられている。冒頭に本殿四社と若宮の祭神名を掲げ以下中小社(摂末社)の祭神名を挙げる。天慶年間(九三八―四七)成立の『古社記』以来の説を踏襲して第四殿の祭神を「太神宮《だいじんぐう》」(伊勢内宮)とし、中小社の祭神も神仏習合によっているものが多い。また「山内外末社五十一神、此内降跡卅五所」とあることなどは、すべて近世まで引き継いで解釈されるもので、同じ小社であっても、降臨の神・勧請の神の区別がなされていた。その他、神護景雲二年(七六八)正月九日に第一殿の祭神が鹿を乗物とし、柿木の鞭を用いて鹿島より影向《ようごう》、三笠山に垂跡のことをはじめ、造営・遷宮、二季の法華八講・御神楽や夕御供などの濫觴《らんしょう》を誌し、内院・中院・外《げ》院の中小社名を列挙して、三枝《さいくさ》(率川《いさかわ》)明神のこと、若宮の出現と遷宮、祭礼(おんまつり)の始行などを簡潔に誌している。『群書類従』神祇部所収。

(岡本　彰夫)

参考文献　『群書解題』一中

かすがしゃきろく　春日社記録　奈良春日大社に伝来した事記・日記の類。現在、春日大社および旧社家に多量に所蔵されるほか、各地に若干が遺る。社記・祭礼記・行幸記・楽舞記・造替記・祠官補任記・社領記録および神事日記(社家日記)などの諸種に分けられる。『春日神社記録目録』(昭和四年(一九二九)刊)は大社所蔵の約千三百冊を示すが、旧社家の所蔵分の目録は秘せられている。このうち、『楽所補任』二巻、『楽書』五巻が重要文化財に指定されているが、特に平安時代末期に始まる神事日記は各家所蔵分を合わせると約六百冊に達し、ほぼ現在に至るものとして貴重である。なお、『若宮祭礼記』二巻は春日若宮神社創建の保延元年(一一三五)から正和五年(一三一六)に至る連年の祭礼を記している。これらのうちの若干は『群書類従』神祇部に収められている。公刊は主要記録を部類別にして刊行を期するもので、その第一期刊行として鎌倉時代の若宮神主中臣氏の『恒例臨時御神事日記』(いわゆる『春日社家日記』)をとりあげ、『旧記勝出』を第一巻(昭和三十年刊)の巻頭に掲げ、養和二年(寿永元、一一八二)に起筆する『中臣祐重記』以下を収録し、第三巻までを刊行(昭和五十六年、既刊三冊を『(増補)続史料大成』は旧態のまま収録)。本書は、中世における興福寺・春日大社の社会経済的活動、中央地方の諸般の情勢、社寺の所領支配などを明らかにし得る貴重な史料である。ちなみに、東京大学史料編纂所写本「春日社記録」は同所採訪の中世の社家日記(謄写本)二十五点を八冊に編集して命名したものである。

1旧記勝出〔中臣祐房記〕(大治元・二、天承元、久安二年)
中臣祐重記(養和二―文治二年)
中臣祐明記(建久四・八・九、承久二―四年)
中臣祐定記(安貞三、寛喜四、嘉禎二・三、暦仁二、仁治二、寛元四年)
中臣祐賢記(文永元―三年)
2中臣祐賢記(文永四・六・九・十・十二、建治元・三・四、弘安二年)
3中臣祐賢記(弘安三年)
中臣祐春記(弘安六・十、正応二・三年)
4中臣祐春記
5中臣祐臣記

(永島福太郎)

かすがしゃさんき　春日社参記　将軍足利義政が南都(奈良)の春日社(奈良市春日大社)に参拝した際に随行した、姉小路基綱の旅日記。一巻。室町時代中期、寛正六年(一四六五)の記録である。将軍の威光を示す旅でもあったから豪華絢爛たるものであった。九月二十一日酉の刻に興福寺(奈良市)の一乗院に到着。風流《ふりゅう》の延年舞《えんねんのまい》を見て、翌日春日社へ社参。二十三日は「ここかしこの僧坊を見物して夜にはまた延年舞を見る。この時の延年は「惣寺より風流の数を尽し」たものであったらしく、「誠にめもかゞやくばかりなることどもは、筆にも尽しがたし」という素晴しいものであったという。二十四日には東大寺戒壇院で受戒。正倉院の勅封を解いて宝物の拝観が行われた。基綱は藤原氏であるから、改めて心静かに社参し、法楽の和歌を神前に奉っている。そして二十七日には若宮の祭礼に参列、御渡り式に感嘆し、翌日大和猿楽を鑑賞し、二十九日に京へ出立している。なお、基綱はその歌道の師飛鳥井雅親・雅康の名代として随行した。『群書類従』神祇部所収。

(岡本　彰夫)

参考文献　『群書解題』一中

かすがしゃさんじっこうさいしょごがんもん　春日社三十講最初御願文　春日社(奈良市)の社頭で行われた唯識三十講に捧げられた願文。著者は後深草上皇。一巻。上皇の漢文の才がいかんなく発揮された流暢な名文である。弘安十一年(一二八八)四月二十一日に捧げられている。わが子伏見天皇の即位により、譲位後長い年月を経てようやく上皇となって院政を始めるに際し書かれたもの。仁明天皇の嘉祥年間(八四八―五一)以来、四百年にわたって朝廷がほかの社に異なる深い崇敬を寄せる春日の神神に、釈迦如来の絵像一幅とみずから書写した紺紙金字の『唯識論』一部十巻を奉納し、天下の泰平を祈っている。中でも法相《ほっそう》擁護の神と僧徒より仰がれる春日《しゅんにち》大権現と唯識論の関係については、「尊神は唯識の功能に依つて以て威力を添え、唯識は尊神の威力に依つて以て功能を増す」(原漢文)と説明し、かつて梁の武帝(五〇二―四九在位)が金泥で般若経を書した例によって、みずからも金字の唯識論を書して奉る旨を述べている。『群書類従』釈家部所収。

(岡本　彰夫)

参考文献　『群書解題』一六下

かすがしゃしすけしげき　春日社司祐重記　春日社家の日記。春日社(奈良市)の若宮神主を勤めた中臣祐重が主として神事を書き留めた日記で、寿永元年(一一八二)―文治元年(一一八五)が一年分ずつ、そして文治二年が十月まであり、春日社家日記中一年分が完備したものとしては最古のものである。一巻。祐重は第二代の若宮神主で、保元元年(一一五六)に三十四歳でその職につき、建久三年(一一九二)に七十一歳で没している(途中二年余解官されている)。ほとんどが神事と神供についての記載だが、時ならずして(発情期以外)啼く鹿声を記録したり(吉兆や凶兆とされる)、殺人犯の処刑について、興福寺の大垣を三度廻してから執行するいわゆる大垣成敗のことと、のちに課される大祓(犯人の所有物の田地牛馬が祓の料として没収される)のこと、そして巫女に憑いて託宣が神から下されたことなどの記載もあって、当時の諸事情も読みとれる。『続群書類従』神祇部、『春日社記録』日記一所収。

参考文献 『群書解題』一中 （岡本　彰夫）

かすがしょうのあずかりすけのりき　春日正預祐範記　春日社(奈良市)の三惣官の一、正預(中臣方社家の最上首)に在職中の東地井《とちい》祐範の慶長十年(一六〇五)の日記。一巻。慶長四年より同職を勤める祐範は、代々の社家の中でも出色の人物と評され、和学歌学に精進し、ことに能書家として有名な人物である。春日大社には慶長三年以降四年・五年(ただしこの二年分は抜書き)・六―十一年・十六年・十八―二十年と元和五年(一六一九)・七年・八年が所蔵されている。神事日記ではあるものの、二月の薪能で鞍掛(見物席)のことにつき興福寺側と奈良町の惣年寄が争いをおこし、将軍の逆鱗に触れて惣年寄側が敗訴、老齢の一人を除きほかの五名が獄につながれたことや、室生寺(興福寺末寺)の長老職について宇陀郡領主福島掃部と興福寺側が争い、寺僧二人が殺害されたこと、徳川秀忠が征夷大将軍に任ぜられ、諸大名が供奉したその式は美麗で、古今未曾有であったことなどがみえる。『続群書類従』神祇部所収。

参考文献 『群書解題』一中 （岡本　彰夫）

かすがしんこう　春日信仰　春日大明神(春日社の祭神)に対する信仰。源流としては、古代春日国における春日山信仰や、平城京時代藤原氏が氏神の常陸鹿島神を御蓋《みかさ》山麓において遙祀したことがあげられる。さらに平城京の鎮護神として春日社が官祭に預かり、藤原氏が皇室の外戚であった関係から後宮の祭祀という性格があり、これにちなんで春日信仰には優雅性が発散して王朝時代に全盛がもたらされた。平安時代の初め、承和八年(八四一)に神山春日山での狩猟・伐採が禁ぜられたのに始まり、藤原氏北家(摂関家)が氏社春日社の祭祀権を握り(氏長者)、春日祭や殿舎や境内を整備した(貞観の大造営)。その結果春日山中の仏教堂舎は除去され、古来の春日山信仰(竜神・雷神など)も収束され、社頭の神宮寺は門扉を閉じて背面とされ、興福寺の進出も阻止された。また、大和国司や添上郡司が春日祭参仕を命ぜられたり、春日山中の三輪社が末社とされたため春日信仰に一国鎮守信仰が加味された。平安時代には、藤原氏氏長者の春日詣や春日行幸が始まり、社領の寄進も相つぎ、治安元年(一〇二一)の後一条天皇の行幸にあたっては大和国添上郡を神郡として賜わった(実は楊生・中の二郷)。春日社の繁栄に対し、興福寺は春日大明神を法相擁護の神と説き、さらに神仏習合思想の発達に乗じて、春日大明神に慈悲万行菩薩の仏称をささげ(承平七年(九三七)に託宣があったと説く)、春日祭になぞらえて天暦元年(九四七)には二季の法華八講を社頭で開催し、また春日神人を寄人(被官)化して末社や社領の支配権を握った。寛治二年(一〇八八)には春日大明神の法楽のために経典の板行が始められ(春日版)、同七年には興福寺衆徒が春日神木を奉じて入洛する強訴が始まった。院政時代に氏長者藤原忠実が寄進した殿下御塔(春日西塔)や、鳥羽上皇が寄進した院御塔(春日東塔)には、春日四所明神の本地として釈迦・薬師・地蔵・観音が示された(九条派は不空羂索観音・薬師・地蔵・十一面観音)。一方在興福寺大衆(地領主層出身の衆徒が主力となる)らは、国司権力の排除を狙い、保延元年(一一三五)に春日若宮社を創建、翌二年からは興福寺境内の御旅所にこれを迎えて若宮祭礼(おん祭・春日若宮祭)を始めた。おりから衰兆のきざした摂関家は神仏にその回生を祈り、春日社・興福寺にその所領を分与したが、その結果として、西は九州島津荘から東は陸奥小手保荘にわたる摂関家領や春日社・興福寺領に荘園鎮守として春日社が勧請された。さらに神仏習合思想の発達によって春日大明神の霊験や縁起が説かれ、春日社第四殿祭祀の比売神《ひめがみ》(観音)が伊勢大神とされ、第三殿祭神の天児屋《あめのこや》根命《ねのみこと》の天照大神に対する輔佐が語られる(天上の幽契)など、このころ勃興してきた伊勢信仰と春日信仰とが連結され、従前の鹿島社遙宮感を払拭し、四所明神合体の春日大明神信仰に発展した。そして、伊勢・八幡に並んで三社の栄遇を拝し、治承二年(一一七八)の式年造替のころから、藤原氏を中心として、春日御神影や春日曼荼羅を本尊とする春日祭祀が始まった。八幡信仰を奉ずる鎌倉武家政権の成立に伴い、摂関家は春日信仰の宣揚に努め、笠置寺の解脱上人や栂尾高山寺の明恵上人、慈円和尚らもこれを教説した。鎌倉時代には神国思想が流布するが、三社信仰はその主流となり、春日大明神は慈悲の神徳を掲げて親しまれた。『春日権現霊験記』などには、春日信仰の教典的意義が認められる。三社信仰は室町政権にも継承され、貴族化した室町将軍家は春日詣になぞらえて代々が春日社参を行い、若宮祭礼にも臨んだ。それは舞楽・田楽・猿楽を将軍足利義満が愛好したせいもあるが、摂関家に代わって春日社を外護し、大和を将軍家の料国化しようとした意図もうかがえる。なお、大和猿楽四座が若宮祭によって育ち、『春日竜神』などの謡曲も春日信仰を普及させた。このころには郷村の庶民層にも春日講が盛んとなり、春日曼荼羅が本尊として祭祀された。一方、三社信仰は、神儒仏三教一致思想の勃興に支えられて正直(伊勢)・清浄(八幡)・慈悲(春日)の神徳が説かれ、いわゆる三社託宣(三尊型式の三社神号は明恵、三社託宣はその遺弟が制作か)として流布した。一方春日信仰は王朝文化憧憬の時運に迎えられるとともに、大・小名らの源平藤橘の種姓誇示によって宣揚され、全国に春日社が勧請された。戦国大名上杉謙信が居城を春日山城と名づけたのは有名である。徳川将軍家も三社信仰に篤く、文教政策として三社託宣の流布を援けたので、歌枕に並んで春日の称は人口に膾炙した。三社託宣を天皇をはじめ、特に禅僧の白隠慧鶴・仙厓義梵が好んで揮毫したのも、時潮を示している。ことに春日信仰は、慈悲の神徳にかねて王朝貴族文化の女性的優雅性をもつために、国民に仰ぎ親しまれ、殿舎や女官の呼び名、地名や屋号にまでたやすく春日の称が採用された。近代、神仏分離によって春日祭祀は純化されたが、なお春日若宮祭礼は神仏習合の春日信仰の余韻を残しており、大和一国とその近傍の大祭として農村生活暦の伝統を存し、春日信仰は文化財・社宝の厳存や神域に遊ぶ神鹿などにささえられて輝いている。

参考文献 永島福太郎『奈良文化の伝流』、同『奈良』(吉川弘文館『日本歴史叢書』三)、同編『奈良春日野』、同編『春日』(『神道大系』神社編一三) (永島福太郎)

かすがじんじゃ 春日神社 大分市勢家《せいけ》町に鎮座。旧県社。祭神は武甕槌命《たけみかずちのみこと》・天津児屋根命《あまつこやねのみこと》・経津主命《ふつぬしのみこと》・姫大神。創祀は天平年間(七二九—四九)豊後守多治比真人牛養が南都春日社の分霊勧請とする説、貞観二年(八六〇)豊後国司藤原世数《よかず》が南都の宗祠を豊後国府に移祠とする説などがある。大友氏の入国後、その崇敬を受け、仁治三年(一二四二)能直の子親秀は社殿を修復し社領を寄進、別当寺の鷹雄山神宮寺を再興と伝える。天文二十三年(一五五四)大友義鑑は社殿を再興したが、天正十四年(一五八六)薩摩軍の府内侵入時に焼失。文禄二年(一五九三)大友氏滅亡後は社運も衰退。慶長八年(一六〇三)府内城主竹中重隆が社殿造立。同十二年海難無事の奉賽に十万本の松を境内に植樹。寛永十二年(一六三五)藩主日根野吉明は神事再興。万治元年(一六五八)松平氏入府後も崇敬を受ける。昭和二十年(一九四五)戦災により焼失。同四十二年再興。例祭は四月十三日。潮搔神事は十月十九日。

参考文献 『明治神社誌料』、『大分市史』下 (伊藤 勇人)

かすがじんじゃもんじょ 春日神社文書 奈良春日大社および旧社家・禰宜家の所蔵する文書。『春日神社文書』と題して、全三巻を昭和三年(一九二八)・九年・十七年に刊行。春日大社所蔵文書と旧正預家(中臣氏)の辰市・大東両家文書を収める。ほかに、旧春日若宮神社神主家(辰市家の分流)の千鳥家、旧北郷常住神殿守家(春日神主大中臣氏方禰宜家)の大宮家に伝来する文書がある。すでに旧春日神主大中臣氏の諸家や旧南郷常住神殿守家の文書は散逸した。ちなみに摂津今西家文書(大要は『豊中市史』史料篇収載)は旧神領垂水西牧(南郷)目代家の文書であり、春日神社文書ということもできる。ここではいわゆる春日神社文書の刊本について解説する。その第一巻には大治三年(一一二八)の僧永清田地譲状以下の官宣旨・綸旨・院宣・下文・長者宣から売券に及ぶ六百十三通を収める。これは四十巻の巻子本にしたてられているが(重要文化財)、もと興福寺において寛文元年(一六六一)にこれの一部が十巻に成巻せられたことが、巻子第二号(旧第一号)に付録する同寺学侶衆の識語によってわかる。やがて四十巻が成巻したらしい。実は、春日大社所蔵の文書はもと興福寺の勘定方の唐院(春日神蔵)に収蔵され、明治初年に春日大社に移管されたものである。刊本第二巻は未成巻文書であり、本社所蔵文書七百五十一通(このうち旧神主正真院家文書三十一通、旧南郷神殿守梅木家文書十八通は新寄進により所蔵)に大東家文書四十五通を付録として収める。これの大半も唐院から引き渡されたものだから、純然たる興福寺文書も一括され、また断簡・反古に類するものもあるが、神領算勘状や庶民史料ないし近世文書も多く、第一巻の欠を補うものとして貴重である。刊本第三巻は本社所蔵文書の補遺二十七通、辰市家文書百三十五通(叙位任官の口宣案が多い)と大東家文書二百通(一部は再録)、それに大東家旧蔵文書(東京大学史料編纂所影写本による)二十八通と辰市家家譜と大東家祠官系譜を収載する。かくて、春日大社所蔵文書の公刊は終ったが、社家文書はなお未刊のものが多く、わずかに史料編纂所影写本によってその大概を知るだけである。ともかく、春日神社は興福寺に支配されていた関係から春日神社文書も正確には春日社興福寺文書と称さるべきものである。なお、年代をいうと院政時代にさかのぼる文書は乏しい。春日大社や興福寺の面容が院政時代に一新せられたのと関連があろう。ちなみに、刊本第一巻・第二巻を改版、第三巻を加えて『春日大社文書』と書名を改め、全六巻に分割して公刊を企画、これの第一巻・第二巻を昭和五十六年に刊行した。 (永島福太郎)

かすがしんぼくごじゅらくけんもんりやっき 春日神木御入洛見聞略記 応安四年(一三七一)と康暦元年(一三七九)に行われた、春日神木入洛の見聞記。著者不詳。時代や書名から『日吉神輿御入洛見聞略記』の著者と同一ではないかとされるが、確証はない。康暦二年から応永二十二年(一四一五)の間に編集されたものと考えられている。神木入洛とは、春日大明神の乗物とされる榊、あるいは梛《なぎ》を春日山より伐り出し(春日社では榊を神木と、ほかの樹木を山木と呼ぶ)、大宮横の内侍殿へ納めて神鏡を掛け、大明神の御正体とみなし、特に何事かの不満や訴えがある場合しばしば蜂起して、これをかついで春日社の神人や興福寺(奈良市)の大衆が都へとのぼることである。かくすると氏神の入洛に伴い氏子たる藤原一門はおのおの家に籠って謹慎するため、国の政治は滞ることになってしまうのである。この記録の事例は、南北朝時代におこった興福寺内の合戦の処理について訴え出たもので、興福寺別当を交互に勤める一乗院と大乗院の両門跡の確執によって生じた事件である。応安四年十一月は十二月の誤りである。『群書類従』神祇部所収。 →春日神《かすがのしん》木《ぼく》

参考文献 『群書解題』一上 (岡本 彰夫)

→神木《しんぼく》

かすがたいしゃ 春日大社 奈良市春日野町に鎮座。旧官幣大社。祭神は武甕槌命《たけみかずちのみこと》(常陸鹿島神)・経津主命《ふつぬしのみこと》(下総香取神)および天児屋根命《あめのこやねのみこと》(河内枚岡神《ひらおかのかみ》)・比売神《ひめがみ》(同)の四座。藤原氏の氏社として神護景雲二年(七六八)に春日御蓋《みかさ》山麓に創建。同時に官祭に預かり、中世以来伊勢神宮・石清水八幡宮と並んで三社と称せられ、全国民の信仰を得て発展した。祭神は天長十年(八三三)に伊都内

親王が興福寺に田畠および園地を寄進した願文に四神を掲げて「四所大神」といい、『延喜式』の春日祭祝詞にも「四柱能皇神等」とみえ、春日四所明神と称せられた。このうち鹿島神が主神とされ(神殿の第一殿の屋根がやや高く構えられるし、治承三年(一一七九)創建の南門には当初鹿島大明神と扁額されたといわれる)、春日大社の源流が氏神鹿島神の遙祀に発したのが知られる。神護景雲二年の創建は古社記などが伝えるが、『三代実録』元慶八年(八八四)八月二十六日条に「新造二神琴二面一奉レ充二春日神社一、以二神護景雲二年十一月九日所レ充破損一也」とみえるのが有力な支証となる。古く天平七年(七三五)創建説があり(『伊呂波字類抄』)、天平神護元年(七六五)に常陸鹿島社に神封二十戸が春日祭料として寄せられたり(『新抄格勅符抄』)、天平勝宝八歳(七五六)東大寺四至図に神地として春日社の現在地が示されるほか、『続日本紀』や『万葉集』などに春日祭祀に関する記事が見出されるが、それらは古代春日山信仰あるいは春日大社の源流を語るもので、神護景雲二年に四座の祭神がそろい、官祭に預かったときをもって創建とする。鹿島神は常陸から白鹿に乗じて上洛、春日御蓋山の山頂浮雲峯(本宮峯)に天降りしたと説かれる。同山頂には本宮社が西北面して鎮座しており、平城京の鎮護神としての性格もみられるが、平城廃都後も動かなかった。山城長岡京には大原野神社、同平安京には吉田神社が建立されたが、藤原氏出身の後宮の春日遙祭社というにとどまった。興福寺南円堂を創建して盛運を得たといわれる藤原氏北家(摂関家)は、神社振興の平安時代前期に至り、春日社の大拡充を行なってその祭祀を確立した。神山春日山の諸神(竜神や三輪神など)をその末社として祀るとともに、神域を内院(四神殿を囲む)・中院・外院に分かち、殿舎や末社を配置して、

春日大社中門・回廊

春日大社本殿

春日祭を盛大化し、神領・社領あるいは神官・神人の増大をはかった。神官は中臣氏が神宮預(のち正預)として参仕したが、新たに大中臣氏を神主に任じて両惣官とし、それぞれに神人を統率せしめたので、春日社を挟んで神主方の北郷、正預方の南郷が成立した(のち中臣氏から若宮神主が生じて三惣官となるが、これは南郷の分流とされる)。かくて春日社の大和総鎮守化が芽生え、なお造国制による神殿の造替が定まった(鎌倉時代から二十年ごとの式年造替制)。興福寺は春日の神威を借りるため、仏事・法会を社頭に修し、春日神人を手なずけて春日山中や市中(境内外)の諸末社の祭祀権を握った。春日大明神が慈悲万行菩薩と説かれ、また四所明神の本地仏に釈迦・薬師・地蔵・観音(一説に不空羂索観音)が充てられるなど神仏混淆色が強まり、興福寺衆徒の神木動座が始まり、保延元年(一一三五)には春日若宮が創建され大衆が翌二年に祭礼(おん祭)を主宰した。この若宮祭祀で春日社と興福寺の一体化が示され、興福寺は国中・国外の春日社領を支配し、春日神供(夕御供)も興福寺学侶が調進するようになった。当代、摂関家は祭祀権を依然固守し、公家・藤原氏および興福寺がそれぞれ春日大明神の神威を仰いで社の繁栄をはかったので、社容は一新された。治承二年の式年造替を期とし、翌三年には楼門形式の南門が出現し、両翼の瑞垣は回廊に改められ、無数の釣燈籠に飾られて神域の石燈籠と相対する美観を呈した。本地垂迹思想の発展とともに、このころから春日信仰は鹿島神崇敬を脱して四所明神一体化の春日大明神崇敬(むしろ祖神天児屋根命の崇敬が強まる)に転じ、春日社は伊勢・八幡と並んで殊遇をうけ、いわゆる三社信仰となって神儒仏三教一致の国民信仰化が芽生えた。春日社は藤原氏や春日社・興福寺の所領荘園の鎮守として全国各地に分祀され、藤原氏有縁の在地領主による勧請も行われた。治承四年の平氏の南都焼討に際し、興福寺境内の春日東西両塔は罹災したが、春日社には兵士の乱入がなく、か

えって南都復興が公家・武家から祈願され、春日社は栄えた。武家政権の出現に動揺した公家は盛んに行幸・御幸を行い、摂関家は皇室の伊勢、武家の八幡に並ぶものとして春日の神威の高揚に努めた。また興福寺は神国大和を主張して、大和一国内の社寺をすべて末社・末寺化し、これに連なる在地領主を被官とした。こうして春日社は王朝伝統文化の府として輝き、工商・芸能の座や楽所・絵所を付属して神事・芸能を続々と創成した。神事・法会も盛んになり、外院には祈禱屋などが続出した。永徳二年(一三八二)春日社は失火で全焼するが、将軍足利義満は特にその復興を援助し、歴代将軍家の春日社保護の例が開かれた。戦国時代には公家・武家の保護を失い、春日社・興福寺領荘園の崩壊で沈衰するが、三社信仰の流布や春日講の普及で春日信仰は民衆に徹底した。このため天下を統一した織豊・徳川の政権は春日社に殊遇を加えた。徳川政権の保護によって戦国乱世の傷害はほぼ治癒され、大社として安住を得た。明治維新の神仏分離令により興福寺の支配は断たれ、社頭から仏教色が除去され、祈禱屋などは撤去された。明治四年境内地上知令で春日山を失い(御蓋山の前面は保有)、社家や禰宜(神人)の多くが放出されたが、官幣大社となり、同十八年(一八八五)、春日祭復興によって勅祭社の栄遇をうけ、さらに若宮祭の復興や春日神鹿の保育などで国民の春日信仰をつなぎとめた。昭和二十一年(一九四六)春日神社を春日大社と改称、宗教法人春日大社として新生し、時運の好転にも恵まれ、王朝文化の殿堂として仰がれ昔日の盛運を復した。春日山も旧境内地としてかなり返還された。例祭は三月十三日(申祭といわれ勅祭にあずかる)。国宝・重要文化財指定の社殿のほか、同じく神宝・神事祭礼具および古文書類の文化財・美術品は数多く、これの収蔵と展観のため宝物館が設けられている。

参考文献 奈良県編『大和志料』上、宮地直一『神道論攷』一、永島福太郎『奈良文化の伝流』、同『奈良』(吉川弘文館『日本歴史叢書』三)、同編『奈良春日野』、同編『春日』(『神道大系』神社編一三)
(永島福太郎)

建築 本殿は正面一・九二メートル、側面二・五二メートルの大きさの春日造で、同形同大の本殿四棟が南面して並立し、東から第一殿・第二殿の順に数える。三笠山の西麓を社地とするため、本殿の位置から西南にかけて緩やかな傾斜面を形成する。その低くなったところに幣殿・直会殿が建ち、これらと移殿・宝庫などを回廊が取り囲み、南中央に南門(楼門)を開く。回廊は東北方、本殿の前で西に折れて東西の御廊となり、本殿四棟の中央に中門(楼門)を開いている。南門の外に着到殿・車舎が建ち、長い参道の入口に立つ一の鳥居の位置は、平城京東京極路の東側、三条大路の突当りに相当する。幣殿(承応元年(一六五二))・直会殿(同)・着到殿(応永二十年(一四一三))・車舎(寛永十年(一六三三))はいずれも素木造で、平安時代初期にはほぼ同位置に同形式・同規模のものが建てられていたようである。しかし中門・御廊・南門・回廊などが現在の姿になったのは治承二年(一一七八)の造替時以来であって、それ以前は簡素な瑞垣・鳥居・四脚門であった。本社には古くは式年遷宮の制度がなく、その起点は貞治六年(一三六七)あるいは至徳三年(一三八六)の造替時と考えられる。現在の本殿は文久三年(一八六三)のときのものである。なお摂社若宮は長承三年(一一三四)に本殿をつくり翌年遷座を行なったのが、現在地での若宮の創始と伝えており、形式・規模ともに本社本殿に準ずる。

参考文献 黒田曻義『春日大社建築史論』、福山敏男「春日神社の創立と社殿配置」(『日本建築史の研究』所収)
(稲垣栄三)

社領 天平神護元年(七六五)に常陸鹿島社に神封二十戸が春日神祭料として寄せられたのに始まるが、藤原氏がその封戸や上分米の一部を割いて祭祀する例なので、春日神戸の確立もなかった。春日社領荘園が成立するが、春日社は摂関家領なので本所が摂関家、春日社が領家職を握るしくみとなる。九州島津荘などがこの例だが、春日の神威を借りるため、摂関家をはじめ、藤原氏や興福寺領荘園の所職ないし年貢公事の一部が分与寄進され、それらの大半が春日社領となるので列挙することは不可能である。しかも春日社は興福寺に支配されることになり、春日社領と興福寺領とのすべてが春日社兼興福寺領として包括された。なお春日祭祀料は大和国に課せられたのが伝統化し、守護段銭としての催徴も加えられた。将軍足利義満が応永初年に大和国の宇智郡と宇陀郡を春日社に寄進し、大和守護の一乗院と大乗院の両門跡にそれぞれ管領せしめたが、実は大和の他の十三郡はすでに春日社に返付しており、これも返付したものであり、大和一国が「春日神国」であって、興福寺の両門跡がこれを支配したのがわかる。ともかく春日社領の荘園所職ないし上分米は、その寄進の目的にそってその料所とされる。たとえば治安元年(一〇二一)後一条天皇から大和添上郡の二郷が春日祭祀修造料として、康和二年(一一〇〇)白河上皇から越前河口荘が社頭一切経転読料所として寄進された。なお神供料所として氏長者藤原頼通が長暦元年(一〇三七)に添上郡楊生の神戸四郷を寄せたのに始まり、寿永二年(一一八三)に同基通が摂津垂水西牧を寄進するに至る歴代氏長者の料所寄進で、日次御供・旬御供・神戸御供が確立する。日次御供の朝御供は摂津垂水西牧、夕御供は興福寺学侶が大和国中から負所米《おっしょまい》を催徴し、備進するしくみである。もとより春日祭をはじめ神事法会の料所がそれぞれ定まる。これに対し、社家の給禄ないし私領的な料所もみえる。同じく春日社領といわれるが、神領と社領の区別も生じた。やがて段銭や市座銭などで社領衰微が補われる。近世、春日社兼興福寺領二万千余石の朱印領が成立するが、このうち神宮領(興福寺五師預かりの神供料)三千四百七十五石余・神供田(社家禄)千五百五十四石余・燈明田(禰宜禄)千六百五十一石余が春日社分で、なお修理・祈禱屋の領もあるし、別途に式年造替料や祭礼料が寄せられるしくみである。祭礼料は将軍足利義満にはじまり、江戸時代には薪能・若宮祭・猿楽料三百石であった。若宮祭礼に御旅所神殿料木が国中に課せられるのも神国大和(春日神領)の名残りだといえる。

参考文献 永島福太郎『奈良文化の伝流』、同『奈良』(吉川弘文館『日本歴史叢書』三) (永島福太郎)

かすがだいみょうじんすいじゃくしょうしゃき　春日大明神垂跡小社記 春日社(奈良市)の大宮と中小社(摂末社)に関する社記。一巻。古記録を抜粋したものに、長承二年(一一三三)中臣祐房が注を加えた『御社記』を文明九年(一四七七)同社の祠官が書写したとあるが疑わしい。参道の鳥居に発心門と名付けて歌を付すなどは、室町時代ごろ流行した参詣記の手法であることから、第二奥付の文明ごろの成立と指摘する向きもある。しかし、文中に穴栗・井栗の両社を新たに勧請する旨の記述がある。つまり長承二年当時両社は境内に勧請されておらず、本殿を離れること南十余町であるとする。両社の勧請について年代を特定し難いが(長承四年祐房勧請の社伝もある)、建保四年(一二一六)の『春日社小神名幷在所注進文』には両社の存在を認め得る。この間に内容の骨子が完成し、さらに室町時代ごろに至って後半部の鳥居や橋の和歌が加えられたのであろう。祭神は多く本地垂迹による。『群書類従』神祇部所収。

参考文献 『群書解題』一上 (岡本　彰夫)

かすがづくり　春日造 神社本殿の一形式。通常春日大社本殿をもって代表させる。この形式の基本は、切妻造妻入の母屋の前に庇を付けること、柱を井桁に組んだ土台の上に立てることである。一般に春日造の本殿は規模が小さく、春日大社本殿の場合正面一・九二メートル、側面二・五二メートルしかない。正面に板扉を開くほか三方を板壁とし、正面の扉の前に簀子縁と階段を付け、角柱で支えられた庇を設ける。屋根は檜皮葺で大棟の前後に千木と堅魚木をのせる。母屋の繁垂木に対して庇を疎垂木につくり、また母屋の破風の下端が庇裏に見えるなど、庇があとから添加されてこの形式が成立した由来を物語っている。以上は春日大社本殿の形式であるが、春日造最古の遺構である円成寺春日堂・白山堂(奈良市、十二世紀末ごろ、国宝)もほぼ同じ形式を踏襲。庇取付部に隅木を使用したものを隅木入春日造と称して区別することがある。春日造という名称は比較的近年の造語であるらしく、大工秘伝書『匠明』(慶長十三年(一六〇八))は「向妻作リ」とい い「是ヲ王子作リトモ云リ」としている。また『神道名目類聚抄』(元禄十二年(一六九九))も「皇子造」の名で隅木入春日造の図を掲げている。春日造は構造上一間社とするのがふつうで、春日大社本殿を代表とする形式は奈良県・京都府南部・大阪府・和歌山県にのみ分布し、これの改良形とみなされる隅木入春日造はそれを取り巻くように関東から中国地方にかけて広く散在する。

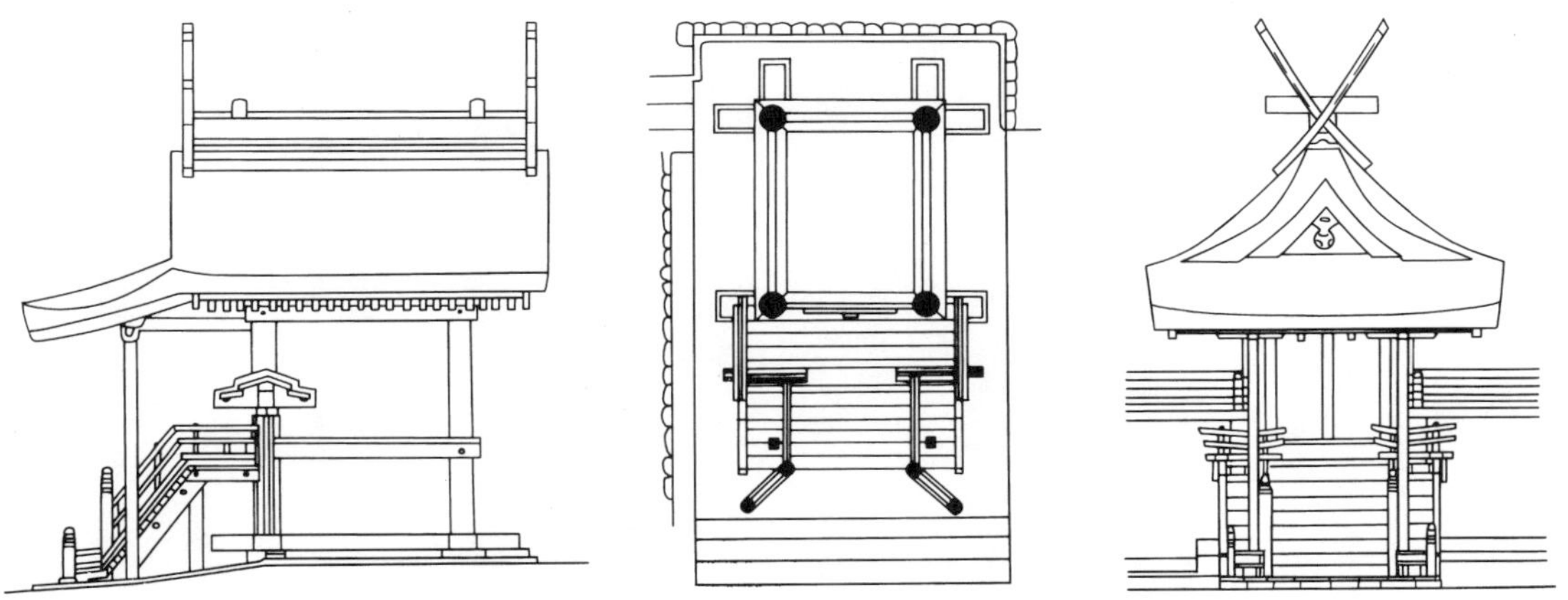

春日造

参考文献 黒田昇義「春日造形社殿の分布に関する一考察」(『建築史』四ノ四) (稲垣　栄三)

かすがのじにん　春日神人《じんにん》 神奴に淵源する春日社社司の被官。春日社神人ともいわれる。神木動座の強訴にあたり、興福寺の大衆(衆徒)に並んで神民と称せられ供奉警衛に任ぜられたのが有名。本社神人(黄衣神人)と散在神人(黄衣神人・白人神人)とに分かたれる。本社神人は神主(北郷・野田郷居住)・正預(南郷・高畠郷居住)および若宮神主(高畠郷居住)の三惣官に分属して三方神人を構成した。その上﨟は神殿守(『延喜式』にみえる、最上首を常住神殿守という)に任ぜられ下級神職として社頭の警備や祭事にあたり、また庶民の祈禱や末社を握ってその祭祀にあたった(数十名)。下級神人は社中の警備のほか神楽男を兼ねたり、社寺領の定使などとして活躍した。和泉・摂津の社寺領に鎮守社神主兼荘官として常駐したものもある。散在神人(散所神人も同じ)は在地領主にして、その武力で起用された国民(白人神人)や、隷属・従属の工商の座衆として神人の身分(白人神人)が与えられたものである。このうち京都在住の商工人は春日住京神人と呼ばれた。近世、本社神人は禰宜と称し、その屋敷地子免許の恩恵に浴したが、給禄者は数十名に限定されたため、能楽の春日禰宜座を組織したり、奈良団扇の製作などで糊口をしのいだ。なお、神人らは興福寺の春日社支配に乗じ、社司からの自立を進め、御師活動や賽銭収入で富力を増し、そのうち教養を積んで文芸に名をあげた者もある。特に中世末から近世初期における活躍が注目される。→神人《じにん》

参考文献 永島福太郎『奈良文化の伝流』、同『奈良』(吉川弘文館『日本歴史叢書』三)、同編『奈良春日野』

(永島福太郎)

かすがのしんぼく　春日神木　奈良春日社において、春日大明神の御神体の神鏡を賢木(榊)に斎いつけたもの。『春日権現霊験記』にその図がみえる。各地の末社でもこれを奉斎する。興福寺衆徒は嗷(強)訴にあたり、八方大衆を社頭に召して蜂起(僉義)せしめ、決行が可決されると、まず閉門し、ついで春日社の社司に命じて神木をしつらえ移殿に動座せしめる。神木動座の嗷訴である。なお動座によっても嗷訴の目的が達成しない場合、神木を興福寺金堂に移すとともに石上布留社(石上神宮)および吉野勝手明神の神輿の上洛を命じて参会せしめる。かくて衆徒は社司・神人らの奉ずる春日神木を押し立て、興福寺僧綱や七大寺や東寺の寺僧らを供奉せしめ、隊伍を整えて上洛する。宇治平等院に神木を休止せしめて様子をうかがい、嗷訴に対する裁許がおくれると神木を入洛せしめる(神木入洛)。勧学院に神木を入れるのが例だが、御所の陣頭にかざすこともあった。なお裁許がないと社司らは神木を放置して奈良に帰る。これを「振棄て」という。春日神木の動座や入洛に際しては廃朝となるし、藤原氏氏人の廷臣らは謹慎した。なお謹慎しない者や嗷訴を難じた者に対しては、衆徒は春日大明神への反逆者として社頭に蜂起して放氏《ほうし》の神罰に処したから、無理な嗷訴も通った。「山階道理」(興福寺は山階寺の後身)と評されたいわれである。神木入洛の阻止を命ぜられた武士も、僧侶・神人殺傷の断罪が興福寺から要請されて流罪されるというのが例だから、嗷訴が罷り通ったのである。なお、神木帰座には藤原氏公卿・殿上人らが供奉して本社に至り祈謝する例である。また興福寺では社寺領の侵犯や年貢横領がおこると、春日神木を下して田地に立てて封じてしまう。これは「神木を振る」といわれた。この興福寺衆徒の神木入洛の嗷訴は寛治七年(一〇九三、安和元年(九六八)説もある)に始まり、康暦元年(一三七九)に終る(宇治平等院までの例が多い)。ちなみに神木動座の嗷訴も長らく途だえて文亀元年(一五〇一)にその例を見るのが最後である。これが院政時代に始まり鎌倉時代にわたり数十回に及んだのも、公家と春日社・興福寺とがともども栄えた時代の所産だったことを示している。→神木《しんぼく》

参考文献 永島福太郎『奈良文化の伝流』、同『奈良』(吉川弘文館『日本歴史叢書』三)、中村吉治「田地に神木を立てること」(『中世社会の研究』所収)

(永島福太郎)

かすがのまつり　春日祭　奈良市春日大社の例祭。「かすがさい」ともいう。祭日は明治十九年(一八八六)から三月十三日。勅祭。氏神祭祀の伝統が知られ、また申祭《さるまつり》の称で名高い。春日社の創建に先立つ天平勝宝四年(七五二)の『万葉集』一九の光明皇太后の歌の詞書に「春日祭レ神之日」とみえるが、いわゆる春日祭の創始は春日社が拡充された平安時代前期のことで、『三代実録』天安二年(八五八)十一月三日庚申条に「停二平野春日等祭一焉」とみえるので、『二代要記』仁明天皇条にみえる「(嘉祥)三年(八五〇)庚午(中略)春日二季祭、二月初申日十一月初申日云々」を創始の時期とするのが妥当であろう。二月・十一月の上申日を祭日とし、上卿と弁とがこれを奉行し、藤原氏氏長者の祭祀のほかに官使の近衛使・内蔵使ないし中宮使が参向し奉幣する二季春日祭が創まった。貞観十一年(八六九)から斎女(間もなく内侍)の参仕が加えられ、その参向には国・郡司の儀仗が整えられたので盛儀となった。この春日祭の諸儀や祭式については『貞観儀式』や『延喜式』に詳しい。祭の前日、斎女は京都を発し、奈良坂(西路、歌姫越え)を経て法華寺門前をよぎり佐保頓舎に入る。祭日、添上郡司が前行、大和国司がこれに次ぎ、官幣や神馬・走馬につづいて斎女の輦輿が内侍らの車馬を従える盛大な行列で社頭に至る。かくて斎女は内院に入り神態の服に改めて所定の座につき祭儀に移る。官幣および中宮幣は上の棚、氏人(藤原氏)の幣は下の棚に捧げ、物忌《ものいみ》がこれを神殿に納める。ついで五位以上の氏人が神饌の机を舁《か》き神前に陳列し、なお神部が酒缶を供える。内侍らが神饌を奠じ、大臣以下朝使・氏人が着座、神馬・走馬を神殿前に牽き列ねる。次に神主が祝詞を読み朝使以下が拝礼、終って直会殿の座に就く。馬寮が神馬を牽き廻し、近衛使が東遊《あずまあそび》、氏人や神祇官・社司らが和舞《やまとまい》を奉仕し、次に賜饗・賜禄があり、斎女は西門から出て頓舎に還り、馬場においては走馬が行われる(『貞観儀式』)。この祭儀は実は秘められ、異姓の参仕は稀である。舞楽が洗練され、奈良時代からの神饌が供えられるのが特色である。この後、祭使の一行は梨原の宿院に還って一宿するが、翌朝、人気のない下僕を飾馬に乗せて嘲弄したり、帰京途次に不退寺辺で西方の奈良坂(車路という)で餺飥《はくとん》の賜食、衣盗人捕縛の儀を行い、また山城淀では雷鳴の陣を立て近衛府の下僕に紅衣を着せて雷公にしたてた。これを春日大明神の神使として仰いだというのであり(『江家次第』『玉葉』)、雷公の陣に春日信仰が古代春日山信仰を加味したことも知れる。鹿島神が建御雷神と表記されたり、春日赤童子像(春日曼荼羅の一種、特に若宮神をまつる)が春日大明神として祀られたのと関連する。中世後期、祭使の帰路は般若寺越(東路)

が採られ、奈良坂で給禄や盗人捕縛が行われる。なお、春日祭料は諸国の国司らに課せられ、ついで料所も定められたが、特に摂関家がその資を負担した。やがて、戦乱などで春日祭の遂行が難しくなり、社家に付される例もおこった。江戸時代には、祭儀の復興が進められたが、内侍の参向はなく、上卿・弁の参向もとだえがちで、むしろ略化せられた。明治四年の官社制度によって祭日は二月一日に定まり、一般の官社祭式が行われることになったが、同十八年旧儀復興の御沙汰を拝し、翌年勅祭となった。しかし氏人の参仕はとだえて氏神祭の特色は薄れた。

参考文献 永島福太郎『奈良文化の伝流』、同『奈良』(吉川弘文館『日本歴史叢書』三)、同「奈良坂と餺飥が岡」(『日本歴史』六二〇) (永島福太郎)

かすがはいでんがたしょにっき 春日拝殿方諸日記 宝徳三年(一四五一)・享徳元年(一四五二)の春日社(奈良市)若宮の神殿守《かんとのもり》(神人)による社務(神事)日記。著者不詳。一巻。春日大宮に対し若宮は主として庶民の信仰厚く、神楽殿の備えを持ち、御老方という社家の妻女をはじめ、神楽舞を行う八乙女や神楽男が常勤していた。御老方(主として琴師)総一《そうのいち》・宮一《みやのいち》・左一《さのいち》・右一《うのいち》・権一《ごんのいち》と御八乙女《おんやおとめ》・末御八乙女《すえおんやおとめ》(舞人)が巫女職である。若宮神前の神楽をはじめ、榎本社・水屋社でもこれを行い、御田植も正月に執行した。その他「薪猿楽《たきぎさるがく》」(薪御能)執行に際し、大和猿楽四座出勤、円満寺座金春《こんぱる》大夫・酒戸座《さかとざ》金剛《こんごう》大夫・遊崎座《ゆうざきざ》観世《かんぜ》大夫・トヒノ座宝生大夫の名がみえる。また若宮祭礼にあたっては、大和士(大和武士六党)の参勤や、御旅所で神楽を朝より二番勤めること、馬場への出仕(お渡り式)には八乙女八人がすべて騎馬することが誌される。主として金子の分配や物品の分配についての記事が多い。『続群書類従』神祇部所収。

参考文献 『群書解題』一中 (岡本 彰夫)

かすがまんだら 春日曼荼羅 奈良の春日大社と興福寺との神仏習合思想を背景として、平安時代の終りごろから中世にかけて、盛んに製作され礼拝された各種の神道曼荼羅図を指す。もっとも特色のあるものは春日鹿曼荼羅である。神体山の御蓋山《みかさやま》から春日の神が山麓の神地へ影向《ようごう》する神秘な雰囲気を春日野の鹿と榊や神鏡などで象徴的に描いたもので、自然神道期の素朴な信仰のイメージを生かしたすぐれた造形は、伝統的な春日絵所の特技をよく発揮している。京都の陽明文庫本(重要文化財)、東京の宮地家本をはじめとして遺品が多い。春日の祭神が常陸の鹿島から大和へ影向した時の姿を現わす鹿島立神影図はこれに基づく作品である。御蓋山を背景として、春日大社の社殿や諸建造物を春日野の風情とともにきわめて写実的に描いたものを春日宮曼荼羅と呼び、これも作品が多い。代表的なものは根津美術館本や大阪の湯木家本(重要文化財)、東京の柳原家本などである。これに興福寺の堂塔伽藍あるいはその仏像群を描き加えたものを春日社寺曼荼羅と呼ぶ。正木美術館本と興福寺本がすぐれている。また春日大社の祭神四所に若宮を加えた五所の祭神や摂社・末社の神々を、神影像あるいは本地仏像によって描いたものもあり、その描かれた像容によって春日垂迹形曼荼羅、あるいは春日本地仏曼荼羅と呼び、その混合形式を春日本迹曼荼羅と呼ぶ。それらの代表的な作品に東京国立博物館本・静嘉堂文庫本(重要文化財)などがある。また春日山を浄土と観想し、その地下には地獄があるという信仰に基づいて、画面の上部に春日本地仏の極楽浄土を描き、下半に社頭景観を描く春日浄土曼荼羅(奈良県桜井市初瀬の能満院本、重要文化財)もあるし、春日第三殿の本地仏地蔵尊に対する厚い信仰から生まれた春日地蔵曼荼羅などもある。

参考文献 景山春樹『神道美術』、同『神道の美術』(『塙選書』四八)、同編『神道美術』(至文堂『日本の美術』一八)、京都国立博物館編『神道美術—神々の美と展開—』 (景山 春樹)

かすがもうで 春日詣 平安時代の春日社参詣のことであるが、特に藤原氏氏長者や摂政・関白の参詣にこの称がある。参宮ともいわれる。社伝では延喜十六年(九一六)十二月十日、氏長者藤原忠平が参詣したことに始まるという。その宿舎として佐保殿(のち一乗院領佐保田荘となる)が設けられた。これより行粧を整えて社頭に至り、神宝の奉納や奉幣があり、舞楽や競馬を献ずる。終って祠官や興福寺僧綱に賜饗・賜禄がある。ちなみに、春日行幸や御幸もこれに准ずるが、春日行幸には境内に黒木御所が設けられる。なお、餺飥の献進ないし賜饗がめづらしいこの春日詣に准じた室町将軍の参詣は御社参といわれるし、なお南都巡礼も行われた。庶民については春日参りというのが通例である。

参考文献 永島福太郎『奈良文化の伝流』、同『奈良』(吉川弘文館『日本歴史叢書』三) (永島福太郎)

かすがもうでぶるいき 春日詣部類記 左大臣藤原頼長の奈良春日社への参詣記。頼長の日記『台記』より抄録したものである。一巻。頼長は久安六年(一一五〇)に春日詣の計画を始め、陰陽師に命じて参詣の吉日を勘案させ翌仁平元年(一一五一)八月十日と決定した。同時に献進する神宝の制作始の日も問うているが、その例はないと断られている。出発の約一ヵ月前より行路の安全を祈願するため、春日興福寺の各所において日々奉幣や読経を勤めさせ、また七社(八幡・賀茂上下・春日・大原野・日吉・吉田・角振隼《つのふりはやぶき》)に奉幣し、当日は華麗な行列を仕立てて南都へ下向。春日祭同様に御棚《みたな》の御供に金銀の幣や神馬を献じ、東遊や御神楽を奏でて数多の神宝をも納めている。また翌日には馬場(参道)において走馬を楽しみ、妓女十二人が酣酔楽という雅楽にあわせて餺飥《うんとん》(うどん)を打って酒盛りをするなど、まことに豪勢なものであった。これらの費用は摂関家の所領より徴せられている。

参考文献 『続群書類従』神祇部所収。『群書解題』一中 (岡本 彰夫)

かすがりんじさい　春日臨時祭　奈良市の春日大社で恒例の春日祭のほかに行われた祭。正応三年(一二九〇)二月十日に後深草院の御願によってはじめて行われた(この臨時祭は同日の春日祭に副えて行われたという)。同元年、後深草院が春日社に新三十講料所として越前坪江郷を寄せてこれを始行せしめたのに次ぐものであり、異国襲来も風聞され、また皇統の分立も萌したので、不祥事の祈禳をはかったものらしい。祭使や内侍の参向があり、祭式は春日祭と同じだが、藤原氏の氏神祭を排して官祭化したのが特色である。このあと、しきりに行われ、祭日は四月上申日や十月に行われた例もある。なお永仁六年(一二九八)四月の臨時祭には舞楽のほか童舞も加えられた。特に持明院統においてこれを行なった感があり、光明天皇の康永三年(一三四四)二月にこれの執行が議せられたが実現はなかった。

参考文献　永島福太郎『奈良文化の伝流』、同『奈良』(吉川弘文館『日本歴史叢書』三)　(永島福太郎)

かすがわかみやかんとのもりき　春日若宮神殿守記　春日社の造替日記。著者は若宮常住神殿守春雄。常住神殿守とは、神人の最上首で常住、この家を常住家という。一巻。応永三十四年(一四二七)に執行された造替のことを前年の九月より書きおこしている。まず造替の「御事《おんこと》始《はじめ》」とされる木作始《こづくりはじめ》(釿始《ちょうなはじめ》)の諸準備や祝儀に関することから、興福寺方よりの諸経費の請け取りの様子、下遷宮に向けての精進潔斎、特に遷宮の神事中における神具搬送の役柄について記される。特にこの役柄については、どの位置に誰が就くかで幾度もの争いが生じている。神人は中臣系社司に属する南郷《なんごう》方と大中臣系に属する北郷方と若宮方の三方に別れることから、そのつど古例に照らして平等な加役が望まれたのである。次に下遷宮の神人方の準備や、特に若宮方の次第が記され、工事の進捗によって、立柱上棟祭と大工方への引物(褒賞)、そして正遷宮を迎えて、大宮から若宮への道中に張り渡される大幕や、下に敷かれる莚道《えんどう》、正遷宮当日の次第などが詳細に記録される。『続群書類従』神祇部所収。

参考文献　『群書解題』一中　(岡本　彰夫)

かすがわかみやじんじゃ　春日若宮神社　奈良市春日野町に鎮座。春日大社の摂社。祭神は天押雲根命(天児屋根命の子)。大宮(本社)から南に布生橋を隔てて鎮座。保延元年(一一三五)に藤原氏氏長者忠通が炎旱悪疫を禳い五穀豊饒を祈って建立したといわれるが、実は大和国の支配を狙う興福寺衆徒が春日社祭祀に参与をもとめ、当代勃興の御子神信仰に乗じて建立したものである。この祭礼を興福寺境内の御旅所に神幸を仰いで主宰したことでもわかる。本地は文殊菩薩と説かれる。神主・神人のほか巫女および神楽男が常勤し、民衆の奉賽をうけた。なお、中世には商工人の座や盲僧座も従属していた。若宮の鎮座によって春日社の大和国総鎮守化や春日信仰の民衆化が進んだ。神主は辰市氏(中臣氏)支流の千鳥氏の世襲であり、鎌倉時代には、その歌学が有名である。

春日若宮神社拝舎

参考文献　永島福太郎『奈良文化の伝流』、同『奈良』(吉川弘文館『日本歴史叢書』三)　(永島福太郎)

かすがわかみやまつり　春日若宮祭　奈良市春日大社摂社の春日若宮神社の祭。おん祭と通称される。無形文化財指定。例祭は十二月十七日。翌十八日に後宴能が加わる。一の鳥居のある馬場に面した春日野の御旅所仮屋(興福寺東隣接地を接収した)に前夜半に神幸を仰いで執行され、特に祭礼の風流(お渡り)が有名である。創始は保延二年(一一三六)九月十七日。当日、興福寺別当・皇太后宮・大殿下(藤原忠実)・中宮・関白殿下(藤原忠通)・北政所の奉幣があり、風流としては楽人・日使《ひのつかい》・巫女・細男《せいのう》・猿楽・競馬・流鏑馬・舞楽・田楽が演ぜられたが、これが伝統化して今日に至っている。興福寺大衆(衆徒)が春日祭に准じて主宰し、官幣を排したから祭礼の民衆化が進んだ。衆徒団の執行機関の別会五師《べちえごし》が奉行して若宮祭礼料所を所管するほか、諸役の差定、旅所神殿の構設を行い、当日は風流(仮粧行列)を興福寺南大門前において検知した。鎌倉時代、田楽と流鏑馬が呼び物とされ、田楽は興福寺学侶二口が頭役に選ばれてその費を負担した。祭礼の前日、頭坊において楽頭に給禄の「装束賜」がある。流鏑馬は国衙領ないし近在の社寺領の武士が差定せられたが、南北朝時代からは衆徒・国民が台頭し、流鏑馬願主人と号し祭礼費を献じ寺僧の田楽頭を圧して祭礼主催権を自専した。衆徒・国民が六党に組織づけられ、六月朔日にそのうち二党(一党・三党のこともある)が願主人に差定される。なお、在地領主の衆徒が興福寺の実権を掌握したが、これが四座猿楽を参仕せしめたので、祭礼はいっそう人気を呼び、大鳥居近くの影向の松の下において金春・金剛座の弓矢の祝言、観世・宝生座の船の祝言が演ぜられる。この若宮祭風流においては伝統芸能、特に田楽・能楽の洗練が著しい。室町将軍家歴代の春日社参もこれの見物を目ざしたものともいえる。室町時代には、祭日が十一月二十七日に変わるが、これは農村領主の衆徒・国民らの参仕の便によるものであり、大和一国の大祭化を示している。これに支えられて戦国乱世にも若宮祭はつづいた。豊臣政権によって大和武士が追われたため衰微したが、徳川政権は奈良奉行を祭礼主催者に加え、一国大小名に参仕を命じたり、天領に仮屋料木を課したほか、猿楽三座に参勤料二百石を給し、一国の大祭として振興した。なお、中世願主人の宿所として遍照院(鳥獣の懸物が有名)が定まり、風流はここを発して南大門および松の下の儀を了して旅所に至り、猿楽が埒《らち》を明けて神前にそれぞれ諸芸能が奉ぜられる。祭日夜に還幸があり、翌日には猿楽の後日能がある。近代、祭日は十二月十七日に変更され、風流は時代行列として新旧混合の姿となったが、なお大和の農村暦の役割を存するなど、その伝統を輝かしている。

参考文献 『春日大宮若宮御祭礼図』、永島福太郎『奈良』(吉川弘文館『日本歴史叢書』三) (永島福太郎)

かずはらえ　数祓　中臣祓詞もしくは中臣祓祭文を繰り返し唱えること。僧侶の千部・万部の読経や百万遍の念仏などに倣ったもので、『中臣祓訓解』に「此を以て一座の祓は百日の難を除き、百座(度)の祭文は千日の咎《とが》を捨《まぬか》る」(原漢文)ともあるように、反復することによってその効能を増すとする考えにもとづく。もと陰陽師が行なったもので、これを祓修行といい、そのしるしたる祓串を、あたかも仏家の巻数《かんじゅ》(かんずとも)のように、信心施主のもとにおくった。七度(座)祓がこの数祓のはじめのようで、『小右記』長元四年(一〇三一)八月四日条に「其後、神宣云、可レ奉二七ヶ度御祓一者、此及二大雨一不レ止、僅三ヶ度奉仕、今四ヶ度欲二奉仕一之間(下略)」とみえる。ついで『山槐記』久寿二年(一一五五)正月二十一日条などに百度祓・千度祓のことがうかがわれる。そのほか、十度祓・四十度祓・八十度祓などもあったが、ことに著名なのは、江戸時代に、伊勢の神宮の御師が歳首にあたって諸国の檀那におくった一万度(万度)祓筥で、今日の大《たい》麻《ま》(いわゆる「おはらい」)頒布はこれに由来している。

参考文献 出口延佳『祓具図説』(『大祓詞註釈大成』上)、天野信景『塩尻』(『日本随筆大成』三期)、『神道名目類聚抄』五、久保田収『中世神道の研究』 (西田　長男)

かずらきにますほのいかずちじんじゃ　葛木坐火雷神社　奈良県北葛城郡新庄町笛吹に鎮座する。旧郷社。祭神は火雷大神・天香山命。『延喜式』神名帳の大和国忍海郡条にみえ、二座とあり、ともに名神大社に列し、月次・相嘗・新嘗の官幣に預かる。また『三代実録』貞観元年(八五九)正月二十七日条に、昇して従二位を授くとある。鎮座地は現在地をこれにあてるが明らかでない。中世以来衰微し笛吹神社の末社となっていたのを、明治七年(一八七四)三月、笛吹神社に合祀して郷社火雷神社と号し、のち現称とした。例祭は十月二十四日・二十五日。 (原田　敏明)

かずらきのおじんじゃ　葛木男神社　高知市布師田鎮座。旧郷社。祭神は高皇産霊神《たかみむすびのかみ》・葛城襲津彦命《かずらきのそつひこのみこと》・同妃命。延喜式内小社。古く高結《たかむすび》大明神と称し、明治元年(一八六八)現社名に改めた。葛城襲津彦妃命は本社の近くにあった延喜式内小社葛木咩神社(旧村社)の祭神であった。『神社覈録』はこの両社の神を夫婦となし、『特選神名牒』も葛木男神・葛木咩神は葛城朝臣に由があり、布師田の地名は布師首《ぬのしのおびと》に縁があり、布師首がここに来住して同祖の葛城襲津彦夫婦を祀ったものとした。戦前は大方本社の祭神を葛城襲津彦神としている。例祭は十一月五日。なお、葛木咩神社は昭和四十七年(一九七二)本社に併せられた。

参考文献 竹崎五郎編『高知県神社誌』、明治神社誌料編纂所編『(府県郷社)明治神社誌料』下、谷重遠『土佐国式社考』(『神祇全書』五) (阪本　健一)

かずらきのひとことぬしじんじゃ　葛城一言主神社　奈良県御所市森脇に鎮座。旧県社。祭神は一言主大神。祭神を事代主命と幼武尊《わかたけのみこと》とあるが、『大和志料』には一言主神に雄略天皇を配祀するとする。『延喜式』神名帳の大和国葛上郡条にあり、名神大社に列し、月次・新嘗・相嘗の官幣に預かる。『文徳実録』嘉祥三年(八五〇)十月辛亥条に正三位を授くとあり、『三代実録』貞観元年(八五九)正月甲申条には従二位を授くとある。また『本朝世紀』によると、正暦五年(九九四)四月二十七日奉幣、疫病退散の祈願があった。『日本書紀』雄略天皇四年二月条には、天皇が葛城山に狩をし、面貌・容儀が天皇に似た現人神と称する長人《たけたかきひと》に逢ったが、これが一言主神であるという。また『釈日本紀』一二所引の『暦録』によると、このとき天皇と神とが獲物を争い、不遜の言があったので、天皇は怒って神を土佐国に移したが、天平宝字八年(七六四)に葛城山東下高宮岡上に迎え鎮めまつったという。その祭神を事代主命とするのは、一言主とその音が似ているからであろう。幼武尊とあるのは雄略天皇のことである。例祭は九月十五日。 (原田　敏明)

かずらきのひとことぬしのかみ　葛城一言主神《ぬしのかみ》　⇩一言《ひとこと》主神

かずらきのみくまりじんじゃ　葛木水分神社　奈良県御所市関屋に鎮座。天水分神・国水分神を祀る。鎮座地は大和・河内国境金剛山・葛城山の鞍部水越《みずこし》峠の登口、水越川沿いにある。河内側にも式内社建水分《たけみくまり》神社がある。天平三年(七三一)の住吉大社司解に、土樋を造り田に水を引くことができたので水分・水越と称し、三輪人をして神を鎮祭せしめたとみえる。『三代実録』貞観元年(八五九)正月二十七日条に、従五位下から正五位下に昇叙、同年九月八日条には風雨祈願の幣に預ったことがみえる。『延喜式』神名帳には「葛木水分神社(名神大、月次新嘗)」とあり名神大社に列しているが、名神祭二百八十五座の内には記載がない。同四時祭上、祈年祭祝詞の水分四社の一社であり、同祭には馬一匹を加えて奉られた。例祭は十二月二十日。境内に元禄十五年(一七〇二)五月銘の石燈籠があり、大和・河内国境水論勝訴を祈念して寄進されたと伝え、同年十二月二十一日正式に勝訴となり、例祭日はそれにちなむという。

参考文献 式内社研究会編『式内社調査報告』二、谷川健一編『日本の神々』四 (山田 浩之)

かずらきのみとしじんじゃ　葛木御歳神社　奈良県御所市東持田に鎮座。旧郷社。祭神は大年神・御年神・高照姫命。『延喜式』神名帳の大和国葛上郡条にみえ、名神大社に列し、月次・新嘗の官幣に預かる。『新抄格勅符抄』によれば、天平神護元年(七六五)、大和三戸・讃岐十戸の併せて十三戸の神封を受けた。『文徳実録』仁寿二年(八五二)四月庚申条には従二位、同年十月甲子条には正二位、さらに『三代実録』貞観元年(八五九)正月甲申条には従一位を授けられたとある。また同八年二月己未条には祟があったために新たに神主を置き、また同十二年七月壬申条には雨を祈ったとある。例祭は二月十七日・十月十九日。 (原田 敏明)

かぜなみじんじゃ　風浪神社　⇩風浪宮《ふうろうぐう》

かぜのかみ　風神　農耕や漁撈に深くかかわっている風は、風向により種々の地方的名称をもつ。風害よけの祈願は一般神社に対してもなされるが、特に風を司る神として『日本書紀』には級長津彦命《しなつひこのみこと》または級長戸辺命《しなとべのみこと》がある。伊勢の皇大神宮別宮の風日祈宮《かざひのみのみや》はこの神をまつり(祭日五月十四日・八月四日)、元寇の「神風」以来とくにその霊験が称えられた。『延喜式』には大和の竜田大社の祭神に天御柱神《あめのみはしらのかみ》・国御柱神《くにのみはしらのかみ》の名がみえる。この社は古来朝野の信仰を集め、風雨の調和と年穀の豊熟が祈念されて、平安時代末期までは毎年四月・七月の風神祭以外にもしばしば朝廷から奉幣があった。奈良県の穴師坐兵主《あなしにますひょうず》神社をはじめ『延喜式』に記された諸国の穴師神社は、おそらく風の神の社だったろう。アナジ・アナゼの風向は必ずしも一定しないが、主に北西の荒い風をいうのである。風祭《かざまつり》は風日待とも呼ばれ、東北から九州まで諸所にある。現在は二百十日か旧暦八月一日(八朔)前後に行われる地方が多く、部落共同で祈願するのが普通である。このころ獅子舞をする慣行はことに関東平野に多い。鳥害などの防除の儀礼と結合して行われる例もあり、大分県の一部では風祭を旧暦の正月と七月の四日にする。また、神の往来には風を伴うという信仰があり、旧暦十月(神無月)に神々が出雲へ行くとの伝承があるところでは、神の往復時に必ず大風が吹き荒れるという。

参考文献 柳田国男編『分類祭祀習俗語彙』、同編『(増補)風位考資料』 (平井 直房)

かぜのかみのまつり　風神祭　⇩竜田祭《たつたのまつり》

かぜのみや　風宮　⇩風日祈宮《かざひのみのみや》

かたしろ　形代　⇩人形《ひとがた》

かだじんじゃ　加太神社　⇩淡島神社《あわしまじんじゃ》

かたたがえ　方違　平安時代から江戸時代まで行われた陰陽道の俗信の一つ。忌避すべき方角を避けて他に移ること。方塞《かたふさがり》・方忌《かたいみ》ともいう。忌避すべきことの内容は時代によって相違する。㈠本命すなわち生年の干支によるもの。これはもっとも古い型で、貞観七年(八六五)八月から十一月までの間、清和天皇は東宮から内裏に入るのを避けて太政官の曹司庁に遷御した。これは嘉祥三年(八五〇)庚午生まれの天皇にとって乾の方角が絶命にあたっていたための方違であった(『三代実録』)。㈡天一神(中神・長神ともいう)遊行の方角を忌避するもの。平安時代中期以降もっとも盛んに行われた。天一神は己酉の日から四十四日間四方を五、六日ずつ周遊するので六日の御物忌ともいわれた。天一神が天上にある癸巳から戊申までの十六日間を天一天上と呼び忌避を要しない(『江次第抄』)。㈢金神《こんじん》方を忌避するもの。平安時代末から起ったもので、年により忌避の方角が定まっている。このほか三年塞と呼ばれる大将軍方や、季節によって移動する王相方を忌避して方違が行われた(『簾中抄』)。方違は天皇上皇をはじめ貴族武家間に広く行われたが、その方法は時代により変遷があり、また異説がある。通常は忌避すべき方角に向かって他出する場合に前日必ず吉方の家に赴いて一夜を明かすものであったが、のち次第に簡略化され、ある地点に赴き鶏鳴または夜半に至って帰るようになり、あるいは鶏の声をまねてすませたり、本人が赴く代りに枕だけを他所に移して方違とするようになった。また金神方や大将軍方・王相方など忌避が長期にわたる場合には、四季の節分あるいは四十五日ごとに一夜の方違を行なった。方違は陰陽道ことに天一神や金神などに対する信仰の衰退によって、次第に行われなくなり、今日では一部の俗習にその姿をとどめるだけになっている。　↓金神《こんじん》 (岡田 芳朗)

かたたがえじんじゃ　方違神社　大阪府堺市北三国ヶ丘町に鎮座。旧郷社。俗に「ほうちがい」社と称す。八十《やそ》天万魂神《あまよろずみたまのかみ》(天神地祇)・素盞鳴命・三筒男大神《みつつおのおおかみ》(住吉大神)・息気長足姫命(神功皇后)の四座を方違幸大神と称し、家相方位の方障除けの神として崇敬す。社伝に、崇神朝に物部大母呂隅足尼《もののべおおもろずみのそこね》をしてこの地に素盞鳴命を創祀せしめ、神功皇后は忍熊王の叛にあたって天神地祇を祀り方除を祈り、応神天皇が、三筒男神と母の神功皇后を合祀したと伝える。この地は摂河泉の境のいわゆる三国丘で方位のない清地という信仰によるものという。旧別当寺は向泉寺。旧郷社向井神社を合祀する。五月三十一日の例祭における粽祭は有名。

参考文献 植垣節也『方違神社―研究と史料―』、『堺市史』七 (今井 啓二)

かだのあずままろ　荷田春満　一六六九―一七三六　江戸時代前期の国学者。氏は羽倉氏ともいう。初名は信盛、通称は斎《いつき》宮、略して斎。春満は東満・東麻呂・東万侶とも書く。寛文九年(一六六九)正月三日生まれる。京都伏見の稲荷神社の神官信詮《のぶあき》の第二子で、母は貝子。家学として社家神道の流れを汲む神道と歌学を承け、また伊藤仁斎の古義学盛行の時期に勉学生活を送り、その影響を受けた。また、稲荷社神官の先輩に、山崎闇斎門下の大山為起(葦水)があって、その感化も受けたらしい。元禄十年(一六九七)七月、霊元天皇皇子妙法院宮に出仕し、同十二年六月にこれを辞した。翌年三月には、教授講義をもって家名を興そうとして江戸に下り、正徳三年(一七一三)四月、帰京に至るまで門生の教授にあたった。その間、赤穂義士の吉良家討入りに助力したと伝えられる。享保七年(一七二二)四月には三たび江戸に下り、翌年五月、最後に江戸を去り帰郷するまで、幕臣の問に答え、和書を鑑定するなど幕府の御用を勤め、幕臣との交渉は帰郷後も続けられた。同十三年には、養子の在満を後継者として江戸に下らせ、幕府に登用されることを願い、やがてこれに成功した。春満には、幕府に国学の学校の創建を願い出た文書といわれる創学校啓文が伝えられており、この在満の東下を啓文上願と結びつける説があるが、啓文は同十六年以後のものと考えられ、この説は成立し難い。またこの啓文は刊本『春葉集』(春満の家集)付録の啓文本文のほかに、門人山名霊淵筆の草稿本があり、これには、「国学」の語は用いられておらず、啓文の存在により春満を国学の創始者と目する説は検討を要する。享保十五年、中風症を発し、元文元年(一七三六)再発して同年七月二日没し、稲荷山に葬られた。六十八歳。春満の国学は神道と和歌、および国史律令の学を包含し、契沖の古学の領域を拡大するとともに、復古意識を明確にして、国学の展開に大きな影響を与えた。しかし、かれの主張した古道は、古典の研究を通じて帰納的に導き出されたものではなく、『日本書紀』神代巻を教典として道徳を説く古い神道の類型を脱し得ておらず、また、その歌学も道徳の支配から自由でない。要するに歌学と神学とは、未だ賀茂真淵や本居宣長のように学の方法として融合するに至らず、そこにかれの国学の観念性があった。神道の方面には『日本書紀神代巻抄』『神代巻割記』『古事記割記』など、歌学の方面には『万葉集童子問』『伊勢物語童子問』など、また律令格式の研究に『類聚三代格考』『令義解割記』などの業績があり、その他主な著作は『荷田全集』全七巻のうち、一・五・六に収められている。↓東丸神社《あずままろじんじゃ》

参考文献 三宅清『荷田春満の神祇道学』

（大久保　正）

かだのありまろ　荷田在満　一七〇六―五一　江戸時代中期の国学者。宝永三年(一七〇六)生まれる。荷田高惟の男で、荷田春満の甥。春満に男子がなかったので、はやく春満の養子となり、家学を継いだ。通称は東之進、はじめ大学とも称した。字は持之、仁良斎・三峯と号した。享保十三年(一七二八)、春満の意志を受け、和学者として登用されることを求めて江戸にくだり、やがて幕府に仕えることとなり、主として有職故実の調査に従事した。ついで八代将軍徳川吉宗の第二子で、有職故実の学に一方ならぬ嗜好を有した田安宗武に出仕することとなり、宗武の命を受けて有職故実の研究につとめ、『本朝度制略考』『令三辨』『羽倉考』など多くの業績を挙げた。そして元文三年(一七三八)桜町天皇の大嘗会にあたっては、大嘗会儀式拝観その他京畿社寺調査の内命を受けて上京し、『大嘗会儀式具釈』九巻を撰進した。しかるに翌年、別に『大嘗会便蒙』二巻を公刊したことが幕府の忌諱にふれ、ついに閉門を命じられるに至った。その事情は『大嘗会便蒙御咎顛末』と題する手記に詳しいが、この閉門事件に、宗武の命によって在満が寛保二年(一七四二)に書いて奉った『国歌八論』が、宗武の意見と対立したことも重なって、延享三年(一七四六)ごろには、賀茂真淵を後任に推挙して、田安家から退隠した。そして宝暦元年(一七五一)八月四日没し、浅草金竜寺に葬られた。四十六歳。在満の国学は、春満の有職故実の研究を継承発展せしめて精緻な学風をきずいた点に特色がある。また、歌論においては芸術主義的な立場を貫いて、近世歌論の展開に一つの時期を画した。ほかに、『白猿物語』『落合物語』などの擬古物語の作を残しているのも、時代の反映として注目される。その主要な著作は『荷田全集』七に収められている。

参考文献 大貫真浦『荷田東麿翁』、久松潜一『国学―その成立と国文学との関係―』

（大久保　正）

かつうらじんじゃ　勝占神社　徳島市勝占町中山に鎮座。古くは勝の宮・杉尾明神と呼ばれた。延喜式内社(小社)で、旧郷社である。祭神は大己貴命・事代主命・須勢理比売命・玉櫛姫命である。勝浦郡の郡領、長直《ながのあたい》の氏神であったと思われる。蜂須賀氏の入国以来、江戸時代を通じてあつい崇敬をうけ、ことに寛永十二年(一六三五)蜂須賀忠英が社殿を修造してからは、年々神事料として米八斗が寄進された。例祭は十月九日。

参考文献 栗田寛『神祇志料』一九、小杉榲邨編『阿波国徴古雑抄』、佐野之憲『阿波志』、『勝浦郡志』、永井五十鈴麻呂『阿波国式社略考』(『神祇全書』五)

（西山　徳）

かつおぎ　堅魚木　⇩千木《ちぎ》

がっさんじんじゃ　月山神社　山形県のほぼ中央にそびえる海抜一九八〇《メートル》の月山山頂(東田川郡羽黒町)に鎮座する。『延喜式』神名帳では飽海郡三座のうちで、名神大社、旧官幣大社。宝亀四年(七七三)十月、月山《つきやま》神に神封二戸をあてたのが史料上の初見で(『新抄格勅符抄』)、その後貞観六年(八六四)から元慶四年(八八〇)にかけて、蝦夷の反乱鎮圧にあたって霊威を示したことなどでしきりに位階・勲位が進められ、また封戸が加増された(『三代実録』)。中世以降、修験道の発展につれて、常に寂光の輝く阿弥陀仏の浄土(常寂光土)と仰がれ、祭神の月読《つきよみ》命《のみこと》は垂迹神とされた。登山口の一つで、門前街でもある手向《とうげ》では、八十八夜の三日前から物忌をして山に登る。これを春山とか「ひあがり」といい、一夜は山中に籠って、八合目上のお花畑から松や石楠花などを切りとり、町内の家々に配るのをお花と呼び、たんぼの水口に立て

る。下山の後も三日間の忌籠りをしたが、今は前後三日に短縮された。月山・湯殿山・羽黒山を出羽三山と称し、三山信仰は関東・東北・信越の各地に及んだから、これらの地方の信者は講を組織し、夏期には白衣姿で登山する。これを夏峰といい、登拝の信者を道者《どうしゃ》と呼んでいる。例祭は七月十五日。 ↓出羽三山《でわさんざん》 （戸川　安章）

かってじんじゃ　勝手神社　奈良県吉野郡吉野町吉野山に鎮座。古くから勝手大明神の名で知られる。社伝では式内大社吉野山口神社の後となし、明治時代に一時、吉野山口神社と称したが、明治三十二年（一八九九）現名に改称した。吉野八社の一つ。祭神は天忍穂耳命《あめのおしほみみのみこと》・大山祇命《おおやまずみのみこと》・久々能知命《くくのちのみこと》・木花咲耶姫命《このはなさくやひめのみこと》・苔虫命《こけむしのみこと》・葉野姫命《かやのひめのみこと》・恵比須大神・大黒大神。しかし『麗気記』などは天孫降臨に従った三十二神中の愛鬘神命《うけのりかみのみこと》と伝えている。創建年代は明らかでないが、金峯山寺の興隆に伴い、金峯神社、子守神社（吉野水分神社）などとともにその支配下に入り、社人は吉野大衆に加わった。嘉禄二年（一二二六）吉野衆徒が勝手・子守両社の神輿を奉じて強訴したことは著名である。また勝手大明神は蔵王権現の眷属神とされ、「吉野曼荼羅《よしのまんだら》」には騎馬武神像として表現されている。貞和四年（正平三、一三四八）吉野陥落の際、当社前で後村上天皇が御製を詠まれたことは、『太平記』、『房玄法印記』（『醍醐地蔵院日記』）に伝えられて有名であり、社後の袖振山には五節舞の起源に関する伝承がある。豊臣秀頼修造の社殿は正保元年（一六四四）焼失し、現社殿は翌年の再建という。例祭は十月十七日。

参考文献　林宗甫『和州旧跡幽考』一一、佐藤虎雄「金峯山の信仰」（『神道史研究』一ノ三）、同「金峯山の諸社」（同五ノ一） （久保田　収）

かつらぎしんとう　葛城神道　⇩雲伝神道《うんでんしんとう》

かつらはまじんじゃ　桂浜神社　広島県安芸郡倉橋町本浦に鎮座。旧称八幡宮、通称「はちまんさん」。旧郷社。祭神は応神天皇・仲哀天皇・神功皇后・多紀理毘売命《たぎりひめのみこと》・市寸島毘売命《いちきしまひめのみこと》・多岐都毘売命《たぎつひめのみこと》である。創建年代未詳。遣新羅使一行が長門島で詠んだ歌八首が『万葉集』にみえるが、その小松原は桂ヶ浜に比定され、当社鎮座を推定する説もある。棟札によると文明十二年（一四八〇）多賀谷氏と考えられる平姓の人々が社殿再興を行なっている。この社殿が現本殿で三間社流造前室付きで、重要文化財に指定されている。社蔵文書によると明応九年（一五〇〇）、永正十一年（一五一四）にも造営があった。『大般若経』二百七十八巻は大内氏菩提寺氷上《ひかみ》山興隆寺の什物であったが、多賀谷氏が入手寄進したのであろう。主体は応安七年（一三七四）―永和二年（一三七六）の書写。明治四年（一八七一）現社名に改称した。例祭はもと旧暦の八月十五日、現在は九月第三日曜日、尾立浦の人が往古漂着神を網であげたことにちなむ「網曳の古式」を行う。

参考文献　『倉橋町史』資料編、広島県神社誌編集委員会編『広島県神社誌』 （藤井　昭）

かでんしんとう　家伝神道　その家に伝承する独自の神道。多くは神社の神職の家（社家）に伝わるので社家神道または社伝神道ともいう。家伝は社家・社伝に限らず、より広い意味を含む称かと思われる。もと仏家の神仏習合説への反駁として生じたともいう。伊勢神宮の度会家の唱えた度会神道はその早い例である。ついで忌部正通の説を祖とする忌部神道、中世末期の卜部（吉田）兼俱の説を中心とする吉田神道があり、近世初期には以上の説の影響の下に仏教色を強く排し儒教特に朱子学の理念を導入した林羅山・山崎闇斎・吉川惟足・度会延佳らの各神道説が現れた。これらを総じて儒家神道と称する。また、これら中・近世の神道説は一社一家の説から出て、より公的な学説を形成しているとの観点から、学派神道とも称される。これに対し、以降各々特殊な一派を形成するとみられる諸家がある。下御霊神社の出雲路信直（一六五〇―一七〇三）は闇斎門流としてその説を堅持するとともに古来の御霊祭（およそ不遇の死を遂げた皇族や諸臣の慰霊安鎮の祭）の儀を伝承する神職である。梅宮神社の神職玉木正英（一六七〇―一七三六）は垂加門流でその説を唱える一方、橘家神道の秘伝を伝授されたのを機にこれを大成したという。その神拝式をはじめ諸祈禱、祝詞、呪文秘歌、神符などの多種が今に伝わる。稲荷大社の大山為起（一六五一―一七一三）は等しく垂加門であるが、同時に稲荷社伝の神道秘説を伝承し、『唯一論』『味酒講記』『本朝桃葦伝』など著書多く一家の説を成している。安倍晴明を祖とし古代からの陰陽道家を継いだ土御門泰福（一六五五―一七一七）の伝承する土御門神道（安倍・安家・天社各神道ともいう）は泰山府君祭・天曹地府祭などがあり陰陽五行説の豊かな神道である。賀茂御祖神社の梨木（鴨）祐之（一六五九―一七二三）は葵祭を再興し神社の祭儀整備に努め、『日本逸史』『大八洲記』『神武紀講義』などの著書も多く、史典に精通した神道家である。 ↓社家神道《しゃけしんとう》

参考文献　河野省三『近世神道教化の研究』、薗田稔編『神道』 （小笠原春夫）

かとうげんち　加藤玄智　一八七三―一九六五　明治から昭和時代にかけての宗教学者・神道学者。漢詩の嗜みもあり、波水漁郎・藤玄などと号した。明治六年（一八七三）六月十七日、東京浅草の真宗高田派称念寺の僧、加藤玄聴の長男に生まれた。同三十二年七月、東京帝国大学文科大学哲学科を卒業、さらに大学院に進み、四十二年七月、提出論文「知識と信仰」によって文学博士の学位を受けた。陸軍教授士官学校付・明治聖徳記念学会常務理事・同付属研究所長・東京帝国大学助教授・国学院大学教授などを歴任、この間、駒沢大学・大正大学・神宮皇学館などの講師をも兼ねた。昭和三十五年（一九六〇）十一月三日紫綬褒章を、四十年四月二十九日勲三等瑞宝章を授けられ、同年五月八日静岡県御殿場市東山の研究所学労窟に九十一歳で没し、東京都府中市の多磨墓地に葬られた。その著書は、『宗教学』『神道の宗教学的新研

究』『本邦生祠の研究』『宗教学精要』『神道信仰要系序論』をはじめ、『神道書籍目録』『(明治大正昭和)神道書籍目録』などきわめて多く、英文のものも**A study of Shintō, the religion of the Japanese nation** など十数点に及んでいる。

参考文献 梅田義彦「加藤玄智博士略歴・主要著書論文目録」(加藤玄智『神道信仰要系序論』所収)、同「加藤玄智」(『神道宗教』四一) (岸本 芳雄)

かとうじんじゃ 加藤神社 熊本市本丸鎮座。祭神は加藤清正。陪神は大木兼能・韓人金官。旧県社。明治元年(一八六八)熊本藩主細川韶邦の弟長岡護美の建言により、朝廷より神祭仰せ出され、藩において創建した。御霊代は従来「清正大神祇」の名があった発星山本妙寺浄池廟の本尊で、明治四年神仏分離の際、熊本城内に神宇を造営して遷祀し、錦山神社と称した。七年同城内に鎮台が置かれたため新堀町に遷座し、翌八年県社に列せられた。十年西南戦争の災により健軍神社に動座したが、同年九月仮神殿を構えて還座し、十九年に本殿竣工した。四十二年祭神の三百年忌にあたり、特旨を以て従三位に追陞あり、社号を加藤神社と改めた。相殿の大木兼能は清正の老臣。金官は朝鮮出兵の際に清正に従って貢献するところのあった人で、のちわが国に帰化し、清正の没するや兼能とともに殉死した。現在の社殿は昭和三十七年(一九六二)の竣工で、鎮座地は新堀町から移転して、祭神に由縁の深い熊本城内である。例祭は四月二十四日。

参考文献 岩下公幸撰『肥後国神祠正鑑』、明治神社誌料編纂所編『(府県郷社)明治神社誌料』下、加藤神社編『錦山加藤神社』、同編『加藤神社由緒略記』、熊本商業会議所編『清正公三百年祭と熊本』 (阪本 健一)

かとりおおねぎけいず 香取大禰宜系図 香取神宮大禰宜家を世襲した大中臣氏の系図。一冊。大禰宜家は大宮司家と血族であったので、近世以前については『香取大宮司系図』も考慮する必要がある。『続群書類従』系図部に所収されているが、その奥書には大中臣実命本を写したことが記されている。実命は本系図の最末尾にみえ、寛政ころの人物らしいので、そのころに成立したものと思われる。あるいはそれ以前に成立したものが、その後書き継がれていったものともいう。本系図の冒頭は秋雄とあり、これを大禰宜元祖としている。この秋雄は『香取大宮司系図』によれば、大宮司五百島の養子大中臣清暢の子とみえる。本系図は秋雄ののち数代略し、すぐに二十五代豊郷へ係けられ、次には白河院時代の三十四代助員へ係けられている。また本系図には嫡々相承を強調するため、大禰宜襲職者には何代との注記がなされ、これがほぼ世代数と一致するところに特色がある。

参考文献 『群書解題』三中 (川島 孝一)

かとりおおねぎけにっき 香取大禰宜家日記 江戸時代の香取神宮大禰宜家の日記。全十六冊。大禰宜家の備忘録を主な材料とし、他の文書や記録などを参考にしてまとめられた記録というべきものである。筆者は定かではないが、年表と日記からなり、元禄十一年(一六九八)から宝暦十年(一七六〇)に及ぶ(ただし宝暦八―十年の分は欠)。近世における香取神宮の造営や、幕府の寺社奉行のもとでの訴訟の記事など豊富な内容を含んでいる。『香取群書集成』に所収されている。 (川島 孝一)

かとりぐうせんぐうようとき 香取宮遷宮用途記 鎌倉時代の香取神宮の遷宮用途の記録。一巻。本文に「大禰宜惟房請取」とあり、惟房は建久七年(一一九六)に死んでいることが系図から確認できるが、本書の成立との関わりについては、不明である。本文は欠損や錯簡が多く、『香取大神宮造営目録』や『嫭殿遷宮用途記』などとの比較、検討が必要である。また部分的にもとになったと思われる史料が香取神宮の『旧大禰宜家文書』(『千葉県史料』中世篇香取文書所収)にみられる。主な内容は、遷宮用途としての品目・数量・配分・用途が課せられた所領などが詳細に書き上げられている。特に後半部分には、遷宮に際してどこの庄郷が何の品目をどれだけ負担したのかが書き上げられており、用途負担の実態を知る貴重な記述がある。この記録は宝治年間(一二四七―四九)の遷宮の記録かとも思われるが、今後の検討が必要である。『続群書類従』神祇部、「御遷宮用途記」として『神道大系』神社編二二に所収されている。

参考文献 『群書解題』一下 (川島 孝一)

かとりぐんしょしゅうせい 香取群書集成 千葉県佐原市に鎮座する香取神宮に関係する史料・文献を蒐集した史料叢書。編集は香取神宮史誌編纂委員会。昭和十八年(一九四三)に宮地直一監修により第一巻が発刊され、以後継続刊行中であり、現在第六巻まで刊行されている。主な内容は第一巻が縁起・社誌・案内記など、第二巻が祭儀に関するもの、第三巻が絵巻・祭儀・旅行記など、第四・五巻が国学者伊能穎則《ひでのり》の著作、第六巻が香取大禰宜家日記一、となっている。本叢書は香取神宮所蔵史料のみならず、周辺の関係史料も網羅しており、香取神宮の歴史はもとより、歴史学・神道史学・国文学・民俗学などの諸分野の研究に豊富な材料を提供しうるものである。 (川島 孝一)

かとりぐんじんさい 香取軍神祭 千葉県佐原市の香取神宮で午年ごとの四月に行われる祭典。古くは軍陣祭ともいい、現在は神幸祭とよぶ。四月十五日、神輿と三体の「御船木」を中心とした神幸列が本社より利根川の津宮鳥居川岸に至り、それより神輿を御座船に移し、この船を中心に多数の供奉船が従い、牛鼻(水郷大橋の下流地点)に至って止まり、鹿島・小御門両社の神職が奉迎して一同祭典を執行、のち佐原川岸に上陸、そして御旅所に一宿。翌日市内を巡行し本社へ還幸となる。社伝ではこの儀が建仁元年(一二〇一)にはすでに行われており、応仁の乱のころ衰え、永禄十一年(一五六八)に行なって以後明治まで中絶したという。『香取神宮文書』のうち『旧源太祝家文書』の正長三年（永享二年、一四三〇）差定状案に、三月御幸神事の一御船（前記の御船木と関係があろう）から三御船までの御船持役をそれぞれ大倉・多田・織幡の各村に割り当てる旨のものがあるのは、わずかに中世後期の実況を示すものである。この祭典は明治八年（一八七五）に復興し、毎年執行されたが、同十五年以後、午年ごとに（すなわち十二年に一度）行うこととされ、現在に至っている。

参考文献　松本信広『日本の神話』（『日本歴史新書』）、川戸彰「香取神宮式年神幸祭攷」（『千葉県の歴史』一六）

（萩原　竜夫）

かとりしやぞうえいぶつちゅうもん　香取社造営物注文　香取神宮仮殿造営のための用途を書き上げ、配分を記した文書。一巻。仮殿用途の記録であり、「仮殿造営用途算用状」といったほうが適切である。応永二十五年（一四一八）九月三日付のものと、応永二十六年四月七日付のものとの二通によってなる。内容は仮殿造営に際しての用途銭の額とその配分先が詳細に記されており、室町時代経済史の史料としても注目されうるものである。『続群書類従』神祇部に収められているが錯乱もみられ、『香取神宮文書』（『千葉県史料』中世篇香取文書所収）にはこのもととなった文書が「仮殿造営用途算用状」として二通伝来しているので、比較、検討しながら利用する必要がある。なお『神道大系』神社編二二にも所収されている。

参考文献　『群書解題』二下

（川島　孝一）

かとりしゃねんじゅうしんじもくろく　香取社年中神事目録　中世香取社の年中行事に関わる神事所役の目録などをあつめたもの。一巻。『続群書類従』神祇部所収。『続群書類従』の選択の基準は不明であるが、多数の年中行事関係の史料を有する『香取田所家文書』の一部である。『続群書類従』所収の八点の文書は、第一が至徳三年（一三八六）書写、第二が嘉暦三年（一三二八）の神事注文を至徳三年に書写したもの、第三は向後のため至徳元年に注したもの、第四は徳治二年（一三〇七）の本帳を応永四年（一三九七）に書写したもの、第五は元徳三年（一三三一）の帳簿を康暦元年（一三七九）に書写したもの、第六・七は年未詳であり、第八は明徳四年（一三九三）の田所義観宗祐の寄進状である。なお、『群書解題』では第五・六・七の三通を一通とみているが誤りである。これらの文書は、香取大禰宜大中臣長房が応安の相論を経て香取社地頭代の中村胤幹などの武家勢力から社領を回復し、再建していく過程で作成・書写されていったもので、鎌倉時代以来の年中行事のあり方を復原しうるものとして重要である。

参考文献　『群書解題』二下、「香取田所家文書」（『千葉県の歴史』資料編中世二所収）、西垣晴次「中世香取社の神官と神事」（木村礎・高島緑雄編『耕地と集落の歴史―香取社領村落の中世と近世―』所収）

（鈴木　哲雄）

かとりじんぐう　香取神宮　千葉県佐原市香取に鎮座。旧官幣大社。下総国の一宮。祭神は経津主神《ふつぬしのかみ》。古代の地形では東国の東端、大河の河口に近く、湖と入江が多く、しかも大洋に臨む地にあって、鹿島とならんで大和朝廷が早くから深い関係を持った神社である。カトリの名義は、『日本書紀』神代天孫降臨章第二の一書に「此神今在二乎東国檝取《かとり》之地一也」というように、カジトリのつまった語で、船の航行を掌るところにあったろう。祭神の名フツヌシとは、『古事記』神武天皇段の東征記事に出る布都《ふつの》御魂《みたま》（紀には「韴霊」）と同じく、刀剣の鋭い霊威を示す語で、この神は、『日本書紀』において、大和朝廷の国土経略に大功のあった武神として説かれている。奈良時代に至り、中央の権力に座を占めた藤原氏は、皇基の確立に大功のあったこの神の霊威を以て氏の権威を説明すべく、氏神の社を平城京の一角に建立して鹿島・香取の神を勧請し、第一殿・第二殿に奉祀して国家的礼遇を以て奉ずるに至った。すなわち春日神社である。宝亀八年（七七七）藤原良継が病むに及んで、藤原氏の氏神たる香取神を正四位上に叙し（『続日本紀』）、承和三年（八三六）に伊波比《いわい》主《ぬし》神（経津主神の別名）を正二位に叙したとあるのは（『続日本後紀』）、いずれも当社のことである。承和六年従一位に叙せられる（同）。『三代実録』元慶六年（八八二）十二月九日条に「正一位勲一等香取神社」とあるのは、さきに嘉祥三年（八五〇）春日の伊波比主神を正一位に陞せたとき、香取神も同時に陞階したとみなされたのであろう。当社は『延喜式』神名帳に「香取神宮（名神大、月次、新嘗）」と記され、鹿島神宮とならんで、二十年ごとに造営の行われる定めであった。香取郡を神郡としていたので封戸の収入も多く（『新抄格勅符抄』の大同元年（八〇六）牒に七十戸）、元慶六年の式年造営には神税五千八百五十五把余を雑舎の分に宛てた（『三代実録』）。収入が多いので神職たらんとする者に競望多く、承和三年には鹿島社

香　取　神　宮

の禰宜と同じく当社の禰宜も遷代相続して把笏することが定められた。藤原氏の支持は長い間続き、長暦元年（一〇三七）関白藤原頼通は中宮御祈のため封戸十五烟を寄せ（『行親記』）、これを含めて寛仁四年（一〇二〇）から治暦三年（一〇六七）までの間に計三十戸が寄せられている。宮司家は古く香取連であったというが、平安時代中期に大中臣氏から補するようになった。この任命は藤原氏氏長者としての摂関家から出され、これは神領の本家としての地位を兼ねていた。康治元年（一一四二）摂政藤原忠通は、この宮司に、鹿島大宮司中臣則良の弟助重を任命したので、従来宮司であった大中臣氏と対立するようになり、摂関家の内部対立がこれにからみ、長期にわたる神職団の内訌が続いた。ひいては宮司家対大禰宜家という争いにもなったが、室町時代初期における大禰宜大中臣長房の支配権確立により終熄した。天正十九年（一五九一）十一月徳川家康は社領千石の朱印を与え、ついで秀忠は慶長十二年（一六〇七）に大造営を行なった。今の社殿は元禄十三年（一七〇〇）のもので、本殿は重要文化財に指定されている。宝物に海獣葡萄鏡（国宝）その他がある。例祭は四月十四日、ほかに御田植祭（四月）、大饗祭（十一月）、式年神幸祭（軍神祭、十二年に一度）などが有名である。なお下総国内には当社の分祀ともいうべき多数の香取神社が分布する。

［参考文献］香取神宮社務所編『香取群書集成』、丸山二郎「中臣氏と鹿島香取の神」（『日本古代史研究』所収）、萩原竜夫「香取大宮司系図」（『群書解題』三中所収）、同「香取大禰宜系図」（同所収）　（萩原　竜夫）

社領　社領の源流としては、『延喜式』式部省上に下総国香取郡（『和名類聚抄』によると六ヵ郷、ほぼ現在の千葉県佐原市・大栄町・神崎町・下総町の範囲）が神郡とみえ、また大同元年（八〇六）牒（『新抄格勅符抄』）に神封七十戸とあり、十一世紀の記録類に藤原氏からの神封寄進のことが数例みえる。十二世紀になると有力神官大禰宜・大宮司の指導による開墾が行われ、次第に「香取十二郷」といわれる村々が成立した。十三世紀末の『田数目録』『麦畠検注取帳』によると、その総田数は三百町に近く、検注対象となる麦畠も百町を超えている。このほか中世の社領としては、末社の大戸・神崎両社や散在神田があるほか、養和元年（一一八一）に源頼朝が下福田郷を、文和元年（一三五二）に足利尊氏が戸頭郷を寄進しており、また十四世紀の史料には戸崎・大堺・行徳・猿俣などの関務や、下総・常陸両国数十ヵ所の津の海夫役がみえている。しかし一方では千葉氏をはじめとする武士の侵害や神官の内部抗争もあり、神領の三分の二が地頭に押領されたという史料もみえる。またこれに対する社家の訴訟も活発に行われ、応安七年（一三七四）の鎌倉府への神輿動座はその典型的なものであった。これを終えた十四世紀末の大禰宜大中臣長房の時期が神宮領の最盛期といえよう（付表はこの長房の譲状を基礎としている）。江戸時代の神宮領としては、香取社九百石、大戸社百石、神宮寺金剛宝寺二十石などの朱印地が史料にみえている。

［参考文献］色川三中編『香取文書纂』、『千葉県史料』中世篇香取文書、木村礎・高島緑雄編『耕地と集落の歴史―香取社領村落の中世と近世―』、西岡虎之助「坂東八ヵ国における武士領荘園の発達」（『荘園史の研究』下一所収）、福田豊彦「封建的領主制形成の一過程―下総国香取社の場合―」（安田元久編『日本封建制成立の諸前提』所収）　（福田　豊彦）

かとりじんぐうもんじょ　香取神宮文書　下総国香取神宮（千葉県佐原市）の神庫所蔵文書および大禰宜・大宮司・録司代をはじめ諸神官家、神宮寺所蔵の古文書類。江戸時代の貞享年中（一六八四―八八）に徳川光圀が『大日本史』編纂の際に筆写させて十二巻とし、文化年中（一八〇四―一八）に塙保己一が数巻をとって『続群書類従』に収めたが、さらに常陸国の国学者色川三中は、数ヵ年を費やしてこれらの文書を書写・整理し、嘉永元年（一八四八）に六十二巻千五百余通の一大文書集に仕上げ、『香取神宮文書纂』（『香取文書纂』）と名づけた。明治時代に入り、村岡良弼・小杉榲邨・志水文雄らがこれに校訂を加え、禰宜伊藤泰歳の編輯とし、明治三十九年（一九〇六）―四十一年に和装十六冊として印刷・刊行した。収載古文書は平安時代から江戸時代にわたる千五百八十余通を数えるが、鎌倉・室町時代のものが大部分を占めている。内容は詔勅・宣命・官符・摂関家政所下文・幕府下知状・造宮関係文書・社領検田畠帳・譲状・売券など、神事関係のみならず社会経済史関係の史料が多く、これが一つの特徴といえる。昭和三十二年（一九五七）、千葉県史編纂審議会は、神宮・諸神官家などの古文書の再採訪を行い、明治期の公文書を含む香取区有文書なども収めて、『千葉県史料』中世篇の一部として『香取文書』を刊行した。収載文書は九百五十余通。前に文書纂を刊行した伊藤泰歳の生家の旧分飯司家の文書などは欠くが、新たな文書もあり、文書纂の誤りを正しているところも少なくない。いずれにせよこの香取神宮関係の文書は、鎌倉の円覚寺と並ぶ関東中世文書の宝庫といえよう。　（福田　豊彦）

かとりだいぐうじけいず　香取大宮司系図　香取社の大宮司職に関わる系図。一巻。著者不詳。末尾が元文三年（一七三八）に襲職の豊房で終っているため、享保ころの成立と考えられている。『続群書類従』系図部所収。冒頭には天児屋尊（天児屋根命）から大中臣氏の清暢までの系図と、「社伝云」として経津主尊から五百島までの香取連の系図の二系が書かれている。匝瑳郡居住の五百島が子がないため、大中臣清暢を子としたとして、二系は一系に統一されている。そして平安時代から近世初頭の清房までの記載は一系であり、大宮司職の遷替順を表しているが、清房の子盛房以降は香取大中臣氏（大禰宜家）の系図となっている。また中世の部分には、平安時代末の惟房以後の香取大中臣氏の系図が挿入されている。平安時代から近世初頭までの系図は血統を示すよりも大宮司職の補任次第的な形式を備えており、しばしば女性の項目が介在することが注目される。この女性の介在は大宮司職の補任が女系を介して遷替されたことを意味しており、この女性はじつは物忌の職についた者であった。

参考文献 『群書解題』三中、福田豊彦『中世成立期の軍制と内乱』、鈴木哲雄「香取大宮司職と「女の系図」」(総合女性史研究会編『日本女性史論集』五所収)

(鈴木 哲雄)

かとりだいじんぐうぞうえいもくろく　香取大神宮造営目録　建長元年(一二四九)の香取社造営に関する目録。一巻。著書・成立年とも不詳。『続群書類従』神祇部所収。ただし、『続群書類従』所収の目録の原本は不明であるが、本文が同文の目録は『香取西光司家文書』の一通として確認することができる。この目録は前半部は造営所役注文であり、後半部は遷宮用途の目録とみることができる。前半に記載された三十五の所役項目には、千葉氏一族の木内下総前司や大須賀胤信跡所役、国分小次郎などとみえるわけで、これらの人名比定からこの目録が千葉氏が中心となって行なった建久八年(一一九七)と建長元年の造営のうち、後者に該当することが判明するのである。また後半の遷宮用途目録の部分には、嫐殿《あきめどの》遷宮用途、調進物等、御神宝物等以下の明細が記されている。

参考文献 『群書解題』二下、「香取西光司家文書」(『千葉県の歴史』資料編中世二所収)

(鈴木 哲雄)

かとりもんじょさん　香取文書纂　⇩香取神宮文書《かとりじんぐうもんじょ》

かなざくらじんじゃ　金桜神社　甲府市御岳町鎮座。旧県社。少彦名命・須佐之男尊《すさのおのみこと》・大己貴尊《おおなむちのみこと》を主神とし、日本武尊・奇稲田姫命《くしいなだひめのみこと》を配祀する。延喜式内社に充てるが古来蔵王権現と称し、大和金峯山より勧請と伝え、御岳山頂に山宮、山麓に里宮があり、この地方における御岳信仰の一拠点をなす。中世以来武門の崇敬篤く江戸幕府は十石一斗の朱印領を寄せ、国主ならびに甲府勤番支配・駿河御目付巡見の祈願所となった。例祭は四月二十一日・二十二日、五月十五日、七月十五日、十月十七日。里宮の中宮と東宮本殿は重要文化財に指定されていたが、昭和三十年(一九五五)焼失した。

(大場 磐雄)

金桜神社拝殿

かなさなじんじゃ　金鑽神社　埼玉県児玉郡神川町二ノ宮鎮座。『延喜式』には金佐奈神社とある。旧官幣中社。天照大神・素盞嗚尊を主神、日本武尊を配祀とする。創立の年代や由来は詳らかでないが、社後に聳える御室岳を御霊代とし本殿を設けない原始の姿を遺しているので著名である。一説に金鑽は金砂で銅の産出を異霊として崇めたとも、日本武尊が火鑽金《ひきりがね》を同岳に鎮めたとも説く。貞観四年(八六二)官社に列し従五位下を授けられ、延喜の制名神大社となる。古来上下の尊信篤く児玉郡の総鎮守とされ、江戸幕府からは三十石の朱印領を寄せられた。例祭は四月十五日。ほかに御筒粥神事(一月十五日)、火鑽祭・懸税《かけちから》奉献祭(十一月二十三日)などがあり、そのほか獅子舞行事(一月三日・四月十五日)や一社相伝の神代神楽が名高い。境内に一基の木造多宝塔を存する。重層で屋根柿葺、心柱の正面に「天文三年(一五三四)午八月晦日大檀那阿保弾正全隆」などの墨書銘があり、地方色豊かな建築として重要文化財に指定される。

(大場 磐雄)

明治時代の金鑽神社参道

かなやまびこ　金山彦　鉱山・金属の神。『日本書紀』神代四神出生章の第四の一書にみえ、伊奘冉尊《いざなみのみこと》が火神である軻遇突智《かぐつち》を生む際に病に倒れ、嘔吐した吐瀉物から生成する。『古事記』においてもその生成は『日本書紀』と同様であるが、金山毘古神と表記され、金山毘売神《かなやまびめのかみ》という女神と男女一対で描かれる。その名の示すごとく鉱山・金属を司ると考えられ、採掘・鋳造などの仕事に携わる人々の間で職能神として信仰を集めた。同神を祀る神社では岐阜県不破郡の南宮大社が有名。

(新井 大祐)

かねがさきぐう　金崎宮　福井県敦賀市金崎町にあり、尊良親王(後醍醐天皇第一皇子)・恒良親王(同第六皇子、皇太子)を祀る。境内は金崎城跡で、建武四年(延元二、一三三七)三月六日尊良親王はここで足利勢に攻められ自刃、恒良親王は捕えられ京へ送られてのち害された。本社は明治二十三年(一八九〇)に創立宣下、社号を宮号、社格を官幣中社とし、同二十五年恒良親王を合祀、同二十六年社殿を完成した。例祭は五月六日。花換祭《はなかえまつり》(四月十五日ころ)や両親王籠城中の故事に由来する御船遊管絃祭(十月二十日)の神事もあるが、もとあった両親王の命日祭は現在行われていない。境内の摂社絹掛神社は明治三十年の創祀、尊良親王とともに戦死した将士を祀る。

参考文献 『敦賀郡誌』、『敦賀市史』、『福井県史』、小林健三『建武中興と金崎』

(楠瀬　勝)

かねくにひゃくしゅかしょう　兼邦百首哥抄　神道百首和歌。『兼邦神道百首抄』『神道百首歌抄』とも称する。吉田神道伝授書の一つ。卜部(吉田)兼邦著。ただし兼邦については吉田兼倶の異母兄弟とも兼倶のこととも伝えられるが不詳。上下二冊本と一冊本の二種がある。自序により文明十八年(一四八六)成立とされる。五行・神名・神楽曲名・三種神器・社壇などを題として百首(他人詠を含めて百六首となる)の歌を詠み、自注を加えたもの。注の内容は『釈日本紀』と一致する部分も認められるが、『神祇正宗』(兼邦著)や『神祇正宗秘要』などと一致する部分が大きい。また度会元長『詠太神宮二所神祇百首和歌』がほとんどふれていない素戔嗚尊《すさのおのみこと》に関する記述が多くみられるなど、吉田神道の考え方に基づく。また、『諸社一覧』に引用されている。神宮文庫本・天理図書館吉田文庫本・東北大学狩野文庫本・竜谷大学本・無窮会神習文庫本などの写本と明暦二年(一六五六)刊本があり、活字本としては『続群書類従』神祇部所収本がある。

参考文献 『群書解題』一下、八木意知男「兼邦『百首歌抄』の基礎的研究」(『神道史研究』五六ノ一)

(八木意知男)

かねみぎきょうき　兼右卿記　天正元年(一五七三)正月十日、五十八歳をもって没した神祇道長上卜部(吉田)家の当主従二位神祇大副兼右兵衛督兼右の日記。『大日本史料』一〇ノ一三の兼右の没伝に引かれた『記録異同考』は、この『兼右卿記』の詳細な目録であるが、断簡をも加えれば、天文元年(一五三二)十月九日より始まり、元亀三年(一五七二)三月二十三日に至る四十年の長年月に及ぶ日記であることがしられる。室町時代末期より戦国時代初期にかけての朝武の動静や宗教界、ことには神道界の様子を仔細にうかがうことができる屈指の史料である。記主の兼右は、近くは伊賀、遠くは越前や周防などにまでも赴いて吉田神道の宣教にあたっているが、その旅行の際の日記のごときは、これらの地方のありさまをも詳しく記していて、たいへんおもしろい。天理図書館そのほかに自筆原本を所蔵。　→吉田兼右《よしだかねみぎ》

参考文献 『大日本史料』一〇ノ一三、天正元年正月十日条、天理図書館編『吉田文庫神道書目録』(『天理図書館叢書』二八)、『子爵吉田良正氏文庫記録目録』

(西田　長男)

かねみきょうき　兼見卿記　吉田兼見(一五三五―一六一〇、京都吉田神社の神主、神祇大副・従二位、初名兼和、天正十四年(一五八六)十一月、兼見と改名)の日記。元亀元年(一五七〇)より文禄元年(一五九二)まで(うち天正二年・十六年・十七年を欠く)と慶長十五年(一六一〇)、他に別記『伊賀国一宮大明神遷宮下向記』(天正五年十二月)、『多武峯下向記』(同八年三月・閏三月)、『伊賀国下向日次』(同八年十二月)の分がある。兼見は兼右の子で吉田社・同斎場所の長官を務め、織田信長・豊臣秀吉と直接交渉をもち、信任もあり、人物も優れていた。記事は吉田神道の神事関係を伝える重要なものがあり、また政治情勢はもちろん、広く社会・文芸の諸方面にわたって世情を活写しており、安土桃山時代の貴重な根本史料である。なお本記は、天正十年(一五八二)の分が二冊あり、うち一冊は六月十二日で終っている。これは明智光秀と親交のあった兼見が、光秀の敗死後、おそらく自己の危険を感じたのであろう、光秀関係の記事を多少書き改めて、正月からの別本を作り、これに以後の記事を書き続けていったものと考えられている。つまり、六月二日の本能寺の変後、七日、兼見は勅使として安土に光秀を見舞い、九日、光秀が禁中と五山へ銀子を献じた時、自分も五十枚贈られたことについて、十三日の光秀敗死の翌日、織田信孝の使いと称した津田越前入道から事情説明を求められた事件が起ったからである。日記の書き換えとして興味ある事実であろう。本記の原本は吉田家に伝えられていたが、昭和二十年(一九四五)の戦禍により焼失したらしい。東京大学史料編纂所に、元亀元年より天正元年に至る影写本一冊、天正三年より文禄元年(うち天正十六年・十七年を欠く)に至る謄写本十八冊(この分は宮内庁書陵部・尊経閣文庫・静嘉堂文庫および一部が天理図書館にもあるが、前二者は史料編纂所本の写)、慶長十五年分の謄写本一冊(原本は豊国神社所蔵、旧題は『慶長十五年庚戌雑記』とあるが本記とみなされる)、三別記を含む影写本一冊(原本は国学院大学図書館所蔵)がある。『史料纂集』に収められ、現在刊行中。　→吉田兼見《よしだかねみ》

参考文献 『大日本史料』一一ノ七、慶長十五年九月二日条、高柳光寿「近世初期に於ける史学の展開」(『高柳光寿史学論文集』下所収)

(染谷　光広)

かねむねあそんき　兼致朝臣記　明応八年(一四九九)七月二十四日に四十二歳をもって没した吉田兼致の日記。またこれを『将大記』とも呼ぶが、記主の兼致が左近衛将監に神祇権大副を兼ねていたからである。現存のものは文明五年(一四七三)・七年・九年・十年・十二年・十六―十八年のところどころで、自筆原本を天理図書館などに所蔵している。『歴代残闕日記』にも収められているが、その一部分にすぎない。室町時代後期の朝武の動静を知るに不可欠の史料である。ことにその父にして唯一神道の大成者として知られる吉田兼倶の日々の行状を詳しく記しているのははなはだ興味を覚えしめる。なお、その裏文書のごときにも注意すべきものがある。　→吉《よし》

田《だ》兼致《かねむね》

参考文献　天理図書館編『吉田文庫神道書目録』(『天理図書館叢書』二八)　(西田　長男)

かばしんめいぐう　蒲神明宮　静岡県浜松市神立《こうだち》町に鎮座。旧県社。内外二宮より成り、内宮は祭神天照皇大御神、外宮は豊受比売神を祀る。鎌倉時代以降の当社文書三十九通を宝物とする。当社は元来は『三代実録』貞観十六年(八七四)五月十一日条に遠江国正六位上蒲太神を従五位下に昇叙する由のみえる古社であったが、おそらくは平安時代末期にこの地が伊勢神宮の神領蒲御厨《かばのみくりや》と定められたため、社名・祭神名に変更を生じたものと思われる。蒲御厨のことは『朝野群載』二二の永保元年(一〇八一)六月十二日の遠江国から伊勢大神宮司宛の牒状にあるのを初見とし、以後中世を通じて発展したが、享徳元年(一四五二)の内宮神領目録に、「蒲廿四郷、元廿四貫」とあるのを最後として、戦国時代にその御厨たるの実を失った。神明宮の鎮座地名を今に神立町というのは、伊勢神領に多い御厨の神館(庤《かんだち》)の訛ったものである。江戸時代には徳川幕府から朱印領二百六十石が寄せられ、御厨の旧地二十四郷の総社とされた。例祭は十月十五・十六日。

参考文献　足代弘訓『神領考証』、『静岡県史』　(岡田　米夫)

かはるじんじゃ　香春神社　⇩かわらじんじゃ

かまくらぐう　鎌倉宮　神奈川県鎌倉市二階堂に鎮座。祭神は後醍醐天皇の皇子護良親王。境内摂社に幽閉中の親王に仕えた女房南方《みなみのかた》を祀る南方社、親王の身代りになって吉野に自刃した村上義光を祀る村上社がある。単立宗教法人。旧官幣中社。俗に大塔《おおとう》の宮という。明治元年(一八六八)明治天皇の命令で京都の聖護院に親王奉斎の神座を設け、翌二年四月親王終焉の地に鎌倉宮が建立、七月鎮座。この地は東光寺の旧跡で、護良親王が殺された所である。本殿裏に親王が幽閉されたと伝える土牢がある。この伝えは江戸時代前期にすでに存在していたが、史実とは考えられない。例祭は八月二十日。

参考文献　『新編相模国風土記稿』九一(『大日本地誌大系』)、『鎌倉市史』社寺編　(貫　達人)

かまだしんめいぐう　鎌田神明宮　静岡県磐田市鎌田に鎮座。旧県社。祭神は豊受大神、例祭は十月十五日・十六日。伊勢神宮の神領たる遠江国鎌田御厨のうちに発生した神社で、御厨神明社の一つ。磐田市に編入される前には地名を磐田郡御厨村鎌田と称した。『神鳳鈔』『伊勢光明寺文書』『檜垣兵庫家証文旧記案集』に天福元年(一二三三)建置の由がみえる。当社は鎌田御厨十七ヵ村の総鎮守とされ、徳川幕府も寛永十三年(一六三六)百石の朱印領を寄せた。

参考文献　足代弘訓『神領考証』、『静岡県史』　(岡田　米夫)

かまどがみ　竈神　家の火所《ひどこ》にまつられる神。人間の生命を養う食物を煮炊きするところとして火所が神聖視され、火所をつかさどる神が観念されるに至ったのはごく自然であろう。『古事記』に「奥津比売命、亦名大戸比売神、此者諸人以拝竈神者也」とあって、はやくも竈神の名がみえている。古代には天皇の食膳のことにあたる内膳司に庭火《にわびのみ》御竈神《かまどのかみ》がまつられ、天平三年(七三一)からは常例とされ(『続日本紀』)、元慶二年(八七八)には従四位上を奉られている(『三代実録』)。中世には、竈神の祭は陰陽師のつかさどるところとなり、近世に入ると「修験行者、毎月晦日於㆓竈前㆒奉幣、誦㆓真言㆒、以為㆓荒神禳㆒」(『和漢三才図会』)と述べられているように、修験・山伏の徒が火の神の祭としての荒神祓・竈祓に関与した。民俗慣行として一般に見られるのは、炉や竈の近くに神棚を設け、そこに神札や幣束を納めて竈神をまつる形である。この竈神を、関東地方ではオカマサマ、近畿地方では荒神さまと呼ぶことが多い。東北地方の東側では、竈の上やかたわらの柱にカマオトコ・カマジン・ヒオトコなどと呼ぶ木製のみにくく、またおそろしい顔をした面をかけてまつっている。ヒオトコは火男であり、口を曲げたヒョットコ面も、火吹き竹で火を吹く火男の形から出たものである。京都周辺から中国地方にかけて、竈神を土公神あるいは訛ってドックサン・ロックサンなどと呼んでまつる土地があるのは、陰陽師系統の民間宗教家の影響によるものであろう。北九州では、昭和の初めころまで博多や小倉などに琵琶をひく地神盲僧の寺があり、彼らは日を定めて檀家を廻り、琵琶をひき『地神経』なるものを誦して竈祓をして歩く風があった。沖縄では、ヒヌカン(火の神)・オミツモンなどと称して、三個の海石を竈や地炉の背後に据えてまつっている。竈神の祭日は月の朔・望という例もあるが、二十八日特に十二月二十八日が重んじられている。二十八日というのは不動の縁日とされ、不動信仰と関係の深い日である。北九州の地神盲僧のまつるのが、やはり主として不動であった。不動を守護神とする法印その他の民間宗教家が、ある段階で竈神信仰に関与したことを推測させる。竈神には火の神・火伏の神としての性格のほかに、農神または家の神としての信仰が認められる。関東地方では、田植がすむと早苗を三把、また収穫時に初穂を三把、竈に供えてまつるしきたりがあるのは、農神としての性格を示すものである。嫁の入家式に際して、まず家の竈神を拝ませたり、竈の墨をいただかせる風が広く分布しているのも、

竈神　宮城県桃生郡河北町地方のカマガミ

また子どもが生まれて初宮参りの時、額に鍋墨をつけて安全を祈るしきたりなども、家の守護神としての竈神信仰を示している。家の主人や主婦が死ぬと、炉の自在鉤を取り替えたり、竈を新しくしたり、竈の灰を取り替えるなどの習俗があるのも、竈神の信仰と関連があろう。沖縄には、竈神が年の暮れに昇天して家族の行状を報告し、正月に再びもどってくるという信仰がある。関東地方の一部にも、竈神昇天と、悪口をいわれないようにぼた餅を供えるというところがある。これは中国の竈神信仰の影響による部分と考えられる。

参考文献 和歌森太郎「カマド神信仰」(『歴史と民俗学』所収)、郷田洋文「竈神考」(『日本民俗学』二ノ四)

(直江 広治)

かまどがみのまつり 竈神祭 『古事記』に「諸人の以ち拝《いつ》く竈神」といい、『続日本紀』天平三年(七三一)正月条に庭火御竈四時の祭祀を常例とするとある。また『延喜式』臨時祭には「鎮二竈鳴一祭」および「御竈祭」がみえる。竈は日常の飯食を炊ぐところであり、そのために火の穢を忌み竈神をまつってその守護を祈ることが行われた。中世以降は仏教の影響をうけ、これを荒神祓《こうじんばらい》と称して民間に広まり、毎月晦日もしくは正月・五月・九月にこの祭を行なった。竈神をまつることは中国でも古くから行われ、彼の地ではこの祭は福を致すと考えられた。

参考文献 『竈神祭考』、『古事類苑』神祇部一

(岡田 米夫)

かまどじんじゃ 竈門神社 福岡県太宰府市内山に鎮座。旧官幣小社。玉依姫命《たまよりひめのみこと》、相殿に神功皇后・応神天皇をまつる。宝満山に上宮・中宮・下宮があり、別称を宝満宮といい、中世には宝満大菩薩、近世には宝満明神ともいった。『延喜式』には一座名神大社とある。承和七年(八四〇)従五位下、以後昇階を重ね嘉承元年(一一〇六)正一位となる。『筑前国続風土記』によれば、応徳二年(一〇八五)の官符に「九国総鎮守」として「八十庄」を寄付されたという。長治二年(一一〇五)大宰権帥藤原季仲らが神輿を射て流罪となった。弘安四年(一二八一)蒙古襲来に加護あり、文正元年(一四六六)には地震の祈禱をうけた。文禄二年(一五九三)には小早川隆景、慶安元年(一六四八)には黒田忠之が社殿を造営、元和四年(一六一八)と元禄九年(一六九六)の両度黒田氏が社領二十五石宛寄進。神宮寺は白鳳期に心蓮が開基したと伝え、竈門山寺・大山寺・有智山寺といい、天台宗で、彦山と結び修験の霊場となり、中世には少弐氏の居城となったが、大友宗麟により滅ぼされた。その後黒田氏が再興したが明治維新の際に廃絶した。明治五年(一八七二)村社に列し、同二十八年官幣小社に列す。例祭は十一月十五日、厄除祭四月三日。

参考文献 竹内理三編『大宰府・太宰府天満宮史料』、伊藤常足編『太宰管内志』筑前二一、中野幡能『筑前国宝満山信仰史の研究』、同『英彦山と九州の修験道』、同「宝満山の峯入」(『宗教研究』二一〇)、小田富士雄「古代に於ける筑前竈門山寺の活動」(『史迹と美術』三一ノ一〇)

(中野 幡能)

かまどはらえ 竈祓 ⇨竈神《かまどがみ》

かまどまつり 竈祭 宮城県塩竈《しおがま》市の塩竈神社の境外末社である御釜《おかま》神社の神事。毎年七月四―六日に行われる。この神事は、藻塩焼神事《もしおやきしんじ》と水替神事《みずかえしんじ》との二種類の神事からなる。御釜神社には塩土老翁神《しおつちのおじのかみ》がもたらしたと伝えられる四個の神竈があるが、まず七月四日に、塩竈神社の幟を立てた小舟で宮城郡七ヶ浜町の鼻節神社沖に出向いて、海藻を刈り取る。そして六日に、この海藻を四個の神竈と同形の竈で煮詰めて、塩を作る。これを藻塩焼神事といい、この時作られた塩は、七月十日の塩竈神社例祭に供えられる習わしとなっている。一方、五日には、水替神事が行われる。午前中、御釜神社での祭典後、船で松島湾内の釜ヶ淵に出向き、満潮時の潮水を汲んで帰る。その日の午後、御釜神社で祭典の後に、神竈の中に入っていた去年の水を、午前中に汲み帰った新しい潮水と入れ替える。神竈の中の水が変色すると災いが起きるとされており、近世には、神竈の中の水が変色から程なく藩主が死去するなどの変事が起こったことが伝えられている。

(島田 潔)

かまなり 釜鳴 釜で米を炊き、湯を沸かすとき内部の蒸気と外気との作用でうなるような音をたてることがある。古来それによって吉凶を占った。釜の鳴ったことは『日本書紀』天智天皇十年(六七一)条に、「大炊省有二八鼎一鳴、或一鼎鳴、或二或三倶鳴、或八倶鳴」とあり、『吾妻鏡』安貞二年(一二二八)六月六日条に、「御所贄殿竈鳴」とある。また『百錬抄』寛元四年(一二四六)二月七日条に、「大原野祭也、辰時同社釜吠、其声遥聞」とある。釜鳴の吉凶はその日の干支によって決定した。『拾芥抄』に、「子日愁事、丑日喪事、巳日中吉来、午日鬼神来、亥日小吉」とあり、その他の日は凶であった。釜鳴をもって有名なのは備中吉備津神社の釜鳴神事である。これは釜殿の釜鳴の音の大小長短高低によって吉凶を占う古式である。菊岡沾涼の『諸国里人談』には次のごとき記事がある。「備中吉備津宮に釜殿といふあり、是に大なる釜あり、祈願の人、吉凶を伺ふに、社人玉襷をして一つの幣を釜中にうつし法を修すれば釜鳴動す、そのひびき数十町にきこゆ、これを動ずるといふなり、其音によつて成就不成就、病人快全不快を考ふる事なり」。また、上田秋成の『雨月物語』にもこの釜の話がみえる。

参考文献 林道春『本朝神社考』

(大藤 時彦)

かままつり・いなばまつり 鎌祭・稲場祭 農耕して収穫が終ったときに行う祝いごと。刈上祭と同列の行事である。主に稲作の場合に行なった。これは年中の農事で鎌の使い仕舞でもあったから、鎌あげ・鎌納また鎌祝いの名もあった。このとき手馴れた鎌を洗い清めて神棚または床の間に飾り、小豆飯・ぼた餅その他祝儀の食物を供えた。大阪府では秋仕事が全部済んでから鎌納をした

ので、十一月に入ってこの行事があった。また刈った稲束を田の面に積んだ稲場を設けたとき、これを撤収する作法も刈上祭の一連の行事であった。稲作以外には、麦刈や萱刈をはじめ鎌を用いた仕事が終ったあとで鎌を祝いまつることも各地にあった。鎌に限らず道具を重んじた例は、代表的な農耕具の鍬についても同様の祭式があった。大分県では田植が終ったあとの祝い休みのサナブリを鍬洗いまたは鍬ハライと称するところがある。なお石川県鹿島郡内の諏訪神社で鎌祭というのがある。これは八月二十七日の祭事の名で、神体と崇めるタブの木に鎌を二丁打ち込むのを古例とした。刈上の鎌祭とは別格である。

(平山敏治郎)

かまやまじんじゃ　竈山神社　和歌山市和田に鎮座。旧官幣大社。彦五瀬《ひこいつせ》命《のみこと》を祀る。彦五瀬命は神武天皇の兄。神武天皇東征のとき、孔舎衛坂《くさえのさか》で長髄彦の軍と戦い、流れ矢に当たったのがもとで、のち竈山で亡くなったといい、本社背後にその墳墓と伝えられる古墳がある。創建年代不詳、延喜式内社。明治十八年(一八八五)村社より官幣中社に、大正四年(一九一五)官幣大社となる。例祭は十月十三日、ほかに近年まで御火焼祭が十二月初旬にあった。

(鎌田　純一)

かみ　神　広く宗教全般の信仰対象を総称して神といい、集合名詞としては神々《かみがみ》あるいは神達《かみたち》、また神仏《しんぶつ》と複合して総称とすることもあるが、一般に人知の及ばぬ霊的存在でその神秘的な働きをもって人に畏敬の念を抱かしめる対象をさして神という。狭い意味には、仏教の信仰対象である如来諸菩薩や祖霊を総称する仏《ぶつ》(ほとけとも)と区別して神道系の神霊ないし祖霊を神《かみ》(しんとも)と称し、また個別神の名称の末尾に付けて尊称とするのを例とする(たとえば大山祇神、大国主神)。

〔神の名義〕古くは鎌倉時代の仙覚著『万葉集註釈』に「神明照覧の義なり」と説き、南北朝時代の神道家忌部正通の著と伝える『神代巻口訣』に「神者嘉牟嘉美也、略云嘉美、神慮如明鏡之照万物」としたのを承けて江戸時代前期の熊沢蕃山著『大学或問』下や契沖の『円珠庵雑記』および度会延佳の『神代巻講述鈔』一などにも、「かむがみ」すなわち照覧の意味でその略、また明鏡すなわち「かがみ」(鏡・赫見)の略とする説がある。ほかに神代巻などの記述を参考に「かしこみ」(畏)・「かくりみ」(隠身)の中略とか、「あしかび」(葦牙)の「かび」の転訛などの諸説があるが、いずれも学問的論証に耐えるものではない。江戸時代中期の国学者本居宣長は「迦微《かみ》と申す名義は未思得ず(旧く説ることども皆あたらず)」と従来の名義論を否定した上で、「さて凡て迦微とは、古御典等に見えたる天地の諸の神たちを始めて、其を祀れる社に坐御霊をも申し、又人はさらにも云ず、鳥獣木草のたぐひ海山など、其余何にまれ、尋常ならずすぐれたる徳のありて、可畏き物を迦微とは云なり(すぐれたるとは、尊きこと善きこと、功しきことなどの、優れたるのみを云に非ず、悪きもの奇しきものなども、よにすぐれて可畏きをば、神と云なり)」(『古事記伝』三)と古今の用例から帰納的に導きだした定義にとどめている。ただ忌部正通が前掲の書に「上《かみ》」の名義をも説いて、「上者神常在高天原故、宇会云嘉牟」つまり、神が常に天上の高天原にあるので「上」をも神と同義に考えて同音に「かみ」と訓むのだとの言及の方に着目して「神は上なり」と両語を同語源とする説が、江戸時代前期から新井白石(『東雅』『古史通』)、伊勢貞丈(『神道独語』)や貝原益軒、賀茂真淵などに唱えられて、明治以降も久米邦武(『日本古代史と神道との関係』)、白鳥庫吉(『神代史の新研究』)から加藤玄智(『(改訂増補)神道の宗教学的新研究』)に至るまでほとんど定説と化してきた。ところが、早く本居宣長が前掲書の総論で指摘し弟子の石塚竜麿が『仮字遣奥山路』でまとめていた上代の特殊仮名遣を、近代の橋本進吉が『文字及び仮名遣の研究』で明らかにしたところによると、奈良時代は「神」と「上」のイ母音が前者の乙類 kamï と後者の甲類 kami と厳密に区別されて発音されていたことが判明したことから、大野晋など現代の国語学者は両語を語源的に別のものと断言するに至った(大野晋『日本語をさかのぼる』)。しかしその後、阪倉篤義が国語史の立場から奈良時代の仮字以前にはやはり「神」と「上」の音韻と語義とが未分化で同語源であった可能性をも論じながら、「神」の名義論に画期的な成果を挙げている。すなわち阪倉によると、古語の「神」が本来「隠れる」意味の動詞クムから一連の体言構成法や母音交替の方式によって派生した結果であり、しかも同類語のクマが山岳や渓谷の奥まった秘境のイメージを強く抱き、他方の「上」は元来「川下」に対する「川上」のように一連のものの始まる所、本源を意味する語であるから、「それは現に在る所から遡って起源を言う概念であって、「奥深く距って見えない所」を意味する語カミを以て、それを表わしたのである(中略)カハシモの里に住む人々にとって、そこは、容易にうかがい知ることのできない神秘の場所＝クマであり、命を支える水の湧き出る源であると同時に、また恐るべき力を振るう洪水の発するところでもあって、そこに神の居所を考えたとしても不思議ではない」(「語源―「神」の語源を中心に―」(佐藤喜代治編『語彙原論』所収))とする。要するに、元来「上」と「神」とは山岳や渓谷の奥まった本源とそこに潜む隠れた霊性とを未分化にさす同語源の古語であったものが、奈良時代には語義を区別する必要から表音を分けるようになった段階で仮字を厳密に甲類と乙類とに振り分けたが、やがてその表記が「上」と「神」に確定すると表音上の差異を要しなくなって、今のように同じ甲類の発音に落ち着いたということである。かくして「神は上なり」説にとって音韻上の問題は克服され、しかも神の名義が日本の山岳的風土に潜む隠れた生命的霊性を語源的に指示しているとみなすことが可能になった。

〔神の形象〕しかしながら、宣長の定義にみるように、神々は抽象的に観念される存在ではなく、古典神格や神社の祭神をはじめ人間や動植物、自然物や自然現象などに具体的に現われたり、宿ったりして人々に神秘的で善悪を問わず異常な力のはたらきを感じさせ、畏敬の念を抱かせる霊的存在である。その意味で日本の神々は「八百万の神」といわれるように無数の神々からなる多神教に属するが、しかし本来的に不可視の神々である点で、同じ多神教である古代ギリシャの神々やヒンズー教、道教の神々がみな肉体的な偶像をもつのに比べると際立って特徴的である。神霊自体は不可視だが、山・森・木・石・火などの自然物や鏡・御幣などの依代に宿ったり、風や雷などの自然現象に示現したり、人に憑依して託宣したりしてその存在を明らかにする。日本の神々は、目に見えない精霊として自己を無限に分割しつつ遊幸と漂着を繰り返すことができる。したがって、有力な大社の祭神や霊験あらたかな神によっては、たとえば伊勢の神宮の分霊を祀る神明社、宇佐神宮から派生した八幡宮、伏見稲荷大社から勧請された稲荷神社など、それぞれ全国に同一の祭神を祀る数千の同名神社が分布する結果となる。また各祭神の依代である神体にも、本来の御幣・鏡・剣・衣や石・木などの自然物のほかに神像も多いが、奈良時代から仏教伝来に伴う仏像の影響で僧形八幡像や唐風貴人や甲冑武者など盛んに制作されて祀られたものの、神は不可視の存在であることから、そのほとんどは社殿の内陣深く秘せられて目に触れぬ形式を守ることが多い。いずれにせよ不可視の神を可視化することは、すなわち神をまつることにほかならず、したがって人が神をそれと認めることは直ちに神が人にまつりを要求することである。宣長が「何にまれ」と指摘するように、神は万物に宿りうる霊性だが、万象すべてが神ではない。民俗事象として、人間を含め動植物などすべての生き物から自然現象に至るまでを生命的に感得して、それを目に見えぬ霊性(タマ・タマシヒないしモノ)の働きとするという一種のアニミズム(霊魂観)が基本にあって、神もまたミタマ(神霊)という霊性を保有するが、だからといって霊魂すべてが神とはみなされない。また宣長が「尋常ならずすぐれたる徳のありて可畏き物」というように、非常な働きをもって人に畏怖の印象を与える霊性だけが、祭祀の対象に選ばれて特に「カミ」すなわち神霊とされる。そこでまつられるべき神霊を人がまつり浅らすか、まつりをおろそかにすると、神は祟りをしてさまざまな災厄をもたらすが、逆に当初は悪霊や疫神であっても丁重にまつり鎮めれば荒ぶる神も柔和になって人を守護し利益をもたらすとされる。平安時代に御霊と化して宮中に祟りをした菅原道真が北野天満宮に祀られたことで皇城鎮護の神となり、行疫神である武塔神あるいは牛頭天王(素戔嗚尊)が京都祇園社(八坂神社)に手厚く祀られて防疫の神に変身し、また平安時代の承平・天慶の乱で戦死した平将門の怨霊を祀り鎮めた神田明神が江戸町民の氏神となったなどの例がある。

〔神の類型〕　神々は大きく自然神と文化神とに分けることができる。自然神には自然物や自然現象を神格化した神々が属するが、なかでも上界の神々には天体神として日月星辰の神々、気象神として風神・雷神があり、地上の神々には地神(地主神)・山神・峠神・藪神・森神・柴神・石神・海神・河神・島神・湖沼の神など、自然現象では水神・火神がある。動物神では蛇・鰐《わに》(鮫《さめ》)・鹿・猪・狼・熊・猿・狐・兎・烏・鳩など、そのほか架空の竜も神格化するが、これらは鹿・猪・熊・狼(山犬)と山神、竜蛇と水神、烏と日神、兎と月神など自然神と関連してその顕現ないし神使・眷族となることが多い。八幡の鳩、春日の鹿、日吉山王の猿、熊野の烏、稲荷の狐、三輪の蛇などは特定神社の神使である。植物では松・杉・檜・榊・桂などの古木や巨樹で創建縁起にかかわるものが神木とされる。文化神には、社会単位の神々として屋敷神・村落神・血縁神・同族神・道祖神・境の神などがある。なかでも氏神は擬制血縁から地縁に派生して村や町の鎮守神ないし産土神と同一視される。また職能神としては人の成長にかかわる産神・疫神・縁結びの神・死神などがあり、また、生産・経済活動との関連で農神や田の神、狩猟での山の神、漁労の戎神、商業の市神、航海の船玉神、学問の天神などがある。家の神には竈神・井戸神・納戸神・厠神・厩神などがあり、これらも職能神と認められる。人を神に祀る場合には、生前に神と祀られる場合と、死後に神となる場合がある。生前の場合は、天皇や出雲国造、聖人、偉人のほか病気治療や託宣をする行者や霊能者(巫者)が生き神とされる例だが、ほかに祭で一時的に神の依坐となる稚児や神役が神と崇められる場合もある。死後に神となるのは、一般に死霊が三十年余で祖先神になる例のほかに不幸な死を遂げた怨霊や御霊が御霊神となり、また身を犠牲にして社会に尽くした義民や英雄、戦没兵士の英霊が神に祀られるのもこの例である。柳田国男は、人は死ぬとやがて祖先神となり山に鎮まって山の神となるが、春先には里に降りてきて田の神となり子孫の農耕生活を守り、秋の収穫後は再び山に戻って山の神になると考える。また柳田は、祖先神は氏神に吸収されて地域の守護神となるし、同族神・屋敷神にもまた祖先神の性格が認められるとしている。

なお戦国時代に伝来したキリスト教が、近世から現代にかけて日本在来の神観念に大きな影響をもたらした。天文十八年(一五四九)に来日したイエズス修道会宣教師のフランシスコ＝シャビエルは、当初デウスDeusを「大日」と訳すなど布教に誤解を生じたために原語に戻し、これを「天道」の観念と重ねて「天」の支配者として日本人に理解させようとした。その後布教が進むなかで天正十九年(一五九一)以降は、公定教理書『どちりいな＝きりしたん』の刊行によりデウスに統一され、その当て字に「提宇子」が普及し、一般には「ダイウス」とも称された。また「天主」という用語も、主に中国に布教したマテオ＝リッチがデウスを「天主」「上帝」などと訳した漢訳の布教書『天主実義』(一六〇三)が日本にも伝来し、江戸時代初期の儒者たちが「天主教」と名付けて、新井白石が宝永六年(一七〇九)に『天主教大意』を著わすなど、江戸時代を通じて「天主」の語が広く普及する。慶長八年(一六〇三)に日本イエズス会が長崎学林から刊行した『日葡辞書』でも、当時の日本人が使う「神」については彼ら異教徒が尊崇するカミCamiと説明して、デウスとは本質的に異なると認識していた。ところが十九世紀にプロテスタントの伝道が行われるようになると、ゴッドGodに「神」の訳語が登場する。まず中国で、R・モリソンの漢訳『神天聖書』に「神」が訳語に採用され、英米ミッションにおいて「上帝」や「真神」が福音書の翻訳に登場し、弘化三年(一八四六)に沖縄から伝道を始めた宣教師はその和訳本にはじめて「カミ」を使い、安政の開国後に来日したJ・C・ヘボンらも伝道書に「神」を使うようになった。明治維新から本格的にキリスト教の伝道が進むにつれ、文物の西洋化の波に乗って日本の思想や教育の領域にも唯一絶対の造物主たるゴッドこそ神であるという観念も、広く定着して現在に至っている。ただし、カトリック教会が正式に「天主」を改めて「神」を公用語としたのは、昭和三十四年(一九五九)四月に開催された全国教区長会議での決定以来のことである。

参考文献 山折哲雄他『日本思想』一(『岩波講座東洋思想』一五)、渡部昇一「カミの思想」(伊東俊太郎他編『日本人の価値観』所収)、大浜徹也『明治キリスト教会史の研究』、井手勝美『キリシタン思想史研究序説—日本人のキリスト教受容—』
(薗田 稔)

かみあそび 神遊 ⇩神楽《かぐら》

かみありまつり 神在祭 出雲大社・佐太神社などで行われる神事。「じんざいさい」ともいう。元来十月はことに祭りの賑々しく執り行われる月で、「かみ(神)のつき(月)」といったが、のちに「かんな(し)づき(神無月)」と訓むようになると、この月には諸国の神々がその地を離れて出雲国につどい、出雲大社の摂社上宮や、大社を隔たる二里ばかりの斐伊川南岸にある万九千神社などに宿泊し、男女の縁を結んだり、人間の善悪・邪正を審判したりすると考えられるようになった。したがって「神集い」のある出雲国では十月を「神在月」と称し、出雲大社では旧暦の十月十一日から十七日まで神迎え・神待ちの神事にあたる神在祭を行い、ついで二十六日夜には、神々が出雲国を出立するとして神送りの祭儀にあたる神《か》等去出《らさで》神事を執り行う。また、同国の佐太神社でも、祭日には多少相違があるが、同様の祭儀が執り行われる。天文十三年(一五四四)に一条兼冬の補筆した『世諺問答』に、「神無月」とは「諸神いづもの大やしろへ下給へば申ともいへり」とあるのが、その文献上の初見であるともいう。これ以前には、「この月、万の神達、(伊勢の)太神宮へ集り給ふ」(『徒然草』二〇二段、なお『釈日本紀』九「天平瓮」の項参照)という説が流布していたことも注意を要しよう。

参考文献 柳田国男「神道と民俗学」(『定本柳田国男集』一〇)、同「巫女考」(同九所収)、曾根研三「出雲国造の治神思想」(地方史研究所編『出雲・隠岐』所収)、朝山皓「神在祭について」(『神道史学』四)、鈴木義一「御腰懸の御宝器について—諸神参候の信仰—」(『国学院雑誌』六四ノ五・六)
(西田 長男)

かみいまけ 神今食 ⇩じんごんじき

かみうた 神歌 広義には神楽《かぐら》歌など神事に用いる歌謡全般をいい、狭義には『梁塵秘抄』所収の神歌や猿楽能の『翁《おきな》』の詞章などをいう。広義の神歌の古風は、古代宮廷の祭祀にうたわれた国ほめの歌、神語《かみがたり》歌、天語《あまがたり》歌、風俗《くにぶり》などにもうかがわれるが、祭祀歌謡として一つの完成をみたのは、平安時代の一条天皇の代の十一世紀初頭に始められた内侍所御神楽《ないしどころのみかぐら》の神楽歌で、これは神迎えから神送りまで首尾一貫した内容をもつ短歌形式の神歌群であった。また平安時代宮廷の雅楽寮で伝承された『琴歌譜』の歌謡にも伊勢神歌などとよばれるものがあった。そのほか民間にもさまざまの神歌が流布したものと思われるが、平安時代末期に後白河法皇の手で編まれた『梁塵秘抄』所収の二句の神歌は、この種の神事歌謡の流れを汲む短歌形式の歌謡である。また同集には四句神歌とよばれるものも数多くあるが、これは四句形式の今様《いまよう》や法文歌の影響を受けたもので、内容も神事色を離れて当代庶民の生活感情を自由に歌い上げたものが多い。この四句神歌はその自由さゆえに一種の流行歌となって諸国に流布したが、たとえば伊勢地方では内宮・外宮の官人たちが率先歌唱し、室町時代までもその伝承が保持され、天文十一年(一五四二)書写の『伊勢神楽歌』にまで収録されるようになった。一方、南北朝時代から室町時代にかけて大成した猿楽の能にも神歌が取り入れられた。能の根元の曲とされる『翁』の詞章を神歌と称するのがそれだが、これは詞章の中に「所千代《ちよ》までおはしませ、われらも千秋さむらはう、鶴と亀との齢《よわい》にて、さいはひ心にまかせたり」などの四句神歌が含まれているからである。民間に流布した神歌はその後いろいろの展開を遂げて現在も各地の民俗芸能の中にその詞章と音律を数多く残している。 ↓神楽歌《かぐらうた》

参考文献 久松潜一・志田延義『古代詩歌に於ける神の概念』、本田安次『霜月神楽の研究』、西角井正慶・新間進一・志田延義編『日本の歌謡』(『日本古典鑑賞講座』一四)
(三隅 治雄)

かみうみ 神生み 伊耶那岐《いざなぎ》・伊耶那美《いざなみ》の二神が、ともに国土の上に神々を生んでいくこと。『古事記』によれば、二神は国土を生み終え、さらに神々を生んだとある。最初に神生みを総括するような大事忍男《おおことおしお》の神を生む。次に種々の自然神・文化神を生む。それらを整理すると、石《いわ》土毘古神《つちびこのかみ》、石巣比売神《いわすひめのかみ》、大戸日別神《おおとひわけのかみ》、天之吹男神、大屋《おおや》毘古神《びこのかみ》、風木津別之忍男神《かざもつわけのおしおのかみ》、海の神(大綿津見神《おおわたつみのかみ》)、港の

男神(速秋津日子神《はやあきつひこのかみ》)と女神の(妹速秋津比売神《いもはやあきつひめのかみ》)十柱を生み、次に沫那芸神《あわなぎのかみ》と沫那美神《あわなみのかみ》、頰那芸神《つらなぎのかみ》と頰那美神《つらなみのかみ》、天之水分神、国之水分神《くにのみくまりのかみ》、天之久比奢母智神《あめのくひざもちのかみ》と国之久地奢《くにのくちざ》母智神《もちのかみ》の八柱を生み、次に風の男神(志那都比古神)、木の神(久々能智神)、山の神(大山津見神)、野の神(鹿屋野《かやの》比売神《ひめのかみ》、別名、野椎神《のづちのかみ》)の四柱を生んだ。次に天之狭土神《あめのさづちのかみ》と国之狭土神《くにのさづちのかみ》、次に天之狭霧神《あめのさぎりのかみ》と国之狭霧神《くにのさぎりのかみ》、次に天之《あめの》闇戸神《くらとのかみ》と国之闇戸神《くにのくらとのかみ》、次に大戸或子神《おおとまといこのかみ》と大戸或女神《おおとまといめのかみ》の八柱を生み、次に鳥之石楠船神《とりのいわくすふねのかみ》(別名、天鳥船《あめのとりふね》)、大宜都比《おおげつひ》売神《めのかみ》、火之夜芸速男神《ひのやぎはやおのかみ》(別名、火之炫毘古神《ひのかかびこのかみ》、火之迦具土《ひのかぐつち》神《のかみ》)、金山毘古神《かなやまびこのかみ》と金山毘売神《かなやまびめのかみ》、波邇夜須毘古神《はにやすびこのかみ》と波邇夜《はにや》須毘売神《すびめのかみ》、弥都波能売神《みつはのめのかみ》、和久産巣日神《わくむすひのかみ》を生んだ。また和久産巣日神の子を豊宇気毘売神《とようけびめのかみ》といい、これを入れて八柱の神が生まれたと記すが、実数は十柱である。これは男女対偶神を一神と数えたためである。ところが神生みの最後に伊耶那岐・伊耶那美の二神は三十五柱を生んだと記し、男女対偶神を二神に数えている。また前掲の八柱は速秋津日子・速秋津比売の二神が生み、後掲の八柱は大山津見神と野椎神の間に生まれたとの説もあり、この問題は決着がついていない。なお、伊耶那美は火の男神(火之夜芸速男)を生んで病気になり、ついに亡くなったとある。 (三橋 健)

かみおくり・かみむかえ 神送り・神迎え すべての祭りに神霊の迎え・送りは伴うもので、現今の祭式にも「降神」(神が天から祭場に降臨するとの観念にもとづく)と「昇神」との儀がある。祭儀習俗の展開に伴い、一般の氏神・鎮守神の場合には「みあれ」「おいで」に現われるごとく神を迎える方に重きをおく傾向を生じ、一方、御霊《ごりょう》系のものは、送り出すとか逐いやる(遷却)とかに重きをおくようになった。これらとは別に「送り・迎え」の組合せが広く一般の年中行事の体系の中に成立している。九月晦日(以下すべて陰暦)に「神送り」、十月晦日または十一月朔日早朝に「神迎え」を行うのがそれで、十月には諸神が出雲に会集することにもとづくと説かれてきた。諸神出雲への会集のことは早く『奥儀抄』(平安時代末期)にみえ、近世初期京都付近では、九月晦日の烈風を諸神出雲へ赴くの兆とし、十月晦日の烈風を諸神還御の兆としていた(『日次紀事』)から、これらが年中行事としての神送り・神迎えとなって展開したのであろう。

参考文献 柳田国男『年中行事覚書』(『定本柳田国男集』一三)、関敬吾「神不在と留守神の問題」(『民族学研究』一一ノ一) (萩原 竜夫)

かみおくりのまつり 神送祭 全国的に旧暦十月(神無月)、村々の鎮守神が出雲に集まるとの伝承が散在し、九月二十三日ごろから十月一日にかけそのお立ちを送る祭がある。これに対し十月二十四日から十一月一日にかけ神迎えや神のお帰りと称する行事があり、信心深い土地では両度とも宮籠りまたは参詣をする。この両日は大風が吹くともいう。一方出雲では十月は神在《あみあり》月で、神々が会議するという。現在出雲大社では旧十月十一日から七日間、佐太神社では十一月二十日から六日間神在祭が続き、それぞれ最後に神等去出《からさで》祭がある。祭に神を送迎する風習は各地にあり、社殿が成立する以前の古い姿を示す。出雲の日御碕神社の神幸神事(八月七日)と還幸神事(九月一日)もその一例である。しかし旧暦十月ごろの神々の送迎は、おそらくは春に山の神が里に降り田の神となり、秋の収穫後に山に帰り山の神となるとの信仰から転化したものであろう。社殿の普及につれて神は神社に常在するとの観念が生じるので、田の神の送迎と出雲信仰とが結合しても、神不在の期間は短縮されたと思われる。なお神送祭の発生については、別に霜月祭の物忌開始と終了時の宮籠りが強調されて、神の去来が一ヵ月を隔てて説かれるに至ったとの解釈もある。

参考文献 柳田国男『年中行事覚書』(『定本柳田国男集』一三)、同編『歳時習俗語彙』 (平井 直房)

かみおろし 降神 古くは「カミオロシ」、現在神社界では「コウジン」と訓み慣らわしている。カミアゲ(神上げ)に対することばで、『万葉集』二には「神下《カムクダシ》」とあり、神の世界なる天上から神(もしくは霊魂)がこの地上界に下ること、これに対し神(霊魂)が地上界から天上界に上ることを「神上《カムアガリ》」ともいった。『日本書紀』神代の古訓に天孫瓊瓊杵尊《ににぎのみこと》の天降を「あまくだり」といい、『古事記』にはこれを「天降《あもり》ます」としている。『日本書紀』神功皇后摂政前紀には、皇后が神の教えを乞うたとき、「親《みずか》ら神主となり、則ち武内宿禰に命《おお》せて琴撫《ひ》かしめ、中臣烏賊《いか》津《つ》使主《おみ》を喚して審神者《さにわ》となす、因りて千繒《ちはた》高繒を以て琴の頭尾に置きて」(原漢文)とある。これが古代の降神の儀の一つの古い姿だったといえる。『万葉集』九に「神名火の神依板《かみよりいた》にする杉の」(原万葉仮名)とある神依板(神の降ります琴板)は、琴と同様に降神の具の一つであった。『皇太神宮年中行事』六月十五日の月次祭の御占神事の条に「次に笏を以て御琴を三度搔き、次に神を下《おろ》し奉る」とあるのも、古風の降神の儀を伝えたものである。特にこのときの歌に「あはりや、弓弭《ゆはず》と申さぬ浅座《あさくら》に、天津神・国津神下《お》りましませ」(原漢字)とあり、また「あはりや、弓弭と申さぬ浅座に、鳴るいかづちも下りましませ」(原漢字)とあるのが、カミオロシの古歌の一つである。同様にカミアゲについては「帰りましませ」と申すのである。今日神社界でいう降神の儀は、地鎮祭・木造始祭・立柱祭・上棟祭など建築に伴う祭典、その他神社の社殿以外で行う臨時の祭典に際し、神籬《ひもろぎ》または仮の神座を設け、その掌るところの神々を招きまつることをいう。このときの降神(招神)の詞は「何々の神これの御座《みくら》に天降《あもり》ませと申す」としている。同様に神上げのことは、昇神《しょうしん》といい、「何々の神元つ御座に帰りませと申す」という。また古儀ではこのとき琴あるいは神依板を用いたが、現在は琴によって菅掻《すががき》を奏することが多い。→昇神《しょうしん》

参考文献 『古事類苑』神祇部一、神社本庁編『諸祭式要綱』 (岡田 米夫)

かみがかり　**神懸**　神霊が人に憑りつくこと、また神の憑りついた人のことをいう。「かんがかり」ともいう。『日本書紀』神代に、「猿女君遠祖天鈿女命、則手持三茅纏之矟一、立二於天石窟戸之前一、巧作二俳優一、亦以二天香山之真坂樹一為レ鬘、以レ蘿為二手繦一而火処焼、覆槽置、顕神明之憑談」とあり、「顕神明之憑談」を「歌牟鵝可梨《カムガカリ》」という と註してある。これは巫女が神懸になる状態をよくあらわしている。同仲哀天皇八年九月条によれば、群臣に詔して熊襲を討つことを議ったとき、皇后に神懸して、熊襲の服従しないのは何も憂えることがないと神託のあったことがみえている。これらの古例を見てもわかる通り、神が託宣を下すとき人に神懸する。その多くは女の人であることは婦人の性格や心理が神懸するのに男よりふさわしいためと思う。わが国においては男のミコも存在しているが、古来巫女の活動が著しい。神懸はそれを職とする巫人にかかるのが普通であるが、神が突如として無垢な子供に神懸して託宣を下すこともあった。東京都の八丈島では、巫女になることのできる精神的要素を持った女性をミコケといい、巫女は筋を引くという。同様の女性を東京都の青ヶ島ではカミケと呼んでいる。鹿児島県鹿児島郡十島村ではネエーシという巫女が神懸するのを神ジケといい、この状態になるのは祭のときだけという。各地にある巫女が神懸の状態に入ったときは盛んに欠伸をするので知られるという。神懸になる方法にはいろいろなものがあるが湯立・問湯・釜祓などといわれるものがある。大きな釜に湯を沸かし、巫女が笹を手に持ち湯を掻きまぜ、舞いながら四周へ湯を振りかける。こうして神懸状態に入るのである。一人の人に御幣を持たせて中央におき、中座という者を立てる方法がある。大勢の者が周りを取り巻いて唱え言を唱える。すると中座という真中にいる者が神懸状態となっていろいろと神のお告げをきくようになる。東京都保谷地方では修験者に聞くことを中座を立てて伺うといった。ナカザとは御岳講の御座を立てる役のことで、神は中座の身に下り、それが一言一句後ろを向いて「ハイハイ」と答えながら伺いを立てるものに答えるのである。東京都西多摩郡檜原村では、紛失物のあったときオカマカジといって神に伺いを立てた。御幣を子供に持たせ手拭で目をおおい、大勢が中臣祓を唱える。子供は神懸となり神の御告げを語る。倒れると笹の葉で水を三度注ぐと正気になるという。広島県山県郡中野村(芸北町)では、部落に凶事があると十人の太夫を呼んで託舞を舞ってもらう。すると太夫の一人にミサキが憑いていろいろのことを告げるという。神懸になるには唱え言を唱えると同時に楽器を用いる。『日本書紀』には神功皇后が琴をならして神託を受けたことがみえているが、今日の巫人も弓弦を鳴らしたり、太鼓や鉦などを用いたりしている。シベリアや満蒙におけるシャーマニズム信仰においてはシャーマンの神懸を重要な部分としている。わが国の古神道もこれと類似するものがあり、今日の民間における巫女、市子、イタコ、稲荷下げ、沖縄のノロ・ユタなどはこの神懸状態を現出している。

参考文献　中山太郎『日本巫女史』、桜井徳太郎『日本のシャマニズム』　（大藤　時彦）

かみがもじんじゃ　**上賀茂神社**　⇩賀茂別雷神社《かもわけいかずちじんじゃ》

かみかわじんじゃ　**上川神社**　北海道旭川市神楽岡公園に鎮座。祭神は天照皇大御神・大己貴大神・少彦名大神・豊受姫神・大物主神・天乃香久山神・建御名方神・誉田分命・敦実親王・鍋島直正命・黒田清隆命・永山武四郎命・岩村通俊命。創立は明治二十六年(一八八三)七月で、今の旭川市宮下通四丁目に当地の鎮守神として天照皇大御神一柱を奉祀した。北海道の開拓地では、とりわけて軍隊が駐屯した各地では天照皇大御神の奉斎が顕著であった。社地は移転をくりかえし、大正十三年(一九二四)に現在地に確定。当地は離宮予定地であった。社格は明治三十九年に村社、大正四年に郷社、同十二年に県社。今日に至るまでに合祀や増祀が続き、前記のように祭神は十三柱になった。このなかでは大正二年に近文神社を合祀した事情が大きく、平成四年(一九九二)には岩村通俊命を合祀した。例祭日は七月二十一日。

参考文献　『上川神社誌稿』、『北海道神社庁誌』　（秋元　信英）

かみごりょうじんじゃ　**上御霊神社**　⇩御霊神社《ごりょうじんじゃ》

かみだな　**神棚**　家庭における神祭のため屋内に設けられる棚で、茶の間・囲炉裏など家族の集まる場所、または座敷・出居など接客用の部屋の鴨居に設けられる。近畿そのほか地方によっては床の間に台を置き、神号掛軸など掛ける例もあるが、多くは小祠を棚に飾り、伊勢神宮をはじめ氏神・産土神や信仰する神社の神札をまつる。榊や松を上げ、毎朝あるいは毎月一日・十五日・二十八日に神酒や食物を献じて拝む。神棚の起源は明らかではないが、『古事記』神代に祖神から賜わった御頸珠《みくびたま》を御倉《みくら》板挙之神《たなのかみ》と呼んでいるのは、神聖な宝物を清浄な御倉の

神棚（奈良県吉野郡十津川村）

棚にまつる方式があったことを示している。しかし神札を神棚にまつることは伊勢の大麻《たいま》が最初で、その時期は中世末期からといわれる。おそらくは仏教の浸透とともに菩提寺や有縁寺から、檀信徒のため読誦した『仁王経』百巻・『般若心経』千巻などの巻数を配ったことにヒントを得て、伊勢神宮では御師《おし》(おんしとも)が信仰者の依頼により一切成就の祓詞《はらえことば》を千度または万度読誦(千度祓・万度祓)して、その数取りの麻を筥に納め頒布した。これが御祓様とか大麻と呼ばれ、檀那の家々では棚を設けてまつったのが、展開して現今の棚札となったと思われる。神棚には別に恵比須・大黒・荒神・稲荷など特殊な信仰の対象となる縁起棚があり、また正月の歳徳棚・年棚、盆の精霊棚・盆棚、頭屋神事の棚のように一定期間だけ臨時に設けられるものもある。

参考文献 坪井洋文「かみだな」(『国学院大学日本文化研究所紀要』四)　(平井 直房)

かみだにじんじゃ　神谷神社　香川県坂出市神谷町に鎮座。旧郷社。現在、祭神は火結命・奥津彦命・奥津姫命、また相殿に経津主命・武甕槌命・天児屋根命・比売大神を祀るが、『神名帳考証』(度会延経)によれば、最初は天神立命一座のみを祀ったという。この神は『旧事本紀』に高産霊尊の児とある。弘仁三年(八一二)に伊予親王の侍講阿刀宿禰大足が勧請したと伝える。阿刀氏は空海の母の生家、大足は空海の伯父である。『延喜式』神名帳には讃岐国阿野郡小社二座の一つに挙げられており、祭神を一座とする説に叶っている。また一説には金山彦命といい、また『全讃史』には古伝大荒明神とし、秦河勝の霊と説く。俗伝に、神谷とは往昔諸神この地に会して神楽を奏せられしによるといい、社地山麓に在り、谷川の清流に臨み、境内六百六十坪余、後世春日大明神を相殿に奉斎して五社大明神と称すという。貞観七年(八六五)十月九日従五位下より従五位上に、同十七年五月二十七日正五位下に昇叙された。室町時代永禄十一年(一五六八)の棟札には正一位神谷大明神とあり、明治五年(一八七二)郷社に列す。社宝に古伎楽面二、古写『大般若経』折本六百巻があり、うち巻四百五十一に不足を文明十三年(一四八一)祐慶法師が書写して満巻としたとの奥書、また巻五百九十一に享徳四年(一四五五)宗安が書写したとの奥書がある。また明応五年(一四九六)二月二十二日宗堅ら二十九名による賦三字中略連歌の懐紙一帖がある。例祭は十月十日・十一日。

神谷神社本殿

参考文献 『特選神名牒』　(是澤 恭三)

建築　本殿は三間社流造、檜皮葺、千木・堅魚木をもち、高い基壇の上に、山を背にして西面して建つ。棟木銘によって建保七年(一二一九)の建立になることが知られ、その後しばしば修理が施された。基本構成は上・下賀茂社と同様であるが、規模はかなり小さく細部も簡素につくられている。後世の修理のために、舟肘木・懸魚などの細部は室町時代中期ごろの形状を示すが、大正七年(一九一八)修理の際全体として古風に整備された。国宝。

参考文献 太田博太郎他編『日本建築史基礎資料集成』二　(稲垣 栄三)

かみのう　神能　神社の故事来歴・由緒をもとに作曲された能。翁の次に行われることから脇能ともいう。また五番立の能で一番目に演じられるので、初番目物ともいわれる。男山八幡の神威をたたえる『弓八幡』、北野天神の縁起をもとに作られた『老松』、滋賀の白髭明神が登場する『白髭』、住吉明神が老夫婦の姿で相生の松を寿ぐ『高砂』など、各地の神々を題材にした曲目がある。神がシテ（主役）で登場し、神社の縁起を物語るとともに、国家の平和や繁栄豊穣を祝福することが共通の内容になっている。また、島根県の佐太神社では、九月(旧暦八月)二十四日・二十五日の御座替神事で、佐陀神能《しんのう》と呼ばれる芸能が奉納される。神能は祭礼に参集した神職たちによって演じられ、口伝によると、佐太社の神主たちが上京した際、都で流行の能を教わり、佐太社の縁起や出雲の神話をもとに作曲し演じるようになったとされる。

→御座替神事《ござかえしんじ》

参考文献 本田安次『日本の伝統芸能』一・二(『本田安次著作集』一・二)　(宮永 一美)

かみのつかい　神使　⇨しんし

かみむすびのかみ　神皇産霊神　神産巣日神・神魂神などとも書く。『古事記』冒頭の天地創成神話で、天之御中主神・高御産巣日神とともに成り出でたとある神。「ムスヒ」と清音でよまれることも多い。ものが成り出ずる意の「ムス」と霊力をあらわす「ヒ」からなる。生成力の霊妙なはたらきを高御産巣日神とならべて二元的に神格化したもの。神産巣日御祖命《かみむすびのみおやのみこと》ともよばれる。食物神の屍体から生じた稲麦などを取らしめて種としたという話もあり、この神は女神的・母神的側面をもつ。以後、大穴牟遅神を蘇生させる話、大国主神の国作り神話、国譲りの際の火鑽りの寿詞などおもに出雲系神話に登場し、『出雲国風土記』にも地域的に限定されて若干の伝承がある。この神の登場の仕方は、高御産巣日神が天照大神とならんでもっぱら高天原系神話にかかわっているのと対照的で、ムスビ二神のこういう二元的な在り方は、記紀神話における一問題点である。『日本書紀』では一書に名がみえるだけで、説話上のはたらきは、高皇産霊神が一手に引き受けた形になっている。高御魂・生魂・足魂・玉留魂などの諸神とともに宮中八神の一つに列せられ、『新撰姓氏録』では、この神を祖とする氏族も少なくない。

参考文献 松村武雄『日本神話の研究』二、西郷信綱『古事記注釈』一、倉塚曄子「出雲神話圏とカミムスビの神」(日本文学研究資料刊行会編『日本神話』所収)、吉田敦彦「アマテラス・スサノヲ・オホクニヌシ」(『歴史と人物』昭和四十七年十二月号)
(倉塚 曄子)

かみやく **神役** 神事奉仕のつとめのこと。社役・宮役ともいい、頭人《とうにん》制と結びついて頭役といわれることも多い。神役の語は、『香取神宮文書』の元久二年(一二〇五)のものに、「先祖相伝私領也、領掌無レ妨、以二件地利一所レ勤二仕来神役一也」とある。神事奉仕者の基本は、祝《はふり》または禰宜《ねぎ》などにおかれたが、司祭の意味をもつ「神主」(斎主・祭主ともいう)もまた職掌上の意味を有するようになった。神社制度が整うとともに大社は「宮司」を置くようになった。さらに神職団(社家)の発展に伴い神事奉仕内容の分化を生じ、社務・宮師・執行・神殿守・棚守・物申・与多・物忌・検校・預・別当等々の名称も現われてきた。こうした分化は荘園や郷村の祭祀組織にも及んで、多種多様の神役が成立した。その際、㈠年中祭事のそれぞれにつき分担させる方式と、㈡大きな祭儀の舗設に関して諸役を分担させる方式とがある。前者は概して荘園的祭祀に見られ、中世中期までの史料に多く、後者は概して郷村的祭祀に見られ、中世末期以後の史料に多い。前者には何荘(社)年中行事、あるいは年中神事次第の名でよばれるものが多く、たとえば大友一族たる託摩氏が在地の地頭であった肥後国神蔵荘については、元応二年(一三二〇)の「庄鎮守山王十禅師宮御まつりの次第」なる文書に、神主・預所の連署をもって、預所方役・神主千見殿役・正禰宜託摩殿役・田所平井殿役・ありとみ名惣検校役などがあり、そのうち正禰宜の分としては、正月四―七日、三月三日、五月五日、七月七夕、二季彼岸、正月ぶしゃ(歩射)などについての用米の量、供膳について定めている。しかも諸役に「さしつほ(差坪)」の付随すること、毎月朔日の「さへいしゅんやく(朔幣巡役)」のあることも添えられている。宗像社の応安の『年中神事次第』、阿蘇社の鎌倉時代末期らしい『四季神事諸役次第』、香取社の『至徳三年年中神事目録』など、大社中社にはその種の記録がよく残されている。後者については、いわゆる宮座や頭人組織の発達の見られた地域にその例が多い。斎忌を特に担当する「精進頭」をはじめ、田楽頭・花の頭・馬の頭・荘厳講・蟇目講・結鎮講・弓座・歩射座等々があり、ことに祭礼の神饌や舗設に関しての、餅座・酒座・米座・肴頭・団子頭・スコンド(数献などの字をあてているが酒肴頭であろう)講などが著しい。そうした中で、祠や社の管理と恒常的祈禱にあたらせるための、禰宜屋・宮守・社守・火とぼし・香花《こうはな》採《と》りなど、また特定の家筋の者が神事の維持経営に定められている鍵預り・鍵採り(鍵取り)などが、村落での神役の一般的形態として現今でも広く見られる。そうした点では、神事の指揮にあたる、正頭《しょうとう》・本頭・座元・講元・宮本などとよばれる神役には、往々にして斎屋(頭屋の屋の意味はここにある)提供者としての資格条件が伴い、きわめて古い由来をもつ斎主《いわいぬし》の制の名残をここに見出すことができる。

参考文献 肥後和男『宮座の研究』、和歌森太郎『中世協同体の研究』、豊田武「中世における神社の祭祀組織」(『豊田武著作集』五所収)、原田敏明「当屋に於ける氏神奉斎」(『帝国学士院紀事』一ノ一)
(萩原 竜夫)

かみよ **神世** 神代とも書かれるが、『古事記』や『日本書紀』では神世と記す。ふつう『古事記』の上巻や『日本書紀』の巻第一・巻第二は、神代巻とよばれており、神々の説話が記載されている。記紀に記録された神話は、皇室の由来を説明するために体系化されたもので、「神代史」とみなすべきだとする見解と、記紀編纂者による体系化を認めながらも、その内容は日本神話とよぶにふさわしいものとする見解などがある。八世紀の初葉に最終的完成をみた『古事記』や『日本書紀』の神代巻には、王権の由来と政治支配の起源を物語る要素が強い。しかし天地の開闢や人類の起源を伝える要素もあって、記録時や編集時における作為や潤色とともに、その前提となった神話的伝承が記紀に反映されていることもみのがすべきではない。世のはじめにおける神と人との出来事を語り伝えた日本神話の世界のすべてを記紀神話とすることはできない。宮廷によってまとめられた宮廷神話と民衆の間に語りつがれた民間の神話との異同を明らかにすることが必要である。

参考文献 津田左右吉『日本古典の研究』(『津田左右吉全集』一・二)、松村武雄『日本神話の研究』、上田正昭『日本神話』(『岩波新書』青七四八)
(上田 正昭)

かみよななよ **神世七代** 『古事記』および『日本書紀』のはじめに記載されている神々の七代。『古事記』はクニノトコタチ・トヨクモヌの「独神」二代と、ウヒヂニ・スヒヂニ、ツノクヒ・イククヒ、オホトノヂ・オホトノベ、オモダル・アヤカシコネ、イザナギ・イザナミの男女神五代をもって神世七代とする。これに対して『日本書紀』の本文は、クニノトコタチ・クニノサヅチ・トヨクモヌの「純男」三代と、ウヒヂニ・スヒヂニ、オホトノヂ・オホトノベ、オモダル・カシコネ、イザナギ・イザナミの男女神四代をもって神世七代とする。『日本書紀』の一書もオホトノヂ・オホトノベにかえてツノクヒ・イククヒを入れ、やはり男女神は四代とする。このように

『古事記』と『日本書紀』とでは、ともに「神世七代」と区分しながら、その内容を異にしている。（上田　正昭）

かみよりいた　**神依板**　古代の神事に神を招くため使われた板。『万葉集』九に「神なびの神依板にする杉の思ひも過ぎず恋の繁きに」（原万葉仮名）とあり、『藤原基俊家集』上に「祝子《はふりこ》がかみより板に引杉のくれゆくからに繁き恋哉」などがあるが、形や用法は詳らかではない。参考となるものに出雲大社の千家・北島両国造家の火継ぎ神事や古伝新嘗祭に使用される「琴板」がある。これは杉の薄板製で琴の形をし、長さ七三センチ、幅二一・六センチ、高さ一〇・二センチ。裏側に径九・六センチの穴があるが絃はない。五、六人の神人がこれを長さ六四・五センチの柳の撥《ばち》で打ち鳴らしつつ百番の舞の神楽歌を歌う。上代祭祀に琴を弾き神託を請うたことは『古事記』仲哀天皇段などにみえ、その音により神が琴頭に降ると信じられていた。伊勢の神宮で三節祭に先立ち奉仕神職の可否を琴卜で占ったのもこれに関係があるが、出雲大社の琴板は和琴出現以前の古代楽器による神霊憑依の信仰を暗示するかと思われる。

参考文献　本居宣長『古事記伝』三〇（『本居宣長全集』一一）　（平井　直房）

かみわざ　**神態**　本来は神の所為を表わす語であるが、それが神をまつる態《わざ》、すなわちまつり方と身体表現を意味することにもなった。神事・神業とも表記し、かむわざ・かんわざとも訓む。神に関する公事《くじ》、神事《かみごと》とほぼ同義に使われている。『源氏物語』真木柱の巻に、「霜月になりぬ、かみわざなど繁く内侍所にも事多かる頃にて」などの記述があり、霜月の内侍所の神楽を中心とした神事を「かみわざ」と表現したものと思われる。宮中神楽は平安時代中期ころに形式化されるに至るとされる。民間でも種々の神楽が行われ、それが今日まで神降臨の神事芸能として各地で伝えられている。神態の最も重要な要素は、神の出現とそれを演ずる所為とされる。祭の表現形態の一つとして「神態を中心とするもの」があり、一般的には㈠神意をはかること（筒粥神事・鳥喰神事など）、㈡農耕行事（御田植祭・早苗祭・虫送り神事など）、㈢採取行事（初山祭・鹿追祭・鰹釣神事など）、㈣火焚き（柴燈祭・しめやき神事など）、㈤疫病除け（追儺祭・牛王神事など）、㈥競技行為（百手祭・歩射祭・綱引祭・玉取祭・相撲神事など）、など神態の具体的な諸相を含める考え方がある（『民俗学辞典』「祭」の項）。これらは神事芸能とよばれる身体表現と重なる部分が多い。（茂木　栄）

かみわたり　**神渡り**　神が移動すること。神は、通常は異界に坐し、ここより臨時に、あるいは定期的に共同体を訪れ、福を授けるなどしてふたたびかえってゆくものと信仰されたが、その去来がお渡りとか渡御、御神幸と表現された。異界より村を訪れて祝福を与える神の姿は、男鹿半島のナマハゲや、八重山西表島古見・石垣島などのプーリ（豊年祭）のアカマタ・クロマタなどにうかがうことができる。格の高い神になれば大勢の眷族《けんぞく》・伴神を引き連れて共同体を訪れることになるが、こうした信仰より発生したのが行列がお渡りをする祭礼で、その際の神の乗り物が神輿や山車である。現在、多くの町村の祭礼に見られる神輿は社殿様の造作物で、これより portable shrine と英訳されたりするが、杉・檜などを飾った大嘗祭の標の山のように、樹木などに依りつけて運ぶのがより古いかたちであった。現在でも、春日若宮神の御旅所《おたびしょ》へのお渡りでは、神は神職の捧げ持つ榊に依りつけて運ばれる（春日若宮御祭）。畿内諸社の多くの祭礼行列に見られる一つ物や馬長は、馬に児や御幣が乗るものであるが、これは馬に乗って神が渡御するかたちと見做される。（松尾　恒一）

かむろぎのみこと・かむろみのみこと　**神漏伎命・神漏弥命**　神魯伎命・神魯美命、神漏義命・神漏美命とも書く。『常陸国風土記』の註には「賀味留弥・賀味留岐」と記す。『延喜式』の祝詞や出雲国造の神賀詞《かんよごと》、中《なか》臣寿詞《とみのよごと》などにみえる神名で、「皇睦《すめむつ》」（祈年祭・月次祭祝詞）、「皇親」（大祓・鎮火祭祝詞）、「親」（出雲国造神賀詞）の神とされている。高天原に鎮まる皇祖神とあおがれた神で、タカミムスビ・カミムスビ両神の別名とみなす説がある。（上田　正昭）

かめいこれみ　**亀井茲監**　一八二五―八五　幕末・維新期の石見国津和野藩主。筑後国久留米藩主有馬頼徳の子。文政八年（一八二五）十月五日江戸久留米藩邸に生まれる。母は兄頼永と同じく田中氏。幼名は格助、号は勤斎。天保十年（一八三九）四月十五歳にして、亀井茲方の養子となり、同六月津和野藩の封をつぎ、従五位下に叙し隠岐守に任ぜられた。内は藩政を治め、外は海防に務めたが、特に教育に力をそそぎ、漢洋の学に深い理解を示すとともに、岡熊臣・大国隆正を藩校養老館の国学教師に起用して、津和野本学の名を高からしめた。文久三年（一八六三）三月、孝明天皇の賀茂社行幸に扈従し、隣藩長州の毛利氏と交わりを厚くして国事を謀り、久留米水天宮祠官真木和泉らの幽閉釈放を斡旋し、また三条実美ら七卿西走するや、藩士をして絶えずその間を連絡せしめた。明治元年（一八六八）二月参与、神祇事務局判事となり、ついで議定、神祇事務局輔より神祇官副知事に昇進し、罷めて麝香間祗候を命ぜられるまで、藩士福羽美静らを部下とし神祇行政にあたった。藩内において、新設の社寺を旧社寺に併せて永久整備の法を講じ、神仏の混淆を禁じて別当社僧を還俗せしめ、神葬式・霊祭式を制定するなど社寺の改正を実施したが、すべて明治維新神祇行政の雛形であった。元年三月十四日の国是五箇条の誓祭には、供物点検を奉仕し、誓文・誓書を奉り、大阪行幸には藩兵を率いて供奉し、その前後、神祇官の首脳として長崎浦上村耶蘇教徒の教諭、楠公社・織田・豊公社の造営、石清水・住吉・座摩社の御参拝、新即位式の調査制定、御東幸途上の伊勢神宮親謁の儀など、その画策にいずるものが多い。四年五月上表して他藩に先がけて列藩の廃止を建議し、かつ自藩の解藩を請い、六月津和野藩は廃されて、藩知事の職を辞した。七年六月養子茲明《これあき》(堤哲長三男亀丸)に家督を譲って自適の身となり、十八年三月熱海に静養中、病気あらたまり二十二日に帰京、二十三日小石川丸山の第に没した。年六十一。東京向島の弘福寺に葬られたが、のち島根県鹿足郡津和野町の乙雄山にある亀井家墓所に改葬された。大正四年(一九一五)十一月正二位を追陞された。嗣子茲明は明治二十四年四月子爵より伯爵に昇っている。茲監生前の勲功による。

[参考文献] 加部厳夫編『於杼呂我中—亀井勤斎伝—』、宮崎幸麿編『勤斎公奉務要書残篇』、阪本健一「明治神道史」(『(神道講座)神道史』所収)、同「明治維新と津和野本学」(『国学院雑誌』四九ノ四)　(阪本　健一)

かめいどてんじんしゃ　亀戸天神社　東京都江東区亀戸に鎮座。旧府社。ほかに亀戸天満宮・亀戸神社・亀戸宰府天満宮・東太宰府《あずまのだざいふ》天満宮・本所宰府天神・葛飾天満宮などの称があった。新たに開拓された本所方一里の鎮守として、幕府の援助を得て、大鳥居信祐《しんゆう》(のぶすけとも、本社の初代別当)が創建した太宰府天満宮の分祠であるから、かく亀戸宰府天満宮などと称されたのである。また、葛飾天満宮とは、さらにひろく武蔵国葛飾郡一円の鎮守であるとの意識からつけられたのであろう。八棟造りの偉容を誇った本殿が落成し、その盛大な正遷宮の執り行われたのは、寛文三年(一六六三)八月二十五日であった。以後、この鎮座の当日をもって例祭日とした。祭神は菅原道真公で、その祖神の天菩日命を相殿に祀る。鷽替《うそかえ》行事(一月二十四日・二十五日)が特殊神事として人口に膾炙している。

明治時代の亀戸天神社

[参考文献] 亀戸天神社菅公御神忌一〇七五年大祭事務局編『亀戸天満宮史料集』、大鳥居信円『本所宰府問答』、大鳥居信盛『亀戸宰府天満宮社伝略記』、橘正広『東宰府宮年中行事』、西田長男『亀戸天神社の鎮座』、石山乾三「亀戸天神社の氏子とその祭礼慣行」(『武蔵大学論集』三ノ一)　(西田　長男)

かめおかじんじゃ　亀岡神社　長崎県平戸市岩の上町に鎮座。旧県社。本社である霊椿山社は寛永八年(一六三一)平戸藩主松浦壱岐守棟が同氏の祖霊、源大夫判官久命・源藤次持命・松浦肥州定命・左衛門尉勝命の四柱を平戸城内霊椿山に祀ったのが起りである。明治十二年(一八七九)七郎神社(祭神七郎氏広命など三柱)・乙宮神社(天照大神など六柱)・八幡神社(誉田別天皇など五柱)の三社を合祀し、同十三年現地に移転して亀岡神社と号した。例祭は十月二十四―二十八日(平戸おくんち)。鐶頭大刀一口(重要文化財)を存する。　(村山　修一)

かめやまじんじゃ　亀山神社　広島県呉市清水一丁目に鎮座。旧称に皇城宮・大屋津比売神社・比売志麻神社・八幡宮などがある。通称「はちまんさん」。祭神は帯中津《たらしなかつ》日子命《ひこのみこと》・息長帯日売命《おきながたらしひめのみこと》・品陀和気命《ほむだわけのみこと》、相殿に高御産日《たかみむすび》神《のかみ》などを祀る。旧県社。縁起によると「白鳳八年(七世紀後半)」豊後国姫島より栃《とち》原村甲手山に天降り、のちに宮原村亀山(入船山)に鎮座したとする。別説は大宝三年(七〇三)長門国亀山よりの勧請ともいう。楽音寺古神名帳の安南郡姤神明神に比定される。平清盛は音戸瀬戸開削や厳島神社造営の際、当社に祈願や寄進をし、旧社地には清盛塚もあったという。明治十九年(一八八六)社地が呉鎮守府用地とされたので同二十年に現在地へ遷座した。昭和三年(一九二八)火災、同二十年戦災にあい、現社殿は同三十年の造営。祭日はもと十月十七日、現在十月十日。旧社地では大岩へ一文銭を投げ疣《いぼ》をとる一文百疣行事が、昭和四十年までは授与された土玉を参詣者同士交換する玉替え行事があった。

[参考文献] 『芸藩通志』、広島県神社誌編集委員会編『広島県神社誌』　(藤井　昭)

かめやまはちまんぐう　亀山八幡宮　(一)山口県下関市中之町に鎮座。関八幡ともいう。祭神は応神天皇・神功皇后・仲哀天皇・仁徳天皇・武内宿禰。旧県社。貞観元年(八五九)行教が八幡神を宇佐八幡宮より石清水に勧請の時亀山の麓にも勧請。以来西海の名社として武家の崇敬篤く、永正三年(一五〇六)には大内義興が朝鮮の助縁により修理、享禄二年(一五二九)には大内義隆が社殿を造営、爾後毛利氏が代々修造した。社伝には毛利輝元・秀元が百石を寄進し、文久三年(一八六三)国事安穏の祈禱をしたという。明治維新後下関四十ヵ町五千戸が氏子となった。山陽道の起終点で眺望がよいので多くの文人が参詣、山陽道碑がある。隣地の阿弥陀寺は行教の開基で、古くは天台宗、本社に関係があったが、寺号は廃せられて赤間宮となった。西方の神宮寺福昌寺(真言宗)は文明年間(一四六九—八七)の建立とある。本殿は流造、宝物に後土御門院ほかの短冊手鑑などがある。例祭は十月十四—十六日(亀山能)。特殊神事に五穀祭(五月一日より三日間)、夏越祭(六月晦日)がある。

[参考文献] 『諸社根元記』中(『神祇全書』一)、『和漢三才図会』　(中野　幡能)

(二)長崎県佐世保市八幡町に鎮座。古くは亀山八幡大神宮と称したが、昭和三十五年(一九六〇)より現在名となる。旧県社。祭神は応神天皇・仲哀天皇・神功皇后・仁徳天皇・保食神《うけもちのかみ》。白雉四年(六五三)、赤崎岳に宇佐八幡の神霊が現われ、西海鎮護のためとの神託により、大分県の宇佐八幡宮より分霊を祀ったと伝えられる。後世、彼杵郡四十八ヵ浦の総鎮守として、朝廷をはじめ代々平戸藩主松浦家により崇敬された。明治二十一年(一八八八)佐世保に海軍鎮守府が開設以後、守神とされた。例祭は十月十五日。当社の秋祭に合わせて毎年十一月一日から三日間行われるおくんち佐世保祭は、市民参加の祭として親しまれている。
（八幡　崇経）

がもうくんぺい　蒲生君平　一七六八—一八一三　江戸時代後期の学者。通称は伊三郎、名は秀実、一名夷吾、字は君臧、また君平、修静庵と号した。明和五年(一七六八、月日不詳)下野宇都宮の町人福田又右衛門正栄の子として生まれた。家は代々油屋で農業も営んだ。十四歳の時から同国鹿沼の儒者鈴木石橋に入門し、その後同国黒羽藩士鈴木為蝶軒(通称武助)、水戸藩士藤田幽谷と交わって感化を受け、節義と憂国の学風を磨いた。天明六年(一七八六)ころ、祖先が蒲生氏郷の子孫であるという家伝に従い蒲生姓に改めた。寛政二年(一七九〇)高山彦九郎を慕って陸奥に行ったが会うことができず、帰途仙台の林子平を訪ねて志を語り合った。彼の時世改革論『今《きん》書《しょ》』の起稿はこのころである。同七年、蝦夷地でロシア人との衝突が起った時、北辺の防備を憂えて再び陸奥を巡歴し、翌年歴代天皇の陵墓の荒廃を嘆いて『山陵志』の著述のため京都に旅し、同十年水戸に行って有志と交わり、さらに仙台に至った。彼は水戸藩の『大日本史』が紀伝だけで志類がないので、独力で九志の編纂を企て、まず『山陵志』の完成のため、同十二年再び入京し、歌人小沢蘆庵宅に止宿して近畿諸国の山陵を踏査した。帰途伊勢松坂に本居宣長を訪問し、北陸経由、佐渡に渡って順徳天皇の陵を拝み、帰郷後起稿して翌享和元年(一八〇一)『山陵志』の稿本が大概できたので、序文を本居宣長に送って批評を求めた。この年兄正胤の病死により、しばらく家庭で遺族を助けたが、同三年大学頭林述斎に文教振興につき建議し、翌文化元年(一八〇四)江戸に出て駒込吉祥寺の近辺、のちには本石町に住んで、『職官志』を編し、また『不恤緯《ふじゅつい》』を著わして国防につき世人を啓発した。文化十年七月五日病死。四十六歳。谷中臨江寺に葬られた(墓は国の史跡)。法名は修静院殿文山義章大居士。彼の事蹟と思想は内外の危機に対する民間有志の先駆をなすもので、高山彦九郎・林子平とともに寛政の三奇人と呼ばれる。前記の著述および遺稿・書状類は『蒲生君平全集』全一巻に所収。

参考文献　高浜二郎編『蒲生君平年譜』、武田勘治『蒲生君平』、栗田寛「蒲生君平事蹟考」(『蒲生君平全集』所収)
（伊東多三郎）

かもうじ　賀茂氏　(一)古代の氏族。賀茂は加茂・鴨ともかく。大国主神(大物主神・大己貴神)の子孫という大田田根子(意富多多泥古・大田田禰古)の孫大賀茂都美(大鴨積)を始祖とし大和国葛城《かずらき》を本居とした豪族と、神魂命の孫武津之身命(建角身命)を始祖とし山城国葛野《かどの》を本居とした氏族とがあった。このほかに開化天皇の皇子彦坐命の子孫という鴨県主・鴨君がいた。葛城の賀茂氏については『古事記』崇神天皇段に「僕者大物主大神、娶二陶津耳命之女、活玉依毘売一、生子、名櫛御方命之子、飯肩巣見命之子、建甕槌命之子、僕意富多多泥古白、(中略)此意富多多泥古命者、神君、鴨君之祖」とあって、大田田根子までの系譜と、その出自を神君《みわのきみ》とともに明らかにしている。神(三輪・大三輪・大神)氏と同族であったことは、『日本書紀』神代宝剣出現章第六の一書に「此大三輪之神也、此神之子、即甘茂君等・大三輪君等」とあり、また『新撰姓氏録』大和国神別地祇の賀茂朝臣条にも「大神朝臣同祖、大国主神之後也、大田田禰古命孫大賀茂都美命(一名大賀茂足尼)奉レ斎二賀茂神社一也」と記されている。同逸文には大賀茂都美が賀茂神社(鴨都波神社、奈良県御所市御所に鎮座)を奉斎したことによって氏を賀茂と称したことを記し、その子孫から伊賀国の鴨藪田公、伊予国の鴨部首・酒人君、大和・阿波・讃岐諸国の賀茂宿禰・鴨部・役君、遠江・土佐諸国の賀茂宿禰・鴨部、伊予国の賀茂伊予朝臣・賀茂首の諸氏が出たことを説いている。葛城の賀茂氏の姓はもと君で、天武天皇十三年(六八四)に朝臣を賜姓された。壬申の乱に大海人皇子の軍に参加し、持統天皇九年(六九五)四月に直広参の位を死後贈られた鴨君(賀茂朝臣)蝦夷は葛城賀茂氏の本宗の一人である。山城葛野の賀茂氏は『古事記』『日本書紀』の神武天皇伝説にあらわれる八《や》咫烏《たがらす》に関係して知られており、『日本書紀』神武天皇二年二月条に「頭八咫烏、亦入二賞例一、其苗裔、即葛野主殿県主部《ら》是也」とある。葛野主殿県主は主殿《とのもり》の職についていた葛野県主という意味で、賀茂(鴨)県主をさす。『古語拾遺』には「賀茂県主遠祖、八咫烏」とある。『新撰姓氏録』山城国神別天神の鴨県主条逸文には「賀茂県主同祖、神魂命孫武津之身命之後也、日本磐余彦命子天皇(諡神武)欲レ向二中洲一之時、山中嶮絶、跋渉失レ路、於レ是神魂命孫鴨建耳津身命、化レ如二大烏一翔飛奉レ道、遂達二中洲一、天皇嘉二其有一レ功、特厚褒賞、天八咫烏之号、従レ此始也、因賜二葛野県一居焉」とみえ、そして大屋奈世《おおやなせ》が成務天皇の時代に鴨県主に定められたとある。鴨県主は葛野主殿県主ともいわれているので主殿の職を世襲していたことがうかがわれるが、『鴨県主系図』の大二目命《おおふたつめのみこと》の譜文に「主殿寮主水司、為二名負一仕奉」とあり、久治良《くじら》の譜文に「岡本朝飛鳥板蓋朝、殿寮丶丶丶」とみえ、『三代実録』元慶六年(八八二)十二月二十五日条に主殿《とのもり》寮の殿部の負名氏五氏のうちに鴨氏があげられていることによっても、それが確かめられる。また鴨県主が主水《もいとり》司の水部でもあったことは、同系図大二目命の前掲譜文および同系図の黒日以下の人名に主水司水部と記されていることによってわかる。葛野の賀茂氏はかつて山城の葛野県《かどののあがた》の県主として大和朝廷の内廷に奉仕し薪炭や水を貢納していたが、律令制成立後は主殿寮の殿部、主水司の水部の負名氏となって官司に仕えていたのである。→八咫烏《やたがらす》

参考文献　佐伯有清「ヤタガラス伝説と鴨氏」(『新撰姓氏録の研究』研究篇所収)、井上光貞「カモ県主の研究」(『日本古代国家の研究』所収)　(佐伯　有清)

㈡平安時代中期以降の陰陽家。祖先は大国主神の後といわれ、大和国葛城の賀茂神社(鴨都波神社)を奉斎した鴨(賀茂)君氏で、奈良時代初期の播磨守兼按察使賀茂朝臣吉備麻呂の後裔。系図類では、この吉備麻呂を右大臣吉備真備とするが誤りである。吉備麻呂五世の孫の忠行から保憲・光栄と高名な陰陽家が続き、特に保憲は天慶四年(九四一)暦生の身で暦博士大春日弘範とともに造暦の宣旨を蒙り、さらに暦博士・陰陽頭・天文博士を歴任して、暦道を子の光栄に、天文道を弟子の安倍晴明に分かち伝えたという。以後、賀茂氏は次第に暦博士と造暦の宣旨を蒙る者を一族で独占していわゆる暦道の家となり、かつそれを拠り所に多く陰陽頭・助・允や陰陽博士・漏刻博士などに任じ、同様に天文博士・天文密奏の宣旨を世襲して天文道家となった安倍氏と並んで、「安賀両家」と称される二つの陰陽家を形成した。鎌倉時代以後、多くの支流に分かれ、その中の一流が暦博士・陰陽頭を受け継いで、室町時代には三位以上に昇る家となり勘解由《かでの》小路《こうじ》家を称したが、永禄八年(一五六五)に没した在富の代で絶えた。それより暦道は、安倍氏の後裔土御門《つちみかど》家の兼ねるところとなり、江戸時代に入って、賀茂氏の庶流幸徳井《こうとくい》家が暦博士に復したものの、すでに実権は土御門家に移っていた。賀茂氏による著書には、保憲に『暦林』十巻があったが現存せず、家栄に『陰陽雑書』があり、尊経閣文庫に写本を蔵し、また、在方に『暦林問答集』二巻があり、『群書類従』雑部に収める。

参考文献　『医陰系図』(詫間直樹・高田義人編『陰陽道関係史料』所収)　(山下　克明)

かもこうたいじんぐうき　賀茂皇太神宮記　京都の賀茂神社の縁起・由緒・神徳などについて記した、仮名書きの書。著者・成立年代不詳。一巻。はじめに『山城国風土記』逸文賀茂社をもとにした鎮座縁起を記し、斎院の御禊、申の日の関白賀茂詣、賀茂祭、臨時祭、行幸、御幸、斎院の創始等々の由緒を記述し、そのつど祭神の神徳を付している。本書の伝本は多く、特に十七世紀後半以降のものが目につく。その中で最も信憑性が高いのは群書類従本。奥書に応永二十一年(一四一四)三月に書写したとあり、「一本」と「元本」を以て校合したことが記される。「元本」は明らかでないが、「一本」は元禄八年(一六九五)刊の刊本とみられる。主な伝本は、西池(賀茂)季周書写本・同周通書写本・岡本本が知られている。『群書類従』神祇部所収。

参考文献　『群書解題』一中、西田長男「諸社縁起叢考」(『ぐんしょ』七)、伊藤慎吾「『賀茂皇太神宮記』伝本考」(『賀茂文化研究』六)　(新木　直人)

かもさいいんき　賀茂斎院記　賀茂斎院の歴代記。著者・成立年代ともに不詳。一巻。初代嵯峨天皇皇女有智子内親王より、土御門天皇のときの後鳥羽院皇女礼子内親王まで、三十四代を列挙、その世系・卜定年月などを記す。なかに『帝王編年記』などにみられる高倉天皇の承安元年(一一七一)六月卜定の頌子内親王はとり上げていない。本書文章に『続日本後紀』『類聚国史』『日本紀略』と合致するものがみられる。『群書類従』補任部所収。

参考文献　『群書解題』二下　(鎌田　純一)

かもさいいんし　賀茂斎院司　⇨斎院《さいいん》

かもさいぞうようのひきつけしきもく　賀茂祭ざうようの引付色目　長禄三年(一四五九)の賀茂祭の費用・仕様・用品などを控えた記録。長禄三年四月二十七日、甘露寺親長筆録。一巻。ときに親長は賀茂伝奏。同年三月二十三日の造作方設置に始まって人夫・費用のことなどを日並記ふうに記し、関係文書の控えを載せている。四月二十七日に上記のことを書き上げたあと、さらに祭に参列した人々などについて書き加えている。巻末に、慶長十九年(一六一四)に後陽成上皇よりこの書を給わって賀茂尚久が書写し、貞享四年(一六八七)に摂政一条冬経がこれを書写させたものを校合したとの奥書がある。『続群書類従』神祇部所収。

参考文献　『群書解題』二上　(新木　直人)

かもさいないしんのう　賀茂斎内親王　⇨斎院《さいいん》

かもしゃごがんしょ　賀茂社御願書　後伏見上皇がその子皇太子量仁親王の践祚を祈願して賀茂社に奉った願文。仮名書きの願文である。一巻。嘉暦三年(一三二八)成立。正中元年(一三二四)後醍醐天皇が鎌倉幕府を討ち政権回復のため挙兵を企てたが失敗に終った正中の変ののち、大覚寺統の皇太子邦良親王が嘉暦元年三月二十日に死去すると、幕府の支持により同年七月二十四日に持明院統の伏見天皇長子量仁親王が立太子した。この間、後伏見上皇は、量仁親王の立太子と譲位を祈願して各寺社に願文を奉っている。嘉暦元年三月二十五日長谷寺、同年五月二十九日石清水八幡宮、同三年六月三日日吉社、同年九月四日花園上皇とともに賀茂社、同年十一月二十一日再び石清水八幡宮、さらに元弘元年(一三三一)八月二十六日賀茂社へ天下安寧と皇太子の登祚を祈願した。本書は嘉暦三年九月四日賀茂社へ奉られたものである。『群書類従』神祇部所収。また、『皇室文学大系』一に群書類従本の写本が収められている。

参考文献　『群書解題』一中　(新木　直人)

かもしゃさくらええんぎ　賀茂社桜会縁起　京都の賀茂神社の桜会の由来を記した書。大江佐国《すけくに》著。一巻。永保三年(一〇八三)成立。永保三年二月二十五日、賀茂社において賀茂の桜会と称する法華経による法要が行われた際に、その由来を神主賀茂成経の依頼により大江佐国が

記したもので、まず賀茂神社の隆盛が書かれ、ついで前神主賀茂成助によって桜会の始められたこと、その内容と盛況ぶりが記される。賀茂の桜会は、定まった日がなく二月・三月のうち桜が満開の日を選んで行われた法華会で、この時すでに創始より数十年が経過していた。なお、桜会と称する法会はほかの寺社でも行われており、特に醍醐寺のものが著名である。『群書類従』釈家部所収。また、『朝野群載』二(永久四年(一一一六)成立)に縁起の例として収められている。

参考文献 『群書解題』一八上、久保田収「賀茂社についての一、二」(『神道史研究』二四ノ五・六)、嵯峨井建「鴨社の神仏習合」(糺の森顕彰会事務局編『鴨社の絵図』所収)

(新木 直人)

かもしんかんかもしけいず　賀茂神官鴨氏系図　賀茂御祖神社(下鴨社)禰宜家および摂末社の社家を中心とした鴨(賀茂)県主氏の系図。表題は、続群書類従本では『賀茂神官鴨氏系図』となっているが、伝本には『賀茂神宮《かもじんぐう》鴨氏系図《かもしけいず》』とするものが多い。一巻。本系図は承久の乱(承久三年(一二二一))ののちに原本が作成され、書き継がれて南北朝時代に至ったものと考えられる。「鴨建玉依彦命(下鴨社祭神賀茂建角身命の子)之十一世苗裔」の大伊乃伎命に始まり、譜に寛元四年(一二四六)とある祐茂から祐雄・祐夏・祐守・祐興の四世代が記されて終る。祐興は南北朝時代に死去している。『続群書類従』系図部所収。内閣文庫本『賀茂御祖皇太神宮禰宜河合神職鴨県主系図』、梨木家伝来本『賀茂御祖神社禰宜家系譜』が鴨県主氏の別系統の系図として知られる。また、下鴨社祝《はふり》の鴨脚《いちょう》家に伝わる『新撰姓氏録』一七のうち賀茂朝臣・鴨県主の本系を抄録した『新撰姓氏録抄録』も参考になる。ほかに『群書類従』系譜部に『加茂氏系図』、『続群書類従』系図部に『賀茂系図』『賀茂氏系図』が所収される。→河合神職鴨県主系図《かわいしんしょくかものあがたぬしけいず》

参考文献 『群書解題』三下、山田孝雄『新撰姓氏録抄録』解説、三宅和朗『古代の神社と祭り』(『歴史文化ライブラリー』一一一)、佐伯有清「ヤタガラス伝説と鴨氏」(『新撰姓氏録の研究』研究篇所収)、井上光貞「カモ県主の研究」(『日本古代国家の研究』所収)

(新木 直人)

かもじんぐうじ　賀茂神宮寺　京都市上・下賀茂神社に付属した仏寺で、現在は廃寺。上賀茂神宮寺は現在の百万遍知恩寺の前身であった。摂社片山御子神社の神宮寺は社の東一里ばかりにあり、岡本堂と称し、天長年中(八二四―三四)検非違使に破壊され、同十年再建の勅が下された。下賀茂神宮寺は本社と河合社の間にあって観音堂と称したものである。寛仁二年(一〇一八)には山城国愛宕郡八ヵ郷をもって両神宮寺に寄進のことがあった。

参考文献 『古事類苑』神祇部二

(村山 修一)

かもじんじゃ　賀茂神社　(一)京都市の賀茂別雷《わけいかずち》・賀茂御《み》祖《おや》両社の総称。一般に前者を上賀茂社、後者を下賀茂社とよぶ。また前者を賀茂社、後者を鴨社と記して区別することもある。古く京都盆地北部に住む賀茂氏族の氏神としてまつられ、のち西部の松尾社を中心に勢力を張った秦氏の信仰もうけ、南部の稲荷社とともに古代山城の三大信仰圏を形成した。平安遷都により、皇城鎮護の神として朝廷の崇敬最も篤く、山城国一宮となった。→賀茂御祖神社《かもみおやじんじゃ》　→賀茂別雷神社《かもわけいかずちじんじゃ》

(村山 修一)

賀茂神社領　京都の賀茂神社すなわち賀茂別雷(上賀茂)・賀茂御祖(下鴨)両社の社領の総称。同社領の形成・発展は朝廷の尊崇と保護によるところが大きい。まず大化のころ封戸十四戸・神田一町八段が寄せられている。当時の賀茂神社はまだ上社のみであり、下社は八世紀中期に分立したと考えられるが、これに応じて下社には天平勝宝二年(七五〇)御戸代田一町が、さらに天平神護元年(七六五)封戸二十戸が充てられた。降って長岡京遷都の翌年の延暦四年(七八五)には両社に山城国愛宕郡内の封戸各十戸が進められ、貞観七年(八六五)にはやはり山城国で神田各五段が、また天慶三年(九四〇)には平将門追討の報賽としてそれぞれ山城国の封戸十戸が寄進されている。天徳元年(九五七)にも若干の封戸が増加した。このほか十一世紀初期の記録では上社七十余戸、下社五十余戸の神戸が存在したことが知られる。かかる経過ののち、寛仁元年(一〇一七)には愛宕郡内の八郷が神領として両社に頒ち寄せられるに至った。上社には賀茂・錦部・大野・小野、下社には蓼倉・栗野・上粟田・出雲の各四郷が進められたが、これら諸郷はその後長く社領の中心的位置を占めるものとなった。これを賀茂神社領形成過程における第一の画期的事件とすれば、続いて寛治四年(一〇九〇)神税不足を補うために上・下社いずれにも不輸田六百余町が寄進され、また諸国に御厨が分置されたのは、いわば第二の画期的出来事であった。この時上社では阿波国福田荘・若狭国宮河荘・加賀国金津荘・近江国安曇河御厨などをはじめとする荘園二十二ヵ所と御厨若干からなる社領が形成され、下社では『賀茂社古代荘園御厨』の記載によると荘園十九ヵ所・御厨九ヵ所が設定されたという。これ以後も社領は漸次増加して中世に及んだ。中世には上・下社とも約七十ヵ所の社領の存在が知られる。近世には上社は二千五百七十二石、下社は五百四十一石の社領高を認められている。

参考文献 賀茂保可他編『賀茂注進雑記』、鴨祐之編『賀茂御祖皇太神宮諸国神戸記』、『古事類苑』神祇部、清水三男『日本中世の村落』(『清水三男著作集』二)、須磨千頴『賀茂別雷神社境内諸郷の復原的研究』、同「中世賀茂別雷神社領の形成過程」(『日本歴史』二六〇)、井上光貞「カモ県主の研究」(『日本古代国家の研究』所収)、岡田荘司「中世の賀茂別雷社領」(『神道学』五八)

(須磨 千頴)

(二)兵庫県揖保郡御津町室津に鎮座。旧県社。祭神は賀茂別雷神、建速須佐之男命。行基が定めたという摂播五泊《いつのとまり》の一つである室津港を望む明神山に上賀茂神社(賀茂別雷

神社)から分霊をまつり勧請したと伝える。『賀茂別雷神社文書』などによると、源頼朝が同社領としてこの室御厨を寿永三年(一一八四)および文治二年(一一八六)に安堵したことから当地に分霊が勧請されたといわれている。『播磨鑑』によるとこの時に賀茂明神のお供を三十六人が務めた。境内社として貴布禰神社・若宮神社・大宮神社・八幡神社など十七社がある。例祭はもと五月中の酉の日に小五月《こさつき》祭が行われていて、神幸式があり室津の遊女が白拍子装束で棹歌を唄って舞を奉納していた。現在は四月中の土・日曜日に少女数十人が萌黄の袴、裃、天冠などを身につけて奉納している(県指定無形民俗文化財)。本殿は、檜皮葺の三間社流造で、本殿・摂社・権殿ともに五社殿が南面して並ぶ。本社殿正面に唐門を出し、左右に回廊を配していて重要文化財に指定されている。また、拝殿は舞台建築様式で飛拝殿と称されている。

参考文献 兵庫県神職会編『兵庫県神社誌』、喜多慶治『兵庫県民俗芸能誌』　(芦田　岩男)

かもすじんじゃ　神魂神社　松江市大庭《おおば》町神納《かんのう》山に鎮座。大庭大宮ともいう。旧県社。祭神は伊弉冊大神・伊弉諾大神(合祀)。秋上《あきあげ》(もとは神上)氏が歴代神主として奉仕。創建については正確な文献がなく、伝承も詳らかでない。『延喜式』神名帳に社名がみえないから、平安時代中期にはなお社殿が成立していないと考えられる。おそらく出雲国庁に近く居住する出雲国造の居館内における仮設の祭場が発展して、中世以降神社の形態を整えるに至ったものであろう。出雲国造が歴世国造職および出雲大社神主職を相続するにあたり、当社本殿内で、神火神水を以て神秘なる火継神事を執行し、また毎年霜月中卯日新嘗祭を執行したことは顕著なる史事である。現今の本殿は大社造女型の蒼古なるものであり、国宝に指定、また末社の貴布禰・稲荷両社の社殿も重要文化財に指定されている。その建築年時については南北朝時代貞和二年(正平元、一三四六)との説もあるが、天正十一年(一五八三)二月二十二日雷火によってあまねく焼失したことは明らかで、現社殿はその後の再建である。秋上家には室町時代以降の古文書が多数伝存する。例祭は十月十八日。また一月四日には古伝祭禱家《とうや》神事が行われる。

神魂神社本殿

参考文献 島根県教育委員会編『出雲意宇六社文書』、『島根県史』、奥原福市編『八束郡誌』、村田正志「出雲神魂神社に於ける古柱銘と古文書」(『古文書研究』二)　(村田　正志)

かもたけつぬみのみこと　賀茂建角身命　京都市下鴨(賀茂御祖)神社の主祭神の名。タケツヌミは猛き神の意。『山城国風土記』逸文によれば、はじめ日向の曾の峰に降臨し、神武天皇東征の先導として大和国葛木山に来り、それより山城国岡田の賀茂を経て賀茂川上流久我の国の北の山基に至り、伊可古夜日売を娶って玉依日女をもうけた。命とこの二柱の女神はまた近くの蓼倉の里、三井の社(摂社三井神社)にもまつられている。

参考文献 肥後和男「賀茂伝説考」(『日本神話研究』所収)、藪田嘉一郎「石川瀬見小河—賀茂伝説考—」(『史迹と美術』二一六)　(村山　修一)

かもちゅうしんざっき　賀茂注進雑記　京都市上京区上賀茂鎮座の賀茂別雷神社の由緒につき、本縁・祭礼・神宝祭器等・斎院・行幸官幣御幸・造営・社家・神領の八部門に分かって略述したもの。一冊。略して『注進雑記』ともいう。簡にして要を得、かつ内容の充実する点において、類書中の白眉と称してよかろう。その奥書や当時の社務日記などをうかがうに、本書は、江戸の寺社奉行所の所望によって、本社神主岡本保可《やすよし》、同権禰宜森維《つな》久《ひさ》およびのちの若宮禰宜西池季通の三人が中心となって編集されたもので、延宝八年(一六八〇)三月朔日より従事し、同月二十一日には全部の稿を了えたという。江戸への注進本には第八神領の部分に事の繁多をおそれて代代の制札の類を省略しているが、『続々群書類従』神祇部所収本や昭和十五年(一九四〇)六月に賀茂別雷神社で校訂・刊行した一本のごときは、それらを収めている。また、国学院大学図書館所蔵の若宮禰宜山本季村自写本は、稿本のおもかげをのこした伝本として注意される。

参考文献 賀茂別雷神社編『賀茂注進雑記』解題　(西田　長男)

かもつばじんじゃ　鴨都波神社　奈良県御所《ごせ》市に鎮座。延喜式内社で、古くは鴨都波八重事代主命《かもつばやえことしろのぬしのみこと》神社といい、名神大社で、祈年祭の外、月次・相嘗・新嘗の祭の奉幣に預かった。旧県社。祭神は積羽八重事代主命・下照姫命・建御名方命で、賀茂氏の古い氏神の社とされている。一般には葛城賀茂《かずらきのかも》神社とも下津賀茂《しもつかも》神社ともいわれ、社伝では崇神天皇の御代に葛城邑賀茂の地に創建されたのに始まるという。例祭は七月十六日・十月十日。　(岡田　米夫)

かもてんそう　賀茂伝奏　中近世の賀茂下上社と朝廷との間を取り次ぐために朝廷に置かれた役職。定員は一名。主に名家や羽林家の権大納言か権中納言が補任された。

在任期間は一年前後が多いものの一定していない。神事に関わる職掌柄、触穢などの差し障りがあれば短期間でも辞退した。主な職掌は、賀茂下上社の社家の官位叙任・社職補任の執奏、両社における祈禱や祭・遷宮など種々の神事の執行に関する朝廷と両社間の調整がある。ほかにも賀茂下上社から朝廷へのさまざまな願いや訴えを奏上し、また朝廷からの下達事項を取り次いだ。特に近世には、奏事始が天和二年(一六八二)に、賀茂祭が元禄七年(一六九四)に再興され、伝奏の役割が増した。なお天和元年には中絶していた賀茂奉行が再び補任されるようになり、職掌を分担した。奉行は職事から補任された。伝奏・奉行ともに、社家の官位叙任や社職補任の官物をはじめ、実務に伴う収入があった。

参考文献 岸本香織「『下鴨社家日記』にみる賀茂伝奏と下鴨社惣代—延宝期を中心に—」(『史窓』五七)

(田靡久美子)

かもねぎかんぬしけいず　賀茂禰宜神主系図　賀茂別雷神社(上賀茂社)の社家に伝来した系統的な大系図。『賀茂県主《あがたぬし》系図』『賀茂社家系図』『賀茂十六流系図』ともいう。十六巻。十六流とは、氏・平・清・能・久・俊・直・成・重・幸・季・保・宗・弘・顕・兼を名の通字とする賀茂氏の各流をいう。全体は古系図・中古系図・新古系図に三大別される。まず古系図一巻は鎌倉時代の書写にかかり、「賀茂社禰宜神主系図」の内題があり、本文は天長二年(八二五)卒の男牀《おゆか》以下、首の広友・貞基ら六名については事項的に記し、在実よりは横系図をなし、ほぼ文永年間(一二六四—七五)以前までを収める。書継ぎがなされ室町時代の初めまでの追記がある。系図は墨線で一紙縦横十四ないし十五目の方眼を作りその上に書かれている。四十紙中、三十二紙の途中より「鴨御祖社系図」として鯛主以下の系図も記す。中古系図二巻は江戸時代初期の書写で、上巻の本文の首には「当社事」として古文献を引用して賀茂社に関する重要事項などを示し、建武元年(一三三四)九月までを記し、その後「賀茂社家系図上巻」として古系図の分をさらに詳細に記す。下巻は氏之一流以下十六流の系図を載せる。おおよそ中世末期から明暦・万治年間(一六五五—六一)に至る。新古系図は本巻一巻と系図十一巻・凡例一巻で、平・能・成・幸・宗・弘を通字とする六流は合わせて一巻、ほかの各流は各一巻である。宝永元年(一七〇四)三月より賀茂清茂ら五人が中心となり五年の歳月をかけて書写作成したもので、その後も書継がれ江戸時代末から明治に及んでいる。財団法人賀茂県主同族会所蔵。重要文化財。

参考文献 「賀茂禰宜神主系図」(『月刊文化財』六八)、井上光貞「カモ県主の研究」(『日本古代国家の研究』所収)

(橋本 政宣)

かもねんちゅうぎょうじ　賀茂年中行事　⇩年中行事《ねんちゅうぎょうじ》

かものおおかみのみこかんぬしたまじんじゃ　鴨大神御子神主玉神社　茨城県西茨城郡岩瀬町加茂部に鎮座。旧郷社。鴨大神御子神主玉神・大田田根子命・別雷神を祀る。嘉祥三年(八五〇)官社に入り、貞観三年(八六一)従五位上に叙し、『延喜式』では国幣小社とある。永禄十二年(一五六九)佐竹義重は当社を再建し、保護に努め、以後佐竹氏代々篤く崇敬し、近郷四十二ヵ村の鎮守、賀茂大明神としてあがめられた。例祭は十一月十九日。

(村山 修一)

かものきよしげ　賀茂清茂　一六七九—一七五三　江戸時代中期の京都上賀茂の賀茂別雷神社の社家。氏は中大路、のち岡本。延宝七年(一六七九)十一月二十二日生まれ。父は賀茂清令、母は賀茂清昌女章子。伊藤仁斎・出雲路信直・中原職資らに学ぶ。復古の志があり、廃絶した神事の再興に努め、享保年中(一七一六—三六)全国にさきがけて神葬祭を復活した。また岡本季輔らとともに三手《みて》文庫を創め、社家の教養に資した。三手文庫は賀茂文庫をもとにしたもので、正しくは賀茂三手文庫という。伏見宮邦永親王に仕えて、『論語』や『日本書紀』を講じたこともある。元文四年(一七三九)従四位上に叙された。宝暦三年(一七五三)十二月二十三日没。七十五歳。上賀茂中河原墓地に葬られたが、大正末年に小谷墓地(北区西賀茂鎮守菴町)に改葬された。著書に『賀茂群記類鑑』『往来田訴論記』・『賀茂県主年齢次第』(校正)・『賀茂清茂日記』などがある。賀茂(梅辻)規清は曾孫にあたる。

参考文献 児玉幸多「賀茂清茂伝」(『歴史地理』七〇ノ六)

(井上 豊)

かものくにのまつり　賀茂国祭　⇩国祭《こくさい》

かものけいば　賀茂競馬　五月五日に賀茂別雷神社(上賀茂神社)で行われる馬の競走神事。寛治七年(一〇九三)五月に堀河天皇によって開始されたと伝え、殿上人と女房たちが左右に分かれて競争したのがはじまりという。古来、賀茂社は馬とのゆかりが深く『本朝月令』所引『秦氏本系帳』によれば、欽明天皇の時、風雨吹き荒れ百姓のなげくのは賀茂の神の祟りとの占いによって、馬に鈴をかけ、人には猪頭をかむって馬を走らせ祀った。すると五穀が実り天下泰平となったので、馬に乗るはここに始まるとの縁起を伝える。こうした馬が祭祀で重視され、加えて平安時代を通じて全国に社領が増大する中で競馬料所も充てられ神事の基礎が固まった。乗り手を乗尻《のりじり》と称し、装束は左方が打毬、右方が狛鉾の舞装束を着用し、二十騎を左右十番に分け競う。あらかじめ馬の順番を決める足汰式を行い、また当日午前には頓宮前で菖蒲の根合わせを行い行事に臨んだ。こうした上賀茂神社の競馬に対して、下鴨神社では五月三日に流鏑馬神事が行われる。これは馬同士の競争ではなく、騎射の伝統をひくもので弓矢を射かけて的を命中させる技を競うものである。このように賀茂両社とも馬事が多いが、賀茂祭(葵祭)当日、上賀茂神社は競馬を行うのに対して、下鴨神社は走馬を行うなど違いがあり、それぞれの伝統に従っている。

(嵯峨井 建)

かものすえたか　賀茂季鷹　一七五四—一八四一　江戸

時代後期の歌人、古典学者。京都賀茂別雷神社の社家。本姓山本。生山・雲錦など号した。宝暦四年(一七五四)京都に生まれ、有栖川宮職仁《よりひと》親王に歌道を学ぶ。十九歳のとき江戸に下り、加藤千蔭・村田春海らと親しんで、学事にはげんだ。寛政の初め、三十八歳のとき帰京し、以後も時々江戸に下る。賀茂社に仕えて、正四位下安房守となる。和歌のほか、狂歌や書道にも秀でて、文人墨客を中心として、上下に交遊がひろく、染筆を乞うものが多かった。歌は堂上派風で、技巧が目立つが、知的で明快な作風に特色がある。天保十二年(一八四一)十月九日没。八十八歳(通説九十歳)。上賀茂中河原墓地に葬られたが、大正末年に小谷墓地(北区西賀茂鎮守菴町)に改葬された。門下に安田躬弦・斎藤彦麿・松田直兄らがある。『万葉集類句』『伊勢物語傍註』『枕詞一言抄』『詠歌概言』『正誤仮名遣』『富士日記』などの諸著のほか、門下の編した歌集『みあれの百くさ(美阿礼乃百草)』および家集『雲錦翁家集』などがある。

参考文献　大川茂雄・南茂樹編『国学者伝記集成』二、野村八良『国学全史』、井上豊『賀茂真淵の業績と門流』、内野吾郎『江戸派国学論考』
（井上　豊）

かものすけゆき　鴨祐之　一六五九―一七二三　江戸時代中期の神道家、国学者。本姓賀茂県主、梨木とも称し、桂斎と号した。万治二年(一六五九)祐永を父として生まれた。京都下賀茂神社祠官。正三位に叙す。和歌・国史に通じ、山崎闇斎に師事し、その高弟の一人と目された。元禄七年(一六九四)朝廷に請い、葵祭を再興した。享保八年(一七二三)正月二十九日、六十五歳で没した。墓は西園寺(京都市上京区高徳寺町)にある。著書に『日本逸史』『大八洲記』『神代和解』『春日祭旧例』などがあり、特に『日本逸史』四十巻は、『日本後紀』の残欠をなげき、諸書によって復原的編成をこころみた有益な書である。
（平　重道）

かものちょうめい　鴨長明　一一五五―一二一六　鎌倉時代前期の歌人、評論家。久寿二年(一一五五)に生まれる。名は「ながあきら」であるが、出家したためもあって、「ちょうめい」と音読されている。通称菊大夫、法号蓮胤。生年については、久安四年(一一四八)・仁平二年(一一五二)・同三年・久寿元年などの異説があり、没年についても建保元年(一二一三)説がある。鴨(賀茂)氏は代々賀茂神社の神官で、父長継も若くして下鴨神社の正禰宜となっている。家は裕福で、少年時代の長明は和歌や琵琶の修練につとめ、恵まれた日々を過ごしたらしい。十八、九歳のころ父に死なれたが、父のあとを継いで神官として身を立てることができず、父方の祖母の家を継ぎその資産を受けることになっていたのも実現せず、次第に貧しくなり、社家の付合いからも遠ざかった。ただ、和歌の師源俊恵に愛され、その指導で歌人として認められるようになっていった。二十七歳で『鴨長明家集』を編み、三十二歳では伊勢旅行の詠草をまとめ『伊勢記』を著わした。『千載和歌集』に入集し、その後「若宮八幡歌合」(三十七歳)などにも出て歌人としての地歩を固め、四十六歳から四十九歳にかけての四年間は、各種の宮廷の歌会や歌合にたびたび出席、建仁元年(一二〇一)四十七歳には、後鳥羽院によって再興された和歌所の寄人に加えられている。歌壇的な地位は高くはなかったが、院の信任は厚かった。元久元年(一二〇四)賀茂の河合社の禰宜の地位があき、長明を補任しようとする後鳥羽院の内意も、下鴨の惣官鴨祐兼の、神慮にことよせた反対のために実現しなかった。和歌所を去り、出家して大原の奥に隠棲してしまった。時に五十歳。ここに隠者として五年暮らしたが、その間元久二年には『新古今和歌集』が奏覧され、長明の歌も十首採られている。また、建暦元年(一二一一)五十七歳の秋には、飛鳥井雅経の推薦で鎌倉に下向し、源実朝に謁した。彼が大原を出て、日野の外山に移り方丈の庵を結んだのは、その数年前の承元二年(一二〇八)のころとみられるが、そこでの生活と信条は、建暦二年(一二一二)に述作した『方丈記』に簡明的確に述べられている。彼はこの一篇によって、清少納言や兼好と並んで、古典文学の中でもっともすぐれた評論家として高く評価されるようになった。評論家としての資質は、このころに著わした歌論書の『無名抄』にも現われている。さらに、建保二、三年のころ、『発心集』を編んだ。現存の『発心集』には、後人の増補した部分も含まれているが、発心や往生をめぐる感銘の深い仏教説話と、それらに付加されている評論や感想からも、長明の晩年の思想や信仰を読みとることができる。彼が没したのは、翌建保四年閏六月である。六十二歳。薄幸の生涯ではあったが、その著作は長く愛読されて今日に至っている。
（西尾　光一）

参考文献　『大日本史料』四ノ一二、建保元年十月十三日条、簗瀬一雄『鴨長明の新研究』、同『方丈記全注釈』解説、細野哲雄『方丈記』解説(『日本古典全書』)、三木紀人『方丈記・発心集』解説(『新潮日本古典集成』)

かもののりきよ　賀茂規清　一七九八―一八六一　幕末の弘化年間(一八四四―四八)、江戸で信仰的な神道活動を展開した特異な神道思想家。寛政十年(一七九八)山城国上賀茂神社の社家賀茂報清の子として生まれる。別に梅辻姓を称した。従五位上飛騨守に叙任されたが、貧困のため家を出て放浪の旅に上り、深山幽谷を跋渉すること十二年間、足三十三ヵ国に及んだと自称している。神道・天文・暦数に関心を持ち、陽明学・禅学などの思想を採り入れ、当時流行の古学神道に対し、独自の構想にもとづく国学を主張し、無心・清浄を旨とし、我意・私欲を祓除き「此身此儘直ニ神道」となる安心の信仰と修行を中心とした一家の神道を布教し、これが八咫烏・建角身命直伝の神道であるとし、烏伝神道と称した。また海防・沼地開発・貧民救済などを内容とする卓抜な経世論を幕府に上書した。その活発な布教活動によって幕府の嫌疑を受け、弘化四年八丈島に流罪となり、文久元年(一八六一)七月二十一日六十四歳で同島に没した。伝記に『教祖梅辻規清大人実記』があり、著書も『神道烏伝祓除抄』など数多くあり、加藤玄智『神道書籍目録』には書名六十四を掲げている。↓烏伝神道《うでんしんとう》

参考文献 村岡典嗣『神道史』、平重道「賀茂規清の経世論と天保改革」(豊田武教授還暦記念会編『日本近世史の地方的展開』所収)

(平 重道)

かものまつり 賀茂祭 京都市北区の賀茂別雷神社(上賀茂神社)と左京区の賀茂御祖神社(下鴨神社)の五月の例祭。「かもさい」とも呼ばれ、平安時代の貴族にとっては、「まつり」といえば賀茂祭をさすほど親しまれていた(『枕草子』)。現在、祇園祭・時代祭とともに京都三大祭の一つに数えられている。祭儀の起源は古く、本来は賀茂県《あがた》主《ぬし》の祭であったが、すでに奈良時代には近隣諸国の人々も参集するほど盛大であったことは、『続日本紀』『山城国風土記』逸文の記述や『万葉集』の歌からもうかがえる。この祭の性格にさらに大きな転機をもたらしたのは、延暦三年(七八四)の長岡京遷都と、それに続く延暦十三年の平安京遷都である。いずれの時も桓武天皇は勅使を派遣して奉幣と神階《しんかい》奉授が行われ、この時点から二つの賀茂神社は、県主家のまつる地方神から平安京鎮護の国家祭祀の対象に昇格し、伊勢神宮とならぶ国家の最高神とされた。律令時代の賀茂祭は朝廷の行事として挙行されたから、その行事の詳細は『延喜式』に規定されている。上賀茂社の最古の祭事暦である『賀茂別雷社嘉元《かげん》年中行事』などによれば、祭は三月晦日《みそか》の祓から始まり、一ヵ月余にわたって継続したが、その中心は旧暦四月の二の午《うま》の日の神迎え(現在は五月十二日)、未《ひつじ》の日の山城国司による国祭、申《さる》の日の関白の賀茂詣《かももうで》、そして翌日酉《とり》の日の勅使奉幣(現在は五月十五日)の四日間である。神体山から祭神を迎える神事を上賀茂社では御阿礼《みあれ》神事、下鴨社では御蔭《みかげ》祭という。降臨した神を天皇がもてなす祭典が酉の日の葵祭《あおいまつり》である。これは天皇から神へ捧げる供物(幣帛《へいはく》)や天皇の言葉(宣命《せんみよう》)、神馬《しんめ》を届ける儀式である。当日は勅使の参拝を中心として、次のような行事が行われた。出発に先立って内裏で行われた「宮中の儀」から始まり、勅使以下の行列が下鴨神社から上賀茂神社に向かう行程の「路頭《ろとう》の儀」、そして下・上二つの神社で行われる「本殿祭」と「社頭《しゃとう》の儀」、宮中にもどって行う「還立《かえりだち》の儀」であった。明治時代以後は東京遷都により京都御所は天皇不在となったため、宮中の儀と還立の儀は廃絶した。葵祭の祭祀の核心は本殿祭と、それと一体となっている社頭の儀である。社頭の儀は、勅使が幣帛を供え、天皇からの宣命(御祭文)を奏上し、神馬を奉献する牽馬《ひきうま》、勅使に同行した陪従《べいじゅう》らによる東遊《あずまあそび》の舞が奉納されたのち、旧社家の人々による走馬《そうめ》によって終了する。下社の社頭の儀が終了すると勅使の一行は上社に移り、上社においてもまったく同じ行事が繰り返される。平安時代から鎌倉時代初期には、斎王(賀茂斎院《さいいん》)の参列があったが、斎院の制度が早く廃絶したため儀礼の詳細は不明である。賀茂祭の勅使参向は中世まで継続したが応仁の乱後の文亀二年(一五〇二)以後は二百年近く中断していた。しかしこの間にも本殿祭と社頭の儀は、下・上両社の社家によって「内祭」として続けられ、御所でも祭典が行われていたことが、上賀茂社の古文書や公家の日記などから知られる。その後、元禄七年(一六九四)に至り、江戸幕府の朝儀復興政策の一環として勅使参向と路頭の儀の復活をみる。葵祭という名称は、この祭には社殿や奉仕者の冠をアオイの葉で飾るところからつけられた、近世の呼び方である。明治維新後もしばらく勅使派遣は中断するが、明治十七年(一八八四)以降は復活する。明治時代以後は、政府により五月十五日(葵祭の当日)だけが二つの賀茂神社の例祭とされた。第二次世界大戦中から米軍占領期にかけての混乱期にまた勅使派遣は中断するが、昭和二十八年(一九五三)に復活し、運営の主体も宮内庁から葵祭行列協賛会に移った。さらに昭和三十一年からは路頭の儀の行列に中世以来絶えていた女人列《にょにんれつ》が加わり、その中心となる斎王もこの時から市内の独身女性から「斎王代《さいおうだい》」として選ばれ、行列に華やかな彩りを添えている。なお現在の勅使は宮内庁掌典職《しょうてんしょく》の職員である。↓賀茂臨時祭《かものりんじさい》 ↓賀茂御祖神社《かもみおやじんじゃ》 ↓賀茂別雷神社《かもわけいかずちじんじゃ》 ↓御阿礼神事《みあれのしんじ》 ↓御蔭祭《みかげまつり》

参考文献 所功『京都三大祭』、岡田精司「奈良時代の賀茂神社」(同編『古代祭祀の歴史と文学』所収)、同「賀茂別雷神社の祭祀の特色」(『祭祀研究』三)、山村孝一「葵祭名称考」(同)、高木博志「維新変革と賀茂祭・石清水放生会」(『近代天皇制の文化史的研究』所収)

(岡田 精司)

かものまぶち 賀茂真淵 一六九七―一七六九 江戸時代中期の国学者、歌人。元禄十年(一六九七)三月四日遠江国敷知《ふち》郡伊場村(静岡県浜松市東伊場町)に生まれた。同地賀茂新宮の神職岡部政信の子で、通称は庄(荘)助・三四(参四・駿四・三枝・三之)・与一などを経て、田安家出仕後、衛士に改めている。名は若いころ政躬・政藤・政成・春栖・淵満などの用例がみえ、田安家に仕えた前後から真淵と称している(真淵は郷里の郡名敷知にちなんだ名である)。賀茂氏の姓《かばね》によって県主と号し、晩年居を田園風に営んで県居と称した。青年時代漢詩に趣味をもち、淞城・茂陵などとも号し、維陽という印記も用いた例があるという。田安家に出仕してからは多く岡部衛士、また賀茂真淵と称している。『岡部家譜』によると、岡部家は賀茂氏の後裔で、京都上賀茂神社末社の祝《はふり》(はふり)片岡師重を始祖とする。真淵は幼にして姉婿岡部政盛に養われ、ついで従兄岡部政長の婿養子となった。享保九年(一七二四)二十八歳のとき、真淵は妻に先立たれ、出家しようとしたが許されず、生家に帰ったのち、浜松の脇本陣梅谷《うめや》甚三郎の養子となった。真淵は若いころ、浜松を訪れた荷田春満《かだのあずままろ》に会ったことがあり、春満門下の杉浦

国頭《くにあきら》や森暉昌《てるまさ》らに国学や和歌を学んだ。儒医渡辺蒙庵に漢学を学んで、東海地方の青年詩人として名を知られた時期もあった。好学で詩人的な性格が家業にあわず、三十歳前後から時おり上京して春満に学んでいたが、享保十八年三十七歳のとき、梅谷家を離れて上京し、長期の遊学を始めた。伏見の春満のもとで古典や古語の研究を進め、作歌にはげんだが、元文元年(一七三六)春満が世を去ってからは、江戸に出て処士生活を続けた。江戸に出府したのは、翌二年三月、四十一歳の時である。江戸では春満の弟信名や、春満の甥で養嗣となった在満《ありまろ》らとともに、古典の講会などを催しつつ、学事にいそしんだ。このころ村田春道や加藤枝直の庇護をうけ、枝直を介して青木昆陽と親しくしている。延享三年(一七四六)九月、五十歳のとき和学をもって田安宗武に仕えることになり、以後生活も安定し、研究も円熟を加えた。宝暦十年(一七六〇)六十四歳のとき隠退、以後著述に専念し、明和六年(一七六九)十月三十日没。七十三歳。品川東海寺少林院の後山に葬られた。戒名玄珠院真淵義竜居士。浜松市の教興寺にも墓がある。天保十年(一八三九)郷里に県居霊社が建てられ、現在県居神社となっている。真淵は春満に学ぶとともに、契沖にも私淑し、荷田派の国学と契沖の文献学とを合わせて、独自な学問を樹立した。はじめ平安時代の和歌や物語、特に『古今和歌集』や『伊勢物語』『百人一首』などに心をひかれたが、のち『万葉集』『古事記』や祝詞《のりと》など古代の古典の研究に主力を注ぎ、これらを中心に古意《いにしえごころ》・古道を説き、日本固有の古代精神の意義を強調し、国学の発達に一時期を画した。ただ尚古思想に偏し、極端な排外思想に陥っている。真淵の国学は歌学びの尊重に特色を見せているが、和歌においては『古今和歌集』以後の技巧的で弱々しい歌風をしりぞけ、古代の純真素朴で力強い歌風を「いにしへぶり」として尊び、特に万葉調の意義を高唱した。万葉調の特色としては、「まこと」「しらべ」「ますらをぶり」などを説いている。著書には、『国意考』『歌意考』『文意考』『語意考』『書意考』など、いわゆる五意考をはじめ、多くの注釈書や歌文がある。五意考によって真淵の思想や学問の輪郭を知ることができるが、特に『国意考』は真淵の古道思想の精粋を示すものであり、思想・学問に関しては『爾比末奈妣(新学《にいまなび》)』なども参考になる。『万葉考』『祝詞考』『古今和歌集打聴』『伊勢物語古意』『源氏物語新釈』『宇比麻奈備』以下多くの注釈書を残したが、特に『万葉考』は『万葉集』の研究史上独特の意義をもつ。真淵は『古事記』の意義をも強調したが、研究は緒についたのみで、門下の本居宣長が志をついで、『古事記伝』を残している。門下に、田安宗武・本居宣長・荒木田久老・加藤千蔭・村田春海・楫取魚彦《かとりなひこ》・加藤美樹《うまき》らがある。学問および和歌の流派を県居派という。著作集には『(増訂)賀茂真淵全集』全十二巻があり、なお現在『賀茂真淵全集』全二十八巻が刊行中である。

参考文献 大川茂雄・南茂樹編『国学者伝記集成』一、小山正『賀茂真淵伝』、三枝康高『賀茂真淵』(『人物叢書』九三)、山本嘉将『賀茂真淵論』、井上豊『賀茂真淵の学問』、同『賀茂真淵の業績と門流』

(井上 豊)

かものまぶちぜんしゅう 賀茂真淵全集 国学者賀茂真淵の著作全集。現在まで三種類の賀茂真淵全集が刊行されている。古くは明治三十六年(一九〇三)―三十九年に刊行された、国学院編輯部編、賀茂百樹校訂による六巻本(弘文館発行、第四巻からは吉川弘文館発行)がある。ついで、その増訂版である佐々木信綱監修による十二巻本(吉川弘文館発行)が昭和二年(一九二七)―七年に刊行された。そして、昭和五十二年から、続群書類従完成会による二十八巻本の全集が刊行中である。国学院編輯部による六巻本は、首巻に家譜、家伝、年譜、門人録などを収め、一巻以降に真淵の著作のほとんどを収める。増訂版十二巻本には「古事記神代」などが加えられている。現在刊行中の続群書類従完成会の二十八巻本の全集は、久松潜一氏の監修のもと、各巻を専門の研究者が担当して編集したもので、賀茂真淵全集の決定版ともいうべき内容と水準の高さを誇っている。ほかに山本饒編『(校本)賀茂真淵全集』思想篇(昭和十七年、弘文堂書房)二冊本がある。

(大久保紀子)

かものみおやこうたいじんぐうごこうき 賀茂御祖皇大神宮御幸記 建長六年(一二五四)十月二十八日の後嵯峨上皇賀茂御祖神社(下鴨社)御幸の記録。『賀茂御幸記』ともいう。著者不詳。一巻。建長六年成立。標記に「当社一員御幸」とあり、また文中に「今度社家沙汰」とあるところから、下鴨社の社家の手によると推測される。『群書類従』には本書のほかに『賀茂御幸記』と題するものが収められているが、これは寛元四年(一二四六)四月二十九日の後嵯峨上皇賀茂両社御幸の記録である。寛元四年御幸は上・下両社、建長六年御幸は下社での参拝の次第が記録されている。「明治八年(一八七五)十月、御祖社正禰宜従二位泉亭俊益」から「教部大輔宍戸璣」あて届け書『賀茂御祖神社古文書宝物目録』に「建長六年、賀茂御幸記壱巻」「ただし、大部につき首尾のみ影本を付す」とあり、これが原本とみられるが、現在は所在不明である。『群書類従』帝王部所収。また、下鴨社の「神館御所」については、関連資料として「建治元年四月二十六日御参籠御幸御前差図」(「賀茂社神館御所絵図」)がある。

参考文献 『群書解題』二下、同(「賀茂御幸記」)、新木直人「鴨社神館の所在」(『古代文化』四三ノ七)

(新木 直人)

かものみかげまつり 賀茂御蔭祭 ⇩御蔭祭《みかげまつり》

かものよしひさ 賀茂能久 一一七一―一二二三 鎌倉時代前期の上賀茂社神主。承安元年(一一七一)生まれる。父は上賀茂社神主賀茂資保。建仁二年(一二〇二)六月権禰宜、建保二年(一二一四)九月神主職となる。後鳥羽上皇の近臣の一人で、承久の乱に際しては、下鴨社禰宜鴨祐綱とともに上皇方に参じ、承久三年（一二二一）六月十四日宇治の渡を守って幕府軍と戦った。このため同年七月二十七日、祐綱とともに六波羅に捕えられ、九月十日鎮西大宰府に配流されることになった。翌々年の貞応二年（一二二三）六月十日、大宰府の配所で没した。五十三歳。世に筑紫神主と称された。大力の持主としての説話が『古今著聞集』にみえる。上皇は武芸を好んでおり、能久がその側近に仕えたのも一つにはその武勇によるところがあろう。その子氏久は後鳥羽上皇の落胤との所伝もあるほどで、その関係の密接であったことがうかがい知られる。なお氏久は賀茂神主となり、歌人としても著名である。

参考文献　『大日本史料』五ノ二、貞応二年六月十日条、山田新一郎「賀茂能久小伝」（『神社協会雑誌』三六ノ一）、小川寿一「賀茂県主能久の研究」（『歴史と国文学』二〇ノ一—五）　（田中　稔）

かものりんじさい　賀茂臨時祭　京都の賀茂別雷神社・賀茂御祖神社の祭。宇多天皇が即位前の元慶六年（八八二）狩猟の際、冬祭を行うべき託宣をうけ、寛平元年（八八九）十一月二十一日にはじめて藤原時平を勅使として臨時祭を行い、以後毎年十一月の下の酉の日に行われた。応仁の乱後中絶し、近世に入って文化十一年（一八一四）再興されたが、明治三年（一八七〇）神祇官の達しにより廃止された。祭の一ヵ月前に祭使をきめ調楽を行い、三日前になって清涼殿の東庭に試楽があり、天皇出御してこれを見、また祭祀に出る十列の馬もみる。清涼殿では天皇御禊および御撫物の儀があって、勅使・陪従らに宴を賜う。それより勅使は御幣を奉じ、検非違使・馬寮使・近衛使・内蔵寮使らを従え、下社に参向、神官より葵桂《あおいかずら》をうけて頭に挿す。ついで奉幣、東遊の駿河舞・求子、走馬の奉納がある。終って上社に向かい同様の儀が行われ、禁中にかえると天皇より酒饌を賜わり、歌舞が奏せられる。これが還立《かえりだち》の御神楽である。　（村山　修一）

かもまつりえことば　賀茂祭絵詞　文永十一年（一二七四）の賀茂祭の有様を描いた絵巻の詞。絵巻は弘安元年（一二七八）ごろ催された亀山院絵合の時、藤原経業が調進、絵は藤原為信筆、詞書は世尊寺（藤原）定成の筆。元徳二年（一三三〇）に絵が高階隆兼、詞が入道季邦によって模写され、現在それの模本が伝わっている。絵・詞とも三段で、内容は和銅七年（七一四）以来の賀茂祭の来歴と、文永十一年の祭に参加した公家たちの有様の記録で、絵は似絵風に描写されている。『群書類従』神祇部に『文永十一年賀茂祭絵詞』として収められている。

参考文献　『群書解題』一中「文永十一年賀茂祭絵詞」　（宮　次男）

かもみおやじんじゃ　賀茂御祖神社　京都市左京区下鴨泉川町に鎮座。賀茂建角身命《たけつぬみのみこと》・玉依姫命二座を祀る。下鴨神社としてもしられる。旧官幣大社。社伝では建角身命が神武天皇の時、比叡山西麓御現山《みあれ》（現在摂社御蔭神社鎮座）に降ったのに始まり、欽明天皇の時すでに上社（賀茂別雷神社）とともに山城国をして祭を行わしめたというが、下社の存在が確実にしられる最初は、『続日本後紀』嘉祥元年（八四八）二月条に、天平勝宝二年（七五〇）十二月賀茂御祖大社に御戸代田一町を充て奉ったとあるものである。天平神護元年（七六五）神封二十戸（山城十戸・丹波十戸）を寄せられた。延暦三年（七八四）六月長岡京遷都により上・下両社に奉幣、十一月には従二位を授け、同十三年平安遷都により十一月正二位勲一等に叙し、永く王城鎮護の神として崇敬された。大同元年（八〇六）賀茂祭を勅祭とし、同二年三月正一位に昇叙された。弘仁元年（八一〇）嵯峨天皇皇女有智子内親王をはじめて斎院とし、同十年賀茂祭を中祀とした。『延喜式』では名神大社に列し、祈年・月次・相嘗・新嘗祭には官幣に預かる。天慶の乱にあたり朱雀天皇が乱平定祈願のため行幸、天皇親拝の先例が開かれた。十一世紀二十二社の制ができるとその一つに入り、二十年一度の式年造替の制が定められた。鎌倉時代には後鳥羽上皇が特に信仰篤く、たびたび御幸があり、承久の乱には社家が上皇方に馳せ参じている。また源頼朝は二十五ヵ所の荘園を安堵したが、豊臣秀吉は荘園を没収して新たに五百四十石余を寄せ、近世を通じてこれが引きつがれた。明治四年（一八七一）五月官幣大社に列せられた。例祭である五月十五日の葵祭（賀茂祭）をはじめ、御粥祭・夏冬更衣祭・歩射神事・御蔭祭・夏越祓などがある。夏越祓は矢取神事ともいい、むかしは六月祓に、いまは立秋前日（八月七日ごろ）に糺川の涌泉に五十本の斎串《いぐし》を立てて行われる祓の儀で式後参拝者が争い取る行事である。社殿の主なるものには、東西本殿（国宝）のほか、幣殿・祝詞舎・東西御料屋・東西廊・東西楽屋・中門東西廻廊・四脚中門・預屋・西唐門・叉蔵・舞殿・細殿・橋殿・楼門・楼門東西廻廊・神服殿・供御所・大炊所（以上重要文化財）などがある。本殿が文久三年（一八六三）の式年造替であるほかは大部分

賀茂御祖神社本殿

賀茂御祖神社社頭絵図

寛永六年(一六二九)の造営である。摂社は七社あり、河合神社は玉依姫命を祀り、式内大社で鴨川合坐《かものかわいにます》小《お》社宅《こそやけ》神社と称し、本社と同様四度の官幣ならびに相嘗祭に預かり、規模は本社に准じもっとも大きい。出雲井於《いずものいのえ》神社も式内大社で一般に比良木神社と称し、建速須佐乃男命を祀り、四度の官幣と相嘗祭に預かり、楼門の向かって左方に東面して鎮座し、下鴨地方の産土神である。その他境内に三井神社・賀茂波爾神社(以上式内)・日吉神社、境外に御蔭神社がある。末社は本宮末社として九社、河合神社末社八社、出雲井於神社末社二社、三井神社末社三社、計二十二社である。社家は上社と同様に、賀茂県主の姓をもち、賀茂建角身命の裔と称している。宝物には蓼倉文庫のものをはじめ数点の古筆蹟類がある。→賀茂神宮寺《かもじんぐうじ》 →賀茂神社《かもじんじゃ》 →賀茂別雷神社《かもわけいかずちじんじゃ》

(村山 修一)

建築 同形・同大の本殿二棟が東西に並び建ち、上社(賀茂別雷神社)本殿とともに流造の典型とされる。当社には古く式年遷宮制があり、長元九年(一〇三六)から元亨二年(一三二二)までの間はほぼ忠実に二十年を式年として造替されたが、その後乱れた。本殿以外に多くの舎屋をもつ点上社と同様であるが、上社にくらべて整然たる配置を示す。現在の本殿二棟(国宝)は文久三年(一八六三)、その他の舎屋の多くは寛永六年(一六二九)造替時のものである。

参考文献 太田博太郎他編『日本建築史基礎資料集成』二

(稲垣 栄三)

かもろくごう 賀茂六郷 中世を通じて京都の賀茂別雷神社(上賀茂神社)の膝下の神領であった河上・大宮・小山・中村・岡本・小野の六郷の総称。現存地名で示せば、河上郷は西賀茂と大宮の北部、大宮郷は紫竹・紫野、小山郷は小山、中村郷は出雲路より北の下鴨から松ヶ崎にかけての地域、岡本郷は深泥池以西の上賀茂に大体相当し、小野郷は南は一乗寺・修学院から北は大原貴船あたりにかけての山間部である。これらの諸郷が神領となったのは、寛仁元年(一〇一七)朝廷により上賀茂・下鴨両社に対し愛宕郡内の八郷が頒ち寄せられて以来である。元来同社は山城国内有数の大社として朝廷の尊崇が厚く、同郡内においてたびたび神封・神田あるいは神戸を寄進されており、神社と周辺諸郷との関係には浅からぬものがあったが、寛仁の寄進以後は文字通り膝下の所領として社領の中核的存在となった。このとき賀茂別雷神社に寄せられたのは賀茂・錦部・大野・小野の四郷であるが、うち賀茂郷は中世には河上郷となり、錦部郷は中村・岡本の両郷、大野郷は大宮・小山の両郷にそれぞれ分かれた結果、いわゆる境内六郷となった。寄進当初は域内に散在する一部の官衙領や神社仏寺の所領などは除外されていたが、のちにはこれらも含めて漸次一円所領化し、中世の境内六郷に対しては「凡一条以北田地屋敷等、以㆔一代社務之成敗㆓、末代亀鏡仁備之条、先規之通法一社存知勿論也」(『大徳寺文書』一五〇六号)と主張されるような一円的支配権が行使されるに至った。山間に位置する小野郷を除いて他の五郷には、鎌倉末期以後、神社の氏人百四十人に対し原則として一人五段宛配分された往来田が一段ずつ散在していたのをはじめ、台飯田・斎院田・壇供田その他社用に供される各種の田地が入り組んで存在し、社領の本役として段別に百文か八十文の御結鎮《みけち》銭を負担するのが通例であった。室町・戦国時代になると大徳寺の塔頭や土倉などがこれら田地の名主職や作職をさかんに買得するようになり、さらに太閤検地が行われた結果社領は著しく削減され、六郷の維持は不可能となった。

参考文献 清水三男『日本中世の村落』(『清水三男著作集』二)、須磨千頴『賀茂別雷神社境内諸郷の復元的研究』、同「中世賀茂別雷神社領の形成過程」(『日本歴史』二六〇)、同「賀茂境内六郷」(『講座日本荘園史』七)

(須磨 千頴)

かもわけいかずちじんじゃ 賀茂別雷神社 京都市北区上賀茂本山に鎮座。賀茂別雷神を祀り、上賀茂神社としてもしられる。旧官幣大社。社伝によると、神武天皇の時、賀茂山の麓御阿礼所に降られ、天武天皇六年(六七七)二月、天皇は山背国に命じて現地に社殿を造らしめた。奈良朝を通じて神領の寄進があり、延暦十三年(七九四)平安遷都の旨を告げられ、同年十一月正二位勲一等に叙し、十二月に桓武天皇は親しく行幸して平安京守護の神とあがめた。大同二年(八〇七)三月正一位に叙し、弘仁元年(八一〇)には斎院の制をもうけて嵯峨天皇皇女有智子内親王を初代の斎王とされた。延喜の制、名神大社とし、祈年・月次・相嘗・新嘗の諸祭に預からしめ、十一世紀、二十二社の制の整備に伴い、上七社の中に入り、祈年穀奉幣に預かった。歴代の行幸きわめて多く、承保三年(一〇七六)四月より毎年四月の中申日(御阿礼日)を以て賀茂行幸の式日と定められた。幕末には孝明天皇が文久三年(一八六三)三月攘夷祈願のため将軍徳川家茂と一橋慶喜を従え行幸になり、明治元年(一八六八)八月明治天皇が王政復古の行幸をされたことは有名である。天禄二年(九七一)九月摂政藤原伊尹が参拝してから摂政・関白の賀茂詣は恒例となった。中世を通じ五十余ヵ所の荘園を有したが、豊臣秀吉はこれを没収して二千五百七十二石の朱印領を寄せ近世に及んだ。また宝永五年(一七〇八)三月内裏炎上のときには、天皇・東宮・中宮・女院ら皇族は一時当社に避難した。明治四年官幣大社にされ、官国幣社の首位に置かれた。祭祀には五月十五日の賀茂祭(葵祭)をはじめ、御阿礼神事・白馬奏覧神事・御棚会神事・土解祭・競馬会神事・御田植神事・御戸代会神事・重陽神事・烏相撲式・相嘗祭などがある。建物には本殿・権殿(ともに国宝)、透廊・祝詞舎・神宝庫・直会所・楽所・御籍屋・本殿権殿取合廊・塀中門・本殿東渡廊取合廊・東西御供所東渡廊・西渡廊・四脚中門・唐門・幣殿・幣殿忌子殿取合廊・忌子殿・高倉殿・楼門・廻廊・北神

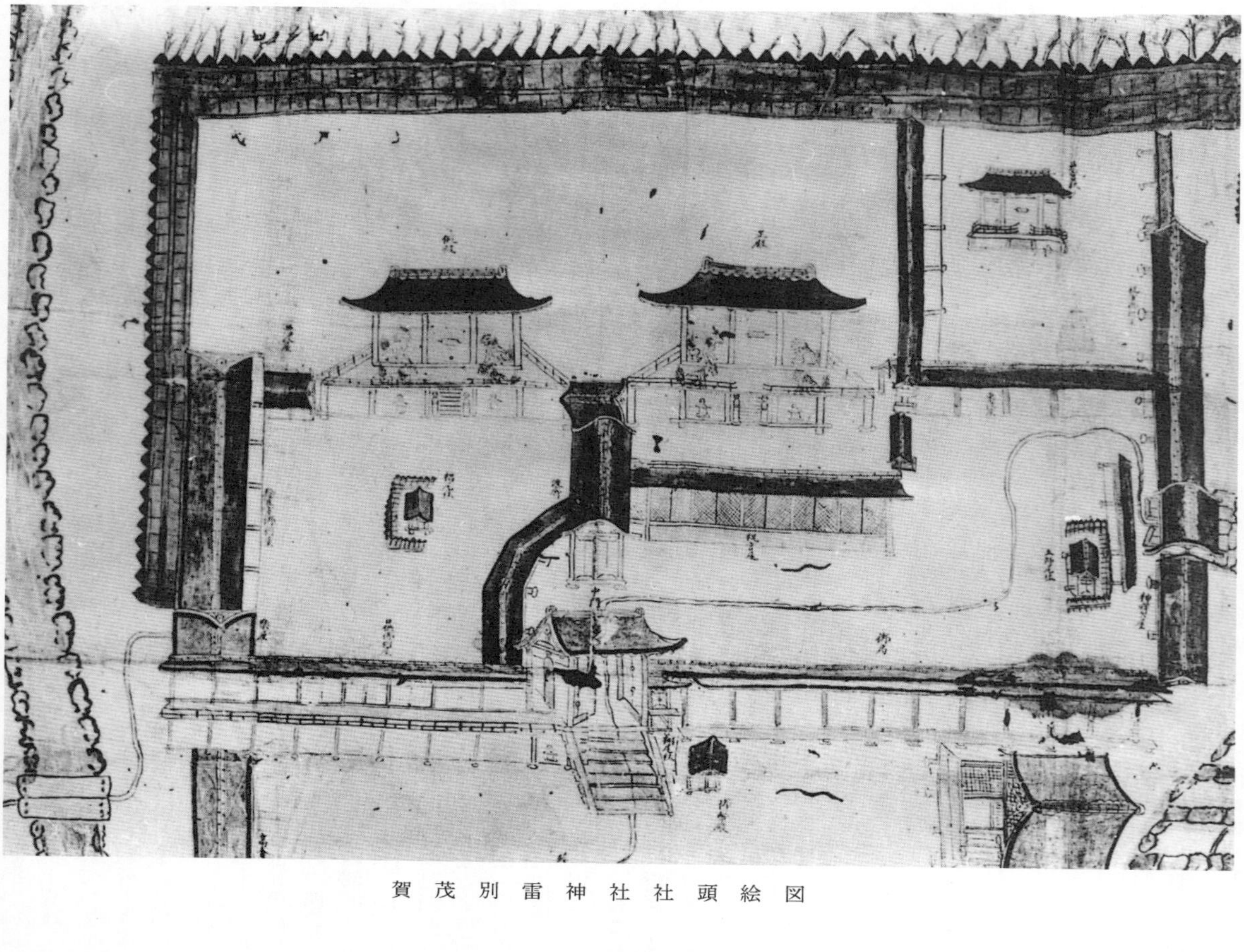

賀茂別雷神社社頭絵図

賀茂別雷神社権殿(左)・本殿

饌所(庁屋)・舞殿(橋殿)・土屋(到着殿)・楽屋・拝殿(細殿)・外幣殿(以上重要文化財)などがある。摂社は八社あって片山御子神社は片岡社ともいい、事代主命を祀り式内大社、四度の官幣ならびに相嘗祭に預かり、地主の神として重きをなす。太田神社も式内社で天鈿女命をまつり、奈良神社は宇迦御魂《うかのみたま》神を祭神とし、本社の御饌を司る神とされる。ゆえに御水井舎をはじめ、酒殿・贄殿などがその付近にあった。東山天皇貞享四年(一六八七)の大嘗会以来、白酒《しろき》・黒酒《くろき》の醸造はこの酒殿が用いられた。その他、賀茂山口神社・須波神社・久我神社(以上式内)、若宮神社・新宮神社がある。以上のうち久我神社は北区紫竹竹殿町にあり、賀茂県主の氏神社となっている。末社は橋本・岩本はじめ十八社あり、内五社が境内外にある。宝物に数千通の古文書や境内三手《みて》文庫所蔵の多数の

典籍類がある。　↓賀茂神宮寺《かもじんぐうじ》　↓賀茂神社《かもじんじゃ》　↓賀茂御《かもみ》祖神社《おやじんじゃ》　（村山　修一）

建築　本殿およびその西に並ぶ権殿は同形同大で、流造の典型であり、下社（賀茂御祖神社）本殿と酷似する。下社本殿が式年遷宮制をもつのに対し、当社は古代以来この制度をもたず壊れた時に造替する慣行であった。祝詞舎・透廊・渡廊・東西御供所などよりなる本殿周辺の一郭は複雑な構成を示し、おそらく古式をとどめるものであろう。楼門前の橋殿・細殿・土屋その他の諸舎屋は、賀茂祭・行幸・御幸などの祭式・儀礼の盛行に伴って整備された。現在の本殿・権殿（ともに国宝）は元治元年（一八六四）、その他舎屋の大部分は寛永五年（一六二八）造替時のものである。

参考文献　太田博太郎他編『日本建築史基礎資料集成』二　（稲垣　栄三）

かもわけいかずちじんじゃもんじょ　賀茂別雷神社文書　京都市北区上賀茂の賀茂別雷神社に伝わる古文書群。従来知られていた約七千点に加えて、平成九年（一九九七）以降新たに約四千点が発見された。十一世紀末以降の文書を含むが、室町時代中期以前のものは約七十点で、残りの大半は戦国・近世のものである。伊勢・石清水とならぶ古代以来の大社にしては古い文書が少ないのは、文明八年（一四七六）社司と氏人が争い、一社焼亡に及んだことが原因とみられる。内容的には神領関係のものが多いが、諸国の荘園の内部構造を知りうるような性質のものは比較的少ない。その中で膝下の境内諸郷関係のものには、南北朝末期ごろの往来田古帳（一部欠）、寛正元年（一四六〇）前後ごろの往来田古帳（応仁元年（一四六七）写）、宝徳三年（一四五一）の地からみ帳（明応九年（一五〇〇）写）、天文十九年（一五五〇）の検地帳など、郷内田地の存在状況を詳細に明らかにする貴重な史料が残り、天正十三年（一五八五）・同十七年の上賀茂村太閤検地帳およびその関係文書類多数が含まれていることが注目される。戦国から近世にかけての文書には、氏人惣中の置文・諸費算用状や、その支配下にあった諸荘園の公用銭（年貢）算用状が多い。『賀茂注進雑記』（『続々群書類従』神祇部所収）に中世のものを中心に約七十点が収録されており、『賀茂別雷神社文書』第一（史料纂集古文書編、平成十年）には、中・近世文書三九二点が翻刻され、宝徳三年の地からみ帳、天文十九年の検地帳など十二点は、須磨千頴『賀茂別雷神社境内諸郷の復元的研究』（平成十三年）に、田地復元図とあわせて掲載された。現在総合的な文書調査が実施され、目録作成が進められている。　（須磨　千頴）

かもわけいかずちのみこと　賀茂別雷命　京都市賀茂別雷（上賀茂）神社の祭神。『山城国風土記』逸文にのせた伝説によれば、玉依日売命（賀茂御祖神社の祭神）が川上から流れてきた丹塗《にぬり》の矢を拾って以来身ごもり、生まれたのがこの神で、成人式の祝宴の席から屋を破って昇天し、父である乙訓坐火雷神《おとくににますほのいかずちのかみ》のもとへゆき、外祖父である賀茂《かも》建角身命《たけつぬみのみこと》にちなみ賀茂の名を冠したという。ワケイカズチは若雷の意で火雷神の子神であることを示している。

参考文献　肥後和男「賀茂伝説考」（『日本神話研究』所収）、藪田嘉一郎「石川瀬見小河－賀茂伝説考－」（『史迹と美術』二一六）　（村山　修一）

かゆうらのしんじ　粥占神事　正月十五日に行われる年《とし》占《うら》の一種。筒粥神事・管粥神事ともいう。古来の民間習俗として、もとは部落共同で、もしくは一族の本家で行なったものであるが、現在まで伝承されているのはほとんど神社の神事として遺っており、一年間の天気や作物の豊凶を占う。その方法は枚岡神社（大阪府）のように管竹を用いて、その中に入った粥の多少によって占うものや、金鑽神社（埼玉県）のように葦で占うものや、また粥棒とよばれるヌルデやヤナギの木に割目をつけ、その割目についた粥の分量で判断する方法もある。また占われる作物も地方によって区々で、枚岡神社のばあいなど古来五十四種（現在は五十三種）の多きに及んでいるが、金鑽神社では二十四種に限られている。なお枚岡では粥を炊く薪として用いられる樫の木十二本もしくは十三本（閏年用）の燃えよう、焦げようによって年間各月の晴雨を占うことも行われるが、粥の煮え上がったころ、あらかじめ用意して釜の中へつり下げられていた五十四本の竹筒のたばを取り出し、神前でその筒を順々に庖丁で割き開きその中に入っている米や小豆の多少を見て、宮司が五十四種の各作物ごとにその豊凶を判定し、傍の禰宜がそれを上・中に分けて書き記していく。この占記は式の終った後印刷して一般参詣者に頒たれる。奈良県大和《おおやまと》神社・静岡県伊豆三嶋大社・長野県諏訪大社など全国的に有名な神社で行われる粥占もその方法は大同小異である。

参考文献　後藤興善「前兆予祝と卜占」（柳田国男編『山村生活の研究』所収）、『枚岡市史』二　（柴田　実）

からかみのまつり　韓神祭　⇩園韓神祭《そのからかみのまつり》

からさきのはらえ　唐崎祓　祓行事の一つ。唐（辛）崎は大津市下阪本町の琵琶湖畔に在り、日吉大社の末社女別《わけまさ》当社《ひめしや》がまつられている。『河海抄』にみえる難波・農太・河俣・大島・橘小島・佐久那谷とともに古くから「七瀬祓所」の一つとして知られており、平安時代には毎月ここで、陰陽師が人形《ひとがた》を流して悪疫をはらい清めたという。『左経記』長元八年（一〇三五）四月条に、賀茂斎院が退出の際は辛前で御祓を行うのが先例であったことがみえ、以後『中右記』『今鏡』などの諸書に唐崎祓の記事が散見するし、また『西宮記』八によると伊勢斎宮もこの地で禊を行うこともあったようである。唐崎ではいまも七月二十八日・二十九日の両日に「みたらしまつり」が行われて、「ひとがた流し」の神事がつづいている。　（景山　春樹）

からさでしんじ　からさで神事　八百万の神々が参集する神在祭《かみありまつり》の最後に、出雲各地で行われる神送りの神事。「からさで」という言葉には、「神等去出」という字があてられているが、「空っ風」の「カラ」、「サデル」(一掃する)の意味があることから、カラサデを、季節に吹く風の意でとらえる見解もある。出雲では、神在祭期間中は、「お忌みさん」と呼ばれ、歌舞音曲は控えることになっていたが、その中でも特にカラサデの晩には、夜歩くことをせず、便所へ行くと、カラサデ婆に尻を撫でられるといわれた。島根県簸川《ひかわ》郡大社町の出雲大社では、太陰暦十月十七日の夕刻、本殿脇の十九社に安置されていた神神を迎えたヒモロギを拝殿に運び、神職が楼門を「お立ちお立ち」とたたきながら、神々を送る。一方、同県八束郡鹿島町の佐太神社では、太陽暦十一月二十五日の夜、三つの本殿の前で秘音の祝詞が奏上され、神々を迎えたヒモロギが本殿から降ろされた後、宮司以下が、神社の背後の神目山へ向かい、山頂の「池」と呼ばれる小さな窪みから神々を送り出す。この「池」は海につながっていると信じられており、ここで十二本の土幣を円錐状に立て、注連縄《しめなわ》で巻いた後、池にヒモロギを乗せた木の小船を浮かべて、警蹕《けいひつ》とともに神々を送る。さらに簸川郡斐川町の万九千神社《まんくせんじんじゃ》では、十一月二十六日の夕刻、宮司が、梅の楉《すわえ》を持って幣殿御扉をたたき、「お立ち」と三度唱えて送ることになっている。出雲では、神在祭の期間中、神々は出雲の主要な神社を巡回するという伝承があり、その最後の場所が万九千神社であるとする説もある。

参考文献 島根県古代文化センター編『出雲大社の祭礼行事』(『島根県古代文化センター調査報告書』六)、石塚尊俊『神去来』 (森田喜久男)

からさわやまじんじゃ　唐沢山神社 栃木県佐野市富士町唐沢山に鎮座。旧別格官幣社。祭神は藤原秀郷公。例祭は四月二十五日と十月二十五日。唐沢山は藤原秀郷の旧城跡。秀郷は世に田原(俵)藤太といわれ、近江国三上山のむかで退治をした伝説の主、承平・天慶の乱には平貞盛と力をあわせ平将門を誅伐した。明治維新に及び秀郷の後裔佐野氏は一族旧臣とはかって、明治十六年(一八八三)同城跡に神社を建設し、明治二十三年別格官幣社に列せられた。 (岡田　米夫)

唐沢山神社拝殿

からすじんじゃ　香良洲神社 三重県一志郡香良洲町に鎮座。伊勢湾に臨み、白砂青松の打ち続く、辛洲崎の形勝にある地方屈指の名社。旧県社。主祭神は稚日女尊、御歳神を配祀する。その『由緒略記』によれば、欽明天皇の代に夜な夜な神火が見えるので、一志直青木という人が、神のみこころを仰ごうものと海辺に出て御神誨を乞うたところ、吾は生田の長峡《ながお》に坐す稚日女神である、姉神の在す、神風伊勢のこの地に鎮まりたいとの御告げがあり、青木が恐懼して直ちに生田(現在の神戸市生田神社)より勧請したものという。この社伝は、おそらくは、江戸時代に至って、祠官の今井氏が参宮街道に隣接していた本社にその道者を誘引しようとしてあえて捏作したものではあるまいか。事実、また、その唱道の効があって、参宮の途次、この天照大神の妹神なる稚日女尊、すなわち賀羅次御前神《からすのおまえのかみ》を巡拝するものが少なくなかったという。例祭は七月十五日。

参考文献 粉河洞鶴『加良須考』、祠官今井氏編『修造勧縁帳』、安岡親毅『勢陽五鈴遺響』一志郡四(『三重県郷土資料刊行会叢書』七六) (西田　長男)

からすすもう　烏相撲 京都市北区の賀茂別雷神社で毎年九月九日に行われる神事。起源は不明だが、すでに鎌倉時代の『賀茂別雷神社嘉元年中行事記』などにもみえ、古来重陽節供の行事として行われていた。前日の八日に内取式(予行)があり、当日は本殿における重陽神事に引き続いて、境内の細殿前で挙行される。参加の人々は禰宜方と祝方に分かれ、まず双方から刀禰が烏の跳ぶよう三三九躍して出てきて円座を敷き、再び同様にして躍り出て弓矢を立砂に立てかけ、次に刀を腰に差してまた躍り出て二人とも円座に座り、扇をつかいながらカーカーカーと三度唱えてから弓矢を撤去して幄舎《あくしゃ》にもどる。当社の神使がカラスであることにちなむ行為であろう。そのあと禰宜方・祝方双方から行司に率いられた十人ずつの子供が登場し、立砂を廻ったのち、子供相撲が行われる。当日参拝者に菊酒がふるまわれる。なお細殿には古くから斎王の座がある。現在の斎王代の出御の儀は平成時代になってからの復活である。 (岡田　精司)

からすづたえのしんとう　烏伝神道 ⇩うでんしんとう

からつじんじゃ　唐津神社 佐賀県唐津市南城内に鎮座。旧県社。祭神は住吉三神(表筒男命《うわつつのおのみこと》・中筒男命《なかつつのおのみこと》・底筒男《そこつつのお》命《のみこと》)・神田《こうだ》宗次。住吉三神は神功皇后伝説による。宗次は孝謙天皇から唐津大明神の神号を拝受したと伝えられる人で、文治二年(一一八六)社殿再建後に合祀したという。神体は宗次が夢想で得た漂着の鏡という。明治六年(一八七三)現社号に改めた。諸縁起中、慶長十年(一六〇五)鐘銘(『東松浦郡史』所収)が古い。寺沢氏以来唐津城の鎮守。十一月三日の例祭(唐津くんち)の曳山神輿は美麗豪壮である。

参考文献 『唐津市史』 (筑紫　豊)

からのかみ　漢神　⇩蕃神《ばんしん》

からのかみ　韓神　⇩蕃神《ばんしん》

からふとじんじゃ　樺太神社　日本統治下南樺太の総鎮守として、豊原市(ロシアサハリン州ユジノサハリンスク市)にあった神社。官幣大社。大国魂命・大己貴命・少彦名命(開拓三神)を祀る。日露戦争の結果、樺太の北緯五〇度以南が日本領となり樺太庁が設置、札幌神社・台湾神社に倣い開拓三神奉斎の官幣大社創建が計画され、伊東忠太が基本設計を行う。明治四十三年(一九一〇)八月十七日に創建公表、同時に官幣大社に列格。翌四十四年八月二十二日に鎮座祭が行われる。以後例祭は八月二十三日(樺太庁始政記念日)で、大正二年(一九一三)の例祭から、同市内にある豊原神社への神輿渡御が恒例となった。豊原神社境内の招魂祭から発展した招魂社も、昭和十年(一九三五)には当社に近接して完成、のち樺太護国神社となった。二十年八月十六日終戦奉告祭、九月三日霊代焼納祭の後も、翌年の引揚まで当社奉仕は続けられたという。

樺太神社拝殿

参考文献 『神社本庁十年史』、前田孝和「樺太神社資料」(『皇学館大学神道研究所紀要』一〇) (菅　浩二)

がらんじん　伽藍神　⇩鎮守神《ちんじゆのかみ》

かりぎぬ　狩衣　公家の略装。武家は正装に用いる。狩猟に用いる衣服の意。猟衣・獦衣・雁衣とも書く。放鷹の野行幸に際して、王卿以下が着用するのを例とし、参内には使用できなかったが、参院には着用を許されたので、天皇・東宮以外は、上皇以下、略装として服制のないままに趣向をこらして用いた。ことに御幸・社参などの路頭供奉の装束として風流をつくしたので、次第に季節・階級・家格・年齢・吉事凶事の行事の次第などによる地質・文様・重ねの色目・下着の配合・被りもの・はきものなどに詳細な先例が集積して煩瑣な故実を生じた。形態は、布衫を簡易化した盤領《まるえり》・闕腋《けってき》の襖の一種。朝服の袍・襖の類が、いずれも裑《みごろ》を二幅とするのに対して、これは裑一幅を特色とするので狩襖《かりおう》ともいう。裑一幅で、そのまま袖をつけると窮屈で、手の運動を阻害するために、袖つけを後身《うしろみ》の肩先だけとし、前身との間は明け開いたままに仕立てて、行動の便を考慮した。袖も、それぞれ一幅の奥袖《おくそで》に半幅の鰭袖《はたそで》を併せて具備するが、袖口は手首で絞って結ぶために紐緒《くくりお》を通すのを特色とした。身は等身の長さで、着用の際は、狩衣と同地質の当帯《あておび》を後身の腰にあてて前に廻し、高く繰り上げた前身の上で結び、繰り下して懐《ふところ》とするのを例とした。また前面両脇が広く明いて下着が覗くので、袙《あこめ》の衣《きぬ》を単《ひとえ》に重ねて、上の狩衣との調和に重ねの色の趣向をつくした。被りものは烏帽子に限られたが、中世以来は立烏帽子または風折烏帽子とされた。袴は括袴《くくりばかま》で、地位や時宜によって八幅の指貫《さしぬき》や六幅の狩袴《かりばかま》を用いた。『和名類聚抄』装束部、衣服類に布衣として「此間云、獦衣、加利岐奴」とみえ、『三条家装束抄』には狩衣を「或は鳫衣とも書レ之、称二布衣一同物なり」とみえる。元来、狩衣は布地を材質としたことから布衣《ほうい》ともよばれ、絹地を使用しても布衣の名称を継承した。上皇が譲位後、はじめての狩衣着御の儀礼を「御布衣始め」といい、狩衣すなわち布衣と解すのを普通としている。ただ狭義には、地質に固執して、絹製を狩衣、布製を布衣と区別することもあり、『公秀卿記』徳治三年(一三〇八)三月二十四日条には、神護寺御幸の法皇着御の布衣を「花田布狩衣、鳥襷綾奴袴、此間有二倹約沙汰一、可レ着二布狩衣一之由、一同被二仰下一」としている。なお室町時代のころから布地は特殊の召具《めしぐ》の使用となり、絹地が広く用いられるに至って、五位以上所用の織文様のある絹地裏付の重ねで、組紐の袖結を配したのを狩衣といい、六位以下所用の無文の平絹の一重で、縒紐《よりひも》の袖結を配したのを布衣とよぶ差別を生じた。この差別に従って江戸幕府は、元旦や将軍宣下などの柳営の大儀や日光・紅葉山の神事の礼服として、狩衣を四位の武家の所用とし、布衣を無位の有司中の上職に限って使用を許した。この着用資格から布衣以上と、以下の平士の呼称を生じ、武家では「ほい」とよぶのが普通になった。

参考文献 田中尚房『歴世服飾考』(『(新訂増補)故実叢書』五)、『装束集成』(同二四)、『武家名目抄』衣服部(同一四)、『古事類苑』服飾部、出雲寺通次郎『有職故実に関する講話』 (鈴木　敬三)

かりでん　仮殿　神社本殿の造営や修理の際に、神体(御霊代)を仮に奉安する建物。権殿ともいう。多くは本殿の付近に臨時に設けられるが、平常より設けておく場合もある。仮殿のさらに仮の建物を儲殿《もうけでん》という。御霊代を仮殿に奉安する祭祀を仮殿遷座祭という。伊勢神宮では、造神宮使によって造られるのを御仮殿というが、室町時代以降、式年遷宮が中絶していた時期に殿舎が朽損あるいは転倒した際に神宮のみによって造られた仮殿を儲殿という。 (本澤　雅史)

かりでんせんざさい　仮殿遷座祭　⇩本殿遷座祭《ほんでんせんざさい》

かりばみょうじん　狩場明神　⇨高野明神《こうやみょうじん》

かりみや　行宮　天皇の行幸に際して、その行く先々に設けられる仮宮。『続日本紀』神亀三年(七二六)十月甲寅条に「印南野邑美の頓宮に至る、駕に従ふ人及び播磨国郡司百姓等、行在所に供奉せる者には位を授け(中略)行宮の側近の明石・賀古二郡の百姓、高年七十已上には穀各一斛を賜ふ」(原漢文)とあり、頓宮・行在所もほぼ同じ意味に用いられた。後世はごく一時の仮宮を行在所、やや長期にわたる仮宮を行宮といったが、その区別は厳密なものではない。「あんぐう」と読むのは中世以後である。→頓宮《とんぐう》　(黛　弘道)

かりやくさんぼしんねんくがつとおかくぎょうちょくしごさんぐうにっき　嘉暦三戊辰年九月十日公卿勅使御参宮日記　嘉暦三年(一三二八)公卿勅使が伊勢神宮に発遣され、参宮に至るまでの記録。編者未詳。鎌倉時代末期成立。一巻。別称『嘉暦三年公卿勅使記』。永仁元年(正応六、一二九三)七月の公卿勅使参宮次第と併せて『内宮勅使記』『嘉暦正応公卿勅使記』と称される本もある。嘉暦三年の公卿勅使は当初四月十九日に発遣される予定であったが、途中で延期され、結局九月六日に勅使万里小路宣房が京都を出発し十日に参宮した。本書には、二月の勅使発遣準備開始から九月十日の参宮当日に至るまでの、朝廷や祭主・宮司などの間でやりとりされた文書や勘文、参宮次第などがほぼ原文のまま時系列に沿って収められており、勅使参宮に至るまでの準備過程や実際の行程、祭儀の次第などをよく伝えている。『続群書類従』神祇部、『神道大系』神宮編三所収。

参考文献　『群書解題』一下　(尾上　陽介)

かりんのはらえ　河臨祓　陰陽道において行う水辺の行事で河臨祭ともいう。平安時代中期ごろより洛中洛外に七ヵ所の霊所(主として川池に関係ある場所)を選び、ここで営まれる七瀬祓という行事があり、多分に中国の影響をうけたまつりで、神祇官のみならず陰陽師もまたこれに関与した。したがって七瀬祓において陰陽師は河臨祓を修したが、単独にこの祓を行うこともある。『河海抄』に引く御記にみえる応和三年(九六三)七月二十二日、難波の海および七瀬における天文博士賀茂保憲の祓が文献上初見とされる。『建武年中行事』には正月十五日よりさき、吉日を選んで行うとある。祓には鉄・竹または藁製の人形《ひとがた》を用い、解縄をもって人形にすり合わせ、茅輪《ちのわ》を切って人形にかけ、これらを水に流す。この間中臣祓が読まれ、大幣《おおぬさ》が振られ「南斗北斗三台玉女左青竜右白虎前朱雀後玄武前後翼輔急々如律令」の呪がとなえられる。平安時代末には、密教の行法にもとりいれられ、六字河臨法というものができた。　(村山　修一)

かろくがんねんそうせいほういんかんじんもん　嘉禄元年宗清法印勧進文　鎌倉時代の嘉禄元年(一二二五)九月十二日に、石清水八幡宮祠官・権大僧都法印田中宗清が記した勧進文。一巻。内容は諸檀那の助成を得て、諸仏を安置するために黒漆塗の厨子を造ろうとしたものである。その記述には、八幡大菩薩をはじめ若宮・武内神などの御躰を写すこと、両界曼陀羅厨子の像を写すこと、男山の絵図を写すこと、阿弥陀像を造立すること、愛染王像・染愛王像を写すこと、妙法蓮華経を写すことなどが記されている。本文は漢字・仮名交じり文で記されており、これらの仏神諸尊の形象をつくり、弟子・一門の繁栄を祈願しており、ある意味では願文ともいえるであろう。本文書の原本は石清水八幡宮の所蔵であり、『続群書類従』神祇部、『石清水文書』二(『大日本古文書』家わけ四)、『石清水八幡宮史』四に所収されている。

参考文献　『群書解題』二上　(川島　孝一)

かわいきよまる　川合清丸　一八四八―一九一七　明治時代の神道家。嘉永元年(一八四八)十一月二十一日、伯耆国八橋郡太一垣(鳥取県東伯郡赤碕町)の太一垣神社祠官の家に生まる。諱は清丸、字は子徳、号は山陰道士。少時庭訓を受けて家職を継ぎ、大神山神社権宮司を兼ねたが、のちに憂世の慨を発して郷国を出で、京阪地方に研鑽してついに東京に出で、得庵鳥尾小弥太に師事した。その唱道するところは神儒仏の三教一致説であり、すなわち神官は儒仏の根本義を腹に容れ、僧侶は神儒の根本義を心に蔵め、儒者は神仏の根本義を頭に納め、三道鼎立して国教国学としておのおのその美を発揮しつつ、以て国家的大患を対治する衝にあたるべしというにあった。明治二十一年(一八八八)より日本国教大道社を興し、『日本国教大道叢誌』を発行して大いにこれを鼓吹し、唱道した。爾来三十年に及び、社員は三万五千を得たという。さらに同二十五年には大道学館を設けて書生を養い、同三十年に閉校した。大正六年(一九一七)六月二十四日、神奈川県三浦郡秋谷村(横須賀市秋谷)において七十歳で没した。東京谷中墓地に葬る。橋本五雄編『川合清丸全集』全十巻がある。

参考文献　小谷恵造『川合清丸とその周辺』　(藤井　貞文)

かわいしんしょくかものあがたぬしけいず　河合神職鴨県主系図　賀茂御祖神社(下鴨社)神職鴨(賀茂)県主氏の系図。一巻。河合社は下鴨社の摂社の一つで玉依姫命を祀る。表題には「河合」とあるが、河合社家に限らず、下鴨社禰宜家および摂末社の社家を中心とした鴨県主氏全体の系図となっている。『賀茂神官鴨氏系図』と同じく「鴨建玉依彦命(下鴨社祭神賀茂建角身命の子)之十一世苗裔」の大伊乃伎命に始まり、南北朝時代の祐興まで記述が一致する。『賀茂神官鴨氏系図』は祐興で終るが、本書はその後も書き継がれ、「延宝五年(一六七七)従五位下」とある永春の代で終っている。『続群書類従』系図部所収。→賀茂神官鴨氏系図《かもしんかんかもしけいず》

参考文献　『群書解題』三下、山田孝雄『新撰姓氏録抄録』解説、三宅和朗『古代の神社と祭り』(『歴史文化ライブラリー』一一二)、佐伯有清「ヤタガラス伝説と鴨氏」(『新撰姓氏録の研究』研究篇所収)、井上光貞「カ

モ県主の研究」(『日本古代国家の研究』所収)、新木直人「新撰姓氏録抄録」(『下鴨神社の文化財会報』四)

(新木　直人)

かわかみじんじゃ　河上神社　佐賀県佐賀郡大和町川上に鎮座。現在、与止日女《よどひめ》神社と称す。旧県社。祭神与止日女命。『肥前国風土記』佐嘉郡の条に「郡西有レ川、名曰二佐嘉川一、(中略)此川上有二石神一、名曰二世田姫一、海神(謂二鰐魚一)、年常逆レ流潜上到二此神所一、海底小魚、多相従之、或人、畏二其魚一者無レ殃、或人、捕食者有レ死、凡此魚等、住二三日一、還而入レ海」とある。貞観二年(八六〇)二月肥前国予等比咩《よどひめ》神として従五位下から従五位上へ、同十五年九月には正五位下へ昇叙され(『三代実録』)、『延喜式』神名帳には与止日女神社、小社(郡内唯一)としてその名がみえている。神名の与止は淀で、世田《よだ》も同語か。後世豊玉姫ともするのは、海神との通婚の観念によるのであろう。社地は、佐嘉川が形成した扇状の佐賀平地の要にあたる景勝地に位置し、中世はもっぱら「川上一宮」として地方の篤信を得た。例祭は四月十八日。

参考文献　『佐賀県史』、『佐賀県史料集成』古文書編一・二・一五

(筑紫　豊)

かわごえひかわじんじゃ　川越氷川神社　⇩氷川神社《ひかわじんじゃ》

かわちたたぬいじんじゃ　川内多多奴比神社　兵庫県多紀郡西紀町下板井に鎮座。旧郷社。天照皇大神・建速素盞嗚命・豊受姫大神を祀る。社名は「河内郷にます楯縫の社」から起ったものといわれる。楯縫氏は彦狭知命の裔にて、この国に居住し、古代の例のままに神祭の楯を縫い作っていた部族が、その祖神を斎き祭って、多多奴比神と称し奉ったと考えられる。『延喜式』践祚大嘗祭に「楯丹波国楯縫氏造レ之」とみえている。したがって一説には楯縫氏の祖神彦狭知命を祀るともいう。社伝によると、崇神朝に四道将軍丹波道主命が、丹波に遣わされた時、神威を受けて鎮祭したと伝える。延喜の制には二座とも式内社に列せられた。神名帳の丹波国多紀郡条に「川内多々奴比神社二座」とあり、祈年の国幣に預かり、国司が親しく祭事を行なった。例祭は十月九日。古くは神事として流鏑馬《やぶさめ》が行われていたが、現在では獅子舞・相撲が行われている。

(加藤　隆久)

かわつらぼんじ　川面凡児　一八六二―一九二九　明治末期から昭和初期にかけての神道者。文久二年(一八六二)四月一日豊前国宇佐郡小坂村(大分県宇佐郡院内町)に父仁左衛門吉範・母八津の次男として出生。名は恒次、字は吉光、凡児は号。母は敬神崇仏の篤信者で、この素質をうけたかと思われる。十五歳のときから宇佐神宮の神体山(大元山)に三年こもり修行、神仙から啓導されたという。二十四歳のとき上京、新聞記者をしつつ法律・経済などを学び、仏教を会得した。明治三十九年(一九〇六)四十五歳の折、「全神教趣大日本世界教」を唱え「出世の本懐としての序幕」を開いた。同年稜威会を設け宣言を公布し、「祖神の垂示」としての惟神の大道の宣布に踏み出した。凡児の説くところは万教帰一、万神即一神といえる。およそ信仰とは人生宇宙の根本大本体を求め、これに向上同化を期するもので、根本大本体とは神道では天御中主大神、仏教では仏陀、中国では天または上帝、ユダヤではエホバ、欧米ではゴッドという。諸仏などは天御中主大神の分霊分身分魂で、天照大神と天御中主大神とは同体と説く。昭和四年(一九二九)二月二十三日、六十八歳で没した。墓は東京都の多磨墓地にある。その著述は『川面凡児全集』全十巻(昭和十四―十六年)に収められている。

参考文献　金谷真『川面凡児先生伝』、中西旭「神道世界観の展開―川面・筧・今泉を中心とする群像―」(神道文化会編『(明治維新)神道百年史』五所収)

(安津　素彦)

かわてぶんじろう　川手文治郎　一八一四―八三　教派神道の一派、金光教教祖。金光大神(戸籍は大陣)と称す。文化十一年(一八一四)八月十六日、備中国浅口郡占見村(岡山県浅口郡金光町)に農業香取十平の次男として生まれる。母は志も。十二歳の時、同郡大谷村(金光町大谷)の農業川手粂次郎の養子となる。安政二年(一八五五)四十二歳の厄年に、致死を免れぬ喉の重病「喉痺《のどけ》」にかかり、奇蹟的に九死に一生を得る。大患からの甦りは、彼の神観に大きな転換をもたらした。すなわち、それまで祟り神として俗信の対象であった金神《こんじん》(元来陰陽家が祀った暦神)は、「金乃神」さらには天地の統一神「天地金乃神」に昇華せしめられ、これと照応して己の名もついに明治元年(一八六八)「生神金光大神《いきがみこんこうだいじん》」となる。安政六年十月二十一日、神授により神前結界の座における神と人との取次ぎをもっぱらとするに至る。公式にはこの時を以て一宗開基とする。明治十六年十月十日没。七十歳。墓は金光町の金光教本部の裏山にある。教祖の没後、直系の男子が教主となり、教祖ののこした取次ぎの道を相続している。

参考文献　金光教本部教庁編『金光大神及び金神大神註釈ほか』、村上重良・安丸良夫校注『民衆宗教の思想』(『日本思想大系』六七)、瀬戸美喜雄「(幕末期より明治初期にいたる)民衆宗教者の思想の軌跡―赤沢文治の場合―」(笠原一男博士還暦記念会編『日本宗教史論集』下所収)、同「教祖四十二歳の大患の事蹟について」(『金光教学』一一・一二)、小沢浩「幕末における民衆宗教運動の歴史的性格―川手文治郎の思想形成と金光教の成立をめぐって―」(『歴史学研究』三八四)

(戸田　義雄)

かわのかみ　河神　河川に宿り河川を支配すると信じられる神。一般に神観念の発展過程として、河川そのものを力または霊威として仰ぐ段階から、河川に宿る神霊の存在を認める段階に進むとされるが、わが国の古文献から前者を跡づけることは困難である。『古事記』には「国生み」のあとに生まれた水戸神《みなとのかみ》に速秋津日子神《はやあきつひこのかみ》・速秋津《はやあきつ》比売神《ひめのかみ》があり、その御子神八柱の中に天之水分神《あめのみくまりのかみ》・国之《くにの》

水分神《みくまりのかみ》など水源を支配する神も含まれている。また、景行天皇段に倭建命《やまとたけるのみこと》が熊襲を討伐して出雲に入る前、山の神・河神などを帰順せしめたとある。『日本書紀』には伊《い》弉冉尊《ざなみのみこと》から生まれた水神は罔象女《みずはのめ》となっているほか、仁徳天皇十一年条に河神をまつって茨田堤を築く話がある。このとき人柱に立てられようとした一人は匏《ひさご》を川に投じ、河神がこれを水中に沈めることができればわが身を捧げてもよいと請《うけい》して、ついに命が助かったという。同六十七年条には同様に匏を投じて吉備中国の川嶋河の虬《みずち》の害を避けた記事がある。民間信仰では虬や蛇はときに水神のイメージとされた。匏を水中に沈めさせようとする着想は蛇婿入の昔話にも伝承されているが、古代信仰が次第に合理性と道徳性により淘汰されてゆく姿を暗示している。水利を得、水害を免れるため河神をまつる習俗は、時代が降っても祇園祭・天王祭を中心に行われ、各地で新旧暦六月に川祭をする。九州などでは正月・二月・五月・九月・旧暦十一月に川祭をする例もある。夏の水辺の祭には胡瓜を供えるか禁忌とする場合があり、河童伝承を伴うものが多い。河童は江戸時代後期からにわかに文献に顔を出すが、河神が信仰を失い零落して妖怪化したものといわれる。その姿はおそらく川祭や水神祭の依《より》代《しろ》として作られた草人形《くさひとがた》から変化したものであろうが、カワタロ(主に関西以西)・ミズチ(能登)・メドチ(青森)・ミズンシ(南九州)などと呼ばれ、古い信仰の痕跡を残している。

参考文献　柳田国男編『分類祭祀習俗語彙』、同編『歳時習俗語彙』　（平井　直房）

かわべきよなが　河辺精長　一六〇一—八八　江戸時代前期の伊勢神宮の大宮司。大中臣姓。慶長六年(一六〇一)十二月六日伊勢国山田(三重県伊勢市)に生誕。父は河辺仁清。当初は清長、のちに精長と改めた。一旦僧籍に入り慶順と称した。十三歳で還俗蓄髪し、大宮司河辺辰長の家僕となり喜左衛門を名乗り、河辺姓に復した。承応二年(一六五三)大宮司に任ぜられ従五位下、明暦元年(一六五五)神祇権少副、寛文元年(一六六一)少副になった。延宝三年(一六七五)職を男長春に譲り、河辺前司と称した。天和三年(一六八三)在任中の功績により従四位下に叙せられ、元禄元年(一六八八)八月二十九日没した。八十八歳。墓は伊勢市岩淵三丁目妙見山墓地にある。精長は神道者実務家といえる。外宮神道学者度会《わたらい》延佳の学統をうけ、垂加神道者山崎闇斎に中臣祓を伝授した。四百年間放置された内・外両宮の摂社四十社中三十六社の修繕、御垣の再興に加えて、霊元天皇御不予の祈禱などは業績として特記に価する。『伊勢祭主沙汰文』『寛文摂社再興記』『万治内宮御炎上記』「依勤績幷高年申加階状」などの稿がある。

参考文献　平出鏗二郎「度会延佳及び其神学」(『史学雑誌』一二ノ五—九)　（安津　素彦）

かわべし　河辺氏　神職家。中世には代々の伊勢大神宮大宮司を世襲してきた。大中臣姓。中臣氏の系譜に属し、天児屋命二十世の孫常磐大連公の裔、少宮司通能の子長任(長能)から河辺を称する。名の起りは、伊勢国度会郡河辺里(三重県伊勢市川崎)に住したことによる。古代において大神宮司は国司と同じく六年で交替する地方官で大中臣氏人が宛てられたが、享徳二年(一四五三)補任の則長以来河辺氏の世襲となり、任期が満ちるごとに重任するようになった。江戸時代には重任の手続きを経ずして世襲することになった。明治十七年(一八八四)七月博長の時に男爵を授けられた。　（本澤　雅史）

かわむらひでね　河村秀根　一七二三—九二　江戸時代中期の尾張国名古屋藩士で、紀典学を起した国学者。字は君律、葎庵と号し、通称は幼時に金之助・又太郎のち復太郎。享保八年(一七二三)十月十二日出生、河村秀世の次男。父は名古屋藩士で、和歌を冷泉為村に受け、吉見幸和の門人となり、明和八年(一七七一)七十七歳で没す。秀根は享保十八年藩主徳川宗春の子国丸の小性に出仕し、国丸の死後元文元年(一七三六)宗春の小性となり、同四年宗春の謹慎により非役となる。宝暦二年(一七五二)再び宗春に仕え、御小納戸本役に至ったが、宗春の死後明和二年御役御免となる。はじめ兄秀穎《ひでかい》とともに吉田神道を俵秀辰に学び、寛保三年(一七四三)福本八十彦・多田義俊の門に入り、翌延享元年(一七四四)十二月吉見幸和の門人となり、神道・古典・有職故実を学び、秀穎とともに神道・古典の研究を執筆出版し、『日本書紀』の研究に進んだ。長子殷根《しげね》も協力したが、明和五年に二十歳で早世し、秀穎も天明三年(一七八三)に死去し、次子益根が父をたすけ、同五年の序文をもつ『書紀集解《しょきしっかい》』は死後に至り出版が完成した。この間、安永六年(一七七七)町医蘇森子桂の訴えにより、京都と結んで謀反を計ったとの嫌疑をかけられて投獄され、江戸へ送られ幕府の取調べを受けたが、翌年無罪となる。寛政四年(一七九二)六月二十四日没。七十歳。名古屋東寺町(名古屋市東区小川町)法輪寺に葬る。当時の和学のうち、河村家の家学を紀典学といったのは、秀根の主張を完成させた益根であるが、古典を紀録・儀註・政事・職官・輿服・詞語に分類し、紀六部(六国史)・典十二部(『古事記』『新撰姓氏録』『万葉集』『類聚三代格』『延喜式』など)を中心とする。『書紀集解』は代表著作で独断もあるが、神道家の解釈から進み、『日本書紀』に中国古典の文章を利用した記事があることを指摘し、考証学的方法による出典研究に特色がある。著書の多くは未刊で、第二次世界大戦中に戦災で失われたものも多い。『続紀集解』以下『三代実録集解』までの稿本は名古屋市鶴舞中央図書館にあるが、益根の著作で、秀根の意図を発展させようとしたものである。

参考文献　『名古屋市史』学芸編・人物編二、阿部秋生『河村秀根』、同『書紀集解』解説(『国民精神文化文献』五)　（水野柳太郎）

かわやがみ　厠神　便所にまつる神のこと。宮城県宮城郡あたりでは隅の棚に土製の焼物の人形を置くが、金沢市付近では便所新築の際夫婦の人形を埋めるという。この神は盲目だとも手がないともいう。神が口でくわえて放り上げなければならないから、便所へは木片や異物を入れるものではない、出産の時この神が立ち会うので、便所を清潔にしておけば産が軽いという。大事な神なので物を供えるにはこの神から始めるという風習もある。福島県いわき市には虫歯治癒の信仰もある。

参考文献　大藤時彦「厠神考」(『国学院雑誌』四七ノ一一)　(岩崎　敏夫)

かわやしろ　河社　⇩名越祓《なごしのはらえ》

かわらじんじゃ　香春神社　福岡県田川郡香春町に鎮座。『延喜式』神名帳に辛国息長大姫大目《からくにおきながおおひめおおめ》命《のみこと》神社・忍骨命《おしほねのみこと》神社・豊比咩《とよひめ》命《のみこと》神社とみえる三社を香春岳一ノ岳の南麓に合祀した、地方屈指の大社。旧県社。社伝の『縁起書』によれば、辛国息長大姫大目命は神代に唐土の経営に渡り、崇神天皇の代に本郷に帰って香春山の第一岳に鎮座した。忍骨命は天津日大御神の子で、和魂《にぎみたま》は南山に、荒魂は第二岳に示現した。豊比咩命は神武天皇の外祖母住吉大神の母で、第三岳に鎮座した。しかしてこれらの香春三所大明神を第一岳の麓に社屋を建立して合祀したのは元明天皇の和銅二年(七〇九)であったという。延暦年中(七八二―八〇六)、遣唐請益僧最澄が神験を蒙ってより、郡司・百姓ら、これに就いて祈禱すれば必ず感応あるをもって、承和四年(八三七)十二月十一日、官社に列せられた(『続日本後紀』)。例祭は五月五日。

参考文献　神吽編『八幡宇佐宮御託宣集』一一(『史料拾遺』二)　(西田　長男)

かわわじんじゃ　川勾神社　神奈川県中郡二宮町山西に鎮座。旧郷社。祭神は大名牟遅《おおなむち》命が主神。古来二宮明神社と称し、『延喜式』の制では小社、のちに相模国二宮となる。古くは源頼朝の神馬奉納、小田原北条氏や徳川家康の社領寄進と武将の崇敬をうけ、江戸時代には小田原藩主大久保氏の崇信をうけた。その門前町が二宮町で、例祭は十月十日に行われ、特殊神事として国府祭(五月五日)の「座問答」がある。

参考文献　菱沼勇・梅田義彦『相模の古社』　(近藤　喜博)

かんあたつひめ　神吾田津姫　⇩木花開耶姫《このはなさくやひめ》

かんげんさい　管絃祭　神事に管絃(器楽による雅楽)を加えることは多いが、独立の管絃祭としてこれが行われる例に、福井県敦賀市金崎宮《かねがさきぐう》の御船遊管絃祭(十月二十日)と広島県佐伯郡宮島町の厳島神社管絃祭(旧暦六月十七日)とがある。厳島神社の管絃祭は特に有名で、旧六月五日の市立祭と舞楽から行事が始まり、十一日に近隣各町村の篤志者による大鳥居内など管絃船の通路の洲掘り、十五日に例年新調の屋形船の組立て(御船組)、十六日夜に船内に点燈して試乗式がある。十七日の薄暮、満潮を待って神輿を屋形船に移す。神職・伶人など陪乗し、左右に篝火をたき、曳船三艘に曳かれて管絃を奏しつつ海上を渡御する。多数の御供船がこれに続く。大鳥居を出で地御前神社に至って神事を行い、帰途、長浜神社・大元神社で祭典をし、大鳥居内に戻り数ヵ所の神事を経て上陸、神霊を本社に移して終了する。この間新楽乱声《らんじょう》その他を奏し、通路の海面一帯は幾千の燈火が群集して非常な賑わいを呈する。

参考文献　神祇院編『官国幣社特殊神事調』四　(平井　直房)

かんこ　神子　⇩御巫《みかんなぎ》

かんごうじんじゃ　漢国神社　奈良市漢国町鎮座。旧県社。推古朝に大神君《おおみわのきみ》白堤が園神《そのかみ》の大物主命(大己貴命《おおなむちのみこと》の和魂)を祀り、のち元正天皇の養老年間(七一七―二四)藤原不比等がさらに韓神《からかみ》の大己貴命と少彦名命《すくなひこなのみこと》を相殿として祀ったものと伝える。古くは率川《いさかわ》神社の別宮。『延喜式』神名帳には宮内省に坐す神三座として園神社・韓神社二座がみえ、その叙位などが『文徳実録』『三代実録』に散見する。蓋し平安宮の官衙神として勧請されたか。奈良の漢国社境内には白雉塚・林神社などもある。例祭は十月十六日・十七日。

参考文献　『大三輪神三社鎮座次第』(『大神神社史料』一)、『大倭神社註進状並率川神社記』(同二)、久世宵瑞『平城坊目考』　(今井　啓一)

かんこくへいしゃ　官国幣社　⇩官幣社《かんぺいしゃ》　⇩国幣社《こくへいしゃ》

かんこくへいしゃかいけいきそく　官国幣社会計規則　官国幣社の会計に関する法令。明治三十六年(一九〇三)八月、内務省訓令として公布され、同三十九年四月に発布された法律「官国幣社経費ニ関スル件」によって、従来の官国幣社保存金制度が撤廃され、国庫より供進金が交付されることになったことに伴う措置として、四十年には内務省令として改正され公布された。官国幣社における会計の明確化、共通化を図ったものであり、特に国庫からの官費支給に対し、「官国幣社経費ニ関スル件」第三条・第四条に基づき、国庫供進金のうち一定の割合を営繕費および共通金として積み立てることなど、その使用目的を明確に規定した。また予算および決算は地方長官に認可と報告が義務づけられ、会計責任者をおくこととされた。大正十五年(一九二六)十二月、内務省令の改正によってさらに詳細に規定された。昭和二十一年(一九四六)に廃止。なお、府県社以下の会計に関しては明治四十一年七月の内務省令「神社ノ財産登録及管理並会計ニ関スル件」に規定された。

参考文献　阪本是丸『国家神道形成過程の研究』　(松本　久史)

かんこくへいしゃしょむきそく　官国幣社処務規則　官国幣社における社務の取り扱いに関する内務省訓令。明治三十六年(一九〇三)十月公布。全十七条からなる。内容としては、社務に関し宮司が分担者を指名し、宮司の決済を得て施行すること、職員の出欠は出勤簿に捺印すること、忌服の際は宮司は地方長官、その他の職員は宮司に届け出ること、重要な印章は宮司が管理保管すること、神殿倉庫などの鍵は宮司が封印を施すこと、祭祀・祭神、不動産、宝物・物品類、会計、社務などに関わる各種簿冊・台帳・日記類を整備し、社務所に備えること、二名以上の宿直を置き、巡視・取締りに従事すべきこと、宮司交代の際には地方官吏が立会い、事務手続きの引継ぎを行い、終了後は地方長官から内務大臣に報告すべきこと、など多岐にわたる社務を規定した。これらは神社の維持・管理について明確かつ一律の基準を設け、「国家の宗祀」たる神社の尊厳を維持するという方針に基づいている。昭和二十一年(一九四六)二月、神社の国家管理に関する諸法令が廃止され、同訓令も効力を失った。（松本　久史）

かんこくへいしゃとくしゅしんじしらべ　官国幣社特殊神事調　官国幣社より神社局長充に提出された大正十三年(一九二四)度調査報告を主とし、昭和三年(一九二八)神社局考証課長充の報告、それに同十六年のものも若干加えて編纂した神祇院事務資料集。昭和十六年神祇院刊行。五巻。神社配列は北から奥州・関東と地方別、さらに県別となっている。冒頭は宮城県の国幣中社塩釜神社の出幣式と流鏑馬について、最後は鹿児島県の照国神社の国旗祭に及ぶ。各社の記述内容は、神社名・鎮座地・祭神・例祭日を示して、以下特殊神事について、式次第・祭礼絵図・由来なども加えられている。ただし特殊神事の特記すべき行事のない神社、未報告の神社、たとえば丹生川上・橿原・鵜戸などの四十一社については記載がなく、また祝詞や古文献にしても、特に多いのは除かれている。全国官社の伝承の特殊神事の調査報告書として、当時唯一のものとして注目されたが、報告者が監督官庁に遠慮して、官祭以外ということにおいて、叙述に手心を加えた面なしとしない箇所もある。（近藤　喜博）

かんさい　官祭　往古は神祇官の神名帳(官帳)に登載され、祈年祭の班幣に預かった神社を官社といい、その祭を官祭といった。『延喜式』によれば全国には大小三千百三十二座(二千八百六十一社)の官社があり、その数だけの官祭があった訳である。そのうち大社については、名神・月次・新嘗・相嘗の祭に官幣の供進される祭祀もまた官祭だった。国史の初見は『続日本紀』慶雲三年(七〇六)二月庚子条に「是日甲斐・信濃・越中・但馬・土左等の国一十九社、始めて祈年幣帛の例に入る(其の神名は神祇官記につぶさなり)」とあるのがそれである。『古語拾遺』によると官帳に神名を載せることは、大宝年中(七〇一―〇四)に始まったが、それが制度化したのは天平年中(七二九―四九)からだとしている。神祇官帳所載社や、同官祭のことはこのころから次第に制度化されたとしてよい。『出雲国風土記』には熊野大神以下の四十八社が並びに神祇官に在りといい、『皇太神宮儀式帳』(延暦二十三年(八〇四)撰)に「官帳社廿五処」とあるのも同様古い例の一つである。官祭の幣帛の内容は祭祀によって異なり、『延喜式』四時祭・臨時祭の祈年・名神・月次・新嘗・相嘗の各祭についての記載によって知ることができる。以上の官祭は、神祇官やその旨を受けた地方の国司が、制度上奉幣し得た時代まで、おそらくは平安時代中期以降はその実を失ったとしてよい。この制度が再び復活したのは王政復古の実現された明治維新からで、明治四年(一八七一)五月十四日には太政官布告で、官社以下の定額を定め、官幣大中小社・国幣大中小社の制度を立て、神祇官がこれを管轄した。そのうちに「四時祭官幣ノ列ハ方今神祇官ニ請シテ祭之」とあるのが、明治以降の官社官祭のはじめである。かくて同六年三月には式部寮達にて官幣諸社官祭式が定められ、所定の幣帛神饌料が式部寮から供進され、官祭も執行せしめられた。また同年例祭以外の祈年・新嘗の両祭が定められたときも、等しくこれを官祭とした。以上の三祭以外に一社限りで行う祭典は、官祭に対して俗に私祭と呼んだ。ついで同八年四月二十四日の太政官達により維新殉難の招魂社と墳墓のうち、官祭招魂社・官修墳墓と定められたものは、その官祭・官修の一切の費用は官から支出されることとなったのもこのうちに入る。この官社官祭の制度は昭和二十年(一九四五)の終戦まで、その年の十二月十五日に連合国最高司令部のいわゆる神道指令の覚書によって神社の国家監理が分離され、右に従って発布された同二十一年一月十六日の勅令と同日付の内務省令によって廃止された。→官幣社《かんぺいしゃ》

参考文献　『古事類苑』神祇部一、神社本庁編『明治以降神社関係法令史料』（岡田　米夫）

かんしゃ　官社　全国多数の神社中、その霊徳が崇められ、国家的待遇を加えられたもの。神祇官の幣帛を受けることによって官社といった。『日本書紀』崇神天皇七年十一月条に「天社・国社」とみえるのが官社の萌芽であるが、『続日本紀』大宝二年(七〇二)七月癸酉(八日)条に、山背国乙訓郡の火雷神が大幣(祈年の幣)および月次の幣の例に入れられたとあるのが、確実な官社加列の初見である(「官社」の語は同宝亀三年(七七二)八月甲寅(六日)条に初見する)。官社に列せられると神名帳に登載せられ、祈年祭の幣帛を受け、そのほか月次・相嘗・新嘗・祈雨・名神など各祭の幣帛に預かるものもあった。この後、官社に列せられるものは時とともに増加し、天平九年(七三七)にはほぼ官社が全国にゆきわたった。延暦十七年(七九八)、遠国の官社には国司が神祇官に代わって奉幣することとなり、官幣・国幣の区別が生じた。『延喜式』の制では、官社はすべて三千百三十二座(二千八百六十一社)に達した。明治元年(一八六八)神祇官が再興され、四年社格の制が定められ、官社は官幣・国幣各大中小社とされ、のちには別格官幣社がこれに加わった。当初九十七社が指定されたが、その後次第に増加し、終戦時、海外領土のものも入れて二百十八社に達した。昭和二十一年(一九四六)二月二日、社格制度は廃止された。

参考文献　文部省宗務課編『(明治以後)宗教関係法令類纂』、梅田義彦『神祇制度史の基礎的研究』、同『(改

訂増補)日本宗教制度史』 (梅田 義彦)

かんしやさいじんこうしょう 官社祭神考証 神宮および官国幣社の祭神を考証した書。上下二巻、続編からなる。正編二巻本は明治九年(一八七六)一月、教部省により編纂された。その任にあたった者は、後醍院真柱・栗田寛・井上頼圀《よりくに》・常世長胤の四名で、教部大輔宍戸璣《たまき》により奉覧された。その内容は、当時の官社、百三十三所の祭神を古書にあたって明らかにしたものである。その凡例に「此書ハ、モト祭神ヲ明ニスルガ為ニ作ル所也、故ニ祭神ノ事ヲ記セル書籍ヲ第一ニ掲出シタレバ、後世ノ書ヲ前ニ挙ゲ古書ヲ後ニスルモノアリ、神系ノ原由紀記ニ明カナルハ、要ヲ採リテ之ヲ記シ、雑書ト雖モ考証ニ助クベキハ、並挙タリ」などの文がみえる。続編は、昭和十五年(一九四〇)七月に内務省神社局考証課により編纂され、『官社祭神考証(続)』とされ、明治九年以降官社に列した九十三社の祭神について考証している。正・続いずれも未刊で、神祇院にて印刷した謄写版(神社本庁蔵)がある。 (茂木 貞純)

かんじょう 勧請 もとは仏教語で、十方の諸仏に、身をとどめて久住し、恒に法輪を転じて衆生を救護せんことを請うをいう。しかしてこれを懺悔・随喜・回向などとともに、四悔・五悔の一つとし、菩薩行修の重要な項目ともしている。また、わが国では、その意を転じて、実の開山にあらざるものを開山とするときは、これを勧請開山と呼び、あるいは神仏、ことに八幡大菩薩・熊野権現などのごとき垂迹神の神託を請い奉ることを勧請と称し、さらにはそれより転じて、神仏の霊ないしはその形像を招請して奉安することをも勧請というに至った。つまり、神道でいえば、本祀の社の祭神の分霊を迎えて、新たに設けた分祀の社殿に鎮祭することをいうのである。したがって、その新たに鎮祭した神を勧請神ともいうのである。ないしはその時々に執り行う祭祀の場に神の降臨を請うことをも、勧請と称するのである。吉田神道においては、『中臣祓』の冒頭の一段を「諸神勧請段」と呼び、一切の祝詞の発語として、これを読むことによって神々の来臨を請い得られるのであるという。また、たとえば、その『日所作次第』によれば、次のように、諸神の勧請を行なっている。「先一揖、次二拝、口伝、十宝印ニテ、次中臣祓、十宝印、次三種太祓、三十六反、或十二反、次諸神勧請、十宝印、謹請天照皇太神降臨此座、無上霊宝神道加持、謹請斎場所日輪太神宮降臨此座、無上霊宝神道加持、謹請某神号口伝降臨此座、無上霊宝神道加持、謹請天神地祇八百万神降臨此座、無上霊宝神道加持、次祈念、次拍手、口伝、ヲナシヤウニ打、次二拝、次一揖」と。なお、「日本最上神祇斎場、毎日毎夜十二時中、降臨・鎮座乃諸神達乃御名於申佐久(下略)」とある吉田兼倶作の『勧請祭文』のごときもはなはだ有名である。 →勧請神《かんじょうしん》

参考文献 物集高見編『広文庫』七、鈴鹿隆恭『御相伝物之案』 (西田 長男)

かんしょうさんねんないくうしんぽうそうかんぷ 寛正三年内宮神宝送官符 寛正三年(一四六二)十二月二十七日の伊勢内宮式年遷宮に用いる神宝・装束・金物などを記した伊勢大神宮司充の太政官符を写したもの。一巻。月日は欠落しているが、遷宮斎行以前のもの。二十年ごとに行われる伊勢の式年遷宮では殿舎など建築物の造替だけではなく、神宝・装束・金物も新造奉献される。これらは都において「営造神宝并装束使」によって調製され、遷御直前の日に同使からこの官符とそれにあわせた現物を大神宮司に授ける神宝読合が行われる。つまり太政官から大神宮司への神宝送文、送状の意味から送官符と称する。これには神宝・装束・金物などの品目・員数・寸法・形状などが詳細に記され、『延暦儀式帳』『延喜式』伊勢太神宮とともに、式年遷宮神宝以下の具体的実像を知る上での根本史料となっている。刊本に『続群書類従』神祇部がある。なおこのほかに、長暦二年(一〇三八、内宮)、嘉元二年(一三〇四、内宮)、応永二十六年(一四一九、外宮)の送官符が伝存する。

参考文献 『群書解題』一上、渡辺寛「嘉元二年内宮送官符―解題と翻刻―」(『皇学館論叢』七ノ二) (藤本 元啓)

かんじょうしん 勧請神 勧請の行為によって分霊を受け祀られた神。勧請とはもと仏教語で、十方諸仏に身をとどめ、常に法輪を転じて衆生救済を行うことを願うことを意味したが、転じて神仏の分霊を本所から他所に移すこと、また神仏の来臨や神託を招請することをもいうようになった。氏神と勧請神とは、わが国の神社の性格を二分するものである。本来氏神とは、地縁・血縁共同体の中枢にあって祭祀される「地付き」の神であるが、現在各地の守護神の神々には、これら祖先神や土着の自然神などとは別に、遠い土地から招かれ、崇拝対象となっている偉大な神格が多い。平安時代以降、わが国の地域社会はこれら新来の神を排除することをせず、むしろそれを進んで摂取し、従来の神々とともに共存させる道を選んだ。勧請をうけた遠来の分霊はその土着化の過程の中で、やがて祖先神・氏神の性格をも併せ持つに至ったのである。勧請神としての典型は伊勢(神明)・熊野・八幡・稲荷・天神(天満)をはじめ、諏訪・春日・白山などである。これらは旧来の社会を越え、広く分社を拡散させた。たとえば八幡は、九州宇佐を本願とする、日神信仰との関わり深い神であった。東大寺大仏造立の際、貞観二年(八六〇)京都石清水に遷祀されたのが、勧請の最古の例に属する。同神はさらに清和源氏の氏神・軍神として急速にその信仰圏を広げた。源頼義は康平六年(一〇六三)石清水八幡宮を相模国鎌倉郡由比郷に勧請、由比若宮とした。治承四年(一一八〇)源頼朝は鎌倉に入るとこの宮を遥拝し、さらに地をトして小林郷北山山麓に遷座、鶴岡若宮と称した。これが鎌倉幕府の守護社、鶴岡八幡宮の起源である。八幡神はさらに東国武士の領地に遷され、信仰圏は全国に拡大した。同じく軍神とし

て北条氏に尊崇された信濃の諏訪の神も、同氏領地に勧請され、のちに関東・中部から北九州にまで広がった。藤原氏が崇拝した奈良の春日大社は、鹿島・香取・枚岡の各社から勧請された。熊野は八幡と同じく、平安時代中期以降、朝野の厚い尊敬を受けた。現在夥しい数で全国に分布する熊野社は、熊野修験や熊野比丘尼が勧進を行いつつ遊行し、信仰を広めた結果である。伊勢信仰は、特に中世以降、大麻が御師により各戸に配られ、家の神棚に勧請された。東照宮は江戸時代初期以降、徳川将軍家に追随する大名各家により、各藩内に勧請された。勧請神信仰の裏には神仏習合の強い影響が見られる。また現世利益的な個人祈願が信仰の基盤となっており、祭神の霊威・神徳を強調するものが多い。怨霊の神、菅原道真の天満天神が、のちに学問や能書の神として勧請せられ、稲荷が田の神、商売の神、同族神・屋敷神として、戎神が豊漁の神・商売繁盛の神として勧請せられるなどは、その傾向をよく示している。

[参考文献] 原田敏明『神社』(『日本歴史新書』)

(山本　節)

かんじんいん　感神院　⇩八坂神社《やさかじんじゃ》

かんじんにゅうそうじゅえき　菅神入宋授衣記　禅僧の間で広まった渡唐天神の伝承にもとづく信仰を記述した文献。一巻。天神信仰の一形態を示す。成立は、室町時代の末期ころと考えられる。本書は、三種類の記文から成り立っている。㈠光明蔵禅寺の流記である。流記には、次の伝承を載せる。(イ)慧日山東福寺の聖一国師の伝承。(ロ)「密記云」として、天神が無準師範《ぶじゅんしばん》のところに現われたという伝承。(ハ)天神が承天禅寺第二世鉄牛円心の丈室に現われた伝承。㈡永正八年(一五一一)、自悦叟自懌所撰述の「大威徳天神参大宋仏鑑受衣記」である。㈢「或記日」で注記を掲載している。本書は、三種類の記文より成っているが、その成立過程を考えれば、最初は㈠の伝承のみで、後から㈡・㈢の記事が増補されたといえる。㈠の伝承は、「天神伝授衣記」として有名である。江戸時代になり、師嵩編の『菅神渡唐記』が著わされてから、一層、著名な典籍となった。『神道大系』神社編一一、『北野誌』、『群書類従』神祇部所収。

[参考文献]『群書解題』一中

(真壁　俊信)

かんじんはせざんようごうき　菅神初瀬山影向記　奈良県桜井市初瀬に鎮座の与喜山大明神の縁起。一巻。与喜山大明神とは、長谷寺の地主神であるが、菅原道真の天満天神が初瀬山に垂迹した由来を記述している。天暦元年(九四七)九月十八日、長谷寺の下に住む神殿大夫武丸という験者が、観音堂にあって、本尊十一面観音に持念中、観音の垂迹菅公の夢想を受け、その後、神託により翌二年七月、菅神の霊祠を地主神滝蔵権現の地に造立した旨を述べている。村上天皇の時代に、僧最珍(最鎮)が筑紫よりこの観音堂に参詣した時、託宣「はつせのてらのほとけこそきたののかみ云々」を受け、菅公の本地が十一面観音であることを悟り、京に至り七条の文子と菅公の神祠を造立し、その側に草堂を建て、朝日寺といった、という伝承も加えられている。著者や成立年代などは明らかではない。与喜山大明神や初瀬の天神の由来を伝えるものに『天満天神略縁起』(『与喜天神縁起』)一巻も貴重である。

[参考文献]『北野誌』、『続群書類従』神祇部所収。『群書解題』一下

(真壁　俊信)

かんず　巻数　寺院が祈禱や追善のために読誦した経巻・陀羅尼呪の名目や数量、修法に要した日数などを記録して願主に送る文書。「かんじゅ」「かんじゅう」とも読み、ふつうは巻数木《かんじゅぼく》と呼ぶ小枝に結んで届けられたので一枝と数えた。のちには箱に入れて送るのが一般化する。その例は古く宝亀元年(七七〇)七月、称徳女帝の病重く京内大小諸寺に命じて七日間『大般若経』を転読させ、経巻と僧尼の数を言上させた例があり、また貞観三年(八六一)正月大安寺僧行教が御願によって宇佐八幡宮に詣り、百一僧に『大般若経』二部、『金剛般若経』一万千六百五十巻、『理趣般若経』百三十六巻、光明陀羅尼七万五千遍などを読誦させ、その巻数を録して言上した例もある。平安時代末以後、多数念仏の盛行とともに祈禱も巻数の多量を競うようになり、様式化して『巻数集』(前後欠ながら巻数八十一例を収録、『続群書類従』釈家部所収)のような書物まで編纂された。巻数には必要によって臨時に修したものと、長日不断の祈禱を歳末または年始にまとめて報告するものとがあり、後者は恒例化して、近世には二月十六日に幕府に送られる定めになった。寺院にならって神社でも中臣祓や奉幣を巻数の書式で届けた。巻数を受け取る側では丁重にその返礼を出すのを例とし、これを巻数返事《かんずへんじ》と称した。巻数返事は、はじめは竪紙切《たてがみきり》封《ふう》で出されることが多く、のちには折紙《おりがみ》も用いられた。

(石田　善人)

かんだじんじゃ　神田神社　㈠東京都千代田区外神田二丁目に鎮座。旧府社。維新前は神田明神とよばれたので、今でも往々よばれる。古くは江戸芝崎村の鎮守社で、芝崎道場日輪寺(時宗、のち浅草へ移転)が別当をしていた。江戸城大拡張に伴い、慶長八年(一六〇三)ごろに故地(神田橋御門内)から駿河台に移され、さらに元和二年(一六一六)現在の地に移された。江戸城の堀から日本橋に流れる川を界に、その北東を神田明神の、西南を山王権現の氏子とすると『慶長見聞集』にある。山王ははじめ江戸城内にあり、将軍産土《うぶすな》の神として崇められたから、山王と神田明神とはともに江戸の大社として常にならび称された。市街の発展とともに、京橋と日本橋の一部、神田と下谷のほとんどが当社の氏子町々となった。『舜旧記』によると、神田大明神禰宜平宮内大輔勝遠という者が芝神明禰宜とともに慶長八年七月上洛して吉田神道の裁許状を受けている。このことと、『神田明神書上』にいう、関ヶ原の戦に際し祈禱を行なった事績などを考えると、慶長期に社家が熱心に幕府にはたらきかけたことが推察され、その結果元和三年に幕府から朱印地三十石を受け

神田神社(一)　大正12年関東大震災後の社頭

るに至ったのであろう(天正十九年(一五九一)にすでに受けていたとも伝えられるが確かでない)。祭神は大己《おおな》貴神《むちのかみ》・少彦《すくなひこ》名《な》神《のかみ》とするが、当社は平将門を祀った社であるとの信仰が古くからあり、林羅山もそれを認めている。時宗の道場が別当をしていたことと大手町に将門塚(都旧跡)が今もあることからみると、中世の御霊《ごりょう》信仰のもとで神祠化したものと推定されよう。なお近年、当社を中世江戸氏の氏神の後身とする説も現われている。例祭は五月十五日。→神田祭《かんだまつり》

参考文献　『御府内備考』続編九(『東京都神社史料』一)

(二)大津市真野町に鎮座。旧県社。祭神は彦国葺命《ひこくにふきのみこと》・天足《あまたらし》彦国押人命《ひこくにおしひとのみこと》。この地方の豪族和《わ》珥臣《にのおみ》が祖神をここに祀ったと伝える。例祭は五月五日・十月五日。さらに同市真野普門町にも同名の社(旧村社)があり、祭神は彦国葺命ほか二柱。本殿は流造、向拝・勾欄つき。明徳元年(一三九〇)の再建で、重要文化財に指定されている。このほか付近の同市今堅田町にも伊豆神田神社がある。これらは『延喜式』神名帳の近江国滋賀郡神田神社の後身というべきものであろう。なお同名の式内社は美濃国賀茂郡、加賀国加賀郡、丹波国多紀郡にもあり、それぞれ現在の岐阜県加茂郡東白川村神土、石川県松任市漆島町、兵庫県多紀郡丹南町大山上の神田神社だとされている。

(萩原　竜夫)

神　田　神　社(二)　本　殿

かんだち　庤　伊勢神宮の行政面を担当した官衙。また神宮の所領である御厨におかれた年貢収納のための役所も庤と呼ばれた。神庤とも書く。『皇太神宮儀式帳』では垂仁天皇の時に有爾鳥墓村に「為二雑神政行一」に神庤を設け、孝徳天皇の時に御厨と改め、神庤司を大神宮司と改称したと伝えている。天慶六年(九四三)十一月十九日の「伊賀国名張郡司請文」(『光明寺古文書』)にみえる神庤は御厨に設けられた庤の初見であろう。御厨に設けられた庤は、年貢収納の場としてだけではなく、宗教的な機能をもっていた。『吾妻鏡』養和元年(一一八一)七月八日条に相模国大庭御厨の庤の一古(市子=巫女)娘がみえることや、同書文治元年(一一八五)十二月四日条に、度会生倫が源頼朝の国土泰平の願書を捧げて安房国東条御厨の庤に参籠して祈り、夢の告げによって頼朝が馬を庤に献じていることや、寿永元年(一一八二)八月十一日に平政子の安産を祈って三浦平六を東条庤に遣わしているのは、庤の宗教的側面を示すものといえよう。また千葉県成田市郷部出土の墨書土器に「忍保庤」の文字がみえている。

参考文献　足代弘訓『神領政事沿革』

(西垣　晴次)

かんだまつり　神田祭　江戸の総鎮守と称した神田明神(現称神田神社)の祭礼。神田明神ではすでに大永年間(一五二一－二八)神事能が行われたといい(『北条五代記』)、江戸幕府成立以後は、幕府の保護もあって盛んな祭礼を

神田祭　横大工町の松竹梅の山車(『神田明神祭礼絵巻』より)

行うようになった。しかし年とともに華美に流れ、氏子の負担も増す一方だったので、天和元年(一六八一)から幕命により山王祭と隔年に行うこととし、神田祭は丑・卯・巳・未・酉・亥の年の九月十四日・十五日とされ、山王祭(一時は根津祭を加えた)とともに天下祭・御用祭とよばれ、その豪華な行列は江戸城内に入って将軍の上覧に供された。文化・文政・天保のころは、騎馬の社家と神輿二基を中心とした長い行列に、意匠を凝らした山車三十六基が随行し、さらに付祭《つけまつり》とか雇祭《やといまつり》とよばれる歌舞の列が伴った。山車のうち著名なものは、大伝馬町の吹貫諫鼓白鶏(俗称かんこどり)、南伝馬町の吹貫猿、旅籠町一丁目の翁《おきな》人形、同二丁目の和布刈竜神、鍋町の蓬莱、須田町一丁目の住吉明神、同二丁目の関羽《かんう》、豊嶋町の武蔵野、岩井町の安宅関、橋本町一丁目の二見浦などであった。のち幕府の天保の改革により圧迫をうけ、安政二年(一八五五)には将軍上覧も止み、維新後は往時の盛況を見なかったが、今日も東京都下有数の祭である。日取りは明治二十四年(一八九一)から五月十五日に改められた。

[参考文献] 大道寺友山『落穂集追加』(『史籍集覧』)、斎藤幸成『東都歳事記』(『日本図会全集』一期六)、山口桂三郎「神田明神祭礼絵巻」(『神道及び神道史』九)
(萩原　竜夫)

かんだみょうじん　神田明神 ⇨神田神社《かんだじんじゃ》

かんとうじんぐう　関東神宮 中国遼東半島南部の日本租借地関東州の総鎮守として旅順市にあった神社。官幣大社。祭神は天照大神・明治天皇。関東州は日本の大陸政策上も重要な戦略拠点であったが、日清・日露両戦争の犠牲と引換に得た土地として、この地への思い入れは日本社会一般に強かったという。明治三十八年(一九〇五)関東総督府(翌年関東都督府に改組)が、大正八年(一九一九)には関東庁・関東軍司令部が旅順に置かれ(満洲事変まで)、同市は関東州・南満洲地域の中心地であった。租借地への官幣社設立には異論もあったが、昭和十一年(一九三六)十二月十九日、駐満特命全権大使(兼関東庁長官・関東軍司令官)より首相宛に創立申請、十三年六月一日に官幣大社関東神宮創立が告示された。神饌田なども整い、造営に伴う諸祭典には近隣の大連神社神職らが奉仕している。十九年十月一日に鎮座祭が行われたが、翌年終戦により八月十八日に昇神祭斎行、一年に満たない短い歴史を閉じた。

造営中の関東神宮拝殿

[参考文献] 石川左中『関東神宮—悲劇の三百二十二日—』
(菅　浩二)

かんときのかみのまつり　霹靂神祭 『延喜式』四時祭上に「霹靂神祭三座坐二山城国愛宕郡神楽岡西北一」とある。霹靂神は天孫降臨の先遣神の建御雷神や宮中神にも祀る火雷神と同一のイカヅチで、『日本書紀』神功皇后摂政前紀にも「雷電霹靂」とみえる。古代農耕社会においては祈雨祭の対象となる山岳神として重視され、山城国の地主神として賀茂別雷神社があるように、この霹靂神も神楽岡の山雷神として付近の一地主神であった。『延喜式』四時祭上には、四月と十一月に神祇官が弁官に申して祭儀準備をととのえ、卜部によって吉日に祀らしめたとあり、同臨時祭に「荒魂和魂は各中分し、みな粥《かゆ》を煮て祭れ、若し新たに霹靂神有らば、件に依りて鎮祭し山野に移棄せよ」(原漢文)とある。現在は吉田神社の境内摂社として「神楽岡社」とよばれ、大雷神・大山祇神・高龗神《たかおかみのかみ》三座を祀る。祭礼は毎年九月二十三・二十四の両日となっているが、社の創始は本社鎮座の貞観年中(八五九—七七)よりもさかのぼるであろう。神楽岡と雷神との関係は『吉田神社志』に、天石窟《あめのいわや》の神楽の際一山を生じ、雷神が山を裂いて、一は如意嶽に、他は神楽岡になったという古伝承を載せる。
(山上伊豆母)

かんとも　神部 「かんとものお」ともよむ。神事にたずさわった人々で、律令制下においては、神祇官のもとにあって神事や雑役に従事した。『養老令』職員令では神祇官の神部は三十人。『古語拾遺』によれば、神部には中臣・斎部・猨女・鏡作・玉作・盾作・神服・倭文・麻績らの諸氏があったとし、『延喜式』斎宮には、斎王が決定した時、神部が木綿《ゆう》を賢木《さかき》につけて、内外の門などに立てたことがみえる。『日本書紀』推古天皇十年(六〇二)二月条には、新羅征討の軍に神部の加わったことを記す。

[参考文献] 岩橋小弥太『神道史叢説』
(上田　正昭)

かんながら　惟神 絶対的な神そのもののこと。『日本書紀』孝徳天皇大化三年(六四七)四月壬午条に「詔曰、惟神(惟神者、謂レ随二神道一、亦謂三自有二神道一也)我子応レ治故寄、是以、与二天地之初一、君臨之国也(下略)」とあるのを初出とする。惟神は、また、随神・神随・神在随・随在天神・乍神・神長柄・神奈我良・可武奈我良などとも書き、「かみ(む)ながら」と訓む。あるいはこれを神柄・可未可良・可牟加良・可武賀良・可無可良なども書き、「かみ(む)がら」と訓む。山本信哉は、『日本書紀』の惟神の分註に「随神道」「自有神道」とあることから、『日本書紀』の編纂の当時、すでに「かみ(む)がらのみち」あるいは「かみ(む)ながらのみち」といった言葉が行われていたとし、その「ながら」は神そのものの全体をさしていい、しかして神は畢竟天照大神に帰一するところよりすれば、神ながらの道とは天照大神全体の道であり、天照大神その随の清き明き直き正しき誠の道であらねばならぬと説いた(『神道綱要』所収「惟神大道の真意義」)。ただし、「ながら」については、本居宣長の『詞玉緒』二にいう、留りより上へはかえらず、下に意を含めて結ぶテニヲハであって、惟神は、ある絶対的なるもの、つまり神そのものの時間的、空間的実現関係を現わしたと解するのが穏当であろう。この「惟神」が「惟神の道」とか「惟神の大道」とかと熟したのは、谷川士清『日本書紀通証』三〇を最初とするようであるが、ことに明治以来盛んに用いられた。純然たる大和言葉として、「神道」などよりはより純粋性が感ぜられたためであろう。

参考文献 津田左右吉『日本の神道』(『津田左右吉全集』九)

(西田 長男)

かんながらがっかい 惟神学会 明治時代に存在した神道関係の学会の一つ。明治二十三年(一八九〇)五月設立。同人は佐伯有義・深江遠広らの皇学者・神道家。機関誌として『随在天神《かんながら》』を発行。発会趣意書によれば、当時発布された大日本帝国憲法や議院法について、「其の名称の欧米諸邦に行はるる国憲国会に類似せるを以て、是より国家の体面更革する者となし、祖宗以来特性の国体たることを弁へ」ざるもののあるにより、「惟神の皇道を講じ、以て(中略)国家の典憲を服膺」せんために、この学会を起したという。翌二十四年一月号および二月号の『史学雑誌』に久米邦武の「神道は祭天の古俗」なる論文が発表されるや、佐伯・深江らは筆を揃えて、それがいたく国体を汚損するものであるとして非難攻撃した。

参考文献 清原貞雄『国体論史』、同『神道史』

(西田 長男)

かんながらのみち 神ながらの道 神典を中心にして、神代を解説した書。筧克彦著。一冊。大正十五年(一九二六)一月、皇太后宮御蔵板として、筧が代表者を務める皇学会から発行された。頒布は岩波書店。成立の経緯は、筧が大正十三年二月二十六日から五月六日の間、沼津御用邸において八回にわたる貞明皇后への進講を速記したものに基づいている。天地の開闢から応神天皇に至るまで神典(『古事記』・『日本書紀』・祝詞・『古語拾遺』・風土記・『万葉集』)を素材として論じられているが、天孫降臨までの記述が大部分を占めている。筧の神道論の概説としての性格も強く打ち出され、特に円形を基調とした図解が多く挿入され、天之御中主神のもとでの諸神の帰一、神人合一など、独自の見解が示されている。皇后進講という成立の経緯から、全国の官国幣社に下賜されるなど広く読まれ、筧は神道研究の権威者として知られるようになり、古神道・純神道としての「神ながらの道」という言葉の一般的な普及に寄与した。

(松本 久史)

かんながらろん かむながら論 『日本書紀』『万葉集』などにみえる「惟神」「かむながら」の語の解釈をめぐる論争。筧克彦の『神ながらの道』の発表以来、その数を増し、特に昭和戦前期に活発となった。語義・訓・内容にわたる。訓については「アアカミ」、もしくは「コレカミ」とすべきであるという星野輝興・植木直一郎・安津素彦らによる従来説に対する異論が出された。内容としては外国の教えを交えない純粋な神道という意味であるという、近世後期以来の国学者を中心とした解釈が特に異論のないまま行われていたが、津田左右吉によって固有の道・教えとしての神道は近代的な用法であり、純神道の意味で用いられる「かむながら」の語は古代の用法ではないという批判、また、小野祖教により「惟神の大道」という用法は近世中期の谷川士清以降であるという指摘もなされた。戦後においては、小野と安津という二人の国学院大学神道学科の教授によって論争がかわされた。しかし、全体としては「惟神」「かんながら」ともに、専論としたものは少なく、語義の解釈に中心の比重が移り、特にその内容に関しての論はほとんど見られなくなっている。

参考文献 国学院大学日本文化研究所編『神道要語集』宗教篇一、小野祖教『神社神道の基礎知識と基礎問題』

(松本 久史)

かんなぎ 巫 ⇩御巫《みかんなぎ》

かんなぎべしんとう 巫部神道 ⇩神理教《しんりきょう》

かんなづき 神無月 陰暦十月のこと。「かみなづき」や「神の月」ともいう。「かみなづき」の「な」は「の」意で、「神祭りの月」を意味するか(『日本国語大辞典』)。俗説に、陰暦十月に日本の神々がまつりごとで出雲に集合するため、諸国の神が不在となることから、その月をそう呼ぶ。語源には諸説あり、諸社に祭の無い月(新井白石)、雷無月(賀茂真淵)、神嘗月(谷川士清・松岡静雄)、一年を二期に分けて六月(ミナヅキ)に対する上《かみ》のミナヅキ(折口信夫)などがある。また、田中卓は律令祭祀に十月が空白であることに注目し、それは古代出雲の十月の御忌祭《おいみまつり》がきわめて重大、厳重であったことを律令政府が認めた結果であろうとする。一方、出雲ではその月に諸国の神神が当地に集まることから神在月《かみありづき》と称し、出雲大社や佐太神社など出雲国の諸社では神在(有)祭が行われ、当地の人々は皆一様に斎戒・物忌に入った。また、この地方では、海の彼方から神霊が寄りきたるという信仰に基づき、この月、海蛇が浜に打ちあがると、それを竜蛇さまとして神社に奉納し、豊作・豊漁や火難除け・家門繁栄のしるしとして祈願している。

(西岡 和彦)

かんなび 神奈備 神のまします神聖な場所の意であって、ある一定の山または丘・森を指していう。同義の語に、三室・御諸・三諸がある。『日本書紀』『古事記』にはみえないが、『延喜式』の祝詞および神名帳、また、『出雲国風土記』や『万葉集』などに往々認められる。文字は神名備・神南備・甘南備・神南・焵鍋とも記している。語義については「神並び」「神森」「神なばり(隠)」等々の転訛説があり、あるいは朝鮮語説のごときもあって、未だ定説を存しない。古典に神奈備といわれたところは、かの「大御和乃神奈備」(大和の三輪山、大神神社の神体山)をはじめとして、すべてコニーデ形(円錐形・笠状)を呈し、かつ鬱蒼たる森林が全山を掩い、さながら人工に成るかと思われるほど整った美しい山容で、上代人の純真な眼ならずとも、それが神霊憑依の場所であると映ぜしむるものがある。けだし神奈備は、社殿を具有する神社の成立以前における原始神社であるといってもよく、現にこれらの場所の多くには祭祀遺跡もしくは遺物が発見されてもいる。

[参考文献] 大場磐雄『神道考古学論攷』、同『祭祀遺跡』、安藤正次「神奈備に関する管見」(『安藤正次著作集』五所収) (西田 長男)

かんなめさい **神嘗祭** 天皇がその年に収穫した新穀の由貴《ゆき》の大御饌《おおみけ》を伊勢大神宮に奉る祭儀。「かんにえのまつり」ともいう。『伊呂波字類抄』(加、諸社)にカミマヘノマツリとあり、『類聚名義抄』雑には、神嘗をカムニヘと訓んでいる。後世「かんなめ」「かんなへ」というのはこの「かんにへ」(神に奉る贄《にえ》)の転訛である。天照大神が高天原において新穀を食した儀式に淵源するとされ、伊勢国に鎮座当初から行われてきたと伝える由緒深いもの。六月と十二月の月次祭を加えて三節祭または三時祭といわれ、恒例祭中の最大最重の厳儀である。この祭の名は早く『大宝令』神祇令季秋条にみえ、国家の常典とされており、『延喜式』神祇四時祭九月条にも「伊勢大神宮神嘗祭」とあり、践祚大嘗祭の大祀につぐ中祀に定められている。歴世年中公事中の最重の祭儀とされ、皇室では特に勅使を神宮に派遣して奉幣せしめた。この遣使に関する最初の記事は『続日本紀』養老五年(七二一)九月乙卯(十一日)。爾来幣帛発遣は九月十一日を恒例とした。のちこれを例幣といい、使を例幣使と称した。祭使は発遣の儀の四日前に五位以上の諸王中より卜食によって点定され、これに神祇官の職員である中臣・忌部・卜部を副従せしめた。後世これを四姓の使といった。当日天皇は御湯を供し、神事の御服に改め、御手水ののち出御、まず御幣を拝する。式場は普通は大極殿の後房、小安殿と定められ、治承元年(一一七七)大極殿廃絶後はもっぱら神祇官で行われた。その式次第を抄記すれば、天皇出御して座に就く。召により忌部称唯して殿を昇り跪き拍手四段、まず豊受宮の幣を執って後執に授け、大神宮の幣はみずから捧持して版に復す。召により中臣称唯して殿を昇り跪侍す。「好く申して奉れ」との勅語を給わる。中臣称唯して版に復す。天皇還御。しかし平安時代末期の鳥羽天皇の時代には発遣の日の天皇親臨の礼は絶え、寿永の乱を経て例日に幣帛を発遣することもできなくなり、ついに室町時代中期の後土御門天皇末年には全く廃絶、江戸時代前期の後光明天皇正保四年(一六四七)に至ってようやく再興された。なお荷前《のさき》の調絹および幣馬が復興されたのは孝明天皇元治元年(一八六四)であった。次に神宮の儀は、豊受大神宮は九月(明治の改暦後は十月)十五日の夕と十六日の朝とに由貴大御饌を供進し、ついで旧儀には十六日に斎内親王と勅使との幣帛奉納の儀があったが、新儀では勅使参向して奉幣の儀が行われ、皇大神宮は十六日の夕と十七日の朝とに由貴大御饌を供進し、ついで十七日に勅使参向して奉幣の儀が行われる。皇室においては、天皇は遙拝式を行い、賢所において親祭の儀がある。なおこの祭には、別宮・摂末社以下の諸社にも規定の日時に御饌および幣帛の供献があり、また付属の祭祀行事として神田下種祭・抜穂祭・御酒殿祭・御塩殿祭・興玉神祭・御卜の儀そして御神楽の儀などが執行される。 →伊勢例幣使《いせれいへいし》

[参考文献]『古事類苑』神祇部三、神宮司庁編『神宮要綱』 (鈴木 義一)

かんぬし **神主** 現在は神職一般のことをいう。古くから神社に奉仕するものをいい、『日本書紀』神功皇后摂政前紀に「皇后選二吉日一入二斎宮一、親為二神主一」とあり、『古事記』崇神天皇段に「即以二意富多多泥古命一為二神主一」とある。また『続日本紀』天平十年(七三八)二月条に筑紫宗形の神主のことがみえ、伊勢神宮では『皇大神宮儀式帳』に荒木田神主、『止由気宮儀式帳』に度会神主とあり、『新撰姓氏録』にも「以二市川臣一為二神主一」とある。なお、伊勢神宮や大神神社には、奉祭者の中に、古く大神主を称した者があったことが伝えられており、春日大社や松尾神社などでは、職制として神主および権神主が置かれていた。古くはまた禰宜とも祝ともいって、神社奉仕の主役をなした。神と人々との間にあって、その仲介をなすもの、中取持ちの役をなし、人々に代わって神に奉仕すると同時に、また一面では神に代わって、もしくは神そのものとして、その意志を示すことをする。『延喜式』神祇の祝詞をみると、その前半所載のものは古く、神の意志を宣示するもので「諸聞食登宣」とあるが、後半は新しく、人々の意志を神に上奏する形で「恐美恐美毛申給久止申」とある。神主は古くは神そのものであったが、のちには人々に代わって、その願意を奏上するものへと変わった。すなわち神主も神そのものから神に奉仕するものへと変わったといえる。『諏訪大明神絵詞』によると、そこの神主は大祝といったが、「我において体なし、祝を以て体とす」とか「我は是諏訪大明神也」とあり、また伊予大三島の神主も貞治三年(一三六四)の大祝文によると、半大明神とあるように、もともと神主は神そのものでさえあった。氏族や同族の社会で、その守護神すなわち氏神を奉斎して神主を勤めるものは、その一族を統率するもので、主として氏の長老がこれにあたる。おのずから世襲的にもなるが、必ずしも専門的ではない。これは部落の守護神すなわち鎮守の神の奉斎についても同様である。いわゆる宮座の場合には、神主は年長順ま

たは神籤などによって祭祀を担当する。これを当屋または当人といい、一年ごとに交代して奉仕するので一年神主という。一年間は不浄を避け潔斎を行なって清浄な生活を営み、神そのものの性格を維持する。すなわち神主は神そのものとして一族や部落の人に臨むと同時に、一族や部落を代表して神に奉仕する。一族や特別な家柄のものが一団となって座を結成し、そのうちから交代に神主を勤め祭祀を担当したが、それも一層厳修されてくると、その年長順に五人衆・十人衆などの長老が終身または交代に神主を勤める。その場合に当屋は神事屋として神事を経営し、その子供が当屋子または当人子と称し、神の依代《よりしろ》として奉仕する。しばしばこれを勅使・日の使などといい、神そのものでもある。したがって長老は神主と称してもすでに神そのものではない。長老神主は終身であるが、さらに祭祀が厳重に営まれると神主は特別な家柄の世襲となる。世襲の神主は必ずしも専業神主ではない。専門神主となっても必ずしも専従ではない。専従の神主は今日いわゆる神職で、神主といってももっぱら神に奉仕するもので神そのものという本来の性格からは変化・発展したものである。　（原田　敏明）

参考文献　原田敏明「神そのものから神へ仕へるものへ」（『宗教研究』一五三）、同「当番神主のいろいろ」（『社会と伝承』二ノ一）、同「当番から専門神主へ」（同四ノ一）

かんばしらぐう　神柱宮　宮崎県都城市前田町に鎮座。旧社名は神柱大明神・天照大神神柱宮・神柱妙見宮、昭和五十七年（一九八二）現社名に改称。主祭神は天照皇大神・豊受姫大神、相殿に瓊々杵命《ににぎのみこと》ほか四柱を配祀。もと梅北町益貫《ますのき》に鎮座したが、明治四年（一八七一）都城県の総鎮守神社として元島津家別邸の現在地に移転計画され、都城県廃止後は宮崎県が引き継ぎ、同六年県社に列し当地に遷座。創建は万寿三年（一〇二六）と伝える。大宰府の大監平季基が当地を開拓して宇治関白藤原頼通に寄進して島津荘を立て、みずから益貫に館を構え経営にあたる。長元年中（一〇二八―三七）、荘内に伊勢宮をまつり神柱社と称せよ、との神託に基づき創建したとも、季基の娘が神憑りしてこの地に社を建て神柱と称せよ、との神託によるとも伝える。棟札および文書によれば、平安時代以降、仁安・弘安・応永・文明・永正・大永・天文・天正・慶長年間までたびたび再建修造された。享保十九年（一七三四）正一位神柱大明神の神位を受ける。例祭は十月二十九日。この日より五日間、都城は祭一色の賑いになる。　（伊藤　勇人）

参考文献　『三国名勝図会』五八、『都城島津家史料』

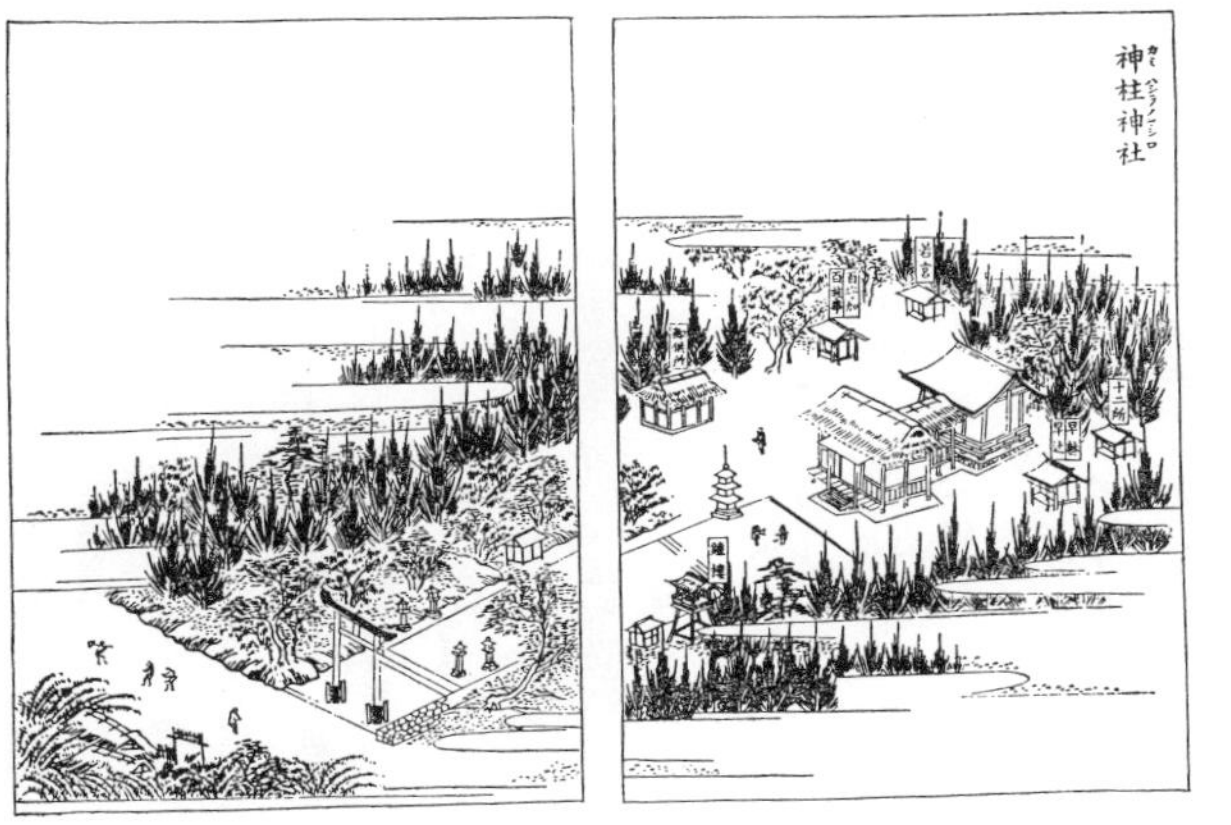

神柱神社（『三国名勝図会』58より）

かんはとり　神服　神に奉る御衣を織る者をいう。服《はとり》とは「はたおり」の約で機を織ることを職とする人。『皇太神宮儀式帳』に「神服織神麻続御衣供奉」とあり、神服織・神服部《かんはとり》、すなわち天御桙命の子孫と伝えて伊勢神宮に属する神部の服部氏は、累代三河国の赤引の糸をもって和妙の御衣を奉織し、皇大神宮と荒祭宮に供進してきた。『延喜式』神名帳には摂津国島上郡に神服神社、伊勢国奄芸郡に服織神社がみえる。　（鈴木　義一）

かんべ　神戸　古代において朝廷より特定の神社に寄せられた民戸、すなわち封戸《ふこ》で、神封《しんぷ》（しんぽうとも）ともいう。『日本書紀』崇神天皇七年十一月条に、はじめて「神戸」を定めることがみえ、大化前代にはこのほかにも若干の所見がある。これらは封戸というよりは、むしろ神社に属する部民と考えられ、大化改新以後、神祇制度の整備の過程において、神戸の形成を見るに至ったものであろう。神祇令には神戸より出す調・庸および田租は、神社の造営・供神の料（神饌・幣帛・祭具・装飾・備品など）に充て用い、神用の余剰は税《おおちから》または神税と称して義倉に準じて貯蔵し、出挙《すいこ》はこれを禁じ、それらの事務は国司が掌り、検校した結果を神祇官に報告することが規定されている。このように神戸の所産は官に納めることなく、すべてその寄せられた神社がこれを収得して神用に充て、その余剰についてもこれを神聖視してほかに転用せず、国司は不断にそれらを監理し、これを神祇官に報告したのである。神戸の戸籍や計帳も国司が作成し、また神祇官がこれを管掌したのであるが、さらに国司は神戸の中から神社の祭祀・儀式に奉仕する祝部《はふりべ》を簡定する責を負うていた。元来神戸の民は一般に公役に赴かず、神社の修理などに従ったので（『類聚三代格』一、弘仁二年（八一一）九月官符）、その課役は一般民戸よりも軽く（同八、寛平六年（八九四）六月官符）、経済的にも恩恵を受けていたが、加えて神戸の内部から選ばれた祝部を通じて人的にも結ばれ、神戸の人々の神社に対する信仰的精神的な根基もこれらによって培われたと考えられる。なお神戸の民は得度することを許されなかったが、これは仏教や僧侶を忌むというよりは、もっぱらその貢租の低減を防止するためである。『新抄格勅符抄』の大同元年

（八〇六）牒によると、神戸を寄せられている神社は全国で百七十社、神戸の総数は五千八百八十四戸である。そのうち宇佐八幡宮は千六百六十戸で、伊勢大神宮は千百三十戸であり、大和神社の三百二十七戸がこれに次いでいる。宇佐が伊勢を凌駕しているのは、奈良時代以降の同宮の護法的性格にもとづく特殊なものと考えられる。このようにして百戸以上は八社、百戸未満十戸以上は五十四社で、そのほかの百余社は一戸ないし数戸という少数のものである。これを寺封の東大寺の五千戸、飛鳥寺の千八百戸と比較するとすこぶる少ないことがわかる。これは神社の経済生活が寺院に比して簡素で小規模であったことによるものであろう。ちなみに、全郡の課戸を挙げて神戸として神社に寄せられたものを神郡《しんぐん》という。大化改新後久しからずして伊勢大神宮以下全国七社に八郡（のち九郡）が置かれた。なお、平安時代中期以降律令体制が動揺し、地方制度が紊乱するに伴って、神戸も国司の支配を離れ、その実質的な機能が失われると、神社は競って神戸を荘園化し、神戸の名を負う荘園が各地に造成されるに至るのである。　↓神郡《しんぐん》

参考文献　祝宮静『神社の経済生活』、御巫清直「神封通考」（『神宮神事考証』後篇所収）、岩橋小弥太「神戸、神郡」（『神道史叢説』所収）、山田英雄「神戸雑考」（森克己博士古稀記念会編『（史学論集）対外関係と政治文化』二所収）、飯田瑞穂「新抄格勅符抄」（坂本太郎・黒板昌夫編『国史大系書目解題』上所収）、同「新抄格勅符抄に関する考察」（『芸林』一〇ノ六）、福尾猛市郎「神戸に関する一二の考察」（『史林』一九ノ二）

（小島　鉦作）

かんぺい　官幣　⇩幣帛《へいはく》

かんぺいしゃ　官幣社　官社中、国幣社に対するもの。神社中、国家的待遇を受けたものが官社で、祈年祭に神祇官が奉幣した。延暦十七年（七九八）僻遠の官社には国司が代わって奉幣することとなり、ここに官幣・国幣の社の別が生じた。『延喜式』の制度では、官社はすべて三千百三十二座（二千八百六十一所）、官幣社は七百三十七座、そのうち大社三百四座（百九十八所）・小社四百三十三座（三百七十五所）、国幣社は二千三百九十五座、そのうち大社百八十八座（百五十五所）・小社二千二百七座（二千百三十三所）。官幣社は、宮中・京中・五畿内にはすべてその大小社が存し、その他の諸国では、伊勢・伊豆・武蔵など十三ヵ国に官幣の大社四十座が存し、西海道には官幣社を欠いた。官幣の大社は、祈年のほか、月次（六月・十二月）・相嘗・新嘗・祈雨・名神などの各祭に預かり、官幣の小社には、祈年祭奉幣に鍬・靫、またはそのいずれか一つを加えられるものもあった。明治に入り神祇官が再興されると、同四年（一八七一）社格制度が新定され、官社九十七社が指定された。これらはすべて神祇官が管し、官幣社は大社二十九・中社六（小社はこの時なし）、計三十五社で同官がこれを祀った。国幣社は中社四十五（大社はこの時なし）・小社十七、計六十二社で地方官がこれを祭った。明治五年湊川神社がはじめて別格官幣社（准官幣小社）に列した。その後、官幣社・国幣社は、創立・昇格により次第に増加し、終戦時、海外領土の分をも合わせて二百十八社に達した。『延喜式』の制では、官幣・国幣の区別は、神祇官が奉幣するか国司が奉幣するかによったが、明治の新制では、おのおのの例祭にあたってその神饌幣帛料が皇室費から出されるか国庫から出されるかにより、官幣・国幣を区別した。昭和二十二年（一九四六）二月二日社格制度は廃止された。

↓国幣社《こくへいしゃ》

参考文献　文部省文化局宗務課監修『明治以後宗教関係法令類纂』、梅田義彦『神祇制度史の基礎的研究』、同『（改訂増補）日本宗教制度史』上代篇・近代篇

（梅田　義彦）

かんべじんじゃ　神部神社　静岡市宮ヶ崎町鎮座。浅間神社・大歳御祖神社と同一境内にあり、浅間神社と同一

神部神社・浅間神社拝殿

神部神社・浅間神社本殿

棟の本殿に鎮座。旧国幣小社。祭神は大己貴命《おおなむちのみこと》が主神。延喜の制では大歳御祖神社とともに小社。その所在地が国府に近いことから平安時代中期より駿河国総社となり、鎌倉時代に入っては執権北条義時、以後今川範国父子・武田信玄・豊臣秀吉・徳川家康ら武将の崇敬をうけた。江戸時代に入ると、将軍徳川家光・家斉の社殿造営とともに社領千百余石、他二社を合わせると二千六百余石に及んだ。明治二十一年(一八八八)国幣小社。社殿は賤機《しずはた》山麓にあり、いわゆる極彩色塗の美麗な流相殿造で、安永・天明の火災の後、文化元年(一八〇四)に再建されたものである。特殊神事としての廿日会祭が例祭で、以前は旧暦二月二十日に行われたが、明治二十七年からは四月一日より五日までで、最後の五日に大祭を行う。

参考文献 『国幣小社神部・浅間・大歳御祖神社誌』 (近藤 喜博)

かんまさとも 菅政友 一八二四―九七 江戸時代後期・明治時代の歴史学者。政友は名。字は子干、通称は松太郎、ついで理琢、また亮之介と改めた。号は桜廬。文政七年(一八二四)正月十四日生まれた。父政則は常陸国水戸の町医、母は広瀬コム。会沢正志斎・豊田天功・藤田東湖らに従学し、天保十四年(一八四三)水戸藩の郷校多賀郡大久保村(茨城県日立市大久保町)暇脩館の主事となり、四両二人扶持を給せられた。弘化三年(一八四六)国事に坐して職を免ぜられたが、安政元年(一八五四)復職。同二年士分に列せられ、また下間良弼に就いて蘭学の習得を命ぜられた。同五年史館物書に取り立てられて、彰考館に出仕。文久二年(一八六二)文庫役列、慶応元年(一八六五)文庫役に進み、明治二年(一八六九)栗田寛・津田信存と並び国史編修に任ぜられた。この間、主として『大日本史』志表の編修に従事した。同六年石上神社大宮司に任じ、大講義を兼ね、同七年正七位に叙された。同九年本官兼職を辞し、同十年五等掌記に任ぜられ、太政官修史館に勤務、その後累進して同十七年一等掌記に至った。同二十一年官制の改定に伴い帝国大学書記に転じ、臨時編年史編纂掛を命ぜられた。同二十三年辞して水戸に退隠。同三十年十月二十二日に没した。七十四歳。水戸の酒門共同墓地に葬られた。水戸史学の考証的学風を受け、『史学会雑誌』に「古事記年紀考」「高麗好太王碑銘考」「漢籍倭人考」など多くの注目すべき論考を発表した。主要な論著は『菅政友全集』全一巻に収められている。

参考文献 『菅氏家系』(菅家所蔵)、『泮林年表』(彰考館所蔵)、『東茨城郡誌』下、『石上神宮宝物誌』、清水正健『(改訂)水戸文籍考』 (飯田 瑞穂)

かんみそのまつり 神衣祭 毎年五月と十月(明治十二年(一八七九)までは四月と九月)の十四日に天照大神の神衣を皇大神宮および荒祭宮に奉献する祭事。『伊呂波字類抄』(加、諸社)に神御衣祭を「カムミソノマツリ」と訓んでいる。この祭は『令義解』によれば「伊勢神宮の祭なり、これ神服部等、斎戒潔清して、参河の赤引の神調の糸をもつて、神衣を織作し、また麻績連等、麻を績みてもつて敷和《うつはた》の衣を織り、もつて神明に供ふ、故に神衣といふ」(原漢文)とある。淵源は、太古天照大神が神服部らの祖天御桙命、人面らの祖天八千千姫に御衣を織って供進させたことにあるという。祭儀は連綿として宝徳年間(一四四九―五二)まで続けられてきたが、応仁の大乱後は廃絶、元禄十二年(一六九九)四月になって神服織機殿・神麻続機殿を再建し、復興をみたが、わずかに絹糸のみが供進された。御料の調進が旧儀のごとく復興したのは明治七年(一八七四)五月で、奉進員数が全く『延喜式』の旧儀に復したのは同三十三年五月である。ついで大正五年(一九一六)五月からは機殿所在地の青年らが奉仕し、両機殿において祭月の一日より織り始めた和妙(絹布)と荒妙(麻布)各一匹に、かねて両機殿に奉安しておいた愛知県葉栗郡木曾川町で奉織した和妙と奈良県添上郡月ヶ瀬村で奉織した荒妙とを合わせ、十四日内宮斎館に護送されるようになった。現行の式次第の概要は、禰宜神御衣を大床に奉奠、大宮司祝詞奏上、禰宜神御衣を東宝殿に奉納、祭主以下太玉串奉奠、諸員奉拝八度拍手両端、ついで退下となっている。御衣祭《おんぞまつり》は神衣祭の俗称でもあるが、この祭は熱田神宮の特殊神事として、毎年五月十三日に御衣(絹布)奉献が行われており、また伊勢神宮の神衣祭と所縁の愛知県豊橋では、かつて元和年間(一六一五―二四)より明治の初期に至る間、毎年四月十一日から十四日まで、大衆参加のもと盛大に執り行われた。

参考文献 山本貞晨『吉田名縦綜録』、中山美石『風俗問答吉田領答書』 (鈴木 義一)

がんもん 願文 神仏に捧げて祈願の意を述べる文書。祈願文・願書、願《がん》ぶみ(『源氏物語』若菜上)などともいい、文中に「発願」とあるもの(たとえば文末に「伏以発願敬白」のごとく)を発願文《ほつがんもん》ともいう。また天皇が願主であるものを勅願文という。願文には、㈠造寺・造塔・造仏などの供養の際に、それら作善の事実を述べて、願意を告げるものと、㈡さきに願意を告げて、次に所願成就の際の報賽を述べるものの二種に大別することができる。㈠の例としては、延暦十七年(七九八)文室長谷ら連署願文が現存最古の正文とされ、天長十年(八三三)桓武天皇の皇女伊都内親王願文は橘逸勢の筆蹟と伝えられ、また紙面に内親王の手印が押されていて著名である。十一世紀中ごろ(?)に成立した『本朝文粋』や永久四年(一一一六)成立の『朝野群載』はともに願文の項を設けて、この種の例文を収めている。㈠に属する願文は、漢文体のものが多く、文頭に願主すなわち差出者の名を表わし、文末を「敬白」と結び、そのあとに日付(年月日)・差出書を記したものが多い。充所は、神仏に捧げる文書の例として記さない。天皇以下院宮権門を願主とする願文は、文章道の者が草案を作り、能書の者が清書するのが例であった。㈡の例としては、後醍醐天皇が高野山の鎮守天野社に捧げた延元元年(一三三六)の願文、鎌倉公方足利持氏が鶴岡八幡宮に捧げた永享六年(一四三四)の血書願文などが著名である。南北朝時代ころは文頭に「敬白　立願事」と書き、本文のあとに日付(年月日)・差出書を記すのを例としたようであるが、のちこの様式は崩れて多様化し、ことに戦国時代になると、日付・差出書のあとに神名を充所とする書状様式(たとえば「奉晋鹿島太明神御庿前」のごとく)のものが現われた。なお、(一)の願文と同じ機能をもつ文書で、四言の偈頌の文体のものがある。これは呪願文《じゅがんもん》といって、散文体の願文とは区別している。

参考文献　勝峯月渓『古文書学概論』、相田二郎『日本の古文書』　(佐藤　進一)

かんれき　還暦　数え年六十一歳を本卦《ほんけ》・本卦還《ほんけがえり》と称し、子・孫・親族・知人などがその誕生日に長寿を祝う風習がある。干支《かんし》(えととも)すなわち十干・十二支で甲子《きのえね》・乙丑《きのとのうし》・丙寅《ひのえとら》…癸《みずのと》亥《い》というように六十の組合せをすると、六十一で元に還り生年の干支を迎える。「(上略)取て六十だヨ、おほかた来年は本卦帰《ほんけげへ》りだらうといふうはさだ」(『浮世風呂』二上)などとある。華(花)甲・華甲子ともいうが、これは華が十という字が六個、一が一個から成るところからいったもので、また甲は干支を指す。週甲・周花甲ともいう。還暦には赤い袖無羽織や赤い頭巾《ずきん》などが贈られた。近代ではこの時期を人生の一区切りとして、定年制を六十と定めたところも多い。ちなみに『養老令』戸令に「六十一為ㇾ老」とある。古代以降四十歳より十年ごとに祝う算賀があるが、還暦は近世になって盛んに行われた。しかしこの「還暦」という語は比較的新しいようである。　(中村　義雄)

き

きいくにのみやつこけいず　紀伊国造系図　紀伊国造の流れをくみ、代々、紀伊国日前《ひのくま》・国懸《くにかかす》神宮(現和歌山市秋月)の神職を勤めた紀氏の系図。「きいこくぞうけいず」とも読む。一冊。巻末に、延宝八年(一六八〇)十二月十三日に「梅園」なる人物が書写した旨が記されており、また、系図の最後に出てくる昌長の注記には、寛文二年(一六六二)八月十八日に従五位下に叙せられたことが書かれているので、その十八年の間に現状の系図が成立したものと考えられる。紀伊国造は、神武天皇の時に天道根命が国造に任命されたことに始まるとされ、国造制が廃止されたのちも、日前・国懸両宮の神職として、また、名草郡大領を兼ねるなど、戦国時代に至るまで在地に強大な勢力をふるった。ちなみに、貫之や長谷雄、石清水や祇園の社家の流れであるもう一方の紀氏は、孝元天皇と紀伊国造の女の間に生まれた武内宿禰を祖としている(『紀氏系図』)。『続群書類従』系図部所収。

参考文献　『群書解題』三下　(野地　秀俊)

きうさい　祈雨祭　⇩あまごいのまつり

ぎおんえ　祇園会　⇩祇園祭《ぎおんまつり》

ぎおんごずてんのうえんぎ　祇園牛頭天王縁起　祇園社(現八坂神社)の祭神とされた牛頭天王の由来や功徳を説いた縁起。成立には『備後国風土記』逸文(『釈日本紀』所収)や『簠簋内伝金烏玉兎集《ほきないでんきんうぎょくとしゅう》』の影響があったものと思われるが、著者、成立年代ともに不明。原本は残っておらず写本がいくつか伝来する。写本を大別すると、茅輪をつけ「蘇民将来之子孫」と書いた札をつければ疫神に襲われない、という有名なくだりのある流布本(内閣文庫蔵本・『祇園社記』三所収本・続群書類従本)と、それがないもの(天理図書館吉田文庫蔵本)に分けることができる。また、「そみかくだ」と呼ばれた山伏が各地に流布した祭文や本地物なども含めるともう少し事例は増える。いずれも祇園信仰の成立や伝播などの解明には欠かせない史料。『続群書類従』神祇部、『室町時代物語集』一、『室町時代物語大成』三や『祇園社記』三に収められているほか、西田長男「祇園牛頭天王縁起の成立」(『神社の歴史的研究』所収)にもいくつか翻刻されている。

参考文献　『群書解題』二上、村上学「『神道集』の世界」(本田義憲他編『説話の講座』五所収)、今堀太逸「牛頭天王と蘇民将来の子孫」(『本地垂迹信仰と念仏―日本庶民仏教史の研究―』所収)　(野地　秀俊)

ぎおんごりょうえ　祇園御霊会　⇩祇園祭《ぎおんまつり》

ぎおんごりょうえやまほこき　祇園御霊会山鉾記　室町・戦国時代の祇園祭に出された山鉾を列挙した記録。『祇園社記』一五に写された際に「御霊会山鉾記」、『続群書類従』拾遺部に収められた際には「祇園御霊会山鉾記」と名付けられたが、これらの原本と思われる一冊には「祇園会山鉾事」の表題がある。この一冊は、現在八坂神社が所蔵しているが、これはもともと雲泉文庫の所持のものが昭和八年(一九三三)以降に八坂神社に移ったものである。侍所開闔の松田頼亮が書き記していたものを孫の頼隆が永禄三年(一五六〇)に書写したもので、巻末に「右山鉾自㆓御再興之時㆒至㆓永正四年㆒、不易申沙汰也」とあることから、永正四年(一五〇七)ごろに頼亮が記したと推定される。応仁の乱以後中断していた祇園祭が、明応九年(一五〇〇)に再興されるに及んで混乱を避けるために記録が必要であったのだろう。応仁の乱以前と明応九年当時の山鉾の名称とそれを出す地域や、山鉾の巡行経路までもが記されており、中世後期の祇園祭を研究する際にこれまでもたびたび使われてきた史料である。また、祇園社に伝来していなかったと思われる史料が『祇園社記』に収録された経緯とともに、室町幕府関係者が残した祇園祭の史料としても興味深いものである。『祇園社記』一五として『八坂神社記録』三(『(増補)続史料大成』四五)に収められており、『続群書類従』拾遺部所収のものは『祇園社記』一五をそのまま掲載したものである。

[参考文献] 『群書解題』二上「御霊会山鉾記」、『御霊会山鉾記』解題(『続群書類従』拾遺部所収)、杉浦三郎兵衛『雲泉荘山誌』別冊二　(野地　秀俊)

ぎおんさんのとりいこんりゅうき　祇園三鳥居建立記　原題は『三鳥居建立記』。貞治四年(一三六五)に祇園社(現八坂神社)三の鳥居が再建された際の記録で、記主は前祇園社執行の顕詮。八坂神社所蔵。貞治四年正月二十五日から同年六月十七日まで鳥居建立に関する記述だけを載せる。日記の体裁だが、成立は六月十七日以降さほど時の経たない後筆の抄録と考えられる。神社修造に関して、費用の捻出、道具や人夫の調達、作業過程など具体的な様子がわかる好史料。また、紙背には九通の文書がある。江戸時代に編纂された『祇園社記』九にも写して収められており、それとともに『八坂神社記録』二・三(『(増補)続史料大成』四四・四五)に収められている。また、『続群書類従』神祇部にも収録。『社家記録』一―七・『社家条々記録』とともに、『祇園執行日記』の名称で一括され、平成四年(一九九二)に重要文化財に指定。

[参考文献] 『群書解題』二上、広野三郎『八坂神社記録』解題(『(増補)続史料大成』四三)　(野地　秀俊)

ぎおんしぎょうにっき　祇園執行日記　京都市東山区の八坂神社(祇園社)に伝来する同社執行の日記で全九巻。「社家記録」と題された一―七と元亨三年(一三二三)の『社家条々記録』、ならびに貞治四年(一三六五)の『三鳥居建立記』とからなる。『社家記録』一―五は社務執行宝寿院顕詮筆とみられ、康永二年(一三四三)七月から応安五年(一三七二)十二月までの記事を収める。同六は至徳二年(一三八五)に基準をおく地子納帳類であり、同七は社務執行感晴筆と推定され、鎌倉時代後期の建治四年(一二七八)正月―七月の記事を収める。また『社家条々記録』は社務執行晴顕筆による同社の由緒沿革記。『三鳥居建立記』は前執行法印顕詮筆である。総じては南北朝内乱期の京都を中心とする政治・社会経済・文化・都市生活など、万般にわたる好史料としてつとに名高い。なお、『社家条々記録』以外には総計三百五十四通もの紙背文書があり、本文と併せて『八坂神社記録』上(『八坂神社叢書』一)に収録されている。別に群書類従本『祇園執行日記』(『群書類従』雑部、および前出『八坂神社記録』上所収)があり、これは『社家記録』からの抜萃記事であるが、すでに原本を欠く天文元年(一五三二)―同四年の記事が玉寿丸(のちの執行宝寿院常泉)により抄出されており、天文法華の乱・祇園会山鉾巡行に関わる記事も含まれて貴重である。重要文化財。　(横井　清)

ぎおんしゃ　祇園社　⇩八坂神社《やさかじんじゃ》

ぎおんしゃき　祇園社記　十八世紀前半ごろの祇園社(現八坂神社)執行宝寿院行快によって編まれた、祇園社に関する古文書・古記録などを書写した記録。現在、八坂神社に冊子二十五冊が所蔵されるが、うち第一・二・五・六・二十五の五冊は昭和十六年(一九四一)に購入した写してある。これを狭義の『祇園社記』とするならば、広義として『祇園社記目録』下一冊(上巻欠)、『祇園社記御神領部』十四冊(第一欠)、『祇園社記雑纂』十一冊、『祇園社記続録』十三冊を合わせた六十四冊(欠本分を含めると六十六冊)が該当する(すべて八坂神社所蔵)。いずれも享保十年(一七二五)ごろから同十一年までの一年足らずの間に編まれている。現在では散逸してしまった史料も多く含み、また、他家の祇園社関係史料も多少含まれているなど、祇園社研究には欠かせない記録である。広義のものはすべて『八坂神社記録』三・四(『(増補)続史料大成』四五・四六)所収。『続群書類従』神祇部では、書名のみを載せる。六十四冊の内、購入分の五冊を除いた五十九冊が平成四年(一九九二)に重要文化財に指定。

[参考文献] 『群書解題』二上、久保田収『八坂神社の研究』(『神道史研究叢書』)広野三郎『八坂神社記録』解題一(『(増補)続史料大成』四五)　(野地　秀俊)

ぎおんしゃきぞくろく　祇園社記続録　祇園社(現八坂神社)に関する古文書・古記録などを編纂した『祇園社記』(広義)六十四冊(欠本分を含めると六十六冊)の内の十三冊分(うち一冊は目録)。編者は祇園社務執行宝寿院行快。序文によれば、享保十一年(一七二六)九月二十五日、『祇園社記』の中でも一番最後に編集されたもので、漏れていたものや新しく見つかったもの、そして、他の祠官が所持していたものなどをまとめたようである。その中でも、『正和五年宮仕朝実記』(『祇園社記続録』一一)と『建武三年宮仕朝実記』(『祇園社記続録』一二)は、下級神官である宮仕による神事記録として貴重。『八坂神社記録』四(『(増補)続史料大成』四六)に収められている。『続群書類従』神祇部には『正和五年宮仕朝実記』と『建武三年宮仕朝実記』のみを掲載する。『祇園社記』五十九冊(六十四冊から購入分の五冊を除いている)の内として、平成四年(一九九二)に重要文化財に指定。

[参考文献] 『群書解題』二上、久保田収『八坂神社の研究』(『神道史研究叢書』)、広野三郎『八坂神社記録』解題二(『(増補)続史料大成』四五)　(野地　秀俊)

ぎおんしゃきろく　祇園社記録　祇園社(現八坂神社)の鎮座の由来や歴代天皇が勅願によって行なった寄進や造営などの事績を天皇ごとに列記した記録。『続群書類従』神祇部に収めるが、これは八坂神社所蔵の『社家記録』九冊のうちの一冊『社家条々記録』の後半、「晴喜法印自筆記案」とされる部分と一致する。『社家条々記録』は執行晴顕が、父である晴喜のこの記録に肉付けをして、さらに基にした父の記録の写しも付して元亨三年(一三二三)

に書き上げたものである。みずから「為二後証一」というように、祭礼の延引や検断の記録などのちの参考にするための事例集といった性格のものである。宝寿院顕詮の記録が多い中で宝寿院以外の人物の記録として注目される。『社家条々記録』としては、『祇園社記』にも収録されており、それとともに『八坂神社記録』二・三(『(増補)続史料大成』四四・四五)に収められている。『社家条々記録』は、明治四十二年(一九〇九)、『社家記録』一―七(この時は『祇園社務家日記』の名称で登録)とともに国宝(のちに重要文化財に修正)に指定され、平成四年(一九九二)には、これに『三鳥居建立記』を加えた九冊が『祇園執行日記』の名称で一括され、再度重要文化財に指定。

[参考文献]『群書解題』二上、広野三郎『八坂神社記録』解題(『(増補)続史料大成』四三)　(野地 秀俊)

ぎおんしゃこもんじょうつし　祇園社古文書写　『続群書類従』神祇部に載せる祇園社(現八坂神社)に関係する古文書の写。十通を収める。室町から戦国時代のものが主で、内容も神馬寄進状や祇園祭復興に関するものなどまちまちであるため『続群書類従』に収められた理由も経緯も不明。しかし、源義経の外題がある「感神院所司解写」(『八坂神社文書』下(『八坂神社叢書』四)、『(増補)八坂神社文書』下、『祇園社記雑纂』八(『八坂神社記録』四』)以外はすべて『祇園社記続録』一に収録されているという共通点がある。祇園社関係の古文書をまとめたものとしては『八坂神社文書』上・下(『八坂神社叢書』三・四)、その後の新出の古文書を加えた『(増補)八坂神社文書』があり、さらにその編纂過程で見つかった古文書の内、中世のものが『(新修)八坂神社文書』中世編として刊行されている。また、『早稲田大学所蔵 荻野研究室収集文書』の中にも『祇園社文書』が入っている。『祇園社記』(『八坂神社記録』三・四(『(増補)続史料大成』四五・四六)所収)にはこれらに網羅されていない古文書も散見できる。

[参考文献]『群書解題』二上　(野地 秀俊)

ぎおんしんこう　祇園信仰　防疫神としての牛頭天王《ごずてんのう》に対する信仰。牛頭天王はもとインド祇園精舎の守護神であったが、中国に入って陰陽道と結び付き種々厄除けの呪法を生み、わが国ではさらに固有神道とも習合して、後世須佐之男命と同一視されるようになった。それがはじめてわが国に伝えられたのは早く奈良時代のことといわれ、普通吉備真備がはじめてこれを播磨の広峯(兵庫県姫路市広峯神社)に祀ったとされているが、『二十二社註式』には牛頭天王ははじめ明石浦に垂迹し、のち広峯に移った、その後北白川東光寺に移り、元慶年中(八七七―八八五)さらに感神院に移し祀られることになったという。すなわち今の八坂神社であるが、この社は平安時代しばしば京都に流行した疫病の恐怖を背景にひろく朝野の信仰を集め、やがて全国の祇園信仰の中心となった。その信仰の根拠としては『祇園牛頭天王縁起』をはじめ、『簠簋内伝《ほきないでん》』、安居院『神道集』などいずれも一様に蘇民将来伝説を掲げている。それは牛頭天王が南海沙竭羅竜王のもとに赴こうとして途に日が暮れ、富裕な巨旦将来に宿を借りようとしたところ断わられたのに反し、蘇民将来はきわめて貧しいにもかかわらず、粟の飯を焚いて天王に供した。天王はこれをよろこび、帰途再度その家に立ち寄って、今後蘇民将来の子孫と名乗るものは常に疫病から免れるよう守護しようと約したというもので、その教えに従い茅輪《ちのわ》や続命縷を作り、蘇民将来之子孫という札をつけ身に帯すればよく疫病を免れることができるとするものである。この説話は『備後国風土記』逸文に同国疫隅《えのくま》国社の縁起として載せられ、それには武塔の神とあるが、武塔天神は牛頭天王の十種の異名の一つという(『神道集』)。またそこには武塔の神がみずから「吾者速須佐能雄神也」と名乗ったとあり、わが固有神道との習合が早くから成立していたことが知られる。それには『常陸国風土記』にみえる筑波の神と福慈《ふじ》の神との物語のように同じモティーフの神話がより古くからこの方にも存したことにもよるかと考えられるが、ともかくも牛頭天王縁起は中世以後『祇園の御本地』その他多くの御伽草子としても民間に弘まり、祇園信仰流布の根源となった。民間に祀られている祇園社には往々忿怒形の仏像を摸した素朴な神像を御神体とするものがあるが、それはもとこの神がむしろ行疫神として畏れられていたのが、のち次第に疫病に対する守護神と考えられるようになった信仰の推移を示すものかと思われる。この神の祭(祇園祭)が都鄙を通じて一般に夏(六月)に行われるのはおそらく夏季が一番疫癘流行の季節であることによるものであろう。また一般に祇園信仰は水辺における禊祓の習俗と関係するところ深く、その祭も河辺で行われることの多いことも注意さるべきであろう。祇園社は窠《か》紋を神紋とするところから、截り口がそれに似るところの胡瓜を神物のごとく尚び、その氏子や崇敬者たちは祇園祭が済むまでは、胡瓜を口にすることを禁忌とするなど、民間習俗の上に種々興味あることがらを今に遺している。

↓牛頭天王《ごずてんのう》　↓八坂神社《やさかじんじゃ》

[参考文献]天野信景『牛頭天王弁』(『平田篤胤全集』二)、柴田実『中世庶民信仰の研究』、『神道史研究』一〇ノ六(特輯・八坂神社)　(柴田 実)

ぎおんづくり　祇園造　京都市東山区にある八坂神社本殿の形式は他に類例のないものであって、この形式を特に名付けて祇園造という。この形式の特色は、神殿と礼堂とを一つの屋根の下に収める点にある。すなわち、五間に二間の母屋の四周に庇をめぐらして、その庇を内陣、母屋を中内陣・内々陣・小宝殿に分け、これらの前に七間に二間の礼堂を付加する。さらに正面には向拝を、両側面と背面には孫庇を加え、孫庇を除いた全体を一つの入母屋造の屋根でおおう。千木・堅魚木を設けず、また奥行の深い建築なので、仏堂のような印象を与える。八坂神社においてこのように神殿・礼堂を一棟に収める形式は延久二年（一〇七〇）の火災以前には成立していた。なお祇園造という呼称は江戸時代以前の書にはみえないので近年の命名であろう。

参考文献 福山敏男「八坂神社本殿の形式」（『日本建築史の研究』所収） （稲垣 栄三）

ぎおんのじにん 祇園の神人 ⇒犬神人《いぬじにん》

ぎおんまつり 祇園祭 京都祇園社（八坂神社）の祭礼。祇園会《ぎおんえ》・祇園御霊会ともいう。その起源については社伝（『祇園社本縁録』）に貞観十一年（八六九）六月、全国にわたる疫病流行に際し、卜部日良麻呂はこれを牛頭天王《ごずてんのう》の崇によるとし、勅を奉じて六十六本の矛を立ててこれを祭り、その消除を祈ったに由来するというが、それは普通祇園社創建の年といわれる貞観十八年よりも古く、かつ他に確証がないので、一応『二十二社註式』に「天禄元年（九七〇）六月十四日始㆓御霊会㆒自㆓今年㆒行㆑之」とあるに従うべきでないかと思われる。その祭は六月七日に神輿を迎えて種々の神賑があってのち、十四日にこれを送るを定例とし、その神賑には朝廷や院から馬長や田楽・獅子などを上られたが、一般民間からも種々の芸能の奉納があったらしく、長徳四年（九九八）にはたまたま雑芸者無骨なる者が大嘗会の標山《しめやま》に類似の柱を渡して、その無礼を咎められた（『本朝世紀』）ことがあった。ことに平安時代末期ころから洛中の富家をして馬長を差定せしめるようになり、また風流拍子物がその後に従って祭礼が一段と賑やかになった。鎌倉時代には馬長とは別に馬上十二鉾とよばれるものが社家に宛てられるようになった。疫神鎮送の意味からか鉾や長刀が尊ばれ、『師守記』には定鉾《しずめ》の名がみえ（貞和元年（一三四五）六月七日条）、またそのころから造山が現われるようにもなる。一条兼良はその『尺素往来』に祇園会の結構を叙して、定鉾・鵲鉾・跳《おどり》鉾などの名とともに、笠車、風流の造山、八撥の曲舞などを挙げているが、それらが山崎・白河など相当遠方から祭に入洛して来ることを述べているのは、当時はなお後代のように氏子区域が固定していなかったからであろう。これらの鉾や造山が後代の山鉾同様のものであったかどうかは問題のあるところで、少なくとも造山は当初は毎年新しい意匠のもとに趣向をこらしたものであったことが狂言『鬮罪人』の筋書からも伺われる。しかしその着想にはおのずから一定の限界があり、かつその人形がおいおい高価な作物となると、次第に固定化するようになる。かくて応仁の乱以前に京の町々を単位に某鉾・何山と称するものが三、四十基もあったことが社記にみえている。それらが応仁の乱に一度灰燼に帰してのち、明応九年（一五〇〇）幕府の援助もあって再興されはしたが、その後も相つぐ戦乱や社会不安のためにわかに盛大にはならなかった。織田信長・豊臣秀吉による平和の到来と、特に京都の町組の整備によって、祇園社氏子区域の中にいわゆる鉾町とその寄町とが定まった。鉾町は前後の祭日に相分かれて山鉾を立て、寄町は地ノ口米を負担してその経費の一部を助ける組織である。寛永から元禄へかけて京都町衆の繁栄は、山鉾の飾付（胴幕・見送・水引幕などの織物、框縁の塗物・飾金具など）に豪華を競わしめ、鉾の上で囃される囃子（笛・鉦・太鼓）にも洗練

祇園祭（『洛中洛外図屏風』より）

を加えて、この祭に遺憾なく反映されている。明治維新後、暦法の改正に伴い、祭日が七月十七日と二十四日に改められたほか、山鉾巡行の道筋なども多少変更されたが、前後約一ヵ月にわたる祇園祭全体の諸行事は最近に至るまでほぼ旧慣のまま存続され、山鉾は今日国の重要有形民俗資料の指定をうけ、そのうち鶏鉾と函谷鉾《かんこ》・鯉山の見送はそれぞれ単独で国の重要文化財に指定され、またその山鉾行事全体が重要無形民俗文化財に指定されている。→八坂神社《やさかじんじゃ》

参考文献 『(増補)祇園会細記』、京都府教育委員会編『祇園祭』 (柴田　実)

ぎおんりんじさい　祇園臨時祭　祇園御霊会の翌日、六月十五日臨時に行われる祭祀。天延三年(九七五)円融天皇が昨秋来の疱瘡の御祈のため奉幣して走馬などを立てたのをはじめとし、のち一時中絶していたが、天治元年(一一二四)再びこれが復されてから以後、定例となり、中世を通じて朝廷からの奉幣のほか、上皇や朝臣たちからの奉献も行われた。式は『年中行事秘抄』『公事根源』などによれば平野祭に准じ、小祀の例による定めであった。慶応元年(一八六五)六月二十二日攘夷御祈願の意味から一旦再興せられたが、その後は再び廃絶して現在は行われていない。 (柴田　実)

ききしんわ　記紀神話　現在では『古事記』『日本書紀』に記載されている「神代」の物語をふつう記紀神話と呼んでいるが、学問的にみれば、「神代」の物語だけでなく、神武天皇以下の「人皇」の代にかけて記載されている説話にも、「神代」の物語と同じ性質のものが多く、それらもあわせふくめてよいと思う。神話というが、もし神話を、実際の祭儀と結びつき関係者を呪術的に規制する説話の意味に用いるとすれば、記紀神話の全体を神話と呼ぶことはできないが、神話を局部的に素材として用い、全体としても神話的発想によって構想されているという意味で、記紀神話と呼ぶこともあながち不当でないかもしれない。記紀神話がどのような性質のものかについては、すでに江戸時代に、新井白石のように歴史的事実をたとえ話の形で語ったとするもの、本居宣長のように古代人の精神を忠実に伝えたものであって、記載どおり事実としてそのまま信ずべきであるとするもの、山片蟠桃・上田秋成のように、歴史的事実の記録ではなく後人の造作とするものなど、いろいろの考え方が出ていた。明治維新以後の天皇制国家では、記紀神話を天皇統治の起源を示す歴史的事実とする前提のもとに、天皇の権威と権力との尊厳を思想上に確立する政策がとられ、大日本帝国憲法も、教育勅語も、その考えの上に作られ、さらに学校教育では、記紀神話を冒頭にすえた日本歴史が教えられることになった結果、記紀神話をそのまま史実とする非科学的な歴史知識が公教育を通して全国民に広がる一方、記紀神話の科学的研究はタブーとされ、かえって江戸時代の記紀研究より考え方が後退するという、驚くべき状況が現出したのである。そのような中でも、比較神話学・民俗学などにより、記紀神話から「神話」や民間伝承を見出そうとする研究も始まり、また考古学や大陸文献研究によって、記紀神話の所伝と異なる日本古代史の実体が次第に明らかとなって、記紀神話を史実の記録とする正統的思想への懐疑をも生まないではおかなかった。津田左右吉は、大正八年(一九一九)の『古事記及び日本書紀の新研究』、同十三年の『神代史の研究』などの著書において、記紀の記載に対し批判的研究を加え、「神代史」すなわちここにいう「神代」の物語は、六世紀ごろの朝廷で、天皇の統治を正当視しようとして述作された政治上の主張であり、それがいくたびもの潤色を経て、記紀に記載されているようなものとなった、と断定し、部分的には民間で語り伝えられた説話や、実際に行われていた祭儀その他の慣習などが素材として多くとり入れられているが、記紀にあるような形となって構成された「神代史」全体は、神話でもなければ歴史的事実でもなく、また神武天皇以下のはじめのほうの部分も、同じような性質のものであって、としたのであった。津田の研究は、画期的なものであって、明治憲法下では異端の説として迫害されたが、戦後の学界では、少なくともその基本的見解は記紀神話研究の出発点となる最大公約数的命題として、良識ある学者のほとんどすべてにより支持されている。ということは、津田の研究以前に立ちもどることは、今日では学問的に問題にならないことを意味する。敗戦による明治憲法体制の解体は、記紀神話研究のタブーを消し去り、神話学・民族学・民俗学・比較文学・史学などのさまざまの学問的立場からする多角的な研究が記紀神話に加えられ、記紀神話の全体ならびに各部分の性質については、戦前には想像もできなかったほどの豊かな新知見が獲得された。もちろん問題の性質上決定的な証拠は得がたく、研究者の意見はきわめて多様に分かれているが、細かい個々の具体的内容は別として、大体において記紀神話の基本的性格として現在ほぼ研究者の一致して認めているところを要約すれば、次のようなことになろうか。第一に、記紀神話には多くの独立説話が素材としてふくまれており、それらの説話のうちには、南洋・シベリア・朝鮮などをふくむ隣接諸地域に伝わるものと類似するものが多く、これら広い外地からの文化的伝播が考えられること、第二に日本社会内で見られる民間伝承に対応するものも多くふくまれており、日本人の実生活に根ざした思想・慣習・社会関係などの由来を窺いうること、第三にそのような素材がそのままの形で集成されているのではなく、皇祖神天照大神を中心人物とし、その神意によりその子孫が日本の君主として将来永く日本の統治者たるべく決定されたこと、天皇の下にある諸豪族の主要な氏々がいずれも神代以来の神会組織から分出していることを説く基本的主題に適合するように変形されたうえ編入されていること、したがって素材には民俗的、宗教的な基盤があるとしても、全体

の構想は六世紀ころの政治的必要から構想された政治思想であり、それに七、八世紀の政治的動向による潤色がさらに加わっていること、などである。

参考文献 松村武雄『日本神話の研究』、三品彰英『日本神話論』(『三品彰英論文集』一)、岡田精司『古代王権の祭祀と神話』、松前健『日本神話の形成』、川副武胤『古事記の研究』、同『日本神話』、直木孝次郎『神話と歴史』、水野祐『日本神話教育論』

(家永 三郎)

きぎょうしきちないじんじゃ　企業敷地内神社　会社や工場の敷地内や社屋の一角(屋上など)に、その企業の繁栄、従業員の安全を祈願するために祀られた神社。稲荷神社が多いものの、その種類は多様である。またおのおのの鎮座の由緒も多岐にわたるが、おおむね(一)創業者など企業のトップの信仰する神社を奉祀(出光興産の宗像神社)、(二)その立地するところの産土、氏神の神社を奉祀(日立製作所の熊野神社)、(三)その業種に関連する神を奉斎する神社を奉祀(救心商事の薬祖神社)の三つに分類できる。さらに企業内の各事業所やグループ内の関連会社に同一の神社をまつる場合(三井グループの三囲《みめぐり》神社)もあれば、それぞれ異なる神社を祀る場合(東芝グループ)もある。広義の邸内社に含めることができ、またその祭祀が集団としての一体感をもたらすことから村の氏神的性格も見出せるが、一般的な氏神信仰の衰退に伴い、その役割が喪失しているという指摘もある。

参考文献 神社新報社編『企業の神社』、石井研士『銀座の神々』

(藤田 大誠)

きくちじんじゃ　菊池神社　熊本県菊池市隈府町に鎮座。旧別格官幣社。主祭神、菊池武時・同武重・同武光。配祀、菊池武政ら二十六柱。明治元年(一八六八)長岡左京亮護美の建言により、武時以来菊池氏が代々王室に勤労した功を嘉賞して、熊本藩において祭祀を執行するよう仰せ出され、同三年四月隈部城跡に社殿を造営し鎮座の式を行なった。同八年県社に列し、同十一年別格官幣社に昇格した。摂社に城山神社(祭神、菊池武房・同重朝)がある。例祭は四月五日。宝物に「菊池家憲」(武重自筆)を含む『菊池神社文書』(重要文化財)や「菊池能運画像」(同)などがあり、菊池千本槍・松囃子能面なども著名である。

参考文献 『神社明細帳』、植田均『肥後の菊池氏』、千種宣夫『菊池の伝統』

(阪本 健一)

菊池神社拝殿

きげんせつ　紀元節　『日本書紀』に神武天皇が畝傍の橿原で即位したと伝える日にもとづいて制定された国祭日。今の「国民の祝日」のうちの、「二月十一日、建国記念の日」に相当する。書紀に「辛酉年春正月庚辰朔、天皇即二帝位於橿原宮一、是歳為二天皇元年一」とある神武天皇の即位の日を、国家の祝日と定めたのは、明治五年(一八七二)十一月十五日の太政官布告であった。これを以て、一つには太陽暦頒行を機会に、神武即位を紀元とすること、二つには太陽暦による新年(明治六年)の一月二十九日が旧暦の正月朔日にあたるから祝日として祭典を行うべきことが告げられた。さらには正院布告を通じて、この神武即位紀元の日には、毎歳宮中で祭典を行い、天皇の御遙拝があることとて、その趣旨を奉じて、年々上下一同遙拝すべきだと触れられた。六年に入ってから従来の五節供を廃し、神武天皇即位日と天長節の両日を祝日と定めた。前者を紀元節と名づけたのは、その年三月七日のことである。しかし、年々の太陽暦のいつが正月朔日になるかは、年により一定しがたいので固定することにした。そのため、書紀のいう辛酉の年を西暦紀元前六六〇年と定めつつ、その年の正月朔日が太陽暦では何月何日になるかを、政府の天文局が中心になって、塚本明毅らが調査にあたり、六年六月九日付文部省の上申書に、二月十一日としているような結果を出した。ここにおいて二月十一日の紀元節が天長節と並んで、明治政府当初の国祭日となったのである。同年十月十四日の布告で、この日を休暇日と定め、国民はそれぞれの業を休んで奉祝することになった。二月十一日には皇霊殿で親祭があり、ついで豊明殿で賜宴があったし、神社では紀元節祭として、神武天皇の神霊をまつる祭儀を行なって来ている。国民にはこうした祭儀に同調し祝意を表することが求められたのである。「神武創業ノ古ニ復」ることを標榜した明治維新政府は、天皇制国家の確立を進めるにあたり、神武紀元を公に確認しつつ、その支配理念の根柢を神武天皇に求めるため、天皇の即位記念日を重視し、二月十一日紀元節を国祭日の一つに据えたのであった。当初、五節供に代わるこの祝日に一般は馴染まず、祝意のもりあがりは弱かった。けれども大日本帝国憲法が、明治二十二年二月十一日に欽定憲法として発布されたときから、特に学校教育を通じて、国民の関心を強く誘われるに至った。高崎正風作詞、伊沢修二作曲の唱歌「紀元節」が、東京府下小学校児童による聖駕奉迎のためにうたわれ、明治二十六年八月の文部省布告により、全国の学校で、紀元節奉祝式に必ずこれがうたわれることになった。それは「武徳・仁徳・皇基・国体」の四頌に分かれる「雲に聳ゆる高千穂の（後略）」の歌である。明治憲法の理念は、この紀元節が学校行事として公式化したことと、明治二十三年渙発の教育勅語の徹底化とにより、情緒面にも深く浸透していったのである。したがって紀元節は、あくまでも明治国家の国祭日としての意義をもつとされ、太平洋戦争後、必然的に国民の祝日のうちから除かれていたが、サンフランシスコ講和のころから、その復活論が起り、反対論者との間に紀元節問題として論争がはげしく続いた。

参考文献 日本史研究会編『日本の建国』（『青木文庫』）、歴史教育者協議会編『紀元節』、日本文化研究会編『神武天皇紀元論』
（和歌森太郎）

きさがいひめ 蚶貝比売 ⇩蛤貝比売《うむがいひめ》・蚶貝比売《きさがいひめ》

きしけいず 紀氏系図 紀氏の系図。作者は不明。一巻。南北朝時代初めの成立。冒頭で武内宿禰が紀朝臣の姓を賜わった由来を叙述し、続いて孝元天皇から伊勢守淑江に至る系図が書き上げられている。貫之や長谷雄のような歌人や学者をはじめ、石清水八幡宮の別当検校や祇園社の執行などが記されているが、いずれも南北朝時代初めを下限としているので、成立もこのころであろう。紀氏系図には、同じ『続群書類従』系譜部に武内宿禰から長谷雄を経て豊後国田原別符の開発領主の子孫有道・道平に及ぶ、上田本といわれる一篇が収められているほか、群書類従本、系図綜覧本、手向山八幡宮所蔵本、宮内庁書陵部所蔵本などの異本が伝わっている。なお、手向山八幡宮所蔵本も南北朝時代に成立したもので、その紙背には文和二年（一三五三）十月日の東山光明寺雑掌寛勝申状案や観応二年（一三五一）の具注暦など十二点の文書がみえる。平成十一年（一九九九）三月重要文化財に指定された。

参考文献 『群書解題』三下
（畠山 聡）

きしべじんじゃ 吉志部神社 大阪府吹田市岸部に鎮座。旧村社。天照大御神を主祭神に八幡・素盞嗚・稲荷・春日・住吉・蛭子・豊受の諸神を配祀する。社伝によると、崇神天皇五十六年に瑞籬宮から天照大御神を奉遷して創建し大神宮と称した。のちに八幡以下の六柱を合祀して七社明神となり、正徳三年（一七一三）正遷宮の際に豊受大神を加えて吉志部の「鎮守八社」とも称されたが、明治三年（一八七〇）に現社名となった。慶長十五年（一六一〇）に再建された現社殿は、唐破風の向拝に七間社流造の珍しい構造と桃山様式の華麗な装飾を保ち、重要文化財に指定された。例祭は十月十七日。前日からのどんじ祭は旧氏子四村からの特殊神饌の供進行事で有名である。
（薗田 稔）

きしまい 吉志舞 日本古代の歌舞の一種。原型はおそらく、「久米舞」と同じく、職業軍人団の舞踊と考えられる。奈良・平安時代には大嘗会の豊明節会で奏され、安倍氏（楽人）が担当したことが『北山抄』などにみえているが、十五世紀後半以後は絶えた。「吉志部楽（舞）」ともいい、「楯伏舞」「黒山企志部舞」も同じものとする説もある。

参考文献 林屋辰三郎『中世芸能史の研究』、志田諄一『古代氏族の性格と伝承』
（上参郷祐康）

きじまひろたか 鬼島広蔭 ⇩富樫広蔭《とがしひろかげ》

きしもとよしお 岸本芳雄 一九〇五―八三 昭和時代の神道学者。明治三十八年（一九〇五）十月十一日、父岸本加賀美の長男として東京市日本橋区久松町に生まれる。大正十四年（一九二五）、国学院大学道義学科倫理科に入学、河野省三の指導を受け、卒業後研究科に進む。昭和十年（一九三五）国学院大学講師、同二十年、教授となるが、第二次世界大戦後教職追放にあう。昭和二十六年、文学博士の学位を得、相模女子大学教授に就任。その後玉川大学教授、国学院大学講師、宇都宮大学講師などを経て、同四十一年、国学院大学栃木短期大学教授となった。また、神社本庁の講師も務めている。研究領域は国学を中心とする神道思想史から、それを基盤とした教育学・倫理学にまで及び、実践倫理として日本国民の道徳のあり方を提唱した。著書には『近世神道教育史―江戸期における神道の社会教化的意義―』『神道の歴史―神道と国学―』『神道入門―神道とそのあゆみ―』『論集近世先哲の神道観・教育観』『日本倫理探究の歩み』などがある。昭和五十八年（一九八三）十一月十四日没した。七十八歳。

参考文献 岸本芳雄先生古稀祝賀会実行委員会編『岸本芳雄先生略年譜並著作論文目録』、鎌田東二「岸本芳雄」（『悠久』三〇）
（山作 良之）

きしょう 起請 古くは請事・請辞・起請辞などとも書かれ、事を発議し上申して、上級官司の裁可を請うことをいう。その年記を記したものの最も古いのは、『令集解』賦役令水旱条に「養老三年（七一九）諸国按察使等請事、答、官判云」（古記所引か）とあるもので、これは諸国の按察使が義倉穀の使用許可を太政官に求めたものである。『令集解』『類聚三代格』『延暦交替式』『続日本後紀』『三代実録』などには、諸国朝集使起請・観察使起請・勘解由使起請・民部省起請・造式所起請・撰格所起請などの官司提出の起請をはじめ、官人・僧侶などが提出した起請がみられるが、これらもすべて太政官に対して事を発議し申請して、裁可を求めたものである。ただしそれへの裁可は、太政官が独自に下す場合もあるし、太政官から天皇に奏上されて勅許が下される場合もある。このように起請・請事は、本来、下級官司ないし官人・僧侶など個人が、上級官司に事を上申してその裁可を求めることをいうが、こうした行為自体は、公式令に定める上申文書としての解を提出することと変わりない。事実、『三代実録』に「起請」と記すものを、『類聚三代格』所収の官符では「解」と書いている例もみられる(たとえば貞観五年(八六三)九月二十五日条の「勘解由使起請二条」を『類聚三代格』所収の同日官符では「勘解由使解」とする)。だが上級官司としての太政官あるいは天皇の許可を求めることは、同時に、申請者がみずから発議したことを実行するにあたって、その遵守の保障をそうした権威ないし権力に求めることでもあった。そして、その権威・権力が、太政官あるいは天皇という現実のものから、亡き先師、さらには神・仏という現実を超越したものに転ずると、起請は誓約となり制誡となる。そうした意味での起請の、今日に伝わる最古のものは、天禄元年(九七〇)十月十六日の「天台座主良源起請廿六箇条」(『盧山寺文書』)であって、これは大師すなわち亡き最澄の裁可を得たものとして権威づけられた制式である。ここに後世の起請文の源流をみることができる。

参考文献 相田二郎『日本の古文書』、佐藤進一『古文書学入門』、早川庄八「太政官処分について」(弥永貞三先生還暦記念会編『日本古代の社会と経済』上所収)、東野治之「令集解に引かれた奈良時代の請事・起請について」(『史学雑誌』八三ノ三)　(早川　庄八)

きしょうもん　起請文　神仏に誓約する言葉を起請とも誓詞ともいい、それを文書にしたものを起請文とも誓紙ともいう。発生過程をみると、確言または誓約を内容とする神誓形式の起請は十世紀の聖宝(延喜七年(九〇七))や良源(天禄元年(九七〇))の起請文書に始まるが、この種の起請は後世には置文の方に移行して姿を消す。それが十二世紀になると、起請には神仏または祖師に知見・照覧を申請するにとどまらず進んで神仏の知見を恐れ畏んで、本文に述べた事項に違背した場合の刑罰に対応する自己呪詛を宣べて厳しく誓約するが、次には自己呪詛を第三者である他人呪詛へと発展させた。十二世紀半ばに初見のある天判祭文・起請祭文などと称するものは「神文起請文」に直接に影響を及ぼした。神仏をまつる祭文は除禍招福を目的とする祈願から宣誓を内容とするものへと移って、この際に宣誓に加えて誓約の保障を神罰・仏罰に求めて、自己の正邪・当否の判定を神仏に委ねるが、それを天判と称した(後世には天罰と称す)。永暦二年(一一六一)八月十三日僧覚西天判祭文はその典型であるが、劈頭に「敬驚㆓三世諸仏㆒」と記し、ついで後世の「神文起請文」には常用語句となった勧請諸神仏の名称を列記し、次に自己に虚偽のないことを述べるに続いて「近三日遠七日之内、覚西一々毛孔可㆘令㆑当㆓冥罰㆒給㆖也」との自己への天判(罰)を条件に厳しく誓約して神仏の知見・照覧を申請している。全文四百字余りの短い文章であるが、神文起請文にみえる神文の要点は早くもこの祭文中に完全に包含されている。中世起請文は前書《まえがき》と神文の二部分(前書は誓約事項を記した部分、神文は宣誓の対象となる神仏の名称を列挙記名した部分)より成るが、神文には必ず罰文を伴っている。このような罰文のある中世的起請文の初見は、久安四年(一一四八)四月十五日三春是行起請文であるが、冒頭に「謹解申請天判事」と記し、天判(罰)を前提として宣誓している。このように神文を有する十二世紀以降の起請文は次第に多くなるが、中世的特色の一つである牛玉宝印《ごおうほういん》紙を料紙として利用したものは十二世紀には未だ出現していない。牛玉宝印紙を使った起請文の初見は文永三年(一二六六)十二月二十日東大寺世親講衆連署起請文であってその牛王紙は版刻の東大寺二月堂牛王宝印紙であるが、「宝印の裏を翻して」という中世起請文の常用語のとおりに牛王紙の紙背が使われている。十三世紀半ばに早くも起請文を神聖視し信仰的に取り扱うように厳しい条件が成立し、牛王宝印紙の使用もその要求の条件として出現した。本来宝印紙は護符であるから地蔵菩薩像などを版刻した護符を牛王宝印紙に代用した例も見える。起請文を取り交わす時には神前に榊を立てた神聖なところが選ばれた。神文に勧請する神仏の名称は数を次第に増加して行き、豊臣秀吉に提出した諸大名連署血判起請文には百を越す神仏が勧請せられ過大な血痕が紙面に遺されたが、その数量は必ずしも相互信頼の絆の役には立たず、また中世末期の世人の起請文に対する信頼度も次第に低下して行き、些細な事柄に至っても仰々しい誓紙を要求した。牛王紙は版刻・筆書きの二様が十三世紀半ばより中世を通じて使われたが、効力の上には等差はなかった。牛王紙使用の様式には数型あって場所・時によって採られる型式に相違がある。前書は白紙に書き神文の部分のみに牛王紙を使うもの、この両者をともに牛王紙の紙背に書くもの、小切紙《こきりがみ》型の牛王紙を部分的にしかも内容上重要な文言の個所にのみ貼付してその上に誓紙の文章を続けて書くものなどの様式がある。起請文の特性として勧請した日本国中の神仏の中に自己の産土神的な神仏を区別しこれを特記することがある。これによっていずれの地方で書かれた起請文であるかとの推定ができる。

参考文献 佐藤進一『古文書学入門』、中田薫「起請文雑考」(『法制史論集』三下所収)、荻野三七彦「古文書に現われた血の慣習」(『日本中世古文書の研究』所収)、千々和到「東大寺文書にみえる牛玉宝印」(『南都仏教』三九)　(荻野三七彦)

きしん　鬼神　中国の哲学思想の上に重要なる地位を占めている、目に見えない神霊を指しているがその解釈はすこぶる多義である。本来は無形のものであり、天命鬼神と称して人生の主宰者である超自然的存在と解せられた。天地・陰陽・山川と併称され祭祀の対象と考えられた。のちになると先祖の霊、さらに死者の霊とも解せられ、人死して鬼となるとされた。『論語』為政篇には、「子曰、非㆓其鬼㆒而祭㆑之諂也、見㆑義不㆑為無㆑勇也」とあって、孔子によれば、人には為すべきことと為すべからざることがある、自分のまつるべき鬼神が決まっており、天子は天地をまつり、諸侯は山川をまつるのであって、天地は諸侯がまつるべき鬼神ではないとした。宋代以後盛んになった理気説では、鬼神は天地の効用、造化の迹なりとした。朱子は二気説よりすれば、神は陽の霊、鬼は陰の霊となし、一気説よりすれば至りて伸ぶるものを神とし、反して帰るものは鬼であり、その実は一物であるといった。わが国の鬼神は中国思想の影響を受けたものである。新井白石は『鬼神論』の中で『周礼』を引用して鬼神を論じている。すなわち天にしては神、地にては祇、人には鬼という。その名称は異なっているが、陰陽二つの気霊なれば通じて鬼神という。陰陽二気というが本は一気であろうか。陰陽というのは二気の屈伸往来する良能というべきである。陰陽を鬼神というべきでない、そのおのずからなる作用を鬼神というべきである。鬼は陰の霊、神は陽の霊である。人が死ぬと魂は帰り、魄は地に帰って鬼となると論じた。平田篤胤は、『古道大意』の中で、鬼神は二気(陰陽)の良能、造化の迹というが信じ難いことであるといい、『鬼神新論』を著わして鬼神を論じたが、彼によると鬼神は天上に実在するものであり、わが国の神と同義語であるとなした。わが国では鬼神を「おにがみ」と訓ずるようになると荒々しい鬼とされ、転じて妖怪変化のごとく考えられるようになった。→鬼《おに》 →鬼神論《きしんろん》

（大藤　時彦）

きしん　帰神　⇨鎮魂帰神法《ちんこんきしんほう》

きしんじょう　寄進状　神仏に対し祈願・報謝の誠をあらわすため、土地・所職・金銭・布帛その他諸種の財物を寄進する場合に、その品目・趣意などを記して作成される文書。文書の様式の上からは、勅書や御教書となることが多く、奉書や朱印状の場合もあり、充行状や下知状に似たものもあって一様でなく、文体もさまざまである。名称も時代によって多少区別がある。奈良時代には寄進の内容が物品であるときは献物帳、土地の場合には施入状と称せられ、平安時代以後には、内容とはかかわりなく、文中に使用されている言葉により施入状・寄進状・奉納状などといわれている。この類の文書で現在知られている最古のものは、天平感宝元年(七四九)閏五月二十日、聖武天皇が大安寺に対し『華厳経』など経論の転読・講説の資として絁や田地などを寄進し、所願成就を祈った際のものである。また献物帳の中では、天平勝宝八歳(七五六)六月二十一日、光明皇后が聖武天皇の冥福を祈って、天皇の遺愛の品を東大寺に献納した時のものが最も著名であり、この時の献納物が今に伝わる正倉院御物の中心となっている。鎌倉・室町時代になると武家の寄進状が多くなるが、中には御家人が所領を寄進した場合、その寄進状とは別に、将軍家が重ねてその所領についての寄進状を出している例がある。これは所領の移動を承認する意味のもので実質は安堵状と見なされるものである。寄進は本来神仏に対する行為であるが、平安時代末期以後は、地方の領主が所領の保全をはかるため、それを権門勢家に寄進して本所領家と仰ぎ、自身はその庇護下に預所として実質的支配権を維持することが盛んに行われた。その場合にも寄進状が作成されたが、それらは形の上で通常のものと何ら相違がない。なお、寄進状は通例紙に書かれるが、なかには福井県小浜市の明通寺や羽賀寺・飯盛寺などに遺る寄進札のように、木札に書いた場合も存在する。

参考文献　相田二郎『日本の古文書』、伊地知鐵男編著『日本古文書学提要』上

（須磨　千頴）

きしんろん　鬼神論　新井白石の著書。執筆年時不明。元・亨・利・貞の四集から成る。寛政十二年(一八〇〇)刊。『論語』『易経』『礼記』などの儒教経典、特に朱子の論著を拠り所として編述したもの。第一の元集では鬼神の定義から始めて本質・作用を説明する。鬼神は一応、天神・地祇・人鬼に分けられるが、普通には鬼神とは人鬼をさす。理の現われとしての陰・陽二気が集まって人となり、魂・魄と分かれて散ずるとき鬼神となるのである。陰陽二気はもともと天地の気であるから、死後も魂魄は天地の間に満ち動いてやむことがない。ただし死後もながく祭祀を受けるのは威徳の大きい国祖・始祖や功臣だけで、人間神としては他に死後祟り―妖《よう》・厲《れい》現象―を恐れて祀られたものがあるにすぎない。第二の亨集では、妖・厲は死者だけでなく生者もそれをなすが、発生の原因は生存者の側にあるとする。次に仏教の輪廻《りんね》転生《てんしょう》の説を否定して「常の理」と「非常の理」とがあるといい、後者は国家滅亡の兆を示すものであるとする。第三の利集では「怪」を取り上げて自然界のそれから「人妖」に及び、さらに「淫祀」にもふれる。第四の貞集では、淫祀の論を推し進めてまず破壊の事例を挙げ、これに「正祀」(郷国と国家の二つ)を対置したのち、仏教の「六道輪廻」の教を偽、聖人の「孝弟忠信」の教を真であると述べて結びとする。『新井白石全集』六、『日本思想大系』三五などに所収。なお、この白石説を批判したものが平田篤胤の『鬼神新論』である。

参考文献　宮崎道生『新井白石の研究』、同「新井白石と平田篤胤」(『新井白石と思想家文人』所収)

（宮崎　道生）

きたぐちほんぐうふじせんげんじんじゃ　北口本宮冨士浅間神社　山梨県富士吉田市上吉田に鎮座。祭神は木花《このはな》開耶姫命《さくやひめのみこと》・彦火之瓊々杵命《ひこほのににぎのみこと》・大山祇命《おおやまつみのみこと》。景行天皇五十年、日本武尊《やまとたけるのみこと》が東征の途中で富士山を仰ぎ見て戦勝祈願した大塚丘に、その祈願の成就を知った村人たちが浅間《あさま》大神《おおかみ》を勧請し、日本武尊も合祀したのが創祀と伝えられる。現在地に社殿が造営されたのは、延暦七年(七八八)とされる。鎮座地は諏訪の森と呼ばれ、境内社として祀られている諏訪神社が地主神的な性格を持っている。中世末以降、富士山登拝の北の玄関口とされ、北口本宮の名がある。近世には、多くの御師が存在し、各地に富士講が組織されていた。例祭は五月五日だが、鎮火祭《ちんかさい》と呼ばれる毎年八月二十六日・二十七日の祭は、富士山の山じまいの祭で、吉田の火祭として知られている。元和元年(一六一五)造営の本殿と、永禄四年(一五六一)造営の

北口本宮冨士浅間神社拝殿

境内社東宮本殿、文禄三年(一五九四)造営の境内社西宮本殿は重要文化財。 (島田 潔)

きたじまし 北島氏 出雲国造。天穂日命《あめのほひのみこと》の裔出雲氏は、古来出雲国意宇郡大庭(松江市大庭町)の地に住したが、奈良時代、二十六世果安に至り杵築に移り、杵築社(出雲大社)の祭祀に専従することとなった。のち南北朝時代に五十四世孝時の子孝宗の千家氏と、同じく孝時の子貞孝の北島氏の二家に分裂し、以後両氏は同社の神主職を継承し、両国造として並立してその祭祀に従った。明治に至り、国家の神社制度の整備に伴い、出雲大社の宮司は千家氏の独占に帰し、北島氏は除外されたようになったが、別に宗教法人出雲教を組織し現在に至る。明治十七年(一八八四)脩孝のとき男爵を授けらる。その屋敷はもと大社本殿の後方にあったが、寛文七年(一六六七)の同社造替の際、幕府の命で境内地右方に接する現在地に移居した。出雲国造家に伝わる国造相続の火継神事は北島氏にあっては今日も厳守されており、また重宝の美須麻流の玉および多くの古文書(『出雲国造家文書』、重要文化財)も伝存する。 ↓出雲氏《いずもうじ》 ↓出雲国造《いずものくにのみやつこ》 ↓千家氏《せんげし》

[参考文献] 村田正志編『出雲国造家文書』 (村田 正志)

きたじまもんじょ 北島文書 出雲国造北島家に伝来する古文書。現存するものによると、平安時代のものが一通あるが、大体鎌倉時代から以後幕末・明治維新期に至るもので、村田正志編『出雲国造家文書』に収録されるものは四百二十九通である。内容は出雲国造神主職に関する綸旨・院宣・下文・御教書・書状、また社領家領の寄進状・注進状・充行状・覚書など多方面にわたり、特に千家・北島両国造家の分裂抗争に関するもの、国造相続の際の火継神事の記事も散見し、神祇史料として重要である。昭和四十七年(一九七二)右文書中三百六通(三十三巻)が重要文化財に指定された。 (村田 正志)

きただてじんじゃ 北舘神社 山形県東田川郡立川町大字狩川字笠山に鎮座。旧郷社。祭神は、北楯大学利長《としなが》。利長は最上義光の家臣で、狩川城主となり、慶長十七年(一六一二)に立谷沢《たちやざわ》川から引水する堰(北舘大堰)を造った。この堰によって最上川左岸の庄内平野約五三〇〇ヘクタールの水田が灌漑された。北舘神社は、元和元年(一六一五)、狩川城下の屋敷内に北楯利長が祠を設け水神を勧請したことに始まる。安永七年(一七七八)、北舘大堰の恩恵に浴していた村人が、この祠を狩川八幡宮の境内に遷座し北楯利長を祭神とするべく寺社奉行に願出、許可された。同社は、大正七年(一九一八)、現在地の狩川城内に遷宮。昭和二十八年(一九五三)に始まる講社大祭が五月二日と九月二日に、三十年に始まる奉納武道大会が五月三日に行われる。北舘神社所蔵の色々威胴丸は、北楯氏所用と伝えられ、山形県指定文化財。同じく六通の最上義光書状が立川町文化財に、北舘神社北西の見竜寺《けんりゅうじ》境内にある北楯利長墓が山形県史跡文化財に指定。

[参考文献] 『立川町史』上 (誉田 慶信)

きたのえんぎ 北野縁起 ⇩北野天神縁起《きたのてんじんえんぎ》

きたのぐうじえんぎ 北野宮寺縁起 京都北野天満宮の概要を伝えた書。一巻。本来の名前は『北野宮寺縁起取要』、つまり北野社に関する主要な事項を取捨してまとめた縁起、という意である。本書の成立は鎌倉時代の末期ころで、編者は、おそらく北野社の別当寺曼珠院の関係者と考えられる。(一)菅原道真の事績、(イ)菅公の略伝、(ロ)菅公薨後の伝承、(ハ)北野創建由来、(ニ)菅公への贈官位、(二)北野社の小神次第、ここで北野の本地仏を伝える、(三)行幸事、一条天皇から後堀河天皇までの行幸、(四)御幸事、白河院の御幸、(五)祭礼事、(六)炎上事、(七)十列馬長柴田楽事、(八)別当次第事、是筭法橋より慈厳法印までを伝える。おおかた、以上の記事より成っている。特にこれらのなかで、「小神次第」と「別当次第事」は本書にみられる貴重な内容を含んでおり、京都北野の天神信仰史のうえから無視できない。『神道大系』神社編一一、『北野誌』、『続群書類従』神祇部所収。

[参考文献] 『群書解題』二上 (真壁 俊信)

きたのこうそう 北野藁草 ⇩北野文叢《きたのぶんそう》・北野藁草《きたのこうそう》

きたのごりょうえ 北野御霊会 北野天満宮で行われた菅原道真慰霊の仏教的会式。例祭八月四日の翌五日に行われた(『師遠年中行事』『年中行事秘抄』)。永徳三年(一三八三)には、五日の御霊会には散花・行道・『阿弥陀経』読誦、翌六日には山門の八講があった(『神輿造替記録』)。明徳二年(一三九一)の記録にみえるが、その後何時しか廃絶した。北野天満宮末社に、火之御子・橘逸勢・藤大夫・文大夫・淳仁天皇・大宰少弐・吉備大臣・桜葉(伊予親王)・崇道天皇・御霊の怨霊神を祀る。

[参考文献] 北野神社社務所編『北野誌』、『北野天満宮史料』古記録、『古事類苑』神祇部三 (竹内 秀雄)

きたのし　北野誌　天・地・人の三巻より成り、北野天満宮（旧官幣中社北野神社）の社史ならびにその資料を収める。北野神社社務所編、明治四十二年（一九〇九）―四十三年刊行。時の宮司吉見資胤の発起、池辺義象・今泉定助・川井菊太郎らが編纂にあずかった。首巻の天の巻は、祭神御伝・北野神社の創立・社格・摂末社・社殿沿革・社地及神領・祭礼・曼殊院及社家・行幸御幸及行啓・歴朝崇敬及武将の尊崇・法楽及神楽・宝物・諸記録雑載の十三章に分かち、一社の由緒を詳細に記す。叙述はおおむね正確で、今日でもこれにまさるものは存しない。また、付録として、全国天満宮所在地一覧が掲げられ、旧村社以上の関係神社をほぼ網羅する。次に地・人の二巻は、北野社宮仕の出である法印権大僧都宗淵が畢生の事業とした、同社に関する百科全書ともいうべき『北野文叢』全百巻を収める。ただし、巻一三より巻三九に至る巻々に載せられていた『北野天神縁起』や『菅原氏系図』の類の多くが、編者の私按によって省略されたのは遺憾である。ために、北野神社では、昭和五年（一九三〇）新たに宗淵自筆の原本から建久本や承久本の『北野天神縁起』を謄写版に起して頒布しなければならないこととなった。　↓北野文叢《きたのぶんそう》・北野藁草《きたのこうそう》　（西田　長男）

きたのしんくんがていき　北野神君画幀記　禅僧の祖渓《そけい》徳濬《とくしゅん》が菅原道真の画像を装幀した時の記録。一巻。成立は、巻末に「明応六歳（一四九七）丁巳小春二十五日」とある。祖渓は、諱が徳濬。建仁寺の光沢庵に住し、各地を歴し、建仁寺の瑞光庵で没した。没年は不詳。祖渓が阿波国にいた時、土地の人が未装幀の菅公の画像をみつけ、その表装をする時、装幀の次第を祖渓に依頼。その時の記録が本書である。内容は、径山《きんざん》の無準師範《ぶじゅんしばん》のところに菅公が出現。無準が菅公に径山衣法をわたしたという伝承をはじめ、禅宗が日本に渡来してから、その隆盛は北野天神の擁護によること大である、と讃仰。また祖溪は、かつてもし一心に努力精進すれば、北野天神の霊験に会うことが可能であると宝光如琢より告げられたので、以後毎月北野天神に参詣、学問に専心すること十年の願をかけた。満願の一ヵ月前に、霊験があったという。夢に北野天神が出現して梅花を授けられた主旨の体験も載せている。禅僧による天神信仰を理解するうえでの貴重な文献である。『北野誌』、『続群書類従』神祇部所収。

参考文献　『群書解題』二上　（真壁　俊信）

きたのしんこう　北野信仰　⇩天神信仰《てんじんしんこう》

きたのじんじゃ　北野神社　⇩北野天満宮《きたのてんまんぐう》

きたのじんじゃひきつけ　北野神社引付　『社法引付』の名のものがあるように後証のため記された北野天満宮社家松梅院の記録。百数十冊。日次記は宝徳元年（一四四九）から元和九年（一六二三）までのものと寛正二年（一四六一）および永正元年（一五〇四）から同十二年までの抄写などがある。特定事項に関する『三年一請会引付』は康応元年（一三八九）から応永五年（一三九八）までの記録を含み、また文安二年（一四四五）の『祭礼引付』、永徳二年（一三八二）から宝徳二年までの『法花堂事并社家故実少々註之』『御簾事』『旧古之引付少々写之』など古例に関するものがある。これらは神仏分離の際に民間に散逸し、北野天満宮所蔵の一部は写本として東京大学史料編纂所にある。禅予の日次記は北野天満宮・筑波大学図書館に分蔵し、北野天満宮・筑波大学・天理図書館所蔵の禅昌のものとともにもっともまとまったものである。ほかに前記日次記とほぼ同年代の『目代日記』（昭和五十年（一九七五）『北野天満宮史料』として同社より刊行）、江戸時代全期にわたる年預日記や『祐松坊日記』がある。日次記は『北野社家日記』全七冊（『史料纂集』）として刊行されている。また昭和五十五年北野天満宮より『北野天満宮史料』として、同社所蔵「古記録」を刊行した。

参考文献　三浦周行『日本史の研究』二　（竹内　秀雄）

きたのじんじゃもんじょ　北野神社文書　主に北野社家松梅院旧蔵の『北野天満宮文書』を指す。北野天満宮・京都大学・筑波大学・東京大学史料編纂所のほか黒板勝美旧蔵がある。中世の文化史・社会経済史上重要な資料である。北野天満宮所蔵文書では、北野社領ごとに造営料所・常燈料所・三年一請会料所に関するもの、神人関係では西京酒麴座文書が著名。康暦元年（一三七九）から文禄四年（一五九五）までを含み、特に応永二十六年（一四一九）酒屋起請文、三十二年・三十三年酒屋名簿は関連史料として注目される。ほかに連歌史料、大座神人起請文・豊臣秀吉願文（朝鮮の役）、織田信長・豊臣秀吉・徳川家康の朱黒印状などがある。北野天満宮所蔵『北野神社古文書』（写）、筑波大学所蔵『北野天満宮寄進状』（写）・『古文書写』はまとまったものである。ほかに社坊文書に京都国立博物館村上潔寄託文書・明治大学刑事博物館所蔵文書や東大史料編纂所・大東急記念文庫に『光乗坊文書』がある。昭和五十三年（一九七八）北野天満宮より同社蔵の「古文書」を『北野天満宮史料』として刊行。

参考文献　北野神社社務所編『北野誌』　（竹内　秀雄）

きたのずいきまつり　北野瑞饋祭　北野天満宮の祭。また随喜祭・芋苗英祭などとも書く。神饌を載せる神輿の

北野瑞饋祭（『十二ヶ月風俗図』より）

屋根を芋苗英《ずいき》で葺くところから、瑞饋(神に奉るめでたい御供の意)という佳字を当てるようになったものであろう。北野天満宮の神輿が西の京の御旅所から還御する十月四日に催される私祭で、同地の氏子連中が、屋根はもとより、柱から華表《とりい》・瓔珞に至るまで新穀・菜蔬・果蓏などに草花の風流を添えて作り、年ごとに新奇の意匠を競った、いうところの瑞饋神輿を舁いで供奉するので、この名がある。南北朝時代より室町時代にかけての社務日記に散見する厳(餝)御供がそれにあたるかという。

参考文献 北野神社社務所編『北野誌』天、竹内秀雄『天満宮』(吉川弘文館『日本歴史叢書』一九)

(西田 長男)

きたのてんじん 北野天神 ⇨北野天満宮《きたのてんまんぐう》

きたのてんじんえんぎ 北野天神縁起 略して『北野縁起』『天神縁起』ともいう。諸国の天満宮・天満社・天神社の本祠たる京都市北野天満宮の由緒記で、たいてい三巻より成っている。また、これを絵巻物に仕立てたものもあって、その中には北野天満宮所蔵の根本縁起や尊経閣文庫所蔵の『荏柄天神縁起』のような稀有の優品もある。類本はすこぶる多く、書名のごときもいろいろに呼び、たとえば、『北野文叢』所収本によるに、『天神記』『北野事跡』『北野天神縁起絵』『天神之縁起』『北野天神御縁起』『北野天神御記』『天満宮縁起』『天満宮御縁起』『北野本地』などがみえ、ほかにも『日本大政威徳天皇縁起』『大政威徳天縁起』『天神御一期絵』などと名づけるものも存している。現存縁起中の最古の伝本は、『北野文叢』一三所収の五条菅家所蔵『天神記』であって、「建久五年(一一九四)十月廿四日書写了」の本奥書がある。また伝本によって本文に「一条院の御宇寛弘元年(一〇〇四)甲辰十月廿一日辛丑の日はじめて行幸なりしより、建保のいまにいたるまで、聖主八十二《(ママ)》代」とか「仍寛弘元年始て行幸なりき、承久の今に至る迄、聖主十九代」とかあるもの、あるいは末尾に「于ﾚ時聖暦戊午正嘉第二のとし(一二五八)冬十月のころ微功をふといふ事しか也」とか「于ﾚ時聖暦戊午(マヽ)弘安元年(一二七八)夏六月の比微功をおふと言事爾也」とかとあるによって、建久本・建保本・承久本・正嘉本・弘安本の五種類に大別することができよう。同時に、これによって、その成立の年代と増補・改訂の過程を察し得られよう。ただし、いちばん古い建久本にあっても、現存本にはその後における補訂の手が少なからず加えられていることは注意を要しよう。作者を菅原為長や慈円(慈鎮)に擬する学者もあるが、なお、確証を欠いている。内容よりして、天台末に属した北野天満宮(北野宮寺)の社僧の述作するところで、原本の成立年代はさらに平安時代末期ごろまでさかのぼらしめられるであろう。しかして流布本たる群書類従本のごとき形態に固定するのは、降って室町時代に入ってからであろう。この流布本によるときは、上巻に序論・菅公化現・少年詩作・顕揚大戒論に序すなどの十五段を、中巻に恩賜御衣・中納言紀長谷雄に後集を送る・天道に祭文を捧ぐ・安楽寺葬送などの十四段を、下巻に文子託宣・太郎丸託宣・社壇造営・内裏虫喰板などの十一段を収める。

参考文献 宮地直一『北野天神縁起』解説(『日本絵巻物集成』二〇)、『群書解題』一上「北野縁起」

(西田 長男)

菅原道真を祭神とする京都の北野天満宮の縁起を記した絵巻物。『北野天神絵』『北野縁起絵』『大政威徳天皇縁起』『聖廟絵』などとも呼ばれ、鎌倉・室町時代の作品が多く流布する。縁起文として最も基本的なものに、建久五年(一一九四)書写の奥書ある五条菅家本(『北野文叢』所収)があるが、これが絵巻の詞であった証跡はない。一般には北野天満宮所蔵の絵伝藤原信実筆の九巻本(通称「根本縁起」、国宝)が、絵巻としての最初の出現で、序文のなかにある「承久元年(一二一九)(己卯)今にいたるまで(下略)」の詞によって、そのころの作と考えられている。これは縦五二センチばかりの稀有の大きさであり、また日蔵六道巡りの段に第七・八の二巻をあて六道の有様を精写するなど、他にくらべて異数の構成と規模をもつほか、第九巻は「利生記」の部分の絵が白描下絵のままで残ったものを集めたもので、未完の異例の大作である。その他の流布本は三巻または六巻本である。試みに巻頭の詞によって分類すると、甲類(「王城鎮守の神々多くましませど」)前記九巻本、尊経閣文庫蔵荏柄社本三巻(元応元年(一三一九)、重要文化財)、故清野謙次蔵岩松宮本三巻(貞治六年(一三六七))、杉谷神社蔵本三巻(応永二十六年(一四一九))、メトロポリタン美術館蔵本三巻など。乙類(「日本我朝は神明の御めぐみことにさかりなり」)津田天満宮蔵本三巻(永仁六年(一二九八)、重要文化財)、北野天満宮蔵光信本三巻(文亀三年(一五〇三)、同)など。丙類(「漢家本朝霊験不思議一にあらざる中に」)㈠正嘉本系(末尾に「于ﾚ時聖暦戊午正嘉第二の年(一二五八)冬十月比微功を竣ふといふこと爾なり」とある)久保惣太郎蔵零本もと三巻、㈡弘安本系(末尾に「于ﾚ時聖暦戊午弘安元年(一二七八)夏六月のころ微功をおふと云事爾也」とある)北野天満宮蔵絵伝土佐行光筆本(零本二巻、残欠諸家蔵、もと三巻か、重要文化財)、根津美術館蔵本六巻、御物本六巻など。甲乙は近い関係にあり、世に承久本または承久本系と呼ばれるもの。甲乙が比較的変化に富むに対して、丙類は甲乙に対し截然と区別せられ、またあまり変化を見ない。㈠と㈡とは一見単なる伝写関係を想わせるが、部分的に構文上の変化を示す。以上のごとく系統的な変化と内容的に多少の出入りを見せるが、その構成は大同である。すなわち、道真は年少にして学問諸芸にすぐれ、官途に栄進して右大臣となったが、藤原時平の讒奏によって筑紫大宰府に流されて憂悶の生涯を終ったこと。その怨霊は大政威徳天神となって宮中や時平の一族らに災害をもたらし、朝野を恐怖におとしいれたこと。またその怨霊は多治比の綾子、比良宮の禰宜の子太郎丸に託宣して北野の馬場にまつられるに至った経緯。朝廷よりの位官の追贈、九条家による社殿の造替など、善神化と社運の隆盛を述べ、最後に利生の数々を列挙する。縁起絵巻として完備した形式をもち、しかも早期の成立である。天神縁起絵巻は年記のある奉納奥書をもつものが多く、しばしば稚拙な地方作を見るのもまた特色である。『日本絵巻物集成』二〇、『日本絵巻物全集』八、『日本絵巻大成』二一などに収められている。→北《きた》野《の》本《ほん》地《じ》

参考文献 笠井昌昭「天神縁起の歴史」(『風俗文化史選書』一〇)、梅津次郎「天神縁起絵巻—津田本と光信本—」(『絵巻物叢考』所収)、同「正嘉本天神縁起絵巻について—その出現並びに弘安本との関係—」(『絵巻物叢誌』所収)
(梅津 次郎)

きたのてんまんぐう 北野天満宮 京都市上京区馬喰町に鎮座。旧官幣中社。北野神社・北野天満宮・北野天神・天満大自在天神宮・天満宮天神・天満宮・天満天神・火雷天神・北野聖廟などとも呼ぶ。菅原道真公を主祭神とする神社として、福岡県太宰府市宰府鎮座の旧官幣中社太宰府天満宮と双璧をなしている。その創立については、『北野天満自在天神宮創建山城国葛野郡上林郷縁起』『北野寺僧最鎮記文』『天満宮託宣記』の三種の文献が伝えられていて、いずれも当代の信憑するに足る根本史料とされる。それには、鎌倉市二階堂鎮座の旧村社荏柄天神社に襲蔵している、承久年間(一二一九—二二)の書写にかかる『北野天神御伝并御託宣等』のごとき古本も存している。ことに『縁起』は、末尾に「天徳四年(九六〇)六月十日、根本建立宣禰多治記」との署記があって、本社の創立者たる多治比奇子(文子・綾子・あや子などとも)その人の記すところであるのを知られ、はなはだ注目に価する。すなわち、これに下のようにある。天慶五年(九四二)七月十三日(一本、十二日)天神(菅神)は、右京七条二坊十三町に住んでいた宣禰(巫女・童女)の奇子に託宣して、都のほとりの閑勝の地にして右近馬場の設けられている北野に社殿を構えて祭祀すべきことを要求せられたが、賤妾の身のこととて、それは容易の業でなく、はじめのほどは自己の邸内に仮の叢祠を作って崇営していた。しかし五ヵ年を経た天暦元年(九四七)六月九日には、ようやく機が熟して、今の北野の地に移建することができたという。よって、この移建を記念して、その六月九日

「北野天満宮文庫」印

北野天満宮本殿

北野天満宮(『洛中洛外図屏風』より)

をもって現在に至るまで宮渡祭と称する祭儀を行なっているのである。ということは、本社においては、その創立を天暦元年六月九日とせず、これよりさかのぼるいつかに置いていたことが察せられよう。例祭はその創立の日を記念して行われるのが一般であるが、本社はこれを八月五日、のちに改めて四日としているところからするに、それは奇子が自己の邸内に叢祠を構えたろう天慶五年八月五日をもってしたものであるまいかとも思われる。次に『記文』および『託宣記』によるに、下のようにある。北野移建のすこし前の天暦元年三月十二日にも、近江国高島郡比良郷の神《みわ》良種の男太郎丸なる年七歳の童男に、火雷大神がやはり興宴の地なる右近馬場のほとりに移坐したいと託宣せられたという。そこで、これを聞いたその馬場の乾の角にあった朝日寺(のちの本社の神宮寺の一つで、西脇観音堂ともいう)の住僧の最鎮は、神良種・太郎丸をはじめ、その弟子であろう法儀・鎮西(一本、鎮世)、また、狩弘宗らの一党を率い、奇子を中心とする満増・増日および星川秋長(一本、秋永)らの一党と、互いに力を戮わせ心を一にして、祠宇を奇子の邸内から今の地に移建した。しかして、それより十三、四ヵ年ばかりを経た天徳三、四年の二月二十五日には、父忠平以来の菅公とのよしみによって、九条師輔はその新造の第を取り壊して、これを本社の神殿とした。ここにおいて、本社は従前の叢祠の面影をまったく払拭し、京畿における圧しもおされもせぬ堂々たる神社となったのであるが、このときの祭文に「男女乃子孫品々仁、男をは国家乃棟梁トシ天、万機乃摂籙ヲ意仁任セ、及ヒ太子乃祖を成シ、女をは国母・皇后・帝王乃母多留我カ姓藤原乃氏と千世(一本、子)之世仁名乎伝倍、万孫之家仁跡乎継天」とあったという。かくて、菅公反対派の時平流のようやく衰えていった後を受けて、その弟の忠平流のみが盛えていった時代にあって、本社はまさしく藤原氏、延いては皇室の氏神となっていったのである。

参考文献 北野神社社務所編『北野誌』、同編『菅公頌徳録』、宮地直一『神道史』上・下一、西田長男「北野天満宮の創建」(『神社の歴史的研究』所収)、真壁俊信「荏柄天神社本『菅家伝』の出現」(『日本歴史』二九二) (西田 長男)

建築 権現造の形式をもつ代表例。現在の社殿は慶長十二年(一六〇七)の造営であるが、平安時代からこの形式を守ってきたと考えられる。入母屋造の本殿と拝殿との間にゆかを土間とする石の間を置き、石の間の天井を雄大な化粧屋根裏とする。本殿の西側面に脇殿、拝殿両脇に楽の間を付加しているので屋根も変化に富み、古来八棟造の名がある。拝殿前の中庭を取り囲んで回廊がめぐり、正面中央に四脚門の中門を開く。なお蟇股などに彩色を施した彫刻があり、時代の特色をよく示している。本殿・石の間・拝殿および楽の間は国宝に、中門・回廊などは重要文化財に指定されている。

参考文献 福山敏男「石の間」(『建築史』二ノ一) (稲垣 栄三)

きたのてんまんぐういっさいきょう　北野天満宮一切経 室町時代中期、北野天満天神法楽のために北野社経王堂で書写されて、現在は新義真言宗智積院末の大報恩寺(京都市上京区)経王堂に蔵されている一切経。応永十九年(一四一二)讃岐虚空蔵院の僧覚蔵坊増範が願主となって勧進募縁し、各地の浄侶ら百数十人を集めて、三月十七日から八月中旬に至る五ヵ月にわたり書写した。各巻の書写奥書にみえる写経者の出身地は、讃岐(三十五人)・摂津(二十人)をはじめとして山城・和泉・大和・河内・伊勢・紀伊・尾張・播磨・但馬・美作・近江・丹波・備中・備前・安芸・阿波・淡路・土佐・伊与・越後・肥前・薩摩・日向の二十五国に及ぶ。ほとんどが寺院僧だが数人の俗人を含む。写経の巻数も一、二巻の者から十数巻に及ぶ者がおり、校正のみの者もいた。書写にあたって原本とされたのは、臼井信義の調査によれば南宋湖州本で、一部は高麗再雕本などに拠っている。黄楮紙折本の経巻は五百五十函の朱漆塗経函に納められた。各函には『千字文』の順により天から弱に至るまでの文字を刻する。覚蔵坊増範は写経事業ののち一切経を納める輪蔵を管理し、北野経王堂(願成就寺)住持としてそれ以後盛んになる万部経会の経営にあたった。経王堂信仰の様子は謡曲『輪蔵』(観世長俊作)にもみえる。その後経巻は転読される間に欠脱を生じ、明応九年(一五〇〇)―文亀元年(一五〇一)、天文十四年(一五四五)―十八年に補写され、江戸時代にも元和四年(一六一八)・慶安三年(一六五〇)に一部補写され、元禄十四年(一七〇一)大報恩寺宥鑁が将軍徳川綱吉の援助を得て各地の僧を集め智積院で明万暦本によって補写、全巻を修補した。明和二年(一七六五)にも一部補写、文化十二年(一八一五)・三年に明本と対校された。なお鉄眼版(黄檗版)による補写一巻がある。以上現存する五千四十八帖(応永写経四千八百十六帖、室町時代後期補写経八十二帖、江戸時代補写経百五十帖)は「北野経王堂一切経」として重要文化財に指定。室町時代末の万部経会衰退に伴って輪蔵と経王堂は大報恩寺の管理下に入り、経函は明治維新の神仏分離によって大報恩寺に移されて今日に至った。

参考文献 『大日本史料』七ノ一六、応永十九年八月十八日条、文化庁文化財保護部美術工芸課編『北野経王堂一切経目録』、臼井信義「北野社一切経と経王堂―一切経会と万部経会―」(『日本仏教』三) (今泉 淑夫)

きたののほんじ　北野本地 北野天神縁起絵巻の一種。一巻。本来は、上・中・下の三巻であったが、現在は下巻のみとなっている。以前絵巻物として存していたが、箱書には「北野本地」「中院大納言為家卿筆」と伝えられていたという。しかし、戦後、各図ごとに分断され諸所へ散った。詞書はカタカナ、図柄は白描画で、成立はおそらく鎌倉時代末から南北朝時代ころと推定される。『北野本地』の詞書のみ載せているのが群書類従本などである。白描画のそれと比較すれば、詞書はほぼ同文である。内容は次のとおりである。㈠奇子への託宣、㈡比良社の良種の子太郎丸への託宣、㈢朝日寺僧最鎮との相談により北野社の創建、㈣内裏の虫食の和歌、㈤女房盗衣、㈥仁俊阿闍梨の伝承、㈦神罰、㈧西念の極楽往生、㈨銅細工女の利生、㈩勅使安楽寺参内して贈官位、よりなっている。極言すれば、北野天神の本地の効力を強調するために、三巻本のなかで、下巻一巻のみをまとめあげたものと推測できる。『続日本絵巻物集成』一に収載され、詞書は『北野誌』、『続群書類従』神祇部に所収。→北《きた》野天神縁起《のてんじんえんぎ》

参考文献 『群書解題』二上、真保亨「北野本地本について」(『北野聖廟絵の研究』所収)　(真壁 俊信)

きたのぶんそう・きたのこうそう　北野文叢・北野藁草　北野天満宮宮仕の宗淵(のち改めて真阿と称した)が生涯の事業として編輯した、実に北野天満宮に関する百科全書ともいうべきものが『北野文叢』全百巻である。その自筆本は現に同社の文庫に襲蔵されている。明治四十三年(一九一〇)、『北野誌』天・地・人三巻のうちの後の二巻に収めて刊行された(ただし一部省略されている)。遺文部・紀文部・抄文部・雑文部の四部に分類し、菅神(菅原道真)の遺著をはじめ、国史・記録に散見するその事蹟はむろん、縁起・系譜・年譜の類より、稗史・伝説・詩歌・俳諧の末に及ぶまで、いやしくも菅神に関係する事項は、これを博捜して洩らすところがない。しかしてその抜萃本が『北野藁草』十冊で、自序に「御文章のなかに、学問之道、抄出為レ宗、抄出之用、藁草為レ本と示しおかせたまひけり、(中略)すへて題して北野藁草といふ、(中略)時に天保十二年(一八四一)ほし己亥にやとる十月廿五日也」とある。大阪府藤井寺市の道明寺に伝来する菅神佩用とつたえる石帯の模様を模刻した雲母《きら》摺《ずり》表紙の大本で、すこぶる美本である。奥付に「北野宮寺学堂蔵板、発行所石田治兵衛」とある。なお、同種のものに、『北野藁草図書』四冊、『北野拾葉』一冊、および『菅家三代記略』一冊がある。→北野誌《きたのし》

参考文献 真阿宗淵上人鑽仰会編『天台学僧宗淵の研究』、竹内秀雄『天満宮』(吉川弘文館『日本歴史叢書』一九)　(西田 長男)

きたのまつり　北野祭　北野天満宮の例祭。その祭日は、現在は八月四日であるが、もとは八月五日であった。『小野宮年中行事』八月五日条に「北野宮祭、使立」とあるのは、そのころのことを語ったものにほかならないであろう。例祭はその社の創立の日を記念して行われるのが一般であるから、本社においても、これに関する史料を欠いているものの、おそらくは八月五日が創立の日とせられていたのであろう。『菅家御伝記』に引く『外記日記』に「一条天皇永延元年(九八七)八月五日、始行二北野聖廟祭祀一」とあるから、このときにそれまでの私祭を官祭とせられたものであろう。『北野縁起』には「八月の祭も、村上の御時より初りて、公家の御沙汰として」とあるが、それはこの官祭の起源を創立の際にまでさかのぼらしめた本社関係者の造説にすぎないであろう。『師遠年中行事』八月条に「四日、北野祭、元五日也、有二官幣一」「五日、北野祭事、後冷泉院御時、永承元年(一〇四六)、依レ当二母后国忌一、改二用四日一、当時被レ停二国忌一、而未レ被レ下下依レ旧可レ用二五日一宣旨上歟、可レ尋、近例四日祭、五日御霊会、可レ用二五日一之由宣旨、永久五年(一一一七)八月、盛仲宿禰申レ院」とあるによって、五日を四日に改めたのは、永承元年であったのを知り得られよう。これは神道の服忌の思想から、国忌の当日を避けて、便宜その前日を用いることとしたものであろうが、依然として北野御霊会(北野天神会とも)は五日に行なっているのである。もともと本社は、菅原道真の怨魂を慰藉するために起ったもので、その祭祀も御霊会なる仏教風の会式として催されていたのである。しかし、次第に神格が昇華していくに伴って、純神道風の祭祀の必要が感ぜられるようになり、後冷泉天皇の母后藤原嫄子の国忌を機会として、もとの五日の御霊会のほかに、新たに四日の北野祭をも営むに至ったもののようにおもわれる。それまでは御霊会が同時に北野祭であったのであろう。御霊会ならば、国忌の当日に行なってもなんら差支えはないわけである。とはいえ、人々の間には、これら両者の区別はしかく厳密ではなく、しばしば混淆せられていたようで、『政事要略』二二をはじめ、『左経記』『中右記』など代々の記録の類に、そうした事例がうかがわれる。

参考文献 宗淵編『北野文叢』五四(『北野誌』地)　(西田 長男)

きたのりんじさい　北野臨時祭　『二十二社註式』は、北野社臨時祭条に寛弘二年(一〇〇五)八月四日はじめて神宝を奉ったとするが、正応三年(一二九〇)七月十八日、伏見天皇は国家安穏を祈り東遊・走馬・神楽を奉ったのに始まる(『康富記』)。爾来八月四日例祭後、勅使を差して宣命を奉った。応仁の乱後中絶、孝明天皇は国家多事にあたり元治元年(一八六四)十一月十四日再興、翌慶応元年(一八六五)より八月五日に行われ、明治六年(一八七三)まで続いた。

参考文献 北野神社社務所編『北野誌』、『北野天満宮史料』古記録、『古事類苑』神祇部三　(竹内 秀雄)

きたばたけじんじゃ　北畠神社　三重県一志郡美杉村上多気に鎮座。旧別格官幣社。祭神北畠顕能《あきよし》。配祀顕能の父親房・兄顕家。建武中興挫折後、伊勢国司に任ぜられた顕能は戦況不利のため、興国三年(北朝康永元、一三四二)ごろ吉野と伊勢平野を結ぶ山地の多芸《たげ》(今は多気と書く)に居館を移し、背後の霧山《きりやま》(標高六〇〇㍍)に城を構え、ここを拠点として活動して吉野朝廷を支えた。以後、北畠氏は代々伊勢国司として九世二百四十年に及んだが、天正四年(一五七六)織田信長の攻略に遭って滅んだ。元禄五年(一六九二)旧北畠家臣の子孫や村人が遺徳を追懐して、国司館跡に顕能を祀る北畠八幡宮を創建した。一

説に、寛永二十年(一六四三)北畠氏の裔鈴木家次の創祀ともいう。明治十四年(一八八一)、北畠神社と改称、昭和三年(一九二八)村社から一躍別格官幣社に列した。例祭は十月十三日。末社多芸神社(明治四十年村内十五社合祀)。国司館跡の庭園は室町時代の様式を残しており、霧山城址とともに名勝史跡に指定された。

(久保田　収)

参考文献　平泉澄監修『増補北畠親房公の研究』、大西源一『北畠氏の研究』

きたばたけちかふさ　北畠親房　一二九三―一三五四　鎌倉時代末期から南北朝時代にかけての公卿。中院流村上源氏。従一位、大納言、准大臣、准三宮。永仁元年(一二九三)正月(日次は十三日・二十九日などの説がある)誕生。父師重、母は左少将隆重女。祖父師親の子となる。同年六月叙爵。正安二年(一三〇〇)、兵部権大輔に任官。左少将を経て、嘉元三年(一三〇五)、権左少弁に任ぜられて以来、朝儀への参仕多く、延慶元年(一三〇八)、十六歳で従三位に叙せられて、公卿の列に入る。この間、徳治二年(一三〇七)、左少弁を辞任したが、理由は冷泉頼俊が弁の官歴なく大蔵卿から右大弁に直任した異例に対して腹立の余りという。延慶三年、正三位、参議、翌応長元年(一三一一)には左中将を兼ね、左兵衛督、検非違使別当を歴任して権中納言に昇任、正和元年(一三一二)、従二位に叙せられた。同四年、祖父師親の死去にあい、服喪し、散位となるが、文保二年(一三一八)、後醍醐天皇の践祚後、権中納言に還任、翌元応元年(一三一九)、中納言、同二年には源氏第一の公卿の推さるべき淳和院別当に補せられた。後醍醐天皇の信任厚く、世良親王の養育を委ねられた。元亨三年(一三二三)、権大納言、奨学院別当、さらに按察使を兼ね、翌正中元年(一三二四)には父祖の極官を越えて大納言に進む。朝儀に参じて広学博覧の賢才といわれ、吉田定房・万里小路宣房とともに「後三房」と称された。元徳二年(一三三〇)、養育中の世良親王の死去に殉じて出家。法名宗玄(のち覚空)。時に三十八歳。その後三年余の消息が不明であるが、後醍醐天皇の建武新政府成立後の元弘三年(一三三三)十月、義良親王を奉じて陸奥国府に下向した長子顕家を後見、奥羽の経営に尽くした。建武二年(一三三五)、中先代の乱を契機として、足利尊氏が建武新政府に叛くや、顕家の上洛軍に先んじて入京、翌年正月、後醍醐天皇の近江坂本への行幸に供奉した。尊氏の西走後、顕家は再度奥州に赴いたが、親房は滞京した。同五月、尊氏の鎮西からの上洛により建武新政府が崩壊したが、親房は伊勢へ下って在地土豪の把握につとめ、同十二月、後醍醐天皇の吉野遷幸に始まる南朝の拠点を形成した。延元三年(北朝暦応元、一三三八)、顕家・新田義貞らを失った南朝において、回天の方途として東国経略の策を立て、同九月、結城宗広らとともに、義良親王・宗良親王を奉じて伊勢大湊を出帆。途中暴風雨にあい、親房だけが常陸東条浦に上陸、以来、神宮寺城、さらに小田・関・大宝の諸城に拠って転戦した。『神皇正統記』『職原抄』の執筆はこの時期のことである。はじめ南朝軍は、在地土豪の組織化が順調で、優勢であったが、次第に劣勢に向かった。結城親朝へ七十通を超える書状を宛てて南朝への協力を促したのは頽勢挽回への意趣の表現である。しかし、親朝が北朝方としての旗幟を鮮明にした興国四年(北朝康永二、一三四三)、失意の裡に吉野へ帰った。後醍醐天皇崩御後の吉野朝廷は、親房が中心的存在となったが、楠木正行の戦死後は漸次衰微し、後村上天皇も吉野から紀伊、そして賀名生《あのう》へと潜行した。正平五年(北朝観応元、一三五〇)、足利直義と高師直の対立に始まる幕府の内訌、いわゆる観応擾乱は南朝回生の機となり、北朝を廃し、元号も正平に一統し、一時は京都奪還を実現したが、同七年、後村上天皇の入京を前に和平は崩れ、賀名生へ帰った。幕府は以後しばらく不安定な状態を示したが、南朝の情勢の好転がついに見られないまま、同九年(北朝文和三、一三五四)四月十七日、賀名生に没した。六十二歳(没年月日・場所についての異説は、『北畠准后伝』の正平九年九月十五日、大和宇陀郡福西荘、六十二歳説をはじめ、正平十四年(北朝延文四)説、六十七歳説、吉野説などがある)。著書には、前述の二著のほか、『元元集』『熱田本記』『廿一社記』『古今集注』『真言内証義』など多数ある。親房を祭神として顕家とともに祀る神社に、大阪府阿部野神社・福島県霊山神社がある。

参考文献　『大日本史料』六ノ一九、文和三年四月十七日条、山田孝雄『神皇正統記述義』、中村直勝『北畠親房』(『中村直勝著作集』七)、横井金男『北畠親房文書輯考』、同編『北畠親房卿和歌拾遺』、平泉澄監修『増補北畠親房公の研究』、佐藤進一『南北朝の動乱』(中央公論社『日本の歴史』九)、永原慶二『中世内乱期の社会と民衆』、同編『慈円・北畠親房』(『日本の名著』九)、平田俊春『神皇正統記の基礎的研究』、我妻建治『神皇正統記論考』、白山芳太郎『北畠親房の研究』、下川玲子『北畠親房の儒学』

(我妻　建治)

きたまつり　北祭　⇨賀茂祭《かものまつり》

きづきのおおやしろ　杵築大社　⇨出雲大社《いずもたいしゃ》

きつけしんとう　橘家神道　江戸時代中期の享保年間(一七一六―三六)、ひろく伝播した兵法と神道行事とをかね備えた神道。京都梅宮神社の祠官橘氏の家に伝わったと称せられるところから、世に橘家神道という。この神道の組織者は垂加神道派の直系玉木正英(葦斎)で、『橘家神軍伝』(二巻巻子本また写本三冊)がその経典にあたる。かれは宝永のころ玉木幸祐橘正英と称し、橘家の末裔を以て任じたというから、かれが晩年に至って垂加神道に一新機軸をうちだすべく考案したものとみてよかろう。『神軍伝』は主として大星の伝と二相大悟の伝から形成されている。大星伝は軍配術を根底とする兵法の秘術をいい、山鹿素行の『兵法神武雄備集』にもその名がみえるが、この唱道者は戦国時代の軍師山本勘介といわれ、近世兵学の諸家いずれも大星伝にふれている。次に二相大悟の伝は会津望月家に伝わった兵学の系統に属し、彼立《ひりゅう》足《そく》・水銀体の兵法を骨子とするが、これを太子流神軍伝と称して創唱者を聖徳太子にかけ、太子から舎人親王に、さらに明貫・鬼一法眼・源義経・楠木正成を経て望月新兵衛に、それから垂加霊社に伝わったとする。江戸時代中期の楠氏景仰の風潮の中で、楠氏像を中核として絶対忠義の思想をおりこみ、楠木兵法の極意としたものとみてよい。これが若林強斎に伝わり、絶対忠義の宗教ともいうべき望楠軒神道を生みだしたところに、この神道の歴史的意義がある。 ↓垂加神道《すいがしんとう》

参考文献 小林健三『垂加神道の研究』 (小林 健三)

きっすいいん 吉水院 ⇩吉水神社《よしみずじんじゃ》

きつねがみ 狐神 狐は稲荷の神使として全国にひろく崇拝されているが、一面稲荷は狐神を祀ったものとも考えられている。稲荷の社前には狛犬のように狐の像が二つ置かれている。民間では狐は田の神のお使いと信ぜられ、狐塚を築いてこれを祀る例が広く見られる。近畿・中国地方には寒施行・野施行と称する行事がある。これは、寒中に、狐が餌に困ると考え、小豆飯・油揚げ・干鰯などの食物を野山の小祠、狐の穴などに「ノウセンギョウ、ノウセンギョウ」と唱えながら供える行事である。わが国では古来狐を使う妖術が行われていた。飯縄遣《いづなづかい》と普通いわれており、荼耆尼天《だきにてん》の法を行なったものという。管狐《くだ》という鼠ほどの小さな狐を信州の飯綱山から得て飼い馴らしてそれを使役した。また伏見稲荷の狐を馴らして使うともいう。天福元年(一二三三)信州の人伊藤忠綱が飯綱山によって苦修練行して神力を得たのがはじめという。仙台の飯綱山、武州高尾山などにもこの神を祀りその法を伝えるという。

参考文献 柳田国男「狐塚の話」(『定本柳田国男集』一三所収)、同「飯綱の話」(同三一所収) (大藤 時彦)

きつねつき 狐憑 病気・死・不幸の原因を、他者のもつ「マナ的なもの」(力のもの)が憑くことによるとする憑物現象は、世界的にみられ、諸地域で種々の姿を示している。狐について「狐はあやしきものなり、常に人にばけてたぶらかし、また人の皮肉の内に入りてなやまし」(岡西惟中『消閑雑記』)との感覚は古くから存して来たが、狐憑は日本で最も広い分布をもつ憑物現象である。関東でオサキ狐、中部でクダ狐、東北・信州のイヅナ、出雲の人狐など諸地域の狐憑は類似を持ちながら異なった名と姿をもっている。細川政元・武田信玄など武将の飯綱《いづな》信仰も強い。この現象の構造について出雲地域を事例に述べる。ここの場合、狐持ち、すなわち「黒」といわれる家の数は多い。部落によっては九割を越える。出雲のある平坦部農村で平均四割が取り出されている。持ちでない家、すなわち「白」の人々は黒と婚姻しない。「その家に婚を結べばその家にも転移すといひ伝へて人々恐れいやしめて婚をなさずといへり」と『賤者考』(本居内遠)もいう。この結婚がなされると白の両親や親族は彼らと縁切りをする。さらに黒の所有地や家の買手のないことも多かった。憑かれた場合の特徴としては、本人が無意識の状態で話や予言をし、どこどこから来たなどともいう。この発言への地域の人々の信頼度は高い。憑物落しには神職・僧侶・修験・巫女が関係したが、修験はかつて大きな位置をもっていた。叩いたり、燻したりもするが、火渡り・蟇目《ひきめ》・影針なども行なった。黒を第二次入村者とする仮説もあり、犠牲の羊とする分析理論もある。すなわち憑物の観念は、社会の不満のエネルギーを、ある特定のものに向けることによって解消させるメカニズムであるとする。憑物現象のこのような横断的分析の思考とともに、この事象を北方シャマニズムとの縦のつながりの中で追う分析も存する。宗教現象の横断的分析はこのような縦の流れを充分含んだ形でなされることが必要である。 ↓憑物《つきもの》

参考文献 石塚尊俊『出雲のつきもの』、吉田禎吾『日本の憑きもの』(『中公新書』二九九)、柳田国男「巫女考」(『定本柳田国男集』九所収)、堀一郎他「宗教生活における緊張」(日本人文科学会編『社会的緊張の研究』所収)、E. E. Evans-Pritchard: Witchcraft, Oracles and Magic among the Azande (1937). (野村 暢清)

きとう 祈禱 ⇩加持祈禱《かじきとう》

きとうぶぎょう 祈禱奉行 室町幕府の職名。『吾妻鏡』によると、文治元年(一一八五)源頼朝は、讃岐院(崇徳法皇)の祟を除き、国土の安穏を若宮八幡宮に祈らせたとき、藤原邦通が奉行し、また承久三年(一二二一)に北条義時が、世上の無為を退耕行勇たちに祈らせたとき、町野康俊と清原清定が奉行したように、鎌倉幕府では、将軍の息災、戦乱の平定や天変地異の終熄などを、僧や陰陽家に命じて祈らせる場合、臨時に人を撰んで奉行させ、評定衆や引付衆をあてることが多かった。室町幕府でも、はじめはこの先例に従っていたが、幕府の機構が整うにつれて、常置の職となり、三代将軍足利義満のころから、鎌倉時代には六波羅評定衆を勤め、室町幕府の奉行衆であった千秋《せんしゅう》氏が世襲し、正月恒例の祈禱始や常日の祈禱を奉行するようになり、その職を祈禱奉行と称した。ただし戦乱や災害などの臨時の祈禱については、家司が沙汰したようである。

参考文献 『古事類苑』官位部二、『武家名目抄』職名部一九ノ三(『(新訂増補)故実叢書』一一) (菊地勇次郎)

きね 幾禰 ⇩御巫《みかんなぎ》

きねんこくほうべい 祈年穀奉幣 祈年穀は神祇令に規定された祈年祭と全く同じ意義をもち、年穀の豊穣を祈るとともに、天皇の安泰と国家の平安を祈請するものである。祈年祭は『延喜式』神名帳に記載された三千百三十二座の諸神を悉く祭るのであるが、この祭は神宮など近畿の有力な諸神社である二十二社にかぎって奉幣する。天武天皇四年(六七五)に始まるとの説もあるが明らかで

ない。確実な国史上の初見は、『日本紀略』延喜二年(九〇二)四月十三日条である。天徳三年(九五九)七月に十六社に奉幣あり、正暦二年(九九一)八月に二十社とし、長保二年(一〇〇〇)二月には二十一社とし、寛弘六年(一〇〇九)二月に二十二社に奉幣することになった。この後、日吉神社が除かれることもあったが、永保元年(一〇八一)よりは必ず二十二社に奉幣する例となった。祭日は一定しないで、吉日を択んだ。祭月は毎年二月・七月の両度で、延引されたこともある。奉幣使を発遣するには、あらかじめ奉幣定を行い、祭日には八省院を装飾し、内侍以下女官が八省院で幣帛を包み、上卿以下入って座につき、神宮以下諸社の奉幣使に順次宣命を授けて発向せしめた。伊勢使を発遣した後、天皇は紫宸殿にて伊勢を遥拝するのが例であった。伊勢使は諸王一人を卜定し、中臣・忌部を従わしめ、その他賀茂・松尾・平野は各参議および五位、石清水・稲荷は各四位、丹生・貴布禰は各神祇官の六位、他は各五位の人を任命した。ただし石清水は源氏、春日・吉田は藤原氏、梅宮は橘氏、北野は菅原氏というように氏人を択んだ。この祭の式は『儀式』などの古書にはみえないで、『江家次第』にはじめて詳しく記されている。後世には、奉幣使も一人で数社を兼ねたり、疾病・事故と称して辞任することもあり、幣料の調進できないこともあり衰頽した。文安四年(一四四七)ころより一時中絶したのを武家の執奏により再興されたが、戦国の世となって全く廃絶した。

参考文献 『古事類苑』神祇部二　(西山　徳)

きねんさい　祈年祭　訓読して「としごいのまつり」ともいう。『養老令』神祇令に「仲春祈年祭」として載せられているもので、『類聚三代格』一の寛平五年(八九三)三月二日の太政官符によるに、これに季夏および季冬の月次祭と仲冬下卯の大嘗祭(新嘗祭)とを合わせて「四箇祭」といい、年中恒例の官祭のなかでもことに「国家之大事」と称された。『延喜式』四時祭上に「祈年祭神三千一百卅二座」とあるように、その神名帳に載せられているすべての神社(官社)がこの祭りにあたって国家より幣帛の供進に預かった。またその幣帛の品目と量については、神祇官でまつる神のうち、幣を案上に奉る大社では、一座につき、「絁五尺、五色薄絁各一尺、倭文一尺、木綿二両、麻五両、庸布一丈四尺、倭文纏刀形(倭文三寸)・絁纏刀形(絁三寸)・布纏刀形(布三寸)各一口、四座置・八座置各一束、楯一枚、槍鋒一竿、弓一張、靫一口、鹿角一隻、鍬一口、酒四升、鰒・堅魚各五両、腊二升、海藻・滑海藻・雑海菜各六両、塩一升、酒坩一口、裹葉薦五尺」、幣を案上に奉らない小社では、「絁三尺、木綿二両、麻五両、四座置・八座置各一束、楯一枚、槍鋒一口、庸布一丈四尺、裹葉薦三尺」、国司のまつる大社では「絲三両、綿三両」、小社では「絲二両、綿二両」などと規定されている。祭りの主旨は、『令義解』神祇令に「謂、祈猶㆑禱也、欲㆑令㆓歳災不㆑作、時令順㆖度、即於㆓神祇官㆒祭之、故曰㆓祈年㆒」とあるのによって知られよう。年穀の豊穣と相まって、皇室の安泰・国土の繁栄を天社・国社の神々に祈ったのである。唐令に「正月上辛、祈㆑穀、祀㆓昊天上皇於圜丘㆒」「孟春辛日、祈㆑穀、祀㆓感帝於南郊㆒」とあるのに従って、おそらくは『飛鳥浄御原令』において新定されたものであろう。「祈年」の二字の出典は、『周礼』春官条に「祈㆑年承㆓豊年㆒」とあるのなどに求められようが、「年」はもと「秊」に作り、穀物は年に一回稔るところから、転じて穀物の成熟する義、もしくは穀物そのものの意となった。『日本書紀』天智天皇九年(六七〇)三月壬午条に「於㆓山御井傍㆒、敷㆓諸神座㆒、而班㆓幣帛㆒、中臣金連宣㆓祝詞㆒」とあるのを、『近江令』によって執り行われた祈年祭の班幣とみる説もあるが、『年中行事秘抄』に引く『官史記』などにいうとおり、天武天皇四年(六七五)二月に始まり、やがて『飛鳥浄御原令』にも規定されるに至ったと考えるのが妥当であろう。『延喜式』祝詞の祈年祭祝詞にみえる神魂神以下の宮中八神殿の成立は壬申の乱以後でなければならず、また、こうした祝詞は、それが最初に宣読されたときのものを改めることなくのちのちの代にまで持ち伝えられていくべき性質のものであるからである。次の『大宝令』の神祇令には、確実に祈年祭の規定が存していたことは、『令集解』に引く古記によって知ることができる。しかし、御歳神・御県神・水分神は古くからまつられていたようで、『古語拾遺』に、神代のこととして大地主神が田を作っていた時、御歳神の祟りにふれ白猪・白馬・白鶏を奉献してその祟りを鎮めたとあり、「是今神祇官、以㆓白猪、白馬、白鶏㆒祭㆓御歳神㆒之縁也」と記していることによれば、祈年祭の起源は令制以前の民間信仰に求められなくもないであろう。『養老令』の神祇令には、その祭日については記すところがないが、『令集解』に引く「穴云」によると、それは「別式」と呼ばれる細則に規定されていたらしい。『延喜式』四時祭上には「二月四日」とあり、『日本紀略』弘仁十一年(八二〇)二月丁丑条に「停㆓釈奠㆒、定㆓仲丁㆒、縁㆘当㆓祈年祭㆒可㆖忌㆓三牲㆒也」とあることや、『延喜式』太政官に「凡二月四日奉㆑班㆓祈年幣帛㆒」とみえる記事の頭註などからすると、『弘仁式』にも同様の規定があったことは確実で、さかのぼって令制定当時の別式にもかく記されていたのではあるまいかと思われる。神祇官での式のあらましは、二月四日の平明、幣を斎院の案上・案下に奉り、神祇の官人、大臣以下関係の諸司が所定の座に着き、まず、中臣が進みて祝詞を宣べる、ついで大臣以下諸司は手をうつこと両段、しかるのちに、忌部は神祇伯の命により幣帛を頒ち、終って諸司は退出するとの次第である。なお、国庁の班幣の儀も神祇官の式に准じて行われた。前記のように祈年祭は「国家之大事」と称され、中祀として重要視されたが、すでに醍醐天皇の延喜のころに衰頽していたといわれ(三善清行の「意見十二箇条」)、鎌倉時代に入っても厳粛に行われず、式の日時を延引することも、しばしばみられた。応仁の乱を経て、文明以後は全く廃絶し、元禄時代に再興の気運はあったがならず、結局、明治の神祇官の復興まで待たねばならなかった。すなわち、明治二年(一八六九)二月、神宮の祈年祭が再興、翌三年、八神ならびに諸国の神社に幣帛が奉られ、祈年祭はおよそ四百年ぶりに再興した。しかし、第二次世界大戦後再び衰えた。

[参考文献]『古事類苑』神祇部二、鈴木重胤『延喜式祝詞講義』一(『鈴木重胤全集』一〇)、梅田義彦『神祇制度史の基礎的研究』、西山徳『神社と祭祀』、西田長男『日本宗教思想史の研究』 (西田 長男)

きのえねまつり 甲子祭 ⇨甲子待《こうしまち》

きのかみ 木の神 ⇨樹霊《こだま》

きのくにのみやつこ 木国造 古代木(紀)地方の国造。木は『古事記』孝元天皇段・崇神天皇段などの表記。『日本書紀』敏達紀などは紀につくる。『旧事本紀』の『国造本紀』は橿原(神武)朝に神皇産霊命五世の孫天道根命を紀伊国造に定めたと記すが、栗田寛が「橿原朝ハ疑はし」(『国造本紀考』)としたとおりで成立は五世紀ごろまで降るけれども、大和に近接した地方の首長なので、朝廷と最も早く関係を持った近隣豪族である。のち令制紀伊国名の表記に従い紀伊国造と書くようになる。木の国というのは、樹種を将来し大八洲に播殖させ青山を育成した五十猛命《いたけるのみこと》がこの地伊太祁曾神社に鎮座する故という。天道根命の裔木(紀)国造家は日前・国懸神宮の神主で、律令時代以後も紀伊国国造・名草郡領に就任し、出雲の国造家とならび伝統を誇った。 ➡国造《くにのみやつこ》

[参考文献] 新野直吉『国造と県主』(『日本歴史新書』)、薗田香融「古代海上交通と紀伊の水軍」(『古代の日本』五所収)、田中卓「紀氏家牒について」(『日本古典の研究』所収) (新野 直吉)

きのとかつたか 木野戸勝隆 一八五四—一九二九 明治から昭和時代にかけての神職、教育者。安政元年(一八五四)十二月九日伊予国大洲城下で、大洲藩士の子として生まれる。明治五年(一八七二)同藩の矢野玄道の門人となる。同七年上京後、浅間神社主典少講義、同禰宜、三島神社主典権中講義などを歴任し、同十五年皇典講究所の創立にあたって、文学部長矢野玄道のもと、舎長兼文学部助教に任ぜられた。同十九年には神社界に復職して、霊山神社禰宜・久能山東照宮禰宜・浅間神社宮司などを勤めた。同二十六年神宮権禰宜に転じて、皇学館教授を兼任し、同四十三年には神宮少宮司となり、神宮皇学館長・徴古館長・農業館長を兼務した。大正三年(一九一四)休職となるまで、神宮での奉職は二十二年の長きに及ぶ。その後も多賀神社・賀茂別雷神社の宮司を勤め、昭和四年(一九二九)十一月十三日七十六歳で没した。著書に『神典翼補遺』『皇典翼補遺』『祭式摘要』などがある。 (伴五十嗣郎)

きのみや 木宮 主に静岡県の伊豆半島東海岸から神奈川県西相模地方にかけて分布する社。木宮のほかに、来宮・紀伊宮・貴宮などの表記もある。多くは海に面した集落に鎮座しており、海岸に漂着したり、漁師の網に掛かったなどの伝承をもつ神社が多く、漂着神「来の宮」という性格が顕著にみられる。だが、五十猛命《いたけるのみこと》を祀る神社も多く、神奈川県小田原市早川の紀伊《きい》神社では木地師の祖神惟喬《これたか》親王を祀っているなど、「木の宮」としての性格も認められる。静岡県熱海市西山町に鎮座する来宮《きのみや》神社と同賀茂郡河津町田中の来宮神社(杉桙別命神社)では、樹齢二千年ともいわれる大楠が神木とされており、いずれも国指定天然記念物となっている。また、この両社には精進、物忌の宮、すなわち「忌の宮」として酒断ち祈願の信仰があり、河津町の来宮神社では、十二月十八日から二十三日まで氏子一同が鳥肉や鶏卵、酒を断つ鳥酒精進が行われている。熱海市の来宮神社では、七月十五日・十六日の例祭に、伊豆東海岸から西相模に分布する鹿島踊《かしまおどり》が奉納される。 (島田 潔)

きのみやじんじゃ 来宮神社 静岡県熱海市西山町に鎮座。旧村社。社伝では『延喜式』の阿豆佐和気命神社にあてている。祭神は五十猛命《いそたけるのみこと》。縁起によると和銅三年(七一〇)海岸に一株の樹根(一説に木像)が漁夫の網にかかり、夢に五十猛命の神託があり現在の地に奉祀。例祭は七月十五日・十六日。海岸で麦こがしを供える神幸が行われている。白衣・白袴でしめ太鼓・鉦を鳴らし御幣を翳し輪舞する鹿島踊を奉納する。酒断ちをはじめとする断物祈願の特殊信仰もある。西相模から東伊豆の海岸に多く分布する来宮神社のうち、屈指のもので、熱海の総鎮守とされてきた。社地は幽邃で神木(ヒモロギ)として天然記念物の樹齢二千年の大樟がある。境内から奈良・平安時代の土師器片が採集され、拝殿前の「福石」と呼ぶ自然石は触れると疣《いぼ》ができると伝え、古代の磐座信仰を思わせ、古社としての風格をよく示している。 (安藤 孝一)

きびうじ 吉備氏 古代の吉備地方に国造家(のち郡司譜第)として栄え対朝鮮行動にも活躍した一族の総称である。大化前代、同地方に発生した軍事力・生産力に富む豪族は系譜伝承をともにする家柄の連合政権として朝廷に対して半独立的な発展経過をたどった。「真金吹く吉備の」と枕詞となった鉄の産出と、塩、そして海上交通の利が背景にある。畿内の大王陵に比肩する造山・作山両古墳をはじめとする考古学上の所見と記紀などの伝承や八世紀以降の諸史料は、吉備氏分布の範囲がのちの備前・備中の両国を中心に、出雲・播磨など隣接地域に及んで、吉備部臣―吉備部君―吉備のごとき伴造―部民をも管した時期があった一方で、美作や備前南部・備後地方では文化的にも系譜伝承の上でも由来を異にし、吉備氏に対する朝廷の収奪の強化とともに勢力を伸ばした中小豪族が散在したことも窺わせている。和気氏(磐梨別公)はその代表である。吉備氏の系譜は孝霊天皇皇子四道将軍の吉備津彦命の裔とも弟皇子稚武彦命の子孫とも記紀の伝承は整合し難く、伝承の成立時期を五―六世紀に下げる

説もある。しかし、同祖同族を称する勢力が播磨(宇自可臣・印南野臣)や東国・九州に及び、日本武尊に象徴される朝廷の勢力伸長(出雲服属も)に吉備氏が活躍した伝承と符合もしている。吉備氏分封の伝承を負って、備前地方には上道臣を中心に三野臣が、備中地方には下道臣を中心に加夜(香屋・賀陽)臣・苑臣・笠臣(居地が詳らかでなく系譜には最も新しく割り込んだと見られる)が居た。朝廷に対する激しい吉備氏の反抗の伝承もあり、同地方へ朝廷が設けた集中的な屯倉の経営を窺わせる史料から、大化改新までに吉備氏の半独立性は相当に失われたと見られている。しかし、改新後も朝臣姓を賜わって中央官界に活躍した笠氏(笠志太留・笠諸石・笠麻呂)や下道氏(のち吉備朝臣)、天平末期に一時的に中央に名を挙げた上道氏があり、吉備氏の力は衰えてはいない。奈良時代の吉備氏名支族は基本的には在地の譜第郡司層として、子女は兵衛《トネリ》・采女命婦として出身(下道圀勝・上道斐太都・賀陽小玉女)した。それらの子弟から平安時代初期にかけて学者となったり(下道真備・賀陽豊年)、下級国司に任じたり(下道色夫多・笠雄宗・賀陽宗成・笠名高・上道忠職など)する者を出しているが、吉備(下道)真備・泉・由利父子のような貴族化は稀で(真備は右大臣にしてなお郡司を兼任した)、やはり吉備一族の根幹は三野氏・薗(苑)氏同様に在地の譜第有力層として後世に至った。平安時代初期に備中国司となった三善清行が伝えた備中の賀陽氏の富裕ぶり(『扶桑略記』所引『善家秘記』)は単なる伝奇ではないであろう。平安時代以降も衛府官人として吉備の各氏の名が史料にみえる。なお、賀陽氏は備中の吉備津彦神社の宮司として江戸時代まで賀陽国造を称し、一族から栄西禅師が出ている。

参考文献 佐伯有清『新撰姓氏録の研究』本文篇、鎌田純一『先代旧事本紀の研究』校本の部、重野安繹『右大臣吉備公伝纂釈』、井上光貞『大化改新』(『要選書』六二)、藤井駿『吉備地方史の研究』、志田諄一『古代氏族の性格と伝承』、西川宏「吉備政権の性格」(考古学研究会編『日本考古学の諸問題』所収)、岩本次郎「古代吉備氏に関する一考察」(『ヒストリア』二六)、石井英雄「上代地方豪族吉備氏に関する一考察」一(『白山史学』六・七合併号)

(石井 英雄)

きびつじんじゃ 吉備津神社 ㈠岡山市吉備津の「吉備の中山」の麓に鎮座している古社。旧官幣中社。山陽道の大社で吉備国の一宮である。『延喜式』神名帳には吉備津彦神社とあるが、中世以降は主として「備中の吉備津宮」また吉備津大明神と呼ばれた。祭神は大吉備津彦命を主神とし、若建吉備津日子命・吉備武彦命ら吉備氏一族の神を合祀している。本社の初見は『続日本後紀』承和十四年(八四七)十月甲寅条の「奉レ授二備中国無位吉備津彦命神従四位下一」である。延喜の制には名神大社となり、天慶三年(九四〇)には一品に進んだ。明治四年(一八七一)に国幣中社に列せられ吉備津神社と公称し、大正三年(一九一四)官幣中社に昇格した。本殿と拝殿は応永三十二年(一四二五)の再建にかかり国宝に指定されている。北随神門と南随神門も同じころの再建と推定され、重要文化財である。本殿は正面五間、背面七間、側面八間、いわゆる比翼入母屋造で、その二つの棟を直角に連ねる中央棟があり、本殿の前面に切妻の拝殿が突出している。本殿の内部は外陣・朱の壇を経て中陣に進み内陣・内々陣と奥にゆくに従い床も天井も高く荘厳さを加える。建築の様式は和様を主とし天竺様・唐様をも応用した折衷式の特異な様式で「吉備津造」と称せられる。亀腹という基壇の上に大きな神殿が安定している。全体の印象は荘重というより軽快である。本殿から百九十二間に及ぶ長い回廊があり、その途中に岩山宮・釜殿・本宮などの摂社・末社があるが、その釜殿の中で現在も行われている「釜鳴の神事」は『本朝神社考』や『雨月物語』などによって天下に喧伝されている。本社の社領は仁寿二年(八五二)封戸二十を朝廷から与えられた。平安時代末期には神社付近の数郷を神領とした。後白河法皇の院政時代には神祇官を本所としたが、鎌倉時代以降は仁和寺を領家と仰いだので、境内に本願寺をはじめ数個の社僧寺もでき、神仏混淆も行われた。社領内に地頭も置かれたが、神務は古くからの神官賀陽氏・藤井氏らによって行われた。近世になると社領は著しく縮小したが、歴代徳川将軍から朱印状をもって門前の宮内村百六十石を寄進せられ明治維新に至った。門前の宮内には大市が立ち茶屋・旅籠屋軒を並べ、境内には劇場が設けられ遊女も居り、山陽道屈指の花街となった。世襲の社家も賀陽氏・藤井氏ら六十余家があったが、賀陽氏からは僧栄西が生まれ、藤井氏からは国学者藤井高尚が出た。本社の大祭は春秋に行われるが、現在は五月と十月の第二日曜日となった。ともに七十五膳据神事が行われる。十二月二十七日の深夜には御煤払神事がある。宝物には銅鐘(重要美術品)・狛犬・連歌・高麗版一切経など見るべきものが多

吉備津神社㈠本殿・拝殿

い。

参考文献 藤井駿・水野恭一郎編『吉備津神社文書』、同編『吉備津神社文書』続篇、沼田頼輔編『吉備津神社記』、藤井杢之助『(官幣中社)吉備津神社略記』、藤井駿『吉備津神社』(『岡山文庫』五二)、同「吉備氏と吉備津神社」(『吉備地方史の研究』所収)、小島鉦作「仁和寺領備中国吉備津社」(『歴史地理』八九ノ四)

㈡広島県芦品郡新市町宮内に鎮座。旧国幣小社。祭神は備中の吉備津神社に同じ。その分祀と推定される。『延喜式』神名帳にはみえないが、古来備後国一宮吉備津宮と呼ばれ備後国第一の大社。「一宮《いっきゅう》さん」と俗称される。明治二年(一八六九)郷社、同九年県社となったが、昭和三

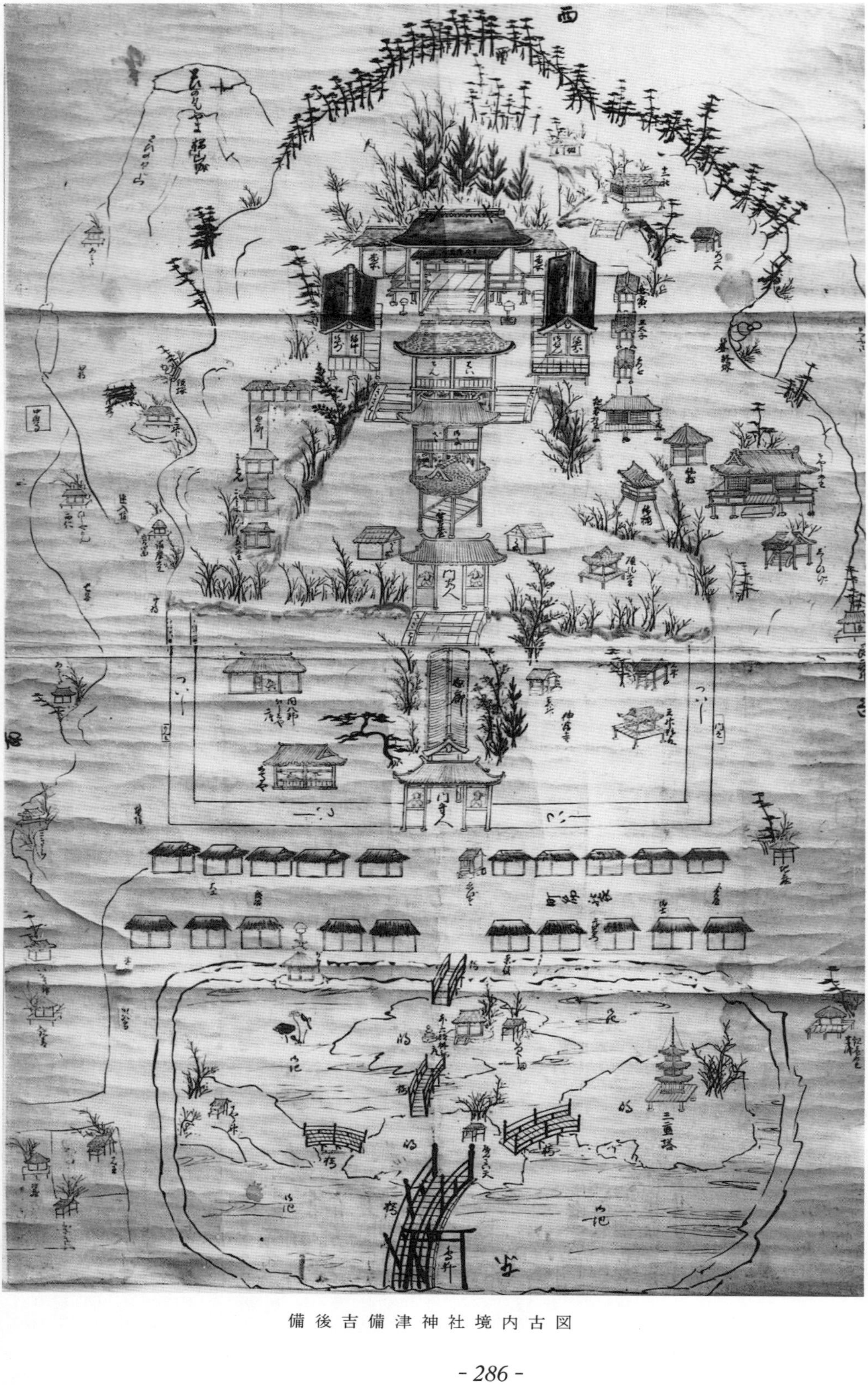

備後吉備津神社境内古図

年(一九二八)国幣小社に昇格。『太平記』三によると元弘元年(一三三一)、勤王の武士桜山茲俊の挙兵のとき本社炎上。現在の本殿(重要文化財)は慶安元年(一六四八)福山藩主水野氏の再建である。宝物に毛抜形太刀四口(重要文化財)・木造狛犬三軀(同)・古面・境内古図などがある。秋季大祭(十一月二十八日より三十日)は非常に賑やかである。

参考文献 菅茶山編『福山志料』、宮原直倁『備陽六郡志』一(『備後叢書』一)、馬屋原重帯『西備名区』四五(同四) (藤井 駿)

きびつひこじんじゃ 吉備津彦神社 岡山市一宮に鎮座。旧国幣小社。祭神は吉備津神社と同じ大吉備津彦命であり、その分社であると推定される。『延喜式』神名帳にはみえないが、古来、備前国の一宮吉備津宮とよばれ備前国第一の大社である。江戸時代には岡山藩主池田氏が大いに尊崇し、元禄九年(一六九六)に社殿を造営した。社宝の糸巻太刀(重要文化財)も池田綱政の寄進。昭和三年(一九二八)県社から国幣小社に昇格した。例祭は十月の第三土曜日・日曜日、また八月二日夜の御田植祭と翌三日の御幡の神事は有名。旧社家大守家には古文書を多く伝存している。

吉備津彦神社祭文殿(左)・拝殿

参考文献 『吉備津彦神社史料』、『吉備津彦神社略記』 (藤井 駿)

きびつひこのみこと 吉備津彦命 いわゆる四道将軍の一人。『古事記』では孝霊天皇の皇子として「比古伊佐勢《ひこいさせ》理毘古命《りひこのみこと》、亦名大吉備津日子命」と記し、『日本書紀』では「彦五十狭芹彦命(亦名吉備津彦命)」と述べる。このほか、同じ孝霊天皇の皇子に稚武彦命《わかたけひこのみこと》(『古事記』では若日子建吉備津日子命)があり、書紀はこの皇子を吉備臣の始祖としている。『古事記』の孝霊天皇段には、大吉備津日子命と若日子建吉備津日子命とを吉備国の平定に遣わし、前者が吉備上道臣、後者が吉備下道臣・笠臣の祖であるとする説話がみえるが、『日本書紀』の崇神天皇十年九月条には、「四道将軍」派遣説話のなかに、西道に派遣された将軍として吉備津彦の名が登場する。ただし『古事記』の崇神天皇段には、吉備津彦派遣の説話は記載されていない。岡山県の吉備津神社・吉備津彦神社などの祭神として祀られている。 (上田 正昭)

きびのくにのみやつこ 吉備国造 古代吉備地方には、朝廷の勢力伸張に併行して独立性の強い地方政権が成立した。その首長の吉備国造は時に朝廷と結んで活躍し、時に激しく反抗した伝承も持ち、臣姓を称し系譜伝承をともにする上道《かみつみち》・下道《しもつみち》・香屋・三野・苑・笠の六つの家柄から成っていた。『旧事本紀』の『国造本紀』などには吉備氏以外にも吉備地方の譜第の家(足尼(宿禰)姓を称する備前の大伯、備中の中県、備後の穴・品治の各国造家、また美作の和気氏の祖磐梨別公)を伝えているが、上道臣・下道臣が時代により国造の地位を交替(笠臣もか)しながら発展した吉備氏が同地方で圧倒的に優位であったことは疑いない。大化改新前や吉備国分割までには、朝廷の集中的な屯倉経営や、軍事上の要衝として吉備大宰《きびのおおみこともち》の設置をうけ、国造家の実質的な権勢は終る。しかし改新後も譜第の郡司・新国造として吉備国造家は吉備津彦神社の祭祀を中心に備前・備中に存続し、備前の上道《かみつみちの》斐太《ひた》都《つ》が藤原仲麻呂政権下の特異な政治情勢を背景に古代的な総称である吉備国造の名を一時復活したことがある。
→吉備氏《きびうじ》 →国造《くにのみやつこ》

参考文献 藤井駿『吉備地方史の研究』、吉田晶『日本古代国家成立史論』、山陽新聞社編『古代吉備国論争』、西川宏「吉備政権の性格」(考古学研究会編『日本考古学の諸問題』所収)、藤間生大「吉備と出雲」(『私たちの考古学』一四)、中山薫「吉備国と吉備大宰について」(『続日本紀研究』一二七) (石井 英雄)

きぶく 忌服 親族、君(天皇、太上天皇)および主の死に際し、その近遠および厚薄に応じて一定期間喪に服すこと。またその制度。服忌《ぶっき》とも称し、古くは服紀と記した。「服」は喪服を着用すること。「紀」は時間(期間)区分の一単位、「忌」は死の穢れを忌むこと。わが国の服忌の制は、大宝元年(七〇一)に制定された『大宝令』の喪葬令に明文化された。これは中国の制に倣いつつ国情に合わせて改変を加えたもので、このときまた假寧令に、その親等《しんとう》の近遠による給假(暇)の相違も定められ、併せて「服假」という。『大宝令』の全文は伝わらないが、『令義解』『令集解』などによって知ることができる。喪葬令によると、「凡服紀者、為君・父母及夫・本主一年、祖父母・養父母五月、曾祖父母・外祖父母・伯叔父姑・妻・兄弟姉妹・夫之父母・嫡子三月、高祖父母・舅・姨・嫡母・継母・継父同居・異父兄弟姉妹・衆子・嫡孫一月、衆孫・従父兄弟姉妹・兄弟子七日」とあり、父母の喪を重服《じゅうぶく》、そのほかを軽服《きょうぶく》と称し、天皇が父母の喪に服する期間を特に「諒闇《りょうあん》」と称した。朝廷・公家・官人は幕末までこの制に倣った。中世以降、神社関係においては祭祀者、参詣者いずれにしても他の諸禁忌とともに服忌の心得は重要なこととされ、神宮関係者の手に成る『文保記』(文保二年(一三一八)成)には、「内外親族假服」のことが「六色禁忌」などとともに詳記されている。『永正記』(永正十年(一五一三)成)にはさらに詳しく記述され、繁瑣なまでのこととなっている。神祇道の白川・吉田家もおのおの服忌制を定め、全国諸社に准用された。江戸時代になると、幕府による服忌令が貞享元年(一六八四)二月に制せられ、その後何度か改変が加えられつつ、民間一般に及んだ。明治時代以降も細部の改変はあったが喪葬令を基本とし、時様に合わせて短縮したものとなった。

参考文献 『古事類苑』礼式部二 (宍戸 忠男)

ぎふごこくじんじゃ 岐阜護国神社 岐阜市御手洗《みたらし》に鎮座。祭神は岐阜県出身および縁故者の諸事変・戦役における殉難者の霊を祀る。岐阜県内には明治三年(一八七〇)創建の陸軍第九師団管下の大垣招魂社(現濃飛《のうひ》護国神社)、同十二年創建の富山連隊管下の飛驒招魂社(現飛驒護国神社)が祀られているのに対し、第三師団岐阜管区には招魂社がなく、日露戦争後、在郷軍人など有志による設立の機運が生じたが実現には至らなかった。その後護国神社制度の制定を契機として、金華山麓長良川畔の清域を境内地として、昭和十四年(一九三九)創立を願い出、翌十五年十一月社殿が竣工、同月七日、内務大臣指定の護国神社として創建される。第二次世界大戦後の占領下、昭和二十三年五月美濃御霊神社と改称するが、サンフランシスコ講和条約締結後の同二十八年三月に現社名に復した。昭和三十一年十一月、外苑に全県下の戦没者と、南方八島玉砕将兵の遺骨ならびに霊璽奉安所として慰霊塔を建立し、同五十年十月、摂社として、英霊以外の戦災死者万霊を安鎮し、床下に遺骨遺留品など戦跡より収集した遺物を納める鎮霊社を創建する。例祭は春季四月十一日・十二日、秋季十月四日・五日。

参考文献 『全国護国神社会五十年史』 (大井 鋼悦)

きぶねじんじゃ 貴船神社 京都市左京区鞍馬貴船町に鎮座。貴船川の川上である。旧官幣中社。旧二十二社の一つとして、古くは貴布禰社(『続日本後紀』)の名で広く崇敬された。高龗神《たかおかみのかみ》を祀る。この神は山谷の雨水を掌る神として、古く雨乞・止雨の神とされた。今日もここは京都市を北に距る一六キロの山谷の地で、境内に老杉古檜が繁茂し、幽邃の別天地である。平城京の時代は大和国吉野川に沿った丹生川上《にふかわかみ》神社が雨乞・止雨の神として崇敬されたが、平安京の時代からは古来の丹生川上神社と併せて当社が主たる祈願社とされた。丹貴二社(『続日本後紀』)と称されたのはそのためである。『日本紀略』によると当社は弘仁九年(八一八)五月大社に列し、同六月従五位下に叙し、ついで貞観十五年(八七三)正四位下に昇叙された(『三代実録』)。その後保延六年(一一四〇)には正一位に昇叙したという(『二十二社註式』)。『延喜式』によると名神大社とされ、月次・新嘗の奉幣に預かり、名神祭二百八十五座の一つに列し、また祈雨神祭八十五座の一つにも預かっている。国史によると祈雨・祈晴のことは天長十年(八三三)に始まり、祈雨のときは黒馬を献じ、止雨祈晴のときは白馬を献ずるのが古例であった。今日においては三月九日を雨乞祭の日とし、年間降雨量の適度ならんことを祈っている。当日は雨乞滝において「大御田のうるほふばかりせきかけてゐぜきに落とせ川上の神」の神歌を唱える。江戸幕府からは朱印領三石が寄せられた。例祭は六月一日で、同日午後奥宮まで神輿の渡御がある。往古は四月一日・十一月一日の貴船祭に、朝廷から勅使の差遣があった。全国には当社の分祀が二百六十社に上り、祈雨・止雨の信仰を弘めている。

貴 船 神 社

参考文献 『古事類苑』神祇部三、『神社明細帳』 (岡田 米夫)

きぶねまつり 貴船祭 京都市左京区鞍馬貴船町に鎮座する貴船神社の特殊神事。『京都御役所向大概覚書』の洛中洛外神社祭礼之事によると、当社の祭は四月朔日・十一月朔日とされ、この神事は上賀茂神社から勤めたが、神輿も神幸もなかったという。今日も春季御更衣祭《ごこういさい》(四月一日)・秋季御更衣祭(十一月一日)と称して古例を伝えている。古くはこの祭に朝廷から勅使御差遣の儀があったという。四月の祭には虎杖《いたどり》を採って飾ったので、「いたどりまつり」とも呼ばれた(現在では例祭(六月一日)の通称となっている)。

参考文献 『古事類苑』神祇部三、『神社明細帳』 (岡田 米夫)

きぼく 亀卜 亀甲を焼いて現われたひび割れの形状により吉凶の判断をする占い。伴信友の『正卜考』には『対馬国卜部亀卜次第』を中心に亀卜の次第に関する文献が紹介されているが、それに神奈川県三浦市の間口洞窟出土の卜甲などを参考して推定すれば、その次第は以下のようである。よく曝した亀甲を、その大きさは必ずしも一定しないが、大体縦一〇センチ、横六センチ、厚さ一センチほどの図1の形に切り、よくすり磨いておき、占うときに甲の裏側に縦一・五センチ、横一センチ、深さ〇・八センチほどの長方形の穴を幾ヵ所も彫り、その穴の内に縦横に図2のような形を墨または小刀の先でしるす。これを町形という。町形には図3のようなまじないの符号（トホカミヱミタメ）をつけておく。次に「ははか」という木の枝を炉中の聖火で燃やしたのを町形にあてて、息を吹きかけながら火勢を強めて焼くと、町形の部分の甲の表面にそれぞれト兆（ひび割れ）が現われる。それと同時に細く割って指で三つ折りにした兆竹《きましだけ》で水をすくい、甲の裏面に上の方から下にかけて三ヵ所に水滴をたらす。そうすることにより卜兆がはっきり出るから、その形状を見定め判断の基準に照らして吉凶を決める。亀卜を行う前には、数日間斎戒して卜庭の神をまつり、当日には祝詞を読み、神降ろしの詞を唱えてから占いを始める。令の規定や『万葉集』には亀卜のことがみえるが、前記の間口洞窟から五世紀のものと推定される亀卜の遺物が出土しているから、そのころすでに亀卜が存していたことがわかる。平安時代では朝廷の大事に際して亀卜を用いており、当時の亀卜を行なった場所が今も京都御所の南殿の東廊の下に残っている。そののち亀卜は吉田家の専業となり、鎌倉時代以後は大いに衰えたが、明治の初め大嘗会のときに国郡卜定の事があり、以後、登極令により斎田卜定が行われることになった。地方では鹿島神宮・宇佐神宮、越後の弥彦神社、伊豆の白浜神社や大島（八丈島）・壱岐・対馬などで行われたが、現存しているのは対馬だけである。

↓卜部《うらべ》

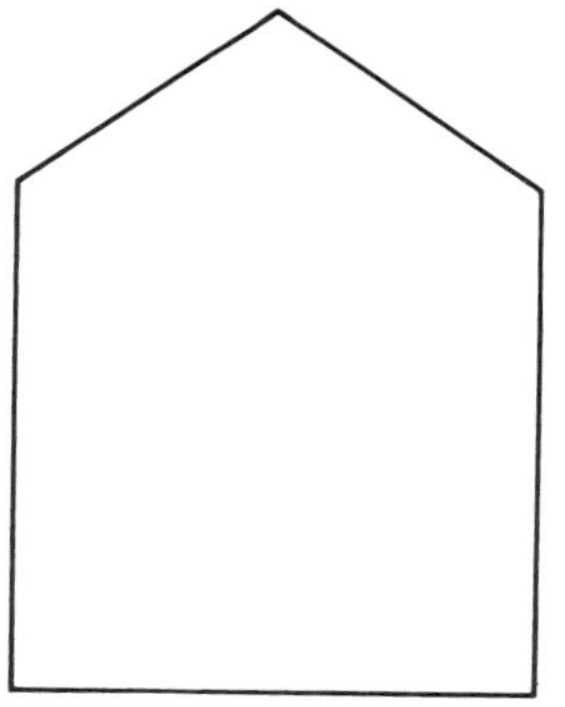

図1

図2

図3

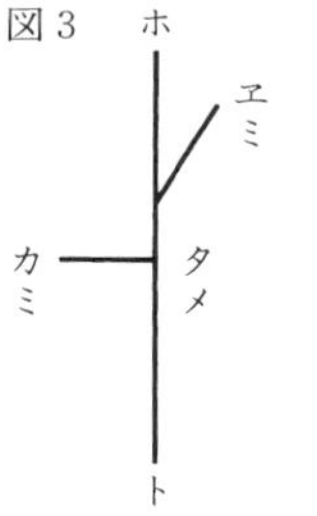

亀卜

参考文献 貝塚茂樹編『古代殷帝国』、董作賓「商代亀卜之推測」（国立中央研究院歴史語言研究所編『安陽発掘報告』一所収）、容肇祖「占卜的源流」（顧頡剛編『古史弁』三上所収）、『神奈川県立博物館発掘調査報告書』六、藤野岩友「占卜に関する二、三の問題」（『中国の文学の礼俗』所収）、同「亀卜について」（同所収）、神沢勇一「弥生時代古墳時代および奈良時代の卜骨・卜甲について」（『駿台史学』三八）、赤星直忠「海蝕洞窟—三浦半島に於ける弥生式遺跡—」（『神奈川県文化財調査報告』二〇）

（藤野 岩友）

きまつり 木祭 和歌山市の郊外にある伊太祁曾《いたきそ》神社で行われる祭。伊太祁曾神社の主祭神である五十猛命《いたけるのみこと》は、『日本書紀』神代によると、「樹種」を持って天下り、日本列島に「播殖」ののち、紀伊国にまつられたとある。このため、伊太祁曾神社には林業・木材業・建築業関係者の参拝が多い。木祭に関する文献はないが、奥鈴雄前宮司によると昭和初期には四月三日に行なっていたという。当地方における雛祭・花見などと同じ日であり、農作業開始直前の山の神祭祀という意味合いも考えられる。昭和三十年（一九五五）代に和歌山県木材協同組合が主催するようになり、その後四月の第一日曜日に祭日を変更した。林業・木材業関係者が出席する式典のほか、華道関係者による献花式を行うこともある。式典ののち神社境内で記念植樹が行われ、境内では植木市が開かれる。なお、大阪市内の材木会館には伊太祁曾神社の分社があり、五月と十一月の「市上《いちあ》がり」の日には宮司が出向いて式典を行なっている。

木祭（和歌山市伊太祁曾神社）

参考文献 和歌山市伝承文化調査委員会編『和歌山市民俗歳時記』

（藤井 弘章）

きもんがくは 崎門学派 室町時代末より土佐国に起った朱子学派たるいわゆる海南学派より出た、江戸時代前期の儒者山崎闇斎が首唱せる朱子学の一派。闇斎学派・敬義学派などとも呼ばれる。江戸時代初期流行の朱子学は実は『四書大全』『性理大全』などを代表とする明の朱子末派が多かった。それに対し闇斎は朱子学派の群書を広く渉猟し、それらを比較検討して、後世末流の夾雑をことごとく洗滌して、純粋に朱子の原点に復帰しようとした。元明流朱子学に対する内在的批判の結果がその著『文会筆録』や厖大な程朱の著書からその精粋を編輯校訂せる幾多の表章書である。この批判作業を通じて到達把握せる朱子の思想・倫理規範の教条を厚く信奉し、それを日常生活裏に厳格に実践して道義を維持するのがその趣旨である。知行の二つを貫く工夫として存養を重んじ、程子の「敬以て内を直うし、義以て外を方にす」の言に基づく「敬内義外」の説を標榜した。敬を以て心身を修め、義を以て家国天下を治め、修己治人、内外を合する道とする。その学説は一に朱説を遵守して述べて作らず、詞章記誦博聞をつとめず、異説を排して毫末の妥協を許さず、闇斎の峻厳な性格を強く反映し、「道学」と自称するごとく、厳刻な道徳主義に徹底したのがその特色である。倫理は本末先後の秩序体系であるから、その義理の究明は大義名分を明らかにし、内外本末の弁を正すことが眼目となる。それが日本人としての自覚を促し、わが国体を重んずる尊皇精神に発展した。闇斎は後年吉川惟足から神道の伝授を受け、朱子学の理論を以て神道を解釈せる独特の「垂加神道」を主張するに至った。闇斎没後学派は、崎門三傑といわれる高弟、佐藤直方・浅見絅斎・三宅尚斎のほぼ三派に分かれて儒説が継承された。直方・絅斎は闇斎が「敬内義外」の「内」を心・身、「外」を家国天下と解したのに対し、程朱伝来の「内」を心、「外」を身とする説をとったために破門され、また三傑とも神道信奉に反対した。しかし三傑は闇斎を信奉することに変りなく、直方の磊落、絅斎の気節、尚斎の温厚、おのおの性格に応じて、闇斎の学説の各面を一層精密に拡充発展せしめ、その学派は江戸時代を通じ全国にわたり、日本儒学上独自の色彩を有する学風を形成した。神道説は玉木葦斎(正英)らによって発展された。崎門派は自己の説を積極的に主張するよりは、『四書集註』『近思録』『小学』や闇斎の表章書を教科書とする講義において、朱説を詳に祖述敷衍する中に自説を表示するのが伝統であった。講義の聞書・筆録が師説として継承され、師説の上に累代、諸説が重層された。また日常の実行を重んじたので、師の言行を弟子が記録せる語録の類が重んじられ、多数編述された。したがってこの学派の全貌とその生きた血肉の思想内容は講義録と語録をおいては単なる形骸にすぎぬことに留意せねばならない。この学派は一般に学説としては朱子の祖述にとどまって独創なく、師説を重んじて画一性に堕し、偏狭固陋に失して、活潑にして雄大な経綸の抱負を欠くという批評は免れない。しかし徹頭徹尾朱子そのものの原点に復帰しようとした純粋朱子学の表彰、わが他の朱子学派が等閑に付した程朱学の根本理念に対する形而上学論を深刻精核に追究し、その難解微妙なる理論を平易生彩ある国語を以て表現し得たことは、朱子学の摂取享受上没すべからざる学的功績である。その峻烈厳格な学風は多数の名節の士を養成輩出して名教を継持し、その大義名分論が明治維新に至る勤皇精神と志士の活動に多大の影響を与えた実践上の功績はまことに偉観というべきである。→山崎《やまざき》闇斎《あんさい》

参考文献 大塚観瀾・楠本碩水『日本道学淵源録』、楠本碩水『崎門学派系譜』、井上哲次郎『日本朱子学派之哲学』、内藤虎次郎『先哲の学問』(『内藤湖南全集』九)、平泉澄編『闇斎先生と日本精神』、寺石正路『南学史』、伝記学会編『(増補)山崎闇斎と其門流』、阿部吉雄『日本朱子学と朝鮮』、平重道『近世日本思想史研究』、阿部隆一他校注『山崎闇斎学派』(『日本思想大系』三一)

(阿部 隆一)

きゃくじん 客神 ⇩まろうどがみ

きゆう 帰幽 『日本書紀』神代天孫降臨章第二の一書にみえる「幽事」を典拠に、死後の世界である幽世・幽冥が設定され、死んで幽世・幽冥に行くことが「帰幽」と呼ばれた。主に神葬祭用語として用いられるが、その際、薨・卒・死が身分による使い分けを要するのに対し、「帰幽」は万人に通じる語として扱われた。用例が目に付くのは明治になってからで、たとえば大社教では、大国主命が主宰する幽冥に赴く意としてこれを使用した。一方、同時期の神宮教会は、死後に天照皇大神の司る日若《ひのわか》宮《みや》(日之少宮)に赴くことを「帰天」と呼んだ。「帰幽」「帰天」の「帰」はともに、神から生まれた人魂が神のもとへ帰る意だが、「幽」「天」はおのおの神学に基づいて使われていた。現在、神社本庁の祭式では「帰幽」を用いるが、死後の世界やその主宰神は特定されず、それぞれ幽世・大神とだけ称される。死者の霊魂は産土神に導かれて幽世の大神のもとに帰り、やがては祖霊となって幽世から子孫を見守っていくものとされている。→幽《かく》世《よ》

(山作 良之)

きゅうちゅうさいし 宮中祭祀 宮中で行われる祭祀。皇室祭祀ともいう。宮中祭祀の本旨は、天皇が宮中で親しく皇祖・皇霊・神々の祭に奉仕して「敬神崇祖」を陳べ、五穀豊穣と国家国民の安寧を祈願するところにあるといえる。大日本帝国憲法下では、皇室祭祀は皇室典範下の皇室祭祀令による規定のもとに行われ、昭和二十二年(一九四七)五月の皇室祭祀令失効後は、日本国憲法以下諸法の規定に反しないことを原則に、おおむね戦前の皇室祭祀令の前例に則って行われている。天皇即位時の大嘗祭に続く、恒例・臨時、日ごと・月ごとの祭祀は、天皇が親祭する大祭、掌典長が祭典を行い天皇以下が拝礼する小祭、およびそれ以外に分けられ、皇居の宮中三殿および神嘉殿・山陵で行われる。宮中三殿は、正面の賢所、向かって右側の神殿、左側の皇霊殿からなり、さらに三殿の西後方に新嘗祭を行う神嘉殿がある。賢所は天照大神の霊代の神鏡(本体は伊勢神宮に奉祀)を、神殿は天神地祇を、皇霊殿は歴代天皇・皇族の霊をまつる。現在の三殿は、大日本帝国憲法発布の年、明治二十二年(一八八九)に明治宮殿とともに落成した。いずれも銅瓦葺き、檜材を用いた入母屋造で、回廊で繋がれている。

現在、宮中で行われている主要な恒例祭祀は左記の通りである。

一月　一　日　四方拝　歳旦祭(小祭)
　　　三　日　元始祭(大祭)
　　　四　日　奏事始
　　　七　日　昭和天皇祭(大祭)
　　　三十日　孝明天皇例祭(小祭)
二月十七日　祈年祭(小祭)
三月春分の日　春季皇霊祭(大祭)　春季神殿祭(大祭)
四月　三　日　神武天皇祭(大祭)
六月十六日　香淳皇后例祭(小祭)
　　三十日　節折　大祓
七月三十日　明治天皇例祭(小祭)
九月秋分の日　秋季皇霊祭(大祭)　秋季神殿祭(大祭)
十　月十七日　神嘗祭(大祭)
十一月二十二日　鎮魂祭
　　二十三日　新嘗祭(大祭)
十二月　中旬　賢所御神楽(小祭)
　　二十三日　天長祭(小祭)
　　二十五日　大正天皇例祭(小祭)
　　三十一日　節折　大祓

これらのうち、皇祖天照大御神をまつる代表的な宮中祭祀が、神嘗祭と新嘗祭である。神嘗祭は伊勢神宮の神嘗祭奉幣当日、賢所で行われる。新嘗祭は古代の共食儀礼に由来し、その年の新穀から調理した神饌を捧げるとともに、天皇も食する祭儀である。また皇室の祖先の霊(皇霊)をまつる宗祖の祭典が、神武天皇祭・春秋皇霊祭・先帝祭・先后祭など、一連の皇霊祭祀である。崩御した天皇の遺体は山陵に葬られるが、その霊代は、一周年祭ののち、皇霊殿に合祀される。臨時祭祀としては、歴代天皇式年祭(天皇崩御後、三・五・十・二十・三十・四十・五十・百年および百年ごと)があり、また天皇・皇后、皇太子・皇太子妃の外国訪問帰国時、宮中三殿造替時、天皇・皇族の霊代を皇霊殿に遷す時、皇族の結婚の時などにも行われる。日ごと・月ごとの祭祀は、毎朝御拝および毎月一日(一月一日を除く)・十一日・二十一日の旬祭がある。　→皇室祭祀令《こうしつさいしれい》　→祭祀《さいし》　→毎朝御拝《まいちょうのぎょはい》　→明治《めいじ》国家祭祀《こっかさいし》

参考文献　酒巻芳男『皇室制度講話』、八束清貫『祭日祝日講話』、鎌田純一『皇室祭祀』　(武田　秀章)

きゅうちゅうさんでん　宮中三殿　皇居吹上御苑の東南部にある賢所《かしこどころ》・皇霊殿・神殿を総称していう。賢所は天照大神の御霊代としての神鏡をまつる。明治二年(一八六九)三月明治天皇東幸の際東京宮城に遷座、旧西ノ丸の山里の内庭に奉斎せられた。皇霊殿は神武天皇より大正天皇に至る歴代の天皇および追尊天皇・皇后・皇妃・皇親などの霊をまつる。明治二年十二月神祇官で八神殿を鎮祭するにあたり、同殿に皇霊を奉斎したが、同四年九月これを賢所内陣に奉遷したものである。神殿は天神地祇八百万神をまつる。もと八神殿と称し、明治二年十二月神祇官内に創建され、中央に八神、左に天神地祇、右に皇霊をまつったが、同五年四月八神・天神地祇を賢所御拝殿に奉遷、十一月八神・天神地祇を合併して神殿と改称した。かくて宮中三殿の体裁が整ったが、同六年五月宮城炎上のため赤坂仮皇居に遷座、同二十二年一月宮殿の完成とともに現在地に遷った。三殿ともに銅瓦葺、入母屋造、檜の素木造で南面して並び立ち、中央に賢所、東に神殿、西に皇霊殿がある。　→賢所《かしこどころ》　→皇霊殿《こうれいでん》　→神殿《しんでん》

参考文献　宮内省編『明治天皇紀』、祭祀学会編『(星野輝興先生著作集)日本の祭祀』、明治神宮編『明治天皇詔勅謹解』　(後藤　四郎)

きゅうれいぞうにっき　鳩嶺雑日記　鎌倉―南北朝時代の石清水八幡宮の記録。「はとがみねざつにっき」とも読み、鳩嶺は石清水八幡宮の鎮座する男山のことで、石清水八幡宮の雑記録という意である。著者不詳。一巻。最も新しい記事は建武五年(一三三八)であり、南北朝時代もしくは室町時代初期に成立したものと考えられる。内容は、天慶五年(九四二)よりの比較的短い記事を断片的に記したもので、大別すると、(一)臨時祭のこと、(二)石清水八幡宮を神名帳に載せない理由、(三)宇佐八幡宮鎮座次第、(四)賀茂社の社殿焼失のこと、(五)石清水八幡宮の社殿焼失の再建のこと、(六)久安三年(一一四七)の比叡山衆徒と日吉祇園両社の神人が神輿を奉じ入洛しようとした際、祇園で乱闘事件を起こした件について、平忠盛・清盛父子の責任を議することなどである。本書は『続群書類従』神祇部に所収されている。

参考文献　『群書解題』二上　(川島　孝一)

きょういくちょくご　教育勅語　明治二十三年(一八九〇)十月三十日に明治天皇が下した「教育ニ関スル勅語」を略して一般に教育勅語と呼んだ。自由民権運動の高揚による民主主義思想の展開に恐怖を感じた藩閥政府は、明治十年代前半以来、儒教思想の復興、ドイツ学の奨励などをはかり、保守主義思想を育成しようとした。この際、支配層のうちには、熊本出身の儒者で明治天皇の側近にあって儒学を講じていた元田永孚のように、儒教を国教とし、天皇が教学の大権をにぎって、国民の道徳を公権力により画一化しようとする意見と、政府の中枢にある伊藤博文やそのブレインであった井上毅のように、古今の思想を折衷して国教を建ててこれを行うごときは、賢哲その人あるを待つべきで、政府の管制するところではないとする意見とが対立し、明治十二年、伊藤は「教育議」を上奏して元田の主張を排斥し、元田はこれに対し「教育議附議」をたてまつって、反論している。このように、国教制定については、支配層内部でも必ずしも意見が一致しなかったにもかかわらず、民主主義思想の下からの展開を抑止し、国民思想の自由な発展に上からわくをはめる必要については決定的な対立があったわけではない。同十七年に自由民権運動の組織がついえ、政府の一方的

なイニシアチブのもとに憲法が制定されることになり、二十二年の大日本帝国憲法の制定となるのであって、これまでなお十分にその基礎を確立しえなかった新しい天皇制国家が、法的にゆるぎない基礎をきずくに至るが、これと平行して天皇制国家を思想面からささえるためにも、憲法とならぶ国民思想の指標を与える必要があり、山県有朋内閣成立後、文部大臣芳川顕正も関与して、教育勅語の起草が始まった。草案から成稿までの文章推敲の過程が、海後宗臣・稲田正次の研究により明らかになったが、起草の中心にあったのは井上であり、元田との協力のもとに成稿に至った。井上は、かねての持論に従い、特定の学派宗派の口吻を避けること、君主は臣民の良心に干渉しないことという原則を貫き、国務大臣の副署なく、公布しない勅語の形式をとることによって法的拘束力のある国務詔書と区別するように配慮し、そのかぎり元田の国教制定論が露骨な形をとってあらわれるのを抑えたとはいうものの、政治の大局からこの種の勅語の必要を認めた点で、すでに山県をふくむ政府官僚たちと元田との間に根本的な意見の対立は存しなかったから、井上・元田の緊密な協力のもとに、勅語の起草が進められたのであった。勅語の文章は三段に分かれ、前段で、記紀神話を前提とする肇国の由来と「国体ノ精華」とを説き、「教育ノ淵源」がここにあるとする。中段では具体的に国民の守るべき徳目を連ね、「父母ニ孝ニ、兄弟ニ友ニ、夫婦相和シ、朋友相信シ」に始まり、「一旦緩急アレハ、義勇公ニ奉シ、以テ天壌無窮ノ皇運ヲ扶翼スヘシ」で結ぶ。後段は、中段の教説を「皇祖皇宗ノ遺訓」とし、かつ古今東西に通用する道であるとして、その遵守を説く。このような説き方には、水戸学の思想、特に会沢安(正志斎)の『新論』の影響がよみとられる。儒教特有の用語をなるべくなまの形で採らない配慮はなされたものの、帝王は民を教え、人の道をつくったとする儒教思想が基本にあることは明白である。しかしながら、それは元田のような前近代的儒教思想を復興しようとしたものではなく、明治憲法とならぶ天皇絶対制の確立を志向している点では、新しい絶対主義国家体制にふさわしい内容をもっているといえよう。かような勅語の作成にふみ切った上は、井上の配慮にもかかわらず、勅語を臣民の良心に干渉しないものにとどめておくことは不可能であった。国務大臣の副署のないことは、かえって天皇の意志のみから発せられたかのごとき形をとることになり、勅語の権威を国務詔書以上に高からしめるに役立ったばかりでなく、国務詔書の形式を避けて法規命令としての規範力をもたせない意図にもかかわらず、教育法規に援用されることによって、法的拘束力さえ加えられたのである。勅語が出たのち、政府は天皇・皇后の「御真影」とともにその謄本を全国の学校に頒ち、ついで明治三十三年文部省令小学校令施行規則において、「修身ハ教育ニ関スル勅語ノ旨趣ニ基キテ児童ノ徳性ヲ涵養シ道徳ノ実践ヲ指導スルヲ以テ要旨トス」るほか、三大節の式日には、「御真影」への最敬礼とあわせて、教育勅語の「奉読」ならびに勅語に基づき聖旨のあるところの誨告を学校長が行わなければならないと定められた。勅語はこれ以来学校教育の基本とされ、公教育が国家の任務とされていた明治憲法体制の続くかぎり、教育勅語は国民道徳を公定する規範としての作用を演じてきたのであった。そこに説示された道徳の内容の、国憲・国法の遵守のみを説いて、国政に参加する立憲国民としての自覚にふれるところがないといった実質上の傾向はしばらく別としても、天皇の権威をかりて一定の道徳を国民に遵守させるということ自体が、起草者井上の承知していたとおり、近代国家の原理とくいちがうものであったにとどまらず、実際に勅語は、その内容によってよりも、むしろその外形的な権威をもって、あるいは異端を排除するふみ絵の役割を果たしたり、あるいは国民の服従心をつちかう任務を与えられたりする点で、無視することのできない重要な機能を発揮してきたのを見落としてはなるまい。明治二十四年第一高等中学校教師内村鑑三が天皇の親署のある勅語を礼拝しなかったという理由で「不敬漢」との非難をあびついにその職を奪われたのは、象徴的であった。前に引いた小学校令施行規則にあるとおり、学校の式日に勅語を「奉読」することは、昭和二十年(一九四五)の敗戦まで続けられたが、むつかしい漢文調の原文は、幼い小学校児童に理解できるはずもなかったけれど、学校長がうやうやしく「奉読」する勅語を頭をたれて謹聴するという身体的訓練を通して、天皇への崇敬の念を幼少の時期から全国民に植えつける効果はあげられたのである。小学校・中等学校の修身などの教科書は、勅語の精神を敷衍し解説することを中心とし、しばしばその巻頭に勅語を全文別丁として掲出した。児童・生徒には、勅語の暗記・暗写などが課せられたこともめずらしくなかった。敗戦の結果、明治憲法体制が解体するに伴って、教育勅語も運命をともにすることを免れなかった。勅語の内容には依然として通用する徳目があるという理由でその存続を主張するものもあったが、昭和二十三年六月十九日、衆議院は教育勅語の根本理念が主権在君ならびに神話的国体観に基づき基本的人権をそこなうおそれがあるなどの理由をあげてこれを排除することを決議し、同日参議院もその失効を決議したので、ここに教育勅語の公的な効力は消滅することになった。

[参考文献] 海後宗臣『教育勅語成立史の研究』、稲田正次『教育勅語成立過程の研究』
(家永 三郎)

きょういん 教院 ⇨大教院《だいきょういん》・中教院《ちゅうきょういん》・小教院《しょうきょういん》

ぎょうかい 行快 生没年不詳 江戸時代中期に出た祇園社務執行。小浜藩の支藩敦賀鞠山藩の初代藩主酒井忠稠《ただしげ》(小浜藩主酒井忠直次男)の子。幼名末麿。宝永二年(一七〇五)迎えられて、代々祇園社務執行に任じた宝寿院を継ぎ、祇園社の社務執行となった。以後、酒井家の庇護をうけることが多く、宝暦年間(一七五一—六四)まで社務執行の地位にあったが、のちその子行顕に社務執行職を譲った。祇園社とくに宝寿院には、古文書古記録が多く伝来したので、行快はその保存に努め、またそれらを編集して、『祇園社記』二十五冊、『祇園社記御神領部』十五冊(うち巻一欠失)、『祇園社記雑纂』十二冊、『祇園社記続録』十三冊、合わせて六十五冊を享保十一年(一七二六)までの数年間に完成した。編集態度は厳正で、元の形をよく伝え、また所収の文書記録の中にその後散佚したものも多いから、祇園社に関する史料として貴重である。 (久保田 収)

きょうかいしょ 教会所 明治時代、神道や仏教の教義の宣布や、その儀式を執行することを目的とした施設のこと。明治十五年(一八八二)以後は教派神道においてのみ使用された。明治六年の教会大意に沿って諸講の結社を教会として認可したことに始まる。設立などに関しては同十一年、社寺取扱概則(内務省乙五七号)により規定。さらに葬儀の執行および庶民の参拝の禁止、社寺類似の装飾や、神社名を付けることを禁じる達なども出され、祠宇・社寺・仏堂と区別した(内務省達戊三号)。その後、従来の教会の設立・合併などに関する規定を整理一括化した神仏道教会所規則(文部省令三二号)が大正十二年(一九二三)に出される。新たな神社類似の建築の禁止も定め、祠宇・寺院・仏堂以外の教会所について、設立や、合併・移転などに関する手続き(地方長官による許可を得ること)などが示された。なお付則により、従来の規定に沿って設立した教会所もこの規則をもって設立とみなすこととなった。この法令の適用は宗教団体法(昭和十五年(一九四〇)施行)まで継続された。

参考文献 文化庁文化部宗務課編『明治以降宗教制度百年史』 (永井美紀子)

ぎょうき 行基 六六八―七四九 奈良時代の僧。天智天皇七年(六六八)、河内国大鳥郡蜂田郷(大阪府堺市)に生まれる。父は高志才智、母は蜂田古爾比売。十五歳で出家し、薬師寺で学ぶ。社会事業に尽力し、布施屋・橋・池・溝・堀河などを造るとともに、諸国で民衆に仏教を教えた。敬慕して付き従うものは千人をこえたが、僧尼令に反するため教化活動は全面的に禁止された。しかし、聖武天皇の帰依を受け、弟子を率いて東大寺・国分寺の建立に協力した。天平勝宝元年(七四九)二月二日、菅原寺(奈良市)で入滅。八十二歳。墓所は竹林寺(奈良県生駒市)。『大神宮参詣記』下や『元亨釈書』一八には、東大寺創建の是非を問うために聖武天皇が行基を伊勢の皇太神宮に参宮させたという伝承も残っている。両部神道書の『大和葛城宝山記』や伊勢神道最初期の著作である『造伊勢二所太神宮宝基本記』(『宝基本記』)など行基に仮託する書籍も多く、行基に対する信仰が初期の両部神道説の形成に与えた影響は大きい。 (河野 訓)

ぎょうきょう 行教 生没年不詳 平安時代前期の僧。京都府男山石清水八幡宮創立の僧として著名である。紀魚弼《うおすけ》の子。空海の高弟真済と同族で東寺長者益信《やくしん》の兄にあたると伝える。平城大安寺にあって三論宗を修学したとも伝えるが、後年当社護国寺が法相・天台二宗兼学を標榜していることから帰納し、『南都高僧伝』にいうごとく大安寺法相宗の学侶であったと認められる。師僧は最澄の師の行表や宗叡とする説もあるが詳らかでない。晩年の貞観五年(八六三)正月には伝燈大法師位を称している点から、有数の学僧の一人であった。彼は、天安二年(八五八)十月ごろに、文徳天皇と太政大臣藤原良房の娘明子(染殿后)の間に生まれた惟仁親王の即位成就を祈るため、大僧都真雅の推薦で宇佐八幡宮に派遣せられんとしたが、同年十一月無事清和天皇になり、翌貞観元年三月に、弱少の天皇のために宇佐での祈誓の宣旨を蒙り、一夏九旬の祈修を行い、神託を得て、「山城国巽方山頂」すなわち男山の峰に八幡大菩薩を勧請し、九月に勅使が実検し、木工寮の橘良基が正殿・礼殿各三宇を造建した。行教が宇佐使として派遣された一面には、先祖紀飯麻呂以来、大宰帥・大弐に任ぜられたものが多く、紀氏と宇佐八幡宮との間に浅からぬ関係が存在していたからである。

参考文献 『石清水八幡宮護国寺略記』、『石清水文書』、西田長男『神道史の研究』二、村山修一『本地垂迹』(吉川弘文館『日本歴史叢書』三三)、中野幡能『八幡信仰史の研究(増補版)』 (堀池 春峰)

きょうけんせんせいしょかいき 恭軒先生初会記 ⇨神《しん》学初会記《がくしょかいき》

きょうどうしょく 教導職 明治の初め教部省が国民教化にあたらせるために置いた職員。明治五年(一八七二)三月、政府は神祇省を廃止して教部省を新設し、神祇省時代の宣教使を改めて四月には教導職を置き、教正以下講義・訓導など十四級の制を定め、神宮祭主近衛忠房・出雲大社大宮司千家尊福・東本願寺光勝・本願寺光尊以下神官僧侶の有力者を教正に任命し、三条の教則を奉じて布教せしむることとした。越えて六月には各宗に教導職管長一名を置き、八月には神官をすべて教導職に補し、神官僧侶合同布教の体制を整え、さらに一般の有志をも加えた。神仏判然後の民心の教導と基督教の蔓延に備えた対策である。教導職は東京の大教院や地方庁所在地の中教院、各神社寺院の小教院において説教を行なったが、合同布教の実はあがらず、同八年四月には内訌のため大教院は廃止され、合同布教も中止されて、各自面々の説教が行われるに至った。これより先、大教院廃止の情勢により、神道側では神道事務局を創建し、独自の大教院を設置して、神宮を百神の冠首と仰いで団結を計ることとした。しかし、大教院に奉斎する祭神について、伊勢派と出雲派との深刻な対立があり、神社神道と一般宗教の間にも多くの問題が横たわっていた。もともと、教導職は三条の教則によって大教を宣布することを使命としたが、はじめ神官と僧侶の合同布教でもあったので、国民は神社と寺院を同一視し、神官と僧侶を混同し、大中小教院を仏寺の本山と末寺のように考える傾向を生じた。一方三条の教則については、新知識からは政教混淆なりと非難され、さらに伊勢派対出雲派の祭神論争は、神社の根本にも累を及ぼすおそれがあり、明治十五年一月に、神官と教導職とを分離する内務省達が出された(明治十年一月教部省は廃され、内務省社寺局に事務が移されていた)。政府苦心の行政措置である。十七年には神仏教導職を全廃したが、今日でも、もとの教派神道では大教正以下の階級がそのまま私称されている。 ↓教部省《きょうぶしょう》

参考文献 『太政官日誌』、『法規分類大全』一編官職門六、神宮司庁編『公文類纂』教導篇、辻善之助『明治仏教史の問題』、阪本健一「明治初期に於ける神宮の教化運動」(神宮司庁編『神宮・明治百年史』上所収)、同「神宮教導職の分離」(千家尊宣先生還暦記念神道論文集編纂委員会編『千家尊宣先生還暦記念神道論文集』所収)、河野省三「明治初年の教化運動」(『国学院大学紀要』一)

(阪本　健一)

きょうとこくがくいん　京都国学院　神社本庁指定の普通神職養成機関。京都市上京区新烏丸通丸太町上ル頭町にあり、学校法人京都皇典講究所京都国学院が経営する。創立は明治四十年(一九〇七)設立の私立京都府皇典講究所分所教育部で、大正十三年(一九二四)に現在の名前に改称された。神社本庁所属の神社の神職任用のためには、本庁規定の神職資格取得が必要とされる。神職資格取得のための神職養成機関は、高等神職養成と普通神職養成に分けられる。高等神職養成は、国学院大学と皇学館大学に明階課程として設置されている。普通神職養成は、高校卒業者または同等以上の学力あるものを対象として、二年の正階課程とされている。この普通神職養成機関は全国に七ヵ所あり、当学院もそのうちの一つ。石清水八幡宮の寄宿舎生活を基本とし、午前は同社での実習、午後は学院での授業が行われている。 ↓神職養成機関《しんしょくようせいきかん》

(八幡　崇経)

きょうとりょうぜんごこくじんじゃ　京都霊山護国神社　京都市東山区清閑寺霊山町に鎮座。祭神は嘉永六年(一八五三)黒船来航以来の国家公共につくした人の霊七万三千余柱を祀る。東山霊山の地には文化年間(一八〇四―一八)に村上国愷《くにやす》が神道葬を行う斎場の霊明舎を設立していた。やがて幕末になると、諸藩の志士が京都に上って殉難し、霊山に埋葬される者が多かった。明治元年(一八六八)に明治天皇により太政官布告が発せられると、この勅旨を受けて、京都府・萩藩・福岡藩などの諸藩が霊山山腹に各々招魂社を建立し、招魂祭を行なった。昭和十四年(一九三九)に霊山ほか三ヵ所にあった官祭招魂社を合併した社殿が完成し、同年護国神社制度の制定により京都霊山護国神社に改称した。第二次世界大戦後占領下では、京都神社と称したが、同二十七年に京都霊山護国神社に復称した。例祭は春季(四月二十八日)・秋季(十月十四日)。

参考文献 「京都霊山護国神社」(『靖国神社百年史』資料篇下所収)

(津田　勉)

きょうはしんとう　教派神道　教派神道(宗派神道・宗教神道)とは、宗教としての神道の意味で、近代天皇制政府による国家神道体制の確立にあたって編成された広義の神道系宗教をいう。政府は、皇室神道と神社神道を結合した国家神道を、超宗教の国家祭祀とし、祭祀と宗教を分離して、国家神道は宗教ではないというたてまえをとった。そのため神社の宗教活動は、原則として認められないことになり、神官・神職は儀礼執行者と化していった。政府は、祭祀と宗教の分離に伴い、神道の半公的中央機関である神道事務局に属していた多様な神道系諸宗教の別派独立をつぎつぎに公認し、これらの諸教を教派神道とよんで、神社神道とはっきり区別した。こうして神道には、祭祀に限定された宗教である国家神道と、神道の宗教的部分である教派神道とが分かれて存在することになった。教派神道は、国家神道の存在を前提とする宗教制度上の区分であり、事実上、仏教系・キリスト教系以外の諸宗教を「神道」の名で一括するものであったから、国家神道が消滅した現在では、これらの諸宗教を「神道の宗教的部分」として性格づける必然性はすでに消滅したというべきであろう。歴史上の存在としての教派神道の実態は、独立教派は習合神道・修験道・陰陽道などの多様な系統の民間宗教であり、付属教会には法華神道の蓮門教、修験道系・密教系・陰陽道系の教会結社のほか、心学・淘宮術などの教会が含まれていた。教派神道の独立教派は十四をかぞえ、その独立公認は明治十年(一八七七)代を中心に、明治九年の黒住教・神道修成派以後、四十一年の天理教に及んでいる。この十四教のうち明治三十二年に解散して財団法人神宮奉斎会となった神宮教をのぞく十三教を「教派神道十三派」とよんでいる。独立教派の各教は、系統的には、幕末の創唱宗教(黒住教・天理教・金光教)、江戸時代に発展した山岳信仰の再編成(実行教・扶桑教・御岳教)、惟神道《いしんとう》の宗教その他(禊教・神理教・神道修成派・大成教・神習教・大社教・神宮教・神道本局)の三群に分けることができる。これらの教派神道各教は、封建社会が崩壊し資本主義社会の形成にむかう変革期の農民・商工民による下からの自主的な宗教運動を基盤に成立した。現代の新宗教の先駆となった黒住教・天理教・金光教など、幕末維新期の創唱宗教は、封建社会の崩壊期の先進的な農村で、習合神道の広大な基盤を受けついで成立した。これら三教の創唱者(教祖)は、いずれも一神教にちかい卓絶した最高神の信仰を説き、みずから神意を伝える生き神であると名乗り、現世中心・人間本位の教義をかかげて、民衆の救済を約束した。黒住教は、文化十一年(一八一四)、岡山の神職黒住宗忠が創唱した宗教で、習合神道的な天照大神信仰を説いた。天理教は、大和(奈良県)の地主の妻中山みきが天保九年(一八三八)に神がかりして開き、親神天理王命による救済と陽気ぐらしの理想世界の到来を約束した。金光教は、備中(岡山県)の農民金光大神(前名赤

沢文治、川手文治郎)が開教した金神信仰に発する創唱宗教である。実行教・扶桑教・御岳教に代表される山岳信仰系の各教は、江戸時代後半に広範な農民と都市商工民の間に根をおろして発展した山岳信仰の講社を、明治維新後に再編成した宗教である。これらの各教は、独立公認を得るために、国家神道的教義をかかげたが、その実態は、山岳信仰の伝統をうけつぐ修験道系の呪術行法を中心としていた。富士信仰と木曾御岳信仰は、江戸時代後半の代表的な山岳信仰であるが、富士信仰系では、幕末に武蔵(埼玉県)鳩ヶ谷の商人小谷禄行(三志)が出て、富士信仰を神道化した実践道徳中心の不二道をとなえた。小城藩士柴田咲行(花守)は、不二道をついで、教義を天皇中心の国家主義に沿って展開した。明治維新後、不二道は実行教となり、また各系統の富士講は、明治初年に神道家宍野半によって扶桑教に編成された。御岳教は木曾御岳信仰の講社の連合体である。惟神道その他の各教は、江戸時代に有力寺社の現世利益的効験を中心に結集した寺社の講をはじめ、山岳信仰の講社、淘宮術・天学・気学・心学などの多様な民間宗教、教化団体の教会結社を基盤としていた。独立教派には幕末の習合神道説に始まる禊教と神理教、有力神社の講を組織した神宮教(伊勢神宮)と大社教(出雲大社)、神道家が自己の国家神道的教義によって多様な教会、講社を結集した神道修成派・大成教・神習教、および神道事務局の後身でのち独立教派の扱いをうけるようになった神道本局(のち神道大教)がある。政府は、これらの多元的な宗教を教派神道として一括し、神(教派神道)・仏(仏教)・基(キリスト教)を国家神道に従属する公認宗教とした。教派神道の編成は、国家神道体制を確立するための政治上の要請に発していた。仏教系・キリスト教系以外の民間の多様な宗教は、公認宗教である教派神道の独立教派の傘下に組み入れられ、布教活動をはじめて合法化することができた。こうして教派神道の独立教派および付属教会は、公認による保護とひきかえに、教義面・組織面での国家神道への従属と変質を余儀なくされ、天皇制的国民教化のために動員されることになった。

参考文献　村上重良・安丸良夫校注『民衆宗教の思想』(『日本思想大系』六七)、中山慶一『教派神道の発生過程』、鶴藤幾太『教派神道の研究』、村上重良『近代民衆宗教史の研究』、同『新宗教―その行動と思想―』(『日本人の行動と思想』二〇)

(村上　重良)

きょうはしんとうれんごうかい　教派神道連合会　明治時代、教派神道の各教派により明治二十八年(一八九五)に設立された神道同志会に始まる団体。当時の加盟は黒住教・大社教(出雲大社《おおやしろ》教)・扶桑教・実行教・神道大成教・神習教・御岳教・神宮教の八教派。同三十二年には神道本局(神道大教)・神理教・禊教が加わり、神道懇話会と改称するとともに、神宮教は財団法人神宮奉斎会となり脱会した。その後、同四十五年(一九一二)に神道修成派・金光教・天理教が加入し神道教派連合会となり、昭和九年(一九三四)現在名になった。各教派の教師を対象にした神道講習会の開催をはじめ、教派間の親睦的活動を行う。昭和三十一年、第二次世界大戦前は教派神道ではなかった大本《おおもと》の新たな加盟をみるが、四十五年に天理教、五十一年には神道大成教が退会。三十四年に退会した神習教が平成六年(一九九四)に復帰し、現在は十二教団が所属。平成二年には青年会が発足し、翌年より機関誌『むすび』を発刊。神道教化の活発化と世界平和確立への貢献を目標に掲げている。

(永井美紀子)

きょうぶしょう　教部省　明治の初期、神道・仏教および国民教化のことを掌った中央官庁。明治五年(一八七二)三月十四日に設置され、同十年一月十一日に廃止されている。この省は同四年十二月の左院(立法機関)の建議を直接の動機とし、神祇省を発展的に解消して新設されたもので、教義・教派のこと、教則のこと、社寺廃立のこと、祠官・僧侶の等級、社寺格式のこと、講社結集免許などを主管した。この省設置とともに、もと神祇省に鎮座の天神地祇・八神を宮中に遷座し、また祭事・祀典の事務を式部寮へ移管した。この省が取り扱った主要な事項は、神社仏閣の女人結界の廃止、無願で社寺を創立することの禁止、修験宗の廃止、切支丹禁制解除、官国幣社経費、小規模の神祠・仏堂の存廃手続などである。しかし、特筆すべきは次の三条教則(三条の教憲)による国民教化のための、大教宣布運動であった。「一敬神愛国ノ旨ヲ体スヘキ事、一天理人道ヲ明ニスヘキ事、一皇上ヲ奉戴シ朝旨ヲ遵守セシムヘキ事」。これについては、田中頼庸の『三条演義』、矢野玄道の『三条大意』をはじめ、多くの解説書が刊行され、中央に大教院、地方に中教院があって、社寺教会の小教院を統轄し、布教にあたらしめたが、神仏合同布教に無理があり、種々の紛争を起して、同八年四月に大教院は解散された。なお、翌九年一月には、改めて教部省職制と事務章程とが制定され、神仏各宗派の教義・教則、社寺陵墓に関する事務を管し、神官教導職を統轄したが、十年一月にこの省は廃止され、事務は内務省社寺局に引きつがれることになった。

参考文献　阪本健一編『明治以降神社関係法令史料』、阪本健一「明治神道史」(『神道講座』一所収)

(阪本　健一)

きよきあかきこころ　清明心　神道で理想とされる心を形容する詞であり、神に仕える者の心構えでもある。隠すところのないまっすぐな心。赤心、明心、忠誠心ともいう。『古事記』神代には天照大御神と須佐之男命の誓約《うけひ》の段に「心の清く明き」「心清く明し」(原漢字)とみえ、『日本書紀』神代瑞珠盟約章では「心明浄」「赤心」とある。『続日本紀』所引「宣命」には天皇・朝廷に仕え奉る者の心構えを表す語として「明き浄き直き誠の心」(文武天皇元年(六九七)八月庚辰(十七日)条、原漢字)、「清き明き正しき直き心」(神亀元年(七二四)二月甲午(四日)条、原漢字)などが用いられている。

(本澤　雅史)

ぎょぎょうしん　**漁業神**　漁業に従事する人びとがまつる神。漁業の場合、船を操船して、その後、漁をする場合も多く、船の航海安全の神と複合している場合が多く見られる。海岸部や島嶼にある村の産土・氏神も、広く考えれば、豊漁祈願・航海安全を保証する神である。恵比須さんの名前で知られている事代主神は、漁業の神であるとともに商業の神でもある。それは、その神のまつられる立地条件にも関係してくるものと思われる。漁業の神として有名なのが、島根県の美保神社に祀られている八重事代主神である。大国主神の御子神で、国譲りの神話のなかで、建御雷が出雲に伝達に至ったとき、この神は美保関で魚釣りをしていた故事により、漁業の神としてまつられることになる。また海幸彦の名称で親しまれている火照命も漁業神として祀られている場合が多い。他方、船には船霊というものを祀っている場合が多いが、これは船の航海安全を護るためか、豊漁を祈るためか、その両方の意味があるのか、判然としない場合が多い。（宇野　正人）

ぎょくせんしゅう　**玉籤集**　垂加神道の秘伝書。八巻。玉木正英の著。著作年代は『大日本文庫』所収本巻一の末に「享保十年（一七二五）五月、天児屋命五十五伝垂加霊社正伝、八塩道翁直授相承　玉木正英謹書」とあり、享保十二年十二月には門人若林強斎が本書を焚いているから、享保十年から十二年にかけて著作されたのであろう。本書の内容は巻一より巻五までは『日本書紀』神代巻、巻六は神武紀および神宮書、巻七は『中臣祓』、巻八は神道行法に関する秘伝を、山崎垂加（闇斎）の直書や正英がその師正親町公通・出雲路信直から伝聞した説にもとづいて、題目に従って百二十七条（大日本文庫本による）にまとめたものであり、巻五の剣玉誓約・三種神宝・神籬磐境の三伝は題目のみ掲げて、本文を欠いているが、この三伝は奥秘として特に省略したのであろう。山崎垂加が果たしえなかった秘伝の階梯的な組織化を実現しようとして、独立した一派の神道としての垂加神道を、内容的に完成させようと意図したのが玉木正英の事業であり、そのために著述された本書は、垂加神道史上において重要な位置を占めている。刊本としては国書刊行会刊『神道叢説』および『大日本文庫』垂加神道上に所収されている。

参考文献　小林健三『垂加神道の研究』、平重道「垂加神道における秘伝の成立」（『近世日本思想史研究』所収）（平　重道）

ぎょはい　**御拝**　⇩毎朝御拝《まいちょうのぎょはい》　⇩臨時御拝《りんじのぎょはい》

きよはらえ　**清祓**　不浄を清める祓の一種。古代の祓には神事などに際し自発的に行う善解除《よしのはらえ》と贖罪の意味で犯罪者に強制する悪解除《あしのはらえ》があり、また祭祀・奉幣・祈願・参詣などに先立ってするものと、疾病・災変・死穢などの後に行うものがあった。清祓という名称が出現するのは中世からのようで、刑罰的な祓が消滅して久しい中・近世における用例は穢《けがれ》や災厄を清めるためのものが多いが、例外もある。『吉田家日次記』応永十年（一四〇三）閏十月一日乙亥条に「奉レ拝二園幷韓神社一了、（中略）去月二十日仰二行嗣一清祓、可レ供二神膳一由下知之処、彼社内見三付五体不具穢物二之間、持三帰神供二云々、（中略）尤可レ被レ行二清祓一歟」とあり、『春日権神主師淳記』明応六年（一四九七）九月二十七日条には「去月十五日朝見付之当山之里へ出ル路死人穢、卅箇日過之間、任二先例一可レ有二清祓一候由」とある。宮廷での臨時の清祓は室町時代以後吉田家の司るところとなり、応仁の乱で一時中絶した恒例の大祓も、元禄四年（一六九一）の再興後、吉田家が清祓と称して幕末まで奉仕し、内侍所の西庭で行なった。『基量卿記』延宝七年（一六七九）六月二十日条に「予問曰、先日大祓清祓等一事二名之由被レ申、其通ニ候歟、吉田曰、勿論候、於二禁中一仕候ハ清祓、或吉田神前などにて広く清候者、大祓とも申候由也」と述べている。現在、清祓といえば広く社殿・祭場・器具・会社・工場・工事現場・住宅・病人などを清め、災厄を除去する神事を指している。（平井　直房）

きよはらさだお　**清原貞雄**　一八八五―一九六四　大正・昭和時代の歴史学者。神道史・史学史を専門とする。明治十八年（一八八五）一月十日、大分県速見郡南杵築村（杵築市）に国学者清原博見の長男として生まれる。大分県立杵築中学校、第五高等学校を経て、四十三年京都帝国大学文科大学文学部史学科国史専攻を卒業し、同大学院で神道史を専攻。皇典講究所京都支部の講師となり、ついで神宮司庁で大神宮史の編纂に従事。大正三年（一九一四）京都帝国大学図書館司書に移り、同八年神道思想史を扱った日本ではじめての概説書『神道沿革史論』を著わす。これに、大正十五年京都帝国大学より文学博士の学位を得た論文「徳川幕府神社制度ノ研究」を加えて改稿した『神道史』（昭和七年（一九三二））は、四訂九版と版を重ね、戦前の国民道徳の指針を明示した著作として、神道史学の必読書となった。大正十一年広島高等師範学校教授になり、昭和四年広島文理科大学教授を兼任。同十八年退職。同二十年帰郷し、二十七年より大分県史料刊行会の監修者として『大分県史料』全二十五巻の刊行に尽力した。同三十九年九月十三日没、七十九歳。著書は四十五冊に上る。江戸幕府の神社制度を、画一的ではなく実際的な安定した制度と評価し、『外来思想の日本的発達』（昭和十九年）などでは、日本独特の文化に外来の諸種の文化を摂取して総合的文化を形成したとみる。特に『日本史学史（増訂版）』（昭和三年）は、古代より明治に至る日本史学を系統的に論じた日本初の著作といえる。

参考文献　渡辺澄夫「清原貞雄博士の生涯と業績」（『大分県地方史』三六・三七合併号）、中野幡能「清原貞雄博士をしのぶ」（同）（瀬戸　薫）

きよはらのくにかた　**清原国賢**　一五四四―一六一四　安土桃山・江戸時代初期の明経道清原氏の当主。天文十三年（一五四四）生まれた。父は枝賢。子は秀賢（舟橋家始祖)。同十八年、六歳にして主水正・大炊頭に任ぜられ、天正三年(一五七五)、三十二歳のとき従五位上に叙せられたが、累進して、慶長十二年(一六〇七)、大蔵卿・正四位下より、ついに非参議・従三位に陞せられた。神祇道吉田兼倶の子の宣賢が清原宗賢の養子となってより、明経道清原氏と神祇道吉田氏とは浅からぬ血縁関係を有つに至り、宣賢の子の兼右は出でて吉田兼満の後嗣となり、吉田兼敬の子の尚賢は迎えられて舟橋弘賢の養子となった。また、舟橋相賢の母は吉田兼治の女子であった。かくて明経道と神祇道とは合体する機縁を生じ、その結果、近世神儒一致説の源流を起すこととなった。国賢のごときも、もとよりその一人で、自家の専門たる儒学に関する著作のほか、『神代講義秘考』や『仮名日本紀』などの編述に従うなど、神道の方面についてもなかなかの業績をのこしているのである。ことに後陽成天皇の開版したいわゆる慶長勅版『日本書紀神代巻』に付したその跋文は、この道に学ぶ人びとにとって必読の大文字とされている。慶長十九年十二月十八日、七十一歳をもって没した。

参考文献 『大日本史料』一二ノ一七、慶長十九年十二月十八日条、天理図書館編『吉田文庫神道書目録』(『天理図書館叢書』二八)、西田長男『神道史の研究』

(西田　長男)

きよはらののぶかた　清原宣賢　一四七五―一五五〇　戦国時代の儒学者。文明七年(一四七五)吉田兼倶の三男として生まれ、清原宗賢(業忠の子)の養子となり家を嗣いだ。号、環翠軒。同十二年三月、主水正となり、大炊頭を経て同十八年七月蔵人に補せられ、明応九年(一五〇〇)六月従五位下に叙し、翌文亀元年(一五〇一)正月直講となり、同年閏六月少納言に任ぜられた。ついで永正元年(一五〇四)三月昇殿を許され、その後約三年目ごとに位一級ずつ進み、同八年には皇太子知仁親王(後奈良天皇)の侍読となり、大永元年(一五二一)四月、祖父業忠の例を襲って従三位に叙せられ、翌二年侍従に任ぜられ、同六年十一月正三位に叙せられた。彼は享禄二年(一五二九)二月、大徳寺で剃髪し法名を宗尤と号した。致仕後、京都において公卿廷臣や僧侶らの依頼で諸儒典を講ずるかたわら、同三年には能登守護畠山義総邸で『中庸章句』を、天文元年(一五三二)には七月から約一ヵ月にわたり、若狭小浜の栖雲寺で守護武田氏の一族とその被官らのために『孟子』を講じた。そして同十四年八月、越前守護朝倉氏の招きをうけて一乗谷に赴いて『古文孝経』を講じ、翌十五年には『中庸章句』と『孟子』を、さらに同十七年三月から五月にかけて再び『中庸章句』を講じたが、同十九年七月十二日、七十六歳で一乗谷で没した。墓は福井市徳尾町の禅林寺にある。彼のこの北陸下向は自家の経済的窮迫によることも大きいが、地方の文化意欲の高揚を示す一指標として注目さるべきものである。彼の学風は家学の伝統をうけた新古折衷的なものであるが、四書五経のそれぞれについて抄物を書きのこし、それらが京都大学附属図書館(清家《せいけ》文庫)その他に伝存している。彼はまた博学多才の努力家で、実父吉田兼倶の神道説を祖述した『日本書紀神代巻抄』、三条西実隆の講釈を聞書きした『伊勢物語惟清抄』をのこし、また当時分国法の母法として重んぜられた『御成敗式目』に関心を寄せて『貞永式目抄』を著わし、他方、景徐周麟ら五山禅僧の詩文講釈の席にも連なり、この面でもひとかどの教養をもっていた。

参考文献 『実隆公記』、足利衍述『鎌倉室町時代之儒教』

(芳賀幸四郎)

きりしまじんぐう　霧島神宮　鹿児島県始良郡霧島町にある霧島山の中腹に鎮座する。旧官幣大社。祭神は皇祖天照大神の孫の瓊瓊杵尊《ににぎのみこと》。『日本書紀』にみえる「皇孫乃ち天磐座を離れ、且天八重雲を排し分けて、稜威の道別に道別きて、日向の襲の高千穂峯に天降ります」(原漢文)という由緒にちなむ。『延喜式』神名帳には日向国諸

霧島神宮

県郡に霧島神社一座とある。承和四年(八三七)に霧島岑神をはじめて官社に列し(『続日本後紀』)、天安二年(八五八)十月霧島神は従五位上から従四位下に昇叙された(『三代実録』)。古く僧慶胤が高千穂峰と火常峰との中間なる背門丘に社殿を営んだのに始まり、天暦年間(九四七―五七)に性空上人は御鉢の西麓瀬多尾越に社殿および別当寺を造営したが、噴火のためともに焼失した。降って文明十六年(一四八四)に薩摩領主島津忠昌は僧兼慶に命じて現今の地に社殿および別当寺を再建した(『太宰管内志』)。ついで正徳五年(一七一五)藩主島津吉貴が、これを再建したのが現在の社殿である。当社は東霧島宮と西霧島宮とに分かれ、総称して両所権現ともいった(『麑藩名勝志』)。治承二年(一一七八)藤原成経は平康頼・僧俊寛とともに当社に詣で、参籠の上祈願をこめたという(長門本『平家物語』)。霧島山の頂上には天の逆鉾がある。明治七年(一八七四)に社号を霧島神宮と定められ、官幣大社に列した。

古来九月十九日を例祭とする。

参考文献　『古事類苑』神祇部四、『神社明細帳』　（岡田　米夫）

キリストきょう　キリスト教　⇩神道《しんとう》

きりぬさ　切麻　修祓の際にまき散らして祓の意を表わす料物の一つ。その材料は苧麻を短く細かく切ったもので、切麻として用いるときは、これに白紙を五分角位に切ったものを混ぜ、双方をつまんで振りかける。『貞観儀式』五に「大祓儀（六月十二月並同）（中略）神祇官頒二切麻一」とあるごとく、全員には大麻《おおぬさ》で、各員には切麻を頒ち祓ったものである。祓い方は手に切麻を執り、左右左と振りかけて祓う。古くは麻を長さ四寸、幅八分ほどに切ったものを、重ね結んで白い紗の袋に入れ、路すがら諸所の神社に少しずつ手向けたという。『拾遺和歌集』八に「物へまかりける人の許にぬさを結び袋に入れてつかはす」とあるのがそれである。　↓大麻《おおぬさ》　（岡田　米夫）

きりび　鑽火　木と木または石と鉄をすり合わせて発火させること。鑽火による火は浄火として神聖視され、神饌や元旦の食物を調理するときなどに用いられるが、旅行の出立の時に打ちかけて清めることもある。用材の木は檜《ひのき》が多いが、樅《もみ》・山枇杷《やまひば》なども使われる。すり合せる一方を火鑽臼《ひきりうす》、他方を火鑽杵《ひきりぎね》という。『古事記』には、櫛《くし》八《や》玉神《たまのかみ》が「海布《め》の柄《から》を鎌《か》りて燧臼《ひきりうす》に作り、海蓴《こも》の柄《から》を燧《ひきり》杵《ぎね》に作りて、火を鑽《き》り出《い》でて」（原漢字）御饌《みけ》用に供した説話がみえるのをはじめ、『貞観儀式』には、大嘗祭の条に、童女が「木の燧《きりび》を鑽《き》り、次に稲実《いなみ》の公《きみ》が火を鑽り出す」（原漢字）ことがみえている。現在でも伊勢の神宮では毎朝鑽火をして神饌を調理しており、島根県の出雲大社では、宮司（国造《こくぞう》）の引継ぎ式を火継神事《ひつぎのしんじ》と称して、鑽火による神火を相続し、京都市の八坂神社で大晦日から元日朝にかけて行われる白朮祭《おけらまつり》の火も、神殿で鑽火したものを火種としている。　（沼部　春友）

きんえん　禁厭　予測される災難厄事を防ぎ、または治病のために行う消極的な呪術的行為のこと。厭勝というのも同じ。「まじない」、詳しくは「まじないやむる」と読む。宗教的行為が敬虔な態度と畏敬の情操を伴うのに対して、呪術的行為は行為それ自体に効力があり、法式どおりに順序・次第さえまちがわねば気持ちは問題にならず、特に禁厭は呪法によって超自然的な怪異の力を駆使して病気をなおし、災厄のおこらぬように祈念することとされる。『日本書紀』神代宝剣出現章第六の一書の大己貴命・少彦名命の国土経営の条に「其の病を療むる方を定む、又鳥獣昆虫の災異《わざわい》を攘はむ為には、則ち其の禁《まじ》厭之法《ないやむるのり》を定む」（原漢文）とあり、『延喜式』神祇八祝詞、鎮火祭には水・匏《ひさご》・川菜・埴《はに》は火神の荒ぶるを防ぐとあって火傷・熱病などに用いられ、令制では典薬寮に呪禁師・呪禁博士を置いたとあるように、かなり古くから行われていた。禁厭を含む呪術は三つの原理に基づいている。第一は類似は類似を生むという原理で、『徒然草』六十一段に、出産の時甑《こしき》（現在のせいろ）を家の棟から落とすと、後産がそのように早く降りるというまじないをのせている。類感呪術または模倣呪術と呼ばれる。第二は一度触れ合ったものは互いに関連しあうという原理で、相手の身に着いていた衣服の一片や毛や髪・爪屑などに施術すると相手に作用が及ぶとされるなど、伝染呪術または感染呪術と呼ばれる。第三には自分の願望を言葉であらわし、心中に強く意念すると相手に通ずるという原理で、呪文・呪禱などがこれで、意志呪術と呼ばれる。禁厭は人間が不安を除き危機を回避し、平安健康を願う欲求から生じ、特に治病に用いられたが、市井一般の呪者・巫師が民間治療を業としてひろく行うようになると、依頼されて人を害する妖術として行うに至って、ついに政府や各教団で、公安を害し医療に反対する禁厭を差し止めるようになった。しかし現代でも民間には、火傷には「アブラウンケンソワカ」の呪文を唱え、疱瘡や麻疹《はしか》には「鎮西八郎為朝御宿」と書いて門口にはったり、入試合格のまじないに他人の家の標札を持って来たりすることが行われている。

参考文献　吉田禎吾『呪術』（『講談社現代新書』二一八）、今野円輔『日本迷信集』、迷信調査協議会編『俗信と迷信』、同編『生活慣習と迷信』　（竹中　信常）

きんが　禁河　㈠聖俗の境界をなす河。この河を越えて他境の不浄と交わることを禁じた制を伴っている。伊勢神宮では堺となる河は「正禰宜十四人有レ制不二上洛一、不レ渡二櫛田川以西一、在二斎宮西一也」（『新任弁官抄』）とあり、櫛田川を禁河としたが、近世は宮川をもって禁河とし、正禰宜がこの河を越えることを禁止した。もしこの禰宜禁河の制を冒した場合は、「神役不レ仕」（『二所太神宮例文』）の理由により正禰宜を解任された。禰宜とともに神道五部書と『心御柱記』『御正体奉仕記』『御鎮座』『機殿儀式帳』『天口事書』『古老口実伝』『神鳳鈔』を禁河十二部書と称し、宮川を越え外に持ち出すことを禁止した。㈡神や天皇の供御《くご》を採取する川に入り魚介類を漁獲することを禁止した禁漁の河。『西宮記』に「禁河、埴河（中略）葛野河（中略）已上夏供レ鮎」という記事がある。

参考文献　薗田守良『神宮典略』後篇（『大神宮叢書』）　（安江　和宣）

きんかさんじんじゃ　金華山神社　⇩黄金山神社《こがねやまじんじゃ》

きんき　禁忌　忌まれるものやことへの接近・接触などの行為を禁ずること。忌とは本来は「イ」または「ユ」という語根から生じた語で、「いむ」（忌）または「いわう」（斎）といわれる。忌は特定の事物や行為を回避または禁止することに用いられ、斎は平常は禁止されている事物や行為に、近づいたり行為したりする前段階として戒慎することを意味する。『倭訓栞』には「イム、斎忌をよめり、敬むの古語なりといへり、よて神代紀に、畏の字をよめり、気より出てたる訓にや、マミムメモにてはたらけり（中略）神代紀に悪の字をよめるは忌みきらふよりなり」と出ているように、古神道では祭祀の時に神事に携わるものがあらかじめ行う厳重な物忌を致斎《まいみ》といい、致斎の前後にさらに行う物忌を散斎《あらいみ》といっている。そして平安時代中期に至ると、『御堂関白記』にみられるように、御霊信仰および陰陽道と結合して、天変地異・災害などの際一定期間籠居・閉門する物忌の風習を生ずるようになった。現在用いられている日本語の禁忌はこうした古義が拡大され、宗教学の用語であるタブー taboo に該当するものとされる。タブーとはポリネシア地方の土語で、原義はタ「はっきりと」、ブまたはプ「しるしをつける」という意味の合成語であるが、一般には異常と正常、浄と不浄、聖と俗とを区別し、両者の接近や接触を禁止すること、そしてそれを犯すと超自然的な制裁を加えられたり、災害が起ったりすると信じられる個人的信仰と社会的習俗とを総称する語として用いられるようになった。こうした意味の習俗はわが国にも古くからあり、『日本書紀』神代宝鏡開始章第三の一書に、素戔鳴尊が青草を束ねた笠簑を着たまま衆神に宿を乞うたが断わられ大変難儀したところから「それより以来、世に笠簑を着、以て他人の屋の内に入ることを諱む、又束草を負ひて以て他人の家の内に入ることを諱む、此を犯すことある者をば、必ず解除を債す、此れ太古の遺れる法なり」(原漢文)とされるようになり、同じく神代天孫降臨章第一の一書に、天稚彦が神命に背いたために返し矢に射られて死んだところから「此れ世人の所謂返矢畏むべしとまうす縁なり」(原漢文)と述べられている。禁忌が時代や環境を越えて普遍的な事象であることが知られる。禁忌には俗なるものから聖なるものを隔離する場合と、俗なるものが不浄なるものを回避する場合と二つの方向性がある。前者は神体や祭具などを一般人に公開したり触れさせたりしないことなどであり、後者は死者に触れたものとか経時中の女を隔離別居させるなどである。しかし、聖も不浄もさらに原意にさかのぼれば異常なるものとして正常一般と区別される。聖も不浄もその中に異常な力能(宗教学でいうマナ)を蔵していて危険だと信じられるからである。それ故見なれぬもの、異常なものに近づくことや、慣習に反することなどはなるべくしないようにという心情から、それらを禁止したり回避したりするようになる。禁忌を現象の面で類別すると、人間に関するもの(王・司祭・男女・服喪者・新生児など)、状態に関するもの(妊娠・出産・病気・死など)、事物に関するもの(祭具・食物・血・動植物など)、行為に関するもの(戦闘・生産・食事・言語など)、方角に関するもの(鬼門・聖域など)、日時に関するもの(友引・仏滅・夜・節日など)となり、内容的には宗教的禁忌・呪術的禁忌・伝説的禁忌・慣習的禁忌などがある。禁忌が普通の禁止や禁令と異なるのは違反者に対して超自然的な制裁が加えられると信じられていることである。したがってそれは本質的には宗教的なものであり、宗教の本質といわれる神聖観念は一般から禁じられ、区別されることから成り立っているので、宗教的なものが畏敬されるのは、それに近づいたり触れたりすることが危険であるとして禁ぜられているからである。それ故禁忌は宗教観念を構成する重要な要素であるとされる。禁忌は個人的には超自然的なるものに対する畏敬の感じから行われるが、社会的には習俗の形で行われる。世間一般のしきたりは守らねばならぬという心情が裏付けとなり、人のしないこと、異常だと思われることなどは避ける。したがって禁忌は一方では人間が本来的に持つ保守的行為であるが、それは同時に習俗として時代や社会状況の変化に応じて様相を変えるものでもある。現代においては食物の禁忌である食べ合わせ(たとえば鰻と梅干、天ぷらと柿、トロロとお茶など)はほとんど行われず、死忌・産忌もあまり守られなくなった。しかし一方では友引には葬式を出さず、仏滅には結婚式をせず、ホテルに十三号室がなく、病院では四号室や四十二号室が嫌われる。禁忌は歴史的には変化消長するが、人間が世間体を気にし、生活慣習を守って行く限り、本質的には人間生活の中に存続して行くものといえる。

[参考文献] F・スタイナー『タブー』(井上兼行訳)、J・カズヌーブ『儀礼』(宇波彰訳)、M・エリアーデ『聖と俗』(風間敏夫訳)、メアリ＝ダグラス『汚穢と禁忌』(塚本利明訳)、佐藤俊夫『習俗』、竹中信常『日本人のタブー』(『講談社現代新書』二四五)、同『タブーの研究』、『伝統と現代』一八(禁忌)
(竹中　信常)

きんけんぐう　金劔宮　石川県石川郡鶴来町に鎮座。金劔大神宮・金劔明神・金劔神社などともよばれた。旧県社。瓊瓊杵尊《ににぎのみこと》を祀り、大国主神ほか五神を合祀する。『諸神記』には崇神天皇三年の建立とするが、『大永神書』は神亀二年(七二五)、『源平盛衰記』は弘仁十四年(八二三)の創祀としている。その起源は古く白山の劔ヶ岳の神霊を祭ったところにもとめられよう。『白山之記』によれば、金劔宮は白山第一王子で本地は倶利伽羅明王とある。白山七社の一つで、中世は社僧も多く有勢の大社として知られた。社地は白山本宮(白山比咩神社)に近く、しばしば白山の衆徒と争ったことが『白山宮荘厳講中記録』にみえる。一向一揆後は社運が衰え、今は鶴来町の大産土神となっている。町名をもと劔《つるぎ》と書いたのは本社にちなんだのである。例祭は十月二日、巨大な造り物が出るので有名。応永十八年(一四一一)に金劔太神宮権律師超胤奉納の奥書を有する版本『大般若経』三帖がある。

[参考文献]『白山禅頂私記』(『白山比咩神社文献集』)、『廻国雑記』、森田平次『白山神社考』、同『加賀志徴』下
(小倉　学)

きんそくち　禁足地　神社の境内あるいは祭神ゆかりの地で特に神聖視され、人の出入りが禁止される土地をいう。禁足は本来外出を禁じること、たとえば禁河とは伊勢の神宮祠官が神域を越えた他出を禁じることなど禁制の一種だが、禁足地は足を踏み入れることを忌む聖地をいう。古語ではシメ(標・注連)る場所、標野《シメノ》といい、『万葉集』に「浮田の杜の標《シメ》」(巻一一)「奥津城はしるく之米

立て」(巻一八、原万葉仮名)など。禁足地の用語は比較的新しく、寛文六年(一六六六)に三輪神主が本社の定置覚えを「三輪山禁足傍示定書」とし、元禄十二年(一六九九)奥書の『石上大明神縁起』に「本社ノ後ニ禁足ト名付ル処アリ、廻ラスニ石籬ヲ以テス」とある。寛永十五年(一六三八)に奈良奉行が出した制札では三輪山の神聖を犯す者を厳罰に処すという達しがあり、「御留山《おとめやま》」と称される。大神神社では全山を「惣山《そうやま》」と呼び、拝殿背後の三つ鳥居より奥の大宮谷一帯を特に禁足所・禁足地としてきた。これら奈良県の大神神社の三輪山と石上神宮の禁足地のほか、福岡県の宗像大社沖津宮(沖ノ島)、能登半島の気多神社の入らずの森などが代表的な事例だが、民俗的には沖縄のウタキ(御嶽)、鹿児島県のモイドン、福井県のニソノモリなども禁足地の例といえる。

参考文献 大場磐雄『まつり』、中山和敬『大神神社』 (薗田　稔)

きんぴしょう　禁秘抄　順徳天皇著、上中下三巻。宮中の宝物・殿舎、毎日および毎月の恒例および臨時の公事・神事・仏事などの次第、天皇と側近の臣の心得るべき故実・芸能、禁中から出す文書のあり方、側近の臣の選択の重要性とその奉仕事務の限界などを説く。すなわち上巻には賢所、大刀契《だいとけい》、宝剣神璽、竈神《そうじん》、さらに玄上《げんじょう》・鈴鹿などの名器など宮中の宝物の由来および取扱いよう、前記の殿舎で行われる公事およびそこに備えらるべき器具・調度などを示してある。殿舎では南殿《なでん》(紫宸殿)・清涼殿以下安福殿など六殿と后町《きさきまち》の弘徽殿《こきでん》・貞観殿以下桐《きり》壺《つぼ》・梅壺など六殿五舎の建物の様子と、それに付属している庭、すなわち坪《つぼ》の草木などその由緒を記してある。また天皇の学問・芸能に心を用いらるべきことを説いて「諸芸能」の条には「第一御学問也、夫不ㇾ学則不ㇾ明二古道一、而能ㇾ政致二太平一者、未二之有一也」と『貞観政要』の文を引用してある。また「寛平御遺誡」(宇多天皇)の「雖ㇾ不ㇾ窮二経史一可ㇾ誦二習群書治要一」という言葉も示してある。その他芸能としては管絃を楽しみ、笛と和琴を第一とし、箏・琵琶は特に学ぶ必要はないと記されてある。なお『禁秘抄』という書名は最初から定まったものでなく『禁中抄』『建暦御記』などという名称も『河海抄』などに伝えられている。『群書類従』雑部、『列聖全集』御撰集六などに所収。

参考文献 速水房常『禁秘抄註』、滋野井公麗『禁秘御鈔階梯』(『(新註)皇学叢書』五)、日野西資孝「禁秘抄の原本形態とその成立に就いて」(『帝国学士院紀事』三ノ二) (日野西資孝)

きんぷじんじゃ　金峯神社　奈良県吉野郡吉野町吉野山に鎮座。「かねのみたけ」神社とも読む。旧郷社。式内社。祭神は金峯山(吉野山)の地主神の金山毘古神(金精明神・蔵王権現)。仁寿二年(八五二)に従三位、翌三年に名神、翌斉衡元年(八五四)に相嘗・月次・神今食の官祭に預った。金峯詣の盛行によって神威は輝き、境内に愛染宝塔が建立され、坊舎も軒を連ね、また金峯神人の強訴も始まった。寛弘四年(一〇〇七)の関白藤原道長の金峯詣の際、神域に祈願埋経のことがあり、この経筒は元禄四年(一六九一)に出土し、紀年銘のある最古の経筒として社宝となっている(国宝)。なお、修験道の興隆に伴い、社前には二鳥居(修行門)が建立せられ、山伏らが数次の勤行を修する行場となった。南北朝動乱にあたり、高師直の焼掠に罹災して旧観を失したといわれるが、社運を持して明治時代に至り郷社に列せられた。例祭は十月十六日・十七日。

参考文献 『吉野町史』、中岡清一『大塔宮之吉野城』 (永島福太郎)

きんぷせん　金峯山　奈良県吉野郡吉野町の吉野山から山上ヶ岳(大峯山)を含む山岳地帯の通称。吉野山と総称される。『万葉集』に「み吉野の御金の岳」「三吉野の耳《みみ》我《が》嶺《ね》」などと詠まれ、吉野の代表的な霊山たるを示している。もともと山岳信仰の対象とされ、その道場化した。役行者あるいは行基菩薩が開山したという伝説もおこった。『日本霊異記』をはじめとして、当山で修行した験者が語られるが、承和三年(八三六)、七高山の一つとして公家の修法に預り、仁寿二年(八五二)に金峯神に従三位が贈られて名山として確立した。寛平七年(八九五)、醍醐寺三宝院の開山で南都七大寺検校をも歴任する聖宝(理源大師)が吉野川に渡船の便を設け、役行者感得の金剛蔵王の像を造って金峯山の山上・山下に祭祀し、熊野に至る金峯・大峯の開発や山伏行場の点定を行なったことで修験の本山化した。この山上は山上ヶ岳をいい、山下はいわゆる吉野山をさし、蔵王権現(権現の称は寛弘四年(一〇〇七)にみえる)の巨像を安置する蔵王堂が創建された。当代、清和・宇多両上皇の巡礼登山に始まって、いわゆる金峯詣が盛んになる。寛弘四年の関白藤原道長の金峯詣はその圧巻であり、行粧や堂塔巡礼の詳細が『御堂関白記』にみえる。ここで吉野山内の金峯(金精)・勝手・水分(子守)の三所明神をはじめ、蔵王堂・愛染宝塔などの鎮座が実証される。特に道長には埋経のことがあり、それが元禄四年(一六九一)に発掘されたため、いっそう盛儀が偲ばれる。この道長にならって関白頼通や師通の登山や埋経が行われるし、白河法皇の永久五年(一一一七)と保安二年(一一二一)の再度の御幸は金峯詣の盛行を示している。なお、金峯詣には出発に先立って前精進を行うが、これが「御岳《みたけ》精進《そうじ》」と呼ばれた(『枕草子』)。この金峯山信仰は中国にも伝えられ、日本国第一の霊山で寺院は大小数百、節行高道の者が止住し、婦人の登山は禁ぜられていると『義楚六帖』に記された。当代、天台・真言の密教と金精明神の神祇信仰との混融が進んで、修験道の教説や儀礼も整うし、衆徒(寺僧)方(天台系)・禅徒(満堂)方(真言系)および社僧・神人の教団組織も成立したのである。一山の盛況は吉野曼荼羅図などに示されている。また、桜樹が蔵王権現の神木と説かれ、蔵王堂の花供懺法会(式日は現在四月十一日・十二日)が始まるし、やがて全山が桜花で飾られる。鎌倉時代、士庶の金峯詣も盛んになったが、源義経が吉野・熊野の僧兵勢力を頼って山内に潜伏したのも金峯山の名を高めた。元弘の乱に大塔宮護良親王が愛染宝塔(奥の院)を本拠として挙兵し、山内を固めて北条氏の大軍と善戦したが、つづいて延元元年(北朝建武三、一三三六)に後醍醐天皇の潜幸があり、皇居を定めて(実城寺)、南朝(吉野朝)を開いた。吉野・宇智・宇陀三郡を握り、高市・城上・城下・山辺四郡の山地を前衛として吉野山皇居が防備されたが、次代後村上天皇の正平三年(北朝貞和四、一三四八)正月に高師直軍の焼掠に遭って吉野山皇居は終った。前年末、師直軍と河内四条畷に戦った楠木正行が訣別のため皇居に参じ、如意輪堂の壁に辞世の和歌を書きつけた悲話が伝えられる。この罹災や室町幕府の封じこめ作戦のため、金峯山の勢力衰退時代が訪れるが、庶民台頭の世運に乗って堂塔の修理復興はほぼ行われた。なお、吉野奥地には南朝余党勢力が長らえたが、金峯山はこれと袂を分かってむしろ防壁の役割をになった。戦国時代、修験道が流布したり、吉野山の花が知られたりして漸次活況を呈し、天文三年(一五三四)には吉野郡に進出した一向宗徒のために一山焼掠、天正十四年(一五八六)には大火で蔵王堂にも火が及んだが、これらの災害を克服した。修験道では熊野山検校の天台宗聖護院門跡(本山派)の勢力が強く及び、順峯(熊野から)・逆峯(吉野から)の入峯法式も定まったが、なお近畿地方の真言宗修験方寺院の結集が行われて山内の満堂方に呼応して当山派も台頭した。この当山派を三宝院門跡が握り、なお山上ヶ岳西麓の洞川(天川村洞川区)に竜泉寺を拠点として設け「山上参り」を盛んにする。文禄三年(一五九四)の太閤豊臣秀吉の吉野花見に始まり、朱印領寄進、秀頼の蔵王堂その他の造営寄進で沈滞の創痍も愈えた。なお、朱印領は千十三石だが、このうち八百五十石余は吉野山(屋敷地)であり、ここで岩倉千軒(岩蔵寺あり)・鎌倉千軒・広野千軒などと俗称されるように門前町の形成も進んだのがわかる。獅子尾坂の世尊寺や鳥栖山鳳閣寺(聖宝の開基、黒滝村所在)なども別院として金峯山に包括せられたのである。また飛地の寺領は小路村(下市町)だが、古代金峯神領の表吉野一帯は信仰圏として奉仕をつづけることとなった。修験道の金峯山、花の吉野山に加えて、近世中期からは「軍書に悲し吉野山」と詠まれたように南朝悲史が説かれ世人の登山を誘った。明治維新、神仏分離の混乱があったが、それを克服して現代に至っておる。なお、山上ヶ岳の山頂部は女人禁制が励行されている。

参考文献 『吉野町史』、中岡清一『大塔宮之吉野城』

(永島福太郎)

きんぼうじんじゃ　金峯神社　山形県鶴岡市大字青竜寺《しょうりゅうじ》字金峯に鎮座。「きんぶ」「きんぽう」ともいう。旧県社。主祭神は、少彦名命《すくなひこなのみこと》・大己貴命《おおなむちのみこと》・安閑天皇。天智天皇十年(六七一)役小角の開基、慈覚大師円仁の中興との伝承を有す。承暦年中(一〇七七―八一)大和国宇陀郡から当地に移った丹波守盛宗が紀伊吉野金峯山蔵王権現を勧請してから、金峯山の山名に改まったという社伝もある(『金峰万年草』)。正和二年(一三一三)二月奉納銅鉢銘に「蔵王権現」とあり、同六年青竜寺六所神社獅子頭に「宮内覚光広(中略)六所御師」、享徳二年(一四五三)施入鉄製懸仏銘に「金峯大権現」とある。慶長三年(一五九八)の納札に「大泉庄金峯山清竜寺」とある青竜寺は一山の総名。中世においては、金峰山を中心として母狩山・摩耶山が金峰三山を構成し、出羽国庄内平野南部では、羽黒山と並ぶ山岳修験の霊山であり、文安五年(一四四八)には、金峰三山修験の順峰・逆峰の阿闍梨も決定されていた。元亀元年(一五七〇)、金峰山青竜寺は醍醐寺三宝院直末になり、逆峰は天正年間(一五七三―九二)に廃絶した。金峰山の山頂に鎮座する蔵王権現の本社(金峯神社)の本地は釈迦如来、垂迹は少彦名命であり、山の中腹には南頭院・金剛院・空賢院の三別当寺院、山麓に学頭坊の青竜寺がそれぞれあり、金峰山一山を形成していた。明治初期の神仏分離により、金峰山一山は青竜寺をのぞきすべて廃寺となった。蔵王権現本社は、明治三年(一八七〇)に御嶽神社、明治十三年に金峯神社と改称し、祭神は現在のものとなった。例祭は六月十五日。ほかに、三月三十一日に庭燎祭がある。正和二年銅鉢は重要文化財。

参考文献 戸川安章『出羽三山修験道の研究』

(誉田　慶信)

く

くうかい　空海　七七四―八三五　平安時代初期の僧で、日本の真言宗の開創者。弘法大師。宝亀五年(七七四)、讃岐国多度郡弘田郷屛風浦(香川県善通寺市)に生まれる。父は佐伯直田公、母は阿刀氏。十八歳で大学明経科に入学したが仏教に近づき、阿波の大滝岳、土佐の室戸崎などでの修行を重ねたうえで、延暦二十三年(八〇四)、入唐。長安の青竜寺の恵果から密教の嫡流を受け、帰国後、密教を弘めた。弘仁七年(八一六)、高野山を嵯峨天皇より賜わるに先立ち、根本道場にふさわしい土地を求めていたが、丹生明神の神領である高野山を狩場明神により案内されてあらかじめ山を譲られたといい、高野山の壇上伽藍には鎮守として丹生津姫神を明神社に祀っている。同十四年東寺を賜わって密教の専門道場とした。東大寺の別当も勤めた。承和二年(八三五)、高野山で入定。六十二歳。『今昔物語集』一一、弘法大師始建高野山語に高野山開山の説話がある。両部神道の書には『中臣祓訓解』『麗気記』など空海に仮託されるものが多い。　(河野　訓)

ぐうじ　宮司　神職の職階。一社神職の長。現在神宮に大宮司・少宮司があり、一般神社には宮司、比較的少数著名社にはその下に権宮司がある。宮司は祭祀の長(明治神社制では国家の宗祀に奉仕)で、造営経理など一社の管理運営の責任者であり、神社本庁では宗教法人の代表役員を兼ねる。往昔は伊勢・熱田・宇佐・宗像・香椎・香取・鹿島・気比・阿蘇などの諸社に大宮司があり、明治四年(一八七一)官国幣社中の大社に大宮司・少宮司、中社に宮司・権宮司を置くこととしたが、のち神宮にのみ大宮司・少宮司、その他には宮司(熱田・橿原・出雲・明治・朝鮮・靖国にはさらに権宮司)を置くことに改められた。孝徳天皇の代、伊勢大神宮にはじめて宮司を置き、清和朝に一員増、陽成朝に大宮司一、少宮司一に分かち、醍醐朝に大司一、権大司一、少司一(以上を三員の宮司という、後醍醐朝に権大司と少司は廃絶)を置いた。宇佐神宮は宝亀二年(七七一)大宮司・少宮司を置き、香椎宮には天慶元年(九三八)、宗像社には天元二年(九七九)に宮司職の名がみえるが、その他の神社にあっては創置の年代が明らかでない。珍しい例として、阿蘇には大宮司・擬大宮司・権大宮司・権擬大宮司の四員宮司制があった。

参考文献　『古事類苑』神祇部二一・三　(小野　祖教)

ぐうじ　宮寺　⇩神宮寺《じんぐうじ》

ぐうじえんじしょう　宮寺縁事抄　鎌倉時代石清水八幡宮に関する由緒・縁起・祭祀・祀職および同宮に関連ある諸社の由緒など多方面にわたる史料を抄録編集した記録。元来どれほどあったものかはっきりしないが、石清水八幡宮に今日伝来するものは四十巻あり、別に『宮寺縁事抄目録』および『宮寺縁事抄納筥目録』の二巻がある。これを綜合編成したのは田中坊宗清であるが、その中にはたとえば『宮寺縁事抄』一二の巻末に「先師別当御房(道清)御書也、相伝権少僧都(宗清)(花押)」とあるごとく、先人の作成にかかるものを相伝継承して編入したものもあり、またたとえば『宮寺縁事抄』宇佐部の巻末に「抄出清書了、建保二年(一二一四)十二月十五日法印(宗清)(花押・朱印)」とあるごとくみずから作成したものも多いのである。以上の同八幡宮伝存分は大正二年(一九一三)『大日本古文書』家わけ第四石清水文書五に収録刊行された。その内容は同宮を中心とする神祇史研究史料として高い価値があり、また所々に簡素な絵図がみえ興趣に富む。なお右のほかに宮内庁書陵部その他に数巻が散在する。

参考文献　『群書解題』一中　(村田　正志)

くえびこ　久延毘古　『古事記』神代の大国主神の国作り神話にみえる。山田之曾富騰《やまだのそほど》ともいい、案山子《かかし》のこと。出雲の御大《みほ》の岬により来る神の名が誰にもわからなかった時、久延毘古のみ大国主神にそれが少名毘古那神であることを明らかにすることができたという。「足は行かねどもことごとに天の下の事を知れる神」(原漢字)と語られており、地方によっては、案山子は田の神・水の神として信仰されている。

参考文献　松村武雄『日本神話の研究』三　(倉塚　曄子)

くかたち　盟神探湯　探湯・誓湯とも書き、古代における神判法である。『大言海』によれば「くかハ、腐甕《クタカ》ノ略カ(中略)たちハ、(中略)探湯瓮《クカベ》ノ所ニ出デテ、湯ヲ探ルニ従事スル意、或ハ、朝鮮語kuk(湯)chat(探ル)ト同ジ語原ナラムトモ云フ」とあり、語源は諸説あって明らかでない。事の正邪を決するために神に誓ってのち熱湯の中に手を探る。実なる者は全うし、邪なる者の手は爛れるによって判定を下した。後世の誓湯《うけいゆ》・湯起請も同様の神判法とされている。『日本書紀』には、これについて以下のような記事がみえる。応神天皇九年四月に、武内宿禰の弟甘美内宿禰《うましうちのすくね》が、兄が天下を私しようとしていると天皇に讒言した。天皇は使をつかわして武内宿禰を殺さんとした。武内宿禰は二心のないことを上申したので両人のどちらが正しいか決められず天皇は神祇を請じて探湯せしめられることにした。そこで武内宿禰と甘美内宿禰はともに磯城《しき》の川の浜《ほとり》に出て探湯をした。その結果武内宿禰が勝った。允恭天皇四年九月に詔して、上古は国がよく治まり人民所を得て姓名錯《たが》うことがなかった。今は上下争って姓氏がみだれている。これを正さなくてはならないといい、「諸の氏姓の人等、沐浴斎戒して各盟神探湯《くか》せよ」と述べた。そこで味橿丘《うまかしのおか》の辞禍戸岬《ことのまがへのさき》に、探湯瓮《べ》を坐《す》えて諸人を引きて赴《ゆ》かしめ、「実を得むものは全《また》からむ、偽らば必ず害《やぶ》れなむ」とのたもうた。諸人おのおの木綿《ゆう》手繦《たすき》を著《し》て探湯した。実を得る者はおのずから全く、実を得ざる者は皆傷れた。それで詐る者は愕《お》然じてあらかじめ退きて進むことがなかった。この記事の『日本書紀』の註に「盟神探湯、此をば区訶陀智と云ふ、或いは泥を釜に納れて煮沸して、手を攪《かきはつ》りて湯の泥を探る、或いは斧を火の色に焼きて、掌に置く」とある。継体天皇二十四年九月条に、任那人と日本人が諍訟して決することができないので誓湯をしたことがみえている。この盟神探湯は原始的な神判法としてインドなどにも行われていたという。心にやましいところのない者は進んで探湯したが、うしろめたい者おそれおののいて進まないので正邪がすぐ判明した。 ↓神判《しんぱん》 (大藤 時彦)

くぎょうちょくし 公卿勅使 伊勢神宮に朝廷から差遣される使には恒例祭典の例幣使(四姓使)と皇室・国家・神宮に事のあった場合の臨時奉幣使があり、後者のうち格別の大事に際しては三位以上の公卿または参議が充てられた。これを公卿勅使といい、王・中臣・忌部・卜部の四姓も副従した。初見は聖武天皇天平十年(七三八)五月遣唐使の平安を祈って右大臣正三位橘諸兄らを派遣したときで、孝明天皇文久元年(一八六一)五月までに疑わしい二回を含めて百二十五回を数える。勅使発遣の儀や奉幣式はほぼ例幣の儀と同様であるが、勅使は単独参内し、天皇に拝謁、白紙の宣命を拝受、勅語を賜わる。神前にては宣命の奏申は幣物奉納後に行い、のち勅命によって焼却するなどを異にする。宣命の草案は中世以来高辻家より作進されたが、正保四年(一六四七)と天和二年(一六八二)の両度は宸作。宸筆宣命は一条天皇寛弘二年(一〇〇五)十二月を初見として明治までに七十九回に及んでいる。 ↓伊勢例幣使《いせれいへいし》

参考文献 『江家次第』一二(『(新訂増補)故実叢書』二)、『治承元年公卿勅使記』、『正応六年七月十三日公卿勅使御参宮次第』、『二所太神宮例文』、神宮司庁編『神宮要綱』 (鈴木 義二)

くくのち 句句廼馳 木の神。『日本書紀』神代四神出生章本文や第六の一書において、伊弉諾《いざなぎ》・伊弉冉《いざなみ》二神が国生みの後に生む神。「木祖《きのおや》」とあるところから、木々を神格化した神と考えられる。『古事記』においてもほぼ同様であるが、久久能智神と表記され、「木神」とある。木神であるところから木材をも司ると考えられ、『延喜式』祝詞の大殿祭《おおとのほかい》祝詞にも「屋船神《やふねのかみ》」「屋船久久遅命」として家屋を守る神とされている。同神を祀る神社では兵庫県西宮市の公智《くち》神社が有名。 ↓屋船神《やふねのかみ》 (新井 大祐)

くくりひめのかみ 菊理媛神 『日本書紀』神代四神出生章第十の一書にみえる神。泉津平坂で伊弉諾尊・伊弉冉尊の二神が口論した際、泉守道者《よもつちもりびと》とともに二神の仲介をし、黄泉国の伊弉冉尊の言葉を伊弉諾尊に伝えたという。「ククリ」は漏《くき》入りの意で、とざされた泉門をこの神々のみ出入りし得たための名であるという説、事象をくくる(まとめる)霊能をもつ一種の呪言神とみる説などがある。石川県石川郡鶴来町に鎮座する白山比咩神社の祭神。

参考文献 松村武雄『日本神話の研究』 (倉塚 曄子)

くさかどのぶたか 草鹿砥宣隆 一八一八—六九 江戸時代末期の国学者、神職。通称勘解由・近江守、号杉門主人。文政元年(一八一八)四月九日、三河国宝飯《ほい》郡に生まれる。父は三河国一宮砥《と》鹿《が》神社の祠官草鹿砥宣輝。天保五年(一八三四)、平田篤胤に入門、さらに羽田野敬雄、石塚竜麿に師事し、竹尾正胤らとともに、三河平田派の中心的存在として活動した。父とともに三河地域の神職離檀運動を推進し、同十三年に別当寺の妙厳寺《みょうごんじ》(通称豊川稲荷)からの離脱をはたした。明治元年(一八六八)、京都の皇学所御用掛に任ぜられて出仕したが、同二年六月二十一日、病没。五十二歳。著書に『祭典略附祭文例』『古言別音鈔』など。

参考文献 愛知県教育会・愛知一師偉人文庫編『新編愛知県偉人伝』、鈴木太吉「草鹿砥宣隆『杉之金門長歌集』の翻刻と研究」一—三(『愛知大学綜合郷土研究所紀要』三九—四一) (森 瑞枝)

くさなぎじんじゃ 草薙神社 静岡県清水市草薙鎮座。旧県社。祭神は日本武尊。延喜式内社。『駿河国内神名帳』によると正五位下。当社は日本武尊の東夷征伐にあたって、尊の焼津の難に、天叢雲剣にて草を薙ぎ払ったという故事に由緒を求めているが、清水市庵原町にも久佐奈岐神社があり、ほぼ同様の由緒を主張して、式内社であるのみでなく、『国内神名帳』所見の神階は正四位下にして、草薙神社よりは高く、ともに古社である。江戸時代には朱印五十石。例祭は九月二十日。なお式内社草名伎神社は伊勢神宮(外宮)摂社として三重県伊勢市常磐一丁目にも座しているから、くさなぎの社名については別途に考える必要がある。

参考文献 静岡県郷土研究協会編『静岡県神社志』、『静岡県史料』三 (近藤 喜博)

くさなぎのつるぎ 草薙剣 ⇩天叢雲剣《あめのむらくものつるぎ》

くじ 籤 ⇩神籤《みくじ》

くしいなだひめ 奇稲田姫 記紀の八岐大蛇《やまたのおろち》退治神話にみえる神。出雲簸の川上に住む脚摩乳《あしなずち》・手摩乳《てなずち》の女。『古事記』には櫛名田比売とある。八岐大蛇にのまれようとするところを、高天原から追放されて出雲に降ってきた素戔鳴尊《すさのおのみこと》に救われた。のち姫は素戔鳴尊と結婚し、六世の孫に大国主神が生まれる。「クシ」は巫女的象徴としての櫛であると同時に、霊妙不思議の意の美称でもある。したがって「くしいなだひめ」とは、田の神に仕える巫女であると同時に、それが豊かに育った稲田の神に昇格したものと考えられる。『日本書紀』神代宝剣出現章の一書を参照すると、この話の基盤に蛇身の水神を迎えて行う田祭儀礼があったらしく思われる。人間力による水の支配が可能になると、原始的な水神は人間的英雄に退治

される怪物に転じ、稲田の乙女は英雄と結婚するという話になる。この英雄は、新たな豊饒霊の化身でもある地方の王とみなされ、素戔嗚尊と奇稲田姫の結婚は、王の即位儀礼に伴われた聖婚の説話化と考えられる。

参考文献 三品彰英「出雲神話異伝考」(『三品彰英論文集』二所収)
(倉塚 曄子)

くしいわまどじんじゃ 櫛石窓神社 兵庫県多紀郡篠山町福井に鎮座。旧県社。櫛石窓命・豊石窓命・大宮比売命三座を祀る。櫛石窓命・豊石窓命は天太玉命の子で天照皇大神の岩戸隠りの折に御門を守り(『古語拾遺』)、天孫降臨の折には天孫に陪従したと伝え(『古事記』)、その縁故により早くから宮中神祇官西院の御門の神として官祭に預かった。本社の創立はその年代を詳らかにしないが蓋し悠久の古代にあり、前記宮中御門神の根源と推定される(『神祇伯仲資王記』)。『新抄格勅符抄』の大同元年(八〇六)牒には神封(神戸)五戸とあり、延喜の制では丹波国多紀郡九座中の筆頭に掲げられて二座ならびに名神大社に列し、中世は神田荘大芋四十八ヵ村の総社として大宮大明神と称せられた。鎮座地は宮山と呼ぶ鬱蒼たる小山で、その頂上に大小の霊岩が顕われ、御門祭の祝詞にいうように「四方の内外の御門に湯津磐村の如く塞《さや》り坐し」(原漢字)て往古よりの神秘を今に伝えている。例祭は四月二十五日、ほかに五月の酉日に御田植祭がある。なお社宝の木造櫛石窓命・豊石窓命・大宮比売命座像はいずれも重要文化財に指定されている。

参考文献 大場磐雄「櫛岩窓神社小攷」(『神道学』一二)
(大場 磐雄)

くしいわまどのかみ 櫛石窓神 御門《みかど》を守る神。天孫降臨の際に五伴緒《いつとものお》に続いて降った神。『古事記』では櫛石窓神と豊石窓神《とよいわまどのかみ》をともに天岩門《あめのいわと》(戸)別神《わけのかみ》の別名としているが、『古語拾遺』や『延喜式』祝詞では朝夕の御門の開閉と守護を行う御門《みかど》の御巫《みかんなぎ》のまつる二柱の神で太玉命《ふとだまのみこと》の子とされている。『延喜式』神名帳でも四方の御門に各一座ずつの八座まつられる宮中の神。同神を祀る神社に奈良県橿原市の天石門《あめのいわと》神社がある。
(渡辺瑞穂子)

くじきなおび 旧事紀直日 近世における『旧事本紀』注釈書の一つ。橘守部著。六巻。成立は、巻頭の自序によると弘化四年(一八四七)。『旧事本紀』がこのような撰修となったのは、貴重な古伝承の集成を、ただ残闕として世に出すにははばかられるからであり、そのため他書との重複も手を加えず、さらに後人の書入も加わって現在のような形となったとしている。『旧事本紀』偽作説への守部の反論を再検討すると、『古語拾遺』が『旧事本紀』を引用したという点、『天書』が『旧事本紀』に合致し記紀に背くという点以外の根幹的論点に対し、蓋然性があるとされる。『旧事本紀』に対する中世的聖典視への疑問から和学者による偽作説が噴出し始め、本居宣長・平田篤胤たちも少なからず偽作説を認めた中、純粋の偽書としては手際が悪すぎる、と説くのが守部であった。『(新訂増補)橘守部全集』二所収。

参考文献 橘純一『旧事紀直日』解題(『(新訂増補)橘守部全集』首巻)、鎌田純一『先代旧事本紀の研究』研究の部
(白山芳太郎)

くじこんげん 公事根源 室町時代の宮中を中心とした年中行事のあり方とその根源を記したもの。一巻。著者は二条良基、一条兼良などの説があるが、近年では兼良説が有力である。内容は正月の四方拝から十二月の追儺《ついな》に至る百余の項目があり、一例を記せば四方拝については天皇が属星を唱え天地四方を拝する作法と、そのはじまりを『宇多天皇御記』により仁和五年(八八九)であると説いている。本書の注釈書には元禄年間(一六八八—一七〇四)に松下見林の『公事根源集釈』、明和元年(一七六四)の速水房常の『公事根源愚考』(『(新訂増補)故実叢書』二三所収)などがあり、明治以後には関根正直の『公事根源新釈』がでて、その解説・研究もますます詳細になった。前記の速水房常の伝本の奥には、「応永廿九年(一四二二)正月十二日書レ之畢、内大臣(一条兼良)、偏為二嬰児一也、外見有レ憚」とあり、さらに、本書を兼良が内大臣のころ記したものとする持明院基春の文亀三年(一五〇三)の奥書がある。
(日野西資孝)

くじたいせいきょう 旧事大成経 近世初期、『先代旧事本紀』を撰し、聖徳太子撰と詐称した、神儒仏一致に立つ神道書。七十二巻・三十巻の二本ある。前者の前半(三十八巻)の神代本紀以下は記紀流の史書の体裁、後半(三十四巻)経教本紀以下は教学の書。本書は、志摩国伊雑宮(内宮の別宮)こそ天照大神の本宮であるとし、記紀などの所伝と違いきわめて宗教味豊かで教学的であるから多くの信奉者を得、明治の神仏分離後は僧侶の一部尊信者が目立つ。従来、長(永)野采女・釈潮音・伊雑宮祠官らの寛文年間(一六六一—七三)以前の偽作とみられているが、すでに流布の信仰をまとめたものともいえる。采女は元和二年(一六一六)上州簑輪城主の長子として生まれる。神儒仏に通ず。特に「物部之家伝」(物部神道)を承け「吾国之道業」を究め、密授の書を学び、神史・経教を説く(『長野采女伝』)。貞享四年(一六八七)死去。潮音は寛永五年(一六二八)肥前国小城郡に生まれる。禅宗黄檗派僧。中年、上野国に移り、館林侯の請で万徳山広済寺を開く。神宮祠官の訴え(大成経事件)で流罪。元禄八年(一六九五)美濃国にて示寂。

参考文献 三重貞亮『旧事紀訓解』、河野省三『旧事大成経に関する研究』、同『神道史の研究』、鎌田純一『先代旧事本紀の研究』研究の部、森田康之助「旧事大成経をめぐる問題」(『悠久』四ノ一)、岩田貞雄「(皇大神宮別宮)伊雑宮謀計事件の真相」(『国学院大学日本文化研究所紀要』三三)
(安津 素彦)

くしだじんじゃ 櫛田神社 福岡市博多区上川端に鎮座。旧県社。祭神は旧説では大幡主神で天平宝字元年(七五七)の鎮座とする。のち天照皇大神・素戔嗚神を勧請。佐賀県神埼郡の櫛田社縁起(『佐賀県史料集成』古文書編五所

収「本告政景櫛田社由緒書上案」)によれば、崇神天皇皇女豊鍬姫と同じ豊次姫《とよすき》で農耕蛇体女神。伊勢・京都・肥前の櫛田社を経て平家全盛期に神埼から博多に勧請された神社かと思われる。古来博多の総鎮守として崇拝され、毎年七月一日から十五日にかけての相殿祇園社の山笠行事が盛大である。

参考文献 筑紫豊「櫛田神社祭神考」(『神道宗教』四七)

(筑紫 豊)

くじのこおりさっとのみやほうがちょう 久慈郡薩都宮奉加帳 永正十四年(一五一七)の常陸国久慈郡薩都宮(茨城県常陸太田市薩都神社)に関する奉加帳。「くじぐんさとのみやほうがちょう」とも読む。一巻。同年二月吉日に同宮神主である赤須勝通が発願しており、同宮の修造のための奉加であったと考えられる。最初に名を記す「左京大夫義舜」は当時の佐竹家の当主であり、以下同家の一族、重臣が名を連ねる。ついで神主赤須氏の一族、禰宜・小祝などの神職、さらに番匠や僧侶が続く。『続群書類従』神祇部、『大日本史料』九ノ七・永正十四年雑載所収。『常陸遺文』『箕水漫録』にも収めるが、いずれも冒頭に「薩都宮神主赤須遠江守文書一冊二通」という付箋(あるいは貼紙か)のあったことを写しており、写本の系統は同一であろう。

参考文献 『群書解題』一下

(末柄 豊)

くしひきはちまんぐう 櫛引八幡宮 青森県八戸市八幡字八幡丁に鎮座。旧郷社。祭神は誉田別命《ほむだわけのみこと》ほか十数神。南部領総鎮守として甲州から勧請されたといい、「南部一之宮」の称がある。正平二十一年(一三六六)八月の四戸八幡宮神役注文案によれば、放生会の際に流鏑馬《やぶさめ》・相撲・競馬興行があり、かなりの社勢を有していたと見られる。江戸時代には千―千三百石を給され、寛文四年(一六六四)の八戸藩分立後も、飛地として盛岡藩支配のまま残された。東西二十五間・南北三十間の社地を柵で囲んだ図が『北奥路程記《ほくおうろていき》』に描かれている。例大祭は旧暦八月十五日で、流鏑馬が奉納される。本殿・旧拝殿・末社神明宮本殿・末社春日社本殿・南門の五棟は重要文化財。宝物に赤糸威《あかいとおどし》鎧兜大袖付(鎌倉時代末)・白糸威褄取《しろいとおどしつまとり》鎧兜大袖付(南北朝時代)の国宝二点と、重要文化財の鎧兜三点、県重宝の鰐口二口(応永十二年(一四〇五)銘・正保三年(一六四六)銘)・日本刀(備州長船幸光銘)・舞楽面九面などがあり、ほかに旧八戸小学校講堂(明治天皇の巡幸行在所)を移した明治記念館がある。

(本田 伸)

くじほんぎげんぎ 旧事本紀玄義 鎌倉時代の神道書。天台僧慈遍の撰。十巻。本書には神宮祠官度会常良(常昌)による元弘二年(一三三二)作成の「神道書記縁起序」があり、また慈遍の著『豊葦原神風和記』跋文にも、後醍醐天皇の隠岐配流の時、常良が慈遍に著述を勧め天皇に献じたと記すので、元弘二年ころの成立である。慈遍は『旧事本紀』を『日本書紀』よりも重要な神典と位置付けており、『旧事本紀』の意義を天台宗の智顗の『法華玄義』の体裁にならって論述したのが本書である。現存するのは一・三・四・五・九巻のみであるが、巻四の奥書によれば四・五・九が深秘の巻とされる。巻一は序章にあたり、巻三から巻五までは天地開闢から天孫降臨に至る神話をもとに、神道五部書や両部神道書を引用しつつ天皇論を展開している。巻九は十種神宝や三種神器についての神器論を展開している。本書とともに著わされた『旧事本紀文句』は『旧事本紀』の註釈書と思われるが逸書となっている。『続々群書類従』神祇部、『神道大系』論説編三所収。

(佐藤 眞人)

くしまちのみことじんじゃ 櫛真知命神社 ⇩天香山神社《あめのかぐやまじんじゃ》

くしみたま 奇魂 ⇩幸魂《さきみたま》・奇魂《くしみたま》

くじょう 宮掌 伊勢神宮神職の一つ。席は権禰宜の次。明治四年(一八七一)七月十二日太政官達にて設置。上司の指揮をうけて祭祀・礼典に奉仕し、事務に従事する。定員四十人。また遷宮祭の時には宮掌補が臨時に置かれ(同四十二年八月勅令)、宮掌を扶けて祭儀に従事する。熱田神宮にも若干人の宮掌および臨時の宮掌補の職制がある。なお『新任弁官抄』や『建久年中行事』にみえる宮掌は「みやじょう」といって宮中の雑務を掌る職。

(鈴木 義一)

ぐしょうしん 倶生神 (一)『日本書紀』神代神代七代章第四の一書に「天地初判、始有㆓倶生之神㆒、号㆓国常立尊㆒、次国狭槌尊」とある。この「倶生之神」の意味については、『日本書紀通証』二に「正通曰、倶生与㆓天地㆒倶生也(淮南子曰、不㆑化者、与㆓天地㆒倶生也、神異経曰、与㆓天地㆒倶生而不㆑没、故曰㆑神也(中略)鎮座本紀亦曰、万物之霊、是名㆓大元神㆒、亦名㆓国常立神㆒、亦名㆓倶生神㆒(下略))」と註釈しているのがほぼ要領を得ていよう。(二)『旧事本紀』の『神代本紀』に「天祖天譲日天狭霧国禅日(一本、月)国狭霧尊、一代倶生天神、天御中主尊、可美葦牙彦舅尊、二代倶生天神、国常立尊、豊国主尊、別天八下尊(以上註略)」とある。これは男神のみが二尊相並んで現われたのを、かく「倶生天神」といったもので、書紀の場合とはその意味を異にしている。(三)以上の二つは神道語であるが、仏教語にも「倶生神《ぐしょうじん》」なるものがある。梵語 sahaja の訳で、常に人の両肩にあってその善悪を記識して、死後これを閻魔王に奏上する二神をいう。わが国においても十王信仰の普及とともに、その図像のごときも盛んに造立せられた。

参考文献 泊如運敞『寂照堂谷響集』七、山岡浚明編『類聚名物考』二五

(西田 長男)

くじりまつり くじり祭 ⇩れんがく

くず 国栖 記紀などで古代の吉野に住んだ種族とされているもの。語源に諸説があるが未詳。『古事記』神武天皇段に「即入㆓其山㆒之、亦遇㆓生㆑尾人㆒、此人押㆓分巌㆒而出来、爾問㆓汝者誰㆒也、答曰、僕者国神、名謂㆓石押分之子㆒、(中略)故参向耳(此者吉野国巣之祖)」とあるのが文献上の初出であるが、この祖孫の関係は『古事記』の創

出であろう。また同書応神天皇段に国主《くず》の歌がみえる。『日本書紀』神武天皇即位前紀にもみえ、同じく応神天皇十九年条に「幸二吉野宮一、時国樔人来朝之、因以二醴酒一、献二于天皇一、而歌之曰」とある。また「夫国樔者、其為レ人甚淳朴也、毎取二山菓一食、亦煮二蝦蟆一為二上味一」「其土毛者、栗・菌及年魚之類焉」とみえる。『延喜式』宮内省にも、諸節会に国栖の贄と歌笛を奏することがみえる。なお『常陸国風土記』にみえる「国樔」は、『古事記』の国栖の名を借りて、反賊のそれとしたものであろう。

参考文献 川副武胤「古事記吉野考」(『古事記年報』一八) (川副 武胤)

くずまい **国栖舞** 古代芸能の一。宮廷の諸節会に、国栖人が出仕して演じた歌舞。国栖奏は歌と笛で行われ、その中に翁の立ち舞う段があって、これを国栖舞と称した。平安時代後期以後は宮廷楽人により代奏され、大正四年(一九一五)十一月十日、大正天皇の即位式の大嘗会に宮内省楽部の楽師により奏演されてのちは、宮廷歌舞としては行われていない。現在は郷土芸能として、奈良県吉野郡吉野町南国栖の浄見原神社で旧暦正月十四日に行われる。これは昭和二年(一九二七)宮内省楽部の多忠朝によって雅楽風に編曲編舞されたものといわれる。一歌、二歌、三歌、四歌の四部分から成り、神官(一人)と鼓(二人)、笛(十人)、舞(二人)の合計十五名により奏演される。三歌では舞が舞われる。舞人は左手に榊、右手に鈴を持って、十二ヵ月の月名を読み上げ、舞い終って口を打ち仰ぎ笑うさまをする。昭和五十三年三月二十八日、奈良県の無形文化財に指定された。

参考文献 林屋辰三郎『中世芸能史の研究』、日本ナショナル・トラスト編『日本民俗芸能事典』、田中義広「吉野の国栖奏」(『まつり通信』七四) (蒲生美津子)

くすりのかみ **薬の神** 薬神また薬祖神ともいう。わが国の薬神はいろいろあった。京都市下京区の五条天神社は少彦名命《すくなひこなのみこと》を祭神とする。天神と称しても菅原道真は祀らない。この神は大国主命とともに国土を経営し、併せて病を療治する方を定めて医薬を教え始めた神と伝える。また同市中京区二条通の薬種商は十一月に神農祭を行う。神農さんは中国の医薬の祖神で、百草を嘗めて医薬を知ったとある。京の薬商がこの薬祖神を祀ったのは室町時代からと考証されたが、のち久しく祭は中絶した。その再興は明治十七年(一八八四)、二条烏丸西入ル北側の会所内に祀って現在に至った。主神は少彦名・大己貴《おおなむち》(大国主)の二柱、それに中国の神農氏とギリシャのヒポクラテスとを脇座とした。いずれも薬神であった。祭日に漢方薬種でさまざまの造り物を工夫して飾り、笹に守袋をつけた呪物を頒けた。大阪市東区道修《どしょ》町も古くから薬種商の町で、少彦名神社があり、ここでも十一月に神農祭を行う。祭神は京都の五条天神社から分霊を迎えたという。なお諸国に薬神として祀られる神社がある。また仏教の説くところに薬師如来がある。このカミ、別名を大医王仏・医王善逝仏ともよばれ、古来療病授薬の祈願をうけ、霊験所も各地に建立された。京二条の薬屋街は近くの夷川通釜座下ルの薬師院の門前に開いた薬市から始まったという。なお大国主命を療病の神、少彦名命を健康の神とする説もあり、ともに酒の神として祀ることもある。 (平山敏治郎)

くそへ **屎戸** ⇩天津罪《あまつつみ》

くだまつじんじゃ **降松神社** 山口県下松市河内に鎮座。妙見本宮社ともいう。旧県社。天之御中主神を祀る。創建年代不詳。鷲頭山頂の上宮・中宮、山麓の若宮より成り、古くより大内氏の崇敬をうけ、ことに政弘は『大内家壁書』にもみられるように特別に保護し、その滅亡後は毛利氏が代わって崇敬庇護、元就以下社殿の造営につとめた。古く鷲頭山宮、北辰妙見社などと称したが、明治三年(一八七〇)現社号に改める。例祭は十月十三日。

参考文献 近藤清石編『山口県風土誌』一〇一 (鎌田 純一)

くちよせ **口寄せ** 超自然的な神霊や精霊の憑依を受けて人格転換を起こした巫者が、神意や精霊の意思を第一人称で述べる呪儀、またはその呪儀を行う巫者のこと。こんにち口寄せ巫儀の実修は著しく衰退し、日本列島両端の北海道・東北地方と薩南諸島・沖縄列島以外にはほとんどみられなくなっている。けれども、その空白地帯においても巫俗を基盤に成立する新興宗教の教祖や祈禱師・行者により、口寄せを重視する宗派が創成されている。代表例として中山みき(天理教)や出口なお(大本教)らが挙げられよう。現存の口寄せ巫俗には、神霊の託宣を主とする神口《かみくち》と、死霊の憑依をうける死口《しにくち》、生霊を呼び出す生口《いきくち》と大きく三種に分類できる。けれどもいずれの場合でも必ず日本国中六十余州の神々の降臨を仰ぐ「神おろし」をすませてから始めることを原則とする。それぞれの専門分野が判然としていて、もっぱら神口に従事する巫者にはゴミソ・ノレキ・カミサマ・モリコ・憑《よ》り人《にん》・託太夫《たくだゆう》・ネーシ(内侍)などがあり、あるいは湯立て・神楽舞から神がかりにはいるので、儀礼の名をとって名称とする場合もある。これに対し死口・生口は人間の生死に関する領域が主となるために巫儀の展開に大きな差違はなく、イタコ・イチコ・アズサ・オカミン・オナカマ・オシンメサマ・ワカ・マンチ・ノノウ・ミコ・ホウニンをはじめ南島のユタ・カンカカリヤ・ムヌチなどが活躍する。いまでも盛んな口寄せは死口で東北地方ではホトケおろしといい、南島ではマブイワカシ・タマスウカビなどとよぶ。いずれも死者の霊魂をよび出してきて、その心境などを死者に代わって遺族たちに口《くち》かたる。その際口開きを円滑に運ぶために相槌を打ったり質問したりする脇役が傍に侍座する。東北日本で「問い口」といい、南島でナカムチ(仲持)というのは、古代巫俗に見える審神者《さにわ》に類するものであろう。死口の執行は、絶命当夜・お通夜・埋葬後・三日目・五日目・初七日・五七忌・四十九陰・百ヵ日・初彼岸・新盆とか一周忌以降の年忌ごと、特に三十三年忌の弔い納め、あるいは洗骨の日など数多くみられる。けれども本州北端の津軽半島や南部方面のイタコのように、死後百日を境に、それ以前の新ボトケの口寄せ、つまり新口と、以後の古ボトケの口寄せ、つまり古口とに区分し、両者の巫儀を異なった方式で施行するところもある。いっぱんに下北半島の恐山や津軽の川倉地蔵尊の縁日のようなイタコマチでは、新ボトケの口寄せはできないとされ、もっぱら古ボトケの口寄せとなる。したがって新口寄せは例外なく喪家か巫家かで施行される。一回だけでは十分にホトケの遺思がはれないと判断した場合、もう一度催されることもある。それを「二度の梓《あずさ》」とよぶ。かつて梓弓を使ったころの遺制をうかがうことができる。幼少のものの死はことに憐愍を誘うので、「花寄せ」と称し霊前に生花をそなえ室内を造花で飾り華やかな祭場を設けて念をこめた口寄せを行う。適齢期の青年子女や遭難者の急死や事故死など非業の死を遂げたものの口寄せにあたっては、ナナクラオロシと称し霊前に七つの供養座を設け尋常死よりも数倍手篤く慰霊し、また祭壇に二体の藁人形を乗せた船の模型をつくり、口寄せのすんだのち供物を積み参会者一同かついで水辺まで運び、盆の精霊送りのように沖へ向かって流す「舟っこ流し」もみられる。神霊が乗り移った巫者の口を通して人間界にその意思を伝えるという発想は、古代の祭政一致の時代には最も一般的にみられた政治形態であった。『魏志』東夷伝にみえる邪馬台国の女王卑弥呼が能く衆を惑わした「鬼道」については諸説あるけれど、一種の巫俗教であったことは否定できないと思う。それは記紀の神話や古代伝承、そして寺社の古俗などから立証の資料を多く得られよう。また一般の民間でも、神霊や死霊が「かんなぎ」(女巫)に憑いてその意思を伝えたという記事が『日本霊異記』などにみられるし、平安時代になると、政権争奪の犠牲となった怨魂や癘鬼が巫女や尸童《しどう》に託《つ》いて怨念を吐露し、疫病・天変地異・飢饉などを予託する御霊信仰が流行した。そうした禍厄から身を保つために加持祈禱の寺僧・験者・行者・かんなぎらが活躍したことも忘れてならない。藤原明衡の『新猿楽記』によると平安時代末期にはかんなぎの巫術が民間に歓迎されたらしいけれども、それは機能によって卜占・神遊・寄弦・口寄せの四種に分けられていた。歴史上に口寄せが顔を出したのも、そのころからであろう。元来、神託を本領とした口寄せは、外来宗教の仏教とくに密教と習合したり道教と関係したりしながら多様化の方向を辿った。たとえば修験山伏と結託して憑《よ》り祈禱の霊媒となり、盲僧の座頭嬶となって民間の要望に応え、熊野御師などとカップルを組んで歩《ある》き巫女《みこ》の生涯を送るものも少なくなかった。かかる状況は宗教改革の行われた明治以前の姿を示すものであり、現在ではその残滓がわずかに断片となってのこっているにすぎない。
↓シャーマニズム

参考文献 堀一郎『我が国民間信仰史の研究』二、中山太郎『日本巫女史』、桜井徳太郎『日本のシャマニズム』、山上伊豆母『巫女の歴史』
(桜井徳太郎)

くづはちまんぐう 久津八幡宮 岐阜県益田《ました》郡萩原町上《じょう》呂《ろ》に鎮座。葛《くず》宮とも書かれてきた。旧県社。祭神は、広幡八幡大神(誉田別命、応神天皇)を主神とし、相殿に天照大神・春日大神、別殿に仁徳天皇ほか八柱の神を祀る。応永十九年(一四一二)の社殿の造立棟札によれば、保元年中(一一五六—五九)、源義平が関東鶴岡八幡宮より神霊を勧請したとしているが、『飛州志』は、平治年中(一一五九—六〇)義平が山城国男山(石清水)八幡宮から勧請したとしている。平治の乱時、父義朝の命を受けた義平が、北国から入飛し、飛驒の兵を募り来たり、上呂の地で、八幡宮を造営し、戦勝祈願をした、という伝承があり、『飛州志』はそれを八幡宮勧請の始まりとしている。先記の棟札にあるように、本殿は、応永十九年、在地の領主白井太郎俊国によって再建されており、天正九年(一五八一)建造の拝殿とともに、重要文化財。例祭は四月十四日・十五日。

参考文献『萩原町史』
(丸山幸太郎)

くどのかみ 久度神 ⇩平野神《ひらののかみ》

くないしょう 宮内省 ㈠律令官制の八省の一つ。和訓は「ミヤノウチノツカサ」。天平宝字二年(七五八)八月、恵美押勝によって「智部省」と改称されたが、その没落とともに旧に復した。唐名は工部または司農。諸国より毎年京進される調雑物(海産物が主)・舂米のこと、官田(『大宝令』では屯田)に関すること、天皇の食膳や園池・氷室などの生産品に関し奏宣すること(元日に氷様《ひのためし》を奏するのはその一つ)、諸国の特産食品のこと(元日に大宰府貢進の腹赤について奏するのはその一つ)など、主として食糧品に関することを掌り、また女丁を撿校して諸司に分配することや、嬪以上および内親王家の資人の考の等第を定めることも取り扱った。官員には卿(正四位下相当)・大輔(同正五位下)・少輔(同従五位下)・大丞(同正六位下)各一人、少丞(同従六位上)二人、大録(同正七位上)一人、少録(同正八位上)二人および史生十人・省掌二人・使部六十人などがおり、大膳職と木工・大炊・主殿・典薬の四寮および正親・内膳・造酒・鍛冶・官奴・園池・土工・采女・主水・主油・内掃部・筥陶・内染の十三司を管する。しかし大同三年(八〇八)の行政機構改革などを経て、結局、『延喜式』撰上当時には、大膳職と木工・大炊・主殿・典薬・掃部(弘仁十一年(八二〇)大蔵省被管の掃部司と内掃部司を併合して宮内省被管となる)の五寮および正親・内膳・造酒・采女・主水の五司があり、以後は改変されなかった。しかし律令制の衰退とともに、各被管官司の独立化およびその長官職が世襲化されるに至って、これらを統轄する省としての実質的な活動は見られなくなり、名目的な官職としてのみ存続し、明治二年(一八六九)七月の律令官職制度の廃止時に至った。『大宝令』制成立に至る過程については、『日本書紀』天武天皇十一年

(六八二)三月条の「宮内官大夫」などの記事から、「宮内」のことを掌る官司の存在がわかるが、青木和夫説では、天武朝末期、令制の宮内省と中務省に相当するものは、天皇家の家政機関として未分化の状態で、のちの両省の被管となる諸官司は独立の存在であったが、『浄御原令』官制で、宮内省と中官として分化・創設されたとする。さらにその淵源について、直木孝次郎説では、『日本書紀』推古天皇二十年(六一二)二月条にみえる「阿倍内臣鳥」の「内臣」は、内廷統轄者を意味する複姓で、六世紀後半より七世紀前半まで阿倍氏の一流がその職能を担当したので、この複姓をもったとする。この両説は、宮内省を天皇の家政機関(内廷のことを掌る)の発展したものとする点で一致しているが、東野治之説はこれに反し、「宮内」とは内廷のみでなく内裏・官衙を合わせた宮城内(大内裏)すべてを指し、宮内省とは、宮城内の諸事(天皇家はもちろん、そこに勤務する官人を含む)に関わる綜合官庁として構想されたとする。採るべき見解であろう。

[参考文献] 岩橋小弥太『上代官職制度の研究』、直木孝次郎「大蔵省と宮内省の成立」(柴田実先生古稀記念会編『(柴田実先生古稀記念)日本文化史論叢』所収)、青木和夫「浄御原令と古代官僚制」(『古代学』三ノ二)、東野治之「内廷と外廷―宮内省の性格を中心として―」(『続日本紀研究』二ノ一二)　(今江　廣道)

(二)皇室関係の事務を掌る官庁。明治二年(一八六九)七月神祇・太政二官が置かれた時、太政官の一省として宮内省が設置され、卿・大少輔・正権大少丞などの職員が置かれた。最初の宮内卿は万里小路博房である。同十八年十二月内閣制度の創設に際し、内閣とは別に宮内大臣を置き、内閣総理大臣伊藤博文がこれを兼任した。翌十九年二月定められた宮内省官制には、宮内大臣は帝室の事務を総判し、宮中職員・皇族職員を統督し、華族を管理することを掌る、と規定され、内事課・外事課・侍従職・式部職・皇太后宮職・皇后宮職・大膳職・内蔵寮・主殿寮・図書寮・内匠寮・主馬寮・諸陵寮・御料局(のちに帝室林野管理局、帝室林野局となる)・侍医局・調度局・華族局(のちに爵位局、爵位寮、宗秩寮となる)の二課・五職・六寮・四局が置かれた。その後幾たびか官制の改定あり、昭和二十年(一九四五)には大臣官房以下二十五部局を数え、職員も六千名を超えた。同二十一年四月部局と職員の整理、縮小が行われ、同二十二年五月宮内府と改称、同二十四年六月総理府の外局としての宮内庁となった。

[参考文献] 宮内省編『明治天皇紀』、内閣記録局編『明治職官沿革表』　(後藤　四郎)

くないちょう　宮内庁　総理府の外局として設置された行政官庁。終戦後規模を縮小した宮内省は昭和二十二年(一九四七)五月新憲法の施行とともに宮内府となったが、その後さらに組織人員を縮小して昭和二十四年六月総理府設置法の制定により、総理府の外局としての宮内庁となった。はじめ宮内庁の組織は内部部局として長官官房・侍従職・皇太后宮職・東宮職・式部職・書陵部・管理部があり、地方に京都事務所・正倉院事務所・下総御料牧場などがあった。同二十六年五月貞明皇后の崩御により翌年一月皇太后宮職は廃止され、その後三十一年六月宮内庁法の改正により京都事務所は地方支分部局、正倉院事務所と下総御料牧場(現在は栃木県に在り、御料牧場と改称)は付属機関となった。なお同三十八年六月から四十四年七月まで新宮殿造営のため臨時皇居造営部が置かれていた。宮内庁の職務は皇室関係の国家事務と、天皇の行う国事行為のうち外国大公使の接授と儀式に関する事務を掌り、御璽・国璽を保管することである。　(後藤　四郎)

くなどのかみ　久那斗神　『日本書紀』神代四神出生章第九の一書に来名戸之祖神《くなどのさえのかみ》とあり、この神名は、黄泉国《よもつくに》の雷神の追跡を遮るため、伊奘諾尊《いざなぎのみこと》の投げた杖が化した岐《ふなど》神《のかみ》のもとの名であるという。岐神の字面はこの神の所在を語っており、「くなど」は来てはならぬ処の意。『延喜式』道饗祭祝詞にも久那斗神の名がみえる。京城の四隅、村境・辻などで悪霊の侵入を遮り防ぐ塞神《さえのかみ》、道祖神のことであり、道路の守護神のほか、古来性神的特性を有する神として注意される。

[参考文献] 柳田国男『石神問答』(『定本柳田国男集』一二)、武田久吉『道祖神』、折口信夫「万葉集と民俗学」(『折口信夫全集』九所収)、同「さへの神祭りを中心に」(同一五所収)　(尾畑喜一郎)

くにうみしんわ　国生み神話　伊邪那岐・伊邪那美両神は天神の命を受けて漂える国を修理固成するため、天浮橋に立って天沼矛を海中に入れてかき廻し、その矛の先から滴った塩が積もって淤能碁呂《おのごろ》島となった。二神はこの島に天降り八尋殿《やひろどの》を立て、天御柱をめぐって神婚し、最初、子の数に入らぬ水蛭子《ひるこ》や淡島を生んだのち、淡路島・四国・隠岐・九州・壱岐・対馬・佐渡・本州の大八島国を生み、さらに吉備の児島・小豆島・大島・女《ひめ》島・知訶の島・両児《ふたご》の島の六島を生んだ。これは『古事記』の所伝であるが、『日本書紀』では神代大八洲生成章の本文と第一―十の一書に異伝が記されている。国生み神話が、全体としては、中国南部から東南アジアの洪水神話と密接な関係をもつことは、すでに多くの学者が指摘している。原初の兄妹の結婚と、その結果としての生み損い、宇宙軸の象徴たる天御柱をめぐることなど、日本の国生み神話とこの洪水神話との共通要素である。しかし、国生み神話には、はじめ洪水の発生する部分があったのが脱落したと見る必要はない。原初の海洋に聳出した島に兄妹が天降って人類の祖となるという、インドネシアに見られる原初洪水型神話の範疇に入るものと考えられる。他方、塩がかたまって淤能碁呂島ができたモチーフは、内陸アジアに分布する原初海洋をかき廻して国土が凝固発生した神話との関係が考えられるように、国生み神話の構成は複雑である。

参考文献 大林太良『日本神話の起源』(『角川選書』六三)、同編『国生み神話』(『シンポジウム日本の神話』一)、ネリー＝ナウマン「天の御柱と八尋殿についての一考察」(藤本淳雄訳、『民族学研究』三六ノ三) (大林 太良)

くにかかすじんぐう 国懸神宮 ⇩日前《ひのくま》・国懸神宮《くにかかすじんぐう》

くにたまのかみ 国魂神 国土の霊魂ないし精霊を神格化したものとふつう解釈されている。ただここで国という言葉を用いているのが重要である。国とは、天津神と国津神という神々の分類体系において、土地の主ないし生産者的機能の神々を、統治・祭祀・軍事的機能の神々たる天津神と対置して、国津神と呼んでおり、かつ、天津神・国津神の範疇外に、自然神が存在していることや、『日本書紀』の神代四神出生章第十一の一書に、海・山に対置された領域として国があることから考えて、人間の文化の制御下にある土地、ことに農耕が営まれている土地を意味している。国魂神とは、このような意味での国土の霊魂を神格化したものである。国魂神にはさまざまな種類がある。そのうち、宇都志国玉神《うつしくにだまのかみ》(『古事記』、『日本書紀』神代宝剣出現章第六の一書では顕国玉神)は大国主神の別名とされている。『古事記』では、大穴牟遅神《おおなむちのかみ》(大国主神)が根の国から須世理毘売《すせりびめ》を連れて脱出するとき、須佐之男大神から、お前は大国主神となり、また宇都志国玉神となれと祝福を受けた。書紀神代天孫降臨章本文では天国玉の子の天稚彦《あめわかひこ》が、顕国玉の女の下照姫を娶ったとあり、その註に、下照姫の別名の一つが稚国玉となっている。『古事記』でも、天若日子の父は天津国玉神である。また同書には須佐之男命の子大年神が神活須毘神《かむいくすびのかみ》の女伊怒比売《いのひめ》を娶って大国御魂神を生んだとある。書紀神代宝剣出現章第六の一書では、大国玉神も大国主神の別名である。『出雲国風土記』意宇郡飯梨郷条には、同地に大国魂命が天降り御膳を食したとある。また書紀崇神天皇六年および七年条には、それまで天照大神・倭大国魂の二神を天皇の大殿に並祭していたが、市磯長尾市《いちしのながおち》に倭大国魂神をまつらせるようになった経過が出ている。長尾市は大倭直の祖である。後世にも遷都にあたり倭大国魂神に奉告し、遣唐使の安全をこの神に祈ったりした。それぞれの地域にそれぞれの国魂神があったが、祭祀の対象としては、大和の大国魂神がもっとも重要視されていた。

参考文献 松村武雄『日本神話の研究』三、青木紀元『日本神話の基礎的研究』 (大林 太良)

くにつかみ 国津神 ⇩天神地祇《てんじんちぎ》

くにつつみ 国津罪 天津罪とともに日本最古の犯罪を包括的に示した概念。その諸罪を最も整合的に伝える史料は『延喜式』の大祓詞である。それによれば、国津罪には、生膚断・死膚断・白人・胡久美・己母犯罪・己子犯罪・母与子犯罪・子与母犯罪・畜犯罪・昆虫乃災・高津神乃災・高津鳥乃災・畜仆志・蠱物為罪の諸罪が包括されている。己母犯罪・己子犯罪・母与子犯罪・子与母犯罪・畜犯罪は、性的タブー違反であり、いずれの原始社会においても、神法(婚姻法)への反逆として重大な犯罪と意識されているものである。生膚断・死膚断は、人の生体また屍体の膚に疵をつける行為である。白人・胡久美は、身体の重い疾患、昆虫乃災・高津神乃災・高津鳥乃災は、昆虫雷鳥類による災禍であり、疾患といい災禍といい罪名としてあげられていないながら神々の怒りの結果の表現とも考えられるような制裁的意味のこめられていることに注目すべきである。畜仆志・蠱物為罪は、呪術的な犯罪行為である。古典には天津罪に明確な制裁(財産刑)が反応したのに対し国津罪の諸罪に反応する制裁が記録されていない。旧説はこの点に注目して神前に祓詞を奏上し祓いきよめるといった漠然とした制裁が反応したとしているが、これは刑罰と後年の宗教的儀礼とを混同したものであり、刑罰執行の前提の手続としての意味を有しうるような原始的ハラヘが国津罪に関連する事実の一つも存しないことを看過したものである。国津罪の諸罪に対してそのような手続の成立する余裕を与えることなき絶対的制裁(神の制裁)が反応したのである。原始社会において性的タブーの違反者は、自殺せしめられた。犯人自身において神の制裁の結果が表示されている。罪において刑が表現されるということ、すなわち罪と刑の同一性の事実があらわれている。つまり国津罪の罪の表現にはすでに刑の意味を含むものがあったのであって、そこに国津罪に反応する制裁が記録されなかった理由がある。この伝統は、唐律の笞刑・杖刑・徒刑・流刑・死刑の五刑を笞罪・杖罪・徒罪・流罪・死罪の五罪として継受したところにも示されている。犯罪の二分方法のきわめて古くさかのぼりうることも、『古事記』仲哀天皇段の記録が天津罪国津罪類の分類を示唆するごとき順位をふんでいることによってこれを証することができる。

参考文献 井上光貞「古典における罪と制裁」(『日本古代国家の研究』所収)、石母田正「古代法小史」(『日本古代国家論』一所収)、石尾芳久「天津罪国津罪論考」(『日本古代法の研究』所収)、同「天津罪国津罪再論」(『日本古代法史』所収)、大林太良「古代日本における分類の論理」(『現代のエスプリ』五八) (石尾 芳久)

くにつやしろ 国社 ⇩天社《あまつやしろ》・国社《くにつやしろ》

くにのとこたちのみこと 国常立尊 『古事記』では国之常立神とある。記紀冒頭の世界化成神話に現われる神。国底立尊とも称す。トコは土台、タツは出現を意味する。混沌として浮動する浮き脂状のものの中から土台となるべき大地が現われたことの神話的表現。この神の対称的神格に天常立尊がある。『日本書紀』では本文の筆頭に国常立尊が出現し、また六異伝の全てに現われるのはこの神だけであるというように重視されている。一方『古事記』では冒頭の天之御中主神に始まる別天神五柱の中に天之常立神が含まれて先に化成し、国之常立神は五柱の後で現われたことになっている。この神の位置づけの相違は、世界化成神話の成立過程を解明する手がかりとなるだろう。

参考文献　大野晋「記紀の創世神話の構成」(『仮名遣と上代語』所収)　（倉塚　曄子）

くにのみやつこ　国造　古代の地方豪族で、伴造に対応する氏姓時代の地方官。県主と密接な関係にある。六、七世紀に大和朝廷によって設定され、国造が上級、県主が下級の国県制度を構成していたとする有力な説がある一方、県主は三世紀後半から五世紀にかけての大和朝廷の支配の拡大過程を反映する地方制度であり、国造制は、確立した古代日本の統一政権の地方制度として、五世紀から六世紀にかけて新たに成立したとする説も、史料的に妥当性がある。県主というような君長性を示す名称の地方官と、国造というような奉行者性を表わす名称の地方官とが、同時に上下関係で成立したとは考え難いから、やはり本来その地域の小君長であった豪族たちが、初期大和政権のもとに地方支配者として位置づけられ組みこまれたのが県主で、国造は大和国家の国土統一支配がより広範に及び強力になった段階で、設置された地方官であったと考えるべきであろう。県主制が時代の進展とともに自然に制度としての意味を弱めて来た時に、それとは別に新しい国家体制に合致した地方支配制度として、国という或る種の行政圏が設定され、その地方の最も強力な豪族が、その長官として国造に任ぜられたのであろう。だからすでに県主制のあった地方では、その地方の県主だったものの中から、有力者が選抜された形で、国造になった者が多かったのであろうし、新しく大和国家の支配下に組みこまれたような地方では、全く県主の経験もなく県制とは無関係の豪族が、国造になったのであろう。稀には中央から派遣され就任したような例もあったと考えられる。当初の一時期は、国県制といわれてもおかしくないような、二重組織的形態を示し、広域を支配する国造が、幾つかの県主を従えて地方を支配しているごとき形態を呈したものであろう。もちろん時とともに国造制下において県主は遺制と化して行った。国造制は、大化改新によって七世紀半ばに令制の国郡(評)制に切り換えられるまで存続するが、その創始の段階は、氏姓古代国家が飛躍的発展充実の一時期を画した、応神・仁徳朝といわれる四世紀末期から五世紀初期のころであり、『旧事本紀』の『国造本紀』に応神朝創置を伝える国造の多いのも、必ずしも無意味ではないかもしれぬ。これは伴造制の段階的展開期とも相関関係を持つものであるから、雄略朝あたりにも一整備期があったと見られる。北は宮城南部・福島・新潟から南は九州・壱岐・対馬まで行きわたっている国造たちが、一斉に置かれたとは認め難いから、相当遅れて置かれた国造もあろう。最終的には全国で百数十に達した。国造の職掌は、一言にしていえばその国造国の支配である。地域君長としての経歴を持つ国造は、はじめ独立性が強かったが、次第に中央の統制に服し職掌も規格化する。(一)子弟が舎人・靫負、むすめや姉妹が采女として出仕すること、(二)特産物や馬・兵器などの供出、(三)物品の製作、またはその費用の負担、(四)部民や屯倉を管理する伴造の職務の兼務、(五)皇室・中央豪族などの巡行に際しての接待や献上、(六)いわゆる国造軍を率い部内の警備警察や外征に従うこと、などがおもなもので、出雲・紀伊・阿蘇などの諸国造に典型を見る祭祀的職務もあったが、それは、制度化された国造になる以前の、小国君長・地方豪族長としての時代からの本具的属性であるといえる。国造に特徴的な姓は伴造同様直であるが、出雲などの臣、毛野などの君(公)、若干の連や造などの姓もあり、国造そのものを姓とするものもあった。阿岐・周防・淡道・伊余・都佐などの諸国造は凡直の姓を持つ。讃岐も凡直を称することがあるが、大押直の意で、所部の地域を統率するいわゆる大国造であったことを示す。

参考文献　太田亮『(全訂)日本上代社会組織の研究』、上田正昭『日本古代国家成立史の研究』、鎌田純一『先代旧事本紀の研究』、新野直吉『国造と県主』(『日本歴史新書』)、同『日本古代地方制度の研究』、同『研究史国造』、同『謎の国造』、吉田晶『日本古代国家成立史論』、佐伯有清・高嶋弘志編『国造・県主関係史料集』(『日本史料選書』二二)　（新野　直吉）

くにむけまつり　平国祭　河内枚岡神社・能登気多神社などで行われる国土平定を祈る祭儀。枚岡神社では神武東征の際の故事にちなみ、もと二月朔日に行われて来たが、大正七年(一九一八)再興以来は五月二十一日を例日として振矛献矛などの儀が行われる。気多神社の方は「へいこくまつり」ともいい、俗においで祭と称し、祭神大己貴命国土経営の所伝にもとづき、毎年三月十八日から二十三日まで六日間に神輿がもとは能登一国を巡幸することになっていたが、今は羽咋・鹿島の両郡の一部にとどめられている。

参考文献　神祇院編『官国幣社特殊神事調』二　（柴田　実）

くにゆずりしんわ　国譲り神話　大国主神が天照大神の要求により皇孫に国土を譲ったとする神話。『古事記』『日本書紀』の伝えるところでは、天照大神の弟素戔嗚尊が出雲に天降り奇稲田姫と結婚して大国主神を生んだ。この神は大八洲をことむけやわしたが、天照大神は、この国はわが子の知らす国だとして、大国主神のもとに幾度か使を遣わして国譲りを求めた。しかしなかなか結着しないので、建御雷神・経津主神という二武神を遣わして強硬に国譲りをせまった。大国主の子事代主はそれに同意したが建御名方は反対したので、建御雷がそれをこらしめ降伏させ、ここに国譲りのことが決まり大国主神は永く大社にまつられて幽界をつかさどることになった。明治時代までの研究ではこれは、それに直接対応する古代史の事実があったと解されたが、今日では、それは要するに、大和朝廷による国家統一の過程を神話化したものと理解されている。つまり大和朝廷は大和から始まって次第に四周の原始国家を併合統一して行ったが、その過程においてあるいは話合いによりあるいは武力を用いるなどして、長い年月をかけて大きな国を作って行った。そうした過程を一括して神話化したので、その際に出雲が最後の焦点とされたのは、やはりそこに古い政治的宗教的勢力が残っており、それを降伏させることによって一応統一がまとまったためと想像せられる。それはおそらく崇神・垂仁天皇の時代であったらしい。

参考文献　肥後和男『古代伝承研究』　（肥後　和男）

くのうざんとうしょうぐう　久能山東照宮　⇩東照宮《とうしょうぐう》

くぼすえしげ　久保季茲　一八三〇—八六　幕末・明治時代前期の神道家。天保元年（一八三〇）五月十二日、父徳潤、母徳永氏のもとに江戸本郷（東京都文京区）に生まれる。生年を文政十二年（一八二九）とする説もある。幼名慎吉、のち玄貞・琴書。号は杉舎《すぎのや》。家業が医師であったこともあり、幼時より八部泰安・鶴峯戊申《つるみねしげのぶ》に算術・蘭学を学ぶ。天保十一年、家業を継ぎ、安政六年（一八五九）に隠居して以後国学の研究に努め、神道家として活躍した。明治元年（一八六八）十二月神祇官書記、翌年三月教導局書記、同五年の神祇官の廃止とともに一時官を辞し、八月東京根津神社祠官となるかたわら教部省や宮内省に再出仕、翌年三月に奈良の大神神社の初代大宮司となり、七年十一月まで務めた。その間、政府による境内地の上知令に対して、大神神社が三輪山を神体とし本殿を持たないため、建物に付随する土地以外の上知という原則に苦慮したが、ようやく神体山一帯を社地として認めさせた。大教宣布運動では、中教正にまでなった。明治十五年の宮内省致仕の前後、皇典講究所設立に宍野半《ししのなかば》・井上《いのうえ》頼囶《よりくに》らと尽力し、開所後は教授となり中心的役割を担った。明治十九年三月五日、現職のまま死去。五十七歳。谷中墓地に葬られた。諱は、道隈豊開別大人《みちのくまとよはるきわけのうし》。著作は数十点にのぼり、二十年祭に際し、『杉舎叢書』の刊行が計画された。『神事儀略』『元始祭』を第一輯に収め刊行されたが、続巻の刊行は確認されていない。

参考文献　椙山林継「久保季茲」（国学院大学日本文化研究所編『国学院黎明期の群像』所収）　（椙山　林継）

くぼたおさむ　久保田収　一九一〇—七六　第二次世界大戦後、昭和時代を代表する神道史家。明治四十三年（一九一〇）七月二十二日富山市に生まれる。昭和九年（一九三四）東京帝国大学文学部国史学科卒業、同十三年第七高等学校造士館教授となる。同二十一年京都日日新聞社入社、合併により京都新聞に移り、同二十九年まで論説委員を勤める。その間、同二十八年の神道史学会創立に尽力して初代代表となり、同三十年には高野山大学教授に就任。同三十五年『中世神道の研究』により文学博士。同三十七年皇学館大学の再興とともに、その国史学科主任教授となり、文学部長に併任され、同大学神道研究所長・出版部長なども歴任した。同五十一年十二月七日六十六歳で病没。正五位・勲三等瑞宝章を授与される。中世神道の解明を中心に、神道と神道史の研究に業績をおさめた。神道関係の著書に、前掲のほか『神道指令の超克』（『国学研究叢書』）、『神道史の研究』、『八坂神社の研究』（『神道史研究叢書』八）など多数ある。

参考文献　『神道史研究』二五ノ一（特集久保田収博士逝く）・三四ノ四（特集久保田収博士）　（伴五十嗣郎）

くぼはちまんじんじゃ　窪八幡神社　山梨県山梨市北に鎮座。窪八幡宮、大井俣神社と称された。別に鷹八幡ともいう。旧県社。祭神は足仲彦尊・誉田別尊・気長足姫尊。貞観元年（八五九）に豊前国宇佐八幡宮を勧請したといい、はじめ笛吹川の中島大井俣の地にあり、のち現在の窪の地に遷座した。式内社の一つ（甲斐国山梨郡大井俣神社）。別当の上之坊普賢寺は、建仁元年（一二〇一）武田信光の草創。江戸時代には、朱印社領二百七十石五斗余を有した。例祭は十月十五日。本殿は十一間社流造で内部壁板に永正十六年（一五一九）の銘が残る。拝殿（庁屋）は弘治三年（一五五七）、神門は永正八年、鳥居は天文四年（一五三五）、摂社若宮八幡神社本殿は室町時代中期、同拝殿は天文五年、末社武内大神本殿および末社高良神社本殿は明応九年（一五〇〇）、末社比咩三神本殿は寛永二年（一六二五）の造営である。本殿は明治四十年（一九〇七）、その他は昭和二十四年（一九四九）に重要文化財の指定をうけた。県指定文化財としては、天文元年に造立された如法経塔をはじめ、鐘楼や木造の狛犬、天文二十二年に描かれた紙本墨画淡彩窪八幡神社境内古絵図がある。

参考文献　『山梨県史』文化財編、松平定能編『甲斐国志』三（『大日本地誌大系』四六）　（西田かほる）

窪八幡神社本殿

くまい　供米　仏や神にそなえた米。「供」には「マウク・タテマツル・ソナウ・ツカマツル・ノソム・タマフ」の義がある（『類聚名義抄』）。仏寺・神社で恒例・臨時に行われた修法・法会・講などの運用に必要な物を、一般に供料・供物・会料などと呼ぶが、そのうち特に米の場合を供米という。仏神にそなえたあと下行、配分するという形をとり、ふつう僧に食料として下行される分と、毎日のそなえ物や他の寺用に使われる分とに分けられる(たとえば「僧供料米」と「仏供料米」、「人供」と「壇供」)。院政時代以降、多く史料上に登場し、供米を出すべき負田や荘園が置かれ、所当官物や年貢が充てられた。供米を出す田を「供田」「供米田」、納める所を「供所」「供米所」などという。神に供する米は、別に「供祭料米」「くましね」「くま」「おくま」とも呼ばれた。なお、天皇への供御米を御供米と呼んだ例もある。

参考文献 「石清水八幡宮寺供米支配状」(『鎌倉遺文』六)、「紀伊国高津郷司解」(『平安遺文』三)

(稲葉　伸道)

くまかぶとあらかしひこじんじゃ　久麻加夫都阿良加志比古神社　石川県鹿島郡中島町宮前に鎮座。熊甲《くまかぶと》社とも称するが、普通はオクマカブトとよばれる。旧郷社。阿良加志比古神・都奴加阿良斯止神《つぬがあらしとのかみ》を祀る。延喜式内の古社で熊木郷の大社と仰がれ、広い崇敬をあつめてきた。木造久麻加夫都阿良加志比古神坐像は重要文化財に指定されている。例祭は九月二十日、近郷十八部落から神輿と長大な枠《わく》旗とが参集し、豪壮なお廻り行事があり、熊甲二十日祭とよばれる。この枠旗行事は昭和五十六年(一九八一)、重要無形民俗文化財に指定された。同系統の式内社に、七尾市山崎町鎮座の阿良加志比古神社がある。旧郷社で、祭神は阿良加志比古神。社伝によれば、大呑《おおのみ》六郷(七尾市の灘浦地区)の神で、往古、海上より渡来の少彦名神と協力して地方開発の大業をたて、創祀されたのが起源だという。同地方の惣社と仰がれ、領主の尊崇も厚かった。例祭は四月四日。なお少彦名神は、当初来着地の巨石に神霊をとどめた。これが宿那彦神像石《すくなひこのかみかたいし》神社で、式内論社の一つになっている。

参考文献 太田道兼『能登名跡志』、森田平次『能登志徴』、『石川県中島町史』資料編、『七尾市史』資料編五、小倉学「漂着神」(『日本の民俗宗教』三所収)、同「能登中島の祭礼とユイ」(『社会と伝承』一ノ六)

(小倉　学)

くまくじんじゃ　久麻久神社　愛知県西尾市八ッ面町に鎮座。旧郷社。『延喜式』神名帳には三河国幡豆郡に「久麻久神社二座」とある。祭神は須佐之男命と大雀命(仁徳天皇)。『三河国神名帳』では「従四位下熊来明神」とされ、明治以前は久麻久上の社とも荒川大宝天王などとも称されたが、明治元年(一八六八)旧号に復し、同六年郷社に列した。古くは社領二十九石を領した。本殿(入母屋造)は永禄のころ、徳川家康によって八面山頂から移建されたもので、その由緒によって重要文化財に指定されている。その他社宝に宝徳元年(一四四九)の鰐口がある。例祭は十一月第一日曜日。

(岡田　米夫)

くまざわばんざん　熊沢蕃山　一六一九―九一　江戸時代前期の儒者。名は伯継、字は了介、通称は幼時左七郎、のち次郎八、さらに助右衛門、号は息游軒・不敢散人・不盈散人・有終庵主、一般に雅号のごとく用いられる蕃山は、備前において彼が蕃山《しげやま》村(岡山県備前市)に隠退したのち蕃山了介と称したことに由来する。本姓は野尻氏。元和五年(一六一九)京都の稲荷近くで、父野尻一利、母熊沢亀女の間に長男として生まれた。八歳のとき外祖父熊沢守久の養子となる。寛永十一年(一六三四)養父の死後、縁あって岡山藩主池田光政に児小性として仕えた。同十五年二十歳となり、修学の未熟を自省して致仕し、当時実父らの寄寓していた近江桐原の祖母の実家に身を寄せ、父について兵書を学び、同十七年朱子の『四書集註』を得て、大いに感奮するところあったという。翌年秋近江小川村に中江藤樹を訪ね、入門を請うて許されず、さらに冬再度懇請してようやく許され、『孝経』『大学』『中庸』について受講したが、半年余りで一家の生計をはかるため桐原に帰っている。しかしその後も藤樹との深い学問的交渉はつづけられた。正保元年(一六四四)から同二年の間、岡山藩に復仕し、学才を認められ、慶安三年(一六五〇)には番頭三千石に抜擢されて信任を受けた。その治績は治山・治水、承応三年(一六五四)大洪水の災害と引き続く飢饉対策などに大きな成果をあげている。このころ、その名声は高く、参勤の供で江戸へ出ると、幕府の重臣・諸侯らの教えを請うものが殺到したといわれている。明暦三年(一六五七)三十九歳の正月、光政の三男八之丞政倫を養嗣子とし、病気を理由に致仕を願い出て、知行地寺口村(蕃山村)に隠退した。万治三年(一六六〇)一時豊後岡藩に招かれて藩政の立直しにあたったが、寛文元年(一六六一)から同二年のころ、住居を京都の上御霊辺に移している。公卿・諸大夫をはじめ武士や町人らの師事するものが多く、名声が高まったので京都所司代牧野親成に忌憚されるところとなり、同七年京を去って一時吉野山へ、ついで山城鹿背山に居を移した。しかし、なお公家との交渉に疑惑を招くことをおそれて、同九年板倉重矩の斡旋で明石藩松平信之のもとに身を寄せることとなり、ひたすら著述に専念することとなった。延宝七年(一六七九)信之が大和郡山へ移封となったため、すでに六十一歳となった蕃山もこれに従い、生駒郡矢田山に移った。貞享二年(一六八五)松平氏が下総古河へ封を移されたとき、蕃山は矢田山にとどまったが、たまま同四年十二月招かれて古河に滞在中、参勤交代制などを批判した『大学或問』の著が幕府の忌諱にふれ、幕命によって禁錮の身となり、そのまま古河城東南隅の竜崎頼政廓に幽居の生活を送ることとなった。元禄四年(一六九一)八月十七日死去、年七十三。蕃山は中江藤樹の門に学んだことから一般に陽明学派に属するものとされている。しかし、彼自身は「愚は朱子にもとらず、陽明にもとらず、ただ古の聖人に取て用ひ侍るなり」(『集義和書』八)としている。彼の思想の基調は、万物一体の仁・生意と結合された陽明流の大虚思想でつらぬかれているが、これと朱子の太極一理との調和を求めて、理気渾融一体の道の体認自得を説く、独特の心法論を展開したものである。その哲学的思索を自由に展開したのが主著『集義和書』で、なお『詩経』『易経』『論語』『大学』『中庸』『孝経』などに独自の解釈を加えた著書がある。しかし、彼の本領はむしろ、現実に応じる政治的実践を学問の目標としたところにあって、すなわち人情時変に応じ、時処位の至善を行うところに治国平天下の道があるとした。著書は『蕃山全集』『増訂蕃山全集』、『熊沢蕃山』(『日本思想大系』三〇)に収められている。

参考文献　井上通泰『蕃山考』(『蕃山全集』六)、同『続蕃山考』(同)、津田左右吉『蕃山・益軒』(『津田左右吉全集』一八)、牛尾春夫『熊沢蕃山』、後藤陽一・友枝竜太郎『熊沢蕃山』解説(『日本思想大系』三〇)、尾藤正英「熊沢蕃山の歴史的位置」(『日本封建思想史研究』所収)、宮崎道生「熊沢蕃山研究序説」(『増訂蕃山全集』七所収)、野村兼太郎「熊沢蕃山の経済論」(『社会経済史学』二ノ八)
(後藤　陽一)

くまたじんじゃ　杭全神社　大阪市平野区平野宮町鎮座。旧府社。祭神は第一殿素盞嗚尊(もと祇園牛頭天王と称す)、第二殿伊弉冉尊・速玉男尊・事解男尊(もと熊野権現と称す、三間社流造、重要文化財)、第三殿伊弉諾尊(もと証誠殿と称す、春日造、重要文化財)。社伝に坂上田村麿蝦夷地平定の功によって嵯峨天皇の時その子広野麿がこの平野郷杭全荘を賜わり当道が氏神として第一殿奉祀し、その後熊野信仰盛んとなり第二・三殿を勧請した。旧時両部習合であったが明治三年(一八七〇)地名により現社名に改めた。中世、平野郷が栄え社運また隆盛に向かった。例祭は十月十七日。

杭全神社　右より第一・第二・第三本殿

参考文献　『長宝寺系図』、『大阪府神社史資料』、『東成郡誌』、『平野郷町誌』、川端直正編『東住吉区史』
(今井　啓一)

くまのおうじ　熊野王子　王朝時代初期より鎌倉時代にかけての熊野詣全盛期において、京都を発し、本宮を経、新宮・那智に至る参詣路沿道の所々に、三山の遙祠が設立された。これを熊野王子(王子社・王子神社などとも)という。その数は、前後の時代を通算すれば、おそらくは百社を超えていよう。よって、総称して熊野九十九王子ともいう(この語の文献上の初見は、だいぶんに遅く、文明五年(一四七三)に蓮春が著わした『九十九王子記』であるが、それまでは八十余所とか八十四所とか八十八所とかと称していた)。これらの小祠は、まず難波の地に起った。淀河尻なる窪津(久保津・九品津・大江・大渡・渡辺などとも)王子がそれであって、これを第一王子とする。ついで四天王子西門の前なる阿部野街道に出れば、阿部野(安倍野・安陪野・阿倍などとも)王子がある。これを第二王子とする。しかしてこれら両王子の間には、さらに坂口(小坂とも)・郡戸(高戸とも。「こうと」と訓む)・上野などの王子が設立された。人々は、その次第に従って王子王子を巡拝していけば、おのずから日本第一大霊験熊野権現の宝前に詣でることができるのであった。すなわち、三山と京都なるその別宮の白河熊野社や新熊野社との中間にあって、両者を緊密に結びつける飛び石もしくは媒介者としての意義を有するのが、これらの王子であった。かくて三山の神威は、不断に京洛の地に及ぶのであった。なお、この王子の文献上の初見は、『為房卿記』永保元年(一〇八一)九月二十四日条にみえるもので、記主藤原為房は、この日、和泉国日根王子に奉幣したという。その後、王朝時代の末ごろまでには、藤代・塩屋・切目・磐代・滝尻・近露・発心門の七社が現われ、降って鎌倉時代に入り、建仁元年(一二〇一)の『後鳥羽院熊野御幸記』によれば、新宮―那智間を除くも八十一社の多数に達していたという。　→王子神《おうじがみ》　→熊野詣《くまのもうで》　→五体王子《ごたいおうじ》

参考文献　紀元二千六百年奉祝会和歌山県支部編『和歌山県聖蹟』上、篠原四郎『九十九王子巡拝記』(『那智叢書』七)、宮地直一「熊野王子考」(『熊野三山の史的研究』所収)、西田長男「熊野九十九王子考」(『神道史の研究』二所収)
(西田　長男)

くまのきりびのまつり　熊野鑽火祭　島根県八束郡八雲村鎮座の熊野大社において毎年十月十五日に行われる特殊神事。社人の亀太夫が新造の燧臼《ひきりうす》・燧杵《ひきりぎね》を献ずるところから、俗に亀太夫神事ともいう。出雲国造の後裔にして、出雲大社の宮司職を世襲している、もしくはした千家・北島両氏の世継の重儀である一代一度の火継式(神火相続とも神火・神水相続ともいう)に由来している。この一代一度の火継式は、大和朝廷の日継式である一代一度の大嘗祭に相あたり(奈良時代の音韻では、「日」は甲類のヒ、「火」は乙類のヒに属し、そこに画然たる区別があるが、「火」が「穂」「番」などとともにいわば乙類のホから甲類のホに転化しているらしいことからするに、語源的には「日」は「火」から出てきたものではあるまいかと思われる)、また、毎年の新嘗祭に相あたるものが本社のこの鑽火祭であり、天文十一年(一五四二)以後は神《か》魂《もす》神社において、さらに明治五年(一八七二)よりは出雲大社正庁において、毎年十一月中卯日に行われるように

なった古伝新嘗祭であると考えられる。大正五年(一九一六)より熊野大社において旧儀を復興した。↓熊野大社《くまのたいしゃ》

参考文献　田代元春著・西田長男解題校訂『出雲国大庭社新嘗会記』(西田長男『神社の歴史的研究』)、村田正志解題校訂『国造千家氏火継次第記』(『神道及び神道史』一四)、同解題校訂『国造北島氏火継次第記』(同)、千家尊福『出雲大神』、石井良助「火継の行事—火切臼と火切杵—」(『日本相続法史』所収)、藤井貞文「出雲国造継承法の研究」(神道学会編『出雲神道の研究—千家尊宣先生古稀祝賀論文集—』所収)　(西田　長男)

くまのくじゅうくおうじ　熊野九十九王子　⇩熊野王子《くまのおうじ》

くまのごおう　熊野牛玉　護符の一種。熊野三山から出された牛玉宝印。熊野三山の牛玉宝印には「熊野山宝印(本宮)」「熊野山宝印(新宮)」「那智滝宝印(那智)」の三様式がある。これらは熊野権現の神使である烏の姿をかたどった烏点と宝珠を組み合わせて文字を構成しているが、この様式になったのは十六世紀以降のことである。熊野三山では『頼資卿熊野詣記』などにみられるように、参詣者に対し梛葉《なぎのは》と宝印を授与するという記録があり、牛玉宝印札の前身と考えられる宝印授与が、平安時代末には行われていたことがわかる。御札としての熊野牛玉宝印の初見は、起請文料紙に用いられた那智滝宝印で、『東大寺成巻文書』六八所収の文永三年(一二六六)十二月二十七日、東大寺世親講衆連署起請文である。これは「那智滝宝印」と五文字で表現するものであり、これが烏点宝珠へと変化するには幾多の段階を経ている。まず文安年間(一四四四—四九)に「智」「滝」「宝」の三文字に宝珠が加えられ、「滝」「宝」の二字に烏点とおぼしき形が認められるようになる。字画の一部を烏形に装飾したのがその濫觴であったと考えられる。これが完全に烏点宝珠となるのは永正年間(一五〇四—二一)のことである。また本宮、新宮牛玉についても那智と同様に、はじめは「熊野山宝印」と文字で表現されていたが、十六世紀から十七世紀初期の間に、烏点宝珠の図葉に改変された。最近の研究では、熊野牛玉宝印が起請文の料紙として全国的に定着するのは、豊臣政権下からであるとされている。↓牛玉宝印《ごおうほういん》

参考文献　嶋津宣史「祈りの護符「熊野牛玉宝印」」(『神道宗教』一四九)、千々和到「祈りと誓いの形木—牛玉宝印—」(網野善彦・石井進・谷口一夫編『中世資料論の現在と課題』所収)、同「霊社上巻起請文—秀吉晩年の諸大名起請文から琉球中山王起請文へ—」(『国学院大学日本文化研究所紀要』八八)　(嶋津　宣史)

くまのごこう　熊野御幸　⇩熊野詣《くまのもうで》

くまのごこうき　熊野御幸記　建仁元年(一二〇一)後鳥羽上皇熊野御幸の記。藤原定家の著で、自筆本東京三井家蔵、国宝。その内題に『熊野道之間愚記』とあり、『熊野御幸道記』『熊野行幸記』『熊野詣記』などの別名がある。その年十月五日暁に出発してより、石清水・住吉・日前に参詣、沿道の王子社にも一々経供養などをし、また厩戸・湯浅・切部・滝尻・近露などで歌会を催したあと、十六日に本宮、十八日に新宮、十九日に那智に奉幣、御経供養などのあと、二十日本宮にかえり、二十六日に鳥羽の精進屋に入御、ただちに稲荷に御拝、翌二十七日に道の間の雑物を先達のもとに送られたことまでを記している。供奉のもの内大臣源通親以下のなかに左近衛権少将定家がいた。『群書類従』紀行部、『大日本史料』四ノ七、建仁元年十月五日条所収。昭和三年(一九二八)尚古会より自筆本複製本刊。なお同名また『建仁元年熊野山御幸記』などの名でよばれる慶安二年(一六四九)冷泉為景ら編の書は、これに歴代御幸沿革などを付し、『続群書類従』帝王部所収。

参考文献　『群書解題』二下「建仁元年熊野山御幸記」、梅田義彦「熊野懐紙考」(『国学院雑誌』四九ノ八・九)　(鎌田　純一)

くまのごんげんごすいじゃくえんぎ　熊野権現御垂迹縁起　長寛年間(一一六三—六五)の勘文を集めた『長寛勘文』に所載の史料。長寛元年甲斐守藤原忠重は熊野社領甲斐国八代荘を侵したが、熊野山の訴えにより忠重は処罰されることになった。当時伊勢の神宮と熊野山の祭神を同体と見なす考えがあり、諸家から提出された意見は伊勢・熊野同体、非同体の二説に分かれた。このうち藤原永範によって上申された勘文に引用されたのが『熊野権現御垂迹縁起』である。その内容は、熊野権現が唐の天台山から鎮西彦山に天降り、伊予国石槌山・淡路国遊鶴羽山・紀伊国切部山を経たのち、新宮神蔵山に降り、やがて本宮大斎原に出現したというものである。本縁起は「根本縁起」とも呼ばれるように、中世において広く流布し、さまざまな熊野の縁起を生み出した。　(嶋津　宣史)

くまのごんげんこんごうざおうほうでんぞうこうにっき　熊野権現金剛蔵王宝殿造功日記　神仏習合思想による熊野・金峯縁起。『熊野権現蔵王殿造功日記』『熊野蔵王宝殿造功日記』ともいう。著者不詳。一巻。名古屋市真福寺所蔵のいわゆる『熊野金峯大峯縁起』を構成する六軸の熊野関係縁起の一つとして重要文化財に指定される。真福寺本の五軸は鎌倉時代後期の書写と推定され、『熊野金峯大峯縁起集』(『真福寺善本叢刊』一〇)として翻刻、また、単独で『熊野権現金剛蔵王宝殿造功日記』のみ『続群書類従』神祇部に収載された。内容は熊野三山の成立ならびに金峯の宝殿造営の由来、および造営・供養に密接に関わる白河院の熊野・金峯山参詣記事から構成される。大治二年(一一二七)の記載で終わることから本書の成立もほぼ白河院政末期の撰と考えられる。僧長円が寛治三年(一〇八九)十月十五日、「熊野権現降下御坐因縁」を語ったことに導かれて、寛治六年三月十七日の白河院の熊野参詣に際し、長円によって「松本大峯」において「本縁起因縁」が語られた。はやく宮地直一の見解にもあ

るように大江匡房の随従を含めて史実性には若干の疑問もあるが独自の古伝承を含む。

参考文献 『群書解題』二下、川崎剛志『熊野金峯大峯縁起集』解題(『真福寺善本叢刊』一〇)、宮地直一『熊野三山の史的研究』 (石倉 孝祐)

くまのさんざん 熊野三山 ⇩熊野那智大社《くまのなちたいしゃ》 ⇩熊野速玉大社《くまのはやたまたいしゃ》 ⇩熊野本宮大社《くまのほんぐうたいしゃ》

くまのさんざんけんぎょう 熊野三山検校 検校は、『令義解』公式令に「凡内外官、勅令㆑摂㆓他司事㆒者、皆為㆓権撿挍㆒、(謂、仮令、式部丞摂㆓兵部丞㆒者、即注云、式部丞位権撿挍兵部丞姓名之類也)」とあるのを起源とし、これを僧職に転用したもので、のちに一寺・一山を統裁する職名とせられるに及んでも、当初の兼摂という義は失われることがなかった。すなわち、他より迎えられて、総裁たる名誉の地位と御幸に先達する所役とを付与せられるにとどまり、別当のごとき行政上の実権力を持つものではなかった。はやく石清水・日吉・祇園・金峯山などの宮寺の制に従った大社に設けられていたが、熊野三山にあっては、寛治四年(一〇九〇)二月、白河上皇初の熊野御幸に導師を勤仕した三井園城寺の僧増誉が、その勧賞としてこれに補せられたのを初例とする。増誉は、同じく三井の出身にしてその叔父なる隆明とともに、三山に苦修・練行の功を積んだ験徳高き僧として世の称するところであった。かくてこの後、熊野三山検校は、その先蹤にまかせ、時に長厳のごとき真言僧もこれに補せられることがあったものの、もっぱら修験の道に鍛練した寺門の高僧をもってするを例とし、続いてはこの派の門主にして三井園城寺の長吏たる聖護院宮の兼職とせられるに至り、連綿として最後の検校宮入道信仁親王(明治元年(一八六八)還俗、同三年北白川宮と改称)に及んだ。この天台宗系の修験道を本山派といったが、これに対して醍醐寺三宝院を本山とする真言宗系の修験道を当山派と称した。

参考文献 『熊野三山撿挍次第』(『紀伊続風土記』八三)、宮地直一『熊野三山の史的研究』、和歌森太郎『修験道史研究』(『東洋文庫』二一一) (西田 長男)

くまのしんぐう 熊野新宮 ⇩熊野速玉大社《くまのはやたまたいしゃ》

くまのしんこう 熊野信仰 本宮・新宮・那智の、総じて熊野三所もしくは三山に対する信仰。熊野は、他社に比肩を許さないいわゆる「日本第一大霊験」などといわれ、やがて京師における院・宮・権門・勢家の信仰を惹き、その参詣を促したが、尋いでこの風は四方に及び、武家はむろん、あまねく庶民の末々にまでも風靡《ふうび》し、あらゆる地方、あらゆる階級に行きわたった。よって、はやくも文治のころより「人まねのくまのまうで」(『玉葉』文治四年(一一八八)九月十五日条)、また、のちには「蟻の熊野詣」(『太閤記』二、因幡国鳥取落城之事・『和訓栞』)という俚諺をさえ生ずるに至った。その全盛期は、上流の人びとの間に多くの参詣者を出した院政から鎌倉の時代にかけてであったが、これよりのちの時代においても、その主流こそ中流以下の凡下の輩に入れ替わったとはいえ、依然としてこの信仰は衰えず、陸続として道者を牟婁の僻陬《へきすう》に招致していたのである。しからば、このような繁昌を齎《もたら》し、史上に一大異彩を放った熊野信仰の本質は、そもそも何であったのであろうか。それについては、ひろく婦女子の間にもてあそばれた『熊野の本地』と題する、絵入りの御伽草子、すなわちいうところの奈良絵本をひもとくにしくはないであろう。かくそれが通俗の読み本であったというところに、おのずからに熊野信仰の本質を語っているといってよいであろう。中天竺摩掲陀国の大王の善財王の妃にしてこの草子の女主人公である御翠殿は、九百九十九人の「うはなり(先妻)」たちのねたみによって、「南山」において頸を斬られるのである。この「南山」とは三山のことにほかならないが、その語の初見は『古事記』の序文にあって、これが記されたころには、なお、吉野山をさしていっていたのである。しかし、そのいわば神仙境は次第に奥へ奥へと入っていって、ついに三山に至って淼茫《びょうぼう》たる大洋に突き当たったのである。さても、殺されたこの妃は、「むすぶのみや(結宮、すなわち熊野牟須美神)は、御すいでん(御翠殿)のきさきにてましますj」ともあるように、蘇ってわが日本秋津洲牟婁郡音無川の辺地に迹を垂れて、三山の主祭神の一柱となるのであるが、これについて和辻哲郎は、「この時代の物語を読んで行くと、時々あっと驚くような内容のものに突き当たる。」「その一つは『熊野の本地』である。」と前置きしつつ、「ここに我々は苦しむ神、悩む神、人間の苦しみをおのれに背負う神の観念を見出すことができる。奈良絵本には、頸から血を噴き出しているむごたらしい妃の姿を描いたものがある。これを霊験あらたかな熊野権現の前身として眺めていた人々にとっては、十字架上に槍あとの生々しい救世主のむごたらしい姿も、そう珍しいものではなかったであろう。」と述べている。わが国の六万有余にも及ぶ神社の祭神が、おおよそこうした人間の苦しみ・悩みをみずからに背負う蘇りの神の観念に基づいたものであることは更めて述べるまでもないであろうが、熊野信仰はそれを最も顕著にあらわしていたといい得られる。次に、この妃は頸を斬られる前に、善財王(この王もわが国に垂迹して新宮、すなわち熊野速玉神となったという)との間にできた王子(垂迹しては五所王子の第一の若一王子となったという)を生んだが、あとにひとり残されたその王子は狼や猿のほかに、わが国には棲息しているはずのない虎(これを「とら」と訓むが、おそらくは外来語であろうという)・獅子・象《きさ》・豹《なかつかみ》・豺などの海彼の猛獣によってはぐくまれ、「たらの葉、くづのは」を身に着けて成育していくのである。しからば、これは現に西洋諸国に行われている熊祭りの風儀にまつわった野生人、いいかえれば、熊人・毛人・葉人の民族宗教的伝承に揆を一にするものではなかろうか。人びとは熊祭りにおいて自然および人間の蘇りをみるのである。

つまりは復活祭なのである。されば、熊野の「熊」は、動物の「熊」そのものの謂いで、決して「くまぐまし」の「くま」(隈・阿)などのそれではなかろう。こうした風儀は、わが国においても、各地にみうけられるところであるが、やはり、三山におけるものが最も顕著であったといい得られる。けだし、叙上のごとき世界大拡布的民族宗教―それはあらゆる宗教の原型といってよかろう―を根柢として、これにさまざまの仏教思想を習合して成立したものが熊野信仰であったようにおもわれる。 ↓熊野詣《くまのもうで》

参考文献 宮地直一『神道史』上、西田長男『日本宗教思想史の研究』、五来重『熊野詣―三山信仰と文化―』、新城常三『社寺参詣の社会経済史的研究』、西田長男「熊野信仰の源流と文学」(『日本神道史研究』二所収)、鈴鹿千代乃「熊野信仰の或る考察―貝殻と浄土―」(『神道及び神道史』二一) (西田 長男)

くまのじんじゃ 熊野神社 (一)山形県南陽市宮内字坂町に鎮座。旧県社。祭神は本宮が伊弉冊尊ほか十六柱。二宮は速玉之男神、三宮は事解之男命。大同元年(八〇六)の創建と伝え、寛治五年(一〇九一)、源義家の命で鎌倉権五郎景政が紀伊熊野より三所大明神・十二所神を勧請したという。鎌倉時代に熊野神社のある北条荘地頭となった大江氏一族(長井氏)の保護を受け、建長二年(一二五〇)に長井泰秀、嘉元元年(一三〇三)には長井貞秀などの長井氏一族によって社殿造営が行われた。応永二十二年(一四一五)には熊野小権現御宝前に懸仏が、明応七年(一四九八)には鰐口が伊達氏一族の粟野政国によって奉納され、天文二年(一五三三)には神社裏に経塚が営まれている。室町時代の熊野神社は、別当証誠寺ほか十九坊と神主二十一人を擁する一山の本宮であった。天正十八年(一五九〇)に伊達政宗が「熊野仏供あぶら田」を安堵している。上杉氏領になると、慶長三年(一五九八)には社領五十石の寄進をうけ、寛文四年(一六六四)に二十五石に半減されたものの、北条郷三十三ヵ村の総鎮守として崇敬を集めた。寛永四年(一六二七)には、熊野証誠大権現本宮と称していたが、明治初期の神仏分離令により熊野神社と改称され、多くの寺院は廃絶した。例祭は七月二十日。延年稚児舞、舞楽と獅子かむりの神事が催される。二宮神社本殿と土社神社本殿は山形県指定文化財。大銀杏は県指定天然記念物。

参考文献 『南陽市史編集資料』七 (誉田 慶信)

(二)福島県喜多方市慶徳町新宮熊野に鎮座。会津熊野社・新宮熊野社などともいう。新宮の祭神は伊弉冉命と速玉男神という。寛文十二年(一六七二)の『会津旧事雑考』によると、源頼義・義家が天喜のころ、賊征の願いに応えた熊野神を陸奥国河沼郡熊野堂(福島県河沼郡河東町)の地に勧請し、応徳二年(一〇八五)現地へ遷座したと伝える。『会津風土記』も応徳二年源義家の勧請とする。本殿は山麓に三社あり、中央が新宮殿、右が本宮殿、左が那智殿となっており、県重要文化財。各社に男女一対の神像を安置する。拝殿の長床は桁行九間梁間四間で茅葺、吹抜となっており、鎌倉時代初期の建立。重要文化財。ほかに文殊堂・鐘楼がある。宝物に重要文化財の暦応四年(一三四一)銘銅鉢、重要美術品の貞和五年(一三四九)銘銅鐘、県重要文化財の文保二年(一三一八)銘牛玉版木、康応二年(一三九〇)銘銅製鰐口、建武三年(一三三六)ほか年紀の大般若経、鎌倉時代の木造文殊騎獅像、市重要文化財の応永十年(一四〇三)銘銅経筒および経巻、木造薬師如来坐像、木造虚空蔵菩薩坐像、木造如意輪観音菩薩坐像がある。ほかにも銅造阿弥陀如来立像、相撲力士像(二対)、錫杖頭、鉄造懸仏、明暦二年(一六五六)銘懸仏、獅子頭など多数の宝物がある。例祭は九月五日。

参考文献 『喜多方市史』一、「会津新宮熊野神社の芸術」(『芸苑巡礼』一ノ三) (藤田 定興)

くまのたいしゃ 熊野大社 島根県八束郡八雲村熊野に鎮座。神祖《かむろき》熊野《くまの》大神《のおおかみ》櫛《くし》御気《みけ》野《の》命《のみこと》(素戔嗚尊)を祀り、熊野坐神社・熊野天神宮、近世では熊野荘伊勢宮・伊勢社ともよばれた。旧国幣大社。『出雲国風土記』に記される意宇以下五郡に散在した出雲神戸は熊野・杵築両社の共有であり、両社の密接な関係がわかる。『令義解』に天神の例として当社を出雲国造の斎く神と記し、地祇の出雲大汝神(杵築社)と対比させてあること、『文徳実録』仁寿元年(八五一)九月条や『延喜式』出雲国造神賀詞などをみると、熊野大神は杵築大神よりやや上位、あるいは同格として待遇されており、『延喜式』では両社とも名神大社である。承暦二年(一〇七八)の『主税寮出雲国正税返却帳』には、天徳元年(九五七)ごろ、熊野天神宮の造営料稲として二万五千束を計上したことがみえている。『長寛勘文』には当社を紀伊の熊野社と同神とみる議論も出ている。後世では出雲大社が広く信仰をあつめたのに反し、当社は次第に衰退した。もと十一月中卯日に出雲国造が当社に来て新嘗祭に伴う神火相続の神事を行なっていたが、天文十一年(一五四二)大内・尼子両氏の戦乱以後は神魂神社でこれを行うことになった。しかし火切臼・火切杵は熊野社から出す定めであった。大正五年(一九一六)からは復旧して出雲大社宮司が十月十五日当社に参向し、鑽火殿でこの神事を行なっている(鑽火祭)。昔出雲国造が熊野大社に奉仕した名残であろう。例祭は十月十四日。本殿は大社造で、永禄八年(一五六五)境内北方に建てた権殿を、大正二年に旧本殿の位置に移したものという。鑽火殿は社務所の傍にある。 ↓熊野鑽火祭《くまのきりびのまつり》 ↓熊野大《くまののおお》神《かみ》

参考文献 島根県教育委員会編『出雲意宇六社文書』 (福山 敏男)

くまのなちたいしゃ 熊野那智大社 和歌山県東牟婁郡那智勝浦町那智山に鎮座。旧官幣中社。後ろに千古の密林を負い、前に淼茫たる大洋を望み、幽厳・深邃の気に満ちた、真に絶勝と称すべきところがこの那智山である。のみならず、その山中には清冽・麗潤の水流が激しては、

四十八滝と呼ばれる幾多の飛瀑を作っている。なかでも最も大なるものを一滝といい、高さ一三〇メートル、幅は一二―一三メートル、「諺曰、山則富士、瀑則那智」(『熊野游記』下、世に那智滝といわれているのはこの一滝のことである)とあるように、わが国第一の大瀑とせられ、夙くよりその名声が海の彼方にまで喧伝せられていたことも、また、更めて説くまでもなかろう(『本朝続文粋』一二・『蕉堅稿』)。まことにこの那智滝こそは、本社の成立を促した起因そのものであった。一見凄愴《せいそう》・凛慄《りんりつ》の思いあらしめるその偉容を畏敬するあまり、これに神格の宿在を認識し、崇拝の対象とするに至ったので、おそらくはいつともしれない往昔に始まるならわしであったろう。中世以降飛滝《ひろう》権現《ごんげん》と呼ばれたものがその後身で、今の別宮飛滝神社にあたり、前面に拝所を建てただけで、本殿の設けもなく、自然の滝水そのものを神体と仰ぎ来たっているのである。

熊野那智大社本殿

かくて世を経て、本社は本宮(熊野本宮大社・熊野坐神社)および新宮(熊野速玉大社)とともに熊野三所または三山の組織を結成するに及んで、その祭神をも一にし、一層、その体制を緊密にする必要を生じ来たった。よって、固有の由緒に基づき、境内に隣接する飛滝神社の遙祠として第一殿の滝宮を設けるほか、新たに第二殿に家津御子神を、第三殿に熊野速玉神を、第四殿に熊野夫須美神を勧請したのである。これらのうち、第二殿の家津御子神は、証誠殿ともいうが、本来、本宮の祭神であり、第三殿の熊野速玉神は、中宮もしくは中御前ともいい、読んで字の通り、もともと新宮の祭神であり、さらに第四殿の熊野夫須美神は、これを結宮もしくは西御前ともいい、『新抄格勅符抄』の大同元年(八〇六)牒よりするに、おそらくは本宮にもとからの祭神であったものであろうと思われる。そうして、三山を通ずる風儀に則って、第二殿の家津御子神をなかんずく根本の主祭神と仰ぎ、第三殿の熊野速玉神と第四殿の熊野夫須美神とを両所権現と呼ぶとともに、それに次ぐ地位におる主祭神としたのである。すなわち、三山はもとより、あまねく諸国に棋布《きふ》している熊野社は、のちのちまでも証誠殿と両所権現とをもって主祭神とし、合わせて熊野三所権現、略して三所権現と称するのであるが、わが那智山ははやくもその体制を具備せしめるに至ったとみえるのである。この際において固有の祭神たる滝宮はその埒外に置かれることとなったが、地主神のまぬがれがたい運命でもあった。しかし、なお、これを第一殿に祀っているところに、当初のおもかげを残しているようにおもわれる。しかして那智滝がその霊異を世に現わしたのは、延喜十五年(九一五)、本朝第三験者浄蔵貴所が入山して、三年の間滝本に籠居したのをもって初見とするといってよいようである(『大法師浄蔵伝』『扶桑略記』二四・『日本高僧伝要文抄』)。以後、花山法皇の御幸はともかくも、当代の名僧にして来たって修錬を行なったものも少なくなかった。降って応徳三年(一〇八六)十一月十三日における内侍尚侍藤原氏(藤原真子か)の那智山に捧げた願文によるに、「熊野権現、弥陀・観音垂跡」「権現・王子・眷属神等」の語がうかがわれ、少なくともこのころまでには固有の瀑布の崇拝のほかにも本・新両宮の主祭神をも祀っていたことが知られるのである。「弥陀」は本宮家津御子神の、「観音」は同じく熊野夫須美神の本地であるが、続いて「王子・眷属神等」とあって、すでに五所王子・四所宮をも加えて、総じて十二所権現を勧請していたと推されるところからするに、必ずやこの願文には新宮熊野速玉神の本地の「薬師」が省略されていよう。かくのごとくにして時代は明治に至る。那智山・那智権現、あるいは滝本修行などという神仏混淆の号は廃棄せられ、那智神社、ついで熊野夫須美神社と称したが、大正十年(一九二一)七月、官幣中社に昇格されるにあたって熊野那智神社と改めた。いま熊野那智大社というは、さらに戦後の新称にかかる。例祭は七月十四日で、特殊神事として田植式・田楽舞などが執り行われる。

参考文献 永島福太郎・小田基彦校訂『熊野那智大社文書』(『史料纂集』)、仁井田好古他編『紀伊続風土記』、宮地直一『熊野三山の史的研究』、石田茂作『那智発掘仏教遺物の研究』、篠原四郎『熊野大社』(『日本の神社』五)

(西田 長男)

くまのにますじんじゃ 熊野坐神社 ⇨熊野本宮大社《くまのほんぐうたいしゃ》

くまののおおかみ 熊野大神 島根県八束郡八雲村熊野鎮座の熊野大社の祭神。詳しくは「神祖《かむろき》熊野《くまの》大神《のおおかみ》櫛御気《くしみけ》野命《ののみこと》」といい、『延喜式』祝詞に所収の「出雲国造《いずものくにのみやつこ》神賀詞《かんよごと》」に「伊射那伎乃日真名子、加夫呂伎熊野大神、櫛御気野命」とあり、『出雲国風土記』意宇郡出雲神戸条に「伊弉奈枳乃麻奈古坐熊野加武呂乃命」とあるのがその典拠で、素戔嗚尊をたたえた別名。「伊射那伎乃日真名子」「伊弉奈枳乃麻奈古」とは、伊弉諾尊の貴き愛子の意。「加夫呂伎」「加武呂」とは、古典にしばしばみえる「神漏伎」「神魯岐」「神留伎」などと同じく、神聖なる祖神、すなわち「神祖」の謂《い》いで、この神をいわゆる出雲族の祖神と崇めたによる敬語。また、「櫛御気野」とは、おそらくは奇御木主《くしみけぬし》もしくは奇御食主《くしみけぬし》の義で、『古事記』や『日本書紀』の神代巻にうかがわれるように、この神が植林ならびに農業の開発に偉大な霊徳を発揮したところから名づけられたもの。出雲大社の祭神にして、その子にあたる大国主神とともに、出雲国内の最高神。↓熊野《くまの》大社《たいしゃ》

参考文献 本居宣長『出雲国造神寿後釈』(『本居宣長全集』七)、『熊野大社略誌』、宮地直一『熊野大社の御神徳』、鳥越憲三郎『出雲神話の成立』 (西田 長男)

くまののおし 熊野御師 ⇩御師《おし》

くまののほんじ 熊野の本地 熊野権現の縁起を本地物形式を以て語った中世物語。作者未詳。この物語を載せた最古の文献は『神道集』で、南北朝時代には成立していたと推測される。熊野比丘尼のような女性布教者が語り伝えたといわれ、室町時代より江戸時代前期にかけては、絵巻や奈良絵本に仕立てられ御伽草子として流布したほか、説経節にも取り入れられた。天竺摩迦陀国の善財王は千人の后のうち五衰殿女御一人を寵愛した。女御が懐妊するに及び、余の后たちは嫉妬のあまりに大王に讒言し、女御を深山で殺害するが、処刑の寸前に王子が生まれた。王子は母の屍の乳を吸い、山中の獣に守られて成長するうち、麓で修行する法華聖に救われ、やがて善財王のもとに帰って母の無実を晴らした。大王はこの国をいとい、王子・聖とともに飛車に乗って日本へ渡り、熊野の神々として垂迹したという内容である。以上の天竺の物語の部分は『旃陀越国王経』に筋の近似した話がみえ、それを原拠としたらしいが、仏教説話の単なる翻案ではなく、この物語の成立には、日本の山の神に関する民間信仰が基盤になったと思われる。本作と関係の非常に深い作品に『厳島の本地』がある。現存の主な伝本には、杭全神社蔵室町時代末期絵巻・天理図書館蔵元和八年(一六二二)絵巻・同館蔵慶長ごろ奈良絵本・東京大学蔵弘治二年(一五五六)写本・寛永ごろ刊丹緑本などがあり、『室町時代物語集』一、『日本古典文学大系』三八に翻刻されている。

参考文献 和辻哲郎『尊皇思想とその伝統』(『和辻哲郎全集』一四)、筑土鈴寛『中世芸文の研究』、松本隆信「熊野本地譚成立考」(慶応義塾大学国文学研究会編『国文学論叢』二所収)、同「中世における本地物の研究一」(『斯道文庫論集』九)、渡辺守邦「本地物語類研究序説」(『大妻女子大学文学部紀要』一・二) (松本 隆信)

くまのはやたまたいしゃ 熊野速玉大社 和歌山県新宮市新宮に鎮座。旧官幣大社。主祭神は熊野速玉大神。『延喜式』神名帳、紀伊国牟婁郡に「熊野早玉神社(大)」と載せているのがそれで、社名の「早」の字は『三代実録』貞観元年(八五九)正月二十七日・同年五月二十八日・同五年三月二日条などにもみえるが、『新抄格勅符抄』『南海道紀伊国神名帳』などには現行のごとくに「速」の字に作っている。白河天皇の時永保のころ、熊野三山の宗教連合体がいよいよ確固たるものとせられるに伴って、熊野早玉神社を熊野新宮、略して新宮と呼び、これに対して同じく『延喜式』神名帳に所載の紀伊国牟婁郡「熊野坐神社(名神大)」を熊野本宮、略して本宮と称した。延喜の制においてひとしく大社の制に列せられていたとはいえ、さらに名神祭にも預らしめられていた熊野坐神社は、はじめより宗たる位置にいたとみるを得べく、延《ひ》いては熊野早玉神社との間にこうした本宮・新宮という称謂の相違を生ずるに至ったように思われる。ただし、このことは、なお、速断を許さないものがあって、『三代実録』のごとき国史に記載する順序に、熊野早玉神は常に熊野坐神よりも先位にあるだけでなく、その神階も熊野早玉神は貞観五年三月二日についに正二位の殊遇を加えられたのに反し、熊野坐神はいつまでも従二位のままに留め置かれて、爾来、なんらの沙汰をも蒙《こうむ》ることがなかったのである。それはともかくも、これら本・新両宮の確実なものにみえる初見は、やはり、『新抄格勅符抄』に、天平神護二年(七六六)、ともに四戸の神封を充て奉られたとある記事で、当時すでに官社の班に入らしめられていたことを知られるのである。しかも新宮に関しては、『日本書紀』神武天皇即位前紀に「遂越二狭野(新宮市佐野)一、而到二熊野神邑一、且登二天磐盾(熊野速玉大社の摂社神倉神社の鎮座する神倉山をさすかともいう)一」とある「熊野神邑」の四字こそ、まさしくその創立のはるかなるいにしえにあることを語るものではなかろうかとも思われる。かくして新宮は、その由緒をおおむね本宮に雁行せしめ、熊野三山の一つとして時代の宗教界に大いに雄飛するところあったのである。なかんずく霊宝に富み、ことに熊野速玉大神坐像(木彫著色、檜一木造)や夫

熊野速玉大社

須美神坐像（木彫著色、檜一木造。「夫須美」は「牟須美」に同じく、「結」の意）やなどの神像のごときは、いずれも平安時代初期にさかのぼる作物で、発生的意味を有する点に注目されるものがあり、重要文化財に指定されている。その他古文書類・古神宝類（国宝）も多い。例大祭は十月十五日・十六日であるが、十六日に執り行われる御船祭は、『日本書紀』神代にみえる「熊野諸手船（亦名天鴿船）」を思わしめる諸手船と呼ぶ船が漕ぎ出されることをもって知られている。

参考文献 滝川政次郎・村田正志・佐藤虎雄編『熊野速玉大社古文書・古記録』、仁井田好古他編『紀伊続風土記』、宮地直一『熊野三山の史的研究』、岡直己『神像彫刻の研究』、高崎正秀・尾畑喜一郎・小林茂美・桜井満「熊野地方の船祭」（『国学院雑誌』六四ノ二・三合併号）、尾畑喜一郎「補陀落渡海」（同六五ノ一〇・一一合併号）

（西田 長男）

くまのびくに 熊野比丘尼 比丘尼とは有髪の女性仏教信者を指したが中世以降は民間信仰で活躍する尼姿の巫女の名称となった。その多くは熊野信仰を全国に流布した御師《おし》や先達の妻女となり、熊野修験の行う憑《よ》り祈禱の際、尸童《よりまし》の役をつとめて熊野三山の神霊を託宣することを主業としたらしい。熊野山伏はその教化の方法として祭文《さいもん》や語り物その他の芸能を加味し、いっそう民意に添うよう工夫をこらしたので、熊野比丘尼の芸能化がすすみ、歌念仏を唱えて世俗を勧進したり、歩《ある》き巫女《みこ》のように喪家を訪ねて死霊の口寄せに従い、また熊野曼陀羅や地獄極楽の変相図絵を携えて各地を漂泊し、寺社の縁日などに絵解きをして民庶の関心をあつめたりした。歌比丘尼・勧進比丘尼・絵解比丘尼などと称されたゆえんである。その風態をうかがうと、はじめは白布で頭を巻き絵を手に持ち熊野牛玉《ごおう》の宝印札を売ったり絵解きをしたりしていたが、のちには黒頭巾に変わり、絵や札は文匣に納めて運ぶようになった。平安時代後期から朝野をあげて熊野詣でが流行するにつれ、その風潮は京畿から地方に拡まり各地に檀那場が組織され、師檀関係が定着した。師職と先達による熊野信仰は陸路を辿って伝播するとともに、強力な熊野水軍の活躍により水路を通じて西南へは四国沿岸から九州に及び、遠く琉球にまで至り、東北へは紀南の漁民が太平洋岸に沿うて奥州三陸海岸へ移動するにつれて北上した。これは、こんにち、これらの地域にいかに多く熊野を冠する鎮守社が分布しているかによって立証できよう。東北地方ではこれらの神主を今でも別当とよんでいるけれど、その多くは熊野修験の末裔であり、妻女の熊野比丘尼と一対となって民衆の宗教的ニーズを担ってきた遺影がうかがわれる。彼女らが芸能化して特に民間文芸に与えた影響は大きく、口承文芸の流布と発達に寄与した功は高く評価しなければならない。

参考文献 中山太郎『日本巫女史』、柳田国男「巫女考」（『定本柳田国男集』九所収）、萩原竜夫『巫女と仏教史』

（桜井徳太郎）

くまのひもろぎ 熊神籬 ⇨神籬《ひもろぎ》

くまのふすみじんじゃ 熊野夫須美神社 ⇨熊野《くまの》那智《なち》大《たい》社《しゃ》

くまのべっとう 熊野別当 熊野三山の宗教的権威を表徴もしくは代表する検校の下にあって、全山管理の局にあたる事務主権者。石清水をはじめ、祇園・北野などの両部習合の制をもって成ったいわゆる宮寺においては、相ついでこの別当なる職を設け、一社の首宰たらしめるとともに、その内部の組織を統一していた。熊野も、この風を移したもので、その初見は、『権記』長保二年（一〇〇〇）正月二十日条に「熊野別当増皇、久住㆓於彼山㆒」とあるものであろう。官符によって補任せられ、法印・権大僧都に至るを極位とし、これを助けるに、権別当・修理別当のほか、別に本宮には三昧別当・権少別当などの職員が置かれた。しかして別当は、その職を子孫世襲する妻帯僧であって、もと新宮に起り、那智山別当をも兼ねたが、やがて本宮に拠る田辺の一派を分岐し、この両流こもごも立って互いに抗争をことととした。田辺別当の祖は湛快であって、同地の新熊野社（闘雞神社）はその勧請にかかり、壇ノ浦の戦に熊野水軍を率いて平家を撃滅する殊功を樹てた湛増は、その次男であった。なお、別当家は、これより先、藤原実方と殊勝との間に生まれた泰救を迎え、小一条流の藤原氏に眚縁を結び、また、行範は源為義の女（たつたわらの女房、のちに出家して鳥居禅尼という）を娶って行快を生み、さらには湛快の女にして、はじめ行快の妻となったものを平忠度に嫁せしめるなど、源・平二氏との縁故をも繫ぎ、中央政権に交わりを厚くし、一層、その勢力を増進した。しかし、承久の乱に院方に馳せ参じたため、いたく関東の機嫌を損じたこともあって、次第にその職権を削りそがれ、ついに正湛のとき還俗して宮崎豊後と名乗り、ここにさしもの猛勢を誇った熊野別当は断絶を告げることとなった。

参考文献 『熊野別当代々次第』、『諸寺別当座主次第』、『熊野別当系図』、『目良系図』、小野芳彦先生遺稿刊行会編『（小野翁遺稿）熊野史』、宮地直一『熊野三山の史的研究』

（西田 長男）

くまのべっとうけいず 熊野別当系図 熊野三山別当職の家系図。著者・成立年不詳。一巻。同本奥書には「右熊野系図一本、以那智山実報院道昭法印家蔵本写之」とある。道昭（一二八一―一三五五）は熊野三山ならびに新熊野の検校職を勤めた鎌倉・南北朝時代の僧、実報院は中世末期に旦那株集積を行い巨大御師として成長した熊野那智山執行である。内容は長快らの熊野別当は世襲であり、摂関家の小一条左大臣藤原師尹流の左中将実方を家祖とし、実報院が熊野別当家に連なる嫡流であること、および系図には新宮・田辺など多数の分出を示しこれを注記するほか、また役職を示すなど詳細な記載となっている。『続群書類従』系図部に収載される。なお官符による熊野別当補任の初見である増皇と別当補任を申請した京寿との相論（『権記』長保二年（一〇〇〇）正月二十日条）にみるように、別当補任は一山衆徒の推挙をもとに勅旨によって定められた。また『諸山縁起』所収「熊野山本宮別当次第」には「寺務禅洞聖人」以下、千如・中堂を記しその後に「増皇」が録されているが、本系図にこれらの記載はない。

参考文献 『群書解題』三下、永島福太郎「熊野別当と同系図について」（滝川政次郎先生米寿記念論文集刊行会編『神道史論叢—滝川政次郎先生米寿記念論文集—』所収）、宮家準「熊野別当系図の社会的意味」（『哲学』九一）　（石倉　孝祐）

くまのべっとうだいだいき　熊野別当代々記　熊野別当の補任次第。『二中歴』巻四の「熊野山別当」および『熊野三巻書』収載の「熊野山別当次第」とともに別当補任を伝える書。著者・成立年不詳。平安時代から鎌倉時代にかけて熊野三山を実質的に支配した別当職の相承を記録したもので、第一代快慶にはじまり弘安五年（一二八二）に補任された三十一代正湛に至る内容である。同書によると第一代別当快慶は弘仁三年（八一二）十月十八日に補任され、父は左大臣、母は在地熊野の榎本道信の嫡女とあり、また十代泰敬も藤原北家の左近衛中将実方の子と記すなど、熊野別当家が貴種と在地勢力との婚姻の出自であることを強調している。ただし十五代別当長快の註に「今白河院依宣下、長快ト別当頼厳自上快慶補任、別当十五度、注献之也」とあり、長快以前の別当はのちに書き加えられ、長快以前は「熊野山別当次第」の記載のように異伝が存在したことが知られる。『続群書類従』補任部、『（改訂）史籍集覧』二二に収載されている。

参考文献 『群書解題』二上「熊野別当御当代々記」、立花秀浩「熊野別当家の成立」（安藤精一先生退官記念会編『和歌山地方史の研究—安藤精一先生退官記念論文集—』所収）　（石倉　孝祐）

くまのほんぐうこき　熊野本宮古記　平安時代末期の熊野本宮に関連する古文書・古記録を収録した書。一巻。『続群書類従』神祇部に収載されたが、本書に関わる資料は現在熊野本宮大社に存在せず、原本は不明。ほかに写本なども伝承しない。また編者は不詳であるが、続群書類従本の末尾には「憲淳僧正熊野入堂記」とあり、内容をみると憲淳のほかに藤原通憲、釈蓮禅の熊野参詣に関連する詩文、記事の残巻があり、永保年間（一〇八一—八四）の熊野本宮別当ならびに紀伊国薬勝寺別当明照らの訴状を含むことから白河院政期の成立と推定される。切目王子から中山王子を経て大辺路などのいわゆる熊野古道の状況や、岩代王子などの王子社の様子がうかがえる記事があり、さらに永保三年九月の泰国・輔季らによる神領押領を熊野本宮別当・三綱・大衆が国衙に訴えた申状、僧仙覚の押妨の停止を院に請うた訴状などから初期の熊野三山内部機構をわずかながらも知ることができる。

参考文献 『群書解題』二下、宮地直一『熊野三山の史的研究』　（石倉　孝祐）

くまのほんぐうたいしゃ　熊野本宮大社　和歌山県東牟婁郡本宮町に鎮座。旧官幣大社。祭神は家津御子大神《けつみこのおおかみ》ほか天神地祇十三柱。奥熊野を南北に貫流する熊野川の上流、岩田川と音無川との合流点に生成された、大斎原《おおゆのはら》とも中島とも新島とも呼ばれる中州が古来の社地であったが、明治二十二年（一八八九）の水災により、翌々二十四年に下祓所のあった現社地に移徙した。『延喜式』神名帳に南海道紀伊国牟婁郡「熊野坐神社（名神大）」とあるのがその固有の社名であったが、一般には本宮と呼び慣わされてきた。すなわち、熊野速玉大社を新宮というのに対する称である。その夙《はや》い事例としては、本宮については『熊野略記』所収の永保三年（一〇八三）九月四日本宮別当三綱等解状が、新宮に関しては『扶桑略記』永保二年十月十七日条が挙げられよう。当代にあっては、これらの本・新両社は、熊野那智大社とともに、いわゆる熊野三山なる宗教連合体を結成し、主祭の神々をさえ一にするに至ったが、その結果、勢力において他を圧するところあった熊野坐神社はおのずから本宮と呼ばれ、これに対して熊野速玉大社は新宮と称され、もってその間に宗たる位置におる前者と次位におる後者との区別を明らかにするようになったかのごとくである。したがって、この本・新宮の称呼は、普通に慣用されているごとき創立の新古による区別でないことに注意すべきであろう。熊野三山はもともと別個に発達を遂げ来たった神社であって、こうした新古の区別は容易に決しがたいといってよいであろう。さても、『新抄格勅符抄』に「熊野牟須美神、四戸、紀伊、天平神護二年（七六六）奉レ充」「速玉神、四戸、紀伊、神護二年九月廿四日奉レ充」とある。この「速玉神」が熊野速玉大社、すなわち新宮をさしていることはむろん、「熊野牟須美神」が熊野坐神社、すなわち本宮のことをいったものであることも、前後の関係よりしてほとんど疑いを納れないであろう。思うに、この「熊

熊野本宮大社本殿

野牟須美神」は、その主祭神たる熊野坐神、いいかえれば、『南海道紀伊国神名帳』にみえる「正一位家都御子大神」と、『長秋記』長承三年（一一三四）二月一日条にもその見聞記を留めている、のちに加えられた二柱の主祭神のうちの「結宮《むすびのみや》」とを連続して記したものではなかろうか。いずれにしても、この『新抄格勅符抄』の記事が本宮ならびに新宮の史上における初見であって、すでにして奈良朝の往代、ともに神封四戸を有するいわゆる有封の社として官社の班にも入らしめられた地方屈指の名社であったことを知られるのである。のみならず、このころおいより熊野の地方が仏家にとって無二の修錬の浄域とせられ、入って抖擻《とそう》・棲山《せいざん》の業を積もうとするものが次第に多くなるとともに、その神威もいよいよ顕揚せられ、降って修験の徒がこの所に大規模の行場を開くに及んでは、ついに天下の霊勝として「日本第一大霊験所」の声誉をほしいままにするに至った。かくて世に熊野御幸と呼ぶ百度にも越える歴代上皇の御幸をはじめ、上下・四方の道俗の参詣絶える間なく、ために「蟻の熊野詣」なる諺さえ生じたのである。昭和二十六年（一九五一）社号を熊野本宮大社に改称。ちなみに、その例大祭は四月十五日であるが、これを御田祭《おんだまつり》ともいい、一月七日に執り行われる八咫烏神事（宝印神事）とともに、注目すべき特殊神事として挙げることができよう。

[参考文献] 『建久三年皇大神宮年中行事』、薗田守良『神宮典略』一五（『大神宮叢書』）、神宮司庁編『神宮要綱』、仁井田好古他編『紀伊続風土記』、小野芳彦先生遺稿刊行会編『（小野翁遺稿）熊野史』、宮地直一『熊野三山の史的研究』、地方史研究所編『熊野』　（西田　長男）

くまのまんだら　熊野曼荼羅　本宮・新宮・那智のいわゆる熊野三山の信仰にもとづいて描かれた垂迹曼荼羅（神道曼荼羅）で、神影像に主体をおくもの、本地仏に重点をおくもの、三熊野の景観や社殿などを中心に描いたものなどの諸形式がある。平安時代の中期（十一世紀ごろ）から、熊野三山に対する信仰が盛んとなり、天皇・上皇・女院をはじめ、宮廷貴族らのいわゆる「熊野詣」がつぎつぎと行われ、これにならって、一般大衆にも弘まり、世に「蟻の熊野詣」と呼ばれるほどの盛況は中世に及んでも衰えなかった。ことに那智は大滝と青岸渡寺の観世音信仰がこれにからんで、いっそう中世以降の三熊野詣を盛んなものとしてきた。熊野三山は十二所権現の神々をまつっているので、これらの神々とその本地仏を礼拝の対象として描いたものを熊野曼荼羅と呼ぶのだが、その起源は京都の宮廷や貴族らが、日常の礼拝に供するため描かせたことにあり、また大峯山の修験行者も熊野三山への社参をとげる関係から、天台寺門系の修験信仰において熊野曼荼羅は法儀執行の必要から要求され、中世には多くの作品が描かれることとなった。熊野本地仏曼荼羅は、三山十二所権現の本地仏に中心を据えて描かれたもので、その代表的な作品は京都高山寺の所蔵品（重要文化財）で、中心に八葉蓮座を据え、上方には吉野大峯の神々、下方には熊野九十九王子などを配している。垂迹の神影像で描かれたものでは、東京の静嘉堂文庫本（同）をその代表的なものとしている。根津美術館の那智滝図（国宝）も、那智が神体とする大滝を主体に描いたやはり一種の曼荼羅であって、風景画的な要素の濃いものである。このほか室町時代から近世の初めにかけて、那智には参詣曼荼羅と呼ばれる画面の大きい、大衆社参の模様を描いたものも製作されており、三山信仰と観世音信仰の隆盛とともに、熊野曼荼羅もまた数多く、特色に富んだものが作られたのである。

[参考文献] 京都国立博物館編『神道美術』、佐々木剛三・奥村秀雄編『神道の美術』（『日本美術全集』一二）、景山春樹『神道美術』　（景山　春樹）

くまのもうで　熊野詣　熊野本宮・新宮・那智三社への参詣。熊野は古く修験道場として、山伏が抖擻《とそう》したが、宇多法皇のころ以来、貴族の参詣もみられるようになった。しかし永観二年（九八四）の『三宝絵詞』に「春ゆき秋来ていたる人まれ也」とあるごとく、当時は、来訪者もまだ稀だったようである。その後、院政期に入り、熊野詣は、急激に盛んとなった。白河・鳥羽・後白河・後鳥羽上皇らには、院政四代にわたり、約百年間に百回近い「熊野御幸」が数えられた。上皇らの参詣は、回数だけでなく、その規模も大で、一行数千名に及ぶこともあり、その上、春秋の農繁期に重なる例が多いため、その接待にかり出される沿道農民の負担は、きわめて過重なるものがあった。熊野詣の発達には、熊野側で、立地的悪条件を克服して経済的自立を図らねばならぬという絶対的要請に基づく積極的な布教宣伝活動に負うところが大きかった。また熊野山内には、祈禱師ならびに宿泊所である御師制度があったほか、全国に散在する熊野山伏を先達として、参詣者の道案内人としたことも、参詣の発展に役立った。また触穢を緩和して、女性の参詣を容易にしたことも、長く女性を惹きつけた理由の一つであった。古代末以降、熊野信仰は、東国を中心とした武家層の間に、次第に滲透し、地方から武士、主として地頭級武士が参詣した。下野の塩谷氏は、寛喜年間（一二二九―三二）死去の家朝に三度、子家氏三度、孫盛家二度、曾孫家時に三度と歴代いずれも二、三度の多きに及んだ。さらに上総高滝荘の一地頭のように、毎年欠かさず参詣するものもあった。貴族や武士のほか、民衆の参詣も行われたが、民衆が自主的に参詣することは、経済的に困難であったので、一般には、荘園領主や地頭などの熊野詣に、夫役として徴せられ、随従するものが多かった。南北朝時代以降、農民の成長に伴い、畿内民衆を中心に、伊勢参宮その他の参詣・行旅が次第に発展していった。しかしながら熊野信仰の中心基盤である東国地方は、後進地帯であって、民衆の経済力は一般に低く、かつ距離の遠隔性も加わって、自主的な参詣は、非常に困難であった。近世に入り、生産力の発展に伴う生活条件の向上、さらに交通環境の改善、それに伴う参詣の観光化により、民衆の参詣は、一般に飛躍的に上昇した。しかし紀伊の奥深い熊野山は、地理的に観光旅行に不適であるために、このような時流に乗ることなく、比較的敬虔な信仰者が訪れるにとどまった。しかし熊野信仰は、依然東国の間に根強く、関東・東北の民衆の熊野詣は少なくなかった。磐城平藩の民衆は、江戸時代中ごろ、毎年熊野詣に出発したが、旅費は大体十両で、藩財政の大きな脅威となった。 →熊野王子《くまのおうじ》 →熊野信仰《くまのしんこう》

〔参考文献〕宮地直一『熊野三山の史的研究』、新城常三『社寺参詣の社会経済史的研究』、児玉洋一『熊野三山経済史』 (新城 常三)

熊本県護国神社

くまもとけんごこくじんじゃ　熊本県護国神社　熊本市宮内に鎮座。祭神は明治維新以後の国事・事変・戦争に没した熊本県出身者、満洲来民《くたみ》開拓団員(全員自決)のほか、昭和三十九年(一九六四)より警察官・消防士・自衛官の殉職者を合祀、同四十三年には神風連の乱・西南戦争(薩軍)で没した県関係者を合祀した。現在六万一千余柱を合祀。創建は明治二年(一八六九)二月、熊本藩主細川韶邦《あきくに》・護久父子、勅旨を奉じ花岡山に維新の志士宮部鼎蔵《ていぞう》以下百五十柱を祀ったのが起源。同七年官祭熊本招魂社、昭和十四年内務省令により熊本県護国神社と称す。同十九年立田山麓に社殿の着工を期したが、敗戦で中止。改めて、同二十八年熊本県護国神社神社規則の認証を得、同三十二年宮内に社殿竣工し鎮座した。境内三千坪。例祭は春季が四月一日・二日の両日。秋季は十月十日。ほかに、八月十四・十五両日の英霊追悼祭(夏まつり)などが斎行される。

〔参考文献〕『全国護国神社会五十年史』 (椎原 晩聲)

くめくにたけ　久米邦武　一八三九―一九三一　明治から昭和時代前期にかけての歴史学者。天保十年(一八三九)七月十一日、肥前国佐賀城下八幡小路に生まる。佐賀藩士久米邦郷の三男、幼名泰次郎、通称丈一郎、易堂と号す。父は大坂蔵屋敷在勤、長崎聞役などを経て藩侯御側頭となった。長、次兄早世のために家を嗣ぐ。藩校弘道館内寮生となり、大隈重信と知る。文久二年(一八六二)、江戸にでて昌平坂学問所に学ぶ。明治二年(一八六九)九月、政府に出仕、大史兼神社局大弁となり、十月、佐賀藩権大属に転じた。同四年には岩倉具視全権大使米欧派遣に際して、十一月太政官権少外史となって大使付属の枢密記録に任ぜられて渡米し、翌年紀行編輯掛を命ぜられて英・仏・蘭・普・露・伊・墺・瑞など各国を巡回して六年九月帰朝した。『(特命全権大使)米欧回覧実記』五冊(明治十一年刊)がその成果である。ベネチアの文書館で支倉六右衛門(常長)の文書を発見してその考証を右書に掲げたのが在欧日本古文書調査の嚆矢である。十二年三月、修史館に転じて三等編修官となり、これから歴史学界の人となった。修史館は修史局の後身で、十四年から官撰正史『大日本編年史』の編纂が始まり、主としてその執筆にあたった。同書は『大日本史』の継承となったので『大日本史』の南北朝時代の史料的検討を行なった結果、児島高徳非実在説などのいわゆる抹殺論の主張となった。同僚の重野安繹・星野恒などと共同戦線を張り、ために世論から物議をかもした。これが修史館の考証史学である。この時期に歴史学者としての基礎を築き、十九年一月、修史館が内閣の臨時修史局となると同局編修となる。この年九州七県の史料採訪に出張して神籠石を学界に紹介した。二十一年十月、帝国大学に臨時編年史編纂掛の設置により同大学文科大学教授兼編年史編纂掛委員となる。大学では日本歴史、地理、支那歴史などを講じた。二十三年、重野・星野と『(稿本)国史眼』を刊行、主として執筆にあたっている。『史学会雑誌』の創刊とともに第一編から第七編ごろ(明治二十二―三十年)まで精力的に多くの論文を掲げて多くの問題提起を行う。「英雄は公衆の奴隷」(一ノ一〇)では歴史における民衆の存在を強調し、「太平記は史学に益なし」(二ノ一七・一八・二〇―二二)は『太平記』の史料学的批判を行い、「勧懲の旧習を洗ふて歴史を見よ」(二ノ一九)では儒教的道学史観の徹底的な排撃を行なった。その後、史料主義を脱し歴史の構成には想像力を働かす必要があると構成主義を主張した(「史学の活眼」(六ノ八・九)、「史学考証の弊」(一一ノ八))。特筆すべき功績は修史館以来の古文書調査をもとに日本古文書学の基礎をつくったことで、古文書学もその命名にかかる。当時宮崎道三郎・坪井九馬三に週一回講義したのが日本古文書学講義の最初という。二十五年神道祭天古俗論の筆禍事件で官を辞し、二十八年友人大隈重信の引きで東京専門学校の課外講師となる。三十二年から講師(正規教員)となって大正十一年(一九二二)まで講師、教授を歴任し、古文書学、古代、平安時代史などを講じた。傍ら歴史地理学会に協力、また『近江坂田郡志』その他の地方誌編纂を指導した。昭和六年(一九三一)二月二十四日、東京大崎の自邸で病没した。

九十三歳。墓は港区元麻布の賢崇寺にある。法名は宏文院天秀易堂居士。著書は上記のほか、『古文書学講義』(明治三十五年)、『上宮太子実録』(同三十八年)、『日本古代史』(同四十年)、『南北朝時代史』(同)、『日本古代史と神道との関係』(同)、『(平安初期)裏面より見たる日本歴史』(同四十四年)、『国史八面観』磐余朝(大正四年)・奈良朝(同六年)、『裏日本』(同四年)、『鍋島直正公伝』(編述、同九年)などがある。

参考文献 中野礼四郎他編『(久米博士)九十年回顧録』、大川副博「久米邦武先生小伝」(『佐賀史談』一ノ二)、大森金五郎「故久米邦武先生を憶ふ」(『歴史地理』五七ノ四)、藤木邦彦「前本会評議員文学博士久米邦武先生の逝去」(『史学雑誌』四二ノ四)

(大久保利謙)

くめくにたけひっかじけん 久米邦武筆禍事件 明治時代の学問弾圧事件。明治二十四年(一八九一)、『史学会雑誌』二ノ二三―二五に久米邦武が「神道は祭天の古俗」を発表した。論旨は日本古代の神道は本来宗教ではなく、東洋古代の祭天の古俗の一つであるという解釈を下したものである。この神道は古来敬神の道として王政の基として国体と結びつけて信ぜられてきたが、これは神事に迷溺した謬説であるから史学の立場から公正に考察する必要があると批判的な立場から忌憚のない発言をした。官学系の学術雑誌に発表されたので世論の問題とならなかったが、田口卯吉が『史海』八(明治二十五年一月)に転載し、これを古人未発の意見実に多しとたたえ「余は此篇を読み、私《ひそか》に我邦現今の或る神道熱心家は決して緘黙すべき場合にあらざるを思ふ」と挑戦的に神道家を揶揄したので、これが神道家・国体論者をいたく刺激して、翌二月倉持治休ら四名の神道家が久米を訪ねて不敬罪と難詰して論文の取消しを求め、久米も世間の誤解を懼れてこれに応じた。しかし、倉持らは満足せず久米排斥のために宮内省・内務省に運動し、その結果、翌三月、久米は帝国大学教授を休職となり、前記二誌も発禁処分となった。問題はさかのぼると久米ら修史館一派の重野安繹の「児島高徳考」などにみられる伝承的史実の抹殺論的学風に対する保守的世論の反感に由来し、さらに政府上層部にも同様反対の空気があったのでこのような弾圧となった。なお田口は諸新聞に「神道者諸氏に告ぐ」を掲げて古代史研究の自由を唱えて神道家側と論戦を行なった。

参考文献 『随在天神』一九六、宮地厳夫『祭天古俗説弁義』、三浦周行「日本史学史概説」(『日本史の研究』二所収)、大久保利謙「ゆがめられた歴史」(向坂逸郎編『嵐のなかの百年』所収)

(大久保利謙)

くめのみこと 久米命 ⇨天津久米命《あまつくめのみこと》

くめまい 久米舞 広義の日本雅楽の種目名。いわゆる上代歌舞の一つ。神武天皇が大和の菟田の兄猾を征討した時に、お供の久米部が歌ったとされる戦勝の歌(久米歌・来目歌)に舞をつけたもの。戦闘を主として天皇に奉仕する大伴・佐伯の両氏によって伝承され、征服者の威厳を示すものとして儀式化した。天平勝宝元年(七四九)十二月東大寺で外来音楽とともに演奏されたのを初見とする。平安時代には大嘗祭の豊明節会に悠紀の舞として盛んに用いられた(主基の舞は吉志舞)。室町時代中期の後土御門天皇以来行われなくなり、文政元年(一八一八)仁孝天皇即位の大礼を機に再興し、以後天皇即位の大礼の時に演奏された。なお明治十一年(一八七八)より昭和二十年(一九四五)までは二月十一日の紀元節の賀宴に豊明殿で行われていた。現在の宮内庁楽部における伝承は、久米歌音取・参入音声・揚拍子・伊麻波予・阿阿・退出音声という構成になっており、その中心部である揚拍子で久米舞が舞われる。伴奏楽器は竜笛・篳篥・和琴。また歌のリーダーは笏拍子を打つ。舞は廃絶前は八人、あるいは二十人により舞われたらしいが、再興されたものは四人舞。舞人は末額の冠をかぶり、笏と太刀をつけ、赤色の袍を着る。音楽の規模は東遊ほど大きくはないが、楽器の組合せやリズムに変化があり、歌の旋律にも動きがあって面白い。特に「伊麻波予」における和琴の弾奏はきわめて神秘的な効果をもっており、この時舞人はいっせいに太刀を抜き、敵を切り伏せる形をなす。

参考文献 林屋辰三郎『中世芸能史の研究』、芝祐泰『五線譜による雅楽総譜』一、平出久雄「江戸時代の宮廷音楽再興覚え書(四)―特に催馬楽・東遊・久米舞について―」(『楽道』二一五)

(蒲生美津子)

くめもとぶみ 久米幹文 一八二八―九四 江戸時代末期・明治時代初期の歌人、国学者、水戸藩士。号、水屋・桑園。文政十一年(一八二八)十月二十日、水戸藩士の石河幹忠の三男として常陸国水戸(水戸市)で誕生。のち同藩士久米博慎の養子となった。はじめ本居内遠に入門し、ついで平田篤胤没後の門人となる。歌文に長じ、徳川斉昭の知遇を得て、江戸小石川の藩邸に出仕した。明治五年(一八七二)、教部省に出仕、相模の寒川神社、讃岐の田村神社などの宮司を歴任し、神明奉仕・神道教化に尽力する。七年、神宮権禰宜に転任し、権少教正を兼ね、神宮教院の教化活動に尽力し、『大鏡』の校訂などもした。十五年、東京大学古典講習科の講師となり、ついで第一高等中学の教授に就任。十九年には、本居豊穎《とよかい》、小杉榲邨《すぎむら》らと大八洲学会を設立して『大八洲学会雑誌』を創刊、二十四年は大八洲学校設立にも関わり、国学と国語国文の全国的普及に尽力した。同二十七年十一月十日、六十七歳で没。墓は豊島区染井墓地にある。著書に『大八洲史』『日本文栞』、歌集に『水屋集』など。

参考文献 丸山季夫「久米幹文書簡」(『神道学』七)

(武田 秀章)

くもんしょう 公文抄 神宮の祭主の発給する文書を集めた公文様式集。撰述に関係したのは祭主大中臣隆世流の祭主であり、代ごとに追加されたものと考えられる。最終の追加は元弘元年(一三三一)以前。一巻。『惣官公文抄』ともいう。また『公文筆海抄』も同系統のものである。『続群書類従』神祇部所収の『公文抄』より『公文筆海抄』の方が省略が少ない。『公文筆海抄』は『三重県史』資料編中世一上に収められており、加えて祭主発給の文書形式を示した『公文翰林抄』『公文所初心抄』、大宮司の発給する文書を示した『宮司公文抄』(『司中公文鈔』『宮司公文案』)、造外宮使大中臣隆実《たかざね》の出した文書を収めた『造宮筆海抄』(『遷宮筆海抄』『造宮使公文所筆海抄』)も収められている。『公文抄』には惣官初任御施行以下六十四項が示されている。『公文抄』は下巻のみであり、十四項目が収められているが、そのうち六項目は『公文筆海抄』にはみられないものである。

参考文献 『群書解題』一下、勝山清次「解説と史料解題—公文抄—」(『三重県史』資料編中世一上所収)

(西垣　晴次)

くらおかみ・くらみつは 闇龗・闇罔象　水の神。『日本書紀』神代四神出生章の第六の一書において、伊弉諾《いざなぎ》が軻遇突智《かぐつち》を斬った際、その剣の柄より滴る血から生成した神。『古事記』においても同様であるが、闇淤加美神・闇御津羽神と表記される。クラは渓谷などを指すとされ、河川・雨など水に関わる事物を司る神とされる。闇龗は京都市左京区の貴船神社や奈良県吉野郡の丹生川上《にふかわかみ》神社(下社)に、闇罔象は静岡県浜松市鎮座の賀久留《かくる》神社などに祀られる。→高龗神《たかおかみのかみ》

(新井　大祐)

くらべうま 競馬　⇨賀茂競馬《かものけいば》

くらまのひまつり 鞍馬火祭　京都鞍馬山の地主鎮守である由岐《ゆき》神社(靫明神は五条天神と同系の疫神で、天慶中に勧請)の祭礼。毎年十月二十二日夜、氏子村の諸所に積んだ根ホダに着火し、松明を担いだ子供らが練り歩き深更には青年らが大松明を肩に登場「サイレヤ、サイリョ」と囃して社へ詣で、一丈許の松竹の大松明を焼く。二基の神輿は手甲肩当で裸の男たちが担いで石段を下り未明に終る。火祭の由来は勧請の夜に葦の篝火をたいた故事による。

鞍馬火祭

参考文献 山上伊豆母『神話の原像』(『民俗民芸双書』三六)

(山上伊豆母)

くらやみまつり 暗闇祭　すべての燈火を消して暗闇の中で行う祭儀のことをいうが、本来まつりのたいせつな要素の一つは、厳重な潔斎をした神主の手で、深夜人の見ていない時刻に神霊を神輿などに移して渡御することにあった。この時人々は各家にこもってあえて神のみゆきをかいま見ようとしなかった。「行列を見れば目がつぶれる」ということばのあるのも神の姿を見ることはタブーであった証拠である。本来まつりは宵から夜をこめて行われ暁鶏鳴に終るとされたのも、神の移御行為を重く見たためで、神の機能の更新につながる大事なことであったからによる。中世のころよりまつりははなやかなものになり、ことに行列は美々しく人の楽しみ見るものとなったが、暗闇祭のように当然かつての夜の行事であったことを思わせるものもある。しかし特に暗闇祭と名づけられてみると、男女の雑魚寝とか相手の尻つねりとか興味本位に考えられがちな部分のみ表立つようになって、神事の本義はかえって忘れられてしまうようである。東京都府中市の大国魂神社の祭礼は暗闇祭として有名なものの一つである。

暗闇祭（東京都府中市大国魂神社）

(岩崎　敏夫)

くりからみょうじん 栗辛明神　ときに「栗唐明神」とも記す。別名を隼明神という。奈良春日大社の小神(末社の神)で、たとえば、『諸社根元記』に、「春日社小神在所」と標して、「御宝殿辰巳、太刀辛雄明神、其北裏、飛来天神、其北並、八竜神王、内殿後、梅本明神、又号㆓海本神㆒、其北、栗辛明神、所謂隼明神」とある。『春日権現霊験記』四、「天狗参㆓入東三条㆒事」の条に、天狗法師どもを駆除したこの栗辛明神(隼明神)の霊威が記されている。

参考文献 『春日社記』、『春日大明神垂跡小社記』

(西田　長男)

くりたひじまろ 栗田土満　一七三七—一八一一　江戸時代の国学者、神職。通称求馬・民部・壱岐守、号岡の屋。元文二年(一七三七)、遠江国城飼《きこう》郡平尾村(静岡県小

笠郡菊川町)に生まれる。父は栗田左兵衛信安。代々平尾広幡八幡宮祠官を襲う。明和四年(一七六七)江戸に出て賀茂真淵に入門し、古学歌道を修め、万葉ぶりの歌風を継承した。寛政二年(一七九〇)岡の屋を創設。遠州真淵門の指導的存在であり、県門十二大家の一人に数えられた。真淵の没後、天明五年(一七八五)に本居宣長に入門。『古事記伝』巻二十一の版下を書し、宣長没後に本居大平が編纂した『答問録』に宣長との神学に関する質疑応答が収録され、宣長門においても重んじられた。主著『神代紀葦牙』は神代巻研究の最良のテキストとして、明治に至るまで版を重ねた。文化八年(一八一一)七月八日没。七十五歳。著書に『祝詞集』『玉鉾百首解』など。

参考文献 堀川録朗『栗田土満略伝』、高倉一紀「岡の屋年譜考」一—三(『皇学館大学神道研究所紀要』九—一一)、同「『神代紀葦牙』成立考—後期国学者における著述刊行の一側面—」(『ビブリア』八四)

(森 瑞枝)

くりたひろし 栗田寛 一八三五—九九 江戸時代末期・明治時代の史学者。幼名を八十吉、通称を利三郎、字を叔栗といい、栗里・蕉窓・銀巷と号した。天保六年(一八三五)九月十四日、父雅文・母升子の第三子として水戸下町本六丁目の商家に生まれた。幼時より文字に親しみ、石河明善・会沢正志斎・国友善庵らに従い学び、日本の古典に関心を寄せて研究した。安政五年(一八五八)六月、彰考館に出仕し、総裁豊田天功に嘱望重用され、館務のかたわら史籍・古典の研究を深め、『国造本紀考』などを著わした。廃藩後も彰考館編修として『大日本史』志表の編纂に従事した。明治六年(一八七三)上京して大教院編輯課に出仕、ついで教部省九等出仕考証掛に任ぜられ、『特選神名牒』の編纂にあたった。同十年同省の廃止により太政官修史館掌記に転じたが、翌年辞任して水戸に帰った。同十二年彰考館が再開されると、その中心となって『大日本史』志表の編纂・校訂・刊行に尽力した。同十七年から二十二年まで元老院御用掛ついで雇として制度沿革の調査に従い、『氏族考』『上古職官考』などを編修した。同二十五年十月、久米邦武のあとをうけて、帝国大学文科大学教授に任ぜられた。この間、一方では引き続いて『大日本史』の編修にあたり、志表の編刊を着々と進め、他方では『神祇志料』『天朝正学』『新撰姓氏録考証』『稜威男健』(『古語拾遺講義』)、『標注古風土記』『纂訂古風土記逸文』『新編常陸国誌』(補訂)など多くの著作を完成した。同三十二年一月二十五日、東京市牛込区矢来町三番地の自宅で没した。六十五歳。同日文学博士の学位を授けられた。墓は茨城県東茨城郡常澄村六反田の六地蔵寺内に在る。著書は多く、上記のほか、『栗里先生雑著』三冊に収められたものなどがある。

参考文献 栗田勤『水藩修史事略』、照沼好文『栗田寛の研究』、栗田勤「栗里先生年譜略」(『栗里先生雑著』上付載)、三浦周行「栗田寛先生」(『日本史の研究』二所収)、大森金五郎「栗里栗田寛先生の事蹟」(『中央史壇』一三ノ九)、安井良三「栗田寛博士評伝」(『古代学』六ノ四)

(飯田 瑞穂)

くりやがみ 厨神 台所の神。現実には竈《かまど》神・荒神・エビス・大黒などある。竈神は早く『古事記』にみえ、平安時代までに宮廷や大社にもまつられた。関東では厨神をオカマサマ、西日本では荒神、中国地方では土公神と呼ぶことが多い。大黒はインドの摩訶迦羅に発し、南中国の諸寺で厨神となり、日本では最澄が延暦寺に入れたのが最初という。大国主神と習合し、中世以来エビスと同様、台所にまつられ福の神ともされた。厨神は旧暦十月の神々の出雲参集に留守をするという地方が多く、農業や家の守り神を兼ねる場合がある。

参考文献 柳田国男『火の昔』(『定本柳田国男集』二一)、同編『分類祭祀習俗語彙』

(平井 直房)

くるまざきじんじゃ 車折神社 京都市右京区嵯峨朝日町に鎮座。祭神は清原頼業。当社は大外記清原頼業の霊廟で世に五道冥官降臨の地と称する。頼業は桜花を愛したので桜明神ともいい、天竜寺内に廟所が営まれて宝寿院ともいった。一説に後嵯峨上皇大堰川行幸のためここを過ぎたとき、牛車が進まず牛が倒れ車を折ったので還幸後、車折大明神の神号を与えられたという。五月十四日を例祭日とし、毎年五月の第三日曜には三船祭が行われている。

車 折 神 社

参考文献 岡田芳幸「『車折神社』考」(『神道史研究』二四ノ一)、向井淳郎「清原頼業伝」(『日本史研究』三)

(村山 修一)

くろかわのう 黒川能 山形県東田川郡櫛引町(旧黒川村)に伝えられている農民による能。室町時代末期に庄内地方を領していた武藤家によって移入されたらしく、現在でも王祇祭に用いる龕提燈や能役者の裃の紋には武藤家の紋所である六つ目結紋が用いられている。江戸時代には領主の酒井家から面装束の下賜、酒田や鶴岡での勧進興行の許可などの手厚い保護をうけて、古い伝統を伝える一方、中央の能を流派に拘泥せずに摂取して形を整えたと考えられている。村には春日神社の氏子による宮座と一体となった上座・下座の能座があり、神事芸能として二月の王祇祭など年五回ほどの祭に参加している。能役者の家筋は村の中で大体決まっており、現在両座合わせて百名位であるが、両座の能太夫、所仏則と呼ぶ特殊な翁、三番叟、千歳の家は世襲制となっている。鬘の上から面を付けたり、腰帯の先の割り方など装束の付け方に古画と一致する古い形式が見られるし、謡い方にも中央の能では江戸時代末期に滅びた古いリズム形式が残されていて、能の歴史を考える上で貴重な存在である。能の演目は明治時代後期に定めた表では約五百四十曲でそれが両座に二分されているが、中央では古く廃された『河水』『変化信之』などの曲も演じられている。謡の本文は上掛り(観世・宝生)系統だが中央とは異なる古い詞章も多い。狂言の本文は大蔵系に近いものが多い。重要無形民俗文化財に指定されている。

参考文献　横道万里雄編『黒川能』、真壁仁『黒川能―農民の生活と芸術―』　(松本　雍)

くろかわまより　黒川真頼　一八二九―一九〇六　江戸・明治時代の国学者。文政十二年(一八二九)十一月十二日、上野国山田郡桐生町(群馬県桐生市)の機業家金子吉右衛門の子として生まる。幼名嘉吉、通称寛長、のちに真頼、号は荻斎。幼時十三歳で江戸の国学者黒川春村に国語・国文・音韻・和歌を学び、十九歳で『三代集拾玉抄』を著述、ついで『新勅撰愚考』『新撰上野国志沿革図説』を著わしもっぱら著述に励んだ。慶応二年(一八六六)三十八歳の時、師の黒川春村の遺言によりその学統の後継者となるに及んで、黒川の家名を継ぎ、家業を捨てて、翌年江戸の日本橋小網町に移住し、門弟に教授し、次第に学名が挙がった。明治維新後は官途につき大学少助教・文部権大助教・元老院権大書記生を累任、文部省・内務省・農商務省を通じて博物局博物館(東京国立博物館の前身)の創設時代に史伝・図書課長として貢献し、また木村正辞・横山由清らと『語彙』編纂をはじめ『工芸志料』『考古画譜』『古事類苑』帝王部の編集を行い、多くの論文を発表し、東京大学講師・東京学士会院会員・御歌所寄人・内国勧業博覧会審査官を勤め、また帝国博物館・御歌所・帝国大学・東京美術学校・東京音楽学校に重要な位置を占めるなど幅広く学界・美術界に活躍した。晩年の明治三十二年(一八九九)以降は起居不自由となり公職を離れて療養に専念し、同三十九年八月二十九日、浅草小島町の自宅で没、七十八歳。彼は学者とともに黒川家累代の蔵書家として有名。著作は『黒川真頼全集』全六巻その他数多い。法名は文良院学山真頼居士。墓は東京都台東区谷中の天王寺。

参考文献　甲斐知恵子・石田淑子「黒川真頼」(『近代文学研究叢書』八所収)　(樋口　秀雄)

くろき　黒酒　⇨白酒《しろき》・黒酒《くろき》

くろずみきょう　黒住教　幕末に創唱された神道系の教団。黒住宗忠(左京)を教祖とする。文化十一年(一八一四)、立教。本部は岡山市上中野にあったが、昭和四十九年(一九七四)、同市尾上の「吉備の中山」神道山に移された。『教祖訓誡七箇条』(別名『日々家内心得の事』)、教祖の『歌集』『文集』を教典とする。主祭神は天照大神(教団では天照太神と書く)。神社二、教会三二六、布教所一六、教師一六〇一、信者二八万六二〇(文化庁編『宗教年鑑』平成十二年版)。黒住宗忠は、備前国御野郡上中野村(岡山市)の禰宜の家に生まれ、家業を継ぎ、両親の相ついでの死による悲しみと、みずからの病気の苦しみを経て、三十五歳の時、太陽を拝し、天照大神と一体となったとする神秘体験を得た。このことを教団では「天命直《じき》授《じゅ》」とよび、文化十一年十一月十一日をもって立教の時としている。教義の中心は、宗忠の回心にもとづき、太陽神天照大神を万物の親神、生命力の根源と認めるところにある。人間は「日の子」「神の子」であり、天照大神と「同魂同体」という神人合一の境地に達することが求められる。これを「生《い》き通《とお》し」という。「けがれは気枯れにて、太陽の気を枯らすなり」とあるように、悪は生命力の欠如であり、神の恩に感謝して陽気に暮らすという「心」の転換を得れば、諸願成就すると説く。『訓誡七箇条』は、日常生活の教えであり、不信心、立腹、慢心、悪心、不誠実、感謝の念のないこと、を戒めている。これらの思想は、太陽を「御天道様」とよぶ民俗信仰、御蔭参りなどの伊勢信仰の高揚を背景とし、心学のような道徳修養運動と共通するところが多い。この点で、ほぼ同じ時代に創唱された金光教・天理教が、教祖の強烈な神がかり体験を軸にしているのと異なっている。宗忠は、回心後、霊能力によって病気治療を行なったが、かれの『歌集』『文集』をみると、心とか誠を説いて、まじないは強調されていない。布教の中心は「会席」とよぶ集会であって、その場で自分の教えを講釈によって説いた。門人(信者)には、岡山藩をはじめ、近隣の諸藩の武士、上層の農民、商人など、当時の知識階層が多かった。藩の干渉、他宗教からの妨害は少なく、有力な信者の名簿である『門人名所記《などころき》』によれば、宗忠の晩年には、その数は千人を超えている。弘化三年(一八四六)には、門人の心得書『御定書《おさだめがき》』が作られ、教団としての形が整えられてきた。嘉永三年(一八五〇)、宗忠の死後、主な門人が、備前から備中・備後・美作・因幡・伯耆・出雲・京都を分担し、布教を開始した。なかでも、美作の庄屋の出身である赤木忠春は、京都に進出し、公家や勤王志士、町人の間に信者と共鳴者を得た。宗忠の明神号を吉田家から受け、さらに運動を続けて、大明神号を許され、洛東神楽岡に宗忠神社を建立した。忠春の主張には、宗忠と異なり、社会体制の変革をめざす急進的な「世直り」思想が含まれていたこともあって、備前の本部との間に対立が生じて、破門された。しかし、政治の中央との結びつきに成功した功績は大きい。各地の布教も進展し、幕末において信者十万と称せられる。明治維新後、神道重視の政策と、体制批判の少ない穏健な教義によって、教派神道十三派のなかで最も早く、明治九年(一八七六)、神道黒住派として独立することが許可され、十五年、黒住教と改称し、十八年、本部のある岡山の上中野に宗忠神社を建立した。明治十年代には、四十万の信者を持っていたといわれるが、東京・大阪などの大都市布教が活発でなく、教勢は停滞し、中国・四国を中心とする地域的に限られた教団となった。現在、教団では、教義の根本は親孝行であるとして、道徳修養的な面をうちだし、「誠一つで四海兄弟」という教祖の言葉から、平和運動へのつながりを求めようとしている。黒住教の研究としては、幕末に生まれた創唱宗教のなかで、体制維持的な性格を持っていることを強調する見解が有力であるが、勤勉・誠実など、民衆の主体的道徳の樹立への貢献、赤木忠春にみられるような、変革思想を生む可能性を重視する主張も現われている。

参考文献 村上重良・安丸良夫校注『民衆宗教の思想』(『日本思想大系』六七)　(柳川　啓一)

くろずみむねただ　黒住宗忠　一七八〇—一八五〇　江戸時代後期の神道家。黒住教の教祖。神職名により左京ともいう。安永九年(一七八〇)十一月二十六日、備前国御野郡上中野村(岡山市)、今村宮の禰宜職の家に生まれる。父は宗繁、母はつた。幼時より信仰心、孝心に篤かったといわれ、三十一歳、父のあとをつぐ。文化九年(一八一二)三十三歳の時、伝染病によって父母を相ついで失った打撃とともに、自分も重い肺結核を煩い、死線をさまよった。十一年正月十九日、病気を「心」の問題と悟ったあと病状が回復し、三月十九日、太陽を拝して全快、十一月十一日の冬至の朝、日の出を拝むうちに、陽気が体に満ち、天照大神と一体になったという体験を得た。これを「天命直授《じきじゅ》」といい、黒住教では、文化十一年のこの日を立教とする。宗忠は、この体験にもとづいて、「天照らす神の御心人心《こころ》一つになれは生《い》き通《とお》しなり」と詠んだように、神の徳に感謝し、心を陽気に暮らせば、諸願成就すると説いた。講釈と信仰治療をとおして、死去に至るまで三十五年間布教に努め、晩年には、教団の組織も整った。宗忠自身の体系的な著作はないが、かれの道歌を集めた『歌集』、信者への書簡を収めた『文集』、信者に日常生活の規範を示した『日々家内心得の事』が黒住教の教典となっている。教祖としての宗忠は、回心体験後も、伊勢参宮、百社参り、参籠など、伝統的な修行方法によって、宗教的境地の深化を図り、この点で、いわゆるシャーマン的性格は薄い。嘉永三年(一八五〇)二月二十五日没。七十一歳。

参考文献 原敬吾『黒住宗忠』(『人物叢書』四二)　(柳川　啓一)

くろせますひろ　黒瀬益弘　⇨度会益弘《わたらいますひろ》

くろだとしお　黒田俊雄　一九二六—九三　昭和時代の歴史学者。日本中世史を専攻。大正十五年(一九二六)一月二十一日、富山県東礪波《ひがしとなみ》郡庄下村大門(砺波市)に生まれる。県立礪波中学校、第四高等学校文科(甲類)を経て、京都大学文学部に入学、昭和二十三年(一九四八)史学科(国史学専攻)卒業。引き続き大学院に進み、三十年神戸大学教育学部講師となり、三十五年助教授、三十六年大阪大学に転じ文学部助教授、五十年教授となり、五十八年文学博士。評議員、学部長を勤めて、平成元年(一九八九)停年退官ののち、大谷大学教授となり、現職のまま五年一月二十六日、京都で没。六十七歳。この間、昭和五十六年には日本学術会議第十二期会員となり、以後第十三期・第十四期には、第一部幹事、同部長を勤めた。また歴史科学協議会の代表委員となり、日本科学者会議でも活躍した。『羽曳野市史』『豊中市史』の編纂委員長、『富山県史』『伊丹市史』の編纂委員をも勤めた。著書に『蒙古襲来』(中央公論社『日本の歴史』八、昭和四十年)、『荘園制社会』(『体系・日本歴史』二、四十二年)、『日本中世封建制論』(四十九年)、『日本中世の国家と宗教』(五十年)、『現実のなかの歴史学』(五十二年)、『寺社勢力』(五十五年)、『歴史学の再生—中世史を組み直す—』(五十八年)、『王法と仏法—中世史の構図—』(同年)、『日本中世の社会と宗教』(平成二年)などがあり、『黒田俊雄著作集』全八巻が刊行されている。日本中世の国家権力が公家・寺社・武家など諸権門の相互補完関係によって成り立っているとみる「権門体制論」を提起、さらに顕密仏教を中心とする寺社勢力の研究を進め、学界に大きな影響を与えた。

参考文献 『歴史評論』五二八(特集黒田俊雄と歴史学)、井ヶ田良治「黒田俊雄氏の人と学問」(『日本史研究』三七〇)　(大山　喬平)

くろだのしょうはちまんぐう　黒田荘八幡宮　現在の三重県名張市黒田周辺に比定される伊賀国名張郡黒田荘は東大寺領の荘園であり、この黒田荘に東大寺側より勧請された八幡宮をいう。もとより勧請された年月その他は不詳であるが、八幡宮の祭祀を通じて神人が設定され、その神人を組織化することが黒田荘経営の前提となった。したがって黒田荘解体とともに、八幡宮も衰微。現在の黒田の鎮守神は八幡宮ではない。

参考文献 石母田正『中世的世界の形成』　(二宮　正彦)

くわふりしんじ　鍬振神事　岡山県津山市一宮の中山神社の四月二十九日(もとは四月中の午日、のちに二十四日)の例祭における神事。中山神社は美作一宮として、また牛馬の守護神として篤い信仰を集めてきた。本殿での神事ののち、神輿の神幸に先立ち瑞垣門・前庭で、烏帽子《えぼし》・直垂《ひたたれ》姿の太鼓方・笛吹の楽に合わせて、数人が入った大きな獅子舞が舞われる。続いて柳の枝に垂手《しで》を垂らしたものを首に挟んだ白装束の鍬方二十名が、頭上に模造の木鍬を振りかざす。頭上で数度廻したのち、「ヤッ」という掛声とともに土中に打ち込むと同時に、足を踊らせて田を打ち返す所作を演ずる。笛・太鼓の拍子に合わせ、二十名が動作を揃える。これを鍬振という。鍬方は神幸の際、鍬を立てて神輿の前を進む。本社に還御《かんぎょ》すると、本殿前庭で再び鍬振を行う。この日の祭をかつては御田植祭と称した。元禄年間(一六八八―一七〇四)には、鳥居の外の斎場で、御田植式を行なった。柳の枝を早苗としたという。現在では、鍬方が首に挟む柳の枝に、その名残りを留めるだけだという。氏子区域八集落のうち毎年二集落ずつが頭屋となって奉仕する。（茂木　栄）

くわやまのしんじ　鍬山神事　伊勢の二所大神の朝の御饌・夕の御饌に供える御料の稲を作る神田の種下し始めの神事。鍬山伊賀利神事ともいう。延暦の『皇大神宮儀式帳』『止由気宮儀式帳』によるに、二月の最初の子の日に湯鍬山(「湯」は「忌」に同じ)に登り、まず山口の神をまつり、ついで櫟の木の本の神をまつり、この木で造った湯鍬で神田を耕し、湯種を下し始めることになっている。これを「鍬山神事」というのは『神宮雑例集』二が初見であるが、その式日を内宮は二月一日、外宮は同月上亥日と上子日との両日としている。明治以後中絶したが、昭和八年(一九三三)内宮の祭儀が復興され、神田下《しんでんげ》種祭《しゅさい》と称し、四月上旬の一日を選んで祭日とし、その次第は延暦の古制に準拠して執り行われている。（西田　長男）

ぐんこう　群行　天皇即位のはじめ、大神の御杖代として卜定された斎宮が、三年間の初斎院・野宮での潔斎ののち、その九月天皇に別れを告げて伊勢に向かう儀式で、斎宮群行《さいぐうぐんこう》ともいう。群行に先立って、あらかじめ装束司・行禊前後次第司・行禊陪従・勅(送)使・長奉送(監送)使などを定め、斎宮の寮官・十二司除目を行う。また、神事には仏事や凶事を避けるため、大中臣氏の氏人を大祓使とし、左右京に一人、五畿内に一人、七道に各一人、近江・伊勢両国および大神宮には別にまた一人を遣わして祓除を修し、兼ねて建礼門・朱雀門においても大祓を行う。一方、官符を京畿・近江・伊勢の諸国に下して、九月をもって斎月となし、北辰に燈をたてまつることおよび挙哀・改葬することを禁じた。また、路次の近江・伊勢の国司に命じて、近江国は勢多・甲賀・垂水、伊勢国は鈴鹿・壱志の五ヵ所に、それぞれ頓宮を造営させ、かつ供給にあてるため雑物を儲備させた。群行当日は廃務で、この日、斎宮は野宮より葛野河に出て禊を行い、松尾社に奉幣ののち、八省院に参る。天皇も同院に行幸し、御幣を拝したのち、斎宮を御前に召して、黄楊木の小櫛(わかれの御くし)をその額に刺し加え、「京の方に趣き給ふな」と勅諭する。この櫛は勢多頓宮に至って筥に収められる。斎宮奉送の勅使らは京極か鴨河辺より帰るが、長奉送使は伊勢まで奉仕する。行路の間、所々の河川で禊を行い、また近江の逢坂・頓宮などでは楽を奏する。普通、長奉送使は中納言か参議一人、弁・史・中務丞各一人であるが、路次の警固のため検非違使や看督が付けられる。また、群行の路次は、都が大和国にあった奈良時代には、大和―伊賀―伊勢の官道を用いていたが、平安遷都後は、一時山城―近江―伊賀―伊勢のコースをとり、仁和二年(八八六)の繁子斎内親王の群行以後は、山城―近江―伊勢のコースが一般的となり、伊賀路は使用しなくなった。

参考文献　『古事類苑』神祇部三　（渡辺　直彦）

ぐんしょるいじゅう　群書類従　江戸時代後期に塙保己一が編纂し刊行した叢書。収めるところ千二百七十六種、六百六十五冊。文政二年(一八一九)に版木ができた。神祇・帝王・補任・系譜・伝・官職・律令・公事・装束・文筆・消息・和歌・連歌・物語・日記・紀行・管絃・蹴鞠・鷹・遊戯・飲食・合戦・武家・釈家・雑の二十五部に分類されている。『続群書類従』も同様の分類で、二千百二十八種、千百八十五冊である。編纂を思い立ったのは、明和三年(一七六六)ごろといわれ、「異朝には漢魏叢書などよりはじめて、さる叢書どもも聞えたり、中国《みくに》にはいまだ其ためしなし、さらばここにもかしこにならひて、かしここにちりぼひある一巻二巻の書をとり集めて、かたぎにゑりおきなば、国学する人の能たすけなるべしと思ひとりて」(中山信名『温故堂塙先生伝』)叢書の蒐集にとりかかったという。『群書類従』の名は、『三国志』魏志の応劭伝にある「五経群書以類相従」の語からとったものといわれているが、和学の体系を史料によって示している。その体裁が『類聚国史』の型を採って居り、基本体系は中国のそれを継承しながら和学の識見を織りこんで諸文献を集大成したのである。これは、和学講談所設立願でも歴史・律令の講談を強調していることと一致する。『群書類従』の分類次序と『類聚国史』のそれとの相似性については、いくつかの研究論文がある。また、『本朝書籍目録』や『古今著聞集』などにも共通するものがあり、当然これらを参照しつつ、独自の識見によって編集が進められたのである。この叢書の刊行によって稀覯書の散佚が防がれ、諸書が容易に見られるようになったことは大きな功績である。所収書の底本の不十分さ、底本の本文と対校本の本文とのすり替えによる混乱、大部で重要な古典の収載のないこと、捜索不足からくる洩れなど、無欠点とはいえないが、今日でもなお益するところ多い。その版木は総数一万七千二百四十四枚で、東京都渋谷区の温故学会に保存されている(重要文化財)。収録文献数および総冊数が、完成した文政二年、保己一没後の同五年、現在とで若干の差異があるのは、目録が決定したあとで文献の補追、差替えがあったためであろう。版下は、多くの協力者によって書かれているが、屋代弘賢・町田清興らの能筆者も参加している。版木の彫刻料は、総額五千六百十九両三歩を要したといわれ、この刊行は巨額の費用の伴う事業であったが、幕府の援助、鴻池らの助力を得るなど、この方面の努力も容易でなかった。また、寛政七年(一七九五)―八年ごろから『続群書類従』の企画に取りかかり、享和三年(一八〇三)にその目録の下書きを林大学頭（述斎）に提出している。文化十一年（一八一四）には開板のことを林家に申し出たが、刊行費用調達が思うにまかせず、保己一の生前には板行されなかった。その子次郎（忠宝《ただとみ》）が引き継いで苦心したが、有力な推進者の中山信名の死去もあって編纂作業も進行せず、開板の伺書を提出したのは嘉永三年（一八五〇）であった。間もなく文久二年（一八六二）に忠宝が無根の風評により暗殺されて、その長男忠韶《ただつぐ》が業を継いだが、塙家の不幸に加えて幕末期の変動の渦中で、集書と編集に多くの困難がつきまとい難渋を続けた。刊行を中止して、写本整備につとめ、明治十六年（一八八三）に宮内省に納めた時で、約八百五十巻（嘉永の伺書では千巻を期していた）である。その写本は、宮内庁書陵部・内閣文庫・国立国会図書館・静嘉堂文庫・東京大学などにあるが、いずれも目録通りに完備したものではなく、活版本を刊行した続群書類従完成会が欠巻を補充しつつその事業を継続している。この叢書の翻刻は、正編については、明治十六年群書類従出版所から試みられたが一部分のみで中絶し、経済雑誌社が同二十六年に十九冊を活版とし同三十一年に再版している。版木からの刷立は、温故学会が明治四十四年・大正元年（一九一二）・同八年と状況によって行い、今日も実施している。昭和に入ってからは、続群書類従完成会・内外書籍株式会社・群書類従刊行会などから出版され、続編は経済雑誌社が明治三十五年から始めたが中絶し、続群書類従完成会が大正十三年から七十一冊として完成した。以下に、便宜、続群書類従完成会刊行の活版本により収載書目中、神祇部についてを掲げる。ただし正編は昭和三十四年（一九五九）―三十五年刊行の訂正三版、続編（三四―三七輯・補遺三㈢を除く）は同三十二年―三十四年刊行の訂正三版による。なお続編の書目に〔欠〕としたものは、続編収載予定書目にありながら底本が欠佚していて翻刻されなかったものを示し、そのうち新たに拾遺部に翻刻されたものと補遺に収められたものとは〔欠＊〕とした。

1 神祇部

一 皇太神宮儀式帳
二 止由気宮儀式帳
三 太神宮諸雑事記
四 神宮雑例集
五 二所太神宮例文
六 内宮長暦送官符・外宮嘉禄三年山口祭記
七 貞和御餝記・内宮臨時仮殿遷宮記
八 治承元年公卿勅使記・正応六年七月十三日公卿勅使御参宮次第
九 神鳳鈔
一〇 古老口実伝・詔刀師沙汰文
一一 元亨元年十一月廿二日高宮仮殿日記・高宮御装束奉餝日記
一二 小朝熊社神鏡沙汰文
一三 八幡愚童訓
一四 石清水八幡宮護国寺略記・宮寺縁事抄・石清水放生会記・権別当宗清法印立願文・石清水宮御願書
一五 賀茂皇太神宮記・文永十一年賀茂祭絵詞・賀茂社御願書

2 神祇部

一六 春日権現験記
一七 春日社記・春日大明神垂跡小社記・春日神木御入洛見聞略記・さかき葉の日記
一八 大三輪神三社鎮座次第・大倭神社註進状・広瀬社縁起・日吉社神道秘密記・日吉神輿御入洛見聞略記
一九 北野縁起・北野縁起・両聖記・菅神入宋授衣記
二〇 天満宮託宣記・菅家御伝記・最鎮記文・梅城録
二一 廿二社本縁
二二 二十二社註式
二三 大和豊秋津嶋卜定記・大日本国一宮記・延喜式神名帳頭註・尾張国内神名牒・伊豆国神階帳・上野国神名帳
二四 藤森社縁起・尾張国熱田太神宮縁記・荏柄天神縁記・宇都宮大明神代々奇瑞之事
二五 竹生嶋縁起・走湯山縁起・筥根山縁起・松浦廟宮先祖次第幷本縁起
二六 造殿儀式・八幡御幸次第・平野行幸次第・神馬引付
二七 太神宮参詣記・八幡社参記・春日社参記
二八 東家秘伝・宝鏡開始・詠太神宮二所神祇百首和歌・雲州樋河上天淵記

〔続群書類従〕

1上 神祇部

一 神皇雑用先規録
二 伊勢二所皇太神宮御鎮座伝記・天照座伊勢二所皇太神宮御鎮座次第記・豊受皇太神御鎮座本紀
三 倭姫命世記・造伊勢二所太神宮宝基本記・伊勢二所皇太神宮神名秘書
四 皇字沙汰文
五 内宮御神宝記・外宮御神宝記
六 外宮遷御奉仕来歴・康暦二年外宮遷宮記
七 建久九年内宮仮殿遷宮記
八 文永三年御遷宮沙汰文
九 正中御餝記・永享元年己酉十一月廿日山口祭記
一〇 応永廿六年外宮神宝送官符
一一 寛正三年内宮神宝送官符
一二 建久三年皇太神宮年中行事
一三 二宮年中行事
一四 四度幣部類記

1下 神祇部

一五　伊勢公卿勅使雑例・参議綏光卿記
一六　康和以来公卿勅使記・仁安四年公卿勅使記
一七　嘉暦三戊辰年九月十日公卿勅使御参宮日記・永正十五年一社奉幣使参向記
一八　高宮盗人闖入怪異事・離宮院記
一九　内宮子良館記・外宮子良館旧記
二〇　公文抄
二一　応永以来外宮注進状
二二　延徳記
二三　永正以来宮司引付
二四　内宮禰宜荒木田氏経引付
二五　内宮禰宜荒木田守晨引付
二六　度会常有家引付
二七　宇治土公家引付・有爾日記
二八　大神宮参詣記・釈尊寺旧記

2上　神祇部

二九　榊葉集
三〇　八幡愚童訓
三一　鳩嶺雑日記・石清水八幡宮末社記
三二　石清水臨時祭之記・文永六年兼文宿禰勘文・大永五年石清水八幡遷宮日時定・石清水放生会記・貞応二年宗清法印立願文・嘉禄元年宗清法印勧進文
三三　嘉元年中賀茂祭記・賀茂祭ざうようの引付色目・延文元年賀茂臨時祭記・稲荷鎮座由来
三四　春日御託宣記・春日祭旧例・嘉慶元年春日臨時祭記・天文年中春日祭次第
三五　弘安四年春日入洛記・貞治三年春日御動座記・永徳二年春日焼失記
三六　当社御造替日記
三七　春日若宮神殿守記
三八　応安二年春日卅八所造替記・若宮殿臨時御遷宮日記・社頭御八講日記・率川社注進状・率川御社御遷宮日記
三九　春日社司祐重記
四〇　至徳二年記

2下　神祇部

四一　明応六年記
四二　春日正預祐範記
四三　春日拝殿方諸日記
四四　春日詣部類記
四五　明徳二年室町殿春日詣記
四六　三輪大明神縁起・竜田大明神御事
四七　住吉太神宮諸神事之次第記録
四八　耀天記
四九　厳神鈔
五〇　日吉山王利生記
五一　続日吉山王利生記
五二　日吉本記・日吉山王新記・元応元年(大社小比叡社)社家注進状
五三　御礼拝講之記
五四　日吉社室町殿御社参記

3上　神祇部

五五　祇園牛頭天王縁起・祇園三鳥居建立記・御霊会山鉾記〔欠＊〕
五六　祇園社記〔欠〕・祇園社記録〔増補〕・天台座主祇園別当并同執行補任次第〔同〕・祇園社記続録〔同〕・祇園社記続録〔同〕・祇園社古文書写〔同〕
五七　北野宮寺縁起・北野本地・天神講式・天満大自在天神宝号記・北野神君画幀記・五岳賛語・二十二社并本地
五八　惟賢比丘筆記・神祇正宗・神祇拾遺・類聚既験抄
五九　麗気記
六〇　神階記
六一　恒例修正月勧請神名帳・清滝宮勧請神名帳・神名帳
六二　和泉国神名帳・三河国内神明名帳・若狭国神名帳・隠州神名帳・南海道紀伊国神名帳・筑後国神名帳
六三　赤城大明神縁起・豊国大明神祭礼記
六四　東大寺八幡験記・東大寺八幡転害会記
六五　大和葛城宝山記・大和国城下郡鏡作大明神縁起・菅神初瀬山影向記
六六　霊安寺御霊大明神略縁起
六七　誉田八幡縁起
六八　熱田宮秘釈見聞・熱田講式・足助八幡宮縁起
六九　曾我両社八幡宮并虎御前観音縁起・弘安四年鶴岡八幡遷宮記

3下　神祇部

七〇　香取大神宮造営目録・下総国香取社造進注文事・香取社造営物注文・香取社年中神事目録
七一　香取宮遷宮用途記・爐殿遷宮用途記
七二　鹿島宮社例伝記・鹿島宮年中行事・中郡庄賀茂大明神縁起・久慈郡薩都宮奉加帳・那珂郡甲明神奉加帳
七三　諏訪大明神絵詞
七四　近江国別浦八幡縁起・兵主大明神縁起・信濃国埴科郡榊原庄中条宮弁財天由来記・会津高倉社勧進帳・加州石川郡白山縁起
七五　厳島御本地
七六　熊野権現金剛蔵王宝殿造功日記・熊野本宮古記・丹生大神宮之儀軌・正応六年太政官牒・伊予三島縁起
七七　北野天神御縁起・筑前州大宰府安楽寺菅丞相祠堂記・由原八幡縁起
七八　唯一神道名法要集
七九　兼邦百首哥抄

八〇　諸社禁忌・伊勢大神宮参詣精進条々・太神宮ぶつきりやう・八幡宮社制・稲荷社家物忌令之事・新羅社服忌令・日光山物忌令
八一　触穢問答・触穢考・神祇道服紀令秘抄
〔増補〕通海参詣記・重校神名秘書

参考文献　温故学会編『塙保己一記念論文集』、太田善麿『塙保己一』(『人物叢書』一三七)、坂本太郎「和学講談所における編集出版事業」(『古典と歴史』所収)、石井英雄「続群書類従の編纂刊行とその欠巻について」(続群書類従完成会『続群書類従』三四付載)　（山本　武夫）

ぐんまけんごこくじんじゃ　群馬県護国神社　群馬県高崎市乗附町に鎮座。祭神は群馬県出身および県関係の明治維新以来の諸事変・戦役における戦没者の霊を祀る。群馬県内には早くから館林招魂社、続いて前橋に厩橋招魂社が創立されたが、日露戦争後、県内の有志によって群馬県招魂会が結成され、高崎公園内に英霊殿を建立し、明治四十二年(一九〇九)三月、戦没者慰霊の祭典を斎行して以来、毎年招魂の例祭を行なっていた。その後、昭和十四年(一九三九)七月に群馬県護国神社造営委員会が発足し、社殿の造営に着手。同十六年十一月、一道府県に一社を限りとした内務大臣指定の護国神社となり、同二十二年三月に社名を誠霊廟と改め、さらに同二十五年六月に上野神社と改称したが、サンフランシスコ講和条約締結後の同二十九年五月、現社名に復した。例祭は十月十六日。

群馬県護国神社

参考文献　『全国護国神社会五十年史』　（大井　鋼悦）

け

け　褻　晴《はれ》の対語。日本人の生活は貴族から庶民に至るまで、衣・食・住のすべてにわたり、晴と褻(ふだん・平常)とがきびしく区別されていた。今日もなお「晴着」「ふだん着」などの語に残っている。平安貴族の男性服、直《のう》衣《し》は「褻の衣」「褻の服」といい、典型的な平常服であったし、饗饌と日常食はいうまでもなく、寝殿造においても、使用上公的儀礼的部分と日常的私的な部分に区分された。中世では「褻にも晴にも歌一首と申すが、夫は最前の歌でござる」(狂言『鶏泣』)などということわざもあった。農耕儀礼・宮廷儀礼・通過儀礼など各種の儀礼の成立がこの両面の生活を生んだが、一方時代の下降につれ、文学においてもたとえば和歌にしても褻から晴へ、日常性から文芸性への展開が見られ、服装においても下層服・私服が上層服・公服化する傾向が見られ、食事においても晴の食膳と日常食との差が少なくなるなどの現象が見られる。　→晴《はれ》　（中村　義雄）

けいこういん　慶光院　三重県伊勢市宇治浦田町にあった尼寺。ただし、一般の寺院とは全くその趣を異にし、仏像を安置せず、経巻・仏具をそなえず、読経も行わない。禅宗臨済派であるといっても本寺と称するものはなく、代々上人号を勅許せられ、紫衣を聴されていた。境内には大神宮祠と弁財天堂があり、天下泰平の祈禱を行い、祈禱札を頒っていた。寺伝によると永和二年(一三七六)のころ周徳なる人があり、そのあとが絶えていたのを守悦が中興し、初代院主になったという。守悦は五十鈴川の宇治大橋が流失して内宮の参詣者が難渋するのを嘆き、諸国に勧化して永正二年(一五〇五)これを架けた。これが慶光院勧進のはじめである。そのあとを嗣いだ第二代智珪の事績については何ら伝えられていないが、三代の清順は守悦に倣い、勧進によって天文十八年(一五四九)宇治大橋を造替した。後奈良天皇は同二十年八月、清順に叡感の綸旨を賜い、式年造替復興のための勧進に着手することを嘉して、その居室を慶光院と称することを勅許した。これが慶光院の起りである。清順は勧進によって外宮の式年遷宮を遂げ、ついで四代周養は内外両宮の式年遷宮を復興した。これらの由緒により、慶光院は伊勢上人・遷宮上人とも称せられ、寛文九年(一六六九)まで式年遷宮に際しては、遷宮を執行すべき旨の朱印状を下付されていた。その寺領は豊臣秀吉によって伊勢国度会郡磯村のうち百石が寄せられ、ついで徳川家光によって二百石が加増されて三百石となり、ほかに正保元年(一六四四)、五代周清の隠居料として磯村のうち百九石が付けられた。慶光院の居宅は秀吉が造営したもので、伊勢市宇治浦田町に現存し、今は神宮祭主職舎に充てられている。なお『慶光院文書』は約千七百点が伝えられ、現在神宮徴古館に蔵されている。

参考文献　神宮司庁編『正遷宮復興に輝く慶光院上人』、浜口良光『遷宮上人慶光院記』、『宇治山田市史』下、大西源一『大神宮史要』、同「伊勢の勧進聖と慶光院」(『神道史学』三)、平出鏗二郎「神宮と慶光院との関係」(『鏗痴集』所収)、石巻良夫「伊勢勧進比丘尼考」(『芸文』八ノ一〇)
（小島　鉦作）

けいこういんしゅせい　慶光院周清　?―一六四八　江戸時代前期の尼僧。伊勢慶光院第五代。山田の伊勢外宮祠官河合氏の女で四代周養の姪。周養を扶けて慶長十四年(一六〇九)九月の両大神宮正遷宮に尽くし、同十六年四月慶光院を継ぎ、寛永六年(一六二九)九月の正遷宮には、江戸幕府より先例によりその執行を命ぜられた。はやくより公武の間を来往し、春日局(徳川家光の乳母)と昵懇で、元和九年(一六二三)家光の将軍職を継ぐ際には功があり、その年千姫の依頼で、先夫豊臣秀頼の怨霊慰めの祈禱を行なった。また後水尾天皇中宮東福門院の帰依を得て京都に邸宅を賜わった。寺領はもと百石であったが、周清の代に隠居料を合わせて四百九石と発展を遂げた。寛永十一年周宝に譲って隠退し、慶安元年(一六四八)九月二日遷化。年八十余という。墓は三重県伊勢市宇治浦田町の慶光院墓地にある。

参考文献　桑田忠親「周清上人の願文と其由来」(『歴史地理』五七ノ五)
（小島　鉦作）

けいこういんしゅよう　慶光院周養　?―一六一一　安土桃山時代の尼僧。伊勢慶光院第四代。伊勢国宇治の人山幡四郎右衛門経政の女といわれる。清順の法嗣で敬神の念篤く、正親町天皇の綸旨を奉じて諸国を勧化し、天正三年(一五七五)三月腐朽していた皇大神宮の仮殿遷宮を行なった。ついで両大神宮の正遷宮の復興に着手し、諸国に資財を募ったが、この時織田信長は多大の援助を与え、その没するや豊臣秀吉は信長の遺志をついで巨額の経費を交付し、正遷宮のことは周養上人らに任す旨の朱印状を下した。またこれとほぼ時を同じくして正親町天皇より諸国勧進叡感の綸旨を賜わった。かくて工務は急速に進み、同十三年十月十三日皇大神宮、同十五日豊受大神宮と僅々二日を隔てて両宮の正遷宮が斎行された。寛正三年(一四六二)以来百二十三年、皇大神宮の正遷宮はここに復興したのである。世に慶光院を遷宮上人とも伊勢上人ともいうのは周養の事績に因むもので、のち徳川家康・豊臣秀頼らの尊信を受けて終生両宮のために尽くし、慶光院隆盛の基礎を築いた。慶長十六年(一六一一)四月二十六日遷化。墓は三重県伊勢市宇治浦田町の慶光院墓地にある。明治三十八年(一九〇五)十一月正四位を追贈された。

参考文献　小島鉦作「慶光院清順・周養の事蹟と慶光院文書の歴史的意義―大神宮式年遷都の伝統に関する一考察―」(『小島鉦作著作集』二所収)
（小島　鉦作）

けいこういんせいじゅん　慶光院清順　?―一五六六　戦国時代の尼僧。伊勢慶光院第三代。紀伊国熊野の人といわれ、はやくより禁中に祗候したが、天文二十年(一五五一)後奈良天皇は清順の宇治大橋造替の功を嘉して慶光院の号を許し、また式年遷宮復興の志を壮として優渥なる綸旨を賜い、諸国の武士をして清順の勧進に応ぜしめた。こうして清順の熱誠な勧進によって遷宮の資金は集まり、工事は進み、永禄六年(一五六三)九月二十三日、豊受大神宮の式年遷宮が執り行われるに至った。ここに永享六年(一四三四)以来、式年遷宮は百二十九年ぶりに行われたのである。この時清順はみずから多気に赴き、伊勢国司北畠具教に交渉して遷宮の前後一ヵ月間、伊勢・近江両国の関所を撤廃して参詣者の便を図っている。清順は皇大神宮の式年遷宮をも遂げようとしていたが、豊受大神宮遷宮後わずか三年にして永禄九年四月三日遷化して果たさなかった。墓は三重県伊勢市宇治浦田町慶光院墓地にある。明治三十八年(一九〇五)十一月従三位を追贈された。

参考文献　小島鉦作「慶光院清順・周養の事蹟と慶光院文書の歴史的意義―大神宮式年遷都の伝統に関する一考察―」(『小島鉦作著作集』二所収)
（小島　鉦作）

けいじょうじんじゃ　京城神社　京城(韓国ソウル市)南山地区の倭城台にあった神社。以前からの神宮遙拝所が発展し、明治三十一年(一八九八)十一月三日、天照大神を祀る南山大神宮として鎮座した。三十五年に摂社天満宮創建。併合後は京城大神宮と呼ばれた。大正二年(一九一三)に居留民会が神嘗祭当日を例祭日と決議、京城郊外の龍山に御旅所を設けて渡御式も始まった。五年五月に総督府より神社認可、十二年に京城神社と改称している。昭和に入って朝鮮人が氏子に加わり、社殿・境内の整備拡張が進められ、昭和四年(一九二九)九月に国魂大神・

京　城　神　社

大己貴命・少彦名命が増祀された。この国魂大神は一名朝鮮国魂神と呼ばれ、檀君とも解釈された。続いて摂社八幡宮・稲荷社、別社乃木神社も創建、同十一年八月、龍頭山神社とともに海外最初の国幣小社に列格した。京城神社は、隣接する朝鮮神宮に比して街の産土神的性格が強かったとされ、終戦による廃絶の際には、檀君祭祀を行う朝鮮人宗教団体から引継の申し出もあったという。

参考文献　菅浩二「併合以前の「韓国の神社」創建論」(『神道宗教』一六七)、同「「総督府政下朝鮮に於ける「国幣小社」」(同一八〇)、山口公一「植民地朝鮮における神社政策—一九三〇年代を中心に—」(『歴史評論』六三五)

(菅　浩二)

けいしんすうそ　敬神崇祖　神々を敬い祖先を崇めること。これにはおよそ二つの見方がある。一つはわが国の神話以来の神々への敬信と祖先神への崇拝とを意味し日本および神道の本来固有の信仰思想の表現であるとするもの。今一つは敬神と崇祖とはもと別々のものであり、敬神は神道の本来であるが、崇祖の方は儒教・仏教のわが国への伝来に由来するもので、その家祖崇拝や祖霊弔祭に基づくとするもの。これは中・近世の神仏習合、神儒一致、神儒仏三教調和などの思想が一般に普及浸透するに伴って敬神と崇祖両者は隔てなく受容されるようになったとの見方である。明治以降は敬神とともに祖宗の遺訓の強調があり、戦中の日本精神の鼓吹の中で改めて敬神と崇祖の異同が一部で取り上げられ両者の一体観が説かれた。学説上ではなお問題を残すとしても一般ではさして異議なく今に至り神社本庁の「敬神生活の綱領」の初項に「神の恵みと祖先の恩とに感謝」する表明がある。

参考文献　松永材『敬神崇祖一体論』

(小笠原春夫)

けいだい　境内　社寺固有の土地。文字の上では境界の内側の意であるが、一般にもっぱら神仏の用に供し、社殿などの建造物の敷地とし、あるいは祭礼などの行事に必要な区画として、世俗から区分される境域の内部の土地あるいは空間の呼称。境内の範囲内の不動産としての土地そのものは境内地と称する。宗教法人法では第三条に、境内建物および境内地の定義規定が設けられているが、それを略述すると「境内地」とは、㈠境内建物の存する一画の土地、㈡参道として用いられる土地、㈢宗教上の儀式を行うために用いられる土地で、神饌田などを含む、㈣庭園、山林その他尊厳または風致を保持するために用いられる土地、㈤歴史、古記などによって密接な縁故のある土地、㈥以上の建物、工作物、土地の災害を防止するために用いられる土地など、宗教法人の目的に必要な当該宗教法人に固有の土地とされる。また税制面でも固定資産税その他が非課税の取扱いがされている。

(佐野　和史)

けいだいしゃ　境内社　本社と同一の境内(域内)に鎮座する神社のこと。境内神社ともいう。本社とは別の独立した法人格を有さず、本社の管理下にあるもので、これら枝社に対し明治の官社の制では、神宮や官国幣社については摂社・末社、その他については境内社・境外社《けいがいしゃ》の称を与えた。社格・氏子などのないものが大部分で、建物も単に本殿だけのものが多い。また境内にある本社の摂社・末社の類は、これを境内摂社・境内末社ともいった。境内社に対し、境外社・飛地境内社と称するものもあるが、これは本社とその境内地域を異にするだけで、その他は境内社と異なることがない。

(岡田　米夫)

けいちゅう　契沖　一六四〇—一七〇一　江戸時代前期の古典学者。寛永十七年(一六四〇)、加藤清正家中の名門下川元宜を祖父とし、下川善兵衛元全の第三子として、摂津国尼崎(兵庫県尼崎市)に生まれた。十一歳の時出家、大坂今里(大阪市東成区)の妙法寺に入り、丰定《かいじょう》に師事した。十三歳のころ、高野山に上り、快賢について修行を続け、二十四歳で阿闍梨の位を授けられている。その前年寛文二年(一六六二)に、丰定に請われて大坂生玉(同天王寺区)の曼陀羅院の住職となった。このころ、下河辺《しもこうべ》長《ちょう》流《りゅう》と知り、心友として相結ばれるに至った。二十七歳のころ寺を去って放浪の旅に出、室生山に至って風景の美に打たれ、自殺をはかったが果たさず、再び高野に上り、快円に菩薩戒を受けた。やがて下山して和泉国久井(大阪府和泉市)に住んだのち、同国万町(同)の伏屋長左衛門宅に移り、数年の間和書に親しんだ。三十九歳のころ、師の丰定のあとを受けて妙法寺の住職となり十年余在職した。この間、徳川光圀から、水戸家の『万葉集』注釈事業のために仕官することを求められたが、これを固辞した。しかし、光圀の志に感じて、長流に代わり、『万葉集』の注釈を執筆することを諾し、その完成に心血を注いだ。すなわち、四十四歳のころから、『万葉代匠記』の執筆に着手し、四十九歳のころまでに初稿本を完成し、さらに再度の稿を求められて、五十一歳の元禄三年(一六九〇)、精撰本を完成して献上している。同年正月には母が没したが、それを機に大坂高津《こうづ》の円珠庵(大阪市天王寺区空清町)に隠棲し著述生活に入った。また、五十七歳のころから、今井似閑《じかん》・海北《かいほう》若沖《じゃくちゅう》らの門弟のために、『万葉集』の講義を行い、六十一歳の秋には、『万葉集』講義の竟宴が行われた。翌元禄十四年正月、病にかかり、同月二十四日には門弟に最後の訓示を与え、翌二十五日没した。六十二歳。契沖は真言宗の敬虔な僧侶であり、宗祖弘法大師(空海)の精神を継承する不偏不党の学問的態度を理想としたが、寺院生活に安住できず、「俗中の真」として『万葉集』を中心とする和歌の学問に没頭するに至った背景には、元禄時代にわきあがった人間復興の精神が流れていた。そして、日本古典の研究にあたっては儒仏の理を離れて、古典の記載を客観的に追究し、古書によって古書を証する実証的な文献学的方法を確立し、近世国学発展の礎石をきずいている。契沖の日本古典研究の業績としては、『万葉代匠記』を代表とする注釈が挙げられ、また、万葉研究のため、万葉仮名の用法を帰納的に研究した結果、古代の歴史的仮名遣の事実を明らかにし、多くの用例を集めて『和字正濫鈔』(元禄八年刊)、『和字正濫通妨抄』(元禄十年)を著わし、国語学史上不滅の業績をきずいた。ほかに『勝地吐懐篇』(元禄五年)、『類字名所補翼抄』(元禄十年)などの歌枕研究もあり、また考証的随筆に『河社《かわやしろ》』(元禄八年ごろ)、『円珠庵雑記』(元禄十二年)などがある。契沖の学問を代表するものは、『万葉代匠記』と、古代の歴史的仮名遣の発見であるが、いずれも厳密な文献学的方法を確立したものといえる。しかしながら、その基底には主情主義的な人間観があり、文献の事実を離れた領域については、非合理主義の神秘思想を内在している。この二側面は、相まって近世国学において展開した思想と方法の先駆をなしたといってよく、特に本居宣長の学問に大きな影響を与えている。門下には、今井似閑・海北若沖・野田忠粛らがあり、師の考証的学風を継承した類纂的研究をなした。『契沖全集』全十六巻がある。

参考文献 久松潜一『契沖伝』、同『契沖』(『人物叢書』一一〇) (大久保 正)

けいひつ 警蹕 天皇の出御《しゅつぎょ》・入御《じゅぎょ》・渡御《とぎょ》、供御《くぎょ》の持参、神事の降神・開扉、昇神・閉扉を知らせる音声。『世俗浅深秘抄』上に「一警蹕ハ伏ザマニ称也、称唯ハ起ザマニ称也」とみえ、また、同下には「一称唯時ハ塞㆑口、警蹕時開㆑口也」とあり、ワ行のヲを大小に発声するという。『侍中群要』三、役供事に「初供御膳人先取㆓蓋盤㆒入㆓㆑立鬼間御障子之間㆒、称㆓警蹕㆒其詞(オシ)」、さらに「凡供御膳人、皆悉称㆓警蹕㆒(但舁㆓一御大盤㆒後之人、并舁㆓第二御大盤㆒人不㆓警蹕㆒)」とあり、『枕草子』の清涼殿の丑寅の隅の段には「昼の御座のかたに、おものまゐる足音高し、けはひなど、おしおしといふ声聞ゆ」とみえる。『日中行事』にも「次々の蔵人二人、この御台盤を舁きて、一の御だいの南に、縦ざまに据う、鬼の間の鳥居障子を入るほど、陪膳警蹕す」とある。なお、御膳に警蹕をせぬ場合は、伊勢奉幣・祈年祭・月次祭・神嘉殿御膳・神今食後朝解斎・南殿腋御膳・相撲日御膳・御国忌諒闇の間としている。出御・入御の警蹕は『西宮記』臨時一〇に「節会警蹕事(内宴・射場始・節会・行幸、或皆当座上﨟所㆑称)」とみえ、「宸儀入御之時、離㆓御座㆒二三尺許称㆑之、宸儀出御之時、立㆓御座前㆒欲㆓居給㆒之間称㆑之、節会之日、若無㆓左右大将及宰相中将㆒者、当日上卿称㆓警蹕㆒云々」と警蹕の時期と奉仕者を指示している。また渡御の際の前駆の先払いも警蹕といい、『世俗浅深秘抄』下には「一同行幸日、院御所一町許止㆓警蹕前声㆒由、所㆑載㆓旧記㆒也、而近代必不㆑然歟」とある。 (鈴木 敬三)

けいまんじんじゃ 敬満神社 静岡県島田市阪本に鎮座。旧郷社。現祭神は敬満神を主神とし、天照大神・素戔嗚尊ほか六柱を配祀する。社伝に垂仁天皇二十六年創祀といい、また少彦名命を祀るともいう。文徳天皇仁寿三年(八五三)十一月、遠江国敬満神霊は名神に預かり、清和天皇貞観二年(八六〇)正月、敬満神を正四位下に陞叙、『延喜式』神名帳には名神大とみえる。近世社領などの寄進もあり、慶長二年(一五九七)以降、寛文・寛政・天保度の棟札も伝え、現本殿など多くは天保三年(一八三二)の造営である。敬満神とはおそらく上代この辺に繁衍した渡来人系秦氏族などがその祖功満王を祀ったものか。古来社地は幾度か転移したてであろうが、現鎮座地は大井川南岸の谷口原の台地上である。この辺はおおむね東海公道沿いで旧く秦原郷・初倉駅などの要衝であろう。付近に考古学的遺蹟も多く、また分祀と思われるものも敬満大井神社など二、三社ある。例祭は十月十五日。

参考文献 『島田市史』上、伴信友『蕃神考』(『伴信友全集』二)、桐田幸昭『榛原郡初倉村史稿』、今井啓一「(遠江国榛原郡)式内敬満神社(名神大)を中心として」(『史迹と美術』三一ノ一) (今井 啓一)

げいん 外院 ⇩斎宮寮《さいぐうりょう》

けがれ 穢 一般に罪《つみ》とともに罪穢という。宗教的な観念で、日常普通のものから区別して、特別なものを神聖視することをタブー taboo というが、その神聖 sacré というちにも、また清浄なものと不浄なものとがある。その不浄がすなわち穢であり、これに接触したりすることが触穢である。穢はまた罪とも同一視され、それも未開や古代の社会では全く物質的に考えたもので、何か悪霊の仕業による禍または災とし、これを隔離し排除する。しかも穢はつぎつぎと伝染するが、それに一時的なものと永久的なものとがある。その穢れたものと触れたり、食ったり、似ているとか見聞きしただけでも穢が伝染するとする。その上、その種類にもいろいろあり、病気に関するもの、お産に関するもの、これらは血の穢であるが、そのほか火の穢や五辛のようなものも穢、さらに風雨地震の禍や鳥虫の災、妖怪などの災に関するもの、犯罪や刑罰に関するもの、あるいは外国に行っても穢になるように、外来人や仏法に関するもの、これら普通でない、特別の場合が穢またはその原因とされる。すなわち罪も禍も過も皆同じく穢で、悪霊の仕業と考える。古くはこれをまとめて天津罪と国津罪としている。天津罪は農耕・機織を妨害する罪穢であり、国津罪は当時の社会生活に対する罪や禍・過などを挙げている。すなわち死人と血の穢、きたない病気や腫物など、不義の関係、みだらな行為、鳥や虫の災、不慮の災害などを挙げている。すべてその生活を脅かすもので、その意味で罪であり、禍を及ぼすということで、これを悪霊の仕業とする。その社会の秩序を正しくし、禍を転じて福とすることが、宗教的ないろいろの行為・行事ともなる。すなわちその穢を避け、なくするため、隔離し排除して伝染を防ぐ。これを忌《いみ》という。忌むのは穢の原因を断って清浄にすることで、それも物を払うようにするのは祓《はらえ》であり、また水で垢を落とすようにするのは禊《みそぎ》である。　（原田　敏明）

げくう　外宮　⇩伊勢神宮《いせじんぐう》

げくうかろくさんねんやまぐちさいき　外宮嘉禄三年山口祭記　寛喜二年（一二三〇）に斎行された外宮式年遷宮の記録。作者不詳。残欠一巻。なお神宮文庫所蔵本（文禄元年（一五九二）に薨じた従三位外宮一禰宜松木貴彦《としひこ》旧蔵）には異筆で三巻とある。記事の上限は安貞元年（嘉禄三、一二二七）五月十三日、下限は寛喜元年三月二十三日であるから、これ以降のごく近い時期の成立とみられる。内容は嘉禄三年五月大中臣隆通の造宮使補任、翌月の参宮拝賀に始まり、「十月十五日山口祭日記」の項目をあげて山口祭・木本祭《このもとさい》の詳細な様子を記している。次いで安貞二年（一二二八、この年紀は群書類従本にはみえず、また神宮文庫本は嘉禄三年とするが、安貞二年が正しい）七月の新造宮使大中臣隆重の拝賀参宮、同十二月の大中臣宣親への改補と翌年二月の拝賀参宮、および同三月の木作《こづくり》始《はじめ》に至っている。以上のように本書は嘉禄三年の山口祭以外の内容を含んでおり、寛喜二年の外宮遷宮記録の一部が伝わったと見るべきで、異称にみえる『寛喜御遷宮日記』『寛喜遷宮記』などが書名としては相応しい。刊本に『神宮遷宮記』一、『群書類従』神祇部がある。特に前者は神宮文庫所蔵本を底本としている。

参考文献　『群書解題』一上　（藤本　元啓）

げくうごじんぽうき　外宮御神宝記　慶長十四年（一六〇九）と寛永六年（一六二九）に斎行された豊受《とゆけ》大神宮（外宮）式年遷宮に際しての、正殿内に奉納する御神宝装束類を記した書。本奥書に「去慶長十四年・寛永六年両度御遷宮御神宝、以読合帳写畢、慶安二己丑年」とあり、また度会重常の蔵本を宝永六年（一七〇九）に下井延清が写したとあることから、慶安二年（一六四九）に両度の神宝読合帳をもとにして作成されたものである。ただし重常が著者であるかは不明。読合帳は御神宝装束類の品目・数量を神宝送官使から受領するとき一禰宜が確認するために必要なもので、神宝送官符を筆録整理したものであろう。内容は正殿および相殿三座（御伴神《みとものかみ》）の御神宝装束について、品目・数量・形状・寸法・色調などを詳細に記している。なおこれらの名称品目などは式年遷宮ごとにおおよそ一定していること、また慶安二年が式年遷宮の年であることから、本書は神宝受け取りの参考とするためにまとめられたものであろう。刊本に『続群書類従』神祇部がある。

参考文献　『群書解題』一中　（藤本　元啓）

げくうこらかんきゅうき　外宮子良館旧記　伊勢神宮（外宮）の童男・童女の神職である子良の斎館で記録されたもの。一冊。外宮の子良の館は北鳥居の右方にあった。記事は文明十八年（一四八六）から永正十年（一五一三）に至る間のものである。文明十八年十二月兵乱之記をはじめとし、内宮の宇治と外宮の山田の対立により戦火に及んだ事情が外宮の立場で記されている。このほか、延徳四年（一四九二）五月二十七日に高向屋二頭大夫の費用で風宮の仮殿の遷宮がなされ、また文亀元年（一五〇一）九月十六日の仮殿遷宮では費用が京都ではなく山田三方により負担されているなど室町時代後期の神宮とその周辺の状況を語る資料が多く収められている。『続群書類従』神祇部所収。なお、同所収の『内宮子良館記』『延徳記』もともに参照すべきであろう。ほかに『外宮子良館書留』（『二宮叢典』補遺所収）などの別書名のものがあるが、内容に異なるところはなく、続群書類従本以外の別系統のものはないようである。なお、神宮文庫に『外宮子良館日記』（康暦二年（一三八〇）―明治二年（一八六九））二百二十九冊が蔵されている。　→延徳記《えんとくき》　→内宮子良館記《ないくうこらかんき》

参考文献　『群書解題』一下、『宇治山田市史』、足代弘訓『神境合戦類聚』、飯田良一「中世後期における宇治六郷と山田三方」（『三重県史研究』七）　（西垣　晴次）

げくうしんとう　外宮神道　⇩伊勢神道《いせしんとう》

げくうせんぎょほうしらいれき　外宮遷御奉仕来歴　豊《と》受《ゆけ》大神宮（外宮）の鎮座と白河院から順徳院までの正遷宮・仮殿遷宮に関する記録。内題に「豊受太神宮御鎮座遷幸例」とあるのが原題であろう。著者不詳。一巻。最末記事が建暦元年（一二一一）の正遷宮であるから、この時期に近い成立とみられる。内容はまず雄略天皇二十二年の伊勢国山田原鎮座、本宮御正体、東相殿・西相殿・多賀宮・土宮・月読宮・風宮の御霊代と本書作成時点において各宮に勤仕する一禰宜などの所役名をあげ、絹垣《きんがい》のことを記す。次に正遷宮・仮殿遷宮の近例として、白河院・堀河院・鳥羽院・崇徳院・近衛院・二条院・高倉院・順徳院の代に斎行された年次、およびそのときの一禰宜の名前を列記している。刊本に『続群書類従』神祇部がある。

参考文献　『群書解題』一中　（藤本　元啓）

げくうひきつけ　外宮引付　伊勢神宮（外宮）の引付。度会（檜垣）常有が伝来の引付を集めた『度会常有家引付』も『外宮引付』の一つで、『続群書類従』神祇部に収められているが、ほかの引付はまだ刊行されず神宮文庫などに蔵されている。神宮文庫には中世末から近世にかけて

の『外宮引付』をはじめ、『晨彦引付』(永正―慶長年間(一五〇四―一六一五))、『外宮慶長寛永引付』、『外宮永禄天正引付』、『外宮寛永年中引付』、『貞和神主引付』(寛永十四年(一六三七)―二十年)、『外宮寛文引付』、『常和卿引付』(貞享四年(一六八七)―元禄三年(一六九〇))、『貞命引付』(元禄―享保年間(一六八八―一七三六))などがある。 (西垣 晴次)

げさい 解斎 大嘗・新嘗・神今食のごとき、古来重要な神事に際しては、厳重な斎戒が行われるが、その神事が終り、それまでの潔斎を解くことをいう。弘仁十二年(八二一)成立の『内裏式』十一月新嘗会式条に「其小斎人等更集二宮内省一解レ斎如レ常」とある。たとえば『儀式』によると、大嘗祭のとき五節舞の式楽が終ると、治部省雅楽寮の工人が立歌を奏し、解斎の和舞《やまとまい》がある。次に大膳・大炊・造酒および悠紀・主基両国司に酒食を給し、斎服を解き常服を著ける。次に皇族以下五位以上に禄を賜い、訖って還御する。この日晩頭に解斎の儀がある。翌未日神祇官ならびに諸司六位以下の官人および斎国の国郡司・役夫などの賜禄の事がある。かくてその月の晦日に朱雀門前で解斎の大祓が行われる。右によって解斎の一端を知ることができる。また『公事根源』によると、神今食の場合は「神今食のつぎのあした、げさいの御かゆ参」とある。これが「解斎の御粥」である。また『江家次第』によると、この祭に禁中御手水の間で召される御手水を「解斎の御手水」といっている。「宸儀著二御大床子一、女房二人供二奉御手水一」とある。また神事の潔斎を解き常態に復して宴楽する殿舎を解斎殿《げさいでん》という。伊勢神宮の五丈殿・四丈殿・九丈殿を古来、直会殿《なおらいでん》とも解斎殿ともいったのがそれである。解斎の意義については、『大嘗会儀式具釈』七に「解斎トハ神事ノ御斎戒ヲ解タマフナリ、辰日以下モ散斎ノ中ナレドモ、致斎ハ卯日マデナレバ、今朝解斎ヲ供ズ、但貞観ノ儀ノ如キハ、午日ニ至リテ解斎ノ式アリ」とあるのがそれである。

参考文献 『古事類苑』神祇部一・二、吉井良晃『神社制度史の研究』、荻美津夫「解斎考」(『日本歴史』三七九) (岡田 米夫)

げじょ 解除 神道において罪・穢を払い清める行事、陰陽道では不祥・邪気をしりぞける行事をいう。神祇令には六月・十二月の晦日に大祓があり、中臣氏が御祓麻《みはらえのぬさ》を上《たてまつ》り、東西文部《やまとかわちのふひとべ》が祓刀を上納し、祓詞を読む。終って百官の男女は祓所に集まり、中臣氏が祓詞を宣し、卜部氏が解除をなす旨記されており、卜部氏が祓を掌ったことをしる。またこの行事をまかなうため、諸国よりは郡ごとに刀一口・皮一張・鍬一口そのほか雑物、戸別には麻一条、国造は馬一疋を出すことが定められた。『延喜式』斎宮寮には、天皇即位し、斎宮を決められると、神祇官が斎宮の邸に出向き卜部氏が解除し、神部が木綿を賢木につけ殿の四面や内外門に立て、その後百官が大祓をすると述べている。『禁秘抄考註』では凶服を除き、吉服に改めることをもさすとしている。陰陽道でも大祓には陰陽師が参加し祭文を読むほか、呪詛された場合や火災を防ぐための解除の祭りも行なわれていた。 (村山 修一)

げしょうじょう 外清浄 ⇩内清浄《ないしょうじょう》・外清浄《げしょうじょう》

げじん 外陣 ⇩内陣《ないじん》

けずりかけしんじ 削掛神事 ⇩白朮祭《おけらまつり》

けたじんじゃ 気多神社 (一)石川県羽咋《はくい》市寺家町に鎮座。旧国幣大社。大己貴神《おおなむちのかみ》を祀る。奈良時代よりその名をあらわし、神護景雲二年(七六八)神封二十戸・田二町を寄せられ、宝亀元年(七七〇)には奉幣があった。越中守大伴家持が社参の時よんだ短歌が『万葉集』にみえる。神位は貞観元年(八五九)正二位勲一等より従一位に昇叙、延喜の制では名神大社に列して祈年の国幣にあずかり、分祀や苗裔神が越中・加賀・越前・飛驒国などに存する。能登国の一宮として上下の尊信をあつめ、中世には守護畠山氏の崇敬あつく、近世には藩

気多神社(一) 神門

気多神社(一) 拝殿

主前田氏が社領三百五十石を寄進したほか祈願・造営などのことがあった。神職については早く延暦二十三年(八〇四)宮司の選任に関して定められ、承和元年(八三四)禰宜・祝が把笏をゆるされ、近世は大宮司以下二十余の社家があった。神宮寺は斉衡二年(八五五)常住僧の置かれたことが『文徳実録』にみえ、中世には社僧が多数奉仕、近世は長福院以下四寺があった。明治四年(一八七一)国幣中社、大正四年(一九一五)国幣大社に昇格。例祭は四月三日、このほか門出式・平国祭《くにむけ》(おいで祭)・御贄《みにえ》祭・鵜祭などの特殊神事が多い。後奈良天皇女房奉書および本殿・拝殿・神門・摂社若宮神社本殿・同白山神社本殿は重要文化財。本殿後方の社叢は「入らずの森」とよばれて天然記念物に指定され、摂社の奥社が鎮座する。もと神宮寺の正覚院には神仏分離の時移された阿弥陀如来坐像(重要文化財)などがある。昭和五十三年(一九七八)、神社の南東約八〇〇メートルの地域に寺家遺跡が発見された。

↓鵜祭《うまつり》　↓平国祭《くにむけまつり》

参考文献　日置謙編『加能古文書』、石川県図書館協会編『気多神社文献集』(『加賀能登郷土図書叢刊』)、『気多神社文書』(『史料纂集』)、太田道兼『能登名跡志』、森田平次『能登志徴』、『石川県羽咋郡誌』、日置謙編『石川県史』一

(小倉　学)

(二)富山県高岡市伏木一宮に鎮座。祭神は大己貴命・奴奈《ぬな》加波比売命《かわひめのみこと》・事代主命・菊理姫命。勧請年代について貞享二年(一六八五)の別当慶高寺の由来書には、養老二年(七一八)行基により祀られ、元正天皇の勅願所となったと伝える。白山比咩《しらやまひめ》神社(石川県鶴来町)所蔵の『白山之記』によれば、能登国分立後、越中国に新たに気多神を祀ったとあり、神亀年中(七二四―二九)ごろとしている。また、同書には、二神(二上神)と越中の一宮を争い、気多神が越中国の一宮となったことが記されている。『延喜式』神名帳には射水郡十三座の一つとして記載され、九条家本などの古写本では「名神大」(名神大社)としている。

『朝野群載』六によれば承暦四年(一〇八〇)六月十日神祇官より御体御卜《ごたいのみうら》の結果、越中国の気多神などの祟りに対し中祓の使いが派遣された。由来書では中世南北両谷の四十九坊ありと多くの堂社があったとするが、数度の戦乱により、一社一寺となったと伝える。近世には、同境内に慶高寺を惣名とする真言宗寺院の別当寺があり、射水郡島村(氷見市島尾)に居住した尾崎氏が神主を勤めた。金沢藩三代藩主前田利常は正保二年(一六四五)本社・拝殿・三社の御輿を建立、慶安三年(一六五〇)孫の綱利に代わって祈禱を依頼し、社領十石を寄進した。神仏分離後、慶高寺は廃寺となり、還俗して神職となった。祭礼は四月十八日・九月二十五日、四月十八日の春祭には、獅子舞「にらみ獅子」(高岡市指定無形民俗文化財)が奉納される。本殿は、一間向拝付の三間社流造、屋根は柿葺で、永禄年間(一五五八―七〇)ごろ再建と伝える。室町時代の様式を伝える神社建築として、重要文化財に指定された。

気多神社(二)本殿

参考文献　金沢大学日本海文化研究室編『加越能寺社由来』上、日置謙編『加賀藩史料』三、森田柿園編『越中志徴』

(鈴木　瑞麿)

けっさい　潔斎　⇩斎戒《さいかい》

けつみこのかみ　家都御子神　熊野本宮大社(熊野坐神社)の主祭神。素戔嗚尊《すさのおのみこと》の別名という。この名の初見は『長秋記』あたりであり、「出雲国造神賀詞」にみえる熊野大神櫛御気野命《くまののおおかみくしみけぬのみこと》と同神といい、『紀伊続風土記』では熊野《くまの》奇霊御木野命《くすしみけぬのみこと》とある。家都御子神と紀伊熊野との関係は、『日本書紀』神代宝剣出現章第五の一書に素戔嗚尊の子五十猛命《いたけるのみこと》・大屋津姫命・抓津姫命《つまつひめのみこと》が、紀伊国にわたり木種を分布したとあることに始まるという。

(鎌田　純一)

けひじんぐう　気比神宮　福井県敦賀市曙町に鎮座。古くは笥飯宮また笥飯大神宮とも称した。旧官幣大社。伊奢沙別命《いざさわけのみこと》・仲哀天皇・神功皇后・日本武尊・応神天皇・武内宿禰命・豊姫命を祀る。伊奢沙別命は気比大神また御食津大神と唱えられ、古くより鎮座し、『日本書紀』に神功皇后が征韓ののち皇子誉田別尊を武内宿禰とともに遣わし参拝せしめたとあるが、社伝によると大宝二年(七〇二)勅命により神宮を修営、仲哀天皇・神功皇后を合祀、のち日本武尊ほかも合祀したという。天平三年(七三一)従三位となり、嘉祥三年(八五〇)正二位に、貞観元年(八五九)従一位に、さらに『類聚三代格』による寛平五年(八九三)正一位勲一等とある。『延喜式』には気比神社七座並名神大と記され、のち越前国一宮と唱えられ、北陸道総鎮守ともいわれた。北陸の要衝の地にあるため承和六年(八三九)の遣唐使派遣にあたり、また弘安四年(一二八一)蒙古襲来にあたり朝廷より祈願のこともあった。持統天皇六年(六九二)九月封戸二十戸を増封の記事があり、さらに奈良時代神封二百四十四戸となり、戦国時代にも神領二十四万石を領した。元亀元年(一五七

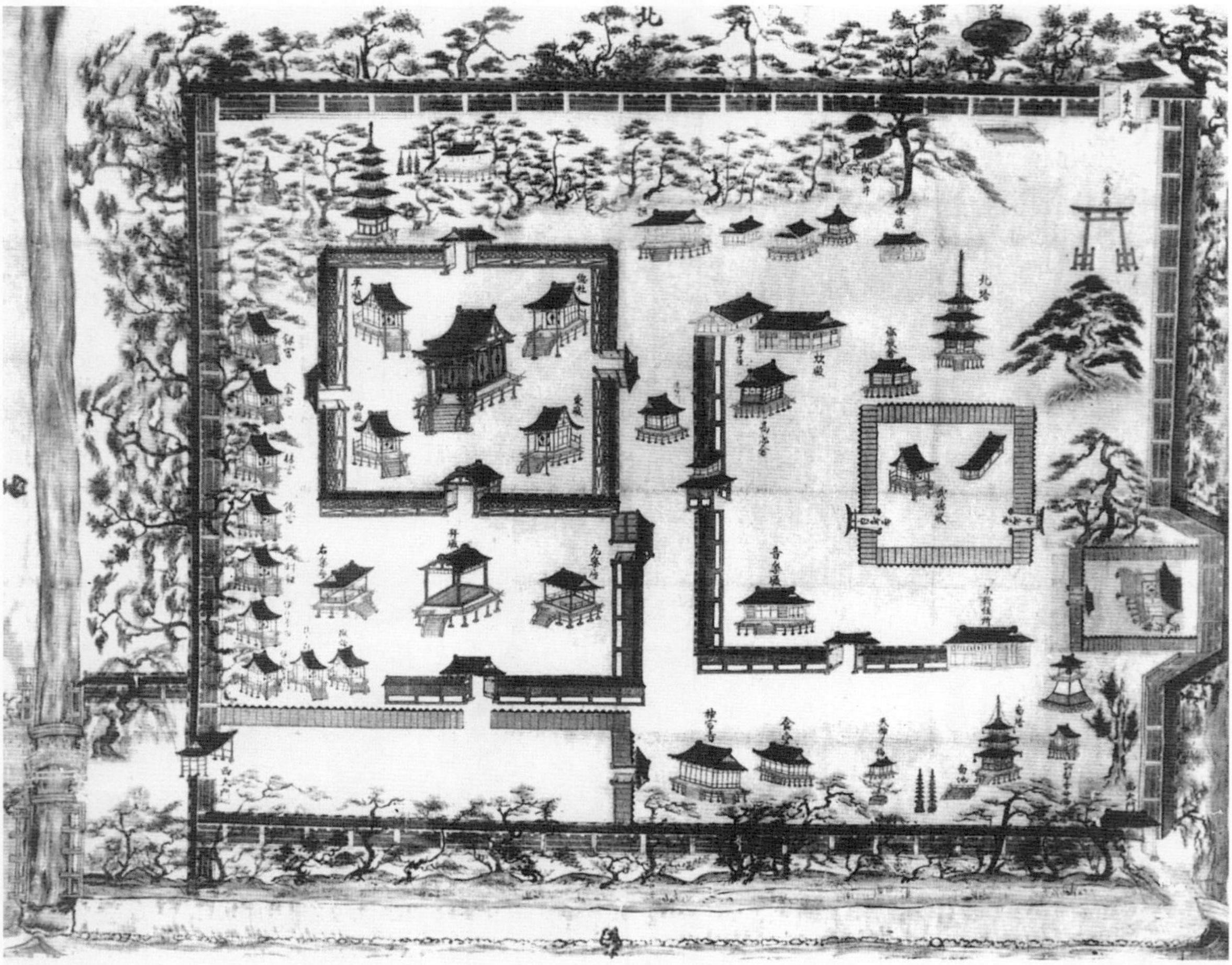

気比神宮社頭絵図

〇)織田信長の北陸攻略で社殿焼失、神領も略奪されたが、慶長十九年(一六一四)結城秀康が社殿を造営、社領百石を寄せ、のち松平・酒井氏ら北陸諸大名が崇敬保護した。本社は古く社殿造営・遷宮のときは、朝廷より日時を宣下、遷宮の日勅使が遣わされるのを例とした。昭和二十年(一九四五)空襲により社殿焼失、同二十五年より再建にあたった。摂社の天利剣神社・天伊弉奈彦神社・伊佐佐別神社・角鹿神社いずれも式内社である。宝亀七年(七七六)はじめて神宮司がおかれているが、建武三年(延元元、一三三六)大宮司気比氏治は南朝に味方し、新田義貞とともに戦っている。例祭は九月四日。なお同神宮の大鳥居は重要文化財に指定されている。

参考文献 『古事類苑』神祇部四 (鎌田　純一)

気比神宮

社領 『日本書紀』持統天皇六年(六九二)九月条に封二十戸を増すとあるのが初見で、天平二年(七三〇)十二月二百戸を神階(従三位)の料に充て、ついで四十四戸を加えられた。『新抄格勅符抄』の大同元年(八〇六)牒には神封二百四十四戸とみえ、全国神社の中でも屈指の多大な封戸を擁していた。当宮の封戸や租はもと官庫に徴収していたが、ややもすれば国司が他に流用するので、延暦十二年(七九三)二月これを停め、みな神庫に納めて祭祀の用に充て、社の経済に支障なからしめた。平安時代末期当宮はその社領とともに荘園化し、鳥羽院を本家と仰いで皇室領の班に入り、美福門院・八条院・春華門院・順徳院・後高倉院・安嘉門院・室町院・亀山院・後宇多院を経て、後醍醐天皇に伝えられた。一方律令制が崩壊過程に入ると、他の多くの社寺と同じく当宮も封戸を荘園化するとともに、地方有志の寄進を得て荘園を造成した。それらの概要は建暦二年(一二一二)九月に当宮政所が注進した『神領作田所当米已下所出物等惣目録』によって知られる。それによると、敦賀郡を中心とする越前の沃野十数ヵ所の荘・保と、敦賀・三国の二要港、それにつづく海岸線の浦々を支配し、社領の一部は遠く越中・越後にも及んでいた。その作田は二百五十七町余で所当米は千七百石余、これに請加米を加えると二千百十一石で、このうち本家分七百二石余、領家分二百九十二石余、大宮司(預所)分百七十七石余となっている。この本家は前述のごとく皇室で、領家ははやく九条兼実の第三子左大臣良輔がこれを知行し、のち延暦寺に属する青蓮院に伝えられた。当宮は中世末期朝倉氏が滅亡するころまで越前国内の所々の社領を領有し、刀禰職などを補任していたが、のち社運衰え、江戸時代の社領は百石に過ぎなかった。

参考文献 八代国治「皇室御領と気比神宮」(『国史叢説』所収)、角田忠行「気比神社祭神考」(『全国神職会会報』一〇六)、小島鉦作「越前国気比宮の荘園的領知について」(『政治経済論叢』一一ノ二)

(小島 鉦作)

けひじんぐうじ 気比神宮寺 福井県気比神社に付属した仏寺で現在は廃寺。『藤氏家伝』に霊亀元年(七一五)藤原武智麻呂が霊夢により建立とある。のち斉衡二年(八五五)五月詔して神宮寺、御子神宮寺に常住僧を置き、度五人を聴し、心願住者また五人、およそ十僧を永く絶えざらしめ、天安二年(八五八)四月稲一万束をあて造仏像料とし、貞観元年(八五九)二月越前国司に詔して『大般若経』一部を写し安置、同二年正月には詔して十僧を置いて定額とし欠に随いこれを補った。そのあと記録なく不明であるが、大永六年(一五二六)正遷宮に神宮寺御読経所で読経のことあり、いま福井県敦賀市寺尾の地をその跡と伝えるが、その廃絶・跡地ともに不詳。

(鎌田 純一)

けひのおおかみ 気比大神 福井県敦賀市の気比神宮祭神七座中の主神。伊奢沙和気大神《いざさわけのおおかみ》。応神天皇(誉田別尊)が太子のときこの神の名をもらったことが『古事記』仲哀天皇段にみえる。太子が建内宿禰命に連れられて禊をするため近江・若狭を経て、越前の角鹿《つぬが》に至った。そこに仮宮を造り滞在していたところ、その地に坐す伊奢沙和気大神が夢に現われて、自分の名を太子に与えようとの神託があった。太子は恐れ多いことで御意のままに名を易《か》えましょうと申すと、また、明日の朝浜に出るように、名を易えた贈物をしよう、との託宣があった。翌朝浜に出ると、鼻を突き傷ついた入鹿魚《いるか》(海豚)が浦一面に寄りついていた。太子は大神の御食料の魚を給ったことを以て、大神の名を称えて御食津《みけつ》大神と名付けた。そこで今に気比大神という。またその入鹿魚の鼻の血が臭かったので、その浦を名付けて血浦《ちうら》といい、いまは都奴賀《つぬが》という、と書かれている。

(橋本 政宣)

げんおうがんねんたいしゃおびえしゃしゃけちゅうしんじょう 元応元年大社小比叡社社家注進状 鎌倉時代後期の日吉社社家の伝領地を記した注進状。前部分が欠け、完全なものではない。元応元年(一三一九)十月、大比叡社(大宮、西本宮)の神主祝部成久、祝延長、禰宜俊貞、小比叡社(二宮、東本宮)の神主祝部挙昌、祝昌宗、禰宜道貞の六名が連署で、各社家の伝領地が横暴によって侵害されている現状を書き上げ訴えた注進状である。わずか一通の文書ながら鎌倉時代における近江一国のみならず但馬・伯耆・播磨・美作・備中・紀伊・安芸・讃岐・伊予などの全国に散在した社家領、および社家構成などを知りうる史料である。『続群書類従』神祇部所収。

(嵯峨井 建)

けんきゅうくねんないくうかりどのせんぐうき 建久九年内宮仮殿遷宮記 建久九年(一一九八)七月十六日に斎行された伊勢皇大神宮(内宮)仮殿遷宮に関する記録。作者不詳。一巻。前回の遷宮は建久元年であったが、同六年十二月二十六日に内院の正殿・東宝殿・西宝殿・瑞垣御門・玉串御門・外幣殿・舞姫殿などの差檜皮・葺萱が破壊朽損したために修造を願い、翌年正月三十日宣旨を得た。しかし大宮司大中臣盛家はそれを果たさなかったため改替された。新大宮司大中臣康定は中・外院の殿舎は修造したものの、正殿以下の内院殿舎は朽損したままであるために、同八年七月六日禰宜らは重ねて注進し、同月二十六日に修造の宣旨を得た。本書は以上の経緯を知りうる注進状・解状・宣旨に始まり、造宮使参宮拝賀、正殿修造日時の宣旨、心御柱の位置の相違など、仮殿遷宮の手順内容についての豊富な文書が年月順に収載されている。さらに同九年七月十六日の仮殿遷宮、翌日の饗膳および九月十二日の仮殿木柴垣・鳥居分配の行事までを記している。刊本に『神宮遷宮記』一、『続群書類従』神祇部がある。

参考文献 『群書解題』一中

(藤本 元啓)

けんきゅうさんねんこうたいじんぐうねんじゅうぎょうじ 建久三年皇太神宮年中行事 ⇩皇太神宮年中行事《こうたいじんぐうねんじゅうぎょうじ》

けんぎょう 検校 社寺の事務を統轄する役職。はじめ、一山を統轄する僧侶の役職名として使用されたが、やがて荘園の最高責任者や社司の長上を指す職名としても用いられるようになった。神社では、神仏習合時代、ほかに本務を持つ長上の社僧が、この職に任じられることが多くなった。仁和寺の益信が、石清水八幡宮の別当の上に位する検校に任じられたのは、その早い例といえよう。杵築大社・熊野三山・日御碕神社・熱田神宮・厳島神社にも検校職がみられる。　（藤森　馨）

けんくんじんじゃ　建勲神社　⇩たけいさおじんじゃ

げんげんしゅう　元元集　北畠親房が『類聚神祇本源』『瑚璉集』を基とし、『日本書紀』その他の古典などにより増補編成した伊勢神道の書物。八巻。親房が関東下向以前伊勢に滞在していた延元二年（北朝建武四、一三三七）九月から翌年九月に至る間の成立である。内容は、天地開闢・本朝造化・神皇紹運・天神化現・地神出生（上・下）・神器伝授・神籬建立・神国要道・内宮鎮座・外宮遷座・天御量柱・御形文図・神宣禁誡の十四篇に分かれ、本文は古典の抄出列記であるが、篇首あるいは篇末に親房の意見が記されている。親房はさらにこれを国文でわかりやすくまとめて『紹運篇』を作ったが、これが『神皇正統記』巻頭の粉本となった。古写本としては建徳二年（北朝応安四、一三七一）書写の真福寺本、正長二年（一四二九）書写の春瑜本（神宮文庫所蔵）がある。刊本にはこれら古写本をはじめ諸本を校合したものが平田俊春『元元集の研究』に、承応二年（一六五三）の板本を基にしたものが『日本古典全集』五期に収められている。

参考文献　平田俊春『日本古典の成立の研究』、同『神皇正統記の基礎的研究』、同「神皇正統記の或童蒙の再検討」（『日本歴史』四二一）　（平田　俊春）

げんごう　元号　⇩年号《ねんごう》

げんこうがんねんじゅういちがつにじゅうににちたかのみやかりどのにっき　元亨元年十一月廿二日高宮仮殿日記　元亨元年（一三二一）十一月二十二日に行われた高宮（多賀宮）の仮殿遷宮の記録。檜垣貞蔭編。一巻。鎌倉時代末期成立。高宮は豊受大神宮（外宮）の別宮の一つで、前年の元応二年（一三二〇）十二月に盗人が侵入する事件があったため社殿の修理を行うこととなり、仮殿への遷宮が行われた。編者の貞蔭は当時七禰宜としてこの儀式に参加している。記事は十一月十八日の物忌参籠に始まり、二十二日の遷宮と二十三日の古物分配の儀式が詳細に記録されており、当時の遷宮の様子をよく伝えている。同じく貞蔭の編になる『高宮御装束奉餝日記』もこの遷宮に関連する記録であり、ともに『群書類従』神祇部、『神宮遷宮記』二に収められている。

参考文献　『群書解題』一上　（尾上　陽介）

けんこくきねんのひ　建国記念の日　国民の祝日の一つ。二月十一日。この日はもと紀元節と呼ばれていたが、日本が第二次世界大戦に敗れ、連合国の占領下にあった昭和二十三年（一九四八）七月、「国民の祝日に関する法律」（祝日法）の施行により、いったん平日になった。当時、政府が実施した世論調査では、八一・三％の人々が建国を記念する祝日の存続を希望。それでも連合国軍総司令部の強い意向で廃止された。二十六年九月サンフランシスコ講和条約が調印されると、国民の中から建国記念日の制定を求める運動がおこり、次第に広がった。これに対し日本社会党や共産党などの反対の動きもあったが、四十一年六月の祝日法改正によって「建国をしのび、国を愛する心を養う」との趣旨で制定。同年十二月の政令で日付も二月十一日と決まり、実質的に紀元節を継承する祝日として、翌年から実施された。以来、毎年この日は各地で建国を記念し祝う各種の催しが行われているが一部には反対の動きも残っている。

参考文献　受田新吉『日本の新しい祝日』、紀元節奉祝会『紀元節奉祝会小史』　（高森　明勅）

けんこくしんびょう　建国神廟　満洲国皇帝祭祀の場として一九四〇年七月十五日に、満洲国首都新京（中華人民共和国吉林省長春市）の帝宮内に鎮座した神殿。権現造の社殿に天照大神を祀る。三五年八月、皇帝溥儀と駐満特命全権大使（兼関東軍司令官）の定例会見で南次郎大使が進言した、建国殉難者をまつる護国廟構想に基づき、満洲国政府は翌三六年九月に建国廟を起工した。ところが造営中に関東軍より天照大神と英霊の同座合祀論が出され、これに対し皇祖神と人神の同座は不適当とする声が、朝鮮神宮檀君奉斎運動で知られた小笠原省三を中心とする東亜民族文化協会や神社界からあがった。結局、先に完成した瑠璃色の瓦屋根を持つ中国式伽藍を摂廟建国忠霊廟（四〇年九月十八日鎮座）とし、新たに建国神廟を四ヵ月の突貫工事で造営した。神璽の神鏡は、皇帝の伊勢参拝の際に内宮神楽殿で修祓し、のち一行とともに新京に入った。鎮座祭では皇帝みずから降神の儀を行なっているが、証言によるとこれらは皇帝自身の意向を反映したものという。建国神廟鎮座当日、神前に日満一体を唱える国本奠定詔書が発せられ、また満洲国政府に祭祀府が設置された。祭式は日本の宮中祭式に準じたが、満文と日文による祝詞二度読みや点香なども行われた。新京郊外の景勝地への遷座も計画されていたが、ソ連軍侵攻

建国神廟拝殿

により廃絶。なお、のち溥儀が本廟について東京裁判や自伝で語った内容は、自己弁護のためか事実に反する部分が少なくないとされる。

[参考文献] 嵯峨井建「建国神廟と建国忠霊廟の創建」(『神道宗教』一五六) （菅　浩二）

げんざ　験者　修験者・験方のこと。「げんじゃ」ともよむ。経典・陀羅尼・印契などで加持祈禱し、除災・治病・神祭りなどに霊験を現わす呪術宗教者。平素は山中にあって苦行を積み、験力をたくわえる。その前身は奈良時代の禅師・優婆塞であるが、平安時代に天台・真言密教の験者として台頭、御霊信仰の隆盛につれ社会に迎えられて活躍。憑霊術を心得、護法天童を使役し、飛鉢の法を行う者もあった。病悩は物怪《もののけ》・死霊・生霊・動物霊などが取りついて起す現象とみられたが、験者は治病の祈禱に際してしばしば憑《よ》り祈禱を行い、悪霊を語り出させて取りついた由縁を詰問し、饗応または威嚇・調伏して退散させた。その場合の憑り祈禱には病者を直接神がかりさせる方法と、病者のかたわらにモノツキ・ヨリマシなど一種の霊媒をたて、これに乗り移らせて語らせる方法とがある。また、験者は山の神祭りにも神霊憑依・託宣の儀を行なったもので、こんにちでもその遺風をみることができる。

[参考文献] 堀一郎『我が国民間信仰史の研究』、和歌森太郎『修験道史研究』(『東洋文庫』二一一)、宮家準『修験道儀礼の研究』、鈴木昭英「修験道と神がかり」(『まつり』一二) （鈴木　昭英）

げんしさい　元始祭　一月三日、宮中三殿をはじめ全国の神宮・神社で行われる祭儀。明治五年(一八七二)十一月二十三日の正院布告により「天日嗣ノ本始ヲ歳首ニ祀リ」寿ぎ、その隆盛を祈るため始められた祭儀で、宮中では天皇が親祭、みずから御告文《おつげぶみ》を奏上する例となっている。全国の神社でも昭和二十一年(一九四六)以後の神社制度改革ののちも行われている。 （鎌田　純一）

けんぞくしん　眷属神　大きな神格に付随する多数の小神。眷属とは「親眷愛属」の略で、古く『史記』にみえ、『枕草子』『源氏物語』にも現われ、みうちや家子・郎党を意味する。仏典上でも仏の化身や種々の菩薩をさす意味で用いられ、神仏習合の風潮に伴い種々の雑神・小神をさすようになった。熊野権現には十二王子、祇園牛頭天王には五男三女神のいわゆる八王子というように、中世を通じて、縁起書・祭文・霊験記などに頻出するが、近世には末社の名のもとに包括されるに至る。 （萩原　竜夫）

けんちくぎれい　建築儀礼　建物を新築するにあたり行う儀式をいう。その主なものは、地鎮祭・木造始《こづくりはじめ》・立柱祭・上棟祭である。地鎮祭は鎮地祭ともいい、工事着手に先立ち、地の神をまつる儀式で、土《ど》公神《くじん》をまつるものであるから、土公祭というのも土公神をまつるものであるから、同様のものであろう。これに続いて地ならしをする時の地曳、礎石を据える時の居礎の儀などもある。木造始は木工事着手を示すもので、重要な部材を現場におき、墨を打ち、釿《ちような》打ちをする。これに続いて鑓鉋《やりかんな》で仕上げをする清鉋の式が加わることもある。またこれに先立ち、用材を山で採る時の山口祭・木本祭や、主要材を現場に曳き入れる木曳始などもある。木工事が進んで柱を立てる時になると、立柱式が行われる。実際に柱を立てる作業は長時間を要するので、先に主要な柱を立てておき、柱の垂直を検し、柱の根元を槌で打ち固める作法を行うものである。上棟祭は棟木を上げる儀式で、上梁・棟上げなどともいい、建築儀礼中、もっとも主要なものである。立柱と同時に行うこともあり、民家ではこの方が一般で、関東では建て前という。棟木をあらかじめ上げておき、参列者が綱を引いて棟木を上げる形を示し、工匠が槌で棟木を打ち固めるのが儀式の中心で、工事の進捗を祝い、その完成を祈念し、あわせて工事関係者の労をねぎらうものである。このほか、伊勢神宮の例でみると、妻の梁上の束に金具を打つ御形祭、茅を葺き始める檐付祭、千木などに金物を打つ甍祭、正殿の扉を造る御戸祭などがあり、工事進行中に各種の儀式があったことがわかる。工事が終ると入仏・遷宮・移徙《わたまし》が行われ、落成祝がある。近世の民家では新築祝を牛觴《ごちょう》と呼ぶところがある。これらの儀式はごく古くからの慣習で、『日本書紀』にみえる新室楽《にいむろうたげ》は、その起源については疑問があるが、奈良時代には新築祝になっており、また『正倉院文書』の法華寺阿弥陀浄土院造営関係の文書には「院中鎮祭陰陽師浄衣料」「堂地築平散楽人等中頓給料」「五色幣帛直」「時々鎮祭五穀直」「院幷山作所幣帛料」などがあり、山口祭・地鎮祭・立柱祭・上棟祭などが奈良時代に行われていたことを知り得る。

[参考文献] 伊藤平左ェ門『建築の儀式』、福山敏男『日本建築史の研究』、木村徳国『古代建築のイメージ』 （太田博太郎）

げんとくにねんさんがつひえしゃならびにえいざんぎょうこうき　元徳二年三月日吉社幷叡山行幸記　元徳二年(一三三〇)三月に行われた後醍醐天皇の日吉社と比叡山延暦寺への行幸記。本書は呂・律の二巻より成るが、表題の行幸記は呂の巻だけで、律の巻は行幸と関係のない両社寺の出来事の幾つかをとりあげており、両者は本来別史料であろう。作者は不明だが、記述内容が簡潔な内にも豊かであり、日吉社あるいは延暦寺内部の人物にしか知り得ないものを含んでいる。特に日吉社の神殿内の神秘事項にも言及しており、日吉社の神職とも思われるが、あるいは延暦寺の記家といった日吉社祭祀に通暁した僧という可能性もあろう。いずれにしても日吉社・延暦寺の双方に通暁した人物の手になることは明らかである。この行幸以後、文久三年(一八六三)の賀茂行幸まで行われなくなり、記録され詳しく知りうる最後の神社行幸である。この時の天台座主は同天皇の皇子尊雲法親王(護良親王)であり、根本中堂を行在所に二泊にわたって三塔を巡拝したが、政治的な山門勢力の取り込み策でもあった。『群書類従』帝王部所収。

参考文献　『群書解題』二下　　（嵯峨井　建）

けんにんがんねんくまのさんごこうき　建仁元年熊野山御幸記　⇩熊野《くまの》御幸記《ごこうき》

けんぺいし　献幣使　神社本庁所属の神社の例祭・鎮座祭・本殿遷座祭および式年祭に際して神社本庁からの幣帛を供進する使いのこと。第二次世界大戦後定められたものであり、昭和四十六年（一九七一）六月十五日の神社本庁規程第一〇号「本庁幣供進に関する規程」によると、その趣旨は「全国神社の総意に基づいて神社の神徳を顕揚し、斯道の興隆を祈願し、奉賛の誠を捧げる」ところにある。班幣式は毎年五月に神社本庁において行われ、伊勢神宮および勅使参向の神社は神社本庁統理、役職員進退に関する規程の別表に掲げる神社（いわゆる別表神社）には神社庁長が献幣使となる。本庁幣は大角に載せ辛櫃に納められ、斎館より担がれ祭場の献幣使本座の上位に敷いた薦の上に据えられる。奉献の次第は、宮司祝詞奏上ののち、まず随員が大角に載せられた本庁幣を辛櫃から出し、これを権宮司もしくは禰宜に伝えて控え、権宮司もしくは禰宜は、神饌案の手前正中に置かれた案上に献ずる。　（本澤　雅史）

けんむしゃ　兼務社　神職が複数の神社の職務（特に宮司）を兼ねる場合、主たる職務として第一に任命されて務める神社を本務社と称するのに対して、それに追加して、職を兼ねて務める神社を兼務社と称する。一般的に、神職は本務社の社内またはその近在に居住あるいは常駐するので、兼務社は祭礼その他、特定の日程以外は神職不在の神社となり、日常の管理は地元の役員、総代その他の氏子の手に委ねられることが多くなる。平成十三年（二〇〇一）の神社本庁の全国統計では、神社数七万九〇七四社に対して宮司数は一万〇九〇二人で、その差の六万八一七二社が兼務社数ということになり、兼務社は全国神社の八〇％強に昇る。宮司数は昭和三十一年（一九五六）の一万二七三四人をピークにして、今日まで漸減を続けていて、兼務社数は現在も増加傾向にある。その要因としては、過疎化に伴う後継者難のほか、近年は少子化傾向とともに、都市過密地域にも兼務の増加が見受けられる。　（佐野　和史）

けんむねんじゅうぎょうじ　建武年中行事　朝廷の年中行事について記したもの。『後水尾院年中行事』には本書を『仮名年中行事』とするように別称は多数に上る。後醍醐天皇著。上中下三巻。上巻の冒頭に宮中二十年の年月を送り迎えて、その間宮中の公事など行末の手本というまでもないが書き記しておくという意味の序がある。上巻には正月の四方拝に殿司《とのもり》・掃司《かもり》の女嬬たちの働く様子から、天皇の四方拝の作法に及び、以後、八日の御斎《ごさい》会《え》まで、中巻には十一日の県召除目《あがためしのじもく》から三月の中午日の石清水臨時祭まで、下巻には四月一日の更衣《こうい》から十二月の追儺《ついな》と節折《よおり》の儀までが記されている。宮中の年中行事のあり方などを知るに貴重な文献で、たとえば十一月の丑日にのみ「主上御指貫を召さるゝ事はこの時の外なし」などとある。平生は引直衣《ひきのうし》に緋の袴で、沓は挿鞋《そうかい》という裂《きれ》地のものを着用する。また天皇は地面にじかにおりることはなく、必ず道敷という筵道《えんどう》と布単《ふたん》という布地の敷物を地上に敷くのである。『群書類従』公事部、『（新註）皇学叢書』五、『列聖全集』などに所収。

参考文献　『群書解題』六、谷村光義『建武年中行事略解』（『（新訂増補）故実叢書』二三）、和田英松『（修訂）建武年中行事註解』　（日野西資孝）

こ

こあさくましゃしんきょうさたぶみ　小朝熊社神鏡沙汰文　正治元年（一一九九）と文暦元年（一二三四）の二度にわたる小朝熊社御前社の神鏡紛失事件に関する公文書集。『建久十年沙汰文』とも称す。文暦元年に内宮祠官の手に成るか。一巻。小朝熊社は内宮の摂社で、付属する御前社は社殿がなく水辺の岩上に神鏡二面がまつられていた。正治元年四月に神鏡一面の紛失が発覚、探索も空しく所在不明となったが、寛喜二年（一二三〇）になって僧侶が持ち出し伏見の稲荷山に隠したことが判明し十二月三十日に元の如く鎮祭された。しかし、四年後の文暦元年には神鏡二面が再び紛失、調査の結果、容疑者として下総国臼井郷の南無妙房という熊野道者が手配されたことが、収録文書から判明する。伊勢信仰が僧侶や熊野道者を中心として次第に広まっていく時代状況を物語る史料。『群書類従』神祇部、『新校群書類従』一、『神道大系』神宮編二所収。

参考文献　『群書解題』一上、萩原竜夫「小朝熊神鏡紛失事件と稲荷山」（『神々と村落―歴史学と民俗学との接点―』所収）　（高橋美由紀）

こいがさがみ　小藺笠神　設楽神《しだらがみ》の別称。天慶八年（九四五）七月ころ、東西の国々から人々が神輿を逓送して京都へ入り来った。そのことを記した『本朝世紀』同年七月二十八日条には「或号㆓志多羅神㆒、或曰㆓小藺笠神㆒、或又称㆓八面神㆒」とある。設楽神の名がその神輿に伴う歌舞の楽器（編木）から来ているように、小藺笠神の名もおそらくは風流の一つとしての綾藺笠を着ての踊りに因むものかと解せられる。その神の性格については種々の解釈が容れられるが、設楽神入京事件を天慶の飢饉や戦乱に苦しむ地方民衆の、一種の世直し運動とみれば、その心意には御霊信仰とも相通ずるところがあり、飢饉や災害の原因として漠然想定された実体の明らかならぬ怨霊・物怪に、むしろ偶然的・即物的な神名を付与したものということができよう。→設楽神《しだらがみ》

参考文献『高取正男著作集』、柴田実『御霊信仰』 （柴田　実）

こいずみやくも　小泉八雲　一八五〇―一九〇四　明治時代の創作家、文学研究家、日本研究家。帰化前の名はラフカディオ＝ハーン Lafcadio Hearn。一八五〇年六月二十七日にギリシャのリューカディア(サンタ＝マウラ島)で、ギリシャ駐在のアイルランド軍医とギリシャ人の母親の次男として生まれた。父母の離婚後、大叔母に引きとられ、イギリスとフランスで教育を受ける。彼は東洋に対する関心が強かったが、八四年から翌年にかけてニューオーリーンズで開かれた万国工業兼綿百年期博覧会に新聞記者として参加、連日日本からの展示物に接するに及んで、その好奇心は頂点に達した。明治二十三年(一八九〇)四月に、ハーパー社の特派員という資格で来日したが、すぐあとで同社と関係をたち、帝国大学教授のB・H・チェンバレンと、さきの博覧会のときの日本代表で、当時文部省の局長をしていた服部一三の世話で、松江中学の英語教師となる。同年小泉節子と結婚し、翌年熊本の第五高等中学校に移り、さらに同二十七年に神戸の英字紙『神戸クロニクル』の記者となった。翌年帰化して小泉八雲を名乗った。二十九年九月帝国大学文科大学の英文学講師となり、三十六年三月辞任。三十七年四月早稲田大学の講師となったが、九月二十六日狭心症のため東京西大久保の自宅で没し、雑司ヶ谷墓地に埋葬された。五十五歳。法名は正覚院浄華八雲大居士。ハーンの仕事は『怪談』のような小説・物語類、『心』『東の国から』『日本雑録』など日本の紹介文や印象記、帝大時代の教え子のノートを基に編集された『詩論』『詩人論』『英文学史』のような英文学に関するものの三方面に大別される。日本がまだほとんど知られていなかったころに、日本を理解し、日本人を世界に紹介した意義は大きい。彼はキリスト教、特にカトリックをきらい、進化論の影響を受けていたが、来日後は、同時に彼は欧米の詩歌を愛し、帝大の教室で、文学を味わうことを教えた。文献学的・考証的研究を避け、作品鑑賞第一主義の態度は、学生たちに多大の感化を与え、上田敏・厨川白村・田部隆次などすぐれた英文学者を育てた。松江へ赴任したことがきっかけで、出雲大社に参拝したり、また神道が日本人の日常生活に密着していることを知り、日本文化の中心にあるのは神道であると考えるようになった。作品としてはほかに『異国情趣と回顧』『日本お伽噺』『仏土の落穂』『知られざる日本の面影』『骨董』などがある。

参考文献　田部隆次『小泉八雲』、小泉一雄『父小泉八雲』、矢野峰人『日本英文学の学統』 （小玉　晃一）

こう　講　宗教・経済・社交上の目的を達成するために組まれた結衆集団で、講の名をつけて呼ぶ。〔発生と沿革〕「講」なる語の使用を探ると、本来は仏教上の用語から発したことがわかる。すなわち仏典を講説する講経に淵源し、当初は仏典講究の学問僧による研究集会、または仏教儀礼を執行する仏事法会を指した。法華講・維摩講・勝鬘講をはじめ最勝講・仁王講・陀羅尼講・薬師講・弥勒講などがそれにあたる。したがってその発生の契機は仏教初伝の時代にさかのぼる。外来宗教たる仏教の伝来は、仏像・幡蓋・経典など象徴的物件の将来とともに始まったが、当然ながら真の受容は教義や儀礼の理解定着を第一とする。このための努力を示すのは七世紀初頭、聖徳太子が編纂したと称する『三経義疏』であろう。これを太子作とすることには疑義があるけれども、推古朝の成立とみる点ではほぼ一致しているので、当時の仏教界のレベルを表わすとみてよい。つまり仏典講究が当初にみる寺院活動の中心であり、この伝統は永く保持され、八世紀の奈良時代において最高潮に達した。ところが教学性の濃い仏典の講義も所定の宗教儀礼を伴って行われるのが通例で、両者は経となり緯となって仏教の発達を推進することとなる。そうした儀礼は一般に法会とよばれた。仏陀の聖徳を礼讃する釈迦会、薬師仏の功徳を讃嘆する薬師会、弥勒仏の下生を祈願する弥勒会などがそれにあたる。僧尼の教学活動がこれらの法会と結合して執行されるばあい、読誦講究される対象の仏典名を頭に冠して呼ぶ慣行が次第に定立してくるのも七世紀後半から八世紀にかけてであった。当時の寺院行事としての僧衆集会は、あるいは法会、あるいは講会と呼ばれていて、必ずしも講の名義に拘泥することはなかった。やがて一定の講式が編み出されて講形式が定着したのは九世紀以降の平安時代にはいってからである。平安時代初頭にもっとも注目された法華信仰は、仏教が寺院内の僧尼から世俗社会へ弘布されるにつれて普及し、それも宮廷貴族層から官人支配層、そして民間への導入に従って活況化してくるのであるが、特に狂信的布教者たる法華持経者の活躍が大きい。〔講の民間化〕法華八講の盛行は当然ながらその影響を他へも及ぼし、薬師講・弥勒講・釈迦講・仁王講・最勝講などが続々と法会の名を捨てて講名で呼ばれるようになり、また時代の動向に即応して阿弥陀講・菩提講・往生講、二十五菩薩来迎の迎講や地蔵講・十斎講がつぎつぎと成立した。この方式が俗世間へ広く採用されると、こんどは在来の僧衆社会における講経的色彩がうすれ、菩提を弔慰し息災延命を祈り、一族の繁栄を願う現世利益の側面が表へ出る傾向を助長した。また民間へと浸透するにつれ、在来の民族信仰と接触する機会が多くなり、山・川・水・石・木など自然崇拝にもとづく地域信仰集団を山神講・水神講・石神講と呼ぶように

なり、日・月・雨・風・雷など天然崇拝の祭祀集団に日待講、月待講、竜神講、風神・雷神講と名づけるふうをもたらした。いうまでもなく仏教の世俗・民間化をすすめる契機をつくった本地垂迹観が、その促進をはかった点は重要である。わが国の神社祭祀では、古くからの伝統が持続され、その祭神を族縁的な民族集団の宗教的象徴とみなす体制が確立していた。つまり神社を中核に祭祀集団が構成されて宗教的機能を発揮してきたわけである。それらの祭祀組織体が仏教式の講名をもつに至った起因は、まさしく神仏習合の時代潮流に棹さしたからである。十世紀以降の荘園内神社のなかに、顕著な仏教臭が散見されるのもこのためである。また畿内の宮座組織のなかに仏教色の強い講名がみられ、神事の多くに講式が採用されてくるのも見落してならない。すべて神仏交流の契機を発端とする。だから氏神講・鎮守講・権現講・宮座講などをはじめ、春日講・住吉講・八幡講・熊野講・伊勢講・三山講・三社講と称する神祇講が頻出してくるわけである。〔講の多様化〕中世以降、人間の生産活動が分化してくると、宗教上信仰上の動機だけでなく、経済上社会上の理由から講的結社をつくる方向が打ち出される。すでに中世寺院内では僧尼間で金銭物品を相互融通するための頼母子講・無尽講がつくられ、また座商人とか職人たちの同業者仲間の親睦講も出現した。大工・左官の太子講、木地師の親王講、たたら師・鍛冶職のふいご講・荒神講など枚挙に遑がない。この傾向は近世にはいると一層助長され、農民の田神講、山仕事のものの山神講、操業の安全と豊漁を期待する漁民の海神講・竜宮講・恵美須講など、さらに都市の商工業者による株仲間が結成する講も多彩な機能を発揮した。中世から近世にはいると陸海とも交通が発達し、各地への旅行が容易となり人びとの他郷へ出かける機会が多くなった。特に聖地巡礼や社寺参詣が盛んとなり、そのために参詣講の結社組織がつくられた。頼母子講式に旅費を積み立て、講の代表を順番に送り出す代参形式が多く、目的の社寺名をかかげて善光寺講・成田講・三峯講・大山講・伊勢講・三山講(出羽・熊野)・出雲講・白山講などと称する。また富士山や浅間山・戸隠山・木曾御嶽・大峯山・英彦山《ひこさん》などの霊山へ登拝修行のために山伏・行者など先達の指導でつくる山岳講も少なくない。あるいは宗教教団が布教を意図する信徒の組織体に講名を付する慣行も衰えていない。今日ではそれを古風とみて会・クラブ・サークルと変えているが、結衆の原則は大同小異といえよう。

参考文献 桜井徳太郎『講集団成立過程の研究』、由井健之助『頼母子講と其の法律関係』 （桜井徳太郎）

こうあんよねんかすがじゅらくき 弘安四年春日入洛記 南都春日社(奈良市)の神木入洛についての日記。著者不明。一巻。弘安四年(一二八一)春日神木を奉じて興福寺衆徒は上洛し公家に強訴した。その訳は、第二の宗廟と仰がれた山城国綴喜郡(京都府八幡市)の雄徳山《おとこやま》(男山)に鎮座の石清水八幡宮寺との間に生じた、山城薪郷(京都府綴喜郡田辺町)と大住庄(同)との境界争いの解決であった。本記録には往還の次第が詳細に記されているのみで、強訴の内容については触れられてはいない。春日社家(上級神官)の指導により大宮四殿と若宮の都合五社の神霊を神木に遷し、神人(下級神官)が供奉し、興福寺の衆徒と南都を出発した一行は、木津より宇治へ出て平等院へと入る。途中これを阻止しようとする武士と宇治橋、伏見稲荷(京都市伏見区)周辺でせりあい、一旦下稲荷社へ神木を奉安、翌々日入洛して法成寺に入った。道中藤原氏の氏長者《うじのちょうじゃ》らより御供やコモスダレの献進もあった。吉野山(勝手明神)や布留《ふる》(石上《いそのかみ》)も遅れて従い、年末にともに帰座した。なお、『嘉慶元年春日臨時祭記』は帰座後の臨時祭記である。『続群書類従』神祇部所収。

参考文献 『群書解題』一中 （岡本 彰夫）

こうあんよねんつるがおかはちまんせんぐうき 弘安四年鶴岡八幡遷宮記 弘安度の鶴岡八幡宮遷宮記録を書写、勘考した書。一巻。首尾を欠き、右の書名は、後述する本書第二の内容から後世便宜付されたもので、当初の書名は明らかでない。内容は三つに大別される。第一は、弘安三年(一二八〇)の仮殿遷宮の記録を写したもの。第二は、社家奉行式部大夫良治が記した同四年・五年の正遷宮・神宮寺供養の記録「鶴岡八幡宮御遷宮記」を写したもので、親本の成立は同五、六年の間である。第三は、右二本を「仮殿遷宮記」「良治正遷宮記」と称し、御正体(神体)を抱く役人や社家大工などについて勘考する。この部分の記述から、全体の成立は正和四年(一三一五)の仮殿遷宮以降同五年の正遷宮までの間、作成者は八幡宮内部者と推測される。祭事の式次第は社内政治にも直結し、一種の故実書としての本書成立の一背景をなす。諸本は、『続群書類従』系統本が知られるのみである。『続群書類従』神祇部、『神道大系』神社編二〇所収。

参考文献 『群書解題』一下 （横田 光雄）

こういけいしょう 皇位継承 天皇の位を皇位といい、それを継ぐことをいう。神話の伝えるところによれば皇位は天照大神の子孫に受け継がれるものとされる。大化改新前代の皇室系譜によると応神天皇を境として、それ以前は父子間の直系相続が支配的であるのに対して、以後は兄弟間の傍系相続がきわめて多くなっている。応神以前の直系相続については、大化以後律令法の継受に伴って受け入れられた中国の相続法の直系主義の反映であるとする説、あるいは作為ではないが伝承が定かでなくなった時、それをすべて父子相続であるとしたとする説などあり、いずれも否定的である。一方応神以後の傍系相続については、大化前代の皇位継承法として兄弟相承に大兄制ともいうべき独特なヒツギノミコの観念が加わった一定の原則があったとする興味ある説が提出されている。兄弟相承の観念と天皇の長子は生得的に天皇になるという長子相続の観念が綜合され、天皇のあとは大兄が継ぎ、そのあとは大兄の弟が継いでその世代が終ると大兄の長子にかえるというのである。七世紀後半に入り中国の相続法の影響のもとに、近江朝の末年には嫡系主義の皇位継承法が定まったものと考えられている。しかし皇位継承は必ずしも原則通りには行われず、上皇や外戚その他の権臣の意向に左右されることもあり、また全体として時の政治情勢などを背景としていろいろな場合がある。明治時代に入り、皇室典範の制定により「大日本国皇位ハ祖宗ノ皇統ニシテ男系ノ男子之ヲ継承ス」(第一条)と定められ、以下第八条まで継承の順位を規定し、さらに第一〇条において「天皇崩スルトキハ皇嗣即チ践祚シ」と規定して古来の譲位の儀を廃し、天皇の崩御が皇位継承の唯一の原因であることを示した。昭和二十二年(一九四七)制定の現行皇室典範も皇位継承についてはおおむね前典範と同じである。

参考文献　帝国学士院編『帝室制度史』三・四、安本美典『上世年紀新考』、井上光貞「古代の皇太子」(『日本古代国家の研究』所収)、同「古代の女帝」(同所収)、芝葛盛「皇室制度」(『(岩波講座)日本歴史』所収)、岩橋小弥太「天智天皇の立て給ひし常の典」(『増補上代史籍の研究』下所収)　(後藤　四郎)

こうがくかんだいがく　皇学館大学　三重県伊勢市神田久志本町にある神道系の私立大学。明治十五年(一八八二)旧物破壊の風潮の中、わが国の歴史に立脚した道義と学問を究明し、それを実践して本来の道徳を確立し、日本文化の発展に寄与することを目的として、神宮祭主久邇宮朝彦親王の令達のもと、国学者敷田年治などの尽力よって神宮皇学館が創建された。以後、神道界・教育界に多くの人材を輩出し、昭和十五年(一九四〇)には神宮皇学館大学に昇格したが、同二十一年の神道指令によって廃学となった。第二次世界大戦後の思想的動揺から再興を望む声が高まり、神宮皇学館の建学の精神を継承し、総長吉田茂、理事長長谷外余男、学長平田貫一をはじめ、政・財界、神社界などの協力を得て、同三十七年皇学館大学が開学した。現在は文学部・社会福祉学部(名張学舎)の二学部に六学科を置き、大学院五専攻課程を設置している。文学部の神職課程および併設する神道学専攻科において、神職を養成するとともに、付置する神道研究所・史料編纂所・神道博物館で、神道や日本の歴史・文化に関する研究と資料の収集、編纂活動を行なっている。

→神宮皇学館《じんぐうこうがくかん》

参考文献　『(創立九十年再興十年)皇学館大学史』、『皇学館百二十周年記念誌』　(伴五十嗣郎)

ごうけしだい　江家次第　平安時代の朝儀・公事の次第を詳記した書。大江匡房の著。二十一巻。ただし巻一六・二一の二巻は早く亡失して、現存十九巻。匡房没後数年の『長秋記』の記事に「江次第」とみえるのをはじめ、古くはこの呼称が広く用いられたが、ほかに匡房の官名により『江帥次第』『江中納言次第』ともいい、また『匡房卿次第』『江抄』などの名称もある。『江家次第』の書名は、一条兼良の『江次第鈔』発題にみえるが、さらにのちにこの書名で開板されてから広く流布したのであろう。知足院関白藤原忠実の口述した『中外抄』などによると、匡房が後二条関白藤原師通の命をうけて著わしたものという。その起筆の年次は詳らかでないが、匡房の死去(天永二年(一一一一))の直前まで執筆が続けられたと推測され、さらに後人の加筆増補のあることも確かめられている。本書は平安時代後期の朝儀の集大成で、目録には全二十一巻の篇目を載せているため、欠巻の内容も知り得る。すなわち巻一から一一までは年中恒例の朝儀、巻一二は臨時神事、巻一三は臨時仏事、巻一四から一七までは譲位以下の臨時朝儀(欠巻の巻一六は行幸)、巻一八は政務、巻一九は弓射・競馬および院中雑事、巻二〇は摂関家以下の臣下礼節、巻二一(欠巻)は崩御以下の凶事である。本書は成立後間もなくから朝儀・公事の指針として高く評価され、後世これを研究講説するものも現われたが、ことに室町時代一条兼良は一再ならずこの書を講じ、後土御門天皇にも進講した。本書の伝写本としては、天理図書館に中御門宣胤書写の六冊本を蔵し、京都大学所蔵勧修寺家旧蔵本に甘露寺親長書写の四冊本があり、尊経閣文庫に室町時代書写の八冊本(その第二冊は久我通博筆写)および十巻本を蔵し、また内閣文庫・宮内庁書陵部その他に江戸時代の写本が数部蔵されている。なお、尊経閣文庫所蔵の八冊本および十巻本の影印版が『尊経閣善本影印集成』一〇—一二に収められている。刊本には、承応二年(一六五三)版本および内閣文庫所蔵慶長写本を底本とした『(新訂増補)故実叢書』所収本、『神道大系』所収本などがある。註釈書には、一条兼良の『江次第鈔』や尾崎積興の『江家次第秘抄』がある。

参考文献　和田英松『本朝書籍目録考証』　(橋本　義彦)

こうこく　皇国　全国神職会の機関誌。明治三十二年(一八九九)八月創刊の『全国神職会々報』(会通社、のち全国神職会々報発行所。ゆまに書房で復刻)を、大正十年(一九二一)一月二六六号より『皇国』と改称(皇国発行所)。神職間の通信にとどまらず与論の喚起と団結を目指した。会報に引き続き、府県社以下神社への国庫補助、神祇に関する特別官衙の設置について多く取り上げられ、後者の前提として神社調査会の設置実現をみる。また政府が神祇局から神祇院への編成を頓挫させたことについて多数の批判を載せる。宗教法案をめぐっては、神社は宗教か否かの活発な議論が誌上でかわされている。そのほか、神職会の財団法人化や全国社司社掌会設立、神社制度調査会復活への過程、地方諸社の彙報などを掲載する。特集は「延喜式撰上一千年記念」(三三九号)、「神宮遷宮記念」(三六九号)、「教化宣伝資料号」(三七〇号)などがある。昭和五年(一九三〇)一月三七三号より『皇国時報』と再改称、同十四年末ごろまで継続した。　(大塚　統子)

ごうし　合祀　二社以上の神社を合併する場合や、新たに祭神を追加すること。神社の合祀の方法には、本殿合祀と称しほかの神社の祭神を一社の本殿に合祀・合霊する場合と、境内合祀もしくは飛地境内合祀と称し、一神社の境内地もしくは飛地境内へほかの神社を移転する場合がある。本殿合祀の場合、同一祭神は合霊し祭神の柱数は減じるが、その他の場合には祭神の柱数は増加する。合祀は、明治以降昭和二十年(一九四五)までの神社行政の中では、当該神社が由緒不明もしくは維持困難にして社殿頽廃し独立困難などの場合に許可された。こうした戦前の合祀などについての規定は、明治四十一年(一九〇八)二月社甲第一号「神社合併取扱方ノ件」の通牒に拠っていた。これらは神社整備の一環であり、近世にも水戸藩・岡山藩などで小祠淫祀などを一所に集めて寄宮《よせみや》と称する整理が実施された。 (八幡 崇経)

こうしつさいしれい 皇室祭祀令 宮中三殿(賢所・皇霊殿・神殿)において行われる諸祭祀に関する規定。明治四十一年(一九〇八)九月皇室令第一号を以て公布され、昭和二年(一九二七)十月皇室令第二号を以て改正された、同二十一年五月まで効力を持っていたが、現在は廃止されている。内容は三章(第一章総則・第二章大祭・第三章小祭)二十六条と附式二編(第一編大祭式・第二編小祭式)から成る。第一章総則においては、皇室の祭祀は大祭と小祭とする。祭祀は附式の定めによって行う。天皇が喪にある間は、祭祀に神楽および東遊を行わない。喪にある者は祭祀に奉仕しまたは参列することを得ない。祭祀に奉仕する者は大祭にはその当日および前二日、小祭にはその当日斎戒する。陵墓祭および官国幣社奉幣は宮内大臣が勅裁を経て定めるとある。第二章は大祭に関する規定で、大祭には天皇が皇族および官僚を率いて親祭する。元始祭(一月三日)、紀元節祭(二月十一日)、春季皇霊祭(春分日)、春季神殿祭(同)、神武天皇祭(四月三日)、秋季皇霊祭(秋分日)、秋季神殿祭(同)、神嘗祭(十月十七日)、新嘗祭(十一月二十三・二十四日)、先帝祭(毎年崩御日)、先帝以前三代の式年祭(各崩御日)、先后の式年祭(崩御日)、皇妣たる皇后の式年祭(同)を大祭とする。式年は崩御日から三年・五年・十年・二十年・三十年・四十年・五十年・百年および爾後毎百年とする。神武天皇祭および先帝祭が上記の式年にあたる時は、式年祭を行う。元始祭および紀元節祭は賢所・皇霊殿・神殿で行う。春秋二季の皇霊祭、神武天皇祭、先帝祭、先帝以前三代の式年祭、先后ならびに皇妣たる皇后の式年祭は皇霊殿にて行う。神武天皇祭、先帝祭、先帝以前三代の式年祭、先后ならびに皇妣たる皇后の式年祭の当日には山陵に奉幣させる。春秋二季の神殿祭は神殿において行う。神嘗祭は伊勢神宮の祭典のほか、なお賢所において行い、神嘗祭の当日には天皇は伊勢神宮を遥拝し、かつこれに奉幣する。新嘗祭の当日には宮中三殿に神饌幣物を奉り、かつ伊勢神宮および官国幣社に奉幣させる。新嘗祭は大嘗祭を行う年には行わぬことなどが定められている。第三章は小祭で、小祭には天皇は皇族および官僚を率いて親ら拝礼し、祭典は掌典長が行う。小祭は歳旦祭(一月一日)、祈年祭(二月十七日)、明治節祭(十一月三日)、賢所御神楽(十二月中旬)、天長節祭(天皇誕生日)、先帝以前三代の例祭(各崩御日)、先后ならびに皇妣たる皇后の例祭(同)、綏靖天皇以下先帝以前四代に至る歴代天皇の式年祭(同)である。附式には第一編は大祭式、第二編は小祭式の式次第が記されている。第二次世界大戦後、皇室祭祀令が廃止されたのちの皇室の祭祀は、大祭・小祭の式次第はそのつど勅裁を経て施行されている。

参考文献 神祇院総務局編『(最新)神社法令要覧』
(岡田 米夫)

こうしつせいど 皇室制度 「皇室」の語は、『続日本紀』天平宝字元年(七五七)閏八月壬戌(十七日)条・同二年八月甲子(二十五日)条などにみえるのが早い例で、天皇ないしその一家を意味する用語である。これとほぼ同じ意味の「皇家」も、同書の天平十五年(七四三)正月癸丑(十三日)条や、降っては『神皇正統記』にもみえる。また「帝室」の語は、早く中国の古典にみえ、わが国では明治以後とくに盛んに使われるようになったが、法制上の用語としては「皇室」の称が多く用いられている。その「皇室」の意味は、天皇および皇族の総称であり、天皇を家長とする一個の「家」と解釈されている。こうして法制上確立した皇室は、一般法律すなわち国務法とは別個の法体系によって規律された。これを宮務法という。明治二十二年(一八八九)制定の皇室典範をはじめ、皇室令として発布された登極令・立儲令・皇統譜令・皇室祭祀令・皇室成年式令・皇室親族令・皇室財産令・皇室儀制令・皇室服喪令・皇室喪儀令・皇室陵墓令・皇室裁判令などがそれで、その制定には国会が一切関与しない。しかし第二次世界大戦後、日本国憲法の制定に伴い、従前の皇室令および付属法令はすべて廃止され、皇室に関する事柄も、原則として憲法および法律によって規律されることになった。昭和二十二年(一九四七)制定の皇室典範をはじめ、皇統譜令・皇室陵墓令なども、旧来の名称は継承したものの、国会の協賛を経て公布された法律である。以上のように皇室制度が体系的、法制的に確立したのは明治以降であるが、もちろんそれは皇室の長い歴史と伝統を基盤としており、個々の制度にはそれぞれ複雑多岐にわたる沿革がある。以下そのうちの基本的なものを取りあげることとする。

〔皇位〕現制では、皇室典範第一条に「皇位は、皇統に属する男系の男子がこれを継承する」とし、第二条に皇長子以下の皇位継承順位を定めている。これは明治の皇室典範を継受したものであるが、それ以前の旧制においては、皇嗣の冊立によってはじめて皇位継承者が確定されるのを本則とした。この皇嗣を冊定する儀式が立太子である。これに対し現制の立太子は、皇嗣たる地位を生得のものとして法定された皇太子が、あらためて皇嗣たることを内外に宣布する儀礼であり、新旧両制の間には基本的な相違がある。またこれに関連して、皇太子の意義も異なる。旧制では皇嗣が皇子または皇孫であろうと、皇兄弟またはその他の皇親であろうと、みなこれを皇太子と称するのを本則とした。しかし現制では皇嗣たる皇子の称を皇太子、皇孫の称を皇太孫と規定し、それ以外の皇嗣については特別の名称を用いないこととした。また大宝・養老令制では、中国の継嗣法を継受して、三位以上の者の継嗣は嫡長子相続と規定しているが、皇位継承の実際においてはこの原則があまり貫徹されず、天皇(または上皇)の意思による選定相続の色彩が濃い。ただしその選定の対象は、皇女を含む皇親の範囲に限られた。その皇位継承は、現制では天皇の崩御によってのみ発生するが、江戸時代までの旧制では譲位による継承が多く、大化元年(六四五)皇極天皇が譲位の例を開いてから明治天皇までの八十八代中(北朝天皇を除く)、五十六代が譲位受禅によって皇位を継承した。譲位後の天皇は太上天皇と尊称され、略して上皇とも称した。その出家した上皇は太上法皇または法皇と通称されたが、正式の尊称が太上天皇であることに変りはない。上皇、ことに現天皇の父または祖父などの上皇は、おのずから政治に影響を及ぼしたが、平安時代後期、上皇が政治の実権を掌握する状態が慣例化し、院政とよばれる政治形態が生まれた。なお譲位の派生的な現象として、上皇が再び皇位につく重祚の例が二度あり、また推古天皇以下八人の女帝(うち二人は重祚)が皇位についた。『養老令』にも女帝の存在を前提とした条文があるが、明治の大日本帝国憲法および皇室典範においてはそれが否定された。

〔后妃〕天皇の妻室は、上古はみなキサキとよばれたが、推古朝ごろからその最上位者をオホキサキとよび、「大后」の字をあてるようになったという。ついで天智朝から天武朝にかけて、後宮の制度が次第に整備され、大后を皇后と称し、『大宝令』『養老令』のなかに天皇の嫡妻の称として定着するに至った。令制ではさらに皇后の次位に妃・夫人・嬪を置き、妃は品位をもつ内親王を充てている。これによると皇后も内親王に求めるのを原則としたと考えられるが、聖武天皇が藤原不比等の女光明子を皇后に立ててからは人臣女子の立后も通例となった。また令制では皇后の居所を中宮といい、太皇太后・皇太后の宮にもこの称を通用し、ひいては皇后ないし三后の名称とされたが、神亀元年(七二四)聖武天皇の生母藤原宮子が皇太夫人となり、中宮職を付置されてから、醍醐天皇の養母藤原温子まで八人の皇太夫人がすべて中宮とよばれた。しかし温子を最後として皇太夫人が消滅してからは、中宮は皇后の別称となり、さらに一条朝に嫡妻の皇后が二人併立するに及び、新立の皇后を中宮、先立の皇后を皇后宮(略して皇后)と称するのが通例となった。また令制では、天皇の祖母で后位にのぼった者を太皇太后、同じく母を皇太后、嫡妻を皇后というように、天皇との血縁または配偶関係によって三后の概念を規定したが、平安時代に入ると、天皇の代替りや皇后の新立などによって、母でない皇太后、祖母でない太皇太后が相ついで出現し、ついには天皇と配偶関係のない内親王が皇后になる例が、平安時代後期から鎌倉時代にかけて十一例も現われ、后位が単に後宮における高貴な地位と化する傾向を強めた。一方、令制の妃・夫人・嬪は、醍醐朝の妃為子内親王を最後として消滅し、桓武朝から姿を現わした更衣・女御が次第にこれにとって代わった。ことに藤原冬嗣の女順子、藤原良房の女明子が相ついで女御となり、それぞれ文徳・清和両天皇の生母となってからは、女御の地位は急速に高まり、さらに皇后に立つ者は多く女御より進む例となったため、女御は天皇の嫡妻の地位に進み、女御入内が事実上の大婚の儀とされるに至った。しかし明治に入って後宮の諸制度も改革され、女御などは廃絶した。また旧制では、皇后は立后の詔書をもって冊立されたが、現制では大婚により皇后となる場合のみ立后の詔書を公布し、皇嗣妃は皇嗣の皇位継承と同時に皇后となるので、特に立后の詔は発せられない。明治四十三年制定の皇室親族令によれば、大婚の礼は天皇が満十七歳に達した後に行われ、皇后たるべき人は満十五歳以上の皇族または特に定める華族の女子と限定された。ただし直系親族および三親等内の傍系血族は除かれ、また特定の華族とは、旧摂家・旧清華および徳川氏宗家などを指すという。日本国憲法および新定の皇室典範のもとにおける現制では、皇后たるべき人の出自などに関する制約はない。なお旧制の後宮制度の一種に女院の制があり、正暦二年(九九一)一条天皇の生母皇太后藤原詮子が東三条院の号を宣下されて以来、江戸時代末まで百七人の女院を数える。元来、天皇の生母すなわち国母の后宮を尊崇して、太上天皇に準ずる待遇を与えるものであったが、次第にその対象を拡大し、国母でない后宮、未婚の内親王、国母の准后なども女院となった。この女院も明治以後廃絶した。

〔皇族〕明治の皇室典範によると、皇族とは、太皇太后・皇太后・皇后・皇太子・皇太子妃・皇太孫・皇太孫妃・親王・親王妃・内親王・王・王妃および女王をいい、皇子より皇玄孫に至るまでを親王・内親王とし、五世以下は王・女王とすると規定し、かつ五世以下の皇族でも典範制定当時すでに親王の号を宣賜されているものはそのまま親王とされた。これに対し第二次世界大戦後新定の皇室典範では、皇族の外枠は同じであるが、親王・内親王の範囲を狭めて皇子・皇孫に限り、三世以下を王・女王とすると定めた。大宝・養老令制では、この皇族にあたるものを皇親といったが、現制の皇族とはかなり違った面もある。まず令制の皇親は、親王・内親王・王・女王をいい、天皇の兄弟姉妹および皇子を親王・内親王とし、皇孫・皇曾孫・皇玄孫を王・女王とし、皇玄孫の子すなわち五世王は王と称することはできるが、皇親の範囲外とされた。また令制では臣下が四世以上の皇親を娶ることが許されなかったが、平安時代以降その制限がゆるんで、内親王の降嫁の例も現われた。一方、親王・諸王が臣下の女子を娶ることについては令文に明記するところがないが、実例からみると黙許されていたらしい。そして婚姻後の配偶者の身分についても明文はないが、婚姻によって臣下が皇籍に入り、または皇親が皇籍を離脱した事例はない。この点、現制において皇族に嫁した臣下はすべて皇族となる反面、皇族女子が臣下に嫁したときは皇籍を離れると規定しているのと大きく異なる。ただし皇族の賜姓降下は古来その例が少なくない。ことに嵯峨天皇の弘仁五年(八一四)信以下の八皇子女が源朝臣の姓を賜わって臣籍に降るに及び、文徳・清和・陽成・光孝・宇多・醍醐各天皇の皇子女が相ついで賜姓源氏となり、その数は百人近くにのぼった。弘仁五年の詔には、経費節減のため、親王の号を除いて朝臣の姓を賜い、同籍に編するとあり、翌年信を戸主として左京一条一坊に貫付した。醍醐天皇の皇子高明ら七人が賜姓降下したときも、高明を戸主として同様の手続きがとられている。明治の皇室典範は永世皇族の制を立てたが、ついで皇室典範増補を制定し、皇族の臣籍降下の道を開くとともに、皇族に復帰することも禁じた。第二次大戦後の昭和二十二年、十一宮家五十一人の皇族が一斉に皇籍を離れて臣籍に降ったのは、もちろん戦後の特殊な事情によるものである。

〔宮家〕令制では、皇子は生まれながらにして親王・内親王であったが、天平宝字二年淳仁天皇が二世王から皇位についたため、翌年詔して兄弟姉妹を親王とし、ついで光仁天皇も二世王から皇位につき、詔して兄弟姉妹および子女を親王としてから、次第に親王宣下が慣例化し、制度化した。ここにおいて本来親王たるべき皇兄弟姉妹および皇子女でも、親王宣下がなければ親王になれなくなった反面、二世王以下の親王宣下が馴致され、代々親王宣下をうける世襲親王家が成立するに至った。鎌倉時代、亀山天皇の皇子恒明親王を初代として成立し、室町時代まで六代にわたって続いた常磐井宮がその初例で、後二条天皇の皇子邦良親王を初代として六代にわたった木寺宮がこれに次ぐ。両宮家とも初代の親王が一旦は大覚寺統の嫡嗣と定められた点が共通するが、次の伏見宮の成立にも皇位継承の問題がからんでいる。その初代栄仁親王は北朝の崇光天皇の第一皇子で、持明院統の正嫡であるが、南北朝の争乱のなかで即位の機会を逸したのである。ついで天正十七年(一五八九)八条宮(のち桂宮)が、寛永二年(一六二五)高松宮(のち有栖川宮)が、さらに宝永七年(一七一〇)閑院宮がそれぞれ創立され、宮家の継承者は天皇の猶子として親王宣下をうける例が定着し、伏見宮以下四宮家を四親王家と称した。その後、幕末国事多端の時にあたり、伏見宮第十九代邦家親王の王子晃親王および朝彦親王がともに国事に参与することになり、それぞれ山階宮および中川宮(のち一旦廃絶、改めて久邇宮を創立)を建てた。明治に入って親王宣下の慣例は漸次廃止されたが、一方では皇室の繁栄強化を期して、勅旨により多くの宮家が創立された。すなわち小松宮(はじめ東伏見宮と称する)・華頂宮・梨本宮・北白川宮・久邇宮・賀陽宮・東伏見宮・朝香宮・竹田宮・東久邇宮の十宮家が明治年間に創立されたが、この間明治十四年桂宮が第十一代淑子内親王の薨去により断絶した。大正以降、大正天皇の皇子雍仁・宣仁・崇仁三親王がそれぞれ秩父・高松・三笠各宮家を建てたが、一方、皇室典範によって皇族が養子をとることを禁ぜられたため、小松宮・有栖川宮・華頂宮が断絶した。ついで昭和二十二年、秩父・高松・三笠の三宮家を除いた十一宮家の皇族が一斉に皇籍を離脱し、宮家の称を家名として臣籍に降った。その後、昭和三十九年昭和天皇第二皇子正仁親王が成婚の礼を挙げるに及び、新たに一家を創立して常陸宮の号を賜わり、ついで昭和五十九年三笠宮崇仁親王の第三王子憲仁親王に高円宮の号を、同六十三年崇仁親王の第二王子宜仁親王に桂宮の号を、平成二年(一九九〇)現天皇の第二皇子文仁親王に秋篠宮の号をそれぞれ賜わった。

〔財産と経済〕明治四十三年制定の皇室財産令によると、皇室財産は、皇位に付属して永世に伝えられるべきものと定められた世伝御料と、その他の普通御料とに分けられる。前者には宮城・京都皇宮をはじめ、赤坂離宮以下の離宮、正倉院宝庫、木曾御料地などの御料林野があり、後者にはその他の土地・建物・物品・金銭・有価証券などが含まれる。これらの財産のうち、皇室経済の最大の財源となったのは御料林野で、明治十八年宮内省に御料局(のちの帝室林野局)が設置され、同二十二年には御料地の設定授受が完了し、翌年世伝御料が指定された。昭和十二年の調査によると、世伝御料林は約二十一万町歩、普通御料林は約百二万町歩にのぼり、その木材払下げなどによる収益も次第に増加して、大正十年(一九二一)代には年間一千万円内外の水準を保った。一方、明治二年宮内省が設置されるに及び、国庫より常額を定めて金穀を皇室に供し、宮内省にこれを主管させ、漸次その額を増加して、同二十年度には二百五十万円と定めた。ついで同二十二年皇室典範が制定されるや、「皇室諸般ノ経費ハ特ニ常額ヲ定メ国庫ヨリ支出セシム」との一条を設けた。この常額は、同二十三年度に三百万円、同四十三年度に四百五十万円に増額されたが、以後は一切増額せず、昭和二十年の終戦時に及んだ。おそらく御料林などの収入が増加し、国庫支出金が事実上第二義的財源となったためであろう。その間支出された費目の主なものを挙げると、宮中および神宮の祭典費、陵墓費、供御および御用度費、行幸啓費、外国交際費、産業・教育・学術・社会事業等奨励賜金、軍事救護賜金、災害救恤下賜金、皇族費、宮内官俸給・給与、宮城・離宮等営繕費などである。しかし昭和二十二年の日本国憲法施行に伴い、御料地などの皇室財産はすべて国の所有に移され、その一部が国有財産たる皇室用財産として皇室の用に供されることになった。皇居をはじめ、京都御所・御用邸・正倉院・鴨場・御料牧場・陵墓などがそれである。また同年皇室経済法が制定され、皇室の費用は内廷費・宮廷費および皇族費に分類され、すべて国庫から支出されることになった。内廷費は、天皇および皇后・皇太子以下内廷皇族の日常的、私的費用であり、宮廷費は、儀式や国賓などの接待、行幸啓など皇室の公的活動に必要な経費である。皇族費は、皇族の生計費で、年額により支出される。これらを昭和五十七年度について見ると、内廷費が二億二千百万円、宮廷費が二十五億五百十万円、皇族費(常陸・秩父・高松・三笠四宮家)が一億六千二百五十九万円となっている。

参考文献 帝国学士院編『帝室制度史』、宮内庁編『皇室制度史料』、帝室林野局編『帝室林野局五十年史』、酒巻芳男『皇室制度講話』、竹島寛『(王朝時代)皇室史の研究』、児玉幸多編『天皇』(『日本史小百科』八)、芝葛盛「皇室制度」(『(岩波講座)日本歴史』所収)

(橋本 義彦)

こうしつそうぎれい 皇室喪儀令 天皇および皇族の喪儀について規定したもので、大正十五年(一九二六)十月二十一日皇室令の一つとして公布された。内容は、第一章大喪儀(第一条より第二一条まで)、第二章皇族喪儀(第二二条より第三一条まで)および附式から成り、第一章には第一条の、天皇が崩御した時は宮内大臣・内閣総理大臣の連署を以て直ちにこれを公告する(太皇太后・皇太后・皇后が崩御した時は宮内大臣が公告する)こと以下、追号の勅定、追号の公告、廃朝、大喪使の設置、霊柩の殯宮への奉遷、喪主、大喪儀の期日・場所および陵所の公告、霊代は権殿に奉安し一周年祭ののち皇霊殿に奉遷することなどを規定する。また第二章には第二二条の、皇太子・皇太子妃・皇太孫・皇太孫妃・親王・親王妃・内親王・王・王妃が薨じた時は宮内大臣がこれを公告すること以下、廃朝、喪儀司の設置、喪主、喪儀の期日・場所および墓所の公告、霊代はその殿邸に安置し一周年祭ののち皇霊殿に奉遷することなどを規定する。なお、附式に大喪儀および皇族喪儀の個々の儀式について詳しい規定がみえている。皇室喪儀令はすでに明治天皇や昭憲皇太后の大喪儀などにおいて行われたところを整備して法令化したもので、この令による最初の大喪儀は、公布後間もなく、同年十二月二十五日崩御した大正天皇の場合である。この令は他の皇室令とともに新憲法(日本国憲法)施行に先立ち、昭和二十二年(一九四七)五月二日廃止されたので、同二十六年五月十七日貞明皇后崩御の際は、政府は法制上の問題につき協議し、喪儀は国葬に準じて国の儀式として行うこととし、皇太后大喪儀挙行要綱を定め、皇太后大喪儀委員長、副委員長二名、委員若干名を置いて大喪儀を執り行なった。

(後藤 四郎)

こうしつてんぱん 皇室典範 皇室および皇族の基本法であり、皇位継承をはじめ、結婚・摂政・皇族などが定められている。明治二十二年(一八八九)非公式に発表され、明治四十年と大正七年(一九一八)に増補を加えた。第二次世界大戦後の昭和二十一年(一九四六)、現在のものに改正されている。明治十五年伊藤博文が欧州に赴いた際、オーストリアのローレンツ＝フォン＝シュタインから皇室の家法をつくるようすすめられた。伊藤は同十九年から皇室典範の取調べを始めた。最初の案は皇室制規で、シュタインの意見を参考とし、皇位継承・丁年および結婚・摂政・皇族について定めた。女系の継承権を認め、庶出の子女は皇族として待遇しないことにした。ついで井上毅が女系の継承は祖宗の大憲に反するとの意見を提出した。そこで帝室典則案では女系の継承をやめ、皇庶子孫の継承を認めた。翌二十年柳原前光が皇室法典初稿という皇室財産・皇室経費などを含む大きくまとめた案をつくった。ついで井上がロエスレルに諮問したのち、柳原案を取捨した皇室典範と題する案をつくり、さらに柳原が再稿をつくった。同年三月伊藤が譲位は認めぬこと、皇位の尊号は天皇のみとすることなどについて裁定した。その後柳原がまとめた案ができたが、これを井上が検討して修正を行い、伊藤の決裁を経た。皇族臣籍に列するの規定などものちになって削られた。同二十一年四月皇室典範諮詢案ができ天皇に奉呈された。同年五月・六月と翌年一月の枢密院会議でいくらかの修正があったが、永久皇族の制は維持された。皇室典範の公示の方法については、起草当時から問題となっていたが、典範は皇室みずから家法を定めるものであって公式によりこれを臣民に公布するものでないとし、大臣も副署せず、官報に掲載することもなく、同二十二年二月十一日非公式に発表された。この皇室典範は十二章六十二条から成る。第一章皇位継承では、大日本国皇位は祖宗の皇統にして男系の男子これを継承すとし、継承の順序を定め、庶系庶出の継承権も認め、皇嗣心身の不治の重患または重大の事故あるときは皇族会議および枢密顧問に諮詢して継承の順序を換えることを得とした。第二章践祚即位では、天皇崩ずるときは皇嗣すなわち践祚し祖宗の神器を承くとし、即位の礼および大嘗祭は京都で行うとし、また一世一元の制をとるとした。第三章成年立后立太子では、天皇および皇太子皇太孫の成年は満十八年とした。第四章敬称は、陛下と殿下を用い、第五章摂政では、天皇未成年のときと、皇族会議および枢密顧問の議を経て天皇親政不能と決したときは摂政を置くとし、成年の皇太子以下の摂政の資格順序を決めた。第六章は太傅、第七章皇族では皇族の範囲を定め、皇族の婚嫁は勅許により、皇族は養子をすることができぬとした。第八章世伝御料、第九章皇室経費、第十章皇族訴訟及懲戒、第十一章皇族会議とした。第十二章補則では、典範を改正増補するときは皇族会議および枢密顧問に諮詢して勅定すとし、臣民の公議に付さないことにした。同四十年二月十一日皇室典範の増補を行なった。これは帝室制度調査局(伊藤博文・伊東巳代治ら)の調査によった。典範制定の時とは異なり、典範は皇室の家法でなく、国法として臣民を拘束するとされ、公式令によって官報をもって公布された。大正七年十一月二十八日の典範増補。そして昭和二十二年一月十六日新たに公布された皇室典範は旧名を継承するが帝国議会の協賛を経た法律で、第一章皇位継承、第二章皇族、第三章摂政、第四章成年、敬称、即位の礼、大喪の礼、皇統譜及び陵墓、第五章皇室会議に分かれ、三十七条から成り、日本国憲法と同時に施行された。内容も明治の典範に比べて大きく変わった。皇位は皇統に属する男系の男子継承とするのは変わらぬが、庶系庶出の者は皇族となるを得ず、継承権もなくなった。神器、大嘗祭を京都で行うこと、一世一元の規定もなくなった。皇太子皇太孫を除く皇族がその身分を離れる途を広く認めた。皇位継承の順序変更、摂政、立后、皇族男子の婚姻、皇族身分を離れる等々の場合は皇室会議の議を経ることになった。日本国憲法により、皇室財産は国に属し、皇室の費用は予算に計上して国会の議決を経ることになったので、皇室財産・皇室経費の規定は典範からなくなった。

参考文献　稲田正次『明治憲法成立史』、中川善之助・宮沢俊義『法律史』(『現代日本文明史』五)、小嶋和司「帝室典則について」(小嶋和司・藤田宙靖編『行政行為と憲法』所収)、稲田正次「明治皇室典範の成立過程について」(『富士論叢』一八ノ二)　(稲田　正次)

こうしまち　甲子待　甲子祭《きのえねまつり》ともいう。元来は仏説の大黒天をまつるものであったらしい。のちに大黒天と大国主神と習合して、村方では農神、都市では福神としてまつった。大黒天は北方つまり子の方角の神という。子は十二支の第一にあたる。そこで十干のはじめの甲と合わせて、甲子つまり「きのえね」の日を祭日とした。十干は五行の木・火・土・金・水と組み合わせ、それぞれ兄《え》・弟《と》があった。甲は木の兄で、「きのえ」と訓む。甲子日は年中に六、七回あるが、通例は旧十一月甲子を重んじた。中世の公家衆の日記にこの行事の名がみえ、室町時代の京都で習俗となっていたことが知られる。江戸時代には都市と村落といずれにも弘く行われた。神供に黒豆飯を用い、二股大根を添えた。農神祭りの意図がうかがわれる。この日に行燈《あんどん》の燈芯を買い求める風俗もあった。家庭の祭りは夜に入って行い、日待や庚申待と同様に寝ずに雑談して過ごすこともあった。日待の待は通夜して朝日の昇るのを待って拝することと解釈する説もあるが、これらの待は元来マツリの意であったことはすでに明らかである。→大黒天信仰《だいこくてんしんこう》　(平山敏治郎)

ごうしゃ　郷社　社格の一つ。府県社に次ぐ社格。明治政府は、明治四年(一八七一)五月十四日太政官布告「官社以下定額、神官職制等ニ関スル件」により神社を官社と諸社に分け、諸社を府社・藩社・県社・郷社に分けた。そして諸社の分類基準を同年七月四日太政官布告「先般被仰出候神社御改正郷社ノ儀ハ別紙定則ノ通取調可致事」いわゆる郷社定則により定め、一郷のうち産土神をまつる神社の中で中心となるべき神社一社を郷社とし、そのほかは村社とし郷社の付属とした。府県社郷村社昇格内規(明治三十年)によると、規模を境内面積五百坪以上、本殿、拝殿、鳥居および社務所を備え、現金三千円以上、もしくは相当の国債証書、または土地および千戸以上の氏子を有する神社とし、由緒は、『延喜式』もしくは六国史所載の神社、一国の総社であった神社、祭神の功績顕著でかつ、その地方と縁があるか特別由緒ある神社を郷社とした。明治二十四年制定の府県郷村社神官奉務規則(内務省訓令第一二号)では府県郷村社の神官は「神明ニ対シ尊崇悃誠ヲ主トシ典礼ニ従ヒ」とあったのを、大正二年(一九一三)官国幣社以下神社神職奉務規則(内務省訓令第九号)の公布により官国幣社の神官と同様に「国家ノ礼典ニ則リ国家ノ宗祀ニ従フヘキ職司」とされ、郷社が国家の宗祀たる神社とされた。明治三十九年の勅令により、一定の基準を満たす府県郷村社に神饌幣帛料の供進が制度化された。府県社には、昭和二十七年(一九五二)以降の明細帳によると、少なくとも七百十二社、つまり府県社の五八%が郷社より昇格したものである(巻末府県社一覧参照)。昭和二十年三月現在の郷社は、『宗教便覧』(昭和二十三年版)によると三千六百六十三社である。郷社定則は以下のとおりである。　→府県社《ふけんしゃ》

〔郷社定則〕

一　郷社ハ凡戸籍一区ニ一社ヲ定額トス、仮令ハ二十ケ村ニテ千戸許アル一郷ニ社五ケ所アリ、一所各三ケ村五ケ村ヲ氏子場トス、此五社ノ中式内カ或ハ従前ノ社格アルカ又ハ自然信仰ノ帰スル所カ凡テ最首トナルヘキ社ヲ以テ郷社ト定ムヘシ、余ノ四社ハ郷社ノ附属トシテ是ヲ村社トス、其村社ノ氏子ハ従前ノ通リ、社職モ又従前ノ通リニテ是ヲ(祠掌)トス、総テ郷社ニ附ス(郷社ニ附スト雖トモ村社ノ氏子ヲ郷社ノ氏子ニ改ルニハアラス、村社氏子元ノママニテ郷社ニ附スルノミ)、郷社ノ社職ハ祠官タリ、村社ノ祠掌ヲ合セテ郷社ニ祠官祠掌アルコト布告面ノ如シ(但祠掌ハ村社ノ数ニヨレハ幾人モアルヘシ)

一　従前一社ニテ五ケ村七ケ村ノ氏子場其数千戸内外ニシテ粗戸籍一区ニ合スルモノハ乃チ自然ノ郷社タリ(祠官一人ナレハ更ニ祠掌ヲ加フモ許スヘシ)

一　三府以下都会ノ地従来産土神(郷社)一社ニシテ氏子場数千戸ナルモノ、戸籍ノ数区ニ亘ルト雖モ更ニ郷社ヲ立テ区別スルニ及ハス

一　官社又府(藩)県社ニテ乃郷社ヲ兼ルモアリ、仮令ハ東京日吉神社(府社)、京都八阪神社(官社)ノ如キ氏子場数万戸ニ亘ルトイヘトモ更ニ郷社ヲ建テス、固ヨリ区別ニ及ハサルコト上件の如シ

(佐藤　弘毅)

こうじん　荒神　荒神の信仰は多岐にわたっているが、(一)屋内の火所にまつられ、火の神・火伏せの神としての性格をもつ、いわゆる三宝荒神の信仰、(二)屋外に祀られ、屋敷神・同族神・部落神といった内容をもつ、いわゆる地荒神の信仰、(三)牛馬の守護神としての荒神の信仰、の

三つに大別できよう。㈠の三宝荒神は『无障礙経《むしょうげきょう》』という経典に、如来荒神・鹿乱荒神・忿怒《ふんぬ》荒神の三身をいうと説かれているが、これは偽経で、本来の仏教とは関係がない。東日本では、火の神としての荒神と作神としてのオカマサマとを屋内に併祀する形が多い。西日本では、竈神《かまどがみ》としては一神しかまつらぬ例が多く、火の神としての荒神とオカマサマの習合した形が認められ、火の神としての荒神信仰の受容は西日本において早くなされたと察せられる。三宝荒神ははげしい験力をもつとされ、悪魔をはらうために、生児の額に荒神墨を塗る呪いが広く行われている。また九州西北部では、荒神墨を塗ったおかげで河童の難を免れることができたという話が多い。㈡の地荒神は中国地方の山村や瀬戸内の島々、北九州に濃厚に分布している。屋敷荒神は旧家の屋敷ないしその付属地にまつられる形が多い。同族が単位となってまつる株荒神は小祠の形がふつうであるが、時に藪・古木などである場合もあり、荒神フロ(森)全体を神屋のごとく考えて神聖視する傾向が顕著である。部落単位でまつる荒神はウブスナ荒神とかヘソノオ荒神と呼ばれ、作神ひいては生活全般の守護神と考えられ、山麓にまつられる形が多い。ウブスナ荒神という呼称に対して、氏子という言葉も使われ、定例の荒神祭り、特に荒神神楽をあげる折には、他所に嫁いでいる者も、働きに出ている者も、必ず帰って参加すべきものとされている。かつては産土神としての荒神信仰が、部落生活の精神的結合の中核をなしていたといってよい。㈢の牛馬の守護神としての荒神信仰は、鳥取・島根・岡山県などに盛んであるが、その信仰的中心は伯耆大山であったと考えられる。これらの地方では、しばしば牛荒神という呼称が行われ、牛の安全を祈願し、荒神祭りの供物を牛にも分かち与え、牛の仔の売買には供物を献ずるといった形が一般的である。荒神の祭日は毎月二十八日とか正月・五月・九月の二十八日という例が多い。二十八日は不動の縁日であり、不動信仰との関係が今後追求さるべき問題の一つになる。いったい荒神なる語は、一般庶民の考えつき難い言葉である。荒神の語は、すでに『古事記』に「熊野山之荒神」とか「荒神甚多」という類の用法がみえている。アラブル神と訓んだのであろう。しかしそれと現在の荒神信仰とを直接結びつけて説明することは困難である。現在の荒神信仰は、おそらく中世以降の陰陽師・祈禱師の関与、山伏・法印・行者など民間宗教家の活躍の結果であり、荒神という名称を流行させ、荒神信仰を複雑にしたのも、また彼らであろう。 ↓竈神《かまどがみ》 ↓屋敷神《やしきがみ》

参考文献 直江広治『屋敷神の研究』、三浦秀宥「岡山県の荒神」(『日本民俗学』二ノ四)、郷田洋文「竈神考」

(直江 広治)

こうじん 降神 ⇩かみおろし

(同)

こうしんしんこう 庚申信仰 中国の道教で説く三尸《さんし》説を母体とし、仏教とくに密教、神道、修験道、呪術的な医学、日本の民間の雑多な信仰や習俗などを習合して成立した複合信仰をいう。人間の体内には、のちに神扱いをされるようになった三尸という三匹の虫がいる。一匹は上尸といって首から上に、一匹は中尸といって腹中に、最後の下尸は足にいて、常に人間の犯す罪過を監視し、庚申の晩に人間が寝ると、その隙をみて体内から抜けだして必ず天に上り、天帝にその人が六十日のあいだに犯した罪過を逐一報告をする。それは、人間を早死させて、はやく自分たちが祀りを受けたいためである。けれども、人間が庚申の日ごとに常に徹夜をしていれば、三尸は天に上って天帝に人の罪過を告げることができない。だから、庚申の晩に身をつつしんで夜明かしをすれば、早死を免れて長生きをすることができる。その夜明かしが守庚申である。三回連続して守庚申をすれば三尸は恐れおののき、七回やれば永久に絶えてしまうから、その人の精神は安定し、身体もやすらかになって、生命は天地とともに長存することができる。以上が、道教で説く三尸説のごくあらましである。なお、庚申の日には肉食や同衾などの禁忌も説かれていた。のちには、守庚申のほかに、服薬・祈禳・お札・閉気(深呼吸)などによって、積極的に三尸を駆除してしまう方法も考案されるようになった。このような三尸説の原形は、三世紀末には成立していたが、完成したのは九世紀ごろのことらしい。長寿を最大の幸福の一つに数える中国の人々は、長生きの好手段として三尸説を信じたために、守庚申を中心とする三尸説は、道士のあいだばかりでなく、一般にも広く拡まった。儒家は、妄説として反対したけれども、人々の信仰は止められなかった。九世紀ごろからは仏教とも結びつき、僧侶の加わった守庚申会が各地で行われるようになったが、その集まりはかなり華美であったという。清代には、釈迦・観音・薬師・弥勒などを本尊として拝むようにすすめた『庚申宝巻』も成立した。第二次世界大戦前までは、大同や杭州付近などの一部の地域で守庚

庚申信仰 秋田県北秋田郡森吉町の庚申講

申会が行われていたというが、現在の台湾にはほとんど見いだされない。三戸説を日本に請来したのは円珍だとするのが以前の説であるが誤りで、円仁の『入唐求法巡礼行記』承和五年(八三八)十一月二十六日条から推して、おそらく八世紀の後半ごろには伝わっていたと思われる。伝えたのは、密教僧か留学生であろう。三戸説は、平安時代の貴族には老子の説いた「延齢之術」(『江吏部集』)として受け容れられ、天皇中心もしくは貴族のあいだでしきりに行われた。御庚申や庚申会がそれである。道教では、身をつつしんで静かに夜明かしをせよと説くのに対して、日本では睡気ざましや時間をつぶす手段として、双六・管絃・歌合その他の遊びをし、酒を飲んで賑やかに徹夜した。このようなやり方は、そのまま鎌倉時代以後に受け継がれ、当時の将軍や武家の庚申会もほとんど同様であった。室町時代ほど御庚申や御遊の関係資料の多い時代はない。一方、十一、二世紀ごろ、おそらく陰陽道関係者によって、三戸説をうけた『老子守庚申求長生経』がつくられ、一部の人々はそれに基づいて、かれらなりの庚申会を始めた。室町時代中期ごろ、同経に多分に仏説を加えた『庚申縁起』が成立した。これには勤行のやり方、信仰の由来、功徳、禁忌、崇拝対象、庚申塔造立法などが記されているので、爾来一般の人々のあいだには仏教式庚申信仰が拡まりだした。その功徳は貧苦・災難の除去、延命、後生善所、禁忌は五辛や同衾、崇拝対象は青面金剛・観音・阿弥陀などであった。このように仏教化された結果、江戸時代初期以後、僧侶や修験者の力で真宗地帯を除いて庚申講が続々組織され、庚申堂も各地に多く建立された。なかでも、大阪四天王寺の庚申堂は著名である。この盛況をみた山崎闇斎は、日本人は日本なりの庚申信仰を行うべきだとの立場から、庚申の「申《さる》」にちなんで、猿田彦大神を本尊とする神道式庚申信仰を主張した。それが庚申祭である。その本元は、三重県伊勢市の猿田彦神社とされている。こうして日本には、仏教・神道・修験道の三様式の庚申信仰が成立したが、明治の廃仏以後は神仏混淆の場合がきわめて多い。また、信仰の内容も時代とともに変遷を重ねた。平安時代に考えられていた徹夜の忌は忘れられて、一番鶏が鳴くまででよいとなり、さらに最近では前半夜、はなはだしい場合には一時間ほどで解散してしまう庚申講もある。社会的機能を喪失している場合も少なくない。禁忌のうち同衾は、当夜同衾したら盗人の子が生まれるとして、いまに伝えられているが、江戸時代以後夜業・洗濯・髪洗い・御歯黒その他が付加され、御利益としては、町では商売繁昌、農村では豊作、漁村では大漁とされるが、おしなべては治病となっている。大江匡弼の『太上恵民甲庚秘籙』には三戸を払うお札が記されていて貴重である。なお、庚申信仰の南限は奄美大島で、沖縄に庚申信仰がないのは注意すべきであろう。

参考文献 窪徳忠『庚申信仰』、同『庚申信仰の研究—日中宗教文化交渉史—』、同『庚申信仰の研究—年譜篇—』、同『庚申信仰の研究—島嶼篇—』 (窪 徳忠)

こうそ 皇祖 皇室の先祖。狭義には天照大神《あまてらすおおみかみ》。『古事記』『日本書紀』が伝える神話によれば、天照大神と素戔嗚尊《すさのおのみこと》の天上でのウケヒ(誓約)によって天忍穂耳尊《あめのおしほみみのみこと》が出現。この神と高皇産霊尊《たかみむすびのみこと》の娘が結婚して瓊瓊杵尊《ににぎのみこと》が生まれた。その曾孫が初代天皇の神武《じんむ》天皇とされる。このような神話から、天照大神を皇祖とする。ただし瓊瓊杵尊の岳父にあたる高皇産霊尊も皇祖とする見方がある。大伴家持の「族《うがら》を喩《さと》す歌」にみえるように神武天皇も皇祖とされた。『日本書紀』孝徳天皇大化二年(六四六)三月二日条の東国の国司らへの詔に「代々の我が皇祖たち」(原漢文)とあるのは、歴代の先祖をさし、同様の用例はほかにもある。天武天皇十年(六八一)五月十一日条に「皇祖の御魂を祭る」(原漢文)とあるのが、史料に皇祖霊への祭祀が現れる初め。ここでの皇祖が何をさすかは、諸説あって一定しない。綏靖《すいぜい》天皇以降を皇宗とし、それと区別して天照大神から神武天皇までを皇祖とする考え方もあり、多義的なものとなっている。 (高森 明勅)

こうそうはちまんじんじゃ 甲宗八幡神社 福岡県北九州市門司区旧門司に鎮座。別称は門司関八幡宮・門司八幡宮。旧県社。祭神は応神天皇・神功皇后・市寸島比売命《いちきしまひめのみこと》・多紀理比売命《たぎりひめのみこと》・多紀津比売命《たぎつひめのみこと》。貞観二年(八六〇)大宰大弐清原真人岑成創建、文治元年(一一八五)源範頼・義経社殿造営、建武三年(一三三六)足利尊氏祈願、永禄十二年(一五六九)毛利元就、慶安三年(一六五〇)小笠原忠真社殿を再興する。小笠原氏時代領内五社の一つとなる。例祭は十月十四日—十六日。神事に迎螺式・放螺式あり。

参考文献 伊藤常足編『太宰管内志』豊前四、大日本神祇会福岡県支部編『福岡県神社誌』下、中野幡能・筑紫豊校注『神道大系』神社編四四、吉永禹山『甲宗八幡神社誌』、飯田久雄「門司関と門司八幡宮」(小倉豊文編『地域社会と宗教の史的研究』所収) (中野 幡能)

こうたいし 皇太子 天皇の位を継ぐべき皇子。古代中国で皇帝の嫡子を皇太子といったのによる。古く「ひつぎのみこ」というのは霊《ひ》を嗣ぐ御子の意。また「もうけのきみ」(儲君)ともいった。なおのち東宮・春宮ともよばれたのは、万物生成の春(その方位は東に配する)をもってその地位を象徴したのによる。古くは皇位継承者は必ずしも皇子とは限らず、皇兄弟・皇孫らを皇太子とし(したがって皇太弟・皇太孫ともいう)、さらに遠い皇親がなった例もある。いずれも冊立の儀を経てはじめて皇太子の身位を得たが、また皇太子となっても皇位を継がなかった場合もあり、その詳細な制度は明らかでない。皇太子摂政のことは聖徳太子に始まるとするが、これは後世の摂政とちがって制度化されたものでなく、天皇輔弼の最高責任者として天皇とともに万機を摂行したのにすぎないとみられる。令の規定でも、わずかに皇太子の班位を三后の下におくこと、皇太子に上啓するには殿下の称を用いること、皇太子に関する職務を執る春宮坊の職制を定めたこと、天皇行幸の際には代わって監国することなどがみられるにすぎない。平安時代初期の『儀式』になると、立太子の儀が詳しくみられる。また醍醐天皇以降は立太子の時、壺切御剣を皇太子に授ける例が生じ、これが東宮相伝の護剣となった。立太子礼は後小松天皇から後西天皇に至る約三百年間中絶したが、霊元天皇の天和三年(一六八三)に再興され、またそのとき立太子儀に先立ち儲君治定の新例が開かれた。しかるに明治二十二年(一八八九)制定の皇室典範では、皇位は皇長子に、また皇長子なきときは皇長孫に伝えることとしたので、皇長子または皇長孫は生まれながらにして立太子礼がなくてもその身位を得ることになり、したがって立太子礼は単に改めて内外に宣示するだけの儀式となった。現在、皇太子の居所は東宮御所といい、東宮に属する東宮職に、東宮大夫・東宮侍従などの職員がある。

[参考文献] 『古事類苑』帝王部、帝国学士院編『帝室制度史』四、伊藤博文編『帝室制度資料』(『秘書類纂』二・三) (藤木 邦彦)

こうたいじんぐう 皇大神宮 ⇩伊勢神宮《いせじんぐう》

こうたいじんぐうぎしきちょう 皇太神宮儀式帳 一巻。延暦二十三年(八〇四)八月二十八日宮司大中臣真継・禰宜荒木田公成・大内人宇治土公磯部小紲ら連署して神祇官に上進した解文。また『内宮儀式帳』ともいい、さらに『止由気宮儀式帳』と合わせて『伊勢大神宮儀式』『延暦儀式帳』『儀式帳』などとも呼ぶ。現存する伊勢神宮最古の文献で、古来、『延喜式』伊勢大神宮とともに神宮の祭祀・経営の根本規範として尊重されるもの。内容は皇大神宮儀式・神宮院行事・朝夕大御饌行事並用物事・新宮造奉時行事並用物事・新造宮御装束用物事・御形新宮遷奉時儀式行事・管神宮四院行事・四所神宮遷奉時装束神財・管度会郡神社行事・禰宜内人物忌等職掌行事・三節祭時供給儲備並営作雑器・神郡本記行事・朝夕大御饌料地祭物本記・神田行事・御調荷前供奉行事・供奉御幣帛本記・年中行事並月記など二十三条目に分けて細かく記述されている。刊本は『群書類従』神祇部所収。なお、伊勢神宮所蔵の写本は重要文化財に指定されている。→止由気宮儀式帳《とゆけぐうぎしきちょう》

[参考文献] 『群書解題』一上、荒木田経雅『大神宮儀式解』(『大神宮叢書』)、同『太神宮儀式帳頭註』(『神祇全書』三) (鈴木 義一)

こうたいじんぐうねぎふとちょう 皇太神宮禰宜譜図帳 ⇩伊勢天照皇太神宮禰宜譜図帳《いせあまてらすこうたいじんぐうねぎふとちょう》

こうたいじんぐうねんじゅうぎょうじ 皇太神宮年中行事 一巻。建久三年(一一九二)六月三日内宮権禰宜荒木田忠仲が皇大神宮における正月元日の朝御饌供進并次第神事供奉事から始めて十二月晦日に至る諸行事を編述したもの。一名『内宮年中行事』『建久年中行事』『建久三年皇太神宮年中行事』ともいう。現存本は内宮一禰宜藤波(荒木田)氏経が当時の行事を参酌して寛正五年(一四六四)三月改訂補足せるもの。神宮の祭儀はその要綱を『延暦儀式帳』(『皇太神宮儀式帳』『止由気宮儀式帳』)や『延喜式』伊勢大神宮に載せているが、年中大小の諸祭儀にわたる行事記としては本書がもっとも古い。氏経の増訂本は、六月贄海《にえのうみ》神事以前の記事については、古行事記そのままか加筆されたものかが明らかでない憾はあるが、神宮の中世における神事を知る重要資料である。流布本には一冊本と四冊本とがあるが、後者は出口延佳が寛文年間(一六六一—七三)に校勘分冊したもの。刊本は『続群書類従』神祇部、『神宮年中行事大成』前篇(『大神宮叢書』)に収載。

[参考文献] 『群書解題』一中「建久三年皇太神宮年中行事」 (鈴木 義一)

こうちけんごこくじんじゃ 高知県護国神社 高知市吸《ぎゅう》江《こう》に鎮座。祭神は高知県出身ならびに縁故ある殉国の戦没者四万一千余柱を祀る。明治元年(一八六八)十一月に高知藩主山内豊範は藩校致道館において明治維新の志士武市瑞山、坂本竜馬、中岡慎太郎、吉村虎太郎をはじめ百五名を招魂祭祀し、現社地五台山大島岬の地を社域に定めた。同二年三月に地名により大島岬神社と称し、五月に社殿が竣工した。同八年招魂社と改称した。昭和十四年(一九三九)には高知県護国神社として指定護国神社となった。第二次世界大戦後の占領下には宗教法人令によって国の管理を離れ、同二十一年には社名を元の大島岬神社と改称したが、崇敬者多数の要望により同三十四年に高知県護国神社に復称した。また同三十七年四月一日には、文久・元治年間(一八六一—六五)以降戊辰戦争に至る間の殉難志士慰霊祭(勤王党結成百年祭)を行なった。例祭は春季(四月一日・二日)・秋季(十一月一日・二日)。

[参考文献] 「護国神社」(『靖国神社百年史』史料篇下所収) (津田 勉)

こうづけのくにじんみょうちょう 上野国神名帳 平安時代末期に上野国の国衙で勘造された国内神名帳。諸本・異本は多いが、総社本・一宮本・群書類従本の三種に分類される。総社本は上野国総社神社(前橋市)の神体として内陣に奉斎されてきたので御内陣本とも称す。一巻。題簽・表題はない。永仁六年(一二九八)十二月に正本のごとく書写したとの奥書をはじめ、ついでつぎつぎと神主赤石氏により書写されてきたとの書写奥書を掲げてある。内容は上野十四郡に鎮座する諸社の神名帳で、冒頭に鎮守十社を掲げ、ついで五百四十九社を郡ごとに神階とともに記載してある。また一宮本は一之宮貫前《ぬきさき》神社(群馬県富岡市)に所蔵されてきた神名帳で、冒頭に鎮守十二社を掲げ、ついで五百四十九座を郡ごとに神階とともに記載する。当神名帳は現在も鹿占神事で奉唱されている。群書類従本は冒頭に鎮守十二社を掲げ、ついで五百七十九座を郡ごとに神階とともに記載してある。なお

鎮守十二社はすべて上野国の式内社である。『群書類従』神祇部、『神道大系』神社編一、『神祇全書』四所収。

参考文献 『群書解題』一上、尾崎喜左雄『上野国神名帳の研究』、三橋健『国内神名帳の研究』論考編・資料編、神保侑史「伴信友書写の上野国神名帳―総社神社所蔵本との比較―」(『群馬文化』二〇九) (三橋　健)

こうづのみや　高津宮　大阪市南区高津町一番丁に鎮座。旧府社。祭神は仁徳天皇を主神として本座に、仲哀天皇・応神天皇・神功皇后を左座、葦姫皇后・履中天皇を右座に配祀する。社伝によれば、清和天皇貞観八年(八六六)奉幣使を差遣して社殿を建立し、河内国古市郡に神田五十町を寄進したとあり、室町幕府の将軍足利義教は当宮の旧記を調べ、貞観の先例に習って社殿を造替し、祭祀憲録をも制定したのであるが、天正十一年(一五八三)大坂城築城のため、現社地の比売許曾神社境内に遷座し、比売許曾神社は地主神として摂社に奉斎したことを伝えている。昭和二十年(一九四五)の戦災により、社殿・古記録などの大部分を焼失、現在の社殿は同三十六年に復興したものである。例祭は七月十八日、春祭(献梅祭)は二月十五日、秋祭は十月十八日で、古式を伝える神事がある。仁徳天皇の高津宮《たかつのみや》跡、また東高津宮は現社地とは別である。 (二宮　正彦)

こうてんき　皇天記　伊勢流の祓の秘伝書。書名は呪詞の最初に収録されている「皇天呪」による。著者不詳。一巻。室町時代後期の成立。冒頭に吉田兼倶撰『神道大意』を引用して「神」とは何かを説き、ついで神宮における数々の祓詞や呪詞を収める。呪詞のなかでは仏教の自性清浄観《じしょうしょうじょう》に基づく詞章が多い。後半部は「中臣祓」の注釈を収録する。『中臣祓訓解』を基礎にしつつ、その主たる思想的立場は伊勢神道にある。注釈に援用された文献には『仙宮院秘文』や『麗気府録』など若干の両部神道書はあるものの、中心となっているのは『造伊勢二所太神宮宝基本記』『倭姫命世記』、度会家行著『類聚神祇本源』神道玄義篇などの伊勢神道書や北畠親房の『元元集』『東家秘伝』などである。慈遍著『豊葦原神風和記』の神道大意が引かれている点も注目される。室町時代の伊勢神道の様相を知る上で重要な書。『大祓詞註釈大成』上、『神道大系』古典註釈編八、『神宮古典籍影印叢刊』三所収。 (高橋美由紀)

こうてんこうきゅうしょ　皇典講究所　神職の養成と皇典の研究のために設立された機関。明治政府の神道布教活動は、明治十年(一八七七)代になって著しく教学分離の傾向を生じ、学校設立の気運がようやく動いてきたが、一般社会では自由民権運動・立憲運動が盛んとなって要路を悩ました。参議山田顕義をはじめ内務卿松方正義・元老院議官岩下方平らの有志は皇典を講究し立国の基礎を鞏固にして、これに対する必要を感じ、有栖川宮幟仁親王の令旨を奉じ、同十五年十一月四日を以て東京市麹町区飯田町(千代田区飯田橋)に皇典講究所を開校し、学生の養成にあたった。令旨には「凡学問ノ道ハ本ヲ立ツルヨリ大ナルハ莫シ、故ニ国体ヲ講明シテ以テ立国ノ基礎ヲ鞏クシ、徳性ヲ涵養シテ以テ人生ノ本分ヲ尽スハ、百世易フベカラザル典則ナリ(下略)」とある。これが同所の根本理念であり、のちに設立した国学院大学の建学の精神である。これより内務省の委託を受けて神職養成部を開き、あるいは神職試験を行なって資質の向上を図り、あるいは随時諸種の講演会・講習会を諸所に開いて社会を啓蒙し、あるいは学者の業績や忠臣義士を顕彰し、あるいは『古事類苑』の編纂、『延喜式』の校訂出版、その他図書雑誌の発行を行い、世道人心を裨益したが、なかんずく、国学院大学を設立経営して来た功績は大きい。大正十二年(一九二三)東京府下豊多摩郡渋谷町若木(渋谷区東四丁目)に国学院大学とともに移転。第二次世界大戦敗戦により、昭和二十一年(一九四六)一月二十五日連合軍の圧迫に遭ってついに解体し、その事務と財産は財団法人国学院大学および新たに設立した神社本庁が引き継いで経営し、今日に至っている。↓国学院大学《こくがくいんだいがく》　↓神《じん》社本庁《じゃほんちょう》

飯田橋時代の皇典講究所

参考文献 『皇典講究所五十年史』、『国学院大学八十五年史』、『神社本庁五年史』 (藤井　貞文)

こうてんよく　皇典翼　⇩神典翼《しんてんよく》・皇典翼《こうてんよく》

こうのじさたぶみ　皇字沙汰文　永仁四年(一二九六)・五年に伊勢内宮・外宮祠官のあいだにおこった「皇」の字についての論争の文書を集録したもの。編者は確定しないが、外宮祠官檜垣(度会)常良(のち常昌)とする説が有力。二巻。永仁五年・六年の編。伊勢内宮は古くより皇太神宮と「皇」の字をつけたが、外宮は豊受太神宮と称してつけなかった。それを同四年二月十一日伊勢国員弁郡石河御厨について訴申する両宮禰宜連署注進状に、外宮側が豊受皇太神宮禰宜と「皇」の字を入れたことから、その可否をめぐって論争がつづき、翌五年六月結論

はでないが、綸旨の出されたことで終結するまでの注進状を集録している。なかに『皇太神宮朝御饌夕御饌供奉本紀』その他神宮古伝の逸文も引用されていて、神宮史研究上多くの貴重史料を示している。『大神宮叢書』度会神道大成前篇、『続群書類従』神祇部所収。

参考文献 『群書解題』一中 （鎌田 純一）

こうのせいぞう　河野省三　一八八二—一九六三　明治から昭和時代にかけての国学者、神道学者。紫雲と号した。明治十五年(一八八二)八月十日、埼玉県北埼玉郡騎西町郷社玉敷神社の祠官河野禄郎の次男に生まれた。同三十八年七月私立国学院師範部国語漢文歴史科を卒業、さらに四十一年七月国学院研究科を卒業、昭和六年(一九三一)十月、学位論文「国学の研究」によって国学院大学から文学博士の学位を授与された。玉敷神社社司・国学院大学講師を経て同大学教授となり、晩年には同大学大学院に教鞭をとり、さらに同大学名誉教授に推された。この間、皇典講究所国学院大学主事、国学院大学学長、国民精神文化研究所嘱託、駒沢大学(当初、曹洞宗大学)・日本大学・東京文理科大学などの講師を歴任、また神社本庁顧問を委嘱されたほか、神社本庁長老の称を贈られた。同三十八年一月八日騎西町の自宅に八十歳で没し、隣接の墓所に葬られた。その著書は『国民道徳史論』『国民道徳要論』『神祇史概要』『神道の研究』『国学の研究』『日本精神発達史』『近世神道教化の研究』など有意義なものに富み、国学・神道学の発達に貢献するところ、きわめて大であった。　→神道私見論争《しんとうしけんろんそう》

参考文献 河野省三『教育の友』、同『一日本人の生活』、『国学院雑誌』六四ノ五・六合併号(河野省三博士追悼号)、安津素彦「河野省三」(『神道宗教』四一)、石川岩吉「河野名誉教授をたたえる」(『国学院雑誌』六〇ノ七)、岸本芳雄「若き日の河野博士と郷土教育」(『埼玉県神社庁報』五三)、同「河野省三先生と古書の嗜み」(同六二) （岸本 芳雄）

こうのまち　国府祭　神奈川県中郡大磯町国府本郷に鎮座の旧郷社六所《ろくしょ》神社で行われる古代国府総社の祭。同社は、もと柳田大明神と称し、また、その相殿に相模国の一宮より五宮までを合祀しているところから、総社六所大明神とも呼ばれた。一宮は高座郡寒川町宮山に鎮座の旧国幣中社寒川神社、二宮は中郡二宮町に鎮座の旧郷社川勾《かわわ》神社、三宮は伊勢原市三ノ宮に鎮座の旧郷社比比多《ひびた》神社、四宮は平塚市四之宮に鎮座の旧郷社前鳥《さきとり》神社、五宮は同市浅間町に鎮座の旧県社八幡神社をいうのである

国　府　祭

が、これらの五社の神輿は、五月五日、六所神社の神領地であった神揃山《かみそろいやま》(神集山)に集合し、座席の上下に関する問答や神対面などの神事を執り行う。世に国府祭または端午祭と称するものがこれであって、伝えて国司巡拝の遺風に因むという。けだし、この祭儀を仔細に分析することによって、いわゆる総社とか国府八幡とか六所とかの成立の事情の一端を明らかにし得るであろう。

参考文献 神祇院編『官国幣社特殊神事調』一、高柳光寿「古代の神社」(『神道宗教』五〇) （西田 長男）

こうのみやはだかまつり　国府宮裸祭　愛知県稲沢市国《こ》府宮《うのみや》の尾張大国霊《おおくにたま》神社の旧暦一月十三日の祭。かつては儺負《なおい》(追)神事と称され、奈良時代後期称徳天皇の時代、神護景雲元年(七六七)吉祥天悔過修法の勅命によって悪疫退散の祈禱行事として始まったと伝える。素裸の神男《しんおとこ》(儺負人《なおいにん》)を中心にして数千人の裸男が儺負人に触れて厄を落とそうと、神社楼門前参道でもみ合う。儺負人は旧暦一月二日に神籤によって決定され、祭日まで精進生活に入る。旧暦一月十一日、神社では人知れず宮司が前年の夜儺追《よなおい》神事の桃と柳のつぶてを焼いた神灰《じんばい》を混ぜて餅をつく土餅《どべい》神事がある。翌十二日はあらかじめ定められた地区から、五十俵どりの大鏡餅が神社拝殿に奉納される。十二日夜に境内南東隅にある庁舎《ちょうや》で神事があり、十三日午後には、地区住民の厄を託した儺追笹《なおいささ》の奉納と続く。午後三時本殿での神事後、儺負人の頭上で、御鉄鉾《おてつしょう》と呼ばれる大鳴鈴《おおなりすず》を付けた榊の枝が神職によって、大きく三度振られ、儺負人が境内・参道で待機する裸男たちの群れの中に素裸の姿で跳び込んでゆく。儺負人に触れようとする数千人の裸男たちと揉み合い、真冬の寒風の吹きすさぶ中、裸男たちに水が掛けられる。儺負人が裸の群集の中から引き上げられると儺追祭は終了するが、翌日の夜明け前、夜儺追神事が、十四日午前三時に始まる。神灰をつき込んだ真っ黒な土餅の上に、紙燭の付いた紙人形を刺し付け、裸の揉み合いを終えたばかりの疲労困憊の儺負人に背負わせる。祭典ののち、儺負人の背負う紙人形の頭に付けた紙燭に火を点じ、神職は大鳴鈴を振りつつ、儺負人は介添えされつつ庁舎を三周する。その間、参詣者は柳と桃の枝を細かく刻んだつぶてを儺負人に投げつける。追われる間に早く紙燭の火が消える年は凶年、火が長くもてば豊年という。参詣者が投げたつぶては、神職が桃の箸で拾い集めて焼き、残った灰は神灰として庁舎の司宮神の祠に納める。儺負人は境内隅に土餅を捨てて家に帰る。 （茂木 栄）

こうはい　向拝　「ごはい」ともいう。社殿や仏堂の前面にあって、参拝する人や階段を雨からまもるためのもので、階隠《はしかくし》・日隠とも呼ばれる。流造や春日造の前庇も向拝と同じ機能を持つものであるが、このように、建物の正面全柱間の幅を持つものは向拝といわず、前面の一部の軒が長く出ているものだけをいう。遺構では鎌倉時代

のものが最も古いが、平安時代の絵巻によれば、寝殿前面に設けたものが多いから、仏堂においても、床を高く設けるようになり、これにつづいて発生したものとみてよいであろう。初めは主屋の柱筋と向拝の柱とが合い、虹梁で繋いでいたが、向拝の間口が広くなり、向拝柱から主屋への繋ぎはなく、手挟を使ったものが多くなり、一方虹梁を繋ぎとするものでは海老虹梁が使用されるようになった。また向拝柱の頂部には頭貫が入っていたが、近世になると、これが虹梁形に変わる。　（太田博太郎）

こうもん　告文　仏教儀礼によって神仏に奉る願文と趣旨は同一であるが、告文は神祇に限って捧げる文書である。文体は宣命《せんみょう》体であり、書体は楷書体であって、古代よりそれらの様式には変化なく踏襲された。「維弘安二年（一二七九）歳次己卯三月戊辰朔廿日丁卯吉日良辰爾、関白従一位藤原朝臣某（兼平）、掛毛畏伎春日大明神乃（中略）正五位下行民部少輔藤原朝臣光泰乎差使弖（中略）恐美恐美毛申賜者久止申」（『勘仲記』）のように年月日は文章の劈頭に配し、差出名はこれに次ぐ文中に置く。願主の関白に代わって起草は権中納言勘解由小路兼仲が草し、奉幣使藤原光泰が携行して奉幣に際して神前に朗読した。朗読後はおおむねその場で焼却されたので、原本は後世に伝わらない。古代の例は貞観十一年（八六九）十二月十四日の告文が『三代実録』にあるが、中世の告文と同一様式である。石清水八幡宮蔵の『八幡宮寺告文部類』二巻は鎌倉時代初期の同宮別当田中宗清が同宮草創以来の告文類を謄写して伝えたものとして参考になる。また『朝野群載』三には平安時代の告文を収める。（荻野三七彦）

参考文献　相田二郎『日本の古文書』

こうやみょうじん　高野明神　丹生明神とともに祀られる高野山の護法神。狩場明神ともいう。いまも九度山慈尊院や高野山麓の天野（和歌山県伊都郡かつらぎ町）にある丹生都比売神社をはじめ、高野山上などに祀られており、地主神・護法神として高野一山の法儀には深い関係をもっている。その起源は弘法大師伝によると、空海が伽藍の地を求めて、大和から紀伊にかけての広大な山岳地帯に入ってきたとき、はからずも身の丈八尺余、赤黒く日に焼け、強弓を手にして、二頭の犬を連れた狩人に行き会い、その導きによって天野に至り、さらに丹生明神から高野の地を教えられたという、高野山開創の縁起的な説話に登場してくる。その名は「南山の犬飼」とも称したという。おそらく古代にはこうした山住みの民が、実際に山々を跋渉しており、空海はそうした狩人の導きがあったから、南山へ深く探り入ることができたのであろう。これをのちに高野明神の名で地主神としたのである。高野明神から引き合わされた丹生都比売は、こうした山々にあった水銀鉱脈の発掘、丹朱の製作にたずさわっていた、いわゆる丹生族の祀る神であったと考えられる。だから空海は深い南山の山々を、狩人たちの導きにより、また丹生族の巨大な経済力に助けられて、高野を拓き、金剛峯寺の伽藍を建立することができたという、いわばその真実の歴史を語る説話なのだと解せられる。

高野明神と弘法大師が出会う（『弘法大師絵伝』より）

『弘法大師絵伝』をみると、山中において、二頭の犬を連れた狩人に道を教えられる場面が描かれ、金剛峯寺には高野（狩場）明神像という、同様な図柄を描く画像も伝存している。ことに高野山上では金堂や根本大塔のある壇上と呼ばれる伽藍群の一隅に、丹生・高野の両所明神祠があり、その拝所を山王院と呼んで、ここでは恒例の法儀や重要な論義の法要なども行われて、地主神に対する法楽は年中に数多く行われつづけている。弘法大師御廟の一隅にも両所明神の小祠が祀られている。

参考文献　京都国立博物館編『神道美術』、景山春樹『神道美術』　（景山　春樹）

こうらたいしゃ　高良大社　福岡県久留米市御井町、高良山の中腹に鎮座。式内名神大社、筑後国一宮。古くは高良《こうら》玉垂命《たまたれのみこと》神社、のち高良宮・高良社・高良玉垂宮などと呼ばれた。明治四年（一八七一）高良神社と改称、国幣中社に列し、大正四年（一九一五）国幣大社、現在高良大社を称している。主神高良玉垂命、相殿八幡大神・住吉大神。高良玉垂命については諸説があるが、中世以降八幡宮第一の伴神とされ、武内宿禰と混同している。しかし、『肥前国風土記』にみえる纏向日代宮御宇（景行）天皇の高羅行宮の伝承からすると、この地方の古代豪族水沼《みぬま》君《きみ》の祖先神であったかと思われる。延暦十四年（七九五）従五位下の神階を授けられ、貞観十一年（八六九）従一位、『筑後国内神名帳』によれば、寛平九年（八九七）正一位に進んだという。この間、弘仁九年（八一八）には名神祭に預かり、斉衡二年（八五五）・天安元年（八五七）の両度、封戸・位田を充てられている。元寇ののち、鎌倉幕府は鎮西五社の一つとして保護を加えたが、もともと外敵防禦はこの神の基本的な神格の一つであった。南北朝時代から戦国時代には、全山要塞化したため荒廃、さらに豊臣秀吉九州征伐の際神領を没収されたが、のち改めて朱印千石の寄付を受けた。以後歴代領主の尊崇篤く、現在の社殿（本殿・幣殿・拝殿）は万治三年（一六六〇）久留米藩主有馬頼利の寄進で、山麓の石造大鳥居とともに重要文化財に指定されている。神事・芸能として、犬舞・高良神楽は独得のものであったと思われるが今日廃絶、三年に一度の神幸祭、特殊神事の玉替祭も中絶し、十月九日―十一日の御九日祭(例大祭)、六月一日・二日の川渡祭などが行われているにすぎない。なお社宝の覚一本『平家物語』(十二冊)も重要文化財。山中をめぐる古代山城跡の列石は古く八葉の石畳と呼ばれたものであるが、明治の学界に神籠石《こうごいし》の名で知られ、この種の遺跡の名称の起源をなし、国の史跡に指定されている。

参考文献 荒木尚他編『高良玉垂宮神秘書・同紙背』、太田亮『高良山史』 (古賀 壽)

こうりゃくにねんげくうせんぐうき 康暦二年外宮遷宮記 康暦二年(一三八〇)九月八日に行われた伊勢外宮の式年遷宮に関する準備の記録。著者については未詳だが、外宮の祀官とされている。一巻。応安六年(一三七三)五月十六日の神祇権大副大中臣忠直の造伊勢豊受大神宮使補任関係記事、同十一月十四日の造外宮木作始神事、遷宮延引による康暦元年八月二十三日の正・権禰宜以下の上洛や同九月二十五日夕刻の山田下着など、前後七年間にわたる京都・伊勢における準備の様子を詳細に記す。そのため『康暦二年外宮遷宮前記』と称すべきものとされる。テキストは『続群書類従』神祇部のほか、『大日本史料』には宮内庁書陵部本『外宮応安遷宮記』の名称で、応安六年五月十六日条に大中臣忠直の造伊勢豊受大神宮使補任記事が、同十一月十四日条に造外宮木作始記事が、神宮文庫本『応安遷宮記』の名称で、同七年七月一日条に豊受大神宮杵築神事記事が、同九月八日条に豊受大神宮新殿破損記事が、永和元年(一三七五)正月二十日条に同殿修理記事が、同七月十三日条に同殿瑞垣御門等建立記事が、それぞれ収録されている。諸本については、前記宮内庁書陵部本や静嘉堂文庫本のほか、内閣文庫に『応安遷宮記』など、神宮文庫に寛文四年写『康暦二年外宮遷宮記』(一名『応安遷宮記』)一冊、正徳三年写『康暦二年外宮遷宮記』一冊などが所蔵されている。

参考文献『群書解題』一中 (林 譲)

こうれいさい 皇霊祭 第二次世界大戦前は皇室祭祀令(明治四十一年(一九〇八)皇室令第一号、昭和二年(一九二七)同第十二号改正)により、春季皇霊祭(春分日)と秋季皇霊祭(秋分日)との両度、大祭として宮中三殿の皇霊殿において行われた。昭和二十一年五月廃令後は、そのつど、式次第は勅裁を仰いで施行されている。皇霊殿は神武天皇を正席とし、歴代の天皇・皇后・皇妃・皇親の霊をまつる。古来皇祖の霊をまつることは、『日本書紀』の神武天皇が皇祖天神を大和国鳥見山中に霊畤《まつりのにわ》を立ててまつらしめた記事や、天武天皇が神武天皇の山陵を祭らしめ、併せて皇祖の御魂をまつらしめた記事に古例を見ることができる。特に春秋二季に皇霊をまつるに至ったのは明治以降の例で、古くは皇霊に対する陵墓前祭だけであった(荷前の奉幣)。中古(光孝天皇)以降は宮中の清涼殿内の御黒戸に、歴代の霊牌を安置して(『徒然草』)礼拝していたが、明治維新の神仏分離に伴い、明治二年十二月東京に神祇官が置かれると、そのうちに八神および天神地祇とともに歴代の皇霊を鎮祭せしめた。したがって清涼殿御黒戸の皇霊の位牌は、同四年五月京都の水薬師寺に移され、ついで同年十一月同じく京都に恭明宮が成ると、ここに移され、同六年三月に京都泉涌寺に移されて今日に至っている。さて神祇官に奉斎された歴代の皇霊は、その後明治四年九月皇居に遷座、翌五年三月八神・天神地祇も皇居に遷座、同年十一月八神と天神地祇とは合体して、これを神殿に奉安し、このときから賢所と皇霊殿とを合わせて宮中三殿と称することとなった。その後明治十年には歴代の皇霊に歴代の皇后・皇妃・皇親の霊を合祀し、十一年六月春秋二季に皇霊祭を執行することを制定し、同年九月はじめて秋季皇霊祭を執行、以後翌十二年の春季祭から年二季(春秋)の皇霊祭が行われ今日に至っている。

参考文献 阪本健一「皇室に於ける神仏分離」(『明治神道史の研究』所収) (岡田 米夫)

こうれいしゅしょうがつかんじょうじんみょうちょう 恒例修正月勧請神名帳 各宗の寺院でなされる正月会に諸神を勧請するために作製された神名帳。一巻。正月会は修正会《しゅしょうえ》とも呼ばれ、また近畿の村々ではオコナイとも呼ばれている。古代末期からの国衙ごとに作製された神名帳の神々は『延喜式』の神名帳をもとに、その国内の神を郡ごとにまとめ列記されるが、寺院で作製された神名帳にみえる神々は全国に及んでいる。本書では「伽藍護法」「当所神等」にはじまり「閻魔王界」「太(泰)山府君」「牛頭天王」「行疫神」などがあげられ、ついで「金峯山大菩薩」はじめ二十の大菩薩が記され、畿内は大和以下五ヵ国は国ごとに、大和は正月守護、山城は二月、河内は三月、摂津は四月、和泉は五月にあてられ、東海道十五ヵ国は六月、東山道八ヵ国は七月、北陸道は八月、山陰道は九月、山陽道は十月、南海道は十一月、西海道は十二月とそれぞれ守護する月が記されている。番神思想を示すものである。ここにみられる神々がどのような信仰を背景にえらばれたのか、今後の課題である。本書は僧頓阿の手跡本を寛政元年(一七八九)に藤貞幹が写したものである。『続群書類従』神祇部所収。

参考文献『群書解題』一下 (西垣 晴次)

こうれいでん 皇霊殿 宮中三殿の一つ。三殿は宮城内吹上御苑の東南部に南面して立ち、中央は賢所(温明殿)でやや大きく、東は神殿、西が皇霊殿である。ともに白木造、側面三間、背面二間、屋根入母屋造・妻入・銅板葺、高欄付きの回縁を有し、前面に木階・向拝付きで、各殿は渡廊で連絡している。明治二年(一八六九)、馬場先門内の神祇官のうちに造られた八神殿に天神地祇と皇霊(歴代天皇の神霊)を加え祀ったが、同四年に皇霊は皇居内の賢所に遷座、翌年八神・天神地祇も賢所の拝所に遷座して神殿と改称、同六年の皇居炎上後、賢所・神殿・皇霊は赤坂仮皇居に遷座、同十年皇霊に歴代の皇后・皇妃・皇親を、同十八年追尊天皇を加え祀り、同二十二年宮城内に賢所以下を遷座してはじめて三殿別棟の形になった。同三十三年から皇霊を皇霊殿とよぶようになった。この神前での天皇親祭の春秋二季の皇霊祭は同十一年秋から始まった。

参考文献 八束清貫「宮中三殿」(紀元二千六百年奉祝会編『惟神の礎』所収)、宮地直一「春秋の皇霊祭」(同所収)　(福山　敏男)

こうわいらいくぎょうちょくしき　康和以来公卿勅使記 康和五年(一一〇三)九月以降元永元年(一一一八)までの公卿勅使および臨時奉幣使の発遣式次第に関する記録。記主は藤原忠実で、彼の日記『殿暦』から勅使関係の記事を抄出したもの。一巻。抄出者やその時期は不明。当時は、堀河天皇・鳥羽天皇の治世で、忠実は、堀河天皇には関白として、鳥羽天皇には摂政および関白として仕えた。公卿勅使発遣儀に際しての摂政関白の作法の詳細がよく記録されている。ほかにも、元永元年四月九日条に「幼主の時は必ず参るべし、しからざる時は強いては参らず、幼主の時は、主上に相代わりて、万事を勤むる故なり」(原漢文)とあるように、幼主の時には、摂政が天皇に代わって万事を行うことになっていたため、天皇の作法の詳細をも伺うことができる。具体的には、神宝御覧、清涼殿で執行される勅使発遣儀などの詳細をみることができる。『続群書類従』神祇部および『神道大系』神宮編三所収。

参考文献 『群書解題』一中　(藤森　馨)

ごおうじんじゃ　護王神社 京都市上京区桜鶴円町に鎮座。祭神は護王大明神和気清麻呂公・子育明神和気広虫姫。旧別格官幣社。称徳天皇の代、清麻呂は天位を窺う弓削道鏡を却けるのに功があり、嘉永四年(一八五一)三月十五日、孝明天皇はその義烈忠誠を嘉して京都高尾山に祀る清麻呂の霊社に護王大明神の神号を賜い、正一位を追贈した。明治七年(一八七四)十二月二十二日別格官幣社に列格、同十九年十一月三日に現在地に社殿を新築して遷座し、姉の広虫・藤原百川・路豊永を配祀した。ともに清麻呂を助けた功績による。同三十一年三月十八日清麻呂に正一位を追贈、大正四年(一九一五)十一月十日広虫を祭神に加える。例祭は四月四日。

護王神社

参考文献 『古事類苑』神祇部三、護王神社社務所編『別格官幣社護王神社記』、藤井貞文『(近世に於ける)神祇思想』　(藤井　貞文)

ごおうほういん　牛玉宝印 諸社・諸寺から発行、授与された護符の一種。木版刷または墨書で「二月堂牛玉宝印」「那智滝宝印」などと書かれた上に、いくつかの朱印が捺されているもので、社寺の修正会・修二会などの初春の儀式の中で作られ、信者に配付される。「ごうおうほういん」「ごういん」とも、また単に「牛玉」「宝印」ともいい、「牛王」とも記される。『養老令』厩牧令には、「凡官馬牛死者、各収二皮脳角胆一、若得二牛黄一者別進」とあり、牛の胆嚢内にできた牛黄、つまり胆石をはじめ、牛の胃内にできた牛玉(牛王・毛玉・鮓荅)、つまり胃石などは、はやくから高貴薬として重用され、一切の病魔を辟除するのに効験があるといわれた。ために仏教の行事の中にも取り入れられ、平安時代に及んでは、これを用いて牛玉(牛黄)加持と称する秘密の修法さえ盛行するに至った。けだし護符の一種としての牛玉宝印はその由来をここに発し、牛玉(牛黄)によって加持の執り行われるのと同様の信仰のもとに、これの効能をもっぱら護符の形式に託したものといってよかろう。また牛玉宝印の宝印とは、印そのもののことで、多くは発行する寺社の本尊・本地仏の種子や宝珠などを表わしており、この印を用い牛玉(牛黄)を朱にまぜ印肉として捺すとされる。牛玉宝印は、本来は戸口に貼ったり柳の木の枝にはさんで苗代の水口にたてたりして降魔・除災のまもりにするものだが、鎌倉時代後期以降、起請文を書く際に誓約の履行をより一層強く神仏に誓うために、その料紙に牛玉宝印が用いられるようになり、戦国時代以降には特にその傾向が強くなった。もっとも、中世には牛玉宝印は多くの社寺から発行されたと想像されるが、発行した社寺はそれほど多くはなく、熊野(那智滝・本宮・新宮)・多賀社・白山・英彦山などほんのいくつかに限られ、とりわけ熊野三山のものが大半を占める。これは御師・熊野比丘尼などの牛玉宝印の運び手の有無にもよろうが、それだけではなく、起請文料紙の選別にあたって、何らかの規制があったと考えるべきである。東大寺や東寺などの寺内で起請文を書く場合、特に重要なものには、二月堂牛玉宝印と御影堂牛玉宝印とが必ず用いられているのも、この規制の存在を示す一例といってよいだろう。ところで、起請文料紙に用いる場合には、牛玉宝印の紙背に文言を書くことが多いので、起請文を書くことを「宝印を翻す」などというが、戦国時代以降には、翻さず表に文言を書くことも稀ではない。前述のように護符として用いられた場合、その牛玉宝印が残ることはまずありえない。したがって、いつごろからこれが作られるようになったのかははっきりしないのだが、起請文の料紙として残る現存最古のものは、『東大寺文書』(東大寺図書館蔵)中にみえる文永三年(一二六六)十二月の二通の東大寺世親講衆連署起請文の料紙に用いられている二月堂牛玉宝印と那智滝宝印で、ともに木版刷りのものである。ちなみに、那智滝や熊野山の牛玉宝印は、烏点宝珠といって烏で字の点・画を記すものが知られているが、こうした牛玉宝印は実は戦国時代以降のもので、この初見例は普通の書体で書かれている。→起請文《きしょうもん》 →熊野牛玉《くまのごおう》

参考文献 奈良国立文化財研究所編『東大寺文書目録』三、滝川政次郎編『熊野』、中村直勝『起請の心』(『中村直勝著作集』五)、相田二郎「起請文の料紙牛王宝印について」(『相田二郎著作集』一所収)、千々和到「東大寺文書にみえる牛玉宝印」(『南都仏教』三九)、川井銀之助「牛王宝印の医学的考察」(『神道史研究』八ノ二)、景山春樹「牛玉宝印と起請」(同二九ノ四)、西田長男「牛王宝印と稲荷大社の起請紙」(『神道及び神道史』二五)、黒川直則「東寺の起請文と牛玉宝印」(『京都府立総合資料館紀要』八) (千々和到・西田長男)

こかいくにじんじゃ　蚕養国神社　福島県会津若松市蚕養町鎮座。式内社。旧県社。祭神は保食神・天照大御神・稚産霊神。古伝にこれら三神はいずれも蚕養のことを知り給う神としている。社伝によると嵯峨天皇弘仁二年(八一一)鎮座、仁明天皇承和年中(八三四―四八)官社に列す。旧時陸奥国耶麻郡半分を社領とし、寛文年中(一六六一―七三)会津藩主保科正之が宮殿などを再営、この時御神体を吉川惟足が天羽車に封じ、のち松平容敬が社頭を整備し現在に及ぶ。土地の人はいまも蚕事を祈る。例祭は八月一日・二日。

参考文献 会津藩編『新編会津風土記』二四(『大日本地誌大系』) (今井 啓一)

ごがくさんご　五岳賛語　五山の学僧の著述した天神画像の賛をまとめて編したもの。一巻。禅宗方面での天神信仰を理解できる文献である。江戸時代の成立。巻尾に「万治二年己亥(一六五九)秋九月十八日福住道祐渉筆于津陽大城下存心軒」とある。道祐が、慧雲崖和尚から菅原道真の霊験の伝承を聞いて以来、菅公を讃することになる。『菅神入宋授衣記』『北野神君画幀記』を求め、紹信蔵司に書写させた。友人秋田清貞の秘蔵本を借り、五山名僧およびかの国の名儒の天神画像賛をみずから書写して、『菅神入宋授衣記』と『北野神君画幀記』の末に付したという。近世に伝来している菅公の画像の多くは、唐服を着し、梅花一枝を持っている。かつて北野天神が無《ぶ》準師範《じゅんしばん》の室に参入した時の様子であるというが、はたして正しいのか否か、疑問を呈している。この詩を写して筆供養をなす、また高僧が賦した天神画像の賛文を写して一巻とした、とある。『北野誌』、『続群書類従』神祇部所収。

参考文献 『群書解題』二上 (真壁 俊信)

こがくは　古学派　江戸時代における儒学の一派。当時、通行していた朱子学を、道家や仏教の思想をまじえたものと批判して、孔子の著述そのものに即して儒家思想を理解しようとした学派。伊藤仁斎の始めた堀川学派(古義学)と荻生徂徠の始めた蘐園学派(古文辞学)の二派ある。はじめ伊藤仁斎は、朱子学の哲学用語の分析などを通じて、孔子の思想を正しく説いていないとし、『論語古義』『孟子古義』を著わして、孔子本来の思想を説き、古学先生と私諡された。つづいて荻生徂徠は、仁斎に反撥しながら、別に文章表現の面から帰納的に孔子の『論語』を解釈して古文辞学と称したが、朱子学に従わない点で古学派の中に含まれる。さらに、ひろく朱子学批判の立場に立つ山鹿素行をそのはじめとする説もあるが、学問としての自覚と方法の緻密さと門弟らによる学派の形成などからいって、古学派の中に数えるのには疑問がある。

参考文献 井上哲次郎・蟹江義丸編『日本倫理彙編』四―六、井上哲次郎『日本古学派之哲学』、吉川幸次郎『仁斎・徂徠・宣長』 (清水 茂)

こがじんじゃ　久我神社　京都市伏見区久我森の宮町に鎮座。旧村社。祭神は建角身命・玉依比売命・別雷命。古来、久我荘の下《しも》にあり、鴨森大明神とも称す。『延喜式』神名帳には久何神社とあり、小社に列す。貞観八年(八六六)従五位下に、同十六年従五位上を授けられた「興我万代継神」(『三代実録』)は当社に比定される。例祭は四月三日すぎの日曜日。なお久我荘の上《かみ》には旧村社の菱妻神社(伏見区久我石原町)がある。また京都市北区紫竹竹殿町にも賀茂県主の氏神で、式内社の久我神社が鎮座し、いまは上賀茂神社の摂社となっている。 (村山 修一)

こがねやまじんじゃ　黄金山神社　㈠宮城県遠田郡涌谷町に鎮座。式内社。旧県社。祭神は金山彦神・猿田彦神・天照皇大神。ただし本来は天平産金の山神をまつる。天平二十一年(七四九)、陸奥国小田郡産の黄金九百両が、陸奥守百済王敬福から都の聖武朝廷に献上された。あたかも東大寺の盧舎那仏造顕中で、これに鍍金すべき金が欠乏し、前途があやぶまれている時であった。朝廷は驚喜し、ただちに天皇が百官を率いて大仏殿前にこれを報謝するとともに、全国の諸社にも奉幣・感謝した。越中国司館にあった大伴家持が、産金を賀する詔にこたえる歌をよんだのもこの時である。年号はこれにちなんで天平感宝、ついで天平勝宝と、年内に二度改められた。この産金に功労のあった国守百済王敬福・大掾余足人・左京人朱牟須売ら渡来人系の人たちが位階を授けられるとともに、地元小田郡の私度僧丸子連宮麻呂が正式に師位に入るを許され応宝と名のり、出金の山神神主日下部深淵も位を授けられた。黄金山神はこの時、応宝や深淵ら

黄金山神社(一)

の手により、国家神としてまつられるようになったと思われる。現社殿のある位置からは奈良時代の瓦も出土し礎石もあるから、はじめこの位置には神宮寺が建ち、山神は神体山としてその奥に山さながらにまつられたものであろう。神宮寺廃滅後、その位置に里宮として神社が営まれたものである。平安時代末期にも位階・封戸を授けられるなど、式内社として崇敬されていた。例祭は九月十五日。境内にある黄金山産金遺跡は国史跡に指定されている。

[参考文献] 佐々木敏雄編『黄金山神社志料』、伊東信雄『天平産金遺跡』

(二)宮城県牡鹿郡牡鹿町鮎川浜に鎮座。通称は金華山神社。旧県社。祭神は金山毘古神・金山毘売神。江戸時代中期ごろまで、天平産金の神社と考えられてきた。仙台藩の大儒佐久間洞巌や田辺希文のような人たちがそれを主張し、新井白石などもこれに従っていた。金華山の名もその「黄金花さくみちのく山」の意味であるとされた。しかし、江戸時代後期、伊勢国白子の人、沖安海が『陸奥国少田郡黄金山神社考』を著わして、遠田郡の黄金山神社を天平産金の神に比定してからは、この神社は天平産金には関係ないものと考えられるようになった。金華山は本州中もっとも東によった絶海の孤島として、中世以来修験たちの霊地として開かれたのであろう。そして東方蓬萊山のような福神の山とみなされるようになり、それに「黄金花さく山」の故事が付会されて金華山の名もおこったと思われる。もと弁財天堂が信仰の中心であった。福の神に黄金が結びついたのである。例祭は九月二十五日。臨時大祭として初巳大祭(毎年五月初巳の日より七日間)がある。

[参考文献] 佐久間洞巌『奥羽観蹟聞老志』(『仙台叢書』)、田辺希文『封内風土記』一三(同)、大槻文彦『復軒雑纂』 (高橋 富雄)

こき 国忌 「こくき」ともいう。天皇崩御の日に、官にて、定められた寺院で追善供養の斎会を行うこと。この日にあたる神事は延期し、天皇は廃朝、諸司は廃務し、楽をなすことを禁じ、犯すものは杖八十を科す規定であった。国忌の初見は、『日本書紀』持統天皇元年(六八七)九月庚午(九日)条に「設二国忌斎於京師諸寺一」とあるもので、この日は天武天皇一周忌にあたる。翌二年二月に国忌の日は必ず斎会を行うことが定められ、大宝二年(七〇二)十二月に、九月九日(天武天皇忌日)・十二月三日(天智天皇忌日)は諸司廃務すべき勅が出され、天智天皇忌日も国忌とされた。律令にも国忌に関する規定があり、『養老令』儀制令には「国忌日、謂先皇崩日、依二別式一合二廃務一者」とあるように、持統天皇以下歴代の忌日は国忌とされたが、そのほか文武天皇の父草壁皇子(のち岡宮天皇と追尊)・太皇太后藤原宮子(聖武天皇母)・皇太后藤原光明子(孝謙天皇母)、および桓武天皇皇后藤原乙牟漏の忌日も国忌とし、その範囲は次第に広くなった。かくして桓武朝には国忌の数は十六にも及び、政務が渋滞するので、延暦十年(七九一)三月二十三日、太政官は中国の天子七廟の制のように親尽の国忌を除き新しい国忌を置くことを奏請し、裁可された。この時残置した国忌の数などに関する明徴はないが、桓武天皇の父母(光仁天皇・高野新笠)・皇后(藤原乙牟漏)・祖父母(施基親王・紀橡姫)・曾祖父(天智天皇)と、等外親ではあるが大同二年(八〇七)に除かれた聖武天皇を加えた七国忌かと思われる。当時の法家は国忌を七廟の忌日と解釈しているが、その数とも合致する。延暦省除後も新しい範囲の国忌が加えられた。すなわち二種のものがあり、一つは桓武天皇の皇太弟早良親王が藤原種継の事に坐して淡路に配流の途中薨じたので、その慰霊のため崇道天皇と追尊して薨日を国忌とした。怨霊鎮謝のために加えたのはこの例のみである。他の一つは天皇が即位後に前妃を贈皇后とし、その忌日を国忌としたものである。延暦後もしばらくは加入と廃止は別々に行われ、その数も増えて十国忌に及んだが、清和朝からは、新しく加入する時は親尽のものを除くようになった。国忌の規定が整備されたのは『延喜式』である。国忌の日は東寺もしくは西寺で斎会が行われるが、その細則が同式に定められている。斎会には参議以上・弁・外記・史各一人および諸司の官人が参向し、勤仕僧百人により転経・礼仏・散華・行香・呪願が行われた。終って諸司の見参歴名・勤仕僧・転経巻数は奏文を作り内侍により奏上された。不参者に対する罰則もあげている。『延喜式』に記載するものは九国忌で、天智・光仁・桓武・仁明・文徳・光孝の六帝と、平城・嵯峨両帝の母藤原乙牟漏、光孝天皇母藤原沢子・醍醐天皇母藤原胤子の三皇妣で、この数はのちのちも増減はなかった。崇道天皇国忌の廃された史料はないが、『延喜式』には記載がない。式以後の『年中行事秘抄』や記録にも散見するので、官から離れて行われていたものであろう。『延喜式』以後の加除は醍醐天皇が崩じた時、文徳天皇を除いてこれを加えたので、やはり六帝で、これは永く廃されることはなかった。その後、天皇・皇后は遺言して国忌を置くことを停めたので、天皇・皇后の国忌が加わることはなくなり、その加除はもっぱら天皇の母で、崩後に皇太后を贈られた者の間で行われたが、後嵯峨天皇が寛元二年(一二四四)六月二十七日母土御門天皇後宮源通子の国忌を加え、二条天皇母藤原懿子を除いたのが、国忌加除の最後となった。なお、後柏原天皇が永正元年(一五〇四)母後土御門天皇後宮源朝子に皇太后を贈った時、国忌・山陵を置く議があったが実行されなかった。中世以後、制度の弛緩によって国忌は次第に行われなくなったが、一方、平安時代以来、天皇・皇后の忌日に寺院で法要が行われ、これを国忌と称したことが諸書にみえるが、これは官の制度としての国忌とは違うものである。

参考文献 『古事類苑』礼式部二、林陸朗「桓武天皇の政治思想」(山中裕編『平安時代の歴史と文学』歴史編所収)、中村一郎「国忌の廃置について」(『書陵部紀要』二)

(中村 一郎)

ごぎょうたいぎ 五行大義 陰陽五行説を集大成した書。中国、隋の蕭吉撰。五巻。蕭吉の伝は『隋書』『北史』芸術伝にみえるが、『五行大義』は『隋書』経籍志には記されず、『旧唐書』経籍志に、はじめて蕭吉撰「五行記」とみえる。『宋史』芸文志まではその名が存するが、その後、中国では亡佚した。日本には夙に伝来し、『続日本紀』天平宝字元年(七五七)十一月条の勅に、陰陽生の教科書として記され、その後、陰陽道・神道・仏教など広範な文化に影響を及ぼし、元弘相伝本(竹本泰一蔵、重要文化財)・天文鈔本(天理図書館蔵)などが伝存する。

参考文献 中村璋八『五行大義の基礎的研究』、同『五行大義』(『中国古典新書』)、同「五行大義鈔本・版本の伝流とその資料的価値」(『日本中国学会報』一〇)、富岡謙蔵「五行大義」(京都文学会『芸文』六ノ一〇)

(中村 璋八)

ごぎょうのへい 五行幣 ⇩幣帛《へいはく》

こくいこう 国意考 賀茂真淵の著わした思想書で、国学の代表的な古典の一つ。一巻。元来は『国意』と呼ばれているが、『国意』の場合は「くにのこころ」と訓む。成立は、『古学小伝』の年譜以来、明和二年(一七六五)ごろとするのが定説のようになっているが、宝暦十年(一七六〇)真淵六十四歳の九月までには稿本ができていたらしく、その後の加筆も考えられる。文化三年(一八〇六)、野公台(野村東皐)の『読賀茂真淵国意考』および橋本稲彦『弁読国意考』を付して上本された。内容は、日本固有の大道であり、永遠不朽の道である古道「いにしえのみち」を説き、儒学や仏教・旧神道に批判を加えたもので、文明批評から政道論にも及ぶ。古道については、天地自然にかなった「まこと」、「まろ(円)き」こころを説き、歌道による「やは(和)らぎ」の意義を強調している。一面には武とともに「直き」こころをも尊ぶ。儒学は「けた(方)」に傾き、理や義にとらわれて、現実性に乏しいとしてしりぞけ、仏教については、国民の心を弱々しくしたとして攻撃している。概して東洋的な自然主義を強調する傾向が目立ち、老荘思想の影響もみえる。漢字に対して、梵字やローマ字の意義をも説いている。円熟を欠き、種々論難も加えられたが、独自な思想書として、特殊な意義をもつ。古板本のほか、新旧の『賀茂真淵全集』や『校本賀茂真淵全集』、『日本思想大系』三九などに収められ、『改造文庫』所収のものは論評書をも収めている。

参考文献 井上豊『賀茂真淵の業績と門流』 ↓賀茂真淵《かものまぶち》

(井上 豊)

こくいこうろんそう 国意考論争 賀茂真淵『国意考』(明和二年(一七六五)ころ成立)をめぐる国学者と儒学者との論争。『国意考』は、相手を明示しないが内容上、太宰春台『弁道書』への反駁が主眼とみられる。『弁道書』は仏教や神道を排し、儒教があれば十分であると独尊的な説を展開している。『国意考』は、わが国は天地自然に即し上下の人々から鳥獣に至る調和の道を歩いて来たが仏教と儒教が伝来して、わがよき伝統を乱し悪化させた。儒教こそ排除すべきであるとした。それで太宰門流の人をはじめ儒者の反論があり、それに対する国学者からの反論が相ついだ。儒者側に野村公台『読国意考』(天明元年(一七八一))、沼田順義『国意考弁妄』(天保四年(一八三三))があり、国学者側では真宗僧侶で真淵門下の海量《かいりょう》『答読国意考書』(『読国意考弁』、天明元年)、橋本稲彦『弁読国意考』(文化三年(一八〇六))、大堀守雄『国意考弁妄弁』(天保十三年)、久保季茲『国意考弁妄贅言』(安政三年(一八五六))などが主なもので、特に結論もなく明治になり約百年間の論争も終った。なお並行的に「直毘霊論争」があり同様の問題を提起、展開した。

参考文献 小笠原春夫『国儒論争の研究』

(小笠原春夫)

こくいんち 黒印地 ⇩朱印地《しゅいんち》・黒印地《こくいんち》

こくがく 国学 和学・古学・皇朝学・日本文献学なども称した。古代の文献によって儒教・仏教渡来以前の日本独自の思考を、古今を通ずる日本人の基本の道(古道・神ながらの道)として捉えることを目的として、この古代の文献を文献学的方法によって研究する学問で、貞享・元禄のころに形をなす。近世末期には、宗教的性格が強まり、ついに神道として組織され(復古神道)、尊攘運動の一翼を担うものになる。国学・和学とは、日本の古典研究の意味に用いられ、古学とは、朱子学に反撥し、『論語』『孟子』の古典に復ることを主張する儒学に用いられたことがある。ここにいう国学も古典研究であることに変りはないが、古道(皇朝の道・神ながらの道)を明らかにすることを目的・態度として有するところに特徴がある。

沿革をいえば、近世の反中世的合理主義の風潮の中で、中世和歌に反撥する隠遁者の自由な詠歌の主張から始ま

国学者学統図

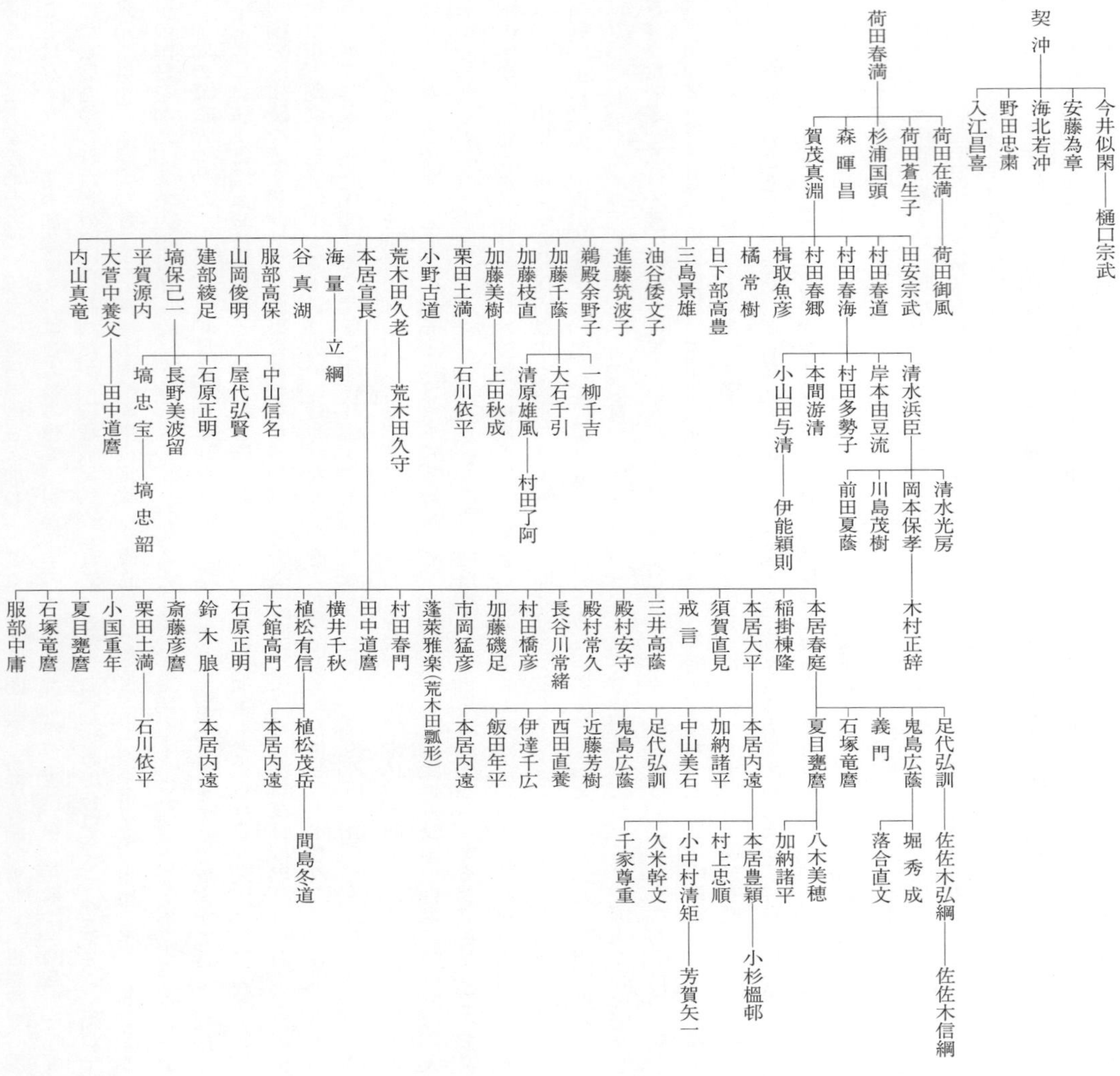

る。木下長嘯子(一五六九—一六四九)は豊臣秀吉の甥で武将だが、関ヶ原の戦に敗れて京で隠棲した人。和歌を、中世歌学の継承者細川幽斎に学んだが、中世的秘事口伝にこだわらず自由に歌を詠んでいた。木瀬三之(一六〇六—九五)は連歌師里村昌琢の門人だが、「凡て古今伝授などいへる事あるべからず」と主張し、『万葉集』を自由な態度で読んでいた。戸田茂睡(一六二九—一七〇六)は三百石取りの武士であったが、晩年江戸浅草に隠棲し、中世歌学の伝授や制詞には何の根拠もないと痛罵した。下河辺長流(一六二四—八六)は長嘯子に歌を学んだが、自由な題材・言葉の歌を詠み、民間人の歌だけ集めて『林葉累塵集』を編む。契沖の親友で、万葉研究では契沖の先輩である。彼らはいずれも隠者的生活をしていた。自由な立場で中世歌学を激しく攻撃するが、その作品や研究において積極的・建設的なものをもっていたわけではない。国学の先駆者である。契沖(一六四〇—一七〇一)は摂津国尼崎藩の青山家に仕えた下川元全の三男で、父が浪人したので仏門に入れられ、僧侶としての将来を嘱望されていたが、仏門の人に飽きたらぬものを感じたのか、三十歳ごろから漢籍・国典の研究を始め、やがて長流のあとをうけて徳川光圀委嘱の『万葉代匠記』を執筆し、古典や古語を研究して、その間に文献学的方法を確立した。契沖の古典研究には特定の師はない。儒学に伊藤仁斎が一足先に出て、『論語』『孟子』に復ることを主張していた。その方法は、契沖の方法と相通ずるところがあり、影響関係がありそうに思われるが、直接の関係は見あたらない。「此書(『万葉集』)ヲ証スルニハ、此書ヨリ先ノ書ヲ以スベシ」という文献主義は、古典を研究者の方へ引きつけて解釈することをせず、研究者が古典の方へ近づいて理解することであった。この方法は、考えてみると、古典解釈の常識で、古代・中世の研究者も口にしたことがある。だが、実際には、言語・思想などが歴史的に変遷することの認識も不充分で、いわゆる中世

富士谷成章―富士谷御杖―並河基広・榎並隆璉・五十嵐篤好・福田美楯

吉見幸和―河村秀頼・河村秀根―河村殷根・河村益根

香川景柄・小沢蘆庵―香川景樹―木下幸文・熊谷直好・八田知紀―高崎正風・穂井田忠友

狩谷棭斎―岡本保孝―木村正辞
　　　　　黒川春村―黒川真頼―黒川真道・佐藤誠実

藤貞幹―山田以文―鶴峯戊申―久保季玆・近藤芳樹

賀茂季鷹―安田躬弦・斎藤彦麿・松田直兄

（学統外）
谷川士清　伊勢貞丈　萩原宗固　伴蒿蹊　尾崎雅嘉
石川雅望　吉田令世　橘守部　鹿持雅澄　萩原広道

―田中大秀
―藤井高尚―義門
―長瀬真幸―中島広足
―城戸千楯
―和泉真国
―竹村茂雄
―大矢重門
―千家俊信
―渡辺重名
―帆足長秋
―橋本稲彦
―小篠敏
―青柳種信
―黒沢翁満
―伴信友―飯田年平
―平田篤胤―平田銕胤―平田延胤
　　　　　大国隆正―玉松操・福羽美静
　　　　　権田直助
　　　　　六人部是香
　　　　　生田国秀
　　　　　佐藤信淵
　　　　　新庄道雄
　　　　　羽田野敬雄
　　　　　草鹿砥宜隆
　　　　　後醍院真柱
　　　　　久米幹文
　　　　　矢野玄道
　　　　　飯田武郷
　　　　　井上頼囶
　　　　　林甕臣
　　　　　物集高見
　　　　　鈴木重胤

的解釈が成立するのであった。契沖は、古語研究の成果を回転軸にして、この中世的方法を逆転させたのであった。古語、特に仮名遣いと、『万葉集』以下の文学の古典の研究が主な業績だが、契沖は、古典・古語の解明に精力を傾注していて、古道を特に強調することはしていない。これが国学の主流から除かれそうになる理由である。だが、方法からいえば、国学の開拓者である。門人に今井似閑・安藤為章らがいた。荷田春満（一六六九―一七三六）は伏見稲荷社の神職の家に生まれ、家学の神祇道と歌学とを学び、特定の師はないが、契沖の著書は読んでいる。三十二歳で江戸へ出て、家学・古典を講じて門人をとり、晩年には将軍徳川吉宗にも知られ、和学者春満の名を弘めた。春満の業績も『万葉集』以下の文学の古典研究で、晩年には、「古語不レ通則古義不レ明焉、古義不レ明則古学不レ復焉」と文献学的方法を主張していたといわれ、実際に研究の中でもこの方法を用いている。だが、春満は中世風の秘伝を伴っている神道や歌学を棄てていない。門下に真淵をもったためもあって、国学の創始者とされるが、その学問には中世と近世とが雑居していた。賀茂真淵（一六九七―一七六九）は、青年時代から春満の影響下にあり、晩年春満に師事した。春満の没後江戸へ出て、春満の養嗣子在満、春満の弟信名とともに『源氏物語』『万葉集』を講じたが、在満・信名帰京ののち、五十歳で田安宗武に仕え、荷田門の地盤を継承し、やがて国学の主流県門の主となった。真淵の学問には、古語・和歌・物語によって神皇の道へという組織があり、『万葉集』を中心に他の文学に及んでいる。その『万葉集』研究は、註釈においては契沖をいくらも超えていないが、作品の批評や本文の校訂においては、歌人的資質の故に、契沖・春満を超えている。古道（神皇の道）とは、儒教的道理ならぬもの、天地自然の道といい、『万葉集』を読めばわかるかにいうのみだが、春満の神道説のごとき中世的神学の影はない。門人の数も非常に多いが、中には村田春海・加藤千蔭のごとく、古道よりは古典研究に専念することを主張する者も現われた。本居宣長(一七三〇―一八〇一)は伊勢松坂の商家の人、上京して医術を学び、かたわら契沖に深い関心を持つ朱子学者堀景山によって国学への目をひらき、やがて和歌・物語を中心に「もののあはれ」の文学論を立てた。帰郷後、私淑していた真淵を旅宿に訪れて対面(三十四歳)、その勧奨もあり、かねて念願の『古事記』の註釈に着手、三十五年かけて『古事記伝』四十四巻を完成した。晩年、国学の組織を古道の学、有職の学、歴史の学、歌文の学とし、古道の学を中心に、他はこれに到達するための階梯の学とした。その研究の手順は古語→古意→古道という図式になる。業績は『古事記』(神典)や、『源氏物語』『新古今和歌集』を中心とする文学の註釈と、国語に関する研究と、古道論とで、数も多く、かつ今日も容易に超えがたい質のものを作り上げている。『古事記』による「神ながらの道」、『源氏物語』による「もののあはれ」の情を日本人の精神の拠り所としていた。宣長はその研究方法、組織とその実践において、国学の大成者とされるが、その古道説には宗教的性格がまじっていた。門人五百というが、古道派と古典派に分かれ、後者が次第に多くなっていったようである。本居春庭(一七六三―一八二八)は宣長の長子だが、病弱で、のちには失明したので、家督は養嗣子大平に譲った。春庭は組織的頭脳の持主で、鈴木朖にも学び、失明後も妻や妹の助けを得て、用言研究の根幹を固めた功績は大きい。門人の中に足代弘訓・義門がいた。本居大平(一七五六―一八三三)は稲掛氏で、宣長の跡目を相続、紀州徳川家に仕えた。性格温厚で、宣長学を守成、普及させた。本居内遠(一七九二―一八五五)は浜田氏で大平の婿養子。神祇・地誌・有職に関する考証的著作がある。門人に小中村清矩・久米幹文・村上忠順・千家尊澄など明治期の国学者が出た。本居豊穎は内遠の長子である。平田篤胤(一七七六―一八四三)は出羽秋田藩士大和田氏。不幸の中に育ち、二十歳の時脱藩して江戸に出て艱難辛苦して勉学。二十五歳、備中松山藩平田氏の養嗣子となり、宣長の著書の影響をうけ、宣長没後の門人となったといわれる。神儒仏からキリスト教までを学び、天御中主神を主宰神とする神道説を組織し、名声大いにあがった。晩年、幕府の忌諱にふれ、秋田に帰った。秋田藩からは厚遇され、同地で没した。学問の中心は古史(記紀の神代巻)の異伝の統一とその註釈で、『古史成文』『古史徴』『古史伝』の三部になる。他の数多くの、かつ多方面の著作は、この三部作の周辺を固めるものである。この三部作は、記紀神代巻の本文批判とその註釈とで、文献学的作業に相当するが、その批判の基準として、篤胤の国粋的復古主義の神道説・古道観が先行している。科学というよりは、時代の行動倫理としての思想運動的主張を含んでいる。その故に、この学説は、地方の神職や地主富豪などの慨世家の支持を得、門人の中には、幕末の尊王攘夷運動家として過激な破壊活動に挺身した者も多い。だが、明治政府が成立し、内外の現実に即した建設的な政治的実務が緊急事となると、それに対応しきれず、この派の人々は全国諸社の神職となり、文教政策の一環として、神祇省(のち教部省)の宣教使(のち教導職)として、民間への布教にあたる者が多くなった。また、廃仏毀釈運動に走った者もあるが、明治五(一八七二)、六年にはこの運動も鎮静した。

近代の国学の流れは大別して二つある。一つは科学の府として新設された東京大学の文学部に和文学科として組みこまれた国学で、これは明治三十四年国史学科・国文学科と分立するまでの間に、国学が包括していた政治・理財・法制史などを他に譲って、古道の学・有職の学を捨てた国学が国文学・国史学の学科を形成していた。科学として組織することを考えたのである。小中村清矩・黒川真頼・飯田武郷・物集高見・重野安繹・久米邦武・星野恒・木村正辞・栗田寛・小杉榲邨らが教官として参加した。彼らは国学者を以て任じていた。この中で、小中村清矩は、明治十五年、古典講習科という臨時施設を開き、本居豊穎・大和田建樹・佐々木弘綱・小杉榲邨らを講師として古典文学を教授し、また文学史という方法を導入するなどして、国文学科への道を拓いた。国史に関しては、政府に修史局があったが、同二十一年帝国大学に移管され、重野安繹・久米邦武らがこれにあたり、古文書学が開設され、『大日本史料』編纂の計画が具体化して、国史学科独立への道が敷かれた。こののち、小中村門下の芳賀矢一(一八六七―一九二七)がドイツ文献学を導入し、国学を日本文献学として再編成することを試みた。芳賀は「明治の国学者」と意識していたが、その門下の時代には国文学者という意識が強くなってしまった。もう一つの流れは、大学外にあった国学者で、民間人・神職・修史局員・官吏などさまざまだが、これらの人々に大学の教官も加わって、明治十五年財団法人皇典講究所を設立して、ここを国学を本来の形のままに維持・展開させる場とし、年々学生を募った。のちに国学院(のち国学院大学)を創設し、また神職の養成を担当した。近代の国学の主流はここにあったというべきだが、これも近代思想との接触の中で変貌せざるを得なかった。だが、近代国学として重要なことは、近代の初・中等教育の中で、国学の復古的・国粋的古典観・歴史観が国民一般の間に普及浸透したことであろう、と思われる。また以上の国学の主流をなす人々の門人や、主流には属さない国学者で、主流に劣らぬ重要な業績をあげた者もいる(それらについては別掲の国学者学統図を参照)。概括していえば、古道家も少なくないが、全体としては古典学者・考証学者が多かったといえるだろう。

参考文献 大川茂雄・南茂樹編『国学者伝記集成』、日本文学資料研究会編『国学者伝記集成』続篇、清宮秀堅『古学小伝』、国学院大学日本文化研究所編『和学者総覧』、芳賀矢一『国学史概論』、同『日本文献学』、藤岡作太郎『国学史』(『東圃遺稿』一)、佐佐木信綱『和歌史の研究』、野村八良『国学全史』、久松潜一『国学』、山田孝雄『国学の本義』、伊東多三郎『国学の史的考察』、同『草莽の国学(増補版)』、竹岡勝也『近世史の発展と国学者の運動』、三宅清『国学の学的体系』、西郷信綱『国学の批判』、大久保正『江戸時代の国学』(『日本歴史新書』)、同「国学」(久松潜一編『(増補新版)日本文学史』近世所収)、吉川幸次郎「仁斎東涯学案」(『日本思想大系』三三所収)、阿部秋生「契沖・春満・真淵」(同三九所収)、松本三之介「幕末国学の思想史的意義」(同五一所収)、芳賀登「幕末変革期における国学者の運動と論理」(同所収)
(阿部 秋生)

〔草莽の国学〕ここで草莽の国学というのは、草叢すなわち民間もしくは地方に生きる国学者の政治的・社会的学習運動をさす。そのような草莽について「学問の道、草莽にのみあれば」と述べたのは、江戸派の歌人村田春海である。地方の国学者という中には、都市の市井も含まれる。この人々は変革期の国学の文化運動を担う者としての社会的機能を果たしたが、特に大きな社会変革の力を発揮し、明治維新の実現に貢献したのが、平田学派である。しかし、地方国学の発展は、県居・本居学派の地方浸透もあり、江戸派の地域基盤の開拓もあり、各地に地方の国学者を成長させている。宣長学は、人欲と営利追求を肯定し、古代的な人間像を理想とし、京洛を賛美し、郷村社の復活を求め、古伝説絶対信仰ともいうべき「妙理」にもとづき、村落内の結合の強化をといた。その過程で村役人の改宗がおこり、彼らは上に立つ者としての非を認め、かつ上からの改革をといて、村政改革運動の先頭にたち、風儀改良のための教化撫育政策を講習運動として展開している。しかし古伝説に対する絶対信仰はゆらぎ始め、古史批判へと転回するものもあらわれた。また、天明期より天保期に至る間に階層分化がすすみ、社会変動が大きくなった。そこでそれに対応するため、生成の神をムスビ(産霊)の機能に求める者が多くなった。特に神威をもって世俗的権威を強め、家職観念と勤労精神を産土鎮守中心に強調することとなり、それにより封建的荒廃による地主的土地所有の危機回避につとめようとする者が生まれている。ところが弘化・嘉永年間(一八四四―五四)に至ると、地方文人サークルは、豪農商層が再び打毀しの対象ともなる状況の中で、諸芸に安住するより、小百姓たちを救い治めることに腐心するため、みずから農業に通じようとして、農学学習につとめ、江戸歌文派的なものの存在を完全に否定し、文雅の道を家職に従属させるに至った。その上に現状打破のための変革のプログラムをもたざるを得なくなり、特に諸外国の動静や各地での情報をあつめ、富国と風儀改良につとめている。やがて開国と攘夷の路線をめぐって、国学者の中にも政治的な対立も生まれたが、しかしあくまでも「国家の根元は朝廷」(長野義言『沢能根世利』)に求められている。もちろん天皇にいかなる政治的機能をもたせるかについての議論も大きくなった。特に安政から文久期になると、平田没後門人の勢力は拡大し、門人増加率は急上昇を来たした。それが本居に近い鈴木重胤門との対立抗争を生み、大国隆正の調停工作も失敗し、廃帝故事調査を含む佐幕的動きとの攻撃を受けて、重胤は平田派のテロリズムの対象となった。その方向は文久二年(一八六二)の将軍上洛を契機とし挙行された平田派志士の上京、なかんずく足利氏木像梟首事件に始まる動きとなり、さらに京都での教宣活動・出版活動となったが、翌三年の政治決戦を経て、この運動は挫折した。その中で大国隆正の富国大攘夷論は、長州藩尊攘派中心の大連合の論理となった。彼らは藩政改革と学制改革を併行させ、農兵論に立ち、志士的義挙コースを変革綱領にのせた。矢野玄道の復古綱領は維新のプログラムとなり、隆正の万国公法論摂取にもとづく「新真公法論」は外国人応接の綱領となる。そうした方向の実現は岩倉具視―玉松操ラインン中心に展開し、維新の綱領として採用された。しかし草莽国学者自体は多く草莽諸隊に結集され、変革のエネルギーとなったが、一部の人を除いて、政治を左右するところからは疎外されてしまった。その結果、偽官軍に連坐したり、便乗派となったりしていく者も出た。

参考文献 伊東多三郎『草莽の国学(増補版)』、芳賀登『幕末国学の展開』(『塙選書』二七)、同『草莽の精神』(『塙新書』三六)、同『幕末国学の研究』
(芳賀 登)

こくがくいんだいがく 国学院大学 文学・法学・経済・神道文化の四学部、および三研究科の大学院、法科大学院、短期大学二、高等学校三、中学校二、幼稚園三、幼児教育専門学校一、研究所二を持つ総合大学。明治二十三年(一八九〇)十一月二十二日、東京市麴町区飯田町(東京都千代田区飯田橋)の皇典講究所の敷地内に開校。わが国が立憲政治を実施するにあたり、皇典講究所の設立者であり、司法大臣であった山田顕義は、憲政の済美を期するには国家必須の皇典を講明して立国の本を固め、憲政の運用に基礎を与える急務を感じ、その任務の一端を同所に負わしめんとて同所の規模を拡張し、生徒教養の法を改めてもっぱら国史・国文・国法を攻究し、国民の国家観念を湧出する源泉となし、皇祖皇宗の遺訓に基づいて固有の倫理綱常を闡明し、東西の道義説を採用して国民の方向を一にし、古今一貫君臣の情義を維持せんとして国学院を設立した。もとより宗教・政党の器用となすものではない。しかして右の目的のために城北中学校(現在都立戸山高等学校)・日本法律学校(現在日本大学)を併置した。その後多少の変遷があり、大正七年(一九一八)五月より大いに校勢を張り、同九年四月に大学令による大学に昇格して大学部(道義・国史・国文の三学科)・予科・高等師範科および研究科を設け、のちに専門学校令による神道部・興亜部を併置した。同十二年、皇典講究所とともに東京府下豊多摩郡渋谷町若木(渋谷区東四丁目)に移転。昭和二十一年(一九四六)一月連合軍の圧迫によって母体の皇典講究所が解体したので、同三月財団法人国学院大学(同二十六年二月学校法人)に改正して学制を新制に切り替え、文学部に宗教(のち神道)・史学・文学・哲学の四学科、および政経学部を設け、二部(夜間)を開設して向学青年を迎え、女子の入学を認め、高等学校・中学校・幼稚園を置き、さらに大学院・法学部・経済学部(政経学部を改組)・幼稚園教員養成所を設けた。のち、栃木県栃木市に学校法人国学院大学栃木学園を設立し、短期大学・高等学校・幼稚園を設置。また、平成十四年(二〇〇二)、文学部神道科を改組拡充して神道文化学部を新設した。日本文化ならびにその背景となった東洋思想の研究を期して日本文化研究所を付設し、折口信夫の学徳を顕彰し、その学問・文学を継承するために折口博士記念古代研究所を設け、ともに活躍を続けている。大学本部は渋谷区東四丁目にある。→皇典講究所《こうてんこうきゅうしょ》

参考文献 『国学院大学八十五年史』、『国学院大学百年史』

(藤井 貞文)

こくがくいんだいがくとしょかんしゅうぞうしんとうしょせきかいせつもくろく 国学院大学図書館収蔵神道書籍解説目録 国学院大学図書館に収蔵されている神道関係書籍のうち、和装本を中心に解説を付して紹介した文献目録。国学院大学図書館調査室の編集で、菟田《うた》俊彦が解説を担当している。第一輯が昭和三十五年(一九六〇)七月、第二輯が昭和三十九年三月、第三輯が昭和五十九年四月に、それぞれ刊行されている。第一輯には、黒川文庫として図書館に収蔵されている、黒川《くろかわ》春村《はるむら》・真頼《まより》・真道《まみち》の親子三代の蔵書のうち「神祇之部」四百八部が収録されており、親子三代の略伝も巻末に付されている。第二輯は、国学院大学の創立八十周年記念として刊行されたもので、国学院大学の前身である皇典講究所の旧蔵和装本と、吉田家の家老職であった鈴鹿《すずか》連胤《つらたね》の旧蔵書籍が収められている。第三輯には、賀茂別雷神社旧社家、座田《さいだ》氏旧蔵の記録文書類が七百九部と、同社の神主家、鳥居大路家の旧蔵書、それに賀茂下上両社に関連した書籍が収められている。

(島田 潔)

こくがくいんだいがくにほんぶんかけんきゅうしょ 国学院大学日本文化研究所 国学院大学の付属の研究所。日本文化研究のために設立された、国学院大学の付属の研究所。昭和三十年(一九五五)夏に開設され、同三十四年文部省の正式認可を得た。初代所長は石川岩吉。その設置目的は日本文化に関する精深な研究を行い、これを広く世界文化と比較して民族的伝統の本質と諸相を把握することにあり、研究主題は㈠日本文化の基礎的研究、㈡国民の信仰および道徳上の諸問題の研究としたが、特に固有信仰の研鑽に大きな力点を置いている。その設立当初は研究審議委員・研究員制だったが、やがて所員を置き教授・助教授制にした。主な刊行物に『国学院大学日本文化研究所紀要』『国学院大学日本文化研究所所報』『神道論文総目録』(正・続)、『校本日本書紀』(四巻)、『日本書紀総索引』(四巻)、『和学者総覧』『神葬祭資料集成』等々があり、別に祭礼関係のビデオ・記録映画の作成、数回にわたる国際会議の主催、海外研究機関との交流など多彩な活動を展開している。

(平井 直房)

こくがくしゃでんきしゅうせい 国学者伝記集成 国学者の伝記資料を列伝体に集成した書。正篇は、大川茂雄・南茂樹共編で、上田万年・芳賀矢一の校閲を経、明治三十七年(一九〇四)一冊本として大日本図書株式会社から刊行された。慶長八年(一六〇三)江戸幕府開府以後、明治三十六年末までに没した広義の国学者、すなわち神道家・国史家・有職故実家・歌文学家・語学家など六百十名余の伝記を、それぞれ記録・著書・雑誌などから収集し、ほぼ没年順に配列したもので、各人の伝記事項を、生没・住所・姓名・系図・学統・年譜・経歴・性行・逸話・雑載・著書の十一項に分けて記述するが、「総叙」の下に一括して記すこともある。本文のほか、巻頭に姓名索引・学統表、巻末に国学者年表・名号索引を付す。昭和九年(一九三四)・十年に至り、初版の誤植などを訂した正篇(二冊として刊)のほか、新たに上田万年監修のもとに日本文学資料研究会が編纂した続篇一冊が、国本出版社から刊行された。続篇は、正篇に洩れた学者、また明治三十七年以後、昭和初年までの間に没した学者五百余名の伝記資料を追補し、また正篇資料の誤謬・遺漏を補正した項を設け、巻末には、修補した年表と、正続両篇を合わせた姓名・名号総索引を付載する。この正続三冊本は、昭和四十七年五月、名著刊行会から覆刻された。本書は、伝記資料の選択・編集に妄りに編者の筆を加えず、典拠とした記録・著書・雑誌などの原文をそのまま引用してあるのできわめて便利である。しかしその反面、原資料の誤りをそのまま踏襲するものがあるので注意を必要とする。けれども、国学者の伝記研究資料を集成したものとしては、もっともその収載範囲が広く、内容も充実していて、国学研究の基礎的な研究資料として不可欠なものである。

(大久保 正)

こくがくしんとう 国学神道 ⇩復古神道《ふっこしんとう》

こくがくたいけい 国学大系 近世の主要な国学者三十余名の代表的著作を集成し、国学思想の体系化を目指して企画された叢書。藤田徳太郎・志田延義の編集で、諸家が校訂・解題を分担し、全二十四巻を刊行の予定であったが、第二次世界大戦の破局に遭遇し、昭和十八年(一九四三)八月から翌十九年十一月にかけて、左の五冊を刊行しただけで中断された。地平社版。著作の選定には、紙面の制約と、戦時体制下の思想的偏りを免れていない嫌いもあるが、従来未刊の新資料も少なからず収録されており、解説と相まって国学研究の有益な資料である。

3本居宣長集(臼田甚五郎校訂・解説)

玉桙百首・直霊・道云事之論・くず花・玉くしげ・玉くしげ別巻・問答録(一名臣道)・答問録

12佐藤信淵集(安津素彦校訂・解説)
垂統秘録・混同秘策・天柱記・鎔造化育論・奉呈
松塘疋田君封事・経済要略
14橘守部集(太田善麿校訂・解説)
神代直語・稜威雄誥・十段問答・古事記索隠頭書
20権田直助集(神崎四郎校訂・解説)
医道沿革考・医道沿革考附録・くすしの一言・くすしのこと〻ひ・西洋医説弁・養生答客問・医道百首解・詞の経緯図問答・心の柱・魂心気略弁・教典十二章・美多麻乃布由・皇道歌
21鈴木重胤集(高階成章校訂・解説)
神代真言・経緯歌・世継草・筑紫再行・大祓講義

(大久保　正)

こくがくのしたいじん　国学の四大人　普通には荷田春満・賀茂真淵・本居宣長・平田篤胤の四国学者をさす。四大人説を決定的にしたのは幕末・明治期に影響力の大きかった篤胤の発言(『玉襷《たまだすき》』九)である。師弟の道統からいえば右のとおりにすべきだが、国学の方法からいえば、春満よりは、契沖から真淵・宣長へ連なるので、契沖を数えよともいい、また契沖・春満をともに加えて五大人とすべきかとする意見もある(久松潜一『国学』)。

参考文献　三宅清『荷田春満』、芳賀矢一『国学史概論』

(阿部　秋生)

こくがくべんぎ　国学弁疑　『日本書紀』の研究書。吉見幸和著。五十巻。延享三年(一七四六)成立と考えられるが、それ以前の可能性もある。別名『神学弁疑』。吉見幸和が、従来『日本書紀』の解釈で問題とされてきた五十の項目を門人たちに一つずつ課題として与え、論じさせたものである。吉見幸和の意図は、その多くが秘伝とされてきた五十の項目を、『古事記』『日本書紀』『旧事本紀』などの「正史」の記述によって検証し直すことにあった。たとえば、いわゆる「天神七代地神五代」について論じた巻では「天神七代地神五代の称は野史雑録の説、正史官文の取る所にあらず」と「正史」に徴する実証的な立場が明らかにされ、従来の神道説は典拠とするに足りない雑録のたぐいに基づいており、その天神、地神に関する解釈が仏教や儒教の概念・構造を借りた根拠のない付会であることが批判されている。こうした批判と検証の作業を基礎として次の著作『神代正義』が成ったのである。

参考文献　阿部秋生『吉見幸和』(『新国学叢書』一一)

(大久保紀子)

こくぐんぼくじょう　国郡卜定　大嘗祭に斎田とすべき悠紀《ゆき》・主基《すき》の国郡を亀卜によって定める儀式。古くは、軒廊における軒廊御卜《こんろうのみうら》で定められた。明治以後は宮中三殿のうち神殿の前で行われ、斎田点定《さいでんてんてい》と称される。亀卜の法は海亀の甲を将棋の駒形に作り、これに町形を彫り、波々加《ははか》の木(「みそさくら」「かにはさくら」「かばさくら」ともいう)で焼き、その裂け方によって判定する。古くは、灼手《やきて》は神祇官の卜部、判定は亀卜長上があたったが、現在はいずれも掌典が奉仕する。古来、卜定された国は一定しなかったが、醍醐天皇以後は悠紀には近江国、主基には丹波国あるいは備中国(冷泉天皇のみ播磨国)が用いられ、郡のみ卜定されたが、なお国郡卜定と称した。明治には悠紀を甲斐国、主基を安房国としたが、登極令制定後は、京都以東・以南を悠紀、京都以西・以北を主基の地方とし、その地方はこれを勅定することとなった。大正の大嘗祭には愛知県を悠紀、香川県を主基に、また昭和の大嘗祭には滋賀県を悠紀、福岡県を主基に、平成の大嘗祭には秋田県を悠紀、大分県を主基と定めた。田を卜定することは、古く『日本書紀』神代天孫降臨章第三の一書にも「神吾田鹿葦津姫、以㆓卜定田㆒号曰㆓狭名田㆒、以㆓其田稲㆒醸㆓天甜酒㆒嘗之」とみえ、また同天武天皇二年(六七三)十二月丙戌(五日)条に、大嘗に奉仕した「播磨丹波二国郡司」に禄を賜わった記事がある。国郡卜定の時期について、『代始和抄』に「二月より九月にいたる迄八ヶ月の中は毎月其例あり、皆即位以後の事なり、但後白河院は久寿二年(一一五五)九月十三日国郡卜定、十月廿六日即位の事あり、後伏見院永仁六年(一二九八)八月廿五日卜定、十月十五日即位の事有り、此の両度は即位以前まづ国郡卜定あり、尋常ならずといへども共に以て佳例たり、多分は四月中に行はる〻事也」とみえている。→大嘗祭《だいじょうさい》　→悠紀《ゆき》・主基《すき》

参考文献　『江家次第』(『(新訂増補)故実叢書』二)、内閣大礼記録編纂委員会編『昭和大礼要録』

(是澤　恭三)

こくごうこう　国号考　古代以来のわが国の国号について、その由来や語義を詳細に論証した書。本居宣長著。伊勢松阪の書肆柏屋兵助から天明七年(一七八七)秋に発行された旨の刊記がある一冊本の版本があり、三重県松阪市の本居宣長記念館には宣長自筆の稿本一冊が保存されている。宝暦十三年(一七六三)の宣長の著書『石上私淑言』巻二の第三十から五十三項にかけて説かれた国号に関する論が、本書の基礎になっていると考えられる。しかし、前記自筆稿本には多数の増補訂正が見受けられ、天明七年の出版にあたって、大幅な補訂が加えられたことが知られる。「大八嶋国」「葦原中国」「夜麻登」「倭の字」「和の字」「日本」「豊また大てふ称辞」の七項目にわたって、史料を提示しながら、きわめて客観的な考察が展開されており、文献学的な宣長の学風の特徴が、よく表われている。『本居宣長全集』八(筑摩書房)所収。

(伴五十嗣郎)

こくさい　国祭　山城国一宮の賀茂下上社(京都市)の例大祭のこと。これを特に賀茂国祭《かものくにのまつり》とも呼んだのは、同社が同国諸社のうちでも、全域の鎮護神として尊崇せられたのによる。賀茂社の場合、文武天皇二年(六九八)三月、祭の日に衆を会して騎射することを禁じ(『続日本紀』)、大宝二年(七〇二)四月には山背(城)国の人のみに会集・騎射することを許したが(同)、和銅四年(七一一)四月に

は今後、祭の検察を山背国司の所管事務とすることが定められた(『続日本紀』『類聚三代格』)。天平十年(七三八)四月には人馬の会集に関する禁制を解き、主祭者の意のままにすることを許し、ただし祭庭で闘乱することなきを期せしめた(『類聚三代格』)。このように奈良時代以前から、政府は賀茂神の祭祀を重視し、山城国最高の祭祀として、騎射のことなどによっておこる騒乱に対して警察の手段を講じていた。平安遷都後、賀茂祭は一世の盛儀となったが、久安三年(一一四七)四月十五日、摂政藤原忠通が賀茂詣をしたことについて、『台記』には「今日国祭也」と記しており、このころ賀茂祭が国祭と呼ばれていたことが知られる。このほか山城の松尾神社などでも、官祭に対して国司が主になって執行する祭儀としての「国祭」が見られる。 →賀茂祭《かものまつり》 →官祭《かんさい》

参考文献 『古事類苑』神祇部三、梅田義彦『神祇制度史の基礎的研究』 (梅田 義彦)

こくしげんざいしゃ　国史現在社　『延喜式』神名帳に記載されている式内社以外に、六国史に名がみえる神社。国史見在社とも。志摩・三河・伊豆・相模・安房・越後・大隅を除いた全国に存在し、約四百社前後を数える。代表的な神社としては石清水八幡宮(京都府八幡市高坊)、大原野神社(京都市西京区)、香椎宮(福岡市東区)などが挙げられる。ほとんどが神階授位の記事であるが、霊験や各種祈請などにより国家や朝廷からの奉幣などをうけ、重要視された神社も多い。神名帳に記載されなかった理由としては、神仏習合の顕著であるもの、創建が比較的新しいものなどの理由が存したと考えられる。近世に入り、神社に関する考証が盛んとなると、式内社とともにその比定に関する研究が進んだ。代表的研究としては伴信友の『神名帳考証』や、栗田寛『神祇志料』がある。近世には式外官社・未官帳社などの呼称が使われているが、その中には六国史所載以外の神社も含まれ、国史現(見)在社という語が広く用いられるようになったのは明治以降である。式内社に次ぐ格式ある神社として重んじられ、明治以降、社格の決定などに影響を与えた。

参考文献 梅田義彦『神祇制度史の基礎的研究』、近藤喜博『稿本国史現在社神名帳』 (松本 久史)

こくししょさいしゃ　国史所載社　官撰の正史である『日本書紀』以下の六国史《りっこくし》に、授神位・列官社・祈請・寄進・祭祀・奉幣・社殿造営・霊験発揚などのことによってその名の現われる神社のこと。その中には、官社(延喜式内社)もあるが、それ以外のものもある。後者を特に国史見在社《げんざいしゃ》という。見在社の数は、宮中・京中をはじめ、山城国以下五十九ヵ国・二島(壱岐・対馬)にわたり三百九十一である。国史所載社は、神社中の古社として重視されている。 →官社《かんしゃ》 →式内社《しきないしゃ》

参考文献 『大日本史』神祇志、栗田寛『神祇志料』、梅田義彦『神祇制度史の基礎的研究』 (梅田 義彦)

こくしじんぎしゅう　国史神祇集　神祇関係史料を編年体に抄録・列記したもの。正続の二編があり、ともに十巻。ただし、単に『国史神祇集』といえば、むろん、正編をさしていい、国学院大学図書館所蔵本には、これを『類聚神祇集』とも表題している。編者は摂津住吉神社の客方職役の出にして、『住吉松葉大記』『住吉全集』『中臣祓直解鈔』などの著者としても知られる梅園惟朝で、元禄十二年(一六九九)正月二十日その業を了えた。伝本に稿本と訂正本との二種があって、その自筆本を、前者は宮地直一が旧蔵し、後者は大阪府立図書館が所蔵している。なお、この自筆本には神谷永平の加点・標注などが加えられているが、上記国学院本もこの系統に属する。神武天皇甲寅年より光孝天皇仁和三年(八八七)に至る千五百五十余年間の神祇関係の史料を六国史より抄出したものである。次に『続国史神祇集』は、京都の和学者にして、契沖の弟子の今井似閑の門に学び、本居宣長にも多大の影響を与えた樋口宗武(宗建)の編するところで、享保二年(一七一七)正月の自序を有する。その善本としては三上俊一所蔵本があって、荒木田久老・同真清の校訂本にかかる。「準二前之国史神祇集一」じて、それに続く宇多天皇仁和四年より後光厳天皇応安二年(長慶天皇正平二十四、一三六九)に至る四百八十余年間の神祇史料を抄録したものである。これらの二書は合冊され、昭和七年(一九三二)に『(正続)国史神祇集』(宮地直一・曾根研三校訂)として刊行された。 (西田 長男)

こくしすうけいしゃ　国司崇敬社　律令制にもとづく国司制度の時期に、国司がその管内で特に崇敬した神社。国司は、任命されてその国に着くと、神拝《じんぱい》といって管内の主要神社を巡拝し、のち行政に従った。これらの神社には恒例・臨時の祭に奉幣し、時に神宝を奉り、またその造営に努めたが、その内容は、官社(延喜式内社)・国史見在社、その他より成る。これら国司崇敬社の登載簿が国内神名帳《じんみょうちょう》で、今日それと思われる和泉国以下十七ヵ国のものが残っている。

参考文献 永山卯三郎編『現存国内神名帳』、宮地直一『神祇史大系』、梅田義彦『(改訂増補)日本宗教制度史』中世篇 (梅田 義彦)

こくしたいけい　国史大系　日本史研究の基礎史料である古典籍を集めて校訂刊行した叢書。この叢書は三次にわたって刊行された。第一次は田口卯吉が編集し、経済雑誌社から出版したもので、黒板勝美が主として校訂にあたった。冊数は十七冊で、明治三十年(一八九七)に第一冊の『日本書紀』を出し、同三十四年に完成した。つづいて続篇の『続国史大系』が計画され、同三十五年から三十七年にかけて十五冊が出版された。これで六国史から『徳川実紀』に至るまでの日本歴史の根幹となる史書が網羅せられ、はじめて活字本となって世に出たことになり、このころ勃興の機運にあった国史学・国文学の発展に寄与したところが大きかった。第二次は黒板勝美が既刊の六国史を再校訂し、新たに『類聚国史』を加え、『(国史大系)六国史』四冊、『(国史大系)類聚国史』一冊

として経済雑誌社から出版した菊判の五冊本であって、大正二年(一九一三)から五年にかけて刊行された。第三次は黒板勝美が編集し、丸山二郎らが校訂に参加して吉川弘文館から出版した『(新訂増補)国史大系』の六十六冊本で、昭和四年(一九二九)に刊行を開始し、同三十九年に完成した。所収書目は、正・続の『国史大系』および『続徳川実紀』のほかに新たに十七種を加えた。この事業に三十五年という長年月を要したのは、昭和十一年黒板勝美が病に倒れて同二十一年死去したこと、第二次世界大戦の勃発によって出版の技術的困難が増したこと、企業整備令による出版社の統合のあったことなどによる。黒板の死後は丸山二郎・井野辺茂雄・黒板昌夫・坂本太郎が国史大系編修会を組織して、事業を完成させた。『国史大系』は校訂の厳密さや、索引・目録などの整備によって、広く学界の支持をうけ、研究者必備の書物とせられている。昭和三十九年この事業により代表者丸山二郎に朝日文化賞が贈られた。

1日本書紀(舎人親王他)
2続日本紀(菅野真道・藤原継縄他)
3日本後紀(藤原緒嗣他)・続日本後紀(藤原良房他)・日本文徳天皇実録(藤原基経他)
4日本三代実録(藤原時平他)
5日本紀略
6日本逸史(鴨祐之編)・扶桑略記(皇円)
7古事記(太安麻呂)・先代旧事本紀・神道五部書・釈日本紀(卜部兼方編)
8本朝世紀(藤原通憲)
9―11公卿補任
12令義解(清原夏野他)・類聚三代格・類聚符宣抄・続左丞抄(壬生季連)
13延暦交替式・貞観交替式・延喜交替式・延喜式(藤原忠平他)
14百錬抄・愚管抄(慈円)・元亨釈書(虎関師錬)
15古事談(源顕兼)・古今著聞集(橘成季)・十訓抄・栄花物語
16今昔物語集
17宇治拾遺物語・水鏡・大鏡・今鏡・増鏡

〔続国史大系〕
1―3続史愚抄(柳原紀光)
4吾妻鏡(前)
5吾妻鏡(後)・附録(宗尊親王鎌倉御下向記・建長四年政所始次第・関東開闢皇代并年代記・武家年代記)
6―8後鑑(成島良譲編)
9―15徳川実紀(成島司直)

〔国史大系〕六国史・類聚国史
1日本書紀
2続日本紀
3日本後紀・続日本後紀・日本文徳天皇実録
4日本三代実録
5類聚国史(菅原道真)

〔(新訂増補)国史大系〕
1上・下日本書紀
2続日本紀
3日本後紀・続日本後紀・日本文徳天皇実録
4日本三代実録
5・6類聚国史
7古事記・先代旧事本紀・神道五部書
8日本書紀私記・釈日本紀・日本逸史
9本朝世紀
10日本紀略(前)
11日本紀略(後)・百錬抄
12扶桑略記・帝王編年記(永祐)
13―15続史愚抄
16・17今昔物語集
18宇治拾遺物語・古事談・十訓抄
19古今著聞集・愚管抄
20栄花物語
21上水鏡・大鏡
21下今鏡・増鏡
22律(藤原不比等他)・令義解
23・24令集解(惟宗直本編)
25類聚三代格・弘仁格抄
26交替式(延暦交替式・貞観交替式・延喜交替式)・弘仁式(藤原冬嗣他)・延喜式
27新抄格勅符抄・法曹類林(藤原通憲編)・類聚符宣抄・続左丞抄・別聚符宣抄
28政事要略(惟宗允亮編)
29上朝野群載(三善為康編)
29下本朝文粋(藤原明衡編)・本朝続文粋(藤原季綱編)
30本朝文集(水戸徳川家編)
31日本高僧伝要文抄(宗性編)・元亨釈書
32・33吾妻鏡
34―37後鑑
38―47徳川実紀
48―52続徳川実紀(成島司直・同良譲・同柳北編)
53―57公卿補任
58―60上・下尊卑分脈(洞院公定)
別巻1公卿補任索引
別巻2尊卑分脈索引

参考文献　坂本太郎・黒板昌夫編『国史大系書目解題』、井野辺茂雄「国史大系の編纂」一(黒板博士記念会編『古文化の保存と研究』所収)、丸山二郎「国史大系の編纂」二(同所収)

(坂本　太郎)

こくたいのほんぎ　国体の本義　昭和十二年(一九三七)五月文部省が刊行、全国の学校・社会教化団体・官庁に配布した書物。一冊。本書巻頭にあるように、「国体を明徴にし、国民精神を涵養振作すべき刻下の急務に鑑みて」編集されたものである。したがって緒言ではまず「現代日本と思想問題」が論じられている。明治以来、急激に輸入された西洋思想は、主として十八世紀以来の啓蒙思想が、その延長であり、その根底をなす世界観・人生観は個人に至高の価値を認め、個人の自由・平等を主張するものであり、その影響は大きく、教育勅語によって進むべき方向が明示されたにもかかわらず、思想上・社会上の混乱がおこり、国体にかんする根本的自覚が要請されるに至ったというのである。本書では、このように西洋近代思想の根底をなす個人主義を排し、万古不易の国体を明らかにし、その本義を国民が体得することの重要性を説くのである。本論は二部から成り、第一の「大日本国体」では、「肇国の事実」のなかに国体の大本が生き輝いていることを知る必要があるとする。一大家族国家である日本では、臣民が天皇につかえるのは義務や力への服従ではなく、「止み難き自然の心の現れ」であり、忠は天皇に絶対随順する道であると説き、臣民と西洋にいう人民とは本性を異にするとされている。これをうけて第二の「国史に於ける国体の顕現」では、国史を一貫する精神、国土と国民生活、国民性、祭祀と道徳、国民文化、政治・経済・軍事について書かれている。本書がもっとも利用されたのは、国家統制下にあった学校においてであり、その教育について本書では知育に偏ることを批判し、理論的知識の根底には常に国体に連なる深い信念と、これによる実践がなければならぬとしていた。そして巻末の結語では、共産主義・無政府主義はもとより、民主主義・自由主義も根底に国体にあわぬ個人主義的人生観のあることに注意をうながし、国体の真義を明らかにすることの重要性がくり返し強調されていた。本書は『臣民の道』とともに、戦時下の教育方針を示したものとして見のがすことのできないものである。

（山住　正己）

こくたいろん　国体論　「国体」の観念、ならびにそれをめぐる議論を総称して、ここでは国体論とよぶ。「国体」の語は、中国の古典に由来し、さまざまな用例があるが、その中でも、「国体に通達す」(『漢書』一〇成帝紀、原漢文)というように、国家の形体、すなわちその組織や状態を指す意味と、「国体を堕《こぼ》つ」(同八四翟方進伝、同)あるいは「国体を虧《か》く」(『淵潁呉先生集』五論倭、同)というように、対外的な国家の体面の意味との両様の用法が、日本で近世以降に独自の国体の観念が形成された際の源流をなしたとみられる。なお日本の古代にも、『延喜式』祝詞に収められた「出雲国造神賀詞」の中に、天孫降臨に先立ち、「国体《クニカタ》」をみるために神を派遣したとする用例があるが、この場合の国体とは、地形を含めた国土の状態の意味に解せられ、右の国家の形体の意味に近いもののようである。

近世の前期には、栗山潜鋒・新井白石・荻生徂徠らによって国体の語が用いられた例があるが、それらも右の用例と同様に、一般的な意味での国家の形体ないしその体面を指すものであった。これに対し、近世の後期すなわち十八世紀後半以降になると、同じく国家の形体や体面の意味でも、特に日本に固有の伝統にもとづく国家組織の、内部的ならびに対外的な独自性を表現する意味において、国体の語が用いられることが多くなった。それは外国船が日本に接近し、鎖国体制の危機が意識されるようになった現実の状況を背景としていた。その初期には、単に鎖国の制度そのものを指して国体と称した事例もあるが、やがて対外的な危機を克服するために、国家の統一性を強める必要が有識者らによって自覚されるようになるとともに、その統一国家のあるべき姿が国体と表象されたのである。日本の歴史上に見出される国家的伝統の独自性については、近世の前期から、儒学者や神道家・国学者らによるさまざまな主張があったが、国体の観念は、それらをいわば集約するものとなった。この意味での国体の観念は、水戸学の中で理論的に体系化された。会沢正志斎の著『新論』(文政八年(一八二五))では、最初に「国体」篇を置き、国家の統一性を強化するためには「民志」を一にすること、すなわち国民の心を統合することが必要であるとするとともに、それを可能とする条件として、天皇を君主とする日本の国家の祭政一致の伝統を重視すべきことを説いていた。また同じく水戸学を代表する著述の一つである藤田東湖の『弘道館記述義』(弘化四年(一八四七))では、日本の伝統的な国家組織と国民性との優秀性を、「国体尊厳」と表現している。やがて幕末の開国のころからは、国体の語は、学者の政治論ばかりではなく、詔勅など公文書の中でもしばしば用いられるようになった。明治維新によって成立した新政府の公文書などにおいても同様であり、国家の統一ある秩序、ないしそのような秩序をもつ国家体制の意味に用いられて、次第にこの維新によって成立した統一国家の体制を支える理念としての重要な意義をもつものとなった。特に明治二十三年(一八九〇)に発布された教育勅語の中で、「教育ノ淵源」は「国体ノ精華」にあるとされたことや、また大正十四年(一九二五)に制定された治安維持法において、「国体ヲ変革」することが、私有財産制度の否認とならんで、刑罰の対象とされたことなどは、この国体の観念が帝国憲法のもとでの国家的秩序を支える理念として機能していたことを示している。昭和二十年(一九四五)の終戦の詔勅の中でも、「国体ヲ護持シ得」て戦争を終結するとの趣旨が述べられていた。しかしその翌年に新憲法(日本国憲法)が制定され、国民主権の理念が制度化された結果、国体の観念も有効性を失い、そのころからこの語も一般には用いられなくなった。このように終戦までの日本の近代国家において重要な役割を担った観念であるにもかかわらず、この間に国体という概念の意味内容について明確に定義されたことはなく、漠然たる意味内容のままで政治上に重要な機能を発揮した点に、日本における近代国家の特色があったともいえる。ただし治安維持法の制定に際しては、政府は国体という概念の法律的意味を確定する必要に迫られ、憲法の第一条、すなわち「大日本帝国ハ万世一系ノ天皇之ヲ統治ス」が、その意味内容であると議会で説明した。終戦の詔勅における国体護持の意味も、「天皇ノ国家統治ノ大権」には変更がないとする趣旨であった。このように天皇に統治権もしくは主権があるという意味での国体の観念が、国民主権の思想と矛盾することは明らかである。またこのような政治的・法律的意味での国体概念は、それに対立する左翼的な立場から、昭和初年以来用いられてきた「天皇制」の概念と、意味内容においてほぼ一致するものであって、実際にも国体が廃語となる前後から、天皇制の語が広く用いられるようになった。しかし国体の語の一般的な用法としては、教育勅語の場合などにみられるように、右の法律的概念よりも広く、古代以来の伝統にもとづく日本の国家の特質、特にその統一性と永続性、ならびにその特質を維持してきた国民性などを包括する概念として使用されていたのが普通であり、その国家の特質の具体的内容は、君民一体の家族国家として表象されることが多かった。

　したがって国体論とよばれたものの大部分は、記紀の神話や歴史上の事実を根拠として、右の意味での国体の存在を論証し、これを賛美する趣旨のものにすぎなかった。しかし大日本帝国憲法では、天皇を統治権の総攬者とするとともに、他方でその統治権の実際の行使に関しては、行政に関する国務大臣の「輔弼」や、立法に関する議会の「協賛」、および司法権と統帥権との独立などを規定しており、この多元的な政治制度と、天皇を唯一の統治権者とする観念との間には矛盾が含まれていた。この点に憲法の解釈をめぐって、対立や論争の生ずる理由があった。その一方の立場は、「国体」と「政体」とを区別し、前者を基本とみることによりその矛盾を解消しようとするもので、国家の主権の所在を「国体」といい、その主権の行動の様式を「政体」とよぶとした穂積八束(一八六〇―一九一二)の学説などが、それを代表する。これに対し、憲法の定める政治制度の全体を「政体」とみて一元的に解釈しようとしたのが、美濃部達吉(一八七三―一九四八)らの学説で、美濃部は、主権は法人たる国家にあり、天皇はその国家の最高機関であると説明した。この美濃部の立場では、「国体」は「民族精神」すなわち国民の道徳的信念を表現する語で、法律上の概念ではないとされた。穂積の思想を継承した上杉慎吉(一八七八―一九二九)は、大正元年に美濃部の学説を「国体ニ関スル異説」として批判したが、美濃部に論破されて、論争は終結した。しかし昭和十年になると、議会で美濃部の天皇機関説が問題とされ、同年八月、政府は「国体明徴に関する声明」を出して、機関説を「国体の本義を愆《あやま》る」学説として非難する趣旨を明示した。この天皇機関説排撃に始まる国体明徴運動は、議会内にとどまらず、また学説上の問題に限定されず、一種の政治運動ないし教化活動となって広く国民の思想に影響を及ぼし、こののち国体の観念は、政治制度の多元性を克服して国家意志を統一し、また国民の意志を国家目標に向けて統合する意味を担うものとして、国家の戦時体制を強化する上に大きな役割を果たすこととなった。昭和十二年に文部省で編纂し公布した『国体の本義』は、この時期に政府の立場から鼓吹すべきものと考えられた国体論を代表するものである。↓天皇《てんのう》　↓天皇機関説問題《てんのうきかんせつもんだい》　↓水戸学《みとがく》

[参考文献] 内務省神社局編『国体論史』、帝国学士院編『帝室制度史』一、橋川文三・松本三之介編『近代日本政治思想史』二(『近代日本思想史大系』四)、瀬谷義彦・今井宇三郎・尾藤正英編『水戸学』(『日本思想大系』五三)、牧健二『日本国体の理論』、村岡典嗣『国民性の研究』(『日本思想史研究』五)、長尾竜一『日本国家思想史研究』

(尾藤　正英)

こくないじんみょうちょう　国内神名帳　諸国の国衙に常備してあった神名帳で公簿の一種。本国帳・神社帳・国内帳、単に国帳とも。国司が赴任すると、最初になすべき職務は、国司神拝と称して管内の主要な神社を巡拝することであった。また朔幣といって国司が毎月朔日に国内の主要な神社に幣帛を奉献する神事も行われた。これらの国衙祭祀は国内神名帳に基づいて行われた。よって当神名帳に登載する神社は国司崇敬社とも称された。国内神名帳の書式は一定しないが、現存最古の『筑後国神名帳』によると、各郡ごとに社名ないし神名を神階とともに列記し、郡名の下にその郡内に登載する総数を示し、神階の高い順に配列してある。伝存する国内神名帳は社寺の修正会や修二会、あるいは民間の正月行事などで奉唱ないし勧請のために用いられたものも多く、その場合の神号は大明神・明神・天神などで表記されている。和泉・伊勢・尾張・三河・駿河・伊豆・美濃・上野・若狭・越前・加賀・丹後・出雲・隠岐・播磨・美作・備前・安芸・紀伊・伊予・筑後・大隅の二十二ヵ国の神名帳が現存するが、これらのなかには検討を要するものも含まれている。他に対馬国内神名帳が現存するとの報告もあるが(宮地直一『神祇史綱要』)、所蔵者を記しておらず、確認できない。国内神名帳は諸国の大小の神社を知るための根本史料として貴重である。

[参考文献] 三橋健『国内神名帳の研究』論考編・資料編、永山卯三郎『現存国内帳』、石巻良夫「諸国神名帳の研究」(『芸文』四ノ七―九)

(三橋　健)

こくふさい　国府祭　⇨こうのまち

こくふはちまん　国府八幡　律令制にもとづく国司制度の時期、国司の執務所を国府または国庁といい、その所在の区域を国府といったが、その付近に勧請《かんじょう》せられた八幡宮を国府八幡また府八幡宮という。国司は、京都からその国に下って、管内の神社行政その他諸般の行政を司ったが、京都の文化を慕うとともに、在京の時崇敬した神社のことを忘れがたく、京都内外の有名な神社の分祀を国府に勧請してその心情を医《いや》したのであるが、その神社には、石清水八幡宮・北野天神社・日吉神社・賀茂神

社・祇園社(八坂神社)・愛宕神社・稲荷神社・住吉神社・春日神社などがある。中でも八幡社に著しいものが多く、これが国府八幡といわれるものである。ほかに国分寺の鎮守として勧請せられた八幡宮もある。遠江国の府八幡宮(静岡県磐田市中泉、旧県社)、讃岐国の国分八幡宮(香川県綾歌郡国分寺町、旧郷社)、石見国の八幡宮(島根県浜田市上府町、旧郷社)などがこれである。

参考文献　太田亮「国府・国分寺関係の神社」(角田文衛編『国分寺の研究』上所収)　(梅田 義彦)

こくぶんじてんまんぐう　国分寺天満宮　⇨菅原神社《すがわらじんじゃ》

こくへい　国幣　⇨幣帛《へいはく》

こくへいしゃ　国幣社　社格の一つで、官幣社に対するもの。これには明治時代以前の制と、明治以後の制とがある。崇神朝に定められた天社・国社の制が社格制の萌芽とされるが、そののち有験《うげん》の霊社と仰がれるものが次第に国家的待遇を受けるものが多くなり、これを官社と呼ぶ。その数は天平期にほぼそろい、そののちも漸増した。官社に列せられると、神名帳《じんみょうちょう》に載せられ、毎年二月の祈年祭《きねんさい》(としごいのまつりとも)に神祇官の幣帛を奉られた。ところが僻遠の諸国の神社では、祝《はふり》(神職)が上京して幣帛を受け、帰社して祭ることが困難であったので、延暦十七年(七九八)それらの国の官社には、国司が代わって幣帛を奉ることにした。これが国幣社である。『延喜式』の制では、官社はすべてで三千百三十二座(二千八百六十一社)、それが官幣の大・小社、国幣の大・小社に分かれ、後者はすべてで二千三百九十五座、そのうち大社は百八十八座、小社は二千二百七座である。明治四年(一八七一)五月十四日従前の制を参照して、新たに社格制度が定められた。伊勢の神宮は特別のものとして社格を付けず、そのほかを官社と諸社(俗に「民社」)としたが、官社(九十七社)を官幣大・中・小社(神祇官所祭、合計三十五社)と国幣大・中・小社(地方官所祭)とした。新制の官幣社・国幣社の区別は、おのおのその例祭にあたって、前者には皇室から幣帛が、後者には国庫から幣帛が奉られるという点にあった。したがって同じく官幣・国幣の制とはいっても、『延喜式』の制とは少し趣を異にする。新社格制定当初には国幣大社はなく(大正四年(一九一五)気多神社がはじめてこれに加列)、中社四十五社、小社十七社、合計六十二社であったが、そののちこれらに列せられるもの漸増し、第二次世界大戦終戦時には、大社六、中社四十七、小社五十、合計百三社であった。昭和二十一年(一九四六)二月二日社格制度は廃止された。↓官社《かんしゃ》　↓官幣社《かんぺいしゃ》　↓社格《しゃかく》

参考文献　『古事類苑』神祇部一、神祇院編『社格制度の沿革』、大霞会編『内務省史』二、梅田義彦『神祇制度史の基礎的研究』　(梅田 義彦)

こくみんせいしんぶんかけんきゅうじょ　国民精神文化研究所　第二次世界大戦前における文部省直轄研究所の一つ。昭和七年(一九三二)八月の設立。同六年七月、文部省に学生思想問題調査委員会が設けられたが、これは同三年の共産党検挙(三・一五事件)に学生百五十名が参加していたことに見られるように、当時の思想問題において特に学生が問題になっていたことによるのであろう。この調査委員会の答申(同七年五月)に、「学生左傾」の対策として、国体・国民精神の原理を明らかにし、マルキシズムに対抗する理論体系の建設を目標とする研究機関の設立があげられているので、これをうけてこの研究所が設けられたのであろう。同九年五月、東京都品川区上大崎長者丸に庁舎が落成して開所式が行われた。歴史・国文・芸術・哲学・教育・法政・経済・自然科学・思想の九科に分かれ、所員・研究嘱託・助手がおかれた。十年ごろの歴史の陣容は、所員(兼)西田直二郎、研究嘱託松本彦次郎、助手吉田三郎・中村光であった。組織は研究部・事業部の二部から成り、事業部では、全国中等学校教員の再教育(半年間)を行なった(教員研究科)ほか、いわゆる「左傾学生」の指導矯正にあたる研究生指導科があった。研究部では、紀要『国民精神文化研究所所報』、月刊雑誌『国民精神文化』のほか、各種のパンフレットを発行した。また編輯事業として、古典籍の校刊を中心とした『国民精神文化文献』と題する叢書を刊行した。当研究所は同十八年十一月に廃止され、国民錬成所と合併して教学錬成所となり、小金井に移転した。教学錬成所は、敗戦後同二十年十月廃止となり、教育研修所(同二十四年六月、国立教育研究所に改組)となった。国民精神文化研究所の蔵書は、国立教育研究所附属教育図書館にひきつがれて公開されている。　(田中 久夫)

こくゆうけいだいちはらいさげ　国有境内地払い下げ　社寺境内国有地を社寺の境内地として払い下げること。社寺境内地は、明治四年(一八七一)の上地令、および地租改正事業によって、使用は認められながらも大半が官有地に編入された。大正十年(一九二一)四月の国有財産法により、国有地の神社境内地は公用財産と位置づけられ、寺院境内地は寺院に無償で貸し付けられ、取扱いの区分が明確化された。さらに寺院に関しては、昭和十四年(一九三九)四月に国有地境内の無償譲与に関する法律が成立し、これを第一次国有境内地払い下げという。第二次世界大戦後、二十一年二月の国有財産法の改定により神社境内地は雑種財産と変更、神社へ無償貸与された。しかし、日本国憲法が制定される過程において、無償貸与は宗教団体に対する便宜供与の禁止に抵触する恐れが生じたため、国有境内地を無償譲与とするGHQの方針、一方ではそれを求める神社本庁を中心とする運動が起った。その結果、二十二年四月、「社寺等に無償で貸し付けてある国有財産の処分に関する法律」が制定され、払い下げ事業未了の寺院とともに境内地は無償もしくは時価の半額で払い下げられるようになった。これを第二次国有境内地払い下げという。払い下げ事業は昭和二十七年度までにほとんどが完了し、社寺境内は全て民有地となった。

参考文献　大蔵省管財局編『社寺境内地処分誌』、文化

庁編『明治以降宗教制度百年史』　（松本　久史）

こくれいしんこう　穀霊信仰　穀物の生命力を内に宿る精霊のはたらきと考える思考。穀物の生長・枯死を人間の生死に連想し、人に霊魂の作用があると認めたごとく、穀物にもそれがあると信じたもの。未開社会の研究に採用したアニミズム学説の見解であるが、文明社会の農耕儀礼にも類似の信仰行為がある。穀類は世界の大部分の諸民族の主食物であるから、その生産耕作はどこでも主要生業となっていた。そのため原初的な農耕儀礼には穀霊の祭式が顕著に行われた。ことに東南アジア各地には稲霊信仰が濃厚に分布した。のみならずヨーロッパ・アメリカなどにもそれぞれの地に穀霊がまつられ、文明社会の習俗ともなった。収穫された穀物を穀母と崇めまつり、そこに新しい穀霊が胚胎して、翌年の種穀となるというものである。わが国の穀霊信仰の系譜をたどると、古典にみえる稲霊に豊受気毘売神《とゆけひめのかみ》・倉稲魂命《うかのみたまのみこと》など数多くあった。いずれも女神の姿で知られた。地母神はアジア諸民族に共通する性格で、水稲栽培が古くから女性の手で行われたこと、穀物の生育・結実が女性の妊娠・出産と類推されたことなどに基づいていた。五月田の植女をサオトメと称してその労働力を重んずる慣行がある。サオトメは元来植女の総称・別称ではなく、この日、田神《たのかみ》をまつる巫女の名、植女の代表者の名であった。穀神の祭は旧十一月二十三日に古来朝廷で新嘗の収穫感謝祭を行なったのをはじめとして、民間諸国の田神祭の習俗があった。収穫祭のみならず農耕開始のときにも稲霊をまつった。特に石川県能登地方で春秋二季に行うアエノコト（国指定重要無形民俗文化財）には、田神が如在の礼をもってまつられ、送迎された。田植の日の祭式でも、中国地方の田唄には、いまも田神の讃歌をうたい、その神話を語っている。穀霊が田神とまつられ、これが時あって山神《やまのかみ》と交替して村里を去来し、山を聖地とするという信仰が弘くある。一方祖先の神霊も山に送られ鎮まる信仰もあった。これらが習合して、祖霊は稲霊の原型であるとする信仰があったといい、歴史的に両者が合一すると考える説もあった。　→稲魂《いなだま》　→倉稲魂命《うかのみたまのみこと》　→田神《たのかみ》　→田神祭《たのかみまつり》

参考文献　三品彰英『古代祭政と穀霊信仰』（『三品彰英論文集』五）　（平山敏治郎）

こくれいしんわ　穀霊神話　作物、ことに穀物の神や精霊についての神話。記紀の神話中で、穀霊神話と呼んでよい神話の主なものには三種類ある。その一つは、『古事記』に伊耶那美神《いざなみのかみ》が火神を生んで病臥したとき、その尿から弥都波能売神《みつはのめのかみ》・和久産巣日神《わくむすびのかみ》が生まれ、後者の子が豊宇気毘売神《とようけひめのかみ》であると記しているような、穀霊（和久産巣日神・豊宇気毘売神）の系譜を記した神話である。その二は、須佐之男命《すさのおのみこと》によって大気都比売神《おおげつひめのかみ》が殺され、比売の死体の頭に蚕、二つの目に稲種、二つの耳に粟、鼻に小豆、陰に麦、尻に大豆が化生し、神産巣日御祖命《かみむすびのみおやのみこと》がこれをとって種とした神話（『古事記』）のような穀神の死体からの作物発生神話である。この形式の神話は、『日本書紀』神代四神出生章第二の一書（稚産霊《わくむすび》）や第十一の一書（保食《うけもち》神《のかみ》）にもみられる。前者では、稚産霊の殺害は明記されていないが、後者では保食神は月夜見尊《つくよみのみこと》に殺され、その死体の各部から作物が発生している。このように、神の死体からの作物発生神話はハイヌベレ型神話と呼ばれるが、日本の場合、この形式の神話は元来は粟や豆類の焼畑耕作を地盤としていたと考えられ、中国南部から東南アジア大陸北部の焼畑耕作文化から由来したものという説を筆者はとなえている。ただ『日本書紀』第十一の一書の所伝は、作物発生の身体部名と作物名が朝鮮語に類似しており、朝鮮系の住民の伝承であった可能性がある。第三種の穀霊神話は、穀霊の逃亡神話である。これは穀霊が去来するものであるという観念に基づいており、『日本書紀』神代宝剣出現章第六の一書にみえる少彦名命《すくなひこなのみこと》が淡島から粟茎《あわがら》に弾かれて常世郷に渡った神話もその一つである。ことに穀霊が辱めを受けて逃亡するモチーフは『豊後国風土記』や『山城国風土記』の餅を的にして射たところ餅が白鳥となって飛び去った話によくあらわれており、記紀の天岩屋神話の一側面も、辱められた稲魂としての天照大神が岩屋の中に姿を消した、穀霊逃亡モチーフである。　→国魂神《くにたまのかみ》

参考文献　大林太良『稲作の神話』、同『神話学入門』（『中公新書』九六）、松村武雄『日本神話の研究』三　（大林　太良）

ごけい　御禊　禊は祓と同義で、一般には祓の字を用い、天皇・三后・東宮・斎宮・斎院などに禊の字を用いて区別する。『延喜式』神祇の古訓では御禊を「みはらい」と読ませているが、のち「ごけい」と音読するようになる。御禊は石清水臨時祭・賀茂臨時祭などのほか、宮中でも臨時に行われ、中で最も盛大なのは大嘗祭の御禊である。この儀は十月下旬に行われ、「豊のみそぎ」または「河原のはらえ」ともいわれる。河原に臨んで行われるからである。古くは、当日内裏より河原へ行幸し御禊を行なったが、内裏焼亡ののちは太政官庁に行幸して行われた。河原への行幸には節下《せつげ》の大臣が大がしらの旗を立て、旗の下に大臣が供奉する。行幸は鳳輦を用い、河原の頓宮で腰輿に駕し、御禊の幄に移る。幄内には百子帳の内に大床子を設けて著御、それより大床子の前の平敷の御座に移り、神祇官が御贖物を供し、宮主《みやじ》が解除の詞を奏す。公卿以下おのおの禊物を前に置き、神祇官が大麻で祓う。このあと御膳の幄で晴の御膳・腋の御膳などを供じ、山城国司の献物があり、見参を奏することがあって還幸になる。貞享四年（一六八七）大嘗祭再興以後は行幸がなく、清涼殿で御禊の儀が行われた。伊勢斎宮の御禊は「三度の御禊」と称し、初斎院に入る時、斎院より野宮に入る時、伊勢に参向の時行われ、参向の途次六処の堺川でも行われる。賀茂斎院は初斎院に入る時、野宮に入る時のほか、毎年賀茂祭奉仕の時も御禊の儀がある。　→祓《はらえ》

参考文献 『代始和抄』(『(新訂増補)故実叢書』二三)、荷田在満『大嘗会儀式具釈』(『荷田全集』七)、内閣大礼記録編纂委員会編『昭和大礼要録』 (是澤 恭三)

ごこうのみやじんじゃ 御香宮神社 京都市伏見区御香宮門前町に鎮座。「ごこうぐうじんじゃ」ともいう。旧府社。祭神は神功皇后、相殿仲哀天皇・応神天皇ほか六神。社蔵の重要文化財に豊臣秀吉奉納の金熨斗付太刀がある。神輿は千姫の奉納、その他秀吉の朝鮮出兵の願文などがある。当社はもと御諸神社とも称したが、清和天皇のとき、境内によい香のする水が湧き出たので、その奇瑞により御香宮の宮号を賜わったという。文禄三年(一五九四)秀吉は伏見城建設の際、当社を城の艮《うしとら》、東北の方角で鬼門にあたる)に移し三百石を献納した。慶長十年(一六〇五)徳川家康は当社を旧地に復したとき、本殿を再建し、その子頼宣は伏見城の車寄を移して割拝殿とし、同頼房は同城の大手門を移して表門(重要文化財)とした。慶応二年(一八六六)には孝明天皇が大和錦菊重御衾を寄進した。例祭は春は四月十七日、秋は十月九日。十月九日の神幸祭は伏見祭とも称し、洛南の大祭とされた。

御香宮神社割拝殿

(岡田 米夫)

ごこくじんじゃ 護国神社 ⇩招魂社《しょうこんしゃ》

ごこくはちまんぐう 護国八幡宮 富山県小矢部市埴生に鎮座。埴生《はにゅう》八幡宮ともよばれる。旧県社。誉田別《ほむだわけ》天皇・息長足媛命《おきながたらしひめのみこと》ほかを祀り神明宮などを合祀する。石清水八幡宮領の埴生保に祀られた古社である。寿永二年(一一八三)に木曾義仲が戦勝を祈るなど武将の崇敬があつく、近世は藩主前田氏が尊崇し社領の寄進などをなし、その造営にかかる本殿・釣殿・幣殿・拝殿は重要文化財に指定されている。例祭は九月十五日。宮めぐりの神事がある。

護国八幡宮

参考文献 『越中史料』、『富山県史』史料編一・二、富田景周『越登賀三州志』、森田平次『越中志徴』、『小矢部市史』 (小倉 学)

こごしゅうい 古語拾遺 斎(忌)部氏より奏進された愁訴状で、奈良時代以降、中臣氏と対立していた忌部氏に伝えられた古伝承の記録。斎部広成の選述。一巻。大同二年(八〇七)二月十三日に成立。ただし本書の写本によっては巻末に記されている大同二年二月十三日の年紀を大同元年もしくは大同三年とし、月日を十二月十三日に作る。広成が本書の冒頭で「国史家牒、雖レ載二其由一、一二委曲、猶有レ所レ遺、愚臣不レ言、恐絶無レ伝、幸蒙二召問一、欲レ攄二蓄憤一、故録二旧説一、敢以上聞云レ爾」と記していることと、大同元年八月十日における中臣・忌部両氏の朝廷での神事祭祀をめぐる職掌争いの裁定問題とが関係するらしいことから、本書の成立を大同二年とする説が有力。『古語拾遺』とは古語《ふるごと》の遺漏を拾う、つまり国史や家牒に漏れた旧辞を拾うという意味であるが、本書は忌部氏の愁訴状であるから本書の題名は広成がつけたものではなく、後人の命名によるものと考えられる。本書の内容は伊弉諾・伊弉冉二神の国生みと、神々の誕生の物語に始まり、素戔嗚神の出生と天御中主神の出現を明らかにし、天地開闢にあたって天の中枢にある根本的神格をもつ天御中主神をかかげて、忌部・中臣両氏の系譜的位置づけを行い、素戔嗚神の荒々しい行動の結果、天照大神が天の岩戸にかくれた物語をとおして忌部・中臣両氏の祖先たちの果たした役割を示し、後半部分で、中臣氏の専権に対する憤りを述べて、十一ヵ条の遺恨事を記している。この中で伊勢の宮司には中臣氏だけしか任ぜられなくなったとか、諸国大社の神官には中臣氏を任じて斎部氏をあずからしめないとか、同氏が神事祭祀の職から排除されている実態が述べられている。『古事記』『日本書紀』にみられない伝承もあって古代史研究にとっては貴重な文献の一つ。古写本には嘉禄元年(一二二五)の卜部兼直本(天理図書館蔵)、暦仁元年(一二三八)の写本(同蔵)、鎌倉時代末期の熙允本(尊経閣文庫蔵)、同期の釈無弐跋本(同蔵)、元弘四年(一三三四)の亮順本(同蔵)があって、いずれも重要文化財に指定されている。写本・版本・活字本・複製本は多いが『群書類従』雑部のみを

あげておく。　→忌部氏《いんべうじ》　→斎部広成《いんべのひろなり》

参考文献　『群書解題』一九、山本信哉「古語拾遺の史的価値と其の後世に及ぼせる影響」(史学会編『本邦史学史論叢』上所収)、津田左右吉「古語拾遺の研究」(『日本古典の研究』下所収)、佐伯有清「古語拾遺と新撰姓氏録」(『古代史への道』所収)

(佐伯　有清)

ここんしんがくるいへん　古今神学類編　近世中期の神道に関する百科全書。別称『古今神学類聚鈔』『神学類聚抄』。真野時綱著。百巻、惣篇目二巻。元禄九年(一六九六)成立(自序)。正徳五年(一七一五)第一篇神国篇刊行以下三十一巻三十二冊まで刊行。本文百巻の編成は、神国篇・神道篇・宗廟篇・諸院篇・祭物篇・神階篇・祭祀篇・神器篇・祭任篇・爵位篇・卜筮篇・佗教篇・服忌篇・国史篇・歳時篇。全五百一章、二千余項目を数える。神職として神道の事物、起源を知悉するべく、古代より元禄当時までの史書や旧記、故実書はもとより、仏教儒教の典籍まで、広く資料を渉猟して、神道に関わりのある事項を抄出し、整理、分類したもので、神道に関する最初の体系的な百科全書である。編纂期間は四十年以上にわたり、松下見林、出口延佳・延経親子、天野信景ら学友の協力と助言のもと、増補改訂が重ねられた。テキストは『神道大系』首編二―四。

(森　瑞枝)

ござかえしんじ　御座替神事　島根県八束郡鹿島町にある佐太神社《さだじんじゃ》の神事。本社の三殿以下、摂社や末社に至るまですべての神座の莫蓙《ござ》を敷き替える神事。今日では、毎年、九月二十四日を中心に執行されるが、明治時代以前は太陰暦の八月に行われていた。神事自体は、十九日の夕刻に神主が、鹿島町恵曇《えとも》の伊弉諾浜へ赴くところから始まる。神主はそこで禊を行い、青竹で作った筒に海水を汲み、汐草(ホンダワラ)を採り、恵曇海辺社を参拝したのち、帰って三殿を拝して参籠する。翌日から、祝《はふり》部《べ》が火鑽《ひきり》臼と火鑽杵で起こした忌火で、宮司は一日二食の食事を採り、潔斎に勤める。二十四日の夕刻になると、神主は斎戒沐浴して、汐草を用いて修祓し、田中社から始めて、摂末社十五社を回り、順々に御神酒と供物と莫蓙を巻いたものを供えていく。この時に供えられる莫蓙の蘭筵は、佐太神社の近くの字広岡と呼ばれる場所の御座田で栽培された。蘭筵は、佐陀荘の特産物であり、江戸時代には佐太表または秋鹿表と称され盛んに栽培されている。ちなみに『延喜式』には出雲筵が品目としてあげられており、古代以来、出雲の蘭筵が広く知られていたことがわかる。三本殿の御座替にあたっては、南殿から始めて北殿へと続き、正殿で終わる。まず、外陣の御扉を開き、内陣に進んで御座替を行なった後、オケヒョウと呼ばれる神饌を幣帛である御膳幣とともに供えた。正殿の御座替が終了すると四方拝が行われた。このような御座替神事と同時併行の形で、舞殿では、剱舞・散供・清目・御座・勧請・祝詞(八乙女)・手草の七座神事が行われた。御座替神事が終わると、一同は直会殿に集い、巫女の真神楽、祝部の火合わせの後、神酒と御供を食して神事は終了する。なお、神事の翌日は、例祭となっているが、これは御座替神事が無事に終わったことの祝賀としての意味を持っており、この日の夕刻、佐陀神能《さだしんのう》と呼ばれる神能が行われる。これは、慶長十三年(一六〇八)に佐陀大社の神官であった宮川兵部輔秀行が裁許状を受けるために上洛した時に、猿楽・幸若などの形式によって創作したもので、演劇性もあり、広く参拝者に親しまれている。　→佐太神社《さだじんじゃ》

(森田喜久男)

こしおうじんじゃ　古四王神社　秋田市寺内児桜鎮座。旧国幣小社。祭神武甕槌神・大彦(毘古)命。神仏習合時代に四天王を祀るとか、釈迦・薬師・毘沙門・文珠を祀るとかとした異説もある。本山派修験に属した。京都積善院に秋田城の「四王寺印」の印文をもつ古印が伝わった(京都国立博物館蔵、重要文化財)。旧神主家の阿部氏・船木氏などの家伝では甕速日神・熯速日神・武甕槌神を大彦命が鎮祭し、延暦年中(七八二―八〇六)に坂上田村麻呂が大彦命以下四道将軍を祀ったともいう。近世までは、聖徳太子創建、田村麻呂勅命再興との縁起説も流布したらしい。これらは四王の字や数に関わる判断や推量の説で、本来は越(古志)王であるとの説が正しいと認められる。古代、北陸に広く勢力を持った阿倍臣一族が、四道将軍として北陸平定に成功したという祖神大彦命を「越(古志)王神」として祀ることは、あり得ることである。新潟・山形・秋田・岩手・青森などに越王・古志王・小四王・巨四王・胡四王・子四王・腰王・故将・小姓などの名で二十社以上が分布する同社の中で、この寺内古四王神社が最も著名である。阿倍比羅夫の来航に服従を誓った土豪の恩荷の言にある「齶田浦神」のごとき在地神が阿倍氏祖神と結合して祭神の神格となった。北辺の要鎮秋田城の地主神として武門の信仰を集め、田村将軍再興説も付会したと認められる。秋田藩も社領四十石を寄進。境内に田村神社があり、眼病の神という。明治五年(一八七二)四月郷社、同九年二月県社、同十五年四月国幣小社となる。例祭は五月八日。なお、秋田県大曲市大曲鎮座の古四王神社の本殿は、一間社入母屋造で室町時代末期の建立、重要文化財となっている。

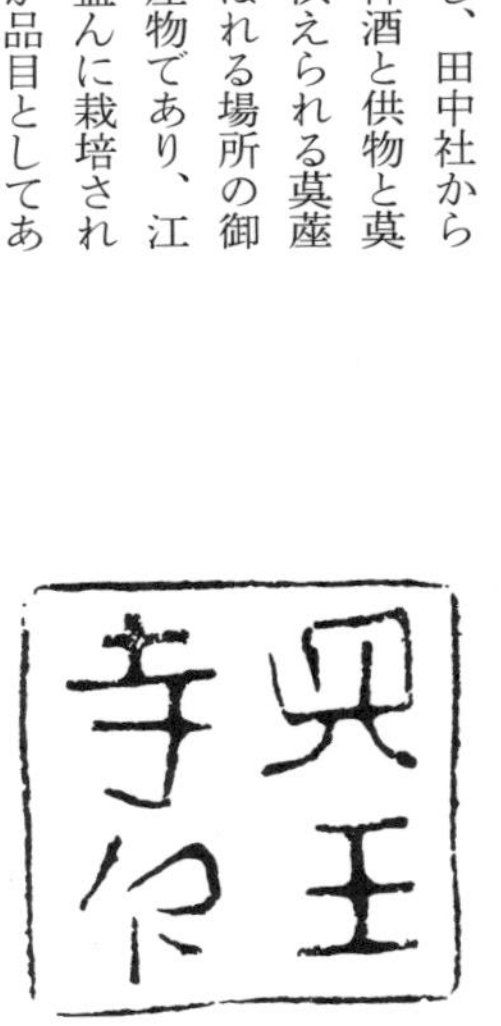

「四王寺印」
古四王神社印

参考文献　『秋田県史』資料編明治編下、小野崎通亮『古四王神社考』(『新秋田叢書』三)、菅江真澄『真澄遊覧記』(『秋田叢書』)、新野直吉『出羽の国』、同「蝦夷の神祇信仰」(『神道学』三〇)、桜井徳太郎「古四王神社の特殊祭事と信仰伝承」(『社会と伝承』四ノ三)

(新野　直吉)

こじき　古事記　「ふることぶみ」とよむ説もあるが、今日一般には「こじき」が慣用されている。建国の由来と第一代神武天皇から第三十三代推古天皇までのことを記した現存最古の典籍。その素材は神話・伝説・歌謡・系譜などである。三巻。上巻のはじめに漢文の序(実は上表文)が添えてあり、この序が古事記の成立事情を知り得る唯一の資料である。それによると、壬申の乱を経て即位した天武天皇は、当時諸家の持っている『帝紀』と『本辞』とが正実を失い多く虚偽を加えていることを憂慮し、この邦家の経緯(国家行政の根本組織)であり、王化の鴻基(天皇徳化の基本)である『帝紀』と『旧辞』(『本辞』)を討究し、撰録して、正説を後世に伝えようとの考えから、側近に奉仕していた聡明な舎人《とねり》の稗田阿礼《ひえだのあれ》に勅語して『帝皇日継』(『帝紀』)と『先代旧辞』(『本辞』)とを誦習させたが、そのことが実現しないうちになくなり、そのままになっていたところ、元明天皇の代になってその遺業は継承され、天皇は『旧辞』と『先紀』の誤謬を正そうと意図し、和銅四年(七一一)九月十八日に太朝臣安麻呂《おおのあそんやすまろ》に詔して、稗田阿礼が誦むところの勅語の『旧辞』(『帝皇日継』を含む)の撰録を命じたので、安麻呂は詔旨に随って子細に採り拾って上中下三巻に録し、同五年正月二十八日にこれを献上したというのである。ところでこの序の解釈については学者の間に異見が多く、今日まだ定説をみないありさまであるが、その中でみるべきものは、山田孝雄『古事記序文講義』、倉野憲司『古事記全註釈』一などであろう。またこの序は安麻呂ならぬ後人の偽作したものとする説、ひいては『古事記』全体を偽書とする説が、江戸時代以後一部の学者によって提唱されて来た。その論旨や論拠は必ずしも一様ではないけれども、一応もっともと思われる疑問点を含んでいる反面、明らかに誤りと認められる点や論拠薄弱な点も多く、今日これらの偽作説や偽書説がそのまま一般に是認されるものでないことは、倉野憲司『古事記論攷』所収の「古事記偽書説を駁す」、および西宮一民『日本上代の文章と表記』の第一章第一節二をみれば明らかであろう。『古事記』の撰録に際してその直接の資料となったものが『帝皇日継』と『先代旧辞』であったことは記序の語るとおりであるが、その『帝皇日継』というのは、㈠天皇の御名、皇宮の名称、治天下のこと、㈡后妃皇子女、㈢その御世における国家的重要事項、㈣天皇の享年、御陵の所在、つまり天皇の即位から崩御に至る皇室の整然たる漢文の記録であって、これを皇位継承の順序に従って配列したものであったと思われ、完成した『古事記』についてみると、綏靖天皇から開化天皇までの八代、仁賢天皇から推古天皇までの十代、成務天皇・反正天皇の各記は、すべて『帝皇日継』のみを資料としており、その他の天皇の記は、『帝皇日継』と『先代旧辞』を組み合わせたものといえる。次に『先代旧辞』というのは、国文体で記された物語の形をとり、神話・伝説・歌物語などを内容としたものであって、国土の起源、皇室の由来、国家の経営、歴代天皇および皇族に関する物語、諸氏族の出自および本縁譚などであり、『古事記』全篇から『帝皇日継』を資料としたと推定される部分を除いた残余がそれであると思われる。こうしてでき上がった『古事記』をみると、上巻は天之御中主神《あめのみなかぬしのかみ》から鵜草葺不合命《うがやふきあえずのみこと》までのいわゆる神代の物語、中巻は第一代の神武天皇から儒教渡来の応神天皇まで、下巻は儒教的聖天子の思想に彩られた仁徳天皇から仏教興隆の推古天皇までのことが記されている。上巻はそれだけで一つのまとまった神話体系を構成しており、その主題は「建国の由来」である。すなわち、㈠伊耶那《いざな》岐神《ぎのかみ》・伊耶那美神《いざなみのかみ》の男女両神の結婚による大八島国(豊葦原水穂国)の生成、㈡皇祖天照大御神を主宰者とする天上国家(高天原)の成立、㈢その天上国家の地上への移行、すなわち天つ神の御子の降臨による日本国家の建設の三つが緊密に結びつけられて、「建国の由来」がきわめて有機的・立体的に語られており、より下位の、また局部的な神話や神統や歌謡は、それぞれこの三者に集中させられてこれを支えている。まことに驚嘆すべき見事な構成美であるが、これを貫くものは皇室中心の国家的精神である。これに対して中下の両巻は、天皇一代ごとに系譜や物語や歌謡がまとめられて、これを皇位継承の順序に随って配列し、その構成は平面的である。しかしそれを貫くものとして「皇位を重んずる心」と「人間的な愛の精神」とがみられる。上巻の「神の代」の物語に対して「人の代」の物語であるが、中巻における「人の代」の物語は、まだ神と人との交渉がきわめて深く、人は神々から十分解放されていないが、下巻における「人の代」の物語は、神から解放された人間そのものの物語であり、道徳の彼岸にある透明でほがらかな美しい人間性が端的に素朴に描き出されていて、一つの文芸作品ともいえるのである。

『古事記』が作られたのは奈良時代の初めの和銅五年であるが、それから中世までは、神道の方面では尊重されていたように思われるけれども、研究はほとんど行われなかったといってもよく、わずかに卜部兼文が文永十年(一二七三)に注を加えた『古事記裏書』という零細な注釈書があるくらいで、『古事記』の研究が本格的に行われるようになったのは近世からであり、その頂点は何といっても本居宣長の『古事記伝』である。近世の国学はわが国の古典によって古代日本の真実を求めようとしたが、『古事記』はその目的に適う最上の古典として、宣長は三十五年の歳月と彼の学問を傾け尽くして不朽の名著『古事記伝』四十四巻を著わした。『古事記』の真の発見者は宣長であり、もし『古事記伝』が出なかったら、『古事記』は今日ほど研究されなかったであろう。宣長以後はほとんどみるべき研究はなかったが、大正時代に入ると盛んな自由主義の風潮に棹して、『古事記』の科学的研究が行われるようになり、和辻哲郎・津田左右吉・次田潤などのすぐれた著書が公刊され、ついで昭和時代に入ると、

古事記注釈書一覧

（明治以前）

書名	著者	成立	所収・刊行・復刻・複製
古事記裏書		鎌倉時代	文政五年（一八二二）刊、神道叢書第二（神宮教院、一九〇六）、未完国文古注釈大系第一二（一九三七）、［複製］①植松安解説（古典保存会、一九二五）、②小野田光雄編（勉誠社、一九八二）
古事記劄記	荷田春満	享保一四年（一七二九）	荷田全集第六巻（吉川弘文館、一九三二、名著普及会、一九九〇）
古事記事跡抄（写本）	岡田正利	元文四年（一七三九）	
古事記開題（写本）	河村秀興・河村秀根	寛延（一七四八-五一）頃	書紀集解付録（臨川書店、一九六九）
古事記詳説（三巻・別記二巻）	田安宗武	宝暦（一七五一-六四）頃	安永九年（一七八〇）刊、（財）明治聖徳記念会紀要別冊（一九二八）
古事記伝（四四巻付巻一巻）	本居宣長	寛政一〇年（一七九八）	寛政二年-文政五年（一八二二）刊、天保一五年（一八四四）刊、本居宣長全集第一-三（吉川半七刊、一九〇一・〇二）、古事記伝（改造社、一九四二）、古事記伝（岩波書店、一九四〇-四四）、本居宣長全集第九-一二（筑摩書房、一九六八-七四）、［複製］本居宣長自筆稿本復刻古事記伝（清栄社、一九八〇）
古事記燈	富士谷御杖	文化四年（一八〇七）跋	富士谷御杖集第一・二（国民精神文化文献第七・八、一九三六・三七）、古事記燈（古今書院、一九二五）
古事記略註裏書（写本四巻）	平　高潔	文化一〇年（一八一四）	未完国文古注釈大系第一二（一九三七）

（明治時代以後）

書名	著者	刊行年	発行所・所収
古事記標註（三巻）	村上忠順	明治七年（一八七四）	深見藤吾
略解古事記（八冊）	多田孝泉	明治七・八年	和泉屋庄次郎
古事記序解	亀田鶯谷・中島慶太郎	明治九年	大関克
古事記標注（七冊）	敷田年治	明治一一年	里見義
古事記通玄解（二冊）	呉　来安	明治一一年	呉来安
古事記伝略（一二巻）	吉岡徳明	明治一九年	大関克
古事記講義（二冊）	佐伯有義他	明治二四年	皇典講究所水穂会
古事記講義（三冊）	大久保初雄	明治二六年	図書出版
古事記講義	服部元彦	明治二七年	国語伝習所
古事記通解（三冊）	当山亮道	明治三三年	攷古社
古事記通釈	池辺義象	明治四四年	啓成社、大正一〇年再刊
古事記新解	小沢安左衛門	明治四四年	文英堂
古事記講義	田山停雲	明治四四年	一書堂
古事記新釈	植松　安	大正八年（一九一九）	大同館
古事記通俗講義	美濃部伴郎	大正一〇年	菊富士館
通俗古事記新釈	井上友吉	大正一〇年	千山閣書院
古事記神代巻	加藤玄智	大正一一年	世界文庫刊行会、世界聖典全集後集一
古事記新講	次田　潤	大正一三年	明治書院
古事記全釈	植松安・大塚竜夫	大正一四年	弘文堂
古事記精義	林　定次	大正一五年	教育勅語実行会
古事記大講（三〇冊）	水谷　清	昭和二（一九二七）-八年	名古屋古事記大講刊行会
古事記選釈	橘　文七	昭和三年	啓文社
古事記新註	笠原節二	昭和四年	文学社
詳解古事記新考（三冊）	田井嘉藤次	昭和五・六年	大同館
古事記評釈	中島悦次	昭和五年	山海堂
全訳古事記精解	沢田総清	昭和六年	健文社
精要古事記詳解	橘　文七	昭和八年	新進社
古事記序文講義	山田孝雄	昭和一〇年	志波彦・塩竈神社
三体古事記全釈	大塚竜夫	昭和一〇年	大倉広文堂
古事記講話	渡辺義通	昭和一一年	白楊社
古事記新講義	橘　文七	昭和一四年	大明社
詳解古事記	宮下幸平	昭和一四年	芳文堂
新解古事記	佐野保太郎	昭和一四年	育英書院
古事記上巻講義㈠	山田孝雄	昭和一五年	志波彦・塩竈神社

書名	著者	刊行年	発行所・所収
古事記上表文の研究	藤井信男	昭和一八年	明世堂
古事記	武田祐吉	昭和三一年	角川書店
古事記・祝詞	倉野憲司	昭和三三年	岩波書店、日本古典文学大系一
古事記(二冊)	太田善麿・神田秀夫	昭和三七年	朝日新聞社、日本古典全書
古事記全講	尾崎暢殃	昭和四一年	加藤中道館
古事記	尾崎知光	昭和四七年	白帝社
古事記	西宮一民	昭和四八年	桜楓社
古事記・上代歌謡	荻原浅男	昭和四八年	小学館、日本古典文学全集一
古事記全註釈(七冊)	倉野憲司	昭和四九年	三省堂
古事記注釈(四冊)	西郷信綱	昭和五〇年	平凡社
古事記(三冊)	次田真幸	昭和五二-五五年	講談社
日本神話(上巻)	中村啓信・菅野雅雄	昭和五三年	桜楓社
古事記	井手至・上田正昭	昭和五三年	角川書店、鑑賞日本古典文学一
古事記	西宮一民	昭和五四年	新潮社、新潮古典集成
古事記	青木和夫他	昭和五七年	岩波書店、日本思想大系一
古事記注解(上巻、二冊)	山口佳紀・神野志隆光	平成五年(一九九三)	笠間書院
古事記	山口佳紀・神野志隆光	平成九年	小学館、新編日本古典文学全集

〔歌謡〕

書名	著者	刊行年	発行所・所収
厚顔抄	契沖	元禄四年(一六九一)	契沖全集五(朝日新聞社、一九二六)、契沖全集七(岩波書店、一九七四)
古事記和歌略註	賀茂真淵	明和三年(一七六六)	賀茂真淵全集二(吉川弘文館、一九〇三)、賀茂真淵全集第一〇(吉川弘文館、一九三〇)
古事記謡歌註	内山真竜	文政一〇年(一八二七)	日本歌謡集成一(春秋社、一九二八)、未完国文古註釈大系一二(帝国教育会出版部、一九三八)
稜威の言別	橘守部	弘化四年(一八四七)	嘉永三年(一八五〇)、明治二七年(一八九四)刊、橘守部全集三(東京美術、一九二二)、稜威言別(冨山房、一九四二)、橘守部著作集一-三(汲古書院、一九七九)
記紀歌集講義	太田水穂	大正一一年(一九二二)	洛陽堂、太田水穂全集第八(共立社、一九五八)
記紀の歌の新釈	植松安	大正一三年	大同館
古代歌謡集	野村八良・塚本哲三	大正一五年	有朋堂
記紀歌謡新釈	丸山雄二郎	昭和六年(一九三一)	紅玉堂書店、新釈和歌叢書第九
記紀歌集講義	森本治吉	昭和七年	改造社、短歌講座第五
記紀歌謡集	武田祐吉	昭和八年	岩波書店
記紀歌謡新解	相磯貞三	昭和一四年	厚生閣
上代歌謡詳解	木本通房	昭和一七年	武蔵野書院
記紀歌謡集全講	武田祐吉	昭和三一年	明治書院
古代歌謡集	土橋寛	昭和三二年	岩波書店、日本古典文学大系三
記紀歌謡全註解	相磯貞三	昭和三七年	有精堂
古代歌謡全注釈(古事記編)	土橋寛	昭和四七年	角川書店
記紀歌謡評釈	山路平四郎	昭和四八年	東京堂
古事記・上代歌謡	鴻巣隼雄	昭和四八年	小学館、日本古典文学全集一
古事記歌謡	大久保正	昭和五六年	講談社

倉野憲司・山田孝雄・武田祐吉・松岡静雄・松本信広らにみるべき研究があり、太平洋戦争後は、『古事記』研究はかえって活発となり、古事記学会が設立されて『古事記年報』が刊行されているが、『古事記大成』全八巻が公刊されたことと、『(諸本集成)古事記』全九冊補遺二冊が公刊されたことは、戦前にも企てられなかった綜合研究の偉大な成果であり、また個人的研究においてもみるべきものがつぎつぎと公刊された。なお現存『古事記』のテキストは、真福寺本系統の諸本と卜部家本系統の諸本の二つに帰することができ、校訂本には延佳本・古訓本があり、刊本には『日本古典文学大系』一、『日本古典全書』、『校本古事記』、『神道大系』古典編一、『新潮日本古典集成』二七、『日本思想大系』一などがある。また、名古屋市の宝生院(真福寺)には最古の写本である賢瑜筆の『古事記』三帖(国宝)が現存する。

参考文献 古事記学会編『古事記逸文集成稿』、津田左右吉『日本古典の研究』(『津田左右吉全集』一・二)、松村武雄『日本神話の研究』、倉野憲司『古事記の新研究』、和辻哲郎『日本古代文化』(『和辻哲郎全集』三)、武田祐吉『古事記研究』一(『武田祐吉著作集』一)、同『古事記説話群の研究』(同三)、三浦佑之訳・注釈『口語訳古事記(完全版)』

(倉野　憲司)

こじきちゅうしゃくしょ　古事記注釈書　『古事記』の注釈書。養老四年(七二〇)に成立した『日本書紀』が早くから講義が行われ、その記録としての「私記」がわが国の典籍の注釈として、もっとも古い形で幾種類も作成されたのに対して、八年早く、和銅五年(七一二)に成立した『古事記』にそのような早期の注釈のなされた痕跡はない。つまり『古事記』が研究対象となるのは、『日本書紀』に数世紀も遅れてのことである。ただし『日本書紀』『万葉集』注釈の参考資料としては、八世紀からすでに用いられてきた。やがて、序文(上奏文)をもち、上中下三巻の構成になる『古事記』自体が注釈の対象になる。現存する注釈書としてもっとも早いものは、鎌倉時代の『古事記裏書《こじきうらがき》』であるといわれてきたが、それは末尾に「兼文案之」にという文があるからである。卜部兼文は正しく鎌倉時代を生きたが、この本の著者とはいえない。この本は文字通り裏書であって、皇太神宮の地、伊勢に伝えられた巻子本《かんすぼん》(巻物)『古事記』の裏に書き入れられていた注文を、内宮の神主荒木田匡興(道祥)が集めて別冊に仕立てたものである。したがって卜部兼文を著者とすることはできず、文永十年(一二七三)ころの成立とみなすこともできない。しかしそれでもこれが『古事記』の注釈書として一番古い。江戸時代の本居宣長の『古事記伝』は『古事記』の全巻にわたる精細でかつ尨大な注釈書として、今日においてもいささかもその価値を減じない。ただし現代の研究方法と相い入れない思想上の問題点を抱えているのはやむをえない。『古事記』の注釈書には全巻対象のもののほかに、序文のみの注釈書、歌謡の注釈書、また上巻の注釈書もある。上巻が神々の世界を描くいわゆる日本神話であることに関係があろう。もう一つ注釈書ではないが、テキストに添えられた頭注などの注釈を忘れてはなるまい。

(中村　啓信)

こじきでん　古事記伝　『古事記』の注釈書。著者、本居宣長。四十四巻、附巻一。出版開始、寛政二年(一七九〇)、完了、文政五年(一八二二)。本居宣長は賀茂真淵に面会(宝暦十三年(一七六三))したのち、『古事記』を解読、注釈することの意志をかため、真淵に入門し、『万葉集』の訓読・解釈の教えを乞い、古代日本語を学びつつ、明和元年(一七六四)、『古事記』の注釈に着手した。原稿の完成は寛政十年六月で、宣長六十九歳にあたり、その間三十五年を費やした。自筆浄書本および初稿本・再稿本によって、執筆進行の日付を知ることができる。寛政二年巻五までを刊行。同九年に巻十七まで刊行。以下は没後、文政五年に弟子たちが刊行した。板下の執筆には、長男春庭もあたったが、その失明により、次女美濃、弟子栗田土満・植松有信・丹羽勗が協力した。従来『日本書紀』の講書・注釈はかなり行われて来たが、『古事記』は古代日本を知る資料としてはほとんど重んじられなかった。しかし儒仏受容以前の日本を知るために、古言のままに記した『古事記』を正しく解読することによって、古事《ふること》と古意とを知るべきであるとする考えによって、宣長はそれに後半生を投じた。宣長は漢籍の素養が深い上、日本文法を自身で研究して係り結びの法則を確定し、漢字の字音の研究にも造詣が深かった上、平安時代の歌文に通じており、六国史以下の史書にも通じ、空理に走らず文献の文字を重んじて常に帰納的に研究を進め、奇矯な推理に走ることがなかった。その結果、『古事記伝』は前人未踏の精確詳細な注釈として成就し、今日に至るまでこれを超える『古事記』注釈はない。テキストとしては、板本四十八冊のほか、『校訂古事記伝』七冊、『(増補)本居宣長全集』一―四、『本居宣長全集』九―一二などがある。また、自筆再稿本(三重県松阪市本居宣長記念館蔵、重要文化財)の複製本がある。　↓本居宣長《もとおりのりなが》

参考文献 村岡典嗣『本居宣長』、大野晋『古事記伝』解題(『本居宣長全集』九)

(大野　晋)

ごしきのへい　五色幣　⇩幣帛《へいはく》

こしせいぶん　古史成文　神代の伝えを『古事記』の体裁に倣って著者の立場からまとめ直した書。平田篤胤著。三巻。文化八年(一八一一)十二月、著者が門人の駿河の府中(静岡市)の商人柴崎直古の家に滞在中に執筆した。はじめ推古朝までの予定で、執筆は十五冊に及んだが、刊行は神代の部分の三冊にとどまった。なお著者は別に本書の註解である『古史伝』、その典拠とした諸古典の解題である『古史徴』をも著わしている。これらは『古事記』を絶対視し、自然主義的な古道論を展開した本居宣長から離れ、独自の神道思想によって、古典を主観的に解釈し直そうとした点に特色がある。文政元年(一八一八)刊行、その後門人の手で校訂・再版された。『平田篤胤全

集』に収める。　↓古史伝《こしでん》　↓平田篤胤《ひらたあつたね》　（関　晃）

こしちょうかいだいき　古史徴開題記　平田篤胤『古史徴』全四巻のうち、第一巻が本書にあたり、『古史成文』の典拠となった諸文献に解題を加えたもの。文政二年（一八一九）刊。全体は春夏秋冬の四巻から成る。春の巻では、神代文字の実在を論じたのち、『古事記』『日本書紀』二典を位置付ける。夏の巻では、引き続き記紀を論じたのち『新撰姓氏録』の重要性を説く。秋の巻では、風土記、『続日本紀』『類聚国史』などの文献が紹介される。冬の巻では『弘仁式』『貞観式』『延喜式』によって式の沿革をたどったのち、『古語拾遺』の性格を論ずる。各巻冒頭には、門人山崎篤利による解題が付されている。『新修平田篤胤全集』五所収。　（武田　秀章）

こしつう　古史通　新井白石の著。四巻。巻首に読法・凡例を付す。享保元年（一七一六）三月に脱稿した史論で、神代から神武天皇に至るまでの伝承を考察する。いわゆる古史の研究にかんする方法について言及した「読法」と「凡例」とが巻頭にあり、ついで「神とは人也」とする立場から、『先代旧事本紀』『古事記』『日本書紀』などの古典を参考にして、古史の伝承を儒教的合理主義に基づいて解釈する。佐久間洞巌に送った書簡によれば、徳川家宣の下問に答えようとして執筆されたものであることが記されている。「凡上古の事を記せしものをみるには、其記せし所の文字に拘はらずして、その義を語言の間に求むべし」とした態度や「其事を神にしてこれを秘するは、天統を尊ぶ義也といふべけれど、其民を愚にして自ら尊大にするは、秦の二世にして滅びし所也」とする姿勢などには、この書の面目が躍如としている。文字よりも古語によってその義を解明すべきであるとした白石は、東方始元の見地から、高天原を常陸国（茨城県）の海辺に求め、その地を起点とする独特の天孫降臨観を展開した。『古史通』の「通」には、「先代旧事本紀、古事記、日本書紀等にみへし所を通じ考」え、古語によって「相通じ」て解釈するという意味がこめられている。『古史通』とならんで書かれたものに『古史通或問』がある。「或問」とは、ある人の問に答える形式で書かれた文だが、上中下の三巻からなり、『古史通』について予想される疑問とそれに対する白石の解答が述べられている。『古史通』に或問を付した理由は、『古史通』の「凡例」でふれられているが、『古史通』の余論というより、白石の古代史にかんする基本的な視角がみなぎる注目すべき史論になっている。日本の古典のみでなく、中国の古文献や朝鮮・琉球・蝦夷の民俗にも考察を及ぼし、きわめて広い視野から論究する。日本の国名の由来や邪馬台国などについても興味深い指摘がある。『古史通或問』とともに『新井白石全集』三に収められている。　↓新井白石《あらいはくせき》

参考文献　宮崎道生『新井白石の研究』、桑原武夫編『新井白石』（『日本の名著』一五）、羽仁五郎『白石・諭吉』、勝田勝年『新井白石の歴史学』　（上田　正昭）

こしでん　古史伝　平田篤胤著。三十七巻。篤胤は文化八年（一八一一）に独自の神道思想の立場から、『古事記』『日本書紀』以下の古典にみえる神代の古伝を書き直した『古史成文』と、その典拠とした主な古典の一々の詳しい解題を述べた『古史徴』とを著わしたが、翌九年さらに本居宣長の『古事記伝』に倣って本書を起稿し、文政八年（一八二五）に至って神代の部の伝を終えた。そのほとんどが未定稿であり、また子鉄胤、孫延胤、門人矢野玄道らの続稿に成る部分もあるため、内容は精粗不同である。篤胤はここで宣長の自然を重んずる態度から離れ、その神道思想に基づく古伝の新解釈を通じて、統一的な宇宙観・人間観を哲理的に展開しようと試みるようになり、ここに至って国学の神道化が決定的となったとされる。第二十八巻までは安政―元治年間（一八五四―六五）にかけて、また第二十九―三十一巻は明治十三年（一八八〇）―同二十年にかけて刊行され、同四十四年から刊行された『平田篤胤全集』には残りの巻もすべて収載された。
↓古史成文《こしせいぶん》　↓平田篤胤《ひらたあつたね》

参考文献　伊東多三郎『国学の史的考察』、渡辺金造『平田篤胤研究』、村岡典嗣『宣長と篤胤』、田原嗣郎『平田篤胤』（『人物叢書』一一一）、三木正太郎『平田篤胤の研究』　（関　晃）

こじましょうさく　小島鉦作　一九〇一―九六　昭和の国史学者。明治三十四年（一九〇一）四月十三日に愛知県天白村大字野並（名古屋市天白区）に父万太郎・母ますの三男として出生。同家は歴代熱田大宮司領野並村庄屋を勤めた。大正十二年（一九二三）に伊勢の神宮皇学館本科を卒業、同十三年に東京帝国大学史料編纂所に入り『大日本史料』の編纂にあたり、昭和十六年（一九四一）に第五編部（鎌倉時代）を主宰、昭和十八年旧制の成蹊高等学校教授、同二十四年に成蹊大学教授、同四十五年に立正大学教授、同五十一年に退職。平成八年（一九九六）八月二十九日に九十五歳で没。専門は中世荘園の社会経済史的研究で、特に中世の神社の存在形態を「神社領知制」と名付けてまとめた「神社領知制の研究」で文学博士の学位を取得。はじめに「通海権僧正事蹟考」や「大神宮役夫工米の歴史的考察」などの伊勢神宮の論考を発表（『伊勢神宮史の研究』収録）。長年、膨大な神社史・史料集の編纂に携わり、京都の伏見稲荷大社の『稲荷神社史料』五冊、『稲荷大社由緒記集成』七冊、また『宗像神社史』三冊の詳細な神社史を完成させ、沖ノ島の調査団長として活躍。更に『熱田神宮文書』四冊、『熱田神宮史料』六冊を編纂する。主要論文を集録した『小島鉦作著作集』全三巻がある。

参考文献　「小島鉦作先生年譜および著作目録」（『成蹊大学経済学部論集』六ノ一）、熱田神宮熱田文庫編『小島文庫目録』　（井後　政晏）

こしゃじほぞんほう　古社寺保存法　明治三十年（一八九七）六月五日に制定されたわが国文化財保護の法律。本文

十六条、附則四条からなり、勅令「古社寺保存法施行ニ関スル件」、内務省令「古社寺保存法施行細則」を伴っている。内容は神社・寺院の有する建造物・宝物類のうち特に歴史の証徴または美術の模範となるものについて、内務大臣が古社寺保存会の審議を経て特別保護建造物、または国宝に指定することを定めている。指定された文化財には維持修理のため国費を補助すること、勝手に処分・差押えしてはならないこと、官公立の博物館に出陳する義務があることなどが規定されている。この法律は明治維新後、疲弊した社寺の文化財について散逸・毀損を守るため政府が指定保護しようとしたもので、文化財保護制度を定めたわが国最初の法律である。昭和四年(一九二九)七月一日に国宝保存法(同年三月二十八日制定)が施行されるまで存続し、今日の文化財保護法(昭和二十五年五月三十日制定)の基となった。→文化財保護法《ぶんかざいほごほう》

参考文献 文化財保護委員会編『文化財保護の歩み』 (山本　信吉)

ごしゃじんじゃ　五社神社　静岡県浜松市利町《ときまち》鎮座。旧県社。祭神太玉命(第一殿)・武雷命(第二殿)・斎主命(第三殿)・天児屋根命(第四殿)・姫大神(第五殿)。久能越中守により、永正のころ、浜松城内に建立と伝える。永禄十一年(一五六八)、徳川家康浜松城主となり、天正七年(一五七九)四月七日、秀忠城内に誕生により産神として崇敬篤く、その翌八年七月七日、現社地に遷し、社領百石を付せられた。寛永十一年(一六三四)家光上洛の途次社参、二百石を加増して都合三百石とし、社殿の造営を命ず。同十八年に至って竣成。これが権現造の現社殿である。爾来徳川氏をはじめ浜松城主代々の崇敬をあつめた。例祭は五月四日。 (近藤　喜博)

ごしょはちまんぐう　五所八幡宮　福岡県粕屋郡古賀町青柳に鎮座。別称、若宮八幡宮・鷲野神社。旧郷社。玉《たま》依姫命《よりひめのみこと》・神功皇后・応神天皇・墨江三前神《すみのえみまえのかみ》・保食神《うけもちのかみ》を祀る。古くは両槽屋・宗像三郡の宗社。暦応・天正に兵火、応永に『大般若経』寄進。大内・戸次・黒田氏の崇敬篤く、社領二百石神田二町余と伝える。旧社家渋田氏、別当寺は願成寺。明治五年(一八七二)村社、昭和四年(一九二九)郷社に列す。宝物に明応二年(一四九三)以降計七枚の棟札などがある。例祭は九月九日。ほかに十月四・五日に放生会が行われている。

参考文献 大日本神祇会福岡県支部編『福岡県神社誌』上 (中野　幡能)

ごしょはちまんぐう　御所八幡宮　京都市中京区御池通高倉東入ル亀甲屋町に鎮座。旧村社。御池八幡・三条坊門八幡宮・高倉八幡宮ともいう。祭神は応神天皇・神功皇后。後白河天皇の皇子以仁王の邸居があったところに、足利直義も邸宅を構えて、高倉殿と呼ばれた。その地に往古より鎮守として石清水八幡宮を勧請してあり、足利尊氏により再興造営されたのが本社であるといわれる。康永三年(一三四四)卜部兼豊が奉行した。かつて源頼義が六条醒ヶ井通に邸を構え、そこに八幡宮を奉祠した嘉例に倣ったものである。この地はまた尊氏の建てた等持寺の一隅でもあったから、永く足利将軍家の崇敬をもっぱらにした。例祭は九月十五日。

参考文献 黒川道祐『雍州府志』二(『(増補)京都叢書』三) (中村　直勝)

こじるいえん　古事類苑　明治・大正年間(一八六八―一九二六)に編纂されたわが国最大の百科史料事典。巻数千巻、分装和装本三百五十冊・洋装本五十冊、総目録・索引合一冊。成立は大正三年(一九一四)三月。総目録索引巻頭の「古事類苑編纂事歴」によれば、本書は明治十二年三月西村茂樹の建議に基づき、中国の類書、西洋の百科事典に劣らない日本の百科事典を作ろうとする近代国家の文化事業として同年に文部省で編纂が始められた。のち官制改革のため、十九年十二月東京学士会院に委託し、ついで二十三年文部省は再び事業を皇典講究所(国学院大学の前身)に委任したが、財政難などの事情もあって、二十八年文部省は神宮司庁に継承させた。二十九年から完成した部門が順次刊行され、四十年十月一応の編纂終了式が挙行された。しかし事実上の編纂は以後も続行され、大正二年九月最終の編纂を終了、同年十月印刷完成、翌三年三月に総目録・索引を出版した。編纂者は、文部省から皇典講究所時代は小中村清矩・那珂通世・黒川真頼・井上頼圀・小杉榲邨・佐藤誠実・松本愛重・石井小太郎・和田英松らが編纂にあたり、神宮司庁時代は佐藤誠実・松本愛重を中心に、内藤耻叟・石井小太郎・和田英松・黒川真頼・広池千九郎・加藤才次郎・山本信哉・佐伯有義らが編纂した。文部省時代から皇典講究所時代にかけては小中村清矩、神宮司庁時代については佐藤誠実の功績が特に大きかったといわれる。内容は、神代から慶応三年(一八六七)に至るわが国歴代の制度、文物、社会百般の事象を大別して帝王部・神祇部など三十部門に分かち、各事項について古今の典籍・記録・文書・金石文などを引用し、事項別に類聚している。部門内の構成は篇・条・項よりなり、各篇の首には解題を付し、史料を名称・制度・沿革などに分けて時代順に掲げ、関する事項の起源・内容・歴史的変遷が史料によって理解できるよう配慮している。編纂の方針は近世から近代に継承、発展されたわが国の実証的学問に基づいていて、基礎文献史料集としての価値はきわめて高い。神祇部は百巻(和装本三十冊・洋装本四冊)で、洋装本は第一冊は神祇総載・神号・神体・神異・神託・神階・社祠・神領・氏神・鎮守神・総社等諸神・大嘗会など、第二冊は祈年祭等諸祭・神道・神職・社僧・神宮寺・神木など、第三冊は大神宮(斎宮)・賀茂神社(賀茂祭・斎院)・男山八幡宮など京都諸神社、第四冊は大神神社など諸国神社の諸項目を収めている。編纂は石井小太郎・和田英松・山本信哉・広池千九郎・村尾節三・佐伯有義ら二十名で、その刊行は「帝王部」についで早く、明治三十年十一月から同三十二年五月にかけて出版された。その内容は神祇

に関する基本史料集として優れていて、神道研究者の必見の書である。

参考文献　西川順士「神祇部の編纂(一)」(『古事類苑月報』九)　(山本　信吉)

こしんとう　古神道　儒教や仏教の伝来する以前の、神話に基づく日本固有の、純粋な神道。この意味からすれば、近世の本居宣長や平田篤胤ら国学者が当時の世俗の神道や習合的神道と区別する上で「神の道」「古道」「大道」などの語を多用したがこれらはおよそ等しく古神道といえる。それは天地自然の神ながらの道とも称され天照大神をはじめ皇祖の神々、人の真心、日本の優れた国柄などの再認識、再生を鼓吹した。このような復古神道を主とする思潮は明治維新の神武復古・祭政一致となって現れた。しかしこの間、古神道なる語それ自体はあまり見受けない。この用語は明治末ころ、欧化思想が一応落ち着き日本回帰への歩みが始まるころからみられる。たとえば筧克彦『古神道大義』(大正元年(一九一二))であり、古神道とは神代の諸神から天照大神を経て神武天皇へと透徹して実現された世の規範・理想であり、これは宗教・政治・法律・道徳すべてにわたるものであるという。ついで岩野泡鳴『古神道大義』(大正三年)があり、泡鳴は「新宗教―古神道に於ける発見―」と命名するはずが書店の都合で筧と同じ書名となったという。ただしもともと「筧博士の神道論の如きは何等の新味も生命もない」(序)との観点に立つ。わが国の無飾な白木の社の神々は、人々に祖先を想起させ自己の神性を確立させて来た、皇祖の遺訓、祖先の遺風は自己の神性を発揮し祖先の生生欲を受け、活現して行くことにあり、そこに古神道があるとしている。また横光利一『旅愁』(昭和十二年(一九三七)以降)は内容の一主題がキリスト教と対峙する古神道である。古神道とは万物を生命と観じ、論理以前の論理体系を国家とし同時にそれを宇宙の根元と観じ、一切の対立なく寛容で、人は身心を神に帰し神をまつり世は深い優しい情緒に溢れることを理想とする。また紀平正美『古神道』(昭和六年)などもある。およそこれらは愛国の熱情が強いが個性的独尊的な論説であり簡明を欠く傾向もある。　→古道《こどう》　→神道《しんとう》

参考文献　舟橋聖一『岩野泡鳴伝』、三潴信吾「筧克彦」(『神道宗教』四一)　(小笠原春夫)

ごずてんのう　牛頭天王　わが国でおもに祇園系統の社にまつられている疫神。もと中国の新疆省和闐《うてん》にある牛頭の形をした山が熱病に効ある梅檀を産出したところから、この山を疫病に利益ある神としてあがめたのに端を発し、インドの密教と結合して中国に伝わり、陰陽道の宿星の信仰をとりいれて、さらにわが国に伝わった。わが国では疫病、農作物の害虫、そのほか邪気を払い流し去る疫神の信仰と習合し、古く播磨国広峯神社・備後国疫隅《えのくま》国社にまつられたが、畿内では洛東祇園社が夙くより有名で素戔嗚尊と同体と信ぜられるようになった。中世には天刑星・歳徳神などの別名で八王子の眷属神とともに、あらゆる人間の吉凶を司る方位の神として陰陽家に宣伝せられた。京都市上京区の大将軍八神社や京都府綴喜郡田辺町の朱智神社には、平安朝より中世にかけての牛頭天王木彫像が保存されており、前者(七十九体、重要文化財)は武装か束帯像、後者は牛頭を頂く唐装忿怒相の像である。　→祇園信仰《ぎおんしんこう》

参考文献　『簠簋内伝金烏玉兎集』、『祇園牛頭天王縁起』、西田長男「祇園牛頭天王縁起の成立」(『神社の歴史的研究』所収)、肥後和男「牛頭天王」(『古代伝承研究』所収)、向居淳郎「大将軍八神社」(『京都府史蹟名勝天然紀念物調査報告』一二)、佐藤虎雄「朱智神社」(同)　(村山　修一)

ごせいばいしきもく　御成敗式目　鎌倉幕府の第三代執権北条泰時が定めた幕府の基本法。五十一ヵ条。貞永元年(一二三二)に制定され、『貞永式目』ともいわれる。武家の成文法として最初のもので、以後鎌倉・室町時代を通じ追加法が出された。内容は、公家法によらず、源頼朝の先例や武家の慣習法をもとに、幕府の裁判基準を示したものとなっている。式目第一条には「神社を修理し、祭祀を専らにすべき事」(原漢文)とあって、第二条の仏寺に関する規程も含めて、いわゆる関東御領における社寺の修理造営に御家人が関与することを定めている。神仏に対する崇敬を式目の最初に謳っていること自身は、公家新制の体裁に倣ったものといえるが、ここにみられる式目の趣旨は、こののち武家新制の形で何度か再令されており、やがて、幕府は全国的規模で社寺の修理造営や神宝調製、またそれらの費用調達などに乗り出していった。その意味で本条文の国制史上における意義は大きいといえよう。そしてその説明として、式目の第一条本文冒頭には「神は人の敬ひによつて威を増し、人は神の徳によつて運を添ふ(増す)」(原漢文)とみえ、このような神と人との関係について表現した似たような文言はそれ以前にも見受けられる。儒教や仏教方面の文言との関連を考慮せねばならないが、当時における神のあり方を窺い得るものとして重要である。

参考文献　石井進『日本中世国家史の研究』、牟禮仁『中世神道説形成論考』　(平泉　隆房)

ごせちのまい　五節舞　皇室行事のための舞の一つ。広義の日本雅楽の一種目である大歌によって舞う。伝説によれば天武天皇が吉野で琴を奏した時、天女が降りてきて詠じた歌に舞をつけたといわれる。五節田舞より独立したもの。五節といわれる節会に田舞を舞って農耕の繁栄を祝ったものが、次第に形式を整え、五節だけでなく他の行事にも行われるようになった。大同四年(八〇九)にはすでに田舞師一人と五節舞師一人が、それぞれ別個にあげられている。舞は女舞で、大嘗会には五名、新嘗会には四名で舞った。舞姫は王臣諸氏の子女から選ばれ(二名は国司より、三名は公卿より)、しばしば初夜権が伴った。古くは九世紀後半の『令集解』職員令雅楽寮条

に引く尾張浄足の説などに十六名で舞ったとある。舞姫の師を特に「大師」という。建武のころから新嘗会は廃され、大嘗会のみとなったが、戦乱のためいつしか廃絶し、宝暦三年(一七五三)に再興されて幕末まで行われた。その後は大正四年(一九一五)の大正天皇の即位の大嘗会に際し歌詞を替え、楽曲や舞も改訂して再び復活し、一般にも公開され、さらに昭和三年(一九二八)昭和天皇の即位の大嘗会にも行われた。古記録によれば、五節舞を演ずるに先立って、一定の行事化したしきたりがあった。すなわちまず五節定で出演の舞姫が決められ、十一月の中の丑の日に、五節参入で天皇が舞姫の下見をし(五節帳台試)、寅の日には舞姫の天覧があり(御前試)、侍臣などの五節乱舞もあって「びんたたら」を歌い、「万歳楽」を舞う。卯の日には五節童女御覧があり、寅の日および卯の日には淵酔(五節淵酔または殿上淵酔)といって、一種の無礼講的な酒宴行事が行われ、堂上人や公達が朗詠・催馬楽・今様などを歌って乱舞する。辰の日(新嘗会の場合、大嘗会は午の日)の豊明節会に、はじめて公式に舞姫が群臣の前に舞姿を現わして、舞楽などとともに大嘗会の最後の華麗な幕が閉じられた。

参考文献 『古事類苑』神祇部一・二、林屋辰三郎『中世芸能史の研究』

(蒲生美津子)

ごぜん　御前　尊いものの「おほんまへ」「おまへ」に、「御前」の文字を当てて音読したもの。ごぜとも。神仏またこれを祭祀する神社仏閣に対する敬称として用いた。たとえば『源平盛衰記』一八「文覚清水状天神金事」に「浅猿《あさまし》や斯る折節には竜王御前ともこそかしづき申すべき、悪口申していとゞ竜神の御腹立進《まゐ》らせなんず」と、また同書二七「信濃横田川原軍事」に「峯児の御前に、左右に八人宛の神楽女、同じき神楽男退転なく神事勤めて進らせんとぞ祈念しける」とあるものなどがそれである。また人間への敬称としては、それら神仏を祭祀する神職・住職に対して用いたが、さらには貴人や特にその妻である婦人をこのように呼んだ事例も多い。たとえば平安時代末期に木曾義仲の妾であった巴御前、さらには平清盛に仕えた祇王御前・仏御前のように、貴人の前に伺候する女性の呼称としても、あるいは源義経の妾であった静御前のように、白拍子に対する尊称としても用いられた。

(山本　節)

ごたいおうじ　五体王子　熊野三山の祭神十二所(那智では飛滝権現を入れて十三所)のうち、第四宮以下の若一王《にゃくいちおう》子《じ》・禅師宮・聖宮《ひじりのみや》・児宮《ちごのみや》・子守宮の五体・五所を勧請した王子社。五所王子ともいう。御幸の際には御経供養や馴子舞を奏するなど格別の崇敬が擧げられた。建仁元年(一二〇一)の『熊野御幸記』にはじめてみえ、藤代王子のほか、稲葉根王子をこれに准ずるとある。以後、糀井(樫井の誤記か)・切目・滝尻・発心門を加えて、すべて六社を数えることができる。 ↓王子神《おうじがみ》 ↓熊野王子《くまのおうじ》

参考文献 宮地直一『熊野三山の史的研究』、西田長男「熊野九十九王子考」(『神道史の研究』二所収)

(西田　長男)

ごだいさんかいどう　御代参街道　江戸時代、近江国多賀大社(滋賀県犬上郡多賀町)より伊勢国(三重県)に入る脇街道。寛永十七年(一六四〇)春日局が、将軍徳川家光の命を奉じて、上洛の途上、伊勢神宮に詣で、伊勢国より笹尾峠を越えて多賀大社に赴こうとした際、沿道村落より人夫を徴し、峠を開鑿し、橋を架せしめた。こうして局は、東海道土山宿から笹尾峠を越え、近江国蒲生郡鎌掛村に出て、石原・岡本・八日市を経て、中山道愛知川宿より高宮を過ぎ、多賀大社に詣でた。江戸時代中期以降、朝廷が、伊勢両宮に奉幣使を派遣する際、特に多賀大社に御名代を参詣させたが、その際、この街道がその通路となったため、御代参街道と称せられた。延宝六年(一六七八)遊行寺僧の通行以来、本街道に人夫・馬匹の継立てを常設し、鎌掛・岡本・八日市の三所を継立宿と定めた。ただし、岡本は半宿とし、石原と合して一宿とした。また近郷村落を付属して助郷を定めたが、一般に脇街道として軽視された。文政十一年(一八二八)大宮御所代参戸田右衛門尉の通行の際には、宿ごとに人足四十人を出させている。

参考文献 『多賀神社史』、『近江蒲生郡志』

(新城　常三)

ごたいのみうら　御体御卜　古くは「おおみまのみうら」ともいった。天皇の身体を卜い、その卜兆に現われたところを奏上する儀式。毎年六月・十二月の両度の月初めに中臣が卜部を率いて神祇官に籠居潔斎し、六月の御卜にはその年の七月から十二月まで、十二月の御卜には翌年正月から六月までの事を卜い、九日に卜を終り、十日に上奏した。『三代実録』天安二年(八五八)十二月十日条に、「神祇官奏する所の御体御卜、大臣之を奏す」(原漢文)とあるのを初見とする。次に同書元慶六年(八八二)十二月十日条に「是日、神祇官、御体卜を奏す、天皇紫宸殿に御せず、大臣、内侍に付して奏す」(同)とある。上卿が陣座に著き、内侍から奏することはこれに基づいたものである。その奏上の一例を『朝野群載』の承暦四年(一〇八〇)六月十日の奏文によってみると、伊勢神宮領以下の神部が神事を穢したことにより祟りがあったので上祓をすること、若狭比古社以下の社司が神事を穢したことにより祟りがあったので中祓をすること、また来たる秋季には土公の祟り、気鬼の祟りがあるので、年始に大宮・京の四隅と山城国の堺をまつるべきこと、また祭日には御禊奉仕のことを慎めば、御在所は平らけく御座ますべし、と奏しているがごときがそれである。

参考文献 『古事類苑』神祇部二、吉井良晃『神社制度史の研究』

(岡田　米夫)

こたじんじゃ　居多神社　新潟県上越市五智に鎮座。旧県社。大国主命を主神とし、奴奈川姫命・事代主命・建御名方命を配祀とする。貞観三年(八六一)八月従四位下に(『三代実録』)、寛平九年(八九七)、従四位上に昇叙さ

れた。『延喜式』には越後国頸城郡居多神社一座とある。もと日本海に面した居多浜村岩戸浦山の中腹にあったが、のちに現在地に移された。この地は越後国府の所在地なるをもって、国司の尊崇をうけ、中世以降は領主上杉憲顕・同輝虎(謙信)をはじめ徳川家康の崇敬厚く、家康は社領百石を献じた。江戸時代は高田藩主の尊信をうけた。明治六年(一八七三)県社に列す。例祭は四月十一日、大祭は八月十九日・二十日。

参考文献 『神社明細帳』、花ヶ前盛明「延喜式内社頸城十三座の研究」一(新潟県社会科教育研究会『社会科研究紀要』一七)　(岡田　米夫)

こたにさんし　小谷三志　一七六五―一八四一　江戸時代後期の宗教結社不二道《ふじどう》の指導者。通称は庄兵衛、行名は禄行三志。明和二年(一七六五)十二月二十五日、武蔵国足立郡鳩ヶ谷宿(埼玉県鳩ヶ谷市)で生まれた。父は小谷太兵衛、家業は麴屋。三志は家業を継ぎ、宿年寄などを勤めるかたわら、手習師匠もした。三志は地元の富士講の先達だったが、文化六年(一八〇九)富士行者食行《じきぎょう》身《み》禄《ろく》を元祖とする一派の道統を継ぎ、第八世の行者を名乗った。当時、富士講は娯楽性の濃い登山や加持祈禱によって江戸とその周辺に流行していたが、三志はこれを批判して、身禄の教説に基づき勤勉・和合などの日常的道徳実践を説き、新たな一派をたてて、天保九年(一八三八)よりこれを不二道と称した。その特色としては「振替《ふりかわ》り」という世の変革の観念を教義の核心に置いたこと、信者を結集して土木工事などの社会奉仕を行なったことが挙げられる。三志は弟子とともに、関東・東海道筋・信州・近畿・肥前などを巡回布教し、主として一般民衆の間に多数の信者を得た。醍醐山理性院住持の徳大寺行雅に道統を譲り、天保十二年九月十七日、鳩ヶ谷で没した。七十七歳。同所浦寺の地蔵院に葬られる。大正七年(一九一八)贈従五位。なお小谷三志関係の遺品・文書史料は、現在、鳩ヶ谷市立郷土資料館に所蔵されている。それらのうち鳩ヶ谷市文化財保護委員会編・岡田博解説『小谷三志日記』(『鳩ヶ谷市の古文書』七・八)、同『小谷三志著作集』(同一三―一八)が刊行されている。↓富士信仰《ふじしんこう》

参考文献 渡辺金造『鳩ヶ谷三志』、井野辺茂雄『富士の信仰』　(梅沢ふみ子)

こだま　樹霊　樹木の精霊。木魂とも書く。木・石・風・土地など諸事物に霊魂が宿るという観念は、未開民族のみならず古代信仰にも存した。ギリシャ神話のエコーなどその一例。『古事記』には木の神久久能智《くくのち》の名がみえ、『日本書紀』では句句廼馳と書いている。『延喜式』大殿《おおとの》祭《ほがい》の祝詞では屋船《やぶね》久久遅《くくのち》命《のみこと》に「是木霊也」と註し、『和名類聚抄』の樹神項には「今按、木魅即樹神也、内典云樹神(和名古太万)」と述べている。平安時代には文芸作品に狐や天狗などと同様、木魂の怪異を説くことが著しく、『源氏物語』夢浮橋に「天狗・木魂などやうの物の欺き率て奉りたりけるにや」、同じく手習巻に「鬼か神か狐か木魂か、かばかりの天の下の験者のおはしますには、え隠れ奉らじ」とあり、古くなった木々には「樹神モ住スベシ」(『今昔物語集』二七の三二)とされた。木魂は古く一定の姿をもたぬ精霊だったが、のち中国や日本では動物視し、『嬉遊笑覧』ではこれを天狗のこととしている。またギリシャ神話ではドリアデスのように女性化したが、わが国でも蓮華王院の三十三間堂棟木由来の柳の精のごとく女性視することが広く行われてきた。山間で音声が反響する山彦は、木魂のしわざだとする説(たとえば『倭訓栞』)があるが、民間信仰でも鳥取の「呼子」、新潟の「山なり」、秋田や奥福島の「あまのじゃく」、鹿児島の「山ひびき」など木魂の所為と伝承するところが少なくない。　(平井　直房)

こたんしょうらい　巨旦将来　⇩蘇民将来《そみんしょうらい》

ごちんさい　後鎮祭　㈠伊勢神宮の遷宮に関する諸祭典の一つ。新しい宮殿を造り了えたとき御柱木のもとに坐す神をまつり、天平瓮《あめのひらか》を安置して御殿の竣成を鎮謝して行う祭儀。『延喜式』伊勢太神宮に「鎮㆓祭宮地㆒後鎮准㆑此」とみえ、はじめの鎮地祭(地鎮祭)に対して行われるもの。また返祭《かえしのまつり》(『皇太神宮儀式帳』)・後返祭(『止由気宮儀式帳』)ともいう。初見は『神宮雑例集』心御柱倒事に「天永元年(一一一〇)十一月二十七日辛卯、太神宮仮殿御遷宮也(中略)且同日入㆑夜奉㆑替㆓立正殿心柱㆒、勤㆓後鎮祭㆒」とあるもの。㈡大嘗祭における諸祭の一つ。すなわち『延喜式』践祚大嘗祭に「二点神祇官中臣忌部引㆓御巫等㆒鎮㆓祭大嘗宮殿㆒、其幣如㆑初、訖即令㆓両国民壊却㆒、後鎮祭所平訖即鎮㆓其地㆒」とあって、大嘗宮殿の場合もはじめの鎮祭に対して、悠紀・主基両殿が壊却されるときに後鎮祭が勤行される。↓地鎮祭《じちんさい》　(鈴木　義一)

ごちんざしだいき　御鎮座次第記　⇩天照坐伊勢二所皇《あまてらしますいせにしょこう》太神宮御鎮座次第記《たいじんぐうごちんざしだいき》

ごちんざでんき　御鎮座伝記　⇩伊勢二所皇太神御鎮座《いせにしょこうたいじんごちんざ》伝記《でんき》

ごちんざほんぎ　御鎮座本紀　⇩豊受皇太神御鎮座本紀《とゆけこうたいじんごちんざほんぎ》

こっかかん　国家観　⇩天皇《てんのう》・国家観《こっかかん》

こっかしんとう　国家神道　明治維新から、第二次世界大戦の敗戦に至るまで、国家のイデオロギー的基礎となった宗教。事実上の、日本の国教といってよい。ただし、「国家神道」の名は、日本自体においては使われていず、「神道」「神ながらの道」、または「国体」と呼ばれていた。敗戦後、State Shinto の訳語として、「国家神道」の名が一般化された。国家神道の思想の前提としては、復古神道の天皇崇拝と、水戸派儒学の国体観念があり、いずれも日本のナショナリズムを強調したものであった。明治元年(一八六八)、東京奠都の際、明治天皇が氷川神社に詣で、発布した詔勅の中に「神祇を尊び、祭祀を重んずるは、皇国の大典、政教の基本なり」とあり、新政府の基礎は、政教一致にあることを宣言している。同年の神祇官再興をはじめとして、神道を唯一の宗教として、国民の中に定着させようとしたが、同十年教部省の廃止と

ともに、この試みは打ち切られた。しかしこの間、宮中祭祀の整備、天皇および国家に尽くした人物を祀る神社の新設、民間において維持されて来た神社に社格を定め、その統廃合を図るなど、神社を国家制度の枠の中に組み入れた。大日本帝国憲法発布(明治二十二年)によって、信教の自由が規定されると、これに処するために、教派神道は別として、国家の祭祀としての神道は、宗教ではないという見解を政府はとる。同年に、勅令第十二号によって、官公私立を問わず、学校における宗教教育を禁止し、国家神道は、宗教を超越した教育の基礎とした。同二十三年、教育勅語が発布されたが、これは神話的色彩をもち、また儒教倫理をも取り入れた内容であって、国民道徳の基本を示した。ここにおいて、国家神道は、宗教と政治と教育を一致させ、それらの宗教的基礎となった。制度的にも、一般の宗教は、文部省宗教局の監督下にあったが、神社は、内務省神社局のもとに置かれ、国庫からの公金の支出を得た。国家神道は明確な教義を有していた。すなわち、天皇は、神話的祖先である天照大神から万世一系の血統をつぐ神の子孫であり、自ら現《あきつ》御神《みかみ》である。また、『古事記』『日本書紀』の神話の国土の形成、天壌無窮の神勅にみえるように、日本は特別に神の保護を受けた神国である。さらに、日本は世界を救済する使命があるとされ、他国への進出は、聖戦として意味づけられた。道徳の面においては、天皇は親であり、臣民は子であるから、天皇への忠は、孝ともなるという忠孝一本説がとられた。しかし、実際には神社の多くは、こうした教義と別に、民衆によって維持され、神札・護符を出して宗教活動を行なっていたから、国家神道の中に神社神道が全く一本化されていたわけではない。自由主義・社会主義に対抗するために、昭和十年(一九三五)ごろから、国家神道の教説の一層の増幅がはかられ、「八紘一宇」「祭政一致」などのスローガンが唱えられ、『国体の本義』(同十二年)が公刊され、必須の教材となり、歴史・修身などの学科は、国家神道の教義に一層近くなった。海外に移住した日本人のために、海外に神社が建立されたが、台湾・朝鮮・満洲などにおいては、現地の諸民族にもその参拝を奨励、強制するようになり、民族宗教としての限界を越えるものとなった。また、仏教・キリスト教・教派神道に対しても、国家的祭祀としての神道の承認、受容を求め、各派はかなりの抵抗ののち、昭和十年ごろ、相ついで、その大部分は、これに従うこととなった。敗戦後、「ポツダム宣言」における「宗教及思想の自由の尊重」にもとづき、昭和二十年十二月十五日の、いわゆる「神道指令」において、国家神道と神社神道の分離、ならびに前者の禁止が、連合国最高司令官総司令部によって命令され、翌二十一年一月一日の天皇みずからの神格否定の勅語によって、制度上、消滅した。

参考文献 田丸徳善編『近代日本宗教史資料』(『日本人の宗教』四)、岸本英夫編『明治文化史』六、村上重良『国家神道』(『岩波新書』青七七〇)、D・C・ホルトム『日本と天皇と神道』(深沢長太郎訳)
(柳川　啓一)

こっかしんとうはいしれい　国家神道廃止令　昭和二十年(一九四五)十二月十五日発表された、連合国最高司令官の日本政府に対する指令。「国教分離指令」ともいい、「神道指令」と略称される。指令の正式標題は「国家神道ニ対スル政府ノ保証、支援、保全、監督並ニ弘布ノ廃止ノ件」となっている。指令の中の「国家神道」の定義は「日本政府ノ法令ニ依ツテ宗派神道或ハ教派神道ト区別セラレタル神道ノ一派即チ国家神道乃至神社神道トシテ一般ニ知ラレタル非宗教的ナル国家的祭祀トシテ類別セラレタル神道ノ一派(国家神道或ハ神社神道)」とされており、神社の一部、たとえば、伊勢神宮・靖国神社、各地の護国神社などをも、軍国主義、過激な国家主義に関係があるとみなしていた。指令の全文は四条十九項からなる。主な内容は、神道および神社に対する公的な財政援助の停止、国家神道の教義・儀式の宣伝の禁止、教科書からの神道教義の削除、内務省神祇院の廃止、宗教の国家からの分離を徹底し、神社神道は、国の保護から離れ、軍国主義的、過激な国家主義的要素を除けば、他の宗教と同様の宗教的自由を有すること、などであった。この指令は、日本における宗教の完全な自由を目的としたものであるが、一方では、特定の思想をもつ宗教を弾圧するという矛盾をもっていた。このために、占領軍は、特に神社の取扱いに苦慮した。CIE(民間情報教育局)のダイク大佐のもとで、ウィリアム＝バンス大尉 William Kenneth Bunce が、実情の視察、日本の学者・関係者からの意見聴取を経て、たびたび草案の修正を行なったものである。結局、特定の神社を廃止することなく、軍国主義的イデオロギーの宣伝を禁止するのみとなった。国家の保護育成から離れた神社の多くは、昭和二十一年、「神社本庁」を結成し、他の宗教と同様の位置に立つことになった。

参考文献 『神社本庁十年史』、田丸徳善編『近代日本宗教史資料』(『日本人の宗教』四)、W.P. Woodard: The Allied Occupation of Japan 1945―1952 and Japanese Religions.
(柳川　啓一)

こっきょうぶんりしれい　国教分離指令　⇨国家神道廃《こっかしんとうはい》止令《しれい》

こでらきよさき　小寺清先　一七四八―一八二七　江戸時代後期の国学者。備中国小田郡笠岡(岡山県笠岡市)の稲荷祠職で、通称常陸介、楢園と号した。寛延元年(一七四八)に生まれた。若くして上京し、吉田家に入って神道を学んだ。そのころ吉田家の賓師だった松岡雄淵に見こまれ、要職につくことを薦められたが、親老いるを以て固辞して帰郷し、老父を最後まで見た。寛政十一年(一七九九)病のため祠職を長子清之に譲り悠々自適の生活に入ったが、のち懇望されて郷校敬業館の学監となり、四子六経を講じた。歌を僧澄月に学び、家集『楢園集』がある。交友として名士が多かったが、西山拙斎・菅茶山ならびに頼杏坪と親交があり、杏坪は碑文を撰して遺風を伝えた。文政十年(一八二七)閏六月二十六日没す。年八十。学統は松岡雄淵から『持授抄』の伝授をうけ、垂加神道に属するが、晩年一家の学を建立した。著書に『本教闡明』『三器説』『国号論』『神典標』などがある。

参考文献 小林健三『復古神道』、頼杏坪「楢園小寺先生碑」(『事実文編』三九所収) (小林 健三)

こでんしんじょうさい 古伝新嘗祭 島根県簸川郡大社町の出雲大社の特殊神事。十一月二十三日夜に拝殿で執行される新嘗祭。明治四年(一八七一)の神社改正以前は陰暦十一月中の卯の日に、出雲国造《こくそう》が大庭《おおば》の神魂《かもす》神社(松江市)に赴いて執行した。大正四年(一九一五)の御大典以来、国造は十月十五日に出雲の熊野大社(島根県八束郡八雲村)に参向し、熊野の神から火燧臼・火燧杵をいただく鑽火祭を行う。この時、出雲大社から長さ一メートルもある長方形の餅を二枚持参するが、それを受け取る熊野大社の社人がその出来ばえにつき悪態をつく亀太夫《かめだゆう》神事が行われる。新嘗祭当日、出雲大社末社の釜社《かまのやしろ》で祭を行い、そこの神釜を拝殿に舗設する。夜七時、国造以下神職は斎館から拝殿に参進し、国造は火燧臼・火燧杵で鑽り出した聖火で炊いた御飯や醴酒《ひとよざけ》をいただく相嘗《あいなめ》式を行う。その後、歯固式・百番の舞・釜の神事が行われ、国造以下神職は斎館に退く。この祭は、出雲国造が天穂日命《あめのほひのみこと》として大国主神《おおくにぬしのかみ》になり、大国主神が祀っていた神々の祭をとり行うための神事と考えられている。

参考文献 千家尊統『出雲大社』 (西岡 和彦)

ごでんすしょくいっぽうけいず 御殿司職一方系図 鶴岡八幡宮副御殿司職の補任記。一冊。書名は群書類従本は「系図」とするが、鶴岡八幡宮所蔵本は『御殿司職一方』とあるのみである。ともにいわゆる系図の形式はとらない。御殿司とは祭祀の際の鍵取にあたる役で、殿内の開扉・供饌などに奉仕する。初め一人であったが、支障が生じた場合を考えて増員された。正副あるうちの副御殿司職の歴代記が本書である。嘉禄二年(一二二六)の修理遷宮に蓮華坊勝円を介添した寂静坊盛慶を初代とする。群書類従本は長禄二年(一四五八)病気辞任の宝瓶院賢誉で終るが、鶴岡八幡宮本は宝暦十年(一七六〇)補任の正覚院尊照まで書きついでいる。『群書類従』補任部所収。鶴岡本は天保十年(一八三九)相承院寛雄が転写したもので、『鶴岡叢書』四に影印版と翻刻が収録されている。正御殿司職の『八幡宮御殿司職次第』と併用することで、中世鶴岡八幡宮の遷宮の様子が伺える。→八幡宮御殿《はちまんぐうごでん》司職次第《すしょくしだい》

参考文献 『群書解題』二上 (瀬戸 薫)

ことあげ 言挙 自分の思いを言葉で表し論ずること、また議論すること。『万葉集』一三に「葦原の水穂の国は神ながら言挙せぬ国、然れども言挙ぞわがする」(原万葉仮名)とあるように、日本は古来神意のままに受け、言挙を要しない、または言挙は控える国風である、しかし今は特別な場合であるから言挙をあえてする(故に神も人も認容してください)と。同六に「千万の軍なりとも言挙せず取りて来ぬべき男とぞ思ふ」(同)、敵が千万の大軍であっても何やかや言葉に出さず、黙って敵を平げて来るに違いない男だとあなたを思います、と。これは言葉よりも実行を尊ぶという心意があるようである。漢字ではさらに興言・高言・揚言・言上・辞挙・事上など(『日本書紀』『万葉集』)を使用する。本来は言挙しない方が主で、言挙する方が従か、いずれともいい難いが、言葉には神力霊力が宿り軽々しくしてはならないという言霊《ことだま》の信仰があり、それと関係が深いと思われる。 (小笠原春夫)

ことあまつかみ 別天神 天《あま》つ神のなかの特別神。『古事記』は天之御中主神《あめのみなかぬしのかみ》・高御産巣日神《たかみむすびのかみ》・神産巣日神《かみむすびのかみ》のいわゆる造化三神に、宇摩志阿斯訶備比古遅神《うましあしかびひこじのかみ》・天之常立神《あめのとこたちのかみ》の両神を加えて別天神とする。『日本書紀』には、別天神の称はみえず、神代七代章本文に国常立尊《くにのとこたちのみこと》・国狭槌尊《くにのさずちのみこと》・豊斟渟尊《とよくむぬのみこと》の三神を記し、造化三神は第四の一書の「又曰」にみえ、可美葦牙彦舅尊《うましあしかびひこじのみこと》は第二・第三・第六の一書に、天常立尊《あめのとこたちのみこと》は第六の一書にみえる。『古事記』が国之常立《くにのとこたち》神《のかみ》から伊耶那美神《いざなみのかみ》までを神世七代とし、それ以前の五神を特別視しているのが注目される。別天神という類別には、高次の思想的反映がうかがわれる。

参考文献 津田左右吉『日本古典の研究』上(『津田左右吉全集』一) (上田 正昭)

こどう 古道 日本の古代の道の意。「天皇順レ考古道一而為レ政也」(『日本書紀』皇極天皇即位前紀)が初見で、この古道は後世の模範、教えとなる道の意である。これが改めて強調されたのは近世の国学者による。「誰か能く古道の潰たるを嘆かん」(原漢文、荷田春満『創学校啓』)、「我すべら御国の古への道は天地のまに〱丸く平らかにして」「天地の絶ぬ限りはたゆることなし」(賀茂真淵『国意考』)、「随分に古の道を考へ明らめて」「たとひ五百年千年の後にもあれ、時至りて」「天下にしきほどこし給はん世をまつべし」(本居宣長『うひ山ぶみ』)、「此方の説く古道の趣は謂ゆる天下の大道で則ち人の道である故に、実には此大御国の人たる者は学ばずとも其大意ぐらゐは心得居べきはずのこと」(平田篤胤『古道大意』)などその一端をみてもいかに古道を重視したかがわかる。明治以降はおよそ神道の一語に吸収代表される体で、古道は比較的特殊な場合に使う傾向にある。 →古神道《こしんとう》 →神道《しんとう》 (小笠原春夫)

こどうたいい 古道大意 平田篤胤の講説を門人が筆記したもの。『俗神道大意』『出定笑語』『西籍概論』『志都の石屋』『歌道大意』などと一連の著作。二巻。筆記は文化八年(一八一一)であるが、刊行は文政七年(一八二四)。このとき若干の修正が行われている。その内容は「古道」の説明、いいかえれば初期における平田学の概論で、「此方ノ学風ヲ古学ト申スユエン」から始まって、「古学」発展の概略さらに「神代ノアラマシ、神ノ御徳ノ有ガタキ所以、マタ御国ノ神国ナル謂、(中略)天地《あめつち》ノ初発《はじめ》、イ

ハユル開闢ヨリ致シテ恐レナガラ、御皇統ノ聯綿ト、御栄エ遊バサレテ、万国ニ並ブ国ナク、物モ事モ万国ニ優レテヲル事」などを解説している。本書は多くを本居宣長の『直毘霊』に負い、宣長学の影響下に著わされたが、『三大考』の説を採用し、後期の思想への路筋をも示している。『新修平田篤胤全集』八などに所収されている。↓

平田篤胤《ひらたあつたね》

参考文献 村岡典嗣『宣長と篤胤』、田原嗣郎『平田篤胤』(『人物叢書』一一一)

(田原 嗣郎)

ことざきはちまんぐう　琴崎八幡宮　山口県宇部市上宇部に鎮座。主祭神は足仲津比古命《たらしなかつひこのみこと》・品田和気命《ほむだわけのみこと》・気長足比女命《おきながたらしひめのみこと》、配祀神として多紀理比女命《たぎりひめのみこと》・多紀津比女命《たぎつひめのみこと》・市杵島比女命《いちきしまひめのみこと》を祀る。創祀は平安時代の貞観元年(八五九)に宇佐八幡宮から分霊を京都石清水へ奉遷のおり、海上の風雨が強く、そのため船を宇部郷琴芝の浦に寄せたことに始まるとされる。中世には厚東《ことう》氏が宇部北部の霜降山に居城すると城南の鎮守として崇敬し、七代厚東武光の時に、社地を西の宮の地に移し社殿を造営した。ついで大内弘世が長門国守護職となり、南北朝時代の永和三年(一三七七)に現在の社地である琴崎の地に移し、鎮祭した。室町時代末期以降は毛利氏の崇敬を受け、永禄九年(一五六六)に社殿造営がなされた。近世に入ると、萩藩家老職の福原家の崇敬を受けた。例祭は十月十五日、御神幸祭は十月第三日曜日。

参考文献 山口県神社庁編『山口県神社誌』

(津田 勉)

ことしろぬしのかみ　事代主神　記紀の国譲り神話に大国主神の子として活躍する神。天八重事代主神《あめのやえことしろぬしのかみ》・天事代主命ともよばれる。『古事記』神代によれば、国譲りを求める高天原からの使者に対し大国主神は、子神事代主神と建御名方神二神に返答させようといった。前者は従順に国譲りを誓って身を隠すが、後者は使者建御雷神と力競べをして敗退、はじめて服従を約束した。『日本書紀』では前者しかみえない。『古事記』では「言代」とも書かれるが、コトシロ(コトシリ)ヌシは託宣を伝えるものの意で、大国主神の眷属百八十神を代表して、恭順を誓うべしという神託を伝えたわけである。また、国譲り神話以外にもしばしば託宣を与える神として登場する。『日本書紀』神功皇后摂政元年二月条の征韓説話、同天武天皇元年(六七二)七月条の壬申の乱の高市県主神懸りの話などである。神祇官八神の一つで、所祭神社は、大和国の高市御県坐鴨事代主神社(奈良県橿原市)・鴨都波神社(同県御所市)などである。

参考文献 西郷信綱「国譲り神話」(『古事記研究』所収)

(倉塚 曄子)

ことだま　言霊　言語にこもる精霊、または霊力をいう。言葉に霊力がこもっているという信仰は未開民族や古代民族に広く見られ、『ベーダ』や『旧約聖書』にも存在した。わが国では『万葉集』五に「神代より言ひ伝《つ》てけらく虚《そら》見つ倭の国は皇神《すめがみ》のいつくしき国言霊のさきはふ国と語り継ぎ言ひ継がひけり」(山上憶良、原万葉仮名)とあり、同一三には「しきしまの倭の国はことだまのたすくる国ぞまさきくありこそ」(柿本人麻呂、同)と歌われている。「さきはふ」とは霊魂が威力を発揮すること。「たすくる国ぞ」は神の威力に言霊が加勢する国だから能力を発揮してくれよ、との意であろう。言霊は本来、神の発する詞章や呪言がその神の威力によって言葉通りの効果を現わすという信仰であり、のち神の言葉という意識が薄れて言語自体の精霊の力が信じられるに至ったと、折口信夫は説いている。同じく『万葉集』一一の「言霊の八十のちまたに夕占《ゆふけ》問ふ占正《うらまさ》にのれ妹にあはむよし」(原万葉仮名)になると、霊魂が多く浮動する夕闇の巷で行きずりの人々の言葉に宿る言霊に呼びかけ、恋しい人に会えるよう占いの結果を期待している。悪事も善事も一言に言い放つとされた葛城一言主神《かずらきのひとことぬしのかみ》や、神託に関係ある事《こと》代主神《しろぬしのかみ》は、言霊の神格化とも解しえられよう。神話にみえる誓《うけい》・詛《とい》(かじりとも)をはじめ、祝詞《のりと》・寿詞《よごと》・唱言《となえごと》・語事《かたりごと》など、いずれも背後にはそれを口にする者の意志を実現させる霊力の信仰があり、その影響は後世まで長く宗教や口誦文芸の世界に尾を引いている。伝来の賀詞や呪言を間違って唱えることを処断するという大禍津日神《おおまがつびのかみ》の神格は、現代神道における神学論争の一つになった。また、仏教の真言陀羅尼・念仏・法華唱題の行法や、教派神道の神理教など、一面的には日本古来の言霊信仰の素地の上に成立したものということができよう。

参考文献 折口信夫「言霊信仰」(『折口信夫全集』二〇所収)

(平井 直房)

ことのままはちまんぐう　事任八幡宮　静岡県掛川市八坂に鎮座。旧県社。祭神は息長帯姫命・誉田別命・玉依姫命。『延喜式』には遠江国佐野郡己等乃麻知《ことのまち》神社とある。嘉祥三年(八五〇)七月任事神に従五位下(『文徳実録』)、貞観二年(八六〇)正月真知乃神に正五位上(『三代実録』)を授けられた。いずれも同神である。のちに遠江国一宮とされたといい、またその所在地が東海道の往還にあるを以て、『枕草子』『十六夜日記』などに、「ことのままの明神」として知られた。「ことのまち」とは琴による卜兆の謂か。例祭は九月十四日・十五日。

参考文献 『神社明細帳』

(岡田 米夫)

ことひらぐう　金刀比羅宮　香川県仲多度郡琴平町鎮座。金比羅《こんぴら》宮ともいう。旧国幣中社。祭神大物主神、配祀崇徳天皇。創祀の年代を明らかにしないが、神体山としての象頭山にかかわる神験を基底にして、原始に発する信仰によると思われ、『延喜式』神名帳所載の雲気神社が、あるいは金刀比羅宮の原始社頭ではないかとの説は傾聴に値する。古代、松尾山すなわち象頭山の松尾寺に寺院守護神として勧請の金毘羅神と習合して金毘羅大権現の神格が成立したと思われるが、松尾寺が金光院以下の七院を擁して、真言密教の大寺院に成長するとともに、象

金　刀　比　羅　宮

「象頭山金光院」
金刀比羅宮蔵書印

頭山に寄せる一般の信仰に、その中心的本尊として、特に近世以降の隆昌は凄じかった。その間、伝えるところによると、長保三年(一〇〇一)、一条天皇勅して藤原実秋をして、社殿を修営するといい、保元の乱により讃岐へ配流の崇徳上皇は、長寛元年(一一六三)にはここに参籠したという。また寛元元年(一二四三)、後嵯峨天皇の勅命により祭儀を行うといった点を伝えるが、当宮にとっても特筆すべきは、長寛二年八月、崇徳上皇の崩御後、翌永万元年(一一六五)、上皇の霊をここに奉祀していることであろう。近世に及び天正十三年(一五八五)、仙石秀久が讃岐に封ぜられると寺領七十石を寄せるが、改易によって没収。代わって同十五年入封の生駒氏は、寛永十七年(一六四〇)に至る五十余年間に、社領三百三十石を寄進した。生駒氏没落後、同十九年、そのあとを受けた松平氏もこれを安堵する一方、慶安元年(一六四八)二月、これを朱印地とし、幕末まで変わることなく、別当金光院はこうした社領を背景に支えられて権威的存在となっていった。かくして宝暦三年(一七五三)十二月、桃園天皇により勅願所の儀を仰せ出され、さらに同十年五月二十日には金毘羅大権現は、讃岐国一社とする日本一社の綸旨を賜わった。加えるに公武による崇敬、漁民・廻船業者・商工業者による広い信仰を蒐め、絵馬には海難救助に対する奉斎の心を表わしたものが多い。↓金《こん》比羅《ぴら》信仰《しんこう》

参考文献　『金刀比羅宮略記』、琴陵光重『金刀比羅宮』
(近藤　喜博)

ことひらしんこう　金刀比羅信仰　⇩金比羅《こんぴら》信仰《しんこう》

ことひらまつり　金刀比羅祭　香川県仲多度郡琴平町金刀比羅宮の例祭。金比羅祭《こんぴらまつり》ともいう。毎年十月九日から十一日にわたって行われるが、この祭儀に先立って九月八日、潮川神事があり、これは祭員奉仕者の祓除にして、頭人としての童男童女は祝舎に入り別火精進を始める。頭人は山麓の四条・五条・苗田・榎井の四ヵ村の頭家筋で、累代これに奉仕する例で、当日の十日、童男童女の本社参進、神主舞・大和舞があり、午後五時、神幸祭・讃岐風俗舞があり、夜に入り頭人数百人の従者を従え参殿、深夜発興。行宮にて神主舞・大和舞、朝祭には献馬式・東遊があり、夜に入って還御、ここに例祭を終る。以上は現行のものであるが、別当金光院時代は大会式といい、当日は丸亀には諸国商人が群集して浜の市が立った。↓金刀比羅宮《ことひらぐう》

参考文献　金刀比羅宮社務所第一課編『金刀比羅宮祭儀図会』
(近藤　喜博)

こなかむらきよのり　小中村清矩　一八二一―九五　幕末・明治時代前期の学者。国学、特に制度の学に通じた。姓は紀氏、幼名は栄之助・金四郎・金右衛門、将曹と称し、号は陽春廬。文政四年(一八二一)十二月晦日、江戸に生まれる。父は三河の人原田次郎八、母は美代。早く母の妹に養われ、小中村氏を襲ぐ。同氏は山城国石清水八幡宮の祠官に出で、江戸に下って商業を営む。清矩は学を堀越開山・置賜断斎・西島蘭渓・中村六右衛門・亀田鶯谷・伊能穎則らに受け、天保五年(一八三四)清矩と改名し、養父の没後は家業に従う。嘉永五年(一八五二)家を次子の文次郎に譲って学問に専念す。安政四年(一八五七)和歌山藩の古学館教授となり、明治二年(一八六九)七月太政官に出仕して、大学中助教・神祇権大史・神祇大史・神祇大録・教部大録を歴任し、同十一年九月東京大学講師、同十五年二月同教授・東京学士会院会員となり、同十九年帝国大学法科兼文科大学教授および『古事類苑』編纂委員長となり、同二十一年五月文学博士の学位を受け、帝室制度取調掛を命ぜられる。同二十三年九月貴族院議員に勅選、翌二十四年三月本官を辞す。同二十六年七月法典調査会査定委員となり、同二十八年十月十一日病没す。年七十五。正五位に叙される。東京谷中の天王寺墓地に葬る。『歌舞音楽略史』『田制考』『官田考』『陽春廬雑考』などの著書がある。

参考文献　中邨秋香「小中村清矩先生小伝」(小中村清矩『国史学の栞』所収)
(藤井　貞文)

このしまにますあまてるみたまじんじゃ　木島坐天照御魂神社　京都市右京区太秦森ヶ東町に鎮座。旧郷社。祭神は天御中主命・瓊々芸命・大国魂命・穂々出見命・鵜茅葺不合命、ほかに天照国照天火明命・天照大神・天日神命など諸説がある。貞観元年(八五九)正月二十七日に正五位下を授けられ、長久四年(一〇四三)に正一位となったと伝える。式内名神大社に列し、月次・新嘗および四度の官幣と相嘗祭・祈雨祭に預かる。境内の蚕養神社

木島坐天照御魂神社

は保食命・蚕神・木花開耶姫命をまつる。例祭日は十月十二日となっている。（村山　修一）

このじんじゃ　籠神社　京都府宮津市大垣に鎮座。「こもり」とよび、籠杜または籠守の字を宛てることもあるが、現称は「このじんじゃ」。旧国幣中社。『延喜式』の名神大社、丹後国一宮。旧与謝郡府中村大垣で、丹後国分寺跡にも近く、天の橋立を目の前にみる景勝の地を占めている。彦火明命を主神とし天水分神などを配祀している。与謝の海辺に住む人々にとっては古来の守り神として信仰が厚く、累代の宮司家海部《あまべ》氏もその名のごとく、海民の祖と仰がれる家すじである。地方の古社としてはすでに嘉祥二年（八四九）に従五位下、元慶元年（八七七）には従四位上と神階は昇叙している。宮司家の秘宝である国宝の「海部氏系図」をはじめ、藤原佐理筆という扁額や石造狛犬、神社の境内から出土した経塚遺物などは重要文化財に指定されている。境内にある摂社真名井神社は元伊勢伝説地の一つでもある。例祭は四月二十四日、葵祭とも称する。神輿や供奉の者は藤を冠に懸けるのを習わしとしている。社殿はすべて神明造、昭和初年の改築である。（景山　春樹）

籠　神　社　拝　殿

このひょうずじんじゃ　許野乃兵主神社　⇩兵主神社《ひょうずじんじゃ》

このはなさくやひめ　木花開耶姫　『古事記』では木花之佐久夜毘売と書く。記紀神話で、瓊瓊杵尊《ににぎのみこと》が笠狭御碕に至った時に出会った神で、大山祇神《おおやまずみのかみ》の女。別名神阿多都比売（『古事記』）とも神吾田津姫・鹿葦津姫（『日本書紀』）ともいう。名のごとく美しかったので瓊瓊杵尊がこれを召すと、父神はあわせて姉磐長《いわなが》姫も奉った。しかし姉は醜さのゆえに返されてしまう。この時磐長姫も召していれば天孫の命は磐石のように長久であったろうに、木花開耶姫のみ召したので、その子孫の命は木の花のようにもろくはかなくなったと語られている。『日本書紀』神代天孫降臨章第二の一書では、世の人一般の命が短い理由であるという。さらに木花開耶姫は一夜召されて妊み、瓊瓊杵尊から節操を疑われたので、戸無き八尋殿に火を放ちその中で無事出産することによって、天孫の子であることを証した。この時生まれたのが、火闌降命《ほのすそりのみこと》（海幸彦）・彦火火出見尊《ひこほほでみのみこと》（山幸彦）・火明命である。以上の話は死の起源説話であり、これと同型の、フレーザーがバナナ＝タイプと命名した神話は、広くインドネシアからニューギニアにかけて分布している。のちの話のいわゆる「一宿妊《ひとよばら》み」のモチーフは、神武天皇と伊須気余理比売（『古事記』神武天皇段）、努賀毗古と努賀毗咩（『常陸国風土記』那賀郡）、雄略天皇と童女君（『日本書紀』雄略天皇元年条）についても語られている。一夜だけ召した妻の話とは、王の即位式に伴われた聖婚儀礼の説話的展開と考えられる。静岡県富士宮市をはじめ各地の浅間神社の祭神となっている。

参考文献　大林太良『日本神話の起源』（『角川新書』一五一）、三品彰英「天孫降臨神話異伝考」（『三品彰英論文集』二所収）、吉井巌「火中出産ならびに海幸山幸説話の天皇神話への吸収について」（『天皇の系譜と神話』所収）

（倉塚　曄子）

このみやじんじゃ　胡宮神社　滋賀県犬上郡多賀町敏満寺に鎮座。旧県社。「胡宮」の名称の由来については、「児宮《このみや》」の義とも、「高宮《こうのみや》、高は山峯を指し、農耕神たる山の神すなわち田の神の鎮座せられる、こうした山峯の高宮《たかのみや》を音読したもの」の義ともいうが、あるいは『多賀大社神名記』に引く「敏満寺目安」に、本社を「木宮両社拝殿七間」と記していることからするに、この地方にみられる季宮精進（木宮精進）と関係の深い「木宮《きのみや》（このみやとも）」の義でないかとも思われる。本社はもと鎌倉時代より著名の古刹として知られた、天台宗湖東五山の一つの上記敏満寺の鎮守であった。ところが、同寺は、永禄五年（一五六二）九月、久徳実時に加勢した廉をもって、浅井長政の兵火に罹り、再び立つ能わざる打撃を蒙るに至った。そこで本社は、多年にわたって拮抗し来たった多賀大社の主催のもとに摂せられ、その別宮もしくは末

胡宮神社拝殿

社となって、ようやくに命脈を維持することとなった。祭神は、伊邪那岐命・伊邪那美命を主神とし、事勝国勝長狭命を配祀神とするが、これも多賀大社のそれに従ったものにほかならないであろう。例祭は四月二十一日。なお、社務所庭園が名勝に指定されているほか、重源施入の銘をもつ銅製五輪塔(重要文化財)がある。

参考文献 寒川辰清編『近江国輿地志略』七五(『大日本地誌大系』)、中村直勝編『多賀神社文書』、佐藤虎雄『胡宮神社史』、『多賀神社史』、『神道史研究』一八ノ五・六合併号(特輯多賀大社)　(西田　長男)

こはたじんじゃ　許波多神社　京都府宇治市五ヶ庄に鎮座。天忍穂耳尊・瓊々杵尊・磐余彦尊(神武天皇)を祀る。貞観元年(八五九)従五位上をうけ、式内大社に列し、四度の官幣に預かる。永禄十二年(一五六九)柳大明神として正一位を授けられた。近世公武の崇敬篤く、修理・祭典に黄金・白銀下賜、堂上諸家の寄進があった。明治九年(一八七六)旧御旅所である現在地に移る。本殿(重要文化財)は永禄五年の建築。例祭は十月二十六日で、十一月三日に神幸祭が行われる。なお同市木幡東中にも同名の神社があり、ともに『延喜式』神名帳に「許波多神社三座」とある社にあたるとされる。　(村山　修一)

許波多神社本殿

こびえじんじゃ　小比叡神社　新潟県佐渡郡小木町《おぎまち》小比《こび》叡《え》に鎮座する。祭神は大己貴命《おおなむちのみこと》。大同年間(八〇六―一〇)の創建と伝えられる。蓮華峰《れんげぶ》寺の鎮守《ちんじゅ》社で、小比叡大明神、山王大権現とも呼ばれた。本殿と鳥居は重要文化財、拝殿は県指定文化財である。本殿は三間社流造、柿《こけら》葺《ぶき》で、寛永十七年(一六四〇)の建築。建物に覆屋《おおいや》がかけてあるので、保存状態はよい。鳥居は石造りの明神鳥居で、大久保石見守長安と大久保山城守安政が寄進した。慶長十三年(一六〇八)の銘がある。神社には康永四年(一三四五)と応永二年(一三九五)の墨書銘をもつ懸仏《かけぼとけ》が伝存している。蓮華峰寺は真言宗智山派で、小比叡山と号する。大同年間、皇城(都)の鬼門《きもん》にあたり、その鎮護のために空海が創建したと伝える。金堂と弘法堂は、重要文化財。　(花ヶ前盛明)

ごふ　護符　神社仏閣で発行する神札。一般にはお札《ふだ》ともよばれる。紙や板に神号・仏名などを記し、あるいは神璽や宝印を押し、その他、特殊な呪術的な絵や文字(仏の種子《しゅじ》を用いることが多い)などを記す。神仏の霊が宿ると信じられ、これを貼る所には、特別に神仏の霊験があると信じられる。家の門口に貼ると盗難を防ぎ、田畑に立てると鳥獣の害を防ぐ武州三峯神社の護符、台所に貼ると火難を防ぐ遠州秋葉神社の護符、安産の奥州塩竈神社の護符、家の災難を防ぐ天台宗の元三《がんさん》大師の護符、身につけると事故を防ぐ下総の成田不動の護符などが名高い。中には薬のかわりに呑み下す病気平癒のための護符もある。最近では自動車に貼る交通安全の護符が多く用いられる。正月に神社で頒布する破魔矢や、家の新築の際の上棟札および棟に立てる弓矢も、悪霊を防ぐ護符の一種である。中国の道教では、桃の枝でつくった護符が、百鬼を防ぎ、体内の三尸神の禍を防ぐと信じられ、その他、多くの護符が用いられるが、わが国では漁船の中に祀る船霊《ふなだま》様が古い形であろう。なお、宗教性のないものはマスコットという。　↓神札《しんさつ》　(小池　長之)

ごぶしょせつべん　五部書説弁　伊勢神道の根本書とされて来たいわゆる神道五部書を批判、それを偽書と論じた書。吉見幸和著。十二巻。元文元年(一七三六)九月成稿、その後補訂をたえず加えた。幸和は、五部書のうち『宝基本記』が一番素朴とみられることから、それが最初に成ったものとして、それより批判を加え他に及んでいるが、なかで外宮祭神は豊受大神であるのに、五部書で天御中主神・国常立尊とする非、内宮を日神・火徳、外宮を月神・水徳として二宮一光を主張する非、またそれらを神託として説く非を責め、結局五部書がそれぞれの奥書にいうような古い成立でなく、鎌倉時代に外宮祠官が国史官牒に外宮記事のないのをうらみ、さらに内宮に対し外宮の優位を示そうとして偽作したものと論難した。本書のなかに問題点も多いが、外宮祠官に大きな打撃を与え、ために橋村正身の『開国神都考』など、その擁護論も出た。『神道叢書』一―八、『大神宮叢書』度会神道大成後篇所収。 →神道五部書《しんとうごぶしょ》 →吉見幸和《よしみゆきかず》

参考文献 久保田収『中世神道の研究』、同『神道史の研究』 （鎌田　純一）

こふどき 古風土記 ⇩風土記《ふどき》

こふん 古墳 ⇩奥津城《おくつき》

ごへい 御幣 ⇩幣《へい》

ごほうどうじ 護法童子 仏法を守護する天童の意。童子の形により仏教の行者を擁護したり、霊地を守護する。護法天童、略して護法ともいう。もともと仏教では、『金光明経』四天王品第六、『大方等大集経』巻第五十二、『孔雀王呪』『灌頂経』などに説かれるように、バラモン教の諸神が仏法に教化され、梵天・帝釈天・四天王・十二神将などとして仏法を守護することを誓ったといわれ、これを護法善神とか護法神といった。これにならい、奈良時代末期の称徳天皇の宣命などでは、神々は仏法を守護すべき護法善神であるという説が唱えられた。護法童子は護法善神の使者とされ、具体的には弁財天の十五童子、不動明王に仕える二童子、毘沙門天や吉祥天に従う二十八使者と善膩師童子、説話画では『書写山縁起』にみる乙童子と若童子、『信貴山縁起絵巻』に登場する剣の護法童子などの例がある。『大鏡』巻三には熊野詣の折、花山院が験競べにおいてみずからの護法によって護法のついた僧たちを打ち負かしたとする逸話を載せている。 （河野　訓）

こまいぬ 狛犬 狛犬は獅子の形を基本として作られたもので、その起源はエジプト・ペルシャ・インドなどの神殿や門前に置く獅子形にまでさかのぼることができるが、これが中国ではライオンでなく唐風の獅子になり、それを源流としてわが国の狛犬は生まれた。狛犬という名称は、朝鮮半島のことを高麗《こま》、狛）と称したことから出ているが、外来の犬というくらいの意味である。左右一対にするのが原則で、これを獅子狛犬とよんだこともある。獅子といい狛犬というのも名称の変化にすぎない。通常は神殿の縁側または社寺の前庭に置かれる。神社に用いることが普通であるが、寺にもまれに用いられた。昔は宮中で几帳の裾の鎮子《ちんし》として小型の木造狛犬が用いられたこともある。要するに狛犬の性格は守護神である。この一対は雌雄とは限っていない。一方に一本の角《つの》を作っているものがある。普通は開口と閉口の阿吽《あうん》とするが、両方とも開口にしたのがある。木造・石造・金属製・陶製などがあるが、神殿上のは木造、屋外のは石造とするのが多い。現存の遺品では鎌倉時代末期ごろから屋外の石造狛犬が作られている。古いのは木造のもので、平安時代後期康治元年（一一四二）作と考えられている奈良市薬師寺のものや、大宝神社（滋賀県栗太郡栗東町）の鎌倉時代初期のもの、永仁五年（一二九七）の高売布神社（兵庫県三田市酒井）のもの（いずれも重要文化財）などが注目される。これらの形は唐形式の獅子が和風化されたものである。これが日本の狛犬の基本形式となるが、この系統の石造狛犬としては鎌倉時代末期の籠《この》神社（京都府宮津市）のもの（重要文化財）、南北朝時代の都祁水分《つげみくまり》神社（奈良県山辺郡都祁村）のものをはじめとして、室町時代・安土桃山時代の遺品がかなり知られて来た。ところが鎌倉時代初めに中国から宋風の石造狛犬が渡来した。奈良市東大寺南大門のもの（重要文化財）はその一種であるが、これは前肢をふんばって開口して顔を上げている。これとはちがって前足の一方で毬をもてあそび、または児獅子とたわむれ、上体に動きのある形式があり、福岡県宗像郡宗像神社や観世音寺（福岡県太宰府市）、由岐神社（京都市左京区鞍馬本町）のもの（いずれも重要文化財）がそれで、この宋風形式は唐獅子とよばれる形で、この系統のものも、和宋混合の形式のものも後世に及んで多く作られた。なお狛犬から転じて稲荷神社の狐、摩利支天社の猪、天満宮の牛など祭神の使獣をもって狛犬に代えることは江戸時代から始まった。

参考文献 重森三玲「神社の狛犬と獅子頭に就ての研究」（『史迹と美術』二一―二三）、川勝政太郎「石造狛犬の系列」（同三五一） （川勝政太郎）

こまがたじんじゃ 駒形神社 岩手県水沢市中上野町に鎮座。旧国幣小社。延喜の制で小社に列し、駒形大神を祀る。本社はもと駒ヶ岳（駒形山ともいう）の山上にあって（現奥宮）、山麓の雛子沢（現境内末社）と岩崎とに里宮を設けていたが、明治四年（一八七一）、官社に列格するにあたり、衆庶の参拝の便宜を図って、当時の水沢県庁の所在地であった水沢町の塩竈神社（現摂社）をもって仮遙拝所とした。ついで同三十六年に至り、山上の神霊をここに遷座し、以来これを本宮と定めた。『文徳実録』仁寿元年（八五一）九月辛未条に「進二陸奥国駒形神階一、加二正五位下一」とあるのが国史における初見であるが、これよりさき『日本紀略』延暦二十一年（八〇二）正月甲子条に「陸奥国三神加レ階、縁三征夷将軍奏二霊験一也」とある「陸奥国三神」のなかには必ずや本社が含まれていて、このとき従五位上もしくは従五位下の神階を進められたであろうとおもわれる。かくて『三代実録』貞観四年（八六二）六月十八日条には「授二陸奥国正五位下駒形神従四位下一」とあって、征夷大将軍坂上田村麻呂が胆沢城を築き、鎮守府をこの地に移してからも、本社は胆沢鎮守府の第一の崇敬社としてしばしば赫々たる神威を発揚したものとみえる。さればこそ、正五位下を経て、ついに陸奥国としては最高位の従四位下の神階をさえ加えられるに至ったものであろう。平安時代初期における太平洋方面の最北端の守護神こそは、実に本社にほかならなかったということができるであろう。しかして本社は、通俗には、馬および蚕の守り神として一般の信仰が篤い「おこま様」の根本祠として知られている。祭神には諸説があるが、それらを総称して駒形大神と称す。それは、本地垂迹説の盛行に伴って、馬頭観音や大日如来に付会せられた。

本地を馬頭観音とするのは、駒ヶ岳・駒形山の名称から自然に導かれたものであろうが、これを大日如来とするのは、その連峰の首峰を真言密教の主尊大日如来に擬して大日岳と名づけたところに由来していよう。本社の分社は、なかんずく箱根以東の関八州および東北地方に多いが、また、本県および東北地方の所在に分布している観音堂・大日堂のごときも、ほとんど皆本社より勧請したものであるという。例祭は五月三日と九月十九日。神事芸能に神輿渡御と子供騎馬武者行列がある。なお各地の駒形神社のうち、旧盛岡藩領の駒形神社で六月十五日に行われる美々しく装った馬を牽いた馬子連が打ち連れて参詣する蒼前(正善)詣(チャグチャグ馬っ子)は、人口に膾炙している。

参考文献 太田亮『国幣小社駒形神社誌』、柳田国男『山島民譚集』(『定本柳田国男集』二七)

(西田　長男)

こまじんじゃ　高麗神社　埼玉県入間郡日高町新堀に鎮座。大宮明神・白髭明神とも称する。旧県社。祭神は高麗王若光を主神とし、猿田彦神・武内宿禰命ほか六柱をも配祀する。元正天皇霊亀二年(七一六)五月、関東甲駿七国に散在投化していた高麗(高句麗)人千七百九十九人を移し集め、ここ武蔵国に高麗郡を置き安住させた時、その首長となったのが若光であり、その没するや扈従の貴賤、霊廟を建て同郡の総鎮守と崇め、また若光は晩年白髭を垂れたので白髭さまと親しみ尊んだと伝う。以後若光の子孫歴代祠職し現在に及んでいる。文献によると武蔵国に通計五十五社に及ぶその分祀ありとしている。後年、高麗人系が各地に分住して開発に従事し、なお王の遺徳を景慕して祀ったのであろう。重要文化財『大般若経』四百五十六帖(建暦元年(一二一一)―建保六年(一二一八)間筆写)、重要美術品鍍銀鳩榊彫文長覆輪太刀、高麗氏系図巻子などを社蔵する。本殿は一間社流造(室町時代末造営)。例祭は十月十九日。近くの勝楽寺に伝高麗王若光墓もある。

高　麗　神　社

参考文献 高麗神社編『高麗神社と高麗郷』、今井啓一「高麗郷と高麗神社」(金正柱編『韓来文化の後栄』上所収)、同「武蔵国旧高麗郡高麗神社について」(『東京と京都』八六)

(今井　啓一)

こまつてんまんぐう　小松天満宮　石川県小松市天神町に鎮座。小松天神、梯天満宮、梯神社とも称した。旧県社。菅原道真と白太夫《しらたゆう》を祀る。合祀社の小松神社に前田利常を祀る。創建の棟札に、北野天満天神の玄孫たる加賀藩三代菅原(前田)利常が、小松城に在城の明暦三年(一六五七)に菅原道真を祀る社として建立とある。本殿は小松城本丸と金沢城本丸を結ぶ一直線上に立地しており、明治維新までは定期的に金沢の観音院に出開帳が行われた歴史をもつ、わが国でも典型的な鬼門立地の社といえる。例祭は、三月二十五日と九月四日。八月四日に筆供養、十一月二十五日にお火焚神事がある。権現造りの社殿と和様・唐様折衷様式の神門は加賀藩大工山上善右衛門嘉廣によるもので、江戸時代初期の代表的建造物として昭和三十六年(一九六一)に重要文化財に指定された。ほかに琴棋書画沈金文台、花鳥沈金硯箱(ともに重要文化財)、小松天満宮連歌書十五点(県指定文化財)、十五重石塔、三彩金襴手双耳瓶(ともに市指定文化財)がある。

(北畠　能房)

こまひきしんじ　駒牽神事　愛知県一宮市の真清田《ますみだ》神社の十月十五日の神事。翌春四月三日に行われる桃花祭《とうかさい》に使用する馬を選定する神事で、現在は十五頭の式馬が、一〇〇㍍《メートル》近くの馬場の埒内を疾走する。近年までは正式な式馬三十頭、副馬として出場を許される馬を合わせ、百頭に達していたという。十四日を御幣渡神事といい、駒牽神事に出場する馬の鞍上に立てる幣(式馬候補には金幣・副馬は白幣)その他が授与される。当日は太々神楽《だいだいかぐら》の奉納があり、午後二時、幣束を背に立てた各馬を神前に牽き、拝礼を行わせたのち、鐘鼓を合図に一頭ずつ埒内において速さ・馬体などを各三回ずつ足並試験をする。最後に馬を神前に牽いて拝礼を行い、神饌の白強飯を食させる。

(茂木　栄)

こみかどじんじゃ　小御門神社　千葉県香取郡下総町名古屋に鎮座。旧別格官幣社。祭神藤原師賢《もろかた》。師賢は、家を花山院《かざんいん》と号し、後醍醐天皇に仕えて信任せられたが、元弘元年(一三三一)の元弘の乱に、天皇が笠置に潜幸したとき、命をうけて代わって天皇と称して叡山に赴き、鎌倉幕府軍と戦った。しかし幕府に捕えられ、翌二年、下総国に流され、十月、三十二歳で配所に没した。名古屋の里人は、この地の公家塚と伝える塚を師賢の墓所として長く尊信し、明治十年(一八七七)殉節の遺徳をたたって神社創建を請願した。同十二年、許されて社殿造営に着手し、近辺の地名によって小御門神社と称した。同十五年、社殿竣工し、別格官幣社に列した。例祭は四月二十九日。摂社十二代神社は、師賢夫人を祀る。本社の南方に、師賢幽閉の館跡と伝える飛地境内があって、三方に空濠、一方に土塁がみられ、俗に「十日屋敷」と称している。（久保田 収）

ゴミソ ⇩巫覡《ふげき》

こもちまがたま 子持勾玉 親勾玉の腹・背・脇に子勾玉を配した大型異形勾玉。主に滑石・蛇紋岩などの広域変成岩を材料とし、玉作の一族が作ったと考えられる。おおむね重厚なものから扁平で子勾玉を省略するものへと退化する。時期や地域の相異により、線刻や鋸歯文・円圏文の付加、嘴・口・目の表現、T字状化した腹部子勾玉、親勾玉二顆の連接などの多様化が認められる。早く江戸時代に注目され、『日本書紀』神武天皇即位前紀の久米歌にみえる頭椎・石椎から石剣頭と称した。明治後期には祭具・呪具の性格をもつ勾玉の一種と認められ、魚形勾玉などを経て現在の名称となる。五世紀中葉―八世紀初葉の所産で、祭祀跡からの出土や単独出土が多い。約三百二十件四百五十顆が知られ、北限を秋田県、南限を鹿児島県とし、韓国南部からの報告例もある。特に関東と畿内が多い特徴がある。起源・用途については、玉依比売命神社（長野市）の児玉石神事で、玉を生む親玉と信仰されていることから、玉が魂を生じる古代魂信仰が具象化されたものと考えられている。別に、天日槍《あめのひぼこ》が将来した出石《いずし》神社（兵庫県出石郡出石町）神宝（八種神宝《やくさのかんだから》）の足高玉説や、言語学からの八尺瓊曲玉《やさかにのまがたま》説など、神話中の玉に比定する説もある。記紀編纂時にも存在したため、いずれかの玉である可能性は高い。

参考文献 国学院大学日本文化研究所編『子持勾玉資料集成』（篠原 祐二）

こもちやまみょうじん 子持山明神 群馬県北群馬郡子持村中郷に鎮座の旧郷社子持神社もしくはその祭神をさしていう。子持明神ともいう。一二九六メートルより成るコニーデ型の旧火山子持山に社地を占め、白井郷・白井保・白井荘として知られた地方の名邑の鎮守で、『上野国神名帳』では従五位上の神位を有する。安居院聖覚の『神道集』に収められたその縁起は、中世唱導文芸の資料としてはなはだ注目すべきものである。木花之佐久夜毘売命・磐筒女命ほか六柱を祀る。例祭は五月一日。

参考文献 富岡正忠『上野名跡考』、『群馬県群馬郡誌』（西田 長男）

こものじんじゃ 薦神社 大分県中津市大貞に鎮座。通称大貞八幡宮・薦社とも。旧県社。祭神は八幡大神・比咩大神・仲哀天皇・神功皇后。当社は豊前国下毛《しもげ》郡野仲郷の林間の宝池（三角池《みすみ》）を内宮と称し、池畔の社殿を外宮と称する。養老四年（七二〇）隼人の反乱鎮圧のため征討軍が派遣された時、三角池に自生する真薦で八幡神の神体を謹製して神輿に乗せ、日向・大隅へ進軍した。この故事に基づき宇佐宮では行幸会を斎行。外宮の社殿は承和年間（八三四―四八）の創建と伝える。寛平元年（八八九）の行事例、長保五年（一〇〇三）の宮司解文に行幸会の規定を記す。天正十五年（一五八七）豊臣秀吉が豊前六郡を黒田孝高に給与した折、豊前一揆が勃発、この時当社は攻略され焼失。関ヶ原の戦後、細川忠興が入封し、元和二年（一六一六）行幸会を再興し社殿を新造した。例祭は四月二十一日。仲秋祭に神幸行列が斎行される。元和七年再建の神門は重要文化財に指定。境内に巨樹老松繁茂し、三角池と当社は県史跡。

参考文献 『明治神社誌料』、伊藤勇人『行幸会道』（伊藤 勇人）

こもまくら 薦枕 薦は神事の敷物に用いる。『神道名目類聚抄』によると荒薦・食薦・八封薦などがみえ、大嘗会の悠基（紀）・主基両神殿では神のすごもという荒薦を敷いて、その上に神膳をそなえ、また御食薦とは主上の御座ともあり、古は神膳・神座に薦を用いた。この習俗は壱岐・対馬に残っている。枕は古くは菅枕・薦枕など草を材料にした。宇佐八幡宮の行幸会では大分県中津市大貞の薦八幡の池から薦を刈り取り、御枕とし神輿にのせ宇佐郡内外を廻り、本殿に納め、古い霊代は大分県杵築市奈多八幡に納め、さらに伊予八幡浜市の八幡宮に納めたという。宮中神楽歌小前張第一歌にも「薦枕」の一曲がある。『中右記』によると貞観に一座の御神楽が撰定され、その曲名は宇多天皇の時の『糸管抄』「神楽之目録」に「薦枕」があり、その後今日まで続く。歌詞は「薦枕ヤ、高瀬の淀にャ」とあり、歌い方は種々の口伝がある。

参考文献 中野幡能『八幡信仰史の研究（増補版）』、西角井正慶『神楽歌研究』、本田安次「宮廷御神楽成立の前後」（『芸能史研究』六）（中野 幡能）

こもりじんじゃ 籠神社 ⇩このじんじゃ

こやすがみ 子安神 子安・子育ての神で、子授けから乳の出を祈ることなどまでを含めひろく「子安さま」と呼ぶことが多い。神道では多く子安明神と称し木花開耶姫を祭神とするのは、姫が火中にあって三柱の神を無事にうんだ故事によると伝える。仏教では子安地蔵と子安観音が多く、ことに西日本では観音、東日本では地蔵が多いといわれているが、福島県いわき市地方に多い十九夜の月待信仰などは観音である。同地方には十九夜の供養石塔が見られるが子を抱いた観音石像もある。隣接する相馬地方になると二十三夜待になっているが、ともに近年まで女性たちの講が組織されていて、月の十九日や二十三日には当番の宿に集まり、豆腐のでんがくなどで食事をともにし、念仏や和讃を唱え、月の出を待ち、これを拝んで解散するが、明らかにおこもりの名残をとどめている。『三代実録』貞観十八年（八七六）七月十一日条に「美濃国正六位上児安神」とあるのを初見とするという。なお東国地方にはこの祭の日に犬卒塔婆と呼ぶY字形の塔婆を立てる風があるという。（岩崎 敏夫）

こら 子良 伊勢神宮に明治維新まで置かれていた物忌の子の総称。宮域内の子良館にいみこもり、主として大御神に近侍して大御饌《おおみけ》の供奠を奉仕した、または御料の調備供進に従った職掌。多くは神官の童女を充てた。のち介添えとして物忌父が付属したのでそれに対して物忌の子と称した。『江家次第』『朝野群載』に「子等」と記し、やがて「子良」(『皇太神宮年中行事』)に借用された。その新任を子良迎え、解任を子良放《はな》しといった。なお荒木田(中川)経雅著『大神宮儀式解』一七に「物忌子を子良といふは(中略)子良はもと九人なれば、それをひとつに称ひて子等といふにや。(中略)又等は借字にて、子といふを野を野良、中を中良、夜を夜良などいふ助辞の良なるにや」とある。　→物忌《ものいみ》　（鈴木　義一）

ごらいはいこうのき　御礼拝講之記　中世日吉社(大津市)の神前法会の記録。室町将軍家の家臣高階(彦部)晴直の編。一巻。永禄五年(一五六二)十一月下旬ころの成立。同月十日に行われた十三代将軍足利義輝の日吉社での礼拝講に関する記録である。礼拝講は万寿二年(一〇二五)に延暦寺衆徒によって創始された日吉社の神前法会であり、慈円も元仁元年(一二二四)日吉十禅師宮のために新礼拝講を興している。室町時代に入ると将軍家が礼拝講を行うようになる。祝部行丸の『日吉社神役年中行事』には、義輝以前に四代将軍義持・十二代将軍義晴が将軍家礼拝講を行なったとの記録がみえる。本書は礼拝講の儀式自体については省略しており、国役・神馬の差定や、神事札、服忌令、精進代参籠などの事前の諸準備や、礼拝講後の巻数進上、給物の下行などについて十九日までの諸行事を記録する。末尾に裏書として礼拝講精進代円明坊の書状三通を付す。『続群書類従』神祇部所収。

参考文献　『群書解題』二上　（佐藤　眞人）

こり　垢離　水を浴び身を清めること。中世になり一般化した。古代では禊《みそぎ》が用いられた。『日葡辞書』は「冷水で身を洗うこと、冷水で身を清めること」とし、さらに「垢離をかく」について「苦行としてこの潔斎を行う」とみえる。民俗行事では、神聖な祭事を担当する頭人などがケからハレの世界に入るにあたって海辺に出て海水を浴びることが多く、コリトリと呼ばれる。汐掻き、汐けりなどともいう。また、神仏に願をかけ、水を千回浴びる千垢離の習俗や万垢離もみられるが、度数がきびしくまもられているわけではない。これらの習俗の背景には、水により汚れが浄められるという観念が存在していた。神社の祭礼にあたって、神輿が浜へ下《お》り、海水を浴びる浜降りの神事がひろくみられるのも、そうした観念によるものといえよう。　（西垣　晴次）

ごりゅうしんとう　御流神道　法親王・親王家の相承する法流の神道を尊称していう。はじめは覚法法親王を流祖とする仁和寺御流(御室御流)の神道を指した。のち、後宇多法皇が嵯峨大覚寺・仁和寺御流を伝えた大覚寺御流、守覚法親王の三宝院御流、慈尊院流、北院流、威徳寺流、安井流、真乗院流、智恵門院流まで仁和寺御流の法脈をもつから、そこに伝うる神道を御流神道ともいう。御流神道はすべて両部神道が中心で、嵯峨天皇より空海が相承した神道だというがその伝来は詳らかでない。しかし御流神道は中世末期の成立とは思われない。大師流神道の発展が両部神道書の成立と併行して中世に勃興し、平安時代末には神祇灌頂・即位灌頂・藤原灌頂・天子紹運灌頂・四海領掌印などすでに行われ、輪王灌頂まで行われており、鎌倉時代には立派に両部神道を中心とする御流神道が成立した。室町時代には伊勢灌頂の発達につれて混然一体化し、日本紀灌頂・和歌灌頂・麗気紀灌頂まで御流神道に加わった。こうして室町時代末期には密教的儀礼を加えて御流神道加行法則などが成立流行し、慶長のころには御流神道竪横の印信類聚まで大成された。これらの内容は密教思想や儀礼に基づいて作成伝授され、三輪流神道思想など混在し、八十通印信の形式すら整えた。ここに御流神道口決などと称し一の口決すら生じて徒らに大事と名づけ全く無関係なものさえ、これの竪横の印信に組織集大成した。これら相承者には取合沙門・神道沙門と称する一連の僧すら生まれた。中世的神道意識は近世には全く薄らぎ、密教寺院内には密教法流の一翼を荷った。明治維新に至ってこれらの御流神道の相承はようやく姿を消した。現今では密教寺院の宝庫の中には御流神道の印信・口決類が多く秘められている。

参考文献　久保田収『中世神道の研究』、櫛田良洪『真言密教成立過程の研究』、同『続真言密教成立過程の研究』　（櫛田　良洪）

ごりょうえ　御霊会　御霊(厲をなす怨魂)を慰和遷却するために行われる法会や祭礼の汎称。その文献上の初見は『三代実録』貞観五年(八六三)五月二十日条の記事で、この日疫厲防除のため勅命によって神泉苑で御霊会が催された。王公卿士らことごとく列席の上、霊座六前に花果を供え、律師慧達を講師として『金光明経』や『般若心経』を講ぜしめたのち、舞楽や雑伎散楽が演ぜられ、縦覧を許された市民とともに歓を尽くしたとある。これ

祇園御霊会の神輿渡御（『年中行事絵巻』より）

以後も疫疾の流行あるごとに政府は仁王会や法華会を修せしめているが、御霊会はもともっとも古いわが国の固有信仰(神道)に根ざし、ひろい民間習俗を背景とするものであっただけに、僧侶による読経講説よりも、木偶や神輿を作って民衆が賑やかな歌舞とともにこれを難波海に送って行くことが、むしろその祭礼の根幹をなしていた。正暦五年(九九四)六月船岡御霊会のことを記した『日本紀略』は特に「此非二朝議一起レ自二巷説一」と注している。そのように平安時代疾疫や飢饉の頻発と相表裏して随時随所で民衆が相会して御霊会を修した。今当時の文献を渉猟すれば、手近なものだけで紫野(今宮)・衣笠・花園・出雲寺・天安寺新造神社・西寺御霊堂・城南寺明神・熊野新宮御霊など、数々の御霊会の名を拾うことができる。中でもっとも有名かつ盛大であったのはいうまでもなく祇園・北野の両御霊会であって、それらについてはここに詳説を省略するが、平安時代末期(院政期)ころ一応定着したその神輿迎えと神輿送りの形式ならびに随従する馬長や風流田楽は、わが国神社祭礼の一典型となったものということができる。それは古来の氏神祭祀が祈年・新嘗両祭を中心に春秋二季の祭を中心としてきたのに対し、疫疾流行の時季ともからんで、多く五、六月に夏祭として行われたことも留意さるべきであろう。→祇園祭《ぎおんまつり》 →北野御霊会《きたのごりょうえ》

[参考文献] 祇園祭編纂委員会・祇園祭山鉾連合会編『祇園祭』

(柴田 実)

ごりょうしんこう 御霊信仰 非業の死を遂げたものの霊を畏怖し、これを慰和してその祟を免れ安穏を確保しようとする信仰。原始的な信仰心意にあっては死霊はすべて畏怖の対象となったが、わけても怨をのんで死んだものの霊、その子孫によってまつられることのない霊は、人びとに祟をなすと信ぜられ、疫病や飢饉その他の天災があると、その原因は多くそれら怨霊やまつられざる亡霊の祟とされた。『日本書紀』崇神天皇七年二月条に、天皇が疫病流行の所由を卜して、神託により大物主神の児大田田根子を捜し求めてかれをして大物主神を祀らしめたところ、よく天下太平を得た、とあるのは厳密な意味ではただちに御霊信仰と同一視し難いとはいえ、その心意には共通するものがあり、御霊信仰の起源がきわめて古きにあったことを思わしめる。しかし一般にその信仰の盛んになったのは平安時代以後のことで、特に御霊の主体として特定の個人、多くは政治的失脚者の名が挙げられてその霊が盛んにまつられるようになる。その文献上の初見は『三代実録』貞観五年(八六三)五月二十日条の記事で、そこには「所謂御霊者崇道天皇(早良親王)、伊予親王、藤原夫人(吉子)及観察使(藤原仲成か)、橘逸勢、文室宮田麻呂等是也、並坐レ事被レ誅冤魂成レ厲」ものと注せられているが、この六所の名については異説もあり、後世さらに吉備大臣(真備)ならびに火雷神(菅原道真)を加えてこれを八所御霊と呼ぶようにもなった。なかんずくそこで火雷神と呼ばれている菅原道真は、周知のように讒言によって大宰府に左遷せられその地で客死したことが、世人の同情を買い、その怨みを畏れる心理が素地となって、たまたま紫宸殿上の落雷や市井の一女児への託言などが重なって天満大自在天神なる高い神格へと昇華し、北野をはじめその他の地でも単独に神社に常祀せられるようになったのであった。その過程はもっとも典型的に御霊信仰の心理の発展を説明するものであった。しかしながら一般の御霊信仰は必ずしもそのように明白な特定の歴史的人格に結晶することなく、むしろ一般には何らその実体の明らかならぬもの、知られざる怨霊に対する漠たる畏怖をもとに成立したもので、その具体的な霊格(祭神名)は多くは巫祝の託言や創唱によるものであった。『祇園牛頭天王縁起』はその信仰を支えるもっともまとまった文献の一つということができようが、有名な紫野今宮以下多くの御霊会は、単に御霊という以外に何ら特定の祭神名を称することがなかった。『本朝世紀』天慶元年(九三八)九月二日条によれば、そのころ京中街衢では辻ごとに男女一対の岐神《ふなどのかみ》をまつったが、時人はそれをも御霊と呼んだという。こうした例にも見られるように、御霊信仰には外来の信仰としての陰陽道や仏教の影響も少なくなく、特に後者については、亡霊追福を第一目的とする念仏信仰と御霊信仰とは互いに相結びついて、中世以降の庶民信仰を強く色づけることになった。源平合戦以来相つぐ戦乱で横死した武士たちはいわばみな御霊とみらるべきであったが、中でも名ある荒武者たちが特に御霊としてまつられた。鎌倉権五郎景政のごときはその代表者というべく、この場合その五郎という名が御霊という音に近いことがその融通を容易にしたものと考えられ、ほかにも仁科五郎・加納五郎など五郎の名で呼ばれる御霊社は少なくなく、近世における佐倉惣五郎などもその一つに数えられる。宇和島で今日もなお広い信仰を集めている和霊様も、やはり山家《やんべ》清兵衛を胚とした新しい御霊神とみることができよう。ともあれ御霊信仰はわが国において人を神にまつる一般的なケースとして、神道の一特質を考える上に重視さるべきものと思われる。→御霊会《ごりょうえ》 →八所御霊《はっしょのごりょう》

(柴田 実)

ごりょうじんじゃ 御霊神社 (一)普通八所御霊とよばれる、崇道天皇・伊予親王・藤原夫人ら八柱の御霊神(八所の数え方には若干の出入がある)をまつる神社。各地に数多くまつられているが、京都市上京区上御霊前通烏丸東ならびに同中京区寺町通丸太町下るに鎮座する、上・下両御霊神社が最も有名である。創建の年代はともに明らかでないが、平安時代御霊信仰の隆盛なるにつれ、疾疫の流行、天変地変のあるごとに各所で祀られた御霊社の後世にまで存続したものの一つで、前者は古く天徳二年(九五八)五月十七日宣旨(『類聚符宣抄』三)などにみえる上出雲御霊堂に恰当するものと思われる。後者は天正十八年(一五九〇)豊臣秀吉が京都市区整理の際新町出水から現地に移したものと伝えられる。中世以来禁裏の崇敬

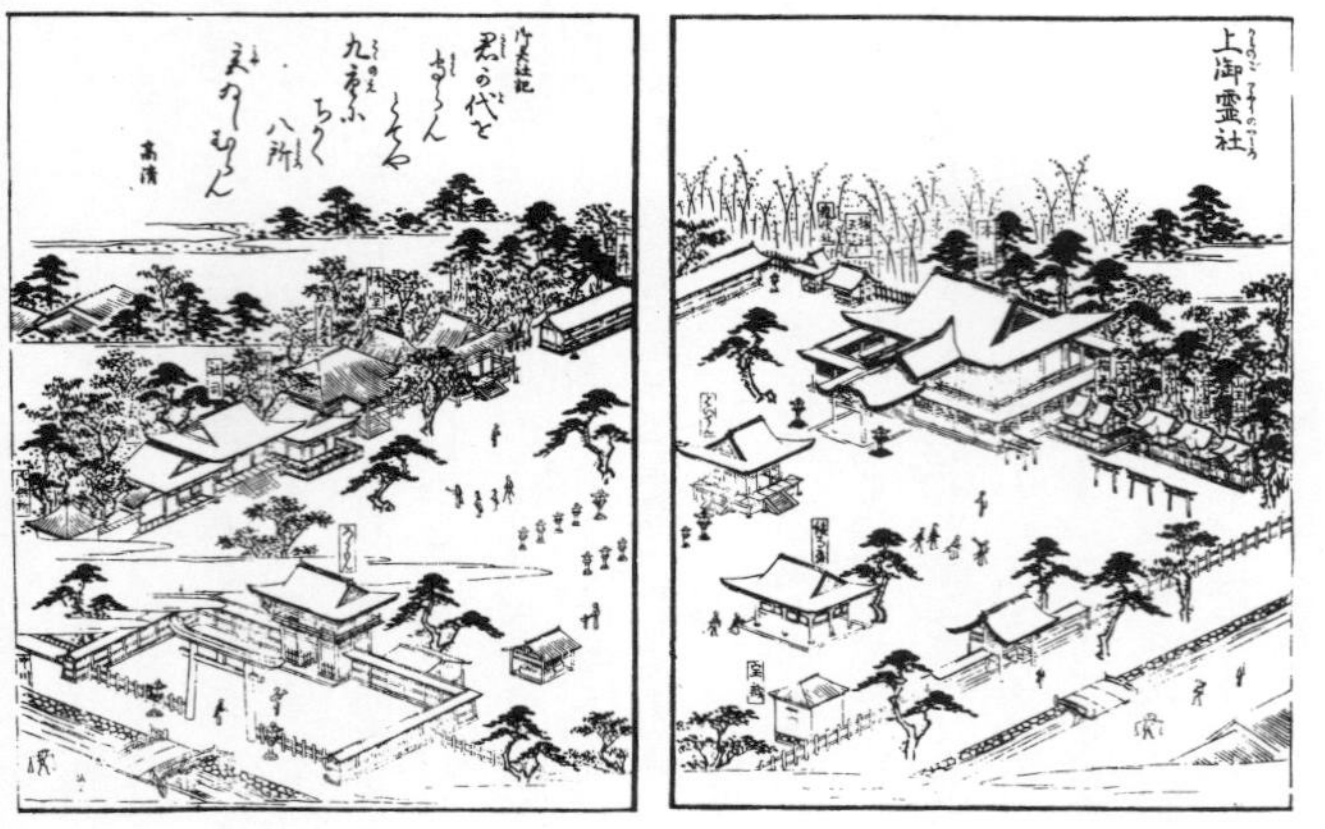

上御霊神社（『都名所図会』 1より）

厚く、上御霊神社に対しては、近世には毎年正月御所から歯固の御初穂の寄進があり、天正・宝永・享保・宝暦などの社殿修造に際しては内侍所仮殿を下賜された。また下御霊神社に対しても、霊元天皇はことに信仰厚く、享保八年(一七二三)・十四年の両度にわたって行幸祈願した(その時の宸翰御祈願文一巻は下御霊神社に伝えられ、重要文化財に指定されている)。その後上御霊神社は、光格・仁孝・孝明天皇の代には皇子や皇女の降誕に際し胞衣を神楽所前に奉納あるなど、御所の産土神としての特遇を受けた。武家もこれにならい同社に朱印地十九石を寄進した。例祭は上・下社とも古来八月十八日とされていたが、現在、五月十八日に繰り上げ、神輿の渡御が行われる。ともに旧府社。→八所御霊《はっしょのごりょう》　（柴田　実）

(二)京都府相楽《そうらく》郡加茂町兎並《うなみ》に鎮座。旧村社。祭神は崇道天皇・伊予親王・伊予親王母・吉備大臣・藤原大夫・橘大夫・火雷天神・文大夫。創建については不明であるが、天平年間(七二九―四九)に行基が開基したとも、あるいは貞観五年(八六三)に空海の弟子である真暁の開創ともいわれる燈明寺の鎮守社であった。なお燈明寺は、現在神奈川県横浜市の三渓園に移築されている。御霊神社は現在も燈明寺の旧境内に鎮座しており、兎並地区の鎮守社として氏子の崇敬を集めている。祭礼としては、十月十七日の秋祭において十人衆による宮座が確認される。社殿は本殿が室町時代前期の建造で、三間社流造・檜皮葺の形式からなり、重要文化財に指定されている(重要文化財指定では、附けたりとして寛政七年(一七九五)・文政三年(一八二〇)の棟札二枚を含む)。　（宇野日出生）

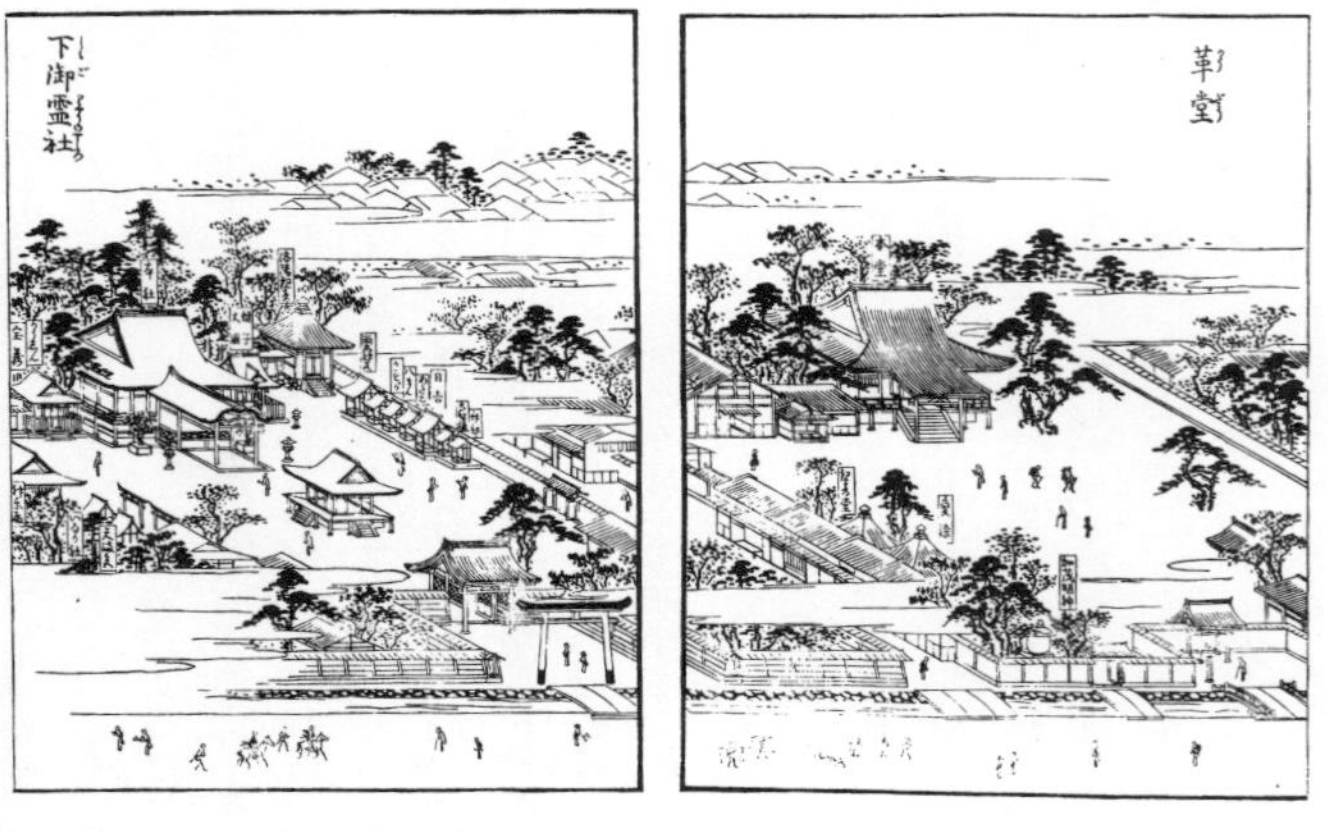

下御霊神社（『都名所図会』 1より）

(三)奈良県五條市中之町に鎮座。井上内親王を祀る。その信仰の中心は同市霊安寺《りょうあんじ》町の御霊神社にあるが、当社は嘉禎四年(一二三八)二月牧野・吉原両氏の争いにより宇智郡内十ヵ所に分祀された内の一社。弘和二年(一三八二)の石燈籠には「福田宮」と刻まれ、享保二十一年(一七三六)の『大和志』には「中村坐神祠」とあり、旧牧野村のほぼ全域の氏神として「称曰御霊牧野荘八村共祭祀」とする。本殿は棟木墨書から文明四年(一四七二)の建立で一間社春日造。昭和五十五年(一九八〇)の解体修理で、天井板に当初の板葺原寸引付図が描かれているのが発見され、檜皮葺より厚板段葺に復元された。その右手には早良《さわら》親王を祀る早良神社、左手には他戸《おさべ》親王(棟木銘では雷神)を祀る他戸神社があり、やはり棟木墨書により文明四年の建立とわかる。二殿とも一間社流造、見世棚形式をとり、屋根は本社同様厚板段葺に復元された。三殿ともに重要文化財。例祭は十月二十三日。

参考文献　池田源太・宮坂敏和編『奈良県史』五、吉井敏幸「大和国宇智郡霊安寺と御霊神社」(『日本宗教文化史研究』五ノ一)　（山田　浩之）

これんしゅう　瑚璉集　中世伊勢神道書の一つ。著者は度会家行。二巻。成立は、家行の『類聚神祇本源』成立の元応二年(一三二〇)より後ということが、同書との比較により知られ、成立時期の下限は、本書が北畠親房により延元二年(一三三七)九月に書写されていることから、延元二年とみられる。北畠親房の『元元集』は、家行の『類聚神祇本源』と本書を下敷きにした著作であり、『元元集』の漢文体の部分を漢字片仮名交り文に改めて『神皇正統記』が成立しているため、親房の神道思想形成に強く影響を与えたのが本書と『類聚神祇本源』の二書と判明する。特に『元元集』の構成は本書との類似が著しい。そのようなところより『元元集』偽書説まで登場したが否定されている。本書自体は『類聚神祇本源』の要点を抜き書きして成立したものであるが、皇字訴訟と距離を置こうとするなど、相違もある。『続々群書類従』神祇部、『神道大系』論説編五所収。

参考文献 平田俊春『元元集の研究』　（白山芳太郎）

ころうくじつでん　古老口実伝　中世伊勢神道書の一つ。『古老口実抄』ともいう。著者は度会行忠とみられる。一巻。成立は、正安元年（一二九九）九月から同二年六月までの間。その後、十数年にわたってみずから増補修正を加えており、行忠自身最も注意を払った書。その内容は、外宮禰宜が勤めるべき年中行事、山田郷における課役、山宮祭、常明寺と天八王子郷社における勤役のこと、一の禰宜として勤めるべきこと、神宮古物に関すること、宿館に関すること、参籠や潔斎に関すること、神宮祠官としての禁忌など、公私両面における祠官としての心得を説いている。行忠が伊勢外宮二の禰宜として在任中に記したもので、当時の神宮祠官の勤務の実態を知る上で重要な書。神宮文庫に、正和二年（一三一三）本の影写本があるが、被写本は、著者自筆本の写しと思われる。『群書類従』神祇部、『大神宮叢書』度会神道大成前篇、『神道大系』論説編五に収められている。

参考文献 『群書解題』一上　（白山芳太郎）

ころもがえのまつり　更衣祭　神衣を新たに調進し古いのと取りかえる祭儀。伊勢神宮では古来神衣祭《かんみそのまつり》として、四月・九月（現儀は五月・十月）の十四日に行われる。宮中では平安時代以来四月・十月の一日に更衣が行われた。一般神社でも、神衣祭（大阪市生国魂神社・静岡市浅間神社）、更衣祭（京都市賀茂御祖神社・愛媛県大山祇神社・福岡県太宰府天満宮）、御衣祭（名古屋市熱田神宮・東京都明治神宮）などの名で執行されている。→神衣祭《かんみそのまつり》

参考文献 『古事類苑』三、中川経雅『大神宮儀式解』二四（『大神宮叢書』）　（鈴木　義一）

ごんげん　権現　『金光明最勝王経』に「世尊金剛体権現レ於二化身一」とあるように、本来は仏教で仏菩薩が衆生を済度する方便として、権《かり》に種々の姿に化して現われることをいうが、わが国では本地垂迹思想の発達に伴い、平安時代には日本の神祇に適用された。奈良時代より仏教の神祇接近は次第に進化し、神は煩悩の衆生として仏教を尊び、よろこぶとする思想が生じ、神前読経や神宮寺・鎮守社の建立となったが、平安時代初頭に入ると、神は漸次悟りをひらき、その地位を高めたとされ、たとえば石清水八幡神は菩薩号をうけるに至った。そののち、承平七年（九三七）、大宰府から筥崎八幡宮に出された文書には、八幡神を権現と称する文があらわれ、弘仁三年（八一二）および延喜四年（九〇四）の奥書のある『走湯山縁起』にも、権現の称がみえて、平安時代中期には神が仏の地位に近づいたことがしられ、寛弘元年（一〇〇四）には大江匡衡が尾張国熱田神社に奉った供養願文に熱田権現の垂迹と書かれ、同四年、藤原道長が金峯山に奉納した経筒にも、蔵王権現と記され、『今昔物語集』には熊野権現の称がみえ、権現思想の普及は仏と神が同体であるとする、本地垂迹説の完成期に入ったことを告げるものであった。鎌倉時代になると、地主・白山・愛宕・春日はじめ広く権現を称する神社ができ、これらは権社と総称された。鎌倉時代末期に存覚の著わした『諸神本懐集』には、神を権社と実社の両神に分かち、前者の神は「往古の如来、深位の菩薩衆生を利益せんがため、かりに神明のかたちを現じ給へるなり」といい、すべては弥陀の垂迹に帰するもので、実社の神こそ邪神として排撃さるべきことを説いた。かくて中世の神仏習合的な神道は権現思想を重要な論拠としたが、徳川家康が死後日光山にうつされたとき、天台の天海は山王神道により、家康に神号として権現を奉るべしと主張し、ついにこの号をもってまつられることになった。→本地垂迹説《ほんじすいじゃくせつ》

参考文献 村山修一『本地垂迹』（吉川弘文館『日本歴史叢書』三三）、辻善之助「本地垂迹説の起源について」（『日本仏教史之研究』所収）　（村山　修一）

ごんげんしんこう　権現信仰　仏・菩薩が衆生を救うために、権《かり》に人の姿などを示してこの世に姿を現わしたとする信仰。もともとは歴史上の人物である釈尊は、超越者である仏陀の化現した存在であるとする教学・本地垂迹説から生まれた思想であった。日本に仏教が伝来し、日本古来の神々と仏・菩薩の融合が計られる過程で、この理論を根拠に日本の神々は人々を救済するために仏・菩薩がこの世に姿を現わした存在と説かれ、平安時代になると特定の神祇に特定の仏・菩薩を比定して、その神祇に権現の称号を与えるようになる。このようにして日本の神祇で権現の称号で呼ばれるようになったものには、熊野・出羽・春日・蔵王・山王・白山・箱根・伊豆・富士・三島・日光・愛宕・金比羅などが見られる。中世期には、布教活動のテキストとして盛んに用いられた本地物と呼ばれる社寺の霊験譚は、本地の仏が一度人間に生まれ、苦難を経たのちに神にまつられるという基本構造を有し、人々の間に人霊が神格化される土壌が醸成されていった。また、菅原道真をまつる天満宮のように、御霊信仰を背景として人霊を神にまつる風潮が平安時代ころから広まりを見せるが、戦国時代末期から江戸時代には豊臣秀吉や徳川家康のように巨大な権力を握った天下人が神にまつられるようになる。とりわけ山王一実神道を唱える天海は、徳川家康を東照大権現として東照宮にまつる法儀を創出し、家康は本地の薬師如来が人間世界に仮現したと説いた。江戸時代を通じて「権現様」といえば家康のこととなり、日光東照宮のように本殿と拝殿を石の間（相の間）で繋ぐ社殿の構造を権現造と呼ぶようになった。本地垂迹説では理論的には本迹は同格であるが、一部には本迹の関係を本質と現象の関係のように主張する教説も見られる。しかし、現世中心的な価値観の支配的なわが国では、権現の意味を「この世に現われた」との部分と重視して受け止め、広く信仰された。

参考文献 平岡定海編『権現信仰』（『民衆宗教史叢書』二三）、高藤晴俊「本地垂迹説の展開をめぐって」（『神道学』一〇三）　（高藤　晴俊）

ごんげんづくり　権現造　神社建築形式の一つで、本殿と拝殿との間を石の間をもって連結した社殿の全体を指していう。京都市上京区の北野天満宮の社殿を祖型としており、この形式の起源は平安時代までさかのぼると考えられる。北野天満宮の場合、入母屋造平入の本殿および拝殿の間に石の間と呼ぶ部分があり、石の間の上に本殿・拝殿と直角に棟をおいて屋根を架ける。石の間は本殿とおなじ間口をもち、ゆかを土間としている。この神社形式は平安時代以後、北野社以外に類例をもたなかったが、豊臣秀吉を祀る豊国廟の建設(慶長四年(一五九九)完成)にあたって復活され、以後大崎八幡神社(同十二年)・久能山東照宮(元和三年(一六一七))・日光東照宮(寛永十三年(一六三六))その他霊廟建築で採用されるようになった。江戸時代の権現造には、石の間を土間でなく板敷とするもの、石の間の間口が本殿よりも狭いものなどがある。なお慶長十三年の大工秘伝書『匠明』は豊国廟の図を掲げて宮寺造といっており、また元禄十二年(一六九九)の『神道名目類聚抄』は北野社の形式を石の間造、俗に八棟造というとし、かつ三間社流造一間向拝付の本殿の図を描いてこれを権現造または堂社造と名付けている。したがって現在の権現造の呼称はおそらく江戸時代末期ごろ、徳川家康(東照権現)を祭神とする東照宮の形式という含みで定着したのであろう。

権現造（大崎八幡神社）

参考文献　福山敏男「石の間」(『建築史』二ノ一)

（稲垣　栄三）

こんこうきょう　金光教　安政六年(一八五九)、備中の農民、金光大神(前名、赤沢文治、川手文治郎)が開いた習合神道系の創唱宗教。金光教では同年十月二十一日を開教の日とする。明治十年(一八七七)代以降、全国的に教勢をひろげ、天理教とならんで近代の代表的な民衆宗教となった。教祖金光大神は没落自作農で、壮年まで家産を回復するために苦闘して産をなした。金光大神は神仏をふかく信仰し、この地方で威勢の強い祟り神とされていた陰陽道系の金神を怖れていたが、相ついで一家を襲った不幸を金神の祟りと信じて心底から畏怖した。四十二歳の厄年に大病を患った金光大神は、はじめて神の「おかげ」を体験して感動し、ほどなく弟の香取繁右衛門が神がかりして金神信仰を広めるようになると、入信してその熱心な信者となった。安政六年、神から「立教神伝」をうけたとして農事を廃し、自宅を広前(神殿)として、こののち四半世紀余にわたり、広前に在って神に仕え、訪れる人に教えを説いた。金光教の教義は、金光大神の一農民としての生活体験を媒介に陰陽道系の金神の神格を独自に展開したものといえる。金光大神は、誠実勤勉な生活者を神が苦しめるはずはないとの確信に立ち、祟り神として怖れられていた金神を、天地の祖神、愛の神の「天地金乃神」であるとした。その教義では、すべての人間は天地金乃神の氏子であり、神と氏子は互いに助け合う関係にあるとされ、人間は実意丁寧に神信心をし、欲心を去って家業に励めば、難儀が助かり神のおかげをうけることができるとする。このような救済の約束は、同じ幕末維新期に成立した習合神道系の天理教・丸山教・蓮門教などの民衆宗教に共通していた。しかし、これらの一連の民衆宗教のなかで、金光教は、シャマニズムの傾向がきわめて稀薄であり、信仰の個人化と内面化をおし進め、政治を相対化して、合理的開明的な信仰生活を説くなど、日本における近代宗教の萌芽ともいえる独自の特徴をそなえていた。開教期の金光教は、道理にかなった信仰を強調し、日柄方角など、当時の民衆の生活を暗くおしつつんでいた陰陽道系の際限ない俗信を、いわれのないこととしてすべて斥け、忌み・穢れ・祟りを否定して、農商工民の生活に根ざした、人間本位で現世中心の信仰を説いた。金光教は、広前で金光大神が神に祈念し、信者に対して平静に神のことばを取り次ぐ布教によって発展したが、この独特な「取次ぎ」の布教方式は、その教義の合理性・開明性に対応していた。金光教は、幕末には、山伏などの既成の宗教勢力や在地権力の圧迫をうけ、金光大神は慶応三年(一八六七)白川家に入門して神職の資格をとり、布教活動を合法化した。明治維新後、金光教は、国民教化政策のもとで、明治六年には神前の撤去を命じられ、金光大神は、一時、広前を退かねばならなかった。権力によるたび重なる禁圧を体験した金光大神は、政治と信仰をあくまで別次元のものとし、信仰は絶対であるが、政治などの世俗の問題は相対的であり流動し変化するものであると説いて、政治権力を絶対化したり、神聖化したりすることを許さなかった。日本の近代社会で発展した民衆宗教においては、宗教上の理想世界を実現するために政治を志向する政教一致型の宗教の系譜が大きな比重を占めているが、信仰をひたすら個人の内面の問題として追求し、政治への志向性をもたなかった金光教は、全く異質な内面志向型の宗教であった。開教期の金光教には、政治権力に対する中立の姿勢、徹底した人間平等観、婦人の尊重、医薬使用の奨励、祈禱や神札の無償化など、土着の文明開化ともいうべき先進性が見られるが、この先進性は、国家神道体制のもとでは、そのまま発展することを許されなかった。金光教は、明治十年代に、布教を合法化するために国家神道に沿う教義を急速に整え、明治三十三年、天理教に先立って教派神道の一派として神道本局からの別派独立を公認された。独立後の金光教は、信忠孝一本をかかげて、天皇崇拝を強調し、国策奉仕の道を歩んだが、その教勢は、昭和初期には固定化した。教主は金光平輝。本部は岡山県浅口郡金光町。平成十一年(一九九九)末現在、教会一五九五、布教所一三、教師四二二二、信者四三万一九〇(文化庁編『宗教年鑑』平成十二年版)。↓川手文治郎《かわてぶんじろう》

参考文献　村上重良・安丸良夫校注『民衆宗教の思想』(『日本思想大系』六七)、金光教本部教庁編『概説金光教』、村上重良『金光大神の生涯』　（村上　重良）

こんこうだいじん　金光大神　⇩川手文治郎《かわてぶんじろう》

ごんしゃ・じっしゃ　権社・実社　仏・菩薩が権《か》りに垂迹・化現した神々を祀るのを権社といい、未だ迷界に沈淪している実者・実類の神々を祀るのを実社として区別し、前者は崇敬してよいが、後者はしからずとする、真宗神道の根本思想を表明したもの。よく引かれるのは、浄土宗の源空の作などとして伝えられていたのを浄土真宗の存覚が訂正・増補した『諸神本懐集』(「集」は「抄」とも)の巻首に、「第一ニハ、権社ノ霊ヲアカシテ、本地ノ利生ヲタフトムベキコトヲヲシヘ、第二ニハ、実社ノ邪神ヲアカシテ、承事ノオモヒヲヤムベキムネヲス、メ」とあるものである。

参考文献　宮地直一「大神宮両宮之御事に就いて」(『神宮祠官勤王顕彰会編『(建武の中興と)神宮祠官の勤王』所収)、西田長男「神皇正統記の本地垂迹思想」(『神道史の研究』二所収)、同「本地垂迹説の終末に就て」(同所収)、同「伊勢神道の論理と其展開」(『神社協会雑誌』三四ノ二)　（西田　長男）

ごんしゃのかみ　権社神　仏・菩薩が衆生救済のために仮に神の姿で現れた神社の祭神。浄土真宗では実社神が祟りをなし人を悩ます邪神であるのに対して、権社神は衆生利益のため仮に神明として現れ、来世には来迎引接し仏・菩薩となって極楽往生に導く霊神であり、深く敬うべきであるとされた。これは浄土真宗の神道説で、本地垂迹説が基調にあり、親鸞のいわゆる神祇不拝と矛盾するものだが、本願寺第三世覚如の長子である存覚《ぞんかく》が真宗の神祇観が混乱し一定していない現状に対して真宗門徒のあるべき態度を示すため『諸神本懐集』を執筆、これを説いた。邪神である実社によらず、この権社の神を明らかにして本地の仏・菩薩の利生を受くべきを説いた。この神祇観の源流はすでに法然にあり、『諸神本懐集』は多様な日本の神々についてそれぞれ神の本質を明らかにし、権社の霊神を深く敬い、仏法を行じ念仏を修すべきことを述べている。

参考文献　柴田秀昭「真宗の神祇観」(『教化研究』七九)　（嵯峨井　建）

こんじん　金神　陰陽家のまつる神で、『簠簋内伝』によれば巨旦大王の精魂で巨旦大鬼王ともいう。兵戈・水旱・瘟疾などをつかさどる。金性を持ち気性激しく祟りの多い神のように考えられている。もと中国の道教より出ているという。干支によってこの神の居る場所が定まっているので、その方角に向かって事をおこすことを忌む。これをおかして土工をはじめ、城池を築き殿舎を建て庭をつくり、あるいは出征・婚姻・旅行などをすれば、この神の激怒にふれ一家七人が殺され、不足の時は近隣に及ぶという。七という数は、金神には金性の七つのたましいがあり、七ヵ所にあって害をするということによるといい、七殺の方と呼ばれるゆえんという。また金神の遊行日なるものがあり、すなわち春は乙卯より六日東にあり、夏は丙午より六日南にあり、秋は辛酉より六日西にあり、冬は壬子より六日北にあり、これらの日にはさわりをみない。平安時代旅行などの方違《かたたがえ》もこの思想に起因するものであった。すなわち旅行先が金神のいる方角にあたる時は、前夜吉方の家に仮泊しておき、当日方角を変えて目的地に行くのである。現在も金神の信仰は一部になお根づよく名残をとどめ、ことにその方角の土をいじったり普請をしたりすることを嫌う。旅行の七日帰りを嫌うのもかつての方位に対する俗信の名残である。↓方違《かたたがえ》　（岩崎　敏夫）

ごんじんしょう　厳神鈔　天台系両部神道である山王神道書。一巻。著者不明、叡山関係の学僧であろう。成立年代も不明であるが、室町時代か。大宮権現・二宮権現・聖真子権現・八王子権現・客人権現・十禅師権現・三宮権現の山王七社をはじめ、大行事・早尾・岩滝・塔下の三聖惣社など諸末社の祭神、鎮座の由来、本地などについて、神仏習合思想をもとにその伝承を記す。『続群書類従』神祇部に収める。　（久保田　収）

ごんじん・もうりょう　厳神・猛霊　厳神・猛霊とは、それぞれ賀茂神社・松尾大社をさし、聖徳太子のいわゆ

る未来記の一つから出た語で、これら二神の守護あるによって、平安京は永代不易の都であるべきことを示そうとしたものである。延喜十七年(九一七)に著わされた『聖徳太子伝暦』には、推古天皇十二年(六〇四)八月のこととして、聖徳太子は寵臣秦造川勝の居邑たるのちの山城国葛野郡に遊び、この地の未然を察して、「東有㆓厳神㆒、西仰㆓猛霊㆒、三百歳後有㆓一聖皇㆒、再遷成㆑都、興㆓隆釈典㆒、苗胤相続、不㆑墜㆓旧軌㆒」といったとある。『玉葉』治承四年(一一八〇)八月四日条には、「嵯峨隠君子(伴信友はこれを嵯峨天皇の皇子淳王のことであるという)算道命期勘文(追㆓検之㆒、仁和比有㆓此勘文㆒)、(中略)隠君子聞㆑之云、桓武聖主、鑒㆘此地久可㆑為㆓帝都㆒之故㆖新所㆓営給㆒也、東有㆓厳神(謂㆓賀茂㆒)㆒、西有㆓猛霊(謂㆓松尾㆒)㆒、南開北塞、又見㆘地宜足㆖可㆑為㆓帝都㆒、永代不㆑可㆓変易㆒之趣、具被㆓勘録㆒了」とあり、『吉記』寿永二年(一一八三)六月六日条には、徳大寺実定の木曾義仲追討のことについての申状のうちに「或古記曰、平安京者百王不易之都也、東有㆓厳神㆒、西仰㆓猛霊㆒、厳神者、賀茂大神、猛霊者、松尾霊社是也、依㆓二神之鎮護㆒、期㆓万代之平安㆒、然則永々不㆑可㆑遷㆑宮云々」とある。

参考文献 伴信友『瀬見小河』(『伴信友全集』二)、西田長男「稲荷社の本縁」(『日本古典の史的研究』所収)　(西田　長男)

こんせいだいみょうじん　金精大明神　金精は金勢・金性などとも書く。俗にコンセ様という。性器崇拝の一種で、多く陽物を神体としているが、そのうち金属製のものを称してカナマラ様とも呼んでいる。男女の縁結びや、出産・下症治癒などの祈願に効験があるといわれている。主として東北地方に行われている。日光の奥、上野・下野の両国境界の金精峠は、頂上にその祠が存していたところから称せられたものである。なお、古来、「かねのみたけ」の名で知られた大和国吉野山の金峯《きんぷ》神社を金精大《こんじょうだい》明神《みょうじん》ともいうが、ここに述べたものとはまったく別箇の神で、その祭神の金山毘古命を尊んで、かくいったものである。

参考文献 根岸鎮衛『耳袋』一(『東洋文庫』二〇七)　(西田　長男)

こんだそうびょうえんぎ　誉田宗廟縁起　応神天皇を祭神とする誉田宗廟(誉田八幡宮)を天皇御陵のそばに造営した由来と、誉田八幡の霊験を描いた絵巻。大阪府誉田八幡宮蔵。絹本着色、三巻。重要文化財。上巻は応神天皇の崩御と御陵造営を六段に描き、中巻は欽明天皇の勅定で宗廟の社壇を造営し、八幡大菩薩を勧請したという由来と、聖徳太子・役行者・行基の参籠を主題に五段、下巻は弘法大師・菅原道真の結縁と後冷泉院の社殿新造、および諸種の霊験を十段に描く。巻末には、永享五年(一四三三)に足利義教が旧本によって新写させて奉納した由を奥書している。絵巻には珍しく絹本を用い、大和絵の正系を伝える画風で入念に描かれ、部分的に宋元画の様式がとり入れてあって、格調の高い作品である。なお、各巻に「絵土佐光信正筆」という狩野探幽の極書があるが、永享五年は光信の活躍期以前であり、これは誤った鑑定というべきである。中幸男編『国宝誉田宗廟縁起』(複製)があるほか、『(新修)日本絵巻物全集』三〇所収。詞書は『続群書類従』神祇部、『中世神仏説話』(『古典文庫』三八)所収。→誉田八幡宮《こんだはちまんぐう》　(宮　次男)

ごんだなおすけ　権田直助　一八〇九―八七　幕末・明治時代前期の国学者、神道家、医者。字は玄常、名越廼舎と号す。文化六年(一八〇九)正月十三日武蔵国入間郡毛呂本郷(埼玉県入間郡毛呂山町)の医者権田直教・久良子の子として生まれた。十九歳の時江戸に出て幕府の医官野間広春院に漢方医術を学び、また安積艮斎に就き儒学を学んだ。郷里で開業したが、のち天保八年(一八三七)九月平田篤胤に入門して国学を学び、国学思想を基礎とした『神遺方経験抄』を著わし、いわゆる「皇朝医学」を唱えたが、内容は古医方に同じといわれる。文久二年(一八六二)京都に上って尊攘運動に加わり、平田派の一員として公卿らの間に活動した。慶応三年(一八六七)秋西郷隆盛による関東攪乱工作(江戸薩邸に拠る相楽総三らの活動)に関与した。明治二年(一八六九)平田鉄胤らと神祇伯白川家の教授となり、また刑法官監察司知事に任ぜられ、六月建言を採用され大学中博士、医道御用掛となった。しかし当時早くも国学者・漢学者と洋学者との間の対立・論争が起り、彼は平田鉄胤・矢野玄道らとともに大学を追われた。同四年、愛宕通旭らの公卿および攘夷派士族を中心とした反政府陰謀が発覚(愛宕通旭事件)、彼もその嫌疑を受け、矢野玄道・丸山作楽らとともに捕えられ金沢藩邸に幽閉された。その間、国語古典の研究に専心し、赦免後は、六年七月より相模国大山阿夫利神社祠官となり、同時に大講義に任ぜられた。以後彼は没するまで大山に住むことになる。十二年権大教正に進み、同時に十四年まで伊豆三島神社宮司を兼ねた。十五年皇典講究所教授、十七年神道事務局顧問・大教正となり、あるいは神道本局編輯掛を担任するなど、明治前期の神道界・国学界に重んぜられた。同二十年一月病となり六月八日没した。七十九歳。墓は大山山麓赤松山墓地にある。なお彼には『名越廼舎門人帳』により、武蔵・相模を中心とした百五十余名の門人がいたことを知り得る。彼の著書は多数あるが、『古医道沿革考』『古医道治則略註』『古医方薬能略』『医道百首』などの医書、『詞の経緯図』『詞の真澄鏡』『文典辨疑』『形状言八衢』などの語学書、『みたまのふゆ』などの神道書がある。

参考文献 金子元臣『権田直助翁詳伝』(『徳育資料』二)、神崎四郎『惟神道の躬行者権田直助翁』　(沼田　哲)

こんだはちまんぐう　誉田八幡宮　大阪府羽曳野市誉田に鎮座。「ほんだ」とも読むが、現在は「こんだ」が正式呼称。旧府社。祭神は応神天皇・仲哀天皇・神功皇后、相殿に住吉大神・八后神。『誉田宗廟縁起』によると、欽明天皇の時に応神陵の前に廟を造り天皇行幸し、聖徳太子参詣、後冷泉天皇の時に本陵南一町余(現社地)に造営とある。長久五年(寛徳元、一〇四四)八月十五日の国符には国司清原頼隆が誉田山陵法楽荘厳のために三昧堂を建立、三昧田供料田十五町を免除し行法を勤修すとある。永承元年(一〇四六)河内守源頼信は誉田八幡宮に告文を奉り源氏の祖先として加護を願った(『石清水文書』)。延久四年(一〇七二)太政官牒(同)によれば、「誉田山陵三昧田」は石清水八幡宮寺の三十四ヵ処の一処としてみえる。よって石清水八幡宮末社の宮寺で寛徳元年(一〇四四)に始まり後冷泉天皇の時に造営が完成したとみるべきであろう。建久七年(一一九六)七月日に「八幡宮誉田山陵鐘」として洪鐘が鋳造され、社境に厩跡を伝う。同年社頭伽藍などが造営、神輿などの寄進があり、永享五年(一四三三)足利義教は『神功皇后縁起』『誉田宗廟縁起』三巻を奉納した。天正年中(一五七三―九二)神領没収後豊臣秀吉は二百石を寄進、徳川氏もこれを継承。『河内名所図会』

誉田八幡宮拝殿

によると、本地堂を護国寺、本尊は阿弥陀、奥院を宝蓮華寺、真言宗で僧院十五宇、祝家十三宇、神子三人奉仕とある。正徳二年(一七一二)の『和漢三才図会』には、廟を長野山陵といい、八幡大菩薩(仲哀天皇・神功皇后)を宗廟神とし、社家禰宜数人、宮寺真言宗護国寺社僧十坊、奥院宝蓮華寺は律宗、八月十五日の祭礼には伶人舞を行い、四月八日の若宮祭には猿楽・児舞を隔年に行うとある。『三十三所図会』には、宝物に古書画経像の類多く伎楽の器具ありとある。現在、塵地螺鈿金銅装神輿一基・金銅透彫鞍金具二具はいずれも国宝、また『神功皇后縁起』『誉田宗廟縁起』など多くの重要文化財がある。明治五年(一八七二)府社。社殿は流造。例祭は九月十五日・五月八日。→誉田宗廟縁起《こんだそうびょうえんぎ》

参考文献 二宮正彦・加藤隆久校注『神道大系』神社編六 (中野 幡能)

ごんねぎ 権禰宜 ⇩禰宜《ねぎ》

ごんはふり 権祝 ⇩祝《はふり》

こんぴらぐう 金比羅宮 ⇩金刀比羅宮《ことひらぐう》

こんぴらしんこう 金比羅信仰 香川県仲多度郡琴平町の金刀比羅宮には、海洋航行に頼みを懸ける信仰が篤く深い。特に海難守護の神験に頼みを懸けてきたのであって、その信仰は今も変わっていない。金毘羅権現が海の神としての神格を形成する経過は、一朝一夕のものではないが、その鎮座の地勢に重要な意味があった。すなわち瀬戸内海における東西よりの潮流の離合集散が、塩飽《しあく》諸島付近を中心としていることである。瀬戸内を航行する船舶にとって、潮流利用は重大な関心事であったから、海に生きる人々は、潮流離合の中央近くに兀立する象頭山を日和山とし、山にかかる雲形は天候予知の上で注目してきたのであって、象頭山の一角に、早く雲気神社が式内社として、公辺の待遇を受けたのも、雲気の名から肯ずかれる。こうした地形的情勢が金比羅信仰の基盤を成してきた。松尾寺の守護神として勧請された金毘羅神も、神仏習合の上に金毘羅権現として、歴代別当の活躍と近世航海の盛行につれて、すさまじい隆昌な信仰をもたらすことになった。運漕廻船業者たちによる夥しい寄進奉献品は、そうした事実を雄弁に物語っており、こうした信仰は流し木・金毘羅樽・流し初穂といった、この神に対する特殊な風習を形づくった。また各地には金毘羅権現の勧請を見るとともに、今も各所に石燈籠を残しているのである。また郷村にあっては献燈の風をなし、今も各所に石燈籠を残しているのである。↓金刀比羅宮《ことひらぐう》

参考文献 大山定一『こんぴら物語』、琴陵光重『金毘羅信仰』 (近藤 喜博)

こんぴらまつり 金比羅祭 ⇩金刀比羅祭《ことひらまつり》

こんぴらりしょうき 金毘羅利生記 香川県仲多度郡琴平町に鎮座する金刀比羅《ことひら》宮の祭神、金毘羅権現の神徳を記した書。㈠曲亭(滝沢)馬琴著。一巻。文化十年(一八一三)刊。内容は①金毘羅神の名号と縁、②安井金毘羅宮崇徳上皇のこと、③武士や庶民が受けた神徳の例、④金毘羅真言、祭礼の日時、禁忌に大別される。㈡金毘羅利生記物として人形浄瑠璃・歌舞伎・講談などで広まっていた話をもとにした敵討ちの戯作本。合一堂主人の著作(絵入)は①武士から町人になった民谷玄八郎が森口衒太佐衛門に殺される、②玄八郎の死後に生まれた息子(坊太郎)が父の敵を討つようにと、母は金毘羅権現に祈願する、③坊太郎は京に上り青柳左馬頭のもとで剣術の修業を積む、④小太郎と改名し父の敵討ちのために暇乞いをする、⑤讃岐国丸亀に帰った小太郎は金毘羅権現の加護を得て父の敵討ちを果たすという内容で、五段構成になっている。

参考文献 浦山政雄「金毘羅利生記の伝系」(『国語と国文学』四一五) (野上 尊博)

こんぴられいげんき 金毘羅霊験記 香川県琴平町金刀《こと》比羅《ひら》宮の祭神、金毘羅権現の通力や霊験を記した書。子どもが父の敵を討つ物語となっている。『讃州象頭山金比

羅霊験記』ともいう。著書・成立年は未詳。文中の明暦二年(一六五六)の年号が新しい。全五巻。武士のあり方、君臣・父子など武士の心構えや身分・道徳などの啓蒙が目的で書かれている。江戸時代に敵討物の流行があるが、金毘羅権現の加護による敵討ちの成功物語は金毘羅利生記物と呼ばれ、人形浄瑠璃や歌舞伎・講談によって広まった。金毘羅利生記物は台本や戯作本などで人名や場所に若干差異がある。『金毘羅霊験記』は巻一で和歌山藩初代藩主徳川頼宣と家老安藤直次の活躍、藩士による争い・失脚とすすみ、巻二以下は『金毘羅利生記』と同様の粗筋になっているが、話題が和歌山から始まり、父の敵を討つための剣術修行の場所が江戸であることなどは、利生記物の源流といわれる『金毘羅御利生幼稚子敵討《おさなごのかたきうち》』やそれ以後の作品と共通している。

参考文献 浦山政雄「金毘羅利生記の伝系」(『国語と国文学』四一五)　(野上　尊博)

ごんべっとうそうせいほういんりつがんもん　権別当宗清法印立願文　鎌倉時代の建保五年(一二一七)正月二十七日付の石清水八幡宮祠官・権別当法印田中宗清の願文。一巻。本文書は裏書によって大江周房が執筆したことが知られ、また本文の奥に「後分記」が追記されている。内容は、㈠別当以下の荘園支配のこと、㈡別当職次第転任のこと、㈢新儀非法の禁止、㈣宮寺僧俗官などの品秩のこと、㈤御殿司入寺の員数のこと、㈥大塔再建のこと、㈦千手堂建立のこと、㈧弥勒堂建立のこと、㈨唐本一切経を三井寺に奉納のこと、㈩八幡宮修理の勤役のこと、⑪宮寺僧俗の任官制限のこと、⑫殺生放生のこと、⑬仏神事の廻向料のこと、⑭先師墓所への堂宇建立のこと、⑮所願成就後は遁世をすることの十五ヵ条を祈願したものである。条文の配列には異同が見られ、利用には注意が必要である。原本は石清水八幡宮所蔵であるが、『群書類従』神祇部、『石清水文書』二(『大日本古文書』家わけ四)、『石清水八幡宮史』四に所収されている。

参考文献 『群書解題』二上　(川島　孝二)

こんぽんしようかじつせつ　根本枝葉花実説　中世の神道説。根本枝葉果実説とも書く。神儒仏三教を樹木の根本・枝葉・花実に譬え、儒仏二教は神道に帰一するとして神道の優位性を説く。卜部(吉田)兼倶の『唯一神道名法要集』に上宮(聖徳)太子の密奏として「仏教は万法の花実たり、儒教は万法の枝葉たり、神道は万法の根本たり、彼の三教は皆是れ神道の分化也、枝葉花実を以て、其の根源を顕わす、花落ちて根に帰る故に、今此の仏法東漸す、吾国三国の根本たることを明かさんが為也」と記す。直接の典拠は室町時代初期の『国阿上人絵伝』とされるが、その源流は慈遍の『先代旧事本紀玄義』の「和国は三界の根なり、余州を尋ぬれば此国の末なり、謂うこころは日本は則ち種子の芽の如し、(中略)唐は枝葉を掌り、梵は菓実を得たり、花落ちて根に帰す」との説に求められる。さかのぼって鎌倉時代の『鼻帰書』にも、仏法は天照太神が釈迦となって生まれて説いたものであり、梅花の菓が必ず下に落ちるように、仏法も日本に東漸したと説かれている。

参考文献 西田長男『日本神道史研究』四、菅原信海「慈遍の神道説」(『山王神道の研究』所収)　(佐藤　眞人)

こんぽんそうげんしんしんとう　根本崇源神道　⇩忌部神道《いんべしんとう》

ざ　座　平安時代末期から戦国時代、朝廷・貴族・大社寺・武家(室町幕府・戦国大名等)などに従属する諸身分において、奉仕・貢納を行う代償として与えられた特権をもとに、営業活動を行なった商工業者、猿楽・田楽・琵琶法師などの芸能者、馬借・船頭など交通運輸業者などの職能者の集団。座の史料的にもっとも早い事例としては、寛治六年(一〇九二)のころに山門の門跡青蓮院を本所とし、杣伐夫役や駕輿丁奉仕を行うかたわら、薪を洛中で販売していた洛北八瀬の里座、元永元年(一一一八)の記録にみえる東大寺所属の奈良の鍛冶座、久安六年(一一五〇)の史料にみえる京都四条町の切革座、仁平三年(一一五三)のころにはすでに成立していたと考えられる山城宇治・白川の田楽法師の座、寿永二年(一一八三)のころ南都の元興寺に酒を献納していた酒座などがあげられる。猿楽座・田楽座や琵琶法師の座など芸能諸座も、その成立が平安時代末期にさかのぼり得るものもあり、中世には特定社寺の神事・法会に参加して奉仕・奉納活動を行い、武家など権力者の保護のもとに特権的、排他的な芸能集団を構成していた。そうした点では芸能座も商工業座・村落座・宮座と共通する歴史的性格をもっていたといえよう。芸能座として史料上もっとも早く現われるのは前述の宇治・白川の田楽法師たちの座であり、田楽興行が盛んとなるにつれ座衆は六十人以上にものぼったと推測されている。猿楽の座は田楽座よりおくれて鎌倉時代の文永九年(一二七二)、山城国高神社の神事に紀伊石王座・宇治若石座が参加したのがもっとも早い例とされ、琵琶法師たちも室町時代初期のころには当道座を結成していたことが知られている。

座の前身・起源・語源や営業形態などについては、これまでいろいろの説があって論争がくり返されてきた。まずその前身と考えられるものとしては、㈠大化改新以前の部民の系譜をひき、諸官衙に分かれて所属していた紙戸・雑工戸・鍛戸・錦綾織等織手といった雑色集団、㈡五畿内および近江・丹波など近国に設けられていた御厨・網代・御贄所にあって日常消費物資である魚介・蔬果などを捕獲・生産し、朝廷に貢納していた鵜飼・江人・網引・贄人・供御人ら、㈢左右の近衛府・兵衛府に所属して輿宿《こしやどり》に出仕し、天皇の行事や神事に際して輿をかついだ駕輿丁集団、㈣神部・神賤・神奴の後裔で、有力な神社に所属していた神人、㈤本貫の地は自己が所属する社寺の荘園・所領の外にありながら、その社寺と特殊な奉仕・貢納関係を結び、寄人とよばれていた農民たち、などがあげられる。平安時代中期以降、律令制的給与に依存していた権門社寺の経済が動揺するようになると、㈠—㈤の諸身分のものたちは、支給される俸禄の不足を補うために、それまでの奉仕労働・貢納生産のかたわら、一定の賃銀・報酬獲得を目的とする雇傭労働や、利潤獲得を目的とする商品生産・販売に従事するようになった。本所側はその際、彼ら従属者たちの生活・営業を補償・保護するために、営業上各種の特権・恩典を与えるようになった。逆に国家的課役をのがれ営業上の特権にあずかる目的で、権門社寺に身を寄せ、供御人・駕輿丁・神人・寄人身分を獲得し、特権的な商工業を営むものがふえ、こうした過程でやがて同業の座集団を結成するものが現われてくる。座が多く成立したのは、商品経済がもっとも発達していた畿内・近国であった。なかでも公家・大社寺が密集する京都・奈良およびその近郊に成立した座が圧倒的に多い。しかし室町・戦国時代になると、東海・北陸・西海の諸道にも広範に成立するようになる。京都では大別して、上京には四府駕輿丁たちを主体とする諸座が、下京には祇園社を本所とする諸座、山城南部の石清水八幡宮膝下には八幡宮を本所とする諸座が密集し、奈良では、東大寺・興福寺・春日神社所属の建築関係手工業座、商工業座が多数成立し、摂津では天王寺を本所とする諸座、近江では山門・日吉神社を本所と仰ぐ諸座、伊勢大神宮の門前山田八日市にも多くの座が成立していた。これら本所のうち、もっとも多くの座をかかえていたのは興福寺の門跡寺院である大乗院と一乗院で、現存史料によると、前者はおよそ九十余、後者は三十余にのぼる諸座が奈良・大和国内・山城木津などに存在していた。諸官衙および貴族を本所とする座も約三十数えることができ、その大部分は京都に集中している。

座の起源・語源についても研究のはじめから諸説に分かれて論争がくり返されてきた。座という語は朝廷における儀式に際しての座席、仏事法要や宮座における神事奉仕に際しての座席から転じたとする説(柴謙太郎)、古代における廛、すなわち「クラ」「イチクラ」、さらには市場の販売座席から転じたとする説(福田徳三・平泉澄)、集会の場から転じたとする説(三浦周行)などがある。その起源については最近前述の洛北八瀬の里座を手がかりにして、同業村落の地縁的、職種的結合の集落のなかに特権的な座共同体や商業座の起源を求める説も提唱されている(黒田俊雄)。座の構成についても、一人一座を原則とする単独の商人からなるという説(平泉)、二人以上の複数の商人による組・仲間の形をとるという団体説(柴・三浦・豊田武)に分かれているが、こんにちまでの研究の成果によれば、複数の団体説が妥当といえよう。座の内部組織は業種・時代・地域により必ずしも一様ではない。建築関係などの手工業座の場合、入座年齢順や座役功労などにより選ばれた長老の兄部と、平の職人とによって座が構成されていた。両者の関係は、平等性を原則としていたとする説と階層序列が存在していたことを強調する説とに分かれている。商人座の場合、祇園社所属の綿座のように町場での店売を主体とする本座衆(三条町・七条町・錦小路町居住)と、洛中の里地域における振売・行商を主体とする新座衆(里に居住し、もと本座の下人)とが分離・対立し、本座内では一般座衆と本座に所属するにもかかわらず振売に従事させられていた下人たちとに分かれるという二重の構成をとっていた。奈良の符坂油座は多いときには四十余人の座衆を数えたが、臈次制のもとで選ばれた八人衆によって統制されており、室町時代には八人衆と一般座衆の間に対立がみられた。同じころ京都の米屋座は、駕輿丁・神人や室町幕府所属の雑色・小舎人・下部ら複雑な身分のものたちによって構成されていたが、四府所属の駕輿丁身分のものだけでも百二十人余にのぼった。村落座として著名な山門所属の近江蒲生郡の保内座商人の場合には、今堀郷居住者だけで十五世紀半ばに三十四人を数えたが、座衆は土豪・地侍・神官・名主ら上層と中小名主百姓ら下層とに分かれ、駄馬使用衆と徒歩衆といった差別もみられた。彼らが周辺地域の商人らとともに伊勢に行商するときは、伊勢や湖東の五十ヵ所近い郷村や都市居住の足子が動員され、荷物の搬送、行商先への先乗り、下準備などにあたった。以上の事例によっても明らかなように、座は兄部・座頭・乙名と一般座衆によって構成され、営業活動の範囲や特権を制約されていた下人や足子らが副次的、従属的構成員となっていたのである。座の営業形態は商人座の場合、市座における独自の商品の特権的取引の段階から、前述の祇園社の綿本座・新座間の争いに示唆されているように、座ごとに店売と振売とに分化する傾向が強まっていった。奈良の大乗院所属の正願院塩座は本座問屋衆として奈良市中での居売すなわち店売を行い、シタミ座はその塩を受けてもっぱら小売・振売に従事するというように、営業形態の分化現象が進み、卸売・小売の

斎院(賀茂斎王)一覧

代数	斎王		父	当帝	在任	在任期間	退下理由
1	有智子	A	嵯峨天皇	嵯峨・淳和	弘仁(元)・(九)—天長八・三	(二一)年(四)ヵ月	本人の病
2	時子	A	仁明天皇(正良親王)	淳和	天長八・三—天長一〇・(二)	一年(一一)ヵ月	当帝譲位カ
3	高子	A	仁明天皇	仁明	天長一〇・三—嘉祥三・三	一七年一ヵ月	父帝崩御
4	慧子	A	文徳天皇	文徳	嘉祥三・七—天安元・二	六年八ヵ月	母の過失カ
5	述子	A	文徳天皇	文徳	天安元・二—天安二・(八)	一年(七)ヵ月	父帝崩御カ
6	儀子	A	文徳天皇	清和	貞観元・一〇—貞観一八・一〇	一七年一ヵ月	本人の病
7	敦子	A	清和天皇	陽成	元慶元・二—元慶四・(三)	三年(二)ヵ月	父(上皇)の喪カ
8	穆子	Ⓐ′	光孝天皇(時康親王)	陽成・光孝	元慶六・四—仁和三・(八)	五年(五)ヵ月	父帝崩御カ
9	直子	B	惟彦親王	宇多	寛平元・二—寛平四・三	三年二ヵ月	本人死去
10	君子	A	宇多天皇	宇多・醍醐	寛平五・三—延喜二・一〇	九年八ヵ月	本人死去
11	恭子	A	醍醐天皇	醍醐	延喜三・二—延喜一五・五	一二年四ヵ月	母(更衣)の喪
12	宣子	A	醍醐天皇	醍醐	延喜一五・七—延喜二〇・閏六	五年一ヵ月	本人死去
13	韶子	A	醍醐天皇	醍醐	延喜二一・二—延長八・九	九年八ヵ月	父帝崩御
14	婉子	A	醍醐天皇	朱雀・村上	承平元・一二—康保四・五	三五年六ヵ月	当帝譲位
15	尊子	Ⓐ	冷泉天皇	冷泉・円融	安和元・七—天延三・四	六年一〇ヵ月	母(女御)の喪
16	選子	A	村上天皇	円融・花山・一条・三条・後一条	天延三・六—長元四・九	五六年四ヵ月	本人の病
17	馨子	Ⓐ	後一条天皇	後一条	長元四・一二—長元九・四	四年五ヵ月	父帝崩御
18	娟子	A	後朱雀天皇	後朱雀	長元九・一一—寛徳二・正	八年三ヵ月	父帝崩御
19	禖子	A	後朱雀天皇	後冷泉	永承元・三—康平元・四	一二年二ヵ月	本人の病
20	正子	A	後朱雀天皇	後冷泉・後三条	康平元・六—延久元・七	一一年二ヵ月	本人の病
21	佳子	A	後三条天皇	後三条	延久元・一〇—延久四・七	二年一〇ヵ月	本人の病
22	篤子	Ⓐ	後三条天皇	白河	延久五・三—延久五・五	三ヵ月	父(上皇)の喪
23	斉子	B	敦明親王	白河・堀河	承保元・一二—寛治三・四	一四年五ヵ月	母(源氏)の喪
24	令子	A	白河天皇	堀河	寛治三・六—康和元・六	一〇年一ヵ月	本人の病
25	禛子	A	白河天皇	堀河	康和元・一〇—嘉承二・七	七年一〇ヵ月	本人の病
26	官子	A	白河天皇	鳥羽	天仁元・一一—保安四・(正)	一四年(三)ヵ月	当帝譲位
27	悰子	A	堀河天皇	崇徳	保安四・八—大治・七	三年	母(源氏)の喪
28	恂(統)子	🄰	鳥羽天皇	崇徳	大治二・四—長承元・六	五年三ヵ月	本人の病
29	禧子	A	鳥羽天皇	崇徳	長承元・一一—長承二・九	一一ヵ月	本人の病
30	怡子	B	輔仁親王	崇徳・近衛・後白河・二条	長承二・一二—平治元・閏五	二五年七ヵ月	本人の病
31	式子	A	後白河天皇	二条・六条・高倉	平治元・一〇—嘉応元・七	九年一〇ヵ月	本人の病
32	僐子	A	二条天皇	高倉	嘉応元・一〇—承安元・二	一年五ヵ月	本人の病
33	頌子	A	鳥羽天皇	高倉	承安元・六—承安元・八	三ヵ月	本人の病
34	範子	🄰	高倉天皇	高倉・安徳	治承二・六—養和元・正	二年九ヵ月	父(上皇)の喪
35	礼子	🄰	後鳥羽天皇	土御門・順徳	元久元・六—建暦二・九	八年四ヵ月	本人の病

(一)『賀茂斎院記』(『群書類従』補任部)・角田文衛『日本の後宮』余録「斎院表」などを参照補訂。
(二)斎王欄のAは内親王、Bは女王を示す。また、A′は卜定時に女王で後に内親王となったもの、ⒶⒶ′は退下後に入内したもの、🄰は後に門院号を宣下されたものを意味する。
(三)年月の( )内は推定。在任期間欄の年月は卜定から解任退下までの差引き実年月数。

座が固定する傾向にあった。また座によって市売と里売といった販売市場の区分も行われるようになっていた。

戦国時代、諸大名は、富国強兵、そのための領国経済の整備・確立を急務とし、城下町の建設、六斎市や宿駅、港津都市の整備、そのための商工業者の誘致・優遇策を講じたが、それを阻害する座の特権を制約したり、座そのものを否定したりする政策を展開した例が多い。これが十六世紀半ばから十七世紀初頭にかけてみられるいわゆる楽市楽座の政策である。しかし戦国大名の多くは、領国内の商工業者や営業を統制したり、また領外との移出入を維持ないし拡大するために、領国内の有力座商人、とりわけ遠隔地商業において実績のある豪商的座商人の特権を認めて商人司・商人頭などに登用し、御用をつとめさせたりした例も少なくない。今川氏下の駿府今宿の豪商友野座、越後上杉氏下の府中青苧座、織田・柴田氏の支配下に入った越前北庄の豪商橘氏の軽物座・唐人座、武田氏下の甲斐甲府の魚座などはその典型といえよう。

しかし天正年間(一五七三—九二)に豊臣秀吉が天下を統一するにつれて、かつての権門社寺を本所とする座の多くは姿を消すか、特権を有名無実化されるかする。

こうして中世的座の歴史はその幕を閉じるが、江戸幕府は、私的な座を禁止する反面、幕府の財政経済と結びついた公的な座を保護・管理し、一定の特権を付与した点、中世の諸座と形態上類似性をもつといえよう。江戸時代の座としては、㈠幕府の貨幣鋳造を担う金座・銀座・銭座、㈡金属の製造・販売にかかわる銅座・鉄座・真鍮座、㈢幕府によって専売特権を許された特殊商人団体である枡座・秤座・人蔘座、㈣日雇労働者に仕事を周旋する特権を与えられていた日用座、などがある。しかし地方では古くからの座名がそのまま残った例もある。紀伊田辺・新宮の瀬戸物座・塩座・たばこ座、越前敦賀の船道座・馬借座などはその好例である。いずれにしても座は古代の律令制的政治・経済の崩壊後、荘園体制下の政治と分業・流通の展開に対応して成立した中世的職能集団の典型といえる。彼らは権門社寺を本所と仰ぐ本末関係のもとに身分の編成が行われ、権門社寺や武家の経済に寄生し、あるいはそれを支えるといった保守的、特権的性格をもち、自由な経済や芸能の競争を妨げる役割も演じた。しかし京都以下中世都市民の中核をなし、有徳《うとく》人《にん》層の代表として蓄富し、町衆として都市自治を促進した歴史的役割も評価さるべきであろう。 ↓宮座《みやざ》

参考文献 豊田武『座の研究』(『豊田武著作集』一)、脇田晴子『日本中世商業発達史の研究』

(佐々木銀弥)

さいいん 斎院 本来は賀茂の斎王の居所をいうが、やがて斎王自体を指し、「阿礼乎止女《あれおとめ》」ともいわれる。「いつきのいん」ともいう。その創置については、平安時代初頭に嵯峨天皇が平城上皇との対立克服を賀茂大神に祈願した機会に、皇女の有智子内親王を賀茂社に献じたことに始まるという。ただ、その時期は、薬子の変直後の弘仁元年(八一〇)説(『一代要記』『賀茂斎院記』)と斎院司の開設された弘仁九年説(『中右記』『帝王編年記』)がある。『延喜式』斎院司によれば、伊勢斎王と同じく、天皇即位の初め、未婚の内親王(または女王)が卜定された。賀茂川で御禊を行い、宮城内の便所(大膳職や左近衛府)の初斎院を経て、三年目の四月上旬に再び賀茂川で御禊をすませ、斎院(本院・紫野院)に入御した。斎宮と同じく忌《いみ》詞《ことば》を用い、不浄を避けながら生活し、毎年四月(旧暦)の賀茂祭に奉仕した。嵯峨天皇朝から土御門天皇朝まで三十二代約四百年間に三十五人を数える。しかし、斎宮のごとく必ずしも天皇の代ごとに交替しているわけではない。怡子内親王は四代二十六年間、婉子女王は二代三十六年間、選子内親王は五代五十七年間にも及ぶ。伊勢と異なり京中にあった斎院は、貴族・女官らの来訪も多く、後宮のごとき文学サロンを形成した斎王も少なくない。漢詩では有智子内親王が名高く、和歌では選子・禖子・式子内親王などが歌合・歌会を開催し、すぐれた家集などをのこしている。

参考文献 浅井虎夫『(新訂)女官通解』(『講談社学術文庫』六七〇)、所京子『斎王和歌文学の史的研究』、同『斎王の歴史と文学』、所功「『延喜儀式』賀茂祭儀の一考察」(『平安朝儀式書成立史の研究』所収)、角田文衛「紫野斎院の所在地」(『古代文化』二四ノ八)

(所 京子)

さいおう 斎王 ⇩斎宮《さいぐう》

さいかい 斎戒 祭に際して心身を清め、禁忌を守って行動を慎むこと。一定の場所に籠って行う場合が多い。物忌《ものいみ》・斎《いわい》・潔斎《けっさい》などともいう。心身の浄化を神との通交の前提条件とする信仰とともに、祭の奉仕に必要な精神統一と体調の整備のため生じたのであろう。律令制下の国家儀礼では中国の制度に倣い、斎戒を散斎・致斎に分けた。前者はアライミ、後者はマイミともいう。神祇官や神宮の官吏は、散斎には日常の業務に従事してよいが、「不レ得ニ弔レ喪問レ病食レ宍、亦不レ判ニ刑殺一、不レ決ニ罰罪人一、不レ作ニ音楽一、不レ預ニ穢悪之事一」とし、致斎には「唯為ニ祀事一得レ行、自余悉断」として祭事に専念させた(『養老令』神祇令)。条文は唐の祠令に準じたものであるが、獣肉の禁忌はわが国での付加である。唐ではまた祭祀の種別を大祀・中祀・小祀に分け、大祀は散斎四日・致斎三日、中祀は散斎三日・致斎二日、小祀は散斎二日・致斎一日とした(祠令)が、『養老令』では大祀は散斎一ヵ月(うち致斎三日)、中祀は散斎三日(うち致斎一日)、小祀は祭の当日だけの忌(散斎なし)とした。大祀は践祚大嘗祭に限られ、中祀は祈年・月次・神嘗・新嘗の諸祭、小祀は鎮花・神衣・三枝・大忌・風神・道饗・鎮火・相嘗・鎮魂の諸祭であったが、『延喜式』ではさらに賀茂祭などを中祀に、園韓神・松尾・平野・春日・大原野祭などを小祀に追加している。斎戒には禊《みそぎ》を中心にした清めと並び、種々の禁忌があった。前述の『養老令』の禁止事項のほか、『延喜式』臨時祭には出産・六畜の死・改葬・傷胎・僧尼や服喪者の参内・月事・失火などの場合、出仕を遠慮すべき日数が定められている。一般神社においても中世ごろの『諸社禁忌』(『続群書類従』神祇部)に、産穢・死穢・触穢・服假・五体不具・失火・傷胎・姙者・月水・鹿食・蒜・薤・葱・六畜産・六畜死に関する類似の規定があり、『延喜式』と大きく変わらなかった。

参考文献 国学院大学日本文化研究所編『神道要語集』祭祀篇一

(平井 直房)

さいかん 祭官 『中臣氏系図』に、中臣氏の祖御食子が推古朝および舒明朝に「前事奏官兼祭官」の官にあり、ついで御食子の弟国子も舒明朝に同官にあったとみえることから、大化前代の神祇関係の官制として積極的にその存在を肯定する説がある。この祭官は、『祭主補任』や『二所太神宮例文』によれば、中臣大島もしくは意美麻呂の時に、祭主に改称されたとあることから、神宮祭主の前身であるとし、さらに神祇官先行官司とする説もある。しかしながら、祭主は補任形態から考えて、平安時代初頭に設置された令外の官の宣旨職である可能性が高く、その先行官司として祭官が存在したとは考えられない。

『中臣氏系図』などにみられる祭官とは、むしろ中臣氏の神祇関係の職掌を唐風に表記したものと考えたほうがよかろう。『延喜式』に祭官という用語が見られるが、祭祀担当官のことであり、神祇官の別称である。

参考文献 藤森馨「平安時代前期の大中臣氏と神宮祭主」(『平安時代の宮廷祭祀と神祇官人』所収)

（藤森　馨）

さいかん　斎館　神職が潔斎する建物。神社祭祀にあたり、あらかじめ参籠して身を清めることが行われる。伊勢神宮では宿館といわれ、『皇太神宮儀式帳』には禰宜・内人・物忌らはおのおの斎館を有し、斎火炊屋などが付設されていたことがみえる。物忌の斎館は特に子良館と呼ばれる。平安時代末期から鎌倉時代にかけて、これらの宿館は百宇以上に及んでいたが、現在、内・外宮の斎館はともに建坪五百数十坪に達する建物となっている。祭主をはじめ大宮司以下神職の斎戒所となっており、構内には天皇行幸の際の頓宮が設けられている。一般の神社において斎館が設けられるようになったのは明治以降であるが、独立した建物を設けず社務所で兼用する場合が多い。

（本澤　雅史）

さいき　祭器　祭祀また神事に用いる器具の総称。『古事記』『日本書紀』にみられる神意をなごめるための諸器より、時代の下るとともに発達し、祭場・社殿などの鋪設用の諸器具、神饌など供御用の諸器具より調度装束、神幸祭用具、さらに奏楽上の諸器、また神職の服装用具より家庭祭祀用の器具もふくまれ、その種類はきわめて多い。祭場・社殿鋪設用に注連《しめ》、榊、鈴、御簾《みす》、幌《とばり》、壁代《かべしろ》、雪洞《ぼんぼり》、神饌供御用具に瓶子《へいし》、三方、高坏《たかつき》、折敷《おしき》、案など、神幸祭用具に鳳輦、神輿《みこし》、太刀・弓・矢・胡籙《やなぐい》・翳《さしは》など の威儀物、日像旗、月像旗など、奏楽上の笙、篳篥《ひちりき》、笛、太鼓、鞨鼓《かっこ》など、神職正装の衣冠、礼装の斎服、常装の狩衣、浄衣《じょうえ》など、家庭祭祀用の神棚、榊立、土器などまでふくめている。

参考文献 八束清貫『神社有職故実』、川出清彦『神社有職』

（鎌田　純一）

さいきかぐら　佐伯神楽　大分県佐伯市大字長谷、八幡社に伝わる神楽。堅田神楽・御神楽・十二番神楽とも称する。江戸時代には佐伯藩領の神職たちによって伝習され、毎年二月初午の日に稲荷社で奉奏された。明治維新以後は維持にも困難を来す衰微状態になっていたが、昭和五年(一九三〇)に明治神宮鎮座十周年祭に九州代表として奉納したことなどが契機となり、漸次復興し、舞人にも社人のほか一般の氏子も参加し、神楽の芸態も整備の手を加えられ、現在の形態が形成された。仮面をつけて演じる演劇的曲目は少なく、鈴・幣などの採りものをとって、笛・大太鼓・小太鼓・銅拍子《こうびらき》の楽に合わせて舞う素面の神楽舞を主とする。神開・入座《いりまし》などの曲目に始まり、太刀で綱を切る御綱《みつな》、湯立《ゆだて》を行う庭燎《にわび》に至る十二番の曲目を有する。神楽は神社の拝殿や庭上などで行う。期日は四月一日、またはその前後の祭日。

（倉林　正次）

さいきゅうき　西宮記　平安時代に著わされた私撰の儀式・故実に関する書。「せいきゅうき」「さいぐうき」ともよむ。撰者は源高明《たかあきら》。高明の邸宅が平安京右京(西京)の四条北大宮東(錦小路南朱雀西とも伝える)にあったので(『二中歴』)、高明を西宮左大臣《にしのみや》とよび、本書を『西宮記』または『西宮抄』、略して『西宮』『西抄』と称する。本書の成ったのが安和二年(九六九)の安和の変による高明の失脚以前か以後かは明らかではないが、初稿本・再稿本など、撰者はしばしば稿を改めたようで、内容および編成を異にする「異本」が少なくとも三種あることが確かめられている。そのため巻数も一定せず、古書に記されたものに四巻本・十巻本・十五巻本・十六巻本などがあり、現存する写本もまた巻数はまちまちである。このように写本の巻数が一様でないのは、それらの多くが、伝写の系統を異にする写本のみでなく、「異本」の写本をもとりあわせて『西宮記』という書を編成しているためであって、その結果、史籍集覧本に代表される流布本系統の写本には、内容上重複する巻が含まれることになった。本書の内容をその流布本によって紹介すると、まず全体を「恒例」と「臨時」に大別し、「恒例」では正月から十二月まで月を逐って朝廷の儀式・行事が記され、「臨時」では臨時の儀式・行事および政務のありかたが記述されている。各項目は、写本の系統により異なるものもあるが、おおむね「本文」と、頭書・傍書・裏書などの「勘物」よりなる。この「勘物」には、高明の没後、後人が書き加えたものも含まれているが、それには多数の逸書・逸文がみられ、本書の史料的価値をたかめている。もともと儀式・故実の書は、九世紀には『貞観儀式』など官撰の書として編まれたが、十世紀に入ると、『清涼記』(村上天皇撰)・本書・『政事要略』(令宗允亮撰)・『北山抄』(藤原公任撰)など、私撰の書が著わされるようになる。『清涼記』が散佚してしまった今日では、『西宮記』はそうした私撰の儀式書・故実書のまとまって残された最古のものであって、十世紀の朝儀を知るための根本史料といえる。古人も本書のそうした史料的価値を承知していたためか、本書は比較的古写本に恵まれている。

参考文献 宮内庁書陵部編『図書寮典籍解題』続歴史篇、和田英松「西宮記考」(『皇室御撰之研究』所収)、早川庄八「壬生本『西宮記』について」(『日本古代の文書と典籍』所収)

（早川　庄八）

さいぐう　斎宮　本来は伊勢の斎王の居所をいうが、やがて斎王自体を指し、天照大神の御杖代《みつえしろ》ともいわれる。「いつきのみや」ともいう。その起源は、伊勢神宮創祀伝承上の豊鍬入姫命《とよすきいりひめのみこと》(崇神天皇皇女)や倭姫命《やまとひめのみこと》(垂仁天皇皇女)に求められるが、制度上の初代は、天武天皇朝の大伯《おおくの》(来)皇女《ひめみこ》と考えられる。『延喜式』斎宮寮などによれば、天皇即位の初めに未婚の内親王(または女王)の中から卜定される。まず宮城内の便所(雅楽寮や大膳職)に設けら

斎宮(伊勢斎王)一覧

代数	斎王		当帝	在任	在任年数・在勢年数	退下理由	斎宮寮頭
	豊鍬入姫	〈A〉	崇神・垂仁	崇神六—垂仁二五			
	倭姫	〈A〉	垂仁・景行	垂仁二五—景行(二〇)			
	五百野	〈A〉	景行	景行二〇—			
	伊和志真	〈B〉	仲哀				
	稚足姫	〈A〉	雄略	—雄略三		冤罪	
	荳角	〈A〉	継体				
	磐隈	〈A〉	欽明			事故	
	菟道	〈A〉	敏達	敏達七・三—		事故	
	酢香手姫	〈A〉	用明・崇峻・推古	用明元—推古三〇	三七年・		
1	大来	A	天武	天武二・四—朱鳥元・九	一四年・一三年	父帝崩御	
2	当耆	A	文武	文武二・九—大宝元・(正)	四年・不明		
3	泉	A	文武	大宝元・二—慶雲三・(八)	六年・(一)年		当麻橘・引田広目・当麻楯
4	田形	A	文武	慶雲三・八—慶雲四・六	二年・(一)年	当帝崩御	
	智努	(B)	元明				
	円方	(B)	元明				
5	久勢	B	元正	霊亀(元)—養老五・(八)	(七)年・(五)年		猪名法麻呂
6	井上	Ⓐ	元正・聖武	養老五・九—天平一六・閏正	二四年・一八年	弟(安積親王)の喪	引田虫麻呂
7	県	B	聖武	天平(一六)—天平感宝元・閏五	六年・四年	親(高丘王か)の喪	路野上
8	小宅	B	孝謙	天平勝宝元・九—天平勝宝四・七	四年・不明	父(三原王)の喪	
9	安倍	A′	淳仁	天平宝字二・八—天平宝字八・一〇	七年・四年	当帝廃位	丈部大麻呂・粟田足人・忌部呰麻呂
10	酒人	Ⓐ	光仁	宝亀三・一一—宝亀六・四	四年・二年	母(井上廃后)の喪	広上王
11	浄庭	B	光仁	宝亀六・四—天応元・(四)	七年・(四)年	当帝譲位	笠名麻呂・安倍草麻呂
12	朝原	Ⓐ	桓武	延暦元・八—延暦一五・二	一五年・一三年		賀茂人麻呂
13	布勢(布施)	A	桓武	延暦一六・四—大同元・三	一〇年・八年	父帝崩御	中臣丸豊国
14	大原	A	平城	大同元・一一—大同四・四	四年・二年	父帝譲位	藤原伊勢臣・文室正嗣
15	仁子	A	嵯峨	大同四・八—弘仁一四・四	一五年・一三年	父帝譲位	小野真野・藤原尚世・安倍寛麻呂
16	氏子	A	淳和	弘仁一四・六—天長四・二	五年・三年	本人の病	
17	宜子	B	淳和	天長五・二—天長一〇・二	六年・四年	当帝譲位	
18	久子	A	仁明	天長一〇・三—嘉祥三・三	一八年・一六年	父帝崩御	岡於王・並山王・長岑高名・文室助雄・豊住永貞
19	晏子	A	文徳	嘉祥三・七—天安二・八	九年・七年	父帝崩御	豊住永貞(再任)
20	恬子	A	清和	貞観元・一〇—貞観一八・二	一八年・一六年	当帝譲位	藤原諸房・藤原宜・藤原諸藤
21	識子	A	陽成	元慶元・二—元慶四・三	四年・二年	父(清和上皇)の喪	藤原最実
22	掲子	A	陽成	元慶六・四—元慶八・二	三年・—	当帝譲位	
23	繁子	A	光孝	元慶八・三—仁和三・八	四年・二年	父帝崩御	在世王
24	元子	B	宇多	寛平元・二—寛平九・三	九年・七年		
25	柔子	A	醍醐	寛平九・八—延長八・九	三四年・三三年	当帝譲位	藤原真興・□国中
26	雅子	A	朱雀	承平元・三—承平五・冬	五年・三年	母(更衣)の喪	
27	斉子	A	朱雀	承平六・(春)—承平六・五	一年・—	本人死去	
28	徽子	Ⓑ	朱雀	承平六・九—天慶八・正	一〇年・八年	母(重明親王室)の喪	源忠幹
29	英子	A	村上	天慶九・五—天慶九・九	一年・—	本人死去	
30	悦子(旅子)	B	村上	天暦元・二—天暦八・九	八年・六年	父(重明親王)の喪	
31	楽子	A	村上	天暦九・七—康保四・五	一三年・一一年	父帝崩御	
32	輔子	A	冷泉	安和元・七—安和二・八	二年・—	当帝譲位	
33	隆子	B	円融	安和二・一一—天延二・閏一〇	六年・四年	本人死去	
34	規子	A	円融	天延三・二—永観二・八	一〇年・八年	当帝譲位	源為正・藤原奉高
35	済子	B	花山	永観二・一一—寛和二・六	三年・—	事故	
36	恭子	B	一条	寛和二・八—寛弘七・二	二五年・二三年	父(為平親王)の喪	
37	当子	A	三条	長和元・一二—長和五・正	五年・三年	父帝譲位	□正慶
38	嫥子	B	後一条	長和五・二—長元九・四	二一年・一九年	当帝崩御	藤原相通
39	良子	A	後朱雀	長元九・一一—寛徳二・正	一〇年・八年	父帝譲位	源頼兼・大中臣兼興
40	嘉子	A	後冷泉	永承元・三—永承六・正	六年・四年	父(敦明親王)の喪	平雅康
41	敬子	B	後冷泉	永承六・一〇—治暦四・四	一八年・一六年	当帝崩御	橘兼懐・藤原忠高
42	俊子	A	後三条	延久元・二—延久四・三	四年・二年	父帝譲位	
43	淳子	B	白河	延久五・二—承暦元・八	五年・三年	父(敦賢親王)の喪	

代数	斎王		当帝	在任	在任年数・在勢年数	退下理由	斎宮寮頭
44	媞子	[A]	白河	承暦二・八—応徳元・九	七年・五年	母(中宮)の喪	源頼綱
45	善子	A	堀河	寛治元・二—嘉承二・七	二一年・一九年	当帝崩御	藤原敦憲・藤原知家・源公綱
46	姰子	A	鳥羽	天仁元・一〇—保安四・正	一六年・一四年	当帝譲位	藤原保俊・□秀実
47	守子	B	崇徳	保安四・六—永治元・三	一九年・一七年	当帝譲位	源清雅
48	妍子	A	近衛	康治元・二—久安六・五	九年・七年	本人の病	□顕俊・□師教
49	喜子	A	近衛	仁平元・三—久寿二・七	五年・三年	当帝崩御	藤原忠房
50	亮子	[A]	後白河	保元元・四—保元三・八	三年・—	父帝譲位	
51	好子	A	二条	保元三・三—永万元・六	八年・六年	当帝譲位	□秀信
52	休子	A	六条	仁安元・三—仁安三・二	三年・—	当帝譲位	
53	惇子	A	高倉	仁安三・八—承安二・五	五年・三年	本人死去	□忠重
54	功子	A	高倉	治承元・一〇—治承三・正	三年・—	母の喪	
55	潔子	A	後鳥羽	文治元・一一—建久九・正	一四年・一三年	当帝譲位	藤原季保・藤原資頼
56	粛子	A	土御門	正治元・一二—承元四・一一	一三年・一〇年	当帝譲位	源顕兼
57	熙子	A	順徳	建保三・三—承久三・四	七年・五年	当帝譲位	藤原長清
58	利子	[A′]	後堀河	嘉禄二・一一—貞永元・一〇	七年・五年	当帝譲位	藤原宗継・平惟忠
59	昱子	A	四条	嘉禎三・一一—仁治三・正	六年・四年	当帝崩御	平親継
60	曦子	[A]	後嵯峨	寛元二・一二—寛元四・正	三年・—	当帝譲位	
61	愷子	A	亀山	弘長二・一二—文永九・二	一二年・九年	父帝崩御	
62	弉子	[A]	後二条	徳治元・一二—延慶元・八	三年・—	当帝崩御	
63	懽子	[A]	後醍醐	元徳二・一二—元弘元・冬	二年・—	父帝遷流	
64	祥子	A	後醍醐	元弘三・一二—	・—	(廃絶)	

(一)歴代斎王は神宮司庁編『神宮要綱』所載斎宮表などを参照補訂。斎宮寮頭は三重県教育委員会編『斎王宮跡資料』所載斎宮寮官人表などを参照。□は姓不明。

(二)伊和志真王女は『二所太神宮例文』にみえるが、疑問視する説もある。『斎宮記』にみえる欽明朝の宮子(度会神主の女)は除外。智努王女・円方女王は『一代要記』にのみ斎王としてみえるが、他に確かめえない。

(三)斎王欄のAは内親王、Bは女王を示す。また〈A〉〈B〉は斎宮制確立前の伝承斎王、Aは卜定時に女王で後に内親王となったもの、Ⓐ Ⓑは退下後に入内したもの、[A][A′]は後に門院号を宣下されたものを意味する。

(四)在任年数は卜定から退下(解任理由発生時点)まで、在勢年数は伊勢群行から退下(同)までの差引き足掛概数( )内は推定。在勢年数欄の——は群行前退下者。

れる初斎院(職員八十人)で約一年間、つぎに宮城外の浄野(平安時代初期以降は嵯峨野)に設けられる野宮(職員百四十五人)で約一年間、潔斎生活をおくる。その間、東河(鴨川)と西河(葛野川)で祓禊を行う。さらに卜定後三年目の九月、天皇から別れの御櫛を賜わり、監送使《かんそうし》(長奉送使《ちょうぶそうし》)以下数百人を従えて伊勢へ群行する。その経路は、平安時代初期まで伊賀経由であったが、仁和二年(八八六)以降、近江の国府・甲賀・垂水、伊勢の鈴鹿・一志の頓宮を経て多気の斎王宮に参入した。斎王は平生、この多気の御所で過ごすが、伊勢神宮の三節祭(六月・十二月の月次祭と九月の神嘗祭)に外宮(十六日)と内宮(十七日)へ赴き奉仕した。在任中、仏事や身体の不浄を避け、日常言語も必ず「斎宮忌詞」(十六言)を用いるなど厳重な潔斎につとめた。退下の理由は、原則として当代天皇の譲位か崩御によるが、斎王の父母の死去や本人の病気・過失なども罪けがれとされた。譲位以外の凶事による退下の際は、初入道を避け、伊賀から大和に入り難波で祓禊をしてから入京した。斎王制は、天武天皇朝の大伯皇女から数えても後醍醐天皇朝の祥子内親王まで六百数十年続いた。その間、六十数名が卜定され、そのうち五十数名が伊勢まで群行し、平均八年ほど奉仕している。斎王宮は都を遠く離れているが、近侍する男女官が多数おり、京の勅使一行などが訪れることも少なくなかった。そこで贈答された和歌が勅撰集や私家集に数多く収められており、『伊勢物語』や『源氏物語』などの物語でも斎宮が重要なテーマにとりあげられている。

参考文献 浅井虎夫『(新訂)女官通解』(『講談社学術文庫』六七〇)、所京子『斎王和歌文学の史的研究』、同『斎王の歴史と文学』

(所　京子)

さいぐうき　斎宮記　伊勢斎王の補任次第記。一巻。豊鋤入姫命から後宇多法皇皇女の弉子内親王に至るまでの七十五代の斎王について、父系・卜定年・在任年数などを列記している。成立年代や著者は未詳。さらに『二所大神宮例文』中の「第二十伊勢斎内親王」と同文であるところから、これを転写し独立させたものかとみられるが、ほかの史料と一致しない誤記が少なくない。なお、伊勢斎王の補任次第記としては、江戸時代中期の伊勢貞春編『伊勢斎宮記』、度会延経編『伊勢斎宮部類』、河崎良佐編『斎宮略』などがある。『群書類従』補任部所収。

参考文献 『群書解題』二下　（所　京子）

さいぐうぐんこう　斎宮群行　⇨群行《ぐんこう》

さいぐうじゅうにし　斎宮十二司　斎宮寮の被官。別格の主神司を加えて十三司ということもあるが、主神司は延暦十九年（八〇〇）以降、神祇官の所管となった。十二司は、寮官と同じく令文に規定されていないが、神亀五年（七二八）七月二十一日の格（『類聚三代格』）に、舎人司・蔵部司・膳部司・炊部司・酒部司・水部司・殿部司・采部司・掃部司・薬部司の十司がみえる。前三司の長官は従六位、後七司の長官は従七位官である。舎人司以外の各司には数多の伴部がいた。『延喜式』によれば、ほかに門部司（長官従六位官）と馬部司（長官従七位官）がみえる。この両司は武官で兵部省扱い、他の十司は文官で式部省扱いである。この十二司の職掌は、各官司の名称と類似する職員令所載の大舎人寮・内蔵寮・内膳司・大炊寮・造酒司・主水司・主殿寮・采女司・掃部寮・典薬寮・衛門府・左右馬寮や、後宮十二司との対比などによっておよそ類推することができる。

参考文献 薗田守良『神宮典略』（『大神宮叢書』）、渡辺直彦「斎宮主神司」（『日本古代官位制度の基礎的研究』所収）、所京子「平安時代の斎宮女官」（『斎王和歌文学の史的研究』所収）、榎村寛之「斎宮の女官について」（『MIE HISTORY』七）　（所　京子）

さいぐうりょう　斎宮寮　伊勢斎王の在任中に伊勢国多気郡の櫛田川下流域（三重県多気郡明和町）に置かれた令外の官衙。「いつきのみやのつかさ」ともいう。昭和四十五年（一九七〇）以降、遺跡の発掘調査が行われており、国史跡に指定されている。その創置は古いであろうが、規模が整備されたのは八世紀初めで、『続日本紀』大宝元年（七〇一）八月甲辰（四日）条に「斎宮司准レ寮」とある。同じく神亀四年（七二七）八月壬戌（二十三日）条には「補二斎宮寮官人一百廿一人一」とあり、翌五年七月二十一日の格（『類聚三代格』）によれば、頭（従五位官）・助（正六位官）・大允（正七位官）・少允（同）・大属（従八位官）・少属（同）各一人、使部十人、それに主神司および舎人司以下十司の官人を加えて百七人の職員がいたことになる。この数は『延喜式』斎宮寮に「其官人、主典巳上廿六人、番上一百一人」とあるのに近い。また同式には、このほか女官として命婦一人、乳母三人、女孺三十九人、御厠人二人、御洗二人、および仕丁・駆使丁ら六十六人、将従二百七十三人を挙げている。さらに平安時代中後期以降は、勅別当・女別当・内侍・宣旨なども史料にみえる（『朝野群載』など）。斎宮寮の頭には伊勢国司（守・介）の兼任が多い。寮の建物は三区に分かれ、内院に斎王の御殿・神殿および女官の候所があり、中院は寮庁・寮頭らの宿所で、寮務をつかさどった。外院は主神司と十二司の居所で、諸司の雑舎・寮庫などがあった。その造営は、斎王群行以前に京から遣わされた造宮使によって行われ、本来正税が用いられた。しかし、その修理は平安時代後期以降、ほとんど大神宮司の成功《じょうごう》により、やがてそれも困難となり、鎌倉時代末期ついに廃絶した。

参考文献 井後政晏「律令時代に於ける斎宮寮官」（『神道史研究』一九ノ三）、稲本紀昭「斎宮寮とその経済」（『三重大学教育学部研究紀要』二九ノ三）　（所　京子）

さいぐさのまつり　三枝祭　旧官幣大社の大神《おおみわ》神社の摂社率川《いざかわ》坐《にます》大神《おおみわの》御《み》子《こ》神社（奈良市本子守町）で毎年六月十七日に行われる祭儀。一名「ゆりまつり」といわれる。古い起源の祭儀とみられるが、神祇令で四月の条に入れ、三枝の花（山百合のことという）をもって、酒罇《みか》を飾ることから、三枝祭というとある。『延喜式』四時祭でも四月の小祀としている。『延喜式』神名帳に「率川坐大神御子神社三座」とあるが、その三座は、神武天皇の正妃媛蹈《ひめた》鞴《たら》五十《い》鈴姫命《すずひめのみこと》と、玉櫛姫命・狭井大神とされており、この三座の居住地と伝承されるのが、大神神社に近い地であり、この摂社率川坐大神御子神社は本社の地より著しく離れているが、『令集解』よりも知られるように、大神氏がこの祭儀に奉仕したものとみられる。しかし、その遠く離れていたことが原因してか、『延喜式』内蔵寮にもみられる当社の春二月、冬十一月の率川祭は行われたようであるが、この三枝祭は平安時代中期以降中絶していた。現在の三枝祭は明治十二年（一八七九）十月、大神神社の摂社とされてのち、同十四年六月十七日の再興で、濁酒を盛った罇と、清酒を盛った罇とを、大神山中で採った山百合の花で飾り、奉納し実施している。

参考文献 宮地治邦「三枝祭について」（『神道史学』一）　（鎌田　純一）

さいげんしんとう　斎元神道　忌部氏相伝とされ、神儒仏の思想をもととする神道説。斎元神道という名称は黄檗宗の僧、潮音道海（一六二八－九五）が江戸時代中期ころに撰述したという『先代旧事本紀大成経』にみられ、「斎元」の二字に「モノイミノモト」との訓みを付し、この斎（モノイミ）、すなわち斎戒を神道の元（モト）であると説いている。また斎元は王道の事極（ワザキワメ）であり、このような思想は日本独自のもので、諸外国にはみられないとしている。それゆえ日本国民はみな神鬼であるともいう。また同経には宗源神道・斎元神道・霊宗神道の三部の神道を掲げて解説してあり、そこにみられるのは神儒仏を調和させようとする思想である。なお三部の神道には古今東西に共通する普遍的な原理が含まれており、したがって、日本国民は三部の神道を必修し理解し、実践すべきと説いている。また潮音の『旧事大成経破文答釈』に、斎元は忌部氏相伝の神道であり、これには二十四の秘伝が存すると記している。しかし当時は斎元神道はすっかり衰退していたので、その復興を強調したものとなっている。

参考文献 河野省三『旧事大成経に関する研究』

(三橋 健)

さいし 祭祀 神をまつること。わが国には古来それなりの儀礼があったが、「祭祀」の語は中国からの輸入。唐の祠令や『大唐郊祀録』では天神の場合に祀、地祇の場合に祭と呼ぶが、日本では『養老令』以下この使い分けをほとんどしていない。ただ「祭祀」という時は、一般に然るべき祭日・祭場・祭式を伴った集団の儀礼を意味しており、祭饗・祭賽・祭事・祭典・祭礼などともいうほか、マツリ・マチ(待)・キトウ(祈禱)・モウシ(申)・イワイ(祝)など種々の異称がある。古代にはマツリゴトは政治をも意味した。儀礼を通じて神意に即した政治をすることが期待されたからであろう。祭祀の目的には㈠祈願、㈡報告、㈢感謝、㈣慰霊、㈤予祝、㈥神意判断(卜占など)、㈦清めなどがあり、それらの複合もある。神話には天照大神の新嘗《にいなめ》(『古事記』『日本書紀』)をはじめ多くの祭がみえ、『古事記』神代には「神鏡奉斎の神勅」、『日本書紀』神代天孫降臨章には「神籬《ひもろぎ》・磐境《いわさか》の神勅」など、後年の国家儀礼に関係深いものも伝えられている。自然発生的な民族宗教である神道には、古くは常設の社殿がなく、祭のたびに聖地に常緑樹の神籬、または自然石の磐座《いわくら》を設け、神霊を招き迎えて儀礼を行なった。のち祭壇や参列の人々を雨露から守る臨時の仮屋を建てるようになり、ついで祭の後も仮屋を残すに及んで社殿が発生した。伊勢神宮や出雲大社などは古くから社殿を有したが、古代の祭はむしろ野外で行われることが多かったと想像される。祭日は古くは一定せず、季節の巡りと農耕生活のリズムに合わせて、農作の祈願・感謝その他の祭がなされたらしいが、暦法の輸入により日取りが固定化して行った。氏族の氏神祭は春は二月または四月、秋は十一月が通例であり、この対応は今も神社や同族団の春秋の祭に引き継がれている。現在の神社の恒例の大祭には、春祭・秋祭・例祭(祭神や勧請にゆかり深い日)・神幸式がある。司祭者はもと女性が多く、祭政一致の古代には氏上《うじのかみ》が氏人を率いて氏神をまつったり、国造・県主のような地方官が祭を主宰したりすることもあった。のちには宮司・神主・禰宜《ねぎ》・祝《はふり》・神子《みこ》などの職が生じたが、全国共通の職制は見られなかった。神仏習合の時代には僧侶と神職の二本立て、または僧侶のみの奉仕もあった。村落レベルでは宮座から当屋神主・一年神主を選ぶ慣行もある。明治以降は神官・神職の制が定められたが、任用は男子に限定されていた。第二次世界大戦後は国家の手を離れ、女性神職も登場している。為政者による神々の祭祀は古来の伝統であったが、その制度化に唐令(特に祠令)・唐律などがかなりの影響を与えたことは考えられる。神祇祭祀の明確な制度が規定されたのは『近江令』からと見られ、ある程度まとまった現存の記録としては『養老令』が古い。そこには「凡天皇即位、惣祭㆓天神地祇㆒」とあり、神祇官所管の臨時祭として即位時の大嘗《おおにえ》の祭をあげている。恒例の祭には祈年《としごい》の祭以下十三種がみえる。これらの祭は大祀《たいし》・中祀・小祀に分けられた。大祀は即位時の大嘗祭だけで、一ヵ月の斎戒を伴っていた。中祀は祈年・月次・神嘗祭と年々の大嘗(のちの新嘗)祭で、当日を含む三日間の斎戒があった。小祀は鎮花・神衣・三枝・大忌・風神・道饗・鎮火・相嘗・鎮魂の諸祭で、当日だけの斎戒であった。国家祭祀の規模はその後拡大され、『延喜式』に詳述されている。祭の方式は古く『貞観儀式』『延喜式』『北山抄』『江家次第』などに記載されているが、中世以降は京都の白川・吉田両家が権威を持ち、全国神社の大半は両家が伝授した祭式によって祭を行なった。明治以降は神社の国家管理に伴って、祭式も国により統一制定され、明治八年(一八七五)の「神社祭式」(式部寮達)以来数次の改訂がなされたが、第二次世界大戦後は神社本庁から「祭祀規程」その他が出されている。皇室における諸祭儀は、現在もつとめて明治四十一年の「皇室祭祀令」附式に従って行われ、即位関係の諸祭は「登極令」、その他の臨時諸祭式は「皇室親族令」「摂政令」「立儲令」「皇室成年式令」などによっている。

参考文献 西角井正慶『祭祀概論』、柳田国男『祭日考』(『定本柳田国男集』一一)、長谷晴男『神社祭式沿革史』

(平井 直房)

さいし 祭使 伊勢の神宮をはじめ、全国の諸社の恒例また臨時の祭祀に、奉幣のため派遣される勅使のこと。伊勢の神宮には、元正天皇養老五年(七二一)九月、神嘗祭に派遣されたのが史上の初見で、以後恒例となり、例幣使ともいわれた。発遣のとき、天皇は大極殿の後房小安殿で御拝し、もし事故あるときは神祇官または紫宸殿で行われることとなっていた。明治以降も祈年・神嘗・新嘗祭に勅使が派遣されている。そのほか諸社の例祭に、また諸祈願のため臨時に奉幣されたこと古代より多く、二十二社に遣使のことは宝徳年間(一四四九―五二)まで続き、近世に入っては、伊勢の神宮とともに日光の東照宮に例幣使が派遣され、明治以降も変遷を経ながら、現在も賀茂別雷、賀茂御祖、石清水、春日、氷川、熱田、出雲、橿原、平安、明治、近江、靖国の諸社の例祭に、また鹿島・香取の十二年目ごとの例祭に、宇佐・香椎の十年目ごとの伺定の日に派遣されている。 →勅祭社《ちょくさいしゃ》

(鎌田 純一)

さいしいせき 祭祀遺跡 神霊を奉祀したことが考古学的に立証できる遺跡を、祭祀遺跡と呼んでいる。縄文時代・弥生時代にも祭祀の跡を認めることはできるが、類型的にとらえるまでには至っていないので、広義の祭祀遺跡として理解されている。ところが古墳時代から歴史時代の初めにかけては、独立した遺跡の形で出現し、全国的に斉一性が見られ、類型的に把握できるようになる。

神体石　飯石神社磐座（島根県飯石郡三刀屋町）

神体山　筑波山（茨城県）

神体石　こぶ石（埼玉県児玉郡美里町）

神体山　三輪山（奈良県桜井市）

鏡池（松江市）

沖ノ島（福岡県宗像郡大島村）

祭祀遺跡

通常祭祀遺跡という場合は、この狭義の遺跡を指し、昭和四十七年(一九七二)の時点で約五百ヵ所を数えることができる。祭祀遺跡は規模が小さく、遺物の出土状態は、祭祀終了後も原位置を保っている場合と、一定の場所に廃棄される場合とがあるなどの特徴をもつ。これら遺跡の認定は、祭祀の対象と祭祀に使用した器具の発見によって行うが、その内容によって便宜上次のように分類できる。㈠祭祀遺跡 ⑴祭祀の対象の明らかなもの(山・峠・石・水・海・樹木など自然物を対象とするもの)、⑵祭祀の対象の明らかでないもの(a祭祀遺物の単独出土地、b子持勾玉・土馬の出土地)。㈡祭祀関係遺跡 ⑴住居跡・集落跡・官衙跡などに付属するもの、⑵工房跡・窯跡などの生産関係遺跡。この分類のうち最も多いのは㈠⑴の自然物を対象としたもの、あるいは㈠⑵であるが、もちろん互いに重複する場合もある。これらのうち主要なものについて簡単に述べると、山岳信仰は名山大岳を対象にした浅間型と、円錐形あるいは笠形の小山を対象にした神奈備《かんなび》型とがある。前者の代表的な例は富士山など、後者は奈良県三輪山などである。石の信仰は石神・磐座《いわくら》・磐境《いわさか》の三者が認められる。石神は石それ自身が神として信仰され、概して大形の石が多く、実例には島根県飯石郡三刀屋町飯石神社の神体石などがある。磐座は神の臨時の依代であるが、次第に石神的な性格を持つようになる。一般に小形の石で、静岡県熱海市多賀神社境内の石などその例は多い。磐境は石をめぐらした小規模な臨時の祭場で、円形のものと方形のものとが存在するが、実例は少ない。海に関係する遺跡は多く、これは㈠畿内型、㈡在地型、㈢製塩集落型に分けることができる。㈠の代表的な遺跡は福岡県沖ノ島の遺跡群であるが、この種の例は少ない。㈡は在地の海上航行者らの祭を示すもので、出土遺物は通常の祭祀遺跡と同様で、香川県香川郡直島町荒神島遺跡などその例は多く、㈢は製塩集落に付属するもので遺物の量は少ない。ところで、祭祀遺跡出土のいわゆる祭祀遺物には、通常の古墳出土品も少数見られるが、大部分は石製・土製・木製・金属製の模造品、手捏土器、土師器が主体となり、中でも石製・土製の模造品と手捏土器が最も一般的である。

参考文献 大場磐雄『祭祀遺跡』、同『神道考古学論攷』、亀井正道「祭祀遺跡―製塩に関連して―」(『考古学講座』八所収)　(亀井 正道)

さいしいぶつ　祭祀遺物　祭祀に使用された考古学上の遺品。祭場の威儀、装飾などの舗設に使われたもの、占い・祓い・その他呪具、神への奉納・奉献物、また食物などを盛り、供える器。その炊飯などの道具、のちの神楽などにあたる動作に伴う執り物、祭参加者の飲食に関するものなどが含まれる。考古学資料であるため、有機質、特に布や紙の類は残存することは少ないが、それでも材質としては木・竹などをはじめ、茅・草などの製品もある。多くは金属製・石製・土製であり、時代によっておのおの特徴を持つ。発見される遺跡・遺構も、祭祀遺跡をはじめ、埋葬に関するものは墓の内外から出土し、集落ではその内外から出土する。住居内にあっては、内部での祭に使用されたもののほか、これから旅に出るなど、準備し、保有していた祭祀用品もあると見られる。また祭祀に使用したものをそのまま祭場に放置する場合と、片付けて一定の所に納める場合も見られる。これらの祭祀遺物は専用に製作された時代・製作集団・技能者がある場合と日常生活の中で生産されたと考えられるものがあり、一部では工房も発見されている。流通についても弥生・古墳時代の金属製品をはじめ、一部石製品など広域に展開している例がある。各時代の特徴を見ると、縄文時代では、土偶・土獣・土製品(土器や玉)・石偶・石板・石棒・御物石器・玉類・木器・牙器など。弥生時代では青銅製品(武器形、銅鐸、銅鏡ほか)・鉄製品(武器ほか)・土偶・木偶・石偶・土製模造品・特殊祭祀用土器・卜骨ほか。古墳時代では、金属器・同模造品・石器・同模造品・土製品・木製品・ガラス製品・卜骨ほか。飛鳥・奈良時代以降になると、木製品・土製品が多く見られるようになる。祭祀の現代に通じる鏡・剣・玉は弥生時代に始まる。古墳時代になると実用品も使用するが、各種の模造品が造られ、多量に使われている。特に滑石質の石材による模造品はその岩質の青い色彩も関係すると見られている。また子持勾玉のように勾玉が増加する呪術的遺物もある。→子持勾玉《こもちまがたま》　(椙山 林継)

さいしき　祭式　神社の祭祀に関する規定。神社祭式の略称。神社の国家管理時代には、皇室祭祀令・神宮祭祀令・官国幣社以下神社祭祀令の三祭祀令、その下に、神宮祭式・官国幣社以下神社祭式、さらにその下に、神社祭式行事作法があって、祭祀体系を構成していた。神社祭式には、明治八年(一八七五)式部寮編の神社祭式(同年式部寮編神宮明治祭式、および教部省達、官国幣社以下神社祭式も制定)、大正三年(一九一四)内務省令として出された官国幣社以下神社祭式、および現行の、昭和二十三年(一九四八)神社本庁(宗教法人)の規程として定められた神社祭式の三種がある。維新の改革により、神社を国家の宗祀としたので、祭祀を統一するため式部寮神社祭式を定めたが、大正三年、これを二つに分かち、官国幣社以下神社祭祀令および官国幣社以下神社祭式の二令に改めた。これにより、明治四十年に制定した神社祭式行事作法と併せて、神社祭祀令・神社祭式・同行事作法という祭儀の体系が完備した。祭祀令は、神社の祭祀を大祭・中祭・小祭の三に区分し、祭祀の目的・名称を示した。神社祭式は、大祭式・中祭式・小祭式に分かれ、各祭の祭儀の次第、正確にいうと行事の順序を定めた。この法令では、修祓・祝詞・雑則の三を附属規定に加えた。同行事・作法のうち行事は、祭儀の単位式で、開扉及閉扉・神饌献撤・御幣物献撤・祝詞奏上・玉串奉奠・修祓・大麻切麻の七を定めた。作法は、祭儀の基本動作で、組み合わせ方により、それぞれの行事を構成する。

作法には、坐法以下神饌献撤の順序に至る四十作法が定められた。祭式と関係ある行事に、遙拝・大祓・修祓および直会がある。遙拝および大祓は恒例式という。修祓は、祭の前儀で法定されたが、直会は後儀で、法定するまでに至らなかった。なお、神社祭式という語は、明治以前にはほとんど用いられていない。各神社には、それぞれ、その社の伝統の社法があった。神仏習合などの関係で雑然、混乱の状態に陥っていたので、明治以降の祭式制定に伴いこれを廃止させた。だが、のちに特殊神事として保存させる政策に改めた。古代の祭祀は、呪法性の秘儀や神楽神宴などが中心であったと思われるが、大陸文化の影響を受けて、朝廷の典礼が中国の儀法を採り入れて革新整備されるに伴い、神事の面にも同様の変化を生じ、今日の祭式の源流となる祭祀の儀式、すなわち神儀が形成され、伊勢の神宮、賀茂、春日、出雲、宇佐など大社も、それぞれ、独自の式法をもつに至った。仏教儀礼の影響も見のがせない。朝廷には古代に、『貞観儀式』『延喜式』などの制を生み、有職の家では『北山抄』『江家次第』などの古記を伝えた。中世以降、白川・吉田の両家が宗教として礼法秘儀を伝授したので、多くの神社の神職はこれを学んだ。祭礼・祭典という語は、今はほとんど祭祀と同義に用いられるが、もとは祭式に近い意味だったであろう。→神社祭式《じんじゃさいしき》

参考文献 神社本庁編『神社祭式同行事作法解説』、小野祖巨翁編『祭の体験と規範』正篇、長谷外余男『神社祭式沿革史』、金光慥爾編『祭式教本』

（小野　祖教）

さいしこう　祭祀考　江戸時代中期の儒学者新井白石（一六五七—一七二五）が祭祀に関しての道義的意義と沿革について中国の状況と比較して記したもの。本書は、白石が仕えた六代将軍徳川家宣への祭祀に関する進呈案であったと考えられる。一巻。成立・著作年代については不明であるが、宝永六年（一七〇九）に家宣が将軍となる時期においても侍講であった白石が奉ったので、ある程度の時期に特定できよう。主として、『礼記』祭法篇に準拠しつつ論旨を進めており、祭祀は国家人倫の基であって、身分に応じて差別のあることから論じ、朝廷の祭祀が中国の祭祀と似ていることを指摘する。また、四代・五代将軍ともに世嗣がなく、将軍家継続の不順の原因の一つとして御霊・亡鬼などへの祭祀の欠如としている。この対策として、明にしては礼楽の教化を興し、幽にしては鬼神の祭祀を修めるべきとするが、具体的なものは示していない。本書は、『新井白石全集』六、『(新註)皇学叢書』一〇に収載されているが、誤字脱字も少なくないことから注意が必要である。

参考文献 栗田元次『新井白石の文治政治』、宮崎道生『新井白石の研究』

（菊田龍太郎）

さいじつ　祭日　公的に定められた祭典日。㈠神社の例祭日。祭神または神社に由緒深い日を指す。古く『延喜式』には祈年祭を二月四日、風神祭は四月・七月の四日、月次祭は六月・十二月の十一日、神嘗祭は九月十一日と定めている。古くより祭日は変動しないものとされてきたが、第二次世界大戦後の社会環境の変化に伴い移動する例もみえる。㈡神社の祭典日。神社祭祀は大祭・中祭・小祭と区分されている。神事は古くは春秋二期の農耕生活の営みの中で、恒例の日時をもって執行されてきたが、明治六年（一八七三）の太陽暦採用に伴い太陽暦による祭日が主流となった。こうして大正三年（一九一四）に神宮祭祀令、官国幣社以下神社祭祀令が定められ、戦後廃止となったが、今日まで祭祀令に基づく祭日観が基本をなし祭祀が執行されている。㈢戦前は昭和二年（一九二七）三月公布の勅令第二五号に「祭日及祝日」と定められていた国家の祭典日。宮中の祭祀儀礼の日が中心をなしていた。→祝祭日《しゅくさいじつ》

（秋嵜　典子）

さいじつこう　祭日考　日本古来の祭日について論じた、柳田国男の著書。『新国学談』の「氏神と氏子」「山宮考」とともに、三部作の一つとされる。わが国では古来、祭は農耕生活に密着して春秋二季に執行されてきた。その背景に太政官は二月または四月と十一月に氏神祭祀を沙汰しており、庶民生活でも春秋に山神と田神が往還するという神観念で祭が行われてきた。この中で柳田は文献資料を整理して、祭日変化を五段階に分けている。㈠二月または四月と十一月を祭日とするもの、㈡二月・四月・十一月以外に一、二の祭日を加えているもの、㈢二月・四月・十一月と別の日を合わせたもの、㈣二月・四月・十一月に行う以外、ほかの新暦月に行うもの、㈤氏神以外の祭神をまつる祭に分けた。そして鶴岡八幡宮・浅間神社・熊野神社・伏見稲荷大社などの例を挙げ、民俗学的な方法を駆使して検討している。春祭の二月または四月、秋祭の十一月が氏神祭の基本であり、神道は氏神祭祀に基づいているとした。『定本柳田国男集』一一所収。

（秋嵜　典子）

さいしゅ　祭主　大神宮司の上にあって神宮一切の政務を総摂した職で、惣官とも称した。起源については『倭姫命世記』垂仁天皇二十六年条に大鹿嶋命を祭官に定めたと述べ、『職原抄』上、神祇官条にも「垂仁天皇御宇、天照大神鎮㆓座伊勢国度会郡五十鈴河上㆒之時、命㆓中臣祖大鹿嶋命㆒為㆓祭主㆒、其後葉代代為㆓祭主㆒」とあって、天児屋命十世の孫大鹿嶋命を嚆矢とすることは同じであるが、『太神宮諸雑事記』景行天皇条に「即位三年（癸酉）、始令㆑祀㆓神祇㆒、仍定㆓置祭官職一人（今号㆓祭主㆒、是也）㆒」とあり、祭官といって祭主とはいっていない。『二所大神宮例文』祭主次第条に「意美麻呂（国足一男、始為㆓祭主㆒、改㆓祭官字㆒為㆑主者也、天武天皇元任、在任卅七年）」とあり、これによると天武天皇元年（六七二）祭官を祭主と改めたごとくであるが、延暦二十三年（八〇四）の『皇太神宮儀式帳』にはこの名がみえない。そして『続日本後紀』嘉祥三年（八五〇）三月条に、大中臣淵魚が「自㆓弘仁六年（八一五）㆒至㆓承和九年（八四二）㆒、都廿八ヶ年、兼掌㆓

伊勢大神宮祭主二」とあるのが祭主の初見とされている。その職掌は、『延喜式』伊勢太神宮、幣帛使条に「其年中四度使祭主供レ之(下略)」とみえ、祈年祭・月次祭(六月・十二月)・神嘗祭の四祭に勅使として告刀《のりと》を奏上し、また朝廷の御祈を執り申し、式年遷宮には新殿粧飾の告刀奏上など神宮祭祀の中枢にあって奉仕した。また「祭主の永宣旨」といって、神官の六位以下の叙任権をも与えられ、また神祇官より神宮司に下す公文書には必ずその署名が必要とされた。元来祭主職は京官が兼務したから、平安当初は朝使としてのみ参向するのが例であったが、平安時代中ごろから室町時代にわたって居宅を伊勢の地に構える者が多くなり、広大な荘園を支配して、神領内の政治検察の全体に補任裁断の実権を有するに至った。そして南北朝時代以降は、戦乱のために再び京都に移住した。祭主が神宮崇敬のためになした功績は大きく、また京都の高度の文化を伊勢に移植する役割も果たした。なお祭主家は「大中臣二門流中、居二副祐一為二祭主一、重代者任レ之、雖三六位一補レ之(下略)」(『官職秘抄』上、神祇官、祭主条)の記述のごとく、後奈良天皇の時代以来は、その一門の藤波家が祭主職を譜代して明治に及んだ。なお明治の改革以降は、大御手代の官として明治八年(一八七五)七月より皇族を祭主とし今日に至っている。 ↓祭官《さいかん》

参考文献 『古事類苑』神祇部二・三、菅野貞慶編『祭主補任次第』、度会延慶他編『神境紀談』附録下(『大神宮叢書』神宮随筆大成後篇)、御巫清直『祭主職勘文』(同神宮神事考証中篇)、喜早清在『毎事問』(同神宮随筆大成前篇) (鈴木 義一)

さいしゅぶにん 祭主補任 古代・中世の伊勢神宮における祭主の補任次第記。南北朝時代の祭主大中臣親世によって康暦元年(永和五、一三七九)に編輯され、その後同人の手で応永ごろに加筆されたものと推測される。表紙には「祭主補任 祭主従三位行神祇大副大中臣朝臣親世」とあり、表紙裏には「永和五年三月五日以代々相伝本書写度々令校合畢、大中臣朝臣(花押)」とある。冒頭で『礼記』・職員令・『日本書紀』などを引用し、祭官の沿革などを述べ、ついで全体を祭主補任集・祭主次第に頒ち、前半で散位任例・超越本官上﨟例などの任例を掲げ、後半で中臣御食子以下代々祭主の系譜・任官叙位次第を記し、応永十六年(一四〇九)補任の大中臣通直で終っている。原本と目される一本は、近世の祭主家藤波家の襲蔵するところであったが、現在の所在は未確認。御巫清直による藤波本の写本(明治八年(一八七五))が神宮文庫に架蔵されている。 (西山 克)

さいじょう 斎庭《さいてい》・沙庭《さにわ》・斎場所《いつきのばしよ》 斎場 神をまつるために忌み清めた場所。斎場所ともいう。『古事記』仲哀天皇段には、建内宿禰が沙庭で神の命を請うたとあり、『日本書紀』神功皇后摂政前紀には、「審神者」を「さにわ」と訓んでいる。「さにわ」は斎場の意から転じて、斎場に神霊を請じて託宣を承り、神意を解く者の意となり、また斎場にあって琴を弾く者の意ともなった。斎場については、大嘗祭の時に悠紀・主基の両国からもたらされた稲を保存して置く清浄な場所を斎場といい、平安宮中に設置され、京斎場ともいった。また中世には、吉田神社の祠官吉田兼俱が吉田神道を提唱し、その根本道場として吉田神社の境内に太元宮を建て、ここを日本最上神祇斎場所といった。 ↓太元宮《たいげんきゅう》 (景山 春樹)

さいじょうしょ 斎場所 ⇩太元宮《たいげんきゅう》

さいじょうじんじゃ 西条神社 愛媛県西条市大町字常心に鎮座。伊曾乃神社の飛地境内摂社。旧県社。徳川家康と歴代西条藩主十柱を祀る。寛文十年(一六七〇)松平頼純伊予西条藩に入府するや、橘村二並山腹に遠祖家康を祀り東照宮としたのに始まる。明治五年(一八七二)歴代藩主を合祀、同十八年現社名に改称。昭和二十六年(一九五一)一月伊曾乃神社に合併、その摂社となる。例祭は四月十七日。

参考文献 『西条市誌』 (是澤 恭三)

さいしょうどの 宰相殿 京都北野天満宮の摂社。かつて参議であった北野宰相殿菅原輔正を祀る。寿永二年(一一八三)後白河法皇北野御幸の賞として神階を加える議があったが決せず(『玉葉』)、翌元暦元年(一一八四)正二位になったことが『二十二社註式』『柱史抄』『百練抄』『諸社根元記』『諸神社記』などにみえ、さらに元徳二年(一三三〇)後醍醐天皇北野行幸の賞として正一位を追贈せられたと応永十四年(一四〇七)成立の『神記』(北野天満宮所蔵)に記し、また一位殿本地は仏眼と『北野宮寺諸神御本地次第』にある。『山城名勝志』に『北野宮小神次第』を引いて、末社宰相殿は舟宮北東向一殿に七座を祀り、北より第四座を一位殿と号すと載せるように、現在も七社連棟檜造丹塗で屋根は檜皮葺である。明治十年(一八七七)摂社に列した。祭日は三月二十七日。

参考文献 北野神社編『北野誌』、『古事類苑』神祇部三 (竹内 秀雄)

さいしれい 祭祀令 祭祀を行うについて、その大綱を示した法令。祭祀に大祭・中祭・小祭の別を定め、その祭典名を示したもの。他に祭典の次第を示した「祭式」と、その細則たる「行事作法」がある。祭祀令には皇室祭祀令(明治四十一年(一九〇八)九月皇室令第一号)、神宮祭祀令(大正三年(一九一四)一月勅令第九号)、官国幣社以下神社祭祀令(同勅令第一〇号)があったが、第二次世界大戦後この法令は廃され、神宮には神宮祭典並恒例式、神社には神社祭祀規程ができた。 ↓皇室祭祀令《こうしつさいしれい》

参考文献 佐伯有義『祭祀令注釈』、長谷晴男『神社祭式沿革史』 (小野 和輝)

さいじん 祭神 神社にまつられている神をその神社の祭神という。神を認識することと、神をまつることとは別で、日本神話に語られる神がすべてどこかの神社の祭神となっているとは限らない。たとえば『古事記』の冒頭に記される天之御中主神は、中世以前に祭神とはされていない。国家・社会また氏族生活と密接な関係のある

神々をそれぞれに祭神として奉斎してきたのである。また、古い時代の創建にかかる神社の場合、現在の祭神名が、その創建当初よりそのままに唱えられていたかというに必ずしもそうでない場合がある。『古事記』『日本書紀』・風土記などに、その祭神名が記されているのは、伊勢・大神《おおみわ》・松尾・住吉・宗像《むなかた》・鹿島・香取など特殊な場合に属し、『三代実録』でも浅間神・弥彦神・大鳥神・小国神などと記し、それぞれで現在称されている神名を記していない。『延喜式』神名帳にみられる三千百三十二座・二千八百六十一処も、大半はその地名を冠した土地神的な神名で、日本神話中に語られる神名の社は少ない。多くの神社で、その祭神を、中央神話で語られる神名にあてて称するようになったのは中世以降のこととみられ、ことに明治以降そのようにさせられてきた。それら祭神を区分すると、自然物・自然現象、またその霊、国家成立の功労神、皇統につながる神、歴代天皇、皇族、地方開発神、国土守護神、氏族の祖神、また氏神、特殊職能の始祖神、国家・社会に対する功労者、学問・芸能功労者などとなる。

参考文献　原田敏明『神社』(『日本歴史新書』)、小野祖教『神道の基礎知識と基礎問題』　(鎌田　純一)

さいじんろん　**祭神論**　明治初期に行われた神道界における祭神論争。明治八年(一八七五)、神仏合同の布教機関である大教院の廃止にあたり、神道側の教導職は独自に神道事務局を設置した。大教院の祭神である天御中主《あめのみなかぬし》神《のかみ》・高皇産霊神《たかみむすびのかみ》・神皇産霊神《かみむすびのかみ》・天照大神《あまてらすおおみかみ》の四神は、神道事務局に遷し祀られるが、出雲大社大宮司の千家尊福《せんけたかとみ》は上記の四神に加え大国主神《おおくにぬしのかみ》の合祀を主張した。伊勢神宮大宮司の田中頼庸《よりつね》はこれに反対し、両者おのおのに賛成者を得て、神道教導職間を二分する大論戦が展開した。千家尊福はすでに六年大教院活動開始の際に自論を主張しており、十一年の神道会議には二回にわたり建議書を提出し、事あるごとにその実現を求めるが、不問に付されて来た。十三年三月神道事務局に新しい神殿が落成し四月に遷座祭が執行されることになったので、それに先立つ一月十七日尊福は強硬な建議書を提出、公論による決定を要求した。かくて政府は同年十二月に内務省令を下し、教導職六級以上の者および各分局長を招集して翌十四年一月神道大会議を開かしめ、祭神問題・事務局設置・管長選定の三事項を協議せしめた。協議の結果、祭神および管長のことは勅裁を仰ぐことに決した。同年二月二十三日、勅旨によって祭神は別に定めず、宮中に祀る賢所・歴代皇霊・天神地祇を遥拝することになり、神道総裁には一品幟仁《たかひと》親王、副総裁には元老院議官岩下方平が命ぜられた。ここに祭神問題はようやく決着をみたわけで、従来の四神の神霊は昇神式を行い、宮中三殿の遥拝所となった。千家尊福は神道布教において幽冥主宰の大国主神の神徳が必要であることを古典や神葬祭を論拠に説いたが、田中頼庸は四神は八百万神を代表する性格のものと考え反対した。両者を中心とする論争の経緯には政治的、感情的な要素も認められるが、有力な教導職たちの神観が随所に表示されており、神道教学上の重要課題として見過ごしできぬものがある。また祭神論の帰趨は、神官の教導職兼務廃止や教派神道の成立などともかかわって、後々への影響も大きかったのである。

参考文献　藤井貞文『明治国学発生史の研究』、西田長男「国家神道の成立—祭神論を通路として—」(『日本神道史研究』一所収)　(土岐　昌訓)

さいせいいっち　**祭政一致**　神祇の祭祀と政治とが結合した政治や国家の形態。政教一致ともいう。神が国家の最高権力の象徴として位置づけられる政治形態や国家形態は、神権政治(セオクラシー)ともよばれる。古代においては祭祀が政治と不可分の関係にあり、マツリゴト(祭事)とマツリゴト(政事)は密接なかかわりを保有した。マツリ(祭)の語源は、マツル(献)にあるとする説が有力である。マツルにフという継続を表わす助動詞がつくとマツロフという言葉になる。マツロフは、神や精霊への奉仕・服従を原義としたが、やがて支配者層への奉仕・服従をも意味するようになった。神をよくまつる者は人もよく支配するという古代社会のありようが、祭祀と政治を結合する。三世紀の『魏志』東夷伝倭人条にみえる女王卑弥呼の「鬼道に事《つか》へて、能《よ》く衆を惑はす」(原漢文)の記述にも、祭事と政事が未分化であった状況が反映されている。『古事記』『日本書紀』などには、古代の王者や天皇が神まつりと関係をもった伝承を数多く記す。たとえば『日本書紀』皇極天皇元年(六四二)八月条には、ひでりがつづいたおり、皇極天皇みずからが、南淵の河上に赴いて、四方を拝み、天を仰いで大雨をふらしたという記事がある。これなどは、古代の女帝の性格に神まつりの機能がうけつがれていたことを物語る。女王や女帝に限らず、古代の支配者層の多くは、祭祀の掌握を重要な政治的課題とし、とりわけ王者や天皇においては、祭祀権の継承が王権や皇権の重要ななかみとなった。古代の王者が神と歌われた例として早いのは、『古事記』に記す雄略天皇が吉野に赴いたとするおりの歌物語にみえる「呉床居《あぐらい》の神の御手もち弾く琴に舞する女常世《おみなとこよ》にもがも」(原万葉仮名)である。そして天皇や皇族が「神にしませば」と古代の支配層に強く意識されるようになるのは、とりわけ壬申の乱以後であった。『万葉集』には、天武天皇が「皇《すめろぎ》は神にしませば赤駒のはらばふ田居《たい》を都となしつ」(原万葉仮名)、「大王《おおきみ》は神にしませば水鳥のすだく水沼を都となしつ」(同)と歌われ、持統天皇が「皇は神にしませば天雲のいかづちの上にいほりせるかも」(同)と歌われている。天皇のみならず、天武天皇の第四皇子長皇子が「皇は神にしませば真木《まき》の立つ荒山中《あらやまなか》に海をなすかも」(同)、第六皇子の弓削皇子が「王は神にしませば天雲の五百重《いほえ》が下に隠り給ひぬ」(同)と歌われているのもみのがせない。『大宝令』や『養老令』の公式令では、朝廷の大事を宣べる詔書には「明神御大八洲天皇」を称し、唐および新羅に対して大事を宣べる際には「明神御宇日本天皇」を、次事を宣べるおりには「明神御宇天皇」を用いると規定されていた。儀制令では「天子」は「祭祀所レ称」とされている。朝廷の祭祀を分掌する祭官が具体化するのは、六世紀半ばころからであったが、祭官は中臣氏の古系図などによれば前事奏官《まえつぎみ》を兼任した。この祭官が発展して神官・神祇官となり、『大宝令』では、神祇伯を長官とする神祇官制が明確となる。二官(神祇官・太政官)の一官であった神祇官は、実質的には太政官よりも下位に位置し、中臣氏らが神祇官に就任した。律令制の変質、摂関政治の展開などによって、朝廷は次第に祭祀を中心とする場となったが、明治元年(一八六八)三月十三日の太政官布告に「此度、王政復古、神武創業ノ始ニ被為基、諸事御一新、祭政一致之御制度ニ御回復被遊候」と明記されたように、明治維新を画期として、いわゆる祭政一致の方針にもとづく国家神道が具体化した。昭和二十年(一九四五)十二月十五日、連合国最高司令官総司令部による覚書「国家神道、神社神道に対する政府の保証、支援、保全、監督並に弘布の廃止に関する件」(いわゆる「神道指令」)がだされて、国家神道の禁止と政教の分離が実施された。祭政一致と祭政分離の歴史は、日本宗教史の重要な分野を形づくったばかりでなく、日本政治史の考察においても軽視できない問題である。→天皇《てんのう》

参考文献 梅田義彦『日本宗教制度史』、村上重良『国家神道』(『岩波新書』青七七〇)、安丸良夫『神々の明治維新』(同黄一〇三)、井上秀雄『古代朝鮮史序説—王者と宗教—』、中村治兵衛「中国古代の王権と巫覡」(『(東アジア世界における)日本古代史講座』一〇所収)

(上田 正昭)

さいせいぶんり　祭政分離　祭祀と政治とが不可分に結合した祭政一致の状況から、祭祀と政治とがそれぞれに分立した形態。政教分離ともいう。古代社会にあっては祭祀と政治は密接なつながりをもち、特に古代の天皇制においては、神権的要素が濃厚であった。しかし古代天皇制が変貌して、封建社会に対応する中世・近世の天皇制へ移行すると、天皇の政治的地位は名目化し、皇室祭祀が天皇の属性として保持された。明治維新によって祭政一致の方針がうちだされ、政治と祭祀が癒着した国家神道が具体化した。太平洋戦争の敗戦によって、昭和二十年(一九四五)十二月十五日、連合国最高司令官総司令部によるいわゆる「神道指令」が発布され、国家神道の禁止と政教の分離が実施された。日本国憲法では信教の自由と政教の分離が規定されている。→天皇《てんのう》

(上田 正昭)

さいせん　賽銭　個人祈願などの折、簡易な供え物として神仏に献げる銭貨。歴史的に神々に対しては、布・紙・玉・米・兵器・馬などが供えられたが、新銭鋳造の折、国がその早穂(初穂)を神に奉る例は、『日本後紀』延暦十五年(七九六)十一月条(伊勢神宮・賀茂上下社・松尾社に)や、『三代実録』貞観十二年(八七〇)十一月条(賀茂上下・松尾・稲荷・石清水社などに)にみえる。しかし一般人が参詣の折、賽銭を供えるのは後世のことで、古くは神前に打撒きの米を撒き(散米)、または紙でオヒネリにして供えた。賽銭箱の起源はこうした米を受けることにあり、貨幣経済への移行で銭に代わったが、鶴岡八幡宮でさえ社頭に散銭櫃を置いたのは天文年間(一五三二—五五)のことだったという。銭十二文を紙に包んで社寺に手向ける十二銅は、「もと十二燈にて燈明を奉る」もの(『嬉遊笑覧』七)で、『言継卿記』天文十八年十一月条にもみえている。

参考文献 柳田国男『日本の祭』(『定本柳田国男集』一〇)

(平井 直房)

さいだもりうじ　座田司氏　一八八五—一九六二　昭和時代の賀茂別雷神社(上賀茂神社)宮司、神道史学者。明治十八年(一八八五)一月十一日、同社の社家に生まれる。大正三年(一九一四)、京都帝国大学史学科を卒業、昭和五年(一九三〇)内務省考証官を経て、同八年鎌倉宮宮司、十二年鶴岡八幡宮宮司に就任した。その後兼ねて神社本庁神祇部長・調査部長・教化部長や社寺境内地処分中央審査委員に任命され、困難な危機的状況にあった神社界の立て直しとその回復に尽力した。また敗戦によって痛手を受けた鶴岡八幡宮の祭祀を復興、整備し、当時としては先駆的な神道雑誌の第一次『悠久』を創刊した。今日読み返しても伝統に根ざした神道回復の息吹にあふれた内容となっている。昭和二十九年、故郷の賀茂別雷神社宮司に就任、八年間の在任中、家蔵および同社の伝来史料による充分な考証にもとづいて古儀の復興に努めたその功績は大きい。中でも明治の改革によって失われた賀茂社祭祀の復活に努めたことは特筆される。なお座田の論文は祭祀学全般に及び、第二次世界大戦前後を通じて数多いが、著書にまとめる機会を逸したことは惜しまれる。昭和三十七年(一九六二)五月二十七日死去。七十七歳。著書に『賀茂社祭神考』がある。

(嵯峨井 建)

さいたんさい　歳旦祭　明治四十一年(一九〇八)に公布された皇室祭祀令によって、それまで行われてきた一月一日の宮中三殿(賢所・皇霊殿・神殿)の祭典が「歳旦祭」と改名されたのを起源とする。元来は、正月一日御祭典、年頭祭、一月一日の賢所皇霊殿神殿御祭典とも称されたが、意義的には、年の始め、月の始め、日の始めの元旦祭で、天皇が四方拝に引き続いて宮中三殿に、歳首にあたり過去を感謝し、将来、特にこの一年間における皇室国家の安泰、国民の慶福を祈願する祭典である。『公事根源』の正月、供御節供条に「三ヶ日乃事」、『小右記』に「内膳(中略)又供御節供従台盤所供」などとあり、おそらく平安時代初期の宇多朝寛平年中(八八九—九八)にはすでに宮中の祭典として行われていたものと思われる。明治初年に正月三箇日の祭典が新設され、皇室祭祀令によって「歳旦祭」と名付けられ、小祭と定められて以来、それまで御内々の祭であったのが、公の祭として取り扱

われるようになった。

参考文献 『恒例公事録』、祭祀学会編『(星野輝興先生著作集)日本の祭祀』 (西島 一郎)

さいちょう 最澄 七六七―八二二 平安時代前期の僧。日本天台宗の開祖。諡号伝教大師。神護景雲元年(七六七)、近江国滋賀郡に生まれる。近江国分寺の僧であったが、延暦四年(七八五)比叡山に隠棲し、同七年一乗止観院(のちの延暦寺)を創建した。その際、叡山に古くから祀られていた大山咋神(小比叡神)・大己貴神(大比叡神)を同院の鎮守としたと伝える。同二十一年天台法華宗還学生として入唐を命ぜられ、大宰府竈門社神宮寺の竈門山寺など九州各地の神仏に遣唐使船の安全を祈願、二十三年唐に渡って天台山などで修学につとめ、円密禅戒(天台教学・密教・禅法・戒律)の四宗を相承して二十四年に帰国した。翌大同元年(八〇六)には早速日本天台宗の公認を奏請して許され、天台教学に基づくわが国独自の綜合仏教を樹立した。その後弘仁三年(八一二)、入唐成功の神恩に謝するため摂津国住吉社に参詣して大乗を読誦、五年には九州に下って竈門山寺および豊前国宇佐八幡・賀(香)春両社の神宮寺で『法華経』を講じ、宇佐では随喜した八幡神より紫袈裟と紫衣を授けられたと伝えられる。また同八年には東国伝道の途次、信濃国諏訪神の託宣を受けたとされ、最澄の諸神尊崇のさまが窺われる。以後、彼は法相宗との教学論争、大乗戒独立の運動などに明け暮れ、弘仁十三年六月四日、五十六歳をもって没した。彼が一乗止観院に祀った神々は、のち天台山国清寺の地主神・護法神の山王祠(山王元弼真君を祀る)になぞらえて日吉山王社さらに山王権現と呼ばれるようになり、天台教学と密接かつ複雑に融合して延暦寺の発展とともに盛行し、いわゆる山王神道(天台神道)を形成するに至る。最澄はこの神道の創唱者に擬せられ、『山家要略』『根本中堂神祇祭文』ほかいくつかの神道書の著者にも仮託されたが、彼の神祇信仰の実態は、仏法をもって諸神の業苦を脱せしめ仏教に対する外護を願うという初期的な神仏習合思想であり、真撰とされる著作にはいまだ明確な神仏一致の教義は見出せない。

参考文献 『叡山大師伝』、大山公淳『神仏交渉史』(『大山公淳著作集』六所収)、菅原信海『山王神道の研究』、野本覚成「伝教大師の比叡神信仰」(岡田重精編『日本宗教への視角』所収) (山口 興順)

さいちんきぶん 最鎮記文 京都北野天満宮の創建由来を語る重要な史料の一つ。北野寺僧最鎮の著述と考える説があり、目下のところ、この学説を否定できる徴証はない。成立年代は、平安時代の貞元二年(九七七)以降であろう。内容は、次の三部より成っている。(一)近江国高島郡比良社の神主良種が最鎮に火雷天神の託宣の旨を伝え、最鎮と相談中に、一夜にして松が生えたので、その地に社殿造立。(二)天徳三年(九五九)九条師輔による社殿造立、宝物などの奉納。また師輔による祭文も掲げる。(三)貞元元年十一月七日、山城国に下された太政官符の全文を引いている。その要旨は、貞元元年六月十日、菅原文時の奏状の主旨により、大宰府の事例と同様に、北野寺は、氏人菅原氏の領知にまかせ、その言上をもって、最初造立の功のある最鎮に寺務を知らしめんことを述べ、朝廷ではこの請いを納れ、争論を制止し、国家鎮護の祈禱を修しめる次第であるとみえる。この史料は、北野社は創建より二派による社内で争いがあった事実を裏付ける文献として重要である。『神道大系』神社編一一に『北野天神御伝幷御託宣記文』および『北野天神御託宣記文』として収められ、ほかに『北野誌』、『群書類従』神祇部所収。

参考文献 『群書解題』一上 (真壁 俊信)

さいてい 斎庭 ⇨斎場《さいじょう》

さいでん 祭田 令制下、在地村落における田祭。『養老令』儀制令春時祭田条によると、春の田祭の日には、村の老者を集め、年齢順に座席を定め、飲酒の儀礼を行い、「尊長養老之道」を人々に知らしめる、とされている。この規定は、唐令の県䄍《さ》(蜡)祭《さい》条(歳末の万神感謝祭)を範として定められたもので、わが国の実状を直接に示すものとはいえない。奈良朝期における田祭の実態については、『大宝令』注釈の古記「一云」によると、(一)田祭は年穀の豊穣を祈る春の祭と収穫を感謝する秋の祭の二季に行われ、(二)村ごとに置かれた神社の社首(神官)の主催のもとに、村の男女悉く神社に参集し、(三)そこで年齢順に座を占め、子弟を給仕として、神前でともに飲食の宴が催された。(四)祭祀の費用は村人の他国に往来する際に捧げた神幣(稲)、家々の状態に従って取り収めた稲(初穂奉納)とさらにそれらを出挙して得た利稲(種子=稲魂の貸与とその報礼)をもってし、酒食の準備にあてた。なお「一云」には、当日、「告国家法令知訖」としているが、実際に行われていたとみることは疑問である。

参考文献 吉田晶『日本古代村落史序説』(『塙選書』八五)、義江彰夫「儀制令春時祭田条の一考察」(井上光貞博士還暦記念会編『古代史論叢』中所収)、同「律令制下の村落祭祀と公出挙制」(『歴史学研究』三八〇) (宮本 救)

さいてんりゃくつけたりさいもんれい 祭典略附祭文例 維新直後の神社祭式の改革に関し、その要請に応えた書。草鹿砥宣隆《くさかどのぶたか》著。一巻。本書は「祭典略」に「祭文例」を付し、賀茂経春の校訂により気吹舎《いぶきのや》塾版として明治二年(一八六九)に刊行された。「祭典略」は諸々の祭祀の中から典型とすべき内容を選んでその次第を記したものである。また、「祭文例」は神道古典から祝詞およびその類例を抽出し、分類・再構成したものである。祝詞の概念をやや拡大解釈する傾向は認められるが、発想は斬新である。本書は平田延胤の勧めにより執筆されたという。著者宣隆は本書刊行の年の六月に死去している。

参考文献 井上豊『賀茂真淵の業績と門流』 (金子 善光)

さいとうひこまろ 斎藤彦麿 一七六八―一八五四 江戸時代後期の国学者。明和五年(一七六八)正月五日、三河国矢作(愛知県岡崎市)の荻野信邦の次男として誕生。名智明、字可怜、通称小太郎・庄九郎・彦六郎、号宮川舎・葦仮庵《あしのかりお》。安永九年(一七八〇)、十三歳で江戸に出る。賀茂季鷹から歌学を、伊勢貞丈から有職故実を学ぶ。寛政四年(一七九二)、本居大平に入門する。同八年、斎藤正綱の家を継いで石見国浜田藩士となるも、その後も江戸に住み、宣長学を奉ずる国学者として活動した。この間、山東京伝ら戯作者とも交流。のち藩主の移封に伴って陸奥国棚倉、武蔵国川越に移住。同地にて嘉永七年(一八五四)三月十二日、八十七歳で没。墓所は麻布法音寺、また同永昌寺とも伝わる。著書に『神道問答』『改正神代紀』『武烈天皇御暴虐正論』『神のあらび』『玉のゆくへ』『現身のなやみ』など。

参考文献 『浜田町史』、堀田次郎「葦仮庵年略譜」(『帝国文学』八ノ六)、大橋紀子「文学遺跡巡礼―国学編四四・葦仮庵斉藤彦麿―」(『学苑』七ノ一一)

(武田 秀章)

さいのお 才男 御神楽で才芸を披露する者。『宇津保物語』『枕草子』『公事根源』には「ざえのをのこ」とある。内侍所御神楽の次第では、人長が名告りのあとでおのおの「才《ざえ》試み」と称して、楽人たちの音《ね》取《と》りと試楽をさせる。次に、御神楽の正儀部分に相当する「採物《とりもの》」と肆宴部分に相当する「前張《さいばり》」との間の、直会の段階に入る「勧盃」一巡のあとで、人長が「才つかうまつるべき男」数人を召し、おのおのに才芸を尋ねたのち、倭舞や散楽を演ぜしめた。『宇津保物語』によると、一般貴族社会の神楽でも、各自の特技を披露する「才名告り」があり、才芸の内容には山伏・渡守・木樵・藁盗人などが挙げられている(嵯峨院・菊の宴)。『江家次第』一一に記す御神楽の才男は、「頭一人、殿上人一両人、殿上召人地下召人等各一両人」だが、『西宮記』に記す延長三年(九二五)の賀茂還立御神楽では、式部卿親王が召されていた。古くは身分高い者による真面目な才芸もあったが、平安時代の中ごろからは散楽などの滑稽な技に中心が移った。堀河院の御神楽で才男に選ばれた陪従の藤原家綱・行綱兄弟が、競って猥雑な芸を披露したことは、『宇治拾遺物語』『十訓抄』にみえていて名高い。鍋島家本『神楽歌』より古形を保つ信義本・重種本および『楽章類語鈔』の「裏書ニ云或本」のテキストでは、韓神・倭舞に続いて才男が登場するので、才男芸は倭舞の「もどき」という古意が認められる。御神楽の奉行者である人長には、宮廷に参入して鎮魂歌舞を奉献する「山人(山の神人)」の統率者としての一面もある。山人の鎮魂舞踊が倭舞なのだから、その「もどき」を演ずる才男は、シテ(神)役の人長に対するワキ(伴神・精霊)役の位相にあり、揶揄・反撥・抗弁などの姿態をとりながら、人長の行動の意味を平易に解説する立場でもあった。宇佐をはじめとする八幡系諸社の祭儀には、志賀の海人の奉じた安曇磯良神の故事に基づく「細男舞《せいのおのまい》」がある。この細男が顔に白布を垂れた覆面姿の人間、もしくは醜貌の人形であることは、細男の原形が精霊であったことを見せている。内侍所御神楽は多くの古神楽の要素を吸収し成立したが、その主流を八幡系の神遊びに認める立場では、細男と才男とを強く関連づけて説く(折口信夫・西角井正慶・西田長男)が、両者は本来別物と解し(本田安次・土橋寛)、音の類似などから互いに影響し合ったものと見る説(松前健)もある。いずれの説をとるにしても、神と精霊との対立劇における「もどき」の理法を前提としてのみ理解できることで、御神楽の才男態は、日本の芸能の根本義にかかわる問題を秘めている。 →神楽《かぐら》 →内侍《ないし》所《どころ》御神楽《みかぐら》

参考文献 『折口信夫全集』二・三・七・一二・一七・一八、同ノート編五・六、西角井正慶『神楽研究』、同『神楽歌研究』、高崎正秀『六歌仙前後』(『高崎正秀著作集』四)、本田安次『神楽』、志田延義『日本歌謡圏史』、土橋寛『古代歌謡と儀礼の研究』、西田長男『古代文学の周辺』、松前健『古代伝承と宮廷祭祀』

(小林 茂美)

さいばら 催馬楽 宮廷歌謡の一つ。日本古来の歌謡を唐楽の拍子・旋律に合わせて編曲したもの。歌曲が呂と律に分かれるのは、そのためである。しかし、唐楽といっても、「胡飲酒」「越天楽」など中国伝来のものばかりでなく、日本で制作された「夏引楽」「榎葉井」などをも含む。歌詞のほうは、だいたい八世紀前後の成立であろう。たとえば「葛城」は宝亀元年(七七〇)以前にうたわれていた俗謡を編曲したものだが、どれぐらいの以前なのかは明らかでない。年代の明らかな曲としては、聖武天皇の皇居であった恭仁宮をうたった「沢田川」や、天平十四年(七四二)に作詞された「新年」がある。古い歌詞としては、七世紀までさかのぼるものがあるかもしれないし、新しいほうでは九世紀に入るものもあろう。日本古来の歌詞を唐楽風に編曲して催馬楽が成立したのは、八世紀末か九世紀初めのことらしい。貞観元年(八五九)に八十余歳で没した広井女王が催馬楽を善くしたとみえる(『三代実録』貞観元年十月二十三日条)からである。しかし、この時期に編曲が完成していたとは考えがたく、十世紀前葉ごろまでに整備されていったものであろう。催馬楽の名称が何に由来するかは、決定的な論がないけれども、唐楽「催馬楽《さいばらく》」に合わせて編曲したものが最初の試みだったので、それが代表的な名称になったとする臼田甚五郎説がもっとも有力である。康保三年(九六六)に源博雅の撰した『新撰楽譜』に双調曲「催馬楽」がみえるので、臼田説はかなり強い外証をもつ。しかし、唐楽「催馬楽《さいばらく》」の拍子が歌曲の催馬楽《さいばらく》における基本拍子と合わず、また催馬楽《さいばら》の「我駒」における拍子の数が唐楽「催馬楽《さいばらく》」よりも少ないことから、なお検討を要するという林謙三説もある。催馬楽《さいばら》は十世紀・十一世紀の貴族社会において全盛だったけれども、十二世紀にはかなりの

曲が廃絶し、建久ごろになると、十曲しか残っていなかった。しかし、詞章だけは律二十五・呂三十六の合計六十一曲が現存する。このほかにも何曲か作られたであろうが、十世紀・十一世紀においても、右の六十一曲を大幅に上廻るほどの曲数が行われていたとは考えにくい。テクストとしては、鍋島家本(平安時代後期写)、天治本(東京国立博物館所蔵、平安時代末期写)、綾小路家本(応永十九年(一四一二)写本の転写)および流布の梁塵愚案抄本(一条兼良校)がある。譜には『催馬楽略譜』(文安六年(宝徳元、一四四九)綾小路有俊写本の転写、綾小路家所蔵)がある。十三世紀以降、催馬楽の演奏は衰退し、応仁の乱よりあと、廃絶したけれども、十七世紀に入り、古譜に基づいて復興され、現在は「伊勢海」ほか七曲が演奏されている。また昭和四十一年(一九六六)、山井基清により催馬楽古譜の五線譜による復元が刊行された。

参考文献 土橋寛・小西甚一校注『古代歌謡集』(『日本古典文学大系』三)、山井基清『催馬楽訳譜』、臼田甚五郎「催馬楽の成立に関する一面」(『国文学論究』七)、林謙三「催馬楽における拍子と歌詞のリズムについて」(『奈良学芸大学紀要』八ノ一)

(小西 甚一)

さいばり 前張 神楽歌の曲名。宮廷御神楽の「神楽次第」の歌は、㈠庭燎、㈡採物、㈢前張、㈣星・雑歌から成る。前張は、神遊びの場にふさわしい採物歌のあと、神人和楽の饗宴段階㈢に謡われる歌群の総称で、その種類は、大前張・小前張と千歳《せんざい》・早歌《そうが》が含まれる。名義については諸説あるが、大前張の一つ「榛」にある歌「さいばりに衣は染めむ」の初句によるとする説が妥当。催《さい》馬楽《ばら》との関係は、歌詞の内容や風俗歌的性質の類似からも否定できないが、御神楽では本末両座に分かれて唱和するし、曲風にも相違がある。どちらも宴会歌謡として人々の興味をひき、相似た語感からも支持共感を得たらしい。大前張の七種目は、囃子詞と反覆句を除けば短歌形式で、やや格調が高い。小前張の九種目は不整形式で、片歌問答体の名残をとどめたものもあり、内容・修辞から見ても民謡風でくだけている。大前張の中の衣に関する歌群(「宮人」「難波潟」「木綿志天」「榛」)は、祓の信仰と繋がりがあり、鳥にちなむ歌群(「階香取」「猪名野」「我妹子」)は、海辺の禊祓や贄人の生活背景がある。小前張で鳥を詠んだ歌群(「薦枕」「賤家の小菅」「湊田」)も、神や朝廷に献げる贄物とか宴席の肴類に関連がある。また、悠紀・主基両国の聖田・聖稲に関するもの(「細波」「殖槻」「総角」)、嫁・婿をほしがる性的な歌(「細波」「総角」「大宮」)、歌垣・野遊び・山遊びにおける男女の掛合い歌等々、身振りを伴う劇詞章であった前身さえ想察できるもの(「細波」「磯良崎」「蟋蟀」)もある。「千歳法」は山人の祝言を連ねた呪文風な詞章、「早歌」は都の冬祭(御魂の触ゆ祭)に訪れる下級神人の、道中における頓知即妙な早口問答の長歌。ともに山人系統の芸能的な伝承詞章で、夜の神宴「前張」から夜明けの神楽「星」㈣へ移る間の、折り目を示している。→神楽歌《かぐらうた》

参考文献 『折口信夫全集』七・一四、西角井正慶『神楽研究』、同『神楽歌研究』、高崎正秀『六歌仙前後』(『高崎正秀著作集』四)、志田延義『日本歌謡圏史』、芸能史研究会編『神楽』(『日本の古典芸能』一)、西角井正慶「神楽・催馬楽」(『日本古典鑑賞講座』一四所収)、池田弥三郎「神楽歌」(『鑑賞日本文学』四所収)、臼田甚五郎「神楽歌」(『日本古典文学全集』二五所収)

(小林 茂美)

さいふく 祭服 祭祀に奉仕する者の着用する服をいう。古くは斎服・帛衣・明衣・浄衣・小忌衣・褌《はちや》・青摺衣などであったが、のちに束帯・衣冠・狩衣なども祭服として用いるようになった。天皇の神事用の御服には、御祭服・帛御袍・黄櫨染御袍・御引直衣・御直衣・御小直衣の六種がある。御祭服は最も清浄にして神聖なもので、純白な生織りの絹地で作られる。大嘗祭の悠紀《ゆき》・主基《すき》両殿の儀と、新嘗祭の儀にのみ用いられる。帛御袍は御祭服に次ぐ純白の御服であり、黄櫨染御袍は宮中の祭儀に最も多く用いられる御服である。明治五年(一八七二)の太政官布告の中で、従前の衣冠を以て祭服となすと示され、同六年、衣冠所持なき輩は狩衣・直垂・浄衣などを用いても差支えなき事と定められた。神官神職服制は大正元年(一九一二)に勅令を以て、神官神職服装規則は同二年内務省訓令によって定められたが、現在は神社本庁の定める「神職の祭祀服装に関する規程」による。すなわち男子の正装は衣冠、礼装は斎服、常装は狩衣または浄衣であり、女子の正装は正服、礼装は斎服、常装は常服または浄衣である。正装は大祭の場合と天皇・三后・皇太子または皇太孫参拝の場合、礼装は中祭の場合、常装は小祭および神社において行う恒例式の場合に用いる。また宮中三殿に奉仕する掌典・掌典補の服を祭服と称し、各甲種・乙種がある。掌典の甲種は斎服、乙種と掌典補の甲乙種は浄衣である。神宮では、恒例の祭典の場合、おおむね斎服を用いる。

参考文献 阪本健一編『(明治以降)神社関係法令史料』、神社本庁編『神社祭式同行事作法附関係規程及解説改訂版』、八束清貫『装束の知識と著法』、川出清彦『神社有職』

(小野 和輝)

さいふく 斎服 神事に着用する服の一つ。神官神職服制は大正元年(一九一二)に勅令をもって、神官神職服装規則は同二年の内務省訓令によって定められたが、現在は神社本庁の「神職の祭祀服装に関する規程」によっている。すなわち男子神職の正装は衣冠、礼装は斎服、常装は狩衣または浄衣である。礼装としての斎服は、神社祭祀にあっては中祭の場合に着用するが、大祭の場合に正装に代えて着用することもできる。宮中三殿に奉仕する掌典は大祀・小祀の折に斎服を着用する。神宮では大宮司以下宮掌に至るまで、恒例の祭典にはおおむね斎服を用いる。古くは白川家・吉田家をはじめ社家においては、生絹または白布の独自の袍を着用していたようであ

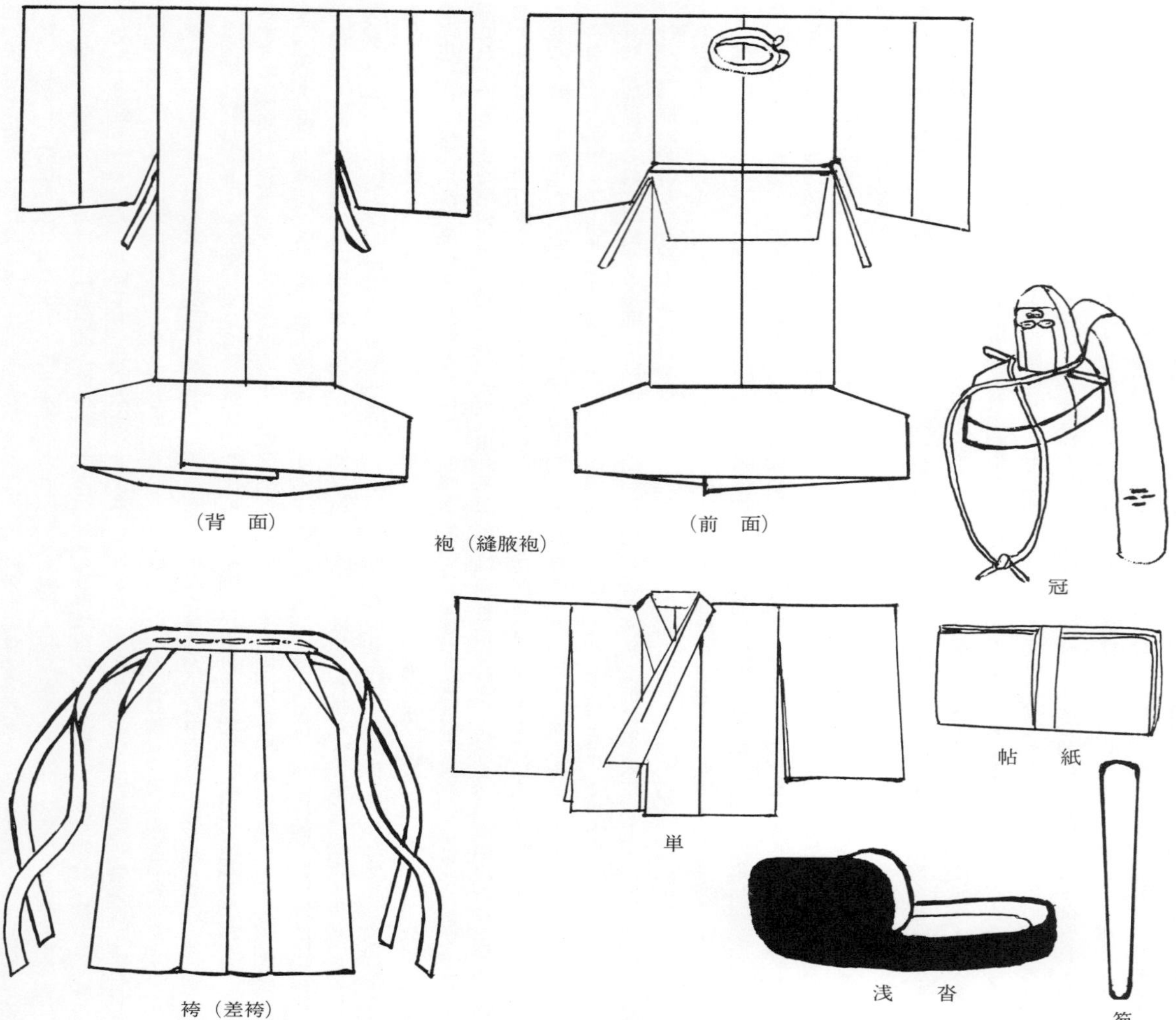

斎　服

るが、現在の斎服は明治十六年(一八八三)明治天皇の裁可によって定められたもので、その構成はほぼ衣冠と同じで、上衣・下衣・袴などすべて純白の絹地で作られ、その構成はほぼ衣冠と同じである。斎服の皆具《かいぐ》は以下のとおり。冠は垂纓《すいえい》、掛緒は紙捻《こびねり》を用い、黒い羅の裂地で作られ、紋様は遠文《とおもん》である。袍は縫腋《ほうえき》(腋の縫い合わされた上衣)で白絹、裏なし。ただし冬は平絹の裏を用いることができる(三・四級の神職は冬も裏なし)。単《ひとえ》(下衣)は白絹。袴は差袴《さしこ》(裾を身丈で切った袴)で白絹、裏は白平絹。笏は木笏。帖紙《たとうがみ》。履は浅沓で正装の衣冠と同じである。

参考文献　阪本健一編『(明治以降)神社関係法令史料』、神社本庁編『神社祭式同行事作法附関係規程及解説改訂版』、八束清貫『装束の知識と著法』、川出清彦『神社有職』
(小野　和輝)

さいもちのかみ　佐比持神　古代のワニ(鮫)の別称。『古事記』の海幸山幸神話で、山幸彦は海神宮から自分を送ってくれた一尋ワニの頸に小刀をつけて帰した。これがその名の由来である。サヒは刀剣のこと。「韓鋤《からさひ》」(『日本書紀』神代上)とか「呉のマサヒ」(同推古天皇二十年(六一二)条)などとあり、大陸伝来の利剣を思わせる。ワニの鋸状の鋭い歯牙から連想した命名であろう。神武紀には、暴風を鎮めるため、神武天皇の兄稲飯命が剣を抜いて海に入り、鋤持神《さいもちのかみ》と化したという別伝を記す。
(倉塚　曄子)

さいもん　祭文　神をまつるとき読む文。祝詞《のりと》も神をまつるとき読む文であるが、祝詞が日本古来の祭儀に読まれる公的・伝統的な性質の強いものであるのに対して、祭文は個人的なまつり、あるいは中国伝来のまつりなどに読まれる私的で新しい性格の濃いものという、おおよその相違を考えることができる。『続日本紀』桓武天皇延暦六年(七八七)十一月甲寅条に、「祀㆓天神於交野㆒、其祭文曰」として祭文二編を掲げているのを初見とする。この二編は漢文体で、中国の祭文の形式を承けたものである。菅原道真の『菅家文草』七の「祭文」に収める二編(「祭二連聡霊一文」「祭二城山神一文」)も、同様の形式で書かれている。このような漢文体の祭文は、平安時代に多く作られ、『本朝文粋』『本朝続文粋』『朝野群載』などの「祭文」に、その実例をみることができる。これら漢文体の祭文に対して、和文体の祭文がある。『延喜式』陰陽寮に、毎年十二月晦日宮廷で行う儺祭《なのまつり》に陰陽師の読んだ祭文を掲げている。詞の冒頭の部分は漢文体であるが、中間以後は祝詞と同じ和文体で、宣命書きの表記法を用いている。儺祭は、日本古来の神のまつりではなく、中国から伝わった行事で、陰陽師が行うから、祝詞とはいわず、祭文と称したのである。『枕草子』に、「ことばなめげなるもの、宮のべ(一本、め)の祭文よむ人」とみえる「宮のべの祭文」とは、平安時代に貴族の間で、不吉を退け、幸福を求めて、正月・十二月の初午の日に行なった宮咩祭《みやのめのまつり》(みやのべのまつりとも)のとき読まれた祭文で、『拾芥抄』や『執政所抄』に載るものをみると、祝詞と同様の和文体である。そのほか、大祓の詞の末尾を奏上体に改変した「中臣祭文」(『朝野群載』六)、大江匡房作の「歌合祭文」(『朝野群載』三)、太秦の牛祭の祭文(『太秦牛祭画巻』)など、和文体の祭文もいくつか残っている。明治以降は、従前の宣命を特に祭文と称する。すなわち明治六年(一八七三)四月三日(太政官布告第一二三号)により、勅使が神宮・神社・山陵などで奏されるものを御祭文と称することになる。その料紙の色は、『延喜式』の制にならい、伊勢は縹紙《はなだ》、賀茂は紅紙、その他石清水などには黄色が用いられた。（青木　紀元）

さいもんかたり　祭文語　祭文を語り歩いた大道芸人。主として江戸時代に活躍し、明治以降につづいた。元来は神に祈願を述べる祭文を語ること、また語る人であったが、室町時代には山伏が祭文を俗化し、芸能化したもじり祭文を語り歩き、山伏祭文と呼ばれた。このころまでまだ宗教的要素を持っていたが、江戸時代には大道芸能化し、金杖や法螺貝を伴奏楽器にして、冒頭や結びの文句に祈願の形式語を残しながらも時事トピックスの類を語り廻った。元禄に近づくと祭文も三味線を伴奏楽器として、多彩な旋律をとり入れ歌祭文と呼ばれた。お夏清十郎・八百屋お七・お染久松・おさん茂兵衛・おしゅん伝兵衛など、心中・恋愛・犯罪・姦通などの主人公を題材にとりあげ、歌詞を刷り物にして配りながら、門付として語り歩き、また、大坂の生玉神社境内などの盛場では小屋がけをして客を集めて歌祭文を聴かせた。門付芸としての歌祭文を語った人々は、室町時代以前の山伏の流れを汲む下級芸能人であったが、江戸時代には近江国関清水蟬丸宮の支配を受けた者たちと、願人坊主と呼ばれて、京鞍馬山大蔵院の支配下にある者たちとの二群があった。前者は、はじめ法螺貝を伴奏楽器に用いたのででろれん祭文・貝祭文などとも呼ばれ、後者は、ちょぼくれ・ちょんがれなどとも呼ばれ、歌祭文に経文を交えた阿呆陀羅経を語り歩いた。

参考文献　諏訪春雄「歌祭文」(『(増補)元禄歌舞伎の研究』所収)（諏訪　春雄）

さいようのはらえ　最要祓　正しくは『最要中臣祓』と称し、吉田神道の最も重要な祓詞を纏《まと》めたもの。巻頭に「卜部家於二中臣祓十三章之中一、摘二要枢之言一為二一章一、名二最要中臣祓一矣」とあり、吉田家では中臣祓を十二段に分けている。祈願するところによってその該当する段の祓詞のみ奏上した。「高天原仁神留坐須、皇親神漏伎神漏美乃命於以天、八百万神達於神集仁集賜比」と中臣祓を辿《たど》りながら、「吾皇御孫乃命」が罪穢れを神々に問い祓いつつ、「天津祝詞乃太祝詞」を宣れば、罪咎もなく祓い清め給うものと奏上する。文亀元年(一五〇一)五月、卜部兼倶が一条冬良に授けた一文はさらに簡明であり、時に応じて詞文を織り成すのが例となっていたのであろう。その意味で最要祓は、変幻自在の善言美詞ともいえる。『神祇提要』三、『大祓詞註釈大成』上所収。（杦寄　典子）

さえきありよし　佐伯有義　一八六七―一九四五　明治から昭和時代にかけての考証学者。慶応三年(一八六七)十月二十四日、越中国新川郡岩峅寺村(富山県中新川郡立山町)に生まれる。家代々、永泉坊と称し、父は立山権現(現雄山神社)の祠職佐伯有久。明治十五年(一八八二)上京、同二十年に皇典講究所を卒業。同二十三年より『古事類苑』の編纂に従事し神祇部などを担当した。同四十五年より六国史校訂材料取調掛、昭和十八年(一九四三)文学博士。退官後は国学院大学教授となる。また、明治二十八年に石川県の気多神社宮司として神社祭祀に携わり、同三十七年に宮内省掌典、大正元年(一九一二)大喪使事務官に任じられて近代の皇室祭祀や典礼の整備にあたり、特殊祭儀委員、礼典課長事務取扱を歴任した。昭和九年より十一年まで神道十三派の一つ神道大成教の管長もつとめた。昭和二十年九月二十五日没。七十八歳。編著書に『大日本神祇史』『神道分類総目録』『神道叢書』『神祇全書』など。

参考文献　岩本徳一「佐伯有義」(『神道宗教』四一)、『国学院大学百年史』（森　瑞枝）

さえきかげひろ　佐伯景弘　生没年不詳　平安時代末期から鎌倉時代初めにかけて活躍した安芸国の厳島神社の神主。古来の司祭者たる佐伯氏一族の出身と称しているが、神主である一方では早くから平清盛と結びついてしばしば在京もし、平氏の家人として活動した。そのためか応保二年(一一六二)には平氏を称して掃部允に任ぜられ、仁安二年(一一六七)には民部大丞、従五位下となり、民部大夫、あるいは平民部大夫と通称された。平氏との関係を利用して安芸国内に多くの厳島社領を獲得し、みずからその支配にあたった。仁安三年には厳島神社の社殿の全部を私力で修造したというから、その実力のほども察せられる。景弘は平家納経はじめ今ものこる多くのすぐれた文化財に象徴されているような、この時期の厳島神社の興隆に中心的な役割を果たしたが、以後もますます平氏との結びつきを強め、寿永元年(一一八二)ごろには安芸守に任ぜられ、長門国の壇ノ浦まで平氏と同行した。しかしその後、処罰を受けることもなく、文治三年(一一八七)には、朝廷から、壇ノ浦で海底に沈んだ神器の宝剣捜索の勅使に任命されるなど、いかにも政治家らしい変り身の早さを見せている。同五年、子の景信に所領などを譲与したが、以後、その消息は知られていない。

参考文献 『厳島文書』(『広島県史』古代中世資料編二・三・五)、上横手雅敬『日本中世政治史研究』、秋山光和『平安時代世俗画の研究』、小松茂美『平家納経の研究』、小倉豊文「平家の厳島信仰について」(魚澄惣五郎編『瀬戸内海地域の社会史的研究』所収)

(石井 進)

さえのかみのまつり 障神祭 障神(道祖神)の祭。蕃客(外国の使臣)らが入京する二日前に、京城の四隅において行われる臨時祭として『延喜式』神祇にその幣物に関する規定がみられるが、官祭として実地にその祭の行われた事例には乏しく、一般には近世の民間行事として、多く小正月に行われるトンド・左義長(正月の門松や松飾類をとり集めて焚く行事)のことと理解されている。 ↓左義長《さぎちょう》 ↓道祖神《どうそじん》

(柴田 実)

ざおうごんげん 蔵王権現 奈良時代役行者《えんのぎょうじゃ》が大峯に籠山し済世利民のために感得した降魔の像という。すなわち伝承によれば大峯山を開いたとき、釈迦・千手観音・弥勒の三尊が祈請により現われたが、さらに所願に沿った尊様を念じたところ、青黒色の忿怒身が忽然として出現したという。それをうけて山下吉野金峯山寺本堂は蔵王権現三体をまつり蔵王堂とよぶ。それぞれは釈迦・千手・弥勒を本地とするが、高さ約八メートル、像様はほとんど同じである。その名称から金剛蔵王菩薩を本地とする忿怒身とされているが、おそらく金剛蔵王菩薩とは関係なく、金剛杵の直接的な威力をもつ執金剛神、あるいは金剛童子などを根拠として形成されたものといえよう。胎蔵曼荼羅の金剛手院に大力金剛菩薩の名をもつ忿怒形の尊があり、右に独鈷杵をふりかざし割蓮華に動勢を示すが、尊様としては最も近いと思われる。したがって大力ある金剛杵そのものが権現として仏・菩薩を本地に働きを示す尊像といえよう。一面三目二臂、右手剣印(または金剛杵)をふりあげ左手を腰にする像や、右手剣印を腰におき、左手に金剛杵をふりかざす像などがある。『三宝絵詞』などに、蔵王が弥勒下生まで金峯山の黄金を守護するという話を記すが、寛弘四年(一〇〇七)藤原道長による金峯山埋納の経筒(国宝)の銘や蔵王権現像(重要文化財)などからもその信仰を知ることができる。東京総持寺の毛彫鏡像(長保三年(一〇〇一)、国宝)が最古の遺例で、鳥取三仏寺の木彫像(重要文化財)は平安時代後期の素朴な像様である。このほかにも木彫像・銅像・鏡面毛彫像は多いが、吉野如意輪寺像(同)は小像ながら南北朝時代の木彫彩色の優作として注目される。このように蔵王権現が山岳信仰の寺院や行場に安置されていることからもわかるように、蔵王権現信仰は修験道との深いかかわりの中で展開している。『古今著聞集』二所引の『吏部王記』や、『沙石集』一上の記述は金峯山における蔵王権現信仰を示して興味ぶかい。

(田村 隆照)

ざおうごんげんしんこう 蔵王権現信仰 蔵王権現は平安時代初期に、執金剛神の総称で金剛薩埵の変化身といわれる金剛蔵王・金剛童子・金剛力士などの信仰をもとにして吉野山で修行していた南都の験者たちによって創案されたと推測される神格である。その名称の初出は寛弘四年(一〇〇七)在銘藤原道長経筒所刻の願文の「南無教主釈迦蔵王権現」との文句である。もっとも『本朝法華験記』九三の僧転乗が蔵王宝前に参詣したとの記事、『道賢上人冥途記』の天慶四年(九四一)、金峯山で修行中に道賢が執金剛神の導きで金峯山浄土にいって牟尼応化蔵王菩薩にあったとの話、『三宝絵詞』にあげられている金峯山の金剛蔵王菩薩が弥勒下生の時まで金を守っているという話などからすると、その当初は蔵王菩薩と通称される金峯山の守護神であったと考えられる。その後平安時代末期以降金峯山が修験者たちの拠点となっていくと、役小角《えんのおづの》がこの蔵王権現を感得したとの伝承が生み出されていった。この伝承にも、山中で小角の祈誓にこたえて、釈迦・千手観音・弥勒が相ついであらわれ、最後に金剛蔵王権現が出現したとするもの(『金峰山秘密伝』)のほかに、最初に地蔵があらわれ、ついで蔵王権現が出現したとするもの(『太平記』二六)、最初に柔和忍辱の童子があらわれたとするもの(『両峯問答秘鈔』)など種々のものがあるが、一般には最初の伝承が広く知られている。修験道が最も隆盛した中世には吉野山には山下の蔵王堂(現存の吉野山金峯山寺蔵王堂)のほか、安禅の蔵王堂(現在の金峯神社近くにあった)、山上の蔵王堂(現大峯山寺)が設けられ、蔵王権現は修験道の主尊となっていった。そして鎌倉時代初期の吉野山では、正月に蔵王供養、毎月十九日に蔵王講などが行われ、そのための儀軌や蔵王権現に関する教義書も作られている(『金峰山創草記』『金峰山秘密伝』など)。これらによって金剛蔵王権現は釈迦・観音・弥勒の徳を一身にそなえた金剛堅固な神格で、その威力によって諸魔を鉤召し、七難即滅七福即生をもたらすとの信仰が、全国に広められていったのである。

参考文献 宮家準編『御嶽信仰』(『民衆宗教史叢書』六)、石田茂作・矢島恭介『金峯山経塚遺物の研究』(『帝室博物館学報』八)

(宮家 準)

さおねつひこ 槁根津日子 ⇩椎根津彦《しいねつひこ》

さかいのかみ 境の神 村と村との境や、道・辻にまつられる神。もっともよく知られるのは道祖神であるが、サエノカミ・ドウロクジンなどと呼ばれ、塞神《さえのかみ》・岐神《ふなどのかみ》と記された。平安時代中期に成立した『和名類聚抄』には「道祖、和名、佐倍乃加美《さえのかみ》」「道神、和名、太無介乃加美《たむけのかみ》」と記され、境を守る道祖神・塞神と、旅の安全を祈る道

神・手向けの神とは区別されていた。道祖神といえば、男女双体の石像や、道祖神と記された石碑が一般的であるが、その源流は藁や木で作られる人形であった。村境にまつられるニンギョウ様と呼ばれる道祖神の例も存するが、これらは共同体の人々の災厄を移して葬り去るための人形《ひとがた》であった。さらに、境に立って共同体への災厄の侵入を阻止する、常設可能な石造の道祖神が造られるようになった。小正月の火祭であるドンドヤキなどにおいて道祖神がまつられる例も多いが、その由来を疫病神との関わりにおいて説く伝承も存し、災厄の形代としての道祖神の姿を止めている。男女双体の道祖神石像は北関東・中部地方、中国地方の一部に分布するが、父・娘、兄・妹など近親相婚に関わる伝承が語られる例が多い。
→道祖神《どうそじん》
(松尾　恒一)

さかうちなおより　坂内直頼　生没年不詳　江戸時代初期から中期にかけて活躍した京都の国学者。字は雪庭、山雲子・如是相と号し、法号を白慧《はくえ》といった。またその住居から葉山之隠士とも称した。代表作に『本朝諸社一覧』(八巻)がある。この書は諸国神社の縁起類を、『延喜式』神名帳の国別に従って集め問答体で記し編集したもの。貞享二年(一六八五)の叙・跋がある。巻一は「神道大意問答」と称して当時の諸神道説が記してあり、主な神道要目を挙げて説明が加えられている。諸社の縁起は、鎮座・神名・祭日・神階・神異託宣・社家説などが広範囲に文献史料から採録され、当時の神社神道に関する大衆の動向がわかる。著書としては、このほか蘇東坡の『九想詩』を解訳した『九想詩諺解』(元禄七年(一六九四)刊)をはじめ、『山城四季物語』『山州名跡志』『説法用歌集諺註』などがある。
(加藤　隆久)

さがえはちまんぐう　寒河江八幡宮　山形県寒河江市八《や》幡町《わたまち》に鎮座。旧県社。祭神は、誉田別尊《ほむたわけのみこと》・大山祇尊《おおやまずみのみこと》・月夜見尊《つくよみのみこと》。高瀬山の西方八幡原《はちまんばら》に寛治七年(一〇九三)、源義家が石清水八幡宮を勧請したのをもって淵源とする。この八幡原は、天正年間(一五七三―九二)ころの『寒河江大江城古絵図』にも記載されており、鎌倉時代と室町時代の古鏡が同所から出土している。承久三年(一二二一)、寒河江庄地頭の大江親広が入部の際、鎌倉の鶴岡八幡宮を現在地の長岡に勧請するとともに八幡原の八幡宮も合祀し、寒河江八幡宮と称した。現在、寒河江八幡宮に所蔵されている木像僧形八幡神半跏像は、もと八幡原八幡宮にあったとされ、平安時代末期の作で寒河江市指定有形文化財。同八幡神社は、寒河江庄地頭大江氏の厚い保護を受け、谷地・溝延《みぞのべ》八幡宮とともに寒河江庄における三八幡と称した。別当寺は真言宗幡光山満徳院。またこれとは別に寒河江八幡宮の本地仏阿弥陀如来に奉仕する別当神宮寺もあった。例祭は九月十四日・十五日。祭礼としては流鏑馬神事がある。

参考文献　『寒河江市史』上
(誉田　慶信)

日吉大社大榊神事の榊と矛

さかき　榊　賢木・坂木などの字を宛てる。植物学的にはツバキ科に属する常緑亜高木で、暖地性の山中にはえ、長円形の葉は深い緑に光沢があり、五月ごろに白い花をつける。古くより神木として祭祀地や境内地に植え、また神籬木《ひもろぎ》として神の依代《よりしろ》に用いられることも多い。『古事記』では神代天照大神の岩戸隠の段に「天香具山の五百津真賢木を根こじにこじて」(原漢字)とあり、これに木綿《ゆう》四手《しで》や鏡、玉や剣などをとりかけて祭場に樹てて祭祀をとり行なったと伝えている。「春日鹿曼荼羅」では鹿の背に榊を立てて円鏡をとりつけた図柄をよくみかけるのも同様な考えから出ている。そのようなことから祭りの折に四手を付けた榊の枝をもって神輿の前行することを「さかき昇ぎ」などともいう。また榊の小枝に四手を付したものを一種の幣帛として、神道的な祭典の折には斎主以下参列者のすべてがこれを神前にささげて拝礼するにも用いられ、これを玉串と通称している。

参考文献　河野省三「たまぐし　玉串(玉籤)」(国学院大学日本文化研究所編『神道要語集』祭祀篇一所収)
(景山　春樹)

さかきばしゅう　榊葉集　石清水八幡宮寺の年中恒例仏神事について編年体に記載したもの。「しんようしゅう」とも読む。著者不詳。もと春夏秋冬の四冊存したが、江戸時代にはすでに春夏二冊を失っていたらしく、秋(七―九月)冬(十―十二月)の二巻のみを伝える。各行事の間に空白を置き、その行事の前例を得るに従って記入している。前例は大半が鎌倉時代のもので、最も下っては大永六年(一五二六)の記事(後人の附加ともみられる)があるものの、基本的には南北朝時代初頭の成立か。寛文元年(一六六一)権別当東竹召清(一六二五―?)による書写本(石清水八幡宮蔵『東竹家文書』中の一書として伝存)をさらに転写したものが『続群書類従』神祇部に収録されているが、誤脱が多い。なお同宮には召清書写の原本、またはそれに近いものと思われる室町時代末期の古写本(『石清水八幡宮史料叢書』四所収、『田中家文書』桐一二―一七)が蔵されているほか、秋冬を一冊にまとめた江戸時代中期の写本も伝わる。

参考文献　『群書解題』一下
(西　中道)

さかきばのにっき　さかき葉の日記　貞治五年(一三六六)の春日神木帰座の様子を詳細に記した見聞記。時の関白二条良基の著とされる。一巻。和文体の見聞記で、著者の古典への深い素養が見てとれる。そもそも、越前守護斯波高経が春日神領を侵犯したことに対して、興福寺大衆が強訴のため貞治三年末に神木を捧げて入洛していたが、無事解決をみたので帰座することとなった。帰座に際しては関白良基をはじめ、藤原氏一門の公家、左大臣冬通、大納言公基らが頭を地につけて拝礼し、楽人が楽を奏し、数百人の神人が布留《ふる》(石上《いそのかみ》)の神宝を捧持して先発する。その後を春日神木の榊に鏡を掲げた御正体《みしょうたい》が、数百人の黄衣の神人に供奉されて続き、さらにその後を藤原氏一門の公家が美しい装束を着て随い、その次に興福寺衆徒一、二万人が法螺貝を吹いて供奉するという一大行列であった、この時衆徒は石を打ち(投げ)、牛車を破るなどの狼藉をする習わしも存在していたようである。

参考文献　『群書解題』一上

『群書類従』神祇部、『扶桑拾遺集』中所収。　(岡本　彰夫)

さがけんごこくじんじゃ　佐賀県護国神社　佐賀市川原町に鎮座。祭神は当初の三十数年、戊辰戦争、己巳の役(箱館戦争)、佐賀の乱で没した佐賀藩士八十八柱であったが、明治四十年(一九〇七)より、維新までさかのぼる国事・事変・戦争で没した佐賀県出身者の霊を合祀、昭和四十四年(一九六九)より殉職自衛官も合祀し、現在、三万五千余柱を合祀する。創建は明治三年三月。旧佐賀藩主鍋島直大《なおひろ》が戊辰戦争、己巳の役に殉じた藩士八十柱を合祀し、招魂場と称したのが起源。同八年官祭佐賀招魂社、昭和十一年流造の現社殿が竣工、同十四年内務省令により佐賀県護国神社と改称。第二次世界大戦後の一時期、肥前神社と称したが、サンフランシスコ講和条約締結後の同二十七年、現社名に復した。境内二千坪。例祭は市郡別に全遺族を招待し、春季が四月十三—十五日、秋季は十月十三—十五日の各三日間斎行、八月十三—十五日のみたま祭、そのうち十五日を戦没者慰霊祭という。

参考文献　『全国護国神社会五十年史』　(椎原　晩聲)

さがじんじゃ　佐嘉神社　佐賀市松原に鎮座。旧別格官幣社。祭神は鍋島直正・直大。直正は、佐賀藩藩主、文化十一年(一八一四)生まれ、天保元年(一八三〇)襲封、救世済民に尽くし、海辺警備を幕府に建言、長崎防備に任じ、兵器火薬の製造に尽力する。率先して版籍奉還、明治維新に貢献する。明治四年(一八七一)没し、六年松原神社に祀られ、八年県社、三十三年従一位。昭和八年(一九三三)松原神社から独立して当神社が建造され、直正を遷座した。同年別格官幣社に列せられた。二十三年には直大も遷座合祀した。例祭は十月十二日。　(中野　幡能)

さかつらいそさきじんじゃ　酒列磯前神社　茨城県ひたちなか市磯崎町に鎮座。『延喜式』には酒列礒前薬師菩薩神社とある。俗に乳母神《うばがみ》様という。旧国幣中社。少彦名《すくなひこな》命《のみこと》を主神とし、大己貴命《おおなむちのみこと》を配祀する。『文徳実録』斉衡三年(八五六)十二月条に、現在の東茨城郡大洗町磯浜町の大洗磯前神社とともに奉斎したことを記し、翌天安元年(八五七)八月ともに官社に列し、十月にまたともに薬師菩薩名神となづけたことを記す。延喜の制で名神大社、建久二年(一一九一)源頼朝が神領を寄進し、元弘二年(一三三二)佐竹貞義は神田を加え、近世に入り徳川光圀の参詣のあと、水戸藩主綱条は光圀の命をうけ元禄十五年(一七〇二)閏八月より社地を整備、現在のごとくした。例祭は八月二十五日。特殊神事に近村四十八ヵ村の鎮守より神輿渡御、また高野・長沙村より馬六頭を出し競馬をし、豊凶漁量をトうヤンサマチがあり、中世中絶のあと光圀が復興したが、現在また中絶、社頭の儀のみ。

参考文献　茨城県神社庁編『茨城県神社誌』、式内社研究会編『式内社調査報告』一一　(鎌田　純一)

さかとけのかみ　酒解神　大若子神・小若子神・酒解子神とともに、京都市右京区梅津の旧官幣中社梅宮大社に祀られる神。当社は県犬養橘三千代が平城京に創祀し、のち仁明天皇のとき、託宣により母后橘嘉智子が現在地へ奉遷したと伝える社で、橘氏が氏神として崇敬奉仕して来たところから、橘氏の祖神といわれる。また『神社啓蒙』などで大山祇神のこととするが明らかではない。承和三年(八三六)十一月従五位上、同十年四月従四位下に叙され、名神祭に預かり、貞観元年(八五九)正月正四位上、同十七年五月従三位、延喜の制で名神大、月次・新嘗祭の幣に預かっている。『延喜式』神名帳にこの山城国葛野郡の梅宮坐神四座のうちに数えられる神のほかに、同国乙訓郡のなかにも「自玉手祭来《たまてよりまつりきたる》酒解神社」(元名山埼社)なる社があり、これも承和十年四月名神祭に預かっているが、その関係は不明。　(鎌田　純一)

さかどののかみ　酒殿神　宮内省造酒司において醸酒の守護神として奉斎された造酒司祭神六座のなかの二座の神。酒弥豆男神《さけみずおのかみ》と酒弥豆女神《さけみずめのかみ》と伝える。伊勢斎宮寮十二司の一つに酒部司《さけべのつかさ》があり、春秋二回酒部神《さかべのかみ》祭が行われたが、この祭は酒部司神祭とも称し、祭神は酒殿神であったという。　(上田　正昭)

さかないひろとし　栄名井広聡　一七三三—一八一四　江戸時代中期の神道学者。幼名長蔵、通称中務、隠退して聡翁士明と改称、諡聡翁大人。享保十八年(一七三三)五月五日、甲斐国八代郡二宮村(山梨県東八代郡御坂町)美和神社の神主家に生まれ、幼にして父母を亡くし、江戸湯島の母方の叔父真壁用秀に養育され、延享三年(一七四六)二月に帰国、山梨郡住吉村(甲府市住吉)の山王神社神主加賀美光章について和漢の学を修め、特に歌学をたしなんだ。寛延二年(一七四九)家督をついだが寛政元年(一七八九)長男の内記聡直に譲り、諸国を遊歴し、もっぱら神道を講じて仏教を排斥した。よって世の人、仏敵先生と呼んだ。弟子五百人。一方安永九年(一七八〇)より徳川家御連歌宗匠の里村昌桂の門に入り、天明二年(一七八二)より同八年まで御連歌衆に加えられた。文化十一年(一八一四)十一月十六日没。八十二歳。墓所は山梨県東八代郡御坂町二之宮にある。著書に『神道指要』『神代巻清地伝』などがある。　(鎌田　純一)

さかむかえ　坂迎　熊野や伊勢などへ参詣に出かけたものを、帰着の際に出迎えること。そのとき酒食で饗応する祝宴が伴うので酒迎えと解する説もあるが、本来は神仏の霊威を身につけた道者が聖空間から俗界へ還帰するための境界儀礼、境迎えであった。中世公家の記録に御坂迎(『看聞御記』)・酒迎(『康富記』)などと記され盛んに行われたことが知れる。村境まで出迎えた村人と共同飲食する風は今でも各地にみられる。→伊勢詣《いせもうで》

参考文献　桜井徳太郎『日本民間信仰論増訂版』　(桜井徳太郎)

さかもとひろたろう　阪本広太郎　一八八〇—一九四六　大正・昭和時代の考証学者。明治十三年(一八八〇)三月十九日、堺県桜井(奈良県桜井市)に誕生。三十八年、神宮皇学館本科卒業。四十一年、東京帝国大学国史選科卒業。同年、東京帝国大学史料編纂官補。大正二年(一九一三)、神宮皇学館教授に就任。十一年、神宮禰宜・儀式課長。十三年、神宮神部署長兼補。昭和九年(一九三四)、臨時神宮施設調査会幹事。十三年、内務省神社局考証課長となり、同年より神社制度調査会幹事も務める。十五年、神祇院考証課長兼祭務課長。二十年、依願免官。同年、賀茂別雷神社宮司。翌二十一年一月一日、六十七歳で没。編著に『神宮祭祀概説』『神宮要綱』などがある。

参考文献　黒川典雄「阪本広太郎」(『悠久』三〇)　(武田　秀章)

さぎおどり　鷺踊り　人が鷺の仮装をして舞う芸能。鷺舞とも称される。室町時代の京都の祇園祭には、大唐傘の風流傘の上に、鵲が橋を渡る趣向の鵲鉾《かささぎほこ》があった。傘の下では、人が二羽の白鷺に扮して踊り、まわりから囃される囃子物がつく。鵲鉾とは笠(傘)鉾であり、鵲が橋を渡る趣向は出し飾りである。囃子物の踊り手はこのほかに、棒振り二名・羯鼓打ち二名などからなり、囃し方に小鼓・鉦・笛などが用いられる。十六世紀までの鉾は囃子物により囃され、今日の祇園囃子ではなかった。また「橋の上に降りた鳥は何鳥、鵲の、鵲の、鷺が橋を渡した、時雨の雨に濡れ鳥」という囃子歌が歌われた。室町時代の鷺踊りは、「模本祭礼図屏風」(東京国立博物館蔵)などに見える。京都祇園祭の鷺舞は近世になると演じられなくなった。現在でも、戦国時代、守護大内氏が移入した山口祇園祭や、隣国石見津和野城下の弥栄《やさか》神社祇園祭に伝承されている。山口の郷土史家近藤清石が明治二十六年(一八九三)に発行した『山口名勝旧蹟図誌』には鷺の舞が絵図入りで解説されている。神奈川県中郡大磯町の国府本郷《こうのまち》の国府祭や足柄上郡中井町八幡神社の祭、福島県いわき市勿来の熊野神社の祭など、東国の祇園系の祭にも鷺舞が演じられている。　(福原　敏男)

さぎちょう　左義長　小正月に行われる火祭り行事。三毬杖・三毬打・三鞠打・三木張などとも書き、爆竹にこの訓をあてた例もある。打毬《だきゅう》は正月のめでたい遊戯とされ、これに使う毬杖《ぎっちょう》を祝儀物として贈る風習があった。その破損した毬杖を陰陽師が集めて焼くことが行われ、これが左義長の起源として説かれている。『弁内侍日記』建長三年(一二五一)正月条に、十六日に三毬杖を焼くことがみえ、前日の十五日には杖で人を打つさまが記されており、卯杖や民間の祝棒などと同じく、毬杖にも祝福の呪物といった性格が存したとみられる。一方、『徒然草』に毬杖を真言院から神泉苑へ持ち出して焼くとあるのをみると、祇園祭の起源が、貞観十一年(八六九)に疫病退散のために六十六本の鉾をたてて神泉苑へ送ったことにあるというのと同様、左義長も本来祓行事の要素を有したと思われる。さらに十四日に結願を迎える真言院御修法の仏教行事の性格をも合わせ、陰陽師の手によって一種の火行事として中世以降とくに盛んに催行されるに至ったものと思われる。宮中では清涼殿東庭で、十五日と十八日の両日行われた。十五日を「御吉書の三毬杖」ともいい、天皇が吉書初めに書いた書初めをこの時に焼く。三毬杖は青竹を束ねて立て、これに吉書・扇子・短冊などを結びつける。御吉書を硯蓋に入れて勾当内侍が御簾の下からさし出し、蔵人が受けて修理職に渡し、さらに牛飼童がこれを三毬杖につける。御前の燭台の火を移して点火し燃え上がると、牛飼・仕丁らが「とうどやとうど」とはやす。終ると燃えさしの竹二本を蔵人から献上する。十八日には大三毬杖を焼く。この日には唱門師大黒松太夫らが参入して踊りはやした。左義長は武家・民間にも広く流行し、トンド・三九郎焼・サイトウヤキ・御幣焼《おんべやき》などと称し、現在でも各地方に子供組を中心とした小正月の火祭り行事として盛んに行われている。　(倉林　正次)

さきみたま・くしみたま　幸魂・奇魂　人に幸いを与える神霊と、神秘的な力を顕わす神霊。神霊をそのはたらきよりして、『日本書紀』で、和魂《にぎみたま》・荒魂・幸魂・奇魂に区分しているが、この幸魂・奇魂の語は、『日本書紀』神代宝剣出現章第六の一書で、大己貴神のそのはたらきを示すことで記し、『日本紀私記』で幸魂は「是左《さ》支《き》久《く》阿《あ》良《ら》之《し》无《む》留《る》魂也」と註しているように、人を幸福にさせる神の霊魂で、奇魂は不思議な力を持った神の霊魂の意。→和魂《にぎみたま》・荒魂《あらみたま》　(鎌田　純一)

さくがみ　作神　稲の豊作を祈りまつる神。農業神。一般に田の神という。地方にはまたそれぞれの名称が伝わった。古典に大歳神・宇賀能美多麻という神々はこの信仰の源流である。村々の神社の神にも作神の性格があるが、通例は常設の祠殿をもたず、稲作の進行とともにたびたび田面または民家でまつられた。この神は春耕とともに里に下り、秋収をまって山へ還った。つまり迎えられてから、苗代播種(水口祭)、初田植、植仕舞、刈上などに祭りをうけた。まつるときに迎え、事終ってこれを送る。神は年ごとに去来して豊作を恵むと信ぜられた。

各地の田植唄には終章を「来年もござれお田の神」と結ぶものが多い。その祭式や祭日には地方的な慣行があった。生産の進行は季節と深く結び付いていた。祭は旧暦二月と十月、または新三月と十一月とを用いるのが一般であった。古代以来宮廷の神事に、二月の祈年祭と十一月の新嘗祭とがあるのと対照される。日は十五日、その他のこともある。北陸では奥能登のアエノコトなど春秋ともに五日に田の神、九日に山の神を祀った。田の神と山の神とは季節的に神格を交替するとする信仰もあった。西日本の亥の神は十月亥日、九州の大黒さま・お丑さまは霜月丑日に祀った。また地神とよぶ地方では春秋の社《しゃ》日《にち》が祭日である。なお作神の名称は主に新潟・長野・山梨などの各県で知られている。神去来には餅臼の杵音を立てたり、あるいは案山子を依代としたりする伝承もあった。→田神《たのかみ》

参考文献　倉田一郎『農と民俗学』(『民俗民芸双書』三九)、柳田国男「田の神の祭り方」(『定本柳田国男集』一三所収)

(平山敏治郎)

さぐじ　三狐神　中世ごろ伊勢神宮の御倉などに祀られていた農業神。石神《しゃぐじ》とは別。谷川士清は『倭訓栞』に、天野信景の『塩尻』の説を受け、「みけつの神の借字なるを音にてよべる也といへり、農家祭りて田神とする是也」という。だが田の神だとしても、古くは御食津神《みけつかみ》との同一視は明確でない。鎌倉時代初期ごろの『伊勢二所皇太神御鎮座伝記』は「御倉神三座」の注に「素戔烏尊子宇賀之御魂神、亦名専女《タウメ》、三狐神」とし、「調御倉神《つきの》」の項には「宇賀能美多麻神座(中略)亦号大宜都比売《ミケツ》神、亦名保食《ウケモチ》神(中略)亦神服機殿祝祭三狐神同座神也、故亦名専女神也、斎王専女此縁也、亦稲霊宇賀能美多麻神坐、西北方敬拝祭也」と注する。後者は明らかに三狐神をミケツ神と区別している。『倭姫命世記』は「調御倉神」の注に「宇賀能美多麻神、三狐神、形尊形也、保食神是也」とし、ミケツ神との混同はない。弘安八年(一二八五)の『伊勢二所太神宮神名秘書』になると、『倭姫命世記』と類以の説明のあと、同時に大宜都比売神と同神だという。調御倉は懸税《かけちから》の稲穂などを収める神庫で、三狐神はその西北の角に祀られていた。『扶桑略記』の延久四年(一〇七二)十二月条に、前大和守藤原成資の子仲季が、伊勢の斎宮の付近で白霊狐を射殺した罪で土佐に流されたというのは、そのあたりの専女(老狐)が、稲の生育を守る神またはその使者として神聖視されていたからであろう。

参考文献　近藤喜博『家の神』(『塙選書』八九)

(平井直房)

さくへい　朔幣　神社に毎月朔日に奉幣すること。なまって「さっぺい」ともいう。神社が恒例行事として行う場合と、外部の有力者からの奉幣とがある。『釈日本紀』一〇に「出石刀子、至于淡路嶋、立祠」の釈として「淡路国例式曰、正月元日国内諸神奉朔幣事(毎月朔日准此)云々」とある。『今昔物語集』一九、陸奥国神報守平維叙恩語第卅二に、平貞盛の子維叙が、任国である陸奥国の小社を造営し、朔幣に参り、神名帳に入れて尊崇したので、神の助けによって常陸守に任ぜられたという物語がある。平安時代の末期には、全国的に朔幣が行われていたことを示すものである。奈良の春日神社では、氏人である藤原氏の摂関家から、毎月朔幣を奉っていた。そのほか、中世の文献にも、朔幣の記事が散見する。たとえば、『阿蘇文書』建久七年(一一九六)八月一日付の北条時政阿蘇大宮司職補任状に、宇治惟次が阿蘇社大宮司職に補任せられた時、「右、補任彼職如件、但於十二月朔幣幷上分稲事者、可為大宮司沙汰之状如件」とみえる。また、朔幣に要する料田を朔幣田という。常陸の鹿島神宮および吉田神社、安芸の厳島神社、肥前の河上神社、丹後の籠《この》神社をはじめ、朔幣田の設けられた神社が多い。

参考文献　『古事類苑』神祇部二一、『春日社記録』

(西山　徳)

さくらいじんじゃ　桜井神社　大阪府堺市片蔵に鎮座。旧府社。和泉国大鳥郡の延喜式内社で、祭神は誉田別命・足仲彦命・息長帯比売命であることから、中世以降は八幡宮とも称し、武家の尊崇をあつめ、南朝方に属した。明治四十三年(一九一〇)に上神谷《にわだに》村の村社十社を合祀するが、国《くに》神社の神事であった「こおどり」は当神社に継承され、「上神谷のこおどり」として無形民俗文化財に指定された。また国神社の応永十九年(一四一二)在銘の石造燈籠一基も当神社へ移建され、大阪府指定文化財となった。当神社の拝殿一棟(桁行五間・梁間三間、一重、切妻造、本瓦葺)は鎌倉時代の遺構をよく伝え、国宝に指定される。社蔵の『中村結鎮御頭次第事』二巻は、正平六年(北朝観応二、一三五一)より明治五年に至る宮座の記録として有名である。例祭は十月五日、放生祭は旧暦の八月十五日。「こおどり」は例祭に境内で行われる。

(二宮正彦)

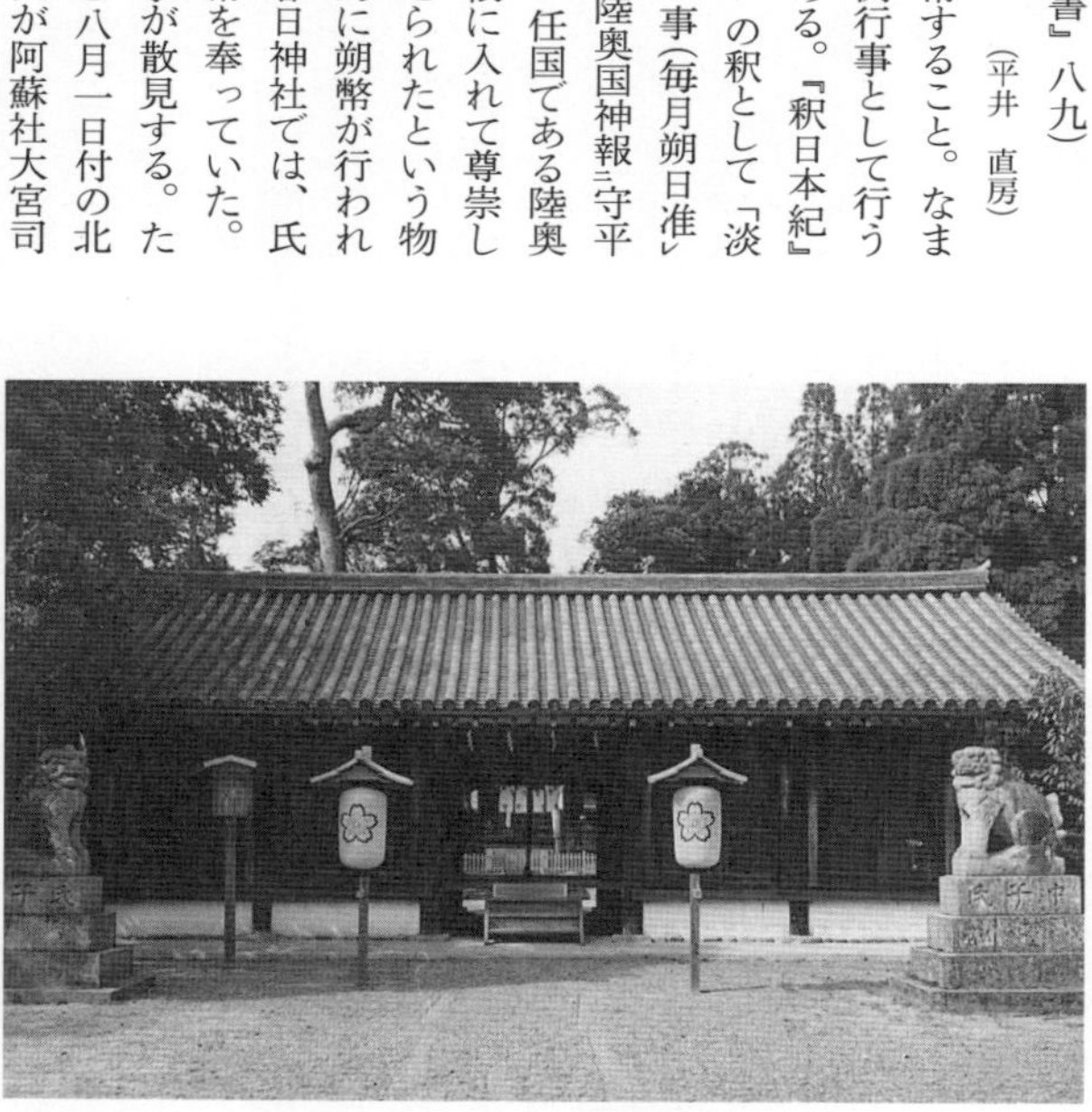

桜井神社拝殿

さくらそうごろう　佐倉惣五郎　生没年不詳　近世の義民の代表者とされる人物。しかし確実な史実は不明である。名は宗吾・惣吾などとされるが、当時の名寄帳には惣五郎とある。苗字は、惣五郎の子孫として五石余の田地を与えられた利左衛門家では木内を称して今日に及んでいる。また墓のある千葉県成田市宗吾の東勝寺は宗吾霊堂と称している。万治三年(一六六〇)下総国佐倉城主堀田正信は老中へ諫書を呈出して、政治の紊乱と諸民の困窮を述べ、十二万石の領土を献上するかわりに旗本へ加列されることを希望し、無断で帰城した。そのため正信は改易になり、弟の信濃国飯田城主脇坂安政に預けられた。ただし父正盛の功で、子の正休に一万俵の俸米が給せられた。この改易事件が惣五郎伝承に大きく影響している。正徳五年(一七一五)の序のある磯部昌言編『総葉概録』には、公津村(成田市)の民の惣五が罪を得て処刑された時に、冤罪だとして城主を罵って死んだが、時時祟をあらわし、ついに堀田氏を滅ぼしたので、その霊を将門《まさかど》山に祀って惣五宮といったという伝承のあることを記している。将門山には平将門を祀る神社があり、承応三年(一六五四)に堀田正信が寄進した石の鳥居がある。そこで将門大明神が惣五の霊を祀るものと考えられるようになったのである。惣五郎に関する伝説は、『地蔵堂通夜物語』『堀田騒動記』『佐倉義民伝』など幾つかの書物に記されているが、その大筋は、堀田正信が老中であった父正盛の功により大名・旗本から追従されるのに乗じ、家臣らが領民に重税を課したので、他国へ離散する者も多く出た。名主らが江戸屋敷に訴え、あるいは老中に駕籠訴をしたが効果がなかったので、将軍が上野の寛永寺へ参詣した時に、公津村の名主惣五郎一人が代表となって直訴をした。それによって租税は減免されたが、惣五郎一家は処刑された。その怨霊によって堀田氏は滅亡するというのである。その直訴年代は正保とするものや承応とするものなど区々であり、惣五郎の直訴のためにかえって租税が増加し、村民が惣五郎を怨んだとするものもある。延享三年(一七四六)、正信の弟正俊の子孫である正亮が出羽国山形から佐倉に移封されたが、翌年には将門山に惣五郎の宮を再建し、口ノ明神として崇敬を加えた。これより口ノ明神は領内でも最も重要な神祠とされた。そして惣五郎の刑死を承応二年八月四日とし、その百年忌にあたる宝暦二年(一七五二)には涼風道閑居士の法号を贈り、口ノ明神を造営し、春秋の祭礼も年々盛大に行なった。承応二年八月四日の刑死説は惣五郎を葬ったという東勝寺の伝えによるもので、涼風道閑居士の法号も東勝寺に伝わる道閑の法号に涼風と居士号を加えたものである。寛政三年(一七九一)の百四十回忌には堀田正順が徳満院の号を贈り、口ノ明神に碑を建ててそのいわれを記し、東勝寺の墓前には石塔を建てた。文化三年(一八〇六)堀田正時は、惣五郎の子孫という台方村(成田市)の百姓利左衛門に五石余の田地を与えた。こうして惣五郎に関する伝承は次第に史実化されてきたが、文化九年の『廃絶録』では、名主惣五が将軍に直訴したことや、処刑されてのちに祟をして堀田正信が狂い死にしたことなどが記されている。『地蔵堂通夜物語』以下の成立年代もこのころと考えられている。嘉永四年(一八五一)江戸中村座で上演された三代目瀬川如皐作の『東山桜荘《ひがしやまさくらそう》子《し》』は、時代を室町時代としているが、この伝説を背景にしたものとして大評判となった。これより『桜荘子後日文談』『(鐘は上野か浅草か)花雲佐倉曙《はなぐもりさくらのあけぼの》』など幾種類かの脚本が上演される一方、惣五郎は義民の代表者とされ物語や口説《くどき》として諸方に流布し、農民一揆などを鼓舞するために利用され、明治になると自由民権運動の先駆者とされた。その史実または惣五郎の存在については、明治以来の学者間には否定説が多かったが、現在では公津村に惣五郎という百姓がいたことは当時の名寄帳で知られており、また堀田正信時代の租税が重いとして、改易後にこれを江戸幕府代官が軽減したことが年貢割付状から明らかにされている。多くの物語に記されていることは史実には遠いとしても、何らかの事実があったと考えられ、少なくともその社会的な影響はきわめて大きいとされる。

参考文献　児玉幸多『佐倉惣五郎』(『人物叢書』一〇)、横山十四男『義民伝承の研究』
（児玉　幸多）

さくらやまはちまんぐう　桜山八幡宮　岐阜県高山市桜町に鎮座。桜山大宮とも呼んだ。祭神は、八幡大神。『和漢三才図会』には、大永年中(一五二一―二八)山城国石清水八幡宮より勧請とある。『飛州志』は、大八賀郷三福寺村にある八幡宮は、元和九年(一六二三)金森出雲守可重が再興した、としている。その理由は、飛驒の中心地高山に八幡神社がなかったからだ、という。弘化二年(一八四五)の田中大秀『飛驒国八幡桜山記』には、八月の朔日の祭礼日には、神輿一基と、飾車十五輌が引き出され、飾車の上では、木偶(人形)が置かれ、音曲につれて進むことが書かれていて、飾車すなわち屋台が祭礼日に曳き出されていたことがわかる。現在、例祭は十月九日・十日で、昭和三十五年(一九六〇)に国の有形民俗文化財指定を受けた屋台《やたい》十一基は、それぞれ八幡宮氏子の各町内の屋台組によって管理されている。

参考文献　『高山市史』
（丸山幸太郎）

さけのつかさのさいじん　造酒司祭神　宮内省に属する造酒司が奉斎した酒の神。天皇の供御《くご》や宮中で行われる年中恒例の節会(元日・白馬・踏歌・豊明の節会)のほかに、大嘗祭の卯日の神事と辰・巳・午の日の節会に用いる酒を造る酒殿《さかどの》に造酒の守護神として奉斎された。祭神は『延喜式』神名帳に「造酒司坐神六座(大四座、小二座)」と記す。同造酒司には「祭神九座(春秋並同)」とし「二座(酒弥豆男神《さけのみつをのかみ》、酒弥豆女神)並従五位上(中略)四座(竈神)(中略)三座(従五位上大邑刀自、従五位下小邑刀自、次邑刀自)」と九座の神を記す。

参考文献　『古事類苑』神祇部一、式内社研究会編『式

内社調査報告』一、和田英松『(修訂)官職要解』、二宮正彦『古代の神社と祭祀』　（安江　和宣）

ささきじんじゃ　沙沙貴神社　佐々木神社とも書く。滋賀県蒲生郡安土町大字常楽寺に鎮座。延喜式内社。旧県社。大彦命・少彦名命・仁徳天皇・宇多天皇・敦実親王を祀るが、主神は大彦命である。敦実親王は宇多天皇の皇子で佐々木源氏の祖とされている。このあたり一帯は古く篠笥《ささき》郷と称し蒲生野のさなか。古代の名族たる佐々

沙　沙　貴　神　社

貴山君の本貫地とされ、瓢簞山古墳など著名な古墳も多いので、古代氏族の祖霊祭祀に始まる神社と思われる。中世には佐々木荘三十三村の総社であった。例祭は四月五日。本殿・拝殿・楼門など八棟が県指定文化財に指定されている。　（景山　春樹）

参考文献　『近江蒲生郡志』六

ささばじんじゃ　佐佐婆神社　兵庫県多紀郡篠山町畑宮に鎮座。旧県社。正殿左右殿の三所に分かれ、天忍穂耳《あめのおしほみみ》命《のみこと》のほか応神天皇・後鳥羽天皇・天児屋根命《あめのこやねのみこと》・表筒男《うわつつのお》命《のみこと》・中筒男命・底筒男命を祀る。楽々庭《ささば》明神とも称し、祭神を天鈿女命《あめのうずめのみこと》とする説がある。この神が天岩戸の前で真拆《まさき》の葛をたすきとし、笹葉を手草として俳優《わざおぎ》をした故事から佐佐婆と称えたと付会したもの。孝霊天皇の勅命により創立されたといわれる古社。延喜式内社で、古来皇室の崇敬篤く、崇神天皇の時代、丹波国を平定した日子坐王の長子佐佐君の祖神志夫美宿禰一族の奉斎した社という。後鳥羽院・承明門院・土御門院・仁和寺従弟第八門跡道助入道親王をはじめ歴代の勅願社として名高い。また丹波国に覇を成した武家の棟梁たる源・足利・仁木・山名・細川・波多野・畑・豊臣・松平・青山の諸氏をはじめ、土着の民に尊信が厚かった。境内地は約千五百坪。神社調書には社殿の傍に延応元年(一二三九)承明門院建立の後鳥羽院の宝塔があったと記されている。例祭は十月六日。かつて祭日には流鏑馬や相撲が行われた。

参考文献　兵庫県神職会編『兵庫県神社誌』上　（加藤　隆久）

ささむたじんじゃ　西寒多神社　大分市寒田に鎮座。旧国幣中社。祭神は月読尊《つきよみのみこと》・天照大御神《あまてらすおおみかみ》・天忍穂耳命《あめのおしほみみのみこと》。『神道大辞典』が西寒多神を主神に月読尊ほか八幡・春日など十四神を列記するのは、衰退時他社との混淆を物語るものであろう。『三代実録』によると、貞観十一年(八六九)三月二十二日、豊後国無位西寒多神に従五位下を授け、『延喜式』には大社として「大分郡一座大、西寒多神社」とある。『神祇志料』などに弘安八年(一二八五)「神田凡二百四十六町」とあるのは由原宮と混同したもので、誤りである。当社縁起には豊後国一宮であったとあり、また『豊後国志』などに応永十五年(一四〇八)大野郡より移遷したとあるが、こうしたことを示す本社の中世史料はなく、確証はない。貞享元年(一六八四)・享保六年(一七二一)・延享三年(一七四六)・宝暦十年(一七六〇)社殿造営改築。明治四年(一八七一)国幣中社。『大分郡志』上に「社僧は霊山《りょうぜん》也」とあるが、大分神社由緒には大分社社僧を西寒多寺とあるによれば本社と大分社は同一社の疑いもある。例祭は四月十五日、特殊神事は神幸祭・道饗祭・鎮魂祭・卯日祭・神衣祭。伝大友氏の宝物がある。

参考文献　『西寒田神社縁起』(『大分県郷土史料集成』続上)、『雉城雑誌』一〇(同)、伊藤常足編『太宰管内志』豊後四、中野幡能「西寒多神社」(式内社研究会編『式内社調査報告』二四所収)　（中野　幡能）

さだかぐら　佐陀神楽　⇨出雲神楽《いずもかぐら》

さだじんじゃ　佐太神社　島根県八束郡鹿島町佐陀宮内に鎮座。旧国幣小社。祭神は佐太大神。佐太大神は『出雲国風土記』によると島根郡加賀郷の加賀神崎の岩窟内で生まれたといい、のち佐太の神名火山の麓に宮居したので佐太大神と称したという。本社は同風土記には佐太御子社とみえ、『延喜式』には佐陀神社とある。貞観元年(八五九)正五位下、同九年正五位上、同十三年従四位下に陞叙された。平安時代末期に本社と周辺地域は安楽寿院に寄進されて佐陀荘と呼ばれるようになった。『昭慶門院御領目録』に、安楽寿院領荘園の一つとして佐陀神宮寺とある。室町時代以後、山名・尼子・毛利諸氏の崇敬をうけ、江戸時代には藩主堀尾・松平の諸氏が社領二百石を寄進保護した。本殿は三棟が並列し、いずれも大社造りであるが多少の異同がある。伝来の佐陀神能は国の無形文化財。本社所蔵の彩絵檜扇・色々威胴丸兜などはいずれも重要文化財。例祭は九月二十五日。　→からさで神事《しんじ》

参考文献　勝田勝年編『鹿島町史料』、『鹿島町誌』、福田以久生「安楽寿院領荘園について」(『古文書研究』九)　（岩成　博）

ざっさい　雑祭　種々《くさぐさ》の祭の意で、神社祭式において大祭・中祭・小祭と定めた以外のすべての祭のこと。諸祭《しょさい》ともいい、その祭式を雑祭式、諸祭式という。農耕儀礼・建築儀礼・人生儀礼・年中行事における祭など多様なも

のがある。具体的に示せば、田植祭・抜穂祭・地鎮祭・上棟祭・竣工祭・安産祈願祭・命名式・初宮詣・七五三詣・成人祭・結婚式・厄除祭・算賀祭・神葬祭・祖霊祭・節分祭・七夕祭・名月祭・献茶祭・献花祭・建碑除幕式・慰霊祭など、まさにあらゆる日常生活の節々に神事が行われ、これが雑祭である。土木工事や造船工事においても多くの神事が執行される。渡初式(橋梁竣工祭)・開通式(道路・トンネルなど)・造船起工式・進水式・船霊《ふなだま》奉安祭などである。これら雑祭の祭式次第は、地域性や一社の故実などに基づいており、定まっていないため、古伝を尊重しながら整備統一がはかられているのが現状である。

参考文献　神社本庁編『諸祭式要項』、平岡好文『雑祭式典範』

（茂木　貞純）

さっぽろじんじゃ　札幌神社　⇩北海道神宮《ほっかいどうじんぐう》

さとういっさい　佐藤一斎　一七七二―一八五九　江戸時代後期の儒者。初めの名は信行《のぶゆき》、通称幾久蔵。二十一歳の時、名を坦《たいら》、通称を捨蔵に改めた。字は大道《たいどう》、一斎は号である。安永元年(一七七二)十月二十日、江戸浜町にある美濃の岩村藩藩邸で、家老職の父佐藤信由《のぶより》と下総国関宿藩の家老蒔田《まきた》助之進の五女である母留《とめ》との間に、二男二女の次男末子として生まれた。十九歳の時、藩主松平乗保の近習となったが、二十歳、故あって職を免ぜられ、もっぱら儒学に精励することになり、二十二歳、大学頭林信敬に入門した。その年、この信敬が没し、嗣子がなく、幕命によって衡が林家第八代の大学頭をつぐと、一斎は、衡すなわち林述斎の門人となった。一斎と述斎の親交は終生かわらず、三十四歳、一斎は林家の塾長になっている。述斎が没するまで林家の門人という私的な立場に終始した一斎は、述斎が没した年、七十歳ではじめて幕府の儒臣となり、昌平黌の官舎に移り、この後、将軍はじめ諸大名にまねかれて講義をした。岩村藩との関係では、五十五歳の時、老臣の列に加えられた。

一斎の思想は、幕末の武士の己れを律する姿勢を窺わしめるものとして注目されるが、その儒学は陽朱陰王と評された。朱子学を奉ずる林家の塾に籍をおいたが、彼の陽明学への関心は林家に入門する以前からのもので、入門以後もしばしば陽明学者とみなされている。彼自身は、朱子学と陽明学とを対立するものとは考えず、その折衷のなかに孔孟の精神をうかがうことを求めた。著書に「言志四録」と総称される『言志録』(文政十三年(天保元、一八三〇)刊)、『言志後録』(天保八年(一八三七)以後刊)、『言志晩録』(嘉永三年(一八五〇)刊)、『言志耋録』(安政元年(一八五四)刊)がある。これらは思いつくままに箴言・所信を書きためたもので、『哀敬編』『呉子副詮』『孫子副詮』『愛日楼文詩』などがある。安政六年九月二十四日、八十八歳で没し、江戸麻布の深広寺に葬られた。釈号は惟一院成誉大道居士。墓碑には惟一先生佐藤府君之墓と刻まれている。一斎の門を叩いた者には、渡辺崋山・佐久間象山・山田方谷・池田草庵・東《ひがし》沢瀉・吉村秋陽・安積艮斎・河田迪斎などがあり、著書から影響をうけた者に吉田松陰・西郷隆盛がある。なかでも隆盛が「言志四録」より百一ヵ条を抄出して座右の誡としたことは有名である。

参考文献　相良亨・溝口雄三・福永光司校注『佐藤一斎大塩中斎』(『日本思想大系』四六)、田中佩刀解説『縮印版愛日楼文詩(全)』、『(日本名家)四書註釈全書』論語部一・孟子部一・学庸部二、『日本儒林叢書』三、高瀬代次郎『佐藤一斎と其門人』、前田愛「佐藤一斎の位置」(『幕末・維新期の文学』所収)、田中佩刀「補正・佐藤一斎先生年譜」(『明治大学教養論集』九九)

（相良　亨）

さとうなおかた　佐藤直方　一六五〇―一七一九　江戸時代中期の儒学者。名は直方、通称は五郎左衛門。字や号は用いなかった。慶安三年(一六五〇)閏十月二十一日、備後の福山で生まれた。直方ははじめ、同藩士で山崎闇斎門下の永田養庵に学び、二十一歳の時、養庵に伴われて上京し、翌年再び上京して闇斎に入門した。やがて頭角を現わし、のちに入門した浅見絅斎と並んで、高弟と称せられるようになり、気難しい闇斎も、直方らと議論した時だけは、機嫌がよかったと伝えられる。しかし闇斎の晩年になると、神道に深く傾倒するようになった師に対し、直方と絅斎は反対の立場をとり、また「敬義内外」論でも闇斎の解釈に反対を唱えたりしたため、二人は闇斎から破門されるに至った。この結果として、闇斎門下は、直方・絅斎および三宅尚斎(この三人を崎門三傑とよぶ)らに代表される純儒派と、神儒兼学派ないし神道(垂加神道)派とに、分裂することとなったが、儒学者としての闇斎の学風を継承したいわゆる崎門学派の主流をなしたのは、前者であった。特に直方と尚斎の学統は、近代まで存続し、明治時代の中期には、その系統の崎門学者らが道学協会という組織を作って活動していた。闇斎の没後、直方は、『講学鞭策録』『排釈録』『鬼神集説』『四書便講』および『道学標的』などを著わし、刊行させたが、いずれも朱子の文集や語録などからの抄出が内容の主体をなしている。この点からもうかがわれるように、その学問は朱子学を基本とし、しかも四書と『小学』『近思録』など少数の文献に学問の範囲を限定して、朱子学で説く道徳の理論を深く体得することに関心を集中しようとするものであった。直方は理知的な性格で、明晰な思考力に富み、また弁舌にすぐれ、その学問上の議論や講義は、よく人を敬服させたが、しかしあまりにも合理主義的なその考え方は、しばしば社会の現実から遊離する傾向を伴った。赤穂浪士の復讐を義挙として賛美する世間の風潮に反対し、幕府によって処罰された主君のために復讐するのは、幕府に対する反逆行為になる、と主張したのは、その代表的な事例である。直方は、元禄四年(一六九一)に福山藩主水野勝種の招きを受けて江戸に行き、翌年には五十人扶持の俸禄を与えられたが、すぐにこれを辞退し、そののちも上野の前橋藩主酒井忠挙をはじめ、多くの大名から尊信されて、賓師の待遇を受け、江戸にあって講義などの活動をつづけたが、禄仕はしなかった。享保四年（一七一九）八月十四日に唐津藩邸での講義中に倒れ、翌十五日、七十歳で没した。墓は東京都港区麻布の瑠璃光寺にある。門人には、野田剛斎・稲葉迂斎・三輪執斎ら、すぐれた学者が多く、迂斎の子である稲葉黙斎は、直方の講義の筆記や語録などを蒐集して、大部の『韞蔵録《うんぞうろく》』を編集した。この書は直方の学問や思想を知るための貴重な記録である。『佐藤直方全集』全一冊がある。 →崎門学派《きもんがくは》

参考文献 大塚観瀾『日本道学淵源録』二、阿部隆一他校注『山崎闇斎学派』（『日本思想大系』三一）、和田英松「佐藤直方」（『芸備の学者』所収）、尾藤正英「佐藤直方の思想」（『日本封建思想史研究』所収）

（尾藤 正英）

さとうのぶひろ 佐藤信淵 一七六九―一八五〇 江戸時代後期の経済学者。字は元海、通称を百祐、椿園・松庵・融斎・祐斎・万松斎などと号した。明和六年（一七六九）出羽国雄勝郡西馬音内（秋田県雄勝郡羽後町）に、父信季（玄明窩）の長子として生まれた。天明元年（一七八一）十三歳の少時より父に随い、奥羽・関東を遍歴したが、そのころ天明の大飢饉に際会し、窮民の惨状を見、これがその後の彼の学説に大きく影響を及ぼした。父が足尾に死去するに及び、天明四年、十六歳の時江戸に出て、槐園宇田川玄随に本草学をふくむ蘭学を、木村泰蔵より天文・地理・暦数・測量の術を、儒学を井上仲竜に学び、みずからも諸方に遊歴して学を深めた。この間に兵学や対外策に関する著述がある。文化五年（一八〇八）四十歳の時、阿波藩家老集堂氏の顧問として徳島に行き、三年間滞留ののち、上総国山辺郡大豆谷村（千葉県東金市）に退隠したが、この時、彼の思想に決定的影響を与えた平田篤胤に師事した。時に四十七歳。また同時に神道方吉川源十郎の門にも入ったが、神道をめぐる事件に連坐して江戸払いとなった。天保四年（一八三三）六十五歳の時、禁を冒して江戸に入ったため、さらに江戸十里四方追放に処せられ、武州足立郡鹿手袋村（浦和市）に蟄居した。生活苦はあったが、経世家としての名声はようやく高く、諸侯・諸藩士などで彼の教えを乞うものが多かった。弘化三年（一八四六）、七十八歳の老齢の故を以て赦されて江戸に帰り、子信昭の宅に同居した。嘉永三年（一八五〇）正月六日八十二歳で死去し、浅草松応寺に葬られた。のち寺の移転に伴い改葬されて、現在墓は杉並区高円寺南の同寺にある。法名は真武院賢剛徳裕居士。なお彼の生涯・著述には、今日の学界で疑問を呈せられている点も多い。彼の思想に影響を及ぼした先学には熊沢蕃山・荻生徂徠・太宰春台・林子平・本多利明らがいる。儒学は「古学」派に属し、国学・神道は篤胤の復古神道、さらに本居宣長の影響も強い。『佐藤信淵家学全集』全三巻がある。

参考文献 尾藤正英・島崎隆夫校注『安藤昌益佐藤信淵』（『日本思想大系』四五）、羽仁五郎『佐藤信淵に関する基礎的研究』、河上肇「幕末の社会主義者佐藤信淵」（『京都法学会雑誌』四ノ一〇）、前田一良「佐藤信淵思想小論」（『立命館文学』一〇六・一一一）、塚谷晃弘「佐藤信淵の経済思想と管子―「復古法」を中心に―」（『国学院大学紀要』一二）

（塚谷 晃弘）

さとかぐら 里神楽 宮廷以外の諸社・民間で奏される神楽。里は平安京の内裏の外の市街地をいう。平安時代には、石清水・賀茂・祇園・北野・大原野・吉田・春日・住吉などの諸社に、宮廷の楽人を差し向けて奏する場合に里神楽と称した。このとき宮廷では試楽があり、社から帰ると還立《かえりだち》の御神楽があった。また北御門神楽・気比神楽の古謡が残っていることから、地方諸社伝来の神楽もあったことがわかる。民間の神楽は、その様式の上から、㈠巫女神楽、㈡出雲流神楽、㈢伊勢流神楽、㈣獅子神楽の四種に分類できる。また、内容を基準にして、以上の㈠㈡類を採物神楽、㈢類を湯立神楽、㈣類を獅子神楽とする分類法もあるが、実際には、各流の神楽要素が混合している。神社付属の神楽でなく、神事舞太夫が氏子の求めに応じて、神社の祭祀で演じたのが江戸の里神楽。その他、舞楽・田楽と称すべきものを、奉納舞という意味で神楽・太々神楽と呼ぶところもある。 →出雲《いずも》神楽《かぐら》 →伊勢神楽《いせかぐら》 →石清水八幡《いわしみずはちまん》の神楽《かぐら》 →岩戸神楽《いわとかぐら》 →神楽《かぐら》 →霜月神楽《しもつきかぐら》 →太神楽《だいかぐら》 →太々神楽《だいだいかぐら》

参考文献 早川孝太郎『花祭』（『早川孝太郎全集』一・二）、西角井正慶『神楽研究』、本田安次『陸前浜乃法印神楽』、同『山伏神楽・番楽』、同『霜月神楽の研究』、同『神楽』、芸能史研究会編『神楽』（『日本の古典芸能』一）

（小林 茂美）

さとみや 里宮 ⇩山宮《やまみや》

さなげじんじゃ 猿投神社 愛知県豊田市猿投町大城に鎮座。式内、三河国三宮、旧県社で西三河一の大社。大碓命を主神として垂仁・景行天皇を配祀。尾張と三河に跨がる猿投山（最高峰六三八メートル）に対する信仰より興った神社と考えられ、その南麓に本宮が、山上の東峰に東宮、西峰に西宮が鎮座。このため中世以来、三所大権現・三所大明神とも呼ばれた。鎮座年代は仲哀天皇代とも、天智天皇代とも、天武天皇代とも伝えられているが不詳。『文徳実録』仁寿元年（八五一）十月乙巳条の従五位下叙位の記事を初見として、『三代実録』にもみえ従四位下まで昇っているが、『三河国神名帳』や社蔵の神号額（嘉元二年（一三〇四））には正一位とある。神宮寺は真言宗で白鳳寺といい、その併設を白鳳時代のことともいうが、「白鳳寺」の初見は永禄九年（一五六六）。しかし神宮寺の併置は平安時代までに確立しており、藤原期の仏像が現存する。坊は南北朝時代以来、延べ四十五坊を算え、同時に最高十七坊が確認されるが、維新時に廃絶した。本地仏は本宮が阿弥陀、東宮が薬師、西宮が観音で、本宮を繋

猿投神社本宮

行(半行)、東宮を覚満大菩薩、西宮を智満権現とも称した。鎌倉時代中期以降、高橋荘地頭中条氏の庇護を受け、文禄元年(一五九二)、豊臣秀吉は神領として七百七十六石を安堵し、江戸幕府もこれを朱印地として認めたが、この石高は三河の神社中で最高。その配分は本宮社家・社僧が各二百五十石、東西両社家が二百七十六石であった。例祭は旧九月九日であったが、現在は十月十日。前夜、東西両社の神輿を本社に迎え、当日三社の神輿の前で神事が行われる。この日は献馬と棒の手の奉納があるが、江戸時代には尾張・三河・美濃三国の百八十余ヵ村が奉納した。当社には樫鳥糸威鎧・兵庫鎖太刀・黒漆太刀(ともに重要文化財)をはじめとして、『古文孝経』『白氏文集』『論語集解』『史記集解』『帝範』『臣軌』『文選』『春秋経伝集解』(以上重要文化財)、『本朝文粋』『日本書紀』『平家秘巻』など古写本のほか、約三百点の中世文書・記録があり、その質・量において三河国神社中の白眉である。

参考文献 『猿投神社中世史料』(『豊田史料叢書』)、『猿投神社近世史料』(『豊田市文化財叢書』)、太田正弘編『猿投神社編年史料』、『豊田市史』一・六、大場磐雄『猿投神社誌』、西田長男「猿投神社における管見の二・三」(『国学院雑誌』六七ノ五)、同「猿投神社の両部神道」(同六七ノ八)、村田正志「三河中条氏及び中条氏文書の研究—猿投神社文書調査概要—」(同六七ノ六)、太田正弘『猿投神社の総合研究』 (太田　正弘)

さなぶり　田植仕舞の祝い日、休み日。早苗振の字をあてることがある。またサナボリという地方もある。本来はサノボリであった。田の神を迎えまつって田植作業を開始する日をサオリ(ソーレ)・サビラキというのに対して、植え終った日をサノボリとよんだ。つまり田の神が祭をうけて再び山へ還り上ると信じたのである。サは神の名称で、田植行事にサ字を冠した言葉も多いと説かれた。四国から九州にかけてサノボリ、東北・関東ではサナブリ、山陰・山陽にシロミテ。その他ノアガリ・タヤスミなどいろいろの地方名もある。シロは作業の場、ミテルは終了の意で、田植仕舞ということであった。自家の田植が終ると各戸に祝って休むところがある。またムラ(大字)が一斉に終了祝をするところもある。さらにまた家と村と二度の祝いを重ねるところもあり、全く行わぬ村も少しはあった。村サノボリのみの例は、青森のテンノリ、千葉のクロヨセ、石川のサナガボン、近畿のノアガリ、高知のサナボリサマ、中国のシロミテ・ドロオトシ、九州のサノボリなどで、比較的古風を伝えた。二重の場合は、東北で村サノボリとヨテナメ、関東で大サナブリ・手休め正月・田植日待などとサナブリ、近畿でサノボリと植サノボリ、和歌山の大休みと小休み、山陰で大代ミテと小代ミテなどが知られている。以上の分布から村サノボリの単一地域は重複慣行地方の外側に広がっているので、両様式の成立の先後が想定される。つまり村サノボリが古風であったのである。かつて村落は一つの労働組織の機能をもっていた。これに対応するのが村サノボリの形態である。のちに村方の構成にいく度かの変換があり、本家や親方百姓による統制が弛緩し崩壊して、分家や子方が漸次に隷属を脱して独立した百姓に成長する。ここに本百姓併立の村組織が出現して、家サノボリを祝う形態が明らかになってきたのである。

参考文献 倉田一郎『農と民俗学』(『民俗民芸双書』三九)、有賀喜左衛門「さなぶり」(『民族学研究』四ノ一・二) (平山敏治郎)

さにわ　沙庭　⇩斎場《さいじょう》

さのじんじゃ　狭野神社　宮崎県西諸県郡高原町蒲牟田に鎮座。旧県社。祭神は神武天皇・吾平津姫命、ほか皇祖神六柱。孝昭天皇の時代に神武天皇降誕地に社殿を創建したと伝える。もとは『三代実録』天安二年(八五八)十月二十二日条にみえる「霧島神」で、康保三年(九六六)性空上人が山中で修行後に建立した霧島権現六社の一つ。文暦元年(一二三四)霧島山の大噴火により焼失し、別当寺とともに東霧島勅詔院へ移転。天文十二年(一五四三)島津貴久の命で高原郷に仮宮造営し狭野権現の神輿を遷祀。慶長十五年(一六一〇)島津家久は現在地に祠廟・寺院を建立させ、同十七年神体を再遷したが、その後たび噴火で焼失。享和三年(一八〇三)霧島岑神社の別当寺に遷座し、同六年現在地に帰座。明治元年(一八六八)別当神徳院は廃寺、寺地は神主舘となる。明治三十九年(一九〇六)宮崎神宮の改築により旧社殿の寄進を受け翌年竣工したものが現社殿である。昭和二十七年(一九五二)宮崎神宮より独立、例祭は十月二十三日。狭野神楽が著名。参道の狭野杉は樹齢四百年で国の天然記念物に指定。

参考文献 『三国名勝図会』五六、『明治神社誌料』 (伊藤　勇人)

さのつねひこ　佐野経彦　一八三四—一九〇六　明治時代の宗教家。教派神道の一派である神理教教祖。天保五年(一八三四)二月十六日、豊前国企救郡徳力(福岡県北九州市小倉南区)に、父経勝、母佐陀の長男として生まれた。幼名は佐吉麿、のちに右吉麿と改め、長じて右橘、さらに経彦と称した。号は桃舎。十七歳の時、西田直養に師事して国学・歌道を学ぶ。そのころ医術を修め、医療に従事し、一方、師の直養と国事に奔走、高杉晋作・真木保臣らの志士と交わる。安政二年(一八五五)七月、父経勝は経彦が饒速日命の七十七代の裔として生まれたこと、惟神の大道を世の中に宣揚すべきであると遺言して死去。慶応年間(一八六五―六八)、軍医となり、明治維新後も医療に従事し、かたわら父の遺言を守り惟神の大道を説いた。明治九年(一八七六)十月十六日、天在諸神《あめにますもろのかみ》が出現し「汝は明誠代神たるべし」と神託、この時神理教をおこす決意をしたという。同十三年七月、神理教会(はじめ神道本局に属し、のち御岳教の管轄に入る)を設立し、二十七年十月、神理教として別派独立し管長となる。三十九年十月十六日没。七十三歳。大教正。諡は天津神理誠乃道知部経彦命。著書は『天津皇産巣日考』をはじめ三百余冊にのぼる。 →神理教《しんりきょう》

参考文献 藤田香陽『神道各教派の表裏』、田中義能『神道神理教の研究』、井上順孝「佐野経彦と神理教の形成」(『教派神道の形成』所収) (三橋 健)

さば 散飯 食事の時、はじめに小量の飯を取り分け、鬼神・餓鬼・鳥獣などに施すもの。生飯・三飯・三把・産飯・祭飯・最把・最花などとも書く。生飯の唐音「さんぱん」の訛語で、出飯《すいはん》ともいい、食前に訶梨帝母《かりていも》、すなわち鬼子母神や鬼界の衆生に飯を分けて供する仏家の習俗が、公家の食習に流入し、また神社の祭事に行われ、さらに一般化したとみられる。しかし、『禁秘御抄階梯』に、本来飯の初穂を神に献供する意とし、『倭訓栞』に飲食の祖神をまつるものとしているように、わが国の習俗に仏教の作法が習合化されたものであろう。具体的な作法としては、飯を器に盛った上に小さく飯を丸めて置き、これを別の器に取り分けて供えた。天皇の日常の供御《くご》のほか、大臣大饗などにも見え、豊受大神宮をはじめ神供に散飯をとる例がある。『枕草子』には、散飯を屋根にうち上げることがみえ、鳥獣に与える風習のあったことを示している。 (倉林 正次)

さましだけ 兆竹 亀卜《きぼく》を行う時に用いる道具。醒竹とも書く。水器の上に兆竹を並べ渡しその上に亀甲を置き、亀甲に彫られた町形を波々迦木に点じた火で灼り、亀裂を生ずるとその表に兆竹で三回冷水を注ぎその目を見やすくする。見分け難き時はそのひび目に灰をかけ、兆竹で掃ってさらに見やすくする。その亀裂の文により所要をトう。『延喜式』には御体御卜の折の兆竹の料として竹二十株とし(四時祭上)、またそうしたトの兆竹にあてる竹は官庁内の閑地に植え置くとある(臨時祭)。後世はト部家にて調進した。 →亀卜《きぼく》

参考文献 『古事類苑』神祇部二一 (是澤 恭三)

ざまじんじゃ 坐摩神社 ⇨いかすりじんじゃ

さむかわじんじゃ 寒川神社 神奈川県高座郡寒川町宮山に鎮座。旧国幣中社。祭神は古来諸説が行われてきたが、明治以後は寒川比古命・寒川比女命とされている。本来は寒川(河)の神で、湧泉の神であったと考えられるが、現今は八方除守護神として有名である。創祀は、一説に神亀四年(七二七)、あるいは天平神護元年(七六五)ともいうが、いずれも確証はない。承和十三年(八四六)九月、従五位下を授けられ(『続日本後紀』)、以後、神階は累進し、斉衡元年(八五四)三月、従四位下(『文徳実録』)、貞観十一年(八六九)十一月、従四位上、元慶八年(八八四)九月、正四位下(以上『三代実録』)、延喜十六年(九一六)正月、正四位上(『扶桑略記』)に叙せられた。延喜の制では国幣大社に列せられ、名神祭に預った。寿永元年(一一八二)八月十一日、源頼朝は頼家の安産を祈願して奉幣、同十三日、誕生の祝儀として神馬を奉献し、建久三年(一一九二)八月にも、安産祈願の奉幣をなしている。建保二年(一二一四)十月、北条義時は奉幣使をたて(以上『吾妻鏡』)、大永二年(一五二二)、北条氏綱は社殿を造営、天文十五年(一五四六)、北条氏康も社殿を再興した。永禄二年(一五五九)二月、北条氏は二十七貫文の社領を寄進した。天正十九年(一五九一)十一月、徳川家康は社領として百石を寄せ、歴代将軍もこれを承け幕末に及んだ。平安時代以来、相模国一宮として崇められ、明治四年(一八七一)、国幣中社に列せられた。例祭は九月二十日。追儺祭・田打舞・国府祭などの特殊神事がある。

参考文献 『(国幣中社)寒川神社略記』、菟田茂丸編『寒川神社志』、同編『(国幣中社)寒川神社事歴年表』、式内社研究会編『式内社調査報告』一一 (三橋 健)

さめうしはちまんぐう 左女牛八幡宮 ⇨若宮八幡宮《わかみやはちまんぐう》

さやりますよみどのおおかみ 塞坐黄泉戸大神 ⇨泉門《よみどに》塞大神《さやりますおおかみ》

さよつひめじんじゃ 佐用都比売神社 兵庫県佐用郡佐用町本位田に鎮座。俗に佐用姫明神という。旧県社。祭神は『播磨国風土記』によると佐用都比売命で、別名玉津比売命(伊和大神の妃)となるが、現在市杵島姫命・素盞鳴尊・大国主命・天児屋根命・誉田別命を祀る。嘉祥二年(八四九)十一月官社となり、延喜の制で小社。中世以降、領主・藩主の篤い崇敬をうけてきた。例祭は十月三十日。十七年目ごとに開帳神事がある。

参考文献 田住貞義『播磨国式内神社考』、兵庫県神職会編『兵庫県神社誌』 (鎌田 純一)

さよつひめのみこと 佐用都比売命 『播磨国風土記』讃容郡の諸説話に登場する女神。別名玉津日女命。地主神伊和大神の妃。この二神が国を争った時、玉津日女命が鹿の血を用いて稲苗を一夜で育て田を植えたために国占めに勝ち、伊和大神は去った。郡名や女神の名は、この時の大神のことば「五月夜に殖《さよ》えつるかも」に由来するとする。この話は兄妹による聖俗二重支配体制ヒメヒコ制において、呪的霊能をもつ妹の力が兄を凌ぐ時代があ

ったことを思わせる。　（倉塚　曄子）

さるがく　猿楽　能楽の源流となった芸。申楽とも表記された。七世紀後葉ごろ、唐楽の一つとして散楽が渡来した。「散」は「雅」の対立概念で、正格でないことを意味し、雅楽の末尾で付属的に演じられた。曲芸・奇術ないし滑稽技などが含まれていたようである。散楽の芸を助成するため、散楽戸が設けられたけれども、延暦元年（七八二）に至り廃止された。保護する必要のない程度にまで散楽の芸人が増加したからであろう。九世紀以降、散楽は相撲節会や競馬行事の際に演じられたが、神楽の余興にも行われた。神楽における散楽は、相撲節会の散楽と違って、即興的な滑稽技であり、芸のうえで唐楽系統の散楽とは別種のものだったらしい。唐楽系統の散楽のうち、滑稽な趣の所作が代表的な芸だと意識されるようになったころ、神楽に付帯して演じられた即興芸をも「散楽（または散更）」と称し、かつ「猿楽」と宛てるようになったのであろう。猿に扮した芸が散楽のなかにあったからだとする説もあるけれど、それが散楽の代表芸と意識されたか否かは明らかでない。散楽戸が廃止されたのち、課役を免れようとする者が戸籍をもたない自由民としてその芸で世を渡るようになった。かれらは、地方を巡業したり、社寺の祭礼で余興に出演したりすることで収入を得たらしい。この系統の猿楽は、十一世紀末葉ごろ、簡単な筋のあるマイムを演じるようになり、人気役者も現われるところまで発達したことが、藤原明衡の『新猿楽記』によって知られる。このマイム芸も、滑稽が基調となっていた。十二世紀の末葉には、マイム芸に歌謡と舞が加わったらしく、のちに「能」とよばれる芸の原型は、十三世紀中葉には成立していたろう。もっとも、現代人が「能」と称するような芸が形成されたのは、十四世紀後葉だろうと考えられる。能は田楽にも延年にもあったが、ともに猿楽の能を模倣したものと考えられる。猿楽芸人たちは、大和・山城・近江・丹波・摂津などに分布し、それぞれ座を組織していたが、応仁の乱よりも後まで残ったのは、大和の四座（金春・金剛・宝生・観世）だけであった。

参考文献　能勢朝次『能楽源流考』、森末義彰『中世の社寺と芸術』、尾形亀吉『中世芸能文化史論』、林屋辰三郎『中世芸能史の研究』　（小西　甚一）

さるかじんじゃ　猿賀神社　青森県南津軽郡尾上町大字猿賀鎮座。旧県社。上毛野君田道（主祭神）・保食神（相殿神）を祀る。本来豊穣を祈って祀られた産土神にいわゆる蝦夷征伐説話が付会したものであろう。田道は『日本書紀』仁徳天皇五十五年条にみえる征夷の武将で、伊寺水門で敗死したが墳墓の中で大蛇と化し讎を報じたという。伊寺は石巻辺に比定する説が有力である。しかし被征服者の側が征服者の英雄と一体感を持とうとする動きはよくあり、ことに津軽地方は、古代征夷の制圧を直接受けたことがなかったので一層自然に悲劇の武将に同情できたものであろう。寛政ごろは深砂大権現と称した。仏神の深砂（沙）大王と祭神が習合していたからで、別当神宮寺は修験であった。津軽氏寄進の社領は百石。明治に猿賀神社と改称し、同十六年（一八八三）県社に列した。例祭は旧暦八月十五日。なお秋田県鹿角市にも同名の神社があり、関係がある。

参考文献　菅江真澄『津可呂の奥』（『菅江真澄全集』三）、『鹿角郡根元記』（『新秋田叢書』三）、宮崎道生『青森県の歴史』（『県史シリーズ』二）、『陸奥史談』一〇（猿賀号）　（新野　直吉）

さるたひこじんじゃ　猿田彦神社　三重県伊勢市宇治浦田に鎮座。祭神は、主神が猿田彦大神《さるたひこおおかみ》、相殿はその裔の大田命《おおたのみこと》。猿田彦神は、天孫降臨の際にその先導をした神で、その後伊勢に戻り、この地を中心に広く国土を開拓指導し、地主の神となった。また、大田命は伊勢神宮鎮祭に際して倭姫命《やまとひめのみこと》に五十鈴の川上の霊域を献上した。その子孫は宇治土公《うじのつちぎみ》といい、以来永く玉串大内人という特殊な職掌に任ぜられ代々神宮に奉仕してきた。猿田彦神は全国各地にまつられているが、本社はその本拠の地とされ、末孫宇治土公家《うじとこけ》が累代祭祀を継承している「本社《もとつやしろ》」として知られている。本殿は、二重破風の妻入造りで「さだひこ造り」と称し、現在の本殿は昭和十一年（一九三六）の造営。四月・十一月には例祭、五月五日には豊作を祈念し田植え神事である「御田祭《おみた》」（県無形文化財）が盛大に行われる。境内には天宇受売命《あめのうずめのみこと》を祀る佐瑠女《さるめ》神社が鎮座する。↓宇治土公氏《うじとこうじ》

参考文献　『猿田彦神社誌』　（宇治土公貞明）

さるたひこのかみ　猿田彦神　天孫降臨の神話において先導をしたとする神。猨田毘古神・猨田彦大神・猿田彦大神とも書く。サルタは琉球語のサダルが転じたサルダに由来するとみなす説もあるが、サ（神稲）ル（の）タ（田）すなわち神稲の田を意味するとの説もある。『古事記』では、天孫降臨の際、天の八衢《やちまた》にいて、「上は高天原を光《てら》し、下は葦原の中国《なかつくに》を光す神」（原漢字）として登場する。天宇《あめのう》受売神《ずめのかみ》の問いに答えて、「国つ神、名は猨田毘古神」（同）と名乗り、天孫降臨の先導をなす。先導の役をつとめた猨田毘古神を天宇受売神が送り、その名によって天宇受売神の子孫が猨女君を称することになったと伝える。『古事記』では、さらに猨田毘古神が阿邪訶《あざか》（三重県一志郡内の地名）にいた時、漁撈に赴き、比良夫《ひらぶ》貝に手を咋《く》い合わされて溺れたとの興味深い神話を載す。『日本書紀』神代天孫降臨章第一の一書には衢神《ちまたのかみ》として表現され、「その鼻の長さ七咫《ななあた》、背の長さ七尺あまり」（原漢文）で、「口尻明り耀《て》れり、眼は八咫鏡の如くして、てりかがやけること赤酸醬《あかかがち》に似れり」（同）と描写する。そして『日本書紀』では、天鈿女命《あめのうずめのみこと》が、伊勢の狭長田《さなだ》の五十鈴川の川上に猨田彦大神を送ったという。『日本書紀』と同類の神話は『古語拾遺』にも記され、猿女君の氏姓の由来譚は記紀と『古語拾遺』に共通する。猿田彦神は庚申信仰と習合したり道祖神信仰と結合したりした。　（上田　正昭）

さるまつり 申祭 ⇩春日祭《かすがのまつり》

さるめ 猿女 古代宮中において縫殿寮に属し、鎮魂祭・大嘗祭に出仕した女官。天鈿《あめのうず》女《め》命《のみこと》の後裔と伝えられ、本来、憑霊現象のみならず自己の魂を霊界に遊ばせる術を体し、病人の治癒、悪霊の退治、未来の予言などの秘儀能力を有し、祭においてはタマフリの術などを行う特殊な任を帯びた巫女であったと察せられる。しかし、およそ令制以後は次第にその呪術的性格は失われ、鎮魂祭においては御巫に続いて舞を奏し、大嘗祭では中臣や忌部らとともに大嘗宮に出入する天皇に前行した。定員四名で、代々猿女君氏より貢進され、『西宮記』一三によると、縫殿寮の解によって内侍が奏してこれを補したという。弘仁四年(八一三)十月二十八日の太政官符には、猿女養田が近江国和邇村(滋賀県滋賀郡志賀町)・山城国小野郷(京都市左京区上高野)にあったとされており、また同官符では小野臣・和邇部臣両氏が猿女養田の利を得ようとしてみずから猿女を貢進したため、これを禁じている。『平戸記』仁治三年(一二四二)十一月条に、後嵯峨天皇の大嘗祭に猿女の出仕がなかったとあることから、鎌倉時代に入り衰退したものと思われる。その後しばしば復興されたようだが、『永享大嘗会記』によると、永享二年(一四三〇)十一月の後花園天皇の大嘗祭には、「次中臣祭主三位清忠卿、忌部親雄前行、次御巫(少女総角)、猿女(亦少女歟)等前行」とあり、猿女は「少女歟」とあるように、一層形骸化したものとなっていた。

参考文献 西郷信綱『古事記研究』、折口信夫「国文学の発生(第四稿)」(『折口信夫全集』一所収)、柳田国男「稗田阿礼」(『定本柳田国男集』九所収)

(荻 美津夫)

さるめうじ 猿女氏 古代、猿女を貢進した氏族。天鈿《あめのうず》女《め》命《のみこと》を祖と伝え、君の姓《かばね》をもつ。元来、伊勢出身の氏族であったが、その一部は宮廷祭祀に奉仕すべく、大和国添上郡稗田(奈良県大和郡山市)に定着し稗田氏を称したと察せられる。『西宮記』一四に「天暦九年(九五五)正月二十五日、右大臣令レ奏下縫殿寮中、被レ給二官符於大和近江国氏人一、令レ差二進猿女三人死闕替一文上」とあり、近江国にもその一族がいたことが知られる。

参考文献 西郷信綱『古事記研究』、折口信夫「国文学の発生(第四稿)」(『折口信夫全集』一所収)、柳田国男「稗田阿礼」(『定本柳田国男集』九所収)

(荻 美津夫)

さわたりひろもり 猿渡容盛 一八一一―八四 幕末・明治時代前期の国学者、神職。武蔵国府中六所宮(大国魂神社)の神主。号は無位。文化八年(一八一一)五月十七日盛章の子として生まれる。父と同じく、小山田与清の門人となり、平田篤胤の学風にも、私淑したといわれる。江戸時代の事績としては、安政五年(一八五八)に徳川斉昭に対して、日米通商条約に関する意見書を提出している。明治に入り、二年(一八六九)には大学中助教となり、翌三年正月三日には、大教殿で少宣教使として「可畏敬神威事」と題する講義を行なっている。さらにその後、教部省の権大録となっている。また、陵墓に詳しい学者としても知られ、諸陵寮に関係して、それらの調査にあたり、十二年に官を辞して退老、十七年八月八日に七十四歳で亡くなった。著述には、『武蔵総社誌』『総社或問』『武蔵総社年中行事』『反古帖』など多数がある。また、文久三年(一八六三)に上洛した徳川家茂の道中安全を祈った祝詞『将軍家御上洛御祈禱太諄辞案文』も知られている。

参考文献 『(武蔵総社)大国魂神社史料』一、藤井貞文『江戸国学転生史の研究』

(三澤 勝己)

さわべたくま 沢辺琢磨 一八三四―一九一三 明治時代の日本正教会長司祭、日本正教会創業の中心人物の一人。幼名数馬、教名はパワェル(保羅)。天保五年(一八三四)正月五日土佐国土佐郡潮江村(高知市)で誕生、父は高知藩家臣山本代七。武市半平太の塾に学ぶ。江戸に出て桃井春蔵の道場で修業。文久元年(一八六一)箱館に渡り神明社宮司沢辺幸司の女婿となり沢辺姓と神職をつぐ。耶蘇教を邪教とし露国領事館付修道司祭ニコライを詰問、逆に反問され教義を研究、明治元年(一八六八)酒井篤礼・浦野大蔵とニコライより受洗、日本正教会最初の信徒となる。禁教下のため迫害をうけ、同五年仙台で三月余入獄した。七年布教会議で全国巡廻伝教者となる。八年司祭に叙聖、二十五年までは白河教会、以後は東京の麴町教会を中心に管轄諸教会の牧会と巡廻にあたった。大正二年(一九一三)六月二十五日没。八十歳。

(波多野和夫)

さんがく 算額 和算家が解決した算問を額に描いて神社仏閣に奉納したもの。神仏に解決を感謝するとともに問題を広く伝えるという意図もあった。算額の風習は明暦のころから始まった。現存する最古の算額は天和三年(一六八三)のもの(栃木県佐野市星宮神社)であるが、記録に残る算額も貞享年間(一六八四―八八)までは数面にすぎない。最近調査が進んで現存する算額は約八百二十面を数えた。朽ち去った算額はこの二倍か三倍か。現存するうち寛政・享和までは約四十面、文化・文政より慶応までは約四百面、残りは明治・大正のものである。現存算額が最も多い県は福島・岩手・埼玉の八十面以上、ついで群馬の七十面、宮城・千葉・長野・愛媛の三十面以上である。多くは一社一面であるが、松山市道後伊佐爾波神社には二十二面ある。算額には難問がある。京都市八坂神社の元禄四年(一六九一)の算額の問題を解くのに要する計算力は今日の大学の数学より程度が高いものとなっている。他人の算額を批難した算額は福島県白河市堺明神・江戸芝愛宕山神社などにあった。愛宕山神社には数十面の額が掲げられ他人の算額を批難した紙片などが貼られた。

参考文献 遠藤利貞『(増修)日本数学史』

(平山 諦)

さんがくしんこう　山岳信仰　山岳に宗教的意味を与えて崇拝し、また山岳を対象として種々の儀礼を行うことをいう。古来山岳は狩猟民には獲物を与えてくれる動物の主である山の神の住む霊地として、農耕民には水田稲作や生活に必要な水を与えてくれる水分神《みくまりのかみ》の居所として崇められてきた。また鉱物資源を与えてくれる聖地ともされてきた。さらに古代の山陵がヤマと呼ばれたことからもわかるように山岳は死霊の居処として崇められもした。必ずしも古代まではさかのぼり得ないかもしれないが、柳田民俗学などでは、この死霊の居処としての山中他界観を特に強調し、葬式をヤマイキ、棺をヤマオケと呼ぶこと、山中に埋め墓、里近くに詣り墓を作る両墓制などにその証左があるとしている。そして山中の死霊は、子孫の供養を受けることによって浄化して祖霊になるか、供養がなされなかったり怨念を持って死んだりして幽霊や怨霊になるかする。またこうして山中で浄化した祖霊は山の神となって山にいるが、春先には山をおりて田の神となって稲作を守り、秋の収穫後は山に帰って山の神となる。これが氏神の祖型で、農村の神社で山中に山宮、里に里宮を設けたり、春秋の二回祭を行なったりするのは、この信仰にもとづくと説明されたのである。やがてこうした山岳の山の神の信仰が、さらに展開して、山岳そのものを神と崇める神体山の信仰を生み出していった。大和の三輪山、諏訪大社の上社、金鑽《かなさな》神社の御室ヶ岳、宇佐八幡宮の御許山、御上《みかみ》神社の三上山などはこの例である。これらの神社では背後の山が、祭礼の時以外は禁足地とされており、その神域あるいは山麓から祭祀遺跡が発見されている。なお上記の山の神の展開としての氏神やこの神体山の思想は、神道の中心的な部分となっていくのである。やがて奈良時代になると、こうしたわが国古来の山岳信仰に外来の道教、仏教とくに密教の影響が見られるようになっていった。このうち道教の影響は吉野山の仙柘媛の話のように山岳を仙人の住処としたり、仙薬を求めて入山修行したりするなどの伝承のうちに見ることができる。また仏教とくに雑密の影響をうけた在俗の優婆塞・優婆夷などが山岳修行を行うようになっていきもした。彼らの多くは山中で『法華経』を持し、陀羅尼をとなえて修行することによって超自然力を獲得し、その力を用いて呪術宗教的な活動を行なったのである。吉野の比蘇寺・竜門寺、滋賀の崇福寺、大和の長谷山寺などは当時これらの修行者が拠点とした山岳寺院である。なおのちに修験道の開祖に仮託された役小角《えんのおづの》にしてもこうした山岳修行者の一人だったのである。平安時代になると最澄が比叡山、空海が高野山を開くなど山岳仏教が隆盛し、比叡山の回峰行を始めた相応、大峯山で修行し醍醐の三宝院を開いた聖宝など密教の験者たちがその験力を得るために山岳修行を行なった。また安倍晴明などの陰陽師で山岳修行をしたものも少なくなかった。こうした験力をおさめた密教の験者たちが修験道を作りあげていくのである。中世期にはこうして成立した修験道が全盛期をむかえ、熊野を本拠として園城寺の後ろだてのもとにまとまった本山派、吉野を拠点とした大和の諸大寺の修験から成る当山派などの中央の修験をはじめ、羽黒山・彦山・白山・立山など地方の諸山の修験が活発な活動をするようになっていった。そのためか白山山麓の永平寺を修行道場とした曹洞宗、身延山の七面山を道場とした日蓮宗、一遍が熊野で啓示を得て開教した時宗など鎌倉新仏教にしても山岳信仰や修験道と密接な関係を持っているのである。近世期には山岳を拠点として諸国を遊行した修験者や聖たちは村や町に定着して、氏神や小祠小堂の祭や芸能にたずさわったり、加持祈禱などの活動に従事したりした。その影響は強く、現在でも奥三河の花祭などのように、山村には彼らが残した祭や芸能が伝えられている。また近世中期以降になると在俗の庶民たちが講をつくって出羽三山・富士・白山・立山・木曾御岳・大峯・石鎚・彦山などの山岳にのぼるようになった。そして明治政府により修験道が廃止されると、出羽三山神社・富士浅間神社・白山神社・英彦山神社など山岳にある社寺とくに神社がこうした山岳登拝の信者を受けとめるようになっていった。さらに富士信仰を母体とする扶桑教・丸山教・実行教、木曾御岳信仰にもとづく御嶽教など山岳信仰を標榜する教団が形成された。第二次世界大戦後は旧本山派系の天台宗寺門派・修験宗・修験道、当山派系の真言宗醍醐派など数多くの修験教団が独立し、また石鎚本教・大和宗・真如苑・解脱会・神道天行居など山岳信仰関係の新宗教も数多く出現した。

参考文献　『山岳宗教史研究叢書』、高瀬重雄『古代山岳信仰の史的考察』、宮家準『霊山と日本人』(『NHKブックス』九九〇)
(宮家　準)

さんぎやすみつきょうき　参議綏光卿記　正保四年(一六四七)に再興された伊勢例幣使について、その前後の事柄を含めて書かれた記録。著者は、広橋綏光。一巻。成立は、正保四年。著者綏光は、権大納言広橋兼賢の子。元和二年(一六一六)正月二十三日に生まれた。寛永十九年(一六四二)右大弁・蔵人頭、同二十年参議、慶安三年(一六五〇)権中納言、承応三年(一六五四)賀茂伝奏に任ぜられた。同年三月四日、三十九歳で没した。内容は、同年八月十六日綏光が再興された伊勢例幣の勅使として参向するように摂政より命じられたこと、同二十九日当日の陣儀の次第、参宮の次第を調べたこと、九月十一日上卿発遣の儀および草津宿泊のこと、十四日山田到着、十五日神宮における奉幣のこと、十六日山田出発、十八日帰洛、参内し、任務を果たしたことを天皇に奏上したことなどが記されている。勅使の動向が日をおってうかがえ、特に神宮における奉幣の次第が詳しい。写本は東京大学史料編纂所および彰考館所蔵。『続群書類従』神祇部所収。

参考文献　『群書解題』一中
(渡辺　修)

さんきょういっちせつ　三教一致説　儒教・道教・仏教の三教が、根本は一に帰するという主張で、習合思想の一つ。中国南斉の張融・周顒が説いたのが早い時期ので、隋の王通は、三教はともに正教であり、時と場合に応じて適宜用いるべきものであると説いた。白楽天の『三教論衡』をはじめ、三教一致を説くものは多くあらわれたが、いずれも思想的な深まりを見せるには至らなかった。日本では「十七条憲法」に三教一致的な考え方が見られるが、三教を比較し、長短を論じたものとしては、空海の『三教指帰《さんごう》』があげられる。しかし、日本は老荘思想・道教の受容には積極的でなかったため、三教一致説は、神・儒・仏の三教が一に帰することを主張するために応用されることになり、特に神仏習合を支える役割を果たすことになった。鎌倉時代の中ごろ、仏教に対抗して神道の立場を主張しようとした伊勢神道は、儒教・老荘・仏教を習合して形成されたものであったし、室町時代以降大きな力を持った吉田神道は、神道こそすべての根本であり、その枝葉が中国の儒教となり、花実が天竺の仏教となったと説いた。三教枝葉花実説・根葉花実論と呼ばれるこの教説は、三教一致説に依拠しながら立てられた神道説の代表といえるものである。江戸時代には、儒教が優位に立つようになったため、儒者の神・仏批判に対抗して、三教一致を説く僧侶が少なくなかった。また、『一宮翁夜話』には「神儒仏正味一粒丸」と説かれ、神道は開国の、儒教は治国の、仏教は治心の道であると教えており、大原幽学も、三教は根本は一つであると主張した。さらに石門心学も神道を基本とした三教一致を教えた。こうして庶民の間に広く浸透した三教習合思想は、明治以降にも受けつがれ、日本精神は三教一致にあるとした大道社の川合清丸などが庶民に大きな影響を与えた。現代でも神道系の新宗教や、修養団体の中には、神儒仏三教一致を説くものが少なくない。

参考文献 足利衍述『鎌倉室町時代之儒教』、清原貞雄『神道史』、荒木見悟「三教論争の意味」(『中国文化叢書』三所収)
(大隅 和雄)

さんきょうしようかじつせつ 三教枝葉花実説 ⇩三教《さんきょう》一致説《いっちせつ》

さんぐ 散供 ⇩散米《さんまい》

さんぐう 参宮 ⇩伊勢詣《いせもうで》

さんぐうまんだら 参宮曼荼羅 ⇩曼荼羅《まんだら》

さんけい 参詣 神社・仏閣に赴いて拝する信仰行事。物詣《ものもうで》ともいう。わが国では古くは地縁社会と信仰が結びついており、個人的に遠方の社寺に赴いて祈願をする風習はなかったといってよい。社寺参詣の風習は平安時代初期に、入唐僧が大陸で各地の名山霊蹟を巡拝し、紀行文を残した影響で生じたものであろう。また平安遷都後も、奈良仏教は依然として盛んであったので、都の人々が南都七大寺詣でに赴く風習を生じた。さらに比叡山では東塔・西塔・横川《よかわ》の三塔を巡礼することが修行として行われ、三井寺の僧は熊野に赴いて修行をし、熊野詣での先達をつとめるようになった。増誉・行尊・覚忠など歴代の熊野三山検校の先達で、鳥羽上皇は二十一度、後白河法皇は三十四度も熊野に詣で、これに倣った都の上下貴賤によって「蟻の熊野詣で」といわれるほど参詣者が多くなった。近世の参詣の対象になる社寺は、伊勢神宮・出雲大社・金刀比羅宮・善光寺のごとく、全国から参詣者の集まる霊場と、出羽三山・熊野三山・長谷《はせ》観音・石山寺・成田不動のごとく、信仰者の区域がやや限られているものとがある。江戸の人は浅草観音や成田不動に参詣し、京都の人は清水《きよみず》観音や伏見稲荷に詣で、大坂の人は四天王寺や野崎観音に参詣する者が多い。富士山・御岳《おんたけ》山・月山《がっさん》・白山《はくさん》・大峯山・石鎚《いしづち》山のごとく、夏のみ登拝の行われる山岳信仰もあり、西国三十三所・四国八十八ヵ所・六阿弥陀・六地蔵・七福神詣りのごとく、特定の霊場を順次参詣する風習もある。これだけは是非とも叶えていただきたいという祈願をする者は、百日詣で・千日詣でのごとく、一定の期間に日参したり、寺社と百度石の間を往復して祈願する百度詣り、あるいは裸詣り・裸足詣りや、丑の刻詣りをしたり、寒中に滝行をしたり水垢離を取ったりして、苦行することにより、神仏の同情を願うのである。また神社・仏閣の側でも、特定の日をご縁日として、この日に参詣するとご利益が多いと宣伝する。七月十日に観音に詣ると、四万六千日参詣しただけのご利益がいただけるといわれる。また、参詣の旅をする者を親切に泊めてやったり、物を施したりすると、旅をしない者も参詣と同じご利益がいただけると信ぜられ、四国では「善根宿《ぜんこんやど》」や「お接待」の風習がある。近世には、着のみ着のままで伊勢参宮の旅に出ると、沿道の者が彼らの生活を支え、参詣の旅を成就させる「抜参り」の風習も行われた。そこで近世には「六十六部」のごとく、参詣の旅で生活をする者すらあった。

参考文献 新城常三『社寺参詣の社会経済史的研究』、前田卓『巡礼の社会学』
(小池 長之)

さんけいまんだら 参詣曼荼羅 ⇩曼荼羅《まんだら》

さんげようりゃっき 山家要略記 比叡山開創以来の仏像安置のこと、堂塔伽藍のこと、山王一実神道のこと、叡山祖師たちの事跡や修業のこと、浄刹結界のことなど、叡山に関する記録や口伝の肝要なものを『三宝住持集』『三宝輔行記』『顕密内証義』『内証仏位集』『後伝法記』『四明安全義』『御廟御遺告』などを素材として輯録したものである。巻数不明。いくつかの異本があるが、三千院円融蔵本の奥書には「承安四年歳次甲午(一一七四)八月廿九日(中略)沙門顕真記之」とあり、叡山南渓蔵本には「治承四年歳次庚子(一一八〇)六月廿八日(中略)沙門顕真記之」とある。また巻頭の題下にも「天台沙門顕真撰」とあるので撰者は天台座主顕真とみられる。本書を抄出した記者は叡山神蔵寺の義源であり、義源の抄出したものを『山家最略記』とも称し、これは『大日本仏教全書』寺誌叢書四に収められている。またこの義源筆記の一部が『渓嵐拾葉集』四記録部(『(大正新修)大蔵経』七六)に挿入されている。 (武 覚超)

さんごくさいじょうのはらえ　三国最上之祓　中臣祓の注釈書。吉田兼右著。木版折本一冊。吉田神道(唯一神道)において、中臣祓を三国最上之祓(正義直授祓・神宣大祓)と称する。また三国最上とは和・漢・梵三国を包含して最上という意である。本書は天文年中(一五三二―五五)、吉田兼倶の談義本をもとに孫兼右が中臣祓を訓読・注解し上木頒布したもの。本文を序以下十三段に分け、右傍に墨書で片仮名の訓を施し、その外に朱で節付を示し、上部に朱と墨で序および各段の順序とその意味を注記している。終りに三元灌頂大事と神宣文の二項十行を付し、その奥に「(天児屋尊四十八世孫)神道長上卜部兼右」と記されている。京都吉田家の家老職であった鈴鹿家に伝来したもので、吉田神道流中臣祓の注解書として重要な位置を占めるものである。昭和九年(一九三四)九月、宮地直一の手により本文のコロタイプ複製本とその解説『三国最上之祓の研究』が出版されている。　(出村　勝明)

さんさい　散斎　⇩散斎《あらいみ》・致斎《まいみ》

さんざんきょうかい　三山教会　山形県の羽黒山に鎮座する出羽神社の付属講社。昭和二十年(一九四五)解散。修験道の神道化をはかり、明治六年(一八七三)に付属講社赤心報国会を設け、同八年に敬愛講社と改称。同十五年、神官の教導職兼務が禁じられると三山敬愛教会と改め、表面上、神道本局に属した。第二次世界大戦中、神社の宗教活動が放任状態になると、昭和十七年三山敬愛教会と絶縁して三山教会を設立、宮司が教会長を兼ねた。
［参考文献］　出羽三山神社編『出羽三山史』、戸川安章『出羽三山修験道の研究』　(戸川　安章)

さんじゃ　三社　伊勢神宮・石清水八幡宮・賀茂上下社をさしていう。十世紀中ごろに確立する十六社奉幣制(のちの二十二社)の上位三社にあたり、これに対する奉幣を三社奉幣といった。ことに三社へは朝廷の崇敬あつく、国家の有事にあたり奉幣使が遣わされた。『日本紀略』寛和二年(九八六)七月二日条に一条天皇即位の由を告げた、とあるのがその確実な初見。ほかに伊勢神宮・石清水八幡宮・春日大社、また春日大社・大原野神社・吉田神社を三社といったこともある。　↓伊勢神宮《いせじんぐう》　↓石清《いわし》水八幡宮《みずはちまんぐう》　↓賀茂神社《かもじんじゃ》　(岡田　莊司)

さんじゃたくせん　三社託宣　天照皇大神宮・八幡大菩薩・春日大明神の三神の託宣。その内容は、たとえば『運歩色葉集』に、「天照皇大神宮　謀計雖レ為二眼前利潤一、必当二神(明脱か)罰一、正直雖レ非二一旦依怙一、終蒙二日月憐一、八幡大菩薩　雖レ為レ食二鉄丸一、不レ受二心汚人之物一、雖レ為レ座二銅焰一、不レ到二心穢人之処一、春日大明神　雖レ曳二千日注連一、不レ利(到か)二邪見之家一、雖レ為二重服深厚一、可レ趣二慈悲之室一」とあるように、天照皇大神宮は正直、八幡大菩薩は清浄、春日大明神は慈悲を誓約したもので、これを三尊形式に軸仕立てにして信仰の対象とした。その起源については、正応年中(一二八八―九三)、東大寺の東南院聖珍親王の時、池水に三社の託宣が顕われたとの説と、吉田の神主たる卜部氏に三神が託宣したとの二説がある(『三社託宣抄』)。おそらく東大寺東南院の僧侶たちにより制作され、それを吉田兼倶が吉田神道に取り入れて普及せしめたものと考えられる。江戸時代には一般庶民にまで流布して、さまざまな形式の三社託宣が制作された。
［参考文献］　渡辺国雄『神道思想とその研究者たち』、河野省三『三社託宣の信仰』、内藤晃「三社託宣に関する諸問題」(高瀬重雄編『中世文化史研究』所収)、西田長男「三社託宣の制作」(『日本神道史研究』四所収)、平泉澄「卜部兼倶の冤罪」(『史学雑誌』三一ノ七)、星野日子四郎「三社託宣の歴史的批判的研究」(『明治聖徳記念学会紀要』一―三)、石巻良夫「三社託宣の秘密」(『芸文』八ノ六)、永島福太郎「三社託宣の源流」(『国学院雑誌』四六ノ八)　(三橋　健)

さんじゃたくせんこう　三社託宣考　三社託宣についての考証。伊勢貞丈著。一巻。その跋に「右三社託宣考、春日逸居、独楽漫筆焉、天明四年甲辰正月十一日、伊勢貞丈」とあり、天明四年(一七八四)の成立なることを知り得る。本書において貞丈は、三社託宣が吉田兼倶(吉田神道の祖)の偽撰なりと説く。その根拠として、託宣の時日の記載がないこと、形式が仏像の三尊に倣ったものであることより、これが偽作されたものなることを主張。内容的にも、八幡託宣が地獄の苦患を、春日託宣が阿弥陀来迎を模倣したものであり、天照大神託宣は『沙石集』に聖徳太子の「御詞」として引かれたものと一致すると指摘し、かくのごとき三社託宣を製作したのは、ほかにもさまざまな偽作・偽造を行なった兼倶以外にはないと結論づける。ただし現在では、兼倶が三社託宣の普及につとめたのは事実であるものの、兼倶以前に同託宣がすでに存していたことが明らかにされており、貞丈の主張は基本的に誤りである。したがって、本書の今日的価値は、近世における一連の吉田神道批判の書の一つとしてである。『神道叢説』『(新訂増補)故実叢書』九所収。　(伊藤　聡)

さんじゃほうべい　三社奉幣　⇩奉幣《ほうべい》

さんじゃまつり　三社祭　東京都台東区浅草公園に鎮座する浅草神社の祭り。浅草神社は土師《はじの》真中《まち》知命《のみこと》・檜前浜《ひのくまのはま》成命《なりのみこと》・檜前武成命《ひのくまのたけなりのみこと》の三神を祀るところから三社権現・三社明神などと称されてきたが、明治元年(一八六八)、三社明神社、同六年、浅草神社と改称された。俗に「三社さま」と称され、その祭りも三社祭として親しまれ、赤坂の山王祭、神田の神田祭とともに江戸の三大祭の一つとされた。浅草寺と深い関係にあるところから、別名観音祭・浅草祭とも呼ばれ、また、拍板《びんざさら》が行われるので拍板祭ともいう。起源は未詳であるが、一説に花園院正和元年(一三一二)と伝える(『東都歳事記』)。旧時は三月十七日未刻と六月十五日午刻との二度、隔年に行われたが、現在は毎年五月十七日・十八日の両日で、本社の神輿三基が町内を渡御し、神殿内の舞台では鎌倉の右大将

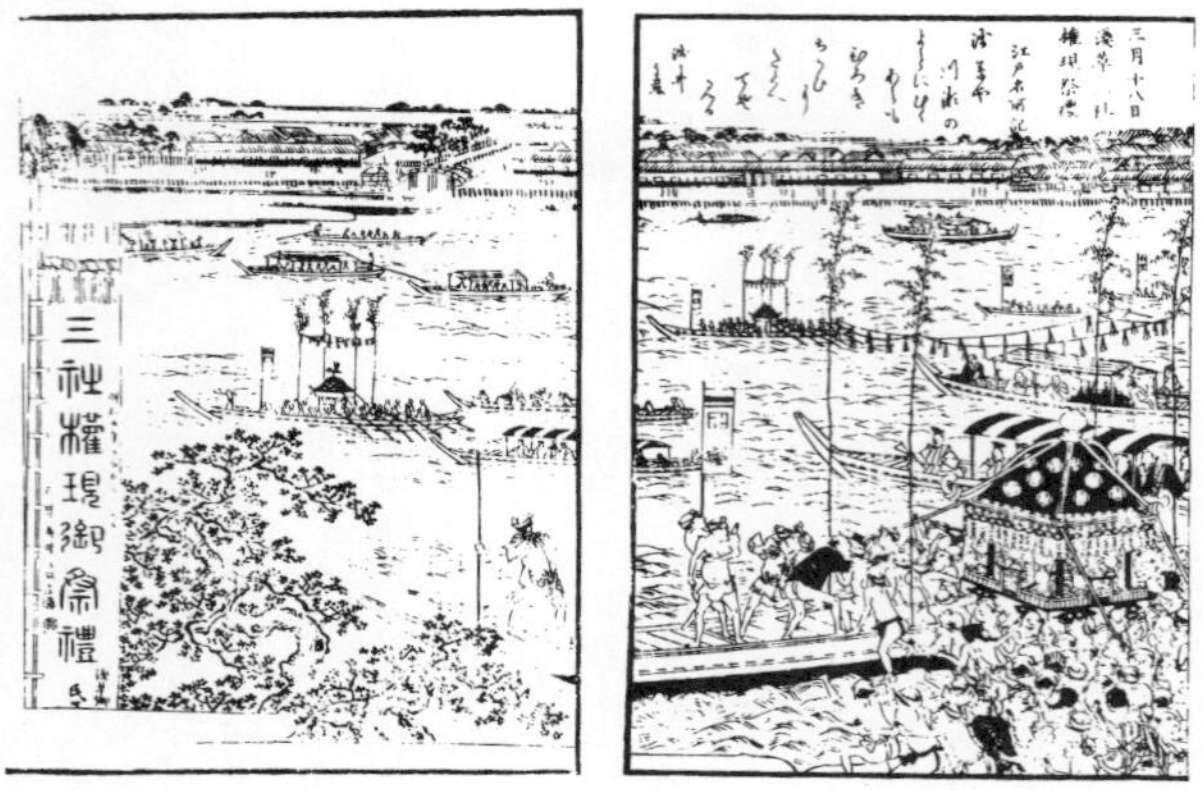

浅草三社権現祭礼（『東都歳事記』１下より）

が再興したという拍板神事(東京都無形文化財)が演じられる。宝暦十一年(一七六一)までは船祭の行事が中心であった。下町の代表的な祭りとして常磐津や清元にも唄われてきた。 →浅草神社《あさくさじんじゃ》

参考文献 戸田茂睡『紫の一本』(『戸田茂睡全集』)

(三橋 健)

さんじゅうばんじん 三十番神 一ヵ月(三十日)を毎日交替の当番で『法華経』を守護する神々。こうした考えは比叡山の北塔(横川)においてすでに平安時代の前期に発生している。円仁(慈覚大師)が比叡山北塔の地において『法華経』の如法書写を行い、その経巻を根本如法経と称して宝塔に収め首楞厳院を建立した時、経典ならびに堂の守護として神々を勧請したことに始まる。はじめは十二支の日々に当てて十二神を選び、十二番神で交替しつつ護法の任にあてていたが、延久五年(一〇七三)に首楞厳院長吏良正阿闍梨はさらに十八神を選定して一日一神の三十番神を完成した。十二番神のときは全国的に著名な神々がまず割り当てられていた。この思想はもともと仏教から来たもので、仏・菩薩・神将などを方角や時刻などの十二支に配して、それぞれの守護とすることは古くから行われてきた。この思想を日本の神祇に割り当ててまず十二番神ができたのである。三十番神に増加した時には従来のような全国的な神々のほかに、比叡山を中心とする近江路の神々も多く選ばれている。三十番神の信仰はのち日蓮宗にとりいれられ、『法華経』守護の番神信仰はいまも生きつづけている。また三十番神を絵像に描き、これを堂内に掛けることも日蓮宗には多い。三十番神画は奈良県談山神社所蔵と山形県酒田市本間美術館所蔵の立像群をもって代表作品とするが座像群をもって描かれたものも多い。彫像も希にみるがあまり優品はない。『延久五年正月良正阿闍梨三十番神勧請記』の記載順に三十番神を表示すると別表のようになる。

三十番神一覧

十日	＊伊勢	二十五日	赤山
十一日	＊八幡	二十六日	建部
十二日	＊賀茂	二十七日	三上
十三日	＊松尾	二十八日	兵主
十四日	＊大原野	二十九日	苗鹿
十五日	＊春日	三十日	吉備
十六日	＊平野	一日	熱田
十七日	＊大比叡	二日	＊諏訪
十八日	＊小比叡	三日	広田
十九日	＊聖真子	四日	気比
二十日	客人	五日	気多
二十一日	八王子	六日	鹿島
二十二日	稲荷	七日	北野
二十三日	＊住吉	八日	江文
二十四日	祇園	九日	貴船

(＊印は初期の十二番神)

参考文献 『門葉記』(『(大正新修)大蔵経』図像一一)、景山春樹「横川の如法写経と埋経」(『比叡山寺』所収)、「三十番神絵像考序説」(『神道宗教』三八)、草場晃園田健「三十番神図解説本間光正氏蔵」(『国華』六一六)、「称名寺蔵三十番神像絵図」(『金沢文庫研究』一一二・一一三)

(景山 春樹)

さんしゅのおおはらえ 三種大祓 室町時代末期以降、吉田神道(唯一神道)の中で秘々中深秘として重んぜられた呪詞。三種祓・三種祓詞・三大神呪ともいう。文明年間(一四六九―八七)、吉田兼倶によって作られた。㈠吐《と》普加身依身多女《ほかみえみため》、㈡寒言神尊《かんごんしんそん》・利魂陀見《りこんだけん》、㈢波羅伊玉意《はらいたまい》喜余目出玉《きよめでたまう》の三種から成る。㈠は『江家次第』一八、軒廊御卜条にもみえ、亀卜に用いられた。「遠つ神愛(恵)み賜え」と解釈される。㈡は『周易』の八卦「坎艮震巽離坤兌乾」の字音をとったもの。のち吉田家では増穂残口の意見を容れてこの句を削除する。㈢は「祓賜え清賜え」の意で、㈠㈡㈢をそれぞれ天津祓・国津祓・蒼生祓という。また、㈠を五大神呪、㈡の寒言神尊を陽天神呪、利魂陀見を陰天神呪といい、㈢をあわせて八大神呪と称した。ほかに㈠を八字祓、㈢を善言美詞祓《ぜんげんびじのはらえ》とも呼ぶ。のち吉川神道・垂加神道でも、これが重んぜられ注釈書も多い。

参考文献 『中臣祓・中臣祓抄』(『吉田叢書』四)、西田長男「神道の死の観念と仏教との関係―三種大祓を通路として―」(『日本神道史研究』五所収)

(岡田 荘司)

さんしゅのじんぎ 三種神器 皇位のしるしである八咫《やたの》鏡《かがみ》・草薙剣(天叢雲剣《あめのむらくものつるぎ》)・八坂瓊曲玉《やさかにのまがたま》の三種宝物の総称。弥生時代の墳墓や古墳の副葬品に鏡・剣・玉の組合せは広汎に見られ、古典の記述と併せて、これが古代王権のシンボルとして一般的であったことを知る。『古事記』『日本書紀』などの神話によれば、天孫降臨に際して、これが天照大神から皇孫瓊瓊杵尊《ににぎのみこと》に授けられたが、『古語拾遺』によれば、神武天皇を経て崇神朝に至り、神威を畏み殿

を同じくするを不安とし、鏡と剣の模造品を作って護身の御璽とし、古来より伝わる鏡・剣は倭《やまと》の笠縫邑に遷しまつった。この模造品がすなわち後世即位の際忌部より新帝に上る「神璽の鏡剣」であると。また、垂仁朝に古来の鏡・剣はさらに伊勢神宮に遷されたが、景行朝に日本武尊が東征の途次伊勢に詣って剣を授けられ、帰途尾張にこれを留めて間もなく没したので、ついに剣は尾張の熱田神宮にまつられることになったという。以上の経過は、もともと大和・伊勢・尾張にそれぞれ由来する宝物があり、後世それらを巧みに繋ぎ合わせるために構想されたものとも考えられ、そのまま史実とは認め難い。宮中にあった鏡は天徳四年(九六〇)・寛弘二年(一〇〇五)・長久元年(一〇四〇)と三度の火災に遇って原形を失い、わずかにその灰を集めて辛櫃に収めたといわれている。文治元年(一一八五)安徳天皇とともに海に沈んだが、浮かび出て再び帰京。この前後から宮中内侍所において天照大神の御魂代としてまつられているが、内侍所の起源は詳かでない。神剣も同時に海中に没したので、一時昼御座剣を代用し、のちさらに伊勢の神主より上る宝剣を神剣と定めた。これらが玉とともに今に伝わっている。神器については忌部の鏡剣二種説と中臣の鏡剣玉三種説が『日本書紀』『古語拾遺』などの古典において対立しているが、玉を管掌する後宮を制した藤原氏を背後勢力とする中臣氏がやがて神事の世界において忌部氏を圧倒し去ると、いわゆる「三種神器」説が定着することとなったが、それはほぼ九世紀ごろのことと考えられる。 ↓天叢雲剣《あめのむらくものつるぎ》 ↓神璽《しんじ》 ↓八坂瓊曲玉《やさかにのまがたま》 ↓八咫鏡《やたのかがみ》

参考文献 帝国学士院編『帝室制度史』五、津田左右吉『日本古典の研究』(『津田左右吉全集』一・二)、直木孝次郎『神話と歴史』、水野祐『日本国家の成立』(『講談社現代新書』一六七)、村上重良『天皇の祭祀』(『岩波新書』青九九三)、黛弘道「三種の神器について」(『律令国家成立史の研究』所収)

(黛 弘道)

さんじょうたいい 三条大意 教部省下の国民教化運動のための教導書。幕末維新期の国学者矢野玄道著。明治八年(一八七五)五月刊。全五巻から成り、巻一・二が敬神の部、巻三が愛国の部、巻四が天理人道の部、巻五が皇上奉戴の部。三条教憲(三条教則)に準拠して大道の要領を示すのがその本旨で、人間の魂が天神地祇に由来すること、天神地祇を敬って大道を遵守すべきこと、朝旨に従って国家の安泰を図るべきこと、身を慎んで神徳・皇恩・国恩に報いるべきことなどを説く。

参考文献 矢野太郎『矢野玄道』

(武田 秀章)

さんじょうのきょうそく 三条教則 大教宣布運動の大綱に関する三ヵ条の通達。三条の教憲・教則三条ともいう。明治二年(一八六九)、政府は国民に祭政一致の国体や維新の意義を説き、当時禁制のキリスト教に対抗するため、宣教使を任命して大教宣布運動を始めた。宣教使たちは復古神道の教学をもとに三年春から説教活動を開始し、諸藩県にも宣教掛を置いたが成果はあまり上らなかった。そこで参加を希望する僧侶たちをこの運動に加え、機構を改めて五年三月教部省を置き四月教導職を定めた。教導職には国学者・神官・僧侶など多様かつ多数の人々が選ばれたので、運動の大綱に関する三条教則が四月二十八日教部省から通達された。その内容は、「第一条敬神愛国ノ旨ヲ体スヘキ事、第二条天理人道ヲ明ニスヘキ事、第三条皇上ヲ奉戴シ朝旨ヲ遵守セシムヘキ事」であった。大教宣布運動は同十七年八月に終るのであるが、この教則の精神は教育勅語にも受けつがれた。

参考文献 辻善之助『明治仏教史の問題』、河野省三『国体観念の史的研究』、阪本健一編『(明治以降)神社関係法令史料』

(平井 直房)

さんじょうわかみやはちまんぐう 三条若宮八幡宮 ⇩御所八幡宮《ごしょはちまんぐう》

サンジンソウ ⇩三世相《さんぜそう》

さんぜそう 三世相 三世とは前世・現世・来世のことであるが、この三者の間に因縁を認める仏教の教説に干支五行説をまじえて人の生年月日・人相・吉凶禍福を説く一種の卜筮法である。そのはじめは中国の唐代に袁天綱が『三世相』二巻を著わしたのによるという。明代の嘉靖十九年(一五四〇)に上梓された。近世になってそれがわが国に移入して通俗化され寛文七年(一六六七)に『命鑑三世相天門鈔』十二巻が刊行された。その後『永代雑書三世相』などの名のもとにいろいろのものが刊行され家庭百科全書として民間に流布した。その内容も人の守り本尊、旅立ちの日取り、紛失物の占い、暦の二十八宿、二十四節気、八十八夜、八専、土用などの雑節についての禁忌をはじめ日常百般の事柄についての吉凶を説いてある。今日でも市販されている運勢暦のごときはこの三世相の系統をひくものである。また大道易者の知識も同様のものといえる。沖縄ではサンジンソウ(三世相)といって易占をするものが今日もかなりの勢力をふるっている。もと中国人の渡来居住した沖縄本島の久米村から出たものといわれているが、今では各離島にもこれを業とするものがみられる。ユタ(巫女)と同じようにこれに身の上相談に行く。特に建築について日時の吉凶、建築業者の選定などをサンジンソウにきいて決定する風がある。ユタには少数の男もいるが女性に決まっているのに対してサンジンソウは男である。

(大藤 時彦)

さんせつさい 三節祭 伊勢神宮で行われる月次祭《つきなみさい》(六月と十二月)と神嘗祭(明治十一年(一八七八)に九月を十月に改める)を総称していう名称。「三節乃祭《みおりのまつり》」(『延暦儀式帳』)、「三時祭《みときのまつり》」(『延喜式』伊勢太神宮)、「三度御祭《みしなのみまつり》」(『皇太神宮年中行事』)とも記す。神宮の年中恒例の重儀の祭。中でも最重の祭は、神嘗祭である。それぞれの祭は祭月の前月の晦日に大祓がある。祭は、三祭ともすべて『延喜太神宮式』に「亥時供二夕膳一、丑時供二朝膳一」により両宮ともに(外宮は十五日、内宮は十六日)午後十時から夕由《ゆうべのゆ》貴《き》大御饌が、翌朝の午前二時から朝由貴《あしたのゆき》大御饌が、正宮

の階下(明治以前は正殿の床下の心御柱の前)に供進される。

参考文献 神宮司庁編『大神宮故事類纂』祭祀部、同編『神宮要綱』、阪本広太郎『神宮祭祀概説』

(安江 和宣)

サンソム *Sir* **George Bailey Sansom** 一八八三—一九六五 イギリスの外交官、日本史研究者。一八八三年十一月二十八日にイギリスのケントに生まれ、明治三十七年(一九〇四)、英公使館の日本語研修生として来日、以後昭和十五年(一九四〇)夏まで青壮年期のほとんどを日本で過ごす。大正十二年(一九二三)からは大使館の商務参事官となり、昭和八年の日印綿業会談(シムラ)にはイギリス代表として参加。三十五年に及ぶ滞日経験に培われた卓抜した日本語の読解力を使って、日本の歴史・文化の研究を進め、一九三一年(邦訳昭和二十六年)『日本文化小史』**Japan, A Short Cultural History** を出版し、西欧におけるすぐれた日本研究者としての存在を築く。昭和九年、帝国学士院の名誉会員に推薦される。第二次世界大戦後の一九五〇年(邦訳昭和四十一年)『西欧世界と日本』**The Western World and Japan** を出版するが、それは西洋世界の衝撃をうけて、自己変容をとげてゆく日本の「近代化」の過程を、西欧史家の目によって明らかにしようとしたものであり、最後の著作となった三巻の『日本史』**A History of Japan, 1615—1867**(一九五八年)は、西欧の日本史研究を代表する名著として定評がある。また米国コロンビア大学の初代の東亜研究所所長として、一九四八年から七年間、日本研究の発展と後進の育成に力をつくした。外交官としてのサンソムは、日中戦争期、対日宥和政策に傾くクレーギー *Sir* Robert Leslie Craigie 大使と対立し、戦争中はワシントンで公使を務める。終戦時には「サンソム覚書」(一九四五年六月二十日)などで政府の対日政策形成に影響を与え、敗戦日本への連合国の統治方式を「間接統治」とする上で一役買った。その後、極東委員会のイギリス代表を務める。一九六五年三月八日、米国アリゾナ州のツーソンで没した。八十一歳。

参考文献 G・B・サンソム『日本文化史』(福井利吉郎訳)、細谷千博「ジョージ・サンソムと敗戦日本—一《知日家》外交官の軌跡—」(『日本外交の座標』所収)、Katharine Sansom: *Sir* George Sansom and Japan, A Memoir (1972).

(細谷 千博)

さんだいこう **三大考** 記紀神話をもとに、宇宙と神々の生成過程の説明を試みた国学書。本居宣長の門人で伊勢松坂の人服部中庸著。寛政三年(一七九一)成立。一冊。特に『古事記』によって、開闢のはじめの混沌の中から、天(日)・地・泉(月)が形成されてゆく過程(浮遊せる一物からまず天となるものが萌えあがり、残部が地として固まるが、その際さらに泉が地底に垂れさがり、三つに分離する)と、それら太陽・地球・月の運行や、そのそれぞれの主宰者が、天照大御神・皇御孫尊・月読命であること、などを十箇の図により説明する。中で、月読命は須佐之男命であるとすること、日月が地を中心に旋回することから地動説の知識をくみいれていること、などが注目される。本書は宣長の解釈から一歩を踏み出したものであるが、宣長は卓見として賞し、『古事記伝』一七の付録として収載した。しかし鈴屋門流から批判され、一方平田篤胤はこれを全面的に継承し『霊能真柱《たまのみはしら》』へと発展させた。『(増補)本居宣長全集』一二、『本居宣長全集』一〇に収められている。

参考文献 三木正太郎『平田篤胤の研究』、西川順土「三大考の成立について」(『皇学館大学紀要』一〇)、小沢正夫「三大考をめぐる論争」(『国語と国文学』二〇ノ五)

(沼田 哲)

さんだいしんちょく **三大神勅** 日本の神話において、皇孫瓊瓊杵尊《ににぎのみこと》が天上から地上に降る時に、皇祖天照大神《あまてらすおおみかみ》が授けたと伝える三種類の神勅。(一)天壌無窮《てんじょうむきゅう》の神勅、(二)宝鏡奉斎《ほうきょうほうさい》の神勅、(三)斎庭稲穂《ゆにわのいなほ》の神勅である。(一)は『日本書紀』神代天孫降臨章第一の一書に「葦原千五百秋瑞穂《あしはらのちいほあきのみずほの》国《くに》は、是《これ》、吾《わ》が子孫《うみのこ》の王《きみ》たるべき地《くに》なり、爾皇孫《いましすめみま》就《ゆ》きて治《しら》せ、行矣《さきくませ》、宝祚《あまつひつぎ》の隆《さか》えまさむこと、当《まさ》に天壌《あめつち》と窮《きわま》り無けむ」(原漢文)とあり、皇位が無窮に皇統によって継承されるべきことを述べる。(二)は同第二の一書に「吾が児《こ》、此《こ》の宝鏡《たからのかがみ》を視《み》まさむこと、当に吾《われ》を視るがごとくすべし、与《とも》に床《ゆか》を同じくし殿《おおとの》を共にして、斎鏡《いわいのかがみ》とすべし」(原漢文)とあるほか、『古事記』にも同趣旨の神勅がみえる。これは天照大神を崇敬し宝鏡を祭祀すべきことを述べる。(三)は同一書に「吾が高天原に所御す斎庭の穂を以て、亦吾が児に御《まか》せまつるべし」(原漢文)とあり、古来わが国の生業の根幹をなして来た稲作が天上の皇祖神に由来するとの思想を述べる。

→神勅《しんちょく》

(高森 明勅)

さんだんぎょうじ **三壇行事** 吉田神道(唯一宗源神道)が伝授した十八神道行事・宗源行事・神道護摩行事の総称。吉田兼倶により教義体系を定められ組織化の始まった吉田神道にあっては、顕露教(外清浄)と陰幽教(内清浄)との区別を立て、前者は太元宮において、後者は宗源殿において行法を行うものとし、ことに後者は三部神経を経典とし、天地人三才の霊応、三妙の加持、三種の霊応を明らかにするのを目的とし、種々の行法を具えていた。その秘奥を受けるには、十八神道行事(初重伝)・宗源行事(二重伝)・神道護摩行事(三重伝)の三階梯を修了するを要した。その行法の場が、十八神道壇(四角)・宗源壇(四角)・護摩壇(八角)の三壇により構成されたので、三壇行事と総称されるのである。行法壇の実例としては、相馬藩主相馬昌胤が宝永—享保年間(一七〇四—三六)に修行した時の吉田神道の諸施設がかつて存在し、それの明治中期における復興としての福島県相馬郡小高町蛯沢の稲荷神社の宗源壇を挙げることができる。

参考文献 福島県神社庁編『三元十八神道次第・神道護摩行事次第』

(萩原 竜夫)

さんちょくさい　三勅祭　⇩勅祭《ちょくさい》

さんのういちじつしんとう　山王一実神道　⇩山王神道《さんのうしんとう》

さんのういちじつしんとうき　山王一実神道記　⇩一実《いちじつ》神道記《しんとうき》

さんのうえんぎ　山王縁起　⇩耀天記《ようてんき》

さんのうごんげん　山王権現　⇩日枝神社《ひえじんじゃ》　⇩日吉大社《ひよしたいしゃ》

さんのうさい　山王祭　近江坂本(滋賀県大津市)日吉大社の祭礼のこと。各地の山王祭はこの祭の伝わったもの。平安時代以来日吉祭、近世には山王祭または日吉山王祭とよばれる。古来、四月の中の申の日を中心に午から酉の日まで四日間行われた。平安時代から多くの書物にみえるが、詳細の知られる近世の形をみると、次のとおりである。まず午の日夕刻から午の神事がある。東本宮とその妃神の樹下神社の荒御魂を祭る背後の八王子山山上の社殿から、甲冑姿の武者に警固された神輿二基を荒々しく下ろし、麓の二宮拝殿に安置し、闇の中で神事がある。翌未の日には、境外の大政所(お旅所)に二宮系の四社の神輿を並べ、献茶祭のあと京都下京の南山王社より献上の御供(この中に幼児の玩具が数点ある)を神輿に供える(未の御供)。その日の夕方から大政所で宵宮落《よみやおと》しがあり、神輿を荒々しく振ったのち、大宮(西本宮)拝殿に移す。次の申の日は祭の中心で、主に大宮の行事がある。数日前に大津の四宮神社に運び入れてあった大榊《おおさかき》の行列渡御や、鎧姿の幼児たちによる花渡りもある。大宮の神前においては大祭が行われ、桂の奉幣や天台座主の五色の奉幣がある。この日午後には七社の神輿が湖上に出て船渡御《ふなとぎょ》があり、この時唐崎の沖で膳所《ぜぜ》地区より献上の粟《あわ》津《づ》の御供四十九膳が供えられ湖水に投ぜられる。酉の日に大宮神前で酉の神事があり祭を終える。以上のような複雑な形であるが、午・未両日は二宮系の神事、申・酉両日は大宮系の祭である。室町時代までは申の日には勅使の参向があり、公卿の日記にもしばしばみえる。明治以後は祭儀にも変遷があり、現在は新暦四月十二日から十五日の間に行われている。なお日吉臨時祭は平安時代から十一月の二の申の日にも勅使奉幣が随時行われ、建保元年(一二一三)より恒例化し室町時代まで続いた。

参考文献　日吉大社編『官幣大社日吉神社大年表』、『日吉山王祭礼新記』(『神道大系』神社編二九)、『日吉御祭礼之次第』(同)、『日吉社神役年中行事』(同)、秋里籬島他編『近江名所図会』(『日本名所風俗図会』一一)、景山春樹『神体山』、同「日吉社の祭礼と歌謡」(『芸能史研究』一三)、同「日吉社祭祀考」(『神道史研究』一三ノ三)、嵯峨井建『日吉大社と山王権現』、同「『日吉社祝詞口伝書』―公刊とその考察―」(『神道史研究』二八ノ三)、岡田精司「日吉山王権現の祭祀」(福田晃・山下欣一編『巫覡・盲僧の伝承世界』二所収)

(岡田　精司)

山王祭の船渡御(『近江名所図会』3より)

さんのうしちしゃ　山王七社　大津市坂本本町に鎮座する日吉神社(現称日吉大社)の主だった祭神に対する歴史的な呼称。最澄(伝教大師)が比叡山を開創し、日吉神社をもってその地主神としたとき、中国天台山の風に倣ってその護法神を山王と呼んだことに始まる。七社に限定したことも天台教学における北斗信仰に基づくものである。日吉神社は本来、神体山を中心とする山宮の二社と里宮の二社にその信仰を発しているので二宮(現称東本宮、以下同)・十禅師(樹下《このもと》神社)・八王子(牛尾神社)・三宮(三宮神社)と呼ばれる四社(東本宮系)と、のちに勧請された大宮(西本宮)を中心とする聖真子(宇佐宮)・客人(白山姫神社)の三社(西本宮系)を併せて山王七社(山王上七社)が成立する。のちさらに主だった摂末社をもって中七社と下七社が形成され、ここにいわゆる山王二十一社という歴史上の信仰対象が固定する。中七社とは、大行事(大物忌神社)・牛御子(牛御子社)・新行事(新物忌神社)・下八王子(八柱社)・早尾(早尾神社)・王子(産屋神社)・聖女(宇佐若宮)、下七社とは、小禅師(樹下若宮)・大宮竈殿(竈殿社)・二宮竈殿(同)・山末(氏神神社)・岩滝(岩滝社)・剣宮(剣宮社)・気比(気比社)である。中世にはこれらの祭神を中心とする天台神道(のちの山王一実神道)が発達し神仏習合の色彩が濃厚な信仰体質をもって近代の初頭にまで及んだ。　↓山王神道《さんのうしんとう》　↓日吉《ひえ》山王《さんのう》曼荼羅《まんだら》

(景山　春樹)

さんのうしんこう　山王信仰　比叡山の東麓、大津市坂本本町に鎮座する日吉神社(現称日吉大社)を山王と称し、この神社をもって比叡山の地主神とし、その祭神をもって天台一宗の護法神とした、神仏習合の宗教思想やその法儀のすべてを山王信仰と汎称する。山王の語はもともとは最澄が中国の天台山に求法した折、天台山の地主神・護法神をもって山王と称していたことに倣ったものとされる。空海が高野山の地主神、真言一宗の護法神と仰いだ丹生・高野の両所明神祠も高野山では山王と呼んでい

るし、特に壇場(伽藍地)に在る両所明神の拝殿はこれを山王院と呼んで、神祇法楽のほか年中重要な法儀がここでとり行われている。したがって山王とは本来は天台・真言の山岳伽藍における地主神一般を指すものと考えることもできる。しかし、歴史上、単に山王信仰と称した場合の「山王」とは日吉山王諸神を指すことがまず常識とされている。日吉山王は、神体山を中心とする古代祭祀に源を発する東本宮(小比叡・二宮)系の四所の神と、大己貴命を主神とする西本宮(大比叡・大宮)系の三社の神々を併せて、これを山王七社とする。これが山王信仰の中心となる神々であるが、のち信仰の構成がすすむにつれて摂末社のうちからさらに七社を撰んで、これを山王中七社とし、さらに諸末社の中からも七社を撰んで山王下七社と呼び、併せて世に山王二十一社とする。七という数値については、中世の山王神道に関する書物によると、天に在っては北斗の七星、地に在っては山王七社にかたどると論じているとおり、本来は天台教学の中に含まれる星宿信仰を日本の護法神祇に習合させた思想であり、天台神道の基本となる神々である。中世末期になると日吉社の境内に散在する、その他の諸末社や霊石なども含めてさらに八十七社を撰び、二十一社と併せてこれを社内百八社とし、さらに境外に鎮座する諸社を撰んでこれを社外百八社とするように、山王信仰の構成は大きく弘がって来るが、次第に形式化して信仰の本質には宗教的な深まりがみられなくなって来ることも見逃せない。社外百八社の分布は山麓坂本を中心として、比叡山上の三塔十六谷、また比叡山の西麓(西坂本)にまで及んで、多くの神社が信仰構成の中にとりいれられて来る。百八社という数値は仏教思想における百八煩悩に基づくものであるから、百八社を一社ずつ運心巡礼することによって、一つずつの煩悩は消除されるということとなり、やがて社参巡礼の思想を生み、庶民的なわかりやすい信仰の普及ともなって来る。この構成と信仰を巧みに理論化し、法儀化したものが近世の初めに起った「山王秘密社参」であって、夜中定められた順序コースを経て百八社を社参し、心身を浄化する行儀となって現われて来るが、もちろんその法儀のすべては神仏習合の色彩がきわめて濃厚なものであった。元亀兵乱ののちに社頭の復興に努力した祝部行丸の代表的な著作『日吉社神道秘密記』においてほぼ整理され完成をみることとなり、天海が提唱する山王一実神道(天台神道)の構成にも影響を与えている。　→日吉大社《ひよしたいしゃ》

参考文献　景山春樹『神体山』、嵯峨井建「日吉社の秘密社参」(『神道学』一〇二)、飛鳥井舜達「山王秘密社参について」(『叡山学報』一二)

(景山　春樹)

さんのうしんとう　山王神道　天台神道とも称せられ、中世における神仏習合の学理に基づく仏教神道の一つである。その基本をなす理論は、天台教学における「三諦即一」という教理を、比叡山の地主神たる日吉山王の信仰に付会して解釈したもので、「山」と「王」の二つの文字が三諦即一の理を表わす形だという単純な原理に基づいている。「山は竪《じゅ》の三本に横《おう》の一本、王は横の三本に竪の一本」だとする文字の構成をもって三諦即一の理にかなうとし、竪・横それぞれの仏教的な三諦を神祇が統一する、その神が地主神・護法神なるが故に天台の教理と山王の教理は習合する原理が成り立つ、といった中世的な理論学説である。鎌倉時代末期にできた虎関師錬の『元亨釈書』にすでにその説が出て来る。天台とは比叡山延暦寺であり、山王とは山麓に鎮座する日吉神社であって、奈良時代すでに神宮寺が在ったとされている。最澄が平安時代の初めに入山する折、神宮寺に詣でて香炉の中から一粒の仏舎利を感得し、のち山上に伽藍を建て本尊の薬師如来像を造立した折、その胎内に納めて礼拝したというから、すでに早くから日吉社をもって比叡一山の地主神とし、天台一宗の護法神とする考え方は胚胎していたと考えてよい。山王七社が整備すると七社の神々と北斗七星を習合させて、いっそう神仏の関係を深め、また理論化することが進んで、多くの著述がなされる。なかでも沙門光宗の著した『渓嵐拾葉集』はその中心をなすものである。天台の回峰修験も山上山下と山王七社の境域をくまなく礼拝するが、三〇キロに近い一日の道程で、三百ヵ所余の祈念・礼拝・遙拝が定められており、その中には神体山をはじめ霊石や霊木に対するものも多く、山王社は「社内の百八社」と「社外の百八社」、そのことごとくが密教的な回峰行者の礼拝の対象となっているのをみても、地主神信仰や護法神信仰の歴史が山王神道を形成する母胎として大きく作用していることが想像される。元亀二年(一五七一)九月の織田信長による比叡山焼打は、一山の堂塔伽藍だけではなく、山下の山王二十一社のすべてをも焼亡してしまったが、豊臣秀吉の庇護をうけた南光坊天海・施薬院全宗・祝部行丸らの努力によって再興のめどがつき始めた時、再び神仏習合した宗教の力が復興をより力強く押しすすめることに成功している。天正年間(一五七三―九二)に行丸の著した『日吉社神道秘密記』は近世における天台神道の基本となり指針となるものであり、天海はのち江戸に出て東叡山や日枝神社を建てて江戸幕府の鎮護とし、特に徳川家康に側近して知遇を得、比叡山の復興と特に教学や法儀の充実に力を入れている。いま日光輪王寺と大津市の叡山文庫には「天海蔵」の名で多くの典籍が蒐集されているが、山王神道には特別の配慮をもって復興に努力し、これを山王一実神道と名づけている。家康が死去した時、はじめは神竜院梵舜の主張によって明神号をもって駿河の久能山に葬った遺骸を、再び下野の二荒山に、山王一実神道の法儀に従って権現号をもって改葬し、今日の日光山東照宮ならびに輪王寺の基礎を築いている。近世の山王神道は行丸と天海を頂点として展開し、ほかに並ぶもののない仏教神道として復興している。山王二十一社、特に上七社の神体造立などに関しても、中世以来の山王曼

茶羅などにみる図像による復興を行なっているが、その基本は『相応和尚七社検封記』と称する中世の山王神道書の記載に則っており、正親町天皇の綸旨をうけた妙法院門跡が特別の京仏師を招いて像容を伝授し、開眼その他すべてが一実神道の法儀に基づいてとり行われているなど、すべて天海の指示によるところである。叡山文庫の「天海蔵」には特に貴重本として「山王神道雑々二十四冊」という一筥があって、近世一実神道の基本文献として保存されている。

参考文献　慈本『山王一実神道記』、島地大等「一実神道について」（『教理と史論』所収）、辻善之助「山王一実神道と僧天海」（『神社協会雑誌』一〇ノ四）、田島徳音「日本天台と一実神道の教義」（『明治聖徳記念学会紀要』四一）　（景山　春樹）

さんのうにじゅういっしゃ　山王二十一社　大津市坂本に鎮座する日吉大社を構成する二十一社を指す呼称単位。同社は東西本宮を中心に宇佐宮を加え「山王三聖」と称し、さらに白山宮・樹下宮・八王子宮・三宮を加えて山王七社、もしくは上の七社と称す。ついで中の七社は大物忌神社・牛御子社・新物忌神社・八柱社・早尾神社・産屋神社・宇佐若宮。さらにまた下の七社である樹下若宮・大宮竈殿社・二宮竈殿社・氏神神社・岩滝社・劒宮社・気比社が位置づけられる。これら上・中・下の七社合わせて山王二十一社とする。このように日吉社は一祭神をもって構成される神社ではなく、百八社にのぼるとされる。こうした本社、摂末社を中心とした諸神の中で、大要をなす二十一社を位置づけたものである。祭神によって大別四グループに区分される。地主神とされる『古事記』所載の東本宮とその一族の摂末社群、大津京の守護神として大和から勧請された三輪明神を祀る西本宮、延暦寺勢力の地方拡大によって勧請されたとみられる宇佐宮、そして白山宮（客人宮）の摂末社群である。　（嵯峨井　建）

参考文献　景山春樹『神体山』

山王二十一社一覧

	類別	現社名	祭神名	旧称	本地仏
上七社	本宮	西本宮	大己貴神	大宮（大比叡）	釈迦如来
	本宮	東本宮	大山咋神	二宮（小比叡）	薬師如来
	摂社	宇佐宮	田心姫命	聖真子	阿弥陀如来
	摂社	牛尾宮	大山咋神荒魂	八王子	千手観音
	摂社	白山姫神社	白山姫神	客人	十一面観音
	摂社	樹下神社	鴨玉依姫神	十禅師	地蔵菩薩
	摂社	三宮神社	鴨玉依姫神荒魂	三宮	普賢菩薩（または大日如来）
中七社	摂社	大物忌神社	大年神	大行事	毘沙門天
	末社	牛御子社	山末之大主神荒魂	牛御子	大威徳明王
	摂社	新物忌神社	天知迦流水姫神	新行事	持国天（または吉祥天）
	末社	八柱社	五男三女神	下八王子	虚空蔵菩薩
	摂社	早尾神社	素盞嗚神	早尾	不動明王
	摂社	産屋神社	鴨別雷神	王子	文殊菩薩
	末社	宇佐若宮	下照姫神	聖女	如意輪観音
下七社	末社	樹下若宮	玉依彦神	小禅師	竜樹菩薩
	末社	竈殿社	奥津彦神・奥津姫神	大宮竈殿	大日如来
	末社	竈殿社	奥津彦神・奥津姫神	二宮竈殿	日光菩薩・月光菩薩
	摂社	氏神神社	鴨建角身命・琴御館宇志麿	山末	摩利支天
	末社	巌滝社	市杵島姫命・湍津島姫命	岩滝	弁財天
	末社	剣宮社	瓊々杵命	剣宮	不動明王
	末社	気比社	仲哀天皇	気比	聖観音菩薩

（景山春樹『神体山』による）

さんのうひみつしゃさんき　山王秘密社参記　日吉社の境内にあたる内の百八社と、外の百八社を含めた諸社、霊跡を巡拝する次第記。手文とも称し、いくつかの系統がある。これは秘密社参と呼ばれる巡拝行で、日吉社の神職や宮仕たちが中心となって夜間に特定の願意のもと、一定の作法、装束、手順に従って行う。天台宗の行門である比叡山の三塔を巡る回峯行と密接な関係があると思われ、たとえば回峯行の日吉社内の順路と秘密社参のそれとは一致する。秘密社参の手文で古いものは室町時代初期の『日吉行道記《ぎょうどう》』とこれにつぐ『長享秘儀参社』があり、さらに諸社霊跡を絵で描き添えた詳細な巻子本の代表が日吉大社蔵の天正七年（一五七九）『日吉山王秘密社参次第記』で、同系統の河野本も近年発見されている。

参考文献　飛鳥井舜達「山王秘密参社について」（『叡山学報』一二）、嵯峨井建「日吉社の秘密社参」（『日吉大社と山王権現』所収）　（嵯峨井　建）

さんのうまつり　山王祭　江戸の山王権現（現日枝神社）の祭礼で、天下祭ともいわれ、江戸三大祭の随一。近江

山王祭（『江戸名所図会』１より）

の日吉山王社の祭礼は歴史上は「日吉祭」とよばれた。江戸の山王社は南北朝時代にはすでに存在したが、その祭礼は江戸開府とともに活気づいたのである。はじめは竹橋辺から小船町《こぶなちょう》までの船渡御《ふなとぎょ》であったが、やがて練り物に意匠を凝らすようになり、寛永十二年(一六三五)から将軍の上覧に供することが、承応元年(一六五二)からは祭礼番付を定めておくことが始まり、天和元年(一六八一)から神田明神祭礼と隔年に行うこととなった。すなわち子・寅・辰・午・申・戌の六月十五日に本祭、翌年は蔭祭《かげまつり》と定められた。元禄八年(一六九五)の祭礼番付には一番大伝馬町から三百八十六人、二番南伝馬町から四百六十人、三番麹町から十三町分、以下四十六番に及ぶ膨大な人数と分担が示されている。享保十五年(一七三〇)から、武家方から奨励としての「御雇祭《おやといまつり》」、同じころから町人有志の進んで負担する「付祭《つけまつり》」が加わり、芸能や曲芸の妍を競った。寛政四年(一七九二)に付祭を三組と制限されたが、まもなくぶり返し、文政ごろの規模では、評判高い花車《だし》その他で四十五番が編成される上、華麗な付祭が続々とつづいた。文化五年(一八〇八)には年番にあたった日本橋一・二丁目の負担は八千八百両に上ると噂された。天保十四年(一八四三)には厳しい制限を加えられ、やがて幕末文久二年(一八六二)には将軍上覧も止み、明治維新後は日枝神社大祭に移行して行った。↓江戸三大祭《えどさんだいまつり》

参考文献　安藤直方『天下祭』(『東京市史外篇』四)

（萩原　竜夫）

さんのうまんだら　山王曼荼羅　⇩日吉山王曼荼羅《ひえさんのうまんだら》

さんのうようてんき　山王耀天記　⇩耀天記《ようてんき》

さんのうれいげんき　山王霊験記　日吉山王の利生霊験説話を集めた絵巻で、二種類が伝存する。その一つは、弘安十一年(一二八八)施入の奥書をもつ静岡県日枝神社本一巻(重要文化財)で、これは『日吉山王利生記』九巻(『続群書類従』神祇部所収)の巻五にあたる。その二は、久保惣記念美術館本二巻(蓮華寺旧蔵、重要文化財)、顯川美術館本一巻(同)、某家所蔵本一巻、延暦寺(生源寺)本一巻(重要文化財)、合計五巻が現存する一連の絵巻で、その詞書は応永三十年(一四二三)以前に成った『山王絵』十五巻の詞書を書写した京都妙法院蔵『山王絵詞』に相応する。したがって、絵巻も原初には十五巻で完結していたと推定される。その内容は、日吉山王社の創立記は第一段に述べるにすぎず、他はすべて利生記であるが、一社の祭神に関する霊験説話に限定しているので、社寺縁起絵巻の性格がみられる。日枝神社本は剝落損傷があり、補筆も認められるが、関白藤原師通が強訴にきた山門衆徒を殺害したので、神罰をうけた話を詞二段絵一段に描き、整った構図や力強い描線は鎌倉時代大和絵の様式を示す。他の一連の絵巻は、山王の加護あるいは神罰に関する霊験説話を描いており、久保惣本は二巻(各六段)、顯川本は五段、某家本は六段、延暦寺本は五段よりなる。いずれも彩色が鮮麗で、人物の表情に生彩があり、重厚な霞引きとともに、これが、室町時代初期の制作であることは疑いない。ただし、その筆致から一筆でなく、数人の画家が制作に参加したことが推定される。日枝神社本は『続日本絵巻大成』一二所収。

参考文献　中野玄三「社寺縁起絵論」(奈良国立博物館監修『社寺縁起絵』所収)、梅津次郎「山王霊験記絵巻—蓮華寺本その他—」(『美術研究』九九)、近藤喜博「山王霊験記とその成立時代」(『国華』七七一・七七二)

（宮　次男）

さんぼう　三方　神道祭祀で主に神饌《しんせん》をのせるのに用いられる祭具。衝重《ついがさね》の一種である。室町時代ごろより「さんぼう」あるいは供饗《くぎょう》と称するようになったといわれている。衝重は「つきがさね」の音便形で、折敷の下に方筒形の台を重ねつけた形式の器具で、神や高貴な人、主人などに物を献じたり、饗応の際に用いられるものであった。台に穴があけられているものは、穴の数により四穴のものは四方、三穴のものは三方、穴のないものは供饗と呼ばれている。供饗とは饗饌《きょうせん》を捧げる(奉る)意味である。この穴を眼像《げんしょう》、刳形《くりがた》という。神道祭祀では通常三方を用いる。檜の素木を用いるのが普通であるが、黒漆塗や朱漆塗(塗三方)、総体に胡粉を塗り、顔料で吉祥文様などの各種文様を描いたものも見られる。特殊なものとしては、伊勢神宮で用いられている丸三方《まるさんぼう》がある。これは丸形折敷に丸筒状の台をつけたもので刳形はない。神前では、三方は穴のない側を神前に、縁の綴目が手前になるよう供える。

参考文献　小泉和子『家具』(『日本史小百科』)

（岡田　芳幸）

さんまい　散米　「うちまき」ともいう。米をまき散らす作法。またその米をもいう。散米には、㈠神に神饌として供える、㈡邪気をはらい清める、という二つの場合が

考えられる。神に神饌を献供するには、一般に器に盛り机に載せて供える丁重な方法がとられるが、地位の低い神には散供《さんぐ》の方法を用いる。大殿祭《おおとのほがい》に、忌部が玉を殿の四隅に懸け、御巫らが米・酒・切木綿を殿内の四隅に散ずるといった作法がみられる。このように散米は散供の一つの方法である。節分の豆撒きも本来は散供の一種で、それが邪疫駆除の目的に用いられたのである。邪神悪霊などの地位の低い神に散供による饗応を施し、その心を満足させて境外に去らしめるという考え方があり、これが両様の目的に用いられるようになったのである。散米をもって祓除を行う方法は、平安時代以降陰陽師によって盛んに行われ、その例は物語・日記などの文学作品のほか記録などにも散見する。（倉林 正次）

さんりょう 山陵 ⇩陵墓《りょうぼ》

さんろう 参籠 神社や寺院に参詣する際にその境内の浄域内で、一夜以上、何日かの間、世間との交際を絶ち、精進潔斎し、時には断食・不眠不臥・夜間の水垢離などの苦行を行いつつ、礼拝・誦経などの宗教生活を送ること。かくして心身ともに疲れ果て、夢遊状態になった時に、神や仏が身近に現われて託宣を下すと信ぜられる。和気清麻呂は宇佐八幡に参籠して、弓削道鏡に皇位をゆずることが不可なる旨の神託を得ている。親鸞は京都の六角堂に百日参籠して、九十五日目に聖徳太子の示現を得て法然をたずねるに至った。また一遍は、熊野本宮証誠殿に参籠した際に、熊野権現の本地阿弥陀仏の夢告により時宗を開いた。『今昔物語集』には、貧乏な青侍が長谷観音に参籠して夢告を受けた後、下向道で一本の藁しべを拾ったのが運のはじまりで、つぎつぎと運が開け金持ちになる「藁しべ長者」の物語を伝えている。文学にはほかにも例が多い。（小池 長之）

し

しいねつひこ 椎根津彦 倭国造らの祖。別名珍彦《うずひこ》。『古事記』では槁根津日子《さおねつひこ》。速吸門で釣をしていた国神であったが、神武東征遭遇後は海路を導いた。祭祀用の器のために老父に変装して天香山の土を取って来るなど軍略にも長けた活躍から国造に任じられた。倭国造の氏族はのちに大和坐大国魂神社の奉斎を行なった。椎根津彦は大分県椎根津彦神社の祭神でもあり、本拠地については北九州と畿内の二つの説がある。

参考文献 田中卓『日本国家の成立と諸氏族』(『田中卓著作集』二)（渡辺瑞穂子）

しう 祠宇 神をまつる建物。特に明治十年(一八七七)代に教派神道各教で、その主神をまつり、信者の葬儀などを行うために設けられた施設をいう。明治十四年、内務省は神社・寺院以外で葬祭を執行し、衆庶を参拝させることを禁じたが、翌十五年、神道教導職が主神を鎮祭し、信者の葬儀を執行するために祠宇を設けることを許した。以後、神道本局・神道修成派・大社教・扶桑教・大成教・神習教など二十一の祠宇がつくられた。十七年、墓地及埋葬取扱規則により、教院・教会所などで葬儀を行うことが許されたため、十九年、既設の祠宇は存続できるが、新設は認めないこととした。

参考文献 文化庁編『明治以降宗教制度百年史』（村上 重良）

しうさい 止雨祭 日(陽)乞い・照乞いなど、晴天を祈り願う止雨祈願の行事。宮崎県児湯郡西米良村の日申しは雨乞いと同様の儀礼をする。農作にとって温度の低くなりやすい山間の村では晴を祈る祭が必要で、長野県では天気祭という民俗語彙がある。秋田県仙北郡神岡町大裏付近で、雨降りが続くと、若衆たちが申し合わせてお天気祭を行う触を出す。これをシリマツリという。日和申しという語彙が長崎県壱岐島に伝承されており、東京都三宅島のヒヨリヨシも同じことと思われる。回船出帆の折に、村役人・船頭が浜で酒盃をし、船鑑札を渡したが、その時村の老婆がヒヨリヨシといって、「日和山」「走り船」などの歌を歌った。岡山県阿哲郡上刑部村井野では、雨上げという願掛けがある。山中の淵へ行き、そこの竜宮祠の前で祈り、一同で飲酒する。兵庫県宍粟郡波賀町原では、アマアゲといい、神社で行う晴天祈願で、雨乞いと同様、般若心経を唱える。特別な日の前日や長雨の続く時などに晴れを願って軒下や窓辺につるすテルテル坊主(法師)の起源を、虫送りなどと同様に、風雨の害を人形につけて鎮送する人形送り形式の日乞い行事にみる説もある。

参考文献 高谷重夫『雨乞い習俗の研究』（福原 敏男）

じうん 慈雲 ⇩飲光《おんこう》

しおがまじんじゃ 塩竈神社 ⇩志波彦神社《しわひこじんじゃ》・塩竈神社《しおがまじんじゃ》

しおつちのおじ 塩土老翁 記紀の海幸山幸神話に登場する神。山幸彦が海辺で魚にとられた兄の釣針を探しあぐねていた時に現われ、海神宮《わたつみのみや》へ行く方法を教えてくれる。また『日本書紀』で、日向に降臨した天孫に都とする良き土地を、神武東征に際しては東方によい国があることを教えている。名は、潮と助詞ツ、霊を意味するチから成る。すなわち潮路を掌る神である。右の三つの話は、いずれも海岸もしくは海路に関連する。（倉塚 曄子）

しおゆ 塩湯 罪穢を祓い清める具。『大神宮儀式解』『儀式』『江次第』など、古代の文献では「しおゆ」と訓んでいるが、こんにちの神道の祓えでは、「えんとう」と音読し、大麻《おおぬさ》と並んで修祓《しゅばつ》の儀に用いられる。その用法は土器にて堅塩《かたしお》を湯に和し、これを榊の小枝にてそそぐ。塩を用いるのは、伊佐奈伎命が檍原《あわぎはら》で身滌《みそぎ》をしたことによる。湯を用いるのは、塩をやいて製するときの火の穢を、清火でわかした湯で和し清めるためである。

(沼部　春友)

しおゆ　**潮湯**　住吉大社(大阪市住吉区)の神輿洗神事。旧暦六月十四日に、七月三十一日(もとは六月晦日《な》)の夏越祓《こしのはらえ》の翌日八月一日、神社から紀州街道を経て堺市宿院開口《あぐち》の頓宮に渡御する神輿を、神社の西方長峡浦に舁き出し、海水で洗い清める。この日、紀州熊野浦からの潮流にのって、大鯨が住吉浦に来るという伝承があり、南方から流れ寄せるこの潮を浴びると万病平癒するという信仰があり、潮浴するものが多い。これを住吉の御湯、御湯祭、泥湯と称している。なお、繁根木《はねぎ》八幡宮(熊本県玉名市)の十月十八日・十九日の例祭に先立ち、神幸祭の御旅所の川原に行って、節頭という少年の頭人とその乗馬が海に入って身を清め、潮取り御幣という幣をその場所に立てる潮取りの神事があり、こうした潮浴の作法は各地の神事に見られる。

(岩井　宏實)

しおゆとりしんじ　**潮湯取神事**　熊本市春日の北岡神社の例祭(八月一―五日)に先立って行われる潮汲みの神事。「えんとうとりしんじ」ともいう。昔、山城国祇園社から北岡神社の祭神である健速須盞嗚尊を勧請した際の上陸地とされる飽託《ほうたく》郡小島《おしま》町河原で、七月二十九日早朝、神職・氏子総代などが神事を執行し禊祓を行なったのち、竹筒二本に潮を汲み取って持ち帰り、例祭の修祓に用いる。これを潮湯取神事と称している。例祭に先立って潮取り神事・潮汲み神事を行う例は多い。たとえば福岡県京都郡豊津町の貴船神社では、八月一日のお願ごもりの前に、潮汲みを行う。大分県西国東郡香々地町の別宮八幡社の九月十五日の報賽祭でも潮汲みがあり、同県豊後高田市の愛宕社の潮汲祭(八月十六日)、同市熊野神社の夏季大祭(旧暦六月二十日)の潮汲みなどがある。東京都府中市大国魂神社の暗闇祭(五月五日)では祭に先立ち、品川沖で東京湾の潮水を汲み上げ、持ち帰って旧武蔵国府中の清めに用いる。また九州北部・太平洋沿岸に潮汲みの神事が多く見られる。

(茂木　栄)

しかうみじんじゃ　**志賀海神社**　福岡市東区の志賀島《しかのしま》に鎮座。旧官幣小社。底津綿津見神・仲津綿津見神・表津綿津見神を祭神とする。同社の形成には神功皇后説話などがからんでいるが、玄界灘に臨む交通の要衝である志賀島全体が聖域視されており、同祭神が海洋活動で知られる阿曇族によって奉祀されたことは明らかである。『新抄格勅符抄』の大同元年(八〇六)牒には阿曇神に神封八戸とみえ、貞観元年(八五九)志賀海神に従五位上、元慶四年(八八〇)賀津万神(志賀島勝馬の祭神)に従五位下が授けられた。『延喜式』には志加海神社三座が記されている。『小右記』には志賀社司の対宋交通が記されており、文明元年(一四六九)少弐頼忠は東月寺住持に志賀島宮司職を安堵している。『正任記』には志賀島宮司祖慶のことがみえる。中世では大内持世・同政弘・同義興・小早川隆景、近世では黒田氏の保護が加えられた。大正十五年(一九二六)村社から官幣小社に昇格した。神事のうち歩射祭(一月十五日)・山誉種蒔漁猟祭(旧二月十五日)・山誉漁猟祭(十一月十五日)・御神幸祭(旧九月八日)などは福岡県指定無形民俗文化財である。

参考文献　福岡県教育委員会編『志賀海神社祭事資料集』

(川添　昭二)

志賀海神社縁起

志賀海神社拝殿

鹿卜神事（群馬県富岡市貫前神社）

しかうらのしんじ **鹿卜神事** 鹿骨を焼き、現われた亀裂の形状により吉凶を占う宗教行事。『古事記』『日本書紀』『万葉集』、『魏志』倭人伝などの古文献の所見に加えて、近年に至り神奈川県三浦半島その他各地で弥生時代から奈良時代にかけての鹿卜の廃骨が出土し、わが古代における鹿卜神事の実在が確かめられた。現在この神事の行われているのは群馬県富岡市の貫前《ぬきさき》神社と東京都青梅市の御嶽《みたけ》神社である。貫前の神事は毎年十二月八日執行される。祭神経津主命《ふつぬしのみこと》の神前に向かい拝殿に炉を設け、炉中の木炭を忌火《いみび》(浄火)で燃やして錐《きり》を焼き、鹿骨を貫くこと三度。貫き方により各村の吉凶を判じ、村名を呼んでこれを報ずる。吉凶はもっぱら火災に関し、火災予報に役立てられる。御嶽の神事は毎年一月三日特設の斎場で執行される。斎場には南方に卜神櫛真知命《くしまちのみこと》の祭壇を設け、壇前の西側に斎主、東側に副斎主、後方に行事執行の神官が炉を中心にして坐す。炉中には忌火で燃やした木炭を置き、直火《じかび》で鹿骨を焼くと放射状の亀裂が生ずる。亀裂を太古尺で計り、長短によりその年の農作物の豊凶を占う。両社の神卜に関してはあまり旧い記録がなく、これを直ちに古代鹿卜の遺存するものとは考えられない。貫前の焼錐式は、亀裂の形状により吉凶を定める一般の卜法と異なり、御嶽の放射状亀裂方式もまた特殊な卜法である。しかし、近年出土の卜骨やわが国周辺に見られる卜法には方法・観念上相似のものもあり、今後の比較研究が期待される。→太占《ふとまに》

参考文献 伴信友『正卜考』一(『伴信友全集』二)、近藤竜雄著・大田兼雄編『太占探究』、金関丈夫「発掘から推理する」(『朝日選書』四〇)、三崎幹一郎「国幣中社貫前神社特殊神事」、藤野岩友「占卜に関する二、三の問題」(『中国の文学と礼俗』所収)、同「亀卜について」(同所収)、赤星直忠「海蝕洞窟—三浦半島に於ける弥生式遺跡—」(『神奈川県文化財調査報告』二〇)、神沢勇一「間口洞窟遺跡」(『神奈川県立博物館発掘調査報告書』六—九)、同「弥生時代、古墳時代および奈良時代の卜骨・卜甲について」(『駿台史学』三八)、新田栄治「日本出土卜骨への視角」(『古代文化』二九ノ一二)、木村幾多郎「長崎県壱岐島出土の卜骨」(『考古学雑誌』六四ノ四)

(藤野 岩友)

しかくしきょうのまつり **四角四境祭** 陰陽道の祭祀。『董仲舒祭書』を典拠とする。疫病の流行や天皇の不予の際あるいは三合厄で疾疫が予想される際などに、それを鬼気(疫神・疫鬼を含む)の所為と考え、鬼気が外より侵入するのを道路上でまつり追却する。祭場により大内裏外の四隅(艮・巽・坤・乾。一条・二条と東西大宮の各大路の交)と京師の四隅で行うものを四角祭、山城国の国境(和邇または竜華・会坂・大枝・山崎または関戸)で行うものを四境祭(四堺祭)という。吉日を択び、勅使(四角祭は蔵人所衆、四境祭は滝口)や陰陽寮官人らを派遣し、また四境祭ではその供給を山城国に用意させる公式の祭祀である。平安時代の初期まで神祇官の卜部氏が掌っていた宮城四隅と畿内境十処の疫神祭を規模をかえて同じく中期ごろに陰陽寮が移管したようであり、祭儀もそれに準じて考えてよいであろう。鎌倉幕府も幕府の四角と鎌倉の四堺(小袋坂・小壺・六浦・片瀬川)で行なった。

参考文献 甲田利雄「四角祭考」(『平安朝臨事公事略解』所収)、野田幸三郎「陰陽道の一側面」(『陰陽道叢書』一所収)

(小坂 真二)

しがけんごこくじんじゃ **滋賀県護国神社** 滋賀県彦根市尾末町に鎮座。祭神は戊辰戦争以降の国事・国難に殉じた滋賀県出身者三万四千余柱を祀る。明治二年(一八六九)九月、彦根藩知事井伊直憲は戊辰戦争に戦死した藩士青木貞兵衛頼実をはじめ二十六名のために招魂碑を建て慰霊の祭典を行なった。同九年に現社地の尾末町に招魂社が造営された。昭和十四年(一九三九)内務大臣指定護国神社となり、滋賀県護国神社と改称された。第二次世界大戦後の占領下の昭和二十二年三月七日に社号を沙々《ささ》那美《なみ》神社と改称したが、同二十八年十月十五日には滋賀県護国神社に復称した。例祭は春季(四月五日)・秋季(十月五日)、みたま祭(八月十三—十五日)、戦没者追悼慰霊祭(八月十五日)。

参考文献 「護国神社」(『靖国神社百年史』資料篇下所収)、『全国護国神社会五十年史』

(津田 勉)

じがみ **地神** ㈠西日本ではジガミ・ジヌシサマ(地主様)、中部日本から関東地方にかけてはジシン・チジン(地神)、ジノカミ(地の神)と呼ぶ。これら地神系統の神をまつる方式はきわめて区々であるが、関東地方のチジンさんは村の入口に近い辻にまつられている場合が多く、「地神尊」とか「堅牢地神」という名を刻んである。関東・四国の各地では、地神を作神と考え、講組織で春秋の社日にまつる例が多い。屋敷神として宅地の一隅にまつる場合も多い。特定の旧家に限って地神をまつる形から、部落の各戸でまつる形へ分化していったと考えられるが、また

旧家の地神が部落の神に昇格したという事例も少なくない。埼玉県児玉郡や静岡県の各地では、家人が死んで三十三年あるいは五十年忌をすませると、地神になると伝えている。地神に作神的・祖霊的性格のあることは、注目すべき点であるが、現在では土地の神、屋敷の守護神とみる信仰の方が支配的である。

参考文献 直江広治「地神と荒神」(『日本民俗学』三ノ三・四)　(直江 広治)

(二) ⇩地主神《じぬしがみ》

しかん　祠官　神社の祭祀祈禱に従事する神職の総称として用いられた語。神職の名称は、時代により、また神社により種々に呼称されてきたが、その総称的なものとして、神官・社家・社人・社司などの語があり、それらと同義語として用いられた。『神道名目類聚抄』にも「社家ナド云ニ同ジ、神官ノ総称ナリ」とある。明治五年(一八七二)府県社・郷社の制のできるとともに、その神職を祠官、村社のそれを祠掌と称し、同二十七年まで続けられた。　(鎌田 純一)

しきがみ　式神　陰陽師が使役する鬼神。識神とも書く。陰陽道で用いる式占より生じた神観念あるいは式占に従属する祭祀の神格から来たものと思われる。しかし『今昔物語集』をはじめとする説話文学や『大鏡』などに記されるところでは、密教の護法善神と同様に陰陽師の呪者としての能力の示現という性格が強く、安倍晴明や智徳に仕え駆使されて、変幻自在に姿をかえその命令を果たし、時には呪詛や人殺しにも使われている。

参考文献 斎藤励『王朝時代の陰陽道』、小松和彦『憑霊信仰論』、小坂真二「反閇」下(『民俗と歴史』一〇)、野田幸三郎「陰陽道の一側面」(『歴史地理』八六ノ一)　(小坂 真二)

じきぎょうみろく　食行身禄　一六七一―一七三三　江戸時代中期の富士講の指導者。俗名は伊藤伊兵衛。寛文十一年(一六七一)伊勢国の農家に生まれ、十三歳で江戸に出て呉服雑貨商に奉公し、のち独立して行商を経て油商を開いて産をなした。その間、十七歳で富士信仰に入り、毎年、富士山に登拝して信仰を深め、商業活動の心の支えとした。享保二年(一七一七)、師の富士講五世行者月行劊仲の死により六世行者となった。享保十四年、教義書『一字不説の巻』を著わし、詠歌もつくった。その教義は、富士の神である仙元大菩薩を、米と農事の時を授ける万物の祖神とし、士農工商は神に勤め、おのおの家業に励むことによって、富を得て幸福になるとし、信仰の内面化を唱えて、加持祈禱中心の光清派富士講を批判した。十五年、登拝して富士の神にまみえたとし、八年後にこの地で入定することを決意し、江戸にもどると、家産を縁者らに分配して、髪油・燈油の行商のかたわら、熱心に布教した。世人はその熱烈な布教活動に驚き、「乞食身禄、気違い身禄、油身禄」とよんだ。十六年、江戸巣鴨の自宅前に「身禄(弥勒)の世」の到来を告げる高札を立て、十七年、世を救うために予定を早めて、翌年に入定することとした。十八年、富士山に赴いて烏帽子岩で断食に入り、高弟の吉田口御師田辺十郎右衛門父子に『三十一日の巻』を口述し、一ヵ月余で絶命した。六七月十三日のこととされるが、実は同十七日らしい。六十三歳。その教えは、身禄派富士講に受けつがれ、江戸時代後期の富士講の繁栄を導いた。　↓富士講《ふじこう》

参考文献 村上重良・安丸良夫校注『民衆宗教の思想』(『日本思想大系』六七)、井野辺茂雄『富士の信仰』(『富士の研究』三)　(村上 重良)

しきげしや　式外社　⇩式内社《しきないしゃ》

しきさんば　式三番　能楽の演目で、通常『翁』の名で上演される。能・狂言の多くの演目中でも最神聖曲であり、奏演に先立って、役者の自宅や楽屋で精進潔斎が行われ、当日、鏡の間では祭壇が立てられて面を神体としてまつるなど、神事性が強い。式三番の名の由来について、世阿弥の『風姿花伝』は、稲積みの翁(翁)・世積の翁(三番猿楽)・父の尉の三老翁を主体とするからと説く。このうち三番猿楽は「三番叟《さんばそう》」の名でも呼ばれ、狂言役者によって演じられる。大和猿楽との結びつきが強い、興福寺の薪能の一行事として演じられる春日大社の翁舞いは「呪師走《ずしばし》り」の名で呼ばれる。呪師《しゅし》とは、散楽系の芸能者で、古代後期から中世に、寺院における年頭の修正会・修二会などの悔過儀礼で、猿楽者とともに芸能を演じた。修正会・修二会にはまた、密教的な呪法を担当する法呪師《ほずし》と呼ばれた役僧もあったが、呪師芸や法呪師の呪法が、『翁』の成立に関わるものと考えられる。中世末から近世初期には、『翁』に関する両部神道的要素が濃厚な故実が「神道秘密翁大事」などと呼ばれて、僧侶・神道家のほか、狂言の座など役者の間に秘説として伝授された。

参考文献 天野文雄「狂言大蔵家の《翁》秘説」(『翁猿楽研究』所収)　(松尾 恒一)

しきだとしはる　敷田年治　一八一七―一九〇二　幕末・明治時代の国学者。初名は主計之介、上総、仲治。通称は大次郎。百園と号した。豊前国宇佐郡敷田村(大分県宇佐市)二葉山神社の祠官宮本兼継の次男。文化十四年(一八一七)七月二十日生まれる。帆足万里・渡辺綱章に学び、天保十年(一八三九)同郡四日市蛭子神社祠官の吉松家の養子となり、吉松伊勢守と称し同神社に奉仕した。弘化三年(一八四六)従五位下に叙せられ改名した。嘉永六年(一八五三)江戸に遊学し、文久三年(一八六三)和学講談所に勤務した。明治二年(一八六九)大阪に在る佐土原藩の国学講習所の教師となったが、同四年河内国茨田郡門真村に隠退した。同十四年伊勢の神宮教院の学頭に迎えられ、神宮皇学館の創設に尽力し、同校の学頭となった。同二十一年に大阪堀江に私塾を開設した。古典に詳しく考証に長じ、著述は、『古事記標註』『日本紀標註』『喪明録』『仮名沿革』『音韻啓蒙』『祝詞弁蒙』など多数。明治三十五年一月三十日没。八十六歳。大阪阿倍野墓地に葬

る。

参考文献　日本文学資料研究会編『国学者伝記集成』続篇、高梨光司『敷田年治翁』、梅田義彦「敷田年治大人の業績と人物」(『明治聖徳記念学会紀要』三四)

(山本　武夫)

しきないしゃ　式内社　『延喜式』巻九・巻十の、いわゆる「神名帳」(「神名式」)に登載されている神社のこと。詳しくは延喜式内社というが、一般に式内《しきない》の社《やしろ》・式内社、略して式内・式社という。また、「神名帳」に登載されない神社を式外《しきげ》の社《やしろ》・式外社《しきげしゃ》、略して式外という。「神名帳」の冒頭に「天神地祇惣三千一百卅二座、社二千八百六十一処、前二百七十一座、大四百九十二座、三百四座(並預二祈年、月次、新嘗等祭之案上官幣一、就中七十一座預二相嘗祭一)、一百八十八座(並預二祈年国幣一)、小二千六百卌座、四百卅三座(並預二祈年案下官幣一)、二千二百七座(並預二祈年国幣一)」とあるように、全国五畿七道に散在する天神地祇、すべて三一三二座を登載してある。「座」とは神座の意で、一社に二座以上の神をまつる場合もあるが、一座の場合は社名だけを記してある。「処(所)」は社の所在数を示し、たとえば諏訪大社のように一社で上社・下社と二社ある場合は、一社二所という。次に「前《まえ》」とは、祭神が二座以上のときに、主座のほかをすべて「前」という。また「大」は大社、「小」は小社の意で、これらは神祇官のまつる官幣社と国司のまつる国幣社とに分かれる。奈良時代ではすべて神祇官より官幣が奉られる規定であったが、平安時代初期の延暦十七年(七九八)以後は国幣も行われるようになり(『類聚国史』)、官幣社・国幣社ともに官社と称した。大社は四九二座(社数三五三所)あり、うち官幣大社が三〇四座(社数一九八所)、国幣大社が一八八座(社数一五五所)ある。小社は二六四〇座(社数二五〇八所)で、うち官幣小社が四三三座(社数三七五所)、国幣小社が二二〇七座(社数二一三三所)あり、式内社の三分の二以上を占めている。官・国幣社とも名神祭に預かるのは大社で、これを名神大社と称し、すべて三〇六座(社数二二四所)あり、そのうち官幣の名神大社が一二七座(社数七七所)、国幣が一七九座(一四七所)ある。官幣大社はいずれも案上の官幣に預かる。名神祭に預かる官幣大社で祈年・月次・相嘗・新嘗に預かるものは五五座(社数三一所)、祈年・月次・新嘗に預かるものは七二座(社数四六所)ある。官幣大社で名神祭に預からないが、祈年・月次・相嘗・新嘗に預かるものは一六座(社数一〇所)、祈年・月次・新嘗に預かるものは一六一座(社数一一一所)ある。官幣大社は五畿内を主として諸道に散在するが、西海道には所在しない。官幣小社は祈年祭に案下の官幣を受け、五畿内に限られて所在する。国幣社は大・小社とも畿外に所在し、祈年祭の国幣に預かる。その品目や数量は社格に応じて相違がある。「神名帳」上(巻九)には宮中・京中・五畿内・東海道の諸社を、同下(巻十)には東山道・北陸道・山陰道・山陽道・南海道・西海道の諸社を登載してある。なお、式内社と推定されるものが二社以上存在し、いずれか決定しがたい場合、それらを論社という。

式内社分布一覧

	官幣大社	官幣小社	国幣大社	国幣小社	合　計
宮　　中	30	6			36
京　　中	3				3
五 畿 内	231	427			658
東 海 道	19		33	679	731
東 山 道	5		37	340	382
北 陸 道	1		13	338	352
山 陰 道	1		36	523	560
山 陽 道	4		12	124	140
南 海 道	10		19	134	163
西 海 道			38	69	107
合　計	304	433	188	2207	3132

参考文献　吉田兼倶『延喜式神名帳頭註』、林羅山『本朝神社考』、度会延経『神名帳考証』、伴信友『神社私考』(『伴信友全集』二)、同『神名帳考証』(同一)、鈴木連胤『神社覈録』、栗田寛『神祇志料』、同『神祇志料附考』、教部省編『特選神名牒』、式内社研究会編『式内社調査報告』

(三橋　健)

しきねんさい　式年祭　定めの年に定例の儀式として執り行われる祭祀のこと。皇室においては、歴代の天皇・皇后の崩御の日から数えて満一年目に一年祭が、続いて三年、五年、十年、二十年、三十年、四十年、五十年、爾後毎百年目に皇霊殿において年祭が行われる。また一般神社においても式年祭が行われている。たとえば長野県諏訪大社の七年目ごとの御柱祭、そして茨城県鹿島神宮の御船祭や千葉県香取神宮の神幸祭はともに十二年目ごとに執り行われ、また福岡県太宰府天満宮・京都北野天満宮・栃木県日光東照宮は五十年を周期として式年祭が行われている。また民間においても、皇室の例にならって式年の祭が行われるのを常としている。

(鈴木　義一)

→年忌《ねんき》

しきねんせんぐう　式年遷宮　神社で、一定の年数を定めて、新殿を造営し、旧殿の御神体をここに遷すこと。そしてこの新殿の造営を式年造営といい、また仮殿遷宮と対称して正遷宮とも称せられる。伊勢神宮の例が著明である。伊勢神宮に式年遷宮の制が立てられた年次については、朱雀三年、白鳳十三年、同十四年などの説があり一定していないが、天武天皇十四年(六八五)乙酉の歳とするのが妥当であろう。この制度による第一回の式年遷宮は、『大神宮諸雑事記』によると、皇大神宮(内宮)は持統天皇四年(六九〇)に、豊受大神宮(外宮)は同六年に

式年遷宮（歌川国芳「伊勢太神宮遷御之図」）

行われている。そしてこの当時は前の式年遷宮の年から二十年目に次期の遷宮が繰り返されていた。ところが康永二年(一三四三)の第三十五回式年遷宮以来、二十一年目となり、その後二十一年目ごとに行われることとなって現代に及んでいるのである。なお二十年ごとの造替については、延暦の『皇太神宮儀式帳』に「常限二廿箇年一一度新宮遷奉」とあり、さらに『延喜式』伊勢大神宮にも「凡大神宮、廿年一度、造二替正殿・宝殿及外幣殿(度会宮、及別宮、余社、造二神殿一之年限准レ此)一、皆採二新材一構造、自外諸院新旧通用」と述べられている。なお式年遷宮は、神宮において最も重要な祭儀であるので、式月式日といってその月日次も一定され、豊受大神宮は九月十五日、皇大神宮は同十六日を以て遷宮が行われたのであった。そしてこの式月式日の制は、康永二年十二月二十八日の皇大神宮遷宮以降、変動をみたが、明治二十二年(一八八九)の第五十六回式年遷宮に皇大神宮は十月二日、豊受大神宮は同五日とされ、爾来第五十七回の明治四十二年、第五十八回の昭和四年(一九二九)、第五十九回の同二十八年、第六十回の同四十八年、そして第六十一回の平成五年(一九九三)はいずれも内宮が十月二日、外宮が同五日と定められている。次に造営工事には、その進捗に伴って山口祭・木本祭・御杣山木本祭・御樋代木奉曳式・御木曳初式・木造始祭・地鎮祭・仮御樋代木伐採式・立柱祭・御形祭・上棟祭・檐付祭・甍祭・御戸祭・御船代祭・洗清・心御柱奉建・杵築祭・後鎮祭・御装束神宝読合・川原大祓・御飾などの数多くの祭典が斎行され、そしていよいよ遷宮の大儀が行われるのである。もちろん新しく作り替えられるのは殿舎ばかりでなく、御霊代以外のすべての神宝・調度品に及ぶことは、『続日本後紀』嘉祥二年(八四九)九月丁巳(七日)条に「遣二左少弁従五位上文室朝臣助雄等一、奉二神宝於伊勢大神宮一、是廿年一度所レ奉例也」とあるによって明らかである。これはすべてを新しくすることによって神威の一層の更新(若がえり)を乞い奉る義と解されるのである。なおまた、式年遷宮が行われる理由については、古来種々の説がなされている。いまその代表的なものを列挙すると、㈠社殿の多くは木造建築であるため、一定の期間を経ると耐久力を失うから、二十年、三十年、五十年などの式年を以て改築・修理を行う要があるため、㈡それが神宮のごとく二十年が一周期とされたのは、工匠その他造替に従事する技術者の都合上からで、すなわち一世代を三十年として、その前期十年は父親の手助けとして働き、後期十年は年を取り息子の時代としてみずからは監督の時期とすれば、実際に働き得る期間は前・中期の二十年間とみる考えからとするもの、㈢わが国の神の道は清浄を以て根元とするから、時期を定めて社殿を新しく造替し、清々しいところに神を遷すためとするもの、㈣神が新しい御殿に遷ることによって若返り、より強く大きい力で加護してくれることを信じ祈るため、㈤神の降臨を仰ぐ場合は必ず真新しい住まいに招くという伝統的習俗によるとするもの、㈥原始時代の物の数え方によれば、片手片手で十、そしてそれを裏返すと二十となり、その二十という最大数をもってきたものとする説、等々。おそらくはこれらの諸説が統合された思考のもとで式年造営が行われてきたものと思われる。なお式年遷宮については神宮の例が最も古くから史書にみえるが、その他の古社にあってもこの制は立てられている。貫前神社(十三年目)・賀茂御祖神社(下鴨神社、二十一年目)・春日大社(同)・住吉大社(二十年目)・香取神宮(同)・鹿島神宮(同)などはその一例である。このうち賀茂御祖神社・貫前神社などは今日もその制を厳守、祭儀が存続している。↓伊《い》勢神宮《せじんぐう》 ↓本殿遷座祭《ほんでんせんざさい》

参考文献 『古事類苑』神祇部三、喜早清在『毎事問』(『大神宮叢書』神宮随筆大成前篇)、星野輝興「神宮式年遷宮の意義」(祭祀学会編『(星野輝興先生著作集)日本の祭祀』所収)、座田司氏「伊勢神宮式年遷宮の意義」(『(研究評論)歴史教育』四ノ六)、宮地直一「式年遷宮の本義」(『弘道』昭和四年十月号)、小林健三「神宮式年遷宮の歴史的意義」(『史苑』四ノ一)
（鈴木　義一）

しきのひもろぎ 磯城神籬 ⇩神籬《ひもろぎ》

しきのみあがたにますじんじゃ 志貴御県坐神社 奈良県桜井市金屋に鎮座。大和国六御県社の一つ。旧村社。天平二年(七三〇)の『大和国正税帳』に志貴御県神戸とその貢納がみえる。『新抄格勅符抄』の大同元年(八〇六)牒にはその神戸十二戸が掲げられている。『延喜式』神名帳には「大、月次・新嘗」の官祭を示している。その後、社勢は振るわず、近代は村社に列した。祭神は大己貴命。

参考文献 奈良県編『大和志料』下
（永島福太郎）

しきぶしょく 式部職 近代の宮内省および宮内庁の部局。宮中の祭典・礼式・交際・雅楽などを掌る。明治十七年(一八八四)十月式部寮に代わって宮内省に設置され、

式部長官(勅任)・式部次官・式部官・掌典長(勅任)・掌典・雅楽長などの職員が置かれた。最初の式部長官は鍋島直大、掌典長は九条道孝である。翌十一月定められた式部職事務規程によれば、職中事務を式部職・掌典部・雅楽部に分かち、式部職は朝廷の諸礼式・宮中饗宴・内外人謁見・行幸啓鹵簿などに関することを、掌典部は四方拝その他諸祭式に関することを、雅楽部は神楽および雅楽に関することを掌ることになっている。その後幾たびか官制・職制の改定があり、第二次世界大戦前の式部職は式部長官(親任または勅任)の下に式部次長・式部官・主猟官などが置かれ、儀式・外事・主猟の三課において事務を分掌し、また楽部には楽部長・楽長・楽師などが置かれていた。掌典部は昭和十四年(一九三九)十二月分離して掌典職となった。同二十一年四月式部職は式部寮と改称され、翌二十二年五月宮内省が宮内府となった時もそのまま継続し、二十四年六月宮内府が宮内庁となった時に式部職の名に戻っている。二十四年六月以降の現制では宮内庁式部職として式部官長の下に式部副長・式部官が置かれ、儀式・外国交際・翻訳・通訳・雅楽・洋楽・鴨場接待などを掌り、楽部には楽長以下の職員が置かれている。 →掌典職《しょうてんしょく》

参考文献 宮内省編『明治天皇紀』、内閣記録局編『明治職官沿革表』 (後藤 四郎)

しきぶりょう 式部寮 近代の太政官・宮内省および宮内府の部局。宮中の礼典・祭祀・交際・雅楽などを掌る。明治四年(一八七一)七月太政官の正院に式部局が置かれたが、翌八月式部局は雅楽・舎人の二局とともに廃止されて改めて式部寮が設置され、式部頭(三等官)の下に権頭・助・権助・属・伶人・舎人などが置かれた。最初の式部頭は坊城俊政である。翌五年三月神祇省の廃止に伴い、同省の掌る祭祀の式典が式部寮の所官となった。その後幾たびか職制および事務章程の改定が行われたが、同八年三月の改定ではその機構が大いに整備され、式部頭の下に儀式・祭事・賞牌・雅楽・庶務・記録の六課が置かれ、宮中の諸儀式、祭祀、外国人の謁見および接伴の礼式、神楽・雅楽の管理、行幸啓供奉、官記・位記・勲等記・記賞・褒牌・免許状などの伝達などを分掌した。同十年九月宮内省に移され、同十三年十二月の同省の職制および事務章程の改定で陵墓の事務も式部寮の所管となった。同十七年十月廃止され、その所掌事務は新設の式部職に引き継がれた。なお昭和二十一年(一九四六)四月宮内省の機構縮小の際、式部職は式部寮と改称され、同二十四年五月までこの名称が用いられた。

参考文献 宮内省編『明治天皇紀』、内閣記録局編『明治職官沿革表』 (後藤 四郎)

しげのしちろう 滋野七郎 一八三五―八六 幕末・維新期の草莽志士、神官。天保六年(一八三五)十二月十九日生まれる。はじめ恵白、のち七郎と称す。越後国糸魚川の人。桑門に入り僧侶、嘉永六年(一八五三)糸魚川藩主松平家の祈願所持命院の院主。権大僧都となり、ついで越後・佐渡真宗の袈裟頭。この間、勤王を唱えて志士と交流をもった。戊辰戦争では草莽諸隊の方義隊・居之隊に加わり、維新政府軍に従軍。その後、大村益次郎暗殺事件の被疑者藤本瓮樹を隠匿したとの廉で投獄さる。出獄後、明治五年(一八七二)青海神社祠官、同八年弥彦神社禰宜、同十年宮司。同十五年大橋一蔵・関矢孫左衛門らとともに明訓校を設立して子弟の教育にあたった。同十九年三月十六日没。五十二歳。

参考文献 越佐徴古館編『越佐維新志士事略』、『西頸城郡誌』 (井上 勲)

ししおどり 鹿踊 ⇩獅子舞《ししまい》

しじきじんじゃ 志々伎神社 長崎県平戸市野子町に鎮座。正式には志自岐神社。社殿は沖津宮(沖ノ宮)・辺津宮(地ノ宮、宮ノ浦)・中津宮(中宮、志々伎山)・上津宮(上宮、志々伎山絶頂)の四所に所在する。旧県社。主祭神は十城別命《とおきわけのみこと》、下松浦明神とも称す(『延喜式神名帳頭註』)。創祀は未詳であるが、一説に弘仁二年(八一一)十月、当地に神体を安置したのに始まるという。『肥前国風土記』松浦郡条に「志式嶋之行宮」と記すは当社のことという。『三代実録』貞観二年(八六〇)二月・同十五年九月・同十八年六月の各条に、神階昇叙の記事がみえ、『神階記』には、元慶四年(八八〇)三月、正五位上に叙せられたと記してある。延喜の制では国幣小社に列せられた。明治七年(一八七四)郷社、同十四年十一月県社となる。例祭は、かつては九月七日―九日であったが、現在は十一月七日―九日。平戸神楽は長崎県無形文化財。

参考文献 『志自岐神社縁起』、『志自岐神社由来』、『十城別命御陵墓誌』、『志々伎神社旧記言上御社格願』、「神社明細書」(明治八年五月、長崎県立図書館蔵)、吉田収郎『(武内社・明神社)志々伎神社』(『肥前歴史叢書』八) (三橋 健)

しじさい 四時祭 律令制度のもとで神祇官が行なった恒例の宮廷祭祀の総称。四時とは四季のこと。『養老令』神祇令と『延喜式』に具体的規定がある。『延喜式』は巻一・二を四時祭にあてている。大別して、宮廷内の祭祀、伊勢神宮の祭祀、特定神社への奉幣行事、の三種からなっている。『養老令』では、祈年祭(二月)、鎮花祭(三月)、神衣祭(四月・九月)、三枝祭(四月)、大忌祭(四月・七月)、風神祭(同)、月次祭(六月・十二月)、道饗祭(同)、鎮火祭(同)、神嘗祭(九月)、相嘗祭(十一月)、新嘗祭(同)、鎮魂祭(同)。以上十九回の祭があげられている。このうち、宮廷内で神祇官の行うものは、祈年・月次・鎮魂・新嘗と宮城内の四隅の路傍で行う鎮火・道饗の祭がある。伊勢神宮を対象としたものは、勅使派遣のある月次・神嘗の三度と神衣祭である。祈年祭には、官社として登録された全国の神社に対して、また月次・新嘗・相嘗の祭には特定の大社に対して神祇官から幣帛を供えた。個別の神社を対象としたものは、鎮花祭は大和国の大神・狭井両神社に、大忌祭は広瀬神社に、風神祭は竜田神社に、

三枝祭は率川神社に対して、それぞれ神祇官人を派遣してまつった。平安時代に入ると四時祭の内容も整い、奉幣対象の神社が著しく増加する。『延喜式』では祭の名称だけでなく、幣帛や用度の品々も細かく規定されている。そこには右の神祇令の祭のほか、神祇官西院の八神殿など御巫の執行する祭典や、大祓・大殿祭・鳴神祭などの宮中の祭祀と、春日・賀茂・松尾・住吉などの神社の祭も含めて、年間約百二十回の祭祀が列記されている。個別の神社を対象とした祭の多くは、神事そのものを官営で行う意味ではなく、祭礼の前後に勅使派遣の奉幣行事として行うものであった。　（岡田　精司）

ししのかみ　四至神　宮廻神《みやのめぐりのかみ》ともいう。皇大神宮(内宮)・豊受大神宮(外宮)の宮の廻りに鎮座してその境界を守る諸神で、現在ではいずれも石畳を構え石神を安置して合祭されている。両宮ともに所管社。皇大神宮の四至神については、延暦の『皇太神宮儀式帳』の年中行事並月記事の二月例条に「以二十三日一大神宮廻神百廿四前祭始」とみえ、ついで六月例条には「十八日行事、以二同日辰時一神宮廻神祭百廿四前」、九月例条には「以二十八日巳時一宮廻神祭」とあって、六月・九月の十八日に百二十四前がまつられている。ところが『建久三年皇太神宮年中行事』の正月十一日の旬神拝事条には「四十四前ノ四至神」を拝することがみえ、五月五日条には「所々座四十四前ノ神々ヲ祭也」とあり、さらに六月十八日と十月一日には御巫内人が四十四所の四至神をまつることを載せてあって、神座数に大きな変化がある。そして後世には諸神の神座もわからなくなり、現今では五丈殿の東方に石畳を設けて神石を置き、この一所で合祭されている。豊受大神宮の四至神については『止由気宮儀式帳』の年中行事月記事の二月例条に「月内取二吉日一、所管諸神社十六処、並宮廻神二百余所、(中略)春年祈祭供奉」とあり、さらに九月例条の末尾にもやはり月の内に吉日を取って宮廻神の祭を仕え奉ることが述べられてある。神座数については内宮同様、段々減って中世には四十四前に合祭されたことが『大治御形記』『伊勢二所太神宮神名秘書』『倭姫命世記』『伊勢二所皇太神御鎮座伝記』などによって窺われる。それも明治維新前には外院に十六所あるのみとなった。なお今日ではその一つであった外宮の九丈殿の西方の一所に合祭されてある。　（鈴木　義一）

ししのなかば　宍野半　一八四四―八四　明治時代前期の神道家。扶桑教の教祖。弘化元年(一八四四)九月九日生まれ。薩摩国薩摩郡隈之城村(鹿児島県川内市)の郷士休左衛門・加女《かめ》の次男。幼にして日蓮宗某寺に預けられ、のち平田鉄胤の門に入り、国学・神道を学ぶ。明治六年(一八七三)学友田中頼庸・六村中彦らと教部省に出仕。同年官を辞し、富士浅間神社の宮司となり、村山・須山・須走・吉田などの浅間神社の祠官を兼ね、はじめて富士一山講社を組織した。吉田の旧御師、村山の旧修験、丸山講の幹部などと気脈を通じ、明治八年の春、扶桑教会を設立、本宮の宮司を辞任し教会長となる。同十四年神道事務局幹事として皇典講究所の創設に尽力、同十五年五月他の宗派神道とともに独立、神道扶桑派と改め、第一世管長に就任し、東京市神明町に教庁を営んだが、同十七年五月十三日四十一歳で急逝した。墓は東京都港区の青山墓地にある。　→扶桑教《ふそうきょう》

参考文献　『一品宮御隠邸雑記』、『幟仁親王日記』(『続日本史籍協会叢書』)、『皇典講究所五十年史』、『国学院大学八十五年史』、田中義能『神道扶桑教の研究』、石原荘之助「宍野半小伝」(浅間神社編『富士の研究』三所収)、有光次郎「神道扶桑教」(『自治行政叢書』一所収)、岡田包義「扶桑教」(『神祇制度大要』所収)　（阪本　健一）

ししまい　獅子舞　獅子の頭《かしら》をいただいて舞踏する芸能。全国に広く分布するが、形態的に分けて、二人立ちの獅子舞と一人立ちの獅子舞がある。㈠二人立ちの獅子　大きな獅子頭に胴幕をたらし、その中に二人ないしそれ以上の者が入って舞うもの。また、沖縄では棕梠縄に芭蕉などの繊維をまぜた縫いぐるみの中に前足役と後足役が入って曲技的な演技をするが、この形は南中国からまなんだと伝える。本土の獅子舞もその源流は八世紀ごろ中国から伝来した伎楽や舞楽に求められる。伎楽の獅子舞は、治道《ちどう》とよぶ先導役と師子児《ししご》や庇持《へいもち》に導かれた師子が、師子児の誘いに応じてさまざまに舞うもので、舞楽では雌雄二頭の獅子が綱取り・蠅払《はえはら》いの役に従って出て、笛・太鼓・鉦鼓の伴奏で舞った。他に、中国の俗楽である散《さん》楽《がく》とともに伝来した獅子舞もあり、中で肩車や回転などの曲技も行われた。これら大陸系の獅子は、ライオンを神格化したもので、文殊菩薩の使者とも、悪霊調伏の神仏の化身ともあがめられ、当初は寺院の法会に登場し、平安時代以降、御霊《ごりょう》鎮送・災厄退散を意図する各地の祭事に広く演じられるようになった。特に中世から近世にかけて東北の山々に拠る山伏修験者が獅子頭を権現の御神体とあがめ、これを舞わすことで招福除災のまじないとしたことから権現舞などとよぶ獅子舞が普及した。また伊勢の皇太神宮や尾張の熱田神宮の布教をこととする神人《じんにん》が獅子舞を悪魔払いの神舞として各地で演じたことから大神楽・神楽獅子などと称するものが全国に分布し、獅子芝居や獅子の曲芸なども派生した。㈡一人立ちの獅子　小さな獅子頭をいただいた者が胸に吊した羯鼓や締太鼓を打ちながら三人・八人など数人が組になって踊るもの。もと、山野に棲息して農耕をさまたげる鹿・猪など獣《しし》類の慰撫鎮圧を意図する儀礼から出たものと思われるが、のち竜の信仰を加えて雨乞いなどにも演じられた。東日本に広く分布する。が、そのうち岩手・宮城両県には鹿踊《ししおどり》を名のる、鹿の頭をいただいて群舞するものが広い地帯にわたって伝承される。旧伊達領と旧南部領で扮装や踊りざまに異同のあるのが注目される。

参考文献　中村茂子・三隅治雄編『祝福芸』二(『大衆芸能資料集成』二)、上田正昭・本田安次・三隅治雄編

『神楽・舞楽』(『日本庶民文化史料集成』一)、古野清人『獅子の民俗』(『民俗民芸双書』三二)、吉田智一『獅子の平野』(『フォークロアの眼』五)、本田安次『田楽・風流一』(『日本の民俗芸能』二)、同『語り物・風流二』(同四)、『民俗芸術』三ノ一(獅子舞号)

(三隅 治雄)

じしゃかたおしおきれいがき　寺社方御仕置例書　江戸時代、寺社奉行所で編纂した寺社や僧侶・神職の処罰に関する先例集。江戸幕府は寛保二年(一七四二)に一般的裁判法典として『公事方御定書』を制定したが、その後寺社奉行所ではいつのころよりか寺社や僧侶・神職の処罰に関する先例集が作られた。はじめは寺社奉行所の職員の私的なものであったが、宝暦十年(一七六〇)に老中によって、寺社奉行がその御仕置伺にこれを引用して擬律することが認められた。すなわち『御定書』に準ずべきものとされたが、明和七年(一七七〇)には、その定本(二十五条よりなる)が作られて、寺社奉行に交付され、その交替の際には引き継がれることになった。『御定書』に準ぜられたのであるから、同じように秘密法典とされたものと考える。筆者校訂『徳川禁令考』別巻に収める。

(石井 良助)

じしゃかたりょうがえ　寺社方両替　江戸の両替屋仲間の一つ。「町方の両替屋」と称えられた本両替・三組《みくみ》・番組に対して、寺社領または寺社門前に居住する銭屋の組合を寺社方両替といった。寺社方両替には上野寛永寺領内の門前町に居住する上野領両替屋と、牛込寺町の済松寺領内の門前町に住む済松寺領両替屋とがあった。享保三年(一七一八)に「御定両替屋」が設定された際、三十五人が寺社門前町の両替商と認められた。天明四年(一七八四)両替屋株六百四十三株が認められ、役銀が課されたときには済松寺領両替屋は四人とされ本両替に付随することとなったが、同七年役銀免除とともに再び独立した。上野領両替屋は天明四年には十五人で、その後もあまり人数は変わらなかった。嘉永四年(一八五一)諸問屋再興の際、一時町方の番組に加入したが、同六年独立を願い出てもとのごとく独立した。

[参考文献] 三井高維増補『(校註)両替年代記』、三井高維編著『(新稿)両替年代記関鍵』、『諸問屋再興調』四(『大日本近世史料』)

(宮本 又郎)

じしゃぞうえいりょうとうせん　寺社造営料唐船　鎌倉・室町時代、寺社造営の費用を得るために派遣された貿易船。唐船は、天竜寺宋船のように宋船といっている例もあるが、実際には入元船・入明船などを指している。もともと寺社の造営費には国衙領を宛てたり、あるいは成功によったりしていた。しかし、国衙領を寺社造営の財源とすることは困難となり、成功も鎌倉時代に入ると有名無実化していった。そのような情況に対して朝廷は経済的に有望な関所の関務を一定年限寺社に認可して造営を遂げさせた。一方鎌倉幕府は敬神崇仏を旨とし寺社造営を遂行していたが、蒙古襲来以後、御家人の経済的窮乏化は著しくなってきた。しかるに日・元国家間の外交的緊張とは別に、民間では活発な貿易が展開していた。このような情況の中で寺社は巨額な造営費を求むべく、朝廷・幕府の許可のもとにみずから貿易船を組織して海外に派遣するようになった。鎌倉時代では、徳治元年(一三〇六)帰国の称名寺(『金沢文庫古文書』)、嘉暦元年(一三二六)帰国の建長寺・勝長寿院(『広瀬文書』『比志島文書』)、元徳二年(一三三〇)出発の関東大仏、元弘三年(一三三二)帰国の住吉神社(『摂津住吉大社文書』)などの各寺社造営料唐船が知られる。中国商人の請負かともみられている至元三年(元亨三年、一三二三)の東福寺再建などにかかわる新安沈没船もこれらに加えてもよかろう。南北朝時代に入って、康永元年(一三四二)の天竜寺造営料唐船(『天竜寺造営記録』)があり、綱司至本が損益にかかわらず五千貫を提供することを約している。また、『師守記』貞治六年(一三六七)四月二十一日条によって、但馬入道道仙(俗名道直)の療病院造営料唐船発遣のため在家棟別銭十文が徴されていることが知られる。さらに宝徳三年(一四五一)発遣、享徳三年(一四五四)帰国の入明船第四号船は博多聖福寺造営のため九州探題渋川教直が仕立てたものであった。

[参考文献] 森克己『日宋貿易の研究』、同『日宋文化交流の諸問題』、村井章介『東アジア往還』、三浦周行「天竜寺船」(『日本史の研究』所収)

(川添 昭二)

じしゃてんそう　寺社伝奏　諸寺社の訴訟をはじめとする奏事を上皇や天皇に奏聞することを任とする公家の職制の一つ。伝奏の語はすでに平安時代末期ごろよりみえるが、公家の職制として確立したのは鎌倉時代中期の後嵯峨院政期である。その任務は関東申次の管掌するものを除くすべての奏事であった。伝奏を任命するのは上皇・天皇であり、鎌倉時代末期に至ると神宮伝奏や諸寺社伝奏があらわれ、管轄寺社の訴訟などを取り扱うようになった。南北朝時代以後になると伝奏の性格に変化がみられ、寺社伝奏も朝廷で補任するのであるが、彼らは幕府内で活動することが多く、諸寺社の訴訟を将軍に申し次ぎ、その裁可をあおぐというように、幕府の吏僚的性格を強く持つようになる。このことは室町幕府が王朝貴族をも権力内部に組み込んだ政権として成立したことを示している。しかし、応仁の乱以後室町幕府が衰退していくと、彼らの行動も再度朝廷内部のものとなり、戦国時代に至る。

[参考文献] 宮内庁書陵部編『皇室制度史料』太政天皇三、橋本義彦「院評定制について」(『平安貴族社会の研究』所収)、伊藤喜良「応永初期における王朝勢力の動向—伝奏を中心として—」(『日本歴史』三〇七)

(伊藤 喜良)

江戸時代には、仏教諸宗派や無本寺、あるいは神社の執奏を行なった。ただし天台・真言・法相・修験の各派は門跡である門主が執奏を行なったので、これらの各派には伝奏が存しなかった。また、幕府の影響下にあった臨済宗五山派・新義真言宗豊山派・浄土宗・浄土真宗西本願寺派などは、その当時の武家伝奏が兼ねていた。神社伝奏は、二十二社や出雲などの大社に存在し、伝奏のない神社は吉田家の執奏や後期には白川家の執奏も受けた。→賀茂伝奏《かもでんそう》 →神宮伝奏《じんぐうでんそう》

参考文献 高埜利彦「江戸幕府と寺社」(『近世日本の国家権力と宗教』所収)、同「近世の僧位僧官」(同所収)

(高埜 利彦)

じしゃぶぎょう 寺社奉行 鎌倉・室町時代から江戸時代を通じて、仏寺・神社に関する行政全般を担当する職掌・機関、およびその職にある人物をいう。

㈠鎌倉幕府・室町幕府の寺社奉行。㈠幕府において寺社関係の紛争を処理した役職およびその人を指し、㈡また特別の大寺社について、幕府への訴訟の取次ぎや内部での紛争を処理するために、個別に配置された別奉行も寺社奉行とよばれた。相互に関係はあるが、混同をさけるために区別して記す。㈠幕府機関としての寺社奉行の初見は、『吾妻鏡』建久五年(一一九四)五月四日条、中原季時が寺社の訴訟を執り申すべきことを仰せつけられた記事であるが、その後、鎌倉時代には太田時連や二階堂貞雄らが補任されており、訴訟事務の練達者が選ばれる要職であったことがわかる。六波羅探題にも置かれ、建武政権でも奥州将軍府にみえている。室町幕府では右筆奉行人がこれに任じられ、神官・神人・僧侶の任免や社寺の訴訟処理にあたっているが、禅寺に関しては禅律方頭人・奉行が置かれて住持の異動や法儀などのことを沙汰した。また寺社奉行も寺奉行と社家奉行とに分化する傾向が認められ、足利義満以降の将軍親裁体制の整備につれて、大寺社ごとに定められた別奉行としての寺社奉行の活躍が目立つようになる。㈡別奉行としての寺社奉行の初見も、『吾妻鏡』建久五年十二月二日条、鶴岳八幡宮・勝長寿院・永福寺などの御願寺社の奉行人として大庭景能以下の御家人を定めた記事にさかのぼることができるが、やがて日光・宇都宮・三嶋・諏訪・箱根などの東国の大社に奉行人を定め、修理・祈禱・訴訟や寄進所領の中沙汰にあてたものと推察される。京都に幕府を開いた室町幕府もこの前例をふまえ、早くから寺社別の奉行人を配置した可能性が強いが、将軍義満以降、ことに義政期にその活躍が目覚しくなる。すなわち、東寺・石清水・北野・山門・南都興福寺をはじめ、主要な禅宗寺院にも、個別に布施・飯尾・松田・清などの幕府奉行人が配置され、幕府の命令伝達や寺社内部の紛争処理にあたっている。幕府への訴訟はこの寺社奉行が将軍に披露し、裁決に際してはその意見が聴取され、寺社間の相論では双方の別奉行の談合が行われており、裁決の執行も彼らに命じられた。このように別奉行としての寺社奉行は、幕府と寺社とを結ぶ重要な地位にあったため、寺社は彼らに金品を贈って私的関係を強め、これは奉行人の生計にも大きな意味をもっていた。その任命には寺社側が特定の奉行人を指定して申請し、将軍がこれに従って補任するのが常であり、練達した有力奉行人が幾つかの別奉行を兼務する場合もあった。なお伊勢神宮に関しては神宮頭人・開闔《かいこう》・神宮奉行が置かれ、造営や役夫工米もここで処理された。

参考文献 『武家名目抄』職名部一九ノ一(『(新訂増補)故実叢書』一二)、青山由樹「室町幕府「別奉行」についての基礎的考察」(『史報』一)、今谷明「室町幕府奉行人奉書の基礎的考察」(『国立歴史民俗博物館研究報告』一)

(福田 豊彦)

㈡江戸幕府の寺社奉行。江戸時代に入ると、幕府は慶長十七年(一六一二)板倉勝重・金地院崇伝の二人を寺社の管理にあたらせ、寺社行政を進めていったが、寺社奉行という職制として定着するに至ったのは、崇伝の没後の寛永十二年(一六三五)十一月、安藤重長・松平勝隆・堀利重の三人が奉行に任じられてからである。寺社奉行は江戸幕府では特に重要な職であり、数多くある奉行の中で寺社奉行・町奉行・勘定奉行を三奉行と称して重要視した。この三奉行の中では、寺社奉行が最上位に位置し、権限も広く、町奉行・勘定奉行は旗本の職であるのに対し、寺社奉行は譜代大名の中から選ばれ、また町奉行・勘定奉行は老中支配であり、寺社奉行が将軍直属の機関であるという点で、他の二奉行とは格の上で隔たりがあった。定員ははじめ決められていなかったが、のちおおむね四名となり、万治元年(一六五八)奏者番板倉重郷・井上正利が寺社奉行を兼ねて以来、寺社奉行は奏者番の中から四名が選ばれて兼帯するのが慣例となった。すなわち奏者番が本役で、寺社奉行が加役である。また大名の職であるため、勘定奉行・町奉行のように専用の奉行所は設けられず、自邸を役宅とし、評定所より派遣された吟味物調役のほか、家士を手留役・寺社役・検使などに任じて政務にあたらせた。寺社奉行退任後は、大坂城代や京都所司代を経て老中へ昇進する道が開かれており、五万石～十万石相当の譜代大名が任命されることが多かった。寺社奉行は老中・若年寄と同じく一ヵ月交替で勤務する月番制をとっていた。その職権はおおむね寺社の支配ということであるが、寺社のみならず、寺社領の人民・神官・僧尼の支配、連歌師・楽人・検校・陰陽師・古筆見および碁・将棋所の者まで支配するとともに、寺社および寺社領の人民の訴訟や、関八州外の私領もしくは八州内の寺社領人民より江戸府内人民に対する訴訟などを扱った。

参考文献 大岡家文書刊行会編『大岡越前守忠相日記』、小沢文子「寺社奉行考」(児玉幸多先生古稀記念会編『幕府制度史の研究』所収)、荒川秀俊「寺社奉行四人株」(『日本歴史』一六七)、同「寺社奉行月番表」(同三〇三)

(近松真知子)

じしゃほう 寺社法 寺社法(社寺法)という場合、広義では寺社に関する一切の法制をさし、国家が寺社に対し

てもつ統教権と、寺社みずからがその内部を規制する治教権との両者が含まれる。狭義では治教権によるものをさし、中世の寺院法(寺法)はその代表例である。古代では宗教法制の起源ともいえる聖徳太子の十七条憲法に仏教精神につながるものがあり、それを国家形成の原理として示している。そのあとを承け隋唐の文化の影響下に大化改新の諸制が立てられ、これを継承して制定された成文法を、さらに改正、改補充実したのが『大宝律令』である。これに小修正を施し編纂し直したのが『養老律令』であるが、そこには法源として仏教に関する根本法である僧尼令があり、主として僧尼に対する禁制事項とその罰則が定められている。また神祭に関する根本法である神祇令には、神祇の祭祀ないし神祇行政についての具体的な規定がみられる。さらに律令の補助法規である格・式の制によってその細目が補充されている。以上は統教権によるもので、一方最澄が定めた叡山の内法である『山家学生式』、伊勢神宮の『延暦儀式帳』などは治教権によるものである。中世には法源として武家法の基本法となった『御成敗式目』およびその追加法があげられ、寺社の修造、仏事・祭祀の執行、寺社領の保護、僧侶・神職の所行などに関する多くの規定がみられ、続いて『建武式目』、同追加法が編まれている。一方律令を基とし『延喜式』などを法源とした公家法が行われ、また荘園社会の編成にあたり、荘園の管理について一種の自治法としての慣習法的規制である本所法が存し、寺社領に限ってみると寺社法と荘園法とに大別される。この期の主流は狭義の寺社法で、特に大寺院の叡山・興福寺・東寺・東大寺・高野山などの立法権は国家の手から離れ、多数の僧侶の評議によって法が定められ主要な法源となっている。それは寺務および寺領に関する一切の事項にわたっており、特に租税・治安維持・罪科などの法が多い。従来その特色として死刑の不科があげられているが、実際は死罪なる極刑が行われていたようである。やがて荘園制の崩壊に伴い領国制へと移行すると、いわゆる分国法が行われ、伊達稙宗の『塵芥集』、武田信玄の『甲州法度』、『長宗我部元親百箇条』などにも各分国内の寺社行政に関する規定が設けられている。村落の自治法である村法も次第に規制力をもつようになり、その中にも寺社の維持・運営に関する規定がみられる。近世の幕藩体制になると、法源として『関東浄土宗法度』、ついで諸宗本山本寺の諸法度があげられ、宗内・寺内の先例・故格を重んじ、僧侶の身分、修行、寺内秩序維持などを規定している。また諸社禰宜神主法度には神事・祭礼の厳修、神領の売買・入質の禁止などを定めている。さらに『公事方御定書』『御触書集成』にも寺社に関する規定が存し、一方藩法による寺社行政も行われたが、実際の寺社内部の行政はおのおのの宗法ないし寺社法による自治にまかせられた。

(清田　義英)

参考文献　梅田義彦『日本宗教制度史』、豊田武『宗教制度史』(『豊田武著作集』五)、清田義英『中世寺院法史の研究』

じしゃほんじょりょう　寺社本所領　武家領に対して、寺社および公家領の荘園所領のこと。十二世紀以前では特に区別されず、一般に荘務権(国衙の権限を継承した検注権、臨時課役賦課権、検断権、年貢地子決定権などの領主権)をもつ荘園領主の所領を本所領とよび、国衙領と区別した。鎌倉幕府が成立し、関東御領などの将軍家所領(武家領)が確定してくると、これらと区分して、それ以外の寺社・公家領および国衙領を「本所之進止」とした(『御成敗式目』第六条)。ついで蒙古襲来合戦にあたり、西国の地頭御家人とともに、従来守護の軍役催促下になかった本所一円地の住人も、異国警固番役に動員したが(『中世法制史料集』一、鎌倉幕府法、追加法四六三条ほか)、一方守護の検断権も、本所一円地には及ばず(同五三六条)、また鎮西寺社領興行政策(同四九一条・五四四条ほか)によって、寺社領に対して、その沽却質券地の取戻しを命ずるなど、幕府は寺社領に限って一定の保護を加えた。南北朝内乱期に入ると、室町幕府は、武家領・国衙領と区別されたその他の荘園を「寺社本所領」と称し(『中世法制史料集』二、室町幕府法、追加法一―三条・一一条・三〇条など)、特に地頭不設置の荘園を「本所一円知行地」とし、皇室領・摂関家長者世襲領(殿下渡領)などとともに、守護以下武士の違乱を禁じた。幕府は、まず兵粮料所のために特定した寺社本所領を、臨時に守護以下の武士に預けたが、その枠をこえて給人らの押妨がはげしかったのでこれを改め、すべての寺社本所領の下地を返付させ、その違反者の処罰を命じた(同一―七条・九―一一条・二五条・五五条など)。ついで観応擾乱に際して半済法が施行され、一般の寺社本所領の返還と、近江国など八ヵ国内の寺社本所領の半済実施およびこれに違反した武士給人に対しては下地分割を命じた(同五七条・五八条・七九条・八一条)。その際にも寺社一円所領は、半済の適用外とした。内乱末期の応安元年(一三六八)には、改めて半済法を整備し、皇室領・寺社本所一円所領・殿下渡領および公家知行の地頭職所領は、半済適用外とし、一般の寺社本所領荘園は、当分の間下地の半済を認め、荘園領主と給人との間に、所領を本所分と半済分とに二分し、特に武士の本所分への押領を禁じた(同九七条)。以上の経過により、室町政権は、守護以下の寺社本所領侵略に対して、その最大限の歯どめとして、半済法およびそれにもとづく下地中分を認めており、したがってその限りにおいて荘園体制保障をたてまえとしたといえる。戦国時代に入ると、数少ない事実上の「当知行地」たる寺社本所領さえも押領され(同五一三条)、その政策の実効力も少なかった。

(島田　次郎)

参考文献　永原慶二『日本中世社会構造の研究』、島田次郎『荘園制と中世村落』、中田薫「王朝時代の庄園に関する研究」(『法制史論集』二所収)

じしょうがんねんくぎょうちょくしき　治承元年公卿勅

使記　治承元年(一一七七)九月伊勢神宮に遣わされた公卿勅使の日記。藤原(三条)実房著。一巻。実房の日記『愚昧記』の「別記」とされるが、内容は治承元年八月三日の公卿勅使発遣の内命受諾から九月十九日の帰洛報告のための参内まで四十六日間にわたる詳細な記録。内命を受けた後、邸内の経典や仏具を他所に移し、門に神事札を立てて他出をひかえ、九月二日に正式に勅命を受けてからは「斎所」に入り、検非違使の警護のもと連日解除と沐浴、遥拝を重ねるなど、勅使には厳しい物忌みが課されていたことがわかる。また、参宮の経路と途中での神事の様子、内宮・外宮での祭祀のありさまなどが克明に描写されており、平安時代末期における伊勢公卿勅使の実態を知る上で貴重な史料。とりわけ伊勢奉幣使に特徴的な仏教禁忌のさまが詳しく叙述されている。『群書類従』神祇部、『神道大系』神宮編三所収。

参考文献　『群書解題』一上　（高橋美由紀）

しじょうなわてじんじゃ　四条畷神社　大阪府四条畷市南野に鎮座。旧別格官幣社。明治二十三年(一八九〇)、楠木正行戦死の由縁地である現社地に創建された。正行を祭神とし、和田賢秀ほか殉節将士二十六柱を配祀する。大正十三年(一九二四)には正行の生母をまつる御妣《みはは》神社が摂社として建立された。社蔵の銘包永の太刀一口は重要文化財に指定。近隣には飯盛山、正行の墓地、楠公寺などがある。例祭は二月十二日。

参考文献　『別格官幣社四条畷神社社誌』　（二宮　正彦）

ししょくしん　司職神　⇩職能神《しょくのうしん》

ししょみょうじん　四所明神　高野四所明神の略称。弘仁七年(八一六)に弘法大師(空海)が大和から紀伊にかけて伽藍の適地を捜していたとき、大和国宇智郡の山中で二頭の犬を連れた狩場《かりば》明神(高野明神)に会い、その導きによって丹生《にふ》明神から高野《たかの》の霊地を与えられ、やがて高野山寺(のちの金剛峯寺)が創立されることになったという。大師は天野《あまの》の地に丹生・高野の両神を祀って丹生都比売神社を創立し、高野一山の地主神、また真言一宗の護法神としている。のちこの神社には大食都比売《おおげつひめ》(気比明神)と市杵島比売《いちきじまひめ》(厳島明神)が併祀されたので、これを高野四所明神と通称する。山上の伽藍地には丹生・高野の両神を勧請し、これを胎蔵界と金剛界の大日如来に宛て、のちの真言神道のきっかけを開いている。また山上の明神社はこれを山王と呼び、年中の重要法儀のいくつかはいまも山王院で営まれつづけている。この四所明神を一幅の画幅に描いた図像曼荼羅を高野曼荼羅と呼ぶ。なお、高野四所明神のほかに栂尾高山寺・白山比咩神社などでも四所明神が祀られた。高山寺の鎮守社は嘉禄元年(一二二五)に明恵が寺の境内に祀った四所明神に始まるが、それは春日・住吉・善妙・白光の四明神を祀ったものである。同寺には善妙・白光の神像彫刻(重要文化財)が残っている。⇩高野明神《こうやみょうじん》　⇩丹生都比売神社《にふつひめじんじゃ》

参考文献　『紀伊国名所図会』、京都国立博物館監修『神道美術』、景山春樹『神道美術』　（景山　春樹）

ししんき　四神旗　四神を絵に描いたり繡《ぬいとり》にしたりした四本の旗。四神の幡《はた》、四神の矛《ほこ》ともいう。朝廷において元日朝賀・即位礼などの折に大極殿《だいごくでん》、のちには紫宸殿の庭上に日像幢《にっしょうのはた》・月像幢《げっしょうのはた》など諸種の旗とともに立てて威儀を整えた仗旗。四神とは天の四方の星宿、またその方角をつかさどる神をいう。四神が守護するのに都合のよい、最良の地相を四神相応の地、または四神具足の地といい、平安京はこの地相を備えているといわれた。東は青、青竜で春、西は白、白虎で秋、南は赤、朱雀で夏、北は黒、玄武で冬となっている。玄武は亀に蛇が巻きついたさまで表現される。星宿を動物に見立てた古代中国の思想によるもので、わが国でも高松塚古墳内の壁画や正倉院宝物白石板、薬師寺金堂の本尊の台座などにみられる。「四神ノ幡ヲ墀《ツボ》ニ立テ、諸衛鼓ヲ陣ニ振ル」(『太平記』二七、大嘗会事)などとある。即位礼での様子は『二条院御即位記』などにみられ、庭上に立てられた様子は江戸時代後期の宮中行事を描いた『公事録附図』(宮内庁書陵部蔵)などにみられる。なお明治以前の唐風模倣による鋪設は明治天皇即位の儀式にはすべて廃され、わが国独自の鋪設に改められた。それらはのちに制定された登極令や大礼記録に示されている。

参考文献　『古事類苑』帝王部、『御即位次第抄』、『文安御即位調度図』、金光慥爾『新撰祭式大成』調度装束篇　（中村　義雄）

しずおかけんごこくじんじゃ　静岡県護国神社　静岡市柚木に鎮座。祭神は明治維新以来の国事に殉じた静岡県出身および縁故者の霊を祀る。明治三十二年(一八九九)十一月十三日、官祭の招魂社として静岡市北番町に創立され、明治維新以来の国事に殉じた静岡県出身者ならびに縁故ある戦没軍人・軍属の霊を奉斎して以来、台湾出兵・日清戦争・日露戦争・満洲事変より第二次世界大戦に至る殉国者の霊を奉斎している。昭和十四年(一九三九)四月、一道府県に一社を限りとした内務大臣指定の護国神社となる。同十七年十月、現社地の柚木に社殿を造営、遷座する。第二次世界大戦後の占領下、同二十二年二月、社名を静霊《しずたま》神社と改めたが、サンフランシスコ講和条約締結後の同二十八年三月、現社名に復した。例祭は十月二十二日・二十三日。

参考文献　『全国護国神社会五十年史』　（大井　鋼悦）

しずじんじゃ　静神社　茨城県那珂郡瓜連町大字静に鎮座。旧県社。延喜式内名神大社で、常陸第二宮として崇

「静神宮印」

敬された。祭神は現在建葉槌命《たけはつちのみこと》（倭文神）を主神とし、手《た》力《じから》雄《お》命《のみこと》・高皇産霊尊《たかみむすびのみこと》・思兼命《おもいかねのみこと》を配祀するが、江戸時代以前には手力雄命を主神に、高皇産霊尊・思兼命を相殿に祀ったらしい。社伝では大同元年（八〇六）創祀。仁和元年（八八五）五月従五位下より従五位上に昇叙された（『三代実録』）。例祭、四月一日。

参考文献 石井脩融『廿八社略縁誌』（彰考館蔵）、中山信名編『新編常陸国誌』、青山延彝『常陸国二十八社考』（『神祇全書』四）、茨城県神社庁編『茨城県神社誌』、式内社研究会編『式内社調査報告』一一

（飯田　瑞穂）

しずたにじんじゃ　閑谷神社　岡山県備前市閑谷の閑谷学校内に鎮座。旧県社。もと東御堂・芳烈祠といわれたが、明治八年（一八七五）県社として独立して閑谷神社といった。閑谷学校の創始者である岡山藩主池田光政（芳烈公）を祀り、貞享三年（一六八六）に完成した。社殿は重要文化財で、内陣に光政の衣冠束帯姿の金銅坐像を安置している。聖堂（西御堂）の東に一段低くしつらえてあるのは、儒学重視のあらわれといわれる。

参考文献 閑谷学校史編さん委員会編『閑谷学校史』、山崎治雄・谷口澄夫・神野力『（特別史跡）閑谷学校』

（谷口　澄夫）

しずりじんじゃ　倭文神社　⇩しとりじんじゃ

しずりのかみ　倭文神　布帛・機織の神。『日本書紀』神代天孫降臨章では、倭文神建葉槌命《たけはづちのみこと》が天神に最後まで服従しなかった星神香香背男《ほしのかみかがせお》をたちまち従わせた、と記されている。倭文神は『古語拾遺』では神祇官下の神部《かんべ》である倭文氏の遠祖で、岩戸開きに際して高皇産霊神《たかみむすびのかみ》の指示のもとで文布《しず》を織った天羽槌雄神《あめのはづちおのかみ》と同神とも考えられる。「シズ」は倭文・文布と書かれ、渡来の布「アヤ」に対して日本古来の文様をもつ布をいう。「ハズチ」の「ハ」は布帛の意。「ズ（ヅ）」は助詞「の」、「チ」は「貴《ち》」（魂を表す尊称）を示すと考えられる。倭文神は機織を職業とする倭文氏によって各地の倭文神社に奉祀されたといわれ、岩戸開きの際に神衣《かんみそ》を織ったとされる天棚機姫神《あめのたなばたひめのかみ》とともに機織の神と崇められている。全国の倭文神社の根本の神社とされているのは、大和国葛木倭文坐天羽雷命神社《かつらぎのしどりにいますあめのはずちのみことじんじゃ》（奈良県北葛城郡当麻町）である。

参考文献 式内社研究会編『式内社調査報告』一九

（渡辺瑞穂子）

しせいかん　死生観　⇩他界観《たかいかん》

しせいのつかい　四姓使　伊勢大神宮に差遣された王氏・中臣氏・忌部氏・卜部氏の四姓の幣帛使をいう。伊勢使王の史料的初見は『続日本紀』和銅元年（七〇八）十月条。また王（正使）・中臣（告刀《のりと》読進）・忌部（幣使）などの同時記載の初見は、同紀天平十二年（七四〇）十一月条であろう。なお卜部氏（路程祓除）が陪従するようになったのは延暦以後のこととされ、延徳元年（一四八九）吉田兼倶の飛神明《とびしんめい》事件以降、卜部（吉田）氏は祭庭に列することを峻拒されて近世に及んだ。　↓伊勢例幣使《いせれいへいし》

参考文献 『古事類苑』神祇部三、薗田守良『神宮典略』二七（『大神宮叢書』）、荒木田忠仲編『皇太神宮年中行事』（同神宮年中行事大成前篇）

（鈴木　義一）

しぞくいろはかがみ　氏族母鑑　『新撰姓氏録』の研究書。大山為起（一六五一—一七一三）編。二十二巻十七冊。元禄十三年（一七〇〇）成立。母鑑はこれを「イロハカガミ」と訓み、古代氏族についてのイロハ引き事典の意味である。『新撰姓氏録』をイロハ別に分類し、これに関係ある記事を、六国史や『古事記』『旧事本紀』『古語拾遺』などの文献から抜粋して提出し、度会延佳・山崎闇斎・梨木祐之などの説を踏まえて自説を展開している。『新撰姓氏録』にみえないものは、付録として巻末に収められている。伏見稲荷大社刊行『氏族母鑑』があり、西田長男「大山為起とその著『氏族母鑑』」が所収されている。

（藤森　馨）

しぞくしん　氏族神　⇩氏神《うじがみ》

じだいまつり　時代祭　京都三大祭の一つ。明治二十八年（一八九五）平安遷都千百年を記念し、洛東の岡崎に桓武天皇を祭神として創建された平安神宮の例祭。遷御の日にちなみ、毎年十月二十二日に行われる。祭列は、維新勤王隊を先頭に時代をさかのぼるが、平安時代から幕末維新期までの各時代の風俗や事象、京都にかかわりの深い人物が取り上げられて時代衣装に扮し、京都御所から平安神宮に至る、一大風俗絵巻である。ただし明治二十八年の第一回は三日間にわたる記念祭のあと、十月二十五日、延暦文官参朝式・延暦武官出陣式・藤原文官参朝式・城南宮流鏑馬式・織田信長公入洛式・徳川城使上洛式などが京都市議事堂から平安神宮に至っている。時代考証には出雲路興通・猪熊浅麻呂らがあたった。道具・衣装などの経費は、京都市の信者で組織された平安講社が調達したが、これはこんにちに及んでいる。太平洋戦争のため一時期中断（昭和十九年（一九四四）—二十四年）したが、復興後は各時代の女性列も加わり、彩りを添えている。

（村井　康彦）

したてるひめのみこと　下照比売命　記紀の国譲り神話に登場する女神。大国主神の娘で天若日子の妻。別名高比売命。大国主神との国譲りの交渉の使者として派遣された天若日子は、下照比売をめとり葦原中国《あしはらのなかつくに》のっとりを企てたため天上からの矢で射殺される。哭声で天上からかけつけた天若日子の父妻子とともに、下照比売は喪屋を作り八日八夜歌舞して天若日子をとむらった。のちに、死んだ夫と見誤られた兄阿遅志貴高日子神の名を顕わすため歌を詠んだ。この歌は夷振《ひなぶり》とよばれている。

（倉塚　曄子）

しだらがみ　設楽神　平安時代民間でまつられた神で、一種の疫神・御霊神かと解せられるが、その由来・実体などについてはなお詳かでない。しだら（志多羅・設楽）とはその神をまつるにあたって人びとが大勢集まって歌舞する際の囃子《はやし》、両手を拍つことから名づけられたもの

といわれている。『本朝世紀』に天慶八年(九四五)の初秋京中に志多羅神入京の流言があり、七―八月には志多羅神の神輿が摂津国河辺郡、豊島郡、島下郡などを経て、石清水八幡宮まで群衆によって担送された模様が記されている。そして、石清水に至ったときには、幣帛を捧げ歌遊して神輿を囲繞するもの数千、万人に及んだとあり、歌遊の折の童謡六首を記すが、その中に「志多良打天止神は宣未不、打我等加命千歳志多良米」「志多良打は、牛は和支支奴、鞍打敷介佐米負せ无」とみえる。また『百錬抄』には長和元年(一〇一二)二月に設楽神が鎮西から上洛して舟岳紫野に着いた旨の記事があり、ともにこの神が一般の神社の祭神と異なり、特定の土地や社殿に斎《いわ》い鎮めて恒例四時祭をうけるのではなく、一箇所から他地方へと絶えず逓送移動する神であったことを伝えているのはその本体を知る上に留意すべきところであろう。↓小《こ》藺笠神《いがさがみ》

参考文献 『京都の歴史』一　(柴田　実)

しちごさん　七五三　小児の年祝い。江戸時代以来、男児は三歳と五歳、女児は三歳と七歳とを主とし、十一月十五日に晴着をまとって所の氏神社に詣り、無事成育を祈願した習俗。そのため七五三の名ができた。十一月は古来の祭り月、十五日は重い式日である。元来男女とも三歳で髪置、男五歳は袴着、女七歳は帯解といって、それぞれ吉日を選んで祝ったことは、公家衆の日記など中世の文献にもしばしばみえた。髪置は生後たびたび頭髪を剃ったが、この時以来蓄髪した。袴着ははじめて袴を穿ち、上下を着初めた。また帯解ではそれまで衣服に付紐を用いたが、ここに至って紐を放って縫い帯を着用した。いずれにもしかるべき仮親を頼んで祝儀の作法に従い、年祝いとした。年廻りは数え年で、みな奇数つまり陽の数を重んじて祝意をこめた。もっとも七五三歳とそろえて同時に祝ったのは、主に江戸方の新儀に出て、従来の別個に取り行なった場合に比べるとすこぶる華美の風俗をなしたようである。社参ののち祝宴も催された。上方ではむしろ長く十三歳の子女が虚空蔵菩薩の寺へ詣って、智慧福徳を授かる習俗が一般に聞こえていて、髪置・袴着・帯解を合わせた行事よりも盛んであった。十三詣も小児生長期の年祝いであった。もっとも近年は七五三の祝儀が全国的に広がって流俗となっている。もとより地方にはそれぞれに古来慣行の小児年祝いがあったことはいうまでもない。

参考文献 大藤ゆき『児やらい』(『民俗民芸双書』二六)、柳田国男「社会と子ども」(『定本柳田国男集』一五所収)　(平山敏治郎)

しちしとう　七支刀　⇩石上神宮《いそのかみじんぐう》

しちじゅうごぜんすえのしんじ　七十五膳据神事　岡山市吉備津の吉備津神社で、年に二回、春秋の大祭に行われる神事。往時は年に一回陰暦九月、中の申の日に行われ、大神事あるいは大饗祭といった。明治以降、新暦五月十九日と十月十九日に行われるようになり、さらに昭和四十六年(一九七一)から各々第二日曜日に変更された。本来、毎年収穫期に近隣諸郷から一宮の同社に、山海の収穫物を献饌し、豊穣を感謝する祭であった。祭の通称に関する七十五膳は、旧領内の七十五ヵ村から献供されたのに由来するとの伝承があるが、七十五膳は現状では実数ではない。膳類は祭の前日に氏子や神職によって準備される。まず白強飯を型にはめて円錐台型にしたオモッソウを中心に、魚、昆布、海苔、季節の野菜三品を膳に整え、柳箸を添える。膳は長方形の御掛盤(大膳)や平膳が用いられ、両者はオモッソウの大きさ、魚の種類に差がある。祭の当日は前者は二人、後者は一人で捧げ持ち、神酒、鏡餅、果実、菓子、絹布・綿布とともに御供殿から本殿前まで列をなして運ぶ。膳の前方には警固人、榊持ち、氏子総代、獅子、猿田彦、鉄砲持ち(男児)、鳥籠持ち(女児)、弓矢、太刀などの武具を持った者、五色の幣、御冠、宮司の列が粛然と進み、祭儀に臨む、優雅な神事である。　(齋藤ミチ子)

しちどはんのつかい　七度半の使　祭にあたり神幸を求め、または神主・頭人など重要な役割を果たす者を鄭重に迎えるため、祭場との間を七回半往復する呼び使。奈良県下の宮座に多いが、他地方にも見られる。島根県美保神社の四月七日の祭に、頭仲間は御解除《おけど》と呼ばれる役が出仕を求めて七回触れ歩いたあと、「七度半でござーい」の声の最中に参集する。東京都北区の王子神社では、近世末まで旧暦七月十三日の祭に別当寺(金輪寺)の住職を迎えたが、白張を着て傘を持った雑色《ぞうしき》が社と寺の間を七度走って往来し、八度目の途中で出会うのが例であった。神奈川県大磯町の国府祭《こうのまち》にも、神揃山《かみそり》に参集した一宮以下五社の神輿から、付近の広場に総社六所神社の神幸を迎え六社合同の祭をするため、各社一名ずつの古老が麻上下・帯刀・一文字笠で、揃って七度半の使者に出る。現在は省略して一度だけになっている。　(平井　直房)

しちふくじん　七福神　幸福をもたらす民間信仰の七神。一般に夷《えびす》・大黒・毘沙門《びしゃもん》天・弁才天・福禄寿・寿《じゅ》老人・布袋《ほてい》をいうが、寿老人は福禄寿と同体異名だとして、近世以降は代りに吉祥《きちじょう》天または猩猩《しょうじょう》を配することもある。七は七曜・七仏・七賢などの七で聖数。中世末の富貴を願い洒脱・諧謔を好む世相を反映して、当時広く信仰されていた鞍馬の毘沙門天、叡山の三面大黒天、西宮の夷、竹生島の弁才天などに、神仏や滑稽味のある禅僧を配して七福神とした。その成立時期は不明だが画軸や狂言の題材となり、文明年間(一四六九―八七)には都に七福神の装いをした盗賊が出たという。夷は生業を守り福利をもたらす神で夷三郎といわれ、『源平盛衰記』などにその名がみえる。事代主神《ことしろぬしのかみ》ともされるが、農村ではエビスは田の神、漁村では大漁の神である。大黒はもと印度の摩《ま》訶迦羅《かから》天で、三宝を守り飲食を司る戦闘の神だったが、南中国の諸寺で台所の神となり、日本に入って農産・福徳の神である大国主神と習合した。毘沙門天は印度では

仏法守護の四天王となり、甲冑を着け北方を守る。密教では国家鎮護の軍神で財産を授ける福神ともされた。弁才天は印度の河神で梵《ぼん》天の妃となり、音楽・弁才・財福・智徳を備えた天女の姿で信仰された。吉祥天も印度の神で、仏教では毘沙門天の妃とされ、貧窮や業障を除き財宝を授けると信じられる。福禄寿・寿老人は中国の福徳・財運・長寿の神。南極寿星の化身であった。布袋は後梁の禅僧契此《かいし》で、その円満洒落な風姿が喜ばれた。猩猩は中国の想像上の動物で、猿に似て人面をもち人語を解し、海中に住んで酒を好むという。七福神は近世以降も広く絵画・彫刻・歌舞などに扱われ、江戸や関西では正月にこの神々をまつる社寺を巡拝する七福神詣りの風習も生まれた。

参考文献 喜田貞吉「七福神の成立」(『喜田貞吉著作集』一一所収)

(平井 直房)

しちめんしん 七面神 日蓮宗の守護神。七面明神・七面大明神・七面天女・七面大菩薩とも称す。本地は吉祥天、または弁才天という。山梨県の南西部にある身延山に標高一九八九メートルの七面山があり、その中腹に日朗(一二四五―一三二〇)が祀った七面大明神が有名。この七面神は身延山久遠寺の鎮守である。『七面大明神縁起』によれば、建治三年(一二七七)、佳麗な婦人が日蓮の説教を聞きに来たので、正体をたずねると、七面山に住む七面天女で、以後、身延山を守護し、鬼門を封ずると誓約して去ったと記している。七面神に対する信仰の起源は確かではないが、文禄元年(一五九二)に、大坂雲雷寺の日宝が書いた曼荼羅に勧請されており、また身延十八世日賢が文禄五年に画いた絵像も存するからして、安土桃山時代にはかなりの信仰があったものと考えられる。形像は左手に宝珠、右手に鍵を持つ女体として表わされている。

参考文献 宮崎英修「七面天女信仰の興起とその交渉」(『日蓮宗の守護神』所収)

(三橋 健)

じちんさい 地鎮祭 土木や建築の起工にあたり、大地の神に工事の安全と順調な竣功を祈願する祭。『日本書紀』に持統天皇五年(六九一)十月、藤原京を鎮めまつらせたとあるのが初出で、『続日本紀』和銅元年(七〇八)十二月条にも「鎮㆓祭平城宮地㆒」とある。『延喜式』臨時祭には新宮地《にいみやどころ》を鎮める祭の料として、金銀各五両、銅鉄各五十斤をはじめ、布・鍬・鎌・鹿皮・米・缶《ほとぎ》・坏《つき》など三十余種の物が記されている。地鎮祭は古来、鎮祭・鎮謝・地祭・地勧請などと呼ばれ、祭神は古書に記載がないため後世種々の説に分かれた。現在はその土地の守り神である産土神《うぶすながみ》と大地主神《おおとこぬしのかみ》を主神としてまつる。祭式は『延暦儀式帳』の伊勢神宮の式、『貞観儀式』の大嘗祭地鎮の式など比較的古いものから、仏教や陰陽道と習合した両部神道・吉田神道・橘家《きっけ》神道などの式まで行われたが、国学の興隆に伴い古態に復する努力がなされた。『諸祭式要綱』(神社本庁)によれば、現在の地鎮祭は、用地の中央に神籬《ひもろぎ》を据え、斎竹《いみだけ》を立て注連《しめ》縄を張って祭場とし、清祓《きよはらえ》ののち、一連の行事の中で神々を迎え祝詞《のりと》を奏し、土地の中央と四方を祓い、斎鎌・斎鍬で草刈り・地均しの式を行い、鎮物《しずめもの》を埋納する。鎮物は鉄の人像《ひとがた》・鏡・剣・鉾・刀子《とうす》などを折櫃または石櫃に入れて埋めるのが正式である。

↓建築儀礼《けんちくぎれい》

(平井 直房)

地鎮祭(三重県伊勢市伊勢神宮内宮)

じっこうきょう 実行教 教派神道の一つで富士信仰系。幕末、不二道を継いだ小城藩士出身の柴田花守が、明治初年、不二道の教義と国学を結びつけて創始した実行社に始まる。明治十五年(一八八二)五月十五日、神道事務局から独立し神道実行派と唱える。花守は翌六月同派管長、ついで同十七年十一月初代実行教管長となる。不二道は、富士信仰を神道化し、実践道徳を中心とする教義をかかげたが、これを受け継いだ実行教は、惟神の大道の宣揚と、そのための実践躬行を強調した。その教義は、造化三神を祀り、特に天御中主神を大元霊として富士山に鎮祭し、富士山を造化三神の幽宮、万物生成の根元、国の礎、世界の中心として崇敬する。信者は、富士山霊を信仰し、国体の無窮を祈り、上下親睦して家業に励む、

東京牛込にあった実行教本庁

としている。実行教は、国家神道の形成に対応して、不二道を天皇中心の国家主義の方向に再編成した宗教であるが、富士講独自の礼拝対象の「お身抜き」を祀るなど、富士講の伝統を守り、教規に「教導授産」「公益」をかかげて、不二道の実践道徳中心の性格を受けついでいる。本部は埼玉県大宮市にある。↓柴田花守《しばたはなもり》 ↓富士信仰《ふじしんこう》

参考文献 井野辺茂雄『富士の信仰』(『富士の研究』三)、田中義能『神道実行教の研究』 (村上 重良)

じっしゃ 実社 ⇩権社《ごんしゃ》・実社《じっしゃ》

じっしゃのかみ 実社神 浄土真宗の神祇観に基づきわが国の神を指す称。衆生を救済するために仮に神の形で現れた権社神に対する呼称。実社神は邪神であり、祟りをなし人を悩ますので、なだめるために神として崇め、慰霊のため祀るもので、人・畜生などの生霊、死霊などである。権社神が勝れて実社神が劣るとみなされた。この神祇観の源はすでに法然にあり、真宗門徒の神祇観が混乱しているため、本願寺第三世覚如の長子である存覚《ぞんかく》が、門徒のあるべき態度を示すため、まとめたものが『諸神本懐集』である。同書には、わが親おおじなどの先祖は皆神として、その墓を社にまつり、これらを皆実社の神としている。 (嵯峨井 建)

じっしゅしんぽう 十種神宝 ⇩とくさのかんだから

しで 紙垂 木綿もしくは紙片を幣串《へいぐし》(御幣)・榊《さかき》(玉串)・注連縄《しめなわ》などに取り垂らしたのをいう。「しだれ」の約言。垂・四手とも書く。『古事記』神代天石屋戸条に、「五百《いお》津真賢木《つまさかき》を根こじにこじて、(中略)下枝に白丹寸手《しらにぎて》、青丹寸手を取り垂でて」(原漢字)とあるのは、白・青の布帛を取り垂らしたものとされる。古くは木綿《ゆう》であったが、後世は紙片が多く用いられる。紙片の截ち方、折り方には吉田流・白川流その他の流派があり、四垂の紙垂が多い。 (沼部 春友)

しどうしょうぐん 四道将軍 『古事記』『日本書紀』などにみえる四道に派遣されたという人物たち。『日本書紀』の崇神天皇十年九月条には、大彦命《おおひこのみこと》を北陸に、武渟川別《たけぬなかわわけ》を東海に、吉備津彦を西道《にしのみち》に、丹波道主命《たにわみちぬしのみこと》を丹波に、それぞれ派遣したと記す。しかし、『古事記』の伝えは異なっており、崇神天皇の代の出来事としては、大毗古命《おおひこのみこと》を高志道《こしのみち》に、建沼河別命《たけぬなかわわけのみこと》を東の方の十二道に、日子坐王《ひこいます》を旦波《たにわ》へ派遣したとする三道の派遣説話のみを載す。『古事記』では吉備への派遣は、孝霊天皇の代のこととして、大吉備津日子命《おおきびつひこのみこと》と若建吉備日子命《わかたけるきびつひこのみこと》を派遣したとする。そして播磨を吉備に入る道の入口とし、播磨の氷河《ひかわ》で忌《いわい》瓮《べ》をすえ、吉備を平定したと述べる。このようにいわゆる四道将軍派遣説話にかんして、記紀の所伝に違いのあったことは軽視できない。埼玉県行田市の稲荷山古墳出土の金象嵌鉄剣銘文にみえる系譜伝承の意富比垝《おおひこ》を、いわゆる四道将軍派遣説話の大彦命(大毗古命)と関連づける説もある。しかしそれによって、四道将軍派遣説話をただちに史実とみなすことはできない。四道将軍派遣説話の文献批判が必要である。 (上田 正昭)

しとくにねんき 至徳二年記 春日社権神主西(大中臣)師盛(?―一四二四)の至徳二年(一三八五)の日記。『春日社権神主師盛記』とも。一巻。正月一日(前闕)から十二月二十九日までのうち、のべ百二十日程度の記事がある。現存の諸本は、原本の朽損がすすんでからの写本で、親本にすでに二丁程度の脱落があったとみるべき証左もある。同社の神事に関する記事が多いが、同年八月に行われた足利義満の春日社参詣についても詳しい。中山定親が師盛の日記から義満の四度(至徳二、明徳二(一三九一)、同五、応永二(一三九五))の南都下向に関する記事を抄出した『春日御詣記』が、『薩戒記』に所収、あるいは単行の記録として伝わっており、諸本の欠損を補うところがある。『春日御詣記』の存在は、師盛の日記が多年にわたったことを示すが、現存するのは本記のみである。『続群書類従』神祇部、『歴代残闕日記』七〇所収。

参考文献 『群書解題』一中 (末柄 豊)

しどり 後取 神社の祭儀中、種々の雑務にあたる役のことをいう。すなわち、本殿開扉にあたり宮司に御匙《みひ》・御鑰《みかぎ》をわたす役を御鑰後取、宮司祝詞奏上のため、軾《ひざつき》を敷く役を軾後取、祝詞を宮司にわたす役を祝詞後取、玉串拝礼にあたって、薦《こも》を敷く役を薦後取、案をおく役を案後取とのように呼ぶが、それら諸役のこと。祭員中、下位のものがこれらにあたるのが通例。 (鎌田 純一)

しとりじんじゃ 倭文神社 鳥取県東伯郡東郷町に鎮座。「しずりじんじゃ」とも称す。旧国幣小社。倭文の神である建葉槌命《たけはつちのみこと》を主神とし、下照姫命《したてるひめのみこと》・建御名方命《たけみなかたのみこと》・天稚《あめわか》彦命《ひこのみこと》・事代主命《ことしろぬしのみこと》・少彦名命《すくなひこなのみこと》・味耜高彦根命《あじすきたかひこねのみこと》を配祀する。『日本書紀』に、天孫降臨に先立ち、建葉槌命を星の神香《か》香背男《かせお》平定のため遣わし服せられた記事があるが、倭文はシツオリ、つまり機織で他地方の同名社とおなじく、当地の倭文氏がその祖神をまつったことに始まる古社とみられる。斉衡三年(八五六)八月従五位上、延喜の制で

倭 文 神 社

小社。天慶三年(九四〇)九月正三位に叙される。大正四年(一九一五)境内より康和五年(一一〇三)銘「山陰道伯耆国河村東郷御坐一宮大明神」とある経筒(国宝)を出土、比較的早くより一宮と称されていたことが知られる。戦国時代には尼子氏、江戸時代には鳥取藩主池田氏累代の篤い崇敬をうけた。昭和十四年(一九三九)国幣小社。例祭五月一日。現在は織物業とともに安産の神として崇敬される。　　（鎌田　純一）

しとりじんじゃきょうづか　倭文神社経塚　鳥取県東伯郡東郷町宮内所在。僧京尊が康和五年(一一〇三)に、倭文神社(伯耆一宮)社殿の東南方に位置する丘陵上(一三〇メートル)に営んだ経塚。大正四年(一九一五)発見。深さ約二メートル、方約一・二メートルの土壙を掘り、平石で高さ約五〇センチ、長辺約一・二メートル、短辺約九〇センチの石室を構築。内部から康和五年在銘の銅経筒一、金銅観音立像・銅千手観音立像・銅板線刻弥勒立像各一、鏡二、宋銭二、その他短刀、檜扇、ガラス玉、漆器片などを発見。うち金銅観音立像は奈良時代の作。ほかはいずれも康和ごろの遺品。経筒の銘文中には仏滅壬申説をとり、また社の辰巳(東南)に埋納して慈尊(弥勒)の出世に備えるなどの記載がみられ、経塚研究上貴重である。遺物は倭文神社蔵、国宝。遺跡は国指定史跡。

経筒　総高四二センチ。鋳銅製。蓋・身・台座を別鋳して組み立てる。蓋は平面方形の傘形で、四隅と中間に瓔珞垂下の小鐶を、また頂部には大形の宝珠鈕を付す。なお蓋上面の四方に釈迦・多宝・阿弥陀・弥勒の種子《しゅじ》を刻す。蓋裏は別鋳で上方方形、下方円形の低い漏斗状に作り、それぞれ蓋をうけ、身にはまる。筒身は円筒形で全面に後記の銘文を刻す。台座は円形で上面に反花《かえりばな》を刻している。銘文は以下のとおり。「釈迦大師壬申歳入寂日本年代記康和／五年癸未歳粗依文籍勘計年序二千／五十二載也今年十月三日己酉山陰道／伯耆国河村東郷御坐一宮大明神御前／僧京尊奉供養如法経一部八巻即社辰巳／岳上所奉埋納也願以此書写供養之功／結縁親疎見聞群類縦使雖異受生之／所昇沈必定値遇慈尊之出世奉堀顕／此経巻自他共開仏之知見仍記此而已／願以此功徳普及於一切我等与衆生皆共成仏道／釈迦舎那成道場成正覚一切法界中転於无上輪／正遍知者大覚　辺際智満方知断／補処今居都率天　下生当坐竜花樹／願我生生見諸仏　世世恒聞法華経／恒修不退菩薩行　自他法界証菩提」。

参考文献　関秀夫編『経塚遺物文』、「伯耆一宮経塚・伯耆一宮経塚出土品」(『鳥取県文化財調査報告書』一)、蔵田蔵「伯耆一宮経塚の遺宝」(『仏教芸術』六〇)　　（三宅　敏之）

しなつひこ　級長津彦　『古事記』神代と『日本書紀』神代四神出生章第六の一書に出てくる風の神。「し」は風・息、「な」は長で、息の長い男の義。『古事記』では志那都比古と書かれ、『日本書紀』には級長戸辺《しなとべ》という別名もみえる。『日本書紀』には、国生みの後伊弉諾尊が、「我が生める国、唯朝霧のみ有りて、薫り満てるかなとのたまひて、乃ち吹き撥ふ気、神と化為《な》る」と、誕生の次第が記されている。　→風神《かぜのかみ》　　（吉田　敦彦）

しなのおおみやしゃ　科野大宮社　長野県上田市常田《ときだ》二丁目に鎮座。古く科野大国魂神、また総社大宮と唱え、中世以降大宮諏訪大明神とも称したが、明治以降現社名とする。旧県社。大己貴命《おおなむちのみこと》・事代主命《ことしろぬしのみこと》を主神とし、健《たけ》南方富命《みなかたとみのみこと》を配祀する。創建年代不詳、社伝では科野国造建五百建命の創祀という。天正十一年(一五八三)真田氏上田城築城のあと、慶長ころより、その鎮守として崇敬をうける。例祭は十月十九日。　　（鎌田　純一）

しなののくにはにしなのこおりとちはらのしょうちゅうじょうのみやべんざいてんゆらいき　信濃国埴科郡檞原庄中条宮弁財天由来記　本記は、もと長野市松代町東条の地に鎮座した中条宮に祀られていた弁財天霊験社の由来書。一巻。中条宮は、現長野市松代町東条字中条から同町東寺尾の現在地へ遷座し、寛政四年(一七九二)には社号を中条埴志那神社とした。本書の成立は、近世初頭ころに、中条宮神職の富岡駿河が古伝承を整理して筆録したところに求められる。内容は弁財天社弁財天の霊験を説く縁起譚を骨子に、併せて中条宮神職の富岡氏が成立するに至るまでの経緯を物語る。寛正―文明年間(一四六〇―八七)ころのこと、寺尾郷の国人寺尾業升旗下の富岡某は、業升に敵対する近隣の清野郷地頭清野山城を嫌忌し、寺尾の産土神諏訪大明神に参籠して清野氏討滅の祈願を凝らすことがあった。この富岡某の立願成就によって、寺尾氏は清野氏との合戦の折には、十五童子を率いる一女性、すなわち宗像宮弁財天女の加護を受けて勝利を得ることができた。ここに加勢の神女化童の霊徳・奇特を感受した富岡某は、中条の地に産土神の諏訪大明神を指す健御名方命《たけみなかたのみこと》と宗像宮弁財天女にあたる田心比女《たごりひめ》命《のみこと》の二神を勧請した社を建立し、自身は一向神仕の神職に就いたと伝える。当該由来記は、『続群書類従』神祇部に所収されている。

参考文献　『群書解題』一下、『松代町史』上・下、『長野市誌』九　　（藤枝　文忠）

しなののさかのかみ・あしがらのさかのかみ　科野之坂神・足柄坂神　記紀にみえる神。坂の神・山の神と記される場合もある。『古事記』景行天皇段には倭建命《やまとたけるのみこと》が足柄坂にて白鹿に化身した坂神を蒜《ひる》で退治する話や、科野の坂の神を言向ける記事がある。また、『日本書紀』景行天皇四十年是歳条には日本武尊《やまとたけるのみこと》が信濃坂にて白鹿に化身した山の神を蒜で退治する話がみえる。科野の坂(信濃坂)は、信濃国伊那郡阿知駅(長野県下伊那郡阿智村)と美濃国恵奈郡坂本駅(岐阜県中津川市)間の神坂《みさか》峠で、『万葉集』二〇の埴科郡神人部子忍男の歌「ちはやふる神のみ坂に幣《ぬさ》奉り」(原万葉仮名)や『類聚三代格』七所収斉衡二年(八五五)正月二十八日付太政官符に「雲山疊重、路遠坂高」とあり、東山道中の嶮路であった。発掘調査により、五世紀中葉の石製模造品や土師器・須恵器・緑釉陶器・

中世陶器などが出土し、長期間にわたる峠の祭祀が頂部にて行われていたことが確認された。また、長野県と群馬県の県境に位置する入山峠からも管玉や石製模造品が出土し、『日本書紀』同条にみえる古東山道上の碓日坂に比定される。足柄坂の位置は未詳であるが、『万葉集』九の田辺福麻呂歌集の「東《あづま》の国の畏きや神の御坂に」や同一四東歌「足柄のみ坂畏み」、同二〇倭文部《しとりべ》可良麻呂《からまろ》歌「足柄のみ坂給はり」など足柄坂神への信仰を認め得る資料は多い。坂神は手向の神・境の神・塞の神として、異国進入の祈願・鎮撫、出国の祈願・報賽、境迎えなどの性格が指摘される。

（篠原　祐一）

じにん　神人　神社の下級神職あるいは寄人《よりうど》。「じんにん」ともいう。神主・宮司などの社司(社家)の被官であり、神事および社務においてその補助や雑役にあたった。神人はもと社司・社人らの総称であったが(『日本霊異記』『今昔物語集』など)、十世紀ちかく神社規模や社領荘園の増大に伴い、人員も増加し、職掌も定まり、下級神職としての神人の身分称が成立した。前代の神賤の後身もあり、隷属的なものと従属的なものの両種があった。神人は社頭の警備や儀仗の役(祭事の一部)にあたったことから、その武力を増し、やがて僧兵と並んで「大衆神民」などといわれ、強訴や乱行で史上を賑わした。院政期の「保元新制」に始まり、室町時代まで神人の兵仗禁止がしばしば令せられている。神人の武力活動は下級神職の神人(本社神人ら)が神宝を奉じて神威をかざし発向した(神宝を振る)のに始まるが、神領に荘官として駐在する散在神人(散所神人ともいう)のほかに、神領増大に関連して在地領主の名主層を神人(これも散在神人)に起用したのが武力活動の主力となった。南都・北嶺の神人や熊野山神人などが有名である。また、神人の列に加えられた漁猟民や工芸・芸能の徒がそれぞれ「座」を組織した。商工人の座には名主層が散在神人としてこれを率いたものも多い。日吉・春日両社の在京神人、祇園社の綿座神人、石清水社の大山崎油座神人、北野社の酒座神人が名高い。なお、賤役に従った犬神人(祇園社)・綱引神人(石清水社)などが知られる。このように神人には種々の呼び名があるが、これは各社それぞれに居住地(本社と散在、神社によっては散所も)、職能、あるいは身分階層がからみ合ったためのものである。ちなみに、春日社には本社神人(三方神人)、散在神人、および白人神人の別がある。また、黄衣神人と白人神人(白衣神人)の称があるが、これはその職能や身分を衣体で表現したものといえる。黄衣神人は春日神人の本宗であり、本社神人(三方神人)と散在神人(狭義の散在神人、根本社領に居住、有力住民も神人に列した)がこれに属したのに対し、白人神人は散在の神人だが(正式には散在神人とはいわない)、特に社寺領荘園名主層を起用し、末社神主職に補して国民の称号を授けたもので、同じく商工人の座衆も白人神人に列した。白人は「シラウト(素人)」と注した例もあるので、神人に準じたものらしいことがわかるし、文字通り白衣を着して神事の雑役に参仕させている。この黄衣神人と白人神人とのちがいは、黄衣神人は春日社(政所)が補任し、白人神人は興福寺が任用したことにちなむらしい(摂津浜崎荘供菜神人は黄衣、奈良油坂油座神人は白衣)。春日社・興福寺一体化組織が神人組織を複雑にしたといえる。別当寺の支配をうけたため大社の神人組織は複雑になったのがわかる。これに対し村落鎮守社などでは神主が神人あるいは禰宜を称した。春日社で神人が禰宜を称したのは近世ちかくのことだが、熊野新宮で神領の相野神人が相野禰宜を称して常勤したのが室町時代初期のようであり、このころから各社の神人が禰宜を称することを望んだらしい。神人という称呼は中世末でほぼ消える。同じく神人の社会経済は終り、文芸活動などが若干知られるにすぎない。↓犬神人《いぬじにん》　↓石清水神人《いわしみずじにん》　↓大山崎神人《おおやまざきじにん》　↓春日神人《かすがのじにん》　↓日吉神人《ひえじにん》　↓堀川神人《ほりかわじにん》

参考文献　豊田武『座の研究』(『豊田武著作集』一)、永島福太郎『奈良文化の伝流』、黒田俊雄『寺社勢力』(『岩波新書』黄一一七)、網野善彦『日本中世の非農業民と天皇』、丹生谷哲一「春日社神人小考」(岸俊男教授退官記念会編『日本政治社会史研究』下所収)

（永島福太郎）

じぬしがみ　地主神　土地の神、あるいは家・屋敷の守護神のこと。地主ガミとか地主サマとかいう呼び名は、土地の主ということであろうから、土地神としての神格をよく表わしている。ごく大ざっぱにいって、関東地方から中部日本にかけては、ジシン・ジノカミ(地神)、九州を除く西日本ではジヌシ(地主)、ジガミ(地神)という呼称が卓越している。これらの呼称のうち、ジジンとかジシンとかいう呼称は、明らかに地神という漢語からきたもので、一般庶民が考えつき難い言葉である。おそらく仏者・祈禱師などの解説・宣伝によるものと思われる。ジノカミ・ジヌシサマならば、意味がよくわかり、中でも地主さまといった呼び名は古くからのものではないかと考えられる。対馬の事例では、本戸(藩政時代の士分および百姓株の家筋)は、たいてい屋敷内の裏ないし横に「地主さま」を祀っている。分家すれば地主さまを作るし、家を建てれば必ず地主さまを据える。石の祠にまつったり、海から持ってきた清い石を神体としたり、ただ小石を積み上げたものや御幣を据えただけのものもある。地主さまの神格については、地の主・屋敷の地主・土地の神さま・屋敷の神さまなど、さまざまにいわれている。古風な地主神信仰を伝えているものと考えられる。文献では『古語拾遺』に、大地主神《おおとこぬしのかみ》の名がみえ、『延喜式』神祇五、斎宮祈年祭神の大社十七座中に「地主神一座」とあり、また風土記類にも地主とか地神とかいう語が出ている。また中世以降は、社寺を建立する際に、もとからその地に鎮座する神を地主神といい、あるいは新たに神社を創設して、これをその地の地主神としてまつる風の行われたことも、よく知られているところである。これ

ら古代以来の文献に現われる地主神が、そのまま民間における地主神信仰に結びつくとまでは断言できないが、地主神・地神を土地の神とする考え方が古くから存在し、一方では現在の地主神信仰の中にも、土地神的性格が濃厚である事実は認めなければならないであろう。 ↓屋《や》敷神《しきがみ》

参考文献 直江広治『屋敷神の研究』 (直江 広治)

じのはこ 璽筥 「しるしのはこ」ともいう。㈠三種の神器の一つである八坂瓊曲玉《やさかにのまがたま》の敬称。曲玉は神璽とも称し、被い蓋のある筥に納められているため、直接曲玉とはいわず、璽筥という。㈡神社における御神体(神霊の憑る物体)の一種。長方形の四角い箱に、神山の清土、榊枝、金幣、神名を書いた御札などを納め、大和錦を張った外蓋にて覆ったもの。家庭の祖霊舎の霊璽としても用いられる。

参考文献 金光慥爾『(新撰)祭式大成』調度装束篇、八束清貫『神社有職故実』 (小野 和輝)

しのびごと 誄詞 死者の霊に対して生前の徳行などを述べて哀悼の意を表わす詞。古くから広く用いられ、宮廷でも天皇・后妃の殯宮《もがりのみや》に奏し、功臣・皇族の棺前に賜わっており、『続日本紀』天平神護二年(七六六)正月甲子条に「志乃比己止乃書」とある。『日本書紀』に、漢字で「誄」をあて敏達天皇崩御の際殯宮で蘇我馬子・物部守屋が奏したとあるのが国史にみえる初めで、その後推古天皇母蘇我堅塩媛の改葬、推古・舒明・天武三天皇の崩御の殯宮において誄を奏したことが同書にみえる。各層の代表・代理者がそれぞれに奏したらしく、たとえば舒明天皇の時は皇太子、諸皇子・大臣の代理のほか「日嗣」について誄を奏し、天武天皇の際は諸臣・各官司・諸国司・隼人蝦夷などが約三十回にわたって誄を奏している。当時の誄は哀傷のみでなく皇位継承の次第や氏族の由来を述べている。この後持統天皇から淳和天皇までのうち天皇六方、皇后など三方に誄を奏上したことが『続日本紀』以下の国史にみえる。多くは奏上者が「誄人」を率いて奏し、その誄文は称徳哀悼の辞がなく、単に諡号を奉る趣旨を述べたものである。誄と諡の関係は、『説文』に「誄、諡也」、『礼記』注に「誄、累也、累㆓列生時行跡㆒以作㆑諡」とあるから、本来誄は諡を伴うものであったらしい。嵯峨天皇は薄葬を尚び遺詔して諡誄を停め、歴朝もこれに倣ったので、誄を奏することもなくなった。功臣などに下された誄詞として古くは伝説的な例であるが景行天皇が磐鹿六雁が没した時に与えた哀悼の宣命「高橋氏文」があり、前記のように『続日本紀』にかつて藤原鎌足・同不比等に「志乃比己止乃書」を賜わったことがみえ、大宝元年(七〇一)七月多治比嶋、養老元年(七一七)三月石上麻呂が没した際には公卿・百官、太政官などが誄をあげている。藤原永手・能登内親王が没した時哀悼の宣命を賜わり、『続日本紀』ではこれを誄とは表現してはいないが、誄にあたるとみられる。また『家伝』上にみえる天智天皇が藤原鎌足を哀惜する詔、『貞慧伝』に載せる高句麗僧道顕の誄はともに古い漢文体の誄詞とされている。誄は一般に民間でも行われ、大化二年(六四六)の薄葬令によってもそのことが窺われる。誄は葬儀において重要な儀礼であるが詳しい規程などは伝わらない。延暦十六年(七九七)、土師氏が世襲的になってきた喪葬の凶事をほかにも行わせることとし、「誄人長」や「年終奉幣諸陵使」などを普く所司と左右大舎人雑色人などをもってあてることとしたが、その用務などの詳細はわからない。『儀式』一〇に「弔喪儀」「贈品位儀」の項目があり、勅使の喪家における宣命宣制などの作法を述べているが特に誄については触れていない。近世になって仁孝天皇が父光格天皇崩御の時、諡号を再興した際陵前に誄を奏せしめて諡号を奉告し、同時に大臣・公卿・侍臣の誄を奏上した。明治になって「誄」は多く天皇の弔詞の意味に用いられ、皇族・功臣の死去に誄を賜わり、皇室喪儀令(大正十五年(一九二六))には先帝・皇太后の葬儀において、追号奉告の儀と葬場殿の儀には天皇が誄を奏する規定である。

参考文献 『古事類苑』礼式部二、青木和夫「浄御原令と古代官僚制」(『古代学』三―二)、和田萃「殯の基礎的考察」(『日本古代の儀礼と祭祀・信仰』上所収) (中村 一郎)

しのびで 短手 ⇩拍手《かしわで》

しのむらはちまんぐう 篠村八幡宮 京都府亀岡市篠町に鎮座。保津川に近く、東南方の大枝山を隔てて京都に近く、山陰道の要衝にある。祭神、応神天皇・仲哀天皇・神功皇后。その創建の由緒は明らかでないが、文治年中(一一八五―九〇)丹波篠村荘が松尾最福寺の延朗の領知となり、延朗が源氏の一族であったところから、この地に八幡宮を建立したものであろう。元弘三年(一三三三)四月、元弘の乱に、鎌倉幕府の御家人足利高氏(尊氏)は、官軍を攻めるために上洛中、当時船上山に滞在中の後醍醐天皇の詔命をうけ、幕府に反して官軍に加わり、この篠村八幡宮において挙兵した。『太平記』に同年五月七日当宮にたてまつった高氏願文を載せており、その作者は疋田妙玄とあるが、当宮にはそれとは別に、同年四月二十九日付の高氏自筆願文が伝来する。今枝愛真の研究によると、本文書は他の当宮古文書とともに江戸時代末ごろの偽作であることが確認され、おそらくは『太平記』所載の高氏願文をもとに改作されたのであろうという。例祭は十月二十五日。

参考文献 『篠村八幡宮文書』、今井弘済・内藤貞顕編『参考太平記』、内閣修史局編『史徴墨宝考証』一下、田中義成『南北朝時代史』、今枝愛真「(丹波篠村における)足利尊氏の挙兵とその願文」(『史学雑誌』七〇ノ一)、上島有「篠村の高氏願文偽作説に対する疑問」(『日本歴史』四三三)、藤本孝一「足利高氏の二つの願文と篠村八幡宮」(同四四八)、上島有「再び篠村の足利高氏願文について」(同四五七) (村田 正志)

しばい　芝居　劇を行う場・演目・演技など広く演劇をさす語。現在は劇場、演劇などの興行物、役者の演技を意味する。本来は芝生に座っていることをいい、それが芝生に席を造って座ることに通じ、その場所もさすようになった。祈願などのため、舞台ではなく神社の前庭などの芝草の上で演ずる芝田楽、奈良市の春日大社および興福寺南大門の前庭で行われる芝能（芝の能・薪能）、春日若宮御祭の御旅所の芝舞台はこれに由来する。鎌倉時代後期になると、猿楽・曲舞・田楽の勧進興行に際し、舞台と貴人の席である桟敷との間の、芝生に設けられた庶民の見物席をいうようになった。歌舞伎成立以降、歌舞伎など演劇の興行物を芝居というようになり、恒常的な小屋（劇場）が設けられるようになってからは、その見物席、特に庶民の見物席やそこに見物する人々をも意味するようになった。さらに、劇場全体、歌舞伎自体の通称、歌舞伎作品、役者などが演技すること、その演技をも意味するようになった。芝居という言葉の歴史は、仮設劇場の歴史が長かった日本の演劇の特色を示している。

[参考文献]　竹内芳太郎『野の舞台』　（福原　敏男）

しばだいじんぐう　芝大神宮　東京都港区芝大門一丁目に鎮座。通称は芝神明。もと飯倉神明・日比谷神明ともよばれた。旧府社。天照皇大御神・豊受大御神を主神とし源頼朝・徳川家康を配祀。伊勢神宮の飯倉御厨に創祀された神明社であろうが、社伝では寛弘二年（一〇〇五）の鎮座とする。もと飯倉山にあったが、慶長年間（一五九六―一六一五）現地に移転。天正十九年（一五九一）徳川家康は朱印地十五石を寄進。その後江戸幕府はしばしば社殿の造営などをした。江戸下町の大産土神で、境内や門前には茶屋・楊弓場・芝居・見世物が並び、相撲や富籤の興行で賑わった。神主の西東氏は幕府の連歌師となる。明治元年（一八六八）に准勅祭社に列し、同五年には現在の大神宮号を許された。例祭は九月十六日。もとは十一日から十日間も祭礼が続いたので「だらだら祭」とよばれた。生姜や千木《ちぎ》箱が商われるので生姜祭といわれて有名。生姜は土地の産物で神前に供えられたのである。

[参考文献]　『江戸名所記』七（『日本名所風俗図会』三）、『御府内備考』続編二（『東京都神社史料』）、寺門静軒『江戸繁昌記』二、斎藤幸雄他編『江戸名所図会』一（『日本名所風俗図会』四）、斎藤幸成編『東都歳事記』三（同三）、小倉学『芝大神宮誌』　（小倉　学）

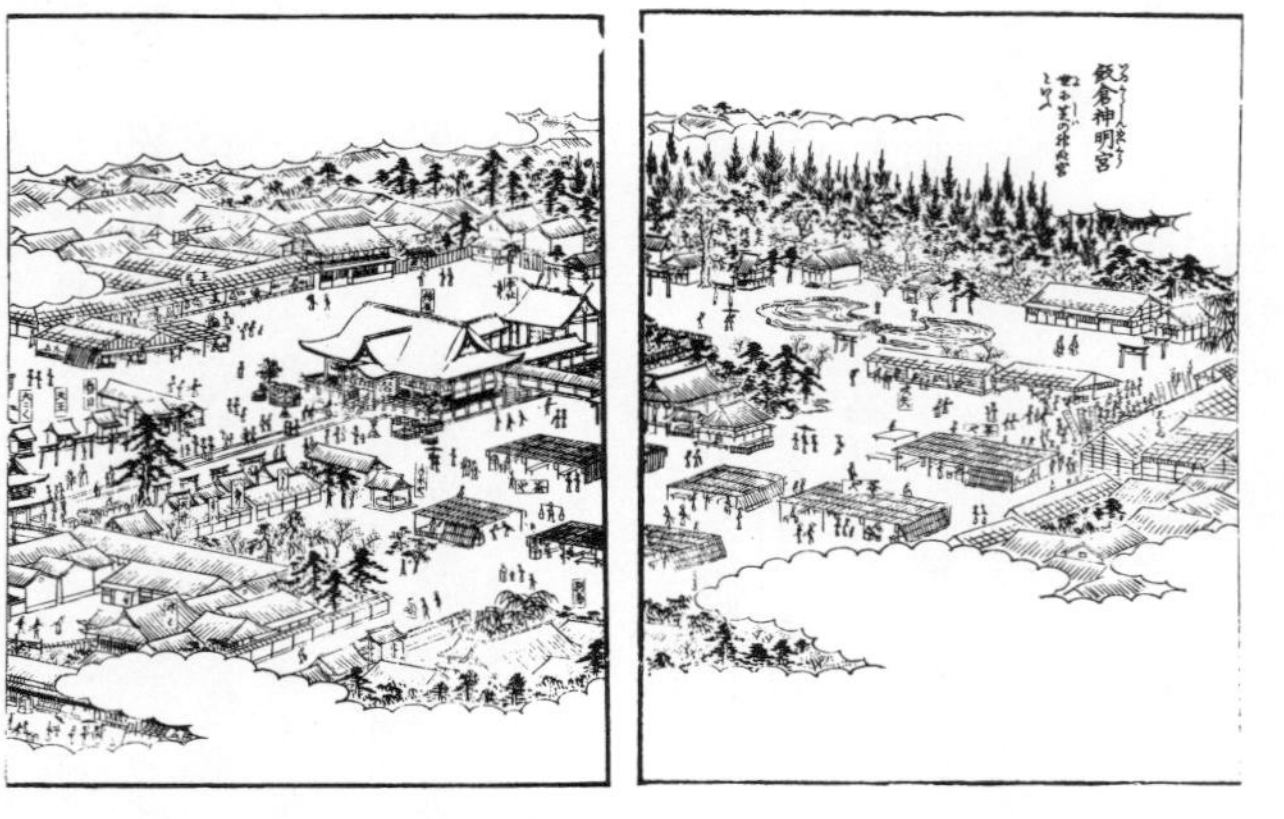

芝大神宮（『江戸名所図会』１より）

しばたはなもり　柴田花守　一八〇九―九〇　江戸・明治時代前期の宗教家。文化六年（一八〇九）正月八日肥前国小城郡桜岡の鍋島大学邸に生まれる。祖父は小城藩士で、父の三枝礼助は鍋島大学に仕え柴田家を相続してその邸内に住んだ。父の姓を受け、幼名は権次郎、長じて花守、富士行者としては咲行と称した。幼年より英知、師の禄行に随って諸国を周遊し苦学力行、学は神儒仏を究め、禅にも通じ、和歌や絵画も能くした。最も崇拝したのは富士信仰の開祖長谷川角行である。花守が角行の顕彰に尽くした功績は大きい。不二教中興の祖伊藤食行の門下は、のちに宍野半の扶桑教会と、花守の実行教会の二つに分かれた。花守は禄行の遺教を守り、不二道を純粋の神道とし、明治十五年（一八八二）六月二日神道実行派として同派の管長となり、同十七年十一月一日実行教の初代管長となった。不二道の行者としては第十世咲行である。明治二十三年七月十一日没。歳八十二。著書は『本教大基』ほか二十教種に上り、幼童向きにまで心を配った。

→実行教《じっこうきょう》

[参考文献]　田中義能『神道実行教の研究』、千葉幸吉『神道実行教』、柴田孫太郎『実行教概説』（『日本宗教大講座』二）、神崎一作『教派神道』（『神道講座』二所収）、平野孝国「柴田花守―その時代と信仰的系譜―」（『神道宗教』一五）　（阪本　健一）

しぶかわはるみ　渋川春海　一六三九―一七一五　江戸時代中期の天文暦学者。寛永十六年（一六三九）、幕府碁所安井算哲の長子として京都に生まれる。幼名六蔵、字は順正、諱は都翁《つつじ》、号は新蘆。父の没後家職をつぎ算哲を、元禄五年（一六九二）助左衛門を名乗る。はじめ安井、のち保井、六十四歳で渋川と改姓。山崎闇斎について和漢の書に通じ、神道の奥秘を受け、神道の諸流を究めた。岡野井玄貞・松田順承より暦学を学び授時暦に通暁した。二十一歳のとき中国・四国に遊び緯度を測定、この年より毎年囲碁を以て台覧に供した。天文の理を応用したという天元の局は有名である。在来の渾天儀を簡略にした渾天儀を製し日夜観測、みずから新暦を作製した。当時施行の宣明暦は気節に二日の狂いがあり、たびたびの日月食が的中しないことを指摘し、上表して改暦を請うこと三度、貞享元年（一六八四）十月改暦宣下あり「貞享暦」と名を賜わる。改暦の功により碁所を免じて天文方に任ぜられ禄百俵を賜わる。のち二百五十俵に加増、宅地を本所に、のち駿河台に拝領して観測に従う。『貞享暦』『日本長暦』など多くの暦書のほか、『天象列次之図』『天文分野之図』、みずから新しく制定観測し子の昔尹《ひさただ》の名で刊行した『天文成象』、また春海の天文学を集大成した『天文瓊統』の著がある。天球儀・地球儀のほか、従来の漏刻に代わり百刻環を造った。これは周囲を一日百刻に目盛りした赤道環をもった一種の赤道型日時計である。本邦最初の天文観測の開拓者でもあった。正徳五年(一七一五)十月六日、七十七歳で病死。品川東海寺に葬られる。法名、太虚院透雲紹徹居士。

参考文献 西内雅『渋川春海の研究』 (渡辺 敏夫)

しへいきんだん 私幣禁断 伊勢神宮に私の幣を奉り、私祈禱をすることを禁じたこと。早く延暦の『皇太神宮儀式帳』や『延喜式』伊勢太神宮に、天皇のほか、三后・皇太子をはじめ庶民に至るまで私幣を奉り、私祈禱をなすことを厳しく禁止し、万一これを犯した者は処罰される規定がみえ、『長寛勘文』(長寛二年(一一六四)四月二十四日の勘文)にも載せられている。なお私幣の語は『中右記』永久二年(一一一四)二月条にみえる。しかしながら大神宮崇敬が一般社会に広まるにつれ、私幣禁断の制は次第に弛んで、平安時代の中期以来、私祈禱のために大神宮に神領や神宝などを奉納する風潮が生じ、それが鎌倉時代に入るといよいよ盛んとなった。しかし神宮にあってはこの取扱いには厳重な区別を立て、取次ぎの神官や師職に任せて、大神宮の祭祀御料に充てることを避けてきた。そして今日もこの制度の精神は守り続けられているが、それは神宮祭祀が天皇の親祭を原則としてきたからであろう。

参考文献 御巫清直『神宮私幣考弁』(『神宮神事考証』後篇) (鈴木 義一)

じへん 慈遍 生没年不詳 鎌倉・南北朝時代の比叡山の学僧。吉田(卜部)兼顕の子で、『徒然草』の作者で有名な兼好の兄弟にあたる。弱年にして比叡山に登り剃髪受戒し、天台学を学ぶ。特に神書に精通し、後醍醐天皇に召されて仏法および神道のことを講じた。のち、大僧正に任ぜられた。当時、叡山では、神仏習合の思想が盛行し、本地仏垂迹神の考え方が定着していた時代であり、慈遍はかかる風潮を受けて、天台の立場から神道を専門的に研究し、『山王審鎮要記』三巻、『旧事本紀玄義』十巻、『豊葦原神風和記』三巻などの著述を残している。『山王審鎮要記』には元弘三年(一三三三)の自序がある。『豊葦原神風和記』には、伊勢神道の集大成ともいうべき『類聚神祇本源』が多く用いられているので、天台神道(山王神道)のみならず、伊勢神道の説も取り入れていたことが知られる。また上記以外の著作として慈遍には、『天台宗大事』一巻(自筆本、叡山文庫蔵)や、『密法相承審論要抄』一巻が現存する。

参考文献 卍元師蛮『本朝高僧伝』一七(『大日本仏教全書』)、渋谷亮泰編『(昭和現存)天台書籍綜合目録』 (武 覚超)

しほうはい 四方拝 元日早朝に天皇がその年の属星および四方・山陵を拝して、年災を払い、宝祚を祈る儀式。寅一刻に天皇は黄櫨染《こうろぜん》の袍を着して清涼殿東庭の御座に出御し、笏をとって㈠北向して属星(十二支を北斗七星に配す)の名字を七遍唱え、再拝して「賊寇之中過度我身、毒魔之中過度我身、危厄之中過度我身、毒気之中過度我身、五兵口舌之中過度我身、五危六害之中過度我身、百病除愈、所欲従心、急々如律令」(『内裏儀式』)と唱える、㈡北向して天を、西(一説に西北)向して地を拝し、ついで四方を拝す、㈢山陵を拝す、という次第で行なった。御座は儀式の各段に応じて三所を設け、香花を供えて周囲に屛風をめぐらした。また幼主は座を設けるのみで不出御、日蝕・諒闇の際は停止を例としたが、事情により必ずしも一定しない。『年中行事秘抄』『江次第鈔』は『宇多天皇御記』から寛平二年(八九〇)四方拝の記事を引き、これを初例とする説もあるが確証はない。ただし『日本書紀』皇極天皇元年(六四二)八月朔条に、天皇が祈雨のために南淵の河上で四方を拝したとあるように、その起源はかなり古くさかのぼり、中国・朝鮮の陰陽思想の影響を受けつつ、朝儀としての成立に至ったのであろう。応仁の大乱の折に一時廃絶し、数年にして再興(『実隆公記』『親長卿記』文明七年(一四七五)正月一日条)、近代に至った。明治五年(一八七二)の四方拝には神嘉殿南庭の仮舎の内に御座を設け、伊勢神宮、天神地祇、神武・孝明両帝の山陵、諸大社を拝したが、以後これが恒例とされ、皇室祭祀令(明治四十一年公布)には、元日歳旦祭に先立って四方拝を行うと定められた。なお天皇以外に院宮・摂関家の四方拝の例があり、『江家次第』には庶人四方拝の次第もみえる。

参考文献 『古事類苑』歳時部、宮内省編『明治天皇紀』二、神祇院総務局編『(最新)神社法令要覧』、所功「元旦四方拝の成立」(名古屋大学文学部国史学研究室編『名古屋大学日本史論集』上所収) (杉本 一樹)

しまざきまさき 島崎正樹 一八三一―八六 島崎藤村の父。小説『夜明け前』の主人公青山半蔵のモデル。本名重寛、のちに正樹と改名。璞堂《あらたまのや》・静舎《しずのや》・松翠園などと号した。祖先は相州三浦の人、永禄元年(一五五八)移住し、江戸時代には中山道馬籠宿(長野県木曾郡山口村)の本陣・庄屋・問屋を兼ねた。天保二年(一八三一)五月四日生まれる。幼少より学を好み、祖父や父重韶《しげつぐ》(『夜明け前』の吉左衛門、以下括弧内は作中の人物名)らから読み書き・算術・漢籍を学んだ。十六歳で中津川宿の医師馬島靖庵(宮川寛斎)に国学を学び、同門の学友間秀矩(蜂谷香蔵)・市岡正蔵(浅見景蔵)と親交をもち、文久三年(一八六三)三十三歳にして平田篤胤没後の門人となって、篤胤の著『古史伝』上木に対しては一部出資した。王政復古に欣喜し祭政一致に期待したが、維新とともに木曾山林が官有となるに及んで、木曾の民のために明治二年(一八六九)から山林解放運動に奔走し、五年戸長免職。家計は極度に傾いた。七年上京して教部省考証課の御雇となったが、欧化万能の風潮に憤りを発し、明治天皇の行幸を拝して憂国の歌を書いた扇子を投進して逮捕された。翌年飛騨国水無神社宮司として赴任、十年末辞任して帰郷したが、彼の理想は激変する世相に蹂躙され、憂悶の月日のうちに突然発狂、明治十九年十一月二十九日、座敷牢内で没した。五十六歳。墓は山口村の永昌寺にある。『松か枝』は遺稿集。『夜明け前』にはかなりの虚構があり、青山半蔵はそのまま島崎正樹ではない。

参考文献 瀬沼茂樹『評伝島崎藤村』、北小路健『続木曾路文献の旅—『夜明け前』探求—』、同『『夜明け前』探求—伊那路の文献—』

（北小路　健）

しめなわ　**注連縄**　新しい稲藁を用いて左ないに縄をない、年のはじめなどに、神前または特別の地域に張りめぐらせて、内と外を区画し、祭祀における浄と不浄のけじめとするしるしの造りもの。七五三縄・標縄などの字をあてることもあり、また尻久米《しりくめ》縄とか端出之縄ともいって、縄になった末端は切らないでそのままにして置くのが通常の仕来りである。毎年、新しい稲藁を用いて作りかえるところなどからすると、やはり農耕神をまつるような祭祀とも関係は深いものと考えられる。天岩戸の項に、『古事記』には「尻久米縄」、『日本書紀』には「端出之縄」、『古語拾遺』には「日御綱」と記されている。その形によって前垂注連縄・牛蒡注連縄などの俗称もあり、島根県の出雲大社の大きな注連縄や三重県の二見夫婦岩の注連縄などは特に有名。縄をなうとき所々に七・五・三の藁しべを垂れることもあり、また木綿幣《ゆうしで》や紙四手《かみしで》などを垂らすこともある。

参考文献 『古事類苑』神祇部二、『神道名目類聚抄』三

（景山　春樹）

しめばしら　**標柱**　神聖な時間と空間を画する、結界の柱。たとえば、愛知県稲沢市の尾張大国霊神社儺追《なおい》神事では、旧正月二日に最初の神事として、「儺追神事」と墨書し上部に注連縄を張った角柱を楼門前と第二鳥居前に立てる標柱立て式が行われる。だが、標《しめ》は「占め」であり、神による占有を意味するように、標柱は単なる標識ではない。神を迎えるために依代《よりしろ》として木や柱を立てることは、日本の神祭の基本的な形として知られており、標柱もまたその一つといえる。柱ではないが、古代において、大嘗会に悠紀・主基両国から出されていた標山《しめやま》も、神が占める依代といえる。『続日本後紀』天長十年（八三三）十一月戊辰（十六日）条によれば、標山は、天老や西王母の人形が飾られるなど中国的装飾が顕著ではあるが、小山の上に木を一本植えるという形をとっていた。単なる装飾や目印とする見方もあるが、山と木の組み合わせには、神に占められる依代の姿がある。

（島田　潔）

横じめ　　稲穂の輪飾り

注連縄

しもうさのくにかとりしゃぞうしんちゅうもんのこと　**下総国香取社造進注文事**　平安時代末から江戸時代初めまでの香取社の造営に関する記録をあつめたもの。一巻。成立年不詳。『香取社造進注文事』とも称する。『続群書類従』神祇部所収。『続群書類従』所収のものの原本は不明であるが、本文中に「西光内、小林玄蕃」によって記録されたものとあることから、本来は『香取西光司家文書』に属す史料とすることができる。収録されている記録は、寛元二年（一二四四）の造営所役注文、正仮遷宮毎度帳、造営遷宮年紀次第代略、遷宮用途雑物事、貞治二年（一三六三）の仮殿遷宮用途事、遷宮についての年月日などを書き抜いたものの六点である。前半の三点は『旧録司代家文書』四の「造営記録断簡」の後半部分を略し、「応永三十一年（一四二四）」以下の三行を加えたもので、四番目のものは、『香取神宮文書』一三とほぼ同内容であり、五番目のものも『香取神宮文書』二六とほぼ同内容である。

参考文献 『群書解題』二下、『千葉県史料』中世篇香取文書

（鈴木　哲雄）

しもがもじんじゃ　**下鴨神社**　⇨賀茂御祖神社《かもみおやじんじゃ》

しもごりょうじんじゃ　**下御霊神社**　⇨御霊神社《ごりょうじんじゃ》

しもつきかぐら　霜月神楽　旧暦の十一月(霜月)を中心に行われた神事芸能であり、現在では十二月・一月に行う例が多い。祭名・形式などもおのおの異なるが、いずれも湯立を中心とした神楽である点に特徴がある。祭場には湯釜を据え、天井に幣や注連縄《しめなわ》を張りそこに神々を迎え、湯釜のまわりで各種祝詞・儀式舞や祈禱の湯立を行い、神人(山の神・鬼神・天狗・火王・水王・翁など)による舞が繰り広げられる。舞の種類は地方によりさまざまであるが、その動作には陰陽道的色彩が濃い。主要な例としては、秋田県平鹿郡大森町八沢木保呂羽山の波《は》宇志別《うしわけ》神社の霜月神楽(十一月七日)、愛知県北設楽郡富山村大谷の熊野神社の御神楽(一月四・五日)、長野県下伊那郡天竜村坂部の諏訪神社の冬祭(一月四日)などがあり、愛知県北設楽郡の大入・御園(東栄町)・三沢(豊根村)の三例は花祭として名高い。部分的に姿をとどめる霜月神楽は、広く全国に分布している。→花祭《はなまつり》　→冬祭《ふゆまつり》

参考文献　本田安次『霜月神楽之研究』

(青木　周平)

霜月神楽　長野県遠山の霜月祭

しもつきまつり　霜月祭　旧暦十一月に行われる収穫の祭。実際の収穫時期と霜月祭までの約一ヵ月のずれの間は、物忌みの期間であったと考えられる。霜月祭としてよく知られているのは、長野県下伊那郡南信濃村・上村のいわゆる遠山谷一帯の村々で十二月(元は旧暦霜月)に行われる霜月神楽と呼ばれる湯立の祭である。花祭(愛知県北設楽郡東栄町・豊根村・津具村)や冬祭(長野県下伊那郡天龍村坂部)、お潔め祭(同村向方《むかがた》)、御神楽(同村大河内)、湯立神楽(静岡県磐田郡水窪町)など愛知県・静岡県・長野県の県境一帯の村々に伝承されているものと同種の祭である。時期的には太陽の力が最も衰える冬至の時期にあたり、人・万物の生命力が最も衰える時と考えられた。この祭は収穫祭の要素と同時に、魂鎮め・魂振りが主要素の祭である。すなわち衰えた魂を再生復活させる祭がこの霜月祭で、その湯立の水は、正月の若水と同様、若返りの水である。大きな災いや病気からの回復を願い湯立や舞を奉納する。天龍村大河内の御神楽では、舞の合間に生まれ変わりの儀礼である「生まれっ子」が行われる。再生を象徴する典型的な儀礼である。ほかにも秋田県平鹿郡大森町保呂羽山の霜月神楽や九州宮崎県の椎葉神楽・米良神楽(銀鏡《しろみ》神楽)なども霜月祭・霜月神楽として挙げることができる。南北に細長い日本列島にあっては、地方によって収穫の時期が異なるので、南の九州などは遅く、北の東北では早くなる。北九州では丑の日を収穫祭とした。この日をオウシサマと呼び、稲を依代として田の神をまつった。奥能登地方に伝承されているアエノコトも霜月の収穫儀礼である。現在は十二月の五日前後に、収穫後の田から田の神様を家に迎え入れる。種籾俵を依代として田の神を饗応する。終れば種籾俵は天井裏に安置される。年が明けて二月九日前後にも同様の行事を行うが、この方は田の神を田に送り返す行事とされている。霜月の祭には田の神・山の神の去来思想が色濃く投影されている。中国地方では、特に霜月の二十三夜を霜月三夜といって重視し月待をした。この夜から翌日にかけて、南九州・山陰・北陸・中部・関東・東北の広い地域にわたって、ダイシサマが訪れると伝えられ、この時は見知らぬ旅人を家に招き接待することもあり、ダイシコウと称されていた。九州の大隅地方では小豆粥をふるまったという。この霜月粥と称する小豆粥を食べる習慣はダイシコウの伝承地域と重なっている。また、これを大師粥と称する地方もあった。ダイシは一般には弘法大師とされているが、もとには太子すなわち大いなる貴い神、遊幸のマレビトであり、村人に幸を授けに来るものと考えられたのであった。

(茂木　栄)

シャーマニズム　Shamanism　シャーマン Shaman を中心とする宗教形態。世界各地に分布し、他の諸宗教形態と習合・混淆化したり、仏教やキリスト教など大宗教の基層部を形成したりすることが多い。〔語義〕「シャーマン」の語は、マンシュー・ツングース系諸族(現エベンキ)の主要な呪術・宗教的職能者サマン šaman に由来するとされる。サマンは超自然的存在と直接接触・交流することにより役割を果たすことを特色とする職能者である。この語は十七世紀ごろロシア語に取り入れられ、十九世紀以降北ユーラシアの代表的職能者を指す語として欧米文献に定着し、今日では広く世界の類似職能者に適用されるに至っている。〔学説〕シャーマニズムは長い間北アジアに特有の宗教形態・現象とされてきたが、民族学・人類学的現地調査の進展に伴い、類似形態・現象は世界中に存在することが明らかになった。特にエリアーデ **M. Eliade**、ラインハルト **J. Reinhard**、ルイス **I. M. Lewis**、モツキー **H. Motzki**、ネルソン **G. K. Nelson** らはシャーマニズムの概念を拡大させ、世界的規模に適用させようとした。この際シャーマンと他の職能者とを区別する指標とされたのはシロコゴロフ **S. M. Shirokogoroff** の、シャーマンとは「諸精霊と直接的な関係に入る方法を知っている男性または女性」という定義である。諸学者に共通しているのは、シャーマンの「超自然的存在に直接接触・交流し、これを操作し、統御する能力」の重視である。こうした能力を駆使できる職能者はすべてシャーマンと見られるに至った。〔超自然観〕シャーマニズムは、さま

ざまな現象に超自然的、霊的存在を認めるアニミズムを基盤として成立している。したがってその超自然観は多様な霊的諸存在への信仰、それら諸存在が居住する世界・他界をめぐる観念、それらの関与や影響によって生じる人間界の出来事についての認識、出来事への対処法(儀礼)などを含む。超自然的、霊的諸存在は人格的でその宿り場(生物・無生物・人工物)から離脱し、ある人物・物体に付着・憑依する実体であり、宿り場が消滅した後にも存続する。人間の幸・不幸はこれら諸存在と結びつけて説明される。シャーマニズムの世界・他界観はさまざまな展開を示すが、典型的なものは霊魂・精霊などの行き場所としての天上・地上・地下の三界や山上・海上他界である。霊魂・精霊など諸存在はこの世と他界とを自由に往来できると信ぜられている。〔脱魂と憑依〕シャーマンが超自然的、霊的諸存在と直接接触・交流する仕方に大別して二通りあることが知られている。一つはシャーマンが自力または精霊の援助により、自己の魂を他界に送りこむものであり、他はシャーマンが神霊・精霊を招きみずからに憑依させるものである。前者は脱魂型(エクスタシー＝タイプ)、後者は憑依型(ポゼッション＝タイプ)と呼ばれる。地域により脱魂型が濃厚なところ、憑依型が多い社会、両者が併存している民族などがある。わが国のシャーマニズムには脱魂と憑依の要素が見られるが、機能的には憑依の方が強い。なおエリアーデは脱魂をもってシャーマニズムの本質と見ている。〔シャーマニズムの機能〕シャーマニズムは神霊や精霊など宗教文化の中核となる諸存在を具象化・現実化させる。神なる王や生き神・生き仏などと称されるカリスマ的人格はシャーマンであるかシャーマニズムと深く関わっていることが少なくない。シャーマニック＝カリスマは既存の社会・文化体系が何らかの理由で極端な脅威にさらされたり、破綻・崩壊に至ったりしたときに台頭し、社会に新しい価値観を与え、新たな方向を示すことが多いとされる。〔日本のシャーマニズム〕巫術・巫俗・巫道などと呼ばれる日本のシャーマニズムは古代から現代に至るまで一貫して複雑で多彩な展開を示してきた。一方には『魏志』東夷伝倭人条の卑弥呼に代表される女性シャーマンの流れがあり、他方では『続日本紀』の役小角に象徴されるような男性シャーマンの系統がある。さらに気長足姫尊(神功皇后)と武内宿禰・中臣烏賊津使主のように男女シャーマンが組を作る伝統もある。これらの流れや伝統は現代の各地の巫女・行者・祈禱師などに受け継がれている。

参考文献　堀一郎『日本のシャーマニズム』(『講談社現代新書』二五六)、桜井徳太郎『シャーマニズムの世界』、佐々木宏幹『シャーマニズムの人類学』

(佐々木宏幹)

しゃかく　社格　神社に対する公的な待遇上の等級・格式。祭神や由緒などの関係から、おのずから神社に尊貴の格差を生じたことに基因する。神階が祭神に与えられるものであるのに対し、社格は神社に付与されるものである。『日本書紀』崇神天皇七年条に天社《あまつやしろ》(天神《あまつかみ》を祀る社)・国社《くにつやしろ》(国神《くにつかみ》を祀る社)の名称がみえ、社格制度の萌芽とも指摘されるが、そこに厳格な区分を設定したものではないようである。律令体制の整備につれて社格制度も確立されたと考えられ、現存する『延喜式』(延長五年(九二七)成立)神名帳によって、その概要を知り得る。すなわち同神名帳には三千百三十二座の祭神、二千八百六十一所の神社を記載するが、これらは全国の多くの神社の中から何らかの理由にもとづいて公的な待遇を得たもので、官社と呼ばれた。官社の祭神はすべて毎年二月の祈年祭にあたり幣帛の供進にあずかるが、神祇官の祭る官幣社は七百三十七座、国司の祭る国幣社は二千三百九十五座であった。本来はみな官幣であったが、延暦十七年(七九八)国幣の便法が生じたのである。また官幣と国幣のいずれも大・小の二級に分けた。官幣の大社は三百四座、小社は四百三十三座、国幣の大社は百八十八座、小社は二千二百七座で、幣帛の品目や数量におのおの格差が設けられた。官幣大社は祈年祭のほか六月・十二月の月次祭《つきなみ》と十一月の新嘗祭との年四度にわたり神祇官より幣帛をうけ、重い取扱いであったが、うち七十一座はさらに十一月相嘗祭にも幣帛の供進をうけた。なお官幣・国幣を問わず大社のうちに名神と称するものがあった。これは国家の重大事にあたり臨時に行われた名神祭にあずかる神神で、名神とは世上にことさら著名な神々という意味であるが、官幣の名神大社は百二十七座、国幣の名神大社は百七十九座であった。こうした官社制度はその後実質を失うが、平安時代後期ころに起った現象として注目されるのは、朝廷より特別の待遇を得た近畿地方の大社である二十二社、国司の崇敬にかかわる国々の一宮(一国の神社のうち首座を占めるもの)や一国の総社(国司崇敬社の祭神を国庁付近に合祭したもの)などで、これらは一般の神社と区別することから発生しており、社格の観念を伴うものとされる。降って明治政府は明治元年(一八六八)十一月、従来の重要な神社について暫定的に直轄の扱いとなし、勅祭社・神祇官直支配社・准勅祭社の三等を置いたが、さらに全国的な規模での社格制度を確立するため、四年五月十四日に官社以下定額を、同七月四日これに付帯する郷社定則を公布し、その基本を示した。すなわち、天下の神社を官社と諸社の二種に分けた。官社は官幣社と国幣社に分け、ともに神祇官の管轄下に置き、各大・中・小社の三等に区分した。諸社は府(藩)県社と郷社に分け、ともに地方官の管轄下に置き、郷社の付属下に村社を置いた。のち官社に別格官幣社の一階を加え、村社は独立した取扱いとなり、村社の下に無格社(社格をもたない公認の神社)が設けられた。そして神社の祈年・新嘗・例祭の三大祭には公的な神饌幣帛料が供進されるよう、規程の整備を進めたのであった。なお、伊勢神宮は最高至貴の存在として社格を超越する位置におかれ、各地の招魂社はのちに護国神社と改称されるが、一般の神社とは性質を異にするため、社格外の特別の位置づけが考慮された。終戦を迎え、昭和二十一年(一九四六)二月二日勅令第七一号によって社格は廃止された。

参考文献 吉井良晃『神社制度史の研究』

(土岐 昌訓)

しゃく 笏 朝務・神拝の際に手に把る官人用の長方形の薄板。板の内面に必要事項を記載して忽忘に備えるのを本義とし、手板《ていた》ともいう。『和名類聚抄』服玩具に笏は「音忽、俗云レ尺」とあり、音は「こつ」であるが、骸骨の骨と同音を不吉として「しゃく」といい、「さく」ともいう。唐制にならって高官用を牙笏《げしゃく》とし『東大寺献物帳』には「牙笏一枚(長一尺三寸二分、本広一寸九分)、通天牙笏一枚(長一尺三寸二分、本広一寸六分)、大魚骨笏(長一尺二寸一分、本広一寸九分)」とみえ、正倉院御物には牙笏の遺品を伝存している。『延喜式』弾正台によれば「凡五位以上通二用牙笏・白木笏一、前詘後直、六位以下官人用レ木、前挫後方」とあるが、このころから牙笏は大儀の際の礼服《らいふく》の所用となり、木笏は広く朝服用となった。法量は『朝野群載』文筆、装束進退伝に「笏長一尺二寸(上広二寸七分、下広二寸四分、厚三分、頭体令レ有二半月之形体一、頗摩二左右角一、笏是上広下狭)」とあるが、家流によって若干の相違がある。天皇の笏は、上下ともに方形とし、神事の際は上円とするのを例とし、諸臣も慶賀には上方下円、尋常には上下ともに円形とするのを普通としている。木質は「ふくら」・「いちい」・桜の類を用い、御料は「ふくら」、諸臣は位山《くらいやま》の一位の名称の瑞祥を随喜して「いちい」を珍重した。『世俗浅深秘抄』上には「一以二板目笏一為レ善、近代用二満佐一事僻事也、古最上宝物皆板目也」として笏の木取りを板目とするのを可としている。かくて笏は威儀用化したが、忽忘に備える本義から必要事項を記載した紙を笏頭に近く貼ることもあって笏《しゃく》紙《し》といい、そのために節会の内弁は特に大笏を用い、笏紙を押さず腰差しにする際は小笏を用いる故実を伝えている。『宇槐記抄』久寿二年(一一五五)正月一日条には「今日所レ用笏、殊有二光明一、押二笏紙一之時、可レ損二其光一(故笏紙拭二続飯一之間損レ光也)」と笏紙による笏の取扱いの慎重さを示している。なお饗宴の催馬楽《さいばら》などの歌の拍子に、打たれて破れやすい左に自己の笏を持ち、右に他人の笏を借りて打ち合わせ、拍子をとるのを笏拍子といい、臨機の遊興としたが、漸次常用化して分厚の笏を竪に半裁とし、打ちやすいように仕立てて簡易な打楽器化して拍子用の笏となった。

(鈴木 敬三)

しゃくそんじきゅうき 釈尊寺旧記 伊勢国度会郡城田郷大野木(三重県度会郡度会町)に、平安時代後期、祭主大中臣輔親により建立された氏寺釈尊寺の文書集。一冊。『釈尊寺排斥記』(内閣文庫本)、『須崎岩淵記』(国学院大学本)とも呼ばれる。建久三年(一一九二)から興国三年(康永元、一三四二)までの文書十七通を収める。文書は伊勢神宮(外宮)の鎮座地度会郡沼木郷山田須崎と継橋郷岩淵(いずれも三重県伊勢市)にあった釈尊寺領に居住する在地給主祠官職掌神人への釈尊寺側の乱妨をめぐるもので、なかでも延元四年(暦応二、一三三九)二月十一日付の文書は須崎岩淵在地給主祠官職掌神人など一同が契約し、もし契約に違反した者があればその身は郷内を追却し、住宅と下地は在地人一同の管理下におき、音信も通じない旨を衆儀している。南北朝時代の南伊勢の地域結合を示すものとして注目される。『続群書類従』神祇部所収。

参考文献 『群書解題』二下、薗田守良『神宮典略』三七(『大神宮叢書』)

(西垣 晴次)

しゃくにほんぎ 釈日本紀 鎌倉時代中期に著わされた『日本書紀』の注釈書。卜部兼方(懐賢)著。二十八巻。略して『釈紀』ともいう。成立年は未詳であるが、兼方の父兼文が文永十一年(一二七四)—建治元年(一二七五)に前関白一条実経の『日本書紀』神代巻に関する質問に答えたことが文中にみえ、正安三年(一三〇一)転写の奥書があるので、その間に成立したものと考えられる。鎌倉時代の卜部家は古典研究を家学とし、『日本書紀』の講読を行なっていたが、兼方は、平安時代初期以来『日本書紀』を講読してきた諸博士の説と、卜部家の家学を集大成して本書を著わした。全巻は、巻一「開題」、巻二「注音」(難字句の音を記す)、巻三「乱脱」(分注などの位置を正し、読み方を指示する)、巻四「帝皇系図」、巻五—十五「述義」(難語句の意味を諸書・諸説を引いて述べる)、巻十六—二十二「秘訓」(秘伝的な古訓を記す)、巻二十三—二十八「和歌」(『日本書紀』歌謡をあげ解釈を記す)の七部門から成り、「述義」が最も重要な部分である。注釈の態度は、数多くの古書を引用する客観的なもので、室町時代に入って神道の家としての性格を強めた卜部家の家学への影響はあまり大きくないが、現在では散逸した古典が数多く引用されている点でかけがえのない書であり、『丹後国風土記』『伊予国風土記』をはじめとする風土記の逸文は二十余種に及び、『大倭本紀』『上宮記』などの逸文を見ることができる。また卜部家は、平安時代初期以来朝廷で行われた『日本書紀』講読の記録である『日本紀私記』を伝え、兼方はそれを参照しながら本書を著わしたと考えられるが、現在伝わらない『日本紀私記』が多量に引用されているので、それ以前の『日本書紀』研究の状態を知る手がかりを与えてくれる。尊経閣文庫所蔵本が最も信憑性の高い写本で複製版があり、翻刻本には『(新訂増補)国史大系』八に収められたものがある。

参考文献 太田晶二郎『釈日本紀解説』(複製版解説)

(大隅 和雄)

しゃけ 社家 ある神社に世襲的に奉仕する神職家のこと。社家衆・社司家ともいう。神に奉仕する者が職業化されると、その家は累代その神社の神職家を踏襲していくことになった。ここに社家が成立することになった。社家は祭神の末裔である場合も多い。著名な社家として、神宮(伊勢神宮)では、祭主の藤波家(大中臣姓)、大宮司の河辺家(中臣姓)、内宮禰宜の中川・沢田・薗など七氏およそ三十家(荒木田姓)、外宮禰宜の檜垣・松木・久志本など六氏およそ三十家(度会姓)があり、そのほか権禰宜・内人・物忌なども累代世襲する者が多かった。また出雲大社では出雲国造家の千家・北島の両氏があり、阿蘇神社では大宮司家の阿蘇氏、そして日前・国懸神宮では紀伊国造家の紀氏が有名である。そのほか、熱田神宮の大宮司家の千秋氏、宇佐神宮の大宮司家の到津・宮成の両氏、物部神社の国造家の金子氏、住吉大社の神主家の津守氏、日御碕神社の検校職の小野家があり、さらに、石清水八幡宮の田中・善法寺(菊大路)の両氏(紀姓)、宗像神社の宗像氏、大山祇神社の三島氏、稲荷大社の秦・荷田の両氏、吉備津神社の藤井氏、三嶋大社の矢田部氏、風浪神社の安曇氏などが注目される。なお、賀茂御祖神社(下鴨社)や賀茂別雷神社(上賀茂社)の社家は、賀茂県主の末裔が多く、下鴨社では鴨姓を用いて泉亭・梨木・鴨脚《いちょう》・滋岡など五十余軒の社家が、また上賀茂社では賀茂姓を用いて岡本・松下・梅辻・鳥居大路・藤木・西池・山本など百五十余軒の社家が存した。さきの吉備津神社の場合なども、本宮司家の藤井氏のほか堀家・河本氏など六十余軒の社家がいて、その職を踏襲したという。以上のほかにも、一般に古社・名社には必ずといってよいほど社家があった。しかし神職世襲制も明治四年(一八七一)五月に禁止された。なお、同十七年華族令が公布された際、古来の社家からも名家が選ばれて華族に列せられた。神宮の藤波家は子爵に、また河辺・松木の両家、それに出雲大社の千家・北島の両家、日前・国懸神宮の紀家、物部神社の金子家、熱田神宮の千秋家、太宰府天満宮の西高辻家、宇佐神宮の到津・宮成の両家、阿蘇神社の阿蘇家、住吉大社の津守家、日御碕神社の小野家などは、いずれも男爵を授けられた。神職の世襲は廃止されたものの、実際に旧社家の存続している神社は現在も少なくない。また、社家の伝える神道を社家神道という。

↓神職《しんしょく》

参考文献　中山太郎「世襲職としての神官の社会的地位」(『神社協会雑誌』三一ノ一二)　(三橋　健)

しゃけしだい　社家次第　江戸時代後期、朝廷で作成された神宮以下主要神社の職員録。その作成は毎年職事すなわち蔵人頭および五位蔵人によって行われた。公卿、四位・五位の殿上人、六位蔵人を順次列挙し、各人ごとに官名・位階・名・年齢と兼官を記した補略《ふりゃく》、神祇伯以下各官司の職員を列記した現任一覧《げんにんいちらん》、外記方・官方・蔵人方以下の官人を掲げた地下次第《じげしだい》、門跡院家などを列挙した僧侶次第《そうりょしだい》などと一連のものであるが、伝存する社家次第は延享二年(一七四五)のものが最も古い。それ以降の年次も揃えがたいが、纒まったものとしては寛政七年(一七九五)より文化十年(一八一三)に至る分が六冊に合綴された押小路外記家伝来本が東京大学史料編纂所に所蔵されている。体裁は横帳本、旧体裁をそのまま伝えている安永元年(一七七二)のものにより内容を示すと、神社の職員の次第は、内宮(大宮司・禰宜以下百十五人)、外宮(禰宜以下百八十七人)、石清水社(検校以下七人)、同所司(公文所以下七人)、同神官(神主ら二人)、同山上僧侶(御殿司以下十人)、鴨社(正禰宜以下十二人)、同氏人(十二人)、賀茂社(神主以下二十六人)、同氏人(二百五十一人)、松尾社(神主以下十二人)、平野社(禰宜以下四人)、稲荷社(下社神主以下十八人)、同氏人(六人)、春日社(神主以下十六人)、同大中臣氏人(七人)、同中臣氏人(六人)、日吉社(五人)、住吉社(神主一人)、大原野社(神主一人)であり、役職名、位階、名、官職・年齢を四段一行に書き、官職名の右肩には家名を小書きしてある。その後、天明ごろには梅宮社(神主以下四人)、祇園社(社務一人)、同社僧(三人)、同社司(二人)、寛政九年よりは吉田社(権預以下十六人)が追加された。　(橋本　政宣)

しゃけしつじしょくしだい　社家執事職次第　南北朝・室町時代初期の鶴岡八幡宮執事職の補任記。一冊。社家とは社務職・別当のこと。執事の初代の教玄は社務の坊官であったが、二代頼智以降は独立した進止《しんじ》の職(社務が補任)となり、八幡宮寺供僧が兼帯した。記事は建武三年(一三三六)の教玄から応永二十七年(一四二〇)補任の等覚院快季までわずか十人分と短く、坊名・補任・事績などが簡潔に記される。当職はほどなく廃絶したとみられるが、他職の次第と併用することで、中世鶴岡八幡宮の社職の実態を知ることができる。群書類従本には、永禄七年(一五六四)文恵坊(恵光院)尋恵が書写した旨の奥書がある。『群書類従』補任部所収。また、『続群書類従』補任部所収『鶴岡脇堂供僧次第《つるおかわきどうぐそうしだい》』にも本書が混入している。鶴岡八幡宮所蔵本(『鶴岡叢書』四所収)は、天保十年(一八三九)相承院寛雄が転写したもの。いずれも『鶴岡社(または鶴岡八幡宮)社家執事職次第』と呼ぶ方が相応しいであろう。

参考文献　『群書解題』二上　(瀬戸　薫)

しゃけしんとう　社家神道　仏家神道・儒家神道に対する、社家相伝の神道説の称。本地垂迹が主流の中世において、社家独自の教説を持っていたのは、伊勢外宮度会氏の伊勢神道、吉田家の唯一(吉田)神道のみであった。ところが近世に入ると、儒家神道などの勃興による排仏主義の高揚や、吉田家が始祖相伝の教説を唱えた影響から、社家や神事に携わる家門のなかに独自の神道説を名乗る傾向が現れた。白川神祇伯家の伯家神道、陰陽道宗家土御門家の土御門(安家・天社)神道、橘氏・斎部(忌部)氏相伝と称する橘家神道・忌部神道などである。また、山崎闇斎の垂加神道の門人となった社家のなかには、垂加流に社伝の説を加味した教説を唱えるものもあった。大山為起(稲荷大社)、梨木(鴨)祐之(下鴨神社)、出雲路信直(下御霊神社)などがそれで、土御門・橘家神道も垂加流より発している。このほか、近世後期に上賀茂神社出身の梅辻(賀茂)規清の唱えた烏伝神道がある。社家神道は、これらの神道説の総称として現在使用されている。

ただ、多分に慣用的な呼称であり、厳密な定義を経たものとはいえない。 （伊藤　聡）

しゃけにっき　社家日記　神社の社務の一環として筆録された日記、ないし神職の日記。特に職務上数人により記されたものは社務日記といわれる。鎌倉時代や室町時代にまでさかのぼる社家の日記としては、奈良春日神社社家の千鳥家や大東家の日記などがよく知られているが、これらは希な例であり、伝存するものが多くなるのは江戸時代に入ってからである。量が厖大なものも多いことなどもあって、これまであまり調査が進んでいない。前近代社会において神社は、地域社会の精神的、社会的な中枢的位地にあり、人生の通過儀礼や年中行事などにおいても神社の存在は密接なものであったし、信仰の場であったにとどまらず、人々の身近な存在であり、芸能や興行など娯楽面でもなじみの深い場所ともなっていた。したがって社家日記は地域史、政治史、社会経済史、文化史はいうにおよばず諸分野の研究に資するはずのものであり、今後の調査研究が望まれる。主な近世の社家日記としては次のようなものがある。『賀茂別雷神社日記』(寛文五年(一六六五)—明治二十一年(一八八八)、千二十五冊)、『賀茂清令日記』(寛文六年—正徳元年(一七一一)、三十八冊)、『賀茂清茂日記』(元禄五年(一六九二)—享保二十年(一七三五)、四十二冊)、『賀茂御祖神社日記』(元禄十四年—明治元年、六百八十一冊)、『下御霊神社社家日記』(天和元年(一六八一)—慶応二年(一八六六)、二百七十四冊)、『伏見稲荷大社旧社職目代家日記』(慶安二年(一六四九)—明治元年、二百十三冊)、『西宮神社社用日記』(元禄七年—明治元年、二百十冊)。

参考文献　田﨑哲郎「羽田野敬雄の日記」(『季刊悠久』六六)、橋本政宣「近世の神社日記」(同七七) （橋本　政宣）

しゃけぶぎょう　社家奉行　⇩寺社奉行《じしゃぶぎょう》

しゃごう　社号　神社の称号。大神宮・神宮・宮・大社・神社・社などがある。『延喜式』神名帳では、伊勢が大神宮、鹿島・香取の両社が神宮と称し、伊勢の諸別宮および宇佐・筥崎の両社が宮号をもち、杵築《きづき》(出雲)大社は大社とあるが、その他の諸社は原則として神社の表記で統一されている。当時において優越した地位にあった神社が、大神宮・神宮・宮・大社を称した傾向が窺える。その後、宮号は宣下による重い取扱いがある一方で、八幡宮・天満宮・東照宮のごときは本宮の称呼をそのまま襲用し、社格の如何にかかわらずすべて宮号を称した例もある。明治の神社制度では、社号をもって神社の由緒や社格を示す一基準となし、神宮号は宮号より、宮号は神社号・社号より重んぜられるを普通とした。すなわち、大神宮は最も尊貴な社号で、厳密には伊勢神宮を指す。また単に神宮と称する場合は伊勢神宮に限る正式の称として神宮および宮の称号は、皇統にかかわる皇祖または天皇と皇族をまつる神社、特別の由緒があり古来の称呼にかかわる神社、特に宣下があった場合のほかは容易に許可せず、一般の諸社は神社またはその略称たる社を称することを原則とした。大社の社号を有するのは出雲大社のみであった。しかし第二次世界大戦後になって社格制度の廃止に伴い、大社号を称する神社が増えている。以上のほかに、神号をもってそのまま社号としたものもある。たとえば、某大明神・某明神・某大神などのごときであるが、これらは異例に属するものである。　↓社格《しゃかく》　↓神号《しんごう》

参考文献　『古事類苑』神祇部一 （土岐　昌訓）

しゃし　社司　社掌とともに明治二十七年(一八九四)より昭和二十年(一九四五)までの間、府県社以下の神社に置かれた職名。府県社以下神職職制(明治二十七年勅令二二号)において府県社・郷社・指定護国神社に社司一人、社掌若干名を置き、これ以外の神社(村社・無格社)には社掌若干名を置くことが定められた。社司の職務は「社掌ヲ指揮シテ神明ニ奉仕シ祭祀ヲ掌リ庶務ヲ管理」するもので、氏子総代・崇敬者総代の推薦した候補者より府県知事らが補するとされ、社掌とともに判任官の待遇とされた。任用資格は年齢二十歳以上で社司社掌試験の合格者、官国幣社神職であった者のほか、無試験有資格者(官国幣社神職有資格者、皇典講究所の学階所有者ほか)とされた。明治四年五月に官社以下定額及神官職員規則等が定められ、府藩県社・郷社に祠官・祠掌が置かれたのを変更したもので、昭和二十一年以降は神社本庁の神職制度により、すべての神社で筆頭神職を宮司と称するようになり社司の称は消滅した。 （佐野　和史）

しゃじきょく　社寺局　明治十年(一八七七)から三十三年にかけて、神社行政を担当した内務省の一局。明治十年一月十一日、教部省が廃止され、その事務を引き継ぎ同年一月十九日、内務省に社寺局が設置された。職制としては十三年五月には五部分課、十六年十二月には社務・寺務・庶務の三課、十八年二月には二部制となる。十九年一月に神社課・寺院課の二課となる。これらの職制区分は基本的には、神社と寺院を同等・同列に行政の対象としたものである。社寺局時代の間、国家の神社に対する優遇策は後退局面にあり、「神社改正の件」、官国幣社保存金制度、官国幣社神官廃止など、消極的政策が打ち出された。このような状況の中、神社人を中心に「国家の宗祀」たる神社を寺院などと同一局内で扱うことの不満が次第に高まりを見せ、神祇官興復運動が起るなか、三十三年四月二十六日、神社局と宗教局に分離するという形に再編された。

参考文献　国学院大学日本文化研究所編『神道要語集』宗教篇二 （松本　久史）

しゃじてんそう　社寺伝奏　⇩寺社伝奏《じしゃてんそう》

しゃじとりしらべるいさん　社寺取調類纂　教部省でまとめられたと思われる宗教事務に関する記録。中には同省の前身である神祇官・神祇省時代の記録も含まれる。

明治初期の宗教行政の一端を窺う上で欠かすことのできない重要な史料。国立国会図書館には百九十五冊が現存する。その形体および内容は大体二種に分けられる。第一に各府・県・藩など地方の行政官や、諸社寺からの書上げで、多くはその原本である。また第二には、各府・県・藩ないし諸社寺からの稟請書や諸官衙間の往復書、教部省の指令や達などで、いずれも写本である。神道史の観点からは、神仏分離に関わる史料とともに国民教化の拠点に関するもの、すなわち、のちに教派神道となる教会・講社関係、宣教使および大教院関係、また中教院や小教院の設置関連などの史料が重要である。具体的には、黒住教に関する史料が圧倒的に多く、天理教や金光教の史料は見当たらない。さらに島根県中教院の盛大な開院式の模様や、神宮教会の活発な巡教記録が多いことからは、伊勢および出雲という当時における神道界の勢力図の一端が窺える。宗教史研究会編『国立国会図書館蔵社寺取調類纂目録』、国学院大学日本文化研究所編『社寺取調類纂（神道・教化篇）』が刊行されており、また『新編明治維新神仏分離史料』一には「社寺取調類纂分類目次」が掲載されている。　（藤田　大誠）

しゃじほう　社寺法　⇨寺社法《じしゃほう》

しゃしょう　社掌　神職の職名。明治四年（一八七一）神官の世襲制を廃止し、官国幣社以下神社の神職身分定員を定めて、府・藩・県・郷社に祠官・祠掌を置き、村社に祠掌を置いた。同二十七年に勅令第二二号をもって、府・県・郷社には社司一人、社掌若干人、村社・無格社には社掌若干人を置くことに改め、同時に、祠官を社司に、祠掌を社掌に補することとした。社掌は下級普通神職で、判任官待遇とし、文官懲戒令の適用を受けた。明治三十五年、内務省令第四号神職任用規則によって、年齢二十歳以上の男子の社掌試検合格者より任用されることとなった。昭和二十一年（一九四六）に国家管理が廃止されたので、これに伴い社掌制も廃止された。現在の神社本庁の神職の権禰宜に近い。官・国幣社、別格官幣社には社掌は置かれなかった。　→祠官《しかん》　→神職《しんしょく》　（小野　祖教）

しゃしょく　社稷　⇨宗廟社稷《そうびょうしゃしょく》

しゃそう　社僧　各神社の神宮寺に属して仏事を修する僧侶の総称。宮僧・供僧・神僧ともいう。近世に至り広くこの称で呼ばれた。なかに別当・検校・座主・院主・学頭などの別がある。奈良時代中・末期に神仏習合により設けられた神宮寺の僧に始まるもので、文献上の初見としては、夙くより習合の傾向著しく、のち大仏造立にも貢献した宇佐八幡宮において、神亀二年（七二五）、神託と称して勅定を蒙り弥勒寺を建立して別当を置いたという記事が『八幡宇佐宮御託宣集』にみえる。別当は別に本司をもちながら補せられる職で、八幡系や権現信仰の社に多く見られる。検校・勾当などは寺務の監督にあたる職で、別当の上にあるものを普通に検校といい、別当の下にあるものを勾当、次を専当とする社もあり、また御殿司《ごでんす》（鍵取役）、次を入寺という社もある。執当・執事・執行《しゅぎょう》・脇堂などはおおむね文書を抄写し雑務を執行するもので、執行が御殿司・入寺の中から選ばれ重要な役職であった社もある。承仕・宮仕・職掌人などは最下級の社僧である。ほかに特定の宮寺のみの職掌も見られ、一般に宮司以上の権限をもち、妻帯が認められた。のち水戸藩では天保十四年（一八四三）の神仏分離令で、全国的には明治元年（一八六八）の神仏判然令で廃された。　（嵐　義人）

参考文献　『古事類苑』神祇部二一

しゃとうごはっこうにっき　社頭御八講日記　春日大宮（奈良市春日大社本殿）の社頭で行われた、法華経を講讃する法華八講（興福寺主宰）の、春日方の日記。宝徳三年（一四五一）四月九日より十三日に至る。著者は若宮常住《じょうじゅう》上番神殿守《じょうばんかんとのもり》春種。一巻。上番とは若宮において月首より月の中ほどまでの神勤にあたる職をいい、月末までを下番《げばん》と呼ぶ。大宮においては春冬二季、二月・十一月に春日祭が執行されるが、勅使参向の重儀であるため、例にならって僧尼の参画・参拝は堅く禁じられていた。そのため興福寺方がこれに対して行なったのがこの法華八講だと考えられている。その起源は天暦二年（九四八）と伝えられており、毎年四月と九月の春秋二季に執り行われていた。それぞれの日によって大宮・若宮へ御供《ごく》や御幣、時には曳馬もなされていた。特に八十四枚もの絵馬が献じられていることなどが興味深い。本記録では主として神官（社家と神人）の所役や雑事が記録され、ことに禄物の配当が詳記されている。『続群書類従』神祇部所収。

参考文献　『群書解題』一中　（岡本　彰夫）

しゃにち　社日　春分・秋分に近い戊《つちのえ》の日をいう。春分・秋分をはさんで前後の日数が同じときはその前の戊日とする。略して春社・秋社ともいう。具注暦に記載された暦注の一つで、宣明暦時代の仮名暦には記載するものもあったが、貞享暦以後はどの仮名暦にも記載するようになった。中国では土の神を祭り、春社には成育を祈り、秋社にはその収穫を感謝する日であるが、日本では中国におけるほど重視されなかった。　（渡辺　敏夫）

しゃむ　社務　(一)社務職と同義で、一社官職の長をいうらしい。俗に「しゃみ」ともいった。平安・鎌倉時代から石清水・松尾・平野・住吉神社以下に置かれ、寿永元年（一一八二）には鎌倉鶴岡八幡宮に、元暦元年（一一八四）には下野宇都宮にも置かれ、社官の長として、一社の内外社務を総管し、執行したらしい。社職料が給付されたので、社務職の譲渡売買も行われた。(二)神社の業務の総称。明治以前には、庁舎・政所・殿舎・回廊・詰所・職舎・職宅・私宅・社僧住院などで、人と役職に即して社務を分散執行したが、明治に制度が変わったため事務が統一され、伊勢神宮では神宮司庁、熱田神宮では宮庁、一般神社では社務所というように、統轄的な施設を設けて一社の運営を行うに至ったので、業務を総称する必要を生じ、社務という語が常用されるに至った。社務という語には定義はないが、神宮を例にとれば、秘書部・祭儀部・総務部・財務部・営林部・警衛部・奉賽部・文教部・神宮式年造営庁・神宮消防などの分掌がある。神社の大小により、社務の分掌・内容・繁簡は異なるが、法律・規程・規則によって、次第に、社務が組織的に執行される方向に進んでいる。（小野　祖教）

しゃむしょ　社務所　神社の主要な建造物の内、人が行う業務のための施設。本殿・拝殿などの社殿が祭神の奉斎と祭祀のための、いわば祭神に捧げられる建物であるのに対して、祭儀の準備、応接、文書処理、庶務会計など神社の事務・実務のために使用される建物をいう。大規模な神社では参籠・潔斎などのための斎館や、神符・守札などを参詣者へ授与する授与所、また報賽祈願のための神楽殿・儀式殿などが社務所とは独立して設置されるものであるが、一般的な規模の神社では社務所にこれらの機能を含めることも多く、参拝者の控え室、教化活動にも利用できる集会室や、直会などの施設も社務所内に設けられることが多い。神社あるいは社家の実務ための施設の名称として、歴史的には庁舎《ちょうのや》(庁屋)や政所の呼称もある。明治七年(一八七四)、社務取扱所の呼称につき、「某神社社務所」と相唱申すべきことが達せられ(教部省達書甲第一号)、名称の統一がはかられるとともに、社家の私生活の場とは区分された神社の公的な施設としの設置が定められた。社務所の構造・形態としては、事務処理のための能率性も必要であるが、神社としての清浄性や尊厳性も当然必須とされる。（佐野　和史）

しゃりょう　社領　神社経営の財源で、神領とか御供料所ともいわれ、種類・性格も時代や神社により変遷・差異がある。原始神社では村落全体が社領で司祭者が君主として社領を管理し、大和朝廷の国家統一により村民は部民(神部)になる。崇神天皇の時、天社・国社を定め、神戸・神地を充てたという伝承もあり、氏人の寄せた神田もあった。大化改新により公地公民制となるが、例外として神郡が設けられ、伊勢神宮には伊勢国の度会・多気の二郡が充てられ、のち六郡が加えられた。ほかに鹿島神宮の常陸国鹿島郡、香取神宮の下総国香取郡、安房神社の安房国安房郡、出雲大社の出雲国意宇郡、日前・国懸神宮の紀伊国名草郡、宗像神社の筑前国宗像郡などがある。神郡はその正税を社用に、郡内の戸は神戸に充てるのが原則で、神祇令には神戸の調庸田租は国司が監督し神社の祭祀・造営・調度に充てるとあり、『令集解』職員令には雑徭は公事に役すとあるが、部民・神奴婢の性格が強い。奈良時代から神社に一般の封戸を充てることもあり、封戸は神封とも呼ばれ神戸的になり、『新抄格勅符抄』の大同元年(八〇六)牒によれば、八幡神千六百六十戸、伊勢大神千百三十戸、大和神三百二十七戸など と百七十二社に計四千八百七十六戸が充てられている。これらの神封や位田などは十一世紀には荘園化するものもある。御厨は魚介を供神する漁民で構成され、御園は菜果を供神したが、のちには土地生産物も供神の対象にされ、荘園化したものもある。伊勢神宮では十三世紀『神宮雑例集』に四百五十余ヵ所の御厨・御園がみえ、荘号を称する社領は春日大社・賀茂神社・石清水八幡宮の三社に多い。春日社は皇室・摂関家・藤原氏や興福寺領の所職などの寄進をうけたが本所は摂関家で、室町時代には大和一国が「春日神国」となり興福寺の配下にあった。賀茂社は大化のころに封戸十四戸・神田一町余、八世紀分立の下社にも神田・封戸が充てられ、長岡京遷都後寄進あり、寛仁二年(一〇一八)下社・上社にそれぞれ四郷ずつ、ついで寛治四年(一〇九〇)には不輸租田六百余町ずつが寄せられ、中世には下・上社ともに約七十ヵ所の郷荘厨などがあった。石清水八幡宮は貞観二年(八六〇)勧請後、天慶三年(九四〇)には封戸二十五戸を充てられ、十世紀以後荘園が増え、さらに源氏の氏神として各地に勧請されその勧請社が社領となり、本家・領家職を入れると鎌倉・室町時代には四百余ヵ所があり、伊勢・賀茂とともに「三社領」と呼ばれた。また宇佐神宮も封戸を中心に十世紀以後発展し、寄進・開発・買得により鎌倉時代初期には宇佐宮・弥勒寺合わせて二百五十二ヵ所があった。一般に荘園に代わる社領としては神田があり、直営で神饌米を作る御戸代田と小作田として一般経費に充てる神田があり、その用途により日供料田・朔幣田・年中行事料田などと呼ばれた。以上の社領は大化前代から伝わったもののほかは朝廷・貴族・土豪などの寄進により成り立っていた。平安時代、朝廷は社領荘園に不輸不入権を認めたので神社は荘園領主化した。支配形態は神社により異なった形で中世に入るが、鎌倉・室町幕府は神領興行・守護不入を令し保護した。十三世紀以後守護・地頭の社領押領は激しく、社領は著しく衰える。伊勢や熊野などでは御師の活動が全国的になり師檀関係は社領化した。豊臣秀吉は検地を行い社領を没収、由緒ある社に改めて知行を給している。江戸幕府は秀吉の方針に従い、新しい社領配分を行なった。幕府確立後、幕府から社領安堵の朱印状を交付された社領を朱印領、正式には朱印地といい、国持大名が寄せる黒印状による社領を黒印領(黒印地)といい、黒印領は大名が社領安堵を行なった。朱印状は徳川家康関東入部の翌天正十九年(一五九一)以降関東の主要神社に下し全国に及んだ。初代将軍家康から十五代将軍慶喜に至るまで、朱印状は将軍の替わるごとに下付され、そのたびごとに前将軍の朱印状は返納された。著名な記録に寛文五年(一六六五)の『諸社御朱印写』と江戸時代末期の『寺社領員数記』があり、後者によると、朱印領受領千石以上の神社には二十社があり、五群に分けられる。第一群は伊勢神宮四万二千石、大和春日神社二万二千石、日光東照宮一万石、第二群は石清水八幡宮六千七百五十七石、出雲大社五千石、駿河東照宮三千石、山城上賀茂神社二千七百石、第三群は摂津住吉神社二千百十六石、鹿島神宮・太宰府天満宮(ただし本宮のみ黒印領)二千石、下野二荒山神社千七百石、第四群は駿河新宮惣社千三百二十石、尾張津島神社千二百九十三石、大和金峯蔵王神社千十三石、第五群は下総香取神宮・信濃戸隠神社・同諏訪神社・出羽南社宮・紀伊熊野三社・豊前宇佐八幡宮の各千石となっている。これらの神社は伊勢神宮は別として、関東・中部地方に多くなり、東北・中国・九州に少なく、一般的に社領の衰退がみられる。黒印状による社領は寄進の形式をとり、内容は朱印状の場合と同様であるが、黒印領については全国的にはまだ明らかでない。このほか近世の神社には崇敬者としての町人・農民による幣帛としての金銭・米穀や一般の賽銭などがある。明治維新以後、神社は国家が保護し、社地は国有地として管理は神社に委任し、財産の保管出納は内務省または地方官庁が監督した。ただ伊勢神宮だけは政府が直轄し、官国幣社は国庫の供進金を受けた。一般神社は地方庁の神饌幣帛のほか賽銭などで維持した。昭和二十年(一九四五)の神道指令により、神社は国家管理から離れ、境内の国有地は神社に譲渡され経営は自主運営に任せられた。その後、農地改革により社領としての農地は小作者に解放されたので、一時神社は窮地に立ったが、国民の関心の回復により年々経営も復興してきた。 →朱印地《しゅいんち》・黒印地《こくいんち》

参考文献 『古事類苑』神祇部、『神祇全書』二、『寛文朱印留』(『史料館叢書』一・二)、『石清水八幡宮史』、中野幡能『宇佐神宮史』、同『八幡信仰史の研究(増補版)』、祝宮静『神社の経済生活』、西岡虎之助『荘園史の研究』下一、梅田義彦『(改訂増補)日本宗教制度史』、神宮司庁編『神宮要綱』、永島福太郎『奈良文化の伝流』、大西源一『大神宮史要』、清水三男『日本中世の村落』(『清水三男著作集』二)、須磨千穎「中世賀茂別雷神社領の形成過程」(『日本歴史』二六〇)、岡田荘司「中世の賀茂別雷社領」(『神道学』五八)、大野瑞男「領知判物・朱印状の古文書学的研究」(『史料館研究紀要』一三)

（中野 幡能）

しゃれいでんきのしんとう　社例伝記神道　吉田兼倶の命名にかかる各神社独自の神道の呼称。本迹縁起神道ともいう。兼倶の著『唯一神道名法要集』では本迹縁起・両部習合・元本宗源の三家神道を立てるが、このうち本迹縁起神道について、「某ノ宮・某ノ社、化現・降臨・勧請以来、就ニ縁起之由緒一ニ、構ニ一社之秘伝一ヲ、以テハ口決之相承一ヲ、称ニス累世之祠官一ト、将亦修テハ本地之法味一ヲ准《ナゾラヘ》ニ内清浄之理教一ニ、捧テハ祭祀之礼奠一ヲ、備ニフ外清浄之儀式一ニ、是云ニ本迹縁起ノ神道一ト、又ハ云ニフ社例伝記之神道一ト矣」と説く。ここで兼倶が、諸社の神道(社例伝記神道)を、もっぱら「本迹縁起神道」と呼ぶゆえんは、本地垂迹説を基調とする中世神社の現状を的確に捉えたものだった。それとともに、自家の元本宗源神道(唯一神道・吉田神道)のみが日本古来の真説であり、それ以外は仏教との習合説なることを強調する意図も明確に感じられる。

（伊藤 聡）

しゅいんち・こくいんち　朱印地・黒印地　江戸時代、寺社が将軍の朱印状の発給を受けて領主として知行する地域および地主として所持する土地を朱印地といい、それが大名の黒印状発給による地域・土地である場合を黒印地という。門跡寺院や特別の大寺社に対しては判物が下付されたが、性質は全く同じで朱印地に含まれる。徳川将軍は大名・公家の領知安堵にも判物または朱印状を発給したが、これらは領分・家領と呼び、朱印地の語は寺社領地に限って用いられた。寺社が領主として知行する地域には租税徴収権と軽微な行政裁判権など各種の公法的支配権を行使しえた。これに対し地主として所持する土地は境内や開発地に由来する私法上の土地である。朱印状の文言の種類は、収納・寄付・免除・守護使検断使不入の文言があり、相互に重複する場合もあるが、いずれも租税徴収特権を寺社に付与する義である。門前境内山林竹木諸役免除文言は、一般に禁止されている山林竹木伐採・収納特権を、寺社の修造および採薪などの目的で寺社領内に限り免許し、諸役徴収の特権を付与すること、人足免除・地子銭免除文言は、領内人足徴発・地子銭徴発特権を付与する意味である。朱印地は寛文五年(一六六五)七月十一日の諸宗寺院法度により一切の売買・質入が禁止された。また朱印地に関する係争は寺社奉行のもとで処理された。徳川家康は将軍になる前から辞職後まで判物・朱印状に黒印状を併用し、秀忠は家康在世中は朱印状を使用せずに判物と黒印状を用いたが、家光以降は判物のほかはすべて朱印状を用いた。この黒印状による安堵は朱印状によるものと同一である。家康の寺社領寄進状の初見は弘治二年(一五五六)六月二十四日三河大仙寺宛黒印状で、朱印状では天正二年(一五七四)三月四日三河大恩寺宛のものである。甲斐国寺社宛は天正十・十一年、関東の寺社宛は入国翌年の同十九年十一月の寄進が多い。関ヶ原の戦後慶長五年(一六〇〇)十一月十六日興福寺領を安堵したのをはじめ、同七年畿内寺社領を安堵し、将軍辞職後も朱印状を発給し続け、元和元年(一六一五)七月二十七日に山城など畿内の主要寺社に朱印状、他は黒印状と多量の安堵状を発給した。秀忠は慶長十三年七月十七日延暦寺に黒印状を発し、家康死後の元和三年に集中的に判物・朱印状を発給した。秀忠は家光に将軍職を譲った元和九年以後も寛永七年(一六三〇)まで朱印状を発給している。家光は秀忠の死の翌寛永十年から領知安堵を開始、同十三年十一月九日に集中して安堵を行い、同十九年八・九月にも行なっている。さらに慶安元年(一六四八)二月二十四日—同二年十月二十四日付の朱印状三千百五十二通以上を、同元年三月十七日—二年十一月二十九日の間に、五十石以下と遠国の寺社に対する新知として頒布した。家綱は寛文四年大名に対して一斉に継目安堵を行なったが、翌五年、徳川家二、三代の朱印状所持寺社は全部、一代のみは五十石以上、寺領がなく境内ばかりの朱印状でも一宗の本寺には朱印状を頒布した。大多数の寺社は七月十一日付、門跡・比

丘尼・院家は九月二十一日・十一月三日付、日蓮宗不受不施派証状提出寺院は遅れるなど例外はあるが、千五百七通がほぼ一斉に頒布された。綱吉は一代のみの朱印状所持で五十石以下の小寺社も含めてすべての朱印寺社に継目安堵を行い、貞享二年(一六八五)六月十一日付で四千五百三十五通(うち判物二十九通)と家綱の三倍の朱印状を頒布した。綱吉は寺社を保護して元禄以降三十四の寺社に朱印地を新寄進している。家宣・家継は継目安堵がなく、吉宗は享保三年(一七一八)七月、家重は延享四年(一七四七)八月、家治は宝暦十二年(一七六二)八月、家斉は天明八年(一七八八)九月、家慶は天保十年(一八三九)九月、家定は安政二年(一八五五)九月、家茂は万延元年(一八六〇)九月(いずれも十一日付)一斉に継目安堵を行なったが、家茂は東海・関東・陸奥の寺社にとどまり、慶喜は印知がなかった。家康・秀忠と、家光の寛永十九年・慶安期は新朱印状の交付による寄進、他はほぼ継目安堵である。新朱印状の発給は、寺社の由緒や黒印地・除地などの縁由をもって、村方や代官・旗本・大名・寺社からの寺社奉行への請願が認められたものであるが、宝暦十二年にはこの年以後の寺領寄進は厳禁された。朱印地石高合計は三十六万千六十二石余で畿内・東海・関東に多く、黒印地は遠国大名領に多く、その石高は十三万石を超す。明治四年(一八七一)境内を除くほかは上知を命じられ、旧領の額に応じて逓減禄が支給された。

参考文献 『寛文朱印留』(『史料館叢書』一・二)、埼玉県立浦和図書館編『諸国寺社朱印状集成』(『埼玉県史料集』六)、三上参次・辻善之助・芝葛盛『社寺領性質の研究』(『東京帝国大学文科大学紀要』一)、安藤宣保『寺社領私考』、同『寺社領私考拾遺』、中田薫「御朱印寺社領の性質」(『法制史論集』二所収)、同「徳川時代に於ける寺社境内の私法的性質」(同所収)、豊田武「江戸時代の寺領概説」(『豊田武著作集』五所収)、大野瑞男「領知判物・朱印状の古文書学的研究」(『史料館研究紀要』一三)、重田正夫「御朱印寺社領の成立過程」(埼玉県立文書館『文書館紀要』一)

（大野　瑞男）

じゅういちけんだい　十一兼題　明治時代初期の大教宣布運動における、教導職の採用・進級試験の課題または学習目標として、明治六年(一八七三)教部省が発布した十一の項目。同じ目的で同年大教院が制定した十七兼題と合わせ、二十八兼題ともいう。十一兼題の内容はこの運動の中心勢力だった平田学派の教説で、神徳皇恩・人魂不死・天神造化・顕幽分界・愛国・神祭・鎮魂・君臣・父子・夫婦・大祓の各説から成っている。特に天神造化の説は、天御中主神を中心とする造化の三神を宇宙の主宰神と考えるもので、中国明の耶蘇会士の著作によるカトリック神学の影響を示す。顕幽分界の説は常民の他界観念の理論化であって、幽世《かくりよ》における死後の安らぎと、神々に見守られた現世での自律的な倫理生活を説くものである。十七兼題の内容は文明開化の知識に関する成人教育の諸問題で、皇国国体・外国交際・権利義務・政体各種・国法民法・富国強兵など十七項目にわたった。両兼題の一々は大教宣布の場で頻繁に説かれたので、多くの解説書が出ている。

参考文献 村岡典嗣『続日本思想史研究』、河野省三「明治初年の教化運動」(『国学院大学紀要』一)、平井直房「大教宣布運動における説教活動」(『神道宗教』五八)

（平井　直房）

しゅうかくさい　収穫祭　畠作の取入れが終ったとき、その豊作を祝い喜ぶ習俗は、わが国でも麦、いも、まめなどの場合に見られたが、歴史的に水稲の場合が顕著に伝承された。稲の収穫儀礼はホカケ祭とカリアゲ祭と二段階あった。これを古くは村落協同体の行事として営んだが、その形態はいま鎮守社の秋祭に残り、本来の作法というべきものは家ごとの祭に伝わった。穂掛は刈初めの行事である。刈入れに先立ってわずかの早稲穂を刈って神前に供え、新米の焼米を作ったりした。中部地方でカリカケ、中国筋でワセツキといい、広くホカケが知られた。八朔の穂掛と称して旧暦八月一日にまつることが近畿から山陰にかけてみられた。二百十日の風祭、秋社《しゃ》日《にち》また刈入れの前日などに穂掛をする例もある。元来恒例の日はなかったらしい。まつる神は収穫の無事を祈るので、田神・農神であったが、秋田県では山神の祠ごとに穂掛したという。中部の山村で氏神・荒神にも祈った。岡山県では墓前や炉の鉤にも穂掛したとある。このように各地とも農神と氏神・荒神、もしくは先祖や家の神とを区別しない信仰が伝わっていた。刈上祭は稲刈りが済んだときに行われた。これには田植が終ったとき、サナブリを村中一斉また各戸にと二重に祝ったように、村の大刈上、家別の刈上・カッキリと重ねて祝うことが越後にあった。刈上の時期には大略三様があった。東北では三九日つまり九月九日・十九日・二十九日の三度の九の日を重んじた。主に二十九日か十月朔日を刈上節供としたところが多い。関東・中部では十月十日のトオカンヤ・ジュウヤがこれにあたり、近畿・中国・四国辺では十月亥の日のイノコ節供が収穫祭の性質をもった。亥(猪)は多産と信じたためである。亥子は年により二度また三度あって、そのどれかを祝った。十日夜と亥子とには共通の作法がある。九州の刈上祭はおくれて十一月の霜月祭となり、丑の日を祭日とした。以上いずれも旧暦によった。北に早く南に遅いのは生産と地理、気候との関係による。もともと刈上祭は田面か田側に刈束を積上げたニホ・スズキをまつったのが古式と推定された。穀霊の祭である。その痕跡はなお認められる。案山子をまつるカガシアゲ・ソメの年取の風習は長野県の十日夜の行事に見られた。田神の姿を案山子に求めて依代とした。刈上祭に鎌を聖物として神供に鎌を添えたり、鎌納めといって鎌に供え物をしたりするところもある。九州のお丑さまは大黒信仰と習合した。大黒神は西日本で農神の性格があった。収穫祭の供物には新穀の餅が多い。秋餅といい小豆餅にする。枡に餅をいれて臼に供えるのは亥子祭の古風であった。丑祭にもこの作法が見られた。以前には稲束のまま貯蔵する期間が長かったが、中世以来領主・名主よりの年貢徴集を急がれたため、刈上に引き続いて稲扱き、脱穀、俵納などの庭仕事が収穫作業を延長した。こうして千歯アゲの祝い、庭アゲの祝いもあわただしく行うとやがて年の暮となった。

参考文献　柳田国男編『分類農村語彙』

（平山敏治郎）

しゅうきこうれいさい　秋季皇霊祭　⇨皇霊祭《こうれいさい》

しゅうきょうがく　宗教学　⇨神道《しんとう》

しゅうきょうかんけいほうき　宗教関係法規　明治維新以降、昭和十四年(一九三九)までは、宗教(団体)に対する統一的な法規というものはなく、時宜に応じ太政官布告をはじめとする多種多様な形式の断片的な単行法令の集積とその改廃によって宗教行政が行われてきた。明治十五年(一八八二)一月、神官教導職分離が行われ、政府は、神社は「非宗教」、神道各派は「宗教」とする方針を確立した。また十七年八月十一日、神仏教導職を廃し、教団自治の管長委任を間接的に認めた。以来、体系的な根本立法の必要性が政府部内や議会、宗教界などからしばしば提起され、二十八年二月の第八回帝国議会の衆議院本会議では鳩山和夫らが「神仏各宗派ニ関スル法律案」を提出、帝国憲法第二八条の信教自由規定にふさわしい体系的な宗教法制定の必要性を説いたが、否決された。また、三十一年七月施行の民法第三四条で、祭祀、宗教その他に関する法人格、すなわち社団・財団の規定が設けられたが、同時に民法施行法第二八条に「民法中法人ニ関スル規定ハ当分ノ内、神社、寺院、祠宇及ヒ仏堂ニハ之ヲ適用セス」とあり、神社や寺院、宗教に関しては特別法制定を予定していた。実際に内務省社寺局では清水澄書記官を中心に「神社法」「寺院法」「宗教法」の三種を起案、そのうち後者二案を合わせて作成したものが、三十二年十二月に第二次山県有朋内閣が第十四回帝国議会(貴族院)に提出した第一次宗教法案である(「神社法」は「宗教法」後と考えられていた)。その背景には当時、英国などとの改正諸条約の実施期にあたることがあり、これまで曖昧だったキリスト教も「宗教」として認めていく措置が求められていた。この法案は、キリスト教と同格に扱われていることなどに不満を持った仏教界の強硬な反対運動もあり、結局廃案となった。また政府は大正十五年(一九二六)五月に宗教制度調査会を設置。昭和二年(一九二七)一月には同調査会の審議と立案をもとに第五十二回帝国議会(貴族院)に第二次宗教法案を提出した。この法案はキリスト教を教派神道や仏教とほぼ平等に扱ったが、これも審議未了となる。さらに四年二月の第五十六回帝国議会(貴族院)に提出された第一次宗教団体法案は、宗教団体(神道教派・仏教教派・キリスト教その他の宗教団体)の保護とその自治の発達を重点とした内容で、それ以外の宗教結社(類似宗教)も地方長官への認可制から届け出制になるなど、統制がやや緩やかになったが、結局廃案となった。こうして政府による体系的な宗教法案はつぎつぎに頓挫したが、十三年十一月、荒木貞夫文相は、宗教制度調査会に宗教団体法要綱を諮問。これをもとに十四年一月の第七十四回帝国議会(貴族院)に法案として提出されると同議会で可決、四月八日に宗教団体法(法律第七七号)として公布され、翌十五年四月一日に施行された。これは明治以降はじめての体系的な宗教関係法であり、神社を除く全ての宗教団体の法的地位を明確にし、これまで治安警察の取締り対象だった宗教結社(類似宗教)をも宗教行政の中に組み込んだ。第二次世界大戦後、二十年十二月十五日にGHQはいわゆる「神道指令」を発出、二十八日には宗教団体法の廃止とともに、勅令第七一九号として宗教法人令が制定された。同令は翌二十一年二月二日に改正され、宗教法人になり得る団体として新たに神社も加わり、他宗教と横並びの扱いとなった。同令の、登記をすることによって宗教法人が成立するという準則主義は新宗教ラッシュを生んだが、いわゆる暫定的な「ポツダム勅令」だったこともあり、二十六年四月三日には、宗教法人法(法律一二六号)が公布、施行された。同法は同じく準則主義を採ったが、その内容には教団規則について所轄庁の認証を義務付けることを含むなどの工夫がなされた。さらに、平成七年(一九九五)三月のオウム真理教による地下鉄サリン事件などを契機として、同年の十二月十五日には宗教法人法の一部改正が行われた。

参考文献　文化庁編『明治以降宗教制度百年史』、中根孝司『新宗教法人法―その背景と解説―』

（藤田　大誠）

しゅうきょうかんけいほうれいしゅう　宗教関係法令集　昭和三十七年(一九六二)十一月、第一法規出版から刊行された宗教関連の法令・事例や関係資料を集録した法令集。宗教法人法令研究会監修。六巻六冊。加除式形式を採用し、新たな法令などに対応して適宜追録が発行されている。本書は宗教法人などの円滑、適正な管理運営に寄与することを目的として、宗教法人法をはじめ関係法令・通知・通達・行政実例・法制意見・裁判例・資料および質疑応答を網羅し、これを体系的に分類整理し収録したものである。巻次構成は、第一・二巻が宗教法人法を含む宗教関係法令集、第三巻は明治以後の宗教法制の概要と旧関係法令集からなる資料編、第四巻は宗教法人運営に関し発生する問題についての事例を一問一答形式で解説する質疑応答編、第五・六巻は宗教法人にまつわる税務と会計、収益事業および財産の取得・所有に係る税務の問題を一問一答式で解説した税務・会計編からなる。資料編には明治以後の神社関係法制の変遷が概説され、法令が抄出されており便利である。また、質疑応答編・税務会計編には現在の神社実務に係る問題の事例も多く記載されている。

（松本　久史）

宗教関係法規関連年表

慶応四年三・一五	切支丹邪宗門禁制の高札を掲示(神祇事務局達第一五八)
閏四・四	切支丹宗はもちろん、その他邪宗門も禁制の件(太政官布告第二七九)[明治六年二月太政官達により釈放する]
・一七	長崎浦上村の切支丹信徒を諸藩へ預ける件(浦上崩れ)(太政官布告第三一四号)
明治元年一〇・一八	法華三〇番神の称を禁止(御沙汰第八六二号)
二年七・八	職員令新定、神祇官・太政官・民部省・宣教使等設置(第六二二)
三年一・三	神祇官にて祭典、鎮祭の詔ならびに宣布大教の詔(第三・第四)
閏一〇・一七	土御門家の天社神道禁止(太政官布告第七四五)
四年一・五	社寺領上知令(太政官布告第四号)
五・一四	神社は国家の宗祀につき、神官以下神社の世襲神職を廃し精選補任の件(太政官布告第二三四)[昭和二一年二月勅令第七一号により廃止] 官社以下定額、神官職制等に関する件(太政官布告第二三五)
一〇・二八	普化宗禁止(太政官布告第五五八号)[昭和二一年二月勅令第七一号により廃止]
五年三・一四	神祇省及び大蔵省戸籍寮社寺課廃止、教部省設置(社寺管掌)(太政官布告第八二号)
四・二五	教導職(一四級)を置き、教部省これを管轄(太政官布告第一一三号) 僧侶の肉食妻帯蓄髪勝手たるべき件(太政官布告第一三三号)[大正九年六月勅令第一八四号により廃止]
六・二八	神官・氏子などより依頼の神葬祭等の執行を許す(太政官布告一九二号) 自葬を禁じ、葬儀は神官僧侶に依頼すべき件(太政官布告第一九二号)[明治一七年一〇月太政官布達第二五号墓地及埋葬取締規則により消滅]
八・晦	無願にして社寺創立禁止の件(大蔵省達第一一八号)
九・一五	修験宗廃止の件(太政官布告第二七三号)
一一・二四	大教院建設、神社・寺院・説教所を小教院として三条教則に基き教導の件(教部省達第二九号)[明治八年五月教部省達乙第四号により消滅]
六年一・一五	梓巫市子憑祈禱狐下げ等の所業を禁止する(教部省達第二号)
二・二四	切支丹宗禁制の高札撤去(太政官布告第六八号)
三・一四	諸県へお預けの長崎浦上村切支丹信徒を釈放する(太政官正院達)
八・二四	大教院の「教会大意」認可(教部省番外達)
七年六・七	禁厭祈禳をもって医薬等を妨げる者を取締る(教部省達書第二二号) 禁厭祈禳等は執行差支なきも、医療を妨ぐべからざる件(教部省達書乙第三三号)
八年四・三〇	太政官、神仏合同布教廃止を教部省に達す(教部省へ達)
五・三	大教院解散(教部省達書乙第四号)
一〇・二三	神道黒住派・同修成派が神道事務局から独立(教部省布達五・六号)
一二・二七	信教の自由保障の口達(教部省口達書)
一〇年一・一一	教部省廃止、社寺・教務関係事務を内務省(六年一一月設置)に所属させる(太政官布告第四号)[明治一三年三月太政官達第六〇号により消滅]
一九	内務省に社寺局設置(内務省達乙第二号)
一三年七・一七	刑法公布(太政官布告第三六号)
一四年一〇・三	教会所説教所において葬儀の執行を禁ずる(内務省達乙第四八号)
一五年一・二四	神官の教導職兼補を廃し、葬儀への関与を禁ずる(内務省達乙第七号)[昭和二一年二月内務省訓令第八号により廃止]
一七年八・一一	神仏教導職を廃し、住職任免、教師の等級進退のことを、各管長に委任する(太政官布達第一九号)[昭和一四年四月法律第七七号宗教団体法により廃止]
二二年二・一一	大日本帝国憲法(発布)[昭和二一年一一月三日公布日本国憲法により全面改正]
二九年四・二七	民法公布(法律第八九号)
三二年五・二七	神仏道以外の宗教宣布、堂宇・会堂等設立に関する規定を定める(キリスト教はじめて宗教行政の対象となる)(内務省令第四一号)
一二・九	第二次山県有明内閣、第一四回帝国議会(貴族院)に「第一次宗教法案」提出
四〇年四・二四	新刑法公布(法律第四〇号)
四一年九・二九	警察犯処罰令(内務省令第一六号)
大正一五年五・一三	宗教制度調査会官制(勅令第一二六号)
昭和二年一・一七	第一次若槻礼二郎内閣、第五二回帝国議会(貴族院)に「第二次宗教法案」提出
四年二・一三	田中義一内閣、第五六回帝国議会(貴族院)に「第一次宗教団体法案」提出
一四年四・八	宗教団体法公布(法律第七七号)[昭和一四年一二月勅令第八五五号により同一五年四月一日施行。同二〇年一二月勅令第七一八号により廃止]
二〇年一二・一五	国家神道、神社神道に対する政府の保証、支援、保全、監督並びに弘布の廃止に関する件(神道指令)が連合国最高司令官総司令部より出される
一二・二八	宗教法人令公布(附則第一項により公布の日より施行)(勅令第七一九号)[昭和二六年四月法律第一二六号宗教法人法附則第二項により廃止]
二一年二・二	宗教法人令を改正して、神社を加える(勅令第七〇号)
一一・三	日本国憲法を公布し、信教の自由・政教分離を規定する
二六年四・三	宗教法人法公布(法律第一二六号)
平成七年一二・一五	宗教法人法の一部改正(法律第一三四号)

梅田義彦『(改訂増補)日本宗教制度史〈近代編〉』などによった。

しゅうきょうきょく　宗教局　宗教行政を取り扱った官庁。明治元年(一八六八)閏四月に再興された神祇官は、同四年八月八日、降格されて神祇省となり、翌五年三月十四日には教部省と性格を改めた。主として外教に対応した政治上の決断である。西郷隆盛・大久保利通・江藤新平らが、内外の情勢を考え、岩倉具視を動かした結果とされる。同省も同十年一月十一日には廃止されて、内務省内に社寺局が置かれた。政府は同三十三年四月二十七日公布勅令第一六三号により、内務省官制を改正し、社寺局を神社・宗教の二局に分けた。神社局の独立には当時の神社界の要望に答えて、内務省参事官水野錬太郎が尽力したという。宗教局の所管事務は、神社以外の教派神道、仏教、キリスト教その他であった。大正二年(一九一三)六月十三日、内務省・文部省官制が改正され、宗教局は文部省に移った。第二次世界大戦後いわゆる神道指令の結果、宗教法人令・宗教法人法の公布・施行となり、文部省宗務局が、神社も加えて宗教事務を取り扱った。　→神社局《じんじゃきょく》

参考文献　阪本健一編『(明治以降)神社関係法令史料』、神祇院教務局編『神社局時代を語る』　（阪本　健一）

しゅうきょうだんたいほう　宗教団体法　明治憲法下での信教の自由は、「安寧秩序ヲ妨ケス及臣民タルノ義務ニ背カサル限ニ於テ」という限定つきで認められたものにすぎなかったが、宗教統制をめざした宗教法案は、一九二〇年代には強い反対を受けて議会での成立をみなかった。しかし昭和十年(一九三五)以降、新興宗教団体を中心に宗教弾圧が開始され、信教の自由の範囲が急速に狭められる中で、同十四年平沼騏一郎内閣のもとで宗教団体法が成立した(同年四月八日公布、翌十五年四月一日施行)。宗教団体法はその施行にあたっては、宗教団体の法人としての認可権を握った文部省によって、既成宗教団体を統制する武器として利用され、仏教の五十六派は二十八派に整理され、キリスト教新教の二十八教団はすべて日本基督教団に統合され、これに反対する動きは抑圧された。第二次世界大戦後連合国最高司令官総司令部の市民的自由に関する指令によって宗教団体法は廃止が指示され、昭和二十年十二月二十八日、宗教法人令が公布・施行され、同法は廃止された。　（赤沢　史朗）

参考文献　井上恵行『(改訂)宗教法人法の基礎的研究』

しゅうきょうほうじん　宗教法人　法人格を持つ宗教団体。昭和二十六年(一九五一)四月施行の宗教法人法の規定により、公益法人の一種と解釈されている。法人格を持つことによって財産および団体の管理運営の権利義務関係が明確となり、また、宗教の持つ公益性から税法上の非課税措置などがなされている。明治三十一年(一八九八)施行の民法によりはじめて祭祀・宗教に関する法人格取得の規定が設けられたが、神社・寺院に関しては別の特別法を予定していたために、除外されていた。しかし、第二次世界大戦前は神社に対する包括的な特別法は結局制定されず、一方、寺院やキリスト教・教派神道の教会などは昭和十四年の宗教団体法により法人格を取得することが可能となった。神社に対してはいわゆる神道指令の方針から国家との関係が分離され二十一年二月、宗教法人令のもとで法人格が付与され、宗教法人法による宗教法人として引き継がれた。現在、神社神道に関しては包括法人としての神社本庁傘下に被包括法人としての神社が約八万社存在し、神社の大部分を占めている。

参考文献　渡辺蓊『最新逐条解説宗教法人法』　（松本　久史）

しゅうきょうほうじんほう　宗教法人法　昭和二十六年(一九五一)四月三日に公布・施行された、宗教団体がその業務・事業の運営に資するため法人格を与えることを目的とした法律。本則十章、付則二十八項により構成される。公告・認証・責任役員の三つの制度を骨子として構成される。設立、規則の変更や合併・解散に関しては所轄庁の認証を受ける必要があり、それに加え財産処分・借り入れなどの重大な場合には信者・利害関係人に公告を義務づけた。包括団体としての宗教法人は文部大臣(現在は文部科学大臣)、非包括関係の宗教法人は都道府県知事が所轄庁となる。また、責任役員制度が新たに設けられ、三人以上の責任役員を置き、その内一名が代表役員となる。神社本庁傘下の神社においては宮司が代表役員となる。神社本庁は二十七年一月、認証を受け、以後、各地の神社も順次認証を受け、同法下の宗教法人となり、現代に至っている。宗教法人であるオウム真理教の一連の事件による見直しで、平成七年(一九九五)十二月、包括・非包括を問わず、二つ以上の都道府県で活動する宗教法人は文部大臣が所轄庁となり、事務所備え付け書類の追加および所轄庁への提出、情報開示、調査徴収および質問などの改正が加えられた。

参考文献　文化庁編『明治以降宗教制度百年史』、渡辺蓊『最新逐条解説宗教法人法』　（松本　久史）

しゅうきょうほうじんれい　宗教法人令　昭和二十年(一九四五)十二月二十八日に施行された、宗教法人の設立・登記などに関する法令。GHQの同年十月四日の覚書により、宗教団体法は廃止の指令を受け、代替の法令として、勅令七一九号により施行された。本則十八条から構成され、宗教法人に関する監督規定はほとんどなく、宗教団体は所定の形式に則って届け出さえすれば宗教法人になることができた。教派神道の十三派は直ちに法人となったが、神社神道は十二月十五日神道指令により、国家からの分離が指示され、二十一年二月二日には従来の神社に関する諸法令が廃止され、同日、宗教法人令の改定により、神社が宗教法人となる道が開かれた。同月三日、包括法人としての神社本庁が結成され、十四日には宗教法人となった。付則によって、神宮、神社明細帳に記載されている神社および靖国神社は神社の規則を作成し、地方長官に届けるだけで宗教法人と認定され、九

万余の神社が宗教法人となった。昭和二十六年の宗教法人法施行により廃止された。

参考文献　文化庁編『明治以降宗教制度百年史』　（松本　久史）

しゅうごうしん　習合神　神仏習合の思想のもとにまつられた神。奈良時代においては、九州の八幡神がはやくから仏教と習合を深めていった。八幡神は八幡大菩薩と称され、禰宜尼という僧尼形の祠職を置き、放生会という仏教儀礼と習合した祭を行なった。白山や金峯山、熊野、二荒山などの山岳信仰系の神社も、修行僧の入山により習合神としての性格を帯びるに至った。平安時代に入ると斉衡三年（八五六）に常陸国に酒列磯前《さかつらいそざき》薬師菩薩神社（茨城県ひたちなか市）が祀られているが、薬師信仰と習合した神格が認められる。また貞観年間（八五九―七七）以降、宮寺が発生する。石清水八幡宮寺、祇園社感神院、北野宮寺のように、神社と寺院の両面性を持ち、社僧が支配する新たな形態の神社であった。その祭神は精進神と称され、魚鳥を供えることをせず、また潔斎においても精進食を守ることが要求された。その祭も石清水八幡宮の放生会、祇園・北野社の御霊会のように法会と祭とが合体した独特の形式をとり、当初は朝廷から純然たる神祇祭祀という扱いをうけなかった。神と仏を同体と見る本地垂迹説の形成は、習合神の生成を助長していった。仏教寺院においては、最澄・円珍・空海ら渡唐した高僧が将来したと伝える赤山明神・新羅明神・清滝権現や、伊勢神宮ゆかりの雨宝童子、比叡山の摩多羅神など在来の神祇とは異なる習合神が生みだされる。修験道においては吉野に蔵王権現の信仰が発生した。これらの神は仏典にも確たる根拠がなく、神仏習合の風潮の中で生みだされた神である。こうした系統の神には神社の祭神となったものもある。祇園社の祭神である牛頭天王が有名である。ほかに、陰陽道や密教・宿曜道に由来する大将軍や妙見菩薩も神社信仰に取り入れられ、大将軍神社や妙見神社としてまつられていった。また在来の神祇でありながら、仏教との交渉を深めた結果習合神となった事例もある。稲荷神は中世を通じて真言宗の荼枳尼《だきに》天との習合を深めていったため、今日でも豊川稲荷・最上稲荷など仏教系の稲荷社が多い。

参考文献　村山修一『本地垂迹』（吉川弘文館『日本歴史叢書』三三）、田辺三郎助編『習合神・高僧』（『日本の仏像大百科』五）、山本ひろ子『異神―中世日本の秘教的世界―』　（佐藤　眞人）

しゅうごうしんとう　習合神道　⇩両部《りょうぶ》神道《しんとう》

じゅうこうしんめいひしょ　重校神名秘書　⇩伊勢《いせ》二所《にしょ》太神宮神名秘書《だいじんぐうしんめいひしょ》

じゅうしちけんだい　十七兼題　⇩十一兼題《じゅういちけんだい》

しゅうせいこうしゃ　修成講社　⇩神道修成派《しんとうしゅうせいは》

じゅうぞうじんじゃ　重蔵神社　石川県輪島市河井町に鎮座。旧県社。天冬衣命・大国主命を祀る。本地は十輪地蔵。重蔵宮・十蔵権現・重倉明神などとも称す。『延喜式』神名帳の能登国鳳至《ふげし》郡に記載される鳳至比古神社にあてられているが、「重蔵」を別に「へくら」と訓むこと、当社が舳倉《へくら》島に鎮座する奥津比咩神社の遙祠と考えられることなどの理由から、辺津比咩神社にあてる説もある。中世には、石動山天平寺の支配するところとなり、両部習合の濃い神社として栄えた。近世に入ると、金沢藩主前田氏の庇護を受け、鳳至一郡の惣社となった。社宝として鎌倉時代作と伝える木造の菩薩面（重要文化財）が一面ある。例祭は八月二十三日・二十四日、俗に御採祭《おさいまつり》と称されている。二月七日の如月祭も有名である。神職家は累代能門氏。

重蔵神社本殿

参考文献　小倉学『（能登輪島）重蔵神社のきさらぎ祭』、西田長男「重蔵神社管見」（『日本神道史研究』九所収）、同「重蔵神社の如月祭」（同所収）　（三橋　健）

じゅうにかいんせんだつ　十二ヶ院先達　⇩先達《せんだつ》

じゅうにしゃ　十二社　十世紀中ごろに行われた祈雨・止雨のための奉幣対象神社の数。木島・乙訓・水主・火雷・恩智・平岡・座摩・生田・広田・長田・垂水を十一社といい、これに室生竜穴社を加えて十二社と称した。山城・大和・河内・摂津国に鎮座する古社で、そのほとんどは『延喜式』臨時祭に収める祈雨神祭八十五座に列する。丹生・貴布禰二社奉幣による霊験が顕われない時に行われるほか、十六社奉幣に併せて遣わされた。　（岡田　莊司）

しゅうはしんとう　宗派神道　⇩教派神道《きょうはしんとう》

じゅうはちしんとう　十八神道　吉田兼倶が唱えた吉田神道（唯一神道）の神道説。天・地・人の三才すべてに遍く神が在存していると説く。すなわち天道・地道・人道いずれも神道であり、それぞれに六神道があり合わせて十八神道という。兼倶著『唯一神道名法要集』に「天有二六神道一、地有二六神道一、人有二六神道一、合是云二十八神道一、天有二元気円満神道一、加二天五行一、為二六神道一（中略）、地有㆓一霊感応神道㆒、加㆓地五行㆒、為㆓六神道㆒(中略)、人有㆓性命成就神道㆒、加㆓人五行㆒、為㆓六神道㆒、故頌曰、元気円満、神変加持、故加㆓天五㆒、為㆓六神道㆒、一霊感応、神道加持、故加㆓地五㆒、為㆓六神道㆒、性命成就、神力加持、故加㆓人五㆒、為㆓六神道㆒、三元十八、唯一神道、一切万行、心法神道」と詳しく記されている。天・地・人の三才を冠し三元十八神道とも称する。この行法は兼倶の定めた吉田神道三壇行事の初重相伝分である十八神道行事の行事壇において、やはり兼倶著『十八神道次第』に規定する秘法を修する形で行われる。またこの十八神道は密教の十八道に示唆されて形成されたものである。

参考文献 出村勝明『吉田神道の基礎的研究』 (出村 勝明)

じゅうろくしゃ 十六社 十世紀の中ごろに行われた祈年穀・祈雨・止雨のための奉幣対象神社。伊勢・石清水・賀茂下上・松尾・平野・稲荷・春日・大原野・大神・石上・大和・広瀬・竜田・住吉・丹生・貴布禰の十六社をいい、山城・大和の古社が多い。十六社奉幣は昌泰・延喜年間(八九八―九二三)に二例みられるが、これが恒例化するのは、天慶四年(九四一)からで、寛和元年(九八五)までの間に二十九例を数える。正暦二年(九九一)吉田・広田・北野が加わり十九社となる。のち永保元年(一〇八一)に確立する二十二社奉幣制度の先駆。 ↓二十二社《にじゅうにしゃ》

参考文献 二宮正彦「摂関時代における神社行政」(古代学協会編『摂関時代史の研究』所収)、岡田荘司「十六社幣制の成立」(『平安時代の国家と祭祀』所収)、藤森馨『平安時代の宮廷祭祀と神祇官人』 (岡田 荘司)

じゅかしんとう 儒家神道 江戸時代は儒学が社会の基本理念として流行した時代であるが、同時に神道思想もこれと並行して採用され、この両思想は根本において一致すると見る考え方が特に儒学者の側から提唱された。この近世初期の儒学者によって提唱された神道論のことを儒家神道ないし神儒一致思想とよぶ。近世儒学(程朱学派)の開祖藤原惺窩は禅僧の出身であったが神道にも造詣があり(『千代もと草』)、彼の門人林羅山は江戸幕府に出仕し、幕府官学の祖となった。羅山は史実主義の立場から神社縁起に付会された伝説的俗信的要素を批判し『本朝神社考』を著わし、神人一致の立場から独自の神道説を提唱したが、その神道思想の内容を端的に表白したものが『神道伝授』である(正保年間(一六四四―四八)若狭国主酒井忠勝に授与したもの)。その後、鵞峯・鳳岡など林家の代々は文化施策としての神社研究には関心があったが、教道として神道については特別な研究は示さなかった。一方同じ朱子学派である京都の山崎闇斎は純正朱子学を提唱し、これと併行して中国の純正教学としての朱子学に対応するものとしてわが国の純正神道の研究をすすめ、神典の綜合的研究を行い、神道の特質たる口伝口承を集成して『神代巻風葉集』『中臣祓風水草』を著述した。闇斎の提唱した神道説を彼の神道号をとり垂加神道と称する。闇斎の純正朱子学提唱からややおくれて貝原益軒が現われた。益軒は福岡の人で朱子学を主として陽明学をも研究し、『養生訓』『和俗童子訓』など和文の啓蒙的教訓書を多数著述したが、その主著『筑前国続風土記』で国内神社の縁起を歴史的に考証した。彼の神道思想をうかがう著書に『神儒併行不相悖論』があり、「人道即是神道、神道これも天道」「是乃人倫日用之常道」というような神儒一致の見解を強調した。神儒一致を説く点は羅山・闇斎と同一であるが、一家の神道を提唱するまでには至っていない。神儒一致思想は近世前期の一般的な思想傾向であり、こうした潮流を批判するものとして国学の古学神道が成立したのである。 ↓垂加神道《すいがしんとう》 ↓理当心地神道《りとうしんちしんとう》

参考文献 平重道・阿部秋生校注『近世神道論・前期国学』(『日本思想大系』三九)、平重道『近世日本思想史研究』、青木義憲「貝原益軒の神儒並行不相悖論」(『史学雑誌』五〇ノ二) (平 重道)

じゅきょう 儒教 ⇩神道《しんとう》

しゅくさいじつ 祝祭日 国家の祝日および皇室の大祭日の総称。明治政府成立後、宮中祭儀としての天長節は明治元年(一八六八)八月に布告され、そのあと新嘗祭・神嘗祭・神武天皇祭も、官員をはじめ庶民にまで奉祝・拝礼が促された。だが国民の生活習俗にまで影響を及ぼす祝祭日制定の端緒は、太陽暦採用直後の明治六年一月四日に、伝統的な五節句(人日・上巳・端午・七夕・重陽)を廃し、天長節および神武天皇即位日を祝日とした布告に求められる。神武天皇即位日は同年三月七日に紀元節と名づけられ、そのあと『日本書紀』で神武天皇即位日とする辛酉年正月朔が太陽暦で推算された。同年十月十四日の布告で「年中祭日祝日等ノ休暇日」が、一月三日元始祭・一月五日新年宴会・一月三十日孝明天皇祭・二月十一日紀元節・四月三日神武天皇祭・九月十七日神嘗祭・十一月三日天長節・十一月二十三日新嘗祭と定められた。このあと明治十一年に春季・秋季皇霊祭(春分・秋分)が祭日に加わり、明治十二年に神嘗祭が十月十七日に改められ、さらに一月一日四方拝と一月五日新年宴会も祝日の扱いをうけるようになった。明治政府が祝祭日を制定し国民に生業を休んで奉祝させようとした目的は、実現はしなかったが今上天皇即位日を「宝祚節」として祝日に加えようとの議が政府内に起った際の明治八年五月の左院伺(国立国会図書館所蔵『三条実美関係文書』三八五)にみられるごとく、「遠裔辺陲トイヘトモ皇統連綿天職承継ノ御由縁ヲ弁知」させることであった。だがこの意図は明治前半期にはほとんど効果を上げず、祝祭日に官庁・学校で儀式が行われたにとどまり、国民一般の祝休日慣行としては、廃止された五節句などが生きつづけた。祝祭日が国民意識に実質的影響を及ぼし始めるのは、教育勅語奉読と天皇の「御真影」拝礼を組み込んだ小学校祝日大祭日儀式規程が明治二十四年に施行されて

からである。これと同時期から、維新以降生活の変化が進行した農村地域でも、勤労増進のために農休日縮減が求められるようになり、旧来の休業日を廃し、国家の祝祭日で置き換える傾向が生じていたことが、農事調査書・町村是調査資料などにより確かめられる。さらに日露戦争勝利ののちは、祝祭日奉祝により天皇制国家の栄光を共有しようとする感覚が国民のなかに生じた。これを拡大定着させるために、第二期国定教科書修身では祝祭日の記述が殖え、また「地方改良運動」を推進した国家官僚は、風俗矯正と生産向上の狙いもこめて、旧来の休日を廃し祝祭日の奉祝と休業を励行するよう町村に促した。そののち天皇の代替りに伴い天長節および先帝祭は当然変更され、大正期には天皇誕生日は八月三十一日であったが、夏期のため天長節は十月三十一日に日延べされた。昭和二年(一九二七)貴衆両院建議により明治天皇誕生日が明治節(十一月三日)として祝日に加わった。これら祝祭日は、一年の生活リズムを通して天皇あっての国民という感覚を再生産する役割を果たしたが故に、第二次世界大戦敗戦後、昭和二十三年七月二十日「国民の祝日に関する法律」の公布・施行により廃止され、新たに以下の九ヵ日が「国民の祝日」となった。元日(一月一日)、成人の日(一月十五日、のち一月の第二週月曜日)、春分の日(春分日(三月二十一日ころ))、天皇誕生日(四月二十九日、のち緑の日と名称変更)、憲法記念日(五月三日)、こどもの日(五月五日)、秋分の日(秋分日(九月二十三日ころ))、文化の日(十一月三日)、勤労感謝の日(十一月二十三日)。その後、紀元節復活の動きが自由民主党政府を中心に強まり、これに対する反対運動もおこったが、昭和四十一年に至り敬老の日(九月十五日)、体育の日(十月十日のち十月の第二週月曜日)とともに建国記念の日(二月十一日)が、その後天皇誕生日(十二月二十三日)が加えられ、平成七年には海の日(七月二十日)、国民の休日(五月四日)が制定され、現在全部で十五日となっている。

[参考文献] 村上重良『天皇の祭祀』(『岩波新書』青九九三)、山本信良・今野敏彦『近代教育の天皇制イデオロギー』、有泉貞夫「宝祚節不制定始末」(赤松俊秀教授退官記念事業会編『(赤松俊秀教授退官記念)国史論集』所収)、同「明治国家と祝祭日」(『歴史学研究』三四一)

(有泉　貞夫)

→祭日《さいじつ》

しゅげんどう　修験道　修験道は日本古来の山岳信仰が、仏教・道教などの影響のもとに平安時代中期ごろに作りあげた一つの宗教体系である。このように修験道は特定教祖の教説にもとづく創唱宗教とは違って、山岳修行による超自然力の獲得と、その力を用いて呪術宗教的な活動を行うことを旨とする実践的な儀礼中心の宗教である。わが国には古来山岳を神霊とくに農耕を守護する水分神《みくまりのかみ》が籠る聖地として崇拝する信仰が存在した。また霊地とされた山岳に居住する山人たちやそこで修行した呪術宗教者が治病・除災などの超自然的な力をもつ者として畏怖されていた。彼らはその力を用いて、山中の諸神諸霊を操作したり、託宣などの巫術的な活動を行なったりしていた。彼らの多くは遊行の優婆塞《うばそく》で、中央では、葛城・吉野・熊野などの山岳を拠点とした。なかでものちに修験道の開祖に仮託された葛城山の役《えんの》小角《おづの》は奈良時代中期の代表的な山岳修行者の一人で、鬼神を使役したと伝えられている。その他、吉野山に籠って、虚空蔵菩薩の信仰を中心として自然智宗という独自の宗派をつくった元興寺の僧神叡、熊野の永興禅師、大峯山で修行した良弁、室生寺を開いた賢璟など南都の僧侶たちも山岳修行を行なった。また地方の諸山も日光の勝道、白山の泰澄、彦山(英彦山)の法蓮などの山岳修行者によって開かれた。平安時代になると最澄・空海による山岳仏教の提唱もあって、天台・真言の密教僧たちの山岳修行が盛んになっていった。比叡山の回峯行を始めた相応、吉野の金峯山《きんぷせん》で修行した真言宗小野流の祖聖宝、大峯山中で修行中に他界を遍歴した道賢(日蔵)、呪験力に秀でた大峯修行者浄蔵などは特に有名である。こうしたことからやがて山岳修行によって験力を獲得した密教の験者たちを、験を修めた者という意味で、修験者と呼ぶようになっていった。中央の修験者は主に大和の大峯山で修行したが、その北に位置する金峯山、南の熊野が拠点として栄えていった。その他、中央では興福寺・比叡山・園城寺・醍醐寺三宝院など、地方では日光・白山・立山・伯耆大山・羽黒山・彦山などにも修験者が存在した。熊野を拠点とした修験者は、寛治四年(一〇九〇)正月、白河上皇の熊野詣の際、園城寺の僧増誉が先達を勤めて熊野三山検校に補せられて以来、その職を長吏の永代職とした園城寺に統轄された。もっとも十四世紀初頭、園城寺末で増誉が開基した聖護院の門跡、覚助法親王が熊野三山検校に補されて以来、歴代の聖護院門跡が熊野修験を包摂し、本山派と呼ばれる修験の宗派が形成された。吉野の金峯山には大和を中心とした諸社寺の修験者があつまった。鎌倉時代末になると興福寺・東大寺・高野山・内山永久寺・三輪山平等寺など、大和を中心とした三十六ヵ寺に依拠した修験者が、大峯山中の小笹に本部を置き、興福寺・法隆寺・高野山などの後だてのもとに、当山三十六先達と呼ばれる独自の組織を作りあげていった。当山派と呼ばれたこの修験者たちは諸国を回国遊行する性格をより強くもっていた。その後室町時代になると、当山派の修験者は、聖宝が開いた醍醐寺三宝院の管轄下に入っていった。そして三宝院では聖宝が恵印灌頂を開壇したと伝えられる吉野山鳥栖の鳳閣寺を拠点として、全国各地の当山派修験の掌握を企てていった。本山派では十四世紀中ごろに聖護院門跡良瑜が大峯灌頂・葛城灌頂を開壇し、また十五世紀中ごろに同じく聖護院門跡の道興が諸国を巡錫するなどして、五流修験・宝満山修験など諸霊山に依拠した修験者を包摂して組織を固めていった。一方当山派でも十五世紀初頭ごろには恵印法流をととのえている。また天台宗の比叡山では回峯行者の参籠所であった葛川息障明王院を拠点とした葛川修験が成立した。このように諸教団や諸山の体制が確立するにつれて熊野・金峯山・白山・羽黒・彦山などの諸山では縁起がまとめられていった。特に金峯と熊野の縁起をあわせて編集した神仏習合的色彩の強い『両峰問答秘録』『修験指南鈔』、白山の『白山記』、羽黒山の『羽黒山縁起』、彦山の『彦山流記』などは代表的なものである。また一方で彦山の修験者即伝らによって、衣体・峯入・灌頂などの切紙を編集した教義書が作られた。『修験三十三通記』『修験修要秘決集』などはその代表的なものである。このほか、役小角の伝記『役君形生記』なども作られている。これらによると、修験道では大峯山中で守護仏金剛蔵王権現を感得し、摂津の箕面山の滝穴で竜樹菩薩から秘印を授かった葛城山の山岳修行者役行者を開祖としてあがめ、その跡に従って、大峯・葛城などの霊山で峯入修行をすることを旨とする。その際大峯などの山岳は金剛界・胎蔵界から成る曼荼羅で、修験者たちは、全体として金胎の曼荼羅や不動明王をかたどった頭巾・篠懸・結袈裟などの山伏十二道具を身につけて、この山中で十界修行をし、その最後に正灌頂をうけることによって即身成仏することを教義の主眼としている。こうしたことから特に修験道では依経を立てたり、一宗一派にかたよったりすることはしないとしている。江戸時代に入ると、幕府はそれまで諸霊山に依拠し、全国各地を遊行することが多かった修験者を地域社会に定着させ、本山派か当山派かのいずれかに所属させた。この結果、修験者は村や町で、日待・月待・荒神・庚申などの祭の導師、加持祈禱、調伏、憑きものおとし、符呪やまじないなどの呪術宗教的な活動を行い、庶民の現世利益的な希求に積極的に応えていった。なおこれらの修法の大部分は密教の修法や道教の符呪などを、目的に応じて適宜に簡素化したものである。江戸時代には、幕府の教学や法要重視の政策もあって、室町時代に作られた教義書の注疏の類や峯入の作法、諸供作法、勤行集などが数多く作られた。そうした際、本山派と当山派の主導権争いが行事・注疏・儀軌に及び、両派が競って盛大な門跡峯入を行なったり、相手を論駁するための書物を作ったりしていった。なお宝永四年(一七〇七)、当山派の聖宝に理源大師の諡号が、寛政十一年(一七九九)には、本山派の聖護院に対して役小角に神変大菩薩の諡号が授けられている。この時代には、修験者の影響を受けた庶民たちの講による山岳登拝が盛んになっていった。大坂や堺の商人たちの大峯登拝の八島役講、富士講、木曾御岳講、出羽三山講、石鎚講、英彦山講などは代表的な例である。明治五年(一八七二)九月十五日、修験道は太政官布告によって廃止され、本山派・当山派の修験者は、聖護院・三宝院の本寺所属のまま天台宗・真言宗に所属させられた。しかし明治末ごろから両宗に所属した修験者の間で覚醒運動が始まり、峯入の再興、教義書の出版、機関紙の刊行などがなされ、修験道は次第に活力を取りもどしていった。そして第二次世界大戦後には、相ついで修験教団が独立した。特に天台系の修験でこの傾向が強く、「本山修験宗」「本修験宗」「金峯山修験本宗」「修験道」(旧五流修験)などの教団が相ついで成立した。一方旧当山派は、真言宗醍醐派として存続している。↓山岳信仰《さんがくしんこう》　↓神道《しんとう》

参考文献　『日本大蔵経』修験道章疏、『山岳宗教史研究叢書』、和歌森太郎『修験道史研究』(『東洋文庫』二一一)、村山修一『山伏の歴史』(『塙選書』七一)、宮家準『修験道儀礼の研究』、同『修験道思想の研究』、同『修験道組織の研究』　(宮家　準)

しゅさいじん　主祭神　主神ともいい、一神社に複数の祭神を奉斎している場合に、主となる祭神をいう。複数の主祭神が奉斎される神社もあり、神社により主祭神間の関係は対等である場合、等差がある場合がある。同殿内に祀られている例が多いが、奈良市春日大社のように祭神ごとに社殿が別々に建てられている神社もある。伊勢神宮内宮(三重県伊勢市)の手力雄神・万幡豊秋津命など、主祭神に対して従となる祭神は、配祀もしくは相殿の神と称した。近代神社制度のもとでは、官国幣社においては例祭にあたって、国家からの奉幣を主祭神の数に応じて受け、配祀神はそれに預からないなどの区別があった。府県社以下では主祭神、配祀神との取扱い上の区別は明確ではなかった。配祀神、もしくは新たな神が主祭神として増祀されるときは、第二次世界大戦前においては官国幣社は内務大臣、府県社以下は地方長官、戦後は神社本庁傘下の神社においては本庁統理の承認を必要としている。戦前においては神社合併に際して、主祭神は合併後も配祀神とはしないことが原則であった。増祀に関しては、戦後では昭和三十九年(一九六四)、札幌神社(札幌市)が明治天皇を新たに祭神として奉斎し、北海道神宮と改称した例がある。　(松本　久史)

じゅっしゅしんぽう　十種神宝　⇩とくさのかんだから

しゅばつ　修祓　祭を執行するにあたり、神前に供える神饌・幣帛・玉串をはじめ祭典を奉仕する神職と参列者すべてのものを、大麻と塩湯で祓い清める祓の行事。祓に用いる祓具は、大麻《おおぬさ》・塩湯のほかに、小麻《こぬさ》・切麻《きりぬさ》・散米・塩・塩水・海藻・人形《ひとがた》・解縄などがある。これらの祓具を左・右・左と振ったり、祓具を持って身体を撫でたり、息を吹きかけたりすることにより、身心の不浄を祓い清める。祓の式には、吉田神道・伯家神道・橘家神道による式のほかに、一社の故実による祓式もある。明治四十年(一九〇七)以降は、宮中と伊勢神宮の修祓をもとにして制定された神社祭式行事作法(明治四十年六月二十九日制定)に従って行うのが一般的。修祓を行うところを祓所という。四方に斎竹を立て注連縄を張り紙垂をつける。祓所の中央に祓案を設け、案の上に向かって右に大麻、左に塩湯を置く。祓主は祓案の前で祓詞を申す。大麻所役は大麻を、塩湯所役は塩湯を持ち、大麻を左・右・左と振り、榊の小枝で左・右・左と塩湯を振り灑ぎ、

修祓の儀は終る。 ↓祓《はらえ》

参考文献 佐伯有義・八束清貫編『神社祭式行事作法典故考究』、薗田守良『神宮典略』前篇(『大神宮叢書』)、川出清彦『祭祀概説』 (安江　和宣)

しゅりこせい　修理固成　天神が伊邪那岐命・伊邪那美命の二神に国土の生成を命じた詔《みことのり》にみえる言葉。『古事記』神代に「ここに天つ神諸《もろもろ》の命《みこと》もちて、伊邪那岐命、伊邪那美命、二柱の神に、「この漂へる国を修《おさ》め理《つく》り固《かた》め成《な》せ」と詔《の》りて、天《あめ》の沼《ぬ》矛《ぼこ》を賜ひて、言依《ことよ》さしたまひき」(原漢字)とみえる。この神勅により、二神は天浮橋から「天の沼矛」をさし下して、潮をかき回し引き上げると、矛の先から潮がしたたり「淤能碁呂島《おのごろじま》」という島ができ、この島に天降った二神は、結婚して日本の国土を生成したと伝える。本居宣長は、『古事記伝』で修理固成の語を「ツクリカタメナセ」と訓み、修理は作と同意であるとし「作堅《ツクリカタム》と成《ナス》とは、似《ニ》たることをかく重《カサネ》て云ッは古語なり」と解説する。この神勅は、伊邪那岐命・伊邪那美命の二神に与えられたものであるが、祖孫一体とみる伝統信仰の上から、神々から現代まで続く人々に課せられた課題であると意義付ける説もある。 (茂木　貞純)

しゅんきこうれいさい　春季皇霊祭　⇩皇霊祭《こうれいさい》

しゅんさい　旬祭　毎月一日・十一日・二十一日に定例的に行う祭のこと。宮中三殿・春日大社などで行われている。宮中のそれは、『公事根源』内侍所御供条に、寛平年中(八八九―九八)に始まったと記し、「一日の御供」との名も記しているが、『禁秘抄』にもみえ、また「しゅん」の名で多くの史料にみられる。春日大社のそれは『濫觴記』に保安二年(一一二一)十一月藤原忠通の寄進により始められたと記し、『春日社年中行事』『春日社法』などに「旬御神事」とも記し、その日「旬御供」「旬御神供」を奉ったことを記しているが、それが現在に継承されている。このほか、一日祭の名で、毎月一のつく日に定例の祭を行う諸社がある。 (鎌田　純一)

じゅんちょくさいしゃ　准勅祭社　明治維新期において、神祇官直轄となって官幣を受けた旧武蔵国内の神社。明治天皇の東京奠都に伴い制定された。東京の周辺地域においては、明治元年(一八六八)十月に武蔵国一宮である氷川神社(さいたま市)が新たに勅祭社とされ、同年十一月八日、勅祭社に准ずる神社として、旧江戸府内の日枝神社(東京都千代田区)・神田神社(同)・根津神社(同文京区)・芝神明宮(同港区、芝大神宮)・赤坂氷川神社(同)・富岡八幡宮(同江東区)・亀戸天神社(同)・品川神社(同品川区)・王子神社(同北区)・白山神社(同文京区)の十社と、武蔵国に鎮座し、近世以来の崇敬が篤い六所宮(東京都府中市、大国魂神社)・鷲宮神社(埼玉県北葛飾郡鷲宮町)の計十二社が定められ、神祇官から官幣使が派遣されて奉幣を受けた。これらの神社の選定は、維新直後の東国における民心の安定を目的とするとともに、新たな皇都としての東京を中心とした、天皇の神社崇敬の秩序編成を意図したものであるが、四年に官国幣社以下の社格が決定され、神社の全国的な再編が行われることによって、短期間の制度で終った。のちにこれらの神社の中で、日枝は官幣大社、大国魂は官幣小社に列格されている。

参考文献 東京都神社庁編『東京都神社史料』五、武田秀章『維新期天皇祭祀の研究』 (松本　久史)

じゅんぱい　巡拝　諸方の社寺を巡って礼拝すること。九世紀から国守が管内神社への奉幣《ほうべい》の目的で、主要神社を神拝《じんぱい》して巡る動きがみえるようになり、十世紀になると国司の巡拝は一般化した。その際、管内の諸神へ奉献する幣帛や神宝を携え赴いており、これには式内社の成立に伴い完了する地方神祇の再編が背景にあった。したがって神拝は、新任国守が任初に行う国務のうちに組み込まれるようになる。康和元年(一〇九九)二月十五日、因幡守となって任国に下向した平時範は、国庁に到着直後から、神宝造りにとりかかり、二月二十六日、諸社神拝にあたって、まず惣社の幣殿で神拝を行い、そののち宇倍宮・坂本社・三嶋社・賀呂社・服(服部)社・美歎社の順に六社を巡拝し、国庁に戻っている(『時範記』)。また『白山記』によれば、加賀国では毎月朔日ごとに、国守の使者が管内の主要な八社に詣で、奉幣を行う例であったともみえる。寛治五年(一〇九一)六月に、任国に下向した加賀守藤原為房は、十五日から十八日の三日間をかけて、管内の九社を巡拝し、奉幣して、帰洛と検田のことを奏上していた(『為房公記』)。しかし鎌倉時代になると、国司の巡拝は退転する。一方、平安時代から鎌倉時代にかけて、観音霊場をめぐる巡礼が、貴族からやがて民衆の間に広まり、西国三十三所や坂東三十三所・秩父三十四所などが形成された。また江戸時代になると、聖蹟巡礼が盛んになり、弘法大師ゆかりの四国八十八ヵ所(遍路)や日本六十六ヵ国の中心寺社を巡る六十六部巡礼のほか、親鸞・法然・日蓮など祖師ゆかりの霊場を巡る風習もみられるようになり、次第に物見遊山の要素も加わった。こうした動きは、神道家の間にも影響を与え、諸国の一宮を巡拝する風潮を生み、橘三喜は『一宮巡詣記』の紀行文を著わした。また、江戸や大坂の町人たちの間に千社詣や百社参りが流行し、詣で先の社殿に貼札(千社札)の風が盛んになった。

参考文献 村井康彦『王朝風土記』 (東四柳史明)

じょういん　乗因　一六八三―一七三九　江戸時代中期の天台宗延暦寺の僧。初めの名は智権、文筆を善くするといわる。天和三年(一六八三)に生まれる。宝永の初め比叡山宝積院にあり師匠宣存に認められ一実神道の伝受、神影付属をうけ、さらに叡山に伝わる秘密参社の行事を先達よりうけ、山王神道の経典『山家要略記』を授けられる。享保の初め江戸東叡山観善院に、同十年(一七二五)東漸院に転じ、十二年信州戸隠山勧修院に移り、戸隠別当阿知祝部一実道士祠(いわゆる生祠)を建て修験一実霊宗神道を提唱し住民に深刻な影響を与えた。『道徳経』を誦し優婆塞《うばそく》(在家の僧)を奨励したからである。このため「非議を企て異法を好む」と睨まれ、東叡山から追放遠流の刑に処せられ、八丈島に流された。配所にあって彼は島産の薬草を調合し病気に悩む島民に与え、済民の効をあげた。元文四年(一七三九)配所に没す。五十七歳。のち赦免され、島民たちにより寛永寺に位牌と墓が作られた。

参考文献 小林健三「戸隠山修験神道の新研究」(『日本神道史の研究』所収)、加藤玄智「浄因師の一実神道説を読む」(『宗教界』一三ノ一)、鎌田良覧「乗因の一実神道説」(『天台学報』一ノ四)、田島徳音「日本天台と一実神道の教義」(『明治聖徳記念学会紀要』四一)

(小林 健三)

しょういんじんじゃ 松陰神社 ㈠東京都世田谷区若林に鎮座。祭神は吉田矩方(松陰)命。吉田松陰は、幕末の志士として活躍し、幕府に捕えられるところとなり、安政六年(一八五九)に刑死した。松陰は私塾として開いた松下村塾で、幕末から明治期の指導者となった多くの人材を育成した。明治十五年(一八八二)に旧藩主毛利元徳ならびに門人旧知が相謀って松陰の墓所の南側に社殿を建て、松陰神社と称し、松陰が殉難した日にちなんで、十月二十七日に祭祀を行なって創建された。当地は二代藩主毛利綱広が延宝二年(一六七四)に火災の避難地として確保した地で、萩藩主の通称である松平大膳大夫にちなんで大夫山と呼ばれていた。松陰の遺骸は、江戸小塚原回向院に埋葬されたが、文久三年(一八六三)正月五日に高杉晋作・堀真五郎・伊藤利助(博文)らの手によって大夫山に改葬された。ほかに四名の墓も同地に建てられた。明治元年(一八六八)に木戸孝允は藩命を受けて、域内に新たに松陰以下の墓碑を建てるとともに、禁門の変で死んだ四十五人の招魂墓を建てた。昭和七年(一九三二)府社に列した。例祭は十月二十七日。

参考文献 田中助一『吉田松陰の墓と松陰神社』

㈡山口県萩市椿東《ちんとう》に鎮座。祭神は吉田矩方(松陰)。維新後、明治二十二年(一八八九)になって生前の義烈に対し、朝廷から正四位を追贈された。翌二十三年には松陰実家の杉家邸宅内に小祀が建てられ、松陰愛用の赤間硯が御《み》霊代《たましろ》とされ祀られた。同四十年社殿が創建され、県社に列した。現在の社殿は昭和三十四年(一九五九)の竣工である。また同五十三年に吉田松陰歴史館が建設された。例祭は十月二十七日。境内には松下村塾(史跡)、吉田松陰幽囚ノ旧宅(杉家旧宅、史跡)があり、社宝として書籍類(留魂録ほか三百七十冊)、幅物類(松陰自賛肖像ほか三十七幅)、巻物類(松陰自筆書簡ほか十巻)、衣類五点、そのほか三点を蔵する。

参考文献 山口県神社庁編『山口県神社誌』、『萩市史』三、田中助一『吉田松陰の墓と松陰神社』

(津田 勉)

じょうえ 浄衣 祭祀・法会などの宗教行事に参加する奉仕者や信徒が着用する清浄な衣服の総称。写経所公文(『正倉院文書』)によると、「奉ㇾ写忌日御斎会一切経所解」には「浄衣二百二十一具(一百三十具経師料、十具装潢料、二十具校生料、十二具雑使料、四具膳部料、三十五具駈使丁料)」とみえ、絁《あしぎぬ》の浄衣、細布の浄衣があり、天平二十年(七四八)十一月二十日の「久米熊鷹謹解、申㆘依ㇾ病不㆓参向㆒事㆖」の記事があり、「仮退時、浄衣被㆓返上㆒事」とみえ、これに照応する「久米浄衣返上」と墨書のある布袍が正倉院の御物に伝存しており、当時の写経所の浄衣の実体が確認される。法体《ほったい》にあっても『永治二年真言院御修法記』正月八日に「諸僧著㆓浄衣五帖㆒、次大阿闍梨、浄衣之上著㆓平袈裟㆒」とみえ、宮中の真言院での後七日の御修法奉仕の諸僧や大阿闍梨の袍裳《ほうも》の装束を浄衣とよんでいる。この形状は『年中行事絵巻』真言院御修法の画面中の伴僧五人の姿からも認められる。普通にいう浄衣は、神事祭会に臨む公家官人の白の布衣《ほうい》系統の装束である。『本朝世紀』康治二年(一一四三)閏二月五日条には、鳥羽法皇・崇徳上皇の熊野参詣の際「法皇白布御浄衣・同頭巾・絹小袈裟、令ㇾ持㆓御杖㆒給、上皇白生絹御浄衣(狩衣袴)・脛巾・藁履・御杖等」とあって、法皇は白布、上皇は白の生絹の浄衣と伝えている。この浄衣の構成を『装束式目抄』に「一浄衣、生平絹(絬生平絬、或ヨリ絬、帯生平絹)童形幷年少之人用ㇾ之、衣(紅梅・蘇芳・萌木練貫、随㆓時節㆒用ㇾ之)、生単、夏用之歟、生衣。布、貴賤通用之、年少時者平組、或ヨリ絬、十五六以後者コメ絬、袖ノハタヲ縫タ、ム、三条一流(ヒネリテ、コメク、リナシ)、衣(蘇芳・萌木・薄色、練貫・練綾・シジラ)、布帷(白香)、帯(生)、随㆓年齢㆒着用之」として狩衣様式に準じている。近世にあっても神事祭祀の浄衣は、白色無文の一重の布狩衣と解し、上皇の浄衣は、特に生絹を用い、吉田・白川の両家は、御料を拝領して用いるのを例としている。なお明治以降の浄衣は、白の生の平絹の一重狩衣で、白の左右縒《さゆうより》の袖絬《そでくくり》としている。

(鈴木 敬三)

じょうおうにねんそうせいほういんりつがんもん 貞応二年宗清法印立願文 鎌倉時代の貞応二年(一二二三)十月に、石清水八幡宮祠官・大和尚位法印田中宗清が記した願文。内容は、㈠別当以下の荘園支配のこと、㈡別当職次第転任のこと、㈢宮寺僧俗官などの品秩のこと、㈣御殿司入寺の員数のこと、㈤殺生放生のこと、㈥宮寺僧俗の任官制限のこと、㈦仏神事の廻向料のこと、㈧弥勒堂建立のこと、㈨先師墓所への堂宇建立のこと、㈩八幡宮修理の勤役のこと、(十一)新儀非法の禁止のこと、(十二)大塔再建のこと、(十三)千手堂建立のことの十三ヵ条である。これより先、宗清は建保五年(一二一七)正月十七日に十五ヵ条にわたる漢文体の願文を作成しているが、本文書はそれを仮名交じりにし一部削除、修正したものと思われる。奥書によれば、本文書は宗清の要請によって藤原定家が撰述したとあり、慶長十五年(一六一〇)の時点では八幡滝本房にあったという。『続群書類従』神祇部、『石清水八幡宮史』四に所収されている。

参考文献 『群書解題』二上 （川島 孝二）

しょうおうろくねんしちがつじゅうさんにちくぎょうちょくしごさんぐうしだい　正応六年七月十三日公卿勅使御参宮次第　伏見天皇が、蒙古がわが国へ帰順を求める牒書を送付してきたことと、当年の天変地妖を神宮に報告し、異国降伏と安寧を祈願するために差遣した公卿勅使の参宮次第を記した記録。神宮祠官荒木田尚国著。一巻。鎌倉時代中期の成立。勅使は権中納言藤原為兼で、尚国はこの時の勅使参宮儀に宮守物忌父として奉仕した。したがって、他書にはあまりみられない神宮での公卿勅使の所作がよく記録されている。参進の次第や祭庭である中重での宣命奏上、その後の正殿への金銀御幣の奉納、拝礼や神職による宣命奉焼の詳細な次第が記録されている。ほかにも、荒祭宮神拝所の御拝次第や饗宴の鋪設などに関しての記載、神職への禄物や参勤者や不参者の交名、参宮の行程や宣命までもみることができる。『群書類従』神祇部および『神道大系』神宮編三所収。

参考文献 『群書解題』一上 （藤森 馨）

しょうおうろくねんだじょうかんちょう　正応六年太政官牒　永仁元年（正応六、一二九三）三月二十八日、高野山丹生社（丹生都比売神社）に対し社領和泉国日根郡近木《こぎ》荘の領有と諸役免除をあらためて認めた太政官牒。宛所は金剛峯寺で、右少弁平仲親と左大史小槻顕衡の署名がある。内容の大部分は金剛峯寺衆徒から朝廷に提出された奏状の引用であり、まず丹生社の由緒が書かれ、ついで文永・弘安の蒙古襲来に際して異国退散に果たした丹生社の神威霊験を詳しく述べ、その功績により和泉国近木荘の寄進を受けたこととその安堵についての鎌倉幕府の寄進状や院宣・綸旨、国司庁宣を列挙し、さらなる安堵のために太政官牒を求めている。原本は金剛峯寺に伝来し、東京大学史料編纂所に影写本が所蔵される（『高野山文書』九七所収）。翻刻は高野山史編纂所編『高野山文書』七「旧行人方一派文書」、『鎌倉遺文』古文書編二三、『続群書類従』神祇部に収められている。

参考文献 『群書解題』二下 （尾上 陽介）

しょうがつ　正月　一年の初めの月。古代中国では帝王が新しく国をたてると、暦を改めた。陰暦正月は夏の時代の暦の正月に基づく。夏暦は十二支の寅の月、殷は丑の月（十二月）、周は子の月（十一月）、秦は亥の月（十月）を正月と定めた。漢代以降清代まで夏暦が用いられ、この暦がわが国に伝来された。寅の月は孟春の季節にあたり、春を一年の最初とするわが国の習俗と合致し、正月は年頭であるとともに初春という意識を形成した。なお新暦採用後、陰暦で正月を祝うのを旧正月という。

（倉林 正次）

じょうがんぎしき　貞観儀式　平安時代前期に朝廷の儀式次第を編纂した書。通説では、三代儀式の一つとして、貞観十四年（八七二）十二月以降に作られ、現在『儀式』という書名で伝わる十巻の書がそれにあたるとする。その根拠としては、現存『儀式』巻一〇の奉頒山陵幣儀の山陵墓の種類が貞観の時のものであることなどがあげられる。三代儀式の他のものが現在では散逸してしまったのに対し、『内裏式』『内裏儀式』とともに、平安時代前期の儀式史料として重要である。巻一から巻五までには、「祈年祭儀」「践祚大嘗祭儀」「天皇即位儀」など主に祭祀関係の儀式、巻六から巻八までには、「元正受朝賀儀」「正月七日儀」「五月五日節儀」など主に恒例の年中行事、巻九・一〇には、「二月十日於太政官庁申三省考選目録儀」「八月十一日太政官庁定考儀」「飛駅儀」など主に政務に関するものや臨時の儀式が定められている。なお、近年、三代儀式は実際には作られず、現存『儀式』は貞観の時に作られた草案をもとに、延喜十三年（九一三）以後書き改めたものとする新説が出されている。未だ定説はないが、まず『貞観式』序（『類聚国史』巻一四七文部下）によると、『貞観式』とは別に儀式次第に関する諸規定が作られたことがわかること、次に現存『儀式』の内容が基本的に貞観期のものとみて矛盾がなく、また、貞観以降の官司名が含まれていることについては後に書き改めたものもあると考えられることなどから、現存『儀式』十巻が貞観期に作られた公的な儀式書であることは、間違いないものと思われる。現存『儀式』十巻は『（新訂増補）故実叢書』三一に所収。

参考文献 和田英松『本朝書籍目録考証』、栗田寛「貞観儀式考附十陵八墓五墓考」（『栗里先生雑著』下所収）、石塚一石「三代儀式の成立について」（『日本上古史研究』七ノ二）、森田悌「日本古代における儀式書編纂について」（『日本歴史』三七〇）

（古瀬奈津子）

しょうきょういん　小教院　⇨大教院《だいきょういん》・中教院《ちゅうきょういん》・小教院《しょうきょういん》

しょうこんさい　招魂祭　現在の各県護国神社を招魂社と称していた昭和十四年（一九三九）三月以前に、その社で行われた慰霊祭のこと。護国神社と改称されてからは、例祭と称するようになった。幕末維新のころより、殉難死節の忠霊がまつられるようになったが、明治元年（一八六八）五月の布告により、七月に京都東山ではじめて招魂祭が行われ、二年六月東京九段に招魂社を設立、招魂祭が行われた。

（鎌田 純一）

しょうこんしゃ　招魂社　東京の靖国神社、全国各地にある護国神社の旧称。幕末から明治維新前後に、国事に尽くした殉難者の霊魂を祀ることに始まり、以後の内外における諸戦役での戦没者を合祀した社。昭和十二年（一九三七）の『内務省事務概要』には「招魂社とは、幕末以来王事戦争事変等斃れた者の英霊を慰むる為に設けられた一種の神社である」とする。招魂社の源流は、元治元年（一八六四）から慶応三年（一八六七）の間に、王政復古のために国事に殉難した英霊を慰霊する目的で創設された招魂墳墓・招魂場に由来する。特に全国諸藩にさきがけて、長州藩では招魂場の建設に積極的に着手し、明治三年（一八七〇）までの間に、藩内に建設された数は、二十三ヵ所にのぼる(当時、全国各地の招魂社は百五社)。慶応三年十一月には、尾張藩主徳川慶勝は楠公社創建と同社の摂社として国事殉難者を祀ることを建白した。前者は明治元年四月二十一日、湊川神社創建の沙汰があり、後者は同年五月十日、「癸丑以来、殉難者の霊を京都東山に祭祀する件」についての太政官布告が出された。これは嘉永六年(一八五三)以来の「国事に斃れ候藩士及び草莽有志の輩」の霊を、京都東山に祠を建てて合祀することであり、同時に鳥羽・伏見の戦以来の東征に従軍して戦死した各藩士に対しても、これを東山に祭祀し、今後国事に殉難したものの霊をも合祀することが布告された。この前後、京都府、山口・福岡・高知・熊本・鳥取・久留米の諸藩が東山霊山にそれぞれ招魂祠を建て、明治元年七月招魂祭が行われた。京都の霊山護国神社は、霊山にあった諸藩の小祠を合祀したもの。このころから諸藩においても、藩内に招魂場を建設し、藩出身の戦死者を祀るようになる。これが招魂社の起源である。同二年六月二十九日には、東京九段坂上に東京招魂社を建立、鳥羽・伏見の戦より箱館戦争に至るまでの戦死者三千五百八十八柱が合祀された。のち同十二年六月、東京招魂社は靖国神社と社号を改称し、別格官幣社に列した。同七年三月、内務省は招魂場敷地の免税と祭祀・修繕料の官費支給を定め、招魂社は国家の管理・保護の面が強くなった。これが官祭招魂社といわれるもので、のち同三十四年六月、招魂社・墳墓に、官祭・官修の二字をつけ、私祭・私修と区別している。また、明治七、八年ころから招魂場の名称が招魂社に改められ、同八年十月、正式に招魂社と改める旨の通達が出された。このの ち、同十年の西南戦争、日清・日露戦争、昭和に入ってからの諸事変に戦死した霊を祭祀するために、つぎつぎと招魂社が建立され、あわせて全国各地に百五十社を数えた。昭和十四年四月には、招魂社を一斉に護国神社と改称、府県社に相当する指定護国神社と指定外護国神社の二種に分け、内務大臣が指定する護国神社は一府県一社を原則とした。

[参考文献] 加茂百樹編『靖国神社誌』、『靖国神社百年史』資料篇、小林健三・照沼好文『招魂社成立史の研究』(『国学研究叢書』二)、村上重良『慰霊と招魂』(『岩波新書』青九〇四)、加藤隆久「招魂社の源流」(『神道史研究』一五ノ五・六合併号)、池田良八「靖国神社の創設」(同)、梅田義彦「護国神社制度の整備」(同)、阪本是丸「靖国神社の創建と招魂社の整備」(『国家神道形成過程の研究』所収)、津田勉「幕末長州藩に於ける招魂社の発生」(『神道本庁教学研究所紀要』七)

(岡田　荘司)

しょうさい 小祭　皇室・神宮・神社の祭祀を区分する一つで、大祭・中祭以外の祭祀。皇室祭祀令(明治四十一年(一九〇八)皇室令)では、祭祀を大祭と小祭とに区分し、小祭は「天皇、皇族及官僚を率いて親ら拝礼し、掌典長祭典を行う」と定め、歳旦祭《さいたん》・祈年祭《きねんさい》・明治節祭・賢所《かしこどころ》御神楽・天長節祭・先帝以前三代の例祭などとした。神宮祭祀令(大正三年(一九一四)勅令)、官国幣社以下神社祭祀令(大正三年勅令)では、ともに「大祭及中祭以外ノ祭祀ハ之ヲ小祭トス」と定めた。官国幣社以下神社祭式(大正三年内務省令)によれば、小祭には本殿御扉の開閉はなく、神饌五台以上が供えられた。第二次世界大戦後はこれら法令が廃止されたため、全国神社の包括宗教法人として設立された神社本庁にて神社祭祀規程を設け、同主旨の区分をし、具体的な神社祭式を示している。

[参考文献] 神社本庁調査部編『神社祭式同行事作法解説』

(茂木　貞純)

しょうし 小祀　⇩祭祀《さいし》

じょうし 上巳　三月の初めの巳《み》の日をいう。「じょうみ」の意味。この日、水辺に出て不祥を除くための禊《みそぎ》・祓《はらえ》を行い、宴会を催して祝す。中国より渡来した行事であるが、わが国では、顕宗天皇元年をはじめとして『日本書紀』にみえ、大宝元年(七〇一)より、三月三日の行事となる。中国においても、はじめは巳の日であったものが魏の時代より三日になったという。中国のこの行事のいわれは、明らかに、けがれを祓い清め、招魂の意味もふくまれていたようだが、わが国のこの儀は招魂の意はなく、わが国独特の祓の思想と結びつき、大いに発展していったのであろう。雑令には、三月三日は節日となっており、大化改新以後は、三月三日の節日となっている。神亀五年(七二八)三月以後は、曲水《ごくすい》の宴の日となり、流れに盃を浮べて文人たちが詩をつくる宴の祝となった。平城天皇のとき、一時、停廃となったが、嵯峨天皇は、これを復活し、摂関時代には、盛んに行われた。朝廷の行事としてのほかに、『御堂関白記』には、藤原道長の私第で曲水宴が行われた例もみられる。また、祓の道具として贖物《あがもの》と称する人形《ひとがた》が、この日、用いられる。自分の罪を人形に託し、人形を肌身にすりつけ、息を吹きかけ、これを水辺に棄て流す風習は、わが国の俗信仰として古代から存した。『延喜式』などにもみえ、「阿末加津《あまがつ》(天児)」「這子《ほうこ》」などが古くからあったことが知られる。『源氏物語』須磨でも、上巳の祓を須磨の海岸で源氏が行い、人形を海に流している。また、幼女の遊びとしての小さな人形とこの上巳の祓の人形とが結合して、のちの雛祭の雛人形となる。上巳の人形も、中世以後は次第に立派なものとなり、流し雛ばかりではなく、飾り雛も造られるようになる。江戸時代になって、平安時代の宮廷の階層をまねた雛段を造り、これが飾り立てる雛祭となってゆくのである。雛祭は桃節句ともいい、三月三日に雛人形を飾ってまつり遊ぶ風習であるが、はじめは「ひひな遊び」と称し、平安時代に幼女が可愛らしい人形で遊ぶことをいった。『紫式部日記』に、皇子誕生の五十日《いか》祝《いわい》の小道具を「小さき御台、御皿ども御箸の台、洲浜なども ひひな遊びの具と見ゆ」とあり、『源氏物語』若紫にも「ひひな遊びにも絵かい給ふにも、源氏の君とつくりいでて」

とみえ、『枕草子』にも「過ぎにしかた恋しきもの(中略)ひひな遊びの調度」などとみえる。「ひひな」は、上巳の祓、三月三日とは関係なく、常に幼女の遊びの玩具として用いられていた。こうして平安時代に遊びの「ひひな」と祓の道具の人形とがあり、『台記別記』久安六年(一一五〇)正月二十三日条にも「有㆓比々奈遊事㆒」とみえる。室町時代からは三月三日のために人形を贈呈することなどが行われており、『建内記』永享十二年(一四四〇)三月三日条に「上巳祓在貞朝臣自㆓昨日㆒送㆓人形㆒」とみえる。上巳祓のために贈られた人形が枕辺におかれ、祓ののち、神聖なものとして翌年にも用いられるようになり、児が三歳になるまで身に添えて持たせるという風習などもあった。『御湯殿上日記』文明十一年(一四七九)閏九月九日条、『言継卿記』弘治二年(一五五六)十月十三日条などには、「ひひな」をおくるとある。これらはやはり三月三日とは関係なく行われたものだが、『時慶卿記』寛永六年(一六二九)三月四日条に「昨日中宮ニテヒイナノ樽台等ニ有酒」とみえ、江戸時代初期には、「雛遊び」が三月三日に定着している。雛遊びが雛祭に移るのは、令の規定の三月三日の節日を江戸幕府が五節句の一つとして制定したことにも一つの理由があろう。上巳の祓の形代の人形が保存されるようになり、一年一度、三月三日に娘の幸福を願って飾るという風習が上下に行きわたり、宝暦年間(一七五一―六四)以後、京都から江戸への文化の移動につれて、文化・文政年間(一八〇四―三〇)には京都とともに江戸にも、三月三日に雛人形を飾るという雛祭が隆盛になってゆく。さらに雛市・雛売などの商売もおこり、平和な江戸市民の間にひろがってゆき、雛祭は、明治・大正へと盛んになってゆくのである。

参考文献　桜井秀『風俗史の研究』、山田徳兵衛『日本人形史』、有坂与太郎『雛祭新考』、江馬務『日本歳事全史』(『江馬務著作集』八)、山中裕『平安朝の年中行事』(『塙選書』七五)

(山中　裕)

じょうじさんねんかすがごどうざき　貞治三年春日御動座記　貞治三年(一三六四)の南都春日社神木の動座・入洛に関する記録。「おんどうざき」とも読む。著者については未詳だが、奈良に在住した若宮神主の子息かとも推測されている。一巻。春日社神人と興福寺衆徒は、室町幕府執事にして越前守護であった斯波高経による興福寺維摩会要脚・同社一切経供料所の越前国河口荘に対する押領、また同社の造営を訴えるため、貞治三年十一月十五日に神木を春日社移殿に動座し、翌月二十日夜に入洛し長講堂に入った。ちなみに、神木を移殿や興福寺金堂に移すことを動座、洛中に入れば入洛というから、『春日神木入洛記』と称すべきものとされる。入洛から翌四年十二月に至る若宮方結番交名を中心に関係記事や種々の出来事を記しているが、同五年八月の帰座については記すところがない。テキストは、『続群書類従』神祇部のほか、『大日本史料』貞治三年十二月二十日条にほかの関係史料とともに収録されている。

参考文献　『群書解題』一中

(林　譲)

しょうしゃ　小社　⇩大社《たいしゃ》・小社《しょうしゃ》

しょうしん　昇神　勧請した神をもとの御座所に還すこと。降神に対していう語。地鎮祭・竣功祭・慰霊祭などの祭で、臨時の祭場に設けた依代《よりしろ》となる神籬《ひもろぎ》に迎えた神霊を祭事後に還す神事が行われる。一般的な昇神の仕方は、斎主は神籬の前で降神の儀で勧請した神に向って、微音で昇神の詞を奏上する。そのとき警蹕《けいひつ》を唱える所役は、御前を追い払い行く人を止め畏み、警粛《けいしゅく》を促すオーという声を、坐礼のときは平伏し、立礼のときは磬折《けいせつ》(磬という楽器のように腰を折る)して発する。↓降神《かみおろし》

参考文献　佐伯有義・八束清貫編『神社祭式行事作法典故考究』

(安江　和宣)

しょうじんのかみ　精進神　仏門に入り肉食を断ち、衆生済度の道に励んでいるとされた神。神仏習合の初期、奈良時代には、仏僧たちは神をまだ解脱に達しない「天」(デーバ)と考えたが、次第に仏の権現とする信仰に転じ、平安時代初期から神を菩薩号で呼ぶことが始まった。その初見は『扶桑略記』延暦二年(七八三)条の宇佐八幡の託宣にみえるもので、大神を大自在王菩薩(のちには八幡大菩薩)と称している。神前読経の確かな記事は『類聚国史』五、八幡大神に、延暦十三年宇佐八幡・宗像・阿蘇の三社で行なったとあるのが初見とされる。神仏習合の著しかった八幡宮をはじめ、祇園・北野・熊野三山などの社では宮寺を置き、別当・社僧などという僧職が奉仕の主体をなし、神々に経巻・仏具を献じ、鳥獣魚介類を含まぬ素饌《そせん》(精進料理の神饌)を供え、僧形の神像を祀ることさえあった。精進の神の代表例であるが、明治初年の神仏分離令によりこの種の風習は全く廃止されるに至った。

参考文献　辻善之助『日本仏教史』一

(平井　直房)

しょうずい　祥瑞　特異な動植物や自然現象の内、天が王者の治政を称讃して出現させたと考えられるものをいう。瑞祥ともいう。中国では古くから、王者の治世の安定・不安定は王自身の徳・不徳に基づくものであり、もし王の徳が厚く世が太平に治まっておれば、天が祥瑞を現わし、不徳であれば種々の災害・異変を示す、という天人相関思想が存在し、これが儒教の君主・国家観と結びついて発展してきた。日本でも中国文化の摂取に伴ってこの思想が受容され、特に古代には祥瑞・災異に関する記録が多く残されている。わが国における祥瑞の種類については、『延喜式』治部省にみえるものが最もまとまっている。その内容は、星・雲・鳥・獣・草木・金石などにわたり、これを大・上・中・下の四段階に位づけてある。たとえば白雉は中瑞、慶雲・神亀は大瑞といった具合である。この内容は、『唐六典』礼部所掲のものとほぼ同じであって、『続日本紀』にみえる祥瑞の種類から判断すると、その成立は養老年間(七一七―二四)にさかのぼるとみられる。令制下では、祥瑞が出現した場合まず

関係の漢籍によってその等級が判定され、大瑞ならば即時に奏上し、上瑞以下は元日に治部省から奏上されることとなっていた。六国史には、その典拠として緯書などの漢籍が引かれているが、実際には祥瑞の形状を絵入りで示し、各祥瑞別に関係文献を類聚した顧野王『符瑞図』や『天地瑞祥志』などによって引勘がなされたと考えられる。祥瑞の記録は『日本書紀』などに早くから現われるが、仁徳紀など早期の例は信憑性に欠ける。しかし推古朝以後については、天人相関思想の受容状況からみて、何らかの根拠をもつ記事が多いとみられ、さらに天武・持統朝以降になると、九世紀後半に至るまで、時期によって多寡に差はあっても、六国史を中心に祥瑞出現の例が頻出する。とりわけ持統朝以後、祥瑞の進献地がほぼ全国に拡大するのは、持統天皇三年(六八九)に班賜された『浄御原令』に、のちの『大宝令』『養老令』におけると同様な祥瑞関係規定が存在したためであろう。祥瑞は、前記のような政治思想を背景にしたものであったから、古代には政治上大きな役割を演じた。とりわけ九世紀ごろまで、それが顕著である。白雉を筆頭に元慶に至る古代年号の大半が祥瑞出現を契機に定められていることや、八世紀代に、皇位継承の決定がすべて祥瑞の出現を機に行われていることは、その一端である。しかし祥瑞が施政を正当化する役割を演じたことは、祥瑞の発見が功績とされたことと相まって、祥瑞の偽作など祥瑞にまつわる虚偽を生ずることともなった。また本来天意の表現である祥瑞が、しばしば神祇や仏の意志の現れとされたのは注意される点で、この傾向は特に八世紀代に著しい。祥瑞の概念は、固有の思想・信仰や仏教と混交されて受容された面があったといえよう。

参考文献 斎藤励『王朝時代の陰陽道』、東野治之「飛鳥奈良朝の祥瑞災異思想」(『日本歴史』二五九)、同「豊旗雲と祥瑞」(『遣唐使と正倉院』所収)、福原栄太郎「祥瑞考」(『ヒストリア』六五)、関晃「律令国家と天命思想」(『関晃著作集』四所収)、高田信敬「祥瑞」(武蔵野書院『むらさき』一五)

(東野　治之)

しょうせんぐう　正遷宮　⇩本殿遷座祭《ほんでんせんざさい》

しょうぞく　装束　公私の生活慣行につちかわれて形成した、地位・職掌・年齢相応のそれぞれの衣服・装身具の集合体や、季節の行事に相応する宮殿内部の室礼《しつらい》。武具や馬具を連繫する緒所《おどころ》の装置。さらに各部品をそれぞれに皆具《かいぐ》として一括した一揃いを広く装束という。「そうぞく」ともいう。季節では、四月一日と十月一日を更衣《ころもがえ》として、夏装束と冬装束に区別される。皆具は完備した具足であり、物具《もののぐ》ともいい、この内容によって各種の物具装束がある。中山忠定の『物具装束抄』は、この類別の内訳を明示している。なお御装束《みしょうぞく》とよぶ貴人着用の装束も、上着から下着、被り物・穿き物以下の装身具全体を指した呼称であって、単独の衣服に対するよび方ではない。直衣《のうし》装束・唐衣裳装束というのも、直衣や唐衣裳以下の付属品全体を含めての呼称である。総体に、性別による男装束・女装束、年齢による宿徳《しゅうとく》装束・童《わらわ》装束がある。公事参内の昼《ひ》の装束、後宮奉仕の女房装束、略儀私用の宿直《とのい》装束、特殊の武官の平《ひら》装束、出行警衛の随身《ずいじん》装束。車副《くるまぞえ》以下の召具《めしぐ》装束。遠行の狩装束。材質による唐《から》装束・染装束。嘉儀特例の一日晴《いちにちばれ》の装束、祭会の祭の装束、小忌《おみ》の装束、舞人《まいうど》の装束。入道した法体《ほったい》装束。芸能上演に際しての雅楽装束・田楽装束。武技の競馬装束・射手《いて》装束などがあり、近世以来、武家が行事に際して、公家様式を踏襲した武家装束がある。

(鈴木　敬三)

しょうちゅうおかざりき　正中御餝記　伊勢神宮式年遷宮における外宮社殿装飾に関する記録。一巻。一禰宜度会常尚が作成した嘉元四年(徳治元、一三〇六)の外宮遷宮記録を、正中二年(一三二五)度会良尚が補訂したもの。本文冒頭にある「豊受皇太神宮廿年一度造替御遷宮金物並御装束次第行事」が原題か。外宮式年遷宮の時の正殿、東西の宝殿、別宮の装飾金物や殿内調度品について品目・大きさ・数量・取り付け方とその次第について詳細に記録する。奥書に「正中弐年己丑十二月廿一日」とあり、文中に正中の遷宮に関する注記が散見することから、この年の九月十六日に斎行された式年遷宮を踏まえて嘉元の遷宮記録に正中の遷宮記録を追補したものとみられる。なお、嘉暦二年(一三二七)の仮殿遷宮に関する注記があり、その後さらに追記された可能性もある。中世における外宮の社殿や装飾の実態を知るための史料として重要。『続群書類従』神祇部、『丹鶴叢書』故実篇所収。

参考文献 『群書解題』一中

(高橋美由紀)

じょうちれい　上地令　明治四年(一八七一)正月に発布された太政官布告。上知令ともいう。幕府からの朱印・黒印領、藩主などからの黒印領、および除地などの社領・山林・神職らの居宅など、広い意味での境内地が収公の対象とされ、神社の境内地は祭典上必要な限られた面積に縮少された。封建的土地所有関係の清算を進めた維新政府の政策の一環である。社領を収公された社寺に対して、従来の現収納の半分を支給する半租給与が行われ、七年九月には官国幣社に対し経費定額の制により官費の支給が定められ、府県社以下および寺院については半租を十年間に限って毎年十分の一ずつ減額して支給する逓減録制が実施されたが、それぞれ充分なものとはいえなかった。また、藩主などから寄進米などの名目で給付されていた分は半租給与の対象にされなかった。土地所有関係の近代化を意図した政策ではあったが、神社の経済的基盤に深刻な打撃を与え、明治四年五月の神職の世襲制廃止とあいまって、多くの旧社家が退転する結果を生じた。

参考文献 文化庁編『明治以降宗教制度百年史』、豊田武『日本宗教制度史の研究』(『豊田武著作集』五所収)

(松本　久史)

しょうてんしょく　掌典職　皇室の祭祀のことをつかさどる宮内庁にある内廷の一組織。昭和十五年(一九四〇)

一月皇室の祭祀の重要性に鑑み、皇室令により掌典職官制を制定し、従前宮内省式部職に掌典部としてあったものを分離独立させて設置された。職員には、掌典長以下掌典次長、掌典、内掌典および掌典補などが置かれ、もと掌典部の同官職にあったものがそのまま任じられた。ついで第二次世界大戦後の昭和二十一年四月宮内省の機構縮小により掌典職官制も廃止され、式部職が式部寮と改称されたことに伴い、掌典職も同寮に併合されて、祭祀のことは祭事課において所管することになった。さらに同二十二年五月日本国憲法の施行に伴い、政教分離の原則にしたがって再び掌典職として独立し、しかも国家行政機関たる宮内府(二十四年六月総理府外局宮内庁となる)の組織から離れ、内廷の組織となった。現制においては、掌典長の統括のもとに掌典次長、掌典および内掌典が置かれ、皇居内の宮中三殿および各地にある御陵などにおける皇室の祭儀をほぼ旧皇室祭祀令にのっとって行なっている。 ↓宮中三殿《きゅうちゅうさんでん》 ↓式部職《しきぶしょく》 (石塚 一雄)

じょうとうしき 上棟式 ⇩建築儀礼《けんちくぎれい》

じょうなんぐう 城南宮 京都市伏見区中島鳥羽離宮町に鎮座。旧府社。祭神は、国常立尊《くにとこたちのみこと》・八千矛神《やちほこのかみ》・息長帯日売命《おきながたらしひめのみこと》(神功皇后)を祀る。平安遷都の際、王城の南に守護神として創建されたと伝えられる。平安時代末期、交通の要衝かつ景勝の当地に鳥羽殿(城南離宮)が造営されると、院御所や御堂の鎮守として一層崇められた。その祭礼は城南寺明神御霊会とも呼ばれ(『中右記』康和四年(一一〇二)九月二十日条など)、後白河上皇臨幸のもと、幣・神馬・田楽・巫女・舞人・乗尻《のりじり》・師子・神輿などが本社へ渡り、競馬が行われた(『山槐記』永暦元年(一一六〇)九月二十日条)。『梁塵秘抄』に「いざれ独楽《こまつぶり》、鳥羽の城南寺の祭見に」と見物を誘う今様がある。また離宮は方違《かたたがえ》の宿所や熊野詣の精進所とされ、今に至る城南宮の方除《ほうよけ》・旅行安全の信仰を見ることができる。承久の乱後の宝治二年(一二四八)八月三十日、後嵯峨上皇の城南神への御幸があった(『葉黄記』)。鳥羽城南社神主職をめぐる建武四年(一三三七)七月の書状が『続左丞抄』に載るが、神主職を鳥羽千松丸に認めた明応七年(一四九八)九月九日の室町幕府奉行人連署奉書などを蔵する。城南離宮神主は明和三年(一七六六)以来、白川家の執奏を経て代々叙位・任官に預かった。鳥羽・竹田地域の氏神と仰がれ、城南祭は江戸時代も盛んで、俗に「餅祭《もちまつり》」ともいう。神水「菊水若水」による霊元法皇平癒記事などが『月堂見聞集』享保八年(一七二三)夏条にみえ、文久元年(一八六一)、和宮親子内親王の江戸下向の道中安泰の方除祈禱を修し、鳥羽・伏見の戦いでは薩摩藩の陣が敷かれた。平安時代後期の建築様式に則った社殿は昭和五十三年(一九七八)の再建。楽水苑と名付けられた神苑は昭和の名園に数えられ、春秋に行う「曲水の宴」も名高い。例祭は七月二十日、城南祭は十月第三日曜日。神功皇后の旗印に由来する三光の神紋は日月星を象り珍しい。境内摂社の真幡寸《まはたき》神社と境外摂社の飛鳥田《あすかた》神社は式内社で、延応元年(一二三九)、東福寺建立に際しそれぞれ遷座したと社記にある。

参考文献 城南文化研究会編『城南―鳥羽離宮址を中心とする―』、『史料京都の歴史』一六、松原誠司「近世末期における白川伯家と地方神社―叙任を中心に―」(『国学院雑誌』九一ノ一二) (鳥羽 重宏)

しょうはちまんぐう 正八幡宮 ⇩鹿児島神宮《かごしまじんぐう》

じょうばらえ 上祓 大祓・上祓・中祓・下祓の四種類の祓の中の一つ。祓は大別して事前の祓と事後の祓がある。前者は祭の前や神社参拝の前に、身心の不浄を大麻《おおぬさ》・切麻《きりぬさ》・塩湯《えんとう》・人形《ひとがた》・解縄《ときなわ》といった祓具を用いて祓ったり、川や海に入り沐浴し身を洗い清める祓、あるいは井戸水を用いた水垢離による祓である。後者の祓は刑罰的な意味をもった祓である。神事を怠り穢したがために生じた災難や祟りを鎮めるために科する祓。犯罪の軽重によって大祓・上祓・中祓・下祓の中から一つを科し賠償として馬・大刀・弓・矢・刀子・木綿・麻などの品々を贖物《あがもの》として差し出す。大祓は二十八種、上祓は二十六種、中祓と下祓は二十二種である。上祓を科する対象の祭は、主に新嘗祭・鎮魂祭・神嘗祭・祈年祭・月次祭・神衣祭・御体御卜などで、神事を怠り穢し、六色の禁忌を犯した官人や伊勢神宮の一禰宜と二禰宜、内人と御常供田に預る神戸司・御厨司、さらには五畿七道の式内社の神主などが祓を科せられた。

参考文献 薗田守良『神宮典略』中篇(『大神宮叢書』)、小野祖教『神道の基礎知識と基礎問題』、安江和宣『神道祭祀論考』 (安江 和宣)

しょうみょうじしんとう 称名寺神道 中世の称名寺(横浜市金沢区金沢町)に行われた密教神道。称名寺における神道の受容は、開山審海(嘉元二年(一三〇四)没、七十六歳)が文永十年(一二七三)、称名寺護摩壇の傍らに鹿島明神を勧請し、鎮守の神としたときから始まる。それは審海が下野薬師寺に止住し、長老の良賢房慈猛から、三宝院流の末流である意教流慈猛方の相承に専念していた康元元年(一二五六)、鹿島神宮に七日間参籠し、密教信仰には神明の加護が不可欠として、その勧請を誓願したことによる。その後、熊野新宮や八幡宮も勧請され、僧形八幡神坐像なども造像されて、神祇信仰の高調がみられた。また伝法灌頂の授与にあたり、『日本書紀』神代巻を付与する西院流宏教方を審海や第二代釼阿(暦応元年(一三三八)没、七十八歳)がうけているが、これは称名寺における神道受容を促進するとともに、密教神道形成の基礎となっている。特に東密諸流を相承し、鎌倉仏教界の指導的地位にあった釼阿は、『日本書紀』をはじめ、『日本得名事』『神性東通記』『伊勢内宮』『麗気記』『白山縁起』など、数多くの神典を所持し、大江氏の一族長井貞秀について『日本書紀』の研究をしているのみならず、『日本紀私抄』を著わしている。また神典に対する造詣が深かったばかりか、筥根・三島・走湯の三所権現や、伊勢神宮、白山・諏訪・荏柄神社などへの信仰も、ことのほか厚かった。このような釼阿の積極的神典研究や、広汎な神祇信仰は、称名寺の密教神道を大成し、歴代住持や、全海・亮順・熙允らの住僧に強い影響を与えるとともに、鎌倉における神道思想の発展高揚を誘発するものだった。また『天照大神儀軌』『天照大神儀軌解』『宝志和尚伝』など、密教神道修法に必要な儀軌が整備されているのみならず、「天子紹運灌頂印信」「神祇灌頂血脈」「辰菩薩口伝上口決」などから、称名寺における密教神道の灌頂が盛行していたことがわかる。なお、釼阿は嘉暦三年(一三二八)、漢文学に通じ、鎌倉の禅林で活躍していた建長寺曇春に、秘決により『日本書紀』神代巻を授けているが、これは禅林における密教神道の受容という意味で注目される。

参考文献 櫛田良洪『真言密教成立過程の研究』、納富常天『金沢文庫資料の研究』、櫛田良洪「鎌倉時代の金沢称名寺と両部神道との交渉」(『大正大学学報』一七)、同「再び称名寺の神道について」(同三二)、西田長男「称名寺の熊野堂」(『金沢文庫研究』九一・九二)
（納富　常天）

しょうれいさい　松例祭　山形県東田川郡羽黒町の羽黒山神社で行われる、修験色の強い年中行事。十二月三十一日を式日とし、夕刻より翌元旦未明にかけて、大松明引き・験競《げんくら》べ・国分け・火の打ち替えなどの行事が順次行われる。出羽三山の開山である蜂子皇子(崇峻天皇第三皇子)が、羽黒権現のお告げにより恙虫《つつがむし》を焼き払い、その害から救済したことが起源だと伝えられる。主たる奉仕者は、九月からの百日間の参籠修行を果たした二人の松《まつ》聖《ひじり》と呼ばれる山伏と、羽黒山上の宿坊を営む手向け集落の若者衆である。松聖は位上《いじょう》・先途《せんど》とに、若者衆は上町・下町とに分かれ、行事ごとに両者が競いあう場面が多く見られる。大松明引き・火の打ち替えでは、位上が勝った年は豊作、先途が勝った年は豊漁、といった年占になっており、また、終結として松聖が撒く五穀は、混ぜて種蒔きすれば豊作になるともいわれ、予祝の越年儀礼としての性格が強い。　→出羽神社《でわじんじゃ》
（松尾　恒一）

しょうろくしんとうやまとやま　松緑神道大和山　神道系新宗教。本部は、青森県東津軽郡平内町にあり、大和山大神を崇拝する。教祖は田沢清四郎(大和松風、一八八四―一九六六)。大正八年(一九一九)、製炭業であった清四郎は山の神の祠を建立したことから神示を得、信仰の道に入り、掌による治病で評判になる。同十一年以降、次女が降す霊示により教典・神諭・神歌を著わす。昭和四年(一九二九)、機関誌『永遠の燈火』を発刊、翌年一月五日精神修養思想善導を掲げて松緑神道大和山会が結成され、十五年には宗教結社になった。布教活動を二十四年に再開し、次第に本部内において自給自足の共同体生活を確立。現在は付属高校の生徒を含め約三百人が本部に居住する。三十年に設立された生活学苑大和山松風塾は、四十九年に学校法人大和山学園松風塾高等学校となり、独自の青年教育を実施。霊供養、水行など修行を重視する。社会的な活動にも熱心で、救ライ活動はアジア各地で実施されている。平成十五年(二〇〇三)現在、公称信者数五万一〇〇〇人、支部二八七、道場七五。
（永井美紀子）

じょうわおかざりき　貞和御餝記　伊勢神宮式年遷宮における外宮正殿の金物装飾に関する記録。『御《ご》遷宮《せんぐう》宮《みや》餝《かざり》行《ぎょう》事《じ》』とも称す。著者・成立年不詳。一巻。書名は『貞和御飾記』であるが、内容は正中二年(一三二五)の式年遷宮の時の御飾行事の記録であり、貞和元年(一三四五)十二月二十七日の式年遷宮に参照されたものとみられる。千木金物の事、御形金物の事、御板敷金物の事、御簀子金物の事、簀子持切口金物の事、壁持蟬形金物の事、高欄金物の事、御橋板敷、高欄居玉の様、天井、御帳柱、正宮御床、正宮御船代、相殿御床、相殿御船代の順に送官符の内容を引き、図を掲げて金物飾りの次第を具体的に記しており、当時の外宮正殿内外の様子を知る上で重要な史料。文中、佚書である『宝基御霊形文図』からの引用があり、御形金物を打ち据える際の誦文として「両部ノ語」たる仏教的言辞が記載されるなど、当時の神宮をめぐる神道説の成立を考える上でも貴重な史料を含む。『群書類従』神祇部、『新校群書類従』一に所収。

参考文献 『群書解題』一上
（高橋美由紀）

しょきしっかい　書紀集解　『日本書紀』の注釈書。著者は河村秀根とその子益根。三十巻。印本には天明五年(一七八五)の自序があるが、全巻の刊行完成は文化の初年と考えられている。河村氏は代々尾張藩に仕えた武士であって、秀根の父秀世、兄秀穎みな学問を好んだ。秀根は吉見幸和について合理主義的な研究方法を身につけ、『日本書紀』全三十巻にわたり、益根の協力を得て独創的な注釈を完成した。かれは『日本書紀』の文辞は古文辞を修したものだという立場に立ち、『日本書紀』本文の校訂と出典の詮索とに全力を集中し、それまでの中世的な神秘的解釈を打破した。ただし独断もあり、『日本書紀』の「日本」は本来なかったものとして『書紀』を正しい書名とし、訓注などの古注を私記の攙入として削除したことは惜しまれる。テキストは先にあげた木版本と国民精神文化研究所出版の活版本がある。

参考文献 阿部秋生「書紀集解開題」(『国民精神文化文献』五)、同『河村秀根』
（坂本　太郎）

しょくえ　触穢　⇩穢《けがれ》

しょくえこう　触穢考　中世の服忌令関係の書。一巻。編者・成立年代ともに不明。吉田神道の関係者によってまとめられたものか。「触穢考」と題しているが、その内容は触穢に関する論考ではなく、室町幕府将軍の社参に関する文書・覚書を集めたものである。内容は大きく四つに分かれており、第一は明徳二年(一三九一)三月二十八日に将軍足利義満が石清水八幡宮(京都府八幡市)へ参詣した記事と、その翌日義満に対して神祇大副卜部兼敦

が具申した「八幡宮御参御神事」と「北野御霊等社御参御神事」の条々であり、社参の心得を述べる。第二は応永元年(一三九四)九月の足利義満の日吉社(大津市)参詣に関して卜部氏が注進した服忌の記事。第三は明応元年(一四九二)八月付の伊勢神宮正印文書披露の神事に関する「役夫工武家頭人開闔神事」五ヵ条と「太神宮御代官参之行事」の三ヵ条。第四は足利義政が卜部(吉田)兼倶に対して諒闇中の看経について尋ねた問答によって構成されている。『続群書類従』神祇部所収。

参考文献 『群書解題』一下　（佐藤　眞人）

しょくえもんどう　触穢問答　中世の服忌令関係の書。一巻。作者・成立年代ともに不明。吉田神道の祖である卜部(吉田)兼倶の撰修とされ刊行されてきた『神祇道服忌令』の一部をなすもので、問答集として独立させて一本としたもの。清原宣賢の問いに兼倶(一本には兼満とする)が答えたものとされるが、確証はない。書名は『不審条々内々相尋事(問清原宣賢朝臣、答卜部兼倶卿)』『清原宣賢不審条々』『問答』とも。真字本と仮字本があり、内容に異同がある。続群書類従本は後者の系統。『続群書類従』所収の『神祇道服忌令秘抄』の「雑穢事」の条々も本書の内容と重なる。「首ヲ切ル其刀穢ヤ」「人ヲ殺ス時、其警固ニ出ル輩穢ヤ」「首ヲ刎時、縄ヲヒカユル者穢ヤ」など、武家社会における穢意識を考慮した内容となっている。『続群書類従』神祇部所収。

参考文献 『群書解題』一下　（佐藤　眞人）

しょくげんしょう　職原抄　中世公家の官職について述べた書。北畠親房著。二巻。『職原鈔』とも書く。写本の諸系統本に両様に書かれ、同一本でも外題に「抄」、内題に「鈔」と記しているものがあり、一定していない。親房の奥書に「抄出之本意」とあるところはすべての写本が一致しているので、「抄」が原型と思われる。興国元年(北朝暦応三、一三四〇)二月下旬、常陸の小田城で執筆した。すなわち『神皇正統記』より約半年後の著作で、一巻の文書を蓄えないで書いたといっている。『神皇正統記』の奥書にはほぼ同様に記し、わずかに最略の『皇代記』を尋ね得て書いたとあり、事実その大部分の記事は『皇代記』に基づいている。本書も『皇代記』によって記したところがあるが、それは書入れ的なもので、根底をなすのは官位令・職員令であり、それに令外官を増補した公家の官職について、諸家昇進の次第、旧古の任官の例、および不次の任例を記している。しかし令を直接材料にしたのでなく、当時の公家の官職についての簡単な抄記本が存していたことが『簾中抄』『二中歴』『拾芥抄』などの百官の部によって知られ、このようなものを基礎としていると思われる。その著作の目的は『神皇正統記』に、政道論の根幹として「其人ヲエラビテ官ニ任ズ」ることを強調し、上古の官職の制度が武士の擡頭とともに次第にくずれ、乱世の基となっていると論じたところをうけ、これを組織的に詳論したもので、当時一般に行われた幼学書を著作する形をとっているが、実際には後村上天皇のためのものである。諸本としては北畠顕統の奥書のある系統本と、一条兼良の奥書のある系統本に大別され、前者がほぼ原型に近い。後者は兼良の若干の加筆があり、これにさらに清原宣賢が加筆したものが慶長勅版をはじめ、近世の諸版本の基となり、世に流布した。白山芳太郎は顕統本の善本を底本として『校訂職原鈔』(『職原鈔の基礎的研究』付載)を刊行した。

参考文献 壺井義知『職原鈔弁疑私考』、平泉澄監修『増補北畠親房公の研究』、平田俊春『神皇正統記の基礎的研究』　（平田　俊春）

しょくのうしん　職能神　人びとの生業を加護する神威、力を持っている神。日本には八百万の神々が存在するという。記紀の時代から、神々はその神独自の神威、力、属性を持っている。日本は瑞穂の国ともいわれ農業にかかわる神が多い。宇迦之御魂命《うかのみたまのみこと》、この神を祀る神社として、京都の伏見稲荷大社が有名である。豊宇気毘売神、農業神として最も重要な神であり、伊勢の豊受大神宮(外宮)に祀られている。また、宇賀神・大物忌神も農業神として祀られる。ほかに五穀の神、養蚕の神などがある。漁業に関する神としては、八重事代主神がいる。島根県美保神社に祀られている神で、大国主神の御子神。国譲りの神話のなかで、建御雷が出雲にいったとき、この神は美保関で魚釣りをしていた故事により、漁業の神として祀られることになる。火照命は、海幸彦の名称で親しまれている神。ほかに海神である大綿津見神、食物の神、保食神も漁業の神として祀られている。狩猟に関する神としては山の神である大山津見神、山幸彦すなわち火遠理神、保食神などがある。商業にかかわる神は、お稲荷さんで親しまれている宇迦之御魂命、大黒さんの大国主神、また、事代主神、蛭児大神も恵比須さんとしての性格が加わっていく過程で商業の神となる。大市姫命は、市の神であるが、市とは商業が行われる場所であり、それゆえに商業の神ともなった。工業に関する神は、具体的には刀剣、日用品の鍛冶、鋳物、陶器などを指し、それに従事する人びとがまつる神のことである。天目一箇神・金山彦神・金山姫神・火産霊神・弥都波能売神・埴安彦神・埴安姫神が著名である。その他、塩・砂糖・醤油・豆腐・肉・菓子・茶・酒・織物・建築・工事・運輸・芸能・学問などの神も存在する。　（宇野　正人）

しょさいいん　初斎院　伊勢の斎宮および賀茂の斎院が、卜定後一年ないし二年間すごした宮城内の潔斎所をいう。その場所としては、主殿寮や主水司・侍従厨家なども用いられたが、主として雅楽寮・大膳職・宮内省・左右近衛府・一本御書所などが充てられた。斎宮はこのあと東河(賀茂川)でみそぎして、宮城外の野宮《ののみや》でさらに一年間潔斎につとめ、西河(桂川)で再度みそぎをしてから伊勢の斎宮に群行した。また斎院も、東河でみそぎしてから本院である紫野院に入った。入御の時期は、卜定が九月以後であれば、明年八、九月ころ、三、四月であれば同年八、九月ころになる。初斎院の文献上の初見は『官曹事類』逸文(『政事要略』二四所引)養老五年(七二一)九月十一日条に「以㆓皇太子女井上王㆒為㆓斎王㆒、仍移㆓於北池辺新造宮㆒」とみえ、この聖武天皇皇女井上内親王の移った「北池辺新造宮」が初斎院にあたると考えられる。なお、天武天皇二年(六七三)四月に大伯(来)皇女の入った泊瀬斎宮は、むしろのちの野宮に相当するとみられる。

初斎院の職員は、『延喜式』神祇五、斎宮によると、別当五位二人(一人は命婦)、中臣一人、忌部一人、宮主一人、内舎人一人、大舎人二人、宮舎人十人、膳部三人、殿部三人、炊部一人、水部三人、酒部一人、掃部三人、釆女二人、内女孺二人、乳母三人、宮女孺十四人、戸座一人、火炬小子二人、今良四人、仕丁十二人、女丁八人とみえ、計八十人が奉仕した。また野宮に遷るときさらに六十五人加えられた。初斎院斎王居所の諸門には常に賢木を立て、注連を張り、仏事や身体の不浄を避けて斎戒に厳重を極めたようである。↓斎院《さいいん》 ↓斎宮《さいくう》 (所 京子)

じょししんしょく　女子神職　女性の神職のこと。婦人神職ともいう。歴史的には豊鍬入姫命・倭姫命、あるいはそれに繋がる神宮斎王や賀茂斎院の例、神功皇后の例、また内掌典の例なども、広義には女子神職とみることもできるが、一般には狭義に近代以降の神社制度のなかでの女性の神職をさす。すなわち、第二次世界大戦前の官国幣社以下の神職任用にあたっては、二十歳以上の男子のみとされたので、女子神職は存在しなかったが、戦後、神社本庁の制度で、階位の取得と任用条件に男子の規定がなくなり、女子神職が認められた。当初は、敗戦直後の男子神職に戦死や未復員のものも少なくない状況で、神社護持のために神職夫人や子女に神職への道を開いたものと推測できる。昭和二十四年(一九四九)女性神職数は八一人(うち宮司一〇人)であったものが、平成十三年(二〇〇一)末現在には二四四八人(うち宮司は四百九十四人)となり、神職総数二万一四四五人の一一・四%を占めている。 (佐野 和史)

しょしゃきんき　諸社禁忌　中世の服忌令関係の書。一巻。作者・成立年代ともに不明。二十一の神社の産穢・死穢・触穢などの禁忌の規定を記す。朝廷の奉幣対象となる二十二社と重なる神社が多いが、大神・石上・大和・竜田・広瀬・丹生川上という大和国の諸社がみえず、かわりに広田南宮・日前・天野(丹生都比売神社)・熊野・金峯山が入っている。前半部は穢の項目ごとに諸社の禁忌が集成され、後半部は各社ごとの禁忌を記す。それぞれの神社について注進者の名が示されており、「石清水検校法印祐清」「故(祝部)成仲」「入道前神祇伯仲資王」「神祇権大副卜部兼茂」など平安時代末から鎌倉時代初期にかけての人物が多い。平安時代末から鎌倉時代前半にかけて、社家の形成を背景に諸社において服忌令が制定され、一社の故実が形成されるが、本書はその内容を集成整理したものであろう。伊勢神宮に関して卜部氏の説を取っており、神祇道家の確立を目指す卜部氏の手になった可能性が高い。『続群書類従』神祇部所収。

参考文献　『群書解題』一下 (佐藤 眞人)

しょしゃこんげんき　諸社根元記　二十二社および全国の著名な神社について、その祭神・由緒・神位・祭祀などを記述することを中心とし、神祇に関する種々の記事を不統一な配置で書き加えたもの。上中下の三巻。著者不詳。本書中に唯一神道の吉田家にかかわる人々の名が散見する点などから、おそらくは吉田家関係者の手による編述と考えられている。また、本書は同じく吉田家関係者によると目される『諸神記』三巻の内容と酷似している。両書を比較するに、『諸神記』の方が排列の順序などやや整った体裁をもつため、本書が土台になって書かれたようであり、また『諸神記』の述作年代が江戸時代初期ごろと推定されるところから、本書はそれ以前の、しかもそう離れない時期の成立であると思われる。『神祇全書』一所収。 (土岐 昌訓)

しょしゃねぎかんぬしとうはっと　諸社禰宜神主等法度　⇨神社条目《じんじゃじょうもく》

じょやさい　除夜祭　神社などで行われる大晦日の行事。大晦日の夜を二つに分け、前半を旧年とし後半を新年としてその分け目に祭を行うので、夜を除《わ》ける祭とする。平安時代にはこのとき陰陽師の追儺が行われた。仏教ではこの時間に修正会《しゆしょうえ》の初夜《しょや》導師と後夜《ごや》導師が交代するが、初夜法要は旧年の穢をはらい、後夜法要は新年の幸福を祈願する。この導師交代を知らせるのが除夜の鐘で、百八回撞いて穢や煩悩をはらうと説明する。↓追儺祭《ついなさい》 (五来 重)

しらいそういん　白井宗因　生没年不詳　江戸時代前期、特に寛文・延宝年間(一六六一―八一)に活躍した和学者。「むねよし」とも称し、白雲山(散)人・自省軒と号する。宗因がいかにして和学・神道を学んだかは明らかではないが、著作の中に師説のごとき引用のないことから、独学によるものと考えられる。神社や古典について詳しく、著書の『神社啓蒙』『神社便覧』『日本書紀神代私説』『中臣祓白雲鈔』『職原抄句解』などでは精緻な研究がなされている。中でも『神社啓蒙』は林羅山の『本朝神社考』より優れているとされ、高い評価をうけている。著書の中では、神儒一致の立場から神仏習合を排する論を前面に強く打ち出している。特に『神社啓蒙』では、神宮寺についての言及がなく、八幡・稲荷に関しても仏教関連には言及がほとんどなく、排仏思想が顕著である。この傾向は、羅山の『本朝神社考』と同様である。羅山は仏教関係について一字下げて記述して分別するのみに対して、宗因は神仏習合について全く触れず、問答形式で神仏習合を否定しており、羅山より排仏思想が強いことが窺える。↓神社啓蒙《じんじゃけいもう》 ↓神社便覧《じんじゃべんらん》

参考文献　渡辺国雄「白井宗因と神社啓蒙」(『国学院雑誌』六〇ノ七) (菊田龍太郎)

しらかわけ　白川家　⇨伯家《はっけ》

しらかわけきろく　白川家記録　神祇伯を世襲した白川旧子爵家に伝来した平安時代末期以降、明治時代に至るまでの記録・文書類の総称。『伯家記録』または『白川家記』ともいう。ただし『白川家記』は狭義には顕広王・仲資王・業資王三代の日記をいう。大別すると次の五種となる。㈠家記類、㈡神祇官関係、㈢朝儀関係、㈣伯家神道関係、㈤その他。㈠家記類は、神祇伯を相承した歴代の日記で、現存する主なものとしては、応保元年(一一六一)—治承二年(一一七八)の『顕広王記』七巻、治承元年—建保元年(一二一三)の『仲資王記』八巻、正治元年(一一九九)—建保六年の『業資王記』五巻、正安三年(一三〇一)の『業顕王記』一巻、応永五年(一三九八)—同二十五年の『資忠王記』一巻、文安二年(一四四五)—文明十六年(一四八四)の『資益王記』一冊、明応五年(一四九六)—永正二年(一五〇五)の『忠富王記』四巻、万治三年(一六六〇)—貞享三年(一六八六)の『雅喬王記』五冊、延宝七年(一六七九)—宝永三年(一七〇六)の『雅光王記』十一冊、元禄十二年(一六九九)—享保八年(一七二三)の『雅冬王記』二十冊、天明五年(一七八五)—文政六年(一八二三)の『資延王記』五十九冊、文政三年—天保五年(一八三四)の『雅寿王記』十五冊、天保七年—嘉永二年(一八四九)の『資敬王記』十三冊、安政六年(一八五九)—明治二十四年(一八九一)の『資訓王記』二十九冊である。ほかに同家雑掌の記した貞享三年—明治五年の『白川家日記』三百二十一冊、宝暦十三年(一七六三)—明治元年の『白川家伝奏職事武家往来留』百六冊、享和三年(一八〇三)—明治十二年の『白川家触留』七十六冊などがある。このうち、『顕広王記』『仲資王記』『業資王記』『資益王記』『忠富王記』抄略本は『伯家五代記』として『続史料大成』二一に、『資益王記』は『(改定)史籍集覧』二四に収められている。㈡神祇官関係には、永万元年(一一六五)の『神祇官御年貢進社注進状』をはじめ、八神殿・内侍所などに関する多数の記録・文書がある。㈢朝儀関係には、仁治三年(一二四二)の伯家裹帳女王例言上状をはじめとする歴代天皇即位礼の時の裹帳女王関係や、大嘗会関係の記録・文書が多い。㈣伯家神道関係では、雅朝・雅陳両王の『口伝秘訣』、雅喬王の『伯家口決』や、雅喬王が延宝八年に、上記二書や伝来の家記・文書などによって編纂した『家説略記』、それを孫の雅富王が門人谷口祐之をして増補改訂させた『伯家部類』、文化五年(一八〇八)より明治二年まで書き継がれた『諸国門人帳』六冊、文化十三年に朝廷に提出された『諸国神社附属帳』の控一冊や、全国神社支配をめぐって吉田神道の吉田家と争った時の書類を集めた『伯卜関係書類』八巻など、㈤には甘露寺元長の文亀元年(一五〇一)・二年の自筆日記二巻など、多数の記録・文書が存したが、その大部分は大正十年(一九二一)に宮内省に一括献上され、現在、宮内庁書陵部に架蔵されている。しかしそれ以前に『顕広王記』『仲資王記』『業資王記』『忠富王記』の自筆原本二十四巻は白川家を離れて京都の蔵書家田中教忠の有となっていたが、近年、国立歴史民俗博物館の所蔵となった。また伯家神道関係のものは、宮内省への献上本中に含まれず、白川家にあったが、同家最後の資長の姻戚である飯野氏の手を経て、現在、岡山県の金光図書館の架蔵となったものが多い。

参考文献　近藤喜博編『白川家門人帳』、同編『諸国神社附属帳』、曾根研三『伯家記録考』、宮内庁書陵部編『和漢図書分類目録』、同編『図書寮典籍解題』歴史篇、川瀬一馬編『田中教忠蔵書目録』

(今江　廣道)

しらかわしんとう　白川神道　⇩伯家神道《はっけしんとう》

しらとりのみささぎ　白鳥陵　日本武尊の霊廟。『日本書紀』景行天皇四十年条に、日本武尊を能褒野陵に葬った時、尊が白鳥と化して飛び去ったので、棺を開くと明衣だけが残っていた。そこで白鳥を追い尋ねると、大和琴弾原に停ったのでそこに陵を造ると、白鳥は河内へ飛び旧市に留まったのでまたそこに陵を造った。当時の人はこの三陵を白鳥陵と呼んだと記している。また、仁徳天皇六十年条に、白鳥陵は空陵なので、天皇は陵守を廃止しようとして、陵守を役丁にすると、陵守が白鹿になって逃げたので、陵守廃止をとりやめたとある。能褒野陵は、明治十二年(一八七九)十月に日本武尊能褒野墓に決定され、三重県亀山市田村町にある。琴弾原白鳥陵は、奈良県御所市大字富田にあり、明治九年五月教部省が正院に伺い考定し、掌丁を付置したが、異論があって土地取得が進まず、明治十九年七月ようやく土地献納を受け入れた。当陵は権現山、天王山と呼ばれた所で、南北約二八メートル、東西約四五メートル、高さ約五メートルの長方丘である。御所市大字柏原字鑵子山にある鑵子塚古墳を当陵に推す説がある。旧市白鳥陵は、明治八年三月教部省が伊岐宮(大阪府羽曳野市古市一丁目白鳥神社古墳)に考定したが、同十三年十二月羽曳野市軽里三丁目にある現陵に改定された。現陵は『河内国陵墓図』に木梨軽太子の軽之墓とある所で、軽の墓、前の山と呼ばれた所である。西面する周濠のある前方後円墳で、長軸の長さ約一九〇メートル、前方部幅約一六二メートル、同高さ約二〇メートル、後円部直径約一〇五メートル、同高さ約一七メートル、四段築成で最下段上縁には円筒埴輪列がある。当陵からは円筒埴輪のほか、形象埴輪・朝顔形埴輪・須恵器などが出土している。琴弾原・旧市白鳥陵は能褒野墓付属物として宮内庁が管理しているが、このほかに、明治九年五月教部省が太政官に伺い、熱田神宮付属地にして熱田神宮の管理とした名古屋市熱田区白鳥町にある熱田白鳥陵がある。↓日本武尊《やまとたけるのみこと》

参考文献　山本賢三「日本武尊の白鳥陵」(『日本武尊の白鳥陵と武内宿禰の墓の新考証』所収)、陵墓調査室「昭和五十五年度陵墓関係調査概要」(『書陵部紀要』三三)、同「昭和五十六年度陵墓関係調査概要」(同三四)

(石田　茂輔)

しらはたじんじゃ　白旗神社　神奈川県鎌倉市西御門の源頼朝墓の下方に鎮座。祭神は源頼朝。例祭一月十三日。

江戸時代末までは、当所に、寺としての頼朝の法華堂があり、鶴岡八幡宮寺の供僧相承院が兼務していたが、神仏分離令により明治五年(一八七二)新たに造営された社。境内は頼朝墓とともに法華堂旧跡として国史跡。なお、鶴岡八幡宮境内にも源頼朝・同実朝を祀る同名の社がある。

参考文献 『鎌倉市史』社寺編、神奈川県神社庁編『神奈川県神社誌』　(三浦　勝男)

しらひげじんじゃ　白鬚神社　滋賀県高島郡高島町大字鵜川に鎮座。白鬚明神・比良明神ともいう。旧県社。現在、祭神は猿田彦命《さるたひこのみこと》であり、『神社啓蒙』『和漢三才図会』でも祭神を猿田彦とするが、実際は社殿の背後に聳える比良山を神体山とする比良明神である。この明神は『曾我物語』に出てくるが、『元亨釈書』『古事談』には良弁や最澄に託宣したことを記し、仏教の護法神として性格付けられている。『石山寺縁起』には良弁が東大寺大仏に用いる黄金を金峰山に祈請したところ、蔵王権現が現われ近江国志賀の霊地で祈念すれば黄金が得られると教えたので石山へ来たところ、一老人が釣りをしており、自分は比良明神でこの地が霊地であることを告げた。そこで良弁は岩上に観音を安置して祈願したところ、陸奥国より黄金が出たと記している。いま社殿は琵琶湖畔の明神崎にあって、鳥居は湖中に建っている。本殿は慶長八年(一六〇三)の建立で重要文化財。社宝として、近世のものながら絵詞からなる『白鬚神社縁起』二巻がある。例祭は五月三日、九月五日・六日。なお、白鬚神は日本の各地で祀られているが、そのあるものは高句麗系の蕃神とされるものもある。　(宇野　茂樹)

白鬚神社

しらひげのかみ　白鬚神　白鬚の老翁の姿をした神。昔話に出現し、東北から九州にかけ各地の神社名ともなっているが、内容は一定しない。埼玉県入間郡日高町の高麗神社は奈良時代に移住した高麗王を祀り、一名白髭《しらひげ》明神といった。琵琶湖畔明神崎(滋賀県高島郡高島町)の白鬚明神(白鬚神社)は比良明神ともいい、近江国の地主神で比叡山と関係が深い。東北諸川の流域では昔の大洪水を白髪水・白髭水と名づけて記憶している。白髪の水の神が現われたと伝えられるからであろう。

参考文献 柳田国男『女性と民間伝承』(『定本柳田国男集』八)、同『一目小僧その他』(同五)、小野迪夫「白髭神社について」(『神道史研究』三三ノ四)　(平井　直房)

しらみねじんぐう　白峯神宮　京都市上京区飛鳥井町(今出川通堀川西)に鎮座。旧官幣大社。淳仁天皇と崇徳天皇の神霊を併せ祀る。崇徳天皇は保元の乱に敗れて讃岐国に配流され、その地で崩御したので、白峯陵(香川県坂出市)に葬られて、墓前にはその木像(白峯大権現)を祀る白峯寺(御影堂)が営まれた。孝明天皇は都に帰ることなく異境に没した天皇の霊を慰めるため、木像を京に移すことを企画していた。孝明天皇のあとをついだ明治天皇によって、明治元年(一八六八)八月木像を京に迎え、これを神体とする白峯宮が現在の地に創立された。つづいて明治六年十二月には、かつて藤原仲麻呂の乱にかかわって退位させられ、淡路に流されて彼の地に没した淳仁天皇(淡路廃帝)の神霊をも天王森山陵(兵庫県三原郡南淡町)から京に迎え、白峯宮に合祀し、この年に官幣中社の社格を得ている。昭和十五年(一九四〇)、白峯神宮と改称して官幣大社となった。例祭は四月十四日(淳仁天皇祭)、九月二十一日(崇徳天皇祭)。社蔵の絹本著色崇徳上皇像は重要文化財。

参考文献 『古事類苑』神祇部三　(景山　春樹)

白峯神宮拝殿

しらやまひめじんじゃ　白山比咩神社　石川県石川郡鶴来町三宮町に鎮座。旧国幣中社。白山《はくさん》神社・白山《はくさん》権現などともいう。『神社明細帳』には祭神を菊理媛神《くくりひめのかみ》・伊弉諾尊《いざなぎのみこと》・伊弉冉尊《いざなみのみこと》とする。白山頂上の奥宮に対して白山本

白山比咩神社

宮と称し、下白山《しもしらやま》ともよばれた。全国にある白山神社の根本社。白山は養老元年(七一七)泰澄の開山伝説を有し、修験道の霊山として加賀・越前・美濃に登拝路が開かれ、それぞれに拠点の馬場が設けられた。加賀馬場の中心となったのが白山本宮で、崇神天皇七年の創建と伝える。神階は貞観元年(八五九)正三位に昇叙し、延喜の制では小社に列し、のちに加賀の一宮と仰がれた。『白山之記』によれば、本宮は四十五の神殿・仏閣を構え、白山七社・白山五院・中宮八院・三ヵ寺があり、北陸道は白山の敷地だとある。多くの神人・衆徒を擁して比叡山の末院となり、治承元年(一一七七)には神輿を奉じて強訴して加賀の国司を処罰させるなど、政教両面における勢威は「馬の鼻もむかぬ白山権現」(『源平盛衰記』)とまでいわれた。白山本宮は白山七社の第一であったが、文明十二年(一四八〇)には類焼して同じ七社の中の三宮社に遷座し、それより三宮が本宮となった。戦国時代とくに一向一揆後、社運は衰退したが、近世になり加賀藩主前田氏の崇敬をうけ、社領の寄進をはじめ祈願・造営などがしばしばあった。神主は古くは上道氏、後世は建部氏が奉仕したが、のちには白山寺の惣長吏が支配した。白山寺は寺坊の総称で、もとは天台宗だったが、近世の白山寺白光院は真言宗に属した。明治の神仏分離には白山頂上の三所権現の仏像類は撤去。最高峰の御前峰に奥宮、大汝峰に大己貴神社、別山に別山神社がまつられている。例祭は五月六日、奥宮の開山祭は七月十八日。社蔵の銘吉光剣は国宝。『白山縁起』、『三宮古記』、『白山宮荘厳講中記録』、『神皇正統記』、沈金彫手筥・黒漆螺鈿鞍、木造狛犬、白山三社権現画像などは重要文化財。社蔵文書の主要なものは『白山比咩神社叢書』『白山比咩神社文献集』『白山史料集』に収録されている。→白山信仰《はくさんしんこう》

参考文献 『白山比咩神社古文書目録』、森田平次『白山記攷証』(『白山比咩神社叢書』一)、同『白山神社考』(同五)、同『加賀志徴』(『加賀能登郷土図書叢刊』一・二)、宮田登校注『寺社縁起』(『日本思想大系』二〇)、北国新聞白山綜合学術調査団編『白山』、『白峰村史』、『石川県尾口村史』、桜井甚一編『図説白山比咩神社の文化財』、高瀬重雄編『白山・立山と北陸修験道』(『山岳宗教史研究叢書』一〇) (小倉 学)

しりくめなわ 尻久米縄 ⇨注連縄《しめなわ》

しるしのすぎ 験の杉 京都市伏見区の稲荷大社についての考証。伴信友著。一巻。信友六十三歳の春、天保六年(一八三五)二月五日の初午に起稿、四月六日成稿。書名は稲荷山の神木「験の杉」にちなむもので、端書で「いなり山しるしの杉のすきし世のまことをいまにたつねてを見む」と詠んでいる。『山城国風土記』逸文と『年中行事秘抄』所引天暦勘文を根本史料とする鎮座の縁起をはじめとし、祭神、祭礼、遷座、稲荷神と狐神信仰について客観的態度で論究している。同書追加では著者の神道観・信仰を記している。自筆稿本の所在は未詳ながら、自筆草稿による写本に伏見稲荷神社惣官社務秦(大西)親典手写本・鷲見安歆《すみやすよし》令写本(九州大学所蔵)があり、大橋長憙旧蔵本(宮内庁書陵部所蔵)・黒川真頼旧蔵本(国学院大学図書館所蔵)など移写本多数がある。刊本に『伴信友全集』二所収本(内閣文庫本を底本)・『稲荷大社由緒記集成』(研究著作篇)所収本(伏見稲荷大社所蔵大西本を底本)がある。後者には吉田神社旧社家鈴鹿氏より同大社に奉納された『験の杉』を簡潔に要約した伴信友自筆稿『稲荷神社大意』を付載する。

参考文献 小島鉦作「『験の杉』についての若干の考察」(『神道宗教』七二)、同「験の杉と稲荷神社考―その比較史的考察―」(『朱』二三) (大鹿 久義)

しろき・くろき 白酒・黒酒 白酒は醸したままの原酒を濾した色の白い酒で、黒酒は白酒に薬灰を和合したもの。新嘗祭、大嘗祭などに神に供え、天皇みずからも飲み、そして臣下にも賜わった一種の酒。その醸造法および分量は、『延喜式』造酒司に次のように記してある。「新嘗会白黒二酒料、官田稲廿束(下略)」とあって、毎年九月二日畿内の官田の中で料稲を進るべき国郡を卜定し、ついで酒殿・臼殿・麴室各一宇を建て、十月上旬吉日を択んで醸し始め、十日の内に畢る。その造酒は米一石。二斗八升六合を糵《こうじ》米とし、七斗一升四合を飯米とし、これに水を加え、等分して二つの甕に入れ、各甕から一斗七升八合五勺の白貴を造る。そして熟後一方の甕の白貴の中に久佐木(山うつぎの根)の焼灰(薬灰)三升を入れ、和合して黒貴を造るのである。また大嘗祭の白酒黒酒は、斎国より納められた料稲をもって北野斎場院悠紀・主基の酒殿にて醸造されその分量はすこぶる多かった。そして黒酒の色合はグレーを適度とする。なお神宮においては神嘗祭に白酒黒酒が供えられていたことが延暦の『皇太神宮儀式帳』にみえ、その後一時形のみとなったが、今日では三節祭に清酒とともに白酒黒酒が供進され、黒酒には久佐木の焼灰が用いられる。 (鈴木 義一)

しろだゆうしゃ・ひゃくだゆうしゃ　白太夫社・百太夫社　白太夫社は菅原道真を祀る天満宮の摂社に見られるもの、百太夫社は兵庫県西宮市の西宮神社の摂社になっているものであって、両者を混同してはならない。白太夫社は道真と幽契の睦みがあったという伊勢大神宮の神官渡遇《わたらい》春彦の霊をまつる神社である。渡遇春彦については、群書類従本の『豊受太神宮禰宜補任次第』に閲歴はみえるが、道真との関係の事はみえない。百太夫社は西宮戎《えびす》神社の戎廻しをしていた産所町(散所)に住む傀儡《くぐつ》師がまつっていた社を幕末にその境内に移したものである。百太夫は、遊女・傀儡師の作る粗末な人形で、その数多きを以て百太夫の名が与えられた。百太夫は晴天を祈るための照る照る坊主と同じように、これに向かっておのれの幸運を祈るが、その願望の達成せられざるときは、これを水流に流し捨てるか、敲き破ってしまう。道教に見られる脅迫信仰の一種である。百太夫社では、衣冠を着けた百太夫の神像を印刷したお札を参詣者に配っている。

(滝川政次郎)

しろにぎて　白和幣　⇩和幣《にぎて》

しわいなりじんじゃ　志和稲荷神社　岩手県紫波郡紫波町升沢字前平に鎮座。祭神は宇迦之御魂大神《うかのみたまのおおかみ》・大宮能売《おおみやのめ》大神《のおおかみ》・猿田彦大神《さるたひこのおおかみ》。往古より修験者の霊場であったが、天喜五年(一〇五七)源頼義が安倍貞任を討つため、京の伏見稲荷を勧請し、戦勝を祈願したと伝える。中世には藤原樋爪《ひづめ》氏・斯波氏の崇敬をうけ、特に天正十六年(一五八八)斯波詮直《あきなお》が大旦那となり社領を寄進し、本殿造営を行なったことが棟礼銘によって知られる。斯波氏に代わり志和を領した南部氏も祈願所として篤く保護し、天保五年(一八三三)南部利済《としただ》は盛岡から直接同社を結ぶ五里の稲荷街道を開削するなど敬神篤く、併せて庶民の参拝への便宜を計った。通称「お稲荷さん」と慕われ、商売繁盛・豊穣神として農漁村民からの信仰が篤い。大正七年(一九一八)県社となる。例祭は五月五日。伏見稲荷大神御紹神の神事は九月二十七日、ほかに春の三午祭、秋の三九祭、十二年ごとの午《うま》の年に行われる白馬参進神事がある。

参考文献　『紫波町史』一

(矢萩　昭二)

塩竈神社左右宮本殿

しわひこじんじゃ・しおがまじんじゃ　志波彦神社・塩竈神社　宮城県塩竈市一森山に鎮座。旧国幣中社。志波彦神(志波彦神社)・塩土老翁神《しおつちのおじのかみ》(塩竈神社別宮)・武甕槌《たけみかづち》神《のかみ》(同左宮)・経津主神《ふつぬしのかみ》(同右宮)を祀る。志波彦神社は『延喜式』の名神大社で、もと宮城郡岩切《いわきり》村(仙台市岩切)冠《かむり》川《かわ》(七北田川《ななきたかわ》)畔に鎮座した。明治四年(一八七一)国幣中社に列格。同七年塩竈神社に合祀されたが、昭和十三年(一九三八)に新殿を営み遷座。塩竈神社は式外社であるが、『延喜式』に陸奥国正税より祭料を受けていたことがみえる。寛仁元年(一〇一七)には、一代一度の大奉幣に預かる。奥州藤原氏も崇拝し、少なくとも鎌倉時代初期には陸奥国一宮とされ、留守氏が大神主として奉仕した。戦国時代以降は、伊達氏が大神主となり崇敬を示し、別当寺である法蓮寺が管理した。志波彦神社合祀の際、国幣中社に列格。例祭は、三月二十九日(志波彦神社)・七月十日(塩竈神社)。社宝の来国光銘・雲生銘の太刀(鎌倉時代末期)はともに重要文化財。現在の社殿は、宝永元年(一七〇四)竣工。

参考文献　古川左京『塩竈神社史』、押木耿介『塩竈神社』

(久水　俊和)

しんい　神位　⇩神階《しんかい》

しんいたい　神威隊　廃仏毀釈を実行した平田学派の壮士らの組織。明治元年(一八六八)三月十七日に明治新政府の出した神仏分離令を受けて、比叡山延暦寺の支配下にあった日吉山王社において排仏毀釈を実行した。この神威隊は平田学派の急進的な壮士たちが中心で、日吉社の神職樹下茂国《じゅげしげくに》、生源寺希徳《しょうげんじまれのり》、明石の宮本信濃、三河猿投社の三宅肥後などで構成されていた。彼らは神仏習合体制による弊害や仏教支配の積年の恨みがあり、分離令を受けて、吉田社に詰めていたが時を移さず実行に移したものである。まず日吉社側は神殿扉の鍵の引き渡しを求めたが、延暦寺側は一山会議を開くも応じないため、業を煮やした樹下茂国以下神威隊の同士三十余名は、地元民を引き連れ、錠を打ち壊し七社の殿内に乱入し仏像・仏具・経巻など仏教色のあるものは全て撤去、焼却、没収した。この事件は全国に先駆けての神仏分離事件であった。

参考文献　村上専精・辻善之助・鷲尾順敬編『(明治維新)神仏分離史料』

(嵯峨井　建)

しんかい　神階　諸神に奉授した位階で、神位ともいい、これには文位と武位(勲位)とがある。文位の初見は、壬申の乱後の天武天皇元年(六七二)七月、天武方の将軍大伴吹負らの奏請により、霊験を示現した大和国の高市御県坐鴨事代主神・牟狭坐神・村屋坐弥富都比売神の三神に位を奉授した例で、これ以後、時代の下るにつれて、ほとんどの諸神が叙位にあずかり、濫授の傾向が顕著になる。また品位《ほんい》については、天平勝宝元年(七四九)十二月、豊前国宇佐郡に坐す八幡大神に一品、比咩《ひめ》神に二品を奉授したのが早い例で、ほかにも若干事例がある。次に勲位奉授については、近江国浅井郡に坐す都久夫須麻神が、藤原仲麻呂(恵美押勝)の謀叛の際に霊験を示したとして、乱鎮定後の天平神護元年(七六五)、勲八等に叙せられたのをもって嚆矢とし、以後、天慶の乱ころまで授与された形跡がある。諸神への勲位加転は、内乱・蝦夷征討・外寇(新羅)などの兵革祈禳の報賽によるものであろう。これらの神階は「社」単位ではなく、個々の「祭神」(彦神・姫神など)を対象として奉授され、神社の序列設定の上に大きな比重を占めるが、位階相当の封戸・位田などの経済的な特典は伴わず、純然たる栄誉にほかならない。その神位記授与の手続は、諸司・諸国の申請に基づいて陣定を行い、内記による位記の作成、奏聞、請印(内印)の儀を経て、五畿内七道諸国は官符、京中は神祇官を通して諸社に頒給された。→宗源宣旨《そうげんせんじ》

参考文献 野村忠夫『律令官人制の研究(増訂版)』、渡辺直彦『日本古代官位制度の基礎的研究(増訂版)』、林陸朗「官社制度と神階」(『国学院雑誌』五四ノ二)

(渡辺 直彦)

しんかいき 神階記 神社の階位について、編年順に時日・社名・階位を列記したもの。撰者不詳。六巻。最後の記事が後奈良天皇の天文九年(一五四〇)であるので、成立はそれ以降のことと考えられる。巻一は天武天皇元年(六七二)七月の高市神社・身狭神社・村屋神社の記事に始まり、文徳天皇の天安二年(八五八)まで、巻二は清和天皇の貞観元年(八五九)—二年、巻三は同三—八年、巻四は同九—十八年、巻五は陽成天皇の元慶元年(八七七)—八年、巻六は光孝天皇の仁和元年(八八五)—天文九年である。巻一より巻六の光孝天皇条までは六国史よりの抄出で、本書の大部分を占める。それ以降はほかの記録に拠ったものだが、わずかな記事が付載されるに過ぎず、基本的に六国史の神階記事の抜き書きというべきもの。撰者は、同時期に成立した『諸社根元記』『諸神記』などと同じく、吉田神道家の関係者と考えられる。吉田家の旧蔵書を収める天理図書館吉田文庫には、写本二本が伝来し、そのほか各地に写本が現流する。『続群書類従』神祇部所収。

参考文献 『群書解題』二上

(伊藤 聡)

しんかいさんしゃじんじゃ 新海三社神社 長野県南佐久郡臼田町田口に鎮座。旧県社。新海神社ともいう。祭神は、興波岐命・健御名方命・事代主命・誉田別尊。創立年代は不詳。祭神の興波岐命は、健御名方命の御子神で、千曲川の氾濫を防ぎ、佐久地方を開拓した。そして新開神としてまつられた。諏訪大社と関係が深く、諏訪湖の御渡りの一つは、諏訪明神と新海明神が湖上で参会するものと伝承される。大正六年(一九一七)県社。例祭は十月一日。一間社流造・檜皮葺の東本社は、室町時代後期の様式を伝え、昭和十二年(一九三七)に国宝(現在は重要文化財)に指定。もと新海三社神社神宮寺にあった三重塔は、明治四十年(一九〇七)に国宝(現在は重要文化財)に指定。

参考文献 長野県神社庁監修『信州の神事』、『長野県史』美術建築資料編建築

(山本 英二)

しんがくしょかいき 神学初会記 吉見幸和《よしかず》(号恭軒)の講義筆記。『恭軒先生初会記』ともいう。藤塚知直筆録。一巻。寛保三年(一七四三)成立。自序は延享四年(一七四七)。知直は塩竈神社神職。彼は同社神職鈴木晴金に学び、上京して白川神祇伯雅富王学頭大橋忠進や野宮中将定俊卿学頭荒川右門らに師事して神学を学び、帰郷して郷土や仙台の子弟らを教授した。ところが、その後名古屋東照宮の吉見幸和の評判を聞くや、寛保三年、同地に赴いて親炙し、神道の蘊奥を極めたという。その時の講義筆記が本書であり、「学規之大綱」三ヵ条とそれに関連した講義筆記からなる。幸和は、その講義で、神道は天皇の道だからこそ尊敬し、かつ守らなければならず、わが国は天地開闢以来君臣の道が厳格なことや祭政の法が正しいことを国史官牒を以て考究することが国学の先務であると教授した。知直は古稀の幸和の人徳と博識に感動し、その跋文に「一日講習すれば則ち其功二十年に勝る。二月討論すれば則ち其労十年に倍す。実に百世の師と謂ふ可し」と記した。本書は幸和の国史官牒主義をよく窮わせる。『日本思想大系』三九に所収。

(西岡 和彦)

しんがくひとくちのつたえ 神学一口伝 江戸時代後期の神道口伝書。「しんがくいちくでん」ともいう。国学者で甲斐国二宮郷美和大明神(山梨県東八千代郡御坂町)の祠官でもあった栄名井広聡《さかないひろとし》が、神道の教えの要点について述べた口伝で、わずか六百字余の短章。文化元年(一八〇四)春弥生の署名を有する。神祇の裔たる日本の人々が、外国異教の教えに惑わされることなく、古来の神道の教え(真実・明白・正直)に従い、先祖を崇め、よき子孫として活動しなければならないゆえんを説く。『神道叢説』所収。

参考文献 坂名井深三「江戸期における国学者—栄名井聡翁—」一—五(『甲斐路』一三・一五—一八)

(武田 秀章)

しんかじょうだん 神家常談 近世中期の神道論。真野時綱著。三巻。貞享四年(一六八七)成立、同五年刊。尾張国津島神社祠職真野時綱の最初の著作。神家とは神職を家業とする者のこと。各条文は「或神家云」として聞書きの体裁をとっているが、白川神祇伯家、名古屋東照宮祠官吉見幸勝(菅原直勝)、出口延佳、吉田神道などの諸家や父祖の教えを吸収し咀嚼した、時綱自身による、神道の本質や神家の職責に関する論説や行事行法の考証と見てよい。神道の本質は王道であり、わが国における天神地祇と先祖祭祀であると規定する。王道の衰微とともに衰退してしまった神社や神道の故実を復興すること

は、神家の社会的責務であると主張し、そのための具体的な手だてとして、「神学類聚」編纂の構想(のちに『古今神学類編』)を付している。テキストは『神道叢説』。
参考文献 桜井勝之進「神家真野時綱」(『神道大系月報』四六)　(森　瑞枝)

しんかでん **神嘉殿** 平安宮内裏の西にある中和院(中院)の正殿。六月と十二月の十一日の神今食《じんこんじき》および十一月中卯日の新嘗祭に天皇はこの殿で祭儀を行なった。『日本後紀』延暦二十三年(八〇四)八月壬子条に暴風雨で中院の西楼が倒れた記事がみえ、神嘉殿はその前からあったのであろう。康平元年(一〇五八)二月、同殿は遷都以来はじめて焼けた(『百錬抄』)。神嘉殿は南面し、母屋塗籠七間、四面庇で、母屋中央三間を仕切って中殿または神殿とよび、神座をしつらえた。西二間には大床子を立て天皇の御座とし、東二間は内侍などの候所とした。なお、現在の皇居にも新嘗祭の行われる神嘉殿が新営されている。
参考文献 裏松光世『大内裏図考証』七・七附録(『(新訂増補)故実叢書』二六)　(福山　敏男)

しんかん **神官** (一)令制神祇官の前身官司。天武朝初年にはその存在が確認できる。神官はわが国に古くから存在した祭祀組織の系譜を引くものであるが、律令的な国家機構と祭祀体系の形成に伴い、それらを再編して成立したと考えられる。天武朝の神官は未熟・小規模な官司であったが、持統朝に至り官人構成や職掌がととのい、令制の神祇官にほぼ匹敵する構造・機能を有するようになった。なお、神官から神祇官への改称は、『浄御原令』または『大宝令』の施行時のいずれかと考えられるが、前者の可能性が強い。 ↓祭官《さいかん》 ↓神祇官《じんぎかん》
参考文献 西宮秀紀「律令神祇官制の成立について」(『ヒストリア』九三)　(熊谷　公男)
(二) ⇩神職《しんしょく》

しんかんせいど **神官制度** 明治以降の神職を官吏とする制度。明治四年(一八七一)五月、「官社以下定額、神官職制等ニ関スル件」が布告され、神宮・官国幣社・府藩県社・郷社の神職は神官と規定された。禄制は五年二月の神官給禄の定額では府県社以上の神官が官費(大蔵省)支出であったが、府県社は六年七月の布告「府県社神官俸給支給ニ関スル件」により、官国幣社に関しては二十年三月の官国幣社神官制度の廃止により、それぞれ国庫から給与の支給が打ち切られ、待遇官吏とされることによって、神職と呼称されるようになった。以降、神官の呼称は祭主・大宮司・少宮司・禰宜・権禰宜・宮掌の神宮祠官に限定された。神宮の神官は官吏であるため、服務規律・俸給・任用などに関してはいずれも法律上、一般文官と同様に取り扱われ、官国幣社以下の神職とは明確に区分されていた。昭和二十一年(一九四六)二月、神官制度は廃止され、神宮をはじめとして神職は全て民間人となった。
参考文献 岡田包義『神祇制度大要』　(松本　久史)

じんぎ **神祇** 日本固有の神である天神《あまつかみ》(天坐神・天社・天神)、地祇《くにつかみ》(地坐神・国社・地神)の総称。出典は中国の古典にあって、『尚書(書経)』『論語』などに天地・上下の諸神を示す天神《てんじん》・地祇《ちぎ》の総称として用いられていた。わが国での用法は大別して三種に分けられる。(一)『日本書紀』などの国史では「一切神祇」「祭祀神祇」「奉幣神祇」「神祇社」などと記して神事・祭祀・祭神・神社などの全般を指す言葉として用いられた。なお、国史には日本の固有信仰を示す類語として神道・惟神・随神などの語があるが、神祇は中世にはしばしば神道の同義語として用いられた。しかし神道の用例が傾向として日本固有の思想・信仰を仏教と対比する言葉として用いられたのに比べ、神祇は日本古来の神事を包括的に示す用語として使われている場合が多い。(二)律令制では「神祇令」「神祇式」「神祇官」「神祇官人」などと神事・祭祀・神社などに関する制度・法制上の用語として用いられた。中世には「神祇管領」「神祇長上」など祭祀に関する職掌を示す名称として使われた。(三)平安時代後期以降、寺院に地主神・鎮守神などの祭祀意識が高まると、仏法上の護法神に対し、仏法を擁護する日本の神を指す用語として用いられた。たとえば表白文の神分《じんぶん》に「殊当所鎮守稲荷明神、惣王城鎮守諸大明神・六十余州大小神祇」、あるいは起請文の神文に「梵天帝釈四天王、惣而日本国六十余州大小之神祇」などと記された。 ↓神道《しんとう》 ↓神分《じんぶん》 ↓天《てん》神地祇《じんちぎ》　(山本　信吉)

じんぎいん **神祇院** 昭和十五年(一九四〇)十一月九日、勅令第七三六号により官制公布された内務大臣の管理に属する神祇関係の官庁。皇紀二千六百年にあたるとされた同年を機に、従来の内務省神社局を同省の外局に昇格させたもの。勅令は第一条で、(一)神宮に関する事項、(二)官国幣社以下神社に関する事項、(三)神官および神職に関する事項、(四)敬神思想の普及に関する事項の事務を掌るとし、第二条で職員に総裁、副総裁一人(勅任)、局長二人(勅任)、秘書官一人(奏任)、書記官専任一人(奏任)、事務官専任一人(奏任)、理事官専任一人(奏任)、考証官専任二人(奏任、内一人を勅任となすことを得)、教務官専任二人(奏任)、調査官専任二人(奏任)、技師専任二人(奏任)、属専任十一人(判任)、考証官補専任二人(判任)、祭務官補専任二人(判任)、教務官補専任二人(判任)、技手専任一人(判任)を置き、第三条で総裁官房および総務局・教務局を置き、総裁官房および各局の事務の分掌は内務大臣これを定む、と規定した。第四条で神祇院に参与十人以内を置き、院務に参与せしむる旨を定め、第五条以下第十九条まで職員の任務が規定され、引続き分課規程が第一条から第十条まで、職務や院務の内容を明記している。ちなみに総務局には庶務・考証・造営の三課、教務局には指導・祭務・調査の三課があり、それぞれ事務を掌り終戦に及んだ。敗戦の結果、昭和二十年十二月十五日連合国最高司令官総司令部より日本政府宛の覚書

により、同二十一年一月三十一日神祇院官制は廃止され、ここに神社の国家管理は完全に終った。→神社局《じんじゃきょく》

参考文献 阪本健一編『(明治以降)神社関係法令史料』、神祇院教務局編『神社局時代を語る』 （阪本 健一）

じんぎかん 神祇官 (一)律令官制の二官の一つで、天神地祇の祭祀を執行し、諸国の官社を総管し、その祝部の名帳と神戸の戸籍等を掌るなど、神祇行政全般を管掌した中央官庁。和名は「かみ(または「かむ」)づかさ」。唐名は大常または祠部。官人は伯(従四位下)・大副(従五位下)・少副(正六位上)・大祐(従六位上)・少祐(従六位下)・大史(正八位下)・少史(従八位上)各一人。伴部として神部三十人・卜部二十人と、雑事に従う使部三十人および直丁二人の規定であるが、のちに史生・官掌が置かれた。伴部の神部は神事の実務に従事するもので、『古語拾遺』に「神部可㆑有㆓中臣・斎部・猿女・鏡作・玉作・盾作・神服・倭文・麻績等氏㆒」とみえ、古くはいわゆる「負名《おいな》」の氏から任ぜられたらしいが、のちには中臣・忌(斎)部両氏が多くなった。卜部は亀卜に従事するもので、『延喜式』臨時祭式に「其卜部取㆓三国卜術優長者㆒」とみえ、「伊豆五人、壱岐五人、対馬十人」と注している。その中から天皇・皇后・東宮などに候する宮主《みやじ》が補任され、また宝亀六年(七七五)には、亀卜に長じたもの二人を亀卜長上に任ずることに定められた。このほかにも令文にみえない巫《かんなぎ》という神祇官のまつる神に仕える女性や、戸座《へざ》という童男、御火炬《みひたき》と称する童女などがいた。神祇官の源流については、『日本書紀』の継体・欽明・皇極三天皇紀に「神祇伯」がみえるが、編纂時の追筆と考えられている。『古語拾遺』に孝徳朝に斎部作賀斯が「拝㆓神官頭㆒」とあり、「今神祇伯也」と注されているため、源流を孝徳朝に求める説があったが、東野治之により「拝祠官頭」の誤りで、注記もなかったことが明らかにされ、否定された。『日本書紀』天武紀には「神官」、持統紀には「神祇官」がしばしばみえ、その源流をこの両朝のいずれに求めるかで、見解が分かれている。また、神祇官が『養老令』職員令の筆頭に書かれているため、神祇官は太政官よりも上級の官庁と考えられていたが、中村直勝は、神祇官と太政官の文書往復に、公式様のどの様式を用いているかを検討し、神祇官は太政官より下級の官庁であることを明らかにした。→神官《しんかん》

参考文献 『古事類苑』官位部一、岩橋小弥太『神道叢説』、石尾芳久『日本古代の天皇制と太政官制度』、岡田精司『古代王権の祭祀と神話』、西山徳『上代神道史の研究』、東野治之「大化以前の官制と律令中央官制―孝徳朝の中央官制を中心として―」(『日本歴史』三六二)、中村直勝「文書の形式より観たる神祇官の地位」(『寧楽』七)、西宮秀紀「神祇官成立の一側面」(『続日本紀研究』一九七) （今江 廣道）

神祇官領 律令制下の神祇官の経済は、延喜神祇官式にくわしく規定するように、関係諸司・諸国の供給と正税とをもって年中の費用を弁じたが、律令制の集権的中央財政の衰退に伴い、全国の神祇官管下の諸社から年貢を徴収して官中の用度を支える体制に切り替えられた。それは諸司の経済が諸国から徴納する料物によって支えられた料国制に対応するものであろう。永万元年(一一六五)の『神祇官御年貢進社事』(宮内庁書陵部蔵)には、畿内および東海・東山・北陸・山陰・山陽・南海六道の諸国にわたる百一社を載せ、その注記などからみて、平安時代中期から後期の間に成立したものと考えられる。しかし鎌倉時代には、諸社の貢進が急速に減退する一方、摂津国の広田社とその摂社西宮を神祇伯職に付属する神祇官領とし、広田郷を中心とする広大な社領や淡路国広田荘を管領した。ほかに神祇官領としては、備中国久米荘に関する延慶三年(一三一〇)の文書が『伯家秘記部類』(宮内庁書陵部蔵)に収められ、その一通は同荘預所職補任状で、神祭米以下のことを懈怠なく進済すべき旨を下命している。また洛中大炊御門町の東西にわたる神祇官町は、もと厨町から起り、神役課徴の対象となったが、室町時代には地子銭を徴収している。官町は神祇官の重要な所領として存続し、保元三年(一一五八)以降近世初頭に及ぶ文書が、宮内庁書陵部所蔵の『神祇官文書』『伯家秘記部類』や『忠富王記』などに収められている。

参考文献 奥野高広「神祇官領について」(『国学院雑誌』五二) （橋本 義彦）

(二)明治元年(一八六八)に再興された神祇関係の最高官庁。元年正月十七日に総裁・議定・参与の三職を置き、議定をもって神祇事務総督に充て、その下に神祇事務掛があった。二月三日三職八局の制を定め、八局中に神祇事務局を置き、祭祀・祝部・神戸のことを統督せしめ、三月十三日王政復古、祭政一致の制に復し、まず神祇官再興の上、逐次諸祭典も興さるべき旨を告げ、三月十八日諸神社執奏支配は今後神祇事務局において取り扱い、神宮・賀茂の伝奏のみは従前のとおりと達した。閏四月二十一日職制を改め、太政官を分かって七官とし、はじめて神祇官の再興をみた。職員には、知官事・副知官事・判官・権判官などがあった。二年七月八日官制を改定して神祇官を太政官のそとに特立し、伯・大副・少副以下の職員を置き、伯は祭典を統べ、諸陵を知り、宣教を監し、祝部・神戸を総判する重任を負担した。こえて四年八月八日神祇省と改められたが、神祇官の内容、その名と実とに深く検討が加えられた結果とされる。→神祇省《じんぎしょう》

参考文献 阪本健一編『(明治以降)神社関係法令史料』、常世長胤『神祇官沿革物語』、藤井貞文「神祇官の再興と其機能」(『歴史地理』六五ノ二・三・五) （阪本 健一）

じんぎかんだい 神祇官代 律令体制崩壊ののち、その体制下の神祇官の代りとされた機関。令の規定により設けられた神祇官は、国家祭祀・神祇行政統括の重要機関として存在したが、律令体制が崩れるとともに、その組織・職掌も乱れて鎌倉時代にはその実をほとんどなくし、

南北朝時代以後いよいよ衰え、応仁の乱後その庁舎もなくなり、延徳ころ神祇伯忠富王が吉田兼倶と復興を計画したがならず、天正十八年(一五九〇)吉田家が、もとの神祇官の八神殿を京都神楽岡の吉田神社内に設けてのち、慶長十四年(一六〇九)になり、それ以前文明十六(一四八四)、七年ころ、吉田兼倶が吉田神社内に設置した斎場所をもって神祇官代とすることとし、それ以後明治維新まで存続した。→太元宮《たいげんぐう》

参考文献 『古事類苑』官位部一、『大日本史料』一二ノ六、慶長十四年九月十六日条 (鎌田　純一)

じんぎかんねんじゅうぎょうじ　神祇官年中行事　鎌倉時代における神祇官の年中行事を記した書。撰者不詳。一巻。恒例行事六月・九月条に、祭主大中臣隆世の名がみえるので、隆世の祭主在職期間である宝治二年(一二四八)から正元元年(一二五九)の間に成立したものと推定される。内容は神祇官の恒例・臨時の年中行事について略述したもの。冒頭に正月から十二月までの恒例行事を列記。ついで臨時行事として、神社行幸・御方違行幸・朝覲行幸・御元服・斎宮卜定・斎院卜定を、さらに「本官差進使事」として、神祇官人が参加する太神宮御遷宮・伊勢覆勘損色・斎宮群行・同清祓使・宇佐勅使・践祚・同大殿祭・御即位由伊勢奉幣・御即位行幸・大嘗会・臨時伊勢奉幣・丹生貴布禰使・臨時鹿嶋香取両社使・熱田社使・日前国懸社使・祈雨十一社奉幣使・一代一度太神宝伊勢使・出雲杵築大社覆物・住吉遷宮を列挙する。本文の後、建久九年(一一九八)の王氏年爵奏案文、安元二年(一一七六)の神祇伯初任次第神事、元仁元年(貞応三、一二二四)の初任吉書記、元暦元年(一一八四)の裹帳女王用途事注進状を付載する。『群書類従』公事部所収。

参考文献 『群書解題』六 (伊藤　聡)

じんぎかんはっしん　神祇官八神　神祇官西院で御巫《みかんなぎ》が奉祀する神々。『延喜式』神名上「御巫祭神八座」によれば、神祇官八神とは、神産日神・高御産日神・玉積産日神・生産日神・足産日神・大宮売神・御食津神・事代主神の八神とある。これらの神々は、『令集解』職員令神祇伯条および『延喜式』四時祭下鎮魂祭条によれば鎮魂祭に奉祀される神々であり、『延喜式』祝詞祈年祭条には「皇御孫の命の御世を手長《たなが》の御世と、堅磐《かきわ》に常磐《ときわ》に斎《いわ》い奉《たてまつる》」とみえ、いずれもが天皇の玉体守護を職掌としたことが窺われる。『古語拾遺』によれば、天照大神と高皇産霊神の命により、神武天皇が神籬《ひもろぎ》を立て奉祭したのが嚆矢といわれているが定かではない。八神をまつる鎮魂祭の成立から考えて、天武天皇が壬申の乱に勝利してのち、奉祀したという説もある。八神を奉祀する八神殿は、応仁の乱で焼亡したのち、神祇官人である白川家および吉田家がそれぞれ奉斎し、明治に及んで再興された。

参考文献 西田長男「八神殿の成立」(『日本神道史研究』八所収) (藤森　馨)

じんぎかんれいいちょうじょう　神祇管領長上　室町時代中期以降江戸時代末期まで、吉田家の当主が神道界の首長たることを主張し、自称した称号。神祇長上・神道長上・神祇管領勾当長上・神道棟梁・神祇管領などとも称した。吉田家は卜部氏の一統、卜部氏はもと神祇官の一官僚家であったが、神祇官の衰退した室町時代中期に兼倶が出てより、神祇伯に対抗し、その家は天児屋根尊の末裔で、その祖以来の宗源元本の神道を継承して来たと称して、いわゆる吉田神道を樹立、朝廷に近づいて次第に全国の神社・神職を配下におき、かく自称して、以後子孫がそれを継承した。同家に伝来した安元元年(一一七五)高倉天皇綸旨に「神道之棟梁」、嘉禄三年(安貞元、一二二七)後堀河天皇綸旨に「神祇之管領長上」とのごとく、すでに記されていたというが、いずれの綸旨も偽作。しかし、江戸幕府によりその地位は保証されて、幕末まで神社界にその権威を示した。→唯一神道《ゆいいつしんとう》 (鎌田　純一)

じんぎくん　神祇訓　神道の歴史的な淵源や思想的な特色を説き、祭礼や死生観までを論じた教訓書。著者は江戸時代前期の儒学者貝原益軒(一六三〇—一七一四)。全一冊。宝永元年(一七〇四)成立。益軒は筑前国福岡藩士で、神道に関しては、益軒の先祖が吉備津神社の神職だったこともあり、神道研究にも熱心であった。彼は本書で「神道を誠とし、正直清浄を本とするを以て道とす」と述べ、神道の本質を人倫の教えと説くところにあり、それゆえ「堯舜孔子の道」つまり儒教と一致するといって、神儒合一論を基礎とする。だが神仏関係も混合すれば「虚誕妖妄」となり神仏の良さを相殺するが、おのおのの教えは人倫にも効果があるとする。また記紀は人類史として読み、あくまで神話を人事として合理的に解釈することを説いている。『益軒全集』三(明治四十三年(一九一〇)、益軒全集刊行部)所収。

参考文献 井上忠『貝原益軒』(『人物叢書』一〇三)、筑紫豊「太宰府天満宮と貝原益軒」(『神道史研究』一七ノ五・六) (矢崎　浩之)

じんぎし　神祇志　徳川光圀撰修の『大日本史』の志類のうちの神祇志で、同書巻第二百四十四から第二百六十六に至る二十三巻に神祇志二十三篇を収める。内容は神代から南北朝時代に至る神祇史(志一—三)、祭儀(志四・五)、伊勢大神宮・宮中祭神・諸国神社(志六—二一)、社殿(志二二)、神官(志二三)から構成している。諸国神社には『延喜式』神名式記載神社のほか「官帳不載社」として国史などにみえる国史現在社を併せて収録している。編纂は水戸藩青山延彜《のぶつね》(一七二九—一八〇一)、同延于《のぶゆき》(一七七六—一八四三)父子が『大日本史』のために編纂した『神祇志』(二冊)草稿に、栗田寛《ひろし》(一八三五—九九)がその著『神祇志料』をもって補修・増訂した。明治三十九年(一九〇六)二月に『大日本史』のうちとして完成し、明治四十四年から大正七年(一九一八)にかけて吉川弘文館から活字本(十五冊のうち)として、ついで昭和四年(一九二九)四月に大日本雄弁会から十六冊のうちとして出版さ

れた。　（山本　信吉）

じんぎし　神祇史　明治時代に著述された近代史学にもとづく神祇史概論。一冊。宮地直一《みやじなおかず》（一八八六―一九四九）著。明治四十三年（一九一〇）十二月十八日、皇典講究所国学院大学出版部刊行。例言によれば宮地が明治四十二年九月から十週間、皇典講究所で開催された神職講習会で講述した講義録筆記を骨子として増訂修補したもので、神代から平安時代に至る神祇史上の重要課題二十四項について論述している。同氏は本書の続編として明治四十五年七月五日に『続神祇史』（上下、一冊、大野書店刊行）を発表し、上編に鎌倉時代神祇史の主要事項十一項、下編に神体・神饌・建築・祭典・行事など十四項を記述した。なお、同氏はこののち大正八年（一九一九）十一月五日に文科大学における十回講義をまとめた『神祇史綱要』を著述し、ついで同十三年十一月五日に『神祇史の研究』（古今書院刊）を刊行し、前書を神祇史の普遍的記述、後書を姉妹篇たる特殊的解説としている。この四書は壮年時代の宮地史学の骨子を伝え、近代における神祇史の実証的研究書として注目された。　→栗田寛《くりたひろし》　→宮地直一《みやじなおかず》　（山本　信吉）

じんぎしき　神祇式　『延喜式』（五十巻）の巻第一から第十に収める神祇に関する式で、神祇令の施行細則である。ただし平安時代前期に朝廷がまつる祭祀が増大したため、神祇令の規定よりその内容が拡大している。構成は八章からなり、巻第一・二が四時祭上下、第三臨時祭、第四伊勢大神宮、第五斎宮寮、第六斎院司、第七践祚大嘗祭、第八祝詞、第九・十神名上下である。『延喜式』神祇式に先行する式として弘仁・貞観式の神祇式があるが現存せず、弘仁神祇式の逸文が『本朝月令』などにみえている。また『延喜式』春宮坊の分注に「神祇官式」、同太政官の分注に「斎宮式」「斎院式」の呼称がみえるから、必要に応じ章別に独立した式として扱われることがあったと思われる。神祇式の特徴はほかの『延喜式』の各式が省・寮・司など官司別に規定を定めた諸司式であるのに対し、律令国家が行う祭儀を中心に定めていることである。神主・祝・神戸など神職・神民の任用処遇、あるいは神税など財政に関する神祇官行政としての規定は臨時祭章に記載があるが、諸祭儀の執行・運営など神祇行政全般に関する規定の多くは太政官式に記されている。また神祇官が負担する以外の祭祀の供物・料物などは種類・内容に応じて内蔵寮式その他関係諸司式に記載されている。なお、「延喜式序」では「祭祀宴饗之礼」は『儀式』に規定があるので『延喜式』に載せないと述べて、『儀式』との関連性を示している。このように神祇に関する諸規定が神祇式以外の諸司式に分散して記されているのは、平安時代前期に諸神社の祭祀の公祭化が進む中で官司の負担が増大したためでもあるが、基本的には神祇は太政官と神祇官との重層事項とされ、神祇官はもっぱら祭祀を専務し、太政官が祭祀・神社の運用を行うという令制の在り方を反映したためと思われる。なお、巻第九・十の神名式は宮中・京中・五畿・七道諸国の天神地祇三千百三十二座の神社・神名を地域別に掲げ、名神の別、大小の社格、四時祭の班幣の有無・種別、官幣・国幣の別を注記していて神社に関する基本史料として重視され、神名式記載の神社は官社のちに式内社と称された。平安時代中期から鎌倉時代にはこの神名式に准じて神名・神階を記した諸国神名帳が和泉国・尾張国・三河国・伊豆国・筑後国などで作成された。神祇式の古写本は九条家本『延喜式』のうちに巻第一・二・四・六・七・八・九・十の八巻、一条家本に巻第一から五に至る五巻、武田祐吉氏旧蔵中院本の巻第十、卜部兼永本・卜部兼右本などがある。　→延喜式神名帳《えんぎしきじんみょうちょう》

参考文献　虎尾俊哉編『延喜式』上、岡田荘司「平安前期神社祭祀の公祭化」（『平安時代の国家と祭祀』所収）　（山本　信吉）

じんぎじてん　神祇辞典　神祇・神社・祭礼・神道などに関する辞典。山川鵜市《ういち》著。一冊。大正十三年（一九二四）、平凡社刊。項目数は二千五十四、五十音順、片仮名・漢字の順に並んでいる。当辞典の刊行以前は神祇全般に関しては『神道名目類聚抄』や『神職宝鑑』などを手引とするほかなく、山川はこれを遺憾として、明治四十五年（一九一二）より編集に着手し、十四年の歳月をかけ出版をなしとげた。表、図版、一覧をはじめ大祭式次第、行列次第などを入れたところもあり、資料としても有効である。印刷も完了した出版直前の大正十二年九月、関東大震災により原稿・図版・紙型などすべて灰燼に帰したが、校正刷の大部分が手許に残っていたのでこれを基に再挙をはかり、翌十三年五月に刊行した。上田万年・芳賀矢一・宮地直一の序および自序一五頁、本文七四八頁、内容索引二〇頁、字画索引六〇頁、巻末に平凡社社長下中弥三郎の跋がある。山川鵜市は明治九年静岡県に生まれ、三十一年神宮皇学館を卒業。長野県立中学校教諭となり、ついで四十四年より唐沢山神社、鎌倉宮、広瀬神社、龍頭山神社各宮司などを歴任し、昭和十七年（一九四二）退職した。　（橋本　政宣）

じんぎじむきょく　神祇事務局　⇩神祇官《じんぎかん》

じんぎしゅうい　神祇拾遺　鎌倉時代以降に成立した神祇関係の諸説を室町時代末期に集成した書。著書は定かではないが、一説には卜部兼倶の孫兼満の著ともいう。一巻。成立時期は定かではない。天神七代の垂迹、地神五代の垂迹を記したのち、愛宕権現以下の神々の本縁が記されている。三輪大黒の項に「当社大黒ヲ愛スルコト、近来ノ沙汰ナルベシ、伝聞正和ノ比、釈最澄作シ三面一体ノ木像ヲ持来シテ、神物トナラン事ヲ願テ安置シタリシガ、盲昧ノ族敬崇テ、明神ノ御垂迹ト称シ奉也、（中略）彼仏ニ陥輩、天竺ニ称ス大黒天ト一物トスルコト、尤不可然事也」とあり、また祇園感神院事にも「艮下兌上、咸艮少男素戔烏、兌少女稲田姫」とあるように、仏説を排斥し、『易経』の用語やわが国の古典によって神々を理

解しようという姿勢がみられる。なお、書名の拾遺は無窮会神習文庫所蔵の一本の奥書によれば、著者ともいわれる兼満が侍従の官にあり、その唐名が拾遺補闕であることに由来するという。『続群書類従』神祇部所収。

参考文献 『群書解題』二上　（藤森　馨）

じんぎしょう　神祇省　明治初期に置かれた神祇行政の中央機関。明治四年（一八七一）八月八日、神祇官は神祇省となり、官制等級が改定された。太政官を本官とし、諸省を分官とし、寮司は官省の支官となった。神祇省では、一等官は卿と宣教長官、二等官は大輔と宣教次官、三等官は少輔、四等官は大丞と宣教判官、五等官は少丞と宣教権判官、七等官は大掌典、八等官は大録と中掌典、九等官は権大録と少掌典、十等官は中録、十一等官は権中録と大神部、十二等官は少録と中神部、十三等官は権少録と少神部であった。ついで九月八日、神饌幣帛ならびに諸調度などすべて神祇省にて取り計るべく定め、同二十九日に省中に御巫・権御巫を置き、十月十七日にこれを内掌典・権内掌典と改めた。明治五年正月二十日官等が定められると、神祇省は卿以下十三等に、宣教使は長官以下十四等の等級となり、それぞれ勅任・奏任・判任の官等が配された。しかるに三月十四日神祇省が廃されて、教部省が置かれると、翌十五日神祇省中の大中少掌典・大中少神部など祀典関係の官は式部寮に移され、同月二十三日祭事祀典事項は、すべて式部寮で執行することとなった。しかして明治三年正月四日神祇官中の神殿に、天神地祇、八神、御代々の神霊が鎮祭されていたものが、四年九月十四日神祇省中の皇霊を宮中に遷座、ついで神祇省が廃せられると、五年三月十八日元神祇省鎮座の天神地祇・八神も宮中に遷った。↓教部省《きょうぶしょう》　↓宣教使《せんきょうし》

参考文献 阪本健一編『（明治以降）神社関係法令史料』、常世長胤『神祇官沿革物語』　（阪本　健一）

じんぎしょうごうこう　神祇称号考　神祇に関する称号の名目の考証。四巻。小山田与清《ともきよ》（一七八三―一八四七）著。成立年次不詳。全巻は四十五項より成り、総計九十九の名目について解説する。巻一には、現人神（明津神）・荒御魂（和御魂）・幸魂（奇魂）・叢祠（叢社）・櫟社・仁祠（神祠）・番神・鎮守（鎮主）・法王（金勢神）・仏神（中子・蕃神・他神）・梵尊・神館（斎館）・大社（中社・小社）・天女・権現、巻二には、御祖神（御子神・苗裔神）・宝殿（財殿）・鎮座・勧請・大神（大御神）・内宮（外宮）・神籬（胙）・新宮（新社・本宮）・今宮（疫神）・神庫（神府・宝倉・禿倉・斎蔵）・田社・広前・本居（産土神）・大宮（小宮）・神宮（神院）・菩薩、巻三には、官社（官帳・神祇官記・神帳・神名帳・公簿・僧寺官帳・本神・官知神・未官知神・定額）・名神（明神）・明神（大明神・大名神・明神号）・命神・宮（宮号）・参宮（社参・参謁）・宗廟（社稷）、巻四には、社（社号・宮号・廟号・官社・田社・官知社・未官知社）・廟・神明・枌社・南無・大自在を収録。『神道叢書』四・五所収。　（伊藤　聡）

じんぎしりょう　神祇志料　神祇に関する考証的研究書。栗田寛著。十七巻。明治四年（一八七一）六月成稿。第一巻は「神代事実」として神代を記述対象となし、第二―四巻は神武天皇から後小松天皇までの「神祇沿革」を概説する。第五巻は朝廷における「恒例臨時祭儀」の考証、第六―十六巻は「神社」で、宮中・京中以下、全国の延喜式内社の所在・由緒・沿革などを考究し、各巻尾に式外の諸社を付載する。第十七巻は「宮殿の制」として神祇官・伊勢神宮・出雲大社を扱うが、さらに神官・神官把笏・叙位・太占などにも言及する。参考文献は六国史以下の五百余部にわたり、精緻な考証の成果は高く評価される。栗田寛は安政五年（一八五八）彰考館に入館、『大日本史』の志表編纂にあたるが、本書の凡例において「神祇地理の二志は、草稿のみにて、未だ成整はずと云り。故甚惜くて、窃に神祇の事を考へ見むと思起してより、十年ばかりの間は、公務の暇、殊に数多の書籍を見まさぐり、神祇の事に係りたるをば、置高成《おきたかなす》までに抄録おきて、彼と此と較合せ引証《あかし》考索《かんがえ》、其異同を正しつゝ、三度稿を易て、神祇志料十七巻としつ。之を以て自ら足れりとし、善とするにはあらず。唯此書に因て、猶よく増補《まし》も改竄《あらため》もし、猶よく討論《ただしあげつら》ひて、後の志を修むる一助ともなりなんには（下略）」と記す。すなわち、本書は『大日本史』十志中の神祇志編纂のための準備作業として著わしたことが明らかであり、しかも十年ほどの歳月をかけ、三度にわたり稿を改めたことがわかる。明治九年和装活字版（十七巻、五冊）で印行。同二十年同じく和装活字版で再刊されたが、これには著者自身によるその後の補訂本が収載されており、ために二十一巻、十七冊の構成をとる。昭和二年（一九二七）には皇朝秘笈刊行会より洋装本二冊（補訂本二十一巻）として刊行された。なお『神祇志料』に付帯して明治六年に『神祇志料附考』十六巻が成っている。『志料』の記述にあたり、関連して生じた種々の問題についての見解や資料を集成したもので、長らく原稿のままであったが、昭和二年の『志料』再刊に際し、同じく洋装本二冊として刊行された。↓神祇志《じんぎし》

参考文献 照沼好文『栗田寛の研究』（『国学研究叢書』九）　（土岐　昌訓）

じんぎせいそう　神祇正宗　諸社・神道に関する吉田流卜部氏の家説をまとめた書。著者は卜部兼邦といわれるが、兼邦の父兼名も編著に関与したとする説もある。一巻。兼邦は吉田神道の大成者兼倶の弟。したがって、本書の成立は、室町時代後期ころと推測される。兼邦は吉田山に住し、家学の神道をおさめ、和歌をよくし、『兼邦百首哥抄』などの編著がある。内容は、宗廟社稷神之事・伊勢外宮内宮之事・石清水八幡宮之事・八幡大菩薩者釈尊再誕知之事・内裏三十番神・両部習合之神道之事・本地垂迹之事・神明之利生譲仏陀事・法性神有覚神之事・権者神実神之事・氏神氏子之事である。法性神有覚神之事・権者神実神之事は吉田神道の学説であり、氏神氏子

之事も「兼名曰」とあるように、卜部兼名の説であり、家伝の書としてふさわしい内容となっている。奥書によれば、本書は、「右一巻之書ハ、吾家之秘極也」という扱いを受け、子々孫々の亀鑑となり、余人には披見が許されなかったという。『続群書類従』神祇部所収。

（藤森　馨）

参考文献　『群書解題』二上

じんぎせいど　神祇制度　⇨神社制度《じんじゃせいど》

じんぎぜんしょ　神祇全書　全国式内式外の諸国神名帳、祭祀、縁起、社領などの神祇に関する主要な史料集。五輯。皇典講究所・神宮奉斎会発行。佐伯有義（代表者）・本居豊穎・井上頼囶・宮地厳夫・高山昇纂輯校訂。明治三十七年（一九〇四）・三十八年の日露戦争に対する記念事業の一として出版計画されたもので、明治三十九年十月第一輯を刊行し、二年二ヵ月を経て四十一年十二月第五輯の刊行を終えた。所収の書目九十一種、冊数百三十一冊、紙数およそ三千五百頁に及ぶ。各冊の凡例に所収書の略解題を付す。当初の企画では年中の祭祀行事作法、喪儀服暇に関する諸書より諸家の論説考証に至るまで、およそ神祇に関する諸書を余すところなく網羅し、以てその道の一大宝庫となさんとするものであったが、他日を期すこととしたことが第五輯末尾の「神祇全書出版紀要」にみえる。書目は次の通り。

1諸社根元記・神名帳考証・（度会延経）・神社私考（伴信友）・二十二社徴考（堀直明）・二十二社参詣記（度会延賢）・式外神名考（吉野重泰）

2神祇宝典（徳川義直）・一宮巡詣記抜萃（橘三喜）・総社或問（猿渡容盛）・巡礼旧神詞記（宮田泰好）・諸社御朱印写・日本寺社領員数記抜萃・諸祭神略記（小池内広）・歌神考（千家尊澄）・七福神考（山本時亮）・七福神伝記（増穂残口）・蕃神考（伴信友）

3太神宮儀式帳頭註（荒木田経雅）・外宮儀式帳私考（石崎文雅）・豊受皇太神宮年中行事今式（豊受宮禰宜編）・山城国式社考（水島永政）・洛陽寺社縁起抄・和州五郡神社神名帳大略註解巻四補闕・和泉国内神名帳・住吉神社神代記事

4神名帳考証再考（度会正身）・尾張国神名帳（伴信友校訂）・参考尾張本国帳（天野信景）・参考本国神名帳集説（天野信景）・熱田宮旧記・参河国官社考集説（羽田野敬雄）・参河国内神明名帳集説（羽田野敬雄）・遠江国式内社摘考・駿河国式社備考（高平）・駿河国式社略記（大井菅麿）・駿府内外寺社記抄・伊豆国式社考（竹村茂雄）・豆州式社考案（竹村茂正）・甲斐国寺社由緒書抄・武蔵国式内四十四座神社命附・武蔵総社誌（猿渡容盛）・安房国神社志料（邨岡良弼編）・上総国神社志料（邨岡良弼編）・下総国式社考（清宮秀堅）・常陸国二十八社考（青山延彝）・鹿島神宮古文書抄（鹿島敏夫編）・大洗磯前神社本縁（徳川綱条）・淡海国神社所在私考（渡部朗）・延暦寺本美濃国神名帳・美濃国式社考（度会公清）・飛騨国総社考（田中大秀）・総社本上野国神名帳・陸奥国信夫郡伊達郡神名帳（内池永年）・会津神社志（会津藩編）・塩竈神社祭神考（黒川春村）・金華山詣（燕石斎薄墨）

5若狭国官社私考（伴信友）・若狭国神名帳私考（伴信友）・越前国惣神分・加賀国式内等旧社記・能登国式内等旧社記・越中国式内等旧社記・越中国神社志料（佐伯有義編）・越後国式内神社案内（藤原武重）・村上寺社集覧抄・但馬国式社考・因幡志神社考・出雲国式社考（千家清主）・雲州式社集説（原睿）・石見国式内神社在所考（藤井宗雄）・隠州神名帳・播磨国内鎮守大小明神社記・播州寺社旧記抄・播磨国式内神社考（田住貞義）・射楯兵主神社考（上月為彦）・備前国神名帳・備前国神名帳考（湯浅明善）・備前国式社考・備中国式内外神名帳（小寺清之）・安芸国神名帳考・周防国式内神社考（松岡経平）・南海道紀伊国神名帳・南紀神社録・阿波式内神社考（長谷川貞彦）・阿波国式社略考（永井精古）・讃州廿四社順拝案内略記・豫州二十四社記・土佐国式社考（谷重遠）・筑後国神名帳・大隅国神階記・三国神社伝記（大河平隆棟編）

（橋本　政宣）

じんぎどうけ　神祇道家　神道に関する一家の故実や教説を構え、神道を家職とする家。神祇官人となる家筋が平安時代中期から次第に固定化してくるが、末期には花山源氏から出た顕広王が神祇伯に任じられて以降その子孫がこれを継承し、後世神祇伯王家（伯家・白川伯王家）と称された。また神祇官の副（次官）には卜部氏や大中臣氏が歴代補任されるようになる。これらの家筋が後世、神祇道家として確立していった。室町時代に卜部（吉田）兼倶が神道長上・神祇長上を称して吉田神道を提唱する。以後吉田家が宗源宣旨や神道裁許状などの授与を通して諸国の神社・神職を配下に組織して神祇道家を形成していった。これにより寛文五年（一六六五）の「諸社禰宜神主等法度」では、吉田家の神職支配が江戸幕府より公認された。これに対抗して白川伯王家も江戸時代初期の雅喬王の時代に家学を確立して伯家神道を提唱し、吉田家と神社・神職支配を争った。ほかに、伊勢神宮祭主の職を世襲した大中臣祭主家である藤波家などが神祇道家として知られる。

（佐藤　眞人）

参考文献　『卜部神道』上・下（『神道大系』論説編八・九）、『伯家神道』（同一一）

じんぎどうぶっきりょうひしょう　神祇道服紀令秘抄　吉田神道服忌令の注釈書。卜部兼武撰。正保二年（一六四五）成立。一巻。吉田流の服忌令百三十六条（服喪六十五条、死穢十五条、雑穢四十八条、産穢八条）について、逐条に注釈したものである。撰者兼武については、吉田神道卜部氏の一門と推されるが事蹟については未詳。本書巻末の識語には「右服忌令抄者、以二卜部代々真筆之記録一、悉書二抜之一、不レ漏二一事一者也、寔秘中之深秘書、堅莫二外見一云云」とあり、吉田兼致筆『神事雑類抄』、同兼右筆『見忌抄』、同『服忌問答抄』など、吉田家歴代の服忌令の注釈を抄出したものである。特に問答部分は兼右の書に多く拠る。ただし、兼武自身の追筆部分も多く含む。典拠として吉田家相伝の家書や諸記録が指摘されており、触穢に関する研究に資するところが多い。続群書類従本の底本は内閣文庫本であるが、吉田家旧蔵書を収めた天理図書館吉田文庫にも三本の写本が現存する。『続群書類従』神祇部所収。

参考文献 『群書解題』一下 (伊藤 聡)

じんぎはく 神祇伯 律令官制の神祇官の長官(従四位下相当)。神祇の祭祀、祝部・神戸の名籍、大嘗・鎮魂・御巫・卜兆を掌るなど、官中のことを総判するを職務とした。初期には神祇氏族である中臣氏が多く補任され、やがて他氏の任例をみるに至ったが、貞観十八年(八七六)棟貞王の補任以後は王氏が多くなり、永万元年(一一六五)花山天皇の後裔顕広王の補任以後は、その子孫白川家の世襲の官職となった。よって同家はまた伯家《はっけ》とも称された。同家は源氏賜姓後、神祇伯任官とともに王氏に復し、王号を称するという殊遇を得ているが、そのはじまりについて、従来、これを顕広王からとしていたが、藤森馨によって、その説の誤りであること、顕広王の孫資宗王の任伯時が最初であることが明らかにされた。

参考文献 『古事類苑』官位部一、『神祇伯記』、『神祇伯補任』、曾根研三『伯家記録考』、久保田収「伯家の成立と分流」(『皇学館大学紀要』一三)、小松馨「白川伯王家の成立」(『神道宗教』一一六) (今江 廣道)

じんぎふでんずき 神祇譜伝図記 『倭姫命世記』と対をなす中世伊勢神道書の一つ。著者不詳。一巻。本書は、遅くとも鎌倉時代末期の『類聚神祇本源』に引用される以前に成立している。本書を『太神宮神祇本記』の上巻とし、『倭姫命世記』を下巻とすることが『類聚神祇本源』などにみられることより、上・下二巻をなすものであれば上巻よりまず成立したと思われるので『倭姫命世記』の成立が問題となる。弘安八年(一二八五)の『伊勢二所太神宮神名秘書』が『倭姫命世記』を引用して成立したと思われるため、鎌倉時代中期以前となる。後者の奥書にみられる大治四年(一一二九)書写を信じてよいという説(神道大系本同書解題)もあるが、現在未定。内容は、『古事記』神系譜を骨格としつつ度会氏の祖と荒木田氏の祖を引き出したもの。伝本は、二本確認されており、一本は松尾大社本(『松尾大社史料集』文書篇二)、一本は皇学館大学本(『神道資料叢刊』一)である。『大神宮叢書』度会神道大成前篇に両本を校合した校訂本が収められている。

参考文献 西田長男「度会神道成立の一斑―新出の『神祇譜伝図記』に沿って―」(『大倉山論集』四) (白山芳太郎)

じんぎほうてん 神祇宝典 式内社考証書の一つ。尾張藩主徳川義直編。九巻・附図一巻、十冊。正保三年(一六四六)二月撰。伊勢の神宮をはじめ、延喜式内社、また式外のうち由緒ある神社について、六国史・『先代旧事本紀』『古事記』『古語拾遺』『新撰姓氏録』その他により考証、また各社縁起、社司相伝、中臣・卜部氏らの説、郷村の古老の話すところ、さらに『神皇実録』『釈日本紀』『元元集』『二十二社由来』『日本書紀纂疏』などをも参考として記した書。その義直の序に、当時本来の神社に対して神仏習合しての浮屠流伝、また陰陽五行説をもととした附会の説の多いことなどより、それらを退け本来の真姿を考証明確にすることを目標とすると記しているが、式内社研究の初期の書として、堅実な成果をみせている。原本は名古屋市蓬左文庫所蔵。『神祇全書』二所収。 (鎌田 純一)

じんぎりょう 神祇令 『大宝令』『養老令』の篇目。『養老令』では第六篇、二十条。唐の祀令を範として、神祇信仰に基づく国家祭祀の大綱を定める。常祀の祈年祭(二月)・鎮花祭(三月、大神・狭井社)・神衣祭(四月・九月、伊勢神宮)・大忌祭(四月・七月、広瀬)・三枝祭(四月、率川社)・風神祭(四月・七月、竜田社)・月次祭(六月・十二月)・鎮火祭(六月・十二月、宮城四方外角)・道饗祭(六月・十二月、京城四隅道上)・神嘗祭(九月、伊勢神宮)・相嘗祭(十一月、大倭社など)・大嘗祭(十一月、のちの新嘗祭)・鎮魂祭(十一月)を別式の定めに従ってまつること、天皇即位儀礼、国家祭祀の管理・運営、大祓(六月・十二月)、神戸による官社の維持を定める。それらの詳細は『延喜式』などの規定にみられる。『養老令』神祇令の本文は『令義解』(宮内庁書陵部所蔵藤波本・国学院大学所蔵猪熊本)および『令集解』により知られる。註釈には、中世後期の『令抄』、近世の『神祇令集解』(河村秀穎・秀根)・『神祇令和解』(稲葉通邦)・『新釈令義解』(薗田守良)などがある。

参考文献 井上光貞他校注『律令』(『日本思想大系』三)、仁井田陞『唐令拾遺』、砂川和義・中沢巻一・成瀬高明・林紀昭「大宝令復原研究の現段階」一(『法制史研究』三〇) (石上 英一)

じんぐう 神宮 (一)神社の中で特に神宮の号を奉って国家が尊崇したもの。明治になって公式用語としては、単に神宮と呼ばれるようになった伊勢神宮のほかにも霧島神宮・鹿児島神宮・鵜戸神宮・橿原神宮・宮崎神宮・平安神宮・吉野神宮・明治神宮・北海道神宮・石上神宮・日前国懸神宮・宇佐神宮などがある。このほかにも『尾張国内神名帳』には「熱田皇太神宮」とあり、『賀茂皇太神宮記』には山城の賀茂神社は下上両社とも大神宮といい、また鹿島神宮・香取神宮・気比大神宮など古くから神宮と呼ばれているように、宮号を称することは自由であった。それが清和天皇の貞観ごろよりその区別を立てられ、勅許がなければ宮号を称することを得なくなった。そしてさらに正保二年(一六四五)十一月九日東照大権現に宮号を賜わってからはいっそう厳重な社格となり、ついで明治二十四年(一八九一)内務書記官社甲第二十三号通牒によって、社号を宮号に改称もしくは復旧することは許可しない方針であることが示されるに及んで、宮号は特別の社格に属するものとなった。 →社号《しゃごう》 (鈴木 義一)

㈡ ⇩伊勢神宮《いせじんぐう》

じんぐうかいこう 神宮開闔 ⇩神宮奉行《じんぐうぶぎょう》

じんぐうきょう 神宮教 伊勢神宮の神官を中心として組織された神道系宗教。明治五年(一八七二)神宮司庁内に教導職の補せられると、伊勢神宮では神宮司庁内に教導職の機関として神宮教院を置き、全国を三十一教区に分けて、本部、教会、分教会を設置した。神宮教院は、江戸時代以来の全国各地の伊勢講を結集して布教活動を展開するとともに、神宮大麻(神札)と神宮暦の頒布にあたった。神宮教院は神道事務局に属していたが、明治十五年教派神道の一派として独立を許され、管長に大教正田中頼庸《よりつね》が就いた。祭祀と宗教の分離による国家神道の確立とともに、神宮教は、その本宗である伊勢神宮から出た宗教であることから、活動の余地が狭まり、また国家事業である大麻頒布を同教が独占していることへの批判が高まった。明治三十二年神宮教は解散し、新たに崇敬者団体として財団法人神宮奉斎会が設立された。太平洋戦争後の昭和二十一年(一九四六)神宮奉斎会は民間の神道関係団体である大日本神祇会・皇典講究所とともに解散し、神社本庁の設立に加わった。 ↓神宮奉斎会《じんぐうほうさいかい》

参考文献 神道文化会編『明治維新神道百年史』一 (村上 重良)

じんぐうけ 神宮家 伊勢神宮の禰宜職を世襲する家。明治四年(一八七一)七月、神宮の諸制度が改正されるまで、皇大神宮(内宮)は荒木田姓の沢田・井面《いのも》・薗田・世木・藤波・中川・佐八《そうち》の七氏およそ三十家、豊受大神宮(外宮)は度会《わたらい》姓の檜垣・松木・久志本・佐久目・河崎・宮後《みやじり》の六氏およそ三十家の直系の禰宜家が禰宜職を世襲してきた。これらの禰宜家を神宮家という。重代家・正員家・正禰宜家・譜代家ともいう。神宮家出身の五位以上の権禰宜を権官といい、禰宜に従って年中恒例の諸神事を奉仕し、禰宜に欠員が生じた場合は、禰宜に遷補された。これに対して神宮家以外の家を非重代家(非重代権任・地下権任・権任・地下権禰宜・六位権禰宜ともいう)という。非重代家出身の権禰宜(荒木田姓は五十余家、度会姓は八十余家)は、禰宜に欠員が生じても、禰宜には補任されない。また年中恒例の神事には関与できないが、勅使の参向と遷宮のときは奉仕できた。

参考文献 『神宮禰宜系譜』(『皇学館創立百周年記念神宮古典籍影印叢刊』五ノ一)、薗田守良『神宮典略』中篇(『大神宮叢書』)、神宮司庁編『神宮要綱』、同編『大神宮故事類纂』職員録、大西源一『大神宮史要』、阪本広太郎『神宮祭祀概説』 (安江 和宣)

じんぐうけびいし 神宮検非違使 平安・鎌倉時代、中央の検非違使や諸国の検非違使に準じ、神社の神域や社領内の秩序維持のために置かれた神職の一つ。伊勢大神宮においては、神三郡(飯野郡・多気郡・度会郡)の成立した寛平九年(八九七)、大神宮司の要請により、神郡内の犯罪人糺察のため、神民の中から選んで検非違使にあてることが認められた(『類聚三代格』『類聚大補任』)。大神宮検非違使は、訴訟事件の裁定など在地に大きな権限を有し、伊勢公卿勅使が下向したおり、神郡との界(櫛田川)において伊勢国司・使庁官人から祗承の任務を引き継ぐことに象徴されるように、神郡内においては、神宮の宗教的権威を背景に、国衙や使庁の介入を許さない、独自の警察・裁判の権を保持していた(『雅実公記』嘉承二年(一一〇七)二月十五日条)。このほか、宇佐八幡宮においても、すでに九世紀から検非違使の存在したことが認められ(『石清水文書』)、鎌倉時代には鹿島・香取・宗像などの諸社においても検非違使の存在したことが認められる。

参考文献 渡辺直彦「神社検非違使の研究」(『日本古代官位制度の基礎的研究』所収)、黒田紘一郎「神宮検非違使の研究」(『日本史研究』一〇七) (笹山 晴生)

じんぐうこうがくかん 神宮皇学館 わが国の道義・文学の研究と教育ならびに普及を目的として設立された専門学校。三重県伊勢市にあった。明治十五年(一八八二)四月、神宮祭主久邇宮朝彦親王の令旨により、神宮神官の子弟に皇学を研修させるために、度会郡宇治今在家町の林崎文庫内に創設されたが、同二十年校舎を宇治浦田町に新築移転して、広く学生を一般に募ることとなった。爾来しばしば館制・学制の改正があって、同二十九年校舎を宇治館町に新築移転し、ついで三十六年勅令を以て神宮皇学館官制が公布せられるに及び、はじめて内務省所管の官立専門学校となった。大正七年(一九一八)一月、現在の伊勢市倉田山に改築移転した。本科の修学年限は四年、全寮制で一学年の定員は二十五名の少数教育であった。卒業生は神社界ならびに教育界などで活躍している。昭和十五年(一九四〇)四月神宮皇学館大学官制が公布され、文部省所管官立単科大学になり、予科・附属専門部を併設、初代大学長に山田孝雄《よしお》が任命された。終戦後、神道指令に基づいて、同二十一年三月廃校。同三十七年建学の精神を受け継いだ皇学館大学が、私学として再興されて現在に至っている。

参考文献 『神宮皇学館五十年史』、神宮皇学館館友会編『(神宮皇学館)創立六十周年記念誌』、『(創立九十年再興十年)皇学館大学史』、『皇学館大学百年小史』 (小島 鉦作)

じんぐうこうごう 神功皇后 『古事記』『日本書紀』にみえる仲哀天皇の皇后。名は気長足姫《おきながたらしひめ》(『古事記』では息長帯比売。以下人名などは『日本書紀』の表記による)。記紀ともに皇后の記事は伝説的である。父は開化天皇の曾孫の気長宿禰《おきながのすくね》王、母は新羅の王子で日本に帰化し但馬に土着したという伝説上の人物天日槍《あめのひぼこ》の子孫の葛城高額《かつらぎのたかぬか》媛《ひめ》という。また皇后は、しばしば神託を受けてそれを天皇に伝える巫女的役割をする。『日本書紀』によれば、仲哀天皇八年、熊襲を討つため筑紫の橿日宮《かしいのみや》に居る時、皇后は空国《なしくに》の熊襲よりも宝の国の新羅を帰服させよとの神託を受けたが、天皇はこの神託を疑って従わなかったた

め、神の怒りを受け急死した。翌九年皇后はまた神託を受け、その神託に従って、熊襲を帰服させ、当時妊娠の身ながら新羅親征を決し、軍船を集め対馬の和珥津《わにつ》より進発し、新羅王を降服させ人質をとり貢調を誓わせた。さらに百済・高麗《こま》を帰順させて帰還し、筑紫宇瀰《うみ》(福岡県糟屋郡宇美町)で誉田別《ほむだわけ》皇子を生んだ。のちの応神天皇である。これがいわゆる新羅征討説話である。翌年、仲哀天皇と大中姫《おおなかつひめ》との間に生まれた麛坂《かごさか》王・忍熊《おしくま》王の反乱を平らげた。『日本書紀』は、この年を皇后摂政元年とする。この年を『日本書紀』のまま西暦に当てると二〇一年となる。摂政三年誉田別皇子を皇太子とし大和の磐余《いわれ》に若《わか》桜《ざくら》宮を造営し国政を執ること六十九年百歳で死去。皇后の記紀の記事は新羅征討説話をはじめ事実と思われないことが多く、皇后自体も実在の人物ではないという説もある。『日本書紀』は、皇后を『魏志』倭人伝にみえる巫女的な女王卑弥呼と同一人と考えており、そのため皇后を卑弥呼と同時代の三世紀の人とし、関係事件もそれに合わせたようである。また神功皇后紀から中国・朝鮮の記事や文献の引用が多くなるが、たとえば百済王の即位年代を、干支は事実のままにして、年は事実より干支二運の百二十年繰り上げている例がある。これも同じ理由による。そこで新羅征討説話も、四、五世紀の大和王権の朝鮮半島侵入の事実が伝説化し皇后に結び付けられたのであり、皇后自体も、実は四、五世紀の実在の人物で、伝説化されて三世紀に繰り上げられたという考えもあり得るが実証は困難である。また『日本書紀』が、皇后を後世の概念で摂政とし、天皇と同列に神功皇后紀を立てたのも異例である。これも卑弥呼女王からの着想であろうが、その巫女的役割は、日本古代の政治における皇后(大后)の役割を考える上に、一つの示唆を与えるものかも知れない。

参考文献 岡本堅次『神功皇后』(『人物叢書』二七)

(岡本 堅次)

狭城盾列池上陵《さきのたたなみのいけのへのみささぎ》 奈良市山陵町にある前方後円墳の神功皇后陵。陵名は、『日本書紀』は成務天皇陵と同じ狭城盾列陵とし、『続日本後紀』は楯列山陵および楯列北山陵、『三代実録』は楯列山陵、『中右記』は秋篠山陵、『吉続記』は楯列池上とする。『延喜式』諸陵寮には、現陵名で「兆域東西二町、南北二町、守戸五烟」とし遠陵に入れ、毎年十二月の頒幣については、他の諸陵は各陵墓預人を派遣奉幣するが、当陵のみは諸陵寮主典以上を派遣奉幣すると規定する。この頒幣の差異は、久しく口伝により成務天皇陵を神功皇后陵と誤認し、神功皇后陵の祟があるごとに空しく成務天皇陵に謝していたことが、承和十年(八四三)図録を検し判明したとの『続日本後紀』の記事に起因するものであろう。当陵は平安時代には、陵域内の伐木などによる山陵鳴動や祟に対する陳謝や、天災などの救護祈願の山陵使発遣がたびたび行われ、文永五年(一二六八)には元寇に関し国家平安を祈願する山陵使発遣が行われた。その後再び所在の誤認が起り、元禄十年(一六九七)の幕府の諸陵探索の折には、現日葉酢媛命陵が神功皇后陵とされ、現陵は称徳天皇陵とされてこれが幕末まで踏襲された。文久三年(一八六三)『京北班田図』『西大寺敷地古図』によって現陵に改定し、修補を行い、旧陵に奉献されていた燈籠八基を現陵拝所に移建した。したがって江戸時代の現陵の状況を知るには、字五社神と所在表示のある陵を見ることが必要である。現陵の墳丘は、南々東に面する三段築成の前方後円墳で、後背部を除き、七区に区切られた周濠がある。長軸の長さ二七三メートル、前方部幅一六八メートル、後円部直径一九六メートル、高さ前方部二七・三メートル、後円部三三・七メートル。前方部頂上には埴輪列が遺存する。周辺に散在する小墳五基は陪塚に指定されている。

参考文献 帝室林野局編『神功皇后狭城盾列池上陵之図』、上野竹次郎『山陵』上、谷森善臣『山陵考』(『(新註)皇学叢書』五)

(石田 茂輔)

じんぐうこうごうえんぎ 神功皇后縁起 神功皇后の三韓出兵と、宇佐と石清水の二つの八幡宮の創立記を描いた紙本着色の絵巻。二巻。大阪府羽曳野市の誉田《こんだ》八幡宮蔵(重要文化財)。下巻巻末に、永享五年(一四三三)四月二十一日に足利義教が寄進した旨を書いた奥書があり、その制作の年代が判明する。『神功皇后縁起』と称されているが、その内容は八幡縁起と異なるところはない。上・下巻とも巻末に狩野探幽が土佐光信筆と極書を書いているが、光信の年代と合わず、また『倭錦』は土佐広周筆とするが、年代的にはこれに近い。様式的にみて鎌倉時代の宮廷絵所の画風に漢画の手法を加えた濃彩華麗な作風で、当時の大和絵の典型を示す作品である。

参考文献 奈良国立博物館監修『社寺縁起絵』

(宮 次男)

じんぐうさいしゅ 神宮祭主 朝廷が伊勢神宮に設置した職で、代々中臣(大中臣)氏が任命された。律令の職員令には規定のみられない令外の官である。祭主の起源については、神宮鎮座の時に中臣氏の遠祖大鹿島命が祭官に任命され、その子孫中臣氏に継承されたとの説(北畠親房『職源抄』)もあるが、『古事記』『日本書紀』以下の文献にその事実は確認できない。初見は『続日本後紀』嘉祥三年(八五〇)三月辛巳(三日)条の大中臣淵魚卒記事であり、弘仁六年(八一五)から承和九年(八四二)に至る二十八年間祭主職にあったことが記されており、平安時代初頭に設置されたものと考えられている。『延喜式』伊勢太神宮には、神祇官の五位以上の中臣氏が任ぜられ稲一万束が給されることが規定されている。その職務は、祈年祭、六月・十二月の月次祭、神嘗祭に際して幣帛使となり祝詞奏上を勤仕することであった。明治四年(一八七一)の神宮改正以降は、近衛忠房、三条西季知が華族として祭主に任じられたが、明治八年に朝彦《ともよし》親王以来、皇族が祭主に任じられるようになり、第二次世界大戦後は昭和二十二年(一九四七)の北白川房子(明治天皇第七皇女)

以来、旧皇族の女性が祭主に任じられている。

参考文献 小松馨「平安時代前期の大中臣祭主家」(二十二社研究会編『平安時代の神社と祭祀』所収)、藤森馨「祭主祈禱に関する覚書」(『大倉山論集』三三)

(本澤　雅史)

じんぐうさんせつさい　神宮三節祭　古来伊勢神宮で行われる十月の神嘗祭と六月・十二月の両月次祭の三大祭をいう。三時祭とも称せられる。よく古儀の尊重、伝統の継承が守られ、恒例祭中最大最重の厳儀である。神嘗祭は新穀の由貴の大御饌を供えて聖寿の万歳、皇室の弥栄、国家・国民の安寧福祉を祈る祭儀であり、六月・十二月の月次祭は由貴の大御饌と宇豆の大幣帛とを供進して、皇祚の無窮を祝い、五穀の豊饒を祈り奉る祭儀で、神嘗祭に準じて鄭重に行われるが、神嘗祭と異なるところは、六月の月次祭には神戸所進の御調の荷前絲を東宝殿に奉納する儀があること、中世以来中絶された奉幣の儀は明治五年(一八七二)六月再興され爾来恒例とはなったが古儀のごとく勅使参向をみないこと、正殿開閉扉の行事のないこと、御神楽奉奏の儀のないこと、興玉神祭の時刻が六月は午後六時、十二月は同四時であることなどである。 →神嘗祭《かんなめさい》 →月次祭《つきなみのまつり》

(鈴木　義二)

じんぐうさんぶしょ　神宮三部書　いわゆる神道五部書のなかの『伊勢二所皇太神御鎮座伝記』『天照坐伊勢二所皇太神宮御鎮座次第記』『豊受皇太神御鎮座本紀』の三書を、神宮三部書と称している。それは、『伊勢二所皇太神御鎮座伝記』の一写本の奥書に「文治元年(一一八五)記云」として、「大田命訓伝、次第記、飛鳥記、各一巻」とあり、そこに割注が付されて、「於此三本者、為最上之書、故云神宮三部書也」とあることによるものであって、『大田命訓伝』は『伊勢二所皇太神御鎮座伝記』、『飛鳥記』は『豊受皇太神御鎮座本紀』の異名で、『次第記』は『天照坐伊勢二所皇太神宮御鎮座次第記』と考えてよいことから、この三書を神宮三部書と呼んでいたことが窺える。ただ『文治元年記』については依然その多くが未詳であって、そのような呼称が鎌倉時代初期にあったこと、当初よりのころすでに神宮三部書が成立していたこと、当初より三書だったこと、を確定するのはなお困難である。しかし、いわゆる神道五部書のなかで、この三書を一つのまとまりとしてとらえることは許されよう。

参考文献 久保田収『中世神道の研究』、岡田荘司「神道五部書」(皆川完一・山本信吉編『国史大系書目解題』下所収)

(平泉　隆房)

じんぐうじ　神宮司　古代の神職の職名。「じんぐうし」ともいう。『類聚符宣抄』諸神宮司補任事では、伊勢皇大神宮大宮司・権大宮司・禰宜、香椎廟宮司、豊前国八幡大菩薩宮大宮司・権大宮司、石清水八幡宮俗別当・神主、平野社預、宗像宮大宮司、鹿島神宮司、気比大神宮司、出雲国国造、紀伊国国造、万業神社正任祝、平岡神社物忌らを補任する太政官符を集載しているので、この種の神職を総称したのだとも考えられる。天元二年(九七九)の太政官符では、宗像宮においては、宮司職が欠けていたのを、高良神社が大神宮司を置いた例にならい、大神宮司職を置くことを許す旨通達して居るので、ほぼこの解釈が正しい。ただし『類聚三代格』では、「神宮司神主禰宜事」という表題を設けて居て、神宮司・神主・禰宜などが書き分けてある。また、特別な神社の場合には、神宮司の中でもさらに、大神宮司の称を許したものらしい。大神宮司の名は、伊勢神宮・高良神社・宗像宮をはじめとして諸社に及んだようである。伊勢神宮の場合、もとは、大神宮司は皇大神宮の神税出納の政務を行なったところの称であり、御厨《みくりや》とも神庤《かんだち》ともいった(のち、斎内親王の離宮院で御厨の政務を行なって来たのが、明治以降、神宮司庁の所管になった)。その意味での神宮の大神宮司は職名ではなく、役所のことだった。しかし、大化改新に際し、国郡の制度を布いたので、旧制の伊勢国国造を改め、国司に準じて大神宮司一員を置き、貞観十二年(八七〇)さらに一員を加え、元慶五年(八八一)には、これを大宮司・少宮司に配し、延喜二年(九〇二)には権司一員を加え、三員の宮司と称し、大司・少司・権司ともよんだ。諸国神宮司あるいは諸神宮司は、これに準じて置かれた職掌のようであるが、起源は明瞭でない。延暦十七年(七九八)の太政官符によると、神宮司の一任終身の例を改め、彼の氏の中より潔清廉貞にして、神主に堪えるものをえらんで補任し、六年相替としていた。したがって、神宮司は一社の政務を総統し、神主として神事に供奉し、兼ねて神郡・神領の行政をも掌る職であった。かくて、のちに、一社の責任者の通称にもなったのであろう。

(小野　祖教)

じんぐうじ　神宮寺　神祇に仕える目的から神社に付属して営まれた寺院。神願寺・神護寺・神供寺・宮寺などともいう。文献上の初見は神宮文庫本『続日本紀』文武天皇二年(六九八)十二月条に「多気大神宮寺を度会郡に遷す」(原漢文)とあるもので、『藤原武智麻呂伝』(『家伝』下)には霊亀年間(七一五―一七)武智麻呂が霊夢に基づき越前国気比神宮寺を建てたことを記し、『類聚国史』一八〇、諸寺の天長六年(八二九)三月乙未条は養老年中(七一七―二四)若狭彦神社神官の祖和朝臣赤麻呂が山中で修行中神託を被り神宮寺を建立した旨を述べていて、神宮寺は八世紀初頭からあらわれたものと推定され、わが国神仏習合思想の発現を示す標識となった。神護景雲元年(七六七)朝廷は伊勢国逢鹿瀬寺をもって永く大神宮寺となすべき宣旨を下し官寺の神宮寺としてその先がけとなったが、民間では奈良時代に僧満願が伊勢国桑名郡多度神社や常陸国鹿島神宮、相模国箱根権現など各地の社に神宮寺を創めた。豊前国では宇佐八幡宮の周辺に六世紀末から七世紀初め、法鏡寺・虚空蔵寺など数ヵ寺が建立され、やがて弥勒寺へと統合され、天平十三年(七四一)ごろには朝廷から国分寺としてまた八幡神の神宮寺として認められるようになった。かくて宇佐八幡宮には巫尼

巫僧の類が禰宜をつとめる僧形神官の出現をみた。平安時代に入ると八幡神は山城国石清水に進出し南都大安寺僧行教が護国寺を創めて八幡社の神宮寺とし、弟子安宗を別当とし十世紀初頭には別当会俗の子孫である紀氏一門が別当職を世襲し、別当妻帯をたてまえとする半僧半俗形式の宮寺制が確立し、以後この制度が各社に波及した。わけても紀州熊野社では、小一条流藤原氏出身の泰救の子孫が世襲する制を始め、院政期熊野詣が盛んとなるころには宮寺制は確立し、別当・修理別当・検校・上座・惣目代・在庁・寺主・都維那・通目代などの階層ができ、在庁以上を大法師、以下を法師と称した。京都の祇園社では興福寺僧円如が創めた観慶寺(感神院)が神宮寺として宮寺制を形成し、中世には永和三年(一三七七)の社僧名注進状によって権長吏・大別当・社務執行・権上座・権別当・寺主・権寺主・都維那・権大別当・少別当の幹部職員の下に神官・供僧衆・祝僧が置かれ、検校を兼ねた天台座主の支配をうけたことがしられる。また大和国大神《おおみわ》神社の神宮寺は仏教神道成立の一拠点として活動した。鎌倉時代初期、真言系の行者慶円が三輪に来って平等寺を興し三輪流の神祇灌頂をとなえ、弘安八年(一二八五)西大寺叡尊が古代からの三輪の神宮寺を復興して大御輪《だいごりん》寺と称し、平等寺は大神神社の、大御輪寺は同社若宮の神宮寺となり、慶円の真言神道は叡尊の手で三輪流神道として大成された。神宮寺はおおむね天台・真言いずれかの宗派に属したが、淡路国の妙経寺や妙称寺のごとく日蓮宗の寺院、同国大和国魂神社神宮寺のごとく修験の寺院などもあった。明治元年(一八六八)三月の神仏分離令で廃仏毀釈が行われ、神宮寺の堂舎・仏像以下什宝類は多数失われた。→神仏習合《しんぶつしゅうごう》 →神仏分離令《しんぶつぶんりれい》

[参考文献] 中野幡能『八幡信仰史の研究(増補版)』、大神神社史料編修委員会編『三輪流神道の研究』、西田長男「僧満願の神宮寺創立」(『神社の歴史的研究』所収)

(村山 修一)

じんぐうしきねんせんぐう 神宮式年遷宮 ⇨式年遷宮《しきねんせんぐう》

じんぐうしちょう 神宮司庁 伊勢の神宮に関する一切の祭務・事務を管掌する機関。三重県伊勢市宇治館町に在る。明治四年(一八七一)に神宮の制度・組織に大改革が行われ、従来内宮・外宮の両宮庁(文殿)において執り行われてきた諸事務を統轄するため、同年七月に神宮司庁が創設された。名称は離宮院の大神宮司庁院を継承したもの。これよりさき、五月には諸職の世襲制を廃して人材登用の道を開き、職制を改めて祭主一員(祭祀を統領し宮事を総判する)、大宮司・少宮司各一員(ともに祭祀に奉仕し、祝詞を奏進し、庶務を統管する)、禰宜・権禰宜両宮各五員(内宮・外宮の神殿に奉仕し、庶務を検する)、主典両宮各八員・権主典内宮十五員外宮十員(ともに祀事を助け、庶務を修する)、宮掌各十員(雑役を掌る)を置いた。ついで同十年十二月両宮職掌の別を廃し、祭主・宮司・禰宜(五員)・主典(二十員)・宮掌(三十員)とし、同十五年一月権宮司一員をおき、同十七年五月職制を改め、祭主は大御手代として祭祀に奉仕して祭事を総判し、宮司・権宮司は祭祀に奉仕、庶務を総判し、禰宜は祭事を掌り、庁務を処弁するほか、臨時祈禱・祓除を行い、主典は大麻・暦の製造にあたることとした。さらに同二十九年十一月司庁官制を改正し、祭主は皇族または公爵をもって親任、宮司は勅任、権宮司(一員)・禰宜(三員)・権禰宜(七員)は奏任、主典(二十員)・宮掌(四十員)は判任とし、同三十三年九月には大麻・製暦・祈禱の三課を分離して神部署を新設し、国民の神宮崇敬に関する神楽・祈禱・大麻頒布の事務を担当せしめ、また宮司を大宮司に、権宮司を少宮司に改め、禰宜を十員に増加し、主典を廃して権禰宜を二十員とした。なお事務分掌については最初庁中の事務を常務・祭典・庶務・出納・教務の五課に分けたが、その後明治・大正・昭和にわたり数度の官制改正が行われ、特に大正十年(一九二一)十二月改正の際、新たに警衛部・同支部・同派出所を設けて宮域内の警衛にあたらしめた。ついで昭和二十六年(一九五一)四月宗教法人法の施行に伴って神宮も国家管理を離れ、一宗教法人として神宮規則に則って維持運営されることとなり現今に至る。すなわち祭儀を除く神宮最高の意志決定機関として責任役員会が組織され、責任役員五人のうち代表役員は大宮司、他は少宮司一人と責任総代三人にて構成。責任総代は十五人の崇敬者総代の中から崇敬者総代会において選出し、代表役員がこれを委嘱。監査(二人)は崇敬者総代の中から選出され、神宮の財産状況および役員の業務執行状況を監査。崇敬者総代は神宮評議員および神宮参与の中から責任役員会の同意を得て大宮司が選任。なお顧問・参与および評議員おのおの若干人は神宮に対する功労者・学識経験者・神社本庁関係役員・全国各地の崇敬者にして徳望の篤い者の中からいずれも大宮司が委嘱。任期は大少宮司の職にある者を除き三ヵ年。また祭主は皇族または皇族であった者の中から勅旨を奉じて定められる。ついで同二十八年教化局が新設され、教導・教学の二部を設け、局長・部長の下に教導司・教学司・教導司補・教学司補をおいて崇敬者の教化育成に一層の力を致している。また第五十九回式年遷宮斎行のために設けられた臨時造宮局は、遷宮後の昭和三十年には常置の造宮局に切り替えられ、総務・祭儀・財務・造営・神宝装束の五部十二課をおき、局長(少宮司)の下に参事・技監・主事・技師・主事補・技師補・嘱託をおいて式年遷宮の準備に関する事務を処理している。なお現在の職務は神宮司庁事務分掌規程によって秘書・祭儀・総務・財務・頒布・奉賽・調度・文教・教学研究室・営林・営繕・警衛の十一部・一室によって事務を分掌し、部長(室長)・副部長もしくは次長・課長・課長補佐・係長・主任が事にあたっている。庁舎ははじめ明治五年四月浦田町の宮橋家の建物を買収・使用。同二十二年九月内宮一の鳥居東に新築移転。同三十六年一月宇治浦田町に新築移転。昭和四十八年五月現庁舎が新築され

た。

参考文献　神宮司庁編『神宮要綱』、近畿日本鉄道創立五十周年記念出版編集所編『伊勢の神宮』(『近畿日本叢書』二)　(鈴木　義一)

じんぐうせんぐうき　神宮遷宮記　昭和四年(一九二九)伊勢の神宮第五十八回式年遷宮記念として、先に臨時大神宮史編修部で校訂した史料中から、遷宮記関係の典籍・記録を集めた類書。編纂神宮司庁、監修阪本広太郎、発行所表現社。四冊、総頁二千七百余。昭和五年三月―同七年十二月刊行。神宮の遷宮次第については、延暦二十三年(八〇四)の『皇太神宮儀式帳』『止由気宮儀式帳』に記載されているが、ともに儀典の大本を示し、仔細を詳らかにしない。そのため、逐次神宮祠官の手で見聞実録としての遷宮記が撰述され、子孫に伝えて大儀奉仕の規矩とした。本書には、現存最古の『建久元年内宮遷宮記』以下、『建久九年仮殿遷宮記』『嘉禄山口祭記』『安貞二年内宮遷宮記』『仁治三年内宮仮殿遷宮記』『宝治元年内宮遷宮記』『暦仁以後本宮並別宮及外宮遷宮記』『建長六年内宮仮殿遷宮記』『文永三年御遷宮沙汰文』など『寛永外宮正遷宮子良館記』に至る五十点を収む。その後、平成五年(一九九三)の神宮第六十一回式年還宮記念として神宮司庁では三巻を続刊。第五・六巻に『寛文遷宮御条目』以下、文政十一年(一八二八)の『御遷宮作所要例』までの遷宮資料二十六点、第七巻には綸旨・書状・神宝装束・金物図・条典絵図その他の図録を収む。平成五年十月―同七年四月刊行。

参考文献　西山徳・安江和宣・平泉隆房『神宮行事・遷宮記』解題(『神宮古典籍影印叢刊』四)　(田中　卓)

じんぐうぞうれいしゅう　神宮雑例集　伊勢神宮の由緒・経営・行事などに関する重要事項につき、古代より鎌倉時代初期に至るまでの沿革を、神宮および京都方の正確な記録文書によって編述したもの。本書は二巻に分かれ、巻第一は、第一御鎮座事付改㆓宮地㆒事、第二二所太神宮朝夕御饌事、第三御井社事、第四神封事付神田並御領、巻第二は、第五神宮四至事、第六内侍所事、第七心御柱事、第八天平賀事、第九政印事(内宮・宮司・外宮・神服機殿の各政印事)、第十年中行事など十ヵ条よりなる。編者は不明であるが、その編述目的が朝廷との交渉や神封・神田・御領などに重点が置かれていること、その取材史料が当時における神宮対朝廷の公文書を主としていること、また第十年中行事は司家の行事であることなどから推して編述者はおそらく宮司家の人であろう。編述年代についても不明ではあるが、これもまた第九政印事の条に「建仁二年(一二〇二)大司(下略)」とあり、第十年中行事の条の六月十八日、月読社祭事の項に「外宮摂社」とみえ、月読社に宮号宣下のあった承元四年(一二一〇)以前の記述であることが知られ、したがって編纂年代は鎌倉時代初期の建仁二年より承元四年に至る九年間と考えられる。神宮文庫所蔵本などがあり、『群書類従』神祇部に収められている。

参考文献　『群書解題』一上　(鈴木　義一)

じんぐうたいこう　神宮大綱　神宮司庁が編纂した最初の神宮の概要書。檜垣貞吉禰宜が監督し、権禰宜の松木時彦と御巫清白が編修した洋装本の一冊。明治四十五年(一九一二)七月発行。神宮の祭神、鎮座の由緒・沿革・殿舎の説明、式年遷宮の諸祭など神事に関係あることだけを簡明に記した活字本の嚆矢。大宮司三室戸和光の序、少宮司木野戸勝隆の跋や遷宮一覧表を付し、特に摂末社まですべての祭神名を明記しているのが特色といえる。　(矢野　憲一)

じんぐうたいま　神宮大麻　伊勢の神宮の神札。天照皇大御神を日々拝むための大御璽《おおみしるし》で、毎年暮れに氏神を通じて全国津々浦々の家庭に頒布される。この歴史は平安時代末までさかのぼり、明治以前は御祓大麻《おはらいたいま》(俗にお祓いさん、お伊勢さんのおふだ)として伊勢の御師《おんし》の手で全国の檀家へ配布されて、江戸時代後期の安永年間(一七七二―八一)には全国の世帯の約九割が受けていたとの記録もある。明治四年(一八七一)の神宮改革で御師が廃止され、御祓大麻の配布が中止され神宮大麻と名称が改められて、明治五年から明治天皇の聖旨により全戸にもれ落つることなく拝受せしめよと、当初は各地方庁に委託せられ、のちに神宮教院、神宮奉斎会(明治三十二年以降)、全国神職会(昭和二年以降)にと頒布制度の改革があり、昭和二十一年(一九四六)以後は神宮を本宗《ほんそう》と仰ぐ神社本庁が委託をうけ、各府県神社庁、同支部を通じて全国約八万神社の神職や総代などにより各家庭に頒布されるようになった。家庭ではこれを年ごとに新しくして神棚に奉安し、新しい御神威《みいつ》を仰ぎ日本人の祖神で総氏神である天照皇大御神の加護を乞い願って朝夕に崇拝する伝統的信仰となっている。平成十三年(二〇〇一)現在の頒布数は公称で約九百六十万体で、いま神社本庁では一千万家庭の奉斎をめざす運動をしている。　(矢野　憲一)

神　宮　大　麻

じんぐうつきなみさい　神宮月次祭　伊勢神宮で毎年六月と十二月に行われる年中恒例の祭。十月に行われる神嘗祭とともに三節祭（三時祭・三大祭ともいう）と称される祭の一つ。皇大神宮は両月とも十六日の夜亥の刻（午後十時）に夕《ゆうべ》の由貴大御饌《ゆきのおおみけ》を正殿階下の案上に供進、十七日の早朝丑の刻（午前二時）に朝《あした》の由貴大御饌を同案上に供される。豊受大神宮は十五日の夜から翌朝の十六日、内宮と同時刻に同様の儀式で行われる。明治四年（一八七一）の神宮改正以前は、大物忌《おおものいみ》の童女が御饌を正殿の床下の心御柱のもとに供した。

参考文献 中川経雅『大神宮儀式解』後篇（『大神宮叢書』）、薗田守良『神宮典略』前・中篇（同）、神宮司庁編『大神宮故事類纂』祭祀部、阪本広太郎『神宮祭祀概説』 （安江 和宣）

じんぐうてんそう 神宮伝奏 朝廷における伊勢神宮行政を専門に担当する堂上の役職。神宮伝奏は、朝廷において鎌倉時代に成立し、少なくとも、文亀二年（一五〇二）から慶応四年（一八六八）まで、常置された役職である。その機能は、祭主・官務・神宮奉行を経て伝達された伊勢神宮からの奉事事項を天皇・上皇へ奏上し、それに関して天皇・上皇から下される命令を神宮奉行・官務・祭主に伝達することや、天皇・上皇（江戸時代は、関白・武家伝奏も含む）の指示によって、朝廷における伊勢神宮に関する政務を行うことであった。その補任は、宣旨によって行われた。就任者の官職は、権大納言が圧倒的に多く、次に、権中納言が多かった。就任者は、親族の死去、親族の服仮、本人・親族・家人の病気、娘の出産の際に辞職した。これは、伊勢神宮に関する公事、すなわち、神事を担当する役職であったことによると考えられる。享保十六年（一七三一）以降、名称が神宮上卿《しょうけい》と変更されたが、実質的な機能は変化しなかった。

参考文献 藤原良章「公家庭中の成立と奉行―中世公家訴訟制に関する基礎的考察―」（『史学雑誌』九四ノ一一）、渡辺修「神宮伝奏の成立について」（『学習院大学人文科学論集』八）、同「神宮伝奏の補任について」（『学習院史学』三八） （渡辺 修）

じんぐうてんりゃく 神宮典略 伊勢神宮の総説的著述の代表作。皇大神宮禰宜薗田守良著。四十巻。神宮の由緒・典儀などを最も容易にかつ精確に会得するのに絶好の指針であり、その整然たる組織と広大な内容とは神宮に関する大百科辞典とも観られるもの。豊富な資料と著者独得の犀利な識見を以て、文化末年より天保初年に至る十数年の長年月を費やして完成したものである。いまその組織を記せば次のとおりである。第一・二巻内宮宮社（上・下）、第三巻外宮宮社、第四・五巻殿舎（上・下）、第六・七巻遷宮（上・下）、第八・九巻祭祀（上・下）、第十巻公卿勅使、第十一・十二巻斎宮（上・下）、第十三巻祝詞、第十四巻和歌、第十五巻卜占・舞歌・神饌並用具、第十六巻祓除、第十七巻斎忌、第十八巻冠位、第十九巻装束、第二十巻考選、第二十一巻公文、第二十二・二十三巻内宮職掌（上・下）、第二十四巻外宮職掌、第二十五巻造宮職掌・織殿職掌・舞伎職掌、第二十六巻斎宮寮官、第二十七巻京官・国郡職・武家職、第二十八巻国造・刀禰、第二十九巻荒木田系論、第三十巻度会系論、第三十一巻中臣系論・大司系論、第三十二巻卜部系論、第三十三巻姓氏家地、第三十四巻神祇・人倫、第三十五巻神領、第三十六巻地理・宮室、第三十七巻寺院、第三十八巻雑事、以上のほかに内宮禰宜年表と外宮禰宜年表の二巻から成っている。なお全巻が前篇（第一巻より十二巻まで）・中篇（第十三巻より二十五巻まで）・後篇（第二十六巻より三十八巻まで）の三冊に分けられ、神宮司庁編『大神宮叢書』に収められている。 （鈴木 義一）

じんぐうとうにん 神宮頭人 ⇩神宮奉行《じんぐうぶぎょう》

じんぐうねんぴょう 神宮年表 神宮司庁が編纂した神宮に関する年表。昭和四年（一九二九）三月発行。百七十二頁の一冊。崇神天皇七年、皇大神を倭笠縫邑にまつり皇女豊鍬入姫命をして奉仕させたことよりはじめ、昭和三年皇大神宮の宮域に手水舎新設という項に至るまで、二千二十年間の神宮に関する主要記事を年代と月日の順に配列して掲載。月日不詳もしくは数ヵ月にわたるものはその年次の終りにまとめて記載してあり、神宮の歴史や故実の考証検索には欠かせない本。なお『神宮・明治百年史』には明治以後を補充し昭和四十三年までの年表が収載されており、現在も遺漏不備を正し全面改訂、出典明記の作業が進められ、この改正版刊行が待たれる。 （矢野 憲一）

じんぐうはたどのさい 神宮機殿祭 伊勢神宮において例年五月・十月（明治十二年（一八七九）までは四月・九月）の十四日の神御衣祭（神衣祭）に、皇大神宮および荒祭宮に供進すべき御衣を奉織する祭事。御衣のうち、和妙（絹）は、三重県松阪市大垣内町鎮座の神服織《かんはとり》機殿神社の御機殿（八尋《やひろ》殿という）において、また荒妙（麻）は、同市井口中町鎮座の神麻続《かんおみ》機殿神社の御機殿（八尋殿）において奉織される。そして奉織に先立ち当月一日午前八時より両神社神前に献饌して権禰宜が祝詞を奏上、その無事を祈請して神御衣奉織始祭を奉仕し、次に八尋殿に参進し御扉を開き御糸を納めて、権禰宜は御衣を織り始める式を行う。そして祭儀が畢ると、神麻続機殿神社に赴いて同様の祭典を行う。ついで御衣の織立てが全く完了する同月十三日午前八時には、立派に奉織のできたことを感謝して両機殿神社にそれぞれ幣帛を奉って奉織鎮謝祭が厳粛に斎行されるのである。ちなみに両機殿はもと二十年ごとに造替する制であったが、室町時代以降神御衣祭の中絶とともに殿舎も次第に荒廃し、元禄十二年（一六九九）四月神御衣祭は復興されたが、和妙・荒妙の奉織は行われず、明治七年五月に至り御料の調進を再興され、同三十三年五月の神御衣祭の折より奉進員数を延喜の古制に復して奉奠された。しかしその和妙・荒妙は機殿においての奉織ではなく織立当業者より納入された。そして大正三年（一九一四）五月に至って両機殿神社内八尋殿において和妙・荒妙各宮一匹ずつ奉織を行い、その他は、

神宮伝奏・神宮上卿一覧

	位　階	官　職	家格	氏　名	就任年月日(出典)	退任年月日(出典)	名　称
1	正二	内大臣	清華	久我雅実	康和2年7月17日以降(『玉葉』安元1年9月11日条・『中右記』康和4年9月9日条・『公卿補任』康和2年―嘉承2年条)	嘉承2年7月19日以前(『玉葉』安元1年9月11日条・『中右記』康和4年9月9日条・『公卿補任』康和2年―嘉承2年条)	神宮上卿
2	正二	内大臣	名	中御門宗能	応保1年9月13日以降(『玉葉』安元1年9月11日条・『小朝熊神社神鏡沙汰文』・『公卿補任』応保1年条―長寛2年条)	長寛2年10月13日以前(『玉葉』安元1年9月11日条・『小朝熊神社神鏡沙汰文』・『公卿補任』応保1年条―長寛2年条)	神宮上卿
3	正二	内大臣	清華	花山院忠雅	不明	仁安2年7月25日(『兵範記』同日条)	神宮上卿
4	正二	大納言	清華	久我雅通	仁安2年12月7日在任中(『愚昧記』同日条)	承安2年9月14日条(『玉葉』同日条)	神宮上卿
5	正二	左大臣	清華	大炊御門経宗	不明	仁安4年2月2日在任中(『兵範記』同日条)	神宮上卿
6	正二	大納言		宇治師長	仁安4年2月2日(『兵範記』同日条)	不明	神宮上卿
7	正二	右大臣	摂	九条兼実	承安2年9月14日(『玉葉』同日条)	承安3年3月13日(『玉葉』同日条)	神宮上卿
8	正二	大納言	清華	久我定房	3年3月13日(同　同日条)	4年2月17日(同　同日条)	神宮上卿
9	従一	右大臣	摂	九条兼実	安元1年6月4日(同　同日条)	安元1年8月18日(同　同日条)	神宮上卿
10	従一	右大臣	摂	九条兼実	1年8月27日(同　同日条)	2年9月1日(同　同日条)	神宮上卿
11	従一	左大臣	清華	大炊御門経宗	3年1月7日(同　同日条)	3年3月8日(同　同日条)	神宮上卿
12	従一	右大臣	摂	九条兼実	3年3月8日(同　同日条)	3年3月24日(同　同日条)	神宮上卿
13	正二	大納言	清華	徳大寺実定	3年3月24日(同　同日条)	不明	神宮上卿
14	正二	権大	清華	三条実房	3年10月5日在任中(『愚昧記』同日条)	不明	神宮上卿
15	正二	権大	名	中御門宗家	文治2年5月24日在任中(『夕拝備急至要抄』)	不明	神宮上卿
16	正二	内大臣	羽林	中山忠親	建久4年4月13日在任中(『百練抄』同日条)	不明	神宮上卿
17	正二	大納言	清華	西園寺実宗	5年1月13日在任中(『玉葉』同日条)	不明	神宮上卿
18	正二	権大	清華	大炊御門頼実	5年12月26日在任中(『愚昧記』同日条)	不明	神宮上卿
19	従二	権大		唐橋通資	正治1年12月20日在任中(『明月記』同日条)	不明	神宮上卿
20	正二	権大	摂	九条道家	建暦1年3月20日(『玉蘂』同日条)	建暦1年7月5日(『玉蘂』同日条)	神宮上卿
21	正二	権大	清華	土御門定通	承久4年3月20日以前	不明	神宮上卿
22	正二	内大臣	清華	大炊御門師経	元仁1年11月20日在任中(『宮槐記』同日条)	不明	神宮上卿
23	正二	大納言	清華	堀河通具	嘉禄1年10月27日在任中(『百練抄』同日条)	不明	神宮上卿
24	正二	権大		堀川師継	文応1年10月14日(『妙槐記』同日条)	不明	神宮上卿
25	正二	内大臣	摂	一条家経	5年6月15日(『吉続記』同日条)	不明	神宮上卿
26	正二	大納言		堀河基具	11年7月4日(『妙槐記』同日条)	不明	神宮上卿
27	従三	参議	名	吉田経長	弘安2年5月20日在任中(『吉続記』同日条)	不明	神宮伝奏
28	正二	権大		堀川師信	嘉元2年5月20日(『綸旨抄』同日条)	不明	神宮上卿
29	従一	右大臣	摂	鷹司冬平	3年3月3日(同　同日条)	不明	神宮上卿

30	正二	前権大	名	葉室長光	貞治3年9月11日在任中（『師守記』 同日条）	不明	神宮伝奏
31	正二	権大	清華	大炊御門宗氏	応永25年8月4日在任中（『康富記』 同日条）	不明	神宮上卿
32	正二	権大	名	清閑寺家俊	33年5月12日在任中（『薩戒記』 同日条）	不明	神宮上卿
33	従二	権大		武者小路隆光	33年9月2日（同 同日条）	不明	神宮上卿
34	正二	権大	名	清閑寺家俊	33年9月12日在任中（同 同日条）	不明	太神宮伝奏
35	正二	権大	清華	花山院持忠	永享2年10月7日在任中（『師郷記』 同日条）	不明	神宮上卿
36	従二	権大		町資広	嘉吉3年2月20日（『建内記』同日条）	不明	神宮伝奏
37	従二	権大	羽林	中御門宗継	文安4年7月13日在任中（同 同日条）	不明	神宮伝奏
38	正三	権中	羽林	正親町持季	6年4月29日在任中（『康富記』 同日条）	不明	神宮上卿
39	正二	権大	名	柳原資綱	文明1年11月	不明	神宮伝奏
40	従二	権大	大臣	三条西実隆	文亀2年12月30日	永正3年2月5日	神宮伝奏
41	正二・従一	権大	名	中御門宣胤	永正3年	8年11月15日	神宮伝奏
42	従二	権中	清華	広橋守光	10年	13年4月	神宮伝奏
43	正三・正二	権中・権大	大臣	三条西公条	13年4月13日	大永6年	神宮伝奏
44	正三・従二・正二	権大	清華	今出川公彦	大永6年	享禄5年1月21日	神宮伝奏
45	正二	権大	羽林	正親町実胤	享禄5年2月5日	天文5年	神宮伝奏
46	従二	権中・権大	名	柳原資定	天文5年	8年11月13日	神宮伝奏
47	正三・従二	権中	清華	広橋兼秀	8年11月	9年4月12日	神宮伝奏
48	従二	権中・権大	大臣	三条西実世	9年4月16日	12年10月29日	神宮伝奏
49	正二	権大・前権大	名	甘露寺伊長	12年11月3日	15年10月1日	神宮伝奏
50	従二	権大	羽林	正親町公叙	15年10月2日	16年8月23日	神宮伝奏
51	従二・正二	権大	名	烏丸光康	17年	18年7月26日	神宮伝奏
52	正二	権大	羽林	中山孝親	18年8月16日	永禄8年6月	神宮伝奏
53	正二	権大	清華	今出川晴季	永禄8年8月2日	9年2月15日	神宮伝奏
54	従一	前権大	名	柳原資定	9年2月	天正6年3月27日	神宮伝奏
55	正二	権大	清華	徳大寺公維	天正6年9月12日	8年2月21日	神宮伝奏
56	正二	前権大・権大	名	柳原淳光	8年5月1日	15年8月8日	神宮伝奏
57	正三	権中	清華	正親町三条公仲	不明	文禄3年6月26日	神宮伝奏
58	正二	前権大	名	柳原淳光	文禄3年7月23日	不明	神宮伝奏
59	正二	権大	清華	西園寺実益	慶長4年	慶長12年	神宮伝奏
60	正二	権大	清華	大炊御門経頼	13年7月16日（『孝亮宿禰記』2 同日条）	15年5月2日（『孝亮宿禰記』3 同日条）	神宮伝奏
61	正二	権大	清華	西園寺実益	15年5月2日（同3 同日条）	19年1月11日	神宮伝奏
62	正二	権大	清華	花山院定熙	19年5月26日（同4 同日条）	元和2年	神宮伝奏
63	正二	権大	名	中御門資胤	元和2年12月13日（同4 同日条）	寛永2年3月12日	神宮伝奏
64	正二	権大	名	日野資勝	寛永3年1月8日（『資勝卿記』4 同日条）	不明	神宮伝奏
65	正二	権大	名	日野資勝	4年1月8日（同4 同日条）	寛永5年（『孝亮宿禰記』10 同12月25日条）	神宮伝奏
66	正二	権大	清華	西園寺公益	6年1月7日（『孝亮宿禰記』10 同日条）	8年12月15日	神宮伝奏
67	従二	権大	清華	花山院定好	9年	9年	神宮伝奏
68	従二	権中	清華	徳大寺公信	9年7月25日（同12 同日条）	9年	神宮伝奏
69	正三	権中	羽林	中山元親	9年11月19日（同12 同日条）	12年	神宮伝奏
70	正二	権大	清華	西園寺実晴	12年	17年2月17日（『忠利宿禰記』4 同21日条）	神宮伝奏
71	正二	権大	清華	徳大寺公信	17年2月17日（『忠利宿禰記』4 同21日条）	正保3年10月13日（『神宮雑事』1 同13日条）	神宮伝奏

72	正二	権大	羽林	藪嗣良	正保3年10月13日（『神宮雑事』1　同日条）	正保4年6月6日（『神宮雑事』　同日条）	神宮伝奏
73	正三	権中・権大	羽林	鷲尾隆量	4年6月10日（同1　同日条）	慶安2年3月5日（同　同日条）	神宮伝奏
74	従二	権中	羽林	姉小路公景	慶安2年3月6日	4年2月24日（同1　同日条）	神宮伝奏
75	従二	権大	羽林	鷲尾隆量	4年2月24日（『神宮雑事』1　同日条）	承応3年5月29日	神宮伝奏
76	正三	権中	名	葉室頼業	承応3年6月1日（『忠利宿禰記』12　同日条）	3年12月5日（『忠利宿禰記』12　同日条）	神宮伝奏
77	従二・正二	権大	羽林	鷲尾隆量	3年12月5日（同12　同日条）	明暦1年12月2日	神宮伝奏
78	正二	権大	清華	転法輪三条公富	明暦元年12月5日	2年12月16日（『忠利宿禰記』14　同27日条）	神宮伝奏
79	正二	権大	羽林	四辻公理	2年12月27日（『忠利宿禰記』14　同日条）	3年6月26日（同15　同27日条）	神宮伝奏
80	正二	権大	清華	久我広通	3年6月26日（同15　同27日条）	4年2月2日（同16　同3日条）	神宮伝奏
81	従二	権大	名	日野弘資	4年2月4日（同16　同日条）	万治2年12月2日（同17　同日条）	神宮伝奏
82	従二	権大	名	柳原資行	万治2年12月3日（同17　同日条）	4年2月4日（同19　同10日条）	神宮伝奏
83	正二	権大	名	烏丸資慶	4年2月4日（同19　同10日条）	4年2月21日（同19　同23日条）	神宮伝奏
84	従二	権大	羽林	油小路隆貞	4年2月21日（同19　同23日条）	4年3月6日（同19　同日条）	神宮伝奏
85	従二	権大	名	坊城俊広	4年3月6日（同19　同8日条）	3年3月9日（同19　同12日条）	神宮伝奏
86	正三	権大	大臣	中院通茂	4年3月9日（同19　同12日条）	寛文3年6月18日在任中（同21　同日条）	神宮伝奏
87	正三	権大	清華	大炊御門経光	寛文3年7月19日	6年5月（『神宮雑事』2　同月条）	神宮伝奏
88	正三	権大	清華	今出川公規	6年5月（『神宮雑事』2　同月条）	6年5月12日（『重房宿禰記』7　同13日条）神宮伝奏	神宮伝奏
89	正三	権大	清華	花山院定誠	6年5月12日（『重房宿禰記』7　同13日条）	6年10月1日（同8　同9日条）	神宮伝奏
90	従二・正二	権大	名	坊城俊広	6年11月1日（同8　同4日条）	9年2月17日（同13　同20日条・同21日条）	神宮伝奏
91	正三	権中	名	清閑寺熙房	9年2月23日（同13　同日条）	13年7月10日（同22　同日条）	神宮伝奏
92	正三	権大	清華	転法輪三条実通	13年7月12日（同22　同日条）	延宝3年8月24日（『季連宿禰記』1　同日条）	神宮伝奏
93	従二	権中	羽林	阿野季信	延宝3年8月24日（『季連宿禰記』1　同日条）	不明	神宮伝奏
94	正三	権大	清華	転法輪三条実通	4年	延宝5年4月21日	神宮伝奏
95	正二	権大	名	清閑寺熙房	5年4月22日（同1　同24日条）	6年10月2日	神宿伝奏
96	従三	権中	清華	今出川伊季	6年10月（同11　同10月14日条）	7年5月8日（同14　同日条）	神宮伝奏
97	正三	権中	名	柳原資廉	7年5月8日（同14　同日条）	7年8月12日（同15　同日条）	神宮伝奏
98	正二	権大	名	清閑寺熙房	7年8月12日（同15同日条）	8年5月26日（同19　同日条）	神宮伝奏
99	正三	権中	名	烏丸光雄	8年5月26日（同19　同日条）	不明	神宮伝奏
100	従二	権中・権大	名	柳原資廉	天和1年	天和3年1月12日（『季連宿禰記』27　同日条）	神宮伝奏
101	従二	権大	名	葉室頼孝	3年1月12日（『季連宿禰記』27　同日条）	3年2月22日（同27　同日条）	神宮伝奏
102	従二	権大	名	柳原資廉	天和3年2月21日在任中	4年1月27日	神宮伝奏
103	従二	権大	名	烏丸光雄	4年1月27日	貞享1年8月20日	神宮伝奏
104	従三	権中	羽林	松木宗顕	貞享1年8月20日	2年6月21日（『季連宿禰記』29　同7月26日条）	神宮伝奏
105	従二	権大	清華	久我通誠	2年6月21日（『季連宿禰記』29　同7月16日条）	元禄6年12月28日	神宮伝奏

106	従二・正二	権大	清華	今出川伊季	元禄6年12月28日（『季連宿禰記』39　同日条）	元禄7年5月19日（同40同日条）	神宮伝奏
107	従二	権大	清華	花山院持重	7年5月19日（同40同日条）	8年10月19日	神宮伝奏
108	正二	権大	名	中御門資熙	8年10月19日（同42同日条）	9年2月3日（同43同日条）	神宮伝奏
109	従二	権大	清華	花山院持実	9年2月3日（同43同日条）	10年9月19日	神宮伝奏
110	従二	権大	羽林	清水谷実業	10年9月21日（同44同27日条）	10年12月20日	神宮伝奏
111	従二	権大	羽林	東園基量	10年12月25日（『基量卿記』20　同日条）	12年7月23日（同24同日条）	神宮伝奏
112	従二	権大	清華	花山院持実	12年7月22日	13年7月12日（『季連宿禰記』48　同13日条）	神宮伝奏
113	正三・従二	権大	清華	徳大寺公全	13年7月12日（『季連宿禰記』48　同13日条）	宝永2年9月11日	神宮伝奏
114	正二	権大	清華	今出川伊季	宝永2年9月11日	2年9月11日	神宮伝奏
115	正三	権中	半家	高倉永福	2年9月11日	2年11月28日	神宮伝奏
116	従二	権大	羽林	園基勝	2年11月28日	3年9月8日	神宮伝奏
117	従二	権大	清華	西園寺致季	3年9月8日	5年閏1月23日（『季連宿禰記』55　同日条）	神宮伝奏
118	従二	権大	大臣	中院通躬	5年閏1月23日（『季連宿禰記』55　同日条）	5年7月26日（『章弘宿禰記』7　同27日条）	神宮伝奏
119	従二	権大	羽林	園基勝	5年7月26日（『章弘宿禰記』7　同27日条）	6年12月22日	神宮伝奏
120	従二	権大	清華	大炊御門経音	7年2月11日	8年3月1日	神宮伝奏
121	従二	権大	清華	醍醐昭尹	8年3月1日	8年3月13日	神宮伝奏
122	従二	権中	清華	久我惟通	8年3月13日	8年（正徳元年）12月23日	神宮伝奏
123	従二	権大	清華	大炊御門経音	正徳1年12月23日	正徳2年7月8日（『章弘宿禰記』13　同日条）	神宮伝奏
124	従二	権大	大臣	正親町三条公統	2年7月8日（『章弘宿禰記』13　同日条）	2年10月24日	神宮伝奏
125	従二	権大	大臣	正親町三条公統	2年11月20日	2年11月20日	神宮伝奏
126	従二・正二	権大	清華	西園寺致季	2年11月22日	3年9月26日	神宮伝奏
127	従二・正二	権大	大臣	正親町三条公統	3年9月28日	享保3年12月7日	神宮伝奏
128	正二	権大	清華	醍醐昭尹	享保3年12月7日	4年4月17日	神宮伝奏
129	正二	権大	清華	西園寺致季	4年4月18日	4年5月23日	神宮伝奏
130	正二	権大	清華	醍醐昭尹	4年5月23日	4年11月29日	神宮伝奏
131	正三	権中	清華	花山院常雅	4年12月1日	5年5月25日	神宮伝奏
132	正二	権大	清華	醍醐昭尹	5年5月26日	11年4月13日	神宮伝奏
133	従二	権大	清華	花山院常雅	11年4月13日	12年4月29日	神宮伝奏
134	従二	権大	清華	今出川公詮	12年4月29日	12年12月13日	神宮伝奏
135	正二	権大	清華	西園寺致季	12年12月13日	13年7月1日	神宮伝奏
136	従二・正二	権大	清華	今出川公詮	13年7月1日	15年4月11日	神宮伝奏
137	従二	権大	名	清閑寺治房	15年4月12日	16年10月3日	神宮上卿
138	正三・従二	権大	清華	転法輪三条利季	16年10月3日	18年3月29日	神宮上卿
139	従二	権大	清華	徳大寺実憲	18年3月29日	19年10月25日	神宮上卿
140	従二・正二	権大	清華	大炊御門経秀	19年10月25日	元文4年1月7日	神宮上卿
141	従二	権大	清華	広幡長忠	元文4年1月7日	6年2月26日	神宮上卿
142	従二・正二	権大	清華	醍醐兼潔	6年2月26日	延享4年6月20日	神宮上卿
143	従二・正二	権大	羽林	中山栄親	延享4年6月21日	寛延1年8月15日	神宮上卿
144	従二	権大	名	万里小路植房	寛延1年8月15日	1年12月18日	神宮上卿
145	正二	権大	清華	大炊御門経秀	1年12月18日	2年11月9日	神宮上卿
146	正二	権大	羽林	中山栄親	2年11月9日	3年2月14日	神宮上卿
147	従二	権大	名	清閑寺秀定	3年2月14日	3年4月9日	神宮上卿
148	正二	権大	清華	醍醐兼潔	3年4月9日	3年4月24日	神宮上卿
149	従二	権大	羽林	松木宗長	3年4月24日	3年12月10日	神宮上卿
150	正二	権大	羽林	中山栄規	3年12月10日	4年3月16日	神宮上卿
151	正三・従二	権大	名	甘露寺規長	4年3月16日	宝暦3年11月29日	神宮上卿
152	従二	権大	羽林	姉小路公文	宝暦3年11月29日	4年2月12日	神宮上卿

153	正三	権大	清華	徳大寺公城	宝暦4年2月12日	宝暦4年8月5日	神宮上卿
154	正三・従二	権大	名	勧修寺顕道	4年8月5日	5年12月27日	神宮上卿
155	正三	権大	名	葉室頼要	5年12月27日	6年2月15日	神宮上卿
156	正三	権中・権大	清華	花山院兼済	6年2月15日	6年6月20日(『正親町実連日記』13　同日条)	神宮上卿
157	正三	権大	羽林	正親町実連	6年6月20日(『正親町実連日記』13　同日条)	7年3月27日	神宮上卿
158	正三	権大	清華	花山院兼済	7年3月27日	7年11月30日	神宮上卿
159	従二	権大	名	烏丸光胤	7年11月30日	8年1月14日	神宮上卿
160	正三	権大	清華	転法輪三条季晴	8年1月14日	8年9月21日	神宮上卿
161	正二	権大	羽林	庭田重熈	8年9月21日	9年9月25日	神宮上卿
162	従二	権大	羽林	園基衡	9年9月25日	10年4月6日	神宮上卿
163	従二	権大	清華	広幡輔忠	10年4月6日	10年10月21日	神宮上卿
164	従二	権大	羽林	鷲尾隆熈	10年10月21日	11年2月17日	神宮上卿
165	従二	権大	羽林	正親町実連	11年2月17日(『正親町実連日記』18　同日条)	12年4月5日	神宮上卿
166	従二	権大	清華	転法輪三条季晴	12年4月5日	12年6月29日	神宮上卿
167	従二	権大	羽林	鷲尾隆熈	12年6月29日	12年7月16日	神宮上卿
168	従二・正二	権大	清華	広幡輔忠	12年7月16日	明和4年12月6日	神宮上卿
169	正二	権大	清華	西園寺賞季	明和4年12月6日	5年1月10日	神宮上卿
170	正二	権大	羽林	油小路隆前	5年10月10日	6年7月1日	神宮上卿
171	正二	権大	清華	大炊御門家孝	6年7月1日	6年7月22日	神宮上卿
172	正二	権大	清華	西園寺賞季	6年7月22日	7年7月25日(『知音宿禰記』21　同日条)	神宮上卿
173	従二	権中・権大	清華	久我信通	7年7月25日(『神宮御用諸記』同日条)	8年9月27日	神宮上卿
174	正二	権大	清華	西園寺賞季	8年9月27日	9年5月15日	神宮上卿
175	正二	権大	羽林	油小路隆前	9年5月15日	安永2年8月5日	神宮上卿
176	正二	権大	清華	大炊御門家孝	安永2年8月5日	3年1月19日	神宮上卿
177	正二	権大	清華	西園寺賞季	3年1月19日	4年1月14日	神宮上卿
178	正二	権大	羽林	中山愛親	4年1月14日	4年12月27日	神宮上卿
179	正二	権大	清華	久我信通	4年閏12月2日	5年12月25日	神宮上卿
180	正三・従二	権大	名	柳原紀光	5年12月25日	7年4月16日	神宮上卿
181	正二	権大	清華	転法輪三条実起	7年4月16日	7年10月29日(『神宮上卿記』同11月25日条)	神宮上卿
182	従二	権中	清華	花山院愛徳	7年10月29日	7年11月25日(同　同日条)	神宮上卿
183	正二	権中・権大	羽林	正親町公明	7年11月25日(『神宮上卿記』同日条)	天明1年9月30日	神宮上卿
184	正二	権大	清華	大炊御門家孝	天明1年9月30日	1年10月10日	神宮上卿
185	正二	権大	羽林	正親町公明	1年10月10日	2年2月26日	神宮上卿
186	正二	権大	清華	今出川実種	2年2月26日	4年5月24日	神宮上卿
187	正二	権大	清華	徳大寺実祖	4年5月26日	4年8月13日	神宮上卿
188	正二	権大	清華	転法輪三条実起	4年8月13日	5年7月29日	神宮上卿
189	正二	権大	羽林	松木宗美	5年7月30日	6年4月2日	神宮上卿
190	正二	権大	清華	花山院愛徳	6年4月2日	享和3年5月16日	神宮上卿
191	正二	権大	清華	転法輪三条公修	享和3年5月18日	3年6月4日	神宮上卿
192	正二	権大	清華	花山院愛徳	3年6月5日	文化3年3月23日	神宮上卿
193	正二	権大	清華	徳大寺公迪	文化3年3月24日	7年4月29日	神宮上卿
194	正二	権中	羽林	正親町実光	7年4月30日(『神宮上卿雑記』　同日条)	7年7月10日(『神宮上卿雑記』　文化9年5月21日条)	神宮上卿
195	正二	権大	清華	花山院愛徳	7年7月11日	9年2月1日	神宮上卿
196	正二	権大	清華	大炊御門経久	9年2月2日	9年5月21日(『神宮上卿雑記』　同日条)	神宮上卿
197	正二	権中	羽林	正親町実光	9年5月19日(『神宮上卿雑記』　同日条)	9年8月26日	神宮上卿
198	正二	権中	清華	花山院家厚	9年9月1日	11年8月19日	神宮上卿
199	正二	権大	清華	大炊御門経久	11年8月19日	文政2年2月19日	神宮上卿
200	正二	権大	清華	広幡経豊	文政2年2月20日	3年2月21日	神宮上卿

201	正二	権大	清華	大炊御門経久	文政3年2月24日	文政5年4月7日	神宮上卿
202	正二	権大	清華	花山院家厚	5年4月8日	12年3月16日	神宮上卿
203	正二	権大	清華	転法輪三条実万	12年3月16日（『神宮雑誌』甲　同18日条）	天保3年10月19日	神宮上卿
204	正二	権大	清華	広幡基豊	天保3年10月23日	4年10月2日	神宮上卿
205	正二	権大	清華	広幡基豊	4年10月7日	4年10月14日	神宮上卿
206	従二・正二	権中	清華	久我建通	4年10月25日	6年11月5日	神宮上卿
207	正二	権大	清華	広幡基豊	6年11月8日	9年8月23日	神宮上卿
208	正二	権中	清華	久我建通	9年8月26日	12年1月9日	神宮上卿
209	正二	権大	清華	広幡基豊	12年1月9日	14年3月2日	神宮上卿
210	正二	権大	清華	転法輪三条実万	14年3月3日	弘化2年9月8日（『輔世卿記』17　同日条）	神宮上卿
211	正二	権大	清華	花山院家厚	弘化2年9月9日（『輔世卿記』17　同日条）	4年6月4日	神宮上卿
212	正二	権中	清華	徳大寺公純	4年6月4日	嘉永1年5月28日	神宮上卿
213	正二	権中	清華	徳大寺公純	嘉永元年6月1日（同26同日条）	2年8月10日（『輔世卿記』33　同日条）	神宮上卿
214	正二	権中	清華	徳大寺公純	2年8月12日（同33同日条）	2年10月5日（同34同日条）	神宮上卿
215	正二	権大	清華	広幡基豊	2年10月7日（同34同日条）	3年2月5日（同36同日条）	神宮上卿
216	正二	権大	羽林	中山忠能	3年2月9日（同36同日条）	5年8月24日	神宮上卿
217	正二	権中	清華	広幡忠礼	5年8月24日	6年2月20日（『神宮雑誌』己　同日条）	神宮上卿
218	従二・正二	権中	清華	転法輪三条公睦	6年2月21日（『神宮雑誌』己　同日条）	7年2月8日（同己同日条）	神宮上卿
219	正二	権大	清華	久我建通	7年2月8日（同己同日条）	安政2年11月5日	神宮上卿
220	正二	権大	清華	徳大寺公純	安政2年11月5日	5年7月3日	神宮上卿
221	正二	権大	清華	大炊御門家信	5年7月3日	6年7月10日	神宮上卿
222	正二	権大	清華	広幡忠礼	6年7月10日	文久1年6月15日	神宮上卿
223	正二	権大	清華	徳大寺公純	文久1年6月15日	2年7月13日	神宮上卿
224	正二	権大	清華	広幡忠礼	2年7月13日	3年8月24日	神宮上卿
225	正二	権中・権大	清華	醍醐忠順	3年8月25日	慶応3年6月27日	神宮上卿
226	正二	権中	清華	徳大寺実則	慶応3年6月28日	3年8月14日	神宮上卿
227	正二	権大	清華	大炊御門家信	3年8月15日	3年9月19日	神宮上卿
228	正二	権大	清華	広幡忠礼	3年9月20日	3年10月9日	神宮上卿
229	正三	権中	清華	久我通久	3年10月9日	4年1月18日	神宮上卿
230	正二	権大	清華	醍醐忠順	4年1月18日	4年2月5日	神宮上卿
231	正二	権大	羽林	正親町実徳	4年2月5日	4年4月21日	神宮上卿

(1)出典が記されていない場合は、全て『公卿補任』に拠った。
(2)前権大は前権大納言、権大は権大納言、権中は権中納言を示す。

（渡辺修「神宮伝奏の成立について」『学習院大学人文科学論集』8、同「神宮伝奏の補任について」『学習院史学』38より）

和妙の御料は愛知県葉栗郡木曾川町、荒妙の御料は奈良県添上郡月ヶ瀬村の特別工場より納入されたものを各八尋殿に当月一日より十三日まで奉安し、両機殿にて奉織した御衣とともに十四日の早旦、神麻続機殿神社祓所にて祓い清めて内宮斎館へ護送するのである。なお現代の織工は、当初は愛知・奈良両県の特別工場主より派遣されていたが、大正五年五月よりは両機殿神社所在地の青年によって奉仕されている。↓神衣祭《かんみそのまつり》

参考文献　『皇太神宮機殿儀式帳』、荒木田経雅『皇太神宮両機殿遷宮記』、神宮司庁編『神宮要綱』

（鈴木　義一）

じんぐうひでんもんどう　神宮秘伝問答　伊勢神宮の成り立ちから祭神・祭器などについて解説した神道書。外宮(豊受大神宮)禰宜度会(出口)延佳の著。一巻。万治三年(一六六〇)三月成立。内宮・外宮との関係を、外宮の立場から両宮対等の位置にあるとすることを説き、古書により補強する形をとる。その思想的立場は、ほかの延佳の著作と同様に陰陽五行説によるものとなっている。内容は、両宮の祭神・相殿神・別宮・和魂・荒魂・日神月神・神鏡などについて、その本義を論じる。その体裁は、仮名交じりの問答体をとる。末尾のみ漢文で記し、神職さえ神宮の神道をわきまえないとし、伝えられる秘伝を著わしたとする。この立場には、外宮祠官度会氏が秘伝と称えているとの批判がある。同じく延佳の著に、同形式の『神宮続秘伝問答』一巻がある。奥書によれば前書を補うものとして、紀州淡島神社の神主の求めにより著わしたとある。ともに『大神宮叢書』度会神道大成に

所収され、ほかに正編は『続々群書類従』神祇部に、続編は『神道叢説』(『国書刊行会叢書』)にそれぞれ収められている。 (渡辺 修)

じんぐうぶぎょう 神宮奉行 室町幕府神宮方の奉行人。神宮方は、南北朝内乱の終熄過程で、朝廷が掌握していた国家的諸権限が、漸時幕府に移譲されていく一般的趨勢に伴って、対伊勢神宮政策を専掌する機関として、遅くとも応永三年(一三九六)以前に設置されたと考えられる。神宮方は、伊勢神宮に関する諸権限、とりわけ造替にかかわる役夫工米の徴収指揮権ならびに免除権を掌握した。役夫工米にかかわる権限は、元来は朝廷の専断事項であったから、これを管掌する機関が、幕府内部に新設されたことは、国家史的にみてきわめて重大な意味をもつ。神宮方の職員としては、『土佐文書』の文安二年(一四四五)八月四日付神宮方頭人加判奉書の署名により、頭人・開闔・国分奉行の存在が知られる。ただ神宮方頭人の職名は、『薩戒記』の嘉吉三年(一四四三)六月九日条に、摂津掃部入道常承(満親)を神宮方奉行頭人と称しているのが早い。また頭人以下三名が連署する奉書の初見は、祇園社領美濃国中野村役夫工米の催促を停止した造宮使宛の応永三年九月十二日付奉書(『建内文書』)である。なお役夫工米にかかわる諸権限を除外すれば、神宮方が全体としてどのような権限を管掌し行使していたか、いまだ不明な部分が多い。

参考文献 百瀬今朝雄「段銭考」(宝月圭吾先生還暦記念会編『日本社会経済史研究』中世編所収)、小林保夫「室町幕府における段銭制度の確立」(『日本史研究』一六七)、飯田良一「室町幕府と伊勢神宮」(『白山史学』一九) (西山 克)

じんぐうぶんこ 神宮文庫 伊勢の神宮の文庫。三重県伊勢市神田久志本町に所在。淵源は奈良時代の内宮文殿にさかのぼり、鎌倉時代には外宮神庫が存した。それらを母胎として、慶安元年(一六四八)に出口延佳・与村弘正・岩出末清の首唱で外宮の側に豊宮崎文庫が創設され、貞享四年(一六八七)には宇治会合所大年寄などの発起で丸山に内宮文庫が開設された。内宮文庫は元禄三年(一六九〇)林崎に移築され、林崎文庫と称した。両文庫ともに書庫と講堂を兼備し、外宮・内宮祠官の修学を目的として、神書・国史・国文・漢籍・医書などを収集したが、有志の献納本も多く、一大学問の宝庫となり、碩学大儒の講筵も開かれた。明治以後、神宮司庁において両文庫を中心にその他関係蔵書の統合集大成をはかり、明治四十年(一九〇七)四月に神宮文庫を宇治館町に開設して識者一般の閲覧を認めた。大正十四年(一九二五)八月現在地に移築。蔵書は二十四万七千余冊。国宝はじめ貴重書多数がある。

参考文献 神宮文庫編『神宮文庫沿革資料』(『神宮文庫図書解題』一)、西川元泰「神宮文庫」(神宮司庁編『神宮・明治百年史』上所収)、中西正幸「神宮文庫」(『学士会会報』七六九) (田中 卓)

じんぐうほうさいかい 神宮奉斎会 伊勢神宮崇敬の奉賛団体。明治十五年(一八八二)神官と教導職が分離した時、神宮司庁と神宮教院が分離し、教院は教導職の人々で神道神宮教として改変、神宮大麻(神札)頒布にも従事した。民法の施行に際し、明治三十二年九月財団法人神宮奉斎会として改組、はじめ東京日比谷に、のちに同飯田町に神宮崇敬の奉賛団体として発足した。第二次世界大戦終戦により大日本神祇会・皇典講究所と相謀り、神社本庁を設立した。藤岡好古・篠田時化雄・今泉定助・宮川宗徳らが歴代責任者の主な人々であった。→神社《じんじゃ》本庁《ほんちょう》

参考文献 阪本健一編『(明治以降)神社関係法令史料』、岡田米夫『東京大神宮沿革史』 (阪本 健一)

じんぐうめいじさいしき 神宮明治祭式 明治八年(一八七五)に制定された伊勢神宮における祭祀を規定したもの。明治初年の神宮諸制度の改正を踏まえ、神宮祭祀を皇祖を奉斎する厳儀としてふさわしい体裁に改廃したものである。神宮司庁撰、全十九巻。祭主朝彦《ともよし》親王を総裁とし、大宮司田中頼庸、少宮司浦田長民の監修により、禰宜薗田守宣らが編集、明治八年十二月に版権が許可され、同十年十二月に上奏される。その内容は、巻一―四が皇大神宮祭典、巻五が豊受宮祭典、巻六が祝詞、巻七・八が幣帛祭器品目、巻九―十一が神饌品目、巻十二―十四が祭祀の図、巻十五・十六が幣帛祭器品目の図、巻十七・十八が神饌品目の図、巻十九が付録である。

参考文献 中西正幸「神宮明治祭式について」(『神道学』一五七) (本澤 雅史)

じんぐうようこう 神宮要綱 神宮司庁が編纂した伊勢の神宮の本格的な概要書。神宮禰宜阪本広太郎監修。一冊。昭和三年(一九二八)十一月神宮司庁発行。同四年三月に神宮皇学館より再版発行。さらに昭和五十四年に大阪の東方出版から復刻版が出された。本書は神宮についての一般的知識を得る最適の基本書で、大項目を宮社(皇大神宮・豊受大神宮・両宮別宮ならびに摂社・末社・所管社)、遷宮(遷宮に関する諸祭典・御装束神宝・御造営機関と経費)、祭祀(恒例祭・臨時祭・恒例式)、行幸啓、職制(職制沿革・現行職制)、経済、用度に分けて詳述する。これらは昭和初年の官制時代の神宮の現状であり、現代と相違はあるものの大要は今も同じであり、国民の奉賽や最近の統計は近年の出版物を参照することで補うことができる。なお非売品であるが神宮職員日常勤務の便のため数年ごとに出される『神宮便覧』がある。 (矢野 憲一)

じんぐうれき 神宮暦 江戸時代の「伊勢《いせ》暦《ごよみ》」を源流としつつ、明治十五年(一八八二)の太政官布達により翌年以降「本暦」「略本暦」の名で伊勢神宮が頒布してきたが、昭和二十一年(一九四六)その特権がなくなり、以後「神宮暦」の名で頒布が続けられている暦。近世の「伊勢暦」は伊勢神宮の祭主をつとめる藤波家が、京都の土御門家

の作成した原稿をもとに印刷し、一般に頒布していたもので、伊勢神宮の御師《おんし》と呼ばれる各地の人々と密接な関係を持った教導を任務とする神職が、神宮大麻《たいま》に添えて配り、ほぼ全国に流布していた。「本暦」となって以後は、東京天文台が原稿を作成し、神宮大麻を頒布していた神宮神部署《こうぶしょ》の奉製・頒布と決められていた。そのようなことから俗にこれを「神宮暦」とも称していた。その称が正式名称とされたのが、現在の「神宮暦」で、暦の頒布が自由となった今日、伊勢神宮の大麻課が製作、神社関係者の間で頒布されている。↓伊勢暦《いせごよみ》 （白山芳太郎）

しんくまのじんじゃ 新熊野神社 ⇩いまくまのじんじゃ

しんぐん 神郡 ㈠律令国家において、特定の神社の神域であり、かつ神社の修理・祭祀の用度、その他の諸費用に、部内の田租および調・庸を供せしめる特定の郡をいう。安房国安房郡(安房坐神社)、下総国香取郡(香取神宮)、常陸国鹿島郡(鹿島神宮)、伊勢国多気郡・度会郡(伊勢太神宮)、紀伊国名草郡(日前神社・国懸神社)、出雲国意宇郡(熊野坐神社・杵築大社)、筑前国宗像郡(宗像神社)がそれで(神社名は『延喜式』神名帳による)、これらの神郡は、大化から天武朝の間に設けられ、なかでも伊勢は、寛平年間(八八九―九八)に飯野郡を加え、そののち員弁《いなべ》・三重・安濃《あの》・飯高・朝明《あさけ》郡など、文治年間(一一八五―九〇)までに八神郡を数えるに至り、また出雲は、杵築大社のある出雲郡でなく、熊野坐神社のある意宇郡が神郡に指定されるなどの特性がある。神郡が成立してから、文武・慶雲・養老年間に、神郡郡司の少領以上について、「三等已上親」の連任を許す措置が進められたが、これは鹿島の中臣鹿島連、伊勢の磯部連・新家連(度会氏)、紀伊の紀直、出雲の出雲臣、宗像の宗像朝臣などの、国造でもあり神主でもある氏をさし、これらの氏が郡司と神宮司を兼ねた。そのため、延暦年間(七八二―八〇六)に、出雲において国造と郡領の兼帯をやめ、宗像においても、大領兼神主を停めるとしているが、事実上はこのような伝統的な氏が神郡の政務をとったと考えてよい。弘仁年間(八一〇―二四)、伊勢の多気・度会二郡の政務を国司でなく大神宮司に付せしめ、これを律令以前の慣行によるとしているのはそれで、神郡の郡家をミヤケと称したことと関係があろう。郡内の田租はすべて神宮司が直接に検納しており、これを国内七郡の神戸と他の七国の神戸の田租にも拡大適用している。このような神郡の「神税」に対し、神戸は課役、すなわち調・庸の徴収を第一義とし、これを「神封物」と称した。そして神税と異なり、神戸の課丁・封物は国司が検校し、国庫または神庫におさめ、出納も神宮司と国司が立会いの上行なったのである。伊勢においては二神郡のなかにもともと神戸は設定されず、出雲・鹿島なども、神郡中の神戸は一部で、ほとんど神郡以外におかれていた。神郡内の百姓は、「神郡人」「神郡百姓」といわれ、公戸の扱いをうけ、基本的に国司の支配下にあったとみられよう。神郡全体が神戸と見なされたとの説は支持しかねる。神郡と神戸は基本的には大化前代の土地と人身の二元的支配を継承するものといえる。↓神戸《かんべ》

参考文献 岩橋小弥太「神戸、神郡」(『神道史叢説』所収)、田中卓「伊勢神郡の成立」(『神宮の創祀と発展』所収)、熊田亮介「律令制下伊勢神宮の経済的基盤とその特質―神郡を中心として―」(関晃教授還暦記念会編『(関晃先生還暦記念)日本古代史研究』所収)、平野邦雄「神郡と神戸」(『大化前代政治過程の研究』所収)、平野博之「神郡」(『九州史学』一一) （平野 邦雄）

㈡伊勢神宮領の一つ。伊勢国十三郡のうち、度会・多気・飯野・飯高・安濃・三重・朝明・員弁の八郡が神郡となり、これを神八郡といった。このうち、神宮の支配が特に強固な、膝下の度会・多気・飯野の三郡を神三郡、また道後三郡といい、北端の三重・朝明・員弁の三郡を道前三郡といった。寄進の時期は、度会・多気の二郡が弘仁八年(八一七)、飯野郡が寛平元年(八八九)、員弁郡が天慶三年(九四〇)、三重郡が応和二年(九六二)、安濃郡が天延元年(九七二)、朝明郡が寛仁元年(一〇一七)、飯高郡が文治元年(一一八五)である。弘仁八年十二月の太政官符には、度会・多気の二郡について、郡内神社・溝池・駅家・正倉・官舎の修理、桑漆の催殖、百姓訴訟裁決などの雑務を大神宮司の管轄と規定しており、この二郡について、宮司が国衙の支配を排除し、国衙行政権と同等の権限を行使したことがわかる。神宮膝下の神三郡と他の神郡との間には、支配権に強弱があったものと思われるが、『太神宮諸雑事記』永承八年(一〇五三)正月六日条に、「度会・多気・飯野三ケ郡の文図田籍、安乃・三重・朝明・員弁四ヶ郡および当隣国神戸文図帳など、惣じて司中代々の公文、皆ことごとく焼亡し失せをはんぬ」(原漢文)とあるから、司中(宮司庁)が、一般に神三郡に対して国衙行政権的権限を有していたとしてよい。行政機構としては、宮司庁の管轄下に、道後三郡については道後政所・各郡司、道前三郡については道前政所・各郡司、飯高郡については飯高政所、安濃郡については安濃政所がそれぞれ組織され、その下部に郷長・郷刀禰が存在し、さらに神郡惣追捕使・検非違使・郷拒捍使などが検断の任にあたる形となっていた。各神郡の中には、さらに、戸田・神田などの職掌人給田、常供田など祭祀料田、御厨・御園などの中世所領が形成されていた。また、安濃郡は、のち東西二郡に分立するが、その津としての機能から、特別管轄区域としての扱いもうけていたようである。神郡は、全体として古い支配の方式を残していたが、中世を通じて、徐々に神宮の支配権は衰退し、南北朝時代から室町時代にかけて、神三郡に局限されていく。さらに、この三郡についても、惣郷や三方一揆衆などの形成によって、神宮の支配権は徐々に形骸化していく。

参考文献 倉田康夫『条里制と荘園』、棚橋光男『中世

成立期の法と国家』、西垣晴次「律令体制の解体と伊勢神宮」(『史潮』五六)、鈴木国弘「伊勢神宮と神戸の変質」(『史学雑誌』七五ノ一二)、西山克「伊勢神三郡政所と検断」(『日本史研究』一八二・一八三)

(棚橋　光男)

しんけんほうてんしんじ　神剣奉天神事　島根県簸川郡大社町の日御碕神社《ひのみさきじんじゃ》の神事。小野宮司家に伝えられ、古式のまま宮司ただ一人にて登山斎行する極秘の神事。旧暦十二月三十一日に執行。素戔嗚尊が八岐大蛇《やまたのおろち》を退治し、その尾から宝剣を取り出した時、天照大神に奉るため御子神天葺根命《あめのふきねのみこと》を使者として高天原に遣わしたことにちなむという。この神事は、天葺根命の子孫と称する小野宮司家によって執行され、毎年大晦日まで七日間、宮司は潔斎し、当日一人で宝剣を捧持して、背後の天一山《あまかづやま》に登山し高天原に宝剣を奉る秘儀を行う。この神事を執行するにあたっては、天候不順の折でも祭主の衣服は濡れないものと信じられ、里人は燈火を消して外出を控えることになっていた。　↓日御碕神社《ひのみさきじんじゃ》

(森田喜久男)

しんこ　神庫　神社に付設の「くら」が本義。元慶八年(八八四)九月八日官符では、越前国気比神宮の封租穀を神庫に勘納するよう指示しており、稲穀を含め神社が所有する種々の物品を収蔵する「くら」をさしているが、のちには神社に特有な宝物を収納する宝物殿をさすようになっている。『文徳実録』斉衡二年(八五五)二月癸亥条に備中国吉備津彦名神の神庫に所在する鈴鏡のことがみえるが、宝物を収蔵している一例である。

(森田　悌)

しんごう　神号　神に対する称号。たとえば皇大神《すめらおおかみ》・大神・明神《みょうじん》・天神《てんじん》・地祇《ちぎ》・菩薩・権現・天王・若宮・新宮・今宮・王子・御前・宝前などがある。皇大神または皇大御神は、本来、天照大神に限っての称であった。大神または大御神は神々に対する共通の尊称。明神または大明神の尊称も広く用いられて来た。菩薩・大菩薩・権現・大権現・天王は仏教的な尊号。天神《あまつかみ》・地祇《くにつかみ》は神系による区別であるが、別に菅原道真の霊を神格化して天満天神と称する。正宮・若宮・新宮・今宮・王子・御前などは本社・分社を区別する称である。　↓社号《しゃごう》

(土岐　昌訓)

参考文献　『古事類苑』神祇部一

しんこうさい　神幸祭　神社祭祀のうち、神霊が本社より他所に渡御する祭。「おわたり」「みゆき」「おいで」などとも称し、その帰りを還幸祭と呼ぶ場合もある。起源は不詳であるが、古代末期にはすでに行われていた社があり、中世以降多くの社でなされるようになったものとみられる。神幸には、神輿・鳳輦などが用いられるが、河川上、または海上を御座船で渡御する場合もある。また神幸の道順、御旅所《おたびしょ》などは古例を守り、神職供奉・氏子崇敬者の駕輿丁・威儀物・神宝捧持奉仕などについても、その服装とともに各社ごとに古式が尊重されてきている。神幸祭には、氏子地域内を渡御するもの、祭神にかかわるある地点へ渡御するもの、悪疫等除去のため渡御するもの、神慮をなごめるため渡御するもの、また隠岐の諸社の場合のごとく、祭神がある地点に上陸して現社地へ鎮座との伝承をもとに、その道順に従い渡御するもの、神霊を山より迎える形式の渡御をするものなど、各種の例がある。渡御には静粛に整然として行われる場合、荒々しく雄壮に行われる場合があり一定しない。甲斐国一宮浅間神社では、明治七年(一八七四)の改正までは、毎年四月十五日に、二宮美和神社・三宮玉諸神社とそれぞれ途中で合同し、甲府盆地を横切って釜無川の信玄堤とよばれる地まで渡御し、そこで治水祈願のための川除《かわよけ》祭をなし、そのあと還幸することとしてきたが、諸般の事情より同年の改正で一宮のみの行事とされ、昭和三十年(一九五五)代以降交通事情の急変に対応して、途中を自動車渡御としていた。それを平成十五年(二〇〇三)より三社合同に再興。　↓御旅所《おたびしょ》　↓神輿《みこし》

(鎌田　純一)

しんこく　神国　神々の住む国、神々の守る国の意。新羅王の言「吾聞く東に神国有り日本と謂ふ」(原漢文、『日本書紀』神功皇后摂政前紀)が「神国」の初見。以降何か事ある折に記された。「我朝の神国と畏れ憚り来れる」(『三代実録』)、「我国は神国也、神は非礼を稟く可からず」(源義経腰越状)、「大日本は神国也」(『倭姫命世記』ほか)、「日本は神国也(中略)斎月に仏事を行ふ事、公私尤も恐れ有り」(『台記』)、「本朝は神国也、国の大事、祭祀に過る事莫し」(以上原漢文、『兵範記』)、「われ日本に渡りこの地の有様を見るに(中略)誠に神国の姿を顕せり」(謡曲「富士山」)、「吾国は天地と共に神霊顕れ坐す、故に国を神国と云ふ」(原漢文、『神道由来記』)、このように神国なりとの自覚の下に、自負を持つ、賛える、一層恐れ慎しむ、祭礼を行う、外からは賛え畏こむなどの表明である。また「今の世は人すなほになりて信心ぶかく神国の風俗現れ」(井原西鶴『武道伝来記』)とありその普及を示している。

(小笠原春夫)

しんこくがく　新国学　新しい国学。国学の更生を意図し期待していう語。近世において儒教や仏教に対抗しわが国固有の道、思想研究の新しい学問として形成され隆盛した国学も明治維新の経過後は欧化思想学問の盛行の陰で停滞し衰退の状況となった。明治中期以降その更新を計って上田万年・三上参次、ついで芳賀矢一らが再興を目指した。その中で国学とは「国語国文の研究により国民性・国体を研究する事」(芳賀)とあるのが象徴的で、その後の新しい国学はおよそこの方向を進んだ。昭和三年(一九二八)久松潜一が「新しき国学」(講演「国学の精神」)を提唱、ついで「新国学論」(山本正秀・渡辺秀共著『国学論』の一章、昭和十四年)、また『新国学論』(藤田徳太郎、昭和十六年)、『新しき国学への発想』(久松潜一他十五名共著、昭和十七年)などが出て史的研究と将来への期待を表明した。『新国学談』(柳田国男、昭和二十一年)は民俗学こそその意気ごみがみえる。

(小笠原春夫)

しんこくしそう　神国思想　日本の国土とそこにあるものは、すべて神々の力によって生成し、神々に護られているという思想。もとは農耕儀礼などと結びついた素朴な信仰に根ざすものであったが、政治的な統一が進み、他国・他民族に対する意識が明確になってくると、他国に比して日本をすぐれた国とする主張が生まれ、神国思想がその拠り所となった。神国・神州といったことばは、直接排外的な思想に結びつくものではなかったが、対外的な緊張が高まった時代には、日本中心の排外的な主張をあらわすことばとして用いられた。また、神国ということばは、政治的な統一のために、神々に護られている国という意味に重ね合わせて、神々の中心である天照大神の子孫が天皇として君臨する国という主張をこめて用いられるようにもなった。神国の語は、『日本書紀』神功皇后摂政前紀(仲哀天皇九年十月条)に、日本の軍船が来攻するのを見た新羅王が、「吾聞く、東に神国有り、日本と謂ふ、亦聖王有り、天皇と謂ふ、必ず其の国の神兵ならむ」(原漢文)といったとあるのが初例で、この記事は後世まで繰り返し引き合いに出され、対外緊張の中で神国思想が再生される時の原型の一つとなった。古代の奉幣使が神々に奉った告文にも、日本が神国であることを述べて神々を祭る文章がみえ、特に伊勢神宮に関する記述には神国の語が多い。蕃神を礼拝する仏教が伝わって以来、土着の神々の祭祀を重視する人々は、日本が神国であることを説いたが、仏教が受容される中であらわれる本地垂迹思想のもとでは、日本の神々と仏菩薩との習合が説かれ、日本の神々は仏教を擁護するものと主張されたため、対立は緩和された。ただ、平安時代の後半になって、末法思想が盛んになり、仏教の立場では、天竺・震旦・本朝という三国で世界を考えることが一般になると、日本を粟散辺土と見る考え方は、神国思想と対立することになった。他方、平安時代は対外緊張が弱い時代であったから、神国について論じられることは少なかったが、後期になって公家社会の権威が崩れ始めると、皇統の一系と神々の加護を説くことによって、貴族を中心とする国家の秩序を守ろうとする動きがみられるようになり、末法思想に対抗する道が摸索され始めた。平安時代から鎌倉時代を通じて続々とあらわれる神祇信仰関係の文献の中には、神国思想につながる主張がみられる。それに対して、鎌倉時代の前半におこった新仏教は、現世の権力を相対化し、仏の超越性を説いたため、神国の主張とは対立する方向をとった。浄土教の流れは、現世を穢土と観じ、法華信仰の立場でも、神々は絶対的な仏に従うものと説かれ、中国から伝えられた禅は、基本的に排外的な考えを持っていなかった。しかし、鎌倉時代の半ばに元の軍勢が来襲した時、異敵調伏の祈禱の中で、神国思想が強調されることになった。公家は武家の警固よりも、寺社の祈禱に敵国降伏の効果を期待し、異国警固の武士たちも神々に日本国の息災延命を祈願した。元寇は、日本史上外敵と対した最大のできごととして、後世神国思想が再生される時に、神功皇后と並ぶもう一つの原型となった。鎌倉時代後期に入って、仏教の民間布教が進むと、新仏教も、日本の国土にある仏法は神々によって護られているという思想と妥協して行き、末法の時代の人々を救う、すぐれた仏教が日本にあらわれたのは、日本の神々の加護によるという主張をとりこむようになった。日本が神国なるが故に、大乗仏教が日本で完成するという虎関師錬の『元亨釈書』の主張はその例である。さらに、南北朝内乱の中で書かれた北畠親房の『神皇正統記』は、天照大神をはじめとする神々によって皇統が護られ、神孫である天皇によって日本国の秩序が保持されていると説いており、冒頭の「大日本者神国也、天祖ハジメテ基ヲヒラキ、日神ナガク統ヲ伝給フ、我国ノミ此事アリ、異朝ニハ其タグヒナシ、此故ニ神国ト云也」という文は、神国思想を簡潔に述べたものとして名高い。その後室町時代末に対外関係が複雑になった時、キリシタンに対して神国の主張があらわれ、豊臣秀吉は日本が神国であることを主張して、キリシタンの禁圧を正当化した。江戸時代では、儒教思想に対抗する国学の中で、神国思想は重要な役割を果たしたが、日本が神々に護られている国であるとする素朴な思想をとりこみながら、江戸時代末に外圧が強まると、政治的な色彩を濃くし、元寇と重ねて神国思想を鼓吹し、攘夷を説くようになった。明治以降神国思想は、国家神道をささえるものとなり、対外戦争に対して国民の心情を統一する役割を果たし、他方で、急激な欧化・近代化に対する伝統的な諸思想を結び合わせるものとなった。特に太平洋戦争下に鼓吹されたことは記憶に新しいが、敗戦とともに神国思想は、現代の思想としては影をひそめることになった。

参考文献　黒田俊雄『日本中世の国家と宗教』、田村圓澄『日本仏教思想史研究』浄土教篇
（大隅　和雄）

じんごんじき　神今食　六月と十二月の十一日に行われた月次祭の夜、天皇が中和院内の神嘉殿に神を迎えて酒饌をともに食する神事。祭神は天照大神といわれる。古訓では「かみ(む)いまけ」とよまれたが、その語義は早く不明となり定説をみない。儀式の次第は儀式書がそれぞれ詳説するところであるが、以下にその概要を示す。月次祭が終って戌刻に至ると、輿に乗って中和院(神今食院の別称がある)に出御がある。天皇は主殿寮の奉仕する御湯殿で身を清めて祭服を着した後、神嘉殿に入り、亥一刻に「夕御膳」を、また寅(一説に丑)一刻に「暁御膳」を供する。これらの神膳は畿内官田で収穫された稲粟を用い、忌火《いみび》で調理されたものである。また、神殿内には御座とともに神座を準備し、御畳・打払筥《うちはらいのはこ》・坂枕《さかまくら》などを小忌《おみ》の公卿以下が奉仕し、神膳とともに両度寝具が奉られた。以上の秘儀が終ると、天皇は再び衣服を改めて御所に還御する(この間に大殿祭《おおとのほがい》・忌火庭火祭《いみびにわびのまつり》が行われる)。このように、御膳に新穀ではなく旧穀を用いる点を除け

ば、神との共食・共寝といった儀式の中核は新嘗祭と共通する部分が多い。『公事根源』は霊亀二年(七一六)六月に始まるとの説を掲げ、『本朝月令』所引「高橋氏文」に「霊亀二年十二月神今食之日」とみえるのが初見であるが、平安時代以前の記録は乏しいため、起源や成立期の姿は知り難い。神今食に先立って、その月の一日より忌火御飯・御贖物《あがもの》といった神事が始められ、神今食の終る十二日朝に解斎《げさい》の御粥を食するまで、一般の神事以上に厳重な斎戒が行われた。なお、本来は天皇親祭という点に意義を認めるべきであろうが、不出御のままもしくは代理を立てて行われる例もある。また、場所も中世には神祇官で行われるようになった。『中右記』長承元年(一一三二)十二月五日条には、最近二十五年間は神今食に行幸がないと記しており、平安時代末期以降次第に衰微していったものと思われる。 ↓月次祭《つきなみのまつり》

参考文献 『古事類苑』神祇部二、岡田精司『古代王権の祭祀と神話』、早川庄八「律令制と天皇」(『史学雑誌』八五ノ三)

（杉本 一樹）

しんごんしんとう 真言神道 ⇩両部神道《りょうぶしんとう》

しんこんせつわ 神婚説話 結婚を聖なるものとみなし特別視する場合に用いる用語。神婚はギリシア語のヒエロス＝ガモスの訳語。神聖視されるものならば、神々どうしの場合でも神と人間との場合でも用いられる。記紀神話中の結婚はほとんど神婚といえよう。これによって異なる領域間に結びつきが生まれるということの神話的な表現である。素戔鳴尊《すさのおのみこと》と奇稲田姫《くしいなだひめ》の婚姻では天と地の結びつきが、大国主神と須勢理毘売《すせりびめ》の婚姻では葦原中国と根国の結びつきが、瓊瓊杵尊《ににぎのみこと》と木花開耶姫《このはなさくやびめ》の婚姻では山と天の結びつきが、そして火折尊《ほおりのみこと》と豊玉姫《とよたまびめ》の婚姻では陸地と海の結びつきが生じると解せる。男神と人間の女性との交わりなら、氏族の始祖神話となる。その場合、女性は巫女と見なされることが多い。『古事記』神武天皇段では大物主神が丹塗矢となって勢夜陀多良比売《せやだたらひめ》と交わる。崇神天皇段では活玉依毘売《いくたまよりびめ》のもとを三輪山の神大物主神が訪れ、生まれた子供意富多々泥古《おおたたねこ》が三輪君《みわのきみ》の始祖となる。この神話は『日本書紀』崇神紀では箸墓の起源譚となっている。

（松村 一男）

しんざ 神座 神社の神殿内部の御神体《ごしんたい》を奉安する場所。神社で神(御霊代《みたましろ》)をまつる建物を神殿(正殿《しょうでん》・本殿)と称する。人間が住居を営むと同様、神に対しても住居が必要であるとする考え方が生まれ、神をまつるための建物が造られるようになった。この神殿の内部では、数々の造作がなされるが、このうち、最も重要な部分が御神体を奉安する神座である。神座は神のいます場所にふさわしい装飾が施されているのが一般的である。このため、その形式は神殿の建築様式により多様である。代表的な例として、神明造《しんめいづくり》は御玉奈井《おんたまない》、流造《ながれづくり》は御帳台《みちょうだい》、権現造《ごんげんづくり》は御櫝《おとく》とされている。御玉奈井(玉居)は美しき御座所の意で、四隅に土居《つちい》(土台)を置き、柱四本に天井を載せ装飾を施したものである。御帳台は平安時代中期ごろの寝殿造広間に設けられた構えで、帳《とばり》を張った台である。御櫝は宮中の御厨子所《みずしどころ》の御棚を起源とするもので、全面に両開きの扉を設けた厨子形式のものである。このほかにも高御座《たかみくら》形式、平敷《ひらしき》形式、大床子《だいしょうじ》形式、御宮《おみや》形式、神輿《しんよ》形式の神座もある。

参考文献 川出清彦『神社有職』

（岡田 芳幸）

じんざいさい 神在祭 ⇩かみありまつり

しんさつ 神札 護符の一種。護符は大きく「神札」(お札)と「お守り」に大別される。その起源は『備後国風土記』逸文に記される蘇民将来《そみんしょうらい》子孫の物語や神木《しんぼく》の葉をお守りとして身を守る霊物の固有信仰上に外来の仏教や道教の信仰が展開し、護符を受けるという行為が次第に浸透していったものと思われる。一般に神札は、社寺において発行し、これを崇敬者に授与し、崇敬者は神棚や仏壇に納めて礼拝したり、部屋の内・外の柱、門・天井・戸口などに貼ったりする。一年ごとに取り替える場合や、数年あるいはそれ以上の年月にわたり取り替えない場合もある。このほか村落で古くから名主・庄屋・組頭のような役職を勤めた家では棟木にお札をつめ込んだ俵を吊りさげている事例も報告されている。材質は木・紙・金属片が主で、これに神霊または超自然力を標示する象徴物(文字や図像)などを書いたり刷ったりした比較的大きいものをいう。また神札は、授与以前に神前や仏前で祈禱され、霊力や神威、呪力が札に込められ利益を得ると信じられている。そうした意味では社寺の分霊であるとも考えられる。神札の種類や祈願内容は牛玉宝印《ごおうほういん》や文字の呪力(梵字《ぼんじ》、神代文字《じんだいもじ》、神号・名号、霊符の形象、文字と絵との組み合わせ、神名・神社名に神璽《しんじ》を捺す)によるもの、神影像《しんえいぞう》(諸社の祭神、夷、大黒、稲荷、田神、歳神、蚕神、天神、雷神、宇賀神《うがかみ》、蘇民将来、七福神ほか)、神使の画像(狼、狐、天狗、竜蛇、馬、牛、鶏、猿、雷鳥)や特定の祈願目的を文字や絵で明記したもの(無病息災、家内安全、天下泰平、商売繁盛、火防、盗難除、雷除、虫除、弾丸除、虫封、安産祈願、宝船など)などさまざまな形態が知られる。なかでも牛玉宝印は熊野三山や京都の八坂神社、愛知の津島神社をはじめ全国各地の社寺から出されており、また神宮大麻《じんぐうたいま》は全国の神社庁を通じ広く神社関係者が頒布に尽力している。 ↓牛玉宝印《ごおうほういん》 ↓護符《ごふ》 ↓神宮大麻《じんぐうたいま》

参考文献 矢部善三『神札考』、宮本常一『民具学の提唱』、嶋津宣史「日本の護符解説」(『神道文化』一四)

（岡田 芳幸）

じんざんしゅう 秦山集 谷秦山(重遠)の漢詩文集。四十九巻。享保十三年(一七二八)成立。正徳二年(一七一二)十月二十六日、四十九歳の時、「夕日さす日のくま川の川上に祝そ初る千代万世を」と日の若宮(天にある神の世界、死後の魂が留まる清らかなところ)を想像させる夢を見たのが、編纂の動機といわれる。子の垣守はそれに遺文を補綴し、美代重本の序文を添えられた。末裔の谷干城に

より明治四十三年(一九一〇)に刊行された。自身の研究書・詩歌・祝詞や師の渋川春海からの伝聞や神道・天文説、自身で見聞した事柄などが記されており、崎門学や垂加神道のみならず、当時の風評などを知るにも重要。なかでも、巻十五から二十七までの甲乙録は神道に関する事項が載せてあり、巻十一には外面的には「神道一本論」、内面的には「神道絶対思想」といわれた『中村恒亭に与ふ書』が、巻十四には土佐の式内社二十一座を考証した『土佐国式社考』が、巻二十一には神道方吉川惟足の伝記がある。また、巻三十六には、秦山の履歴が載せてある。『大日本文庫』一六に抄録を所収。 (西岡　和彦)

しんし　神史　漢文体による神祇史通史。著者は福山藩学誠之館の教官で、のち太政官修史局にも出仕した五弓久文。明治四年(一八七一)九月二十九日付の自序がある。正編・続編から成り、正編一八巻は神武天皇から明治五年まで、続編四巻は明治六年から十三年まで、神祇に関わる史実を編年体によって記録する。典拠として、『古事記』『日本書紀』以下三百余部の文献が用いられた。宮地直一は、刊行本の序文で、本書を「正続国史神祇集に次ぎ、神祇志料に先立つ神祇関係の大著」で、「将た建国以来明治初年に至る前後一貫した神祇史の叙述」と評した。昭和八年(一九三三)、曾根研三の校訂によって『正続神史』として刊行された。

参考文献　五弓安二郎「神史の著者五弓久文」(『国学院雑誌』一〇ノ二一一ノ一一) (武田　秀章)

しんし　神使　「かみのつかい」「つかわしめ」ともいう。古く、神の命令などを現世の者に伝える使者としての動物を指したが、のちには、神の近侍者・眷属で、特定の動物の姿で現世の者と接触する神意の代行者を指した。「つかい」には語義上、貴人が身近に置いて使役する者と、上位者の言辞を伝達する者の両義があるが、本来、神は他界の主で人前に姿を顕わさないため、その「つかい」ははじめ使者の意味にのみ用いられた。やがて神が社殿に鎮座するようになると、時を選ばず、神域に生息する動物を通して神の示現、その啓示を希求する信仰形態が定着していったと考えられる。ここに近侍の意味が強く投影され、特定の動物がそれぞれの神の「つかい」「つかわしめ」として確定していくようになる。すなわち、記紀の段階では、『古事記』神代に「雉之頓使《ひたつかい》」、同景行天皇段に白猪を「神之使」、『日本書紀』景行天皇四十年条に大蛇を「荒神《あらぶるかみ》之使」、同大化元年(六四五)条に猿(声)を「伊勢大神之使」としており、使者としてとらえている。その後、鎌倉時代までは文献上の明徴を欠くが、本地垂迹思想の影響下に特定の動物が眷属として観念されていったものと考えられる。かつて、トーテミズムや犠牲と短絡させた説もあったが、現在では否定されている。鎌倉時代のものは、『古今著聞集』や『春日権現霊験記』に記す、明恵上人が春日に詣でたところ多数の鹿が膝を屈して上人を拝し、のち託宣によりそれが春日大明神の意思であったことが明らかとなる説話のごとく、使者ではなく、神意の代行者として描かれる。これが室町時代になると、『臥雲日件録』宝徳元年(一四四九)四月九日条の「春日大明神は鹿を以て使者となす」(原漢文)や、『碧山日録』寛正元年(一四六〇)二月十四日条の春日の鹿に対し「吾が土《くに》これを神使と謂ふ」(同)のごとく一神に一使が定められてくる。この傾向は近世に至りいよいよ増大、確定化し、中には一神に数使あるものや、『日吉社神道秘密記』の王子宮末社鼠祠のごとく神殿に祀られるものも現われるようになる。おもな神使の例は別表のとおりである。

神使一覧

神名	神使
八幡	鳩
日吉	猿(烏・蜂)
春日	鹿(猿)
稲荷	狐
熊野	烏
気比	鷺
愛宕	猪(鳶)
鹿島	鹿
住吉	烏(鷺)
伊勢神宮	鶏
出雲大社	蛇
祇園	烏
天満宮	牛
諏訪	烏(狐)
厳島	鹿(烏)
気多	雉
松尾	亀
熱田	鷺
三嶋(伊予)	鷺
三嶋(伊豆)	鰻(鶏)
阿蘇	鯰
香椎	鵲
二荒山	蜂
三峰	狼
南宮	山犬
羽黒	烏
白山	白雉
英彦山	鷹
弥彦	烏
藤森	鷹
新羅明神	烏
大黒天	鼠
弁財天	蛇

参考文献　『古事類苑』神祇部二、真野時綱『古今神学類編』二八(『神道大系』首編二)、河野省三「かみのつかひ・神の使者(つかはしめ)」(国学院大学日本文化研究所編『神道要語集』祭祀篇一所収)、折口信夫「信太妻の話」(『折口信夫全集』二所収)、柳田国男「猿の祭」(『定本柳田国男集』一三所収) (嵐　義人)

しんじ　神璽　皇位のしるしとしての宝物の総称。『養老令』神祇令に「凡そ践祚の日には、中臣、天神の寿詞《よごと》を奏せよ、忌部、神璽の鏡・剣を上れ」(原漢文)とあり、神璽をいわゆる八咫鏡と草薙剣のこととする。『日本書紀』持統紀、『古語拾遺』も同様二種神宝説をとるが、『日本書紀』神代天孫降臨章第一の一書に八坂瓊曲玉を加えた三種神宝説がみえる。また『養老令』公式令には「天子の神璽、謂、践祚の日の寿璽、宝として用ひず」(同)とあり、以下に内印・外印などを規定するので、ここの神璽は八坂瓊曲玉のことと推考される。このように、神璽には曲玉だけをさす場合、鏡・剣二種をさす場合、あるいは鏡・剣・玉の三種をさす場合とがあって紛らわしいが、それは実体および令文規定が曖昧なためである。

↓三《さん》種神器《しゅのじんぎ》

参考文献　黛弘道「三種の神器について」(『律令国家成立史の研究』所収)　（黛　弘道）

しんじげいのう　神事芸能　祭祀と関連を持って演じられる歌謡・舞踊・音曲などの芸能。その関連は、祭儀の一部、あるいは主要部分を担うものから、法楽、余興的なものまで多様であるが、この場合の「神事」とは、いわゆる神社祭祀や、記紀神話に登場する神祇に対する祭祀のみならず、仏菩薩・精霊などに対する祭儀を含む日本の祭祀全般を指す。芸能はその根源において、祭祀と深い結びつきを持っていた。というより、祭祀そのものに芸能的な要素が少なからずあった。記紀神話に描かれる、天照大神を天の岩戸から呼び出すために行われたアメノウズメノミコトの神楽は、わが国の芸能についての最も古い記述であるが、その様子は、頭にかずらを巻き付け、襷を掛け、半裸になった異様な出で立ちで、笹を手にして神憑り、伏せた桶の底を踏みならす、といった尋常ならざるものであった。このアメノウズメの呪術は、単に神話世界のみにとどまらず、天皇の魂に活力を与える鎮魂の呪術として、アメノウズメを祖とするという猿《さる》女《め》一族が務める宮中の巫女によって行われていたが、神憑りの舞を基本とする神楽は、民間においては作柄の豊凶や天災の有無についての託宣を得るために行われるようになり、さらには個人の依頼に対する祈禱としても行われるようになった。アメノウズメノミコトの神楽においてまた重要なのは、八百万の神々が大笑いするような滑稽なものであったことである。人を笑わせる滑稽な芸能を「ヲコの態」というが、このヲコも芸能を生み出す大きな契機となった。平安時代、ヲコの芸能の代表に物真似芸を主として行う猿楽があったが、この猿楽が神憑りの舞と結びついて、室町時代には猿楽能として芸術的な域へと到達するのである。能においては、神体を主人公とした曲も多く、現実世界の人物であっても巫女・禰宜・陰陽師など、異界と交信する宗教者の役が憑依する曲が多く存する。日本における舞踊を発生的に見た場合、舞とは別に踊りの系統があった。舞うとは神憑りの状態になって、旋回運動をする身体表現であるが、これに対して踊りは「欣喜雀躍」といった表現の通り、喜び、興奮の状態で飛び跳ねる状態を意味する言葉であった。芸能の歴史の上で、この踊りが大きく登場してくるのは、鎌倉時代、時衆(のちの時宗)の開祖一遍上人がその民衆布教の手段として行なった念仏踊りで、仏教への帰依の喜びを、「南無阿弥陀仏」の仏号を唱えながら、踊って表現したのであった。念仏踊りは、たちまちにして全国に波及し、村落単位で行われるようになり、室町時代には、さらに風流踊りとして展開する。念仏は、恋の内容の踊り歌に変わり、華やかな衣装や花笠を着けるようになり、さらに、燈籠や作り物が出されるようになり、やがて祖霊を迎えてもてなす盆踊りへと展開してゆく。風流踊りはまた、都においては、奇抜な衣装や装身具などを身につけるバサラ・かぶきなどと呼ばれる風俗と結びついて、江戸時代にはかぶき踊りへと発展した。大勢の眷属《けんぞく》・伴神を引き連れて共同体を訪れる神の渡御を表現した神輿や山車を中心とする行列は、平安時代、諸大社の祭礼の典型ともなるが、獅子や王の舞・田楽は、祇園祭はじめ多くの祭礼行列にみられる主要な役となり、寺社や御旅所の神前においては、その芸能が神へ捧げられた。なお、これらの祭礼の根底には「風流《ふりゅう》」と呼ばれる精神を認めることができる。風流とは、衣装や作り物の華麗さ、拍《はや》子《し》の賑々しさなどを総称する呼び名であるが、日本の神事芸能はこの風流の精神を強い動機として展開、発展した例が少なくない。寺院においては仏教行事に結びついて行われた芸能も少なくなく、古代以来、特に舞楽は仏に捧げ、あるいは仏堂を荘厳する重要な芸能としての位置を占めた。古代・中世においては、仏事の後、寺僧が児とともに芸能を演じる延年と呼ばれる催しが盛んに行われたが、その内容は、舞楽から散楽・猿楽まで多彩なものであった。　↓神楽《かぐら》　↓猿楽《さるがく》　↓風流《ふりゅう》　（松尾　恒一）

じんじつ　人日　五節供の一つで、陰暦正月七日をいう。この日七種《ななくさ》の粥を祝うので「七種の節供」「七種の節」「七種の祝」、また民俗行事としては「ななくさ」(七種・七草)と称する。中国の古俗に、一日から六日までは獣畜を占い、七日には人を占うところから人日といい、また人勝日ともいった。『事物紀原』に「東方朔占書曰、歳正月一日占レ鶏、二日占レ狗、三日占レ羊、四日占レ猪、五日占レ牛、六日占レ馬、七日占レ人、八日占レ穀、皆晴明温和、為二蕃息安泰之候一、陰寒惨烈、為二疾病衰耗一」とある。また『荊楚歳時記』に「正月七日為二人日一、以二七種菜一為レ羹、翦レ綵為レ人、或鏤二金箔一為レ人、以貼二屏風一、亦戴二之頭鬢一、又造二華勝一以相遺、登レ高賦レ詩」と湖北・湖南地方の古俗について述べている。この中に七種の菜を羹とすることがみえ、七種粥の先蹤とみられるが、わが国には正月初子日に若菜を摘む春の野遊びの風習があり、これが中国の故事と習合したものとみられる。　（倉林　正次）

しんじまい　神事舞　神祭りの儀礼として行われる舞。「じんじまい」ともいう。神迎えから神送りまでの祭儀を芸能化した神楽《かぐら》はその代表的なものだが、神楽の中でも、出雲神楽系統のもののように、前半が神迎えや清め・祓えの儀式舞で、後半が記紀の神話を脚色した楽劇である場合、前者を神事舞、後者を能とよび分ける場合もある。江戸時代、神社の祭礼に里神楽・曲舞《くせまい》を演じた専業の芸能者を神事舞太夫と称した。　↓神楽《かぐら》

参考文献　本田安次『神楽』(『日本の民俗芸能』一)　（三隅　治雄）

しんじまいだゆう　神事舞太夫　江戸時代に神事(神楽)舞や曲舞を司った者。特に関八州・信州・甲州・会津表に散在した神事舞太夫は、江戸浅草田原町の田村八太夫の支配下にあった。多くの場合梓神子と行動をともにし、両部習合神道で神事行為を許されていた。その家職は、

元禄十五年(一七〇二)の摂州西宮神社の夷願人との家職争論に対する裁許により定められた。すなわち、竈祓い、配札(大黒札)、祭礼の神社で神事(神楽)舞を行う、竈祓い、月待・日待祈念の際に祈禱をし符守を作ることで、また梓神子は、竈祓い(青襖《あすわ》札)、配札(絵馬札)、数珠占い・口寄せである。田村八太夫は浅草の三社権現社の神主役として、流鏑馬やその他神楽全般を任されていたが、その立場はあくまで浅草寺に従属するものであった。明治維新後は神主役を追われ、新政府により、神事舞太夫・梓神子の名称は舞太夫・梓女と改称され、神事行為が禁じられるに至り、その組織は解体していった。

(佐藤　晶子)

じんじゃ　神社　神道の信仰にもとづいて神々をまつるために建てられた建物、もしくは施設を総称していう。古くヤシロ(社)・ミヤ(宮)・ホコラ(祠)・モリ(杜)とも呼ばれ、一般に「鎮守」や「氏神」の名で親しまれている。その構成としては、神が鎮座する本殿、神を礼拝し祈願するなどのさまざまな儀礼をする拝殿、これらを囲んで神聖を保つ瑞垣、参拝者が清水で心身を浄めるための手水舎、聖域に出入りする門に相当する鳥居などからなり、そのほかに神への供物を整える神饌殿や幣殿、神宝を納める宝殿、祭事に祝詞奏上や拝礼を行う祝詞殿、神に奉納する神楽を奏する神楽殿、神職が執務するための社務所などの諸施設を併せ、しかも全域が樹叢に囲まれた清浄な境内を保つよう心懸けられる。〔神社の原型〕今日ではヤシロ(社)もミヤ(宮)も一般に神社やその社殿をさして区別がないが、平安時代ころまでは厳密に区別され、むしろ古くはヤシロとモリの区別が曖昧で「社」と「杜」の文字が混用されていた。『延喜式』神名帳によると、ミヤと称する神社は伊勢国度会郡の太神宮《おおかむのみや》三座(伊勢内宮)と度会宮《わたらいのみや》四座(伊勢外宮)および荒祭宮・滝原宮・伊佐奈岐宮・月読宮・高宮の別宮五社、伊勢以外では下総国の香取神宮、常陸国の鹿島神宮、筑前国の八幡大菩薩筥崎宮、豊前国の八幡大菩薩宇佐宮の計十一社に限られており、所載二千八百六十一社のほとんどはヤシロ(社)の名しか許されていない。また『万葉集』や古風土記(播磨・肥前)には「社」や「杜」をいずれもモリと訓む例が多くあり、『日本書紀』天武天皇九年(六八〇)九月辛巳条にも「長柄杜」とある。これらの用法からして神社の初期形態には、㈠杜すなわち森に囲まれた神祭の聖地そのもの、㈡神祭の聖地に臨時に屋舎を設けたもの、㈢神祭の聖地に常設の神殿を建てたもの、という三つの様式があったと推定できる。㈠をヤシロとして重視したことは、『延喜式』臨時祭に「凡そ神社の四至の内に、樹木を伐り、及び死人を埋蔵することを得ざれ」(原漢文)とあるのにも明らかであり、また賊盗律に「祀所《まつりのところ》」、『延喜式』臨時祭に「祭所」や「祭庭《まつりのにわ》」、『陸奥国風土記』逸文に白川郡の飯豊山が豊岡姫命の「忌庭《ゆにわ》」だとあり、『台記別記』康治元年(一一四二)十一月十六日条に載せる中臣寿詞に「由庭」「斎場《ゆにわ》」、『日本書紀』神武紀に「霊時《まつりのにわ》」、雄略紀に「壇所《かむにわ》」とあることなどから、本来神社の境内は人々が集まって神を祭る神聖な場所で、死の穢を忌む禁制の森をなしていたことがわかる。しかも『延喜式』神名帳には甘南備神社(山城国綴喜郡)・珂牟奈備神社(丹波国何鹿郡)・賀武奈備神社(備後国葦田郡)とあって、これらはカムナビ(神の森)をそのまま神社としている例であり、また小杜神命神社(大和国十市郡)・杜本神社(河内国安宿郡)もその例である。ほかに特殊な岩石に神社の発生を推定させる例に、同神名帳には御前社原石立命神社(大和国添上郡)・天乃石吸神社(同)・天乃石立神社(同)・平群石床神社(大和国平群郡)などがあり、さらに特定な樹木にもとづく例には椋下神社(大和国宇陀郡)・都賀那木神社(同)・若桜神社(大和国城上郡)・甘樫坐神社(大和国高市郡)・樟下神社(河内国志紀郡)・櫟本神社(河内国丹比郡)など多数の神社がある。神代紀・『延喜式』祝詞に「天磐座」「天之磐座」とあり、同神名帳に石座神社(三河国宝飯郡)・磐座神社(越前国大野郡)とあるのは、その神座が岩石であったからで、神代紀に「磐境」とあり、『出雲国風土記』に石坂社とあるのも神域が岩に囲まれた境内だからであろう。神木による神社の例は、おそらく神代紀にいう「神籬《ひもろぎ》」に相当し、「天津神籬及び天津磐境を起し樹てて、当に吾孫の為に斎ひ奉らむ」(原漢文)とあるのは、その双方の備わっている場所が祭場にふさわしかったにちがいない。〔社殿の発生〕『古事記』神代によると、伊邪那岐命が天照大神に首飾りの玉を授け、大神はこれを「御倉板挙之神《みくらたなのかみ》」としたとあるのは、古代の天皇が皇祖神を祀る方式に倉の棚の上に神璽として飾り玉を安置する形があったことを暗示する。また同書崇神天皇段と安康天皇段とに天皇が「神牀《かむどこ》」に坐したという記事があるが、これは古代において天皇が神祭にあたり忌籠りした場所と思われる。こうした例を神社の場合にあてはめてみると、神殿の最初の形は神霊の依代である神宝や御霊代を収める場所または倉であったと思われる。『延喜式』神名帳にみえる穂椋神社(和泉国和泉郡)や保久良神社(摂津国菟原郡)または古典に「祠」とあるホクラ(秀倉)に相当し、中世に神殿をさして一般に「宝殿《ほうでん》」と呼んだのもこれにあたる。「神牀」に相当する例としては、一般の神社によく見られる、祭に際しての忌籠り施設の発生がこれで、これがやがて拝殿をはじめ祈願殿・祝詞殿・奉幣殿・神楽殿などに展開する基となったと思われる。ミヤ(宮・御屋)のはじめは、祭の執行にあたって臨時に仮屋を設けたものであったが、やがて恒例の祭祀が年に一度(新嘗祭)から二度(祈年と新嘗)、さらに春夏秋冬の四度から月並みの十二度、それに二十四節が加わって祭の数が増えるにつれて仮屋(ヤシロ)が常設の宮(ミヤ)となるに至った。おそらく、これは文化の伝播と経済力の増大をまつことであるから、はじめは中央のミヤコ(都・宮処)で飛鳥時代から大和に導入された仏寺建築の壮大さにも触発されて社殿が創建され、次第に地方にも波及したと考えられる。平安時代初頭の『延暦儀式帳』によると、当時の伊勢神宮ではその社殿として大宮院・幣殿院・御倉院をはじめ、斎内親王御膳院・御酒殿院・斎内親王川原殿院・御膳宿院・直会院・禰宜斎館院・宇治大内人斎館院・大内人二人宿館院・物忌幷小内人宿館院など多数の殿舎を配置する神社に発達していることがわかる。また『延喜式』神名帳によれば、すべて三千百三十二座の神のうち四百九十二社が名神大社とされ、この大社に対しては毎年、祈年・月次・新嘗あるいは相嘗・祈雨神祭・名神祭など各種の祭典に神祇官からの奉幣があるので、それに対応しての社殿や施設が次第に整えられていったはずである。さらに『新抄格勅符抄』大同元年(八〇六)牒によると、封戸(神領)をもつ神社の数は、伊勢大神宮の千百三十戸、宇佐八幡宮の千六百六十戸など、全国にわたって百七十社、封戸数四千八百七十六戸となっているが、これらの神社は経済的に有利なところから社殿の整備も進められたにちがいない。〔神社の変遷〕こうして神社が名実ともに社殿化されることは、一面では地方的な古代祭祀が次第に中央の体系的な国家祭祀に系列化されて、いわば「神道化」が全国的に波及することにもなる。平安時代には、神祇制度も整備されて畿内をはじめ諸国の有力神社には神祇官や国司を通して神階の授与や奉幣が事あるごとに進められ、『延喜式』神名帳にみるような官幣・国幣の社格制度がやがて地方にも波及して、諸国神名帳や一宮・総社の制度が生まれるに至った。平安時代末期に固定した二十二社も、正式な官社の制度とはいえないが、当時の近畿地方で有力な大社をもって特に国家的な祭祀の対象とした例である。中世の武家政権も鎌倉の鶴岡八幡大菩薩や信州の諏訪大明神を中心に、『貞永式目』にみるような神事を先とする治政を旨とし、近世の徳川政権もまた初代家康を伊勢の天照皇太神に対する日光の東照大権現に祀って体制鎮護の要としてきた。しかしながら歴史を通じた神社の基本的な性格は、中世以来一般化した「氏神」や「鎮守」の通称が示すように、地域集落のいわば家郷祭祀の中心をなしてきた。つまり神社の数や分布の変遷は、ほぼ歴史的に変遷してきた集落社会のそれに比例するとみてよい。平安時代初期の場合、『延喜式』神名帳記載の神社数は二千八百六十一社(三千百三十二座)だが、これ以外に当時の六国史所載の神社(国史見在社)は三百九十一社あるので合計三千二百五十二社となる。しかし、これらは国史に現われた特殊の限られた有力社のみであって、当時の神社実数ではない。当時、全国の集落は五十戸単位に郷を置いたが、八世紀の状況を示す『律書残篇』には全国で四千十二郷、十世紀の『和名類聚抄』には四千四十一郷とあるから、一郷一社とすれば神社は四千社を超える程度になる。だが、十三世紀ごろの『拾芥抄《しゅうがい》』では郷一万余、十六世紀初めの『體源抄』では九万八千とあるので、中世から近世にかけては村落の発達に応じて全国に一万ほどから九万にも達する神社の増加も考えられる。また近世には盛んな新田開発が進められ、枝村や新村の著しい増加とともに当然神社の勧請も顕著であった。明治初期に神仏分離と神社の国家管理を進めた政府の調査では、当時全国の神社数はのちの大字にあたる旧村の数、十八万余りにほぼ同じだったという。政府が比較的正確に調べた明治三十九年(一九〇六)の段階では、その数十九万三千余社であった。ところが、この年から明治末年まで政府が断行した神社合祀の政策で、地方により疎密はあるものの全国の神社数は約十一万社にまで整理された。そして昭和二十年(一九四五)の終戦時、国家管理の終る最後の段階でその数は十万六千百三十七社であった。その後、昭和二十一年二月一日に内務省神祇院の廃止により神社は明治以来の国家管理を離れ、翌二月二日から宗教法人として再出発するが、その時設立された神社本庁に所属した神社は当時全国で八万七千二百十八社で、その他は単立法人ないし別の包括団体をなして今日に至っている。↓神社建築《じんじゃけんちく》　↓神社制度《じんじゃせいど》

参考文献　原田敏明『神社』(『日本歴史新書』)、西田長男『日本神道史研究』八・九、宮地直一『神道史序説』、神社新報政教研究室編『近代神社神道史』、明治神社誌料編纂所編『明治神社誌料』、神道大系編纂会編『神道大系』神社編、白井永二・土岐昌訓編『神社辞典』

(薗田　稔)

じんじゃかくろく　神社覈録　神社の考証・研究書。鈴鹿連胤著。七十五巻。明治三十五年(一九〇二)刊、上下二冊。鈴鹿氏は京都の吉田神社に世々奉仕する社家で、連胤も社殿の再建などに力を尽くした。本書は天保七年(一八三六)に編纂の志を起し、三十余年の歳月を経て明治三年に成稿。延喜式内の神社を中心に、式外の著名な神社をも加えて、国別に各社の祭神・所在・由緒・類社・神位・造営・官幣・神宝・祭祀・行幸・社領・社職などについて言及するが、多くの史籍を渉猟し、精細な考証を試みている点では、高い評価を得ている。また巻一は「標目」として『延喜式』神名帳を総説し、巻二、宮中神には「神祇官及諸寮司等祭神」を附録となし、和泉・尾張・三河・駿河・伊豆・美濃・上野・若狭・越前・隠岐・播磨・備前・紀伊の十三ヵ国については現存の国内神名帳を附載するなど、周到な配慮がみられる。↓鈴鹿連《すずかつら》胤《たね》

(土岐　昌訓)

じんじゃきょく　神社局　内務省に置かれた一局で、神社行政を掌った中央官庁。明治三十三年(一九〇〇)四月二十七日内務省官制が改正され、明治十年一月十九日以来置かれた社寺局を分かって神社・宗教の二局とした。神社局は㈠神宮・官国幣社・府県郷村社・招魂社、その他すべて神社に関する事項、㈡神官および神職に関する事項がその所管事務であって、職員には局長一人、書記官二人、事務官一人、属若干人、考証官一人(のち二人)、考証官補一人(のち二人)、技師・技手各若干人があった。総務課・考証課が事務を分掌し、技師等は神社造営に関

する事務を掌った。昭和十五年(一九四〇)十一月九日、神社局は廃され、内務省の外局として神祇院が設置された。神社局の局長は、初代の李家裕二から最後の飯沼一省まで明治・大正・昭和にわたり二十数名を数える。その間社寺境内地処分の問題、神宮の式年・臨時の遷宮、官国幣社の昇格列格、官国幣社職制、神宮皇学館官制、官国幣社経費に関する法律、府県社以下神社の幣帛供進に関する件、神宮神部署官制、神宮祭祀令、官国幣社以下神社祭祀令、即位令および大嘗祭関係の神宮・神社の祭祀、神職高等試験、同普通試験、神社財産に関する法律、内務省・文部省官制改正、神社祭式、行事作法、神社制度調査会、神宮皇学館大学官制、神職講習会、府県社以下神社の神饌幣帛料供進に関する件、神社に対する公費供進に関する件など、多くの重要事項が取り扱われている。→宗教局《しゅうきょうきょく》 →神祇院《じんぎいん》

参考文献 神祇院教務局編『神社局時代を語る』、阪本健一編『(明治以降)神社関係法令史料』

(阪本　健一)

じんじゃけいもう　神社啓蒙　江戸時代初期における神社の考究・啓蒙の書籍。白井宗因著。七巻。寛文七年(一六六七)十一月朔日の自序をもち、同十年九月板行。宗因は浪華の医師であるが、古典や神社に造詣の深い和学者でもあって、自省軒・白雲山人と号した。寛文四年自跋の『神社便覧』をさらに詳述したのが本書である。本文七巻の構成は、巻一―三が伊勢神宮をはじめとする二十二社、巻四が一宮、巻五・六が諸社、巻七が霊社で、全国で二百三十七社ほどの神社について、その所在・祭神・由緒・位記・祭・行幸・所摂社などを記述している。また巻首に「所ㇾ定㆓二十二座㆒之由」と「或問」十八条(神社の故事に関するもの)を載す。全体の特徴としては、仏教色の排除と世の謬説を正さんとした意図をもつが、多田義俊はその随筆『ぬなはの草紙』中巻において、本書は林道春の『本朝神社考』にまさるものといい、宗因の識見を高く評価している。『大日本風教叢書』八に所収。

参考文献 渡辺国雄「白井宗因と神社啓蒙」(『国学院雑誌』六〇ノ七)

(土岐　昌訓)

じんじゃけんちく　神社建築　祭神をまつる本殿、礼拝や奉幣の施設として造られた拝殿・幣殿など、神に供する神饌を準備する諸殿舎、神宝などを収める倉ならびに鳥居、玉垣など、神社境域の内外にある建物を総称していう。〔本殿の成立〕日本における神の信仰が固有の建築様式を成立させる以前に、長い前史があったと考えるべきであろう。それは農耕の発生とともに自然の恩恵に対する尊敬の表明として始まった。主として雨ないし水を支配すると考えられた至上の力に対して敬意と感謝を捧げるために、毎年一定の時期に、集落のなかの特定の地域に集って祭を行うという慣行が、のちに神社建築を生む基本的な動機だったであろう。今でも礼拝の対象となるべき本殿をもたない神社として、大神《おおみわ》神社(奈良県)、金鑽《かなさな》神社(埼玉県)、諏訪大社上社本宮(長野県)などがある。これらは隣接する山や神地を崇拝の対象としているのであって、現在は社殿をもつが古くは同様に社殿のない神社であったと考えられる例は他にも少なくない。一定の土地での祭が最も素朴な信仰の表明であったとすれば、最初に必要な施設は祭場を囲む瑞垣《みずがき》であり、入口としての鳥居であったと考えられる。やがて神そのものの象徴が必要とされるが、それも直ちに建築の形態をもって現われたのではなく、古くは山・森・石・神木などが神の体現するものとして扱われた。こうして祭の繰返しのなかから次第に、その土地に固有の神が出現し、やがて神話のなかの神と結びついて、土地の神、部族の祖先神が人格化していく。建築化された神社の発生はおそらく人格神の登場と関係があるであろう。神社の中心施設としての本殿は、祭の時に地上に降臨する神が臨時に居るところ、あるいは神の常住するところとして造られる。古い本殿の諸形式に共通する特色は、屋根を切妻造とし、床を高く張り、瓦や土壁を用いないことである。そしてこれらの特徴は、仏教建築の影響を受ける前の建築的伝統を反映しているとみてよく、細部についてもたとえば伊勢神宮正殿の棟持柱《むなもちばしら》や、破風《はふ》が延長して千木《ちぎ》となることなども、弥生時代から古墳時代に至る間の土器・銅鐸・鏡などに描かれた家屋図や家形埴輪との近似を示している。したがって神社建築の諸特徴は仏教建築渡来以前の成立を指示しているのであるが、実際はそうではなく、むしろ仏教建築の隆盛が神社建築成立の背景となったと考えられる。すなわち大陸的手法による大規模な伽藍の建設に触発されて神社は神社としての記念性をもつに至ったのであるが、その様式は仏教的要素を意識的に排除し古来の素朴な技法と形式を採用することによって完成した。このようにして出現した本殿形式として、伊勢神宮の神明造、出雲大社の大社造、住吉大社の住吉造、宇佐神宮の八幡造、春日大社の春日造、上・下賀茂神社の流造、日吉大社の日吉造などがある。これらの神社では古来固有の形式を墨守しており、いくどかの造替遷宮を繰り返しつつなお形式を基本的に変更することはなかった。また伊勢・住吉・八幡・日吉などの形式はそれぞれその神社だけが専有する形式であって、おなじ神がほかに勧請された時にのみ増殖することがあり得た。それに対して春日造は春日大社系および熊野大社系の神社で採用する例が多く、また流造はほとんど全国的に流布する普遍形式である。流造・春日造が柱下に土台をめぐらすことを考慮すると、古くは掘立柱であった神明造・大社造・住吉造などとは異なる成立の背景をもっていたと考えることができる。伊勢と出雲は神話のなかに詳しい創立譚をもち、それによると両社はともに宮殿のごとくに造られたことが強調されている。両社が掘立柱で建てられたことはこれと無関係でなく、神の安住する住居として造立されたことを神話も本殿形式も物語っている。それに対して土台をもつ形式は、土地に固定しない構法で

あるから、神の一時的な降臨を迎える施設として、この方がより普遍性を帯びていたと考えることができよう。〔付属の社殿〕延暦二十三年(八〇四)の『皇太神宮儀式帳』によると、伊勢の内宮はきわめて整備された殿舎群によって構成されていた。すなわち大宮院《おおみや》は三重の玉垣と板垣をめぐらし、一の玉垣(瑞垣)のなかに正殿と東西の宝殿、二の玉垣(内玉垣)のなかに四棟の宿衛屋《とのいや》、三の玉垣(外玉垣)の内側に斎内親王侍殿と女孺《にようじゅ》侍殿とがあった。このほか幣殿院・御倉《みくら》院・御酒殿《みさかどの》院・直会殿《なおらいどの》院があり、また斎宮や神官たちのための諸施設も整えられていた。これら数多くの施設のうち主要なものは神に供する神饌を調理し準備するところ、神宝・祭器・神供などを収納する倉、斎戒・参籠・社務執行に用いる建物などであった。しかし人が神を礼拝するための建物はなく、勅使・公卿・神官による祭儀もすべて野天で行われた。内玉垣の南方に広がる空間が祭儀の場所であって、そこに東西に長く石を置いて造られた石壺が祭官の着座の位置を示していた。斎内親王侍殿と女孺侍殿も祭の前後に着座する席として造られているにすぎない。『貞観儀式』にみられる春日祭や賀茂祭の状景も、同様に祭典の主要な部分は建物のなかでなく庭上で進行している。平安時代の春日大社や上・下賀茂神社は貴族の崇敬を集めて参詣も盛んであったから、社頭に祭や参詣のための諸施設が多く造られた。平安時代初期の春日社には、玉垣で囲まれた中院のなかに南舎・直会殿があり、また外には外院座があって、これらはそれぞれ今の幣殿・直会殿・着到殿に相当する。賀茂別雷《かもわけいかずち》神社(上賀茂)では十一世紀の初めに今の橋殿《はしどの》・細殿《ほそどの》・土屋《つちのや》に相当する建物が現われており、このうち橋殿では宣命が読まれ、奉幣・舞楽が行われた。また平安時代に出現した建物で注目されるのは楼門と回廊(または翼廊)であって、賀茂別雷神社では十一世紀前半に、賀茂御祖《みおや》神社(下鴨社)では十二世紀初期に楼門の存在が知られ、そのほか八坂神社や石清水八幡宮でも楼門・回廊が造営された。奈良の春日大社では治承三年(一一七九)に中院周囲の玉垣を回廊とし、南門を楼門に改めている。このように楼門と回廊が主要な神社で採用されたのは、社頭の景観を壮麗にするとともに、祭典を行う上でも祭官着座の場所を設けるという実際的な要求もあったであろう。石清水八幡宮で注意されるのは、本殿と楼門との間に、石敷き吹放しにした舞殿と幣殿が十一世紀前半に造られていたことであって、本殿、幣帛を捧げる幣殿、舞楽を奉納する舞殿、楼門を軸線上に配置する一つの定型がすでにこのころには完成していたことを物語る。楼門と回廊を備えるに至らない小規模な神社では、これを圧縮して一つの建築として本殿の前に建てた。いわゆる拝殿はこのようにして生まれたと考えることができる。地方の小社が本殿と拝殿しかもたない場合、拝殿は祭員着座の場所であると同時に、直会殿にも幣殿にも舞殿にも祝詞殿にも用いられたであろう。拝殿には形式上、本殿の正面に平行に棟を通した平入のもの、直角に置いた妻入のものならびに割拝殿《わりはいでん》と通称されるものがある。割拝殿は楼門と翼廊を一つに結合した形をもっともよくとどめており、中央部分を土間として前後に通り抜けられるようになっているものをいう。↓大鳥造《おおとりづくり》 ↓春日造《かすがづくり》 ↓祇園造《ぎおんづくり》 ↓権現造《ごんげんづくり》 ↓神明造《しんめいづくり》 ↓住吉造《すみよしづくり》 ↓浅間造《せんげんづくり》 ↓大社造《たいしやづくり》 ↓流造《ながれづくり》 ↓八幡造《はちまんづくり》 ↓日吉造《ひえづくり》 ↓別刷〈神社建築〉

参考文献 稲垣栄三『神社と霊廟』(『原色日本の美術』一六)

(稲垣 栄三)

じんじゃごうし　神社合祀　複数の神社を一社にまとめ、祭神を合わせ祀ること。神社が廃社となる場合に採られる整理の方法で、被合祀神社の建物や境内地の処分などを伴う。近代神道史上では政府主導の行政施策として、明治末期から全国的に行われた地域所在神社の統廃合を指し、村社・無格社の大規模な減少として現れている。被合祀神社やそれをまつる地域社会では事件として記憶され、祭礼や神社信仰の変化を及ぼした。のちに祭神分祀、社殿再興など「神社復祀」の行動もみられる。維持管理上や自然災害などの理由による合祀と異なり、神社の外部的な要因・影響による整理例として、江戸時代の寛文年間(一六六一―七三)に会津・岡山・水戸・高松各藩で、神社改・神社破却・寄宮《よせみや》などがある。これらは、淫祠の除去や神仏混淆《こんこう》社の分離などを行う一方、確かな神社について保護を加える方向にあり、当時の神祇思想と関係している。明治維新後の神社制度の整備過程では、全国「神社」の掌握とともに、祭神未詳で由緒なく修復も行われない小祠整理が実施され、明治末期の神社合祀は時代的な要因と関係し短期間に実行された。その目的には国民の敬神観念高揚が意識され、「国家ノ宗祀」にふさわしい神社の状態として、祭典執行・神社設備・維持管理などの確立上、多数の神社を減ずること、また特に日露戦争後の地方改良運動との関連で、地方経営と国家運営の基盤強化のために、大字ごとに氏神を孤立奉斎する旧弊を改め、一行政市町村に一社として集約化し地域住民の精神的な統合の中核機能を目指す点にあった。合祀政策は明治三十九年(一九〇六)以降本格化し、大正五年(一九一六)ころに終息を迎えるが、昭和十五年(一九四〇)の神祇院設置時期にも神社明細帳脱漏神社の整理問題として再登場している。合祀実態は府県により差異があり、三重・和歌山は合併率が九〇%を超えた。推進側官僚の立場や行政展開の方法、府県の神社数の多寡、大字間の力関係など、施策の質的影響は地域社会の状況により区々で、合祀反対運動が激しく行われた一方、問題なく合祀をみた例もあり、地域ごとの検証が必要となっている。

参考文献 米地實『村落祭祀と国家統制』、森岡清美『近代の集落神社と国家統制』(『日本宗教史叢書』)、櫻井治男『蘇るムラの神々』、喜多村理子『神社合祀とムラ社会』

(櫻井 治男)

じんじゃこずしゅう　神社古図集　各地の神社に関わる古図を収載した資料集。昭和十七年(一九四二)八月、日本電報通信社の編集・発行で限定千部が出版された。紀元二千六百年記念に国体観念の覚醒と神道興隆の気運高揚を目的として出版されたもので、『神社大観』『神社読本』に続くもの。東京帝国大学教授であった宮地直一を監修者とし、工学博士福山敏男が資料収集と編纂を行い、国学院大学教授大場磐雄《おおばいわお》と神祇院属近藤喜博《こんどうよしひろ》が編集に携わった。内容は、神社に関する各種の古図のうち、主に境内外の建物またはその中の主要な建物・工作物が描かれたもので、原則として慶長年間(一五九六―一六一五)以前の製作、またはその時代の状態を示すものを対象に、百四点(図版百三十枚)の古図が収載されている。伊勢神宮を筆頭に、『延喜式』神名帳に記載の順序に従って、配列されている。巻末には、福山敏男による「神社古図一覧」が付されており、原則として慶長以前、例外的にも寛文年間(一六六一―七三)を下限として、国別に収載されている。近年、複製本(臨川書店発行)も刊行されている。また平成二年(一九九〇)には福山敏男監修、難波田徹他編により、祭礼・風俗図を含めた続編が刊行された。（島田　潔）

じんじゃさいし　神社祭祀　神社で行う祭。神道の祭祀は、神宮祭祀・皇室(宮中)祭祀・神社祭祀・民間祭祀に大別される。このうち神社祭祀は、第二次世界大戦前は勅令による官国幣社以下神社祭祀令によって執行されたが、戦後はこれが廃止となり、これに替って神社本庁が神社祭祀規程を制定している。これによると、神社の祭祀は、大祭・中祭・小祭に区分され、大祭は例祭・祈年祭・新嘗《しんじょう》祭・式年祭・鎮座祭・遷座祭・合祀祭・分祀祭、および神社に特別由緒ある祭祀。中祭は歳旦《さいたん》祭・元始祭・紀元祭(建国記念の日)・天長祭(天皇誕生日)・神嘗《かんなめ》奉祝祭・明治祭(文化の日)、その他これに準ずる祭祀および神社に由緒ある祭祀。小祭は大祭および中祭以外の祭祀と定められている。これらの祭祀執行の細則に、神社祭式・神社祭式行事作法がある。また、関連規定に神社で行う恒例式があり、遙拝・大祓の執行要領を定めている。
→神社祭式行事作法《じんじゃさいしきぎょうじさほう》
（沼部　春友）

じんじゃさいしき　神社祭式　神社祭祀の施行細則。神社祭祀儀礼の次第・供物・祝詞《のりと》などについて定めたもの。第二次世界大戦前は国の法制で、官国幣社以下神社祭祀令(基本法)・官国幣社以下神社祭式(施行細則)・神社祭式行事作法(立居振舞の仕方)が制定されていた。戦後はこれらの法制が廃止され、神社本庁が、神社祭祀規程・神社祭式・神社祭式行事作法を制定している。神社祭式は、一大祭式、二中祭式、三小祭式、四雑則とし、一―三で大・中・小祭の執行次第を示している。それによると、祭典次第は、手水《てみず》・修祓《しゅばつ》・一拝《いっぱい》・開扉《かいひ》・献饌《けんせん》・祝詞奏上・奏楽《そうがく》・玉串奉奠《たまぐしほうてん》・撤饌《てっせん》・閉扉《へいひ》・一拝・直会《なおらい》を基本としている。四の雑則は、十五項にわたり、古例の神事や故実による慣例あるものはこれによること。遷座祭《せんざさい》・合祀祭《ごうしさい》・分祀祭《ぶんしさい》は夜間に行うこと。神饌の品目は、和稲《にぎしね》・荒稲《あらしね》・酒・海魚・川魚・野鳥・水鳥・海菜《かいさい》・野菜・果実・菓子・塩・水であること。その他を定めている。なお、祝詞は神社本庁例文として、『祝詞、祓詞及び祭詞』を示している。→祭式《さいしき》
（沼部　春友）

じんじゃさいしきぎょうじさほう　神社祭式行事作法　神社祭式に定められた、祭典を執行するための祭場の位次、祭典を構成する行事、および立居振舞方などを定めたもの。第二次世界大戦前は国家が、戦後は神社本庁が制定している。後者は一通則、二行事、三作法にわけている。一の通則では、祭場の位次、すなわち、神座を最上位とし、次に神座に近い方を上位とし、遠い方を下位とすること。神座の延長線を正中《せいちゅう》と称してこれを尊び、その左(神座に向って右)を次とし、右(向って左)をその次とすること。そのほか奉仕員の着く位置や所役の順位を定めている。二の行事では、御扉の開閉、降神《こうしん》の仕方、神饌・幣帛の献上および撤下の仕方、祝詞・祭詞の奏上法、拝礼、手水《てみず》、修祓《しゅばつ》、直会《なおらい》の方式などを、三の作法では、姿勢、起ち方坐り方、進み方退き方、曲り方回り方、敬礼の作法、笏・扇の扱い方、祭器具類の執り方・持ち方・扱い方、などを定めている。なお、伊勢の神宮、皇室にあっては、別に定められ、教派神道その他の教団における祭典も、上記とは別に定めているところもある。
→神社祭祀《じんじゃさいし》
（沼部　春友）

じんじゃさいしきぎょうじさほうきょうはん　神社祭式行事作法教範　神社の祭祀方式の理論と実践について述べたもの。青戸波江著。明治四十三年(一九一〇)に上巻(一―四章)を、のち没後の昭和七年(一九三二)に下巻(五―七章)を加え、明治書院より刊行。一章総論で礼の大意、三大綱、九要義。二章祭祀で祭祀の大意、重要事項、戒禁事項。三章祭式一起居進退で位置・姿勢・坐起・整列・行歩・膝行。四章祭式二敬礼作法で笏・揖《ゆう》・拝・拍手・雑礼。五章祭式三行事作法で祭員の役名および任務、開扉閉扉、神饌・御幣物《ごへいもつ》献撤、祝詞《のりと》奏上、玉串奉奠《たまぐしほうてん》。六章祭式四儀式次第。七章祭式奉仕者の心掛と覚悟および祭式授業の主眼について述べている。神社祭式は明治八年の式部寮達を嚆矢とし、のち同四十年六月に内務省告示で、神社祭式行事作法が制定発布された。これの制定までに内務省で祭式の取調・調査を行い、その中心となって従事したのが青戸波江である。→青戸波江《あおとなみえ》
（沼部　春友）

じんじゃし　神社誌　神社の祭神や歴史、施設などを記した書。神道学者河野省三によれば「神社誌といふのは、或神社の祭神の奉斎と、その奉仕の歴史と施設と、又その鎮座地との関係等に関する組織的な記述である」(『埼玉県神社庁報』)とされる。今日までに刊行された多くの神社誌で全国的なものとして、明治初年の官国幣社について資料をまとめた『古事類苑』神祇部、『府県郷社明治神社誌料』、神社の考証・研究書として鈴鹿連胤『神社覈録《かくろく》』、

昭和十六年(一九四一)刊行の『大陸神社大観』、昭和五十二年発行の『全国神社名鑑』などがある。一方、近年刊行された地方の神社誌で特徴あるものとしては、『北海道神社庁誌』がある。これは北海道の神社はもとより第二次世界大戦前に樺太に鎮座の神社百二十八社、および千島(四島を含む)鎮座の五十六社についてそれぞれ章を割いている。また、十七年の歳月を掛け完成した神社誌『埼玉の神社』全三巻がある。これは、県内の全神社についての資料を二十二の調査要目に従い収録し、それぞれの神社を歴史・信仰・氏子の三項目にまとめている。さらに、一社一社個々のものとして、大学の研究者に委ねた例も少なくない。いずれも神社の由緒などを知るにとどまらず、神道や郷土史などの研究書としても価値が高い。　（佐藤　弘毅）

じんじゃしこう　神社私考　『延喜式』神名帳の総説と若狭国諸社の考証。伴信友著。六巻。天保十二年(一八四一)成立。巻一「神名帳標目私考」は、『延喜式』神名帳の冒頭に掲げる神名・天神地祇・座数・社前・大社・小社・祈年・月次・相嘗・新嘗・名神・鍬靫などについて精細な考注をほどこしたもので、巻二の「神名帳標目私考附録」とともに、すでに成稿の『神名帳考証』(六十九巻、文化十年(一八一三)成)の首巻にあたるべきものである。巻三・四の「若狭国官社私考」は、延喜式内の若狭国四十二座について細密な考証をなしたもので、先の『神名帳考証』の同じ部分よりさらに詳述している。巻五・六の「若狭国神名帳私考」は、国内神名帳所載の百四十五所の神社(ただし式内の諸社を除く)を考注したもので、巻三・四とともに、信友が出身地の神社の解明に熱情をそそいだものといえる。『伴信友全集』二、『神祇全書』一・五所収。　（土岐　昌訓）

じんじゃじょうもく　神社条目　江戸幕府が寛文五年(一六六五)に発布した神社・神職に対する法令。諸社禰宜神主等法度ともいわれるが、この称は近代になり便宜的に付されたもので、これが機能した近世においては神社条目と称された。日付は寛文五年七月十一日。五ヵ条から成る。同日に発布された二つの寺院法度、つまり将軍朱印状形式の九ヵ条から成る「寺院条目」、老中連署奉書形式の五ヵ条から成る「寺院下知状」と対をなし、この三つの法令を以て江戸幕府の寺院・神社統制の総体は示されていた。本条目の申し渡しに関しては『柳営日次記』寛文五年八月八日―十二月十九日条、『吉田家御広間雑記』同年九月二十二日―十二月二十九日条などによって知られる。この写しは全国に触れ渡されたが、本紙である将軍徳川家綱の朱印が奥に捺されたものは卜部吉田家に発給された。その後、将軍の代替りごとに吉田家は家領の継目朱印状を受けるとともに、神社条目の発給も受けた。吉田家には次の日付のもの、貞享二年(一六八五)、享保四年(一七一九)五月二十一日、延享四年(一七四七)八月十一日、宝暦十二年(一七六二)八月十一日、天明八年(一七八八)九月十一日、天保十一年(一八四〇)九月十一日、安政二年(一八五五)九月十一日、万延元年(一八六〇)九月十一日、以上八通が伝存する。神社条目を受けた吉田家はこれを「当家御再興之儀」と認識しているが、それを可能にしたのはそれまでの兼右・兼見父子以来の諸社管領・諸社官位執奏としての活動があったためである。加えて神祇官の八神殿を吉田山の斎場に建てることに成功し、兼見の晩年には吉田家が名実ともに諸国の神社・神職を支配する体制が形成されつつあったこと、そしてそれを決定づけたのは兼見没後の吉田家を事実上支えた萩原兼従を師とし、当時幕閣に少なからざる影響力を行使しえた吉川惟足の多大なる尽力があったことによろう。この文案作成段階では吉田家を諸国社人の執奏にするの意をも含めてのものであったようであるが、神祇伯白川家の主張・吉田家との抗争が深刻化してくるにつれ、幕府は次第に方向の転換をはかり発布意図の明確化を避けるとともに、白川・吉田両家の争論いわゆる伯卜論争に対する裁許を通して神社・神職に対する統制を徹底していった。条目五ヵ条の全文は次の通りである。

　定

一　諸社之禰宜・神主等、専学神祇道、所其崇敬之神体、弥可存知之、有来神事祭礼可勤之、向後於令怠慢者、可取放神職事

一　社家位階、従前々以伝　奏遂昇進輩者、弥可為其通事

一　無位之社人、可着白張、其外之装束者、以吉田之許状可着之事

一　神領一切不可売買事
　附、不可入于質物事

一　神社小破之時、其相応常々可加修理事
　附、神社無懈怠掃除可申付事

右条々、可堅守之、若違犯之輩於有之者、随科之軽重可沙汰者也

　寛文五年七月十一日

（徳川家綱朱印）

参考文献　『吉川視吾堂先生行状』、『吉田勘文』、橋本政宣「寛文五年「諸社禰宜神主等法度」と吉田家」(橋本政宣・山本信吉編『神主と神人の社会史』所収)、同「寛文五年「神社条目」の機能」(『神道宗教』一六八・一六九)　（橋本　政宣）

じんじゃしんとう　神社神道　神社を中心に営まれる日本固有の宗教。神道の基本領域を形成している。ただし神社神道というよび方は、明治以後、教派神道と区別するために用いられるようになったものである。神社神道の源流は、弥生時代に成立した原始神道で、土地神を招いて祭り、稲の稔りと集団の繁栄をもとめる農耕儀礼を中心とする民族宗教であった。古代国家の成立とともに、仏教の影響を受けて、神が常在する施設として、ミヤ・ヤシロ・ホコラがつくられるようになり、社殿に鏡をはじめ石などの自然物が神体としてまつられた。神社の祭

神は、原始神道以来の土地神が、そのまま祖先神とされる事例が大半を占め、これらの地縁的社祠は、氏神・鎮守・産土《うぶすな》などとよばれた。古代国家をつくった大和政権は、天上の神界高天原《たかまがはら》の主宰神天照大神の子孫とする天皇を首長とすることから、高天原の神々を天津神《あまつかみ》、土着の神々を一段ひくい国津神《くにつかみ》とした。古代国家の確立に伴い、神々は天神地祇、八百万神《やおよろずのかみ》として序列化された。神仏習合の進展とともに、神仏習合神が神社にまつられるようになり、また道教系の神、朝鮮から渡来した神も神社の祭神となった。古代の神祇制度によって、有力な神社は官社として神祇官の奉幣を受け、一般の神社は地縁的な崇敬者集団が自主的に祭祀を営んだ。古代社会で、祟りをする人間の霊を鎮める御霊《ごりょう》信仰が普及し、人間を神としてまつる御霊社がつくられた。また墓所に設けられた廟宮に起源する神社も出現した。神社神道は、集団による儀礼中心の宗教である民族宗教の構造を受け継ぐ多神教であり、もともと固有の教義をもたなかった。しかし、仏教をはじめ、儒教・道教・陰陽道との習合が進むと、さまざまな習合神道説が発達し、神社の祭祀を教義的に基礎付けた。古代後期から中世初頭には、天台系の山王神道、真言系の両部神道、法華系の法華神道などが成立した。仏教を主体とするこれらの神道説に対抗して、南北朝時代には、神道を主体とする習合神道説として伊勢(度会《わたらい》)神道が大成された。室町時代には、神道を中心に、仏教・道教・儒教を取り入れた吉田(唯一宗源)神道が成立した。近世には、神儒習合の神道説が相ついで現われた。幕藩体制のもとで、神社の大半は、仏教に従属して習合的祭祀を営み、一部の有力な神社が神祇伯を世襲する白川家の管轄下にあったほかは、神祇官代の吉田家の支配下に置かれていた。幕末、仏教・儒教・習合神道を排撃する復古神道が唱えられ、倒幕王政復古の思想的な原動力となった。明治維新によって成立した近代天皇制国家は、神仏分離を強行して、神道の国教化を進めた。当時、全国には約十九万の神社があって、多様な祭祀を営んでいたが、政府は、皇祖神を祀る伊勢神宮を神社の本宗《ほんそう》とし、全神社をその下にピラミッド型に編成して、社格を定めた。神社は国家の宗祀とされ、神社神道は皇室神道と結びついた非宗教の国家祭祀となった。こうしてつくられた国家神道は、事実上の国教であり、神(教派神道)・仏(仏教)・基(キリスト教)三教は、国家神道の枠内で活動の自由を容認された。国家神道の教義は、現人神《あらひとがみ》(現御神《あきつみかみ》)天皇が統治する日本を賛美し、天皇の御稜威《みいつ》を全世界に及ぼすことを日本人の神聖な使命とする「国体」の教義であった。国民は、義務として神社参拝を強制され、天皇の肖像である「御真影」は国家神道の聖像、「教育勅語」は国家神道の聖典としての役割を果たした。国家神道の理念を体現する神社も、相ついで創建された。太平洋戦争の敗戦によって、国家神道は禁止され、神社神道は、神社本庁その他の民間の宗教団体として再出発した。信教の自由、政教分離を定めた日本国憲法のもとで、神社は国家から切り離されて公的性格を失ったが、神社神道がもつ地域住民を氏子崇敬者とする集団の宗教としての性格は保持され、国家神道復活運動の基盤となっている。

参考文献　小野祖教『神道の基礎知識と基礎問題』、岡田米夫『神社』(『日本史小百科』一)、村上重良『国家神道』(『岩波新書』青七七〇)
(村上　重良)

じんじゃしんぽう　神社新報　全国神社とその崇敬者を対象とする週刊発行の新聞。東京都渋谷区の神社新報社刊。全国の神社は第二次世界大戦後の昭和二十年(一九四五)、連合国最高指令官の出した「国家神道廃止令」により従来の公法人としての歩みができなくなり、昭和二十一年二月神社本庁を創設して新しい道を探る歩みを始めたが、その神社本庁の広報機関紙として同七月八日に創刊号を出し、以来、欠号なく発刊されている。『神社新報』は、発刊当時は神社本庁の広報課の発行だったが、占領政策のもと、主張の筆禍が神社本庁や全国神社に及ぶのを避けるため、二十二年秋、独立した株式会社に改組された。葦津珍彦《あしづうずひこ》主筆らのもと、占領行政に抗して主張を続け、戦前の紀元節に代わる「建国記念の日」の制定、政教分離政策の解釈の確定、元号制度の法制化、靖国神社問題、伊勢神宮の式年遷宮制度などに関して神社界を代表して主張をするとともに、全国の神社活動の情報を伝える役割を果たしつづけて現在にいたっている。平成十四年(二〇〇二)七月現在の発行部数は五万部。
(葦津　泰國)

じんじゃせいど　神社制度　神社の祭祀・社格・神職・経済などに関する制度。歴史上の変遷を概観するに、まずもって神祇尊重の風儀はわが国の伝統であるから、古くは不文の慣行として行われていた。大化改新までの時期を慣習法時代とする。律令体制の展開・整備につれて、神祇の祭祀や行政も次第に成文化されたわけで、『養老令』神祇令や『延喜式』神祇などによって、その制度上の大要を知り得る。律令制下の神祇行政は平安時代中期以降、その実施が衰退と変容を余儀なくされ、鎌倉時代から江戸時代にかけての武家法時代へと移行する。明治維新政府は王政復古と祭政一致を基本方針として出発したから、意欲的な神祇行政を展開した。多少の曲折はあるが、神社は国家管理のもとに置かれて第二次世界大戦終戦時に至った。昭和二十一年(一九四六)二月、神社の国家管理が廃止され、神社は宗教法人として現在に至るのである。以上からして、制度的には律令体制と明治政府のもとにおける神社の取扱いが焦点になろう。まず律令制下にあっては、一般の行政を統括する太政官のほかに神祇官を別置し、伯(長官)以下の職制を定める。神祇官の主たる職掌は神祇の祭祀と祝部《はふりべ》の名帳《みょうちょう》・神戸《かんべ》の戸籍をつかさどることで、二月祈年祭以下の年中恒例の公式祭典を行うとともに、全国の官社・神職・神領を管理する中央の行政機関であった。地方においては諸国の国守が第一の職掌として祭祀と諸社をつかさどったのであり、大宰府では管轄区域が広いため特に専門職の主神《かんづかさ》を置いた。令の施行細則として現存するのは『延喜式』五十巻であるが、その冒頭の十巻は神祇関係の式である。四時祭上・下、臨時祭、伊勢大神宮、斎宮寮、斎院司、践祚大嘗祭、祝詞、神名上・下にわたり諸規定がみられるが、いわゆる官社制が確立されている点に大きな特色がある。全国の神社の中から何らかの理由にもとづき公的な待遇を得たものが官社に列したのであり、律令制の展開につれて次第に整備され、その集大成されたものが『延喜式』九・一〇の神名帳に登載された神社である。二千八百六十一所(三千百三十二座)の神社について、官幣と国幣に分け、そのおのおのを大社・小社に区別し、公的待遇上の格差を設けている。官社制度の運用が弛緩に向かうにつれて、官社の集約的傾向ともうけとれる現象が起り、中央にあっては近畿地方の大社が特別の崇敬を得て二十二社の成立となり、地方にあっては国司の崇敬社に関係する一宮や総社の発生となった。次に明治の神祇行政についてであるが、政府は明治元年(一八六八)閏四月に神祇官を設置、神祇の祭祀・祝部・神戸の事をつかさどる所となし、翌二年七月の官制改革にあたり、神祇官は太政官の管轄下を離れて独立、名実ともに律令制下の神祇官を復興した。神祇官は四年八月神祇省へ、五年三月教部省、十年一月内務省社寺局へと移行するが、政府は明治初年を中心に意欲的な神祇行政を展開し、神社に関する重要事項も次第に制度として確立して行った。主として社格・祭祀・神職について概要を見るに、政府は元年三月十三日布告をもって天下の諸神社、神主・禰宜・祝・神戸などを再興される神祇官に所属せしめ、従来、神社が諸執奏家に頼り、神職が白川家・吉田家の配下にあったのを廃した。諸国の重要な神社について暫定的に勅祭社・神祇官直支配社・准勅祭社の三等を設けたが、全国的な社格制度の確立をはかるため、四年五月十四日に官社以下定額及神官職員規則等、同七月四日郷社定則を公布した。天下の神社を官社と諸社の二種とし、官社は官幣社と国幣社に分け、各大・中・小の三等に区分、諸社は府(藩)県社と郷社に分け、郷社の付属下に村社を置いた。これを基本とし、のちに官社には別格官幣社の一階が加わり、諸社では村社の独立と村社の下にさらに無格社を置くなどした。神社祭祀については、当初は祈年祭・新嘗祭・例祭の三祭を中心に制度化がはかられ、八年四月に神社祭式を公布、まずは統一的な神社祭式の準拠を示した。大正三年(一九一四)に至り、神宮祭祀令、官国幣社以下神社祭祀令、官国幣社以下神社祭式が公布され、大祭・中祭・小祭の祭祀区分と種目を決定し、その式次第・祝詞・神饌などの全般的な規定を示して、ここに神社祭祀が整備・確立された。神職については、元年三月十七日の神仏分離令にもとづきまず社僧の奉仕を禁じ、四年五月十四日には神社は国家の宗祀にして一人一家の私有にあらずとの方針から、神職の世襲を廃止して精撰補任すべき原則をたて、同時に神官職制を定めて以後の基礎とした。伊勢神宮の職員はいわゆる本官で、国家の官吏であり、祭主は親任で皇族をあて、大宮司は勅任、少宮司は勅任または奏任、禰宜は奏任、権禰宜・宮掌は判任官吏であった。官国幣社の神職は、はじめ本官であったがのちに待遇官吏とされた。宮司・権宮司は奏任待遇で内務大臣の奏請により内閣が任命、禰宜・主典・宮掌は判任待遇で地方長官が任命した。府県社以下神社の神職は、はじめ祠官・祠掌、のち社司・社掌と称し、府県社・郷社には社司・社掌を、村社・無格社には社掌を置き、いずれも判任待遇官吏で地方長官が任命権をもった。職制のほか任用規則など関連の諸規定も存した。

参考文献　吉井良晃『神社制度史の研究』、宮地直一『神道史』上、梅田義彦『神祇制度史の基礎的研究』、同『神社制度沿革史』(『(明治維新)神道百年史』一)

(土岐　昌訓)

じんじゃたいかん　神社大観　伊勢の神宮をはじめ、旧官国幣社、府県社、郷社や村社、無格社に至る著名な神社の祭神、由緒などの解説書。株式会社日本電報通信社が編集発行。一冊。紀元二千六百年にあわせ昭和十五年(一九四〇)に出版された。「総説編」「神社編」二編からなり、「総説編」では、河野省三「神社の本義」、星野輝興「皇室の祭祀」、阪本広太郎「神社の概説」、宮地直一「神祇史の概要」、座田司氏「祭祀原論」、谷重雄「神社建築概説」を収め、「神社編」では、当時の内務省神社局をはじめ、地方諸官庁、地方神職会、および全国五千に及ぶ各神社の多数の参考資料をもとに、樺太、台湾、朝鮮をも含めた各神社の社格、社名、鎮座地、例祭、祭神、祭日、列格年月日、由緒沿革、特殊神事、国宝などを解説している。また、付録には皇室祭祀令、神宮祭祀令、各国弊社以下神社祭祀令や、神職員数表、各国幣社員数表や教派神道解説なども含み、発行された当時の神祇行政をうかがうことができる。

(松本　滋)

じんじゃひしゅうきょうろん　神社非宗教論　神社神道は法律上もしくは本質的に宗教とは異なるという見解。明治初期に流入した欧米の信教自由・政教分離論を摂取しつつ展開した浄土真宗各派による大教院分離運動の過程で、教部省の神仏合同布教政策が批判され、神道は宗教とは異なる存在であると主張されたことが、以降の神社非宗教論の原型となる。政府は「国家の宗祀」として神社との特別な関係を維持することに努め、一方においては、仏教・キリスト教などは活動の自由の保障を求めていったことが神社非宗教論形成の大きな要因となった。明治十五年(一八八二)一月に神官の教導職兼補廃止、および葬儀不関与が定められ、教派神道との区分が明確になることにより、制度上非宗教としての神社神道が形成され、同二十二年の大日本帝国憲法により信教の自由が認められ、神社はそれに抵触しない非宗教の存在とする解釈が確立した。しかし、神社神道が他宗教とは異なる扱いを受ける制度に関する解釈をめぐり、政府、神社界、仏教・キリスト教各派の立場によっておのおの異なった意義付けがなされた。明治十五年以降も、府県社以下の神社においては、葬儀など仏教者・キリスト教徒が宗教活動と認知する活動は続けられ、また、宗教学などの発達により宗教の意味する範囲が拡大したことなどもあり、大正から昭和初期にかけて、社頭における祈禱や守札の頒布、神宮大麻の拝受や学生の神社参拝などの神社の活動に対し、キリスト教・仏教の各派から非宗教としての神社神道の徹底が主張された。これに呼応する形で、神道学者や神道人の間からは、超宗教的存在としての神社神道を主張する者、宗教的性質の存在は認めつつも法律上の取扱いとして非宗教とする者など立場に相違はあったが、非宗教論が展開され国家と神社との結合の強化が主張されていった。政府当局は憲法によって信教の自由が認められて以降、神社神道が宗教か否かの判断は、学説上または個人の内面に関わる問題として一貫して不関与の立場をとり、法律・制度上、神社神道を宗教とは異なる存在として取扱い続けた。

参考文献　新田均『近代政教関係の基礎的研究』、山口輝臣『明治国家と宗教』　（松本　久史）

じんじゃべんらん　神社便覧　近世初期の神社研究書。白井宗因著。寛文四年（一六六四）成立。一冊。刊本としては『続々群書類従』神祇部、『神道大系』神社編二所収。二十二社や一宮をはじめ江戸時代初期の著名神社百三十社に及ぶ祭神や由緒、所在国郡を簡潔な漢文で記す。白井宗因は医師のかたわら和学を修め、神道書をはじめ、古典、旧記を学び、みずから大小の神社を訪ねて資料の収集に努めた。同書のほかにも、『神社啓蒙』『神社就御調仕上』などの著書がある。同様の神社研究書としては、林道春（羅山）が神仏混淆のはなはだしい状況を嘆き、『古事記』『日本書紀』などの古典籍をもとに神社の祭神、創立の由来など百六十項目を考証し、寛永から正保二年（一六四五）に記した『本朝神社考』三巻六冊とその略本『神社考詳節』一冊がある。『本朝神社考』が『神社便覧』に先立って成立しており、その影響を受けたものと考えられるが、『神社便覧』は閲覧や取扱いの便宜を考慮し、一冊に内容を凝縮しており、その中に自説を盛り込みつつ、修験道や民間信仰の神々まで広く解説している。　（松本　滋）

じんじゃほんちょう　神社本庁　神祇の恩徳を奉体して、神社の興隆を図り、斯道の宣揚に努めて、道義を作興し、もって人類永遠の福祉に寄与することを目的として、伊勢神宮を奉戴し、全国神社の総意に基づいて、その包括団体として昭和二十一年（一九四六）二月三日に設立された宗教法人。事務所は東京都渋谷区代々木一丁目にある。終戦により未曾有の変革に対応した皇典講究所・大日本神祇会・神宮奉斎会の三団体が生みの親である。本庁の規則を神社本庁庁規という。庁規の精神的紐帯である基本的規範に神社本庁憲章がある。本庁は、伊勢神宮を本宗として神社神道を宣布し、この道を信奉する者を教化育成し、神宮の奉賛および大麻（神札）の頒布をし、神職を養成し、そのほか神社の興隆を図るため、神宮および神社を包括するに必要な業務を行うことを目的としている。本庁は総裁を奉戴し、責任役員を置き、その一人が代表役員となる。役員の定数は理事十七人。総長・副総長各一人、常務理事二人。総長は本庁の代表役員であり、事務を総管し、統理に事故があるときはその職務を代理する。役員は役員会を組織し、共同の責任を負い、本庁の事務を決定する。本庁に監事三人があり、本庁の財産の状況および役員の業務執行の監査などを任務とする。本庁の議決機関は評議員会である。評議員は全国の各地区から選出される。本庁には神宮奉斎部のほか数部と教学研究室があり、参事・主事・録事その他の職員が事務を分掌している。なお、神社本庁の地方組織として各都道府県に神社庁が置かれており、庁長・副庁長以下理事などの役員がいる。また神社庁の下には支部があり、末端神社と連絡している。

参考文献　『神社本庁規程類集』、神社本庁中央研究所『神社本庁史稿』　（阪本　健一）

じんじゃめいかん　神社名鑑　全国の有名神社五千五百余社の神社の社名、鎮座地、由緒などをまとめた解説書。神社本庁調査部編。昭和三十七年（一九六二）刊行。一冊本。神社本庁設立十五周年の記念事業として刊行され、全国から旧官国幣社、府県社、郷社のほとんどと、村社以下のうち代表的な神社、都合五千五百余社を選び、伊勢の神宮を筆頭に北海道から都道府県ごとに各神社の祭神、神紋、本殿の形式、境内地面積、摂末社の数、宝物、宮司や奉務神職、氏子代表者名、氏子・崇敬者数、特殊神事と特殊芸能、そして由緒沿革を解説している。また同書には、神社建築の概要や鳥居、社格の解説、別表神社一覧、伊勢・熱田・明治神宮の昭和二十四年から三十六年に至る参拝者数、神社本庁所属神社、神職氏子崇敬者数（昭和三十六年）をはじめ、神社参拝、家庭祭祀の作法の解説も収めている。なお、昭和五十二年には同書をもとに、全国神社名鑑刊行会史学センターが約八万三千八百社を掲載する『全国神社名鑑』を刊行している。　（松本　滋）

じんじゃめいさいちょう　神社明細帳　第二次世界大戦前、内務省および管轄都道府県庁に備え付けられた神社の台帳。明治五年（一八七二）の「神社社格区別帳」がその起源とされ、明治十二年の内務省達「神社寺院明細帳ニ関スル件」により様式が定められた。官国幣社明細帳・府県社以下神社明細帳・護国神社明細帳の三種よりなり、伊勢神宮と靖国神社は格別の取扱いとして、本制の適用がなかった。その内容は、鎮座地・社格・神社名・祭神・由緒・例祭日・本殿以下建物の建坪ならびに図面・造営の沿革・氏子戸数などが記載され、これを郡市区に分けて編製し、目録が付されて保管された。その後、大正二年(一九一三)に官国幣社も含め、その様式が改められ、終戦時までに至る。戦後、各神社は宗教法人法が適用され一法人となるが、全国大半の神社を包括する神社本庁では、被包括の神社に対して明細書の作製を命じ、一部が神社本庁、一部が各都道府県の神社庁にて登録されることとなった。戦前・戦後の明細帳は、内容の詳細さや公的・私的性格の相違はあるが、各神社に関する資料を神社以外にも置くことや、神社界全般の運営に資するということでは変わりがない。なお、戦前の明細帳は、都道府県により公立図書館や各神社庁に保存されているものもある。 (井澤 正裕)

しんしゅ 神酒 ⇩みき

しんじゅいっちしそう 神儒一致思想 ⇩儒家神道《じゅかしんとう》

しんしゅうきょう 神習教 もと津山藩士で明治維新後神祇官・教部省・神宮司庁に仕えた芳村正秉《まさもち》が明治十四年(一八八一)に開いた神道系宗教。神道国教主義の後退後、芳村は独自の神道教義を思索し、修験の霊山をめぐって修行と祓除に専念した。この間、各地の神職・山行者などに自己の神道説を説き、明治十三年十二月、結集した講社で神習教を創設することを公許された。翌年五月十五日、教派神道の一派として神道神習派の教名で独立を許され、東京神田に本祠を設けて、天地を創造し主宰する本源とする造化三神をはじめ天神地祇をまつった。神習教は、惟神《かんながら》の道を宣揚し、国教を天下に明らかにすることを目的とする。その教義には外伝・内伝の神示があり、禊・物忌・鎮魂などの修行によって、神人一体・幽顕一致の安心を得るとしている。教典は芳村の「神道三要」を内伝の典拠とし、「教憲十箇条」がある。本部(神習教大教庁)は東京都世田谷区新町三丁目にある。平成十一年(一九九九)末現在、教会一三八、教師四六七、信者二二万九六三九(文化庁編『宗教年鑑』平成十二年版)。
↓芳村正秉《よしむらまさもち》

参考文献 菅野正照『神習教講説』、田中義能『神道神習教の研究』 (村上 重良)

しんしゅうれん 新宗連 ⇩新日本宗教団体連合会《しんにほんしゅうきょうだんたいれんごうかい》

しんじゅぶつさんきょういっちせつ 神儒仏三教一致説 ⇩三教一致説《さんきょういっちせつ》

しんじょうえ 新嘗会 ⇩新嘗祭《にいなめさい》

しんじょうさい 新嘗祭 ⇩にいなめさい

しんしょく 神職 特定の神社に所属し、その神社の祭祀を執行するとともに、神社の維持管理にあたる者。その地位は、何らかの公的な委嘱、あるいはその神社に関わる共同体の総意的な認知によることが普通である。歴史的には、名称や実体にはさまざまなものがあり、古代には崇神朝の大田田根子、あるいは豊鍬入姫命の事例や、出雲をはじめとする国造の神社祭祀、あるいは祝部の存在があり、また中世以降には、刀禰・目代・下司など荘官の職名をもつ者や武士団の構成員職名を有する者の神社祭祀への関与がみられ、郷村社会においては頭屋(当屋)神主というものもあるなど、その内容は多様であり、そのすべてを神職という概念に包摂することは困難なほどである。明治以降、国家の行政的制度に神社が規定されるにおよび、おおむね官国幣社の宮司・権宮司・禰宜・主典、府県社以下の社司・社掌(熱田神宮の宮掌、神宮神部署の職員などの詳細は省く)をもって神職と称することとなる。明治五年(一八七二)の神官官等改定では神宮祭主以下宮掌までと並び、官国幣社の宮司以下は神官で、官吏としての任命であり、府県社以下に置かれた神職とは区別された(太政官布告第五十七号)。明治二十年よりは官吏制を廃し官国幣社の宮司以下は、神職として置かれ官吏待遇(神宮祭主以下は神官)とされた(閣令第四号)。任用にあたっては、官国幣社神職のうち、奏任待遇の神職は神職高等試験、判任待遇の神職は神職尋常試験に合格、府県社以下神職は社司社掌試験に及第したもので、それぞれ年齢二十年以上の男子とされた。大正二年(一九一三)内務省令六号に付せられた神社ニ関スル改正法規ノ綱要(内務省神社局説明)の中の「神職奉務規則ニ関スルコト」においては、「神職ハ国家ノ礼典ニ則リ、国家ノ宗祀ニ従フヘキ職司ヲ有スルモノナレハ、平素国典ヲ修メ国体ヲ弁シ操行ヲ正シクシ、列ニ祭祀ニ関シテハ齋粛恭敬ヲ以テ、能ク報本反始ノ誠意ヲ致スヘク、其ノ奉仕スル神社ノ由来、祭祀ノ次第等ハ之ヲ詳カニシ、至誠以テ其ノ神徳ノ発揚ニ勗ムヘシ」とあって、神職の使命と態度が規定されている。今日の神社本庁の制度では、庁規第八七条に、神職は神社の職員の内、宮司(宮司代務者)、権宮司、禰宜、権禰宜を神職というと定められ、そのほか、権禰宜以上に相当する神職の職名を統理の承認を受けて設けることも認められている。一部の神社で宮掌、主典などの名称が使用されているのはこれにあたる。同条第三項には、神職は階位を有し、かつ、神社神道を信奉するもののうちから任用すると任用の条件が規定され、さらに宮司は年齢二十歳以上とされている。また、第二次世界大戦前の男子の規定がなくなり女子神職が認められた。神社規則準則第二〇条により、宮司の進退は責任役員の具申により統理が行うものとされ、氏子・崇敬者の意向が宮司選任に反映されるものとされている。神社本庁憲章第一一条は「神職は、ひたすら神明に奉仕し、祭祀を厳修し、常に神威の発揚に努め、氏子・崇敬者の教化育成に当ることを使命とする」「2、神職は、古典を修め、礼式に習熟し、教養を深め、品性を陶冶して、社会の師表たるべきことを心がけなければならない」「3、神職は、使命遂行に当って、神典及び伝統的な信仰に則り、いやしくも恣意独断を以てしてはならない」と神職の使命や態度について定めている。神社本庁所属の神職の数は、戦後徐々に増加し、昭和三十年(一九五五)に一万六千人、昭和四十四年に一万七千人、昭和五十年に一万八千人、昭和五十四年に一万九千人、昭和六十年に二万人、平成七年(一九九五)に二万一千人をそれぞれ超過、平成十三年末の統計で二万一四四五人となっている。その内訳は、宮司一万〇九〇二人（男一万〇四〇八人、女四九四人）、権宮司以下一万〇五四三人（男八五八九人、女一九五四人）である。神職の総数は今日まで漸増傾向にあるのに対し、宮司数は昭和三十一年の一万二七三四人をピークにして今日まで減少が続いており、兼務神社の増加と、宮司以外の神職の増加の傾向を示している。

参考文献 神社本庁編『神社本庁規程類集』、児玉九一『神社行政』 （佐野 和史）

しんしょくしょくせい 神職職制 神社における神職の身分・職務を定めた規則。明治元年（一八六八）の神祇官再興により、同四年には神宮以下の神官職制が定められた。これによると神宮では、祭主、大・少宮司、禰宜、権禰宜、主典、権主典、宮掌の職制となった。同二十年、官国幣社の神官が廃されて、神職の名称に改められると、二十七年、府県社以下神社の神職職制に関する件が、同三十五年には官国幣社の神職職制が定められた。これによると官国幣社では、宮司一人・権宮司一人・禰宜一人・主典（宮掌）の神職がおかれ、府県社郷社、および内務大臣が指定する護国神社には、社司一人・社掌が、村社以下には社掌がおかれた。これらの神職はいずれも準官吏で、それぞれ身分上、勅任・奏任、および判任の官を以て待遇された。第二次世界大戦後、神社に対する国家管理が廃止されたが、神社本庁においてはこの制度を受け継ぎ、神職の名称を残すとともに、宮司・権宮司・禰宜・権禰宜の職制のほか、特級・一級・二級上・二級・三級・四級の六級の身分を定めている。 （井澤 正裕）

しんしょくにんようれい 神職任用令 神職の任用に関する規定。明治四年（一八七一）、国家の宗祀として神宮以下神社の世襲が廃され、精選の上で補任するように改められた（太政官布告第二三四）。同三十五年に官国幣社及び神宮神部署神職任用令と、府県社以下神社神職任用規則が発令され、それぞれ神職として任用するにあたり具体的な事項が定められた。その内容は任用のために実施される試験の受験資格、試験内容、また無試験にて任用される場合などについて記されている。第二次世界大戦後、神社本庁においては、包括する神社の職員任用のための規則として、神社本庁庁規（第八七条）と役職員進退に関する規程中、また階位検定及び授与に関する規程などに具体的な条件が示され、また神宮においては神宮神職任用規程が設けられた。このほか、新たに神職を任用するにあたり、あらかじめ誓約書の徴取を行なっているが、その中では神社本庁憲章ならびに神社本庁規ほか諸規程を遵守することを任用のための条件として義務づけている。 （井澤 正裕）

しんしょくようせいきかん 神職養成機関 神職適任者を養成する機関。第二次世界大戦前における神職の養成は、内務省の委託を受け、主として皇典講究所と神宮皇学館がこれにあたっていた。皇典講究所では明治十五年（一八八二）の設立当初より神職養成事業を開始しているが、同三十五年の官国幣社及び神宮神部署神職任用令と、府県社以下神社神職任用規則には神職の任用に際して、皇典講究所・神宮皇学館を卒業すること、あるいは学階を受けることなどが必要であるとされた。皇典講究所では同四十二年、内務大臣の委託により神職養成部が設置され、昭和二年（一九二七）、同部は国学院大学の付属とされ、多くの神職を養成することとなった。神宮皇学館は皇典講究所と同様、明治十五年に設立されたが、初めは神宮神官の子弟のための教育機関であった。同三十六年に内務省所管の専門学校となり、昭和十五年に文部省所管の神宮皇学館大学に昇格し、卒業生は無試験にて神職に任用された。戦後、神社本庁が設立されると、所属神社の神職任用には神社本庁規程に定める神職資格が必要となった。現在高等神職養成機関としては、国学院大学の神道文化学科・専攻科と皇学館大学の神道学科・専攻科が神社本庁の委託により定められており、また普通養成機関として、国学院大学別科・熱田神宮学院・京都国学院・志波彦神社鹽竈神社神職養成所・神宮研修所・大社国学館・出羽三山神社神職養成所が設置されている。また、神職養成通信教育機関として大阪国学院があるほか、各地方神社庁・国学院大学・皇学館大学では講習会による神職養成を夏・春期などに行なっている。神社本庁の定める神職養成に関する規程の中では神職養成機関について、国典を講じ、国体に基づく教育を行うことを基本方針とする教育機関であって、神職を志す者に神道に関する学芸を教授し研究せしめ、および神社信仰を強固にするとともに神祇奉仕の精神を陶冶せしめる教育課程を設置するとある。 →皇典講究所《こうてんこうきゅうしょ》 →国学院大学《こくがくいんだいがく》 →神宮皇学館《じんぐうこうがくかん》 （井澤 正裕）

しんしんりだつ 神身離脱 八世紀中葉から九世紀にかけて、中央・地方の大社に神宮寺が建立されていったが、その契機は、神がみずからの苦悩を訴え、仏法による救済を求める託宣をたれるという宗教現象であった。これを神身離脱という。神宮寺建立の具体的事情を知り得る例は、越前国気比大神（『藤氏家伝』下）・若狭国若狭比古神（『類聚国史』一八〇）・伊勢国多度大神（『多度神宮寺伽藍縁起幷資財帳』）・近江国陀我大神（『日本霊異記』）・近江国奥嶋神（『三代実録』）のわずか五例にすぎないが、その共通性から中央・地方の大社の神宮寺は、神身離脱という宗教イデオロギーの変革過程の中で建立されたと考えてよいであろう。たとえば若狭比古神が、疫病流行、天候不順による飢饉という事態の中で、仏道修行者となった神主私赤麿に対して「此地はこれ吾が住処なり、我、神身を稟《う》け苦悩甚だ深し、仏法に帰依し、以つて神道を免れんと思ふ、この願ひを果すことなくんば、災害を致さんのみ、汝よく吾がために修行せよ」（原漢文）と託宣をたれたので、赤麿は神願寺を建立し神のために仏道修行にはげんだ。その後は疫病も飢饉もなくなったという。この「神の苦悩」とは、富豪層の経済的成長によって農業経営が極度に不安定となった一般農民層（共同体成員）

の心性の宗教的表現であった。これに対して、富豪層はその神の苦悩を救済する仏法の場としての神宮寺を建立することによって、みずからの私的経済活動を社会的に正当化しようとしたのである。かかる神の「神像」は、いわゆる僧形八幡神像のごとく僧形坐像神像の形で表現されるか、また後世地蔵菩薩立像として伝来された僧形立像神像の形で表現された。

参考文献 岡直己『神像彫刻の研究』、高取正男「古代民衆の宗教―八世紀における神仏習合の端緒―」(『日本宗教史講座』二所収)、河音能平「王土思想と神仏習合」(『中世封建社会の首都と農村』所収)、義江彰夫「日本における神仏習合形成の社会史的考察」(『中国―社会と文化―』七)　(河音　能平)

しんぜい　神税　古代の律令制のもとで、特定の神社の資養に充てられた神戸から徴収された田租を貯積し、神社の修造・祭祀の経費に充てた稲(穎・穀)。国司が管理した。神祇令神戸条は「凡神戸調庸及田租者、並充下造二神宮一及供レ神調度上、其税者、一准二義倉一、皆国司検校、申二送所司一」と神税を規定する。神税は原則として出挙を禁止されていた(『令義解』)。神税は官稲の一種であるが、正税とは別置され、天平六年(七三四)の官稲混合においても正税に混合されなかった(天平六年『出雲国計会帳』)。神税は郡の正倉と別に神税倉に収納された場合(天平九年『和泉監正税帳』、『出雲国風土記』意宇郡賀茂神戸条、『類聚三代格』元慶八年(八八四)九月八日太政官符)もあった。神税は正税帳にその収支会計を付載されたことが現存する天平期正税帳から知られる。天平二年『大倭国正税帳』は首部末尾および神戸所在各郡末尾に、天平九年長門・天平十年周防・天平十一年伊豆の各正税帳は首部末尾に、天平九年『和泉監正税帳』は神戸所在郡部に神税が記載される。ところが、『政事要略』五七には税帳枝文として神封租帳とともに神税帳が記され、『延喜式』主税下の正税帳式に神税の項がみえないので、九世紀ごろには正税帳から神税帳が独立したらしい。神社の修造は、封戸のある神社は神税、無封の神社は正税で行われるが(『日本紀略』大同四年(八〇九)四月十六日条)、伊勢神宮・住吉社・香取社・鹿島社の二十年一度の造替には神税の不足を正税をもって補った。祭祀料としては相嘗《あいなめの》祭《まつり》酒料稲(『延喜式』四時祭下)、神田種稲・神祝食料(大《おお》神《みわ》社、天平二年『大倭国正税帳』)がある。八世紀にも神戸租の余剰は神祇官に送られることがあったとの説もあるが(『令集解』神祇令神戸条古記)確認できない。しかし、九世紀には神祇官の官人と品官の季禄・馬料・要劇料・月粮・衣服料が京進された神税や神税交易物により支弁されるようになった(『類聚三代格』貞観十七年(八七五)二月一日太政官符、『延喜式』臨時祭)。なお、伊勢神郡の神税は伊勢太神宮司が直接に管理した(『延喜式』伊勢太神宮)。伊勢神宮神嘗祭《かんなめさい》祝詞などにみえる、神戸所進の懸税《かけぢから》は神税のもととなる田租である。↓神戸《かんべ》

参考文献 林陸朗・鈴木靖民編『復元天平諸国正税帳』、『古事類苑』神祇部一、山里純一「神税考―律令制下における運用―」(『国学院雑誌』八〇ノ六)　(石上　英一)

しんせん　神賤　古代の神社に隷属し、田畠の耕作、調度品の製作、その他雑役に従事していた賤民。神奴《しんぬ》ともいう。『日本書紀』欽明天皇二十三年六月条に馬飼首守石が神奴とされたことが初見。その記事に「付二祝人《はふりべ》一、使レ作二神奴一」とあるのによれば、神賤は直接、祝人の管理下にあったらしい。『続日本紀』には、もっぱら鹿嶋神賤のことがみえ、天平宝字二年(七五八)九月、常陸国鹿嶋神奴二百十八人が神戸となり、神護景雲元年(七六七)四月、鹿嶋神賤男八十人・女七十五人が良民に編せられている。宝亀四年(七七三)六月丙午条によると、神護景雲元年に鹿嶋神賤百五人は一処に安置され良民との婚姻が認められない制が立てられたが、この年、旧のように分散居住が認められた。だが自由な移動、良民との通婚は許されなかった。同十一年十二月、常陸国神賤七百七十四人が神戸となったが、神司がみだりに良民を神賤にするのを禁じている。延暦七年(七八八)三月、多賀城に集結させることにした歩騎のうちに常陸国神賤がいた。なお延暦五年の常陸国神賤戸五十烟のことが『新抄格勅符抄』神封部、鹿嶋神条にみえる。他神社の神賤のことは、『続日本紀』延暦八年五月己未条によって察せられ、この時、神賤が良民と通じて生んだ子は良民とすることが認められた。諸国の大社に神賤が属していたことは、神奴を氏名とする者が摂津・紀伊・出雲などに分布することによって知られる。

参考文献 神野清一『律令国家と賤民』(『古代史研究選書』)、丹生谷哲一「律令賤民制展開過程についての一考察」下(『続日本紀研究』一四〇・一四一合併号)　(佐伯　有清)

しんせん　神饌　神に供進する酒食の総称。古来「みけ」という。神をまつることは遠い祖先よりの伝統で、各集団ごとに祭りの庭を設け、神のみあれ(生誕・出現・降臨)を乞い願い、神饌を供えて神を持てなし慰め奉り、神・人が共食し、和合一体となることが祭りの本旨である。したがって神饌には海川山野の産物の新鮮な初物でかつ清潔な物が選定される。いま比較的古い時代の神饌品目をみると、伊勢神宮の『延暦儀式帳』に酒・米・堅魚《かつお》・鮑《あわび》・螺《さざえ》・雑魚《くさぐさのいお》・雑腊《くさぐさのきたい》・海藻《もは》・雞《かけ》・雞卵・塩などがあり、『延喜式』五、斎宮の神饌には酒・米・稲・鰒・堅魚・腊・海藻・滑海藻《こるも》(あらめ)・雑海菜・塩などがみえ、また同七、践祚大嘗祭の神饌には鰒・熬海鼠《いりこ》・烏賊《いか》・煮堅魚・堅魚・腊・与理刀魚・鮭・昆布《ひろめ》・海松《みる》・紫菜《のり》・海藻・橘子・搗栗子《かちくり》・扁《ひら》栗子・干柿・梨子・煠《ゆで》栗子・削《かい》栗子・熟《うみ》柿・柚・勾餅《まがり》・末豆子《まめつき》・大豆餅・小豆餅・捻頭《むきかた》・粰粇《おこしごめ》などがみえる。なお現儀における皇大神宮の神嘗祭神饌は飯・餅・白酒・黒酒・醴酒・清酒・鰒・鯛・乾梭魚・乾伎須・鰕・乾栄螺・玉貫鰒・身取鰒・乾鯛・海参・乾鮫・

乾鰹・乾鯥・鯉・乾香魚・野鳥・水鳥・海松・紫海苔・蓮根・大根・梨・柿・塩・水などとなっている。次に現行神社祭式によって一般神社の常饌品目および献供順序を述べると、㈠和稲、㈡荒稲、㈢酒、㈣餅、㈤海魚、㈥川魚、㈦野鳥、㈧水鳥、㈨海藻、㈩野菜、⑪果実、⑫菓子、⑬塩、⑭水、となっている。さらにまた神饌を調理の上から分類すると熟饌(調理饌)・生饌(丸物)・生贄・素饌(精進料理)の四種に、そして献り方よりすると饗応・供覧(庭積)の二饌に、供え方からみると案供・懸供・散供・埋供・投供の五方法に分けられる。そもそも神饌は古代における人々の独特の食事内容をあらわすものではあるが、長い歳月の経過はその調製・調理の方法や盛りつけ・飾りつけに一定の形式化・象徴化をもたらし、平安時代末期になると神仏習合思想の定着によって仏供の影響も生じ、また特産物の交流による地域住民の食生活の変化はおのずからその地方の神饌にも変遷をきたした。そして明治初期の神祇制度の改革によって神饌にも全国的に画一化されたことなどはあったものの、大局的には賀茂・石清水・春日・大神・弥彦・談山その他の古社に「特種神饌」として伝えられているように、昔の仕来りは今なおお力強く承継されているのである。

参考文献 神社本庁編『神社祭式行事作法儀註』、金光慥爾『祭式』、岩井宏実編『神饌』 (鈴木 義一)

しんせんきそうき　新撰亀相記 卜部氏の職掌とした亀卜の由来、方式について記した書。天長七年(八三〇)八月、卜部遠継の撰と伝える。四巻。内容は、甲巻伊佐諾・伊佐波神淤能己侶島を生む以下三十条、乙巻地之称候、丙巻天之称候、丁巻神人地三卦称候。現存諸本いずれも零本であるが、『古事記』を引用し祓除・卜兆の起源などについて記すなかに、卜部氏相伝の故事・家伝とみられる部分もあり、注目すべき書。東京大学宗教学研究室蔵元和六年(一六二〇)梵舜書写本を影印した『新撰亀相記』があり、その翻刻に秋本吉徳「新撰亀相記の研究―翻刻之部―」(『清泉女子大学紀要』二六)がある。

参考文献 角田忠行『新撰亀相記抄講義』 (鎌田 純一)

しんぜんけっこん　神前結婚 広義には日本の神々が関わる結婚式全般をいうが、ふつうは神社や式場などで神職が行う結婚式を指す。後者の形式での神前結婚は明治時代に成立した。ただ、近世の故実関係の書籍や神道書などに、婚礼に神々が関与するという意識がすでに現れている点は注意すべきである。明治時代に神前結婚が成立した前提には、それに先行してキリスト教の結婚式が執行されるようになったことがあり、当初、神前結婚は新しい結婚式として意識されていた。式の具体的次第も諸礼家の作法を参考にして制定され、祭神も一定ではなかった。神前結婚が広まる重要な契機となったのは明治三十三年(一九〇〇)五月の皇太子(のちの大正天皇)の結婚式である。これを参考にしながら、東京大神宮(日比谷大神宮)で神前結婚式が行われ、次第に各地の神社にも広まっていった。第二次大戦後、専用の結婚式場が建設されるにしたがい、神前結婚も神社のみならず、外部の会場で執行されることが増えていった。

参考文献 井上忠司『「家庭」という風景―社会心理史ノート―』 (遠藤 潤)

しんせんしょうじろく　新撰姓氏録 平安京・五畿内居住の古代氏族の系譜書。『姓氏録』ともいう。万多親王・藤原園人らの撰。三十巻目録一巻。完本は伝わらず抄録本が現存。弘仁六年(八一五)七月成立。本書編纂の端緒は、延暦十八年(七九九)十二月、諸氏族に本系帳の進上を命じたことにある。さらにその前史として天平宝字五年(七六一)の『氏族志』の編纂があげられる。同書は、恵美押勝(藤原仲麻呂)の乱によって完成をみなかった。また延暦十八年の本系帳の進上もすすまず、桓武天皇の崩ずるに及んで、その撰勘は停滞を余儀なくさせられていた。本書の本格的な編纂は、嵯峨天皇の即位後、弘仁元年九月以降に始まったらしく、同五年六月にいちおう完成。それを『日本紀略』弘仁五年六月丙子朔条は「先是、中務卿四品万多親王、右大臣従二位藤原朝臣園人等奉㆑勅撰㆓姓氏録㆒、至㆑是而成、上表曰、云云」と伝える。さらに翌六年七月二十日、源朝臣・良岑朝臣など諸氏の本系を加え、再上表されて最終的に完成をみた。平安左右京・山城・大和・摂津・河内・和泉の順に、千百八十二氏を皇別・神別・諸蕃の「三体」に大別し、第一巻から第十巻までを皇別(三百三十五氏)、第十一巻から第二十巻までを神別(四百四氏)、第二十一巻から第二十九巻までを諸蕃(三百二十六氏)、そして第三十巻を未定雑姓(百十七氏)にあてて、諸氏族の系譜を書きならべている。収録の系譜の内容を抄録本、および逸文によってみると、㈠各氏族の出自が「三例」、すなわち「出自」「同祖之後」「之後」の区分にもとづいて書き始められ、㈡これにつづけて姓氏名の由来・賜名・賜氏姓にかかわる事柄を記し、㈢本宗の人名と別祖の人名、および別祖より出た枝流の人名とその後裔氏族名ならびに本拠地が記され、㈣本書完成直前までの改賜氏姓のことが時代を追って記述されていることが知られる。ただし現伝の本書は抄録本なので、右の内容のすべてを完備してはいないが、古代史研究の重要な史料の一つとなっている。また本書は京畿内居住の氏族の本系を集成したものとはいえ、第六巻曰佐条に「男諸石臣、次麻奈臣、是近江国野洲郡曰佐(中略)祖也」、第十七巻賀茂朝臣条逸文に「孫小田々足尼、次大等毗古、是伊賀国鴨藪田公祖也、小田々足尼、子宇麻斯賀茂足尼、子御多弓足尼、是伊予国鴨部首祖也」などとあるように畿外諸国に分布する氏族名もあげられており、地方氏族の貴重な史料を提供している。本書は冒名冒蔭の盛行による氏姓秩序の混乱を収拾するために諸氏の出自と賜氏姓の推移の明確化を期して編纂されたもので、当時の時代背景を知るためにも欠かせない文献であろう。現伝の抄録本には建武二年(一三三五)と延文五年(一三六〇)の奥書をもつ二系統の本がある。両系統本に大差はないが、延文五年本の第二十一巻以下は、建武二年本のそれとかなりの相違がある。前者に属する御巫清直本と後者の系統本である柳原紀光本とを対校した校訂本が佐伯有清によって作成されている(佐伯有清『新撰姓氏録の研究』本文篇)。

参考文献　佐伯有清『新撰姓氏録の研究』、栗田寛『新撰姓氏録考証』、溝口睦子『日本古代氏族系譜の成立』、阿部武彦『氏姓』(『日本歴史新書』)、関晃「新撰姓氏録の撰修目的について」(『史学雑誌』六〇ノ三)、田中卓「新撰姓氏録の基礎研究―原本と抄本とに関する諸問題―」(『大阪社会事業短期大学研究紀要』二)、熊谷公男「令制下のカバネと氏族系譜」(『東北学院大学論集』歴史学・地理学一四)　　(佐伯　有清)

しんせんでん　神饌殿　神に供する神饌を調理あるいは弁備する建物。その名称は古来種々あり、御供所・神供所・御料理屋(料理院)・贄殿・膳殿・御饌殿・竈殿・盛殿(盛屋)・酒殿・御炊殿(炊屋)・忌火舎などと称されている。現在の神社祭式行事作法(神社本庁規程)では、神饌所と称されている。その造りは、通常、神饌の調理室と弁備室に分かれ、これに物置を付属したものもある。本来拝殿とは独立した建物であるが、祭典の便宜上神饌所を拝殿に連結している場合が多い。　　(本澤　雅史)

しんぜんどきょう　神前読経　神祇の宝前で仏教経典を読誦すること。八世紀初頭、越前国気比神宮や若狭国若狭彦神社には神宮寺が建てられていることから、神前読経はすでにこのころ行われたものと思われる。『類聚国史』五、八幡大神の延暦十三年(七九四)三月条に少僧都等定らを豊前国八幡社・筑前国宗形社・肥後国阿蘇社に遣して読経せしめ、七人の僧を度せしめたとあるのは、文献所見として早いものである。経典では『大般若経』『金剛般若経』が多く読まれた。　　(村山　修二)

しんぞう　神像　神像とは日本古来の神道の神々の像の意であるが、本来神道は偶像をもたず、神は鏡などに象徴されていた。神像が人間に近い姿で現わされるようになったのは、仏像の刺戟によるものと考えられる。神道と仏教との接近は、早く八世紀にみることができる。聖武天皇の大仏造立の際、宇佐八幡神が、その造営を奉賛して奈良の都に出てきたことや、『武智麻呂伝』に伝えられる、多気神のために神宮寺を建立したことなどはその一例である。また『多度神宮寺伽藍縁起資財帳』には、天平宝字七年(七六三)に満願が伊勢桑名郡に多度神宮寺を建てたことを記している。ある日、多度神が現われ、三宝に帰依したいという御告げがあり、そのため満願が山の南辺をきりはらって小堂を建て、多度大菩薩の像をまつったと伝える。これが文献に現われる神像の初例であろう。また天平時代に神像が造られていたことを示す記事は『皇太神宮儀式帳』にもみられる。すなわち太神宮の北三里ほどのところにある月読宮には、正殿に伊弉諾尊・伊弉冊尊および月読命と称する諸神などがまつられていると記し、月読命は馬に乗った男の姿で、紫の衣を着し、金作の大刀を佩いていると注記している。これからみると明らかに月読命は神像らしく、奈良朝廷の御世にまつったと明記している伊弉諾尊・伊弉冊尊もあるいは神像ではなかったかと考えられる。遺品としては、第二次世界大戦後京都教王護国寺(東寺)西院で発見された八幡神および二女神像(国宝)が最古のものと考えられる。この神像は、本来東寺八幡宮の御神体だった像で、同宮火災の後に西院に移安された。『類聚国史』三四によれば、東寺造営の際、稲荷山の木を採り用材としたが崇りがあったために八幡宮を勧請したと記している。またこの三神像については、『東宝記』に弘仁年中(八一〇―二四)空海が勧請したもので、はじめ紙形に写し、のちに木彫に刻ませたと伝えている。『東宝記』は後代の編著で、この寺の造仏などをすべて空海に結びつけて語られていることが多いので、そのまま信ずることはできないが、三神像の様式はまことに古様である。ヒノキの一木彫で、落雷のため枯れた神木かと考えられる中心部に虚《うろ》のある木で三神像を造り出し、表面は乾漆を補助的につかい彩色で仕上げをしている。九世紀も前半までさかのぼる遺品である。このほか、平安時代初期の作例としては、京都松尾神社の男女神像(重要文化財)や薬師寺の八幡および二神像(国宝)などがある。藤原時代には京都大将軍八神社の七十九軀に及ぶ大将軍像(重要文化財)をはじめ、各地にその遺品がみられる。伊豆山神社の男神立像や山梨美和神社の大物主神像、富山射水《いみず》神社の二上神像、滋賀馬見岡神社の多数の男女神像、香川水主《みずし》神社の男女神像などがそれである。また園城寺の新羅明神像(国宝)は、円珍が唐から帰国する際、船中に湧現した像と伝えられる神像である。これらの諸像を通観すると、神像は仏像彫刻と共通の手法になることが多く、仏師により制作された彫像と考えられる。またその様式展開も仏像彫刻と軌を一にしている。しかし藤原時代も後半には、仏像とはやや違った神像が現われてくる。坐像の場合膝部を極端に小さく造り、ほとんど省略したような作風の像がそれである。鎌倉時代以降も神像の制作は盛んで、一流の仏師も神像の制作を手がけている。快慶が造立した東大寺の僧形八幡神像(国宝)などはその例である。またこのころから、和装の神像が現われてくる。建長三年(一二五一)の造像銘をもつ吉野水分《みくまり》神社の玉依姫像(国宝)などがそれで、手法は寄木造玉眼嵌入の像で仏像と共通しているが、衣服はいくえにも衣を重ねた当時の貴族の女性の服制をとり、頭髪も和風である。また、伊豆山神社の伊豆山権現像も烏帽子に奴袴をはく立像で、その上に袈裟を掛けている。鎌倉時代には神像画の例もみられる。奈良薬師寺八幡神社の脇殿の柱間障子に描かれた板絵男女神像(重要文化財)がその代表的な遺品である。この板絵裏面の銘文により、もと寛治年中(一〇八七―九四)に障子絵として描かれた神像が虫害のために破損したので、永仁三年(一二九四)絵師堯儼によってかき改められたのがこの板絵神像であるということが知られる。これからみて、平安時代後期にも神像画が描かれていたことが推定される。このほか、神像画としては島根八重垣神社の板絵神像(重要文化財)などが著名である。室町時代以降も神像は民間信仰と結びつき、多種類の像が造りつづけられているが特に芸術性の高いものは少ない。↓神道《しんとう》美術《びじゅつ》

参考文献 岡直己『神像彫刻の研究』 (久野 健)

しんそうさい 神葬祭 神道の方式によって行う葬祭。神葬ともいう。わが国にも古くから、民俗的な葬送習俗が示唆するような葬儀があり、血縁・地縁などの集団内で葬式組などによる相互扶助的な自葬が行われたが、神職による葬儀の司祭は、神前での奉仕に死の穢れが忌まれたので、原則としてなされなかった。奈良時代ごろから始まった仏葬は時代とともに盛んになり、一部では儒葬もなされたが、十七世紀前期から江戸幕府はキリシタン禁圧のため寺請制度を設け、国民に仏葬を強制した。神職も死ねば僧侶によって剃髪され仏葬されたので、これを苦痛とする吉田神道系などの神職が各地で神葬祭を請願した。しかし許された藩は僅少で、それも神職本人とその隠居・総領息子に限られ、妻や家族一般は含まれなかった。神葬祭が幕府の規制から解放されて、全神職とその家族にまで及ぶのは明治元年(一八六八)閏四月からであり、神職らによる一般国民の神葬祭執行が許可になるのは同五年六月のことである。

参考文献 辻善之助「神職の離檀問題に就いて」(『日本仏教史之研究』続下所収)、加藤隆久「しんさうさい(神葬祭)」(国学院大学日本文化研究所編『神道要語集』祭祀篇二所収)、岡田荘司「神道葬祭成立考」(『神道学』一二八) (平井 直房)

しんたい 神体 神霊(スピリット)を象徴する神聖にして清浄なる物体、または神霊の依代《よりしろ》となる特定の物体。霊代《みたましろ》・御正体《みしょうたい》・御体《ぎょたい》などともいう。神道はその原初の時期においては神殿のごとき一定の建築的な設備はなく、神霊の籠る山(神体山)や山中に在る巨木・巨岩・清水などをもって神体とする、きわめて自然な形態から始まっているので、神体も一定の形や物件ではなく、きわめて自由でまた地方的な特色を有するものが多かった。たとえば神籬《ひもろぎ》というのはそうした神聖な地域を限る施設(列石のごとき)であり、磐座《いわくら》というのはその中心に存在する巨石で神の依代となるものを指している。神籬や神体山は禁足地とされており、磐座や神木はきわめて高い神性をもつものとされていた。古代の祭祀遺跡から出土する祭祀遺物の中には、神霊に直結すると思われるものもあるし、また古代の祭祀がおおよそ古墳の祭祀とは併行してすすんで来ているので、鏡と剣と玉は特に神体として用いられる例が増えてくる。神霊を一定の神殿にまつり、司祭者を置いて神々がそこに常在するといった宗教観念の変貌は八世紀ごろから次第に始まるが、いわゆる社殿神道の時期からは鏡や剣や玉といった古代的な依代のほかに、神像が造立され始めて来る。現存する神像彫刻は平安時代初期のものが最古であるが、社殿神道期になると神社の祭祀や法儀は次第に宮廷儀礼的な色彩を濃くし、神宝調進といったような行儀と併せて、本格的な神社神道の形態をもつようになって来る。また仏教の影響から神像と併せて本地仏《ほんじ》を造像し、御正体(懸仏)などと併せて神体とされるようになり、これは神仏分離の時期までつづいて来た。神体はすべて神秘で拝見させないのを原則とするが、近世や近代では鏡のほかに幣串や神号などをもって神体とする例も増えて来る。いずれにしても各神社それぞれの歴史と伝統があって、そこに信仰上の特色を示すものも多いが、神秘のために自由な研究ははばまれている。↓神道《しんとう》

参考文献 『古事類苑』神祇部一 (景山 春樹)

じんだいかん 神代巻 『日本書紀』三十巻のうち、日本神話にあたる第一・二巻の、慣習的呼び方。『日本書紀』は、木版の時代がやってくるまで写本で伝えられてきたが、鎌倉時代ごろから三十巻の中の、巻第一・二だけが取りはずされ、独立して書き写されるようになった。多くの写本の内題は「日本書紀巻第一 神代上」というように書かれてある。ところが一部の写本の表紙には「日本書紀神代巻」「神代巻」「神代紀」などと書かれるようになってくる。室町時代・江戸時代の写本にその数が増してくるにつれて、文章の中にも「神代巻上下」のように書いて、『日本書紀』を省略して表記することも行われた。この傾向は、『太平記』に「日本紀の家」といわれたト部家の書き伝えた写本にしばしばみられるところで、やがて『日本書紀』の注釈書などでも用いられるようになった。ト部氏は平野・吉田の二流あるが、後者が栄え、吉田神道などとも呼ばれるに至り、「神代巻」は普遍的用語となった。↓日本書紀《にほんしょき》 (中村 啓信)

しんたいざん 神体山 ⇩神奈備《かんなび》

じんだいのまきくけつ 神代巻口訣 『日本書紀』神代紀上下二巻の注釈書。五巻。忌部正通著。『日本書紀神代口訣』『日本書紀口訣』『神代口訣』ともいう。貞治六年(一三六七)成稿。神代紀の宗教思想的、神道哲学的な注釈書であって、忌部神道の根本経典とされる。儒教、ことに宋学の理気説の影響を強く受け、天御中主神を明理の本源とする神道論を展開する。『大日本風教叢書』四、『国民思想叢書』国体篇に収載。↓忌部神道《いんべしんとう》 ↓忌部正通《いんべまさみち》 (土岐 昌訓)

じんだいのまきもしおぐさ 神代巻藻塩草 『日本書紀』神代巻の注釈書。玉木正英(一六七〇―一七三六)著。五巻五冊。垂加神道理解のための基本的文献。正親町公通《おおぎまちきんみち》の意志を継承して玉木正英が編述し、出雲路信直・森井左京らも編纂に関与した。谷川士清《ことすが》の努力により元文四年(一七三九)上木された。神代巻に逐条注釈を加えたもので、『日本書紀』をわが国帝王の実録としている。版本

神社建築

神社建築のすべてに共通する特色を挙げると、屋根を瓦葺とせず、また寄棟造にしないこと、比較的高い床を張り、壁を板壁とすることなどである。すなわち仏教建築の要素を排除し、仏教建築渡来以前の素朴な建築を祖形として、神社固有の形式が完成したのであるが、神仏習合の進展に伴って、神社建築の基本を維持しつつも、部分的に仏教建築の影響から完全に免れることはできなかった。古代に起源をもつ大社には、幾度かの造替の歴史をもつにもかかわらず、その神社だけがもつ独特の形式を今日まで伝えている例がある。

1　伊勢神宮内宮正殿

2　伊勢神宮宇治橋と鳥居

3　伊勢神宮外宮御饌殿

伊勢神宮　伊勢市。伊勢の神宮の諸建築は、さまざまの古式をとどめている点で、そしてそれにもかかわらず美しい均衡を保っている点で、群を抜いた存在である。すべての建築を掘立柱とし、直線の垂木で屋根を造り、また内宮・外宮の正殿をはじめとする主要殿舎では、破風を延長した千木、太い堅魚木、棟持柱などの古式の要素をもつ。また外宮御饌殿は丸い束柱の上に桁を組み、板を組み合わせた壁をその上にのせるという、正殿の原形ともいうべき構法を残している。そして、4本の直線の材からなる鳥居はもっとも簡明な聖域の表示である。

4　**出雲大社本殿**　国宝　島根県簸川郡大社町

伊勢神宮が均整な形姿を保ちつつ完成したのに対して、出雲大社の本殿は古くから高大さをもって著名であった。古くから伝わる説話や記録から推測すると、この社殿は特別に高い、そしてそれ故に構造的には不安定なものだったらしい。現在の本殿は延享元年(1744)に造替されたもので、礎石上から千木先端まで８丈(約24ｍ)の高さをもつ。宝治２年(1248)から規模を小さくしたと伝えるので、それ以前はさらに高かったことになる。桁行２間、梁間２間、妻入り、この形式を大社造という。

5　**神魂神社本殿**　国宝　松江市

大社造のもっとも古い遺構として天正11年(1583)に造替された神魂神社本殿がある。大社造は正面柱間が２間なので、階段および扉の位置が左右いずれかに偏らざるをえない。出雲大社本殿も神魂神社本殿も、向って右側に階段・扉がとりつく。正面中央の柱は直接棟木を支える棟持柱であって、神魂神社本殿ではそれが壁の面よりもかなり外側にずれて立てられている。おそらくこの方が古式を伝えるものであろう。

6　住吉大社本殿　国宝　大阪市

桁行4間、梁間2間、妻入りで、前方2間を外陣、後方2間を内陣とする。床が比較的低く、また周囲に縁をもたず、建物に接するように瑞垣と玉垣とをめぐらす。屋根は直線で反りがなく、棟木に千木と堅魚木を置く。この形式を住吉造と呼び、その平面や立面が大嘗祭のときにつくられる正殿とよく似ているので、古い時代の宮廷における神祭のときの神殿形式を保存するものであろう。現在の本殿は文化7年(1810)の再建である。

春日大社　奈良市。春日大社は平城京の東郊にある三笠山を祭るため、その西麓にあった祭場を前身とする。現在の回廊と築地で囲まれた境内は、西南から東北にかけて緩やかな傾斜で小高くなり、東北の一部に中門と東西御廊、その奥に4棟の本殿が並立する。本殿は方1間、妻入り、正面に庇を取り付けた形式で、これを春日造という。木部を丹塗、板壁を白漆喰塗、縁回りの一部を漆塗として、小規模ながらはなやかな趣をもつ。

7　春日大社本殿　国宝

8　春日大社中門と回廊　重要文化財

9　**賀茂御祖神社本殿**　国宝　京都市
賀茂別雷神社(上賀茂)の本殿・権殿と賀茂御祖神社(下鴨)の２棟の本殿は、すべて同形式で、三間社流造という。すなわち正面3間の母屋の前に吹放しの庇を設けた形式であって、正面１間の一間社流造とともに、全国的に広く普及した形式であった。木部は素木のままで、千木・堅魚木をもたない。

10　**賀茂別雷神社細殿・橋殿・土屋**　重要文化財　京都市
上賀茂社・下鴨社はともに平安時代には王城鎮護の神として、朝野の厚い崇敬を集めていた。勅祭としての賀茂祭、あるいは貴人の参詣が盛んとなって、社頭には祭や参詣に備えた多くの建物が建てられた。上賀茂社の二の鳥居の前には、奉幣や舞楽のための橋殿、その左右には供奉の公卿たちの座となる板敷の細殿と土間の土屋とが設けられた。

11　宇佐神宮本殿　国宝　宇佐市
宇佐神宮は大分県宇佐市にある古社であるが、託宣を発するという固有の性格によって、奈良時代以来朝廷の厚い尊敬を受けてきた。その本殿は二つの切妻造の建物が前後に結合し、軒の接するところに大きな樋を渡して内部を一つの建物のようにした特異な形式で、これを八幡造という。

12　日吉大社東本宮本殿　国宝　大津市
日吉大社は比叡山の東麓の琵琶湖に臨む位置にあって、東本宮と西本宮を中心とし、これにほかの祭神も加わって古くから山王二十一社と呼ばれてきた。東西本宮の本殿は微細な違いはあるがほぼ同形式で、日吉造と呼ばれる。3間に2間の母屋の三方に庇をもつ平面で、その平面がそのまま外観に現われ、正面は入母屋造のようであるが背面には庇がないために独特の屋根形態となるのがこの形式の特色である。

13　円成寺春日堂・白山堂
国宝　奈良市
奈良市忍辱山にある円成寺の鎮守で、明治初期の神仏分離以前は春日社・白山社と呼ばれていた。本堂の東に並立する２棟の春日造であるが、春日大社本殿よりもさらに小さく、正方形の母屋は一辺１ｍ余しかない。正面庇の頭貫上に蟇股をのせ、庇柱の上に三斗を組むなど、春日大社本殿と違う箇所もある。12世紀末期ごろの建築であって、春日造最古の遺構である。

14　宇治上神社本殿　国宝　宇治市
宇治上神社本殿は11世紀後半から12世紀初頭ごろの間に造られたと考えられる神社建築最古の遺構であって、一間社流造の内殿３殿が並立し、その全体を覆屋が蔽っている。覆屋は鎌倉時代のもので、その左右の壁は左殿・右殿の外側の壁と共有されている。内殿の組物や蟇股などの細部に、平安時代の特色がよく現われている。

厳島神社　広島県佐伯郡宮島町。厳島神社のある宮島は古来神聖視されてきたため、この社殿は島の海浜に設けられ、洋上から礼拝・接近するように造られた。仁安３年(1168)平清盛の援助によって社殿が再興されたと伝え、そのときすでに現在のような規模と配置が定められたようである。その後２度の火災と再建のほか修築も幾度か繰り返された。本社と摂社客(まろうど)神社はともに両流造の本殿の前に幣殿・拝殿・祓殿が連なり、これらを回廊が連結して変化に富む外観を呈する。

15　厳島神社全景

16　厳島神社摂社客神社本殿・拝殿　(本殿)国宝(拝殿)重要文化財

17　**園城寺新羅善神堂**　国宝　大津市

この社殿は園城寺北院に建つ鎮守の一つで、古来新羅社と呼ばれてきた。三間社流造であるが、庇の部分を格子戸と板壁で囲って外陣とし、さらに1間の向拝を設ける。現在の社殿は14世紀後半の建築で、木割が太くて堂々としており、簡素なつくりながら南北朝時代を代表するに足る建築といってよい。

18　**大笹原神社本殿**　国宝　滋賀県野洲郡野洲町

創建や沿革が明らかでなく、ただ現在の本殿が応永21年(1414)の再建になることだけが知られる。桁行・梁間ともに3間で、入母屋造の屋根をもつ点、通常の本殿形式とは異なる。外陣の花狭間格子戸、透し彫りの欄間、蟇股、腰長押下の格狭間など、彫刻的な装飾が豊富なこともこの本殿の特色である。

吉備津神社　岡山市。応永32年(1425)に再建された吉備津神社社殿は、ほかに類例のない特異な形式をもつ。本殿は高い亀腹上に建ち、巨大な屋根の左右には千鳥破風を二つずつ並べ、組物を大仏様の手法で造るなど、あらゆる面で独特の意匠をもつ。本殿の平面は三間社流造の周囲に二重に庇をめぐらした形式で、外から中央の内陣に行くにしたがって床も天井も高くなる。本殿の前に取り付く拝殿もせいが高く、三方に庇をもつ特異な形式である。

19　吉備津神社本殿・拝殿　国宝

20　吉備津神社拝殿（内部）　国宝

21　宇治上神社拝殿　国宝　宇治市
神社の拝殿は、祭典のときに神供・祝詞などを捧げる祭員着座の施設として、平安時代中期ごろには完成していた。拝殿の形式は横長のものが多く、床も比較的低く張り、蔀戸や舞良戸を用いるなど、住宅風の意匠で造られるのが通常である。鎌倉末期ごろに造立された宇治上神社拝殿もその一つで、細い木割・緩い屋根勾配など寝殿造風の意匠をもつ。

22　石上神宮摂社出雲建雄神社拝殿　国宝　天理市
この拝殿は近くにあった永久寺(現在廃寺)の鎮守の拝殿であったのを、大正３年(1914)現在地に移建したものである。桁行５間、梁間１間の細長い建物で、中央の１間だけは床を張らず、土間として本殿にいたる通路とする。この形式を割拝殿といっている。この拝殿は正安２年(1300)の改築で、中央の唐破風や蟇股に時代の特色が見られる。

23　**御上神社本殿・拝殿・楼門**　（本殿）国宝　（拝殿・楼門）重要文化財　滋賀県野洲郡野洲町
御上神社は三上山を神体山とし、その西麓に鎮座する。南北の中心軸上に室町時代の楼門、鎌倉時代の拝殿・本殿が前後に並ぶ。拝殿は桁行３間、梁間３間、入母屋造の舞殿形式で造られ、本殿もまた拝殿と同じ規模と形式をもつ。拝殿は四方吹放しであるが、本殿はあたかも一間四面堂のような趣を呈する。

24　**北野天満宮社殿**

北野天満宮　京都市。北野天満宮の社殿は、本殿・石の間・拝殿の３棟が連結する形式で、現在これを権現造と呼ぶ。石の間は本殿・拝殿よりも床を低く張っているが、元来は土間なので この名が生れた。現在の社殿は慶長12年（1607）の再建であるが、10世紀にこの神社が創建された時から、実在した人物の霊を祭る廟としてこの形式が採用されていたらしい。

25　**北野天満宮石の間・拝殿**　国宝

26　大崎八幡神社拝殿　国宝

大崎八幡神社　仙台市。大崎八幡神社は伊達政宗によって慶長12年(1607)に造営された。桁行５間、梁間３間の本殿と、７間に３間の拝殿とを石の間で連結した権現造の形式をもつ。石の間の天井が、北野天満宮では化粧屋根裏を見せていたのに対し、ここでは格天井を設けている。内部は漆塗または彩色とし、壁には装飾画を描き、組物のあいだや蟇股に彫刻を入れ、各所に飾り金具を打つなど、華麗な桃山時代の特色がよく現われている。

（稲垣　栄三）

27　大崎八幡神社石の間・本殿　国宝

には『神武巻藻塩草』が付されている。　（藤森　馨）

じんだいもじ　神代文字　日本語を表記する固有の文字(の一種)として、古代に存在したと想定される(主張されている)文字。人によっては「かみよもじ」ともいう。日本語を表記するのに用いられたと確認し得る文字としては、古代については漢字以外には未だ知られていない。洞窟などに発見されることのある線描の図形を直ちに古代の文字だという主張があるが、文字を日本語社会において認めるとすれば、それは社会的な制度の域に達して弘く用いられ、具体的言語に対応する(すなわち、日本語のいろいろの言語単位をあらわして、言語の表現・伝達の機能に対応する)書記作品の実物が存在しなければならず、その書記作品が古代の日本語を示すとすれば、最も古い文献上の日本語の性質と比べて同じ言語の古い姿であるものをあらわすものでなければならない。その点で適格のものは知られていない。漢字から脱化して日本固有の文字となった仮名は、その成立過程にあった奈良時代から平安時代前期においては漢字との関連が、その用法においても、字形においても、よく認識されていたものと考えられるが、「いろは歌」が成立してからのちは、仮名の起源と、「いろは歌」の起源とが同一に談じられ、かえって認識が曖昧に帰したらしい。『古語拾遺』序や三善清行の『革命勘文』、大江匡房の『筥崎宮記』、一条兼良の『日本紀纂疏』などには、すでに、あるいは上古には文字がなかったといい、あるいは口伝で事をうけついだとし、応神朝に文字が始まると述べ、また倭字は弘法大師におこると主張してきた考えに対して、漢字から仮名を生じたのではなくて、仮名を固有文字とする説が生じた。その早い例は『釈日本紀』である。漢字よりも古い固有のものの存在を想定するとき、もっとも手早い短絡は仮名を漢字以前に据えることであったらしく、『釈日本紀』の卜部兼方の学統にその萌芽を生じ、その流布とともに文字の標本を提示する風がおこる。多くの標本の間に真贋の論が盛んにおこり、やがて近世末に平田篤胤の『神字日文伝《かんなひふみでん》』と、伴信友の『仮字本末』との論争をもたらした。篤胤がもっとも確実だと主張した「日文」にしても、李氏朝鮮世宗の制定した諺文(ハングル)の影響下にあること明白であって、今日では全く否定されている。その否定論の代表は山田孝雄の「所謂神代文字の論」(『芸林』四ノ一―三)で、神代文字論の沿革を展望し、標本資料の点検を詳細に行なって非存在に断案を下した。　（山田　俊雄）

しんちょく　神勅　神のみことのり、神のおつげの意。中世・近世の文献にもみえる。数多くの神勅の中でも、特に天孫降臨の際、天照大神がみことのりした神勅が、古来最も尊重されて来た。その中でも、「天壌無窮の神勅」と呼ばれるのは、『日本書紀』神代天孫降臨章第一の一書に、「葦原の千五百秋《ちいほあき》の瑞穂の国は、是、吾が子孫《うみのこ》の王《きみ》たるべき地《くに》なり、爾皇孫《いましすめみま》、就《い》でまして治《しら》せ、行矣《さきくませ》、宝祚《あまつひつぎ》の隆えまさむこと、当に天壌《あめつち》と窮り無けむ」(原漢文)とみえるもので、日本国を統治する天皇の地位を神授不動のものとする思想の拠り所とされた。そのほか、天照大神が宝鏡を授ける時述べた「吾が児、此の宝鏡《たからのかがみ》を視まさむこと、当に吾を視るごとくすべし、与《とも》に床を同じくし殿を共にして、斎鏡《いわいのかがみ》とすべし」(同第二の一書、原漢文)を「宝鏡奉斎の神勅」と呼び、これに続いて述べた「吾が高天原に所御《きこしめ》す斎庭《ゆにわ》の穂《いなほ》を以て、亦吾が児に御《まか》せまつるべし」(同)を「斎庭稲穂の神勅」と呼んで、「天壌無窮の神勅」に併せて三大神勅と名づけることもなされた。　→三大神勅《さんだいしんちょく》

[参考文献] 土田杏村「神話文学の構成とその源泉」(『土田杏村全集』一二所収)、津田左右吉「書紀の書きかた及び訓みかた」(『日本古典の研究』下所収)、家永三郎「神代紀の文章に及したる仏教の影響に関する考証」(『日本思想史の諸問題』所収)　（青木　紀元）

しんてん　神典　神道の聖典ともいうべき古典。時代や研究者により、その内容は必ずしも一定ではない。『唯一神道名法要集』によれば、吉田神道では、『古事記』『日本書紀』『旧事本紀』を三部の本書として尊重している。本居宣長は、『うひ山ぶみ』の中で、『古事記』『日本書紀』および五国史、『古語拾遺』『万葉集』、宣命、『延喜式』、『新撰姓氏録』、風土記、『貞観儀式』、『和名類聚抄』などをあげている。一方、平田篤胤は、『古史徴開題記』の中で、宣長のあげた書目以外に『類聚国史』、律令格式をあげている。近代においてもさまざまな見解があるが、財団法人大倉精神文化研究所が、昭和十一年(一九三六)に『神典』を刊行した際、『古事記』『日本書紀』『古語拾遺』、宣命(『続日本紀』抄)、『令義解』(抄)、『律』(抄)、『延喜式』(抄)、中臣寿詞、『新撰姓氏録』、風土記、『万葉集』(抄)を収載した。　（藤森　馨）

しんでん　神田　律令時代に神社の経費に充てるために設定された田。御戸代(御刀代《みとしろ》)ともいう。収授もされず、売買も認められない不輸租田。特定の田地を某社の神田として、付近の農民に賃租させる場合と、神戸の口分田を以て神田に充てる場合とがあった。その淵源は律令制以前にさかのぼるものと思われるが詳細は不明。神田からの収入は貯えられて神税と称し、祭祀や修造の費用、社司の俸禄などにあてられた。平安時代以降、荘園制の発達に伴い、貴族や在地領主の寄進などによって神社も私領を拡大し、それは神領・御厨とよばれたが、ここに含まれる田も領主から年貢の納入を免除され、神田とよばれる場合があった。　（虎尾　俊哉）

しんでん　神殿　㈠神社の本殿をいう。たとえば『住吉大社神代記』には「御神殿四宮」とある。平安宮中和院の神嘉殿の母屋中央三間の塗籠を『西宮記』『北山抄』などの神今食条に「神殿」と記している。これは神今食や新嘗祭のとき内部に神座をしつらえるためであろう。平安宮の神祇官斎院には八神殿がある。㈡皇居内吹上御苑の南にある宮中三殿の一つ。賢所の東にあり、旧神祇官

八神殿の祭神と天神地祇を祀る。この諸神は明治五年(一八七二)宮中の賢所御拝所内に遷座され、両者を併せて神殿と改称。同二十二年現在地へ遷り、賢所・皇霊殿と並んで三殿を成すに至った。 ↓宮中三殿《きゅうちゅうさんでん》 ↓神社建《じんじゃけん》築《ちく》

参考文献 裏松光世『大内裏図考証』七・七附録・一九(『(新訂増補)故実叢書』二六・二八)

(福山 敏男)

しんでんげしゅさい 神田下種祭 ⇩鍬山神事《くわやまのしんじ》

しんでんさい 神殿祭 宮中三殿(賢所・神殿・皇霊殿)の一つ、神殿で春分の日・秋分の日に行われる天神地祇八百万神に対する神恩感謝の祭。大祭の一つ。宮中には、古くより八神殿が存したが、戦国の争乱のあと東京遷都ののち、明治二年(一八六九)十二月神祇官仮神殿の中央に八神を、その左に天神地祇を、右に皇霊をまつり、四年二月より春秋季の御祈祭のことを定め、五年二月二十八日の御祈祭のあと、同年三月神祇省の廃止とともに、四月八神・天神地祇は宮中に遷され、十一月には八神・天神地祇を合祀し、神殿と称されることとなり、十一年六月から春季神殿祭・秋季神殿祭と改称された。さらに翌十二年三月より春秋の皇霊祭が親祭として行われることとなって以降、同年九月より春分の日・秋分の日に皇霊殿での春季皇霊祭・秋季皇霊祭とともに、神殿で親祭として行われることとなった。

(鎌田 純一)

しんでんびき 神田引 ⇩神仏免引《しんぶつめんびき》

しんてんよく・こうてんよく 神典翼・皇典翼 『古事記』および『日本書紀』の研究資料を集成した書。大洲藩士で平田篤胤門下であった矢野玄道《はるみち》の代表的著作。『神典翼』は『古事記』上巻(神代の巻)を本文となし、『日本書紀』『古語拾遺』・風土記・『延喜式』祝詞などによってその遺漏を補い、主要の成句を摘出して諸説を集註したもの。『皇典翼』は『日本書紀』巻三以下(人皇の巻)を本文となし、同様の編述方法を採った。玄道は嘉永ごろ起稿し晩年まで両書の完成に精力を傾けたが、結局は未定稿に終った。愛媛県西条市の伊曾乃神社には門人木野戸勝隆による校訂本を所蔵し、また矢野家には玄道自筆草稿本と浄書本を所蔵する。昭和の初期、国民精神文化研究所より『国民精神文化文献』一八として、『神典翼』の全部(四冊、三十三巻)と『皇典翼』の一部(二冊、十二巻)が刊行されている。

(土岐 昌訓)

しんとう 神道 神道とは、日本民族の神観念にもとづいてわが国に発生し、主として日本人の間に展開した伝統的な宗教的実践と、これを支えている生活態度および理念をいう。神道は、二、三の教派を別にすれば、教祖を持たない自然発生的宗教であり、主として日本人の間で行われている民族宗教である。その神観念は基本的に多神教的であって、神々に対する祈り・祭・修行・社会活動などを伴っている。神道には歴史を貫く特質・強調点や時代ごとの教説はあるが、確立されたドグマというものはない。それは整備された神学や哲学というより、基本的な価値体系や思惟形式・行動様式の形で、日本人の生活に深く関わっている。「神道」の語の初出は『日本書紀』だが、当時はまだ固有の神事・神々・神社などを意味しており、教えを含む神々の道とされるのは、十二世紀末以後のことであった。神道には厳密な意味での教典はないが、神話や生活に関する一群の古文献を神道古典と呼び、尊重している。中でも『古事記』は高天原《たかまのはら》の神々の出現と活動を述べ、天孫降臨の由来を伝えて、日本国家の基礎と天皇の徳による統治を説いている。『日本書紀』は同じ神話の別伝を詳述しつつ、神々による国家の建設と皇統の確立を説き、大化改新以後の国家の展開が、神意の継承と敬神崇祖によることを示そうとする。かような政治哲学や宗教倫理は、中・近世の神道思想の大きな拠り所となった。八世紀前期の風土記は諸地方の神話や古伝承を採録し、同後期の『万葉集』には奈良時代以前からの各階層の信仰や習俗が窺われる。平安時代初期の『旧事本紀』は国造関係の記述や物部氏系の信仰を伝え、『古語拾遺』は斎部氏の立場から祭祀伝承の欠を補った。『養老令』には国家儀礼の大綱と、神祇官の職員・職掌などがみられる。令の施行細則である『延喜式』は、後述する神祇制度の完成された姿を示す。『続日本紀』の宣命《せんみょう》は文武天皇元年(六九七)から延暦八年(七八九)までの詔勅で、神道の倫理観や時間論に関する重要な史料を含んでいる。

いわゆる古神道とは、儒教・仏教など外来宗教の影響がまだ顕著でない八世紀前期ごろまでの神道をいう。古神道の実態は、考古学などの業績もさることながら、八世紀の神道古典の出現により、はじめてある程度まとまった把握が可能となる。古代国語のカミとは、畏敬または畏怖される神秘で超自然的な存在であり、身近な民間信仰的な神もあったが、皇室や大氏族の祭る神々も含まれていた。村岡典嗣や宮地直一によれば、古神道の神々は㈠自然神(自然物・自然現象に宿り、それを支配する神)、㈡人間神(英雄・偉人・長上などの神格化)、㈢観念神(生成・思考・生産力など抽象的な力や観念を司る神)の三種に分けられるという。だが別の視点からみれば、最も重要な神は、当時の社会生活の単位である氏族の守り神(氏神)であった。氏神は必ずしも祖先神ではなかったが、時代の下降に伴い氏神を祖神とみなす傾向も生じている。神道にはもと常設の社殿がなく、祭のたびに聖地に常緑樹(ひもろぎ)または自然石(いわくら)を立てて神の座とした。やがて祭壇や参列者を風雨から守る臨時の仮小屋を、祭の後まで残すようになって社殿が成立した。神社建築の祖型は伊勢神宮の神明造りと出雲大社の大社造りで、前者は穀倉から、後者は古代住居からの展開といわれる。古神道の祭祀は農耕儀礼が主体で、春の祈年祭と秋の新嘗祭が特に重視された。集団の平和を祈る公的祭祀のほか、個人的、家庭的な祈願もあった。神意判断の方法には、種々の卜占・請《うけい》・神懸りなどがあり、盟神探《くかた》

湯《ち》は一種の神聖な裁判とされた。古神道には二種の世界観が共存した。一つは垂直的に高天原(天上の神の世界)・中津国(現世)・黄泉《よみ》(地下の死者の国)が存在するとする満蒙・東北シベリア型であり、他の一つは水平的に現世の彼方に常世《とこよ》(海上遥かな遠い国)があるという東南アジア型である。後者は日本神話に顕著ではないが、現在も盆の祖霊来訪の信仰などに面影をとどめている。古神道はやがて種々の展開を始めた。その第一は道徳意識の発達である。古くから重視された「まごころ」はさらに強調され、神話における神々の行為に行動の規範を求める動きも出た。不可抗力的な病気や災害まで罪・穢れとした古代人が、より合理的な道徳意識に傾く背景には、儒教倫理の触発もあったろう。第二は神話の統合である。統一国家の出現に伴い、諸氏族の神話が皇室を中心に再編成され、体系的な日本神話が構成された。第三は神祇制度である。皇室や有力氏族の氏神は、本来の機能を保ちつつ国民や国家全体の守り神となり、国は毎年捧げ物をしてまつった。このことの制度化は大化改新ごろからとされ、神祇制度とよばれる。中央政府では神祇官の役人が、地方では国司が国家儀礼の担当者だった。天皇の践祚大嘗祭をはじめ、災害・戦争・国家的慶事における祈願や感謝の祭もあった。神祇制度は平安時代前期に完成し、十世紀初めには全国で三千近い神社が国家祭祀の対象となっていたが、平安時代後期の律令制弛緩とともに衰えた。しかし、中世の二十二社など、近畿あたりの大社に対する奉幣は後世まで続いた。政治の場で神を敬い神事を優先させる精神は、『御成敗式目』や戦国武将の家法にも流れ、江戸時代を経て明治の社格制度に引き継がれた。これとは別に、六世紀中期に公式伝来した仏教は、奈良時代には神道に劣らず国家性を帯び、一般民衆にも滲透を始めたので、神道との間に種々の接触混合が生じた。神仏習合には三段階がみられる。その第一は神道の神々は仏法を守るとの信仰で、奈良時代中期から寺院に鎮守の神がまつられた。第二は同じころ、仏僧たちは神を六道の最上位たる天 Deva とみなし、神は輪廻の苦悩から解脱を望むとして、神前で読経し、神社に寺を建てるなどした。第三期は八世紀末以後で、神を菩薩の化身とし、のちには仏が神の本体、神は仏の仮の現れと信じて、仏像や僧形の神像をまつる神社も出た。本地垂迹説はこうした解釈の理論化で、鎌倉時代に完成し、天台神道と真言神道がその代表だった。全国神社の過半数は、幕末まで仏教の影響下にあった。これに対し、神道の主体性回復の動きは、仏教的神道と相互に影響しつつ、鎌倉時代の伊勢(度会《わたらい》)神道から始まり、十五世紀後半には京都に吉田神道も出現した。ことに吉田神道は神職養成にも力を注いで、江戸時代には僧侶の支配を受けない神社神職の大半を掌握した。近世に入ると儒家神道がめざましく興隆して神儒一致を唱え、伊勢神道以来の真心と祈りを強調するとともに、尊王主義を鼓吹した。復古神道の大成者本居宣長は、儒仏思想と結合した在来の神道説を批判し、古神道の精神に復帰しようとした。多神教的な神観念はあるがままに認められ、神の恵みとしての産霊《むすひ》が神学的に重視された。その弟子平田篤胤は現世を仮の世とし、独自の造化神観など唱えたが、現在はあまり受容されていない。しかし、神葬祭の根拠となった幽世《かくりよ》論や家庭祭祀の奨励は、後世に貢献した。ひるがえって一般庶民の神道をみると、教説はさほど滲透せず、現実の信仰はむしろ種々の祭・年中行事・清め・参詣・禁忌などを通じ保たれてきた。古代の氏族や一門の氏神は、平安時代後期以降荘園・郷村といった地域社会の守り神となり、鎌倉時代初期ごろからは講組のような任意参加の集団が加わった。中でも伊勢講は神仏を通じ、近世最大の講組織となった。近世に入ると社会秩序の回復に伴い、伊勢の式年遷宮、践祚大嘗祭、賀茂祭など多くの国家儀礼が再興または恒例化した。民衆の間でも祭礼が盛大となり、相撲・的射や多くの神事芸能が行われて、住民の連帯感・共属感が深められた。明治維新を迎え、政府は神社の内部から仏教的要素を除去するため神仏分離を命じた。朱印領・黒印領は上知され、古い神祇制度にもとづく社格制度が設けられた。これとは別に、国家機構の精神的基盤となった復古神道を国民に啓蒙するため、大教宣布運動が行われた。この運動が結局失敗に終ると、政府は神社神道を一般宗教から区別し、国家儀礼または国民道徳として温存育成した。関連して明治十五年(一八八二)から第二次世界大戦終戦まで、官社の神職は説教活動と神葬祭の奉仕を禁じられた。第二次世界大戦後、占領軍はいわゆる「神道指令」を発して、神道と国家との長く密接なつながりを切断した。戦後の日本国憲法をはじめ諸法令は、いずれもこの指令の精神に副い、今も有効である。しかし、国や地方公共団体からの公的援助は消滅したが、祭を通じ住民の連帯感を育成する機能は、多くの土地にまだ生きているように思われる。

　現代神道はこれを横断的にみれば、互いに絡み合う三つの型、すなわち、神社神道・教派神道(戦後の神道系新宗教を含む)・民俗神道の三者に分類される。神社神道は古代から現在まで歴史的、社会的に神道の主流をなし、国家や地域社会の統合・団結に深く関わってきた。それは教祖を持たないが、神社を精神的結合の中心とし、日本神話や神道の伝統に根ざす教説と、祭その他の宗教的実践と、氏子などの信仰者組織を持っている。教派(宗派)神道は、日本在来の宗教伝統を基盤に、十九世紀ごろ日本に形成された十三派の神道教団を中心とする神道の運動で、㈠山岳信仰系(実行教・扶桑教・御岳教)、㈡純教祖系(黒住教・金光教・天理教)、㈢禊系(禊教・神習教)、㈣儒教系(神道修成派・神道大成教)、㈤復古神道系(出雲大社教・神理教・神道大教)の五系統に分けられる。これらの発生原因には、幕末から明治の激動期における人心の動揺、江戸幕府という保護者を失った仏教の無力化、復古神道の刺激、大教宣布運動の失敗による民間レベルでの自主的布教の必要性などがあろう。教派神道の特色は、復古神道または個人の宗教体験をもとに展開され、教祖あるいは組織者を持ち、庶民階層を中心にそれぞれ一個の教団を形成した点にある。第二次世界大戦後は各教団とも所属教会にかなりの分派独立がみられ、また神道系新宗教の活動も加わって、様相は複雑になった。民俗神道は民間信仰の中で特に神道と関係深いものをいう。すなわち田の神・山の神・屋敷神のような生産と生活の守り神の信仰、清め・籠り・参詣の習俗などがそれで、国家神道の盛衰とは別に、多少の変容を伴いながら今も根強く存在し、神社神道や教派神道の下部構造をなしている。→古神道《こしんとう》 →古道《こどう》

参考文献 柳田国男編『分類祭祀習俗語彙』、宮地直一『神道史』(『宮地直一論集』五—八)、村岡典嗣『神道史』、大場磐雄『祭祀遺蹟』、平井直房『神信仰における持続と変化』(『神道宗教』一一二)
(平井 直房)

神道と儒教 わが国の儒教伝来は、五世紀ごろといわれるが、国家に受容され出すのは、大化の改新以後、律令制下の大学寮で儒教主義教育による官吏が養成されてからといえよう。神道が儒教をもって解釈されるようになったのも、それ以降であろう。奈良時代に撰進された『古事記』や『日本書紀』は、古代から天皇は天神地祇の司祭者であるとともに、儒教に基づいた聖人のような王者であったとしていた。だが、奈良時代ころから神仏習合が起り、神道は儒教よりも仏教で解釈されるのが主流となった。それとともに、『日本書紀』講書や六国史の編纂が終り、大学寮も衰微した。鎌倉時代後期の元寇という国家的重大危機に刺激された結果、『日本書紀』が再び注目され、それに伴って神道の独自性が主張されるようになり、朝廷では、『釈日本紀』が出た。また、伊勢神宮では、神道五部書などが編纂され、仏教からの思想的独立を目指した伊勢神道が発生した。度会家行は、『類聚神祇本源』で仏教・道教・易などの諸書を博捜してそれを体系化した。なかでも、精神の清浄を重んじ、それを実践することで機前の境地、すなわち宇宙の真理が体認されることを、周子の虚無や太極をもって説いた。北畠親房は、『元元集』『神皇正統記』などで儒教や仏教思想をもって神道や皇道を説いた。そうした神道説を受けた忌部正通は、『神代(巻)口訣』で、儒教的合理主義をもって『日本書紀』神代巻を説いた。室町時代中ごろの一条兼良は、儒仏道三教を加味した『日本書紀纂疏』を著わした。応仁の乱時に出た吉田兼倶は、吉田神道を体系化した『唯一神道名法要集』で、神道は万法の根本、儒教はその枝葉、仏教はその花実であるとした根本枝葉花実説を唱えた。また、儒教や道教などの死生観や儀礼にもとづいた神葬祭を創作した。江戸時代、吉田家は幕府の命により、全国の神主らを統轄したが、思想的流れはもはや儒家神道にあった。林羅山は、神道を仏教から分離し、神道と儒教は一致すると説いた。そして、天照大神から相伝され歴代の天皇が伝えてきた神道を理当心地神道と称し、「神道即王道也」(『神道伝授』)と主張した。一般に儒者は、儒教的合理主義にもとづき神代を荒唐無稽として重視せず、またわが国に聖人が出生しなかったこと(道が無いことを意味する)から中国に対する劣等感を抱いていた。羅山は、中巌円月の「神武天皇＝呉の泰伯」説を採用してその問題に対処し、『本朝通鑑』では神代を省き、神武天皇から起筆した。それに対し、山鹿素行は、儒教が伝来する以前の神代からわが国には道があったとして、『中朝事実』を著わし、わが国の優秀性について論じた。中江藤樹は『翁問答』で神道の祭祀は儒礼に適い、三社託宣は儒者の神明をまつる心持ちとよく適っていると説き、弟子の熊沢蕃山も『神道大義』や『三輪物語』などで師説を踏襲した。藤樹・蕃山は全世界共通の普遍的な神道が在るべきとの観念を持つとともに、両人に共通してあった「時処位」観から、他方で特殊的な「日本の神道」が在るべきとも説いた。幕府神道方の吉川惟足は、吉田神道を神儒一致思想をもって吉川神道を唱え、伊勢神宮の度会延佳も『陽復記』などで中世以来の伊勢神道を神儒一致思想をもって再解釈し、いわゆる後期伊勢神道を樹立した。山崎闇斎は、中世以来の神道説を集大成して垂加神道を唱えた。垂加神道も基本的には儒家神道だが、「神道即王道也」とは説かなかった。一般に儒家神道では、天皇が不徳ならば有徳の皇子や諸王に交替させてもよいと主張した。だが、その説は革命に繋がるとした垂加神道は、天皇の資格に徳の有無は存在しないと説き、神代伝来の「日神(天照大神)之道」(『垂加社語』)こそ、わが国の守るべき不変の道であると主張した。この説は、わが国の「道は天照大御神の道」(『初山踏』)と主張した本居宣長にも共通していた。ただし、宣長は儒教思想を「からごころ」として否定し、わが国の古典研究をもってその説を補強した結果、天皇があってこそ神の道は存在するとして、「君は古への道(神の道)の全体也」(『葛花』)と主張した。いわゆる後期水戸学は、こうした宣長説の影響を受けた。なかでも、会沢正志斎の『新論』や藤田東湖の『弘道館記述義』には、儒者から軽視された神代の中に日本の道の根源があるとの考えが主張されていた。近代にはいると神道十三派の神道修成派や神道大成教のような、儒教倫理にもとづいた教理を説く神道系教団も現れた。一方で、明治政府も、儒教倫理をもって国民教化を行い、明治天皇の教育勅語はその代表であった。教育勅語は、日本人としての正しい徳育を養成するものとして、第二次世界大戦後も神社神道では重視されている。一般に儒教は、人間が正しく生きていく上で必要な道徳を説くため、宣長ですら「やまとごころ」さえ固まったのならば、積極的に勉強するよう勧めていた。このように、神道と儒教は今なお密接な関係を保持しているといえよう。

参考文献 津田左右吉『日本の神道』(『津田左右吉全集』九)、村岡典嗣『神道史』(『日本思想史研究』一)、河野

省三『近世神道教化の研究』、和島芳男『中世の儒学』(吉川弘文館『日本歴史叢書』一一)、久保田収『中世神道の研究』(『神道史研究叢書』)、平井直房『神道の神道教化』　(西岡　和彦)

神道と道教　日本は中国から諸文化を受容したが、中国の古代思想の一つである道教についても何らかのかたちで日本に流入したと見るべきであるとされる。ただし、仏教のように組織的に導入された形跡は見られない。神道の形成と道教の関わりについては、日本固有の思想、信仰と考えられている神道が形成されるにあたって、道教の思想や祭儀形態を意図的に取り入れたのではなく、中国からの渡来人らがすでに持ち込んでいた中国の古代の民間信仰を含め、のちになって神道としてまとめあげられていったと考えることができる。神道と道教の関わりは、古くは『古事記』『日本書紀』『続日本紀』など神道の重視する古典文献のなかに散見される道教関連の記述に見出せる。たとえば、太安万侶の『古事記』序文が『九天生神章経』や『周易参同契』などの道教経典に基づくという指摘がある。術語レベルでは「尊」や「命」という神に対する尊称は中国古典においては道教経典にのみみられる用法とされ、「天皇」の称号や「神道」という語についても中国の道教の思想に基づく術語であるという指摘がある。道教に由来する漢語であると指摘されている語としては斎宮、内宮と外宮、幣帛なども挙げられている。また、かつて天皇によって行われた儀礼や現在でも行われている皇室の儀礼に道教色のあるものがみられることが指摘される。とりわけ天武天皇の事跡に関してはその謚号である「天渟中原瀛真人天皇」における「瀛」「真人」という語のほか、竜田の風神の祭祀、星占台の造営、八色の姓の制定、またその治世を通じての瑞祥の現れやその献上についての記事も道教思想を下地にした叙述とみられる。桓武天皇も延暦四年(七八五)と六年の十一月に昊天上帝という道教の神を長岡京の郊外の交野でまつっている。また、現在、正月の朝早くから宮中で執り行われる四方拝の中で北斗七星の中の属星を拝するのは北斗に対する信仰の現れであり、儀礼中に特に拝される神々は何れも中国で古くから崇拝された神である。『延喜式』祝詞に収められている祝詞に「東文忌寸部献横刀時呪」があるが、この呪は日本の神に対してではなく、道教でまつられている皇天上帝・三極大君・日月星辰・八方の諸神・東王父・西王母・五方の五帝などに対して、禍を祓って、天皇の治世の永からんことを請う内容となっている。また、古墳に副葬される鏡が神社にまつられたり、三種の神器の一つとなるなどして神道の中で大きな位置を占めるようになったことについて、鏡に呪術的な威力、宗教的な霊力を認めていた道教思想の影響を認めるという指摘もある。また、道教に由来する諸神が現在も祭神としてまつられている神社が存在している。太白星すなわち金星をまつる大将神社や北斗七星をまつり妙見さんなどとよばれている星神社などがその例で、道教に特有な星に対する祭祀を残しているものである。一方、もろもろの神道理論の中でも神道と道教の関係を指摘することができる。すなわち、鎌倉時代に成立した伊勢神道では、平安時代の神仏習合・本地垂迹説に対して神道の理論化が意図されたが、伊勢神道を代表する神道五部書では『老子』河上公注や今は伝えられていない『老子述義』という道家の書籍を多数引用し、その神道説において道家思想を大きな柱としている。室町時代後期以降、近世を通じて神祇界の中心的役割を果たした吉田神道(唯一宗源神道)は自家の神道説の独自性を主張したものの、道教経典である『北斗元霊経』を重視し、北斗に対する信仰や授与する霊符などに道教信仰やその霊符の影響を見ることができる。江戸時代後期の平田篤胤はあくまでも日本の神道を第一、本来的なものとする一方、中国の道家・道教について異常ともいえるほど、興味を持ち、それは日本の神道の影響下に成立したものと見なすほどである。

参考文献　野口鐵郎編『選集道教と日本』、福永光司『道教と古代日本』　(河野　訓)

神道と仏教　仏教の百済から日本への公伝は宣化天皇三年(五三八、一説に欽明十三年(五五二))とされる。仏教の受容に際しては崇仏派の蘇我氏と排仏派の物部氏・中臣氏の間での争いが伝えられている。当時は在来の神に対して仏を蕃神・仏神・他国神などと外来の神と捉えており、仏教の伝来を契機に日本固有の天神地祇に対する信仰が再認識されるようになった。しかし、両者は敵対することなく併存し、神仏の習合という状況を引き起すに至った。神仏の習合は理論的というよりも、現象面での神宮寺・鎮守の存在が先行した。奈良時代になると地方において霊亀元年(七一五)に気比神宮寺(『武智麿伝』)、養老年間(七一七―二四)に若狭比古神願寺(『類聚国史』一八〇)などの神宮寺が建立された。神宮寺の発生には山岳修行を行なっていた雑密系の僧侶と地方の豪族層の関わりが深い。理論的には神は迷える存在で、宿業によって神の身を受けており、仏の力によって輪廻の苦悩から解脱させる必要があるとする神身離脱説が説かれ、神前読経や神像の造立が行われた(『多度神宮寺伽藍縁起幷資財帳』、『日本霊異記』下二四)。一方、寺院の境内近くに仏法を守るための鎮守社がまつられた。宇佐八幡を勧請した東大寺の手向山八幡、法隆寺の竜田神社、比叡山延暦寺の日吉神社、高野山金剛峯寺の丹生都比売神社などである。天平勝宝元年(七四九)十二月、東大寺大仏建立にあたっての宇佐八幡の神助はその契機となる象徴的な事件である(『続日本紀』)。さらに、八世紀の後半以降、神々は菩薩号で呼ばれるようになった。天平宝字七年(七六三)、満願禅師は多度神宮寺を建立して神像を造り、多度神を「多度大菩薩」と称し(『多度神宮寺伽藍縁起幷資財帳』)、弘仁十二年(八二一)八月十五日付官符では八幡神を「大自在菩薩」、「護国霊験威力神通大自在菩薩」

と称する例がある(『東大寺要録』四)。平安時代には神仏の習合した儀礼としては神泉苑における貞観五年(八六三)の御霊会がある。中期になると、神仏習合が理論化されて本地垂迹説が成立した。本源としての仏や菩薩が日本の衆生を利益し、救うために、仮に日本の神々となって現れるとされた。末期以降には、伊勢神宮の本地は大日如来というように、神々と本地仏の対応関係が説かれるようになった。平安時代末から鎌倉時代にかけて伊勢神宮周辺では密教系の僧侶により両部神道説が形成された。初期は天台系の影響が強かったが、中期以降、叡尊や醍醐寺三宝院の通海など東密系の影響が強くなった。三輪山の大御輪寺、平等寺を中心とした三輪流神道、室生寺を中心とした御流神道などがこの流れである。これに対して鎌倉時代中期までには神道五部書が成立し、神道の側から自主的に樹立された最初の神道教学である度会神道(伊勢神道)が形成された。このころに『旧事本紀玄義』を著わし、神を根本とし、仏は神の応迹であるとする反本地垂迹説を説いた天台僧慈遍があらわれた。鎌倉時代の南都仏教界では大仏再建を願い伊勢神宮に参拝した重源などのように伊勢信仰は盛んであった。鎌倉新仏教の諸宗派では、一遍の時宗のように神祇信仰の影響を強く受けたものもいたが、浄土真宗の祖親鸞のように神祇不拝を強く謳うものもあった。室町時代の吉田(卜部)兼倶は慈遍の影響を受けて根本枝葉果実説を説き、両部習合神道に対して元本宗源神道(唯一神道)を主張する吉田神道を大成した。江戸時代には吉川惟足の吉川神道、山崎闇斎の垂加神道という儒家の哲学に基づいた儒家神道が生まれ、仏教色の排除が行われた。しかし、仏教や儒教の影響を受ける以前の神道が明らかにされるのは、十八世紀の本居宣長の復古神道を待たなければならない。明治元年(一八六八)、神仏判然令が出されると、一部の神官たちにより徹底した廃仏毀釈が行われ、現在みるように神社と寺院が明確に分離されるようになった。

(河野　訓)

参考文献　大山公淳『神仏交渉史』、久保田収『中世神道の研究』(『神道史研究叢書』)

神道と修験道　日本人の信仰は、樹木・岩・山・水・火・雷ほか、さまざまなものや場に神の存在・神の宿りを意識しまつるという多神教である。このような神観念は、仏教とその礼拝対象仏の渡来以前からで、長い歴史を経て生活文化に深く染み込み、今日なお信仰の基礎部をなしている。この自然発生的な神観念・神信仰は、日本人の民族宗教ともいうべきものであり、鎌倉時代前後以降、仏教・陰陽道・儒教などとの接触と結び付きによって形成された諸神道の母体ともなった。広義の神道は、この素朴な神信仰と教説神道を含むものと考える。実態としては、神が宿るとする諸依代や、習合の神仏、これをまつる大小の神社・宮・祠、さらに神事・祭礼とこれにかかわる祠職・社僧ほか、さまざまなものとして把握されるものである。修験道は、奈良時代、山神・山霊を崇める山人、神道および道教・仏教系宗教者たちによる霊山での山中修行と宗教体験にはじまる。吉野山(金峯山)・熊野三山・葛城山・英彦山・宝満山・男体山(日光山主峰)・羽黒山などは、修験道形成にかかる代表的山岳信仰の霊山であり、宗教者たちの修行地である。男体山ではすでに奈良時代の山林修行僧勝道が、英彦山でも同じく法蓮の存在が知られ、他の諸山でも、平安時代中期から鎌倉時代初期には神仏の習合化が及んだ。山伏・修験者はこれら神仏の習合化した霊山で生まれ集団化した。中でも、平安時代中ごろには開かれたという吉野から熊野を結ぶ大峯山系の行場は、葛城山も加えられて修験者たちの一大修行地となった。全国的な修験組織の本山派と当山派は、この修行地を根本道場として形成された。このほか、英彦山は宝満山と行場を形成して彦山修験を、男体山を中心とする日光山行場からは日光修験を、羽黒山は月山と行場を結び羽黒修験を形成した。これら各霊山の行場には、さまざまな神仏がまつられ、行者の礼拝対象であった。修験道に唯神・唯仏の主張はなく、また神道でも、近世の儒家神道・垂加神道を除けば、仏教との接触・交流による習合神仏を礼拝の対象として明治時代を迎えたが、両者のこうした寛容性は、信仰の基層部に多神教という日本人の神観念を共通にもつからであろう。神道と修験道は、特に対立することはなかったが、近世に全国の社家を組織した吉田家配下の神職・神子と本山派山伏・守子との間では、宗教行為をめぐって争うことがあった。たとえば、奥州で元和五年(一六一九)、社家と山伏の争いがあり(『舜旧記』)、寛文三年(一六六三)には、諸社参詣者への注連祓や諸祈念、あるいは神子と守子の作法をめぐって争った。後者の対立では、吉田家と聖護院が、互いの立場を尊重し、それぞれの作法で行うことを確認して配下へ掟を出した。江戸幕府はこれをうけて寛文六年社家・山伏双方へ掟を出している。以後も、各地で宗教行為上の対立はあったが、おおむね、郷村内の社家・山伏は、檀那・信者の求めにまかせ、幕末まで住み分けた。明治元年(一八六八)三月、明治新政府は神仏分離に着手し大小神社の別当・社僧に対する還俗、および、仏教用語の社名禁止と神社の仏像や梵鐘・鰐口など、仏具類の除去を命じ、さらに、別当・社僧に対し、神主・社人への転身を命じた。これらの達は、神社・小祠の別当であった僧侶や山伏が対象となったが、廃職・廃宗命令ではないにもかかわらず、多くの山伏は、新政府の命に呼応するように神職へ転身した。これは、たとえば本山派の場合、別当権を免許し身分を保障してきた側の聖護院門跡や、その補佐・後見の院家が、いちはやく復飾したことによる組織への不安とは逆に、新政府公認の神職になることで身分の保障が得られ、宗教行為の継続が期待されたからであろう。山伏たちの神職転身は、結果的に数少なかった神職を増強し、政府の神道重視策を支えることになった。

→修験道《しゅげんどう》

参考文献　原田敏明『神社』、宮地直一『神道史序説』、和歌森太郎『修験道史研究』(『東洋文庫』二一一)、五来重『修験道入門』、宮家準『修験道―山伏の歴史と思想―』(『教育社歴史新書』一七四)、同『修験道―その歴史と修行―』(『講談社学術文庫』一四八三)

(藤田 定興)

神道とキリスト教 キリスト教にはカトリック、プロテスタントなどがあり、近世前期からの神道とキリスト教との複雑な関係は、いわゆるネイティブイズム nativism の原理が常にその底流をなした。それは、海外の文化に接触することによって国家意識を触発され、みずからのアイデンティティを生産、再生産するという原理だが、神道―キリスト教関係の歴史的な重要さはこのネイティブイズムの原理のゆえに存在する。近世前期、豊臣秀吉が天正十五年(一五八七)のバテレン追放令において、また四年後のゴア総督宛の書翰においても「日本ハ神国たる」(『松浦文書』)、「それ吾朝は神国なり、神は心なり」(『富岡文書』、原漢文)などと定義付けたのも、上述の原理の現れとして理解できる。徳川家康の外交文書に散見できる神国論も同様である。いずれの場合も吉田神道の影響が確証できるが、キリスト教が吉田神道を攻撃した唯一の事例はハビアン『妙貞問答』(慶長十年(一六〇五))があるのみである。近世後期となれば、平田篤胤、水戸学、大国隆正の思想との関係がでてくる。平田神道に表れる新しい普遍主義も死後安心論も、中国駐在イエズス会神父アレニ Giuglio Aleni『三山論学紀』(一六二五年)などから多く模倣したことは村岡典嗣などが指摘した通りである。平田の場合はキリスト教神学にならって神道神学を抜本的に作り替え、キリスト教を相対化する思想的な試みが目立つ。それに対し同時代の水戸藩の会沢正志斎は庶民を惑わす力の優れたキリスト教を、イギリス・ロシアなどの軍事力よりは遥かに破壊的な迫力のあるものとして恐れていた。会沢は神道の教化を展開することによってのみ日本がキリスト教から救われると論じた。大国隆正は当初会沢に劣らないぐらいの嫌悪感を表現したが、万延元年(一八六〇)ごろからは列強の日本への接近は天照大神の意志による、新時代の開幕でもある、という立場を展開し、キリスト教を見直しはじめ、「忠孝貞をもととし」た「随分よろしき教え」だという注目すべき結論を出した(『天主教ニ関スル意見書』)。神道を「国教」とした上でならキリスト教の受容さえ可能と考えた大国が、弟子の福羽美静とともに維新政府の神道・キリスト教両政策を担当したことは留意すべきである。維新政府は祭政一致の布告(明治元年(一八六八))、神仏判然令(同)などと一連の法令により吉田神道などを切り捨てる一方、新時代にふさわしい神道に特権的な位置付けを与えた。同時期に起きた、キリスト教迫害は、祭政一致、神社の整理、氏子改め、神葬祭を中心とした神道政策の必然的な結果だとする説もあるが、むしろ祭政一致などがキリスト教に対する恐怖感があってこそ軌道に乗れたと見た方が妥当であろう。条約改正を目指した維新政府はキリスト教の解禁(明治六年)を早くから覚悟し、同七年以降の教部省・大教院による神道神学の展開あるいはその布教も常に解禁後のキリスト教布教をその射程に入れていた。そしてキリスト教の布教をそう簡単に食い止めることができないという認識が一八七〇年代半ばごろ定着すると、大教院が解散し、教部省が廃止されたのである。政府が公認した教派神道も、キリスト教をこの上ない敵と看做していた。とりわけ神道修成派(明治六年創立)、神道大成派(同十一年創立)、神理教(同二十七年創立)はいずれも神国日本をキリスト教から守ることを中心的な課題としていた。明治後期においては、大日本帝国憲法(明治二十二年)第二八条は信教の自由を認めるとしたが、注目すべきは以下のように考えられる。(一)井上毅など憲法制定に携わった人々が神社崇敬を、全国民に義務づけるとの考えは持たなかったこと、(二)憲法は神社に対し特権的な位置付けを一切しなかったこと、とはいえ、(三)憲法第三条の「天皇ハ神聖ニシテ侵スヘカラス」は信教の自由と基本的に矛盾すること、結果的には、(四)憲法第二八条はキリスト教の自由を保証できなかっただけでなく、美濃部達吉が主張したように「皇室の宗廟たる神宮(中略)皇祖皇宗および歴代の天皇の霊をまつる神社に対し不敬の行為をなさざる義務」を規定するものとなっていったこと。教育に関する勅語(明治二十三年)は、神道ではなくもっぱら国体という語を使うが、天皇への忠誠を最高の価値としたところが憲法の自由をさらに制限し、キリスト教徒を大いに挑発する結果となった。早くも同二十四年キリスト教徒の講師内村鑑三の不敬事件が起きた。これをきっかけに井上哲次郎がキリスト教排撃論を「教育と宗教の衝突」(『教育時論』二七九、明治二十五年)に発表し、反キリスト教の世論が大いに高まった。加藤弘之もその『我国体と基督教』(明治四十年)においてキリスト教は教育勅語の精神には到底相容れないものとして排撃に加わった。これに対しカトリックの前田長太、プロテスタントの柏木義円のように反駁した者もいたが、むしろ同志社社長の横井時雄の立場が典型的であった。横井は、天皇への忠誠となればキリスト教徒こそ模範的だと主張したのである。同四十三年の大逆事件後、国の宗教政策とキリスト教との衝突はしばらく見られなかった。キリスト教が欧米において無政府主義と戦った功績が認められた結果である。内大臣原敬のもとに開催された神道・仏教・キリスト教の代表を集めた「三教会同」(大正元年(一九一二))がこの時期の一つの注目すべきイベントであった。大正時代、政府が全国民の神社における敬神崇祖を奨励しはじめた背景には、世界情勢の不安定、とりわけ第一次世界大戦勃発(大正三年)があったが、多元論がまだ支配的だった大正時代はこれらの動きに対する痛烈な批判、たとえば同七年の長崎司教の「神社参拝は紛れもない宗教行為であるため、とても追悼式に参加できない」といった批判はまだ耳にすることができた。

昭和前期の敬神崇祖の強制は上智大学の靖国集団参拝拒否事件(昭和七年)を引き起こし、もはや迎合するか、弾圧されるかの二者択一を迫られたキリスト教は、カトリックの当局がプロテスタントよりも早く迎合の道を選んだ。同十二年以降の戦時体制下、国家は監視を容易にするためにもカトリックを天主教教団に、プロテスタント諸派を日本キリスト教団に組織し、公認したが、同十九年文部省が神道局・キリスト教局などから大日本宗教報国会を新しく構成し、諸宗教による国民の精神高揚をはかった。この時期から神道式の戦没者の慰霊もプロテスタントの反対にもかかわらず強制された。主なキリスト教集団はこのような迎合により直截な迫害を免れたが、日本キリスト教団の一員でもあったホーリネス系の教職者のように神社拝礼を拒絶し、国体を否定した者は、容赦なく迫害される事件もあった。戦後の神道指令により、国家と神社との関係が切断され、また政教分離、信教の自由が日本国憲法によって保証された。しかし、事故死した自衛官の夫が山口県の護国神社に英霊として合祀されたことに対し、国家を相手どって遺族が訴訟を起こすケース(山口殉職自衛官合祀訴訟)、またキリスト教徒が中心をなす平和遺族会などは靖国神社の公式参拝あるいは国家の神道への接近に警戒の目を光らせている。

参考文献　安丸良夫・宮地正人編『宗教と国家』(『日本近代思想大系』五)、五野井隆史『日本キリスト教史』、阪本是丸『国家神道形成過程の研究』

(ジョン＝ブリーン)

神道と宗教学　宗教学は、一般に世界の諸宗教や宗教現象を価値中立の立場で実証的に比較研究する学問であり、広く人間科学の立場で「宗教とは何か」を共通の課題とする学問である。その意味では、個別宗教の歴史的研究や宗教現象の現在学的研究とは宗教現象学を介して領域を接し、宗教哲学や個別神学とは比較実証の方法で価値中立の立場を確保する。人間科学の一つとして、ほかの人文社会科学と同様にあくまで人間の経験領域に即した実証科学に属するが、学的対象としての宗教ないし宗教現象が、事の性質上、人知を超えた実在や領域である神仏や死ないし死後との超越的な関わりであるだけに、ほかの何ものにも還元しえない宗教ならではの独自性を尊重する。たとえば宗教現象ならではの独自性を何ごとか「聖なるものの顕現」(M・エリアーデほか)にみる立場からすれば、その現象を単なる心理的抑圧や未熟な共同幻想に還元する類の研究は宗教学ではない。また宗教的信念が超越領域との主体的ないし共同主観的関わりに属する営みであるだけに、特定宗教の個別的研究のみでは価値中立の立場を得がたく、常に他宗教との比較による一般化の理解を要する。そこで宗教学では、諸宗教に共通する宗教現象の類型化の成果が採用されてきた。その代表的な例は、マナイズム・アニミズム・トーテミズム・シャマニズム・シンクレティズム・呪術・儀礼・神話・自然崇拝・偶像崇拝・聖者崇拝・修行・神秘体験・教祖・聖典・教義・神殿・教会・宗派・カリスマ・利益信仰・来世信仰・終末観・多神教・一神教・交替神教などであり、基本類型にもさまざまな例がある。近現代における神道の研究には、近世期に成立した国学の伝統に由来する古典研究と神祇史から成る神道学が主流であり、日本史学や日本文学、民俗学、社会学、宗教学など関連諸学からの神道研究は第二次世界大戦後の現代にその本格的成果がみられるようになった。なかでも宗教学では、戦前において加藤玄智が神道の宗教学的研究をめざして神人同格教など類型論を展開したほか、宮地直一・村岡典嗣・石村吉甫・鶴藤幾太などが宗教学に近い神道史の成果を残している。戦後は折口信夫が神道宗教論を提唱して神道の宗教学的研究への道が拓かれたが、神道学の内部で西田長男の神道史、小野祖教の神道神学にその影響がみられるものの、むしろ日本民俗学の柳田国男や折口、原田敏明、堀一郎、山折哲雄らの民俗宗教論が先行し、宗教心理学の岸本英夫が導いた研究は、戸田義雄・平井直房・上田賢治らに引き継がれ、さらに宗教社会学の柳川啓一が拓いた儀礼研究からは神社と祭礼の象徴論的研究も試みられるようになった。また幕末から明治にかけて成立した教派神道や神道系新宗教の研究も近年盛んになり、宗教学の立場からは井上順孝・鎌田東二・津城寛文らが多くの研究成果を挙げている。しかしながら神道は、先史古代以来の日本文化に内在して成立してきた、いわゆる教団宗教以前の宗教文化であり、しかも飛鳥奈良時代に本格化した大陸伝来の仏教・儒教・道教などと共存と習合を重ねながら、神社祭祀と宮廷祭祀とを拠点に近代にまで存続してきた土着宗教であるから、神道の宗教学的研究にはそれなりに方法上の広がりを要する。神道は、その起源において教祖の開教もなく教義や経典もなく、ただ有史以前からの共同体の神祭と神話の伝承を基盤にして、大陸伝来の先進文化にさまざまに影響を受けながら、むしろ古代から近世に至るまで国家的にも導入されつづけてきた大乗仏教の諸宗派と習合しつつ共存してきた。神道が、古代の律令祭祀に復古する形で単独に国家祭祀の地位を得たのはようやく明治維新後の近代になってからであって、しかも当時、神社は一切の宗教活動を禁じられた。明治以来は仏教諸宗派とともに宗教団体に認められた教派神道十三派はともかくとして、全国八万余の神社が寺院や諸教会と同じ宗教法人に認証され他宗教なみに自由な宗教活動を許されたのは、したがって第二次世界大戦後の現代でしかない。つまり神道の主流は、近代の教団宗教を研究するにふさわしい宗教学的研究、たとえば信者の信仰体験や入信動機の意識調査、宗教活動の分析、教義教典の内容分析やその解釈や布教の実態、教団の歴史や組織の分析など学的対象の明確な資料化などが不可能に近い。その決定的な理由は、神社とその祭祀から成る神道は古来から今に至るまで血縁にせよ他縁にせよ生活共同体の位相に営まれてきた宗教文化の一部であって、近代的な教団宗教にみるような、単一の排他的な信仰を共有する信者集団のそれではない。むしろ特定宗教には無縁とさえ自認している大多数の日本人が、広くは敬神崇祖ともいうべき半命題的な宗教意識で伝承してきた宗教生活に属するのが神社とその祭祀にほかならない。したがって神道の宗教学的研究には、個人信仰を介した接近の方法よりも、個別具体的な史料に拠る丹念な歴史的研究を踏まえながら、むしろ近年深化しつつある象徴人類学や現象学的社会学など周辺諸科学の方法を援用して神道文化の宗教性に迫ることが求められよう。

参考文献　加藤玄智『神道の宗教学的新研究』、『宮地直一論集』一―八、村岡典嗣『日本思想史研究』、石村吉甫『神道論』、『折口信夫全集』二〇、『定本柳田国男集』一〇、西田長男『日本神道史研究』一、原田敏明『日本古代思想』、堀一郎『遊幸思想と神社神道』(『堀一郎著作集』四)、戸田義雄『宗教と言語』、(『岩波講座東洋思想』一五所収)、井上順孝『教派神道の形成』、柳川啓一「祭の神学と祭の科学」(『思想』五六九)、薗田稔「宗教学と現象学」(同『祭りの現象学』所収)

(薗田　稔)

神道と人類学　人類学者は神道をアニミズム animism、霊的存在への信仰として理解、説明してきた。この概念は進化主義者のタイラー E. B. Tylor が原始宗教や未開宗教の特性として提唱したが、現在は宗教の根源的在り方であり、自然と人間が生命を共有する宗教文化として再評価されている。世界各地では仏教・道教・キリスト教・イスラム教とアニミズムが結合して新たな文化創造に関与してきた。この現象を混淆宗教 syncretism と呼ぶが、異種混淆 hybrid として積極的に評価されるべきであろう。神道には中核に霊の観念があり、山河草木に神霊が宿り、タマ、カミ、モノ、精霊、死霊、祖霊などの実在や霊威・霊力を信じ、憑霊、祓霊、脱魂、招魂、鎮魂などに関わる以上、広義のアニミズムといえる。霊魂は不可視で、飛翔性と漂着性を持ち、無限に分化し変化自在で、流動性や融通性に富む。実体の霊魂よりも、抽象的に霊性、力の作用、霊威的次元を強調する見解もある。力はマナ mana、非人格的な力ともいえる。折口信夫は古代の鎮魂に注目し、マナを用いつつ、タマフリからタマシズメへの変化、外来魂の憑着と遊離、身体の活性化と衰退、王権と霊魂の関係を追求した。アニミズムの土壌の上にシャーマニズム shamanism が結合した神道の原初形態を提示する試みといえる。一方、人類学者は生活の中に埋め込まれた文脈 context を考慮し、当事者の見方や実践を通じて全体性を描き出すことを目的として、祭やシャーマニズム、霊魂観や他界観、神観念に関する事例研究を蓄積した。レヴィ＝ストロース Levi Strauss の構造主義の影響を受けたリーチ E. R. Leach やターナー V. Turner の理論が応用され、分類体系、儀礼の時間、境界の象徴性、中心と周縁、コミュニタスの動態が明らかにされた。職能者の実態、宮座や年齢階梯制、男女の共同と分離を通じて、デュルケームの機能主義の理論で統合による秩序の確立と、集合沸騰による聖犯という相反する方向が提示された。都市では見物の発生による祭礼への変化、社会関係の重層化、歴史の記憶化が検討された。岩田慶治はカミと神、出会いと衝撃に満ちた体験として感得されるカミと、儀礼や観念に体系化され制度の中に組み込まれてまつられる神とを区別した。たとえば、イナダマ(稲魂)は宇迦之御魂《うかのみたま》、タノカミは保食神《うけもちのかみ》や豊受《とゆけの》大神《おおかみ》という祭神になることで、神道の儀礼や教義に取り込まれる。神の根底にカミやタマがあり、宗教制度や国家体制など社会秩序の整備に伴いカミから神へ変わる。担い手もシャーマン shaman から祭司 priest へ、女性が祭祀から排除されて男性主体へと変貌した。一方、仏教は当初は異域の神、蕃神《あだしくにのかみ》として受容され、民間では仏はホトケとして死霊や祖霊など流動的なミタマと混淆した。柳田国男は人は死んでも霊魂は近くの山から子孫を見守り、あの世とこの世の交通が緊密に行われ、荒ぶる死霊であるミタマが生者の供養を受けて、ケガレを浄められて先祖としてまつられ、没個性的な祖霊となるという霊魂観を提示した。三十三回忌を経て、祖霊はカミとなって鎮まり、山の神とも融合し、春には里に下りて田の神となり、秋には山に帰るという。一方、春夏秋冬の生者たちの共同体の祭は農作業と連動して行われ、通過儀礼である誕生から結婚、葬式から弔い上げに至る人生の移り行きもこれと重なるという、自然と人間、大宇宙と小宇宙の予定調和的で循環的な世界観を民俗学は描き出した。しかし、実際にはカミと神、ホトケと仏の関係は、霊魂たるタマを根底において融合や反発、併置や排除などの動きを展開し、僧侶・神官・修験・巫女・陰陽師などが関与した。霊魂にも和霊《にぎみたま》と荒魂《あらみたま》があり、御霊や怨霊など祟りなすものも多い。基盤となる生業も農耕だけではない。研究方法として、民間信仰と呼ぶ用法は便利だが、教祖不在・教理なし・組織の未分化・非体系性など否定的に定義され、呪術という曖昧な概念で把握される。一方、民俗宗教という用語は成立宗教と民族宗教の融合と接触、変化を強調して近年使用され始めた。神道は民間信仰や民俗宗教と重なるが、基層文化や固有性に関わり、本質主義による静態的な言説が根強い。今後は動態や創造、新たな生成に注目し、環境問題・伝統の創造・ナショナリズム・脳死や臓器移植など現代の問題に応答するとともに、神道のポスト植民地主義の言説の再検討や、表象の危機を意識した記述の実践が求められる。

参考文献　エヴァンス＝プリチャード『宗教人類学の基礎理論』(佐々木宏幹・大森元吉訳)、佐々木宏幹『宗教人類学』(『講談社学術文庫』一一六一)、岩田慶治『カミの人類学―不思議の場所をめぐって―』、鈴木正崇『神と仏の民俗』(『日本歴史民俗叢書』)

(鈴木　正崇)

神道と民俗学　神道という語は古代から現代まで幅広い意味を含んでいる。その初見である『日本書紀』用明天皇即位前紀の「神道」が「仏法」に対抗する語であったように、第一には神道とは古代日本の大和王権を中心とする民族的信仰を意味するもので、律令国家の形成に伴い神祇官を中心とする神祇制度として整備された天皇祭祀と国家祭祀との合体を特徴とするものであった。神道の第二は両部神道から伊勢神道・吉田神道・復古神道など思想と宗教の混融した神道説である。第三は明治政府によって「国家の宗祀」とされた宗教にあらざる国家神道、第四はそれに対比される宗教としての教派神道、そして第五は国家の管理を離れた第二次世界大戦後の神社本庁その他を中心とする宗教法人としての神道である。日本の民俗学は柳田国男が主導し折口信夫が共感して創出した学問で、民間伝承を主たる資料として日常生活の中に伝えられている技術や観念などの生活文化を歴史的に再構成する学問として構想されたものであるが、その柳田と折口が明らかにしようとした日本の神道および神祇信仰とは、上記の第二から第五の思想や宗教としての神道を除くものであり、文献以外に現実の民俗生活の中に伝えられている多様な信仰伝承の中に見出される日本の神々の信仰と祭祀から帰納されるところの神観念であった。折口の視線は眼前の民間信仰とともに記紀、『万葉集』などの古典を通してはるか古代へと向けられ、日本の神の基本概念として来訪する神としての「まれびと」を発見した。同時に折口が注目したのが鎮魂の祭儀であり、聖なる生命力の根源に「たま(神・魂)」を見出し、「たまふり」を基本とする鎮魂の祭儀に神祭《かみまつり》の原義を発見した。また、眼前の民俗の祭礼伝承の中に神を招く装置としての依り代を発見したのも折口であり、その古典研究に裏付けられた神祇祭祀研究には、観念論的神道学とは異なる民俗学的な神道研究の豊かな可能性が提示されている。一方、柳田の視線は眼前の民間信仰とともにその具体的な歴史的変遷へと向けられ、死者が子孫のまつりを受けて三十三年忌の弔い上げをすませると神になるという民俗の伝承に注目して、日本の神の原像は先祖であり、個々の祖霊が個性を棄てて融合したものこそが日本の神祇信仰の典型である氏神にほかならないとした。そして、氏神は本来は氏ごとに先祖をまつっていたものであり、現在の民俗の中にみられる一門氏神、屋敷氏神、村氏神という三種類の変化形は、古代から中世を経て血縁から地縁へと変化してきた祭祀の歴史的変遷過程を反映しているものだと論じた。そして、家と子孫の繁栄を願う先祖と氏神とは同時に毎年の稲の稔りを守る田の神や山の神であり、一年の安泰を守る正月の年神でもあるとして、山と里との神去来論を展開させながら神=先祖一元論を提唱した。また、春秋二季の神社の祭日が稲作の祈年と収穫感謝に対応するものであること、一方祇園祭などの夏祭が風流を伴う疫病退散の都市的祭礼であること、山宮と里宮という祭場の対応が山の神と田の神との去来伝承にも符号するものであること、祭の基本は物忌み・籠り・直会であること等々、民俗の広がりの中に長い歴史の蓄積を見出しつつ分析を加える柳田の神祇祭祀研究には、折口の古典世界への共鳴共振から導かれるものとは異なる民俗学の神道研究の豊かな可能性が提示されている。これら柳田や折口以後の民俗学の神祇祭祀研究としては、宗教学の立場から神々の遊幸思想に注目したのち氏神型と人神型の二つの神観念を抽出した堀一郎や、柳田の氏神=祖霊論に対抗して氏神信仰の結合原理を地縁に求め、その祭祀組織として宮座を重視する宮座=村の氏神論を提示した原田敏明の研究がある。歴史学的な立場からは肥後和男の宮座研究や和歌森太郎の美保神社の事例研究などがあり、民間信仰に注目した桜井徳太郎のシャーマニズム研究や宮田登のミロク信仰研究や天皇信仰と生き神信仰の対比など、日本の多様な神々の信仰実態が民俗学によって明らかにされてきた。また、神祇祭祀に密着する忌穢《いみけがれ》と斎戒潔斎の問題に関連して、黄泉《よみ》の国から帰還したイザナギの死穢の禊祓によるアマテラスとスサノヲなど三貴神誕生の記紀神話への注目や、賽銭の奉納その他の神事祭礼の儀礼分析から、ケガレとは死の力でありその対概念がカミ=生命力であるとして、ケガレ・ハラヘ・カミという神々の誕生のメカニズムが民俗の根本原理として存在すること、そして神社など聖なる信仰装置とは究極のところ人間の罪穢れの吸引浄化装置である、というケガレ・カミ論が民俗学から提出されている。また、神社の祭礼と芸能という側面については宗教社会学や民俗学の研究が活発で、祭礼とは厳粛な祭儀と狂騒の祝祭とが相乗的に混融する状況であり日常は隠れている集団の世界観が表出されるとする解釈や、神人交流の演劇的世界で原初回帰による集団の再活性化が図られるとする解釈などが提示されている。祭礼を彩る田楽や風流などの諸芸能の研究も本田安次らによって膨大な実地調査が試みられ、神楽研究も神霊憑依の神遊びと解読する折口の研究に導かれながら、宮中の御神楽についての歴史研究の一方で民間の里神楽である湯立神楽・採物神楽・獅子神楽・巫女神楽などへの多様な展開への追跡が試みられている。民俗学は歴史事実の蓄積が文献以外にも民俗の伝承として存在することに着目する伝承論としての学問であり、神道研究が日本の多様な神祇信仰と神祇祭祀の実態への広い研究視野をもつ限り、相互に資するところ大であるといってよかろう。

[参考文献]　『定本柳田国男集』一〇・一一、『折口信夫全集』一・二・一七、堀一郎『我が国民間信仰史の研究』、原田敏明『村祭と座』、肥後和男『宮座の研究』、宮田登『生き神信仰』、新谷尚紀『神々の原像―祭祀の小宇宙―』(『歴史文化ライブラリー』九二)、薗田稔『祭りの現象学』、『本田安次著作集』
(新谷　尚紀)

神道と歴史学　神道は宗教であるか否かということは第二次世界大戦前からある議論であり、それらの見解は大正十年(一九二一)加藤玄智の編になる『神社対宗教』によっておおよそが知られるごとくで、とかくの議論の存したところではあるが、いまこれを宗教以外のものと規定することは妥当ではない。一方、歴史学は史料の研究に根ざした科学であり、宗教と科学とを対置するのではなく、以下ではもっぱら近現代の歴史学における神道の研究について大要を述べる。まず、神道および神社神道は戦前と戦後では社会的にも政治的にもその位置づけに格段の相違がある。国家神道の時代とその後では同一に論じがたい。明治元年(一八六八)三月明治新政府は祭政一致の制をとり、全国の諸神社を神祇官に附属させ、また神仏判然令を発して仏教から分離し、同三年正月宣布大教の詔を出し、神祇官所属の宣教使が大教すなわち「惟神《かんながら》之《の》大道《たいどう》」を国民に宣布する大教宣布運動が行なわれることになり、翌四年正月社寺領を上知させて国有とし、同年五月には神社は「国家ノ宗祀ニテ一人一家ノ私有ニスヘキニ非」ずとして世襲の社家を廃し、官幣社以下の社格制度をたて、法制度の整備を志向した。そして十五年一月神官の教導職兼務を廃し、葬儀に関与しないこととし、ここに神社非宗教のことが明確化され、三十三年四月に至ると、内務省の社寺局を廃し神社局・宗教局が設置され、いわゆる国家神道の時代となるのである。これは敗戦後に占領されて間もなくの昭和二十年(一九四五)十二月十五日連合国最高司令官より日本政府に指令された国家神道廃止令(一般に神道指令という)により廃絶されるまで続いた。国家神道の時代の神道は、国家と深いかかわりを有したが、神道についての自由な研究は許されていなかった。明治維新の思想的原動力の一つともなった神道および国学者は、神道国教化運動を推進し、儒学に代わり新たな官許の学としての地位を目指し、漢学系学者と主流争いを展開したが、明治二年に端を発する日本の正史の編纂において主導権を握ったのは考証学系の漢学者であった。重野安繹、久米邦武、星野恒らがそれであり、彼らは帝国大学文科大学の教授をも兼ね、また盛んに史論を学術誌に発表し学界を刺激した。神道に関しても久米は有名な論文を書いている。筆禍事件となり教授退官に追い込まれるとこになる「神道は祭天の古俗」(『史学会雑誌』二ノ二三―二五、明治二十四年)である。当時の多くの日本人がいわゆる国体の基礎として考えていた神道が、実はわが国にだけ固有のものではなく万国に共通するところの天をまつる習俗にすぎないことを論証しようとしたものである。一部には認めがたいところもあるが、大筋においては今日でも通ずる当然の常識的見解であったといえるもので、神道研究の自由が制限されていたことを象徴的に示す事件であったといえる。神道指令は、その評価は別として、神道に関する研究を一変させたことはいうまでもない。しかしながら、戦後の歴史学を主導したのは歴史学研究会などを中心とするマルクス主義歴史学であったこともあってか、神道、神社などの研究は天皇制の研究などと同様に敬遠されたのみならず、一部には忌避する面すらあったことも否めない。これが一般的状況であったとはいえ、神道の研究は大いに進歩を遂げた。宗教学、民俗学、社会学、倫理学などの成果を含むが、戦後の神道に関する論文は厖大な量にのぼる。それは国学院大学日本文化研究所編になる『神道論文総目録』『続神道論文総目録』の二冊によって知られよう。前者は明治以降昭和三十七年三月までに日本国内で発行された雑誌論文、後者は三十七年一月から六十一年十二月までの分を収めたものである。神道の研究には神道史・神社史・神道祭祀・神話・教学・信仰・祭祀などの分野があるが、戦前・戦後ともに主流をなしたのは神道史の研究である。神道学を専門とする研究者数は仏教関係の研究者とは比較にならないほど少ない。また歴史学専門からの研究も手薄であるといわねばならない。ここでは戦後の神道研究における注目すべき諸点について概括的に述べておきたい。まず第一は、神道研究の母体としていくつかの学会が創立されたことである。一つは神道宗教学会であり、少し遅れて神道史学会が発足している。神道宗教学会は昭和二十二年の十一月に国学院大学の人々を中心に結成された。当時はまだ占領下であった。神道指令により神社界は大きな困難に陥り、神社界の結集のため二十一年二月には神社本庁を結成してこの困難の打開にあたる。神道を一つの宗教として自立安定させるために非常な努力があったことは想像に難くないが、神道宗教学会もその創立の時期、神道宗教の名を付していること、機関紙『神道宗教』の創刊号がガリ版刷りであったことからも窺われるように、宗教神道の地固めに悲壮なまでの決意を以て臨んだものであった。神道史学会は二十七年のサンフランシスコ講和条約の発効に伴い新しい学会結成の動きがあり発足したもので、二十八年の一月に機関誌『神道史研究』が創刊された。主として皇学館大学の人々により担われ、文字通り神道史の研究を中心とし多くの重厚な論文が掲載され今日に至っている。神道学会は二十九年五月に発足した。機関誌は『神道学』である。これは戦前にあった『出雲』という雑誌の復刊であり、出雲という立場に限定せず神道全般の学術誌として発刊された。第二には、神社史料の編纂が盛んになったことである。戦前における神道研究の一つの核になっていたのは神社史研究であった。それは神社の社格との関連で研究が進展し、その主導的役割を果たしたのは宮地直一で、戦後初期の神社研究も宮地が牽引役となった。その最後の仕事となり神社史研究の典型とされるのが『穂高神社史』といえる。戦後の特徴的なことは厳密な校訂のもとに史料集が刊行されることになったことである。戦後まもなくの神社界は社殿整備などの時期にあたり、ついで神道教化活動へと展開し、そのようななかで神社史料集の刊行も盛んになってくる。昭和三十年代には、『稲荷大社由緒記集成』『石清水八幡宮史料叢書』『大宰府・太宰府天満宮史料』の刊行が始まり、四十年代には『大神神社史料』『香取群書集成』『熱田神宮史料』『久能山叢書』資料集、五十年代には『北野天満宮史料』『鶴岡叢書』『松尾大社史料集』『多賀大社叢書』『椿大神社史料』『春日大社文書』『宇佐神宮史』史料篇、『三峯神社史料集』、平成に入ってからは『大山祇神社史料』『石清水八幡宮史料』などが続々と刊行されている。これらは神社から刊行のものであるが、続群書類従完成会刊『史料纂集』の『北野社家日記』『熊野那智大社文書』『気多神社文書』などもあり、地方自治体から出された『出雲意宇六社文書』『猿投神社編年史料』などの質の高い史料集もあり、県史・市町村史の史料集にも多くの神社文書が収録刊行をみた。また、さらに特筆すべきは、昭和五十年代になり松下幸之助の呼びかけで神道大系編纂会が組織され、『神道大系』百二十巻(神社編は五十二巻)が逐次刊行されたことである。神道の研究の基盤作りが進んだことの意義は大きい。第三は、神道の研究が緻密化し研究の裾野が広まったことである。戦後における研究の代表的なものは、神社本庁設立五十周年記念事業の一環として分野別に編集し、平成十年(一九九八)六月から十二年六月にかけて刊行された『現代神道研究集成』全十一巻にまとめられている。巻編成は、㈠古典研究編一、㈡神道史研究編一、㈢同二、㈣祭祀研究編一、㈤同二、㈥神社研究編、㈦神道思想研究編、㈧神道教学研究編、㈨神道と国家、㈩神道と日本文化、別巻索引・図書目録。各論文には解題が付され、巻末には戦後の研究動向を含む詳細な解説がある。各論文の重要さはいうまでもないが、戦後における神道研究の分野別研究の総括として貴重であり、今後の神道研究の出発点となるものである。このように神道の研究は深められてきているが、特に歴史学についていえば、かなりかたよりがあり、神社史の研究がなされているといっても、それは二十二社や一宮、地方の大社などであり、一般の社はあまり注意が払われていないようであり、近世の厖大な神社史料もこれまであまり関心が持たれてこなかった。近世の社家日記なども多く伝存しているが、保存し後世に伝えていくためにも調査研究が急務な状況にあるといえよう。

参考文献 永原慶二『20世紀日本の歴史学』、谷省吾「戦後の神道研究」(『神道史研究』三〇ノ三)　(橋本　政宣)

しんとうあめのぬぼこのき　神道天瓊矛記　神道の立場から武士道を説いた書。井沢蟠竜《ばんりゅう》(長秀)著。二巻。享保五年(一七二〇)作。蟠竜は、「武士たらんものは、節義武勇にをいては、端直におこなひて、他にゆづるべからず」「元来武夫の身は、非常の設・不慮の備なれば、万事をさしおきて、文武をつとめまなび、忠孝をはげまさんことを思ふべし」との信念から、家児のために武士としての心得を、『日本書紀』などから矛や剣の記事を集め、当時の神道説をもって平易に解説した。書名は、神々や天地人万物は、国常立尊の命令で伊弉諾尊・伊弉冉尊が、武士の剣にあたる天瓊矛をもって確立生成したことに基づく。その万物創造の元である天瓊矛は、神道の根元であるとし、わが国はそれによって成せる武国であるから、特に武士は、「(天)瓊矛の教」、すなわち「神道・皇道にして文武の両道」を守って、「(天)瓊矛の功」を立てるべしと教えた。『神道叢説』、『日本道徳叢書』三に所収。　(西岡　和彦)

しんとうがく　神道学　神道研究の学問。平安時代の朝廷における『日本書紀』研究や、中世以降の同書神代巻などに依拠する神道説の樹立、神事記録・由緒記・参詣記の作成もあったが、江戸時代後期の着実な古典研究を受けた明治時代から、本格的な展開がなされる。方法論的に主体をなしたものは国学に始まる実証主義であり、史料面では『古事類苑』神祇部の公刊(大正三年(一九一四))が大きく裨益した。第二次世界大戦前における神道学は神道史が中心で、中にも宮地直一は厳密な考証を特色とし、河野省三・佐伯有義・山本信哉・平泉澄・津田左右吉・村岡典嗣らも独特の学風で世に知られた。戦後も岩橋小弥太・柴田実・久保田収・石田一良・村田正志・藤井貞文・小島鉦作・西田長男・豊田武・平重道らをはじめ、多くの学者がみられる。哲学・神道論などの分野では、西晋一郎・田中義能・和辻哲郎らの研究があり、戦後は葦津珍彦・安津素彦・谷省吾・戸田義雄らがいる。神道神学は明治十五年(一八八二)以来、神官・教導職の分離で組織神学の展開が中断された。戦後は小野祖教・上田賢治らが構築を企図しているが、研究者はまだ多くない。古典研究では武田祐吉・倉野憲司・坂本太郎・神田喜一郎・平田俊春らの貢献のほか、『神道大系』正・続のシリーズに厖大な史料が刊行されつつある。律令関係では滝川政次郎を中心とするグループがある。柳田国男・折口信夫を軸とする日本民俗学は、神道研究に新生面を開き、戦後は必須の一領域として広く認められた。西角井正慶らは在来の文献中心の祭祀学に民俗学的視点を加えた。神道文学では武田・折口・臼田甚五郎ら、神道芸能では西角井・本田安次らの活動がある。日本の神話学は松村武雄・三品彰英、神道考古学は大場磐雄・樋口清之、神道美術・神社有職は景山春樹・鈴木敬三により基礎が固められた。宗教学・宗教社会学的研究は、戦前に加藤玄智、戦後は岸本英夫・原田敏明・堀一郎らの業績があり、研究者も多いが、学問としての確立にはなお若干の年月が必要であろう。

参考文献 西角井正慶編『神道の研究—方法と業績—』(『神道宗教』四一)、河野省三「神社研究の組織と推進」(同一三)、柴田実「神道史の課題」(同)、谷省吾「戦後の神道研究」(『神道史研究』三〇ノ三)　(平井　直房)

しんとうがくざっし　神道学雑誌　大正十五年(一九二六)九月に、「神道ノ学理ト実際トヲ研究シ、我ガ国体ノ精華ヲ発揮スルヲ目的」として創立された神道学会(本部は東京帝国大学神道研究室)の機関誌。同年十月に創刊された。巻頭言で、神道学とは「神道なる事実を対象として、科学的研究を行ふの学」と説明している。会長は上田万年（東京帝大教授・神宮皇学館長）、評議員は井上哲次郎（東京帝大名誉教授）・芳賀矢一（宮内省御用掛・国学院大学長）・補永茂助（東京女子高等師範学校教授）・筧克彦（東京帝大教授）・加藤玄智（東京帝大助教授）・山本信哉（東京帝大史料編纂所編纂官）・深作安文（東京帝大助教授）・遠藤隆吉（早稲田大学教授）・三上参次（臨時帝室編修官長・国学院大学教授）・宮地直一（内務省神社局考証課長）、主事は田中義能（東京帝大助教授・国学院大学教授）、幹事は原田敏明（東京帝大）・溝口駒造（東京帝大神道研究室）、編集兼発行者は田中がつとめた。年二回ずつ刊行し、昭和十五年（一九四〇）六月の第二十六号まで続いた。執筆陣は国文学・国史学・哲学・法学・社会学・漢学・宗教学・神道学などの権威者で占められており、神道を多角的に論究されている点で注目される。昭和六十一年（一九八六）に第一書房より復刻版が出されている。

参考文献 島薗進・磯前順一編『東京帝国大学神道研究室旧蔵書 目録および解説』 （西岡 和彦）

しんとうかた 神道方 江戸幕府の職名。吉川惟足が、寛文七年（一六六七）七月に将軍に拝謁し、天和二年（一六八二）十二月には俸禄百俵を与えられて神道方となったことに始まり、その子源十郎従長に継承されて、世襲の職となり、代々吉川源十郎と称した。寺社奉行支配、高百俵。惟足は吉川神道の創始者であるが、幕府ではこれを吉田神道の正統の教義を継承した者とみなして、神道に関する故実の調査などの職務にあたらせた。 （尾藤 正英）

しんとうかんよう 神道簡要 中世伊勢神道書の一つ。外宮祠官度会（村松）家行著。一巻。文保元年（一三一七）成る。奥書に「文保元年八月中旬 以㆓当番之次㆒勒㆓簡要之文㆒畢」とあるように、伊勢神道に関する要文を諸書より抜き出して整理したもの。前半には『伊勢二所皇太神御鎮座伝記』『豊受皇太神御鎮座本紀』『倭姫命世記』『天口事書』『神皇実録』『大宗秘府』などより神観念や神人関係に関する言葉を収め、後半では天神七代・地神五代・神代三面鏡の事・外宮の御神号に異説ある事などの項目につき『御鎮座伝記』や『神皇実録』を引用しつつ説明し、最後に、心の清浄こそ神人関係の要諦であることを説いて締めくくる。中世伊勢神道の大成者たる家行の思想を知る上で重要な書であるとともに、外宮を中心とする伊勢両宮の縁起説として出発した伊勢神道が、独自の教説を備えた神道説の形成へと歩む過程を知る上でも重要な書。『神道叢説』および『大神宮叢書』度会神道大成前篇所収。

参考文献 鎌田純一『中世伊勢神道の研究』 （高橋美由紀）

しんとうきょうか 神道教化 神道を伝え広めるための一切の行動をいう。神道は若干の例外を除き自然発生的宗教で、意識的自覚的な教化はあまり活発でなかったが、家族や村落の年長者が若者を一人前の成員にする躾《しつけ》教育などを通じ信仰は継承されて来た。中世以降は有力神社や山岳登拝の講組織などで何程か神徳が説かれ始め、後年の教派神道の展開にも寄与した。室町時代の吉田神道は「三社託宣《さんしゃたくせん》」を利用して真心・清浄・慈悲を説き、近世には神社を拠点に活動した。これと並び吉川神道・垂加神道・石門心学などは塾活動と説教講談を通じて大衆に働きかけ、復古神道は古典の実証的研究をもとに日本文化の主体性と神々の恵みを説いて郷村の名主・神主層に多くの支持者を得た。明治時代初期の大教宣布運動は国の事業として行われた復古神道の啓蒙運動で、神社神道においてははじめての本格的教化活動だったが長くは続かず、第二次世界大戦後は政教分離と社会変化の激動の中で信仰者による自主的努力が続けられている。

参考文献 河野省三『近世神道教化の研究』 （平井 直房）

しんとうけいきょうだん 神道系教団 神道系の新宗教教団のこと。近世末から現代に至るまで、新たに発生した宗教運動のうち、伝統的神道の色合いが強くみられたり、その影響を受けたりしながらも、独自の創唱宗教的な要素を含んでいるものを指す。神道系教団の形成の萌芽は近世末からみられるが、教団組織としての確立は主に近代以降であり、多数の教団が宗教法人として誕生するのは第二次世界大戦後である。一般に神道系新宗教は、神霊との交流など、創始者の神秘的な体験を核として形成されることが多い。また、神道系の教団でありながら教義や儀礼に神仏習合的な側面がみられることも少なくない。近代における神道系教団には、いわゆる十三派と呼ばれる教派神道と、その他の神道系新宗教とがある。だが、教派神道の中でも、独自の教義内容を含む天理教や金光教などは神道系新宗教に実質的に近く、反対に、十三派には数えられていないが、既存の神社神道を基盤に展開した神宮教や出雲教などは、教派神道により近い特質を持つ。また、両方の要素を含み持つ黒住教や禊教はそれらの中間形態とも考えられる。しかしながら、近代における両者の存在がのちの神道系教団の発生に大きな影響を及ぼしたことは確かであり、宗教法人化が容易になる戦後まで、少なからぬ数の神道系新宗教が、便宜的に教派神道の傘下で所属教会として活動し、戦後に別法人として独立している。また、天理教や大本《おおもと》のように、非常に大きな影響力を持った特定の教団が、多数の分派教団や、影響を受けた教団を排出している例もある。なかでも明治末から大正期にかけて急成長し政府の弾圧を招いた大本の影響力は大きく、一連の大本系教団群が存在し、群下の世界救世教も系列下に多くの分派ならびに影響を受けた教団を抱えている。大本系以外の第二次世界大戦後の教団には大山祇命神示教会や霊波之光教会などがある。これらの教団の特徴としては、独自の神名や、霊に関する独特な教義や儀礼が挙げられる。

参考文献 井上順孝『新宗教の解読』(『ちくま学芸文庫』)、同『教派神道の形成』、村上重良『近代民衆宗教史の研究』 (永井美紀子)

しんとうこうこがく 神道考古学 わが国古代の神道の成立や祭祀の在り方を遺跡・遺物を通じて研究する学問で、仏教考古学・キリスト教考古学と同じく、日本における宗教考古学の重要な一分野をなしている。その研究の対象とする時代は、㈠前神道期、㈡原始神道期、㈢歴史神道期の三期に大別される。㈠は旧石器時代―縄文時代にあたり、神道的な信仰形態が未定着な時期で、のちの農耕を中心とした信仰形態との間に隔りがあったと見なければならないので、この期を神道形成以前として取り扱う。この時期の遺跡では配石遺構や立石などが、遺物では土偶・土版・石棒などが挙げられる。㈡は弥生―古墳時代で、稲作農耕の開始や大和政権の成立に伴って信仰形態も前代とは著しく異なってき、統一され儀礼化された民族信仰としての形をとってくる時期で、いわゆる神道の実質はこの期に形成されたと考えられる。この時期は文献も乏しく考古学的資料に拠るところが多く、新しく出現する祭祀遺跡と祭祀遺物などが重要な資料となり、神道考古学の中心的課題となる。㈢は歴史時代で、仏教の伝来により神道が著しい変革を受けた時期である。この時期は前代継承の遺跡のほか、神仏習合の修法遺跡・池中納鏡遺跡・積石遺跡などがあり、遺物では木製模造品が増加するほか、各種の仏具・法具など前代とは全く異質のものが加わる。しかしこの時期は文献資料も充実してくるし、他の学問領域とも重複するので、考古学的な考察のみが中心とはならない。

神道考古学の中核ともいうべき㈡の時期の遺跡は、次のように分けて考えられる。⑴祭祀の対象の明らかな遺跡―①山岳・岩石・池泉湖沼・河川・海洋島嶼、②墳墓、⑵祭祀の対象の不明な遺跡―①祭祀遺物の単独出土地、②子持勾玉・土馬の単独出土地。これらの諸遺跡から出土する遺物は、実用品のほか石製・土製・金属製・木製の各模造品、手捏土器・土器などを挙げることができるが、遺跡や遺物の内容も次第に複雑さを加えているので、将来さらに検討を加えることが必要になってくるであろう。神道考古学研究の歴史は江戸時代にさかのぼることができるが、江戸・明治・大正時代には、子持勾玉など特殊な遺物に関心がはらわれた程度にすぎない。昭和に入ると、同十年(一九三五)大場磐雄によってはじめて「神道考古学」が提唱され、学史の上で一つの画期になっている。第二次世界大戦後は活潑な調査研究が続き、祭祀遺跡の編年が試みられ、この種の遺跡にようやく年代序列が与えられて神道考古学研究が一歩前進し、大場によって再度その体系化も行われた。また福岡県沖ノ島・日光男体山など重要な遺跡の発掘が相つぎ、各地の官衙の調査と相まって、律令祭祀の様相も明らかになり、『神道考古学講座』(昭和四十七年―五十六年)が刊行されるなど、学問としての深化がなされている。

参考文献 大場磐雄『神道考古学論攷』、亀井正道『建鉾山』、大場磐雄「神道考古学の体系」(『祭祀遺蹟』所収) (亀井 正道)

しんとうこうしゃく 神道講釈 江戸時代の中ごろから盛んに行われた、神道の通俗的教化を目的とした講釈のこと。神道談義・神道講談ともいう。江戸時代における神道に関する講義・講釈は吉田神道や垂加神道などの神道家による、公家や武士、神職者を対象としたものも挙げられるが、ここでは特に一般庶民を対象としたものを指す。その起源は、参詣曼荼羅などを用いた勧進聖、僧侶による辻説法、またいわゆる「太平記読」などにあるという指摘もされている。講釈は、広く一般庶民をその対象としているため、家屋内で行われるのみではなく、人の集まりやすい町の辻や、社寺の境内などでも行われていた。その内容は伊勢・吉田神道の影響を受けたもの、垂加神道の影響を受けたもの、特定の神社や祭神の神徳を説くもの、神儒仏の調和を説くもの、また神道的題材を用いて人のあり方や男女の感情の麗しさなども説くものなど、形態や内容にはさまざまな相違が見られる。しかし、いずれも平易な語り口で行われており、目的は神道の社会的教化にあったといえよう。その隆盛の様子は多田義俊の『ぬなはの草紙』などからうかがうことができる。神道講釈を行なった代表的な人物として元禄ごろの増穂残口、橘三喜、化政期の玉田永教、弘化ごろの賀茂規清などの通俗神道家と呼ばれる人物が挙げられる。その講釈は著作として編集・刊行されることにより、いわゆる通俗神道書として一般に流布した。中でも増穂残口の神道講釈は絶大な人気を博し、多くの賛同と批判を受けた。このような神道講釈は、娯楽性を取り入れることによりいわゆる「講談」という形式で芸能に発展したり、また、井上正鐵や黒住宗忠などによる教派神道の形成につながるなど、さまざまな方面に影響を与え、広がっていった。神道の通俗的教化を第一の目的としているとはいえないものでも、広く神道的題材を取り入れて講釈を行なっている点から、石田梅岩とその門流による石門心学などの道徳的講話もこの範疇に入れることができる。→通俗神道書《つうぞくしんとうしょ》

参考文献 河野省三『神道史の研究』、同『近世神道教化の研究』、中村幸彦「講談」(関山和夫・中村幸彦・延広真治編『日本庶民文化史料集成』八所収)、神田伯竜・河竹登志夫・関山和夫編『世話講談―黙阿弥物の展開―』 (浅山 雅司)

しんとうごぶしょ 神道五部書 鎌倉時代の神道書。伊勢外宮の神官の間で形成され、伊勢神道(度会神道)の経典とされた五部の書の総称。五書はいずれも一巻で比較的短小であるが、長くて煩雑な題名を持っている。まず『天照坐伊勢二所皇太神宮御鎮座次第記』は、内外両宮の祭神の神格と、両宮の伊勢鎮座に至るまでの次第を述べた書。『伊勢二所皇太神御鎮座伝記』は、神鏡の祭祀を中

心に、伊勢神宮の歴史を記し、『豊受皇太神御鎮座本紀』は、外宮の沿革と両宮の関係を述べ、外宮の祭儀を説明する。また『造伊勢二所太神宮宝基本記』は、両宮の殿舎の造営や形について神秘的な解説を加え、『倭姫命世記』は、天地開闢以来の神々の祭礼について概観する中で、神宮の成立を説明し、神道の教説を明らかにしようとしている。五書のうち、中世では、神宮の伝承を歴史的に述べようとする前三書が、神書として重んぜられたが、近世になって度会延佳が五書を重んじ、山崎闇斎に始まる垂加流の神道家がそれを受けついで、後二書の反仏教的な主張を高く評価し、五書を併せて「神道五部書」と総称するようになった。五書はいずれも奈良時代までに成立していたことになっているが、近世中期に吉見幸和が偽書であると論じて以来、成立をめぐって長い研究史がある。近年は、鎌倉時代中期の比較的短期間に、『宝基本記』『倭姫命世記』が成立し、ついで『御鎮座本紀』を最末とする三書が成立したとする見方が妥当とされている。しかし、五書相互の関係は錯綜をきわめており、不明なところが多い。五部の書は、伊勢神道の根本経典であり、吉田神道・垂加神道などの神道家に尊重された。伊勢の神官の間に伝えられた神祇の伝承を整理し、密教の神道説や雑多な中国の古典の説との習合を試みて、仏教に対抗する神道説を立てようとした五部書は、諸説の錯綜を統一することができなかったが、そのまま鎌倉時代の思想の動向をよく伝えるものとして見落せない文献である。『群書類従』神祇部、『(新訂増補)国史大系』七、『大神宮叢書』度会神道大成前篇所収。↓天照坐伊勢二《あまてらしますいせに》所皇太神宮御鎮座次第記《しょこうたいじんぐうごちんざしだいき》　↓伊勢二所皇太神御鎮座伝記《いせにしょこうたいじんごちんざでんき》　↓造伊勢二所太神宮宝基本記《ぞういせにしょだいじんぐうほうきほんぎ》　↓豊受皇太神御鎮座本紀《とゆけこうたいじんごちんざほんぎ》　↓倭姫命世記《やまとひめのみことせいき》

参考文献　吉見幸和『五部書説弁』(『大神宮叢書』度会神道大成後篇)、久保田収『中世神道の研究』、萩原竜夫『中世祭祀組織の研究』、岡田米夫「神道五部書に見える古縁起の遡及性」(千家尊宣先生還暦記念神道論文集編纂委員会編『千家尊宣先生還暦記念神道論文集』所収)

(大隅　和雄)

しんとうさいきょじょう　神道裁許状　卜部吉田家が、吉田神道の伝授を受けた者に対し、その修了に際して出した免許状。これに対し神社と祭神を対象とした文書が宗源宣旨であるが、初期においては文面上の混淆がある。この名称は書止め文言に「神道裁許之状如件」とあることによるが、正しくは吉田家神道裁許状というべきである。吉田兼右の時代から見られるようになり、『兼右卿記』での初見は永禄元年(一五五八)九月二十六日に摂津多田庄平野社神事頭役の服忌中勤仕につき出されたときのものである。神祇管領長上を標榜した吉田家が吉田神道の普及につとめるにあたり梃子《てこ》としたのが宗源宣旨および神道裁許状であり、後者の定形化が見られるのは江戸時代に入ってからである。鎮座地・神社名・祠官名を記したうえで、「恒例之神事参勤之時、可着風折烏帽子・狩衣、神道裁許之状如件」と書き、年紀を記し、次行に本文と同じ高さで「神道管領長上卜部朝臣」を冠して吉田家当主の名前を署し、花押・朱印を据えるという形式のものである。祠官名は姓と名の間に受領名ないし官途名が書かれるが、これは吉田家で独自に授与したもので、吉田官といわれる。ただしその後吉田家の執奏により勅許をうけ、禁裏官となることもある。この裁許状は吉田家に入門した者が数十日間にわたって吉田神道の伝授をうけたのちに授与されるもので、いわば修了証というべきものである。文中の「可着風折烏帽子・狩衣者」とあるのが注目されがちであるが、これは伝授の結果を示すものに過ぎない。神道裁許状といわれるゆえんである。料紙は檀紙、竪紙に書かれるが、文言は厳密にいえば不統一である。また、吉田家発給文書のうち大部分を占めるものに各種の許状がある。木綿手繦《ゆうだすき》・掛緒・千草・紗狩衣・斎服・冠・笏・沓などの着用についてで、この料紙は檀紙である点は共通するが、その使い方は竪紙・折紙の両様があり、また署名の在り方などもまちまちである。↓宗源宣旨《そうげんせんじ》

参考文献　萩原竜夫『中世祭祀組織の研究』、橋本政宣「吉田家と社家」(『金沢市史』資料編一三所収)

(橋本　政宣)

しんとうしけんろんそう　神道私見論争　柳田国男の論文「神道私見」をめぐる、柳田と神道学者河野省三の論争。柳田が大正七年(一九一八)に発表した論文「神道私見」(『丁酉倫理会倫理講演集』一八五・六)に対して河野がこれを批判し(同一八七所収、『国学院雑誌』二四ノ五)、柳田がそれに答えた(『国学院雑誌』二四ノ七)もの。当時柳田は貴族院書記官長で四十四歳、河野は国学院大学講師で三十六歳であった。柳田の主要な論点は、今日の神道は想像以上に国民生活と交渉の浅いものだという指摘であり、神道の歴史にも山王一実神道から伊勢神道をはじめさまざまあるが、近代日本で中心的な位置を占めている平田の神道も、古典を重視し現実の民間信仰を軽んじている点、村々における神の思想を代表していない点において、大いなる弊害があると論難するものであった。その上で、第一に神と人とのメディアムである巫祝・みこの存在、神霊の憑依と託宣、第二に神は祭に際して天から降臨するという信仰の存在、樹木を依坐に岩石を神座にして神を迎えまつる祭式、などに注目すべきだと論じた。河野の批判は、柳田の国学者非難に対する反論を中心とするもので、歴史上のいずれの神道説も神道と称してよい、むしろ古典の曲解や民間信仰との絶縁から神道を救済したのが国学者である、民間信仰によってのみ神道を論じるべきではない、民間信仰を指して神道と称した例は稀有のことである、などと反論した。河野のその他の批判は柳田の反論により処理されたとみてよいが、神霊をめぐる降臨か鎮座かという見解の相違は、神社建築の要不要に関わる問題として残された。この論争で最

も基本的な論点、つまり近世の神道も時代の産物であり、その一つである平田の神道が日本の国民信仰の本来の形を再現し、また多数人民の信条を系統立てたものだとする主張に対しては断固反対であるという柳田と、平田の国学と神道への依存と擁護の立場に立つ河野との対立は、結局は平行線をたどるしかなかったが、それは河野の社会的立場に規定される性格のものであったといってよい。一方、柳田の論文においては、神道を宗教ではないとする近代日本の行政施策に対する疑問の提示と神社の宗教性の主張とがもう一つ重要な論点であったが、河野がその点について柳田と同感の立場に立ったためにその問題は表面化せず、神道が宗教か否か、神社祭祀が宗教行為であるか否か、という大問題は残されたままとなった。（新谷　尚紀）

しんとうじむきょく　神道事務局　明治八年（一八七五）大教宣布と神道教導職の気脈を通わせるために東京に置かれた機関。下部機構として府県に一分局、数支局。別に教導職養成の生徒寮がある。当初は複数管長制、明治十五年に有栖川宮幟仁親王が総裁。内部紛争が絶え間なく続き、常に動揺。特に、事務局神殿の祭神をめぐる論争は深刻。明治十五年、神官と教導職の分離により存在意義を失う。明治十九年神道本局と改称。↓神道本局《しんとうほんきょく》

参考文献　『開知新聞』、常世長胤『神教組織物語』、豊田武『日本宗教制度史の研究』（『豊田武著作集』五）、藤井貞文『明治国学発生史の研究』（秋元　信英）

しんとうしゅう　神道集　『神道根元鈔』と題される本もある。その内容は寺社に属して民衆に寺社の縁起を語っていたらしい巫祝の徒の管理していた物語的な口承文芸の要素を持つ神々の縁起譚が多く含まれる。五十章に分けて十巻十冊。内題に安居院作と記され、唱導の家として『元亨釈書』にみえる天台宗の安居院澄憲の子孫が編者であったかと思われる。文中に「今年」として「文和三年（一三五四）」および「延文三年（一三五八）」をあげてあり、南北朝時代中期には成立していた。各章は神道論的なものと垂迹縁起的なものに大別される。前者に属し巻一・五に散在するごときは、伊勢大神宮、天神七代、地神五代、御正体（神体の鏡）、御神楽、二王・神明鳥居・獅子駒犬などと両部神道論を構成している。一方、大部分の縁起譚は、のちに中世小説・御伽草子として独立して存する「熊野権現縁起」「北野天神縁起」のように、元来、地域性を持っていたと思われる。特に上野国の神々がみられる章や、最後の巻一〇全部に含められている甲賀三郎の「諏訪縁起」譚のごとく信濃などの地域ごとに古代の語り部の伝統を承けた、寺社の配下の宗教人により語られていたものが地盤となり成立したらしく、特に巻一〇以外にも甲賀の地名のみえるものが存することなど、民間信仰・日本民俗学と関聯する内容があるのが注意される。これらはその主人公の本地が仏菩薩であり、人間界に仮に姿を現じ、種々の苦悩を受けて遍歴した末、神として出現するという過程を経る説話となっているが、印度・中国と著しい交渉を有する点は、東国の土俗性の濃いものが存することとともに注意される。テキストは古本系と流布本系が存するが、古本系（赤木本・彰考館本・真福寺本・天理本）は古態を残すものの、必ずしも善本ではなく、古本系に基づき、本文・訓を批判しつつ読まねばならない。また真名本『曾我物語』と共通する文字・文体表現も多く、特に注意しなければならない。影印に横山重編『神道集』（彰考館本）、『神道集』（赤木文庫本他、『貴重古典籍叢刊』一）、翻刻に『神道集―河野本―』（河野省三本）、『神道集―東洋文庫本―』（東洋文庫本）がある。

参考文献　筑土鈴寛「諏訪本地・甲賀三郎」（『筑土鈴寛著作集』三所収）（岡見　正雄）

しんとうじゅうさんぱ　神道十三派　⇩教派神道《きょうはしんとう》

しんとうしゅうせい　神道集成　徳川光圀の命をうけ、今井有順らが編纂した神道書。光圀は当時の神道の邪説を排し、正説を記すべく有順に命じたが、寛文八年（一六六八）有順は両部習合の邪説を排し、唯一宗源の正道に帰すとの基本的態度のもとに、『旧事本紀』『古事記』『日本書紀』など九十九部の典籍にあたり、同十年五月、口訣の部を除いて脱稿した。その後、有順は口訣の部の執筆にあたったが、天和三年（一六八三）没したので、有順の門人丸山可澄・津田信貞らがそれにあたり、元禄十四年（一七〇一）完成した。十二巻。巻第一系図部、巻第二口訣部上下・面授口訣部・弁部、巻第三祓・祝詞・宣命・祭文部、巻第四・五行事部、巻第六―一〇神社部、巻第一一神社神宝・祭器部、巻第一二雑部のごとき内容である。この完成の前年光圀の没していたこともあり、信貞は完成とともに致仕したが、可澄はなお光圀の遺志をうけて本書の補修訂正にあたり、享保十五年（一七三〇）十一月に、十七巻本を成立させた。光圀の神道観・神祇観をみる上での、また水戸藩における初期神道学をみる上での重要書の一つ。十二巻本は彰考館文庫・国立公文書館内閣文庫などに所蔵、十七巻本は彰考館文庫に所蔵。神道大系編纂会編『神道大系』首編一に所収（昭和五十六年（一九八一）三月刊）。（鎌田　純一）

しんとうしゅうせいは　神道修成派　教派神道十三派の一つ。阿波国の尊王家新田邦光が明治六年（一八七三）に結成した修成講社に始まる。新田は、もと竹沢寛三郎といい、儒学・国学・兵学を学び、尊王運動に奔走した。幕末、京都で皇室再興のために建言書を出し、また外教に対抗するために神道を説き、神祇官再興に尽くすとともに、諸国をめぐって式内社の復興につとめた。慶応三年（一八六七）有栖川宮に招かれて神典を講じ、一時、しりぞけられて武蔵国忍に在ったが、明治二年京都の有栖川宮邸内に学校を興して講義した。のち東京に移り、明治六年教部省から教導職の大講義に任ぜられた。関東の神職、御岳・富士の行者などでその教えを受けるものが多く、新田は、関係ある教会講社を結集して、同年、修成講社を設立した。このの ち新田は教導職を辞し、各地

を巡教した。講社には関東・東海の御岳講が多数参加したが、各地の神道事務分局から圧迫されたため、明治九年信者三万余人の署名をもって神道事務局からの独立を願い、同年、教派神道として最もはやく神道修成派として独立を許された。神道修成派は、はじめ武蔵国与野に大元祠を置いた。その教義は、『古事記』の「修理固成」、『日本書紀』の「光華明彩」に則り、造化三神をはじめ八百万神を祀り、人は神からうけた心魂を愛養し忠孝の道に励むべきものとする。教義には、儒教の影響が濃く、『中庸』が教典に加えられている。教勢の実質的な基盤は、江戸時代後期に発達した山岳信仰の講社で、教師も山岳信仰の行者が多く、教団に富士部・御岳部が設けられていた時期がある。最初の本部も、関東の御岳講の一中心で、一山行者の出身地である与野に置かれた。神道修成派は明治十年代以後、関東・東海・中部で有力な教勢を擁していたが、昭和初年には、山岳信仰の衰退とともに、次第に教勢が後退した。神道修成派は、教派神道のなかで、独立時の教名を、伝統としてそのまま用いている唯一の宗教である。現在、本部教会(神道修成派大元祠)は静岡県磐田郡豊岡村にあり、本部(教庁)は東京都杉並区松庵三丁目にある。平成十一年(一九九九)末現在、教会八二、教師四六二、信者三万五二六〇(文化庁編『宗教年鑑』平成十二年版) →新田邦光《にったくにてる》

[参考文献] 田中義能『神道修成派の研究』

(村上 重良)

しんとうしゅうもん　神道宗門　江戸時代に寺院を離檀した神職が起した宗門。略して神道宗・神宗ともいう。また吉田家の直末となったので神祇道宗門・唯一神道宗門とも呼ばれたが、これらの名は吉田家が神祇道長上と称され唯一神道を唱道したことによる。さらに宗教の圏外に特立しようとしたことから無宗門とも称され、あるいは神職が起した宗門ということで神職宗門・神職宗旨などともいわれた。江戸幕府はキリシタン宗門禁圧の手段として寺請制度を設けた。一般庶民は必ず幕府が公認した仏宗十三宗のうちのいずれかの一寺と師檀関係を結び、キリシタンでないことを証明するために、その檀那寺から寺請証文を受けたのである。この制度は神祇を奉祀してきた神職といえども免れることができなかったので、神職にとっては苦痛であり、屈辱を受ける結果となった。そのため、一部の神職の間では檀那寺と談合し、離檀しようとするものがあらわれた。しかし、離檀すれば、戸籍簿の一種である宗門改帳から抹消され、無籍者となり、その土地に住めないばかりでなく、旅行・結婚・葬式も執り行うことができなくなる。そこで、神職らは本所と仰いでいた神祇道長上吉田家に直属することにより、吉田家からキリシタンでない旨の証状と神道葬祭の許状を受けたのである。また、神祇伯白川家の配下に属していた神職は、白川家より証状ならびに許状を受け、あるいは吉田・白川両家のいずれにも属さない神宮をはじめとする諸国の大社の神職は、それぞれ独立に宗判を免れ、神葬祭を執り行うことを許されたのである。このようにして、寺院の羈絆を脱した新たなる宗門、すなわち神道宗門が神職によって起されたのである。しかし、その起源をいつに置くかは確かでなく、貞享四年(一六八七)とも安永二年(一七七三)ともいわれる。このようにして神職によって新たに成立した神道宗が、寺宗十三宗に加わって江戸幕府の公認するところとなった。やがてこのような神道宗門を立てる運動は、各地で盛んとなり、幕末に近づくと、もはや全国的に拡がって行ったのである。そして明治に入り、寺請制度が廃止され、これに代わって神社の氏子調べが定められると、仏葬を神葬に改め、それを一部の神職だけでなく全国民に及ぼそうとしたのである。神道宗の独立運動は、近世における信教の自由を考える上に留意されるが、その結果は仏宗と神道宗との地位が逆転したにすぎないものといえよう。

[参考文献] 村上専精・辻善之助・鷲尾順敬編『神道宗門諸国類例書』(『(明治維新)神仏分離史料』下・続)、辻善之助「神職の離檀問題に就いて」(『日本仏教史之研究』続下所収)、西田長男「神道宗門」(『日本神道史研究』六所収)、野村兼太郎「武家と神官との宗門改帳」(『歴史と生活』四ノ三)、朝山晧「出雲中心の神葬祭問題」(『歴史地理』六〇ノ一・三―六)、市村其三郎「神葬祭問題とその発達」(『史学雑誌』四一ノ九)、太田正弘「尾張に於ける排仏思想と神職の離檀」(『神道及び神道史』一九)

(三橋 健)

しんとうしょせきもくろく　神道書籍目録　古代より昭和十五年(一九四〇)までの神道関係の文献目録。古代より慶応四年(明治元、一八六八)までの本編と続編の『明治・大正・昭和神道書籍目録』から成る。本編は財団法人明治聖徳記念学会(代表者加藤玄智)編輯、昭和十三年二月同文館刊。続編は加藤玄智編輯、同二十八年十一月明治神宮社務所刊。本目録の編纂と公刊が明治聖徳記念学会研究所の所長加藤玄智・所員星野四郎により企てられたのは大正時代の中ごろで、編纂方法としてはまず時代分けとして、上古・中古・近古・近世に区分し、大体において奈良時代終りまでを上古とし、平安時代を中古とし、鎌倉時代より安土桃山時代終りまでを近古とし、江戸時代を近世とし、また近世は文献が激増するため、さらに次のごとく区分する。㈠仏家神道、㈡復古神道、㈢伯家神道、㈣伊勢神道、㈤儒家神道、㈥心学神道、㈦宗派神道、㈧垂加神道、㈨土御門神道、㈩吉田神道、(十一)雑家神道、書名と編著者名にはローマ字を以て読み方を付す。略解を付し、写本・刊本の区別を記す。本編の刊行後も続編の編纂事業が継続されたが、明治天皇の聖徳を記念して大正元年(一九一二)に設立された本学会は昭和二十八年夏に解散し、続編の刊行は明治神宮によりなされた。書目の内容により、総記、国体、神典・古典、神宮、神社、祭祀、神祇制度、神社対宗教問題、大教宣布、教派(宗派)神道の十部門に分類する。書名にはロー

マ字にて読み方を付す。本編・編編あわせて『神道書籍目録』上下二冊として昭和四十九年八月臨川書店から復刻版が出された。（橋本　政宣）

しんとうしれい　神道指令　⇩国家《こっか》神道《しんとう》廃《はい》止令《しれい》

しんとうそうしょ　神道叢書　中・近世の神道文献を収録した叢書。佐伯有義・中島博光・大宮兵馬の編により、明治二十九年（一八九六）から三十一年にかけて神宮教院・水穂会から刊行された。八巻八冊。「古今の古写絶板本中」の神道書を基本図書として世に広めることがその編纂趣旨であった。昭和四十六年（一九七一）思文閣から三巻で復刻された。各巻の収載書目は次のとおりである。

1 神道五部書説弁巻一（吉見幸和）・大嘗会便蒙（荷田在満）・神道大意講談（吉川惟足）・二十一社記（北畠親房）・神道明弁（度会常彰）・白川家系譜・神道問答（斎藤彦麿）・付録

2 神道五部書説弁巻二（吉見幸和）・古事記裏書（卜部兼文）・戎衣神拝考（小山田与清）・方術原論（伴信友）・吉田家系譜・杉山神社神寿歌釈（黒川春村）・大耶麻騰沙汰文（立石垂顕）・付録

3 顕幽順考論一巻（六人部是香）・神道五部書説弁巻三（吉見幸和）・内侍所神供図・答問録（本居宣長）・旧事紀疑問（進藤隆明）・要石謡曲詳解（前田夏蔭）・付録

4 天書巻一—五（藤原浜成）・弁々道書上・下（佐々木高成）・神祇称号考巻一・二（小山田与清）・顕幽順考論二巻・神道五部書説弁巻四（吉見幸和）・付録

5 神祇称号考巻三（小山田与清）・神道独語（伊勢貞丈）・顕幽順考論三巻（六人部是香）・喪儀類證（御巫清直）・神道五部書説弁巻五（吉見幸和）・付録

6 喪儀類證・大祓詞天津菅麻巻一（六人部是香）・神道五部書説弁巻六（吉見幸和）・顕幽順考論四巻（六人部是香）・付録

7 神道五部書説弁巻七—九（吉見幸和）・天書巻六—一〇（藤原浜成）・顕幽順考論五巻（六人部是香）

8 神道五部書説弁巻一〇—一二（吉見幸和）・大祓天津菅麻巻二—五（六人部是香）

（武田　秀章）

しんとうそうせつ　神道叢説　唯一神道に関する中・近世の神道説を集録した史料集。一冊。山本信哉《のぶき》（一八七三—一九四四）編。明治四十四年（一九一一）十月三十日、国書刊行会刊行。内容は中世の両部・唯一神道説のうち、唯一神道諸流派に属する吉田・白川・藤波・忌部・橘・吉川・山崎・正親町などの諸名家の著書を収載したもので、卜部兼直の『神道由来記』をはじめとして計四十六書を収めている。編纂の趣旨は巻首の山本信哉緒言によると、伏見稲荷の社家羽倉春満が復古神道を唱えて以来、従前の神道説が俗神道視されて没却されたが、近時その復古神道説も無視されようとする時代の風潮にかんがみ、中世神道説を再評価するため本書を編纂したと述べている。明治時代に台頭しつつあった観念論的な神道論を批判し、実証的神祇研究の必要性を主張した史料集として注目される。（山本　信吉）

しんとうたいい　神道大意　中世・近世の神道書。室町時代以降、数多くの神道家が、それぞれの立場で神道の要旨を簡潔にまとめた書を著わし、それに「神道大意」という名をつけた。『国書総目録』は、書名だけでいえば二十五種の「神道大意」をあげている。中でも流布したのは、室町時代末に吉田兼倶によって書かれた『神道大意』で、『唯一神道大意』『神道大事』『神道之大意』『神道後大意』などとも呼ばれた。同書は、天地開闢から説きおこし、天地の間にあらわれるさまざまなはたらきの根源を説明し、さらに人間が神々を祭ることの意味を明らかにし、最後に日本国の大小さまざまな神社の由来を記している。兼倶の主著『唯一神道名法要集』とともに、吉田神道の教説を説いた書として重んぜられた。卜部氏の人々はつぎつぎに「神道大意」と題する書を著わしたが、兼倶の書に、兼直・兼夏・兼敦・兼方・兼見・兼敬の作とされるものを合わせて、特に「神道大意七代」と称して尊重した。近世では、垂加流の神道家の間でこの書名が好まれ、玉木正英・若林強斎・福田知居・堀尾春芳などの著わしたものが知られる。また、儒教との接触の中で形成された垂加流とは別に、復古神道の系統でも、富士谷御杖・富樫広蔭らが、自己の神道説を要約した書に、この書名をつけ、慈雲の門弟を中心とした神道家の間でも、同名の書が著わされた。

参考文献　山本信哉編『神道叢説』、『吉田叢書』一、宮地直一『神道史』下一　（大隅　和雄）

しんとうたいいこうだん　神道大意講談　吉川惟足の講義録。『神道大意聞書』ともいう。吉田兼直撰の『神道大意』を惟足が宋儒、特に太極の説をもって講義し、門人の不破惟益が筆記したもの。一巻。寛文九年（一六六九）成立。吉田神道の道統者であった惟足は、吉田神道で重視せられたこの『神道大意』をよく講義した。ほかに『神道大意註』『神道大意抄』などが伝わっている。惟足はその中で、心とは天にあれば神といい、人にあれば性という。その性は天命によって人の心《しん》の臓にやどるゆえ、性は心である。したがって、神を宿す点において、心の臓は神の社と同様といえよう。では、その心の本源とは何か。それが天地開闢以前の混沌の中に現れた神霊である虚無太元尊《そらなきおおもとのみこと》、すなわち国常立尊《くにのとこたちのみこと》である。天地万物はすべてこの一神からなる。ゆえに、神も人も根元は同じであるとして神人一体説を唱えた。佐伯有義編『神道叢書』一、『大日本文庫』一五などに所収。（西岡　和彦）

しんとうたいきょう　神道大教　第二次世界大戦前の教派神道の一派、神道本局が、昭和十五年（一九四〇）、現在名に改称したもの。本部は、東京都港区西麻布。明治十五年（一八八二）、神道は祭教分離、続く十七年には教学分離となり、神道各教会を統括していた神道事務局は改組され、十九年に名称を「神道」、「本局」を教団名とする教派神道の一派に。各教会の統括も神道(本局)に引き継がれ、多様な系列の教会が管轄下に置かれた。祭神は天之御中主神・高皇産霊神・神皇産霊神・伊弉那岐神・伊弉那美神・天照大御神・天神八百万・地祇八百万。教旨に惟神道を掲げ、禊・祓・鎮魂を中心に祈禱・禁厭も行う。「天徳・地恩・清浄・光明」と唱え、光明世界の実現を祈る。金光教・天理教も明治後期に一派独立するまでは付属の教会であった。初代管長は稲葉正邦。五代管長神崎一作の時代、組織的な整備が進む。大正二年(一九一三)には別に神道大教院が設けられた。戦後もいくつかの教団が傘下より独立している。平成十三年(二〇〇一)末現在、神社五六、教会一〇二、布教所四四、教師七四一、信者三万四一三一(文化庁編『宗教年鑑』平成十四年版)。

(永井美紀子)

しんとうたいけい　神道大系　日本古来の精神的文化遺産を見直し、世界に貢献することを目的として、神道文献や古典籍類を集成した叢書。全百二十巻・総目録一巻より成る。財団法人神道大系編纂会編・刊。菊判、平均六八〇頁で、各巻に解題・凡例と『神道大系月報』を付す。『神道大系』は、昭和初期に東洋の三大蔵の一つ『神道大蔵』の名で提唱され、第二次世界大戦中、政府事業として文部省の国民精神文化研究所で着手したが、敗戦により中断。戦後、有志の賛助によって神道大系編纂会が設立され、昭和五十年(一九七五)十一月、坂本太郎のもと、中村直勝・原田敏明・柴田実・西田長男が監修、編纂委員五十名(のちに百四十五名)により編纂を始める。内容は、首編四巻、古典編十三巻、古典註釈編八巻、朝儀祭祀編五巻、神宮編五巻、神社編五十二巻、論説編二十八巻、文学編五巻、総目録一巻。昭和五十二年十二月、『古事記』を最初に刊行し、平成六年(一九九四)三月、『風土記』刊行で完結。同七年より『続神道大系』の編纂刊行を開始。各編纂委員により底本の選択と校訂が行われ、また各巻の版面には視覚上の工夫がされている。『神道大系』という名称のため一部の誤解も受けたが、人文科学の基礎的研究の発展に寄与している。

首編
1 神道集成
2—4 古今神学類編

古典編
1 古事記
2—4 日本書紀
5 古語拾遺附註釈
6 新撰姓氏録
7 風土記
8 先代旧事本紀
9 律・令
10 類聚三代格
11・12 延喜式
13 海部氏系図・八幡愚童記・新撰亀相記・高橋氏文・天書・神別記

古典註釈編
1 古事記註釈
2—4 日本書紀註釈
5 釈日本紀
6 祝詞・宣命註釈
7 延喜式神名帳註釈
8 中臣祓註釈

朝儀祭祀編
1 儀式・内裏式
2 西宮記
3 北山抄
4 江家次第
5 践祚大嘗祭

神宮編
1 皇太神宮儀式帳・止由気宮儀式帳・太神宮諸雑事記
2 神宮雑例集・皇代記付年代記・皇太神宮年中行事・小朝熊社神鏡沙汰文
3 伊勢勅使部類記・公卿勅使記
4・5 太神宮補任集成

神社編
1—3 総記
4 宮中・京中・山城国
5 大和国
6 河内・和泉・摂津国
7 石清水
8 賀茂
9 稲荷
10 祇園
11 北野
12 大神・石上
13 春日
14 伊賀・伊勢・志摩国
15 尾張・参河・遠江国
16 駿河・伊豆・甲斐・相模国
17 武蔵国
18 安房・上総・下総・常陸国
19 熱田
20 鶴岡
21 三島・箱根・伊豆山
22 香取・鹿嶋
23 近江国
24 美濃・飛驒・信濃国
25 上野・下野国
26・27 陸奥国
28 出羽国
29 日吉
30 諏訪

31日光・二荒山
32出羽三山
33若狭・越前・加賀・能登国
34越中・越後・佐渡国
35丹波・丹後・但馬・播磨・因幡・伯耆国
36出雲・石見・隠岐国
37出雲大社
38美作・備前・備中・備後国
39安芸・周防・長門国
40厳島
41紀伊・淡路国
42阿波・讃岐・伊予・土佐国
43熊野三山
44筑前・筑後・豊前・豊後国
45肥前・肥後・日向・薩摩・大隅国
46壱岐・対馬国
47宇佐
48太宰府
49宗像
50阿蘇・英彦山
51北海道
52沖縄

論説編
1・2真言神道
3・4天台神道
5―7伊勢神道
8・9卜部神道
10吉川神道
11伯家神道
12・13垂加神道
14雲伝神道
15水戸学
16陰陽道
17修験道
18・19北畠親房
20藤原惺窩・林羅山
21熊沢蕃山
22増穂残口
23復古神道㈠荷田春満
24復古神道㈡賀茂真淵
25復古神道㈢本居宣長
26復古神道㈣平田篤胤
27・28諸家神道

文学編
1神道集
2中世神道物語
3神道和歌
4神楽歌
5参詣記

総目録

〔続神道大系〕

首編
続神道集成㈠・㈡
神祇提要㈠・㈡

朝儀祭祀編
侍中群要
歴朝要記㈠―㈥

神社編
総記㈠
戸隠㈠・㈡
東照宮

論説編
林鵞峰(国史実録)㈠―㈢
保科正之㈠―㈢
山鹿素行
潮音道海(先代旧事大成経)㈠―㈣
徳川斉昭(八洲文藻)㈠・㈡
青山延光(国史記事本末)㈠・㈡
烏伝神道㈠―㈣
元亨釈書和解㈠・㈡

参考文献 井上哲次郎『神道大蔵経編纂の必要』(口演録)、真壁俊信「神道大系の編纂経過」(『土車』五六)、小川鍛「神道大系百二十巻完結の辞」(『神道大系月報』号外)、大野健雄「神道大系百二十巻刊行経過報告」(同)

(真壁　俊信)

しんとうだいじてん　神道大辞典　宮地直一・佐伯有義の監修による神道・神社に関する辞典。昭和十三年(一九三八)から十五年にかけて、皇紀二千六百年を期して平凡社から刊行。三巻三冊。第二次世界大戦前の総合的な辞典としては最も詳細である。当初は全五巻五冊を予定していたが、第四巻補遺、第五巻神社総覧・各種図表は未刊に終った。項目は五十音順に排列され、表音式を採用しており、「ヰ」「ヱ」などはそれぞれ「イ」「エ」の項目に編入されている。収録語彙は神名、神社、祭祀、祭器具、行事、神道学説、神道書籍、神道用語、神社建築用語、著名神官・神職・神道学者などの分野から集められている。官国幣社に関しては、特に「建築」の小項目が設けられ、社殿配地図が掲載されており、各所に挿入されている写真版とあわせ、戦災によって焼失した社殿など戦前の社容をうかがうことができる。また、郷社以上の神社についても大部分が採録されている。なお、四十四年に臨川書店から復刻版、六十一年には三巻を一冊にまとめた縮刷複製版が同社から刊行されている。

(松本　久史)

しんとうたいせいきょう　神道大成教　⇩大成教《たいせいきょう》

しんどうてんこうきょ　神道天行居　神道系の新宗教。創始者は友清歓真《ともきよよしさね》(一八八八―一九五二)。大正初期に長沢雄楯《ながさわかつたて》・堀天竜斎らより霊学や秘伝の伝授を受けて開眼。大正八・九年(一九一九―二〇)ころ、格神会《かくしんかい》(のち講)設立。昭和二年(一九二七)山口県熊毛郡の石城山《いわき》頂の式内古社、石城神社拝殿内で神示を受け、神道天行居を創設した。石城山は海抜三五九・七メートルであるが、この山は神の世界の地上的顕現の神聖な斎場であり、大小の神社数社を建立祭祀し信仰の拠点とし、山麓に本部を置く。祭神は天照大御神を中心とし、『古事記』『日本書紀』二典に添って八百万神を祀る。教義の根本は神々を敬い、天皇を尊び、心を浄くし、善を行うこと。社会的には天関打開、霊的国防、世界霊化などの実現を目標とする。このため全国山野要所で神事祭祀を行い、霊威ある「アマテラスオホミカミ」の十言を奉唱し提唱する。平成二年(一九九〇)歓真の息女友清鈴世が宗主となる。平成十三年末現在、教会六四、教師三三八八、信者一万三三一一(文化庁編『宗教年鑑』平成十四年版)。→友清歓真《ともきよよしさね》

(小笠原春夫)

しんとうでんじゅ　神道伝授　神道に関する諸事項についての解説書。別称に『神道伝授抄』。著者は江戸時代初期の儒学者林羅山(一五八三―一六五七)。一冊。正保年間(一六四四―四八)の成立。本書で羅山は理当心地神道を王道とし、「是ハ天照大神ヨリ相伝マシマシテ、神武天皇以来代々ノ帝王御一人シロシメス事ナリ。御幼少ノ時ニハ、左右ノ大臣摂政関白ナトノ伝授シ奉ルコト也」と述べて神道の本質を天皇親政に説いた。一方中世の諸神道は「卜祝随役神道」であり単なる神事の役者にすぎないとしている。羅山の神道書には『本朝神社考』『神道秘伝折中俗解』などがあるが、本書はこの方面の代表作である。内容は中世神道の秘伝や教儀を広く採録し、全八十九の条文にまとめたものである。奥書によれば正保年中に執筆されたもので若狭国主酒井忠勝の求めで献上した書であった。林家内部で本書の条文を秘伝として切紙伝授を行なっていた形跡がある。『日本思想大系』三九、『神道大系』論説編二〇所収。

参考文献　堀勇雄『林羅山』(『人物叢書』一一八)、宇野茂彦『林羅山・(附)林鵞峰』(『叢書日本の思想家』二)

(矢崎浩之)

しんとうとうざいりょうぶ　神道東西両部　太政官は明治五年(一八七二)八月、神官をすべて教導職に補し、同九月に、神祇省の事務を引き継いだ教部省は、神道教導職を東西両部に分け、それぞれ管長を置いた。それは府県単位とし、東部は京都府ほか三港三十六県、西部は大阪府ほか二港三十六県で、東京府はいずれにも属しなかった。伊勢神宮では明治六年一月、東京府下に神宮教会愛国講社を開き、引受区を横浜・大阪などへも拡張して、大教宣布に従事した。たまたま、教部省は同六年一月三十日、教導職中東西両部の名号を廃し、一般に神道と呼称するよう示達した。しかるに、事理に暗い真宗の信者は、両部を東西両本願寺、名号を南無阿弥陀仏の六字と誤解して、越前大野・今立・坂井の三郡に大暴動が勃発した。名古屋鎮台の兵により鎮圧され、同年四月に主謀者以下約五百名が、罪の軽重に応じ処刑された。この騒動はもともと、石丸八郎なる者が長崎に出張し、耶蘇教徒の実情を見て還俗し、教部省出仕となり、郷里で仏寺の廃合を行なったのが原因である。

参考文献　神宮司庁編『公文類纂』教導篇、阪本健一「明治初期に於ける神宮の教化運動」(神宮司庁編『神宮・明治百年史』上所収)、辻善之助「廃仏毀釈」(『日本仏教史研究』六所収)

(阪本健一)

しんとうどくご　神道独語　神道者の説を批判した書物。伊勢貞丈著。写本。一冊で単独にあるほか、『安斎叢書』などにも収められている。跋文に「天明二年(一七八二)壬寅卯月三日」とあるが、その後に数条の追加が添えられている。本文の構成は、はじめに神道の定義を論じて『易経』、古代、後代の三種の神道を挙げ、『易経』の神道は名称は同じだが自然の道理を指し、日本の古代の神道とは神祇祭祀であり、後代いう神道は神道者の創作であるとする。ついで、神道五部書、中臣祓、三社託宣などの当時流布していた神道者の説を二十数条列挙して考証を加え批判している。平田篤胤は貞丈を高く評価し、『俗神道大意』四では『神道独語』を祖述している。『温知叢書』六、『神道叢書』(神宮教院の原版では五、思文閣複製版では二)、『大日本風教叢書』四、『国民思想叢書』神道篇、『日本精神文献叢書』八などに翻刻が収録されている。

参考文献　石村貞吉『伊勢貞丈』、森和也「平田篤胤と伊勢貞丈」(『日本学研究』二)

(森和也)

しんとうのなかのしみず　神道野中の清水　神道入門書。伴部安崇《ともべやすたか》著。享保十七年(一七三二)成立、翌年刊行。全四巻。第一巻は国号・四方拝・書籍・文字・御祖祭のことなど、第二巻は毎日神拝・神名・歴代天皇のことなど、第三巻は歴代天皇の伝来・神儒仏三教の異同・神軍和軍漢軍の伝・唯一神道・君臣の大義・父子夫婦の倫理のことなどが収載されている。本書名は『古今集』の「いにしへの野中の清水ぬるけれど本のこころをしる人ぞくむ」にちなむ。安崇は序で、神の道・神の教え・神の言葉を知らずして、仏法や儒教ばかりを学ぶ日本人を覚醒させるために、まず神国に生まれて神恩を受け、かつ天皇の感化に生育する人ならば当然知っておくべきことを、読みやすく和文で説明し、「幼学の梯《かけはし》」にもなりうる書としたという。本書は江戸時代中期垂加神道家の教化活動を見る上でも参考になる。単行本『神教必読野中の清水』、また『大日本文庫』一七に抄録を所収。

(西岡和彦)

しんとうびじゅつ　神道美術　日本固有の民族的信仰であるいわゆる神道の思想や信仰や習俗に基づいて、またその宗教的な要請に基づいて生み出された造形美術。これには奈良時代以降の仏教との習合やその影響によるものも少なくないが、こうした仏教との習合から生まれた垂迹美術だけが神道美術のすべてではない。むしろ垂迹美術とはその宗教体質を異にする純粋に神道的な造形美

術にこそその主流を置くべきであり、その対象としては神社建築・神像彫刻・神像絵画・神社縁起・神宝・社宝などがあげられる。神社建築は神宮のごとき日本文化の原点にたつもの、大社造・住吉造・春日造のごとき古代の面影を伝えるものがあり、流造あたりからは次第に仏教的な影響をもち始めて来る。神像には和装・唐装・僧形といった姿で、その祭神により、また時代により、地域によって多彩な展開をみせるが、仏像の擬人的な形像に対して肖像的（人間的）な要素の多いことがその特色の一つであり、風俗資料としても重んぜられる。画像による神像でも同じことがいえる。また縁起絵巻には『天神縁起』や『春日権現霊験記』などをはじめとして、各神社・各祭神の歴史的また説話的な内容で構成されるものも多い。祭礼図巻は祭礼屏風とともに風俗的な要素が抽出される好史料である。社頭に奉納される絵馬額も神社特有の文化財である。祭神の日常の使用に供する調度品を殿内または神宝庫に納めるが、神宮をはじめとして特異の技法や意匠を要求されるものも少なくはない。これは工芸史における伝統技術にまつものが多く、また神宝の調進が技術を保存して行く上から重要な今日的意義をもつこととなっている。

参考文献　京都国立博物館監修『神道美術』、景山春樹『神道美術』、同『神像』（『ものと人間の文化史』二八）、岡直己『神像彫刻の研究』　（景山　春樹）

しんとうぶんるいそうもくろく　神道分類総目録　明治末年までの神道関係書籍目録を分類収載したもの。佐伯有義編。昭和十二年（一九三七）二月、春陽堂書店刊。分類は㈠総記、㈡神典、㈢国体、㈣神社、㈤祭祀、㈥神道、㈦神祇制度、㈧神祇職官、㈨文学、㈩伝記、(十一)武士道、(十二)心学及陶宮、(十三)検索となっており、各部門ごとにさらに詳細に分類、整理がなされている。各書目には著・編者、成立年、巻数などが記される。索引、難解書目約五百部の解題、外人著述の神道研究書目を巻末に付す。昭和六十三年、名著普及会により復刻された。　（橋本　政宣）

しんとうほんきょく　神道本局　神道事務局の後身で、教派神道の一派。明治八年（一八七五）、大教院解散による国民教化政策の後退が必至となり、神官教導職は半公的中央機関として神道事務局を設立した。神道事務局は、明治十五年祭祀と宗教の分離によって存在理由を失い、同十七年神仏教導職の全廃を機に、稲葉正邦を管長に宗教としての型態を整え、同十九年神道本局と改称し、「神道」の教名で、教派神道の一派として扱われることになった。神道本局は宮中三殿奉斎の神霊を祀り、惟神《かんながら》の大道を広め神道を宣揚することを目的とし、「三条の教則」を「教憲」とした。地方に分局・支局を設け、神道系・山岳信仰系・法華神道系などの多様な教会講社を管下に置いた。主要な付属教会には、丸山教会・神籬《ひもろぎ》教会・大《おお》神《みわ》教会・富士教会・三山教会・妙霊教会・蓮門教会などがあり、金光教・天理教も明治後期に独立するまで、付属教会であった。神道本局は、昭和十五年（一九四〇）教名を神道大教と改めた。本部および本部教場（神道大教院）は東京都港区西麻布四丁目にある。

参考文献　田中義能『神道本局の研究』、神崎一作『神道六十年史要』　（村上　重良）

しんとうみょうもくるいじゅしょう　神道名目類聚抄　神道に関連する用語を類聚して解説を施したもの。六巻六冊。著者は城西野殿某。元禄十二年（一六九九）六月の序をもつ。元禄十五年に版行されたが、世に流布したのは正徳四年（一七一四）再版本である。巻一宮社部、巻二神宝部、巻三祭器部、巻四神官服部・神祇部、巻五祭祀部・神官部、巻六雑部の八部に類別し、適宜に挿絵を入れながら平易に解説する。辞典的な体裁をなすもので、この種のものとしては先駆的な位置にあり、のちに斎藤彦麿の『神道問答』や小山田（高田）与清の『神祇称号考』などがあらわれる。著者の城西野殿某は匿名であるが、はたして何人であるのか不明であり、また匿名とした理由もわからない。書中に引用する文献や諸書の謬説を弁ずる姿勢から、元禄時代の神道家として相当の学識ある人物と推察される。鈴木行義の『神道書目集覧』には本書の下に「四田氏」と細註することなどから、今のところ唯一神道の吉田家の学頭であった四田以正（与壌軒）にあてる説が有力である。昭和九年（一九三四）に佐伯有義校訂の活版本が大岡山書店より刊行されている。　（土岐　昌訓）

しんとうもんどう　神道問答　江戸時代後期の神道の問答書。国学者斎藤彦麿が、問答体の形式で神道の基本的事項について説明した著作。上下二巻。題言は石川梧堂（文政二年（一八一九）十月付）、跋は中川顕允（文政三年二月付）。上巻は、神道・両部神道・唯一神道・大道・十八神道・宗源神道・天神七代・地神五代・神祇官・中臣氏・卜部氏・伯家・斎部氏・柏・吐普加美・寒言神尊・中臣祓などの項目について、下巻は、獣肉・魚鳥・神代文字・黄泉・天地之めぐり・蟇目・弓矢神・護摩・湯立・神楽・獅子狛犬・矢大臣・千木堅魚木・鳥居・三社託宣・鈴などの項目について、それぞれ問いに答えるかたちで説明を加える。宣長学を奉じつつ、有職・風俗にも通じた彦麿の学風を窺わせる。『神道叢書』一所収。

参考文献　河野省三「斎藤彦麿の一描写」（『国民精神文化』三ノ三）　（武田　秀章）

しんとうりゅう　新当流　室町時代に創始された兵法（剣術・槍術など）の流儀。流祖は飯篠長威家直。伝によれば山城守・伊賀守と称したという。長威は法号であろう。古伝書の奥書伝系には多く飯篠長威入道と書かれ、一般には長威斎といわれる。下総国香取（千葉県佐原市）の人で、長享二年（一四八八）四月十五日没したと伝わる。長威の兵法の師については諸説があるが明らかでない。おそらく若年から多くの武術者について修行したのであろう。伝によれば長威は香取神宮に祈ること千日、満願に至って神の化身たる神変童子(天真正)から兵法の奥儀を授かったという。故に、流名を詳しくは天真正伝新当流と書く。また神伝の兵法であるという点から、後世、神道流と書くことも多くなった。新当流の内容は、太刀・長刀・槍・棒・抜刀・小具足、その他きわめて多く、要するに諸術集成の流儀といえる。いかにも諸術分科独立以前の古兵法の姿を示している。新当流兵法は長威により下総香取と常陸鹿島(茨城県鹿島郡)に伝えられ、後世までこの両地を中心として発展した。香取の方は長威の子孫を宗家として、代々同地に受け継がれ、特に長威の直伝を受けた孫飯篠若狭守盛近は槍・長刀に妙を得、以後この系統は兵法の中でも特に長道具をもって鳴った。今日も香取神道流兵法と称し、諸術を広く伝えている。また、鹿島の方で長威の直伝を受けた松本備前守政信・塚原土佐守安幹・小神野越前守幹通らの系統は、いずれも剣術を主として後世に伝わったようである。ことに天文前後に活躍した塚原卜伝は、広く回国修行をし、鹿島新当流の勢力を西国にまで広めた代表的剣客である。そしてその兵法は世に卜伝流剣術と呼ばれるようになった。しかし鹿島系の方も決して剣術専門になったわけではない。卜伝の門人本間昌能のように、鹿島新当流の槍術を特に深く修行し、ついに本間流槍術の祖といわれるまでになった人もあるように、新当流本来の広い性格は香取・鹿島両系統ともに長く続いたのである。それだけに新当流が後世の武術界に与えた影響は、広くかつ大きかった。

参考文献　今村嘉雄編『剣術』三(『日本武道大系』三)

（島田　貞一）

しんとく　神徳　古くは「じんとく」ともいう。神の働きによる功徳、威徳のこと。『御成敗式目』の第一条に「神者依二人之敬一増レ威、人者依二神之徳一添レ運」とあるように、人の尊信・崇敬により一層発揮される神の徳分で、人はこの神の徳によりその運を増進すると考えられている。また、祈願などにより期待される五穀豊穣・天下泰平・異国降伏・武運長久・万民快楽・寿命長延・商売繁昌・交通安全・学業成就・安産等々の特定の利益や結果をもたらす神威のことをもいう。なお個々の神の神徳についてはその神のはたらきや作用を語る縁起・伝承などの記述を基にしているが、まつられた時代やその背景、当時の人々の神についての観念などによって違いや遷り変わりが生じる。

（福井　款彦）

しんにほんしゅうきょうだんたいれんごうかい　新日本宗教団体連合会　昭和二十六年(一九五一)十月に二十四の新宗教教団により設立された財団法人。一時的な加盟を含めると延べ約百五十の団体の参画をみたが、現在は六十九教団が加盟。設立の背景には、宗教行政側との折衝や靖国神社問題など当時の政治的、社会的な諸問題への対応があるが、神道系、仏教系、諸教系などさまざまな性格の新宗教団体が協力し活動を展開している点が大きな特色である。信教の自由、宗教協力、世界平和への貢献を掲げて、同和運動や核兵器廃絶などの平和運動、環境保全運動、国際的な宗教協力活動などに取り組む。同二十七年には『新宗教新聞』創刊。同三十六年には、加盟団体の青年層が新日本宗教青年会連盟を結成、学習会開催や奉仕活動など地域別に諸活動を展開。初代理事長はＰＬ教団の御木徳近、次代に立正佼成会の庭野日敬、松緑神道大和山の田沢康三郎と続き、現在、第四代は円応教の深田充啓である。

（永井美紀子）

じんのうしょうとうき　神皇正統記　南北朝時代に書かれた歴史書。北畠親房著。片仮名まじりの文で書かれ、当初の巻数は未詳であるが、流布本の多くは六巻。親房は、暦応元年(延元三、一三三八)九月、南朝の頽勢を挽回するために、義良親王・次子顕信とともに海路伊勢から東国に向かった。しかし、暴風に逢って親王・顕信の船は伊勢に戻され、親房の船だけが常陸国に着いた。筑波山麓の小田城に入った親房は、結城親朝に書状を送るなど、南朝方の強化をはかったが、情況を好転させることはむずかしかった。小田城で起筆された本書は、義良親王のために書かれたものとされてきたが、近年は、結城親朝に対して南朝を中心とする日本国のあるべき姿を説いたものとする見方も、多くの支持を得ている。暦応二年八月、後醍醐天皇が吉野で没し、義良親王が後村上天皇となった知らせを受けた親房は、かねて書き進めていた本書にそのことを記して、全巻の筆を擱いた。その後も常陸を転戦した親房は、康永二年(興国四、一三四三)に、関城で初稿本に修訂を加えた。全篇の構成は、最初に日本国の国号の由来と、世界の中の地理的な位置について説明した序があり、ついで天地の開闢について、天竺・震旦の諸説を概観した後、日本の天地開闢から鸕鷀《うが》草葺不合《やふきあえず》尊までの神代の概略を述べる。いわゆる日本神話を簡潔に記した後、親房は、神武から後村上までの人皇の時代の歴史を叙述することになるが、それは歴代天皇について、代数・世数・称号・諱・系譜上の位置・即位の年・改元の年・都・在位年数・享年、の十項目を記して行くという、鎌倉時代に盛行した年代記の形式を骨格としている。そして、この歴代天皇の年代記的記述の間に、親房独自の論述を書き込む形で本書は成り立っており、皇位継承の経緯を説明する部分が、本書の本体である。中でも、後醍醐天皇の部分は、記述も詳しく、政道を論じて政策を批判するなど、生彩に富み、本書の特色がよくあらわれている。本書は、その明確な歴史への態度と、強い意志を表わす明晰な文章とによって、広く読まれ、『大日本史』の編纂や、山鹿素行・新井白石・頼山陽などに多大の影響を与えた。本書は、天皇の系譜を中心にして日本国の歴史を書こうとする記紀以来の立場をとっているが、皇位継承が直系で一貫してはいないことを、儒教的な歴史論と政道思想によって説明しようとしている。つまり、皇位は常に天照大神の子孫に受け継がれてはいるが、実際はその中でいくつにも枝分かれした皇統の間を移動しているわけであるから、皇統間の移動を儒教的な思想で正当化しようとする。他方、天皇の超越的な性格を説明するために、親房は、伊勢で交わった度会家の神道説を援用した。親房が本書に先立ってまとめた神道書の『元元集』は、本書述作の基礎となっている。親房は、皇位の象徴である三種神器を、鏡は正直、玉は慈悲、剣は智恵の本源を現わすものと説いて為政者の三つの徳を論じ、三種神器が人間の歴史を超えて神代から伝えられたものであり、それを受け継ぐ天皇には、三つの徳が具現されると主張するが、それは中世の神道的な歴史論をよく示している。神皇の正統（皇位の継承）の中に、天照大神の神意を見ようとする本書は、神国思想を代表する古典として、明治以降特に重んぜられた。歴史の動きを凝視して、歴史の道理を考えた慈円の『愚管抄』と、皇位継承の通観から読み取ったものを論拠にして、政治のあるべき姿を論じた『神皇正統記』とは、中世の歴史書の双璧といえよう。伝本については、初稿本・修訂本ともに原本が伝わらないが、平田俊春は、宮地治邦所蔵本（一冊、残欠）をもとに、竜門文庫蔵阿刀本（一冊、残欠）が伝える初稿本の形が成立したと説明している。修訂本系統の本では、白山比咩神社本（四冊、永享十年（一四三八）写）が、現存最古の写本として知られるほか、国学院大学蔵旧猪熊信男本（三冊、永享ころ写）、天理図書館蔵諸本（三冊、享禄二年（一五二九）写をはじめ十一種）など、写本の数は多く、『日本古典文学大系』八七など複刻も少なくない。

[参考文献]『阿刀本神皇正統記』（『阪本竜門文庫覆製叢刊』八）、『神皇正統記諸本集』（『天理図書館善本叢書』和書之部一九）、山田孝雄『神皇正統記述義』、平田俊春『神皇正統記の基礎的研究』、我妻健治『神皇正統記論考』　（大隅　和雄）

じんのうぞうようせんきろく　神皇雑用先規録　伊勢神宮の祭祀や祠官に関する先例を記した書。『神宮雑用先規録』とも称す。著者不詳。二巻一冊。現存写本がすべて外宮権禰宜宮後朝貞（一五九六―一六八二）書写の奥書を有し、最古の写本の最も新しい記事が天正三年（一五七五）のものであることから、祖本は天正三年からほど遠からぬ時期に成立し、それを受けて宮後朝貞が編纂したとする説と、足利将軍家を「当家」と記し足利義輝までを挙げていることから室町時代末期の編纂とする説がある。なお、『神道大系』神宮編四の解題は原本の成立を花園天皇の御代とするが根拠は不明。上巻は御鎮座・遷宮次第・斎内親王・勅使・天子称号・摂政・大樹家、下巻は御瑞験・祭主次第・大宮司次第・二宮神主遠祖次第・二宮神主始浴㆓朝恩賞㆒・正権禰宜服仮時叙㆓一級㆒預㆓位記㆒例・二宮正権禰宜極位の計十四条から成る。『続群書類従』神祇部、『神道大系』神宮編四所収。

[参考文献]『群書解題』一中　（高橋美由紀）

しんのみはしら　心御柱　伊勢の神宮の皇大神宮・豊受大神宮両正殿床下中央に、正殿とは建築上全く無関係に立てられている柱のこと。延暦二十三年（八〇四）撰の『皇太神宮儀式帳』にその名がみられるが、古来きわめて神聖視され、忌柱・天御柱・天御量柱などとも称され、もしその顚倒など異状のあった場合には、上奏し仮殿遷宮をしてそれを改めることとされて来たのであり、現在でも秘中の秘とされている。式年遷宮諸祭のはじめ、木本《このもと》祭にて伐採され、奉建されるが、いずれも深夜の秘儀であり、その所役以外神職でも窺うことはできない。その奉建日は古くは正殿鎮地祭・立柱祭と同日で、しかも立柱祭前に行われたが、近世以降正殿竣工ののち奉建されている。心御柱の本来の性格について、神籬《ひもろぎ》説、建築上の遺物説などがあるが、定説はない。その形状・寸法などについて、度会行忠撰『心御柱記』より一部窺うことはできる。

[参考文献]国学院大学日本文化研究所編『神道要語集』祭祀篇一、鎌田純一「伊勢神宮心御柱の一考察」（『神道宗教』六）　（鎌田　純一）

しんのみはしらき　心御柱記　中世伊勢神道書の一つ。本書は、度会行忠の著作であると考えられる。『古老口実伝』との関係が深いため、『古老口実伝』のなかに本書が登場するなどの点により、同書成立の正安元年（一二九九）以前で、比較的それに近い時期。内容は、伊勢神宮内外両宮の正殿床下中央に立てられている心御柱の神学的意義について、陰陽五行説を参考にしながら説いた書。心御柱の寸法、立てる時刻、立てる方法、さらには古い心御柱の始末の仕方など、外宮に仕える禰宜として、後進の禰宜たちに、その具体的な取り扱い方法や精神的、哲学的とらえ方などについて判断に迷うことがないよう申し送っている。その思想的支柱に陰陽五行説を置くなど、当時の伊勢神道の基本的な性格を色濃く残している。本書をもととしたものに、同宮禰宜の心得を付加して成立する『古老口実伝』がある。代表的な諸本として神宮文庫蔵の元禄四年（一六九一）写本、宝永七年（一七一〇）写本、大永二年（一五二二）本の転写本、天保九年（一八三八）写本、弘化四年（一八四七）写本などがある。

[参考文献]鎌田純一『神道文献』　（白山芳太郎）

しんぱいしだい　神拝次第　神社や居宅における神拝の作法、次第を解説した書。古書の記述を交えて説明する。同名の写本に天正五年（一五七七）の神宮文庫本、天明七年（一七八七）の京都大学本などさまざまな伝本、写本が多く、広く受け入れられたことがわかる。刊行されたものとして元禄十二年（一六九九）二月寂隠斎奥書のもの、享保十七年（一七三二）の跋文をもつ垂加流の神道家玉木正英の著がある。正英はまた『神拝次第講義』『神拝次第口伝秘訣』『神拝次第注解』などを著している。前者の伝本は『大神宮叢書』神宮参拝記大成に所収されている。　（嵯峨井　建）

しんぱん　神判　主張の真偽、無罪・有罪を神意を得る手段を講じて判断する裁判方法。合理的な訴訟手続が成立する以前には、世界的に広く行われた。一般には立証者あるいは被疑者が宣誓し、その真実性が神判により問われる形をとる。神意を得る手段としては、火・熱湯・水・くじ・決闘などが用いられた。たとえば、ヨーロッパで行われた水審は、手足をしばって水中に投じ、身体が沈む(水がうけ入れる)と無罪、浮く(水が拒否する)と有罪とされた。中世になると神判はキリスト教化され、聖餐神判・十字架神判などの方法も行われた。証拠方法が合理化すると神判への批判を生じ、一二一五年の第四回ラテラン会議以後神判は衰退する。しかし、十七世紀の魔女狩の裁判では、前記の水審が盛んに行われた。東洋の諸国、ことに印度では、さまざまな神判が行われた。中国古代では、獬豸《かいち》と呼ばれた神獣は正邪を判別したという伝説があるが、神判が一般に行われた明徴はない。日本でも、神判は古代・中世を通じて広く行われた。『隋書』倭国伝には、倭人の俗として「毎レ訊ニ究獄訟一、不ニ承引一者、(中略)或置ニ小石於沸湯中一、令ニ所レ競者探一レ之、云理曲者即手爛、或置ニ蛇瓮中一令レ取レ之、云曲者即螫レ手矣」と伝えている。熱湯による神判は『日本書紀』にしばしばみえる。応神天皇九年条には、武内宿禰と弟が争い、天皇は両人に「探湯」を命じたとみえている。また允恭天皇四年条には氏姓を正すため、味橿丘に探湯瓮をすえ諸人に「盟神探湯」を命じたとある。同書の注はこれを「区訶陀智《くかたち》」と訓ませ、泥を釜にいれて煮沸し、湯泥を手で探らせ、あるいは斧を火の色に焼き、掌に置くと説明している。唐制を継受した律令には神判はない。令制では、裁判は人的、物的証拠にもとづき、察獄官は五聴を働かせて判定するが、なお疑わしいときは拷問を行うとしている。ところが律令制が衰退し中世になると再び神判が表面に現われる。鎌倉幕府の裁判では、まず証文を尊重し、証文不分明のときは証人の申状を用いるが、両者ともに不分明のときは起請文によるとした。文暦二年(嘉禎元、一二三五)の追加法は、起請文を書き、所定の日数社頭に参籠させ、その間に「鼻血出事、書ニ起請文一後病事、鵄烏尿懸事、為レ鼠被レ喰ニ衣裳一事」など、八ヵ条の「失《しつ》」がなければその主張は正当と定めた。また、湯起請は古代の盟神探湯である。起請文を書き、探湯させて傷損の有無を検知する。『建武以来追加』は永享十一年(一四三九)、堺相論の両当事者の湯起請について記している。また、村起請と称し、犯罪人捜査の手段として村民全体に対して行われることがあった。このほか、鉄火・くじによる神判も行われた。中世の諸文献には、これらの神判実施のことを少なからず伝えている。神判は近世初頭まで行われた形跡があるが、江戸幕府の訴訟制度においては完全に消滅した。→起請文《きしょうもん》　→盟神探湯《くかたち》　→湯起請《ゆぎしょう》

参考文献　中田薫「古代亜細亜諸邦に行はれたる神判」(『法制史論集』三下所収)、同「古代亜細亜諸邦に行はれたる神判補考」(同所収)

(牧　英正)

しんばんしゅうごうしんとう　神蕃習合神道　復古神道とキリスト教(耶蘇教・天主教)とが習合した神道説。神基習合神道ともいう。一神教的で、人間の死後の世界(幽冥・冥界)を重視する。この神道説は平田篤胤により主張され、渡辺重石丸《いかりまろ》に継承されて発展した。まず注目すべきは、篤胤の『本教外篇』(別名『本教自鞭策』)である。本書は、中国の明末におけるキリスト教書の影響下に成立したもので、利瑪竇 Mathaeus Ricci の『畸人十篇』や艾儒略 Giulio Aleni の『三山論学紀』、そして龐廸我 Didacus de Pantoja の『七克』などの漢文のキリスト教書を省略・補正し、また直訳ないしは意訳した内容を多く含んでいる。篤胤におけるキリスト教の影響は、主宰神の観念と幽冥観(来世思想)とに顕著にみられる。たとえば篤胤は天地万物に大元高祖神が存在し、その名を天之御中主神と称すといい、その神ははじめもなく終りもなく、天上にあって天地万物を生ずる徳を持ち、何もなさず寂然として万有を主宰していると説いている。また、来世(幽界)について、人は死後、幽冥大神《かくりよのおおかみ》、とも称する幽世の支配者である大国主神の前で善悪の審判をうけ、天界ないし冥界へ送られ、そこで福や禍をうけると説いている。したがってこの世(顕界)は仮の世であり、来世こそ本つ世であると述べ、現世より来世を重視している。篤胤は本居宣長の多神教的、現世中心的な神道説を継承した一方、キリスト教の影響もうけて、それを主宰神の観念すなわち、一神教的神観をよりどころとして現世よりも来世に重きを置く幽界中心の神道説を展開した。その後、このような篤胤の神道説は重石丸に受け継がれて発展した。すなわち重石丸は『真教説源』『天御中主神考』『真天主教説略』などを著わし、その中で天御中主神は耶蘇教(キリスト教)の最高主宰神であり、神子(キリスト)はわが国の天孫にあたると述べた。さらに彼は耶蘇教の神を偽神、耶蘇教を偽天主教であるとし、日本の神道こそが真天主教であるとまで主張した。このように神蕃習合神道は、重石丸により神本仏迹説にも似た神本基迹、あるいは神主基従ともいうべき思想にまで発展した。

参考文献　村岡典嗣『日本思想史研究』、三木正太郎『平田篤胤の研究』、上田賢治「渡辺重石丸考」(国学院大学日本文化研究所創立百周年記念論文集編集委員会編『(維新前後に於ける)国学の諸問題』所収)、大内三郎「平田神学―その耶蘇教による影響点について―」(『山梨大学学芸学部研究報告』三)

(三橋　健)

しんひえじんぐう　新日吉神宮　⇩いまひえじんぐう

しんぷうき　神風記　神道についての啓蒙的著作。「かみかぜのき」とも読む。匹田以正著。寛文八年(一六六八)成立。五巻。以正は平野ト部家兼魚の門人。書名の「神風」とは神国(日本)の風俗(風儀)のこと。その序文によれば、神道廃れ異風になびく現状を慨嘆、それを正すべく執筆したものという。「教の旨をわきまへしる事」以下二十三条より成り、内容は国土創世、神道の道義、式内社・二十二社の説明、葬祭の法、物忌みなどに及ぶ。儒

仏二道についてはその意義を認めるものの、わが国の風儀に合わずとして排することを説き、神道を儒仏の説によって解することを批判している。各条の末尾には『日本書紀』『旧事本紀』や伊勢・吉田神道の書を引いて支証とする。内容より見て吉田（唯一）神道説の影響が強いが、一方で神道を「邪解」した者の一人に吉田兼倶を挙げている。これは以正が、吉田卜部家とライバル関係にあった平野卜部家側に属することによると推される。その意味で、本書は平野流唯一神道の書と位置づけられよう。『日本教育文庫』宗教篇、『日本国粋全書』六所収。

（伊藤　聡）

しんぶつしゅうごう　神仏習合　わが国の神祇信仰と仏教が接触、混融して独特の行法・儀礼・教義を生み出した宗教現象をいう。外国でも異なった宗教が接触して別の信仰・思想を生み出す現象(Syncretism, Assimilation)はみられるが、日本では千年以上の長きにわたり複雑な混淆・折衷が続けられた結果、神仏両宗教ともわが国の歴史的風土に最も適合した形へと変化し、独自の習合文化を生み出した。最初にこの風潮を認め得るのは神宮寺の出現である。霊亀年間（七一五―一七）の越前国気比神宮寺や、養老年間（七一七―二四）の若狭国若狭彦神宮寺の建立はその先駆をなす。天平十四年（七四二）聖武天皇は橘諸兄らを遣して伊勢神宮に東大寺大仏造立を祈請させると、天照大神すなわち日輪は大日如来で本地を盧舎那仏とするとの夢告があり、一方、豊前国宇佐八幡宮も天皇の祈請に基づき大仏造立援助の託宣を発して神輿が上京し、東大寺鎮守の手向山八幡宮となった。民間では僧満願が天平勝宝年中（七四九―五七）常陸国鹿島神宮に、天平宝字元年（七五七）相模国箱根社に、天平宝字七年伊勢国桑名郡多度神社に神宮寺を建てたが、多度社では神身を離れ三宝に帰依したいとの託宣があり、近江国陀我社では宝亀年中（七七〇―八一）神が猿の姿であらわれ、身の苦しみを救うため僧恵勝に読経を乞うたという。これは神を煩悩の衆生とみ、仏道を求め解脱を願うものとする神祇実類観を示しており、仏に対し、神を低く位置づけるものである。しかし、天照大神を大日如来・盧舎那仏と同体とみたり、神を仏の鎮守としてまつったりするのが政治支配者側の政策的なものであるのに対し、実類観は一般民衆を含めた地域社会に僧侶が仏教を弘める方便として考え出したもので、神の祟りを抑え、恩寵を個人利益的に転ぜしめるための神祇教化は最も民衆の共感を惹くところであった。宇佐八幡宮はすでに六世紀のころから新羅の土俗仏教をとりいれた習合的信仰を形成し、巫僧神職団を有し、奈良時代には神宮寺として弥勒寺があった。平安時代には山城に進出し、僧行教により石清水八幡宮がまつられ、神宮寺として護国寺が創められて宮寺制が成立した。これに先立ち宇佐では託宣の結果、護国霊験威力神通大自在王菩薩の号を奉ったが、天安元年（八五七）には常陸国大洗磯前・酒列磯前両神に薬師菩薩名神の号が奉られた。さらに神前読経・写経図仏あるいは神のため僧を度することが広まり、承平五年（九三五）のころ、筑前国筥崎宮の神を権現と呼び、寛弘元年（一〇〇四）ごろ、尾張国熱田神社は権現と称するに至ったが、権現とは権《か》りに仏が化して神と現われる意で、習合の理論となる本地垂迹説の先駆を示すものであった。他方、奈良時代末より御霊信仰が高まり、貞観五年（八六三）京都神泉苑の御霊会では読経・説教・礼仏などが行われ、仏教色が強く加わった。以後、洛中・洛外にあらわれた多数の御霊社は、多く旧来の疫神祭祀に密教徒が関与したもので、なかんずく、祇園社（八坂神社）は九世紀に南都興福寺の密教僧円如が観慶寺を神宮寺とし、土地の疫神に代わってインドに起源を有する牛頭《ごず》天王なる神をもちこみまつったもので、怨霊同様の悪魔的威力を宣伝し、祇園御霊会は民衆の祭礼として盛大の一途をたどった。ついで十世紀に出現した北野天神も朝日寺の最鎮ら天台僧の手でまつられ、疫神的祟厲神からやがて文道の神へと仏尊的利益信仰へと変化していった。また密教僧の山岳修行が盛んとなり、吉野金峯山では密教の仏尊である金剛蔵王菩薩を権現と仰ぎ、神祇同様にまつり、旧来の子守・勝手・水分《みくまり》などの山岳神はその眷属ないし護法神のごとく取り扱われた。いわゆる修験道は古来のわが山岳信仰と密教の習合したもので、その中心である熊野本宮では長承年間（一一三二―三五）ごろ主神たる三所や配祀の五所王子にそれぞれ本地として弥陀・観音以下種々の仏尊が定められた。中世は祭神に本地の仏尊を設定することが一般化し、仏本神迹に立つ本地垂迹思想が徹底するところ神本仏迹思想へとすすみ仏家神道の発生をみた。天台系では山王一実神道、真言系では両部神道が代表し、両部とは密教の胎蔵・金剛両界曼荼羅の思想にあてはめた教説の意で、そこから三輪神道や伊勢神道が成立し、その理論書として『神道五部書』などの典籍が伊勢の外宮神官の手で造られた。室町時代、吉田兼倶は両部神道や陰陽道・道教・儒教の諸思想を綜合した唯一神道を説き、根葉花実説を唱えて神本仏迹説（反本地垂迹説）よりさらに神本神迹説へと新たな理論を展開した。鎌倉新仏教の中でも、一遍の時宗では熊野の神託を基に賦算による布教を始め、日蓮宗も天照大神・八幡神を重視しやがて法華三十番神へと発展した。旧仏教の側からは神の本地を歴史的な形で説く本地物縁起や習合曼荼羅、神像の図絵・彫刻が多数造られ、習合信仰の普及に大いに寄与するところがあった。明治元年（一八六八）神仏判然令が出されて神社付属の社僧は復飾させられ、宮寺制は解体して習合体制は終りをつげた。→修験道《しゅげんどう》　→神《しん》仏分離令《ぶつぶんりれい》　→神本仏迹説《しんぽんぶつじゃくせつ》　→本地垂迹説《ほんじすいじゃくせつ》

参考文献　清原貞雄『神道史』、大山公淳『神仏交渉史』、筑土鈴寛『中世芸文の研究』、久保田収『神道史の研究』、西田長男『日本神道史研究』四・五、黒田俊雄『日本中世の国家と宗教』、景山春樹『神道美術』、村山修一『神仏習合思潮』、同『変貌する神と仏たち』、

同『本地垂迹』(吉川弘文館『日本歴史叢書』三三)　(村山　修一)

しんぶつぶんりしりょう　神仏分離史料　明治初年の神仏分離・廃仏に関する諸史料を集成したもの。正しくは『(明治維新)神仏分離史料』。村上専精・辻善之助・鷲尾順敬編。五冊(上・中・下・続上・続下)。大正十五年(一九二六)より昭和四年(一九二九)にかけ東方書院より刊行。明治政府は明治元年(一八六八)三月十七日「神祇事務局ヨリ諸社へ達」を発布し、全国の神社に対し神仏習合のため「別当」「社僧」と呼ばれていた僧侶に還俗を命じたのをはじめ、三月二十八日に神名の仏教的用語使用の廃止、神体を仏像を以てすることの禁止などを令した。これらは神仏分離令と総称されるが、その意図は神仏の判然、神社より仏教色を払拭しようとするものであったが、実際は各地で廃仏毀釈運動が展開された。本書は帝国学士院推薦にて東照宮三百年祭記念会より研究費を支弁され、大正九年より村上の指導のもとに辻・鷲尾により研究調査に着手、各所へ神仏分離調査要目を示し提供をうけた史料を編纂したものである。要目は十三項目に及ぶ。神社における神仏分離だけではなく、寺院の鎮守社の分離、廃仏反抗の地方暴動、また江戸時代における神葬祭関係などの史料も収載している。村上専精序辞・辻善之助による神仏分離の概観一二〇頁、本文五六〇〇余頁。巻末に旧国別の総目録を付す。昭和四十五年三月、名著出版から復刊された。　(橋本　政宣)

しんぶつぶんりれい　神仏分離令　明治政府が発布した法令で、明治元年(一八六八)三月十七日「神祇事務局ヨリ諸社へ達」を初見とする一連の布達を総称していう。明治政府は江戸時代の仏教国教化政策を否定し、神道国教化政策をすすめた。その過程で神社の中から仏教的色彩を排除しようとしたのが、神仏分離政策である。明治政府は明治元年三月十七日には、全国の神社に対し、神仏習合のため「別当」「社僧」と呼ばれていた僧侶に還俗を命じている。十一日後の三月二十八日には、㈠神名に仏教的用語を使用している神社の書上げを命ずるとともに、㈡神体を仏像としている神社は仏像を取り払うべきこと、また本地仏・鰐口・梵鐘もとりはずすべきこと、などを命じている(神仏判然令)。四月十日にも神体が仏像の神社、本地仏・鰐口・梵鐘をもっている神社にそのとりはずしを再度命じている。閏四月四日には、別当・社僧は還俗の上、神主・社人の名称にかえ、神道に転ずべきこととの布達が出され、僧侶→還俗→神官のコースが設定された。同月十九日には神職の者の家族に至るまで、仏教式の葬祭をやめ、神道式の葬祭を行うよう布達された。これは江戸時代以来続いた寺請制度の否定である。このように神社から仏教色をとりさって行く政策が着々ととられていった。この波にのり、これまで僧侶の風下におかれていた神官たちは、この時とばかり明治政府の威をかりて、神仏分離にとどまらず、廃仏毀釈運動を展開し、全国各地の廃仏の実態は枚挙にいとまがないほどである。特に国学者や神道家たちの勢力が強い地域での仏教寺院の弾圧はすさまじかった。一方仏教寺院からの大反発をうけた明治政府は、神仏分離が廃仏毀釈でないことをしばしば力説している。そして過激な行動には警告を発している。たとえば明治元年四月十日、「社人共俄ニ威権、陽ハ御趣意ト称シ、実ハ私憤ヲ霽シ候様ノ所業出来候テハ、御政道ノ妨ヲ生ジ」るので心得違いのないようにさとしているし、同年九月十八日、「神仏混淆不レ致様、先達御布令有レ之候共、破仏之御趣意ニハ決而無レ之処」と布達した。しかしこのことはとりもなおさず全国各地で廃仏毀釈が行われたことを意味している。富山藩においては、領内八ヵ寺の寺院の存在を許し、千六百二十七ヵ寺の寺院整理を決めているし、伊勢の神領においては、明治二年三月の明治天皇の行幸までに、領内の百九十六ヵ寺を全部廃寺としている。また滋賀県の日吉神社では、仏像・仏具・什物・経典などおびただしい数のものを取り上げ、その多くを焼却している。また奈良の興福寺では、僧侶全員が還俗して隣の春日神社の神官になり、新神司と称している。このため興福寺は無住の寺となり、その管理は西大寺や唐招提寺に依頼する結果となった。また神奈川県鎌倉市の鶴岡八幡宮の場合は、境内にあった真言宗の十二ヵ寺の塔頭の僧侶が還俗し、いずれも神官となり、総神主と称した。そして建物はとりはらわれ、仏像・仏画・什物・仏具・経典の類もその多くは破却されている。この神仏分離に端を発した一連の廃仏毀釈運動は、まさに焚書坑儒の再来ともいうべきもので、全国いたるところで、数多くの文化財が灰燼に帰し、多くの寺院が破却された

〔参考文献〕村上専精・辻善之助・鷲尾順敬編『(明治維新)神仏分離史料』、『法規分類大全』第一編社寺門、柴田道賢『廃仏毀釈』、圭室文雄『神仏分離』(『歴史新書』一一三)　(圭室　文雄)

しんぶつめんびき　神仏免引　江戸時代における年貢の高内引の一種。除地にならない社地・堂下ならびに田畑、あるいは堂社はなくとも神仏の森などの地面が村高に含まれているが、高内引となり、田租などを免租とすることをいう。たとえば八幡免・天神免・荒神免・観音免・阿弥陀免・薬師免などがあげられる。このほか検地により高請された田地でも、社地に加えられたり、祭田とされた場合は年貢が免除された。これを神田引という。

〔参考文献〕大石久敬『地方凡例録』六上(『日本史料選書』四)　(森　安彦)

じんぶん　神分　密教で用いる仏教用語。修法・講論・論義などの法会に際し、梵天・帝釈・四天王などの仏法上の諸神の降臨を請い、その擁護を求める帰依三宝の句(俗に神下《かみおろ》しの句という)をいい、表白文・願文などに用いられた。しかし、平安時代後期以降に寺院に地主神・鎮守神信仰が擡頭すると、神分の文に仏法神に併せて日本の神祇諸神の加護を願い、伊勢大神宮および賀茂・石

清水・春日などの王城鎮護大明神、五畿七道大小諸神、あるいは当所鎮守明神・日本国中大小神祇などの神名を加えて読誦するようになり、中世の神祇思想の普及に多大な影響を与えた。起請文が誓約事項を記した前書と守護神である仏法神・神祇神の名称を記した神文とから構成されていることはよく知られているが、その神文はこの神分の影響をうけて成立したと考えられる。 ↓起請《きしょう》文《もん》

参考文献 山本信吉「表白にみる中世神祇思想」(『朱』四五)　(山本　信吉)

しんべつ **神別** 天津神・国津神の後裔氏族をいう。平安時代の初期につくられた『新撰姓氏録』は当時の氏族を、その出自によって皇別・神別・諸蕃の三つに分類した(三体という)。そして「天神地祇之冑、謂二之神別一」と述べ、同書十一巻より二十巻に左京・右京・山城・大和・摂津・河内・和泉の順に神別諸氏四百四氏をあげている。神別はさらに天神・天孫・地祇に分けられ、天神族二百六十五・天孫族百九・地祇族三十に分けられている。諸氏族の祖先を皇別・神別に分ける考え方はかなり古いものと考えられ、『日本書紀』允恭天皇四年条にも群卿百寮および諸国造らが、その祖先を「或いは帝皇の裔、或いは異しくして天降れり」(原漢文)と述べたと記す。神別諸氏の多くが天武朝の八色改姓以前に連のカバネを称し、皇別諸氏が臣のカバネを称したのと対称的であるのは、カバネが伝承的祖先の出自と関係しているものであり、皇別・神別の二元観の古いことを示すものであろう。↓新撰姓氏録《しんせんしょうじろく》

参考文献 溝口睦子『日本古代氏族系譜の成立』、佐伯有清『新撰姓氏録の研究』　(阿部　武彦)

しんぽう **神宝** 「かんだから」の意。神社において祭神の使用に供する御料として、神殿または神庫に納められるもので、単なる神社の宝物とはその宗教的意義を全く異にしている。『旧事本紀』に饒速日命《にぎはやひのみこと》が高天原から降臨した時にもたらした「天璽瑞宝十種」がみえるが、歴史的な立場からみれば、神宝のおこりは古代社会における地域協同体の長《おさ》たちが、もっていた「氏の宝」「氏の力の象徴」といったもので、それらはつねに氏人に対してきわめてマジカルで、また強い宗教的な拘束力をもつものであったと考えられる。なかでも鏡と剣と玉は、もっとも神聖でまた神秘的な力を秘めるものとしてむしろ畏怖の対象であり、シャマニスティックな宗教体質を帯びた古代社会において神宝は重要な宗教性と権威性をもっていた。神宮における神宝が式年遷宮のたびに全部新調されるのもその宗教的に重要な意義を継承しているからである。 ↓三種神器《さんしゅのじんぎ》 ↓式年遷宮《しきねんせんぐう》 ↓別刷〈春日《かすが》大社《たいしゃ》の神《しん》宝《ぽう》〉

参考文献 『古事類苑』神祇部三、『神道名目類聚抄』、薗田守良編『神宮典略』(『大神宮叢書』一―三)、神宮司庁編『神宮要綱』、景山春樹「じんぽう(神宝)」(『国学院大学日本文化研究所紀要』二六)　(景山　春樹)

じんぽうしょう **神鳳鈔** 中世伊勢神宮の神領を書き上げた書物。一巻。頭書に、「二所太神宮御領諸国神戸・御厨・御薗・神田・名田等」とあり、伊勢国十四郡をはじめ、四十ヵ国にわたって、皇大神宮(内宮)・豊受大神宮(外宮)の各種所領を書き上げたものである。伊勢国のうち十郡と伊賀国については、「迄レ此承久注文定」「御贄上分注文定」などの注があり、承久年間(一二一九―二二)の神領注進記載所領を特記している。また、伊勢国のうち度会・飯野の二郡については、郷名の書き上げがある。『神鳳鈔』は、その題下に「伊勢太神宮造替遷宮事、日食米処々注文」とあるように、直接には、貞治三年(一三六四)の式年遷宮に向けて、その造営料・夫工徴発の台帳として同宮祠官によって作成されたものと思われ、多くの所領について、日食米の額や年三度(六・九・十二月)大祭への上分米負担額が注記されている。中世の神郡支配、所領編成を知る上で、建久三年(一一九二)の神領注文(『神宮雑書』)とならぶ重要資料である。荒木田氏経筆写本(氏経本)、御巫清直影写本(御巫本)などがある。『神宮古典籍影印叢刊』六、『群書類従』神祇部に収録刊行されている。

参考文献 『群書解題』一上、稲本紀昭「建久三年「伊勢太神宮領注文」と『神鳳鈔』」(『史林』六八ノ一)　(棚橋　光男)

しんぼく **神木** 神の依代《よりしろ》となる神聖なる樹木。また神《かみ》依木《よりぎ》・勧請木《かんじょうぎ》ともいう。宗教学的にみるならば聖樹信仰の一種である。日本古代における自然(原始)神道期は、およそ三世紀ごろから七世紀ごろまでの長い期間にわたっており、それは農耕社会の発展期から古墳文化期を通じて、氏族制社会の完成に至る経過と、ほぼ並行してすすんできた日本人の宗教である。氏族の長の霊魂祭祀と農耕に伴う穀霊祭祀は常に並行して、神体山や神籬《ひもろぎ》・磐《いわ》境《さか》や磐座《いわくら》といった祭祀遺跡とそれに伴う祭祀遺物などの存在によって認識されてきた。神々は常に第二次元の世界に存在する象徴的無形の精神的存在であるから、神霊を迎える場合には常緑樹の繁茂した禁足地の清浄な地にある巨岩や巨木を依代とすることが多かった。神体山の頂上とか、清泉のほとりとか、流水のみぎわといったところに生えている数百年、なかには千年をこえる巨木は、みるからに自然そのものであり、古代の人々はその姿に神の姿を視認したのであろう。針葉樹ではおもに杉が、また広葉樹林では林叢そのものが神木(神林)とみたてら

神木(広島県尾道市厳島神社)

れていることが多い。中世には春日の神木動座は榊の老木を神体に擬して洛中に強訴している。稲荷山や三輪山の杉、熊野速玉の梛《なぎ》、大宰府の梅や日吉の桂などは、常に信仰の対象として、時には神そのものともみられて来たが、やはり神の依代とみるべきものであり、その背後には昔の豊かな林相をもった日本列島を度外視しては考えられない宗教意識でもある。神仏習合の初期には、山中に籠った修験者らが霊感をうけて神木を截り、これに仏像などを彫りつけて、いわゆる立木仏を造って礼拝し、これを祀るための堂宇を建てたりして、次第に自然神道は、いわゆる社殿神道へと変容をとげてきたのである。神木信仰は磐座信仰とともに、日本における自然神道期の存在を示す確かな指標的存在であるといえる。→春《かす》日神木《がのしんぼく》

（景山 春樹）

参考文献 国学院大学日本文化研究所編『神道要語集』祭祀篇一

しんぽんぶつじゃくせつ 神本仏迹説 仏が教化の方便として仮に神の姿に化現するという仏本神迹説に対し、逆に神こそ本で仏はその垂迹であるとする理論。平安仏教に始まった本覚門思想が徹底すると、神は仏より出て仏より尊いとの認識を生じ、鎌倉時代初期、天台座主公顕のごとく神明に浄土往生を祈請するものも出る情勢となって仏教神道が発生した。天台では山王一実神道、真言では両部神道から出た三輪神道・伊勢神道が代表し、法隆寺でも太子流神道が興った。その理論書として、天台では『山家要略記』『耀天記』『日吉社神道秘密記』など、真言では『三輪大明神縁起』『神道五部書』『麗気記』『類聚神祇本源』など多数のものが中世に成立した。特に『神道五部書』は伊勢詣の流行に伴う信者教化と外宮優位を示す目的から伊勢の外宮神官が編んだもので、仏教を超えた絶対無の神の時代、有為から無為への時代を志向する伊勢神道の根本理念をあらわし、神本仏迹説の根拠とした。一方、元寇の影響をうけ神国思想の高揚から石清水八幡宮の神威を説く『八幡愚童訓』がつくられ、北畠親房も『神皇正統記』『元元集』の著作を通じ、政治的立場から伊勢両宮の神を絶対的存在者とする神本仏迹説を主張した。室町時代、これを一段と綜合止揚して唯一神道（卜部神道・吉田神道・元本宗源神道）を説いたのが吉田兼倶で、道家思想をいれた絶対無為の大道を説き、仏教は万法の花実、儒教は万法の枝葉、神道は万法の根本とする、いわゆる三教枝葉花実説を展開し、また本地とは陰陽未分の元神、日月出化の霊神を指し、社壇をもうけてまつられる神を垂迹とするとの解釈によって神本仏迹から進んで神本神迹への方向を示し、仏説に由来する本地垂迹説をのりこえるに至った。神本仏迹説も仏本神迹説の発展形態にすぎない以上、これを反本地垂迹説と呼ぶのは必ずしも妥当でなく、むしろこれをのりこえた神本神迹説にしてはじめてその名にふさわしいものとなるのである。→本地垂迹説《ほんじすいじゃくせつ》

参考文献 村山修一『本地垂迹』（吉川弘文館『日本歴史叢書』三三）、西田長男「本地垂迹説の成立とその展開」（『日本神道史研究』四所収）、西田直二郎「神道に於ける反本地垂迹思想」（『日本文化史論考』所収）、小倉豊文「反本地垂迹説の発達と聖徳太子の信仰」（『以可留我』一ノ五・六） （村山 修一）

じんみょうちょう 神名帳 (一)普通には律令制下の神祇官にそなえられた官社の登載帳を指す。「しんめいちょう」ともよむ。神祇官帳・官帳・官社帳などとも称された。神名帳の名称自体は、延長五年（九二七）撰上の『延喜式』四時祭上に「祈年祭神三千一百卅二座（中略）（並見二神名帳一）」とみえ、ここに至ってその名が用いられることとなったとされる。これらの官社登載帳のうち現存するのは『延喜式』五十巻中の巻九「神名上」と巻十「神名下」で、神名帳と単称する場合には多くこの両巻をあてている。神名帳の成立時期が問題とされるが、『続日本紀』慶雲三年（七〇六）二月庚子条に、甲斐・信濃・越中・但馬・土佐国などの十九社がはじめて「祈年幣帛例」に入り、その神名は「具二神祇官記一」とある。祈年祭の奉幣に預かることは官社としての基本的な待遇であって、その社名が神祇官に登録されていたことを、少なくとも意味する記事であろう。また『古語拾遺』によれば、大宝年中（七〇一―〇四）には「神帳」は明確なものがなく祭祀の式もなかったが、天平年中（七二九―四九）に至って「神帳」が勘造されたとあり、その関連記事として『続日本紀』天平九年八月甲寅条が注目されている。官社の数が次第に増加するにつれ、八世紀に入って、それを整理した独立の公簿すなわち神名帳の成立を促したと考えられよう。弘仁十一年（八二〇）撰上の『弘仁式』四十巻中の巻七―十、貞観十三年（八七一）撰上の『貞観式』二十巻中の巻三―五はいずれも神名帳の部分であるが伝存せず、両式の集大成たる『延喜式』神名帳が現存する。上巻（巻九）には宮中・京中・五畿内・東海道、下巻（巻十）には東山・北陸・山陰・山陽・南海・西海の各道について、国別・郡別に官社の名を記し、合計で三千百三十二座の祭神、二千八百六十一所の神社を登載する。内訳として大・小の区別、またそのおのおのに官幣と国幣の区別あることなどを標示している。もちろん当時における全国の神社のすべてを挙げるものではなく、何らかの理由にもとづいて官社に列した神社を記載する。その理由としては種々な場合があったであろうが、格別の祈願や霊験によるもの、また地理・交通上や氏族上での中央との関係などが、まずは考えられよう。『延喜式』神名帳の古写本として九条家本（鎌倉時代初期写、国宝）が知られるが、弘仁・貞観の二式との関係において官社の沿革を窺い知る標注を有する点で、ともに断簡でありながら大阪の金剛寺所蔵本（巻九、平安時代末期写、国宝）と武田祐吉旧蔵本（中院家本、巻十、鎌倉時代初期以前写）とが注意される。『延喜式』の中でも神名帳の部分は早くから研究が始められており、経典として尊重されるとともに

研究史料としても重視されたがためであろう。またこれとは別に、『今昔物語集』一九の第三二話にみえる陸奥国の神名帳や、現在に伝わる『尾張国内神名牒』など、一国内の諸社を記録した国内神名帳も知られている。神名帳の主な研究書としては吉田兼倶『延喜式神名帳頭註』、徳川義直『神祇宝典』、度会延経『神名帳考証』、伴信友『神名帳考証』、鈴鹿連胤『神社覈録』、栗田寛『神祇志料』、教部省編『特選神名牒』などがあり、最近の研究成果としては式内社研究会編『式内社調査報告』(全二十五巻、刊行中)が注目される。→延喜式《えんぎしき》　→延喜式神名帳《えんぎしきじんみょうちょう》

参考文献　宮城栄昌『延喜式の研究』論述篇、梅田義彦『神祇制度史の基礎的研究』、岩本徳一『神道祭祀の研究』、西牟田崇生『延喜式神名帳の研究』、三橋健『国内神名帳の研究』

(土岐　昌訓)

(二)奈良東大寺二月堂で行われる修二会(お水取り)で現在も奉唱されている神名帳。曲譜・清濁の符号などがみられる。一巻。平安時代末期ころの成立。表題は「神名帳、戒壇院公用」とあり、尾題に「神名帳」と記すが、一本に「二月堂神名帳」とみえる。戒壇院公用とは東大寺戒壇院の公用物との意である。冒頭に「依例奉勧請大菩薩大明神」と記すように、神名を奉唱することにより大菩薩・大明神などを勧請するのである。はじめに金峯大菩薩・八幡三所大菩薩を置き、次に興文・興成・興松・興明・興児・興叙・興進・興高の八大菩薩を列記する。以上は東大寺および二月堂の護法神である。次に五畿七道六十余州に所在の二百三十二所の著名な神祇を掲げる。これらは平安時代末期のわが国の著名な神であり、神号は大菩薩と大明神を用いてある。続いて陰陽道関係の五神を掲げ、次に「日本洲有官知未官知万三千七百余所大明神」と記すように、わが国のほとんどの神祇を勧請している。最後に十一所の御霊神を掲げる。諸本は文明十一年(一四七九)叡義書写本をはじめ、山田以文本・続群書類従本・伴信友校訂本・興田吉従本などが知られている。『続群書類従』神祇部所収。

参考文献　『群書解題』一下、三橋健『国内神名帳の研究』論考編・資料編、佐藤道子「神名帳―その性格と構成―」(東京国立文化財研究所芸能部編『芸能の科学』五)

(三橋　健)

じんみょうちょうこうしょう　神名帳考証　『延喜式』神名帳を考証したものであるが、同名の二書がある。(一)伊勢外宮の権禰宜、度会(出口)延経著。八巻。延経は延喜式内の諸社の多くが神名・所在の不明なるを嘆き、三十年の長きにわたり考索を試みたが、草稿のまま正徳四年(一七一四)に没した。外宮内人の桑原弘雄・弘世の父子は、その遺稿を借覧し、錯簡・重複などの部分を整理・浄写して、享保十八年(一七三三)に考訂の業を完成した。巻頭に勲位および国祭について簡単に記し、以下式内の諸社について考注をほどこしている。本書のうち伊勢国の部分のみを抄録・校訂したものに『伊勢国神名帳考証』一巻がある。『神祇全書』一所収。(二)伴信友著。六十九巻。『神名帳考証土代』ともいう。文化十年(一八一三)十一月二十一日成稿。信友は文化四年に延経の前掲書を筆写しており、参照するところ多かったようであるが、さらに自分自身による考証を精細に試みたのが本書である。典拠とすべき諸書の原文を一々引用し、その上で信友自身の見解をも示している。式内の神社のほか、適宜に「式外旧社」の項を設けて国史見在の諸社をも取り挙げ、その祭神・由来・名称・沿革などについて考証している。のちに成稿する『神社私考』六巻(天保十二年(一八四一)成)の巻一・二は本書の首巻にあてられる。黒川春村は本書に補注を加えているが、別に『神名帳考証土代附考』(一巻)をも著わして一層の補完を果たしている。『伴信友全集』一に所収。

(土岐　昌訓)

しんみんのみち　臣民の道　昭和十六年(一九四一)三月三十一日、文部省教学局が刊行した国民教化用の書物。同十二年、国体明徴の目的で刊行された『国体の本義』につづき、社会教育団体や学校に配布するほか、国民学校卒業記念として直接児童に手渡した。前年の紀元二千六百年式典により「肇国《ちょうこく》の精神」を国民に体得させ、その上に立って「万民愛撫の皇化の下に億兆心を一にして天皇にまつろひ奉る、これ皇国臣民の本質である」とし、天皇への随順奉仕こそ臣民の道であるとする。これを説くにあたり、聖徳太子の十七条憲法にいう「私を背きて公に向《ゆ》くは、是れ臣の道なり」をはじめ、元正天皇の詔や北畠親房の『神皇正統記』などから、忠をつくして皇運を扶翼する道を説いた箇所を引き、さらに大日本帝国憲法発布の際の勅語、教育勅語、軍人勅諭などによって忠こそ大本であることを繰り返し述べている。昭和二十年十一月三十日、前田多門文相は衆議院において北昤吉議員の質問に対する答弁の中でこれの廃棄を言明し、在庫分も処分された。→国体《こくたい》の本義《ほんぎ》

(山住　正己)

じんむてんのう　神武天皇　『日本書紀』および『古事記』によれば、第一代の天皇で、皇室の祖先とされる。その名は、『日本書紀』神代、神皇承運章本文・同第一の一書によれば、神日本磐余彦尊《かんやまといわれひこのみこと》という。鸕鶿草葺不合尊《うがやふきあえずのみこと》の第四子で、母は玉依姫《たまよりひめ》。甲寅の歳、諸兄とともに日向を発して、瀬戸内海を経て、河内の白肩《しらかた》の津に上陸したが、長髄彦《ながすねひこ》が孔舎衛《くさえ》坂に防いだために、紀伊に迂回し、この間に諸兄を失った。熊野で高倉下《たかくらじ》の迎えを受け、頭八咫《やた》烏《がらす》と日臣命《ひのおみのみこと》(道臣命)の先導によって、中洲《なかつくに》(大和)に入った。菟田《うだ》では弟猾《おとうかし》(猛田《たけだ》県主の祖)が帰順し、吉野では井《い》光《ひか》(吉野首の祖)・磐排別《いわおしわけ》(国樔《くず》部の祖)・苞苴担《にえもつ》(養鸕《うかい》部の祖)らが服従した。国見丘《くにみのおか》では八十梟帥《やそたける》を斬り、さらにその余衆を忍坂《おさか》に亡ぼした。磯城《しき》では弟磯城(磯城県主の祖)が帰順した。ついに進んで長髄彦を鳥見《とみ》に撃った。戦の不利の際に、金色の鵄《とび》が磐余彦の弓弭《ゆはず》にとまり、敵はその光に眩いた。かねて長髄彦に奉ぜられていた饒速日命《にぎはやひのみこと》は、磐余彦が天神の子であることを認めて、長髄彦を誅して帰順した。これが物部氏の祖先である。なお層富《そふ》の

新城戸畔《にいきとべ》、和珥坂下《わにのさかもと》の居勢祝《こせのはふり》、臍見長柄丘岬《ほそみのながえのおかさき》の猪祝《いのはふり》などの土蜘蛛《つちぐも》も、すべて亡ぼされた。そこで磐余彦は畝傍《うねび》山の東南橿原《かしはら》の地に帝宅を造り、媛蹈鞴《ひめたたら》五十《い》鈴媛命《すずひめのみこと》を正妃に立て、辛酉の歳帝位に即いた。これを始馭天下之《はつくにしら》天皇《すめらみこと》と称する。ついで功労のあった臣下に賞を与え、また鳥見山に霊畤を立てて、皇祖の天神をまつった。在位七十六年、寿百二十七歳で崩じ、畝傍山東北陵に葬った。

この伝承の中で、『日本書紀』に記された東征や即位に際しての詔命が、中国の史書の形式を模倣して作られたことは、いうまでもない。即位の年を辛酉と定めたことが、讖緯説の辛酉革命の説に基づいて、その一蔀《ぼう》のはじめを取ったことは、早く三善清行にこれを示唆するものがあり、伴信友がこれを主張し、那珂通世に至って定説となったものである。いまこれらの明らかな修飾を除いて、伝承を分析すると、それはほぼ『帝紀』と『旧辞』とを原史料とすると考えられる。『帝紀』は系譜的記事である。氏族の出自、陵墓・皇居などの所在に関する記事はこれに含まれる。氏族の出自に関しては、社会的地位を確認させるために作為されたものが多いから、必ずしも信用できないが、陵墓は顕著な造営物であるから、これに伴う記憶もしくは伝承は、注意に値する。『日本書紀』天武紀によれば、壬申の乱にあたって、高市郡の大領高市県主許梅《こめ》に神懸りがあったために、神武陵に馬および兵器を奉ったという。すなわちこの時に公式に神武陵とされたものが存在したばかりでなく、それは祭祀の対象でもあったのである(『多武峯略記』によると、この陵墓は、平安時代中期までは、荒廃しながらも、その位置を知られていたらしい)。そしてそれはさらに大化前代にさかのぼるべきものであり、『帝紀』が五世紀にはじめて記録として成立したとしても、口承による伝承は、より以前から存在したと考えることも可能であろう。皇居も陵墓と類似した性質を有する。「ミヤ」という言葉に示されるごとく、古代の皇居は、単に天皇の居住する場所であるにとどまらず、また神殿でもあり祭場でもあった。そして、それは天皇の治世とともに移動したから、特定の天皇を指す場合に、その名の上に皇居の所在を冠することは、きわめて一般的な用例であった。それがすでに五世紀に存在することは、熊本県江田船山古墳出土の刀銘によって確認される。おそらく歴代の皇居の所在も、それ以前から伝承されたのであろう。

周知のごとく神武天皇およびそれ以後の十数代の天皇の年寿および在位年数は異常に長い。これが作為であることはいうまでもないが、これは神武の即位を辛酉の歳に定めたために、実年代との間に数百年の開きを生じ、しかも『帝紀』の伝える歴代の代数を動かすことができないために、不自然な操作を行なったからである。すなわちこれらの作為は、単なる机上の制作ではなく、全く『帝紀』の記載を尊重した結果にほかならない。そして『帝紀』の記載を尊重する限り、神武天皇の史的実在は、これを確認することも困難であるが、これを否認することも、より以上に困難なのである。これに対して、『旧辞』は物語である。近世の関東地方の各地に、平将門や源義家に関する口碑が存在するように、古代の奈良盆地とくにその周辺地域には、磐余彦に関する多くの口碑(地名説話を含む)が存在したらしい。これを集成し、適当に配列して、磐余彦の大倭平定の物語が成立したものと考えられる。猛田県主や磯城県主などの諸氏族の祖先に関する伝承も、多くは一応この物語の大筋が成立してから、これに寄生したものが多いようである。ただ物部氏などに関しては、その固有の伝承が動かし難かったために、その祖先である饒速日命を、磐余彦と同格に天神の子とする説話が保存されたのであろう。物語の中に挿入された多くの歌謡は、資料的には、全く系統を異にするものであって、それらはすべてもと大伴氏に属した久米部に伝えられた久米歌である。その中から地名その他で説話の内容に関係があるらしく考えられるものを取り入れたものである。いま綜合して物語の原型を推測すると、それは磐余彦と長髄彦(登美彦)との二人の首長の争闘、そして磐余彦の勝利というきわめて単純な図式となる。そしてこれはおそらく皇室に古くから保存された伝承であろう。

近年この磐余彦の大倭平定説話を以て、崇神天皇・応神天皇、もしくは継体天皇などの事蹟を、より古代に反映させたものとする説がある。しかしこれらの諸説は、いずれもその論証がすこぶる不充分なばかりでなく、その前提となる崇神・応神・継体の事蹟の史実性についての吟味を欠いているために、信用することができない。これと対蹠的に、磐余彦の大倭平定説話の前段階を構成する東征説話に、北九州の邪馬台国が東遷した事実が含まれていると主張する説もある。しかしこれは津田左右吉が早く指摘したように、皇室の祖先を説明するために、天孫が日向に降臨したという説話が設定されたために、これを実在する大和朝廷に結びつける必要から作為されたものであって、全く史実性を認めることはできない。しかしそれは単なる作為というよりは、むしろイスラエル民族のエジプト脱出の伝承に類似する一種の信仰というべきものであろう。

[参考文献] 文部省編『神武天皇聖蹟調査報告』、佐藤小吉編『飛鳥誌』、津田左右吉『日本古典の研究』(『津田左右吉全集』一・二)、植村清二『神武天皇』(『日本歴史新書』)

(植村 清二)

畝傍山東北陵《うねびやまのうしとらのすみのみささぎ》 奈良県橿原市大字洞《ほら》にあり、旧字名を「みさんざい」(「みささぎ」の訛り)という。南面する円丘で、方形の濠が巡っており、陵前の鳥居は黒木を用いている。『日本書紀』によれば、天皇は七十六年三月十一日に崩御、翌年九月十二日当陵に葬るとあり、『古事記』には陵は「畝火山之北方、白檮尾上《かしのおのえ》」にありとし、『延喜式』諸陵寮の制は「兆域東西一町、南北二町、守戸五烟」で、遠陵に班している。天武天皇が壬申の乱(六七二年)

で大和に陣した際、高市郡の大領に神教があって、当陵に馬や兵器を供えて祭らせたことがある(『日本書紀』)。『続日本紀』文武天皇四年(七〇〇)八月条には「宇尼備《うねび》」などの山陵の樹木が故なくして枯れたとあるが、当陵かどうかは明らかでない。円融天皇の時に、神武天皇の神託によって陵側に国源寺が創建されたと伝えられている(建久八年(一一九七)撰の『多武峯略記』)。同寺はその後荒廃して明らかでないが、現在当陵域内に遺存する一群の礎石は同寺のものといわれている。中世以後当陵に関して伝えるものはなく、ついに荒廃して所在を失うに至った。近世になり勤王の気運に伴って皇陵の関心も高まり、元禄九年(一六九六)松下見林は『前王廟陵記』において、畝傍山の東北慈明寺村の「神武田《じぶでん》」という所にある小丘を陵所とした。当所の字名は「みさんざい」といい、貝原益軒も同所をあてたが、元禄十一年江戸幕府の皇陵探索の時は、現在綏靖天皇陵になっている四条村の塚根山を陵として竹垣を巡らした。しかし、いろいろ異説も出て、竹口尚重が畝傍山の北方にある洞村の丸山(一名、御殿山)を擬してからは、この説に従うものも多かったが、嘉永二年(一八四九)に奈良奉行川路聖謨がその著『神武御陵考』において前記の神武田の小丘が真陵であると論じてからは、この説の方が有力となり、両者の正否は決めかねた。その後幕末の修陵の際、文久三年(一八六三)二月勅裁によって神武田の方を陵とし、大いに修理を施した。

参考文献 谷森善臣『山陵考』(『(新註)皇学叢書』五)、上野竹次郎『山陵』上

(中村　一郎)

じんむてんのうさい　神武天皇祭　神武天皇の神霊を奉斎する祭。宮中祭祀の一つ。毎年四月三日、宮中の皇霊殿で行う。当日、宮中では大祭として親祭され、東遊《あずまあそび》も行われるが、大和の畝傍《うねび》山東北陵《やまのうしとらのすみのみささぎ》には勅使を派遣し、幣帛を奉っての御陵祭が行われる。また、同夜皇霊殿御神楽の儀が行われる。この祭は、文久三年(一八六三)神武天皇御陵地が確定されたのち、『日本書紀』によると神武天皇は神武天皇七十六年三月十一日に崩御したとされているところから、翌元治元年(一八六四)三月十一日孝明天皇が御陵を遙拝し、また勅使が派遣されてより永制とされたのに始まり、明治六年(一八七三)改暦により、その年の旧暦三月十一日が新暦の四月七日にあたったため、同日に行われた。その後、換算しなおして、同年十月十四日太政官第三四四号布告により「年中祭日祝日等ノ休暇日」の一つとされ、四月三日と規定された(昭和二十三年(一九四八)七月二十日「国民の祝日に関する法律」の公布・施行により廃止)。なお、宮中祭祀とは別に奈良県橿原市久米町の橿原神宮において、四月三日神武天皇祭と称し春季大祭を行なっているが、地元ではそれを「神武さん」と称えて親しみ、終日各種崇敬団体の神賑行事が行われる。

(鎌田　純一)

じんめ　神馬　神々の乗用に供する意をもって神社に奉納された馬。また「しんめ」とも訓む。神々に祈請する時には、その報謝として古くから馬匹を奉献する習わしが弘く行われてきた。ことに平安時代には諸国の牧から宮廷へ馬を貢進することが年中行事として行われるが、神馬献進にはその影響も少なくはない。古来、雨司の神に対しては止雨の祈請には白馬を、祈雨の祭祀には黒馬を奉献する習わしがあった。農耕の祭祀に伴うもので、祈雨と止雨はモンスーン地帯にある一毛作の農業国日本では、もっとも重要な生産祈念の年中行事ともなっていたのである。もっとも大切な物を捧げて、もっとも大切な祈請を行う、そこには一途な生産祭祀への民衆感情もうかがえる。のちには白馬や黒馬の絵馬を奉納する習わしも、ここから始まっている。神社にとっても神馬をはじめ多くの馬匹は祭儀の折などには絶対に必要欠くべからざるものでもあった。なお馬を奉献する際には、その額髪などに紙垂《しで》を付けた。→絵馬《えま》

参考文献 『古事類苑』神祇部二一

(景山　春樹)

しんめいぐう　神明宮　長野県東筑摩郡麻績《おみ》村麻《お》に鎮座。祭神は、天照皇大神。創建年代は不詳だが、平安時代に伊勢神宮内宮領として麻績御厨が設置された際、御厨鎮護のために勧請されたものか。江戸時代には麻績組十ヵ村の総社。例祭は七月二十八日。平成五年(一九九三)内宮式神明造の本殿ほか拝殿・仮殿・神楽殿・舞台の五棟が重要文化財に指定されている。現存する本殿は、貞享元年(一六八四)の造営。境内には代官天野助次郎をまつった天野社がある。同じく境内にある神明宮大杉は、村天然記念物に指定されている。

参考文献 長野県神社庁監修『信州の神事』、臼井良作『本陣の記録―信州麻績宿臼井忠兵衛家と麻績村の歴史―』

(山本　英二)

しんめいしゃ　神明社　天照大神および伊勢両宮(神宮)の神霊を奉斎した神社。神明宮・神明神社・大神宮・伊勢宮・神戸神社・神館(神庤《かんだち》)神社・御厨神社・皇大神社・豊受神社・伊勢堂などともよばれる。全国各地に鎮座しており、鎮座地は、一般に、そこが古代末期に神宮の神領(御厨・御園・神田・名田などと称す)であったこと、また神宮に対する特別の信仰のあるところなどが多い。特に平安・鎌倉時代では神明社のほとんどが神宮の神領に奉斎されている。たとえば、『吾妻鏡』寿永元年(一一八二)八月十一日条に「安房東条庤」、同月十三日条に相模国の「大庭庤」の名がみえ、これらの庤は神庤神明社の起源をなすものである。また同書の文治二年(一一八六)正月二日条に鎌倉の「甘縄神明宮」の名がみえており、これは神明宮(社)の初見として注目される。当宮は建久五年(一一九四)六月二十六日条に、「伊勢別宮也」と記してあり、神明社は天照大神の神霊を奉斎したことが明らかである。また室町から江戸時代にかけて民衆の伊勢参り(参宮)が盛んになると、参宮を目的とした伊勢講・神明講・参宮講などが結成され、それとともに各地に神明社が設けられた。さらに伊勢の神明(天照大神)神霊が飛

春日大社の神宝

奈良市・春日大社は、神護景雲2年(768)に藤原氏の氏神、平城京の守り神として、御蓋山(みかさやま)の麓に創建された。以来多くの神宝が皇族や藤原氏をはじめとする有力者から奉納され、長く神殿内に伝えられた。昭和5年(1930)撤下された神宝は、平安時代の優品ぞろいで「本宮御料古神宝類」および「若宮御料古神宝類」としてそれぞれ36種292点、14種43点が国宝に指定されていたが、平成12年(2000)若宮より4点の神宝が発見撤下され現在18種47点を数える。ここでは、これら古神宝類とそれに準ずる宝物を含めて紹介し、国宝の「本宮御料古神宝類」は(本)、「若宮御料古神宝類」は(若)と注記した。宝物すべては、春日大社の所蔵にかかる。

武器武具(本宮古神宝)　古代より武器武具は、敵を打ち破り、祓い浄める呪術力を持つと信じられ、原初の神宝には多くの剣が含まれており平安時代に装束や調度など幅広い品々が神宝に加わってもその重要性は高かった。朝廷から諸社へ遣わされる公式の神宝には、剣類、弓矢類、鉾類が含まれており、春日でもこれらの品々が、社殿造替時に新調する神宝や皇族行幸啓、大祭春日祭に必ず奉献された。この際の剣はすべて飾剣だが、殿内には毛抜形太刀(図1)や兵庫鎖太刀(図2)など実用刀剣を収める野太刀も納められていた。いずれも豪華で個性あふれる品で皇族や藤原氏の個別の祈願のために奉納されたものであろう。文化財の指定は、古神宝類とはなっていないが、神宝に含められるべきものである。(図1・2は桑原英文撮影)

1　金地螺鈿毛抜形太刀　拵 96.3cm　平安時代　国宝

2　沃懸地酢漿平文兵庫鎖太刀　拵 104.8cm　身 78.8cm　鎌倉時代　国宝

3　黒漆平文餝剱（本）　全長 108.9cm

4　紫檀地螺鈿餝剱（本）　裏側部分　全長 107.0cm

日古神宝武器武具の特徴　大量に伝
る鉾や弓矢類には、装飾がほとんど
く形式的に奈良時代、平安時代初期
でさかのぼりうる古様なものが多く、
具的な意味を持つ神宝と考えられ
一方、華麗な装飾の野剣、若宮の
具などは、王朝社会で威儀を調え
ため非常に重視された儀仗的な武器
具を、祭神の威儀を高めるのに相応
神宝として奉献したものであろう。
れらがともに伝わるのが春日の古神
の武器武具の特徴といえる。（図５・
は田中真知郎撮影）

5　黒 漆 矢（本）　91 隻　箆 81.2 ～ 84.2cm　鏃 8.8 ～ 12.0cm

6　平身鉄鉾（本）　全長 272.8cm

7　細身鉄鉾（本）　全長 328.5cm

8　梓　弓（本）　全長 207.0cm

武器武具（若宮古神宝）弓箭具　これらの弓箭具は藤原頼長の日記『台記』と平安時代の社記により保延２年（1136）11月７日に頼長が奉納したことがわかるもので、平胡籙（図９～11）の銘により大治６年（1131）頼長が行幸供奉の際に身につけた品と知れる。平成12年（2000）平胡籙と対になる毛抜形太刀が発見され、頼長ゆかりの儀仗の武器武具が、若宮社創建時に摂関家より奉納されたことが明らかとなった。（図13は藤城鉄也撮影）

10　平胡籙（若）　背板面

9　平胡籙（若）　原状
高さ32.7cm　下幅20.7cm

11　平胡籙（若）　背板裏

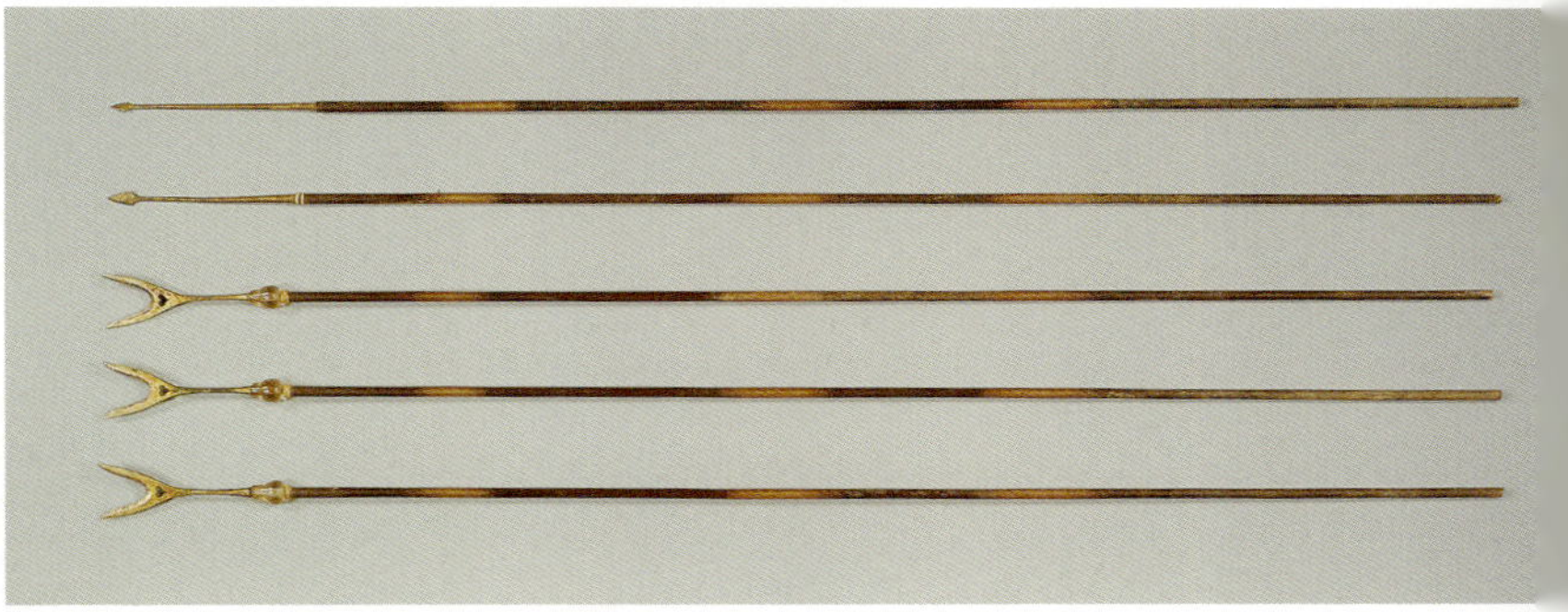

12　金銅尖矢・水晶鏑矢
（若）　ともに全長78.5cm

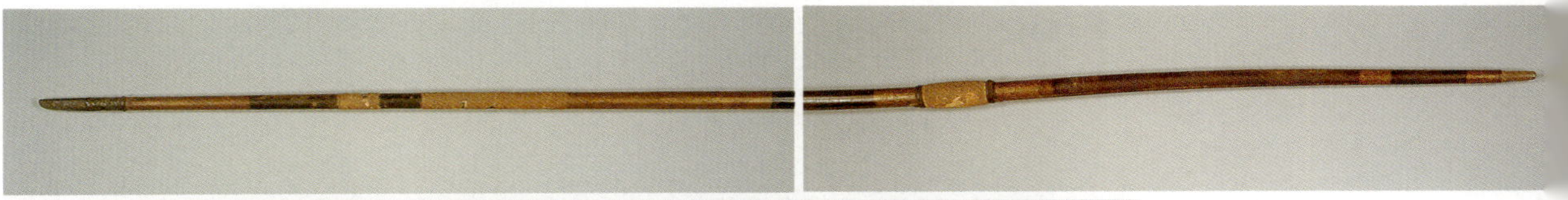

13　蒔絵弓（若）　部分
187.1cm

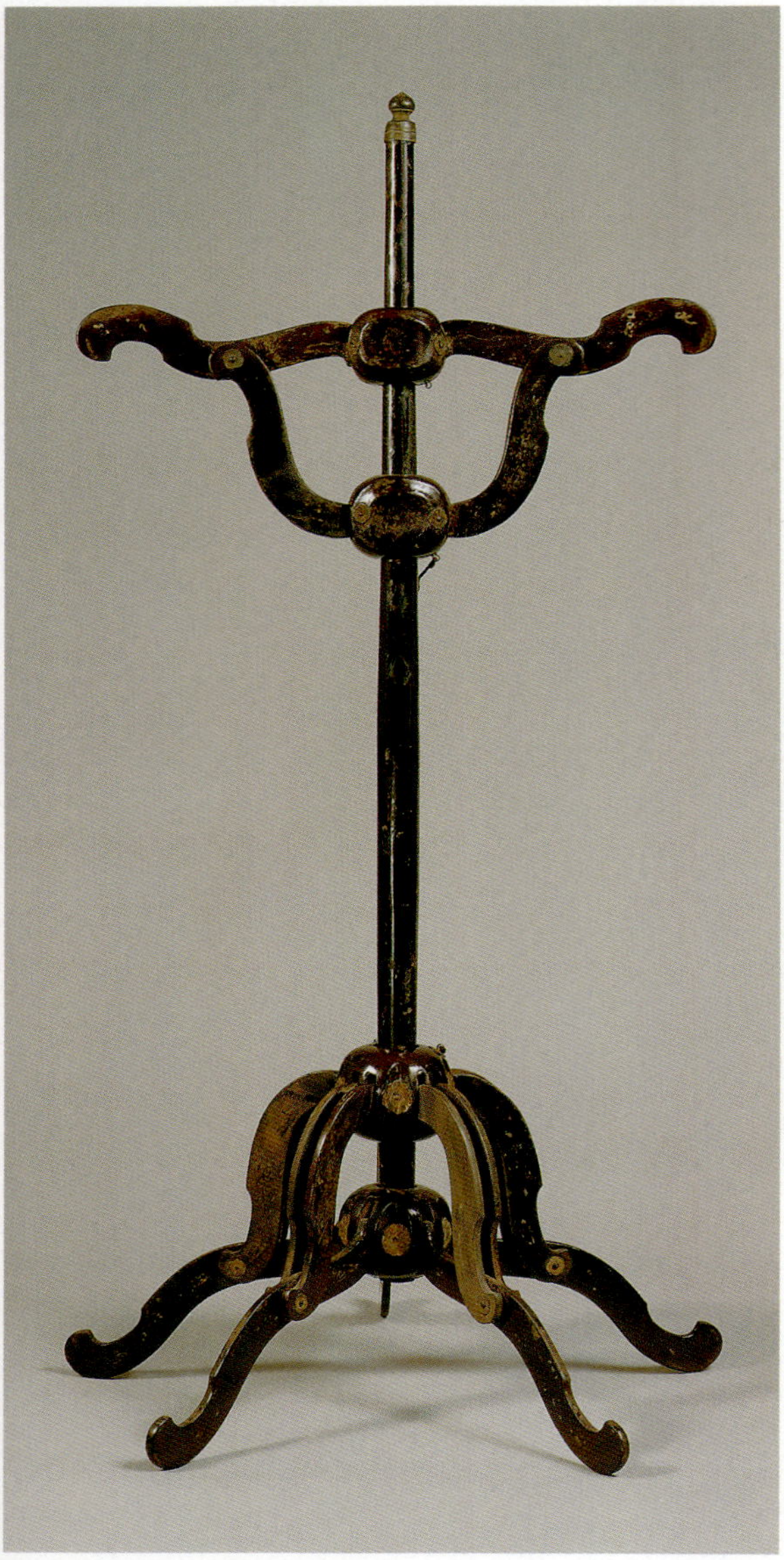

14　黒漆平文唐櫛笥（本）
箱　26.4 × 26.4 × 26.4cm
台　34.8 × 34.8 × 23.1cm

15　黒漆平文根古志形鏡台（本）
高さ 84.5cm

16　秋草蒔絵手箱
24.5 × 31.5 × 16.4cm
鎌倉時代　重要文化財

調度品・紡績具　第四殿祭神の比売神に奉献された鏡台(図15)、化粧道具を納める唐櫛笥(図14)は、遺品のきわめて少ない平安調度で、装飾の平文はほとんど剝落するが、平安時代漆芸の美しさを充分に伝える。唐櫛笥の和風化した手箱(図16)は、古神宝類ではないが、祭神の御料として奉納されたものである。また、各本殿に納められる鏡は20点以上もあり、繊細な和様の文様がみられる平安時代の遺品として貴重であるが、大部分が火損しているのが惜しまれる。麻を紡いで糸にする紡績具(図19・20)は、伊勢神宮をはじめ数社の女神の神宝中に伝えられる。貴重な糸や布の生産は女性の仕事と考えられ、豊穣の願いを込めて捧げられたものであろう。

17　牡丹唐草尾長鳥八稜鏡　径29.8cm
古神宝銅鏡の内　平安時代　重要文化財

18　藤花松喰鶴円鏡　径30.3cm
古神宝銅鏡の内　平安時代　重要文化財

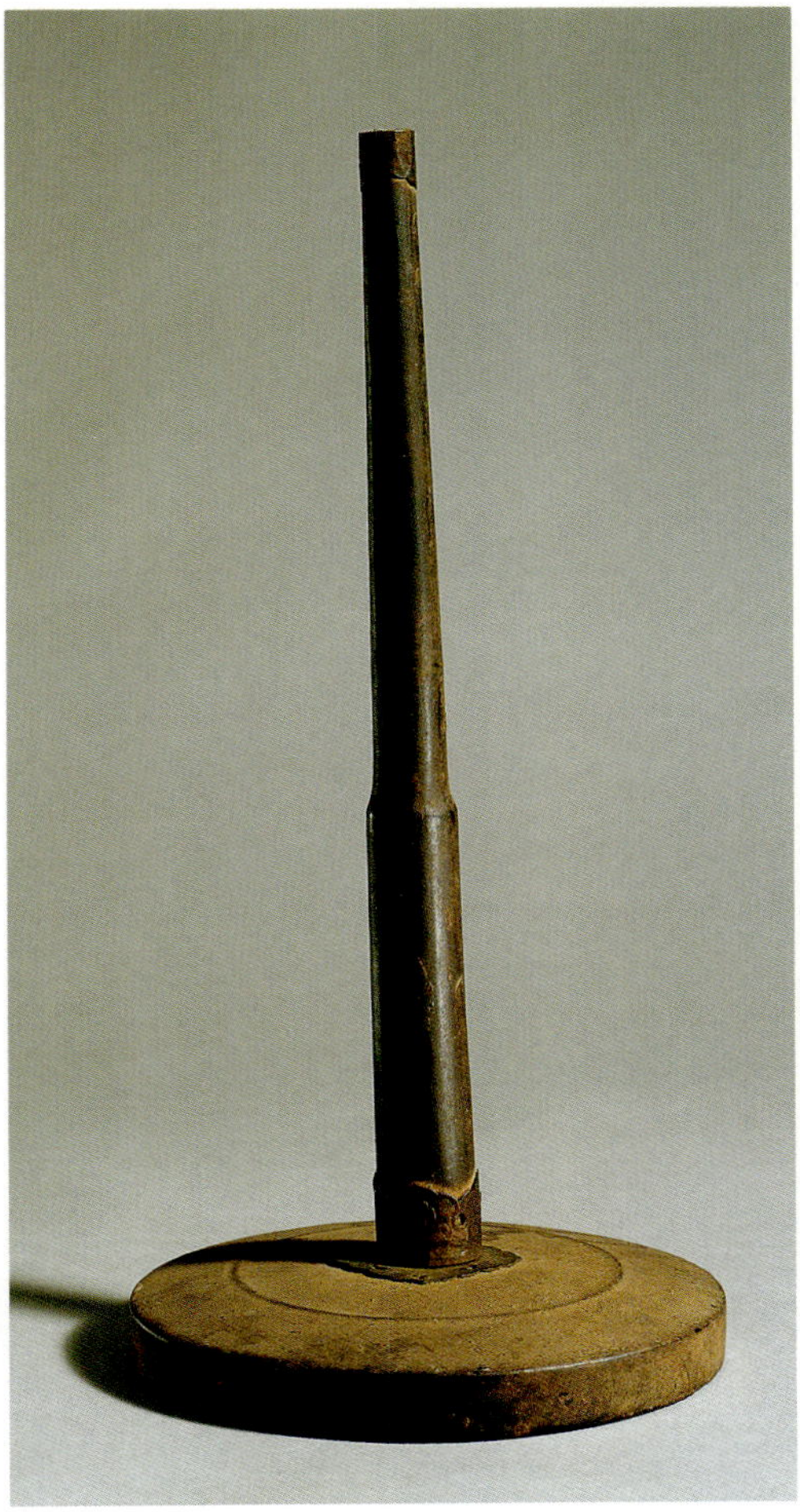

20　黒漆平文線柱（本）
台径16.4cm　高さ35.9cm

19　黒漆彩文麻笥（本）
径22.6cm　高さ19.1cm

21　蒔絵箏（本）　152.0 × 26.5 × 4.2cm

22　和　琴（若）　全長 189.3cm

神宝の中の楽器　神宝に広くみられる楽器に「こと」や鈴がある。神霊を招く呪具として神宝に取り入れられたものであろう。『三代実録』元慶 8 年(884) 8 月 26 日条によれば、当社の神宝にも創建当初から神琴があったとわかり、嘉禎 2 年(1236)の春日社記録にも箏や和琴がみられる。古神宝中には、本宮に蒔絵箏(図 21)、若宮に琴の雛形が伝えられ、本宮の緑地彩絵の箱(図 24)もその寸法より和琴の箱であったと推定されている。さらに平成 12 年(2000)若宮社より平安時代の和琴(図 22)と笙(図 23)が発見され、神宝の楽器の重要な資料として注目されている。

24　緑地彩絵琴箱(本)　110.0 × 19.7 × 6.5cm

23　笙（若）　全長 50.7cm

26　銀　鶴（若）　高さ 13.0cm

25　金鶴及銀樹枝（若）　鶴　高さ 4.7cm　樹枝　高さ 10.0cm

27　銀鶴及磯形（若）　磯形　長さ 18.5cm　高さ 7.3cm

若宮社の小型神宝　金銀の鶴は、州浜に立つものと何かに差し込んで立てるものとがある。祝宴の飾り物として使われた州浜などの造形の一分と思われ、王朝の日記や文学にみえながら遺例はほかになく貴重である。また銀鶴及磯形（図 27）は、ほぼ同形のものが、箸の台として用いられていたことが、平安時代の故実書『類聚雑要抄』から分かる。初代若宮神主中臣祐房が長承 4 年（1135）若宮創立の年に銀の鶴亀を奉納したことが記録にあり、本社にはない若宮独自の神宝であった。（図 26 ～ 33 は桑原英文撮影）

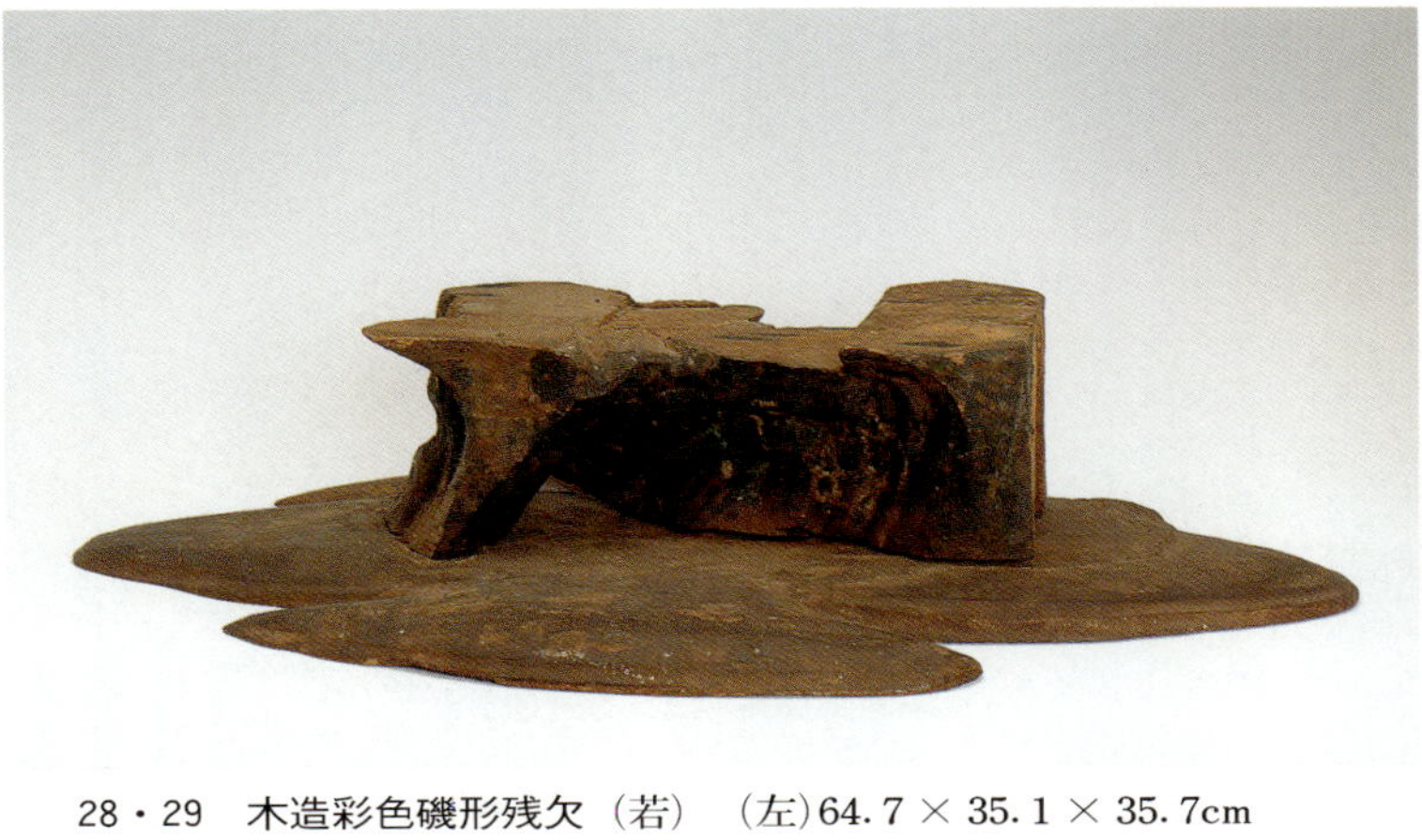

28・29　木造彩色磯形残欠（若）　（左）64.7 × 35.1 × 35.7cm

31　白磁獅子（若）　高さ 15.2cm

30　銅造狛犬（若）　高さ 18.0cm

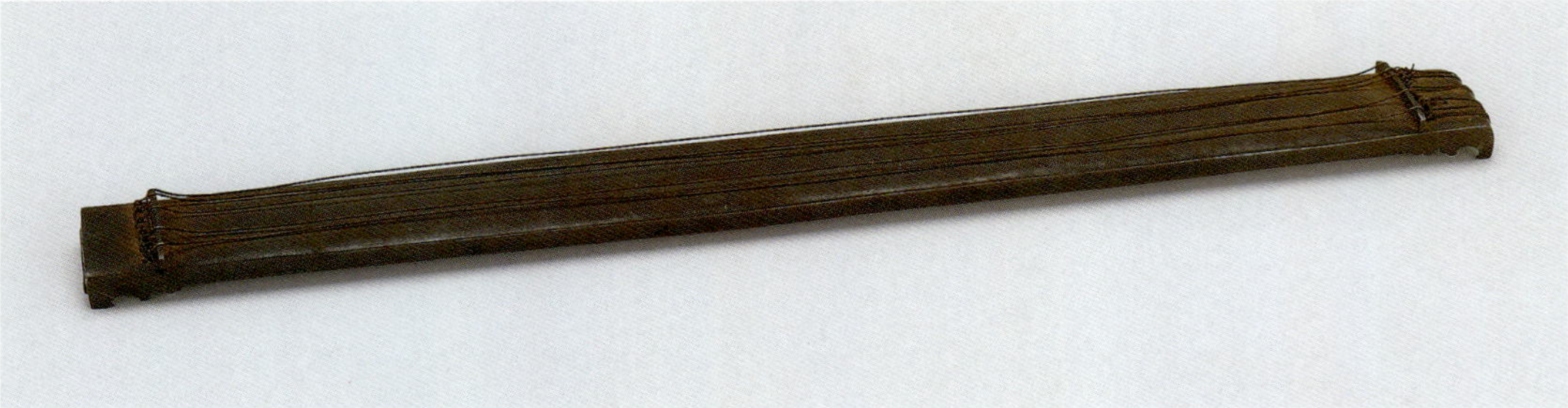

32　銀　琴（若）　24.6 × 2.4 × 1.0cm

狛犬(図 30)は、鋳銅鍍銀。平安時代の日本製で、現存する最古例の一つ。獅子(図 31)は中国宋代の上質の白磁で渡来品で、本来別のものと考えられるが、いずれも高さ 16 ～ 17cm と非常に小形。獅子・狛犬は平安時代には宮中で御帳台(寝台)の帳の前に重しと魔除けを兼ねて置かれたことが知られ、獅子・狛犬のごく古い形式を伝え貴重である。銀琴は、七絃琴の銀製雛形(図 32、絃一本欠失)で、足をつけ、裏面に竜池、鳳沼を透かす精緻な造りだが、奈良の正倉院の七絃琴とは、形状が異なっており、どの系統のことに属するかにわかには決めがたい。珠(図 33)古代には重要な神宝の一つ。この水晶玉についての史料は特になく、どのような意味で奉納されたのか、今のところ不明。

（松村　和歌子）

33　水晶珠（若）　径 3.4cm

んできた明社を造立することも少なくなかった。これを飛神明といい、このような信仰ないし思想はすでに平安時代末期にもみられ、それは江戸時代まで続いた。そのほか、城下町や宿場町などの鎮守神として神明社を奉斎することも少なくなかった。

参考文献　萩原竜夫「中世末期の神社と郷村神主層」(『中世祭祀組織の研究』所収)、三上左明「神明社に就いての一考察」(『歴史地理』五五ノ四)　(三橋　健)

しんめいしんこう　神明信仰　伊勢の大神宮(伊勢神宮)および天照大神に対する信仰。伊勢信仰ともいう。平安時代中期までの伊勢神宮は一般民衆と隔離した存在であった。神宮は皇室の氏神として一般の奉幣や参詣が禁止されたのであり、三后や皇太子といえども奏聞を経なければ奉幣や祈禱は許されなかった。これを私幣禁断の制と称したが、この制も平安時代中期以後は次第に弛み、私事の祈禱のために神領を寄進したり、神宝や刀剣・金銀などを奉献することも行われるようになった。次に鎌倉時代に入ると、御師が活躍し、伊勢神宮と民衆との結合が始まり、ことに地方の武士などの奉幣や参宮が盛んとなり、さらに各地に散在する神領(御厨・神庤《かんだち》)に神宮の小分祠、すなわち神明宮(神明社)が設けられるなどして、神明信仰は全国の村々にまで及んだ。南北朝時代以後は商人や農民など、一般民衆の間に伊勢参り(参宮)の風潮が広まり、各地に神明講・参宮講・伊勢講などの参宮を目的とする講が結成され、集団での参宮も行われた。伊勢音頭に「伊勢へ行きたい、伊勢路が見たい、せめて一生に一度でも」と謡われてきたように、一般民衆にとって伊勢神宮は一生に一度は参詣したい聖地とされた。文和・延文のころに成立した安居院の『神道集』は、天照大神を「本朝諸神ノ父母ニテ御在ナリ」と記し、また、室町時代初期の成立とされる『人鏡論』にも、参宮の盛況ぶりをみて「もろ人の父と母との此神なれは、朝なゆふなに思ひ出侍るも理りにそ」と述べているように、天照大神は諸神・諸人の親とみなされた。神明という語は神という意であるが、それが特に天照大神をさすようになるのも、このようにこの神は諸神の親神であり、至高至貴の神として信仰されてきたからである。そして、江戸時代、それも中期から後期にかけて御蔭参りといって爆発的な庶民の参宮が行われた。中には親や主人に何の断りもなく家をとび出す者もいたので、この参宮を、一名、抜参りとも称した。一方、伊勢の天照大神が影向したとか、飛んできたなどといい、そこに今神明・今伊勢あるいは飛神明などと称して、それを奉斎した神明社も各地にみられるようになった。また、神宮の御厨や御園にかぎらず、郷村の鎮守神として神明社が奉斎された例も少なくはない。それらは神明信仰の民衆化を示すものである。

参考文献　宮地直一「大神宮信仰の通俗化」(『神道史』下一所収)、萩原竜夫「伊勢信仰の発展と祭祀組織」(『中世祭祀組織の研究』所収)　(三橋　健)

しんめいじんじゃ　神明神社　福井市宝永に鎮座。旧県社。祭神は天照皇大神。鎮座の地は越前における伊勢神領として世に知られ足羽御厨と称された。社伝によれば延長二年(九二四)の勧請という。『吾妻鏡』建久三年(一一九二)十二月十四日条に、源頼朝の妹一条能保室の遺領の「越前国足羽御厨」など二十ヵ所が能保の子女子に譲られたことがみえる。一条家に伝領された足羽御厨の下司職であったのが朝倉氏であろう。貞和三年(一三四七)朝倉広景により社殿の修復がなされたのをはじめ、戦国時代に至るまで朝倉氏の外護を受けた。江戸時代には福井松平氏歴代の崇敬をうけ、結城秀康は慶長八年(一六〇三)社領二十石を寄進、元和五年(一六一九)松平忠直は社領八十石を加増した。その後朱印地となり、寛永十三年(一六三六)十一月九日付で福居庄神明領として足羽郡三橋村の内にて百石を宛行う旨の徳川家光朱印状を受けている。なお、この宛所は別当の二尊寺寿福院であった。明治四年(一八七一)十一月、県社に列格した。昭和二十年(一九四五)の戦災と同二十三年の福井大震災によって社殿は悉く灰燼に帰したが、四十二年に神明造の本殿、入母屋造翼殿付の拝殿が竣工、四十七年に儀式殿、五十二年に境内社合祭殿・斎館、六十三年に社務所が再建・整備された。例祭は五月五日。

参考文献　埼玉県立浦和図書館編『諸国寺社朱印状集成』(『埼玉県史料集』六)、『寛文朱印留』下(『史料館叢書』二)　(橋本　政宣)

しんめいづくり　神明造　伊勢の皇大神宮(内宮)・豊受大神宮(外宮)の正殿によって代表される神社本殿の形式をいう。伊勢内外宮正殿は桁行三間、梁行二間、柱はすべて円柱で掘立とし、床を高く張り、四周に簀子縁をめぐらし組高欄を付す。正面中央を板扉とするほかは壁をすべて横板壁とし、殿内は板敷、正面の板扉の前に登高欄つきの階段を設ける。屋根は厚い萱葺の切妻屋根で、棟上に堅魚木を置く。神明造のもっとも特色とするところは、材がすべて直線の材で構成されること、破風が屋根を突き抜けて屋上に延びて千木となること、破風の拝みの近くに鞭懸と称する細長い棒を左右に打付けること、棟木が長く延びて壁から遊離した棟持柱によって棟の両端を支持することなどである。また妻飾は扠首《さす》組でその扠首竿の左右に鏡形木と称する丁字形の材を打付ける。内外の要所に飾金具が打たれ、高欄上に五色の居玉《すえだま》が置かれる。内外宮正殿は上述の特徴を備えつつ、柱間寸法、千木の先端の切り方、堅魚木の数などにわずかな差がある。また内外宮の東西宝殿・外幣殿・御倉・別宮十四所の正殿はいずれも簡略化された神明造であって、規模が小さく、簀子縁をもたず、堅魚木や金具の数を省略する。現在の内外宮正殿の姿は室町・戦国時代の式年遷宮中断期以後に復興された形式を伝えるものであるが、古代においても大差はなかったと考えられる。神明造最古の遺構として国宝の仁科神明宮本殿(長野県大町市、寛永十三

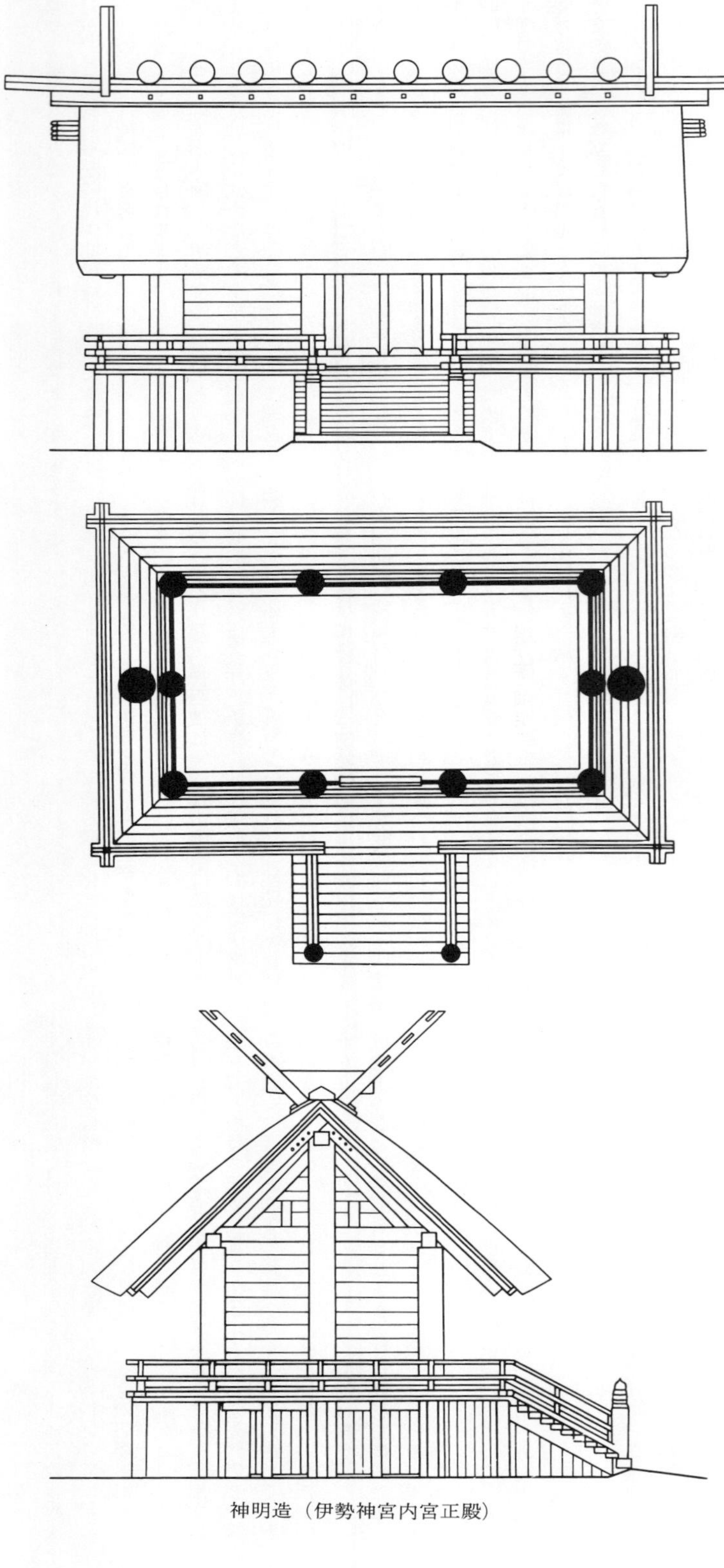
神明造（伊勢神宮内宮正殿）

年(一六三八)がある。

[参考文献] 福山敏男『伊勢神宮の建築と歴史』 (稲垣　栄三)

しんめひきつけ　神馬引付　室町幕府が神宮以下の諸社に行なった神馬の奉献に関する記録。内閣文庫所蔵の蜷川家旧蔵本二冊が原本で、上冊は文明五年(一四七三)―明応七年(一四九八)、下冊が天文三年(一五三四)―同十四年の記事を載せ、それぞれ蜷川親元・親孝および同親俊の筆録になると考えられる。本来、神馬の奉献は御所奉行の職掌であったが、南北朝時代末期、伊勢氏が御所奉行在職を足がかりに政所執事を世襲化するに至ると、政所の管掌下に入った。そして、政所代蜷川氏が神馬奉献状の発給記録を残したものが本書である。ときに奉献状全文を掲出するが、多くは神社名、神馬の数量・毛色・牧印、および奉献状の日時・充所のみを記し、適宜、奉献の事由や使者、馬の出所などを併記している。『群書類従』神祇部に所収されるが、蜷川家旧蔵原本と対比すると誤脱が多く、注意が必要である。

[参考文献] 『群書解題』一中 (末柄　豊)

しんもん　神文　⇒起請文《きしょうもん》

しんもん　神紋　各神社にて用いた紋章。家紋に対応するものとして成立した。古くは『吾妻鏡』治承四年(一一八〇)九月十日条に、諏訪社の大祝が源氏のために祈禱参籠中、夢に梶葉文様の直垂を着た勇士(諏訪明神)が味方に出現したとある。平安時代末には、公家風に祭神の衣服の文様とされ、次第に神職・氏子などが祭神の象徴、単一の紋章として、依代の幡・軍旗に勧請して据え、諏訪神社の神紋として定着した代表的な例である。一般に武士が帰依した祭神の依代として具体的な表徴を身近において、戦いに生き抜く拠り所としたもので、図案としては、神名(神号)・神木・神草・神使(使《つか》わしめ)・神紋(祭具・建造物などの図案)などに由来したものが多い。神名にはその称号の字解き、絵解き的な図案が用いられ、八幡社の「八」の文字、大山祇(大三島)神社の「三」の文字、稲荷大社の稲紋。神木には三輪神社の杉、熊野・春日・伊豆山の竹柏(なぎ)。神草には賀茂神社の双葉葵。

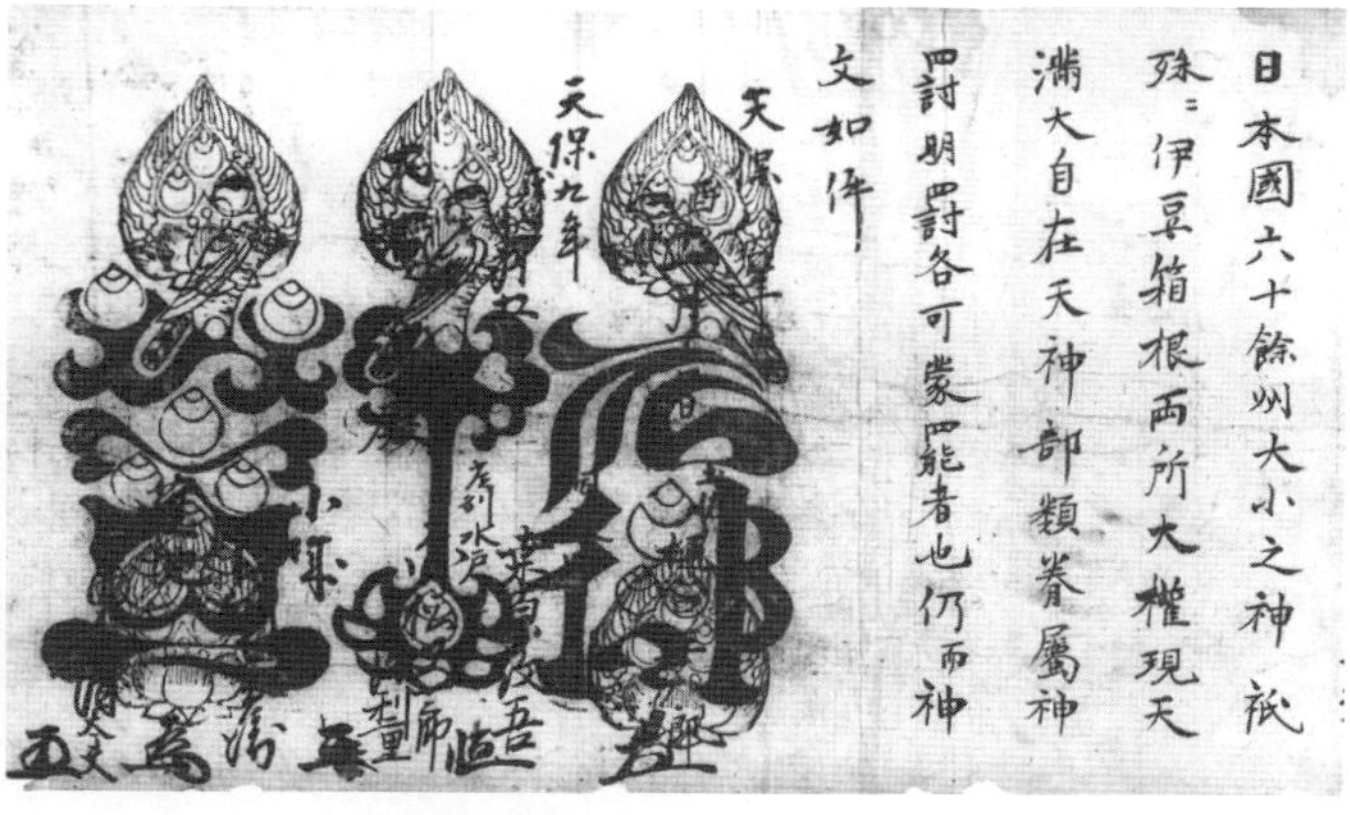

神紋　英彦山の鷹（武道血判起請文）

神使には八幡社の八字形の対鳩。英彦山は鷹(止まり鷹)・鷹羽紋、阿蘇神社は鷹羽紋で、いずれも山岳信仰による。祭具には、神饌用の柏(槲)葉紋の宗像神社、梶葉紋の諏訪大社、折敷に三文字紋の大山祇神社。祭神の異なる古社(宇佐・日吉・吉田・気多・鹿島・香取など)に古態の三巴紋が多いのは屋根瓦に大陸伝来の瓦瑞の巴文様が用いられたためだろう。出雲大社は亀甲・「有」の文字・亀甲の中に「有」の文字。天満天神の梅鉢紋は在世時の菅原道真の愛梅の故事より家紋であると誤信されたもの。死後、神としてまつられた豊臣秀吉・徳川家康、諸藩主の始祖をまつる社にはその家紋を用いている。明治時代に創建された湊川神社の菊水紋は祭神楠木正成の幡紋。名和神社の帆懸船紋は名和長年の笠験。神仏分離後の古四王神社の輪宝紋は習合の名残である。このほか皇室・領主に尊崇され、造替された神社には瓦をはじめ、寄進の品々の家紋などをそのまま襲用することもあり、元来のものと併用され、権威づけ、社格を誇ることが多かった。神紋に類するものとして寺紋がある。神仏習合の教義により混淆して、その由来・成立は神紋と共通する。本来俗縁を絶つ立場では寺としての紋はなかったと思われるが、神紋同様、家紋に対応するものとして、神紋に遅れて成立した。その性格も神紋に共通する。開山・開基・氏寺、門跡などの出自、俗縁などにより菊・桐をはじめ牡丹・藤紋、領主など外護者の家紋が必要に応じて用いられた。また、仏教教義に由来する輪宝・法螺貝・星辰・卍・円相・輪違《わちがい》・使わしめなどもみられる。

参考文献　沼田頼輔『日本紋章学』、同『紋章の研究』

（加藤　秀幸）

しんゆ　信瑜　一三三三―八二　南北朝時代の僧、尾張宝生院(現在名古屋市中区大須二丁目に所在、大須観音の名で知られる。北野山真福寺)二世。古典書写蒐集上大きな功績を残した。元弘三年(一三三三)生まれる。宝生院は建久年間(一一九〇―九九)尾張国中島郡長岡荘大須郷に創建された観音堂をもとに、元亨ころに開かれた寺である。その開山能信は伊勢の神宮にこもり、霊夢を得たが、それが後醍醐天皇にきこえて当寺開山ののち、その帰依を得、一方で仏典ほか和漢の諸書を蒐集して、今日に伝えられる真福寺文庫の基礎を開いた。信瑜もそのあとをよく継承し、南朝また伊勢神宮祠官と結びついて、古典また伊勢神道諸書を書写蒐集した。『古事記』現存古写本中最古の真福寺本(国宝)は、信瑜が賢瑜に命じ応安四年(一三七一)に上・中巻を、翌五年下巻を書写させた上、信瑜自身が点検、遺漏を補ったものであるが、同様同年書写点検した『類聚神祇本源』のほか、『神皇実録』『神皇系図』など、信瑜の時代に書写蒐集の諸本が多く残されている。永徳二年(一三八二)八月七日没。五十歳。

参考文献　『名古屋市史』社寺編

（鎌田　純一）

しんよ　神輿　⇩みこし

しんらしゃぶっきりょう　新羅社服忌令　中世の服忌令。一巻。作者・成立年代ともに不明。園城寺(大津市)の鎮守社である新羅明神社に関する服忌令である。奥書によれば、「此法者、累代物忌量也」とあり、旧本が損じたため新たに書写したという。さらに応永三十二年(一四二五)六月の日付と「社家尚書大友泰之」「預常智房法眼永成」の署名がある。よって本書の成立は応永三十二年よりさかのぼると考えられるが委細は不明。大友泰之は累代の社家である大友氏の一族であり、尚書とは記録に従事する役職か。永成は園城寺僧で、当社の預職にあった人物であろう。内容は鎌倉時代初期から諸社において定められた服喪や穢に関する服忌令の規定と同様であるが、新羅社の正社司には親の服喪がないことを記す点は注目される。「当祖正社司、二親之忌全無之」とあるように、新羅社の正社司には親の服喪がないことを記す点は注目される。

「社司たらむ者、重服をはゞかるべからず」と日吉の神が託宣したという『日吉山王利生記』の説話との関連性が窺われる。『続群書類従』神祇部所収。　↓日吉《ひえ》山王《さんのう》利生《りしょう》記《き》

参考文献　『群書解題』一下

（佐藤　眞人）

しんらみょうじん　新羅明神　園城寺(三井寺)の伽藍鎮守として祀られるとともに、ひろく天台寺門宗における護法神として崇敬される帰化神祇の一つ。円珍(智証大師)が平安時代の初め求法のために入唐したとき、赤山法花院において新羅人が礼拝していた土俗的な神祇を、仏教護法のために日本へ伴い帰ったと伝える。円珍伝などの説話的な記述によると円珍が帰国する際、船中に老翁が姿を現わし、「われはこれ新羅明神なり、和尚のために仏法を守護し、慈尊の出世に到らん」と宣言し、帰国後に円珍が寺地を開拓した時にも再びその姿を現わし、伽藍造営を指導し、永く寺門の法流を守護することを誓ったので、円珍らは三井の北院に社殿を造営して護法鎮守とした。比叡山の円仁(慈覚大師)も同じ神を将来し、赤山

明神と名付けて護法神となし、神祠を比叡山の西坂本(いまの京都市左京区修学院のあたり)に建てて赤山禅院と呼んで今日に至っている。園城寺の中院には三尾明神、南院には日吉新宮が勧請されるが、北院は新羅明神祠を中心として伽藍が構成され、中世には新羅の森と呼ばれる林叢が繁茂した。いまの社殿(新羅善神堂)は貞和年間(一三四五―五〇)に建立された三間社流造で国宝となっている。社殿内には木彫新羅明神像(国宝)をまつり、秘仏として伝法灌頂を受ける者以外には、いまも礼拝は許されない。中国風の老翁形の坐像で、神像彫刻としても特異な形像である。『三井寺新羅社歌合』によると承安三年(一一七三)の八月十五夜の歌合のごときは「一乗止観の窓前、遙に湖上の月を望んで」この森に月卿雲客が集うた由を語り伝えている。園城寺に蔵する新羅明神画像(重要文化財)をみると幞頭冠をつけ、中国風の衣をまとい錫杖をもって胡床に半跏し、右手には提婆品一巻を持つ。般若・宿王の二童子を侍らせ、本地の文殊像も描かれるなど、『園城寺伝記』などに記す義軌的な記述ともほぼ一致している。 ↓赤城大明神縁起《あかぎだいみょうじんえんぎ》 ↓赤山明神《せきさんみょうじん》

参考文献 『寺門伝記補録』(『大日本仏教全書』)、石田茂作『秘宝園城寺』、宮地直一「平安朝に於ける新羅明神」(天台宗寺門派御遠忌事務局編『園城寺之研究』所収)、景山春樹「園城寺の鎮守社とその遺宝」(『神道美術』所収) (景山 春樹)

しんりきょう 神理教 佐野経彦が唱道した神道系の宗教。教派神道十三派の一つ。明治十三年(一八八〇)七月、神理教会を設置、同十七年十一月、神道本局の直轄となり、ついで同二十一年十一月、所属を御岳教に転換。同二十七年十月、内務省の認可を得て所属を分離し、特立。経彦が初代管長となる。本部は福岡県北九州市小倉南区に所在、また各地に教会・布教所を置く。教旨は『神理教々規』によれば、「本教は、高祖天照国照彦火明櫛玉饒速日命の遺教を奉し、言霊を明し、神理の教義を明徴にするを以て本旨とす」とある。その教義は饒速日命より宇麻志麻知命に継承され、それを宗祖五十言命が継承し、さらにその孫以美伎連に相伝し、それを巫部連麿が伝受し、ついで佐野経彦が伝承保全したものという。説くところは、天在諸神の妙霊の理法を尊奉し、安心立命を旨とし、神気を呼吸し、神人同感の至域に契合し、心を正しく、行を直くすれば、百難万病は消除するというもので『古事記』『日本書紀』、および『本教神理図』『本教神理図解』をはじめとする神理教の教書を軌範とし、鎮魂禁厭祈禱巫神占釜鳴鎮火観志、活花・茶法・神楽式などの法を伝授している。平成十一(一九九九)末現在、教会一八七、布教所一九、教師一五四二、信者二五万二九二六(文化庁編『宗教年鑑』平成十二年版)。 ↓佐野経彦《さのつねひこ》

参考文献 佐野伊豆彦編『神理教教典』、佐野豊編『神理教入門註解』、藤田香陽『神道各教派の表裏』、田中義能『神道神理教の研究』、井上順孝「佐野経彦と神理教の形成」(『教派神道の形成』所収) (三橋 健)

神理教本院の大教殿

しんりゅうしゃ 神竜社 京都市左京区吉田神楽岡町鎮座の旧官幣中社吉田神社の境内末社。吉田神道を創唱した吉田兼倶を祀る。兼倶は永正八年(一五一一)二月十九日没し、二年後の同十年に鎮祭され、神号を神竜大明神と称した。神楽岡の西(太元宮の北)に遺骸は葬られ、その上に社壇が建立されたと伝える(『霊簿』『神業類要』)。文禄三年(一五九四)には社殿の造替があり、現在の建物は、一間社流見世棚造で、室町時代末期の作風が残されており、この時の造営のものとみられる。吉田家では兼倶以降、神仏両教による没後の慰霊安鎮を行い、兼致・兼満・兼右・兼見の霊社も建てられたが、現存していない。神竜社の創建は、これまでの神道信仰にはあまり例をみない、人間を死後神として祀る形態の出現であり、のちの豊臣秀吉の豊国社、徳川家康の東照宮創立に強い影響を与えた。また、遺骸の上に神社を建てたことは、死穢意識が薄らいだことによるが、近世に入ると、渋川春海・谷秦山らは、穢れを理由に吉田家の行為を鋭く批判した。

参考文献 岡田莊司「近世神道の序幕―吉田家の葬礼を通路として―」(『神道宗教』一〇九) (岡田 莊司)

しんりょう 神領 ⇩社領《しゃりょう》

しんれい 神霊 和訓でミタマと読む。御霊、御魂とも表字してミタマと読み、いずれも神の霊、すなわち神としてまつられるべき霊性をいう。『日本書紀』仲哀天皇元年十一月条に「乃神霊化二白鳥一而上レ天」とあり、ミタマまたはミタマシヒと訓む。また『万葉集』一八の大伴家持の長歌に「皇御祖の御霊(ミタマ)助けて」、『日葡辞書』にも「Xinrei カミノミタマ」とある。ただし「御霊」をゴリョウと読む場合は疫神や一部の怨霊など災厄をもたらす威霊を特定していうが、やはり御霊会などまつるこ

とで和み鎮められるべき霊性として広く神霊に属する。日本古来の民俗事象として、人間を含め動植物など全ての生きものから自然現象にいたるまでを生命的に感得して、それを目に見えぬ霊魂(タマ・タマシヒないしモノ)の働きとするという一種のアニミズム(霊魂観)が基本にあって神もまたその霊性を共有するが、だからといって霊魂すべてが神とはみなされない。本居宣長が「尋常ならずすぐれたる徳のありて可畏き物」(『古事記伝』)をカミというように、非常な働きをもって人に畏怖の感情を覚えさす霊性だけが祭祀の対象として特にカミ、すなわち「神霊(ミタマ)」とされる。稲荷社、八幡宮、神明社など同じ祭神が多数の神社に勧請されるのも、分霊(ブンレイ・ワケミタマ)として神のミタマが無限に分割され、しかも聖別すればどんな物実《ものざね》にも憑依し得るからである。また同じ神でもその霊の働きや祀られ方の違いによって神格が分かれる。すなわち荒魂《あらみたま》、和魂《にぎみたま》、幸魂《さきみたま》、奇魂《くしみたま》の四種である。およそ荒魂は野性的で活発な霊性で奥山など人里遠く祀られる神格、和魂は文化的で温和な霊性で人里近く祀られる神格、幸魂はサチ(獲物や豊穣)をもたらす神格、奇魂は幸運や健康をもたらす神格などと分けられるが、幸魂と奇魂とは和魂の働きをさすともいう。『日本書紀』神代宝剱出現章第六の一書には海を照らして出現した大己貴神の幸魂・奇魂が三輪山の神、すなわち大物主神となったと伝える。伊勢の神宮では、内宮に天照大神、外宮に豊受大神に祀り、その別宮として荒祭宮に天照大神の荒魂、多賀宮に豊受大神の荒魂を祀っている。『日本書紀』神功皇后紀によると、下関の住吉神社には住吉三神の荒魂、大阪の住吉大社には同三神の和魂を祀ったとある。また大津の日吉大社では東本宮に主祭神の大山咋神と鴨玉依姫神を祀るが、その四社のうち八王子山の山頂に鎮座する牛尾社と三宮とに両神の荒魂、山麓の二宮と樹下社とに両神の和魂を配祀している。一般に民俗として死者の霊も縁者がまつればやがて祖霊すなわち祖神となるように、神々もまた神霊なるが故に鎮魂《みたましずめ》ないし振《みたま》魂《ふり》の祭によって和魂あるいは荒魂とも立ち現われるのである。→幸魂《さきみたま》・奇魂《くしみたま》　→和魂《にぎみたま》・荒魂《あらみたま》

参考文献　山折哲雄『日本人の霊魂観』、西角井正慶「神霊観の一側面」(『神道宗教』四五)、河野省三「荒魂」「幸魂・奇魂」「和魂」(『神道要語集』宗教篇一所収)、松前健「古代の霊魂観念」(『松前健著作集』一二所収)

(薗田　稔)

しんわ　神話　人間は、古来、どの文化においても、太古に起ったとされる一連の事件に関する物語によって、世界と人間の起源や、各文化の中で遵守されねばならぬ制度・習俗などの由来に説明を与えてきた。この物語が神話で、神話にはそれを生んだ文化の世界観が体系的に表現されており、当の文化に属する人々からは、世界のあり方と人間の生き方につき、絶対的な真実を啓示する神聖な物語と見なされ、尊重され信奉される。多くの文化では、神話は、余所者や女子供には知らせてならぬ秘伝として取り扱われ、成年に達した男子だけに、入社式の儀礼の中で教授される。この教授にさらに階梯があり、ほんの少数だけが奥義に通暁するのを許される場合も、少なくない。日本をはじめ、ギリシャ・ゲルマン・エジプト・メソポタミア・インドなどの古代神話の主人公は、太古にその活動によって世界と人類を発生させ、人間の生き方と運命を定めた上で、現在も天上などに住み、世界を支配し続けていると信じられる不死の神々だが、世界中の神話がこのように、在天と不死を特徴とする神々を主役にしているわけではない。無文字民族の文化で口承される神話の中には、人間の祖先や、その仲間で彼らとの区別が曖昧な動物などを、主人公にするものも多い。しかしその場合にも、それらの祖先や動物は、太古にその活動により、世界の秩序と人間の運命を定めたと、神話の中で物語られているという点で、日本やギリシャなどの神々と明らかに共通している。ただ神話の物語る事件の後では、彼らは、その事件によりはじめて明確に定まった区別に従って、ただの人間や動物などになり、やがて死んだと物語られている場合が多い。ドイツの民族学者イエンゼンは、無文字民族の神話に登場するこれらの祖先や動物も、神話の主役であるという点で、神の一種と認めねばならぬと主張し、ニューギニアのマリンド＝アニム族が、神話の祖先たちを指して用いている語を、そのまま学術用語化して、彼らを「デマ神」と呼び、ギリシャ神話の神々などから区別しようと提唱した。各文化が生む神話の体系は、その文化に固有のものだが、それにもかかわらず世界の神話には、遠く離れた地域のものにまで、類似がみられる。それには、二通りの理由が考えられる。第一に、各文化の神話は、その文化に固有といっても、無から新しく創出されるわけではない。どの文化の神話も必ず、接触した他の文化から受容した話素を主な素材としながら、それらを独自の全体に組織する。つまりホモ＝サピエンスとしての人類の歴史を通じて、神話は常に相互に影響を与え合ってきたわけで、この影響の過程を極限までさかのぼれば、世界の神話は、どの二つの地域のものも、互いにまったく無関係なものはないとも極言できる。事実、レビ＝ストロースは、世界中の神話は、究極的にはすべてが互いに異伝の関係にあると主張している。しかしこのように人類の歴史を通じ、世界大の規模で行われてきた、地域から地域への神話の伝播によってもなお、世界の神話にみられる類似のすべてを説明するのは、不可能と思われる。世界の神話に共通してみられるモチーフはしばしば、そういう神話をまったく知らぬ人が見る夢の中にも、よく似た形で出現することが、深層心理学者たちによって注意されている。この事実に注目した、スイスの深層心理学者ユングは、人類に共通の「普遍的無意識」の存在を想定し、夢と各地の神話や昔話などに共通して現われる表象や筋は、彼が「元型」と呼び、「影」「アニマ」「アニムス」「トリ

ックスター」「太母」「老賢者」など、いくつかの類型に分類を試みている。この「普遍的無意識」の作用によって生み出されると主張した。ユング派心理学の説明によれば、大人への心理的成長の過程で人間はだれもが、意識を無意識から自立させ、自我を確立せねばならぬが、その場合に、幼児期にはもっぱら、生み庇護し養い育てる「善い母」として作用していた「太母元型」が、一転して、自我の無意識からの自立を妨げようとする、恐しい怪物のような「呑み込む太母」の相貌を取る。つまり責任ある一人前の大人に成長するためには、人間はだれもが、この「呑み込む太母」の猛烈な力と対決し、それを克服することで一種の「母殺し」を遂げ、自分を母なるものの包容力から分離させねばならぬので、各地の神話や昔話に共通する、英雄が怪物を退治して美女や宝を獲得するというモチーフは、このような心理的母殺しの必要を表現している。神話とはまったく無関係に生きているようにみえる現代人も、この過程を経ずには、大人への心理的成長を遂げられぬので、その必要が現代人の見る夢の中にも、神話に似た形で表現されるのだという。 →日本神話《にほんしんわ》

参考文献 大林太良『神話と神話学』、同編『世界の神話』(『NHKブックス』二五九)、カーク『神話―その意味と機能―』(内堀基光訳)、大林太良・吉田敦彦『世界の神話をどう読むか―徹底討議―』、吉田敦彦『神話と近親相姦』、同『神話に学ぶこと』 (吉田 敦彦)

しんわがく 神話学 神話を研究する学問。神話の学問的解釈の歴史は、古代ギリシャにさかのぼる。しかし、人文科学の中の独立の一部門とはっきり意識された近代的神話学の歴史は、十九世紀中葉以後、マックス＝ミュラーとアダルバート＝クーンによって代表される「自然神話学派」の人々による、インド・ヨーロッパ語族の神話の比較研究に端を発する。十九世紀前半に輝かしい成功を収めたインド・ヨーロッパ語の比較研究を範としたこの学派の人々は、主にインドとギリシャの神話の間に、語源的に一致する神名を発見することに努め、それに基づきインド・ヨーロッパ語族に共通する神話を復原し、またその発生の過程を明らかにすることにより、結局は世界中のすべての神話にも妥当する理論を構築し得ると考えた。ミュラーは、自然現象の擬人化された比喩的表現が、もとの意味を失うことによって神話に変わるという「言語疾病説」を主張するとともに、そのようにして神話を発生させた自然現象は、もっぱら太陽に関わるものであったと見なして、追随者と「太陽神話学派」を形成し、これに対してクーンとその追随者たちは、「暴風雨神話説」を唱えた。しかし彼らの活躍と並行して、アニミズム説を唱えたタイラーを創始者と見なすことができる「英国人類学派」が勃興し、その論客であったアンドリュー＝ラングによって、「太陽神話説」は激しく批判され、また言語学の進歩により、自然神話論者たちに指摘された神名の一致は、実は大部分が類似にすぎなかったことが明らかにされて、この学派の基盤は完全に崩壊した。変わって隆盛をきわめた「人類学派」の人々は、タイラーのいうアニミズム(霊魂崇拝)が発生するより以前にあった宗教の原初形態は、非人格的な力、マナの神秘的働きに対する信仰ダイナミズムと、そのマナに働きかける目的で行われる呪術、および氏族と特定の動植物の間の融即的関係を信じるトーテミズムなどであったと主張した。そして神話は、この「前アニミズム的宗教」の段階ですでに行われていた呪術的儀礼に対して、宗教がアニミズムから多神教へと進化するにつれて、太古における神々の行動と結び付けた説明がつけられることによって発生すると見なされるようになり、すべての神話は、儀礼を母体にして発生し、ただ儀礼から生まれた神話だけが真の神話であると主張する儀礼説が一世を風靡し、フレーザーやマレー、ハリソン、ローズらによって、ギリシャ・ローマの神話の解釈にも盛んに適用された。しかし現在では、現地調査を重んじる現代的文化人類学の発達によって、かつて、今もなお、地球上の至る所で未開人の間に見出されると信じられた「前アニミズム的宗教」なるものが、現実にはどこにも存在せぬ机上の空論の産物にすぎなかったことが判明し、「儀礼説」も根拠をまったく喪失している。これら過去の壮大な理論体系の相つぐ瓦解に対する反省の上に立つ、現代の神話学のもっとも堅実な代表者は、フランスの比較神話学者デュメジルで、神名の語源的一致より、神界を構成する神々の相互的関係や神話の構造における対応を重視する新しい方法によって、「自然神話学派」が衰退したのち、完全な沈滞に陥っていたインド・ヨーロッパ神話の比較研究を復活させ、他の地域の神話の研究にも、重大な刺激と影響を与えている。デュメジルの影響を受けながら、いっそう野心的な実験を試みつつあるのは、フランスの文化人類学者レビ＝ストロースで、ソシュールによって創始された構造言語学の方法に倣った、「構造人類学的分析」の手法によって、神話学の厳密性を、試行錯誤的状態からいっきょに自然科学に匹敵するレベルに引き上げようとした。彼の試みは完全に成功したというには程遠いが、その実験の主産物である四巻の大著『神話論』は、単行本だけで五十冊を越えるデュメジルの厖大な著作とともに、現代の神話学を代表する偉大な業績である。一方、夢と神話の関係に関するフロイトの洞察を継承し発展させたユングは、世界中の神話や昔話などとともに、夢にも共通して現われるモチーフは、彼が「元型」と名付けた人類に普遍的な無意識の作用に由来するという説を結実させた。この影響のもとに生み出されつつある神話に関する著作は、量においてはおそらくデュメジルやレビ＝ストロースの影響を凌駕し、現代神話学の有力な潮流の一つを形成している。

参考文献 大林太良『神話学入門』(『中公新書』九六)、吉田敦彦・松村一男『神話学とは何か―もう一つの知

の世界―』(『有斐閣新書』)、リトルトン『新比較神話学』(堀美佐子訳)、吉田敦彦『比較神話学の現在』、ユング『人間と象徴』(河合隼雄訳)

(吉田　敦彦)

すいがしんとう　垂加神道　江戸時代前期に、儒学者山崎闇斎によって創唱された神道。儒学の道徳思想にもとづいて構成された神道の理論体系、すなわちいわゆる儒家神道の中で、最も完成された形態を示している。垂加とは、闇斎の神道家としての号であって、正式には垂加霊社という神としての名である。垂加の語は、伊勢神道の経典である神道五部書の中の『伊勢二所皇太神御鎮座伝記』などにみえる、「神垂以二祈禱一為レ先、冥加以二正直一為レ本」という託宣にもとづいている。この「神垂」「冥加」は、それぞれ「かみのしで」「くらきのます」と訓読されて、神の降臨とその加護とを意味するが、闇斎はこの託宣を重んじ、終生これを守ろうとした(『垂加社語』)。これは、祈禱すなわち祭祀の儀礼と、正直という道徳的な心構えとの、両面を重視する考え方を示しており、その点に、この神道の特色がよく表現されている。なお、「冥加」は、「みょうが」と音読される語であるから、この神道の名称も、「すいが」と読むのが妥当であろう。

闇斎は明暦元年(一六五五)にはじめて京都で塾を開き、儒学を教授したが、同じ年に「伊勢太神宮儀式序」を著わしているので、早くから神道に関心をもっていたことがうかがわれる。こののち、江戸への往来に際し、伊勢に参宮して、度会延佳から伊勢神道を学び、寛文九年(一六六九)には、大宮司河辺精長から『中臣祓』の秘伝を伝授された。また、吉川惟足について吉田神道を学び、同十一年には惟足から垂加霊社の神号を授けられている。これは吉田神道の秘伝を習得したことを意味している。そのほかにも闇斎は、忌部《いみべ》家や賀茂神社に伝わる神道説などを学び、これらを集大成して、独自の神道を樹立したのである。神道の方面での闇斎の著述としては、『神代巻風葉集』と『中臣祓風水草』とが、代表的であるが、前者は『日本書紀』神代巻についての、また後者は、『中臣祓(大祓詞)』についての、古来の注釈や解説を集録したもので、闇斎独自の主張は明確には展開されておらず、その点にも古来の神道説を集大成しようとした闇斎の意図が示されている。闇斎の主張は、その講義の筆記である『神代巻講義』(浅見絅斎《けいさい》筆録)や、門人が闇斎の談話を筆録した『垂加社語』、また、垂加神道の秘伝として門人の間に伝えられた『持授抄』などの方に、むしろよく示されている。闇斎は儒学者としては朱子学を信奉していたから、その神道説も朱子学の理論を基本としている。その特色は、「天人唯一」の説によく示されている。「唯一」の語は、吉田神道が唯一宗源神道と自称したことに由来しているが、吉田神道の場合には、神仏習合の立場から説かれた両部神道などの思想に反対し、純一な神道であることを標榜する意味で、「唯一」と表現されていたのに対し、垂加神道では、天すなわち神と、人とが、一体であるという意味を、「天人唯一」と表象している。これは一面では、「神は則ち心の霊」であるといい、あるいは「心は神明の舎」であるというように、人の心に神が内在し、その神が心の本質をなしている、とする考え方の表現であった。この考え方は、朱子学の説と類似している。朱子学では、その個人の心に内在する「天理」、すなわち「人性」であるとする、「天理」がすなわち本性を明らかにすること(「窮理」)が、道徳的修養の目標とされ、その修養のための心構えとして、「居敬」すなわち「敬」の状態に心を保持すること、が必要であると考えられていた。「敬」とは、「つつしみ」と訓読され、心身をひきしめて、精神を統一することである。闇斎は、吉川惟足の説を継承して、「土金《どこん》の伝《でん》」を立て、陰陽五行説にもとづいて、「土《つち》」がしまって「金《かね》」になるように、心身を緊張した状態に保持すること、すなわち「つつしみ」こそが、人の生き方の基本である、と説いている。上記のような「天人唯一」ならびに「土金」の説は、朱子学にもとづきながらも、闇斎による朱子学解釈の独自の性格を反映して、「窮理」よりも「居敬」に重点を置くなど、本来の朱子学に比較すれば、非合理主義的な傾向をおびている。闇斎が神道に関心を深めて行った理由も、主としてその点にあったのであろう。しかしそうであればこそ、それはいかなる社会的な状況に対処しても、心身一如の自律的な生き方を実現して行くための、宗教的な教えとして機能しえたと考えられる。また、他の一面からすれば、「天人唯一」は、神と人とは基本的には同一のものであるとし、神話にみえる神々の事跡を人々の行為として解釈するとともに、そこに人間社会の道徳の根拠を求めようとする考え方となった。この点では、垂加神道は、それ以前の神道と比較して、むしろ合理主義的であったといえる。『中臣祓』を、「君臣合体守中之道」すなわち君臣が一体となって「中」の徳を守るべきことを、教えたものと解釈しているのは、その一例である。このように君臣関係を基軸とした社会秩序の維持を重視するところに、この神道の、道徳的な教えとしての特色がある。この神道で最高の秘伝とされたのは、伊勢神道に由来する「三種神宝極秘伝」と、吉田神道に由来する「神籬磐境《ひもろぎいわさか》極秘伝」とであるが、前者は君主の具備すべき徳目を、また後者は、君臣道徳を、いずれも神意にもとづくものとして説いている。

闇斎は、伝統的な神職の家系とは関係のない、一介の庶人でありながら、既成の神道の教説を綜合し、朱子学の理論にもとづいて、新しい教理の体系を組織した。神道と儒道との一致は、これ以前にも、林羅山ら多くの学者によって主張されていたが、このように理論的に体系化されたことはなかった。このことにより垂加神道は、闇斎の晩年から十八世紀前半にかけて、神道界に大きな勢力を占め、特に知識人や神官の間に、その影響が著しかった。やがて国学(復古神道)の発展とともに、その批判の対象とされて衰えたが、思想的には国学の発達を準備する役割を果したともみることができる。垂加神道の系統は、闇斎の門人であった正親町《おおぎまち》公通や土御門泰福ら、公家の人々にうけつがれることによって権威づけられ、その公通の門下から出た玉木正英(葦斎)は、特に祭祀の儀礼の方面を整備して、橘家神道の一派を興し、神職の間に影響力を及ぼした。また、公通に学んだ名古屋の吉見幸和は、古典に関する実証的な研究に力を注ぎ、伊勢神道の経典である神道五部書が偽作であることを論証するなど、学問上に功績を挙げている。そのほか、若林強斎・跡部良顕・伴部安崇・松岡雄淵・谷川士清・竹内式部らが、十八世紀ごろの垂加神道を代表する学者たちである。 →儒家神道《じゅかしんとう》

[参考文献]『山崎闇斎全集』、山本信哉編『神道叢説』、平重道・阿部秋生校注『近世神道論前期国学』(『日本思想大系』三九)、小林健三『垂加神道の研究』、宮地直一『神祇史大系』、津田左右吉『日本の神道』(『津田左右吉全集』九)、平重道『近世日本思想史研究』、村岡典嗣「垂加神道の根本義と本居への関係」(『日本思想史研究』所収)　(尾藤　正英)

すいがそう　垂加草　山崎闇斎の詩文集。三十巻、附録三巻。『垂加草全集』ともいう。闇斎の門人植田玄節(艮《ごん》背《はい》)が、磯部昌言・浅井重遠・鴨祐之・桑名松雲らの助力を得て編纂したもの。「享保辛丑(六年(一七二一))夏六月上浣」編者跋、京都寿文堂刊。巻一『垂加社語』、巻二・三詩、巻四紀(『遠遊紀行』『再遊紀行』)、巻五銘賛、巻六記、巻七論、巻八弁、巻九説、巻一〇序、巻一一跋、巻一二―二五「文会筆録」、巻二六碑(「佐原義連碑」)、巻二七碑(「土津霊神碑」)、巻二八墓誌、巻二九伝、巻三〇譜(『山崎家譜』)、附録考・書・辞・行状・雑著からなる。『山崎闇斎全集』上・下所収。なお闇斎の詩文集としては別に跡部良顕により編纂された『垂加文集』正・続・拾遺があり、『垂加草』とは収めるところに異同がある。『山崎闇斎全集』上・下所収。　(平　重道)

すいかぶんしゅう　垂加文集　山崎闇斎の著作集。跡部《あとべ》良顕《よしあきら》編。幕府旗本の良顕が同学の伴部《ともべ》安崇《やすたか》らの助力を得て、山崎闇斎(号垂加)の遺著を網羅的に蒐集し編纂したもの。『垂加文集』七巻(正徳四年(一七一四)刊)、同続及附録四巻(正徳五年刊)、同拾遺三巻(享保九年(一七二四)刊)の計十四巻からなり、江戸芝明神前書林山田屋三四郎から出版された。良顕はその編集方針として、詩文や秘伝書とされた『(中臣祓)風水草』や『日本書紀(神代巻)風葉集』などは収載せず、闇斎の序文や跋文を多く収載することで、闇斎の真意を伝えようとした。そのためか、闇斎に関連した安崇や谷秦山らの著書も数篇収載されている。なお、同時期に広島藩儒で闇斎直門の植田艮背《ごんぱい》が編纂した『垂加草』三十巻、同附録三巻がある。それは闇斎生前の自撰のみを収載している。そのため、『垂加文集』にあって、『垂加草』になく、一方で直弟子ゆえに知ることが出来た闇斎の遺著が『垂加草』に収載されていることから、これらの両書をもって垂加全集は完備するといえよう。『山崎闇斎全集』二などに所収。　(西岡　和彦)

すいじゃくまんだら　垂迹曼荼羅　⇩曼荼羅《まんだら》

ずいしょう　瑞祥　⇩祥瑞《しょうずい》

すいじん　水神　水の神の総称。井戸神・河の神などを含み、その神格は多岐にわたっている。『日本書紀』仁徳天皇六十七年条などにみえるミズチは、水の霊であったらしいが、後世には蛇や竜の姿を持つとされるようになった。飲料水を井戸・川・泉に求める所では、その水汲み場が水神の祭場とされ、正月または六月・十二月に御幣などを立てて水神祭をした。井戸神に対しては井戸浚

えの際にも米・酒などの供え物をする。稲作には灌漑用水の確保が必要なので、水神は豊作をもたらす神とされ、田の神信仰と関連するところが多い。田の神祭が田植のころ、苗代や田の水口で行われる場合があるのは、水神と田の神を接近せしめる基盤の一つになろう。水神を蛇・竜・鰻・魚などの姿に具象化させることは、古くから広く見られた。河童もまた水神信仰と関係が深く、水の神が零落したものと考えられる。河童は、水に住む童という意味の名称だが、全国的に小童として伝えられており、水神にまつわる母子神的信仰からの派生とされている。田の神が秋の収穫後、山に入って山の神となる信仰は各地にあるが、農耕神としての水神も山の神となる例が奈良県や九州方面に見られ、晩秋初冬のころのヒョウヒョウという強風の音を、河童が空中を飛行して山に行く声だとする伝承が薩摩・大隅の山間部にはある。水神の祭は、旧暦六月十五日ごろの夏祭に特に注目すべきものがある。祇園・津島などの天王祭がその一例である。夏は疫病・風水害など水に関係ある災害の多い時期であり、田植後の不安な季節に罪障を祓い、災厄をもたらす悪霊や疫神を鎮め、用水の適度な供給を祈り、あるいは職場としての海川を清めるため、水辺に神輿の渡御が賑やかに行われる。壱岐では祇園祭を中心とする数日間、厳重な物忌をする習慣がある。一般に水神への供え物には胡瓜などの畑作物が多く、祭がすむまでこれを食べない禁忌も見られる。

参考文献 柳田国男「桃太郎の誕生」(『定本柳田国男集』八所収)、同「竜王と水の神」(同二七所収)、折口信夫「河童の話」(『折口信夫全集』三所収)、最上孝敬「稲作と水神」(『西郊民俗』九) (平井 直房)

すいてんぐう 水天宮 ㈠福岡県久留米市瀬の下町にある。古くは尼御前祀(社)といった。旧県社。祭神は天之《あめの》御中主神《みなかぬしのかみ》・安徳天皇・高倉平中宮・二位尼時子。社伝によると平家の没落後、建久のころ建礼門院の命により女官按察使局《あぜちのつぼね》伊勢(のち千代)が筑後国千年川(筑後川)の辺、鷺野原に来り、水没の天皇・平氏一族を祀り、水神加持祈禱をしたのがはじまりで、尼御前と崇められたという。祀社は旧下野村江南山梅林寺山にあったが、慶長年間(一五九六—一六一五)現市内新町に、慶安三年(一六五〇)藩主により現在地に遷る。寛文十年(一六七〇)には尼御前大明神、文政元年(一八一八)ころには水天宮の名がみられ、明治六年(一八七三)県社、水難除・安産などの霊験に衆庶の崇敬をうけ各地に分霊祭祀が行われた。社家は平知盛の子孫、千代の嗣となり、のち真木氏になったという。例祭五月五—七日、八月五—七日(五日は河童祭)。

参考文献 伊藤常足編『太宰管内志』筑後五、大日本神祇会福岡県支部編『福岡県神社誌』中

㈡東京都中央区日本橋蠣殻町にある。祭神は天御中主神・安徳天皇・建礼門院・二位尼。旧無格社。文政元年(一八一八)有馬頼徳が三田藩邸に久留米の水天宮を勧請。明治四年(一八七一)赤坂私邸、翌年現社地に遷座、同十一年官許をうけ、現在に至る。旧無格社であるが、安産・水難除・大漁祈願などにより崇敬者が多く、東京の名社の一つに数えられる。毎月五日・戌の日は縁日、五月五日の例祭日は参詣者が多い。 (中野 幡能)

水天宮㈠本殿・拝殿

水天宮㈡本殿

すうけいかい 崇敬会 ⇨奉賛会《ほうさんかい》

すうけいしゃ 崇敬者 一般的用語としては、特定の神社の神徳を信奉敬仰する人。さらに、その神社に各種の奉賛、報賽をもすることにより、神社の護持に協賛する人をさすが、神社本庁憲章第一五条に「氏子区域に居住する者を伝統的に氏子とし、その他の信奉者を崇敬者とする」とあるように、神社の信奉者のうち、氏子を除いたものを崇敬者と称することとしている。そこから、地縁集団としての氏子・氏子区域を持たない神社を崇敬神社と呼ぶこともある。憲章同条二項では「氏子・崇敬者は、神社護持の基盤であり、斯界発展の母体である」として、その使命・機能は氏子と同様一体であるとしているので、氏子と崇敬者の相違点は、制度的には当該人の

居住地が氏子区域であるかないかだけである。今日、都市化や開発とともに氏子区域が曖昧になり、氏子区域が不明確になった地域にあってはこの相違が自覚されることも少なくなる傾向もみられる。 （佐野 和史）

すが 菅 ⇩祓具《はらえのぐ》

すがえますみ 菅江真澄 一七五四―一八二九 江戸時代後期の遊歴の文人。はじめ白井英二、のち秀雄、また改めて真澄、文化七年（一八一〇）以降菅江真澄。宝暦四年（一七五四）三河国渥美郡牟呂村公文（愛知県豊橋市牟呂町）に出生。父は秀真、母千枝か未詳。初め和学・和歌を学ぶ。明和七年（一七七〇）ころから名古屋尾張藩の薬草園に勤め、その間、漢学・画技を習い、本草学・医学の知識を修得した。天明三年（一七八三）二月遊歴の旅に出立し、まず信濃路に入る。翌四年越後路を経て出羽・陸奥・蝦夷地と未知の世界に足を運び、以来二十八年間、各地の名所・古跡を尋ね、辺境の村むらを遍歴した。その間、寛政九年（一七九七）から十一年まで津軽藩校稽古館薬物掛り勤務。享和元年（一八〇一）秋田領に入る。文化五年三河帰省、年内に秋田領に帰り、同八年城下町久保田（秋田市）に迎えられ、藩校明徳館助教那珂通博のすすめにより藩主佐竹義和に謁し、藩内出羽六郡地誌作製の内意をうけた。真澄はこの時から久保田に定住し、地誌作製の意を固め、巡検調査を始めた。その構想は『雪の出羽路』雄勝・平鹿郡、『月の出羽路』仙北・河辺郡、『花の出羽路』秋田・山本郡の三部作であったが、平鹿郡の清書を終り、仙北郡の部の清書中、文政十二年仙北郡神代村梅沢（秋田県仙北郡田沢湖町）の肝煎清右衛門宅で病に倒れ、やがて同郡角館町神明社神主鈴木淡路守宅に移り、七月十九日、同所で死去した。七十六歳。遺骸は久保田近郊秋田郡寺内村（秋田市寺内）大小路高野の岡に運び葬られ、墓碑がある。真澄は遊歴の道中で経験し、観察した事象のすべてに興味を抱いた。特に真澄が視線を注いだのは辺境の農民の生活であり、その内に埋もれた伝承を尋ね、慣行・習俗を探り、それを書き留め、巧みな図絵を加えた詳細な日記を著わした。その日記を当時すでに『真澄遊覧記』といった。その冊数は七十冊に余るが、多くは各地に散在している中で、真澄は秋田定住後は領内各地を入念に歩き日記を書き綴り、それを浄書して、文政五年（一八二二）に秋田藩校明徳館に献じた四十冊がある。その活字本に内田武志・宮本常一編訳『菅江真澄遊覧記』全五巻（『東洋文庫』五四・六八・八二・九九・一一九）がある。また、遊覧記について地誌がある。その浄書本は『雪の出羽路』平鹿郡と、『月の出羽路』仙北郡一巻残して二十四巻のみで、ほかは草稿または未完本として残された。これらの地誌は神社・修験・寺院を調べ縁起、祭祀などを記述している。平鹿郡保呂羽山を例にとると、この山には古代の式内社波宇志別神社がある。その十一月七日の霜月神楽は今も世に知られている。真澄は神楽の式次第を克明に伝えている。文政七年（一八二四）山下の八沢木の社家の家に泊り、この御神楽に参加したその時「霜八度おく八沢城の笹をたくさとりてはらふ八小女」の歌をものした。八度は湯加持の繰り返し、「継継湯の釜」は笹の葉で参詣人の頭に湯をかけること、八少女は神子舞踊の巫女しめす。修秡に始まり、湯清浄に続く湯加持の繰り返し、その間に神子舞を挟み、継湯釜への湯立神楽の式次第を詠じたものと思われる。随筆の主なるものには久保田周辺の聞書『久保田の落穂』（文政五年）、考証的随筆『筆のまにまに』（同七年）がある。全集に『菅江真澄全集』十二巻別巻二巻（別巻二は未刊）がある。

参考文献 秋元松代『菅江真澄』（『朝日評伝選』一四）、同『菅江真澄―常民の発見―』（『日本の旅人』九）、内田武志『菅江真澄の旅と日記』、菅江真澄百五十年祭実行委員会編『菅江真澄と秋田』、柳田国男「菅江真澄」（『定本柳田国男集』三所収）、内田ハチ「菅江真澄に見られる科学的記録」（『秋田大学学芸学部研究紀要』教育科学一五―一七）、中尾弘子「「真澄遊覧記」と「農民図彙」に於ける農民服について」（『風俗』四ノ四）、井上豊「菅江真澄の教養と学風」（弘前大学人文学部『文経論叢』一） （今村 義孝）

すがわらしけいず 菅原氏系図 菅原氏の系図。一巻。本姓は出雲氏で、垂仁天皇のとき皇后日葉酢媛《ひばすひめ》の喪のことを掌った野見宿禰《のみのすくね》が土師《はじ》氏を賜わり、古人《ふるひと》のとき居住地名にちなみ菅原姓を賜わって改姓したという。その子清公《きよとも》の系統が最も栄え、文章博士・大学頭を歴任した。清公の孫道真が右大臣に進んだが、のち大宰権師に貶《おと》され、配所で没した。「菅家《かんか》」は道真への尊称となり、その墓所安楽寺の別当職は子孫が継承し、北野天満宮の別当となる者もあった。道真の子孫は唐橋・高辻・五条・東《ひがし》坊城《ぼうじょう》などの諸家に分流したほか、美作・筑前などに菅原姓が多い。『寛永諸家系図伝』諸氏によると、大名では前田・久松松平・柳生の三家が菅原を自称するが、道真以来の系譜を示すのは旗本美濃部氏のみである。刊本は(一)『群書類従』系譜部所収本、(二)『続群書類従』系図部所収本、(三)同別本一、(四)同別本二、(五)同別本三、(六)同荏柄本、(七)『尊卑分脈』四（『（新訂増補）国史大系』六〇下）所収本、(八)『系図纂要（新版）』七上所収本の八本が著名。古人の菅原賜姓は『続日本紀』により天応元年（七八一）とみられるが、これを記すのは(二)(四)(六)(八)および(五)の本文で、(一)(七)は天平元年（七二九）、(五)の前文は天平神護元年（七六五）とする。(一)は東坊城長淳の天文十七年（一五四八）の頓死を記し、(二)は室町時代中期の唐橋在豊、(三)は南北朝時代後期の高辻長嗣、(四)は慶長二年（一五九七）誕生の五条為適、(五)は唐橋（薄）以緒の弘治元年（一五五五）没、(六)は東坊城盛長の慶長十二年没を記す。(七)は(一)に近い。それぞれ成立時期の目安となろう。

参考文献 『群書解題』三上・三下 （瀬戸 薫）

すがわらじんじゃ 菅原神社 鹿児島県川内市国分寺町杉山に鎮座。国分寺天満宮・天満天神宮などといい、菅原道真を祀る。旧郷社。村上天皇応和三年(九六三)勅願所として筑前太宰府天満宮を旧薩摩国分寺境内に勧請したもので、建久八年(一一九七)『薩摩国図田帳』寺社領中「天満宮七町五段　宮里郷内下司在庁道友」とあるのがその神領という。天正十五年(一五八七)豊臣秀吉西征の際、社殿灰燼に帰し、寛文九年(一六六九)島津光久が再興するという。例祭は九月二十五日。

参考文献　五代秀堯・橋口兼柄他編『三国名勝図会』一三、樺山資雄編『薩隅日地理纂考』、川内郷土史編さん委員会編『川内の棟札』、『川内市史』下・石塔編　(藤井　重寿)

すき　主基　⇨悠紀《ゆき》・主基《すき》

すぎうらくにあきら　杉浦国頭　一六七八―一七四〇　江戸時代中期の国学者、歌人。延宝六年(一六七八)八月二十三日生まれる。遠江国浜松の渡辺周顕(竹庵)の次男で、初名は忠成。六歳で叔父杉浦忠義の養子となり、浜松諏訪神社大祝職を嗣ぎ、大学・信濃守・飛驒守・修理亮を称した。号を志水という。元禄十六年(一七〇三)に荷田春満に入門し、翌宝永元年(一七〇四)に春満の姪政子(雅子、のち真崎)と結婚し、以後国頭夫婦は春満の信頼を受けて国学・神道・和歌の道統を遠江・三河に広め、両国の国学の始祖となった。岡部参四(のちの賀茂真淵)もその門から出ている。著書に『日本書紀神代巻講義抄』『伊勢物語講義抄』『正徳随筆』などがある。和歌は「うるはしきかたをもとめんはうるさく口をし」く、「ことの葉のまことあらんこと」を説き、和歌会を組織して神官・僧侶・士・農の多くの門人を育成した。家集に『引馬野草』『引馬野草後集』『国頭千首和歌集』がある。元文五年(一七四〇)六月四日没。六十三歳。静岡県浜松市中島一丁目に墓碑がある。

参考文献　内田旭「杉浦国頭の生涯」、同『杉浦国頭和歌会留書』、杉浦比隈満『古学始祖略年譜』、岡部譲「杉浦国頭大人略年譜」(『奉公』三四三)　(兼清　正徳)

すきくわまつり　鋤鍬祭　年頭にわが田に出て農事のまをし、また屋内でも豊作を祈願する予祝行事は全国的に知られた習俗である。正月二日または四日の仕事初め、十一日のお田打、十五日のお田植などがこれである。地方によってその名称はさまざまであった。徳島県勝浦郡の農家ではこれを鋤鍬祭といった。正月七日に鋤や鍬を飾り、これに桑の木の箸二本を添え、紙の幣をつけ、その先に白米、串に刺した鰯、干柿などを白紙に包んで立て供えた。農具をまつるのはこれを田神・作り神の物ざねとすることであるが、田植の日に朳《えぶり》や鍬を飾って苗に供えたり、秋の稲刈が終ったとき、鎌を飾って稲束に供えたりして田神をまつる習俗が各地にあった。これらと同様の趣旨から年頭にもまつったものであろう。一般に作業の終るのを待って行う例が多かったが、豊作をあらかじめ祝いまつることも少なくなかった。農事に大型機械が導入されると、儀礼は急激に失われよう。　(平山敏治郎)

すくなひこなのかみ　少彦名神　少名毘古那《すくなびこな》・少日子根《すくなひこね》・宿那彦《すくなひこ》・少御神《すくなみかみ》などとも呼ばれる、小人の神。『古事記』によれば神産巣日神の、『日本書紀』神代宝剣出現章第六の一書によれば高皇産霊尊の子だが、親神の指の間から漏れ落ち、大国主が出雲の美保の岬または稲佐の浜にいたところに、天之羅摩船(ががいもの実の莢《さや》でできた船)に乗り、蛾の皮を衣服に着て、波に運ばれ寄ってきて、大国主と兄弟になり、一緒に協力して国作りをした。しかしその途中で熊野の岬から常世に行き、または淡嶋で粟茎にのぼり、弾かれて常世に渡って、残された大国主を嘆かせたという。『出雲国風土記』と『播磨国風土記』には、この神が大国主と、稲種を広めてまわったという神話の存在を窺わせる記事がみえ、『伊予国風土記』逸文と『伊豆国風土記』逸文では、二神が温泉の開基と結びつけられている。

参考文献　松村武雄『日本神話の研究』三、大林太良『日本神話の起源』(『角川選書』六三)　(吉田　敦彦)

すごういそべじんじゃ　菅生石部神社　石川県加賀市大聖寺敷地に鎮座。旧国幣小社。菅生石部神を祀る。延喜式内の小社で、加賀の二宮。神階は、元慶七年(八八三)正五位下、天慶三年(九四〇)正四位下に昇る。中世初期、北野天満宮領の福田荘の鎮守となってから菅生天神・敷地天神とよばれた。江戸時代には加賀藩・大聖寺藩の加護を受け、社地の寄進、社殿の修造がなされた。明治五年(一八七二)郷社に、翌年に県社に、同二十九年(一八九六)県社から国幣小社に昇格。二月十日の例祭には勇壮な竹割りや大蛇に擬した大縄引の行事があり、御願神事《ごんがんのしんじ》と称し、県の無形民俗文化財に指定されている。正親町天皇宸翰御詠草・蒔絵角赤手箱は重要文化財。

参考文献　森田平次『加賀志徴』、『加賀市史』通史上、小倉学「御願神事について」(『北陸史学』二)　(小倉　学)

すさじんじゃ　須佐神社　島根県簸川郡佐田町宮内に鎮座。旧国幣小社。祭神須佐之男命。『出雲国風土記』に須佐郷・須佐社とあり、飯石郡須佐郷の中心となって開発が進められたらしい。『延喜式』神名帳に須佐神社とある。中世には十三所大明神、近世には須佐大宮ともいわれ、古来須佐之男命の本宮であるとされてきた。中世には修験や念仏聖の参加もあったらしく、いまも念仏踊りが八月十五日の神事として残っている。明治三十三年(一九〇〇)国幣小社に列格。現在の本殿は大社造様式で、文久元年(一八六一)に建立されたもの。県の指定文化財となっている。例祭は四月十八日。社宝に国の重要文化財兵庫鎖大刀のほか舞楽面がある。　(石塚　尊俊)

すさのおじんじゃ　素盞嗚神社　広島県芦品郡新市町戸手にある古社。祭神素盞嗚大神・稲田姫神・八王子神。九条家本『延喜式』には須佐能袁能《すさのおの》神社とある。当社はもと疫隅国社、いつのころよりか牛頭天王社・天王社また祇園社と呼ばれたが、明治初年神仏分離が行われ、素盞鳴神社と改称。大正二年(一九一三)郷社に、昭和五年(一九三〇)県社に昇格した。主なる例祭は祇園まつり(七月第二土曜・日曜)。宝物に天文十年(一五四一)長岡正重奉納の磬がある。備後一宮の吉備津神社と関係が深い。

↓疫隅国社《えのくまのくにつやしろ》

参考文献 式内社研究会編『式内社調査報告』二二

(藤井 駿)

すさのおのみこと 素戔鳴尊 『古事記』では須佐之男命と書く。またタケとかハヤとかの「迅速」「勇武」を表わす接頭語をつけ、建速《たけはや》須佐之男命(『古事記』)、速《はや》素戔鳴尊・神《かむ》素戔鳴尊(『日本書紀』)、神須佐乃袁命(『出雲国風土記』)などと書かれるが、同じ神。スサは「進む」「すさぶ」の意で、暴風雨神の内性を表わす名だとも、また地名(出雲国飯石郡および紀伊国在田郡に、それぞれ須佐という地名があった)だともいわれる。記紀によると、伊弉諾尊の三貴子の末子で、天照大神と月読命の弟とされる。『日本書紀』本文では、伊弉諾・伊弉冉二神が生んだ子とされるが、『古事記』では、伊弉諾が日向の橘の小戸の阿波岐原での禊のとき、鼻から生まれた神とされる。記紀の共通の筋としては、この神は昼夜泣きわめいて、自分の委せられた国(海原だとも根の国だとも天の下だともされ一定しない)を治めようとしないので追放され、姉の天照大神に暇乞いに、天上に登る。その勢で山河国土が揺れ動くので、天照は驚き、国を奪おうとする気かと疑い、男装し、武装して詰問する。素戔鳴は二心ないことの証しとして天真名井《あめのまない》で誓約《うけい》をする。大神は心を許して天上に住まわせるが、尊は次第に増長し、田を荒し、新嘗祭の神床を穢し、ついには機織殿に馬を生きながら皮を剝いで投げこんだりしたので、大神はついに怒って石窟《いわや》に隠れ、天地が暗くなる。この後、神々によって罪を問われ、髯と爪を抜かれ、千座置戸《ちくらのおきど》(多額の賠償)を科せられ、高天原を追われる。出雲国に降り、肥の川(斐伊川)の上流で、頭が八つ尾が八つの怪物八俣大蛇《やまたのおろち》を殺し、人身御供の乙女櫛名田比売を助け、大蛇の尾から出た草薙剣を天照大神に献じる。のち二人は結婚し、須賀宮に住み、多くの出雲の神々の祖神となる。『日本書紀』の一書では、この神は新羅の曾尸茂梨《そしもり》に至り、そこから出雲に船で渡ったとか、わが子の治める国に浮宝(船)があるようにと、髯・胸毛・尻の毛・眉毛を抜き散らすと、それぞれ杉・檜・柀・樟となったという話や、また息子の五十猛神《いたけるのかみ》とその妹大屋津姫命・抓津姫命《つまつひめ》の三神が、紀伊国に渡って、これらの樹種を播いたという話などがみえる。『古事記』では、この神は根の国(死者の国)の王者となり、大国主命にいろいろな試練を与え、最後に生太刀《いくたち》・生弓矢《いくゆみや》・天《あめの》詔琴《のりごと》を与えて、葦原国(日本国)の王者とならしめる。高天原でのこの神の悪役ぶりと、出雲や紀伊での文化神・英雄神らしい特色とは、あまりにも対照的である。高天原での彼は天界の秩序を破壊し、日神を病ませ傷つけて石隠《いわがく》れをさせ、天地を暗黒にさせる悪の元凶とされている。出雲では悪蛇を退治し、民の難を救う英雄神であるし、紀伊では樹木の神である。これはもともと異なった二つの神(高天原での邪神と出雲や紀伊での文化神・英雄神)とが同一視されたからであろうとも考えられる。『出雲国風土記』のこの神は、国巡りをしたり、木の葉を髪に挿して踊ったりする素朴で平和な神である。同書の飯石郡須佐郷(島根県簸川郡佐田町)の条では、この神が自分の魂をこの地に鎮め、大須佐田・小須佐田を定めたと記される。この地には須佐神社があり、『延喜式』にも記される。この神と御子神の五十猛神兄妹の樹種分布の話は、紀伊におけるこの神の崇拝が、紀伊国の植林・製材や造船と結びついていたことを表わしている。この神はもともとそうした民間の神で、大和朝廷に採り上げられて、その神話の敵役とされてしまったものらしい。

参考文献 肥後和男『古代伝承研究』、松前健『日本神話の形成』、同『出雲神話』(『講談社現代新書』四四四)、松村武雄『日本神話の研究』三

(松前 健)

すずかし 鈴鹿氏 京都吉田神楽岡の吉田神社の旧社家。吉田神社預であった卜部吉田氏のもとにあって、同社権預・祝・雑掌などの職掌につき、また吉田神道のなかにあって、吉田氏の家老的な役割を果たしていた。『鈴鹿系図』に、その祖は天児屋命二十三世の中臣金連吉子とし、その吉子連が、天平神護二年(七六六)三月、大和国より山城国神楽岡に来り住して以来の氏と伝承する。しかし、鈴鹿氏が一般に知られるようになったのは、吉田兼倶によって吉田神道が興され、その神道界における位置が確立して以降のことであり、その吉田神道管領長上家の諸国神社・神職支配のための庶務を担当するようになってからのことである。また、吉田家にならって、古典書写伝承の家としての功績がみられ、また一族中に『神社覈録』を著わした鈴鹿連胤(一七九五—一八七〇)のごとき神道学者・国学者も出た。それより、多くの蔵書をもち、鈴鹿文庫をもったが、その多くは、第二次世界大戦後、近畿日本鉄道編纂室を経て大和文華館の蔵に帰した。

(鎌田 純一)

すずかつらたね 鈴鹿連胤 一七九五—一八七一 江戸時代後期の神職・国学者。寛政七年(一七九五)十月二十九日、卜部吉田家の家老職を継承した鈴鹿家のうち巽家に生まれる。父は隆芳、母は上御倉立入経康女。幼名は幸松、号を誠斎・尚褧舎。幼より漢学を松岡仲良に学び、国学を山田以文に従って修めた。長じて香川景樹に和歌を学んだ。文化元年(一八〇四)八月二十一日従五位下・神祇権少祐に叙任。従五位上・神祇少祐を経て、同九年二月二十一日兼任筑前守、同年六月五日任権大祐、同十三年正月三十日補吉田社権祝。天保四年(一八三三)六月二十六日任権少副、安政元年(一八五四)十一月十一日、累進して任正四位下。同二年十月二十日補正禰宜、同六年三月四日補権預。慶応二年(一八六六)四月七日、家例のない従三位に叙された。内侍所の再建、春日祭・神嘗祭の復旧に尽力した功を賞されてのもので、ときに七十

二歳であった。連胤が延喜式内社について考証輯録し、併せて主要な式外社と諸国の神名帳をまとめた『神社覈《じんじゃかく》録《ろく》』は天保七年四十二歳から着手し、三十年余の歳月をかけ完成。神祇官より献上の内命があったが病気のため書写の余裕なく、稿本の補訂を以て控本とし清書本を差出す処置がとられ、明治三年(一八七〇)十一月二十二日差出された。宮内庁書陵部所蔵本がこれである。同年十一月二十日没。七十七歳。死没の公表は翌正月五日のことである。諡号は成功《いさお》霊神。墓所は京都市吉田神楽岡。

参考文献 鈴鹿三七『異本今昔物語抄 附鈴鹿連胤略伝』

(橋本 政宣)

すずきしげたね　鈴木重胤　一八一二―六三　幕末の国学者。幼名雄三郎、通称勝左衛門、橿廼舎・厳橿本と号し、府生・桂州ともいう。文化九年(一八一二)五月五日淡路国津名郡仁井村(兵庫県津名郡北淡町)の庄屋の家に父穂積重威・母麗子(岡本氏)の五男として生まれ、父の薫陶により国学に志した。文政八年(一八二五)父が没すると、傾きつつあった家産の恢復をはかるため大坂の商家鴻池善右衛門のもとに見習いとして住み込んだが三年ほどでいったん帰郷、再び家郷を出て次には神戸の商家橋本藤左衛門の保護を受けた。この間商売よりも国学の道に励み、天保三年(一八三二)平田篤胤に入門名簿を送り、書信をもって教えを受け、同五年ころには大国隆正に入門した。同八年橋本家を去り帰郷したが同十年再び大坂に出、門戸を構えて和歌を教授した。同十四年篤胤と面会したいという宿望を果たすため秋田行を決意、母への暇乞いのため帰郷したあと出立、神戸・大坂・京都・金沢・新津・酒田を経て目的地に着いたが、この時篤胤はすでに病没していたので、その霊前で門人となった。その後江戸日本橋村松町に居を定め著作活動に努める一方、越後・出羽・九州など各地を旅行して学説を弘め、特に出羽庄内の酒造家大滝光憲、越後新津の豪農桂誉重をはじめこの地方の民間有力者の信奉を受けた。庄内には一年あるいは二年を隔てて講説に赴き、弘化二年(一八四五)光憲の次子光俊を養子に迎えている。嘉永元年(一八四八)『延喜式祝詞講義』を起稿、同六年に完成すると庄内に出向き光憲の学舎賢木舎に門人を集めて完稿奉告の祭事を執行した。帰宅後まもなく『日本書紀伝』を起稿、これは前著とともに代表的著作と称すべきものであるが未完に終わった。「日本書紀辱くも朝廷の正史也、祝詞は朝廷の式文也」(「答問書」)として『日本書紀』と祝詞を特に重視した。『延喜式祝詞講義』執筆のころから次第に篤胤学批判を前面に押し出したことから、安政四年(一八五七)平田鉄胤との不和を生じ、数回の応酬ののち翌五年鉄胤から絶交を通告された。元来敬神の念すこぶる厚かったが、秋田への出立に際し花山院家邸内の宗像神社に参拝したのを契機に宗像信仰を強め、その本社たる筑前の宗像神社へ四度参詣、その途次、長州の白石正一郎・林勇蔵らにも影響を与えている。文久三年(一八六三)八月十五日、安政二年から住んだ江戸本所小梅(東京都墨田区向島)の自宅で暗殺された。五十二歳。市ヶ谷の長延寺(のち杉並区和田一丁目に移転)に葬る。当時、幕府の内命を受けて廃帝の故事を調査したため尊攘派志士に狙われたとの説が流布したが、現在ではこれは根拠のない巷間の流言とされ、暗殺事情は不明である。著書には上記二著のほか『詞乃捷径』『古始太元図説』『神代真言』『世継草』『経緯談』『中臣寿詞講義』『祝詞正訓』などがある。なお、紀行文として現存するものに『神習紀行』『皇京日記』『辛亥紀行』『伊勢詣紀行』『宗像詣記』などがあり、これらには旅行中に面接した人名、参拝した神社、史蹟、土地の地理・風俗などを詳らかに記している。著書は『鈴木重胤集』(『国学大系』二二)に収所のほか、『鈴木重胤全集』全十三巻がある。→日本書紀伝《にほんしょきでん》

参考文献 樹下快淳『鈴木重胤真人物』、谷省吾『鈴木重胤の研究』(『神道史研究叢書』四)

(鈴木 暎一)

すずきしげたねぜんしゅう　鈴木重胤全集　幕末の国学者鈴木重胤の全集。鈴木重胤先生学徳顕揚会によって、昭和十二年(一九三七)から同十九年にわたって刊行された。樹下快淳の編集による。全十三巻。第一巻から第九巻までは重胤の主著たるべくも未完に終った『日本書紀伝』百四十七冊を収めている。第十巻から第十二巻までは大滝光憲、桂誉重の校訂によって代表作『延喜式祝詞講義』十五巻を収める。第十三巻は『鈴木重胤皇学論纂』と題して、本来は『日本書紀伝』の中に組み入れられていた「日本書紀伝補説」、かつて『延喜式祝詞講義』と合わせて刊行された『中臣寿詞講義』に加えて、遺稿の一部である「大祓詞後釈補正」(上下二冊)「古始太元考」「古始太元図説」「神代真言」を収めている。

(大久保紀子)

すずきまさゆき　鈴木雅之　一八三七―七一　幕末から明治時代初期の国学者。幼名一平。通称昌之、のち雅之。号霞山・霞岳・霞堂。父は清兵衛。天保八年(一八三七)下総国埴生郡羽鳥村畑中(千葉県成田市南羽鳥)に生まれる。安政三年(一八五六)二十歳のとき、飯岡村の田園歌人神山魚貫に入門、また妻をめとる。家を妹に譲り、香取郡三倉村越川平右衛門より高萩村石橋伝右衛門宅へ移る。雅之はこの時代から鏑木時代にかけて原稿をまとめている。その彼を推挽・支援したのは香取郡佐原村の国学者伊能穎則であった。慶応三年(一八六七)雅之は鏑木村の平山昌斎のもとに移る。明治二年(一八六九)伊能穎則に招かれて上京、十月大学少助教となる。翌三年三月神祇官宣教使中講義生となり、同四年江戸湯島花町に住居、少博士の内意をうけたが任官をまたず四月二十一日急死。三十五歳。浅草西福寺に葬る。同十四年九月故郷羽鳥村に改葬。その著書には慶応末年にまとめたものに『治安策』『民政要論略篇』がある。あとはその後のものであり、また『撞賢木』(一名『四大恩書』)、『天津祝詞考』、『治安策』、『清風集』が刊行されているが、その他は刊行されていない。『大学弁』『中庸弁』『弁孟』『客居偶録』

『理学新論』『答難』『与林氏学論』のごとき諸批判書もある。その他にも『民政要論』『捕盗安民策』『示蒙彝訓』のごとき政治経済書、『歌学正言』『歌学新語』『花の蘂』『霞堂遺草』『八代選』のごとき歌学書、『藻屑』『客居雑録』のごとき随筆、『壬申乱』『史論』『古事記訳解』『天津祝詞考説略』『宮売の神の攷』『霊魂説略』『日本書紀名物正訓』などがある。

参考文献 伊藤至郎『鈴木雅之研究』、同『伊能忠敬・鈴木雅之』、伊東多三郎『近世国体思想史論』、同『草莽の国学』、村岡典嗣「農村の生んだ一国学者鈴木雅之」(『(増訂)日本思想史研究』所収) (芳賀　登)

すずじんじゃ　須須神社　石川県珠洲市三崎町寺家に鎮座。旧県社。高座宮・金分宮の両社より成り、高座宮は天津日高彦穂瓊瓊杵尊《あまつひこひこほのににぎのみこと》を主神とし美穂須須美命《みほすすみのみこと》を配祀、金分宮は木花咲耶姫命を祀る。近世には三崎権現とも呼ばれた。社伝でははじめ北西方にある山伏山(鈴ヶ岳)に鎮座し、天平勝宝年間(七四九―五七)現在地に遷座したという。貞観十五年(八七三)従五位上に昇叙した『三代実録』所載の高倉彦神は高座宮にあてられるが、延喜式内の須須神社とするには異説がある。古来、奥能登屈指の大社として公武の崇敬をうけ、神主に大宮司の猿女氏、別当に高勝寺が仕えて隆盛をきわめた。近世、加賀藩主前田氏は田地五町を寄進、社殿を造営・祈願をなすなど尊信が篤かった。明治初年の神仏分離では高勝寺は廃絶した。明治二十八年(一八九五)県社に列格。古くは珠洲郡内を巡行する神事があり郡祭りとよばれた。例祭は九月十四日。承安五年(一一七五)の能登国司庁宣をはじめとする文書七十三点は石川県文化財、木造男神像五軀は重要文化財、社叢は天然記念物。山伏山には本社の奥宮があり、鈴岳奥神社とよばれた。

参考文献 『能登国式内等旧社記』(『神祇全書』五)、植木直一郎『須須神社誌』、森田平次『能登志徴』一〇、『石川県珠洲郡誌』、『珠洲市史』二・四・六、日置謙「高倉彦神」(『加能外史』所収) (小倉　学)

すせりびめのみこと　須勢理毘売命　『古事記』に、須佐之男命の娘で、大国主命の正妃として出る女神。『出雲国風土記』の神門郡滑狭郷条には、和加須世理比売として出る。根の堅州国に来た大国主を出迎えて、妻になり、須佐之男からつぎつぎに課される難事を、夫が果たすのを助けた後、夫に背負われ、ともに根の国から脱出して出雲に住み、「うながけりて(首に手をかけ合って)、今に至るまで鎮ります」(原漢字)という。 (吉田　敦彦)

すだはちまんじんじゃ　隅田八幡神社　和歌山県橋本市隅田町垂井に鎮座。旧県社。祭神は誉田別尊・足仲彦尊・息長足姫命・丹生都比売神・瀬織津比女神。紀ノ川に沿った平地を一望する段丘上に位置している。当社の正確な成立時期は不明であるが、この地の田地が石清水八幡宮に寄進された十一世紀後半期、隅田荘荘園鎮守石清水別宮として勧請されたものであろう。隅田八幡宮と在地領主藤原氏の関係は藤原忠延が当社の俗別当職に補任された長治年間(一一〇四―〇六)のころより見られ、藤原氏は当社神事を勤めながら次第に荘官化してゆく。鎌倉時代中期に入ると藤原氏と当社の結びつきはさらに強まり、毎年元旦に執行される朝拝の座役は藤原一族、特に成長著しい荘内名主層によって占められるようになり、彼らによる田地の寄進も盛んになっていった。こうして隅田八幡神社は荘内支配者層の信仰を集めながらその連帯を推し進めてゆく役割を担ったのである。時代が降っては、紀州藩徳川氏の崇敬も厚かったという。大正五年(一九一六)には県社に列した。例祭は十月十五日。ほかに豊作の予祝行事である粥占神事を行う管祭が一月十五日にある。人物画象鏡(国宝)を所蔵する。

隅田八幡神社

(笹谷　幸司)

人物画象鏡　中国三国時代ごろの神人画象鏡をわが国で模した仿製鏡の一つ。伝来の事情は明らかでないが、出土品とみられる。本鏡の特色は、鏡背周縁部に独自の銘文が陽鋳されていることで、この銘は数少ない古代金石文の遺例として尊重されてきた。銘文の解釈としては、従来、癸未年を五〇三年とし、当時「意柴沙加宮」(忍坂宮)にあった、のちの継体天皇のためにこの鏡が作られたとする説が有力であったが、文字の解読や文中の人物比定をめぐって異論も多く、今のところ定説といえるものは見あたらない。現在「癸未年」だけについても、三八三年、四四三年、五〇三年、五六三年、六二三年の各説が主張されており、他に年紀部分を「未年」と読む説もあるが、純考古学的にみて、製作年代は六・七世紀に下らないとする考古学者の説があることは、注目されてよかろう。径一九・八ｾﾝﾁ、国宝。銘文は以下のとおり(後掲坂元義種論文による)。「未年八月日十因(一説、六)王年孚弟王在意柴沙加宮時斯麻念長奉遣開中費直穢人今州利二人等(一説、尊)所白上同二百旱所此竟矣」。

参考文献 田中琢『古鏡』(『日本の原始美術』八)、坂元義種「文字のある考古学史料の諸問題」(上田正昭他編『ゼミナール日本古代史』下所収)、蔵中進「「カフチ」考」(島田勇雄先生退官記念論文集刊行会編『島田勇雄先生退官記念ことばの論文集』所収)、平林章仁「隅田八幡神社蔵人物画像鏡銘文試考」(『国史学研究』九)　(東野治之)

すのさきじんじゃ　洲崎神社　千葉県館山市洲崎御手洗山の中腹に鎮座。洲崎明神ないし洲崎大明神の別称がある。祭神は天比理乃咩命、相殿に天太玉命・天富命を祀る。旧県社。縁起によれば、養老年間(七一七―二三)の創建という。天比理乃咩命は、安房大神すなわち天太玉命の后神である。六国史に安房大神とともに神階の昇叙をうけた神として、承和九年(八四二)十月二日・仁寿二年(八五二)八月二十二日・貞観元年(八五九)正月二十七日条にその名がある。また、『延喜式』神名帳所載の后神天比理乃咩命神社の祭神であることは言をまたない。慶長二年(一五九七)に書かれた『金丸家系累代鑑』によれば、洲崎神社を一之宮とよんで拝殿に比し、この洲崎より東方約八㌔の地点すなわち館山市洲宮にある洲宮神社を二之宮と称して奥殿にあて、二殿をもって一社とする伝えがある。ところが、近年では、洲宮神社をかつての式内社である后神天比理乃咩命神社に比定し、洲崎神社は洲宮神社の仮宮として設けられ、修験寺院によって護持された神社と考証されている。いずれにしても、鎌倉時代以前に祀られており、源頼朝の参拝を得て著名になった神社と考えられる。『吾妻鏡』によれば、治承四年(一一八〇)八月、石橋山の戦にやぶれて安房国に上陸した源頼朝は、九月五日洲崎明神に参拝し、のち神田を寄進。翌養和元年(一一八一)二月には、洲崎の神領が在庁によって妨害されると、神主らの訴えをうけた頼朝は、在庁の行動を停止させるべく下知状を下している。こえて、寿永元年(一一八二)八月には、妻政子の平産祈願のため安西景益を参向させ、なみなみならぬ信仰を寄せていたことが知られる。盛時には、七つの修験寺院によって社務がすすめられ、社家は存在しなかったようである。文明十年(一四七八)には、江戸神田に勧請され、神奈川や品川にも祀られたことが『永享記』に記されている。戦国時代里見氏は社領五石を与え、のち、徳川氏もこれを踏襲する。明治政府は、明治五年(一八七二)九月に洲宮神社を式内社に指定したが、翌六年五月にこれを退けて洲崎神社を式内社とした。同年県社に列格。六月十三日の例祭と八月二十一―二十二日の大祭には、境内でみろく踊りと鹿島踊りからなるみの子踊りが行われ、「洲崎踊り」の名称のもと県指定の無形民俗文化財となっている。また、御手洗山の極相林は、「洲崎神社自然林」として県の天然記念物に指定されている。

[参考文献]　森谷ひろみ『式内社の歴史地理学的研究』、菱沼男・梅田義彦『房総の古社』　(川戸彰)

すみよしおおともじんじゃ　住吉大伴神社　京都市右京区竜安寺住吉町に鎮座。祭神は住吉三神(底筒男命・中筒男命・上筒男命)と大伴氏の祖神二神(天押日命・道臣命)。承和元年(八三四)山城国葛野郡上林郷に伴宿禰に氏神をまつらしめたとみえ(『続日本後紀』承和元年正月庚午条)、『延喜式』神名帳の葛野郡に「伴氏神社(大、月次・新嘗)」とある。この地は大伴氏没落後に藤原家領となり、山荘「徳大寺殿」は堂上歌人が集って和歌守護神「住吉社」がまつられ「大伴社」に習合したと『山城誌』以来伝える。しかし、社伝以前すでに住吉神と大伴氏とは関係がふかく、古代大陸交渉でしばしば同神が祈願され大伴金村が任那問題で失脚した際に「住吉宅」に入ったと『日本書紀』欽明紀に記すなど史伝が多い。昭和十七年(一九四二)住吉神社を現社名に改称。　(山上伊豆母)

すみよしおどり　住吉踊　大阪市住吉区住吉の住吉大社に伝わる踊り。江戸時代、住吉大社神宮寺の新羅寺の社僧が、例年夏のお田植に、天下泰平・五穀豊穣の御祈禱として踊り、祭りのあと京坂各地の町や村を御祈禱に踊り歩いたという。また、稲の害虫除けなど災難封じのまじないとして踊ることもあった。地方へは、代垢離・代待などよろず祈願の代行を職とした下級宗教者の願人《がんにん》坊主が巡歴して各所で踊った。「ヤートコセ、ヨーイヤナ」の囃子詞をもつ伊勢音頭とまぜ合わせた軽快な踊りがおもしろく、歌舞伎の所作事『六歌仙容彩《ろっかせんすがたのいろどり》』(天保二年(一八三一)三月初演)の喜撰の踊りなどにも取り入れられ、また明治時代に大道芸や寄席芸として流行したカッポレの母胎ともなった。近代、住吉大社では一時絶えたが、のち復活した。音頭取りが長柄の傘をもってうたい、そのまわりを、菅笠に僧形の少女が団扇を打ち振りながら踊る。

[参考文献]　秋里舜福『摂津名所図会』一(『日本名所風俗図会』一〇)、喜田川守貞『近世風俗志』六　(三隅治雄)

すみよししゃかんぬしならびにいちぞくけいず　住吉社神主并一族系図　平安時代中期から近世初期に至る摂津国一宮住吉神社の神主家津守氏の系図。一巻。内容は冒頭に「津守氏(手槎足尼以後数十代略之)神主右大弁津守吉祥後胤」とあり、康平三年(一〇六〇)に神主に補された歌人としても著名な津守国基より書き起こし、元和二年(一六一六)に卒した国通までを収める。ただし延徳二年(一四九〇)卒の国恒以降は名前のみを書き継いで尻付けの類がないことから、一度はこの延徳ころに成立し、その後国通あたりまで書き継がれたものと考えられる。『続群書類従』系図部に所収。その奥にみえる「以畠山牛庵家蔵本写之」との識語は、底本となっている『大日本史』編纂過程で蒐集された『諸家系図纂』二九上所収本の奥書である。なお、本系図に省略されている国基以前を含み、記述豊富で詳細、かつ伝来正しい津守氏の系図に宮内庁書陵部所蔵『津守氏系図』がある。これは寛文十二年(一六七二)、後水尾院の命により津守国治が奏覧に供した「津守古系図」を、その直後に繕写して官庫に納めたもの。この同系写本は、津守家と津守氏の系譜が記された『住吉松葉大記』の著者である梅園惟朝の後裔にも伝えられている。

参考文献 『群書解題』三下、田中卓「住吉大社神代記の研究」(『田中卓著作集』七所収)　(福井 款彦)

すみよししんこう 住吉信仰 摂津の住吉大社をはじめ全国に二千数百社にわたる住吉神社の祭神、筒男三神(住吉大神と総称)に対する信仰。住吉大神は伊弉諾尊の禊祓《みそぎはらえ》に際して出現したとする記紀の所伝や、神功皇后の西征に神威をあらわしたとの伝承により、禊祓・玉体奉護・海上平安の神徳に対する信仰が著しい。特に海上交通守護は、『万葉集』一九の「天平五年(七三三)贈入唐使歌一首」をはじめ数多く詠まれているように、古来住吉信仰の中心をなしてきた。また『住吉大社神代記』には住吉大神が現形して軽皇子と歌を以て応答したとの記事があり、『万葉集』にも「住吉の荒人神」とあるように現実に姿を現わす現人神として、住吉明神の名で語られ、これは『伊勢物語』以来、翁の姿を以て表現し、謡曲「高砂」にうたわれるような寿福慶賀の象徴として庶人に滲透している。さらに和歌三神の一つに数えられ、和歌文学の神として信仰され、風光明媚な住吉浦は近世文人墨客の集うところであった。『播磨国風土記』には住吉大神が稲作の方法を教えたとの記事があり、農耕守護に対する信仰も普遍的で、農を本として諸産業に及び、海上の平安守護とともに、近世大坂廻船問屋を中心とする全国各種業界の信仰があつまったことは、いまも住吉大社の境内にのこる六百余基の燈籠によって窺うことができる。　→住吉大社《すみよしたいしゃ》　→住吉三神《すみよしさんじん》　(真弓 常忠)

すみよしじんじゃ 住吉神社 (一)福岡市博多区住吉に鎮座。旧官幣小社。祭神は底筒男命・中筒男命・表筒男命を主神とし、天照皇大神・息長足姫命(神功皇后)を配祀する。『延喜式』神名帳には筑前国那珂郡に「住吉神社三座(並名神大)」として記され、筑前国一宮。社蔵の文書『筑前国住吉大明神御縁起』には、当地が筑紫日向の橘小戸の檍原《あわぎはら》の古蹟と説く。『続日本紀』天平九年(七三七)四月乙巳(一日)条には遣使奉幣あり新羅の無礼の状を告げたことがみえ、貞観元年(八五九)従五位下に叙され、元慶二年(八七八)・寛仁三年(一〇一九)に朝廷の奉幣に預っている。『吾妻鏡』には当社の神官佐伯一族が源頼朝の身辺にあってその創業に功あったことを伝え、鎌倉時代以後佐伯氏は神官御家人として鎮西探題奉行人になるなど活躍した。一時は神領三千余町に及んだが、戦国時代となって社運衰え、社領は没収されて神官・社僧も離散、奉仕は村民の手に委ねられていたという。江戸時代となって黒田長政が社殿を再興、黒田忠之はこれを修理し、光之も社領三十石を寄進した。明治五年(一八七二)県社となり、大正四年(一九一五)官幣小社に列格。本殿は住吉造で、重要文化財。例祭は十月十三日、ほかに追儺祭(一月七日)・御田祭(三月七日)・潮干祭(四月三日)・歩射祭(十一月七日)などがある。

(二)山口県下関市一の宮東町に鎮座。旧官幣中社。祭神は第一殿に表筒男命・中筒男命・底筒男命の荒魂を主神として祀り、第二殿に応神天皇、第三殿に武内宿禰命、第四殿に神功皇后、第五殿に建御名方命を配祀する。長門国一宮。『日本書紀』神功皇后摂政前紀には、表筒男・中筒男・底筒男三神が皇后に「我が荒魂をば穴門の山田邑に祭はしめよ」(原漢文)と誨えて、穴門直の祖践立を以て荒魂を祭る神主とし、祠を穴門の山田邑に立てたとしている。『延喜式』神名帳には長門国豊浦郡に「住吉坐荒御魂神社三座(並名神大)」が記載されている。神階は貞観元年(八五九)従五位上、仁和二年(八八六)正四位下が授けられた。穴門直践立の裔山田家は大宮司家として代々祭祀を奉仕して明治に及んだ。長門国鍛冶職の櫟木氏も当社と関係が深い。明治四年(一八七一)国幣中社となり、同四十四年官幣中社に列格。社殿は応安三年(一三七〇)大内弘世の造営にかかる九間社流造、正面五ヵ所に千鳥破風が付く檜皮葺で、室町時代初期の代表的神社建築として、幾度か修理を施しながらも、建造当時の面影を保

住吉神社(一)神門

住吉神社(二)

存している。本殿および本殿内の玉殿五基はともに国宝。例祭は十二月十五日。十二月七日夕刻より十五日朝まで御斎祭《おいみまつり》と称し、奉仕神職は厳重な斎戒に入る。特殊神事として和布刈《めかり》祭(陰暦十二月晦日午後十一時より元日の未明)・御田植祭(五月第三日曜日)・追儺祭(一月七日)・歩射祭(一月十六日)などがある。宝物に唐鞍・銅鐘(ともに重要文化財)ほか多数を蔵する。

参考文献 住吉神社社務所編『(長門国一ノ宮)住吉神社史料』、同編『櫟木家文書』

(三)長崎県壱岐郡芦辺町住吉に鎮座。旧国幣中社。祭神は底筒男命・中筒男命・表筒男命、相殿に八千戈神を祀る。壱岐国一宮。『延喜式』神名帳には壱岐嶋壱岐郡に「住吉神社(名神大)」が記載されている。社記によると「神功皇后征韓の時住吉大明神出現ありて怨敵を退治したまふ、仍て高貴徳王神と称す、皇后凱旋の時、郷ノ浦町御津浦に御上陸ありて、足形を石面に印したまへり、依りて其海辺に住吉大神を鎮座し奉る、後に神託ありて波の音の聞えぬ地を択びたまふに依り、住吉の里に移る」とあり朝鮮半島との交通頻繁となるに伴って海上航行の要衝である壱岐島に海路の平安守護の住吉神が奉祀されたのであろう。『永禄十年壱岐諸社神領記』によると、社領六十七町余を有し、慶長十九年(一六一四)には領主松浦肥前守は社領二石を寄進している。例祭は十一月九日。また一月十七日・五月二十八日・十月二十七日には軍越神事がある。

(四)北海道小樽市住之江に鎮座。旧県社。祭神は底筒男命・中筒男命・表筒男命・息長足姫命(神功皇后)。当社の創始は箱館八幡宮神主菊地重賢が、オタルナイ・タカシマ両場所の総鎮守として勧請の議を箱館奉行所に出願、慶応元年(一八六五)六月、オタルナイ運上屋最寄の地に奉祀が許可されたに始まり、以来幕府は沿岸埋立地造成を図ったが、明治維新となり中止、明治元年(一八六八)八月三日オタルナイに到着、六日より八日まで鎮座祭が執り行われた。同八年三月郷社となり、十四年現在地に遷祠、三十九年県社となり、数次の造営を経て現在に至っている。例祭は七月十五日。

(真弓 常忠)

(五)兵庫県三田《さんだ》市大川瀬に鎮座。旧村社。祭神は底筒男命・中筒男命・表筒男命・神功皇后。神功皇后が三韓征討に赴く前に、住吉大神の霊告によって奇瑞を感じたので、帰国後、使を遣わして同地の上曾根山を卜して住吉神社をまつったのがはじまりと伝える。『大川瀬住吉神社文書』によれば、文永二年(一二六五)十一月三日付で二十一年ごとの造営による諸役が黒田庄・味間《あじま》庄など広い範囲で割り当てられていたことを考えると、二十四ヵ村の氏子と十万八千町歩の社領を有していたという社伝は裏付けされる。しかし、播磨清水寺と長年にわたって争い、氏子は四散してついに大川瀬村一村の氏子となったと伝える。本殿は檜皮葺・三間社流造で重要文化財に指定されている。文永二年(一二六五)十一月銘の棟札が残るが、内陣扉板の墨書銘より永享八年(一四三六)の建立と考えられる。なお、内陣には応永九年(一四〇二)の銘を有する懸仏四体が存する。本殿と接するように拝殿があり、舞殿(能舞台、県指定文化財)も存する。例祭は、十月四日、獅子舞が奉納される。

参考文献 兵庫県神職会編『兵庫県神社誌』、『三田市史』上

(六)兵庫県加東郡社町上鴨川に鎮座。旧村社。祭神は上筒男之命、中筒男之命、底筒男之命、神功皇后。『清水寺文書』によると法道仙人が神功皇后の新羅征討前に敵降伏の法を同社で行なったと伝えている。本殿は檜皮葺・三間社(内陣五間社)流造で重要文化財に指定されている。棟木の墨書銘により正和五年(一三一六)の創建、永享六年(一四三四)の再建で、現存のものは明応二年(一四九三)の造営である。境内地に本殿が西面して建ち、割拝殿、長床、舞堂、御供部屋などがある。古い神社配置形式の一類型をみることができる。祭礼は十月四日・五日に行われていて、神事舞踊が演じられ、宮座の伝統がよく伝えられている。拝殿で神楽が舞われ、太刀舞(リョンサンマイ)・獅子舞・田楽舞などが演じられ、創建以来続いているといわれる。中世の郷村組織を伝える若い衆・清座・年寄・横座などの厳格な宮座組織で運営されてきた祭祀芸能は全国的にも貴重である。この神事舞踊は昭和五十二年(一九七七)に重要無形民俗文化財に指定された。

参考文献 桐山宗吉『鴨川住吉の神事』、兵庫県神職会編『兵庫県神社誌』、喜多慶治『兵庫県民俗芸能誌』

(芦田 岩男)

(七)⇩住吉大社《すみよしたいしゃ》

すみよしじんじゃぞうえいりょうとうせん　住吉神社造営料唐船　⇩寺社造営料唐船《じしゃぞうえいりょうとうせん》

すみよしたいしゃ　住吉大社　大阪市住吉区住吉二丁目に鎮座。旧官幣大社。祭神は底筒男命・中筒男命・表筒男命・息長足姫命(神功皇后)。摂津国一宮。『日本書紀』によれば、神功皇后の百済救援に神助あり、凱旋の後、「我が和魂をば大津の渟中倉《ぬなくら》の長峡にまさしむべし」(原漢文)との神教により、皇后は田裳見宿禰《たもみのすくね》をして筒男三神をこの地に鎮祭せしめたと伝える。『帝王編年記』はその年を神功皇后摂政十一年とする。のちに皇后も併祀された。田裳見宿禰の裔は津守氏を称して代々神主として奉仕し、海上交通の守神として崇敬をあつめた。延喜の制、名神大社。祈年・月次・相嘗・新嘗をはじめ、祈雨・八十嶋祭に預り、特に「開二遣唐船居一祭」には遣使奉幣がなされた。神階は早く天平年間(七二九―四九)に従三位が授けられていたが、ついで正三位となり、延暦三年(七八四)六月には勲三等、同年十二月従二位、大同元年(八〇六)四月従一位となり、その後間もなく正一位となり極位に列せられた。天武天皇のとき神田三十町を賜わったのをはじめ、歴代天皇・上皇の行幸・御幸・奉幣の例はすこぶる多いが、特に後村上天皇が戦乱の世の前後九年間、

住吉大社本殿

当社を行在所としたことは著しい。すなわち正平七年(一三五二)二月二十八日行幸し、神主津守国夏の館に入ったが、住江殿の竣功をまってここに移り、同年閏二月十五日まで滞在し、ついで同十五年九月再び行幸、爾来七年半にわたって住江殿を行宮とし、同二十三年三月十一日ここに崩御した。ついで長慶天皇は当社にて践祚、同年十二月二十四日まで引き続いて行宮としたものである。社殿の本殿四棟は住吉造と称する妻入、高床、丹塗の、神社建築史上最も古い様式の一つを今日まで純正に伝えているもので、四殿とも国宝に指定されている。境内地はもと二十二町余を有したが、明治維新に際して国有地に上知され、大部分は住吉公園となって現在は約十万平方メートル。例祭は七月三十一日、荒和《あらにご》大祓、または単に「おはらい」といい、堺宿院頓宮に神幸する。特殊神事として、踏歌《とうか》神事(一月四日)・白馬《あおうま》神事(一月七日)・御結《みけ》鎮《ち》神事(一月十三日)・松苗神事(四月三日)・卯之葉神事(五月上卯日)・御田植神事(六月十四日)・神輿洗神事(七月第三土曜日)・宝之市神事(十月十七日)・埴使《はにつかい》二月・十一月)がある。中で埴使は祈年・新嘗両祭の祭器の料とする埴土を大和の畝傍山に採りに行く神事として有名。宝物には天平三年の奥書がある『住吉大社神代記』(重要文化財)をはじめ、後醍醐天皇の綸旨・後村上天皇御祈願状、舞楽面綾切(同)ほか、守家の太刀・繁慶の刀(ともに重要文化財)など多数を蔵する。 →住吉信仰《すみよししんこう》 →住吉三神《すみよしのさんじん》 →住吉祭《すみよしまつり》

[参考文献] 梅園惟朝『住吉松葉大記』、田中卓『住吉大社神代記』、田中卓他『住吉大社史』、住吉大社編『住吉大社』、真弓常忠『住吉信仰』

(真弓 常忠)

建築 現在社頭は全く市街化してしまったが、かつての境内の西はただちに住吉浜に臨んでいた。その境内の中心部に四棟の本殿がすべて西面し、西から第三・第二・第一の順に縦に並び、第三本宮の南に第四本宮(姫宮)が建つ。本殿はすべて同形同大で住吉造の形式をもつ。本殿の前に横長の拝殿があり、本殿・拝殿の間を渡殿がつないでいるが、これらはのちに付加されたものであって、ただ第一本宮のものだけは室町時代以前からあったらしい。住吉・香取・鹿島の三社が二十年ごとに式年遷宮を行う慣例をもっていたことが弘仁三年(八一二)の記録にある。この制度は永享六年(一四三四)までは実施されたが、その後戦乱による空白があり、十七世紀初頭に至って社殿の多くが再興された。現在の社殿はさらに四度の造替を経て文化七年(一八一〇)に造立されたものである。四殿ともに国宝。 →住吉造《すみよしづくり》

[参考文献] 伊藤延男「住吉大社本殿について」(『大和文化研究』二ノ五)

(稲垣 栄三)

すみよしたいしゃじんだいき　住吉大社神代記 摂津国の住吉大社が、己未年(斉明天皇五年(六五九))七月一日に津守連吉祥の注進した記事と大宝二年(七〇二)八月二十七日に定められた本縁起を引き勘えて、天平三年(七三一)七月五日に神祇官へ上進した解文。撰録者は神主従八位下津守宿禰嶋麻呂・遣唐使神主正六位上津守宿禰客人。一巻。巻末に延暦八年(七八九)の住吉郡判・摂津職判を帯ぶ。原本は重要文化財。永く住吉大社に秘蔵、門外不出とされたが、同社刊の原寸大複製本(昭和十一年(一九三六))によって全容が知られた。成立年次については武田祐吉の研究以来疑点が指摘され、筆者はその解明を試み天平三年真撰説をとったが、坂本太郎は反論して平安時代おそらくは元慶三年(八七九)以後の造作であろうとし、筆者はさらに新しく天平三年原撰・延暦初年書写説を提唱。全篇漢字、間々国風の漢文や宣命書を交えた文体で、住吉大社の鎮座の縁起、流記および神宝・神領などを詳細に記す。内容には『日本書紀』の長文の引用や『古事記』の所伝との類似がある。崇神・垂仁天皇の崩年干支(戊寅・辛未)や日本武尊・神功皇后を「天皇」と記す点、また祝詞や風土記との関連も注目される。ことに本書独自の所伝や地誌が豊富で、「船木等本記」などには古系譜の特色があり、為奈河と武庫川の女神が嫉妬して争う説話、播磨国賀茂郡椅鹿山を中心とする「所領九万八千余町」の四至など珍しい。一社の古縁起としてだけでなく、古代史・上代国文関係史料として価値が高い。

[参考文献] 田中卓『住吉大社神代記』、同『住吉大社史』上、同「再考・住吉大社神代記」(『田中卓著作集』七所収)、栗田寛「住吉神社神代記考証」(『栗里先生雑著』上所収)、坂本太郎「『住吉大社神代記』について」(『坂本太郎著作集』四所収)、酒井敏行「住吉大社神代記構成試論」(『日本書紀研究』一二)、武田祐吉「住吉神社神代記に就いて」(『国史学』一三)、及川智早「住吉大社神代記」(『古代文学講座』一一)、熊谷保孝「『住吉大社神代記』の成立時期についての疑問」(『神道宗教』一五一)

(田中 卓)

すみよしだいじんぐうしょしんじのしだいきろく　住吉太神宮諸神事之次第記録 摂津国一宮住吉大社の年中行事記。津守棟国著。一巻。著者の棟国は文永ごろの人物、

国平神主の子で国助神主の弟にあたる。成立は著者より推して鎌倉時代末期であろう。内容は正月一日から十二月晦日までの住吉大社年中恒例の神事を月日の順に掲げ、各々に式次第・奏楽・神饌・幣帛などを細かに記しており、鎌倉時代末期における住吉大社の神事・祭礼の様子を窺うことができる貴重な史料である。『続群書類従』神祇部に所収。なお本書の原本はすでに早くより失われているが、著者棟国の第四子国有の手跡による筆写本があり、その虫食部分に津守賢氏が修補を加えた元亀三年(一五七二)の奥書のある善本が前田家(尊経閣文庫)に伝えられている。また、江戸時代中期の住吉社人梅園惟朝がその著『住吉松葉大記』の神事部に、当時津守治易が蔵していた本を繕写し、その全文を年中行事ごとに引用して近世の神事との比較を試みており参考になる。

参考文献 『群書解題』一中、『住吉大社史』 (福井　款彦)

すみよしづくり 住吉造 大阪の住吉大社本殿の形式をいう。梁行二間、桁行四間、妻入で内部を前後二室に分かつ。柱はすべて円柱で礎石上に立ち、屋根は切妻造、檜皮葺、棟を箱棟としその両端に置千木、中間に断面方形の堅魚木五本を置く。側面と背面は横板張りの板壁であるが、正面は中央に大きな板扉を開くため中央の柱がなく、二本の小脇柱に方立を取り付けて扉を設ける。殿内の二室の境もこれと同じ方法で板扉が設けられている。後部の内陣は現在床《ゆか》を二重に張って外陣よりも一段高くなっているが、これは近世以後の手法であろう。破風や垂木は直線、軒は一軒、妻飾は扠首《さす》組で、このあたりは古風な趣をよくとどめている。また周囲に縁をもたないのも古式であって、本殿に接近して瑞垣と玉垣が二重に取り巻く。瑞垣は縦板を貫に隙間なく打付け、玉垣は頭を丸くした角柱を貫で連結したものであって、ともに古い形式を保つ。殿内は素木のままであるが、本殿の外回りは彩色を施し、軸部は丹塗、板壁は胡粉塗、また二重の垣も丹塗で頭部のみを黒くする。十六世紀以前の本殿は柱が掘立であり、また置千木でなく破風板がそのまま延びて千木となっていたから、現状よりもさらに古風な姿であった。前後二室に分かれる平面は大嘗祭における大嘗宮の悠紀・主基の正殿の平面に近いのがこの形式の大きな特色である。なお福岡市博多区住吉にある住吉神社本殿もこの形式をもつ。

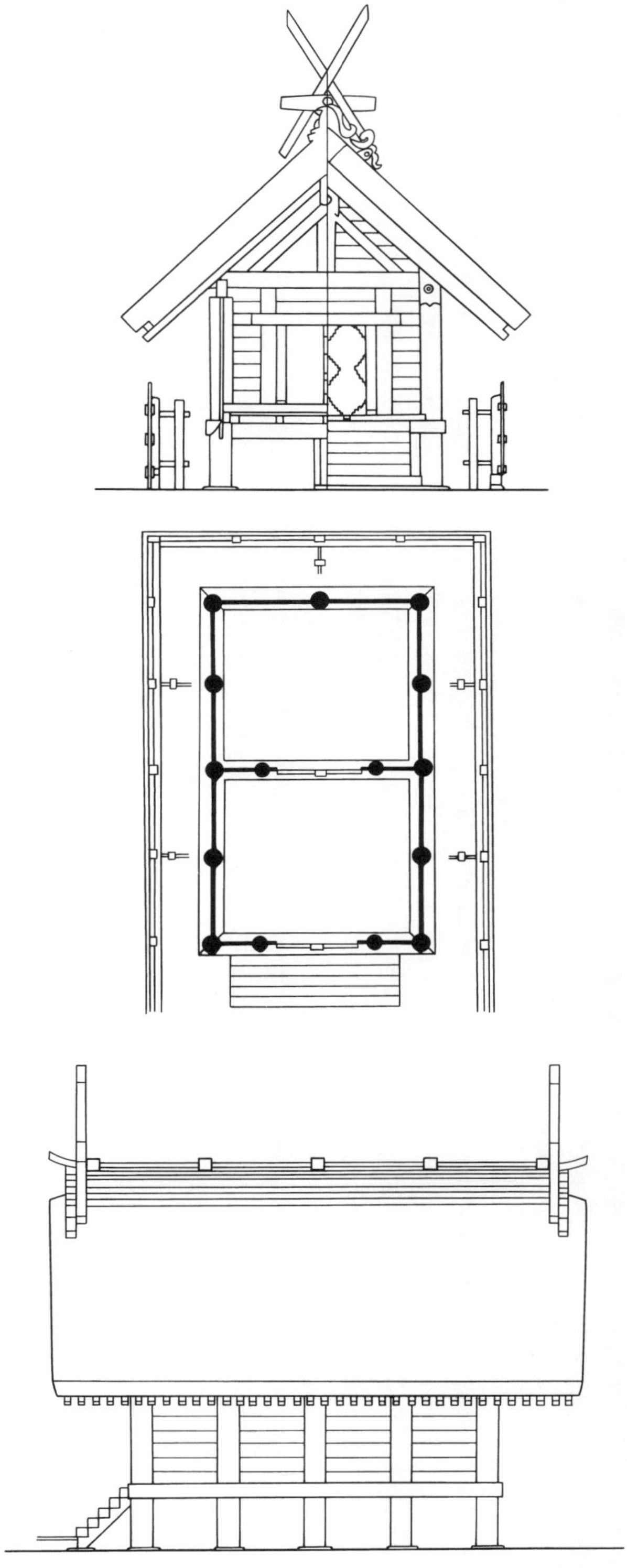
住吉造（住吉大社）

参考文献 菊竹清訓・福山敏男『日本のやしろ　住吉』 (稲垣　栄三)

すみよしのさんじん 住吉三神 記紀に伊弉諾尊《いざなぎのみこと》が黄泉《よもつ》国《くに》の汚穢《けがれ》を清めるため、筑紫の日向の橘小戸の檍原《あわぎはら》で禊《みそぎ》祓《はらえ》をしたとき、海の底・中・表から、少童神《わたつみ》とともに現われた神として底筒男命《そこつつのおのみこと》・中筒男命《なかつつのおのみこと》・表筒男命《うわつつのおのみこと》があり、これを墨江の三前の大神(『古事記』)・住吉大神(『日本書紀』)とする。『日本書紀』では神功皇后の三韓出兵に神助あり、「和魂は王身《みみ》に服ひて寿命《みいのち》を守り荒魂は先鋒として師船を導かむ」(原漢文)との神教あり、凱旋の後、荒魂は穴門の山田邑に、和魂は摂津の住吉に鎮祭した。前者は下関市の住吉神社、後者は大阪の住吉大社である。『延喜式』にはそのほか筑前国那珂郡、壱岐嶋壱岐郡、対馬嶋下県郡、播磨国賀茂郡、陸奥国磐城郡の住吉神社があり、現在、住吉三神またはそのうちの一ないし二神を祀る神社は全国で大小合わせて二千数百社に及ぶ。筒男命の名義については(一)「筒」は「ゆうづつ(金星)」の「ツッ」で星の意(吉田東伍)、(二)底・中・表に助詞「の」にあたるツ+津の男の命(山田孝雄)、(三)対馬の豆酘《つつ》の男の命(田中卓)、(四)「ツツ」は船の椎棹で潮流や航行を司る呪杖(西宮一民)、(五)船の帆柱の基部に船霊を納める筒(岡田米夫)、などの説がある。筆者は津々浦々の津々で、港湾の守神とする。　↓住吉信仰《すみよししんこう》　↓住吉大社《すみよしたいしゃ》

(真弓　常忠)

すみよしまつり　住吉祭　大阪市住吉区住吉鎮座住吉大社の例祭(七月三十一日)を中心とした祭礼。七月三十日の宵宮祭に始まり、三十一日、夕刻夏越祓神事、例祭八月一日堺宿院頓宮に神幸の上、飯匙堀《いいがいぼり》で荒和《あらにご》大祓を行う。単に「おはらい」ともいい、元来は六月晦日に行われたが、明治七年(一八七四)新暦施行により七月三十一日となった。荒和大祓を終えた後には、還幸する神輿を提燈を点して迎える火替神事が行われる。『住吉大社神代記』に「六月御解除《みはらえ》開口水門姫神社」「九月御解除、田蓑嶋姫神社」とある六月御解除にあたり、これを南祭と称し、九月御解除は北祭と称して玉出嶋祓所で行なってきたが、いま北祭は断絶している。かつては騎馬あるいは徒歩の列次で宿院に向かい、途中大和川にて神輿の授受があるなど、摂河泉一の大祭として壮観を呈したが、近年は自動車列を以て神幸が行われている。また七月三十一日の夜、堺大浜海岸で大魚夜市が開かれたが、これも昭和四十九年(一九七四)より中止、五十七年より復活した。

↓荒和大祓《あらにごのおおはらい》　↓住吉大社《すみよしたいしゃ》

(真弓　常忠)

住吉祭　夏越祓神事

すめがみ　皇神　「すめ」は、名詞の上に付いて、尊び讃美する意を表わす。その語源を、「すぶ(統)」に求める従来の説は、上代特殊仮名遣の上から否定されるようになった。『万葉集』、『延喜式』祝詞などにみえる「皇神」の例のうち、特に皇室の祖先神を指す場合はむしろ少なく、「天つ社・国つ社と称へ辞竟へ奉る皇神等」(祈年祭祝詞)とあるように、天つ神・国つ神の別なく、広く尊貴な神の意味で使用している場合が多い。

(青木　紀元)

すもうしんじ　相撲神事　祈願などのために神社や村落において行われる相撲の行事。相撲の起源は『日本書紀』に伝えられる当麻蹶速《たいまのけはや》と野見宿禰《のみのすくね》の勝負にあるといわれるが、平安時代の宮中では年中行事として行われていた。相撲節会《すまいのせちえ》がこれで、当時、力士は相撲人《すまいにん》と呼ばれ、全国より召集され、清涼殿で天皇の御前において舞楽などがあわせ行われる雅な催してあった。神社における相撲としては、京都の烏相撲が有名で、二基の円錐形の立砂の前において行なったり、烏の鳴きまねをするなどの特徴を有する。愛媛県越智郡大三島町の大山祇神社では、六月のお田植祭などにおいて一人で行う相撲と呼ばれる、田の精霊が相手だと考えられる一人相撲がある。島根県隠岐郡西ノ島町の美田八幡宮や日吉神社の十方拝礼《しゅうはいら》祭では、五穀豊穣を祈願する田楽の神事の中で神の相撲と呼ばれる行事がある。石川県羽咋《はくい》市の羽咋神社の相撲祭(九月)では、周辺地方より力士が集められ、勝った地方が豊作となるとされており、年占の神事としての姿を見ることができる。祈願・祈禱としての相撲行事は民間においても見られる。高知県香美《かみ》郡物部《ものべ》村においては、かつて疫病が流行った際には相撲を行い、その土俵の土を村人が持ち帰り疫病除けの呪いとした。

(松尾　恒一)

すわあすぎじんじゃ　須波阿須疑神社　福井県今立郡池田町稲荷に鎮座。旧県社。祭神は倉稲魂命《うかのみたまのみこと》・大野手比売《おおぬてひめ》命《のみこと》・建御名方命《たけみなかたのみこと》の三座。相殿に大田命《おおたのみこと》・大己貴命《おおなむちのみこと》を祀る。大野手比売は『古事記』神代の伊邪那岐・伊邪那美の国生みに、小豆島のまたの名としてみえる。これにより小豆の神の信仰がある。『延喜式』神名帳の越前国今立郡十四座のうちにみえる「須波阿須疑神社三座」に比定する説があるが、天保三年(一八三二)二月二十八日に現社名に改称するまでは稲荷神社を称していた。享保六年(一七二一)成立の『鯖江藩寺社改牒』にも「今立郡稲荷村正一位惣社稲荷大明神にして池田四十八ヶ村の惣社なり」とみえる。明治六年(一八七三)九月県社に列格。例祭は六月十日。本殿は三間社流造、延徳三年(一四九一)再建、檜皮葺。重要文化財。

(橋本　政宣)

すわごよみ　諏訪暦　福島県会津若松市本町鎮座の諏訪神社が、発行していた暦。会津暦とも呼ばれる。永享年間(一四二九―四一)に、諏訪神社の神職の諏訪・佐久・笠原の三氏が発行し始めたと伝えられ、元和六年(一六二〇)に七日町の菊地庄左衛門が販売を始めたとされる。享保年間(一七一六―三六)ころの記録によれば、会津地方はもちろん、大田原・喜連川・宇都宮・日光など北関東

から越後・最上・秋田方面でも用いられていた。また、幕末の会津藩の北海道入植に伴い、北海道松前にも伝わった。現存最古のものは寛永十一年(一六三四)のもので、珍しい木製活字印刷の暦である。寛文年間(一六六一—七三)以降、明治初年に廃止されるまでの暦が、ほぼ伝存している。記載様式こそ、貞享改暦以後に京都流に統一されたものの、冊子型の綴暦《とじごよみ》という体裁は、存続し続けた。天理図書館・福島県立図書館・会津市立図書館・福島県立博物館に所蔵されている。（島田　潔）

すわし　諏訪氏　信濃国諏訪大社の祠官、諏訪の領主として、古代から明治初年に至る氏族。鎌倉時代には得宗被官(北条氏家督の家臣)として活躍し、またこの家系は、室町時代にも幕府奉行人を勤めた。本宗は戦国大名となり、いったん武田信玄(晴信)に亡ぼされたが復活、高島藩主となった。諏訪上社は神《じん》氏、諏訪下社は金刺氏であるとされるが、上社系も金刺氏であったらしい。承久の乱後、諏訪(金刺)盛重が得宗被官の筆頭として権力を振るうに及び、諏訪氏は幕府で大きな力を持つようになった。鎌倉時代、諏訪社の祭祀や造営は公の義務として、信濃国に所領を持つ武士に賦課され、そのため祭祀に奉仕する武士たちにおのずから諏訪神の氏人としての同族意識が生じ、神を名乗る武士が多くなり、諏訪氏はその盟主となった。東信濃の古族、滋野《しげの》氏もその与党になった。この神党は北条氏の滅亡後、南朝方として室町幕府に抵抗した。室町時代にも諏訪地方の領主としての諏訪氏の力は失われなかった。祭祀を司る大祝家と、武士としての惣領家とに分かれて争ったこともあるが、惣領家に統一された。惣領兼大祝家の諏訪頼重は武田信玄の妹を妻に迎えたが、天文十一年(一五四二)信玄に亡ぼされた。（小林計一郎）

すわしゃ　諏方社　諏訪社というも同じで、俗にいう「お諏訪さん」である。明治維新後「諏訪」の文字に統一がはかられたが、なお旧形「諏方」をのこした神社もある。建御名方刀美神夫妻を祀り、全国に一万社といい、総本社は長野県諏訪市に上社、下諏訪町に下社として祀られ、上社は男神、下社は女神を主座とする(神渡伝説)ともいう。開拓の神としてブラジルはじめ海外にもそこに住む邦人たちの産土《うぶすな》神として祀られている神社が多い。

↓諏訪大社《すわたいしゃ》

参考文献　今井広亀『諏訪の歴史』（今井　広亀）

すわしんこう　諏訪信仰　㈠竜蛇信仰　諏訪社の神体が竜蛇であることは古くから伝えられており、上社では毎年年頭に蛙狩《かわずがり》の神事があり、蛇たちの好物である蝦を供える神事が今もつづいており、『諏方大明神画詞』には竜蛇としての例がいくつもみえる。たとえば、弘安二年(一二七九)己卯夏の神事のとき、日中に大竜が雲に乗って西に向かうので、人々は目の届くかぎり追ったが、雲間にその脾腹がヒクヒクと見えた。明神様が大身をあらわして日本国の危機を救って下さる様子であった。何の前兆かと心配していたところ、翌々四年、蒙古の大軍が攻めてきた。そのとき大暴風が起って敵の兵船を悉くつがえしてしまったという類である。また上社の所末戸社のお室入りというのは、十二月二十日、大地に大穴(室《むろ》)を掘って、それに長さ十五、六メートル、太さ二メートルほどもある御神体(茅や藁で造る)をおさめてまつったという。蛇が生餌を必要とするところから、その餌を捕える狩猟が「四度ノ御狩」などとして今も神事にのこっている。諏訪ノ勘文というものに「業尽有レ生、雖レ放不レ生、故宿二人身一、同証二仏果一」とあり、寿命の尽きた生きものは放してやっても生きられないから、いっそ人の腹の中に入って、その功徳《くどく》で成仏《じょうぶつ》するがよいというものであり、このような信仰を作って狩猟を合理化し、江戸幕府もこれを認めていた。諏訪社から出す「鹿食免《かじきめん》」という護符を持っているか、鹿食箸という箸を使うかすれば肉食しても罰はあたらないといった。㈡風神信仰　諏訪社を風の神とする信仰も深かった。持統天皇五年(六九一)に勅使をもって須波(諏訪)神をまつった。風害を避けようとする願であった。気候の願でもあった。また蛇を象徴動物として水の神とする信仰もあった。㈢祖先崇拝　諏訪の伝説に出てくる竜蛇が一方ではみな諏訪の歴史上の人物である。竜神(祭神)の子孫は大祝《おおはふり》家として続いており、神社に仕えた洩矢神の子孫の守矢氏以下禰宜太夫・権祝・擬祝・副祝などの直系がのこっており、旧家らしく古い伝説や記録をのこしており、特に神長官『守矢文書』は量・質ともに日本屈指である。これら五家はじめ当時の神々が諏訪の人々の祖先であることからおのずから祖先崇拝は深かった。そうした諏訪の地を支配した武田信玄は、戦争で衰えた諏訪神社の祭祀を再興するために『諏訪上下宮祭祀再興次第』という十一軸にも及ぶ長文の指令書を出しみずからもその保証をしているし、江戸幕府は大祝で藩主であった諏訪氏をもとの高島藩主に戻して定着させ、古い主従関係にかえし、神社へは朱印千五百石を寄進したりして諏訪の人々を納得させ、それで諏訪は平穏に治まった。こうして諏訪社は氏神として信仰され、氏子は何事に限らず祈願するような心安いことになり、今日では病気平癒や上級学校合格祈願などの絵馬が境内あちこちにぎっしりと奉納されたりしている。

↓諏訪大社《すわたいしゃ》

参考文献　信濃毎日新聞社編『諏訪大社』、金井典美『諏訪信仰史』（今井　広亀）

すわじんじゃ　諏訪神社　長崎市上西山町に鎮座。旧国幣中社。主神は諏訪大神で、相殿に森崎大神と住吉大神を配祀。鎮西大社諏訪神社と尊称され、長崎の総鎮守・総氏神として、俗に「おすわさん」の名で親しまれている。社伝によれば、弘治元年(一五五五)、長崎織部亮為英が京都の諏訪神社の分霊を現在の風頭山の麓に奉祀したのに始まるという。祭神の三神はもとそれぞれ別個に鎮座していたが、元和九年(一六二三)、佐賀の修験者青木賢清(初代宮司)は、長崎奉行長谷川権六や同代官の末次平次らの庇護・援助のもとに、キリシタンの破壊により衰退していたこれら三神の再興を計画し、允許を得て、寛永二年(一六二五)、西山郷円山(現在の森ノ松神社の地)に社殿を創建、三神を奉祀した。のち、正保四年(一六四七)、幕府は玉園地に朱印地一万七千余坪を寄進、慶安四年(一六五一)、鎮西無比の壮大な社殿を現在の玉園山に建立、三神は円山から現社地へ遷座された。以後、幕府の崇敬はいよいよ篤く、神事も年々盛大となり、衆庶の信仰をあつめて、奉納踊も加わるようになった。享保八年(一七二三)、正一位の神階を授与された。天保六年(一八三五)、青銅の大鳥居を建立、安政四年(一八五七)九月、社殿焼失、明治二年(一八六九)、再建された。例祭は十月八日。諏訪祭は十月一日から十三日まで行われ、特に七日から九日にわたり繰りひろげられる「長崎くんち」は寛永十一年以来連綿と続いており、広く知られている。

参考文献 青木永繁編『鎮西大社実録大成』、諏訪神社編『(国幣中社)諏訪神社略記』、吉野又四郎『長崎諏訪祭』、川島元次郎「長崎と諏訪神社」(『南国史話』所収)

(三橋　健)

すわじんじゃもんじょ　諏訪神社文書　長野県諏訪市諏訪大社所伝の文書。主なものとして嘉暦四年(元徳元、一三二九)北条高時が同社の寅・申年の宝殿・鳥居・垣および御柱などの造替の所役郷などを改め定めた『大宮御造栄之目録』、永禄八年(一五六五)武田信玄が、退転した諏訪上下社の祭祀・祭礼を再興すべく、上社は大祝および神長官以下の五官祝に、下社は竹居祝ら六人に令した『諏方上下宮・祭祀再興次第』十一軸、天正六年(一五七八)寅年上社大宮・前宮の宝殿・御柱・鳥居・御門屋・廊および末社の造営、両宮の瑞垣・外垣造営の所役郷と各社殿の入目を記した『上諏方造宮帳』二冊、諏訪湖が冬季結氷した際大明神御渡と称した氷の拆裂現象を幕府に注進した記録『神渡注進状』は嘉吉三年(一四四三)から寛文元年(一六六一)に及ぶ七十五通、ほかに後奈良天皇女房奉書二通がある。なお上社旧神長官守矢家、同大祝諏方家、同権祝矢島家、下社などに諏訪神社文書・記録が数多く所蔵されている。

参考文献『諏訪史料叢書』一一、『信濃史料叢書』三、『(新編)信濃史料叢書』二

(米山　一政)

すわたいしゃ　諏訪大社　長野県に鎮座。旧官幣大社。もと諏訪神社と称したが、第二次世界大戦後、諏訪大社と改称された。全国に一万といわれる諏訪社の総本社で、古くは『古事記』にもみえ、建御《たけみ》名方《なかた》刀《と》美神《みのかみ》と、その妃八坂《やさか》刀《と》売《め》神《のかみ》を祀り、諏訪の開拓神である。いま社殿は上社・下社に分かれ、上社には前宮(茅野市小町屋)と本宮(諏訪市神宮寺)とが、下社には春宮(諏訪郡下諏訪町下原)と秋宮(同町武居)とがあり、一社で四ヵ所に社殿がある。もっとも中心とされる上社本宮は拝殿の左右に二間一面

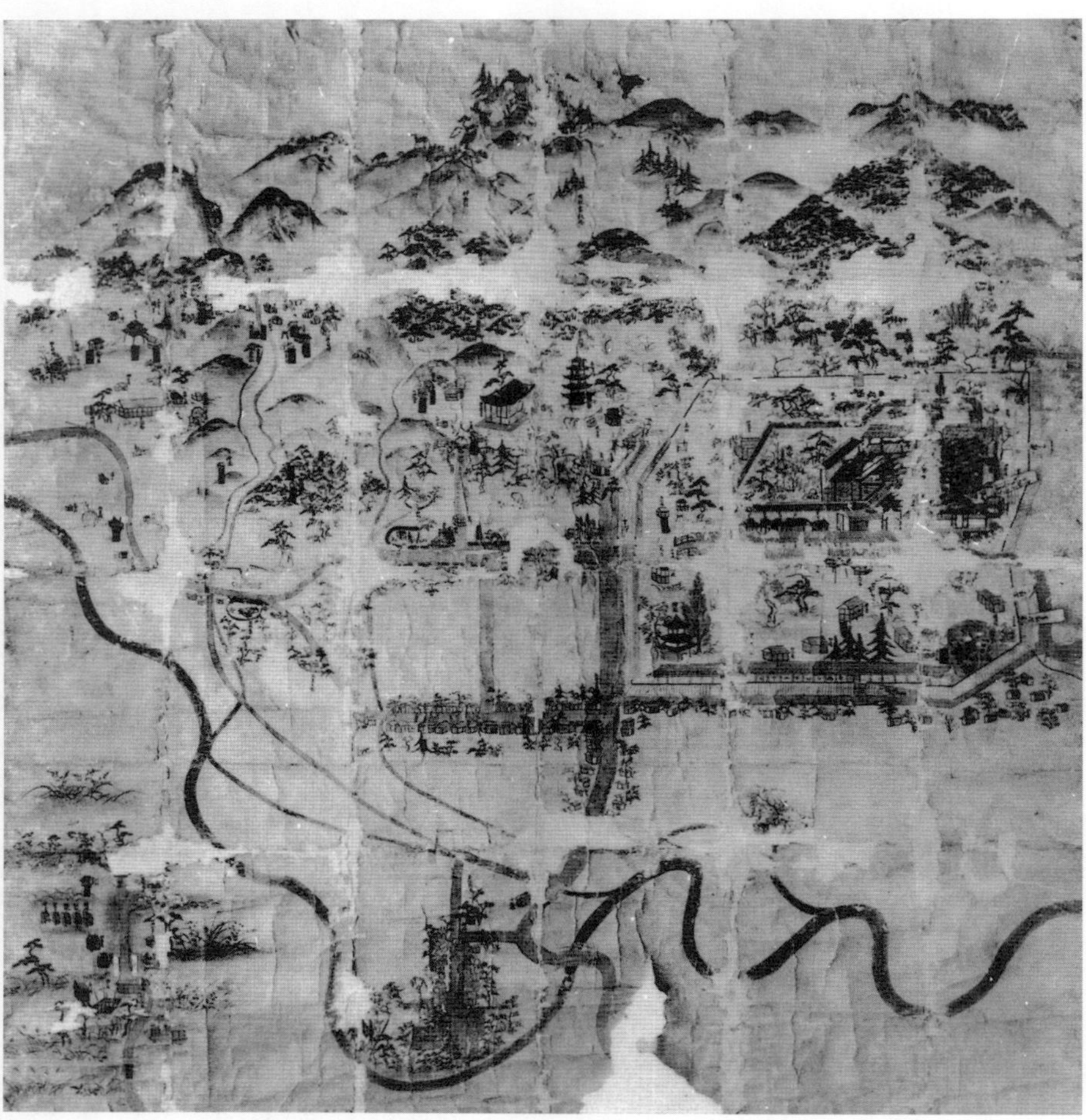

諏訪神社上社社頭絵図

ずつの片拝殿がつき、拝殿の奥には幣殿がつき、そこには二枚の扉だけがあり、その奥の本殿のあるべき所は清浄な空地とされている。現社殿は地元出身で建築・彫刻の名匠二代目立川和四郎富昌が天保六年(一八三五)に棟上げしており、安定よく彫刻も見事で、特に片拝殿の鶉の彫刻は代表作として賞讃されている。下社秋宮は初代立川和四郎富棟が八十両と扶持米八十俵で請け負った。このとき春宮は、大隅流の名手で、これも地元の柴宮長左衛門が、秋宮に対抗して、三十五両扶持米なし、不足分は自分で勧進してつとめるということで請け負い、ともに安永六年(一七七七)棟上げしており、両名匠が技を競って、それぞれ代表作をのこしている。両社とも拝殿は楼閣建築のうえに賑やかな唐破風がついたり、木鼻といわず梁上といわず、彫刻がすこぶる多く飾られて豪華である。そして木地に塗装などがなく、すべて素木であり、黄金の飾金具と相映じて社殿らしく清々しく美しい。春宮参道の社前近くに、下馬橋という切妻屋根のついた反橋《そりばし》がある。太鼓橋ともいい、元文元年(一七三六)高島藩が改修したもので、きわめて簡素で美しく、室町時代の味ものこった名建築である。改修のとき前代の様式を忠実に守ったものとみえる。祭事は、上社は旧暦三月酉日(現在は四月十五日)の御頭祭《おんとうさい》西ノ祭)を大祭とし、下社はお舟祭といい、旧暦七月一日(現在は八月一日)の御遷宮を大祭とする。そのほかに上社・下社とも御柱祭《おんばしらまつり》があり、六年ごとの寅・申年の四月・五月に、深山から長さ一二〜一六メートル、根元の太さ二〜三メートルほどの樅の巨木を、上社・下社各八本ずつ伐り出し、「山出し」「里曳き」などの祭を経て、四社殿の四維に建てる祭事で、社殿改築の古い姿といわれる。諏訪一帯の氏子が奉仕に熱中し、とりわけ若者たちの意気が揚がって、「木落シ」「川越エ」「建御柱」はじめ、命知らずの勇ましい奉仕がつづき、娘たちはそれを見ようと最高に着飾って出かけ、これは「御柱支度」といって豪奢の代名詞になっている。この御柱は六年ごとに建て替えられることから、この年は、結婚は忌むというのが諏訪の目立つ風習の一つである。

「売神祝印」
諏訪大社下社印

→御頭祭《おんとうさい》　→御柱祭《おんばしらまつり》

参考文献　今井広亀『諏訪の歴史』

（今井　広亀）

社領　上社・下社いずれの場合も、信濃国諏訪郡を中心として、主に同国一円に分布している。上社の社領としては、祭神建御名方神の降臨地である守屋山山麓(現在の前宮付近)および同郡東方、八ヶ岳南麓の扇状地にある神野《こうの》の原(原郷)などが早い時期のものである。古代の状況は正確にはつかみにくいが、宝治三年(一二四九)三月の諏訪信重解状(『諏訪大祝家文書』)に、延暦のころ、「諏訪郡四千町(山野三(二か)千町、海荒原二千町)」を上社の御敷地とした、という記事があるから、おそくとも平安時代初期には諏訪郡内の広範囲に上社社領が拡大されていたと考えてよい。また大同年間(八〇六—一〇)には、封戸七烟が神戸と定められ(『新抄格勅符抄』)、貞観年間(八五九—七七)には水田二段が社田とされたとの記事がみられる(『三代実録』)。上社社領の大半は延久年間(一〇六九—七四)、三代御起請地の一つとして立券され、さらに文治二年(一一八六)三月の「乃貢未済庄々注文」(『吾妻鏡』)では、八条院を本家とする皇族領荘園として登場して来る。他方、下社社領については、同じく八条院領となったことはたしかであるが、まとまった史料がなく、その全貌はほとんどわかっていない。

参考文献　信濃教育会編『(建武中興を中心としたる)信濃勤王史攷』、宮地直一『諏訪神社の研究』、金井典美『諏訪信仰史』、小林計一郎『信濃中世史考』、伊藤富雄「諏訪上社中世の御頭と鎌倉幕府」(『信濃』六ノ一二)、湯本軍一「御家人頭役の形態—鎌倉時代諏訪上社について—」(同二一ノ一〇)、鈴木国弘「社家領主論—信濃国一宮・諏訪上社神氏の場合—」(同三三ノ五)

（鈴木　国弘）

すわだいみょうじんえことば　諏訪大明神絵詞　長野県諏訪市中洲に鎮座の諏訪大社上社に関する中世の縁起。室町幕府奉行人を務めていた諏訪円忠により、延文元年(一三五六)に成立したが、成立過程は洞院公賢の『園太暦』に記されている。内容は、「縁起」五巻と「諏訪祭」七巻からなっている。「縁起」には、神話や歴史上の諏訪大明神の事跡、式年造営や御狩《みかり》神事などの起源、大祝の起源や事跡、神事頭役にまつわる事跡などが、文献の引用もしながら記されている。また、「諏訪祭」には、絵詞成立当時の年間諸祭祀の内容が記録されており、諏訪大社の中世祭祀を知ることのできる基本史料となっている。本来は詞書と絵からなっていたが、原本は近世に失われ、現在詞書のみ十三本の写本に残されている。文明四年(一四七二)に写本から写した権祝本(社家権祝家の伝本)が現存最古の写本で、『続群書類従』神祇部所収の写本も含め、大半の写本は権祝本を底本としている。慶長六年(一六〇一)成立の梵舜本は、原本からの写本とみられる。

参考文献　『群書解題』一下

（島田　潔）

せ

せいきょうぶんりもんだい　政教分離問題　政治と宗教との分離に関わる社会問題一般を指す。近現代の日本においては特に神道と国家とのかかわりについての議論が多い。〔政教関係問題の歴史的背景〕宗教的崇拝対象や形式の共有は、共同体形成の原初的契機であるが故に、歴史上政治と宗教はしばしば一体のものとされて来た。こんにちいわれる政教分離が問題となったのは、世俗権力とキリスト教会との緊張関係を背景とする西欧の思想的営為による。西欧的国家観に基づく思想は、やがて近代的普遍として他地域へも波及したが、日本でも幕末維新期の欧米列強との交渉の中で、政教関係に関するさまざまな問題意識が受容された。明治国家建設の初期は、キリスト教公認問題の処理をめぐって、国教制度の可否と信教の自由が大きな政教問題となった。主に島地《しまじ》黙雷《もくらい》ら浄土真宗の人々により提示された神社非宗教論は、「国家の宗祀」たる神社神官の宗教的活動への関与を、政教分離の観点から制するものであった。政府はこの神社非宗教論に立ち、明治十五年(一八八二)の神官・教導職分離から同三十三年の内務省神社局独立への一連の措置で、religion の翻訳語として意味を確定しつつあった宗教の語に神社を含まないと規定した。他方、大日本帝国憲法(明治憲法)制定過程を見ても、立憲国家では国教制は採用され得ないとの前提がうかがわれる。第二十八条「日本臣民ハ安寧秩序ヲ妨ケス及臣民タルノ義務ニ背カサル限ニ於テ信教ノ自由ヲ有ス」の「臣民タルノ義務」が神社参拝を含むか否かは、明治憲法下を通じて諸説があった。だが神社の国家的性格が強調され、祭祀への参加が義務と解釈される場合も、祭祀執行施設たる神社の宗教的性格に制約を与えることで政教分離原則との折合いが図られていた。しかし第二次世界大戦後、GHQは神道指令を発し、神道の一部分が日本政府の法令によりほかと区別され(国家神道)、これが超国家主義・軍国主義と結びついたと断定、国家と神道の分離を厳格に命じた。〔政教分離問題の現在〕神道指令は占領解除とともに失効したが、現行の日本国憲法も「(前略)いかなる宗教団体も、国から特権を受け、又は政治上の権力を行使してはならない」(第二十条第一項)、「国及びその機関は、宗教教育その他いかなる宗教的活動もしてはならない」(同第三項)、また「公金その他の公の財産は、宗教上の組織若しくは団体の使用、便益若しくは維持のため(中略)これを支出し、又はその利用に供してはならない」(第八十九条)と定めている。しかし政教完全分離主義では、宗教に関わる文化財や宗教精神を謳《うた》う学校への公的保護・助成も不可能となる。そこで冒頭述べたような思想的源流からも、これら条文は国およびその機関と宗教団体(教団)の分離を目的とする、との解釈が主流である。即ち国が特定宗教団体を抑圧あるいは優遇してはならないが、社会的儀礼や習俗などに公費が支出されても、特定教団を著しく助長するにあたらない場合は憲法上の疑義を差し挟む必要はない、とする。津市が主催した神道式地鎮祭をめぐる訴訟で、最高裁が昭和五十二年(一九七七)に合憲と判断した際に示された「目的効果基準」がこの立場に立つ。他方で政教分離をめぐる神道関連の動きとしては、伊勢神宮や靖国神社の公的性格確認や国家護持を求める運動があったが、四十四年―四十九年に与党が国会に五度提出した靖国神社関連法案はすべて廃案となった。逆に、翌五十年の三木首相「私的参拝」発言が引き金となった首相の靖国神社参拝問題を始め、殉職自衛官合祀、忠魂碑慰霊祭への公費支出、即位の礼・大嘗祭の公的性格などの違憲性をめぐり、このころから現在まで各種裁判が同時多発的に提訴されている。これらの裁判は、大日本帝国憲法下の政教関係を事実上の神社国教体制と見る歴史認識に立ち、神道指令の方針を徹底して、現在も政教分離を神道に対して特に厳しく適用すべきだ、という原告らによる政治的運動の場でもある。なお、これに対し最高裁はほぼ一貫して政教分離を緩やかに解釈しているが、原告らの歴史認識に対する判事の共鳴度によっては、平成九年(一九九七)の愛媛県玉串料訴訟違憲判決のように、同じ目的効果基準を用いながらも裁量にブレが生じる場合が見られている。（菅　浩二）

せいけりゅうしんとう　清家流神道　室町時代末期以降、明経道の清原氏に伝えられた神道説。吉田神道を大成した吉田兼倶の子宣賢が清原宗賢の養子となってより、神祇の家である吉田卜部氏と明経道の清原氏とは、学問交流だけでなく血縁的にも深い関係となり、宣賢の子兼右は出て吉田兼満のあとを継ぎ、近世に入ってからも、この関係は継続された。宣賢は家学の明経道を修めるとともに、実父兼倶の神道説を継受して『日本書紀神代巻抄』を撰作し、中臣祓の注釈研究にも熱心で、若狭・越前など各地に招かれて講釈を行なっている。特に平野兼永との不和対立により衰退しつつあった吉田家を盛りたて、兼満の後嗣となった兼右の後楯となって、その再興につとめた。その神道説は、兼倶の神道説を継受しつつも、家学である清家流儒学との融合を考慮し、近世神儒一致説の先駆となった。こののち、宣賢から数えて四代目の国賢も神道に造詣深く、『神代講義秘考』『仮名日本紀』を編述し、慶長勅版『日本書紀神代巻』の跋文を記しているが、宣賢以降はほとんど、宣賢を祖述することに終始し、新たな発展はみられなかった。

参考文献　岡田莊司編『日本書紀神代巻抄』(『吉田叢書』五)、和島芳男『中世の儒学』(吉川弘文館『日本歴史叢

書』一一)、今中寛司「清家神道から理当心地神道へ」(『季刊日本思想史』五)　(岡田　荘司)

せいし　生祠　ある人物の霊魂に、その人物の存世中から神格を認めて、これを拝礼するため生きながら奉斎した祠宇(社殿)。また、祠宇は設立されなくても、存世中の人物の霊魂を勧請して祭典を挙行した場合、その祭儀を生祀という。菅原道真を祭神とする天満宮などに代表されるように、わが国では古代から人を神と仰いでまつることが行われてきた。しかし、それはある人物の死後、その霊魂をまつったのが通例であって、未だ生きている人の霊を勧請した生祠(生祀)は、神人同格的な本質を持つ神道でも、特殊な事例といわねばならない。ただし、生祠の語と、遠く紀元前一、二世紀ころまでさかのぼる実例が、『漢書』や『史記』に散見されるので、決して日本固有のものではない。わが国の生祠の特色に着目し、はじめて全国的な調査を実施した加藤玄智は、昭和六年(一九三一)、その成果を『本邦生祠の研究』と題して発刊した。加藤はこの書の中で、七十を超える日本の生祠(生祀)の実例を紹介し、そのほとんどが江戸時代以降の創祀であること、また、その研究が日本人の宗教心理や神道の本質を明らかにする上で、きわめて重要な意義のあることを説いている。わが国の生祠は、その加藤が紹介したもの以外にも、今なお各地に多数存在し、その後も調査研究がなされている。その大部分は、為政者の仁政に深く感激したり、公共のため私を抛《なげう》って貢献した行動に心から感動するなど、見返りを期待した政策的意図は全くなく、純粋に恩徳を感謝して奉斎されている。垂加神道の創唱者山崎闇斎は、延宝二年(一六七四)下御霊神社の境内に、みずから自己の霊魂を勧請して垂加《しでます》霊社を建立した。この闇斎の生祠は、霊魂の行方や鎮まりといった生死の根本にかかわる問題を、厳密につきつめた結果、止むに止まれずみずから創祀されたものであった。そうした闇斎や垂加神道家の生祠をめぐる問題については、谷省吾の綿密な研究がある。

参考文献　谷省吾『垂加神道の成立と展開』、安津素彦「生祠とは何か」(『神道研究紀要』一)、伴五十嗣郎「京・大坂に於ける松平春嶽の生祀、並びに生祠創建の計画について」(『皇学館大学神道研究所紀要』一)　(伴五十嗣郎)

せいしょどうのみかぐら　清暑堂御神楽　大嘗祭の時、豊楽殿の後房である清暑堂において行われた神楽。『三代実録』貞観元年(八五九)十一月条の、清和天皇の大嘗祭の記事中、十七日に天皇は豊楽殿後房に留まり、終夜「琴歌神宴」が催されたとある。この記事が清暑堂神宴の初見か。『體源抄』には「旧神楽譜曰」として、この神宴の日に神楽歌が撰定せられ、「若是清暑堂御神楽歟」という。同様の記事は『中右記』にも引用されているが、この神宴が御神楽の形態をもっていたかどうかは不明である。清暑堂御神楽は、大嘗祭の一環としてあった清暑堂神宴を基盤に、さまざまな神遊びが流れこんで統一整頓されたものとみる説が妥当であろう。成立は、九世紀の終りから十世紀の初めにかけてであるという。『中右記』によれば、天仁元年(一一〇八)十一月二十三日、小安殿南廊において御神楽が行われ、「世称清暑堂御神楽、是豊楽院後房名也」とある。また、同日の御神楽の様子を記した『讃岐典侍日記』には、「事のさま内侍所のみかぐらにたがふ事なし」とみえる。いずれも鳥羽天皇の大嘗祭に関わる記事である。清暑堂焼失後の御神楽は小安殿南廊で行われ、名称のみ清暑堂御神楽と呼ばれていたのであろう。その内容は、内侍所御神楽と近いことが知られるが、詳細を論じるには資料が不足している。いずれにしても、内侍所御神楽より古い御神楽として、重要な位置を占めることは間違いない。

参考文献　西角井正慶『神楽研究』、倉林正次『饗宴の研究』儀礼編　(青木　周平)

せいしん　性神　陰陽の性器をかたどった神体をもつ。しばしば道祖神が性神となっている事例が多い。形態は、自然石で性器に類似した形が用いられたり、原始・古代の呪具と想像される石棒が用いられたり、男女二体を刻んで並祀した神像などさまざまあり、祠の中にまつられているよりも、道ばたにそのまま置かれている場合が多い。性神の神像のうち、男女二体を双体道祖神と包括しており、この形式の分布は、関東・中部地方に集中する傾向がある。道祖神と性神の習合は、道祖神として邪悪な霊の侵入を防ぐ霊力が、男女の性交によって惹き起されるという原初的な信仰にもとづいている。江戸時代の農耕社会では、作物の豊穣が、人間の生殖力に起因するという民俗信仰が普遍化しており、正月十四・十五日の道祖神祭りが、性的要素を濃厚にもつ性神祭りと一致して展開した。道祖神が、縁結びや安産の機能をもつのも、性神の一面を表わしているからである。　(宮田　登)

せいちょうのいえ　生長の家　習合神道系の新宗教で、谷口雅春が創始した。谷口は明治二十六年(一八九三)に生まれ、大正六年(一九一七)大本教に入信して、京都府綾部の同教本部で機関誌『神霊界』の編集にたずさわった。同十年第一次大本教弾圧を機に同教を離れ、昭和四年(一九二九)「物質はない、実相がある」との神示を得て、翌年神戸で個人雑誌『生長の家』を創刊した。同誌は毎号、病気なおしの実例と人生苦の解決法を掲載して、広い反響をよび、中小経営者・俸給生活者・家庭婦人などを誌友に獲得して教勢を急速に拡大した。昭和七年から、同誌のバック＝ナンバーを、聖典『生命の実相』としてつぎつぎに刊行した。同九年谷口は東京に進出して光明思想普及会を設立した。翌十年には、誌友(信者)は三万人、『生命の実相』は八十万部に達し、名称を教化団体生長の家と改めた。同十五年生長の家は、宗教団体法による宗教結社となった。その教義は、仏教・キリスト教・神道などの教説とカント・ヘーゲル・エマーソンらの観念哲学、フロイト主義などを折衷した典型的なシンクレチズムで、宇宙を久遠の生命の現われとし、唯一の真理である「実相」を生長の家の大神として礼拝し、万教帰一を説いている。病気や苦悩の克服のために、神想観とよぶ独自の修行を行う。第二次世界大戦中には天皇崇拝と軍国主義を強調して工場・会社などに進出するとともに、中国に満洲光明思想普及会を設立した。敗戦後、谷口は公職追放となったが、生長の家は、一転して自由と平和を説き、出版事業は日本教文社として再発足した。講和後は、再び天皇中心主義にもどり、京都府宇治に宝蔵神社を創建し、別格本山幽斎殿とするなど、神道色を濃くした。政治・社会問題への取組みも活発化し、帝国憲法の復活・天皇元首化・堕胎防止などの運動を展開して、昭和三十九年生長の家政治連合会を結成し政治進出を強化した。同五十三年長崎県に住吉本宮を建設して総本山顕斎殿とし、幽斎殿とともに同教の聖地とした。

参考文献 佐木秋夫他『教祖』 （村上　重良）

せいていづくり　聖帝造　⇩日吉造《ひえづくり》

せいねんしき　成年式　通過儀礼の一つで、子どもから大人へ移行する際の儀式のこと。成人式とも、女子の場合は成女式ともいう。公家や武家の元服が著名であるが、一般庶民の間でも、すでに古代から元服に類する成年式を行なっていたことが文献から知られる。しかし、ここでは近代において各地に伝承されていた農漁民の成年式について述べる。成年式の挙行年齢は、男子が数え年十五歳ごろ、女子は同じく十三歳ごろであり、式を済ませば一人前の村人として承認された。つまり、婚姻および婚前性交渉の有資格者として認められるとともに、男子は村の共同労働などに一人前の人夫として出役が許された。成年式の形態は多種多様であるが、当人に対し子ども時代と異なる何らかの装飾を施す点では普遍性がある。すなわち男女とも、着物の袖や袂の形を変え、肩揚げをおろし、頭部については男子は前髪を剃り、女子も大人の髪型に改めた。なお、男子の成年式を烏帽子祝い、介添人を烏帽子親と呼ぶなど、烏帽子にちなむ言葉が広く分布しているが、実際に烏帽子を被る例はなく、名称のみである。腰部については、男子は褌、女子は腰巻をそれぞれ親族などから贈られて着用した。十三歳ごろの男子が、特におばから褌をもらって着用する「おばくれ褌《へこ》」の民俗も各地に伝承されている。成年式を褌祝い・兵児祝い・ゆもじ祝いなどと呼ぶ地方が少なくないが、それらは腰部装飾に由来する呼称である。腰部装飾は性的成熟の象徴でもある。身体への直接的な装飾としては、女子の鉄漿《かね》付けや、沖縄で手の甲に施された入墨がある。鉄漿付けは、婚礼の前後に行なったとする伝承もあるが、成女式を鉄漿付け祝いと称したり、十三鉄漿・十七鉄漿といった名称があることからすると、鉄漿付けは本来は成女式の一要素であったと考えられる。ただし鉄漿付けは、明治時代初期から廃れ始めたので、明治時代のそれはすでに形式的なものとなっていた。沖縄の入墨も明治時代後期には消滅した。以上のような装飾と、それらを伴う成年式は当人の家か、介添人の家で行われたが、まれには氏神の社前とか、多数の村人が見守る中で行われる例もあった。介添人は元服親・烏帽子親・褌親・鉄漿親などと呼ばれ、当人との間に擬制的親子関係が結ばれ、両者は実の親子同様のつきあいを生涯続けることとなった。擬制的な親は当人の後見人としての役割を担ったが、本来は、子どもから大人へ移る際の当人の霊魂を保護する呪術的な意義をもっていたと推察される。男子の場合、成年式時に幼名から成人名に名替えをしたが、その際に実の親、もしくは擬制的な親の名を一字もらうこともあった。名替えは、子どもから大人へ移る霊魂の新生を象徴する儀礼なのである。成年式の形態としてはこのほか、男子では若者組への加入式が成年式に相当するものとか、霊山登拝が成年式にあたるもの、盆踊りや特定の民俗芸能、あるいは伊勢詣りに参加することが成年式を意味するものなど、さまざまな形態があった。若者組への加入式や霊山登拝には、しばしば肉体的試練が課せられていたが、それも擬死と新生を象徴する行事であったと見られる。なお霊山登拝の帰途、遊廓へ寄って性の初体験をするというのも一般的な民俗であった。若者組への加入は、実質的に子どもから大人の集団へ加入することを意味したから、加入式が成年式に相当する形態は、成年式の原型である可能性が強い。女子の場合は、一定年齢ではなく、初潮の祝いが成女式にあたるという例もあった。たとえば初潮があってはじめて月小屋へ入る際に盛大な祝いを行なった地方もあり、それなどは成女式の古い型を示すものとみなされる。このほか、虚空蔵詣りや伊勢詣り、あるいは春季における山籠りや花摘み、盆の盆竈行事などの形態をとる成女式もあった。しかし以上のような成年式も現今ではほとんど廃れた。今日では、一月十日前後の成人の日に、各自治体で催される成人式がそれらにとって代わり、伝統的な成年式が存続している所はきわめてまれである。

参考文献 平山和彦『青年集団史研究序説』上、大間知篤三「成年式」(『日本民俗学大系』四所収)、江守五夫「成人式の原義」(蒲生正男・祖父江孝男編『文化人類学』所収)、平山和彦「成人式と婚礼」(『講座・日本の民俗宗教』一所収)、尾形裕康「成年礼の史的考察」(『日本学士院紀要』八ノ三) （平山　和彦）

せいはくさい　青柏祭　石川県七尾市の大地主《おおとこぬし》神社(山王社)の例大祭。江戸時代は四月の中申《なかのさる》日に行われたが、明治時代以降は五月十三―十五日となり、平成二年(一九九〇)になって五月三―五日に変更された。青い柏の葉に神饌を盛るのが祭名の由来で、氏子の鍛冶町・府中町・魚町から、デカ山と呼ばれる巨大な曳山が一基ずつ奉納され、市中を練り歩く。曳山は高さ約一二㍍、車輪の直径二㍍ほどで、扇を末広に開いた形状を呈している。地車の上に縄と藤ヅルで材木を結束したヤグラを組み、筵で包んで幕を張り、中央に時代人形を飾って歌舞伎の一場面をあらわした人形山である。五月二日に山町の有志宅で人形見《にんぎょうみ》があり、三日夜から四日の正午まで、神社の境内に曳き入れ、祭典後に市中に曳き出す。約三〇トンの巨体の山車が、木遣音頭に合わせて、後見役の指揮のもと、大挺子を用いて方向転換するのは圧巻である。重要無形民俗文化財。 （東四柳史明）

せいりゅうぐうかんじょうじんみょうちょう　清滝宮勧請神名帳　醍醐寺（京都市伏見区）の鎮守清滝宮における修法に際して諸神を勧請した神名帳。一巻。著者は醍醐寺の僧、成立は中世と推測されている。清滝大明神・天照大神・八幡三所大菩薩以下、百四十余所の神名を挙げる。テキストは、『続群書類従』神祇部に収録されている。写本には、彰考館文庫に『恒例修正月勧請神名帳』『戒壇院公用神名帳』と合せて一冊が所蔵される。

参考文献　『群書解題』一下 （林　譲）

せいりゅうごんげん　清滝権現　空海（弘法大師）によって、中国長安青竜寺の鎮守神を日本に勧請したことに始まる。清滝《せいりょう》大明神ともいう。沙竭羅竜王の第三女にあたる女体の竜神で、高雄の神護寺や醍醐寺にも祀られているが、祈雨の修法を神泉苑などで行う場合には、必ずこの竜神に祈って雨を請うことは恒例であった。農耕地域における水神信仰と習合し、大和の室生では竜穴神祠に祀って伽藍神ともなっている。真言密教の護法神であるが、図像的には和風の女神像に描かれるものが多い。その代表的な資料は畠山記念館の「清滝権現影向図」（重要文化財）で、右手に如意宝珠をささげる和装の女神像に描かれる。

参考文献　『清滝権現大事』（文和二年）、義演編『醍醐寺新要録』 （景山　春樹）

せおりつひめのかみ　瀬織津比咩神　世の中の罪穢を清め、凶事を除き去る神。『延喜式』祝詞の六月晦大祓詞にみえる祓所《はらえど》四神の一神。記紀には現れないが、『古事記』の説く伊邪那伎神の禊祓の段で化生した禍津《まがつ》日神《ひのかみ》にあてるのが通説である。神道五部書の『倭姫命世記』ではこの神を、皇太神宮（天照大神）の荒魂《あらみたま》と同一であると記述する。 （林　亨）

せかいきゅうせいきょう　世界救世教　大本系の新宗教。創始者の岡田茂吉（一八八二―一九五五）は、画家志望から装身具の問屋を設立して大成功するが、事業が破綻したことなどをきっかけに、当時話題となっていた大本に入信。幹部となって心霊研究や神秘体験を重ねるが、昭和九年（一九三四）に大本を脱退し、独自に神霊治療の活動を始める。十年に大日本観音会を結成し、浄霊による治病を核とした布教を始めた。医師法違反などの処置を受けて、大日本健康協会と名称変更。終戦後は日本浄化療法普及会として再発足、日本観音教団、日本五六七《みろく》教会、世界救世《メシヤ》教などの組織を経て、三十二年に世界救世教となった。実践の核は「浄霊」による病気治しであり、関連して自然農法も行われる。また「美」を理想として、神奈川県箱根、静岡県熱海、京都に「地上天国」を表現する施設を整備し、熱海市のMOA美術館には国宝級の美術品を収蔵している。平成十三年（二〇〇一）末現在、教会五四、布教所四五三、教師四二一一、信者八三万五七五六（文化庁編『宗教年鑑』平成十四年版）。 （津城　寛文）

せきざんだいみょうじんえんぎ　赤山大明神縁起　⇩赤《あか》城《ぎ》大明神縁起《だいみょうじんえんぎ》

せきさんみょうじん　赤山明神　比叡山（延暦寺）における伽藍鎮守神の一つ。円仁（慈覚大師）が平安時代の初め求法のために入唐したとき、赤山法花院において新羅人が礼拝していた土俗的な神祇を、仏教護法のために日本へ伴い帰った帰化神祇である。園城寺（天台寺門宗）では、円珍によって伴われた同じ神祇を新羅《しんら》明神と呼んで伽藍鎮守の護法神としている。赤山明神を祀る小祠は比叡山上では横川方面に若干が散在しているが、その本拠は西坂本と呼ばれた京都市左京区修学院関根坊町の赤山禅院であり、比叡山西麓の総鎮護とされている。『赤山禅院略縁起』などによると貞観十年（八六八）に清和天皇によって社殿が荘厳化され、正四位の神階を得たと記している。像容は彫像でも画像でも赤色の袍を著け、右手には矢を左手には弓を持つ、武神的な姿に造形されるものが多い。三十番神の一つに加えられている。⇩赤城大明神縁起《あかぎだいみょうじんえんぎ》

参考文献　『赤山大明神縁起』、佐々木進「赤山明神の像容について」（『文化史学』三八） （景山　春樹）

せきどうさん　石動山　⇩石動信仰《いするぎしんこう》

せきのみょうじん　関明神　白河関守護の明神祠をいう。本来は各関塞施設に、その手向け（峠）神として祀られていたと思われるが、固有の歴史的呼称として固定したのは、白河関明神である。『吾妻鏡』文治五年（一一八九）七月二十九日条に「関明神御奉幣」とあり、『一遍上人絵伝』にも、このことがみえる。後世は、関明神が関の所在を示すようになった。関が奥州口・野州口、相対して二所の関と呼ばれるのに応じて二社相対する形をとる。

参考文献　金子誠三『白河の関』（『ふくしま文庫』五） （高橋　富雄）

せきはちまん　関八幡　⇩亀山八幡宮《かめやまはちまんぐう》

せこかくたろう　世古恪太郎　一八二四―七六　江戸時代後期の勤王家。諱は延世、字は子直。維新後は諱を名乗る。文政七年（一八二四）正月伊勢国松坂（三重県松坂市）に生まれた。家は酒造を業とし、紀州藩御用達を勤め、富豪をもって知られた。儒学を斎藤拙堂に、国学を本居内遠・足代弘訓に学んだ。弘化二年（一八四五）五月弘訓に伴われはじめて三条実万に謁して知遇を得、以来しばしば入京して参殿、また堂上家家臣・儒者・諸藩の志士と交わった。国事が紛糾すると、安政五年（一八五八）正月と八月に入京、水戸藩への降勅事件に関与し、九月安政の大獄が始まると直ちに松坂に帰り、たまたま京都を逃れて来た池内大学を別荘翠屏山房に隠匿した。池内の自訴後、翌六年四月紀州藩に対して恪太郎檻送の幕命が

下り、江戸に送られて評定所で両度の訊問を受け、十月江戸構紀州領所払に処せられ、伊勢国一志郡久米村(三雲村)に蟄居した。文久二年(一八六二)十一月朝旨による大赦で釈放され、攘夷の勅諚をもって江戸を上下した。維新後は伊勢国度会郡山田(伊勢市)の市井曹長に任じ、明治二年(一八六九)徴士となり、ついで行政官権弁事・太政官少弁・留守権判官を歴任、同四年宮内省の刷新に際して宮内権大丞に抜擢された。また伊勢神宮正遷宮式の弊習を改革し、あるいは古社寺の綸旨・古文書・宝物の保存の任にあたり、大隈重信に建言して古社寺保存会をつくった。同九年九月二十二日五十三歳で没した。著書に『唱義聞見録』(野史台『維新史料叢書』三五)、『銘肝録』(同三六)などがあるが、両著は安政の大獄関係の貴重文献である。

参考文献　金井之恭他編『(明治史料)顕要職務補任録』下、浅野松洞『三重先賢伝』、三重県編『先賢遺芳』、松本秀業「世古恪太郎延世略伝」(『三重県史談会会志』三ノ四)　(吉田　常吉)

ぜぜじんじゃ　膳所神社　大津市膳所に鎮座。旧県社。祭神は豊受比売命。境内社には愛宕神社・松尾神社・稲荷神社がある。当初は大梵天王と呼ばれていたが、寛文三年(一六六三)に京都吉田家に申請して膳所大明神と改め、また同家からは正一位を授与された。さらに明治以降、膳所神社と改称した。同社は社伝によると、天智天皇が大津遷都の時にこの地を御厨と定めて以降、食物の神である豊受比売命を祀ったことに始まるという。豊臣氏や徳川氏の崇敬を受け、なかでも膳所藩主本多氏の尊崇は厚く、社領・社殿の寄進や造営もたびたびあった。同社はもとは膳所城二ノ丸の位置にあったが、築城に伴い現在地に遷座した。現在神社に残る三つの門は、明治三年(一八七〇)に膳所城の門を移築したものである。特にその内の表門は旧二ノ丸の城門で、重要文化財に指定されている。例祭は五月三日。　(宇野日出生)

せっきょうじょ　説教所　明治時代、三条の教則をもとに、教導職により神道的な国民道徳などの説教が行われた施設。祭神として大教院と同じ四柱の神(天之御中主神・高皇産霊神・神皇産霊神・天照大神)をまつったり祝詞をあげたりすることもあった。明治五年(一八七二)以降、東京に置かれた大教院に対する小教院として、主に各地の神社の社務所や寺院の一角に設けられ、毎月一定の日を決めて説教がなされた。同八年の神仏合同布教体制崩壊後も、教導職そのものは存続し説教は継続したが、仏教各派では必ずしも三条の教則に沿う内容ではなくなったという。神道では、教導職は神官が兼務していたが、同十五年神官教導職の分離政策の結果、神社は教化に携わることが禁じられたので、説教所は教派神道にのみ存在することとなった。設置などの法的規定は、明治七年の教部省の規定(達書乙三八号)に始まり、同十六年の設置時の届け出規定(内務省達戊二号)や社寺局通牒、宗教局通牒により補充された。キリスト教、すなわち神道・仏教以外の宗教の説教所の設立・移転・廃止などに関しては明治三十二年にはじめて規定(内務省令四一号)が設けられた。

参考文献　文化庁文化部宗務課編『明治以降宗教制度百年史』　(永井美紀子)

せっしゃ　摂社　本社に隷属する神社の一名称。本社に摂せられる社の意味であり、古くは所摂社ともいった。本社の境内にあるものと境外にあるものとがある。旧官国幣社にあっては摂社と末社の考定標準を特に設け、摂社に該当するものとして、本社祭神の后神・御子神その他由緒ある神、旧社地に祀る神社、本社祭神の荒魂、本社の地主神、その他特別の由緒あるものなど五項目を挙げ、末社より上位に置いた。また伊勢神宮に付属する神社は別宮・摂社・末社・所管社の四等に区分するが、摂社には『延喜式』神名帳に所載のいわゆる官社をあて、末社には官社ではないが『延暦儀式帳』所載の神社をあてている。　→別宮《べつぐう》　→末社《まっしゃ》　(土岐　昌訓)

せつぶん　節分　春夏秋冬の季節の移り変わる節目をいう。立春・立夏・立秋・立冬をもって四季の変わる節目としたので、このときが節分であるが、暦ではこの前日を節分として記載する。元来節分は一年四回あるわけであるが、特に冬から春に移るときの立春の前日を指す。立春は旧暦では正月節で、二十四節気が一巡して旧年を越して新しい年を迎えるときで節分の夜を年越ともいう。暦面にも「としこし」と記されたものがある。雑節の一つで現行太陽暦では二月三日または四日にあたる。節分の日の夜は陰邪の悪鬼を追い払って陽神の福を迎える追儺の行事が行われる。社寺や民間では「福は内、鬼は外」ととなえて炒った豆を撒く行事を「おにやらい」ともいう。もとは宮中の年中行事の一つで、大晦日の夜とり行われたものであるが、近世に至って民間で節分の夜に行われるようになった。また「やいかがし」といって戸口に焼いた鰯の頭や、ひいらぎの小枝をさす風習がある。　(渡辺　敏夫)

せみのおがわ　瀬見小河　京都上下賀茂社についての考証書。伴信友著、四巻、文政四年(一八二一)四月撰。はじめに凡例で賀茂大神たちの古事について、『賀茂縁起』『賀茂旧記』『山城国風土記』を中心に、秦氏本系帳で校合し、『古事記』『日本書紀』『新撰姓氏録』『延喜式』などで考証し故実を究めようとすることを記し、それら引用書について論じたあと、巻之一は証文として『賀茂縁起』について考証し、巻之二以下は別記として、その巻之二で建角身命・玉依日子命の末裔の氏々について記し、巻之三で賀茂大神などの鎮座、巻之四で賀茂大神などの苗裔神以下について記している。それまでの賀茂社についての古記をすべて集め、徹底して考証、その本姿を究めようとした堅実な学風の書。書名の瀬見小河は賀茂川の古名で、そのはじめに「石川や瀬見の小川の清かれとみよをまもりの賀茂の神垣」との歌を記している。『伴信

友全集』二所収。　（鎌田　純一）

せりふね　競舟　神事として行われる舟漕ぎの競争で、舟競べともいわれる。九州から沖縄に分布しているペーロンは、爬竜船とも書き、中国南部沿岸の舟競争と類似するが、わが国のは単なるスポーツでなく、明らかに神事の一環をなしている。沖縄では一般にハーリーと称し、五月五日の行事である。沖縄本島北部で旧七月十五日の前後の亥の日に海山の幸を祈るウンジャミ（海神祭）や、八重山で旧八月・九月に豊作を祈る節祭にも舟漕ぎがある。九州のペーロンはほとんど氏神祭に行われるもので、不知火湾ではキャーロン、長崎あたりではピャーロンともいう。壱岐のフナグロ、対馬のフナゴロウは、ともに船競べの訛りかといわれ、壱岐勝本では十月十四日の祭典に若者が三艘の和船で競う。山口県大島のオシフネも祭礼時の行事で、各村から二十五、六人乗りの舟を二艘出し、青年と中老の部がある。舟競べは島根半島・紀伊・志摩・西相模などにもあり、土地によってはその勝敗により神意を占う意味もあった。

参考文献　柳田国男編『分類祭祀習俗語彙』、小松原濤『天草ペーロン志』、馬淵東一「爬竜船について」（『沖縄文化』一六）　（平井　直房）

せんきょういぶん　仙境異聞　山人の世界とこの世を往還する少年寅吉の体験談を記した書。平田篤胤著。文政三年（一八二〇）成立。別名『嘉津間答問』『仙童寅吉物語』など。『平田篤胤全集』八（内外書籍、昭和八年（一九三三）刊）、『（新修）平田篤胤全集』九（名著出版、昭和五十一年）所収。平田篤胤は本書によって、みずから信ずる「幽界」が実在し、そこで神々がこの世の人々の幸いのためにはたらいていることを証明しようとした。全集版「仙境異聞」は上編三巻、下編「仙童寅吉物語」二巻、「神童憑談略記」一巻、「七生舞の記」一巻からなる。上編、下編は、篤胤が寅吉から山人界での日常生活や山人の種類、はたらきなどについて聞き取り、記したもの。「神童憑談略記」は、神に取り憑かれた寅吉のありさまを篤胤の門人が記録したもの。「七生舞の記」は、寅吉によれば神祇の感応を得るために、あるいは妖気を払い浄めるために舞われるという「七生舞」の内容の聞き書きである。

参考文献　子安宣邦校注『仙境異聞・勝五郎再生記聞』　（大久保紀子）

せんきょうし　宣教使　明治二年（一八六九）七月八日、明治政府の神道にもとづく国民教化政策の一環として神祇官内に設けられた機関。明治政府は宣教使を置き、惟《かん》神《ながら》の大道を宣揚すべく努力した。すなわち明治三年正月三日に、神祇鎮祭の詔と大教宣布の詔が下ったゆえんである。その職制としては、長官以下宣教使・講義生などが定められた。長州藩士の小野述信が教導調査にあたり、権判官として長崎布教にも従事した。神祇官は福羽美静に宣教使は小野述信の私物のごとし、と非難されたが、四年八月神祇官を神祇省と改め、五年三月教部省とするに及び、宣教事務も同省教導職に移った。三条の教則がその心得書であった。→教導職《きょうどうしょく》　→大教宣布《たいきょうせんぷ》

参考文献　『法規分類大全』一編官職門七・社寺門一、常世長胤『神祇官沿革物語』、同『神教組織物語』、阪本健一「神宮の御改革と大教宣布運動」（『国学院大学験杉会紀要』二）、藤井貞文「宣教使の研究」（『国学院雑誌』四九ノ五・六）　（阪本　健二）

せんぐう　遷宮　⇨式年遷宮《しきねんせんぐう》

せんぐういんひもん　仙宮院秘文　正式には『伊勢太神《いせだいじん》宮瑞柏鎮守仙宮院秘文《ぐうみずがきちんじゅせんぐういんひもん》』と称し、中世の両部神道書の一つ。一巻。成立は仁治―文永年間（一二四〇―七五）のころとみられる。末尾に「仙宮院秘文第三也、慈覚大師御作也」とあり、必ずしも真言系というわけではなく、むしろ天台宗の寺門派系の色彩が濃い。本書は三重県度会郡仙宮神社の神宮寺であった仙宮院において成立したと考えられる。仙宮院は両部神道成立の拠点の一つとなった所で、天台宗の影響が強い所でもあり、本書は仙宮院に住する修験者からみた伊勢神宮を説明しようとしたもの。内容は大峯修験者により書かれたとみてよいであろう。永享八年（一四三六）の写本が、仙宮神社宮司家に伝えられている。「伊勢太神宮瑞柏鎮守仙宮院秘文」として『神道大系』神社編一四に所収。

参考文献　鈴木義一「仙宮院秘文の研究」（『神道学』三二・三四）　（白山芳太郎）

せんげし　千家氏　天穂日命の裔孫で、出雲国造の一家。古典に記す神話によると、太古、天孫降臨に先立ち、皇祖天照大神は穂日命を出雲に遣し、同地を支配する大国主神に国譲りのことを説諭させたが、大国主はこれを承認して隠退した。そこで大神は大国主のために、その地に天日隅《あめのひすみ》宮を営造し、穂日命をしてその祭祀をつかさどらしめたという。これが杵築《きづき》社（出雲大社）創建の由緒であり、出雲国造の起源である。穂日命の降臨の地、およびその裔孫たる出雲国造の原住地は、出雲意宇《おう》川の流域である大庭《おおば》と考えられ、奈良時代の出雲果安が、現今の島根県簸川郡大社町に移住して、大社の祭祀に専従することになったとの古伝があるが、千家氏にあっては、太古以来、大社町に居住したとの説を今日も固守しているようである。同国造家は、歴世、他氏を混じえず、その一流をもって大社神主を継承し、南北朝時代の初め孝時に至った。孝時の後、その子清孝がしばらく国造となり、ついで清孝の弟である孝宗・貞孝の兄弟が、ともに国造となった。ここに同家は二流に分裂して、孝宗の流を千家と称し、貞孝の流を北島と称し、両国造として明治の世に至った。明治の初め、千家氏に尊福が出て、明治政府の要路に就き、特に神道行政の上に大なる献策をなすところがあった。しかして国家として一神社一宮司の基本政策の上から、出雲大社も、両国造を両宮司には認められぬことになり、尊福以後、同社宮司は千家氏の一流に固定の状勢となり、今日に及んだ。明治十七年（一八八四）尊福は男爵を授けられた。なお尊福以後、千家氏は大

社教と称する宗教法人を組織することになった。→出《い》雲氏《ずもうじ》 →出雲国造《いずものくにのみやつこ》 →北島氏《きたじまし》

参考文献 千家尊福『出雲大神』　（村田 正志）

せんげたかとみ　千家尊福　一八四五―一九一八　明治・大正時代の宗教家、政治家。弘化二年（一八四五）八月六日、出雲国造千家尊澄の嫡男として生まれた。母は広橋光成の女、婦美子。明治五年（一八七二）正月、二十八歳で出雲大社大宮司に任ぜられ、同十一月第八十代出雲国造、同十年十二月神社制度の改正により改めて同社宮司となった。この間、同五年六月、政府の大教宣布運動に伊勢の神宮祭主近衛忠房とともに大教正となり、尊福は神道西部管長、忠房は東部管長を命ぜられて、庶民教化を統括した。尊福はまたみずから各地を巡教し、在来の出雲講・甲子講を拡充して六年一月出雲大社敬神講社を組織、同年九月これを改編して出雲大社教会設立の認可を得た。明治十二年十一月、千家国造邸内に教会本部を移転し、教信徒に開諭文を発表した。後年の神道大社教の立教宣言ともいうべきものがこれである。大教宣布運動は種々の曲折を経て十五年一月、神官・教導職を分離した。尊福は同年三月宮司を辞し、同五月大国主神の信仰を自由に布教するため教派を特立して神道大社派と称し、初代管長に就任、同年十一月神道大社教と改称した。同十七年男爵・従三位を授けられ、没年には正二位に叙せられた。この間、同二十一年元老院議官となり、衆望を担って政界に進出したので管長職を辞した。二十三年以後、貴族院議員を没年まで勤め、文部省普通学務局長、埼玉県・静岡県・東京府知事を歴任、四十一年には司法大臣に任ぜられたほか、種々の要職についた。大正七年（一九一八）一月三日没。七十四歳。著書に『大道要義』『国廼真柱』『日拝式』『教旨大要』『出雲大神』などがある。→大社教《たいしやきょう》

参考文献 出雲大社教編『千家尊福公』　（平井 直房）

せんげとしざね　千家俊信　一七六四―一八三一　江戸時代後期の国学者。通称は清主《きよぬし》、号は葵斎、舎号を梅廼舎という。第七十五代出雲国造俊秀の弟。生母は松江藩医天野氏の娘。明和元年（一七六四）生まれる。幼いころより学問を好み松江に出て漢学を学んだが、上京して若林強斎の弟子であった、西依成斎の薫陶を受けた。その後内山真竜の助言により、寛政四年（一七九二）二十九歳のとき松坂に出て本居宣長の門下に入り古学を修めた。鈴屋入門の直接の動機は『出雲国風土記』の文献学的研究にあったと思われるが、やがて真竜の『出雲風土記解』に基づいて『訂正出雲風土記』を完成した。なお、宣長はその成稿を待望したが、開板は宣長没後の文化三年（一八〇六）であった。その他の著書に『天穂日命考』『道能八千草』『出雲国式社考』などがある。俊信は帰国後杵築に私塾を設け、多くの子弟を養成した。出雲を中心とする山陰地方に国学が展開したのは、俊信の功によるところが多い。天保二年（一八三一）五月七日没。六十八歳。

参考文献 西田長男「千家俊信の鈴屋入門」（『神道史研究』二所収）、森田康之助「出雲国造家の伝統と学問」（神道学会編『出雲学論攷』所収）、平田俊春「千家俊信と本居宣長」（千家尊宣先生還暦記念論文集編纂委員会編『（千家尊宣先生還暦記念）神道論文集』所収）　（平井 直房）

せんげもんじょ　千家文書　出雲国造の一家千家氏に伝来した古文書。出雲国造家は久安五年（一一四九）十一月二十八日に火災があり、所伝文書を悉く焼失したとの記録があり、したがって同国造家たる千家・北島両氏ともに、平安時代以前の古文書の伝存するものは、きわめてわずかにすぎない。千家氏は南北朝時代の初め、孝宗からの一流であるが、その所伝文書は大体鎌倉時代の中ごろから以後、南北朝・室町・戦国・江戸・明治に至る各時代にわたる歴世文書と、その他内容により法度・社領・服忌令・舞楽・谷風琵琶・攘夷御祈禱などの特殊文書に分類され、その総数はおよそ四百通と考えられる。しかしてこれらの家伝文書は、明治の末ごろ、その主要なるものはほとんどすべて大社に献納され、これに北島氏から献納された同家伝来文書二十通を加えて、今日出雲大社文書として総数二百八十通が襲蔵されるのが現状である。以下千家文書の内、特に著名にして重要なるものの若干を説明すると次のとおりである。元弘三年（一三三三）三月十四日「後醍醐天皇王道再興綸旨」および同年月十七日「後醍醐天皇宸筆宝剣代綸旨」の二通は、南北朝史上の重要文書として重要文化財に指定されており、右の宝剣代綸旨に関連ある谷風琵琶一面は大社に現存しており、これが仁孝天皇に叡覧の後修理された際の関係文書四通も、史料価値があろう。嘉永六年（一八五三）ペリーの来航を発端にして、当時の日本は内外波瀾の時勢になったが、孝明天皇は国難を憂い、全国の主要なる神社に攘夷の祈禱をしたが、大社に伝存する右の関係文書は完備しており、その全貌を知悉すべき重要文書である。なお千家文書については、史料編纂所に影写本十二冊その他がある。同文書は著書および雑誌などに部分的には紹介されているが、厳密なる真偽鑑定の上、まとめて出版された刊本がないのは遺憾である。→千家氏《せんげし》

参考文献 島根県教育委員会編『島根県古文書緊急調査総合目録』、千家尊福『出雲大神』　（村田 正志）

せんげんしんこう　浅間信仰　⇨富士信仰《ふじしんこう》

せんげんじんじゃ　浅間神社　⇨あさまじんじゃ

せんげんづくり　浅間造　静岡県富士宮市にある富士山本宮浅間神社（旧称浅間神社、旧官幣大社）本殿に見られる建築形式をいう。浅間造は上下二層に分かれ、上層は通常の三間社流造であって、その母屋の四周に縁が回り腰組によって支えられる。その腰組の下から四方に屋根を葺下しにして、正面五間・側面四間の下層を覆う。すなわち寄棟造の下層の頭部が上層によって水平に切られ

浅間造（静岡県富士宮市浅間神社）

た形を示す。前面に縋破風の向拝を設け、幣殿・拝殿に接続している。現在の富士山本宮浅間神社本殿（重要文化財）は慶長九年（一六〇四）の建物であって、総朱塗、檜皮葺。組物や蟇股などの細部に時代の特色がよく現われている。浅間造はきわめて特異な本殿形式であるが、静岡市内の神部神社浅間神社大歳御祖神社境内にある神部神社浅間神社拝殿（重要文化財）が、拝殿でありながら浅間造と同様、二層からなる。ただしこの拝殿は桁行七間梁行四間、切妻造の下層の上に入母屋造の上層を載せたものである。（稲垣　栄三）

ぜんげんびじのはらえ　善言美詞祓　⇩三種大祓《さんしゅのおおはらえ》

せんじゃふだ　千社札　⇩納札《のうさつ》

せんじゃまいり　千社参　多くの神社・仏閣を巡拝して祈願すること。江戸時代末期の寛政・文化のころに江戸の天愚孔平とか麹五吉（伝記不明）が始めたといわれる。『嬉遊笑覧』には、「明和七年（一七七〇）撰の江戸名物鑑にもみえず、安永このかたのことなるべし」とある。参詣者は自分の名前や屋号を印刷した紙の「千社札」を用意し、継竿で堂宇の天井や柱の上部の手の届かぬ所に貼りつけた。天保年間（一八三〇―四四）にいったん禁止されたが効果がなかった。（小池　長之）

せんしゅうし　千秋氏　⇩熱田大宮司家《あつただいぐうじけ》

せんそ　践祚　⇩即位《そくい》

せんだいくじほんぎ　先代旧事本紀　天地開闢のはじめより、推古天皇の代までにつき編年体に記す部分を主とし、『国造本紀』などを付した史書。また神道古典の一つ。『旧事紀』また『旧事本紀』と略称する。十巻。著者、成立年代ともに不詳であるが、およそ物部氏の誰かの手により平安時代初期に撰せられたものとみられる。蘇我馬子らの序と称す文のついていることなどから、その成立まもないころより、聖徳太子・蘇我馬子らの撰、すなわちわが国史書の最古のものとみられ、中世伊勢神道・吉田神道でも尊重されてきた。しかし、近世になりまず徳川光圀により、聖徳太子の撰というものの、奈良時代淡海三船らの撰とされる天皇諡号を記していること、『日本書紀』の引用とみられる文のあることより、後世の偽書として退けられ、以後多田義俊が『旧事紀偽撰考』を、伊勢貞丈が『旧事紀剝偽』を記して同様に退け、なかで橘守部が『旧事紀直日』を記して、みるべき点のあることも主張したが、大勢は偽書として捨て、明治以降にもそれが継承された。その内容は巻一神代本紀・陰陽本紀、巻二神祇本紀、巻三天神本紀、巻四地祇本紀、巻五天孫本紀、巻六皇孫本紀、巻七天皇本紀、巻八神皇本紀、巻九帝皇本紀、巻十国造本紀のごとくであり、神代本紀で他書にみられぬ神代系譜をみせたあと、陰陽本紀より皇孫本紀までの間に、高天原時代より日向三代までを記し、天皇本紀より帝皇本紀で神武天皇より推古天皇までにつき編年体に記し、国造本紀で、大化改新以前の百四十四ヵ国の国造定賜時期、その初代について記している。本書を詳細にみるに、『古事記』上巻、『日本書紀』、『古語拾遺』を引用連綴した文のあることから、『古語拾遺』が撰上された大同二年（八〇七）以降の撰であり、承平の『日本書紀私記』のなかで「先師説」として本書について記していることから、藤原春海の延喜講書のころすでに成立していたもの、つまり九世紀末には成立していたとみられ、およそ九世紀中ごろの撰とみられるが、天孫本紀に物部氏・尾張氏系図をのせ、さらに天神本紀その他に物部氏独自の伝承をみせることから物部氏の誰かの撰とみられる。物部氏は古代の有力氏族の一つであり、ここに記された内容は九世紀中期に急に捏造されたものでなく、古来の家伝をもとに記紀などを援用しつつ記したものとみられ、内容的に記紀を補う部分があり、古代祭祀をみる上でも重要な要素をみせており、再評価されてよいであろう。なお校本として、度会延佳校注『鼇頭旧事紀』、鎌田純一校注『先代旧事本紀の研究』校本の部、『（新訂増補）国史大系』七、『神道大系』古典編八などがある。

参考文献　伴信友『国造本紀考』、栗田寛『国造本紀考』、同『物部氏纂紀』、同『尾張氏纂紀』、御巫清直『旧事本紀析疑』、鎌田純一『先代旧事本紀の研究』研究の部　（鎌田　純一）

せんだいくじほんぎたいせいきょう　先代旧事本紀大成経　⇩旧事大成経《くじたいせいきょう》

せんだつ　先達　本来は技芸や学問の先覚者、指導者をさす語。平安時代末期ごろから信者を特定の社寺や霊山に導く修練の功を積んだ宗教者をさすようになった。特に熊野詣の隆盛もあって、鎌倉時代に入ると、御師のもとにあって熊野三山に檀那と呼ばれる信者を導いたり配札にあたった熊野先達がその代表的なものとされた。なおこの先達職やそれに付随した檀那が経済的利益をもたらすことから、これが入質・売買の対象となっていった。そして有力先達は弱小の先達から先達株や檀那株を購入して自己の地盤を弘げていった。さらに室町時代から戦国時代になると、京都や地方都市に居住した先達が現地の輩下の先達に実務を担当させて一定の上分を得るようになっていった。鎌倉時代末期以降熊野三山検校を門跡の重代職とした京都の聖護院は室町時代に入るとこうした有力先達を掌握して、それを通して熊野系山伏に先達の補任状を与えて配下におさめ、本山派と呼ばれる修験教団を成立させた。この教団では、京都の若王子・積善院・住心院などの院家を中核とし、本山二十七ヶ院先達と呼ばれる各地の有力先達を通して地方の熊野山伏を支配する形態をとっている。一方室町時代初期、興福寺・内山永久寺・高野山など大和地方の諸大寺に依拠した修験者は、吉野から大峯に入って修行するとともに、全国各地を回国して自己の配下の山伏をつくっていた。彼らは大峯山中の小笹に拠点を置いて集会し、相互の承認のもとに各自の配下の者に先達の補任を出していた。この集団は三十六ヵ寺の修験者を中核としたことから、当山三十六正大先達衆と呼ばれている。もっとも江戸時代初期には、この当山三十六正大先達は、勢力が弱まり十二ヶ院となったこともあって、醍醐三宝院を本寺にいただき当山派という教団を形成した。その後当山派は、江戸幕府の政策もあって、修験道界を本山派と二分する勢力になっていった。江戸時代中期以降になると、庶民が講を作って、大峯山・富士・木曾御岳・羽黒・英彦山などの霊山に積極的に登るようになっていった。それに伴ってこうした講員を率いる在俗の修験者を先達と呼ぶようになっていった。特に近代以降の山岳登拝は在俗の先達に導かれたものが主力となっている。

参考文献 永島福太郎・小田基彦校訂『熊野那智大社文書』(『史料纂集』)、新城常三『社寺参詣の社会経済史的研究』、和歌森太郎『修験道史研究』(『東洋文庫』二一一)、宮家準『修験道組織の研究』、同『熊野修験』(吉川弘文館『日本歴史叢書』四八)、児玉洋一『熊野三山経済史』、新城常三「熊野先達」(『国史学』六〇)、高埜利彦『近世日本の国家権力と宗教』、鈴木昭英『修験教団の形成と展開』(『修験道歴史民俗論集』一)

(宮家　準)

せんどのはらえ 千度祓 ⇩数祓《かずはらえ》

せんにちまいり 千日参 祈願のため、神社仏閣に千日間の日参をすること。とはいうものの、実際にやれば約三年かかるので、そうした悠長な者が実在したかどうか不明である。江戸時代末期に、観音・地蔵・不動・閻魔などの霊場が自己宣伝のために、特定の縁日に参詣すれば一千日の参詣の功徳ありと宣伝したので、その日に参詣することを千日参といったものである。

(小池　長之)

せんみょう 宣命 口頭で宣布することを目的として、いわゆる宣命体で書かれた詔を宣命という。古く大王・天皇の命令は、「みことのり」(「御言宣り」の意)の和訓で知られるように、口頭で宣布された。これを宣命体の文章で書き記したものが宣命であるが、『日本書紀』に収められている漢文体の詔も、もとはそうした宣命体の詔で、編者が漢文に書き改めたものと推定されている。しかし今日知られる宣命体の詔の最も古いものは、『続日本紀』文武天皇元年(六九七)八月庚辰条に載せる文武天皇即位詔である。もっとも藤原宮跡から、表が「□御命受止食国々内憂白」、裏が「□止詔大□□乎諸聞食止詔」という宣命体の詔を記した木簡が出土しており、これは文武天皇元年八月庚辰詔よりも古い可能性があるといわれる。『大宝令』『養老令』の公式令《くしきりょう》では、天皇の命令を下達する際に用いられる公文書の様式として、詔書式と勅旨式の二つを定めたが、そのうちの詔書式は、こうした口頭で宣布する宣命体の詔書の作成・施行の手続きを規定したものであった。しかしこうした詔書とともに、漢文で書かれた詔書も古くから行われたので、詔書には宣命体のものと漢文体のものが並存したわけであるが、平安時代の半ば以後になると、宣命体のものを宣命といい、漢文体のものを詔書というに至る。宣命の宣布は、唐・新羅などの外国使節の来日、即位・立后・改元・立太子などの国家的儀式に際して行われたほか、元日・正月七日叙位・白馬《あおうま》節会などの恒例の朝儀においても行われた。また宣布の場所は、古くは一般に朝堂であって、大極殿前の朝庭に列立する臣下などに対して、参議以上の公卿もしくは中務卿が宣するのを例とした。しかし僧綱を任ずる宣命は僧綱所において公卿勅使に同行した少納言が宣し、神社に対する宣命(これを告文という)もその神社において勅使らが宣するなど、宮城外で宣することもある。そのような場合の宣命の朗読者を、宣命使または宣命大夫という。宣命の草案は内記が草し、少なくとも平安時代末までは、ほぼ公式令詔書式に定める手続きにのっとって作成された。その文章は事柄と時に応じてさまざまであるが、平安時代中期以後に、宮廷行事ごとに宣せられた宣命の雛形が、『朝野群載』一二、内記に収められている。なお宣命の本文のほかに、特に書き加えられる文章を辞別《ことわけ》といい、その例は『続日本紀』神亀元年(七二四)二月甲午条の聖武天皇即位詔からみられる。この詔では、宣命本文で即位と改元のことを述べ、「辞別《ことわけ》けて詔《の》りたまはく」として大赦・賜物・復除などのことを述べている。宣命についての研究は、本居宣長以来、主として『続日本紀』に収めるものについて行われている。

参考文献 本居宣長『続紀歴朝詔詞解』(『本居宣長全集』七)、御巫清男『宣命詳釈』、金子武雄『続日本紀宣命講』、北川和秀編『続日本紀宣命校本・総索引』

(早川　庄八)

せんみょうたい 宣命体 文章様式の一つ。自立語(概念語)・語幹を大字で、付属語(形式語)・活用語尾を小字で書記した文体。その表記様式に注目して「宣命書き」ということもある。なかに、「不」「被」「令」「欲」「以」「依」「与」など、返読を予定した漢文体の表記、また「者」「之」「而」など、漢文の助字を遵用した表記もある。大字はそのほとんどが正訓の漢字であるが、それが対応しない語の表記には仮名が用いられる。小字は、元来、真仮名表記であるが、平安時代以降、古点本の書込みなどには片仮名表記、また『権記』『後二条師通記』など、古記録所引の宣命などには平仮名、ときに片仮名・平仮名交用表記がみえる。そして、のちには小字片仮名表記が一般化する。現在知られる宣命の最古例は、『続日本紀』所収の第一詔(文武天皇元年(六九七)八月)であって、現存本では宣命体で記載されているが、続紀撰述時における表記の改変の可能性も存する。宣命体の現存最古の文献は、『正倉院文書』天平勝宝九歳(七五七)三月二十五日孝謙天皇宣命案、同天平宝字二年(七五八)八月一日宣命案であるが、この文体は、もと、藤原宮跡出土の木簡、また『万葉集』にみえる、正訓の漢字と真仮名とを同大の字で交用する表記のものであったとみられる。宣命体は、宣命のほかに、策命・祝詞・告文・講式・和讃・歌謡・縁起・文書など、広く各種の文章に用いられ、『今昔物語集』など、漢字片仮名交り文にも使用された。ことに当初、口誦性を有する文章の表記に多く採用されたことは、漢字真仮名交用表記の漢字文にあって、それが宣読・朗詠を容易にする機能を担っていたことを暗示するものであろう。また、片仮名・平仮名成立後もこの表記様式が行われたのは、右とともに、訓点記入に伴う、漢字を主、仮名を従とする文字意識が表記の底流に存したからではあるまいか。

[参考文献] 春日政治『国語叢考』、築島裕『平安時代語新論』、同「日本語の文体」(『(岩波講座)日本語』一〇所収)、小谷博泰「宣命体の成立過程について―藤原宮跡出土木簡をめぐって―」(『国語と国文学』四八ノ一)

(峰岸　明)

そ

ぞういせにしょだいじんぐうほうきほんぎ　造伊勢二所太神宮宝基本記　鎌倉時代中期の神道書。伊勢神道の経典。神道五部書の一つ。略して『伊勢宝基本記』『宝基本記』という。奥書に天慶五年(九四二)の書写とあるが、鎌倉時代中期に外宮神官によって作られたもので、『皇字沙汰文』にはじめてその名がみえることから、永仁四年(一二九六)までに成立していたものと考えられる。一巻。伊勢両宮の造営と、殿舎の形などについて神秘的な意味を述べ、遷幸・鎮座・造宮・仮殿・遷宮・心御柱・東西左右宝蔵・棟文形・千木・堅魚木・御門鳥居・瑞垣玉垣荒垣・榊・御衣・神鏡・木綿・大麻・内外の忌詞・巫覡の禁断・神亀二年(七二五)の詔などを記す。諸本の中では尊経閣文庫の鎌倉時代末期の巻子本が善本で、神宮文庫にある同書の影写本を底本とする『大神宮叢書』度会神道大成前篇所収のものがあり、『(新訂増補)国史大系』七、『続群書類従』神祇部にも収められている。→神道《しんとう》五部書《ごぶしょ》

[参考文献] 吉見幸和『五部書説弁』(『大神宮叢書』度会神道大成後篇)、久保田収『中世神道の研究』、岡田米夫「神道五部書に見える古縁起の遡及性」(千家尊宣先生還暦記念神道論文集編纂委員会編『千家尊宣先生還暦記念神道論文集』所収)

(大隅　和雄)

そうがっこうけい　創学校啓　荷田春満《かだのあずままろ》が、享保十三年(一七二八)、江戸幕府の援助により国典教授の学校を京都に創設することを請願した文書。一通。創倭学校啓ともいう。徳川家康以来、幕府が世情の平穏を保ち、文物教学を尊重していることを賞讃し、春満が将軍徳川吉宗から校書を命ぜられた光栄を謝し、当時すでに幕府の援助を得て国典の学校を創設することを志したが、力及ばぬ大事業なので断念した。その後病を得て、事を急ぐべきだと思った。今、世には漢学・仏学のみが行われて、神皇の教・復古の学は衰え、歌道・神道もゆがめられている。自分は若年の時からこれらを学んで来た。それで京師近郊の閑地を賜わり、皇国の教の学校を設け、私蔵の書籍はここに寄贈したい。国学の講ぜられざること六百年に及ぶ。古語に通ぜずしては古義を明らかにし得ない。古義を明らかにして古学を復興しようと思うといい、このことを幕府に上申してほしいと幕臣に懇願している。この幕臣は、草稿本によると御小納戸役大嶋雲平であるが、草稿本を疑う説もあり、確言し得ない。寛政十年(一七九八)刊の春満の歌集『春葉集』附録の「創造国学校」の啓文が流布本で、その系統の本を長尾武雄・福羽美静や平田鉄胤が校訂刊行している。活字本には、『荷田全集』一、『続々群書類従』教育部、『日本思想大系』三九その他がある。流布本のほかに、草稿本と称せられている写本一通が羽倉家にある。春満の門人山名武内の筆らしい。これには「倭学校」とあるのをはじめ流布本と異なるところがあり、「大嶋雲平大兄閣下」と宛名がある。啓文にも多少の疑問があり、養子在満《ありまろ》がこれを持参東下し、幕臣を通じて請願したと信名の手記にあるが、実際にはどこまで事が運んだのかをも確かめ得ない。春満に、国典の学校創設の志があり、その実現に務めたことは事実なのだろう。「国学」と称した最初の事例と評価されて来たのだが、それは疑わしい。むしろ、古語―古義―古学という文献学的方法が明示されていることを注目すべきであろう。

[参考文献] 平田篤胤『玉襷』(『平田篤胤全集』四)、大貫真浦『荷田東麿翁』、神代名臣『荷田大人啓文註解』

(『荷田全集』一)、三宅清『荷田春満』(『国民精神文化研究』四四)、阿部秋生「契沖・春満・真淵」(『日本思想大系』三九所収)

(阿部　秋生)

ぞうかのさんしん　造化三神　『古事記』神代の冒頭にみえる、天地初発のとき高天の原に成った神である三柱の神。天之御中主神《あめのみなかぬしのかみ》・高御産巣日神《たかみむすびのかみ》・神産巣日神《かみむすびのかみ》のこと。これら三神は配偶を伴わぬ神で、現《うつ》し身を隠してあらわさなかったとある。この称呼は、『古事記』序に「参神造化の首《はじめ》と作《な》り、陰陽斯《ここ》に開けて」(原漢字)とあるのによる。造化は、万物を創造化育すること。『日本書紀』神代神代七代章第四の一書にみえ、天御中主尊・高皇産霊尊・神皇産霊尊と書き、「皇産霊、比をば美武須毗と云う」(原漢文)とある。天之御中主神は高天の原の中心の主宰神、高御産巣日神・神産巣日神はいずれも生成力の神格化、高御は天上界に関連をもつ美称で、神(御)は幽冥界に関連をもつ美称。天之御中主神については、本居宣長は「天の真中に坐々して世の中の宇《う》斯《し》たる神と申す意の御名なるべし」(『古事記伝』三)と説いたが、平田篤胤が『古史徴』でこの神を宇宙を主宰する神と解釈してより、平田派神学においては天之御中主神を宇宙主宰の絶対神とし、高御産巣日・神産巣日の二神をその神徳の動的発現とみる、三神一体観が立てられた。

(橋本　政宣)

ぞうぎょうはちまん　僧形八幡　八幡神は三神(男神一・女神二)をもって祭神としているが、その中心をなす男神(八幡大神)の図像を僧形とする思想、またその思想にもとづいて造形された画像や彫像を指す。八幡三神は男神(応神天皇とする)を中央に、その左右に女神(神功皇后と比売大神)を配するのが通常であるが、比売大神をもって玉依姫にあてたり、また仲哀天皇としたり、また神功皇后をもって住吉大神とするなどの異説も行われているが、主神をもって男神(応神天皇)とすることは変わらないし、また希には主神の一尊のみをもって祭神としている場合もある。八幡神はもともと「やはたのかみ」と訓むのでこれを転音して通称としている。いかなる性格をもつ神なのか、歴史的にも、宗教的にも判然としない点は多いが、一つの考え方としては、北九州(主に豊前地区)において古代の焼畑農耕に従事していた帰化系秦氏の崇めた生産神に発するとみられている。その信仰的象徴がのちの宇佐八幡宮であり、いうならば農耕生産の列島への拡散に伴って全国に普及し、いまや数万の神社となっている。一説には東大寺創建の折にこの神祇を平城京へ迎えて、その完成を祈念し護持したことによって、一地方神から中央的な神祇としての脚光をあびるようになり、そうしたつながりから早く仏教との習合が成り立ち、八幡大菩薩という称号で呼ばれるようにもなった。その図像が僧形となった時点は明らかにできないが、平安時代の初め、空海はこの神を神護寺金堂に祀り、また東寺にも鎮守として祀り、みずから指導して僧形八幡を中尊とする八幡三神の彫像を作らせている。その三体の神像(国宝)はいま東寺に伝存する。神護寺にも空海系の僧形八幡画像が金堂と平岡八幡宮に祀られたことは中世の記録に確認できるし、その遺宝の画像は神護寺に伝わっている。薬師寺八幡(休岡八幡)宮の神体も僧形八幡を中心とする木彫の三神像(国宝)であるし、手向山八幡宮の神体であった快慶ら一門制作の僧形八幡彫像(国宝)は東大寺に伝存している。蓮花座に坐し、遠山文の袈裟を著け、右手に長い鉤杖、左手には水晶の念珠をもち、いかめしくやや老形の容貌に造形されるのが通常である。頭上に真赤な日輪を描き添える場合もある。神道曼荼羅などに描きこんで構成される場合もすべて僧形に描かれる。↓神《しん》像《ぞう》　↓八幡信仰《はちまんしんこう》

参考文献　京都国立博物館監修『神道美術』、景山春樹「八幡曼荼羅の諸相」(『神道美術』所収)

(景山　春樹)

ぞうぐうし　造宮使　伊勢神宮の式年遷宮のためにおかれた臨時の役職。伊勢神宮の式年遷宮は、古来国家的重事とされてきた故に、特に造宮使を任命して一切の事務を掌らしめた。『皇太神宮儀式帳』の一、新宮造奉時行事並用物事条に「常限㆓廿箇年㆒、一度新宮遷奉、造宮使長官一人、次官一人、判官一人、主典二人、木工長上一人、番上工卌人参入来」とあって造宮使の組織を窺いうる。また、造宮使造奉物条には御琴一隻以下九種の神宝が造宮使から奉ることが載せられてある。なおその使・判官は、儀式帳の遷宮諸祭条や『延喜式』伊勢大神宮によれば、中臣・忌部両氏の氏人が補せられることになっており、造宮使任命の時期については、『遷宮例文』によると、十七年孟冬、中臣氏人、重代の器量を選んで補せられたことがみえ、前の式年より十七年目、次の式年の前三年になされている。また当初は両宮を兼ねた造宮使も、平安時代末期には造内宮使と造外宮使とが両宮にそれぞれ補任され、さらに祭主大中臣輔経(延久三年(一〇七一)八月任)ついで同親定(寛治五年(一〇九一)八月任)が造外宮使・造内宮使となってから祭主にして造宮使を兼ねるものもあり、後には全く祭主の兼任が通例となった。なお また造宮使の補任はあくまで式年遷宮に限られ、仮殿造営は先例に任せ宮司の所課であったことは『建久九年内宮仮殿遷宮記』の明記するところである。明治二十年(一八八七)十二月、造神宮使庁官制が定められ、造神宮使庁を内務大臣の管理に属せしめ、新宮の造営ならびに神宝装束調進のことを処弁せしめ、造神宮使以下の職員を置き、造神宮使を勅任とし、神宮祭主をもってこれに充てた。ついで明治三十一年六月、官制を改正し、その使は神宮祭主、副使は内務省高等官を充て、その下に主事・技師・属・技手を置き、庁は内務省の中に設けられた。しかるに昭和二十一年(一九四六)二月、他の神社とともに神宮もまた国家管理を離れ宗教法人となるに及んで、これらの官制もおのずと廃止され、造営の諸事業はもっぱら神宮司庁造営局、ついで神宮式年造営庁が担当し、祭主の下に大宮司は総裁、少宮司は総長として重事

の完遂にあたることとなった。　→式年遷宮《しきねんせんぐう》

参考文献　荒木田経雅『大神宮儀式解』(『大神宮叢書』)、神宮司庁編『神宮要綱』　（鈴木　義一）

そうげんせんじ　宗源宣旨　中世末期以降、吉田神道を宣揚し、神社・神職を支配していった吉田家が、諸国の神社に位階・神号などを授けた文書。宗源神宣ともいう。宗源は唯一宗源神道(吉田神道)においてもっぱら主張された神事の宗源を掌ることで、天照大神より天児屋命へ相承され、卜部正統一人に相伝されてきた神道をいう。宗は万法帰一、源は諸縁の起るところをいい、また、神道は儒仏の宗であり、万法の源であることに帰因すると説く。宣旨と称するものの、もとより吉田家によって私的に作られたものであったが、神祇官人としての立場、吉田神道の勢力拡大に伴って公文書的な性格をもつようになった。文書は神宣によって出す奉書の形式をとり、「宗源宣旨」「神宣」の書出し、「依今上皇帝聖勅神宣御表之神璽如件」「依神宣啓状如件」の書止めを例とした。日下には奉者(神部伊岐宿禰)が位署を記し、次行に神祇管領長上(吉田神道の継承者、吉田家当主)が位署する。料紙は宿紙が用いられ、これに「日月」の朱印が数ヵ所に捺される。この形式は、吉田兼倶によって創出され、文明十四年(一四八二)十一月に近江国神崎郡愛智河若一王子権現へ大明神号を授与されたのは、その早い例である。兼倶の時代には、十数例が散見され、近江国の神社が最も多い。内容は明神号・大明神号・権現号の神号授与と神階叙位の二種があった。吉田兼右・兼見以降、神道裁許状の発給と併行して増加し、神号授与・神階叙位のほか、祭神に魚味を供進する許可、鳥居の建立、神幸路の変更など、もっぱら神社とその祭神を対象とした。これに対して、神道裁許状は主に神職に出した免許状である。兼右の時からは、「神宣之啓状」と記す形式のほか、神道裁許状と折衷形式である「神道之啓状」と記した形式が生じ、報酬によって区別した。兼倶撰作になる『神道大意』に付された一文には、延喜五年(九〇五)に、勅によって斎場所に三千百三十二座の神体を安置し、以来全国の諸神に神号を授けるときは、斎場所(太元宮)で神代の正印を捺して神宣を下すことになったと記す。もちろん、これは宗源宣旨を権威づけるため、例によって朝廷から委任されていることを強調するための兼倶一流の偽作であった。兼倶をはじめとする初期の宗源宣旨は勅を得て行われており、後世厳しく批判される独断はなかったが、時代がたつに従って省略されていった。吉田家から発給された二種の文書は、吉田家配下の神社と神職の拡大にきわめて有効な手段となり、公文書的性格はますます高められた。近世に入ると天野信景らは、文書発給を越権行為と非難し、寛保三年(一七四三)以降は、神階のことは勅裁に復した。しかし、吉田家でも宗源宣旨を発給しつづけ、勅裁による神位記とともに神社の内陣に納めるようすすめており、権威の維持に努めた。→神道裁許状《しんとうさいきょじょう》

参考文献　西田長男編『神業類要』(『吉田叢書』三)、萩原竜夫『中世祭祀組織の研究』、江見清風『神道説苑』、相田二郎『日本の古文書』　（岡田　荘司）

そうじゃ　総社　㈠国・郡・郷などの一定地域内にある多くの神社の祭神を一ヵ所に集めて勧請した神社の称。惣社とも書く。寺院や荘園にも総社がおかれたが、最もよく知られているのは、国ごとに設けられた一国の総社である。国司は国内神社を管理祭祀することが任務とされ、国府内、または国府近接の地域に一宮・二宮以下の国内神社の神々を一堂に集めてまつったのに始まる。その初見は、『時範記』康和元年(一〇九九)二月十五日条にみえる因幡国の総社であり、一宮制の成立時期とも一致し、十一世紀後半には、一宮・総社制の実体が備わっていたことになる。地方における国衙祭祀を中心とした神社制度の確立は、ほぼこの時期にあたり、在庁官人・国人層を結集していくための精神的支柱として運用された。文献上、総社の存在を確認できるのは、鎌倉時代までの間に、因幡のほか、尾張・駿河・相模・武蔵・常陸・下野・若狭・加賀・安芸・淡路の国々があげられる。現在、その所在が確定できるのは、約五十ヵ国にのぼっている。正応四年(一二九一)書写の『白山之記』によると、加賀国では毎月一日、国司による八社巡拝が行われていたが、八社を廻ることには煩いがあるため、一ヵ所にまつったのが加賀の総社の起源であるという。この記載は、総社成立の大きな理由の一つとされてきた。若狭・因幡国では、一宮以下の国内神社への神拝・頒幣に先立って、必ず総社において神事が斎行されており、総社と国内有力神社とは、ともに国衙祭祀機能の一環を果たしている。このほか、総社では国守の着任儀式が行われており、国衙行事の重要施設でもあった。尾張国の総社は「府中勧請之敬神」「府中鎮守」と称していて、屋敷神に似た国衙鎮守神としての性格をもっていた。総社の祭礼は各地に残されており、相模国の総社(六所神社)の祭りは国府祭《こうのまち》と称し、毎年五月五日、神社に近い神揃山に、一宮寒川神社以下、五社の神輿が集合する。このほか、武蔵・和泉など各国でも国内諸社の神輿が集まる行事がある。
→一宮《いちのみや》　→国府祭《こうのまち》

参考文献　猿渡容盛『総社或問』(『神祇全書』二)、宮地直一「総社に関する一考察」(『史学雑誌』三八ノ九)、岡田荘司「地方国衙祭祀と一宮・惣社」(『平安時代の国家と祭祀』所収)、伊藤邦彦「諸国一宮・惣社の成立」(『日本歴史』三五五)、水谷類「惣社の成立」(『駿台史学』六三)、中世諸国一宮制研究会編『中世諸国一宮制の基礎的研究』　（岡田　荘司）

㈡岡山県津山市総社に鎮座。通称は美作総社宮。旧県社。美作国総社で、大己貴命《おおなむちのみこと》を主祭神とし、一宮中山《なかやま》神社、二宮高野《たかの》神社の神々が相殿に祀られている。欽明天皇二十五年の創祀と伝えられる。和銅六年(七一三)に備前国から北部六郡が分離して美作国が成立し、鎮座地の東側に国府が設置されたことで、国内の九百十二社を合祀し

諸国総社一覧

国名	神社名	鎮座地
山城	（不明）	
大和	（不明）	
河内	志紀県主神社	大阪府藤井寺市惣社
和泉	和泉五社総社	大阪府和泉市府中町（泉井上神社境内社）
摂津	（不明）	
伊賀	（不明）	
伊勢	三宅神社（か）	三重県鈴鹿市国府町
同	伊奈富神社	三重県鈴鹿市稲生町
志摩	国府神社（か）	三重県志摩郡阿児町国府
尾張	尾張大国霊神社	愛知県稲沢市国府宮町
三河	総社	愛知県豊川市白鳥町上郷中
遠江	淡海国玉神社	静岡県磐田市馬場町
駿河	神部神社	静岡市宮ヶ崎町
伊豆	三嶋大社（か）	静岡県三島市大宮町（一宮が兼ねる）
甲斐	甲斐奈神社（か）	山梨県東山梨郡春日居町国府
相模	六所神社	神奈川県中郡大磯町国府本郷
武蔵	大国魂神社	東京都府中市宮町
安房	六所神社（か）	千葉県館山市亀ヶ原
同	鶴谷八幡神社	千葉県館山市八幡
上総	戸隠神社（か）	千葉県市原市惣社
同	飯香岡八幡宮	千葉県市原市八幡
下総	六所神社	千葉県市川市須和田町
常陸	総社神社	茨城県石岡市石岡
近江	（不明）	
美濃	南宮御旅神社（か）	岐阜県不破郡垂井町府中
飛驒	飛驒総社	岐阜県高山市神田町
信濃	伊和神社	長野県松本市惣社
上野	総社神社	前橋市元総社町
下野	大神神社	栃木県栃木市惣社町
陸奥	陸奥総社宮	宮城県多賀城市市川奏社
出羽	六所神社（か）	山形県飽海郡八幡町市条
同	一条八幡神社	山形県飽海郡八幡町市条
若狭	総社神社	福井県小浜市府中
越前	総社大神宮	福井県武生市京町
加賀	石部神社	石川県小松市古府町
能登	総社	石川県七尾市古府町
越中	（不明）	
越後	八幡宮（合祀）	新潟県上越市西本町
佐渡	総社神社	新潟県佐渡郡真野町吉岡
丹波	宗神社	京都府船井郡八木町屋賀
丹後	（不明）	
但馬	気多神社	兵庫県城崎郡日高町上郷
因幡	（不明）	
伯耆	国庁裏神社	鳥取県倉吉市国分寺
出雲	六所神社	松江市大草町
石見	伊甘神社（合祀）	島根県浜田市下国府町
隠岐	玉若酢命神社	島根県隠岐郡西郷町下西
播磨	射楯兵主神社	兵庫県姫路市総社本町
美作	総社	岡山県津山市総社
備前	総社宮	岡山市祇園
備中	総社	岡山県総社市総社
備後	総社神社	広島県府中市元町（小野神社境内社）
安芸	多家神社（合祀）	広島県安芸郡府中町宮の町
周防	佐波神社（合祀）	山口県防府市惣社町
長門	惣社宮	山口県下関市長府惣社町（忌宮神社境外社、守宮司神社）
紀伊	大屋都姫神社（合祀）	和歌山市宇田森
同	府守神社	和歌山市府中
淡路	十一明神神社	兵庫県三原郡三原町市十一ヶ所
阿波	八幡総社両神社	徳島市国府町観音寺
讃岐	総社神社	香川県坂出市林田町総社
伊予	伊加奈志神社（か）	愛媛県今治市五十嵐
土佐	総社	高知県南国市国分（国分寺境内）
筑前	（不明）	
筑後	味水御井神社（朝妻社）	福岡県久留米市御井町字朝妻
豊前	惣社八幡神社（か）	福岡県京都郡豊津町国作
豊後	（不明）	
肥前	（不明）	
肥後	総社神社	熊本市春日（北岡神社境内社）
日向	都萬神社（か）	宮崎県西都市大字妻
大隅	祓戸神社	鹿児島県国分市府中
薩摩	守公神社（か）	鹿児島県川内市宮内町（新田神社境外社）
壱岐	総社神社	長崎県壱岐郡石田町湯岳射手吉触
対馬	（不明）	

て美作国総社とされたと伝えられる。現在の例祭は十月十一日だが、戦国時代まで(文禄年間(一五九二―九六)まででともいう)は、九月九日の例祭に一宮中山神社と二宮高野神社の神輿が渡御し、国内諸社の神職も参集していたと伝えられる。本殿は毛利元就が造営し、その後明暦三年(一六五七)に津山藩主森長継が再建したもので、重要文化財。　(島田　潔)

総　　社(二)

そうしゃわくもん　総社或問　総社に関する研究書。一巻。猿渡容盛《さわたりひろもり》著。成立事情は、容盛が『武蔵総社誌』のなかで「総社或問一巻・武蔵総社誌三巻、すべて四巻、慶応二年(一八六六)二月朔日、祈年祭直会の後、斎館の東窓に筆を起して、同四年五月大祭散斎中に稿を竟ぬ、かく速に、功竟たるは、先人(盛章《もりあき》)の年ごろ労ものせられし伝記考証あるによりてなり」また「慶応四年五月四日、此稿を成竟ぬ、猶此外に或問一巻あり、見む人かの或問の条々を本編に照応して、足らざるを補ひ、誤れるを正したまひてよ」と付言していることにより明らかである。つまり本書は容盛が父盛章の遺志と業績を継いで『武蔵総社誌』の補足・訂正として明治元年(一八六八)五月四日に成稿したもの。総社一般に関し、その起源や沿革など十八条の或問を設けていちいち考証を加えており、総社の研究書として高い評価を得ている。容盛は幕末から明治初期にかけての神職および国学者で、『万葉通』『反古帖』など多くの著作をものしているが、累代奉仕してきた神社が武蔵国の総社ということもあって、本書は『武蔵総社誌』とともに彼の最も心血を注いだ代表作である。『神祇全書』二、『(武蔵総社)大国魂神社史料』二に所収。　(三橋　健)

そうだい　総代　神社の氏子および崇敬者を代表する人。総代会を組織して神社の運営につき、宮司・役員に協力することを任務とする(神社規則準則第一五条)。神社本庁憲章第一四条は「神社総代は、神社の祭祀、信仰、伝統の保持振興について宮司に協力する」と定め、責任役員が法人役員として世俗的実務につき役員会を組織するのに対比し、総代は祭祀、信仰的側面で機能するものであることを強調している。その宮司以外の責任役員の選考は、総代会が行い代表役員が委嘱することとなっている(神社規則準則第一〇条)。一方、総代は、氏子または崇敬者で徳望の篤いもののうちから選任され、選任の方法は役員会で定めるとされる(神社規則準則第一六条)。実際には、氏子総代については、氏子区域の構成単位となる町内会(自治会)より選出、推薦されるものから選任される事例も多くみられ、神社と地域社会との連絡に総代の働きが大きな役割を果たしている。　(佐野　和史)

ぞうだいじんぐうやくぶたくまい　造大神宮役夫工米　伊勢神宮二十年一度の式年遷宮の際、造替費用として諸国の荘園・公領に課された臨時課税。伊勢神宮役夫工米、略して役夫工米《やくぶたくまい》(やくぶくまいとも)などとも呼ばれる。名称の由来は、役夫の労働力を代米形態をとって徴収したところにあるが、平安時代には「役夫工」「役夫工作料」「造伊勢太神宮作料米」など多様な名目で在地に課されており、役夫そのものも徴収されていた。律令制下における遷宮では、労働力に伊勢・美濃・尾張・三河・遠江の五ヵ国から国別に国司・郡司各一人が率いてくる役夫を用い(『皇太神宮儀式帳』)、造営費および役夫の粮食などには神戸から収納する神税を充て、不足のときには正税で補った(『延喜式』)。しかし、十世紀以降令制収取体系の解体が進行するにつれて、官庫の窮乏化とともに役夫・神税の充当も困難なものとなってきた。そこでこの原則に代わって、十一世紀後期より役夫に要する費用を広く諸国に賦課する方式が採用された。これがいわゆる役夫工米制である。「役夫工」の史料的初見は『後二条師通記』寛治七年(一〇九三)二月十四日条であり、嘉保二年(一〇九五)・承徳元年(一〇九七)の内宮・外宮遷宮時には、「役夫工(米)」が全国的規模で課されたことが確認される(『中右記』など)。だが実際には、一回前の承保・承暦度の遷宮時において、かかる制が始められたと考えられている。賦課徴収方法についてみると、まず朝廷内に遷宮行事所が設置され、ここから国々に一定量が割り当てられた。ついで国司は賦課田数・負担額・期限などを記した配符を作成して、これを管下の荘園・公領に下す。役夫工米の弁済責任は国司にあったが、現地での実際の徴収は、国衙官人(国司の使)や造宮使(神宮の神官が就任)が派遣した役夫工使(催使)が行なった。役夫工米は、勅事として、また一国平均役として在地に課されたが、荘園制の発達に伴い荘民・荘園領主の抵抗・拒否も一段と強化され、ために国家が改めて寺社領免除の宣旨を下すことも頻りに行われた。一方、国司の側では徴収の実をあげるため、中央に官使の下向を申請したり、荘園からの催徴は荘園側の徴税機構に委ねて京済もしくは国済の方法をとるなどの対応を示した。かような状況のなかで、鎌倉時代初期の建久四年(一一九三)諸国に宣旨を下して、神社仏寺領および三代(白河・鳥羽・後白河上皇)御起請符の地であっても役夫工米を免除せず平均に充て、しかもこれを永例となす、としたことは注目される(『高野山文書』)。鎌倉時代後期以降、寺社修造に対する幕府の関与が深まり、役夫工米徴収にも及ぶようになる。またこのころから、役夫工米の銭納化も進行していった。室町時代に入ると、幕府は、それまで朝廷にあった役夫工米の賦課・免除権を獲得し、役夫工米を幕府段銭の中に再編していった。しかし、幕府権力の推移・衰退とともに賦課範囲が東国、そして関東諸国へと限定されていき、また未進も顕著となっていった。ゆえに、造営の遅滞、式年の延引という事態も避け難く、ついに寛正三年(一四六二)の正遷宮を最後として、役夫工米の制も廃絶するに至るのである。

参考文献　小島鉦作『伊勢神宮史の研究』(『小島鉦作著作集』二)、百瀬今朝雄「段銭考」(宝月圭吾先生還暦記念会編『日本社会経済史研究』中世編所収)、棚橋光男「行事所―院政期の政治機構―」(『中世成立期の法と国家』所収)、小山田義夫「伊勢神宮役夫工米制度について―院政期を中心として―」(『流通経済大学論集』二ノ二)、久保田収「大神宮役夫工米」(『神道史研究』二〇ノ五・六合併号)、平山浩三「一国平均役荘園催徴の一形態について―鎌倉初期を中心に―」(『日本歴史』三九九)　(詫間　直樹)

ぞうでんぎしき　造殿儀式　社殿造営の規模と神宮社殿の象徴的意味を記した書。伝北畠親房著。成立年不詳。一巻。「大中小社差別事」と「造宮制度」から成る。前者は宝亀二年(七七一)の太政官符の引用という形で大社・中社・小社の社殿の規模を記し、後者は中世神道書からの抄録により伊勢両宮社殿の象徴的意味を記す。前者は度会家行の『類聚神祇本源』外宮別宮篇の「大中小社差別事」の条を抜き出したもので、後者も同書宝基篇からの抄出である。そのため本書は江戸時代中期に好事家が北畠親房に仮託して偽作した書で、親房が著者とされたのは『類聚神祇本源』の親房書写本によったためとみられてきたが、実は親房の『元元集』外宮遷座篇の末尾の部分をそっくりそのまま独立させて一書としたもので、親房著と称するのもそのためである。『群書類従』神祇部所収。

参考文献　『群書解題』一中　(高橋美由紀)

そうとうごんげん　走湯権現　⇨伊豆山神社《いずさんじんじゃ》

そうとうさんえんぎ　走湯山縁起　静岡県熱海市伊豆山に鎮座の旧国幣小社伊豆山神社の縁起。五巻。『伊豆権現縁起』ともいう。伊豆山は古来両部習合の由緒ある霊場で、そこに鎮座する伊豆山神社は走湯(山)権現と称された。「走湯」は「はしりゆ」とも呼び、権現が衆生を救うために温泉(走湯)を湧出せしめたとの霊験に由来する。巻第一と第二とは弘仁三年(八一二)二月十八日に大江政文が記し、巻第三は大教王護国院定額僧阿闍梨豪忠が延喜四年(九〇四)九月十八日に記し、巻第四は天慶二年(九三九)五月に伊豆守菅原氏胤が記し、巻五は延尋が記したとなっているが、いずれも信じがたい。尊経閣文庫所蔵本の書写年代よりして、南北朝時代以前に成立したことは明らかで、内容からみて平安時代末期ごろの述作ともいわれる。巻一は応神天皇二年に相模国の海浜に円鏡があらわれ、仁徳天皇の時、それを松葉仙が日金山に奉祀したことなどを記し、巻二は仁徳天皇七十一年から嵯峨天皇の弘仁元年二月までの権現の霊験を記し、巻三は嵯峨天皇の弘仁十年から元慶三年(八七九)までの諸事、特に賢安居士の事蹟についてふれ、巻四は雷電社の由来、そして巻五は日金山・松岳などの神秘を記載してある。『群書類従』神祇部所収。

参考文献　『群書解題』一中、西田長男「走湯山縁起の撰者と成立について」(『ぐんしょ』一ノ七)　(三橋　健)

そうびょうしゃしょく　宗廟社稷　国家を意味し、中・近世には神社をもさした語。中国では、宗廟は祖宗の廟や国家・天下を意味した。一方、社稷の社は土地の神、稷は五穀の神を指し、社稷で国家を意味した。したがって、宗廟社稷は主に国家を意味し、君主は王宮でそれらをまつることで、天下国家の安泰を祈ったのである。わが国の場合、『日本書紀』以下六国史には、天皇が天下国家を平安に保つ責務として、勅語などに「宗廟」や「宗廟社稷」を国家の意味で用いたが、いずれも『漢書』など中国の史書からの引用であった。なお、『日本書紀』欽明紀には、天社国社を天地社稷と表現した例もみられる。中世になると、『倭姫命世記』は、伊勢の内宮・外宮を総称して伊勢二所皇太神宮とし、それを宗廟社稷の神と説明した。また、『神皇正統記』などには、伊勢神宮(内外両宮)と八幡大神(応神天皇)を祭神とする石清水八幡宮を二所の宗廟と称したことがみえ、『拾芥抄』には、皇帝の祖神である伊勢神宮と石清水八幡宮を宗廟とし、勅願社である賀茂・松尾・平野・春日・吉田などの神社を社稷と説明した。こうした宗廟社稷説は、中・近世を通して一般化し、林羅山も『本朝神社考』で踏襲していた。それに対し、国史官牒を考証した吉見幸和は、『宗廟社稷答問』で従来の説を批判し、皇祖神天照大神を祀る内宮のみ宗廟であり、外宮以下全国の諸社は社稷であると指摘した。ところが、本居宣長は『玉勝間』などで、神社を宗廟社稷と称するのは、中国の影響を受けたからであり、本来わが国に無かった用語として、従来の説を虚説とした。したがって、現在では一般に神社を宗廟社稷と称することはない。なお、近世の出雲大社は、由緒書『大社志』で、宗廟の伊勢神宮に対し、自社を社稷であると誇示し、その説を全国に布教することで、現在わが国を代表する神社として人口に膾炙する「伊勢・出雲」の認識を定着させたのである。　(西岡　和彦)

そうまなかむらじんじゃ　相馬中村神社　福島県相馬市中村北町に鎮座。祭神は天之御中主神。現社名と祭神名は明治五年(一八七二)以降で、以前は妙見宮(祠)といい、祭神は北辰星王。慶長十六年(一六一一)相馬利胤が小高

(相馬郡小高町)より中村(相馬市中村)へ移城の時に城内妙見郭に分霊し祀った妙見宮にはじまる。本殿・幣殿・拝殿からなる社殿は寛永二十年(一六四三)の造営で重要文化財。権現造の複合社殿で、内陣に金箔・朱漆塗の宮殿を安置。拝殿には向かって左手に護摩壇を置く。妙見は千葉相馬氏累世の鎮守で、奥州妙見は、相馬重胤が元亨三年(一三二三)下総の地より太田(原町市太田)別所館へ移住の折、移した妙見(太田神社)がはじめとされる。その後小高へ移城の折、妙見を分霊し(小高神社)、さらに中村移城時に分霊した妙見が本社である。原町の妙見太田神社、小高の妙見小高神社、相馬の妙見中村神社を相馬三妙見という。毎年七月二十三―二十五日に行われる相馬野馬追は三妙見の主催で重要無形民俗文化財。

参考文献 『重要文化財相馬中村神社本殿・幣殿・拝殿保存修理工事報告書』、『福島県の文化財』、『相馬市史』一、『奥相志』(『相馬市史』四所収)

(藤田 定興)

そがりょうしゃはちまんぐうならびにとらごぜんかんのんえんぎ　曾我両社八幡宮幷虎御前観音縁起　静岡県富士市に鎮座する曾我八幡宮の由来を記した縁起。『曾我両社縁起』ともいう。一冊。文体は漢字片仮名交じりである。著者不詳。一巻。成立年代も定かではなく、室町時代末期から江戸時代初期の成立ともいわれる。内容は建久四年の曾我十郎祐成《すけなり》・同五郎時致《ときむね》兄弟が親の仇工藤祐経を討つ物語で、のち両名が源頼朝によって建久八年(一一九七)八幡神に祀られたこと、十郎の愛人虎御前が尼となって日夜勤行を行い、寛元三年(一二四五)の死後十一面観音として祀られ、駿河国富士郡厚原村の氏神として仰がれたことが記されている。本書の内容は『曾我物語』とほぼ近いが、仏教的因果を強調するようなところはなく、『吾妻鏡』よりは物語的要素を含んでいる。『続群書類従』神祇部、『神道大系』神社編一六に所収されている。

参考文献 『群書解題』一下

(川島 孝二)

そくい　即位　「あまつひつぎしろしめす」と訓み、その語義において践祚と同じであるが、桓武天皇以後践祚の儀の後時日を隔てて即位の礼が行われる慣例が生ずるに及んで、践祚の儀が神器の伝承を中心とするのに対し、即位の礼は皇位の継承を天下に宣示する儀式となった。その儀礼は、まず式日に先立って天皇の礼服御覧のことがあり、また勅使を伊勢神宮に遣して奉幣して即位の由を奉告し、さらに勅使を山陵に遣して同じく奉告のことあり、前一日大極殿の装飾を行う。当日は親王以下文武百官礼服を着して大極殿の前庭に参列し、ついで天皇冕服を着して高御座に登る。それより宣命使版位について即位の旨を宣し、百官再拝舞踏し、武官は旗を振って万歳を唱える。その後叙位のことあり、おわって天皇は大極殿の後房に還御。以上の即位礼の大要は江戸時代末まで行われた。ただ、式場は大極殿の焼亡などの理由で豊楽殿・紫宸殿または太政官庁が用いられ、中世にはもっぱら太政官庁において行われたが、後柏原天皇以後紫宸殿が用いられるのが通例となった。なお、即位の礼は践祚の儀と同年に行われる例が最も多いが、平安時代末期以後翌年に行われた例もしばしば見られ、さらにそれ以後に及んだ例もわずかながら存在する。その中で後柏原天皇が践祚後二十年余、後奈良天皇が践祚後九年余にして即位の礼を挙げたのは、皇室式微時代の特殊な事情によるものである。また仲恭天皇が即位の礼を行わぬまま退位したのは、承久の乱による特異な例である。明治元年(一八六八)八月二十七日行われた明治天皇の即位の礼においては、旧来の唐風を廃し、天皇は冕服にかえて束帯の装束にて紫宸殿に出御、庭上の鋪設、文武官の服装を改め、ことに庭上中央に大地球儀を置くなどして、庶政一新の時勢にふさわしい新儀が行われた。同二十二年制定の皇室典範には「即位ノ礼及大嘗祭ハ京都ニ於テ之ヲ行フ」と定められ、同四十二年制定の登極令には即位の礼を行うべき時期その他詳細な規定が定められたが、両者とも昭和二十二年(一九四七)廃止された。皇室典範のみは現行のものが改めて制定されたが、前掲の箇条については触れるところがない。→皇位継承《こういけいしょう》

参考文献 『代始和抄』、帝国学士院編『帝室制度史』四、芝葛盛「皇室制度」(『(岩波講座)日本歴史』所収)

(後藤 四郎)

そくいかんじょう　即位灌頂　天皇の即位礼に際して行われる密教的秘儀。天皇があらかじめ摂家のしかるべき者から伝授された、印(秘印)・明(真言)の知識をもって、即位式で秘印を結び、真言を唱えることをいう。史料上は、摂家よりの伝授行為と即位式での天皇の実修行為とをともに即位灌頂というが、即位灌頂とは後者を指し、前者についてはこれを印明伝授とするのが妥当であろう。即位灌頂のはじめについては、明応九年(一五〇〇)十一月中旬一条冬良の識語を有する『即位灌頂印明由来事』によれば、平安時代後期にまでさかのぼるとされる。すなわち後三条天皇が治暦四年(一〇六八)七月二十一日即位の時に、真言宗小野派の基を開いた仁海の弟子成尊法印が伝授した印を結び、高御座に即《つ》いたことに始まるとし、「見匡房卿記、是濫觴也」と記している。大江匡房の『後三条院御即位記』には、天皇が高御座につく時に手を結ぶこと、大日如来の智拳印のごとしとあるが、これは偶然の所作でこの記事を以て即位灌頂の事実と見なすことはできないとする見解が有力であった。信頼しうる史料は鎌倉時代後期になってからで、『伏見天皇宸記』正応元年(一二八八)三月十三日条が初見であるとされる。即位灌頂の内容は、二条家に伝来した即位灌頂関係文書(重要文化財)によって知られる。即位灌頂の印相は智拳印、右大指の頭の端を合わせ環のごとく左の頭の指を握る、というもので、真言は「唵拏吉尼阿《おんだきにあ》」を七反唱える。智拳印は金剛界大日如来印で、陰陽和合して天地を掌り仏法王法一致して四海を統領するの真義にして、秘呪は唵が神聖、阿が万有の根源を象徴する字、つまり「荼枳《だき》

抳《に》」であり、「持財宝、陰障㝵、開栄花」の意とする。摂家より天皇への印明伝授の時期は即位の前日の例もあるが、通常は当日に清涼殿において行われたようである。そして天皇が即位灌頂を実修するのは高御座に昇壇し「御座定之後」であった。印明伝授を行うのは摂家の職掌とされ、摂家間で伝授をめぐって相論があったが結果的に多くを二条家により伝授し、ことに元文三年(一七三八)十二月十六日桜町天皇より二条宗基に対し、即位灌頂は二条家が伝承するよう宸翰が下されて以後は二条家の家職となった。即位灌頂は孝明天皇の弘化四年(一八四七)九月二十三日の即位式に際してなされたのを最後とする。印明伝授は権大納言二条斉敬であった。　(橋本　政宣)

ぞくぐんしょるいじゅう　続群書類従　⇩群書類従《ぐんしょるいじゅう》

ぞくしんとうたいい　俗神道大意　平田篤胤の初期の著作。四巻。『巫学談弊』ともいう。文化八年(一八一一)講述を門人に筆記させたが、のち加筆され、万延元年(一八六〇)に刊行された。篤胤は高皇産霊・神皇産霊神に始まり、伊邪那岐・伊邪那美神、天照大神を経て代々の天皇に伝わる政治の道を神道とし、他の神道を俗神道とよび、それらが真の神道でない事情と理由を説いたのが本書である。巻一・二では本地垂迹説から神道五部書に至る両部神道が、巻四では特に垂加神道が批判されている。その特徴はこれらが仏教や儒教によって浸透されて、はなはだしく純粋性を失っている事情の具体的な指摘にあり、巻三では江戸時代に威勢をふるった吉田神道(唯一神道)が系図や文書の偽作で幕府にとりいった事情を明らかにしている。本書は多く吉見幸和らの説に依拠するが、神道界における著作当時の篤胤の立場を示すものである。『新修平田篤胤全集』八などに所収。　(田原　嗣郎)

ぞくぞくぐんしょるいじゅう　続々群書類従　『群書類従』『続群書類従』のあとを継ぐ意味で刊行された叢書。㈠古書保存会編。五冊付図一枚。明治三十六年(一九〇三)—三十七年刊。古今の貴重図書刊行の目的で、吉川弘文館を中心に結成された古書保存会の第一期刊行書。五回に分けて配本され、以後、中絶。十六編、図一葉を収める。㈡国書刊行会編。井上頼圀・萩野由之他監修。十六冊。明治三十九年(一九〇六)—四十二年刊。国書刊行会第一期刊行に属する。『群書類従』『続群書類従』のあとを承け、その遺漏を拾うとともに、まだ収めるに到らなかった近世の典籍を収録。ただし、正・続類従はじめ、『史籍集覧』『続史籍集覧』『存採叢書』『帝国文庫』など、既刊の叢書に収められたものは除いた。収録書は時代的特色により、正・続類従の部門二十五を新たに十部門に統合し、各巻冊を配当した。収録書の巻数を各三巻以内の短編に限った正・続類従の制限枠を、このたびは十巻内外にまで拡げたが、大部分が写本で伝わる点は共通で、監修者の収集の苦労は想像を絶し、校訂も各巻を専門家に依嘱し、厳密を期したという。なお昭和四十四年(一九六九)—五十三年、続群書類従完成会より、㈠のうち、国書刊行会本と重複する『南都七大寺巡礼記』を除いたものを第十七巻雑部㈡に加え、全十七冊として覆刻。以下に神祇部所収の書目一覧を掲げる。

神祇部

類聚神祇本源(度会家行)・豊葦原神風和記(慈遍)・旧事本紀玄義(同)・瑚璉集(度会家行)・神祇霊応記(春山)・神皇系図・神皇実録・天口事書・諸社一覧(坂内直頼)・神社便覧(白井宗因)・二十二社略記(長島泓昌)・和歌両神記(同)・皇太神宮殿舎考証(度会延経)・豊受皇太神宮殿舎考証(同)・外宮神領目録(同)・内宮氏経日次記(荒木田氏経)・神宮秘伝問答(度会延良)・賀茂注進雑記(賀茂保可等)・元禄七年賀茂祭記(野宮定基)・石上神宮御事抄・月能桂(日吉祭礼記)(緑樹軒松順)・東照宮大権現縁起・出雲大社記・宇佐八幡宮縁起・三社託宣略抄・陽復記(度会延佳)・土徳篇(吉川惟足)・未生土之伝(伴部安崇)・神学承伝記・土津霊神正学記(跡部良顕)・会津神社之訓詞(吉川惟足)・神道生死之説(跡部良顕)・病後手習(伴部安崇)・八重垣大明神由祝詞(藤原基生)・神道弁草(源忠義)　(水田　紀久)

そくたい　束帯　男装の朝服をいう。束帯の名称は、すでに『論語』公冶長篇に「赤也束帯立二於朝一」とみえるが、令制の朝服は、唐代流行の官人所用のイラン系の胡服の継承であり、平安時代に至って、その和様化とともに束帯とよぶのが例となった。『延喜式』には束帯の名称による規定はないが、『西宮記』には冬の臨時の祭に「出御御束帯」と伝えている。普通に官位相当の参朝用として定められた構成からなる装束なので昼装束《ひのしょうぞく》ともいう。なお天皇一代に一度の即位や一年に一度の朝賀のような大儀には唐様の礼服《らいふく》を着用すべく規定されているが、淳和天皇の天長以降、諸臣の礼服の支弁困難という経済事情から多く朝賀を欠き、ついに礼服は即位の儀に限られ、他の恒例・臨時の行事をはじめ、一般通常の参内は、すべて束帯を用いるに至った。束帯は、一定の上着から下着、かぶり物・はき物、懐中物・持ち物などの装身具を皆具《かいぐ》したことによる総称であるが、特に石帯《せきたい》で腰を束ねて威儀を整えることからこの名がある。そこで晴儀の行事用と日常の出勤用の束帯の構成に下着・装身具類の多寡や精粗による別を生じ、許される限りの儀容を加えた皆具の束帯を物の具といい、簡略な日常用を楚楚《そそ》の束帯という。また恒例・臨時の祭や吉祥賀会の饗宴の特例として当日限り好みの地質・色目・文様を使用することを許される一日晴《いちにちばれ》の束帯がある。束帯のかぶり物は冠に限られ、文官は垂纓《すいえい》、武官は巻纓《けんえい》として緌《おいかけ》を加える。足には靴の下穿きとして襪《しとうず》をはき、赤の大口に単《ひとえ》をき、防寒と装飾を兼ねて衵《あこめ》を重ね、衣紋《えもん》用の打衣《うちぎ》に表袴《うえのはかま》をつけ、下襲《したがさね》に半臂《はんぴ》をきて、袍《ほう》をつける。袍は有襴《うらん》で前後身の両腋を縫いふさいだ縫腋《ほうえき》を文官用とし、無襴で両腋をほころばせた闕腋《けってき》を武官用とするが、通常は武官でも公卿は縫腋を用い、行事供奉の近衛次将は闕腋をつけるのを例としている。袍の腰には石帯をさし、帯剣勅許の文官は剣《たち》を平緒《ひらお》で佩き、帖紙《たとう》を懐中して、把笏する。武官は剣はもとより、矢を位階相応に平胡籙《ひらやなぐい》や壺胡籙《つぼやなぐい》に指して負い、弓を手にする。通常の参内には、親王・諸王・公達《きんだち》、三位以上の雑袍《ざっぽう》勅許の諸臣たちは冠直衣《かんむりのうし》で出仕したので、この人たちの束帯は、晴儀の行事の物の具を例とし、殿上人以下の諸臣は、行事の物の具と尋常の楚楚の束帯を区別して用いた。なお平安時代末期になると騒然とした世相に対応して、弾正台や検非違使の官人の尋常の参内には、行動しやすいように、大口・表袴を指貫・下袴に替え、半臂・下襲を省き、石帯を除いて袍の格袋《かくぶくろ》を引き出し、軽易に小紐《こひも》で結んだ衣冠《いかん》が採用された。白河院の院政期から平氏の六波羅政権のころは、爛熟した公家装束が絶頂に達して形骸化し、実用を無視して硬化した如《じょ》木《ぼく》の様式が強装束《こわしょうぞく》として流布した時代である。豊満優婉な曲線で表現される打梨《うちなし》とよぶやわらかな薄地の重ねの柔装束《なえしょうぞく》が蔓延して飽和状態に達し、代わって尚武の環境の風潮のなかに屹立した直線の美しさを見出したのが強装束であり、堅地による装束は、織物の地質だけでなく、引糊《ひきのり》による張《はり》に趣向をこらして、特に蠟で艶を出した板《いた》引《びき》が普及した。冠の纓を根からたわめて纓壺《えつぼ》に指しこむのが例となり、堅地の装束を着用するための防寒用から肌着に小袖を加えて衵を装飾化し、衣紋のための便宜上、下襲の尻《しり》を二分して別裾《べっきょ》とし、半臂の欄を離して切半臂《きりはんぴ》とし、小紐に忘緒《わすれお》を加え、石帯も二分して、本帯と上手《うわて》に分け、剣の平緒も切平緒として結び余りの垂《たれ》を別にして形式化した。しかも堅地による着用難から装束師を衣紋方として、前後から衣紋を奉仕するのが恒例となり、衣紋の家流を生じた。そのため束帯着用の面倒さから雑袍勅許以外の官人の日常の参内には衣冠が普通となって、束帯は特殊の行事の際の晴の装束として伝存されることになった。ただ職掌上、蔵人だけは平素側近に伺候したので闕腋の束帯を着用するのを慣例とした。また外記の官人は、古様の縫腋の束帯で、袍の襴《らん》の蟻先《ありさき》を出さぬ入《にゅう》襴の仕立てで伝統を守って奉仕した。南北朝時代以来、京風の伝統様式と鎌倉風の新様式が融合して御所様式となり、武家も高位に昇進して官位相当の束帯を着けて新儀に臨むことになり、復活再興を試みながら強装束の面影を伝えたが、応仁の大乱の結果、幕府財政の逼迫による行事の衰頽から御寮の織手も四散し、束帯も旧規を守ることを得ずして便宜化し、下着も大帷《おおかたびら》と称して、麻布の赤の帷の胴に、単地に下襲地を継いだ襟と袖口を加え、一領で袍の下着として、内側に下襲や単を重ねたように見せかける仕懸けの刷衣《つくろいぎぬ》を生じ、半臂・打衣・衵などは中絶・廃絶のやむなきに至った。これが再び回復の気運を迎えたのは、豊臣秀吉の全国統一以来であるが、なお容易に復し難く、足利義満の北山第行幸にならって行われた、天正十六年(一五八八)の聚楽第行幸、寛永三年(一六二六)の二条城行幸などはきわめて盛大に行われたが、文献による先例は到底実際には消化しきれず、一日晴の特例とはいえ、異様な地質・文様の束帯や着用法が現出して、後世からは寛永有識の名さえ生じたほどである。それにしても貞享四年(一六八七)十一月には大嘗会が再興され、このころから有識の研究がようやく盛んになり、元禄七年(一六九四)四月の賀茂祭の再興をはじめ、朝儀の復活するもの次第に多きを加えた。その最高潮に達したのは、国学の発達と大和絵研究の開花に触発された寛政二年(一七九〇)の新造内裏以来である。保元内裏の規模にならって復元したのを前提として、そこに配置する敷設の調度や行事の展開に必要な官人の装束・装身具について、平安様式の殿舎相応に復元調成が加えられていったのである。文羅の織技の廃滅から途絶した繁文《しげもん》の冠は刺繡によって復元され、内蔵寮支配の有識織物も遺品・古画を参看して再興され、板引による打衣、下襲の冬の裏地、表袴の裏地なども復活して、孝明天皇のころには、束帯の物の具全体に王朝の余風が再現された。ただ束帯関係は、参考資料として『春日権現霊験記絵』を重要視したので、総体に鎌倉時代の様式が濃厚である。明治天皇以来、即位の際の礼服は、唐様の理由で廃止されたので、束帯が大礼以下、成人式・大婚式・立太子式をはじめ、恒例の宮中の祭祀などに用いられて当代に及んでいる。　→衣冠《いかん》

(鈴木　敬三)

ぞくひえさんのうりしょうき　続日吉山王利生記　日吉社の霊験譚を記した書。一巻。『日吉山王利生記』と同じく、日吉社をめぐる霊験説話を集めたもので、いずれも天台僧が山王の神によって利生を得た神徳、霊験を記す。たとえば、安居院法印覚守が山王の神に祈請したために、広義門院は一度は死産したが、めでたく皇子が誕生した話をはじめ、四話を収める。いずれも元は絵巻で寂済が描いたとされるが絵は失われ、今は詞書しか伝わらない。原本は青蓮院尊応、青蓮院尊伝、冷泉政為の筆であったという。『続群書類従』神祇部所収。　→日吉山王利生記《ひえさんのうりしょうき》

参考文献　『群書解題』二上

(嵯峨井　建)

そこつつのおのみこと　底筒男命　⇨住吉三神《すみよしのさんじん》

そしん　祖神　㈠氏族の始祖神。㈡祖先である神、祖先と信じまつる神。おやがみ・そじんともいう。㈠の例は『古事記』神代の伊邪那岐命《いざなぎのみこと》の禊祓の条に、綿津見神《わたつみのかみ》を阿曇連《あずみのむらじ》などが「祖神《おやがみ》」としてまつるというのが古いが、綿津見神は海に宿り海を支配する自然神であるから、厳密には阿曇連と血筋が通う始祖神とは言い難い。平安時代初期の『新撰姓氏録《しんせんしょうじろく》』は畿内の諸氏族の系譜を記すが、その祖神には人間神(実在した人物の神格化)や自然神のほか、産霊《むすび》(事物の生成発展の霊力)の神のような観念神がかなりあるのは、古代氏族が守り神とした非血縁神が、時代の経過とともに祖先神と信じられるようになったものと見られる。中世以降は産土神《うぶすながみ》・鎮守など地域の守護神をも氏神と呼び祖神とすることが多くなり、別に家々の先祖も「弔《とむら》い上げ」がすんで清まれば神になるとされ

る地方があるなど、いずれも人は神の子孫だという日本古来の信仰に根ざすものといえよう。　（平井　直房）

そせんしん　祖先神　一家または一族の祖先を、守護神としてまつったといわれる神。実際には、先祖がまつり始めた神、漠然と先祖をまつったという伝承をもつ神、開拓先祖の霊をまつったものの三種があり、区別しにくい場合も多い。まず先祖がまつり始めた神の場合、たとえば荒地を伐り拓いて耕地をつくり、新たにムラを経営しようとするとき、自然の条件はきわめてきびしかったから、結束の中心として神をまつることがある。名社・大社の神を勧請《かんじょう》して祭神とすることが多い。新田開発の盛んに行われた近世には、伊勢神宮の神明信仰が爆発的に広がっていたから、近世の新田村には神明社を氏神とする例が多い。次に漠然と先祖をまつったという伝承をもつ神の場合は、種々の要素が混合したと見なければならない。定住的な農耕生活が安定してくると、先祖の恩恵に感謝する気持ちが湧いてくる。その場合の先祖は特定の個人ではなく、いわば概念上の祖先群ともいうべきものである。具体的には大きな樹木や、由緒の不明になった塚や五輪石などをまつり、のちに神祠を設けるものができてくる。開拓先祖の霊をまつる場合は、分家の初代や中興の祖をまつるものを含む。分家独立することを、「先祖になる」という表現があるように、系譜の初代が先祖だという意識がある。この場合の先祖はホトケということで、仏教的な祭祀対象であるが、日本では永く神仏は混同してとらえられ、仏教も在来の信仰に同化することによって民間に浸透した。遺体も供養をかさねる間に穢れを去り、神にまつられることがあり得たのである。また、開拓先祖・分家の初代・中興の祖などは、いずれも個人であるが、祖霊信仰の中では先祖群との混同もあり、死霊の中の祟りの面だけを強調したものは、祖先神とは別の神のように考えられている。村に新移住者が少しずつ増加してくると、一家一族の神が村氏神に昇格する実例も数多くある。

参考文献　佐々木勝『屋敷神の世界』　（井之口章次）

そせんすうはい　祖先崇拝　家族・一族の祖先を崇めまつる信仰。その祖先には、始祖・遠祖および近祖を含む。本来は死霊に対する敬愛と恐れとを基盤とした、呪術的な色彩の濃い、自然発生的な信仰であった。日本人の祖先崇拝は、仏教・神社神道その他の宗教の中に見られるばかりでなく、日常の信仰的な生活全般に広く行きわたっており、道徳的な規範の根元にもなっている。日本の場合は霊魂信仰の伝統が根強く、独自の宗教といえるほどのものを持たなかったため、外来の仏教を借用したわけであるが、在来の信仰と仏教とでは、霊魂観や他界観において基本的な違いがあった。その矛盾を解決するため、仏教は日本的な変容をとげることによって、広く村村に浸透することができた。一方、在来の信仰も、仏教の神学や経営形態を見習い取り入れて、ようやく宗教に近いものに成長した。その一つが日本的な祖霊信仰である。仏教を受け容れた当初から、独自の宗教を持ちたいという念願はあったろうと思われるが、中世から近世にかけての国粋的な人たちが中心になって、おそらく仏教に対抗する意図も含んで、あらゆる宗教・信仰を綜合して、神学的な体系を整えようとしたのが日本的な祖霊信仰である。その祖霊信仰によると、㈠結婚して子孫のある人が、㈡天寿を全うして自然死をとげた場合、㈢弔い上げまで、死後のまつりをくり返す中で死の穢れを去り、㈣その人の霊は個性を失い、祖霊という集合霊に融合・帰一する、㈤祖霊はムラを見おろす丘の上や天空に在って、子孫の暮らしむきを見守ってくださる、というのである。まず、結婚して子孫のあることを条件にしているのは、死後のまつりをしてくれる人を求めてのことであるが、家の永続を理想とする考えが背景にあり、定住的な農耕社会の中で、家族制度的な家観念を基盤として、祖霊信仰が形成されたことを示している。と同時に、生涯結婚しない人、結婚しても子のない人、子がすべて娘で婚出させた人、離婚した人などに対する配慮が欠けている。つまり清明ばかりを追求する理想主義に貫かれている。次の、天寿を全うした自然死という条件も理想主義である。事故死・戦死・自殺などを考慮に入れていない。非業の死をとげた人の霊の救済を考えていない。次に、弔い上げまでの間、死後のまつりをくり返すことによって穢れを去るとか、個々の霊が個性を失った集合霊に融合するとかの条件は、現実に死体の腐肉が去って白骨化が進むとか、年数が経って故人を知る人も少なくなり、個人の印象が薄れるとかに対応するものであろう。触穢《しょくえ》の害を説くことはあっても、積極的に穢れを落とす行為・行動は、今のところ見つかっていない。奄美・沖縄に存続する洗骨の習俗が、これと関連するかどうかは今後の課題である。霊魂信仰の考えかたでは、当然に霊魂が最も尊いものであり、また不滅の存在である。人が死んで肉体が滅びても、霊魂までが死滅・減少するわけではない。浄化された霊魂は、次に生まれくる小さな肉体に宿って、生命の燈をともしつづけるのである。ところが日本的な祖霊信仰においては、浄化された個々の死霊が融合同化して祖霊となり、その祖霊が、あるときは山神・田神、あるときは竈神・便所神、またあるときは村氏神・屋敷神となって、子孫の暮らしを見守ってくださるという。いつのまにか霊魂と神とが置きかわり、万能の唯一絶対神を求めようとしているのである。これは神学というほかない。ところがこの神学は、死後のまつりをしてくれる子孫を持たない人や、非業の死をとげた人のことを少しも考えていない。宗教が魂の救済を旨とするものであるとすると、祖霊信仰には重大な欠陥のあったことになる。清く正しく明るい幸福を求めるあまり、不幸な霊の救済を考えなかった。そのため宗教にまで発展することがなかった。

参考文献　柳田国男『先祖の話』(『定本柳田国男集』一

〇)、井之口章次『日本の葬式』(『筑摩叢書』二四〇)

(井之口章次)

そのからかみのまつり 園韓神祭 平安京宮内省内に鎮座していた園神・韓神の例祭。『儀式』によれば、式日は二月春日祭の後の丑の日と、十一月新嘗祭の前の丑の日とであった。園韓神社は『延喜式』神名帳に「宮内省坐神三座(並名神大、月次新嘗)」とみえ、『拾芥抄』宮城指図などの古図にもみえる。祭神について、『大倭神社註進状』は園神を大物主神に、韓神二座を大己貴命・少彦名命にあて、『古事記伝』は『古事記』にみえる「曾富理《そほり》神」を園神もしくは韓神のうちの一座にあてる説を掲げるが定かではない。同社は平安遷都以前よりその地に鎮座する古社で、所伝では、養老年中(七一七—二四)、藤原氏の創建にかかり、平安遷都の折に他所へ遷そうとしたところ、「猶此の地に坐して、帝王を護り奉らむ」との託宣があったため、宮内省に鎮座することになったといい(『古事談』など)、『新抄格勅符抄』にも、讃岐国の園神二十戸・韓神十戸の神封が天平神護元年(七六五)に充てられたことがみえる。祭儀の次第は『儀式』などに詳しいが、当日早朝より神祇官人によって神院の準備が行われ、春は戌一刻、冬は酉三刻に至って内侍が着座して開始される。神部二人が庭中に賢木を立て、庭火をたき、大臣は召使をして歌人・神馬・鬘木綿などを召す。次に御巫が微声で祝詞を述べ、笛琴を奏し、歌舞を行う。次に御神子が庭火をめぐって、湯立舞を行い、神部八人もともに舞った。この儀が南の園神、北の韓神の順に行われ、再び南で倭舞を行い、饗饌あって大臣以下退出の後、神祇官によって、両神殿前で神楽が行われる、というのがその概略であった。平安時代末以降、同祭は次第に衰微し、応永二十六年(一四一九)二月五日には大風で園韓社は転倒(『康富記』同月十四日条)、やがて応仁・文明の乱を経て退転したと思われる。

参考文献 『古事類苑』神祇部一

(杉本 一樹)

そのだもりよし 薗田守良 一七八五—一八四〇 江戸時代後期の有職故実家。天明五年(一七八五)生まれる。伊勢内宮祠官荒木田氏の一族で、『神宮考証』の著者守夏の曾孫。父は本居宣長門下の国学者守諸。津藩儒薗田一斎(守彝)は双生の兄弟。幼名隠岐丸、のち守稲、さらに守良と改名。号は西園主人。その官歴は、寛政元年(一七八九)、五歳にして太神宮権禰宜、従五位上、文化九年(一八一二)内宮禰宜、従四位下。業績としては寛政八年、父守諸の援助をうけ、『逸令義解』の著者とされ、爾後、『律義解』、『神宮典略』、『新釈令義解』草稿本、ならびに浄書本、『令外官職志』などの大作をつぎつぎとものした。そのうち、『律義解』は最初の律復元の書、『神宮典略』は神宮の制度を知るための最良の書、『新釈令義解』は江戸時代において最も詳細な令の注釈書といわれている。彼は文化初年江戸に留学したが、すでに師とするに足る学者がいないほど律令について独自の研究を進めていた。その著書の大半は近時出版され、制度史家としての彼の評価はとみに高まっている。天保十一年(一八四〇)六月十八日没。五十六歳。↓神宮典略《じんぐうてんりゃく》

参考文献 利光三津夫「薗田守良とその律令学」(『律令制とその周辺』所収)、滝川政次郎「新釈令義解解題」(律令研究会編『新釈令義解』付載)、石尾芳久「薗田守良自筆稿本『新釈令義解』」(『関西大学法学論集』一三ノ二・三)

(利光三津夫)

そふく 素服 凶事に際して、哀悼の意を表する質素な服。本来は飾り気のない凶服の総称であり、『続日本紀』には天平二十年(七四八)四月庚申(二十一日)の元正天皇崩御の際に「勅㆓天下㆒悉素服」(同月丁卯(二十八日)条)とあるが、天平勝宝八歳(七五六)五月乙卯(二日)の聖武天皇崩御の際は「文武百官、始素服」(同月己未(六日)条)とあって凶事の服制の整備をうかがわせ、『日本後紀』には大同元年(八〇六)三月辛巳(十七日)の桓武天皇崩御の際は「是日、上着㆑服、服用㆓遠江貲布㆒、頭巾用㆓皂厚繒㆒、百官総素服」(同月癸未(十九日)条)として、材質による素服の先例の形成を示し、『西宮記』一九喪服の天暦八年(九五四)正月四日太后藤原穏子の崩御にも「着㆓素服㆒(鈍色貲布、衣袴同、布頭巾、索帯等也)」としている。また「つづらふじ」の繊維で織った素地から「ふじころも」ともいい、挙哀に参列する諸臣には、官製の素服を給与するのが例となり、着用の公卿・殿上人を素服の人と称した。『左経記』長元九年(一〇三六)五月十七日条には、後一条天皇崩御に素服給与の男女として公卿七人・蔵人頭一人・蔵人七人・侍読三人・殿上人五人・御厨子所衆二人・出納三人・女房十八人を挙げている。これは一条院で裁縫して同月十九日に分配着用しているが「須㆑具㆓商布表衣・生絹下襲等㆒而只有㆘如㆓狩衣㆒之物、並商布表袴㆖不㆑具㆓下襲㆒、仍不㆑脱㆑袍、其上着㆑之」とみえ、素服は布の狩衣のごときものという。そこで素服の麻布として地質のまま配分することもあった(『中右記』大治四年(一一二九)七月十五日条)。そのために素服の形態も曖昧になって、『装束雑事抄』旧院素服事には「公方素服は、うちかけのやうなる物也、庁これをあづかるなり」とみえ、『和長卿記』明応九年(一五〇〇)十二月十一日条の倚廬殿渡御に「今度公卿素服、出納調㆓進之㆒(黒染布也)雲客者、内蔵年預調㆓進之㆒今夜只用㆓白布㆒也、成㆓不審㆒之処、火事以後、墨難㆑得之間、不㆑染云々、(中略)素服様、長㆑服而有㆑衿、如㆑無㆑袖物也、故装束上打㆓懸之㆒也」とあり、『基量卿記』延宝六年(一六七八)六月二十日条の東福門院崩御の際の諸臣の素服は「一、大形大帷ノ袖ナキ物也(布濃鼠色)」という。なお『実久卿記』文化十年(一八一三)十二月十六日条には、後桜町院の崩御の際に「今度素服、久々中絶之処、御再興也、其体如㆓小忌㆒、布織色也」とあり、再興の素服は、神事の如形《じょけい》の小忌衣《おみごろも》に似た形状で、凶服の上に打懸けて着用するのを例としている。

(鈴木 敬三)

そみんしょうらい 蘇民将来 疫病除けの守護神。のち

三重県志摩地方の注連飾り

信濃国分寺八日堂

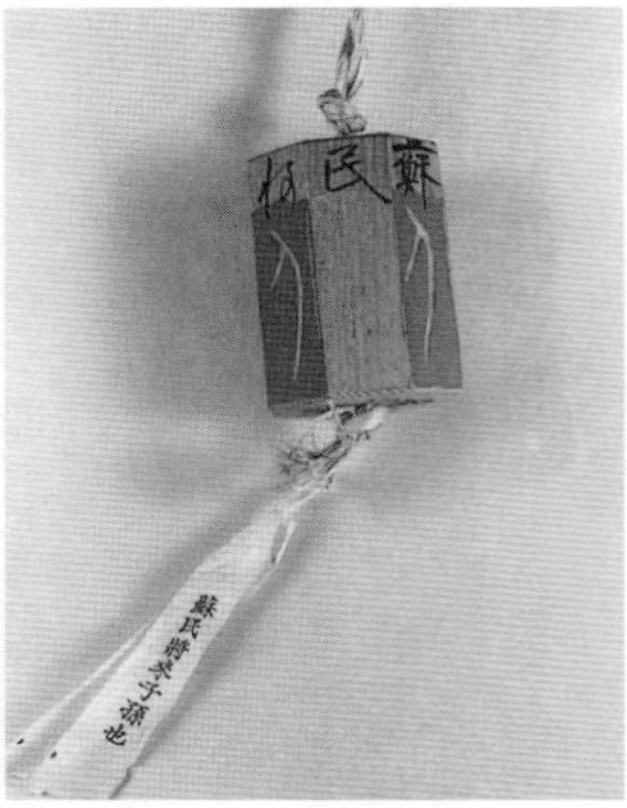

八坂神社末社蘇民社

蘇　民　将　来

に蘇民守《そみんまもり》と呼ばれる護符の意ともなる。『釈日本紀』七所引の『備後国風土記』逸文に、疫隅国社《えのくまのくにつやしろ》の縁起として、蘇民将来について次のように記してある。昔、北海にいた武塔の神が南海の神の女に求婚しようと出かけたところ、途中で日が暮れたので将来という兄弟に宿を乞うたところ、富んだ弟の将来(『二十二社註式』に「巨旦将来」、『簠簋《ほき》内伝』に「巨旦大王」と記す)には拒絶され、貧しい兄の蘇民将来の家に泊り優遇される。年を経て、武塔の神は巨旦一族を悉《ことごと》く滅ぼし、蘇民に対しては「吾は速須佐雄の神なり、後の世に疫気あらば、汝、蘇民将来の子孫と云ひて、茅《ち》の輪を以ちて腰に着けたる人は免れなむ」と、茅の輪の法を教える。これは茅の輪を腰に着けておれば疫病から免れるという茅の輪の由来譚であり、現在、各地の神社で六月の夏越《なごし》の祓の際に行われる茅の輪くぐり神事もこの由緒にもとづいている。民間では小正月に「蘇民将来子孫守」と記した木製の短い六角形の棒を疫病除けの御守として社寺から受けるという風習があり、また、「蘇民将来子孫之宿」と書いた守札を門戸などに張って疫病除けとしたり、田畑の中にこの守札を立てて作物の害虫除けとすることも見られる。特に近畿地方では、正月の注連縄に「蘇民将来之子孫也」と書いた護符をつけて門口に飾る家が多い。これらの俗習はいずれも前記の由来譚をもととしている。蘇民守は京都八坂神社の末社蘇民社や石清水八幡宮の境内社疫神堂、また信濃国分寺八日堂から出されるものが有名である。また蘇民祭りは岩手県水沢市の黒石寺で旧暦正月七日・八日に行われる蘇民祭りが知られている。蘇民将来という神は陰陽家により『簠簋内伝』に採用されたり、わが国の速須佐雄の神やインドの祇園牛頭《ごず》天王などと習合したりして、神格が複雑なものとなっている。　↓疫隅国社《えのくまのくにつやしろ》　↓茅輪《ちのわ》

（三橋　健）

そめばあめのいわかつじんじゃ　染羽天石勝神社　島根県益田市染羽町に鎮座。旧県社。中世には滝蔵権現と呼ばれた。主祭神は、天石勝命。式内社。社伝によれば、神亀二年(七二五)創建、大同三年(八〇八)に熊野十二所権現の分霊を紀伊熊野から移したという。永徳三年(一三八三)の益田祥兼置文条々(『益田家文書』)には「滝蔵」以下の諸社の祭礼・神役などをかわらず勤めるよう書き置かれ、永禄八年(一五六五)十二月二十八日の益田藤兼起請文(同文書)には「氏神滝蔵大権現」とみえるなど、中世を通じてこの地域を支配した領主益田氏にとって重要な社であった。益田氏の本拠であった七尾城、三宅御土居に接して立地している。例祭は十月一日、祈年祭が五月三日に行われる。現在の本殿(重要文化財)は、天正十一年(一五八三)、益田元祥らによって造営されたもので、三間社流造、総欅材、檜皮葺。

参考文献　島根県神社庁編『神国島根』

（佐伯　徳哉）

それいしゃ　祖霊社　先祖の霊をまつる社。多くは江戸時代末期から明治にかけて、氏神・産土の神社に本殿とは別に、氏子の祖先の霊をまつる小祠が境内末社として創設されたもの。御霊社・霊社・祖神社・御祖霊神社などと称する場合もあり、招魂社もその一種といえる。また、神葬祭の家で祖先をまつる邸内社や屋内祭壇も、祖霊社、祖霊殿、御霊舎などと称される。祖霊社の創設は近世の檀家制度で普及した家々の祖先祭祀をうけたもの。復古神道の神葬祭運動の展開と、明治元年(一八六八)の神仏判然令によって流行し、一般化した。しかし神社の公的性格を強調する政策転換によって、祖霊社は一部氏子の私的祭祀とみなされ、明治十九年より新たな祖霊社の建立は禁止された(内務省訓令第三百九十七号)。第二次世界大戦後、神社が宗教法人となると、神社信仰の教化とともに、氏子からの神社における戦死者、戦災死亡者祭祀への要望が高まり、再び祖霊社創建が活発化した。

参考文献　神社本庁編『祖霊社の栞』

（森　瑞枝）

そんしゃ　村社　昭和二十一年(一九四六)まで行われた

明治時代の社格制度による社格の一つ。諸社のうち府県社・郷社に次ぐもので、村社に列しないものに無格社があった。明治四年(一八七一)五月太政官布告による「官社以下定額、神官職制等に関する件」で官社として官幣国幣社九十七社が指定され、神祇官がこれを管するとされ、それ以外に諸社として府藩県社と郷社の二等が天下諸社の等差とされたが、この布告を受けて同年七月郷社定則が示され、たとえば二十ヵ村にて一千戸ばかりの一郷に神社が五社ある場合、その最首となる神社を郷社とし、その他の四社を郷社の付属として村社とすることが定められたのが村社制度の始まりとされる。郷社に付属とはいっても、村社の氏子はそのままで、郷社の氏子に改めるものでない。郷社の社職は祠官、村社は祠掌とされた。のち郷社の付属というより、それに次ぐ社格として取り扱われるようになり、社職は社掌とされた。

(佐野　和史)

そんのうしそう　尊王思想　王室を尊ぶことで、儒学の基本的観念の一つ。尊王論は、孔子が周の王室を尊崇し、王室を政治・社会体制の基軸としようとしたもの。江戸幕府自体も、衰微していた朝廷を復興したことを自己の功績と自認し、そのことを以て自己の権威の前提としていた。山崎闇斎は朱子学の日本化を図り、中国より日本を上位に位置づけ、その根拠を放伐禅譲《ほうばつぜんじょう》に対置しての万世一系の天皇制度に求めた。またこのような日本のあり方を礼と儀式の中に実体化すべきだとし、そのため朝廷祭祀を最重要視した。崎門《きもん》学派と呼ばれるこの学派は幕末期には梅田雲浜らの尊王家を輩出することとなる。他方水戸藩主徳川光圀は、朱子学を出発点としつつ、幕藩制国家を根拠づけるものとして天皇と朝廷を位置づけ、『大日本史』を編纂する中で、皇統の正統性を明らかにし、天皇や皇室への忠節の史実を強調した。水戸学の出発である。十八世紀末からの外圧の強まりは、より強固で構造的な国家論の形成を水戸学に求めることになった。会沢正志斎の『新論』は、天皇中心の日本のあり方を「国体」と概念化し、国家祭祀へ国民を統合し国民的まとまりを形成する方式を祭政一致と名づけた。また藤田東湖は『弘道館記述義』などで、尊王攘夷、忠孝無二、文武不岐、敬神崇儒などの国家を支える儒学的で武士的な尊王エートスを定式化した。その一方、十九世紀に入った在地社会の豪農豪商層は、国学的な尊王論の立場に立った。そこには万世一系の皇室に対する尊崇、記紀神話を基礎とする神祇尊崇がつらぬかれるとともに、在地名望家としての自意識が基軸に存在していた。さらに朝廷を中軸とした職分委任論の末端に自己を政治的に位置づけるため、民族的危機の中でその職務を遂行しえない武士階級への激しい批判を行うことにもなった。明治維新以降、天皇制国家により、従来の尊王論は換骨奪胎の上再編成された。そこには水戸学の武士的エートスや儒教的合理主義的立場からする神話批判も、また平田国学に見られる宗教性や地域主義・在地名望家的要素もともにその姿を消したのである。

(宮地　正人)

そんのうじょういろん　尊王攘夷論　尊王攘夷論の思想的要素をなす尊王論・攘夷論は、いずれも元来中国の儒学の古典にその典拠をもつ。前者は名分思想に由来して「王室を尊ぶ」ことをいい、後者は、自国を文化(華)の中心とし他国(他の周辺諸地域)を文化的に劣った夷狄《いてき》として賤しめる華夷思想に由来して「夷狄をはらう」、しりぞける」ことをいう。両者はそれぞれ社会秩序における貴賤上下と国際関係における内尊外卑を表現する思想である。なお、尊王は尊皇とも書く。また勤王(皇)は、尊王(皇)と同じ意味で使用されることが多いが、後者よりも、強い政治的実践性をもつ。ところで、この尊王論・攘夷論が、尊王攘夷論として一語として使用され(「尊王攘夷」の語の初出は『弘道館記』である)、かつそれがわが国で歴史的に重要な意味を担うのは、この思想が十八世紀末から十九世紀初め、すなわち近世の封建社会が弛緩・動揺する時期に、幕藩制社会を再編成する論理として形成されながら、同時にまた幕末における唯一の政治思想として、あるいは藩政改革の実践的な指導理念として、あるいは下級武士や豪農商層を幕末の政治行動へ駆り立てる思想として、あるいはまた幕政批判から倒幕(討幕)の論理として等々さまざまな思想的機能を果たしたことによる。このように尊王攘夷論は、近世後期、内憂と外患に揺れ動く幕藩制社会を再編成する論理として形成されながら、その実それを解体させ、日本の近代国家形成の端緒となった明治維新を実現する思想的原動力となったために、この思想の性格と機能の歴史的解明は、わが国における封建社会の解体と近代社会の形成の特質をどう捉えるかという歴史的課題と深く結びついている。

〔思想の性格〕元来中国の儒学思想に起源をもつ尊王論・攘夷論も、わが国の特質、とりわけ儒学思想が支配的となった近世の政治支配体制の特質に規定されて独自の変容を遂げた。すなわち、江戸時代においては、徳川将軍は、一方で、古代律令制国家以来天皇が具有していた諸権能にさまざまな制約を加え、朝廷・公家を将軍が制定した法規で規制し、名実ともに最高の政治権力を行使しつつも、他方では、形式的には、みずからを鎌倉幕府以来の武家の方式を踏襲する武家政権と見做して自主規制し、天皇に対しては尊王行為をとりつづけたからである。ここに、実質的な政治権力を行使する将軍と他方政治権力を喪失しつつもなお形式的には君主として存在しつづけた天皇という、近世社会における権力と権威との重層的な構造のあり方は、有徳者君主思想と易姓革命の論理に貫かれた中国の儒学思想の直輸入を困難なものとし、近世の尊王論の性格を複雑なものとすることになった。だが困難なのは尊王論だけではなかった。中華思想からみればわが国はまぎれもなく「東夷」の国であり、自民族中心主義(ethnocentrism)を本質的契機とする近代以前の国家においては、そのまま受容しうるものではなかった。そのために、中国思想に起源をもつ尊王論と攘夷論の受容は、近世の社会的現実に即応した形での受容であり、それはまた事実上、中国思想そのものの変容でもあったことに注意しなければならない。ところで近世の尊王論・攘夷論をその思想の性格に即して考えると、大別してほぼ次の三つの類型に分類することができる。第一は、儒学思想の普遍妥当性を認めつつも、それを近世の社会的現実に即して読みかえようとする立場であるが、この場合にも大別して二つの考え方がある。一つは熊沢蕃山や山鹿素行の立場である。彼らは朝廷＝天皇と武家との間で事実上の易姓革命があったことを認めつつも、天照大神などの天神や神武など初期の天皇によって政教の原理が建てられたとする神話上の事実やその血筋をひく皇統の存在にわが国の国家としての独自性や道徳性の拠り所を求め、武家が朝廷を尊び「君臣上下の儀則」を守ることが国家秩序の安定性を確保するゆえんであるとして、将軍の尊王行為の政治的有効性を説く。他の一つは山崎闇斎や浅見絅斎《けいさい》の立場である。彼らは、蕃山・素行が、中華思想を前提として、あるいはわが国を中国に限りなく近付け(蕃山)、あるいは華夷の規準を若干変化させることによって日本の方が「中国」「中朝」であるとした(素行)のに対して、そのような国家や地域を超えた普遍的な文化や道徳の存在を否定し、それぞれの個人が所属する国家や係属する君父への絶対的忠誠を尊王論・攘夷論として、主としてその忠誠観念を担う個人の主体的な生き方という観点から説いた。この場合には、国や地域によって異なる個別的な規範に従うことが、そのまま普遍的な道徳に即することであるとされる。第二は、尊王論・攘夷論をそれが本来よって来たる儒学的思惟から切り離し、それをわが国の国家体制の独自性を意味する国体論によって新しく意味づけ直そうとした本居宣長の国学の立場である。宣長は、政治＝社会秩序の安定性を保持する方法は上位者に対する下位者の自発的な服従と随順を調達することであるとの立場から、貴賤・尊卑・上下を明確に区別する差別的秩序観を描き出した。すなわち、宣長は、わが国が他国と異なりしかも他国に優越する根拠を、日神である天照大御神がわが国に生まれたとする神話上の事実と皇統の不易性に象徴される社会秩序の安定性にあるとの立場から、内においては、天照大御神の血統を継ぐ朝廷を尊崇することが社会秩序を維持するゆえんであるとして尊王論を説き、他方、対外意識についてはわが国を「中国」、中国＝唐を「西戎」と呼んで儒学の華夷観念の論理を逆転させるとともに、中国＝唐は、朝鮮同様、わが国に「臣服」すべきものとした。革命がなく社会秩序が安定しているとされた日本と易姓革命が絶えない中国との関係を「貴《たかき》－賤《いやしき》」の関係として把え直したのである。以上第一・第二の思想系譜において次第に明確化されてきたわが国の国家としての独自性と秩序意識に関する認識を踏まえ、一八〇〇年前後に顕著となった社会秩序の弛緩・動揺とそれに乗じて侵略の機を窺うと考えられたロシア・イギリスなどの西洋諸国の動向に強い危機意識を抱き、危機を打開・克服するという目的のもとに、水戸藩の儒者会沢正志斎によって形成された体系的な国家論が第三の、いわゆる狭義の尊王攘夷論である。会沢は、宣長に倣って政治支配の要諦は、被治者の自発的な服従と随順を調達することであるとの国体論の立場と、いまや種々の邪説によって「民心主なき」状況にあるとの現状認識に立って、民衆の宗教意識を天皇のとり行う国家的祭祀のなかに取り込み、それによって支配秩序をおびやかす民衆の活動性を既存の支配秩序の枠組の中に包摂しようとした。すなわち、天皇のもとに土地・人民が一つに統合されることが「民志を一にする所以」であるとして尊王論を主張し、他方、貿易とキリスト教によって民心を煽惑しようとする西洋から国家を守るとの立場から、神州＝日本の価値的優越性と夷狄＝西洋の侵略の危険性を強調し、「夷狄を攘除」し、国威を発揚すべく、それに向けての積極的な対応の必要性を説いた。会沢正志斎の『新論』に体系化された尊王攘夷論は、わが国の国家体制の範型を古代天皇制国家の王土王民思想や祭政一致の思想に求め、そのような原理的観点に立って当時の「危機」の所在を構造的に剔抉するとともに「危機」克服のための策論(民心統合策や富国強兵論)を体系的に提示したために弘化・嘉永期、対外的圧力が深化するとともに下級武士層を中心とする諸階層に広く受容されていった。また先述の宣長国学の思想も平田篤胤やその門人たちを介して村落の指導者層の間に浸透していった。

〔思想の社会的機能〕後期水戸学や幕末国学の尊王攘夷論は、わが国の国家体制の独自性とそれを価値化する国体論によって理論的に底礎されていたために、国内外における危機意識の昂進、とりわけ対外的圧力の強化による国家的、民族的危機の深化に伴って、わが国の国家としての独自性と価値を象徴する存在としての朝廷・天皇シンボルの価値的上昇を促し、またそれに伴って、新しく政治場裡に登場した天皇シンボルを誰が操作するかをめぐって諸階層の政治的利害関心が錯綜し、尊王論・攘夷論は、政争の道具としての性格を強めていった。すなわち、嘉永・安政期、対外的圧力の強化を背景として幕府＝将軍権力の弱体化が露わになり、かつ内政・外交をめぐる支配階級内部の政治意思が分裂するに及んで、幕府、雄藩主大名、下級武士などの支配諸階層は、それぞれ、正統性の根拠として朝廷・天皇を利用して、みずからの政治意思を正当化し、かつ貫徹しようとしたからである。幕府は、朝廷を取り込むことによって弱体化した権力基盤の強化を企図した。幕政批判派の大名は、将軍と大名とは官位を等しく朝廷から頂く存在である点で同格であるとの意識を背景にして、将軍権力を相対化し、朝廷を介して国内政治への発言権を確保しようとした。また尊王攘夷論によって国家的、民族的危機に覚醒した下級武士たちは、国家意思を統合する基軸を朝廷に求め、朝廷を通路として、彼らの政治的主張を政治場裡に実現しようとした。さらにまた被支配階級である豪農商層も、朝廷・天皇を媒介として、将軍を頂点とする旧来の社会関係を捉え直し、政治に参加する契機をつかみつつあった。このように尊王攘夷論は、その思想の担い手に応じて相異なる社会的機能を果たしたのであるが、それにもかかわらず、そこに通底する一貫した機能は、対外的圧力の前に将軍権力の弱体性が露わになり、それに伴って将軍が権力の正当性＝公儀性を喪失していったのとは反対に、朝廷が国家意思を統合する基軸へ、あるいは国家意思の正統な体現者へと上昇していく際の思想的媒介をなしたことである。だが幕末期の尊王論が、朝廷・天皇を政治場裡に引き出し、国家意思を統合する基軸へと押し上げたとはいえ、尊王論は、必ずしも朝廷・天皇の政治意思の絶対化やそれへの盲目的服従を意味するものではなく、それぞれの諸階級は、表向きは尊王を標榜しつつも、その内実は、それによって自己の個別的な政治的主張を正当化し普遍化し貫徹するための通路＝手段として利用したのである。そしてまさにこの意味で、尊王論は、近世後期から幕末の政治的激動期においては、将軍を頂点とする幕藩制社会の正統的な秩序意識のもとでは、それぞれの固定された身分とそれに伴う職分の遂行に限定されていた諸階級の能動性と主体性を、国家的、民族的危機の打開に向けて解放する役割を果たしたのである。尊王論は、もともと幕府を中心とする既存の政治体制を補強するための敬幕論とも、将軍権力を相対化し、あるいはそれを否定する倒幕(討幕)論とも結びつきうる両義性を有していたのである。そしてまたこの点は攘夷論においても妥当する。攘夷論がもともと文化意識であり、水戸学のそれが、内外の危機に際して必戦の覚悟で事に対処するという主体的な精神態度を意味していた以上、それはその思想の閉鎖性にもかかわらず現実の政策レベルでは、鎖国論とも開国論とも容易に結びつきうるものであったからである。だが、わが国における封建社会の解体と近代国家の形成を促した政治思想が尊王攘夷思想であったことは、既述のごとく、一つは、それが、社会関係における貴賤上下と国際関係における国家間の差別意識を内包する封建思想であったこと、二つは、そこにおいては天皇がわが国の国家としての独自性と価値を体現していると考えられ、それと関って天皇が国家意思の正当性の根拠とされたこと、などによって、日本の近代国家の性格を大きく歪めることとなった。ところで、近世封建社会の解体＝日本近代国家の形成期において、上にみたごとく、多面的な機能を果たした尊王攘夷論は、明治維新によって中央集権的統一国家が成立するや、「尊王」は「忠君」として、「攘夷」は「愛国」として近代的な装いを遂げ、近代天皇制国家のイデオロギー的支柱として生きつづけることになる。だが、明治憲法によって天皇は犯すべからざる神聖かつ絶対的な存在として祭り上げられ、また教育勅語によって「忠君愛国」が「臣民道徳」として固定化されると、「忠君愛国」は、幕末の尊王攘夷論が、諸階層の政治に対する能動性や主体性を涵養する思想的契機となったのとは異なり、国家の既定の政策への服従と随順を調達するという一義的な役割を担うイデオロギーへと変質していった。すなわち国家の秩序は、天皇の神聖性と絶対性によって担保され、社会秩序への背反は、天皇への不忠＝非国民と見做されるに至ったからである。

参考文献　丸山真男『日本政治思想史研究』、遠山茂樹『明治維新』(『岩波全書』)、尾藤正英「水戸学の特質」(『日本思想大系』五三所収)、同「尊王攘夷思想」(『(岩波講座)日本歴史』一三所収)、本郷隆盛「幕末思想論」(本郷隆盛・深谷克己編『近世思想論』所収)、同「将軍の思想と天皇の思想」(『歴史公論』一二一)、安丸良夫「日本ナショナリズムの前夜」(『歴史学研究』別冊特集一九七五年度)

(本郷　隆盛)

そんらくさいし　村落祭祀　農林漁業を主な生業とする人々が、定住性を基本として一定の生活空間を共有する村落、具体的にはムラと呼ばれる地域社会で営まれる祭をいい、「村祭」の語感が相当する概念。新形成の団地やコミュニティーで「何々祭」と名づけて行われる祭には「村祭」的なイメージや様相、また雰囲気がかもし出されることもあるが、祭の表象としてのカミ(神性)の顕在化やそれを日常的に具現化する聖所の存在などとの関係から、それらを村落祭祀に含めて捉えることはあまり行われない。また華美で風流性が強調され、祭を営む社会以外の参加や見物を受け入れる性格を持つ「都市祭礼」とは対比的である。祭祀を、(一)祭祀規模や行われる機会、(二)その目的や性格、(三)祭祀の場面や行う集団で捉える方法があり、神道研究では、(一)として大祭・中祭・小祭・雑祭や恒例祭・臨時祭・式年祭などの区分、(二)は祈願・奉賛・感謝・慰霊など、(三)について宮中祭祀・神宮祭祀・神社祭祀・民間祭祀と分類することがある。村落祭祀は元来、地縁・血縁による地域集団レベルの祭であり、神社と民間祭祀の両面に関わっている。また、祭祀一般における基本的形式や性格を村落祭祀に見ることも多い。祭場は神社に限らず、村落の広場や辻・村境、寺院・祠堂もあるが、ムラ氏神と呼ばれるような神社の祭を村祭とすることが多い。祭はムラ全体の営みであり、個人や家の個性が強調されることは少ない。長老衆・若者組・子供連など世代や年齢階梯に応じた祭の役割分担も見られる。宮座の祭には、村落祭祀の古形・古式を伝えるものがある。伝統的慣習の濃厚な祭では、祭日にムラ中が休業となり、ムラを出た人々が帰郷し、全成員による共同飲食が行われるなど、各ムラの独自性の強い営み方となる。また、祭祀奉仕者にはムラ人の代表として務めるムラ神主やトウヤ(当屋・頭家)のように、専門神職以上に重要な役割を持つ存在もある。少子高齢化社会の到来とともに村落祭祀は諸場面で変容をきたす一方、伝統的な祭をムラ起しに活用するなど流動的でもある。

参考文献　柳田国男『日本の祭』(『定本柳田国男集』一〇所収)、原田敏明『村の祭祀』、同『村祭と座』、『現代神道研究集成』祭祀研究編二　(櫻井　治男)

たあそび　田遊　正月を中心に、その年の豊作を招くために、田の土ならしから米の収穫までの作業過程を模擬的に演じる民俗芸能。地域によって、御田《おんだ》・春田打・春鍬・田祭などのよび名がある。アソビは本来鎮魂のための歌舞をいい、田に強力な神の霊魂をいわい込めて、ゆたかな稔りを生じさせようとの願いがこめられている。平安時代初頭の延暦二十三年(八〇四)二月、二所太神乃御饌を供する御刀代田の御田種蒔下ろしの祭のとき、「耕作殖状」の所作が行われたと『止由気宮儀式帳』にあるなどは田遊の一類かとみられるが、田遊の文字は、下って鎌倉時代初頭の『建久三年皇太神宮年中行事』二月条に「殖田遊作法」とみえる。現在、田遊の名で行なっているのは東京都板橋区徳丸六丁目北野神社や同区大門諏訪神社であるが、両者ともに大太鼓を田に見立て、そのまわりで町歩調べから田打ち・田うない・代かきなどと実際の耕作そのままの過程を歌と唱え言と所作で模擬していく。その間、男と女が性交の所作を見せたりするのは、稲種子の豊産を促す類感呪術の一つで、ほかにも広くみられる演目である。東海・近畿地方では、寺院の修正会を農村行事に習合した「おこない」の一部として演じることが多く、やはり、稲作の逐一を物真似なり唱え言で表現する。四、五月に行うところも、佐賀県神埼郡神埼町仁比山《にいやま》神社その他にあり、三重県鈴鹿市伊奈富《いのう》神社のように田遊を伴う獅子舞を伝えるところもある。

田遊（東京都板橋区諏訪神社）

参考文献　新井恒易『農と田遊びの研究』、本田安次『田楽・風流(一)』(『日本の民俗芸能』二)　(三隅　治雄)

たいいち　太一　伊勢の神宮御用のしるし。「たいち」ともいい、大一とも書く。太一は古代中国の天を主宰する最高神の名、またその天神の常居する北極星をいう。奈良時代か平安時代にこの中国思想が伝わり、天照大神は高天原の主宰神だから、中国での太一と同じだとして「太一」を神宮の印としたのであろう。元徳二年(一三三〇)仮殿遷宮記註進状に「大」の字の一字を御用材の印としたことがみえ、このころから「大」あるいは「太一御用」が神宮への奉納品を運ぶ船の幕や幟などに広く用いられ、御料木の木口にも「太」の極印を押していた。太は天の字にも通じ、陰陽五行思想の太一神から天下に一つしかない大事なものという意に転じ、広く神宮のマークとされ明治二十二年(一八八九)の第五十七回式年遷宮から正式に「大一」が神宮造営のシンボルマークに制定された。なお明治四年の神宮改正以前は主として「太一」であったが、明治五年に太神宮の太も大に改められ「大一」となり、現在も造営の作業服や帽子の徽章などにつ

けられている。（矢野　憲一）

だいえいごねんいわしみずはちまんせんぐうにちじさだめ　大永五年石清水八幡遷宮日時定　石清水八幡宮の遷宮の日時の定め方に関する勘文。一通。大永五年（一五二五）八月二十七日、局務押小路（中原）師象・官務壬生（小槻）于恒の両名が、石清水八幡宮の遷宮の日時を、陣定で決めるべきか、風記《ほのき》つまり日時勘文だけで決めてよいかを勘申したもの。同宮および他社の例をあげ、陣定を行うべきで、風記による例のないことを述べる。結局、同年十月二十日、陣で日時定が行われている（『実隆公記』『二水記』）。『続群書類従』神祇部所収。書写奥書があり、万治三年（一六六〇）清閑寺熙房が官本（禁裏文庫本）を書写し、元禄二年（一六八九）これを熙房息の熙定から借りうけた中御門資熙が息宣顕に書写させたことが知られる。この奥書を含めて本勘文は、同宮現蔵の『放生会部類記』第五の末尾二丁分に一致し、本来は同部類記の抄出であった可能性が高い。なお、京都大学所蔵『狩野亨吉氏蒐集文書』のなかには、壬生家の旧蔵で、本勘文の土代だと思われる一紙が現存する。

参考文献　『群書解題』二上　（末柄　豊）

だいかぐら　太神楽　獅子舞の末流である大道芸で、曲芸が主体。代神楽とも書く。もとは治道の面に鳥兜《とりかぶと》をかぶった者を先達とし、御幣を立てた大長持を担ぎ、獅子を舞わせて笛・太鼓・簓《ささら》で囃して神楽を舞い歩いた。伊勢国の吾鞍川村（三重県四日市市）や桑名太夫村を本拠とする伊勢派と、尾張国の繁吉村を本拠とする尾張派（熱田派とも）との、二系統の神楽師集団があり、前者は寺社奉行、後者は土御門家の支配を受けた。その隆盛期は江戸時代中期で、両派とも諸国に移住・定着し、江戸では両派の組合までできた。「だいかぐら」の呼称については、㈠伊勢・熱田に参詣できぬ人の代りに、神宮の方から御神体の獅子をさし向けて祓いを行うという代参神楽説（『嬉遊笑覧』・西角井正慶）、㈡講中が奉納する神楽の規模および報賽の多寡による区別説（『毎事問』・小寺融吉）、㈢伊勢の「太神宮御神楽」の中三字省略説（本田安次）などがある。信仰的には㈠説、制度的には㈡説、発生的には㈢説がそれぞれ認められよう。基本的には、神霊（獅子）が遠く旅に出る形で、伊勢・熱田の御師・神人が獅子頭を奉じて諸国を巡り、家々の前で祈禱の舞をして祓いをすることが目的であった。その宗教性も江戸時代の中末期から稀薄化し、祈禱を効果的にするものとして付随していた散楽風の曲芸を主体とする大道芸となった。享保以後には、獅子を馬にして悪所通いの狂言を演じたり、浮薄な小歌狂言や漫才風の道化をも採り入れたり、三味線・鉦・太鼓・笛などで囃したりするようになり、やがて現今の寄席芸に見るごとき品玉・曲鞠・曲撥・皿廻しなどの曲技や、その間に太夫と後見との掛合いが演じられるようになった。伊勢の太神楽は、昭和の後期でも近江路および西日本を広く祈禱して廻っていた。　→里神楽《さとかぐら》　→獅子舞《ししまい》　→太々神楽《だいだいかぐら》

参考文献　小寺融吉『芸術としての神楽の研究』、西角井正慶『神楽研究』、本田安次『霜月神楽の研究』、同『神楽』（『日本の民俗芸能』一）、同『民俗芸能の研究』、芸能史研究会編『神楽』（『日本の古典芸能』一）、本田安次編『芸能』（『講座日本の民俗』八）　（小林　茂美）

たいきべっき　台記別記　左大臣藤原頼長が、重要事項につき日次記《ひなみき》とは別に書きとめた記録。保延三年（一一三七）九月（仁和寺競馬行幸）、康治元年（一一四二）十一月（大嘗会）、同二年正月（賭弓）、久安三年（一一四七）三月（藤原忠実七十賀）、四・十月（官政）、十二月（近衛天皇読書始）、同四年七―八月（『婚記』一）、八―十二月（『婚記』二）、同五年正月―六年正月（『婚記』三）、同六年正―三月（『婚記』六）、同年正月（近衛天皇元服）、同年十月―仁平元年（一一五一）八月（春日詣）、仁平元年正―十一月（藤原隆長元服）、同二年八月（石清水放生会）、同三年四―十二月（春日詣）、久寿二年（一一五五）四月（賀茂詣）の各記が伝わる。このうち保延三年・仁平元年（隆長元服）・同二年の各別記は宮内庁書陵部の九条家旧蔵本中に鎌倉時代の写本がある。活字本には『史料大観』一下、『（増補）史料大成』二四・二五があるが、保延三年・仁平二年の両記は未収。なお『婚記』（四・五巻は欠）は『群書類従』雑部にも収録。　（吉岡　真之）

だいきょういん・ちゅうきょういん・しょうきょういん　大教院・中教院・小教院　明治五年（一八七二）から同八年まで存在した、神仏合併による大教の宣布と教導職講学のための全国組織。民間の団体であるが、国家制度の色彩が強く、教部省の所管。仏教各宗の提唱が設置の動機であったが、神仏合併の事業にみるべき成果なく解散した。㈠大教院は、仏教各宗の要請により、明治五年五月に設置が決定、八月二十七日に東京金地院に神儒仏三学を開講したのが最初。ついで、東京麹町紀尾井坂の旧紀伊徳川邸跡を経て、同六年二月六日芝の増上寺境内に移転。仏殿を改造、六月十七日旧八神殿を本堂の後ろに移し神殿とした。式日には神祭を執行し、神道色が濃厚であった。祭日はにぎわい、府下の新名勝となり、奇観をみせた。同年大晦日、放火により炎上。組織分課は、庶務・講究・編輯・会計の四課。全国から集めた優秀な教導職の修学研究を企図、学課には神儒仏三学に加え洋書講学を設け、併せて教導の指導、教義の解釈などにあたった。政府予算は適用されず、神社や仏寺の出資に頼る。機関紙として『教会新聞』『教院講録』を発行した。活動は相当に期待されたが、はやくも同六年十月ころから真宗側より異論が続出。神仏教導職の対立が深刻になり、運用は混乱した。さらに真宗側内部の紛争も加えて、同七年は論争に終始。結局、同八年四月三十日付太政官達、五月三日付教部省達乙四号により神仏合併を差し止め、五月二日に大教院は解散した。分解の原因には、⑴神官教導職の横暴に対する仏教各宗の反撥、⑵当初の仏教側の構想と違い、研学機関として機能せず、神道説教

場と化した実態への失望、(3)真宗僧侶の革新的活動、(4)神官教導職内部の混乱、その他が想定できる。この後、各宗の大教院は、区々に維持され、たとえば神道大教院は同十年六月十八日付芳村正秉届書の中に、依然として認められ、神官教導職の分離後は、教派神道「神道本局」の一組織として継承された。(二)中教院は、明治五年四月二十九日付教学院告諭の段階では言及がなく、同六年三月十四日付教部省無号達大教院事務章程にみえる。府県に一ヵ所ずつおかれ、在来の寺院や神社、在家があてられた。大教院同様に四祭神を祀り、管内小教院を統轄、生徒の指導、月三度以上の説教、教導職新補昇級試験を担当した。全国一斉に設置された訳ではなく、たとえば、長野県下では、混乱が続き、明治七年七月になって、長野町の武井神社に決定したほどである。中教院が設置できない場合は、合議所を設け、便宜これに代えた。その場合、四祭神の奉祀は勝手にまかされた。(三)小教院は、はじめから仏教側が大教院の下部組織として構想。在来の仏寺・神社が総動員されてこれにあてられ、生徒の指導、氏子や檀家に対する大教の説教を担当した。四祭神の奉祀は勝手にまかされた。合併教導職の活動の最前線となったが、神官教導職の活動は不振であった。→教導職《きょうどうしょく》

参考文献『社寺取調類纂』、『太政類典』、常世長胤『大教院興立次第記』、辻善之助『明治仏教史の問題』、阪本健一『明治神道史』(『神道講座』別巻)、豊田武『日本宗教制度史の研究』(『豊田武著作集』五)、藤井貞文「明治政府の教化運動と其の主斎神」(『国学院雑誌』六〇ノ八)

(秋元 信英)

だいきょういんぶんりうんどう 大教院分離運動　明治時代初期の仏教徒による布教権回復・政教分離運動。教部省による神道国教化政策のもと、仏教僧侶は教導職に任命され、その活動を三条教則―敬神愛国・天理人道・尊皇遵朝の枠内に制限され、またその教団組織は神道支配下の大教院を頂点とする教院制に組み込まれた。このような「教部ノ排仏」に対して仏教側は反撃を展開するが、その口火を切ったのが当時西欧諸国の教状視察に従っていた真宗本願寺派の島地黙雷であった。島地は明治五年(一八七二)十二月パリから三条教則批判建白書を送って政教の分離を主張、教部省に対する最も大胆な批判者となった。六年七月帰国するとさっそく、宗教政策の全面的改変を要求して運動を始め、大教院分離建白書を提出した。島地の提唱で真宗各派は一致して運動に乗り出し、同年十月には全国末寺に中教院への加入を見合わせるよう達し、ついで大教院に神道局を設けること、中教院は神仏各立とすべきことを申し入れ、さらに天台・真言・禅・浄土・日蓮・時宗の六宗管長に対して大教院の改革―神仏分離を建議した。六宗の同調が得られないとみるや、管長代理名で大教院からの真宗の単独分離(脱退)を上請した。内部では別派独立をねらう興正寺(華園摂信)が反対し、やがて仏光寺派(渋谷達性)が脱落したが大勢に影響なく、真宗は四派で運動をすすめた。七年四月になって神道・六宗＝大教院側はそれまでの態度を一変して真宗の分離を不可とし、五月には「党派閲牆ノ端ヲ啓ク」、「天下ノ布教ヲ阻格ス」、「防邪ノ初志ト齟齬ス」など六項目をあげて真宗を非難したが、真宗側はこれに逐一反論、八月には大教院の抜本的改革を要求する十ヵ条の意見書を提出するなど、強硬な態度を変えなかった。真宗と大教院の間では折衝がつづき、激しい議論の応酬があったが、神道の強制に反発する門徒民衆に支えられ、政権中枢部にある木戸孝允・伊藤博文らに支援された真宗の運動は、政教の分離・信教の自由の主張をもって大教院・教部省の失態不当をつく島地ら開明的僧侶の精力的な活動によって、反対勢力を圧倒していった。世論形成に大きな影響力を発揮するようになっていた新聞・雑誌の論調も真宗にとって有利に働いた。七年九月には大教院側は真宗の離脱を認めざるを得なくなり、十月には教部省も許可の方針を上申した。太政官は左院にその調査検討を行わしめ、八年一月二十九日真宗の分離を認める決定を下し、四月神仏合併布教の差止めを指令、五月には大教院が解散となり、ついで十一月教部省より信教の自由を保障する旨の口達が出された。真宗はその後も教導職制の政教混淆を批判していったが、これら真宗の一連の運動を通して国家神道の基本路線がひらかれることになった。なお、本願寺派末で分離運動に反対して大教院側についた興正寺は、七年九月分派独立を教部省に願い出、九年九月許可されて前代以来の宿志を遂げた。

参考文献　辻善之助『明治仏教史の問題』、吉田久一『日本近代仏教史研究』、安丸良夫『神々の明治維新』(『岩波新書』黄一〇三)、二葉憲香・福嶋寛隆編『島地黙雷全集』一、福嶋寛隆「神道国教政策下の真宗」(『日本史研究』一一五)、宮地正人「形成過程からみた天皇制イデオロギーの特質」(『歴史評論』三一五)

(福嶋 寛隆)

たいきょうせんぷ 大教宣布　明治二年(一八六九)から同十七年の間、政府が行なった神道にもとづく国民教化政策。大教とは祭政一致の道を示す。明治三年正月三日の大教宣布の詔書がこの政策の法源。詔書は中世以降晦んでいる治教を明らかにし、惟神の道の宣揚を命じる。起草は長谷川昭道か。政府は国民教化を企図、明治二年に宣教使を設け、諸藩にも宣教掛を任命させ、諸国の巡行、教典の誦読、講談をさせた。長崎に宣教使出張所を設けたのは、キリスト教排斥が目的であった証左。明治五年には教部省を新設、神儒仏をあげて教導職に任命し政策を拡大した。しかし人材に難点が多く、制度も神道優先であったために反撥が多く、活動は不振だった。洋教排斥については、政府自身が国際関係への配慮から慎重になった。また上からの国民啓蒙運動としての側面も、学校制度の普及により次第に圧倒された。明治十七年、十

教導職制度の全面的廃止により、大教宣布運動は名実ともに終熄するが、最後には全く形骸化していた。→教《きょう》導職《どうしょく》 →宣教使《せんきょうし》

参考文献 福羽美静『明治のをしへ』、宮内省編『明治天皇紀』二、辻善之助『明治仏教史の問題』、阪本健一『明治神道史』(『神道講座』別巻)、豊田武『日本宗教制度史の研究』(『豊田武著作集』五)、徳重浅吉『維新政治宗教史研究』、藤井貞文「宣教使の研究」(『国学院雑誌』四九ノ五・六)、同「宣教使に於ける講義」(『神道宗教』四七)、同「宣教使に於ける教義確立の問題」(『神道学』五一)、同「明治政府の教化運動と其の主斎神」(『国学院雑誌』六〇ノ八)、河野省三「明治政府の大教宣布運動」(『国学院大学紀要』一)　(秋元　信英)

だいぐうじ　大宮司　⇩宮司《ぐうじ》

たいげんきゅう　太元宮　京都市左京区吉田神楽岡町にある吉田神社の末社。室町時代末期、吉田兼倶により吉田神道の根本霊場として造られた。「日本最上神祇斎場所日輪太神宮」ともいう。文明年間(一四六九―八七)に兼倶によって吉田神道説は唱導され、千界万法の根源を太元尊神と称し、これを太元宮に奉斎した。その周りには式内社三千百三十二座の神々で囲み、また奥の左右には伊勢の内外両宮がまつられた。天照大神以下の八百万神《やおよろず》は太元尊神に帰一することを説き、教理の実地の表象施設として造営したもので、これを総称して斎場所と呼ぶ。斎場所は文明の初めころには京内の兼倶の私邸内に造られ、のち同十二年には吉田の地に移されているが、現在のような太元宮の特異な建築様式になったのは、日野富子の援助によって再興された文明十六年のことである。斎場所は神武天皇が日本ではじめて神をまつり、大和国生駒山に立てたことを起源とすると、兼倶は日野富子に答えているが、もとより史実ではない。現在の太元宮(重要文化財)は慶長六年(一六〇一)豊臣秀頼の母淀君の申し出により造替された。同十四年以降、斎場所は神祇官代となり、ここで神宮奉幣使発遣の儀が行われた。その構造は、身舎の平面は八角形で、前面に一間の向拝、背面に六角形の後房を付し、屋上に千木・堅魚木をおき、その中央には宝珠を作る。宝珠の下には太い竹の心柱がまっすぐ延びて、地中の石壇まで達しており、天地一貫の理を表現している。この特異な様式は、但馬国出石神社の社殿を模倣したとする福山敏男の見解がある。近世まで信仰の中心は斎場所太元宮に集まっていたが、明治に入ると吉田神社は官幣中社に列し、太元宮は同社の末社となった。→斎場《さいじょう》

参考文献 西田長男編『神業類要』(『吉田叢書』三)、福山敏男『神社建築の研究』(『福山敏男著作集』四)、山内泰明『神社建築』、江見清風『神道説苑』　(岡田　荘司)

吉田神社太元宮

だいげんしん　大元神　度会神道、吉田神道などで説かれた絶対原初神、宇宙根本の元始神。特に吉田神道の創始者吉田兼倶は、『神道大意』においてこの大元神の神性を天地人三才より先、混沌のはじめにあるもので、気香も形聲も有しない霊的存在である。そして天地を定め陰陽を生成するものである。この神は天地にあっては神といい、万物にあっては霊といい、人にあっては心という。畢竟この心の神に宇宙の原理全てが内在する。心は一《ひとはしら》の神の本である。一の神とは国常立尊、または天御中主尊であり、これを虚無太元尊神ともいうと説いている。この神観念は兼倶以前の中世諸流神道で説かれたもので、宇宙の統一者、神中の神として崇拝されていたが、それを兼倶が受けつぎ肉づけをして自説に取り入れていった。兼倶の説く神観念はまた道教経典の北斗元霊経に説かれているものでその影響を受けて形成されたことが明らかである。吉田神道では太元尊神・大空一虚太元尊神ともいう。神道五部書ではこの大元神を外宮祭神と同一視している。

参考文献 吉田兼倶『神道大意』(『吉田叢書』一)、出村勝明『吉田神道の基礎的研究』　(出村　勝明)

たいこおどり　太鼓踊　太鼓・鞨鼓《かっこ》などを打ちたたきながら踊る民俗芸能。全国にさまざまの形のものが分布するが、代表的なのは、背中に神籬《ひもろぎ》・幟・作り花・矢旗・大団扇などを負い、胸に吊るした太鼓を打ちながら集団で踊るもので、東日本には獅子頭(鹿・竜をかたどるものもある)をいただいて踊る、鞨鼓踊・鹿《しし》踊・三匹獅子舞・ささらなどが普遍する。西日本では、戦勝の踊りとして矢旗を負う武士の扮装で踊る鹿児島の太鼓踊や、美しい紙の幟を負う日向の臼太鼓踊、紙の花をたわわにつけた細竹を負う伊賀の神事踊、団扇を負う播磨のザンザカ踊など形はさまざまで、いずれも青年男子が組をつくって隊形を変えつつ豪快に踊る。福岡・佐賀地方のフリュウ(風流・浮立と書く)などは背に物を負わず、また、太鼓を手に力強くたたいて踊る沖縄のペッソーなどの踊りも多い。雨乞い・虫送りなどの農耕儀礼や盆の亡魂供養など踊る機会は多様である。

参考文献 本田安次『語り物・風流(二)』(『日本の民俗芸能』四)、山路興造「全国風流踊り一覧」(『民俗芸能』

四四)　　　　　　　　　　　　　　　　　　（三隅　治雄）

だいこくてん　大黒天　梵語 Mahākāla　摩訶迦羅天《まかからてん》またはは大黒天神ともいう。「マハー」は大の意、「カーラ」は黒色の意で梵語のカーラ＝ラートリ(黒闇天)の略。インドではシバ神の化身で物を破壊する力をもつ神。また大自在天の化神ともいわれ、森林中を遊行しながら、人間の血や肉を食べるという強暴な戦闘神として恐れられている。しかし同じインドでもビシュヌ神の化身で厨房の神(財神)としてまつられる場合もある。いずれにせよ密教の中国・日本への流伝とともに現世利益の流れにのり、図像学的には恐ろしい形相は一変し、温和な福の神となる場合がまま見受けられる。中国では食厨神であるが、わが国に伝わると寺の守護神・豊饒神・冥府神・生産神・戦闘神となる。形像は唐時代の神愷撰『大黒天神法』によると、身色は青色で三面六臂の忿怒形像。前と左右の手には横に剣をにぎり、左の次の手には人頸(図像では髻《もとどり》)をつかむ。また右の次の手には羊牝を執る。像の背後には象皮を張り、髑髏を用いて環珞をつくる。胎蔵界曼荼羅はこの所説に同じ。また八臂像もある。さらに日本の大国主命の信仰と習合する大黒天は、財神で義浄撰『南海寄帰内法伝』の所説(神王形坐像で金嚢をかつぎ、左膝を立てて右脚を垂れる)に近似する。武装大黒として明寿院(滋賀県)、袍衣大黒は観世音寺(福岡県)・延暦寺(正安三年(一三〇一)銘、滋賀県。以上重要文化財)のものがある。なお俵にのる立像作例では高田寺(愛知県)のものが室町時代で古い。　　　　　　　　　　（真鍋　俊照）

だいこくてんしんこう　大黒天信仰　恵比須と並称される福神の信仰。元来大黒(摩訶迦羅 Mahākāla)は、印度では天地の暗黒面の働きを示す黒色忿怒相の神で、やがてシバやビシュヌもしくは地天の化身とし、または閻魔王の同格神として、戦闘・財福・冥府神の三神格を兼有し、密教でも胎蔵界最外院北方の三面六臂の姿として示されたが、やがて七世紀末渡印した唐の義浄が『南海寄帰内法伝』に西方諸大寺で厨房の柱側や庫前に祀る金嚢を持ち床几に左膝を立て右脚を垂れた黒色神王状を記すように、特に厨房を守る護法善神とされた。中国へはこの風が伝わり、わが国へも最澄により齎らされたという。叡山では毘沙門・弁天との三面をもつ出世大黒が厨房に祀られ、興福寺弁財天社の地下には百体大黒埋納が伝えられた。のち梵妻を大黒、居室の主柱を大黒柱と呼ぶ風もここから生じた。また叡山の地主神を大物主とするところから大黒と大国主とが習合され、福袋と打出の小槌を持ち米俵を踏まえる純和風の姿も一般化した。大黒天信仰は鎌倉から室町時代にかけて次第に民間に定着し、江戸時代には特に商家で七福神の一と仰がれ大黒舞もてはやされ、農家では米俵の霊として広く農神または田の神とする風が浸透した。さらに大国主との関連から子《ね》の神とも習合して鼠をその使いとし、また甲子の晩に大黒講を催す風も生じ、子の月である十一月の丑の日に刈入れの大黒祭をしたり、事八日翌夜を大黒の年夜とする習しも生じた。→甲子待《こうしまち》

参考文献　長沼賢海『日本宗教史の研究』、喜田貞吉『福神研究』、柳田国男編『歳時習俗語彙』
（中村　康隆）

たいこだにいなりじんじゃ　太鼓谷稲成神社　島根県鹿《かの》足《あし》郡津和野町後田《うしろだ》に鎮座。かつて稲成神社と呼ばれた。旧郷社。祭神は宇迦之御魂大神・伊弉冉尊。安永二年(一七七三)津和野藩主亀井矩貞が、津和野城山鎮護のために、伏見稲荷を城山太鼓谷に勧請したもの。廃藩とともに、城山鎮護の社から庶民の崇敬するところとなり、第二次大戦後、津和野の観光地化とともに、参拝者が増大して、日本五大稲荷の一つに数えられるようになった。現在、初午大祭は二月初午日、旧初午大祭は三月旧初午日、春季大祭は五月十五日、例祭は十一月十五日・十六日、新嘗祭は十一月二十三日となっている。同社には、伊能忠敬の測量図の縮図である「紙本著色日本国地理測量之図」や「紙本著色東三拾三国沿岸測量之図」、天球儀・地球儀(いずれも島根県指定有形文化財)などが所蔵されているが、いずれも、津和野藩士で、幕府天文方に勤仕した堀田仁助が主家の亀井家に献上したものが、同家から寄進されたものである。

参考文献　『島根県の歴史散歩』、島根県神社庁編『神国島根』
（佐伯　徳哉）

たいさい　大祭　皇室、神宮、神社の祭祀を区分する一つで最も重要なる祭祀。祭祀を区分することは古代律令時代の神祇令以来の伝統であるが、近代に入って明確化した。皇室祭祀令(明治四十一年(一九〇八)皇室令)では、祭祀を大祭と小祭とに区分し、大祭は天皇が皇族および官僚を率いて親祭することを定め、元始祭・紀元節祭・春季皇霊祭・春季神殿祭・神武天皇祭・秋季皇霊祭・秋季神殿祭・神嘗祭《かんなめさい》・新嘗祭《にいなめさい》・先帝祭などを大祭とした。神宮祭祀令(大正三年(一九一四)勅令)では、大・中・小祭の三区分とし、大祭には祈年祭・神御衣祭《かんみそのまつり》・月次祭・神嘗祭・新嘗祭・遷宮祭・臨時奉幣祭を定め、その祭式などは従前のとおりとした。官国幣社以下神社祭祀令(大正三年勅令)では、大・中・小祭の三区分とし、大祭には祈年祭・新嘗祭・例祭・遷座祭・臨時奉幣祭などを定めた。全国神社にあっては、本祭祀令にもとづき官国幣社以下神社祭式(大正三年内務省令)が示され、祭式次第や祝詞を具体的に定めた。
（茂木　貞純）

たいざんぶくんさい　泰山府君祭　陰陽道の祭祀。一名七献上章祭。天皇をはじめとする貴人一般の間で延命益算・富貴栄達・消災度厄を祈願して、定期的には本命日や毎四季・毎月などに、臨時には病事・産事や天変・怪異・三合厄・太一定分厄などに際して行われた。祭儀は、冥道十二神(閻羅天子・五道大神・泰山府君・天地水官・司命・司禄・本命・開路将軍・土地霊祇・家親丈人)を勧請し、撫物として鏡を用い、金銀幣帛や銀銭・鞍置馬・勇奴を捧げ、陰陽師が都状(奥署の下に「謹啓」「謹状」

と書く祭文。各神座ごとを含め計十三通。黄紙に朱書。署名は願主の自署）を読み、焼香・献酒・礼拝（両段再拝）し、願主もふつう精進潔斎して祭庭に臨み祈念する。まつり終って祭物などは焼却し、願主は撫物の鏡を見る。祭場は願主第宅の南庭や陰陽師宅、まれに霊所七瀬や赤山明神など。祭物は『陰陽道祭用物帳』ほかにみえる。本祭は道教の泰（太）山府君信仰に由来するようであるが、泰山府君が地獄の判官として人の生死を司るという信仰は、古代中国の東岳泰山の司過信仰が仏教の冥界思想と習合して六朝時代ころ以前に泰山地獄の信仰となり、さらに閻羅天子や五道大神と結び付き道教・一般仏教・唐代密教などにわたる冥道信仰に発達したもので、本祭は、この冥道信仰と先行の三元祭・本命祭などの司過信仰とが結合して、十世紀後半ころに成立したと思われる。なお泰山府君を含む冥道信仰は、わが国の密教修法や宿曜道・修験道にも見出され、また泰山府君は中世の起請文にも影響し、近世の土御門神道では主神とされた。

参考文献 村山修一『日本陰陽道史総説』、長部和雄「唐代密教における閻羅王と太山府君」（『唐宋密教史論考』所収）、滝川政次郎「一代一度の天曹地府祭」（『律令と大嘗祭』所収）、酒井忠夫「太山信仰の研究」（『史潮』七ノ二）、小田義久「五道大神攷」（『東方宗教』四八）、西田直二郎「泰山府君祭に就きて」（京都文学会『芸文』六ノ三）、小坂真二「天曹地府祭」（『悠久』九五）

（小坂 真二）

たいし 大祀 ⇨祭祀《さいし》

たいしゃきょう 大社教 出雲大社の講を基盤とする神道系宗教。明治六年（一八七三）出雲国造第八十代、出雲大社大宮司千家尊福《せんげたかとみ》は、国民に敬神崇祖の念を広め、出雲大社の祭神大国主命の経国・治幽・和譲の精神を普及するため、出雲大社敬神講を組織し、同九年出雲大社教会と改称した。千家は、出雲大社に氏子の祖霊を祀る祖霊社を設け、神道による安心立命を唱えた。神道事務局が新設する神宮遙拝殿の祭神をめぐって、千家は、造化三神と天照大神の四柱を祭神として主張する田中頼庸が率いる伊勢派に対し、大国主命を加えた五柱を主張して、いわゆる祭神論争が起り、神道界は紛糾した。千家ら出雲派の主張は勅裁によって退けられたが、祭神論争によって明確となった祭祀と宗教の分離の方向に沿い、大社教会は同十五年教派神道の一派として神道大社派の教名で独立を許され、千家が大宮司を辞任して初代管長となった。独立に伴い、宗祠として来た出雲大社と分離して新たに神殿を設け、本祠とした。大社教では、教祖を出雲国造の祖天穂日命とする。祭神は大国主命（主神）・造化三神・天照大神・産土神の六神で、教典に『教旨大要』『大道要義』がある。教義には復古神道の影響が強く、顕界の事は皇上に服従し、幽界の事は大国主命を信奉するとして、大国主命の信仰と天皇崇拝を一体化した。大社教の教義の基本は、大国主命を、霊魂の世界、聖の世界である幽冥界の主宰者として信仰することにあり、国家神道とは異質な独自性がみられる。大社教は、昭和二十一年（一九四六）教名を出雲大社教と改めた。同二十六年出雲大社を宗祠とする本来の形に復し、教名を出雲《いずも》大社《おおやしろ》教とした。平成十一年（一九九九）末現在、教会二四二、教師八一五八、信者一二五万四二七八（文化庁編『宗教年鑑』平成十二年版）。

明治15年ころの神道大社派本院

参考文献 田中義能『大社教の研究』、千家尊統『出雲大社』 ↓祭神論《さいじんろん》 ↓千家尊福《せんげたかとみ》

（村上 重良）

たいしゃ・しょうしゃ 大社・小社 制度上における社格の高下を示す。『延喜式』では神名帳所載のいわゆる官社について、大社と小社に分けており、中社の称はみられない。すなわち総計二千八百六十一所（三千百三十二座）のうち、大社は三百五十三所、小社は二千五百八所であり、その名を載せるが、大・小ともさらに官幣と国幣の区別を設けている。明治の社格制度は律令制下のそれを参酌して行なったが、全国の神社を官社と諸社の二種に大別し、官社は官幣社と国幣社に分け、おのおの大・中・小の三等を置き、さらに別格官幣社（官幣小社に準ずる待遇）の一階を加えた。神社の国家管理廃止時（昭和二十一年（一九四六）二月二日）における官国幣社の総数は二百六社であるが、その内訳は官幣大社五十九、同中社二十二、同小社五、国幣大社六、同中社四十七、同小社三十九、別格官幣社二十八である。なお、制度上の社格とは別に、その神社の神威・規模・由緒などを誇称して特に大社と称する場合がある。『延喜式』神名帳に記載する伊勢国度会郡川原大社や近江国栗太郡小槻大社は、国幣の小社でありながら大社と称するのであるが、おそらくその地域内では他社にまさる位置を保持していたがためであろう。また明治の神社制度にあって大社号は出雲大社のみに限られていたが、戦後の社格廃止に伴って春日大社・住吉

大社・伏見稲荷大社・諏訪大社など大社を称する神社が増加している。↓社格《しゃかく》

参考文献 吉井良晃『神社制度史の研究』、宮城栄昌『延喜式の研究』論述篇 （土岐 昌訓）

たいしゃづくり 大社造 島根県簸川郡大社町にある出雲大社本殿（国宝）を代表とする神社本殿形式をいう。出雲大社本殿は梁行二間、桁行二間の正方形の平面をもち、一辺三丈六尺（一〇・九㍍）、千木の先端までの高さ八丈の巨大な建物である。切妻造妻入で四周に高欄付きの縁をめぐらし、正面の向かって右の間に板扉を開き、その前に登高欄と棟の傾斜する屋根とをもつ階段を設ける。正面向かって左の間には蔀戸を釣るが、正面以外の三方を板壁とする。檜皮葺の屋根は緩やかな反りをもち、大棟上に堅魚木三本と両端に千木を置く。殿内中央には特に太い柱が立ち、この柱と右の側面中央柱との間に板壁が作られ、その奥に内殿を左向きに安置する。出雲大社は記紀や風土記に創立譚をもち、また古来高大な本殿をもつことで著名であった。中世以前の本殿は掘立柱で破風を延長した千木をもち、縁は縁束をもたず柱から腰組によって張り出していた。したがって大社造の主要な特色は九本の柱からなる特異な平面と、正背面中央の柱を棟持柱とする点などに求められる。大社造は島根県内にのみ分布する形式であって出雲国造家の勢力範囲と関連をもつであろう。神社によって正面階段を向かって右に設けるものと左のものとがあり、また内殿の向きや内部間仕切の位置に左右の別がある。大社造最古の遺構は天正十一年（一五八三）再興の神魂《かもす》神社本殿（松江市大庭町所在、国宝）である。

参考文献 福山敏男「出雲大社の社殿」（『日本建築史研究』所収） （稲垣 栄三）

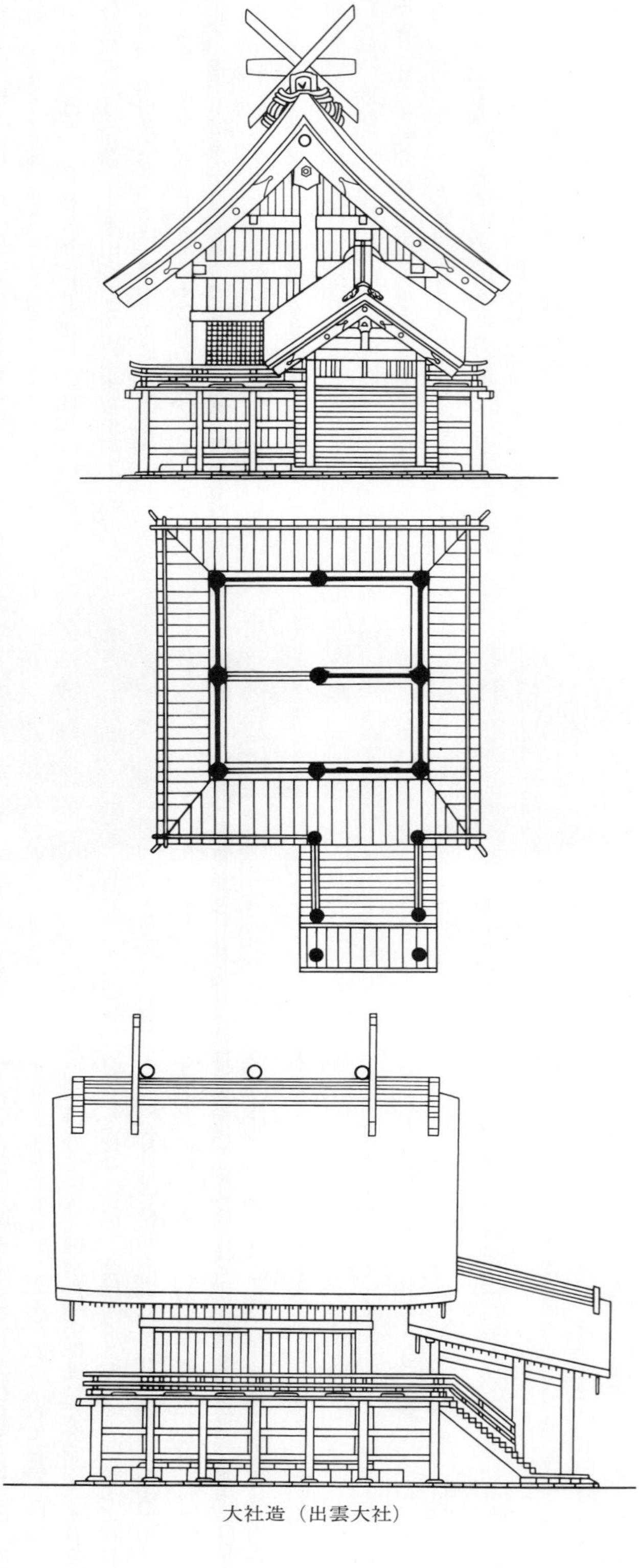

大社造（出雲大社）

だいじょうえ 大嘗会 ⇩大嘗祭《だいじょうさい》

だいじょうえぎしきぐしゃく 大嘗会儀式具釈 桜町天皇の大嘗会に関連して、大嘗会について考証した書。著者荷田在満。九巻。幕命により、元文三年（一七三八）十一月十九日に行われた桜町天皇の大嘗会は実父の服喪のため拝観叶わざりしも直接朝廷有司に質し、詳密な考証調査を遂げて撰進したもの。在満は田安家に出仕しており、同家より幕府に推挙されたのである。翌四年、大嘗会について簡略に記した『大嘗会便蒙』を出版したところ、京都公卿の抗議に会い、同五年九月幕府より板木および刷本を提出させられ、在満は閉門を仰せ付けられた。この一件については在満の手記にかかる『大嘗会便蒙御咎顚末』がある。『荷田全集』七（『便蒙』『御咎顚末』とも）、『（新註）皇学叢書』七などに所収されている。 （是澤 恭三）

だいじょうえごけい 大嘗会御禊 大嘗祭に先立って、十月下旬に天皇が河原に臨んで行う禊祓《みそぎはらえ》。単に御禊とのみいうことが多いが、河原御禊《かわらのごけい》・豊《とよ》の禊《みそぎ》ともいう。平安時代以降は十一月一日から大嘗祭の散斎に入るので、その直前に行う禊祓である。この行事に先立って九月中旬に御禊装束司《ごけいしょうぞくし》と御禊次第司が任命され、御禊の地の点定や幄舎《あくしゃ》などの準備が始まる。当日は天皇は大臣以下の文武百官を従えて河原頓宮に赴く。これを御禊行幸という。頓宮に設けられた御禊幄に入り、そこの百子帳《はくしちょう》の中で御禊が行われる。天皇の手水の後、神祇官から大麻《おおぬさ》・御贖《みあが》物《もの》(解縄《ときなわ》・散米《さんまい》・人形《ひとがた》)を献じ、中臣女と御巫《みかなぎ》が奉仕して大麻による一吻一撫を行い、贖物の人形で御体を撫で、縄を解き、散米する。この間に神祇官の宮主《みやじ》が解除詞《はらえのことば》を奏し、終って大炊寮官人が五穀を撒く。同行した皇后についても同じ行事がある。以上の解除《はらえ》の儀が終ると御膳《ごぜんの》幄《あく》に移り供膳の儀があって内裏に還る。御禊行幸は、鳳輦が用いられ、従う官人たちも唐鞍《からぐら》の馬に乗り、女官たちは衣を出して牛車にのるなど、非常に華やかで人数も多いものであったから、沿道には桟敷が設けられて上皇以下庶民に至るまで見物したという。御禊を行う河原は、古くは一定しなかったらしく、平安時代初期でも葛野川・松崎川・佐比川などが選ばれており、平城天皇は葛野川で御禊を行なったが、伊予親王の事件で大嘗祭がとりやめられ、翌年改めて琵琶湖畔の大津で行なっている。仁明天皇即位(天長十年(八三三))以後、賀茂川に定まった。戦国時代以降、大嘗祭の中断とともに絶えた。東山天皇の大嘗祭再興(貞享四年(一六八七))に伴って御禊も復活したが、この時以後、清涼殿東庭で行われることとなり、御禊行幸は再興をみなかった。

[参考文献] 『儀式』二(『(新訂増補)故実叢書』三二)、『江家次第』一四(同二)、荷田在満『大嘗会儀式具釈』(『荷田全集』七)、佐伯有義「大嘗会と潔斎」(『中央史壇』一四ノ六)

(岡田　精司)

だいじょうえべんもう 大嘗会便蒙 桜町《さくらまち》天皇の元文三年(一七三八)の大嘗祭の実情調査にもとづく諸儀式の解説書。荷田在満《かだのありまろ》著。二巻二冊。元文四年刊。大嘗祭は戦国時代をはさみ二百年余の中絶があったが東山《ひがしやま》天皇の時に再興。次の中御門《なかみかど》天皇代では行われず、桜町天皇から再び執り行われることになった。在満は幕府の命をうけて、その行事の情報を収集した。それを集成したのが詳細な『大嘗会儀式具釈』九巻。門人らの求めて、その梗概を平易にまとめ直して出版したのが本書である。ところが特に秘事とすべきことが公開されているのでもないのに、幕府の朝廷への憚りから、版木没収と閉門の処分をうけた。内容は江戸時代の大嘗祭の実態を踏まえた格好の入門書になっているが、後土御門《ごつちみかど》天皇の大嘗祭をなかったとするなど誤りや注意すべき記述もみられる。『荷田春満《あずままろ》集』一〇(在満集)、田中初夫『践祚大嘗祭』資料篇、『神道大系』朝儀祭祀編五に収める。

(高森　明勅)

だいじょうえやく 大嘗会役 天皇即位の後に挙行される大嘗会の用途調達のため、諸国の荘園・公領に課された臨時課税。平安時代には米・絹などが徴収されており、中世には銭納も行われた。十世紀段階までの諸国における大嘗会用途調達形態は、大嘗会行事所からの所課を、国司が正税を用いて交易し進上するものであった。しかし、公出挙制の解体に伴う正税の減直化・無直化に直面した国司は、これを管下の荘園・公領より無償で臨時加徴するようになっていった。大嘗会役としての成立は、このような転換が国家により公認された時期に求められるが、いまこれを確定することはむずかしい。しかし、康治元年(一一四二)近衛天皇の大嘗会の際には「大嘗会役」「大嘗会所課雑事」「大嘗会所役」などとして所見することから、おそくとも十二世紀半ばまでには成立していたとみられる。さらに、同じころ大嘗会役は造内裏役・造大神宮役夫工米などと同様、勅事として、また一国平均役として課されてくる。しかし、大嘗会役が免除された荘園も多かったらしく、元暦元年(一一八四)には三百荘にも及んだという(『吉記』元暦元年十一月三日条)。鎌倉時代になると、仁治三年(一二四二)後嵯峨天皇の大嘗会用途として、諸国諸荘に大嘗会米が田数注文に基づき賦課された事例(『平戸記』仁治三年六月二十八日条)をはじめとして、文永十一年(一二七四)後宇多天皇の大嘗会の際には、諸国に「大嘗会者、天下之重事、諸国之課役也、是以所レ被レ宛二召段別三升米一也」とする宣旨が下されて段米が徴収されたように(『常陸国惣社宮文書』)、大嘗会役は段米もしくは段銭として賦課徴収されるようになる。そして、このような形態は、室町時代にも幕府段銭(米)として継承されていくのである。

[参考文献] 小山田義夫「大嘗会役小考—平安期を中心として—」(木代修一先生喜寿記念会編『日本文化の社会的基盤』所収)、百瀬今朝雄「段銭考」(宝月圭吾先生還暦記念会編『日本社会経済史研究』中世編所収)、阿部猛「段米・段銭の研究」(『史潮』六四・六五合併号)、木本好信「平安時代の大嘗会行事所」(『神道史研究』三三ノ二)

(詫間　直樹)

だいじょうえわか 大嘗会和歌 天皇の践祚大嘗祭に使用する悠紀《ゆき》・主基《すき》屏風に書く和歌。大嘗会屏風和歌・大嘗会悠紀主基和歌ともいう。時代によって変遷があるが、平安時代中期からほぼ一定し、悠紀・主基を各一人で詠むことになり、一人は儒者、一人は歌人と定められた。大嘗祭の神饌供出にあたる悠紀・主基に卜定された国郡に伝唱された風俗の歌舞については、大嘗会の記録に記されている。風俗歌は、貞観後年の撰といわれる『儀式』などによると、卯日大嘗祭の稲春歌・風俗歌舞にうたわれる歌(神あそび歌)、辰日悠紀節会・巳日主基節会・午日豊明節会の各日の儀の、参入音声・楽破・楽急・退出音声などにうたわれる歌に細別でき、稲春歌は新作されたが、他については注記がない。『古今和歌集』によると醍醐天皇大嘗会の悠紀風俗歌が新作(大伴黒主作)され、また『帝王編年記』によれば屏風の筆者は小野美材と記されている。風俗歌新作と屏風筆者の初見である。このように醍醐天皇大嘗会において、うたうべき国風の歌が新作され、またそれ以前使用されていた唐風屏風にかわって悠紀・主基国郡の名所が画かれた和風屏風が用いられ、その風俗和歌がはじめて書かれたと推定できる。すなわちうたわれる風俗歌と書かれる屏風歌に分かれたことになろう。また、宇多天皇大嘗会以後は、悠紀は近江国に固定し、主基は播磨・丹波・備中の三国に限定される。したがってその国郡の伝唱歌には限りがあるし、また前述のように歌数も多く要求されるので、大嘗会和歌が新作されるようになったのは当然の成行きといえよう。『拾遺和歌集』に冷泉・円融天皇大嘗会風俗の新作歌が二十首も収載され、後代の勅撰集・私家集などにほぼ三条天皇以降の風俗屏風歌が収載されていることは、この事実を示していよう。現存する大嘗会風俗歌は仁明・清和・陽成・光孝・醍醐時(『古今和歌集』)を最古とするが、醍醐天皇時以外は作者名がなく、其地伝唱の風俗歌と推定されている。なお、大嘗会和歌を集成したものに『万葉緯』などがある。

[参考文献] 『袋草紙』上(『日本歌学大系』二)、『八雲御抄』二(同別巻三)　(橋本不美男)

だいじょうきゅう　大嘗宮　大嘗祭において天皇が神事を行う仮設の殿舎。東の悠紀院《ゆきのいん》、西の主基院《すきのいん》、廻立殿《かいりゅうでん》からなる。悠紀院・主基院にはいずれも正殿があり、大嘗《おおにえの》殿《との》ともいう。このほかに膳屋《かしわや》・臼屋《うすや》・廁屋《かわや》などが付属する。正殿は祭場であって、その構造は、南北棟の建物で、南北四丈・東西一丈六尺・柱の高さ一丈、妻入りであった。内部は二部屋からなり、北半分の柱間三間分を室《しつ》、南半分の二間分を堂《どう》という。材料には黒木(皮つき木材)を用い、屋根はカヤ葺きの上に千木《ちぎ》・堅魚木《かつおぎ》を置く。床は地面に束ねた草を敷きならべ、その上に竹の簀《す》を、さらに上に蓆《むしろ》を敷いた。壁はカヤを芯として内・外とも蓆でおおった。室には白端《しろべり》の御畳を重ねた八重畳の神座などが設けられた。堂には神事に奉仕する采女《うねめ》たちの座席がある。入口は堂の南側にのみある。廻立殿は大嘗宮の北にあり、東西棟で広さは正殿とほぼ同じ。その中の御湯殿において天皇は小忌《おみ》の御湯の儀を行なって身を清めてから正殿に入る。大嘗宮は朝堂院の大極殿前の竜尾道南に造営するもので、造営も撤去も悠紀・主基の斎国の人夫によって行われた。祭儀の七日前に着工し、二日前に完成させる。工事の前には地鎮祭、完成後には殿祭と門祭が神祇官の中臣・忌部らによって行われる。大嘗祭の祭儀が終るとすぐ辰の日に撤去し、資材や調度は中臣・忌部に賜わるのが慣例であった。以上は『儀式』『延喜式』によって平安時代前期の形態を述べたが、その位置・形態については時代による変遷があり、近世の大嘗祭再興後は紫宸殿の前に、近代の大正度・昭和度には仙洞御所内に造営された。奈良時代には太政官院(淳仁・光仁・桓武)や薬園(孝謙)など朝堂院以外に設けた例が『続日本紀』にみえるが、平城宮跡の発掘調査において大嘗宮跡と推定される遺構が発見された。昭和五十九年(一九八四)・六十年両年度の調査で、第二次朝堂院の大極殿閤門前の広場において、『儀式』の大嘗宮の記事に合致する柱穴群が発見され、悠紀院に相当する遺構とされている。三時期の遺構が重なっており、このうちA期のものは奈良時代前半、B・C期のものは後半期の遺構と推定されるが、具体的にどの天皇の大嘗に結びつくかは未詳。→悠紀《ゆき》・主基《すき》

[参考文献] 川出清彦『祭祀概説』、池浩三『家屋文鏡の世界』、奈良国立文化財研究所編『(昭和五九年度)平城宮発掘調査概報』、同編『(昭和六〇年度)平城宮発掘調査概報』、関野克「貞観儀式大嘗宮の建築」(『建築史』一ノ一・二)　(岡田　精司)

だいじょうさい　大嘗祭　天皇が即位したのち、最初に挙行する大規模な新嘗《にいなめ》祭のこと。即位に付随する祭儀であって、天皇就任の儀礼そのものではない。「おおにえのまつり」、また単に大嘗《おおにえ》ともいう。近世以前には大嘗会《だいじょうえ》ともよばれたが、これは節会《せちえ》の宴に重きをおいた呼称である。律令時代における毎年秋の新嘗祭との相違は、新嘗祭が十一月下《しも》(または中)の卯・辰の日の二日間の行事で、常設の神嘉殿《しんかでん》を祭場とするのに対し、大嘗祭は卯の日から午の日まで四日間の行事であり、大嘗宮を臨時に造営して祭場とする。また、神饌用の米・粟は新嘗祭が宮内省官田から収穫したものをあてるのに対して、大嘗祭では悠紀《ゆき》・主基《すき》の斎田から収穫したものをあてることも相違点である。神祇令《じんぎりょう》には「凡大嘗者、毎世一年、国司行レ事、以外毎年所司行レ事」と規定されているように、大嘗祭は悠紀・主基の国司が中心になって準備を進めるのに対し、新嘗祭は宮内省など中央官司が準備にあたった。〔行事・儀式〕大嘗祭は即位が七月以前ならばその年の、八月以後ならば翌年の十一月に挙行するのが原則であった。まず悠紀・主基の国郡の卜定《ぼくじょう》に始まり、検校行事の任命があり、八月には斎国に抜穂使《ぬいぼのつかい》を派遣して悠紀・主基の国郡での行事が開始される。九月には両斎国から神饌用の稲・粟をもった雑色人たちが抜穂使らに率いられて上京し、内裏の北方に悠紀と主基の斎場を作り、井を掘り神酒を醸造し、神衣を織るなどの準備にかかる。九月から宮中は散斎《あらいみ》三ヵ月(のち一ヵ月)、致斎《まいみ》三日の物忌に入る。十一月中または下の卯の日が祭の当日であるが、その前日の寅の日に鎮魂祭があることは新嘗祭に同じ。卯の日は、早朝、神祇官で神々を祭り、三百四座の神々に班幣《はんぺい》がある。朝巳の刻に悠紀・主基の斎国の雑色人たちが国司・郡司に率いられて供物の品々を斎場から朝堂院の大嘗宮に運びこむ。造酒児《さかつこ》(斎郡郡司の娘)が輿にのって先導し、神饌用の稲や神酒の輿を中心に節会の料物など多量の食物・調度を、悠紀と主基とそれぞれ朱雀大路の左右に分かれて、羅城門から応天門まで数千人が列

になって搬入する。この時「標《ひょう》の山」という飾物（祇園祭の「山」のごときもの）も運びこまれる。こうして準備がすっかり整うと、大嘗宮の南北の門には物部氏後裔の石《いその》上《かみ》・榎井《えのい》両氏が神楯《かんたて》・神戟《かんほこ》を立て、内物部二人を率いて守りに就く。伴・佐伯二氏は南門の左右の脇にあって時刻がくれば門を開閉する。神事は夜に入って始まる。まず悠紀の神事であるが、天皇は戌の刻に廻立殿《かいりゅうでん》に入り、小忌《おみ》の湯で身を清め衣服を改めてから大嘗宮の悠紀殿に入る。この際の通路には布単《ぬのひとえ》が敷かれ、さらに天皇の通るところだけに葉薦《はごも》が敷かれている。悠紀殿内の奥の間にあたる室《しつ》の中央には八重畳の座が設けられ、坂枕《さかまくら》が置かれる。天皇が殿内に入って神事が始まる前に、南門が開かれ皇太子以下諸臣が大嘗院に入場して定位置につく。この時隼人《はやと》の犬吠《いぬぼえ》がある。続いて吉野の国栖奏《くずそう》、諸国の語部による古詞《ふるごと》の奏上、また悠紀・主基の斎国による国《くに》風《ぶり》など地方の芸能が奏され、隼人の歌舞も奏される。やがて亥の刻に安曇《あずみ》・高橋両氏が内膳司の官人と采女《うねめ》を率いて松明を先頭に神饌を納めた筥などを悠紀殿に運びこむ。これを「神饌行立《しんせんぎょうりゅう》」という。続いて最も重要な天皇が神に食物を供え、みずからもたべる「神饌親供《しんせんしんぐ》」の儀が始まる。陪膳の采女たちが奉仕して、八重畳の東の神座と御座に米と粟の飯・粥に黒酒《くろき》・白酒《しろき》を中心とした数々の料理の品々の神と天皇の膳を並べる。天皇は神の食《け》薦《ごも》の上に神饌の品々を十枚の葉盤《ひらで》に取り分けたものを供え、その神饌の上に神酒をそそぐ。そして天皇も箸をとってたべる形をとる。この神事が神饌親供である。以上の小忌の湯から神饌親供に至る神事や、諸国の芸能奏上は、主基殿においても丑の刻から寅の刻まで主基の神事としてくり返される。以上で辰の日の暁方に神事は終り、以下豊楽《ぶらく》院において三日間続く節会に移る。豊楽院は平安宮では朝堂院の西に隣接する。第二日辰の日には豊楽院に悠紀・主基の御帳が東西に並べて設けられる。天皇は朝辰二点に豊楽院の悠紀御帳に入る。皇太子大臣以下も庭上に整列し、ここで中臣寿詞《なかとみのよごと》奏上や忌部による神器の鏡剣献上という即位儀そのままの儀式がある。次に悠紀・主基の国からの多米都物《ためつもの》の酒・菓子などの品目を奏上、続いて巳の刻から悠紀の御膳があり、五位以上に膳を給わり、六位以下が参入して風俗楽を奏し、悠紀国の国風《くにぶり》の歌がある。午後は主基の御帳に移り、午前と同様に主基の御膳と宴があり、官人たちに賜禄がある。第三日の巳の日も前日とほぼ同様で、午前に悠紀帳における御膳と五位以上の宴に和舞《やまとまい》、午後は主基帳に移り、御膳と宴になり、田舞や主基の国風と風俗歌がある。ただこの日は寿詞奏上や神器献上の儀はない。辰の日には悠紀の国司らに、巳の日には主基の国司らにそれぞれ賜禄がある。第四日の午の日は前の二日よりもくだけた感じの宴で、豊明節会《とよのあかりのせちえ》という。豊楽院に高御座《たかみくら》を設け、豊楽院の前に舞台を作る。朝、辰の刻に天皇出御して大嘗祭の功労者に叙位があり宣命が下される。終って饗宴となる。宴の間に吉野の国栖奏、久米舞、吉志舞《きしまい》、悠紀・主基両国の風俗《ふぞく》舞、さらに舞姫たちによる五節舞《ごせちのまい》がある。そして一同拝舞《はいぶ》の後、解斎の和舞があって、四日間の儀式をすべて終る。平安時代には巳の日の夜、豊楽院後房で清《せい》暑堂《しょどうの》御神楽《みかぐら》があって、天皇・公卿らは「徹夜歓楽」（『三代実録』元慶八年（八八四））と歓をつくす宴であった。さらに未の日には六位以下の官人と斎国の郡司人夫らに叙位賜禄、十一月晦日に大祓《おおはらえ》があってすべての行事が完了する。

〔起源と変遷〕『日本書紀』には大嘗祭を反映した伝承もみられないし、確実な記事は持統天皇四年（六九〇）までみられない。しかし天武朝にも悠紀・主基斎田を設定した「大嘗」の記事があり、これを新嘗とみるか否か議論がある。大嘗祭は七世紀後半の天武朝または持統朝に開始されたとみるのが妥当であろう。大嘗とは大新嘗の約とされるが、神祇令には「毎年」の新嘗祭にも「毎世」の大嘗祭にも、同じ「大嘗」の語を用いていることは、大嘗祭が新嘗祭から分化した時代が新しいことの証拠とみられよう。大嘗殿に置かれた「八重畳」を折口信《おりくちしの》夫《ぶ》が天孫降臨神話でニニギが包まれて降ったというマドコオブスマに見たてたことは有名で、折口はこれを天皇霊の問題にまで展開させた。しかし大嘗祭の中心神事である神饌親供に相当する食物のことをはじめ、天孫降臨神話には大嘗祭の祭儀の実態と対応するところがほとんどないので、折口説は疑問である。近年は松前健の海神宮神話と大嘗祭との対応説を支持する研究が少なくない。上述の祭儀次第は平安時代前期の形態で、律令制下で整えられた形式である。しかし、辰の日に即位儀と同じ儀礼があることについては、本来のものか桓武朝前後の改変によるものか見解が分かれている。神座の形式など細部にはかなりの変化があったらしいが、基本的な形式は中世まで維持された。中世には承久の乱で退位した仲恭天皇や、南北朝内乱期の後村上・後亀山両天皇のように大嘗祭を挙行できなかった天皇もあった。室町時代には幕府が特に段銭・段米を課して費用にあてることがあった。応仁の乱が起る前年の文正元年（一四六六）に挙行した後土御門天皇の時を最後として戦乱のため二百二十年中断。江戸時代の東山天皇の即位にあたって貞享四年（一六八七）に簡略な形で復興された。次の中御門天皇は挙行せず、桜町天皇即位後の元文三年（一七三八）からは継続して今日に至っている。しかし長期の中断のため完全な復元は困難で失われた行事も多く、細部はかなり変わっている。明治四年（一八七一）の際は東京皇居の吹上御苑を祭場とした。明治四十二年に即位関係の法規として登極令が、伊藤博文の主導で制定されると、新天皇は京都御所に行幸し、即位礼と関連の儀式を挙行することになる。古来、即位の後必ず半年から数年の間隔をおいて挙行されていた大嘗祭が、一週間ほどのあいだに連続して行われることになる。また大嘗の宴も大饗の儀として分離し、大礼の一環として、即位・大嘗・大饗の三つの儀が御所内で連続して挙行されることになる。ここにおいて古来の大嘗祭の性格が一変し、即位礼に連続した儀式となる。大嘗祭についての衾と霊魂を重視する多くの空間的推論は、登極令の儀礼を前提として発生した。また登極令によって、即位・大嘗祭と関連行事は、京都御所において挙行されることとなり、大正・昭和の二代がこの法律によって行われた。戦後、登極令は廃止されたが、平成の即位礼も場所を東京の皇居に移しただけで、登極令に準拠した形式で挙行された。↓即位《そくい》 ↓大嘗《だいじょう》宮《きゅう》 ↓新嘗祭《にいなめさい》 ↓悠紀《ゆき》・主基《すき》

参考文献 『古事類苑』神祇部一、国史講習会編『御即位礼と大嘗祭』、出雲路通次郎『大礼と朝儀』、川出清彦『祭祀概説』、皇学館大学神道研究所編『大嘗祭の研究』、岩井忠熊・岡田精司編『天皇代替わり儀式の歴史的展開』、岡田精司「大王就任儀礼の原形とその展開」(『古代祭祀の史的研究』所収)、同「折口信夫の大嘗祭論と登極令」(同所収)、松前健「日向神話の形成」(『日本神話の形成』所収)、武部敏夫「貞享度大嘗会の再興について」(『書陵部紀要』四)、高木博志「天皇就任儀礼」(『近代天皇制の文化史的研究』所収)

(岡田 精司)

たいしりゅうしんとう 太子流神道 聖徳太子を祖と仰ぐ神道説の一流派。室町時代末期に卜部兼邦が著わした『兼邦百首歌抄』によると、神道の流派には、聖徳太子・吉田卜部・弘法大師・三輪鏡円聖人の四派があり、聖徳太子の流れを汲む一派も、その一つに数えられている。吉田神道の大成者、卜部兼倶の唱えた根本枝葉花実説は、聖徳太子の密奏言として仮託されており、太子編修と称されてきた『旧事本紀』は、記紀とともに三部の本書といって神典視された。近世初期には、僧潮音と伊雑宮祠官長野(永野)采女の手に成るといわれる『旧事大成経』が著作され、聖徳太子に仮託して神儒仏三教一致の思想が説かれた。のち僧大我、武蔵府中の依田貞鎮(偏無為)らは『旧事大成経』の所説を祖述して太子流神道の宣揚に努め、その一派を物部神道とも称した。太子流神道と紛らわしい読みの神道流派に大師流神道がある。これは伝教・弘法・慈覚・智証の四大師に仮託された両部習合系の神道を指す。↓旧事大成経《くじたいせいきょう》

参考文献 河野省三『神道史の研究』

(岡田 荘司)

だいしりゅうしんとう 大師流神道 ⇩両部神道《りょうぶしんとう》

だいじんぐうぎしきげ 大神宮儀式解 『皇太神宮儀式帳』の注釈書。中川(荒木田)経雅《つねただ》著。三十巻。安永四年(一七七五)成立。経雅は江戸時代後期の神宮禰宜である。この書名の「儀式解」は「ぎしきげ」(『国書総目録』)とも「ぎしきかい」(『神道大辞典』)とも読まれる。経雅は安永元年から翌年にかけて儀式帳を書写し、頭注を加えたりしながら研究を進め(『太神宮儀式帳頭註』という)、安永二年より執筆を開始、同四年閏十二月一旦成稿。しかしその後も所見や校合を加える一方、これらについて本居宣長に批評校閲を請うたところ、宣長も快く応じ、両者の間で意見交換がなされた。脱稿後も推敲を加えて浄書したものが四部にのぼるという。宣長の序、荒木田守諸の跋を加えた自筆稿本が神宮文庫ほかに現存する。『皇太神宮儀式帳』の語句に詳細な注釈を施し、同書研究史上特筆すべき位置を占めている。『大神宮叢書』に『大神宮儀式解』前・後篇二冊として所収されており、後篇は『外宮儀式解』(橋村正兌著)と合冊である。↓荒木田経雅《あらきだつねただ》

参考文献 「中川経雅卿編著解題」(『大神宮儀式解』後篇附録)

(平泉 隆房)

だいじんぐうこじるいさん 大神宮故事類纂 伊勢神宮に関する文献を収集し、それらを整理類聚して神宮についての根本史料をつくることを目的として編纂された書物。明治三十二年(一八九九)内務大臣の認可を受けて神宮司庁が編纂にあたり、同四十三年完了、全三百七十一冊。集積された史料を神宮部・神領部・祭祀部・遷宮部・職員部・雑載部の六部門に分け、『古事類苑』の体裁にならっている。事業の進捗に伴って、旧社家相伝の家説聞き取りや参宮道の調査も行うなど完全を期したため事業の延期継続も再三に及んだが、今日すでに散逸した幾多の資史料を含んでいる。また、明治の大改革前後の神宮祭祀の実態を伝えていること、近世の御師《おし》関係の史料が充実していること、嘉永二年(一八四九)および明治二年の遷宮についての別記を付していること、などをはじめ、その史料的価値は高く、今日なお神宮研究の基礎たり得るものである。マイクロフィルムの形で公刊され、解説が付されている。

(平泉 隆房)

だいじんぐうごそうでんけさき 太神宮御相伝袈裟記 伊勢神宮の神仏習合を示す信仰譚で、永徳二年(一三八二)閏正月十日に臨済僧別峯大珠が神宮に参詣したとき、鎌倉時代の臨済僧心地(無本)覚心が奉納したという藕絲《ぐうし》の袈裟を、外宮禰宜度会貞昌に贈られたことを記した書。著者は臨済僧鼓山大随。一巻。成立は永徳二年十二月二十八日。内容は五段で構成。第一に、袈裟は信を表すものだから相伝すべきものと説く。第二に、貞昌が神宮神殿に蔵する袈裟を別峯に付与せよとの大神の夢告を二度得たので、九人の禰宜と評議し、同年六月三日に神勅を伝えて贈ったという経緯を記す。このことは『東福紀年録』(『群書類従』釈家部)にもみえる。第三は、建長元年(一二四九)に渡宋した心地は天台山石橋路上で一童から袈裟を付与され、帰国後神宮に参詣したとき、神勅によりこの袈裟を奉献したという由来を記す。第四に心地が同年八月に再度神宮に参詣したとき、外宮内殿から三尺余の白蛇が出て心地の袈裟から離れなかったので、念誦すると愛惜するように内殿から去ったという霊験譚を記す。第五は本書作成の理由を、これらの霊験を後進に伝えるためとする。なお原本は京都東福寺所蔵で、それにはこの袈裟の相伝過程を記した貞昌自筆の「由良開山心地聖人御袈裟相伝次第」が付されている。刊本に『群書類従』釈家部がある。

参考文献 『群書解題』一六下

(藤本 元啓)

だいじんぐうごりしょうき　大神宮御利生記　伊勢神宮の利益《りやく》に関する霊験《れいげん》話や巷説《こうせつ》を集録した霊験説話集。大神宮とは、伊勢神宮のことを指し、利生は、仏教語で仏や菩薩が衆生《しゆじよう》を救済する利益や、利益するための手立ての意味である。上下二巻。編著者は未詳である。巻末に、「宝永貳(二)年(一七〇五)酉ノ四月廿一日　菱屋次兵衛」の刊記と刊行者名がみられる。伊勢神宮の利生に関する説話二十六項を収めている。これら説話は武士から町人まであらゆる階層が対象となっているが、地域としては京・大坂・江戸とその周辺の巷説が多くみられる。その内容は抜参や参宮、病気平癒、御祓大麻《おはらいたいま》に関する霊験話や利生に関するものがほとんどであり、なかでも内宮御師田中七郎大夫の御祓箱による悪霊退散の話や、大々神楽《だいだいかぐら》(太々神楽)の御祓の霊験により娘の角の病が全快した話、二日で抜参をすませた話など、当時の伊勢信仰の一端を知ることができる。なお挿絵の掲載状況から、少なくとも挿絵の異なる二種の刊本が存在したと考えられる。

(岡田　芳幸)

だいじんぐうさんけいき　太神宮参詣記　⇨伊勢太神宮《いせだいじんぐう》参詣記《さんけいき》

だいじんぐうしょぞうじき　大神宮諸雑事記　垂仁天皇二十五年より後三条天皇延久元年(一〇六九)に至るまでの伊勢神宮に関する重要事件を編年体に記述した内宮祠官家相伝の古記録。二巻。第一巻は、垂仁天皇即位二十五年天照坐皇大神の御鎮座より筆を起し、景行・雄略・用明・孝徳・天武・持統・元明・元正・聖武・孝謙・淳仁・称徳・光仁・桓武・平城・嵯峨・淳和・(仁明)・文徳・清和・陽成・光孝・宇多・醍醐・朱雀・村上・冷泉・円融・一条・三条の各天皇、そして次の後一条天皇長元八年(一〇三五)九月までの三十二代の御世、第二巻は、後朱雀天皇長暦元年(一〇三七)より後三条天皇延久元年十一月十二日までの三代の治世の記録である。編者および成立の次第は、巻尾の奥書によると、「此古記文者、故従二致仕官長徳雄神主一以往相伝来也」とあって、内宮禰宜職であった荒木田徳雄神主家に古くより伝来した古記文に、興忠―氏長―延利―延基と次第に伝えてみずからこれに書き継いで来たものとあって、古記文の成立は徳雄神主(貞観十年(八六八)より延喜五年(九〇五)まで三十八年間禰宜職)の時代と察せられる。なお第二巻は当時の官長であった延基神主の詳密な記録で、第一・第二の全巻を通じていえることは内宮祠官家に伝承された古記録であり、しかも編年体記録の欠如している時代の唯一の史料であり、度会益弘がその伝本を「近世希有之書也」と称讃しているように、まことに貴重な記録である。『群書類従』神祇部などに所収。

参考文献　『群書解題』一上、阪本広太郎校訂『太神宮諸雑事記』解題(『(新校)群書類従』神祇部)、吉見幸和『難太神宮諸雑事記』一

(鈴木　義一)

だいじんぐうじんぎほんぎ　太神宮神祇本紀　初期伊勢神道に関わる書。『太(大)神宮本紀(記)』『神代本記』『神祇本記』『神宮本記』ともいう。二巻とされ、一書としてまとまった形では残っていない。著者・成立年不詳。永仁五年(一二九七)十月日の日付があり、皇字論争や『皇字沙汰文』と密接な関係があると類推される金沢文庫所蔵の二宮禰宜等訴論外宮目安条々に、「太神宮神祇本紀上云、号神祇譜伝図記」また「同下巻曰、号倭姫世紀」とあって、本書上巻が『神祇譜伝図記』、下巻が『倭姫命世記』であることが窺える。度会行忠が著した『伊勢二所太神宮神名秘書』にも「太神宮神祇本紀下曰、倭姫世記曰」「倭姫命世記曰、神宮本記下」などとあって、永仁五年をあまり遡らない当時、やはりこの書名のあったこと、それを行忠が重視していたこと、が判明する。現在のところ、本書の初見はこの『神名秘書』のようである。五部書が注目されがちだが、『神祇譜伝図記』と『倭姫命世記』が本来ひとまとまりのものということより、初期伊勢神道書を研究する際の貴重な手掛りとなる。ただし、今日知られる『神祇譜伝図記』とことに『倭姫命世記』が、本来の『太神宮神祇本紀』をどの程度伝えているかは検討の余地がある。　↓神祇譜伝図記《じんぎふでんずき》　↓太神宮本記《だいじんぐうほんぎ》　↓倭姫命世記《やまとひめのみことせいき》

参考文献　伴五十嗣郎編『神祇譜伝図記』(『神道資料叢刊』一)、岡田荘司「神道五部書」(皆川完一・山本信吉編『国史大系書目解題』下所収)

(平泉　隆房)

だいじんぐうしんとうわくもん　太神宮神道或問　出口(度会)延佳が、自身の神道論・神学論について著した書。二巻。寛文六年(一六六六)正月成稿か。問答形式で神宮、神道、神仏習合などについて述べていて、平易な文章のなかに延佳の学識が随所に窺われ、その思考が明瞭に読みとれるものである。延佳は、神宮や伊勢の地に伝わる伊勢神道を究明して近世神道史に名を残した人物で、延佳に始まる伊勢神宮祠官による神道説を、一般に後期伊勢神道と称している。その神道説は本書上巻にも説かれているように、日本国を根本に、神道を中心として儒教や仏教はその羽翼である、というもので、当時盛んであった神儒一致の風潮には反対であったが、排斥するというような態度ではない。下巻は大半が神宮に関することで、それを延佳の視点より解説したものである。『度会神道大成』後編(『大神宮叢書』)、『神道大系』論説編七所収。

参考文献　西川順土『伊勢神道』下解題(『神道大系』論説編七)

(平泉　隆房)

だいじんぐうそうしょ　大神宮叢書　伊勢神宮に関する明治以前の比較的良質の研究著書・文献資料を集成した叢書。神宮司庁編刊。神宮学の未刊の基礎文献を世に提供しようと、昭和六年(一九三一)に企画され、翌七年より、毎年、一～三冊刊行して昭和十七年に至ったが(昭和十六年は欠く)、未曾有の時局に際会して中断。昭和三十・三十二年に二冊を刊行し、現在、十六冊附図一冊がある。これで完結したわけではなく、将来の続刊が期待されている。内容は、神宮の由緒・祭祀・行事・崇敬・神道論

などの多方面に及んでいる。結果的に、参拝記を除けば、すべて神宮祠官の手になる著述で、古来、幾多の神宮学者の学問的成果の粋を集成した観がある。今日の学問的評価にも堪えうる考証や貴重な資料を提供するものが多く、神宮学の研究には必備の叢書である。なお、昭和四十五年—四十六年に京都の臨川書店より覆刻再版された。収載書目は次のとおりである(巻次表示はないが、便宜、刊行順に巻次を付して掲出)。

1・2神宮典略(前)・(中)(薗田守良)

3神宮典略(後)
別冊附録
二宮禰宜年表・附録(薗田守良神主伝・薗田守良神主著作目録・薗田守良神主年譜)

4大神宮儀式解(前)(中川経雅)

5大神宮儀式解(後)・外宮儀式解(橋村正兌)

6(御巫清直全集)神宮神事考証(前)
太神宮本記帰正鈔・太神宮本記帰正・豊受大神寔録・豊受神霊由来或問・二宮相殿神考証・二宮管社沿革考・神朝尚史・逸大同本記・二宮由貴供具弁正・二宮神嘗祭由貴御饌供具旧儀勘註・神嘗祭御遊考実・荷前調絹勘文

7(御巫清直全集)神宮神事考証(中)
御饌殿事類鈔・太神宮臨時祭鈔・外寇御祈部類・神宮行幸弁・公卿勅使供奉次第・修祓次第(附祈禱次第)・雑考・豊受大神宮四至考・外宮御域境界之事・二宮東西宝殿位置考・玉垣荒垣(附蕃垣勘文)・八重榊八重畳位置考証・斎宮寮考証・斎宮寮廃蹟考・離宮院考証・雑考・皇大神宮装束神宝通証・豊受大神宮装束神宝通証・皇大神宮相殿別宮装束神宝通証・豊受大神宮相殿別宮装束神宝通証・鵄尾琴考・造宮祭物沿革考・五度仮殿類説・雑考・倭比売命御事蹟類証・尾部御陵紀原・祭主職勘文・太神宮司補任次第・太神宮政印図説・神人眼睫譜・荒木田度会二氏出自考・伊勢国造世系考・雑考
別冊附図
皇大神宮大宮院旧制並今制之図・豊受大神宮大宮院旧制並今制之図・斎宮寮内中外院之図・斎宮寮廃蹟図

8(御巫清直全集)神宮神事考証(後)
掌祀啓微・イ工独語・御塩殿職掌人考証・雑考・神封通考・鵜倉慥柄事蹟鈔・神宮私幣考弁・内外二宮櫪御馬沿革之勘文・太神宮寺排斥考・三河考・岩出村祭主居住ノ事・黄袍制度・麻奈井神社考・二八大明神沿革考証・伊勢式内神社検録・斎宮村神社来由考・先代旧事本紀析疑・熊野古縁起攷註・皇大神宮豊受宮諸殿舎古儀丈尺見込意見・附録(御巫清直翁伝・御巫清直翁著作目録・御巫清直翁年譜)

9神宮参拝記大成
東大寺衆徒参詣伊勢大神宮記(慶俊)・伊勢記(逸文)・太神宮参詣記(通海)・他阿上人参詣記(一遍上人絵縁起第九)(宗俊)・伊勢太神宮参詣記(坂十仏)・参詣記纂註(久志本常彰)・賢俊僧正日記(抄録)・耕雲紀行(花山院長親)・室町殿伊勢参宮記・伊勢参宮紀行(堯孝)・さのゝわたり(宗碩)・伊勢参宮海陸之記(西園寺宣久)・勢陽遊紀(熊谷立閑)・伊勢紀行(向井去来)・伊勢記行(北村季吟)・南行記(森川許六)・東遊紀行(抄録)(谷重遠)・勢遊志(伊藤東涯)・宮川日記(多田義俊)・伊勢路の記(源欣応)・伊勢参宮紀行(井上了閑)・伊勢道の記(葉室顕孝)・神の御蔭の日記(抄録)(藤井高尚)・さかきのかをり(橘曙覧)・伊勢太神宮神異記(出口延佳)・伊勢太神宮続神異記(中西弘乗)・(明和)続後神異記(藤原重全)・おかけまうての日記(本居大平)・いせ参御蔭之日記(森壺仙)・抜参善悪教訓鑑(夏木隣)・(御蔭参宮)文政神異記(箕曲在六)・(文政十三寅年)伊勢御蔭参実録鏡・(文政十三年閏三月吉日)御蔭参雑記・観御蔭参詩(河原田寛)・慶応伊勢御影見聞不忠儀之扣(堀口芳兵衛)・神拝式類集(与村弘正)・諸家神拝修祓式・神拝次第・神拝次第秘抄・伊勢参宮按内記

10神宮年中行事大成(前)
年中行事(神宮雑例集所収)・太神宮司神事供奉記(河辺長則)・宮司年中行事・両宮神事供奉記(河辺長都)・司庁月例・河辺家年中行事・皇太神宮年中行事(荒木田忠仲、同氏経改補)・氏経神事記(藤波氏経)・内宮年中神役下行記・皇大神宮年中行事当時勤行次第私註(孫福弘孚)・皇大神宮従前祭庭之図草稿(同)

11神宮年中行事大成(後)
内宮子良年中諸格雑事記(原時芳)・荒祭宮年中神事下行雑事(泉舎善)・神服機殿年中行事記(神服連久富)・神麻績機殿年中行事記(神麻績連久種)・山向内人年中勤行式・御巫内人年中勤行之式・公文所年中定例集・外宮近年之年中行事同引付・豊受皇太神宮年中行事今式(松木智彦ら)・外宮子良館祭奠式(黒瀬益弘)・外宮年中祭祀行事大略職掌人装束・豊受皇太神宮諸祭由緒記(檜垣常和)・高宮年中行事・土宮年中行事大概・月読宮神事年中行事・風宮年中祭奠式・外宮御母良年中行事(檜垣貞秀)・十六人方内人年中行事

12神宮随筆大成(前)
神事随筆(出口延経)・神事提要(薗田守夏)・旬一百問答・斎館随筆(藤本延賢)・毎事問(喜早清在)・毎事問失考(南峰散人)・囲炉間談(喜早清在)・斎居通(久志本常彰)・斎居通翼(同)・斎居通続篇(同)・神民須知(同)・閑際随筆(山神守胄)・とばかり(西言直)

13神宮随筆大成(後)

神風小名寄(堤盛徴)・勢州古今名所集(与村弘正)・神境紀談(河崎延貞)・神境紀談附録(同)・蟄居紀談(同)・蟄居紀談拾遺(同)・宮川夜話草(秦忠告)・郷談(石崎文雅)・続郷談(同)・神境秘事談(度会貞多)・対問私言(橋村正兌)・附図(寛永二十年内外宮領図)

14 度会神道大成(後)

(首書改正)陽復記(出口延佳)・神宮秘伝問答(同)・神宮続秘伝問答(同)・太神宮神道或問(同)・神家考異(同)・(校正)重刻神国決疑編(竜熙近)・神道大元論(附並夢弁)(中西直方)・宝永十条(河崎延貞)・神家或問(腹巻弘仲)・伊勢二宮一社伝疑評論・神路記(井面守和)・五部書説弁(吉見幸和)・弁偽書造言総論(同)・宗廟社稷答問(同)・伊勢両宮弁(同)・神道明弁(久志本常彰)・開国神都考(橋村正身)・(鈴屋翁)神都考僻説弁総論(本居宣長)・内宮外宮之弁(益谷末寿)・神風撥霧集(幸田光隆)・神風撥霧集弁(宇治久老)・弁弁神風撥霧集(幸田光隆)・弁々撥霧集答問打聴(荒木田久老)・伊勢二宮さき竹の弁(本居宣長)

15 度会神道大成(前)

天照坐伊勢二所皇太神宮御鎮座次第記・伊勢二所皇太神御鎮座伝記・豊受皇太神御鎮座本紀・造伊勢二所太神宮宝基本記・倭姫命世記・神祇譜伝図記・神皇実録・神皇系図・神風伊勢宝基珍図天口事書・天口事書・往代希有記・伊勢二所太神宮神名秘書・古老口実伝(西河原行忠)・大元神一秘書・伊勢二所皇太神宮御鎮座本縁・皇字沙汰文・大神宮両宮之御事(檜垣常昌)・神道簡要(村松家行)・類聚神祇本源(同)・神祇秘鈔(同)・瑚璉集(同)・詠太神宮二所神祇百首和哥(山田大路元長)・参詣物語(同)

(清水　潔)

だいじんぐうぶっきりょう　太神宮ぶつきりやう　室町時代の伊勢神宮服忌令。『応仁二年神宮服忌令』ともいう。著者は神宮祠官度会氏とみられるが不詳。一巻。成立は応仁二年(一四六八)七月十八日。文保二年(一三一八)撰述の『文保服忌令』の注釈書である『文保記』(『群書類従』雑部)は、神宮参詣者に対してその身の清浄が第一であるから、喪に服する親族の範囲や期間、およびその他の穢《けがれ》を記した『文保服忌令』を堅く守るよう求めている。つまり服忌令は参詣者に服忌の知識を付けるために作成されたものである。永享十二年(一四四〇)には、片仮名交じりで『文保記』の小目を用いて内容を抄録したとみられる『伊勢大神宮参詣精進条々』(『続群書類従』神祇部)二十九条も成立した。本書はその約三十年後に作られた二十二条の平仮名書で、それまでの服忌令と比べて、より人間の死による服忌を中心にまとめている。刊本に『続群書類従』神祇部がある。

参考文献　『群書解題』一下

(藤本　元啓)

だいじんぐうほうらくじ　大神宮法楽寺　三重県度会郡度会町大字棚橋にあった真言宗醍醐寺派の寺。戦国時代に廃絶したが、享保二年(一七一七)浄土宗の寺として再興され、現在蓮華寺と称している。平安時代、一条天皇の御代(九八六―一〇一一)に神宮大宮司大中臣宗幹の女敦子の夫興胤(法名覚禅)によって創建された蓮華寺に起り、もと輔親の釈尊寺、永頼の蓮台寺と同じく大中臣氏の氏寺で、神宮山と号した。同寺の中興通海(醍醐寺権僧正)は、寺号を大神宮法楽寺と改め、神宮祭主大中臣隆通の子としてもっぱら大神宮に対する法楽の勤修をもって、日夕行法の趣旨とした。かくて亀山天皇より勅願寺となす由の綸旨を賜わり、また公家・武家の祈禱所として大法会を毎年行うことを院庁より裁許せられたので、中世の伊勢国の庶民信仰の中心となった。社会経済的にも、伊勢国において末寺二十一ヵ寺と約四百筆にのぼる寺領を有したため、南北両朝の拠点(足利尊氏の信頼を得た賢俊を中心とした南勢における北朝随一の拠点、北畠親房を中心とした南朝の拠点)となった。また、通海によって、内宮・外宮至近の地にそれぞれ両宮の法楽舎が設置され、寛正度皇大神宮式年遷宮にあたっては、造営用途を海外貿易に求めて伊勢法楽舎船が発遣されている。

参考文献　小島鉦作「大神宮法楽寺及び大神宮法楽舎の研究」(『伊勢神宮史の研究』所収)、同「遣明勘合貿易船伊勢法楽舎船の考察」(同所収)

(小島　鉦作)

だいじんぐうほんぎきせいしょう　太神宮本記帰正鈔　『倭姫命世記』の本来の姿であるといわれる『太神宮神祇本紀』について考証した書。御巫《みかんなぎ》清直著。六巻。元治元年(一八六四)成稿。その述作の意図は巻一冒頭に掲げられた清直自身の叙由に明らかであって、それによると、神宮史籍中最極の旧典というべき『太神宮本紀』は、その上巻は紛失し(当時、上巻の『神祇譜伝図記』はその存在が確認されていなかった)、残ったものに後人が大幅加筆して『倭姫命世記』を偽作編述したものであるから、その潤色の文辞を弁明し上古の姿に復す、というものであった。文政九年(一八二六)より研究に取りかかり、元治元年成稿まで実に三十八年を要したこととなり、清直の数多い著作のなかでも主著と目されているものである。その体裁は、『倭姫命世記』本文をまず掲げて、その字句の真偽について諸書を参看しつつ詳細に論じていて、神宮考証学の第一人者としての力量を存分に発揮したものということができる。『神宮神事考証』前篇(『大神宮叢書』所収。

参考文献　『太神宮本紀帰正鈔』解題(『神宮神事考証』前篇)

(平泉　隆房)

だいじんぽうし　大神宝使　天皇即位ののち、伊勢大神宮以下五畿七道の由緒ある諸社に、使を差遣して神々に大神宝大幣帛を奉り、即位の由を奉告する古儀における使を大神宝使または大奉幣使と称した。これが正史に早くみられるのは、『三代実録』貞観元年(八五九)二月一日条の「遣㆓使伊勢国大神宮及五畿七道㆒、班㆓幣諸神㆒、告以㆓

即位之由」である。かくて大神宝使の発遣は多い時には五十余社にも及んだが、その後漸次奉納社数も減少され、ついに中世に入って中絶をみた。その年代は『氏経卿記』応仁元年(一四六七)三月十七日条に、「神祇大副告知、大宮司状云、大奉幣于ㇾ今無㆓奉納事㆒、不ㇾ可ㇾ然候、云々」とあり、おおよその年代は推察しうる。

参考文献 『古事類苑』神祇部一　(鈴木 義一)

たいせいきょう 大成教　幕臣で外国総奉行をつとめた平山省斎《せいさい》が組織した神道系宗教。明治維新後、平山は静岡に屏居して、国教振起の志を抱き、明治三年(一八七〇)赦されて東京に帰ると、神道を講じ、官幣大社氷川神社大宮司となり、日枝神社祠官を兼ねて両社の復興につくした。のち禊・淘宮《とうきゅう》・天学・蓮門・儒教・心学など多様な民間の教会講社を結集して明治十二年大成教会を設立した。同十五年教派神道の一派として独立を許された。大成教は造化三神をはじめ七神を祀り、あわせて教祖素山彦弘道命(平山省斎)をはじめ教師・信者の祖霊を祀る。その教義は、惟神《かんながら》の道に立って衆庶を善導することを本旨とし、「七条の教綱」をかかげて、天皇崇拝を強調し、儒教の影響がみられる。修行には禊祓の修法と淘宮術を重んじ、静坐調息・立誓・内外清浄により気法を変化させ、安心立命を得るとしている。昭和二十七年(一九五二)七月神道大成教と改称。神奈川県足柄下郡湯河原町宮上の天照山神社を奥宮とし、事務所を東京都渋谷区神宮前に置き、これを教務庁という。平成十一年(一九九九)末現在、神社五、教会三三、布教所六、教師一八四、信者二万一九七七(文化庁編『宗教年鑑』平成十二年版)。→平山省斎《ひらやませいさい》

参考文献 田中義能『神道大成教の研究』　(村上 重良)

だいせんじえんぎえまき 大山寺縁起絵巻　鳥取県西伯郡大山町の大山寺の縁起を画いた絵巻。十巻。旧国宝。昭和三年(一九二八)四月焼失。東京国立博物館に巻一・巻二の摸本、東京大学史料編纂所に若干の場面の摸写・写真がある。『続群書類従』釈家部に載せる『伯耆国大山寺縁起』は焼失本の詞書である。第一〇巻の奥に「右彼縁起画図詞任代々記録令書写之訖、(中略)于時応永五年(一三九八)戊寅八月一日書之　前豊前入道了阿(花押)」とあり、これは焼失本の書写年代を示すものとせられる。この詞書はもともとは絵巻の絵の中に色紙形を画して書かれていたもので、さる縁起文を節略した形跡がある。大山寺洞明院所蔵の写本『大山寺縁起』上下は比較的長文で、序文は焼失本と一致し、各段の文章にも合致する部分があって注目すべき一本である。斯本は『大山寺縁起』(佐々木一雄編、米子市稲葉書房刊)に前記本図版と併せて飜刻せられており、参看を要する。縁起は、兜率天《とそつてん》より降下した大磐石が三つに分かれ熊野山・金峯山および大山になったという伝説から始まり、その池中から湧出した塔中に出現したという地蔵・観音・文殊の三所権現の信仰を軸とし、天台・真言その他の雑多な要素の伝承、金色の狼が変じた今連聖人が南光院・西明院を創建した話のほか、中門院の併立・抗争の歴史、輩出高僧の伝記などをまじえて記述する。中にみえる最も若い年号は応長元年(一三一一)である。絵は描写に地方的画師の筆と見られる疎荒さが見られるが、構図の骨格には応永をさかのぼる古様が認められるにちかい。

参考文献 文化財保護委員会編『(戦災等による)焼失文化財』美術工芸篇、近藤喜博「大山寺縁起について」(『日本の神―神道史学のために―』所収)　(梅津 次郎)

だいせんしんこう 大山信仰　鳥取県の西部に聳える伯耆大山(標高一七九二メートル)をめぐる信仰。『出雲国風土記』に火神《ひのかみ》岳と記され八束水臣津野命《やつかみずおみつぬのみこと》大国主命が国引きの杭にしたという。『延喜式』に大神山神社とあり、『三代実録』によれば貞観九年(八六七)に正五位上が授けられた。『宇治拾遺物語』『梁塵秘抄』『新猿楽記』に修験の山とあり、『元亨釈書』(鎌倉時代)には修験の基好《きこう》の活躍を伝える。円仁が渡唐時に祈願して以来、天台宗と結び付き、平安時代後期に大山寺が建立され、本尊を智明《ちみょう》権現、本地を地蔵とした。室町時代に権現の眷属の白狐が下山明《しもやまみょう》神《じん》としてまつられ、ミサキや修験の死霊ともされて、託宣や霊験を通じて信仰圏を拡大した。江戸時代には比叡山末となり院坊の集落が北側に形成された。明治八年(一八七五)に神仏分離で大山寺は廃絶、本堂は米子市尾高の大神山《おおがみやま》神社の奥宮とされた。明治三十六年に大山寺の寺号が復活し、元の大日堂が本堂となった。『大山寺縁起』(応永五年(一三九八))は、兜率天の第三院の巽角《たつみかど》から磐石が落ちて三つに割れて熊野と金峰と大山になり、寺院の山号を角磐《かくばん》山としたと記す。開山伝承は、出雲国玉造の狩人の依道《よりみち》が美保浦から狼を追って大山に入り、射ようとすると矢先に地蔵菩薩が現れ、狼は登欖尼《とらんに》という老尼になった。依道は老尼の勧めで発心し金蓮と号して山を開いたという。狼は山の神の化身、トランニは巫女、ヨリは憑霊の意味で、巫覡の仏教化の様相がある。権現の本地は地蔵で山中には賽の河原や地獄谷があり、阿弥陀堂が残るなど死霊が赴く山中他界の様相が強い。山麓では二月と十月の二十四日の権現講で先祖供養をした。現在も神職が山上から水や薬草を持ち帰る神水取《もひとり》神事が行われ、旧六月十四日の弥山禅定の様相を伝える。大山(仙)神は各地に勧請されて農耕神や牛馬守護神となった。六月ごろの大山供養田植は、代掻き牛を着飾って田に入れ音頭取りに合わせて早乙女が苗を植える花田植で、僧侶と神官が豊作と牛馬安全を祈願する神仏習合の行事である。

参考文献 宮家準編『大山・石鎚と西国修験道』(『山岳宗教史研究叢書』一二)、毎日新聞社編『大山』、沼田頼輔『大山雑考』　(鈴木 正崇)

だいだいかぐら 太々神楽　伊勢講・太々神楽講・太々講と呼ばれる信仰集団の、神社参詣による奉納神楽。伊

勢参宮の代りに伊勢の神人が村々を巡遊して、神楽による祓えを行う形態が古く、講中の代参者が参宮して神楽を奉納する形態もあった。のち、報賽の多少に応じて大神楽・小神楽などの区別を設けたが、「太々」はその最上級で、演目の座数も多い。その先行形態には、石清水八幡宮の八幡職掌人の神楽の上品神楽・中神楽・下神楽の区別が考えられる。神楽講の醵金による伊勢の奉納神楽は、江戸時代には諸国の神楽に影響を与え、有名な神社に太々神楽の方式が波及した。特に奥羽・関東の参宮人に根づよく浸透した。太々神楽の成立とその等級区別は、信仰的行為としての参詣と神楽奉納を行楽化・娯楽芸能化させていった。現今にみる太々神楽の呼称は、主として東北・関東・中部地方の出雲流神楽である。その内容が岩戸神楽や神代神楽と同類であることからも、その芸能内容や形式にかかわりなく、一般の奉納神楽の美称としても用いられていることがある。↓里神楽《さとかぐら》　↓太神《だいか》楽《ぐら》

参考文献　小寺融吉『芸術としての神楽の研究』、西角井正慶『神楽研究』、本田安次『霜月神楽の研究』、同『神楽』(『日本の民俗芸能』一)、同『民俗芸能の研究』、芸能史研究会編『神楽』(『日本の古典芸能』一)、本田安次編『芸能』(『講座日本の民俗』八)　(小林　茂美)

たいちょう　泰澄　生没年不詳　加賀白山の開創者と伝える僧。「泰澄和尚伝」によれば、白鳳十一年(六八二、同二十二年とするものもあり、私年号白鳳の相当年次には異説あり)六月十一日越前国麻生津《あそうづ》(福井市)に生まれた。三神安角《やすずみ》の次男にして母は伊野氏である。幼時より三宝を崇敬し、十四歳の時越知山《おちさん》(福井県丹生郡)に登り、十一面観音を念じ修行を積む。大宝二年(七〇二)文武天皇の勅により鎮護国家の法師となる。臥《ふせ》行者・浄定行者の二人が、徳を慕って弟子となる。養老元年(七一七)三十六歳で白山に登り、妙理大菩薩を感見する。同六年四十一歳のとき、元正天皇の病を祈り、加持力によって神融禅師の号を賜わる。神亀二年(七二五)行基白山に登って泰澄と相会す。天平九年(七三七)大流行の疱瘡を終熄させた効により、大和尚位を授けられ、以後泰澄和尚と称す。天平宝字二年(七五八)越知山に帰り、大谷の仙窟内に籠る。神護景雲元年(七六七)称徳天皇の木塔百万基造立の誓願に応じて、一万基を勧進献上し、同年三月十八日、八十六歳にて入寂す。越の大徳と称せらる。

参考文献　『本朝神仙伝』、『元亨釈書』一五、卍元師蛮『本朝高僧伝』四六(『大日本仏教全書』)、高泉性潡『東国高僧伝』一(同)　(月光　善弘)

だいとうさい　大湯祭　さいたま市大宮区高鼻《たかはな》町に鎮座する氷川《ひかわ》神社の冬祭。また十日町《とおかまち》・酉《とり》の市《いち》とも呼ばれ、恵毘須《えびす》・大黒《だいこく》の神札《おふだ》や福熊手《ふくくまで》を受けに訪れる人々で賑わう。祭祀名は、古く社前に湯釜を据え、この湯で参詣者を祓い清めたことに由来する。祭事は、前斎《ぜんさい》(十一月三十日から十二月九日)・本祭《ほんさい》(十二月十日)・後斎《ごさい》(十二月十一日)からなる。前斎は厳重なる潔斎《けっさい》期間で毎夜祭典が行われるとともに、境内では古来の祭を伝える篝火が焚かれる。本祭は、米・酒をはじめ特殊神饌である百味膳《ひゃくみぜん》、さらに菱餅《ひしもち》・海老《えび》・長芋《ながいも》・串付の大鮒などを本社ならびに摂末社に供える。この内、百味膳は檜製の曲物《まげもの》一膳に海川の物を八種(鰹節《かつおぶし》・塩鰹《しおがつお》・鯣《するめ》・熨斗鮑《のしあわび》・鮹《たこ》・鶏冠海苔《とさかのり》・鯉《こい》・小鮒《こぶな》)と野山の物を八種(胡桃《くるみ》・生姜《しょうが》・干柿《ほしがき》・鴙《きじ》・長《なが》芋《いも》・草薢《ところ》・栗・伏兎《ふと》)を盛りつけたものである。後斎は大湯祭終了の旨を神前に奉告し、祭典後、饗膳式《きょうぜんしき》といわれる直会《なおらい》を行う。　(馬場　直也)

だいとうさい　大頭祭　長野県千曲市八幡の式内社武水別神社で十二月十日から十五日夜にかけて行われる五名の頭人による収穫祭の一つ。頭人は一番頭から五番頭まで、十五日夜祭の終了後に有資格候補者の中から神籤によって選ばれる。その中の三番頭が特に大頭と呼ばれ重職で、祭の名称もこの大頭の重義による。多くの年中祭祀を勤め、やがて一年後の大頭祭となる。十二月三日に五頭人揃って神饌調整のための釜を清める式があり、御供奉納のための餅が搗《つ》かれる。頭人の家の庭には頭人の標としての笹竹と幣束が立てられる。頭人はお練りの一週間前から食事の火を別にし、精進潔斎の生活に入る。お練りは十日の一番頭から始まる。出立ちの式のあと、「新嘗祭」と書かれた幟を先頭に餅・御供・神饌を捧持して、まず斎《いみ》の森で親戚・知人・青年団たちの協力で、趣向を凝らした芸能や宝船に見立て飾った車から祝儀を配ったり、花火や踊りの奉納がある。夕刻、頭人一行は神社へ進み、菰をしいた太鼓橋を渡り境内へと入って行く。頭人の踏んだ菰を蚕かごに入れておくと蚕が良くなるというので、この菰は氏子たちによって奪い合いになる。宮司は拝殿にてお練りの行列を迎え、御供は御供所に納められる。翌日夜、一番頭の御供積みの神事があり、御供五台を本殿に積み供える。十一日は二番頭、十二日は三番頭(大頭)、十三日は四番頭、十四日は五番頭の順にお練りが行われ、それぞれ翌日の夜、御供積みがある。おびただしい量の御供が本殿に積まれる。大頭になるためには、五番頭から始め、毎年の大頭祭で十年間御供を献上し、やっとその子供が四番頭の資格を得る。四番頭としてさらに十年御供を献上し続け、その子が二番頭の資格を得る。同様に一番頭に進み、十年の御供奉仕ののち、その子供が大頭の資格を得るという歳月(五代にもわたる)と膨大な費用がかかる。それだけに大頭を勤めた家系は特別な家格と誇りを得ることができるのである。　(茂木　栄)

だいどうほんぎ　大道本義　明治初年の国民教化運動の教導書。浦田長民著。全三巻。明治九年(一八七六)八月、神宮教院蔵版。当時、長民は、神宮少宮司と中教正を兼務し、神宮教院の教化運動の責任者でもあった。上巻は十三章から成る。まず自叙で、権利義務・奉教自由の新思潮にも言及しつつ、外来の教えに勝る皇国大道の真正さを力説したのち、建国の基としての『古事記』『日本書

紀』の伝承、およびそこに淵源する人倫の大義を論じ、教化綱領たる三条教憲の要領に及ぶ。中巻は十一章から成り、神典・神勅・神跡など、教学の基本的事項を即して道の徴証を挙げる。下巻(全十六章)では、幽界之理・論霊魂不滅・論善悪報応など、霊魂観・死生観に関わって大道遵法の方途を説いたのち、終章では、本居宣長・平田篤胤が闡明した皇国大道を、人智開明の時代に即応して、内外の教化に耐えるものとして説いたのが本書であると揚言する。本書は、長民の少宮司退任の翌年、明治十一年に「都合之儀有」として滅板に付された。

参考文献 『明治維新神道百年史』五 (武田 秀章)

たいなんじんじゃ 台南神社 台湾台南市にあった神社。祭神は能久《よしひさ》親王。官幣中社。戊辰戦争の際の列藩同盟盟主輪王寺宮公現法親王は維新後、北白川宮能久親王として皇族軍人となったが、明治二十八年(一八九五)十月二十七日、台湾平定戦中に台南で風土病のため死去した(暗殺説もある)。総督府は親王が没した民家を台南御遺跡所として整備、台湾神社(のちの台湾神宮)鎮座と同時期に落成した。御遺跡所は台湾神社の遙拝所的な施設となり、同じ台南市内の開山神社との兼務神職が常駐した。しかし同地に独立した神社創建を求める地元の声が次第に強まり、寄付金により造営、大正十二年(一九二三)十月二十八日に鎮座祭と第一回例祭が斎行された。十四年十月三十一日に海外唯一の官幣中社に列格。このころまで台湾神社と当社の宮司を山口透が兼務しており、総鎮守台湾神社の能久親王崇敬の性格を特化せしめたのが台南神社であることが知られる。昭和二十年(一九四五)終戦により廃絶。なお能久親王は、昭和三十四年の秋季例祭時に靖国神社に合祀されている。

台南神社拝殿

参考文献 『台南神社誌』 (菅 浩二)

だいにほんこくいちのみやき 大日本国一宮記 諸国の一宮六十七社の社名・祭神名と鎮座地の郡名を記したもの。一巻。『一宮記』『日本国一宮記』ともいう。各社名にそれぞれ脚注の形式で、社号の別称・旧称と祭神名が書かれている。社名は、ほとんど延喜式内社名を採用しているが、一部に鴨・三輪・浅間など大明神号で載せているものや、吉備津宮・杵築宮・高良玉垂神と社号したものもある。本書は神祇道の吉田家の伝書で、南北朝時代に吉田兼熙が書き記したものが原本として存在したらしく、やがて室町・戦国時代になって、吉田兼倶・兼右らの所説が加筆され、江戸時代前期に至って、これを大幅に改訂・増補し、本書が成立した。社名に神仏習合色の旧号が遺るのは、本書の原型が戦国時代以前にさかのぼる名残りであろう。加賀国一宮の場合、白山比咩神社の式内社名で採られ、祭神は上社を伊弉冊尊、下社は菊《くく》理媛《りひめ》とし、白山権現と号するとある。これは江戸時代前期に登場する菊理媛と、それ以前の伊弉冊尊が併採された事例である。『群書解題』神祇部に所収。

参考文献 『群書解題』一上 (東四柳史明)

だいにほんしじんぎし 大日本史神祇志 江戸時代から明治時代にかけて、水戸藩・水戸徳川家で編纂された紀伝本の史書『大日本史』のなかの「志」の一つ。『大日本史』三百九十七巻のうち、二百四十四巻から二百六十六巻までの二十三巻が神祇志にあたる。はじめ青山延于《のぶゆき》・延彝《のぶつね》により編纂が試みられ、明治二十六年(一八九三)に至り、栗田寛の手により完成された。明治時代における組織的な神祇史研究の先駆と評される。内容は、神代の古伝承(神祇一)、神武天皇以来の神祇関係の史実(同二・三)、律令祭祀(同三―五)、神宮・内侍所(同六)、神社(同七―一一)、社殿(同一二)、神官・斎服(同一三)の各事項について、諸文献からの関係記事を典拠として記載する。

参考文献 『水戸市史』中一―三、下一 (武田 秀章)

だいにほんじんぎし 大日本神祇史 明治・大正時代を代表する神祇史の通史。佐伯有義著。一巻。大正二年(一九一三)二月一日、国晃館刊。有賀長雄・上田万年序。井上頼圀跋。執筆当時、佐伯は宮内省式部職に在職していた。本書は、神祇史の展開を、㈠㈡神武天皇より応神天皇朝の儒教の渡来以前に至るまで、㈢応神天皇朝の儒教の渡来より持統天皇に至るまで、㈣文武天皇元年(六九七)より安徳天皇の寿永三年(一一八四)に至るまで、㈤後鳥羽天皇の文治元年(一一八五)より後陽成天皇の慶長四年(一五九九)に至るまで、㈥同五年より孝明天皇の慶応三年(一八六七)に至るまで、㈦明治時代の七期に分かち、二期以降については、皇室と神祇崇敬、国民と神祇崇敬、祭祀沿革、神社沿革、神祇に関する制度の各節を立てて詳細に叙述する。本文一三三四頁から成る浩瀚な大著であり、上田万年が本書の序で「明治における神道の学術的研究の曙光」と評した通り、明治期における実証的通史の特筆すべき業績といえよう。

参考文献 岩本徳一「佐伯有義―方法と業績―」(『神道宗教』四二)

(武田 秀章)

たいはくしん 太白神 陰陽道でいう方角禁忌神の一つ。日数に従い一の日は震(正東)、二の日は巽(東南)、三の日は離(正南)、四の日は坤(西南)、五の日は兌(正西)、六の日は乾(西北)、七の日は坎(正北)、八の日は艮(東北)のように日ごとに八卦方を順に遊行し、九の日は中央の地に入り、十の日は天に上る。各月各旬とも同様であり、ひとひめぐり・ひとよめぐりとも呼ばれる。その所在の方角は、出行・造作・起土・移徙・婚姻・除服・市買・出軍など百事について、犯せば大凶不利不勝、避ければ吉利大勝とされ、平安時代の中期ごろより禁忌の対象となり、諸事につけ中止・延引または方違《かたたがえ》が行われた。忌避される方角は正方一辰(震方であれば卯方)のみであり、一々丈尺を打ってこれを決定した。この禁忌は不空訳『文殊師利菩薩及諸仙所説吉凶時日善悪宿曜経』巻下所載の説を発展させたもので、平安時代後期の陰陽家賀茂家栄撰の『陰陽雑書』ほかにもみえる。

参考文献 『陰陽博士安倍孝重勘進記』、中村璋八『日本陰陽道書の研究』、神田茂「西宮記裏書の「天一太白在西時」云々に就いて」(『歴史地理』五九ノ四)

(小坂 眞二)

たいへいざんみよしじんじゃ 太平山三吉神社 秋田市太平山谷字谷山鎮座。旧県社。鎮座地は太平山(一一七一メートル)山頂で、祭神は大己貴命・少彦名命・三吉霊神。役行者開山説、坂上田村麻呂創祀説を伴うが、それは東北の古社に共通する伝承。古代秋田城東北の佳山として薬師を祀る修験の聖地となり、中世太平地方の領主大江(長井)氏がらみの説話なども加わって、近世前期の棟札には「太平山仙人三吉権現」という荒神が祭神であると記されるようになる。大己貴・少彦名両神は薬師の習合神にほかならず、本来は太古以来の山岳信仰による神社である。別当寺は山谷の枝郷野田の東光院で、藩内には六十五社も太平山が祀られていた。明治元年(一八六八)城下郊外赤沼に遙拝祈願殿が建てられ、大正二年(一九一三)それが里宮に改築され、昭和五十三年(一九七八)社殿を大改築し総本宮と称している。明治十二年県社となり、例祭は正月十七日の梵天祭、五月八日・十月十七日である。同市太平八田堂ノ前にも幕末創祀の三吉神社があり、北海道・東北には三吉神社が多く分祀されている。

参考文献 新野直吉『古代史上の秋田』(『さきがけ新書』一)、佐藤久治「太平山信仰と在地修験」(『山岳宗教史研究叢書』七所収)、新野直吉「太平山三吉神社」(『日本の神々』東北・北海道編所収)

(新野 直吉)

たいへいしんじ 大幣神事 京都府宇治市の三神社の祭礼。宇治神社(旧離宮明神)と宇治上神社の神輿(現在は一基)が、五月八日から宇治川の対岸にある御旅所に一ヵ月間滞在する。六月八日の還幸に先立ち、五日夜に県神社(もと平等院の鎮守)前で大幣神事が行われる。大幣は、松の木三本を三またの木に結わえ付け、上に布製の三枚笠、その中途に付けた枠に千六百余枚の紙の幣を下げたもので、幣挿《へいさし》が持ち、騎馬神人・杓鉾・傘鉾などが従う。六月八日朝、県神社前の幣殿での神事ののち、大幣を倒して綱をつけて宇治橋まで引きずってゆき、橋上から川に流す。『中右記』長承二年(一一三三)条にもみえて当時は田楽・散楽も行われ、盛大なものであった。近世には、宮座によって運営され、三井寺の円満院門跡の代理が桟敷で見物する慣例があった。また宇治の茶師も祭礼にかかわっていた。

参考文献 井上頼寿『京都古習志』

(岡田 精司)

だいへいはくし 大幣帛使 天皇即位後行われる一世一度の大祭である大嘗祭にあたって、天神地祇に幣帛を奉る使。また大奉幣使ともいう。『儀式』二、践祚大嘗祭儀上条に「八月(中略)下旬(中略)発レ遣奉三天神地祇幣一使上」とあり、『三代実録』元慶元年(八七七)九月二十五日条に「分二遣中臣斎部両氏人於五畿七道諸国一、班二幣境内天神地祇三千一百三十四神一、縁レ供二奉大嘗会一也」とみえる。幣帛を奉る神々の数は、時代によって異なっている。→由奉幣《よしのほうべい》

参考文献 皇学館大学神道研究所編『大嘗祭の研究』

(西山 徳)

たいま 大麻 ⇨神宮大麻《じんぐうたいま》

たいまのまつり 当麻祭 奈良県北葛城郡当麻町(旧大和国葛下郡)に鎮座する当麻都比古神社の例祭。『延喜式』には、夏四月と冬十一月の上の申の日に祭るとみえ、朝廷より幣帛が奉られたが、五色絁・緋油絹・安芸木綿などが神祇官・内蔵寮によって用意され(同書内蔵寮)、その使は午の日に出立した(『年中行事秘抄』、実例は『御堂関白記』自筆本が書かれている寛弘七年(一〇一〇)具注暦の注記など)。同社の祭神は彦坐皇子と当麻氏の祖といわれる麻呂子皇子で、『三代実録』貞観元年(八五九)七月十四日条の、諸社に神宝幣帛を奉ったとの記事には当麻真人清雄が「当麻社」に遣わされていることがみえ、当麻氏の氏神であったことが窺われる。

(杉本 一樹)

だいみょうじん 大明神 ⇨明神《みょうじん》

たいようしんわ 太陽神話 すべての神話から伝説や昔話などまで、太陽現象の神話化として解釈しようとしたマックス＝ミュラーらの「太陽神話説」が十九世紀後半に一世を風靡したあと、その明らかな行き過ぎに対する反動から、一時は、太陽神話につき云々することすら、堅実な研究にとってタブー視する傾向が見られた。しかしデュメジルやレビ＝ストロースら現代の神話研究の権威者には、太陽神話の重要性を、各自の専門領域の神話につき、再認識する傾向が共通して見られる。日本神話の中で特に太陽神話の性格が顕著なのは、天の石屋の話で、これと似た、隠れた太陽を招き出す話は、東南アジアにも北アメリカにもある。また太陽が石屋に隠れ世界

が暗黒になる事件が、日神・月神の弟である須佐之男命《すさのおのみこと》により起されているという点では、この話は、太陽と月が乱暴者の弟に呑まれると、日食や月食が起るというインドシナの神話と類似しているという指摘が大林太良《たりょう》によってなされている。古代インドの神話で、曙の女神ウシャスが、東天に裸体を露呈し、太陽の出現のための通路を開くとされているのは、天鈿女命《あめのうずめのみこと》が、石屋の戸前で乳房と女陰を露出して、天照大神《あまてらすおおみかみ》を出現させ、また猿田《さるた》彦神《ひこのかみ》の前でも同じ行為を繰り返して、日の御子にほかならぬ天孫が下界に降臨する道を開いたという話と吻合する。この天鈿女の保護を受ける天孫が、嬰児であるのも、インド神話で、赤児の太陽の愛育を引き受けるウシャスの働きに一致する。↓天照大神《あまてらすおおみかみ》 ↓天石屋《あめのいわや》 ↓神話学《しんわがく》

参考文献 大林太良『日本神話の起源』(『角川選書』六三)、松村一男・渡辺和子編『太陽神の研究』、吉田敦彦『太陽の神話と祭り』 (吉田 敦彦)

たいようすうはい 太陽崇拝 太陽を神として崇めること。太陽の規則正しい運行は秩序の象徴とされやすいため、太陽神の崇拝は世界各地に見られる。特に古代エジプト、インカ、ヒッタイト、ローマ帝国など王権の発達した地域に多く見受けられる。神話では天上を横断する太陽を、鳥となる、馬車が引く、船に乗るという三つのいずれかで表現する傾向が見られる。日本では福岡県の珍敷塚《めずらしづか》古墳壁画に太陽の船が描かれている。記紀においても太陽と王権の結びつきは強い。記紀神話で皇祖神とされるのは「天を照らす大神」アマテラスであるが、別名にオホヒルメムチ(大日孁貴)があり(『日本書紀』神代)、太陽女神と観念されていたことは間違いない。したがってその子孫である天皇は「日の皇子」とか「日継の御子」(神武即位前紀)、「帝皇日継《すめらみことのひつぎ》」(『古事記』序)、「日嗣」『日本書紀』(皇極紀・持統紀)と呼ばれた。瓊瓊杵尊《ににぎのみこと》らの天孫降臨の地が「日向」とされるのも同じ観念である。天岩戸に天照大神が隠れ、神々が引き出すという神話は、冬至のころに太陽の復活を願って行われた祭儀の反映と考えられる。その神話に基盤を置く鎮魂祭や大嘗祭などの宮中祭祀は、天皇、太陽、皇祖神天照大神との同質性を示す儀礼といえよう。また天皇即位の翌年に摂津国難波津で祝われた八十島祭《やそしまのまつり》も同じ趣旨であろう。難波は太陽と深い結びつきのある土地で、水辺で太陽神を迎える儀礼が行われたらしい。天照大神以外にも太陽神の崇拝の痕跡は認められ、『延喜式』神名帳には天照御魂神社という太陽的神格をまつる神社が畿内諸処にみえる。また三輪山の上を通過する北緯三四度三二分の線上には初瀬山・伊勢・神島など太陽にまつわる重要な祭祀施設が並んでいることから、「太陽の道」の観念が古代にあったと考えられる。そして太陽をまつることは現代でも三重県鳥羽市神島のゲーター祭で行われている。対馬は古来太陽崇拝が盛んで、後世の天道信仰に姿を変えて残っている。このほか、沖縄の歌謡集『おもろさうし』(十六―十七世紀)にもテダ・テルカハなどの太陽神を称える歌が多い。

太陽崇拝 福岡県珍敷塚古墳の太陽の船

参考文献 松村一男・渡辺和子編『太陽神の研究』 (松村 一男)

たいらしげみち 平重道 一九一一―九三 第二次世界大戦後の近世神道思想史研究者。東北大学教授。明治四十四年(一九一一)十月十八日、北海道札幌郡豊平町(札幌市豊平区)に生まれる。東北帝国大学法文学部で村岡典嗣に師事し、日本思想史研究の道に進む。卒業後、同大学副手となり、同大学院に入学した。その後、三重海軍航空隊教授、宮城師範学校教授などを歴任、戦後東北大学教育学部助教授さらに教授となり、東北福祉短期大学教授を兼任した。そのほか『会津若松市史』編纂委員などを務め、東北地方の歴史研究にも従事した。退官後、宮城学院女子大学学芸部教授となり、東北大学名誉教授、勲三等旭日中綬章を受けた。「吉川神道の基礎的研究」で東北大学から文学博士の学位を取得。平成五年(一九九三)七月二日没。八十一歳。主要な著書に『仙台藩農政の研究』や『吉川神道の基礎的研究』、垂加神道を研究した『近世日本思想史研究』などがある。 (西岡 和彦)

たいわんじんぐう 台湾神宮 台湾総督府下の総鎮守として、台北市北部郊外の剣潭山にあった神社。祭神は大国魂命・大己貴命・少彦名命(開拓三神)、能久《よしひさ》親王であった。官幣大社。明治三十三年(一九〇〇)九月十八日創建公表、翌三十四年十月二十七日に鎮座。例祭は十月二十八日。鎮座以後四十三年間は台湾神社と称した。近衛師団長北白川宮能久親王は日清戦争後の台湾平定戦中に病没(二十八年十月二十七日)したが、直後より親王を「現代の日本武尊」として祀る総鎮守の創建が、新聞紙上や帝国議会で論議された。開拓三神奉斎は札幌神社の先例に従ったものである。また親王終焉の地である民家も台南御遺跡所として当社の管轄下に置かれた(のちの官幣中社台南神社)。初代宮司は、神宮教布教使として台湾平定戦に従軍、親王にも近侍していた山口透である。山口は

昭和十二年(一九三七)四月に高齢を理由に退職(翌年病没)するまで実に三十六年間宮司職にあり、台湾関連の戦没者・殉職者を軍人・文民・民族などを問わず祀る建功神社の創建に関わるなど、台湾の神社界における精神的指導者であり続けた。山口の引退とともに、社殿老朽化を理由に新社殿造営計画が立てられ、昭和十九年六月十七日に台湾神宮と改称、天照大神を中心的祭神として増祀することが発表された。しかし増祀祭・例祭直前の同年十月二十三日、航空機墜落により社殿の一部が焼失、再建に向けて計画中に終戦により廃絶した。

参考文献 『台湾神社誌』、菅浩二「「台湾の総鎮守」御祭神としての能久親王と開拓三神」(『明治聖徳記念学会紀要』復刊三六)、青井哲人「台湾神社の造営と日本統治初期における台北の都市改編」(『日本建築学会計画系論文集』五一八)

(菅　浩二)

たおきほおいのかみ　手置帆負神　讃岐国の忌部の祖とされ、建築守護の神。忌部の祖神太玉命《ふとだまのみこと》に率いられ造営のことに従事する。『古語拾遺』によれば、天照大御神が天石窟《あめのいわや》に隠れた時、彦狭知神《ひこさちのかみ》とともに瑞殿《みずのみあらか》を造り、御笠や矛・盾を作ったと伝える。また、神武天皇が橿原宮に即位した折、手置帆負神・彦狭知神の孫《すえ》の神が、正殿《みあらか》を造営したと伝える。手置は、手を置いて長さを計るところからの命名と推測できる。千葉県安房郡丸山町に鎮座の莫越山《なこしやま》神社の祭神として祀られている。

(茂木　貞純)

たかいかん　他界観　現世とは異なる世界、死者の霊魂がおもむく世界についての観念。他界とは、それ自体日本の宗教的世界観の一種。霊的な生命観や死生観にも関連する観念で、むしろ仏教の用語に由来し、特に神道に固有のものではない。『周書』劉璠伝に「其徳化為㆓他界所㆒帰」とあるように漢語では単にほかの地方を意味するが、『倭訓栞』中編では「死すを他界といふは和語なり、(中略)長明が海道記に、つひに十念相続して他界にうつりぬといへり、仏氏の意なるべし」とある。仏語として、死者の世界、またその世界に行くこと、死去をいうようになった。ただし日本古来の根強い霊魂観によって死後が無ではなく霊魂の他在とするところから、死者のおもむく世界をいい、現世とは別の世界をさす一般用語となった。神道では、およそ現世を「顕世《うつしよ》」といい、死後の世界を「幽世《かくりよ》」として他界に明確な世界を説いてはいない。記紀神話では、現世にあたる地上の中津国から見て天上他界の高天原と地下他界の黄泉国とが対置され、天上を神々の世界、地下を死者の世界に分け、特に死後が暗く悲惨な様子に見えることを語るが、それは黄泉国を訪れたイザナギが禁忌を犯し地上の火を点して見てしまう聖犯の結果にすぎず、死後の他界をそれとして明示しているわけではない。『出雲国風土記』には黄泉の坂とする洞穴、出雲神話でもスサノヲ、オオクニヌシ、スクナヒコナの物語に「根の国」「常世の国」「妣《はは》の国」、海幸山幸神話でも海中の「海神《わたつみ》の宮」、『丹波国風土記』逸文や『日本書紀』雄略紀の浦嶋子が訪ねた「竜宮」「蓬莱山」など、漠然と地下や海上や海中の他界を語るが、いずれも明瞭な死後の世界ではない。『万葉集』の挽歌九十四例にしても、その半数は死者を山中他界に偲び、天上と海島とにそれぞれ二割強との分析があり、神話の語る地下や海上の他界は少ない。中世以来は、仏教諸宗派の衆生済度の教化から来世の六道輪廻としてしきりに地獄や西方浄土が説かれたが、民俗的には死穢を忌避して山中に葬地を求めるところから、次第に山中他界の習俗が定まるようになった。近世の国学者には、仏教の説く来世信仰を排して神道独自の他界観を理論づけようとして古典の語る他界の諸観念を検討する者が輩出した。なかでも本居宣長は生涯の『古事記』研究を通じて「黄泉国」や「常世」の意味を論究したが、晩年には神道が他界を説かぬことを人知の限界として逆説的に「無安心こそ神道の安心」(『答問録』)という結論に達している。平田篤胤は主著『霊能真柱』のなかで、死後の霊魂は黄泉に赴くのではなく現世にあって生者には見えぬ「幽冥《ゆうめい》」にとどまるとし、近代神道の他界観に影響を与えている。近代では柳田国男や折口信夫らが民俗学や古代研究の立場から山中他界観や海上他界観を日本人の基層信仰として検討し、現代の神道学に大きな影響を与えている。

参考文献 村岡典嗣「復古神道に於ける幽冥観の変遷」(『増訂日本思想史研究』所収)、柳田国男「先祖の話」(『定本柳田国男集』一〇所収)、折口信夫「民族史観における他界観念」(『折口信夫全集』一六所収)、堀一郎「祖霊および死霊信仰と他界観念」(『堀一郎著作集』五所収)、田中久夫「他界観―東方浄土から西方浄土へ」(『日本民俗文化大系』二所収)

(薗田　稔)

たかおかみのかみ　高龗神　『日本書紀』にみえる神名。同書神代四神出生章第七の一書に「伊奘諾尊、剣を抜きて軻遇突智を斬りて、三段に為す、其の一段は是雷神と為る、一段は是大山祇神と為る、一段は是高龗と為る」(原漢文)とみえる。高龗神はこの一書のみにある神名で、他の諸伝では剣の頭から垂れた血によって成った神として「闇淤加美神」(『古事記』神代)、「闇龗」(『日本書紀』神代四神出生章第六の一書)がみえる。また『豊後国風土記』直入郡条に、景行天皇が泉の水を汲ませた時「蛇龗(謂㆓於箇美㆒)」がいたと伝え、『万葉集』巻二の天武天皇夫人藤原五百重娘の歌にも「於可美」がみえる。これらからは水神としての「龗神」の姿がうかがえるが、信仰的には同一の神であろう。

(青木　周平)

たかかもじんじゃ　高鴨神社　奈良県御所市鴨神に鎮座。通称「さびの宮」。旧県社。『延喜式』神名帳に「高鴨阿《あ》治須岐《じすき》託彦根《たかひこね》神社(並名神大、月次相嘗新嘗)」とある。阿治須岐託彦根命以外の三座の祭神は、近世宮座文書に下照姫・天稚彦命《あめのわかひこのみこと》・田心姫《たごりひめ》と伝えるが、異伝もある。『延喜式』祝詞の出雲国造神賀詞《かんよごと》には「葛木の鴨の神奈備」とみえ、『出雲国風土記』は神戸を記す。『続日本紀』天平宝字八年(七六四)十一月庚子(七日)条には、かつて大泊瀬(雄略)天皇の怒りに触れ土佐に流された高鴨神を再び元の所にまつらせたとある。『三代実録』貞観元年(八五九)正月二十七日条の叙位では従二位勲八等高鴨阿治須岐宅比古尼神と正三位高鴨神をともに従一位にしたとみえる。『土佐国風土記』逸文では土佐の高賀茂神社の神は一言主尊であると伝え、不明な点が多い。例祭は四月十五日。本殿は三間社流造、檜皮葺で正面に大唐破風がある。内陣正面扉口の楣に天文十二年(一五四三)の墨書があり、建立年代が明らかである。重要文化財。

参考文献 式内社研究会編『式内社調査報告』二、谷川健一編『日本の神々』四 (山田 浩之)

たかぎのかみ 高木神 ⇩高皇産霊神《たかみむすびのかみ》

たかくじんじゃ 高来神社 神奈川県中郡大磯町高麗に鎮座、高麗《こま》権現と称する。旧郷社。現在神皇産霊尊・天津彦穂穂邇邇伎命《ににぎのみこと》・応神天皇・神功皇后を奉祀し、神武朝創祀と伝える。おそらく往昔この辺に高麗(高句麗)系帰化人らが来往繁衍し、いわゆる高麗山を彼らの聖所とし、供僧坊の鶏足山雲上院高麗寺もできたと思う。幾多隆替を経て、明治初期改めて高麗神社とし、高麗寺は廃され、明治三十年(一八九七)社号を高来神社と改めた。現社殿は旧高麗寺の仏堂を利用している。例祭は七月十八日前後の日曜日。旧高麗寺は『吾妻鏡』などにもみえ相模十五大寺の一つである。

参考文献 『走湯山縁起』、『筥根山縁起』、『高麗一山建立記』、『新編相模国風土記稿』四一、今井啓一「高麗権現と伊豆・箱根両所権現」(李沂東編『韓来文化と其の事蹟―東海地方―』所収)、同「(湘南大磯)高麗寺・高麗神社をめぐって」(『芸林』一一ノ六) (今井 啓二)

たかくらじ 高倉下 記紀にみえる紀州熊野の土酋。『日本書紀』神武天皇即位前紀戊午年六月条によると、神武天皇の一行が熊野の荒坂津で神の毒気にあたってことごとく気力を失い寝込んでしまった時、土地の豪族高倉下が夢をみた。すなわち、天照大神は武甕雷神《たけみかずちのかみ》に葦原中《なかつ》国《くに》の征討を命ずるが、武甕雷神はみずから赴かずともわが剣を下せば国はおのずから平定するであろうと答えて天照大神の承諾を得るや、高倉下の夢枕に立ち現われ、わが剣を韴霊《ふつのみたま》というが、これを汝の庫の中に置くから取り上げて天孫に献れと告げた。応諾したところで目覚めた高倉下が、神の教えのままに庫の中から剣を取り出して天皇に奉ったところ、天皇は直ちに目覚め、一行もことごとく覚醒して起ち上がったという。『古事記』の所伝も大同小異、『旧事本紀』の『天孫本紀』は饒速日尊の子で尾張氏の初代と伝える天香語山命のまたの名を高倉下命とするが、これは尾張氏と物部氏が同祖と伝え、かつ韴霊を物部氏の祖神と伝えることなどを背景とした付会の説であろう。 (黛 弘道)

たかくらじんじゃ 高倉神社 三重県上野市西高倉に鎮座。通称、三社明神。旧県社。祭神は高倉下命・倭得玉彦命。社伝には記紀の神武天皇東征譚に登場する熊野の高倉下七世の孫、倭得玉彦命が当地の高倉山麓に来住し祖神を祀り氏社と定めたとする。『三代実録』貞観三年(八六一)四月十日条に、伊賀国の高蔵神を従五位下に叙すとあり、『東大寺二月堂神名帳』に高蔵大明神とみえる。近世地誌『伊水温故』は、阿山郡西村の高倉社を「南宮春日、中諏訪(本社)、北八幡」とし、『高倉神社考証』(社蔵)は所祭を「左八幡太神宮、中高倉下、右春日大明神」の三座構成とする。明治四年(一八七一)村社、明治三十九年に神饌幣帛料指定社となり、同四十―四十二年に境内社および新村内の大字西村・東村の諸社を合併。大正五年(一九一六)郷社、昭和十一年(一九三六)県社に列格。本殿および境内社八幡社本殿は一間社流造・檜皮葺、境内社春日社本殿は一間社隅木入春日造・檜皮葺で三棟とも安土桃山時代建造(重要文化財)。天正二年(一五七四)銘などの棟札がある。例祭は十月十五日。隔年の四月第二土曜に御燈祭が行われる。

参考文献 三重県神職会編『三重県神社誌』二、文化財建造物保存技術協会編『重要文化財高倉神社本殿他二棟保存修理工事報告書』 (櫻井 治男)

たかくらはちまんぐう 高倉八幡宮 ⇩御所八幡宮《ごしょはちまんぐう》

たがじんじゃもんじょ 多賀神社文書 滋賀県犬上郡多賀町の多賀大社所蔵文書。十六巻百三十六通。正元元年(一二五九)十一月十七日付北条時茂書状以下、鎌倉時代後期より江戸時代初期にわたる。鎌倉時代では、幕府御家人兼神官の多賀氏と八坂郷民らとの、祭使・馬上役などに関する相論が注目される。その他、社殿造営・神事などについて神官と郷士の衆議に関する文書などのほか、後醍醐天皇綸旨、足利尊氏・直義御教書、佐々木導誉・六角定頼・義賢(承禎)の書状や、豊臣秀吉・武田信玄の祈願文、織田信長・豊臣秀吉・徳川秀忠・同家光らの印判状などを主要な内容とする。また戦国時代、神官が社蔵古文書などを保存のため裏打しようとして願い出で、守護がこれを許したことが六角義賢の書状にみえることは特に注目してよい。東京大学史料編纂所と京都大学文学部に影写本があるほか、文書の一部四十通分に関しては、その影印本と、釈文ならびに解説がそれぞれ、『多賀神社文書』『多賀神社文書解説』として多賀大社社務所から刊行されている。

参考文献 『滋賀県史』二 (金本 正之)

たかせじんじゃ 高瀬神社 富山県東礪波郡井波町高瀬に鎮座。旧国幣小社。祭神は、大己貴命《おおなむちのみこと》を主神とし、天《あま》活玉命《いくたまのみこと》と五十《いそ》猛命《たけるのみこと》を配祀。古くは高瀬神とよばれ、その名は『続日本紀』宝亀十一年(七八〇)十二月甲辰条に、従五位下に叙すとあるのが初見。ついで『日本紀略』延暦十四年(七九五)八月壬午条に従五位上に叙すとあり、『続日本後紀』承和七年(八四〇)九月辛丑条に従四位上を授くとある。また『文徳実録』斉衡元年(八五四)三月辛卯条に、従三位に加えるとあり、『三代実録』貞観元年

（八五九）正月二十七日条に、京畿七道諸神の進階に際し、高瀬神は正三位に列すとある。『延喜式』には、礪波郡七座の最初に高瀬神社があげられている。中世には、越中国の一宮とされたこと、『諸社根元記』などに記す。例祭は九月十三日。また六月十日の祈年穀祭、十一月二十三日の同報祭は、特殊神事として多くの参拝者がある。

参考文献 『高瀬神社誌』、『国幣小社高瀬神社略記』

（高瀬　重雄）

たがたいしゃ　多賀大社　滋賀県犬上郡多賀町多賀に鎮座。旧官幣大社。伊邪那岐大神・伊邪那美大神を祀る。『古事記』に「伊邪那岐大神者、坐淡海之多賀也」と記されている古社で、『延喜式』に「多何神社二座」とあり、そのころまでに二神がまつられていたことが知られる。元正天皇の不予平癒祈願をしたことを伝え、『新抄格勅符抄』に天平神護二年（七六六）神封六戸をよせられたことがみえる。鎌倉時代に神主多賀氏は武家に従ったが、元

多賀大社

多賀大社社頭絵図

弘三年(一三三三)五辻宮は武家追討の祈願をし、その報賽のため神領を寄進している。室町時代坊人の活躍とともに、延命長寿守護の神としての信仰が深まり、「お伊勢参らばお多賀へ参れ、お伊勢お多賀の子でござる」「お伊勢七度、熊野へ三度、お多賀さまへは月参り」との歌にみられるように庶民も崇敬、天文十四年(一五四五)武田晴信も除厄延寿を祈願している。天正十六年(一五八八)豊臣秀吉がその生母大政所の病気にあたり、「命の儀三ヶ年、然らずんば二年、実々成らずんば三十日にても延命候様」と祈願、もし本復すれば一万石を寄進すると祈念したことは有名。そのあと秀吉は報賽のため一万石を寄進、社殿を造営したが、元和元年(一六一五)罹災。寛永五年(一六二八)将軍徳川秀忠が朱印領三百五十余石を寄せて以後歴代将軍これにならい、同十五年江戸幕府の手により社殿復興。慶安四年(一六五一)藩主井伊氏黒印領百四十七石を寄せたあと、安永・天明の火災にあい、文化九年(一八一二)仮造営のまま大正に至り、大正十一年(一九二二)造営計画を樹て、昭和七年(一九三二)完成遷座した。明治十八年(一八八五)官幣中社に列せられたあと、大正三年官幣大社に昇格。例祭は四月二十二日で馬頭神祭といい、当日古例大祭神幸式がある。その起源は不明であるが、鎌倉時代にすでに存していたことは明らかで、その主役は馬頭人《ばとうにん》と御使殿《おつかいどの》である。馬頭人は古く国司がつとめたが、鎌倉時代には御家人が、その後郡内の名門家がつとめ、現在では各地の名望家から選ばれる。御使殿は古くは神職の輪番により、明治以降神職子弟より、現在では氏子地域内の子弟より選ばれる。それぞれ一月三日の差定式《さていしき》で任命されたあと、種々の神事をして当日を待つ。当日例祭のあと、約五十頭の馬に乗った若武者と約二百人の奉仕者が、神輿を奉じて東方約四キロ栗栖の調宮《とのみや》御旅所へ行く。一方馬頭人・御使殿の一行は乗馬して西方約六キロの賓台河原《ひんだいがわら》に行き、御幣合《ごへいあわせ》の神事を行い、両行列多賀入口の打籠《うちこめ》馬場で合流、富の木渡しの神事ののち還幸、夕日の神事をなす。社宝に重要文化財指定の「調馬図厩馬図屏風」一双、県文化財の「三十六歌仙絵屏風」、また国指定名勝の桃山時代築造の鶴亀蓬萊式の池泉観賞庭園がある。

参考文献 中村直勝編『多賀神社文書』、『多賀大社叢書』

(鎌田 純一)

たかちほじんじゃ　高千穂神社　宮崎県西臼杵郡高千穂町三田井に鎮座。中世には高知尾社・十社大明神、近世には高千穂十社・十社宮とも呼ばれた。祭神は、高千穂《たかちほの》皇神《すめがみ》と称する天津《あまつ》彦彦火瓊瓊杵尊《ひこひこほのににぎのみこと》以下五神と、三毛入野《みけぬ》命《のみこと》以下十神。天孫降臨神話の舞台で、社伝によれば、神武天皇の兄三毛入野命が創建し、その後、三毛入野命ほかをもあわせ祀ったという。『続日本後紀』承和十年(八四三)九月甲辰(十九日)条に日向国無位高智保皇神を従五位下に、その後『三代実録』天安二年(八五八)十月二十二日条に高智保神を従四位上に叙したことがみえる。鎌倉時代には、源頼朝の代参、畠山重忠が参詣、奉納した鉄造狛犬一対は重要文化財に指定されている。明治四年(一八七一)、一時、三田井神社と称したが、のち現称となった。文治五年(一一八九)成立本と暦応元年(一三三八)了観著による『十社大明神縁起』二本を所蔵する。本社は、高千穂郷の総社の位置にあり、延岡藩主からは社領二十石の寄進を含め厚く信仰された。例祭は四月十六日、ほかに旧暦十二月三日には古代の祭祀儀礼を色濃く残した特殊神事の猪々《しし》掛祭《かけまつり》が行われる。十一月二十二日・二十三日の両日には重要無形民俗文化財の高千穂の夜神楽が奉納される。

参考文献 野口逸三郎監修『宮崎県の地名』(『日本歴史地名大系』四六)

(後藤 俊彦)

たがのみや　多賀宮　三重県伊勢市豊川町の豊受大神宮(伊勢神宮の外宮)域内に鎮座。豊受大神宮四所別宮のうち第一の別宮。祭神は豊受大神の荒魂を奉斎。祭典は正宮に引き続き行われ、内宮の荒祭宮と同様、祈年・神嘗・新嘗の各祭典には勅使が参向、正宮と同様の奉幣の儀がある。伝えによれば、第二十一代雄略天皇の二十二年天照大神の宣により、度会氏の祖先が丹波国から豊受大神を迎え、その和魂を正宮に、荒魂を多賀宮に奉祀したのを起源とする。『止由気宮儀式帳』に「多賀宮一座(豊受太神荒魂)」、同神名帳に「高宮(大、月次、新嘗)」、『延喜式』伊勢太神宮に「多賀宮　気太神之荒御魂神也)」、『延喜式』伊勢太神宮に「高宮(大、月次、新嘗(神嘗の誤字))」とみえ、神宮では古来高宮と記してきたが、明治以降は多賀宮と定められた。

(西島 一郎)

→和魂《にぎみたま》・荒魂《あらみたま》

たかのみやごしょうぞくほうしょくにっき　高宮御装束奉餝日記　伊勢の豊受大神宮(外宮)の別宮である高宮(多賀宮)の仮殿内部の装飾仕様を記したもの。記主は度会神主(檜垣)貞蔭。一紙。表題の下に、「元亨元年十一月廿二日高宮仮殿之時、為二懐中一俄記レ之」とあることから、元亨元年(一三二一)十一月、当時七禰宜として仮殿遷宮奉餝に奉仕した貞蔭が、先規を書き記して参考としたもの。貞蔭自筆本は現存せず、奥書に、「以二故殿自筆記一書写之、正平廿四年己酉十月廿六日(花押)」とあるごとく、貞蔭の子章尚が父の自筆記を以て正平二十四年(応安二、一三六九)に書写したもので、それを元とした後世の写本数本が伝存している。なおこの時の仮殿遷宮は、前年の元応二年(一三二〇)十二月高宮に盗人が乱入し、正体御鏡や神宝の鏡、御装束類などが盗失に遭った(『高宮盗人闖入《らんにゅう》恠異《かいい》事』)ことから、それらの修補・改替のためのものである。その時の実際の様子は、『元亨《げんこう》元年十一月廿二日高宮仮殿日記』に同じく貞蔭によって録されている。したがって「奉餝日記」とは題するものの、当日の記録ではなく、予備知識習得のための参考資料の一つというものである。『止由気宮儀式帳』(延暦二十三年(八〇四)成立)の「高宮坐神御装束」条、また『正中御餝記』に記される嘉元四年(徳治元、一三〇六)式年遷宮の際の「別宮金物御装束等次第、高宮」条、「帛御被」「生絹御被」「天井生絹(帷、覆)」などと記載される名称・仕様・寸法は、ほぼ同様のものとなっている。刊本には、『群書類従』神祇部、神宮司庁編『神宮遷宮記』二などがある。

参考文献 『群書解題』一上、同二下「高宮盗人闖入怪異事」

（宍戸　忠男）

たかはしいなりじんじゃ　高橋稲荷神社　熊本市城山上代町に鎮座。祭神は倉稲魂神。初代熊(隈)本城主鹿子木三河守親員が、上代城《かみだいじょう》を築いた際にその鎮護のために稲荷大神を勧請したことに始まると伝える。創祀の年は、明応五年(一四九六)、また天文年間(一五三二—五五)ともいわれる。天正十年(一五八二)兵火に罹りその後久しく廃れたが、寛文元年(一六六一)、城山の麓の臨済宗海蔵禅寺の義本の霊夢により、現在地に社殿を再興。明治以後、海蔵寺は廃寺となり、首座《しゅそ》は還俗して竹内姓を名乗り、神職として以後累代奉仕することとなる。明治十一年(一八七八)に高橋稲荷神社と改称。境内は山上まで含め五万坪に及ぶ。九州三稲荷・日本五大稲荷の一つとも称される。例祭は十一月八日。初午祭二月十二日。初午祭には、福餅が授けられる。

参考文献 上米良純臣編『熊本県神社誌』

（八幡　崇経）

たかひとしんのう　幟仁親王　一八一二—八六　幕末・明治時代前期の皇族。有栖川宮韶仁親王の第一王子。同宮第八代。文化九年(一八一二)正月五日誕生。幼称八穂《やお》宮。文政五年(一八二二)十一月光格上皇の猶子となり、翌六年九月親王宣下あり、同年十一月元服して上総太守に任じ、弘化四年(一八四七)八月中務卿に転じた。元治元年(一八六四)国事御用掛に任ぜられたが、七月禁門の変後長州藩との策動の嫌疑によってこれを免じ、慎を命ぜられた。慶応三年(一八六七)正月その処分を解き、十二月多年の筆道御師範奉仕並びに王子熾仁親王の重要公務勤仕の賞として一品に推叙せられ、翌明治元年(一八六八)には議定・神祇事務総督・神祇事務局督に任ぜられた。その後同十四年二月神道教導職総裁に任ぜられて布教事務の総括にあたり、翌年三月辞任、ついで新設の皇典講究所の総裁に就任して、斯道の振興と人材の養成に尽力した。同十九年一月二十四日没。享年七十五。東京豊島岡の皇族墓所に葬った。なお親王は家学を受けて歌道・書道に令名があり、その関係事蹟も少なくない。

参考文献 高松宮家編『幟仁親王行実』

（武部　敏夫）

たかまのはら　高天原　日本神話における天上の世界。『古事記』はその上巻冒頭に「高天原に成れる神」として天之御中主神・高御産巣日神・神産巣日神のいわゆる造化三神を記し、『日本書紀』は巻第一(神代七代章)第四の一書に「又曰」として「高天原所生神」としてやはり造化三神をあげる。記紀神話では天照大神を高天原の主宰神として、たとえば三貴子(天照大神・素戔嗚尊・月読尊)の分掌に関する神話で、天照大神が高天原を統治したと述べる。『日本書紀』の本文がその神話のなかで高天原を「天上」と書いているのは、高天原が天上の世界と意識されていたことを反映する。ただし、高天原を主宰する皇祖神に関しては天照大神のみではなく、葦原中国《あしはらのなかつくに》の平定や天孫降臨の神話で、天照大神とならんで高皇産霊尊(高御産巣日神)が高天原の司令神として登場するのをみのがせない。「出雲国造神賀詞《いずものくにのみやつこのかんよごと》」には「高天の神王高御《たかみ》魂命《むすびのみこと》」ともみえる。皇祖神とあおがれる神の原像を考察する際の一つのてがかりとなる。高天原を国内に比定する説、国外に求める説が古くからあるが、神の出現を垂直的に表象する神話的思考は、いわゆる北方系の神話にみいだすことができる。高天原は記紀神話の完成時においては、皇祖神の主宰するところとして強く意識され、畿内大和とのかかわりにおいて具体化していることも注意すべきである。その点では本居宣長が高天原について「山川木草のたぐひ、宮殿《ミアラカ》そのほか万ッの物も事も、全《モハラ》御《ミ》孫《マノ》命の所知看《シロシメス》此ノ御国土《ミクニ》の如く」(『古事記伝』)と指摘したのは、それなりの意味がある。記紀の天石屋戸(天石窟)神話に、実在の「天の香山(香具山)」などがみえるのも、高天原観念に発展のあったことを物語る。文武天皇の即位の宣命《せんみょう》に「高天原に事始めて」とみえ、持統天皇の和風の諡《おくりな》が「高天原広野姫天皇」であることなども、七世紀後半から八世紀初めの段階における高天原観念を認識するのに参考となる。

参考文献 津田左右吉『日本古典の研究』上(『津田左右吉全集』一)、上田正昭『日本神話』(『岩波新書』青七四八)

（上田　正昭）

たかまのはらしんわ　高天原神話　記紀神話の中で、天上の神界である高天原を舞台にして起ったとされる一連の劇的な事件を物語っている部分。『古事記』によれば、伊邪那岐命によって地上から根の国へ追放された須佐之男命が、姉の天照大神に暇乞いをしようとして高天原に上って来ると、国を奪い取りに来たと誤解した大神が武装して待ち受ける。心の潔白を証明しようとした須佐之男命の提案により、両神のあいだで誓約《うけい》による子生みがされることになり、まず大神が須佐之男の剣から、福岡県宗像郡の宗像神社の祭神となる三柱の女神を誕生させ、次に須佐之男が大神が身に着けていた曲玉から、忍穂耳《おしほみみ》命《のみこと》ら五柱の男神を生み出す。これによって潔白が証明された須佐之男は、勝ち誇って高天原で天照大神の田を荒らしたり、大嘗《おおにえ》聞こしめす殿を大便で汚したりするなどの乱暴を働く。ついには斎服殿《いみはたどの》の屋根に穴を開け、そこから皮を剝いだ馬を投げこみ、それを見た織女《おりめ》(『日本書紀』神代瑞珠盟約章第一の一書では稚日女尊《わかひるめのみこと》)が驚いて梭《ひ》で女陰を突き死亡する(『日本書紀』の本文では大神自身が梭で負傷する)という事件まで起したために、大神も怒って天石屋に閉じこもる。太陽女神が隠れてしまったために、世界中が常闇の状態になる。そこで天神たちは思金神の深謀に従い、八咫鏡と八尺の曲玉を作らせて、それを根掘じ《こ》にした賢木に掛けたものを布刀玉命が持ち、天児屋命が祝詞を唱え、天宇受売命が踊りながら乳と陰部を露出し神々を哄笑させると、騒ぎを訝った大神が石屋の戸を細く開けたので、鏡を見せて誘い、手力男神が手を取って外に引き出し、ようやく世界がまた陽光に照らされた。こののち須佐之男は、祓えつ物を科され、鬚や爪を切られまたは抜かれて、高天原から追放されて出雲に降り、神話の舞台も高天原を離れて出雲神話が始まる。 （吉田 敦彦）

たかみむすびのかみ 高皇産霊神 『古事記』では高御産巣日神と書く。別名高木神。『古事記』や『日本書紀』神代七代章第四の一書によると宇宙のはじめに、高天原に出現した三柱の始原の神(造化の三神)の一神。名義は、ムス(生成)とヒ(神霊)との合成語に、高大さを表わすタカが付いたもの。宇宙の生成を掌る神という意味を持つ。『日本書紀』の顕宗天皇三年二月条にも、この神は天地を鎔造《ようぞう》、とかして造る)したと記されているから、創造神としての機能を持つと信じられたことを示している。またこの神は、記紀の天孫降臨や神武天皇の東征などの説話では、高天原の最高神格として、皇祖神天照大神とならんで、天磐座に坐し、命令を下している。ことに、『日本書紀』の本文の伝えでは、この神だけが皇孫瓊瓊杵尊《ににぎのみこと》(邇邇芸命)を真床追衾《まとこおふすま》(神聖な床をおおう布団)に包んで、天降りさせている。こんなことから、この神が、天照大神よりは古い皇室本来の神であり、大和朝廷の貴族たちの奉じる生産の神、農耕神ではなかったかともいわれる。律令制では、神祇官の八神殿の祭神の一つで、天皇の御寿の守り神ともされ、鎮魂祭にもまつられた。鎮魂祭は、天皇の御魂の鎮安をはかる祭儀であるが、この際の魂《たま》むすびの呪術(天皇の御魂代《みたましろ》として木綿《ゆう》の糸を結ぶ儀礼)の神であろうという説もある。大嘗祭や祈年祭などの宮廷の農耕祭式にも、この神がまつられ、ことに大嘗祭のときの斎田のかたわらの、仮宮にこの神がまつられているのは、農耕の神であった形跡を残している。

［参考文献］ 折口信夫『古代研究』民俗学篇二(『折口信夫全集』三)、三品彰英『建国神話の諸問題』(『三品彰英論文集』二)、石田英一郎・江上波夫・岡正雄・八幡一郎『日本民族の起原』、松前健『古代伝承と宮廷祭祀』 （松前 健）

たかみやぬすびとらんにゅうかいいのこと 高宮盗人闖入怪異事 元応二年(一三二〇)十二月に発見された伊勢神宮(外宮)の別宮の神体である神鏡が紛失した事件についての記録。元亨元年(一三二一)三月二十五日の一禰宜度会常良、六禰宜同家行、七禰宜同貞蔭(貞尚)、九禰宜同貞香の連署の注進状(「依勅定注進高宮怪異次第」)と、京都に上洛した一、六、七、九禰宜が勅問に答え、高宮殿中に敷きつめられていた計八十一面の鏡について『天地麗気府録』『大和葛宝山記』『天台弘決』『宿曜要集』などをあげ説明している部分からなる。後半の八十一面の鏡についての部分は度会神道成立と深く関わるものとして注目される。この時に紛失した八十一面の神鏡は元亨元年五月に発見され、同年十一月二十二日の仮殿遷宮により殿内に安置された(『元亨元年十一月廿二日高宮仮殿日記』)。『続群書類従』神祇部所収。

［参考文献］ 『群書解題』二下、山本ひろ子「迷宮としての伊勢神宮—調書・高宮神鏡紛失事件—」(『思想』八四四) （西垣 晴次）

たかやなぎみつとし 高柳光寿 一八九二—一九六九 大正・昭和時代の歴史家、国史学者。明治二十五年(一八九二)三月十一日静岡県敷知郡浜松町元魚に松尾神社の神主高柳喜一郎の長男として生誕。大正三年(一九一四)国学院大学国史科卒業。同五年東京帝国大学史料編纂掛に奉職。同十五年史料編纂官に任じ、それより昭和二十七年(一九五二)に定年退職するまで三十七ヵ年の長きにわたって史料編纂事業に従事、主として『大日本史料』の安土桃山時代の編纂を担当するとともに、同所における各種の事業に参画・尽瘁するところも大きかった。これより先、太平洋戦争敗戦後間もない同二十三年、日本歴史に対する不信と動揺のきわめて激しかった際に、蹶然同志とはかって日本歴史学会を創設し、みずから会長となって月刊誌『日本歴史』の編集にあたるとともに、同学会の事業として『人物叢書』その他あまたの歴史書編集・発行の陣頭指揮にあたり、学界のみならず広くわが国民の歴史知識の向上と普及とに貢献するところが大きかった。なおこの間に国学院大学・日本大学・大正大学などに出講して後進の育成に努めるとともに、同二十七年には鎌倉市史編纂主任となり、みずからその総説編を単独執筆し、同三十四年全六巻に及ぶ編纂事業を完了。右の『鎌倉市史』総説編により国学院大学より文学博士の学位を受領した。同四十四年十二月一日東京都中野区の自宅において病没。七十七歳。板橋区仲町の専称院に葬る。法名無量院徳誉勧学光寿居士。著書には前記のほか『足利尊氏』『明智光秀』『戦国戦記』等々があり、その他各種講座および雑誌などに発表した数多くの論文は、没後間もなく『高柳光寿史学論文集』(上下二冊)に収められて公刊されている。

［参考文献］ 斎木一馬「高柳史学の真髄」(『春秋』一八四) （斎木 一馬）

たきがわまさじろう 滝川政次郎 一八九七—一九九二 大正から平成時代にかけての法制史学者。明治三十年(一八九七)五月二十六日、大阪市西区靱上通二丁目において父与之吉・母シナの次男として生まれる。東京帝国大学法学部卒業後、大正十四年(一九二五)九州帝国大学助教授に就任。昭和二年(一九二七)同大学教授に昇進したが、同年十一月、いわゆる九大事件に連坐して休職。さらに退官となり、官公立大学教師としての前途を失った。しかし、研究者としての評価は高く、中央大学・慶応義塾大学等々の兼任講師として招かれ、多くの私立大学における法制史講座の開設者となった。昭和五年、中央大学教授に就任。同九年二月法学博士の学位を得たが、同年十二月、大化改新に関する一論考により、いわゆる国体尊厳を主唱する人々の攻撃をうけ、内地における職を失い、満洲国（中国東北区）司法部法学校教授に転出、さらに同十五年、建国大学教授に就任した。第二次世界大戦敗戦後帰国、極東国際軍事裁判弁護人（元海軍大臣嶋田繁太郎被告担当）などをつとめ、昭和二十四年、国学院大学政経学部教授、同三十八年、同大学法学部教授に転任、同四十三年定年退職となった。この間の学界活動はすこぶる盛んで、昭和六年、社会経済史学会設立に関与し、同十六年、満洲学会会長をつとめ、国学院大学定年後も律令研究会会長、人足寄場顕彰会会長、式内社研究会会長などをつとめた。一方、昭和二十七年、地方史研究所を設立、理事長となり、多方面の学者を集め、余市・熊野・高千穂・阿蘇・出雲・隠岐などの地方史調査に従事している。著書、論文はきわめて多く、『日本法制史』（昭和三年、有斐閣）、『日本奴隷経済史』（同五年、刀江書院）、『律令の研究』（同六年、刀江書院）などは特に著名で、版を重ねている。また壮年時の代表的論考は、『法制史論叢』（四冊、同四十三年、角川書店）にまとめられている。平成四年（一九九二）一月二十九日没。享年九十四。墓は東京都世田谷区若林四丁目の松陰神社にある。齢九十を越えても、研究をつづけ、昭和六十三年には、「唐の二王後の制と我が二国造の制」を『国学院法学』二六ノ一・二に発表し、世人を驚倒せしめた。しかも没後の書斎には、死の一週間前まで書き続けられた、古代史関係の稿がつまれていたという。

参考文献　『古代文化』四四ノ一一（滝川政次郎博士を偲んで）、嵐義人「滝川政次郎博士の歩まれし道」（新人物往来社『歴史研究』三七二）　（利光三津夫）

たぎつひめのみこと　湍津姫命　⇨宗像神《むなかたのかみ》

たきのおじんじゃ　滝尾神社　栃木県日光市山内、女峰山東南麓、稲荷川上流に鎮座。日光三社の一つ、女体中宮ともいう。中世には日光山の中心であったが明治六年（一八七三）国幣中社二荒山神社の別宮となる。祭神田心《たごり》姫命《ひめのみこと》。開山勝道の弟子道珍著『日光山滝尾建立草創日記』に弘仁十一年（八二〇）空海が女峰山に示現した女神を祀ったというが、これは中世の仮託であろう。子種石がある。社殿および楼門・唐門などは重要文化財。例祭は四月十七日・八月一日。

参考文献　『日光市史』上、栃木県神社庁編『栃木県神社誌』、日向野徳久『日光―修験の山々―』　（日向野徳久）

たきはらのならびのみや　滝原並宮　三重県度会郡大宮町滝原に鎮座。皇大神宮十所別宮の一つ。滝原宮と同一宮域に鎮座、天照坐皇大御神の荒魂を奉斎。滝原宮と同様「大神《おおかみ》の遙宮《とおのみや》」といわれ、祭典は正宮に準じて行われる。　（西島一郎）

たきはらのみや　滝原宮　三重県度会郡大宮町滝原に鎮座。皇大神宮十所別宮の一つ。祭神は天照坐皇大御神の和魂《にぎみたま》で、滝原並宮に御殿を並べて鎮座。『延喜式』によれば、三重県志摩郡磯部町に鎮座の皇大神宮別宮伊雑宮《いざわ》と同様に「大神《おおかみ》の遙宮《とおのみや》」といわれている。『倭姫命世記』によれば、垂仁天皇の皇女倭姫命が永遠の鎮座地を求めて、御杖代として天照大神を奉戴して宮川の下流の磯宮（伊勢市磯町）を発ち遷幸、この滝原の地に新宮を建て奉斎したのが滝原宮の起源であるという。のち、皇大御神の神意により再び現在の伊勢の地へ遷幸し、その後もかわることなく皇大御神を奉斎して今日に至っている。皇大神宮に皇大御神の和魂を、荒祭宮に皇大御神の荒魂《あらみたま》を奉祀しているのと同様に、皇大御神の和魂を滝原宮に、荒魂を滝原並宮に奉斎する古い形が守られているものと考えられる。恒例の祭典は、正宮に準じて行われ、祈年・月次・神嘗・新嘗の諸祭典には皇室から幣帛が奉られる。

参考文献　『神宮関係資料』　（西島一郎）

たぎりひめのみこと　田霧姫命　⇨宗像神《むなかたのかみ》

たぐさ　手草　歌舞する人が手に持つ植物、ないしその種の小道具。広義では「採物」の中に入るが、機能の上で違う。神事舞踊における舞人（神の体現者）の採物は神の招代・依代（神座）であったことから、神の資格・種姓を示すものであると同時に、それを持って振り回すことで魂を揺さぶり、これを相手に触り着ける（鎮魂）呪具であった。手草は禁忌（タブー）・物忌みの標識（しるし）であり、これを持つことで、神事に関与する立場を標示するのが第一義だが、招代としての機能や、神懸りの呪草観念も古くから混融している。天岩屋戸の前における天《あめの》鈿女《うずめ》命《のみこと》の神懸りと俳優《わざおぎ》の際、手に持った「小竹葉《ささば》」（『古事記』）が第一義の手草、鬘にした真拆《まさき》や日影《ひかげ》（『古事記』『日本書紀』『古語拾遺』では蘿）の葛などは第二義の手草観を示す。『日本書紀』『古語拾遺』に伝える茅《ち》纒矟《まきのほこ》・着《さな》鐸矛《ぎのほこ》は採物であり、これを手に持ち、神霊の容器とされた空洞の覆槽《うけ》を足で踏み轟かし、衝撃を与えている。神霊の覚醒・活性化の呪的作法だが、そうした機能をもたないのが本来の手草である。宮廷御神楽の「神楽歌」における採物九種の中に、棒状の呪物（本来の採物）以外に榊・篠・葛などの手草があり、清暑堂御神楽の試楽では人長が「枯荻」を持ち（『梁塵愚案抄』）、天仁元年（一一〇八）の大嘗会御神楽では「荻枝」を持って舞っている（『中右記』同年十一月十八日条）。この事実からも、手草を採物の一種とみる広義理解の古さが知られる。民間の神事芸能でも同様の推移をたどった。なお、出雲佐陀大社の七座の神事・神能を源流とする山陰・山陽の神楽には、曲目として「手草舞」が独立し、能の様式で手草の出所・来歴をほめそやす詞章を伴うものが少なくない。そこに手草の古義と、舞い囃すための小道具といった後代の受けとめ方の投影が認められる。　→採物《とりもの》

参考文献　『折口信夫全集』二・一二、同ノート編五、西角井正慶『神楽研究』、高崎正秀『六歌仙前後』（『高崎正秀著作集』四）、本田安次『神楽』（『日本の民俗芸能』一）、池田弥三郎「神楽歌」（『鑑賞日本古典文学』

四所収）　（小林　茂美）

たくせん　**託宣**　神が人に依り憑いて、人の口を通じその意志や予言を述べること。古くは神意判断の重要な一方法であり、神託・予託などともいう。託宣には小児や女性などに神が憑いて、突発的に行われるものと、国や村落が作物の豊凶を予知し、戦争・災害・疫病などに対処するため、恒例・臨時の祭に儀礼として為されるものとがあった。前者のものとして、たとえば『日本書紀』崇神天皇六十年条には、丹波の人の子供が自然に発した神託らしい言葉から、中断されていた出雲大社の祭祀が公的に復活された記事がある。また『扶桑略記』天暦九年(九五五)三月十二日条に引く天満天神の託宣によれば、近江比良の神人の子が突如神がかりして荒々しい菅原道真の怨霊の祟りを伝えたとしている。これに対し後者の例として、『魏志』倭人伝には鬼道に仕え能く衆を惑わしたという卑弥呼の記事があり、神託による統治を推察させる。『日本書紀』崇神天皇七年条には、国の災害を憂い神々を鎮祭したところ、倭迹迹日百襲姫命《やまとととひももそひめのみこと》に神がかりして、大物主神が自分を祭れば天下が太平になると告げたとある。一層重要な記事は『古事記』『日本書紀』の神功皇后の神がかりである。『古事記』ではこの時仲哀天皇が琴を弾き建内宿禰が沙庭《さにわ》(審神者)を務めている。『日本書紀』では武内宿禰が琴、中臣烏賊津使主が審神者を奉仕する。かように公の儀礼として託宣を乞うには、神霊招請のため琴を弾き、霊媒となった人が茫然自失の境地から口走る神託の意味を審神者が判断したらしい。託宣は古くは霊能を持った女性(巫女)が行うことが多かったが、男巫すなわち覡《げき》も存在した。時代が降り家父長制社会の定着に伴って、神社では男の神主が司祭者を務めるようになり、託宣の信仰も減退した。現在、一般神社の祭に託宣を伴う行事は稀で、神子《みこ》と称する女性は神楽舞や受付を務めるにすぎない。しかし民間信仰の分野では、東北のイタコ・イチコや南島のユタ・カンカカリャのごとく死者の口寄せを業とする者、あるいは青森県下のゴミソや東北の葉山信仰のノリワラ、山岳信仰の行者のように、神霊の憑依を受けて加持祈禱をする者の活動が見られ、シャマニズムと日本の宗教との関わりを示している。
↓神懸《かみがかり》　↓シャーマニズム

参考文献　堀一郎『日本のシャーマニズム』(『講談社現代新書』二五六)、桜井徳太郎『日本のシャマニズム』、柳田国男『妹の力』(『定本柳田国男集』九)、同「巫女考」(同所収)　（平井　直房）

たくひじんじゃ　**焼火神社**　島根県隠岐郡西ノ島町、隠岐島前、西ノ島の焼火山山頂近くに鎮座。祭神は大日霊《おおひるめ》貴尊《むちのみこと》(焼火大神)。旧県社。平安時代末より中世にかけて、修験者によって、山頂岩穴に社殿を営み、焼火権現と称えて祀られたと考えられる。一方、万治二年(一六五九)の縁起書によると、一条天皇の時代、焼火山の南海岸、曲浦の海中より神火が示現、山中に飛入ったのを里人がこれを奇として追って山中に入ると現在の社殿背後の奇岩を発見、これを神の鎮まります処として、大山権現、または石尊権現と称して崇奉ると記している。江戸時代においては、真言宗雲上寺と号していた。ただし、葛飾北斎や歌川広重の描く諸国名所図会には、焚火社と記されている。また松江藩松平氏の江戸屋敷でも同社の銭守りという授与品が数多く頒布されていた。旧暦正月の期間に行われる初参りは、島内の小字ごとに参拝があり、直会には、神社から膳が振舞われる。享保十七年(一七三二)建立の本殿は一間社流造、正面軒唐破風付で、北面し、東側面唐破風造、南・西側は岩盤に覆われていてほとんど装飾がない。通殿・拝殿とも傾斜地に建ち、拝殿は懸造となっている。いずれも重要文化財。例大祭は七月二十三日。　（宇野　正人）

たけいさおじんじゃ　**建勲神社**　京都市北区紫野北船岡町に鎮座。「けんくんじんじゃ」ともよばれ、「けんくんさん」と親しまれている。旧別格官幣社。祭神は織田信長・信忠。明治元年(一八六八)四月木戸孝允・高矢主膳・五条為栄らが信長の表忠を建議し、翌二年八月織田信敏が神社創立を請願した。同十一月十七日信長の勤王敬神を追褒して健織田社《たけしおりたのやしろ》の神号を賜わり、信敏の東京邸内および天童城跡に社殿を建てて祀った。翌三年十月十七日神号を建勲社《たていさをのやしろ》と改め、同八年四月二十四日別格官幣社に列格、同十三年九月一日に京都市船岡山に社殿を造営して鎮座。翌二日に信長の子の信忠を配祀し、同四十三年十一月二十四日に現在地に移築した。大正六年(一九一七)十一月十七日に信長に正一位を追贈。例祭は七月一日、十月十九日には船岡祭を行い、神幸式を催す。

参考文献　吉井良地編『別格官幣社建勲神社由緒略記』、藤井貞文「明治維新と織田信長」(『国学院雑誌』四九ノ一二)　（藤井　貞文）

建勲神社

たけおかかつや　**竹岡勝也**　一八九三―一九五八　大正・昭和時代の歴史学者。思想史・国学・神道を専門とする。

明治二十六年(一八九三)十一月十日、山形県飽海郡上郷村(松山町)に阿部富太郎の五男として生まれる。哲学者阿部次郎の実弟。母方の竹岡姓を嗣ぐ。山形県立山形中学校、第二高等学校一部乙類を経て、大正七年(一九一八)東京帝国大学文科大学史学科卒業。明治神宮造営局属兼内務省属となり、神社調査の実務を担当。その間、病気にかかって療養中に本居宣長の全集を読んだことが国学研究のきっかけとなる。同十二年法政大学予科教授嘱託となり、ついで法政大学・東京女子大学・立教大学などの講師を経て、昭和二年(一九二七)九州帝国大学法文学部助教授、同四年教授。同九年ドイツに留学して精神史を研究。同二十年同大学法文学部長となるが、翌二十一年から二十五年まで公職追放。解除後は北海道大学・東北大学の教授を経て、三十二年国学院大学教授。三十三年九月三十日没、六十四歳。著作のうち『日本文化史五平安朝末期』(大正十一年)は日本の伝統文化の哲学的考察をめざし、大正人道主義の影響をうけた女性と貧窮な庶民への温かい視点が注目された。『近世史の発展と国学者の運動』(昭和二年)や『日本思想史』(同十八年)では、中世を神道哲学の勃興期と規定し、近世日本主義の精神は神儒合一の垂加神道の流れから国学の主張に到達したと説くが、国学の非合理主義には再検討の余地があると指摘している。

参考文献 西尾陽太郎「故竹岡勝也教授略年譜」(『日本歴史』一二四)、小笠原春夫「竹岡勝也」(『神道宗教』四一)

(瀬戸 薫)

たけおじんじゃ 武雄神社 佐賀県武雄市武雄町武雄尾ノ上に鎮座。武雄五社大明神の別称もあるが、杵島五所社内武雄社(『武雄神社文書』)とも呼ばれていた。武内宿禰・仲哀天皇・神功皇后・応神天皇・武雄心《たけおみ》命《のみこと》(武内宿禰の父)の五柱を祭神とする。旧郷社。社伝では天平七年(七三五)に伴行頼《とものゆきより》に神託があって創建されたと伝える。天暦五年(九五一)の社領四至実検状が残されており、崇敬の古さを物語っている。例祭は、二月十七日歩射祭、十一月二十二日・二十三日流鏑馬奉納。

参考文献 『武雄神社文書』(『佐賀県史料集成』二)、『武雄市史』上、中島平一『武雄の原始と古代』、石井良一『武雄史』

(小宮 睦之)

たけおじんじゃもんじょ 武雄神社文書 佐賀県武雄市武雄町にある武雄神社に所蔵されている文書。総数二百三十一通、その内訳は、平安時代三十一通、鎌倉時代八十四通、南北朝時代八十七通、室町時代二十六通、安土桃山時代以降のものは三通である。中に天暦五年(九五一)二月十一日付の武雄社四至実検状一通があるが、これは佐賀県下では最も古い文書である。本社の神主は、鎌倉時代から南北朝時代にかけて「肥前国御家人兼武雄大宮司」と称し、社の大宮司であると同時に、御家人としての身分を有していた。したがってこの時代の文書の中には、宮司が武士として活躍したことを示すものが多く、たとえば文永・弘安の役、蒙古襲来に際しては、博多湾岸の元軍防禦の石築地に拠って、敵軍を迎え撃ったことを示す文書があり、また、南北朝争乱期における数多の着到状や軍忠状などもあり、これらによって、この期における神主の武家的活動を知ることができる。重要文化財に指定。『佐賀県史料集成』二に所収。

(三好不二雄)

たけおまさたね 竹尾正胤 一八三三—七四 幕末・明治時代の神主、皇学所講官。三河国額田郡舞木村に、父正寛、母松井氏益子の子として天保四年(一八三三)に生まれる。通称東一郎。家は代々同村山中八幡宮神主をつとめる。祖父正鞆は三河の白川家目代、父は平田篤胤門。正胤は門人帳にないが平田門として活躍した。明治元年(一八六八)二月弟猿投神社神主三宅重武と三河の神職に勤皇上京を説き、四月有栖川宮説得方の名で三河の藩や旗本陣屋役人に勤皇を説得して動いた。十月岡崎藩内神職触頭。十一月皇学所御用出仕の命をうけて上京し、十二月十一日講官となる。二年九月皇学所廃止前に宣教使に転じ、三年三月ころ弾正台巡察方となる。五年九月三河国一宮村砥鹿《とが》神社禰宜兼舞木村山中八幡宮祠官、六年十二月砥鹿神社権中講議となる。七年九月十七日郷里で没。墓は山中八幡宮山腹にある。著述に『非《ひ》葛花《くずばなの》弁《べん》』(嘉永五年(一八五二))、『魯叟孔丘弁《ろそうこうきゅうべん》』(安政四年(一八五七))、『大帝国論』(文久元年(一八六一))、『神威鏖狄考《しんいおうてきこう》』(同三年)などがある。『神職本義論稿』(同二年)、

参考文献 田崎哲郎「岡崎地域の国学」(『地方知識人の形成』所収)、近藤恒次『三河文献綜覧』

(田崎 哲郎)

たけこまじんじゃ 竹駒神社 宮城県岩沼市稲荷町に鎮座。旧県社。祭神、倉稲魂神《うかのみたまのかみ》・保食神《うけもちのかみ》・稚産霊神《わくむすびのかみ》。稲荷社で、京都伏見稲荷・愛知県豊川稲荷と並び称され、県内では塩釜神社と並ぶ大社。天下太平・豊作祈願を願う人々の崇敬を集めている。縁起によると、承和九年(八四二)、陸奥守小野篁の勧請とあるが、二ヵ月の在任期間から疑問。また、能因法師の伝承があり、竹馬に乗った童子の霊感により、別当寺(竹駒寺)を建立、武隈を竹駒に改めたと伝える。天文六年(一五三七)、伊達稙宗は竹駒神領の軍役を免除。仙台藩二代藩主伊達忠宗が、正保元年(一六四四)神社を再興、補修料二貫文(二十石)を寄付。歴代藩主の尊崇をうけ、文化四年(一八〇七)、正一位の神階を授けられた。祭礼は、旧二月初午の日から七日間の五穀豊穣を願う初午大祭、九月二十二日・二十三日の収穫を感謝する秋季大祭がある。

参考文献 梅国実政『竹駒神社縁起』(仙台叢書刊行会『仙台叢書』五)、田辺希文編『封内風土記』(仙台叢書出版協会『仙台叢書』一—五)、『名取郡岩沼郷風土記御用書出』(『宮城県史』二四)、卜部兼連『陸奥国名取郡竹駒寺鎮守稲荷神社縁起』

(斎藤 鋭雄)

たけしうちのすくね 武内宿禰 『古事記』『日本書紀』にみえる、大臣《おおおみ》を出した葛城・平群・巨勢・蘇我の四氏

をはじめ、二十八氏の祖先とされる伝承的人物。「たけのうちのすくね」ともいい、建内宿禰とも書く。『古事記』孝元天皇段によると、孝元天皇の孫（『日本書紀』孝元天皇七年条では曾孫）で、その七子から系図のような二十八氏が出たとされている。その事績については、『日本書紀』の記事が豊富で、かなり増広された形跡がある。おもな伝承をあげると、武内宿禰は、景行朝に蝦夷地を巡察し、棟梁の臣となり、成務朝にはじめて大臣となった。仲哀朝から神功皇后をたすけて神意をうけ、新羅との戦いや忍熊王の乱を平定して功があり、応神天皇の即位実現に貢献した。また気比の大神を拝し、韓人を率いて池を造ったほか、探湯《くかたち》によって自己の無罪をかちとった伝承などが知られている。これらのうち、『古事記』『日本書紀』が共通して記す伝承には、㈠「大臣」として歴朝に仕えた忠誠の臣であること、㈡「世の長人」「世の遠人」といわれる長寿の人であること、㈢「審神者《さにわ》」としての宗教的役割をもつこと、が基本的属性としてあげられるが、さらに、㈣渡来人を指導して灌漑開発にあたったという開明的性格が指摘できよう。しかし最も中核的な性格は、天皇（大王）の政治を扶翼する「大臣」の理想像が描き出されていることで、この傾向は特に『日本書紀』において著しい。これは、氏姓制下の大臣・大連政治のもとで「大臣」となった、葛城・平群・巨勢・蘇我の四氏がそろって武内宿禰を共通の祖先としているのに最もふさわしい伝承であることを示している。いわば「大臣」の理想像が歴史記述の形式で伝えられたものといえよう。なお、大化前代の蘇我氏全盛期に四氏が蘇我氏の配下にあったことは、この武内宿禰後裔氏族の系譜の形成に蘇我氏が主導的な役割を果したことを示していると考えられる。

[参考文献] 日野昭「武内宿禰とその後裔」（『日本古代氏族伝承の研究』所収）、岸俊男「たまきはる内の朝臣」（『日本古代政治史研究』所収）、直木孝次郎「武内宿禰伝説に関する一考察」（『飛鳥奈良時代の研究』所収）、佐藤治郎「武内宿禰伝承の研究序説」（『日本歴史』四一六）
（日野　昭）

たけだじんじゃ　武田神社　甲府市古府中町に鎮座。旧県社。祭神武田信玄。例祭四月十二日。大正四年（一九一五）、大正天皇即位の大典に際し、武田信玄に従三位が追贈されたのを記念して、武田神社奉建会が設立され、古府中の武田氏館跡を鎮座地に選定した。同八年四月、本殿が落成し、県社に列せられた。祭神である信玄の命日の四月十二日を例祭日と定め、神饌幣帛料供進神社に指定された。本殿は流造で、拝殿・祝詞舎・神饌所・社務所・神輿庫・宝物庫・手洗水所などを備えた。境内地は八千九百十一坪であり、この地は、永正十六年（一五一九）に、信玄の父信虎が石和から新府中（甲府）へ移転した際に居館を構えて以来、天正九年（一五八一）に、勝頼が新府（韮崎）へ移転するまでの躑躅ヶ崎館の主郭部分であった。昭和十三年（一九三八）周辺地もふくめて国史跡に指定され今日に及んでいる。第二次世界大戦後、境内地に宝物殿が新設され、社宝が公開されている。

武田神社本殿

[参考文献]『武田神社誌』
（柴辻俊六）

たけだはちまんじんじゃ　武田八幡神社　山梨県韮崎市神山町北宮地に鎮座。旧県社。祭神は誉田別命（中殿）・足仲津彦命（左殿）・息長足姫命（右殿）・武田武大神（相殿）。社伝によると、弘仁十三年（八二二）弘法大師空海が僧形八幡像を武田郷に現じたのがはじめとされ、甲斐源氏武田家代々の祈願所。本殿（三間社流造、重要文化財）は武田晴信（信玄）が修覆、石鳥居・石垣が県指定文化財。天正十年（一五八二）の武田勝頼夫人の願文などを所蔵。例祭は十月十四日。

武田八幡神社本殿

[参考文献] 松平定能編『甲斐国志』一二・六六（『大日本地誌大系』）、『甲斐国社記・寺記』一一（『山梨県史料』九）、赤岡重樹『甲斐国古社史考』、『韮崎市誌』中・下
（斎藤典男）

たけなみじんじゃ　武並神社　岐阜県恵那市大井町森に鎮座。大井武並社ともいわれる。祭神は、大己貴命《おおなむちのみこと》・少《すくな》彦名命《ひこなのみこと》・応神天皇。社伝によると、承久二年(一二二〇)新田四郎左衛門義清(茄子川《なすびかわ》・谷武内城主)とその子新田淡路守義綱(神子母城主)が、鎌倉の三将軍の廟に詣でた折、その周囲に生えていた杉の小株三本を持ち帰り、鎌倉三将軍を祀る社殿を建て、その北・東・西に植えた、という。三株の杉は、鎌倉杉と呼ばれていた。戦国時代の永正年間(一五〇四―二一)、武並社は兵火にかかり、焼失し、社領は押領された。『美濃御坂《みさか》越記』に写し留められた棟札によれば、永禄七年(一五六四)大井城代(一説に鷹撃谷城主)藤井常高により、本殿が再建されていることがわかる。その後、寛文十二年(一六七二)修復工事がなされた。現在は、寛文十二年修理の本殿で、平成元年(一九八九)重要文化財指定を受けた。例祭日は、十月第三土・日曜日か第二日曜日。

参考文献　『恵那市史』通史編

(丸山幸太郎)

たけのうちしきぶ　竹内式部　一七一二―六七　江戸時代中期の神道家、尊王家。越後国の人。先祖は代々正庵と称し町医を業とした。正徳二年(一七一二)に生まれる。享保十二年(一七二七)、十三年ごろ上京し、徳大寺家に仕えるかたわら、山崎闇斎を学祖とする崎門学派の松岡仲良に師事し、のちその師の玉木葦斎に学び、儒学・神学を修める。士分に挙げられ式部と改名。字は敬持、号を羞斎・秋斎と称する。宝暦事件の中心人物として京都を追放され、のち山県大弐らの明和事件に連坐して明和四年(一七六七)八丈島に流罪となったが、船中で湿病に罹り、三宅島に寄港中死没。五十六歳。式部がその主役となった宝暦事件は二回ある。第一回目は、宝暦六年(一七五六)京中、洛外で、式部が公卿衆に軍学武術を指南しているとの風聞があり、それがため十二月京都町奉行所に呼び出されて取調べをうけた事件であるが、これは事実無根ということで容易に解決した。第二回目は、それから約一年半後の宝暦八年六月、朝廷が所司代に式部を告訴し、一年近い取調べの結果、同九年五月に重追放となった事件である。この事件の背後には、当時「神道長上」として全国の神社を支配し、神職の官位叙任の手続きを司っていた吉田家が、式部を通して垂加神道が公卿衆の間に浸透することに嫉視したこと、天皇の近習たちの間での確執、それに加えて、天皇に垂加流の神書の講読をすることに関する、正親町三条公積らの公卿衆と関白近衛内前ら老臣たちとの意見の対立などがあった。とりわけ近習衆と関白との対立は、第一次の事件後、式部への公卿の入門者が増加したことに加えて、近習衆が、若い桃園天皇に対して垂加流による『日本書紀』神代巻の講釈を積極的に進講したため激化した。関白らは、幕府を憚ってこれを抑圧し、宝暦八年七月、式部門人の公卿たちの大量処分を幕府に無断で断行するとともに、式部を所司代に告訴した。そのため式部は、堂上方へ神書を講じたことなど、その教え方宜しからず、かつそのために堂上方が処罰されたとして追放刑に処せられた。式部の思想の特質は、一つは『靖献遺言』や『保建大記』を重視したことにみられるように、大義名分を重視する垂加神道、とりわけ浅見絅斎《けいさい》の思想の系譜を引き、将軍あるを知るも天皇を知らない当時の社会意識状況に対して、尊王と斥覇を強調したこと、二つは、朝廷衰退の原因について、代々の天皇が不学不徳であり、また関白以下の諸臣が非器無才であったからだとし、天皇や諸臣が一体となって学問に励み五常の道を備えれば、おのずと天下の万民は天子の徳に服し、将軍も政権を返上して公家の天下になると説いたことなどにある。これらの思想は、一方では、当時幕府にその行動を強く規制されていた公卿たちに学問の必要性とその目的意識を明示したことによって彼らのエネルギーに方向づけを与えたが、他方では、このような公卿の動向が幕府を憚る老臣たちにとってはきわめて危険なものと映り、式部の排斥と公卿の大量処分という結果を招くに至ったものである。幕政確立期における熊沢蕃山や山鹿素行の尊王思想が、武家政権の成立を合理化し敬幕論を随伴するものであったのに対して、式部のそれは、斥覇論を伴うものであった点で朝幕関係認識の一つの新しい段階を象徴するものとみることができる。

参考文献　星野恒『竹内式部君事迹考』、藤田福太郎『竹内式部先生』、大久保次夫『竹内式部』

(本郷　隆盛)

たけのうちのすくね　武内宿禰　⇩たけしうちのすくね

たけひなとり　武夷鳥　天照大御神と須佐之男命の宇気《うけ》比《ひ》で天照の右のミズラより生まれた天之菩卑命《あまのほひのみこと》の御子神。出雲国造らの祖(『古事記』)。『日本書紀』崇神紀では武日《たけひ》照命《てるのみこと》の別名として武夷鳥・天夷鳥《あめひなとり》の名があり、この神が天から降った時に持って来た神宝をめぐり出雲臣の遠祖出雲振根《ふるね》が弟を殺す事件がおきた。神宝は出雲国造神《いずものくにのみやつこのかん》賀詞《よごと》によると布都怒志命《ふつぬしのみこと》であるので刀剣と考えられる。出雲・因幡に同神を祭神とする神社があり、鳥取市大畑鎮座の天日名鳥命《あめのひなどりのみこと》神社が知られる。

(渡辺瑞穂子)

たけべたいしゃ　建部大社　大津市神領一丁目に鎮座。旧官幣大社。近江一宮で、一宮は社域の東北一キロに近江国衙跡(国史跡)があるから、地理的環境によったことが窺われる。建部君がその祖神を奉斎したことから、氏の名が社名となった。祭神は日本武尊・天明玉命《あめのあかるたまのみこと》・大己貴《おおなむ》命《のみこと》。『三代実録』には貞観二年(八六〇)三月一日官社に列し、同五年六月八日従五位下の神位を授けられ、同十年七月十一日従四位上に昇位したことがみえる。『扶桑略記』裏書は延喜元年(九〇一)四月十三日近江国正四位下建部神が従三位に昇位したことを伝え、『延喜式』神名帳には名神大社に列なり、『日本紀略』応和二年(九六二)六月九日条に正三位の授位を記す。社地は軍事上の要地である瀬田橋に近接するため、中世には戦乱の巻添えを再々受けて社殿が焼失した。社宝となっている女神像(重要文化財)は、高貴な女性を写実的に表現した雅致に溢れた平安時代後期の作で、また石燈籠(重要文化財)には文永七年(一二七〇)の刻銘がある。例祭は四月十五日。

参考文献 式内社研究会編『式内社調査報告』一二、神道大系編纂会編『神道大系』神社編二三、『建部神社史料』、『近江栗太郡志』 (宇野 茂樹)

たけみかずちのかみ 建御雷神 日本神話で活躍する勇猛な武神、雷神。『日本書紀』には武甕槌神とも書く。『古事記』によれば、伊邪那岐命《いざなぎのみこと》が剣で火神迦具土神《かぐつちのかみ》の頸を斬ったとき、刀についた血が岩石にほどばしり、生まれた神だという。別名を建布都神《たけふつのかみ》、あるいは豊布都神《とよふつのかみ》ともいう。この名のフツは、神武東征譚に出て来る霊剣フツノミタマのそれと同じく、剣で物を切る音の形容だとも、魂を招き入れる呪術鎮魂《たまふり》のフルと同系の語だともいわれ、いろいろな説があるが、要は刀剣に対する讃《たた》えごとから出た名であったらしい。この神は、記紀の国譲りの神話や神武東征譚でも大功を建てるが、『日本書紀』によれば、前者の神話では同じ刀剣の神である経津主神《ふつぬしのかみ》とともに、出雲の大己貴神《おおなむちのかみ》の一族と談判して国土を献上させ、後者では、霊剣フツノミタマを天から投げおろして、失神した神武天皇の軍を蘇生させている。常陸の鹿島神宮にまつられた。『公事根源』『二十二社註式』などによると、奈良時代の神護景雲年間(七六七—七〇)、中臣・藤原氏は、この神の神霊を鹿島から奈良の春日神社に迎え、氏神としてまつったという。

参考文献 松前健『日本神話の形成』、松村武雄『日本神話の研究』三、松本信広『日本の神話』(『日本歴史新書』)、上田正昭『日本古代国家成立史の研究』 (松前 健)

たけみくまりじんじゃ 建水分神社 大阪府南河内郡千早赤阪村水分に鎮座。上水分神社とも称した。延喜式内社で、旧府社。祭神は天御中主神ほか四柱を祀る。崇神天皇五年の創祀と伝え、神位は延元二年(北朝建武四、一三三七)に正一位に累進。後醍醐天皇は楠木正成に勅して現社地に社殿を造替し、豊臣秀吉は田地を寄進して金剛山の鎮守神として崇敬した。本殿は重要文化財に指定。摂社南木神社は楠木正成を祀る。例祭は四月二十五日。 (二宮 正彦)

たけみずわけじんじゃ 武水別神社 長野県更埴市八幡に鎮座。祭神は、武水別神・誉田別尊・息長足比売尊・比売大神。創立年代は不詳。『延喜式』にみえる名神大社の武水別神の後とされる。八幡の由来は、石清水八幡宮を勧請したことによる。貞観八年(八六六)、従二位。養和元年(一一八一)横田河原の合戦では、源義仲が戦勝を祈願し、弘治三年(一五五七)・永禄七年(一五六四)には、上杉謙信が武田信玄討滅の祈願文を捧げている。江戸時代には、神道管領長上吉田家による信濃国神職編成の拠点の一つとなった。明治六年(一八七三)郷社。同十七年県社に昇格。例祭は九月十五日、十二月十日—十四日は大頭祭(おねり祭)が執行され、おねりと呼ぶ御大門行列が行われる。銅製釣燈籠と摂社高良社本殿は長野県宝。社叢は長野県指定天然記念物。

明治時代の武水分神社

参考文献 長野県神社庁監修『信州の神事』、『更級埴科地方誌』三 (山本 英二)

たけみなかたのかみ 建御名方神 出雲の大国主神の御子と伝えられる神。国譲りの際、天神側の建御雷神《たけみかずちのかみ》に力競べをいどみ、腕を引き抜かれ、負けて逃げ出し、信濃国の諏訪湖まで追いつめられて降伏し、以後この諏訪の地から出ないと誓って赦され、その地に鎮座したと語られる。この説話は、『古事記』にのみ記され、『日本書紀』にはみえない。もともと国譲りとは無関係の別系の説話が割りこまされたのであろうといわれる。『延喜式』にみえる、信濃国諏方郡南方刀美《みなかたとみ》神社(現在の長野県諏訪市諏訪大社)の祭神がこの神である。『古事記』の力競べという相撲の話は、もと土地の古い伝承で、水の精霊の河童が人に力をいどみ、腕を引き抜かれて降参し、以後、人に害を加えないと誓って赦されるという、後世の「河童のわび証文」型の話と一致する。もとは建御雷は登場せず、建御名方が諏訪湖の水の神を打ち負かし、これを眷属とするという話で、諏訪社の鎮座縁起として語られていたもので、これが中央に伝わって、中臣氏の氏神である建御雷神の武勇譚という形に変形されたのであろう。

参考文献 松前健『日本神話の形成』、同『出雲神話』(『講談社現代新書』四四四)、宮地直一『諏訪神社の研究』(『諏訪史』二)、藤森栄一『諏訪大社』(『美術文化シリーズ』四〇)、武藤武美「タケミナカタと諏訪」(『文学』四三ノ一) (松前 健)

たけむらしげお 竹村茂雄 一七六九—一八四四 江戸時代後期の豪農、国学者。通称平右衛門、家号を穂向屋という。明和六年(一七六九)二月十六日伊豆国君沢郡熊坂村(静岡県田方郡修善寺町)に生まれる。竹村家は幕末には二百石前後の田畑を所有し、酒造をも営む村内屈指の豪農であり、村役人をも勤める家であった。茂雄は二歳で父仙助に死別、叔父源五良に養育され、寛政五年

(一七九三)二十五歳で家を継いだ。同七年伊勢松坂へ赴き本居宣長(鈴屋)に入門、同九年秋江戸へ下り村田春海を訪れ歌道の門人となり、また加藤千蔭・清水浜臣らと相識る。茂雄は鈴屋の熱心な学徒で、生涯に七度も伊勢に往復した。国学の普及のため、宣長の著作の出版を思い立ち、文政元年(一八一八)鈴屋同門の三井高蔭・殿村安守の斡旋で伊勢内宮に七十五両を奉納し、その利息金をもって宣長の『直日霊』を穂向屋蔵板として同八年に出版、同十二年には同書の解説ともいうべき自著『道守之標』を出版した。茂雄は伊豆国における国学運動の開祖ともいうべき人物で、同国を中心に二百数十名の門人を数え、交際範囲も広く、韮山代官江川氏にも国学を説いた。茂雄は、「真の道」とは、大臣はじめ国造伴造、伴緒村長、百姓がそれぞれに天皇の「大命をかしこみ尊みわが職を堅く守り天神地祇をゐやまひ祭りあづかりしれる各々の人々を教へめぐみなで治める」(『道守之標』)ことであると述べ、人々がおのおの家職に励むべきことを強調した。これは宣長の思想を村役人の立場で忠実に継承展開したものである。天保八年(一八三七)には、大塩平八郎の乱や、かつて伊豆を訪れた平田門人生田万の柏崎での蜂起(生田万の乱)に強い衝撃をうけ、農民の惨状を憂慮する『憐農民詞』を著わし、徳川斉昭に献じ、同十二年にも『田つらの庵の秋のゆめ』を著わし、草莽の立場から時世を批判している。弘化元年(一八四四)十二月十三日茂雄は七十六歳で熊坂の地で没した。著書は前出のほか、『聖経賢伝弁』『園圃之抜菜』『折ふしの文』『千町抜穂』『詞三枝』『穂向屋集』『門田の抜穂』などがある。

[参考文献] 伊東多三郎「草莽の国学」、高橋敏「江戸時代地方文化と社会的基盤」(『日本民衆教育史研究』所収)、高田岩男「伊豆の国学者竹村茂雄の思想」(西山松之助先生古稀記念会編『江戸の芸能と文化』所収)

(沼田　哲)

だざいのかんつかさ　大宰主神　大宰府部内の祭祀を管した官司。『養老令』職員令で大宰府職員の最初に帥に先んじて記されるが、位階は正七位下。これは中央で太政官(太政大臣・左右大臣)に先んじて神祇官(神祇伯)がおかれたのと同じであろう。『続日本紀』神護景雲三年(七六九)九月己丑条には、道鏡事件のとき、大宰主神習宜《すげ》阿曾麻呂が道鏡に媚び、宇佐八幡の神託を詐り称したとある。ただ同書には宇佐八幡の禰宜とならんで主神(また主神司)がみえ、また遣唐使船にも主神が同乗したことがみえるように、大宰主神とは別な用例もある。

(平野　邦雄)

だざいふ・だざいふてんまんぐうしりょう　大宰府・太宰府天満宮史料　大宰府と太宰府天満宮にかかわりのあるあらゆる史料を収録刊行した編年史料集。竹内理三編。全十七巻。昭和二十九年(一九五四)より九州文化綜合研究所大宰府調査文献班編の上世編十冊・中世編八冊・続中世編八冊計二十六冊が孔版によって刊行されたが、これを基礎に昭和三十九年から太宰府天満宮が発刊者となり、改訂増補して刊行が開始された。宣化天皇元年五月朔日の筑紫国那津の官家建置に始まり、慶長四年(一五九九)の黒田氏入国前までの約千年間の関係史料が収録されている。編年体で収録し、綱文を掲げ、関係史料を網羅的に配列し、適宜編者による解説が頭注で加えられている。平成十五年(二〇〇三)に、約四十年の歳月をかけて刊行を完了した。九州の古代・中世の歴史研究には不可欠の史料集である。なお十二巻より川添昭二が編纂を引継ぎ担当した。

(瀬野精一郎)

だざいふてんまんぐう　太宰府天満宮　福岡県太宰府市宰府に鎮座。旧官幣中社。延喜三年(九〇三)二月二十五日、大宰府の南館で没した菅原道真の廟所(びょうしょ)。太宰府神社・宰府天神・天満宮・菅公聖廟などともいわれ、明治初年の神仏分離以前には、天原山安楽寺・安楽寺天満宮・安楽寺聖廟などの称もあった。道真の墓所として、神霊の鎮まれる聖地として、京都の北野天満宮とともに、天神信仰の核心をなしている。その創祀は、『帝王編年記』ほかの記述によると、三(御)笠郡四堂の辺に墓を築き葬らんとして轜車を引き出したが、途中牛が止まって動かず、よってその所を廟所と定め安楽寺と称したとある。そして、『菅家御伝記』ほかによれば、二年余を経た同五年八月十九日、菅公の門生として京師より随従してきた味酒安行《うまさけのやすゆき》が、はじめて祠堂を創建し、天満

「太宰府神社文庫印」

「西府文庫蔵書」
太宰府天満宮
蔵書印

太宰府天満宮本殿

大自在天神と称したと伝える。『天満宮安楽寺草創日記』には、安楽寺も安行の建立とある。これを本社の創始とされる。ついで、左大臣藤原仲平は勅を奉じて大宰府に下り、奉行して同十九年に至り造営が成ったと『僧綱補任』は記している。また、『筑前州大宰府安楽寺菅丞相祠堂記』には、その廟(祠堂)の前には心字形をした蓮池を造り、廟も創建当初は小さなものであったが、次第に壮麗さを加えて、大規模な建築となり、廊や門を造り、神殿には色彩を施したとある。味酒安行の出自は、武内宿禰の三男平群木菟宿禰で、九世の孫の直講味酒浄成は、空海に『毛詩』『尚書』『左氏伝』などを授けた(『弘法大師行状記』)。この浄成の男が安行である。文政八年(一八二五)四月下旬、国学者青柳種信の識した『太宰府満盛院所蔵古翰跋』によれば、安行は、神駕に従い西府において恪勤懈らず、神薨後も殮所に壇を築き祀奠して功労多く、さらに勅を奉じて聖廟を創造し、神祭を始行し天満宮の基礎を成し、康保元年(九六四)九月十七日に百余歳の高齢で没し、霊祠は今院の西北にある、とある。延長元年(九二三)菅神は、本官右大臣に復せられ、正二位を追贈し、左遷詔書は焼却された。ついで、正暦四年(九九三)六月、左大臣正一位が贈られ、勅使菅原幹正が大宰府安楽寺へ遣された。また同年閏十月、太政大臣が贈られ、勅使菅原為理が下向してきた。そして、天暦元年(九四七)には、菅神の孫にあたる菅原平忠が安楽寺別当として、大宰府に下向するにあたって、安楽寺は、菅原氏の氏寺的性格を有するようになる。別当の補任は、菅原氏の氏長者による氏牒《うじのちょう》によるものとされた。さらに天徳三年(九五九)になると、太政官符による任命とされ、ここに安楽寺は、単なる氏寺ではなく、公的官寺的性格が付与されることになった。天元四年(九八一)には、菅原輔正が大宰大弐として赴任し、大宰府政庁と安楽寺との関係は、より密接なものとなる。輔正は、中門・回廊など御殿の大増築を行い、荘園の寄進も相つぎ、時の円融天皇の御願を得るなど、安楽寺天満宮はその基礎を確立した。祭祀は、最初、大宰帥《だざいのそち》がこれを司ったが、菅原氏の大鳥居・小鳥居・御供屋・執行坊・浦坊の五別当がこれに替わった。味酒三家が宮師職として社務を執行し、三綱・文人・衆徒など五十余の社家が奉仕していた。特殊神事は、うそ替え神事・鬼すべ神事(一月七日)、更衣祭(四月二十日・十一月二十日)、康和三年(一一〇一)に大宰権帥大江匡房によって始められた神幸祭(九月二十二―二十三日)がある。なお、宝物殿には、道真遺品の毛抜形太刀(重要文化財)や、『翰苑』(国宝)、千三百点に上る『太宰府天満宮文書』(重要文化財)をはじめ多数の太宰府文化をしのぶ資料があり、文化研究所も有している。また、本殿も重要文化財に指定されている。

(味酒　安則)

太宰府天満宮境内古図（応永年間）

参考文献　太宰府天満宮文化研究所編『菅原道真と太宰府天満宮』

だざいふてんまんぐうもんじょ　太宰府天満宮文書　福岡県太宰府市太宰府天満宮に所蔵、保管する古文書の総称。社蔵(明治初年神仏分離の際大鳥居家より奉納)と旧社家伝来文書および近年奉納された文書・記録類総数約六千三百点で、社蔵文書の中心は旧天満宮司務別当大鳥居家伝来文書で全四十五巻八百六十余通に及ぶ。年代は平安時代後期より戦国時代末までを一―十四巻に収め、古くは安楽寺寺領関係、留守職大鳥居家の私領関係が多く、特色として鎌倉幕府関係文書が少ない。南北朝時代より数量を増し、領家菅原家の発給文書が目立つ。また室町幕府とくに九州探題今川了俊発給関係文書が多い。戦国時代では大内・大友・少弐氏関係文書がまとまって収められており、いずれも社領・造営・天神信仰に関するもので占められている。十五―四十二巻には近世文書を収め、同じく社領・造営・経営関係が多い。別巻に『天満宮安楽寺草創日記』(永禄二年(一五五九)写)、『雑筆往来』(応永十七年(一四一〇)写)、荘園史料(水田荘関係)二巻などがある。ほかに『大鳥居文書』(旧西高辻文書)十四巻二百十九通(元弘元年(一三三一)―近世末)がある。社家文書には大鳥居家の後裔宮司『西高辻家文書』九百四十余通(中世は写本、近世、明治維新関係、文芸資料を含む)、旧五別当家の一つで権宮司『小鳥居家文書』二巻二十九通(元弘元年―室町時代末)、『御供屋(広辻)文書』二巻二十二通(南北朝―室町時代末)、公文所を世襲した『上座坊文書』三巻七十通(戦国―明治時代)、三宮師家の筆頭『満盛院文書』七巻百三十四通(建武元年(一三三四)―文禄二年(一五九三))などで社蔵の縁起をふくむ諸記録と併せて重要文化財。以上の文書群により寺社領の経営・社家・僧官・宿坊・造営・宗教活動とくに天神信仰の具体相がうかがえる。また近世では神事そのものであった祈禱連歌関係文書は厖大な数量である。その他に旧社家の執行坊、文人の小野加賀家の文書および近辺の旧家の大賀・大藪・山内・竹森家などから奉納された主として近世から明治初年に至る文書群がある。近世における太宰府近辺の村方の史料であり、また幕末維新時の福岡藩や久留米藩志士と太宰府天満宮をめぐる諸状勢を知る好個の史料である。

参考文献 『福岡県史資料』七、竹内理三他編『大宰府・太宰府天満宮史料』、太宰府天満宮文化研究所編『太宰府天満宮所蔵古文書目録』、川添昭二・棚町知弥・島津忠夫編『太宰府天満宮連歌史資料と研究』、竹内理三「筑前の古文書」二(『九州文化史研究所紀要』六)、田鍋美智子「太宰府天満宮所蔵文書」(『古文書研究』一九)

(恵良　宏)

だし　山車　祭に担がれ、曳かれる屋台。車楽《だんじり》・壇尻《だんじり》ともいう。作り山・柱・笠鉾・人形・吹き花・鳥獣・草木などで飾るので、鉾・山などの名もある。ダシとは本来、柱や鉾の先につけた御幣・花・榊・髯籠《ひげこ》(放射状に編み残しの竹をつけた籠)など、神の依代《よりしろ》となる物をいった。現在、山車は全国的に見られるが、その源は京都の八坂神社の祇園山鉾とされ、さらにさかのぼれば古代の大嘗会に使われた標山《しめやま》に由来する。標山は大嘗会の当日作られ、『類聚国史』八、大嘗会、弘仁十四年(八二三)十一月癸亥条によれば榊で作り橘や木綿などで飾った。『続日本後紀』天長十年(八三三)十一月戊辰条によれば悠紀《ゆき》・主基《すき》の標山を立て、梧桐と恒春樹を中心に種々の装飾を施している。これらはもと、宮城東南の神泉苑から内裏に向かう移動神座で、大嘗会に招かれる神々を祭場に送るものであった。祇園会の山車は、社伝によれば貞観十一年(八六九)全国に疫病流行の折、勅命により当時の国数に準じ二丈ほどの矛六十六本を立て、神々を神泉苑に送って疫病消滅を祈願したことに由来するという。『本朝世紀』長保元年(九九九)六月十四日条には、その前年京都の雑芸人が、大嘗会の標山に似た柱を作って神社に練り込んだので、そのような柱を作ることが禁止されたが、神の怒りがあったとされ、それ以後も山鉾を祇園会に出すことが続き、数々の趣向をこらした数十基の山鉾が出現するに至った。山車にはまた、神の「よりまし」として幼児を乗せることもあったが、祭礼行列の中心となる神の座が神輿に移行した後は、人形を飾り、あるいは大勢の子供などが乗って、祭囃子をはじめ賑やかな芸能を演ずるようになった。滋賀県長浜市八幡神社の山車は十二台あり、一つ一つが曳山狂言の舞台、浄瑠璃を語る楽屋、囃子を奏する亭から成る。埼玉県秩父市秩父神社の屋台(傘鉾)は屋台囃子のほか、上床に張出しを設け歌舞伎をする。岐阜県高山市の日枝神社・八幡神社の祭礼には多くの屋台で操り人形などを見せる。福岡市博多区川端町の櫛田神社例祭には博多山笠に人形を飾り、広島県高田郡吉田町の清《すが》神社の市祭にも山車で子供歌舞伎が演じられている。

参考文献 柳田国男「氏神と氏子」(『定本柳田国男集』一一)、柴田実編『御霊信仰』(『民衆宗教史叢書』五)、折口信夫「髯籠の話」(『折口信夫全集』二所収)、後藤淑「仮面ほか」(『日本民俗学体系』九所収)

(平井　直房)

たじからおのかみ　手力男神　『日本書紀』には手力雄神・天手力雄神とも書く。天石屋に隠れた天照大神を天神たちが協力し招き出した時に、石屋の戸の脇に隠れ立っていて、大神が外の様子を見ようと細く開いた戸を引き開けたとも、その大神の手を取り石屋から引き出したともいわれる。『古事記』には天孫降臨に随従した天神の一人としてもあげられ、佐那々県《さなながた》(三重県多気郡多気町の佐那神社の所在地)にいますと付記されている。

参考文献 越野真理子「オモヒカネの研究」(『学習院大学国語国文学会誌』三〇)

(吉田　敦彦)

たじまじんじゃ　田島神社　佐賀県東松浦郡呼子町加部島に鎮座。旧国幣中社。祭神は多紀理毘売尊《たぎりひめのみこと》・市杵島比売尊《いちきしまひめのみこと》・多岐津比売尊《たぎつひめのみこと》を主神とし、大山祇命《おおやまつみのみこと》・稚武王命《わかたけおうのみこと》を配祀す。志々岐神社を下松浦明神、本社を上松浦明神という。『新抄格勅符抄』所載の大同元年(八〇六)牒には神封十六戸とあり、元慶八年(八八四)には正四位上に累進す(『三代実録』)。『延喜式』には「田嶋坐神社(名神大)」

とみえ、明治四年(一八七一)五月国幣中社に列した。中世には武家の崇敬をうけ、豊臣秀吉は百石を寄進し、近世には唐津藩主土井氏の祈願所となる。末社に佐与姫《さよひめ》社がある。社家に神職首座平野氏などがあった。社殿は丘陵中腹北西向きに建ち、異国降伏の意を表わすという。例祭は九月十六日、ほかに夏越祭七月二十九日・三十日。古来地方民は航海安全・豊漁守護の神社として崇め、特に漁村民の崇敬が篤い。社宝に重要文化財指定の太刀一振、文禄二年(一五九三)九月十八日の豊臣秀吉社領寄進状、糟粕手鑑、正安二年(一三〇〇)銘鼻高面、伝秀吉筆内陣扉板、伝天元年間(九七八―八三)修造在銘石鳥居などがある。

参考文献 伊藤常足編『太宰管内志』肥前四、式内社研究会編『式内社調査報告』二四
(中野　幡能)

ただごんげん 多田権現 ⇩多田神社《ただじんじゃ》

ただじんじゃ 多太神社 石川県小松市上本折町に鎮座。多太八幡宮とも称す。旧県社。衝桙等乎而留比古命《つきほことおてるひこのみこと》・仁徳天皇・応神天皇ほか十五神を祀る。応神天皇以下はのちに合祀した石清水八幡宮末社の八幡社その他の祭神で、主祭神については異説がある。延喜式内の小社。康和五年(一一〇三)に社司が神事を穢した祟りあるによって中祓を科せしめられた。寿永二年(一一八三)に源義仲が蝶屋の荘を寄進したことが『平家物語』七にみえ、その奉納といわれる伝斎藤実盛着用の兜・袖・臑当が重要文化財に指定されている。元禄二年(一六八九)に松尾芭蕉が訪れて「むざんやな甲の下のきりぎりす」とよんだのは有名。近世は藩主前田氏が社領を寄進、社頭を保護するなど尊信した。なお歴代の遊行上人が北陸回国のとき社参する慣例は、十四代の太空上人が実盛の亡霊を済度してからのことだという。例祭は七月二十四日で、兜祭りがある。

参考文献 森田平次編『松雲公採集遺編類纂』一一〇、森田平次『加賀志徴』六、式内社調査報告』一六
(小倉　学)

ただじんじゃ 多田神社 兵庫県川西市多田院に鎮座。古くは天台宗多田院であったが、明治維新の際神仏習合を廃して多田神社と改称し、今日に至る。旧県社。祭神は源満仲・源頼光・源頼信・源頼義・源義家。平安時代中期、清和天皇の曾孫にあたる源満仲は、安和元年(九六八)神託を受け、一族郎党とともに多田盆地に移住し、この地の地利、特に鉱山に着目して開発をすすめ、天禄元年(九七〇)多田院を創建して、摂津(多田)源氏(武士団)の堅固な地盤を築いた。ついで寛和二年(九八六)出家し、長徳三年(九九七)八十六歳で没すると、この地に葬られ廟祠として朝廷・武門の尊崇をうける。のちに頼光・頼信・頼義・義家などの祠を建立するにあたり、多田院と廟所とは同一視せられ、神仏混合思想によりこれを「万代守護権現宮」と号した。満仲の嫡男頼光の孫にあたる頼綱が、はじめて「多田」を称してのち、源頼朝によって幾人かが御家人にとりたてられた。保元・平治の乱、承久の乱における多田源氏、多田御家人の動向、特に多田蔵人行綱の行動、また北条泰時の多田に対するあつかいなど、支配・管理の上に軋轢が絶えなかったが、その背景には多田荘の鉱脈が第一の魅力であったことがうかがわれる。その後、多田荘は北条氏の支配下におかれ、暦仁元年(一二三八)以後、北条氏の家臣が政所に任命されて多田荘を支配するようになった。天正六年(一五七八)多田院御家人が石山本願寺の軍に加わった結果、織田信長に敗れ、ひきつづく戦火の中で多田院をはじめ諸社寺が焼亡し、御家人も無禄化され次第に没落の運命をたどることになった。北条時頼の堂舎建立、足利尊氏の社領寄進などあり、室町時代のたびたびの鳴動による朝野の特別奉幣は、中世の特殊信仰の事例として著名である。元禄九年(一六九六)祭神に対し「正一位多田権現」の賜贈あり、爾来当社を「多田大権現社」(『摂陽群談』)とも称することになった。現在の社殿は、徳川家綱寄進によるもので重要文化財。東山天皇の宣命をはじめ古文書二千点を有し、宝物も源家宝刀鬼切丸・備前国宗太刀のほか甲冑二十領などを所蔵する。例祭は四月十日・十月二十七日。春祭には、市民の懐古行列などで賑わう。

多田神社本殿

参考文献 多田神社編『多田神社文書』、兵庫県神職会編『兵庫県神社誌』上、『かわにし―川西市史―』
(吉井　良隆)

ただすのもり 糺森 京都市左京区下鴨の地名。高野川と賀茂川の合流の北にあり、河合森と書かれることもある。その北辺に存在する賀茂御祖神社(下鴨神社)の参道が中央に通じ、下鴨神社の摂社河合神社がある。糺の字が使用された結果、偽りを糺す森という意味をもった。また、下鴨神社に近接したことから、平安時代以来、潔斎の場としても知られた。糺河原は京都への入口にあたり、南北朝時代から、しばしば合戦の場となり、『太平記』などに頻出する。また、土一揆の集結地となるほか勧進

芸能の場所としても使用された。江戸時代には森の中を流れる御手洗《みたらし》川や泉川が納涼の地として有名となり、水茶屋が掛けられた。　（黒川　直則）

ただのいん　多田院　⇩多田神社《ただじんじゃ》

ただのいんもんじょ　多田院文書　兵庫県川西市多田の多田神社所蔵文書。多田神社は清和源氏の祖源満仲（多田満仲）が天禄元年（九七〇）に創建した多田院に源流をもち（明治の神仏分離で多田神社となる）、鎌倉・室町・江戸時代を通じて源氏の宗廟として崇敬されたため、多くの文書を遺すこととなった。その存在は早くより知られていたが、昭和五十一年（一九七六）・五十三年の『かわにし―川西市史―』四・五の刊行（熱田公担当）によって、はじめてその全貌が紹介された。六十二巻の巻子本に表装された中世文書五百余点、近世・近代の文書・記録千余点、計千六百八十点に達する。その内容は、源氏の宗廟多田院を中核とした多田院御家人関係、北条氏得宗領多田荘の支配関係、得宗政権下における忍性《にんしょう》の多田院修造関係、室町時代の歴代将軍の寺領安堵御教書、将軍若君誕生の神馬奉献奉書、時変にあたっての多田院鳴動注進状、多田銀銅山関係など歴史的に重要で興味深いものが多い。

参考文献　『兵庫県史』史料編中世一、中村直勝「多田院とその文書」（『史窓』二四）　（丹生谷哲一）

ただよしとし　多田義俊　?―一七五〇　江戸時代中期の神道家、故実家、浮世草子作者。姓は多田、のちに桂。名は義俊のほかに、政仲・利見・秀樹など。字は公実など。通称は将監・兵部など。号は南嶺・春塘・秋斎など。言の信用できない人であるが、大体に摂津国多田（兵庫県川西市）の出、早く吉田・垂加・伊勢など諸神道を学び、京都に出て公卿の家に仕えた。故実は壺井義知門。大坂・京都に住み、以上の諸学を舌耕した。才敏で口舌・文筆に長じ、伊勢・名古屋へも出講し、著書に門人の聞書多く、当時は好評を得たようである。寛延三年（一七五〇）九月十二日京都で没。京都東山本妙寺に葬る。五十歳をやや越えた享年で、元禄末の生誕と思われる。著述は写本・刊本ともに多く、神道では『中臣祓古義』『神代巻顕要抄』『神明憑談』など、故実では『職原鈔弁講』など、随筆に『南嶺子』『南嶺遺稿』などがあり、また語学や和歌の著もあり、『旧事記偽書明証考』は有名である。ただし思想家としても学者としても本格的ではない。偽証さえ使用すると、伊勢貞丈などから批判を受けた。当代風に合理的な論説で、国学和学流行の社会的風潮を生むに、なにがしか役立ったであろう。晩年京都の書肆八文字屋の代筆をして、『鎌倉諸芸袖日記』など、二、三十部の浮世草子を著わしたと推察される。

参考文献　平重道『近世日本思想史研究』、中村幸彦「多田南嶺の小説」（『中村幸彦著述集』六所収）、古椎正美「多田義俊年譜考」（『近世和歌文学誌』一）　（中村　幸彦）

たたり　崇　神霊、人の生霊や死霊、さらには動植物・土地・石・器物などにこもる精霊などが人間や社会に災禍をもたらすとする信仰現象をいう。「たたる」の語源は、「夢枕《ゆめまくら》にたつ」「春たつ」などの表現にみられるのと同じ「たつ」である。したがって神の「たたり」とは、本来は神がなんらかの形でこの世に出現すること、あるいは神威が発揮される意味であった。神の示現としての「たたり」は、古くは『日本書紀』神代天孫降臨章第一の一書に「高皇産霊尊因りて勅して曰はく、吾は則ち天津神籬と天津磐境とを起し樹《た》てて、当に吾孫の為に斎ひ奉らむ」（原漢文）とあるように、神霊が神聖な森の樹立ちの神籬《ひもろぎ》や石を築きめぐらした磐座《いわくら》・磐境《いわさか》に降臨することであった。また同じく神代宝鏡開始章に天照大神が天の岩窟に隠れたとき、天鈿女命《あめのうずめのみこと》が神がかりしたと伝えられているように、神霊が特定の人間に憑依《ひょうえ》してその意志を伝えることであった。今日、下北半島のイタコや沖縄のユタなどの民間巫者によるカミオロシ・ホトケオロシとなって展開されている。崇りを神禍と意識するようになるのは、古風なこれらの神の示現としての崇りの信仰の衰退と社会不安の増大に伴って生じた。奈良時代に僧玄昉《げんぼう》の死が反乱を起した藤原広嗣の霊の崇りとされた例があるが、御霊《ごりょう》信仰が広まる平安時代に入って広く浸透した。御霊とは冤罪を受けて怨みを遺して死した者、非業の死を遂げた者の怨霊をいう。平安時代初期には、早良親王以下六人は六所御霊として恐れられ、貞観五年（八六三）には、怨霊を鎮めるために神泉苑で御霊会が営まれた。災禍の起った原因を怨霊の仕業とみる因果関係の論理が固定化すると、祭祀・祈禱による調伏が行われるようになる。菅原道真の怨霊が北野天神としてまつられて学芸の神とされたように、怨霊を神として祭りあげることによって守護神に変ずることもなされた。このことはわが国の祖先崇拝が死霊による崇りの属性を供養によって守護霊に変ずるという構造に影響を与えている。　↓怨霊思想《おんりょうしそう》　↓御霊信仰《ごりょうしんこう》

参考文献　柳田国男『妹の力』（『定本柳田国男集』九）、同『先祖の話』（同一〇）、桜井徳太郎『民間信仰』（『塙選書』五六）　（藤井　正雄）

たたりがみ　崇り神　⇩御霊信仰《ごりょうしんこう》

たちばなのおどのあわぎはら　橘之小戸之檍原　伊弉諾《いざなぎ》尊《のみこと》が、伊弉冉尊《いざなみのみこと》を慕って黄泉の国に至ったが、腐敗した妻神の姿を見て恐れをなし、そこから逃げ帰ったのち、禊祓を行なった場所。『古事記』神代では「竺紫日向之橘小門之阿波岐原」、『日本書紀』神代四神出生章第六の一書では「筑紫日向小戸橘之檍原」としている。本居宣長は『古事記伝』において、『日本書紀』神代海宮遊幸章第四の一書の火折尊《ほおりのみこと》の海宮遊行の段から考証し、小戸とは小さな水門で、川の落口であり、そこにある橘という地名であると解釈する。また檍原については、榎木の一名であるとし、この木の多く茂った土地と理解している。　（嶋津　宣史）

たちばなみつよし　橘三喜　一六三五―一七〇三　江戸時代前期の神道家。為証庵と号す。寛永十二年(一六三五)肥前国平戸に生まれる。駿河国府中浅間神社の神主宮内昌興の門人。吉田神道を修め、宗源神道五十六伝と称して一派を立て、橘家神道という。江戸浅草に住み、神道の講釈につとめた。平田篤胤『俗神道大意』四には、垂加流の安座修業にすぐれたと伝えるが、明和・安永ごろの人物と説くのは不審。諸国一宮を歴訪、そのつど、中臣祓の木版本を奉納。たとえば、徳島県鳴門市の大麻比古神社には、元禄十年(一六九七)卯月二十二日付の一本が現存する。その参詣旅行記は、当時の社頭景観を伝えて珍重。神道家増穂残口と交際があったらしい。元禄十六年三月七日死去。六十九歳。武蔵国足立郡三室郷向山(さいたま市)に葬られた。吉田家から一樹霊神の神号を贈られる。著書に『一宮巡詣記』『中臣祓集説』『神道四品縁起』『神道あつめ草』などがある。

参考文献　梅田義彦「橘三喜が諸国一宮へ奉納したる中臣祓」(『神道の思想』三所収)　(秋元　信英)

たちばなもりべ　橘守部　一七八一―一八四九　江戸時代後期の国学者。名は庭麻呂のち守部。通称は元輔。蓬壺・波瀲舎・池庵・生薬園・椎本などと号す。天明元年(一七八一)生まれる。伊勢国朝明郡小向村(三重県三重郡朝日町)に飯田長十郎元親の長男として生まれた。母は同国桑名郡萱町新田村(桑名市萱町)の郷長、楠与左衛門守忠の妹(名は不詳)。父は同国の国学者谷川士清の門人であったという。幼時母が離縁となり、十二歳のとき一家破産。このため親類を頼って大坂へ行き、十七歳で江戸に出た。一時清水浜臣の門に学んだことはあるが、ほとんど独学で国学を修めた。二十九歳の文化六年(一八〇九)、武蔵国葛飾郡内国府間村(埼玉県北葛飾郡幸手町)に転居、文政十二年(一八二九)四十九歳のとき再び江戸に出た。江戸では深川・浅草・本所に住んだが、大半は浅草寺境内弁天山に居た。本居宣長以後の国学界が、ほとんどその学統によって占められていた状況のもとで宣長学を大胆に批判し、宣長と異なる一家の学を確立することに努めた。宣長学批判の第一は、『古事記』『日本書紀』両書の価値優劣を論じ、宣長の『古事記』尊重に反対して『日本書紀』重視の立場をとったこと、第二は独自の信念に基づいて設定した「神秘五箇条」なる法則(第一条「旧辞・本辞ノ差」を知るべきこと、第二条「古伝説ノ本義」を弁えるべきこと、第三条「稚言《おきなごと》・談辞《かたりごと》ノ弁」、第四条「略語《はぶきごと》・含言《ふくめごと》ノ大概」を知るべきこと、第五条「天《あめ》・黄泉《よみ》・幽《かみ》・現《うつ》・顕露《あらはに》ノ大意」を心得べきこと)を示し、これによって神典成立の要素を分類、その伝説的部分と史実的部分とを弁別し、神典解釈上に新境地を開いたことである。これらの学説は、『神道弁』『稜威道別』『神代直語』『難古事記伝』などに記述されている。また『長歌撰格』『短歌撰格』『文章撰格』の三部作を著わして古代の長歌・短歌・散文には一定の句格もしくは構造のあることを実証し、これによって後代の作品を批判、制作上の規範を示した。『古事記』『日本書紀』の歌謡についての詳しい注釈書として『稜威言別』を著わしている。守部の『万葉集』研究は歌格と訓詁注釈との二方面に分けられるが、前者に『万葉集緊要』、後者に『万葉集墨縄』『万葉集檜嬬手』がある。その他、語学・文法の研究書として『助辞本義一覧』『五十音小説』『てにをは童訓』『佐喜草』があり、古典研究の副産物と考えられるものに辞彙方面の著作『俗語考』『雅言考』『千代の古径』『類語品彙』などがある。先学の説にとらわれず、独自の学説を唱えたところに大きな功績が認められるが、その半面穿ちすぎた偏見も少なくなかったといわれる。江戸の学界で孤立的立場にあった守部は、門人の獲得に力を入れ、江戸・上野・武蔵・下総をはじめ各地に勢力をひろげたが、なかでも桐生・足利の機業家に有力門人が多かった。著作の出版も門人の援助によるところが大きかった。守部と門人との交渉は、地方庶民文化の発達と国学普及との関係を知るうえで重要な手がかりとなる。嘉永二年(一八四九)五月二十四日没。六十九歳。江戸向島の長命寺に葬られた。法名深達院広耀常円居士。著作は『橘守部全集』(新訂増補版)全十三巻・補巻一巻のほか、『橘守部集』(『国学大系』一四)に収められている。

参考文献　橘純一編『(贈位記念)橘守部伝記資料』、伊東多三郎『国学の史的考察』、芳賀登『幕末国学の展開』、鈴木暎一『橘守部』(『人物叢書』一六三)、村岡典嗣「橘守部の学説」(『日本思想史研究』所収)、平野仁啓「橘守部」(『万葉批評史研究』所収)、高井浩「桐生国学発達史」(『群馬文化』三―五・七・八)　(鈴木　暎一)

たちばなもりべぜんしゅう　橘守部全集　江戸時代後期の国学者橘守部の著作全集。橘守部全集には、橘純一編『橘守部全集』全十三巻(国書刊行会、大正九年(一九二〇)―十一年)と橘純一編、久松潜一監修『(新訂増補)橘守部全集』全十四巻(東京美術、昭和四十二年(一九六七))の二種類がある。大正の全集には『稜威道別』『旧事紀直日』『難古事記伝』などの代表作がほとんど収められている。新訂増補版全集は十三巻と補巻一巻からなり、十三巻は大正の全集の写真複刻である。補巻は大正の全集に漏れた著書のうち『十段問答』『長歌大意』『書目童唱』を収録し、以下の橘守部についての研究論文を載せている。佐々木信綱「橘守部の自伝とその著書」、久松潜一「万葉集墨縄及万葉集檜枛」、福井久蔵「歌格の研究家―橘守部―」、太田善麿「橘守部―人と学問―」、高井浩「橘守部の江戸進出と桐生・足利門生の支援」、同「橘守部の難語考と桐生・足利の門生」。

参考文献　鈴木暎一『橘守部』(『人物叢書』一六三)　(大久保紀子)

たつたたいしゃ　竜田大社　奈良県生駒郡三郷町立野に鎮座。俗に竜田明神という。旧官幣大社。天《あめの》御《み》柱命《はしらのみこと》・国《くにの》御《み》柱命《はしらのみこと》をまつる。『延喜式』神名上の大和国平群郡に、

「竜田坐天御柱国御柱神社二座(並名神大、月次、新嘗)」とみえるのがこの神社である。天御柱命・国御柱命は風の神で、竜巻の旋風を天地間の柱と見立てた神名である。この神社の祭は、早く神祇令に、「孟夏、(中略)風神祭、(中略)孟秋、(中略)風神祭」と規定されていて、古来四月と七月に朝廷から使が派遣されて執り行われた。国史にみえる最初は、『日本書紀』天武天皇四年(六七五)四月癸未条に、「小紫美濃王・小錦下佐伯連広足を遣して、風の神を竜田の立野に祠らしむ、小錦中間人連大蓋・大山中曾禰連韓犬を遣して、大忌の神を広瀬の河曲に祭らしむ」(原漢文)とあるもので、それ以来、竜田の風の神の祭と広瀬の大忌《おおいみ》の祭とは、毎年同日に行われて、長く後世に続いた。両社の祭の趣旨は、西方からの暴風が、大和盆地に吹き込む入口にあたる竜田の地に、風の神をまつり、同時に、大和の農地を潤す諸川が一つに落ち合う広瀬の地に、穀物の神を祀って、天の下の農作物が風水害に逢うことなく、豊かに稔るようにと祈るところにある。『延喜式』祝詞の竜田風神祭の祝詞に、崇神天皇の御代、農作物が何年も稔らなかったので、天皇が何の神の祟りかと祈ったところ、夢の中に天御柱命・国御柱命が現われて、それは自分の所為であるとお告げがあり、竜田の立野に宮を建てて祀るよう悟されたという、この神社の鎮座縁起が述べられている。祭日は、初めは四月・七月というだけで日まで一定していなかったが、平安時代に入り、『延喜式』四時祭上に、「大忌・風神祭、並四月・七月四日」とあるように、四月四日および七月四日と定まった。平安時代までは朝廷の崇敬が厚く、恒例の祭日のほか、臨時の風雨鎮圧を祈る祭にも使が派遣され、授けられた神位も累進して、貞観元年(八五九)には正三位に至り、永保元年(一〇八一)には二十二社の中に選ばれている。ところが中世以降衰微して、江戸時代には幕府から十二石の朱印領を与えられたにすぎなかった。今日では、農業・漁業・航海・航空など風に関係のある職業者の厚い信仰を受けている。現在、例祭は四月四日で、別に風鎮祭が六月二十八日―七月四日に行われる。

参考文献　青木紀元「広瀬・竜田」(『日本神話の基礎的研究』所収)

(青木　紀元)

たつだいみょうじんのおんこと　竜田大明神御事　大和国竜田社(奈良県生駒郡三郷町竜田大社)の縁起。一巻。聖徳太子に法隆寺の寺地を示したとされる竜田大明神の縁起を闡明するため、十一ヵ条に分かち、「古記の文理を勘へ」て、私按を加えたもの。法隆寺を当寺と称していることから、同寺の寺僧の手になるものとみられる。『元興寺伽藍縁起并流記資財帳』『日本書紀』のほか多数の書物を引勘するが、なかに『類聚神祇本源』(度会家行著)・『神皇正統記』(北畠親房著)・『豊葦原神風和記』(慈遍著)などの引用があり、室町時代前期の成立と判断される。『続群書類従』神祇部、『神道大系』神社編五所収。続群書類従本をはじめとする流布本は、元禄八年(一六九五)水戸藩の史官大串元善が法隆寺から借用謄写した彰考館本を転写したもので、本奥書に応永三十二年(一四二五)書写の旨を載せている。

(末柄　豊)

たつたのまつり　竜田祭　奈良県生駒郡三郷町立野にある竜田大社(式内大社竜田坐天御柱国御柱神社)の祭。現在は四月四日の例祭のほか風鎮祭(六月二十八日より七月四日まで)・秋祭(十月二十五日の斑鳩町竜田の竜田神社への渡御)などが行われているが、本来風神祭《かぜのかみのまつり》が主祭である。一般に風祭《かざまつり》は風の神をまつるものであるが、風がひとびとに及ぼす影響はさまざまで、祭の方法も風招《かざおき》や風鎮がある。農業を中心とする地域の風祭はもっぱら風鎮が主祭で、諏訪神社の「風の祝《はふり》」や八朔(旧暦の八月一日)の風祭などがあり、竜田祭もこれにあたる。『延喜式』にある竜田風神祭の祝詞には、崇神天皇の代に悪風・荒水を防ぐため天御柱《あめのみはしら》・国御柱《くにのみはしら》二神を竜田の立野の小野に祀ったことが述べられている。この二神は記紀にみえる級長戸辺《しなとべ》・級長津彦《しなつひこ》と同格とみる説がある。竜田祭は『日本書紀』天武天皇四年(六七五)四月癸未条に美濃王・佐伯連広足を使として風神を竜田の立野に祀ったとあるのが国史の初見である。また、同日には大忌神を広瀬の河曲(奈良県北葛城郡河合町大字川合にある広瀬神社)に祀ったこともみえ、以後持統紀までほぼ連年四月と七月に両祭のことがみえる。両祭は神祇令の四時祭にも孟夏(四月)と孟秋(七月)に加えられており、『延喜式』四時祭上では両祭日を四月・七月の四日とし、王臣五位以上各一人、神祇官六位以下各一人を使にあて、卜部・神部が従い、国司次官以上一人が専当して事を行うとしている。竜田風神祭は広瀬大忌祭とともに六国史や平安時代の日記などにもしばしば記されているが、この両祭が風雨順和・五穀豊穣を祈願する農耕祭として重視されたためである。中世になってしばらく廃絶したらしいが、再び現在のような祭が復活した。　→風神《かぜのかみ》

参考文献　青木紀元「広瀬・竜田」(『日本神話の基礎的研究』所収)、福島好和「天武持統朝政治の一考察―広瀬大忌祭・竜田風神祭の意義―」(『関西学院史学』一二)

(福島　好和)

たつたひめ　竜田姫　『延喜式』神名上に「竜田比古竜田比女神社二座」(大和国平群郡)がみえ、竜田は天武天皇以来、風の神としての信仰をもつ土地であったが、竜田山の神を竜田姫といい、竜田山が奈良京の西にあたるところから、五行説の影響をうけて秋を掌る神とされる。また紅葉の印象から染色・織物の名手ともいい、春の佐保姫と対比される。『古今和歌集』五には「たつたひめたむくる神のあればこそ秋のこのはのぬさとちるらめ」とある。

(青木　周平)

たつやまはちまんじんじゃ　竜山八幡神社　広島県山県郡大朝町新庄字供免に鎮座。旧称駿河八幡宮、通称「たつやまさん」。旧村社。祭神は応神天皇・仲哀天皇・神功皇后・表筒男命《うわつつのおのみこと》・中筒男命・底筒男命、相殿の大山咋神《おおやまくいのかみ》である。由緒は、正和二年(一三一三)、吉川《きつかわ》経高が駿河

国吉川村(静岡市)から地頭として大朝庄へ入部の際に吉川村の若宮八幡を勧請したとする。以来、吉川氏の氏神として崇敬された。永禄元年(一五五八)、吉川元春は駿河八幡宮社殿を再建した。現本殿である。慶長六年(一六〇一)、吉川氏の岩国移封後は福島正則により社領をあまねく没収されたが、花屋小田氏や惣氏子が寄進など維持に尽力している。明治初年に現社名に改めた。祭礼は、近世末には春二月初卯と秋八月十五日で流鏑馬や神輿渡御があった。現例大祭は十月第三日曜日(旧九月二十五日)。本殿は三間社流造で、内陣の柱に「此宮永禄元年戊午歳建申候　弥融(花押)」の墨書銘がある。重要文化財。

参考文献　『大朝町史』、広島県神社誌編集委員会編『広島県神社誌』

(藤井　昭)

たてえぼし　立烏帽子　男子の成人の標識とする烏帽子の一種。黒く染めて烏の羽の色を連想させる布帛製の帽子で、口に縁《へり》をめぐらし、理髪の髻《もとどり》を納めて被り、上方の峰《みね》を引き立てておく柔軟な仕立てを本義とする。禅譲後の上皇以下、堂上の私用の料である。黒の紗織の烏帽子の表面に薄く漆をひいて張りをもたせ、正面中央を「うや」とよんで押し込んで被り、礼容を整えて立烏帽子と称した。地下は、外出に際して、烏帽子の峰が風に吹かれてなびくのを勘案して、あらかじめ峯を斜めに折って被り、風折《かざおり》烏帽子と称した。無位の召具《めしぐ》は、柔らかいまま「うや」も作らずに被り、峰がひらめくので平礼《へいれい》烏帽子とよんで用いた。武士も「うや」を作らず、逆に後頭部を押し込んで峰を後方に垂らして押入《おしいれ》烏帽子とよび、遠行には笠を、軍陣には兜をこの上に被るのを例とした。平安時代末期から如木《じょぼく》とよんで固地の強《こわ》装束が一般化し、烏帽子の表面も漆でぬり固めて硬化し、儀礼用となって形式化した。峰の前端を「まねぎ」といい、「うや」を入れてできた皺《しぼ》の上方の廷出部を「ひなさき」とよび、下方の左右を眉《まゆ》、山科流では額《ひたい》という。これに諸眉《もろまゆ》と片眉《かたまゆ》があり、片眉に左眉と右眉を生じ、家流により使用を区別した。また表面全体も伸縮による皺を固定して、大皺・小皺・柳皺の区別ができ、紙製黒漆ぬりが普通となり、老年・壮年・若年によって細粗の順に使用を別とするに至った。そのために懸緒は必須となり、紙捻《こひねり》の緒を本義とした。『言緒卿記』慶長十九年(一六一四)十二月十五日条によると「仙洞ノ御烏帽子申付候、先度内々如二申上一モロビタイニテ御座候、旧記則懸二御目一、一両年高倉右衛門佐、仙洞ニハ、カタビタイノ由被二申上一、予去月致二院参一、旧記ニ山科家ヨリ調進、皆モロ額也、高倉ヨリ従レ昔モ今調進之例ナシ、タトイカタビタイノ旧記アリト申トモ不レ可レ有二御用一」としている。

参考文献　『古事類苑』服飾部

(鈴木　敬三)

たてやましんこう　立山信仰　富山県に聳える立山(標高三〇一五メートル)をめぐる信仰。古くは『万葉集』に詠まれて、立山神と崇められた。『延喜式』記載の雄山神社は立山と考えられ、『梁塵秘抄』では観音の霊山とされた。鎌倉時代初期の『伊呂波字類抄』には、越中守の佐伯有若《ありわか》が鷹を追って高山に至り、熊を射て追うと阿弥陀如来に変わり、奇瑞に驚いて仏教に帰依して慈興と名乗り開山したとある。『和漢三才図会』(正徳三年(一七一三))は開山を有若の嫡男の有頼《ありより》とし、玉殿《たまどの》の窟を阿弥陀出現地とする。アリは顕現、ワカやヨリは巫者や憑霊を意味し巫覡の仏教化の様相がある。平安時代には山中に極楽と地獄があるとされ、『本朝法華験記』や『今昔物語集』は法華経の功力《くりき》や観音・地蔵の霊験で立山地獄から救済された話を伝える。荒涼たる火山地形が他界を実感させたのである。室町時代以降は『血盆経』の流布で女性の血穢が強調され、死後に山中の血の池地獄に堕ちると信じられた。近世の立山は妻帯修験が芦峅寺《あしくらじ》と岩峅寺《いわくらじ》を拠点とし衆徒と称した。僧職が主体だが、岩峅寺では社僧として立山権現に奉仕し芦峅寺には社人(神職)もいた。岩峅寺は大宮といい、夏は衆徒が室堂に登り上宮の雄山の峰本社に奉仕した。衆徒は山麓で宿坊を営み参拝の道者の中語《ちゅうご》(山案内人)を務めて禅定《ぜんじょう》(登拝)を行なった。芦峅寺は中宮といい、衆徒は秋には御絵伝《ごえでん》(立山曼荼羅)を持って回国し、師檀関係の家で絵解きを行い霊験を説いて禅定を勧めた。芦峅寺は文政期以降は秋の彼岸の中日に布橋灌頂会を執行した。女性が目隠しをして閻魔堂から対岸の姥堂まで白布を敷いた布橋(天の浮橋)を渡って他界に入りこみ、姥神の守護を得て神々しい立山を拝み、死後の極楽往生を願った。白布は経帷子《きょうかたびら》として信者に配布され出棺時に入れると往生すると信じられた。神仏分離後には、すべてが雄山神社に統括され、山頂は本社、芦峅寺は祈願殿、岩峅寺は前立社壇となって修験は廃絶した。

参考文献　高瀬重雄『立山信仰の歴史と文化』、広瀬誠・清水巌『立山』(『山と信仰』)、福江充『立山信仰と立山曼荼羅―芦峅寺衆徒の勧進活動―』(『日本宗教民俗学叢書』四)、広瀬誠・清水巌編『越中立山古記録』

(鈴木　正崇)

たどじんぐうじ　多度神宮寺　⇨多度神社《たどじんじゃ》

たどじんぐうじがらんえんぎならびにしざいちょう　多度神宮寺伽藍縁起幷資財帳　延暦七年(七八八)十一月、多度神宮寺鎮三綱が僧綱・尾張国師・伊勢国師に提出した牒形式の縁起資財帳。紙本墨書一巻。現存本は多度神社に保管された写本(重要文化財。『平安遺文』が原本を村山竜平所蔵と記すのは誤り。村山本の性格は不明)。多度神宮寺は法号を法雲寺と称し、三重県桑名郡多度町の多度神社の神宮寺。縁起には天平宝字七年(七六三)に満願禅師が多度神社の傍らに止住し多度神の託宣を受けて郡司や豪族の寄進を得て建立したことなどが記され、資財の部には仏像・堂舎・法具・楽具などや寺領(墾田・田代)・稲などが詳細に記されており、八世紀後半の地方寺院の実態を示す重要な史料。また、寺領記載の一部や文末の年紀(延暦七年の「七」を重ね書きして「廿」にする)に擦り消し・追筆などによる改竄があるが、これらは延暦二十年以後に寺領の保全を目的として行われたものと推定されている。多度神宮寺は承和六年(八三九)—同七年には天台別院であったが、嘉祥二年(八四九)に真言別院(東寺末寺)となった(『続日本後紀』)。十一世紀末から十二世紀初頭にかけて延暦寺の寺領尾張国大成荘への介入があったが(長治二年(一一〇五)七月十四日官宣旨案・嘉承元年(一一〇六)八月十四日堀河天皇宣旨案・同二年十二月二十八日同宣旨案)、このころに資財帳は法雲寺から本寺の東寺長者政所に移管されたと考えられる。この後、資財帳は東寺文書となった。藤原貞幹は十八世紀末の東寺文書調査でこの資財帳を発見し(大東急記念文庫所蔵写本)、伴信友も文化年間(一八〇四—一八)の調査の折に閲覧した(『東寺古文零聚』)。そののち、狩谷棭斎が購入し、模刻本を作成し刊行した。さらに、柏木貨一郎の手を経て、明治二十九年(一八九六)に模刻本版木とともに多度神社の所蔵となった。なお、書出し・縁起・資財・願文・寺家署判・伊勢尾張僧綱署判の部分におされている「僧綱之印」と、継目裏・改竄部分・巻末の「資財帳四通」云々の部分におされている「僧綱之印」とは印影が異なり、前者は後者より後代のものであると推定されている。近年、本書は寺に遺されていた案文であり、寺領保全のための改竄と僧綱判の加筆、「僧綱之印」のそれらの部分への踏印がなされているとの説が出されている。なお、刊本として『続群書類従』釈家部、『大日本仏教全書』、『平安遺文』一に所収。 →満願《まんがん》

参考文献 春山武松「海風鈔」四(『東洋美術』一一)、水谷悌二郎「多度神宮寺伽藍縁起幷資財帳考」(『三重の古文化』一四)、磯田信義「「多度神宮寺伽藍縁起幷資財帳」の史料価値をめぐって」(『文化史学』三二)、矢野健一「『多度神宮寺伽藍縁起幷資財帳』の史料的特質」(『地方史研究』一四七)、湊敏郎「多度神社所蔵、神宮寺資財帳について—僧綱印を中心に—」(『仏教芸術』一四四)、堀越光信「『多度神宮寺伽藍縁起幷資財帳』考—その成立をめぐる諸問題—」(『仏教芸術』二四一)、川瀬一馬「狩谷棭斎」(五島美術館編『狩谷棭斎展』目録)

(石上 英一)

たどじんじゃ 多度神社 三重県桑名郡多度町多度に鎮座。旧国幣大社。延喜の制では名神大社に列した。祭神は天津日子根命《あまつひこねのみこと》・天目一箇命《あめのまひとつのみこと》。多度山を神体山とする信仰に始まり、社殿は雄略天皇代に創建されたと伝える。天平宝字七年(七六三)、僧満願が多度神の託宣を受け、神宮寺を建立し、寛仁元年(一〇一七)には一代一度の大奉幣に預かった。元亀二年(一五七一)、織田信長の兵火にかかり、神社・神宮寺ともに荒廃したが、慶長十年(一六〇五)、桑名藩主本多忠勝により再興され、江戸時代を通じて藩主により造営、社領の寄進が行われた。五月四日・五日の多度祭(例祭)には、少年の乗った馬が三メートルの絶壁を駆上る「上げ馬神事」が行われる。当社は祈雨に霊験があるとして、国内はもちろん遠方からも信仰がある。宝物に、『多度神宮寺伽藍縁起幷資財帳』や、社域の東嶺の磐境から発見された古銅鏡三十面(いずれも重要文化財)などがある。

参考文献 多度神社編『多度神社特殊神事』、同編『国幣大社多度神社誌要』

(太田 正弘)

たなかおおひで 田中大秀 一七七七—一八四七 江戸時代後期の国学者。通称弥次郎・弥兵衛・平兵衛、名は紀文・大秀、別名は八月満・旧紀文、号は三酉・千種園・香木《かつら》園(桂園)・湯津香木園・荏野翁・磯堂という。安永六年(一七七七)八月十五日飛驒国大野郡高山に田中弥兵衛博道の次男として生まれる。享和元年(一八〇一)伴蒿蹊からはなれて本居宣長に学ぶ。同年四月十三日入門、その後、同三年橘千蔭を訪ねている。彼の家は高山の旧家で薬種商、「高山府大町民弥兵衛田中大秀」「高山里御民田中大秀」と自称するほどで、学問より風流文雅の人として生きられる身であったが、彼を指導した冷泉派歌人栗田知周(培翁)は伴蒿蹊的変人奇物の文人となるなといましめ、学問に専心するに至った。俳人加藤歩簫の影響をうけ、神道を白眼視はしないが、それ一途ではなかった。大秀は高山・古川中心に多くの門人を養成し、階層的には農民・町人・僧侶・武士・医者・神官であった。彼は浄土真宗の影響をうけ『荏野冊子』をかき、『古事記』の解釈にもその信心の強さを表現し、古典復興運動や「稲置の森」づくりにつとめ、飛驒国総社を建てた。また、『竹取翁物語解』をはじめ『蜻蛉日記』や『栄花物語』『万葉集』などの研究につとめ『養老美泉弁』をかきあげている。その門下からは足立稲直・山崎弘泰・富田礼彦・森繁樹・上木屋清成らが生まれ、その影響下には橘曙覧もいる。著書に前記のほか『紫式部日記略解』『土佐日記解』『落窪物語解』『飛驒国総社考』などがある。弘化四年(一八四七)九月十六日没。七十一歳。

参考文献 松室会編『田中大秀』、芳賀登「飛驒国学の展開—田中大秀とその門弟—」(『幕末国学の研究』所収)、同「飛驒国学の伝統」(『近世知識人社会の研究』所収)、椎野誠一「田中大秀翁」(『飛驒史壇』二ノ三)

(芳賀 登)

たなかよしとう 田中義能 一八七二—一九四六 明治から昭和時代前期にかけての神道学者、教育家。明治五年(一八七二)九月十二日、山口県玖珂郡に玄之助の次男として生まれた。同三十六年東京帝国大学文科大学哲学科を卒業、直ちに国学院講師となり神道史を担当、のち日本大学・東洋大学・第五高等学校(熊本)の教壇に立った。大正十年(一九二一)、東京帝国大学にはじめて神道講座が開設されるや助教授となりこれを担当、同時に国学院大学にも復帰して神道・国民道徳などを講じ、やがて帝国女子専門学校・和洋女子専門学校などでも実践倫理を講じた。著書に『(最新)科学的教育学』、『国民道徳要領』、『神道哲学精義』、『平田篤胤之哲学』、『神道原論』、『かむながらの神道の研究』や『黒住教の研究』以下教派神道十三教団の概説、その他がある。大正十五年、上田万年《かずとし》を会長に神道学会を設立して機関誌『神道学雑誌』

を創刊、昭和六年(一九三一)には神道青年連盟協会を結成して機関誌『神道青年』を公刊するなど、学会活動や青年運動にも貢献した。同二十一年三月四日没。七十五歳。

参考文献 鈴木義一「田中義能」(『神道宗教』四一)　(平井 直房)

たなかよりつね 田中頼庸 一八三六―九七 幕末・明治時代の国学者。号は雲岫。父は四郎左衛門、母は樺山氏。天保七年(一八三六)五月の生まれ。鹿児島藩士であったが、父の故を以て年十五の時、大島に流され辛酸をなめた。文久年中(一八六一―六四)藩命により上洛、また明治初年には藩学造士館国学局初講に任じ、神社奉行に補された。明治四年(一八七一)神代山陵取調の公命により、『神代三陵志』の著作に関係。そののち神祇省に出仕、教部大録、七年に神宮大宮司、九年大教正、十年神宮宮司に任じ(官制改革)、十二年神道事務局副管長となり、十五年に神道神宮教管長となった。神宮教はのちに神宮奉斎会となるが、会長今泉定助との因縁が深い。三十年四月十日没。六十二歳。墓は東京都港区の青山墓地にある。頼庸は博覧強記で著書に、『校訂日本紀』、『校訂古事記』、『賢所祭神考証』、『神宮祭神提要』、『神宮祭神略記』、『古事記新釈』、『校訂古語拾遺』、『神徳論』、『諄辞』、『三条演義』、『祝詞集』、『梅の屋文集』(『田頼文集』)など多数ある。

参考文献 『今泉定助先生研究全集』一、鹿児島史談会編『神代三山陵』　(阪本 健一)

たなもり 棚守 特定の神社に置かれた神職の職名の一つ。山城国の祇園社・吉田社、安芸国の厳島社、伊予国の三島社などの大社にあった職。その職掌は、祝詞を奏し、神社内の祭祀・運営に関与したが、内容には神社ごとに相違がみられた。元来、棚守の称は、神へ奉る神宝・神饌を調進・守護するための役目から生まれたと考えられる。厳島社では佐伯氏が連綿として棚守職に補任され、棚守と号し、その地位は高かったが、他社の場合は必ずしも高い職ではなかった。　(岡田 荘司)

たにかわことすが 谷川士清 一七〇九―七六 江戸時代中期の国学者。名ははじめ昇また公介、士清は諱である。通称養順、号は昇卯・応竜・卯斎・振々翁・淡斎。家号は恒徳堂。社号は森蔭社。宝永六年(一七〇九)二月二十六日伊勢国安濃郡刑部村(津市八町)に、代々医を業とした父谷川順端(義章)の長子として生まれる。京都に遊学し、松岡玄達につき、ついで松岡仲良に入門して垂加神道を学び、さらに仲良の師である玉木正英(葦斎)に師事し、享保十七年(一七三二)神道免許状を受けた。また今井似閑の弟子樋口宗武について『万葉集』を学び、さらに考証派の官医福井丹波守より医を学ぶ。同二十年京の山下氏と結婚、同年八月ごろ帰郷し森蔭社洞津谷川塾を創設、教授と著作と診療の生活に従事。医家としての多忙をぬい『日本書紀』本文批評に没頭し、『日本書紀通証』三十五巻の大著を脱稿したのは宝暦元年(一七五一)十二月(四十三歳)であった(その初版刊行は同十二年)。本書は『釈日本紀』以降初の書紀全体の注釈書として歴史的価値を有す。また独特の語学説の多い点を特色とし、巻一附録の図表「倭語通音」は用言活用研究の最初として著名。京都遊学中の本居宣長はこれを読み書写し「頗有発明云々」と識語している。宣長は明和二年(一七六五)八月はじめて士清に書簡を呈し、その学風について疑をはさんだのに始まり、以後両者の書簡の往復が重ねられ、同七年ごろ士清は宣長と面会し、宣長の『古事記伝』稿本を閲したり『倭訓栞』稿本を宣長に示したり、学問上の交流が続いた。士清後半生の大業は『倭訓栞』の編纂であった。日本で最初の五十音順の国語辞典で、九十三巻八十二冊、総語数二十万八千九百七十五語に及ぶ本書は安永四年(一七七五)編纂を完了した。士清はまた物産学にも関心深く、木内石亭と親交があり、安永三年には『勾玉考』を家塾で刻した。安永五年十月十日士清は六十八歳で没し、同地福蔵寺に葬られた。なお『倭訓栞』の刊行は子孫により累代続けられ、明治二十年(一八八七)全巻の上梓が完了した。旧宅は国史跡。

参考文献 谷川士清先生事蹟顕彰会編『谷川士清先生伝』、加藤竹男『国学者谷川士清の研究』、北岡四良『近世国学者の研究―谷川士清とその周辺―』　(沼田 哲)

たにぐちまさはる 谷口雅春 一八九三―一九八五 昭和時代の宗教家。生長の家教祖。本名は正治。明治二十六年(一八九三)十一月二十二日、神戸六甲裏山の農家に生まれ、叔母の嫁ぎ先の神戸の町工場主石津家の養子となった。早稲田大学英文科に進んだが、恋愛問題で養家を追われ中退した。明石で就職し、かたわら心霊療法を学び、退職後、仏典を読んで宗教に開眼した。大正六年(一九一七)大本教に入信して綾部に住み、本部奉仕者の江守輝子と結婚した。第一次大本教事件(大正十年)の翌年、同教を去り、一燈園に入ったがあきたりず、東京で心霊科学研究会に参加した。昭和四年(一九二九)「物質はない、実相がある」との神示を受けたとして、独自の教義を整えた。同五年神戸で雑誌『生長の家』を創刊し、人生苦・病苦の解決を説いて誌友(信者)をつくった。同九年東京で光明思想普及会をつくって布教し、翌年、教化団体生長の家を設立した。戦争中の同十五年宗教結社となり、戦争に全面的に協力した。戦後、公職追放となったが、講和後、生長の家総裁に復帰し、その統率下で同教は右傾化し神道色を濃くした。昭和六十年六月十七日没した。九十一歳。

参考文献 小野泰博他『新宗教の世界』五　(村上 重良)

たにじちゅう 谷時中 一五九九―一六四九 江戸時代前期の儒学者。慈沖と称しのち時中に改む。通称大学、のち三郎左衛門。字は素有、号は鈍斎。慶長四年(一五九九)土佐国安芸郡甲浦《かんのうら》(高知県東洋町)に生まれる(同三年生まれとの説もある）。父は浄土真宗の僧宗慶。遠祖は奥州の佐藤氏に出づと伝える。吾川郡瀬戸村（高知市）の真常（乗）寺に移り、同郡長浜村（同）雪蹊寺の僧天質について儒学を学んだ。天質は南学の祖と伝えられる南村梅軒について朱子学を学んだといわれるが、純粋な海南朱子学（南学）は時中により創始された。幼少時より俊秀の誉れが高く博覧強記で、性質は豪気で権威に屈しなかった。土佐藩主山内忠義が真常寺境内を通ろうとした時、公道は別にあるといってたしなめた話は有名。上洛して『大学』を見てこれを書写して帰り経文に代えて読誦し、僧侶より儒学者に転ず。官途につくことを求められたがこれを辞し生涯民間にあって学を講じた。京都・大坂・長崎に書物を求めて読破し、ほとんど記憶したという。多くの門人を養成したが、野中兼山・小倉三省・山崎闇斎は時中の学問を発展させそれぞれ大成した。居住地の瀬戸村は浦戸湾の海水が北から入っていたので、地形上干拓の可能性を考え塩田《しおた》（干拓地）三百石の耕地をつくった。時中は慶安元年（一六四八）この田地と山林二十四町歩を高知城下の豪商播磨屋宗徳に銀十六貫目で売り、息子一斎の遊学の資とした。一斎も父の名跡をついで大儒となった。慶安二年十二月三十日五十一歳（五十二歳ともいう）で死去し、瀬戸村見残（箕越）山中に葬る。村人はのち墓所に祠を建てて清川神社と称した（県史跡）。『素有文集』六巻、『素有語録』四巻がある。

参考文献　寺石正路『南学史』、糸賀国次郎『海南朱子学発達の研究』、坂東重寿編『谷時中先生』、谷恵順『南学中興の祖谷時中』　（山本　大）

たにじんざん　谷秦山　一六六三―一七一八　江戸時代中期の神道家、儒学者。名は重遠、通称小三次、のち丹三郎、桜井清八とも称す。号は秦山。姓を大神《おおみわ》とも称した。寛文三年（一六六三）三月十一日土佐国長岡郡八幡村（高知県南国市岡豊町八幡）に生まれる。父は重元。先祖は長宗我部氏に仕え、代々岡豊八幡宮の神職を勤めたが、野中兼山によって郷士に起用される。秦山は幼少時より聡明で記憶力が特にすぐれていた。延宝七年（一六七九）上京し浅見絅斎《けいさい》・山崎闇斎に学んだ。秦山の学は崎門学からさらに天文・暦学へと進み、渋川春海に書簡を送って学んだ。学問はさらに神道の研究へと向かい朱子学の中に神道が加わってきた。神道関係の著作はこれを物語るが、秦山の学名は高まり土佐藩主山内豊房の命で藩士に講義した。豊房の死後弟豊隆が襲封するに及び、高岡郡佐川の家老深尾家の処罰事件に連座し、宝永四年（一七〇七）罪なくして蟄居を命ぜられた。蟄居十二年の間研学につとめ、門人の支援により香美郡野地村（土佐山田町）で幽愁の日々を送ったが意気は衰えなかった。享保二年（一七一七）許されたものの翌三年六月三十日中風のため五十六歳で没。墓は香美郡土佐山田町ぐいみ谷にある（国史跡）。著書に『土佐遺語』『土佐国式社考』『元亨釈書抄』『神代巻塩土伝』『中臣祓塩土伝』『俗説贅弁』『保建大記打聞』『東遊草』『秦山集』などがある。　↓秦山集《じんざんしゅう》

参考文献　稲毛実編『秦山先生手簡』、寺石正路『南学史』、糸賀国次郎『海南朱子学発達の研究』、西内雅『谷秦山の学』、同『谷秦山の神道』、松沢卓郎『皇学の始祖谷秦山』　（山本　大）

たにじんざんにっき　谷秦山日記　谷重遠（秦山）の旅行日記。三巻二冊から成る。宝永元年（一七〇四）二月十二日土佐国香美郡野地村の家を出発して江戸に赴き、帰途伊勢・吉野・京都・大坂に遊び、同年六月一日帰宅するまでの旅を日記につづったもので、『東遊草』の名称で知られている。村名・山川・神社・寺院・名所旧跡・道程・方角など細かいところまでを漢字と平仮名の交じった文で記述してある。別に江戸滞在中、おもに保井算哲（渋川春海）から聞いた天文・暦学・測量・神道・有職などの話の覚書を中心とした日記は『新蘆面命』（宝永元年成立、二巻。寛政四年（一七九二）の写本が高知県立図書館に所蔵）と題されている。また旅中の詩は「東遊紀行」として『秦山集』に所収されている。高知大学・天理図書館・東北大学などに写本が所蔵されている。なお『谷秦山日記』の抄録と貝原益軒の『吾妻路之記』とが『吾嬬路記』（享保六年（一七二一）京都の書店柳枝軒刊行）に、『新蘆面命』が『少年必読日本文庫』四、『三十輻』二に収められている。　（山本　大）

たにましお　谷真潮　一七二九―九七　江戸時代の国学者、儒学者。土佐国土佐藩士。幼名挙準、名は真潮、通称丹内、北渓と号す。享保十四年（一七二九）谷垣守の長子として高知城桜馬場（高知市小高坂）に生まれる。享保十二年一月三日土佐国長岡郡西野地村（高知県南国市。香美郡山田村（同香美郡土佐山田町）ともいう）に生まれ、同十三年高知城下へ移ったともいう。母は池内氏の女。天性俊悟の人で家学による教えをうけて成長し、江戸に出て賀茂真淵に国学・和歌を学んだ。祖父秦山に始まる谷家の学問を土佐藩の教学にまで高めたが、父垣守が「我家悪魔を生ず」といったのは有名。学問のほか政治を好み、実践を志した。宝暦二年（一七五二）父の跡目の七人扶持切符二十石をついで小性格となり侍読を命ぜらる。土佐藩主山内豊敷の藩校教授館設立により同十年教授役となった。安永七年（一七七八）新知百五十石を与えられ浦奉行を勤仕し、土佐国内の海岸を視察して『東西廻浦日記』を残した。天明の藩政改革に際しては藩主豊雍の抜擢をうけ郡奉行・普請奉行を経て二百五十石を給せられ大目付の重職についた。真潮は藩内の抵抗を意に介せず改革政治を断行した。寛政三年（一七九一）辞職し、政治からはなれて教授館に出入りし教育に専念したが、同九年十月十八日（十七日ともいう）六十九歳（七十一歳ともいう）で死去した。高知城北の秦泉寺山（高知市中秦泉寺字高畑）に葬る。著書は多く、主なものに『北渓集』『北渓先生雑集』『流沢遺事』『北渓文集』『孫子秘解』『北渓歌集』『軍役考』『御国の学び』などがある。

参考文献　寺石正路『南学史』、糸賀国次郎『海南朱子

学発達の研究』　（山本　大）

たにもりよしおみ　谷森善臣　一八一七―一九一一　幕末・明治時代の国学者。山陵・歴史・言語などについて多くの著作を残した。初名種松・種万都・松彦、通称二郎・外記、号を菫壺・靖斎と称した。文化十四年（一八一七）十二月二十八日誕生。京都の人。伴信友の門に入って国学や歌道を学ぶ。文久年間（一八六一―六四）山陵奉行の下で山陵取調べに従事、慶応三年（一八六七）諸寮助となり山陵の修築に尽力した。明治元年（一八六八）神祇事務掛、ついで制度事務局権判事、翌二年皇学取調御用掛となり昌平学校へ出仕、国史考閲御用掛、教導局御用掛を兼任し、大学中博士となる。四年御系図取調御用掛、八年修史館修撰となり、このころより南朝史実の究明にあたった。三十七年帝国年表草案調査委員となり、皇室系譜などの調査に参画した。蒐集・校訂した典籍類は谷森本と呼ばれ、『国史大系』の底本に用いられるなど、今日の学界に資するところが大きい。三十九年特旨をもって正四位に叙せられた。四十四年十一月十六日没。九十五歳。墓は東京都豊島区の雑司ヶ谷墓地にある。主な著書に『諸陵徴』『諸陵説』『山陵考』『柏原山陵考』『帝皇略譜』『南山小譜』『大塔宮護良親王二王子小伝』『語鑑言語経緯』『声韻図考』『五十音図纂』などがある。

参考文献　藤田義彰「谷森靖斎先生と其著書」（『互助』三一・三二）、林恵一「谷森善臣著作年譜抄」（『書陵部紀要』二三）　（柳　雄太郎）

たのかみ　田神　農業の守護神。わが国は水稲栽培を主とする農耕社会であったから、稲作の無事豊饒を祈って神をまつる伝統が古来守られた。古い文献には稲魂《うかのみたま》や屋形豊宇気姫などの名がみえた。この系統の人格をもつ神々は早くから中央官庁でまつられて、官国幣をうける大社の神もあり、延いては諸国や村々の鎮守の神社でも例外なく祈年・神嘗など恒例の諸祭をうけている。すべて神々は農業神の性格があったのである。もっとも村々にはこのほかに田を作る人々によってのみまつられた田の神があった。全国的にタノカミの名で知られるが、東北で農ガミ、山梨・長野で作ガミ、近畿で作り神、山陰などで亥の神、瀬戸内地方で地ガミまた九州で丑ガミなど各地で別の名があった。東日本で恵比須、西日本で大黒がいずれも田の神と習合、やがて都市に入って福神と崇められた。中国地方の山間地に伝承された大規模田植労働組織に伴う田植歌は田の神の讃歌でもありその神話ともいえる。ここでは祭に際してサンバイ・ソウトク・タアライまたツュジンなどの名で親しまれた。古来わが国の神は祭のときに迎え、まつり終ってこれを送った。神は山と人里とに時あって去来するものであった。能登半島に広く伝承されたアエノコト、つまり神人相嘗の祭儀は、神を田仕事の前に迎え、農耕を励み、収穫終って送ったのである。山形・新潟県境の村々では山の神は田の神のことで、山仕事する人の崇める山の神とは別の信仰という。島根県でも他県の田の神の祭日に山の神祭をするところがある。北陸各県では旧二月と十月の各五日に田神をまつり、同じ月の九日に春秋ともに山神をまつった。これらの日は午前中に田や山に入ることを忌み慎んだ。もっとも国土が南北に長く、気候が一様でなかったので、収穫の祭は東北で九月、九州で十一月になり、その中間地帯は十月を用いた。東の十日夜、西の亥の子行事がこれである。　→穀霊信仰《こくれいしんこう》　（平山敏治郎）

田神（鹿児島県始良郡溝辺町）

たのかみこう　田神講　南九州地方ではムラごとに田の神の石像を田の傍にまつり、田植の後や収穫の後に、つまり春秋二度田神講を行い、廻り宿に集まって一同に飲食した。青年が中心となり、大椀の高盛り飯を順次に食うところもあった。また旧二月に神は田へ降り、十月には再び山へかえるとして、この時期にまつるところも多い。主に丑の日を用いた。田の神の石像は十八世紀初めに始まったが、この神の信仰は古くからあった。　（平山敏治郎）

たのかみまつり　田神祭　稲作の進行に従ってその折目ごとに一斉に行われた祭。村々の田神祭は、特設の社殿や恒例の日時に営まれたものではない。農耕儀礼というのはこれらの諸祭儀のことであった。一年を通じてその主なものは、春耕作開始に先立っての神の迎え降ろしから、苗代播種（水口祭）、初田植（サビラキ）、植仕舞（サノボリ）および秋収穫終っての神送りまで前後五度あった。祭るべきときに迎え、こと終って送るのはわが国古来の信仰の本義であった。神は人界に常在せず、去来して祭を享け恩寵を与えるものと考えたのである。元来田植つまり早苗の移植は一日の作業であった。村中が一斉に早朝から日没まで働いて終るものであったが、労働組織が分化縮小してのちに日数を重ねるようになった。神を迎え送る能登半島の春秋二度の田の神祭アエノコトは、宮廷の二月祈年祭・十一月新嘗祭と対照して考察されよう。　（平山敏治郎）

たびのみや　旅宮　⇨御旅所《おたびしょ》

たま　⇨霊魂《れいこん》

たまがき　玉垣　⇨神社建築《じんじゃけんちく》

たまがつま　玉勝間　本居宣長の随筆集。十四巻と目録一巻とで、十五冊。題名の「玉」は美称、「かつま」は『日本書紀』に「かたま（堅間）」とみえる古語と同義で、堅く編んで空隙のない竹の籠《かご》を意味し、その中に種々の物を採み入れるところから、多様な内容を盛り合わせた文集の表題としたのであろう。寛政五年（一七九三）正月のころ着手し、巻一四の半ばまでは、版下を自筆で浄書するなど、力をこめた著述であって、草稿に相当するものがあった場合にも、文章を推敲して収録し、統一をはかっている。内容は、千五百段から成り、古事や古語に関する考証などとともに、学問上・思想上の見解を述べた個条も多く、全体として晩年の宣長の学問を集大成した観をなし、その代表的著述の一つに数えられている。各巻には、巻頭に掲げた自作の和歌にもとづき、巻一の「初若菜」をはじめ、草木に因む雅名が付けられている。三巻ずつまとめて刊行され、第一編(巻一―巻三)は寛政七年六月、第二編は同九年十二月、第三編は同十一年九月に、さらに宣長没後に、第四編が享和二年(一八〇二)ごろ、第五編が文化九年(一八一二)正月に出版されている。吉川弘文館『(増補)本居宣長全集』八、筑摩書房『本居宣長全集』一、『日本思想大系』四〇所収。 (尾藤 正英)

たまきまさひで 玉木正英 一六七〇―一七三六 江戸時代中期の神道家。通称は幸助、兵庫。室号は葦斎。五十鰭翁、潮翁ともいう。京都梅宮大社の神職。寛文十年(一六七〇)十二月七日生まれる。元禄四年(一六九一)薄田以貞から蟇目・鳴弦などの神道行事を伝授され、ついで山崎闇斎の学風を慕い、宝永四年(一七〇七)ごろに下御霊社神職出雲路信直から伝授をうけ、正徳三年(一七一三)前権大納言正親町公通に入門、享保十一年(一七二六)に垂加神道の秘伝『持授抄』を授けられ、これを勘案して橘家神道を大成、一派を成す。その特色は、橘諸兄以来の神道と称して、軍学をふまえ、歌学を加味して陰陽五行説により組織する神道行法にあり、山崎闇斎の門下というものの、徳の自律的修養を指向する朱子学本来の内面的な学風は稀薄であり、秘事口伝を重視する。元文元年(一七三六)七月八日没。六十七歳。墓は京都市左京区大菊町の頂妙寺にある。門人には神道家の岡田正利や『日本書紀通証』の著者として知られる谷川士清《ことすが》がある。著書の大部分は伝授書や講義の聞書をもとにしている。『神代巻藻塩草』(元文四年刊)、『風水草管窺』、『玉籤集』、『橘家神軍之伝』、『住吉三木秘訣』などがある。→橘家《きつけ》神道《しんとう》

参考文献 小林健三『日本神道史の研究』、同『垂加神道の研究』、伝記学会編『山崎闇斎と其門流』、西田長男『日本神道史研究』七、谷省吾「橘家鳴弦蟇目の伝と玉木葦斎自作の秘弓」(『皇学館論叢』五〇) (秋元 信英)

たまぐし 玉串 神社の祭典または参拝にあたって、榊の枝に交互に切り割いた白紙をつけ、これを神前に供して神に誠心を捧げる表明とするもの。玉串の語義については、本居宣長は「手向串《たむけぐし》」、賀茂真淵・平田篤胤・飯田武郷らは「玉を着けた木竹」、鈴木重胤は「霊の招代《おぎしろ》」、神宮六人部是香は「斎場に立てめぐらす串」と解した。神宮の古儀では斎王が祭儀のはじめに樹立したもので、賀茂別雷神社の御阿礼《みあれ》神事の阿礼木と通じるところがある。阿礼木とは元来は根こじにした榊に彩色した帛をかけ社頭に曳いてきたものであるが、のちさらに榊の小枝に紙《し》垂《で》をつけて遷霊し神を招《お》ぎ迎える料とした。玉串はこの阿礼木と通じ、榊に玉や鏡あるいは木綿《ゆう》(楮の樹皮をはぎ繊維を蒸して水にさらし細くさいたもの)をかけて樹立し、神の顕現のしるしとしたものである。榊のみでは神霊の依り代とはならない。のち白紙を切り割いて代用することになった。これを交互に切り割くのは無限大を意味する。無限大の神威を一片の白紙に象徴するものと解される。したがって、玉串を手向串、玉をつけた木竹、斎場に立てめぐらす串などとする説は一面を釈しているが、本来は神霊を招ぎ迎える霊の招代である。同時に「まつる人」がみずからの霊性をこれにこめて、招ぎ迎えた神と一体となり、ここに神人融合のしるしとするもので、「まつる人」と「まつられる神」との媒介の役割を果たすものである。→御阿礼神事《みあれのしんじ》

玉串(京都市八坂神社)

参考文献 賀茂真淵「万葉考」一四(続群書類従完成会『賀茂真淵全集』四)、本居宣長『古事記伝』八(『本居宣長全集』九)、平田篤胤『古史伝』一〇(『(新修)平田篤胤全集』二)、鈴木重胤『中臣寿詞講義』下(『鈴木重胤全集』一三)、同『日本書紀伝』一九(同四)、河野省三「たまぐし 玉串(玉籤)」(国学院大学日本文化研究所編『神道要語集』祭祀篇一所収)、真弓常忠「玉串・神籬考」(『神道学』八八) (真弓 常忠)

たまくしげ 玉くしげ 本居宣長の著。『玉匣』とも書く。松坂の地を領有する紀州藩主徳川治貞の下問に応じて、天明七年(一七八七)十二月に宣長が献上した意見書。二部から成り、その一つは、普通には単に『玉くしげ』とよばれる理論的内容の著述であり、他の一つは、『秘本玉くしげ』とよばれ、現実の社会状況や、それに対処するための方策を述べた、いわば具体的な政治論としての著述である。藩主に上呈した意見書としては、後者が本論であり、前者は、その理解を助けるために添付された原理論であって、実際にも宣長自筆の稿本(本居宣長記念館蔵)では、後者を『玉くしげ』、前者を『玉くしげ別巻』と命名している。書名の「玉」は美称、「くしげ」は、櫛笥すなわち櫛《くし》を入れる箱の意味で、容易には人に見せない自己の内心を明かした著述の意であろうか。本論に相当する『秘本玉くしげ』では、百姓一揆が続発している現状を「皆、上の非なるより起れり」とするなど、為政者の側に責任があるとし、その対策としては「民をいたはる」心が必要であるとして、制度改革にはむしろ反対

している。穏健な政治論であるが、宣長の政治思想を示す貴重な文献である。内容が現実の政治問題にふれているため、「秘本」として公表されず、幕末の嘉永四年(一八五一)に至り、佐久良東雄が木活字版で上下二巻として刊行した。これに対し、本来は別巻であった前者は、単行の『玉くしげ』の標題で、寛政元年(一七八九)に名古屋で出版され、のち宣長自身が京都でその講義をしたこともある。本書は、古道に関する宣長の思想を体系的に述べたものとして、『直毘霊《なおびのみたま》』と並んで重要であり、実際にもその思想の普及に大きな役割を果たした。吉川弘文館『(増補)本居宣長全集』六、筑摩書房『本居宣長全集』八、『日本古典文学大系』九七(『玉くしげ』のみ)所収。 (尾藤 正英)

たまさきじゅうにしゃまつり 玉前十二社祭 千葉県長生郡一宮町に鎮座する上総国一宮玉前神社の例大祭。名称は、玉前・鵜羽《うば》・南宮・二宮・三宮・玉垣の六社から、それぞれ大宮と若宮の二基ずつ十二基の神輿が大東岬の釣ヶ崎の祭場で出会うことによる。まず九月八日、同郡睦沢町岩井の鵜羽神社でオミスリ(お身滌《みそそ》ぎの転訛)が行われる。鵜羽神社の祭神は彦火火出見命と海神の娘豊玉姫およびその子鵜茅葺不合命《うがやふきあえずのみこと》で、十日のお迎え祭ではこの三柱の神霊が二基の神輿に籠り玉前神社に渡御する。このとき行われる玉前神社幣殿での御霊合わせは、鵜茅葺不合命と玉前神社の祭神玉依姫の神婚式と伝えられる。十二日には玉前神社でオミスリが行われ、十三日の十二社祭となる。六社十二基の神輿を担いだ氏子たちが褌一丁で九十九里の砂浜を駆け大東岬の釣ヶ崎の祭場に向かうため、「上総のはだかまち(祭)」とも呼ばれる。この祭場で御霊合わせをしたのち各神輿は還御する。本祭礼は上総十二社祭として千葉県無形民俗文化財に指定されている。

参考文献 『一宮町史』、『千葉県の歴史』別編民俗一 (木村 修)

たまさきじんじゃ 玉前神社 千葉県長生郡一宮町一宮に鎮座。祭神は玉前神あるいは玉依姫命という。なお、御神体は明珠すなわち寄石といわれ、『古今著聞集』や『房総志料』に所伝がある。上総国一宮。旧国幣中社。縁起によれば、神武天皇あるいは景行天皇の治世の創建と伝えられる。『三代実録』に神階昇叙の記載がある。貞観十年(八六八)七月二十七日に従五位上勲五等であった玉埼神が従四位下に、続いて、元慶元年(八七七)五月十七日には正四位下に、同八年七月十五日には正四位上に昇進している。『延喜式』神名帳には、上総五座の筆頭、名神大の神社として登録されている。寿永元年(一一八二)八月、源頼朝は妻政子の安産祈願のため小権介平良常を参向させている。上総介平広常は、頼朝の心中祈願と東国の泰平を念じ、成就すれば三年のうちに、神田二十町の寄進、社殿の造営、万度の流鏑馬の執行を誓約し、甲一領を奉納した。寿永元年七月のことであり、広常誅殺後の元暦元年(一一八四)正月に神主の報告によって判明した。頼朝は大いに悔やみ、広常の志を入れて神田二十町を寄進したという。寛喜元年(一二二九)には雷電の祈禱のため、足利五郎長氏らが遣わされ、神馬・神剣の寄進と社頭において『大般若経』の転読が行われている。永禄八年(一五六五)正木時忠は主家の里見氏に叛し、北条氏に内応した。一宮城を攻め、玉前神社を焼打ちした。翌年、北条氏は一宮の社地を新地に移し、守護不入とした。江戸時代の寺領十五石。近郷十二村の総鎮守。観明寺が別当役をつとめる。天保年間(一八三〇―四四)一宮藩主加納久徴は広常寄進の甲が失われているのを嘆き、甲冑一領を奉納した。明治四年(一八七一)六月に国幣中社となる。祭日は四月十三日と九月十三日。特に、秋季の祭礼には近郷十二社の神輿が参列。二基の神輿が釣ヶ崎まで渡御。八キロの波打際を疾走する。また、祭日には県指定無形民俗文化財の上総神楽が演じられる。社宝の梅樹双雀鏡は、鎌倉時代の作で重要文化財に指定されている。

参考文献 柳田国男『妹の力』(『定本柳田国男集』九)、松本信広『日本の神話』(『日本歴史新書』)、菱沼勇・梅田義彦『房総の古社』 (川戸 彰)

たましきじんじゃ 玉敷神社 埼玉県北埼玉郡騎西町騎西に鎮座。延喜式内社といわれている。旧県社。祭神として大己貴命《おおなむちのみこと》・天照大御神・豊受大神・伊弉諾尊・伊弉冉尊などを祀る。社伝では、成務天皇六年に武蔵国造兄多毛比命が出雲大社の分霊を勧請したとも、大宝三年(七〇三)に多治比真人三宅麿が創祀したともいわれている。鎮座地は変遷しているが、武蔵七党の一つ私市《きさい》党より久伊豆《ひさいず》明神と尊崇され、大久保忠隣が騎西城主となってより社殿が復興、騎西領四十八ヵ町村の総鎮守と仰がれる。水の信仰やお獅子様の特殊信仰もある。例祭は十二月一日。境内には式内社宮目《みやめ》神社もある。累代神職中には国学院大学学長河野省三がいる。

参考文献 河野省三『武蔵国式社集説(稿本)』正篇、式内社研究会編『式内社調査報告』一一、河野道雄「玉敷神社小史」(『玉敷だより』四) (真壁 俊信)

たましずめのまつり 鎮魂祭 ⇩ちんこんさい

たまたすき 玉たすき 平田篤胤が自撰して門人たちに与えた『毎朝神拝詞』について詳細に解説した書物。『玉襷』とも書く。はじめ九巻九冊、のち明治二年(一八六九)に巻十が追補刊行された。平田鉄胤撰『大壑君御一代略記』文化八年(一八一一)条に「春ヨリ始メテ○古道大意(中略)○玉多須喜等ノ講本次々成レリ」とあり、『毎朝神拝詞』とともに文化八年に成立した。その後文政七年(一八二四)に『毎朝神拝詞』の増訂を行うとともに本書も大幅に改稿され、以後も部分的改訂は続けられていたようである。門人たちの強い希望によって文政十一年に至ってようやく板行に着手、天保二年(一八三一)六月付の本居大平の序を得て同三年に初帙が出版され、以後順次巻九まで刊行された。その版行に際し校訂者として門人が各巻三名ずつ名を連ね、巻九までに二十七名が記されるが、武蔵の門人七名、下総六名と群をぬいて多いことが注目される。本書は、『毎朝神拝詞』が掲げる「拝竜田風神詞」から「拝先祖霊屋詞」に至る二十五ヵ条の拝詞の一々についてその「詞どもの意、また其神々の御伝、また神を拝む心ばえ、また神の御道に習はむ人の、常の心むけなどの事」を注解したものである。篤胤は本書に掲げた神々についてその伝と神徳を詳しく説くが、それはみずからが構想・構成した『古史成文』『古史徴』『古史伝』『霊能真柱』の諸著作にみられる思想を、平易通俗に説いたもので、平田学の縮図ともいうべきものである。またたとえば、豊受大神の拝詞を解き、ついでに食事の礼儀を説き、大名持・少彦名神について、医業の者ならずとも医業の道に心懸けよと説き、磐長比売神に因んで妻を娶るには婦徳を択ぶべきで美醜を選ぶべからずと述べるなど、日常的道徳や実践について、みずからの見聞、民間の伝承、卑近の事柄などをまじえて説くなどの点に特色がある。また祖先の霊の存在とその霊が子孫の守護神となることを述べ、祖先崇拝を強調した点、また巻九において真の古学は古道学であるとして荷田春満・賀茂真淵・本居宣長の道統相承を説いた点など注目すべき特色である。本書は版本としては九冊本で流布し、活字本は平田学会刊の『平田篤胤全集』四、および山田孝雄校訂『多満多須幾』があり、また『(新修)平田篤胤全集』六は、前記山田本を復刻収載している。

参考文献 三木正太郎『平田篤胤の研究』

(沼田 哲)

たまだながのり 玉田永教 生没年不詳 江戸時代後期の神道家。生没年代は不明だが、一説に、天保七年(一八三六)九月十六日八十一歳で没したという。阿波国徳島藩士の出で、学問に志し、はじめ跡部良顕の門弟岡田正利に従って垂加神道を学んだが、次第に吉田神道に転じた。後半生は京都下賀茂近くに住んで神道を講じつつ、東北から九州日向・壱岐まで巡歴した。特に文政・天保のころ、京都から広島地方にかけて敬神尊皇を説き、日本的自覚を促し、通俗的な社会教化にも尽くしたことは有名。著書に『神道講義』十五巻、『稔中古事記』(『年中故事』とも)十巻、『阡陌《ちまた》の立石』二巻、『神道柱立』、『美田間《みたま》の種』、『蟇目《ひきめ》の真止《まと》』、『竈神秘説』、『菅家世系録』三巻、『中臣祓補註』、『神国令』、『(日本)麓のしるべ』などがある。中でも『神国令』は、杉百合之助を通じてその子吉田松陰に多大の感化を与えた『神国由来』と同じ書であろうと推定されている。

参考文献 河野省三『神道史の研究』

(平井 直房)

たまつくりべ 玉作部 玉類生産にたずさわった古代の部民。専業的職業集団で、中央玉作連(玉祖連)に統率されたという。玉祖連は天武天皇十三年(六八四)に宿禰を賜姓されている(『日本書紀』)。碧玉・硬玉・瑪瑙・滑石などの材料を用い、勾玉・管玉・丸玉など各種の玉類や石製模造品なども製作している。『和名類聚抄』にみられる土佐・周防・河内・駿河・下総・陸奥国の玉作・玉造・玉祖名の郡・郷、『延喜式』神名帳にみられる周防・出雲・河内・近江・伊豆国の玉作・玉祖名の神社などは、かつてこれらの地に玉作部民が居住していたことにより生じたものといわれている。しかし、玉作遺跡の存在からみるかぎり、その名の由来は五世紀をさかのぼらず、玉作の業により生じたものと、攻玉に関与しないカバネ・部姓者によって後に生じたものもあるらしい。六世紀後半以降は出雲国など一部を除き玉作遺跡はほとんど消滅しているので、『古事記』垂仁天皇段の「不レ得レ地玉作」の説話とともに玉作部の変遷が示唆される。『古語拾遺』は出雲国忌部玉作は忌部氏の祖神太玉命に率いられた五神の一神といい、『延喜式』臨時祭は意宇郡神戸玉作氏が毎年御富岐玉を進上していると伝えている。

参考文献 水野祐『出雲国風土記論攷』、門脇禎二『日本古代政治史論』、寺村光晴『古代玉作形成史の研究』、下出積與「古代豪族と玉造部」(大場磐雄編『加賀片山津玉造遺跡の研究』所収)

(寺村 光晴)

たまつくりゆじんじゃ 玉作湯神社 島根県八束郡玉湯町玉造に鎮座。玉作りの祖神とされる櫛明玉神《くしあかるたまのかみ》、大名持神《おおなもちのかみ》、温泉を守護するとされる少彦名神《すくなひこなのかみ》、五十猛神《いたけるのかみ》を祀る。『出雲国風土記』には「玉作湯社」、『延喜式』には「玉作湯神社」、『懐橘談』には「湯谷の明神」とある。旧県社。貞観十三年(八七一)十一月十日に従四位下を授けられる。江戸時代には、湯船大明神ともいわれ、松江藩主松平氏の崇敬が篤かった。境内は、古代の玉作りの遺跡として、他の地区とともに出雲玉作跡の名称で国の史跡に指定されている。例祭は十月十日。社宝に出雲玉作跡出土の玉磨砥・玉類(重要文化財)がある。

参考文献 大日本神祇会島根県支部編『島根県神社概説』、島根県神社庁編『神国島根』、加藤義成『出雲国風土記参究』

(友田吉之助)

たまつしまじんじゃ 玉津島神社 和歌山市和歌浦中に鎮座。旧村社。祭神は、稚日女尊《わかひるめのみこと》・息長足姫尊《おきながたらしひめのみこと》(神功皇后)・衣通姫尊《そとおりひめのみこと》・明光浦霊《あかのうらのみたま》を祀る。社地は現在陸続きであるが、古代は小島の一つで、神亀元年(七二四)十月の行幸の際、聖武天皇は風光を愛で「春秋二時に官人を差し遣して、玉津島の神、明光浦霊を奠祭せしめよ」と詔した(『続日本紀』)。元慶五年(八八一)十月二十二日に従五位下を授けられた玉出嶋神(『三代実録』)は当社祭神とされるが、『延喜式』神名帳から漏れている。十一世紀末ごろ編纂の『津守国基《つもりくにもと》集』に「和歌の浦の玉つ島に神の社おはす、尋ね聞けば、衣通姫のこの所を面白がりて、神になりておはすなり」とある。鎮座地、和歌浦は歌枕として名高く、中世・近世を通して和歌の神、和歌三神の一と尊崇され、後西天皇宸筆短冊などを所蔵。例祭は四月十三日。慶長十一年(一六〇六)和歌山藩主浅野幸長が社殿を造営、平成四年(一九九二)本殿が修復された。

参考文献 高市志友『紀伊国名所図会』二、仁井田好

古『紀伊続風土記』二二　　　　　　　　　（鳥羽　重宏）

たまつめむすびのかみ　玉留魂神　宮中で祭祀される神の一つ。『延喜式』神名帳に宮中神三十六座があり、「御巫祭神八座」の中に「玉積産日神《たまつめむすびのかみ》」がみえる。また、『古語拾遺』に「已上、今御巫《みかんなぎ》の斎《いは》ひ奉《まつ》れるなり」として「御巫祭神八座」と同じ八神が記され、その中に「魂留産霊」がみえる。「玉を積む」とか「魂を留める」とかの神名表記から、鎮魂のために活動する神と思われる。宮中にまつられる八神の中に、ムスヒノ神が五神あることは注目される。　↓むすび　　　　　　　（青木　周平）

たまとりしんじ　玉とり神事　玉を奪いあい、それを取った者が神霊の加護を受けるという年占神事。福岡市の筥崎宮で正月三日に男玉・女玉と呼ばれる二つの木製の玉を裸の競子が奪いあって豊凶作を占う神事。玉せせり神事とも呼ばれる。神楽殿で玉洗い式が行われた後、玉は境外末社玉取恵美須社に運ばれて白絞油がたらされる。女玉は貝桶に入れられ、男玉は本社境内で待機する国部・馬出両集落の若者の群集の中に投げ入れられる。激しい争奪戦が繰り広げられ、最後に玉を社殿に納めた勝方の集落が豊作に恵まれるという。古くはこの勝敗により漁場網入れの権利を決めたとされる。広島県佐伯郡宮島町の厳島神社の玉とり祭は旧暦七月十八日前後の日曜日に行われる海中の玉とり神事で、神社火焼《ひたき》前の海上に組まれた一〇《メートル》ほどの櫓から盤が吊るされ宝珠が置かれる。潮の満ちてくるのをまって若者たちが海中から肩車を組んで宝珠を落とすと宝珠の奪い合いとなり、首尾よく宝珠を注進所に届けた者には福が授かるという。瀬戸内沿岸に多い会陽《えよう》の行事と同様のもので、ほかにも福岡県粕屋郡新宮町磯崎神社の玉競祭(正月三日)、福岡市恵比須神社の玉せせり(正月十日)、佐賀県鹿島市祐徳稲荷《ゆうとくいなり》神社の玉替祭(四月八日)などがある。　　　　（加藤　健司）

たまのお　玉緒　彫琢した美しい玉を貫き通す紐をいう。また、「玉」は「魂《たま》」に通じると考えられるところから、いのち・生命・息緒・魂緒などの意も含み、つまり霊魂が身体から離れないように繋ぎとめておく紐のことをも示すようになる。鎮魂祭において、御巫が宇気槽《うけぶね》の上に立ち桙をもって槽を衝くたびに、神祇官人が玉緒の紐を結ぶのは、まさに天皇の霊魂を鎮め籠めるために行われる所作である。

参考文献　『儀式』五(『(新訂増補)故実叢書』三一)、『江家次第』一〇(同二)、折口信夫『日本文学の発生序説』(『折口信夫全集』七)　　　　　　　（小野　和輝）

たまのおやじんじゃ　玉祖神社　(一)山口県防府《ほうふ》市大字大崎に鎮座。旧国幣中社。祭神玉祖命ほか一柱。鎮座地は『和名類聚抄』にみえる玉祖郷内。天孫降臨の際、供奉した五伴緒神《いつとものおのかみ》の一柱玉祖命がこの地に座して中国を平定、崩御後その霊威を祀ったことが起源とされる。天平十年(七三八)の『周防国正税帳』に「玉祖神税」がみえる。延喜式内社。康保元年(九六四)に神階従一位。周防国の一宮。例祭は九月二十五日前後の日曜日。その前日に釣《つり》垂《たれ》神事・占手《うらて》神事(県無形民俗文化財)が行われる。なお俊乗房重源自筆『周防国一宮造替神殿宝物等目録』一通は重要文化財指定。

参考文献　防府市教育委員会編『周防一宮玉祖神社史料集録』、山口県文書館編『防長寺社由来』三、式内社研究会編『式内社調査報告』二二　　　　（河村乾二郎）

(二)大阪府八尾市神立《こうだち》に鎮座。現在は「たまおやじんじゃ」と呼ばれる。高安大明神とも称した。延喜式内社に列し、旧郷社。祭神は玉祖氏の祖神玉祖命で、和銅三年(七一〇)周防国の玉祖神社の分霊を勧請して創祀したと伝える。文治年間(一一八五―九〇)には神宮寺の薗光寺《おんこうじ》は源頼朝の祈禱所となり、当社は高安郷の総社となった。慶長八年(一六〇三)徳川家康は社殿を造営し社領も寄進する。社蔵の文治元年の木造制札は重要文化財に指定。例祭は七月十五日・十六日、十月十日。

参考文献　『八尾市史』　　　　　　　　　　　（二宮　正彦）

たまのみはしら　霊能真柱　平田篤胤の著書。二巻。文化十年(一八一三)刊行。篤胤独自の考えが明確に示され、彼の思想の展開方向を決定した著作。内容は服部中庸の『三大考』を下敷きとし、十箇の図によって天《あめ》・地《つち》・泉《よみ》から成る世界の成立ちを説明したものであるが、その要は大倭心《やまとごころ》を固めるために「霊《たま》の行方の安定《しずまり》を知る」目的から、人は死後、黄泉《よみ》に行くのではなく大国主神の支配する幽冥に行くと説くところにある。『新修平田篤胤全集』七、『日本思想大系』五〇、『岩波文庫』などに収める。

参考文献　田原嗣郎「『霊の真柱』以後における平田篤胤の思想について」(『日本思想大系』五〇所収)　　　　（田原　嗣郎）

たまのやのみこと　玉祖命　神話にみえる神の名。「たまのおやのみこと」ともいい、玉屋命とも記す。玉を作る人々の祖神とされ、『古事記』では天石屋戸から天照大神を招き出す祭りで、八尺勾璁《やさかまがたま》之《の》五百津《いほつ》之《の》御須麻流《みすまる》之《の》珠《たま》を作り、天孫降臨に際しては五伴緒《いつとものお》の一人として供奉したという。玉祖命を祀る玉祖神社は、山口県防府市大崎と大阪府八尾市神立にあり、いずれも『和名類聚抄』に玉祖の郷名を残している。　　　　　　　　（寺村　光晴）

たまふり　魂振　⇩鎮魂《ちんこん》

たまぼこひゃくしゅ　玉鉾百首　本居宣長がその古道論の要諦を万葉風の古体の歌で述べた歌集。一冊。天明六年(一七八六)ごろ成立、同七年発行。『古事記』神代に即して詠じた百首と、天孫降臨から徳川の世までの歴史上の出来事を批評した「阿麻理歌」三十二首からなる。「道」とは日神天照大神の「道」であることを強調し、また、仏教の受容や鎌倉幕府北条氏の台頭を「道」に反する出来事とし、その原因は禍津日神の働きであると解釈するなど、『古事記伝』執筆途上における宣長の古道論の特色が端的に表われている。本書の成立を受けて、門人らが古道論の探求と普及を図して注解を試み、このうち本居大平の『玉鉾百首解』は宣長の後見のもとに執筆され

（寛政八年（一七九六）成稿、同十一年刊）、明治ごろまで広く読まれた。テキストは『本居宣長全集』一八（筑摩書房）、『神道大系』論説編二五、村岡典嗣校訂『直毘霊・玉鉾百首』（『岩波文庫』）。（森　瑞枝）

たままつみさお　玉松操　一八一〇―七二　幕末・維新期の国学者。諱は真弘。文化七年（一八一〇）三月十七日京都に生まれる。父は参議侍従山本公弘、母は原田涼雲の女花子、その次男。八歳のとき、醍醐の無量寿院に入り得度、猶海と称え法印大僧都に叙任されたが、僧律改革を唱えて意見合わず、三十歳で下山、還俗して山本毅軒と改め、ついで玉松操と称えた。嘉永・安政年間（一八四八―六〇）は泉州に、文久・元治年間（一八六一―六五）は江州坂本に私塾を開き、読書に耽る傍ら、子弟に国学を講じて勤王の大義を説いた。慶応三年（一八六七）門人三上兵部の紹介で蟄居中の岩倉具視に会い、意気投合して謀議に参画した。同年十二月九日小御所会議の席上、具視が示した王政復古の詔勅案は操の作、列座の諸公を感嘆させたもの。また維新の大業を画策するにあたっての官職制度は、神武創業に基づき公武を超越し、海外に雄飛する大帝国を建設するよう具視に進言している。明治二年（一八六九）徴士内国事務局権判事、同三年大学中博士侍読を兼ねたが、政府の方針と相容れず、四年正月退官して翌五年二月十五日病没した。年六十三。同十七年嗣子真幸は男爵を授けられる。同二十六年一月贈従三位。

参考文献　霞会館諸家資料調査委員会編『（昭和新修）華族家系大成』下、伊藤武雄『玉松操』、宮内省編『明治天皇紀』一―三・八　（阪本　健一）

たまむらはちまんぐう　玉村八幡宮　群馬県佐波《さわ》郡玉村町下新田《しもしんでん》に鎮座。旧県社。祭神は、誉田別命《ほむたわけのみこと》・気長足姫《おきながたらしひめ》命《のみこと》・比咩神《ひめがみ》ほかを祀る。建久六年（一一九五）に、鎌倉幕府の上野国奉行人安達盛長が源頼朝の命により、現在の玉村町角淵《つのぶち》の地に鎌倉の鶴岡八幡宮を勧請したのに始まるといわれる（角淵八幡宮）。その後、永正四年（一五〇七）に再興され、慶長十五年（一六一〇）に、当地方の新田開発にあたっていた江戸幕府の代官頭伊奈忠次が、現在地に移築・修造し、玉村八幡宮と名を改めた。慶安二年（一六四九）には、幕府より朱印地三十石を寄進され、のち数回にわたり前橋藩主酒井氏による社殿の修復がなされた。一月一日に歳旦祭、三月五日に初卯祭、四月十五日に春季例祭・太々講祭典、七月第四土・日曜日に夏越大祓式、十月十日に人形感謝大祭、十月十六日に例大祭、十二月三十一日に師走大祓式が執り行われている。三間社流造銅板葺の本殿は重要文化財。

参考文献　『群馬県史』通史編三・六、『玉村町史』　（佐藤　孝之）

静岡県天竜市熊

たまや　霊屋　殯宮《もがりのみや》の意と廟所《びょうしょ》の意と墓上施設の意との三種がある。殯宮の意の霊屋は、古代に死者の近親者が葬送までの一定期間、仮屋を設けて棺とともに忌みごもった建物で、『栄花物語』には「鳥辺野の南の方に二丁ばかり去りて、たまやといふものを造りて」と記してある。廟所の意の霊屋は、寺院などで個人の位牌を預かって供養する建物で、霊廟《れいびょう》・霊殿などという。高貴な人の場合が多いが、のちには庶民でも永代供養料を出して位牌を預けることができるようになった。墓上施設の霊屋は関東から西の地方に多い。埋葬した上の土をならして小屋形のものをおくもので、中には野位牌《のいはい》・枕飯・ろうそく・香炉・水などを入れる。四十九日までおくところや、朽ちはてるまで放置するところがある。屋根形の簡単なものもある。古代の殯宮や喪屋《もや》の名残りと考えられている。

参考文献　井之口章次『日本の葬式』（『筑摩叢書』二四〇）　（井之口章次）

宮崎県東臼杵郡西郷村

霊　屋

たまよりひめのみこと　玉依姫命　この名の女性は、古典神話には多い。海神の娘豊玉毘売命《とよたまひめのみこと》の妹で、鵜草葺不合命《うがやふきあえずのみこと》の妃の玉依毘売、三輪の大物主神の妻となった活玉依毘売《いくたまよりひめ》、『山城国風土記』逸文の賀茂神社の縁起にみえる玉依日売などは、その例である。また、その名の神聖な女性を祭神とした神社も少なくない。『延喜式』にみえる古社にも、信濃国埴科郡玉依比売命神社、上総国埴生郡玉前神社、豊前国宇佐郡宇佐八幡宮の三所神の一つ比売神社、薩摩国頴娃郡枚聞《ひらきき》神社などには、それぞれ玉依姫命がまつられているが、みな別神らしい。賀茂縁起のタマヨリヒメは、賀茂建角身命《かもたけつのみのみこと》の娘で、賀茂別雷命《かもわけいかずちのみこと》の母であり、枚聞神社のそれは、天智天皇の妃、宇佐八幡のそれは、八幡神の后神とされている。多くの玉依姫伝承は、一種の処女受胎の信仰と結びつき、神の子の出生と結びついている。タマヨリヒメとは、要するに魂《たま》憑《よ》り姫の義で、神霊のよりつく巫女をさす普通名詞で、古社の祭神にこれがあるのは、そうした巫女の神格化であろう。

参考文献 柳田国男『妹の力』(『定本柳田国男集』九)、肥後和男『日本神話研究』 (松前 健)

たまわかすのみことじんじゃ 玉若酢命神社 島根県隠岐郡西郷町下西に鎮座。旧県社。玉若酢命を主神とし、大己貴命《おおなむちのみこと》・須佐之男命・稲田姫命・事代主命・須世理毘売命を配祀する。創建年代不詳。古来隠岐国造家が奉仕してきたことより、『旧事本紀』の『国造本紀』により応神天皇の治世の創建と伝え、『隠州視聴合紀』などでは天武天皇の勅命により創建と伝える。また『隠州記』に、玉若酢命は大久村竜ヶ崎に上陸ののち、現在地へ赴いたとの伝承を記す。貞観十三年(八七一)閏八月二十九日に従五位下。延喜の制で小社。現在にも「総社」の名が残されているが、島後《どうご》二郡の総社とされ、近世には周吉《すき》・穏地二郡で社殿造営にあたった。例祭は六月五日、他に斎種祭・百手祭(二月十一日)の特殊神事がある。本社近辺に古墳が多く、宮司億岐家に隠岐国駅鈴・銅印(重要文化財)を伝えている。 (鎌田 純一)

たむけのかみ 手向神 旅人が旅の安全を祈ってまつる神。手向けは神仏に物を捧げて祈ること。峠や坂など要所・難所に祀られる道祖神や坂神・山の神などに幣を捧げた。在所を離れて他郷に赴く旅人が、旅の前途の平安を祈ってまつったのである。『万葉集』一七に「礪波山多牟気能可味に幣奉り吾が乞ひ祈まく」(原万葉仮名)とある神は石川県河北郡津幡町の手向神と伝え、大津市の逢坂山関明神は手向神と称し、逢坂山は手向山と称するなど、各地に手向神・手向山と称するものがあった。そうした名が伝えられていなくても、峠を越えるときには、そこに在します神に供えるといって花や木の枝を折って供えたり、道祖神の前を通るときには柴の小枝を供えたりするなどの習俗は、現在でも行われているところがある。なお、「とうげ」は「手向け」から出たとも、峠になっている山の鞍部を「たわ」と称し、そこを越える「たわごえ」から出た語とも解されている。 (倉石 忠彦)

たむけやまじんじゃ 手向山神社 奈良市雑司町に鎮座。旧県社。祭神は品陀別命・足仲彦命・息長帯姫命・比売大神。元は東大寺の鎮守であったが明治の神仏分離令で独立。国家的大事業であった東大寺大仏鋳造が八幡神の神助を得て天平勝宝元年(七四九)十月に完成したので、宇佐八幡神を東大寺大仏の守護神として勧請、同年十一月二十四日迎神使を遣わして道中の国々に殺生禁断の令を出し、十二月十八日平群郡より入京、梨原宮に新殿を造って神宮とした。翌二年二月、一品八幡大神に封八百戸・位田八十町、二品比売大神に封六百戸・位田六十町を奉り厚遇した(『続日本紀』)。その後東大寺は事あるごとに神助を仰ぎ、一山の守護神として尊崇してきた。創祀後梨原宮から大仏殿南東鏡池の東に遷座した。治承四年(一一八〇)十二月平重衡の南都焼討に東大寺とともに焼失した(『玉葉』)ので、社地を千手院岡に移し源頼朝によって再建された。ところが寛永十九年(一六四二)十一月二十七日の奈良の大火に類焼、万治元年(一六五八)に仮殿が建てられ、元禄四年(一六九一)八月二十六日本殿はじめ全建築が成って遷座祭が行われ、今日に及んでいる。神仏分離以前は、今東大寺八幡殿にある秘仏の僧形八幡神坐像(国宝)を御神体として奉安していた。鎌倉時代初期、快慶の彫刻で「東大寺八幡宮安置之 建仁元年(一二〇一)十二月廿七日開眼」など長文の銘記がある。像高八六・九五センチであたかも実在の僧侶に接しているごとく生々しさと同時に謹厳で神々しい偉容がしのばれる。例祭は十月五日で、御田植祭は二月三日。当社祭礼の中心である碾磑会《てがいえ》は転害会・手掻会とも書く。天文八年(一五三九)までは勅祭であったが、以後は神社や郷民が中心になって行われるようになった。かつて八幡神が宇佐から影向した神迎の模様を再現したもので、勅祭のころは宵宮に田楽や舞楽が催され、当日は畿内と伊賀の六ヵ国で殺生が禁断された。唐鞍一具(国宝)、木造舞楽面・錦貼神輿・神社宝庫・銅造太刀はじめその他重要文化財多数。

参考文献 『奈良市史』社寺編・美術編、奈良県編『大和志料』上 (宮坂 敏和)

手向山神社拝殿

たむらじんじゃ 田村神社 高松市一宮町に鎮座。別名一宮神社。古くは田村大明神・定水大明神とも呼ばれる。旧国幣中社。祭神は倭迹迹日百襲姫命《やまととひももそひめのみこと》・五十狭芹彦命《いさせりひこのみこと》・猿田彦大神・天隠山命《あまのかぐやまのみこと》・天五田根命《あめのいたねのみこと》。讃岐延喜式内社の一つ。社伝では和銅二年(七〇九)の創祀という。奥殿の下に「底なし淵」があり、水神を祀ったのが創祀であろう。平安時代後期からは讃岐国一宮。南北朝時代讃岐守護細川頼之の崇敬を受け、貞治二年(一三六三)三月に一切経が奉納されたが、この故事により陰暦三月十五日に一切経市が立つようになった。例祭は五月八日と十月八日で、蚊帳垂・蚊帳揚の神事がある。この地方では、五月の初夏祭後に蚊帳を使用しはじめ、十月の例祭がすむと蚊帳をしまうという。社宝に瑞花双鳳禽獣鏡ほか鏡二面および残欠一片、片添刃鉄鉾身(以上、重要文化財)などがある。

参考文献 田村晴望『讃岐一宮盛衰記』(『香川叢書』一)、『田村神社文書』(『新編香川叢書』史料篇二)

(木原 溥幸)

ためつもの 多米津物 大嘗祭の節会の時、臣下に賜わる酒食をいう。多明物とも書く。悠紀《ゆき》・主基《すき》両斎国から祭りのために奉る物のうち、「供神・供御等ノ料トシテ献ル物ヲバ献物ト云、(臣下に)給賜ノ料トシテ献ル物ヲバ、多米都物ト云」(『大嘗会儀式具釈』)とみられる。辰日節会にその色目が奉られ、その後に弁官によって両国の多米津物が諸司に班給された(『儀式』)。『延喜式』に多明米・多明酒・多明酒屋などの名称がみえる。 (倉林 正次)

たるまえさんじんじゃ 樽前山神社 北海道苫小牧市高丘に鎮座。祭神は鹿屋野比売命《かやのひめのみこと》・久久能智神・大山津見神の三座。創立の由緒は不明。胆振国勇払郡ニシタフに木造仏を神体にして樽前山をまつり鎮座していた樽前権現社は、明治五年(一八七二)―七年の時期に漁場番屋守護神で京都の伏見社の荷田有信から勧請していた稲荷社その他と合併し、明治八年に勇払・白老・千歳三郡の郷社樽前山神社として列格された。社地も樽前村から苫小牧村に移転した。明治四十三年に王子製紙苫小牧工場が開業してより以降には「王子会社記念祭」などが始まり、近代産業守護の祭祀が拡大した。昭和十一年(一九三六)七月十六日、県社に昇格した。例祭は八月五日で、昭和三年よりは七月十五日になった。昭和二十一年七月二十四日、神社本庁に所属した宗教法人として発足。

参考文献 『樽前山神社御造営記念誌』

(秋元 信英)

たるむすびのかみ 足産日神 宮中で祭祀される神の一つ。『延喜式』神名帳に宮中神三十六座があり、「御巫祭神八座」の中に「足産日神《たるむすびのかみ》」がみえる。また、『古語拾遺』に「已上、今御巫《みかんなぎ》の斎《いは》ひ奉《まつ》れるなり」として「御巫祭神八座」と同じ八神が記され、その中に「足産霊」がみえる。この八神中には、ほぼ同様の神格と思われる「生産《いくむす》日《び》(霊)」もみえる。「足」は充足する意で、「生」と同じく讃美の意をあらわしているともみられる。 →むすび (青木 周平)

たろうぼうあがじんじゃ 太郎坊阿賀神社 滋賀県八日市市小脇町に鎮座。別称、太郎坊宮。旧村社。祭神は正哉吾勝勝速日天忍穂耳尊。境内社には火防稲荷社・赤神稲荷社・赤神愛宕社・地主神社・一願成就社が、境外社に清水神社がある。例祭は三月二十四日。当社のある太郎坊山には、太郎坊信仰という、神道と天台山岳仏教、修験道信仰が交りあった、特殊な信仰形態が展開されてきた。そもそも太郎坊山は山腹に巨大な岩石が多く露出し、神体山として信仰されており、山麓の天台宗成願寺にてまつっていた。また同山は赤神山とも呼ばれ、露頭する岩石を磐座としてまつった。神秘的な霊山信仰が、古来より参詣者を集めてきた。中世においては織田信長軍と佐々木六角氏の合戦によって、社坊の大半が焼失した。明治の神仏分離以降、成願寺と太郎坊山との関係は切れ、同山中腹に阿賀神社(太郎坊宮)が建立されて現在の太郎坊信仰に至っている。なお成願寺は阿賀神社へ登る石段途中にある。成願寺の本尊薬師如来座像は平安時代後期の作で、県指定文化財。 (宇野日出生)

たんかい 湛快 一〇九九―一一七四 平安時代後期の熊野別当。康和元年(一〇九九)に生まれる。熊野別当長快の四男。保延四年(一一三八)法橋に叙せられ、久安二年(一一四六)熊野別当に就任。以後二十六年間、別当に在職、二十度にわたり、鳥羽・後白河両上皇の熊野御幸を迎えた。久安五年法眼、仁平元年(一一五一)法印に叙せられ、のち大僧都に任ぜられ、熊野は石清水八幡宮と同様の待遇を受けるに至った。従来熊野別当は新宮にいたが、湛快は本宮に拠り、さらに田辺に進出、同地に新熊野社を勧請したと伝え、別当家が新宮・本宮(田辺)の両流に分裂する原因となった。平治元年(一一五九)平清盛の熊野詣の留守に、源義朝が都で挙兵し、清盛が窮地に陥ると、湛快は清盛を助けた。平氏との関係は密接で、娘は平忠度の妻である。紀伊国南部《みなべ》荘の下司となっており、また三河国竹谷・蒲形両荘を開発領主から寄進されている。承安二年(一一七二)別当職を嫡子行範に譲り、同四年、七十六歳で没。

参考文献 宮地直一『熊野三山の史的研究』、五来重編『吉野・熊野信仰の研究』(『山岳宗教史研究叢書』五)

(上横手雅敬)

たんざんじんじゃ 談山神社 奈良県桜井市多武峯《とうのみね》に鎮座。旧別格官幣社。祭神は大織冠藤原鎌足。鎌足は摂津阿威山(大阪府茨木市)に葬られたが、その息の定恵が天武天皇六年(六七七)、父の遺命と称して遺骸を大和国十市郡多武峯に移葬、十三重塔(重要文化財)を建てて廟所としたが、なお文武天皇大宝元年(七〇一)に宝塔の東に祠堂を設けて父の木像を安置、聖霊院と号したという。これが談山神社の起りだが、一山は多武峯(多武峯寺)と称せられて繁栄した。寺号は天台宗妙楽寺。多武峯は談峯、鎌足が中大兄皇子と蘇我氏制圧を語り合ったのに因んだといわれる。やがて神仏習合が進展、その僧兵が興福寺衆徒と戦ったり、多武峯の鳴動や大織冠木像の破裂を称して公家に強訴したのが有名。明治初年、神仏分離によって多武峯は談山神社となり、聖霊院を本殿(重要文化財)、護国院をその拝殿(同)、東西の透廊(同)と楼門(同)で囲む一郭を本社とし、従来の講堂を拝所(同)、十三重塔を神廟と改称、なお常行堂を権殿(同)、護摩堂を祓殿(同)、御供所を御饌殿として境内を整備した。明治

談山神社拝殿

「談岑山寺」
談山神社印

七年(一八七四)十二月に別格官幣社に列せられた。第二次世界大戦終戦後は宗教法人談山神社を称する。なお、当社の特殊神事として十月十一日(もと九月十一日)の嘉吉祭がその御神供とともに盛大で有名である。嘉吉祭は永享十年(一四三八)の室町幕府の後南朝討伐の兵火に一山が焼亡、嘉吉元年(一四四一)の復興成就の祝祭に因んだものという。また旧神領八村の大織冠鎌足を敬慕する八講祭がある。現在、三月十二日、八大字の各八講堂において執行される。このほか、社宝として粟原《おうばら》寺三重塔伏鉢(国宝)、古文書・記録多数がある。　→嘉吉祭《かきつさい》

参考文献　『桜井市史』、辻善之助・高柳光寿「多武峯の神仏分離」(村上専精他編『(明治維新)神仏分離史料』三所収)、永島福太郎「多武峯の郡山遷座について」(『大和志』三ノ一)
(永島福太郎)

たんざんじんじゃもんじょ　談山神社文書　昭和四年(一九二九)別格官幣社談山神社が公刊した同神社所蔵の古文書集。校訂者は中村直勝。同神社所蔵文書は永享十年(一四三八)南朝残党の蜂起討伐の兵火による一山焼滅のためか、それ以前のものは乏しい。本書には戦国時代から安土桃山時代を経て江戸時代後期にわたる五百三十一通を収録する。『大織冠御破裂目録』(寛文四年(一六六四)写、一巻)、『鵜殿関銭納日記』(文安三年(一四四六)、一巻)、『護国院御造営銭納日記』(永正十四年(一五一七)、一巻)などが注目されるほか、公家・武家の崇敬、寄進の文書が多い。寺社領関係文書は荘園時代は乏しいが近世文書が多い。なお、刊本の付録として『談山神社所蔵文書総目録』(総点数千六百四)を掲載しているので現存文書の大要がわかる。同神社には延年舞や狂言の伝書などが多量に所蔵されている。平成四年(一九九二)の再調査の結果、総点数二、八八二点をかぞえる。

参考文献　談山神社文化財調査委員会編『談山神社文化財目録　美術工芸・文書編』
(永島福太郎)

だんじり　車楽《だし》　⇨山車

たんりつじんじゃ　単立神社　宗教法人法による包括団体と被包括関係を設定していない神社のこと。単立神社には個別の宗教法人であるもののほか、非法人のものもある。現在、全国神社の多くは神社本庁に属し、被包括関係を結んでいるが、単立神社の設立、また被包括の神社が包括団体との関係を解消(離脱という)することは可能である。単立神社には被包括神社と異なり、包括団体からの制約や経済的負担はないが、そのかわりに神社に関する運営などにおいて自己努力が必要とされる。しかし、宗教法人として認証されていれば、単立・被包括の別により法制上区別されることはない。現在、単立となっている神社には、その由緒沿革に基づくもの、経済的理由によるもの、包括団体との感情的対立によるものなどさまざまな理由がみられる。神社本庁では所属しない神社との新たな被包括関係設定に関して特例措置を規程に定めており、離脱する神社がある反面、新たに被包括関係を結ぶ神社も見られる。
(井澤　正裕)

ち

チェンバレン　Basil Hall Chamberlain　一八五〇―一九三五　明治時代のイギリス人日本文化研究者。東京帝国大学の教授。近代国語学、東洋比較言語学の開拓者。一八五〇年十月十八日イギリス南部ポーツマス生まれ。銀行員の道を歩み始めたが、若くして健康を害し、医者から旅行するよういわれた結果、明治六年(一八七三)五月二十九日横浜に到着した。翌年東京の海軍機関学校で教鞭をとり、十九年より二十三年まで東京帝国大学で言語学を教えた。チェンバレンの神道に対する関心はThings Japanese(『日本事物誌』、一八九〇年)の「神道」項目から明らかだが、ここでは独自の神道観を展開した訳でもなく、その理解はサトウ *Sir* Ernest Mason Satow、アストン William George Astonなどに負うところが多かった。チェンバレンの注目すべき業績は、大正元年(一九一二)発行のThe invention of a new religion(『新しい宗教の創出』)だろう。彼の基本的な見解は、二十世紀の神道は明治国家の官僚がみずからのために、また国家全体のために創出した、まったく新しい宗教であったこととする。この新しい宗教は、神聖にして侵すべからざる天皇あるいはその祖先を崇拝し、陸海軍を統帥する天皇に服従し、そして日本は天皇が君臨するがゆえに万国の中で優越した国であることを信奉することなどに特徴付けられる。チェンバレンは、信奉者の多くはこの宗教が「昨年発明された」ものだと気付かないままでいること、また、この新しい宗教たる神道を創出した官僚も、自分のためになるゆえ当然ながらもっとも敬虔な信奉者であることを的確に指摘する。一九三五年二月十五日、スイスのジュネーブで没。八十四歳。そのほかの神道関係の著書として、Kojiki(『古事記』、初の英訳、一九〇六年)がある。

（ジョン＝ブリーン）

ちぎ　**千木**　神社建築の大棟の上で交差する二本の木。本来は破風の上端が屋上に延びて交差したもので、この形式は伊勢神宮正殿など神明造の社殿に今でも残っている。古くはこれを「ひぎ」(氷椽・氷木・比木など)といい、また破風と千木とを合わせた全体を「ひぎ」とも「はふ」とも称した。一方、大棟の上に二本の交差した木を置く形式を通常置千木といい、大嘗宮正殿や春日造はこの形式を採用する。両者ともに神社建築成立以前の原始的な構法の名残りと見ることができ、この点は大棟上に水平に置かれる堅魚木、神明造の破風の棟木に近い位置に打ち込まれる鞭掛なども同様であって、古い素朴な構法が形式化して神社建築に定着したものとみなされる。

（稲垣　栄三）

ちぎ　**地祇**　⇩天神地祇《てんじんちぎ》

ちくごのくにじんみょうちょう　**筑後国神名帳**　現存最古の国内神名帳。福岡県久留米市に鎮座の高良大社に所蔵。一巻。ただし零本。巻首に『高良大社斎衡文書』を置き、ついで同『天慶文書』を収めてあり、当神名帳は後者の『天慶文書』の中に見出される。書出しに「神名帳」と題するが、これはあとで補筆したもので本来、書名はなかったと思われるが、この表題に基づき一般に『筑後国神名帳』と称されており、内容からして妥当と考えられる。当神名帳を記載する『天慶文書』には、紙の継ぎ方に誤りが認められ、また巻首をはじめ欠如している部分もあって完全でないが、内容は山本郡の一部(五前)、御井郡六十前、三潴郡五十三前、上妻郡二十四前、下妻郡二十前、山門郡二十六前、三毛郡十三前、合わせて二二七前の神名を神階ごとに列記し、巻尾に解文を掲げる。この解文は天慶七年(九四四)四月二十二日に筑後国守吉志宿禰公忠らが提出したものである。そこには天慶四年以来、再三にわたる官符に基づいて、大宰府が管内の国島に注進せしめた諸神の位記案および神名帳であることが示されており、また諸神の位記が紛失して叙日が不明なものは、国司の商量で借位を授けよとの記述もある。このような解文の内容から当神名帳は天慶七年四月以前に成立していたことになる。『続群書類従』神祇部、『神祇全書』五、『神道大系』神社編一所収。

参考文献　『群書解題』一下、三橋健「国内神名帳の研究」論考編・資料編、津田勉「筑後国の惣社及び国内神名帳の諸問題」(『神道宗教』一六〇)

（三橋　健）

ちくぜんのくにだざいふあんらくじかんじょうそうしどうき　**筑前州大宰府安楽寺菅丞相祠堂記**　福岡県太宰府市太宰府天満宮の由来を述べた編纂記録。菅原道真の死より書き出し、延喜五年(九〇五)秋八月十五日、祠堂を創建し、藤原仲平と味酒安行が祠堂の経営監事にあたったこと、祠堂を廟といい、前の池を蓮池と述べ、心字形を模し、太宰府天満宮の壮麗を伝える。叡山の尊意が社地を占定して寺観を改めたこと、周辺の景勝、大江匡房が菅公の夢告により祭祀を始めたこと、菅原氏の子孫が寺司に任ぜられる例のこと、毎秋八月二十一日に神輿が浄明寺に渡御すること、浄明寺は、菅公の謫舎の旧跡で、治安年間(一〇二一―二四)に、都督として赴任した藤原惟憲が創め、今はこの寺を榎寺と称するなど、創建より平安時代末期までの出来事を記述している。本文にみえる年号の下限は、康和二年(一一〇〇)でこの年に祭祀が始まったとある。編者は、巻頭に「摂陽北野妙峰頂撰」とあり、北野宮寺の社僧か。『神道大系』神社編四八、『北野誌』、『続群書類従』神祇部所収。

参考文献　『群書解題』一下

（真壁　俊信）

ちくぶしまえんぎ　**竹生島《ちくぶしま》縁起**　滋賀県東浅井郡びわ町の都久夫須麻(古くは「つくぶしま」「つくぶすま」)神社

ならびにその神宮寺宝厳寺の縁起。『智福島縁起』とも記す。護国寺本『諸寺縁起集』所収の同縁起は承平元年(九三一)の成立といい、気吹雄命《いぶきおのみこと》と浅井姫命《あざいひめのみこと》が争い、姫神が琵琶湖に没したとする説話などに由来する地名起源伝承や、藤原仲麻呂の乱の平定に神験があったとする伝承などを記し、さらに行基や天台僧の帰依の次第を説き、姫神が観音や弁才天と習合する過程を示す。応永二十一年(一四一四)夢告を得た普文が、比叡山の記録により撰述したという『群書類従』神祇部、『大日本仏教全書』所収の系統の同縁起は、仏教色をさらに強め、勧進活動との関連をうかがわせる。同縁起の伝える蓮華会は毎年六月十五日に行われ、東京国立博物館所蔵「竹生島祭礼絵図」(室町時代末)は、その景観を描く。

参考文献　景山春樹『神道美術』、西田長男「竹生島縁起の原資料について」(『ぐんしょ』六)、森正人「竹生島」(『国文学解釈と鑑賞』四七ノ三)　(桜井　好朗)

ちくぶしまじんじゃ　都久夫須麻神社　琵琶湖北部の孤島竹生島(滋賀県東浅井郡びわ町早崎)に鎮座。旧県社。祭神は市杵島姫命・宇賀魂命・浅井姫命。『延喜式』神名帳には「都久夫須麻神社」とあり、『竹生島縁起』には「都布夫須麻」、『三代実録』には「筑夫島神社」、『近江輿地志略』は「竹生島神社」とあって、いまは「都久夫須麻」を用いている。天平宝字八年(七六四)恵美押勝が乱をおこし、近江国高島で敗死した翌年、天平神護元年(七六五)竹生島明神に恵美押勝を誅する合力のため、従五位上の神位が授けられたことを『帝王編年記』は記している。竹生島明神は島守権現、また小島の神とも呼ばれた。貞永元年(一二三二)九月全島焼失に際して、沙門良全が記した『再興勧進帳』(宝厳寺蔵)には「島守大明神宝殿」とみえる。永禄元年(一五五八)全島が焼亡し、同十年本殿は再建された。のち豊臣秀頼は片桐且元を奉行とし慶長七年(一六〇二)より竹生島の堂社の再建を本格的に行なったが、そのとき、伏見桃山城にあった日暮御殿の一部を移して本殿に改造を施した。この本殿は向拝の部分に永禄再建の部材が活用されているが、豪壮華麗な桃山御殿の面影をよく伝えており、国宝に指定されている。例祭は六月十五日。

都久夫須麻神社本殿

参考文献　『都久夫須麻神社修理工事報告書』、『東浅井郡志』、神道大系編纂会編『神道大系』神社編二三、式内社研究会編『式内社調査報告』一二　(宇野　茂樹)

ちくまじんじゃ　筑摩神社　滋賀県坂田郡米原町朝妻筑摩に鎮座。旧県社。祭神は大御饗津神・大年神・稲倉魂神。『延喜式』神名帳には社名をみないが、『文徳実録』仁寿二年(八五二)三月甲戌条に、筑摩神に従五位下の神位が授けられたことを記している。祭神に大御饗津神を祀るのは、この地に大膳職御厨が置かれたことによる。当社の鍋祭は女性の貞操を守らせる奇祭で、『俊頼秘抄』『八雲御抄』『雑利集』『拾遺和歌集』『伊勢物語』『木曾路名所図会』などにみえる。例祭は五月三日。

参考文献　『改訂近江国坂田郡志』、鈴鹿連胤『神社覈録』　(宇野　茂樹)

ちくらのおきど　千座置戸　罪を贖う祓物の一種。千位置戸とも書く。『古事記』『日本書紀』の神話に、素戔嗚尊(須佐之男命)が千座(位)置戸を負わされて、高天原を追放された伝承を記す。『日本書紀』神代宝鏡開始章第三の一書には「千座置戸之解除《はらえ》」と書き、『延喜式』所載の大祓の祝詞には「千座置座」とある。千座は多くの祓物を差出す場所を意味し、置戸(置座)は祓物を置く台あるいは祓物を指す。『日本書紀』雄略天皇十三年三月条に歯田根命が「以㆓馬八匹・大刀八口㆒、祓㆓除罪過㆒」と伝える例などが参考となる。　(上田　正昭)

ちさい　致斎　⇩散斎《あらいみ》・致斎《まいみ》

ちじんごだい　地神五代　⇩天神七代《てんじんしちだい》・地神五代《ちじんごだい》

ちちぶじんじゃ　秩父神社　埼玉県秩父市番場町に鎮座。旧国幣小社、延喜式内社。主祭神は八意思兼神《やごころおもいかねのかみ》・知知夫彦命・天御中主神。昭和二十八年(一九五三)に秩父宮雍仁親王を配祀する。『旧事本紀』一〇国造本紀の知々夫国造の条に、崇神天皇の時代、八意思金命十世の子孫、知知夫彦命が国造に任ぜられて大神を拝祠したと記すのを創祀とする。秩父神は、『三代実録』貞観四年(八六二)七月二十一日条に正五位下勲七等の同神が正五位上、同十三年十一月十日条に従四位下、元慶二年(八七八)十二月八日条に正四位下に昇叙とあり、武蔵国四宮として府中総社の大国魂神社にも祀られる。平安時代末期に関東平氏の源流、秩父氏が信仰した妙見菩薩と習合し中世から秩父妙見宮と称した。戦国時代に武田の兵火により社殿を焼失、天正十九年(一五九一)に徳川家康が五十七石の朱印領を安堵し、翌年初期権現造の現社殿を造営。明治維新の神仏判然令により秩父神社に復し、妙見信仰は古来北辰北斗に拠るところから天御中主神に比定する。例

明治時代の秩父神社

祭は十二月三日の曳山祭で名高い秩父夜祭で、秩父祭の屋台行事と神楽として国指定重要無形民俗文化財。（薗田　稔）

ちちぶよまつり　秩父夜祭　埼玉県秩父市に鎮座する秩父神社の例大祭の通称。地元では冬祭とも妙見祭《みょうけんまち》ともいう。十二月二日と三日から四日未明に及ぶ神幸祭において盛んな花火打ち上げとともに豪華な笠鉾と屋台が勇壮な太鼓の屋台囃子に乗って奉曳される祭礼として全国に知られ、京都祇園祭と飛騨高山祭と並ぶ日本三大曳山祭の一つと称される。同社付属秩父神楽とともに重要(無形・有形)民俗文化財。二基の笠鉾は屋形に三段の花鉾を立てる高さ十数メートルの山車形態が神霊を招く標柱を示し、四基の屋台は両側に張出しと下座を設けて全体が舞台となる仕掛けがあり、神賑行事に地方歌舞伎が上演される。祭の祖型は、春の田植祭(四月四日)で迎えた土地神を初冬に神体山と目される武甲《ぶこう》山へ歓送する祭礼だが、中世以来の縁起譚では本社妙見の女神が武甲山の男神と一年に一度結ばれるのが山麓に面した御旅所での神事だという。

考献文献　浅見清一郎『秩父—祭と民間信仰—』、千島寿『秩父大祭—歴史と信仰と—』（薗田　稔）

ちのわ　茅輪　罪穢や疫気をはらう祓え具の一種。茅や藁などを束ねて輪としたもので、菅貫《すがぬき》ともいう。これはこんにちも六月晦日の大祓に用いられている。茅輪くぐりは横8字のごとく廻りて、茅輪を三回くぐり抜ける。茅輪は古くは宮中や伊勢の神宮でも用いられた。『和訓栞』の「すがぬき」の項には、「菅貫と書り、茅ノ輪をいふ、輪二丈六尺、囲八寸、藁をもて造り茅を心とし、紙をもて纏たる者也、内侍所の調進は茅のみを用といへり」とある。『備後国風土記』逸文には、茅輪を腰につければ、疫気を免れるとの記載がある。　→大祓《おおはらえ》　→蘇民将来《そみんしょうらい》（沼部　春友）

ちばけんごこくじんじゃ　千葉県護国神社　千葉市中央区弁天に鎮座。祭神は明治維新前後以降第二次世界大戦に至る国事国難に殉じた千葉県出身および縁故ある者の霊を祀る。明治十一年(一八七八)一月、初代県令柴原和《しばはらやわら》の発議により、市場町の千葉県庁公園内に千葉県招魂社が造営され、維新前後の殉難者十四柱を祀ったことを創始とする。同二十二年院内町の県社千葉神社境内に遷座。昭和十八年(一九四三)四月、一道府県に一社を限りとした内務大臣指定の千葉県護国神社となり、同月亥鼻山に新社殿竣工し、遷座する。同二十年七月戦災により社殿を焼失し、仮殿を造営し奉安する。第二次世界大戦後の占領下、同二十二年四月に社名を頌徳神社と改称し、サンフランシスコ講和条約締結後の同二十七年六月、現社名に復す。同四十二年八月、現社地に社殿・廻廊・神門・社務所などが竣工し、同年九月亥鼻山より遷座する。例祭は春季四月十日、秋季十月十日。

参考文献　『全国護国神社会五十年史』（大井　鋼悦）

ちばじんじゃ　千葉神社　千葉市中央区院内に鎮座。かつては北斗山金剛授寺妙見堂などといい、俗称「妙見様」、また「星の宮」。旧県社。天之御中主神・経津主命《ふつぬしのみこと》・日本武尊を祀る。古代末期より中世に活躍した千葉氏の祖平良文が、上野国群馬郡花園村に鎮座する神を守護神としたことに始まると伝え、各地奉遷ののち大治元年(一一二六)現在地に遷座したという。妙見信仰に発する社。近世には朱印領二百石、明治の神仏分離により妙見寺を廃し、現社号・祭神に改めた。明治三十七年(一九〇四)焼失、大正四年(一九一五)再建、昭和二十年(一九四五)に戦災焼失したが、同二十九年再建された。平成二年(一九九〇)には本殿が新築され、同十二年が神社の前身の金剛授寺開創千年にあたるのを記念して戦災で焼失した楼門の再建がはかられた。例祭は八月十六日より二十二日、千葉妙見はだか祭として有名。　→妙見信仰《みょうけんしんこう》（鎌田　純一）

ちほうかいりょううんどう　地方改良運動　日露戦争後に、日本が帝国主義列強に伍していくための国力増進策の一環として、町村財政と生活習俗の改良をめざした国家官僚の試み。明治二十二年(一八八九)から施行されていった町村制による町村は、同法が期待したような末端秩序形成機能を果たせないでいた。それは、町村が長年にわたる国政委任事務費の重圧で財政難におちいり、また商品経済の進展に伴い階層分化がおこり豪農＝名望家が寄生地主化していったためであった。こうした状況に危機感をいだいた内務省中堅官僚井上友一・中川望らによってこの運動は促進された。明治三十九年の地方長官会議で府県知事が町村に実行を促すべき課題が提示され、四十一年戊申詔書発布以後、各地で郡市町村吏員・有志を集めて「地方改良事業講習会」が盛んに開催された。その内容は次のようなものであった。㈠四十一年実施の義務教育年限延長が加重する町村財政難を解決するため、町村制実施以後も進展していなかった部落(旧村)共有林野の統合による町村基本財産の造成とそこからの収入による町村財政逼迫の緩和。㈡部落有財産統合の障害となる部落割拠の精神的拠りどころと見られた由緒不分明な神社祠殿の整理と町村社への合祠。㈢神社合併と並行して、村内祭礼と旧暦による各地各様の休日慣行を盆と町村社祭典をのぞいて廃止させ、旧来の農休日の大幅縮減と祭礼飲食出費の節約を図り、その代わりに学校行事をのぞいて国民生活に浸透していなかった国家祝祭日を町村の祭休日として定着させ、これにより国民意識の高揚に結びつく町村民の一体感形成を促す。㈣町村農会による農事改良の活潑化、水稲短冊苗代・正条植強制、換金作物奨励・品評会実施。㈤以上の綜合的実行計画として の町村是の作成など。これらの推進にあたって江戸時代後期に難村の自力更生を指導した二宮尊徳の思想と門弟たちの報徳社運動の事蹟が賞揚され、これにならう実践に成果を上げた各地の模範村を顕彰し宣伝する印刷物が大量に配布された。官僚が、町村での地方改良事業の推進勢力として、従来の名望家のほかに期待し育成に努めたのは青年会と産業組合であった。近世以来の若者組に起源をもつ青年会の日清・日露戦時における自発的奉仕活動に注目した官僚は、これを町村規模で再編成し、町村長・小学校長の指導下に活動させようと図った。産業組合も結成奨励にあたって、報徳精神が鼓吹され、商品経済への小農の適応を助けるだけでなく、勤倹貯蓄・風俗改良・地主小作協調・町村税滞納一掃などに役立つことが期待された。運動は大正に入るころから下火になり、伝統的習俗の破壊を加速したほかは、その効果は確かめがたいが、こののちも経済危機・社会不安が深刻化するたびに国家官僚により繰り返される国民精神の引締めと経済自力更生を促す地方への働きかけの原型となった。

参考文献 宮地正人『日露戦後政治史の研究』、有泉貞夫「明治国家と民衆統合」(『(岩波講座)日本歴史』一七所収)
(有泉　貞夫)

ちぼしん　地母神　世界史的に古代の早い時期から諸民族の間に行われた信仰の一つ。上天を神格化して父なる神と考えたのに対し、大地を母性の神と観したもの。前者は父権的な遊牧的な社会で生長し、古代ギリシャのゼウス、ローマのジュピターなどが知られた。後者は母権的な農耕的な民族とともに発展した。エジプトのイシス、ギリシャのアフロディテなどがあり、キリスト教の聖母マリアもこの系統につながるという。わが国でも東日本縄文時代中期の土器の顔面把手にみる女性像について、早く鳥居龍蔵は石器時代に女神信仰があったと推定した。これを直ちに地母神と認めてよいか速断しがたいが、土偶に表現された豊かな乳房、大きな腹部などは、一見して農耕社会の地母神信仰の対象と認められる。記紀古典に現われる農神保食神《うけもちのかみ》、大宜都比売神《おおげつひめのかみ》などは、いずれも女性で、死して身体から五穀その他を生じたと伝える。東南アジア諸民族にもこの信仰が伝承されている。
(平山敏治郎)

ちまたのかみ　道保神　⇨道祖神《どうそじん》

ちゅうきょういん　中教院　⇨大教院《だいきょういん》・中教院《ちゅうきょういん》・小教院《しょうきょういん》

ちゅうぐんのしょうかもだいみょうじんえんぎ　中郡庄賀茂大明神縁起　常陸国新治郡中郡庄賀茂辺村(加茂部村)に鎮座した賀茂大明神の縁起書。永和二年(一三七六)に当社の神主が著わしたとの奥書がある。一巻。当社は茨城県西茨城郡岩瀬町加茂部に鎮座する鴨大神御子神主玉《かものおおかみのみこかんぬしたま》神社《じんじゃ》に比定される。『文徳実録』嘉承三年(八五〇)六月己酉(三日)条に「鴨大神御子神主玉神」、『三代実録』貞観三年(八六一)九月二十三日条に「主玉神」、『延喜式』神名帳には「鴨大神御子神主神社」とみえ、現在は鴨大神御子神主玉神・大田田根子命・別雷神を祭神とするが、本書には祭神について「別雷の御尊」とのみ記される。内容は、まず祭神別雷尊の系譜、ついで創始について神武天皇の御願所であると述べ、最後に当社に参籠した弘法大師と賀茂大明神の化身である老翁との問答を記す。

参考文献 『続群書類従』神祇部所収。『群書解題』一下
(新木　直人)

ちゅうこんひ　忠魂碑　⇨忠霊塔《ちゅうれいとう》

ちゅうさい　中祭　神宮・神社の祭祀を区分する一つで、大祭につぐ祭祀。神宮祭祀令(大正三年(一九一四)勅令)では、日別朝夕大御饌祭・歳旦祭《さいたんさい》・元始祭・紀元節祭・風日祈祭《かざひのみのまつり》・天長節祭・明治節祭を中祭とし、その祭式などは従前のとおりとした。官国幣社以下神社祭祀令(大正三年勅令)では、歳旦祭・元始祭・紀元節祭・天長節祭・明治節祭・神社ニ特別ノ由緒アル祭祀を中祭と定めた。全国神社にあっては、本祭祀令にもとづき官国幣社以下神社祭式(大正三年内務省令)が示され、中祭式による具体的式次第祝詞などが定められた。大祭と中祭との差異は、公からの幣物の有無や神饌の多少で、本殿御扉の開閉や奉仕員の祭日の前日および当日の斎戒は同様とした。第二次世界大戦後はこれら法令が廃止されたため、全国神社の包括宗教法人として設立された神社本庁にて神社祭祀規程を設け、同主旨の区分をし、具体的な神社祭式を示している。

参考文献 神社本庁調査部編『神社祭式同行事作法解説』
(茂木　貞純)

ちゅうし　中祀　⇨祭祀《さいし》

ちゅうちょうじじつ　中朝事実　山鹿素行の赤穂謫居中の漢文体の著。自序に、「今歳(寛文九年(一六六九)、四十八歳)謹んで皇統と武家の実事を紀《しる》さんと欲すれども、睡課の煩しく繙閲の乏しきを奈《いかん》せん、冬十一月小寒の後八日(二十四日)、先づ皇統の小冊(『中朝事実』)を編み、児童(門弟磯谷義言)をしてこれを誦《よ》みて、その本を忘れざらしむ」(原漢文、以下同)とあるのが起筆の日。『年譜』寛文九年十二月二十七日条に、「中朝実録成る」とあるのが完稿の日であり、はじめは『中朝実録』と称せられ、天先・中国・皇統・神器・神教・神治・神知(知人)・聖教・礼儀・賞罰・武徳・祭祀・化功の十三章と附録(或疑十三条)とより成る。本書は『謫居童問』『謫居随筆』のあとを承け、日本を中朝・中華・中国と称して日本中朝

主義への転換を完成し、『日本書紀』を主たる典拠とし、『旧事本紀』『古語拾遺』『続日本紀』『令義解』『聖徳太子伝暦』『伊勢物語』『麗気記』『神皇正統記』『職原抄』『元々集』『本朝神社考』を援用して(『古事記』は読んでいない)、㈠日本を中国と称するは往古よりのことで、「天地自然の勢なり、神神相生み皇統連綿し」(中国)、㈡「開闢より神聖の徳行はれ、明教兼ね備はらざるなく」(神教)、㈢「神代思学」「神の道」は聖人の聖教と「その揆一なり」(神教)、㈣仏教は異教で「中国に施すべからず」(附録)、㈤「外朝は姓を易《か》ふること殆ど三十姓にして、戎狄入りて王たる者数世なる」に対し、日本は「天神の皇統竟《つい》に違はず、その間弑逆の乱は指を屈してこれを数ふべからず、況や外朝の賊、竟に吾が辺境を窺ふことを得ざるをや」(皇統)、㈥それ故に日本が大唐や朝鮮より優秀であること、を論述した。しかし『中朝事実』の「皇統の実事」とは『日本書紀』などの記事を史実として無批判・無考証的に信じ、神話と史実とを混同して識別せず、「此の間、庸愚の舌頭を容るべからず」などと、「末季の俗意を以て、上古の霊神を量《はか》る」ことを非難し、儒教的な歴史的仮象を分類配列するにとどまり、日本古代社会の歴史的事実の追求をなし得なかった。『山鹿素行集』六(『国民精神文化文献』八)などに収める。 （堀　勇雄）

ちゅうれいとう　忠霊塔　日清・日露戦争、特に日中戦争より太平洋戦争に至る戦没者の遺骨・遺灰を収納、護国英霊の塋《えい》域(墓)として尊崇の中心たらしむるべく、国の内外に建設された塔をいう。源流は明治三十五年(一九〇二)、東京音羽の護国寺に日清戦争戦没者の遺骨を集め、多宝塔を建立してまつり、日露戦争後は主要会戦地の旅順・大連・遼陽・奉天・安東に戦没者の遺灰を集め造営された忠霊塔にさかのぼる。さらに、四半世紀を経た満洲事変の際も、主要会戦地に同様の造営が行われた。昭和十二年(一九三七)七月、日中戦争が勃発。その推移に伴い、出征兵士を送り出す国内においても忠霊塔建設の気運が盛り上がり、同十四年二月、警保局長・神社局長通牒、陸軍省副官通牒が発せられた。通牒は、碑表建設は重複を避け一市町村を単位とし一基とする。府県社以下の神社境内には遺骨を納めざるもので神社の尊厳および風致を害せざるものに限り建設を認める。神社に紛らわしい構築様式は避ける。陸軍は支援など規制。これを受け新たな忠霊塔の基数は同十七年十月、百二十四基に達した。一方、遺骨・遺灰を納置せぬ碑表の代表に忠魂碑がある。明治維新以後の国事・事変・戦争で斃《たお》れた者の忠魂(義)、功績の頌揚《しょうよう》、慰霊、追慕、記(紀)念のため建立され、「墓地及埋葬規則」規制外のため、戦跡、戦没者由縁の地、小・中学校校庭、公園、静寂な木立の中などに立つ。碑表の名称は忠霊、忠魂のほかに表忠、頌徳、弔霊、招魂、殉難など枚挙にいとまなく定義的区別はない。これら碑表は第二次世界大戦後、占領下の初期混乱の中で撤去、移転、改造が相ついだが、徐々に復元・再建され、同二十七年のサンフランシスコ講和条約締結とともにその動きは加速、併行して二百六十万人ともいわれる今次大戦戦没者の慰霊、顕彰、追慕のため、新規の碑表が続々と建設された。沖縄戦終焉の地、摩文仁《まぶに》台地には黎明之塔・ひめゆりの塔・健児之塔その他が群立する。

参考文献　大原康男『忠魂碑の研究』、「忠霊塔物語」(『東京日々新聞』昭和十四年八月三一十三日) （椎原　晩聲）

ちょうかいがっさんりょうしょぐう　鳥海月山両所宮　山形市宮町に鎮座。旧県社。祭神は、倉稲魂命《うかのみたまのみこと》(鳥海山大物忌大神、本地仏は薬師如来)と月夜見命《つくよみのみこと》(本地仏は、阿弥陀如来)。『最上義光物語』では、北寒河江庄から勧請したと伝える。永享四年(一四三二)、北寒河江庄領主の中条長政らが檀那となって北寒河江八幡宮(谷地八幡宮)に奉納した梵鐘が、江戸時代初期までに当両所宮に移されていた。鳥海月山両所宮は、室町時代より一貫して最上山形城の北方鎮護の神として最上氏の崇敬を集め、最上義光《よしあき》も文禄四年(一五九五)に社殿を再興し、同年十一月に制札を与えている。『最上義光分限帳』では、両所宮に百四十二石余り、別当寺の真言宗成就院に五百六十石、里見弥一郎・田所甚右衛門らの社人、塔頭三ヵ寺などもあわせて千二百一石余りの寺社領が与えられていた。「最上時代城下絵図」(藤原本)では、両所宮のほかに護摩堂・内御堂・如法堂・八角坊・福蔵坊・宮太夫・里見弥一郎・寺中の名がみえる。摂社として城輪《きのわ》神社(城輪明神、本地仏は十一面観音)があり、社殿の扉に記された銘文から、天正七年(一五七九)六月十八日に造立されたことがわかる。例祭は八月一日。特殊神事として山形市無形民俗文化財指定の穀様《ごくだめ》しがある。

参考文献　『山形市史編集資料』一六 （誉田　慶信）

ちょうかいさんおおものいみじんじゃ　鳥海山大物忌神社　山形県飽海《あくみ》郡の鳥海山山頂に本殿が鎮座するほか、吹浦口之宮《ふくらくちのみや》が同郡遊佐《ゆざ》町吹浦字布倉に、蕨岡口之宮《わらびおかくちのみや》が同町大字上蕨岡《かみわらびおか》字松ヶ岡に鎮座する。旧国幣中社。祭神は大物忌神。後代に農業神である倉稲魂命《うかのみたまのみこと》とする説も現れた。出羽国一宮。『延喜式』神名帳によると、飽海郡に鎮座する大物忌神社と月山神社が名神大社として位置づけられている。『三代実録』貞観十年(八六八)四月十五日条に「飽海郡月山大物忌両神社」とあり、『延喜式』主税上でも月山大物忌神祭料として二千束の公廨雑稲があてられている。月山神社と大物忌神社の両方が祀られていることより、両所宮といわれた。貞観四年に官社に列す。史料的初見は、『続日本後紀』承和五年(八三八)五月十一日条の同神に正五位下の神階を授与したとする記載。これをはじめとして大物忌神には破格の高位の神階が授けられ、天慶二年(九三九)のころには正二位となる。神体の宿る鳥海山の相つぐ噴火は神異としてとらえられ、同神は、古代国家の辺境地帯における異民族の策謀を都の貴族に知らせる、国家辺境の守護神として崇敬された。

『左経記』寛仁元年(一〇一七)十月二日条「神宝支配事」の中に「出羽大物忌」とある。承久二年(一二二〇)十二月三日関東御教書は、同神社の興行を出羽国留守所に命じており、鎌倉幕府の特別の保護と統制を受けた神社であった。元弘元年(一三三一)、源正光・滋野行家らが出羽国由利《ゆり》郡津雲出《つくもで》郷で鋳造した十二神将を寄進している。延文三年(一三五八)には、北畠顕信が出羽国由利郡小石郷乙友村を一宮両所大菩薩に寄進している。大物忌神と月山神の本地は、それぞれ薬師如来と阿弥陀如来であり、明治初年の神仏分離まで神宮寺に安置されていた。江戸時代になってからは、鳥海修験として吹浦口のほかに矢島口など七口が栄えた。鎌倉時代の祭礼は未詳。江戸時代では、一月五日管粥神事・七月十四日御浜出神事・十二月十日物忌冬祭などがある。『鳥海山大物忌神社文書』は重要文化財。

参考文献 『遊佐町史資料』一、誉田慶信「国家辺境の守護神」(『中世奥羽の民衆と宗教』所収)

(誉田　慶信)

ちょうかんかんもん　長寛勘文　伊勢・熊野の祭神をめぐる勘文。一巻。長寛年間(一一六三―六五)成立。応保二年(一一六二)、甲斐守藤原忠重が、目代中原清弘らを派遣して熊野権現領たる八代荘に侵入し乱暴狼藉をはたらいたことに対し、熊野所司より訴えがなされた。朝廷では罪科決定の際、熊野権現が伊勢神宮と同体か否かが問題となった。伊勢と同体ならば、罪は大社として最も厳重なものになるためである。本書はその際に提出された勘文を集めたもので、中原業倫・藤原範兼・中原師光・藤原永範・同長光・同伊通・清原頼業の勘文が収められる。伊勢・熊野同体説は、当時その本地をともに観音とされたこと(『江談抄』)より発したものと推され、本地垂迹説が神祇間の関係に多大な影響を及ぼしたことを示す。また、書中『日本書紀』『古事記』『旧事本紀』『古語拾遺』『延喜式』などと並んで、『熊野権現御垂迹縁起』(長寛元年四月十六日永範勘文)、『天書神記』(長寛二年四月二十四日頼業勘文)、『初天地本紀』(同)といった従来知られなかった神道書・縁起書の名がみえ、のちの中世神道書の簇生を予兆する。『群書類従』雑部所収。

参考文献 『群書解題』一九、植田彰「長寛勘文について―清原頼業論の一節としての予備的考察―」(『史学雑誌』五二ノ八)

(伊藤　聡)

ちょうせんじんぐう　朝鮮神宮　朝鮮総督府下の総鎮守として、京城(韓国ソウル市)南山にあった神社。官幣大社。祭神は天照大神・明治天皇。大正八年(一九一九)七月に創建公表、伊東忠太の設計に基づき、以後約六年総工費約百五十万円の工事を経て、十四年十月十五日に境内地七千坪を以て鎮座した。例祭は毎年十月十七日。当初朝鮮神社と号したが、鎮座に先だつ十四年六月に神宮号に改称した。海外唯一の勅祭社で宮司も勅任待遇であり、昭和二十年(一九四五)終戦による廃絶まで海外神社の中でも別格の地位を誇った。また韓国併合の記念碑的施設として総督府統治儀礼の場ともなり、在留日本人の神前結婚や初宮詣の名所としても知られた。朝鮮居留日本人の総鎮守創建を目指す民間運動は併合以前にもあり、国学者の角田《つのだ》忠行《ただゆき》らが日朝同祖論的神話解釈から素戔嗚尊を檀君としてまつることを唱えていた。併合以降も、檀君奉斎論は帝国議会でも審議され、朝鮮国魂神として祀る運動も神道家らにより起されたが、結局祭神は変更されなかった。無論政府側の方針も、日韓共通の国祖として天照大神を、両民族統合の実現者として明治天皇を祀るもので、明言は避けているが同祖論から導かれている。この同祖論の存在が、朝鮮神宮の祭神が開拓三神を祀るそれまでの総鎮守(札幌神社・台湾神社・樺太神社)から大きく変化した主な理由であるが、他方朝鮮神宮で強調された皇祖神信仰の優越性は、以後ほかの海外神社の祭神にも大きく影響した。

朝　鮮　神　宮

参考文献 横田康『朝鮮神宮紀』、朝鮮神宮奉賛会編『恩頼―朝鮮神宮鎮座十周年紀念―』、菅浩二「「朝鮮神社」創建計画と初期総督府政」(『明治聖徳記念学会紀要』復刊二六)、同「「朝鮮神宮御祭神論争」再解釈の試み」(『宗教と社会』五)、青井哲人「朝鮮神宮の鎮座地選定」(『日本建築学会計画系論文集』五二一)

(菅　浩二)

ちょうなはじめしんじ　手釿始神事　家屋や神社の社殿の造営の際、その手始めとして行われる儀礼。造営の過程においては、用地の地霊を鎮める地鎮祭、棟梁(大工)が仕事始めとして行う手釿始めの儀、最初の柱を立てる柱立て、棟木が上がった際の祝いとして行う棟上げ祭など、種々の儀礼が行われる。地鎮祭は神職によって行われる例が多いが、手釿始めや棟上げ祭など、用材に関わる祭儀は、通例大工の棟梁によって行われる。手釿始めの儀は、大工が主な柱の墨付けを行なって、削ることを儀礼的に行うものである。伊勢の遷宮における手斧始めに相当する儀礼が木造り始め祭で、用材に忌斧を入れる儀式が行われる。江戸時代、江戸城では棟梁・職人が正月行事として行う手斧始めの式があった。鎌倉の鶴岡八幡宮においては現在でも正月行事の一つとして手斧始めが行われている。　（松尾　恒一）

ちょくさい　勅祭　勅命によって勅使を差遣し、奉幣を行う祭。これを受ける神社を勅祭社という。勅祭は法的規制に基づいて定められるのではなく、天皇の思し召しによって行われる。祭祀の形態としては、勅使による幣帛奉献の行われるのが特徴である。こうした奉幣の持たれた祭祀には、天武天皇四年（六七五）正月戊辰（二十三日）条に「祭幣諸社」（『日本書紀』）があり、のちの祈年穀奉幣の先蹤をなすものともいわれる。しかし、奉幣が祭祀条件として位置づけられたのは祈年祭の実施においてであった。祈年祭の起源は明確でないが、令制施行に伴って確立されたものと解される。この勅使奉幣の形は、祈年祭以外の、諸大社の例祭・臨時祭などにも見られた。伊勢神宮には神嘗祭に先立って例幣使が差し向けられ、賀茂・春日・石清水その他の大社にも祭の使が遣わされた。また宇佐神宮には即位、国家の大事などの際、特別に勅使差遣があり、これを「宇佐の使」と称した。平安時代中期には祈年祭とは別に、畿内の大社二十二社を対象とする「祈年穀奉幣」が行われた。明治以後は、明治元年（一八六八）に氷川神社の親祭を契機として勅祭社が定められ、同三年には二十九社奉幣を実施した。同十六年賀茂下上社、その後数を増し、石清水八幡宮・春日神社・氷川神社・熱田神宮・出雲大社・橿原神宮・明治神宮・鹿島神宮・香取神宮・近江神宮・平安神宮（以上毎年）、宇佐神宮・香椎神宮（十年毎）等の諸社が勅祭社とされた。このうち、春日祭（三月十三日）・賀茂祭（五月十五日、通称葵祭）・石清水祭（九月十五日）を三勅祭と称する。　（倉林　正次）

ちょくさいしゃ　勅祭社　天皇の内意により勅使が例祭に差遣され、幣帛が奉奠される神社をいう。往古の二十二社の制度に倣うものとされるが、現行制度は明治元年（一八六八）氷川神社を勅祭社に定めてより改廃をつづけたもので、現在では、橿原神宮（二月十一日）、春日大社（三月十三日）、平安神宮（四月十五日）、近江神宮（四月二十日）、靖国神社（四月二十二日・十月十八日）、出雲大社（五月十四日）、賀茂別雷・同御祖神社（五月十五日）、熱田神宮（六月五日）、氷川神社（八月一日）、石清水八幡宮（九月十五日）、明治神宮（十一月三日）。以上のほか十年ごとの宇佐神宮・香椎宮（祭日未定）、六年ごとの香取神宮（四月十四日）・鹿島神宮（九月一日）の十六社である。その幣帛は五色絁各一丈二尺・糸二絇・曝布一端・木綿二斤・麻二斤であり御幣物と称する。なお宇佐・香取・鹿島各神宮、香椎宮では、勅祭以外の例祭には金幣が奉奠される。

参考文献　小野祖教『神道の基礎知識と基礎問題』　（二宮　正彦）

ちょじんじゃ　千代神社　滋賀県彦根市京町に鎮座。旧県社。主祭神は天宇受売命、配祀神は猿田彦命・大物主命。境内社には笠木稲荷神社・秋葉山神社・天満宮がある。元は千代宮と称したが、明治二年（一八六九）に千代神社と改称された。創建については不詳であるが、社伝によると孝元天皇の皇女である倭迹迹姫の降誕によって勧請、履中天皇の時に再建したといわれている。慶長五年（一六〇〇）ころ、佐和山城の近くに鎮座していた千代宮は、寛永九年（一六三二）に長光寺へ移ったが、同十五年には再び旧地に戻った。この時の新造社殿が現社殿である。以来、井伊家歴代の尊崇を受けることとなり、社殿の造営や修復をみるに至った。さらに同社が現在地に遷座したのは昭和四十年（一九六五）のことである。例祭は五月五日。社殿のうち本殿は寛永十五年の建立になり三間社流造の構造を有し、重要文化財。　（宇野日出生）

ちよのすみか　千世の住処　国学者による霊魂不滅を論じた著述の一つ。津和野の国学者として知られる岡熊臣（一七八三―一八五一）の著。稿本の多い熊臣の著述の中で、版本として上梓されたものの一つ。上下二巻。文政元年（一八一八）自序。上巻末には、文政五年の年次もある。書名にも示されているように、霊魂の所在を考究した著作。平田篤胤の『霊能真柱《たまのみはしら》』に触発されていることを、みずから語っている。六つの図を使って示しながら、『古事記』『日本書紀』を引用しつつ、論を展開する。「本《もと》つ霊《みたま》」は「月夜見国にぞ去ぬる」のに対して、「幸魂《さきみたま》」「奇《くし》魂《みたま》」は不滅であると説かれている。下巻には、「附録対問」が収められている。問答形式で、上巻の論旨に関する疑問を説明して、いわば解説書の形態をなしている。東京大学本居文庫には写本を、国学院大学河野文庫・無窮会神習文庫などに版本を存するが、先年、『岡熊臣集』上に収録され、閲読することが容易になった。

参考文献　加藤隆久『神道津和野教学の研究』、桂島宣弘『幕末民衆思想の研究―幕末国学と民衆宗教―』　（三澤　勝己）

ちりくはちまんぐう　千栗八幡宮　佐賀県三養基郡北茂安町白壁に鎮座。旧国幣小社。祭神は応神天皇・仲哀天皇・神功皇后。社伝には神亀―天平宝字年間（七二四―六五）に郡司壬生春成が創祀。承平年中（九三一―三八）八幡五所別宮の一つになったという（『藤崎宮文書』）。長保元年（九九九）三月本宮に湧出油の瑞祥あり（『本朝世紀』）、天喜二年（一〇五四）石清水清成に本宮雑務を命じ（『宮寺縁事抄』）、治承のころの文書（『石清水文書』）には宇佐宮弥勒寺末社とみえる。安貞二年（一二二八）神殿・御体焼亡、のち造営（『明月記』『百錬抄』『実相院文書』）。文永五年（一二六八）八月の後日之式条には肥後（前）の造営とある。鎌倉時代末期以後、社領は武士に押領され、南北朝時代に領家弥勒寺を離れた。天正十一年（一五八三）竜造寺政家は社殿を再建、同十三年大友氏に焼かれ、同二十年鍋島直茂が再建と伝える。元和七年(一六二一)肥前一宮の称号を河上神社と争い、それは宝暦四(一七五四)、五年まで続いた。社領は没収後、慶長三年(一五九八)鍋島直茂が二百石余を寄せた。社家に三大宮司・十社家、神宮寺は弥勒寺、院主妙覚院、末寺仁比山などがあった。明治三十六年(一九〇三)県社、昭和十五年(一九四〇)国幣小社。例祭は九月十五日、御粥祭三月十五日、放生会九月十五日。社宝に乾珠満珠・光格天皇宝扇などがある。

参考文献 伊藤常足編『太宰管内志』、中野幡能編『宇佐神宮史』史料篇、中野幡能『八幡信仰史の研究(増補版)』下

（中野　幡能）

ちりゅうじんじゃ　知立神社　愛知県知立市西町神田に鎮座。別称池鯉鮒大明神。式内社、三河国二宮、旧県社。彦火火出見尊《ひこほほでみのみこと》・鸕鶿草葺不合尊《うがやふきあえずのみこと》・玉依比売命《たまよりひめのみこと》・神日本磐余彦尊《かむやまといわれひこのみこと》を祀る。近隣二十余ヵ村および刈谷城下の産土《うぶすな》神とされていた。境内に多宝塔(永正六年(一五〇九)再建、重要文化財)があり、宝物には康元元年(一二五六)銘の舞楽面や正安三年(一三〇一)銘の「正弌位智鯉鮒大明神」額がある。例祭は五月三日で神輿の渡御がある。

（太田　正弘）

ちんかさい　鎮火祭　律令時代の宮廷祭祀の一つ。「ほしずめのまつり」ともいう。神祇令・『延喜式』四時祭上に規定があり、六月・十二月に吉日をトして行うものであった。『令義解』によれば、「宮城四方外角」において神祇官のト部が火を鎮めてまつったもので、火災を防ぐための祭儀であったという。中世に断絶し復活しなかった。『延喜式』祝詞に鎮火祭の祝詞が収載されている。そこには祭神は火結《ほむすび》神であり、この神を生んで火傷のため死んだ母神イザナミは、黄泉津平坂より引き返し、心悪しき子＝火神を鎮める具として水神・匏《ひさご》・川菜・埴山姫の四種の物を生み置き、火神の心荒びた時はこれらの物をもって鎮めよといい残したと述べている。この祝詞は神の誕生の由来と弱点を挙げて鎮祭の呪詞としており、神話と祭儀の関係を具体的に示す例として注目されている。このことから他の祝詞にみえる「天津祝詞乃太祝詞事」はこのような神話を含むものではないかと推測する説も有力である。記紀の火神カグツチの誕生神話も鎮火祭の祭儀神話とされている。

参考文献 武田祐吉『古事記説話群の研究』、青木紀元「火の神―鎮火祭の祝詞を中心に―」(『日本神話の基礎的研究』所収)

（岡田　精司）

ちんかさい　鎮花祭　神祇令に規定された律令時代の四時祭の一つ。「はなしずめのまつり」ともいう。旧暦三月に大和の大神《おおみわ》神社とその摂社狭井神社において、神祇官から幣帛を送り当社の祝らに命じて祀らせた。桜花が散る時、その花片にのって疫病神が拡散してゆくと考えられたので、花の飛び散るのを鎮め、疫病を防ぐための祭という。延暦二十年(八〇一)五月の太政官符では、鎮花祭の闕怠に対しては鎮火祭・相嘗祭の場合と同様に中祓が科せられた。祭儀の供物として『延喜式』には二十八種もの幣物を記するが、そこに「黄蘗」「茜」という薬種と七張の弓がみえることが特徴である。いずれも疫神の鎮祭と関係があろう。この祭は中世以降も大神神社の行事として連続しているが、祭日は近世には三月十八日となり、明治以降は新暦四月十八日に変更して現在に至っている。

参考文献 西田長男「鎮花祭一斑」(『日本神道史研究』三所収)

（岡田　精司）

ちんこん　鎮魂　肉体から遊離した魂を呼び戻し、体内に鎮める古代呪術。たましずめ・たまふり・魂結びなどともいう。日本では古くから魂が身体を離れると身の安泰を欠くと信じられ、秘歌を唱えて着物の褄や草を結んだり、人の臨終に屋根に登りその名を呼ぶ(魂呼び)などした。神事として知られる鎮魂祭《たましずめのまつり》は、十一月新嘗《にいなめ》祭の前夜に宮中で行われ、天皇・皇后・皇太子などの長寿と健康が祈られている。

参考文献 伴信友『鎮魂伝』(『伴信友全集』二)、宮地直一『神道史序説』(『宮地直一論集』五)、折口信夫「大嘗祭の本義」(『折口信夫全集』三所収)

（平井　直房）

ちんこんきしんほう　鎮魂帰神法　神道系新宗教の大本教で、大正時代に盛んに使用された用語。霊魂信仰に基づき、憑霊《ひょうれい》や脱魂《だっこん》を操作する呪術的実践を、広く総称して、「神霊の実在を体験する法」として宣伝された。「鎮魂」「帰神」とも、それぞれ古典にみえる伝統的な語であるが、大本教の鎮魂帰神法は、幕末の神道実践家であった本田親徳《ちかあつ》による「本田霊学」を、出口王仁三郎《おにさぶろう》が導入したものである。鎮魂は主にみずからの霊魂の訓練浄化を指し、帰神は主に外部からの神霊や精霊の憑依を指した。鎮魂帰神と一つづきに呼ばれた場合、鎮魂は帰神を引き起すための手段と位置付けられた。鎮魂が病気治しだけを目的に行われる場合、特に病気鎮魂と呼ばれた。大本教の鎮魂帰神は、派生教団その他にも名称を変えて受け継がれた。心霊研究会の「統一」および「霊査」、世界救世教の「浄霊」、真光系教団の「真光《まひかり》の業《わざ》」、生長の家の「神想観」、白光真宏会《びゃっこうしんこう》の「統一」などである。

参考文献 津城寛文『鎮魂行法論』

（津城　寛文）

ちんこんさい　鎮魂祭　古代宮廷祭祀の一つ。鎮魂の和訓は「みたまふり」または「みたましずめ」。その意義については諸説あるが、一般に天皇の魂を体内に安鎮せしめ、健康を祈る呪法と考えられている。『日本書紀』の天武紀が初見であるが、神祇令にも規定され、律令時代には十一月下の寅(または中の寅)の日、すなわち新嘗祭の前日夕刻から宮内省正庁において、神祇官八神殿《はっしんでん》の神々と大直日神《おおなおびのかみ》の神座を設けて執行する。この神事には、御巫《みかんなぎ》・猿女《さるめ》ら神祇官の巫女たちが参加して、彼女らによって神饌の炊飯や神楽舞などが行われるところに特色がある。同日夕刻、神座の前に天皇の御衣の箱を安置し、御巫・猿女らが神楽舞をし、次に御巫が宇気槽《うけふね》を伏せた上

に立ち、琴の音に合わせて桙《ほこ》で槽を撞く。一撞きごとに神祇伯が木綿《ゆう》の糸を結ぶ所作を十回くり返す。同時に女蔵人が御衣の箱を開いて振り動かす行為もあった。神祇伯の結んだ御玉緒の糸は、斎瓮《いわいべ》に収めて神祇官斎院の斎《いわい》戸《ど》の神殿(祝部殿・斎部殿)に収められ、毎年十二月にそこで祭りがあった。斎戸殿の鎮祭に関しての祝詞は、『延喜式』祝詞に「鎮㆓御魂斎戸㆒祭」として収載されている。また、鎮魂祭の神楽歌は『年中行事秘抄』などに載せられている。『旧事本紀』には、鎮魂祭の起源を、神武天皇の時に物部氏の祖宇麻志麻治命が十種の神宝を用いて行なった時にありとしている。またこの神事の御巫らの行う宇気槽撞きや神楽舞との共通要素が見られるところから、天岩戸神話における天宇受売命の舞は『古語拾遺』以来鎮魂祭の祭儀神話と見られている。ただし、天岩戸神話全体については鎮魂祭の反映とみるべきでないという、有力な説がある。平安時代末期以降は廃絶した宮内省の跡地に幄舎を張り、内侍らの牛車を並べて行われた(『江家次第』『薩戒記』など)。その様子は『年中行事絵巻』模本残欠の「宮内省鎮魂祭」図にみられる。図の右手牛車の前に御衣を捧じた内侍が立つ。この祭は戦国時代に中断、近世には白川伯家邸において再興したのち、変遷があって、明治二十二年(一八八九)以後は宮中の綾綺殿において十一月二十二日に行われている。→斎戸祭《いわいどのまつり》

参考文献 伴信友『鎮魂伝』(『伴信友全集』二)、川出清彦『祭祀概説』、松前健「鎮魂祭の原形と形成」(『古代伝承と宮廷祭祀』所収)、肥後和男「鎮魂の儀について」(千家尊宣先生還暦記念神道論文集編纂委員会編『(千家尊宣先生還暦記念)神道論文集』所収)、八束清貫「鎮魂祭について」(『神道学』一二・一四・一六)、川出清彦「鎮魂祭古儀考」(『神道史研究』二七ノ二)、谷省吾「鎮御魂斎戸祭に関する一考察」(同二八ノ一)

(岡田 精司)

ちんじゅのかみ 鎮守神 ある一定の土地や建物を鎮安守護する神。鎮主神とも書く。王城鎮守・日本鎮守など国家擁護の神、一国一郡の鎮守、荘園・村落の鎮守、寺院鎮守、城・館・邸宅などの鎮守神がある。仏法擁護の神として寺院に鎮守神を勧請した例が早い。これは中国の寺院における伽藍神に源流をもち、神仏習合が盛んになってくる奈良・平安時代初期にかけて、わが国に採り入れられた。東大寺の手向山八幡、延暦寺の日吉社、金剛峯寺の丹生社、興福寺の春日社などがよく知られている。つづいて平安時代には、王城・朝家や一国を守護する神を称するようになる。王城鎮守は国家擁護の神々で、伊勢をはじめとした二十二社をいい、また限定して平安京を守護する都近辺の賀茂社などをさしていうことも多い。一国鎮守は、国司によって祭祀をうけた国ごとの一宮をいい、『上野国神名帳』などの国内神名帳にみられるように、一宮・二宮・三宮など国衙によって編成された国内有力神社数社を称することもあった。荘園制の発展に伴って、荘園領主と関係深い八幡・賀茂・日吉・春日・熊野など、中央の霊威ある神々を領内に勧請したほか、在来の神祇をそのまままつることもあり、荘園鎮守神として統一的祭祀が営まれた。その形式をよく伝えているのに、『熊谷家文書』嘉禎元年(一二三五)安芸国三入荘地頭得分田畠配分注文がある。中世に入ってからも、鎮守神へ対する信仰は幅広く展開し、大神宮信仰の隆盛とともに、伊勢神宮天照大神を日本鎮守と称し、国家の守護神・国主神として仰ぐ風潮が進展した。中世後期には村落においても、村内の神祇から守護神を選び、鎮守と称した。吉田兼倶は京都近郊の神社を調べ、村々の神を鎮守として足利義政に報告しており、村落の氏神は鎮守と通称されていた。鎮守の語は、近世以降、氏神・産《うぶ》土《すな》神・地主《じぬし》神と同義に用いられることになり、さらには現在よく使われる「鎮守の森」の語を生み出すまでに至った。

参考文献 『古事類苑』神祇部一、萩原竜夫『中世祭祀組織の研究』

(岡田 荘司)

ちんじゅのもり 鎮守森 鎮守の社がある森。一般に村氏神など集落ごとに祀られている神社を鎮守といい、その社叢をさして鎮守の森ないし杜という。鎮守とは土地ないし施設を霊的な疫災から守護する神。鎮主とも書く。本来は鎮安守護の意で鎮守府、鎮守使など一般に形容語としたが、日本では平安朝以来独立の成語として鎮守神を指す。またモリ(森・杜)は神社そのものを指す。『万葉集』にも「木綿かけて齋くこの神社越えぬべく」(巻七)、「山城の来背の社」(同)、「三笠の社の神」(巻四)、「名に負へる杜に風祭せな」(巻九)、「大荒木の浮田の社の標に」(巻一一)、「山科の石田の杜のすめ神に」(巻一三、原万葉仮名)など「神社」「社」「杜」をモリと読む。『出雲国風土記』秋鹿郡条に「上の頭に樹林あり、此則ち神社」(原漢文)とあるように古代日本語では森(母理・文理・茂理)が天然の神の杜、林(拝志、拝師)が人工の樹林であった。ただし鎮守の杜(森)の初出は明治四十一年(一九〇八)発行の『大増訂ことばの泉(補遺)』で「うぶすな神の社のある辺の森」と説明する。その後『大日本国語辞典』(大正六年)や『改修言泉』(大正十年)や『大辞典』(昭和十一年)、第二次世界大戦後の『辞海』(昭和二十七年)にも掲載された。社会教育家の天野藤男が大正六年(一九一七)に『鎮守の杜と盆踊』という啓蒙書を出すなど明治末年から大正にかけて定着した言葉である。現代では、スペインの文明史家D・コラールが『アジアの旅―風景と文化―』(昭和四十二年)で特に日本的な景観として鎮守の森に注目するなど、郷土意識を代表する家郷景観の一つに数えられるとともに、昭和四十年(一九六五)代後半から植物生態学の分野で土地本来の植生を保存する森林として注目されるようになった。それは日本古来の森林文化を再評価するための対象ともなってきた。また平成十三年(二〇〇一)には鎮守の森を広く学際的に研究する社叢

学会(非営利特別法人)が設立され、機関誌として『社叢学研究』が刊行されている。

参考文献 上田正昭・上田篤編『鎮守の森は甦る』 (薗田 稔)

ちんぜいたいしゃすわじんじゃ 鎮西大社諏訪神社 ⇩ 諏訪神社《すわじんじゃ》

つ

ついがさね 衝重 ⇩三方《さんぼう》

ついな 追儺 宮中年中行事の一つ。儺《だ》は疫を駆逐する意で、中国では時節の変り目に行われた。『論語』など諸書にみえ、古くからの行事である。わが国の追儺は、儺《な》遣《や》らう・儺遣らい・鬼遣らいともいい、中国唐代の大儺の礼(『唐書』礼楽志)などが伝えられ、重要な宮廷年中行事となり、民間にも広まった。文武天皇の慶雲三年(七〇六)十二月に「是年、天下諸国疫疾、百姓多死、始作二土牛一大儺」(『続日本紀』)とみえるのが初見である。宮中では大晦日の戌の刻、王卿以下着座、陰陽寮から桃弓・葦矢を王卿に配布、天皇紫宸殿に出御、黄金四つ目の仮面をかぶり、玄衣朱裳をまとい、右手に桙、左手に楯を持った方相《ほうそう》氏の役(中務省の大舎人の中から身体の大きな者が選ばれた)が侲子《わらわ》二十人(のちには八人)を率いて参入、王卿は侍従・大舎人などを率いて方相氏の後ろに列し、陰陽師は斎郎《さいのお》を率いて月華門より入り、祭を行い呪文を読み終ると、方相氏は大声を発して桙で楯を打つこと三度、群臣これに呼応して桃弓・葦矢で東西南北に分かれて疫鬼を駆逐する。平安時代末期には方相氏を鬼と誤解し、群臣が後ろから追い出すように演出されることになった。このあと饗が設けられたが末期には行われなくなったという。この折宮中の所々には燈火をたくさんともして明るくする。『延喜式』陰陽寮に祝詞の「儺の祭の詞」がある。追儺には大声を挙げ振り鼓を鳴らして鬼を追い払う。年の瀬を彩る年中行事として王朝文学を賑わせている。後世になると節分と追儺と豆まきが結びつくようになった。節分の豆まきは『花営三代記』応永三十二年(一四二五)正月八日条に「天晴、節分大豆打役、昭心カチグリ打、アキノ方申ト酉ノアイ也、アキノ方ヨリウチテアキノ方ニテ止」とあり、『臥雲日件録』文安四年(一四四七)十二月二十二日条にも節分に「散二熬豆一因唱二鬼外福内一」、『年中恒例記』にも「節分御館にうたる大豆勝栗(下略)」とあるので、室町時代にはすでに大豆・搗栗《かちぐり》をまいて邪気を払うことが行われ、「鬼は外、福は内」と唱えたことがわかる。狂言「節分」にもみられる。古代中国では穀物には強い生命力、解毒、魔よけの呪力があるとされ、大豆を呪術に使った漢民族の遺習を伝えたものとみられる。ちなみに、この後に行われた小規模の官吏任官式(人事異動)を「追儺の除目」「追儺召の除目」という。

参考文献 『古事類苑』歳時部、『荊楚歳時記』(守屋美都雄訳注、布目潮渢・中村裕一補訂、『東洋文庫』三二四)、山中裕『平安朝の年中行事』(『塙選書』七五)、中村義雄『魔よけとまじない』(『塙新書』五二)

(中村 義雄)

ついなさい 追儺祭 追儺は、ナヤライ・オニヤライとも称し、大晦日の夜、悪鬼を払い、疫癘を除いて、新年を迎える宮中の年中行事の一つであった。これらは、中世には廃れたが、近世になって諸国の社寺で節分に追儺祭が行われるようになった。古式を伝えるものとして、二月節分の日に行われる神戸市の長田《ながた》神社の追儺式がある。神事は、一番太郎鬼・赤鬼・姥鬼《うばおに》・呆助鬼《ほうすけおに》・青鬼、大役鬼といわれる餅割《もちわり》鬼・尻くじり鬼の七匹の鬼、また太刀役という五人の童児、肝煎という世話人が奉仕する。この祭りは、七匹の鬼が神々の使いとして松明の炎で種々の災を焼きつくし、天地を祓い国土を清め、一年の無病息災を願うもので、参拝者は鬼の松明の燃え残りを家の入口につるし、

追儺祭（神戸市長田神社）

厄を祓い、餅花を食べてその年の平穏を祈る風習がある。神事の起源は不明であるが、鬼面・太刀の製作年代や古文書（『中ノ庄長田社年中諸事書付』『山論文書』）などより、室町時代にはすでに現況のような形で祭りが行われていたことがうかがわれ、古い形態を残す神事として、昭和四十五年（一九七〇）に兵庫県の無形民俗文化財に指定されている。

参考文献 『長田神社史』　（加藤　隆久）

つうかいさんけいき　通海参詣記　鎌倉時代の真言宗醍醐寺の僧通海による神宮参詣記の形をとった神道書。二巻。『通海参詣記』は通称で、正式には『大神宮参詣記』。本書については、偽書説をとる八代国治と、これを否定する平泉澄・小島鉦作らとの間で論争があったが、偽書説は否定された。本書は通海が弘安九年（一二八六）八月に参宮した時、たまたま聞いた僧と俗の問答を記録した形式をとる。上巻は俗が神宮の諸問題に答え、下巻は神仏関係に記述の重点がおかれる。通海は、祭主大中臣隆通の子として生まれ、兄の隆世・隆蔭はともに祭主であった。通海ははじめ宗円と称し、祭主大中臣安則により開発された伊勢国度会郡城田郷大橋御薗に建立された大中臣氏の氏寺蓮華寺の寺務で、醍醐寺の住侶の権律師尊海の弟子となり蓮華寺を継承。醍醐寺で活躍し、その座主の地位を所望したが望みを達せず、嘉元三年（一三〇五）十二月、七十二歳で入滅した。本書は、『神宮古典籍影印叢刊』七に影印が、『神道資料叢刊』二に神宮文庫本と高野山金剛院本が翻刻され、ほかに『続群書類従』神祇部にも収載されている。

参考文献 『群書解題』一下、小島鉦作「大神宮法楽寺及び大神宮法楽舎の研究―権僧正通海の事蹟を通じての考察―」（『小島鉦作著作集』二所収）　（西垣　晴次）

つうかぎれい　通過儀礼　人が人生の折々に体験する諸儀礼の総称。人生儀礼・生涯儀礼・人の一生の民俗などともいう。世界中のどの民族にもあるが、日本人の場合の一例を挙げる。誕生から幼児に関しては、生まれて三日目のミツメの祝い、七日目のお七夜、三十日目前後の初宮まいり、百日目ごろの食い初め、一年目の初誕生、三・四歳には紐おとしがある。着物の付け紐を取って帯をしめ始める祝いである。七歳ごろには、男児は褌《ふんどし》を、女児は腰巻をつけ始める祝いがあった。この中にはすでに行われなくなったものもあるが、お七夜・初宮まいり・初誕生の祝いなどは今も祝う人が多い。幼児期の儀礼は明治時代以来の商業宣伝に利用され、三歳・七歳の女児、五歳の男児の祝いを一つにまとめ、七五三の祝いとして今も盛んに行われる。成人への過程では、女子は初潮を祝って赤飯を炊いたり、鉄漿《かね》つけ祝いでお歯黒をつけたりする。男子は元服・袴着《はかまぎ》・烏帽子《えぼし》祝いなどをした。いずれも十三歳から十七歳ごろまでの儀式である。今は満二十歳で成人式がある。結婚や出産に関しても、それぞれ経過に対応した地方地方の諸儀礼がある。厄年については、災厄がふりかかってくるかも知れないというので、一定の年齢のときに身をつつしむものであり、その年齢は幼児期から老齢に至るまでの間に散在していたようであるが、近世以来、次第に固定化してきた。一般には女の十九歳と三十三歳、男の二十五歳と四十二歳とを厄年とし、特に女の三十三歳を三三（さんざん）、男の四十二歳を四二（死に）という語呂合わせから、大厄とするようになった。年祝いも厄年に含まれるものであるが、長寿を祝う意味あいが優先されるようになった。六十歳か六十一歳の還暦、七十歳の古稀、七十七歳の喜寿、八十八歳の米寿のほか、近来は長寿者が多くなるに伴い、卒寿（九十歳）・白寿（九十九歳）・茶寿（百八歳）など、字画に合わせた新しい考案も追加されている。人生の最後の通過儀礼は葬式である。死の前後から埋葬または火葬に至るまでに諸儀式がある。さらに死後も遺族によって供養の行事が続けられ、霊魂の処理が終るのは、三十三年目とか五十年目とかの弔《とむらい》上げである。人は生まれてから成長し、成人してからは衰退に向かい、やがて死に至る。個体は死んでも、また新しい生命が生まれる。この理法を示したのが通過儀礼である。自然界を見ると、植物の多くは秋に葉を落として枯れたようになるが、春には新芽を出して年々大きくなる。虫は卵から毛虫に変身し、まゆにこもって蝶や蛾になる。蛇やカニは脱皮をくり返して成長する。冬眠する動物もある。それを人間にあてはめたのが通過儀礼である。あるいは人間も自然界の一員として、変身をくり返すものと受けとめたのであろう。今までの自分がいったん死んで、次の段階に生まれかわることをくり返しているのである。体に水をそそぐ儀礼によっても、以上のことは確かめることができる。キリスト教の洗礼や仏教の灌頂《かんじょう》儀礼は、体に水をそそぐことによって、俗の世界から聖の世界に生まれかわることを示している。日本の通過儀礼の中にも、水をかけることによって次の段階に移行する儀礼が数多くある。生まれてすぐの産湯には実用的な意味もあろうが、高僧・武将の産湯の井戸と称する伝説が全国に数多く分布している。

埼玉県秩父地方に水祝儀といって、成年式を迎えた若者に水をかける儀礼がある。婚礼のとき花嫁に水をかける例は多いが、東北地方では祝言の席で、一升桝に入れた水を笹の葉などで花嫁にふりかけるまねをするところが点在する。九州の西側では、嫁入りの道中で、若者たちが手桶に水を汲んで待ち受け、花嫁に水をかけることが明治・大正のころまで盛んに行われた。花嫁は笠をかぶって小走りに通り過ぎたものである。のちには若者たちが、酒食を強要する手段に利用するようになったが、祝い水という名称が示しているように、本来は悪意を持った行為ではなかった。娘から嫁へ、生家から婚家へ、生まれかわる儀礼である。死の前後には、まず死に水がある。今は筆や脱脂綿で口をうるおしているが、もとは手についた水を振りかけたようである。日常は「手振り水をしてはいけない。振りかけられた人が死ぬ」という禁忌はそのためである。ただ死に水の場合は、蘇生のための呪術か、次の段階に移行させるための儀礼かが明白でない。次の湯灌になると、趣旨がはっきりしてくる。以前は頭髪を剃り、たらいの水に湯を入れて(日常は湯に水を入れるものとされている)全身を洗った。俗人から僧籍に入るという理解のもとに、体に湯をそそぐのである。このように見ると、従来は「みそぎ」と理解されてきた水浴行事の中にも、移行儀礼が含まれているようである。

参考文献　A・ファン＝ヘネップ『通過儀礼』(綾部恒雄・綾部裕子訳、『人類学ゼミナール』三)、井之口章次編『人生儀礼』(『講座日本の民俗』三)

(井之口章次)

つうぞくしんとうしょ　通俗神道書　江戸時代の中期、元禄・享保のころから、主に庶民層に対する神道の社会的啓蒙教化を目的として刊行された書物の総称。比較的平易な文体を用いて書かれることが多く、その内容に関しては、神儒仏の調和、神道の独自性、人生訓、吉田や白川や垂加の神道説もしくは独自の神道説に立脚したものなど、さまざまな立場から、神道の通俗的な啓蒙・解説が行われている。また、これらの通俗神道書の成立は神道講釈に深い関わりを持つものも多い。特に神道講釈を行なった増穂残口による「残口八部書」(『艶道通鑑《えんどうつがん》』『異理和理合鏡』『有像無像小社探《うぞうむぞうほこらさがし》』『神国加魔祓《しんこくかまばらい》』『直路《すぐじ》の常《とこ》世草《よぐさ》』『神路の手引草』『死出《しで》の田分言《たわごと》』『つれづれ東雲《しののめ》』)『神国増穂草』などは、江戸時代の中後期に流行する談義本に与えた影響が指摘されている。ほかに玉田永教による『神道講義』『阡陌《ちまた》の立石』『神道柱立』『美田間《みたま》の種』『竈神秘説』『菅家世系録』『蟇目《ひきめ》の真止《まと》』、賀茂規清による『烏伝神道大意』『神道烏伝祓除抄』『火の用心仕方』『日本書紀常世長鳴鳥』『陰陽外伝磐戸開』『三宝荒神真向鏡』『瑞烏園学規《ずいうえんがっき》道返玉《ちがえしのたま》』『斎庭之穂《ゆにわのいなほ》』、などが知られている。それ以外にも、沢田源内によると思われる『和論語』や、井沢蟠竜の『神道天瓊矛記』『広益俗説辨』『美佐保草』、石田梅岩の『都鄙問答』『斉家論』、人見英積の『本津草』、貝原益軒の『神祇訓』『貝原益軒家訓』、跡部良顕の『玉鉾の道草』、橘三喜の『神道四品縁起』、匹田以正の『神風記《しんぷうき》』、西川如見の『百姓囊』『町人囊』、坪内真左得の『本朝麓の近道』『神路之事触』、多田義俊の『ぬなはの草紙』『遊和草《ゆうわそう》』『神明憑談』、浅井家之の『神国芦分草』、辻本嘉茂の『不審紙』、井上正鐵の『神道唯一問答書』など数多くの書籍が挙げられる。これらの通俗神道書の流布状況からは、それを受け入れた当時の社会の神道に対する知的要求の高さのみならず、書籍の出版・流通の盛況な状態などもうかがい知ることができる。

参考文献　河野省三『神道史の研究』、同『近世神道教化の研究』、岸本芳雄『近世神道教育史―江戸期における神道の社会教化的意義―』、中野三敏「すすきの落穂」(『劇作研究』所収)、末永恵子『烏伝神道の基礎的研究』

(浅山　雅司)

つかまじんじゃ　筑摩神社　長野県松本市筑摩に鎮座。大宮、あるいは大宮大明神ともいう。祭神は、誉田別尊・息長足比売尊・多紀理比売尊・狭依毘売尊・多紀都比売尊。創立年代は不詳。社伝では、延暦年間(七八二―八〇六)に征夷大将軍坂上田村麻呂が八面大王討伐のために遠征し、大王の首を社内に葬ったという。中世以来、国府八幡と呼ばれ、歴代の信濃国守護小笠原氏に篤く信仰された。永享八年(一四三六)、兵火に遭い社殿を焼失。同十一年に小笠原政康が再建したのが、現在ある三間社流造・檜皮葺の本殿である。慶長十五年(一六一〇)には石川康長が、桁行三間・梁行三間・入母屋造の拝殿を寄進。明治五年(一八七二)県社に列格。例祭は八月十―十一日。お船の神事が行われる。本殿は、昭和五年(一九三〇)に重要文化財、拝殿は昭和四十一年(一九六六)に長野県宝に指定された。

参考文献　長野県神社庁監修『信州の神事』、『東筑摩郡松本市・塩尻市誌』二

(山本　英二)

つきなみのまつり　月次祭　古代の宮廷と伊勢神宮で六月・十二月に行われた祭儀。「つきなみさい」ともいう。本居宣長以来、本来は毎月行われたものが、省略されて年二回になったものであろうとされているが、これは名称からの推定で、実証的な根拠はない。宮廷・神宮のどちらも旧穀の米飯を神饌とするところに特色があり、新穀による新嘗祭(宮中)・神嘗祭(神宮)とそれぞれ同じ神事が行われる。㈠宮廷の月次祭。神祇令《じんぎりょう》にも規定があり、六月・十二月の十一日に行われた。まず当日の昼間、神祇官斎院に畿内の大社を中心とした全国の三百四座の神々の神主・祝部を召集し、幣物を班《わか》つ行事があった。この時の祝詞(『延喜式』八所載)は、祈年祭の祝詞とほとんど同じである。当日夜、宮中の中和院《ちゅうかいん》神嘉殿で、天皇がみずから神饌を供え、神とともに食する神今食《かむいまけ》(じんこんじき)の神事があった。これは深夜亥《い》の刻の夕御饌《ゆうみけ》と丑《うし》の刻の朝御饌の二度くり返されることも、御座の八重畳などの設備、内膳司の奉仕なども、すべて新嘗祭《にいなめさい》と同じである。応仁の乱後廃絶したが、近代に至って明治五年

(一八七二)に復興した。しかし班幣もなく、神今食も復興せず、名目は同じでも古代とは異なった形のものとなっている。(二)伊勢神宮の月次祭。内宮では六月・十二月の十六日夜と十七日に、外宮では同じく十五日夜と十六日に行われる。九月の神嘗祭とともに、三節祭《さんせつさい》として、古来神宮の最も重要な祭典とされ、斎王の参拝も三節祭のみに行われた。いずれも前月晦日の大祓に始まり、当月十五日には御贄《みにえ》の魚介を採取する御贄神事などが続く。内宮では十六日深夜の亥の刻と十七日丑の刻の二回由貴《ゆきの》大御饌《おおみけ》という、神饌を大物忌《おおものいみ》の童女らの手によって正殿の床下に供える神事がくり返される。十七日朝には勅使の奉幣や斎王の参拝などの行事や鳥名子舞《とりなごまい》の奉納があるなど、九月の神嘗祭とほぼ同じ行事がある。外宮でも内宮より一日前に同じ行事があるが、細部に若干の相違がある。これらの行事については延暦二十三年(八〇四)の『皇太神宮儀式帳』『止由気宮儀式帳』に記載があり、その後変遷はあるものの、現在に及んでいる。　↓神嘗祭《かんなめさい》　↓神宮三節祭《じんぐうさんせつさい》　↓神今食《じんごんじき》　↓新嘗祭《にいなめさい》

参考文献　中川経雅『大神宮儀式解』(『大神宮叢書』)、神宮司庁編『神宮要綱』、丸山茂「平安時代の神嘉殿について」(『日本建築学会論文報告集』三三六)

(岡田　精司)

つきのかみ　月神　⇩月読命《つきよみのみこと》

つきまち　月待　特定の月齢の夜に人々が寄り合い飲食などをともにしながら月の出を待つ行事。その集団を月待講とよぶ。暦法成立以前には月の盈虧《えいき》で日を数えたので月齢に対する感覚はことに鋭く、日待と並んで民間信仰の重要な領域を構成していた。ただし月の満ちる上弦よりも欠ける下弦に重点がおかれたのは、月影が欠落し月光が薄らぎ、やがて漆黒の闇に埋没するのを恐れ、ひたすら忌み籠りに徹した原始信仰に基づく。居待《いまち》・立ち待・寝待《ねまち》と並行して十七夜待・十九夜待・二十三夜待が重視された。なかでも二十三夜待が最も普及し、各地に供養のための二十三夜塔碑が建てられている。宿に集まり月読尊の掛軸を架け供物献燈ののち誦詞をささげて月の出を待つ。物忌み籠居の意が失われた近世には、いたずらに宴遊が中心となったが、それ以前には水垢離をとったり入浴したりして浄衣をつけ参加した。その起源は明確でないけれど日待とともに祭りの古い形態を示す。

参考文献　桜井徳太郎『講集団成立過程の研究』

(桜井徳太郎)

つきもの　憑物　狐・犬神など動物霊が人にとり憑き、のりうつるとする信仰。蠱《こ》は多くの古代法で禁止されている。中国、殷の甲骨文字にもあり、太古よりの事象である。皿に三虫をのせた。『周礼』でも蠱法により人に病害を与えることが禁じられ、漢代にはこの呪詛が流行した。蠱法は「五月五日に百種の虫を一器に入れ、相食わし、最後に残った一匹が呪霊をもつ」と白川静は『字統』にいう。蠱の歴史は永い。日本の憑物の場合もこの語を用う。延享四年(一七四七)太宰純(春台)『紫芝園漫筆』、谷川士清『和訓栞』、芝野定『茅窓漫録』に雲州の狐蠱とあり、天野信景『塩尻』、『茅窓漫録』に「蛇蠱《じゃこ》あり俗に土瓶《どびょう》という」とあり、『和訓栞』に「犬神あり甚人を害す犬蠱なり」としている。狐憑・蛇神・犬神は蠱として表出されている。本居内遠の『賤者考』に、「猛くすぐれたる犬を多く嚙み合せて、悉く他を嚙み殺して残れる一匹の犬を生きながらしめたる上にて、その魚食を与え喰はしめて、やがてその頭を切って篚に封じ」としている。先の中国の虫の生き残りたるをと同様の伝承につながる。憑物とは狐・蛇・犬神などが人に憑いて人を悩ますという信仰である。狐の場合も北関東上下毛のオサキ狐、中部のクダ狐、出雲の人狐《にんこ》、中部東北のいずななどその分布は広い。信州上伊那の二人の行者の話はこの現象の本来の性格を示す。雨の中、一人の行者は法力が強く濡れなかったが、他方の行者は法力が弱くずぶ濡れになった。それで後者がクダを使ったが法力でたちまち殺された。それで上等のクダをやると行者は殺されてしまった。蠱の性格である。次に出雲の狐憑きの現在の具体的姿をみる。出雲は日本の開け初めの地域である。出雲平野の甲村と能木平野の乙村を取り上げる。この村の家々は狐持の黒の家々と、狐持でない白の家々とに、村の人々の意識の中では分けられている。村の誰でもがどこは黒と知っている。黒の数は村の半ばに近い。黒の多いところである。黒の家々は強い苦悩を味わっている。白は黒とは結婚しない。黒と結婚すれば親族全体が黒となる。それで結婚の不能や、親子・親族の縁切りが多い。白黒の人格構造の比較を通しても、黒の人々に強い歪の存在がみられる。さらに、この現象は憑かれた経験者と狐を落とす拝み屋の因子をも含んでいる。憑物はトランスの状態の中で喋ることを含む。どこから来た、何がほしい、などの短いものもあるが、本人は無意識の中でながながとある問題をめぐって喋ることもある。ところでこの憑かれた経験者は平常時にも黒白の人々と異なって反応速度が異常に遅いなど、この現象が彼個人の内発的なものであることを示している。この憑物を落とすのに、叩いたり燻したり、拝み屋、お宮、お寺などで祈禱したりする。この憑物現象を江戸時代中期に発するとする研究者もあるが、筆者は太古的なものに基づくと考えている。さらに現在フィリピン山地での裁判人で、判例の知識とともに呪的能力が重要性をもつ姿、またヌアーの呪力の家系による継承、親族と呪力などをみると、日本の現在の憑物現象が太古的なものの歴史の流れの中での展開の姿と考えらるべきことが捉えられてくる。

参考文献　石塚尊俊『日本の憑きもの』、エヴァンス＝プリチャード『ヌアー族の宗教』(向井元子訳)、野村暢清「出雲地域の憑物現象」(成瀬悟策編『宗教における行と儀礼』所収)、宮本勝「ミンドロ島ハヌノオ・マンヤン族の裁判人」(『国立民族学博物館研究報告』一〇ノ二)、中村寅一「クダ狐の話」(『民族』三ノ六)、橋本政

宣「憑霊信仰と吉田神道の祈禱」(『朱』四一)

(野村 暢清)

つきやましんじ 築山神事 毎年四月二十三日(旧暦三月八日)、富山県高岡市二上谷内に鎮座する二上射水《ふたがみいみず》神社(高岡市古城の射水神社の分社)の春祭に行われる神事。曳山《ひきやま》(山車)の原型ともいわれる「築山《つきやま》」と呼ばれる臨時の祭壇を築き、神を迎えて行われる。神事の初源は定かでないが、神事に使用されたと思われる古面には正保四年(一六四七)や延宝三年(一六七五)在銘のものがある。祭礼当日早朝、境内にある三本松と呼ばれる大杉の前に高欄をめぐらせた舞台状の祭壇が築かれる。祭壇の上段中央に唐破風屋根を付けた祠を建て、祠の上に天狗の人形を飾り、前に三本の神籬《ひもろぎ》をたてる。下段には甲冑姿の四天王の人形を立てる。神事は祭前日より始まり、ゴヘイドンと呼ばれる頭屋が神籬を依代《よりしろ》として二上山頂にある「奥の御前」の日吉社の神を自宅へ迎え、御旅所《おたびしょ》とする。祭当日社殿で例大祭が行われ、祭典終了後三基の舟形神輿に二上大神《ふたがみのおおかみ》、日吉の神、院内《いんない》の神の御霊《みたま》が移され、ゲンダイジシ(源太夫獅子)を先頭に院内社・二上大神・日吉社の順で築山まで巡行する。途中、院内社の御輿だけが鳥居を出て再び列に加わるとき二基の御輿の間に入るが、これを「院内の割り込み」と称する。築山前に三基の神輿が据えられ、宮司の祝詞が奏上され、築山前での祭典が終わる。神輿は次に「天《あめ》の真名井《まない》」と呼ばれる瑞垣《みずがき》に囲まれた池跡の前へ進み、祝詞を奏上する。拝礼ののち、御霊代《みたましろ》が本殿に還御《かんぎょ》して神事が終わる。神事終了後、築山はすぐ解体される。一説にはすぐかたづけないと祭に招かれなかった「前の御前」に祀られる悪王子《あくおうじ》社の神が憑依して暴れると言い伝えられている。県の無形民俗文化財。

築山神事（富山県高岡市二上射水神社）

参考文献 『高岡市史』中、由谷裕哉「築山祭祀の成立と意味の変遷」(『白山・石動修験の宗教民俗学的研究』所収)

(鈴木 瑞麿)

つきよみあらみたまのみや 月読荒御魂宮 三重県伊勢市中村町に鎮座。皇大神宮十所別宮の一つ。別宮月読宮・伊佐奈岐宮・伊佐奈弥宮と同一宮域に鎮座し、月読尊荒御魂を奉斎。祭典は月読宮と同様正宮に準じて行われる。

↓月読宮《つきよみのみや》

(西島 一郎)

つきよみのみこと 月読命 『古事記』『日本書紀』にみえる神名。『日本書紀』では月夜見尊とも、月弓尊とも書く。伊邪那岐命が日向の阿波岐原で禊をした際に、左の目を洗ったとき天照大神が生まれたのに続いて、右の目を洗ったとき誕生したとされる月神。『古事記』によれば伊邪那岐命は、次に鼻を洗ったとき生まれた須佐之男命と合わせて、「三貴子を得たり」といってその誕生を喜び、天照大神に高天原の統治を命じたのに続いて、月読命には夜之食国《よるのおすくに》を支配せよと命令した。『日本書紀』には伊邪那美命から生まれたとも、伊邪那岐命が左手に白銅鏡を持ち天照大神を出生させたのに続いて、右手に白銅鏡を持ったとき生まれたとも伝えられ、またこの神の訪問を受け、口から食物を吐き出して饗応しようとした保食神《うけもちのかみ》を、怒って斬り殺すと、その死体から五穀や蚕・牛馬などが発生し、それから天照大神によって農耕と養蚕が創始されたという話が記されている。

参考文献 松村武雄『日本神話の研究』二

(吉田 敦彦)

つきよみのみや 月読宮 三重県伊勢市中村町に鎮座。別宮月読荒御魂宮・伊佐奈岐宮・伊佐奈弥宮と同一宮域。皇大神宮十所別宮の一つ。祭神は、天照大神の弟月読尊。外宮別宮月夜見宮の祭神と同神であるが、月夜見宮では「月夜見尊」の文字が用いられている。『皇太神宮儀式帳』や『延喜式』伊勢大神宮、同神名帳には月読宮とあって、別宮荒祭宮に次ぐ別宮で、祭典は正宮に準じて鄭重に行われ、祈年・月次・神嘗・新嘗の諸祭典には皇室の幣帛が奉られる。皇大神宮に対し荒祭宮と同様月読宮には月読荒御魂宮がある。『古事記』によれば、伊佐奈岐・伊佐奈弥の二柱の祖神より、天照大神が高天原を治めるに対し、月読尊は「夜之食国《よるのおすくに》」を治めるよう勅された神である。また『日本書紀』には、天照大神は「光華明彩、六合の内に照り徹らせり」(原漢文)と太陽にたとえ表わされ、月読尊は「光彩日に亜げり、日に配びて治すべし」(同)とあって、天照大神に次ぐ神、月神としてたたえ祀られている。

参考文献 神宮司庁編『神宮関係資料』

(西島 一郎)

つきよみのみや 月夜見宮 三重県伊勢市宮後町の市街地に鎮座。豊受大神四所別宮の一つ。祭神は月夜見尊・月夜見尊荒御魂。皇大神宮別宮月読宮に奉斎の月読尊と同神。『止由気宮儀式帳』や『延喜式』には、外宮の摂社の首位に列し月読(月夜見)神社と号されているが、鎌倉時代土御門天皇承元四年(一二一〇)に別宮に列せられ月夜見宮となった。月読宮・月読荒御魂宮と同様別殿奉斎であったが、市街地のためたびたびの炎上など、また式年遷宮もままならず月夜見宮に同殿となって今日に至っている。祭典は、正宮に準じて鄭重に行われ、他の別宮と同様、祈年・月次・神嘗・新嘗のおりには皇室より幣帛が奉られる。

参考文献　神宮司庁編『神宮関係資料』

（西島　一郎）

つくばさんじんじゃ　筑波山神社　茨城県つくば市大字筑波に鎮座。旧県社。祭神は筑波男大神（伊弉諾尊《いざなぎのみこと》）・筑波女大神（伊弉冉尊《いざなみのみこと》）。境内社として春日社・日枝社・厳島社がある。社殿は筑波山麓にあり、筑波山を神体山とし、西の峰男体山頂に筑波男大神、東の峰女体山頂に筑波女大神を祀る。『常陸国風土記』によれば、神祖尊《みおやのみこと》が諸神巡行の折、日暮れに富士山の神にその日の宿を断られ、筑波山の神は鄭重《ていちょう》にもてなしたため、富士山は寒冷厳しく人が寄りつかず、筑波山は気候穏やかで参詣人が集まり供物も豊かで尽きることがなく栄えるようになったという。弘仁十四年（八二三）に従五位筑波山神は官社になり、承和九年（八四二）に筑波女大神が従五位下に、天安二年（八五八）二神が従四位下、貞観十三年（八七一）男神は従三位、女神は従四位上となった。『延喜式』神名帳所載の筑波郡二座として知られる。平安時代の法相宗僧徳一によるという筑波山寺の創建以来、神仏習合が進み、筑波山は関東地方における修験道の中心ともなり、筑波山信仰が広まり、江戸時代には将軍家の保護を受けた。次第に仏教的色彩を濃くしていったが、明治維新後の神仏分離により、別当知足院を廃し、新たに筑波山神社拝殿を建て、山頂を拝する形を整えた。春は四月一日、秋は十一月一日に例大祭「御座替り」がある。

参考文献　『筑波町史史料集』五、茨城県神社庁編『茨城県神社誌』、中山信名編『新編常陸国誌』、杉山友章『筑波誌』

（橋本　政宣）

筑波山神社（『木曾路名所図会』５より）

つげみくまりじんじゃ　都祁水分神社　奈良県山辺郡都祁村友田に鎮座。旧県社。祭神速秋津彦命・天水分神・国水分神。天平二年（七三〇）の『大倭国正税帳』に「都祁神戸」がみえ、貞観元年（八五九）には正五位下に進階、風雨を祈り奉幣された。『延喜式』神名帳には大社とあり、同式祈年祭祝詞に大和四水分神の一つとしてみえ、祈年祭には絁などの幣帛のほかに馬一匹を加えられた。大和高原から流出する木津川・大和川上流水系の司水神で、小山戸（都祁村）にある巨岩「御社尾《ごしゃお》」に垂迹して鎮座した。のち現在地に遷座。例祭は十月二十六日。本殿は室町時代のもので、一間社春日造、檜皮葺、重要文化財。神輿は康正三年（一四五七）の造立で、県指定文化財となっている。

参考文献　谷川健一編『日本の神々』四、奈良県編『大和志料』、式内社研究会編『式内社調査報告』三、宮坂敏和「大和の水分《みくまり》の神」（『歴史手帖』一二ノ六）

（宮坂　敏和）

つげやまぐちじんじゃ　都祁山口神社　奈良県山辺郡都祁村小山戸《おやまと》に鎮座。旧村社。祭神は大山祇命《おおやまずみのみこと》。天平二年（七三〇）の『大倭国正税帳』に「都祁神戸、稲壱伯参拾陸束、租壱拾束壱把」、『新抄格勅符抄』の大同元年（八〇六）牒に「都祁山口神一戸」とある。貞観元年（八五九）には正五位下に昇叙、風雨を祈って奉幣された。『延喜式』神名帳には大社とあり、臨時祭・四時祭に山口神として特に崇敬された。中世以降衰退、豊受大神と呼ばれた時もある。神社背後の巨岩「御社尾《ごしゃお》」は磐座《いわくら》で祭祀跡。例祭は十月二十五日。

参考文献　谷川健一編『日本の神々』四、奈良県編『大和志料』、式内社研究会編『式内社調査報告』三

（宮坂　敏和）

つしましんこう　津島信仰　⇩祇園信仰《ぎおんしんこう》

つしまじんじゃ　津島神社　愛知県津島市神明町に鎮座。京都の八坂神社（祇園）とともに天王信仰の中心社で、津

津島神社楼門

津島神社本殿

島牛頭《ごず》天王社の通称で知られる。旧国幣小社。建速須佐之男大神《たけはやすさのおのおおかみ》(牛頭天王)を主神とし、相殿に大穴牟遅大神《おおなむちのおおかみ》とその子神十五柱をまつる。国史・『延喜式』にはみえず、藤原期書写と考えられる『無量義経』と『観普賢経』(名古屋市伊藤家蔵)に「尾州津嶋牛頭天王」とみえるのが初見である。豊臣秀吉の寄進と伝える天正十九年(一五九一)創建の楼門と、慶長十年(一六〇五)建立の本殿が重要文化財に指定されている。江戸時代には津島の地千二百九十三石余の朱印地を有した。津島祭・天王祭と呼ばれる例祭は、疫病・厄難の消除を祈るもので、古来、六月十五日に行われてきたが、そのうちの川祭と呼ばれる宵祭(提燈祭)と朝祭(車楽《だんじり》祭)は、現在では七月第四土曜日と翌日曜日に行われ、重要無形民俗文化財に指定されている。神主家は氷室《ひむろ》家であった。↓津島祭《つしままつり》

参考文献 内藤正参編『張州雑志』六四―七九

(太田 正弘)

つしましんとう 対馬神道 ⇩天道信仰《てんどうしんこう》

つじまつり 辻祭 社殿で神をまつるのではなく、街路の辻に祭場を設けて神をまつること。また、村境や広場にある道祖神や石地蔵の祭りもいう。辻は道の交わるところで人々が集うところであるとともに、境界をなすところでもある。辻祭は平安京においても見られ、その熱狂的な様子はしばしば文献にも記されている。『本朝世紀』天慶元年(九三八)九月二日条に「近日東西両京大小路衢、刻木作神相対安置、(略)或又所作女形、対丈夫而立之、(略)構几案於其前、置坏器於其上、児童猥雑、拝礼慇懃、或捧幣帛、或供香花、号曰岐神、又称御霊、未知何祥、時人奇之」とある。『百錬抄』応徳二年(一〇八五)七月条には東西二京の諸条で「毎辻造立宝倉、鳥居打額、其銘福徳神、或長福神、或白朱社云々、洛中上下群集、盃酌無算」とある。また『明月記』にもたびたび記され、建仁二年(一二〇二)四月八日条に「此辺辻祭、二社被渡御前、其中一方頗副田楽等供奉、土民等毎年営此事」とある。↓障神祭《さえのかみのまつり》 ↓四角四境祭《しかくしきょうのまつり》 ↓道祖神《どうそじん》

(倉石 忠彦)

つしままつり 津島祭 愛知県津島市に鎮座する津島神社の夏の大祭。神葭《みよし》放流神事と川祭を中心に行われる。古くは津島牛頭天王《ごずてんのう》祭と称されたが、現在は一般に津島川祭と呼んでいる。祭日は陰暦の六月十四日・十五日であったが、現在は七月第四土曜日(宵祭)・翌日曜日(朝祭)に行われている。宵祭には天王川(天王池)に五隻の巻藁《まきわら》船(楽車《だんじり》、津島車)が浮かび、各船は五百有余の提燈で飾られ、豪華な火の祭典となる。朝祭は、市江車を先頭にして、五隻の巻藁船が奏楽とともに続き、天王川をわたる。そしてこの日の深夜に疫神を流すための神葭放流神事が神秘的に行われる。重要無形民俗文化財。↓津島《つしま》神社《じんじゃ》

参考文献 愛知県教育委員会編『津島祭』、園田健「津島神社の神葭放流神事」(『神道及び神道史』一一)

(三橋 健)

つだそうきち 津田左右吉 一八七三―一九六一 大正・昭和期に日本および中国の思想史を主として研究した歴史学者。明治六年(一八七三)十月三日岐阜県加茂郡栃井村(美濃加茂市下米田町東栃井)に士族津田藤馬・せつの長男として生まれる。同二十四年東京専門学校政治科を卒業、富山県東本願寺別院付属教校・群馬県立中学校・千葉県立中学校などの教員を経、同四十一年満鉄東京支社満鮮地理歴史調査室員となり研究者としての生活に入り、大正七年(一九一八)に早稲田大学教授に就任、昭和十五年(一九四〇)筆禍事件で退職するまで在職、もっぱら東洋哲学の講義を担当した。歴史学の専門教育を受けたことはなく、早くから師事した白鳥庫吉《くらきち》の影響を受け、満鉄調査室での同僚池内宏らとの交友を通じ、アカデミックな研究方法を独力で身につけ、㈠日本思想史の全体にわたって、大正十年までに刊行した『(文学に現はれたる)我が国民思想の研究』全四冊において個性の強い通史を展開し、㈡大正二年から昭和八年までの間につぎつぎと刊行した『神代史の研究』『古事記及日本書紀の研究』『日本上代史研究』『上代日本の社会及び思想』などの著書において、記・紀・『古語拾遺』などの日本の古典に対する鋭い文献批判を加え、記・紀の記す神代説話および神武天皇以後の古い部分の皇室系譜と説話などの陳述史料としての価値をほとんど全面的に否定し、その間に点綴された民間説話的要素を除き、六世紀ごろ以後の大和朝廷の政治思想を示すものであるとし、㈢昭和二年刊行の『道家の思想と其の展開』をはじめ、『左伝の思想史的研究』『儒教の実践道徳』『論語と孔子の思想』などの著書において中国古代思想史についての文献批判に立脚した独自の学説を発表したほかに、日本文化史一般・史学方法論から、晩年には『シナ仏教の研究』を公刊するなど、きわめて広い分野にわたり研究執筆活動を続けた。津田の学問は、学界・一般社会の常識的通念と正面から対立する独創的見解にみち、日本仏教・日本儒教・国学などの既成学統の権威をすべて無視するとともに、従来看過されてきた文芸作品のなかから日本人独自の生活意識を見出し、また帝国憲法・教育勅語が基本理念とする神権天皇制イデオロギーの典拠とされてきた記・紀の本質を究明することにより、天皇に対する国民の意識を近代的、科学的基盤の上に再建しようとするなど、大正デ

モクラシー期の思潮をアカデミズムの世界でもっとも高度の学問的業績の形で結晶させた典型例といってよい。狂信的日本主義の横行した十五年戦争期に刑事弾圧を受けたのは、同じく大正デモクラシー精神を代表する美濃部達吉の筆禍とほぼ同様の歴史的条件による。日本思想の近代化への熱意は、他面では中国などアジアへの強い否定的態度をとらせ、そのほかの思想的限界が第二次世界大戦後民主主義に対するはげしい敵対意識となって露呈した。戦後日本学士院会員となり、文化勲章を授けられ、昭和三十六年十二月四日死去。八十八歳。埼玉県北足立郡新座《にいざ》町(新座市)野火止《のびとめ》の平林寺に葬られた。著作・日記などを収めた『津田左右吉全集』全三十三巻がある。

参考文献 家永三郎『津田左右吉の思想史的研究』、上田正昭編『人と思想津田左右吉』、大室幹雄『アジアンタム頌―津田左右吉の生と情調―』 (家永 三郎)

つだそうきちじけん 津田左右吉事件 津田左右吉の記・紀研究に対して加えられた迫害事件。津田は、大正・昭和初年期の記・紀研究において、「神代史は其の国家組織が整頓してから後、思想の上で企てられた国家成立の由来に関する一つの主張であって、それによって現実の国家を正当視しようとしたものであ」り、「朝廷において述作せられたこと」、神武天皇から仲哀天皇までの物語も、「事実の記録であるよりは、思想上の構成として見るにふさわしいこと」など、記・紀の神代および人皇初期の記事を、史実の記録ではなく思想の表現として見るべきこと、各部分にも潤色や造作の多く見られることなどを精細な文献批判を通して論述した。それは、帝国憲法・教育勅語・国定教科書などで国家権力の公定した神代史・皇室起原史についての正統的史観ときびしく対立するものであったにもかかわらず、長期間問題とされることがなかった。十五年戦争開始後、狂信的日本主義の立場から自由主義的な学者をつぎつぎと陥害していった蓑田胸喜ら原理日本社一派から「大逆思想」として非難され、不敬罪として告発された。昭和十五年(一九四〇)二月十日津田の著作である『古事記及日本書紀の研究』が、同十二日『神代史の研究』『上代日本の社会及び思想』『日本上代史研究』がそれぞれ発売禁止の行政処分を受け、ついで三月八日津田は、著書の発行者岩波茂雄とともに出版法の皇室の尊厳冒瀆《ぼうとく》に該当する出版物を著作発行したとして起訴された。法廷で、津田は、真実を明らかにすることによって皇室への尊敬の情はますます高まると力説した。同十七年五月二十一日、東京地方裁判所は、神代史その他についての津田の著作の記述をすべて無罪としながら、「畏クモ神武天皇ヨリ仲哀天皇ニ至ル御歴代天皇ノ御存在ニ付疑惑ヲ抱カシムルノ虞アル講説ヲ敢テシ」た一点についてのみ有罪とし、津田に執行猶予付禁錮三月の刑を宣告した。十九年十一月四日手続上の理由で刑事手続は無効となったが、記・紀の学問的研究は降伏時まで不可能となった。

参考文献 掛川トミ子編『思想統制』(『現代史資料』四二)、家永三郎『津田左右吉の思想史的研究』 (家永 三郎)

つちぜに 土銭 祭祀の料として泥土をもって作られた銭のことを指し、泥銭とも称す。『江家次第』大殿祭《おおとのほがい》条に、「散供畢揷二土銭一(以レ糸貫レ之)」とみえる。大殿祭は宮殿が災変なく堅固であることを祈請する祭儀で、一般には殿舎の四隅に玉を懸け、米・酒・切木綿を散供するという行事が行われた。すなわち屋船の神々に幣帛と神饌を奉ることによって殿舎の安全を祈願したのである。糸で貫かれた土銭も、玉と同様に幣物として使用されたのであろう。

参考文献 平岡好文『(典故考証現行実例)雑祭式典範』 (小野 和輝)

つちのみや 土宮 三重県伊勢市の豊受大神宮宮域内に鎮座。豊受大神宮四所別宮の一つ。祭神は大土乃御祖神。大年神の子十六神の一神で、またの名を大土神という。土御祖社と称して山田原の地主神を奉斎したが、外宮鎮座以降は、『止由気宮儀式帳』に大宮地神とあるごとく大宮の地主神として尊ばれた。土宮の宮号宣下は、たびかさなる宮川の大洪水で山田原がおびやかされ、崇徳天皇大治三年(一一二八)六月に宮川の堤防守護神として別宮に列せられ、祈年・月次・神嘗に官幣にあずかった。以降祭典は正宮に準じて他の別宮と同様に行われている。土宮はめずらしく東向きの宮であるが別宮昇格時に南面に変更するかどうかの議論があったものとみえ、『長秋記』に「昔より東向きに居《す》ゑ奉る、何ぞ改定すべけんや」(原漢文)という権中納言宗能の前例尊重論が通って、改定をみなかったという。

参考文献 神宮司庁編『神宮関係資料』、桜井勝之進『伊勢神宮』 (西島 一郎)

つちみかどけ 土御門家 陰陽道・天文道の家。平安時代中期の陰陽道の大家安倍晴明の裔は多くの支流に分かれたが、その一派は戦国時代ごろから居住地にちなんで土御門を称した。代々、陰陽道・天文道をもって朝廷に仕えた公家で、例外もあるが、三位以上に叙せられ、陰陽頭・陰陽博士・天文博士などに任じた。晴明十六代の裔有宣は戦国時代戦火を避けて、南北朝時代からの所領地若狭国名田荘上村(福井県遠敷郡名田庄村納田終)に来住した。三代後の久脩になって、慶長五年(一六〇〇)出仕の命を受けて上洛、梅小路村(京都市下京区梅小路西中町)に住し家禄百八十石余を受けた。戦国時代、暦道が賀茂在富で絶えたため、有脩から泰重まで三代にわたり一時暦道をも兼ねた。泰重の孫泰福は勅許により諸国の陰陽家を支配し、また祖先伝来の土御門神道(安家神道・天社神道ともいう)を大成し、その宗家として子孫その業をついだ。明治三年(一八七〇)に至り、陰陽寮廃止で宮廷陰陽道は解体したが、晴栄は華族に列し、同十七年子爵に叙せられた。→陰陽寮《おんみょうりょう》

参考文献 渡辺敏夫『日本の暦』 (渡辺 敏夫)

つちみかどしんとう　土御門神道　賀茂氏とならんで平安時代中期に成立した陰陽道宗家の安倍《あべ》氏が家伝の陰陽道に基づいて唱えた神道説。戦国時代、安倍氏が居宅にちなんで土御門氏と称したことより出た名称。安倍神道・安家《あんけ》神道・天社《てんしゃ》神道ともいう。陰陽道神道というのは明治以前の別称でなく、その内容から近代になっていわれ始めた称呼である。土御門家の祖とする安倍晴明は、平安時代中期の陰陽道の大家賀茂忠行・保憲を師として陰陽道に精通し、特に天文道を伝えられたことから、子孫それを家業として朝廷に仕えた。中世には賀茂家が不振であったのに対し、安倍家は鎌倉幕府の陰陽師を支配し、また室町幕府にも重用され、戦国時代に土御門氏を称したころには、賀茂家の暦道も併せて最高の陰陽道宗家となった。その後、関白豊臣秀次の事件に関わった嫌疑から秀吉の忌諱に触れて闕所となり京都から追放されたが、慶長五年(一六〇〇)徳川家康より再び陰陽道宗家として認められた。諸国陰陽道支配の綸旨をたまわった天和三年(一六八三)以降は、免許付与の権限を有して朝野にわたる全国数万の陰陽師を統轄して幕末に至った。そもそも陰陽道は、祓・占卜などの宗教儀礼を通じて神祇信仰と共通するところが多かったが、中世になって陰陽五行説をとり入れた伊勢神道・吉田神道などが成立してからは、内容・行事ともに習合が進み、室町時代には神道の一派のような観を呈した。さらに江戸時代に吉田・白川・垂加などの諸神道が盛行すると、陰陽道宗家の名をとり土御門神道と称して他と区別した。すなわち江戸時代中期の土御門泰福《やすとみ》は、山崎闇斎の門に入り垂加神道を学んで家伝の陰陽道に摂取し、神道としての土御門流を大成した。思想的には垂加神道の亜流にすぎないが、その儀礼行事は支配下の陰陽師を通して全国的にひろまった。しかし明治維新以後は、陰陽道宗家は廃止され、陰陽師もほとんど神道各派の教師に転じて消滅し、土御門神道は全く衰滅した。

参考文献　『簠簋内伝』、斎藤励『王朝時代の陰陽道』、村山修一『日本陰陽道史総説』、陰陽道額田歴代組編史委員会編『陰陽道と額田歴代組』、中村璋八『日本陰陽道書の研究』、『神道大系』論説編一六、山上伊豆母「陰陽道の伝流と土御門「歴代組」の一考察」(『風俗』一ノ四)、滝川政次郎「一代一度の天曹地府祭」(『神道史研究』一四ノ一―四)　(下出　積與)

つちみかどやすとみ　土御門泰福　一六五五―一七一七　江戸時代中期の陰陽家、神道家。明暦元年(一六五五)六月二十日安倍晴明二十一代の裔泰広の子に生まれた。天和二年(一六八二)十二月武家から執奏して陰陽頭に任じ、翌年五月勅許により諸国の陰陽師を支配し免許する権を与えられた。貞享元年(一六八四)十月二十九日改暦宣旨を蒙る。元禄十一年(一六九八)従三位、のち従二位。山崎闇斎の垂加神道を学び、土御門(天社)神道を大成した。自筆の『泰福卿記』が宮内庁書陵部に所蔵されている。その他、「貞享暦」作成にかかわる著作がある。享保二年(一七一七)六月十七日没す。六十三歳。墓は京都市左京区浄土寺真如町真如堂に在る。　(渡辺　敏夫)

つつがゆ　筒粥　⇨粥占神事《かゆうらしんじ》

つつこわけじんじゃ　都都古別神社　㈠福島県東白川郡棚倉町八槻に鎮座。奥州一宮を称す。旧国幣中社。祭神は味耜高彦根尊《あじすきたかひこねのみこと》と日本武尊。棚倉町棚倉の都々古和気神社同様旧称は近津宮で、近津三社のうち中宮にあたる。日本武尊が八溝山に住む東夷の将を退治した折、味耜高彦根所持の鉾を持った神が現われた。この鉾は鉾建山に立て、祝の矢を射るがこの矢の着いた場所(箭津幾)に建てた社が都々古和気社だとする(慶長二年(一五九七)『陸奥国一宮近津大明神縁起』)。当社は主に北郷に隣する南郷の鎮守である。新籾を入れた藁苞(ツトッコ)の奉納・交換(今亡)、御田植神事(国の重要無形民俗文化財)、桝廻しの神事など農業神としての性格が強い。中世には、結城・佐竹両氏の神領安堵を得、江戸時代には朱印二百石であった。中世別当は有力な熊野先達で、近世にも本山派年行事として配下百余院を統轄した。明治十八年(一八八五)四月国幣中社となる。社宝に天福二年(一二三四)銘十一面観音立像(重要美術品)、応永十八年(一四一一)銘銅鉢(重要文化財)、懸仏(県重要文化財)、文亀二年(一五〇二)銘銅造釣燈籠ほか多数の彫刻工芸品があり、また中世文書二百四十二点(県重要文化財)・聖護院道興短冊(同)ほかがある。例祭は十一月一日。

都都古別神社㈠神門

㈡福島県東白川郡棚倉町棚倉字馬場に鎮座。奥州一宮を称した。旧国幣中社。味耜高彦根尊《あじすきたかひこねのみこと》と日本武尊を祭神とする。日本武尊が東征の折、都々古山(西白河郡表郷村三森武鉾山)へ勧請し祈誓、坂上田村麻呂も大同二年(八〇七)に祈誓し、社地を都々古山から現棚倉城の地に移す。その後も天喜五年(一〇五七)に源頼義、寛治五年(一〇九一)に源義家、文治五年(一一八九)に源頼朝らの祈誓をうけたという(元亀二年(一五七一)『都々古和気神社縁起』)。『続日本後紀』承和八年(八四一)正月条、『延喜式』神名帳、康和五年(一一〇三)神祇官謹奏(『朝野群載』六)にみえる白河郡の都々古和気神につながる神社と考えられる。久慈川上流域の北郷の鎮守で、中世・近世には近津社と通称された。当社のほかに八槻の近津社(南郷の鎮守)、茨城県久慈郡大子《だいご》町下野宮の近津社(依上郷の鎮守)を近津三社といい、それぞれ上宮・中宮・下宮といった。元和八年(一六二二)丹羽氏の築城にあたり現在の地に移された。中世には、結城氏・佐竹氏の神領安堵を得、江戸時代には朱印百五十石が与えられた。基本的には農業神であろうが、中世には武神としての性格が強まったように思う。別当は修験不動院で、中世には熊野先達、近世には本山派の年行事職にあった。明治六年(一八七三)三月国幣中社となる。社宝に鎌倉時代の長覆輪太刀(重要文化財)・赤糸威大鎧残闕(同)、銅製懸仏(県重要文化財)などが、また応永七年(一四〇〇)銘銅鉾ほかがある。例祭は九月十二日。

参考文献 『文禄三年陸奥国(一宮都々古和気神社上宮惣社白川郡馬場近津大明神)縁起』、広瀬典『白河古事考』、石井可汲『棚倉沿革私考』(『棚倉町史』別巻三)、『棚倉町史』一・二、福島県教育委員会編『都々古別三社調査報告』(『福島県立博物館調査報告』一一)、奥野中彦「東北民衆史の源流―東北における名神式内社の成立―」(民衆史研究会編『民衆史の課題と方向』所収)、藤田定興「八溝山信仰と近津修験」(『山岳宗教史研究叢書』八所収)

(藤田　定興)

つぬぐいのみこと・いくぐいのみこと　角樴尊・活樴尊　『日本書紀』神代、『古事記』神代に所出の神。『古事記』では角杙神・活杙神とする。神世七代のうち、ともに第四代を成す対偶神。ツヌはツノ(角)の転訛で、物の成り初めの芽をいい、グイはクイに同じで立柱ないし棒杭の意味。イクはイキと同じに生き生きと働く意味。男女の対偶神としてともに泥土に勢いよく発芽する葦の芽を連想させる。

(薗田　稔)

つのじんじゃ　都農神社　宮崎県児湯郡都農町川北に鎮座。九条家本『延喜式』に「ツノ」と訓じ、『塵袋』に「吐乃大明神」と記す。旧国幣小社。大己貴命《おおなむちのみこと》を祀る。創建年代不詳。社伝では神武天皇が日向宮崎の宮を出て大和国へ向かう途中、奉斎したことに始まるという。承和四年(八三七)官社に列せられ、同十年従五位下、天安二年(八五八)従四位上、延喜の制で小社、のち日向国一宮とされた。古来疫癘治癒、田畑の虫害除去、祈雨に霊験ある神として信仰された。天正六年(一五七八)大友宗麟の兵乱で社殿焼失したが、元和三年(一六一七)高鍋藩主秋月種春が社殿復興、さらに元禄五年(一六九二)同種政が社殿改造、同十四年神領二十石を寄進、以後代々の藩主が奉幣崇敬した。明治四年(一八七一)、国幣小社。例祭は十二月五日。ほかに八月一日・二日の夏祭に「浜下り」と称する特殊な潔斎参拝が氏子たちによりなされる。

明治時代の都農神社

(鎌田　純一)

つのだただゆき　角田忠行　一八三四―一九一八　幕末の志士、明治・大正時代の神道家。天保五年(一八三四)十一月六日、信濃国佐久郡長土呂村(長野県佐久市)に生まれる。父は角田但馬忠守、岩村田藩士。神官で尊王思想の厚い父の影響で、安政二年(一八五五)脱藩して江戸に出で、藤田東湖の門に入り、東湖の没後は平田鉄胤の門人となり塾の運営にあたった。文久三年(一八六三)二月、京都の等持院にある足利三代の木像に「天誅」を加えた事件(足利氏木像梟首事件)の首謀者の一人、幕吏に追われて伊那に潜伏し、そののち米川信濃と変名、沢為量に仕えて王事に奔走した。維新後は皇学所監察、学制取調御用掛、賀茂御祖神社少宮司を経て、明治七年(一八七四)熱田神宮少宮司、十三年同宮大宮司、同年官制改革により同宮宮司となり、大正三年(一九一四)までその職にあった。彼は熱田神宮が草薙剣《くさなぎのつるぎ》を奉祀せるを以て、その社殿なども伊勢神宮に準ずべきであるとし、当局に建言することすこぶる熱心で、ついに社殿は神明造りに改められ、明治二十六年四月勅使参向して正遷宮が行われるに至った。大正三年宮司を辞し、七年十一月従四位に叙せられ、同十二月十五日没した。年八十五。

参考文献 『国学院雑誌』二五ノ二、田中善一「熱田大宮司角田忠行翁伝」(池田長三郎編『熱田風土記』四所収)

(阪本　健一)

つのみねじんじゃ　津峯神社　徳島県阿南市津乃峰町東分に鎮座。旧郷社。延喜式内社。標高二八〇メートル余の津峰頂上に位置する。もともと答島《こたじま》あるいは見能方《みのかた》村柏野が本宮であったといい、移転時期は不明だが、航海安全の神として目印となる山頂部に祀られるようになったとされる。「ツノミネさん」と呼称する。祭神は賀志波比売命で、相殿に大山祇命を祀る。もと賀志波比売神社・津峯権現と呼ばれた。神亀元年(七二四)に神託により国家鎮護および延命長寿の神として祀られたと伝える。危篤の病人であっても、その親類・知人が早暁に清水で行浴し、祈願すれば命が延び、また日に一人の命を助けると伝えられる。『延喜式』神名帳那賀郡条に「賀志波比売神社」とみえる。昔から崇敬が篤く、細川・三好氏の庇護があったとされるが、長宗我部氏の兵火で社殿・宝物が焼失したという。江戸時代には藩主蜂須賀家は、富岡城主賀島政慶以来、代々の家例として正月三日に城主以下諸臣を引き連れて参拝したと伝える。漁民には海上安全・海の神としての信仰が篤い。江戸時代は津峯権現とも呼ばれ、明治維新後、津峯神社と改め、明治十一年(一八七八)に郷社に列した。特殊神事として十一月十七日の例祭日の翌日、大三宝に乗せた大鏡餅を持ち上げて男女が土俵を回る「力餅競争」が有名である。神域には大小の岩窟があり、古来断食参籠の行場であった。別当寺は千福寺。

(須藤　茂樹)

つばきおおかみやしろ　椿大神社　三重県鈴鹿市山本町に鎮座。別称猿田彦大本宮。伊勢国一宮、旧県社。猿田彦大神を主祭神として相殿に瓊々杵尊《ににぎのみこと》・栲幡千々姫命《たくはたちぢひめのみこと》を祀る。天平十九年(七四七)の『大安寺伽藍縁起幷流記資財帳』に「椿社」とみえ、『三代実録』『日本紀略』によれば、「椿神」は従五位上から従四位下に昇叙している。『延喜式』神名帳には「椿大神社」とみえるが、当社と現在当社の別宮となっている「小岸大神社」の二社のみが、『延喜式』神名帳の中で「大神社」とある。同市内一ノ宮町中戸鎮座の都波岐神社との間に一宮論争があり、両社ともに国幣社に昇格できなかった。別当寺に瑞光院があったが、維新時に廃絶した。当社は天正十一年(一五八三)に兵火に遇ったといい、それ以前の史料はほとんどない。累代の社家は山本氏。例祭は十月十一日。年中行事に、粥だめし神事(二月二十一日)・神事能「鈿女《うずめ》」演能(四月十一日)・御田植祭(六月第二日曜)・輪くぐり形代流し神事(六月三十日)などがある。

参考文献　太田正弘編『椿大神社史料』一一三

(太田　正弘)

つばき・なかとじんじゃ　都波岐・奈加等神社　三重県鈴鹿市一ノ宮町鎮座。旧県社。都波岐神社(猿田彦神)・奈加等神社(中筒男命・天椹野命《あめのくれののみこと》)を同殿に奉祭する。ともに伊勢国河曲郡の式内社。社記に雄略天皇二十三年伊勢国造高雄束命が河曲郡中跡村に二社を造営したとし、『中戸村神社記』には大和国山部直《やまべのあたえ》広幡の女多加屋姫に猿田彦神・中筒男命の託宣があって二祠を同地に造営し、都波岐神社・奈加等神社の勅号を賜わったとする。例祭は十月十日。

参考文献　式内社研究会編『式内社調査報告』七

(真弓　常忠)

つぼいごんげん　壺井権現　大阪府羽曳野市壺井に鎮座。現在の壺井八幡宮境内の壺井神社に比定され、源頼信・頼義・義家の河内源氏三代を祀る。この地は寛仁四年(一〇二〇)河内守となった源頼信の居住地であり、天仁二年(一一〇九)に源義時が夢告により、邸域内に壺井権現を祀ったと伝える。重要文化財に指定される黒韋威胴丸一領をはじめ、多数の社宝を襲蔵し、壺井の地名による井戸も境内にある。例祭は五月十五日。

(二宮　正彦)

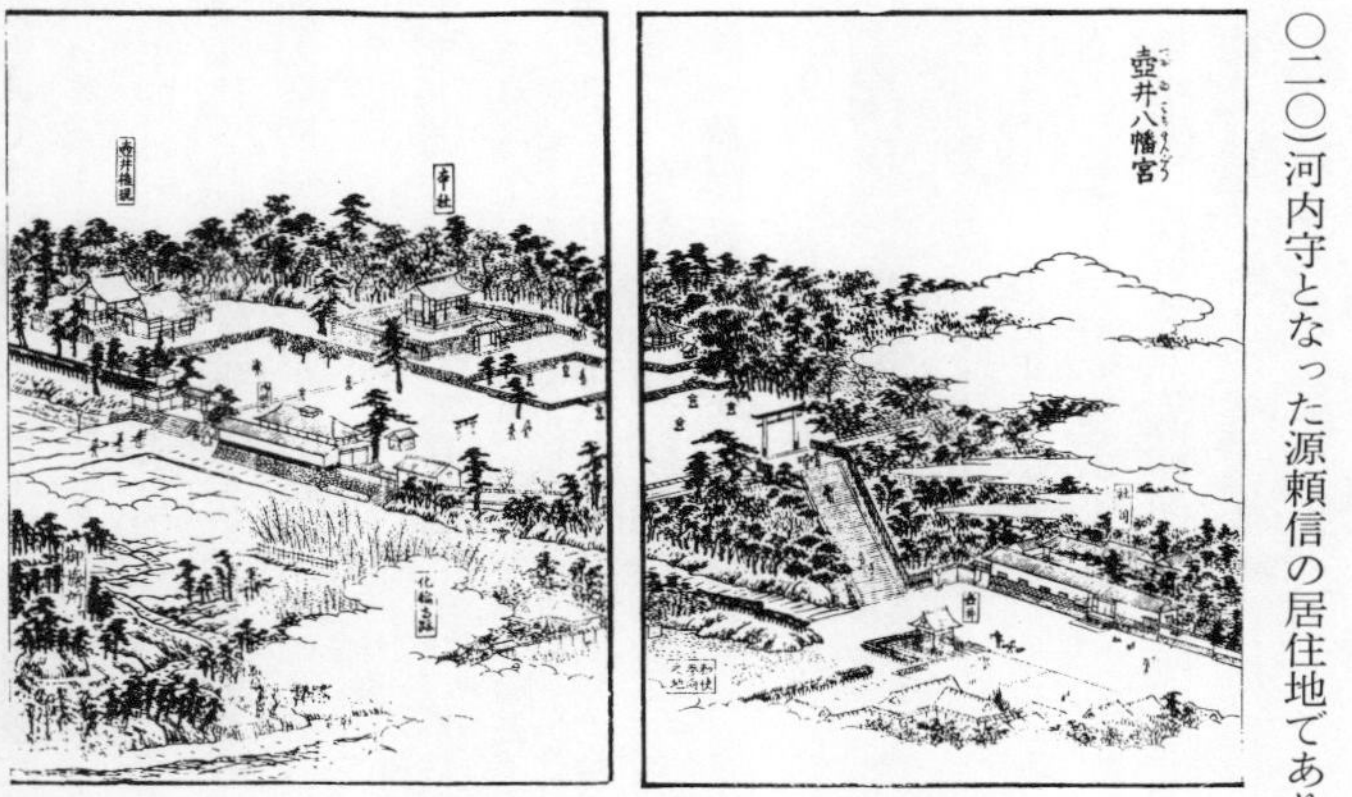

坪井八幡宮(『河内名所図会』3より)

つまじんじゃ　都万神社　宮崎県西都市大字妻に鎮座。旧県社。都万・妻万と書き、「さいまんさま」ともいう。祭神は木花開耶姫命。式内社。承和四年(八三七)官社に列す。建久八年(一一九七)の『日向国図田帳』には江田・高智尾社領を含めて妻万宮領九十八町。社家は日下部氏、中世日下部氏が衰え伊東氏が擡頭した。天文・弘治の『旧記』には「妻万宮三十町」。慶長六年(一六〇一)の『旧記』には供田三百十五石。応永二十年(一四一三)より永禄八年(一五六五)までの棟札がある。例祭は十一月十九日。境内に楠の大木が多く、「妻のクス」は国天然記念物に指定。

参考文献　式内社研究会編『式内社調査報告』二四

(中野　幡能)

つまつひめのみこと　抓津姫命　⇨大屋津姫命《おおやつひめのみこと》・抓津姫《つまつひめ》命《のみこと》

つみ　罪　規範や秩序を犯し、法的また習俗的に咎められる行為。また危険・不浄なものとして忌避すべき自然的凶事をも含めた観念をも指す。古代における具体的な項目としては『延喜式』祝詞六月(十二月)晦日の大祓詞にみえる畦放《あはなち》・溝埋《みぞうめ》・樋放《ひはなち》・頻蒔《しきまき》・串刺《くしさし》・生剝《いきはぎ》・逆剝《さかはぎ》・屎戸《くそと》の八種の天つ罪と、生膚断《いきはだたち》・死膚断《しにはだたち》・白人《しらひと》・胡久美《こくみ》・己母犯罪《おのがははをかすつみ》・己子犯罪《おのがこをかすつみ》・母与子犯罪《ははとこをかすつみ》・子与母犯罪《ことははをかすつみ》・畜犯罪《けものをかすつみ》・昆虫乃災《はうむしのわざわい》・高津神乃災《たかつかみのわざわい》・高津鳥災《たかつとりのわざわい》・畜仆志《けものたおし》蠱物為罪《まじものするつみ》の十三種の国つ罪などを挙げることができ、ここに列記されている農耕妨害、傷害殺人、不倫姦淫などの反社会的・道徳的行為と病患、災禍などのことをいう。なお、この病患や災禍をも含むについては除災招福の経典である薬師経の関与があるとの指摘がある。罪の観念は時代によって変遷があるが、神道では、人は生まれながらに罪があるとするいわゆる原罪観念はなく、罪は祓によって取り除かれるものであるという考えを持つ。

参考文献　青木紀元『祝詞古伝承の研究』　（福井　款彦）

つめむきしんじ　爪剝神事　⇩身逃神事《みにげのしんじ》

つもりうじ　津守氏　古代、摂津国の難波津一帯を管掌した名族。津守とは、住吉津(墨江津《すみのえのつ》)を守る意、のち姓となる。『日本書紀』神功皇后摂政前紀によれば、ツツノオ三神を住吉に鎮祭した際、津守連の祖田裳見宿禰《たもみのすくね》をして神主として祭らしめたとみえる。『新撰姓氏録』摂津国神別には「尾張宿禰同祖、火明命八世孫、大御日足尼之後也」とあり、田裳見の系はこれにつづくものであろう。爾来、田裳見宿禰を始祖として、世々、住吉大社の社家として奉仕をつづけた。その本拠地は西成郡津守郷(大阪市西成区)であり、天武天皇十三年(六八四)には連姓より宿禰姓を賜わった。後裔は遣唐使をつとめたり、天平三年(七三一)には『住吉大社神代記』を編纂したりするなど史上での活躍が目立ち、また十一世紀後半の第三十九代国基は歌を能くし、歌集に『津守国基集』があり、津守氏中興の人とよばれた。その後、南北朝時代には南朝方に味方して史上に著われ、皇室と深いかかわりをもちつつ、一族は摂津・和泉にわたって広く栄えた。宮司職は明治まで世襲されたが、大正に入り廃された。明治十七年(一八八四)国美のとき男爵を授けられる。↓住吉《すみよし》大社《たいしゃ》

参考文献　梅園惟朝『住吉松葉大記』　（吉井　良隆）

つもりのくにもと　津守国基　一〇二三―一一〇二　平安時代の歌人。住吉社神主基辰の子。治安三年(一〇二三)生まれる。康平三年(一〇六〇)に住吉社三十九代神主となり、延久元年(一〇六九)に叙爵。白河天皇側近の藤原顕季・同公実・同通宗・大江匡房や、歌人の良暹法師・橘俊綱らと交流。万葉語の使用など、表現面での新しい試みをする。康和四年(一一〇二)七月七日没。八十歳。歌道に執し、『後拾遺和歌集』への入集を希望して、撰者に小鰺を贈った話が『袋草紙』や『井蛙抄』にみえる。『後拾遺集』以下の勅撰集に二十首入集。家集に『津守国基集』がある。

参考文献　『大日本史料』三ノ六、康和四年七月七日条、上野理『後拾遺集前後』、中島義紘「津守国基の閲歴」(『新潟県立十日町高校研究集録』昭和四十九年三月)、同「津守国基をめぐる人々」(同昭和四十九年十二月)　（上野　理）

つるがおかしゃしょくけいず　鶴岡社職系図　神奈川県鎌倉市に鎮座する鶴岡八幡宮の神主大伴《おおとも》氏の系図。一巻。一名を『(相州鎌倉郡小林郷)鶴岡山八幡宮社職大伴神主家譜』といい、同系統の『諸家系図纂』所収『大伴神主家譜』も内題は同じである。奈良時代の遣唐副使古麻呂に始まり、初代神主清元(忠国)から江戸時代前期の十六代好時に至る系譜。清元が源頼朝から治承四年(一一八〇)初代神主に任ぜられる経緯は詳細だが、以後は仮名《けみょう》・官途・任期・没年などが簡潔に記される。十代持時が関東公方足利持氏の偏諱《へんき》「持」を受けたこと、十四代時成は武田信玄の一族で、のち供僧となり我覚院を称したことなどの記述が注目される。『続群書類従』系図部所収。なお、『大伴神主家系譜集』(『鶴岡叢書』一)には、『鶴岡八幡宮神主大伴系譜』(鶴岡八幡宮所蔵)など四本の系譜が影印版で収録され、情報量が豊富になった。なかでも『鶴岡八幡宮神主大伴系譜』は、幕末の二十三代清綱が嘉永三年(一八五〇)幕府に献納したものの副本で、文政四年(一八二一)に焼失したとみられる大伴家文書を六十四通収録している。三代経忠の子有忠が時宗三祖となった智徳上人であるとする説や、十代持時以前の墓所が法泉寺(現廃寺)であることなど、新知見も多い。『神道大系』神社編二〇は、この『鶴岡八幡宮神主大伴系譜』を活字で翻刻しており便利である。

参考文献　『群書解題』三下　（瀬戸　薫）

つるがおかしゃむきろく　鶴岡社務記録　鶴岡八幡宮に奉仕した代々の社務(別当)の記録。甲・乙二巻。建久二年(一一九一)から文和四年(一三五五)まで、百六十五年に及ぶ編年記録であるが、首尾と四十六年分の記事とを欠く。甲巻は第十八代社務覚助の建武二年(一三三五)まで収め、記述はおおむね簡略で、四十六年分の記事の欠落も甲巻にだけ認められる。乙巻は建武三年からで、社務頼仲一代の記録で終っているが、甲巻より記述内容が詳細である。記載の形式は、まず歴代社務の名と略歴や補任の月日を記し、以下編年的に記事を載せる。これらの記事は鶴岡八幡宮の行事などを中心として社務関係のものが多いが、当時の鎌倉幕府の政治的側面をうかがわせる記述など、興味あるものも少なくない。頼仲代の文和四年ころに書写しまとめられたのであろう。原本は鶴岡八幡宮蔵で重要文化財。『(改定)史籍集覧』二五、『鶴岡叢書』二(原本の影印と活字翻刻)、『神道大系』神社編二〇などに所収。　（三浦　勝男）

つるがおかはちまんぐう　鶴岡八幡宮　神奈川県鎌倉市雪ノ下に鎮座。旧国幣中社。源氏の氏神であり、鎌倉の町の中心として存在してきた社で、明治の神仏分離までは鶴岡八幡新宮若宮《いまみやわかみや》・鶴岡八幡宮寺とも称した。大分県の宇佐、京都府の石清水《いわしみず》両宮とともに全国の八幡宮を代表する大社である。祭神は応神天皇・比売神《ひめのかみ》・神功皇后の三柱。草創は康平六年(一〇六三)八月源頼義が石清水八幡宮の分霊を勧請し、由比《ゆい》郷に祀った由比若宮(現、元八幡宮)にあり、永保元年(一〇八一)二月には源義家が修復している。治承四年(一一八〇)十月、源頼朝はこの社を小林郷の北山(現、下拝殿付近)に遷座し、現在の鶴岡八幡宮の礎とした。寿永元年(一一八二)三月、当宮への参詣道(若宮大路・段葛)を造り、四月には社前に池(俗称、源平池)を造営した。文治三年(一一八七)八月には放生会《ほうじょうえ》と流鏑馬《やぶさめ》が催され、この神事は当宮の初例となった。し

明治初年の鶴岡八幡宮

かし、徐々に社容をととのえた当宮も建久二年(一一九一)三月の大火で諸社殿は灰燼に帰してしまう。この復興にあたり頼朝は、同年十一月、後山中腹に本宮(上宮)を造営し、石清水八幡宮を勧請して、規模や装いの新たな鶴岡八幡宮を創建した。鎌倉幕府の行事や年中行事なども当宮が中心となって行われ、歳首には将軍みずから参詣するのを例としている。祭祀を司ったのは真言宗系の僧侶(供僧《ぐそう》)たちで、のちに二十五名が任じている。供僧の長にあたる鶴岡一山の最高責任者を別当(社務職)といい、初代の別当は園城寺の円暁(頼朝と従兄弟)であった。一方、神式の行事を司祭する神主の職も建久二年十二月におかれ、初代神主は大伴清元で、以来、大伴家は明治維新に至るまで神主職を継承した。ちなみに、別当・供僧・神主を除いた八幡宮の職員構成は、小別当一人、御殿司二人、小宮神主、巫女八人、職掌(神人)八人、承司二人などであった。こうして八幡宮は鎌倉時代を通じて最も栄えた。元弘三年(一三三三)五月鎌倉幕府は滅亡するが、その後は足利尊氏によって社領が寄進され、また鎌倉公方足利基氏をはじめ氏満・満兼・持氏・成氏の五代も修造に意を用い、禁制を定めるなどして、境域の神聖さを保とうと努力した。永正九年(一五一二)八月、伊勢長氏(北条早雲)ははじめて八幡宮に参じ、当宮および鎌倉の復興に意欲を示したが、これを実現したのは北条氏綱で、天文元年(一五三二)から同九年にかけて大造営を行なった。社殿は極彩色で壮麗に装われ、銀の懸魚《げぎょ》が取り付けられた。この氏綱以来、歴代の小田原城主は旧来どおり当宮社領を安堵または寄進し、当宮を尊崇した。天正十八年(一五九〇)七月に小田原北条氏を滅ぼした豊臣秀吉も当宮の修造に意を用い、その造営を徳川家康に命じた。家康は彦坂元正をして修造させたが、全体の造替計画が実現しないうちに没したため、秀忠があとを継ぎ、寛永三年(一六二六)に大塔・護摩堂以下の諸堂・末社を竣工させた。寛永五年八月には当宮社中の法度十一ヵ条が定められ、社殿小破の時は修理を加えさせ、供僧・諸役人らの怠慢をいましめ、神聖なる境域の保持に努めさせた。しかし、文政四年(一八二一)正月の大火で、上宮を中心とした諸堂をことごとく焼失し、供僧十二院のうち九院も類焼した。この再興は文政十一年八月に完了し、同九月に正遷宮が行われている。現存の主な社殿はこの文政度の再建にかかるものである。明治元年(一八六八)三月の神仏分離令にもとづき、当宮は同三年五月までにこれを断行し、ほぼ現在のような社容をみるに至った。現在の社殿は本宮(上宮)・若宮(下宮)・下拝殿(舞殿)・社務所・直会殿、それに末社の武内社・丸山稲荷社・白旗神社・祖霊社・旗上弁財天社と、境外末社の新(今)宮・由比若宮などから成っている。また、国宝の籬菊螺鈿蒔絵硯箱、重要文化財の木造弁才天坐像など、多くの社宝を伝えている。境内は国史跡。例祭は九月十五日・十六日。

参考文献 『鎌倉市史』社寺編、宮地直一『八幡宮の研究』、中野幡能『八幡信仰史の研究(増補版)』、貫達人『鶴岡八幡宮』(『美術文化シリーズ』一〇四)、神奈川県神社庁編『神奈川県神社誌』、伊藤清郎「鎌倉幕府の御家人統制と鶴岡八幡宮」(『国史談話会雑誌』豊田・石井両先生退官記念号)、外岡慎一郎「鎌倉時代鶴岡八幡宮に関する基礎的考察」(『中央史学』三)

社領 相模・武蔵両国の約六十数ヵ所など、東国を中心に存在したが、その消長は鎌倉の盛衰と軌を一にした。鎌倉時代の社領はすべて幕府の寄進によって成立しており、当宮が幕府の強力な保護下で維持されたことを物語っている。承久の乱以降に成立した社領の多くは闕所地が充てられ、北条氏はこれら社領を通じて全国的に勢力を扶植していった。鎌倉幕府滅亡後は、足利尊氏が社領の寄進・安堵を行なって神威を保ち、鎌倉公方の治政まで社領はほぼ安泰であったが、室町時代中ごろになると当宮は経済的に逼迫したようで、社領を売却している。宝徳二年(一四五〇)鎌倉公方足利成氏は徳政を行い、売却された社領を小別当に返付した。天正十八年(一五九〇)の社領は永千百七十貫百二十一文で、領地は相模国四ヵ所、武蔵国七ヵ所に散在するだけとなり、翌十九年には、徳川家康は社領を鎌倉内の雪ノ下・乱橋・扇ヶ谷・本郷(大町)・浄明寺にまとめて安堵したが、貫高は八百四十貫四百五十文に減少した。この高は江戸時代を通じて増減せず、明治四年(一八七一)の社領の上地まで存続した。

参考文献 『鎌倉市史』社寺編・史料編一、外岡慎一郎「鎌倉時代における鶴岡八幡宮領の構成と機能」(『日本歴史』四一八)、湯山学「続鶴岡八幡宮文書考」三(『政治経済史学』二二六)

(三浦 勝男)

つるがおかはちまんぐういまみや 鶴岡八幡宮今宮 神奈川県鎌倉市雪ノ下に鎮座。鶴岡八幡宮の境外末社。新宮とも書く。祭神は後鳥羽・土御門・順徳の三天皇。宝治元年(一二四七)四月、承久の乱(承久三年(一二二一))で隠岐に配流され崩御した後鳥羽天皇の怨霊をなだめるため創建され、僧都重尊が別当職に補任された。『神明鏡』は順徳院と御持僧長厳(長玄)を合祀したと伝えるが、明治以降、土御門天皇を祭神に加えて現在に至っている。例祭は六月七日。

参考文献 『大日本史料』五ノ二一、宝治元年四月二十五日条、神奈川県神社庁編『神奈川県神社誌』

(三浦 勝男)

つるがおかはちまんぐうじぐそうしだい 鶴岡八幡宮寺供僧次第 鶴岡八幡宮の祭祀職である供僧二十五坊の補任記。一冊。本書の成立は、末に「近代別当西南院弘賢御代」とあるので、鎌倉御所足利成氏が古河に移る康正元年(一四五五)ころであろう。その後も存続した坊については書き継がれ、江戸時代末期に及んでいる。二十五坊の坊名ごとに院名・所在・料所・法務などを書きあげ、末尾に供僧職の資格や勤務、それに同職の旧記・由来も収める。宗教史・一般史の重要な記事も散見されて貴重である。『続群書類従』補任部所収。ただし、仏乗・安楽・座心・千南の四坊を欠き、これを補訂したのが『続群書類従』拾遺部である。鶴岡八幡宮蔵本は荘厳・相承の二坊については、『続群書類従』に収められた分以降も書き継がれており、同本を校刊したのは『鶴岡叢書』四に収載されている。

参考文献 『群書解題』二上、貫達人「続類従本鶴岡八幡宮寺供僧次第補遺について」(『史学文学』四ノ一)

(三浦 勝男)

つるがおかはちまんぐうじしゃむしょくしだい 鶴岡八幡宮寺社務職次第 鶴岡八幡宮歴代社務職(別当)の補任記。一冊。『鶴岡社務次第』とも略称。鎌倉時代の初代別当円暁から室町時代の第二十六代定尊までの歴代別当についての出自・法流・別当職補任の年月日、および在任期間中の事績などについて記載する。ただし第二十五代弘尊・第二十六代定尊は名前のみである。成立は正長・永享年間(一四二八―四一)とみられる。鶴岡八幡宮には二種の写本を所蔵し、このうち等覚院の融意(元和八年(一六二二)没)の書写本が古く、群書類従本と同一系統本である。なお別当の事績を日記体に記したのが『鶴岡社務記録』である。『群書類従』補任部、『神道大系』神社編二〇所収。

参考文献 『群書解題』二上

(三浦 勝男)

つるがおかはちまんぐうじしょしょくしだい 鶴岡八幡宮寺諸職次第 鎌倉時代以降の鶴岡八幡宮寺において諸種の祭祀職として奉仕した社務職(別当)・供僧職・脇堂供僧職などの補任記。合綴一冊。鶴岡八幡宮所蔵。同宮経営の基本史料である。内容は、目次に従うと(一)社務次第・(二)―(二六)供僧次第(二十五坊)・(二七)御殿司職次第・(二八)同一方・(二八)執行職次第(番号二八は重複)・(二九)学頭職次第・(三〇)両界供僧同一方共・(三一)脇堂供僧事・(三二)神宮寺供僧次第・(三三)千体堂同一方共・(三四)金堂薬師供僧二口共・(三五)尊勝仏一口・(三六)七仏薬師一口・(三七)五大堂一口・(三八)琰魔天一口・(三九)北斗堂一口・(四〇)執事職次第・(四一)小別当職、そして「其余古記加書」と称する雑事記からなる。(一)は『鶴岡八幡宮寺社務職次第』、(二七)は『八幡宮御殿司職次第』『御殿司職一方系図』、(二八)は『当社執行次第』、(二九)は『当社学頭職次第』、(三〇)は『鶴岡両界壇供僧次第』、(四〇)は『社家執事職次第』、(二)―(二六)は『鶴岡八幡宮寺供僧次第』、(三一)―(三九)・(四一)と雑事記は『鶴岡脇堂供僧次第』の名でそれぞれ正続『群書類従』補任部に収録された史料の異本で、おおむね江戸時代まで書きつがれたものである。また、補任部に脱漏した部分が、『続群書類従』拾遺部に収められている。ただし、(四〇)は実際には(二六)の次に挿入されている。記事の大半は(二)―(二六)の供僧次第にあてられているので、『鶴岡八幡宮寺供僧次第』の名称でも不自然ではない。本書は、荘厳院にあった応永年中(一三九四―一四二八)の古写本と最勝院の写本などを校合して、天保十年(一八三九)相承院寛雄が転写したものである。影印と全文翻刻がなされた『鶴岡叢書』四には、荘厳院伝蔵応永古写本の影写本とみられる東京大学史料編纂所所蔵の『鶴岡八幡宮寺供僧次第』も併せて翻刻されているので、群書類従本の不備を補って有益である。

参考文献 『群書解題』二上、『続群書類従』拾遺部(三四)解説

(瀬戸 薫)

つるがおかはちまんぐうぶぎょう 鶴岡八幡宮奉行 中世奉行の一つで、源頼朝が主要な社寺に臨時的においたのに始まる。治承四年(一一八〇)の頼朝亭作事始の奉行大庭景義以来、建久二年(一一九一)大火後の若宮上棟奉行二階堂行政、弘安大火後の八幡宮遷宮造営奉行安達泰盛、というように、奉行は社殿の造営や大修理、または寺領に関することを処理した。なお、室町時代、鎌倉御所が恒久的な職制として定めたのが鶴岡総奉行である。最初に補任されたのは上杉朝宗で、『鶴岡事書日記』明徳二年(一三九一)十一月二十四日条に「当社御修理惣奉行、上椙中務少輔禅門禅助」とある。

(三浦 勝男)

つるがおかはちまんぐうもんじょ 鶴岡八幡宮文書 神奈川県鎌倉市の鶴岡八幡宮が所蔵する古文書。十五巻二百二十四通。十通の近世文書(供僧職譲状)以外は中世文書。重要文化財。本文書は大別して神社に伝来した『鶴岡八幡宮文書』と、当宮供僧坊の一つ相承院(頓覚坊)に伝来した『相承院文書』から成る。このうち『八幡宮文書』は、外題《げだい》に「社蔵古文書」とある七巻、「社蔵古文書別巻」「後小松院々宣」「八幡廻御影縁起」各一巻を合わせた計十巻百三十一通、『相承院文書』は各巻に「相承院文書」「代々譲状」「供僧職補任状」「小田原北条家状」「別当尊賢置文」の外題を有する五巻九十三通である。『相承院文書』をのぞく鎌倉時代の『鶴岡八幡宮文書』は二十通あり、特に寿永二年(一一八三)二月二十七日付源頼朝寄進状二通が貴重である。これは相模国高田郷・同田島郷、および武蔵国瓺尻郷を神威増益・所願成就のため八幡宮に寄進した折のもので、ともに頼朝の花押がある。頼朝以下の鎌倉幕府将軍の文書は、いずれも八幡宮への

社領寄進状で、藤原頼嗣・惟康親王・守邦親王の五通。珍しい文書には朱に血をまぜて書いた永享六年（一四三四）三月十八日付足利持氏血書願文がある。正和二年（一三一三）から永享四年（一四三二）まで四通出されている当宮境域に関する禁制は、当時の社会・風俗が知られる史料ともなっている。このほか、足利尊氏や鎌倉御所歴代の御教書、後北条氏・豊臣秀吉・徳川家康の文書などがあり、古文書として質・量ともに優秀である。『相承院文書』は明治維新の神仏分離の際、一時流出していたが、再び八幡宮にもどったもので、供僧職の譲状と補任状がよく残っているのが特色。鎌倉時代の文書を二十三通含んでいて貴重である。東京大学史料編纂所に影写本があり、活字本には『（新編）相州古文書』一、『鎌倉市史』史料編一、『（改訂新編）相州古文書』二、『鶴岡叢書』三、『神奈川県史』資料編などがある。コロタイプ印刷による複製『鶴岡八幡宮古文書集』も刊行されている。

（三浦　勝男）

参考文献　湯山学「鶴岡八幡宮文書考」（『郷土神奈川』一二）、同「続鶴岡八幡宮文書考」（『政治経済史学』二二四―二二六）

つるがおかほうじょうえしょくにんうたあわせ　鶴岡放生会職人歌合　『東北院職人歌合』を意識した職人歌合の絵巻物。一巻。紙本彩色。鶴岡八幡宮放生会の八月十五夜に神主を判者とし、職人も楽人対舞人、宿曜師対算道、持経対念仏者、遊君対白拍子、絵師対綾織、銅細工対蒔絵師、畳指対御簾編、鏡磨対筆生、相撲対博労、猿楽対田楽、相人対持者、樵夫対漁夫の十三番を収め、九月十三日夜に経師を判者とし、医師対陰陽師はじめ五番を収める東北院との重複を嫌うが、月と恋を題に競う趣向は同じである。絵に漢画の筆勢があり、構図や描写の写実度も進み、室町時代中期の作。松下幸子蔵。重要文化財。『（新修）日本絵巻物全集』二八、『群書類従』雑部、岩崎佳枝・長谷川信好・山本唯一編『職人歌合総合索引』所収。

参考文献　石田尚豊編『職人尽絵』（至文堂『日本の美術』一三二）、北小路健『職人尽歌合』、藤懸静也「鶴岡放生会職人歌合絵巻」（『国華』七四一）

（石山　洋）

つるがおかりょうかいだんぐそうしだい　鶴岡両界壇供僧次第　鶴岡八幡宮の両界曼荼羅供養壇に供奉した供僧の補任記。一冊。建久五年（一一九四）足利義兼が、鶴岡八幡宮で自筆の一切経と、金剛・胎蔵両界曼荼羅の供養を行なった。この一切経や曼荼羅は、源頼朝の許可を得て、上宮の東の廻廊に安置され、両界壇所と称して供僧職が二口置かれた。そして南蔵坊良成と蓮華坊勝円が兼補されて、長日の勤行を開始した。本書はこの由来を述べたのち、二流の供僧歴代について、補任順に僧名・坊名・補任の経緯などを記す。南北朝時代までは、主に南蔵坊・蓮華坊の供僧が当職を兼帯した。両坊は、供料を足利家が代々安堵しており、三井寺の寺門派の者から補任されたので、山門派（延暦寺）や真言宗東寺系の供僧と主導権を争った。鶴岡八幡宮の祭祀組織の中では、特殊な位置にあった。室町時代には二流は等覚院と相承院が独占するようになる。関東における足利氏の史料としても貴重である。続群書類従本は、天文年間（一五三二―五五）の等覚院賢助・相承院快元まで記し、鶴岡八幡宮所蔵本は、江戸時代初期の等覚院元雅・相承院良琛まで書きついでいる。『続群書類従』補任部所収。また、鶴岡八幡宮所蔵本は『鶴岡叢書』四に所収される。

（瀬戸　薫）

参考文献　『群書解題』二上

つるがおかわきどうぐそうしだい　鶴岡脇堂供僧次第　鶴岡八幡宮の諸仏堂の供僧職の補任記と雑事記。一冊。鶴岡八幡宮には、本社である上宮（本宮）・下宮（若宮）に対して、脇堂と呼ばれる神宮寺・千体堂・五大堂・北斗堂の諸仏堂があり、加えて神宮寺に金銅薬師、千体堂に尊勝仏・七仏薬師、五大堂に琰魔天がまつられていた。以上の諸堂・諸仏に奉仕する供僧を脇堂供僧といい、神宮寺・千体堂・金銅薬師は各二口、尊勝仏・七仏薬師・五大堂・琰魔天・北斗堂は各一口置かれていた。その供僧職の歴代記が、本来の「鶴岡脇堂供僧次第」である。各供僧とも鎌倉時代中期以降から書き始め、名・法系・補任の経緯・事績を簡潔に記し、文明十七年（一四八五）五大堂供僧に補任された弘延の記事が下限とみられる。続群書類従本には、『社家執事職次第』や江戸時代末期まで書きついだ小別当次第を併せ、『鶴岡八幡宮寺供僧次第』から脱落した正覚院の供僧八人を混入させ、さらに鶴岡八幡宮の諸先規・祭祀・法会の起源などを記した雑事記を付加している。『続群書類従』補任部所収。鶴岡八幡宮所蔵本（『鶴岡叢書』四所収）は錯簡が少ないので、併用するのが望ましい。供僧職・二季の祭礼・廻御影信仰など、同宮の中世の姿を示す貴重な史料といえる。

（瀬戸　薫）

参考文献　『群書解題』二上

つるぎじんじゃ　劔神社　福井県丹生郡織田町織田字金栄山に鎮座。旧国幣小社。越前国二宮。祭神は気比大神・素盞嗚大神・忍熊王。社伝に、孝霊天皇の代に、座ヶ岳に織田郷の豪族が素盞嗚尊を奉斎したとあり、垂仁天皇の代に伊部臣が神剣を奉祀したという。本社はその時まで織田神社と称したが、御神体に神剣を奉祀することになり、劔神社と改称したと伝える。現在も、俗に「織田明神さん」と称されている。鎮座地の織田荘は、建保六年（一二一八）より七条院御領に、そして安貞二年（一二二八）よりは天台門跡妙法院の支配下となったので、当社もまた妙法院と本末の関係を持つこととなった。室町時代には斯波氏の尊崇があり、その後は朝倉氏の崇敬があり、特に天正に入ると当社は織田信長のただならぬ庇護によって、天下に名を著わすこととなった。織田氏は当社が鎮座する織田荘の地名を苗字とする豪族であり、当社を氏神としていたようで、この関係は、のちに織田氏が尾張へ移ってからも続いた。たとえば天正元年（一五七三）、信長が越前を平定すると、信長はただちに社領を安堵、

劔神社拝殿

寄進し、さらに社殿の造営などに力を尽くした。このような信長の当社への庇護は、信長が当社を一族の氏神として崇敬する意を明白にしたものである(天正三年十一月五日柴田勝家諸役免許状)。また、信長以後にあっても当社は福井・大野藩主の保護と崇敬を受け、地方の名社とされた。昭和三年(一九二八)県社より国幣小社に昇格した。当地には同名の神社が数社鎮座するが、本社を敦賀郡の式内小社劔神社に比定する説もある。例祭は十月九日。社宝の神護景雲四年(七七〇)九月十一日在銘の劔御子神宮寺の梵鐘は国宝に指定されており、本社の文書は「劔神社文書」と称されて、折本三冊に貼られた百六通をはじめ、巻軸五巻などに整理されている。また、境内に鎮座する織田神社は地主神といわれており『延喜式』神名帳の敦賀郡に登載される織田神社に比定する説もある。

(三橋　健)

つるみねしげのぶ　鶴峯戊申　一七八八―一八五九　江戸時代後期の和漢洋に通ずる窮理学者。戊申は名。通称は左京・彦一郎。字は世霊・季尼。号は海西。豊後国臼《うす》杵《き》八坂神社神官鶴峯宜綱の長子。天明八年(一七八八)七月二十二日出生。幼少にして父宜綱より和漢の学、古訓古文辞の学に導かれ、臼杵藩儒者武藤吉紀に師事する。文化元年(一八〇四)十七歳の秋京都に上り、綾小路俊資に和歌を、村上円方・山田以文に国学を学ぶ。一時帰郷後再度上京。安倍(土御門)家塾に入り、天文究理に関心を示す。沖野氏女と結婚、居を大坂立売堀《いたちぼり》・難波新地などに定めて、講業生活をする。天保三年(一八三二)四十五歳の時、江戸に移住し、中橋南大工町に私塾「究理塾」を開き、和漢古典の訓詁学と蘭学とくに志筑忠雄『暦象新書』による天文学説を習合させ究理を説く。この間水戸藩仕官を願い、のち同藩新設の和書編集所に出仕する。ペリー来航後藩主徳川斉昭に外交経世の意見書を提出す。キリスト教にも注目した開明的思想家であった。安政六年(一八五九)八月二十四日没。七十二歳。著書に『語学新書』『究理或問』などがある。

参考文献　藤原暹『鶴峯戊申の基礎的研究』、村岡典嗣「鶴峯戊申の開国思想」(『続日本思想史研究』所収)

(藤原　暹)

つるめそ　弦売僧　⇩犬神人《いぬじにん》

て

ていないしゃ　邸内社　⇩屋敷神《やしきがみ》

でぐちおにさぶろう　出口王仁三郎　一八七一―一九四八　明治から昭和時代にかけての宗教家。大本教団の事実上の創立者。もとの名前を上田喜三郎と称し、明治四年(一八七一)七月十二日丹波国桑田郡穴太《あなお》村(京都府亀岡市曾我部町穴太)に貧農の長男として生まれた。さまざまの職業経験を経たあと、明治三十二年に大本教に入り、翌年、開祖出口なおの五女すみと結婚して、出口王仁三郎と改名した。王仁三郎は、はじめのうちはなおと対立し、教団にいることも少なかったが、明治四十一年に衰微した教団に帰って大日本修斎会を設立し、活発な教団活動を始めた。大正五年(一九一六)に教団は皇道大本と改称し、翌年には機関誌『神霊界』を発刊したが、このころは大本教の爆発的な発展期にあたり、知識人の入信も相ついだ。王仁三郎は、なおが神がかりして書いた「お筆先《ふでさき》」を判読・改編して「大本神諭」として『神霊界』に発表するとともに、みずからも独自の大正維新論を展開した。こうした教団活動は、第一次世界大戦前後の社会不安を背景として、独自に読みかえられた国体思想と終末観的な変革願望とを結びつけたものであり、大きな社会的関心をよんだ。これに対して政府は、大正十年二月に弾圧を加え(第一次大本教事件)、王仁三郎らは不敬罪と新聞紙法違反容疑で検挙・起訴され、有罪となった。この事件のあと、王仁三郎はなおの終末観的変革思想を教団活動の中心からはずし、『霊界物語』を口述して新しい教義をつくった。また、世界各地の宗教との交流、エスペラント運動への参加、モンゴルへの潜入旅行などを試みて、時代状況への対応をはかった。昭和期にはいると、王仁三郎は国家主義的な時代状況への対応をつよめ、昭和九年(一九三四)にはファシズム的な運動団体である昭和神聖会を設立した。しかし、大本教が社会不安と結びついた民衆的ファシズム運動としていっそう発展することを恐れた政府は、大本教への徹底弾圧をはかり、昭和十年十二月、第二次大本教事件がおこった。この事件のため、多くの教団幹部と信者が逮捕されたが、王仁三郎自身も昭和十七年まで入獄生活を続けた。敗戦後の大本教は愛善苑として再出発し、王仁三郎はあらたな教団活動を開始したが、昭和二十三年一月十九日、亀岡の大本教本部で死んだ。七十八歳。『出口王仁三郎著作集』全五巻がある。 →大本教《おおもときょう》 →大本教事件《おおもときょうじけん》 →霊界物語《れいかいものがたり》

[参考文献] 池田昭編『大本史料集成』、『大本七十年史』、出口京太郎『巨人出口王仁三郎』(『講談社文庫』)、出口和明『大地の母』、村上重良『出口王仁三郎』、栗原彬「一九三〇年代の社会意識と大本」(『歴史とアイデンティティ』所収) (安丸 良夫)

でぐちなお 出口なお 一八三六―一九一八 明治・大正時代の宗教家。大本教の開祖。天保七年(一八三六)十二月十六日丹波国福知山城下の没落した大工の長女として生まれ、十八歳で綾部の出口家の養女となり、腕はよいが道楽も達者な政五郎を婿に迎えた。明治維新前後から出口家は次第に没落し、なおは政五郎にかわって生活を支え、最底辺の生活経験を重ねた。明治二十五年(一八九二)、なおははじめて神がかりし、やがて自分でも理解できない神の言葉を書きつけるようになった。これが「お筆先《ふでさき》」で、大本教の原教義にあたるが、その内容は、土俗の神艮《うしとら》の金神《こんじん》を至高神として、現実の日本社会を「悪の世」「獣類《けもの》の世」「金銀の世」「利己主義《われよし》の世」と痛撃し、「立替え立直し」の切迫を強調してすべての人々に改心を求める、千年王国説的終末観思想であった。なおを中心とする時代の大本教は、小さな地方教団にすぎなかったが、出口王仁三郎が教団を指導するようになった明治末年以降、教団は爆発的な発展期を迎え、第一次世界大戦前後の社会不安と呼応して、大きな社会的影響力をもつようになった。大正七年(一九一八)十一月六日没。八十三歳。 →大本教《おおもときょう》

[参考文献] 池田昭編『大本史料集成』一、『大本七十年史』上、安丸良夫『出口なお』(『朝日評伝選』一三) (安丸 良夫)

でぐちのぶつね 出口延経 ⇨度会延経《わたらいのぶつね》

でぐちのぶよし 出口延佳 ⇨度会延佳《わたらいのぶよし》

てづつしんじ 手筒神事 三河・遠江地方で神社に手作りの竹筒花火を祭礼時に奉納すること。手筒花火とも称する。孟宗竹を加工して火薬を詰め、縄で竹筒をしっかり巻き上げ暴発しないようにする。点火してから数十秒間、巨大な火の花が吹き上がり、火の粉の降りかかる中で、若者は勇気を持って手筒花火を腰に抱き最後までその恐怖に耐えることで、以後一人前と認められた。三河・遠江地方に手筒花火が残っているのは、元来三河地方は火術の伝承があり、徳川家康が早くから三河の青年武士からなる鉄砲隊を組織したことと関係する。江戸時代には幕府は硝石の採取・火薬の製造を禁じたが、徳川ゆかりの三河にのみこれを奨励し、火薬の製造・取扱いを三河の若者たちに伝習させたのだという。近世以来、三河各地の領主や城主らは信仰する神社の祭礼に奉納花火として盛んに献上した。しかし、古い記録では永禄年間(一五五八―七〇)に、すでに吉田天王祭(吉田神社祇園祭)にはじめて花火が打ち上げられ、二年後、同じ吉田天王祭で手筒花火が行われたという記載があり、愛知県豊橋市関屋町にある吉田神社で七月第三金曜日から日曜日にかけて行われる祇園祭(神輿渡御・田楽風の雨乞いの笹踊・手筒・大筒・立て物(仕掛け花火)などで悪病を退散させる)が手筒神事の発祥とされる。現在手筒花火奉納は、三河地方では豊橋市のほか新城市・蒲郡市・豊川市・小坂井町・幸田町・一宮町、遠江地方では静岡県浜松市・新居町・三ヶ日町、また伊豆下田などでも行われており、徳島県阿波地方の吹筒花火も三河からの伝播と考えられている。 (茂木 栄)

てっぽうまつり 鉄砲祭 埼玉県秩父郡小鹿野《おがの》町飯田《いいだ》に鎮座する八幡神社の例祭。神幸に参加する神馬が大勢の鉄砲打ちの空砲発射の中、社前の石段を駆け上ることから、お立行列・鉄砲祭と呼ばれる。これは当地の領主吉田大膳が病気平癒祈願の報賽に参拝した折の行列を神事として残したものと伝える。祭典は十二月十五日で、午前中、豊猟と農耕安全の祈願が行われる。夕刻、お立行列は神馬宿《しんめやど》・御徒士《おかち》宿・鳥毛《とりげ》宿など特定の宿で支度し、各集落の高張提燈・先駆・挟箱・鳥毛・露払い・御徒士・神馬高張・世話人・幣を背にした神馬二頭の順に神社へ参進する。そして、神馬は社前の石段を駆け上がる時、すさまじい空砲発射の清め銃声をあび、社殿を三周してから祓いを受ける。空砲発射は猟師の豊猟祈願をこめて行われるといわれる。続いて当社の神輿は元宮の八幡淵の旅所に渡御して川瀬神事の祭典を行い、終って還幸する。 (馬場 直也)

てながじんじゃ 手長神社 長野県諏訪市茶臼山に鎮座。祭神は手摩乳命。創立年代は不詳。諏訪大社の末社で、鎌倉時代にはすでに下桑原村の鎮守だった。社名の由来は、手長の神が、諏訪明神の手助けをしたことにちなむという。高島城から北東に位置し、茶臼山の中腹、手長丘陵に鎮座する。天正十九年(一五九一)日根野高吉が、高島城を築城して以来、本社を城の守護神とし、以後代々の諏訪藩主は篤く信仰した。近世には別当として法光寺があった。大正十三年(一九二四)に県社に列格。例祭は九月十四・十五日。八朔に興行される相撲は、諏訪上社の十五夜相撲、田沢稲荷の二百十日相撲とならんで諏

訪の三辻の一つに数えられる。拝殿は、天明二年(一七八二)立川和四郎富棟の作。

参考文献 長野県神社庁監修『信州の神事』、『諏訪市史』中 (山本 英二)

てなずち 手摩乳 ⇨脚摩乳《あしなずち》・手摩乳《てなずち》

てみずや 手水舎 ⇨御手洗《みたらし》

てるくにじんじゃ 照国神社 鹿児島市照国町に鎮座。旧別格官幣社。祭神は第二十八代薩摩藩主島津斉彬。安政五年(一八五八)急死した斉彬に対し、文久三年(一八六三)勅命により照国大明神の神号が贈られた。元治元年(一八六四)天台宗南泉院境内に社殿が完成し、照国神社と称す。現在の社殿は第二次世界大戦中の八月戦災焼失、その後三十三年に再建。例大祭は十月二十八日。七月十一日の国旗祭は斉彬の建議により日章旗が日本国総船印とされた安政五年同日を記念したもの。七月は六月燈で賑わう。社宝に太刀銘国宗(国宝)がある。

参考文献 池田俊彦『島津斉彬公伝』 (原口 泉)

てるもじんじゃ 光雲神社 福岡市中央区西公園に鎮座。「こううんじんじゃ」とも称す。旧県社。祭神は黒田孝高《よしたか》(如水)公・黒田長政公。社名は孝高の法号竜光院殿と長政の法号興雲院殿より各一字をとって呼称。創祀は明和五年(一七六八)筑前国福岡藩の六代藩主継高が、藩祖孝高と初代藩主長政の神霊を福岡城本丸に祀ったことに始まる。明治四年(一八七一)、黒田家の東京移転に伴い、旧藩士は十一代藩主であった長溥《ながひろ》の許可を得て小烏馬場(天神二丁目)に社殿を造営し遷座。同四十年かつて東照宮の存した現在地に遷祀。昭和二十年(一九四五)六月、福岡大空襲により社殿・社宝などを焼失、同四十一年に再建された。荒津山山頂に鎮座する当社の祭神は、郷土の祖神として福岡市民より厚い崇敬を受けている。例祭は春四月二十日、秋十月四日。

参考文献 『明治神社誌料』、『福岡県神社誌』 (伊藤 勇人)

でわさんざん 出羽三山 山形県のほぼ中央に連なる月《がっ》山《さん》(標高一九八〇㍍)・湯殿山(一五〇四㍍)・羽黒山(四一九㍍)の総称。江戸時代には奥の三山、明治以後は羽前三山という。出羽三山と呼ぶのは昭和以降のようである。西から北は庄内平野、東から南は内陸部に裾野を拡げた成層死火山で、磐梯朝日国立公園に含まれている。標高二〇〇〇㍍に満たぬ亜高山だが起伏に富む複雑な地形のうえ、冬季には日本海から吹きつける季節風が豪雪をもたらすので盛夏にも広い雪田や雪渓が残り、一部は万年雪となって中部日本の三〇〇〇㍍級高山にも劣らぬ、きびしい自然と山容を呈している。これが出羽郡の置かれた和銅元年(七〇八)以前から現地人に崇拝され、やがて苦行性の強い羽黒修験を生んだ原因であろう。『新抄格勅符抄』をみると、月山神は宝亀四年(七七三)に封二戸を授けられている。九世紀中ごろには大物忌神《おおものいみのかみ》とともに国府近くの飽海《あくみ》郡吹浦《ふくら》(遊佐《ゆざ》町)に勧請され、元慶四年(八八〇)には従二位勲四等封四戸に昇り、『延喜式』では両神ともに名神大、祭祀料は両神分として稲二千束。また同式では羽黒山の伊氏波(出羽)神は名神小に列している。平安時代末期の羽黒山には修験教団が成立しており、山上の御手洗《みたらし》池から出土した古鏡には百枚近い平安鏡がまじっているし、『慈慧大師伝』『仁和寺御日次記』『吾妻鏡』『神道集』『太平記評判』などには、羽黒修験に関する記載がみえる。鎌倉時代以後、東三十三ヵ国は羽黒領、西二十四ヵ国は熊野領、九州九ヵ国は彦山領と称し、三山は崇峻天皇第三皇子参弗理《さんふり》ノ大臣(出家して弘海)の開山と号したが、湯殿山別当四ヵ寺は弘法大師開山と主張して譲らなかった。南北朝時代に大日寺の道智が長井方面からの新道を開くと、四別当は、総奥ノ院の湯殿山に詣でれば羽黒山・月山に参らずとも、三山を巡拝したと同じ功徳が得られると言って道者を引いた。そのころまで三山の一つであった内陸の葉山薬師権現(一四六二㍍)が、山麓の慈恩寺の離反によって衰えると湯殿山が代わって三山に加わり、本地仏の大日如来に薬師如来と大黒天を配するとともに、垂迹神にも大山祇命《おおやまずみのみこと》に少彦名命《すくなひこなのみこと》と大《おお》己貴命《なむちのみこと》を加えた。ちなみに月山の本地は阿弥陀如来、垂迹は月読命である。また羽黒山の本地は聖観世音菩薩・軍荼利明王・妙見菩薩、垂迹は羽黒彦命・玉依姫命・九頭竜王にあてていたが、江戸時代には垂迹を倉稲魂命《うかのみたまのみこと》に変えている。明治三年(一八七〇)酒田民政局の厳達によって神仏分離が強行され、月山と羽黒山は神社となり、同六年羽黒山の出羽神社は国幣小社に、月山神社は同七年国幣中社に列した。同年湯殿山も神社となり国幣小社になると、月山・湯殿山の両神は出羽神社に合祀され、三神社の社務所も羽黒山に置かれた。大正三年(一九一四)月山神社は官幣大社に昇格。昭和二十六年(一九五一)宗教法人法により三神社は合併して宗教法人出羽三山神社となった。↓月山神社《がっさんじんじゃ》 ↓湯殿山神社《ゆどのさんじんじゃ》

参考文献 戸川安章編『出羽三山』(『神道大系』神社篇三二)、戸川安章『出羽三山修験道の研究』、同編『出羽三山と東北修験の研究』(『山岳宗教史研究叢書』五) (戸川 安章)

でわさんざんしんこう 出羽三山信仰 山形県に聳える羽黒山(標高四一九㍍)・月山(一九八〇㍍)・湯殿山(一五〇四㍍)をめぐる信仰。羽黒山の初見は『延喜式』の田川郡伊氏波《いでは》(出羽)神社とされるが異説もある。平安・鎌倉時代の銅鏡が羽黒本社前の鏡が池から大量に発見され信仰の古さが偲ばれる。開祖は室町時代の『拾塊集』では能除聖者、『羽黒山縁起』(寛永二十一年(一六四四))では、崇峻天皇第三皇子の参弗理大臣《さんふりのおとど》が山中で観音と出会い、能除太子《のうじょたいし》と改称して寂光寺を建てたとある。『羽黒山古実集覧記』では蜂子《はちこ》皇子となる。羽黒山は山麓の手向《とうげ》に院坊の集落を形成し、清僧修験、妻帯修験、行人、太夫、巫女を差配して、月山の祭祀権も握った。また、四季の峰入り修行を整え、大峰山や英彦山と並ぶ修験の拠点となった。寛永十八年(一六四一)に天台宗に帰入し、東叡

山寛永寺末となった。一方、湯殿山は空海の開山を説き別当四ヵ寺が祭祀権を共有し、真言宗を維持した。三山の本地と垂迹は、羽黒山は観音菩薩と玉依姫命(現在は倉《う》稲魂命《かのみたまのみこと》)、月山は阿弥陀如来と月読命、湯殿山は大日如来と大山祇命である。江戸時代には三山講や奥州参りという登拝講が関東・東北一円に形成され、夏峰の修行で三山を駈けた。東北は青年、関東は壮年が主に登拝した。夏峰は三関三渡と称し、羽黒山と月山で現世安隠の祈願と未来成仏の確証を願い、湯殿山で密厳浄土に至って即身成仏の悟りを得る。この信仰をめぐって千葉・茨城では梵天供養や天道念仏など独特な行事もみられた。明治の神仏分離で、月山は神社に、羽黒山と湯殿山は神社と寺院に分裂し、羽黒山の出羽神社と湯殿山神社は月山神社宮司の管轄となる。第二次世界大戦後は出羽三山神社と改称して三山が統合されて一社となった。正善院は寺院として残り荒沢寺《こうたくじ》を拠点とした秋の峰入りを維持し、戦後は羽黒山修験本宗を創設した。神社側も神道化した峰入りを行い、秋の峰結願は八朔祭《はっさくまつり》(八月三十一日)、冬の峰結願は松例祭《しょうれいさい》(十二月三十一日)となり、花祭(七月十五日)は法華八講の名残である。湯殿山は大日坊と注連寺《ちゅうれんじ》は寺院を維持し、大日寺と本道寺は神社となった。

参考文献 『神道大系』神社編三二、梅津慶豊編『出羽三山史料集』、戸川安章『出羽三山修験道の研究』、宮家準『羽黒修験—その歴史と峰入—』 (鈴木 正崇)

でわじんじゃ　出羽神社　山形県東田川郡羽黒町大字手向字羽黒山鎮座。『延喜式』には伊氐波神社と書かれ、名神小社に列している。平安時代には神仏習合の風に染まり、修験色も濃くなって、『慈慧大師伝』貞元二年(九七七)条には、かれを訪れた羽黒山伏が役小角《えんのおづの》の徒と名乗っている。『吾妻鏡』承元三年(一二〇九)五月五日条には、守護地頭不入の権を楯に地頭を訴えて略奪された山領を回復し、社務に干渉するのを排除したことがみえ、『太平記評判』にも治外法権を無視した評定衆を幕府に迫って解職させたことが書かれている。鎌倉時代には羽黒山三所大権現と号し、本地は聖観世音菩薩・軍荼利明王・妙見菩薩。垂迹は羽黒彦命・玉依姫命・九頭竜王にあてていたが、江戸時代には垂迹を倉稲魂命に変えている。寛文五年(一六六五)将軍徳川家綱の朱印状によって、境内・山林・門前・竹林のほか、千五百石余の地を安堵された。山内居住の清僧三十三院、衆徒三百六十坊。諸国散在の修験・行人・巫女・太夫(社人)六千を越え、奥羽・関東・信越・甲斐・三河を霞(教区)として多くの講中が結成されていた。明治元年(一八六八)の神仏判然令を受けて、羽黒山と月山は同三年に神社となり、同六年羽黒山の出羽神社は国幣小社に列した。同七年月山神社は国幣中社となり、湯殿山も神社に改められて国幣小社に列すると、三社の社務所は羽黒山に置かれ、三神も出羽神社に合祀され、三神合祭殿と呼ばれて例・大祭もここで行い、夏季には神職が月山と湯殿山に詰めて道者と接触した。昭和二十六年(一九五一)宗教法人法により三社を合併して宗教法人出羽三山神社となる。現社殿は文政三年(一八二〇)の再建。本殿は桁間三間・梁間二間。拝殿は桁間七間・梁間五間。入母屋造で本殿と拝殿を一構えにした権現造で県内最大の豪壮建築である。元和四年(一六一八)再建の鐘楼とともに国の重要文化財。参道沿いにある五重塔は応安二年(一三六九)か五年の建立といわれ、三間五層こけら葺の純和様建築。国宝。本殿に近い鐘堂に懸かる建治元年(一二七五)在銘の梵鐘は、重要文化財。 (戸川 安章)

出 羽 神 社

→月《がっ》山神社《さんじんじゃ》 →湯《ゆ》殿山神社《どのさんじんじゃ》

てんかい　天海　?—一六四三　安土桃山・江戸時代前期の天台僧で東叡山の創始者。南光坊と称する。その出自や年寿に諸説あるが、陸奥国高田(福島県大沼郡会津高田町)の出身で出家して随風と称し、比叡山の実全に天台学を学び、三井寺や南都で俱舎・三論・唯識・華厳の諸教学はじめ禅や密教を修したと伝える。織田信長の比叡山焼討後は甲州で武田家に集まった天台僧と論義をなし、天正十九年(一五九一)江戸崎不動院(茨城県稲敷郡江戸崎町)に住し、慶長四年(一五九九)に仙波喜多院(埼玉県川越市小仙波町)に入り、関ヶ原の戦のあと徳川家康の知遇を受けて内外の政務に参画し江戸幕府成立の枢機にあずかったといわれる。のち家康の命で叡山最高職探題となり論義を復旧し、南光坊に住して信長焼討による全焼後の延暦寺復興を始め、徳川家光に願って根本中堂・大講堂・文殊楼などを再建した。この間長沼宗光寺(栃木県芳賀郡二宮町)、世良田長楽寺(群馬県新田郡尾島町)の学山に住して教学を振興し、元和三年(一六一七)、仏教と神道を融合した山王一実神道の立場から、家康の遺骸を日光山に移し東照大権現位を勅許されるや、日光山輪王寺建立に尽力した。天海は崇伝とともに徳川秀忠・家光の帰依を受け幕府に出入して政務に参画、秀忠に円頓戒を授けた縁により、寛永二年(一六二五)江戸城の鬼門にあたる忍岡《しのぶがおか》に東の比叡山と年号にちなんで東叡山寛永寺

(東京都台東区上野公園)が建立されると、その第一世となり、寛永寺を徳川家の廟所とした。諸大名も法華堂・堂行堂・東照宮・鐘楼などの諸堂舎を寄進造営したため、寛永寺は関東屈指の大寺院となり、正保四年(一六四七)後水尾天皇第三皇子守澄入道親王の入寺後、日光山・東叡山・比叡山の三山を兼ね天台宗を管掌することになった。寛永十四年木彫活字版の大蔵経刊行を企て寛永寺に経局を設け、のち十二年を経て完成したが世に天海版大蔵経(六千三百二十三巻)と称する。同十六年『東照宮縁起』を作り、同二十年十月二日示寂。享年百八(百二・百三十二・百三十四・百三十五歳の諸説あり)。墓所は輪王寺慈眼堂廟堂。慶安元年(一六四八)慈眼大師と諡号され、慈恵大師とともに両大師として信仰されている。天海伝は、七回忌に慈眼の諡号宣下にあたり門下伝記を企て、東源撰『慈眼大師伝記』(慶安三年)があり、他に東源撰『慈眼大師伝』(正保ごろ)があり、天海の関係記録や関係史料雑纂は『慈眼大師全集』下に所収。 (塩入 良道)

でんがく 田楽 農耕儀礼に伴う芸能に、散楽芸が結びついたもの。豊作予祝のため、田植えのとき歌舞する田遊びを、それがある程度まで標準演技の形成された段階で、散楽者が固有の芸に採りこみ、新しいジャンルとしたのであろう。後世に残った田楽までも、刀玉《かたなだま》・品玉《しなだま》・輪鼓《りゅうご》・高足《たかあし》・一足《いっそく》など、散楽の演目が含まれており、楽器にも編木《ささら》や腰鼓など、外来めいたものが使われたからである。これら散楽の固有芸は、かなり高度の訓練を要するので、農民が本業のかたわら習得し、かれらの芸に採りこんだとは考えにくい。田遊び風の芸を得意とする散楽者が多くなり、やがて専業の田楽者が生まれたのであろう。田楽の初見記事として『三代実録』貞観八年(八六六)閏三月一日条の「天皇(中略)御二東門一覧二耕田一、農夫田婦、雑楽皆作」が知られるけれども、田楽といえるものだったか否かはわからない。明らかな記事としては、延喜二十二年(九二二)の『和泉国大鳥大明神五社流記帳』にみえる田楽がいちばん早い。ついでは、山崎の者が松尾社の祭で田楽を演じたという記事で(『日本紀略』長徳四年(九九八)四月十日条)、その芸態は『栄花物語』御裳着に治安三年(一〇二三)の田楽見物を記した条から、ある程度まで推察できる。その盛行は院政期に入ってからのことらしく、十一世紀後葉ごろ以後に田楽の記事が多くみられる。大江匡房の『洛陽田楽記』(『朝野群載』三)には、永長元年(一〇九六)夏の田楽(永長の大田楽)を詳述するが、これは田楽というよりも、街上を華美・異風の扮装で練り歩く行事すなわち風流《ふりゅう》に田楽の芸態を持ちこんだもので、当時、貴賤を問わず大流行した。職芸田楽者の芸を素人がまねたのは、職芸者の間でそれ以前に模倣可能なところまで田楽が定型化されていたことを示すと考えられる。素人にまで模倣された田楽は、もはや農耕儀礼との結びつきを失い、娯楽的な芸能へ変性していったと考えられる。それは、地方の社寺などで、神事や仏会の余興として田楽がひろく行われるようになった原因でもあったろう。田楽が娯楽化した段階で、在来の芸だけでなく、いっそう魅力的な芸を採りこむことが必要とされたらしい。十三世紀中葉ごろから、歌唱と舞踊をマイムふうの芸に結合した「能」が猿楽者によって考案され、おそらく好評だったからであろう、田楽者もこれらを採り入れた。両者を区別するため、それぞれ「猿楽の能」「田楽の能」とよぶ。しかし、田楽のほうに名手が多く出たようで、十四世紀初葉には、田楽の能が猿楽の能よりも優位に立ち、北条高時は田楽能の熱心な愛好者であった。足利尊氏もそうだったし、世人が田楽能に熱狂したことは、桟敷が崩れて多数の死傷者を出した貞和五年(一三四九)の京都四条河原における勧進田楽によってわかる(『太平記』二七)。このときに出演していた一忠や、奈良田楽の亀阿弥は、いずれも名人とうたわれた。ところが、猿楽能のほうで観阿弥清次が活躍するようになったころから、次第に形勢は逆転し、十五世紀中葉より後は田楽能が衰退して、能といえば猿楽能をさすのが普通となる。しかし、田楽能が行われなくなっても、本来の田楽芸は地方に残存し、現在においても六十ヵ所内外は命脈を保っている。春日若宮・那智大社・毛越《もおつ》寺などが代表的であり、『江戸名所図会』に出ている浅草三社祭や王子権現祭の田楽も参考となる。

参考文献 芸能史研究会編『田楽・猿楽』(『日本庶民文化史料集成』二)、高野辰之『歌舞音曲考説』、能勢朝次『能楽源流考』、本田安次『田楽・風流(一)』(『日本の民俗芸能』二)、林屋辰三郎『中世芸能史の研究』

(小西 甚一)

てんぐ 天狗 『旧事本紀』によれば、素戔嗚尊の吐物から天狗神《あまのざこがみ》が生じたと記されているが、史料自体が信用できない。近世の神道家は『古事記』の天孫降臨の条で、途中で迎えに出た猿田彦神が天狗であるとするが、猿田彦を天狗であると記した古い記録は見あたらない。中国の『史記』では、彗星を「天狗」と記し、わが国ではこれを「あまつきつね」と読ませているが(『日本書紀』舒明紀古訓)、後世の天狗とは異なった用法である。日本の民俗学者の考証によれば、山奥で大木の倒れる音がきこえるのを天狗倒しといい、大勢のドッと笑う声がするのを天狗笑いといい、また天狗つぶてといって、どこからともなく小石がたくさんとんで来るのを、天狗の仕業と考えるように正体が不明の怪音が古い形であるらしい。修験道は中国の仙人の思想と密教の影響を受けた山岳信仰で、山を修行の場とする。しかるに山には修業者(山伏)の入る前から、先輩たる山の神がいると考え、それを具体的に描き出したものが今の天狗(狗賓ともいう)であろう。そこで天狗は山伏姿か白衣(修行の際の服装)で描かれている。朱面で鼻の高い天狗よりも、鴉《からす》天狗といって、鋭い口嘴を持ち、背に翼を持った姿の方が古いらしい。天狗の存在で名高い山は、鞍馬の僧正坊、比叡山の法性坊、比良山の次郎坊、飯綱山の三郎坊、富士山の太郎坊、羽黒山の羽黒坊、妙義山の妙義坊、筑波山の筑波法印、彦山の豊前坊、大山《だいせん》の伯耆《ほうき》坊、秋葉山の三尺坊、葛城《かつらぎ》山の高間坊、日光の隼人《はやと》坊、最乗寺の道了尊など、いずれも名高い山岳信仰のセンターである。山伏が修行の結果得た超能力を験力というが、先輩たる天狗ははじめから持っていたと考えられた。山伏が天下の武力に対抗していたのは南北朝時代である。足利尊氏は北朝の光明天皇により、征夷大将軍に任ぜられ、室町幕府はすでに開かれていたのだが、この体制を認めない反体制のゲリラが正統の天皇を捧じて吉野山や賀名生《あのう》に立て籠り、山伏街道を通じて各地の拠点と連絡をとって活躍していた。足利義満の時に南北朝が和解し、南朝の後亀山天皇は北朝の後小松天皇に神器を譲り、皇統のみは和解したのだが、山伏は和解せず、ゲリラ活動を続けた。しかし錦の御旗を失って、山伏は狂言の中では笑われ役に落ちぶれ、天狗もお伽草紙の中で、ちえのある子供にだまされてかくれみのをだまし取られるほど下落した。明治政府は修験道を禁止し、大部分の山岳信仰の拠点から山伏を追い出し、中央で養成されて地方の実状にうとい神官の管理に任されたので、天狗の信仰も大部分が消失した。しかし地下運動の形で残った修験道は第二次世界大戦の終った後、神社の国家管理が廃止されたために、羽黒・鞍馬・吉野・石鎚などを拠点として復活したが、天狗の信仰は容易には回復しない有様である。

参考文献 知切光歳『天狗考』、柳田国男『山の人生』(『定本柳田国男集』四)　(小池　長之)

てんくじしょ　天口事書　中世伊勢神道書の一つ。著者は度会行忠と推定されている。一巻。成立は、弘安三年(一二八〇)六月とされ、竜門文庫本が原型と考えられている。『続々群書類従』神祇部所収の流布本と竜門文庫本(『神道簡要』『類聚神祇本源』『瑚璉集』『元元集』『豊葦原神風和記』など中世神道書に所引のものは竜門文庫本と合致)とでは内容が若干異なる。中世神道書の中では『神皇実録』が早く成立し、ついでこれをもとに『御霊形文図』が生まれ、『仙宮秘文』と『天口事書』は『神皇実録』に主として拠りつつ、『御霊形文図』からも影響をうけ、成ったとされる。神代より伊勢神宮鎮座地の霊地なることを語ろうとした書であり、また心御柱などについての記述もみられる。『神道大系』論説編五に『続々群書類従』神祇部所収の流布本と、その原型とされる竜門文庫本の両本を収める。

参考文献 久保田収『中世神道の研究』、鈴木義一「天口事書の成立について」(『国学院雑誌』六〇ノ七)　(白山芳太郎)

てんし　天子　天皇の別称。国語に「あまつみこ」という。天つ神の子という意である。中国の古代では天が民を治めるものとなし、これに代わって天下を治める者を天子と称した。すなわち天帝の子という意味である。わが国では天皇の称謂の一つとしてこれを用いているが、この場合中国における天子の意味を受けていることはいうまでもないが、同時に天皇は日の神の後裔として天神の子という意味も含んでいると考えられる(石原正明『年々随筆』六)。かく解すれば、儀制令に「天子祭祀所レ称」と規定し、神祇に対する時に天子の称を用いることを定めている意味もよく理解される。わが国における「天子」の称の使用例は、『日本書紀』履中天皇五年十月条に「検二校天子之百姓一」とみえているのが初見とされるが、『隋書』倭国伝に推古朝の国書として「日出処天子致二書日没処天子一無レ恙云云」とあるのが早い時期の確実なものであろう。　↓天皇《てんのう》　↓天《てん》の思想《しそう》　(後藤　四郎)

てんしゃしんとう　天社神道　⇩土御門神道《つちみかどしんとう》

てんしょうこうたいじんぐうきょう　天照皇大神宮教　神道系新宗教。本部は山口県熊毛郡田布施町にある。教祖は北村サヨ(一九〇〇―六七)。昭和十七年(一九四二)自宅の納屋などの焼失を機に、サヨは祈禱師の指導下で修行を開始。同十九年以降、彼女は肚の中の神の導きにより独自の修行を続ける。翌年八月十二日に宇宙絶対神であるという天照皇大神のみずからへの降臨を自覚したサヨは、神の国建設を使命に、各地で独特のレトリックを用いた激しい口調の説法を行い、歌説法に合わせて無我の舞を舞いながら多くの信者を得る。同二十一年一月一日、神の国開元の紀元元年とし、以後独自の年号を使用。「踊る宗教」、「踊る神様」として世間の注目を集めた。同二十七年、海外布教を試みハワイなどに海外支部も発足。教典はサヨの言行録である『生書』。「名妙法連結経《なみょうほうれんげきょう》」という祈りによる悪霊済度も行われる。信者は同士と呼ばれ、教団規則により役員は生業を持ち宗教活動に従事する。平成十三年(二〇〇一)末現在、神社その他の施設二七〇、信者四六万五一六三(文化庁編『宗教年鑑』平成十四年版)。　(永井美紀子)

てんしょうだいじん　天照大神　⇩あまてらすおおみかみ

てんじょうむきゅう　天壌無窮　『日本書紀』天孫降臨章第一の一書にみえる、皇祖天照大神《あまてらすおおみかみ》が皇孫瓊瓊杵尊《ににぎのみこと》に授けた「葦原《あしはらの》千五百秋《ちいほあきの》瑞穂国《みずほのくに》は、是《これ》、吾《わ》が子孫《うみのこ》の王《きみ》たるべき地《くに》なり、爾皇孫《いましすめみま》就《ゆ》きて治《しら》せ、行矣《さきくませ》、宝祚《あまつひつぎ》の隆《さか》えまさむこと、当《まさ》に天壌《あめつち》と窮《きわま》り無けむ」(原漢文)との神勅(いわゆる天壌無窮の神勅)に由来する語句。日本国は天照大神に発する皇統につながる子孫たちが、天地が永遠であるのと同じようにいつまでも、君主として君臨すべきことが、大神自身によって、国がおこるもとから約束され、確定しているとの神話にもとづく思想の圧縮した表現。仏教思想の影響を指摘する説や、古くは天地の果てしない広がりを意味する空間的な観念だったとの説もある。『古事記』には類似の表現はない。同神勅は書紀では正文でなく、異伝として一書に入れられていたが、『古語拾遺』に大きく取り上げられ、伊勢神道書や『神皇正統記』などもこれを踏襲、次第に重視された。　↓三大神勅《さんだいしんちょく》　↓神《しん》勅《ちょく》　(高森　明勅)

てんじょうむきゅうのしんちょく　天壌無窮の神勅　⇩神勅《しんちょく》

てんじんえんぎ　天神縁起　⇩北野《きたの》天神縁起《てんじんえんぎ》

てんじんこうしき　天神講式　北野天神の威徳霊験を讃した書。一巻。毎月十八日、講席を設けて、天神に祈願すれば、必ず成就することを讃した法楽の次第書である。天神講のはじまりは、菅原為長が著述した『天神講私記』のなかで、元久元年(一二〇四)の夏と述べている。菅原為長は、寛元四年(一二四六)に没しているから、おそらく『天神講式』は、菅原為長の時代に成立した、と考えるべきであろう。編者は、目下不明といわざるを得ない。北野天神の神霊を慰め、験徳を蒙るために祈願すれば、必ず成就することを説いている。惣礼・三礼・如来唄とあり、菅原道真の詩歌を述べ、天満天神の威徳・奇瑞を語り、本地は観音と記述し、利益は広大無辺で、文道や諸芸道の関係者に効験あり、と説く。なお『天神講式』は、菅原為長の『天神講私記』と合わせて、理解すべきものである。『神道大系』神社編一一、『北野誌』、『続群書類従』神祇部所収。

参考文献　『群書解題』二上　(真壁　俊信)

てんじんしちだい・ちじんごだい　天神七代・地神五代　『日本書紀』神代にみえる宇宙原古の神である国常立尊《くにのとこたちのみこと》、国狭槌尊《くにのさづちのみこと》、豊斟渟尊《とよくみぬのみこと》、泥土煮尊《ういじにのみこと》(陽)・沙土煮尊《すいじにのみこと》(陰)、大戸之道尊《おおとのちのみこと》(陽)・大苫辺尊《おおとまべのみこと》(陰)、面足尊《おもだるのみこと》(陽)・惶根尊《かしこねのみこと》(陰)、それに伊弉諾尊《いざなきのみこと》(陽)・伊弉冉尊《いざなみのみこと》(陰)までを一括して天神七代といい、天照大神・忍穂耳尊《おしほみみのみこと》・彦火瓊瓊杵尊《ひこほににぎのみこと》・彦火火出見尊《ひこほほでみのみこと》・鸕鷀草葺不合尊《うがやふきあえずのみこと》までを地神五代と呼ぶ。この中で、天神七代は、泥土煮と沙土煮、大戸之道と大苫辺、面足と惶根、伊弉諾と伊弉冉を、それぞれ男女神に分けているから、一対ごとに一代と数え、全部で七代となるのである。「天神七代・地神五代」の称は古代の文献には一切みえない。『釈日本紀』『大和葛城宝山記』『源平盛衰記』『天地麗気記』など、鎌倉時代以降の諸書にみられる観念である。この観念は中世の神道家・仏僧らによって唱えられた思想で、神武以前の神代の神々を、天地・陰陽に分かち、五および七の陽の数で、分けたもので、これを五行や五大などの理説によって説明するなど、繁雑な神道理論を生み出していった。→神《かみ》世七代《よななよ》

参考文献　本居宣長『古事記伝』三(『本居宣長全集』一一)、大隅和雄校注『中世神道論』(『日本思想大系』一九)　(松前　健)

てんじんしんこう　天神信仰　菅原道真を天神として祀る信仰。菅原道真と天神への崇敬は、平安時代中期から今日に至るまで、各時代の歴史思想を背景として、日本の文化・思想・宗教・社会のうえで、幅広く普及し影響は大きい。信仰の基本は、神となった道真を信じることにある。具体的には『日蔵夢記』にあるように道真の言葉(詩文)を伝え、形像(道真の姿を描き、木や石に刻する)を作り、名号(天満大自在天神)を称し、慇懃に祈り信じることである。崇敬の萌芽は、道真の生存中、彼の詩文の才能に対する紀伝道学者たちの讃仰にある。しかるに、延喜三年(九〇三)二月二十五日、道真が配所大宰府で没してのち、藤原時平一族の不幸が続くと、それを天神に結びつけ、道真の怨霊として信じられた。この火雷の思想は真言宗系の人々によって吹聴されている。一方、この思想を打ち消す意味で、天神は、火雷ではなく、大富、福をもたらすという信仰も発生している。延喜年間には、僧浄蔵の伝承にもみえるように、「菅丞相之霊」を恐れ、慰めるために「菅家影像」が描かれた。道真の子淳茂は、菅家の箕裘を嗣いで門風を賞讃し、この思想が紀伝道方面の人々に受けいれられ、天神が文道の大祖・風月の本主と仰がれるようになる。孫在躬は『菅家伝』を編纂し、伝承的な記事も載せている。道真の弓射の嗜は、道真が儒学的教養や徳行にすぐれていた、という信仰で、これは紀伝道の人々の憧憬を述べたものであり、天神信仰のうえでもっとも有名な伝承である。道真が紀伝道方面で崇敬される一方では、天神の託宣が流行した。天慶五年(九四二)七月十三日多治比奇子へ託宣が下り、奇子の私宅に禿倉を構えたのが、社殿のはじまりである。天暦元年(九四七)六月九日、社殿を現在の北野の地に移築した。平安時代中期から後期にかけて、天神の書風は小野道風の筆跡にすこしも変わらない、という思潮が生じ、また道真の生誕が化現説に結びつけて信じられ、天神は十一面観音の垂迹であると信仰されてくる。平安時代末期から鎌倉時代初期にかけて、『天神縁起』が作られ、天神の霊験や利生の伝承が載っている。そこには、天神を慈悲の神、正直の神、雪冤の神と信じていた実情が認められる。国宝『北野天神縁起』(その模本は現在まで五本確認されている)のほかに重要文化財に指定された『天神縁起』も多い。これらは詞書の内容より四分類できる。これは北野神社の各院で独自の縁起を用いて信仰を広めたことに由来する。現存史料によると、元久元年(一二〇四)の夏に天神講が生まれたといわれている。『天神講式』では、毎月十八日に講席を設け、祈願すれば、必ず祈願成就すると説く。天神の詩歌を述べ、威徳・奇瑞を語り、本地《ほんじ》は観音と述べ、利益は広大無辺、文道や諸芸道の人々に効験ありと説く。この時代、天神は、文道ばかりでなく諸芸道の神とも信じられた。一方、『吾妻鏡』によれば、鎌倉幕府では、諸社の神官や神人の起請文は、京都では、起請の神として北野で書く旨を定めている。室町時代は、天神と和歌との結びつきから、法楽に発展する。天神法楽・聖廟法楽として、北野の神前で会合が催され、千句・万句・月次《つきなみ》連歌などと称された。連歌の守護神として信仰された。この時代のもう一つの特色は、禅僧と深く結びついたことである。彼らにより天神の威徳が讃せられ、『梅城録』や『北野君小伝』が編纂された。また、禅僧による天神の讃仰は、渡唐天神信仰へ発展する。仁治二年

(一二四二)天神は渡宋して無準師範に相見え授衣印可を得た、という信仰である。梅花を手に、唐衣をまとった天神画像が生まれて信仰の対象となる。天神が連歌と結び、禅僧とも結びついた結果、天神画像が盛んに描かれ、また、版画にも刻され礼拝の対象となる。『天神縁起』の制作も盛んであるが、鎌倉時代の作品のように正統的な内容ばかりではなく、話に一段と虚構性が含まれている。それだけ庶民への浸透が窺えるともいえる。室町時代中期より江戸時代初期にかけて、天神は十一面観音との結びつきが発展して、天神の本地は、阿弥陀、十一面、毘沙門、大聖歓喜天、大弁才弁と信じられた。江戸時代には、大名の間で『菅家文草』『菅家後集』が書写され、版行されたところに信仰上の特徴が認められる。また、神官・僧侶・儒学者・国学者・蘭学者などが学問のうえで崇敬している。塙《はなわ》保己一の『群書類従』、宗淵の『北野文叢』編纂などはその信仰の成果である。また、天神の伝記や物語も数多く作られている。『菅家瑞応録』もその一つである。ここでは天神と白太夫(渡会春彦)の伝承が語られ、天神信仰が庶民の中に一段と深く流布浸透する契機となっている。藩校や寺子屋・各私塾でも手習い学問の神として崇敬された。教科書としての往来物にも描かれ、『天神経』とともに庶民教育に大きな影響を与えた。一方、『天神記』や『菅原伝授手習鑑《すがわらでんじゅてならいかがみ》』のように、芝居の方面でも天神信仰は盛行した。浮世絵の方にも発展し、肉筆や版画の作品が盛んに制作された。明治以降も信仰は盛んであるが、昭和初期には、道真その人が忠君愛国思想に結びつけられる傾向性の濃い信仰となった。現在はその傾向もうすらぎ、学問の神、試験合格の神として信仰されている。→北野天神縁起《きたのてんじんえんぎ》 →北野天満宮《きたのてんまんぐう》 →太宰府天満宮《だざいふてんまんぐう》 →天満宮《てんまんぐう》

参考文献 『大日本史料』一ノ三、延喜三年二月二十五日条、『古事類苑』神祇部三、北野神社社務所編『北野誌』、『北野社家日記』(『史料纂集』)、『北野神社文書』(同)、『北野天満宮史料』、『神道大系』神社編一一、北野神社社務所編『菅公頌徳録』、坂本太郎『菅原道真』(『人物叢書』一〇〇)、川口久雄校注『菅家文草菅家後集』(『日本古典文学大系』七二)、竹内秀雄『天満宮』(吉川弘文館『日本歴史叢書』一九)、遠藤泰助『天満天神信仰の教育史的研究』、『北野天神縁起』(『(新修)日本絵巻物全集』九)、笠井昌昭『天神縁起の歴史』、村山修一『天神御霊信仰』、同編『天神信仰』(『民衆宗教史叢書』四)、真壁俊信『天神信仰の基礎的研究』、同『天神信仰史の研究』、同『天神縁起の基礎的研究』、河音能平『天神信仰の成立』、真保亨『北野聖廟絵の研究』、山中耕作編『天神伝説のすべてとその信仰』、全国天満宮梅風会編『天神さまの美術』、和漢比較文学会編『菅原道真論集』、宮地直一「天神信仰の変遷」(『神道史』下一所収)、西田長男「北野天満宮の創建」(『神社の歴史的研究』所収)、遠藤泰助「菅原道真関係往来についての研究」(『国学院大学栃木短期大学紀要』一五)、並木和子「摂関家と天神信仰」(『中央史学』五)

(真壁 俊信)

てんじんぞうかせつ　天神造化説　あまつかみが、天地を開き、その間に存在する万物を造り、化育するという説。『古事記』序に「乾坤初めて分かれ、参神造化の首《はじめ》と作《な》り」(原漢文)とあるように、記紀神話の天地開闢の中に説かれているが、中世の神道論で天地開闢の問題が盛んにとりあげられる中で、神道説の主要な論点の一つとなり、明治時代にも神道家の間で、天神の造化が論じられた。『古事記』では、最初に現われる天之御中主神《あめのみなかぬしのかみ》・高御産巣日神《たかみむすひのかみ》・神産巣日神《かみむすひのかみ》(『日本書紀』の一書には、天御中主尊・高皇産霊尊・神産霊尊とある)を、造化の三神とする。「神代巻」に対する関心がたかまった中世では、天地開闢と天神のはたらきをめぐって論議が盛んになったが、度会家行の『類聚神祇本源』天神所化篇・本朝造化篇には、天神造化の典拠や諸説が類聚されている。中世末以降庶民教化の中に、神道説が取り入れられるようになり、天地万物の道理を造化の神のはたらきとする説明が広まった。そうした伝統を受け継いで、幕末・維新の時代に神道家の啓蒙活動が繰りひろげられた。その例として、加藤祐一の『文明開化』(明治六年(一八七三)・七年刊)があげられる。著者は、西洋の学問が説く宇宙の成り立ちに対して、日本にも天地開闢の明快な説明があるとして、記紀にみえる天神造化を述べ、ありとあらゆるもので天神のはたらきによらないものはないということを強調し、文明開化の時代にあっても、敬神の欠くべからざることを説き、造化の神のはたらきを理解すれば、一見旧習と思われるようなことも、西洋の理と矛盾するものではなく、そこには天地の理にかなう正しいものが少なくないと説いている。そして、「物を育つる事に昼夜お骨折らる造化の御神に対し奉りても、紙一枚でも粗末にならぬようにするが、人間の務めのひとつじゃ」というような文に、明治時代の道話における天神造化説の展開を見ることができる。

(大隅 和雄)

てんじんちぎ　天神地祇　天つ神・国つ神と同義。天つ神とは、高天原《たかまのはら》に住む神、もしくはそこから地上に降りて来た神を指し、一般には『古事記』や『日本書紀』にみえる天御中主《あめのみなかぬし》、高御産巣日神《たかみむすひのかみ》などの、原古の造化の神、および天照大神《あまてらすおおみかみ》、月読命《つきよみのみこと》、建御雷神《たけみかずちのかみ》など、日・月・星辰・雷電などの天空に結びつく神々を指す。一方、国つ神とは、地上の山野・河川などに住んでいる神々を指すものとされている。天神・地祇の語は、これを、中国の天地の神々を表わす漢語にあてたものである。『延喜式』祝詞、大祓条では、天つ神は天上から八重雲《やえくも》を押し分け、降ります神と述べられ、国つ神は、高山・低山の頂にいます神と述べられている。『古事記』の中で、天降って来た天孫を、天つ神の子と呼んでいるのに対し、出迎えた猨田毘古《さるたひこ》を国つ神と呼び、また神武天皇の軍に、井の中から出て来て帰順した井氷鹿《いひか》を、国つ神と呼んでいる。

神祇令即位条では、天皇即位に際し、天神地祇をまつるとされるが、これがどの位古くさかのぼれるかはわからない。『日本書紀』には、神武・崇神などの伝説時代に行われたと記されるが、史実とはいえない。天皇による天神地祇の祭祀の国史上の初見は、『日本書紀』天武天皇七年(六七八)是春条である。これは唐制の影響であろう。神祇令天神地祇条の『令義解』の注によると、天神とは、伊勢、山城鴨、住吉、出雲国造《くにのみやつこ》の奉斎する神(たぶん出雲の熊野大神)などを指し、地祇は、大神《おおみわ》、大倭《おおやまと》、葛木鴨《かずらきのかも》、出雲大汝《おおなむち》神などであるという。特定の神社を、適宜に天神・地祇にふり分けているのである。また『新撰姓氏録』によると、中臣・忌部・物部・大伴・久米などの宮廷貴族は、一般に天神の裔《すえ》とされ、一方、大神、葛木の賀茂(鴨)、宗像《むなかた》、安曇《あずみ》などの地方的豪族は、地祇族とされている。これらを見ると、日本の天つ神・国つ神の区別は、内性に基づくというよりは、『古事記』『日本書紀』の神話に基づく政治的な色彩のものであることがわかる。天孫に随伴して天降りした神の裔である氏族が天神族、それ以前から国土に住んでいた神の裔である氏族が地祇とされていたようで、そうした区別の規準は、大和朝廷に対する帰属の時期の先後などによるものであろう。決して相異なる種族の対立を表わすものではない。

参考文献　松前健『大和国家と神話伝承』、井上光貞『日本古代の王権と祭祀』(『歴史学選書』七)

(松前　健)

てんじんまつり　天神祭　七月二十五日、大阪天満宮で行われる夏祭。天満祭ともいう。その盛況で日本三大祭の一つと数えられている。祭事の中心となる船渡御に先立って、二十四日の宵宮祭が斎行され、鉾流神事がある。これは、本来、神幸の御旅所《おたびしょ》を、その漂着先で定める神事だった。二十五日は、本宮祭のあと、鳳輦・神輿・太鼓などの行列が本社を出御し、天神橋の御乗船場まで陸渡御する。そして、奉安船・供奉船・奉拝船が大川を行き来し、飛翔橋を折り返す船渡御となり、上陸して、つぎつぎに宮入りをし、還御する。↓天満宮《てんまんぐう》

天神祭　鉾流神事

参考文献　遠藤泰助『天満天神信仰の教育史的研究』、米山俊直『天神祭』(『中公新書』五四三)

(味酒　安則)

てんじんゆいいつ　天人唯一　垂加神道で重視された語で、天地(自然)と人とは、根本は唯一であることを意味する。こうした考えは、中世以来見られ、『倭姫命世記』には天照大神の神勅として、「(人の心に宿る)心神は則ち天地の本基、身躰は則ち五行の化生なり」とあり、吉田神道の『神道大意』には「天地に有りては神と云い、万物に有りては霊と云い、人に有りては心と云う」とある。吉川惟足は、天地開闢以前の混沌からすべてが始まり、そのすべては国常立尊《くにのとこたちのみこと》唯一の生成力によるとすることから、「天地同根万物一体」とか「神人一体」であると説明した。そして、人はその神の力を発揮させるために、日常から「敬《つつしみ》」を重視して心を誠にすべしと教えたのである。山崎闇斎が、『宝基本記』の「神道は則ち混沌の堺を出でて、混沌の始めに帰す」を重視したのも、同様の考えからである。したがって、垂加神道では、天人唯一の秘伝を、「土金《つちかね》(つつしみ)の伝」とともに伝授したのである。こうした考えは、神代と人代は一続きであるとする記紀以来の歴史観に通じた。そのため、吉田兼倶の『唯一神道名法要集』には藤原鎌足の仮託として「吾が唯一神道とは、天地を以て書籍と為し、日月を以て証明と為す」と説かれ、闇斎はそれを「造化(神代の出来事)を以て人事を示し、人事を以て造化を説く」(『玉籤集』)ことであると教えた。闇斎が「怪力乱心を語ら」ない儒者でありながら、日本史『倭鑑』を神代から起筆したのは、『神皇正統記』の影響によるものだが、神代解釈では積極的にこうした考えを用いたのである。したがって、後世、彼らの神代解釈は、牽強附会として一蹴された。ところが、こうした考えは、彼らを批判した国学者にも見られたのである。たとえば、本居宣長が『古事記伝』で、「人は人事を以て神代を議《はか》るを、我は神代を以て人事を知れり」と述べたのも、基本的に天人唯一の考えに通じるものであったといえよう。

(西岡　和彦)

てんそ　天祖　『日本書紀』神武天皇即位前紀に、四十五歳になった神武が諸兄や子たちに語った言葉の中に出てくる用語。「あまつみおや」ともいう。すなわち、「昔我《わ》が天神《あまつかみ》、高皇産霊尊《たかみむすびのみこと》・大日孁尊《おほひるめのみこと》、此の豊葦原瑞穂国《とよあしはらのみづほのくに》挙《こぞ》りて、我《わ》が天祖《あまつみおや》、彦火瓊瓊杵尊《ひこほのににぎのみこと》に授《さづ》けたまへり」といい、「天祖の降跡《あまくだ》りましてより以逮《このかた》、今に一百七十九万二千四百七十余歳なり」とも述べる。この「天祖」二例が用例のすべてであり、この文脈からみると、我(神武)にとって、「天神」は高皇産霊尊・大日孁尊の二神であり、「天祖」は彦火瓊瓊杵尊を指すことは間違いない。「天祖」とは天皇からみた時、天孫降臨の主神、彦火瓊瓊杵尊を指す言葉であり、「天神」とは区別して用いられている。神代下の冒頭部に、「皇祖高皇産霊尊」に対して「皇孫天津

彦彦火瓊瓊杵尊」と記されており、〈皇祖―皇孫〉に対して〈天祖―天皇〉という対応関係を示す用語として理解すべきであろう。『古語拾遺』には「天祖彦火尊」とみえる。（青木　周平）

てんそうちふさい　天曹地府祭　陰陽道の祭祀の一つ。一名六道冥官祭。陰陽道では特に「曹」を「曺《ちゅう》」と称すともいう。辛酉などの歳厄、太一定分などの年厄、天変・怪異の祈禳や、病事・産事・昇官の際の祈禱、あるいは毎月・歳末など定期的な祈禱として、天皇はじめ貴族・武家の間で広く行われた。祭儀は、撫物（鏡・衣・斤）、精進、金銀幣帛・銀銭・鞍置馬・勇奴の捧献など、先行の泰山府君《たいざんぶくん》祭と同様であるが、祭神の冥道十二神は、天曹・地府・水官・北帝大王・五道大王・泰山府君・司命・司禄・六曹判官・南斗・北斗・家親丈人で、北帝大王・六曹判官・南斗・北斗の四神が異なり、また都状ではなく祭文を用いた（ただし応永七年（一四〇〇）の足利義満各神座ごと四件は都状）。天官・地官などを祀る祭祀には、このほか先行の三元祭・本命祭・続命祭などがあり、本祭は、院政時代以後に仏教色の強い六道信仰に基づいて編成されたものと思われる。近世では、祭文形式のも行われたが、都状形式の天皇即位・将軍就任の際の一代一度の大祭は、多くの陰陽道祭の中でも最も重要視され、詳密な記録類や歴代天皇・将軍自署の都状が多数残されている。

参考文献　『諸祭文故実抄』、村山修一『日本陰陽道史総説』、遠藤克己『近世陰陽道史の研究』、滝川政次郎「一代一度の天曹地府祭」（『律令と大嘗祭』所収）、小坂真二「天曹地府祭」（『悠久』九五）（小坂　真二）

てんそんこうりん　天孫降臨　⇩天降神話《あまくだりしんわ》

てんだいざすぎおんべっとうならびにどうしぎょうぶにんしだい　天台座主祇園別当幷同執行補任次第　祇園社（八坂神社）の記録。一巻。成立年次・編者ともに不明。江戸時代の祇園社の執行であり、享保年間（一七一六―三六）成立の『祇園社記』編者である宝寿院行快の注進を記したもの。祇園社は天台宗の別院である宮寺であったため、別当以下の天台宗の社僧が置かれ神社を統轄していた。本書は歴代天台座主の名と事蹟、および祇園社別当、執行、目代の補任記事を記すが、断片的な記録である。まず最澄からはじまって、第六代座主惟首までの歴代座主を記すが、この時代は祇園社の創祀以前であるため、当然祇園社については触れていない。第七代座主以降については「律師行快云、此已下失矣」とあって、その記録が散佚したとする。ついで第百三十六代座主尊道から桓豪・承胤・恒鎮・尊道の五代の座主と、その当時の祇園別当、執行、目代について記すが、第百四十一代の座主以降についても「律師行快云、此以下亡矣、堪（甚か）可惜也」とあるように、記録が失われたとする。『続群書類従』神祇部・補任部所収。

参考文献　『群書解題』二上　（佐藤　眞人）

てんだいしんとう　天台神道　⇩山王神道《さんのうしんとう》

てんちかいびゃくせつ　天地開闢説　原古に天と地が分かれることによって、現在の世界が始まったとする説。『日本書紀』神代の冒頭には、はじめに天地がまだ分かれず陰陽もまだ分離せずに、渾沌とした卵のような状態があり、溟涬《ほのか》な中に物の発生する芽《きざし》を含んでいたが、やがて清く明るいものが高く上がって天になり、重く濁ったものは凝固して地となって、天がまずでき、後れて大地が定まり、それからその中に、神々が誕生したと説かれ、それに続けて「故曰」という書き出しがあって、その後に開闢のはじめに洲壌《くにつち》がまだ魚のように水の上に浮かび漂っていたときに、天地の中に葦の芽のようなものが生じ、神となったのが国常立尊《くにのとこたちのみこと》と呼ばれると記されている。「故曰」より前の文は大部分が『淮南子《えなんじ》』や『三五歴紀』などの中国の書物からの借用なので、一見するとここではまず中国の開闢説が記され、それに続けて日本に固有の開闢神話が語られているようにみえる。しかし大野晋《すすむ》が指摘したように、冒頭部でも、たとえば「溟涬含牙」という箇所は、「溟涬始牙」すなわち「自然の気が始めて芽《きざ》した」という意味であった『三五歴紀』の原文が、後で述べられている日本神話の「天地の中に最初にまず葦の芽のようなものが生えた」という内容に合わせて変えられており、その他の点でもこの冒頭部で語られていることの大部分は、原古の渾沌が卵に擬えられているというただ一つの重大な相違点を除けば、『古事記』と『日本書紀』にみえる日本固有と思われる創世神話と齟齬するよりはむしろ大筋で一致している。つまり『日本書紀』冒頭のこの開闢説は、中国から単純に借りて来られたものではなく、日本にあった神話を、中国の書物からそっくり借用した文も用いながら、中国風に物語ることによって、後に続く日本の創世神話への前置きとしたものと思われる。↓開闢神話《かいびゃくしんわ》

参考文献　大野晋「記紀の創世神話の構成」（『文学』三三ノ八）（吉田　敦彦）

てんちこんげんのみやづくり　天地根元宮造　建築史家伊東忠太は、「日本神社建築の発達」のなかで「我が国最初の原始的建築として古来工匠間で伝へてゐる天地根元宮造」を紹介した（『建築雑誌』明治三十四年（一九〇一月）。それは切妻屋根を地上に伏せた形で、妻側に入口をもち、棟持柱・叉首・堅魚木などをもつ形式であった。伊東の描いた図の祖形となったと考えられる図は二つあって、一つは元文四年（一七三九）平内《へいのうち》政治門弟深谷治直が図を描いた『社類建地割』、もう一つは享和四年（文化元、一八〇四）辻内伝五郎の奥書をもつ『鳥居之巻』に収録されている図である。前者は二間に五間の矩形の平面をもち、地下深く掘り下げて床を作り、その上に切妻の屋根を伏せた形であって、妻側には壁から離して棟持柱を描いている。この図の書込みに「地神五代宮城殿門初リ之図チキカツオキノ初」、また「地神五代柱建初也御門宮城殿門之初也コレヨリ社大工初也」とある。後者は平

面図がないが構法は前者とほぼ同様であって、「天地根元家造リ、柱弐本棟有小舞千木勝男木覆板乃神明造リ宮是也」とある。これらの図がいつごろから建築工匠の間で伝えられるようになったのかは判然としない。伊東の紹介以後、竪穴住居跡の発掘によって先史時代の住居の様相が明らかになるまでの間は、天地根元宮(家)造が日本建築の祖形と考えられていた。

参考文献 堀口捨己「出雲の大社と古代住居」(『古美術』一八ノ七) (稲垣 栄三)

てんちじんぎしんちんようき　天地神祇審鎮要記　鎌倉時代の神道書。天台僧慈遍の撰。三巻。元弘三年(一三三三)成立。本書は慈遍の樹立した神道教学をもとに天台宗の山王神道を論じた書である。鎌倉時代末期の山王神道は天台宗の顕密諸流派の生みだした相互矛盾の多い秘説・口伝の集合体であり、組織的教学が形成されていなかった。慈遍の神道思想は『旧事本紀』を神典として重視し、神宮祠官度会常昌との交流を通じて取得した真言密教系の両部神道・伊勢神道の思想を基礎としているが、本書は自身の教学思想をもとに錯綜する山王神道を整理し体系化することを意図して撰述したもの。本書は大門第一(神道の大趣を示す)、大門第二(山王神道に関する論)、大門第三(結論)という構成からなっており、とりわけその第二が中心となる。ここで山王七社の祭神や由来について、大江匡房撰と伝える『扶桑明月集』をはじめとする山王神道の従来の祭神説を取捨選択して『旧事本紀』にもとづく神系譜の中に日吉社の諸神を位置付けている。『天台宗全書』一七、『神道大系』論説編三所収。

参考文献 鎌田良賢「一実神道に於ける僧慈遍の学説」(『明治聖徳記念学会紀要』四六) (佐藤 眞人)

てんちょうせつ　天長節　天皇誕生日の旧称。唐の玄宗が、『老子』にある「天長地久」の語句にもとづき、天子の長寿をことほぐ祝い日として設けたのをうけて、日本では光仁天皇が宝亀六年(七七五)十月十三日の誕生日に天長節の儀を行い、宴を賜うたのをはじめとする。平安時代以後、この種の行事が行われ、「春鶯囀」の曲名を「天長宝寿楽」ともよんだが、天長節の名は記録にみられない。明治元年(一八六八)八月二十六日、太政官布告で復活、翌二年から外国使臣の招宴をもよおして、これが慣例となった。また翌三年から神祇官の八神殿で、明治五年からは宮中三殿で天長節祭が行われる皇室祭祀となった。明治時代には四方拝(元日)・紀元節とともに祝日とされる三大節の一つ、大正以後は新設の明治節(明治の天長節)を加えての四大節の一つとされ、学校などでは他の祭日とちがって式典が行われた。明治のそれは九月二十二日(改暦後は十一月三日)、大正は八月三十一日(夏休み中なので代日(十月三十一日)を設けた)、昭和は四月二十九日である。昭和二十三年(一九四八)七月二十日、国民の祝日に関する法律の公布・施行に伴い、天長節の名は廃され、天皇誕生日となった。→祝祭日《しゅくさいじつ》

参考文献 村上重良『天皇の祭祀』(『岩波新書』黄九九三) (佐藤 伸雄)

てんちれいきき　天地麗気記　⇩麗気記《れいきき》

てんどうしんこう　天道信仰　近代まで対馬の郷村に伝承されてきた「てんどう」は、原始的な日神と穀霊を核として天道童子・天道法師と称する伝説の教祖を奉じ、真言密教の方式によって整えられた宗儀である。『天道大菩薩縁起』および『天道法師縁起』は江戸時代前期の撰文だが、そのなかに語られた時代背景には平安時代後期を示唆した所伝があり、また天道観音として崇敬されてきた対馬六観音で、現存する最古の千手観音も平安時代後期の作と鑑定されている。旧来の郷村には天道地と呼ばれる聖地があって、「てんどう」または「かなぐら」という祭壇か神木あるいは霊石があるほか、観音堂で礼拝する所もあった。祭日は六月と霜月で、六月祭は麦・小麦・豌豆《えんどう》など夏作物の団子を神霊《かみ》とし、霜月祭は米・粟・蕎麦・小豆の餅を神霊としたもので、この穀霊を「ぼさつ」と称し、「ぼさつを粗末にすると目がつぶれる」と戒められた。また霜月祭の典型は厳原《いずはら》町豆酘《つつ》(長崎県下県郡)に伝承された古俗がある。稲の原生種ともいわれる「赤米」を耕作し、その種籾を鎮呪して神霊とした俵を頭家の奥座敷の天井に吊ってこれを礼拝する。この赤米の餅を新年の「年神」としてまつり、年間の農耕儀礼がすべて神事をもって運営された。また日神を「てんどう」とした信仰の典型は上県町佐護《さご》(同県上県郡)にある。『天道大菩薩縁起』には、「照日の神女が日光に感精して天童を出産した」というのだが、佐護湊の天道女体宮、俗称女房神の御神体(木像)は、神女が日輪を懐妊した形容で、まさに日神の妻であり母でもある「おおひるめ」を表現している(永享十二年(一四四〇)造顕天道女躰宮神体銘)。この神堂の本名は神御魂《かんむすび》神社で、その対岸に天道山があり、麓に鎮まる天神多久頭魂《たくつたま》神社(式内社だが社殿はない磐座《いわくら》)を天道大菩薩と号していた。なお近くに天道山大日寺があることから、大日如来を本地仏、天神多久頭魂を天道菩薩、神御魂を女房神とした神仏習合の型が説明される。

参考文献 鈴木棠三『対馬の神道』、和歌森太郎「対馬の天童信仰」(『和歌森太郎著作集』一〇所収)、永留久恵「天童信仰と民俗文化」(『海童と天童』所収) (永留 久恵)

てんどうばらえ　天道祓　⇩天度運数祓《てんどうんすうのはらえ》

てんどうまつり　天道祭　日神(おてんとうさま・おひでりさま)と穀霊(てんどうぼさつ)の素朴な信仰の祭祀として、古くから対馬に顕著で北九州の離島にもあった「てんどう」は、天道地すなわち茂《しげ》と呼ばれる聖地に磐座《いわくら》・神籬《ひもろぎ》形式の祭祀があるだけで、社殿はないのが通例だが、厳原《いずはら》町豆酘《つつ》の天道には真言密教風の神社(堂)がある。そこでは天道法師(伝説の教祖)が授けたという「赤米」を耕作して、旧暦十月十七日に刈り取った種籾を鎮呪して神霊《かみ》(てんどうぼさつ)をつくり、翌十八日新霊を祝う。

赤米で造った神酒と神饌をいただく神人共食の儀が多久《たく》頭魂《つたま》神社(式内社だが建築は堂)で行われるが、その儀は新嘗の神事である。そして霜月朔日、全島の神社で御入《おいり》座《ませ》の祭があり、旧例では、年頭の亀卜《きぼく》が行われたという。これは赤米の餅を年神とするしきたりと合わせて「春耕秋収をもって歳時とした」霜月正月の古俗をうかがわせるものがある。

参考文献　鈴木棠三『対馬の神道』、和歌森太郎「対馬の天道信仰」(『和歌森太郎著作集』一〇所収)、永留久恵「天童信仰と民俗文化」(『海童と天童』所収)

(永留　久恵)

てんどうんすうのはらえ　天度運数祓　吉田神道で行われた数祓(一時に何度も繰り返して修する祓)の一種。陰陽師が中臣祓を唱えるようになり、陰陽道の影響によってできた。陰陽道でいう天の二十八宿・地の三十六禽の数に則り、中臣祓の詞を、二十八遍・三十六遍、計六十四遍唱えて祓を修するものである。天度とは、天体の度数の意、運数とは、何度も数を運び重ねる意。略して天度の祓ともいい、天道祓《てんどうばらえ》ともいう。→中臣祓《なかとみのはらえ》

(青木　紀元)

てんのう　天皇　七世紀以後の日本の君主の公式称号、またその地位についた人。天皇号成立以前の同一家系の君主であったもの、またはあったとされているものにも後世から遡及して用い、封建社会で君主の実を失ったあとの継承者にもこの号を用い、日本国憲法でも「象徴」として天皇の称号を残した。天皇という称号は七世紀以来、今日まで続いているが、その実質をなす政治的権能や社会的役割は時代によって大きく変化している。天皇の存続をささえる国家体制や社会構造を、学問上の用語として天皇制とよぶが、天皇の歴史的性格の変化は天皇制の歴史と不可分の関係にある。現代では、ある集団のなかで強い支配的影響力を及ぼす人物を何々天皇とよぶ場合があり、譬喩の形で用いられる俗語にすぎないけれど、そのような俗語が通用するのも、天皇制が単に公的制度としてでなく、歴史的特質をもつ社会構造と結びついているためにほかならない。

〔天皇号の由来・訓読・同義語〕天皇の語は中国古典にみえ、大陸文化移植の一環として天皇号を採ったことは明白である。『旧唐書』などの史書や、『枕中記』などの道教経典その他に出典があるが、何によったかは特定できない。いずれにせよ宗教的権威を帯びた君主の称号としてふさわしいものとして用いられたのであろう。七世紀の文章と認められる天寿国繡帳銘・野中寺弥勒菩薩像銘などの所見が現存最古の用例であり、七世紀に入ってからそれまでの「おおきみ(大王)」に代わる公式称号として使用されるようになったのであろうが、『古事記』では歴代名をすべて天皇号で統一してはいない。「すめらみこと」などの国訓が伝えられているが、「てんのう」という音読がいつ始まったかは不明である。後述の漢風諡号が普及してから音読が一般化した。同じ中国風称号としての皇帝・天子なども公式に併用された。大日本帝国憲法下の外交関係詔書・勲記に皇帝の号を用いたのは、Emperorという西洋の君主号への対応を配慮したのであろうが、昭和十一年(一九三六)にこれらにおいても皇帝号の使用をやめ、天皇号に統一した。

〔天皇の人数・代数〕天皇号使用以前の大王号の時期を含めて、天皇の称号に相当する地位についた人物が全部で何人になるかは、学問上確定できない。『古事記』『日本書紀』が天皇号を用いて記載している人名中、最初から数人ないし十数人は、実在の人物と認めがたいものや、実在に強い疑いのある人名が多いからである。現在、皇統譜で神武天皇を第一代とし、弘文天皇を加えて今の天皇を百二十五代としているのは、学問とは無関係の公的決定にすぎない。そもそも、天皇の代数として一定の数を定めることは、最古の天皇の実在性の問題のほかにも、同時に両天皇の併立した時期があり、天皇の順序を単線で連ねることのできない点からも不可能である。継体と安閑・宣化との両朝併立を推定する学説はしばらく措くとしても、後鳥羽と安徳とが一時期相並んで天皇とされていた事実があるし、南北朝時代には、北朝の光明・崇光・後光厳・後円融・後小松(南北合体以前)各天皇と、南朝の後醍醐・後村上・長慶・後亀山各天皇とが相対立し、双方が天皇であると主張していた。両者の間に正閏の別を立てるのは名分論であって、歴史的事実としては、南北両朝の天皇の併立を認めるべきであろう。三種の神器がいずれにあったかで、一方を正統とすることはできない。神器は皇位に伴うものであって、皇位が神器に伴うのではないからである。ちなみに、皇統譜の弘文天皇と光厳天皇に問題があるので述べておく。明治三年(一八七〇)に大友皇子に弘文の諡号を贈り天皇の列に加えたのは、『大日本史』の説による政治的決定であって、『日本書紀』に即位したと記していないのに、後世の文献で即位を認めるのは、学問的根拠に欠ける。また、後醍醐が光厳に譲位して隠岐に流され、京都帰還後に光厳を廃したのに、光厳の在位を否認したため、混乱が生じているが、本意に反していたにせよ、譲位したあとは光厳が天皇となったのであるから、光厳が天皇でなかったとするのも、光厳・後醍醐の同時併立とするのも、ともに事実に反し、光厳の廃位により後醍醐が再度天皇の地位についたとすべきであろう。なお、生存中天皇の位につかず、死後に天皇の号を贈られた草壁皇子(岡宮御宇天皇)・舎人親王(崇道尽敬皇帝)・施基皇子(御春日宮天皇)・早良親王(崇道天皇)・典仁親王(慶光天皇)があり、また、古文献に「倭武天皇」「宇治天皇」「飯豊天皇」「市辺之天皇」などの私称天皇名が散見するけれど、これらはともに冒頭の天皇の定義から外れるものであるので、単なる称号の流用例として付記するにとどめる。

〔各天皇の名〕天皇の位についた各人の名には、㈠即位前の命名による名、いわゆる諱《いみな》、㈡尊称と思われる名、㈢

諡号、㈣追号の各種があり、㈢には⑴国風諡号と⑵漢風諡号とがある。今日、広く用いられている神武・綏靖から光仁に至る漢風諡号名は、聖武・孝謙・称徳を除き、八世紀末に淡海三船が勅により一括撰んだものであり、それ以前に成立した古史には、㈠㈡または㈢の⑴による名で掲げられている。光仁のあと、光孝を最後として諡号の制が絶え、その後は讃美の意がなく、在所その他縁故ある名辞による追号でよぶのが慣行となったが、その期間にも崇徳・安徳・順徳など諡号を贈った特例があり、幕末の光格・仁孝・孝明三天皇にも諡号が贈られたほか、淳仁・仲恭の両廃帝に諡号が追贈されている。明治天皇以後、一世一元の制に応じ、在位中の年号を追号とする慣例が開かれた。

〔皇位継承〕大日本帝国憲法第一条に「万世一系ノ天皇」とあるが、皇位継承がはじめから「一系」であったか、学問上疑問の余地がある。三輪王朝・河内王朝など別系の王朝の存在を推定する学説や、継体天皇を応神の子孫とする系譜の信用性を疑う学説もあるが、『古事記』『日本書紀』では氏《うじ》を欠く特定の父系血族の間で継承されたことになっており、継体以後はその限界の破られた疑いをいだかせる事実はない。皇位継承の資格は、右の父系血族であれば足り、傍系や女性で天皇となった例も少なくない。前近代の皇位継承の順序・原因につき、固定した制度や確立した慣行があったとは考えにくい。古代初期には天皇の死後に新帝が位につくのが常例であったと思われるが、八世紀以後は天皇生前の譲位が原則となっている。そして、それ以前にも、その期間にも、さまざまの力関係による天皇の交替があった。天武が内乱(壬申の乱)の勝者として、先帝天智の子大友皇子を倒して天皇となった例や、淳仁・陽成・仲恭のように、それぞれ太上天皇・摂政・幕府の力で廃帝とされた例もあり、後醍醐・光厳の交替、南北両朝への分裂のように武力抗争に基づく非常事態の発生もある。大日本帝国憲法・日本国憲法とこれに組み合わされた各皇室典範では、皇位継承の順序を、直系子孫を首位に置き、その次に傍系に及ぶ順序を厳密に法定し、女性を排除し、皇位継承の原因を天皇の死のみとし、皇位継承第一順位者が自動的に即時新帝となると定めているが、それは古来の慣行ではない。

〔天皇の起原〕天皇がいつ、どのようにして成立したかは、天皇を首長とする政権、その支配する国家の成立年代・経過と同様に、現在の学界では学説が多様に分かれていて、最低の共通命題を記すことさえ困難である。ただ、天皇の前身をなす大王が、おそくとも五世紀にはのちの畿内の地の政権の首長として存在したこと、その後、七世紀にかけて逐次勢力圏を拡大し、はじめは毛野・吉備・出雲・筑紫その他の各地政権と並立する一地方政権であったのが、やがて七世紀末から八世紀初頭にかけ律令体制を整えるまでのある時期に、他の諸政権との連合体から日本の広い範囲にわたる統一政権に成長した、という程度のことは認められよう。『古事記』『日本書紀』が伝える「神代」の物語は、素材とする個々の説話に歴史的事実または慣行習俗がいかほどか反映しているにせよ、皇祖天照大神が孫瓊瓊杵尊《ににぎのみこと》を日本の統治者と定め、高天原から日向に降臨させたという物語の基本構想は、大王政権が日本の君主としての地位を得たのちに、その支配権を正当化するため造作され、成書としての記紀成立まで潤色が重ねられたものであろうこと、神武天皇が日向から大和に入り、その地の支配者を破って第一代の帝位についたという説話もまた、「神代」の延長線上に造られた物語と思われること、綏靖から開化までの八代は、その名号・相続方式などに徴し実在の人物と認めがたいこと、以上は津田左右吉の研究の輪廓を要約したものであるが、現在の学界でほぼ共通の認識となっていると思われる。ただし、神武以下九代の実在を認める説もないではない。崇神・垂仁・景行の三代の実在を否認する説もあるが、実在説をとる井上光貞は、のちの大王と男系ではつながらない王朝とし、上田正昭も崇神を初代とする三輪王朝とよぶ政権を考えた。井上によれば、成務・仲哀は神功皇后とともに、景行と応神以後を結ぶためあとから挿入された、という。『魏志』倭人伝にみえる「邪馬壹国」(多くの学者は「壹」を「臺」と意改している)の位置については、多年、畿内説と九州説とが対立していて、畿内説によれば、その女王卑弥呼は三世紀にすでに小政権連合の盟主となった畿内大和政権の首長とされるが、九州説によれば、まったく別の政権で、のちに大和政権に征服されたと考えるか、それが東に移って畿内政権となったと考えるか、その一分枝が東に移って畿内政権となり、本流はそのまま九州王朝としてのちのちまで存続したと考えるか、見解が多岐に分かれている。四世紀の倭の状況は中国の正史から窺えないが、『宋書』に五世紀の倭の五王、讃・珍(『晋書』では弥)・済・興・武が順次朝貢したとの記事があり、雄略までの記紀の天皇系譜と大体一致し、紀の紀年を修正すると年代もほぼ合うので、これによって仁徳以後は記紀の天皇系譜を信用するのが学界の大勢であるけれど、仁徳の父応神の実在を認めない説、応神以後は筑紫から畿内に侵入して河内王朝を建てた新しい権力者とする説などがあるほか、五王は畿内の王ではなく九州王朝の王とする説もあって、学説が多様に分かれている。前方後円墳は畿内政権の勢力拡大に伴い全国に普及したと一般に考えられてきたが、『延喜式』によって応神陵・仁徳陵とされてきた最大の規模をもつ河内の前方後円墳をもふくめ、公に比定されているいわゆる天皇陵に対する考古学界からの疑問が近年続出し、最近では、たとえば「伝応神陵古墳」「伝仁徳陵古墳」などの慎重な名称を用いるようになってきた。特定葬主の比定は別にしても、考古学の研究成果、ことに古墳の形態・分布やその出土品から日本における政治権力の形成過程を考え、大王家の成立を推定しようとする試みがあり、その一つに、古墳出土品の騎馬用具の顕著なのに着目し、四世紀初めに大陸から侵入した騎馬民族の立てた征服王朝とする説も唱えられたが、実証に難点が多いとの反対が強い。このように、天皇の起原については、絶対年代や固有名詞をそなえた実情に関する学説は帰するところを知らない状態であるけれど、記紀の素材となっている古代の習俗から出た説話や、『魏志』の三世紀の倭人社会の記事や、古風をある程度伝えている後世の儀礼などから、日本における君主の原初的性格とその成長過程をたどることは可能であり、天皇の起原について推認する材料となる。『魏志』によれば、女王卑弥呼は「鬼道に事《つか》へ能く衆を惑はす」とあり、記紀に語られる皇祖神が、最高の神とされる反面、神衣《かんみそ》を織る巫女ともされていることなどからすれば、おそらく巫祝 magician としての呪力 magical power が、物質上の実力と相まって、三世紀前後に民衆の上に立つ支配者を生み出す根源であったと思われる。天皇が近代に入ってからも、祭祀儀礼を掌る権能を保持していたのは、このような成立期君主の原始的機能が変容しながらも保持されてきたからにほかならない。はじめは小集団の指導者として共同行事を主宰するにとどまったのが、階級的分化の進行に伴って次第に民衆から隔絶した地位に上昇し、やがて充実した武器・宝器などをそなえる君主となった経過が、古墳の発達、特に壮大な前方後円墳の築造や、そこからの豪華な出土品によって想定できよう。しかし、このようにして成立した大王が、並立していた各地諸政権を統合し人民に対し支配権を行使するに至る具体的過程を、実年代に即して記述するには、学説状況があまりに多様にすぎる。ただ、七世紀前半ごろまでは、直轄領を除き、天皇が直接に人民を支配したのではなく、かつては地方政権の君主であった諸豪族に従来のまま人民を支配させ、その上に立つのみであったことは認めてよいであろう。記紀の古い部分の説話が、みな、天皇もしくはその祖神と諸豪族またはその祖先との系譜上あるいは説話上の結びつきを語って、諸豪族が天皇との関係で権威づけられるにとどまり、中国の聖天子説話の翻案として新しく造り添えられた仁徳の仁政説話を除き、人民についての説話がほとんどみえないのも、右の客観的状況によると考えられる。なお、六世紀初頭、武烈の死後、王位継承者が絶え、群臣が越前から迎えて大王に立てた継体は、応神の子孫とされているが、その系譜を疑い、継体は武烈と血縁のない新しい王朝の創始者ではないかと推定する学説もあり、河内王朝などについての学説とともに、前にふれた「万世一系」を疑う理由の一つとなっている。

〔律令国家の君主としての天皇〕七世紀後半から天皇の君主としての性格が制度上も明確となる。壬申の乱の勝利者として即位した天武を詠じた「皇《おおきみ》は神にしませば赤駒の腹ばふ田ゐを都となしつ」(『万葉集』)の歌、「現御神《あきつみかみ》と大八嶋国《おおやしまぐに》知ろしめす天皇」(『続日本紀』)という文武天皇元年(六九七)の即位の宣命の公式称号(「現御神」は「明神」とも表記された)に、六世紀前後に成立していたと推定される『古事記』『日本書紀』説話の皇祖神の子孫としての天皇の性格が示されている。天命を承けて統治権を獲得する中国の天子に有徳の君主であることが要請され、天命を失えば易姓革命が生ずるとされているのに対し、天皇の地位は皇祖神の意志により確定し、皇祖神の男系子孫のみが継承するとされているのが特色であって、天皇を生んだ日本の社会的基盤と中国のそれとの相違によるのであろう。その形成過程をふくめての律令国家は、天皇を名実ともに君主とするが、統治権行使の実際では、皇太子その他の皇親、太上天皇、その前身をなすものをふくめて太政官の上層を占める貴族らの意志が重きをなしていた場合が多く、天皇個人の独裁を常としていたわけではないから、「天皇親政」が天皇統治の本来の原則と強調された大日本帝国憲法期の観念は学問的根拠を欠くけれど、天皇が国政を親裁するとは限らないという意味での「天皇不執政」の実情は、天皇を包む支配層を一体としてみるかぎり、古代天皇制を君主専制制と性格づける見方と矛盾するものではない。天皇に接触するのは貴族・官人に限られ、一般人民が隔絶したところにいる天皇をどのようにみていたかは、史料がとぼしく明らかでないが、稀少な史料の一つである八世紀の防人歌に、たとえば「大君の命畏《みことかしこ》み磯にふり海原渡る父母を置きて」(『万葉集』)とあるのなどは、集団的な忠誠誓約の歌唱とする説があるし、その点は措くとしても、「命畏み」とは君主の苛酷な強制への畏怖にちかい念の表明であって、この類の歌をもって、日本人民が古来忠君の情に富んでいた証左としていた帝国憲法下の理解は、今日では支持できない。

〔摂関政治・院政期の天皇〕律令制の変容、藤原氏の朝廷における実権の拡大により、九世紀末以来、藤原氏出身の摂政・関白が中央の政治の実権を掌握するようになった。摂政は天皇幼少の時に天皇の権能を代行し、「天子の位を摂す」(『台記』)と記されたように、実質上の天皇にちかかった。万機をまず決したのちに、天皇にこれを聞知させる関白は、摂政よりは権限が狭いが、いずれにせよ、摂政・関白を藤原氏が独占世襲することによって、「天皇不執政」の実態が十世紀以後いっそう常態化した。とはいえ、摂政・関白の権限が天皇の君主権を源泉とするかぎり、天皇の君主としての地位にかわりはなく、天皇を包む「公家」を主体とした古代天皇制の基本的性格が十二世紀半ばまで続き、その間にも宇多(関白藤原基経の死後)・醍醐・村上のように摂関を置かない時期もあったほかに、十一世紀末に白河上皇が院政を始めてから、統治権はほとんど上皇に移り、院政を行う上皇は「治天の君」とされ、「天子は春宮《とうぐう》の如きなり」(『玉葉』)という実情さえもみられた。ただ院政開始後も、天皇に直属する摂関の執政権は、比重を著しく小さくしたもののなお存続したから、院政によって天皇がまったく君主権を失ったとまではいえない。武士の勢力が強くなり、平治の乱を鎮定した平清盛とその一族が十二世紀後半期に国政を左右する実権をふるい、院・摂関ともに圧倒されたが、清盛は太政大臣となり、女を高倉天皇の中宮とし、その所生の安徳を天皇に立て、朝廷の高官として、また藤原氏同様、天皇の外祖としての地位を占めることで権力をふるったのであるから、古代天皇制の圏外にあったのではなく、平氏の権力は次の武家政権の先駆となったにとどまる。

〔鎌倉幕府期の天皇〕平氏と対立する武士団の棟梁源頼朝が平氏を滅ぼし、十二世紀最末期に諸国で軍事警察権を行使する守護の任免権(日本国総守護職)を朝廷から獲得することにより、頼朝の開いた幕府は、天皇統治権の重要な部分を割取することとなったのであって、院政の続いていた京都の公家政権と並立する鎌倉の武家政権が成立したといってよい。鎌倉幕府期は、かように両政権が支配分野を分かち、それぞれの専管範囲に統治権を行使した二元体制であって、天皇は、武家の棟梁の地位としての征夷大将軍その他の旧来の公家法上の官位授与の権をなお保持することにより、身分上、武家政権の上に位置しながら、その君主権は著しく縮小されたのであった。

〔建武新政と南北朝期の天皇〕このような状況を打破し、天皇の君主権の完全な回復といっそうの強化をめざす企図が、後醍醐天皇の建武新政となって実現した。後醍醐は院政・摂関・幕府をみな廃止した、天皇親政による強力な独裁制を樹立しようとしたが、国司と守護との併立を認めざるをえなかったように、従来の社会勢力を克服できず、足利尊氏が幕府再興をめざして離反したのを契機に、建武新政は短期間で崩壊した。尊氏は、大覚寺統の後醍醐と対立する持明院統の光厳上皇の院宣によって光明天皇を立て、後醍醐に譲位を強要し、京都に足利氏の幕府を開いた。延元元年(北朝建武三、一三三六)後醍醐は吉野に奔って南朝を開き、足利氏の立てた京都の北朝と抗争を始め、明徳三年(元中九、一三九二)まで南北朝対立の内乱が展開した。南朝を支持した地域は狭小で、北朝・室町幕府がはるかに優勢であったが、南朝の天皇が弱体ながら存続したし、幕府の権能によって圧縮されたとはいえ、北朝の統治権も残されていたので、鎌倉幕府期の二元体制にちかい状況が続いた。

〔室町幕府・織豊政権期の天皇〕室町幕府の三代将軍足利義満は、公武二元体制を止揚し、公家の権能をほとんど幕府の手に収めるとともに、十五世紀初頭に国交を結んだ明との外交では、両国の国書ともに義満を「日本国王」と記しており、実質的な日本の君主であることを国際的に認知させたのであった。晩年、「太上法皇」あるいは「太上天皇」の号を贈られたことには疑いがあるが、義満が天皇にちかい地位にあったことはたしかである。地方武士の勢力が時を追って強大となり、十五世紀末以降の戦国時代には、戦国諸大名が領国の支配権を完全に掌握して事実上の独立国の観を呈し、幕府の支配も及ばず、まして天皇の統治権はほとんど空に帰し、日本全国の君主の名に値するものは消滅した。永原慶二は、それにもかかわらず、実質上の君主である諸大名も、領国民の自立的抵抗に対処するために、全国的統一を求め、形骸化しながら名目上の権威を保持している天皇・将軍への志向をいだかざるをえなかった、としている。永原によれば、織田信長・豊臣秀吉も、諸大名を服従させるために天皇の権威をかりているが、両者ともに戦国大名同様に武力をもって実権を獲得したのであり、その地位を正当化するために、衰弱しきっていた天皇の存在と権威を再生させたのである、という。

〔江戸幕府期の天皇〕江戸幕府を開いた徳川家康もまた源頼朝・足利尊氏の先例にならい、天皇から征夷大将軍に補任される形式をふんだが、それに先立ち慶長五年(一六〇〇)関ヶ原の戦に勝って全国諸大名を服従させたとき、すでに日本の君主の実権を握ったのであり、家康をふくめ歴代徳川当主への将軍宣下は、戦国大名や織田信長・豊臣秀吉の場合と同様の事情から、名目上の天皇の権威を利用したにすぎず、実質的な権限の授与ではないと解すべきである。幕末に外交問題が生じたとき、幕府から朝廷に上奏して、朝廷が国政に介入する途が開かれたのち、将軍が天皇から大政を委任されたとの政治的主張が生まれ、慶応三年(一八六七)の幕政廃止にも「大政奉還」の名目が使われたが、天皇が徳川将軍に大政を委任した事実はなく、歴代の徳川当主が家康以来の君主権を自動的に相続してきたのであり、大政委任論は天皇が徐々に国政に関与するようになった幕末期に広がった観念的命題にすぎない。江戸時代の天皇は、幕府の制定した『禁中并公家中諸法度』により公私の行動を制約され、国政には一切関与できなかったし、皇室領も小大名程度にすぎず、公家という四民・賤民と区別された特別の身分の最上位を保持するにとどまった。わずかに、㈠名目化した官位の授与、㈡年号の制定、㈢暦の頒布の権能を有するのみで、それさえ、武家の官位は公家のそれと別で幕府の意思によるものであり、年号選定も幕府の同意を必要としたのであるから、これらも実質上の権能といえるほどのものではなかった。オランダ人が、天皇をではなく将軍をKaiserとよんだのは、よく実態に即したものといえよう。

〔封建社会の天皇観〕呪術儀礼を掌るのを重要な権能とする天皇と民族宗教とは常に不離の関係にあった。世界的普遍宗教の一つである仏教の輸入普及後も、仏教は体制と癒着した寺院仏教として展開したのち、神仏習合の進展により一体化した寺社が、古代後半から中世にかけて天皇・公家と相合して支配体制を形成していた。皇祖神を本地垂迹説により本地仏(大日如来とか十一面観音とかさまざま)の権現とする反面、鎌倉幕府期に顕著となった「神国」思想は、天皇の祖先が神であることを強調して日本の独自性を説くものであるが、寺社が天皇をふくむ支配体制の一環をなしていた状況と無関係ではないであろう。しかし、仏教が現世を超えた宗教的原理を放棄しないかぎり、民族宗教に基づいて「現御神」とされた天皇を必ずしも絶対視しない場合も、時として生じた。『道賢上人冥土記』(『扶桑略記』所引)には、醍醐天皇が地獄に堕ちて苦しむ説話がみえ、謡曲『蟬丸』では、その皇子・皇女が宿業により不具の身に悩む悲劇が語られているし、親鸞は主著『教行信証』で「出家の人の法は国王に向ひて礼拝せず」と公言し、日蓮は天皇を釈迦仏の「所従」であると記して憚らなかった。上級武士は天皇の権威を利用するため表面上敬意を表したが、『太平記』の、高師直が「都に王といふ人のましまして、そこばくの所領をふさげ」、内裏・院で下馬する「むつかしさ」をかこち、「もし王なくて叶まじき道理あらば、木をもて作るか金をもて鋳るかして、生きたる院、国王をばいづこへも皆流し捨てばや」と放言したとの記事は、史実か否かはとにかく、公家と深くかかわらず、おのれの武力のみをたのみとする地方の武士にこの類の意識のあったであろうことを推測させる。中世の一般民衆の天皇観については、今日いまだ明確に語るのはむつかしい。近世の庶民の鑑賞した人形浄瑠璃・歌舞伎には天皇をめぐる伝説に素材を求めたものが多く、それが川柳の題材にまで及んでいるから、庶民も天皇について知識をもってはいたと思われるが、現実の天皇について考える機会はほとんどなかったであろう。川柳の「神代にもいせやは甥を養子なり」という類の句をみれば、必ずしも天皇やその祖神を神聖視していたとは思われない。いわゆる尊王思想は、神道家・国学者・水戸学者らの知識人の間で発達し、幕末になってはじめて政治運動のなかで機能するようになったのである。

〔明治維新期の天皇〕明治維新が、実質では古代天皇制への復帰ではなく、新しい絶対主義君主制の創立であったにもかかわらず、「王政復古」とよばれたのは、倒幕の志士たちが、「世直し」を求める人民の下からの動きを圧殺して上からの新体制を樹立するために、古代天皇制の権威の回復を標榜するのを有効と考えたからにほかならない。維新政府は、皇族・公家・大名出身の高官のもとで、薩長など旧雄藩出身の士族官僚が実権を握って専制政治を強行したが、明治十年代前半前後に高揚した自由民権運動では、士族知識人・上層農民出身の活動家を先頭に、人民の側から立憲政治への転換を政府に要求し、彼らの構想した私擬憲法草案の大部分は国会に広い権限を与える立憲君主制の立案にとどまったとはいえ、当時はまだ天皇の権力も権威も十分確立していない時期であったため、少数ながら廃帝の条文を設けたものもあり、急進民権家の間では、国民主権説を主張するものや、人民が希望すれば共和制への移行を肯定する考えを述べるものもあった事実は、注目に値する。

〔大日本帝国憲法期の天皇〕このような人民側の構想を無視し、官僚政府が上から一方的意図のもとに制定したのが、明治二十二年公布の大日本帝国憲法であり、これが昭和二十年八月十四日連合国に降伏するまでの半世紀余にわたり、前後に類をみない強大な天皇の権力確立と権威の全国民への浸透をもたらしたのである。この憲法では、民選の衆議院をふくむ帝国議会が設けられたものの、議会の協賛を必要としない天皇専管の大権事項が多く、天皇に代わり責任を負う国務大臣のほかに、天皇の最高顧問としての枢密院とか、憲法上の機関外に憲法制定以前に設けられた常侍輔弼を職とする内大臣、軍の統帥につき最高幕僚長として天皇に直属する軍令機関、本来優遇の趣旨で与えられた名であるのに内閣の組織や開戦など重要国務の決定に関与する元老とか、議会にも国民にも責任を負わないものが天皇統治権の行使に大きな役割を演じていて、制度の面だけからみても、立憲君主制にはほど遠い君権中心の体制が成立したのであった。天皇が議会の議決した法律案に対し不裁可権を行使したことは一度もなく、政府・軍の上奏にも、意見を述べることはしばしばあるが、おおむね裁可するのを常とし、国務・統帥に関し、稀れに天皇個人の意志を実現させた場合があるにすぎず、必ずしも天皇個人の独裁が行われたわけではないが、すべての最高国家意志の決定は天皇の允裁なくしてはなしえなかったのである。「大日本帝国ハ万世一系ノ天皇之ヲ統治ス」という憲法第一条は、法的に天皇主権を規定するにとどまらず、「天皇ハ神聖ニシテ侵スヘカラス」という第三条が君主無答責の規定に終るものでなかったのと同様に、『古事記』『日本書紀』の説話によって皇祖神の子孫とされる天皇が「天壌無窮」の永遠の将来にわたって、絶対無上の神聖な権威を背景に「臣民」に君臨する意志の宣言でもあった。憲法発布の翌年に出された教育勅語は、憲法のこれらの条項と相まち、天皇が統治権の総攬者であると同時に、道徳的にも「臣民」の忠誠の対象としての精神的権威を有することを示した。これが天皇・皇族および皇祖神に対する作為もしくは不作為の不敬や反逆を、刑法により特別に厳罰に処する根拠ともなっている。このような天皇を頂点とする体制の尊厳と、この体制への無条件服従の道徳とが、「国体観念」の名で天皇制維持の思想上の支柱となった。その典拠が記紀の天皇起原説話にあるとされたからには、その説話は全国民に疑うことなく受容される必要があり、学校での歴史・修身などの教育はその方針に従って行われたのである。特に全国民が小学校児童の期間に、祝日の儀式ごとに天皇・皇后の「真影」への最敬礼、教育勅語「奉読」の謹聴、「君が代」合唱といった動作を反覆させられることを通じて、天皇への畏敬の心情が肉体的に植えつけられるという、画期的な国民意識操作の効果が生じた。徴兵制によって軍に徴集される国民は、大元帥である天皇を頂点とする上命下服の階層秩序のなかで、上官の命令は「直《ただち》に朕が命」(軍人勅諭)と心得よという絶対服従を強いられ、戦場で「死は鴻毛よりも軽し」(同)として天皇のために喜んで命をささげるように訓練された。

天皇が軍を率いて出陣した七世紀以前と、武力行使に積極的な後鳥羽・後醍醐のような特異の天皇とを別にすれば、摂関政治期以後は公家社会に属して軍事から遠ざかっていた天皇が、通常、軍服を着用し、平時には観兵式・観艦式・大演習などで、戦時には大本営などで大元帥の任にあたる武人の外観を国民に示すようになったのも、この時期の新しい天皇の姿であった。また、天皇の巫祝としての機能が祭祀大権として近代国家体制のなかで法定されたのと関連し、民衆の民俗信仰とは別次元の国家神道が国教として創設され、神社への崇敬が「臣民ノ義務」として信教の自由の圏外に置かれた。帝国憲法の創出した天皇制は、このような法・権力・思想が相合して成立したのであるが、義務教育制度・徴兵制度などの全国民を画一的に教化する機構の整備の力で、史上に前例のないほどに深く国民を把握し、支配層・知識人から社会の底辺に至るまでの国民が、おおむね「国体観念」の忠実な信奉者となり、例外的にこれに批判的否定的な言動を示すものがあれば、権力の制裁を受けるにとどまらず、民衆の間から「国賊」「非国民」などの非難を浴び、社会的迫害を免れなかったのである。この時期にも木下尚江のような共和主義者が出ているし、二十世紀に入ると、無政府主義者・共産主義者が出現して天皇制廃止を唱えたが、彼らは少数の「異端」にすぎず、幸徳秋水ら無政府主義者十二人が死刑にされた大逆事件の発生があり、のちには多数の共産主義者が、「国体変革」を企てる結社関係者を処罰するための治安維持法によって刑事弾圧を加えられた。帝国憲法期の天皇制は、華族(華族は「皇室ノ藩屏」とされた)・高級官僚・資本家・地主などの特権身分・階級を基盤とするだけでなく、地主支配の家父長支配的村落共同体、さらにその細胞となる家父長家族が、いわば天皇制的構造によってその母胎の役目を果たしていたと考えられ、それ故に天皇制は単なる権力支配のみによってでなく、家父長的精神的権威をもって全国民の服従をかちとったのであって、家族制度が「国体の基礎」といわれたのは、その間の事情を物語るものであろう。

〔日本国憲法期の天皇〕十五年戦争の末期に敗戦が何びとにも明らかとなり、国内から怨嗟の声の生ずるのに接した支配層は、戦争継続によって「国体の護持」が危険に瀕すると判断し、軍の反対をおしきって降伏した。降伏にあたり連合国は、「最終的の日本国の政府の形態はポツダム宣言に遵ひ日本国国民の自由に表明する意思により決定せらるべきものとす」との条件を示し、政府はこれを受けて降伏したのであるが、宮沢俊義らは、これによって主権が国民に移行し、帝国憲法の天皇主権原理が廃棄されたと解している。帝国憲法の改正が論議されたなかで、民間の私的憲法草案には、高野岩三郎や日本共産党の君主制廃止案を除き、君民共治の構想が多く、政府は天皇統治権の維持に執着したが、日本国憲法が主権在民を明記し、天皇を「象徴」とし、天皇は憲法に定める限定的で形式的な「国事に関する行為のみを行ひ、国政に関する権能を有しない」(第四条)と定めたのは、連合国の間に天皇の戦争責任を追及し、あるいは天皇制廃止の主張もあったのを、天皇制の温存を有利とみたアメリカの政策による立案に日本政府が応じた結果であった。日本国民の間でも、天皇を象徴として存置することに賛成の意見が多く、国際的・国内的条件が相まって象徴天皇制への移行が実現したのである。法制上は、象徴天皇はすでに君主でも元首でもなく、もとより神の子孫としての神聖な権威は消滅し、これに伴って不敬罪・大逆罪の廃止、名誉毀損を除く天皇・皇室についての言論の自由、教育勅語の失効、『古事記』『日本書紀』の神代説話からではなく、石器時代から始まる科学的歴史教育の開始などの、画期的な変革が生じた。憲法の信教の自由の保障と政教分離の規定により、天皇の祭祀大権と神社国教制は廃止され、天皇の神宮・宮中神殿などでの祭祀行為はすべて皇室内の私事とされることになった。帝国憲法では皇室自治が大前提とされ、憲法と同時に定められた皇室典範には議会の関与を許さなかったのに対し、日本国憲法下の皇室典範は国会の制定する法律に改められ、国の官吏と区別されていた宮中の官吏も、私的使用人を除き、国家公務員として国民主権の下に立つことになった。しかし、この改革を法制上「国体の変革」とする法律学者の説が有力であるけれども、前近代からの同一家系の世襲により同一人物が同一称号「天皇」の名で存続しているところから、社会心理においては明瞭な「変革」感の自覚のとぼしい実態のあるのは否めない。帝国憲法的天皇制の主たる社会基盤であった地主勢力の没落、共同体的規制の弱体化、核家族の激増による家父長制の衰退、帝国憲法期の「国体観念」の感化を受けていない純戦後世代人口の圧倒的優位など、帝国憲法期とは歴史的条件が激変したものの、個人の独立、社会的平等の自覚が、先進民主主義諸国に比べて弱い日本社会の深層心理には、「国体の変革」の原理的認識は稀薄のようである。日本国憲法を改正して天皇の権能を再強化しようとする政治的企図や、天皇・天皇制批判論者を脅迫する動きなどがあとを絶たないのも、そのような社会心理状況と無縁ではないが、他方、天皇を再び元首とすることに反対し、象徴天皇制を支持する人口が多数を占めていること、天皇・天皇制についての歴史学・社会科学的究明が言論と学問の自由の保障のもとで、まだ不十分ながら着々と進んでいることなども事実である。 →王政復古《おうせいふっこ》 →神世《かみよ》 →皇位継承《こういけいしょう》 →皇室制度《こうしつせいど》 →皇室典範《こうしつてんぱん》 →尊王攘夷論《そんのうじょういろん》 →年号《ねんごう》

参考文献 帝国学士院編『帝室制度史』、石井良助『天皇』、津田左右吉『神代史の研究』、同『古事記及日本書紀の研究』、同「天皇考」(『日本上代史の研究』所収)、井上光貞『神話から歴史へ』(中央公論社『日本の歴史』一)、水野祐『日本古代の国家形成』(『講談社現代新書』

一二八)、古田武彦『よみがえる九州王朝』(『角川選書』四〇)、上田正昭『大和朝廷』(同六二)、永原慶二『日本封建社会論』、黒田俊雄『日本中世の国家と宗教』、佐藤進一『南北朝の動乱』(中央公論社『日本の歴史』六)、歴史学研究会編『天皇と天皇制を考える』、田中伸尚『ドキュメント昭和天皇』、家永三郎『歴史のなかの憲法』、久野収・神島二郎編『『天皇制』論集』、三一書房編集部編『『天皇制』論集』第二輯、宮沢俊義「日本国憲法生誕の法理」(『日本国憲法』附録四所収)、『天皇制の現在』(『法学セミナー増刊・総合特集シリーズ』三三)、藤田省三「天皇制」(中村哲他編『政治学事典』所収)　(家永　三郎)

てんのうきかんせつもんだい　天皇機関説問題　昭和十年(一九三五)、憲法学者美濃部達吉の天皇機関説が排撃されたことに始まる政治問題。長らく東京帝国大学法学部(法科大学)教授をつとめた美濃部達吉の唱導した憲法学説、いわゆる天皇機関説は、明治憲法の自由主義・議会主義的理解として、明治末期から昭和初期にかけて広く学界で認められたばかりでなく、政界においても議会中心の政治運営に正統性を与える理論を提供するものとなっていた。特に、ロンドン海軍軍縮条約締結(昭和五年)に際しては、これに反対する海軍軍令部・国家主義団体などの「統帥権干犯」を理由とする浜口内閣攻撃に対して、美濃部はみずからの憲法学説にもとづき、その攻撃が全く謂われないものであり、浜口内閣(立憲民政党内閣)による条約締結が正当であることを擁護した。それだけに、美濃部と天皇機関説に対する軍部や国家主義者たちの反発は激しく、早くから蓑田胸喜ら原理日本社グループによる美濃部非難が行われていたが、昭和九年二月第六十五議会で、蓑田と関係深い貴族院議員菊池武夫が、中島久万吉商相の足利尊氏賛美の評論を攻撃した際、美濃部の主著『憲法撮要』をも取りあげて、機関説が国体に反する学説であると弾劾した。十年一月になると民間の日本主義的国家主義団体を傘下に集めた国体擁護聯合会が、美濃部および末弘厳太郎(東京帝大法学部長)の学説を「国憲紊乱の思想」として排撃する運動を始めた。そして第六十七議会では、同年二月七日衆議院で江藤源九郎(退役陸軍少将)議員が美濃部の著書の処分を政府に迫り、二月十八日には貴族院で菊池が、天皇機関説は「国体に対する緩慢なる謀叛」であるとして、政府の処置を質した。岡田啓介首相は、用語に穏当を欠く点もあるが国体観念に誤りはなく、学説については学者間の論議に委ねるのが適当であると答弁し、特に問題視はしなかった。貴族院議員であった美濃部は、同年二月二十五日貴族院本会議で「一身上の弁明」を行なった。彼はこの中で、憲法上、国家統治の大権が天皇にあることを認めた上で、第一にそれが天皇一身に属する権利ではなく、国家の元首、すなわち国家を代表する機関として総攬する権能であること、第二に、それが決して万能無制限の権力ではなく、あくまで憲法の条規に基づいて行使される制限ある権能であること、また、天皇と議会との関係も憲法の条規に従うべきもので、国民代表機関としての議会は独立性を持つものであることなどを指摘している。この「一身上の弁明」は議場では大いに好評だったといわれるが、それだけにかえって反対派の激しい非難を呼びおこし、国体擁護聯合会はじめ大日本生産党(内田良平)・黒竜会(頭山満)・新日本国民同盟(下中弥三郎)・明倫会(田中国重)・建国会(赤尾敏)など国家主義団体や在郷軍人会が、パンフレットの配布、演説会の開催、要路者の訪問などの行動を通じて、いっせいに機関説排撃の一大キャンペーンに乗り出した。彼らの要求は、機関説が国体と相容れない学説である旨を政府が声明すること、美濃部をして貴族院議員などの公職を辞せしむること、機関説を主張する著書を発禁とすること、機関説を支持する教授・官公吏を罷免すること、岡田首相・一木喜徳郎枢密院議長(機関説論者と目されていた)は引責辞職すること、などであった。この背後には枢密院副議長平沼騏一郎系勢力の策動があったといわれている。貴族院は三月二十日「政教刷新建議」を決議して、政府に「国体ノ本義ヲ明徴」にすることを迫った。政党関係では、岡田内閣の与党であった立憲民政党が冷静な態度を保っていたのに対し、立憲政友会は倒閣の狙いもあって強硬な姿勢を示し、三月二十三日衆議院で、鈴木喜三郎総裁が「国体ト相容レザル言説ニ対シテ直チニ断乎タル措置」を取ることを政府に求める「国体明徴決議案」を提出して可決された。軍部は、陸軍の皇道派の主導のもとに機関説排撃の方針を固め、四月六日真崎甚三郎教育総監みずから部内に機関説が国体に反する旨の訓示を通達した。なお、侍従武官長本庄繁の日記によれば、天皇はこの間終始機関説で差支えない旨を述べ、軍人たちが天皇自身の意に反して機関説排撃を行なっている点に強い不満を洩らしたという。機関説排撃論者の主張は、天皇と国家は一体であって統治権の主体は天皇にあること(天皇主権説)、議会は天皇の立法権の協賛機関であって独立の機関とはいえないこと、詔勅を非難することは不敬にあたることなどであったが、事態はこうした学説上の論争や美濃部個人への排撃の範囲を大きく越え、穏健な岡田内閣にあきたらない勢力による倒閣運動、さらには、いわゆる現状打破をめざす「革新」勢力による元老・重臣・政党など「現状維持」勢力打破の運動に発展した。このようにして、昭和十年三―四月には天皇機関説問題は大きな政治問題となった。はじめは事態を静観していた岡田内閣もこうした突きあげにあって、四月九日、内務省が美濃部の著書『憲法撮要』『(逐条)憲法精義』『日本憲法の基本主義』を発売禁止とし、翌日、松田源治文相が地方長官・大学総長らに「国体の本義」に疑惑を生ぜしめる言説を戒める訓令を発した。しかし、事態は鎮静せず、機関説排撃運動(国体明徴運動)はますます高まった。政友会は七月三十一日、現内閣は機関説排撃に誠意なしと非難するとともに、国民とともに「我党」がこの解決にあたることを決議し、陸軍も同日、軍事参議官会議の議を経て、政府が機関説排撃を声明すべきことを林銑十郎陸相を通じて申し入れた。こうした圧力のもとで八月三日岡田内閣は「国体明徴に関する声明」を発して、「統治権が天皇に存せずして天皇は之を行使する為の機関なりと為すが如きは、是れ全く万邦無比なる我が国体の本義を愆《あやま》るもの」であることを明らかにした。同時に攻撃の対象となっていた一木枢密院議長・金森徳次郎法制局長官については、機関説論者でないとしてその地位に変動ないことを発表した。また江藤源九郎によって不敬罪で告発されていた美濃部は、九月起訴猶予となったが、貴族院議員は辞任を余儀なくされた。しかし、政府声明後も、帝国在郷軍人会や在郷軍人を中心とする三六倶楽部(小林順一郎)などは、なお政府の措置を手緩いとし、永田鉄山軍務局長暗殺事件に衝撃を受けた陸軍も、再び政府に圧力をかけた。その結果、十月十五日岡田内閣は、いっそう強い調子で天皇機関説を「国体に戻《もと》」るものとしてその「芟除」を声明した(第二次国体明徴声明)。こうして、天皇機関説問題は一応落着したが、この過程で機関説論者と目され、また、「現状維持派」の宮中勢力の代表とみなされて「革新派」から非難を浴びた牧野伸顕内大臣・一木枢密院議長・金森法制局長官は、昭和十年末から十一年初めにかけて相ついで辞任した。明治憲法起草の中心人物伊藤博文が、明治二十一年(一八八八)の枢密院での憲法草案第四条審議に際して、いわゆる自己拘束論の立場から、立憲政治の本質が君権の制限にあり天皇の統治権が憲法の条規に従って行使されるべきであると強調したことからも明らかなように、天皇機関説は、明治政府首脳の間ですでに暗黙に認められていた憲法理解を発展させた学説であった。それが公然と斥けられたことは、いわば明治憲法における立憲主義的統治理念の全面的な否定であり、議会政治の合法的な砦が突き崩されたことを意味するものであった。「合法無血のクーデタ」と称されるゆえんである。また、この事件は軍部や国家主義勢力に対する元老・重臣・政党勢力の後退と屈服をもたらしたばかりでなく、そのさなかにおこった真崎教育総監罷免事件や永田軍務局長暗殺事件と相まって、陸軍部内のいわゆる統制派と皇道派の対立激化の原因を作り、翌年の二・二六事件の伏線を形成した。

参考文献 原田熊雄『西園寺公と政局』四、『真崎甚三郎日記』一・二(『近代日本史料選書』一ノ一・二)、本庄繁「至秘鈔」(『本庄繁日記』所収)、司法省刑事局編『所謂「天皇機関説」を契機とする国体明徴運動』(『現代史資料』四)、宮沢俊義『天皇機関説事件』

(鳥海　靖)

てんのう・こっかかん　天皇・国家観　古代律令制国家は古代帝国としては完璧に近い国家体制を有した天皇主権国家であった。そこでは祭司王としての天皇は「王民」全体の政治的首長でもあるとともに、律令国家の統治権の総覧者としての地位を占め、天皇固有の大権事項として、官制大権、官吏任命大権、軍事大権、刑罰権、外交大権、王位継承に関する大権などが存在した。さらに宗教の全体が天皇と国家の枠の中にとらえられていた。中世への移行に際し、在地領主制は、古代的な国家体制に反逆するというよりは、むしろそれに癒着し、その論理を汲み尽くす形で自己の階級的権威と支配を拡大していった。換言すれば、国家機構としての天皇と朝廷、およびそれに付随した諸制度と諸観念は、新段階の国家構造の重要な一環として存在しつづけたのである。これらをなんらかの形でとりこまなければ、封建領主はみずからの階級意志を国家意志に転化できなかった。武門の有力者は天皇より征夷大将軍という官職に任命されることにより、国法を発する有資格者となったのは、その一例である。また主従制という排他的な社会結合は国家的結集をむしろ困難にするものであり、逆に国制としての天皇・朝廷の利用・存続を必然化させたのである。江戸時代においては、「上様」は将軍宣下後にはじめて「公方様」と呼ばれることとなり、「天下様」といわれる将軍は、みずからの義務として天皇尊崇と禁裏守護を位置づけた。天皇・朝廷なしには幕府は「公儀」たりえない。また大名・武士・職人・医師・絵師等々の封建的身分制度確定にも朝廷が介在した。さらに全国の寺院・神社ともに、朝廷の権威なしに幕府が統制下におくことは不可能であった。近代への移行とともに、天皇は唯一絶対の日本帝国統治権者となったため、日本国家支配の正統性をみずからが弁証しなければならなくなった。そこで用いられたものが天孫降臨を中核とする記紀神話である。また国の隅々まで神道と記紀神話を浸透させるため、神社の「国家の宗祀」化・統制化・画一化が強力に推進された。この過程で、皇室祭祀と不可分離に結びついた国家神道が成立していくのである。

(宮地　正人)

てんのうせい　天皇制　⇩天皇《てんのう》

てんのうにんげんせんげん　天皇人間宣言　天皇がみずから神格を否定した昭和二十一年(一九四六)一月一日の詔書を指す。第二次世界大戦直後の占領軍の非軍国主義化政策は、皇室財産の凍結や国家神道の禁止など天皇制の周辺にまで及び、また天皇の戦争責任を追及する国際世論も高まってきた。このような事態に対して、幣原《しではら》喜重郎首相は、天皇の存在が民主化政策と矛盾しないことを示す詔書を出すことを必要と考え、天皇の諒解を得た。幣原は外国人によい印象を与えることを重要と考え、まず英文で起草し、それを日本語に直したという。詔書は、まず「五箇条の誓文」をかかげてこれを民主主義につなぎあわそうとし、ついで、天皇と国民の間は「相互ノ信頼ト敬愛」によって結ばれており、「単ナル神話ト伝説」によるものではないことを強調した。そして「天皇ヲ以テ現御神(『官報』には「アキツミカミ」とルビ)トシ、且日本国民ヲ以テ他ノ民族ニ優越セル民族」だとする考え方を、「架空ナル観念」として否定したのであった。マッカーサー元帥はこれに対して、天皇は「日本国民の民主化に指導的役割りを果さんとしている」と声明して、満足の意を表した。詔書の全文は以下のとおり。

茲ニ新年ヲ迎フ。顧ミレバ明治天皇明治ノ初国是トシテ五箇条ノ御誓文ヲ下シ給ヘリ。曰ク、

一、広ク会議ヲ興シ万機公論ニ決スヘシ、

一、上下心ヲ一ニシテ盛ニ経綸ヲ行フヘシ、

一、官武一途庶民ニ至ル迄各其志ヲ遂ケ人心ヲシテ倦マサラシメンコトヲ要ス、

一、旧来ノ陋習ヲ破リ天地ノ公道ニ基クヘシ、

一、智識ヲ世界ニ求メ大ニ皇基ヲ振起スヘシ、

叡旨公明正大、又何ヲカ加ヘン。朕ハ茲ニ誓ヲ新ニシテ国運ヲ開カント欲ス。須ラク此ノ御趣旨ニ則リ、旧来ノ陋習ヲ去リ、民意ヲ暢達シ、官民挙ゲテ平和主義ニ徹シ、教養豊カニ文化ヲ築キ、以テ民生ノ向上ヲ図リ、新日本ヲ建設スベシ。

大小都市ノ蒙リタル戦禍、罹災者ノ艱苦、産業ノ停頓、食糧ノ不足、失業者増加ノ趨勢等ハ真ニ心ヲ痛マシムルモノアリ。然リト雖モ、我国民ガ現在ノ試煉ニ直面シ、且徹頭徹尾文明ヲ平和ニ求ムルノ決意固ク、克ク其ノ結束ヲ全ウセバ、独リ我国ノミナラズ全人類ノ為ニ、輝カシキ前途ノ展開セラルルコトヲ疑ハズ。

夫レ家ヲ愛スル心ト国ヲ愛スル心トハ我国ニ於テ特ニ熱烈ナルヲ見ル。今ヤ実ニ此ノ心ヲ拡充シ、人類愛ノ完成ニ向ヒ、献身的努力ヲ効スベキノ秋ナリ。

惟フニ長キニ亘レル戦争ノ敗北ニ終リタル結果、我国民ハ動モスレバ焦躁ニ流レ、失意ノ淵ニ沈淪セントスルノ傾キアリ。詭激ノ風漸ク長ジテ道義ノ念頗ル衰ヘ、為ニ思想混乱ノ兆アルハ洵ニ深憂ニ堪ヘズ。

然レドモ朕ハ爾等国民ト共ニ在リ、常ニ利害ヲ同ジウシ休戚ヲ分タント欲ス。朕ト爾等国民トノ間ノ紐帯ハ、終始相互ノ信頼ト敬愛トニ依リテ結バレ、単ナル神話ト伝説トニ依リテ生ゼルモノニ非ズ。天皇ヲ以テ現御神《アキツミカミ》トシ、且日本国民ヲ以テ他ノ民族ニ優越セル民族ニシテ、延テ世界ヲ支配スベキ運命ヲ有ストノ架空ナル観念ニ基クモノニモ非ズ。

朕ノ政府ハ国民ノ試煉ト苦難トヲ緩和センガ為、アラユル施策ト経営トニ万全ノ方途ヲ講ズベシ。同時ニ朕ハ我国民ガ時艱ニ蹶起シ、当面ノ困苦克服ノ為ニ又産業及文運振興ノ為ニ勇往センコトヲ希念ス。我国民ガ其ノ公民生活ニ於テ団結シ、相倚リ相扶ケ、寛容相許スノ気風ヲ作興スルニ於テハ、能ク我至高ノ伝統ニ恥ヂザル真価ヲ発揮スルニ至ラン。斯ノ如キハ実ニ我国民ガ人類ノ福祉ト向上トノ為、絶大ナル貢献ヲ為ス所以ナルヲ疑ハザルナリ。

一年ノ計ハ年頭ニ在リ、朕ハ朕ノ信頼スル国民ガ朕ト其ノ心ヲ一ニシテ、自ラ奮ヒ自ラ励マシ、以テ此ノ大業ヲ成就センコトヲ庶幾フ。

参考文献　幣原平和財団編『幣原喜重郎』

（古屋　哲夫）

てんのうまつり　天王祭　⇨津島祭《つしままつり》

てんのしそう　天の思想　大和国家成立以前の日本列島に天の思想が存在したかどうかは詳らかでないが、大和国家の時代には天の思想と密接不可分な㈠日神信仰（天空のシンボルともいうべき太陽を神として崇拝する。ここからのちに皇祖神天照大神の観念が生み出され、古代天皇観が形成される）が各地に認められるという。おそらくそこへ中国から種々の天の思想（「天」はきわめて多義的な言葉で、天空、天上世界、天地万物の造化・主宰神、守護神、理法、運命などを意味する）が伝えられ、そのうち主として㈡儒教系の天の思想、㈢道教系の天の思想、㈣仏教系の天の思想が、㈠を中軸にして徐々に習合され、次第に古代日本における複合的な天の思想が形成されていったと推定される。かくして律令国家成立のころ（七世紀後半―八世紀初頭）に、上述の㈠―㈣に基づく神孫君主・聖人君主・真人君主・前世十善君主という元来異質の君主観が複合的な天の思想を媒介として結びつけられ、これによって古代天皇観が構築されたと見なされる。『日本書紀』によれば、㈡・㈢に立脚する革命思想は特定の天皇の系譜の断絶や皇位をめぐる皇族間の紛争などを説明する場合に限定して適用され、㈠・㈣に支持される万世一系思想との矛盾が避けられている。中世になって武家が実権を掌握するとともに、本来同じく㈡に依拠する撫民仁政を要求する天下思想と、君王への臣従を主張する王土思想が衝突することになったが、武家は実力によって朝廷を制圧し、天下思想によって為政者としての地位を合理化した。ただし武家政権は天皇制を廃止することなく、天皇を名目的君主として戴いた。こうした天下思想・天の思想は鎌倉幕府（北条執権）から室町幕府、そして織豊政権・江戸幕府へと受け継がれていったが、江戸幕府はいわゆる幕藩体制が確立すると、東照大権現家康を「天」とも接合して徳川将軍家の権威を超越的に保障しようとした。なお中世から近世にかけて中国伝来の三教一致論を踏まえ、儒教・仏教・道教・陰陽道・兵家思想および神道・キリシタン思想などを包摂する天道思想が流行した（当時「天道《てんとう》」の語が広く用いられた）。下剋上を繰り返した戦国大名の果敢な生き方を支えた天道思想は、倫理主義と運命主義を表裏の関係で兼有していたが、天下統一事業を推進、完成した織田信長・豊臣秀吉・徳川家康らは特に「天道」の司る因果応報の倫理的権威性を強調し、天下思想・天道思想によって政権の伸張・擁護を図った。近世になって朱子学が興隆すると、天道ないし天は倫理的法則性を意味する「理」と等置され、人間および天地万物のうちに内在化された。さらにその他の儒学各派をはじめ思想界の各分野でさまざまな天の解釈が行われたが、一般社会に滲透し、現実に機能した天の思想はやはり、儒教・仏教・神道・道教などの諸思

想を融合する「雑種」的な天の思想であり、この傾向を助長したのが中国善書(儒・仏・道三教合一の立場から倫理的応報者としての天が説かれる)の受容と普及であった。この「雑種」的な天の思想は主として各種の教訓書などに説かれており、そういう教訓書類は近世を通じて広く認められる。

参考文献 吉井巖『天皇の系譜と神話』一、重松信弘『古代思想の研究』、関晃「律令国家と天命思想」(『関晃著作集』四所収)、石毛忠「戦国・安土桃山時代の思想」(『体系日本史叢書』二三所収)、同「南北朝時代における天の思想」(『日本思想史研究』一)、同「江戸時代初期における天の思想」(同二)、同「江戸時代中期における天の思想」(同三)、同「『心学五倫書』再考」(国学院大学神道史学会編『神道及び神道史』所収)

(石毛　忠)

てんぴょうじ 天平寺 ⇩石動信仰《いするぎしんこう》

てんまてんじん 天満天神 ⇩てんまんてんじん

てんままつり 天満祭 ⇩天神祭《てんじんまつり》

てんまんぐう 天満宮 (一)菅原道真を主祭神として祀る神社。別に、天神社・老松社・北野社などとも呼ぶ。京都市上京区馬喰町に鎮座する北野天満宮、福岡県太宰府市に鎮座する太宰府天満宮をはじめ、全国で約一万二千社に上るといわれる。道真の生前の足跡地、筑紫大宰府への西下の途中の縁故地、神異、さまざまな天神信仰によって全国に多くの天満宮が創建・勧請されていった。天満宮の社号の由来は、菅神の神号である天満大自在天神による。この神号の起源は明らかではないが、『菅家御伝記』に引く安楽寺学頭安修の奏状にみえるものが最も早いとされ、それによると道真の門人味酒安行が神託によって、延喜五年(九〇五)太宰府天満宮を創建して天満大自在天神と称したとある。一方、同じ『菅家御伝記』に「外記日記曰、一条天皇永延元年(九八七)八月五日、始行北野聖廟祭祀、宣命曰、掛畏支北野爾坐天満宮天神云々、天満天神之勅号始起此哉」とある。別に、平安時代に成った史料には、天満天神・火雷天神・日本太政威徳天・大威徳天神などの神号が用いられた。天満とは、「虚空見大和」の「そらみつ」よりきたとも、仏語の天魔から転じたとも、あるいは、道真の怒りが天に満つから生じたとも伝える。大自在天神とは、天満天神を怨霊思想に結びつけた典型的なものとしての『道賢上人冥途記』に、菅神は日本太政威徳天と呼ばれ、その眷属十六万八千、毒竜悪鬼水火雷電風伯雨師毒害邪神などを率いて国土に遍満し、大災害を行なったと記され、梵天帝釈系統の神、すなわち一種の天神と解され、大自在とはその眷族を率いて、自由自在に風雨火水をもてあそぶと解されたことから起った名称とされる。あるいは、菅神の本地仏の観世音の三十三身中の大自在天身の身を神に変化されたものともある。また、愚極礼才が永享六年(一四三四)二月二十五日に著わした『天満大自在天神宝号記』でその神号七文字を説明している。天満天神を祀る天満宮は、道真の子孫や門人、知友によって平安時代より各地に勧請され、中世以降、僧侶・貴族・武士などの天神信仰者によってさらに広まり、文化の神、誠心の神として崇敬され、各地に天神講も普及していった。 ⇩北野天満宮《きたのてんまんぐう》 ⇩太宰府天満宮《だざいふてんまんぐう》 ⇩天神信仰《てんじんしんこう》

参考文献 遠藤泰助『天満天神信仰の教育史的研究』、藤野秀子編「菅原道真・天満宮・天神信仰関係文献目録」(太宰府天満宮文化研究所編『菅原道真と太宰府天満宮』下所収)

(味酒　安則)

(二)高知市天神町に鎮座。潮江《うしのえ》天満宮ともいう。旧県社。菅原道真をまつり、その長子高視《たかみ》、道真の妻である北御方を相殿に合祀する。『皆山集』によれば、菅原道真の事件に連座して土佐権守に遷任された高視が、父道真の遺品の剣と鏡をその霊代としてまつったことに始まるという。鎮座地は、『南路志』などによると、天正年間(一五七三―九二)までは現在地の東方にあり、山内一豊の土佐入部の際にその地に真如寺が建立されたとき、現在地へ移されたという。『長宗我部検地帳』(土佐郡潮江郷)によれば、天正十六年ごろに当宮の敷地とみられる「御天神宮床」、その祠官宮地若左衛門の居屋敷とみられる「大夫ヤシキ」がみえる。例祭は七月二十二日。寛永九年(一六三二)、嘉永年間(一八四八―五四)に土佐藩主によって再興されたが、昭和三年(一九二八)に楼門を残して焼失した。楼門は明治二十年(一八八七)の建立で、三間一戸、入母屋造、銅板葺。内部に楼門建立以前とみられる随身像を安置する。高知市指定の文化財。

(石野　弥栄)

(三)⇩大阪天満宮《おおさかてんまんぐう》

てんまんぐうたくせんき 天満宮託宣記 天神信仰の発生およびその成長と普及過程を伝える根本史料。従来は、群書類従本をもとに論じられていたが、近年研究の進歩により、神道大系本『北野天神御伝幷御託宣等』、同本『北野天神御託宣記文』が貴重な文献となった。託宣の内容は、現代の歴史学のうえからすれば、史実からは程遠い内容と一蹴されがちであるが、史実と伝承を融和、渾然一体と信仰的要素を強めている。群書類従本には、三点の託宣がある。(一)天暦元年(九四九)三月十二日、近江国比良社の禰宜神良種の男太郎丸への託宣。(二)永観二年(九八四)六月二十九日、大宰府安楽寺の女禰宜藤原長子への託宣。(三)正暦三年(九九二)十二月四日、同じく女禰宜藤原長子への託宣である。神道大系本『北野天神御託宣記文』には、「天慶九年(九四六)三月二或三日酉時天満天神御託宣記」「永観二年六月二十九日(戊申)辰時以禰宜藤原長子託宣記」「正暦元年十二月四日御託宣記」など二十五種類の文献がある。

参考文献 『群書解題』一上、真壁俊信「猪熊本『北野天神御託宣記文』」(『天神信仰の基礎的研究』所収)

(真壁　俊信)

てんまんぐうれいげんしんしょ 天満宮霊験真書 天満天神の霊験譚をまとめた書。上坂尹勝《かみさかこれかつ》著、五巻本。刊記

に「元文五年(一七四〇)申正月吉日」とみえる。本書によれば、「天満宮は、現在扶桑国第一の聖廟である、近年、その利益を受けた人は幾万人もあるが、ことにありがたく珍事奇異の物語を秋感に堪えないので、万人の熟覧を待ち、天神の威徳の著しく、敬い尊崇の基を堅くするために著わした」という。巻一に四篇、巻二に五篇、巻三に三篇、巻四に三篇、巻五に二篇の計十七篇の霊験談を載せている。たとえば、巻一には「金の霊験くちぬ中の夫婦の信心」、「霊験と孝心と和合したる親子の対面」、「松茸の籠に入りし金は盤石のごとく動ぬ利生」、「一体分身の霊験は目貫ならぬ二神の霊徳」、巻二には、「金と銀相応かんざしは忠臣をめぐむ神徳の顕れ」などの霊験項目を載せている。またところどころに挿画も認められる。端的にいえば、俗世間の天神霊験記といえよう。

(真壁　俊信)

てんまんだいじざいてんじん　天満大自在天神　⇨天満《てんまん》天神《てんじん》

てんまんだいじざいてんじんほうごうき　天満大自在天神宝号記　天満大自在天神の七字の名号を讃仰し、七字には、五実名があることを述べたもの。一巻。室町時代の禅僧愚極礼才の著。末尾に「永亨六年(一四三四)甲寅二月二十五日愚極礼才謹誌」とある。礼才は、室町時代に盛行した渡宋天神信仰の普及に寄与した禅僧である。本書は、前半において、天満天神の字義の解釈、七字の字義を理解する者は、よく天神を信じ霊験をもたらすと述べている。七字名号には、五実名がある。これを知る者は、必ず天神の擁護があると説く。五実名とは、都率天にあれば千手大悲の応変、帝釈天にあれば大日の変現、閻魔天にあれば地蔵の化現、北野に降っては文殊菩薩の垂迹、大宰府の安楽寺においては十一面観音の分身、これが菅原道真の応変である、と説く。本書の後半には、無準師範《ぶじゅんしはん》の室に参入した北野天神について、仏と菩薩一体、本迹兼一と述べている。礼才は、本書のほかに『太政威徳天神参径山仏鑑禅師像之記』や渡宋天神画像などへの賛文を残している。『続群書類従』神祇部所収。

参考文献　『群書解題』二上、「天満天神五実名」(『北野誌』所収)

(真壁　俊信)

てんまんてんじん　天満天神　菅原道真の霊を神格化した称呼。「てんまてんじん」とも読む。道真が配流地の大宰府で延喜三年(九〇三)に没すると、その怨霊が雷火と化し災厄を齎《もたら》すという口承が広まり、「天満天神」「天満大自在天神」等の神号が付与された。「天満」とは道真の「瞋恚の焰天に満ちたり」(『天満宮託宣記』)という託宣に由来するといわれ、「天神」とは人々に災禍を与える荒ぶる神の総称であり、道真の怨霊を畏怖した神号として敷衍された。この神を主祭神として祀る神社を天満宮という。→天神信仰《てんじんしんこう》　→天満宮《てんまんぐう》

(二宮　正彦)

てんもんどう　天文道　中国から伝えられた天文とは、天に現われた変事、天変現象を記録し、その地上への影響を解釈することであった。日本に伝えられて、王朝期に陰陽道・暦道とともに天文道といわれて、陰陽寮の管轄下に置かれたが、中世以降この三道は安倍家の家学として兼ね伝えられた。陰陽道は禁忌一般を扱い、暦道は編暦・改暦の科学的側面を持つのに対して、天文道は天文占に限られる。日食や彗星などは天変のなかでも最も由々しきものと考えられ、中国の正史の天文志などに古来の観測記録とその時におこった地上の災厄(天子の死、飢饉、氾濫、反乱など)も記録されている。陰陽寮では天変を観測すると過去の記録にもとづいて解釈し、陰陽頭はその記録と解釈を密封して、勘文の形で宮廷に急ぎ報告し、担当大臣はそれに応じて災厄を免れるための祈禱などの処置を講じる。

参考文献　『古事類苑』方技部

(中山　茂)

てんもんねんちゅうかすがさいしだい　天文年中春日祭次第　春日祭の祭式次第書。天文六年(一五三七)に権中納言広橋兼秀が書写したもので、原本は享禄三年(一五三〇)権大納言正親町《おおぎまち》実胤が上卿《しょうけい》(三位以上の公卿《くぎょう》)として祭使を勤めた時の記録である。一巻。標題には「近代分略」とあるが、識語の後に近代分も収録されており、外宮祠官の春木隼人煥光と三日市帯刀秀茂が校合したとの奥付がある。春日祭は文徳天皇の嘉祥三年(八五〇)の始行とされるが、それ以前にも執行されている記録が認められる。代々古儀を尊重して執行されるが、時代による変遷はやむをえず、そのため何度かの旧儀再興が企てられた。本記録では上卿の祓の際、祓串を手で取らず笏にのせることや、神馬が五疋引き廻されること、そして古代以来の大和舞がこのころまで確実に奏されていること、加えて当日の奉仕者名を記した見参《げざん》の扱いが現在と異なっているところなどが興味深いといえよう。『続群書類従』神祇部所収。

参考文献　『群書解題』一中

(岡本　彰夫)

てんりきょう　天理教　天保九年(一八三八)より明治二十年(一八八七)にかけて大和国の中山みきによって説かれた人類創造神(「親神」「天理王命」と呼称される)の教えに基づいて成立した宗教。教祖中山みきは耕作地主の主婦であったが、天保九年十月四十一歳の時、天啓を受けて「神のやしろ」となって以来五十年間、親戚縁者の反対や隣人の非難嘲笑、神官僧侶の妨害、さらには国家権力による迫害弾圧をつぎつぎと受けながら神意を説き続けた。みきの教えによれば、親神は人間が「陽気ぐらし」をするのを見てともに楽しみたいとの思いから人間世界を創造した。その陽気ぐらしは人間が等しく神の子として、また「一れつきょうだい」として助け合うところに実現する。しかし人間は心の自由の故に神意に反する生き方を積み重ね、みずからに苦悩を招いて来たので、「旬刻限の到来」とともに親神がみきを「やしろ」としてこの世の表に現われ、すべての事象の本来的あり方を明かし、世の立てかえ、人間救済の道を開いた、という。この天保九年十月二十六日が天理教の立教の日とされて

いる。みきはまず中山家の財産をつぎつぎと人々に施し「貧のどん底」状態にまで落ちきるが、安政元年（一八五四）の「をびやゆるし」（安産の守護）がきっかけとなり、次第に「庄屋敷の生き神様」として知られるようになった。元治元年（一八六四）にはのちに「本席」（神意伝達者）となった大工の飯降《いぶり》伊蔵が入信、「つとめ場所」がはじめて建築さる。慶応二年（一八六六）から明治八年にかけて、みきは人間創造の理を表徴した「かぐらづとめ」および十二下りの「てをどり」を教えた。明治七年には病だすけのための「さづけの理」を熱心な信者たちに渡し始めた。同八年六月には、みきは人間創造の原点として「元のぢば」なる地点を示し教え、そこに「かんろだい」（甘露台）」を建てることを指示。みきは、この「ぢば・かんろだい」を中心に「かぐらづとめ」をつとめることによって原初における人間創造の神業が地上に再現され、この世が陽気ぐらしに立て替わり、人間は病まず死なず弱らず百十五歳の定命が授けられる、と教えた。しかし記紀神話とはおよそ異なる人間の「元初りの話」と、その表現である「つとめ」、さらにはみきの病だすけの行為が、国家神道を軸に思想統制を図っていた政府から弾圧を受ける要因となった。明治七年ころからみきおよび信者たちは十数度にわたり県庁や警察署に召喚され拘留処罰された。しかしみきの教えは変わらず信者も奈良県を越えて年々増え続けたので、明治十四年以後警察の干渉弾圧は一層激化し、同十五年には建設中のかんろだいの石が没収され、参詣人取締りが厳しくなる一方、みきはしばしば警察署や監獄署に長期留置された。そうした中で明治二十年二月十八日（陰暦正月二十六日）、みきはひたすら「つとめ」の完成を急ぎこみつつ九十歳で「現身を隠した」が、魂は存命のまま働き続けていると信じられている。その後飯降伊蔵が明治四十年に至るまで神言を取り次ぎ、草創期の天理教団を信仰的に導いた。天理教の「原典」といわれるものは、みきの筆に成る『おふでさき』（千七百十一首の和歌体の神言）、『みかぐらうた』（「つとめ」の地歌）および『おさしづ』（みきおよび伊蔵を通しての神言の筆録）の三つである。明治二十一年四月天理教は神道直轄天理教会という形で認可を受け、急激な教勢発展を示すが、明治二十九年内務省から天理教弾圧を目的とした秘密訓令が出され、そのため教義儀礼をかなり改変せざるを得なくなった。明治四十一年にはようやく教派神道の一派として独立を公認されたが、明治三十六年に作製された教典は国家神道色が濃く、「原典」に込められたみきの精神とはほど遠いものであった。しかし昭和二十年（一九四五）八月以後、信教の自由の実現とともに、「復元」運動が二代真柱中山正善の提唱で進められ、みきの教えが全面的に表に出、かぐらづとめも本式につとめられるようになり、組織としても教派神道の枠から離脱した。他方文化活動は正善の指導のもと、すでに大正末期から活潑に行われ、天理外国語学校（天理大学の前身）、天理図書館（綿屋文庫・古義堂文庫・吉田文庫などを含む蔵書数約百四十五万冊）、天理参考館（考古・民族学資料館）をはじめとする文教施設、また天理よろづ相談所「憩の家」（総合病院）その他の厚生施設が開設公開されている。平成十五年（二〇〇三）八月現在教会数一万七一三八、うち海外教会三〇五（アメリカ合衆国・ブラジル・韓国・台湾などに多い）、教人数一八万一〇〇〇人余り、信者総数約二〇〇万人。本部祭典日は毎月二十六日、ただし一月二十六日は春季大祭、十月二十六日は秋季大祭、四月十八日は教祖誕生祭。また一月五日から八日にかけ「節会」、七月二十六日から八月四日まで「こどもおぢばがえり」が行われる。なお、天理教の分派としては大正二年（一九一三）大西愛治郎に始まる「ほんみち」がある。愛治郎は明治十四年八月二十六日大阪府宇陀郡宇太村（奈良県宇陀郡菟田野町）の農家岸岡吉次郎の三男として出生。明治三十二年天理教に入信、布教生活に入る。明治三十七年奈良県添上郡東市村の大西家の養子となる。大正二年陰暦七月十五日、自分自身が「甘露台」であるという神秘的体験をし、以来「天啓者」の自覚をもつ。天理教原典の一つ『おさしづ』の独自な解読を中心とした教えによって次第に人々を集めたが、天理教本部に容れられず、大正十四年「天理研究会」を創設、これが「ほんみち」教団の基となった。昭和三年、愛治郎の文章をまとめた『研究資料』が天皇制批判を含むことから不敬罪のかどで弾圧を受け、昭和十三年にはさらに徹底した検挙弾圧が行われた。戦後、大阪府高石町羽衣に本部を建設。愛治郎は昭和三十三年十一月二十九日に没す。→中山《なかやま》みき

天理教　大正初期のつとめ場所

参考文献　天理大学おやさと研究所編『天理教事典』、松本滋『天理教の思想』、村上重良・安丸良夫校注『民衆宗教の思想』（『日本思想大系』六七）、梅原正紀『天啓者の宗教ほんみち』

（松本　滋）

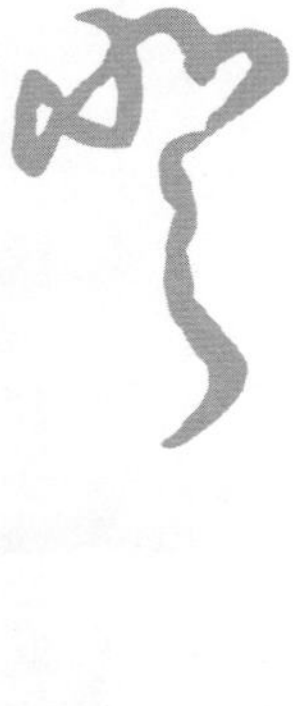

といしはちまんぐう　遠石八幡宮　山口県徳山市遠石に鎮座。旧県社。祭神は応神天皇・神功皇后・田心姫命・市杵島姫命・多岐津姫命。社伝では推古天皇三十年(六二二)祝部末岡直彦が宇佐八幡を勧請、和銅元年(七〇八)社殿造営という。元久二年(一二〇五)以前成立の石清水八幡宮領周防国都濃郡遠石荘の鎮守で、元暦二年(一一八五)正月九日付源頼朝下文案(『石清水文書』)では「遠石別宮」とある。明治六年(一八七三)四月県社。戦国時代には毛利氏の保護を受けたが、毛利氏の領国縮小後は社領も減じた。近世には徳山藩毛利氏に崇敬された。社宝に元応二年(一三二〇)十二月十二日大和貞清在銘の銅鐘(市指定文化財)がある。例祭は四月十五日。

参考文献　『石清水八幡宮史』、清水正健編『荘園志料』下、小川五郎「稿本防長所在洪鐘年表」(小川五郎先生遺文集刊行会編『防長文化史雑考』所収)

(中野　幡能)

とうか　踏歌　古代の群集歌舞。隋・唐代の中国で流行し、渡来人により伝えられた。日本古来の歌垣とともに流行し、朝儀にも加えられ、踏歌節会として正月十六日が定められた(雑令)。蹈歌・蹋歌とも書き、歌の終りに「万年阿良礼」という囃子詞が唱えられることから、「阿《あ》良礼走《らればしり》」ともいった。初見は『日本書紀』持統天皇七年(六九三)正月丙午条の「是日、漢人等奏二踏歌一」である。初期のころは漢人・唐人たちによって奉仕されたが、その後、天平二年(七三〇)には群臣による踏歌(『続日本紀』)、同十四年には五節田舞のあと少年童女による踏歌が行われ(同)、日本化のきざしが見える。天平宝字三年(七五九)の「奏二内教坊蹋歌於庭一」(同)のごとく、八世紀後半からは内教坊が中心となって掌り、それに蕃客や百官が加わった。踏歌は、当初は男女混合で夜間に行われたが、濫行のため、天平神護二年(七六六)などには禁止令が出るほどであった(『類聚三代格』一九)。平安時代中期以降に、正月十四日に、新たに男踏歌の日が設けられ(延喜三年(九〇三)が初出)、節会の正月十六日は女踏歌が行われるのが通例となった。『内裏式』『貞観儀式』によると、節会では踏歌の前に吉野国栖の歌笛、大歌と立歌があり(蕃客ある時は雅楽寮の奏楽と客徒の国楽)、『西宮記』『北山抄』によれば吉野国栖の風俗と雅楽寮の奏楽があった。男踏歌は永観元年(九八三)を最後に絶え、その後は女踏歌だけが行われた。室町時代後期には一時廃絶したが江戸時代に復興して幕末まで名目のみの朝儀が行われた。『年中行事絵巻』のなかの踏歌節会の絵図には、紫宸殿の南庭で十余人の舞妓が右手に扇、左手に歌詞を書いた紙片を持って歌い、かつ正方形に列なって足踏みしながら移動する様が描かれている。『類聚国史』『河海抄』などから、歌詞は漢詩、あるいは催馬楽や朗詠の歌詞を用いたことが知られる。なお宮中のほかに、民間や興福寺・熱田神宮・住吉大社・賀茂神社末社大田社などでも行われ、楽器演奏が入るなどそれぞれ独特の演出法があった。

参考文献　芸能史研究会編『雅楽』(『日本の古典芸能』二)、荻美津夫『日本古代音楽史論』

(蒲生美津子)

とうかしんじ　踏歌神事　諸社において踏歌を中心として行われる正月行事。その起源は、平安時代、宮中において行われた踏歌節会で、中国よりわが国に輸入されて始められた。琴・琵琶・笛・笙・篳篥などによる拍子によって行われるが、少年によって行われるのを男踏歌、少女によるものを女踏歌という。集団の舞踊で地を足で踏むのを基本動作とするが、地を踏み鎮めることを目的とする宗教的な意味を有するものと考えられる。あわせて、漢詩・催馬楽などの唱歌が行われた。この宮中の踏歌節会を伝えるといわれるのが、名古屋市熱田区熱田神宮の踏歌の祭(一月十一日)や、大阪市住吉区住吉大社の踏歌神事(一月四日)である。熱田の踏歌の祭では、催馬楽が歌われ、卯杖舞・扇舞が舞われる。住吉の踏歌神事では、神職・神楽女・楽人などの練り込みが行われ、祝詞などの唱え言や問答の後、神楽として白拍子舞・熊野舞が舞われ、餅まきの行事が行われる。ほかに、熊本県阿蘇郡阿蘇神社の踏歌節会や、茨城県鹿嶋市鹿島神宮の踏歌祭などが、正月の踏歌神事として知られている。

(松尾　恒一)

とうかひでん　東家秘伝　中世の神道書。北畠親房著。一巻。成立年次未詳。本書は、『日本書紀』神代より十ヵ条の名目を挙げ、それらが仏教や儒教の教説と本質的には同一なることを説いたものである。十ヵ条とは、㈠「天地未レ剖、名二渾沌一也」、㈡「混沌之形、譬二之鶏子一也」、㈢「陰陽初判、一物生レ中也」、㈣「五行成数、各著二其徳一也」、㈤「陰陽二神、産二生人物一也」、㈥「変二易五行一、建二立八卦一」、㈦「地神五代、応二五行運一也」、㈧「相生・相剋、此為二順逆一」、㈨「造化之端、皆是玄妙也」、㈩「治世要道、神勅分明也」で、その一つ一つについて、陰陽五行説・易・密教の所説と一致することを説いている。書中、『神皇実録』などの伊勢神道書の引用がみえ、『元元集』と同様、外宮伊勢神道の濃厚な影響の下になったものである。室町時代以降の三教一致・諸教一致説の先駆的著作として注目される。『群書類従』神祇部、『神道大系』論説編一八所収。

参考文献　『群書解題』一中、平田俊春『元元集の研究』

(伊藤　聡)

どうきょう　道教　⇩神道《しんとう》

とうきょうだいじんぐう　東京大神宮　東京都千代田区富士見二丁目に鎮座。通称日比谷大神宮。祭神は天照皇大神・豊受大神・天之御中主神・高御産巣日神・神産巣日神・倭比売命。明治十三年(一八八〇)四月、日比谷の神宮司庁東京出張所の構内に、神宮当局の申請により神殿が建設され、皇大神宮遙拝殿と称した。伊勢神宮の分霊奉斎という内容を含むので、明治天皇の親裁を仰いだ社である。明治十五年に神宮司庁と神宮教院との分離により、右の遙拝殿は神宮教院に移管され、神宮教の「大神宮祠」となった。明治三十一年に民法が施行されて、その翌年九月、神宮教は新たに民法三四条に基づく財団法人神宮奉斎会に組織替し、神宮崇敬の奉賛団体として活動してきた。大正十二年(一九二三)九月の関東大震災で、社殿諸施設悉く炎上したが、篠田時化雄は御神体を一時宮内省に奉安、のち現在の飯田橋に神殿を建設した。飯田橋大神宮である。昭和二十一年(一九四六)第二次世界大戦後の大変革に会い、神社本庁の設立となり、宗教法人東京大神宮と改められて今日に及んでいる。また篠田時化雄の考案による神前結婚式の普及に尽力。例祭は四月十七日。→神宮教《じんぐうきょう》 →神宮奉斎会《じんぐうほうさいかい》

[参考文献] 岡田米夫編『東京大神宮沿革史』、東京大神宮編『東京大神宮百年の歩み』(『大神宮文庫』)、西田広義述「東京大神宮御鎮座百年の意義」(『東京大神宮社報』一五九—一六一)

(阪本 健一)

とうきょくれい 登極令 践祚・改元ならびに即位礼・大嘗祭に関する規定を定めたもので、明治四十二年(一九〇九)二月十一日皇室令として公布された。全十八条と附式とから成っている。まず第一条に「天皇践祚ノ時ハ即チ掌典長ヲシテ賢所ニ祭典ヲ行ハシメ且践祚ノ旨ヲ皇霊殿神殿ニ奉告セシム」と規定し、第二・第三条には天皇践祚の後直ちに元号を改めること、元号は詔書を以て公布することなどを定め、第四条以下は即位礼と大嘗祭に関する規定で、即位礼と大嘗祭は諒闇明けの後秋冬の間に行うこと、大礼使の設置、期日の公告、大嘗祭の斎田の勅定、即位礼と大嘗祭は附式の規定に従って行うこと、大礼後の大饗その他について定めている。附式は「第一編践祚ノ式」と「第二編即位礼及大嘗祭ノ式」から成る。即位礼は明治天皇即位の際古来の唐風をかなり改めたが、登極令の制定にあたり、さらに改革が行われた。すなわち、紫宸殿の儀の装飾を日本風に改めたこと、紫宸殿の儀に皇后が出御すること、大饗に洋風を加味したこと、地方饗饌の途を開いたこと、参役者以外の参列者の服装を洋装としたこと、その他である。登極令は昭和二十二年(一九四七)五月二日他の皇室令とともに廃止された。

[参考文献] 酒巻芳男『皇室制度講話』、芝葛盛「皇室制度」(『(岩波講座)日本歴史』所収)

(後藤 四郎)

とうけいじんじゃ 闘雞神社 和歌山県田辺市湊に鎮座。旧県社。熊野三所神を祀る。熊野別当湛快のとき、熊野三所権現を当地に勧請、新熊野《いまぐまの》と称したことに始まると伝承、「田辺の宮」とも称し、湛快の子湛増がこの地に住み、田辺別当と呼ばれていた。元暦元年(一一八四)源頼朝平家追討のとき、湛増は源平二氏のいずれにつくべきか迷い、この社地に飼う鶏赤白二色を分け、両氏の旗色になぞらえて、神前で七番闘わせたところ、白鶏の勝ったことより、源氏につくべきことに決し、田辺の湊より二百余艘の熊野水軍をつれ参じたこと、『源平盛衰記』『平家物語』にみられるところであり、それより闘雞権現と称された。その初期、熊野詣の盛時には、三山遙拝の霊地としても信仰をあつめ、神域も広く、社領も多く有したが、明応・天正の兵乱により衰微、社記・古文書類も散失して、社領も多く押領された。慶長九年(一六〇四)領主浅野幸長は本殿を修復し、のち田辺藩主安藤氏が保護した。明治十四年(一八八一)県社となる。例祭は七月二十四日・二十五日、二十四日に潮垢離浜への神輿渡御があり、二十五日に市内各町よりの笠鉾曳行神事、また奉納競馬が行われる。

(鎌田 純一)

とうごうじんじゃ 東郷神社 東京都渋谷区神宮前に鎮座。東郷平八郎命を祭神とする。旧府社。例祭日は五月二十八日。東郷平八郎(一八四七—一九三四)は日露戦争においてて連合艦隊司令長官として日本海海戦にバルチック艦隊を撃滅し勝利を収めた海軍軍人であり、大正三年(一九一四)東宮御学問所総裁となって皇太子(昭和天皇)の教育にも携わった。その功績に対し元帥大将従一位大勲位功一級侯爵の栄誉が贈られている。昭和十年(一九三五)の死去後、東郷を顕彰する要望が全国から相次ぎ、同十年、財団法人東郷元帥記念会が設立された。翌年、神社創建の許可を受け、同十五年に軍神東郷平八郎を祭神として神社が創建された。同十九年、別格官幣社昇格の申請が出されたが列格直前の同二十年五月、戦災で被災し、ならなかった。戦後は仮殿に奉斎、昭和三十九年の祭神三十年祭を目標に社殿復興がなされた。境内には海軍・海事万般・水産関係物故者をまつる海の宮、海軍特年兵之碑、潜水艦殉国碑がある。

[参考文献] 佐野純雄・筑土竜男『東郷神社史』

(石倉 孝祐)

とうじちんじゅはちまんぐう 東寺鎮守八幡宮 京都市南区九条町の東寺(教王護国寺)に鎮守として祀られた八幡宮。寺院鎮守社の古い事例の一つ。東寺の鎮守としては稲荷社と八幡宮が伝えられているが、東寺の山号が「八幡山」であるから、八幡宮を第一に考えるべきであろう。『東宝記』三によれば「遷座の元由は、桓武天皇御宇延暦遷都の初、東寺草創の刻、帝都鎮護のため勧請の儀あり、王城の降臨これを以て初となす、嵯峨聖代に至り、平城天皇の御事出来の時、大師と御密談あり、まづ御立願あり、御願成就の後、去る弘仁年中、大師勅を奉じ重ねてこれを勧請す、三所御体(法体・俗体・女体)武内宿禰親しく虚空に影現す、初紙形に写し、のち木像に刻し社壇に安置す」(原漢文)とあり、その社殿の設置は明確ではないが、空海に東寺を勅賜された弘仁十四年(八二三)以後であろう。さきに東大寺の鎮守として八幡宮が創建せられ、和気氏の神願寺(神護寺)にも八幡宮が設けられ

たことから、鎮護国家の道場として東寺にも八幡神が鎮守として祀られたと思われる。社殿は明治元年(一八六八)焼失したままであるが、木像の僧形八幡神像・女神像は難を免れ、美術史家も平安時代初期のものと推定している(現在東寺収蔵庫に安置、国宝)。

参考文献 中野幡能『八幡信仰史の研究(増補版)』

(夏目 祐伸)

とうしゃがくとうしょくしだい　当社学頭職次第　鶴岡八幡宮学頭職の補任記。『鶴岡社学頭職次第』ともいい、鶴岡八幡宮所蔵本には『八幡宮学頭職次第』とある。一冊。学頭職は、人体《にんてい》に優れ、学問を修めた善知識の中から選任された。建仁元年(一二〇一)源頼家が法華・最勝八講を行うに際して、頓学坊良喜が補任されたのを最初とし、社務(別当)が進止する職である。群書類従本は、嘉吉三年(一四四三)補任の安楽院長忍で終るが、鶴岡本はさらに四代後で永正年間(一五〇四―二一)の如意院弘算まで書きついでいる。歴代の名・法流・補任年を記し、簡単ながら祭事などの記述もある。鶴岡本には長忍の後継者安楽院長恵についてはその人体に非ずと辛辣な批判も記す。中世関東における学問僧の交流の実態が伺える貴重な史料といえる。『群書類従』補任部所収。鶴岡本は天保十年(一八三九)相承院寛雄が転写したもので『鶴岡叢書』四所収。

参考文献 『群書解題』二上

(瀬戸 薫)

とうしゃごぞうたいにっき　当社御造替日記　応永十三年(一四〇六)より書き始められた、同十四年執行の春日社の造替日記。上下二巻。著者は若宮神殿守《かんとのもり》春雄。春日社には各種の造替(神殿以下の二十年毎の新築工事)記録が保管されているが、主として社家のものであって神人のものは少なく、とりわけ若宮方の神人の記録として貴重なものといえる。大宮と若宮は祭祀上ほぼ同格ではあるが、若宮は大宮よりは少し控えた形で執行される。故に大宮においてはすべて社家方でなされる行事も、若宮では一部は若宮方の上級神人が携わることがある。そのあたりの詳細も窺われる史料である。総体の工事の進捗状況や式次第が記されるが、ことに若宮に関する神人の役割が明確である。旧御殿の払い下げや、つねに騒動の原因となる大宮・若宮の神人の次位、各祭事における装束、大宮から若宮への助員の人数などについて、また興福寺より時々に下される下行物の内容と、その折衝についても詳しく記されている。『続群書類従』神祇部所収。

参考文献 『群書解題』一中

(岡本 彰夫)

とうしゃしぎょうしだい　当社執行次第　鶴岡八幡宮執行職の補任記。一冊。鶴岡八幡宮所蔵本には『八幡宮執行職次第』とあり、鶴岡社(または鶴岡八幡宮)を冠して呼ぶ方が適切であろう。執行職は、供僧職が社頭で奉仕する状況を監督執行する役僧で、供僧の中から補任され、勤行の督促や廻壇の巡検を行い、臨時の祭事などを知らせた。建久三年(一一九二)の花光坊尊念を初任とし、群書類従本は享徳三年(一四五四)の我覚院賢超を最後とするが、これは関東公方足利成氏の古河移徙に伴う鎌倉の政情変化を反映したのであろう。鶴岡本は天保十五年(一八四四)昇進の海光院淳雅まで書きついでいる。歴代の名・法流・任期・事績を記し、応永年間(一三九四―一四二八)以降は簡略化される。特に戦国時代前期の鶴岡八幡宮衰退期の情報が乏しいのは惜しまれる。『群書類従』補任部所収。鶴岡本は、天保十年相承院寛雄が転写したもので『鶴岡叢書』四所収。

参考文献 『群書解題』二上

(瀬戸 薫)

どうしょうきょうようでん　同床共殿　天孫降臨にあたり、天照大神は天壌無窮《てんじょうむきゅう》の神勅、斎庭之穂《ゆにわのいなほ》の神勅とともに三大神勅とされる宝鏡奉斎の神勅を下すが、その中にみえる語句。『日本書紀』神代天孫降臨章第二の一書に「手に宝鏡《たからのかがみ》を持ちたまひて、天忍穂耳尊《あめのおしほみみのみこと》に授けて、祝《ほ》きて曰はく、「吾が児、此の宝鏡を視《み》まさむこと、当に吾を視るがごとくすべし、与《とも》に床を同《おなじ》くし殿を共《ひとつ》にして、斎鏡《いはひのかがみ》とすべし」」(原漢文)とある。同床共殿の神勅ともいい、神鏡が宮中にまつられて天照大神の象徴とされる起源を記す。崇神天皇六年条には崇神天皇がこの状態を畏み、豊《とよ》鍬入姫命《すきいりひめのみこと》に託して倭の笠縫邑《かさぬいのむら》に磯堅城《しかたき》の神籬《ひもろぎ》を立ててまつったとみえる(三輪山麓檜原《ひばら》神社起源)。『日本後紀』『小右記』などの記事から考えて平安時代までのある時期に賢所《かしどころ》で神鏡がすでにまつられていたが、その間をつなぐ伝承は『古語拾遺』にのみみえる。すなわち鏡・剣を笠縫邑に移すにあたり「更に鏡を鋳、剣を造らしめ」(原漢文)たとするものである。

(山田 浩之)

とうしょうぐう　東照宮　江戸幕府の初代将軍徳川家康を祀った神社。栃木県日光市の日光東照宮、静岡市の久能山東照宮、東京都台東区の上野東照宮をはじめ、全国各地に鎮座する(別表参照)。元和二年(一六一六)四月一日、死期の近いのをさとった家康は、側近の本多正純および南光坊天海・金地院崇伝を枕頭によび、遺骸は駿河国久能山に埋葬し、葬儀は江戸増上寺で営み、位牌を三河国大樹寺に立て、一周忌もすぎてから、下野国日光山に小さい堂を建てて勧請するよう遺言した。同年四月十七日家康が死去すると、その遺言に従って久能山において神として祀られ、朝廷から「東照大権現」の神号が授けられた。これについては、吉田流神道による「大明神」を推す崇伝・神竜院梵舜と、山王一実神道による「大権現」を主張する天海との間で争論があったが、結局、天海の執念に押し切られた形となった。かくて、東照宮は薬師如来を本地仏とする神仏習合の神社として成立した。以下にあげる東照宮のほか、全国に建てられた東照宮ははなはだ多い。まず、江戸城中の紅葉山に元和四年に建立され、毎月十七日家康の命日には将軍自身あるいは老臣の代参があった。また、二ノ丸にも家光の時に建立された。その他、徳川氏と関係の深い寺院、増上寺・大樹寺や、武蔵国川越の喜多院、京都の南禅寺金地院などには東照宮を祀り、徳川氏発祥の地という上野国新田郡世

久　能　山　東　照　宮

日光東照宮（『東照宮絵巻』より）

明治時代の世良田東照宮

日　光　東　照　宮

明治時代の川越東照宮

上　野　東　照　宮

主要東照宮一覧

神社名	創祀年次	創祀者・その他	旧社格	鎮座地
函館東照宮	寛政年間	幕府	県社	北海道函館市宝来町
弘前東照宮	元和三年	弘前藩(津軽氏)	県社	青森県弘前市笹森町
仙台東照宮	承応三年	仙台藩(伊達氏)	県社	宮城県仙台市仙台東照宮
羽黒山東照宮	正保二年	鶴岡藩(酒井氏)出羽三山神社摂社		山形県東田川郡羽黒町羽黒山
上ノ山東照宮	元禄十年	上山藩(松平氏)明治四年東京の松平信安邸に移遷		同　上山市鶴脛町(上山城内)
会津東照宮(廃)	元和八年	会津藩(蒲生氏)戊辰戦争にて焼失廃絶		福島県会津若松市(会津城内)
水戸東照宮	元和七年	水戸藩(徳川氏)	県社	茨城県水戸市宮町
上山川東照宮	(不詳)	日光神社に合祀		同　結城市上山川
花園東照宮	(不詳)	花園神社末社		同　北茨城市華川町花園
日光東照宮	元和三年	幕府	別格官幣社	栃木県日光市山内
佐野東照宮	元和三年か	惣宗寺境内に鎮座		同　佐野市金井上町
弟之神社	元和年間	村民か		同　佐野市植野町
宇都宮東照宮(廃)	慶安元年	宇都宮藩(奥平氏)戊辰戦争にて焼失廃絶		同　宇都宮市本町
野門東照宮	昭和四十六年	村民		同　塩谷郡栗山村野門
前橋東照宮	寛永元年	前橋藩(松平氏)越前国勝山より数次移遷	県社	群馬県前橋市大手町
世良田東照宮	正保元年	幕府　長楽寺境内に創建	郷社	同　新田郡尾島町世良田
徳川東照宮	寛永年間	正田氏	村社	同　新田郡尾島町徳川
赤城神社	寛永十九年	幕命(酒井氏)相殿に東照宮を勧請		同　勢多郡富士見村赤城山
仙波東照宮	元和三年	幕府　喜多院境内に創建	県社	埼玉県川越市小仙波町
忍東照宮	元和三年	忍藩(奥平氏)大坂川崎より数次移遷		同　行田市忍本丸
機神社	寛政年間	高橋氏　稲荷神社境内に鎮座、旧称は関東宮		同　蕨市塚越
三峰東照宮	寛永年間	三峰神社摂社		同　秩父郡大滝村三峰
秩父東照宮	元和五年	秩父神社末社		同　秩父市番場町
上野東照宮	元和九年	藤堂高虎	府社	東京都台東区上野公園
浅草寺東照宮	元和四年	幕府　寛永十九年火災により焼失後、浅草神社に合祀		同　台東区浅草公園
芝東照宮	元和三年	幕府　増上寺境内に創建	郷社	同　港区芝公園
芝大神宮	寛永十一年	相殿に東照宮を勧請		同　港区芝宮本町

神社名	創祀年次	創祀者・その他	旧社格	鎮座地
紅葉山東照宮(廃)	元和四年	幕府　明治維新後廃絶		東京都千代田区(江戸城内)
葛西神社	元禄十年	相殿に東照宮を勧請		同　葛飾区金町
平村東照宮	元和八年	村民	村社	同　八王子市平町
府中東照宮	元和四年	幕命　大国魂神社末社		同　府中市宮町
円通寺東照宮	万治年間	金沢藩(米倉氏)円通寺廃寺後、明治十一年瀬戸神社に合祀		神奈川県横浜市金沢区瀬戸
御陣場跡東照宮	元和三年	柳川氏		同　小田原市寿町
中原御殿跡東照宮	明暦ごろか	村民　明治四十二年日枝神社に合祀		同　平塚市中原
高田東照宮	寛永二年	高田藩(榊原氏)明治維新後、東京の榊原邸に移遷		新潟県上越市
相川東照宮	寛永十三年	幕命(佐渡奉行)昭和二十八年善知鳥神社に合祀	郷社	同　佐渡郡相川町
蓮華峰寺東照宮	正保四年	蓮華峰寺境内に鎮座		同　佐渡郡小木町小比叡
金沢東照宮	寛永二十年	金沢藩(前田氏)のち尾崎神社と改称	郷社	石川県金沢市丸ノ内
福井東照宮	寛永五年	福井藩(松平氏)明治七年佐佳枝廼社に合祀	県社	福井県福井市大手町
谷村東照宮	江戸初期か	谷村藩(秋元氏)		山梨県都留市川棚
飛驒東照宮	寛永六年	高山藩(金森氏)	村社	岐阜県高山市西之一色町
静岡浅間神社	寛永年間	幕府　同社神部神社相殿に東照宮を勧請		静岡県静岡市宮ヶ崎町
久能山東照宮	元和二年	幕府	別格官幣社	同　静岡市根古屋
幕ヶ谷東照宮	寛永八年	村民か	村社	同　静岡市瀬名
東雲神社	元和八年	浅間神社別当総持院	村社	同　静岡市丸山町
御殿場東照宮	元和二年	明治三十九年吾妻神社に合祀	村社	同　御殿場市御殿場
麓東照宮	江戸初期か	竹川氏　文化十二年再建	村社	同　富士宮市上井出麓
五社神社	寛永十一年	幕府　相殿に東照宮を勧請		同　浜松市利町
三方原東照宮	寛永十一年	五社神社跡地に創建、昭和二十年ごろ三方原神社と改称	村社	同　浜松市三方原
牧之原東照宮	明治十年	旧幕臣　明治二年仮設立、同四十年牧之原神社に合祀		同　榛原郡榛原町静谷

神社名	創祀年次	創祀者・その他	旧社格	鎮座地
長窪東照宮	明治三年	旧幕臣	村社	静岡県駿東郡長泉町下長窪
城岡神社	明治七年	旧幕臣		同　沼津市大手町
田中神社	明治八年	旧幕臣 相殿に東照宮を勧請		同　藤枝市田中
名古屋東照宮	元和五年	名古屋藩(徳川氏)	県社	愛知県名古屋市中区丸ノ内
鳳来山東照宮	慶安四年	幕府 鳳来寺境内に創建	郷社	同　南設楽郡鳳来町門谷
岡崎東照宮	江戸初期	幕命か 岡崎城本丸に創建、明和七年三ノ丸に移転、明治初年現在地に移転、明治四十五年竜城神社と改称	県社	同　岡崎市康生町
滝山東照宮	正保三年	幕府 滝山寺境内に創建	村社	同　岡崎市滝町山籠
松平東照宮	元和五年	松平太郎左衛門尚栄 八幡神社相殿に東照宮を勧請、昭和五十六年松平東照宮と改称		同　豊田市松平町
日吉東照宮	寛永十一年	幕府 明治九年日吉大社末社		滋賀県大津市坂本本町
金地院東照宮	寛永五年	南禅寺金地院境内に鎮座		京都府京都市左京区南禅寺福地町
本庄東照宮	安永五年	村民 明治四十一年豊崎宮末社に合祀		大阪府大阪市大淀区豊崎東通
明石神社	天和二年	明石藩(松平氏)	郷社	兵庫県明石市上の丸
和歌山東照宮	元和七年	和歌山藩(徳川氏)	県社	和歌山県和歌山市和歌浦西
高野山東照宮	寛永五年	金剛峰寺境内に鎮座		同　伊都郡高野町高野山
鳥取東照宮	慶安三年	鳥取藩(池田氏) 明治七年樗谿神社と改称	県社	鳥取県鳥取市上町
松江東照宮	明暦元年	松江藩(松平氏) 明治三十二年松江神社に合祀	県社	島根県松江市殿町
岡山東照宮	正保二年	岡山藩(池田氏) 明治十四年玉井宮と東照宮とを合併	県社	岡山県岡山市門田
津山東照宮	享保十年	津山藩(松平氏) 社殿は移転して地蔵院本堂となる、祭祀は同寺にて存続		同　津山市小田中
広島東照宮	慶安元年	広島藩(浅野氏)	郷社	広島県広島市二葉の里
讃岐東照宮	慶安五年	高松藩(松平氏) 明治七年屋島神社と改称	県社	香川県高松市屋島中町
西条東照宮	寛文年中	西条藩(松平氏)		愛媛県西条市大町
高知東照宮	文化十二年	土佐藩(山内氏) 明治十一年掛川神社に合祀		高知県高知市薊野町
島原東照宮	寛文四年	島原藩(高力氏) 明治十六年霊丘神社と改称	県社	長崎県島原市弁天町

(付、都道府県別奉斎一覧)

北海道	青森県	宮城県	秋田県	山形県	福島県	茨城県	栃木県	群馬県	埼玉県	千葉県	東京都	神奈川県	新潟県	富山県
3	1	3	1	3	6	23	22	48	52	20	65	35	9	3
石川県	福井県	山梨県	長野県	岐阜県	静岡県	愛知県	滋賀県	京都府	大阪府	兵庫県	奈良県	和歌山県	鳥取県	島根県
2	6	17	7	8	69	15	5	5	7	4	3	4	1	15
岡山県	広島県	山口県	徳島県	香川県	愛媛県	高知県	福岡県	佐賀県	長崎県	熊本県	大分県	鹿児島県	(合計)	
8	1	1	3	4	7	1	8	3	3	1	4	2	508	

(付、創建年代別一覧)

(小祠も含め、創建年代の明らかなもののうち)

元和(一六一五—一六二四)	寛永(一六二四—一六四四)	正保(一六四四—一六四八)	慶安(一六四八—一六五二)	承応(一六五二—一六五五)	明暦(一六五五—一六五八)	万治(一六五八—一六六一)	寛文(一六六一—一六七三)	延宝(一六七三—一六八一)	天和(一六八一—一六八四)	貞享(一六八四—一六八八)	元禄(一六八八—一七〇四)	宝永(一七〇四—一七一一)	正徳(一七一一—一七一六)	享保(一七一六—一七三六)
34	36	8	9	3	2	1	7	2	1	1	11	1	1	3
延享(一七四四—一七四八)	宝暦(一七五一—一七六四)	明和(一七六四—一七七二)	安永(一七七二—一七八一)	天明(一七八一—一七八九)	寛政(一七八九—一八〇一)	文化(一八〇四—一八一八)	文政(一八一八—一八三〇)	天保(一八三〇—一八四四)	嘉永(一八四八—一八五四)	文久(一八六一—一八六四)	元治(一八六四—一八六五)	明治(一八六八—一九一二)	昭和(一九二六—一九八九)	(合計)
1	3	1	3	1	2	7	2	7	1	1	1	16	2	169

㈠東照宮社務所編『東照宮史』(昭和二年)所収の「諸国東照宮一覧」には二一九社の東照宮が記載されているが、全国東照宮連合会のその後の調査(昭和六十二年現在)によれば、徳川家康を祭神(相殿も含む)とする神社は、社寺の境内や個人の邸内に祀られた小祠も含めて五〇八社にのぼる。これらのうち三二四社が現存、三〇社は廃絶が確認されている。一五四社は文献資料などからその存在が知られているが、明治の神仏分離および合祀令などにより移遷・合祀され、現在所在が不明となり調査中である。本一覧はそれらのうち、独立した東照宮で由緒の明らかなもの、および全国東照宮連合会加盟社など、主要なもの七三社(うち廃絶三)を収録した。一覧に記載した以外の東照宮(廃絶・現在所在不明も含む)は、神社の境内に末社などとして祀られたもの二八二社、寺院の境内に勧請されたもの一〇四社、個人の邸内に祀られたもの一八社、詳細不明三一社であるが、大半が小祠である。

㈡神社名は、正式には単に東照宮とするものが多いが、検索の便も考慮し、地名を冠した通称を用いた。

㈢大名の勧請によるもので、大名の転封に伴い鎮座地がたびたび移遷している場合は廃藩時の藩名を記し、移遷せず後世まで同地に鎮座している場合は創祀者の藩名を記した。また、「〇〇寺境内に鎮座」とあるのは現在もその寺院内に祀られているもの、「〇〇寺境内に創建」とあるのは神仏分離以後独立した神社となったもの、「相殿に勧請」とあるのは当初からその神社に合祀されたもの、年次を記し「〇〇神社に合祀」とあるのは、当初は独立した社殿を有したが、のち他の神社に合祀されたものである。

㈣作成にあたり、全国東照宮連合会編『徳川家康公』所収の「徳川家康公奉斎神社一覧(含寺院・小祠)」、久能山東照宮編『静岡県内の東照宮』、『神道史研究』二ノ六(東照宮の研究特輯号)、「明治初年の諸国東照宮の創立」(『大日光』二六)、「神奈川県下の東照宮」(『全国東照宮連合会会報』一六・一七)、「埼玉県の東照宮」(同二〇)などを参考にした。

(高藤　晴俊)

良田(群馬県新田郡尾島町)の東照宮は、寛永の日光東照宮大造営の際、元和の社殿を移築したものと伝えられる(本殿・唐門・拝殿は重要文化財に指定)。維新後、多数の旧幕臣が入植した静岡県牧之原の茶園にも、明治十年東照宮が建立された。このほか、徳川御三家の名古屋・和歌山・水戸をはじめ、主要な大名の城下には東照宮が祀られている。

参考文献　東照宮社務所編『東照宮史』、同『徳川家光公伝』、辻善之助『日本仏教史』八、中村孝也『徳川家康公伝』、『慈眼大師全集』

日光東照宮　元和二年十月工事に着工し、翌三年三月落成。家康の一周忌を期して遺骸を久能山より日光山に移し、四月十七日正遷宮の儀が営まれた。日光山は二荒山、つまり男体山に対する山岳信仰によって早くから知られた霊場で、奈良時代の末から平安時代の初めに、勝道という僧侶が登って神宮寺を開いた。鎌倉時代には関東の名山として、武家の信仰も厚く繁栄したが、室町時代に入って次第に衰えた。やがて慶長十八年(一六一三)天海が家康の命によってこの山を管理することになり、再び隆盛の機運にのった。東照宮がここに鎮座するに至って、一山の主体は東照宮に移り、僧侶はその奉仕者、二荒山の神は地主神の地位につけられた。社殿は本殿と拝殿とを石の間でつなぐ、いわゆる「権現造り」で、必ずしも東照宮独自の様式ではないが、東照宮がその代表としてこの名称ができた。二代将軍秀忠による元和の造営もかなりの規模であったらしいが、特に寛永十三年(一六三六)完成した三代家光の大造営によって、今日に残る豪華な社殿となった。その費用は金五十六万八千両、銀百貫目、米千石、すべて幕府が支出した。明暦元年(一六五五)輪王寺宮門跡が創立され、後水尾天皇皇子尊敬(守澄)親王が関東に下向し、日光と上野との両門主を兼ねることとなった。これより前、正保二年(一六四五)には東照社を東照宮と改称すべき旨、後光明天皇より宣下をうけた。その翌三年朝廷から臨時奉幣使が日光に派遣され、その後、これが毎年の例幣使となり、慶応三年(一八六七)まで続いた。将軍の社参は秀忠が三回(ほかに大御所時代に一回)、家光は特に多く九回(世子時代に一回)、四代将軍家綱は世子・将軍時代に各一回あるが、その後は幕府財政難などで容易に行われず、わずかに八代吉宗(享保十三年(一七二八))・十代家治(安永五年(一七七六))・十二代家慶(天保十四年(一八四三))の三回にとどまる。なお、日光へ向かって今市で合する三本の街道、日光街道・例幣使街道・会津街道には、合計一万数千本の杉並木が現存するが、これは寛永三年ごろから二十余年にわたり、家康の近習出頭人であった松平正綱が植え付けたものである。社領は、元和六年秀忠が東照社領五千石と日光山領(天海領)とを寄進し、寛永十一年には家光が双方を合わせて七千石とし、明暦元年には家綱が東照宮領を一万石とするとともに、大猷院(家光廟)領三千六百余石を寄進している。東照宮・大猷院の領地と日光山一帯との行政は、輪王寺宮門跡のもとに日光定番梶左兵衛定良が、目代山口図書・東照宮別当大楽院・大猷院別当竜光院と協議して執行した。元禄十一年(一六九八)梶定良の死後、同十三年に日光奉行が創設された。山内の防火は、承応元年(一六五二)以降、八王子千人同心が担当した。明治維新に際して神仏分離令が発せられた時、東照宮はそれが朝敵の祖先をまつる社であり、廃絶が検討されたためか、ただちに実施されず、明治四年(一八七一)になって実行に移され、日光東照宮から二荒山神社と満願寺(のちに輪王寺と改称)とが分離独立した。しかし、東照宮境内にある仏教的建造物は、地元住民の強い要望と経費の点からそのまま残置され、神仏習合時代の様相を今日にとどめる稀有の例となっている。旧別格官幣社。例祭は五月十七日・十八日。なお神宝中、刀剣や真名本『寛永諸家系図伝』、渾天儀などが国宝・重要文化財に指定されている。

参考文献　金地院崇伝『本光国師日記』、村上専精・辻善之助・鷲尾順敬編『(明治維新)神仏分離史料』中、東照宮社務所編『東照宮史』、辻善之助『日本仏教史』八、秋本典夫『近世日光山史の研究』、辻達也「近世日光山における法的主体について」(『横浜市立大学論叢』人文科学系列三六ノ一―三)

(辻　達也)

久能山東照宮　久能山においては家康の死後、仮殿を設けて葬儀を営み、ついで早急に社殿を造営した。その後、家光の時に増改築が行われている。祭祀については、久能城守衛を勤めていた榊原照久が家康の遺命を受けて神主となり、兼ねて久能山総門番(久能奉行とも称する)を勤め、その子照清がこれを継いだが、寛文四年(一六六四)神職を辞し、門番は世襲して幕末に至る。これより前、正保三年学頭の制が設けられ、その坊を徳音院といったが、明治維新の神仏分離の際に廃され、その後、天台宗末寺寺院となる。社領は元和六年に三千石が寄進されている。旧別格官幣社。例祭は四月十七日。なお、本殿・石の間・拝殿など社殿十三棟すべてが重要文化財に、また神宝の太刀や徳川家康関係資料などが国宝・重要文化財に指定されている。

(辻　達也)

上野東照宮　幕府が江戸忍岡に東叡山寛永寺を建立した際、もとその地に邸を与えられていた藤堂高虎が願って勧請し、これに尾張徳川義直・紀伊徳川頼宣・水戸徳川頼房らが協力して寛永四年に完成した。その後、慶安四年(一六五一)家光が増築して今日の姿となった。社領は正保三年家光が二千百石を寄進し、ついで承応三年家綱が五千六百石に増額した。これらはいずれも東照宮御領となってはいるが、日光の場合と異なり、寛永寺が寄進を受けたもので、東照宮としては、正保三年には二百五十石、承応三年には千三百三十五石が配当され、その後幕末まで変化はない。旧府社。例祭は四月十七日。なお、本殿・幣殿・拝殿・唐門・透塀などが重要文化財に指定されている。

(辻　達也)

水戸東照宮　水戸市宮町に鎮座。祭神は徳川家康。相殿に徳川頼房を合祀する。旧県社。元和七年(一六二一)、家康の十一子水戸徳川家の祖・頼房の創建。元和六年八月、頼房の依頼を受けた天海が社地の選定・縄張りを行い、九月に着工、翌七年三月に竣工。同月十七日に遷座祭が行われた。神領五百石が寄進され、別当常光院が置かれ、祭祀は山王一実神道で行われたが、第九代藩主斉昭の天保十四年(一八四三)に至り、仏教色を廃して唯一神道に改められた。正保三年(一六四六)からは四月十七日の例祭に神輿が水戸の上町・下町へ渡御する神幸祭が行われるようになり、二百(のちに百五十)石以上の藩士が騎馬で供奉したほか、各町からは笠鉾や母衣《ほろ》などの風流出し物が加わった。明治四年(一八七一)に郷社、同八年県社に昇格した。社殿は権現造の本社のほか、唐門・瑞垣・本地堂・御供所・鐘楼・鳥居など、装飾も総漆塗極彩色の華麗なもので国宝に指定されていたが、昭和二十年(一九四五)八月戦災により焼失。同三十七年に再建された。

参考文献　高藤晴俊『家康公と全国の東照宮―泰平と激動の時代を結ぶ東照宮めぐり―』　(高藤　晴俊)

川越東照宮　埼玉県川越市小仙波に鎮座。祭神は徳川家康。旧喜多院境内に祀られ、喜多院東照宮とも称したが、一般には仙波《せんば》東照宮と称する。喜多院は平安時代の初めに円仁の開山と伝えられ、戦国時代に兵火で焼失したが、天正十六年(一五八八)に天海が入山して再興。徳川家康は寺領三百石を寄進。元和三年(一六一七)三月、東照宮の日光遷座の途中、家康の柩が四日間止まり法要が行われた。はじめは、天海によって家康の神像が喜多院大堂内にまつられたが、寛永十年(一六三三)に独立した社殿が建立され、以後喜多院は東照宮の別当寺に位置づけられた。寛永十五年の火災で焼失したが、三代将軍家光は焼失当時の川越城主堀田正盛に命じて同十七年に再建、寛文元年(一六六一)に東照宮領二百石が寄進され、修理も幕府の手で行われた。現在の本殿・唐門・瑞垣・随身門はこの時造営されたもの。拝殿・幣殿は明暦二年(一六五六)に江戸城二ノ丸の東照宮拝殿を移築したといわれ、本殿など六棟および岩佐又兵衛画・青蓮院尊純法親王筆の三十六歌仙額が重要文化財。

参考文献　高藤晴俊『家康公と全国の東照宮―泰平と激動の時代を結ぶ東照宮めぐり―』　(高藤　晴俊)

仙台東照宮　仙台市青葉区東照宮に鎮座。祭神は徳川家康。旧県社。仙台藩二代藩主伊達忠宗が勧請した。忠宗の正室は徳川秀忠の養女(池田輝政の娘)で、外様大名が勧請した東照宮の中でも、岡山・金沢・周防・鹿児島と並んで大規模なもの。慶安二年(一六四九)、忠宗は帰国の暇乞いの折、東照宮勧請を家光に願い出て許され、同年着工、承応三年(一六五四)に竣工。総工費約二万二千五百両、社地は天正十九年(一五九一)、葛西・大崎一揆平定ののち、家康帰国の途次伊達政宗とともに休憩した場所が選ばれた。別当仙岳院を置き、東照宮料として高六十四貫五百文を寄進。社殿は入母屋造の本殿および唐門・透塀・石鳥居の四棟が創建当初のもので重要文化財。江戸時代、九月十七日(現在は四月十七日)の祭礼は賑わいを見せ、特に藩主在国の年は、城下二十四町に命じて山鉾・山車を出させ神輿渡御の先駆とした。仙台御祭と称して、城下をあげての盛大な祭礼で、山車の数は多い年には七十台にも達したという。

参考文献　高藤晴俊『家康公と全国の東照宮―泰平と激動の時代を結ぶ東照宮めぐり―』　(高藤　晴俊)

建築　日光東照宮の最初の造営は元和二年(一六一六)十一月に開始され、翌三年三月には建物が完成し、四月徳川家康の柩が駿河国久能山から日光山に移されている。この時の社殿として、本社・本地堂・廻廊・御供所・御厩・神庫・楼門などが建てられたが、元和三年四月の遷宮以後も引続き大鳥居・奥社宝塔などの建築工事が行われた。しかし、元和造営の建物の大部分は、寛永十一年(一六三四)十一月から同十三年四月にかけて行われた大規模な造替のため姿を消している。現在の社殿の多くは寛永造営のものであるが、後世変更されたものとして、本社・唐門・陽明門の屋根が当初檜皮葺きであったのを、承応三年(一六五四)銅瓦葺きに改めたこと、本社周辺の廻廊の後部を石垣工事のため、正保元年(一六四四)に撤去したこと、奥社の木造宝塔を寛永十八年石造に改め、さらに天和三年(一六八三)の地震後青銅製に変えたこと、慶安元年(一六四八)寄進の五重塔が文化十二年(一八一五)焼失したのち、同十四年に再建されたことなどである。主要な社殿として、大鳥居・表門・神庫(三棟)・神厩舎・水盤舎などが社頭の景観を構成し、この一郭から石段を上がると陽明門とその左右の廻廊に達し、廻廊内に透塀で囲まれた権現造りの本社、透塀中央に開く唐門、神楽殿・神輿舎などがある。廻廊側面からさらに石段を上がると奥社があり、宝塔ならびに唐門がある。日光東照宮社殿は江戸幕府作事方の総力を結集した建築であって、諸社殿の配置、すべての建築を飾る漆・胡粉・金箔・金具・銘木などの装飾、透彫りあるいは丸彫りの彫刻などに、近世寺社建築の先駆的技法がみられる。なお、本殿・石の間・拝殿・唐門・透塀・陽明門・廻廊が国宝に、その他、多くが重要文化財に指定されている。

参考文献　大河直躬『東照宮』　(稲垣　栄三)

とうしょうだいごんげん　東照大権現　東照宮の祭神・徳川家康の神号。元和二年(一六一六)家康が駿府城に没すると、遺言に従い久能山に神葬され、一年後に日光山に遷座されるが、この間『徳川実紀』などによれば、明神号を主張する金地院崇伝と権現号を唱える南光坊天海の間に論争があったとされる。同年五月、明神は豊臣秀吉の神号でもあるところから権現号に決し、将軍秀忠の命を受け天海が上洛して朝廷に神号の宣下を願い出た。朝廷から日本・威霊・東光・東照の四案が示され、幕府側では東照を選び、元和三年二月二十一日に勅賜された。

東照の神号は「東国」を、そして遷座予定の「日光」の地名を前提として考案され、さらに皇室の祖先神「天照大神」の神名をも考慮して、東照に決したと考えられる。また、東照大権現の本地仏を東方瑠璃光如来の名を持つ薬師如来としたのは、東照の神号からの発想である。東照を朝廷側では「東を照らす」、幕府側では「東より照らす」と解釈していた。（高藤　晴俊）

参考文献　中村孝也『徳川家康公伝』、高藤晴俊『日光東照宮の謎』（『講談社現代新書』一二九二）

どうぞくさいし　同族祭祀　同族によって営まれる祭祀のこと。同族とは、共通の祖先をもち、本家―分家の系譜関係にもとづいて形成される家々の連合である。本家から分家、その分家からさらに分家が生じ、その出自が常に本家との系譜的関連で認識されるところに、同族が形成される。同族をあらわす語彙としては、マキ、イットウ、イッケ、イチモン、ジルイなどをはじめさまざまあり、その意味する内容も地域によって多様である。同族は親類と異なり、本家の構成員と分家の構成員が、必ずしも血縁関係や婚姻関係によって結ばれているわけではない。奉公人や本来他人であった者も、同族への加入を許可される場合もあった。社会学者の福武直は、日本の村落構造を、本家―分家が序列化され、その上下関係によって結ばれている同族型結合と、家々が横並びに平等の関係で結ばれている講組型結合とに分類した。そして、前者を東北型、後者を西南型と位置づけた。しかし、福武の説では講組型結合とされる近畿地方においても、同姓の集団が講組型の典型とされる宮座の祭祀権を独占し、宮座の祭祀自体が同族祭祀となっている例もみられる。共通の祖先を軸に形成された同族は、祖先を同族神とするはずであるが、実際には多様な神仏が祭祀の対象となっている。その形態は、大きく三つに分かれる。第一は、稲荷、八幡、天神、熊野、白山をはじめとする、中央・地方の有名な神社や祭神をまつるもの。第二は、ウチガミ、地神、荒神、産土、オシラサマといった、土着の神々をまつるもの。第三は、阿弥陀、大日、薬師、観音、地蔵などの仏教的な霊格をまつるもの、などである。同族神の祭祀は、同族の年中行事として位置づけられ、本家の家長を中心に行われてきた。しかし、社会の変化によって、同族祭祀の担い手となる同族自体が解体・変容しており、それに伴い、同族祭祀も消滅するか、大きく変容している。（岩井　洋）

参考文献　福武直「日本農村の社会的性格」（『福武直著作集』四所収）、竹田聴洲『村落同族祭祀の研究』（『竹田聴洲著作集』五）、住谷一彦『日本の意識―思想における人間の研究―』（『同時代ライブラリー』一九一）

どうそじん　道祖神　境の神の総称。古く「さえのかみ」を道祖と表記したが、のち道祖神と表記されるようになり、「どうそじん」という神名が定着した。その後、道陸神や塞大神・衢神・岐神などの神を含めた境界神の総称としても用いられるようになった。境を守る神として『古事記』には道返大神・塞坐黄泉戸大神、『日本書紀』には岐神、『和名類聚抄』には「道祖、佐部乃加美」とあり、古くからさまざまに称されながら信仰されてきた。『和名類聚抄』にはまた、「道祖、風俗通云、共工氏之子好ニ遠遊一、故其死後、祀以為ニ祖神一」ともあり、中国の行路の神の信仰と習合し、道の神としても信仰されていた。記紀の天孫降臨説話には猿田彦命が衢《ちまた》に出現したことから、これを道俣《ちまた》神・衢神とし、また伊邪那岐命・伊邪那美命などに付会し、防塞・除災・縁結び・夫婦和合などの神ともされている。その信仰は全国に及んでいるが、一集落あるいは一地域において、道祖神・塞神・道陸神などを別々の機能を果たす神として祀っていることもあり、信仰には地域差も見られる。これは、古く境の神・道の神として信仰されていたものが、御霊神・行疫神の信仰が行われるとともに、それらを防ぐことを目的とした道祖神の信仰が盛んになり、のちには陰陽師や山伏などのほか下級宗教者が関与したりもして、その信仰は複雑化していったためと考えられている。道祖神は神社として祀られていることもあるが、峠・村境・辻などに祀られることも多い。神体は多く石であるが、神名を刻んだ文字碑や、双体あるいは単体の神像を刻んだものもある。また、特異な形をした自然石や丸石、あるいは陰陽石を祀ることもある。このほか、巨大な藁人形を村境などに祀ったり、小さな木の人形を各家で祀ったりすることもある。これらは外からやってくる疫病・悪霊など、災いをなすものを境界においてさえぎろうとするものである。境界は地理的なものだけではなく、この世とあの世との間にも認めたため、地蔵信仰とも結びついていった。このほか、石神・社宮司・勝軍神や荒神・地神、あるいは金精神などと呼ばれる神々も、その祭場・神体・効験などから、同一系統の神と考えられることもある。道祖神の祭りは、それを祀る集落・組などの地域単位で行われる。各家の当主が集まり、日待ちや講などで行うこともあるが、多くは年中行事として若者や子供がまつる。ことに小正月の火祭りと習合し、子供組によって行われることが多い。火祭りの方法や祭り方には地域差がある。藁馬を用いるところもある。道祖神についての説話は、『今昔物語集』に行疫神の前使として苦しむ話などがみえているが、現在行われている祭りや信仰の由来を説明する説話もある。厄神が村に災厄を及ぼすために記録したものを道祖神が焼いたのが小正月の火祭りであるとしたり、道祖神の去来のために、藁馬が必要であるとしたりするものである。このほか、道祖神祭祀の由来を近親相姦の結果とするところもあり、これは東南アジアなど周辺地域とかかわるものであると考えられている。

参考文献　柳田国男『石神問答』（『定本柳田国男集』一二）、和歌森太郎『歴史研究と民俗学』（『和歌森太郎著作集』一〇、倉石忠彦『道祖神信仰論』、神野善治『人形道祖神―境界神の原像―』
(倉石 忠彦)

とうだいじしゅとさんけいいせだいじんぐうき　東大寺衆徒参詣伊勢大神宮記　鎌倉時代の参詣記。『文治二年神宮大般若経転読記』『俊乗房参宮記』などともいう。文治二年(一一八六)二月俊乗房重源が東大寺大仏殿再建を祈願して伊勢大神宮に参詣した時の示現により、同年四月僧綱以下六十名の衆徒を率いて神宮に参詣し、書写してきた『大般若経』を供養転読した経緯を、一行中の大法房得業《とくごう》慶俊が五月に記したもの。一巻。『大日本仏教全書』所収本はそれのみから成るが、諸本はその前に後白河院の院宣や建久四年(一一九三)・同六年の参宮供養の略記(『大日本仏教全書』は『俊乗上人奉納大般若伊勢神宮記』と題して収める)を付す。本文は参詣の由来から準備、参加僧名、参詣次第、外宮・内宮への奉納(論議・転読)とその間の内宮参拝・二見浦遊覧(六名詠歌)などを記し、一行に協力した内宮一禰宜荒木田成長が御感の院宣を賜わったこと、五月に重源の弟子生蓮が夢に示現を得たことをもって結ぶ。尾張真福寺に室町時代の写本があり、『続群書類従』釈家部、『神宮参拝記大成』(『大神宮叢書』)などの所収本は、直接間接同本から出ている。『大日本史料』四ノ一(文治二年四月二十六日条)にも所引。

参考文献　『東大寺衆徒参詣伊勢大神宮記』解題(『神宮参拝記大成』)、『群書解題』一七「文治二年神宮大般若転読記」
(福田 秀一)

とうだいじそうぎょうはちまんぞう　東大寺僧形八幡像　勧進所八幡殿に安置される。治承四年(一一八〇)の兵火後に再建された東大寺鎮守八幡宮(手向山八幡宮)の神体として、俊乗房重源の計らいにより造立されたもので、像高八七・一センチ、寄木造り、彩色。像内の銘に、建仁元年(一二〇一)仏師快慶が施主となって造立し、運慶をはじめ快慶周辺の仏師二十八人が助成したことなどが記されている。古く神護寺にあった画像を忠実に写しながら、写実と形式美をかねた快慶独特の作風を示している。国宝に指定。

参考文献　『奈良六大寺大観』一一、毛利久『仏師快慶論』、赤松俊秀「快慶作東大寺僧形八幡像に就いて」(『宝雲』二八)
(水野敬三郎)

とうだいじはちまんけんき　東大寺八幡験記　東大寺八幡宮(現手向山八幡宮)の縁起とその霊験について述べたもの。『東大寺八幡宮記』『東大寺八幡大菩薩験記』ともいう。東大寺真言院の聖守編。一巻。永仁二年(一二九四)九月上旬の成立。続群書類従本は、東寺観智院に伝来した古本を文政二年(一八一九)に塙保己一が書写させたもの。本書は、はじめに序文があり、続いて当寺影向事、御本地幷御躰事、可奉備法味事、可敬神輩必円満二世願望事、可正直専精進事、炎上以後造営等事、御入洛先例事の七章に分けられていて、聖武天皇の大仏造顕の詔をうけ、宇佐の八幡神が大仏擁護のために天平勝宝元年(七四九)に勧請された時から始まり、七ヵ条の裁許を求めて神輿を上洛させた永仁二年に至るまでを叙述している。特に最後の御入洛先例事で、神輿入洛の先例をあげて朝廷の取り扱いを批判していることは、聖守が当社の縁起とその効験とを説くことで神威を明らかにするために本書を作成したことを窺わせるものであろう。『続群書類従』神祇部所収。

参考文献　『群書解題』一下
(畠山 聡)

とうだいじはちまんてがいえき　東大寺八幡転害会記　東大寺八幡宮(現手向山八幡宮)の祭礼転害会の絵巻物。著者は不明。文明十四年(一四八二)八月十三日に作成されたものを、貞享元年(一六八四)十一月二十六日に絵師富田氏と筆者陳秀和が模写したもの。二巻。転害会は、宇佐の八幡神が天平勝宝元年(七四九)に東大寺の大仏擁護のために勧請された当時の儀式を再現したもので、その式日は九月三日である。つまり当図は一ヵ月ほどのちに執り行われるべき転害会の準備のために、かねて伝えられていた図絵を急ぎ模写したものと思われる。第一巻は、公人を先頭に八幡宮の神前より大仏殿中門へ向かう行列図が描かれ、第二巻では、中門から転害門、東大寺七郷を巡って還幸したのちに、神前で行われる法会や舞楽が描かれている。類本には、八幡宮の神主上司延興が文政四年(一八二一)に作成した『転害会図絵』三巻があり、上司家に伝わる。『続群書類従』神祇部所収。

参考文献　『群書解題』一下
(畠山 聡)

とうなりのぶ　藤斉延　一六六一―一七三八　江戸時代中期の対馬国の神職にして近世神道家。寛文元年(一六六一)二月、対馬国厳原八幡宮社掌定之の子として誕生。藤原、斎藤とも称す。通称内蔵助。伊勢に出て、度会延佳より伊勢神道を学び、上洛して松下見林より有職故実を学ぶ。見林の『異称日本伝』の史料収集ならびに編集を手伝い、のちに対馬に戻って府中藩士となる。その間、元禄十一年(一六九八)京都にあって『古語拾遺句解』を執筆、刊行する。同十五年父の死により、厳原八幡宮社掌を継ぐとともに、対馬総宮司職となる。享保十八年(一七三三)両職を次男斉長に譲り、隠居する。元文三年(一七三八)没。年七十八。著書に『為問集』『国津神本義』『古語拾遺句解』『後世物語』『事業録』『正直物語』『神祇令備考』『神道八重垣伝』『神道或問』『天神本義』『東宮故事』『中臣祓祝詞素義』などがある。

参考文献　長崎県教育会対馬部会編『対馬人物志』、日本文学資料研究会編『国学者伝記集成』続篇
(白山芳太郎)

とうにんぎょうじ　統人行事　秋田県南秋田郡天王町鎮座の東湖八坂神社の神事。同社で一年を通して行われるおよそ十七の神事祭礼を総称して統人行事と呼ぶ。この神事祭礼を中心として行うのが統人である。統人は神社の氏子が大きく天王と同県男鹿市船越の二地域に分かれていることから、両地域から新統と古統の二人ずつ選ばれる。七月七日の祭礼の翌日に新統はお竹を受けて翌年

の祭礼まで勤め、引き続きもう一年を古統として新統の補佐役にあたる。正式には二人ずつの新古の統人はいずれも一番竹(一番統)、二番竹(二番統)というもので、神体に準じたお竹を受けることによって名付けられている。両地域それぞれの統人行事には異同もみられるが、祭礼の前日にお竹迎えといって中世秋田安東氏の庇護した男鹿市脇本の由縁ある地から竹を迎えて(伐って)来る儀式や、当日の牛乗り神人の七度半迎え、その他祭礼に欠かせない神饌となる味噌を造る御味噌煮式、ひえもの神事、そして統屋(頭屋)の家中に主として供物の準備をする酒部屋が葦でつくられるほか、大幣立て神事などを行う。七月一日から統人は本祭まで、神酒や味噌、ひえものなど七種の供物を曲げの器に盛り添えて毎朝神社に参詣する。七日の祭礼では天王から牛乗り神事、船越からは蝶舞・蜘蛛舞とも呼ばれるチョマイがあり、古事記伝承による素戔嗚尊の八岐大蛇退治を模擬したとみられる神事が行われる。統人は新統、古統の間、厳重な禁忌が伴い、関わる神事祭式にもすこぶる古風さがのこされてきた。昭和六十一年(一九八六)一月、国の重要無形民俗文化財に指定された。

参考文献 大野為田「東湖八坂神社神事」(『日本祭祀研究集成』三所収)、東湖八坂神社祭統人行事調査記録委員会編『東湖八坂神社祭統人行事』 (齋藤 壽胤)

とうのみね 多武峯 ⇨談山神社《たんざんじんじゃ》

とうのみねえんぎ 多武峯縁起 多武峯寺(妙楽寺)の縁起。作者は不明だが、縁起の奥書に「古徳言伝」として一条兼良の名が掲げられており、所伝に従えば、室町時代中期の成立である。内容は大織冠藤原鎌足の伝を中心に構成され、ついで鎌足の子定恵和尚により、鎌足の墓所として寺が草創され、その後藤原氏にかかわる凶事がおこると陵山鳴動して異光顕現すると伝える。巻末には興福寺の草創と維摩会の由来、多武峯寺の住侶実性と増賀の略伝、永承元年(一〇四六)の鎌足尊像破裂について記す。刊本は『群書類従』釈家部、『大日本仏教全書』があり、一条兼良自筆本を延宝五年(一六七七)書写したものという。

参考文献 『群書解題』一六下 (西口 順子)

とうのみねりゃっき 多武峯略記 多武峯寺(現、談山神社)に関する寺誌。『談峯略記』ともよばれている。二種の写本、すなわち永済の撰と静胤の撰がある。後者は添削の筆が施され、脱漏も多い。いずれも二巻で建久八年(一一九七)の撰となっているが、後者は、寛文八年(一六六八)の大織冠一千年忌を機に、前者を改編し、承安焼失(承安三年(一一七三))後の復興功労者前検校静胤の撰としたものであろうか。永済本では二十三項目、すなわち寺名・国郡・地形・四至・草創・行幸・住持・本寺・炎上・地主・長者・住侶・官職・仏事・塔婆・堂舎・御廟・物社・別院・末寺・田薗・傜丁・恠異を載せる。現在散佚の文書や記録の文、古老の説も挙げて、三度の炎上、住侶の事蹟、建造物の沿革規模、仏像の仕様作者、神像破裂その他、記事がきわめて詳細で史料的価値が高く、十二世紀までの多武峯寺研究の基礎的史料である。永済本は『神道大系』神社編、静胤本は『群書類従』釈家部、『大日本仏教全書』に所収。

参考文献 『群書解題』一六下 (佐伯 秀夫)

どうみょうじてんまんぐう 道明寺天満宮 大阪府藤井寺市道明寺に鎮座。旧郷社。昭和二十七年(一九五二)土師神社を現社名に改称。祭神は天穂日命・菅原道真・覚寿尼を祀る。神域周辺は往時の土師氏の本貫地であり、同氏の遠祖天穂日命を奉斎し、天暦元年(九四七)に菅公・覚寿尼公を配祀したと伝える。現在西側に接する道明寺も古くは土師寺と称され、明治初年の神仏分離までは両者一体のものであった。菅公在世当時、姨《うば》の覚寿尼が道明寺の住持であったことから、菅公の没後、天神信仰の広がりとともに同地に天神がまつられるようになったと考えられる。その後、能「道明寺」により衆庶に知られるようになり、江戸時代の浄瑠璃や歌舞伎の「菅原伝授手習鑑」道明寺の段で取り上げられ、広く信仰されることとなった。菅公の遺品六点(銀装革帯・玳瑁装牙櫛・牙笏・犀角柄刀子・伯牙弾琴鏡・青白磁円硯)は国宝に指定。三月二十五日の菜種御供大祭は特殊神事である。例祭は二月二十五日。 (二宮 正彦)

道明寺本社(『河内名所図会』4より)

とうや 頭屋 神社や講の神事や祭りなどの行事に際して、その中心になって主要な役割を果たす人、あるいはその家。当屋・禱屋・塔屋などと記されることもある。文献に登場するのは十四世紀である。頭というのは祭りの頭《かみ》で主宰者であり、その属する家も含めて頭屋と称せられた。神事に伴うさまざまな制約から、のちに交代制をとることとなった。その役割は、専業神職の出現とともに、神職の介添えのようにも考えられるようになり、主として神事の設営にあたり、神酒・神饌を整え、ご幣などを作る。頭屋の選出方法は、くじによるもののほか、頭屋帳や座衆帳・頭文などによるもの、あるいは家順によるものなどがある。いずれも頭屋に選ばれると、その任務にふさわしい清浄性を保つために、厳しい潔斎を行う。門口にはオハケを立てるなどの例も少なくない。頭屋の交代の頭渡し(頭受け)には、きまりに従って、神事に関する道具や帳簿類を引きつぐ。↓御頭祭《おんとうさい》

参考文献　肥後和男『宮座の研究』、柳田国男『神道と民俗学』(『定本柳田国男集』一〇)、萩原竜夫『中世祭祀組織の研究増補版』　(倉石　忠彦)

とうやく　頭役　村落の宮座で、神事の舗設責任者を頭・頭人・頭屋・当屋、その任務を頭役という。古代の朝廷・寺院の行事・諸講会において、主宰の地位にあたるものが頭で、この名称を継承したものらしい。宮座では、神主と神事舗設責任者である頭人とは、同一人が兼帯する場合と、両者別人の場合とがあるが、いずれが本来の形態であるかは未詳。頭人・頭屋の決定は、座衆の年齢順、入座順、神籤、廻り持ち、一定の家順などがあり、それに決定されたものは、その年間の役を果たす責任がある。頭屋は旅行・肉食の禁止、その他厳重な精進潔斎が要求され、神饌・神供調備、直会《なおらい》の座衆饗応などの任務がある。その莫大な経費は頭役として自己負担が原則であるが、負担を均平し頭役勤仕を容易かつ円滑ならしめるため、荘内の名田をほぼ均等面積の番に編成し、番役として負担した例もある。乾元元年(一三〇二)美作国弓削荘志呂神社の四町六段二十歩の十均等番はその一例。↓宮座《みやざ》

参考文献　肥後和男『宮座の研究』、渡辺澄夫『増訂畿内庄園の基礎構造』下、水上一久「荘園における番頭制」(『中世の荘園と社会』所収)　(渡辺　澄夫)

とうろうしんじ　燈籠神事　新潟県西蒲原《かんばら》郡弥彦村弥彦《やひこ》神社の神事。特殊神事として国の重要無形民俗文化財に指定されている。年間最大の賑わいを呈する夏の大祭である。かつては旧暦の六月十四日を中心に行われた。今日では、七月二十五日の夜に行われている。二基の神輿を中心に、その前後に県下各地の大燈籠講中からの大燈籠と、地元氏子の小燈籠が供奉する。町内を一巡してから、拝殿前の特設舞殿で一社古伝の秘曲神歌楽《かがらく》・天犬舞《あまいぬまい》を奉奏し、深夜に終了する。神社にはこのほか夜宴《やえん》神事(一月一―三日)、粥占炭置《かゆうらすみおき》神事(一月十五日)、弓始神事(二月七日)などがある。　(花ヶ前盛明)

とおかえびす　十日夷　毎年一月九・十・十一日の三ヵ日に行われる兵庫県西宮市の西宮神社の祭典。関西地方では有名な祭の一つで、全国各地より百万人に及ぶ善男善女で賑わう。十日の深更より居籠《いごもり》神事(古くは御狩《みかり》神事ともいう)を行い、市民は門戸を閉ざし謹慎、早朝六時を期して一斉に社参する。すでに鎌倉時代より記録に残り、近世に入り商人の祭りとして最も殷賑をきわめる。縁起物の吉兆は、なくてはならぬ風物である。大阪市浪速区の今宮戎神社でも江戸時代より十日戎の祭礼が行われている。↓恵美須講《えびすこう》　↓夷信仰《えびすしんこう》　↓西宮神社《にしのみやじんじゃ》

十　日　夷

参考文献　吉井良隆「十日戎考―その歴史と民俗―」(『神道学』四二)、同「エビス神信仰史」(『神道史研究』五ノ六)　(吉井　良隆)

とおかえびすじんじゃ　十日恵比須神社　福岡市博多区東公園に鎮座。祭神は事代主大神(えびす様)・大国主大神(だいこく様)。創建の由来は、かつて香椎宮社家の武内平十郎が博多に分家して神屋と号し商売を営んでいた。天正十九年(一五九一)正月三日、年始のため父家に伺い、香椎宮・筥崎宮へ参詣した帰途に浜辺で恵比須様の神像を拾い自宅にまつり、商売繁盛したため、翌年その場所に恵比須二尊を奉斎したことに始まる。天和元年(一六八一)四代目平十郎が崇福寺境内に社殿を再建した。明治十二年(一八七九)福岡県の指示により東公園に遷座、同四十二年社地が福岡医科大学敷地に編入され移座し、昭和四年(一九二九)東公園整備に伴い現在地に遷祀。同二十二年、恵比須神社として宗教法人登記。同二十七年現社名に改め、出雲大社より大国主大神の分霊を迎えて合祀。同四十三年本殿を新築した。大漁・商売繁昌の神として市民の崇敬が篤い。例祭は一月八―十一日、新春の縁起を祝う開運御座は著名。秋祭は十月九日・十日。

参考文献　『福岡県神社誌』　(伊藤　勇人)

とが　咎　⇩罪《つみ》

とがくしじんじゃ　戸隠神社　長野県上水内《かみみのち》郡戸隠村戸隠に鎮座。奥社・中社・宝光社の三社からなる。旧国幣小社。祭神は奥社が天手力雄命、中社が天意思兼命、宝光社が天表春命である。戸隠神社の発祥については不明であるが、『梁塵秘抄』二に四方の霊験所として伊豆走湯山、駿河の富士山などとともに「しなののとかくし」が記載されているように、すでに平安時代後期には戸隠山が修験道の山として広く世に知られていた。戸隠山に関する縁起としては、『阿娑縛抄《あさばしょう》』諸寺略記、戸隠寺の項や、

明治時代の戸隠神社宝光社

『戸隠山顕光寺流記』が古いもので、前者は比叡山横川の長吏承澄が仁治三年（一二四二）―弘安二年（一二七九）に編纂したものであり、後者は長禄二年（一四五八）十穀僧有通がまとめたものである。『戸隠山顕光寺流記』によれば、学門（問）行者の開闢するところと伝え、嘉祥三年（八五〇）に奥院（現奥社）が祀られ、康平元年（一〇五八）には奥院より宝光院（現宝光社）、寛治元年（一〇八七）には奥院より中院（現中社）がそれぞれ分祀されたとあり、さらに本地仏が聖観音（奥院）・釈迦如来（中院）・地蔵菩薩（宝光院）であること、奥院には戸隠山の地主神である九頭竜権現（本地仏大弁財天）が祀られていることなどのほか、戸隠山三十三箇所霊窟・歴代別当・戸隠山四至堺などが記されている。また『吾妻鏡』文治二年（一一八六）三月条「関東御知行国々内乃貢未済庄々注文」には「天台山末寺顕光寺」とあり、平安時代後期には比叡山延暦寺の末寺であった。中世には修験道の山として栄え、天台・

明治時代の戸隠神社奥社

真言両系統の修験者がいたが、室町時代のころ、天台系大先達東光房宣澄が真言系修験者に殺害されたものの、かえって真言系修験は宣澄の亡霊に祟られ衰退し、以後天台系一色となったと伝えられている。戦国時代、戸隠山は武田・上杉両氏の争いにまきこまれ、永禄七年（一五六四）、一山の衆徒は水内郡小川（上水内郡小川村）の筏ヶ峰に移り、文禄三年（一五九四）に上杉景勝の保護を得て帰山し、奥院・中院・宝光院の三院も再興された。ただし帰山した衆徒は五十三坊で、二十九坊は空坊となった。江戸時代に入ると、慶長九年（一六〇四）松代城主松平忠輝が神領二百石を寄進し、同十七年には徳川家康より新たに八百石が寄進され、都合千石の神領を得た。同時に『戸隠山法度』が公布され清僧の支配が確立する。この時の千石の配当は、別当五百石、社僧三百石、社家二百石であったが、社僧三百石は奥院の十二坊のみに配当され、中院・宝光院の衆徒は配当を受けることができなかった。

戸隠神社中社

このことは、すでに戸隠山衆徒が各地に祈願檀家を有して経済的基盤を確立していたことを推定させるものであり、江戸時代中・後期の多くの史料は「村中安全災難消滅」「三社九頭竜」「川除」などの御札を配り、旦那から初穂料を得ていたことや、参詣の信者を自坊に宿泊させていたことを伝えている。その一方で元禄十一年（一六九八）に『戸隠山年中行事並びに掟書』、同十四年には『両界山参詣掟』、宝永四年（一七〇七）には『戸隠派山伏任官の掟』などが定められているように一山の行事や組織が整えられている。しかし安永九年（一七八〇）には中院・宝光院の衆徒の間で、雪舟に関する争いが起き、宝光院衆徒は別当勧修院の裁許を不服として戸隠山を退去し寺社奉行に訴えたが、宝光院衆徒は追放となった。そのため奥院・中院より十二院が宝光院に移り住み、三院各十二ヵ院、都合三十六ヵ院となる。明治元年（一八六八）の神仏分離令によって一山の衆徒は復飾し、一時「社中惑乱」と称される紛糾が生じたものの、明治三年には解決し、仏像・仏具の整理も行われた。戸隠神社の祭祀では、五月の祈年祭(中社十四日、奥社十五日、宝光社十六日)、八月の例祭(中社十四日、奥社十五日、宝光社十六日)、十一月の新嘗祭(中社二十二日、奥社二十三日、宝光社二十四日)が大祭とされているほか、多数の中・小祭が行われている。しかしそれ以上に、江戸時代に柱松の神事と称された火祭(八月十四―十六日)は、修験道の験術を伝えていた行事として知られている。

参考文献 『美濃・飛驒・信濃国』(『神道大系』神社編二四)、信濃毎日新聞社戸隠総合学術調査実行委員会編『戸隠―総合学術調査報告―』、鈴木昭英編『富士・御岳と中部霊山』(『山岳宗教史研究叢書』九)、戸隠神社編『戸隠信仰の歴史』 (宮本袈裟雄)

とがしひろかげ　富樫広蔭　一七九三―一八七三　江戸時代後期の国学者。別名を長平、通称庄右衛門、言幸舎・倭・塊老《つちくれのおじ》などと号した。寛政五年(一七九三)和歌山の木綿問屋井手家に生まれる。文政四年(一八二一)本居大平に入門、翌年には才学と人物を認められて、大平の嗣子となり、松阪の本居家に遊学して本居春庭の教えを受けた。同六年実母の看病のため和歌山へ帰り、多病を理由に大平の嗣子を辞退し、曾祖母の姓富樫を名乗った。以後、主に春庭のもとにあって研究を深め、淡路や大垣などに赴いて後進を指導した。春庭の没後桑名に移り、三崎春日社などの神官を勤める旧家鬼島《きじま》氏を相続し鬼島広蔭とも称した。安政二年(一八五五)には上京して、従五位下土佐守に叙任された。春庭門下の八衢《やちまた》派を代表する国語学者として名高く、遠近の門下は千七百余人を数えたという。明治六年(一八七三)八月二十四日八十一歳で桑名に没した。著書は『辞玉襷』『詞玉橋』『古事記正伝』『日本書紀私考』『万葉集訳解』など多数。

参考文献 大川茂雄・南茂樹編『国学者伝記集成』二、三浦雙鯉「鬼島広蔭」(『国学院雑誌』六ノ九・一一・八ノ四) (伴五十嗣郎)

とがじんじゃ　砥鹿神社　愛知県宝飯郡一宮町大字一宮字西垣内に鎮座。式内社、三河国一宮、旧国幣小社。祭神は大己貴命《おおなむちのみこと》。もと本宮山(七八九メートル)の山頂にあったが、大宝元年(七〇一)、神託によって山下の現在地に迎えられたと伝え、山頂の奥宮と里宮本社の二社からなっている。嘉祥三年(八五〇)、従五位下の叙位を初見(『文徳実録』)として、貞観十八年(八七六)には従四位上に昇叙した(『三代実録』)。江戸時代には、本社百石、奥宮二十石の朱印地を領した。例祭は五月四日で、午前に流鏑馬神事が、午後には神幸式が行われる。その他、田遊祭(一月三日)、宝印祭(一月六日、奥宮)、弓始祭(一月八日)、粥占祭(一月十五日、奥宮)、火舞祭(二月七日)などの年中行事がある。境内に経塚があり、昭和十七年(一九四二)に発掘されて、経筒外容器・和鏡などが出土した。また、宝物に袈裟襷文銅鐸がある。当社の神主家は草鹿砥《くさかど》氏であった。

参考文献 大場磐雄『(三河国一宮)砥鹿神社誌』 (太田　正弘)

とがまたい　利鎌隊　戊辰戦争下に壬生藩内につくられた神主隊。明治元年(一八六八)四月以前に譜代藩の壬生藩は佐幕から勤王へと藩論を転換し、討幕軍に属して参戦することになった。四月ころから壬生藩においては雄琴明神神主黒川豊麿を中心にして有志隊をつくる動きが始められた。利鎌隊と自称して五月には江戸へ出て、志願して大総督熾仁親王に従軍し、上野彰義隊討伐戦に活躍した。神主ばかりの利鎌隊が正式に官軍方の隊として公認されたのは九月中旬になってからで、隊員は壬生周辺出身者で総勢約六十人であった。東北に向かい白河口まで出兵したが、奥羽戦争が終結すると、大総督宮につながって十一月には文武館稽古所の設置を許され、隊の存続をはかった。平田系国学の凋落の情勢下にあって、民衆教導を主とする文武講舎への転身をはかろうとするが、隊員の言動は新政府に容れられず、明治三年正月に解散した。

参考文献 黒川直編著『利鎌隊紀』、大町雅美「草莽隊と維新政府」(『地方史研究』八七) (高木　俊輔)

ときなわ　解縄　大祓において、左綯《ない》・右綯の細い縄二筋を一つの土器に入れておき、大祓詞が奏されている間に、この二筋の縄を解く、祓え行事の一つ。『倭訓栞』には、「口にて嚼解《かみとく》の態《わざ》あり」とあるから、古くは口でかみ解いたのであろうが、現在、春日祭その他勅祭の一部で行われている勅使の解縄行事では、両手で解いている。これは大祓詞の「天つ菅曾《すがそ》を本《もと》刈りたち末《すえ》刈り切りて、八針《やはり》に取辟《とりさき》て」(原宣命体)のところで解く。なお、解縄とともに人形《ひとがた》行事も行われるものである。 (沼部　春友)

ときわじんじゃ　常磐神社　水戸市常磐町に鎮座。旧別格官幣社。祭神は高譲味道根命《たかゆずるうましみちねのみこと》(水戸二代藩主徳川光圀、諡義公)と、押健男国御楯命《おしたけおくにのみたてのみこと》(九代藩主徳川斉昭、諡烈公)の二神。はじめ斉昭が造成開園した偕楽園内の祠堂で二神を私祭していたが、明治六年(一八七三)三月二十七日、神社創建が認可され、常磐神社の号を賜わって県社となり、偕楽園の一部約三万平方メートルをさいて神域とし、翌七年に社殿が完成、五月十二日に遷座祭が行われた。同十五年十二月別格官幣社となった。しかし昭和二十年(一九四五)八月二日払暁の水戸空襲で本社殿などが焼失してしまい、しばらく仮社殿で奉斎されていたが、同三十二年十二月鉄筋コンクリート・銅板葺き神明造の現社殿が再建された。例祭は五月十二日。四月四日に烈公誕辰祭、七月十一日に義公誕辰祭、その他の祭事・神事がある。摂社は東湖神社。 (但野　正弘)

とくがわみつくに　徳川光圀　一六二八―一七〇〇　江戸時代前期の常陸国水戸藩主。寛永五年(一六二八)六月十日生まれる。徳川家康の第十一男頼房の三男、母は谷久子(靖定夫人)。幼名は長丸、のち千代松。九歳で元服して光国と名乗る。国を圀と改めたのは五十歳代後半である。字は徳亮《とくりょう》、のち観之《かんし》、子竜《しりゅう》と改めた。号は日新斎、のち率然子、また常山人、梅里などと称し、晩年隠栖後は西山と号した。六歳の時兄頼重(讃岐国高松藩祖)を越えて、水戸家の世子に決定し、江戸小石川の藩邸に移った。以後寛文元年(一六六一)七月父の死によって三十四歳で第二代藩主となるまでの二十八年にわたる世子の時代の前半は、環境の激変もあって、非行が多く、家臣らに不安を与えた。しかし十八歳のころ『史記』伯夷伝を読んで感動し、学問へ志すことになり、やがて明暦三年(一六五七)には部屋住みの身ではあったが、「本朝の史記」(のちの『大日本史』)編纂の史局(後年彰考館と命名)を江戸駒込の中屋敷に開いて、史料収集を進めた。光圀の藩主時代は元禄三年(一六九〇)十月辞職するまで二十九年間で、将軍徳川綱吉との不和が取り沙汰されるなか、老衰を理由に辞表を提出し、元禄三年十月十四日許されて藩主の職を退いた。光圀が権中納言に任ぜられたのはその翌日のことである。職を辞してその跡を兄頼重の子綱《つな》条《えだ》に譲り、光圀は、翌元禄四年五月水戸の北東二十数キロの地点にある久慈郡新宿《あらじゅく》村西山(茨城県常陸太田市)に簡素な山荘(西山荘)を建てて隠栖した。元禄十三年十二月六日七十三歳で没するまで、約十年の生活は、領内の巡視、『大日本史』編纂の促進、その他文化事業に力を尽くしたばかりでなく、社寺改革その他藩政にも関与した。光圀の業績については第一に政治史の上から次の数件が注目される。㈠寛文元年父頼房の死に際して殉死を禁止して、一人の追腹もなかったこと。水戸では幕府の同三年の殉死厳禁は、光圀がその先例となったと解している(『義公行実』)。㈡社寺の改革。藩主時代寛文六―七年の改革は由緒、経済力、住職の行跡などから判断した主に寺院の整理で、その数千三百三十六寺に及ぶものであった。神社については神仏習合、淫祠邪教の排除などを理由に行われた。西山隠栖中の元禄九―十三年には、八幡神社の整理(八幡改め)と一村一社制の確立を図って、主に神社について行われた。第二に文化史上の業績は修史事業や各種の編纂事業である。南朝を正統とし軸とする『大日本史』をはじめ、『万葉集』研究史上重要な注釈書『釈万葉集』の編纂などが注目される。特に領内の多くの文化財の修理保存に力を入れた。主な編著には、『礼儀類典』『扶桑拾葉集』『救民妙薬』『草露貫珠』『花押藪』などがある。死後水戸徳川家の墓所瑞竜山(常陸太田市)に葬られる。義公と諡された。

参考文献 『(紀州水戸)御系譜写』(『徳川諸家系譜』二)、徳川圀順編『水戸義公全集』、常磐神社・水戸史学会編『(徳川光圀関係史料)水戸義公伝記逸話集』、『水戸市史』中ノ一、名越時正『新版水戸光圀』(『水戸史学選書』)、野口武彦『徳川光圀』(『朝日評伝選』七)、瀬谷義彦『水戸の光圀』、茂木雅博『改訂増補前方後方墳』(『考古学選書』一二)、斎藤忠・大和久震平『那須国造碑・侍塚古墳の研究』

(瀬谷　義彦)

とくがわよしなお　徳川義直　一六〇〇―五〇　江戸時代前期の甲斐国甲府藩主、尾張国清洲藩主、同国名古屋藩主。三家の一つ、尾張徳川氏の初代。幼名五郎太。初名義知、次に義利。字は子敬。徳川家康の九男。慶長五年(一六〇〇)十一月二十八日、大坂城西ノ丸で誕生。生母は山城八幡の祠官志水加賀宗清の女相応院於亀の方。同八年甲斐に封ぜられる。九年正五位下。十一年元服して従四位下。右兵衛督に叙任。十二年兄松平忠吉の無嗣絶家のあとを襲い、尾張清洲へ転封。もっとも当時幼少のため、駿府の老父のもとにとどまる。十三年将軍秀忠から尾張一国領知の判物を受く。十五年名古屋築城着工に伴い、居城を清洲より移す。十六年従三位参議に進み、右近衛権中将を兼ねる。大坂両度の陣には兵を率いて参加。元和元年(一六一五)名古屋城にて浅野氏と婚儀をあげたが、そのとき信州木曾と美濃国内を加増。家康没後の元和二年母とともに駿府から入国。三年権中納言に転任。五年美濃の一部を加封。所領は尾張・美濃・三河・信濃・近江・摂津にわたり、高六十一万九千五百石となる。寛永三年(一六二六)従二位権大納言に昇り、同家の極位極官とされる。性格は謹厳、剛直、寛容。義を重んじ、将軍家光と衝突することもあった。尊皇の志あつく、子孫に大きな影響をあたえた。学問とりわけ儒学に心を寄せ、藤原惺窩の高弟堀杏庵を招いて、名古屋城内に孔子廟を営む。同九年学堂を江戸忍ヶ岡に創建、先聖殿の文字を書して、これに掲ぐ。父より贈られた「駿河御譲本」を中心に、多くの書籍を集め、文庫に保存。蔵書家として知られる。神道にも造詣が深い。はじめ平岩親吉の、親吉没後は成瀬正成・竹腰正信ら諸臣の補佐を得て、草創期の藩政を推進。領内巡検、知行割り、法令の制定、職制の整備、「正保四つ概」と呼ばれる地租改正、木曾川築堤、入鹿池・木津用水の修築、新田開発、瀬戸陶業の振興はその一端である。武事・軍学にも関心を持ち、家士杉山三右衛門・長屋六左衛門・星野勘左衛門を京都に派遣、三十三間の通し矢で名声を博した。ほかに亡命の明人陳元贇・張振甫を保護し、異国の文化の摂取に努めた事績もある。『類聚日本紀』『神祇宝典』『初学文宗』『軍書合鑑』『軍鐙志』など著書も多い。慶安三年(一六五〇)五月七日、江戸藩邸に没。年五十一。一説に中風症とか。諡号は生前林道春と協議の上、自身で定めた源敬。遺命に基づき尾張春日井郡沓掛村(愛知県瀬戸市)定光寺に葬る。廟所は唐風建築で、陳元贇の設計になるという(重要文化財)。

参考文献 『御日記頭書』(『名古屋叢書』五)、斎木一馬他校訂『徳川諸家系譜』二、田尻佐編『贈位諸賢伝』二、西村時彦『尾張敬公』、『名古屋市史』人物編一・政治編一、『新修名古屋市史』三、中村孝也『家康の族葉』、徳川義親『尾張藩石高考』、小松原濤『陳元贇の研究』、杉浦豊治『蓬左文庫典籍叢録(駿河御譲本)』、太田正弘編『定光寺誌』、林董一『尾張藩公法史の研究』

(林　董一)

とくさのかんだから 十種神宝 饒速日命《にぎはやひのみこと》が天降りに際して授けられた神宝。「じっしゅしんぽう」とも読む。饒速日命は物部氏の祖先神で、『旧事本紀《くじほんぎ》』天神本紀によると、天降りの際に天神御祖《あまつかみのみおや》から「天璽瑞宝十種《あまつしるしのみづだからとくさ》」を授けられたという。その内容は瀛都《おきつ》鏡、辺都《へつ》鏡、八握剣《やつかのつるぎ》、生玉《いくたま》、死反玉《まかるかえしのたま》、足玉《たるたま》、道反玉《ちかえしのたま》、蛇比礼《おろちのひれ》、蜂比礼《はちのひれ》、品物比礼《くさぐさのもののひれ》からなる。比礼とは呪術的な力をあらわす古代服飾の一種と考えられる。これらの神宝は鏡・剣・玉・比礼の四種類に大別される。『旧事本紀』に御祖が教え諭した言葉として、「十種神宝」の名を唱えながらこれらを振ると邪気が祓われると記されており、いずれの品も古代における呪術的な性格および権力を象徴するものであったと思われる。祭祀に際しては、祓具としての性格を有していたようである。 ↓八種神宝《やくさのかんだから》

参考文献 河野省三「十種神宝」(国学院大学日本文化研究所編『神道要語集』祭祀篇一所収)、景山春樹「神宝」(同所収)

(岡田 芳幸)

とくしゅしんじ 特殊神事 神社において行われる祭式の中で、特に当該神社にとって特別の由緒をもつ神事のこと。通常の神社祭式とは異なった、当該神社固有の祭神の事蹟や習俗・民俗に根ざした独特の作法・儀礼構成によって行われる。特殊神事という語が広く一般に使われ出したのは、意外に新しく、倉林正次によれば、大正十三年(一九二四)区調査が開始され、昭和十六年(一九四一)に神祇院から刊行された『官国幣社特殊神事調』全五冊によるところが大きいという。大正十四年、内務省神職講習会において宮地直一は「特殊神事に就いて」と題する講演(『大八洲』一四ノ六・七収録)を行い、その講演の中で、伝統的習慣に従い、言い伝えられたものと述べ、「特殊」とは一般的祭式の範疇に入らないものをいうと規定する。宮地のいう一般的祭式とは、明治維新後定められた祭式を指す。これは明治八年(一八七五)に、近衛忠房・千家尊福の祭式案を基に、式部寮が神社祭式を制定して明治政府が公布したもので、大正三年まで続く。大正三年一月には、官国幣社以下神社祭祀令が発布され、祭祀の種類、祭祀の新定に関する規定、祭式および斎式に関する規定、喪に関する規定などが詳しく定められた。これによって全国の神社で統一的な祭式を行うようになった。しかし、神社祭祀においては、規定された祭式のほかに、個別の神社固有の儀礼がある。特殊神事とは、こうした全国共通に行われる祭式規定・祭祀令によらない、神社固有の神事・祭祀をいう。第二次世界大戦後は昭和二十三年五月に神社本庁規定第九号の定めにより、大正三年以来の神社祭式中、国家制度としてのあらゆる面を削除し、社格を廃止、現在の神社における祭式が確定した。標準的な神社祭式とは異なった、独特の祭式次第・作法・構成によって行われる特殊神事を宮地直一は次のように特徴づける。㈠全国、一般的に行われないもの、㈡その神社に特殊の縁があって伝来して続いているもの、㈢古く一般的に行われていた神事でも、変遷があってその神社の独特の神事となったもの、㈣特殊神事は祭礼の一部分をなすものも多く、これまで私祭といったものが多い、㈤祭祀と余興との区別が判然としないところに特殊神事の特色があり生命がある。具体的におのおのの神社固有の特殊神事の内容を分類してみると、古い時代に起源を持つ神事で、たとえば中部の三信遠地方に伝承されている鹿打神事などの狩猟の神事や、稲作農耕神事のおんだ・抜穂神事・粥占など特殊な式で年の豊凶を占う神事などがある。加えて、正月から十二月までの年中の行事や臨時の行事が神社に取り入れられ、神社の神事となったもの、たとえば五節供・流鏑馬・競馬《くらべうま》などがあり、仏教色を持った修正会の牛玉宝印や追儺行事などの影響を受け、特徴ある神事となったものも多い。神輿渡御・神幸祭・御旅所・神慮の発現などの独特な部分での神事もある。民衆の信仰を背景として行われるものが多く、祭礼の中でも、特に、人々の信仰的注目と文化史的興味を掻き立てる場面でもある。

(茂木 栄)

とくせんじんみょうちょう 特選神名牒 『延喜式』所載の式内社について、明治政府が府県に現状調査の報告を提出させ、吟味、編纂した書。教部省編。もと三十二冊。のちに内務省が刊行した際には刊本一冊。成立は明治九年(一八七六)十二月。刊行は大正十四年(一九二五)十月。明治元年維新政府は太政官制の再興をはかり、閏四月神祇官を復活させたが、その神祇官が国内の神社のうちで、特に律令時代に官社であった式内社の現況に関心を抱いて調査を進め、同三年には国内大小神社に取調書を提出させた。ついで神祇官は神祇省と改まり、さらに教部省と改称されるが、この調査は継続され、同七年、同省より『特選神名牒』を編纂し、延喜式内社を調査したい旨、太政官に伺い出、許可を受けた。同省は全府県に命じて、各式内社の祭神・神階・祭日・社格・所在などに関する明細書を提出させ、その提出資料に基づいて、一式内社を複数の神社が主張し合う論社などへの考証を加えてでき上がったのが本書である。『大日本史』の神祇志や栗田寛の『神祇志料』など同種の文献が近世から近代にかけて編纂されたが、神社の流失、村落の変遷、戦乱などによる廃絶その他、不明な点が多く、また前述のような論社もあって、いずれも苦心している。そのようななかで国家的な規模で編纂されただけに、それなりの公平性を保っており、この種の研究上の重要参考文献となっている。

(白山芳太郎)

とくそうごんげん 徳崇権現 神奈川県鎌倉市小町の宝戒寺境内にあった。鎌倉幕府の滅亡後、執権北条氏の怨霊を慰めるために、足利尊氏の発意により宝戒寺を建立、その境内に第十四代執権北条高時の霊を祀り鎮守と崇めたのが権現の由来である。元来北条氏の家領を徳崇(得宗)と称したところから徳崇権現と号されたのであろう。大正十二年(一九二三)九月の関東大震災にあうまで境内に存した。

(西島 一郎)

とくだひろとよ 徳田寛豊 一八三〇―九二 明治時代の宗教家。天照教教祖。天保元年(一八三〇)上野国群馬郡大類村(群馬県高崎市)の農業羽鳥家に生まれた。尊王派の薩摩・水戸藩士と交わり、黒船来航に際して、伊勢神宮で尊王攘夷を誓った。桜田門外の変にかかわり、尊攘派として京都など各地で活動した。明治維新後、政府から賞を受け、国教をめざして天照教を開いた。明治十二年(一八七九)富士南麓に本教教会所をつくり、信者二十万と号した。同二十五年没。六十三歳。その後同教は衰え消滅した。 (村上 重良)

とくべつほごけんぞうぶつ 特別保護建造物 明治三十年(一八九七)、古社寺保存法が制定施行されたとき、美術工芸品は国宝、建築は特別保護建造物という名で保護されることとなった。同年以後、国宝保存法が制定された昭和四年(一九二九)までの指定棟数は約千百棟で、国宝保存法ではこれを「国宝」とし、昭和二十五年制定の文化財保護法では「重要文化財」として保存されている。 (太田博太郎)

とこしずめのまつり 地鎮祭 ⇩じちんさい

とこぬしのかみ 地主神 ⇩じぬしがみ

とこよながたね 常世長胤 一八三二―八六 明治時代前期の平田派国学者。天保三年(一八三二)に、上総国木更津(千葉県木更津市)に生まれたといわれるが、生年については異説もある。その後、下野国都賀郡壬生(栃木県下都賀郡壬生町)に住み、初め常住敬吉と称したが、のちに常世長胤と改めた。慶応二年(一八六六)に平田鉄胤に入門。明治に入り、明治二年(一八六九)には神祇官の宣教使少講義生に出仕、翌年には、中講義生から大講義生に昇進した。四年に、神祇官は神祇省と改称され、五年に神祇省が廃され教部省が設置されると、中録となった。同五年にはまた、日枝神社・神田神社とともに、東京府社と定められた芝大神宮の祠官に任命された。また、八年には、鶴岡県権中属として赴任(のちに中属)、十一年に辞官してからは、神宮教院の幹部として活動した。十九年三月十九日に死去。四十九歳。『神教組織物語』『神祇官沿革物語』などの著述がある。この内、『神教組織物語』は、明治二年から十七年までを記述範囲として、長胤の事跡はもちろん、当時の人間関係や宗教行政を窺うに足る重要な文献となっている。

参考文献 阪本是丸『明治維新と国学者』、藤井貞文『江戸国学転生史の研究』 (三澤 勝己)

とこよのかみ 常世神 中国の道教信仰の系譜をひく外来の呪術・信仰で、不老長寿・富貴豊饒をもたらすとされた神。七世紀ごろ、巫覡を媒介として特に東国の富士川周辺地域の農民層の間で盛行した。『日本書紀』皇極天皇三年(六四四)七月条に「東国不尽河辺人大生部多、勧㆓祭㆑虫於村里之人㆒曰、此者常世神也、祭㆓此神㆒者、致㆓富与㆑寿、巫覡等遂詐託㆓於神語㆒曰、祭㆓常世神㆒者、貧人致㆑富、老人還少、由㆑是加勧、捨㆓民家財宝㆒、陳㆑酒、陳㆓菜六畜於路側㆒而使㆑呼曰、新富入来、都鄙之人、取㆓常世虫㆒置㆓於清座㆒、歌儛求㆑福、棄㆓捨珍財㆒」とあるのが初見である。この神実が蚕に似た虫であるところから、原形は子持勾玉に発するもので固有の神祇信仰であるとする説があるが、妥当でない。その祭祀の内容・儀礼は不老長生と富貴豊饒に基礎をおくことは明確であって、道教信仰に由来するものであることは明らかである。日本へ伝来した道教は教団道教でなく民間道教であったが、この常世神の運動は、中国の教団道教の原段階であった五斗米道と近似している。その意味で、日本における教団道教の初現的なものとして注目されるのであるが、間もなく中央の抑圧により大化直前に中絶してしまった。以後、中央・地方をとわず常世神の運動や祭祀の展開した形跡は全く認められない。なお皇極紀の記事での中心人物である大生部多の姓は、オオフベでなくオオミブべかオオシミブべと訓み、皇子女養育の部として大和王権の定めたミブべの東国における現地統轄者ではないか。だから、ここでの不老長生の祈りは一地方の私的信仰にとどまらず天皇制の問題に関わりをもつとする考えもある。しかし、皇極紀の記事からだけでこのように考えるのは、他に常世神について伝えるものがない以上より慎重な考慮が必要なのであって、軽軽に判断が下される問題でなく、さらに将来の研究に俟たねばならない。

参考文献 下出積與『道教』(『日本人の行動と思想』一〇)、同『道教と日本人』(『講談社現代新書』四一一)、福永光司・上田正昭・上山春平『道教と古代の天皇制』 (下出 積與)

とこよのくに 常世国 常住不変の異郷。常世郷とも書く。『古事記』の神話に国作りを終えた少名毘古那神(少彦名命)が常世国へ渡ったと記し、『日本書紀』の神話では淡島に至り粟茎にはじかれて常世郷に至ったと伝える。『日本書紀』神武天皇即位前紀では三毛入野命が常世郷に赴いたとし、また『古事記』垂仁天皇段(『日本書紀』では垂仁天皇九十年二月条)に多遅摩毛理(田道間守《たじまもり》)が常世国へ派遣されて「時じくの香菓《かぐのみ》」を求めた説話がみえる。常世国の観念には、本来、海上他界観が濃厚であり、神仙思想と結びついて不老長生の国とも意識されるようになった。

参考文献 『定本柳田国男集』一、『折口信夫全集』一、伊藤幹治「他界観念」(上田正昭編『講座日本の古代信仰』一所収) (上田 正昭)

どこんのでん 土金之伝 吉川神道や垂加神道で重視された思想。「つちかねのでん」ともいう。陰陽五行思想において土から金が生じる、という説から、「土しまる」ことで大事な金が生じることにたとえて、天地万物あらゆること、またそれらを生み出す点において「つつしみ」の大事さを説いた。山崎闇斎は朱子学で「敬」を重視したが、神道でも「土金《つつしみ》」として重んじ、唯一宗源之道は土金にあって、わが国が秀でているのは、その土金が盛んであるからだと説いた。したがって、垂加神道では入門者に最初にこの伝を伝えた。また、跡部良顕《あとべよしあき》はこの伝を理解できない者に神道を伝授しないよう規定した。闇斎は「土金」の読み方を、「つつしみ」と「つつしむ」に分け、前者を「道体」、後者を「学術」と解して、その両者が合体していなければ、神道は理解できないとした。若林強斎は、「敬」とは、天地にあれば「つつしみ」と読み、それは「自然の道」であり、人にあれば「つつしむ」と読み、それは「当然の学」であると説いた。それについて谷省吾は、「つつしみ」とは生きるにあたっての敬虔なきびしさであり、「つつしむ」とはそれを体得する意志と実行する努力であると説明する。

参考文献 小林健三『垂加神道の研究』、谷省吾『神道原論』　（西岡　和彦）

とさじんじゃ　土佐神社　高知市一宮《いっく》に鎮座。土佐国一宮。旧国幣中社。祭神味鉏高彦根命《あじすきたかひこねのみこと》（もしくは一言主神とも伝える）。土佐国の総鎮守として、『日本書紀』に「土左大神」、『土左国風土記』逸文に「土左高賀茂大社」、『延喜式』に「都佐坐神社」とそれぞれ記載されている。

土　佐　神　社

貞観元年（八五九）正月二十七日に都佐坐神が従五位上に昇叙され、天慶三年（九四〇）高賀茂神が正一位となった。戦国時代の戦乱で本殿などが焼失したが、長宗我部元親が戦勝を祈念して、元亀二年（一五七一）に再建した。江戸時代には土佐藩主山内氏の保護もあり、社地の寄進があった。明治四年（一八七一）国幣中社に列し土佐神社と称した。元亀二年再建の本殿・幣殿および拝殿、寛永八年（一六三一）再建の楼門、慶安二年（一六四九）藩主山内忠義により建立された鼓楼はともに国の重要文化財に指定されている。例祭は八月二十五日で志那禰祭として大祭を行なっている。古くは御船遊びといわれ、神輿の海上渡御があったが、現在は徒歩での神幸となっている。

参考文献 『高知県史』古代中世編　（広谷喜十郎）

としいわい　年祝　生涯において特定の年齢にあたって祝うこと。一升餅を背負わせて故意に転ばす初誕生から、幼年期には三歳の紐落し・三ツ身祝、五歳男児の袴着、女児の帯祝、七歳の子供入り・氏子入りがある。これらの祝いは今日では七五三祝となっている。十三歳あるいは十五歳の元服までの祝いは主として未熟で不安定な霊魂の強化に力点がおかれている。青壮年期には男子二十五歳と四十二歳、女子十九歳と三十三歳の厄年が対象となり、還暦までの祝いは厄や穢れを祓い、霊魂の更新をはかることに力点がおかれている。なお、厄年は本来生まれ年の干支が巡ってくる年とされ、十三歳、二十五歳、三十七歳、四十九歳、六十一歳、七十三歳、八十五歳で、これらの年に祝いをしたのであった。六十一歳の還暦以降は老年期の長寿を祝う意味をもち、七十歳の古稀、七十七歳の喜寿、八十八歳の米寿、九十歳の卒寿、九十九歳の白寿、百歳の百祝、百八歳の茶寿とつづく。

参考文献 郷田洋文「厄年・年祝い」（『日本民俗学大系』四所収）、佐々木勝「厄年と年祝い」（『厄除け―日本人の霊魂観―』所収）　（岩井　宏實）

としうら　年占　年の初めに吉凶を判断すること。主として農村において作物の豊凶を卜するために行われている。その方法はいろいろあるが全国各地に見られるのに粥占《かゆうら》がある。正月十五日に粥を炊いてその中に葦や竹筒を入れて置く。粥が十分にできるとそれを出して竹筒などの中に入った粥の多少によって豊凶を卜する。粥が沢山入れば豊作と判断する。これを管《くだ》粥・筒《つつ》粥と称している。関東地方では上州の榛名神社の粥占が有名でその結果は刷り物にして各地に配布されている。同様の例は各地にあるが古記を一つあげると『風俗問状答書』によると河内国一宮の枚岡《ひらおか》神社の卜田《うらた》祭では正月十四日から十五日にかけて小豆粥に五十四本の竹管を入れて諸作物の豊凶を占ったとある。関東地方の農村には烏喚びという行事がある。日は土地によって異なるが小正月の前後で畑に白紙を敷きその上に白米をのせたものを三つ、早・中・晩の稲種の印をつけて置き、そのうちで烏が最初に啄んだものを蒔く種として決定する。次に家々でよく行うものに豆占がある。炉の灰の上に豆を十二ヵ月の順に並べ、その焼け工合を見て白く灰になったのは晴、黒く焦げたのは雨、焼けてしまったのは旱《ひでり》と判断する。年占には弓射や綱引きによるものがある。これらは多く部落対抗の競技で勝った方の部落が豊年という。やはり年の初めに行われるが、綱引きは東北では正月に行うが、九州では八月に行われている。　（大藤　時彦）

としがみ　年神　正月に吉方から来臨して年中の安全と豊作とを約束する神。正月さま、ワカ年また年徳などの名でも知られた。通例家ごとに屋内に迎えてまつる。臨時に年棚を台所に吊り設け、または座敷の床の間を用いる地方もある。年棚は吉方に向け、神祭式でまつった。米俵を祭の中心においたり、木臼をすえて餅などをのせ、また年桶に米を盛ってまつるなどさまざまの慣行が見られた。門松と同じく松を年神の依代とすることも各地にある。西日本では入口に近い屋内に長い棚を横に渡し、これに大根など野菜類や干魚塩魚類をかけ連ねた。サイワイギなどとよぶ。年神への供物と解された。また各地で年木などといって割木を束ねて門口に立てかけたり、門松に添えたりする。供物の燃料という。これらを保存して田植時の食料、燃物にした例もある。年神を迎えて元旦早く年男が若水を汲む作法は広く見られるが、奈良県東山中では大晦日の夕刻門に立ってフクマル迎えをする。現在伝承は多岐にわたるが、年神迎えとの関連が注意されよう。また以前東京下町でも一夜飾りを忌んだが、大晦日の夜はすでに神迎えが始まって、この夕食は家族そろってハレの膳についた。明くる元旦にその供物を集め汁にした。雑煮を餅直会《なおらい》、オノーレなどとよぶ風が九州西海岸に残っていた。元来一日の祭が三ヶ日の祝いに変わった。年神が田の神に変身したり、先祖精霊と習合したりする伝承は各地にある。日本人の神観念の本質であろう。なお古典に、素盞鳴尊の御子神のうちに大歳(年)神があり、豊作を守る神徳で知られた。この神を祀る神社も各地にある。

(平山敏治郎)

としぎ 年木　正月の神祭用に準備される木。特に小正月に用いるものを若木といって区別する場合がある。年木は所によって節木・新木・幸木などともいわれ、木の種類もさまざまである。広義には門松や小正月の粥杖・祝棒も年木に含まれるが、一般には暮や正月の初山入りに伐ってきて、大晦日の大火焚きや正月のハレの食品の煮炊き、さらには田植の際の飯炊きなど、神聖な火を作るのに用いる薪のことを指す。しかし、軒下や庭先に豊かに積み上げたり、門松の根元に多数寄せかけたりして年神の来臨を待つほか、二つに割って、割った面に「十二月」という文字を書いたり十二本の線を描いて(閏年には十三本)、各入口に並べたり神々に供える所も多く、単なる薪ではなく、神の依代的性格をも持つものである。古く『延喜式』太政官などには正月十五日に諸司から宮内省に薪を進上する際の作法が記されており、薪の献上に特別の意味のあったことがわかるが、近代においても民間で子方や婿が親方や里の親に年木を贈る所があった。

(田中　宣二)

としごいのまつり 祈年祭　⇨きねんさい

としこし 年越　新年を迎えようとする夜の時間、および その間の行事。一般に年越といえば大晦日の夜を指すが、立春・七日正月・小正月を控えた夜をも年越ということがある。古い考えでは日没時を一日の境としていたとされるが、この場合、夜は前夜ではなく、もう朝に続く一日のはじまりとみなされていたのである。したがって、新年を控えた年越という夜は、年の最後の時ではなく、新年に含まれる時間であった。一方、神霊の出現は夜とされ、祭は夜に開始されるのが普通である。だから年越にはすでに正月の神が訪れてきているのであり、この神を祀るいろいろな行事が執り行われるのである。大晦日夕方までには正月飾りを完了し、そのあとハレの着物に着替えて、一家揃って年神棚の前でハレの食事をいただく地方があった。このハレの食事をオセチ料理という所もあるが、一般化した年越そばもこの一種かと思われる。また、この夜は囲炉裏で浄かな大火を焚きながら起き明かすべきだと考えられており、もし早く寝ると皺がよるとか白髪になると信じられ、その上「寝る」という言葉さえ忌んで、代りに「稲を積む」といっていた所は多い。これらは来臨した年神に一夜侍坐していることを意味し、夜が明けると神への供饌を下ろして神人共食するのが、雑煮を祝うことのもともとの意味であったとされる。節分・六日年越・十四日年越の場合にも、同じく神の来臨を想定して各種の行事が行われ、明けて七草粥や小豆粥が祝われるのである。大晦日に神社に参籠して夜を明かす所もあるが、一般化した夜中や元朝に神社に参る風は、かつての参籠の簡略化したものかと考えられている。また、この夜新しく鑽り出した神社の浄火を家に受けてきて年神棚に移したり、元旦の煮炊きに用いる所もあるが、京都の祇園社の白朮詣《おけらまいり》はその最もよく知られた例である。

(田中　宣二)

としとくじん 歳徳神　年徳・としとくさま・年神・正月さまともよばれ、一年の福徳を司る神で、その方角に向かってことを行えば万事大吉で、いかなる凶神も犯すことができないとされる。陰陽道では南海の娑竭羅《しゃがら》竜王の娘頗梨采女《はりさいじょ》で、牛頭《ごず》天王の妻となり、八将神の母である。「容顔美麗、忍辱慈悲之体」(『簠簋《ほき》内伝』)とされる。歳徳神の方位は年の十干によって決まるが、具注暦や仮名写暦では十干、一般の仮名版暦では十二支で表わされる。甲・己歳は東宮甲方(寅卯の間、東北東)、乙・庚歳は西宮庚方(申酉の間、西南西)、丙・辛歳は南宮丙方(巳午の間、南南東)、丁・壬歳は北宮壬方(亥子の間、北北西)、戊・癸歳は中宮戊方(巳午の間(丑・辰・未・戌とする説あり)、南南西)。歳徳神は日本古来の年神・正月さまの信仰と混合されており、また素盞鳴尊《すさのおのみこと》の妃櫛稲田姫であるともされている。歳徳神の方位に向けて歳徳棚を設け、酒肴を捧げてこの神を家に招く。歳徳神の方位を歳徳の方《かた》、明《あけ》の方あるいは恵方《えほう》と称し、その方位の社寺に初詣することを恵方詣という。↓年神《としがみ》

参考文献　平田篤胤『玉欅』八(『新修平田篤胤全集』六)

(岡田　芳朗)

としのいち 年の市　年の暮に立つ市で、ところによっては暮市・節季市・斎満《いみて》市・ツメマチなどと呼ぶ。年取りや正月用の飾り物、料理や材料その他盆までに必要と見越される物を売買するために立つ市。もともと、その年の収穫物の処分、年貢皆済の折目にまつわる経済上の必要性と、先祖の御魂祭《みたままつり》として開かれた。なお、青森県三戸地方のツメマチには、「親に似た顔がでる」とか、長野県北安曇郡や戸隠山麓地帯の暮市には山姥が出現するという伝承は、暮市には何か神秘的な霊力が出現すると考えられた事例であり、注目される。近世末期、江戸の年の市の有様を『江戸絵本風俗往来』によってうかがってみよう。「十二月十四・十五の両日は、深川八幡宮年の

市、十七・十八の両日は浅草観世音年の市、(中略)二十五・二十六両日麴町平河町天神宮の市、この以後大晦日まで諸所に市あり」とみえ、また浅草観世音年の市の翌日を特に簑市と呼び、酉の市同様に近郷農家との交渉を活写している。青森県八戸では暮市に、ふだん付合いのある近在の村人が土産を持ってくる習慣があったので、レイイチ(礼市)といい、主人は一日中応対し、酒食を出してもてなしたという。ここに、半期半期の決済という意味がうかがわれ、また、市の立つ町が、村々の結節点の役割を果たし、村人と町人との交渉のあり方を知ることができる。年の市は、伝統的な生活が集約的に反映される時であり、空間でもある。

参考文献　柳田国男編『歳時習俗語彙』、民俗学研究所編『年中行事図説』、北見俊夫『市と行商の民俗』(『民俗民芸双書』五六)、同「市とその生態」(『日本民俗文化大系』一一所収)　(北見　俊夫)

とちがみ　土地神　⇩地主神《じぬしがみ》

ととうてんじんぞう　渡唐天神像　室町時代に流行した中国の径山の無準師範《ぶじゅんしばん》に参禅した菅原道真の画像。図像的定型があり、一般的には正面立像の頭部に幅巾を戴き、両手を拱手して道服を著け、一嚢を腰に付けて一朶の梅花を袖間に持つ姿で、中国風の様子をしているものが多い。画像では応永三年(一三九六)椿庭海寿の賛が知られるが、賛と像の揃った現存の作例としては応永二十四年惟肖得巌賛の渡唐天神像(花園大学禅文化研究所蔵)が最も初期のものである。渡唐天神思想を語る初期の文献としては花山院長親(子晋明魏)の『両聖記』が重要で、応永二年ごろの作とみられる。山城伏見の蔵光庵の僧が夢想と合致する天神の無準参禅受衣の像を得て同庵の土地神に勧請して以後、人々の間にこの信仰が広まったという。文中で特徴的なのは「たとひ慥なる記文なくともしゐてうたかひをなすへからさることにや」と時代と国土の齟齬を明確に意識しながら、なお「さること有へし」とその論理の非合理性を容認することであり、その後この思想はいくつかの変遷をとげて諸説の間に若干の差異がみられるが、この立場を前提とすることで共通している。当時の「漢」的世界を象徴する仏鑑禅師無準師範のもとに「和」の学芸的世界を象徴する北野天神菅原道真が一夜参問したとする和漢融合の新思想で、禅僧の間に流行した。この場合、参禅を重視する立場と詩神の側面を重視する立場とがあって、道服と衣嚢は前者を、梅花は後者の詩的世界を象徴する。この思想の定着と流行には、永享八年(一四三六)に『大政威徳天神参径山仏鑑禅師之記』を著わした愚極礼才をはじめとする東福寺派の僧の活動が果たした役割が大きい。五山僧が著賛した図像とは別に「渡唐天神」を詩題に詠じた詩文も多くのこされている。この思想が流行したのは五山僧の活動が盛んだった室町時代後期までで、近世になると図像・詩文ともに変化する。このことは渡唐天神の説話が中世の特殊な思想であったことを物語る。また近世の図像作例に束帯像が多くみえるのは、中世の作例が漢優位の色彩が濃いのに対して、やがて和の性格が強くなったことを暗示するものである。

参考文献　今泉淑夫・島尾新編『禅と天神』、村田正志「渡唐天神思想の源流」(太宰府天満宮文化研究所編『菅原道真と太宰府天満宮』上所収)、徳永弘道「渡唐天神図とその社会的背景―三嶋隠子賛の像に関連して―」(『国華』一〇三二)、松原茂「天神信仰の流布と天神画像の展開」(『古筆と国文学』一)、相沢正彦「狩野昌安筆渡唐天神像」(『神奈川県立博物館だより』一八ノ四)、今泉淑夫「『等伯画説』の一節をめぐって」(『日本歴史』三一六)、同「渡唐天神像三題」(同四八五)、同「渡唐天神前後」(同六五二)　(今泉　淑夫)

となごまい　鳥名子舞　伊勢神宮で行われた神事舞踊。明治以降中絶。鳥子名舞《とりこなまい》ともいう。『延喜式』伊勢大神宮に「三節祭幷解斎直会之日」に行うとある。すなわち、月次祭(六月・十二月)・神嘗祭に外宮は十六日、内宮は十七日、および離宮院の豊明神事(十八日)にそれぞれ奏舞した。童男童女十八人が青摺の衣裳を着け、手を組んで回り、頭を寄せて伏し、また起きて手を合わせるといった動作を、歌に合わせ琴・笛の伴奏で舞う。　(倉林　正次)

とねりしんのう　舎人親王　六七六―七三五　天武天皇の第三皇子。母は妃で天智天皇の女新田部皇女。天武天皇五年(六七六)生まれる。淳仁天皇(大炊王、母は当麻山背)・御(三)原王・三島王・船王・池田王・守部王・室女王・飛鳥田女王らの父。持統天皇九年(六九五)浄広弐を授けられ、養老二年(七一八)二品から一品に昇叙、元正朝から聖武朝にかけ、新田部親王とともに宗室の年長として政界に重きをなした。勅命により『日本書紀』の編纂を主宰し、養老四年五月完成奏上、同年八月右大臣藤原不比等の死にあたっては、直後に知太政官事に任じられ、政界の動揺を防ぐ役を担った。天平七年(七三五)十一月十四日、おりからの疫病流行のなかで没、太政大臣を贈られた。『公卿補任』に年六十とあり、『万葉集』には三首をのせる。天平宝字三年(七五九)、淳仁天皇の父たる故をもって崇道尽敬皇帝と追号された。親王の遺子やその子の中には、淳仁天皇をはじめ、皇嗣をめぐる奈良時代後半の政界の混乱にまき込まれ、不幸な運命をたどった者が多い。

参考文献　川崎庸之「天武天皇の諸皇子・諸皇女」(『万葉集大成』九所収)、柳宏吉「舎人親王家の隆替」(『熊本史学』六)　(笹山　晴生)

とばたはちまんぐう　飛幡八幡宮　福岡県北九州市戸畑区浅生に鎮座。戸畑八幡神社・浅生八幡宮とも称す。旧県社。祭神は神功皇后・応神天皇・比売大神・須佐之男命・道祖大神。創立は社伝によれば建久五年(一一九四)宇都宮上野介重業が筑前国遠賀郡に赴任するに際し、下野国宇都宮の八幡神を勧請して枝光村宮田山に奉斎し麻生の総鎮守としたのに始まる。その後戸畑村字汐井碕に分霊が勧請され、戸畑・中原の産土神となる。天正七年(一五七九)汐井碕より戸畑村お坂(鳥旗)に遷座して里人の崇敬を受け戸畑発展の基となる。大正六年(一九一七)ここ浅生に宮地を定め同九年社殿竣工、遷祀して今日に至る。平成七年(一九九五)、『万葉集』一二に「ほととぎす飛幡の浦にしく波の(下略)」(原万葉仮名)とみえることに基づき現社名に改む。例祭は十月十四日・十五日。七月十三—十五日の戸畑祇園大山笠は、戸畑区の当社と菅原神社・中原八幡神社の神幸に供奉する氏子の山笠行事で享和三年(一八〇三)当地に流行した疫病の終息を祝って始められた。昼の幟山笠・夜の提燈山笠が特徴。

参考文献 『筑前国続風土記拾遺』 (伊藤 勇人)

とべじんじゃ 富部神社 名古屋市南区呼続《よびつぎ》町に鎮座。旧称戸部天王社・蛇毒《じやどく》天王社。祭神は素戔嗚尊《すさのおのみこと》。合祀祭神四柱。『蛇毒神天王由来』によれば、慶長八年(一六〇三)、戸部村の天神山に「津島八王子天王」が飛びきたり信仰を集めつつあった時、命が危ぶまれた清洲城主松平忠吉(徳川家康四男)の容体が回復し、それはこの天王のお蔭であるとして老中が代参したところ、全く本復したので、同十年から十一年にかけて現在地で忠吉の寄進による普請が行われ忠吉も社参、高百石を寄進したという。社領百石は名古屋藩主の代々も安堵した。神宮寺を天福寺といい、社家は金原氏であった。明治五年(一八七二)、郷社に列格。同四十一年、八幡社・白山社を合祀した。例祭日は十月十日である。特殊神事として葦祭《よしまつり》(輪くぐり)が七月十六日に行われる。本殿は銅板葺一間社流造、慶長十一年(一六〇六)創建時の形態をよく伝えているとして重要文化財に指定されている。 (太田 正弘)

とほかみえみため ⇩三種大祓《さんしゅのおおはらえ》

とほかみしんとう 吐菩加美神道 幕末の神道家で禊教教祖の井上正鐵が唱えた白川神道系の神道。天照皇大神の大前で祓を唱え、宝祚無窮、天下泰平、万民安穏、五穀豊饒を祈り、亀卜に用いる三種大祓のことば「吐菩加《とほか》美依身多女《みえみため》」を繰り返し高唱して気息を調える行法を教えた。井上は江戸で布教と治病を行い、武士を中心に入信者が急増したが、天保十二年(一八四一)江戸幕府に弾圧され、三宅島に流されて没した。明治維新後、井上は罪を赦され、門人により禊教がつくられた。➡井上正《いのうえまさ》鐵《かね》 ➡禊教《みそぎきょう》

参考文献 坂田和亮編『禊教の研究』 (村上 重良)

とみおかてっさい 富岡鉄斎 一八三六—一九二四 明治・大正時代の南画・文人画家。天保七年(一八三六)十二月十九日、京都三条衣棚《ころもたな》の法衣商十一屋伝兵衛富岡維叙の次男として生まれる。母は丹波氷上郡莪野氏の娘絹。初名は猷輔、明治維新前後より百錬、二十五歳ころより鉄斎を用いた。六歳のころ、句読を学び、のちに国学・漢学、また大和絵・南画を習う。二十一歳ころよりは陽明学・詩文を修め、書画の修業も始める。明治六年(一八七三)、湊川神社権禰宜の辞令を受けたが、意に合わず辞任。しかし神社復興の志は強く、同九年五月石上《いそのかみ》神宮少宮司に、同十二月に堺の大鳥神社大宮司に任命され、鳥居・手水舎などを建立、その再興に努力した。同十四年十月兄の死去により、宮司の職を辞し、京都市上京区室町通に居を構え、以後作画に力を注いだ。深い学問と素養に基づいた南画・文人画は独自の世界を確立、近代日本画壇の巨匠である。大正十三年(一九二四)十二月三十一日没。八十九歳。墓は京都市下京区貞安前之町の大雲院にある。法名、無量寿院鉄斎居士。

参考文献 小高根太郎『富岡鉄斎』(『人物叢書』五六) (森 好央)

とみおかはちまんぐう 富岡八幡宮 東京都江東区富岡一丁目に鎮座。旧府社。当社は応神天皇を主神とし深川八幡ともいう。寛永元年(一六二四)京都の長盛上人が江戸永代島の小祠に八幡像を安置して創立し、同四年に社殿再建し、永代寺を別当寺院とし、当社周辺六万五百八坪(約二十万平方メートル)を埋め立て、宝永四年(一七〇七)りっぱな社殿を再建、『江戸名所図会』七にあるような江戸第一の広壮な神社となった。当社は八月十五日が例祭、江戸時代は各町の山車が渡御するのが有名、その後神輿の渡御が盛んとなり、現在は三年に一度の神輿祭りが有名となり五十余基の神輿が渡御する。貞享元年(一六八四)から当社において江戸勧進大相撲が興行されてきたため歴代横綱の碑がある。元禄十一年(一六九八)三十三間堂がここに移され弓の競技が開催されてきたが、明治時代になって三十三間堂は廃寺となり、公園その他の土地となった。現在の本殿は昭和三十二年(一九五七)の再建である。

参考文献 『御府内備考』続編四—六、『江東区史』、『江東区年表』 (細田 隆善)

富岡八幡宮

ともうじじんじゃ 伴氏神社 ⇩住吉大伴神社《すみよしおおともじんじゃ》

ともぎおんぐう 鞆祇園宮 ⇩沼名前神社《ぬなくまじんじゃ》

ともきよよしさね　友清歓真　一八八八—一九五二　大本系の新宗教である神道天行居《しんどうてんこうきょ》の創始者。山口県に生まれ、若年には新聞社の政治記者として活動するが、宗教に関心が移り、諸宗教を遍歴したのち、大正七年(一九一八)に大本に入信。浅野和三郎のもと、機関誌『神霊界』の編集に携わり、劇筆をふるって大正維新論の一翼を担った。しかし出口王仁三郎《おにさぶろう》への反感から一年足らずで脱退し大本攻撃に転じた。大本で触れた鎮魂帰神の典拠である本田霊学を、静岡の長沢雄楯《かったて》に直接学ぶなど独自の活動に入り、大正九年には九鬼盛隆《くきもりたか》とともに静岡で格神《かくしん》会を組織、神がかりを実修した。大正十年には天行居を組織、また近代の神道霊学の古典的文献となる『霊学筌《れいがくせん》蹄《てい》』を改訂出版した。昭和二年(一九二七)、山口県熊毛郡石城《いわき》山において受けた天啓に基づき、同山に神道天行居を設立。太平洋戦争中は、「霊的国防」を提唱し、各地に霊的施設を造営し国防神事を行なった。　↓神道天行《しんどうてんこう》居《きょ》　(津城　寛文)

ともぶちはちまんじんじゃ　鞆淵八幡神社　和歌山県那賀郡粉河町中鞆淵に鎮座。旧県社。祭神は応神天皇・仲哀天皇・姫大神。石清水八幡宮の別宮として、平安時代に創建されたものと思われる。石清水八幡宮領鞆淵庄の産土神で、惣結合の中心的位置にあった。安貞二年(一二二八)に石清水から神輿一基が送られ、その仕様にほぼ近いものが現存し、国宝に指定されている。また本殿は三間社流造、檜葺で、棟札によれば寛正三年(一四六二)の建立、江戸時代に修理。大日堂は寄棟造、本瓦葺で、室町時代前期の建立、昭和八年(一九三三)に解体修理された。ともに国の重要文化財となっている。南北朝・室町時代の鞆淵荘関係の古文書も残されている。例祭は十月十五日。

参考文献　『和歌山県史』中世史料一　(本多　隆成)

ともべやすたか　伴部安崇　一六六七—一七四〇　江戸時代中期の垂加神道家。通称は武右衛門、号は止定斎・八重垣翁。寛文七年(一六六七)十二月一日、品川に生まれる。今治藩士伴部三省の子。はじめ佐藤直方に師事して朱子学を学ぶ。だが、同門で旗本の跡部良顕《あとべよしあきら》の影響から、山崎闇斎の精神を体得するために神道研究に傾斜し、正親町公通《おおぎまちきんみち》から垂加神道の秘伝を受けた。一方で、直方に神道軽視の反省を促し、たびたび論争を交えた。彼らは京都からの情報が乏しいことから、みずから山崎闇斎の著作を調査収集し、『垂加文集』や『垂加翁神説』などを編纂した。安崇は江戸四谷で開講し、『神道野中の清水』や『病後手習』にみられるように平易に垂加神道を教授した。著書では、台覧に供した『度会の橋』や慈遍の『旧事本紀玄義』の全釈書『旧事本紀玄義抜萃常世草』などを残した。元文五年(一七四〇)七月十四日没。七十四歳。　↓神道《しんとう》野中《のなか》の清水《しみず》

参考文献　『国学者伝記集成』、『神道人物研究文献目録』、小林健三『垂加神道の研究』、西岡和彦「江戸垂加神道家の天皇観」(『日本学研究』三)　(西岡　和彦)

ともまつうじおき　友松氏興　一六二二—八七　江戸時代前期の儒学者、神道家。会津若松城主保科正之の重臣。通称は勘十郎。元和八年(一六二二)三月三日土佐国高知に生まれる。父氏盛。性格は、廉潔、剛勇。寛永十一年(一六三四)、保科正之に仕え、累進して、寛文三年(一六六三)には家老、二千石に至る。山崎闇斎・正親町公通《おおぎまちきんみち》・吉川惟足に師事、学殖あり。領内の地誌編纂(『会津風土記』)、寛文五年には寺社縁起の編纂、ついで同十二年まで神社改め、神仏分離を担当する。その厳しい性行は「夜叉勘十郎」の異称を招く。同年保科正之が死去すると、葬儀の執行、見禰山に土津《はにつ》霊廟(福島県耶麻郡猪苗代町)の造営および神領の開墾、その寄進を指揮する。しかし、この後は不遇であり、延宝七年(一六七九)に蟄居、三十人扶持に減封。三代正容が襲封すると二百人扶持に改められたが、貞享四年(一六八七)二月二十九日に病没。六十六歳。著書『友松氏興遺稿』『孟浩録』(刊本)、『氏興不学而詠集』。

参考文献　『若松市史』下、井野辺茂雄『幕末史概説』、平重道『近世日本思想史研究』、同『吉川神道の基礎的研究』　(秋元　信英)

とやまけんごこくじんじゃ　富山県護国神社　富山市磯部町に鎮座。祭神は戊辰戦争より第二次世界大戦に至る富山県関係の戦没者の霊を祀る。大正元年(一九一二)九月、富山県知事浜田恒之助が建設委員長となり富山市安野屋町(磯部町)に招魂社造営の工に着手し、翌年八月社殿等竣工し、九月鎮座するのを創始とする。その後、昭和十四年(一九三九)四月、一道府県に一社を限りとした富山県護国神社となり、奉賛会が結成され、県民をあげて奉賛される。同二十年八月、戦災により社殿を焼失し、氷見市上田《うわだ》神社に仮遷座する。翌二十一年十月上田神社より旧社地に遷座する。第二次世界大戦後の占領下、同二十二年四月社名を富山県鎮霊神社と改称し、同年十月仮殿竣工する。同二十六年社名を現社名に復し、翌二十七年奉賛会が結成され、さらに同二十八年に焼失した社殿復興のため富山県護国神社建設委員会が設けられ、社殿造営に着手する。同二十九年十月社殿の復興が成り、遷座祭ならびに奉祝祭斎行。例祭は春季四月二十五日、秋季十月二十五日。

参考文献　『全国護国神社会五十年史』　(大井　鋼悦)

とゆけぐうぎしきちょう　止由気宮儀式帳　桓武天皇の延暦二十三年(八〇四)三月十四日、度会宮禰宜五月麻呂・内人神主山代・同御受・同牛主らより神祇官を経て太政官に奏上された解文。一巻。その内容は、等由気太神宮の儀式並びに内人・物忌などの年中行事など、次のように目を九条に分けて詳細に註記されてある。等由気太神宮院雑行事・供奉二所太神朝御饌夕御饌幷雑行事・造奉新宮時行事幷雑用物事・新造宮御装束物幷雑行事・供奉御形新宮遷奉時行事・所管度会郡神社祭事・供奉職掌禰宜内人物忌等年中雑行事・年中三節祭時供給儲備事・三

節祭并年中行事月記事などで、この項目をみたのみでもその大綱を窺うことができるであろう。したがって本書は、同年八月二十八日に奏上された『皇太神宮儀式帳』とともに、『延暦儀式帳』ともよばれ、平安時代初期における両神宮の諸儀式をはじめ百般の事柄を知る上にきわめて貴重な文献である。なお本書の伝本には大きく分けて二種の系統があり、その一つは『群書類従』神祇部所収本の「延文二稔(一三五七)丁酉正月十一日」「図書助通俊」の奥書のある書写本で、他の一つは延文二年の奥書のない系統である。 ↓皇太神宮儀式帳《こうたいじんぐうぎしきちょう》

参考文献 『群書解題』一上、橋村正兌『外宮儀式解』(『大神宮叢書』)、石崎文雅『外宮儀式帳私考』(『神祇全書』三)、藤貞幹『止由気大神宮儀式帳考証』、亀田末雅『儀式帳紀聞』 (鈴木 義一)

とゆけこうたいじんぐうねんじゅうぎょうじこんしき　豊受皇大神宮年中行事今式　江戸時代における伊勢外宮の豊受大神宮の恒例・臨時の神祭行事ならびにこれに伴う各種準備的作法について編纂した書。度会(松木)智彦ら著。首巻一巻本文六巻。成立は享保十五年(一七三〇)。当初度会延貞が編集したが、その後度会智彦らが引き継いだ。内容は、首巻に序・凡例・目録を収め、巻一・二で神祭行事に関することを月日をおって詳述し、以下でこれに伴う準備としての公文書の書式や神事用品の形式およびその出納、祭器の図を添えるなど詳細を載せる。当時の祭祀の規範となったものといえる。その編集方針は、凡例十三ヵ条にみえ、編者が一堂に会して研究すること十度、もっぱら『年中行事遺稿』に基づいてまとめ、古記録を参照し、古老の話を聞き遺漏を補ったという。本文と付録としての図録を載せ、図は祭器などの用具を描き、本文の欠を補うとしている。『大神宮叢書』神宮年中行事大成後篇に収められている。 (渡辺 修)

とゆけこうたいじんごちんざほんぎ　豊受皇太神御鎮座本紀　鎌倉時代中期の神道書。伊勢神道の経典。神道五部書の一つ。一巻。略して『御鎮座本紀』といい、『飛鳥記』『上代本紀』『飛鳥本紀』などの別名でも呼ばれる。継体天皇の時代の、乙乃古命の次男大神主飛鳥の作に仮託されているが、弘安八年(一二八五)度会行忠撰の『伊勢二所太神宮神名秘書』に引用されているのが初見で、『伊勢二所皇太神御鎮座伝記』と同じころに、外宮の神官によって作られたものと考えられ、度会行忠を作者と見る説もある。内容は、豊受大神の出現と鎮座の次第を述べて、外宮と内宮との関係を明らかにした後、外宮の祭儀について説明したもの。諸本の中では、延文元年(一三五六)沙弥暁帰(度会実相の法名)書写の神宮文庫本が善本で、同本を底本とした『大神宮叢書』度会神道大成前篇、『(新訂増補)国史大系』七、流布本によった『続群書類従』神祇部がある。 ↓神道五部書《しんとうごぶしょ》

参考文献 吉見幸和『五部書説弁』七・八(『大神宮叢書』度会神道大成後篇)、久保田収『中世神道の研究』、岡田米夫「神道五部書に見える古縁起の遡及性」(千家尊宣先生還暦記念論文集編纂委員会編『千家尊宣先生還暦記念神道論文集』所収) (大隅 和雄)

とゆけだいじんぐう　豊受大神宮 ⇩伊勢神宮《いせじんぐう》

とゆけだいじんぐうねぎぶにんしだい　豊受大神宮禰宜補任次第　豊受大神宮(外宮)鎮座より鎌倉時代までの禰宜度会氏の補任を記した書。著者は不詳だが、度会氏によって書き継がれた記録を建長年間(一二四九―五六)ころに編纂したものとみられる。内容は度会氏の遠祖天牟《あめのむ》羅雲命《らくものみこと》の事歴に始まり、建長五年に卒した行能までの歴代禰宜の在任期間・父母名などの家系・叙位・任免・卒年・年齢などを詳細に記している。度会氏は武烈天皇の代のとき乙乃古命大神主の一男爾波・二男飛鳥・三男水通・四男小事がはじめて神主の姓を賜わり、各々分家して一門から四門の始祖となるが、一門爾波には子孫がなく、三門水通の子孫は早く絶えたようである。また垂仁天皇の代の皇大神宮(内宮)鎮座以来代々その大神主を務め、雄略天皇の代の豊受大神宮鎮座のときには大佐々命が二所太神宮大神主となり、天武天皇元年(六七二)に二門吉田の三男志己夫が皇大神宮禰宜に、二門御気の一男兄虫が豊受大神宮禰宜に任じられたとあるが、これらは度会氏の所伝であって皇大神宮禰宜荒木田氏には伝わっておらず、古来問題とされたところである。なお最末の禰宜行能には補任年月・経歴の記載がなく、また別本には行能の次に元邦の名があるものの、この二名の記載様式は行能の前の氏康までとははなはだ異なっているため、追記されたものと考えられている。刊本に『群書類従』補任部、『神道大系』神宮編五がある。

参考文献 『群書解題』二上 (藤本 元啓)

とゆけのおおかみ　豊受大神 ⇩豊受気毘売神《とゆけひめのかみ》

とゆけひめのかみ　豊受気毘売神　伊勢神宮の外宮豊受大神宮正宮に奉斎される神。和久産巣日神の子。『止由気宮儀式帳』には、雄略天皇の治世、天皇の夢に「吾一所耳坐波甚苦、加以大御饌毛安不聞食坐故爾、丹波国比治乃真奈井爾坐我御饌都神、等由気大神乎、我許欲止誨覚奉支」とあって、雄略天皇二十二年九月、天皇は丹波国から豊受大神を度会の山田原に迎えて宮を建て奉斎、御饌殿を造り天照大神の御饌都神《みけつ》として朝夕の大御饌を日別に供奉したのである。皇大神宮鎮座よりおくれること四百八十一年である。御饌都神は、狭義には、御饌すなわち食事(食料)の守護神であり、広義には、産業の守護神としての大神である。別宮多賀宮は大神の荒御魂を奉斎。この神には、豊宇迦之売神・大宜都比売神・倉稲魂神・保食神・若宇迦乃売命・屋船豊宇迦姫命・宇賀神などの異名同神の名がある。 ↓伊勢神宮《いせじんぐう》

参考文献 神宮司庁編『神宮関係資料』、桜井勝之進『伊勢神宮』 (西島 一郎)

とよあしはらじんぷうわき　豊葦原神風和記　南北朝時代の神道書。天台僧慈遍の撰。三巻。暦応三年(興国元、一三四〇)九月の成立。後醍醐天皇崩御の翌年、新待賢門

院廉子の求めにより後村上天皇のために撰述した。慈遍の代表的著作であり、和文体で全十章からなる。各章の本文の後に伊勢・両部神道の書籍からの引文を要文として掲げる。章題は「神道大意」「天地開闢」「天神七代」「地神五代」「両宮鎮座」「祖神大分」「神態忌物」「尊神霊験」「仏神同異」「仏神誓別」からなる。『豊受皇太神御鎮座本紀』にみえる天照大神の神宣をもとにした神道大意をはじめに置き、天地開闢から伊勢神宮鎮座にいたる神祇の歴史を語り、伊勢神宮祠官の祖神の系譜や神宮の禁忌・託宣について述べる。最後の二章は神仏の関係について論じており、「仏神ノ内証同一ニシテ、而モ化儀各別也」として、仏法と神道は究極的に帰一する教えであることを論じ、伊勢の神の仏法忌避の託宣は末世の僧尼の堕落に由来すると主張している。『続々群書類従』神祇部、『神道大系』論説編三所収。　（佐藤　眞人）

とよあしはらのみずほのくに　豊葦原瑞穂国　古代神話の中の国土の美称の一つ。『古事記』神代にみえる天孫降臨の詔に「豊葦原之千秋長五百秋之水穂国者我御子正勝吾勝勝速日天忍穂耳命之所知国言因賜而天降也」とあり、邇々芸命に対する詔にも「豊葦原水穂国者汝将知国言依賜」とある。『日本書紀』神代の大八洲生成章第一の一書には瓊々杵尊に対する神勅に「(豊(玉屋本))葦原千五百秋之瑞穂国」とあり、また天孫降臨章に「豊葦原千五百秋瑞穂国」とある。「豊」「千」「長」「五百」「瑞(水)」「穂」はいずれも瑞祥語。豊葦原瑞穂国は豊葦原之千秋長五百秋之水穂国や豊葦原千五百秋瑞穂国の簡略体で、その意味は「葦の穂の豊かにめでたく生いしげる国」となる。この「穂」を稲穂とするのは誤り。国土をあらわす和風の美称には、ほかに「(豊)葦原中国」(記・紀)、「大八嶋(洲)国」(記・紀)があり、六国史所載宣命体の詔勅に後者が頻出するが、この号はない。この号は大祓詞・出雲国造神賀詞や祝詞のうち若干のものにみえる。また『日本書紀』持統天皇四年(六九〇)正月元日の即位の条と、五年十一月大嘗の条に「読天神寿詞」とみえ、その「天神寿詞」は神祇令に「凡践祚之日中臣奏」とあるものであるが、奈良時代後期以後大嘗祭に奏せられ、これが『台記』別記その他に残る。この「天神之寿詞」(「中臣寿詞」ともいう)に「豊葦原乃瑞穂乃国」とある。これらを通観すると「葦原中国」とともに、神話展開上、降臨の詔以下天孫神武天皇の統治以前に限って用いられる称呼、なかんずくその美称であることがわかる。　↓葦原中国《あしはらのなかつくに》

参考文献　倉野憲司・武田祐吉校注『古事記祝詞』(『日本古典文学大系』一)、川副武胤『古事記の研究』、井上光貞『日本古代の王権と祭祀』(『歴史学選書』七)、川副武胤「古事記における「豊葦原水穂国」」(『就実論叢』一七)　（川副　武胤）

とよいわまどのかみ　豊磐間戸神　⇩櫛石窓神《くしいわまどのかみ》

とよくにじんじゃ　豊国神社　京都市東山区茶屋町に鎮座。旧別格官幣社。「ほうこくじんじゃ」ともいわれる。祭神は豊臣秀吉。明治初年に豊国廟を再興したもの。慶長三年(一五九八)八月十八日秀吉は没したが、その死は翌四年正月まで公表されなかった。その間早くも九月六日には前田玄以が遺言による「八棟作ノ社頭」建立と称し、内密の縄張りを方広寺の東方にある阿弥陀ヶ峰西麓(太閤坦《たいこうだいら》)に行なっていた。四年三月同所で仮殿の建設に着手、四月に完工し、同月十三日密かに秀吉の遺骸を伏見城より廟所に移し、阿弥陀ヶ峰山頂に埋葬した。同月十六日、大仏鎮守遷宮条々が発表され、廟所を方広寺の鎮守社と定めるとともに仮殿遷宮が行われ、十七日には神号宣命使より「豊国大明神」の神号が奉られた。十八日正遷宮があり、十九日には正一位の神位が贈られた。この方広寺鎮守社豊国社創立にあたっては、吉田社神主吉田兼見の功績が大きく、神号を含めてこれに関与し、創建後は当代随一の神道家であった神竜院梵舜を神宮寺社僧として送り込むなど、慶長期における豊国社盛況の基礎をつくった。豊国社は豊臣秀頼より社領一万石の寄進をうけ、これを財政的背景として、北野社の社殿を範とした、中心的な建物である「八棟造」社殿の造営を続けた。関ヶ原の戦にも中断することなく続けられ、慶長七年には二層の楼門も完成、その宏壮華麗さは古今に絶するといわれた。この社殿の結構は、近世霊廟建築の起源ともなり、以後の日光廟建築などに影響を与えた。また、この壮大な景観は『洛中洛外図』(舟木本、重要文化財)、『豊国祭礼図』(豊国神社本・徳川黎明会本、ともに重要文化財)に描かれる。豊国社の例祭は四月十八日と八月十八日で、例年諸大名の参詣があり、能楽をはじめ種々の芸能があったが、慶長九年秀吉七回忌に際しての臨時大祭の盛儀はあまりにも有名。元和元年(一六一五)豊臣氏滅亡後、徳川家康は社領地を没収、神号を除き、神

豊国神社（『豊国神社臨時祭礼図屏風』より）

体を方広寺境内に移し、同五年には神宮寺を妙法院に移管、社殿の修理を禁止したため、まもなく退転した。のち明治元年(一八六八)朝廷は豊国社の再興を命じ、同六年別格官幣社、同十一年京都府によって旧方広寺大仏殿跡地に社殿が再興された。現在「豊国四社」として、京都のほかに大阪市東区馬場町・名古屋市中村区中村町・滋賀県長浜市南呉服町に豊国神社がある。なお、現豊国神社の唐門は、南禅寺金地院より移築したもので伏見城の遺構と伝え、また唐門としては、豊国社から滋賀県竹生島に移築されたとする宝厳寺唐門が現存する。社宝としては前記以外に伝粟田口吉光作薙刀直シ刀・蒔絵唐櫃・鉄燈籠などの重要文化財を所有する。 (森谷 尅久)

とよくにだいみょうじん　豊国大明神　慶長四年(一五九九)四月に豊臣秀吉に対し朝廷から賜わった神号。秀吉は同三年八月十八日に没したがその死は翌年正月まで公表されず、内密に洛東阿弥陀ヶ峰西麓に廟所の建立がすすめられた。同四年四月十七日、完工したばかりの仮殿へ神号宣命使が派遣され、「豊国大明神」の神号が奉られた(『御湯殿上日記』)。この神号は「豊葦原中津国」からとられたもので、吉田社神主吉田兼見の選定による(『豊国《とよくに》大明神祭礼記』)。ついで翌十八日に正遷宮があり、十九日には正一位の神位が贈られた。ここに秀吉を祭神とした豊国《とよくに》神社が創立され、経済的には豊臣秀頼から社領一万石の寄進を受け、慶長期における同社の盛況をみることとなる。だが、元和元年(一六一五)豊臣家滅亡後、徳川家康により秀吉の神号は除かれ社領も没収、豊国神社は退廃する。のち明治になって再興され、豊国大明神の神号も復活した。 (堀越 祐一)

とよくにだいみょうじんさいれいき　豊国大明神祭礼記　慶長九年(一六〇四)八月、京都豊国神社において行われた豊臣秀吉七回忌の臨時祭礼の次第を記したもの。『豊国大明神臨時御祭礼記録』などともいう。太田牛一著。一冊。慶長九年八月成立。豊国《とよくに》大明神とは同三年八月十八日に没した秀吉が朝廷から賜わった神号。内容は大きく二つに分かれ、前半部では秀吉の事蹟が賛美的に記され、とりわけ朝鮮出兵について詳述されている。また、秀吉への神号下賜や豊国神社創建の経緯についても触れられている。臨時祭礼に関する後半部の記述は八月十二日から二十一日までの計十日間に及んでおり、十二日の御湯立参りに始まって諸大名・豊臣秀頼家臣の参列の次第、能興行の模様、上下京中から集まった躍衆の活動や勅使派遣など、祭礼の具体的様子が克明に記されている。『続群書類従』神祇部、『神道大系』神社編四に所収。

参考文献　『群書解題』一下、『神道大系』神社編四、千葉栄「豊国社成立の意義」(『東洋大学紀要』七) (堀越 祐一)

とよくにびょう　豊国廟　⇩豊国神社《とよくにじんじゃ》

とよくむぬのみこと　豊斟渟尊　『日本書紀』神代神代七代章本文に所出の神。第一の一書では、豊国主尊・豊組野尊・豊香節野尊・浮経野豊買尊・豊国野尊・豊齧野尊・葉木国野尊・国見野尊と別名を列記する。天地の初めに出現した国常立尊・国狭槌尊に続く独化三神の一つ。『古事記』神代では、神世七代の第二代、豊雲野神とある。栃木県芳賀郡茂木町小井戸の荒橿神社、島根県大原郡大東町山田の岩根神社に、国常立尊・国狭槌尊とともに三柱の祭神として祀られる。 (薗田 稔)

とよさかじんじゃ　豊栄神社　山口市上宇野令に鎮座。祭神は毛利元就。旧別格官幣社。関ヶ原の戦のあと、居城を広島から萩へ移した際、毛利輝元が元就の霊を城内に祀ったことが起源。宝暦十二年(一七六二)藩主重就《しげなり》は祖神天穂日命《あめのほひのみこと》とともにこれを萩城土地《とち》神社に合祀。明和七年(一七七〇)仰徳大明神の神号を受けた。元就の霊を山口多賀神社境内の仮殿に移した明治二年(一八六九)、豊栄の神号を朝廷からたまわった。同四年現在地に移転。例祭は十月一日。絹本着色毛利元就像は重要文化財指定。 (河村乾二郎)

とよたまひめ　豊玉姫　『古事記』では豊玉毘売と書く。豊玉彦とも呼ばれる海神《わたつみのかみ》の娘。釣の最中になくした兄の海幸彦から借りた釣針を取り戻すために、海神の宮に来た山幸彦の彦火火出見尊《ひこほほでみのみこと》と結婚し、鸕鶿草葺不合命《うがやふきあえずのみこと》を妊娠した。臨月になると先に帰国していた夫のもとに来て生もうとしたので、海辺に急いで産殿を建てさせたが、鵜の羽を葺草にしたその屋根がまだ葺き上がらぬうちに、産気づき、夫に覗くことを固く禁じた上で、中にこもり出産を始めた。好奇心に駆られた夫が覗いてみると、姫は八尋の大鰐に化して這いまわっており、正体を見られたことを恥じ、生んだ子を置き去りにし、海坂《うなさか》を塞いで、海神の宮に帰って行ってしまった。その後、鸕鶿草葺不合命は豊玉姫の妹玉依姫《たまよりひめ》に哺育され、成長するとこの叔母と結婚し儲けた四人の男児の末子が神武天皇になったとされている。 (吉田 敦彦)

とよのあかりのせちえ　豊明節会　新嘗祭の翌日の辰日、および大嘗祭においては午日に、天皇が出御して行われる公儀の宴会。荷田在満『大嘗会儀式具釈』に「豊明トハ宴会ヲ云、古クハ宴会豊楽等ノ字ヲ直ニトヨノアカリト訓ズ、大嘗新嘗ノ後ニハ必宴会アリ、仍テ大嘗ノ豊明、新嘗ノ豊明ナドトハイヘド、節会ノ字ヲ加ヘテ豊明節会トハ云ハザリシヲ、中古以後ハ十一月ノ節会ノ名トナリテ、豊明節会ト称ス、(中略)大嘗ノ儀ハ、巳日マデニ亘ル故ニ、午日ニ豊明アリ、新嘗ノ儀ハ、卯日ニテ了ル故ニ、辰日ニ豊明アリ」とある。「とよのあかり」の語義については、大嘗祭の祝詞の「千秋五百秋に平らけく安らけく聞食して、豊明に明り坐さむ」や中臣神寿詞の「赤丹の穂に聞食して、豊明に明り御坐しまして」などの例を引き、「豊明に明り坐す」という慣用句が、宴会の呼称として固定したものであり、「豊は例の称辞、明はもと大御酒を食て、大御顔色の赤らみ坐すを申せる言」と説く本居宣長『古事記伝』三二の解釈が最も妥当とみられる。『塵添壒嚢鈔《じんてんあいのうしょう》』に新嘗祭の豊明節会について、「昨日神ニ手向奉リシ胙ヲ、君モ聞食シ、臣ニモ賜ハン為ニ、節会ヲ行ハルルナリ」と説き、豊明節会が直会《なおらい》の性格をもつことを指摘している。『江家次第』によると「供二白黒御酒(供八度、各四度)一、次給二同酒臣下(各一度、称レ名給レ之、拍手飲レ之)一」とあり、新嘗祭に献供された白酒《しろき》・黒《くろ》酒《き》が翌日の節会に勧められたことが知られる。一方、大嘗祭では、同書によると辰日節会(悠紀《ゆき》帳)に「供二白黒酒(八度)一、給二臣下(小忌悠紀国司給レ之、大忌諸司給レ之)一」とみえ、午日の豊明節会には神酒の儀はない。すなわち、大嘗祭の豊明節会には直会の性格は存しない。荷田在満『大嘗会便蒙』に「午の日に豊明節会といふ事あり、是は大嘗の礼畢りぬるから、群臣を遊宴し給ふ儀也」と説くように、豊明節会の本姿は大嘗祭にみられ、その儀礼性格は宴会を本義とするものであった。新嘗・大嘗両祭の豊明節会は、儀礼構成上は本質的相違は存せず、ただ大嘗祭にはさらに種々の芸能が加わる。新嘗祭の場合の次第を『儀式』に基づき略述する。天皇、豊楽《ぶらく》殿(のちには紫宸殿)に出御。大臣・皇太子、着座ののち、儀鸞・豊楽両門を開く。まず参議以上、次に五位以上、次は六位以下の順に群臣参入、着座。大嘗祭には次に叙位の儀がある。天皇の御膳を献供、次に皇太子および群臣に饗饌を賜わる。宴会が始まり、一献ののちに、吉野の国栖《くず》が儀鸞門外で歌笛を奏し、御贄《みにえ》を献る。大嘗祭にはこれに続いて種々の歌舞が奏舞される。まず伴《とも》・佐伯両氏が舞人を率いて参入し久米《くめ》舞を奏す。次に安倍氏の人が吉志《きし》舞を奏す。次には悠紀・主基《すき》両国司が歌人・歌女を率いて参入し、両国の風俗歌舞を奏す。このあと、新嘗・大嘗両祭ともに、大歌所別当が歌人および琴師以下の楽人を率いて参入し、大歌を奏す。次に舞姫が参入し舞台の上で歌に合わせて五節舞《ごせちのまい》を舞う。次に雅楽寮の楽人が立楽《たちがく》を奏す。大嘗祭には最後に解斎の大和舞が舞われる。このあと、禄を賜わり、退出となる。 ↓大嘗祭《だいじょうさい》 ↓新嘗《にいなめ》祭《さい》

参考文献 倉林正次『饗宴の研究』儀礼編、田中初夫『践祚大嘗祭』研究篇

(倉林 正次)

とよみやざきぶんこ　豊宮崎文庫　伊勢の神宮の外宮を中心とする文庫。宮崎文庫ともいう。神宮の文庫の淵源は奈良時代の内宮文殿にさかのぼり、鎌倉時代には外宮神庫が存した。それらを母胎として、慶安元年(一六四八)に外宮祠官の子弟修学の道場として創設された。書庫は方三間、講堂は東西八間・南北三間。神典・国文・国史・古記・医書・漢籍などを収める。設立首唱者は出口延佳・与村弘正・岩出末清らで、同志七十名(文庫籍中)で発足。文庫令条を定め、三年を限り毎年一人一両を醵金して運営と図書購入にあてた。これを美挙として永田善斎は『宮崎文庫記』、林道春は『題伊勢文庫之記』を寄せた。好学の山田奉行の援助に加え、公卿・諸侯・学者らの寄贈書も多く、碩学大家の来講も少なくなかった。明治以後、文庫内に宮崎学校・宮崎郷学校・度会県師範学校が開設された時期もある。明治十一年(一八七八)失火で講堂が焼失したが、蔵書は難を免れた。その後、一旦、私有となったが、明治四十四年、蔵書二万七百四十五冊が神宮文庫に献納された。 ↓神宮文庫《じんぐうぶんこ》

参考文献 神宮文庫編『神宮文庫沿革資料』(『神宮文庫図書解題』一)、『宇治山田市史』下、西川元泰「神宮文庫」(神宮司庁編『神宮・明治百年史』上所収)

(田中 卓)

とらいしん　渡来神　外部から渡来してまつられた神。皇祖神天照大神が崇神天皇の宮殿から大和の笠縫邑に遷され、倭姫命を御杖代《みつえしろ》として諸国を遍歴したのち、伊勢の地に到着し託宣によってここを鎮座地と定めて伊勢神宮として祀られたという伝承(記紀や『皇太神宮儀式帳』)があるように、本来神は遠方から渡来するものという信仰があった。大和の三輪山の神が海を照らして浮かびきたったという『日本書紀』の記事や、常陸国の酒列磯前《さかつらいそざき》薬師菩薩神社(茨城県ひたちなか市)の鎮座伝承などもそれを物語る。また既存の神社に、新たに外部から祭神として勧請された場合、本来神社の土地に鎮座していた地主神と対比させて渡来神と称することもある。一般的に渡来神は末社・客神《まろうどがみ》として配祀される例が多い。白山の神を迎えて祀ったという日吉大社の客人宮などはその典型である。その一方で渡来神が地主神から地位を譲られて主祭神となるという事例も少なからず存する。春日大社は鹿島・香取・枚岡の諸社の神が迎えられて祀られたが、境内には榎本社が地主神として祀られており、本来神社の土地を占めていた神という。また日吉大社も『古事記』によれば比叡山の山の神である大山咋神《おおやまくいのかみ》を祀る神社であったが、天智朝の大津宮遷都の際に大和の三輪山の神を遷し祀った大宮が主祭神となったと伝える。大山咋神はその地位を譲って二宮となり地主権現と称された。このように勢威ある渡来神が迎えられると、祭神が神地を移譲して地主神となるという事例も見られる。また渡来神の一種として、渡来人が奉斎する神がある。『古事記』に新羅国の王子、天之日矛《あめのひぼこ》の持参した神宝を祀るという兵庫県出石町の出石神社、おなじく『豊前国風土記』逸文に新羅から渡来したと伝える神を祀る福岡県香春町の香春《かわら》神社(辛国息長大姫大目命《からくにおきながおおひめおおめのみこと》神社)、百済系渡来人であり桓武天皇の母である高野新笠《にいがさ》の一族の祀る竈神であった京都の平野神社の祭神などがこれにあたる。

参考文献 伴信友『蕃神考』(『伴信友全集』二所収)

(佐藤 眞人)

とりい　鳥居　神社において神聖な区域を表示するために造られる施設。瑞垣・玉垣・透塀などが神域を取り囲み、その出入口として設けられるほか、独立して社頭あるいは参道の上に建てられる場合も多い。鳥居の名称は延喜二十二年(九二二)の『和泉国大鳥神社流記帳』に「鳥居肆基」とあるのが早い例であって、延暦二十三年(八〇四)の『皇太神宮儀式帳』ではこれを「於不葺《うえふかぬ》御門」すなわち門の一種とみなしていた。鳥居の語の起源について

は『和名類聚抄』が「雞栖」とし、『伊呂波字類抄』が「鳥の居る所なり」(原漢文)とし、江戸時代の多くの辞書もこれを踏襲する。また『伊呂波字類抄』や『節用集』

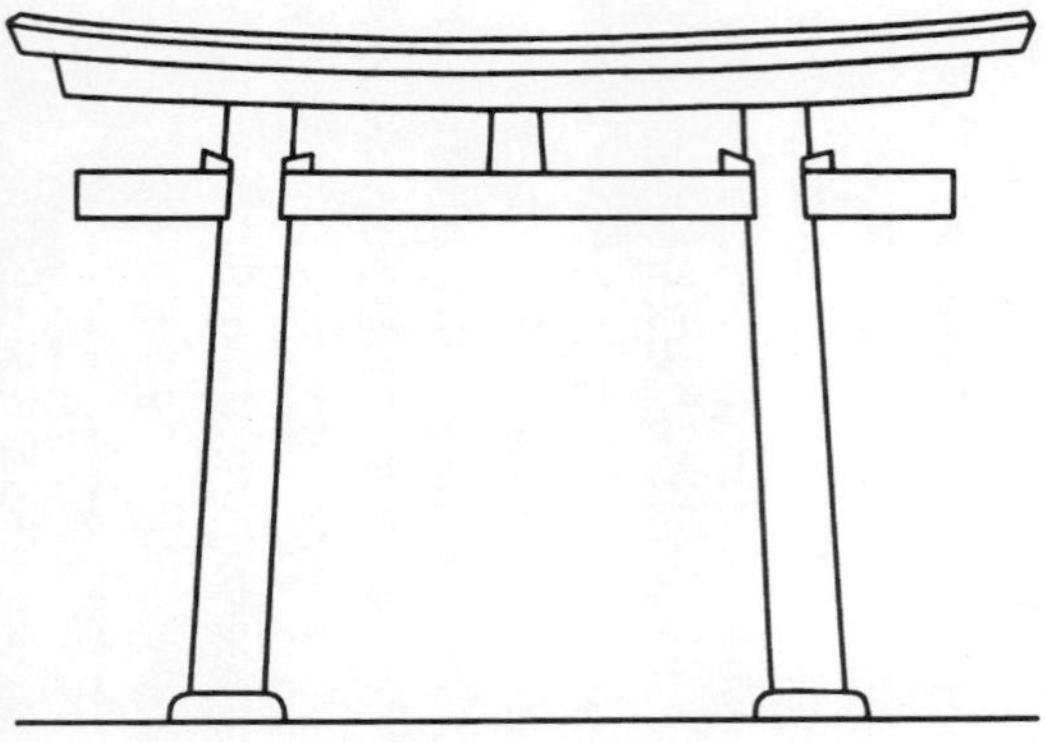

明神鳥居

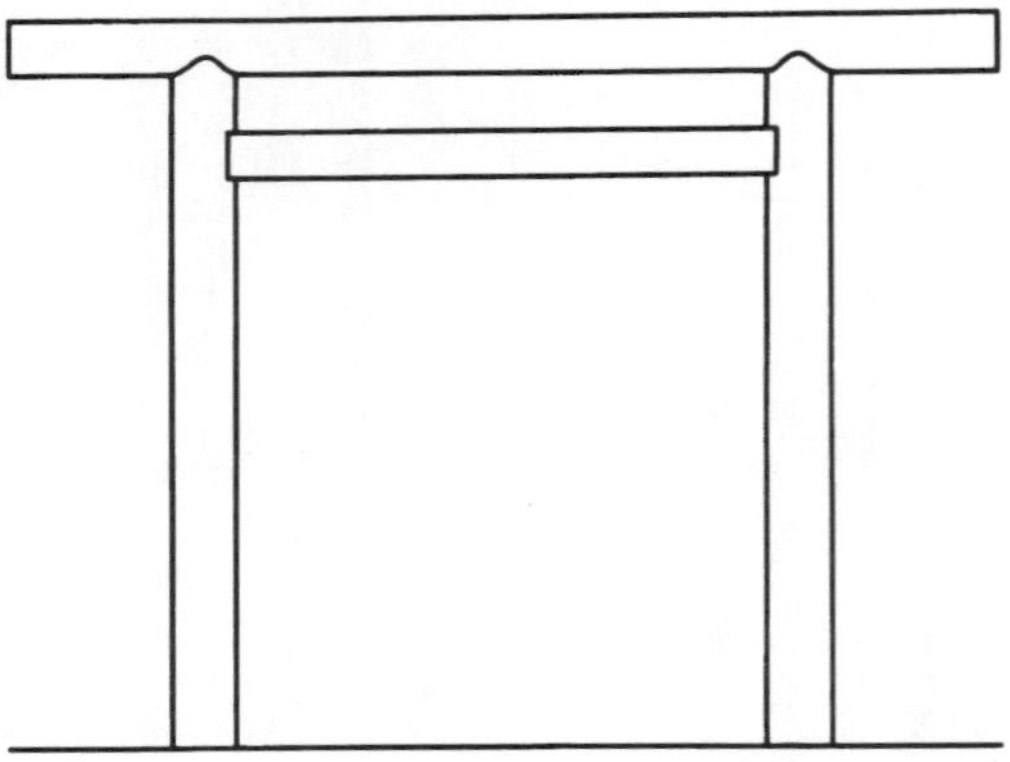

神明鳥居

は「華表」を鳥居と読ませているが、鳥居の起源を中国の華表に求めようとした誤解に基づく。形式の起源については日本固有のものとする説のほか、中国・インドその他にある類似の施設との関連を説く諸説がある。鳥居の構造は、基本的には二本の柱とその上部を水平に連結する二本の横架材とから成る。この四本の部材の形状ならびにこれに付髄する部材の有無によって、鳥居は多くの形式に分類される。二本の柱の上端を覆う水平材を笠《かさ》木《ぎ》、その下にあって柱の上部を連結する材を貫《ぬき》と称する。二本の柱と笠木、貫とからなる鳥居の代表的な形式を神明鳥居といい、社殿が神明造など直線の部材によって構成される形式をもつ場合に常用される。通常の神明鳥居は笠木が断面円形、貫が断面矩形に加工されるのに対し、伊勢神宮の鳥居では笠木が五角形の断面をもつ。また板垣南御門のみは冠木《かぶき》鳥居といって笠木の下に冠木長押をもつ慣例であった。神明鳥居の変形として鹿島鳥居があり、この形式は貫が柱を貫いて外に突出し木口を見せるものをいう。神明鳥居が鳥居の初期の形態を示すと考えられるのに対し、これよりやや発達した形式として明神鳥居がある。明神鳥居は笠木に軒反りに似た反りが付き、笠木の下に島木《しまぎ》をもち、島木と貫との間に額束《がくづか》を入れ、かつ二本の柱を内転びに立てて基礎に亀腹を設ける。明神鳥居は流造・春日造など、社殿が軒反りをもつ場合に広く用いられるもっとも普遍的な形式である。明神鳥居の変形として、貫が柱に止まって外に抜けていない中山鳥居、柱を角柱にした住吉鳥居、柱の上部に台輪を加えた台輪鳥居、額束をもたず笠木・島木の上に屋根を設けた宇佐鳥居、柱の前後に控柱を立て、貫で結合して柱の下部を安定させた四脚鳥居(両部鳥居)などがある。さらに特殊な例として、明神鳥居の上に小さな同形式の鳥居を置いた山王鳥居(日吉大社)、明神鳥居の左右に小さな同形式の鳥居を結合した三輪鳥居(大神神社、重要文化財)、三本の柱が三角形の頂点に立ち、三つの明神鳥居を結合した形の三柱鳥居(京都太秦、木島神社)などがある。材料によって鳥居を分類すると、木造・石造・銅製などの別がある。最古の遺構としては、山形市内に二基の石造明神鳥居があり(蔵王ならびに小立)、いずれも平安時代のものである(ともに重要文化財)。

参考文献 根岸栄隆『鳥居の研究』

(稲垣 栄三)

とりかいはちまんぐう　鳥飼八幡宮　兵庫県津名郡五色町鳥飼中に鎮座。旧県社。祭神は応神天皇・神功皇后・比売大神。石清水八幡宮別宮。淡路国鳥飼荘は文治元年(一一八五)以前石清水八幡宮領として成立。その鎮守として石清水八幡宮の祭神を勧請したことにはじまる。鳥飼八幡宮の雑掌が、領家石清水八幡宮の庄官となっていた。本殿は慶長八年(一六〇三)上棟で三間社流造、銅板葺、県の指定文化財。明治六年(一八七三)郷社、大正十一年(一九二二)県社。例祭は十月十五日であったが、現在は十月の第三日曜日。粥御供粥占は正月十五日、日月影取は八月十四日、綱祭は十月十五日で住人は浜方・岡方にわかれ勝敗により大漁・豊作を占った。開運祈願満願祭は十二月八日などがある。宝物に沃懸地螺鈿金銅装神輿(重要文化財)、銅鐘、重慶筆『大般若経』などがある。

参考文献 清水正健編『荘園志料』上、竹内理三編『荘園分布図』下

(中野 幡能)

とりのいち　酉の市《まち》　十一月酉の日の鷲(大鳥)神社の祭礼。酉の市・お酉さまとも呼ぶ。江戸周辺では葛西花又村(足立区花畑)の鷲大明神社が古く、大勢の参拝客を集めていたが、江戸時代中後期以降賑いは江戸市中にも移り、現在の台東区千束の鷲神社が中心のようになる一方、他の社でも鷲明神を勧請するところがふえた。初め武運長久の神として信仰されていたが、庶民の間では商売繁昌、開運の神として人気がでた。花又村の鷲大明神社の場合元来は露店で農具・古着・農作物・餅などが売られ、きわめて農村的祭だったようだが、農具の一つとしての

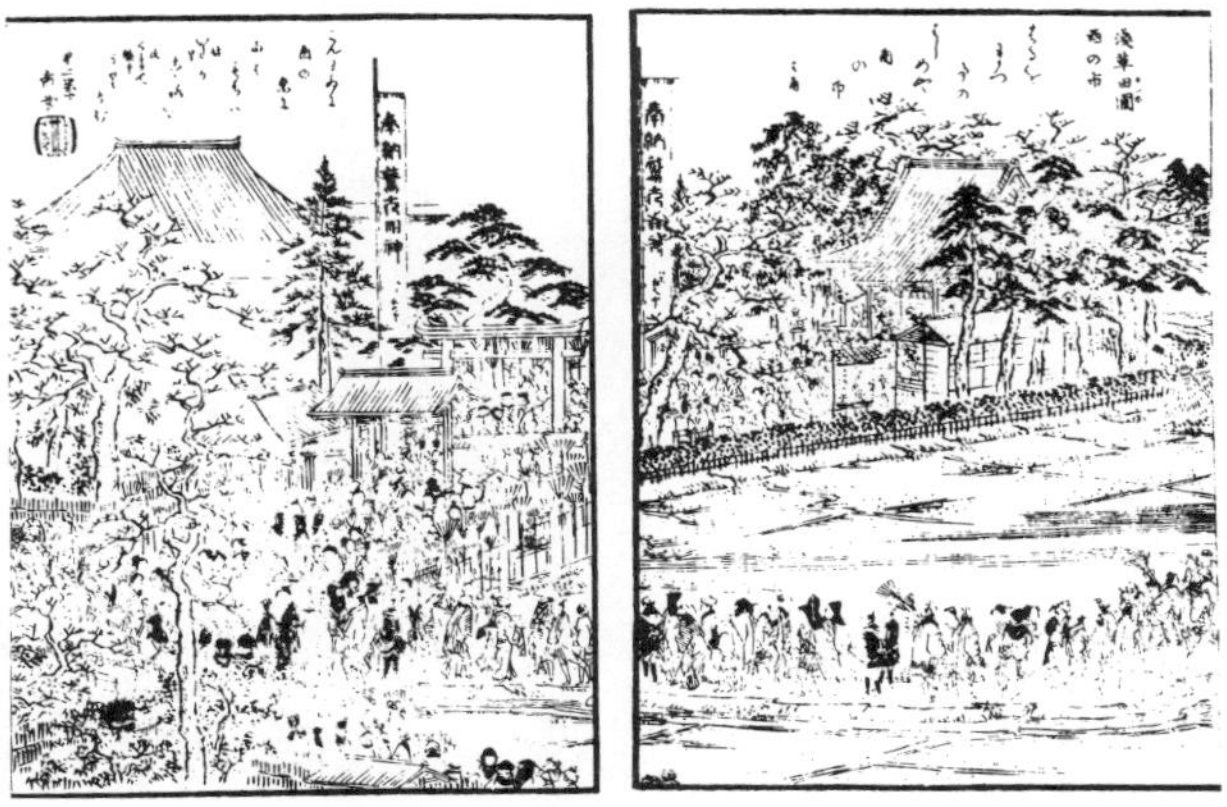

浅草田圃酉の市（『東都歳事記』 4 より）

熊手がこれで福を掻き込むと考えられてか、『近世風俗史』にもっぱら水商売の人が買い求めたとあるように、次第に農民以外に人気を博して都市的な祭となった。八頭の芋もよく買われたが、同様に縁起物として求められたのであろう。『東都歳時記』や『江戸名所図会』には参詣者が鶏を納め、あとで浅草観音で放鳥したと記されている。また、三の酉まである年は異常とされ火災が多いと信じられていた。 ↓鷲神社《おおとりじんじゃ》 （田中 宣二）

とりばみしんじ 鳥喰神事 ⇩御鳥喰神事《おとぐいしんじ》

とりもの 採物 神事・芸能において神官や舞人が手に取り持つ道具。『古今和歌集』の大歌所御歌に「神あそびのうた」があり、その中に「とりもののうた」がみえる。そこに歌いこまれた採物は榊・葛・弓・杓《ひさご》である。また神楽歌には部類名としての「採物」(神降ろしの部分)があり、榊・幣《みてぐら》・杖・篠・弓・剣・鉾・杓・葛の九種がみえる。『神楽歌入文』によると「考曰、神遊の時、人長が取て舞などする物を云、則其物ごとに、古歌をうたふ也」(『橘守部全集』七)とあり、採物はもと八種だったが「杓葛」を杓と葛の二つに誤まったという。その本義について、志田延義は「本体的には降神の憑り所として、即ち神座としての意味」があると述べる(『古代詩歌に於ける神の概念』)。また折口信夫は、手に持つ物忌みの印としての手草《たぐさ》と対比し、採物には手に持って振りまわす鎮魂の意味があるという(『折口信夫全集』一二)。 ↓神楽歌《かぐらうた》 （青木 周平）

とんぐう 頓宮 行幸や伊勢斎王の群行などの路次に設けられた仮宮。『和名類聚抄』の「行宮」の項に「賀利美夜、今案俗云二頓宮一」とみえる。『日本書紀』ではもっぱら「行宮」の字を用いるが、『続日本紀』以下の国史では、「行宮」「頓宮」両者を混用している。しかし『延喜式』では、行幸の際のものを「行宮」、伊勢斎王の群行の路次に営まれるものを「頓宮」と書き分け、以後『西宮記』『江家次第』その他記録類でも、斎宮の群行および帰京の路次のものは「頓宮」の字を用いる例が多い。『延喜式』所載の頓宮は、近江国の国府・甲賀・垂水、伊勢国の鈴鹿・壱志の五ヵ所とし、『西宮記』には、吉事により帰京する場合は群行の路次を用いるが、凶事の場合は伊賀河口・大和都岐・山城相楽の頓宮を経過して帰京するとみえる。 ↓行宮《かりみや》 ↓群行《ぐんこう》 （橋本 義彦）

どんどやき どんど焼き ⇩左義長《さぎちょう》

な

ないくう 内宮 ⇩伊勢神宮《いせじんぐう》

ないくうごじんぽうき 内宮御神宝記 寛正三年(一四六二)の皇大神宮(内宮)式年遷宮のとき、正殿内に奉納する御装束神宝類を記した書。同年の内宮神宝送官符には荒祭宮・月読宮以下別宮への御料も記載されているが、本書はその内の正殿分を抄録したものとみられる。一巻。著者・成立年は、奥書によると、同年十二月十九日に一禰宜荒木田氏経がみずから署判しておいた読合帳から筆写したとある。読合帳とは御装束神宝類の品目・数量を神宝送官使から受領するとき一禰宜が確認するために作成されるものである。内容は御装束として正殿御装・御床料・御樋代料・出座御装束・相殿神御装束・奉遷御装束などがあり、各々の生地・色調・数量・寸法などが詳細に記されている。また御神宝としては、神財三十一種類(本書には「弐拾壱種」とある)の品目・数量・材質・形状・寸法・色合などを記している。刊本に『続群書類従』神祇部がある。

参考文献 『群書解題』一中 （藤本 元啓）

ないくうこらかんき 内宮子良館記 伊勢神宮(内宮)の童男・童女の神職である子良《こら》の斎館で記された記録。一巻。斎館は二鳥居の内、風の宮橋の前にあった。記事は長享三年(一四八九)から永正十八年(一五二一)にわたる。筆者は不明。内宮側の宇治六郷、外宮側の山田三方の対立に、宇治側が国司北畠氏の助力のもとに戦った文明十八年(一四八六)十二月の外宮本殿の炎上に及んだ戦乱、その戦乱に対抗し、山田勢が周辺の郷々とともに宇治に打ち入った延徳元年(一四八九)の事件、延徳二年の家千軒を焼失した山田の大火、明応七年(一四九八)八月二十五日の大地震、永正二年十二月の子良館の炎上など、内・外宮をめぐる対立とそれによる戦乱についての記録がみられる。それらの記録は本書と同じく『続群書類従』神祇部に収められている『外宮子良館旧記』『延徳記』にもみられ、互いに参照すべきである。↓延徳記《えんとくき》 ↓外宮《げくう》子良館旧記《こらかんきゅうき》

参考文献 『群書解題』一下、『宇治山田市史』、足代弘訓『神境合戦類聚』、飯田良一「中世後期における宇治六郷と山田三方」(『三重県史研究』七) (西垣 晴次)

ないくうちょうりゃくそうかんぷ 内宮長暦送官符 長暦二年(一〇三八)の伊勢内宮遷宮に用いる神宝・装束・金物などを記した伊勢大神宮司充の太政官符の写。一巻。同年九月七日成立。筆者不詳。太政官から大神宮司への神宝送文、送状の意味から送官符と称し、『延暦儀式帳』『延喜式』伊勢太神宮とともに、式年遷宮神宝以下の具体的実像を知る上での根本史料となっている。この送官符は現存する嘉元二年(一三〇四、内宮)、応永二十六年(一四一九、外宮)、寛正三年(一四六二、内宮)のなかで最も古いものであるが、天喜五年(一〇五七)九月の式年遷宮以降の加筆や月夜見宮正殿肆宇の料の一部の記述は巻末に重複しており、品目・数量に大きな異同が見られる。つまり後世の追筆があるわけだが、それは長暦二年以後、嘉元二年に至るころまでの遷宮の際に、修正文を追記し利用したからと理解する見解もある。刊本に『群書類従』神祇部がある。

参考文献 『群書解題』一上、渡辺寛「嘉元二年内宮送官符―解題と翻刻―」(『皇学館論叢』七ノ二) (藤本 元啓)

ないくうねぎあらきだうじつねひきつけ 内宮禰宜荒木田氏経引付 神宮の上奏・下達に関する文書を引付といい、それらを集成したもの。荒木田氏経編。氏経は応永九年(一四〇二)に氏貫の次男として生まれ、永享四年(一四三二)に十禰宜に任ぜられ、寛正三年(一四六二)に一禰宜、以後長享元年(一四八七)一月、八十六歳で没するまでその地位にあった。神宮文庫に自筆本七冊が蔵されている。千三百二十一点の引付が収められており、室町時代の混乱した社会状況を示す興味深い事実が記されている。氏経には引付とともに『氏経卿神事日次記』と呼ばれる神事を中心にした日記がある。永享六年から文明十八年(一四八六)に至るほぼ年次をおったものであり、引付と対応するものである。氏経には、自筆の『文明三年役夫工米之事』もある。『続群書類従』神祇部、『三重県史』資料編中世一上に所収されている。↓荒木田氏経《あらきだうじつね》 ↓氏経卿神事日次記《うじつねきょうしんじひなみき》

参考文献 『群書解題』一下、稲本紀昭「解説と史料解題―氏経卿引付―」(『三重県史』資料編中世一上所収)、飯田良一「『氏経卿引付』小考」(『四日市市史研究』二) (西垣 晴次)

ないくうねぎあらきだもりときひきつけ 内宮禰宜荒木田守晨引付 室町時代の神宮(内宮)禰宜荒木田守晨が父内宮一禰宜守則の文書を整理したもの。一冊。正しくは『守則長官引付』である。『守則長官引付』は永正二年(一五〇五)の内宮解から同十二年十月二日の内宮一禰宜荒木田守則請文まで百七十七点で、このうち八十点が『内宮禰宜荒木田守晨引付』として『続群書類従』神祇部に収載されている。また四十八点が『明応永正官務記』と重複している。守晨は文明十年(一四七八)に十禰宜、永正十三年父守則のあとをうけ一禰宜に昇任、在任六日で死去。引付の記事には、十楽の津と呼ばれた桑名をめぐるもの、内宮別宮の風宮の橋を十穀の増泉法師の勧進により架け渡す旨を記したもの、遅れている式年遷宮の実施を願うものなどがみられる。『守則長官引付』『明応永正官務記』は『三重県史』資料編中世一上に収められている。

参考文献 『群書解題』一下、稲本紀昭「史料解題―守則長官引付―」(『三重県史』資料編中世一上所収) (西垣 晴次)

ないくうねんじゅうぎょうじ 内宮年中行事 ⇩皇太神《こうたいじん》宮年中行事《ぐうねんじゅうぎょうじ》

ないくうりんじかりどのせんぐうき 内宮臨時仮殿遷宮記 明応六年(一四九七)十月十二日に斎行された伊勢皇大神宮(内宮)の臨時仮殿遷宮の記録。『明応六年内宮仮殿遷宮記』『明応内宮臨時仮殿遷宮記』ともいう。著者は皇大神宮五禰宜の荒木田守晨《あらきだもりとき》。一巻。成立は、奥書に「右以守晨神主御本令写訖、明応八己未三月日大物忌父荒木田尚重六十八」とあることから、同六年の遷宮以降、同八年三月以前にかかる。内容はまず正殿・千木・堅魚木・御葺萱などが朽損しているので、禰宜らが造替についてたびたび京都に注進したにもかかわらず、朝廷の沙汰が停滞していることに始まる。そしてついに神宮側は先例に任せて東宝殿旧跡に儲殿《もうけどの》を造進し、造営料として二百五十貫文を下行することを独自で決定した。以下、同五年六月二十一日の儲殿木作始《こづくりはじめ》事、同年七月七日の儲殿立柱上棟が記され、同六年九月十七日の神嘗祭では御殿朽損のために昇殿できなかったことや、同二十六日の禰宜らの評議などから、正殿以下の殿舎破損の甚だしい様子が窺える。ついで十月九日の御装束裁縫行事、同十一日の臨時昇殿・御船代祭・地鎮祭・後鎮祭、同十二日の河原御秡行事・遷御・古物渡行事・遷宮取物次第行事・臨時遷宮勤行状・詔刀《のりと》文が収めてある。守晨は巻末において、この臨時遷宮が寛正三年(一四六二)の式年遷宮以来三十六年ぶりのことで、神宮側単独で執行したことを嘆き、以後これを例とすることなく、朝廷による「本式沙汰」での斎行を願っている。刊本に『神宮遷宮記』四、『群書類従』神祇部がある。

参考文献 『群書解題』一上 (藤本 元啓)

ないし 内侍 ⇩女官《にょかん》

ないしどころ 内侍所 ⇩賢所《かしこどころ》

ないしどころのみかぐら 内侍所御神楽 毎年十二月中旬、宮中賢所の前庭で庭燎《にわび》をたいて行われる神楽。宮廷では古く大嘗祭の時に、清暑堂において神楽が奏されたが、平安時代中期、一条天皇の長保四年(一〇〇二)に至り、天照大神を奉斎する内侍所(賢所)の前庭でも行われるようになり、内侍所御神楽と称した。この流れを汲むのが現在の賢所御神楽である。内侍所御神楽の次第は、まず神楽の長である人長が楽人の才《ざえ》を試みる式、ついで阿知女作法《あちめのわざ》と呼ばれる神態があり、そのあと幣《みてぐら》・篠《ささ》・弓など九種類の採物歌《とりもの》が本方・末方で各一首ずつ唱和される。次に韓神《からかみ》という神舞があり、そこで中入《なかいり》となる。すなわち酒が出、才男《さいのお》の滑稽な所作があったり、民謡風な前張《さいばり》が歌われた。やがて夜があけて神を送り、名残りを惜しむ、朝倉・其駒《そのこま》・神上《かみあげ》などの歌をもって終了した。しかしこれは、宮廷の式楽として固定してからの形式といえる。この系統の神楽の前身が、宮廷を祝福しに参入した神人団の持ち伝えたものであり、海の神の信仰に関係の深い八幡系統の神事芸であったことは、阿知女が実は阿曇磯良《あずみのいそら》という、醜怪な海の精霊とみなされることからもほぼ明らかである。現在も宮中では神聖な祭祀音楽として、夕刻より始まり、終りは夜半を過ぎるように行事が進められ、最後に天皇が人長のとって舞った榊を受けられることになっている。旧儀のままではないが、遠い世の神楽の古式が今に伝えられている点、日本芸能史の上からも意義が深い。

参考文献 『歌謡集』上(『日本古典全集』)、『梁塵愚案抄』(『日本歌謡集成』二)、西角井正慶『神楽研究』、同『神楽歌研究』、松前健「内侍所神楽の成立」(『平安博物館研究紀要』四)

(尾畑喜一郎)

ないしょうじょう・げしょうじょう 内清浄・外清浄 神道における潔斎の一つ。潔斎の基本的意義は心身両面の浄化に求められるが、精神的な潔斎を「内清浄」、身体的な潔斎を「外清浄」とに区別することができる。度会神道の要素が随所にみられる『伊勢太神宮参詣記』には、「当宮参詣のふかきならひは、念珠をもとらず、幣帛をもさゝげずして、こゝろにいのるところなきを内清浄といふ、潮をかき水をあびて身にけがれたるところなきを外清浄といへり」とあり、これら二種の潔斎が相まった聖なる状態から神人合一が図られると唱えている。一方、吉田神道の根本伝書である『唯一神道名法要集』には、その教理を隠幽教・顕露教に組織化し、隠教の名法を内清浄、顕教の化儀を外清浄とに分類している。さらに内清浄の行儀を致斎、道場を斎場(内場)、外清浄の行儀を散斎、道場を斎庭(外場)として、独自の体系を示している。

参考文献 宮地直一『神道史』三(『宮地直一論集』七)

(小野 和輝)

ないしょうてん 内掌典 宮中三殿のうち、賢所で行われる皇室祭祀に奉仕する女官。現在は内廷職員で、昭和四十四年(一九六九)の掌典職職制によれば、定員は五人で祭事に従事するとされている。内掌典は明治四年(一八七一)からの名称で、近代以前は「刀自」と称されていた。刀自は平安時代末からみえる古い名称であるが、一生独身で内侍所(賢所)に常侍しその守護にあたった。現在も、日常は厳重な斎戒生活を送り、祭事には神饌調理と献供を奉仕する。また天皇の拝礼には鈴を奉仕する。これは天皇が告文を奏上した後、神座間近に候して鈴を振ることであるが、この間天皇は座に平伏のまま拝聴するという。

参考文献 川出清彦『大嘗祭と宮中のまつり』

(嶋津 宣史)

ないじん 内陣 寺院の本堂、神社の本殿で本尊あるいは神体を祀ってあるところをいう。これに対し、礼拝・法会・祭祀に使用する部分を外陣という。また内陣の左右を脇陣、背面を後陣と呼ぶこともある。平面が複雑になると、内内陣が設けられたり、内陣と外陣の間を中陣と呼んだりする。『山槐記』の尊勝寺灌頂堂差図では堂内後方の扉と壁で仕切られた部分を内陣と記しており、内陣の語は密教本堂が正堂と礼堂を一棟の内に納めるようになったので、正堂にあたるところを内陣と呼んだのであろう。現在は法隆寺金堂のように内部に間仕切がないものも母屋柱内(須弥壇のあるところ)を内陣、周囲の庇を外陣といっているが、鎌倉時代初期の『聖徳太子伝私記』では金堂内部を全部内陣、外の裳階を外陣と呼んでおり、内外陣境にははっきりした区画を必要としたように思われる。しかし、同書で夢殿について母屋柱内を内陣、庇を外陣とし、現在の呼び方と同様にしており、内外陣の定義はそれほど厳密でなく、このような使い方も許されていたのであろう。

(太田博太郎)

ないのかみ 地震神 地震のことを管掌する神。『日本書紀』推古天皇七年(五九九)四月辛酉(二十七日)条に「地《な》動《いよ》りて、舎屋悉に破れぬ、則ち四方に令せて地震神を祭らしむ」(原漢文)とあって、震災にあたって地震神をまつる風習があったようである。『吾妻鏡』建保三年(一二一五)九月・元仁元年(一二二四)六月条に同様の記事がみえている。

(西島 一郎)

なおびのかみ 直毘神 罪穢や禍害を改め直すのを掌る神。直日神・直備神とも書く。『古事記』『日本書紀』などの神話に、伊邪那岐命(伊弉諾尊)が筑紫日向の橘の小戸で禊祓をしたおりに、禍津日神《まがつひのかみ》(枉津日神)について、神直毘神・大直毘神が出生したと伝える。直は曲がれるを直すの義とされており、『延喜式』祝詞遷却祟神祭に「神直日大直日に直し給ひて」とみえ、また同祝詞大殿祭に「神直日命大直日命、聞き直し見直して」、祝詞御門祭に「神直備大直備に見直し聞き直しまして」と記す。『延喜式』四時祭鎮魂祭に「大直神一座」とある。

(上田 正昭)

なおびのみたま　直毘霊　国学の道(古道)に関する思想を論述した書。本居宣長著。一巻。題名は、『直日霊』『直霊』とも書き、『古事記』にみえる直毘神の神霊により、世の中にあるさまざまの禍い、すなわち各種の誤った学説を清め除いて、「道」についての正しい認識に導こうとする、著述の意図を示している。宣長は明和元年(一七六四)に『古事記伝』を起稿し、同四年に巻三までの清書を終えたが、この間に、まず『道テフ物ノ論』と題した初稿が執筆され、またそれが整理されて、『道云事之論』となった。これが第二次稿である。ついで第三次稿として、『直霊』と題された本が、同八年十月に成り、さらに改稿されたものが『直毘霊』であり、寛政二年(一七九〇)初刊の『古事記伝』巻一の巻末に、「此篇《コノクダリ》は道といふことの論ひなり」との副題を付して収められた。この経過から見ると、『古事記伝』の読者に対し、あらかじめ自己の信ずる「道」についての理解を求める意図が、宣長にあったと推察される。本書の内容は、宣長の古道説を体系的に述べたものとして、『玉くしげ』とならび重要であり、また本書(第二次稿)を読んだ市川匡麿《たずまろ》の批判『まがのひれ』に対し、宣長はさらに『葛花』を書き、自己の主張を敷衍している。なお注釈書として、文政元年(一八一八)に著わされた賀島正根『直霊考』がある。吉川弘文館刊『(増補)本居宣長全集』一、筑摩書房刊『本居宣長全集』一四、『岩波文庫』などに収める。

参考文献　西田長男『直毘霊』

(尾藤　正英)

なおびのみたまろんそう　直毘霊論争　江戸時代中・後期の国学者本居宣長の古道論をめぐる論争。本居宣長は『直毘霊』(明和八年(一七七一)成立)でわが国の古道を論じて、神の働きは人間の努力や善悪観の及ばないものとし、儒教の「聖人の道」とは権力を奪い取る手段に過ぎないと断じた。それに対して蘐園学派の儒者市川鶴鳴(匡、多門)が『末賀能比連《まがのひれ》』で聖人の教えによって人倫の道は定まり、善悪の別も明らかであると主張して、宣長の古道論の受動的姿勢と聖人攻撃を批判。安永九年(一七八〇)、宣長は市川の批判に対して反駁書『葛花《くずばな》』を著わした。その後も儒家や国学者は、本居・市川の論争の批判的検討を通じて神道論を展開しており、沼田順《ゆき》義《よし》の『級長戸風《しなどのかぜ》』(文政十三年(一八三〇))、会沢安(正志斎)の『読直毘霊』(安政五年(一八五八))、『読末賀能比連』『読葛花』(安政六年)などがある。テキストは鷲尾順敬編『日本思想闘諍史料』七。

参考文献　小笠原春夫『国儒論争の研究―直毘霊を起点として―』

(森　瑞枝)

なおらい　直会　神祭において、神の飲食物として供える神饌と同様のもの、または供えた神饌の撤下品を饗膳となし、これを酒食する儀礼をいう。一般に神祭のあとで行う酒食を称するが、本来は神との共食儀礼もしくは神祭に伴う斎食儀礼を称したものである。ナオライの用字は、猶良比(『続日本紀』)、直相(『続日本後紀』)、奈保良比・直食(『皇太神宮儀式帳』)、直会(『延喜式』)、直礼(『下学集』)などと書かれたが、こんにちはもっぱら「直会」が用いられている。語義については、本居宣長が「奈保理阿比《なおりあい》の切《つづま》れるなり、直るとは、齋《ものいみ》をゆるべて、平常《つね》に復《かえ》る意なり、(中略)さて諸社の神事にいふ直会も、神祭畢て後に行ふわざにて、同じ意なり」(『続紀歴朝詔詞解』)と述べて以来、神祭のためにイミ(斎)の状態になったのを、平常に復する、いわゆる解斎と説かれるようになった(『大言海』『大漢和辞典』ほか)。こんにち行われている神社本庁の規程『神社祭式』の祭典次第においても、本儀のあとで直会を行うように定めている。一方、天皇が毎年十一月二十三日に親祭する新嘗祭においては、神饌を親供してから、御告文《おつげぶみ》(天皇が奏する祝詞)を奏上し、引き続きその祭場にて、神饌と同じ御饌を飲食する儀礼があり、これを直会と称している。すなわち、この場合の直会は、祭典の本儀の中で行われ、神様のお相伴といえよう。また、京都の賀茂別雷神社(上賀茂社)に古くから伝わる神迎えの「御阿礼《みあれ》神事」(五月十二日夜)では、神職が神迎えの祭場に着座すると、まず摑みの御供《ごくう》と称する混御飯と神酒をいただく儀礼があり、これを直会と称している。このあと続いて神迎えが行われるのだから、この場合の直会は、祭典の前儀とみることができよう。宮中の新嘗祭や御阿礼神事のような直会を行なっている例は少ないが、直会の古型を伝えているものである。

参考文献　『古事類苑』神祇部二、西角井正慶他「神道要語集(一七)なほらひ(直会)」(『国学院大学日本文化研究所紀要』二二)、沼部春友『神道儀礼の原点』

(沼部　春友)

なおらいでん　直会殿　神祭に奉仕した神職その他の奉仕員が、酒食をいただく「直会」を行う殿舎。「なおらいどの」ともいう。伊勢の神宮をはじめ、賀茂別雷神社・春日大社など、著名な神社に常設されている。殿舎の構造は一定でなく、床は板敷が多い。伊勢の神宮の場合、『皇太神宮儀式帳』によると、直会殿一院として、九丈殿・五丈殿・四丈殿が記されているが、いまは五丈殿が現存し、床はなく土間である。

(沼部　春友)

なかいま　中今　日本人の現世中心主義的傾向に根ざし、神道の歴史観や時間論を支えるとして神学的な意味付けがなされる単語の一つ。『続日本紀』宣命に新しく位につい た天皇の御代を言祝《ほとほ》ぎ称える語として四ヵ所ほどみえ、本居宣長が『続紀歴朝詔詞解』に「中といへるは、当時を盛りなる真中と、ほめたる心ばへ有て、おもしろき詞也」と述べ、さらにその説をうけて山田孝雄は「現在は過去と未来との中間に在って、時間の永遠の流れの中心点として存在するという思想を含んでゐる」と述べている。ここでは中今を一つの熟語として今・現在を表し、用例からは特に過去・未来を意識した中間にある今のこととされている。しかし、中今を中と今との二語とし、遠御代(昔)に対する中ごろ(間)と今ごろと時間を三分して解釈する説もある。

参考文献 山田孝雄『祝詞宣命』解説(『日本思想叢書』四)、同『大日本国体概論』、金子武雄『続日本紀宣命講』、平井直房「「中今」とその周辺」(『神道宗教』七五—七九合併号)　(福井　款彦)

なかえとうじゅ　中江藤樹　一六〇八—四八　江戸時代前期の儒学者。諱は原、字は惟命《これなが》、通称は与右衛門、号は嘿軒。自宅に藤の木があったことにより、門人から藤樹先生とよばれた。慶長十三年(一六〇八)三月七日、近江国高島郡小川村(滋賀県高島郡安曇川《あどがわ》町上小川)に生まれた。父は吉次(徳右衛門)、母は北川氏。祖父吉長(徳左衛門)は、武士となって、伯耆国米子城主(六万石)加藤貞泰に仕えていた。藤樹は元和二年(一六一六)九歳の時、吉長の養子となった。加藤家は、伊予国大洲に転封になり、吉長は禄高百五十石で風早郡の郡奉行を勤めた。吉長の没後、十五歳で藤樹が相続し、やはり郡方の役人として、百石の禄を受けた。この間に藤樹は、文字を学習し、祖父の代筆をするなど、すぐれた能力を示したが、寛永元年(一六二四)十七歳の時、京都から来た禅僧による『論語』の講義を聞いて、本格的に儒学に志すようになり、『四書大全』を入手して、独学で朱子学を修めた。のちに著わした『翁問答』の中で、儒道と士道《さぶらいどう》とは一致する、と主張しているように、このころの藤樹は、武士としての生活の上で儒学の教えを実践しようと努力しており、二十四歳の時には、幕府の儒官である林羅山とその門人との言行不一致をきびしく批判した文章を書いている。翌年、泰興の弟直泰が分封(新谷藩、一万石)されると、藤樹はそこに配属された。二十七歳の寛永十一年に至り、郷里に住む母への孝養と、自己の病気(喘息)とを理由に、退職を願い出たが、許されないまま武士の身分を捨てて京都へ、ついで近江へ帰った。帰郷後の藤樹は、酒の小売りなどで生計を立て、学問に専念した。三十歳で高橋久と結婚したが、この年齢も『礼記』の原則に基づくなど、このころまでの藤樹は、朱子学の教える礼法を厳格に守ろうとしていた。しかし次第に形式的な礼法の実践に疑問を抱くようになり、一時は道教の太乙神を信仰したりしたが、やがて道徳の形式(「迹」)よりも、その精神(「心」)の方が重要であるとし、「時・処・位」の具体的な条件に応じ、その状況に適切な正しい行動をとること(「中」)、またその状況に応じた正しい行動のあり方を自主的に判断する能力をもつこと(「権」)にこそ、学問の目標があるとする、自由な道徳思想を唱えた。これは、個人の主体性を基本とした朱子学の道徳思想を、日本の社会に適応させようとした、独創的な思考の成果として注目される。その主張は、『論語郷党啓蒙翼伝』(三十二歳)、『翁問答』(三十三歳)、『孝経啓蒙』(三十四歳)などの著述に示されている。特に『翁問答』は、大洲に残して来た学問上の同志のために、平易な和文の問答体で書かれた教訓書であって、『孝経』に基づき、「孝の道理」という理解しやすい表現で、朱子学の道徳理論を解説しており、三年後には無断で出版されて、広く流布した。正保元年(一六四四)三十七歳の時に、王陽明の全集を入手し、その思想に傾倒して、以後は陽明学の立場で『大学考』などを著述し、そのことにより日本における陽明学の祖とよばれている。しかしその陽明学についての理解は、十分なものではなく、この時期の藤樹の道徳思想も、社会批判の要素を欠いた消極的な性格のものにすぎず、『翁問答』のような魅力には乏しい。晩年に著わした女性のための教訓書『鑑草《かがみぐさ》』の内容も同様で、その中で具体的な事例として述べられている話も、その大半が明代の書『廸吉録』の引き写しで、現実味に欠けている。慶安元年(一六四八)八月二十五日没。四十一歳。上小川の玉林寺に墓がある。門人の中では、熊沢蕃山と淵岡山《こうざん》とが傑出し、岡山の学派は、京都・大坂・会津などで発展した。近世後期には藤樹は近江聖人と称せられるようになり、さらに明治以後は、親孝行の模範として、道徳教育の上で重んぜられ、大正十一年(一九二二)には藤樹神社が県社として創設された。なお居宅は藤樹書院と称せられて、神位(儒式の位牌)や関係資料などを現在に伝えている。『藤樹先生全集』(全五冊)がある。

参考文献 山井湧・山下竜二・加地伸行・尾藤正英編『中江藤樹』(『日本思想大系』二九)、井上哲次郎『日本陽明学派之哲学』、高橋俊乗『中江藤樹』、尾藤正英『日本封建思想史研究』、木村光徳『藤樹学の成立に関する研究』、山住正己『中江藤樹』(『朝日評伝選』一七)、宮川満「藤樹先生の学問思想の歴史的背景」(『藤樹研究』復刊一三)　(尾藤　正英)

ながさきけんごこくじんじゃ　長崎県護国神社　長崎市城栄町に鎮座。祭神は戊辰戦争・台湾出兵、その後の事変・戦争に没した長崎県出身者の霊、相殿に殉職自衛官を祀り六万余柱を合祀する。明治元年(一八六八)十二月長崎府知事沢宣嘉《さわのぶよし》は市内梅ヶ崎に戊辰戦争に没した振遠隊員を祀る社宇を創建、同八年梅ヶ崎招魂社と称す。一

長崎県護国神社

方、同七年市内西小島に台湾出兵の戦没者を祀る石祠を創建、官祭佐古招魂社と称した。昭和十四年(一九三九)内務省令によりそれぞれ梅ヶ崎・佐古護国神社、同十七年合併して長崎県護国神社となる。同十九年現鎮座地に竣工した本殿は同二十年の原爆で灰燼に帰し、梅ヶ崎仮殿で祭祀斎行したが、同三十八年流造社殿の復興なり遷座。境内千四百坪。例祭は春季が四月二十二日、秋季は十月二十六日。八月十五日には英霊感謝興隆祈願祭を斎行する。興隆の文字には国を護り、幸せと繁栄をもたらす悠久の平和守護神の意がある。

参考文献　『全国護国神社会五十年史』　(椎原　晩聲)

ながさきすわまつり　長崎諏訪祭　長崎市の諏訪神社の祭礼で、旧暦の九月九日に行われたので、「くんち」と呼ばれている。祭礼が最初に行われたのは、寛永十一年(一六三四)のことであるが、以来、今日まで神輿の渡御と、龍踊りなど多彩な奉納踊が行われている。江戸時代は、旧暦の九月七日(お下り)と九日(お上り)であったが、明治八年(一八七五)、太陽暦の十月七日と九日に改められた。現在は十月七―九日の三日間となっている。↓諏訪神社《すわじんじゃ》

参考文献　『長崎市史』風俗編・地誌編神社教会部上　(原田　博二)

ながせまさき　長瀬真幸　一七六五―一八三五　江戸時代後期の国学者。明和二年(一七六五)、筑後国上妻郡に生まれる。通称、七郎平、号は田廬、双松園など。父は長瀬角右衛門正常。肥後熊本藩士で、学校御目付、御天守支配頭などに任じた。熊本藩儒の高本紫溟に就いて詩文を修め、その勧めで本居宣長の門人となって古学および古風の和歌をよくした。熊本と松坂あるいは江戸の間を往来し、宣長や加藤千蔭の謦咳に接し、学問、歌詠に精進した。帆足《ほあし》長秋とともに、熊本の地に宣長の学問を扶植せしめた功労者である。著書の中でも『万葉集』の秀歌選『万葉集佳調』『同拾遺』、加藤千蔭との間で和歌の手本についてやりとりした『千蔭真幸問答』は有名。他に『田廬歌集』『肥後事蹟考証』など。門人に中島広足・和田厳足・本間素当その他がいる。天保六年(一八三五)五月二十八日没。七十一歳。墓は熊本市新鍛冶屋町養寿院。

参考文献　白石良夫『江戸時代学芸史論考』　(鈴木　淳)

ながたじんじゃ　長田神社　神戸市長田区長田町に鎮座。式内大社。旧官幣中社。祭神は事代主命。社前を西国街道が通る。大同元年(八〇六)に封四十一戸を、貞観元年(八五九)正月には従四位下をたまわる。貞応元年(一二二二)神主職をめぐって大中臣景盛(嫡子)と同盛清(一族)が争い、社領内の有力者たちの支持により、嫡子景盛が相続した。兵庫中荘・同下荘(神戸市長田区・須磨区)に社領が展開する。建武三年(一三三六)五月の兵庫湊川合戦には、足利尊氏に味方し、社人は鵯越《ひよどりごえ》に出兵している。天正十五年(一五八七)九月には朝日姫(豊臣秀吉妹)が米五十石を寄付。例祭は十月十八日。主な行事としては、二月の節分(もとは一月十六日)に天下泰平、玉体安穏を祈願する修正会に由来する追儺神事(県指定無形文化財)は有名である。なお康正三年(一四五七)六月十三日の修理銘のある神輿は重要文化財。本殿・拝殿は大正十三年(一九二四)焼失したが、昭和三年(一九二八)再建。平成七年(一九九五)一月の阪神・淡路大震災により被害をうけた。↓追儺《ついな》

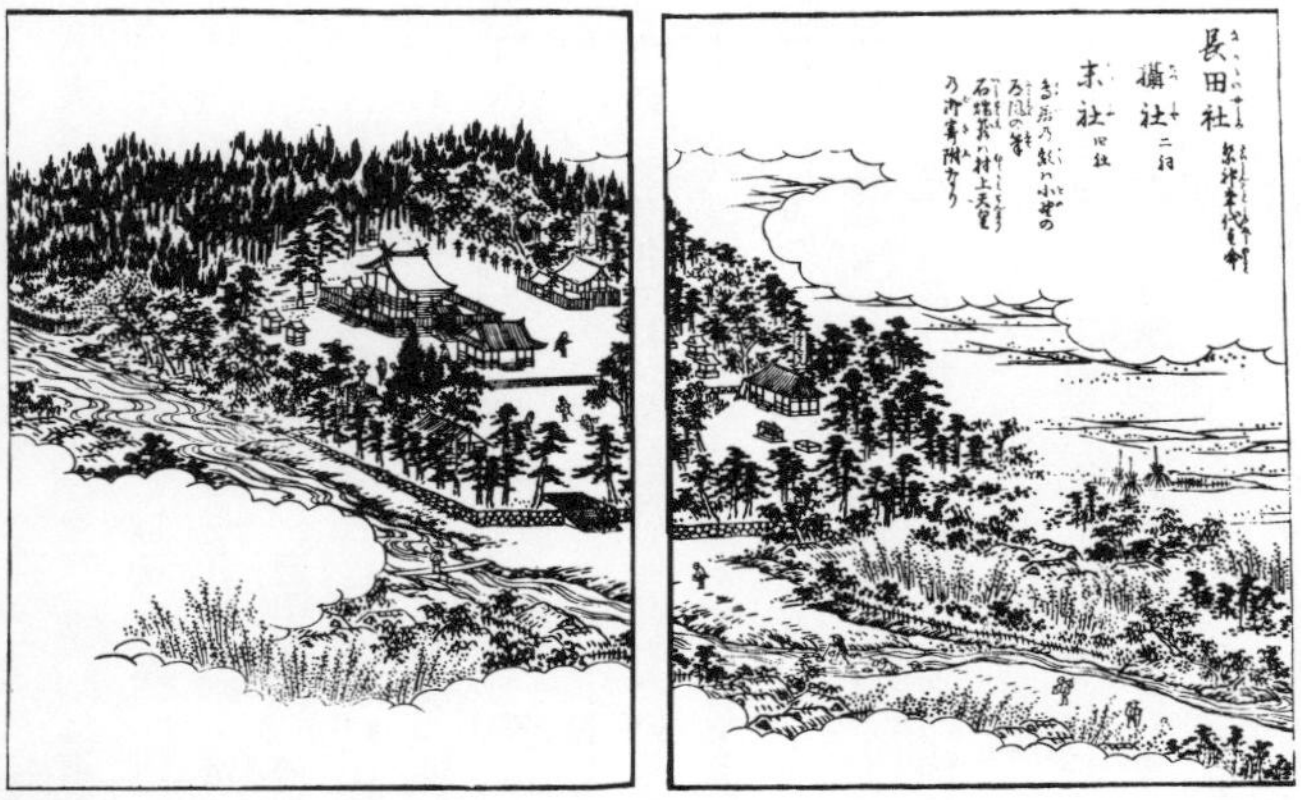

長田神社(『播磨名所巡覧図会』2より)

参考文献　『兵庫県史』二・四、『長田神社史』、茨木一成「南北朝内乱期の長田社―建武三年一一月の「訴状案」について―」(『ヒストリア』五九)　(茨木　一成)

なかつつのおのみこと　中筒男命　⇩住吉三神《すみよしのさんじん》

なかつひめのみこと　仲姫命　応神天皇の皇后、仁徳天皇の母。『古事記』は中日売命に作る。『日本書紀』によれば応神天皇二年三月皇后となり、荒田《あらた》皇女、大鷦鷯《おおさざき》天皇(仁徳天皇)、根鳥《ねとり》皇子を生んだ。姉の高城入《たかきいり》姫、妹の弟姫も応神天皇の妃となった。仲姫という名は中子の故であろう。『日本書紀』仁徳天皇即位前紀と『古事記』応神天皇段によれば景行天皇の皇子五百城入彦《いおきいりひこ》王の子の品《ほん》陀真若《だまわか》王が姫の父である。応神・仁徳両天皇は、四世紀末五世紀初めに実在し、さらに応神王朝の成立を考える説もあるので、記紀の仲姫の出自の記事も考究に値する。　(岡本　堅次)

なかとみうじ　中臣氏　古代中央有力氏族の一つ。姓《かばね》は連で、天武天皇十三年(六八四)八色《やくさ》の姓の制定により朝臣となった。『古事記』『日本書紀』の天孫降臨神話にみえる天児屋命《あめのこやねのみこと》を祖神とする氏で、古来朝廷の祭祀を掌った家柄とみられているが、五世紀以前のことは明らかでない。ただ律令制度下の神祇官の上級官人が多くその氏人で占められ、中臣氏出身者が神祇官の行事で重要な役

割を勤める場合が多かったことが、神祇令などの諸規定から知られるから、大化前代かなり早くから祭祀関係の最も重要な専門職の氏だったことは疑いない。『古語拾遺』では、忌部氏がかつては中臣氏と対等の立場で朝廷の神事に携わっていたことを強調しているが、そこには忌部氏の自己主張のための誇張があるとみられる。中臣の名義については、本居宣長は『古事記伝』一五で「中ツ臣」説を斥け、「中執臣」すなわち「神と君との御中を執持て申す職」としている。中臣氏の本来の居地は不明で、中臣(藤原)鎌足が生まれた大和国高市郡の藤原の地は、皇居が飛鳥地方にほぼ固定した推古朝以後の居地とみるべきであろう。中臣氏の活躍が確かに知られるのは六世紀半ば以降で、『日本書紀』によると中臣鎌子は仏教伝来の際に大連物部尾輿《おこし》とともにこれを排撃し、中臣勝海も大連物部守屋とともに仏教を迫害し、用明天皇死後の政争の中で、守屋とともに大臣蘇我馬子に攻め亡ぼされている。中臣氏の系図で最も信頼できる『中臣氏系図』所引の『大中臣本系帳』では、系譜は欽明朝の黒田から始まっていて、その子の常盤のときにはじめて中臣連姓を賜わったとあり、鎌子と勝海の名がみえないから、勝海の滅亡の結果、本流の家に交替があったのかもしれない。その後、御食子《みけこ》の長子鎌足は中大兄皇子(天智天皇)とともに大化改新を実現し、天智天皇八年(六六九)十月、死に臨んで大織冠と大臣の地位および藤原の氏称を賜わったため、中臣氏は大臣を出しうる家柄となり、持統朝に一時は中臣大島・同意美麻呂《おみまろ》らも藤原(葛原)氏を称したが、文武天皇二年(六九八)八月に至り、鎌足の子の不比等の系統以外はすべて中臣の氏称に復した。その後、光仁朝に右大臣に昇った清麻呂は神護景雲三年(七六九)六月に大中臣の氏称を与えられ、やがて延暦十六年(七九七)十月十五日、同十七年六月二十六日両度の官符によって、中臣鷹主以下五百十五人がすべて大中臣の氏称を許された。中臣氏は鎌足の功業によってその政治的地位を格段に高め、鎌足の弟垂目、叔父国子、同糠手子の系統の三門に分かれて発展し、平安時代に入ってからたびたび本系帳を作成したが、貞観五年(八六三)本系帳を作成してのち、やがてまた同族間の系譜関係に混乱が生じてきたので、寛平五年(八九三)から新本系帳の作成に着手し、延喜三年(九〇三)ころに『新撰氏族本系帳』(延喜本系)一巻を完成して、同六年六月に太政官に進上した。これが『中臣氏系図』に引くところのいわゆる『大中臣本系帳』である。

[参考文献] 佐伯有清『新撰姓氏録の研究』考証篇三

(関　晃)

なかとみしけいず　中臣氏系図　中臣氏の系図。一巻。『群書類従』系譜部収載のものは、中臣常磐大連公に始まり、嘉暦年間(一三二六—二九)までの系図を記しており、延喜六年(九〇六)に撰進され、その中で天平宝字五年(七六一)に撰氏族所の宣により作成された本系帳を引載している。このほか、『続群書類従』系図部においても『中臣氏系図』を収載しているが、これは神護景雲二年(七六八)より鎌倉時代後期までのものである。また、内閣文庫蔵の『中臣氏系図』は、明治十五年(一八八二)に徳川昭武蔵書を写したものであるが、これは『続群書類従』収載のものと同系統である。『群書類従』収載の『中臣氏系図』は、中臣御食子・国子について「小徳冠前事奏官兼祭官」と記され、御食子は推古朝・舒明朝に、国子は舒明朝に供奉していたとしている。御食子は『日本書紀』舒明天皇即位前紀に「弥気」とあり、国子は推古天皇三十一年(六二三)是歳条に「国」とみえ、「征新羅」の「大将軍」に任じられており、実在の可能性が高いと考えられる。また、同条に「国」は「小徳」と記されており、『中臣氏系図』の記載と符合することなどから、『中臣氏系図』の記載に信頼を寄せることができよう。

(菊田龍太郎)

なかとみしゃしぶにん　中臣社司補任　奈良の春日大社の歴代社司の補任記。内題は「中臣社司補任著名」。造宮預(のち正預)・神宮預・権預(五系)・次預・加任権預・若宮神主などの職掌別に、神護景雲二年(七六八)の創建時から永禄元年(一五五八)までの就任年次順に、氏名、就任および辞任年月日、没年と年齢、在任中の主な経歴と事件などを記し、末に「中臣社司補任著名　中臣連祐(花押)」(辰市祐識か)と奥書、さらに「春日社大中臣祠官補任次第」と「正預兼幷為寺門神供備進之例」を付している。原本は若宮神主千鳥家に伝わり、東京大学史料編纂所に明治二十年(一八八七)の影写本一冊がある。表紙裏に応永三十二年(一四二五)閏六月十八日に辰市祐識が父祐時に代わり権預に任じられた時の長者宣の写しがあり、本文の内容にも応永・永享・文安ころから後書継ぎがあるので、最初の成立時期はわからないが、このころ祐識が書写または編集したものであろう。宮内庁書陵部にある新宮水野家旧蔵の影写本一軸は本書の抄写本で、巻首から造宮預十代目の信経の条の紙替り目、永久三年(一一一五)の途中までを収め、その後に春日社所蔵の『楽所補任』の大治五年(一一三〇)—長承元年(一一三二)条・寛元元年(一二四三)条裏書などの抄出を付し、宝永元年(一七〇四)若宮神主千鳥祐字の書写・校合(向井神主大中臣師尋蔵本)奥書がある。このほか春日社司の補任史料に、(一)『中臣氏系図』(『続群書類従』系図部)、(二)『大中臣氏系図』(同、元久二年(一二〇五)奥書本)付載の初代神宮預時風・造宮預秀行の系図がある。しかし類従本の底本となった『諸家系図纂』や『春日社記録』七所収の中臣系図・大中臣系図をみると、(一)はもと(二)に連続していたらしく、(二)が時風・秀行を中臣東人と大嶋の子としているのも他に例がなく、後世の付会と思われ、中臣鹿嶋連大宗の子とする『中臣社司補任』の伝承の方が古いものであろう。

[参考文献] 永島福太郎校注『春日』(『神道大系』神社編一三)、大東延篤編『(新修)春日社社司補任記』、花山院親忠編『春日大社』

(菊地康明)

なかとみのすけかたき 中臣祐賢記 ⇩春日社記録《かすがしゃきろく》

なかとみのすけさだき 中臣祐定記 ⇩春日社記録《かすがしゃきろく》

なかとみのすけしげき 中臣祐重記 ⇩春日社司祐重記《かすがしゃしすけしげき》

なかとみのはらえ 中臣祓 毎年六月および十二月の晦日に朝廷で行われた公儀の大祓《おおはらえ》は、古くから中臣氏が祭事を掌り、大祓の詞を読むことになっていたので、大祓の行事および大祓の詞のことを、「中臣祓」と称するようになった。すでに『古語拾遺』に、「中臣祓詞」「中臣禊《なかとみのはらえの》詞《ことば》」という語がみえる。そして、朝廷における六月・十二月晦日の公的な大祓とは別に、随時私的に大祓の詞を唱えて祓《はらえ》の儀礼を行うことが盛んになると、公的大祓の方を「大祓」、私的祓の方を「中臣祓」と、区別して称するように変わって行った。私的な祓の場合にも、公的な大祓の詞を流用して読んだのである。『万葉集』一七の大伴家持の歌に、「中臣の太祝詞事言ひ祓へ贖《あか》ふ命も誰が為に汝《なれ》」(原万葉仮名)とあるのはその早い例。『朝野群載』六に収める「中臣祭文」は、平安時代に私的な中臣祓に読まれた詞の実例であるが、これを『延喜式』祝詞に収める大祓の詞と比較すると、「高天の原に神留り坐す」に始まる前半および中間の文章に大差はないが、末尾の部分が、「祓へ給ひ清め給ふ事を、祓へ戸の八百万の御神達は、さ男鹿の御耳を振り立てて聞こし食せと申す」となっていて、元来参集した諸人に宣り聞かせる詞であったものが、神に対して申し上げる祝詞に変化している。私的な中臣祓は、中世に入ってますます盛行を見、伊勢流と卜部流に分かれて、神道の最重要行事の一つとして神聖視されるとともに、仏教や陰陽道の影響を受けて、神秘化されるようにもなった。それに伴い、各流派の教義を加えた注釈書が多数作られて行った。初期の両部神道の『中臣祓訓解』『中臣祓注抄』(ともに著者未詳)、伊勢神道の『諸祓集』(荒木田尚重)・『中臣祓瑞穂鈔』(度会延佳)、卜部神道の『中臣祓抄』(吉田兼倶)、垂加神道の『中臣祓風水草』(山崎闇斎)などは著名である。 ↓大祓《おおはらえ》 ↓大祓詞《おおはらえのことば》

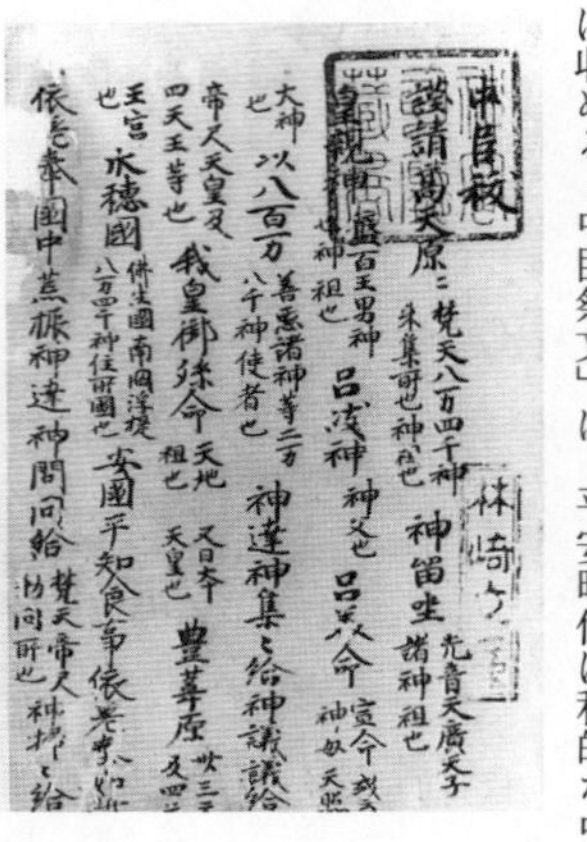
『中臣祓注抄』

参考文献 『大祓詞註釈大成』、『神宮儀式中臣祓』(『神宮古典籍影印叢刊』三)、『中臣祓中臣祓抄』(『吉田叢書』四) (青木 紀元)

なかとみのはらえききがき 中臣祓聞書 中臣祓の解釈書。吉田兼倶《よしだかねとも》述。一巻。延徳二年(一四九〇)七月二日、禅昌院において吉田神道の祖である吉田兼倶が中臣祓の講義を行なったのを、禅僧の景徐周麟《けいじょしゅうりん》が筆録したもの。兼倶の講釈を書記したもので、吉田神道(唯一宗源神道)の中臣祓の解釈としては重要な位置を占めている。まず「此祓ハ、根本ハライノ総体ゾ」と意義づけ、五臓・六腑に感じて一心の上にあたるものと説く。そして浅略・神秘・秘中秘・秘中極秘の四重伝に分け、序文を加えた十三段から全体が構成されている。神道説と仏教解釈を相互に援用して高天原や天津・国津を意味づけ、神徳みなぎる一心が無念・無想であるとして、天津神・国津神も感応あること間違いなしと説き及んでいる。『神道大系』古典註釈編八に所収。 (秋嵜 典子)

なかとみのはらえくんげ 中臣祓訓解 中臣祓注釈書のうち現存する最古のもの。一冊。平安時代後期から形成していく両部神道の伝書の一つ。鎌倉時代に入って形成をみる伊勢神道に強い影響を与えた。中臣祓は平安時代中期以降、陰陽師によって流布され、また仏家も六字河臨法に採り入れ、個人のための呪術的祈禱に用いられた。仏家側はさらに密教に託して中臣祓の注釈を試み、最大最勝の利益、抜苦与楽の隠術であった中臣祓の効能を説いた。本書は空海の作とされているが、これは仮託であり、建久年間(一一九〇—九九)以前の平安時代末期に、園城寺および伊勢神宮の法楽寺院であった仙宮院に関係した僧侶によって作られたと推測される。ただし、巻末の部分は、鎌倉時代中期ごろに追記されたものであろう。伊勢祠官度会氏は本書を最極秘本とし、行忠・常昌《つねよし》の伝写本が存した。最古の写本は鎌倉時代末期書写になる金沢文庫本(重要美術品認定)。なお、この異本としては、度会常昌伝写本の『中臣祓記解』がある。『大祓詞註釈大成』上、『神道大系』古典註釈編八、『日本思想大系』一九に収められている。

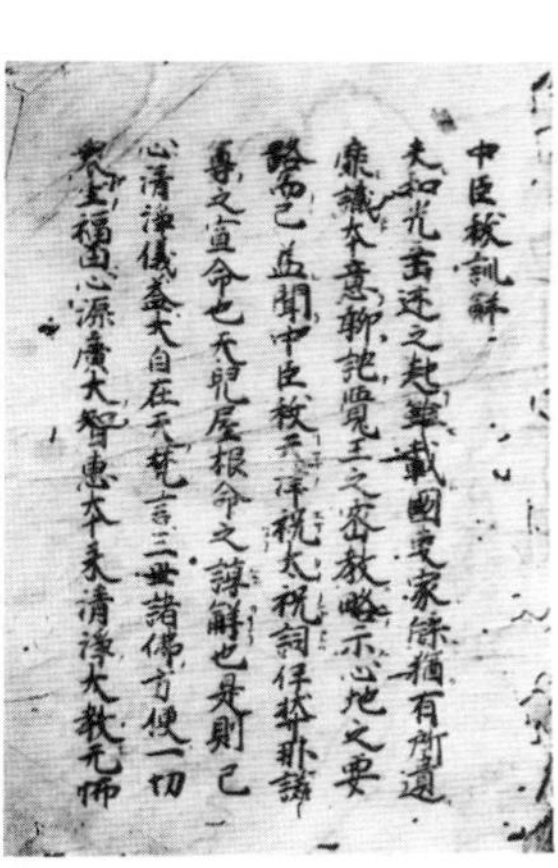
『中臣祓訓解』

参考文献 久保田収『中世神道の研究』、萩原竜夫『中世祭祀組織の研究』、伴五十嗣郎「中臣祓訓解の成立時期について」(『神道史研究』一七ノ三)、岡田荘司「『中臣祓訓解』及び『記解』の伝本」(『神道及び神道史』二七)、鎌田純一「中臣祓訓解の成立」(『中世伊勢神道の研究』所収)、吉川竜実「中臣祓訓解と法華経」(『皇学館論叢』一二〇)、伊藤聡「第六天魔王説の成立—特に『中臣祓訓解』の所説を中心として—」(『日本文学』四四ノ七) (岡田 荘司)

なかとみのはらえしゅうせい 中臣祓集成 中臣祓の註釈書。中臣祓の詞文は数多くの注釈書が存在する。まず両部神道における『中臣祓訓解』は『中臣祓両部鈔』とも別称し、高僧空海の著と伝えられる。しかし実際は亮

順の名が擬せられている。また『中臣祓注抄』は両部系の行者が成し、建保三年(一二一五)にさかのぼる。罪障の消滅を期した密教風の修法に用いたと考えられる。次に伊勢神道では伊勢流の中臣祓が有名であり、『諸祓集』は岩井田(荒木田)尚重《ひさしげ》が明応六年(一四九七)に成したもので、前文を五段に分けて口伝を伝えている。『元長修祓《もとながしゅうばつ》記《き》』は文明十五年(一四八三)、山田大路(度会)元長が、師職必須の経典として室町時代末期の民衆の要望に応えようとしたものである。『守是解除集《もりこれはらえしゅう》』は内宮禰宜の薗田守是が、天文十五年(一五四六)禰宜に任じられたが、それ以前の書写にかかる。ことに書中の日所作は日々怠らず勉めて、神人の究境を窺わせている。『中臣祓瑞穂鈔《みずほしょう》』は出口延佳《のぶよし》が万治二年(一六五九)末に著わした。中臣祓の名著である。本書には追考が寛文六年(一六六六)に刊行され広く一般に流布した。卜部神道での『中臣祓解』は清原宣賢《きよはらのぶかた》が大永三年(一五二三)に著わした。序文を含めた十三段に本文を分かち、『日本書紀』を中心とする神道説を両部系の仏説や儒説から補っている。吉川神道の『中臣祓御講談聞書』は寛文九年、吉川惟足の講義を門弟の不破行孝(惟益)が筆録したもの。『中臣祓仮名抄』も吉川惟足の著作で、神道精神の面目を伝えている。ただし著述年代は不詳。垂加神道として、著作年代は未詳であるが山崎闇斎の『中臣祓風水草』がある。『中臣祓風水草管窺《かんき》』は玉木正英が享保四年(一七一九)に講述したもので、闇斎に加えて彼の意見が随所に盛られている。また『中臣祓禊除草《みそぎぐさ》』は享保十六年、師の玉木正英の講述を岡田正利が筆録したものである。以上、諸流の代表的な著作を含め、『大祓詞註釈大成』が詳しい。

(杴寄 典子)

なかとみのはらえしゅうせつ　中臣祓集説　中臣祓の註釈書。橘三喜《たちばなみつよし》著。三巻。寛文二年(一六六二)刊行。「唯一宗源の大導師」とみずから号した橘は、唯一神道の思想によって、『卜部抄』『亀兆伝』『梁塵秘抄』『日本書紀纂疏《さんそ》』などの諸説を集成した。中臣氏の出自、祓の起源を述べ中臣祓の工夫や神人感通の理法を叙して、災難が消滅するものと述べる。本文は卜部神道の分類により、序文を加えて十三段に切っている。「蓋し神道は大本なり、経法は大本を戴するの器なり」と説き、安座と加持とは神代以来の伝授であると説く。吉田兼倶の『中臣祓聞書』とともに解釈書の一つとされるが、しかし一方では吉田神道説を批判しているのが特徴である。延《ひ》いては儒教を批判し破邪顕正の気概を示している。また諸国一宮巡拝に際して、中臣祓を講じて歩き、各社に木版本の『中臣祓』を奉納したといわれる。『大祓詞注釈大成』下に所収。

(杴寄 典子)

なかとみのはらえふうすいそう　中臣祓風水草　中臣祓の註釈書。山崎闇斎著。全三巻。晩年の著作であるが年代は未詳。中臣祓の本文を十段に分けて註釈し神道の奥義を述べたもの。『神代巻風葉集』と並ぶ闇斎晩年の書。巻上で中臣祓や「高天原仁神留坐須」、巻中に「如此寄世奉志四方乃国中」、巻下に「天津宮事於以大中臣天津金木於」と分け、記紀の神代巻はじめ『古語拾遺』、『釈日本紀』、神道五部書など、多くの諸本から註釈を施している。また伊勢神宮に伝来する真(心)御柱や祓具を数多く掲出している。闇斎晩年の垂加神道を伝える基本教典とされ、正親町公通・出雲路信直・梨木祐之らの限られた門下にしか伝授を許されていない。註解したものには玉木正英の『中臣祓風水草管窺《かんき》』がある。『大日本文庫』一七に読み下しを載せるが、原文は『山崎闇斎全集』五、『神道大系』論説編一二に所収。

(杴寄 典子)

なかとみのよごと　中臣寿詞　天皇の践祚大嘗祭の儀式に、中臣氏が奏上した祝寿の詞。神祇令に、「凡践祚之日、中臣奏二天神之寿詞一、忌部上二神璽之鏡剣一」という規定があって、「天神寿詞《あまつかみのよごと》」という言い方が古い。中臣氏が奏上するから、「中臣寿詞」と呼ばれるようになった。天神寿詞奏上の初見は、『日本書紀』の持統天皇四年(六九〇)正月朔条に、「物部麻呂朝臣、大盾を樹《た》つ、神祇伯中臣大嶋朝臣、天神寿詞を読む、畢りて忌部宿禰色夫知、神璽の剣鏡を皇后に奉上《たてまつ》る、皇后、天皇の位に即《つ》く」(原漢文)とみえるものであるが、翌五年十一月条にも、「大嘗《おおにえ》す、神祇伯中臣朝臣大嶋、天神寿詞を読む」(同)とみえている。この制度は、天武天皇時代に制定されたものと推測される。平安時代に入り、『貞観儀式』四および『延喜式』践祚大嘗祭に、践祚大嘗祭の辰の日の節会に、神祇官の中臣が「天神之寿詞」を奏し、忌部が「神璽之鏡剣」を奉ることを定めている。このように寿詞は、皇位に関係を持つ重要な詞章であるにかかわらず、後世に伝わる文献はきわめて少ない。藤原頼長の『台記別記』に載せる近衛天皇の康治元年(一一四二)の大嘗祭に大中臣清親が奏上した寿詞が、古くから知られ、壺井義知や本居宣長がその校訂を行なって世に紹介したが、近年に至って、これとは別に、鳥羽天皇の天仁元年(一一〇八)の大嘗祭に大中臣親定が奏上した寿詞が、明らかにされた。この二種の文献に基づいて、寿詞の文章を整定し、内容を考究するよりほかない。その内容は、皇孫の降臨から説き起す荘重な文体で、中臣の祖神の天児屋根命が、皇祖の神から、皇孫の聞こしめす天つ水を賜わったことを述べ、ついで悠紀《ゆき》・主基《すき》の斎田からもたらされた稲穂による御酒・御食を、天皇が聞こしめして、永遠に栄え行かれることを祝福する。ここに、皇位と水と稲との深い関係を窺うことができる。

参考文献　本居宣長『玉勝間』一(『日本思想大系』四〇)、鈴木重胤『中臣寿詞講義』(『国文註釈全書』)、西田長男「中臣寿詞攷」(『神道史の研究』二所収)、青木紀元「中臣寿詞の基礎的資料」(『祝詞古伝承の研究』所収)

(青木 紀元)

なかにしなおかた　中西直方　一六三四—一七〇九　江戸時代初期の神道学者。寛永十一年(一六三四)、伊勢山田上中之郷(三重県伊勢市常磐)に生まれる。父は中西常好、母は久志本氏。本姓は度会、通称は丹波、高倉山人・羅茂子《らもうし》・復圭斎・敬義斎と号す。幼少より学を好み、出口延佳《のぶよし》の講古堂に学んだ。古画を仙洞御所に奉って正六位上に叙せられ、丹波大掾を受領した。寛文十一年（一六七一）、御祓大麻の銘文に「両」字を用いる是非を問題視した祓銘論争議に際し、彼が証拠として提出した檀廻帳が、上を掠《かす》める所為だとして罪を問われ、神領を追放された。各地を流浪したのち、天和二年（一六八二）、和歌山藩田丸領佐田村（三重県玉城町佐田）に仮寓し、二十七年後の宝永六年（一七〇九）十一月十三日、その地で没した。七十六歳。墓は伊勢市大世古。著作としては、排仏論を論じた『神道百華一露集』、死生観を探求した『神道安心物語』などがあり、破仏論を中心とした宗教思想に生彩を放っている。

参考文献 中西正幸「中西直方の神道観」（神道文化会創立三十五周年記念出版委員会編『天照大御神』研究篇二所収）　（岡野　友彦）

なかにしのぶよし　中西信慶　一六三一—九九　江戸時代初期の国学者、伊勢外宮の宮掌大内人。寛永八年（一六三一）、伊勢国山田前野（三重県伊勢市）に生まれる。初名は信吉、通称は清太夫、のちに易右衛門と改めた。慶安元年（一六四八）、出口延佳《のぶよし》らの発起により豊宮崎文庫が創建されると延佳に師事し、神道および歌道に通じた。近世伊勢国学の先駆者とされ、彼を慕って門人となる者は二百四十人にものぼったという。元禄十一年（一六九八）には僧契沖を往訪、契沖との問答を記した『倭姫命世記契沖信慶問答書』が成った。契沖は信慶の神道に対する熱意に深く敬意を表し、『漫吟集類題』一八に「外宮禰宜中西信慶、ふかく神書に心をいるるをほめて」と題した和歌を詠んでいる。翌十二年正月十七日、信慶の古稀の祝いに契沖が送った和歌の届いた日に没した。六十九歳。墓は伊勢市大世古。主な著作に『倭姫命世紀鈔』『御鎮座伝記鈔』『中臣祓鈔』などがある。

参考文献 中西正幸「中西信慶とその思想」（安津素彦博士古稀祝賀会編『神道思想史研究』所収）　（岡野　友彦）

なかにしひろつな　中西弘縄　一八二二—一九一六　江戸時代末期から明治時代の国学者、神職。文政五年（一八二二）二月二十日、松井清安の次男として生まれる。幼名は千馬。弘化三年（一八四六）、母の兄である中西弘令の養子となり、名を弘縄・弘綱・弘泄と改める。字は優大・淵逸、通称は啓次郎。桑廼舎と号する。国学を足代弘訓《あじろひろのり》・荒木田久守・橋村正兌《まさとき》に学んだ。天保十三年（一八四二）、伊勢外宮別宮風宮玉串内人となり、宮掌大内人を兼ね、正六位に叙せられたが、維新によって一般神官とともに職を廃し位記を返上した。その後は神宮大麻製造局御用掛などを経て、明治十九年（一八八六）に三重県多気郡三疋村の八柱神社神官、同三十六年に神官故事編纂所校合事務、同四十一年に多気郡津田村の津田神社神官などをつとめた。大正五年（一九一六）一月八日、九十五歳で没した。著作に『音釈童喩《おんしゃくどうゆ》』『神都名人略伝』『三角柏考《みつのかしわこう》』『天平賀《あまのひらが》』『悠紀主基考《ゆきすきこう》』などがある。

参考文献 『国学者伝記集成』続篇　（岡野　友彦）

ながのけんごこくじんじゃ　長野県護国神社　長野県松本市美須々に鎮座。祭神は明治維新以降第二次世界大戦に至る諸事変・戦役において殉じた長野県関係者の霊を祀る。明治十三年（一八八〇）長野市城山公園に信濃招魂社を創建し、国事殉難者の霊を祀ったことを創始とする。その後、松本市に招魂社を造営することとなり、昭和十三年（一九三八）十月に仮殿が竣工し、翌十一月遷座し、長野県招魂社と称する。昭和十四年四月、一道府県に一社を限りとした内務大臣指定の長野県護国神社となり、同十七年十一月に社殿・社務所・斎館などが竣工となり本殿遷座祭を斎行。第二次世界大戦後の占領下、同二十二年八月に社名を美須々《みすず》宮と改称したが、サンフランシスコ講和条約締結後の同二十九年四月に現社名に復す。なお、終戦後は公務殉職者の霊をも配祀する。例祭は四月二十九日・三十日。

参考文献 『全国護国神社会五十年史』　（大井　鋼悦）

なかのこおりかぶとみょうじんほうがちょう　那珂郡甲明神奉加帳　甲明神造営の際の奉加帳。一冊。甲明神（現甲《かぶと》神社）は、常陸国那珂郡にある神社で、祭神は武甕《たけみか》槌命《ずちのみこと》。この甲明神は、部垂《へたれ》村（茨城県那珂郡大宮町）を中心とし、ほか十一ヵ村の総鎮守であり、天文・弘治のころには佐竹氏の崇敬を受けていた。それを表すものとして、弘治三年（一五五七）三月、当時の佐竹氏家臣団がそろって造営に際して寄進を行なっている。本書はその時の奉加帳である。これには当時の佐竹氏の当主である義昭以下徳川・小野田・和田をはじめとする家臣団百七十名余りが十八貫九百文を寄進していることが記載されており、当時の佐竹氏との密接な関係があったことを示す貴重な史料となっている。『続群書類従』神祇部に所収されている。

参考文献 『群書解題』一下　（永田　宇宏）

ながはまはちまんぐう　長浜八幡宮　滋賀県長浜市宮前町に鎮座。往昔は坂田八幡宮・坂田別宝八幡宮・新放生寺八幡宮とも称した。旧県社。祭神は誉田別尊・足仲彦尊・息長足姫尊。草創は明らかでないが、石清水八幡宮所蔵天福元年（一二三三）五月の近江国細江荘訴事と題する訴状によると、当社は古くから石清水八幡宮との関係が深く、社蔵の永正七年（一五一〇）に書写された『八幡愚童訓』の奥書、後奈良天皇綸旨などより、室町時代には石清水八幡宮別宮であったことが知られる。羽柴秀吉は長浜城主になると、篤く信仰し、神領を寄進し、社殿を再建している。当社には新放生寺という別当寺があったが、いま学頭の舎那院だけが境内を接して存し、神仏習合時代の遺宝を伝えている。例祭は十月十五日、また国の無形民族文化財の長浜曳山まつり（四月十三日—十五日）が行われ、十三基の曳山が曳き出され舞台上で子供に

長浜八幡宮（『木曾路名所図会』１坤より）

よる歌舞伎芝居が演じられる。

参考文献 『近江国坂田郡志』 （宇野 茂樹）

ながひろもんじょ　永弘文書 豊前国(大分県)宇佐神宮旧社家宇佐宮番長職(下宮社司職)永弘家に伝来の文書。宇佐宮は上宮・下宮あり、下宮は弘仁年間(八一〇―二四)に設立、上宮の御供所御炊殿《おいどの》とも称し、宇佐宮祭祀を司った。同社家中最高の約三千六百通といい、長く他見を許さなかったが、昭和十五年(一九四〇)宇佐神宮が宮地直一に依頼、新城常三が同二十年に一応の整理を終了。第二次世界大戦後中野幡能が引き継ぎ、編年整理を行い、おおよそ平安時代九・鎌倉時代二百六十七・南北朝時代二百八十・室町時代五百七十四・戦国時代九百六十四・江戸時代百五・明治時代六通、ほかに年代比定不能の断簡文書約千百通の通数が判明した。これを竹内理三監修により『宇佐古文書集成』として印刷中、中止のやむなきに至り、大分県史料刊行会より『大分県史料』三―六として出版したが、断簡類は未刊。本書には長寛二年(一一六四)位記写、『豊前国図田帳』写、正治二年(一二〇〇)大宰府政所帖、鎌倉から南北朝時代守護大名成立期、永仁徳政・神領興行や古式神事習俗に関する文書があり、貴重史料とされる。

参考文献 中野幡能編『宇佐神宮史』史料篇、中野幡能「宇佐八幡宮永弘家と番長職について」(『大分県史料』三所収)、佐藤進一「大分県史料(宇佐永弘文書一)」(『史学雑誌』六二ノ二) （中野 幡能）

なかむらなおかつ　中村直勝 一八九〇―一九七六 大正・昭和時代の日本史学者。明治二十三年(一八九〇)六月七日、滋賀県滋賀郡大津町字神出(大津市三井寺町)の長等神社社家に生まれる。県立膳所中学校・第三高等学校を経て京都帝国大学文科大学史学科にすすみ、内田銀蔵・三浦周行に師事、大正四年(一九一五)卒。引き続き大学院に籍をおき、大正八年第三高等学校講師、翌年教授、昭和二年(一九二七)より京都帝国大学文学部助教授を兼任。昭和二十三年公職追放により退官。以後しばらく著述に専念、京都女子大学文学部教授を経て、大手前女子大学学長、現職のまま、昭和五十一年二月二十三日、京都市北区小山北上総町の自宅で没。八十五歳。文学博士(学位論文『荘園の研究』)。大学院では古文書学を研究テーマとし、以後古文書研究は生涯を貫くテーマとなる。中世を中心とする社会史・文化史の研究、南朝の研究、荘園の研究が三大分野をなし、それらは古文書・古記録の厳密な実証研究とともに、庶民を含む社会史・生活史・文化史を重視して歴史の全体像をとらえようとする態度で貫かれており、その学風は学界に大きな影響を与えて現代に及んでいる。第二次世界大戦敗戦前後から民芸や茶道にも関心をふかめて昭和二十一年『日本想芸史』以下多くの著作を発表。一方、その軽妙流麗の講演や文章はつとに定評があったが、『京の魅力』など啓蒙書も相ついで発表し、歴史学の普及啓蒙に果たした功績も大きい。昭和四十六年より、生涯の歴史研究をあらためて古文書学の上に投影した文字通りのライフワークとして大著『日本古文書学』全三巻を刊行、その執筆を終って没した。各時代の古文書の収集家としても著名で『中村直勝博士蒐集古文書』が刊行されている(収集文書の大部分は大和文華館に継承)。また日本古文書学会の設立に尽力し、二代会長をつとめた。生涯の著作は大小合わせて計百二十冊に及ぶ。『中村直勝著作集』全十二巻(昭和五十三―五十四年刊)が主要著作を集成するが、『日本古文書学』など収載されていない重要な著作も多い。墓は長等神社の近傍にある。なお中世史家清水三男はその義弟。 （熱田 公）

なかむらもりおみ　中村守臣 一七七九―一八五四 江戸時代後期の歌人、国学者。安永八年(一七七九)、出雲国神門郡杵築(島根県簸川郡大社町)に生まれる。幼名猪之助。白玄翁、亀岡、燕斎《たびのや》、朱桜岡《ははかのおか》などと号す。杵築近習格で千家・北島両国造家の侍講をつとめ、出雲大社の学官となり以後世襲した。また松江藩の江戸藩邸での講義も担当した。千家俊信・香川景樹に学び、国学と和歌の造詣が深かった。国学では特に音韻の義に詳しく、平田篤胤と五十音について論じたほどであった。和歌は二条、冷泉両派の折衷であった。人となり廉潔にして、度量が広く、よく人と交わって酒を愛した。尾張・美濃・信濃などで大国主命について講義をし、その神徳を知らしめたほか、守臣の講説に感銘を受けた人々が、かつて出雲大社の封田であった地を旧に復して大社に寄付するなど、守臣が出雲大社のためにあげた功績ははかりしれないものがある。安政元年(一八五四)七月七日没。七十六歳。著書に『古事記伝補闕』『出雲音図』『玉鉾百首論』『万葉集義訓考』などがある。 （大久保紀子）

なかやましょうぜん　中山正善 一九〇五―六七 天理教二代真柱《しんばしら》。明治三十八年(一九〇五)四月二十三日奈良県山辺郡丹波市町(天理市)三島にて初代真柱中山真之亮・たまへの長男として出生。天理教教祖中山みきの曾孫。大正四年(一九一五)、十一歳にして二代真柱となる(ただし大正十四年までは山沢為造が職務摂行者として実務を代行した)。天理中学校、大阪高等学校を経て昭和四年(一九二九)東京帝国大学文学部宗教学科卒業。昭和二、三年には長らく伏せられていた天理教原典『おふでさき』『おさしづ』を公刊、原典に基づいた教理の普及に努めた。昭和十三年以降天理教の活動は再び当局の制約を受けるが、第二次世界大戦後直ちに「復元」を提唱、「かぐらづとめ」を復活、また『天理教教典』(昭和二十四年)、『稿本天理教教祖伝』(昭和三十一年)を刊行、教義体系確立に貢献した。文化活動にも尽力、天理外国語学校(天理大学の前身)・天理図書館・天理参考館・「憩の家」(病院)などを設立、柔道・水泳はじめスポーツ活動をも育成した。昭和海外諸国をしばしば歴訪、海外布教の道をも開く。昭和三十九年藍綬褒章受章。同四十二年十一月十四日六十二歳で没した。

参考文献 『みちのとも』七八ノ一二(二代真柱追悼号)

(松本　滋)

なかやまじんじゃ　中山神社　岡山県津山市一宮に鎮座。旧国幣中社。美作国一宮。「ちゅうぜん」「ちゅうざん」と称された。『延喜式』神名帳に名神大社とある。祭神は鏡作命、吉備武彦命、大己貴命《おおなむちのみこと》など一定しない。『今昔物語集』二六には美作国の中参(中山)の神の体《かたち》は猿であったという説話を記す。初見は『三代実録』貞観二年(八六〇)正月二十七日条で従四位下に昇叙された記事があり、以後位階が進む。弘安八年(一二八五)一遍智真の結縁を受けた。『一遍聖絵』巻八第三段には、一遍が参った時の様子を、二つの楼門と拝殿・本殿などとともに描いている。社領は長講堂・春日社領。本殿は永禄二年(一五五九)の再建で重要文化財。例祭は四月二十四日。

→御注連祭《おんしめまつり》

中山神社（『一遍上人絵伝』より）

参考文献 藤巻正之編『中山神社資料』、『中山神社文書』(『岡山県古文書集』三)、『津山市史』一・二

(三好　基之)

なかやまただやす　中山忠能　一八〇九―八八　幕末の王政復古派の公卿。明治天皇の外祖父。文化六年(一八〇九)十一月十一日生まれ。父は権大納言中山忠頼、母は参議正親町実同の女綱子。忠能はその次男。文政四年(一八二一)左近衛権少将に任ぜられ、天保十一年(一八四〇)参議、弘化元年(一八四四)権中納言、同四年権大納言に昇進、翌嘉永元年(一八四八)正二位に叙せられた。この間天保二年権大納言園基茂の養女愛子と結婚。嘉永五年九月忠能の娘権典侍慶子は明治天皇を生んだ。翌六年アメリカ使節ペリーの来航にあたり、武家伝奏三条実万の諮問に答え、その要求を退くべしと述べた。嘉永二年から安政五年(一八五八)に至る間、しばしば議奏加勢となり、同年五月議奏に進んだ。たまたま条約勅許問題で安政五年二月老中堀田正睦が上洛していたが、忠能は権中納言正親町三条実愛ら六人とともに連署して、外交拒絶意見を建言した。翌月には八十八人の公卿の先頭に立って、列参して外交に関する朝議の変更を陳状した。安政の大獄、大老井伊直弼の横死ののち、公武合体論が起り、幕府が皇妹和宮の将軍徳川家茂への降嫁を奏請した際、岩倉具視・久我建通・正親町三条実愛らと、このことに奔走した。万延元年(一八六〇)十月和宮御用掛を命ぜられ、翌文久元年(一八六一)十月和宮の東下に供奉した。同二年ため尊攘派から四奸二嬪の一人として攻撃され、同二年八月差控に処せられた。しかし同年十二月国事御用掛が設けられると、これに加えられて朝議に与った。翌年八月には、子息の忠光が大和五条の乱の首領に推されている。元治元年(一八六四)七月長州藩兵が大挙して入京するにあたり、極力同藩のために奔走し、七月禁門の変後、出仕ならびに他人面会を禁止された。慶応三年(一八六七)外孫明治天皇が践祚すると程なく処分をとかれ、岩倉具視・正親町三条実愛らと王政復古策をはかり、同年十月討幕の密勅を薩摩・長州二藩に下した。同年十二月王政復古に際し、議定に任ぜられ、翌明治元年(一八六八)二月輔弼となり、同二年五月神祇官知事、七月神祇伯、十月宣教師長官などを歴任した。この間従一位に昇り、准大臣となり、賞典禄千五百石を下賜された。明治十七年

七月侯爵となり、同二十一年六月十二日病没した。年八十。墓は東京都文京区の豊島岡墓地にある。

参考文献　『中山忠能日記』(『日本史籍協会叢書』)、『中山忠能履歴資料』(同)　(小西　四郎)

なかやまみき　中山みき　一七九八―一八八七　天理教の教祖。寛政十年(一七九八)四月十八日大和国山辺郡三昧田村(奈良県天理市)の庄屋前川半七正信・きぬの長女として出生。文化七年(一八一〇)十三歳で同郡庄屋敷村(同市)の従兄中山善兵衛に嫁ぐ。婚家の両親の厚い信頼を受け十六歳で家事一切を任された。幼少時から浄土宗の信心篤く、文化十三年十九歳の時五重相伝を受く。子供は長男秀司から五女こかんまで一男五女。天保八年(一八三七)に始まる秀司の足痛のため寄加持《よせかじ》を繰り返していたが、同九年四十一歳の年の十月二十三日夜、みき自身が加持台になったところ、「元の神・実の神」による神がかり状態となり三日三晩続き、同二十六日朝ついに神意のままにみきは「神のやしろ」と定まる。この日が天理教立教の日とされている。以来明治二十年(一八八七)九十歳の年までみきはあらゆる非難嘲笑迫害を受けながらも人間創造の「元の神」の教えを宣べ伝え、人救けに専念した。この五十年の道を天理教では「ひながたの道」と呼び、人間の生き方の模範雛形、人類救済の台としている。天保九年から二十数年間、一家は「貧のどん底」への道を歩む。その間嘉永六年(一八五三)に夫善兵衛が没するが、みきは同年中山家の母屋を取りこわし、「世界のふしんにかゝる」と宣言。翌安政元年(一八五四)には三女梶本はるに「をびや許し」(安産の守護)を授け、以後次第に「安産の神様」として知られる。元治元年(一八六四)にはのちの「本席」飯降《いぶり》伊蔵が入信。このころから信者たちに「さづけの理」を渡し始め、慶応二年(一八六六)からは「よろづたすけ」の方途として「つとめ」を教える。さらに明治二年から十五年にかけて『おふでさき』(千七百十一首)を執筆、また人間世界の「元初りの話」を説く。しかし明治七、八年ころから政府の迫害干渉が厳しくなり、みきは十数度も警察や監獄に拘引留置された。明治二十年二月十八日(陰暦正月二十六日)つとめの完修を人々に急き込みつつ九十年の生涯を閉じるが、天理教ではその後も存命のまま世界人間の救済の上に働き続けていると信じている。→天理教《てんりきょう》

参考文献　天理教教会本部編『稿本天理教教祖伝』、村上重良・安丸良夫校注『民衆宗教の思想』(『日本思想大系』六七)　(松本　滋)

ながらじんじゃ　長等神社　大津市三井寺町に鎮座。旧県社。古くは新宮権現祠・山王新宮・新日吉社と称され、園城寺南院に属した。現社名になったのは明治十五年(一八八二)からである。祭神は大山咋神・建速須佐之男神。『寺門伝記補録』によると、園城寺唐院内にある山王祠を天喜二年(一〇五四)円満院前大僧正明尊が庶民参詣のため、園城寺筒井惣門横に勧請したとしている。園城寺に伝えられる園城寺境内古図(重要文化財)に、「新日吉社」の名のもとに社頭景観が写しだされている。例祭は五月五日、また正月十四日に綱打神事が行われる。

長等神社楼門

参考文献　『近江輿地志略』一三(『大日本地誌大系』)　(宇野　茂樹)

ながれづくり　流造　神社本殿形式の一つで、切妻造平入の母屋の正面に同じ桁行長さをもつ庇を取付け、母屋の屋根と庇の屋根をひと続きにした結果、切妻屋根の前面が背面よりも長く延びた形式をいう。本殿形式のうち流造はもっとも普遍的な形式であって、その分布は全国に及んで地域的偏りがなく、現在国宝または重要文化財として指定されている本殿のうちこの形式に属するものは五五%に達する。流造の代表的な例として、しばしば京都の賀茂別雷《わけいかずち》神社あるいは賀茂御祖《みおや》神社の本殿(ともに国宝)が挙げられるが、この両者は正面三間の規模をもつため三間社流造という。これに対して正面一間のものを一間社流造、このほか正面の柱間数によって二間社、五間社、九間社流造などという。上下賀茂社の場合、母屋の床を高く張り、その四周に高欄をめぐらし、正面に階段を設けるのに対して、庇の床は土台の高さに低く床を張って浜床とする。しかし中世の三間社流造には庇の発達した形式が多く、庇の床を高くし、縁・高欄を庇の外にめぐらした形式(愛媛県大山祇神社本殿(重要文化財)など)、その前面にさらに中央一間の向拝を付けた形式(滋賀県園城寺新羅善神堂(国宝)など)、あるいは庇の前面にさらに正面三間の庇を付した形式(滋賀県勝手神社本殿(重要文化財)など)が生まれた。一方、きわめて小規模で母屋の周囲の縁や高欄ならびに正面の階段をもたず、正面庇下に高い床を張る形式を流見世棚造という。正面庇の床が店棚に似るのでこの名があるが、見世棚造は通常の流造を簡略化した形式とも、あるいは逆に、小規模ですべての柱が土台の上に立ち、その結果移動可能な社殿の形式をとどめる見世棚造の方を一層古式とみること

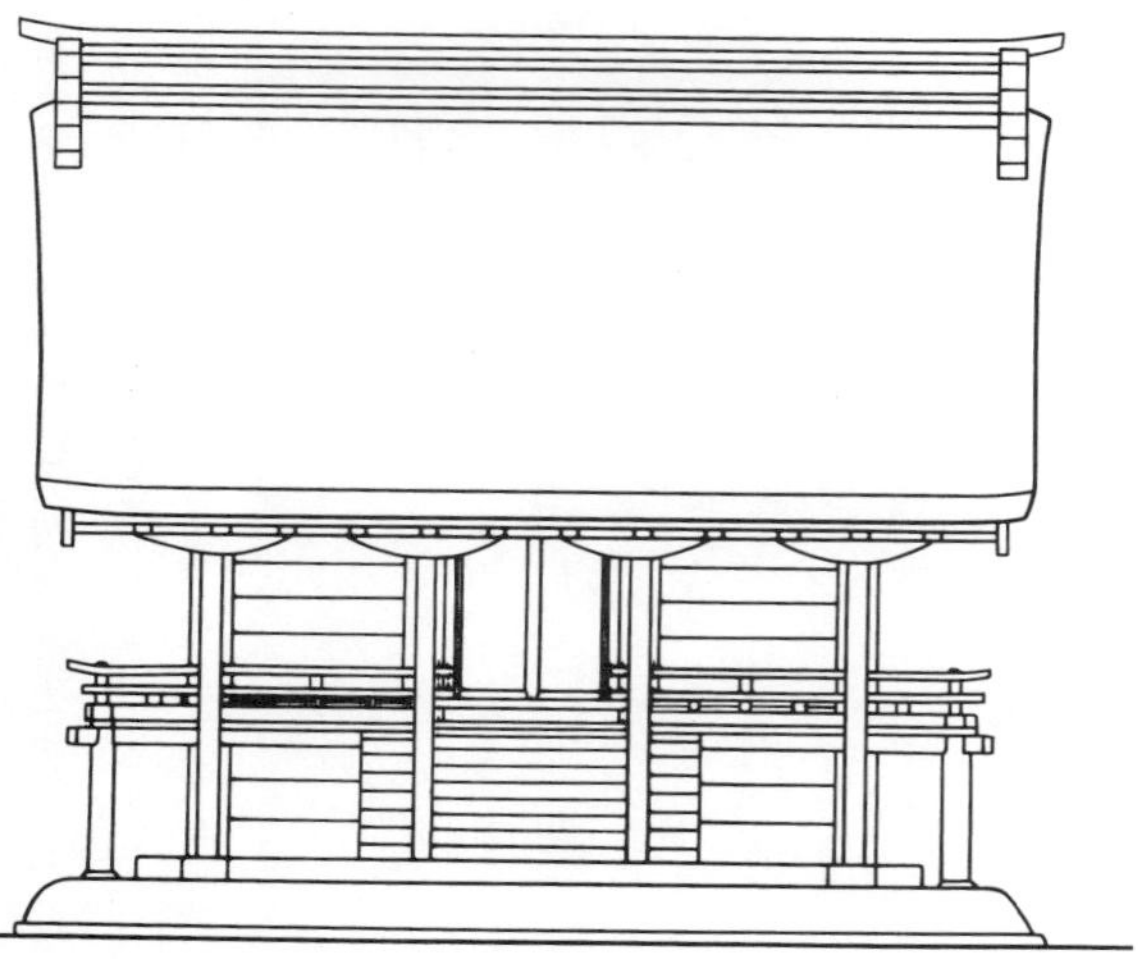

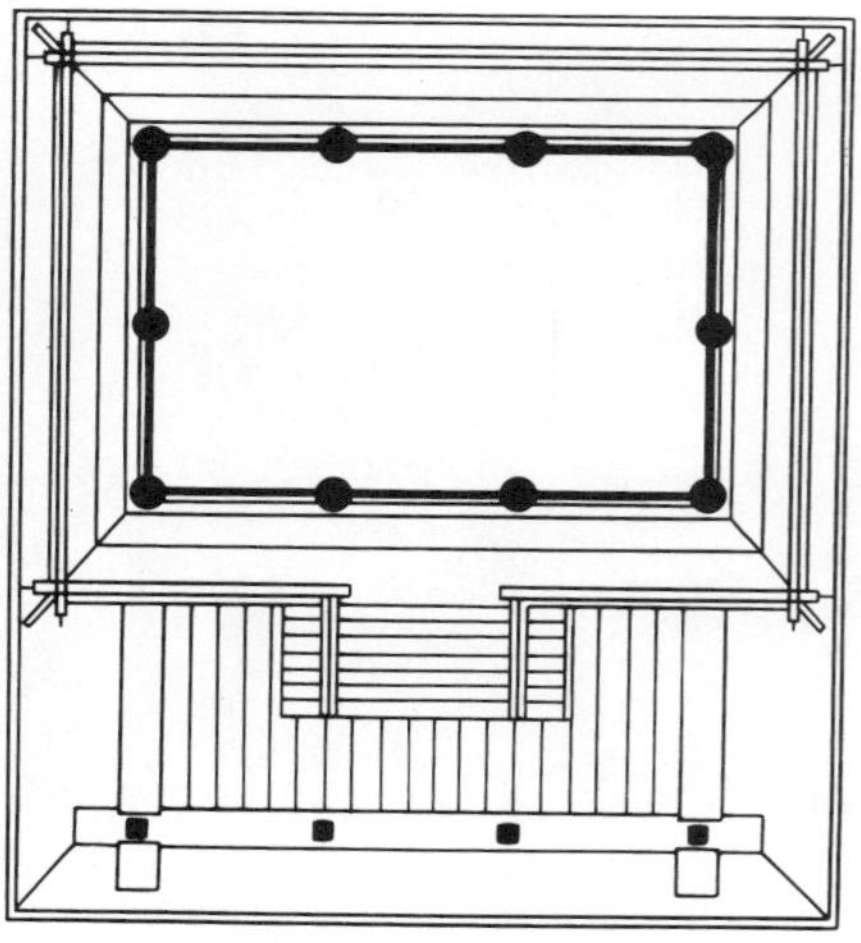

流造（賀茂別雷神社本殿）

もできる。　↓春日造《かすがづくり》　↓神社建築《じんじゃけんちく》

参考文献　太田博太郎他編『日本建築史基礎資料集成』二　（稲垣　栄三）

なきさわめのみこと　啼沢女命　『古事記』では泣沢女神と書く。伊邪那美命に死別されたことを激しく悲しんだ伊邪那岐命が、妻の女神の死体の枕辺にはらばい、足辺にはらばって泣きながら流した涙から生まれた女神。『古事記』には、香山(奈良県橿原市と桜井市の境の天香久山)の畝尾《うねお》の木のもとにいますと記されており、現在、橿原市木之本町の畝尾都多本《うねおつたもと》神社の祭神として祀られている。　（吉田　敦彦）

なぐさじんじゃ　名草神社　兵庫県養父郡八鹿町石原の妙見山腹(八〇〇㍍)に鎮座。式内社。旧県社。社伝には敏達天皇十四年の創始という。祭神は名草彦命。平安時代には妙見社となり、室町時代但馬の有力武士たちの信仰をあつめた。近世の朱印地は三十石。管理は別当帝釈寺があたっていたが、明治の神仏分離令により名草神社と改称した。例祭は七月十八日(旧暦六月十八日)。重要文化財の三重塔は、尼子経久の発願により、享禄元年(一五二八)出雲大社内に完成したのを寛永五年(一六二八)に移されたもの。本殿は宝暦四年(一七五四)の、拝殿は元禄元年(一六八八)の再建で、県指定文化財。

参考文献　『兵庫県史』三・四、『八鹿町史』上　（茨木　一成）

なぐじんじゃ　奈具神社　㈠京都府竹野郡弥栄町船木に鎮座。式内社。旧村社。奈具大明神すなわち豊宇賀能売神を祀る。創建年代は明らかではないが、鎮座に関する伝来については、『丹後国風土記』に比治の真名井の天女羽衣伝説として世に聞えた神社で、所在の船木の里の奈具村は、天女が万病を癒す霊酒を醸して養父母の家を有富にしながらついにその家を追われ、放浪の末に「心成奈具志久」といい留まった処とされ、『丹後旧事記』には「祭神、(中略)豊宇気比売死給跡也」と天女臨終の地としている。伊勢の『神道五部書』の中の『天照坐伊勢二所皇太神宮御鎮座伝記』『倭姫命世記』などには、奈具社の神を酒殿神・農耕神としてある。例祭は十月十日。㈡京都府宮津市由良に鎮座。この地は旧宮津街道の長尾峠の入口、丹後富士と呼ばれる由良岳の北西麓。式内社。旧村社。豊宇賀売命を祀る。伴信友は『神名帳考証』に『丹後田辺府志』を引いて「奈具神社、天避社トモ天酒トモ云ヘリ、宇賀乃咩命也、豊宇気比女神也ト云リ」と述べ、鈴鹿連胤は『神社覈録』四三に「奈具は仮字也、祭神豊宇気比女神、今天避社、又酒社と称する、在所詳ならず」といっている。鎮座年代は不詳であるが、竹野郡の奈具神社と深い関係にあることは察知でき、『丹後国神社考証』にも「此社ハ竹野郡ナル奈具神社ヲ移セシナラン、勧請ノ年月ハ詳ナラネド奈具ノ神ハ酒神ノ神云々」と記している。例祭は十月十日。 （鈴木　義一）

なごしのはらえ　名越祓　六月三十日に行う祓行事。夏越祓とも記し、夏祓・六月《みなつき》祓また茅輪くぐり・輪越神事などともよばれる。古代律令体制下には、六月・十二月の晦日に大臣以下百官が朱雀門に会集しての大祓が行われた（『延喜式』太政官）が、律令体制の崩壊とともに次第にくずれ、応仁の乱で中絶した。それとは逆に民間での六月・十二月の祓は次第に発達し、ことに六月の祓は夏季に流行の悪疫除去の意を含めて、『備後国風土記』逸文などにみられる蘇民将来が茅輪を悪疫除去のしるしと伝えたとの伝承によって、その時期にそれをくぐり、祓う行事がひろく行われるようになり、伊勢の神宮祠官も、中世以降六月晦日に名越祓と称して輪越神事をなし、他の神社でも多く行われてきた。現在では必ずしも六月三十日と限定されていないが、その前後の日に、茅輪くぐりだけでなく、人形《ひとがた》を神社におさめたり、川に流すなりの方法、また海水により潔める法で一般になされている。また、この名越祓のため、川原に竹・榊などを用いて祓《はらえ》戸神《どのかみ》をまつる河社《かわやしろ》とよぶ斎場を設けることもある。→茅輪《ちのわ》 （鎌田　純一）

夏越祓　茅輪潜り（東京都港区日枝神社）

なしのきじんじゃ　梨木神社　京都市上京区寺町通広小路上ル染殿町鎮座。明治十八年（一八八五）十月創建。旧別格官幣社。贈右大臣正一位三条実万・内大臣正一位大勲位三条実美を祀る。神域は旧御苑内梨木町、三条家旧邸に隣接。実万は五摂家につぐ清華家に生まれ、光格・仁孝・孝明の三代天皇に仕え、ことに孝明天皇を補佐して明治維新に尽くした。安政六年（一八五九）に没し、明治十八年生地に梨木神社が建設され、祭神として奉斎された。実美は実万の第四子、父の遺志を継いで王事に奔走、明治日本建設の大業を達成した。明治二十四年に没し、大正四年（一九一五）十一月十日第二座祭神として奉祀された。例祭は四月十八日・十月十日。社頭の染井の水は京都三名水のうち現存する唯一の名水で、境内は春は山吹、秋は萩の名所としてよく知られている。 （鈴木　義一）

梨木神社本殿

なしのきすけため　梨木祐為　一七四〇―一八〇一　江戸時代中期の神官、歌人。鴨祐為とも。下鴨神社祠官鴨祐之の孫。元文五年（一七四〇）生まれた。家業を継ぎ、正四位下上総介に任ぜられた。冷泉為村の門に入り和歌を学び、十万首を詠んだといわれる。また画をよくした。享和元年（一八〇一）六月十七日没。六十二歳。墓は西園寺（京都市上京区高徳寺町）にある。著書に『祐為県主集』、『藻芥集』、『一日千首』（安永九年（一七八〇））、『百首和歌』（天明六年（一七八六））、『祐為歌訓』、『大和路紀行』、『かひの雫』などがある。 （樋口芳麻呂）

なしのきすけゆき　梨木祐之　⇨鴨祐之《かものすけゆき》

なちじんじゃ　那智神社　⇨熊野那智大社《くまのなちたいしゃ》

なちのたき　那智滝　和歌山県東牟婁《ひがしむろ》郡那智勝浦町那智山所在。熊野三山の一つで、修験道の修行道場、観音霊場として知られている那智山の信仰は、自然の滝を神格化したことに始まる。那智の滝は七滝とも四十八滝とも通称されているごとく、地主神たる飛滝《ひろう》権現（大己貴命《おおなむちのみこと》、本地仏如意輪観音）を祀る第一の滝をはじめ、二の滝・三の滝あるいは曾以の滝・多須岐の滝など、大小の瀑布が多数山中に散在している。これらの滝は信仰の対象であるとともに修行場とされ、古くから那智山に山籠し、千日の間滝にうたれて修行する千日修行が行われ、花山法皇・聖護院准三宮道興・浄蔵・文覚・良尊らをはじめ、名のある人々が千日修行を修めたと伝えている。那智山の信仰が滝を中心としたものであることは、一山の組織にも反映されており、一山の社僧すべてが滝行者と称しても過言ではないのであるが、江戸時代には那智本願のもとに執行・宿老・衆徒などとともに滝衆という組織が存在していた。一の滝は国の名勝に指定されている。

参考文献 五来重編『修験道史料集』二(『山岳宗教史研究叢書』一八)、同編『吉野・熊野信仰の研究』(同四)、二河良英「熊野那智の信仰」(同一一所収)

(宮本袈裟雄)

なちのたきず 那智滝図 熊野三山のうち那智の大滝を神体として描いた、垂迹画中の名品。滝の全体を中央に堂々と表わすが、樹林でそれを囲み、下端に拝殿、山の端に金色の日輪を配して、単なる風景画でない礼拝画の体裁を整えている。熊野曼荼羅の中には、三山共通、あるいは三山並列の図がある一方、三山のうちの一社に特定した図もあり、本図は那智社、それも地主神の飛滝《ひろう》権現に限定した、宮曼荼羅と解される。図中の杉の幹に、修験道の行者による碑伝《ひで》と見られるものが、多数打ち付けられたように表わされており、拝殿左前の地上の一際大きい一基の碑伝を、亀山上皇が弘安四年(一二八一)に参籠した折のものとみなし、本図の制作時期判定の材料とされることもあるが、画風からは制作時期は十四世紀初めころに措定されよう。絹本著色、縦一五九・四センチ、横五七・九センチ。根津美術館所蔵。国宝。

参考文献 文部省編『日本国宝全集』四八、文化庁監修『国宝(増補改訂版)』一

(中島 博)

なちのひまつり 那智の火祭 和歌山県東牟婁郡那智勝浦町の熊野那智大社の例祭で、七月十三日・十四日にかけて行われる。十二基の扇神輿が本社から那智滝本の飛滝神社に渡御し、十二本の大松明で扇神輿を迎えることから「那智扇祭」「那智の火祭」と称されている。十三日夕刻から宵宮祭が行われ、境内の仮設舞台で大和舞・那智田楽が奉納される。翌十四日午前中には本社において例祭が斎行され、大和舞・那智田楽・田植舞などが奉納される。午後から扇神輿の渡御があり、伏拝での扇立て行事を経て那智滝本に至る。滝本からは大松明が神輿を迎え、勇壮な火祭が繰り広げられる。祭の由来については、修験道の火祭に由来する説、農耕の虫送りに由来する説などがある。

参考文献 加藤隆久編『熊野三山信仰事典』

(嶋津 宣史)

なつまつり 夏祭 春と秋の祭が、水田稲作の豊饒祈願と収穫感謝を目的として農耕生活から生じたものであるのに対して、夏の祭には、疫病除去を祈願したり水辺で災厄を祓おうとしたりする意識が認められ、元来都会生活の中で形を整えたものだとされている。それだけに美しく派手やかなものが多い。旧暦四月中の酉(現在は五月十五日)の京都の上賀茂・下鴨両社のいわゆる葵祭は、平安時代に夏の祭の代表とされていたが、次第に旧暦六月中旬(現在は七月中旬)に行われる京都の八坂神社(祇園社)の祇園祭やその影響を受けたものの方が夏祭の代表とみなされるようになり、現在に至っている。それまでにもあった御霊に対する畏怖の念を背景として、貞観五年(八六三)五月二十日にはじめて神泉苑で政争の犠牲者の怨霊を鎮めるために御霊会が執行されたが(『三代実録』)、著名な祇園御霊会の成立はもう少し下った天禄元年(九七〇)六月十四日のことである。多くの人々の間には、これらを受容する素地は十分にあった。古来、恨みを含んで不慮の死を遂げた怨霊の祟りが疫病の原因だとする考えが一般にあり、そのため、気温も高く湿度も増して疫病が流行のきざしをみせる旧暦六月中旬には、祇園御霊会に参詣して疫病から逃れようとする人が多くなったのである。同時に地方には、この際祇園社で祀る行疫神・厄神である牛頭天王《ごずてんのう》を勧請し、その強い霊力で群小の疫神退散を願う風が徐々に広まり、天王様とも呼ばれる祇園祭系統のものが、全国で夏祭の中心となったのである。一方、六月には六月祓《みなつき》など、罪穢れを流し去って魂の更新をはかろうとする考えが古くから存在したが、各地の夏祭に水神信仰を背景にした河童の伝承が伴ったり、神輿を水中で練る風の多かったりするのは、これら災厄を水の力で除去しようとする一連の行事と無縁のものではないと思われる。

(田中 宣一)

なつめみかまろ 夏目甕麿 一七七三—一八二二 江戸時代後期の国学者、歌人。安永二年(一七七三)五月五日、遠江国浜名郡白須賀宿に生まれる。父忠蔵、母夏目氏まさ。通称小八郎・嘉右衛門、号萩園。地元の笠子学園で学び、寛政四年(一七九二)ころ名主を継ぐ。同九年八月二十八日内山真竜に、十年十月二十七日本居宣長に入門。享和元年(一八〇一)宣長が没すると、その長子春庭に入門する。文化十一年(一八一四)中泉代官所に名主退役を願い学問研究に向かう。文政元年(一八一八)国書開板を志し、『鈴屋大人都日記《すずのやうしみやこにっき》』、賀茂真淵『万葉集遠江歌考』などを刊行したが、経済的に行き詰まる。同四年二月次男諸根をつれて出奔、関西各地を訪ね、摂津国川辺郡中寺本村昆陽寺塔頭正覚院などに滞在、九月和歌山で本居大平の代講を勤める。同五年五月五日正覚院近くの昆陽《こや》池《いけ》で水死。五十歳。墓は正覚院と三河国渥美郡雲屋《うのや》村普門寺にある。門人に八木美穂《やぎよしほ》などがおり、長男諸平《もろひら》は、養子となって加納を名のり、和歌山藩国学所総裁となる。著書に『古野之若菜』(文化十三年刊)、『禱《ぬ》釜《かなえ》厳《ゆつ》釜《かなえ》考《こう》』(同十二年刊)、『万葉摘草』(同十三年刊)、『志能夫草』などがある。

参考文献 夏目隆文『橘逸勢と夏目甕麿の研究』、小山正『内山真竜の研究』

(田﨑 哲郎)

なでもの 撫物 罪・穢《けがれ》などを除去するために用いられる具。『類聚名物考』に撫物を「人形に同物なり」と説明しており、『倭訓栞』には「身を撫て祓ひ棄つるの具なり」とあるように祓具の一種である。撫物には人形《ひとがた》(形代《かたしろ》)・天児《あまがつ》・衣類などが多く用いられ、このうち人形の場合、それで身体を撫でることにより、その人の罪・穢あるいは厄がその人形に移るものとされた。また、祓の具で身体を撫でるので、それらを撫物と称したのである。はじ

めは陰陽師の祈禱に用いられることが多かったようで、たとえば『貞丈雑記』には「撫物と云は是も陰陽師に祈禱を頼む時、陰陽師の方より紙にて人形を作りて遣はすを、取りて身を撫でて陰陽師の方へ送れば、その人形を以て祈禱することあり、扨後に川へ流すなり」と記している。朝廷では毎年陰暦三月初巳日に上巳《じょうし》の祓があり、この時天皇は陰陽寮から奉られた人形で身体を撫で、さらに息を吹き掛けたのちにそれを川へ流した。これは御《み》贖《あが》(御贖物)と称す一種の撫物である。また、各神社でも祓の祈禱を行う時に人形(撫物)が多く用いられるようになった。 →贖物《あがもの》 →人形《ひとがた》 (三橋　健)

ななくさのかゆ　七種粥　正月十五日に供御とされた粥。『延喜式』によると、米・粟・黍・稗・葟子《みの》・胡麻・小豆を材料としたもので、践祚大嘗会の解斎などにも用いられていた。いわゆる春の七草を炊きこむ正月七日の七草粥への変化は室町時代前期までに起った。『荊楚歳時記』によると六世紀の中国には正月七日の人日、七種の菜をもって羹《あつもの》をつくる習俗があり、それにならったのであろう。日本では「子の日の遊び」に若菜を摘んで羹にしていたのを、子の日ではなく七日の行事とするようになった。さらに、その羹が変化して『尺素往来』の「若菜醤水《わかなのみそうず》」、『年中定例記』の「七草のみそうづ」など、現在の七草粥に近いものになった。七草の種類は時代や地域によって異なるが、江戸時代にはおもになずなと青菜が用いられた。そして、六日の夜や七日の早朝、俎の上でそれを包丁などで叩き、「七草なずな唐土の鳥と日本の鳥と渡らぬ先に」とうたいはやすようになったが、これも『荊楚歳時記』の伝える習俗と酷似する。

参考文献　『古事類苑』歳時部　(鈴木　晋一)

ななせのはらえ　七瀬祓　平安時代、毎月、天皇がみずから罪・穢《けがれ》をなすりつけた人形(撫物《なでもの》)を陰陽師・公家らが川合・一条・土御門・近衛・中御門・大炊御門・二条末の七瀬に出て水に流した祓の行事。のち十一世紀ころ、隔月に耳敏《みみと》川・河合・東滝・松崎・石影《いわかげ》・西滝・大井川の七瀬で行われ範囲が洛外にまでのびた(『公事根源』)。さらに七瀬祓は臨時の大規模な行事として河臨祓《かりんのはらえ》へと発展し、その場所は難波・農太・河俣(摂津国)、大島・橘小島(山城国)、佐久那谷・辛崎(近江国)の七ヵ所となった。鎌倉幕府でも元仁元年(一二二四)はじめて七瀬祓を由比浜・金洗《かねあらい》沢・固瀬《かたせ》河・六連《むつうら》・独河《いたちがわ》・杜戸《もりと》・江島《えのしま》の七ヵ所で修し、以後恒例の行事となった。陰陽師によって行われたことからも知れるように陰陽道あるいは密教などの影響をうけて発達し、民間習俗として一般化するようになった。

参考文献　『古事類苑』神祇部二、滝川政次郎「八十嶋祭と陰陽道」二(『国学院雑誌』六七ノ二)　(村山　修一)

なみきりごへい　波剪御幣　島根県八束郡美保関町の美保神社が授与する御幣。海難・病難・火難・水難・風難除け、牛馬安全などを、その対象とする。この御幣は、同社四月七日の青柴垣神事に先立って行われる参籠中に、宮司が奉製し辛櫃に納め、神事当日に海上の神船に奉安する。のちに本殿御扉の奥に供え、授与希望者に頒布する。この御幣は、年間授与体数に制限があり、希望者を募り、毎月一日の月首祭ののち、神籤によって、授与する者を決定する。通常、御幣は箱の中に入っており、神棚にまつられているが、一旦、火急の場合は、箱から御幣を取り出し両手で左右に振るが、これを開封といっている。開封ののち、火水風難の時は、屋上に立て、船なら舳先などに立てる。それゆえに、御幣の形状は、ある特定の人しかみることができない。開封した御幣は、後日神社に持参し、箱に再封してもらうことになる。再封は何度でも行うことができる。なお、以前は青柴垣神事の当屋も御幣の奉製の権利を持ち、授与することによって、一年間の生活費が賄えたといわれている。　(宇野　正人)

なみのうえぐう　波上宮　那覇市若狭に鎮座する旧官幣小社。近世における琉球王国の総鎮守で、沖縄県の代表的神社である琉球八社の首位を占めた。『琉球神道記』五に波上権現、『琉球国由来記』一一には波上山権現・波上山三所権現などとみえる。現在も「ナンミー」の名で親しまれる沖縄県最大の神社である。祭神は伊弉冉尊《いざなみのみこと》、速玉男尊《たまおのみこと》、事解男尊《ことときかのおのみこと》の三神である。創建年代は不明であるが『琉球国由来記』には、嘉靖元年(大永二、一五二二)に「日秀上人、当社再興」とある。『琉球神道記』の創建由来によれば、釣好きの崎山里主《さとぬし》なる者が、ある日海岸を歩いていると、霊石を見つけそれをまつった。すると豊漁の霊験があった。「ある時自分は熊野権現の化身だ、この地に社を建てよ」という神託があって、それをもとに建立されたのが波上宮であると伝えられている。『おもろさうし』一〇ノ一七にも波上宮が聖地であることが謡われている。例祭は五月十七日でナンミン祭と呼ばれている。

参考文献　横山重編『琉球神道記弁蓮社袋中集』、外間守善・波照間永吉編『定本琉球国由来記』　(上原　創)

なむらじんじゃ　苗村神社　滋賀県蒲生郡竜王町綾戸に鎮座。旧県社。主祭神は那牟羅彦神・那牟羅姫神・国狭槌命。式内社長寸《なかすの》神社は、当社と同郡日野町中之郷長寸神社の二社が論社になっている。苗村神社は東西両本社に分かれ、東本社は天日槍を祀るのではないかとの説がある。『日本書紀』垂仁紀に近江鏡谷陶人は天日槍の従人とみえる鏡は当地で、近くの地名にも渡来人を窺わせるものが多い。天文五年(一五三六)正一位の神位を授けられた。徳治三年(一三〇八)銘の棟札の残る西本殿(国宝)を中心とする西の殿舎は、輪奐の美を整えている。東本殿・楼門や境内社八幡神社本殿・同十禅師社本殿はともに室町中期の建立で、重要文化財。例祭は四月二十日、三十三年ごとに一度の式年大祭がある。

苗村神社西本殿

参考文献　『近江蒲生郡志』、式内社研究会編『式内社調査報告』一二、今井啓一『帰化人と社寺』　（宇野　茂樹）

建築　広い境内は南北に通る参道によって二分されており、東の森には室町時代中期の東本殿が建つのみであるが、西の方は森のなかがひらけていて、瑞垣のなかに西本殿を中央に室町時代中期の境内社八幡社本殿と十禅師社本殿の三棟が並列し、これらの前に拝殿、拝殿の東に室町時代末の神輿庫が建ち、さらに境内東面に室町時代中期の三間一戸茅葺の楼門がある。西本殿は延慶元年（一三〇八）の再建で、三間社流造であるが母屋の前に一間の庇を付け、母屋を内陣、庇を外陣とし、これに向拝一間が付く滋賀県下に多い三間社の形式をもつ。西本殿は国宝、二棟の境内社、楼門、神輿庫ならびに東本殿は重要文化財に指定されている。

参考文献　太田博太郎他編『日本建築史基礎資料集成』二　（稲垣　栄三）

ならけんごこくじんじゃ　奈良県護国神社　奈良市古市町に鎮座。祭神は明治維新以来第二次世界大戦までの約百年間、国難に殉じた奈良県ゆかりの軍人・軍属・看護婦の死没者約二万九千柱を祀る。明治初年、奈良県知事が祭主となり春日神社をはじめ県下の代表神職が奉仕して、春秋二季、奈良公園において国事殉難の士の招魂慰霊祭を行なった。昭和十四年（一九三九）六月に県下ゆかりの人たちの鎮魂とその功績を後世に伝えるため、護国神社建設奉賛会が組織された。昭和十七年九月に、万葉の古地であり大和盆地を一望する現社地に社殿が竣工し、同年十月十二日奈良県護国神社と改称され、同月二十二日鎮座祭が斎行された。終戦までの祭神は三千八百二柱であったが、終戦後年を追って増加し今日に至った。第二次世界大戦後の占領下の同二十三年十二月に高円《たかまど》神社と改称したが、同二十七年旧称に復した。例祭は春季（四月十五日）・秋季（十月二十二日）。

参考文献　「護国神社」（『靖国神社百年史』資料篇下所収）　（津田　勉）

ならじんじゃ　奈良神社　京都市北区上賀茂本山鎮座の賀茂別雷神社摂社。奈良刀自神を祀る。鎮祭年代は不詳であるが、この神は神饌調理の守護神として膳部に斎き奉られてきた。そしてその膳部には、近衛天皇の久寿二年（一一五五）、十二人が置かれていたことが『台記』に記載されているから、それによって平安時代中期ころと推察できる。またいわゆる散飯《さば》神として崇敬されてきたことは、『左経記』長元四年（一〇三一）十二月十九日条に「参二斎院一、女房曰、朝夕散飯等、至二神宮一奉二難良刀自神一」と述べていることからも知られる。したがって年中諸祭典には、調之舎より神饌行立の際、まず当社にその散飯を奉るを例とされ、それは明治維新まで続けられ、現在も賀茂祭には奉られている。ナラトジの祭神名は、神饌・饗膳などに古く用いられた容器を神聖視してまつったところからきたものであろう。なおまた賀茂御祖《みおや》神社にも、古くから本宮の東（現在の亀島）に鎮祭されてあったことが諸文献によって知られる。

参考文献　伴信友『神名帳考証』一（『伴信友全集』一）、鈴鹿連胤『神社覈録』上　（鈴木　義一）

なりあいおおえ　業合大枝　一七九二―一八五一　江戸時代後期の国学者、豊原北島神社神官。寛政四年（一七九二）八月二十五日、備前国邑久郡今城村上寺山（岡山県邑久郡邑久町北島）に生まれる。父信庸は豊原北島神社神官・備前神職組頭兼大頭であった。通称右仲。松蔭屋と号す。国学と和歌を学んで優れた才能をあらわし、藤井高尚に入門した。文化六年（一八〇九）、藤井高尚門下の四天王の一人に数えられている。同十一年備前神職組頭兼大頭に任じられる。文政二年（一八一九）、香川景樹が賀茂真淵を批判して著わした『新学異見《にいまなびいけん》』に反駁する歌論『新学異見弁』を著して注目された。その後、藤井高尚の勧めにより平田篤胤の門人となったが、大枝の学風は篤胤とは異なり、著書『古事記新釈』（十五巻）に明らかなように、没後の門人として師事した本居宣長の実証主義的な学風を受け継いでいる。弘化元年（一八四四）社務から退き、以後、国学および和歌の研究に専心。嘉永四年（一八五一）八月二十五日、六十歳で没した。

参考文献　『邑久町史』　（大久保紀子）

なるいかずちのかみのまつり　鳴雷神祭　奈良市春日野町に鎮座する、春日大社の境外末社、鳴雷神社の祭。農業用水の恵みを祈願し感謝する祭。『延喜式』神名帳には、「鳴雷神社（大、月次・新嘗）」とみえ、同書四時祭式によると、この祭は二月と十一月に中臣一人がさしつかわされ、春日祭と同様に官祭として執行された。当神社は、はやく『三代実録』貞観元年（八五九）七月五日条に「響《なる》雷《いかずち》」とみえ、中近世には、「高山社」（正安三年（一三〇一）石造塔婆銘）、「高山竜池社」（『春日神社文書』二）、「高山竜王宮」（『多聞院日記』）などとも称された。竜王思想は中世以降のものであろうが、水神・池神との結びつきによるものである。社地は標高三八〇メートルの山林中で、杉林の狭い台地の南斜面に位置し、雷鳴降雨を祈請するにふさわしく、その流水は佐保川・能登川となり農地を潤している。現在も、祈雨神の信仰が厚い。 (沼部 春友)

なわじんじゃ 名和神社 鳥取県西伯郡名和町に鎮座。贈従一位名和長年を祀り、義臣一族四十二柱も合祀する。社地は、名和氏の屋敷跡とされる土地にある。延宝五年(一六七七)十月、鳥取藩主池田光仲は名和氏の偉勲を尊崇して氏殿《うじどの》権現なる一社を創建。以降も藩主による社領の寄進、顕彰碑の建立など崇敬をうけた。明治六年(一八七三)県社となり氏殿神社と改名、同十一年には別格官幣社名和神社と改称さる。長年後裔の名和長恭はその宮司に任ぜられ、同十七年男爵を授けられた。例祭は五月七日。 (徳永 職男)

なんかいどうきいのくにじんみょうちょう 南海道紀伊国神名帳 国内神名帳の一種。一巻。現存の諸本は奉唱ないし勧請用へと変化している。一本の奥書によれば、万治年中(一六五八―六一)に名草郡直川の観音堂から出たとあり、著者は不明と記す。表題は「紀伊国神名帳」「本国神名帳」などともある。冒頭に国内の諸大明神百九十三社を登載し、うち官知神七十五社、未官知神百十八社と記す。各郡の内訳は、名草郡八十九社、官知神四十四社(天神十四社、地祇三十社)・未官知神四十五社、伊都郡十九社、官知神五社(天神二社、地祇三社)・未官知神十四社、那賀郡二十九社、官知神七社(天神三社、地祇四社)・未官知神二十二社、海部郡十社、官知神二社・未官知神八社、在田郡九社、官知神三社・未官知神六社、日高郡十二社、官知神三社・未官知神九社、牟婁郡二十五社、官知神十一社(天神三社、地祇八社)・未官知神十四社である。各郡ごとに神階とともに神名を列記するが、名草郡の冒頭に置く日前と国懸大神宮の二神は神階を記していない。巻末に牛頭天王・波梨采女・八王子・蛇毒気神・八万四千眷属・金剛蔵王大菩薩三十八所・白山妙理権現五万八千采女・八幡三所大菩薩・伽藍護法十八善神を掲げる。『続群書類従』神祇部、『神祇全書』五所収。

参考文献 『群書解題』一下、三橋健『国内神名帳の研究』論考編・資料編、本居内遠『紀伊国神名帳』 (三橋 健)

なんぐうたいしゃ 南宮大社 岐阜県不破郡垂井町宮代に鎮座。古くは仲山金山彦《なかやまかなやまひこ》神社。「南宮社」の社名は、近世に普及。旧国幣大社。祭神は、金山彦命・見野《みの》尊《のみこと》・彦《ひこ》火々出見《ほほでみ》尊《のみこと》。創建の由緒は、神武天皇元年とも天武天皇の白鳳年間とも伝えるが不詳。延喜式内社(名神大社)。承和三年(八三六)十一月に美濃国不破郡仲山金彦大神に従五位下を授けられ、名神の称を得た。その後神階も進み、貞観十五年(八七三)には正二位となった。美濃国の最西部に位置しながらも、国府・不破関と密接に関連する事情があるらしく、国内神社の首班に格づけられ、美濃国一宮。室町時代には、守護大名土岐氏の領国支配と密着した。慶長五年(一六〇〇)九月、関ヶ原の戦の際に焼亡。寛永十九年(一六四二)、徳川家光により大規模に再建。朱印領四百五十石。近世の社家は、宇都宮・大庭・不破の三家。明治初年、廃仏毀釈に際して神宮寺・僧坊は退転。きわめて一部が朝倉真禅院に移る。大正十四年(一九二五)国幣大社となった。寛永十九年(一六四二)建立の本殿、幣殿・拝殿・勅使殿・楼門・回廊ほかの殿舎や摂社本殿などが重要文化財となっている。例祭は五月五日・十一月八日。五月四日に特殊神事の田植祭。十一月八日の鍛錬式は、祭神にちなむ新儀。社殿など神宝の多くは重要文化財に指定されている。

参考文献 『(国幣大社)南宮神社史』三・四、『垂井町史』、秋元信英「近世南宮神社社僧小考」(『神道宗教』四七)、同「分国支配と南宮社の関係」(『神道学』五五) (秋元 信英)

なんたいさん 男体山 ⇩日光山《にっこうさん》

なんどがみ 納戸神 納戸に祀られる神。納戸神は年神と田神の性格をもった家の神で、主要な祭祀の時期から通常トシトコさん、年神さん、亥の子さんなどと呼ばれている。納戸神は西日本に多く分布し、特に中国地方に濃密であるが、東日本の一部にも点々とみられる。島根県の隠岐島では、納戸の米櫃の上にトシトコさんを祀り、正月飾りはどこよりも大きく立派なものにし、三月の苗田、五月の田植、秋の稲刈など、稲作の節目ごとに供物を供える。ここでは、トシトコさんは正月十一日の鍬初めに家から田へ出、十月の亥の子には再び納戸に戻るという去来伝承もみられる。ふだんは特別に祭をせず、正月や亥の子にだけ祀る地方もある。秋の収穫から春の農始めまでの農閑期には、納戸神は納戸で単に休息眠するのではなく、新たな穀霊を誕生増殖させるのだと考えられている。納戸神は、稲霊の祭場が屋外の稲積みから倉や屋内の納戸へ移動したことによって成立したとみる説もある。納戸は家財の収納のほか夫婦の寝室や産屋としても使用される。そこで、納戸神は、稲の豊穣と同時に、人の誕生や多産を司る神でもあった。納戸神の司祭は主婦が多いことから、納戸神は恥ずかしがりやで暗い所が好きな神、子供の神、女の神、安産の神、血忌を嫌わぬ神、婦人病の神などの伝承も生まれた。なお、納戸神成立の背景には、家屋の内奥部にはその家や家族を守

納戸神 島根県隠岐地方のトシトコさん

護する霊能が宿るという信仰があると考えられている。

参考文献　高取正男「後戸の護法神」(『論集日本人の生活と信仰』所収)、石塚尊俊「納戸神をめぐる問題」(『日本民俗学』二ノ二)、坪井洋文「家の祭祀的構造」上(『国学院大学日本文化研究所紀要』三七)

(飯島　吉晴)

なんようじんじゃ　南洋神社　南洋庁下の南洋群島パラオ諸島コロール島アルミズ高地にあった神社。官幣大社。祭神は天照大神。南洋群島は第一次世界大戦の結果、大正八年(一九一九)に日本の委任統治領となり南洋庁が設置された。群島の総鎮守創建は何度か企画されたが、実際に創建事業が動き出すのは日華事変を契機とする。皇紀二千六百年を記念して昭和十五年(一九四〇)二月十一日に官幣大社南洋神社創建が公表、同年十一月一日に鎮座祭が行われた。翌年以降太平洋地域が戦場となるも祭典は支障なく行われていたが、十九年三月三十日に空襲を受けたため、神体を本殿背後の非常特別神殿に、さらに同年九月十四日にコロール島大和村の仮神座に遷し、十一月二十二日には大和村の仮殿に遷座祭を行なった。翌二十年五月十七日の空襲でアルミズ高地の社殿の一部が破壊、修復工事中に終戦により廃絶。終戦後、社殿などの施設は日本側と米軍との交渉に基づき、日本軍工兵隊により焼却された。

参考文献　『神社本庁十年史』、南洋神社奉賛会編『官幣大社南洋神社記念写真帖』

(菅　浩二)

南洋神社

に

にいあえのまつり　新嘗祭　⇩にいなめさい

にいがたけんごこくじんじゃ　新潟県護国神社　新潟市西船見町に鎮座。祭神は戊辰戦争以降第二次世界大戦に至る諸事変・戦役において殉じた新潟県関係者の霊を祀る。明治元年(一八六八)十月新潟市常盤岡(現新潟大学敷地)に招魂場を設け、戊辰戦争の殉難者の霊を祀ったのを創始とする。同八年十月に招魂社を建立し、同十年官祭の招魂社となる。その後、昭和十六年(一九四一)七月、新潟県護国神社の創建を決定し、同十七年五月、現社地を選定し造営に着手する。同二十年五月、一道府県に一社を限りとした内務大臣指定の新潟県護国神社として鎮座祭を斎行し、官祭招魂社を合併し、遷座祭を斎行する。第二次世界大戦後の占領下、同二十四年八月社名を新潟神社と改めるが、サンフランシスコ講和条約締結後の同二十八年十一月、現社名に復した。例祭は春季五月八日、秋季九月八日。

参考文献　『全国護国神社会五十年史』

(大井　鋼悦)

にいなめさい　新嘗祭　「にいあえのまつり」、また音読して「しんじょうさい」ともいう。「にいなめ」は古代の稲の収穫祭であるが、民間儀礼と宮廷祭祀に分化している。民間の新嘗としては、『万葉集』の東歌《あずまうた》に女性だけで祭を行なっていたことを示す歌二首がみえる。『常陸国風土記』筑波郡条の福慈(富士)山と筑波山の由来の話には、神々の新嘗をする夜に祖神が巡幸する話があり、民間の新嘗儀礼の反映とみられる。『古事記』神代にも天稚彦の新嘗を行う話がある。宮廷の新嘗祭は民間の収穫儀礼の宮廷化したもので、大王の行う最も重要な祭儀であった。その起源はかなり古く、『日本書紀』には神代紀をはじめ仁徳紀・清寧紀などにもみえ、『古事記』雄略天皇段にはその伝承と歌謡をのせるように、早くより定着していたとみられる。律令制の時代には、十一月下卯(または中卯)の日と翌辰の日の二日間の行事であった。その前夜の寅の日夕刻には鎮魂祭があった。卯日には、昼間に神祇官斎院において、畿内を主とした特定の大社三百四座の神に対して班幣があった。卯の日夕刻には天皇は御湯出御とよぶ入浴斎戒ののち、神嘉殿《しんかでん》において天皇みずから神々とともに新穀による神酒・神饌を食する祭儀があった。それは深夜に二回くり返されるなど、祭式は月次祭の神今食《じんこんじき》と全く同じで、神今食が旧穀を用いるのに対し新嘗では新穀を用いる点だけが相違する。辰の日には豊《とよの》明《あかり》の節会《せちえ》がある。新嘗会ともよばれる宴で、豊楽院《ぶらくいん》に天皇出御のもと群臣参列して催され、吉野国栖が御贄を献じて歌笛を奏し、舞姫たちの五節《ごせち》の舞があった。即位後の大嘗祭は新嘗祭から分化したもので、成立は比較的新しく、天武朝もしくは持統朝から大嘗祭が即位儀礼に付随して挙行されるようになったと考えられる。『養老令』では新嘗祭も大嘗祭も同じく「大嘗」と称し、ただ「毎年」と「毎世」として区別するのみである。大嘗祭は即位のはじめに即位礼として大がかりに挙行する新嘗祭であるから、祭儀の中心をなす「神饌行立《しんせんぎょうりゅう》」「神饌親供《しんせんしんぐ》」などの神事は全く同じで、八重畳などの設備も同様である。両者の主要な相違は平安時代においては、㈠大嘗祭においては悠紀《ゆき》・主基《すき》両国に斎田を設定、両国の民が上京して営むが、新嘗祭にはそのようなことはなく、畿内の官田の米・粟を用いること。㈡祭場は大嘗祭では朝堂院に悠紀殿・主基殿を中心とした大嘗宮を仮設するが、新嘗祭では常設の神嘉殿を用いること。㈢大嘗祭は四日間にわたるが、新嘗祭は二日間であること。以上の相違がある。十五世紀の寛正年間(一四六〇―六六)に中断したのち、近世に入って吉田家邸内の一角を神祇官代として復興し、さらに元文五年(一七四〇)に天皇親祭の宮廷祭儀が再興した。以後変遷はあるが、明治二十二年(一八八九)からは皇居吹上御苑に新設した宮中三殿の神嘉殿で行われている。なおこの日は明治以後十一月二十三日と定まり、明治六年から他の宮中祭祀の日とともに国家の祝祭日に定められた。第二次世界大戦後も国民の祝日の勤労感謝の日として継承されている。 ↓神嘉殿《しんかでん》 ↓大嘗祭《だいじょうさい》

参考文献 にいなめ研究会編『新嘗の研究』、同編『稲の祭儀』、岡田精司編『大嘗祭と新嘗』、八束清貫「皇室祭祀百年史」(神道文化会編『明治維新神道百年史』一所収)、岡田精司「大化前代の服属儀礼と新嘗」(『古代王権の祭祀と神話』所収)、西宮一民「新嘗・大嘗・神嘗・相嘗の訓義」(『皇学館大学紀要』一四)

(岡田 精司)

にえ **贄** 神に供する神饌、または天皇へ貢納される食料品の総称。「にえ」の語源は、「には」「にへ」など初物貢献にかかわる新嘗《にいなめ》に関連する語とされ、もとは共同体の神や首長に対する初物貢納に起源があると推測されている。ヤマト王権に対する贄貢納が大化前代から存在し、これが王権への服属儀礼的性格や、大王のみが受領しうる供御物的性格を持つものとされていたことが、記紀の神武・応神・仁徳朝の記事や風土記の伝承などからうかがえる。この大化前代からの日本独自の食料品貢納の伝統は、大化以後も引き継がれ、大化改新の詔第四条にも贄貢納規定がみえる。さらに律令制下でも、調は繊維製品にとどまらず食料品が調雑物や調副物に編入され個人賦課の税目となった。しかしそれとは別に天皇への贄貢納が存続したことが、藤原宮や平城宮その他から出土した大贄・御贄などと表記した貢進物付け札木簡や、正税帳をはじめとする文献史料から確認できる。これらによると、贄として貢納された食料品は、海水・淡水産の魚類を中心に、貝類・海藻類・調味料・獣類・果実類などの生鮮品や加工品からなる、多彩な山野河海の珍味である。律令制下の贄貢納体制の中で、その全体像を把握できる時期のものは、平安時代の『延喜式』内膳司のものである。これは㈠諸国貢進御贄(節料・旬料として御厨や畿内近国を中心とする貢納。同宮内省に規定される諸国所進御贄の内容にほぼ対応する)と、㈡年料(大宰府や諸国からの貢納。同宮内省に規定される諸国例貢御贄の主要部分にほぼ対応する)の二つに大別できる。前者は贄戸《にえこ》や特定の地域の海部などの集団による贄戸御厨的採取調達、後者は諸国の国衙や郡家の責任のもとで雑徭や交易による採取調達の貢納形態といえる。この二つの系統の貢納形態が、七世紀末・八世紀の時期にも存在したと考えられる。特に前者は、たとえば三河国播豆郡篠島・析島・比莫島の三島の海部が集団として贄を月料の方式で貢納した木簡に、後者は諸国が国単位・郡単位・里単位など、基本的に個人名を記さない貢納を示す木簡などに表われているとみられる。しかし平安時代との細部における相違などもあり、その解明に今後の贄木簡史料の増加が期待されている。贄の輸送は、原則として雑徭担夫を用い、国郡司クラスの御贄使などに引率されて京進し、その粮料が正税支給されていた。また生鮮品の駅伝輸送や大宰府の船舶輸送もある。ただし律令制下での贄貢納、特に年料系の諸国貢納は現実的には九世紀ころから停滞する傾向にあり、畿内近国を中心とする御厨からの貢納に依存する度合がさらに増加していく。同時に贄戸から贄人《にえひと》への移行や贄採取の場である山野河海の荘園化の進行に伴い、十世紀初頭に御厨の再編強化策を打ち出すが、十一世紀中ごろ以後、御厨自体の荘園化、贄人の供御人化が進み、中世的贄貢納へと移行していった。

参考文献 直木孝次郎「贄に関する二、三の考察」(『飛鳥奈良時代の研究』所収)、狩野久「御食国と膳氏」(『古代の日本』五所収)、鬼頭清明「御贄に関する一考察」

(竹内理三博士古稀記念会編『続律令国家と貴族社会』所収)、同「贄貢進についての再検討」(奈良国立文化財研究所創立三十周年記念論文集刊行会編『文化財論叢』所収)、東野治之「志摩国の御調と調制の成立」(『日本古代木簡の研究』所収)、長山泰孝「贄と調について」(井上薫教授退官記念会編『日本古代の国家と宗教』下所収)、石上英一「律令体制と分業体系」(永原慶二他編『日本経済史を学ぶ』上所収)、関口力「贄について」(田村圓澄先生古稀記念会編『東アジアと日本』歴史編所収)、勝浦令子「律令制下贄貢納の変遷」(『日本歴史』三五二)、梅村喬「律令財政と天皇祭祀―調と贄をめぐって―」(『日本史研究』二三五)、榎村寛之「『神宮儀式帳』に見える贄史料の信憑性について」(『続日本紀研究』二四四)、長田博子「日本古代の贄について―その歴史と宗教性―」(『お茶の水史学』三〇)　(勝浦　令子)

にぎたえ　和妙　⇩荒妙《あらたえ》・和妙《にぎたえ》

にぎて　和幣　神前に捧げる楮《こうぞ》や麻の繊維で織った布のこと。後世には、布の代りに紙などを用いることも行われた。古くは、「にきて」と清音でいったのが、平安時代末ごろから、「にぎて」と濁るようになったらしい。「にき」(和)は「あら」(荒)の反対語で、やわらかな意。『延喜式』の祝詞には、神前に捧げる布をいうのに、「和妙《にきたえ》・荒《あら》妙《たえ》」と表現する場合がしばしばみえる。「にきて」の「て」は、「たへ」(栲)の転音とされるが、他に手で供えるものとする説や、材料の意とする説もある。「和幣」を、「白《しろ》和幣《にきて》・青《あお》和幣《にきて》」と二つに分けて表現する場合も、古典に現われる。『古事記』に「白丹寸手・青丹寸手」とみえ、『日本書紀』神代に「青和幣(和幣、此云㆓尼枳底㆒)・白和幣」とみえる。楮の繊維で織った布は、色が白いから、「白和幣」といい、麻の繊維で織った布は、青みがかっているので、「青和幣」といったのである。『古語拾遺』に、斎部氏の祖神の太玉命が、長白羽神をして、麻を植えて、青和幣を作らせ、天日鷲神と津咋見神とをして、穀《かじ》の木を植えて、白和幣を作らせたという、幣帛の調達を担当した斎部氏独特の伝承が記されている。『延喜式』祝詞の大殿祭《おおとのほかい》の祝詞には、「明《あかる》和幣《にきて》・曜《てる》和幣《にきて》」というふうに、布の明るい色彩や光沢を中心とした表現もみえる。　(青木　紀元)

にぎはやひのみこと　饒速日命　物部氏族の祖先神。『古事記』では邇芸速日命と書く。同書神武天皇段に「物部連、穂積臣、婇《うねめ》臣祖也」とあるほか、『新撰姓氏録』などに数多い氏族の祖神として名を現わす。『日本書紀』神武天皇即位前紀によれば、神武東征に先立って饒速日が天磐船に乗って天降り、長髄彦に擁せられたが、やがて長髄彦を殺して帰順したので、神武から厚く褒賞されたという。ただし、記紀は饒速日命が天神の子であることは認めているものの、その父祖については全く触れるところがなく、その系統は不明のままである。一方物部氏の主張を盛り込んだ『旧事本紀』の『天神本紀』には天照大神の子天押穂耳尊が高皇産霊尊《たかみむすびのみこと》の女栲幡千々姫《たくはたちちひめ》を妃として生んだのが天照国照彦天火明櫛玉饒速日尊であるとみえる。しかし、これは本来出自不明の饒速日命を後世になって強いて天照大神の孫すなわち天孫(皇孫)に仕立てたもので、信ずるに足りない。「天火明」は『日本書紀』では尾張氏の祖神で、ここにも造作がある。　(黛　弘道)

にぎみたま・あらみたま　和魂・荒魂　古代人の考えた神の霊魂の二つのはたらき。和魂はおだやかな神霊のはたらき、荒魂は荒々しいはたらきを、指すといわれる。皇大神宮とその後方の荒祭宮、大神《おおみわ》神社と狭《さ》井《い》神社、摂津の住吉大社(式内住吉坐神社)と長門の住吉神社(住吉坐荒御魂神社)などのように、古社の中で、本社を和魂の社とし、別に荒魂をまつる社として置いている例も多い。しかし、荒魂は、一般に神託や示現と結びついており、もとは示現する神霊を意味するアレミタマであろうという、橘守部の説もある。　↓幸魂《さきみたま》・奇魂《くしみたま》

参考文献　橘守部『稜威道別』四(『橘守部全集』一)、本居宣長『古事記伝』三〇(『本居宣長全集』一一)、松前健「古代の霊魂観」(『日本民俗研究大系』二所収)　(松前　健)

にぐういっこうせつ　二宮一光説　近世の神道説。伊勢神宮の内宮・外宮の両宮を一つの光のごとくに一体として仰ぐべしという教説。伊勢神宮外宮祠官である度会延佳の慶安三年(一六五〇)の著作『陽復記』の中に「陰陽昼夜両眼両手、何れを廃して可ならんや、二宮一光の理、よくわきまふべし」とみえる。本来伊勢神宮の外宮は内宮に対して御饌を供進する役割の神であり、両宮はいわば主従の関係にあった。しかしながら両宮は社殿の規模が同等であり、社家や祭祀組織を異にする関係で、中世社会において独立の権門として存立し、その結果外宮は内宮に対して同格対等の地位を主張するようになる。鎌倉時代の神道説にも伊勢神宮の両宮の本地を金剛界・胎蔵界両部の大日とする教説が『両宮本誓理趣摩訶衍』や『天地麗気府録』などの神道書や『沙石集』などの説話集に述べられている。こうした教説が外宮側の説く伊勢神道に影響を与え二宮一光説の源流となった。　(佐藤　眞人)

にくうねんじゅうぎょうじ　二宮年中行事　伊勢神宮の年間の神事と行事を記した書。一巻。実は、『神宮雑例集』第十年中行事の条を独立させて一書としたもの。『神宮雑例集』は鎌倉時代初期に宮司家の手で成ったとされており、年中行事に関しても離宮院での行事や斎王に関する記述を含み、古代末期の神宮祭儀の様子を伝えている。この年中行事の部分はすでに平安時代末に成立していて、のちに『神宮雑例集』巻末に編入されたとの説があり、本書が単独の本である可能性もなくはないが、両者の内容が字句に至るまで一致する上に、本書続群書類従本の「右一冊者、以㆓禰宜度会朝和神主之本㆒書写之処、有㆓錯簡㆒之間、以㆓八禰宜因彦神主相伝之古本㆒、正㆓錯乱㆒令㆓校

合了、権禰宜従五位上度会神主延良」との奥書も『神宮雑例集』深井光近書写本の奥書と同一であることからみて、度会延良(延佳)による『神宮雑例集』校訂本を元に成ったと見られる。『続群書類従』神祇部所収。

参考文献 『群書解題』一中、同一上「神宮雑例集」、『神宮年中行事大成』前篇(『大神宮叢書』一〇)　（高橋美由紀）

にしだなおかい　西田直養　一七九三―一八六五　江戸時代後期の国学者、豊前小倉藩士。寛政五年(一七九三)七月二十一日、小倉藩士高橋元義の四男に生まれ、文化五年(一八〇八)同藩西田直享の養子となる。字浩然、通称庄三郎、号筱舎《さきのや》。儒学を石川彦岳《げんがく》・太田錦城に、和歌を秋山光彪《みつたけ》に学ぶ。勘定奉行、京都・大坂の留守居役などを歴任し、用人格に至る。三都滞在中に、平田篤胤・藤井高尚・萩原広道・村田春海らと交わり、『金石年表』『神璽考』などを執筆、広く名を知られるようになる。嘉永二年(一八四九)致仕。同六年、財政再建の藩命により大坂に赴くが、留守居役らの妨害に遭い頓挫、翌安政元年(一八五四)蟄居。二年後に許されるが、吉田松陰・平野国臣・野村望東尼ら勤王派との親交などにより、佐幕方針の藩に疎んじられた。慶応元年(一八六五)三月十八日没。七十三歳。その死は、小倉藩に勤王の志のないことへの抗議の絶食によるともいう。明治二年(一八六九)門人で神理教教祖となる佐野経彦・高山定馨らにより、福岡県北九州市の蒲生《がもう》八幡神社境内の幸彦《さちひこ》社に祀られる。

参考文献 佐野経彦『西田直養小伝附幸彦社御縁起』、『小倉市誌』　（入口　敦志）

にしだながお　西田長男　一九〇九―八一　昭和時代に日本神道史を主として研究した神道学者。明治四十二年(一九〇九)三月三十一日、三重県松阪市に西田政好の長男として誕生。国学院大学で宮地直一の影響を受け、神道学を志して専攻科へ進む。昭和七年(一九三二)国学院大学神道部卒業、十年同道義学科卒業。十一年大倉精神文化研究所に入所、日本宗教思想史の研究に従事、十八年同所を退職。この間に国学院大学講師および国民精神文化研究所の嘱託となる。その後、国学院大学および東京帝国大学の講師となるが、二十年の終戦とともに両大学を退職。二十八年大倉精神文化研究所の指導員となり、さらに翌二十九年国学院大学講師、ついで三十年、文学博士の学位を受け、三十三年同大学教授となる。五十四年定年退職し、名誉教授となる。その年、主要な著作をまとめ『日本神道史研究』全十巻として刊行。実証的、文献的な神道史学は定評があり、膨大な業績に対し、五十五年勲四等旭日小綬章が贈られた。翌五十六年三月二十八日、七十一歳で没した。戒名は慎学院天長明道居士と称す。墓は松阪市小阿坂町山見の観音堂の墓地にある。

参考文献 西田長男「わたくしの半生」(『神道及び神道史』三六)、中村元「西田博士の人と学問を追想して」(同)、三橋健・河田烈「西田長男博士業績・著作論文一覧」(国学院大学神道史学会編『(西田長男博士追悼論文集)神道及び神道史』所収)　（三橋　健）

にしつのいまさよし　西角井正慶　一九〇〇―七一　大正・昭和時代の神道・国文・芸能学者。明治三十三年(一九〇〇)五月二十二日生まれ。西角井家はさいたま市大宮区高鼻町に鎮座する氷川神社の社家。母さとは神道学者河野省三の姉。幼少のころから埼玉県騎西町の母の実家で育てられ、不動岡中学(現高校)卒業まで、叔父河野省三の薫陶を受けた。国学院大学へ入学してからは、折口信夫を師と仰ぎ、のちその高弟となる。大正十一年(一九二二)同大学国文科卒。昭和十年(一九三五)同大学教授、二十一年予科長、二十三年文学博士、学位論文は「日本芸能史に於ける鎮魂要素」、二十五年神道研修部長、二十九年文学部長、三十三年大学院委員長に就任。一方、文部省文化財専門審議会委員、埼玉県教育委員、神道宗教学会会長、稲荷神社宮司などを歴任し、四十二年には紫綬褒章を受章。昭和四十六年一月二十二日没。七十一歳。著書に『神楽研究』『神楽歌研究』『祭祀概論』『古代祭祀と文学』などがある。　（沼部　春友）

にしなしんめいぐう　仁科神明宮　長野県大町市大字社に鎮座。旧県社。天照皇大神を祀る。伊勢の皇大神宮神領として、中世初頭に寄進された仁科御厨鎮護の社として、その寄進まもないころの創建とみられる。仁科御厨の名は『神鳳鈔』に「仁科御厨四十丁、布八十段」とみえ、『神宮雑書』に「件御厨往古建立也」とあり、『吾妻鏡』にもみられる。その創建のころより、名族仁科氏が神役にあたり、仁科氏が武田氏に破れ滅亡ののちは、松本城主小笠原氏が社領十五石をよせ、のち黒印領二十三石をよせた。明治二十六年(一八九三)県社となる。例祭は三月十五日・九月十六日。本社は古く伊勢の神宮と同じく二十年一度の式年造替遷宮の制を有し、現在永和二年(一三七六)以降の棟札三十二枚を有し、うち二十七枚は重要文化財、また現本殿および中門(前殿)・釣屋は寛永十三年(一六三六)の造営であるが、神明造の古式をよ

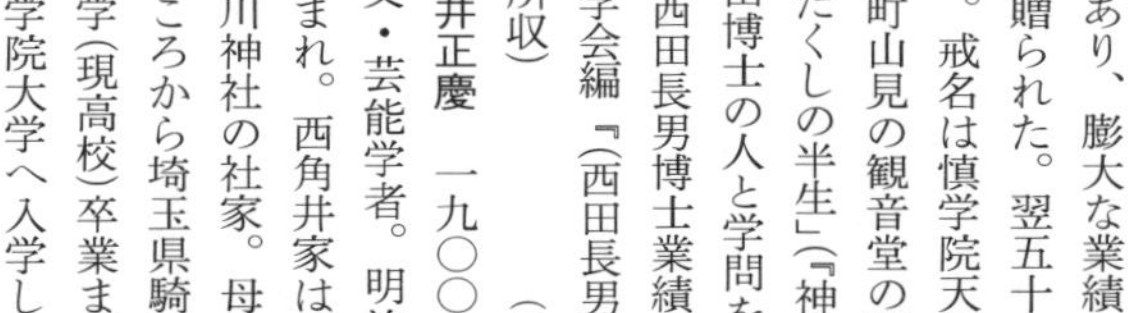

仁科神明宮本殿

く伝えて国宝。ほかに重要文化財の懸仏も伝えている。（鎌田　純一）

にしのみやじんじゃ　西宮神社　兵庫県西宮市社家町鎮座。全国えびす神の総本社。通称「西宮のえべっさん」で広く親しまれている。旧県社。祭神は、第一殿西宮大神(蛭児神《ひるこがみ》)、第二殿天照大神・大国主神、第三殿須佐之男神の四柱を奉斎する。当社は平安時代末期に著わされた十巻本『伊呂波字類抄』に、広田社すなわち現在の広田神社(旧官幣大社)の摂社として初見する。蛭児神を夷神としたのは『神皇正統録』と『源平盛衰記』(ともに鎌倉時代中・末期ごろの作)であり、ともに「夷三郎殿」と称し、海を領する神としている。西宮の祭神が海から出現したということは、実に永い間の伝承で、『大倭《おおやまと》神社註進状』裏書(手向山八幡蔵本)にも大倭氏の古伝承として伝えている。夷神信仰の普及とともに諸国への勧請が盛んとなるうちに、夷と三郎殿が分かれて、二社として祀られることが諸文献にみえ、よって後世夷三郎殿を一神とするか、二神とするか混乱をまねき、論議の的となっている。中世にはすでに高倉上皇の奉幣をはじめ、皇族の参拝が著しく、特に神祇伯家との関わりが厚かった。室町時代以降福の神と崇められ、傀儡《くぐつ》師の活動や謡曲・狂言を通じて神徳が広まった。近世商業の発展に伴い、市場神、商売繁盛の神として全国的に有名になる。本殿は三連春日造(旧国宝。戦災により焼失し、昭和三十六年(一九六一)復元)、表大門・大練塀は重要文化財。例祭九月二十二日。一月の「十日えびす」は、百万人の参拝で賑わう祭典である。→恵美須講《えびすこう》　→夷信仰《えびすしんこう》　→十日夷《とおかえびす》

参考文献　西宮神社編『西宮神社の歴史』、同編『西宮神社の研究』　（吉井　良隆）

西宮神社本殿

にじゅういっしゃき　二十一社記　朝廷より二十二社奉幣に預かった神社の由緒を記した文献。北畠親房著。一冊。南北朝時代の成立。原題は『諸社事』。複数の神社由緒の総合的解説書の最初で、これ以後、『二十二社註式』、『諸社根元記』、『諸神本懐集』、『本朝神社考』(林羅山)、『神祇宝典』(徳川義直)、『神祇志料』(栗田寛)などの神社研究史が展開する。そうした一連の作品のなかで、先駆的な役割を果たすのが、『二十一社記』であると位置付けられる。その内容は伊勢・石清水・賀茂・松尾・平野・稲荷・春日・大神・大倭・石上・広瀬・竜田・大原野・吉田・住吉・日吉・広田・梅宮・祇園・北野・丹生の二十一社の起源・沿革を説き、最末尾に貴布禰社を加えて二十二社ともいうと述べている。貴布禰は賀茂の摂社とされているので一社に数えないという、執筆された時代の風潮の影響である。神道論では伊勢神道の所説を受容した面がみられる。『神道大系』論説編一八に所収。

参考文献　三島安精『校註二十一社記』、小島鉦作「二十一社記の研究」(『史学雑誌』四七ノ三)、同「二十一社記再論」(同五四ノ一二)、白山芳太郎「『二十一社記』の成立の意義」(『皇学館大学紀要』一三)　（白山芳太郎）

にじゅうしせっき　二十四節気　太陽が天球上を一(太陽)年で西から東に一周する大圏を黄道という。黄道一周を二十四等分し、太陽がこの分点にあるときの季節に相応する名称を付して、これを二十四節気という。太陰太陽暦法では一朔望月は二九・五三〇五九日、十二朔望月の長さは三五四・三六七一日で、季節循環の周期である一太陽年の長さ三六五・二四二二日より約十一日短いので、三十二ヵ月か三十三ヵ月に一ヵ月の閏月を挿入しないと、暦面上の季節と実際の季節とはだんだん狂ってくる。そこでこれを防ぐため、中国や日本の太陰太陽暦法で季節の目安として設けられたものが二十四節気であって、暦法の仕組みの根幹をなすものである。一太陽年の長さを二十四等分した一五・二二日ごとに、冬至を起点として設けた各時点に、別表に掲げた名称を付し、これを平気または恒気の二十四節気という。一暦月の長さは二十九日か三十日であるから、一月に二十四節気の二つを含むことになる。二点のうち前者を節、後者を中とし、正月節・正月中・二月節・二月中…というように節・中が交互に繰り返し、これに節気の名称を付して立春正月節・雨水正月中というように称える。しかし、中から中、節から節までの時間間隔は三〇・四四日であるから、某月の終りに中気がくると、次の月には中気が含まれない月が生ずることがある。この中気を含まない月を閏月とする。月名はその月に含まれる中気が正月中のときは、この月を正月と名づけ、二月中であれば二月というように名づける。しかし、節は必ずしもその月に含まれない。もし、中がその月の十五日以前にあれば、その中気の十五日ほど前にある節は前月に入ることになる。たとえば、正月中が正月十日にあたれば、立春正月節は前年十二月の二十四、五日ころにあたる。これを年内立春という。閏年には一年のうちに立春を二回含むことになり、閏年の前後には立春を含まない年が生ずることになる。平気の二十四節気に対して、周天三六〇度を二十四等分し、太陽

が一区分一五度を経過するごとに冬至を起点として節気・中気とするものを、定気または実気の二十四節気という。太陽の運動が季節により遅速があるため、中から中まで、節から節までの長さは、二九・四四日から三一・四六日まで変動するから、一暦月中に二つの中気を含むことが起る。そこで、定気法でも中気を含まない月をもって閏月とすることは平気法と変わらないが、これではなお不十分であるので、冬至は十一月に、春分は二月に、夏至は五月に、秋分は八月に含まれるものとし、閏月はこの規約に反しないように定める。定気法と平気法とでは、二十四節気の日付の異動は最大四日に及ぶ。寛政暦までは平気法に従ったが、天保暦で中国の時憲暦に倣って定気法を採用した。別表には定気法による現行太陽暦の昭和六十年(一九八五)の日付を掲げた。入気の日は年により一日ぐらいの違いがあるが、大体、毎年、同月同日にあたるから、太陽暦使用の現在においては二十四節気はなくても別に支障はない。

参考文献 広瀬秀雄『暦』(『日本史小百科』五)

(渡辺 敏夫)

定気二十四節気一覧

節気名	節　気	太陽黄経	太陽暦月日(昭和60年)
小　寒	12月節	285度	1月5日
大　寒	12月中	300	20日
立　春	正月節	315	2月4日
雨　水	正月中	330	19日
啓　蟄	2月節	345	3月6日
春　分	2月中	0	21日
清　明	3月節	15	4月5日
穀　雨	3月中	30	20日
立　夏	4月節	45	5月5日
小　満	4月中	60	21日
芒　種	5月節	75	6月6日
夏　至	5月中	90	21日
小　暑	6月節	105	7月7日
大　暑	6月中	120	23日
立　秋	7月節	135	8月7日
処　暑	7月中	150	23日
白　露	8月節	165	9月8日
秋　分	8月中	180	23日
寒　露	9月節	195	10月8日
霜　降	9月中	210	23日
立　冬	10月節	225	11月7日
小　雪	10月中	240	22日
大　雪	11月節	255	12月7日
冬　至	11月中	270	22日

にじゅうにしゃ 二十二社　平安時代中期から中世にかけて、朝廷より特別の尊崇を受けた神社で、伊勢・石清水・賀茂・松尾・平野・稲荷・春日(以上を上七社という)、大原野・大神・石上・大和・広瀬・竜田・住吉(以上を中七社という)、日吉・梅宮・吉田・広田・祇園・北野・丹生・貴布禰(以上を下八社という)の二十二社をさし、祈雨・止雨など事あるごとに使を遣わされ、奉幣に預かった。貞観年間(八五九―七七)から寛平年間(八八九―九八)ごろまで社数に固定的なものはないながら、賀茂・松尾・稲荷・貴布禰など、五社・七社・八社・十二社などの奉幣があった。昌泰元年(八九八)以降、十六社奉幣が比較的多くなり、正暦二年(九九一)に十九社、同五年に二十社、長徳元年(九九五)に二十一社となり、四十数年間の固定化ののち、長暦三年(一〇三九)、筆頭の伊勢以外すべて畿内であったのが、はじめて畿外近江国の日吉を加えて二十二社となる。延暦寺の僧兵が力を増してきた結果である。そうして、この二十二社奉幣は室町時代中期まで存続し、その間、最高の社格として動かず、朝廷の宗祀として不動の地位を得た。『二十二社註式』をみると、十六社は上七社および中七社と丹生・貴布禰であり、十九社は丹生の上位に吉田・広田・北野を加えたもの、二十社は吉田の上位に梅宮を加えたもの、二十一社は祇園(明記はないが北野の上)を加えたもの、二十二社は梅宮の上位に日吉を加えたものとされていたことが知られる。

参考文献 『二十一社記』(『神道大系』論説編一八)、二十二社研究会編『平安時代の神社と祭祀』

(白山芳太郎)

二十二社一覧

	社名	国名	式内外	所在地
上七社	伊勢	伊勢	式内	三重県伊勢市
	石清水	山城	式外	京都府八幡市
	賀茂	同	式内	(下鴨)京都市左京区 (上賀茂)京都市北区
	松尾	同	同	京都市西京区
	平野	同	同	京都市北区
	稲荷	同	同	京都市伏見区
	春日	大和	同	奈良市
中七社	大原野	山城	式外	京都市西京区
	大神	大和	式内	奈良県桜井市
	石上	同	同	奈良県天理市
	大和	同	同	同
	広瀬	同	同	奈良県河合町
	竜田	同	同	奈良県三郷町
	住吉	摂津	同	大阪市住吉区
下八社	日吉	近江	式内	大津市
	梅宮	山城	同	京都市右京区
	吉田	同	式外	京都市左京区
	広田	摂津	式内	兵庫県西宮市
	祇園	山城	式外	京都市東山区
	北野	同	同	京都市上京区
	丹生	大和	式内	(上社)奈良県川上村 (中社)奈良県東吉野村 (下社)奈良県下市町
	貴布禰	山城	同	京都市左京区

にじゅうにしゃさんけいき 二十二社参詣記　伊勢神宮の外宮の祠官である藤本(度会)延賢《のぶかた》の二十二社参詣の紀行文。奥書によれば享保十五年(一七三〇)成立。一巻。冒頭に二十二社成立に至る神代以来の神道史が略述して

あり、その後享保三年三月二十八日からの参詣の行程が記録されている。内容は、二十二社のみではなく、参詣の道中に鎮座する多くの神社についても、『日本書紀』、風土記、『旧事本紀』などの古典を援引して、解説を加えている。延賢は伊勢を出発して伊賀国に出、大和国に入って春日社を拝してのち、石上社・大和社など同国内に鎮座する二十二社を参拝。丹生から紀伊へ入り日前宮を参拝。その後摂津国の住吉社や広田社など参拝して山城国に入り、山城国内に鎮座する二十二社をつぎつぎと参詣し、近江国の日吉社参拝で筆を擱《お》いている。享保当時の社殿や社領についても記されており、行程なども比較的詳細である。『神祇全書』一所収。 (藤森　馨)

にじゅうにしゃちゅうしき　二十二社註式　吉田家の神社研究書の一つ。家説を集成し、吉田(卜部)兼右《かねみぎ》が撰したと考えられている。一巻。ただし、現存諸本には近世以後の加筆が多く見られる。二十二社とは、朝廷が臨時奉幣や、恒例の祈年穀奉幣を行う伊勢神宮以下の畿内に散在する二十二の神社の総称で、平安時代中期から院政時代にかけて、徐々に定まった。二十二社には石清水・大原野・吉田・祇園・北野など式外社も含まれており、従来の官社制を超えた新たなる最上位の社格として、成立以後は機能するようになった。これら二十二社に関する注釈書が本書である。内容は、二十二社事には、五段階の十六社から二十二社への諸社加列の次第を記し、ついで上中下に分類される二十二社の社名、祈雨十一社、方角事を述べ、伊勢神宮以下の各社の記事に及ぶ。各社の記事は、奉幣対象である本社のことにとどまらず、摂末社や関連社にまで及んでおり、そうした意味では広く神社研究書といっても過言ではない。『群書類従』神祇部所収。

参考文献　『群書解題』一上 (藤森　馨)

にじゅうにしゃならびにほんじ　二十二社幷本地　二十二社の本地仏についての問答書。嘉暦三年(一三二八)十一月十五日成立。奥書によれば、前神祇伯白川資清王の二十二社の本地に関する下問に、吉田宮の神主が答申したもの。一巻。伊勢は聖観音、八幡は釈迦、賀茂の御祖社は釈迦、松尾は釈迦、平野の一殿は大日、二殿は聖観音、三殿は地蔵、四殿は不動、稲荷の下社大宮は如意輪、命婦は文殊、田中は不動、中社は千手、上社は十一面、春日の一殿は不空羂索観音、二殿は薬師、三殿は地蔵、四殿は十一面、大原野は春日に同じ、大神は大日・聖観音、石上は十一面・文殊・不動、大和の一宮は弥勒、二宮は薬師、三宮は聖観音、広瀬は大宮聖観音、竜田は釈迦三尊、住吉の一神は薬師、二神は阿弥陀、三神は大日、四神は聖観音、日吉の大宮は釈迦、二宮は薬師、梅宮の一殿は如意輪、二殿は聖観音、三殿は不空羂索観音、四殿は信相菩薩、吉田は春日に同じ、広田の一殿は聖観音、二殿は阿弥陀仏、三殿は高貴徳王大菩薩、祇園は天王薬師波利女十一面・八大王子・八字文殊、北野は十一面、丹生は薬師、貴船は不動、と各社の本地が記されている。『続群書類従』神祇部所収。

参考文献　『群書解題』二上 (藤森　馨)

にじゅうにしゃほんえん　廿二社本縁　北畠親房の著書『二十一社記』の首尾を省き、文体を宣命体に改め、石清水・稲荷・春日各社などの条に多少の増補を加えたもの。『二十一社本縁』などともいう。著者および成立年代不明。一冊。公祭や臨時の奉幣に預かる伊勢神宮以下二十二社に関する解説書。『二十一社記』には諸社事と八神殿のことが首尾に付されているが、本書にはみえない。写本は内閣文庫(国立公文書館)・宮内庁書陵部・国学院大学・無窮会神習文庫にある。なお、国学院大学架蔵本は宮内庁書陵部本の転写本である。『群書類従』神祇部所収。

参考文献　『群書解題』一上 (藤森　馨)

にじゅうはちけんだい　二十八兼題　⇩十一兼題《じゅういちけんだい》

にしょだいいじんぐうしょういんねぎてんぽしだいき　二所太神宮正員禰宜転補次第記　伊勢神宮の歴代禰宜の補任の次第を記した書。編者不詳。一巻。皇太神宮禰宜・内宮一禰宜次第・豊受太神宮禰宜・外宮一禰宜次第・被㆑定㆓置禰宜職㆒始の五条より成り、内外両宮の歴代禰宜の補任の時期、在任期間、卒年などを記す。『二所太神宮例文』の冒頭部分、「第一荒木田遠祖奉仕次第」より「第七被㆑定㆓置禰宜職㆒始」までの内容と酷似し、「被㆑定㆓置禰宜職㆒始」の条は同文であることから共通の祖本の存在が推測される。後世の追記とみられる部分を除き内容がほぼ観応ごろまでであること、花園・後醍醐・後村上三代の天皇の時代の記事がきわめて詳細であること、外宮禰宜に関する記述が豊富であることなどから、南北朝時代に外宮祠官の手に成ったとみられる。南朝と神宮祠官の動向を知る上でも重要な史料。『続群書類従』補任部、『神道大系』神宮編五所収。

参考文献　『群書解題』二上 (高橋美由紀)

にしょだいいじんぐうじんぎひゃくしゅわか　二所大神宮神祇百首和歌　⇩詠《えい》太神宮《だいじんぐう》二《に》所神祇《しょじんぎ》百首和歌《ひゃくしゅわか》

にしょだいいじんぐうれいぶみ　二所太神宮例文　伊勢神宮に関する職員の補任事例を聚めたもの。一巻。写本。編述年代および作者は不明。項を二十六に分け、年代順に記述している。いまその二十六項目を挙げると、第一より第三までは内宮の荒木田遠祖奉仕次第、一員禰宜補任次第および加補次第。第四より第六までは外宮の度会遠祖奉仕次第、一員禰宜補任次第および加補次第。第七被㆑定㆓置禰宜職㆒始。第八祭官祭主補任次第。第九大宮司補任次第。第二十伊勢斎内親王。第廿二公卿勅使参宮次第。第廿六二所大神宮正遷宮・臨時遷宮並仮殿遷宮次第などをはじめ、第十二所太神宮神主等始浴㆓朝恩㆒賞次第。第十一極位輩以㆓余階㆒譲㆓他人㆒例。第十二正権禰宜服仮時叙㆓一級㆒預㆓位記㆒例。第十三正権禰宜雖㆑為㆓重軽服㆒関㆓践祚賞㆒例。第十四雖㆑為㆓服仮中㆒任㆓禰宜㆒例。第十五二所太神宮禰宜以㆓未給譲㆒叙㆓一階㆒例。第十六内外宮権官一階例。第廿三依㆓罪科㆒雖㆑被㆑解㆓却所職㆒預㆓勅免㆒還㆓著本座㆒例。第廿四依㆓狂病耳聾目盲並神役不仕科㆒被㆑停㆓止所職㆒例。第廿五依㆓罪科㆒蒙㆓勅勘㆒中間雖㆑漏㆓恩賞㆒蒙㆓勅免㆒賜㆓同日位記㆒還㆓著本座㆒従㆓神事㆒例などである。ただしこのほか、第十七雖㆑不㆑着㆓天位㆒奉㆑号㆓天皇㆒事、第十八自㆓東宮㆒院号事、第十九不㆑即㆑位院号例、第廿一摂政次第など神宮に直接関係のない事項も混入されている。以上、諸項の内容を詳細に検すると、その記述が花園・後醍醐・後村上天皇の代で終っていることから編述年代も大体南北朝時代ころかと思料され、また禰宜の表記に内宮禰宜とあるのに外宮の方はただ禰宜とのみあることなどから外宮祠官の手になったものと推察される。『群書類従』神祇部所収。

参考文献 『群書解題』一上

（鈴木 義一）

にしょもうで 二所詣 二所とは通例相模箱根権現（箱根神社）と伊豆走湯権現（伊豆山神社）を指し、両権現に参詣することを二所詣という。ともに東国の修験道場で、これに三島社を加えて三山・三所と称することが多い。二所は古くから信仰されていたもののごとく、平安時代すでに走湯権現は陸奥高水寺や近江堅田寺などに勧請されている。二所詣が盛んになったのは、源頼朝以降で、頼朝はじめ源家歴代将軍が崇敬・参詣したが、その風は広く御家人層に及んだ。日蓮を身延山に招いた地頭波木井実長が二所詣して、同門の非難を浴びた事件に、その一端が窺われる。なお、当時の二所詣の発達には、二所が、鎌倉時代以来、足柄路から東海道の本道化した箱根路に沿うという交通上の利便に負うところも少なくなかった。その後、この二所に御師・先達制度が生まれ、その活動により信仰圏は拡大し、参詣者も漸増した。その範囲はほとんど信濃以東の東国であるが、このほか、東国地方の熊野先達の中には、二所の先達を兼ねるものが多く、彼らに導かれて熊野詣の途次、二所詣するものが少なくなかった。→伊豆山神社《いずさんじんじゃ》 →箱根神社《はこねじんじゃ》

参考文献 新城常三『（新稿）社寺参詣の社会経済史的研究』

（新城 常三）

にっく 日供 毎日一定の時刻に神前に神饌を供進する儀。日拝とも呼ばれる。朝夕二度奉る場合は、朝御饌・夕御饌と区別するが、伊勢神宮の日別朝夕大御饌《ひごとあさゆうおおみけ》祭など特別の神社を除いては朝のみ奉献するのが通例。神饌の品目は普通、米・酒・魚・野菜・果物・塩・水などである。明治十年（一八七七）四月二十四日、内務省達丁第五号によれば、各社の例祭・祈年祭・新嘗祭および元始祭・紀元節・除夜・毎月一日などに際して神饌を奉献する場合は日供を献供しなくてもよい旨が達せられている。

（本澤 雅史）

にっこうざん 日光山 栃木県日光市の大部分を占める山岳地域。主峰男体山（二四八四メートル）をはじめ、女峰山（二四六三メートル）・太郎山（二三六七メートル）・白根山（二五七七メートル）などの山岳群を総称する。男体山は、古く補陀洛山と称し、二荒山の字があてられ、音読して日光山となった。日光山は広く日光連山・奥日光を含む地域を指すが、一方、霊刹輪王寺一山の総号でもある。輪王寺は、天平神護二年（七六六）勝道の開創。勝道は四本竜寺を創建し、延暦元年（七八二）二荒山の山頂を極めた。勝道の行業は空海撰の碑文（『性霊集』二）に詳しい。さらに神宮寺（中禅寺）を建立し、二荒山の神を祀った。嘉祥元年（八四八）円仁が来山し、日光三社権現の本地仏を祀る本地神宮寺（三仏堂）を創建。これより日光山は天台宗となった。鎌倉時代初めに源頼朝は常行堂三昧田を寄付しており、鎌倉幕府との結びつきは深い。弁覚が出づるに及んで、源実朝の帰依篤く、堂塔大いに整った。延慶元年（一三〇八）仁澄は皇族最初の座主となった。豊臣秀吉の小田原征伐にあたっては、北条氏を援けたため、寺領没収の憂き目に遭う。慶長十八年（一六一三）天海が貫主となるに及んで中興し、元和三年（一六一七）徳川家康の遺骸を久能山より日光に遷葬し、山王一実神道の秘儀をもって、東照大権現と崇めている。家光も同じく日光大猷院に葬られている。明暦元年（一六五五）後水尾天皇の皇子守澄入道親王が日光門主となり、輪王寺宮を称している。輪王寺宮門跡のはじまりで、明治維新まで存続した。宮門跡は管領宮として、比叡・東叡を併せて、三山を統轄している。明治四年（一八七一）の神仏分離により、日光山は輪王寺と二荒山神社・東照宮の二社一寺に分割されている。現在の日光山は霊地であるとともに、自然美にも恵まれた名勝地でもあり、平成十一年（一九九九）十二月、日光の社寺は世界遺産に登録された。

参考文献 植田孟縉編『日光山志』（『日本名所風俗図会』二）、菅原信海校注『日光・二荒山』（『神道大系』神社編三一）、彦坂諶照編『日光山沿革略記』、城田興法『日光の今昔』、『日光山輪王寺史』、『日光市史』

（菅原 信海）

にっこうさんしんこう 日光山信仰 栃木県日光山を対象とする信仰。日光山とは、狭義には栃木県日光市山内の東照宮・二荒山神社・輪王寺を含む地域を指すが、広義には日光連山を含む広大な地域にある社寺の総称であり、また輪王寺（旧満願寺）の山号でもある。古くは二荒山と称し、日光連山の主峰男体山と女峰山を男神・女神として信仰された。奈良時代末期に勝道上人によって開かれ、その後、真言・天台系の仏教が導入され、神仏習合の道場として発展した。男体山頂遺跡からは銅鏡・銅印・古銭をはじめ、奈良時代から近世にいたる祭祀に関わる遺物が発掘されている。承和三年（八三六）に二荒神に従五位下の神階が下され（『続日本後紀』）、以後正一位まで昇ったと伝承される（『満願寺三月會記』）。平安時代末期には小山氏や那須氏など周辺の地方豪族の外護を受け、源頼朝からは常行堂三昧田が寄進され、やがて鎌倉幕府とも密接な関係を有し、武士の信仰を集めた。また宇都宮明神（現宇都宮二荒山神社）は日光山から移されたものと信じられた。鎌倉時代に熊野系の修験が導入され、男体・女峰に太郎山を加えた三山信仰が確立し、日光修

験も整備された。一方、二荒山神は狩猟の神ともされ、中部から東北にかけての狩猟民の間に広く信仰された。これを背景に、日光山と赤城山の神の争いに弓の名手・小野猿丸が活躍する『日光山縁起』の神戦譚も流布された。戦国時代末期に一時荒廃したが、元和三年（一六一七）、徳川家康みずからの遺言により東照宮が日光山に鎮座すると徳川幕府の聖地となり、その後、三代将軍家光をまつる大猷院廟も造営された。将軍の社参や例幣使の参向のほか、朝鮮通信使や琉球慶賀使の参拝もあり、またオランダ商館からは洋式燈台が献上されるなど、あたかも東アジアの守護神の様相も見せた。明治初年の神仏分離を経て日光山の情勢は激変するが、古来の日光連山に対する信仰や、氏神としての二荒山神社、天台宗の古刹としての輪王寺への崇敬、神君家康に対する崇拝に基づく東照宮信仰などは、形を変えながらも根強く今日に引き継がれている。　↓東照宮《とうしょうぐう》　↓二荒山神社《ふたらさんじんじゃ》

参考文献　『寺社縁起』（『日本思想大系』二〇）、『日光市史』、宮田登・宮本袈裟雄編『日光山と関東の修験道』（『山岳宗教史研究叢書』八）
（高藤　晴俊）

にっこうさんぶっきりょう　日光山物忌令　日光山に伝えられた服忌令。奥書に「嘉吉二年（一四四二）十月廿日注之」とあり、中世から江戸時代初期に日光山で独自に用いられた。冒頭に「父母之忌五十日、服一年、閏月數不入、時過聞は如前從其日聞之」とあり、以下、養父母・夫妻・えぼし親・師匠・嫡子・兄弟・末子・あらはた（不明）・祖父母・伯父伯母・孫子・甥姪の死穢の忌と服の期日のほか、妊・月水・流産の穢、鹿・猪・鳥・兎・ひるにらの食穢の日数が記されていて、内容は神祇道服忌令などほかの服忌令と大同小異である。死穢の項目のうち、一般にみられないものに師匠（戸隠山物忌令にもある）、えぼし親、あらはたの規定がある。なお、寛永十一年（一六三四）の「日光山法式」に「物忌触穢可慎之事」とあり、元和三年（一六一七）の東照宮鎮座以降は、幕府の用いた服忌令に準拠したと思われるが、貞享元年（一六八四）に幕府が公布した服忌令の制定時に参照したとされる「日光服忌令」（堀田正俊、「服忌令始末記」）は、日光山物忌令の可能性もある。『続群書類従』神祇部、『神道大系』神社編三一に所収。

参考文献　『群書解題』一下、林由紀子『近世服忌令の研究―幕藩制国家の喪と穢―』
（高藤　晴俊）

にっこうしゃさん　日光社参　徳川歴代将軍の、日光山徳川家康廟東照宮（はじめ東照大権現社）への参詣。元和三年（一六一七）、家康一周忌に改葬され、天海らの尽力で日光廟東照大権現社が落成、将軍秀忠が四月十七日に祭礼に詣ったのをはじめとして、秀忠が大御所となってからを含めて四回、三代家光が世子時代を含めて十回、四代家綱が世子のときと将軍になって各一回、さらに八代吉宗・十代家治・十二代家慶各一回と、総計十九回行われている。初回の元和三年四月、秀忠は千住・越ヶ谷から岩槻へ廻り、豪雨で利根川増水のため二泊した後、古河・宇都宮に宿泊して日光入りし、帰路は壬生城を経ている。将軍の往復の泊所は社参の経路と旅程に重要なかかわりがあり、岩槻・古河・宇都宮、そして家光が帰路に何回か泊った壬生の各城は、いずれも譜代の重臣を配した北関東の要衝であった。特に往路第一泊、帰路第三泊に岩槻城を利用するため、千住経由でなく岩淵経由の日光御成街道が整備され、宇都宮経由よりも古くから利用されていた壬生通りの三者を併せて、日光社参を最も重要な目的とする日光道中として、道中奉行が支配し、元禄九年（一六九六）には、定助郷制をしいて、人馬動員の体制を作っている。三代将軍家光は、神祖家康への崇敬のため、みずからの社参をくり返すが、寛永九年（一六三二）は、家康の十七回忌であったが、正月に大御所の秀忠が死去した喪中のため、今市宿の如来寺に御殿を建ててそこにおり、四月十七日には井伊直孝を代参させている。寛永十二―十三年には日光の大造替が行われ、今日の豪華絢爛の社殿となるが、十三年四月の遷宮後の社参からその行列の規模は格段に大規模化した。四月十三日に江戸を発ち、岩槻・古河・宇都宮で各一泊、十六日に日光入り、十八日に帰途に発ち、やはり三泊四日で江戸に帰るのが恒例となり、昼食休憩の宿と寺なども決まり、大沢宿のようにそのための御殿が一時期建てられたところもある。家光自身は慶安四年（一六五一）に死去、翌承応元年（一六五二）、東照宮（正保二年（一六四五）十一月、宮号宣下）に隣接して大猷院廟が造営され「聖地」日光の重要性は増した。四代家綱は、将軍になってはじめての万治三年（一六六〇）の社参を「府下しば〱火災ありて人心安穏ならず」（『徳川実紀』）のため延期し、三年後の寛文三年（一六六三）に実施、以後は社参は大規模な、一世一代の大事業として、享保十三年（一七二八）八代吉宗、安永五年（一七七六）十代家治、天保十四年（一八四三）十二代家慶によって、行われたにすぎない。しかしこの三回の社参は、前年ないし二年も前から準備され、吉宗の社参では先頭の奏者番秋元喬房が子刻（午前零時）に出て、最後の隊は巳刻（午前十時）に動き、将軍を直接囲む一隊でも二千人に及んでいる。天保社参は、老中水野忠邦が堂舎の修改築とその検分も行うなど、将軍権力の回復と発揚の誇示として、これも壮大な規模であった。将軍に随伴、あるいは前後して三家・三卿の日光登山参詣があり、三―五月の日光関係三街道、さらに忍―館林―佐野経由などの通行量の一時的増大は、沿道村々の助郷（当初は相対により、また助馬制といわれる）人馬負担を過重にしたが、春の農繁期にかかった時だけにその影響は大きかった。家康・家光の五十回・百回などの特別回忌には代参で行われているが、それも次第に大規模になった。日常的にも将軍の代参、譜代大名の参詣など、日光への諸街道はきわめて限定された、特別の通行に利用されたのである。

参考文献　『日光東照宮社家御番所日記』、『栃木県史』

通史編四・五、栃木県文化協会『栃木の街道』

（河内　八郎）

にっこうとうしょうぐう　日光東照宮　⇩東照宮《とうしょうぐう》

にっこうぶぎょう　日光奉行　江戸幕府の遠国奉行の一つ。日光山神領を支配し、東照宮・大猷院廟の警備と山中の監察にあたる。幕府は元禄十三年（一七〇〇）八月井上周防守正清・稲葉河内守正冬を日光奉行に任命し、両奉行は年二度の交代と定められる。定員二名で文久二年（一八六二）以降は定員一名、日光常駐となる。老中支配。役高二千石、役扶持五百俵。廃止までに八十五名がこれに任じている。寛政三年（一七九一）を境に、それ以前の日光目代と併せて神領を支配する時期と、目代廃止後では権限が異なる。用人・日光御殿番・組同心を支配するが、寛政三年以降は組頭兼目代・吟味役・組同心・支配同心を支配し、組頭兼目代は御神馬別当・御掃除頭・七カ所御番所同心・大沢御殿番を支配する。元禄十三年まで神領支配にあたっていたのは元和六年（一六二〇）日光目代となった天海の家人山口忠兵衛常信とその子孫であった。また山内の政務と山中の辻番支配は慶安四年（一六五一）家光の霊柩に従い日光にとどまった日光守護（日光定番ともいう）の梶右兵衛佐定良であり、元禄十一年没後この職は廃止された。神領は本来輪王寺宮門跡の支配に属するもので、日光奉行の権限・職掌は他の遠国奉行と違ってそれほど大きくなく、日光守護と同じく山内の守護・監察を主とするものであった。奉行就任者の前歴も十人目付・使番・西丸目付・小十人頭・徒士頭・先手衆など監察系統の役職から昇進し、勘定奉行・普請奉行・作事奉行などに転出している。寛政二年奉行の勤務を一ヵ年在勤とし、同三年新御領支配の不正によって目代山口新左衛門信輔は免職、日光奉行支配無役となり、神領町在撫育・日光山取締・収納・修復・公事訴訟までを含む目代の職務は日光奉行に包摂された。これは老中松平定信の断行した神領の寛政の改革の結果であり、幕府の農政刷新強化の一環である。明治元年（一八六八）神領は新政府に没収され、真岡知県事の管轄に移った。

（大野　瑞男）

参考文献　『日光市史』中

にっこうれいへいし　日光例幣使　江戸時代、京都の朝廷から、徳川家康廟である日光東照宮に礼拝のため、毎年派遣された奉幣使。古来、養老五年（七二一）元明天皇が伊勢大神宮に奉幣使を派遣して以来の伊勢例幣使が、十五世紀後半応仁の乱中に廃絶していたのが、正保四年（一六四七）九月、後光明天皇によって再興されるに先立って、同じ年四月の家康忌日の東照宮例祭に、毎年奉幣の役目の勅使がおくられるよう定められた。起源は元和三年（一六一七）四月東照大権現社の落成と家康一周忌の遷座祭に勅使日野資勝（武家伝奏）とともに、奉幣使清閑寺共房が派遣されたことにあり、その後十三回忌の寛永五年（一六二八）や、二十五回忌の寛永十七年などに臨時に派遣されているが、正保二年、東照宮号宣下を江戸城に伝えた菊亭経季はそのあと日光に参詣、翌三年四月に持明院基定が江戸に下ってから日光に登って四月十七日の忌日に東照宮に詣でた以後は、毎年派遣され、慶応三年（一八六七）まで二百二十一年間、一度の中断もなかった。伊勢奉幣使のように、天皇の祖廟へ送られる代拝使と違い、時の実権者に対する朝廷の崇敬の表示であり、近世の朝幕関係の反映といえる。参議の公卿が三月に任命され、四月一日に京都を発って中山道経由で東下、上野国倉賀野宿から東へ分かれて、いわゆる日光例幣使街道を通って日光道中今市宿に至り、四月十五日に日光入りをする往路十四泊十五日が恒例の旅程となり、宿所も小休所の宿もほぼ定まった。忌日前日の四月十六日に、持参した金の幣帛を奉納、宣命を捧読して、その日のうちに下山、帰途は江戸へ寄り、将軍や三家のねぎらいを受け、浅草寺に詣で、東海道を帰京した。前年の幣帛を下して、細かくきざんだものが「東照宮御神体」として沿道や江戸の町で人気を呼び、宮中の神前の供米を干飯にした紙包みをまいたり（『甲子夜話』）、一年一回の公卿の通行の際に色紙・短冊が各地に書き残されたり、五十人ほどの一行は、道々に京都の文化を残す役割も果たした。

参考文献　栃木県文化協会『栃木の街道』

（河内　八郎）

にったくにてる　新田邦光　一八二九―一九〇二　幕末・明治時代の宗教家。神道修成派教祖。徳島藩士で、儒学・国学・兵学に通じ、尊王運動に奔走した。文政十二年（一八二九）十二月五日、竹沢斐章の三男に生まれる。はじめ寛三郎と称したが、上野新田氏の裔として、明治二年（一八六九）新田邦光と称す。慶応三年（一八六七）有栖川宮に招かれて神典を講じた。戊辰戦争中、一時、忍《おし》城に幽閉されたが、明治六年教部省の教導職である大講義となり、北関東と信州で神職・山岳行者らを門人とし、御岳講・富士講を結集して修成講社をつくった。明治九年、神道修成派として神道事務局からの独立を許された。同教は神儒習合の修理固成の説に立つ独自の教義をかかげ、明治中期に教勢を拡大した。巡教は三十五年に及び、管長在任のまま、明治三十五年十一月二十五日、東京で病没した。七十四歳。→神道修成派《しんとうしゅうせいは》

参考文献　修成教務局編『新田邦光史伝』、田中義能『神道修成派の研究』

（村上　重良）

にったじんじゃ　新田神社　鹿児島県川内《せんだい》市宮内町の亀山（標高七〇メートル）頂上付近に鎮座。旧国幣中社。祭神は瓊《に》瓊杵尊《にぎのみこと》を主神とする。社伝文書によると永万元年（一一六五）に「再興より三百余年」とあることから、平安時代前期の再興で創建はそれ以前ということになるが明証はない。ただし、『和名類聚抄』には薩摩国高城《たかき》郡（川内市一帯）に社名に通じる新多郷があることから、本来は在地神とし信仰されてきたことが推察される。中世には枚聞《ひらきき》神社と薩摩国一宮の地位を争い優位に立った。『建久図田帳』には社領八十五町が記載されている。近世には藩主

島津氏による社殿改修がなされており、現本殿も嘉永三年(一八五〇)島津斉興によるもので、天明四年(一七八四)再建の拝殿・舞殿・勅使殿などとともに県指定文化財。当社の『新田神社文書』は、『執印家文書』七巻、『権執印家文書』写一巻からなり、永万元年から寛文三年(一六六三)に至るもので、特に鎌倉・南北朝時代の文書を主としており県指定文化財となっている。また、銅鏡三面は重要文化財になっている。なお、神社の背後には神代三山陵の一つ可愛《えの》山陵があり、当社祭神(主神)瓊瓊杵尊の陵墓とされている。例祭は九月十五日。

参考文献 『薩摩国新田神社文書』(『鹿児島県史料集』三)、『川内市史』上・古文書編・続古文書編、野崎道雄『新田神社の研究』 (中村　明蔵)

にったじんじゃもんじょ　新田神社文書　鹿児島県川内市所在の新田神社所蔵文書。現存するのは旧社家執印文書七巻、九十一点と権執印文書古写一巻、二十九点が主なものである。現存はしないが『旧記雑録』(『鹿児島県史料』)により江戸時代中ごろまで他に執印文書八点、権執印文書八十点などの存在したことがわかる。併せてその内容は平安時代末期から江戸時代初期まで、社領ならびに執印・権執印など諸職の譲状、相伝をめぐる訴陳状、関東下知状や鎮西御教書、守護島津氏の異国警固番役覆勘状、後醍醐天皇綸旨、雑訴決断所牒、足利尊氏軍勢催促状など豊富で、社家でありながら同時に薩摩国御家人でもあった執印・権執印氏(鎌倉時代初期より執印職は惟宗氏の、権執印職は紀氏の世襲)の在地支配の実態を明示する好史料である。新田神社は新田八幡宮ともよばれ、永仁元年(一二九三)には薩摩国一宮として異国降伏祈願のため剣・馬を進献されている。同文書は国指定重要文化財。新田神社より『薩摩国新田神社文書』として刊行されているほか、『鹿児島県史料集』三、『川内市史料集』一・五に収められている。

参考文献 九州歴史資料館編『薩摩川内新田神社』(『九州の寺社シリーズ』二)、五味克夫「新田宮執印道教具書案その他」(『日本歴史』三二〇) (五味　克夫)

にっぱい　日拝　⇩日供《にっく》

ににぎのみこと　瓊瓊杵尊　天孫降臨神話の主人公の神。天照大神の子、天忍穂耳尊が高皇産霊尊《たかみむすひのみこと》の女、栲幡千千《たくはたちぢ》姫《ひめ》を妻にして生まれた子。『古事記』に天邇岐志《にきし》国邇岐志天津日高日子《ひこ》番能邇々芸命、『日本書紀』に天津彦彦火瓊瓊杵尊・天饒石国饒石天津彦火瓊瓊杵尊などとある。神名は稲穂の豊穣の意をもつ「火瓊瓊杵」に、荘重な讃え名を冠したもの。瓊瓊杵尊は『日本書紀』神代天孫降臨章本文、第四・第六の一書では真床追衾《まどこおふすま》にくるまって降臨したと伝え、同第一・第二の一書、『古事記』では出誕直後に天忍穂耳尊に代わって天降ったとある。これらの話にはいずれも嬰児の姿の瓊瓊杵尊という穀霊神が高千穂峯に降臨するという共通項があり、天皇の即位式を反映したものといえる。天孫は日向降臨後、笠狭御碕で木花開耶姫を妻にして、火闌降命《ほのすそりのみこと》(海幸彦)・彦火火出見尊《ひこほほでみのみこと》(山幸彦)・火明命が生まれ、死後は筑紫日向可愛《え》山陵に葬られたとある。↓天降神話《あまくだりしんわ》

参考文献 三品彰英『建国神話の諸問題』(『三品彰英論文集』二)、岡田精司「大王就任儀礼の原形とその展開(補訂)」(『古代祭祀の史的研究』所収) (三宅　和朗)

にのみやそんとく　二宮尊徳　一七八七―一八五六　幕末の農村復興運動の指導者。天明七年(一七八七)七月二十三日、相模国足柄上郡栢山《かやま》村(神奈川県小田原市栢山)に利右衛門・よし夫婦の長男として生まれた。通称金次郎、諱は尊徳(「たかのり」と訓むのが正しいが、一般には「そんとく」と称されている)。寛政十二年(一八〇〇)、尊徳十四歳のときに利右衛門は病死し、二年後に母が死んで、尊徳は伯父二宮万兵衛家に、二人の弟は母の生家に預けられた。伯父の家に預けられた尊徳は、万兵衛家での農作業に励むとともに、氾濫による荒地に菜種をうえたり、夜なべ仕事をしたり、読書や算術を学んだりした。おそらく母の死後にも若干の田畑が残されていてそれは小作に出され、その収入もあわせて、二十歳のとき尊徳は生家を再興した。その後の尊徳は毎年のように田畑を買い求め、それをまた小作に出して、二十六歳のときには小作米三十八俵余を得る小地主となった。尊徳の致富の方法は、人並みはずれた体力に支えられたきびしい労働にもよるが、土地は小作に出し、お金が溜れば貸金とし、貢租のかからない荒地を耕し、みずからは雇人となって給金を稼ぐなど、領主権力の収奪を巧妙に避けたものであった。文政元年には奉公先の服部家の財政立直しを引きうけ、きびしい倹約の励行と藩からの借用金の運用によってこれに成功した。そのほか、服部家に奉公中の尊徳は、小田原藩士のための金融制度にあたる五常講をつくったり、枡の統一を建議したりした。そして、服部家再興の手腕が認められて、文政四年には小田原藩主の分家旗本宇津家の領地下野国桜町領の調査を命ぜられ、翌年にはその復興を任された。ついで文政六年には家産を処分して、尊徳一家は桜町領に移住した。桜町領は、下野国芳賀郡横田村・物井村(栃木県芳賀郡二宮町)、東沼村(同真岡《もおか》市)三村で、『報徳記』によれば、元禄期には高四千石、民家四百四十戸、貢租三千百俵であったものが、文政期には「衰廃極《きわま》り」、戸数百四十戸余、貢租八百俵に減少していた。この数値については、地方《じかた》文書による最近の研究からもほぼ同様の結果が得られており、この三村は北関東の荒廃した村の典型だったことがわかる。こうした衰廃した村を復興するのが報徳仕法で、桜町領の復興＝桜町仕法がそのモデル＝ケースとなった。天保八年には桜町領の仕法を終えた。桜町仕法の成功は尊徳の名声を高め、北関東各地で尊徳は仕法を依頼されるようになった。天保四年以降の青木村仕法、同五年からの谷田部《やたべ》・茂木《もてぎ》領仕法、七年の烏山藩仕法などがそれで、弘化二年(一八四五)には尊徳門下が藩政の中枢を占める相馬藩においても仕法が開始された。他方、天保十

三年には御普請役格二十俵二人扶持の幕臣に登用され、利根川分水路工事の調査を命ぜられた。また、弘化二年から翌年にかけて日光領仕法雛形を作成し、嘉永六年(一八五三)に日光領仕法を命ぜられた。この仕法は尊徳がかかわった最大の仕法で、安政二年(一八五五)には今市(栃木県今市市)の仕法役所に一家をあげて移住したが、尊徳は翌安政三年十月二十日に死んだ。七十歳。墓は今市の報徳二宮神社の背後にある。尊徳の事蹟を記した『報徳記』(富田高慶)は、明治十三年に天覧に供され、明治十六年に宮内省から、同十八年には農商務省、ついで大日本農会から出版され、その語録『二宮翁夜話』(福住正兄)も明治十七年から二十年にかけて出版された。また、勤倹力行によってみずからの運命をきり拓くという尊徳二宮金次郎のイメージは、修身教育を通じて国民教化の重要な手段とされ、全国の小学校の校庭に薪を背負って本を読む少年金次郎像が建立された。尊徳の思想は、「神儒仏正味一粒丸」、これを「報徳教」という、などとする折衷的な内容で、その限りでは伝統思想の大枠をでるものでないとすることもできるが、民衆の生活意識の思想化という色彩が濃く、他の思想家にはみられない独自性がある。とりわけ、天道に対して人道=作為を対置して、衣食住とそれを作りだす生産労働を重んじて、そのための努力や生活規律を説くところには、そうした特質がよく表現されているとしてよかろう。『二宮尊徳全集』全三十六巻(昭和二年(一九二七)―七年、二宮尊徳偉業宣揚会)がある。

参考文献　佐々井信太郎『二宮尊徳伝』、奈良本辰也『二宮尊徳』(『岩波新書』青三三四)、守田志郎『二宮尊徳』(『朝日評伝選』二二)
(安丸　良夫)

にふかわかみじんじゃ　丹生川上神社　現在、上社《かみしゃ》・中社・下社の三社があり、上社は奈良県吉野郡川上村迫《さこ》に、中社は同郡東吉野村小《おむら》に、下社は同郡下市町長谷《ながたに》に鎮座。雨師《あめし》明神・丹生明神ともいう。三社とも旧官幣大社。上社は高龗神《たかおかみのかみ》を主神に大雷神《おおいかづちのかみ》・大山祇神《おおやまずみのかみ》を、中社は罔象女《みずはのめ》神《のかみ》を主神に伊邪奈伎命《いざなぎのみこと》・伊邪奈美命《いざなみのみこと》・大日孁貴命《おおひるめのみこと》・八《や》意思兼命《いおもいかねのみこと》・誉田別命《ほむたわけのみこと》・大国主命・事代主命《ことしろぬしのみこと》・海津見命《わたつみのみこと》・菅原道真を、下社は闇龗神《くらおかみのかみ》を祀る。創立は天武天皇四年(六七五)で大和《おおやまと》神社の別社といわれ、『類聚三代格』寛平七年(八九五)六月二十六日の太政官符に、「人声の聞こえぬ深山の吉野丹生川上にわが宮柱を立てていつきまつるなら天下のため甘《よき》雨を降らせ霖《あしき》雨を止めよう」との神告により創祀とあり、古来、祈・止雨に幣と馬を奉った。『続日本紀』天平宝字七年(七六三)五月庚午条に旱天につき奉幣、黒毛の馬を奉り、宝亀八年(七七七)五月癸亥・八月丙戌条に霖雨につき白毛の馬を奉るとある。延喜の制で名神大社に列して官幣に預り、祈雨祭八十五座の一つとして幣のほか貴布禰《きふね》神社とともに黒毛の馬、止雨祭料にも幣に白馬一匹を加えられ大和神社神主が勅使に随って参向とある。弘仁九年(八一八)従五位下を叙されて以来、元慶元年(八七七)六月には正三位に進み、寛平九年には従二位。祈・止雨の奉幣遣使は記録上だけでも室町時代までに数十件に及んだが、以後衰微して社地の所在さえ不明となった。明治四年(一八七一)長谷の宮が官幣大社に列せられたが、寛平の太政官符に当社奉納神馬放牧の禁猟地四至を「東限塩匂、西限板波滝、南限大山峯、北限猪鼻滝」とあり、その所在から見て長谷の宮より迫の宮が、さらに中の宮が四至に合致すると考証され、大正十一年(一九二二)三社とも当社と比定、中社が中心の社と指定された。例祭は上社が十月八日、中社が十月十六日、下社が六月一日。中社の「弘長四(文永元、一二六四)二九」と刻銘のある石燈籠は国の重要文化財、下社の太鼓踊は下市町指定文化財。上社境内暖地性植物自生樹叢は県指定天然記念物。中社のツルマンリョウ自生地は国の天然記念物。

参考文献　谷川健一編『日本の神々』四、式内社研究会編『式内社調査報告』二
(宮坂　敏和)

上社　奈良県吉野郡川上村迫字船屋迫に鎮座。高龗神《たかおかみのかみ》を主神とし、大山祇神《おおやまつみのかみ》・大雷神《おおいかづちのかみ》を配祀する。国史に散見する丹生川上神社の上社として明治二十九年(一八九六)官幣大社となった。当社はもと、北方約五〇メートル下の吉野川沿い字宮《みや》の平《たいら》にあり、下流に大滝ダムを建設するため、平成十年(一九九八)三月現在地に遷座された。旧境内地は平成十五年五月水没。遷座後発掘調査が実施され宮の平遺跡と命名され、旧官幣大社直下の発掘調査という貴重な事例となった。その結果、旧本殿下最下層からは八世紀後半から九世紀にさかのぼり得る拳大の角礫や円礫が人為的に集められた集石遺構、その上層は十一世紀後半から十二世紀初頭にかけての建物を伴わない敷石遺構、さらに上層に十二世紀末から十三世紀初頭ころにかけての石垣基壇があり、その基壇上に礎石建ちの社が建立されていたことが確認され、それ以降社殿建築が続くことが判明した。なお、旧社殿は飛鳥坐神社に移築されている。

参考文献　奈良県立橿原考古学研究所編『宮の平遺跡』一(『奈良県立橿原考古学研究所調査報告』八四)、橋本裕行「奈良県吉野郡川上村所在の宮の平遺跡(丹生川上神社上社旧境内地)の発掘調査について」(式内社顕彰会編『式内社のしおり』六四)
(山田　浩之)

下社　奈良県吉野郡下市町長谷の丹生川沿いに鎮座。闇《くら》龗神《おかみのかみ》を祀る。下社は白井宗因が寛文十年(一六七〇)に『神社啓蒙』を著わし式内社「丹生川上神社」を「下市之傍山中丹生村」の当社として以来、並河誠所の『大和志』、度会延経の『神名帳考証』など諸書のすべてが同神社に比定している。幕末の安政元年(一八五四)正月には二十二社の一社として孝明天皇の宣旨が下り、黒船来航にあたり国体安穏宝祚悠久を祈願し、さらに文久二年(一八六二)十月には禁裏より米三十石が奉献され、攘夷祈願を行なっている。その後明治四年(一八七一)官幣大社に列格。しかし明治七年には時の少宮司江藤正澄が、『類聚三代格』

にある寛平七年（八九五）の太政官符の四至に下社があわないとし、現上社（同郡川上村）を比定し、明治二十九年に上社・下社となり、のちに中社（同郡東吉野村）も加わり三社とも官幣大社。例祭は六月一日で、丹生・長谷・谷の三地区が太鼓踊りを奉納する。

参考文献　式内社研究会編『式内社調査報告』二、谷川健一編『日本の神々』四　（山田　浩之）

にふだいじんぐうのぎき　丹生大神宮之儀軌　伊勢国飯高郡（三重県多気郡勢和村丹生）の丹生神社の縁起書で両部神道書の一つ。空海撰とするが鎌倉時代以後の仮託。一巻。冒頭に度会氏二門の氏寺、常明寺の縁起を述べ、延暦二十一年（八〇二）に空海がこの寺に住し伊勢神宮に参詣して神の加護を得、渡唐の宿願を果たすとともに帰朝後天皇の帰依を受けたこと、弘仁七年（八一六）に大峯・熊野両峯に入った折に高野神の化身たる猟師の導きのもと伊勢国飯高郡丹生山に至り、影向した丹生津姫神の教えにより社殿を建立したこと、丹生津姫神は天照大神の妹神で内宮と同体同心の神であり、かつ大弁財天女、高野神はその御子神で外宮の神であること、などを説く。なお、御巫清直の『伊勢式内神社検録』によれば丹生神社は本殿二宇から成り、左が丹生社、右が高野社であった。『続群書類従』神祇部、『弘法大師全集』五所収。本書の異本とみられる『丹生大明神儀軌』が『神道大系』神社編一四に所収。

参考文献　『群書解題』一下、久保田収「『丹生大神宮之儀軌』について」（『神道史の研究』所収）　（高橋美由紀）

にふだいみょうじんのりと　丹生大明神告門　和歌山県伊都郡かつらぎ町上天野鎮座の丹生都比売神社に伝来した祝詞。二月・十一月の両十六日、春秋二季の大祭に奏上されたもので、古来「誉田天皇勅筆祭文」と称して、神殿に秘し、惣神主丹生氏ひとりが祭礼のときにのみ、とり出して用いた。原本は残されていないが、応永五年（一三九八）定秀書写系統の写本が流布する。告門には大神が最初伊都郡奄田《あんだ》村に降臨し、大和・紀伊の各地に忌杖を刺し、神地を求めて遷幸し、最後に天野原の現社地に至り、大宮柱を建てて鎮座するまでの勧請起源が記されている。現存本には告門本文について品田（応神）天皇より奉られた神堺四至をはじめ、奉献・神階叙位の記事が追記されている。その成立年代は、最末に「相次三御位幷加階奉賜也」とあることから、三位に昇叙した十世紀後半ごろと推定される。この時期は空海の遺告類の製作期にあたり、丹生明神より空海への神地移譲伝承が成立し、高野山領確保の目的から、寺側により偽作の神堺四至も加筆され、丹生祝氏文とともに伝来するところとなった。　↓丹生《にふ》祝氏文《はふりのうじぶみ》

参考文献　丹生都比売神社編『丹生都比売神社誌』、本居内遠『天野告門考』（『本居内遠全集』）、栗田寛「丹生大明神告門考証」（『栗里先生雑著』上所収）　（岡田　荘司）

にふつひめじんじゃ　丹生都比売神社　和歌山県伊都郡かつらぎ町上天野に鎮座。旧官幣大社。社殿四宇から成り、第一殿に主祭神丹生都比売大神（丹生明神）、第二殿に高野御子大神（高野明神）、第三殿に大食都比売大神《おおげつひめのおおかみ》（気比の神）、第四殿に市杵島比売大神《いちきしまひめのおおかみ》（厳島の神）を祀る。丹生社・天野社とも四社（四所）明神とも称された。『丹生大明神告門』によると、最初、丹生の大神は奄田《あんだ》村に降臨し、その後各地を巡幸し現社地に鎮座したと伝える。また『播磨国風土記』逸文には、神功皇后の三韓遠征に際して「爾保都比売命」の功験があり、こののち「紀伊国管川藤代之峯」に鎮祭されたという。同社には中世後期に至るまで、毎年九月十六日紀伊の浜玉津島へ神輿渡御があり、翌十七日には紀伊国造家に由縁深い草宮を拝する神事があった。また紀伊国造の新任儀礼の一環として、天野の本社の遥拝所的性格をもち明神が最初に降臨したと伝える三谷の丹生酒殿神社に参り、白犬一匹と犬食米一斗を奉献することが行われてきた。丹生明神は、祀職丹生氏が紀伊国造家と出自を同じくすることからみても、元来紀氏とつながりが深く、同氏によって捧持され、紀伊に上陸して新たに勧請された新来《いまき》神ということになる。一方、第二殿の高野明神は丹生明神がまつられる以前の天野の地主神であり、狩場《かりば》明神とも別称されるように、狩猟祭祀につながる同社の原祭祀の神であろう。第三・第四殿の神は、承元二年（一二〇八）高野山の行勝が神託を得て勧請したもの。『延喜式』神名帳所載の式内社で、名神大社、月次・新嘗の官幣に預かる。空海が高野山に金剛峯寺を開創してからは、寺院鎮守神として崇敬され、神仏習合がすすめられた。寺院側は丹生明神から空海に神地が移譲されたという説を偽作して、寺領の拡大をはかり、高野山領荘園の鎮守神に同社を勧請した。中世に

丹生都比売神社（『紀伊国名所図会』3編4より）

は異国降伏の霊験によって和泉国近木郷が寄進され、近世には高野山から寄せられた二百十石余の供米を有した。明治の神仏分離により鐘楼などの仏教色は除かれた。大正十三年(一九二四)県社より官幣大社に昇格。例祭は十月十六日。本殿四棟および楼門が重要文化財に指定されており、国宝銀銅蛭巻太刀拵、重要文化財木造鍍金装神輿二基をはじめとして所蔵の宝物は数多い。 ↓四《し》所明《しょみょう》神《じん》 ↓丹《に》生《ふ》祝氏文《はふりのうじぶみ》

参考文献 仁井田好古他編『紀伊続風土記』高野山之部二一、丹生都比売神社編『丹生都比売神社誌』、五来重編『高野山と真言密教の研究』(『山岳宗教史研究叢書』三)、和歌山県立博物館編『天野の歴史と芸能―丹生都比売神社と天野の名宝―』 (岡田 荘司)

にふつひめのかみ 丹生津姫神 和歌山県伊都郡かつらぎ町の丹生都姫神社の祭神。丹生津比売神とも書く。天照大神の妹神とされ、稚日《わかひる》女《め》尊《のみこと》ともいう。『丹生大明神告門』によれば、紀伊国伊都郡奄田《あんだ》村に降臨、紀伊および大和を巡行したのち、現在の天野の地に鎮座したという。水銀の神、水源の神ともいう。『釈日本紀』所引『播磨国風土記』では爾保都比売命《にほつひめのみこと》と記し、神功皇后が新羅を征しようとして播磨で諸神に祈ったときに、丹生津姫神が「よく我が前を斎かば、我れ善験を顕して容易く新羅を平げん」(原漢文)といって与えた赤土を天逆矛に塗って渡海し、たちまちに新羅を征し、凱旋したという。先の告門によれば、その報賽として御子応神天皇が紀ノ川以南の広大な地を神領として寄進したという。『今昔物語集』一一、弘法大師始建高野山語には丹生明神と出ており、空海の高野山金剛峯寺建立にあたって神領を寄進したと伝える。高野山の地主神・護法神であり、鎮守として山内の明神社に勧請され、一山の崇敬を受けている。 (河野 訓)

にふはふりのうじぶみ 丹生祝氏文 和歌山県伊都郡かつらぎ町上天野鎮座の丹生都比売神社に仕える丹生氏の家記。仮に「氏文」と名付けたのは本居内遠であったが、ほかに「氏籍」「氏系」「景(系)図」などとも呼ばれてきた。「丹生津比売及高野大明神仕丹生祝氏」で始まり、最末には「延暦十九年(八〇〇)九月十六日」の日付を記す。田中卓は、これを延暦十八年の勅によって『新撰姓氏録』撰述のために、諸国の各氏に提出させた本系帳の一つと推定している。紀国造紀氏と出自を同じくする丹生氏の系譜には、丹生祝の姓を賜わった麻布良首の子孫と物部氏の一族佐夜造と姻戚関係を結んだ丹生相見氏の氏系が記され、その後半は美麻貴(崇神)天皇の代、紀国造宇遅比古命・大阿牟太首が紀伊・淡路の犬とその口代の飯を奉ることを載せる。この文中には『丹生大明神告門』の追記と同様に、品田(応神)天皇から寄せられた山地四至が不自然に挿入されており、一部に高野山寺院側の後世(十世紀後半ごろか)の加筆があったことが窺われる。 ↓丹生大明神告門《にふだいみょうじんのりと》 ↓丹生都比売神社《にふつひめじんじゃ》

参考文献 本居内遠『丹生祝氏文考』(『本居内遠全集』)、田中卓「『丹生祝氏本系帳』の校訂と研究」(『田中卓著作集』二所収)、西田長男「『丹生祝氏文』と『弘法大師御遺告』と」(『日本神道史研究』四所収) (岡田 荘司)

にふみょうじん 丹生明神 ⇩高野明神《こうやみょうじん》

にほんしょき 日本書紀 神代より持統天皇十一年(六九七)八月に至る歴史書。舎人親王ら撰。三十巻、系図一巻(現存せず)。養老四年(七二〇)五月二十一日完成、奏上。書名は、現存の古写本には皆「日本書紀」とあり、この名は『令集解』公式令詔書式所引の古記にもみえるが、完成を記す『続日本紀』の記事には「日本紀」とあり、本書に続く国史の書名は『続日本紀』『日本後紀』『続日本後紀』とあって「書」の字はなく、『万葉集』には両方がみえ、本来の書名については定説はないが、一般には『日本書紀』としている。巻一・二は神代巻で、巻三神武天皇から巻三〇持統天皇に至る。そのうち、巻九は神功皇后にあて、本文には即位したとみえないにかかわらず天皇と同じ扱いをし、また巻二八は天武天皇元年で、大友皇子の即位・称制を認めなかった。この二例は後世議論を呼びおこし、神功は歴代天皇の列に認めず、大友は明治政府が弘文天皇の号を贈り歴代天皇に加えた。神武を除く他の天皇の即位元年条に必ず太歳記事があるにかかわらず、神功については摂政元年条以外に三十九年・六十九年条にもあり、天武については元年条になく、二年条にみえ、例外の記載になっている。本書の記事は巻三以降天皇が中心で、即位前紀に天皇の諱、父母、性格、立太子、先天皇の崩年を記し、即位の年を元年とし、記事は月日にかけ、月日不明の時は是月・是歳とする。立后の記事には母と子女を列挙する。記事の範囲には特定の限定はなく、天皇の行動、政策、天文、災異、瑞祥、外国関係などが記され、中国の皇帝実録とも異なる。一天皇の記事は原則として他巻にまたがることはないが、巻二八は特別で、天武天皇元年(六七二)の壬申の乱の記事のみである。年は太歳記事によって計算すれば干支が明らかになり、月日は「冬十月甲申朔己酉」のように四季・月・月朔・干支を記している。月朔と干支を記すには暦が必要であるが、小川清彦の計算によれば、允恭までは儀鳳暦、安康以後は元嘉暦であるという。儀鳳暦は本書編纂当時の最新の暦である。辛酉革命説により神武紀元を設定し、それよりの暦を計算して、それに紀年の不明瞭な記事をあてはめたために矛盾が生じ、後世紀年論がおこった。文体は漢文であるが、歌謡は漢字一字を日本語の一音にあて、日本語の歌によめるようにしてある。歌謡を表記する漢字は本文にみえる普通の漢字ではなく、字画の繁雑な漢字を意識的にえらんでいる。これには漢訳仏典の呪《じゅ》で梵語の音を表記するのに用いられた漢字が多くみえる。本文の漢文は『古事記』の漢文のような国語脈が入ったり、日本語を漢字音によって示したりすることはなく、比較的純粋な漢文である。しかし古

写本に残る古訓、『日本書紀私記』『釈日本紀』などによると、音読はせず、訓読していたらしい。本書編纂の材料となったと推測されるものには、早く推古天皇二十八年(六二〇)に聖徳太子らが録した『天皇記』『国記』以下があり、天武天皇十年三月川島皇子らに記定せしめた「帝紀および上古諸事」、持統天皇五年八月大三輪氏ら十八氏にたてまつらしめた「墓記」がある。和銅七年(七一四)二月十日紀清人・三宅藤麻呂に国史を撰ばしめ、本書の編纂が始まっていたことを示している。天武天皇十年の「帝紀」は『古事記』序文にみえる「帝紀」および「帝皇日継」にあたり、「上古諸事」は同じく「本辞」と「先代旧辞」にあたるのであろう。『古事記』の綏靖から開化まで、および宣化から推古までの記事は天皇の名・宮・在位年数・年齢・皇后・子女・陵・崩年などの事項のみからなっているが、「帝紀」はこれらの事項をさし、「上古諸事」は同書にみえるこれ以外の事項にあたる。本書にもこの二項目が記載されているが、『古事記』よりははるかに多くの記事を記しているし、また引用文献名を多く記している。「一書曰」「一云」は特に神代巻に多く、また「一本」「旧本」「或本」などとみえるが、これは書名ではなく、本文と同じ性格のもので、編纂過程で一時本文にとりこまれたものが、のちに参考として残されたものであろう。書名としては『百済記』『百済新撰』『百済本記』『日本旧記』『魏志』『晋起居注』『譜第』『伊吉博徳書』『難波男人書』『高麗沙門道顕日本世記』『(鎌足)碑』がみえる。書名はないがその性格を推測できるものは、諸氏の祖を記し、その伝承を伝えるものは諸氏から提出させた資料にもとづくものであり、寺院関係記事は『元興寺縁起』などの縁起類を利用したものであろう。また壬申の乱の記事は『釈日本紀』に引用されている調淡海・安斗智徳らの日記が使用されている。大社の起源の記事は伝承と深く関係しているので、直接神社から提出した資料以外に伝承そのものの中にも資料があったと考えられる。また、神代巻を例にとると、「此れ桃を用ゐて鬼を避くる縁なり」「土俗、此の神の魂を祭るは花の時には亦花を以て祭るなり」のように編纂時における社会的習慣を丹念に記している。このような記事は他の資料にはみえないもので、諸所に記されている地名伝説とともに、『書紀』編纂者の現実的関心が強いことを示している。ただしこれらが風土記のようなものによったかどうかは明らかではない。最近本書の各部分の詳細な研究により各巻執筆は一人の手によるものではなく、複数の人物が参加していることが指摘されるようになった。記載事項の特徴、用字、用語、分注の分布状況など、さまざまの項目の各巻における状況の比較によって、㈠巻一・二(神代)、㈡巻三(神武)、㈢巻四―一三(綏靖―安康)、㈣巻一四―一六(雄略―武烈)、㈤巻一七―一九(継体―欽明)、㈥巻二〇・二一(敏達―崇峻)、㈦巻二二・二三(推古・舒明)、㈧巻二四―二七(皇極―天智)、㈨巻二八・二九(天武上・下)、(一〇)巻三〇(持統)に分類することができ、さらに㈡と㈨、㈡㈢と㈦、㈣㈤と㈧には共通の特徴があると指摘されている。これらの特徴は内容の必然性によるものではなく、各巻の担当者の文章の癖によるものであって、執筆者がただ一人であるならば生じないものである。谷川士清《ことすが》の『日本書紀通証』、河村秀根の『書紀集解』および以後の個別研究によって本書の漢文・漢語の中国文献上の出典がかなり明らかとなった。この結果を逆に推測すると、『書紀』の筆者はそれぞれの古典を熟知していて、適宜漢語を駆使し文章を作成したと考えられ、その学識のほどを驚嘆されていた。また普通の漢文以外に有名な例は欽明天皇十三年(五五二)十月条の仏教伝来の記事中の百済の聖明王の表文で、この文章は『金光明最勝王経』の一部であることが明らかにされた。この経典は七〇三年(大宝三)に漢訳されており、養老二年遣唐使の帰朝とともに将来され、同四年に完成、奏上された『日本書紀』に採用され、おそらく最終の修正に間に合ったものであろう。漢語出典の研究に新しい見地を開拓したのは小島憲之《のりゆき》の研究であった。それによると、『書紀』の筆者は古典の原典にさかのぼって引用している場合もあるが、かなりの部分が『芸文類聚《げいもんるいじゅう》』のような類書(文章を作るために便利なように関連のある文章・熟語を項目別に集めた書物)を参考にして文章を作成していることが明らかとなった。このような文章作成過程は『書紀』編纂者の特有のものではなく、六朝・隋・唐・宋の文人の常であった。この指摘によって『書紀』編纂の具体的過程の一部が明らかとなった。本居宣長は『書紀』の文章の潤色によって古伝の真実を歪曲したと非難しているが、その指摘は一部はあたっている。現在の漢文的修飾の濃い文章から原形を推測することは困難であって、たとえば歴代の天皇の性格は『古事記』にもみえないものが多いが、本書には『魏志』『東観漢記』『芸文類聚』『唐高祖皇帝実録』などによって叙述している。これらは編纂者が推測したものにすぎない。しかし漢文的表現をとった記事がすべて架空のものであるかというと、そうした記事の中には、もともとある程度の事実があって、それを既成の漢文を借りて表現したものもあると考えられる。また本書の漢文は既成の漢文から必要な部分を切りとってならべただけではなく、必要な漢文をもととして、構文をかえ、熟語をならべかえるなどの努力の跡がみられ、さらに神代巻の本文と一書とを比較すると、文章上の変化の跡を辿ることができ、漢文作成能力はかなりの程度のものであった。『日本書紀』の古写本には以下のものがある。㈠古本系統(神代巻の一書は細字二行となっている)。(1)最古の写本。四天王寺本(『(新訂増補)国史大系』一上口絵写真)、佐佐木信綱旧蔵本(『秘籍大観』)、猪熊本(古典保存会複製)。いずれも巻一の断簡で僚巻。奈良時代末期より平安時代初期の書写。(2)田中本。巻一〇。(1)と僚巻。(3)岩崎本。巻二二・二四。平安時代中期の書写。(4)前田本。巻一一・一四・一七・二〇。平安時代後期の書写。(5)宮内庁書陵部本。巻二・一〇・一二—一七・二一—二四。院政期の書写。(2)—(5)は『秘籍大観』所収。(6)北野本。二十八巻のうち巻二二—二七。院政期書写(複製あり)。(7)鴨脚《いちょう》本。巻二。嘉禎二年(一二三六)書写(古典保存会複製)。(8)丹鶴叢書本。巻一・二。嘉元四年(徳治元、一三〇六)書写本の模刻。(二)卜部家本(神代巻の一書が一字下げの大字となっている)。(1)兼方本。巻一・二。弘安九年(一二八六)以前書写(複製あり)。(2)乾元本。巻一・二。乾元二年(嘉元元、一三〇三)書写(『天理図書館善本叢書』)。(3)水戸彰考館本。巻一・二。嘉暦三年(一三二八)書写(『日本文献学会叢刊』)。(4)兼右本。巻三—三〇。天文九年(一五四〇)の浄書(『天理図書館善本叢書』)。(5)内閣文庫本。三十巻。卜部家本を永正十年(一五一三)三条西実隆が写した本の近世初期の写本。(6)熱田本。巻一—一〇・一二—一五。永和元年(一三七五)ころ熱田神宮に奉納。(7)北野本。二十八巻のうち古本系統を除いた巻。各時代の書写がある(複製あり)。(8)伊勢本。道祥らが応永三十年(一四二三)ころ、卜部家本を写した本の写本。書陵部・穂《ほ》久《く》邇《に》文庫(『神道大系』)・神宮文庫(『神宮古典籍叢刊』)などに分蔵されている。木版本は慶長四年(一五九九)の神代巻の勅版、慶長十五年の木活字版、これに訓点を加えた寛永ころの整版本、その重刻の寛文九年(一六六九)版があり、その後これを基にした多くの版本がある。活字本に『(増補)六国史』一・二、『(新訂増補)国史大系』一、『日本古典全書』、『日本古典文学大系』六七・六八などがある。

→日本書紀注釈書《にほんしょきちゅうしゃくしょ》

参考文献　井上光貞編『日本書紀』(『日本の名著』一)、丸山林平編『定本日本書紀』、国学院大学日本文化研究所編『校本日本書紀』、中村啓信編『日本書紀総索引』漢字語彙篇、日本書紀撰進千二百年紀念会編『(撰進千二百年紀念)日本書紀古本集影』、内田正男『日本書紀暦日原典』、小島憲之『上代日本文学と中国文学』上

(山田　英雄)

にほんしょきくけつ　日本書紀口訣　⇩神代巻口訣《じんだいのまきくけつ》

にほんしょきさんそ　日本書紀纂疏　『日本書紀』神代巻の註釈書。一条兼良著。六巻三冊。康正年中(一四五五—五七)の成立。兼良は神儒仏一致説をとり、『日本書紀』は『旧事紀《くじき》』を基にするとし、その解釈は儒仏を混淆し、中世学問の世界の第一人者の著として中世思想史の史料とはなるが、神代巻の註釈としては価値の高いものではない。最古の写本である永正八年(一五一一)清原宣賢書写本は複製本(『天理図書館善本叢書』和書之部二七)があり、活字本は『国民精神文化文献』四がある。→一条《いちじょう》兼良《かねよし》

参考文献　近藤喜博「日本書紀纂疏・その諸本」(『芸林』七ノ三)

(山田　英雄)

にほんしょきじんだいしょう　日本書紀神代抄　卜部(吉田)兼倶による『日本書紀』神代巻の注釈書。二巻二冊。中世日本の神道思想を理解できる文献である。成立時期については、文明年間(一四六九—八七)の初めころという説をはじめ諸説ある。吉田神道の立場からの『日本書紀』の注釈のため、学問的というより、吉田神道の基礎的な神道説を盛り込んだ注釈書との評もある。最大の特色は、天神七代地神五代を、神の特徴より五分類している点である。国常立尊の信仰をもとに神を天地未分の先におき、宇宙の元機、万物の本体的なものとみなしている。また、日本の文字について、「イロハ」四十七字やカタカナの制作、「アイウエヲ」の五十字の成立にも言及している。五十音は神代から存したこと、一万五千三百六十文字の神代文字の存在も伝えている。全体を三教枝葉花実説で解釈しており、兼倶以後の吉田神道の宣伝に利用された。天理大学附属天理図書館に自筆本がある。なお、同一あるいは類似の書名の注釈書が多数著わされている。

(真壁　俊信)

にほんしょきちゅうしゃくしょ　日本書紀注釈書　広義には、『日本書紀』の本文を重視した写本・版本も含まれるが、狭義には、書紀の本文の注釈や字句の出典などを示した書。『日本書紀』注釈書として著名なものは、鎌倉時代中期、卜部兼文の講義を兼方が著した『釈日本紀』である。『釈日本紀』の記事によれば、古くは『仮名日本紀』の存在を指摘している箇所もあるが、いずれにせよ『釈日本紀』以前は、講書の形で本文解釈がなされてきた。本書では、全体を七部門に分類して、本文の正誤、字句の解釈、読み方などを詳しく記述している。それ以前の研究は、講書とその記録である私記の形を取っていたが、本書では、これらを集成したところに特色が認められる。以後の研究の一つの方向を示したもので、書紀全体を対象とした高水準の研究書である。その後、中世を通じて書紀全体を扱う研究は影を潜めたが、時代風潮にささえられ、神道とのかかわりから、神道家・仏家・儒学者などにより神代巻について宗教的な注釈が加えられた。忌部正通『神代巻口訣』、一条兼良『日本書紀纂疏』、吉田兼倶『日本書紀神代抄』、清原宣賢『日本紀神代抄』などが知られる。これらは吉田神道(吉田兼倶ら)による三教枝葉花実説の影響があり、それらを発展させたものとなっている。江戸時代の初期には、度会延佳『日本書紀神代講述鈔』、吉川惟足『神代巻惟足抄』、服部安休『日本書紀蒙訓』、山崎闇斎『神代巻風葉集』、玉木葦斎『神代巻藻塩草』など神代巻の注釈が著わされた。一方、『日本書紀』を歴史書として注目する研究もあらわれた。書紀全編の注釈を試みた谷川士清『日本書紀通証』はそれまでの説を集成したものとして価値が高い。字句解釈や史実考証に和漢の書籍を博捜するとともに、国語学的な考察は群を抜いたものがあるが、いまだ垂加神道流の解釈の影響も残っている。その後の河村秀根『書紀集解』は、神道家の解釈から脱して考証学的出典研究に終始したものとなっている。国学者契沖の『厚顔鈔』は書紀と『古事記』の歌謡を注釈し、書紀をより重視したが、賀茂真淵に至って書紀を漢文の書として、その読み方に深い関

日本書紀注釈書一覧

書名	巻数	成立	著者	備考
日本紀私記	一巻	養老五年(七二一)	太安麻呂	別 日本書紀私記、養老五年私記 *釈日本紀・本朝書籍目録等
日本紀私記	三巻	弘仁三(八一二)、四年	多 人長	別 日本書紀私記、弘仁四年私記、弘仁私記
日本紀私記		承和一〇(八四三)、一一年	菅野高年	別 日本書紀私記、承和六年私記 *釈日本紀・本朝書籍目録等
日本紀私記	一巻	元慶二(八七八)-六年	善淵愛成	別 日本書紀私記、元慶二年私記 *釈日本紀・本朝書籍目録等
日本紀竟宴和歌	二巻一冊		藤原国経等	別 日本紀竟宴歌、日本書紀竟宴和歌、日本紀竟宴和歌集
日本紀私記		承平六(九三六)-天慶六年(九四三)	矢田部公望	別 日本書紀私記、承平六年私記
日本紀私記		康保二年(九六五)	橘 仲遠	別 日本書紀私記、康保二年私記 *釈日本紀・本朝書籍目録等
日本書紀見聞	四冊		快尊述・定海記	
釈日本紀	二八巻目録一巻二九冊		卜部兼方編	
日本紀私抄	一冊		釼 阿	自筆(東京大学)
神代口訣	五巻五冊	貞治五年(一三六六)	忌部正通	別 神代巻口訣、日本書紀口訣、日本紀神代口訣、日本書紀神代巻口訣
日本紀神代巻秘抄	一冊		卜部兼敦	自筆(天理図書館)
日本紀灌頂教授作法	一冊		良遍述・頼仙記	別 日本紀教授作法
日本書紀巻一聞書	一冊	応永二六年(一四一九)	良遍述・頼舜記	
日本紀私鈔鈔	三巻三冊		聖 冏	
神代巻私見聞	一冊	応永三一年(一四二四)	良 遍	
神祇系図				
神書聞塵	二巻一冊	文明一三年(一四八一)	吉田兼倶述・清原宣賢	自筆(天理図書館)
日本紀纂疏補遺	一冊		一条兼良	内題 神書纂疏補遺
日本紀神代抄	二巻一冊	文明一三年(一四八一)	吉田二位述・宜竹記	
日本書紀纂疏	六巻		一条兼良	別 日本紀纂疏、神代巻纂疏
神代和歌	一冊	文明一八年(一四八六)	吉田兼倶	
神代聞書	一冊	明応七年(一四九八)	吉田兼致	自筆(天理図書館)
日本書紀神代聞書	一冊		吉田兼倶述・宜竹記	
日本書紀神代抄	二巻二冊		吉田兼倶	自筆(天理図書館)
神代紀講義	五巻		清原宣賢	別 神代講義、神代巻講義
日本書紀神代巻抄		天文五年(一五三六)	清原宣賢	別 日本紀神代抄、神代巻抄
日本紀和歌注	一冊	天文年間	近衛尚道	
日本紀聞書		永禄一〇年(一五六七)	吉田兼右	
日本書紀歌註	一冊		吉田兼右	
日本書紀神代巻講義	一冊		清原枝賢	
仮名日本紀	三〇冊	慶長四年(一五九九)	清原国賢	
(慶長勅版)日本紀神代巻奥書		慶長四年(一五九九)	清原国賢	
日本紀秘密巻書	一冊	天正年間	朝 意	
日本書紀神詠歌集	一冊		梵 舜	自筆(天理図書館)
日本書紀神代巻抄	二冊	慶長一一年(一六〇六)	梵 舜	自筆(国学院)
日本書紀口伝聞書	一軸	寛永二年(一六二五)	智仁親王	自筆(宮内庁書陵部)
神代系図	一冊	寛永一八年(一六四一)	林 羅山	
日本書紀神代巻思瓊鈔	五冊	延享二年(一七四五)	卜部兼雄	
日本書紀撰者辨	一冊	延享四年(一七四七)	河村秀興・河村秀根	
神代図抄	一冊	明暦二年(一六五六)	度会延佳	別 神代図、神代図説
日本書紀神代合解	一二巻一二冊	寛文四年(一六六四)	清原国賢編	別 神代合解、日本紀神代合解
神代詠六首神武紀詠八首句解	一冊	寛文九年(一六六九)	山本広足	自筆(個人)
神代巻惟足講説	三冊	寛文二年(一六六二)	吉川惟足述・津田松隣記	
日本書紀神代講述鈔	五冊	寛文二年(一六六二)	度会延佳	
日本書紀神代講述鈔	五巻五冊	寛文三年(一六六三)	度会延佳著・山本広足編	別 神代巻講述抄、日本紀神代講述抄、日本書紀神代巻講述鈔

書名	巻数	成立	著者	備考
日本書紀神代私説	八巻八冊	延宝二年(一六七四)序	白井宗因	別 神代私説、神代巻私説
神代系図伝	三巻七冊		和田宗允	
神代之系譜	一冊	延宝七年(一六七九)	吉川惟足	自筆(尊経閣文庫)
日本書紀神代巻聞書	二巻二冊		吉川惟足	
日本書紀訓蒙抄	六冊		服部安休	
神代系図聖徳太子作と言ふ	一冊		山崎闇斎	
神代巻講義	三巻一冊		山崎闇斎述・浅見絅斎記	別 神代記垂加翁講義
神代巻風葉集	九巻首巻一巻一〇冊		山崎闇斎	別 風葉集
日本書紀秘史	一〇巻付録一巻五冊		山崎闇斎	
神代初問	九冊	元禄二年(一六八九)	谷 秦山	原本(高知)
神代巻家伝聞書	九冊	元禄二年(一六八九)奥書	吉川惟足述・田中宗得編	
神代図解	一冊	元禄三年(一六九〇)	真野時綱	別 神代巻図解
厚顔抄	三巻三冊	元禄四年(一六九一)	契 沖	別 厚顔鈔、紀記和歌略註
神代巻塩土伝	五巻四冊		谷 秦山	
神代口訣	一冊		徳川光圀	
日本紀考文			徳川光圀	別 水戸本日本紀考文
日本紀神代巻覚書	二巻二冊	元禄一三年(一七〇〇)	吉川惟足述・津軽信政記	*神道分類総目録
神代人代相別口決覚え	一冊	元禄一六年(一七〇三)	津軽信政	*神道分類総目録
神代巻博考	一冊		松下見林	別 見林神代博考
日本紀神代巻一事覚書	一冊	元禄一六年(一七〇三)	吉川惟足述・津軽信政記	*神道分類総目録
日本書紀三元巻鈔解	六巻六冊		横山当永	
日本書紀神代巻剳記	一冊	宝永四年(一七〇七)	荷田春満	別 神代巻剳記
神代聞書	二冊		浅井重遠述・文仁王記	自筆(宮内庁書陵部)
神代講習抄	七冊	正徳二年(一七一二)序	真野時綱	自筆(鶴舞)
日本書紀暦考	一冊		渋川春海	
神代藻塩草	四冊	享保二年(一七一七)	岡田正利	
日本紀神代嵌註抄	一冊	享保二年(一七一七)	丸山可澄	
神代巻渾沌草	五巻付録一巻六冊	享保五年(一七二〇)	跡部良顕	別 日本書紀神代巻渾沌草、渾沌草、神代巻講義
日本書紀神代巻抄	一冊	享保五年(一七二〇)	荷田春満	
神代和歌釈	一冊	享保七年(一七二二)	荷田春満	
日本書紀歌口解	二巻一冊		荷田春満述・藤原明理剳記	
神代巻和解			鴨 祐之	別 神代和解、神代記和解、日本書紀神代巻和解
神代紀考	二巻		新井白石	*国学者伝記集成
日本書紀古事記考三条			新井白石	
神代講談書	一冊	享保二年(一七一七)	伴部安崇	
神代巻神社考	二巻二冊		伴部安崇	
神代巻秘解	四冊	享保二年(一七一七)	吉川従長	
神代巻秘釈	三冊		吉川従長	
日本書紀考	三〇巻		伴部安崇	別 日本書紀抄
神代巻兄弟易幸段抄	一軸		吉田兼敬	自筆(天理図書館)
日本書紀神代巻元徳抄	一軸		吉田兼敬	自筆(天理図書館)
日本書紀神代巻抄稿	五軸		吉田兼敬	自筆(天理図書館)
日本書紀集説		元禄年間	度会益弘	自筆(神宮文庫)
神代巻聞書			天野信景	*国学者伝記集成
神代講義辨	二六巻四冊	享保一九年(一七三四)	中尾宗茂	自筆(加藤玄智) *神道書籍目録
神代巻三重五鰭翁口授	一冊		玉木正英	
神代巻三重講剳記	一冊		玉木正英	
神代巻藻塩草	五巻五冊		玉木正英	
神代巻八重柴籬	一冊		玉木正英述・谷川士清記	
日本書紀講述鈔			喜早清在	別 講述抄
神代巻剳記講義抄	一二巻一〇冊		杉浦国頭	
神代巻日蔭草口訣	六巻	元文五年(一七四〇)	岡田正利	

書名	巻数	成立	著者	備考
日本紀神代見聞	三冊	元文五年(一七四〇)	高橋俊行	
日本紀神代巻講義		延享二年(一七四五)	野宮定俊・正親町実連記	
日本書紀小汀鈔	一〇巻別巻二巻一二冊	延享三年(一七四六)自跋	山本広満	自筆(天理図書館)
神代巻秘要抄	二〇巻		多田義俊	→神代巻顕秘抄
神代巻幽巻秘決鈔切紙	一冊		多田義俊	
日本書紀通証	三五巻二三冊	延享五年(一七四八)	谷川士清	
神代直説	一四巻一四冊	寛延三年(一七五〇)	吉見幸和述・慶徳誠之記	
神代私辨	一冊		吉見幸和	稿本(鶴舞)
神代正義	八巻		吉見幸和	
神代巻初重二重三重講義	六巻三冊		岡田正利	
神代巻初重二重三重潮翁語類	三冊	宝暦元年(一七五一)	岡田正利	
日本書紀事跡抄			岡田正利	
日本書紀神代巻精妙玄義	七軸	寛延四年(一七五一)	卜部兼雄	
神代巻秘要			度会常彰	延享四年自筆(宮内庁書陵部)、自筆稿本(神宮文庫)
神代講釈筆記	一冊		浅井重義述・吉見幸和編	吉見自筆(蓬左文庫)
日本紀訓考			賀茂真淵	別 日本書紀訓考
日本紀和歌略註	二巻二冊	明和三年(一七六六)	賀茂真淵	別 日本書紀和歌略註、日本紀歌略注
日本書紀巻第一講義	三冊		竹内式部	
日本書紀仮字類従抄	一冊	安永二年(一七七三)	小野高潔	
神代紀上下字義解	一冊		松岡仲良	
神代巻講義			松岡仲良	
神代巻諸伝	一冊		松岡仲良	
神代巻独見	一冊		伊勢貞丈	別 日本記神代巻独見

書名	巻数	成立	著者	備考
書紀集解	三〇巻首巻一巻二〇冊	天明五年(一七八五)自序	河村秀根	
日本書紀攷文補遺	四冊		岡本保孝	自筆(静嘉堂)
神代巻塩土伝	四巻四冊	寛政七年(一七九五)自序	清原春岑	別 塩土伝
日本紀神武巻抄	一冊		卜部兼隆	自筆(天理図書館)
日本書紀神代抄	二冊		卜部兼隆	自筆(天理図書館)
神代紀髻華山陰	一冊	寛政一〇年(一七九八)	本居宣長	
神代紀髻華山陰補考	一冊			
日本書紀歌解槻の落葉		寛政一一年(一七九九)	荒木田久老	
神代巻聞書	一冊		飲光述・天如記	
日本紀神代折紙記	一冊		飲 光	
神代紀葦牙	三冊	文化七年(一八一〇)自序	栗田土満	自筆稿本(天理図書館)
日本紀類従解謡歌註	二冊	文化八年(一八一一)	内山真竜	自筆稿本(天理図書館)
日本紀類従解	一五巻	文化九年(一八一二)	内山真竜	別 日本書紀類従解
神代系紀略註	一冊	文化一〇年(一八一三)	小野高潔	自筆(九大)
神代系図	一冊	文政元年(一八一八)	平田篤胤	別 神代御系図
古史徴開題記	一巻四冊	文政二年(一八一九)	平田篤胤	
書紀集説別記	六冊	文政二年(一八一九)	小野高潔	自筆(東北大)
日本書紀集説			小野高潔	自筆(静嘉堂)
日本書紀諸本異同考	一冊		小野高潔	自筆(無窮会図書館)
日本書紀注釈	一冊		小野高潔	自筆稿本(慶應義塾大学)
稜威言別	一〇巻目安一巻一一冊	文政三年(一八二〇)	橘 守部	
日本紀見例	一冊		大関増業	外題 日本書紀見例
日本書紀文字錯乱備考	三巻一冊	文政五年(一八二二)	大関増業	別 日本紀文字錯乱備考
日本紀竟宴和歌集	二巻二冊	天保四年(一八三三)	中村春野編	別 日本紀竟宴和歌
日本書紀考	一冊		伴 信友	

書名	巻数	成立	著者	備考
書紀類語		文化-天保	小山田与清	
日本紀竟宴歌考	一巻		小山田与清	
日本紀竟宴歌増注	一冊		小山田与清	自筆(早稲田大学)
釈日本書紀	一冊		鶴峯戊申	草稿(東北大)
神代口訣地水一円丸図			鶴峯戊申	草稿(東北大)
(删定)神代文字考	一冊	嘉永元年(一八四八)	鶴峯戊申	別 嘉永删定神代文字考
神代文字附録	一冊		鶴峯戊申	
神代紀心覚	一冊		橘 守部	自筆(天理図書館)
神代巻八重玉籤	一冊		岡熊臣等	
日本紀人名部類	七冊	天保年間	足代弘訓	
日本紀通称人名姓氏部類	一冊		足代弘訓編	
日本書紀神代根国史	七巻七冊		賀茂規清	別 神代巻根国史
日本書紀神代巻磐戸章註解	八冊		賀茂規清	
日本書紀神武巻	一冊		賀茂規清	
日本書紀常世長鳴鳥	八冊		賀茂規清	
日本書紀常世長鳴鳥総論			賀茂規清	
神代巻二客伝			賀茂規清	
神代記目無籠			賀茂規清	
日本書紀伝	三〇巻一四七冊	文久二年(一八六二)	鈴木重胤	自筆(大滝直之助)
神代紀正伝考	一巻		池辺真榛	*国学者伝記集成
日本紀考異			六人部是香	別 北野本日本紀考異
神代紀伝	三巻三冊	慶応二年(一八六六)刊	竹内健雄	
神代聞書	五冊	慶応三年(一八六七)、四年	大国隆正述・小川持正記	
日本書紀名物正訓	一二冊	文久-慶応	鈴木雅之	自筆稿本(成田)
日本紀標註	二六巻	明治一三年(一八八〇)		
日本書紀通釈	七〇巻	明治三二年(一八九九)	飯田武郷	
神代史の研究	一冊	大正一三年(一九二四)	津田左右吉	

書名	巻数	成立	著者	備考
日本書紀新講	三冊	昭和一一(一九三六)-一三年	飯田季治	
日本神話の研究	四冊	昭和二九(一九五四)-三三年	松村武雄	
日本書紀の研究	一冊	昭和三〇年(一九五五)	丸山二郎	
日本古典の成立の研究	一冊	昭和三四年(一九五九)	平田俊春	
古代日本文学思潮論	四巻	昭和三七(一九六二)-四一年	太田善麿	
記紀批判	一冊	昭和三七年(一九六二)	梅沢伊勢三	
平安時代漢文訓読語につきての研究	一冊	昭和三八年(一九六三)	築島 裕	
日本古代史の基礎的研究	二冊	昭和三九(一九六四)-四一年	坂本太郎	
日本書紀研究	九冊	昭和三九(一九六四)-五一年	三品彰英	
上代日本文学と中国文学	三巻	昭和四〇年(一九六五)	小島憲之	
日本書紀	二巻	昭和四二(一九六七)・四四年	坂本太郎・家永三郎・井上光貞・大野晋	
日本書紀成立の研究	一冊	昭和四一(一九六六)-四四年	友田吉之助	

(『国書総目録』などによった)

心を示し『日本紀訓考』を著わした。本居宣長は、紀記優越論で『古事記』を上位に置いたが、平田篤胤は師の説を転じ『古史徴開題記』の中で書紀を正史であるとした。鈴木重胤は師篤胤を継承し『日本書紀伝』を著述した。明治以降の注釈は、敷田年治『日本紀標註』、飯田武郷『日本書紀通釈』がでた。前者は、全編にわたる注釈だが、簡略なものである。一方、後者は、四十八年の歳月をかけ諸説をまとめた浩瀚な内容である。その後も書紀研究は続けられたが、大部な注釈書はみられない。第二次世界大戦後の研究は、学会の大勢として、神話学や民俗学の方面からの研究や、大正・昭和初期の津田左右吉の研究をふまえて進められた。書紀の研究や注釈は、『日本書紀』そのものの研究という方向から、日本の古代史研究という方面からの研究に進んだ。書紀の注釈・研究は、常に時代の影響を受けてきたが、今後は純粋な学問的見地に立脚したものが不可欠であろう。↓日本書《にほんしょ》紀《き》

参考文献 坂本太郎『六国史』(吉川弘文館『日本歴史叢書』二七)　(真壁　俊信)

にほんしょきつうしゃく　日本書紀通釈　『日本書紀』全巻の註釈。飯田武郷の著。七十巻五冊。索引一冊。本文は明治二十五年(一八九二)一月刊、索引は大正十五年(一九二六)十二月刊(飯田季治編)。巻一は総論で、撰史・題号・異本・一書・読法・潤飾文華之論があり、和銅七年(七一四)上奏『日本紀』の存在を承認し、「日本紀」がもとの名で、弘仁ごろより「日本書紀」の名が成立したとし、卜部家本以外に嘉禎本・嘉元本・嘉暦本などを紹介し、神代巻の一書はもと細注とし、後人の加筆もあるとして修正した所もある。その註釈は本居宣長の『古事記伝』『神代紀髻華山蔭《じんだいきうずのやまかげ》』、谷川士清《ことすが》の『日本書紀通証』、河村秀根の『書紀集解《しょきしっかい》』、平田篤胤・伴《ばん》信友・鈴木重胤の『日本書紀伝』に依存し、それらの説を適宜引用し、『住吉大社神代記』など当時としては珍しい史料も引用している。そのほか、「ある人」として敷田《しきた》年治の『日本紀標註』を引くところもある。いわば、江戸時代の『日本書紀』註釈の集大成という意味がある。飯田武郷は幕末には国事に奔走し、若い時から学問的習練を積んだわけではなく、また独力で完成した事業として評価できるが、武郷の創見とみるべきものはほとんどなく、本書は最初から諸註釈の集大成を目的としたのであろう。刊行当時、『日本書紀』全巻の活字本としては唯一であり、諸説をみることができるために版を重ねた。↓飯田武郷《いいだたけさと》　(山田　英雄)

にほんしょきつうしょう　日本書紀通証　『日本書紀』全巻の註釈書。伊勢の人谷川士清《ことすが》の著。三十五巻二十三冊。宝暦元年(一七五一)に成稿、同十二年刊。巻一に序、例言、総目、次に通証一として編修以下十九項目をあげ、附録(倭語通音・仮字正文・音韻類字)、舎人親王伝、講国史があり、巻二以降に本文の考証を記す。本文は全文をあげず、その箇所の首尾のみをあげる。先行の註釈として『釈日本紀』、忌部正通の『神代口訣』、北畠親房、『日本書紀纂疏』、卜部兼倶、度会延佳、新井白石、山崎闇斎らの垂加神道説がある。神代巻は先行の註釈をあげ、さらに解説するという方法をとるが、神代巻は垂加神道説が表面に出て、厳密な註釈とはいえない。巻八の神武紀以降は面目を一新して、本文の語句をあげ、関係ある参考とすべき文献をあげて、その意味の解明に努め、特に漢語の出典をあげている。単なる熟語であるならば『佩文韻府《はいぶんいんぷ》』をひけば多く出典を見出すことが可能であるが、文章の類似については著者の深い漢学の素養によらねばならず、この書の文章の出典の指摘は今日においても多く支持されている。本書は『釈日本紀』以来はじめての『日本書紀』全巻の註釈であり、出典解明の先鞭をつけ、多くの新見をもたらし、のちの『書紀集解《しっかい》』に先行する研究史上の重要な文献の一つである。初刊本以来多くの刊本が現われた。活字本は『国民精神文化文献』一五に収めるが、巻二五以降未刊。宝暦十二年刊本は昭和五十三年(一九七八)に復刊された。↓谷川士清《たにかわことすが》　(山田　英雄)

にほんしょきでん　日本書紀伝　幕末の神道家鈴木重胤による『日本書紀』の注釈書。三十巻百四十七冊。起稿は嘉永六年(一八五三)十一月十四日で、巻三「神代上第一神世七代草」より始め、文久二年(一八六二)四月二十六日巻三十二「神代下第二天孫降臨章」を脱稿、同三年八月十五日に暗殺されたので、本書は未完成のままとなる。巻一・二は総論に相当し、後まわしにされたため、巻三より始まったと考えられている。本書は、はじめに書紀本文、次に重胤の解釈の本文、さらに、解釈に対する細かい説明を割注として記述。解釈には、膨大な引用書が使用されており、その一つに「洋西の説」もある。また、重胤の注「神道と云は、此神の天中に存立して移り動く事無く、完成し給ふ所以に依事」は注目すべきである。参考文献を基にした論証の仔細と解釈の深さに本書の特色が認められる。自筆本が山形県大滝家に所蔵され、刊本として秋野庸彦の校訂により明治四十三年(一九一〇)―四十五年に出版された。『鈴木重胤全集』にも所収されている。↓鈴木重胤《すずきしげたね》

参考文献 谷省吾『鈴木重胤の研究』(『神道史研究叢書』四)　(真壁　俊信)

にほんしんわ　日本神話　普通には主に『古事記』『日本書紀』『古語拾遺』、風土記などの古典に記された神話をいう。中でも『古事記』と『日本書紀』第一巻と第二巻の神代の記事がその主体で、記紀神話とも呼ばれる。内容的にも起源的にも多様な話を含み、東南アジアやオセアニアに類話が見られる、縄文から弥生時代にかけて伝播したと思われる「南方系」の話が多く見出される一方で、これらより後の時期に朝鮮半島を経由してもたらされたと思える「北方系」の話素も、随所で肝心な位置を占めており、その中にはスキタイやさらに遠く古代ギリ

シャの神話とも、偶然の所為と思えぬほど顕著な類似が見られる。だが記紀神話は全体が、天上の神々の世界である高天原《たかまがはら》に淵源する皇室の神聖性と、皇室による国土と国民の支配の正統性を説明する目的で貫かれ、多様な話にもそれぞれに皇室の王権神話の一部としての意味と位置付けが与えられ、これが日本神話の一つの大きな特徴と成っている。天地開闢《てんちかいびゃく》の後にまず活躍を語られるのは、伊奘諾尊《いざなぎのみこと》と伊奘冉尊《いざなみのみこと》で、原初には一面の海だった下界に、最初の陸地の磤馭慮島《おのごろじま》を作ってその上に降り、兄妹で結婚してまず日本の国土の島々を生み、次に多くの神々を生んだが、しまいに火の神を生んだために伊奘冉尊は、火傷を負って死んだ。伊奘諾尊は、地下の死者の国の黄泉国まで妻を連れ戻しに行くが、失敗して地上に帰り禊《みそぎ》をすると、最後に左の目から天照大神が、右の目から月神が、鼻から素戔嗚尊《すさのおのみこと》が誕生し、天照大神は高天原を、素戔嗚尊は海原を支配せよと、父神から命令される。だが素戔嗚尊はこの命令を聞かずに泣き続け、怒った父に追放されると、天照大神に会いに高天原に昇って行き、そこで邪心のないことを証明するために誓約《うけい》をし、姉神は弟神の剣から三女神を、弟は姉が身に帯びていた珠から天忍穂耳尊《あめのおしほみみのみこと》ら五男神を出生させる。素戔嗚尊はそれから、高天原で乱暴を働き、天照大神が怒って天《あめの》石屋《いわや》に閉じ籠る。太陽が隠れたため、世界が常夜《とこよ》になる。天神たちは相談して、皇室の神器となる八咫鏡《やたのかがみ》と八坂瓊《やさかに》の玉を作って榊に掛け、天鈿女命《あめのうずめのみこと》が踊りながら乳と陰部を露呈し神々を哄笑させるなど、賑やかな祭をし、天照大神を天石屋から招き出した上で、素戔嗚尊を下界に追放する。素戔嗚尊は出雲で八岐大蛇《やまたのおろち》を退治し、その尾から出た天叢雲剣《あめのむらくものつるぎ》(草薙剣《くさなぎのつるぎ》)を天照大神に献上し、生命を助けてやった奇稲田姫《くしいなだひめ》と結婚する。その子孫の大国主神《おおくにぬしのかみ》が、親神の手の指の間から漏れ落ちて下界に来た不思議な小人の神の少彦名命《すくなひこなのみこと》と兄弟になり、協力して国造りをすると、天照大神が天忍穂耳尊をその国に降らせ支配させせようとして、大国主神のもとにつぎつぎに使者を派遣し、命令を伝えさせる。大国主神が最後に使者に来た武甕槌《たけみかずち》神《のみこと》らの神威に屈し、ついに国譲りを承知すると、天照大神は天忍穂耳尊の願いを聞き、この神の代りに誕生したばかりのその子どもで自分の孫の火瓊瓊杵尊《ほのににぎのみこと》に、三種の神器を授け、五部神《いつとものおのかみ》らの天神たちを扈従につけて地上に降らせる。この天孫降臨の一行は、出迎えた猨田彦神《さるたひこのかみ》の案内で、日向の高千穂峯《たかちほのたけ》に降る。それから火瓊瓊杵尊と、その子で山幸彦の彦火火出見尊《ひこほほでみのみこと》、さらにその子で神武天皇の父となった鸕鷀草葺不合尊《うがやふきあえずのみこと》まで、三代の皇祖神は日向に住み、その物語である日向神話が記紀神話の終幕を構成している。→天降神話《あまくだりしんわ》 →出雲神話《いずもしんわ》 →国生《くにう》み神《しん》話《わ》 →国譲《くにゆず》り神話《しんわ》 →高天原神話《たかまのはらしんわ》 →日向神話《ひゅうがしんわ》

参考文献 松村武雄『日本神話の研究』、松本信広『日本神話の研究』、三品彰英『三品彰英論文集』、伊藤清司・大林太良編『シンポジウム日本の神話』、同編『日本神話研究』、大林太良『日本神話の起源』(『角川選書』六三)、同『日本神話の構造』、同『東アジアの王権神話』、同『神話の系譜』、伊藤清司『日本神話と中国神話』、吉田敦彦『日本神話の源流』(『講談社現代新書』四二〇)、同『日本神話のなりたち』
(吉田 敦彦)

にゃくいちおうじ 若一王子 熊野十二所権現の一神。熊野神社の多くの王子中の第一のもの。証誠権現・中御前・西御前の三所権現に次ぐ位置にあり、本地は十一面観音。本宮・新宮では第四殿に、那智では第五殿に祀られている。若一王子権現・若宮王子・若宮一王子・若王子・若女一王子・若宮女一王子・若宮などとも称す。祭神は天照大神とされるが、泥土煮尊《ういじにのみこと》とする説もある。この神を祀る神社は全国各地に散在し、社名を若一王子神社・若一王子宮などとも称している。京都市左京区若王子町にある若一王子神社が有名である。→王子神《おうじがみ》 →熊野王子《くまのおうじ》

参考文献 宮地直一『熊野三山の史的研究』、西田長男「熊野九十九王子考」(『神道史の研究』二所収)
(三橋 健)

にゃくいちおうじじんじゃ 若一王子神社 長野県大町市大町俵町に鎮座。王子権現あるいは若一権現ともいう。祭神は、若一王子・伊弉冉尊・天照大神・仁品王・妹耶姫。創立年代不詳。在地領主の仁科氏が、鎌倉時代に仁科荘の鎮護の社として、紀伊国熊野神社から、若一王子権現を勧請して鎮守としたものであろう。明治五年(一八七二)村社、大正十三年(一九二四)郷社、昭和六年(一九三一)県社に昇格。例祭は七月二十九日、大町市無形文化財の流鏑馬神事が行われる。昭和六年重要文化財に指定された、一間社・隅木入春日造・檜皮葺の本殿は、弘治二年(一五五六)九月に、仁科盛康により造営されたとするが詳細は不明。承応三年(一六五四)、大町村の大工金原周防らが大修理した。ほかに宝永三年(一七〇六)建立の観音堂と、同八年木食山居上人勧進による方三間の三重塔があり、長野県文化財に指定されている。

参考文献 長野県神社庁監修『信州の神事』、『大町市史』五
(山本 英二)

にゃくおうじ 若王子 ㈠本来は幼児の姿で顕現した神のこと。㈡京都市左京区若王子町にある若王子神社のこと。祭神は天照・国常立・伊弉那岐・伊弉那美の四神(『京都坊目誌』)。社伝では永暦元年(一一六〇)に熊野那智権現神を勧請したものといい、神仏習合思想により若王寺とも表記された。禅林寺(永観堂)に近接していたためその鎮守神となり、熊野信仰の盛行とともに朝野の尊崇をうけた。すぐ西には同じく後白河法皇の勧請を伝える熊野神社がある。源頼朝が『般若心経』を奉納し、足利尊氏・義満が所領の寄進・安堵をするなど、京都近郊の熊野神としての地位をたもったようである。応仁の乱の戦火で荒廃したが豊臣秀吉の保護などによって再興され、江戸時代には正東山若王子乗々院と号し聖護院の院家の一つとなった。明治に至って神仏分離により神社と

なる。

(井上　満郎)

にょうどうさい　繞道祭　奈良県桜井市の大神《おおみわ》神社と三輪山周辺に鎮座する摂社・末社で行う祭。山麓の道を繞《めぐ》ることよりこの名があり、古くは、八社廻りともいう。一月一日午前零時より、禁足地となる三輪山内にて、新年の初火(御神火《ごしんか》)を鑚《き》り出す御神火拝戴祭《ごしんかはいたいさい》を行う。続いて午前一時より繞道祭があり、拝殿での祭の後、先入道《さきのにゅうどう》・後入道《あとのにゅうどう》(ともに長さ三㍍)と称する大松明に、その火を移し、大松明を担いで各神社を巡拝、一年の国家安泰・五穀豊穣を祈る祝詞を奏上する。『神事勤行日記』(明和三年(一七六六))に「後夜之神拝、天下泰平之御祈禱始」とあり、廻る八社の社名が記され、江戸時代中期にはすでに恒例神事となっていた。その起源は詳らかではないが、修正会・修二会や県内外で行われる火祭との関連も大いに考慮される。祭日については、明治の改暦までは元日に、以後は旧暦の元日としたが、新暦の普及とともに日に混乱が生じ、大正十四年(一九二五)より一月一日に固定し、現在に至っている。　→大神神社《おおみわじんじゃ》

参考文献　『大神神社史』

(森　好央)

にょかん　女官　男官に対して女子官人を女官と呼ぶ。太政官庁の男官に対し、後宮十二司は小規模ながら女子職員から成る女司で、出仕の女子をすべて宮人《くにん》(きゅうじんとも)と総称した。宮人の制は浄御原朝で整備され、令制はそれを引き継いだのであろう。令に女官の用語例はない。確実な女官制は弘仁年間(八一〇―二四)に成立した可能性が強い。男官・女官・女官人などの語例をはじめ女官馬料・雑用料および時服に関する規定・細則が弘仁の格・式に、「任女官式」は「内裏式」にみえる。その他考選・補任規定も整い、承和年間(八三四―四八)・貞観年間(八五九―七七)の女除目例をみると十二司職事の相当官位は一応定着する。嵯峨天皇は藤原薬子の乱の苦い経験から後宮宮人制度刷新に着手し、宮人職事を対象に女官制に改めたと推測される。平安宮裡の女官の中には殿上に常侍し有職故実に明るい者も少なくない。当時の女房清少納言は特に内侍司典侍・掌侍を女職の理想に挙げている。宮裡にはまた女官《にょうかん》と呼ぶ下級宮人が出仕し、雑任級の労務に従事する。関係法規はないが、散事らをこれにあてたかと推測する。『西宮記』一〇にみえる主水・主殿・掃部など女工を必要とする寮司の女官は女蔵人《にょくろうど》らの下知に従って殿上日常の雑役に就き、また女司の女孺と神祇官・御匣殿《みくしげどの》・糸所《いとどころ》出仕の女官は宮廷行事・節会には下廻の労務に就く。文字の上からは「にょかん」と見分け難いが、両者は身分を全く異にし、下級雑任の「にょうかん」個人に関する記録は残っていない。

参考文献　浅井虎夫『女官通解』、野村忠夫『後宮と女官』(『歴史新書』一二)、須田春子『(平安時代)後宮及び女司の研究』、野村忠夫・原奈美子「律令官人制についての覚書―「宮人」と「女官」―」(『続日本紀研究』一九二)

(須田　春子)

ニライカナイ　海の彼方または海底にあると想像された沖縄の他界。儀来河内《ぎらいかない》・にるやかなや・みるやかなや・にいろすくとも呼ばれ、古代日本の他界、常世の国や根の国に比定される。死者が赴く世界と伝承されているほか、にらいかないから人間の生命や火などが、この世にもたらされたと伝えられている。また、沖縄や奄美の一部に、鷲や鶴、雉がにらいかないへ赴いて、この世に稲種をもたらしたという民間説話が分布している。

参考文献　伊藤幹治『沖縄の宗教人類学』、柳田国男『海上の道』(『定本柳田国男集』一)

(伊藤　幹治)

にわび　庭燎　神事の庭に焚く聖火。神々は夜に来臨すると考え、その標識・依代《よりしろ》としての篝火が第一義。祭場の浄化や除災などの機能もあり、照明の実用も兼ねている。民間では柴燈《さいとう》(せいとうとも)・松明《たいまつ》などと称し、神事に集う者が暖をとったり、神事舞には反閇《へんばい》を踏んで火をかき散らす次第もあった。庭燎の起源について『梁塵後抄』などは、天鈿《あめのうず》女《め》命《のみこと》が俳優《わざおき》と神懸りの歌舞をした際、天石屋戸《あめのいわやと》の前に「火処《ほどころ》を焼き」(『日本書紀』)、『古語拾遺』には「庭燎を挙げて」とある故事に拠ると説く。火の呪力信仰に徴すれば、庭火を焚くのはタマフリの呪術(土橋寛)とみて、太陽の復活呪儀と解する(松前健)のも肯ける。『楽家録』の「構レ座之図」「神楽法略式」によると、宮廷御神楽での庭燎は二箇所設けられ、うち内侍所正面の縁下で焚くのは神楽を行うため、同じ北端で焚くのは天皇出御のためとある。同書「焼二庭燎一之法」には、「初焼レ之法」と細注して、薪をまず右上の斜め井桁に組み、次に左上の斜め井桁に組むと図解し、「是天地斉整陰陽交感之儀也」と記す。奈良春日大社「七箇夜神楽」の庭燎は、拝殿の北三、四間に設けた奉幣座の東一間ほどの所で焚き、石清水八幡宮「恒例神楽」でも拝殿の半ばで焚いた(『楽家録』)。「神楽次第」序曲での人長作法は庭燎の前で行い、名告りのあと主殿寮《とのもづかさ》を呼んで「御火白く献れ」といい、笛・篳篥《ひちりき》・琴の順に「庭燎」曲を試楽させる。次の「寄合」では三楽器を演奏させ、これを受けて本《もと》・末《すえ》の歌方が、庭燎の歌「深山《みやま》にはあられ降るらし外山《とやま》なる」(本方)、「まさきの葛《かずら》色づきにけり」(末方)とうたう。『楽家録』所引の「旧記」では、普通は上三句をうたって下二句はうたわないが、人長が輪鞭《わむち》を投げ掛ける時には諸《もろ》歌《うた》(庭燎の下句)をうたうという。また、人長が「早韓神」「其駒」曲の時は庭燎に向かって舞うとあることからも、庭燎のもつ聖性・呪性が知られる。歌は庭燎の讃美。庭燎の薪はもと深山に住む「山人」の山苞であったから、山に対する郷愁は自然であった。それと、外山(人里に近い山)の樹木の紅葉を、庭の篝火の明るさと、それに照らされた神人たちの顔の光景に喩する趣で、採物《とりもの》「葛」の歌詞が庭燎の歌に転用された。　→人長《にんじょう》

参考文献　高野辰之『日本歌謡史』、早川孝太郎『花祭』(『民俗民芸双書』二)、西角井正慶『神楽研究』、土橋寛『古代歌謡と儀礼の研究』、本田安次『陸前浜の法印神楽』、同『神楽』、松前健『古代伝承と宮廷儀礼』、池

田弥三郎「神楽歌」(『鑑賞日本古典文学』四所収)、臼田甚五郎「神楽歌」(『日本古典文学全集』二五所収)

(小林　茂美)

にんあんよねんくぎょうちょくしき　仁安四年公卿勅使記　伊勢神宮への公卿勅使儀およびその後の宮中の行事を記録したもの。抄出者やその年代は不明。一巻。仁安三年(一一六八)十一月に発生した伊勢神宮内宮炎上を祈謝するため、翌四年正月二十六日に差遣された公卿勅使発遣儀およびその後五日間の廃務期間の宮中の動静を記録した平信範の日記『兵範記』の抄出である。信範は、当時権右中弁蔵人頭で、公卿勅使差遣に際しては、事務方の責任者ともいうべき立場にあった。事実、災異の原因を求める軒廊御卜や、蔵人所が関与する神宝の調進、清涼殿での勅使発遣儀の奉行などに従事している。したがって、本記録は、神宮炎上の先例、勅使差遣の経緯、神宝の調進、宣命の作成、清涼殿での天皇および摂政の所作、勅使平時忠との問答、勅使進発後の天皇の南殿における御拝、五日間にわたる毎夜の天皇の庭中における御拝など、天皇に近仕したもの以外容易には知り得ない宮中の動きが詳細に記録されている。『続群書類従』神祇部、『神道大系』神宮編三所収。

参考文献　『群書解題』一中

(藤森　馨)

にんじょう　人長　神楽執行の宰領役。「ひとのおさ」ともいう。宮廷の御神楽では近衛将監、諸社の神楽では神祇官が勤める。人長である近衛将監が、「男山の惣検校」(鍋島家本『神楽歌』巻頭「神楽次第」)や「大江山の大行事」(『體源鈔』)を「頻《ならべ》弖《て》懸《かけ》多《た》利《り》」と名告ることについては、宮廷御神楽の前身が石清水八幡宮の神遊びであったから(折口信夫)、祝言者を出す山を示す(志田延義)、左近衛次将による十二月晦の「物聞の奏」の採用で、「我君千秋万歳におわしますべき」(『體源鈔』)ことを予祝する寿詞(土橋寛)などの諸説がある。武官装束の人長が襪子《しとうず》・糸《し》鞋《かい》を履くのは、宮廷を祝福に参入する遠来の神人団の頭領の俤を残すもの。手に持つ榊は山の神人(山人)の徴証で、招代《おぎしろ》・依代《よりしろ》でもあった。「神楽次第」では、夜に天皇が出御し着座すると、人長は楽人(召人・陪従)たちを引率して斎庭《ゆにわ》に現われ、「鳴り高し」と二度唱えて従者を制し、鎮魂の所作に入る合図として「ふるまふ」と二度唱える。名告りのあと所役を呼び立てて庭燎を明るくさせ、笛・篳篥《ひちりき》・琴を順に召し、膝突(敷物)で試楽させる。この「音取《ねとり》」の間に人長は、正面にある「軾」(円座)の前で三拍子を踏み、寿文を唱えて右足で軾を蹴る(『楽家録』)。これは「反閇《へんばい》」の所作で、大地の霊を鎮めて霊魂を覚醒させる呪的行為。琴の演奏中に「寄合え」といって三楽器を演奏させ、歌人に庭燎曲を歌わせる。「阿知女作法《あちめのわざ》」での「あちめ　おおおお」と「おけ」(『神楽和琴秘譜』)では「ししししし」の唱えは本方《もとかた》と末方《すえかた》の交互唱和だが、元来は人長の作法であった。採物《とりもの》と前張《さいばり》との間で勧盃一巡のあと、人長は「才男《さいのお》」数人を召して才芸を尋ねたのち、倭舞や散楽を演ぜしめた。才男は、シテ(神)役の人長に対するワキ(精霊)役で、人長の行動の「もどき」役でもあった。前張のあとの「千歳法《せんざいほう》」は「阿知女作法」と並ぶ呪文で、本方と末方とで唱和するが、本来は才男が発唱したもの。天皇の千秋万歳を呪祝する人長の寿ぎ(物聞の奏)の「もどき」である。人長の舞は韓神・其駒の二曲だが、秘曲ある時は早歌にも舞い、石清水八幡宮の「宮巡り」では神子と(『楽家録』)、宗像神社の「二季神楽」では八乙女とともに舞った(『宗像郡誌』)。『體源鈔』には、人長舞は「歌ノ心(詞)ヲ舞フ也」とあるが、星・早歌・磯良崎などの曲をかなり写実的に演じて喝采を博したとある。祭祀の基本形式(正儀→直会→肆宴)に準ずる神楽次第において、肆宴部に相当する「前張」以降の曲目ではあり得た芸態だが、芸道の骨法を心得ぬ者のリアルな物真似は、「烏滸《おこ》の端」として軽蔑もされていた。けれども、「神遊び」としての人長舞が饗宴の場の「遊び」へと展開する実態推測の手掛りとして、芸能史研究の立場からは貴重な資料となろう。→神楽《かぐら》　→神楽歌《かぐらうた》　→才男《さいのお》

参考文献　『折口信夫全集』七・一七、西角井正慶『神楽研究』、同『神楽歌研究』、志田延義『日本歌謡圏史』、倉林正次『饗宴の研究』儀礼編、土橋寛『古代歌謡と儀礼の研究』、本田安次『神楽』、高崎正秀『神剣考』(『高崎正秀著作集』一)、松前健『古代伝承と宮廷祭祀』、上田正昭「神楽の命脈」(芸能史研究会編『日本の古典芸能』一所収)、臼田甚五郎「神楽歌」(『日本古典文学全集』二五所収)、池田弥三郎「踏歌および神事」(『池田弥三郎著作集』三所収)

(小林　茂美)

ぬ

ぬいぼ　抜穂　神祇祭祀における稲の収穫行事のこと。「ぬきほ」ともいう。また抜《ぬい》穂祭《ぼさい》。その稲穂のこと。律令制の下では次のような行事であった。㈠大嘗祭の挙行の年の八月上旬に、朝廷から稲実卜部《いなのみのうらべ》・禰宜卜部《ねぎのうらべ》の二人からなる抜穂使《ぬいぼのつかい》を、悠紀《ゆき》・主基《すき》の斎郡にそれぞれ派遣する。使は斎郡の大祓《おおはらえ》ののち、卜定した斎田(抜穂田ともいう)の傍らに八神殿や収穫した稲を安置する稲実斎屋(稲実殿《いなのみどの》)などを建て、抜穂祭を行う。郡司の娘の造酒児《さかつこ》が最初に抜いたあと、稲実公《いなのみのきみ》・酒波《さかなみ》らの地元の雑色人らがつぎつぎに抜くものであった。その収穫した稲は、九月下旬に抜穂使らが護送して、京の斎院に納め、大嘗祭卯の日の神事に用いられる。ほぼ同じ形が後世も続いている。㈡伊勢神宮の抜穂神事。毎年九月の神嘗祭《かんなめさい》に供える稲穂を収穫する神事。抜穂の名称は延暦の『皇太神宮儀式帳』『止由気宮儀式帳』にもみえるが詳細は不明。中世の内宮の次第では、九月十四日に内宮の禰宜以下が早朝乗馬で宇治の神田に向かい、途中で直会饗膳のことがあり、神田では祝詞を奏したのち、禰宜がまず稲穂三本を抜き、続いて宇治郷の刀禰・祝部らが抜き、十八束を作る。その稲束に榊《さかき》の枝を挿し、祝が荷ない警蹕《けいひつ》をかけながら運び、内宮御稲倉に納めた(『皇太神宮年中行事』)。変遷があって明治初年から中断したが昭和八年(一九三三)に復活、現在に至っている。㈢そのほかの神社でも神田の収穫祭を抜穂祭と称するところがある。さいたま市の氷川神社、鹿児島県川内市の新田神社はその例。→神《かん》嘗祭《なめさい》　→大嘗祭《だいじょうさい》　→悠紀《ゆき》・主基《すき》

参考文献　『古事類苑』神祇部一　　　（岡田　精司）

ぬいぼのつかい　抜穂使　大嘗祭《だいじょうさい》にあたって、大嘗宮での天皇の神事に用いる稲穂を抜き取るために、悠紀《ゆき》・主《す》基《き》両地方に派遣される使い。古代の制度では、八月上旬に神祇官が使者を卜定《ぼくじょう》し、太政官に報告した上で出発させた。その構成は宮主《みやじ》一人、卜部《うらべ》三人の計四人で、二人ずつ派遣。一人を稲実《いなのみの》卜部、もう一人を禰宜《ねぎの》卜部と呼んだ。現地ではそれぞれ六段の抜穂用の田が卜定される。その際、『延喜式』践祚大嘗祭に「百姓《おおみたから》の営《つく》る所の田を用いよ」(原漢文)とあるように、地元の百姓(公民)の耕作田が選ばれる原則であった(収穫分は正税から補償)。これは、倭の屯田に源流をもつ天皇直属で宮内省が管轄していた供御《くご》料田(屯田・官田)の新穀によって行われた新嘗《にいなめ》祭《さい》とは、異なった方式となっている。抜穂は国司以下を率いて田に臨み、まず造酒童女《さかつこ》(造酒児)が手をつけ、順次在地の卜定された人々や庶民が行なった。収穫された稲は九月上旬に京に運び、北野の斎場に納めた。現制は明治の登極令に準拠している。　　　（高森　明勅）

ぬきさきじんじゃ　貫前神社　群馬県富岡市一ノ宮に鎮座。現社名は一之宮《いちのみや》貫前神社。旧国幣中社。経津主神・比売大神を祀る。上野国一宮。社伝に安閑天皇元年三月の創祀とある。『和名類聚抄』に貫前・抜鉾両郷の名がみえ、社名も貫前・抜鉾という二つの表記がみられる。はじめ二神二社であったが、のちに二神一社となった。『延喜式』神名帳に名神大として「貫前神社」を登載するが、抜鉾神の名はみえない。抜鉾神は『新抄格勅符抄』の大同元年(八〇六)牒に初見し、承和六年(八三九)六月従五位下となり(『続日本後紀』)、『上野国交替実録帳』には「正一位勲十二等抜鋒大明神社」とある。『上野国内神名帳』に「正一位抜鉾大神」と記し、上野鎮守十二社の筆頭に位置するが、貫前神の名はみえない。貫前神は貞観元年(八五九)従四位下になり、以後昇叙を続け、元慶四年(八八〇)五月従三位勲七等(『三代実録』)、延喜十六年(九一六)正月従二位になった(『扶桑略記』)。戦国時代には、東国の大名の保護も厚く、特に武田信玄は社殿造営の費用などの便宜を与えた。また徳川家康も朱印地を与え、江戸時代を通じ将軍による社殿造営も行われた。式年遷宮は平安時代より行われ現在は十三年ごとに申年に仮殿遷座祭、翌年に本殿遷座祭となっている。明治四年(一八七一)に国幣中社となる。本殿は入母屋造・妻入で、棟札によれば寛永十二年(一六三五)徳川家光による造立。拝殿は入母屋造で造立は同年ころ、楼門は一門一戸の入母屋造で寛永十二年の墨書があり、ともに重要文化財。主な神事に鹿占神事・御戸開神事などがある。本殿・拝殿・楼門などの社殿、古鏡(三面)は重要文化財に指定されている。社名は、昭和二十七年(一九五二)十一月一日、一之宮貫前神社と改称された。例祭は三月十五日。→鹿卜《しかうらのしんじ》神事

明治時代の貫前神社

参考文献　尾崎喜左雄「貫前抜鉾両神社の研究」(『上野国の信仰と文化』所収)　　　（三橋　健）

ぬきほのしんじ　抜穂神事　秋の収穫前に稲穂を抜いて最初の新穀を神に供える刈りはじめの神事。「ぬいぼのしんじ」とも読む。わずかの稲穂を小さな藁縄に掛け、神前に新米の焼き米を供えるところもあり、中部地方では刈掛け、近畿から山陰にかけては旧暦八月一日に行われることが多く、八朔《はっさく》の穂掛《ほかけ》と称された。収穫祭の一種と考えられている。翻って天皇即位の大嘗祭においては、その年、卜定された悠紀《ゆき》・主基《すき》田の両斎田に、八月上旬ころ抜穂使《ぬいぼのつかい》と呼ばれる勅使が派遣され、斎田から稲穂を抜き取る抜穂神事が行われた。伊勢神宮では神嘗祭に先立って神田で抜穂祭を行なっている。各地の古社でも抜穂神事は盛んに行われており、稲の神を祭神とする京都市伏見区の伏見稲荷大社では、十月二十五日抜穂祭があり、神田で収穫し、舞台で巫女の抜穂舞がある。また、全国の一宮に、特に抜穂神事の伝承が多い。さいたま市大宮区高鼻町、武蔵国一宮氷川神社では十月九日に抜穂神事が行われ、新穀で団子をつくって神前に供えるとともに、新しい稲穂も進饌する。富山県東礪波郡井波町の越中国一宮高瀬神社では、九月に献穀田抜穂祭が行われる。兵庫県津多郡一宮町の淡路国一宮伊弉諾神宮では十月上旬抜穂祭がある。愛媛県越智郡大三島町の伊予国一宮大山祇神社《おおやまずみじんじゃ》では旧暦九月九日重陽の日に抜穂祭があり、これは島内各地区から選ばれ、旧暦五月五日の御田植祭に奉仕した十六名の早乙女たちにより、その年の抜穂祭も奉仕することがならわしとなっている。御田植祭・抜穂祭の折に行われる一人相撲神事は、目に見えぬ稲の精霊と一力山《いちりきざん》との秋の豊作を賭けた勝負であった。鹿児島県川内市薩摩国一宮新田神社にも抜穂神事があり、稲の実ったころの吉日を選び、抜穂を行い稲穂を神饌として供える。抜穂の稲はまだ十分に成熟していないといい、単純な収穫祭と解釈し難い面もある。（茂木　栄）

ぬけまいり　抜参　中世末期以後近世において伊勢神宮の信仰が、日本国の地主神《じぬしがみ》として庶民の間に広がるに及んで、旅行の自由をもたない民衆がその主人や村役人や親の許しを得ず、無断で参宮することをいった。「抜参」の「ぬけ」とは「抜荷《ぬけに》」「抜売《ぬけうり》」の「ぬけ」と同義で、封建的な身分支配関係を脱出する意味をもった。したがって初期には禁止され、処罰された例もある。やがて伊勢信仰が盛んになると、参宮を妨げた者が神罰を蒙った話が伝えられるようになり、抜参から帰った者が近隣から祝われるようになる。近世に入り伊勢神宮への集団参宮である御蔭参《おかげまいり》が起ると、多数の民衆が抜参をしたので御蔭参が抜参といわれた例もあり、その道中の囃言葉に「おかげでさ抜けたとさ」といった。また御蔭参が普及するようになると、抜参は下層民の参宮者を指し乞食のように考えられ、これが暴動化しないように富豪たちが金品を施行《せぎょう》する風習も始まり、宗教運動の形態をとった民衆の解放運動となった。↓御蔭参《おかげまいり》

参考文献　『古事類苑』神祇部三、喜多村信節『嬉遊笑覧』五（『日本随筆大成』別巻）、『元禄宝永珍話』（『近世風俗見聞集』一）、神宮司庁編『神宮参拝記大成』（『大神宮叢書』）、藤谷俊雄『「おかげまいり」と「ええじゃないか」』（『岩波新書』青六八〇）、同「近世「おかげまいり」考」（『神道信仰と民衆・天皇制』所収）、西垣晴次『お伊勢まいり』（『岩波新書』黄二五二）（藤谷　俊雄）

ぬさ　麻　⇩大麻《おおぬさ》

ぬなくまじんじゃ　沼名前神社　広島県福山市鞆町後地《うしろじ》に鎮座。通称、鞆祇園宮・「鞆の祇園さん」。旧国幣小社。祭神は大綿津見命《おおわだつみのみこと》・素盞嗚命《すさのおのみこと》。明治八年（一八七五）祇園社とその境内にあった渡守《わたす》社が合併したもの。社名は『延喜式』神名帳に備後国沼隈郡小社三座の一としてみえるが、早くから所在地が不明で、近世以後その考証が行われ、『西備名区』や『福山志料』などはこれを渡守大明神（渡守社）にあてている。この渡守社の祭神は船玉神で、社伝によれば神功皇后が三韓出兵の際にこの浦に寄り、海中から得た霊石を神璽《かんざね》としてまつり渡守大明神と号して海路の安全を祈願したといわれる。なお、『福山志料』は祭神を海神である豊玉彦命《とよたまひこのみこと》とし、闔境の産土神《うぶすながみ》としている。ちなみに祇園社境内の現社地に遷座したのは貞享二年（一六八五）のことである。一方、祇園社は天長年間（八二四―三四）の創建とも保元年間（一一五六―五九）の勧請とも伝え、素盞嗚命を祀る。『福山志料』は『備後国風土記』逸文にみえる「疫隈国社《えのくまのくにつやしろ》」にあてている。慶長四年（一五九九）の大火後福島正則が現在地に遷したと伝えられ、近世には鞆町の産土神として広く崇敬されていたと見られ、藩主水野勝重も子息勝貞の息災延命を願って寛永二年（一六二五）鳥居を寄進した。近世を通じて祇園社地六段四畝二十歩、山林八段、渡守・八幡・厳島・荒神などの境内社分を合わせ畑六段一畝の除地を後地原村に認められ、鞆町にも十四歩の除地があった。例祭は五月二日。古式を伝える祭礼に「お弓神事」（旧正月に近い日曜日）と「お手火神事」（旧六月七日に近い土曜日）がある。なお、移動できるよう組立式になっている能舞台

明治時代の沼名前神社

（重要文化財）はもと山城国伏見城にあったもので、勝貞が祇園社に寄進したと伝えられる。

（志田原重人）

ね

ねぎ　禰宜　神職の名称の一つ。おおむね神主の次位におかれた。ときに神職の総称としても用いる。語源としては神の心を安めその加護を願う「ねぐ」に由来する（『日本書紀』摂政前紀、神功皇后が琴を弾かせて神意を問う条に「請《ねぎ》して曰さく」とある）。『令集解』喪葬令所引の古記遊部の項に刀を負い戈を取って殯所に供奉する「禰義」の語がみえるが、神職の名称に固定される以前の姿を伝えるものであろう。神職としての禰宜の初見は『続日本紀』天平二年（七三〇）七月条の「大神宮禰宜二人」、伝承としては『皇太神宮儀式帳』に垂仁朝にはじめて定められたとあるが、学説上、伊勢神宮の禰宜は天武朝に始まるとみられている。伊勢神宮以外の禰宜の成立も古く、『続日本紀』には、天平勝宝元年（七四九）十一月条に「八幡大神禰宜」、同八歳二月条に「河内国諸社祝禰宜等」、天平宝字二年（七五八）八月朔日条の詔に「太神宮乎始氏諸社禰宜祝爾」などとある。伊勢神宮の禰宜は、『延喜式』には内外宮各一人と定められ、のち逐次増員されて嘉元二年（一三〇四）十月には各十員となり（『二所大神宮例文』）、それぞれ一禰宜・二禰宜などと称した。また第一の者を長官《ちょうかん》とも称した。禰宜が定められた天武朝においては大神主が停められ、中世以降は長官が一切の祭祀を管掌することとなり、もってその地位の重要性が窺われる。したがって、正員の禰宜は荒木田・度会《わたらい》両姓（古くは根木を加う）の者をもってこれに任じ、藤波・沢田など荒木田姓の者は内宮の禰宜に、檜垣・松木など度会姓の者は外宮の禰宜とした。両姓の者がまず権禰宜《ごんねぎ》に任ぜられるとき、これを権任と称し、他姓のものを権任と称して区別するなど家系を重んじ、両姓の直系を神宮家または重代家と称した。権禰宜は、正員のほかに任ぜられた神職で、『延喜式』以後、永祚元年（九八九）以前の設置とみられている。のちに、権禰宜・官符権禰宜・擬符権禰宜の別が生じた。『朝野群載』には、四位の権禰宜が内宮に二人、五位が内宮に三十二、外宮に二十八、六位の官符権禰宜が各三人とある。官符権禰宜が三人であることはのちの例と同じだが、のちの例では六位の者を擬符権禰宜と称した。両姓の直系以外の六位の者はまた地下《じげ》権禰宜とも称する。禰宜は、伊勢神宮以外にも、賀茂下上・松尾など諸社におかれ、古く日吉・平野社などは第一の神職を禰宜とし、香取・鹿島社には大禰宜《おおねぎ》がおかれた。明治維新後、神宮（伊勢神宮）および官・国幣社に禰宜職をおいた。第二次世界大戦後は神社本庁管下の神社などすべてにおくことができることとなった。

参考文献　『古事類苑』神祇部二、阪本広太郎『神宮祭祀概説』（『神宮教養叢書』七）、川出清彦『祭祀概説』、林陸朗「上代神職制度の一考察」（『神道学』二九）

（嵐　義人）

ねづじんじゃ　根津神社　東京都文京区根津一丁目に鎮座。旧府社。主神に素盞嗚尊（本地は十一面観音）、相殿に大山咋命（本地は薬師）・品陀別命（本地は阿弥陀）を祀り、根津三社権現・根津権現と称された。創祀は不詳。もと駒込千田木坂（現在の団子坂）上の元根津に鎮座。はじめ駒込村の草分け山下八左衛門らにより祭礼を営んでいたが、のちに本郷昌泉院が別当となった。寛文二年（一六六二）四月、徳川家宣（甲府藩主徳川綱重の長男、江戸幕府第六代将軍）は甲府藩下屋敷が隣接していたこともあり誕生するや当宮へ御宮参りをし産土神《うぶすな》となした。境内に家宣の胞衣《えな》塚がある。この由で宝永三年（一七〇六）、綱重の邸宅跡（現社地）へ遷祀され（静嘉堂文庫蔵『根津志』）、

根津神社楼門

同六年、家宣の四男の家継(第七代将軍)誕生の際も御宮参りを行なった。宝永三年九月、朱印地五百石を受け、第八代将軍吉宗は神馬などを奉納するなど、将軍・諸侯の崇敬は篤かった。境内に築山泉水などを構え、遊観の地として江戸の庶民から親しまれた。明治五年(一八七二)郷社に、大正三年(一九一四)府社に列せられた。本殿をはじめ主な社殿は重要文化財。例祭は九月二十一日で、根津祭と称され、神田祭・山王祭とともに江戸三大祭の一つである。 (三橋 健)

ねづまつり **根津祭** 江戸の根津権現(現称根津神社)の祭礼。江戸三大祭の一つ。江戸幕府五代将軍徳川綱吉が世嗣の定まった際、産土神《うぶすな》として社殿を造営。六代将軍家宣は幕令をもって祭礼を例年九月二十一日と定め、特に正徳四年(一七一四)の祭礼(降雨のため二十二日に挙行)は幕制により、その規模を定めて、江戸全町をあげて催された未曾有の盛儀で、俗に天下祭と呼ばれる。明治維新以降は、明治天皇東行にあたり、勅使社に准ぜられたが、祭礼は隔年の例大祭となり、時代の変遷とともに奢侈を慎しむ傾向になっていった。 →江戸三大祭《えどさんだいまつり》

参考文献 『根津権現天下祭絵巻』 (西山 雄三)

根津神社拝殿

ねのかたすくに **根之堅洲国** 神話的思考における他界観の根国《ねのくに》。『古事記』神代には「妣《はは》の国根之堅洲国」と記し、『日本書紀』神代には「根国」のほか、「遠き根国」「底つ根之国」などと表記する。『延喜式』所載の大祓の祝詞《のりと》には「根国・底之国《そこのくに》」とみえる。本居宣長は根之堅洲国について地底の片隅の国の意で黄泉国《よもつくに》をいうとし(『古事記伝』)、新井白石は「出雲ノ国をさしていふに似たり」(『古史通』)と述べている。海上他界の常世国《とこよのくに》、地下他界の黄泉国観などとも関連する。 →黄泉国《よもつくに》 (上田 正昭)

ねのくに **根国** ⇩根之堅洲国《ねのかたすくに》

ねんき **年忌** 定期的に行う死者に対する供養行事。祥《しょう》月命日《つきめいにち》の前後に、近親者が集まり、僧侶を招くなどして経文をとなえ、死者の生前を偲ぶとともに、あの世での平安を祈念する。そのあと参会者が、本来は精進《しょうじん》料理で飲食することが多い。招かれた人は、葬式の香典《こうでん》に準じて「御霊前」と称して金一封を持参するのが一般である。年忌を行う年次は、仏式の場合、一年目を一年忌(一回忌とも一周忌ともいう)、二年目を三年忌、以後、七年、十三年、十七年、二十三年、二十七年(二十三年と二十七年の二回を併せて二十五年にすることもある)、三十三年、四十九年または五十年とつづく。一般には三十三年か五十年で弔《とむら》い上げ・問い切り・祭りじまいといって供養を打ち切る。高僧などの場合は遠忌《おんき》といって、さらに続けることがある。神葬祭では一年祭のあと、十年祭、二十年祭を行う。 →式年祭《しきねんさい》

参考文献 竹田聴洲編『先祖供養』(『葬送墓制研究集成』三)、桃裕行「忌日考」(伊東多三郎編『国民生活史研究』五所収) (井之口章次)

ねんごう **年号** 紀年法の一種。元号ともいう。ある期間の年数の上につける名称。中国の前漢の武帝の建元元年(前一四〇)に始まるといわれ、日本・朝鮮などにも採用された。漢字二ないし六字からなり、制定権は皇帝・天皇にあった。『大宝令』『養老令』儀制令に公文に年号を使用する規定がある。中国では服属国にその年号を使用させたことがある。日本では大化(六四五)で始用され、その後、大宝(七〇一)から平成(一九八九)に至るまで継続している。現在年号を使用しているのは日本のみとなり、その存廃については論議がある。大化以後白雉・朱鳥については問題があり、出土木簡には大宝以前は干支年のみでである。年号の制定は即位・瑞祥・災異・干支(辛酉・甲子)などの理由による。天皇一代に一年号とは限らず、多くの年号がある場合もあり、また一年の中に

二年号が制定された場合もある。大宝以後奈良時代は瑞祥神異による改元であるが、延暦(七八二)以後は理由はさまざまである。辛酉年は辛酉革命説により延喜(九〇一)より、永禄四年(一五六一)・元和七年(一六二一)をのぞき文久(一八六一)まで改元し、甲子年は康保(九六四)以降永禄六年をのぞき元治(一八六四)まで改元した。桓武より淳和朝までは即位改元、仁明・文徳・陽成朝の間に祥瑞が加わり、以後災異によるものも現われた。改元は天平宝字をのぞき、改元した年を新年号とする。平安時代以降の年号の選定の手続は、大臣が勅命により文章博士らに年号の文字を複数勘申せしめ、陣の座において大臣・参議の会議がひらかれ、そこでいろいろ批判、答弁、意見の開陳があり(難陳)、二、三案にまとまると上奏し、さらに最終案を命ぜられて、一案を決定して上奏する。天皇はこれにより新年号を採択して改元詔書が公布される。年号の文字は中国の古典に典拠を求め、過去の年号と重複しないか、その字を使用した過去の年号の時の忌避すべき事例の有無、佳字かどうかなどを検討して決める。江戸時代になると、『禁中幷公家中諸法度』の第八条に「改元は漢朝の年号のうち吉例を以て相定むべし、但し重ねて習礼相熟するにおいては、本朝先規の作法たるべき事」(原漢文)とあり、幕府から制約が加えられた。京都の朝廷から年号勘申案を幕府に送り、幕府は儒官の林家の勘例を参考にして案を作り京都に送る。それをうけて京都では形式上別個に審議して公武同一の結論として勅定する。その結果を新年号として朝廷では公卿らに公布し、京都所司代は幕府に送付し、幕府から諸大名に通知して諸国に伝達される。明治改元の時、明治元年(一八六八)九月八日の改元詔書および行政官布告によると、慶応四年を明治元年とすることは従来通りであるが、一世一元の原則が採用された。また選定の手続は従来の難陳の議を廃止し、議定が清原・菅原両家に提出せしめた勘《かん》文《もん》の中から、二、三の佳号を選び、内侍所における籤引きによる天皇の選択により明治と決定された。明治二十二年二月十一日大日本帝国憲法とともに制定された皇室典範第十二条をふまえて、同四十二年二月十一日公布の皇室令第一号登極令に「天皇践祚ノ後ハ直ニ元号ヲ改ム。元号ハ枢密顧問ニ諮詢シタル後之ヲ勅定ス」「元号ハ詔書ヲ以テ之ヲ公布ス」とある。大正(一九一二)の年号は明治四十五年七月三十日明治天皇崩御の日、改元詔書により、「明治四十五年七月三十日以後ヲ改メテ大正元年ト為ス」とあり、新年号の施行時期を明確にし、またその呼称は「タイシヤウ」としている(内閣告示)。昭和(一九二六)の時も同様の手続をふんでいる。昭和二十一年十一月三日公布の日本国憲法、昭和二十二年一月十六日公布の新皇室典範には元号の条項はなく、昭和二十二年以降元号制定の法律的根拠はなくなった。昭和五十四年六月十二日公布の元号法は「元号は、政令で定める。」「元号は、皇位の継承があった場合に限り改める。」とあり、元号制定は内閣の権限となった。平成の時は元号法とそれをうけた「元号選定手続きについて」とその一部改正により、昭和六十四年一月七日、内閣は有識者に候補名選定を委嘱し、それを内閣官房長官が整理して、内閣法制局長官と協議し、複数原案を首相に報告、元号懇談会および衆参両院正副議長より意見を聴取し、全閣僚会議で討議し、閣議で元号を平成に改める改元政令を即日決定公布した。施行は公布の翌日である。読み方は記されてはいない。

[参考文献] 『古事類苑』歳時部、森鷗外『元号考』(『鷗外全集』二〇)、森本角蔵『日本年号大観』、所功『年号の歴史』(『カルチャーブックス』一三)

(山田　英雄)

ねんじゅうぎょうじ　年中行事　毎年周期的に繰り返される伝承的行事。しかし、その行事は個人的に行われるものではなく、地域・階層・職種などによる特定の集団において、慣行習俗として共通的に伝承されるものである。われわれの生活は、決して一本調子の単純な時間経過をたどるものではない。日々繰り返される日常生活のほかに、特別の催しや行事などの、非日常的な生活を送る時がある。これを民俗用語では、トキオリ(時折)・オリメ(折り目)・フシ(節)などと呼ぶ。竹の節のように、こうした普段と違った日時を設けることにより、年間の単調な生活過程の流れに、ある種のリズム感が醸される。日常生活をケ(褻)と呼ぶのに対して、これらの非日常的な生活状態をハレ(晴)と称する。われわれの年間の生活は、こうしたケとハレの生活の交互組成によって、緊張感に満ちた営みが続けられる。年中行事は、このハレの生活の主要な構成要素をなす。また年中行事日を指す民俗用語にモノビがある。京阪地方ではモンビと訛り、紋付を着る日だというが、本来はモノイミ(物忌)のモノと通ずる語とみられ、この日は神に対して忌み籠りをする日であった。年中行事が休み日とされるのは、物忌をし、穢れを断つべき日であったからである。こうした民俗に窺知されるように、年中行事は、本質的に祭祀との関係が深く、信仰儀礼の性質を有する。清涼殿弘廂殿上間の上戸に面して、「年中行事御障子」が立てられていた。これは光孝天皇の時に摂政藤原基経の献上したもので、年中の公事《くじ》の名目を両面に書き連ねた衝立障子である。年中行事の用語は、この御障子文を初見とするが、もとは公家における年間の恒例行事の総体を意味する言葉であった。それが次第に各行事そのものを指す言葉として使われるようになった。これにあたる漢語には、月令・時令、あるいは歳時・歳事などがある。歳時は年中行事を行う時節を表わす語であり、歳事は年間に行う時節の行事を指す。『年中行事秘抄』の正月十五日の七種粥の条に引く『宇多天皇御記』に「御記云、寛平二年(八九〇)二月三十日丙戊仰レ善曰、正月十五日七種粥、(中略)十月初亥餅等、俗間行来、以為二歳事一、自今以後、毎色弁調、宜レ供二奉之一」とある。当時、民間で行なっていた正月十五日の七種粥や十月初亥日の亥子餅などを、宮中でも取り入れて行えという内容であり、こうした年間の行事を「歳事」と称しており、年中行事に相当する語として用いられたことがわかる。わが国は温帯に位置し、季節風や台風が定期的に吹き、四季の訪れも明確であり、さらに昼夜の交替や月の盈虚、動植物の移りかわりなどの体験・観察により、狩猟・漁撈の原始生活の時代にも、一年の運行、月日の経過を測り知る自然暦は存したとみられる。そしてそうした自然暦に対応する行事も営まれたと考えられる。しかし、年中行事形成史の上で、その起源はやはり農耕生活を始めた弥生時代に求められよう。その暦知識は自然暦を基礎とするもので、それを積極的に利用し対処することによって生産活動を推進し、またそれに伴う行事も行われた。すなわち、ここに農耕生活を基盤とする年中行事の萌芽がある。これを生産年中行事と呼ぶ。これはその後の年中行事の基礎をなすものであり、歴史的時間を通して、民俗年中行事の中に基層文化として現存する。わが国の暦制は中国の外来暦享受により成立するが、それ以前にも固有暦は存した。コヨミ(暦)はカ(日)ヨミ(読)の転とみられ、日を数える意の語である。それは季節を基準にした民間暦に近いものであったと想像されるが、ハル・ナツ・アキ・フユの四季も三カ月ずつに等分される期間を意味するものではなく、収穫のアキ、忌み籠りのフユ、それからの開放のハルといった一連の行事によって連接され、おのおのの祭事を中心として営まれた。たとえば、ハルは冬籠りの生活からの開放、つまりハレ(晴)に相当する意味の語で、時期的には正月があたり、それ以後の三カ月間を意味しない。こうした点にも数理的な中国暦と異なる面を有した。中国暦の伝来は、欽明天皇十五年、百済の暦博士固徳王保孫の来朝に始まるが、正月意識の形成はそれより早く、倭の五王時代にすでに存したとも推測される。大和朝廷にとって、年頭儀礼は政事上重要な事柄であり、その意味で暦制に先んじて、正月意識を明確にする必要があった。推古天皇十年(六〇二)の百済僧観勒の暦本の伝来、持統天皇四年(六九〇)の元嘉・儀鳳二暦の採用、天平宝字七年(七六三)の大衍暦の施行などの経緯をたどって、わが国の暦制は形成され、それに伴い外来儀礼の定着をみた。すなわち、外来年中行事の受容の過程が考えられる。年中行事御障子は仁和元年(八八五)に設けられたが、宮廷年中行事の撰定の試みはそれ以前、天平勝宝年間(七四九―五七)に行われたことが、『月旧記』などに窺われる。わが国の宮廷儀礼は、天智・天武両朝を基礎に、令制の確立とともに形成され、奈良時代を経て、平安時代に至り、『弘仁儀式』『貞観儀式』『延喜式』などにおいて完成された。つまり、公家年中行事の成立をみる。さらに平安時代中期以後、儀礼重視の趨勢の中で有職故実として展開される。公家年中行事は、在来の生産年中行事を母胎とし、外来年中行事を摂取して組成されたが、その性格から政事年中行事と呼ぶことができる。次に武家政権時代を迎えるが、室町・江戸両幕府の下で展開された武家年中行事も、公家年中行事を基盤として新たな発展をみたものであり、やはり政事年中行事に属する。さらに階層的立場からは、民間に行われる民俗年中行事が存する。これは公家・武家両年中行事の枠組みを踏まえ、民間暦を指針とする生産年中行事である。令制(雑令)の節日の規定に「凡正月一日、七日、十六日、三月三日、五月五日、七月七日、十一月大嘗日、皆為㆓節日㆒(下略)」とある。この中に九月九日がないのは、天武天皇の忌日にあたるためである。これを加えれば、重日を主とする五節供、また五節会もこの中に含まれる。すなわち、公家・武家両年中行事の主要なものは、この節日の踏襲によるといえる。節会は節日の公宴であり、節供は節日の供えものを原義とし、それを献供する行事を意味するに至った。年頭行事をみると、武家では御対面・年始御礼と名称は変わるが、拝賀・盃事を内容とする儀礼性格は公家と異ならない。ただ、二日以後の乗馬始・弓始などの行事は、民間の仕事始に通ずる。具足開・鏡開は二十日から十一日に移行し、民間の蔵開・鏡開の先蹤をなした。毎月朔日の告朔・旬政は、武家では御対面・月次御礼として行われた。六月晦日には大祓・鎮火祭・道饗祭などの解除鎮遏の行事が行われたが、武家でも御輪の祓・名越の祓として行われた。七月の七夕・盂蘭盆は正月の年頭・中旬の行事に共通した性格を有し、さらに六月の月末行事が十二月にも繰り返されることと比考すると、一年を二区分し、正月―六月と七月―十二月という上半期と下半期とが行事対応を示すという半歳周期の形がみられる。五節供は武家年中行事の骨格をなすものであるが、八朔も同様に主従関係を固めるための儀礼として重視され、民俗ではタノムが田の実(稲)と解され、秋の豊穣祈願の行事となった。十月の亥子《いのこ》餅は公家にも行われ、武家では玄猪《げんちょ》御祝とされ、民俗では豊作感謝の田の神祭とする。十一月には相嘗祭・新嘗祭・鎮魂祭などが行われる。このほか祈年祭・月次祭・神嘗祭など、また御斎会・仁王会その他、年間にわたって重要な神事・仏事が催行される。しかし、これらは公家の関わることであり、武家行事はこれらに対応しない。こうした面にも公家年中行事が国家的基盤に成り立つもので、政事年中行事としての本来の性質を具備するものであることが窺われる。十二月は六月と対応するほか、追儺などが加わる。武家では二十日以降、歳暮御礼・煤払・松飾りなど、民俗に共通する正月準備の行事が営まれた。

参考文献 山中裕『平安朝の年中行事』(『塙選書』七五)、倉林正次『饗宴の研究』儀礼編、二木謙一『中世武家儀礼の研究』、柳田国男『年中行事覚書』(『定本柳田国男集』一三)、折口信夫『年中行事』(『折口信夫全集』一五)、田中宣一『年中行事の研究』

(倉林 正次)

ねんじゅうぎょうじ　年中行事　宮廷内の公事である年中行事を記した書。続群書類従本は、表題および奥書に賀茂社氏人保隆が書写したとあるが、著者および成立年代は不明。一巻。内容は、元旦の四方拝、歯固、御菜から始まり、十二月晦日の大祓や追儺に至る年中行事を記す。行事内容のウェイトをみると意外と神事の記述が少なく、わずかに十二月の内侍所御神楽などが詳しい。たとえば二月の祈年祭、六月十一日と十二月十一日の月次祭と神今食、十一月の中寅日の鎮魂、十一月卯日の新嘗祭など神事名を掲げるのみで、神祇官の諸神事もほぼ同様である。仏事はむしろ詳しく、正月八日の太元御修法と真言院御修法、二月の釈奠、仁王会、四月八日御灌仏。季読経などの記述がみられる。四季の行事は一月十五日の七種御粥や十六日踏歌宴、十八日賭弓、三月の御燈などが記される。ほか正月五日叙位議、除目、そして伊勢の神宮・賀茂・石清水・春日・平野など諸社への天皇出御のもとになされる上卿・内侍などによる幣物・神膳・馬・舞人の発遣は詳しい。『群書類従』公事部所収。

参考文献　『群書解題』六　（嵯峨井　建）

ねんじゅうぎょうじひしょう　年中行事秘抄　『年中行事御障子文』を基礎に多くの古記などを引用して正月より十二月に至る公事の儀式の内容を明らかにしたもの。著者・成立年代ともに不明。引用の記事のうち、建久年間（一一九〇―九九）のものを下限とすることから、鎌倉時代初期の成立かともおもわれる。引用の書は『日本書紀』をはじめとして『古事記』『旧事紀』『宇多天皇御記』など、また公卿の日記として『貞信公記』『九条殿記』『清慎公記』などがみられる。儀式書としては『西宮記』『西宮記勘物』などがあり、『金谷園記』『荊楚《けいそ》歳時記』『漢書』『周礼《しゆらい》』等々、中国の書も多い。『年中行事抄』と共通する内容を有する部分も多い。尊経閣文庫には延応元年（一二三九）書写本（中原師世本系）を蔵し複製（『尊経閣叢刊』）がある。また『群書類従』公事部に収めるものは建武元年（一三三四）葉室長光書写本系統である。

参考文献　『群書解題』六、所功『平安朝儀式書成立史の研究』　（山中　裕）

の

のうさつ　納札　巡礼者が霊場に参詣したしるしに納める札、またはその行為をいう。木や紙で札を作り、中央に「奉順礼西国三十三所」などと巡礼の名称、右側に年月日、左側に住所・姓名・年齢・同行者などを書き、これを本堂内の柱、扉または壁などに釘で打ちつけたり、あるいは貼りつける。「簡《ふだ》を打つ」（『桂川地蔵記』上）といわれ、この習俗から参詣のことを「打つ」と称した。納札の慣行は巡礼信仰の高まりとともに弘まり、十四、五世紀から盛んとなった。西国巡礼の霊場では応永ごろの納札が多くみられ（『嬉遊笑覧』七行遊）、また興福寺南円堂では巡礼の札を取り集めて焼いたところ、火事と間違えられた（『経覚私要鈔』文安四年（一四四七）二月十一日条）という。現在知られている最古の札は、かつて鑁阿寺（栃木県）にあったという坂東三十三所巡礼での「暦応三年（一三四〇）」のものである。また西国三十三所巡礼では、当麻寺に立ち寄り納めた「文明十一年（一四七九）」の札が古い。納札の霊場寺院を札所というが、札所は西国・坂東三十三所、四国八十八ヵ所に限られず、名刹・古寺も対象となり、さらに千社参りなど神社にも及んでいる。納札から巡礼者の住所・社会階層などがわかり、巡礼の実証的研究には欠かせない資料である。なお社寺にみられる、年月日・姓名などを記した落書きは納札の変形したものである。

参考文献　前田卓『巡礼の社会学』、新城常三『（新稿）社寺参詣の社会経済史的研究』、武田明『巡礼の民俗』（『民俗民芸双書』四三）、稲城信子「納札―巡礼寺院の一側面―」（浅野清編『近畿地方を中心とする霊場寺院の総合的研究』所収）　（伊藤　唯真）

のうそはちまんぐう　曩祖八幡宮　福岡県飯塚市宮町に鎮座。納祖宮とも称する。旧県社。祭神は応神天皇・仲哀天皇・神功皇后・武内宿禰・天神地祇（曩祖神）。社伝によれば、神功皇后が三韓征伐の帰途、この地に曩祖の神々を奉斎したのが当社の起源と伝える。穂波川と遠賀川の合流点左岸に鎮座する当社一帯は交通の要衝である。十一―十二世紀にかけ当地方は宇佐宮弥勒寺の所領設定に伴い、八幡関係の神々が勧請された。延文四年（一三五九）社殿が建立されるも、のち衰微し茅葺の社となり、元和年中（一六一五―二四）、里人により神殿造営、正徳二年（一七一二）神殿・拝殿とも造替した。寛延年中（一七四八―五一）、惣門が建立されて今日の規模となる。明治五年（一八七二）村社に列し、大正十年（一九二一）郷社、同十三年県社に昇格。飯塚の総鎮守として崇敬され、特に子供の守護神としての信仰が篤い。例祭は春季大祭が四月十三―十五日、秋季大祭の放生会が十月十三―十五日、飯塚祇園祭が七月十三―十五日で、曩祖太鼓の演奏活動が著名である。

参考文献　『筑前国続風土記拾遺』　（伊藤　勇人）

のうまいしんじ　能舞神事　福井県今立郡池田町水海の鵜甘神社（旧八幡神社）で、毎年二月十五日（旧暦正月十五日）に奉納される田楽と舞能の祭礼芸能。「水海の田楽能舞」として、昭和五十一年（一九七六）、国の重要無形民俗文化財に指定。鎌倉時代、北条時頼が村に滞在した際、村人が田楽を舞ってもてなし、時頼がお礼に能を教えたのがはじまりと伝えられる。八幡神社の神宮寺阿弥陀寺が、時頼と所縁の深い宝慶寺の末寺であったことから、このような伝説が生まれたとも考えられる。祭礼当日は翁の役者らが水海川で禊をし、その後拝殿で能舞神事が奉納される。前半は田楽の鳥とび・祝詞《のっと》・あまじゃんごこ・阿満《あま》の四番が奉納される。次に式三番が奏納され、その後、高砂・田村・呉服《くれは》・羅生門の能が舞われる。能舞は曲の後半のみを舞う半能の形式で、囃子などにも能楽が完成する以前の古式が残る。

参考文献　後藤淑『能楽の起源』、山路興造「中世山村における祭祀と芸能―天竜川沿いと越前の領小祠・小堂を中心に―」(『芸能史研究』六八)　（宮永　一美）

のかみはちまんぐう　野上八幡宮　和歌山県海草郡野上町小畑《しょうばた》にある神社。祭神は応神天皇(品田和気命)、神功皇后、玉依姫命。慶安元年(一六四八)にまとめられた『八幡宮暦代記』には、九州から難波に進軍してきた神功皇后が立ち寄った場所に、欽明天皇の時代に創建されたとある。ただし、神社の存在が明確になるのは平安時代中期になってからである。野上町と西隣の海南市にまたがる地域には、京都石清水八幡宮の所領(野上荘)が設けられるが、その総氏神として八幡宮が勧請されたと考えられる。神社には宮座関連の資料も多数残され、中世末から近世後半にかけて祭祀特権集団が変質していく様子をうかがうことができる。江戸時代には、八月十五日の放生会を中心とした祭礼があったが、現在では十月十五日に近い日曜日に神輿渡御と獅子舞が行われている。重要文化財の本殿、拝殿、摂社(三棟)は、天文十年(一五四一)に根来衆徒の来襲で焼かれ、弘治三年(一五五七)より再建に着手された。

野　上　八　幡　宮

参考文献　『重要文化財野上八幡神社　本殿外四棟修理工事報告書』、『海南市史』一　（藤井　弘章）

のぎじんじゃ　乃木神社　東京都港区赤坂に鎮座。旧府社。乃木希典命を祭神とし、妻乃木静子命を配祀する。例祭日は九月十三日。乃木希典は、日露戦争旅順攻撃を指揮した陸軍大将であり、また学習院院長を勤めた。明治天皇が死去すると、大正元年(一九一二)九月十三日大喪の日に、妻とともに自邸にて殉死した。翌二年、乃木を慕う阪谷芳郎東京市長らが中央乃木会を結成、以後乃木邸内小社で祭祀を執行、同五年、立太子礼にあたり正二位を追贈され、八年、乃木神社の創立を申請、許可された。旧乃木邸に社殿造営を進め、同十二年十一月一日鎮座祭を斎行した。昭和十六年(一九四一)、別格官幣社の昇格申請がなされ、十九年六月一日付で東京都長官に再度申請し、ほとんど内諾を得たが、二十年五月の空襲で社殿を焼失、ならなかった。同二十三年、仮殿復興ののち、祭神五十年祭にあたる同三十七年九月、本殿・幣殿・拝殿などが復興された。境内摂末社に正松神社、赤坂王子稲荷神社がある。

参考文献　塚田清市編『乃木大将事蹟』、大浜徹也『乃木希典』　（石倉　孝祐）

のさかもんじょ　野坂文書　⇨厳島神社文書《いつくしまじんじゃもんじょ》

のざきのつかい　荷前使　荷前使は、律令制下で荷前の幣物を供献する種々の使者の中で、内裏から近陵・近墓へ、別貢荷前の幣物を供献する勅使とその一行をいう。国語辞典のよみは「のさきのつかい」が普通。伴信友著『荷前考』(『日本随筆全集』一一所載『比古婆衣』所収)には、荷前は当時一般に「のざき」というが、「ざ」は「さ」と清んでいう称と思うとあり、本項の見出しの「のざきのつかい」という歴史辞典一般のよみは、江戸時代の一般的よみである。『延喜式』の荷前の傍訓は、伊勢大神宮に「はつに」または「はつを」、祝詞に「はつほ」または「はつを」、陰陽寮に「のさき」と四種類あり、「のさき」は山陵供献荷前、他は神前供献荷前の傍訓。荷前は、律令制下で諸国から上納される調庸の初荷をいい、この初荷収納の際、神事・山陵などの供献用に前もって抜き取り、正倉に別置したものを荷前物という。また『続日本後紀』承和七年(八四〇)五月辛巳条の淳和上皇の遺詔は「歳竟分綵、号曰荷前」と、十二月の諸陵への荷前物奉献を荷前という。この荷前には、諸陵寮から諸陵・諸墓に献ずる常幣と、内裏から近陵・近墓に献ずる別貢幣とがあり、両者は同日に班幣される。いずれも起源は明らかでないが、前者は『類聚三代格』一七、延暦十六年(七九七)四月二十三日太政官符に、後者は『類聚符宣抄』四、弘仁四年(八一三)十二月十五日宣旨にすでに行われていたことがみえる。荷前使は、『延喜式』では後者の別貢幣奉献の勅使のみをいう。『荷前考』は承和八年五月壬申の神功皇后陵への宣命により、当初は常幣奉献の使者を荷前使と称したとするが、この説は宣命に検討を要する点がある。荷前使発遣は、毎年十二月吉日に建礼門前に天皇臨御のもとに行われ、このことは、『儀式』一〇、「奉山陵幣儀」に常幣奉献使者発遣と合わせて綜合的に詳記されている。『延喜式』は対象の陵墓の異動があるが、これを発遣日時定、荷前使補欠名簿作成、班幣次第大要は、太政官に、荷前使の点定・陵墓別人員構成、班幣行事次第などは中務省に、荷前使に授与の陵墓別幣物の品目・数量・雑給料等は内蔵寮に、儀場舗設は掃部寮に、それぞれ分記する。また、中務省・式部上に荷前使の職務欠怠の処罰規定を設けている。このことは、職務欠怠が多くあったことを意味する。『類聚符宣抄』四には荷前使小野道風ら六名の職務欠怠による天暦元年(九四七)の次侍従解任処分や、その他の処分例がみられる。時代が降ると、陵所参向欠怠を略儀と称し恒常化し、発遣の儀の形骸のみ存続したが、この荷前使発遣の儀も観応元年(一三五〇)十二月には、次官の撰定ができず行われなくなった(『園太暦』同年十二月二十九日条)。

参考文献 『古事類苑』帝王部 (石田 茂輔)

のだじんじゃ 野田神社 山口市上宇野令字野田に鎮座。旧別格官幣社。祭神は毛利敬親《たかちか》・同元徳《もとのり》。旧県社。明治四年(一八七一)旧藩主敬親が没すると、同六年豊栄《とよさか》神社の別殿に祀り、その諡号をとって忠正《ちゅうせい》神社と称したが、同九年地名を冠して野田神社と改称。同十九年現在地に社殿を造営して遷宮。同二十九年に敬親の養子元徳が死去すると、同三十一年その霊を野田神社に合祀。例祭は三月五日。社蔵の樋螺鈿太刀(伝助友)は重要文化財指定。 (河村乾二郎)

ののみや 野宮 斎王《さいおう》が初斎院で潔斎の後、群行までの約一年間再度潔斎する所。供奉の職員百四十五人。野宮の占地は宮城外の浄野で、平安遷都後は、西京から嵯峨野にかけての地が卜定された。その造営に要する工夫などについては、『延喜式』木工寮に規定があり、野宮での潔斎が終り、群行に及ぶと建造物は除去される。野宮では月朔の大神宮遙拝のほか、祈年・月次・新嘗祭などの神事や庚申・蹴鞠などの御遊も行われた。→斎宮《さいぐう》

参考文献 『古事類苑』神祇部三、甲田利雄「斎宮覚書」(『平安朝臨時公事略解』所収)、所京子「斎王野宮の位置と造営」(『神道史研究』二七ノ四)、菅原邦彦「野宮について」(『史聚』九) (渡辺 直彦)

のぶざねおう 延信王 生没年不詳 後世、神祇官の長官伯を世襲した白川伯王家の祖。父は、花山天皇の皇子清仁親王。母は、大宰帥源頼房女。神祇伯従四位上。弾正大弼・侍従も兼任したという。万寿二年(一〇二五)三月二十九日父清仁親王の奏請により源朝臣を賜わったと伝えられている。源氏賜姓の際の資格は、時康親王(光孝天皇)の奏請によって開始された二世源氏の例が適用され、ここに花山源氏が始まった。しかしながら、この延信の源氏賜姓は、子や兄弟には及ばなかったようで、『尊卑分脈』によれば、子息康資は、祖父清仁親王の猶子となり源氏を継がず王号を称し、弟兼文も王号を称している。延信の孫の源顕康は、村上源氏の源顕房の猶子となり、花山源氏は村上源氏と密接な関係を築くが、この時期源氏の一流としては独立していなかったようである。顕康の子顕広が、終生源氏を称せず王号を称していたことから、むしろ王号を世襲する王氏の一流であったと考えられる。

参考文献 藤森馨「白川伯王家の成立」(『平安時代の宮廷祭祀と神祇官人』所収) (藤森 馨)

のまおいまつり 野馬追祭 福島県相馬地方の民俗行事。野馬追いは、妙見社の神馬を放して繁殖させては、毎年その野馬を追い、それを捕えて「上げ野馬」とし、再び妙見の神馬として献納するという神事が起源である。相馬の野馬追祭は、奥州相馬氏の祖、平良文ならびに平将門が、妙見を鎮守の神として信仰し、毎年五月申の日にその祭儀を行なったのがはじめであるといわれている。将門は鎮守妙見祭礼の当日、関八州の兵を総州葛飾郡小金原に集め、野に放った妙見の神馬を敵と見立て、終日追いかけ、勝負・差当《さしあて》の真似事をし、その間、軍の進退、大軍使いの駆引などを学び、馬上の働きや機変の応を察知し練習したといわれている。鎌倉時代、相馬重胤が奥州相馬に移った後は関東より相馬の地にその行事は移された。貞享二年(一六八五)五月には野馬追の作法を制定し隆盛したが、維新後一時中断し、明治七年(一八七四)復活、太陽暦の七月一日宵乗り、二日野馬追、三日野馬懸が行われた。その後明治三十七年にはさらに十日のばし、のち改められ昭和四十一年(一九六六)からは七月二十三—二十五日となった。現在は福島県相馬郡小高町の小高神社、同原町市の太田神社、同相馬市の中村神社の三つの旧妙見社の合同の神事として行われる。七月二十三日には出陣と宵乗り、翌二十四日が野馬追、二十五日には野馬懸が行われるが、二十四日に雲雀ヶ原において、煙火とともに打ち上げた妙見三社の神旗争奪戦が祭の中心となっている。国の重要無形民俗文化財に指定。

参考文献 岩崎敏夫監修『相馬野馬追』 (森 ノブ)

野馬追祭　中村神社より出陣する騎馬武者

のりと 祝詞 神をまつる儀式の際、神前において唱える独特の文体と格調を持った言葉。神に向かって奏上する形のほかに、参集した人々に向かって宣読する形のものもある。言葉の内容は、その祭の趣旨を述べ、神饌幣帛奉献の様子を序し、神徳を称えて、新たな恩恵を祈願するのが普通であるが、その他さまざまな場合がある。「のりと」という語の意義については、古来諸説があるが、「のり」は「宣り」、「と」は呪言の意と解する説が近時有

力となっている。平安時代後期ころからは、音便で「のっと」と呼ぶようにもなった。漢字では、古くから一般に「祝詞」(神にいのる詞の意)と書かれるほか、「諄辞」(ねんごろな辞の意)の字も用いられた。祝詞の文献に載る最古のものは、『古事記』神代の出雲の国譲りの条にみえるいわゆる鑽火詞《ひきりのことば》で、神聖な火を切り出して、神饌を調理し、神に奉献することを述べた特異な文章である。これは、実際の祭儀に用いられた祝詞を、『古事記』の文中に取り入れたものと理解される。平安時代になって成立した『延喜式』巻八には、二十七編の祝詞が収められている。これは、その当時までに読み継がれて来た朝廷の祭儀の祝詞を、一巻に収集したもので、一つ一つの祝詞の作成された年代は、新古まちまちである。それらが、読み継がれる間に、いくらかの改変を経たとしても、さほど大きな変化を受けることなく、延喜に伝えられたものと思われる。祈年祭・六月月次・大嘗祭の祝詞は、五穀の豊穣と天皇の御代の長久を祈る朝廷の重要な祭儀の祝詞であり、大殿祭《おおとのほがい》・御門祭の祝詞は、天皇の御殿の平安を願う祝詞である。六月晦大祓の祝詞は、毎年二度の大祓の朝儀に読まれたもので、その荘重にして流麗な名文は、のちに神道の経典のごとく神聖視された。その他の祝詞の一つ一つについては省略するが、二十七編の最後に置かれた出雲国造《いずものくにのみやつこ》神賀詞《かんよごと》は、新任の出雲国造が朝廷へ参向して、神宝を奉献し、御代の長久を寿いで、出雲の忠誠を誓う、いわゆる寿詞《よごと》で、一般の祝詞とは性質を異にしている。延喜式祝詞が古代の朝廷の祭儀の祝詞であるのに対して、中世の地方神社の祝詞がまとまって残された文献として、若狭彦神社(福井県小浜市鎮座)秘蔵の『詔戸次第《のっとしだい》』(重要文化財)がある。鎌倉時代末期の乾元二年(嘉元元、一三〇三)に書写されたもので、鎌倉時代に作られ読み継がれた同神社の祭の祝詞九編が収められている。延喜式祝詞とは異なった中世祝詞の文体の特色を知るとともに、その時代の地方神社の祭祀の実際を窺う資料となる。九編中特に最後の「山途申《やまともうし》」の祝詞は、内容・文章ともに異色の名編として注目される。祝詞は、以上のほかにも、『朝野群載』をはじめ諸種の文献の中に散見するが、そのほとんどは朝廷や有名神社の祝詞で、古く一般庶民がどのような言葉を唱えて神に祈っていたかを知り得る資料はきわめて乏しい。近世以前のこの種の祝詞の発掘が待たれる。祝詞は、祭儀が最高潮に達した時点で、人が神に向かって誠意の限りを尽くして述べ上げる言葉であるから、極力懇切丁寧な表現を取るのは当然である。言葉を繰り返し、畳み掛ける祝詞独特の修辞法は、これに基づく。神前で朗唱する文章であるから、荘重流麗な格調に乗るように書き綴られる。また、厳粛な祭儀の場で、読み誤ることは許されない。そのため、祝詞を書き表すには、「祝詞宣命体」とか「宣命書き」とか呼ばれる独特の表記法が用いられ、その伝統が守られて来た。すなわち、日本語の語順に従い、名詞・代名詞や動詞・形容詞の語幹などを漢字の大字で書き、助詞・助動詞や活用の語尾などを万葉仮名で小字に書く方式である。これは、紙に書いてある祝詞文を見て、最も正確に、しかも容易に読むことのできる方法であった。これが、後代一般に用いられる漢字・仮名交じり文の先駆となる。

参考文献　神道大系編纂会編『祝詞・宣命註釈』(『神道大系』古典註釈編六)、賀茂真淵『祝詞考』(『賀茂真淵全集』七)、鈴木重胤『延喜式祝詞講義』(『国文註釈全書』一一・一二)、次田潤『祝詞新講』、白石光邦『祝詞の研究』、安藤正次「奏宣の文学」(『古典と古語』所収)、倉野憲司「祝詞」(『日本文学史』三所収)、梅田義彦「祝詞概説」(『神道の思想』二所収)、青木紀元「若狭彦神社秘蔵『詔戸次第』訓解」(『祝詞古伝承の研究』所収)

(青木　紀元)

のりとこう　祝詞考　『延喜式』祝詞の注釈書。賀茂真淵著。三巻。明和五年(一七六八)、没する前年、七十二歳のおりに成立した。門人荒木田久老により版行を見たのは寛政十二年(一八〇〇)で、没後三十一年を経ていた。真淵は延享三年(一七四六)に『延喜式祝詞解』五巻を著わし祝詞の訓読に先鞭を付けている。その後の研究成果を踏まえたものが本書であるが、訓は『延喜式祝詞解』の方にも見るべき点がある。なお『大祓詞考』は本書第三巻の中巻に収めた大祓詞の部分に対する呼称である。『万葉考』や『冠辞考』に並ぶ真淵の代表的著述で、祝詞研究史上、画期的な意義を有する。門人である本居宣長は刊行前にこれを読み、これを足がかりとして寛政四年『出雲国造神寿後釈』、同七年『大祓詞後釈』を著わした。「後釈」とは真淵の説に対する後の釈の意味で、「考云」として真淵説を引用し補足と是正とを試みている。『神道大系』古典註釈編六、『賀茂真淵全集』七(続群書類従完成会)などに収載。

参考文献　井上豊『賀茂真淵の学問』

(金子　善光)

のりとこうぎ　祝詞講義　⇨延喜式祝詞講義《えんぎしきのりとこうぎ》

のりとし　詔刀師　昔の伊勢神宮の神主で、正員禰宜以外の神主が私幣私禱を受けて行なった者。その起りは、平安時代に発するが、祝詞師・御祈禱師・御祈師・祈師・大夫・師職の名で知られている。伊勢では「御師《おんし》」と称して全国に名高い。『大神宮諸雑事記』に「召二大神宮司詔刀師種光一」とみえる。→御師《おし》

(西島　一郎)

のりとしさたぶみ　詔刀師沙汰文　伊勢の内宮へ諸国の参詣者が捧げようとする幣物を、途中で外宮祝詞師らが抑留する非を訴訟した記録。一巻。「のっとしさたぶみ」ともよみ、『御師沙汰文』『両宮幣物論』『幣物語』ともいう。それに対し、外宮側では神宮鎮座以来、外宮神主度会氏は二宮兼行の実績があり、内宮神主荒木田氏にそれがないこと故当然と反論している。元弘二年(一三三二)五月のことで、内宮側は権禰宜裏多(浦田)太郎大夫政定、外宮側は禰宜村松家行が主にあたっている。『群書類従』神祇部所収。

参考文献　『群書解題』一上　（鎌田　純二）

のりとでん　祝詞殿　⇩神社建築《じんじゃけんちく》

ノロそしき　ノロ組織　琉球王国における地方神女の組織で、神女組織の重要な一環をなす。ノロはノロクモイ(クモイは接尾美称)ともいい、行政区画である間切《まぎり》ごとに数人ずつ設置されていた。例外なしに女性の就く神職であり、職に付帯するノロクモイ地と呼ばれる田畑および一定の人民使役権を支給された。もっぱら公的な宗教儀礼を司祭し、間切内の複数の村を管轄していた。したがって、村の共同体的な祭祀には基本的に関与しない国家的な存在であった。その証拠に、中世(古琉球)から近世初頭にかけて国王名で発給される辞令書を通じて任職されていた。寛文七年(一六六七)より辞令書発給範囲から除外されるが、任職の際に地方の推挙をうけて王府が許可する制度に変化はなかった。世襲制ではないが、妹・娘・姪・孫の範囲で継承されている。地方神女であるノロの上位にある職が大阿母《おおあも》である。那覇・宮古・八重山の大阿母のほか久米島の君南風《きみはえ》、今帰仁《なきじん》の阿応理屋恵《あおりやえ》、伊是名《いぜな》の二カヤ田の阿母などさまざまな名称があるが、ノロと区別される点は、間切をいくつか合わせた広域ブロックを祭祀上の管区としたことである。大阿母の上位にある神職は君々《きみぎみ》と呼ばれ、佐司笠《さすかさ》・首里大君・世寄君《よよせきみ》・ウワモリ・君豊見《きみとよみ》のほか、ノロ・大阿母を管轄する真壁《まかべ》の大阿母志良礼《しられ》、儀保《ぎぼ》の大阿母志良礼、首里の大阿母志良礼(以上三員を総称して三平《みひら》等の大阿母志良礼という)などの中央神女がいる。このようなノロ・大阿母・君々と組織されたヒエラルキーの頂点に位置する職が聞得大君《きこえおおきみ》である。琉球の祭祀を司祭する最高の職で、その就任儀礼である御新下《おあらおり》は開闢神話の霊地を巡拝するものであり、神々の認知を得る聖礼であった。いうまでもなく、これらの職にある者すべては女性であった。地方神女としてのノロは奄美・沖縄の両地域に設置されたが、宮古・八重山ではノロ制度はなく、これに相当する存在に司《つかさ》がいた。ノロ(あるいは司)・大阿母が地方祭祀を司祭し、君々・聞得大君は首里城を中心に挙行される中央祭祀を司祭した。神女が儀礼の場でうたう神歌がオモロ・クェーナ・ミセゼルで、その中のオモロを集めたものが『おもろさうし』全二十二巻である。なお、ノロなどの神女は勾玉・玉貫《たまぬき》(酒器)・神扇・神衣装などを儀礼用の道具として用い、その多くは国王よりの拝領品と伝承されている。女性司祭者が大きな役割を発揮する琉球王国の状況を指して「祭政一致」と規定する研究者が多かったが、近年の研究では女性司祭者の勢力を認めながらも、しかし、王権が卓越し神女組織をその翼賛下に置いている状態と見る意見が有力になりつつある。その根拠は、これらの神女組織が王国体制を確立した尚真治世期(一四七七—一五二六)に整備され、各職への任職も辞令書によって王の名で行われた点が挙げられる。

参考文献　宮城栄昌『沖縄のノロの研究』、高良倉吉『琉球王国の構造』(『中世史研究選書』)　（高良　倉吉）

は

ハーン　Lafcadio Hearn　⇩小泉八雲《こいずみやくも》

ばいかさい　梅花祭　京都市北野天満宮で祭神菅原道真の忌日の二月二十五日に行われる神事。別名菜種御供《なたねのごく》という。この日は、西京の御供田《ごくでん》を預かる家より黄菜の花を挿して飾った神饌を献進するので、菜種御供と呼ばれたが、菜の花がまだ咲かない年には梅の花で代用した。鳥羽天皇の勅により、天仁二年(一一〇九)二月二十五日に行われたのが最初とされる。現在は、大小の神饌にすべて梅花を添えて奉るので、梅花御供《ばいかのごく》と称し、梅花祭と呼ぶ。現行の神饌は、前日に社務所で調進される。四斗の白米を二度蒸にして大小二台の木枠(大盤・小盤)に高く盛ったものと、紙立《こうだて》(香立)を七十五個調製する。紙立は、仙花紙を筒状に糊づけし、底に小さな土器《かわらけ》を敷いて中に玄米を入れ、梅の小枝を挿したもので、白梅四十二個・紅梅三十三個の数は、男女の厄年にちなむという。祭典終了後は、厄除け御供として参詣者に配られる。

参考文献　竹内秀雄『天満宮』(吉川弘文館『日本歴史叢書(新装版)』一九)　（瀬戸　薫）

はいし　配祀　神社に祀られる祭神のうち、主祭神と深い縁故があり、多くは同じ殿舎内にあわせ祀られている祭神。もしくはそうして祀ること自体をさす。別殿に祀る場合もあり、奉斎の形態は一様ではない。配祀の語は、中国において先王を祀る場合に、有功の臣を添える配享《はいきょう》にならったもの。そのほか、配祭・配神などともいわれる。また同様の意味に使われる相殿《あいどの》・合殿《あいどの》についても本来、主祭神と同殿内に祀られていることを表しており何らかの特別な関わりのある祭神とされた。古く『皇太神宮儀式帳』には、天照大神の正殿内左右に坐す神を相殿と称したことが記されている。このように配祀も相殿も古代からある祭祀の形態であるが、特に明治以後の神社行政の中では、官国幣社に祀られる祭神のうち、主祭神との関わりを明確にする必要のある祭神について使用された。これら配祀・相殿の神に対しては、原則として官の祭祀の対象とされず、幣帛供進の座数に含まれない。

（八幡　崇経）

ばいじょうろく　梅城録　禅宗の観点から、菅原道真の威徳を解説・讃仰した書。一巻。室町時代の応永三十二年(一四二五)ころの成立。編者は呆菴、すなわち天章澄《てんしょうちょう》彧《いく》。天章は臨済宗夢窓派の禅僧で空谷明応の弟子である。内容は、二十五章より成っている。各章ごとに七言絶句を一首掲げ、その意を解釈、菅公の事績、没後の神威に関して仔細に説いている。この説明のために、史書・漢籍・仏典など幅広い文献を用いている。特に重要なのは、『梅城録』善本の尊経閣文庫本によれば「佳城埋レ玉仲春抄」の解説のなかで『扶桑略記』を引用して、延喜三年(九〇三)四月二十日に「勅号ニ大富天神ニ」と伝えていることである。一般的に菅公の霊は、「火雷天神」と解釈されがちであるが、本書による限り、「火雷天神」ではなく、「大富天神」であることが理解できる。むろん、この延喜三年の年号に疑問の余地はあるが、菅公の霊には、大富という福をもたらす、という意が含まれているといえる。『神道大系』神社編一一、『北野誌』、『群書類従』神祇部所収。

参考文献　『群書解題』一上、真壁俊信「大富天神と火雷天神」(『天神信仰の基礎的研究』所収)

（真壁　俊信）

はいでん　拝殿　⇩神社建築《じんじゃけんちく》

はいぶつきしゃく　廃仏毀釈　仏教寺院や僧侶を排斥する思想や行動。廃仏毀釈が全国的な運動として展開するのは明治初年であるが、江戸時代にも小規模ながら各地で行われている。江戸時代の廃仏毀釈で有名なのは、寛文六年(一六六六)―七年会津藩主保科正之・水戸藩主徳川光圀・岡山藩主池田光政らが、いずれも領内寺院のほぼ半数を破却し、数多くの僧侶たちを還俗させ帰農させた政策である。この三藩に共通する思想は儒教である。江戸時代寺請制度により檀家を寺院の経営基盤とした僧侶たちは、自宗の信仰はもとより、教学や修行に対する厳しさをなくし、信仰抜きの民衆収奪に専念した。当然のことながら識者の批判の的となり、右の三藩ほどではないが、廃仏毀釈の思想は全国各地に伝播していった。近世中後期の廃仏論者の数は枚挙にいとまがないほどである。一方民衆の批判は各地に数多く散在する庄屋(名主)日記に垣間みることができる。このことから廃仏毀釈の思想が民衆にかなり広範囲に定着していることがわかる。このような動きに対して、各藩に残存している史料をみる限りにおいても、藩の法令の中に、寺院僧侶の生活の華美に対する批判、堂塔伽藍の寄付の制限、墓石の寸法の制限、戒名料の制限、宗祖の遠忌の寄付の制限、葬祭への出費の制限などがみられ、おびただしい統制がくり返されている。僧侶は民衆がキリシタンでないと保証する寺請証文を書くこととひきかえに、さまざまな要求を民衆に課しているが、これが逆に民衆の廃仏毀釈思想をますます強めることにつながっていった。岡山藩では全領域内で寺請証文の作成を廃止し、すべての領民に神道請証文を神主の手で作成させている。それゆえかなりの寺院が経営不振となり廃寺に追い込まれている。水戸藩においても武士に限ってはいるが、葬祭を仏式から儒式に替えている。武士を檀家とした寺の多くは経営不振に陥っている。また、全国の神社の神主たちは、近世中後期には仏葬祭をやめ神葬祭を行なっている。さらに神主本人のみならず家族に至るまで神葬祭に替えている例がかなりみられる。近世後期になると、国学の影響をうけた地域では神葬祭が増加し、神主のみではなく家族さらには周辺の民衆に至るまで、仏葬祭を捨て神葬祭に替えているところが多い。また水戸学の影響をうけたところでは、戸籍の台帳として、僧侶が寺請をする宗門人別帳をやめ、神主が神道請をする氏子帳に切り替えている。また水戸藩では、天保年間(一八三〇―四四)には領内の大寺を破却し、それに伴い末寺も廃寺に追い込んでいる。また領内全寺院から撞鐘を徴収し、大砲の材料にあてている。この時は民衆も積極的に寺院破却に協力している。このように幕末には、これまで際限なく収奪していた寺院僧侶に対して徹底的に批判がなされることになった。幕藩領主はもとより、儒者・国学者・水戸学者・神道学者たちの批判の矛先はきわめてするどく、また批判される仏教者の側にも寺院の現状に対する批判・反省を強調する者がでてきたことはいうまでもない。このような時期、すなわち明治元年(一八六八)明治政府は神仏分離令を施行した。しかも政府の神祇事務局の指導者たちの多くは、復古神道を信奉する者であったため、当然敬神廃仏すなわち廃仏毀釈に赴いた。この時点で江戸時代の仏教国教が神道国教に急旋回し、伊勢神道を頂点とする神道国教化政策が着々と推進されていった。一方寺院僧侶から収奪の限りをつくされていた民衆も廃仏毀釈運動にはこぞって参加し、堂塔・伽藍や、仏像・仏画・絵巻物・経典・什物などの破却・焼却に手を貸した。当時の廃仏毀釈の実態は、ごくその一部ではあるが、村上専精・辻善之助・鷲尾順敬編『(明治維新)神仏分離史料』に紹介されている。全国で破却され廃寺になった寺院数は、当時存在した寺院のほぼ半数といわれているが、現在までの調査・研究ではその総数はまだ把握できない。明治元年より九年ごろまで全国各地の寺院の破却が続き、今となっては、数多くの貴重な古文書・文化財が失われる結果となった。まさに焚書坑儒の日本版といえる。明治六年にキリスト教禁止令が解かれると、寺院が握っていた寺請の権限はなくなり、檀家への支配の法的根拠はなくなった。明治五年の壬申戸籍には氏神・氏寺が形式的ながら並列されてはいるが、明治十年戸籍では氏神・氏寺ともに抹消されている。明治初年廃仏毀釈の運動が特に強かった地域は、苗木藩・松本藩・富山藩・津和野藩・鹿児島藩などである。いずれも藩主みずからが廃仏毀釈の思想をもっており、徹底した寺院破却を行なっている。一方で神社を積極的に保護している。国家神道の頂点である伊勢神宮の周辺においても徹底した寺院破却が行われた。また奈良・京都・滋賀・鎌倉の大寺院においてもきびしい廃仏毀釈が行われている。さらに見落しがちではあるが、江戸時代に民衆の熱狂的信仰に支えられた各地の霊場信仰・山岳信仰の中心であった山伏やその寺、また禅宗の一派として大勢力を誇った普化宗はこの時期すべて姿を消されてしまった。民衆信仰に対する大弾圧が廃仏毀釈の名のもとに行われている。以上のように、廃仏毀釈運動は江戸時代の信仰をくつがえすとともに、国家神道推進の強力な思想として展開していったのである。→神仏分離令《しんぶつぶんりれい》

参考文献　圭室文雄『神仏分離』(『歴史新書』一一三)

(圭室　文雄)

はか　墓　⇨奥津城《おくつき》

はかたどんたく　博多どんたく　五月三日・四日の両日、福岡市で行われる市民の祭。古く室町時代に、新年を祝って地下・町方の者が領主や富豪宅に祝福芸としての松囃子を先頭に練り込んだ行事が発展したもので、現在は松囃子が櫛田神社(福岡市博多区)に勢揃いしたあと、馬に乗った三福神につづいて曳台や稚児行列が市内を練るほか、各種パレードが賑やかに繰りひろげられる。パレードには各種団体の参加があるが、松囃子の組織は旧博多の町割を継承している。江戸時代までは正月の祝いとして正月十五日に行われていたが、明治以降何度か日を変更し、昭和二十四年(一九四九)から現在の日取りにほぼ定着した。それに従って名称も変わり、江戸時代の「博多松囃子」から明治十年(一八七七)代に「博多どんたく」になり、昭和三十七年以降「福岡市民の祭り・博多どんたく・港まつり」となっている。どんたくの語は、オランダ語のZondag(安息日)に由来するという。

(田中　宣一)

はがやいち　芳賀矢一　一八六七―一九二七　明治・大正時代の国文学者。慶応三年(一八六七)五月十四日、福井城下佐佳枝《さかえ》上町に、父真咲と母あきの長男として生まれる。明治十六年(一八八三)仙台の宮城中学校卒業。十七年東京大学予備門入学。二十五年東京帝国大学文科大学国文科卒業。二十七年十一月潮田鋼子《こうこ》と結婚。二十八年第一高等学校教授兼高等師範学校教授に任ぜられる。三十一年十二月より東京帝国大学文科大学助教授を兼任(翌年五月より本官となる)。三十三年ドイツに留学、三十五年帰国して同大学教授となる。三十六年文学博士。大正四年(一九一五)帝国学士院会員。七年国学院大学長に就任する。九年神社調査員、十四年神職高等試験臨時委員となった。十一年従三位を授けられ、東京帝国大学名誉教授となる。明治四十年、すでに「日本文献学」を講じたのは、ドイツ文献学を前提としたもので、国文学の方法論確立の先駆的役割を果たした。昭和二年(一九二七)二月六日、勲一等瑞宝章を授けられ、同日東京市小石川区大塚坂下町(東京都文京区大塚)の自宅に、心臓性喘息で没した。六十一歳。護国寺墓地に葬られる。著書は『国文学読本』(立花銑三郎と共編、明治二十三年)、『国文学史十講』(三十二年)、『国文学史概論』(大正二年)など多数。

参考文献　芳賀檀編『芳賀矢一文集』、久松潜一編『落合直文・上田万年・芳賀矢一・藤村作集』(『明治文学全集』四四)、石田淑子・二木慶・島田万亀子・福田宏子「芳賀矢一」(『近代文学研究叢書』二六所収)、島村剛一「芳賀先生伝記資料」(『国学院雑誌』四四ノ六―一二、四五ノ一―三・五・七・八・一一・一二)、藤村作「芳賀先生と明治国文学史研究」(同二〇ノ一〇)

(中村　啓信)

はぎわらかねより　萩原兼従　一五九〇―一六六〇　江戸時代前期の神道学者。天正十八年(一五九〇)神祇管領吉田兼治の長子として生まれ、慶長四年(一五九九)家を弟の兼英に譲り、祖父兼見の養子となり萩原を称号とした。同時に豊臣秀吉を祀る豊国社の社務職となる。兼見の画策により兼従をして一家を新たに興し社務職を継承せしめて、あわせて吉田家の地位を昂めようとしたのであったが、元和元年(一六一五)豊臣氏滅亡によりその職を失った。豊後国に配流となるべきところを、義弟細川忠興の執り成しにより免ぜられ、封千石を付属された。以後は吉田家の後見人として神道の学問を深め、吉川惟足・徳川頼房などに神道伝授を行い神道学者として名声を得た。特に兼従晩年の承応二年(一六五三)に入門した吉川惟足に対して、強い信頼を寄せ、その学力を認めて、吉田流唯一に血脈相承してきた道統を惟足に付属せしめた。これは神道伝授の閉鎖性を打破する目的とともに、吉田家の継承者が若年のため道統を継ぐことができず、断絶を恐れて一時惟足に伝え、吉田家の嗣子兼連成長ののち返伝授させることを意図した。惟足は師兼従の命を守り返伝授に努めたが、吉田家の対応が不十分であったため完全には秘伝継承ができなかった。万治三年(一六六〇)八月十三日没。七十一歳。遺言により吉田神社南参道入口に吉田神道の葬法によって遺骸を葬り、その上に神社を創建、神海霊社と称した。

参考文献　千葉栄『吉川神道の研究』、平重道『吉川神道の基礎的研究』、同「吉田文庫「萩原兼従卿遺言状」の一考察」(『ビブリア』四〇)

(岡田　荘司)

はぎわらし　萩原氏　吉田卜部氏より分かれた兼従(一五九〇―一六六〇)を始祖とする堂上公家。吉田兼見は豊臣

秀吉を祀る豊国神社の創建にあたり、その社務職を相続していくために、孫兼従を養子とし、一家をたてた。兼従の子員従(実は富小路頼直の男)のとき、後西天皇のもとに伺候し堂上成り。家格は半家(新家・内々)。員従のとき藤原姓となるが、孫兼武のとき卜部姓に復した。家禄千石。明治十七年(一八八四)員光のとき子爵を授けられた。

(岡田　荘司)

はぎわらひろみち　萩原広道　一八一五―六三　江戸時代後期の国学者。通称は鹿蔵あるいは鹿左衛門、号を葭沼、また韮園・蒜園・鹿鳴草舎・出石居ともいう。初め藤原、のち萩原を姓とす。文化十二年(一八一五)二月十九日岡山藩士藤原栄三郎の子に生まる。文政十一年(一八二八)十四歳の時平賀元義を識りその指導をうけ歌を詠み始め、また大国隆正に教えを請うたこともあるが、特に定まった師はない。弘化二年(一八四五)三十一歳、藩を退き大坂に出て、京町堀に住み国学を教え著述に従ったが貧窮に苦しむ。晩年中風を病み世に交わらず百事皆廃したという。本居宣長に私淑し、その説を祖述しながら、特に文芸論としての代表作『源氏物語評釈』を著わした。歌は新古今調を詠み大坂歌壇に知られ、また文章に巧みで戯文『あしの葉わけ』、随筆『玉篠』をはじめ、読本(『開巻驚奇俠客伝』第五集)も書き、また中国小説の翻訳(『通俗好逑伝』)も手がけた。文久三年(一八六三)十二月三日没。四十九歳。墓は大阪市福島区妙寿寺にある。

参考文献　大川茂雄・南茂樹編『国学者伝記集成』二、正宗敦夫「萩原広道履歴」(『文学』三ノ九)、森川彰「萩原広道書簡」(『混沌』昭和五十一年五月号・同五十二年五月号・同五十三年九月号)、越智東風「萩原広道伝」・同補遺(『志がらみ草紙』五・六)

(沼田　哲)

はぎわらまさひら　萩原正平　一八三八―九一　明治時代前期の平田派国学者。天保九年(一八三八)十二月十一日伊豆国君沢郡川西(静岡県田方郡伊豆長岡町)に義利の子として出生。初名は直胤。父の後を承けて、かの地の名主役を務めた。竹村茂枝に学び、その後、文久三年(一八六三)には平田篤胤没後の門人となり、権田直助に学んだ。明治時代に入り、神祇官の宣教使・足柄県学校吟味役・静岡県地誌国史編纂係を歴任、三島神社の少宮司や伊豆山神社の祠官をも務めた。そして、明治十四年(一八八一)には、県会議員となっている。教育にも情熱を傾け、静岡に皇学舎を設立して、子弟の育成にあたった。晩年には、大社教を広めることに意を注ぎ、静岡県分院長となっている。明治二十四年六月七日に死去。五十四歳。子の正夫は父の薫陶を受け、静岡の皇学舎に学んだのち、本居豊頴に学び、のちに衆議院議員となった。正平の著述には、七島を含む伊豆国巡検の結果に基づいた『伊豆国式社考証』のほか、『三島神社考証』などが知られる。また、秋山章『豆州志稿』を、正夫との二代で『増訂豆州志稿』として完成させている。

参考文献　伊東多三郎『草莽の国学』、大川茂雄・南茂樹編『国学者伝記集成』二

(三澤　勝己)

はくさん　白山　石川県石川郡、福井県大野市、岐阜県大野郡・郡上《ぐじょう》郡の境にある山。古くは「しらやま」と呼ばれた。富士山・立山とともに、日本三名山の一つに数えられる。養老元年(七一七)、泰澄の開創した霊山として信仰されている。最高峰の御前峰《ごぜんがみね》(標高二七〇二メートル)が、中部山岳以西で最も高い山である。この主峰のほか大汝《おおなんじが》峰《みね》(二六八四メートル)・剣峰《けんがみね》(二六八〇メートル)の三峰に分かれる頂上の部分と、南方の別山《べっさん》(二三九九メートル)および三《さん》ノ峰《みね》(二一二八メートル)、西方の白山釈迦岳《はくさんしゃかだけ》(二〇五三メートル)などを合わせて、白山と称している。しかし、頂上の三峰を「白山三峰」と呼び、それに別山と三ノ峰を加えて「白山五峰」と称する場合もある。西北季節風をまともに受けるため積雪が多く、周囲に高い山がないので、その白い山容が特に目立ち、四季を通じて山頂が白く遠望されることから、白山の名が生じたものと伝えられる。御前峰の中でも、名所といわれる御宝庫《おたかぐら》、天柱石・転法輪ノ窟など、また翠池をはじめとする大小の湖なども、噴火の熔岩によってできたものといわれる。白山から流れ出る大小さまざまの川の中で大きいのは、石川県では手取《てどり》川、福井県では九頭竜《くずりゅう》川、岐阜県では長良《ながら》川などである。

参考文献　北国新聞白山総合学術調査団編『白山』、高瀬重雄編『白山・立山と北陸修験道』(『山岳宗教史研究叢書』一〇)、「角川日本地名大辞典」編纂委員会編『角川日本地名大辞典』一七、宮家準編『修験道辞典』

(月光　善弘)

はくさんごんげん　白山権現　⇩白山比咩神社《しらやまひめじんじゃ》

はくさんしんこう　白山信仰　加賀・越前・美濃・飛驒四ヵ国にまたがって聳える白山を対象とする山岳信仰。白山とは御前峰《ごぜんがみね》・大汝峰《おおなんじがみね》・別山《べっさん》の総合名称で、ここを水源とする加賀の手取《てどり》川、越前の九頭竜《くずりゅう》川、美濃の長良川の三大河の流域に生まれた信仰は仏教や道教の影響下に山岳信仰として展開、おそくとも平安時代初期までにそれぞれの大河流域の信仰の拠点として加賀馬場《ばんば》・越前馬場・美濃馬場を形成した(『白山之記』)。この三馬場はいずれも白山本道《はくさんほんどう》(禅定道ともいう)と称した登拝路の起点である。加賀馬場の中心は『延喜式』にいう白山比咩神社すなわち白山本宮であるが、平安時代中期以後は別当寺の白山寺に実権が移っていった。同様に越前馬場(白山中宮)は別当寺平泉《へいせん》寺、美濃馬場(白山中宮または白山本地中宮)は長滝《ちょうりゅう》寺が実権を握った。また、養老二年(七一八)泰澄《たいちょう》がはじめて登拝し、御前峰の神は伊邪那美神で白山妙理大菩薩と号し本地が十一面観音、大汝峰は大己貴神で本地は阿弥陀如来、別山は小白山別山大行事で聖観音を本地とする白山三所権現であることを明らかにしたとの伝承をまとめた『泰澄和尚伝記』が天徳二年(九五八)ごろ成立してから、この本地垂迹説による伝承が白山信仰の核心に据えられる。以後、三馬場はすべて泰澄が創めたとする開基縁起に一元化され、白山三所権現を基本とする体系になった。なお加賀馬場のみに泰澄開山を養

老元年とする社伝のほかに、泰澄と関わりのない崇神天皇七年説(社伝)、応神朝説(『旧社家建部家記』)、欽明朝説(『三宮古記』)、天智天皇六年(六六七)説(尾山神社本『類聚国史』一三七)の四種の創立伝承がある。平安時代末期には白山寺・平泉寺・長滝寺は前後して天台延暦寺末となり、泰澄の権威による白山嶺頂の管理権獲得に代表される三馬場間の激しい正別当争奪が江戸時代末期まで繰り返された。古代から修験の霊場として三馬場とも修行者の往来は盛んであったが、いずれも独自の白山修験の教団組織は発達せず、中世・近世における御師の活動も美濃馬場以外は著しくない。近世以後、東日本の被差別部落に白山信仰にかかわる白山神社を氏神としているものがかなりあるが、その理由は未詳である。明治の神仏分離で三峰の仏像はすべて下され、白山寺は白山比咩神社(石川県石川郡鶴来町)、平泉寺は白山神社(福井県勝山市)、長滝《ながたき》寺は白山長滝神社(岐阜県郡上郡白鳥町)になった。　→白山比咩神社《しらやまひめじんじゃ》

参考文献　金沢大学日本海文化研究室編『白山史料集』(『日本海文化叢書』四・五)、日置謙編『白山比咩神社文献集』、平泉寺村誌編纂委員会編『平泉寺文書』、片野温編『美濃国長滝史料』、高瀬重雄編『白山・立山と北陸修験道』(『山岳宗教史研究叢書』一〇)、下出積與編『白山信仰』(『民衆宗教史叢書』一八)、玉井敬泉『白山の歴史と伝説』、北国新聞白山総合学術調査団編『白山』、文化庁編『白山を中心とする文化財』岐阜県・石川県・福井県　(下出　積與)

はくさんじんじゃ　白山神社　㈠新潟市一番掘通町に鎮座し、新潟市の総鎮守と崇められてきた。祭神は菊理媛命・伊邪那岐命・伊邪那美命をはじめ、住吉三神に息長帯姫命を主神として、合殿に天照大神・誉田別命以下十神と大国主命以下六神を配祀する。社名によるように、加賀の白山権現を勧請したと伝え、明治六年(一八七三)に境内の松林を公園にするために、点在した摂末社を合祀する結果となり、合殿神が多くなっている。創祀は不詳だが、正保元年(一六四四)に浜手の古新潟(現新潟市関屋)から現地に遷座したという。延喜式内社船江神社に比定されると考えられるむきもある。元亀年中(一五七〇―七三)に別当宝亀院憲海が上杉輝虎(謙信)の命により、銅造十一面千手観音像と宝剣を奉ったと伝え(『新潟寺社古来記』)、近世には長岡藩主牧野氏の保護を受け承応二年(一六五三)に社領三十石が寄進されている。寛永年中(一六二四―四四)、別当が金胎両部曼陀羅を祀ることにより、以後例祭にあたっては曼陀羅経十二天を掲げて法要することが恒例となり、神仏分離までの間は春三月の例祭は神道式で、夏六月の例祭を仏教式で行うという、神道史上では典型的な神仏習合の社であった。現存する社殿は正保四年の建造。神社には新潟湊の情景を描いた大船絵馬が奉納されていて、幕末期の状況を知るに貴重な資料ともなっている。例祭は七月十五日。新潟まつりとして八月七―九日に実施されている祭は、白山神社に合祀されている湊元神社の祭礼が、戦後橋祭や開港記念祭などと合わせて行われるようになったものである。湊元神社は近世初頭に祀られたといい、その祭礼は新潟町あげての華麗な風流神事で山車の出る豪華な祭礼で、享保十一年(一七一六)から神輿の巡幸とともに次第に盛大になり各番町組の山車は華やかな湊町新潟の象徴でもあった。しかし、幕末から明治にかけては衰退の一途をたどり、明治四十二年白山神社に合祀されて、祭礼は白山神社氏子によって斎行されることとなった。

参考文献　宮栄二「白山神社」(谷川健一編『日本の神々』八所収)　(齋藤　壽胤)

㈡⇩白山比咩神社《しらやまひめじんじゃ》

はくさんひめじんじゃ　白山比咩神社　⇩しらやまひめじんじゃ

はくしゅ　拍手　⇩かしわで

はくのおんぞ　帛御衣　天皇が神事に臨む渡御の際に着用する装束。神事には斎服に改められる。白の平絹(冬は練絹、夏は生絹)で仕立てた裏をつけぬ一重の袍(成人は縫腋、童体は欠腋)を中心とする束帯の構成なので帛御衣といい、帛衣《はくのきぬ》ともいう。『西宮記』臨時四、人々装束に、大嘗会は「天皇(行幸之間、帛衣)、斎服衣著レ幘、就二大嘗宮一之間御装束也」とし、神今食には「天皇帛(供神之間着二斎服一)」としている。『建武年中行事』六月には「御神事一日よりはじまる、行幸あり、いぬのはじめに出御、はくの御装束をたてまつる、内蔵寮てうず、夏はすゞし、冬はねり」とある。構成は『装束雑事抄』に「帛御服事(内蔵寮調献也、御寸法つねの御束帯に同、御童体時、御袍わきあけ也)、冬分、御袍・御半臂(御襴・御忘緒)・御下襲・御衵・御単、已上白平絹、練、無レ裏ひとへ成べし、御表袴(面白平絹練、裏薄紅平絹練)・御大口(白平絹練)・御韈(平絹)・御檜扇(白有二金物一無二置物一)・御石帯(無文玉巡方)、夏分、御袍以下目六冬に同(皆白生平絹)・御表袴(面白生平絹、裏薄紅生)、已上著御の様躰、つねの御束帯に同し」とみえる。冠と纓も、黒羅を用いず、黒の平絹の無文の冠とし、挿鞋も白絹で表裏を包み、下敷も「こみ」も同地としている。　(鈴木　敬三)

はくぼくろんそう　伯卜論争　江戸時代神道の白川・吉田両家の争い。花山天皇の孫延信が神祇伯になったのに始まる白川家は、朝廷祭祀を掌り、神位階叙任を行なっていた。神祇大副の京都吉田神社の吉田家は、唯一神道を唱えた兼倶がでて勢力を増し、地方の神職に位階斎服などの許状を与えて多くの神社を傘下に収めた。江戸時代中期以降白川家の主導権回復がみられ、寛延年間(一七四八―五一)七十社だった付属社は、宝暦ごろから増し、文化十三年(一八一六)の『諸国神社附属帳』では五十一ヵ国四百四十社余になった。これは宝暦期の畿内や甲州をはじめとする各地での吉田家との争いを生んだ。附属帳で三十七社と一番多かった三河でも吉田家の反撃がみられ、渦中にあった渡辺政香が『伯卜論書』(岩瀬文庫蔵)

を残したので、争いを代表するものとなった。三河の白川門代表は岡崎在額田郡舞木村山中八幡宮の竹尾家だった。竹尾家ははじめ吉田家門下であったが、宝暦年間(一七五一—六四)に入門した親貞から白川門人が続き、西三河の門人増に応じて享和元年(一八〇一)親盈が触頭、文化十二年正鞆が目代に任命された。寛政年間(一七八九—一八〇一)から吉田家は何度か役人を派遣、藩寺社役所を通じて廻状を廻したりして統制を強めていたが、文化十三年二月三河の正鞆ら白川門人四人を吉田家へ引戻そうと幕府寺社奉行所に訴えた。他方白川家は六月、無所属の者は願意に任せるしきたりとの確認を求めて伝奏を通じて関白へ訴えた。それに対し吉田家は白川支配となった十社を挙げて問題としたが、その六社は三河だった。閏八月に伝奏から示された官裁は白川家に厳しいものだったので、白川家は再願し、新帝(仁孝天皇)への神祇道伝授を断る態度までとった。翌年三月前官裁を取り消し、白川側の意向を重んじる判断が出されたが、これは幕府へは通知されなかったようである。寺社奉行所の吟味も次第に停滞し、白川家の記録には嘉永二年(一八四九)まで散見されるが、うやむやになった。両家の対立を越えた国学的、思想的問題が大きくなってきた状況の変化もあったといえよう。

[参考文献] 田﨑哲郎「岡崎地域の国学」(『地方知識人の形成』所収)、間瀬久美子「幕藩制国家における神社争論と朝幕関係」(『日本史研究』二七七)
(田﨑　哲郎)

はくらたかひさ　羽倉敬尚　一八九一—一九七八　大正・昭和時代の近世史研究者。本名信一郎。明治二十四年(一八九一)一月二日京都市上京区に生まれる。父は儒医並河総次郎。六歳で母方祖父伏見稲荷社目代羽倉信度の養嗣子となる。大正二年(一九一三)陸軍経理学校を卒業後、軍務に従事し、同十五年依願予備役となる。以後伏見稲荷社編纂事務などに携わりながら、国学院大学附属高等師範部・日本大学法文学部を卒業する。このころから学術雑誌への研究発表が見られるが、昭和十二年(一九三七)八月、日中戦争勃発直後召集される。同十九年陸軍主計少佐となる。敗戦後日本クロス工業に勤務し、同二十三年退社。同五十三年二月十八日八十七歳で没する。生涯を通じ、主に近世の社家・神道家・国学者・幕末維新史などに関する多くの研究を残した。特に羽倉家が代代伏見稲荷社社家であり、近世には非蔵人として朝廷に出仕していた家柄である関係から、朝廷の歴史故実に精通していた。業績として、『幕末の宮廷』、鈴木淳編による『近世学芸論考—羽倉敬尚論文集—』などがあり、後者には年譜・著作目録が収められている。
(田靡久美子)

ばけものまつり　化物祭　山形県鶴岡市神明町に鎮座する鶴岡天満宮の祭礼。鶴岡天満宮は古くは城内にあったと伝えられ、慶長八年(一六〇三)城下五日町に、延宝二年(一六七四)当所に遷座。菅原道真を祀る。庄内藩主をはじめ、武士・町人をとわず広く信仰され、現在も学問の神様として崇められている。祭は、毎年五月二十五日に行われ、庄内三大祭の一つとして賑いを見せる。当日は、手拭で顔を包み、編笠をかぶり、股引に派手な長襦袢を尻からげし、酒瓶を持って家々を訪問したり、道ゆく人に酒をふるまったりする。この姿を化物と呼び三年続けて化物姿で参詣すると願いごとがかなえられるという。昔、菅原道真が大宰府に流された時、人々が顔をかくして見送ったという故事にちなんだものといわれているが、祭の時に藩校致道館(文化二年(一八〇五)創立)に学ぶ若い武士が簡単な仮装をして酒を入れた瓢と盃を持参して、参拝し、そのお流れをいただいたという慣習が化物姿になったのではないかといわれている。

[参考文献] 日向文吾『天神祭—城下町鶴岡の奇祭—』
(犬塚　幹士)

はこざきぐう　筥崎宮　福岡市東区箱崎に鎮座。延喜式内社で、旧官幣大社。応神天皇・神功皇后・玉依姫命を祭神とする八幡宮である。元来、筑前国穂波郡の大分《だいぶ》宮(福岡県嘉穂郡筑穂町大分)の頓宮であったが、大分宮の「三悪」(㈠参詣時の竈門宮に対する不敬、㈡嶮岨な道による郡司百姓の饗膳勤仕の苦難、㈢放生地でないこと)により、延長元年(九二三)遷座した。当宮の遷座には、新羅来寇の危機感と日中間の私的貿易に深い関心を有する大宰府官たちの動きが、背景に存在したと考えられる。遷座以後、大宰府との密接な関係を背景に勢力をのばしていった。大宮司は大宰府府官の秦氏であり、他にも府官に出自を有すると思われる祠官が存在する。当宮が日宋間の私的貿易に関与していたことは、『今昔物語集』二六ノ一六の秦貞重関係説話、また宮領内に宋人の綱首が存在し、宋人が唐物を上納していたこと、宋人御皆免田が当宮領領主として所役を勤仕していたことや、韓国新安沖の沈没船から当宮の交易活動を示す木簡が発見されたことなどにより明らかである。遷座以来、神仏習合の宮寺形式をとっていたことが、『延喜式』より窺える。また当初より神宮寺を有し、神宮寺内に多宝塔が建立され、多宝塔供養のため筥崎宮塔院が設けられた。同塔は最澄の発願により、千部寺僧兼祐が大宰府に請い建立したものである。この事実から当宮神宮寺は、天台系の影響をうけていることが窺える。塔院三昧職は、十一世紀前期以降、宇佐弥勒寺講師元命門徒が師資相承するようになり、十一世紀半ばには、元命の子清成が筥崎宮大検校職に補任されることで、宇佐弥勒寺の別宮となった。十二世紀前期宇佐弥勒寺は石清水八幡宮の末寺化し、当宮も石清水祠官田中家の荘園制的支配下におかれた。しかし十二世紀半ばごろ、当宮の僧徒・神人が、大山寺・香椎宮の僧徒や神人とともに大宰府の官衙・屋舎を焼き払ったことにより、香椎宮とともに大宰府の支配下におかれた。大宰府府官による仁平の筥崎・博多大追捕は、日宋貿易をめぐる当宮内の主導権争いと、当宮の掌握強化をめざす府官の意図によりおこされたものであろう。以後、当宮に対する大宰府の支配力は強化された。十二世紀半ば、宇佐大宮司公通が大宰権少弐となり、当宮を宇佐宮の本家である近衛家に寄進し、みずからが実質的支配を行なっていた。この公通の動きの背景には、日宋貿易の要所である当宮の掌握を意図した平氏の意図が存在したと考えられる。このため、大宮司秦親重は平氏方人として活動し、壇ノ浦の戦後、二年間、源頼朝の勘気を蒙った。当宮は治承・寿永の内乱後、再び石清水宮の別宮となり、以後、一時期、大山寺寄人殺害事件により当宮を別宮化しようとする延暦寺の策動はあったが、戦国時代に至るまで石清水祠官田中家が支配した。蒙古襲来時に焼失し、神体は祠官らにより宇美宮に避難させられようとしたが入れず、上山極楽寺に移った。この時、当宮より白張装束の三十人が箭鋒をそろえて蒙古軍に射かけたといわれている。亀山上皇は修造料として安芸・筑前二国をあてるとともに、「敵国降伏」の四字の紺紙金泥の宸筆書三十七枚を寄進した。鎌倉・南北朝時代は少弐氏、室町・戦国時代は大内氏の支配下におかれた。十六世紀末期の配分高は千石で、黒田長政も五百石寄進している。本殿・拝殿・楼門は、小早川隆景が再建したもので重要文化財に指定され、一の鳥居は長政が建立したものである。このほか、南北朝時代に作られた石燈籠・刀剣、室町から安土桃山時代にかけて作られた銅製鉢・銅製酒瓶・流金吊燈籠・鍵などがある。当宮は火災に数度会っているためにあまり古い時代の文書は残っていないが、戦国時代末期以降の大友宗麟・豊臣秀吉・小早川秀秋らの所領寄進状、黒田氏歴代の判物、幕末の孝明天皇綸旨や明治期の太政官達などが残っている。また油座文書写や御遷宮記録もある。文芸史料としては、大内義隆らの和歌懐紙、秀吉らの和歌短冊がある。祭祀は、古くは五月の騎射、八月の放生会を中心としたが、現在は一月三日の玉取祭(玉せせり)と九月十二日―十八日の秋季大祭(放生会)が有名で、県内外からの多くの観光客・参拝者でにぎわう。

筥崎宮楼門

筥崎宮本殿

参考文献　筥崎宮編『筥崎宮史料』、石清水八幡宮社務所編『石清水八幡宮史』四・五、『福岡県史資料』、竹内理三編『大宰府・太宰府天満宮史料』、川添昭二編『博多筑前史料豊前覚書』、江島茂逸『筥崎社鑑』、清原陀仏郎『筥崎宮誌』、瀬尾玉置編『筥崎宮誌』、森克己『日宋貿易の研究』、宮地直一『八幡宮の研究』、筥崎宮編『重要文化財筥崎宮本殿修理工事報告書』、亀井明徳『日本貿易陶磁史の研究』、川添昭二編『九州中世史研究』一・三、川添昭二『中世九州の政治と文化』、同『中世文芸の地方史』(『平凡社選書』七一)、同「福岡市筥崎八幡宮所蔵「御油座文書写」「筥崎神宮文書」「石燈籠銘文」」(『九州史学』七)、同「筥崎の大夫―府官研究の一節―」(『福岡地方史談話会会報』一〇)、筑紫豊「八幡大菩薩筥崎宮創建考」(『神道史研究』四ノ六)、村田正志「神社関係の古文書覚書―「敵国降伏」宸翰―」(『研修』二二)、土田充義「筥崎八幡宮本殿の建築について」(『日本建築学会論文報告集』一九五)、同「室町期の筥崎八幡宮の建築について―文書「八幡宮指図幷材木目録帳」による復原―」(『九州産業大学研究報告』九)、田中君於「『宮寺縁事抄臨時祭』と『宮寺縁事抄納筥目録』」(『国学院高等学校紀要』一九)、佐伯弘次「中世後期の博多と大内氏」(『史淵』一二一)、長沼賢海「油座の一二について」(『九州文化史研究所紀要』八・九)、西谷正「新安海底発見の木簡について」(同三〇)、広渡正利「平安期における筥崎宮―八幡大菩薩筥崎宮創建考―」(田村圓澄先生古稀記念会編『東アジアと日本』宗教・文学編所収)

社領　所領は、創建当初、公領内の浮免田により構成されていたと想定される。だが十世紀半ばごろになると、筥崎宮神宮寺領として秋月荘(筑前国下座・夜須郡)・鱸野荘(夜須郡)が立荘され、一円宮領が形成された。筥崎宮領の拡大には大宰府官人が関与していたと考えられる。宮領は、筑前国那珂・糟屋・席田・早良・穂波・嘉麻・下座・夜須の諸郡にわたるだけでなく、大宰府の権力を背景に、肥前国佐賀・小城、肥後国玉名・益城、大隅国菱刈、壱岐国壱岐の諸郡に広がっていった。筥崎宮は十一世紀半ばに石清水八幡宮の別宮となり、一時期、府領または近衛家領になったが、概して戦国時代に至るまで石清水祠官田中家の支配下におかれた。宋人御皆免田の存在は、宋人を神人化し、日宋貿易を行なった筥崎宮の姿を如実に示している。南北朝時代以降になると、遠隔地所領を中心に退転し、それに対し石清水宮も一部で直務支配を行なった。戦国時代には大内氏から那珂西郷を半済されたが、筥崎宮領は守護不入地とされた。豊臣秀吉は千石、黒田長政は五百石を寄せ、筥崎宮を尊崇した。

参考文献 『石清水文書』一・二、石清水八幡宮社務所編『石清水八幡宮史』五、阪本広太郎「社寺務得分権より見たる石清水と宇佐筥崎香椎宇美宮との関係」(『神社協会雑誌』一二ノ九)、西岡虎之助「郡司の奸悪と筥崎宮塔院領」(『筑紫史談』三八)、有川宜博「石清水八幡宮における筥崎宮領の支配」(『九州史学』四七)、山口隼正「肥後国豊田荘・日向国佐土原郷のことども—石清水八幡宮旧記抄所収文書—」(『鹿大史学』三三) (日隈 正守)

はこだてはちまんぐう 函館八幡宮 北海道函館市谷地《やち》頭《がしら》町に鎮座。旧国幣中社。祭神は品陀和気《ほんだわけ》命《のみこと》・住吉大神・金刀比羅《ことひら》大神《のおおかみ》。巫女伊知女の後をうけて正徳五年(一七一五)菊池惣太夫によって奉斎をみたのが創祀であろう。鎮座地は宇須岐の館跡(元町)より寛政十一年(一七九九)会所町に移遷、また、明治十三年(一八八〇)現在地へ遷った。両度の幕領下箱館奉行の祈願所となり、幕末には蝦夷地総社を呼称、官民の尊崇をうけた。明治四年七月開拓使崇敬社、同十年五月二十八日国幣小社、同二十九年十月十九日中社に列格。例祭は八月十五日。大正四年(一九一五)改築の社殿は、本殿・幣殿・拝殿連結の聖帝造に八棟造を併せた粋を極めたもので、わが国大正年代神社建築の秀作といわれる。

参考文献 『国幣中社函館八幡宮明細帳』、『神道大系』神社編北海道 (能戸 邦夫)

はこねごんげんえんぎ 箱根権現縁起 箱根神社の縁起を記した絵巻。紙本著色。一巻(首尾欠)。詞絵とも十一段より成る。箱根神社所蔵。この縁起絵巻は『神道集』の「二所権現ノ事」を先行とする物語的絵巻である。巻首を欠くため、同縁起には天竺の斯羅奈国の大臣源中将入道尹統の姫常在御前と、その義妹霊鷲御前の生い立ちについての説明はなく、継母の常在に対する継子いじめから始まる。常在を無きものにしようとする継母から脱がれ、日本に渡航した常在らは、大磯(神奈川県)高麗寺を経て箱根山に至り、父中将入道と妹霊鷲、姉妹を助け同行した波羅奈国の次郎王子は三所権現となった。さらに姉常在と太郎王子は伊豆山に赴き、二所権現となったという物語りであり、そこに登場する主人公たちは、中将入道(法体)・霊鷲御前(女体)・次郎王子(俗体)と『筥根山縁起幷序』の三神三容の信仰をふまえて描かれているといえよう。なお『神道集』では箱根三所権現となったのは、中将入道・常在御前・太郎王子であると記している。制作年代は鎌倉時代の永仁期と推定されている。重要文化財。詞書は『箱根神社大系』上に所収。→筥《はこ》根《ね》山縁起《やまえんぎ》

参考文献 竹内尚次「箱根権現絵巻への一考」(『箱根町誌』一所収)、五来重「箱根山修験の二種の縁起について」(『山岳宗教史研究叢書』一四所収)、田中一松「箱根権現縁起絵巻に就いて」(『箱根神社大系』下所収) (岩崎 宗純)

はこねじんじゃ 箱根神社 神奈川県足柄下郡箱根町元箱根に鎮座。旧国幣小社。祭神は瓊瓊杵《ににぎ》尊《のみこと》・木花咲哉姫《このはなさくやひめ》尊《のみこと》・彦火火出見《ひこほほでみ》尊《のみこと》。もとは箱根三所権現と称した。建久二年(一一九一)の『筥根山縁起幷序』によると、箱根山は古代から山岳信仰の中心地で、山頂の駒ヶ岳には神仙宮が開かれ、山岳修行僧の信仰を集めていた。箱根三所権現は、それら修行僧の一人万巻(満願)によって勧請、建立されたと伝える。縁起によると、万巻は養老年中(七一七—二四)に洛邑の沙弥智仁の子として生まれ、成長するに及び受具剃髪して修行僧となった。このとき日課に『方広経』一万巻を看閲する願を立てたので、万巻上人と称したという。その後諸州を巡行して、天平勝宝元年(七四九)に常陸鹿島に至り、この地に神宮寺を建立した(『類聚三代格』)。天平宝字元年(七五七)鹿島を出て箱根に来住した万巻は、この山で山神を感得し、ここに霊廟をつくった。箱根権現は鎌倉時代になると、源頼朝をはじめ歴代の将軍や幕府要人の崇敬を受け、発展した。治承四年(一一八〇)十月十六日、頼朝は箱根権現へ早川

箱根権現社(『東海道名所図会』5より)

荘を寄進した(『吾妻鏡』)。また関東の鎮護神として崇めた伊豆・箱根両権現に参詣するいわゆる二所詣も、寿永元年(一一八二)八月十一日の北条政子安産祈禱の奉幣使巡遣以後しばしば行われた。安貞二年(一二二八)十月十八日火災により社頭・僧坊の大半を焼失したが、幕命により再建が進められ、同年十二月には再造営が完成した(『吾妻鏡』)。鎌倉時代以降も関東の支配者たちの崇敬はあつく、関東公方足利持氏・北条早雲・同氏綱などにより手厚い保護が加えられた。天正十八年(一五九〇)豊臣秀吉の小田原攻めで堂宇は烏有に帰するが、文禄三年(一五九四)二月徳川家康から二百石の朱印を与えられ、再建された。寛文三年(一六六三)同社の御手洗池とされていた芦ノ湖の山裾を掘貫き、深良村(静岡県裾野市)へ引水する計画が浅草の商人友野与右衛門らによって実施され、難工事の末、同十年二月に完成した(箱根用水)。明治元年(一八六八)神仏分離により、別当寺金剛王院東福寺は廃寺となり、この時より箱根神社と称するようになった。例祭は八月一日。

参考文献 箱根神社社務所編『箱根神社大系』、五来重「箱根山修験の二種の縁起について」(『山岳宗教史研究叢書』一四所収)、坂詰秀一「箱根三所権現社跡の調査」(『箱根町誌』二所収)、竹内尚次「箱根権現絵巻への一考」(同一所収)

(岩崎 宗純)

はこねやまえんぎ 筥根山縁起 箱根権現の由来記。詳しくは『筥根山縁起并序』。真名本一冊。巻末に建久二年(一一九一)七月二十五日に別当行実の依頼によって南都興福寺住侶信救が記したとある。内容は箱根権現の起源から鎌倉時代までの由来を編年体で記してある。神功皇后が三韓征討後、武内大臣のすすめで相模の高麗山に百済と新羅の神々を勧請、ついで安閑天皇の時に仙人が箱根山へ飛来、つぎに皇極天皇の時に玄利老人が東福寺を創建、そして天平宝字元年(七五七)に万巻上人が箱根三所権現を勧請したなどとある。『群書類従』神祇部、『箱根神社大系』上所収。これと同系統のものに『相州箱根山略縁起』(仮名交じり文)があり、ほかに絵と詞書から成る『箱根権現縁起』もある。

参考文献 『群書解題』一中

(三橋 健)

はじじんじゃ 土師神社 ⇩道明寺天満宮《どうみょうじてんまんぐう》

はしひめでんせつ 橋姫伝説 街道を結ぶ橋に古来神を祀るのは、住民としては境を守る神威を頼むことであり、旅人としては往来の安全を祈ることにあった。しかし橋の神は一般に女性であって、橋姫の伝えは多く嫉妬の神として語られた。甲府市の国玉《くだま》大橋で謡曲「葵の上」を謡うと道が暗くなり、また「三輪」を謡うと明るくなるといい、山梨県大月市の猿橋にも同様の伝えがあった。この二橋のいずれかで他の噂をすると怪異があったともいう。この種の言伝えは各地にあった。山城国の宇治橋の橋姫には、嫁入行列がこの祠前を通るのを禁忌した。両岸の人々が縁を結ぶには橋の下を舟で渡ったという。京の妬婦が夫を恨んで、生きて鬼となり路人を悩ましたので、橋畔にまつったなどとも伝えた。 ↓宇治橋姫明神《うじはしひめのみょうじん》

(平山敏治郎)

はしもとつねすけ 橋本経亮 一七五九―一八〇五 江戸時代後期の国学者。京都の西郊梅宮の神職。正しくは「つねあきら」という。本姓は橘。橘窓・香果堂などと号す。宝暦九年(一七五九)二月三日生まれる。父は橘昆経。十二歳の時から宮中に出仕した。有職故実に詳しく、博聞と奇行をもって知られる。上田秋成・小沢蘆庵・伴蒿蹊などと交わり和歌をもたしなんだ。『橘窓自語』以下、考証を主とする多数の著述を残したがすべて写本で伝わる。文化二年(一八〇五)六月二十日没。四十七歳。

参考文献 大川茂雄・南茂樹編『国学者伝記集成』一、三村清三郎編『続近世花押譜』、木村捨三「橋本経亮の家系と日記」(『集古』二〇六・二〇九―二一二・二一九)、羽倉敬尚「故実家橋本経亮」(『国学院雑誌』六三ノ一二)

(上野 洋三)

はしら 柱 神を数えるのに用いる詞。仏や貴人や賢者ないし死者の霊を数えるのにも柱を用いる場合もある。『古事記』神代に、天之御中主神《あめのみなかぬしのかみ》・高御産巣日神《たかみむすびのかみ》・神産巣日神《かみむすびのかみ》の三神を掲げて「この三柱の神」(原漢字)とみえており、神を数えるのに柱という詞を用いている。その理由として考えられるのは、柱が神の依代であること、すなわち神霊の憑りつく忌柱(神聖な柱)であり、それゆえ柱は神そのものと考えられたのである。茶を入れた時、俗に「茶碗の中に茶柱が立つ」といってたてに浮いた茶の茎を吉事の前兆というのも、茶柱に縁起の良い神が憑りついたと考えたからである。一説に、柱は建物の中心であり、支えとして尊重されたので、それが神を数える詞になったともいう。『古事記』神代に「天之御柱」とあり、『日本書紀』神代大八洲生成章第十の一書に「天柱」とあるのは、天つ神の憑りつく聖なる柱との意味である。また神代七代章に「国中の柱」の「柱」に対して「此をば美簸旨邏《みはしら》と云ふ」(原漢文)との注を施してあるのも、柱を神の依代として尊重していることがわかる。

(三橋 健)

はしらまつ 柱松 「たちあかし」、または「たてあかし」ともいう。地中に埋め立てて燃やす大きな松明《たいまつ》で、一般に屋外燈火に用いられた。また、高く柱を立ててその頂でかがりをたいてあかりとする大松明も柱松と呼んでいる。『今昔物語集』二五に暗い庭に柱松を立てるさまが記されており、『寛平年中日記』に東大寺の十二月の万燈会の柱松のことがみえる。民俗行事として知られている柱松とは、七夕や盆のころ、あるいは年のはじめに、柴や松・杉のそだ木などを束ね、組み上げた丈余の大松明に火を点じ、早く火の燃えつく度合や、柱の倒れる方角などによってその年の農作物の豊凶を占う火祭である。

参考文献 『古事類苑』器用部二

(金箱 正美)

はしりゆごんげん 走湯権現 ⇩伊豆山神社《いずさんじんじゃ》

はずじんじゃ 幡頭神社 愛知県幡豆郡吉良町宮崎字宮

前に鎮座。祭神は建稲種命《たけいなだねのみこと》。合祀祭神誉田別尊《ほむたわけのみこと》・大物主神《おおものぬしのかみ》。日本武尊の東征に従った建稲種命が帰途、駿河湾上で亡くなり、その遺体が当地に漂着、その後、大宝二年(七〇二)に社殿を建て、矛を神体としたと伝える。『文徳実録』仁寿元年(八五一)十月乙巳(七日)条に播豆神を従五位下に叙すとみえ、『延喜式』神名帳に「羽豆神社」とみえる。明治五年(一八七二)郷社に列し、大正十年(一九二一)県社に昇格。明治四十三年、八幡宮と琴平社を合祀した。当社は羽利《はり》神社とも称し、漁民が釣針を奉納する慣習がある。これは『三河国神名帳』に「正一位羽利大明神」とみえるものを当社のこととしての別称である。例祭日は十月第一日曜日である。本殿は檜皮葺三間社流造、天正八年(一五八〇)の再建で、重要文化財に指定されている。

(太田　正弘)

はせがわかくぎょう　長谷川角行　富士講の元祖と目されている伝説上の富士行者。十八世紀後半教団化した富士講の教典『御大行の巻』に、角行の事蹟について記されている。それによると、角行は天文十年(一五四一)正月十五日、長崎で生まれ、永禄二年(一五五九)十八歳(ママ)の時から諸国霊場巡拝の旅に出た。常陸国より陸奥国磐井郡達谷《たっこく》村(岩手県西磐井郡平泉町)の洞窟で修行中、役行者《えんのぎょうじゃ》が現われ富士登拝をすすめられた。そこで角行は、富士山麓に赴き、富士の人穴《ひとあな》に籠った。修行の方法が、四寸五分(約一四センチ)角の材木の切り口に立ち、一千日間の立行をするというもので、角行の名はそうした修行をなぞったものである。その後富士山を離れ各地へ修行の旅に出た。数年を経て再び富士の人穴に戻ったが、その間徳川家康の命を救って特別の庇護を受けたという伝説もある。元和六年(一六二〇)庚申の年に、江戸に上り、当時流行していた「つきたおし」という悪疫を「ふせぎ」の呪《まじない》により払ったことで有名になったという。不思議な祈禱者として江戸の人々の信仰を得て、人穴に戻って、正保三年(一六四六)六月三日百六歳で死んだと伝える。以上のような、『御大行の巻』の所伝は全体が伝説で彩られており、伝記の信憑性は薄いけれど、江戸時代初期における富士山で修行した山岳行者の活躍が、後世の富士講に影響を与えたことが十分にうかがえる。↓富士講《ふじこう》

参考文献　村上重良・安丸良夫校注『民衆宗教の思想』(『日本思想大系』六七)、岩科小一郎『富士講の歴史』

(宮田　登)

はせべじんじゃ　長谷部神社　石川県鳳至郡穴水町川島に鎮座。旧郷社。『平家物語』の信連合戦の項に登場する鎌倉武士の長谷部信連(能登国大屋荘地頭)を祀る。建保六年(一二一八)十月の信連の没後、信連自作と伝える肖像(寄木造)を、その菩提所であった来迎寺に安置したことに始まるとされる。正保元年(一六四四)信連の後裔にあたる加賀藩の老臣長連頼《ちょうつらより》が、一族の宗廟として、同寺の境内に肖像を御神体とする信連社堂を創建。加賀藩の大工坂上宗左衛門が造立した現在の本殿は、このときの建物である。宝暦五年(一七五五)長家の請により、京都の吉田家から武健霊社《ぶけんれいしゃ》の称号をうけ、文政五年(一八二二)武健明神、同七年には武健大明神に昇階した。明治二年(一八六九)の神仏混淆禁止後、社寺の境界を分かち、同六年現社号に改称。昭和十年(一九三五)現在地に移転した。例祭(長谷部祭)は七月二十日。

(東四柳史明)

はたあげしんじ　旗上げ神事　佐賀県三養基《みやき》郡中原町《なかばるちょう》原古賀の綾部八幡神社で七月十五日に行われる風占の神事。当社は県下において風の神として信仰されている。関連の神事として二百十日の九千部山詣《くせんぶさんまいり》、九月彼岸中日の例祭翌日の旗下し神事がある。旗上げ神事当日、祭典を終えると禊で褌一つとなった若者二、三人が、神社境内の高さ三〇メートルほどの大公孫樹《いちょう》の神木によじ登り、風旗を公孫樹の頂上から四メートルほど上で翻るよう括りつける。風旗は縦一尺二寸、横一尺、垂房三寸の麻旗を長さ一五メートルほどの竹竿につけたもので、近郷農家ではその巻き付き具合で、右巻は雨の兆《きざし》、左巻は風の兆、逆巻《さか》は天候不順など、風占を行う。また、九千部山詣では背振《せふり》山中にある祈禱所で風鎮と五穀豊穣の祈願祭が行われる。旗下し神事では風旗を公孫樹から下し、神前に感謝を奉じ七月からの一連の神事を終える。

(加藤　健司)

はだかまつり　裸祭　裸の参加者を特徴とする祭。神輿を担いだり、護符や玉を奪い合ったり、裸で社寺に参拝する形など多様な様相を呈する。季節的には冬季と夏季に二分されている。冬季は小正月前後の時期に集中している。正月が年の初めの神聖な物忌みの時期と考えられ、心身ともに穢れのない無垢の姿で神仏に参拝し、厳冬期であるにもかかわらず裸で祭や行事に参加する習俗が伝えられてきた。佐賀県藤津郡太良町の竹崎観音修正鬼祭は、正月五日・六日の祭で裸祭と俗称される。祭は魚笠をかぶった少年の種まきに始まり、鬼箱を裸の若者たちが奪い合う。行基の開基と伝える古刹で漁民の信仰が篤い。愛知県稲沢市国府宮の尾張大国霊《おわりおおくにたま》神社の旧暦正月十三日の祭を俗に国府宮裸祭という。この祭は儺追《なおい》神事とも称され、勅命によって、平安時代、悪疫退散の祈禱行事として始まったとされる。素っ裸の神男(儺負人)に触れようと、万余の裸男が神男に触れて厄を落とそうと、神社楼門前参道でもみ合う。熊本県玉名郡長洲町の四王子神社でも正月十五日、裸の若者たちが的を奪い合って神社から町へさらに海岸へと移り、海に飛び込んで争う的ばかいの祭がある。「ばかう」とは奪い合うの意で、裸祭とも称され八百年の歴史があるという。元旧暦正月十四日の岡山市西大寺の会陽《えよう》、旧暦正月七日の岩手県水沢市黒石寺の蘇民祭、正月十四日の大阪市天王寺区四天王寺のどやどやなどは修正会の裸祭として有名である。夏季は疫病の季節であり、裸での潔斎や禊、神輿渡御、水掛の祭などを通して、悪病祓いの意味が込められていると考えられる。静岡県磐田市見付の矢奈比売神社の裸祭(旧暦八月十日)は、夜、腰蓑姿の裸男たちが町内全域を練りまわる。最後に裸男全員神社拝殿に入り水を浴びな

がら鬼踊が行われる。千葉県長生郡一宮町玉前《たまさき》神社で九月十日から十三日にかけて行われる玉前十二社祭を、一宮の裸祭と呼ぶ。十三日の本祭《ほんまち》では、二基の本社神輿が町を抜けて浜にでる。ほかの神輿も本社神輿の後ろから約六キロの道のりを、九十九里浜の南端の釣ヶ崎まで担ぎ走り一番乗りを競う。一基の神輿に数十人の褌一つの裸男たちがつき、合わせて千人近い裸男の勇壮な競争である。長野県諏訪郡下諏訪町の諏訪大社下社では、八月一日に御船祭が行われ、春宮から出発した神幸行列は秋宮へ遷座する。この神幸行列に従って青柴で作った大きな柴舟に翁媼の人形を乗せ、氏子数百人が曳行する。明治初年までは柴舟を裸の若者が舁いて練ったので裸祭の名も伝わっている。その他多数の裸祭が伝えられている。

(茂木　栄)

はたじんじゃ　波太神社　大阪府阪南市石田に鎮座。鳥取大宮、波太八幡宮ともいい、『延喜式』神名帳には「波太神社」とみえる。旧府社。祭神は角凝命《つのこりのみこと》と品陀別命。『日本書紀』垂仁天皇二十三年条によれば、垂仁天皇の皇子は成人後に、鵠《えい》(白鳥)の飛ぶのを見てはじめて言葉を発した。天皇は、鵠を捕えた天湯河板挙に鳥取造の姓を与えた。社伝によれば、この時鳥取郷の地を与えられた天湯河板挙が波太邑(現在の桑畑)に祖神である角凝命を祀ったのが当社の創祀という。南北朝の内乱に類焼し、鳥取氏が滅亡したのち、波太邑から当地に遷され、貝掛の指出森から勧請された八幡宮を相殿に合祀したという。元亀年間(一五七〇—七三)に再興されたが、天正十三年(一五八五)豊臣秀吉の根来衆討伐の際に再び焼失。慶長五年(一六〇〇)に豊臣秀頼の命により片桐且元が修造し、寛永十五年(一六三八)に再建された。祭礼は旧暦二月・六月の午の日であったが、現在は四月十五日に例祭、十月十一日に秋祭。寛永十五年再興時の建築とされる本殿と末社の三神社本殿は重要文化財。土佐光成画「三十六歌仙扁額」は府指定文化財。

参考文献　『阪南町史』

(髙島　幸次)

はたどのだいじんぐうぎき　機殿太神宮儀軌　中世に成立したと見られる伊勢神道の神道書。伊勢国多気郡(三重県松阪市)にある神服織機殿《かんはとりはたどの》神社の禰宜を勤めた神部《かんべ》定重《さだしげ》(本姓は服部氏、生没年不詳)の撰とされる。一冊。皇大神宮(伊勢内宮)の所管社である神服織機殿神社と神麻続《かんおみ》機殿《はたどの》神社の由来沿革と、同両社において年九回行われる神事祭礼の次第を述べたもの。文化二年(一八〇五)の写本が神宮文庫に伝わり、同年に写された「内宮延徳注進状」と合本されている。この写本は元禄十一年(一六九八)、服部大神部である神部久富が所持していた原本を、近世初期の国学者である中西信慶が見たものを祖本としている。その際、中西信慶は本書に「此書伊雑宮ノ偽書と同時に世上に出る、是亦偽書ナラン」という奥書を加えており、古色を装っているものの、中世の偽書であると思われる。

(岡野　友彦)

はたのたかお　羽田野敬雄　一七九八—一八八二　幕末の国学者、神官。常陸と称し、晩年に佐可喜(栄木)と称す。寛政十年(一七九八)二月十四日三河国宝飯郡西方村(愛知県宝飯郡御津町西方)に神官山本茂義の第四子に生まれ、文政元年(一八一八)二十一歳の時、渥美郡羽田村(愛知県豊橋市)の羽田神明社・八幡宮の神主羽田野敬道の養子となりあとをつぐ。同八年本居大平の門人となり、十年平田篤胤に入門、特に平田鉄胤と親しく、三河地方の平田門人の中心となった。幕末には、吉田宿(豊橋市)の小野湖山らと、志士の活動を支援した。また明治元年(一八六八)竹尾東一郎ら神官とともに稜威隊を組織しその中心となった。同年十二月皇学所御用掛、二年三河県修道館教授、三年六月豊橋藩皇学教授、六年教部省権大講義、十四年十二月権少教正など歴任。嘉永元年(一八四八)に建設され、数度の寄付を募り和漢の典籍蒐集につとめ、慶応三年(一八六七)には一万巻に達した羽田八幡宮文庫の設立は著名。同文庫の蔵書は一時民間に移ったが、現在豊橋市立図書館に約九千三百冊、西尾市立図書館岩瀬文庫に九百六十三冊が収蔵されている。著書には『三河国古蹟考』十巻、『触穢私考』四巻などがある。明治十五年六月一日、八十五歳で没。

参考文献　豊橋市教育会編『羽田野佐可喜翁小伝』、竹原蕭々「羽田野栄木翁と其文庫」(『神社協会雑誌』二六ノ一〇・一一)

(沼田　哲)

はちおうじ　八王子　ある神の八柱の御子神(童子神)ないし眷属神のこと、あるいはそれらをまつる社を指す場合もある。大八王子・八大王子・八人王子・八大童子などともいう。種々の八王子が存するなかで有名なのは祇園牛頭天王の八王子である。『祇園牛頭天王縁起』によれば、天王は竜宮で八ヵ年の間に相光・魔王・倶魔良・徳達神・良(羅)侍・達尼漢・侍神相・宅相神らの八王子を儲けたとあり、それぞれに釈迦・文殊・弥勒・観音・薬師・普賢・阿弥陀・地蔵と本地を定めているが、八王子を合わせて本地を文殊とする説もある。また稲荷神にも八人童子・八大童子・八大王子という眷属がある。さらに、日吉山王二十一社の場合は、四宮を大八王子と称し、本地を千手観音としている。他に八王子・八王子宮があり、本地を虚空蔵・文殊であると伝えている。全国に所在する八王子神社の祭神には天照大神と素戔嗚尊が誓約した時に生まれた八王子(五男神と三女神)と祇園牛頭天王の八人の王子(八王子)との二種がある。

参考文献　『神道集』、西田長男「祇園牛頭天王縁起の成立」(『神社の歴史的研究』所収)

(三橋　健)

はちぶのはらえ　八部祓　八種の祓の総称。㈠中臣《なかとみ》祓、㈡最要《さいよう》祓、㈢最上《さいじょう》祓、㈣三種《さんしゅ》大祓、㈤六根清浄《ろっこんしょうじょう》大祓、㈥身曾貴《みそぎ》祓、㈦一切成就《いっさいじょうじゅ》祓、㈧十種神宝《とくさのかんだから》をいう。これらは主に卜部《うらべ》流の神道に重んじられた。㈠は大祓詞のこと。㈡は最要中臣祓ともいい、中臣祓の中の最も要となる詞を綴ったもの。㈢の詞は短文で、祓詞中で最も上として尊ばれるものとのこと。㈣は三種祓とも三大神呪ともいい、これも短文で三種がある。㈤の六根とは眼・耳・鼻・舌・身・意《こころ》をいい、この六根の汚穢を祓う詞。㈥は身曾貴大祓ともいう祓詞。㈦はもと伊勢の神宮で用いられたもので、内・外両宮伝来のものという。㈧の十種とは、鏡二、剣一、玉四、比礼《ひれ》三の神宝をいい、これを振りながら唱詞する。→三種大祓《さんしゅのおおはらえ》　→中臣祓《なかとみのはらえ》　→六根清浄祓《ろっこんしょうじょうはらえ》

(沼部　春友)

はちまんあさみじんじゃ　八幡朝見神社　大分県別府市朝見二丁目に鎮座。別称朝見八幡宮。旧県社。祭神大鷦《おおさ》鷯尊《さきのみこと》・足仲彦命《たらしなかつひこのみこと》・誉田別命《ほむたわけのみこと》・気長足姫命《おきながたらしひめのみこと》。建久七年(一一九六)大友能直が鶴岡八幡宮を勧請したのに創まる。これに参加の家を「七人魚座」といい、はじめ竜ヶ岡に、のち現在地に移る。豊後八幡宮七社の一つで、貞応二年(一二二三)大友親秀が社領を寄進したという。宝物に「石垣原合戦図」など多数がある。明治六年(一八七三)村社、大正七年(一九一八)郷社、昭和二年(一九二七)県社となった。大正十一年(一九二二)社殿が改築された。例祭は十月十九日。温泉祭(四月一日)には大名行列・女神輿あり。

参考文献　唐橋世済編『豊後国志』、中野幡能「大友氏と別府」(『別府市誌』所収)、同「別府市の神社」(『大分県地方史』一一・一二)、別府市教育委員会「八幡朝見神社」(『別府の文化財』一二)

(中野　幡能)

はちまんうさぐうごたくせんしゅう　八幡宇佐宮御託宣集　八幡宇佐宮(宇佐神宮)の創祀以来の由緒・託宣・文書・記録などを網羅した鎌倉時代の歴史書。『宇佐八幡宮託宣集』ともいう。著者は宇佐宮寺学頭神吽《じんうん》。十六巻の巻子本。正応三年(一二九〇)二月十日編纂開始、正和二年(一三一三)八月終了した。一巻は八幡神が菩薩としての修行の時期を、二巻は三国すなわち日本・唐・天竺を自由に遊幸の修行を述べ、三巻の巻頭に序文を書き、ついで八幡神の日本国守護のため日本各地を遊幸することを述べる。以下、三所の宝殿のこと(四巻)、小倉山菱形池や大尾山の現社地のこと(五巻)、小倉山・弥勒寺・大尾社・小椋山社(六―十二巻)、若宮(十三巻)、元宮馬城峯のこと(十四巻)となり、異国降伏・垂迹(十五・十六巻)で終っている。三巻までは輪切体、四巻より十六巻は切干体で編述。史料は六国史・式格・文学・譜伝記・社寺縁起・仏典・雑記により、八幡神発生より官社・恒久社殿・神宮寺・奥宮・六郷山までを扱っている。『史料拾遺』一・二、『神道大系』四七に所収のほか、重松明久校注『八幡宇佐宮御託宣集』がある。

参考文献　中野幡能『八幡信仰史の研究(増補版)』、二宮正彦「宇佐八幡託宣集の一考察」(横田健一先生還暦記念会編『(横田健一先生還暦記念)日本史論叢』所収)、中野幡能「八幡宇佐宮御託宣集所収史料の一考察」(滝川政次郎先生米寿記念論文集刊行会編『神道史論叢』所収)、伊藤勇人「託宣集の史料性」(『大分県史』古代篇所収)、薗田香融「託宣集の成立―思想史的試論―」(『平安仏教の研究』所収)

(中野　幡能)

はちまんぐう　八幡宮　大分県宇佐市南宇佐鎮座の宇佐神宮に始まる神社。本宮の名称は平安時代初期までは八幡宮・八幡大神宮、同中期より八幡宇佐宮・宇佐宮など、明治六年(一八七三)宇佐神宮となる。祭神は八幡大神・比売大神《ひめおおかみ》・大帯比売神《おおたらしひめのかみ》。豊前国宇佐では古来馬城峯《まきのみね》の峯の神を宇佐国造の祖先がまつっていたが、大和朝廷の権力下に入り、日神所生の三女神(比売神)の祭祀に変わった。早くから豊前国には渡来人(秦・辛嶋《からしま》氏など)が定着、道教・仏教融合の信仰が生まれ、通説では五世紀に豊国奇巫《きふ》、六世紀に豊国法師が天皇の治病に参内を伝え、いつかこの神をやはた(八幡)神と呼んでいたらしい。豊国に宇佐国造一族かとされる沙門法蓮は、大宝三年(七〇三)醫術の功で野四十町を賜い、一族の開墾の功で宇佐氏は宇佐君を賜わる。その前、律令制に連なる大神比義《おおがのひぎ》が登場、このヤハタ神に応神天皇の神格を与えることに努め、和銅五年(七一二)令制宇佐駅の近く鷹居に官社八幡宮を創立。同じころ宇佐氏は虚空蔵寺、大神氏は法鏡寺、辛嶋氏は久全寺(小倉廃寺)を建立したと推定される。養老四年(七二〇)大隅などの平定に協力し、神亀二年(七二五)宇佐氏比売神の聖地(現在地)に恒久社殿を、その東方に神宮寺(弥勒寺)を建て、天平五年(七三三)比咩神が祭神に入り八幡宮は完成したという。天平十年神宮寺は社地に移り宮寺を形造る。ついで、東大寺建立に協力、道鏡の野望を挫き、これより即位・国難に勅使差遣の制が定まる。桓武天皇は大菩薩号を上り、応神天皇の神格を明確にし弘仁十四年(八二三)神功皇后が併祀された。八幡宮には司祭の神官社僧が斎会という独自の習合仏神事を創り、のち「八十余度」の神事法会となるが、代表的斎会が放生会・行幸会である。仏神的八幡宮は天平二十年東大寺鎮守、のち大安寺・薬師寺などや諸国国分寺の鎮守となる。平安時代には神仏習合思想が一般化し八幡宮は宮寺化が完成、司祭も別当僧のみとなる。こうして僧金亀の豊後国由原《ゆすはら》宮、行教の平安京守護の石清水八幡宮の勧請となる。同宮勧請の時、途次の国々に八幡宮を勧請、広く西日本に伝播した。八幡神が源氏の氏神になると、合戦のたびごとに東国の地に八幡宮が勧請され、東北にまで伝播した。康平六年(一〇六三)相模国由比浜、ついで鶴岡に勧請されると、鎌倉御家人たちは全国各地に勧請し、そのなかには若宮もあった。室町時代以後は、神は八幡といわれるほどとなり、幅広い人々、講などの勧請、または開拓地・水溝池などの守護神として、農耕神ともなった。こうして広がった八幡宮は旧村社以上で四万余社が判明している。祭神も単独宮寺の石清水までは宇佐と全く同じであるが、大寺の鎮守、その他の八幡宮になると、八幡神(応神天皇)は存続するが、比売神がなくなり、代りに仲津姫とか仲哀天皇が入ったり、若宮のごとく仁徳天皇などが入ったりしている。既設の神社が八幡社になる場合には、旧祭神に応神天皇が加わる例もある。神事は宇佐に発生した放生会が付随するのが通

例であるが、宇佐のごとく隼人慰霊のためではなく、『梵網経』などの精神を中心にした神仏習合の儀礼になる社が多く、中には害虫駆除のための農耕儀礼に変容したり、なくなったりした社もできている。↓八幡信仰《はちまんしんこう》

参考文献　中野幡能編『宇佐神宮史』史料篇、宮地直一『八幡宮の研究』、中野幡能『八幡信仰史の研究(増補版)』、同『八幡信仰』(『塙新書』五九)、同編『八幡信仰』(『民衆宗教史叢書』二)　(中野　幡能)

はちまんぐうごでんすしょくしだい　八幡宮御殿司職次第　鶴岡八幡宮御殿司職の補任記。一冊。御殿司とは祭祀の際の鍵取にあたる役で、御殿預《ごてんあずかり》ともいい、殿内の開扉・供饌などに奉仕し、遷宮の時は御正体《みしょうたい》(御神体)を運ぶ聖職である。初め一人だったが、支障がある場合に備え、嘉禄二年(一二二六)に二人となり、おのずと正副の別が生じた。本書はその正御殿司職の歴代記である。建久二年(一一九一)補任の初代蓮華坊勝円に始まり、群書類従本は、古河公方足利成氏に供奉して陣中で没した宝光院運海の長禄二年(一四五八)で終る。鶴岡八幡宮所蔵本では、最勝院慧鏡の天明八年(一七八八)まで書きつがれている。記事は簡潔だが、御影堂前で鬮《くじ》を引いて当職を選任することや、忌穢に触れて辞職することがわかる。『群書類従』補任部所収。鶴岡本は、天保十年(一八三九)相承院寛雄が転写したもので、『鶴岡叢書』四に所収される。↓御殿司職一方系図《ごでんすしょくいっぽうけいず》

参考文献　『群書解題』二上　(瀬戸　薫)

はちまんぐうしゃせい　八幡宮社制　服忌令。著者・成立年ともに不詳。一巻。見出しの書名は底本不明の『続群書類従』神祇部所収本にあるもの。ほかに石清水八幡宮に伝わる服忌令として鎌倉時代の諸例をまとめた『宮寺服忌令社例』(内題『石清水八幡宮服忌令』)一巻、延徳二年(一四九〇)法印大僧都空円撰、享禄二年(一五二九)書写(書写者名不明)の奥書を付す『石清水八幡宮社例号服忌令』一冊(『石清水八幡宮史料叢書』四所収)および両書の写本と思われるもの各二冊がある。いずれもほかの服忌令と同様、父母以下近親者の死去に伴う忌と服の期間、肉食や月の障り、出産などに際して参宮を慎む期間が定められているが、「食」に関しては魚食三ヵ日、鳥食・兎食十一ヵ日、鹿食・猿食九十ヵ日(または百ヵ日)などと特に細かい記載がある。主として石清水八幡宮に奉務する祠官・神官・巫女・社僧・神人などを対象に制定・運用されたものか。なお、続群書類従本は石清水八幡宮蔵の諸本に比べ、かなり簡素な形となっており、内容もやや異なっている。

参考文献　『群書解題』一下　(西　中道)

はちまんぐどうきん　八幡愚童訓　八幡神の神徳を童子にも理解させるという書。『八幡大菩薩愚童訓』『八幡愚童記』ともいい、「訓」は一般には「くん」と読む。著者は石清水八幡宮社僧という。本書は二種(仮に甲乙とする)があり、甲乙ともに上下二巻本、また甲乙は元来一本であったともいう。成立年代は、甲は延慶元年(一三〇八)―文保二年(一三一八)以前、乙は正安年間(一二九九―一三〇二)のころという。写本の甲は一・二類に分類される。一類は前文が具体的で、文永の役の対馬・壱岐の侵寇が明記され、二類は前文が抽象的で、文永の役の対馬・壱岐の侵寇の記載がほとんどない。一類写本は十一本、二類は四本が判明。書名「八幡愚童訓」は一類に一本、二類に三本、あとは「八幡愚童記」とある。甲上巻は神功皇后・応神天皇、文永の蒙古襲来、九州軍の決戦、筥崎宮焼亡など、下巻は弘安の役の叡尊の修法、蒙古退却の奇瑞などを記述。乙本は、八幡の神徳霊験を十四章に分けて述べた阿弥陀信仰と習合の教義書で、説話は『八幡宮巡拝記』に共通。流布本には甲二類の群書類従本、乙類の続群書類従本などがある。『日本思想大系』二〇所収。

参考文献　『群書解題』一中、萩原竜夫「神祇思想の展開と神社縁起」(『日本思想大系』二〇所収)　(中野　幡能)

はちまんごこうしだい　八幡御幸次第　鎌倉時代の御幸記。一巻。本来は「やわたごこうしだい」と読むか。正安元年(一二九九)正月、後深草法皇(一二四三―一三〇四)・伏見上皇(一二六五―一三一七)の両院が、石清水八幡宮に一七ヵ日参籠のため八幡《やわた》(地名)への御幸を催すに際し、その奉行院司に任ぜられた右中弁藤原雅俊(一二六九―一三二二)があらかじめ式次第を記して加役の人々に送付したもの。両院は同宮に正月二十三日から二十九日まで滞在したが、本書はもっぱら二十三日における伏見上皇の参宮次第のみを記す。当日未明に出御、八幡に至り通例では一旦山下の高坊に入御すべきところ、「直に馬場殿へ幸す」(原漢文)とあるのは、前年十一月二十四日に高坊が炎上してから日も浅かった故である。山上ではまず馬場殿にて御禊の儀があり、次に参宮。殿上では金銀御幣を奉っての御拝、返祝詞、里神楽、御経供養など神事・仏事があり、馬場殿に還御あって本書は終る。『群書類従』神祇部所収。底本は不明である。

参考文献　『群書解題』一中　(西　中道)

はちまんしゃさんき　八幡社参記　室町幕府八代将軍足利義政(一四三五―九〇)が康正二年(一四五六)三月二十七日、石清水八幡宮に参詣した時の記録。将軍義政がみずから書きとめた日記から関係記事を抄出して一書としたもの。あるいは「やわたしゃさんき」と読むか。一巻。はじめに将軍初度の社参として六代将軍義教(一三九四―一四四一)の正長二年(永享元、一四二九)八月十七日の例に倣ったことなどを述べ、ついで当日の朝、輿に乗り出発する時の様子や行列の模様と路程、八幡の善法寺に到着し祓えの儀を修めたこと、頓宮北門外で輿を下り徒歩にて登山、高良社・石清水を経て護国寺・若宮社・武内社に参拝、のち八幡宮宝前で奉幣、その間、神馬牽廻や里神楽の奉奏があったこと、社参を終え降殿、猪尾(猪鼻の誤記か)、宿院を経て再び善法寺に入り休憩、さらに帰京の途次、六条の左女牛八幡宮(若宮社)参拝など、簡潔

な漢文で記す。『群書類従』神祇部所収。その底本と思われるものは松岡家旧蔵本として宮内庁書陵部所蔵。

参考文献 『群書解題』一中　（西　中道）

はちまんしん　八幡神　⇩八幡信仰《はちまんしんこう》

はちまんしんこう　八幡信仰　豊前国宇佐の八幡宮（宇佐神宮）に始まった信仰。土地の神祇信仰に外来宗教の影響で、神道・仏教・道教などが融合して成立した信仰。古来、宇佐平野にゆったり裾を広げた馬城峯《まきのみね》は峯の神の磐《いわ》座《くら》を祀る信仰があり、山麓の現宇佐神宮境外にある「あられの宮」「ほこ立の宮」という社殿のない聖地で、菟狭《うさ》津媛《つひめ》・菟狭津彦《うさつひこ》が祭祀にあたっていたようである。宇佐は畿内から九州への最短通路の地点で、大和と九州の重要な接触地で新羅首都と中間にあった。『日本書紀』神代一書の日神と素戔嗚尊による誓約により日神から生まれた三女神が宇佐嶋（九州）に天降るという神話は、宇佐が大和朝廷の九州経営の根拠地になったことを意味し、景行天皇宇佐海浜行宮などの伝え、九州最古という赤塚古墳、畿内型葬法の免ヶ平古墳などは、大和と九州の頻繁な交通を物語る。馬城峯の三巨石は三女神の磐座へと変わるが、祭祀様式は前代を踏襲した。五人行けば三人死すとか、神の鷹の伝承はこのころの神話であろう。このような地域に朝鮮系渡来人（秦・辛嶋《からしま》氏など）は北部九州から香春《かわら》岳を経て豊国に栄え、弥生時代末期には宇佐に小銅鐸を伴う朝鮮系巫覡信仰を伝え、通説ではそのシャマンは豊国奇巫《きふ》と呼ばれ、雄略天皇の時に参内し、用明天皇二年には豊国法師として蘇我馬子により天皇の治病に参内したという。この法師の宗教は道教・仏教融合の巫覡信仰で、豊前国に栄え、宗教と医療を行なった。豊国法師の祭りは大陸寺院にみられるような多くの幡に囲まれた祭場で仏尊を現わす形でシャマニズムの託宣を行なったものらしく、この託宣の神をヤハタ神と呼んでいたらしい。いわば原始八幡信仰である。豊国の法師の中で名のある沙門が大宝三年（七〇三）醫術によって賞せられた法蓮である。法蓮は宇佐国造の一族かとされ、沙門であるとともにその「醫」には巫術を伴っていた。法蓮の出現は渡来系氏族と宇佐国造の文化統合を意味し、宇佐小倉山の北辰社の存在がそれを示す。他方、北部九州は長く外交問題に悩まされ、神功皇后は大三輪神を守護神にしたと伝う。特に新羅に悩まされた欽明天皇はその解決を次代に託して崩御、九州北辺の大神《おおが》氏族は応神天皇をこの地の新しい守護神とし、これが豊国にも普及した。やがて大神氏出身の比義《ひぎ》は応神天皇の神格が欽明朝に出現したとして原始ヤハタ神にこれを付与した。比義は欽明朝の人物ではなく、欽明朝における応神天皇霊の復活を主張した道士的巫覡で、法蓮と同代の人とみるべきであろうか。比義は律令制権力に接近、応神天皇を八幡神としてまつる官社八幡宮創立に努め成功させたのが和銅五年（七一二）鷹居社創祀の伝承であろう。養老四年（七二〇）大隅・日向の隼人が反し、朝廷は八幡神に祈請し、禰宜辛嶋勝代豆米が神軍により平定、本邦最初の神社放生会《ほうじょうえ》を始める。これにより神亀二年（七二五）宇佐国造の日神三女神をまつる小倉山へ遷座できることになり、同時に神宮寺が境外に建立された。そこで官幣をうけ、天平五年（七三三）三女神は比売神《ひめがみ》として併祀、それより大和との交流が本格化した。同九年新羅の無礼の奉告、十年境内地に神宮寺を移転、十三年聖武天皇は「八幡神宮」と称え、三重塔や仏典・荘厳などを寄進し、わが国最初の宮寺八幡宮が国家的に認知された。二十年には東大寺守護のために八幡宮が勧請され、翌天平勝宝元年（七四九）には神官尼僧の「八幡大神禰宜尼」は東大寺を拝し、ここに国家仏教守護神の地位を確立した。ついで神護景雲三年（七六九）の道鏡天位託宣により、国家（天皇）守護神の地位を明確化させ、宇佐使が制定され、桓武天皇即位を報告した天応元年（七八一）には大菩薩の尊号を奉り、天台・真言両宗祖は八幡大菩薩の加護を祈り、南都の旧大寺はもとより、真言宗では八幡を鎮守とした。弘仁のころには宗派を超越し、僧形八幡神像出現、応神天皇の神格が普遍化し、弘仁十四年（八二三）神功皇后を併祀、応神八幡信仰が定着した。まもなく八幡若宮信仰が起り、仁寿二年（八五二）造宮された。八幡信仰は飛躍的に発展し、諸国国分寺の鎮守となり、清和天皇即位後の貞観二年（八六〇）行教は平安京鎮守に石清水八幡を勧請し、同十一年朝廷は「我朝大祖」として崇敬、同時に庶民の信仰も強化した。承平年中（九三一―三八）平将門の乱平定の報賽により朱雀天皇は九州に五社別宮を設け西国に信仰を滲透させ、藤原純友を破ったという。延久元年（一〇六九）には大神宝使を伊勢・宇佐と併列の扱いをし、嘉承元年（一一〇六）白河上皇は宗廟と称え、第二宗廟の信仰を広めた。源氏とくに清和源氏が氏神と仰ぐようになり、義家は石清水社前で元服、八幡太郎を名乗り、武神的性格は一層強くなり、関東・東北にまで広がり、源頼朝の代には鶴岡八幡宮を鎌倉幕府の鎮守とし、広く武士の守り神として全国各地に勧請、「弓矢八幡」とか「神は八幡」とかいわれるように神の代名詞になった。また鎌倉時代には、石清水・東大寺・宇佐宮に縁起書が編纂され、外宮神道に対して八幡神道を樹立し、『八幡宇佐宮御託宣集』『八幡愚童訓』などの教義は三社託宣などに発展、精神的穢の排除を主張し破邪顕正の神とされるようになった。このように八幡信仰は神社信仰に高度な精神的普遍性を与えた。 ↓宇佐神宮《うさじんぐう》 ↓八幡宮《はちまんぐう》

参考文献 中野幡能編『宇佐神宮史』史料篇、石清水八幡宮編『石清水八幡宮史』、宮地直一『八幡宮の研究』、中野幡能『八幡信仰史の研究（増補版）』、同『八幡信仰』（『塙新書』五九）、同編『八幡信仰』（『民衆宗教史叢書』二）　（中野　幡能）

はちまんじんじゃ　八幡神社　兵庫県氷上郡柏原《かいばら》町柏原の八幡山に鎮座。旧県社。祭神は誉田別命・息長足姫命・多紀理毘売命・多岐都毘売命・市寸島毘売命を祀る。例祭は十月十五日。万寿元年（一〇二四）石清水八幡宮の荘

園（安田園）の鎮守として勧請、丹波別宮として知られる。本能寺の変ののち明智光秀の丹波攻略で社殿焼失、羽柴秀吉によって天正十年（一五八二）―十三年にかけて再建されたのが現本殿と拝殿で重要文化財、ほか三重塔や鐘楼も現存し神仏習合の相を今に伝える。周囲の町並みから眺めると、鬱蒼とした小高い八幡山の上に三重塔の先をのぞかせる。さらに麓の周辺には真言寺院を配し、こうした山上山下の宮寺の佇《たたず》まいはミニ男山といった感があり、すぐれた歴史的景観を今に伝える。

参考文献 吉井良尚「淡路・丹波・播磨に於ける石清水別宮」（『神道史研究』六ノ三）

（嵯峨井 建）

はちまんだいぼさつ 八幡大菩薩 八幡神に対する神号。神仏習合の時代に、仏道に目覚めて菩薩となって修行し衆生を救済する神に対して大菩薩号を授けた。ほかに多度大菩薩、富士浅間大菩薩など大菩薩号を称した神は多い。『東大寺要録』所引の弘仁十二年（八二一）太政官符によれば、桓武天皇即位の年である天応元年（七八一）に「護国霊験威力神通大菩薩」の号を奉ったという。この時に八幡神に対し大菩薩の号を奉ったとみえる。延暦二年（七八三）には「大自在王菩薩」（『宇佐八幡宮弥勒寺建立縁起』『扶桑略記』）とも称されている。「八幡大菩薩」の号は延暦十七年太政官符（『新抄格勅符抄』）や大同三年（八〇八）七月太政官符（『類聚三代格』）にみえるものが古く、『延喜式』神名帳にも八幡菩薩宇佐宮とある。菩薩となった八幡神の姿は、僧形八幡像として彫像（薬師寺や東寺の八幡三神像）や垂迹画に造形される。

参考文献 中野幡能編『八幡信仰』（『民衆宗教史叢書』二）

（佐藤 眞人）

はちまんだいぼさつぐどうきん 八幡大菩薩愚童訓 ⇨八幡愚童訓《はちまんぐどうきん》

はちまんづくり 八幡造 宇佐神宮や石清水八幡宮などにみられる神社本殿の形式。切妻造平入の建物二棟を前後に配し、両者の軒の接する部分に樋をわたしてその下

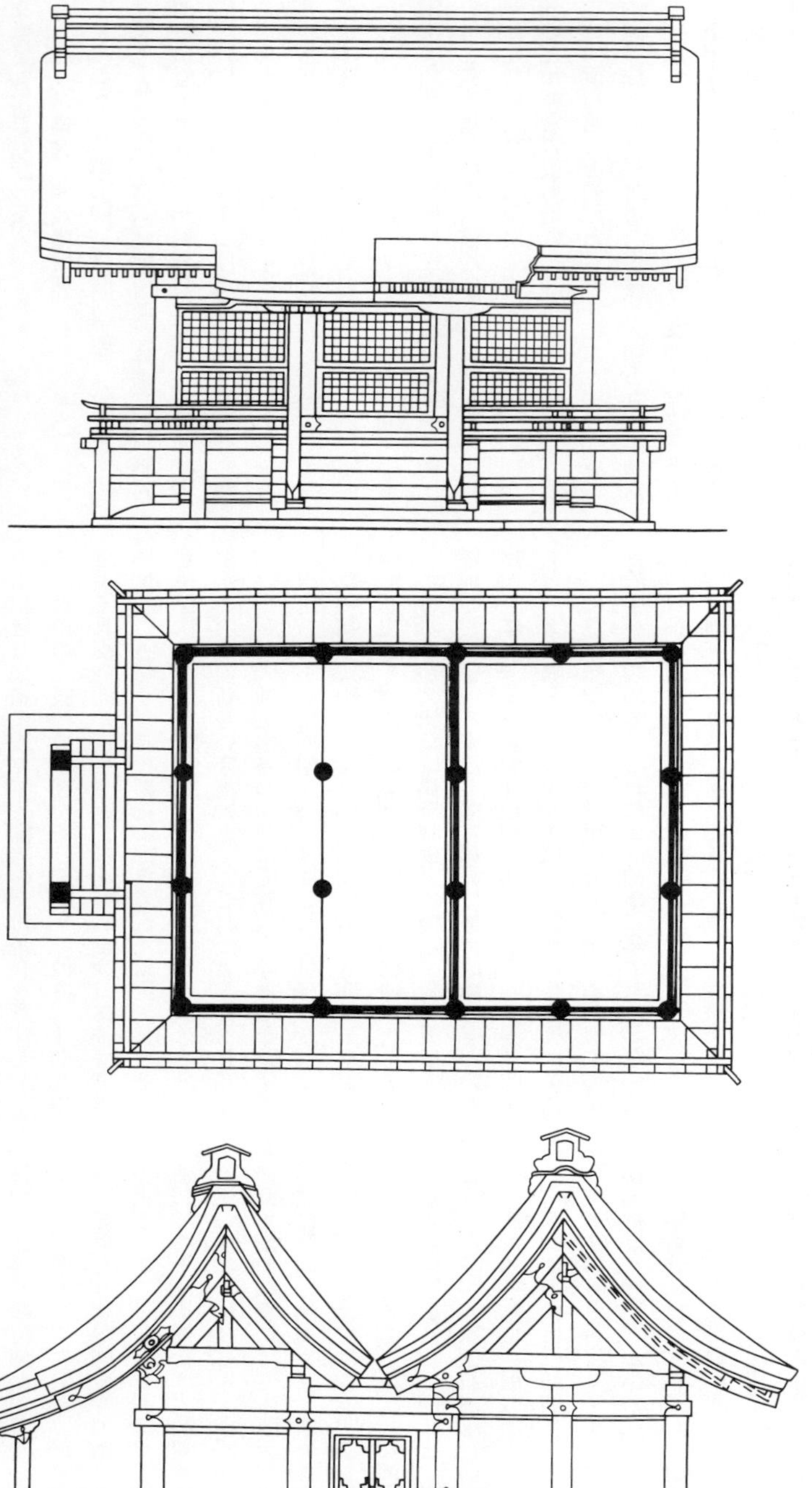

八幡造（宇佐神宮）

を内部空間として取り込み、外観は二棟であるが内部をひと続きの建物のように連結した形式をいう。前殿・後殿にはともに神座が設けられており、延久三年(一〇七一)の『石清水八幡宮記録』によれば、後殿には御帳が、前殿には倚子が置かれていた。（稲垣　栄三）

はつうま　初午　京都の伏見稲荷大社をはじめ、各地の稲荷社で旧暦二月初の午の日に参詣する風習をいう。伏見稲荷社では、祭神が稲荷山に降臨したのが和銅四年(七一一)二月初午の日であったのにちなむという伝承があり、この日稲荷山の三つの峰に登り、神木の杉の枝を折ってくることがあった。すでに平安時代には盛行しており、紀貫之も参詣しているし、『枕草子』には清少納言の初午詣での時に見た、一日に七度詣りをして山に登る庶民の女が描かれている。『今昔物語集』二八には「衣曝《きさらぎ》始午ノ日ハ、昔ヨリ京中ニ上中下ノ人、稲荷詣トテ参リ集ルノ日也」として、酒食を持参して稲荷山に登る人々の話をのせる。奈良時代以前にさかのぼる信仰であろう。中世からの稲荷信仰の普及とともに民衆信仰として全国に広まり、稲荷講の日とされる例も多い。近世の江戸でも盛んであったことは、『東都歳時記』に天保ごろの初午の有名な稲荷社を王子・笠森・三囲《みめぐり》など四十六社もあげていることからも知られる。愛知県豊川稲荷・岡山県最上稲荷など仏教系の稲荷祠でも初午行事は盛んである。現在では新暦二月に行うところが多い。なお民俗学の方では、稲荷信仰と関係のない各地の二月初午の行事が注目されている。彼岸に近い春の農耕の信仰行事のうち、京都の稲荷信仰と結びついたものが特に著名となったものであろう。

参考文献　伴信友『験の杉』(『伴信友全集』二)、直江広治『稲荷信仰』(『民衆宗教史叢書』三)、五来重「狐と初午」(『宗教歳時記』所収)、直江広治「稲荷信仰」(『歴史公論』三ノ九)（岡田　精司）

はつくにしらすすめらみこと　建国の始祖とする歴史意識にもとづく天皇観。「所知初国之天皇」(『古事記』)、「始馭天下之天皇」「御肇国天皇」(『日本書紀』)と書く。『日本書紀』の神日本《かんやまと》磐余《いわれ》彦天皇《ひこのすめらみこと》(神武天皇)元年正月の条には、神武天皇を「始馭天下之天皇」と表記し、同書の御間城《みまき》入彦《いりひこ》五十《い》瓊《に》殖天皇《えのすめらみこと》(崇神天皇)十二年九月の条には、崇神天皇を「御肇国天皇」と記す。また『古事記』では崇神天皇を「所知初国之御真木《みまき》天皇」とする。こうした表現に類似する例としては、『日本書紀』の大化三年(六四七)四月の条の詔に「始治国皇祖」と記すのが参考になる。肇国・初国の天皇を崇神天皇とみなす宮廷・支配者層の間の歴史意識が、こうした記紀の表現を生みだす背景にあり、さらに遡及して神武天皇を「始馭天下之天皇」と位置づけるようになったと考えられる。神武天皇の東征説話などと、崇神天皇をめぐる説話を対比して、崇神天皇にかかわる伝承の方が、神武天皇のそれよりも古いとみなす見解もある。「天下」「始馭」「天皇」などの用語じたいが、のちの宮廷の知識を反映したものと考えられ、「はつくにしらす」天皇観は、いわゆる大和朝廷の始祖伝承のなりたちを検討する場合にもみのがすことができない。

参考文献　植村清二『神武天皇』(『日本歴史新書』)、上田正昭『大和朝廷』(『角川選書』六二)、江上波夫『騎馬民族国家』(『中公新書』一四七)（上田　正昭）

はっけ　伯家　平安時代末期より神祇伯職を世襲した白川家をいう。花山天皇皇子の清仁親王の子延信王・孫康資王・曾孫顕康王・玄孫顕広王と、歴代、神祇伯に就任した。ただ、この間は他姓の就任もあったが、顕広王就任以後はその子孫が歴代任伯、他姓の就任をみなかったので、伯家といわれた。顕広王の孫の代に二流に分かれた。すなわち「資邦王訴状案」によれば、業資王が元仁元年(一二二四)死去の時、「嫡男資光(資邦父)幼少童形之間、成人之後、可ニ申補一之由、約ヨ諸于舎弟資宗卿二之処」、資宗王は「背ニ舎兄之遺命一、抑ヨ留件譲状正文二」して伯職を資光に譲らず、自分の男資基王に譲ったからである。その後、七十年近く資宗王流の任伯が続いたが、その間、資光とその男資邦は朝廷に訴訟を繰り返し、ついに正応四年(一二九一)資邦王は任伯を果たした。このころから神祇伯在任中は王名を称し、その前後は源姓を称するに至り、また家名の白川もこのころが初見である。しかし、資宗王流からの反訴があった故か、両流が数年ずつ交替で任伯している。資光流は持明院統に、資宗王流は大覚寺統にそれぞれ近かったらしく、資宗王流の顕方はのちに南朝に候している。南北朝時代に資光流が二つに分かれる。建武新政瓦解ののち、資清王の次男業清王が任伯したが、文和元年(一三五二)長男資英王も任ぜられたからである。この間、資宗王流の資継王も任伯しており、以後、四十年余は三流鼎立の形となったが、資宗王流・業清王流の跡は絶え、応永元年(一三九四)資忠王の任伯後は、その子孫が任ぜられた。江戸時代の家禄は知行高二百石、ほかに伯神事料として現米三十石を給された。資訓王の時に明治維新を迎え、華族となったが、家職の世襲は廃され、明治四年(一八七一)邸中鎮座の八神殿も神祇省神殿に遷座を命じられた。同十七年七月、資訓王は子爵を賜わった。なお、同家伝来の記録・文書の大部分は宮内庁書陵部の架蔵となり、一部は岡山県の金光図書館などに所蔵されている。→白川家記録《しらかわけきろく》

参考文献　今江広道編『伯家神道』(『神道大系』論説編一一)、曾根研三『伯家記録考』、近藤喜博「伯家神道」(『国学院大学日本文化研究所紀要』五)、久保田収「伯家の成立と分流」(『皇学館大学紀要』一三)、小松馨「白川伯王家の成立」(『神道宗教』一一六)（今江　廣道）

はっけしんとう　伯家神道　平安時代後期より、神祇官長官の伯を代々世襲した白川伯王家《しらかわはくおうけ》に伝来した神道。白川神道ともいう。元来神祇伯には、神祇氏族中臣氏(大中臣)が多く任ぜられ、やがて巨勢・石川・文屋・在原・藤

原・源・橘などの諸氏の混任を見るに至ったが、貞観十八年(八七六)棟貞王の補任以降は王氏の任例が多くなり、永万元年(一一六五)花山天皇の後裔顕広王《あきひろおう》の任伯以後は、その子孫白川伯王家の世襲となった。以後同家では、神祇官中のことを総判することおよび祭祀を厳修することをもっぱらの職務とし、鎌倉時代後期に傍流の資緒王・資通王父子が『日本書紀』の研鑽を行なっているが、伊勢神道や後世の吉田神道のように独特な教義・教学を標榜するには至らなかった。ために、室町時代吉田家に兼倶があらわれ、吉田神道を鼓吹するや、忠富王《ただとみおう》が兼倶の講筵に列するという事態を惹起、伯王家は守勢に立たされた。このような事態にようやく反省が加えられるようになり、同家が神道説の形成に向かって行くのは、江戸時代初期の当主雅喬王《まさたかおう》の時である。雅喬王は、寛文九年(一六六九)霊元天皇の命により、『伊勢三箇之御伝授』を献上し、同年「鏡御拝之秘事」を著作しているが、その中で、鏡の徳を説き、心に一物も貯えず、しかも虚無でないところに、神の内証ともいうべき本質がみられるという伯家神道の萌芽的学説を陳述している。さらに、雅喬王は、白川伯王家の古来の伝承を整理し、延宝八年(一六八〇)に「主上御拝御相伝事」以下四十五項目に及ぶ『家説略記』を編纂。伯王家と吉田家とは同じく神祇関係氏族ではあるが、両家には職掌上の相違があり、伯王家は歴代神祇官を総判し、内侍所および八神殿の奉仕にあたる一方、御拝の作法を天皇・皇族・摂関に伝授してきたという自家の立場を主張した。このように近世初頭に澎湃として伯家神道形成の気運が起った背景には、吉田神道の教学的隆盛のほかに、吉田家が自家の神道説を梃に、幕府の後援のもと地方神社をその配下に組織し始めたことが考えられる。伯王家はもともと松尾・稲荷・大原野・広田・日御崎などの諸社の執奏を担当してきたが、近世初期には、このほか数社が同家に所属しているにすぎなかった。雅喬王は必ずしも吉田家との競望は望まなかったが、劣勢を挽回する必要性は痛感していたようである。この意志は子息雅光王《まさみつおう》に受け継がれ、吉田神道への対抗のため、同王は同家にはじめて学頭を置き、臼井雅胤をして学説の組織・充実をはからせた。さらに垂加神道の影響を受けた雅富王《まさとみおう》の代の宝暦四年(一七五四)には、『家説略記』をもとに、伯王家の記録の集成ともいうべき『伯家部類』を編纂。同十二年には、学頭森昌胤も『神道通国弁義』を著作し、教学の一層の拡充に努力した。教学の形成と時期を同じくして配下の諸社や入門者も激増、吉田家と同様「神拝式許状」・「風折烏帽子・浄衣・白差袴」許状などさまざまな許状を出し、教線の拡大をはかった。文化十三年(一八一六)、伯王の名を以て記された『神祇伯家学則』は伯家神道の大要を記したものであるが、同書所載の「伯家条目」によれば、伯家神道の根幹は、「夫神道者万国一般之大道、古今不易之綱紀、神武一体、法令之出処也」であったという。同書編纂に協力した平田篤胤は、天保十一年(一八四〇)学頭を依嘱され、伯家神道に大いに貢献。ために伯家神道は、国学の色彩をも帯びるに至った。

参考文献 近藤喜博編『白川家門人帳』、曾根研三編『伯家記録考』、『伯家神道』(『神道大系』論説編一一)、佐伯有義「徳川時代に於ける伯家神道」(『神社協会雑誌』二一三)、近藤喜博「白川伯家の諸国附属社について」(『神道宗教』一一)、久保田収「伯家における神道の形成」(『皇学館大学紀要』一五)、岡田莊司「神祇伯王家と日本書紀」(『神道大系月報』五〇)　(藤森　馨)

はっけぶるい　伯家部類　伯家(白川家)に伝来した記録・文書を部類別に整理したもの。編者は、巻末の識語に「当家末学散人谷口虚舟藤原祐之」とみえ、谷口祐之(号虚舟)であることは明らかであるが、その経歴などは未詳。一冊。成立は、宝暦四年(一七五四)十一月。内容は、神祇官之事・内侍所之事並渡御之事・内侍所御神楽之事・内侍所御搦之事・内侍所御拝始之事・毎朝御拝並御代官之事・御鏡御拝之事・臨時御拝事並御日待月待之事・廃朝之節御拝御代官之事・摂関御伝授之事・例幣之事・伊勢遷宮之事・御即位由奉幣之事・臨時公卿勅使之事・諸社御祈之事・院御拝之事・大嘗会之事・八神殿再興之事・作進之事・神事伝授之事・鎮魂祭之事・帳女王之事・伯無喪服之事・斎籠之事・家系之事並襃て伯家の記録・文書を編纂してある。本書編纂の真の目的は、神祇長上と称して全国の神社を支配せんとしていた吉田家に対抗するためではなかったか、と思われる。伝本はあまり多くないが、白川家に伝来した本を、昭和十年(一九三五)代の中ごろ、内務省の吉田茂(首相になった人とは別人)が凸版印刷にしたものがある。ただし部数は十数部という。『神道大系』論説編一一に収められている。　(今江　廣道)

はっこういちう　八紘一宇　『日本書紀』神武天皇即位前紀の橿原奠都の令に「兼二六合一以開レ都、掩二八紘一而為レ宇、不二亦可一乎」とみえている。明治末年、日本国体学を提唱した田中智学の造語とされる。「紀元二千六百年」の昭和十五年(一九四〇)の数年前から、現状打破・世界新秩序建設の精神的支柱を記紀に求めようとする態度が政府にも生まれた。文部省教学局は『国体の本義』(十二年)、『臣民の道』(十六年)を国民的教科書として出版した。天孫降臨の地とされた九州高千穂の峰には、八紘一宇の石塔が建立された。十三年には、外務省の「新官僚」グループの中川融・牛場信彦ら八名は、宇垣一成外相に「皇道宣布の奉行の前衛たる外務省員として(中略)皇道外交の名称を附する一聯の根本論策を有し居り」と提言した。十五年七月二十六日、第二次近衛内閣が決定した「基本国策要綱」は「皇国ノ国是ハ八紘ヲ一宇トスル肇国《ちょうこく》ノ大精神ニ基キ世界平和ノ確立ヲ招来スルコトヲ以テ根本トシ先ツ皇国ヲ核心トシ日満支ノ強固ナル結合ヲ根幹トスル大東亜ノ新秩序ヲ建設スルニ在リ」とした。この目的達成の手段として「大東亜戦争」があった。十八年、日本軍政下のジャワで政治参与の感激をスカルノは「天皇陛下の(中略)聖慮」「神武天皇の(中略)八紘一宇の精神に基く(中略)大日本帝国の肇国の精神」の賜物だろうとした。第二次世界大戦後、日本を占領した連合国軍は、「国家神道についての指令」「プレス＝コードにもとづく検閲の要領にかんする細則」により、「大東亜戦争」「英霊」などとともに「八紘一宇」の字句の使用を禁じた。二十一年の一月号を創刊号とした雑誌『世界』の巻頭言の草稿で、岩波書店の店主岩波茂雄が、戦後日本の理想を「国家権力を増強して世界を支配しようと考えず、天地の公道を踏んで、燃ゆる情熱を以て真理を追求し、八紘一宇を実現することを望む」(安倍能成『岩波茂雄伝』中の要略による)と、一度は表現していたとは興味深い。日米開戦のとき、彼は日中戦争はいけぬが、日米戦争はいい、といっていたのである。

参考文献　三輪公忠『日本・一九四五年の視点』(『UP選書』二五一)、三国一朗『戦中用語集』(『岩波新書』黄三一〇)、後藤乾一『火の海の墓標』、鈴木静夫・横山真佳編『神聖国家日本とアジア』、木坂順一郎「アジア・太平洋戦争論」(川端正久編『一九四〇年代の世界政治』所収)

(三輪　公忠)

はっさく　八朔　陰暦八月一日のこと。田実《たのむ》の節供、田《たの》物祝《ものいわい》などとも称し、主家や知人と贈答をして祝う行事。その起源については、『公事根源』に後嵯峨天皇あるいは後深草天皇の時代かとするなど、諸説があるが明らかでない。『吾妻鏡』宝治元年(一二四七)八月一日条に、恒例の将軍への贈物を停止する旨を命じた記事があり、『弁内侍日記』の同日条にも「中宮の御方よりまいりたりし御たきもの、世の常ならず匂ひうつくしう侍りしかば」とあるところから、鎌倉時代にはすでに、公武を通じて八朔に贈答をする習俗の存したことが知られる。宮廷では、当日檀紙・杉原紙・香・硯箱など種々の物を贈答することが行われた。『園太暦』康永三年(一三四四)八月一日条には、親王・関白などが天皇に進物を献上したことがみえ、『看聞御記』応永二十五年(一四一八)八月一日条にも、仙洞や将軍家をはじめ諸臣から、八朔の祝を献上したことが記されている。しかし、八朔の行事を俗習と称し(『園太暦』貞和元年(一三四五)八月一日条)、『公事根源』にも「猶々まことしき大やけ事にてはゆめ〱あるまじき也」(八朔風俗)とあるなど、公家の間では、八朔を民間に発した行事と考えていたことが窺われる。武家においては、室町時代以降、主従関係を固める行事として重んぜられた。室町幕府は、八朔奉行または御憑《おたのみ》奉行と称する役職を置いてこれを管掌させ、朝廷に対して太刀目録を献じ、諸大名などから馬・刀剣の献進をうけた。江戸時代には、徳川家康の江戸入府の日とされることから、公式の祝日として特に重んぜられ、江戸城では当日総登城して賀詞を述べ、太刀などを献進する儀が催行された。また幕府から朝廷に対して馬が献上され、それを天覧に供する儀式が宮中で行われた。八朔行事には、稲の穂入りを前に豊熟を祈願する作頼みの農耕行事としての性格と、日ごろ恩顧を受けている主家、すなわちたのむところの人に進物を贈り、関係を強めるという社交行事としての性格が見られる。

(倉林　正次)

はっしょのごりょう　八所御霊　九世紀の中葉、平安京の神泉苑において、はじめて御霊会が修せられたとき、六柱の霊格が神座に招ぜられた。この事実を記した『三代実録』の編者は貞観五年(八六三)五月二十日条に「所謂御霊者、崇道天皇、伊予親王、藤原夫人及観察使、橘逸勢、文室宮田麻呂等是也、並坐レ事被レ誅、寃魂成レ厲」と記しており、その後菅原道真(火雷天神)などが加わってのちのちまでそれら八柱が、御霊神として固定するに至った。その崇道天皇とは光仁天皇皇子早良親王。伊予親王は桓武天皇の第三皇子。藤原夫人は藤原是公の女で桓武天皇妃、伊予親王母の吉子。観察使とは薬子の変で敗れた藤原仲成と解される。橘逸勢は仁明天皇の一代に但馬権守であったが、太上天皇(嵯峨天皇)の不予にあたり、皇太子に対し不軌を図り、伊豆に流される途上に没した。文室宮田麻呂も承和十年(八四三)謀殺の罪により伊豆に流された(『日本後紀』)。崇道天皇以下いずれも怨魂を遺して死んだものと考えられるようになり、その祟りが種々の流行病や虫害・飢饉などの流行する原因となったと信ぜられた。その背景には多く政争があり、都人士の間に道徳的批判的傾向の昂まりが見られる。平安時代における一種文化的現象というべきであろう。↓御《ご》霊信仰《りょうしんこう》

参考文献　柴田実編『御霊信仰』(『民衆宗教史叢書』五)

(柴田　実)

はっしんでん　八神殿　天皇の守護神として、神産日神《かみむすひのかみ》・高御産日神《たかみむすひのかみ》・玉積産日神《たまつめむすひのかみ》・生産日神《いくむすひのかみ》・足産日神《たるむすひのかみ》・大宮売《おおみやめ》神《のかみ》・御食津神《みけつのかみ》・事代主神《ことしろぬしのかみ》の八柱の神をまつった社殿。神祇官の御巫《みかんなぎ》によって奉斎され、祈年祭・月次祭・新嘗祭に官幣が奉られた。また鎮魂祭には八神殿の神々に、大《おお》直毘神《なおびのかみ》一座を加えて奉祀する。古くは大内裏神祇官西院の西壖に沿い、北を第一殿として東向きに八宇が並び、社殿は切妻妻入型で、棟上に千木・堅魚木を置き、周囲には垣をめぐらした。第一殿・第五殿・第八殿の前に鳥居が立ち、西院北側の八足門には、八神殿の額を掲げた。社殿は大治二年(一一二七)二月の火災をはじめ、たびたび焼亡と再建を繰り返したが、慶長のころ、戦乱による荒廃のため、八神を吉田山の斎場《さいじょう》内に遷祀し、吉田家によって奉斎されるに至った。また、白川家においても、神祇官廃絶後、自邸に小社を建て、奉斎したともいう。以後、江戸時代末まで、八神は宮廷の外でまつられたが、明治二年(一八六九)十二月、神祇官内の仮神殿に鎮斎され、はじめて旧に復した。同五年四月には、八神および天神地祇を宮中に遷座し、同年十一月にこれらの神々を合祀し、社殿の名称も神殿と改称された。宮中三殿の一つ。

(倉林　正次)

はっとりあんきゅう　服部安休　一六一九―八一　江戸時代前期の儒学者、神道家。諱は尚由。字名は仙菊・門十郎・八兵衛・平兵衛。春庵とも号す。元和五年（一六一九）服部伝兵衛の子として江戸に生まれる。林羅山（道春）に朱子学を学んだ。明暦三年（一六五七）、会津藩主保科正之の前で『性理大全』を講じ、十五人扶持に金五十両で召し抱えられた。なお、『諸士系譜』では同元年召し抱えられたとある。寛文四年（一六六四）正之の命をうけ、相模国鎌倉の吉川惟足に神道を学び、同五年、山崎闇斎と神道太極の論争を行なっている。正之が領内の神社誌編集を計画した時には、家老友松勘十郎・大目付木本九郎左衛門らとともに参画、寛文十二年『会津神社志』完成とともに、会津神社管領職に任ぜられた。延宝元年（一六七三）保科正之の葬送に際しては、吉川惟足とともに、神式による葬礼をとり行なった。正之は、猪苗代見禰山に葬られたが、鎮座後、社法を定める御用を勤め、のち見禰山の社・遙拝所での神事を、子左内ともども江戸より下り、これを勤めた。天和元年（一六八一）五月二十九日、病を得て江戸よりの道中、白川（河）で病死した。六十三歳。吉川惟足が、進功霊社と諡す。遺言により、保科正之の眠る見禰山の麓に葬られた。その後、会津藩は、安休と正之の深いつながりを考慮し、安休の子左内に二百石を与え、見禰山社司を申し付けた。安休の講義を筆記した『神代巻蒙訓抄』六巻、『中臣祓口解』一冊、『中臣祓童蒙抄』一冊が残されている。

参考文献　会津藩編『会津家世実紀』五七、中野義都『会津干城伝』（『続会津資料叢書』上）、『会津若松史』三　（竹川　重男）

はっとりなかつね　服部中庸　一七五七―一八二四　江戸時代後期の国学者。通称義内、水月と号す。代々紀伊藩に仕え、伊勢松坂城代に付属し、松坂町与力まで勤めた。宝暦七年（一七五七）七月十六日、三右衛門時中の長子として生まれる。天明五年（一七八五）二十九歳で本居宣長に入門。宣長の天文暦学への関心に影響をうけ、同八年『天地初発考』著わし、宣長の細かな補正を得て改稿し、寛政三年（一七九一）『三大考』を脱稿した。本書は天・地・泉の分離成立を古典に即して図解した十図を中心として独特の宇宙観・世界観を示し、宣長はこれを『古事記伝』一七に付載している。中庸は妻の死やみずからの病気のため文化五年（一八〇八）与力を辞任し剃髪、翌年京都へ移住、同九年出家し水月庵茂翁、また箕田水月と称した。文政六年（一八二三）上洛した平田篤胤と対面し、中庸は篤胤に古道論追究の後継者を見出した。篤胤の主著『霊能真柱《たまのみはしら》』は『三大考』の存在なくしては成立しなかった。中庸は翌七年三月十四日没。六十八歳。京都寺町三条の誓願寺（京都市中京区桜之町）に葬られ、遺髪を納めた墓は松阪市郷津町の西方寺にも在る。

参考文献　中西正幸「服部中庸の生涯」（『神道宗教』七五―七九合併号）　（沼田　哲）

はつほ　初穂　稲の収穫時にまず最初に神に奉献する稲穂のこと。早穂、先穂とも記す。稲穂を抜いて束ねたもので、脱穀した米粒の和稲に対し、稲束状の荒稲の類である。伊勢神宮では神嘗祭に先立って抜穂祭が行われており、ほかの神社の抜穂神事や民間の秋の農耕儀礼においても同様に、収穫祭に先立って穂掛け行事を行うところは少なくない。のちに初穂の形状も、穂束から米粒に変わって、洗い清めてお捻り状にしたり、散米にして供える場合が多くなった。名称のごとく、基本的には一年周期の農耕儀礼を基底とした、穀物の初穂が原義であるが、はじめて獲得した収穫物など、神仏に捧げる初物すべてを総称するようになった。こうした例は存外早く、すでに貞観十二年（八七一）にみられ、『三代実録』同年十一月十七日条に、新銭鋳造の際に、「早穂廿文」を献上とある。日常生活において、近隣知人の間でハツモノを贈答しあう慣習は、初穂を特別視し、その共食を重視した感覚が根底にあると理解される。　（齋藤ミチ子）

はつみやもうで　初宮詣　新生児が、生後はじめて氏神に参る儀礼。宮参りともいう。日取りは、男女や地域によって異なり、早いもので生後七日目、遅いもので百日目を過ぎるところもあるが、男児は三十二日目、女児は三十三日目に行うところが多い。元来は、子供の無事な成長を祈り、新しい氏子として社会的に認めてもらうところに意義があった。母親の実家や親類から贈られた晴れ着を子供に着せ、額には朱で大（男児）や小（女児）などの文字を書き、宮参りする。また、神前でわざと子供を泣かせる習慣もみられる。これは、泣き声で子供の存在を印象づけて、神に加護を祈るためだという。初宮詣のことを、ウブアケ、シメアゲ、ヒアケなどと呼ぶところもあるが、これは、この日をもって子供の忌みが明けることを意味する。子供の忌みは三十三日、産婦の忌みは七十五日とされ、初宮詣の時期に忌みが明けていない母親のかわりに、かつては姑や産婆が子供を抱いて参ることが多かった。

参考文献　大藤ゆき『児やらい』（『民俗民芸双書』二六）　（岩井　洋）

はつもうで　初詣　新年のはじめに、はじめて神社や寺院に参詣すること。はつまいりともいう。今日、寺を中心とした除夜詣と寺社への初詣は区別されて理解されているが、この区別が日付の変更を基準にしていることからもわかるように、このような形での初詣は近代的な時間感覚が浸透したのちに一般の人々のあいだに広く成立したものである。初詣にはいくつかの起源が考えられる。一つには年籠りである。これは大晦日の夕方から寺社に籠ったり、社前・門前で夜を明かすもので、前提には一日の区切りを夕暮れとする考え方がある。中世の文献には公家や武家による年籠りの記事が多く見られるが、その対象は熊野や比叡山など有名な寺社が中心だった。近世には一般の人々にも浸透していき、俳諧に登場したり、『風俗問状答』の質問項目になるなどしている。二つ目の起源として恵方詣があげられる。恵方とは陰陽道に起源をもつことばで、福徳をつかさどる神である歳徳神のいる方角、その年の最もよい方角を指す。新年のはじめに恵方に参詣することは平安時代にその例が見られるが、代参や正月以外の参詣も見受けられ、狭義の恵方詣が確立していたとはいえない。中世になると恵方参という用語も登場して成立が確認される。江戸時代には元日に恵方にあたる寺社に参詣する恵方詣は都市などを中心に盛んに行われた。また、歳徳神をまつる歳徳棚を家内の恵方に設けるところも多くあった。近代になって、夜中の日付変更を起点に一日が始まるという理解が浸透するにつれ、年籠りの慣行は大晦日の晩から寺社に籠るという意味あいを薄くしていき、やがて除夜詣と新年になってからの参詣が区別されるようになる。また、庶民社会で都市を中心に一般化していた恵方詣は、鉄道網が整備・拡大していくなかで、その対象を恵方に限定されない有名な、あるいは大規模な寺社へと拡大した参詣へと展開した。このようにして近代的な初詣が成立するのである。

参考文献　斎藤月岑『東都歳時記』、若月紫蘭『東京年中行事』、高木博志『近代天皇制の文化史的研究』

（遠藤　潤）

ばとうしんまつり　馬頭神祭　⇨多賀大社《たがたいしゃ》

はとりべ　服部　機織を職とした部民。神衣を織ることにも関わったようである。服部連を伴造とする。『新撰姓氏録』摂津国神別に服部連は、熯之速日命の十二世の孫、麻羅宿禰の後で、允恭天皇の御世に織部司に任じられて諸国の織部を摠領したので服部連と号した、とある。『日本書紀』応神天皇二十二年九月条に吉備国の織部を兄媛に賜うとみえ、「是以、其子孫、於今在于吉備国、是其縁也」とする。『和名類聚抄』にも備前国邑久郡服部郷、備中国賀夜郡服部郷、備後国品治郡服織郷がみえる。服部は神服部《かんはとり》との関連が考えられる。『令義解』神祇令孟夏神衣祭に伊勢神宮の祭に「神服部等、斎戒潔清、以参河赤引神調糸、織作神衣」とあるが、『延喜式』伊勢太神宮には、神衣である和妙衣《にぎたえ》は服部氏が織り造る、とする。また『新撰姓氏録』大和国神別に服部連は天御中主命の十一世孫、天御桙命の後とするが、『神服氏系譜』にも天御桙命を「皇太神宮神服織殿神部等遠祖」としている。

参考文献　志田諄一「大化前代の織物の生産とその部について」（『日本上古史研究』六ノ八）

（志田　諄一）

はなえさい　花会祭　宇都宮市馬場通りの二荒山《ふたらさん》神社で行われる四月十一日の神事。主祭神豊城入彦命《とよきいりひこのみこと》は第十代崇神天皇の第一皇子で毛野国（栃木県・群馬県）を開拓・平定したと伝えられている。祭神の鎮座を祝い神徳を偲ぶのが花会祭である。神社拝殿で、狩衣に剣を着帯した童子四名は、頭に瓔珞《ようらく》で飾った冠をかぶり、三方に載せて神職が差し出す数十本の桜の花枝を一つずつ受け取り宮司に手渡す。宮司はこれをまとめて神前に供える。式が終ると四名の童子は棒・徒手・太刀・棒の四段の採り物の舞を披露する。

（茂木　栄）

はなしずめのまつり　鎮花祭　⇨ちんかさい

はなのとう　花の撓　名古屋市の熱田神宮で五月八日に行われる作柄を占う神事。豊年祭・おためしともいわれる。早朝、祭典が行われ神前に抜穂が奉られ、西楽所には八日から十三日まで「おためし(所)」と称する箱庭のような陸田・水田の模型に桜・藤・松を飾りつけたものが飾られる。参拝者はそのおためしの陸田・水田の様子を見てそれぞれが自分の都合のよいように当年の豊凶作を占う。愛知県津島市の津島神社の花の撓では明治初年から始められたといい、やはり四月八日に行われ、農人形や農機具などの模型が飾られる。農人形の所作は三月二十八日の神諭によって作られるといい、花の撓とはこうした人形の総称であるとされる。岐阜市の伊奈波《いなば》神社の花の撓は年頭の年占で、一月十五日の筒粥神事の結果をみて旧暦正月晦日に行われる五穀豊穣・養蚕守護の祈願祭のことを指していう。境内に農耕・養蚕の農人形が飾られ、その作柄が金・銀・赤の玉を付けて示される。↓豊年祭《ほうねんまつり》

（加藤　健司）

はなまつり　花祭　愛知県北設楽《したら》郡を中心に伊那谷すなわち諏訪湖に発する天竜川流域の村々で行われる霜月神楽風の行事。明治末年ごろから中央に紹介されて、多数の民俗学者や芸能研究者が見学調査に出かけたので有名となった。行事は毎年十二月もしくは一月初め、夜を徹して行われるもので、多くは花宿《はなやど》に選ばれた民家や神社の庭に竈を設け、その上に天蓋をかけ、これに五色の截紙を吊り、四垂を美しく飾る。まず白衣を着た村の青年たちによって演じられる。かれらは花禰宜を頭に、一般にミヤウドと呼ばれる。次に山見鬼・榊鬼と呼ばれるものが、巨大な鬼面をかぶり、手に大鉞《まさかり》を持つ。舞には花の舞、三つ舞、四つ舞などの別があるが、総じて所作がはげしく、歌ぐらと称するものを口にし、これと懸け合いに周囲の見物から悪口によって囃し立てる。多少とも能・狂言の趣があるが、全体として湯立神事を中心とした山伏修験の影響によるところの多いものと考えられる。

花祭　榊鬼と禰宜の柴引き（愛知県豊根村下黒川）

参考文献 早川孝太郎『花祭』(『早川孝太郎全集』一・二) (柴田 実)

はなわほきいち 塙保己一 一七四六—一八二一 江戸時代後期の国学者。延享三年(一七四六)五月五日、武蔵国児玉郡保木野村(埼玉県児玉郡児玉町)の農家荻野宇兵衛の長子として出生。荻野氏は参議小野篁七代の後孫武蔵守孝泰《たかやす》の末裔といい、母きよの生家は同国加美郡藤木戸村(同児玉郡上里町)名主斎藤氏。幕府の『孝義録』に顕彰された斎藤利兵衛は母の弟にあたる。通称寅之助・辰之助・多聞房・千弥・保木野一を経て保己一と改名。水母子と号し、狂名を早鞆和布刈《はやとものめかり》という。少年時代脾疳によって失明(七歳)、十五歳の春出府、大御番東条長祇《ながまさ》の土手四番町長屋に寄宿。まもなく盲人としての修業のため四谷西念寺横町(東京都新宿区若葉一丁目)の検校雨富須賀一に弟子入りし、音曲・鍼医術を習い、明晰な頭脳と強靱な記憶力を認められ萩原宗固(歌学)・川島貴林《たかしげ》(垂加神道)・山岡浚明《まつあきら》(故実学)らに師事して国史・古典を学び、二十四歳にして宗固のすすめで賀茂真淵の門にあること半歳、『日本書紀』以下六国史を読み通すなど自己の学問の確立を目指し精進。安永四年(一七七五)盲人一座の勾当《こうとう》に進み、師雨富検校の本姓を冒して塙姓を称し、名を『文選』の「保ㇾ己安二百年一」にとって保己一と改め、同時に番町厩谷の高井実員宅地内に移居。同八年正月、諸所に散在する国書一千巻の蒐集とその上梓を企図(東宮学士滋野貞主の『秘府略』一千巻を目標としたものか)、その完遂実現を誓い天満宮に『般若心経』百万巻読誦を発願、本居を再び土手四番町の東条宅地内に復し、学殖の本領を発揮する本格的な活動にはいった。国史・国文など広範にわたり必要不可欠の典籍を収めた大叢書の題名を、混雑した状態にある群書・典籍を系統的に位置づける意から『群書類従』とし(『魏志』応劭伝や『文徳実録』滋野貞主伝の「以ㇾ類相従」によるか)、その見本版『今物語』を発刊、宣伝を開始。天明二年(一七八二)紀伊藩医師東条清民女と結婚、長女とせ子を産んだが、同五年離縁。のち、西文次郎女たせ子と再婚。たせ子・とせ子は学業・事業をよく内助した。同三年三月三十八歳で瞽官上位の検校に昇進。これより日野資枝《すけき》・閑院宮典仁《すけひと》親王・外山光実について堂上歌学を修養、家集『松山集』二巻(初名『総隠集』、『校註国歌大系』一五所収)を編んでいる。同五年水戸藩彰考館総裁立原翠軒の推挙により藩主徳川治保《はるもり》に謁見、ついで『花咲松』を著わし『大日本史』の校正に参画。寛政四年(一七九二)七月麻布笄橋から発した大火に罹災、家宅とともに板木の大部分を灰燼に帰すも、翌五年二月寺社奉行脇坂安董に和学講談所とその文庫の創設を申請し、閏十一月裏六番町(千代田区四番町)の三百坪に普請が竣功。直ちに奈佐勝皐《かつよし》・屋代弘賢《ひろたか》・横田茂語《しげつぐ》・松岡辰方《ときかた》の四名を会頭に講談会を開始。ついで林大学頭の支配下に入り、官立に準ずる機関として、相当の庇護と財政的援助とを得ることに成功。同十年国史・律令十三部の開板を願い出、翌年伏見宮家秘庫の『日本後紀』十巻(うち二巻は享和元年(一八〇一)刊)、同十二年『令義解』十巻の校本刊行。この年幕府が庶民教化をねらいとして編纂をすすめていた『孝義録』五十巻の校正委嘱により、板下浄書作成にも従事。享和三年関八州の盲人を総管する一座総録職に就き、俗務も煩わしくなるなか、『続群書類従目録』の下書もでき、林祭酒に差し出す。文化二年(一八〇五)手狭になった和学講談所の、表六番町(千代田区三番町)八百四十坪余(のちに二十四坪追加)に地所替が実現。同五年六月六国史以後の国史の闕を客観的な史料の叙述載録によって補うことを目的とした『史料』の編纂が正式に認可され、宇多・醍醐・朱雀・村上の四天皇事紀が完成調進(以下、後一条天皇まで、次代に引き継がれ編纂)。文政二年(一八一九)『群書類従』六百七十冊の刊行完了。足かけ四十一年を要した畢生の大事業であった。同四年二月総検校任官、八月俄に病み辞任・隠居。同年九月十二日没。七十六歳。江戸四谷の医王山安楽寺に葬られたが、のち愛染院(新宿区若葉二丁目)に改葬された。法号、和学院殿心眼智光大居士。前掲書のほか主要な編纂校訂書目は、『武家名目抄』(およそ七百巻、『(新訂増補)故実叢書』)、『蛍蠅抄』(六巻、『(新註)皇学叢書』七)、『鶏林拾葉』(八巻、『我自刊我書』)、『椒庭譜略』、『皇親譜略』、文集に『水母文集』(一巻、『群書類従』(正続)分類総目録・文献年表)がある。四男忠宝・孫忠韶・曾孫忠雄が家学を継承、編纂事業を続行した。遺業のうち『史料』は東京大学史料編纂所に引き継がれ、国史・律令の出版事業は『(新訂増補)国史大系』により大成、『続群書類従』は続群書類従完成会により欠巻補充をして活版本を完結。また塙忠雄が明治四十二年(一九〇九)に創立した温故学会(東京都渋谷区東二丁目)に、『群書類従』の版木一万七千二百四十四枚(重要文化財)などが保管されている。→群書類従《ぐんしょるいじゅう》

参考文献 中山信名『温故堂塙先生伝』(『群書類従』(正続)分類総目録・文献年表)、小泉秀之助『塙検校詳伝』(『徳育資料』一)、森銑三『物語塙保己一』、太田善麿『塙保己一』(『人物叢書』一三七)、温故学会編『塙保己一記念論文集』、同編『塙保己一研究』、同編『塙保己一論纂』、同編『和学講談所御用留』 (大鹿 久義)

はにつかい 埴使い 住吉大社(大阪市住吉区)から畝傍山(奈良県橿原市)の山頂へ埴土《はにつち》を取りに行く行事。毎年二月十一日の祈年祭と十一月二十三日の新嘗祭の十日ほど前に、住吉大社から正使一人・副使一人が使丁一人を従えて行く。昔は二月一日に一行が騎馬で出発し、雲梯《うなて》(橿原市)の河俣神社に集り、神社前の曾我川で斎浴したのち神社で装束を改めた。そのため河俣神社を装束の宮という。そこから騎馬で畝傍山中腹の馬繋ぎまで行き、あとは徒歩で頂上に登り、天の真名井と伝えられる霊水で手を浄め、ある特定の一ヵ所しか採取されない霊所から、榊の葉を口にくわえて三掴《つかみ》半の埴土をとって唐櫃に収めて山を降りる。この土をもって住吉大社の祭器がつ

くられるのである。住吉大社の祭器は古来形がきまっていて、それを埴土の甕と称し独得のものである。どれもがみな畝傍山の埴土を入れてつくっており、そのことが一つ一つに刻まれている。

参考文献 岩井宏實・日和祐樹『神饌―神と人との饗宴―』 （岩井 宏實）

はにやすひめのかみ 埴安姫神 田畑の土壌を守るとされる土の神。『古事記』神代の伊邪那岐神・伊邪那美神二神の神生みにおいて、伊邪那美神が火之迦具土神《ほのかぐつちのかみ》を生んだ際に女陰を焼かれ病み伏し糞をした中から化成した、埴安彦神(波迩夜須毘古神)・埴安姫神(波迩夜須毘売神)の男女二神の対をなす神。『日本書紀』神代四神出生章第六の一書にも同様に埴安神の名があり、『旧事本紀』『陰陽本紀』にも埴安彦の名がみられる。埴土は『和名類聚抄』に「土黄ニシテ細密ナルヲ埴ト曰フ」、『新撰字鏡』に「埴粘土也波爾」、『万葉集』では黄土に「ハニ」をあてている。埴安とは、あるいは埴黏《はにねや》すの縮まった名で、糞から赤土を連想し、また安(夜須)が美称であることから、埴土・埴粘《はにやす》すなわち粘土(土器などの材料となる粘土)の神格化したものとされる。古代では埴土により祭器を作成して神をまつり、五穀豊穣を祈ったことから、陶磁器の祭神とも考えられている。 （藤本 頼生）

はにやまひめのかみ 埴山姫神 田畑の土壌を守る土の神とされ、埴安姫神と異名同神とされる。『日本書紀』神代四神出生章第二の一書には、「伊弉冉尊、軻遇突智が為に、焦がれて終りましぬ、其の終りまさむとする間に、臥しながら土神埴山姫神及び水神罔象女を生む」(原漢文)とある。同様に第三の一書にも土神埴山姫とあり、第四の一書には埴山媛とある。『旧事本紀』『陰陽本紀』『延喜式』祝詞の鎮火祭祝詞などにも埴山姫神の名がみられる。伊弉冉尊が女陰を焼かれ病み伏した際、埴山姫神以外にも尿からは水の神である罔象女神《みつはのめのかみ》が化成したとされているが、埴山姫神と軻遇突智神《かぐつちのかみ》とが結婚して生まれた稚産《わくむ》霊神《すびのかみ》からは頭上に蚕と桑、臍の中からは五穀が生じたとされ、穀物生産には欠かせない土や水の力を示したものとされている。『延喜式』祝詞の鎮火祭祝詞には伊弉冉尊が亡くなる際に埴山姫・罔象女神などを産んだのは火神である軻遇突智神の荒ぶることを防ぐためであったことがみえ、鎮火に土を用いたことが関係しているものと考えられる。 （藤本 頼生）

ははきじんじゃ 波波伎神社 鳥取県倉吉市福庭に鎮座。伯耆神社とも称す。式内社。旧県社。伯耆国二宮。事代《ことしろ》主神《ぬしのかみ》を主神とし、ほかに下照姫神・天稚彦神・少彦名神など八神を祀った。承和四年(八三七)に従五位下の神階授与の時は、社名・祭神名ともに伯耆神で、「ははきのかみ」と読んだと思われる。その後、斎衡三年(八五六)に正五位下、貞観九年(八六七)に正五位上に昇叙。社地が伯耆国造の居住地域で、この地名が国の名になったと推察される。天文十二年(一五四三)の落雷焼失、寛永五年(一六二八)再興が知られる。明治二年(一八六九)に郷社、昭和四年(一九二九)に県社に列格した。その間、明治十年に現在の社殿が造営された。所在地を含む地域一帯は古墳群を形成している。例祭は十月十三日。社叢は国の天然記念物、神域内の福庭古墳は県指定の史跡である。

参考文献 鳥取県神職会編『鳥取県神社誌』、『鳥取県史』一 （徳永 職男）

ははこがみ 母子神 母神とその御子神とが並んでまつられ崇拝されるもの。「ぼししん」「ぼしじん」などともいう。この形態は広く東南アジアから、南太平洋諸島にもみられ、ユーラシア大陸における原始母神の信仰につながるものとされている。日本における母子神信仰としては、賀茂神社や大隅正八幡社(鹿児島神宮)などをはじめとして、諸所の神社の信仰にみられる。また、いわゆる「ちいさ児」伝承の背後にも母子神の信仰は潜んでいる。すなわち、神が霊童の形式で出現するもので、竜宮童児などの海神少童、御伽噺に語られる桃太郎・瓜子姫・一寸法師などがそれであり、東北地方の座敷童子や長野の泉小太郎などの地方の伝承もこれにかかわるものである。これらは人々に福徳をもたらすものとして崇拝されるが、いずれも何らかの形で水界とかかわっているとみられるものが多い。そして、それらの少童の陰にはまた常に女性の存在がみられるのである。

参考文献 柳田国男『妹の力』(『定本柳田国男集』九)、石田英一郎『桃太郎の母』(『石田英一郎全集』六) （倉石 忠彦）

はふり 祝 神職の名称の一つ。神主、禰宜に次ぐ者をいうことが多い。語義・語源は未詳。谷川士清《ことすが》の『倭訓栞』は禳災のため衣を振る「はふる」に出ると説き、本居宣長は斎い祭る義の「いはふり」を語源とすると説く。また、折口信夫は葬祭・埋葬の「はふる」「はぶる」に引きつけることを退け、物を動揺させるという意味で鎮魂術に関係あるかと説く。一方『日本書紀』には、雄略天皇九年五月条に紀小弓を弔うため「視葬者《はぶりのつかさ》」を定めたとみえ、履中天皇五年九月、欽明天皇十六年二月などの条に神がかりして託宣を告げる者を「祝」としている。また『礼記』鄭注は「祝は神に接する者」、「祝は主人の為に神を饗するの辞」と注するが、これを承けて『令義解』職員令も祝部につき「祭主の為に賛辞する者」と解している。祭主ではないが中執り持ち的な神に仕える者とみることができる。『令義解』の「祝部」の注釈や、『衛禁律』初条の疏には「祝」の語で令制の「祝部」を意味している例がある一方、『令集解』の問答にみえる物記には、職員令の「祝部」に関し、「禰宜、破布里は、是れ神部なり」とも注釈しているが、この「はふり」は神職としての「祝」であり、両者は峻別しなければならない。令制の「祝部」は庶人を充てるとはいえ神祇官の下級官職、「祝」は土地の伝統に根ざした神職の名とみられる。特定の神社の神職名としての初見は『続日本紀』天平勝宝六年(七五四)十一月条の「神宮の禰宜、祝に」云々の記事で、『日本書紀』にみえる「祝」、『続日本紀』神亀元年(七二四)正月条の出雲国造神寿詞奏上にみえる「祝」とは用法を異にする。以降史料上、禰宜とともに記される例が多いが、両者の関係について『類聚三代格』には、祝は「専ら祭事を主どり」、禰宜は「職有りて務無し」としている。中世には、男子を祝・祝人《はふりと》(はふりとも)、女子を祝女《はふりめ》・祝子《はふりこ》と称し、女子は主に巫女《みこ》であった。また信濃の諏訪神社、肥後の阿蘇神社、伊予の大山祇神社などに、「大祝」「小祝」「権祝」「一祝」「二祝」などの称があり、現在も神職を「祝《ほうり》」とよぶ地方がある。

参考文献　『古事類苑』神祇部二一、祝宮静『(祝宮静博士古稀記念著作集)神道・神社・生活の歴史』、岩橋小弥太『神道史叢説』、林陸朗「上代神職制度の一考察」(『神道学』二九)　(嵐　義人)

はふりべ　祝部　⇩祝《はふり》

はまおりまつり　浜降祭　海岸や川辺で行われる禊の祭。必ずしも浜降祭の名で呼ばれているとは限らないが、祭に参列する人々が、祭本番を前に身を清めるために行う場合と、祭の中で神輿が海岸に渡御し、海中に入るなどして行う場合と、大きく二つのケースがある。祭に先立つ禊としての浜降りには、たとえば、伊勢神宮神嘗祭に先立って神職が行う二見の高城浜での浜出《はまで》神事や、同じく伊勢神宮の式年遷宮の御木曳き参加者が二見浦で禊を行う浜参宮《はまさんぐう》、静岡県磐田市の矢奈比売《やなひめ》神社の見付天神裸祭に先立つ神職と氏子らによる遠州灘への浜降りなどがある。祭の中で、神輿が渡御して行われる浜降りには、神奈川県高座郡寒川町の相模国一宮寒川神社による茅ヶ崎海岸での浜降祭が著名である。寒川神社の浜降祭は、七月十五日の祭だったが、近年は七月二十日の海の日に行われるようになった。当日未明、寒川神社の神輿が、鶴嶺八幡社の神輿を露払いとし、菅谷神社などをお供として、茅ヶ崎市など近隣の多数(数は不定)の神社神輿とともに茅ヶ崎市の南湖の浜に渡御し、海中に入って威勢よく神輿をもむ。ちょうど朝日が昇り始めるころに行われることから、暁の祭典とも呼ばれる。このような、近隣神社と合同で海岸に出る浜降りの形は、千葉県館山市の安房《あわ》国一宮安房神社でも、近世には行われていた。これほどまでに大規模でなくても、全国の海岸沿いの神社で神幸のある祭には、浜降りが多く見られる。また、内陸でも、祇園祭の際に神輿を川辺に渡御して川中に入れるなどする例があり、それを浜降りと呼んでいる場所もある。なお、民俗行事としての浜降りも、各地で行われている。たとえば、奄美・沖縄地方では、旧暦三月三日または旧暦七月のお盆のころなどに、海岸に出て足を海水に浸けて清め、健康を祈願する行事があり、ハマウリと称している。　(島田　潔)

はまだごこくじんじゃ　浜田護国神社　島根県浜田市殿町に鎮座。祭神は、明治維新より太平洋戦争に至る戦役に国のために殉じた戦没者約二万二千柱を祀る。明治三十九年(一九〇六)以来、浜田において春秋二回の国事殉難者の招魂祭を行なったのが創立の由来とされる。昭和八年(一九三三)ころから招魂社建立の機運がおこり、同十一年島根県招魂社建設奉賛会のもと造営工事が着工され、同十三年十月十五日社殿が竣工した。同年十一月十二日浜田招魂社鎮座祭が行われた。同十四年浜田護国神社と改称された。第二次世界大戦後の占領下では、同二十一年社号を亀山神社と改称したが、同二十八年には浜田護国神社に復称した。境内は旧浜田城内にある。浜田城は幕末の慶応二年(一八六六)の第二次長州征伐の折、大村益次郎が指揮する長州軍が城下に押し寄せた際、浜田藩がみずから火を放って退いた城であった。例祭は四月十二日。

参考文献　「護国神社」(『靖国神社百年史』資料篇下所収)　(津田　勉)

はまなそうじゃしんめいぐう　浜名惣社神明宮　静岡県引佐郡三ヶ日町に鎮座。旧郷社。祭神は天照皇大御神。垂仁天皇の皇女倭姫命が大和の笠縫邑より天照皇大御神の御霊(御神鏡)を奉じて鎮座の地を求め当地に四十余日滞在し、のち神託により伊勢国に向かった。この時を創祀とする。『延喜式』神名帳に英多《えたの》神社と記される。浜名の総社として、『神鳳鈔』に載せる二所太神宮御領の遠江国新神戸の本拠地として崇敬されてきた。社内では伊勢神宮内の神御衣《かんみそ》の納置所として古例に倣い現在も行われている。例大祭はもと八月二日、現在は八月の第一日曜日。宵祭の真夜中に特殊神事、夜半の御饌《みけ》が献じられている。本殿は境内後方の小高い丘の中腹に南面して建つ。浜名神戸より伊勢神宮への貢進品の収納庫として使われたといわれ、高床でない板倉形式(井籠造《せいろうづくり》)で、棟持柱を立てる珍しい古式な建築形式をもつ貴重な神社建築であり、重要文化財に指定されている。　(安藤　孝一)

はまみやのおうじ　浜宮王子　熊野九十九王子の一つ。渚の宮・錦浦の王子とも。和歌山県東牟婁郡那智勝浦町浜ノ宮に鎮座の大神社《おおみわしゃ》を古くは浜宮王子と称した。旧村社。当社は那智山へ参詣する前に、当地で潮垢離をとり身を清めた地であるという。『中右記』天仁二年(一一〇九)十月二十七日条に、浜宮王子に参詣した記事がみえ、『平家物語』一〇には平維盛が浜の宮王子の前から船出して入水往生をとげたと記し、『源平盛衰記』にも同様の記事がみえる。境内に補陀落渡海の伝承地の一つとして知られる補陀落山寺がある。近世は那智山の末社となった(『青岸渡寺文書』)。県の指定史跡。補陀落山寺本『那智参詣曼荼羅』に当社の様子が描かれている。平安時代中期作という男神・女神の坐像(重要文化財)を所蔵する。

参考文献　宮地直一『熊野三山の史的研究』、西田長男「熊野九十九王子考」(『神道史の研究』二所収)　(三橋　健)

はまや　破魔矢　⇩破魔弓《はまゆみ》

はまゆみ　破魔弓　こんにちでは、一般に悪魔を払う弓として用いられている。もと男児の前途を祝福して正月用贈り物に用いられた。江戸時代から明治初年に行われた。また、建築の上棟式に破魔矢とともに、東北と西南の方角に向けて、屋上に立てる二張の飾り弓をもいう。これは現在も行われている。「はま」とは破魔と書くことから、魔を破る、すなわち、悪魔を払うことであるとの説もあるが、これは正説でないという(伊勢貞丈ほか)。「はま」とは弓にて矢を射る的に相当するものをいう。　（沼部　春友）

はむのかみ　破无神　丹波国の国史現在社四所の一つ。のちに京都市右京区嵯峨愛宕山上に鎮座する愛宕神社の若宮の祭神となる。『三代実録』元慶四年(八八〇)四月二十九日条には「授₌丹波国阿当護山无位雷神、破无神並従五位下₋」と神階叙位が行われている。これより先、貞観六年(八六四)から元慶三年にかけて、丹波国阿(愛)当護神に対して三度にわたり従五位下から従四位下に昇叙されており、この神は『延喜式』神名帳所載の式内社、桑田郡阿多古神社であり、その所在は京都府亀岡市千歳町国分の愛宕神社に比定されている。雷神と破无神も、この地と関係をもつ国史現在社であったろう。丹波阿多古神社と京都愛宕神社の関係は明確ではないが、京都愛宕神社の若宮に雷神・迦遇槌《かぐつち》神《のかみ》・破无神の三神がまつられていることから、のちにこの二神は若宮に勧請されたと推定される。愛宕信仰は火の神迦遇槌を中心とする鎮火・火伏せの信仰であり、若宮三神は特に尊崇された。破无神の意については詳らかではないが、雷神や火伏せの信仰とのかかわりから、鎮圧・予防の意に通じるかとも思われる。　↓愛宕《あたご》神社《じんじゃ》　（岡田　莊司）

はやあきつひのみこと　速秋津日命　伊弉諾尊・伊弉冉尊の神生みの時に生まれた水戸《みなと》神《のかみ》。『日本書紀』神代四神出生章第六の一書では水戸神の総称としてこの一神のみが登場するが、『古事記』神代では速秋津日子神と速秋津比売神の二柱が一対となり、水戸神とされる。水戸(湊)・河口を司り、また祓の神とされる。大祓詞には速秋津比売神のみがみられ、日子神はみられない。これについては本来同一神であった、もしくは漏脱した、あるいは同一の神徳を女神によって統一したなどの説があるが明らかではない。　（嶋津　宣史）

はやさすらひめのかみ　速佐須良比咩神　『延喜式』祝詞の六月晦大祓詞にみえる、いわゆる祓所《はらえど》四神のうちの一柱。根国底国に坐して罪穢を祓い去る神。速は神威を称えた美辞、佐須良は「さすらひ」の約で流離分散の義、あるいは「擦る」の転で、罪穢を磨き清める意ともいう。記紀には記載がなく、素戔嗚《すさのお》尊《のみこと》の荒魂《あらみたま》との説(度会延佳『中臣祓瑞穂鈔』)、須勢理比売《すせりびめ》命《のみこと》と同神とする説(本居宣長『大祓詞後釈』)、伊弉諾《いざなぎ》尊《のみこと》の御子とする説(鈴木重胤『大祓詞講義』)などがある。　（松本　丘）

はやしざきぶんこ　林崎文庫　三重県伊勢市今在家町所在。内宮祠官および宇治の師職らの講学を目的として設立された文庫であるが、いまは豊宮崎文庫などとあわせて神宮文庫となる。貞享四年(一六八七)、宇治会合の大年寄らの発議により、丸山の地に内宮文庫として創設されたが、元禄三年(一六九〇)、林崎の地に移って、これより林崎文庫と称した。その後天明年間(一七八一—八九)には、内宮権禰宜蓬莱尚賢《ひさかた》が僚友と謀って書庫・講堂・塾舎を増築した。この講堂では、林信篤(鳳岡)・伊藤東涯・大塩中斎(平八郎)・本居宣長らの碩学も講筵を開いたという。諸国の有志より献納された書籍のうち、天明四年京都の村井古巌の奉納本二千部(一説に三千七百七部)は有名。明治六年(一八七三)、蔵書および土地建物ともに宇治会合の大年寄から神宮に献納され、以後神宮司庁の所管するところとなった。当時蔵書数は一万一千九百七十八冊。そのうち『玉篇』巻二十二(延喜四年(九〇四)写)は国宝に指定された。　↓神宮文庫《じんぐうぶんこ》

参考文献　神宮文庫編『神宮文庫沿革資料』(『神宮文庫図書解題』一)　（金子　和正）

はやしおうえん　林桜園　一七九七—一八七〇　幕末の肥後国熊本藩の志士、国学者。名は有通、通称は藤次、号は桜園。寛政九年(一七九七)林又右衛門通英の三男として生まれた。はじめ藩校に学び、のち国学を長瀬真幸《まさき》について修め、学成ってのち自立して家塾を開き子弟を教授した。きわめて博学で、儒・仏・医・国学・天文・地理・歴史に精通していた。また敬神愛国の志も篤く、つとに尊王攘夷の説を唱えていた。教育に熱心で門人は千四百人にも達し、ここから幕末に活躍する多くの人材が輩出した。宮部鼎蔵・轟武兵衛・横井小楠・吉田松陰・真木保臣・太田黒伴雄・河上彦斎らいずれも門下生であった。また、のちの明治新政府批判の神風連の思想的背景もかれに負うところが多い。慶応二年(一八六六)侍読となり、明治元年(一八六八)藩校助教となる。同三年、有栖川宮の招きにより京都にのぼり下問に答え、またしばしば岩倉具視の諮問にも応じた。帰郷後は旧のごとく門生に教授した。生涯独身。中年以後は酒肉も断った。明治三年十月十二日没。年七十四。墓は熊本市黒髪の桜山神社内にある。同四十四年贈正五位。　（町田　三郎）

はやしらざん　林羅山　一五八三—一六五七　江戸時代初期の儒学者。江戸幕府の儒官を代表する林家の始祖。名は信勝または忠、字は子信、通称ははじめ又三郎、のち道春という僧号で呼ばれた。羅山とは儒学者としての号で、中国広東省の羅浮山で宋代の学者が『春秋』を研学したとの故事に基づき、師の藤原惺窩が命名したもの。また夕顔巷とも号した。天正十一年(一五八三)八月に京都の四条新町で生まれた。父は信時。羅山は父の長兄吉勝の養子となり、幼時から学才を示した。十三歳で建仁寺に入り、古澗慈稽・英甫永雄ら禅僧について学んだが、僧にはならず、十五歳で寺を出て帰宅した。この後も読書に努め、慶長九年(一六〇四)、二十二歳の時、吉田玄之(角倉了以の子)の紹介で、惺窩に入門した。十七、八歳のころから朱子学に関心を深め、二十二、三歳のころには、朱子の注釈による『論語』の公開の講義を京都の

市中で行なった。さらに羅山は、学問を実際の政治と結びつけることをめざして、慶長十年に二条城で徳川家康に謁し、学識を認められて、同十二年に江戸で将軍徳川秀忠に謁し、駿府で家康に仕えて、その命により僧形となり、道春と称した。こののち秀忠・家光・家綱まで四代の将軍に歴仕し、侍講を勤めるとともに、古書旧記の調査蒐集、『大蔵一覧』『群書治要』などの出版、また朝鮮通信使の応接や、外交文書の起草、あるいは寺社関係の裁判事務など、学問や儀礼に関係ある公務に従事し、また幕命を受けて『寛永諸家系図伝』『本朝編年録』などを編纂した。寛永七年(一六三〇)には、江戸上野の忍岡に屋敷を与えられ、また学問料二百両を賜わって、塾舎を建て門人を教育した。同九年には尾張藩主徳川義直が、ここに聖堂を建立した。同年、三百俵を加増。慶安四年(一六五一)に至り、禄米を知行に改めて、武蔵国赤木・袋・柿沼の各村を与えられ、これまでの京都近辺の領地と合わせて九百十石余となる。明暦三年(一六五七)正月二十三日に病死した。七十五歳。墓は東京都新宿区市谷山伏町の林氏墓地(国史跡)にある。羅山は博識の努力家で、五十八歳の時でも一年間に七百冊を閲読している。著書も多いが、独創性には乏しく、『春鑑抄』『三徳抄』『儒門思問録』など、和文の啓蒙書の類が代表作とされる。思想上では朱子学を信奉し、それと対立する陸象山・王陽明らの学風を排斥することに努め、「惺窩答問」では、師の惺窩の寛容な学風を批判している。また排仏論を唱え、『排耶蘇』を著わしたりもした。思想的に家康や幕府の政治に影響を及ぼしたという事実も認められないので、羅山の登用により、朱子学が幕府の官学となったとみるのは、誤りである。しかし羅山の学殖が幕府の内部で重んぜられたことは、儒学者の社会的地位の向上に役立ったし、多数の漢籍に訓点を加えたことにより、儒学の普及にも大きく貢献している。羅山はまた、神道や日本の歴史にも関心が深く、神儒一致の立場から、『神道伝授』『本朝神社考』などを著わした。その漢詩文は、鵞峯らの編集した『羅山林先生集』百五十巻に収められている。

参考文献 林鵞峯『羅山先生年譜』(『羅山林先生集』附録)、林春徳『羅山林先生行状』(同)、『寛政重修諸家譜』七七〇、堀勇雄『林羅山』(『人物叢書』一一八)、大江文城『本邦儒学史論攷』、石田一良・金谷治校注『藤原惺窩 林羅山』(『日本思想大系』二八)　(尾藤　正英)

はやすいひめじんじゃ　早吸日女神社　大分県北海部郡佐賀関町大字関に鎮座。別称関六所大権宮・関権現。旧県社。祭神は八十《やそ》枉津《まがつ》日神《ひのかみ》・大直日神《おおなおびのかみ》・底筒男神《そこつつのおのかみ》・中筒《なかつつ》男神《のおのかみ》・表筒男神《うわつつのおのかみ》・大地海原諸神《おおちうなばらもろもろのかみ》。大宝元年(七〇一)日向国造田刈穂《たかりほ》が社を建立したと伝える。式内社。本社は豊後水道に臨む地にあり、社号もその海流にかかわり関の神としてまつったものであろう。承和十年(八四三)早吸比咩神は従五位下を授けられ、元慶七年(八八三)正五位下に叙せられる。別当寺を錦江寺・地蔵寺という。中世には守護大友氏の厚い保護をうけた。慶長五年(一六〇〇)の戦乱により社殿が消失したが、同七年加藤清正により再建され、かつ社領の寄進などがあった。その後は熊本藩や周辺の藩の篤い崇敬をうけた。例祭は七月二十九日(神衣祭《かんみそ》)。

参考文献 伊藤常足編『太宰管内志』、『佐賀関町史』、佐賀関町編『県社早吸日女神社御由緒』、式内社研究会編『式内社調査報告』二四　(中野　幡能)

はやたにじんじゃ　速谷神社　広島県佐伯郡廿日市町上《かみ》平良《へら》に鎮座。旧国幣中社。祭神は阿岐速玉男命《あきのはやたまおのみこと》、阿岐国造の祖。弘仁二年(八一一)名神に列し、貞観元年(八五九)に従四位下、同九年(八六七)に従四位上、天慶三年(九四〇)には正四位上の神位をうく。延喜式内大社であり、安芸国二宮として崇敬される。中世以降、大内・毛利両氏、近世では浅野氏の保護をうける。社名は、厳島神社の摂社化のころより速田社・速田大明神と称するようになり、中・近世を通じて使用された。明治六年(一八七三)に旧称に改めた。社殿は、慶安元年(一六四八)に浅野氏により造営。元禄十一年(一六九八)、同十四年に消失したが、再建された。例祭は十月十二日で玉替の神事がある。　(二宮　正彦)

はやたまのおのかみ　速玉之男神　『日本書紀』の神話に登場する神。『日本書紀』神代四神出生章では伊奘諾尊《いざなぎのみこと》の黄泉国《よみのくに》訪問の神話をめぐって、その第十の一書に「唾《つば》く神を号《なづ》けて速玉之男と曰《もう》す」(原漢文)と記す。唾が約束を固める契約のあかしとなる伝承は、『古事記』の海幸《うみさち》・山幸《やまさち》の神話などにみえる。こうした伝承は、東アフリカなどにも分布している。『延喜式』神名帳には、出雲国意宇郡の速玉神社や紀伊国牟婁郡の熊野早玉神社がみえる。　(上田　正昭)

はやまごもり　葉山籠り　ハヤマ信仰において、ハヤマへの登拝の前に行われる籠りのこと。東北地方、特にその南半部には里近くの山をハヤマと呼んでまつり、登拝などを行う地域が多数分布する。羽山・端山などとも書き、その信仰を「ハヤマ信仰」とよび、特徴は「ハヤマ籠り」などと呼ばれる祭に顕著に見られる。特に福島県阿武隈山地・猪苗代湖周辺には、昭和初期ごろまではハヤマ祭を行う村落が数多く見られた。そのうち、同県相馬郡飯舘村大倉の葉山祭は、お籠り・託宣・火渡り・お山かけ(登拝)などの行事を現在に伝える貴重な例である。お籠りが行われるのは福善寺、奉仕するのは地域の子供より大人までの男子で、奉仕の年数によりゴンダチ・センダツなどに分かれる。ゴンダチ・センダツを合わせて籠り人と称し、この中より、ノリワラと呼ばれる神懸かりしやすい男性が選ばれ、託宣を行う。祭壇に向かって座したノリワラは籠り人に取り囲まれ、神憑りして、翌年の作柄・天候・災害など、共同体に関わる公的な事項について託宣を行う。　(松尾　恒一)

はやりがみ　流行神　民間において、突発的に流行し、一時は熱狂的な信仰を集めるが、やがてその信仰が急速に消滅するか衰退してしまう神仏の信仰をいう。流行神の出現方式としては、㈠天空を飛来して特定の地に出現する型、㈡海の彼方から漂着する型、㈢土中から出現する型、という三つのタイプがあり、巫女・行者など民間宗教家の解説・宣伝が認められる。稲荷信仰なども、その起源は遠く古代までさかのぼることができるが、近世以降のある時期に、一種の流行神的性格をもって、急速に信仰圏を拡大していった、という事情が指摘される。さまざまな流行神が出現し、それが民衆に支持されるのは、社会不安を背景としている場合が多い。大化改新の直前に出現した常世《とこよ》神《のかみ》、近世初期に中部・東海地方に頻発した鍬神信仰、幕末の「ええじゃないか」なども、変革期に現われる流行神信仰の系統につながるものといえよう。

参考文献　宮田登『近世の流行神』　(直江　広治)

はらえ　祓　罪・穢《けがれ》・病気・災厄などをはらい除く神道の行事。「はらい」とも呼ばれるが、古代の用法では「はらえ」(古典仮名遣いでは「はらへ」)が正しい。「はらえ」の原義は、古代社会において、罪を犯した者に対し、その罪を償うための財物を出させて、罪を解除してやる一種の神事であった。したがって、古くは「はらへ」に「解除」の字を用いていることが多い。記紀にみえる須佐之男命の千座置戸《ちくらのおきど》の祓の神話は、祓の起源を物語る説話である。このような古い祓(解除)をもとにして、おそらく天武天皇の時代に、国中のあらゆる罪をはらい清めることによって、新しい国家社会を建設することを意図して、大祓(大解除)の儀式が創始され、やがてこれが毎年六月・十二月晦日の大祓の朝儀として制度化されることになった。それに伴って、朝廷だけではなく、一般社会においても、随時大祓の詞を唱えて、罪はいうまでもなく、穢や病気・災厄などを広くはらい除く風習が盛行を見るに至り、祓は神道の重儀として意義づけられるようにもなった。祓は本来、穢を水の霊力によってすすぎ清める禊《みそぎ》の行事とは別の儀礼であったが、両者は次第に接近して、平安時代以降は混同されるようになる。なお、祓を尊んで「御《お》祓《はらえ》(おはらいとも)」と呼び、また神社の出す災厄よけのお札を「御祓」ということもある。「悪魔祓」と呼ぶような方術も、祓から派生した。→大祓《おおはらえ》 →修祓《しゅばつ》 →上祓《じょうばらえ》 →禊《みそぎ》 →禊祓《みそぎはらえ》

参考文献　原田敏明「古典の語る罪穢と祓禊」(『日本古代思想』所収)、西田長男「贖罪の文学」(『日本神道史研究』一所収)、青木紀元「ミソギ・ハラヘ」(『日本神話の基礎的研究』所収)　(青木　紀元)

はらえぐし　祓串　⇩祓具《はらえのぐ》

はらえど　祓所　祓の儀式を行う場所。「ど」は所・場所の意。祓戸とも書かれた。古く神祇令に、「凡六月十二月晦日大祓者、(中略)百官男女、聚㆓集祓所㆒、中臣宣㆓祓詞㆒、卜部為㆓解除㆒」とみえる。また、『延喜式』四時祭上の中宮の御《み》贖《あが》の条に、「(中臣が御麻を)授㆓卜部一人㆒、令ㇾ向㆓祓所㆒」とみえるなど、平安時代の文献には「祓所」「祓戸」の例が散見する。　(青木　紀元)

はらえどのかみ　祓所神　心身を清める祓のことをつかさどる神。祓戸神とも書く。伊邪那岐大神《いざなぎのおおかみ》が阿波岐原《あわぎはら》で禊祓を行なったときになった神々で、その神名は、普通は大祓詞に出てくる瀬織津比咩《せおりつひめ》・速開都比咩《はやあきつひめ》・気吹戸主《いぶきどぬし》・速佐須良比咩《はやさすらひめ》の四神とされるが、このほかに八十禍津日《やそまがつひ》神《のかみ》・大禍津日神、神直毘神《かんなおびのかみ》・大直毘神、上筒男《うわつつのお》・中筒男・底筒男神などをも祓所神とする説もある。　(沼部　春友)

はらえのぐ　祓具　祓えの用具で、大麻《おおぬさ》・小麻《こぬさ》・塩湯《えんとう》(しおゆとも)・切麻《きりぬさ》・形代《かたしろ》・解縄《ときなわ》・木綿《ゆう》・布《ぬの》・茅輪《ちのわ》その他がある。大麻はもっともよく用いられる祓具で、六〇—九〇センチほどの榊の枝に、紙垂《しで》と麻をつけたものや、木の祓串に紙垂と麻をつけたものがあり、これは祓所役によって左右左と振り清められる。小麻は大麻より小さなもの(三〇センチほど)で、自己祓に用いられる。これら大麻・小麻そのほか串にて祓う具を祓串ともいう。塩湯は塩を湯で溶いたもので、これは陶器に入れて榊の小枝を用いて祓う。切麻は麻と紙を小さく切ったもの。形代は人形《ひとがた》ともいい、鉄・土・紙製などがあり、人間の罪穢をこれに移すために、身体を撫でたり息をかけたりする。解縄は麻の左綯と右綯のものを解くこと。木綿や布は大祓の祓物として用いられ、このほか茅輪・稲・米・菅・塩などが祓具として用いられる。なお、菅は茅と同一とみられ、菅でつくった輪を菅貫《すがぬき》とも、茅輪ともいう。→茅《ちの》輪《わ》　(沼部　春友)

はらえのたち　祓刀　罪穢を断ち切るということから、祓に刀が用いられる。神祇令には、六・十二月の大祓に、東 西文部《やまとこうちのふびとべ》が主上に祓刀をたてまつり、祓詞を読むことが定められており、『延喜式』四時祭上の大祓の条には、「金装横刀《こがねづくりのたち》二口」とあり、同書祝詞の中には、東文忌寸部《やまとのふみのいみきべ》の横刀を献るときの呪が記されている。　(沼部　春友)

はらだとしあき　原田敏明　一八九三—一九八三　昭和時代の日本宗教史学者。明治二十六年(一八九三)十一月一日、熊本県山本郡吉松村(鹿本郡植木町)に父官太と母トリの次男として出生。鹿本中学、神宮皇学館を経て、昭和二年(一九二七)三月東京帝国大学文学部宗教学宗教史学科卒。大谷大学・神宮皇学館・神宮皇学館大学・熊本大学・東海大学などの教授を歴任。この間、財団法人日本文化中央連盟参事、神道大系編纂委員、熊本大学法文学部長、同大学付属図書館長、東海大学付属図書館長、同大学文学部長、同大学付属第五高等学校長、同大学文明研究所長を兼務。東海大学名誉教授。三十八年十一月紫綬褒章、四十一年四月勲三等瑞宝章を授与される。昭和五十八年一月十七日、東海大学医学部付属病院で永眠。八十九歳。主要編著書は『日本古代宗教』『古代日本の信仰と社会』『日本宗教交渉史論』『宗教と民俗』『日本古代思想』『日本祭礼行事集成』など多数、雑誌『宗教研究』『社会と伝承』の編集にもあたった。「足偏の歴史」を標

榜し、全国的な農村の踏査により資料を蒐集記録して、日本の農耕儀礼や宮座など宗教・祭事信仰について社会学的研究を実証的に行う。墓は郷里の植木町今藤にある。

参考文献　住谷一彦「日本の神の発見―柳田国男と原田敏明(一)―」(『世界』四二二)、同「宮座の神―柳田国男と原田敏明(二)―」(同四二五)、森安仁編「原田敏明先生著書論文他目録(稿)」(『勢陽論叢』八)、東海大学大学院日本史学友会「原田先生略年譜・原田先生論文・文献目録」(『湘南史学』七・八合併号)　(正木喜三郎)

はりさいじょ　頗梨采女　南北朝ないし室町時代前期以後の陰陽道において、牛頭《ごず》天王《てんのう》とならんで人の吉凶を司る方位の神として尊崇された。波利采女また波利賽女とも書く。『簠簋内伝《ほきないでん》』は鎌倉時代の仏家神道にもとづいて、中天竺摩訶陀《まかだ》国の牛頭天王が天帝の使者瑠璃鳥の告げにより、八万里の旅を重ねて南海の娑竭羅《しやかつら》竜宮の三女頗梨采女に求婚して后とし、八王子をもうけたと記し、この牛頭天王が天道神で、頗梨采女は「容顔美麗、忍辱慈悲之体也、故尤諸事可レ用レ之」き歳徳神であり、その生んだ八王子が八将神(太歳神・大将軍・大陰神・歳刑神・歳破神・歳殺神・黄幡神・豹尾神)であると説いている。この頗梨采女を歳徳神とするのは陰陽師の活動でひろまったが、安居院《あぐい》の『神道集』では十一面観音の化現としているし(祇園大明神事)、江戸時代になると増穂残口は歳徳神は天照大神なりとして「波利賽女を祭るなどいへるは、何のことぞ、かへすぐ〱迷ふべからず」(『七福神伝記』附録)などと排撃している。

参考文献　下出積與校注『陰陽道』(『神道大系』論説編十六)、村山修一『日本陰陽道史総説』　(下出　積與)

はりまのくにふどき　播磨国風土記　和銅六年(七一三)五月、律令政府が諸国に発した風土記撰進の官命によって、播磨国が編述し言上した解文。編者は、巨勢朝臣邑治・楽浪河内・石川朝臣君子の三人の中のだれかであろうとされるが不明。和銅元年に巨勢邑治が、霊亀元年(七一五)五月に石川君子が播磨守になっているが、『懐風藻』に従四位下播磨守大石王とある人は和銅六年四月に従四位下になったので、石川君子が播磨守になるまでの二年一月が従四位下播磨守であり得た期間である。したがって、風土記撰進の官命を受け取ったのは大石王であり、巨勢邑治は候補から除くべきである。編述の仕事自体は、百済からの渡来人楽浪河内を擬する説が有力である。一巻。成立時期について、本文中に「川内国泉郡」とあることを、霊亀二年に和泉監が置かれる以前の成立の証とみる説があるが、「泉郡」の用字は後年成立の『日本霊異記』にもみえるから、用字は確証となり得ない。郡の下に里を置くいわゆる郡里制にもとづいて書かれているから、郷里制開始の霊亀元年(三年説もある)以前の成立とみる説のほうが穏やかである。現伝本は平安時代後期の書写と推定される三条西家本(国宝、天理図書館蔵)であるが、巻頭の明石郡と賀古郡の一部を欠き、巻末の美嚢郡も未整備、全体に誤字・脱字が多い。内容は、地名の由来を説明することに熱心で、郡名・里名・山名・島名などすべてにわたる。地名説話の主人公は品太天皇《ほむだのすめらみこと》(応神天皇)・伊和大神および大神、大汝命(大国主神)・少日子根命(少名毘古那神)・葦原志許乎命(大国主神)・天日槍命などである。土壌記事は里ごとに「土上中」のように品等を記している。ここまで土品を精細に記した風土記はほかにない。文章は、漢字で書かれているが比較的国文脈のゆたかな文体で、『常陸国風土記』の美的漢文と対照的である。活字本は『風土記』の書名で『日本古典文学大系』二、『日本古典全書』、『新編日本古典文学全集』、『角川文庫』、『東洋文庫』一四五などに収められている。

参考文献　敷田年治『標註播磨風土記』、栗田寛『標註古風土記』、井上通泰『播磨風土記新考』、秋本吉郎『風土記の研究』　(植垣　節也)

はるなじんじゃ　榛名神社　群馬県群馬郡榛名町榛名山に鎮座。旧県社。火産霊神・埴山姫神を祀る。社伝によれば物部氏の祖宇麻志麻治命が創祀したという。『延喜式』神名帳に「榛名神社」と登載され、貫前神社本『上野国内神名帳』に「従一位榛名大明神」(総社本は「正一位榛名大明神」)とみえる。元亨三年(一三二三)の年紀のある鉄燈籠銘に「満行権現」とあり、『神道集』に「春名満行権現」と記し、もっぱら満行宮と称された。はじめ十一面観音を本地仏としたが、武士の崇拝が盛んになると将軍地蔵となった。当社は古来、神聖な榛名山を神としてあがめてきたが、中世になると神仏習合の影響から修験の道場ともなり、榛名寺が別当寺として明治初年まで続いた。また、武家の信仰があつく、特に室町幕府の庇護をうけた。一方、中・近世には神社が農作神として信仰され、榛名講が関東地方の農村地帯を中心に結成された。神社側の御師組織の充実とともに信仰圏も広がった。明治初年の神仏分離で榛名神社となり、明治十七年(一八八四)県社。本殿は、裏側の巨石お姿石に過半を覆われていて、県の指定文化財。ほかに幣殿・間殿・拝殿(文化三年

明治時代の榛名神社

（一八〇六）造営）、神楽殿（明和元年（一七六四）再建）、双竜門（安政二年（一八五五）造営）などがある。懸仏《かけぼとけ》・古文書などの社宝を蔵し、神代舞は無形文化財に指定されている。例祭は五月十五日。ほかに、筒粥神事（正月十五日）、神楽祭（二月十五日）、御嶽祭（五月一日）、天狗祭（十二月晦日）などがある。

参考文献　尾崎喜左雄「伊香保から榛名へ」（『上野国神名帳の研究』所収）　（三橋　健）

はるはらけいず　春原系図　天智天皇の裔春原五百枝を祖とする春原氏一統の系図。『続群書類従』系図部所収。一巻。春原氏の系には、出雲路・小栗栖・小野・栗栖野などの諸氏がある。天智天皇に始まり、祐義の代までを載せる。「春原系図貞享己（乙か）丑以京都上御霊社別当祐玄法眼蔵本写之、則其家系也」との書写奥書にあるごとく、「上御霊社別当系図」とも呼ぶべきもの。春原五百枝が延暦二十五年（大同元、八〇六）、春原朝臣姓を賜わり、天長十六年に七十歳で没したとする。ただし、天長には十六年はなく、六年（八二九）の誤りとされる。その曾孫豊祐の子祐元が、神道大阿闍梨・御霊社務・若宮神主・大僧正となり、出雲寺別当を務め、出雲路を号したとする。そして祐元の孫親之が小栗栖の、その子基量が小野の元祖となったとされる。

参考文献　『群書解題』三下　（川島　慶子）

はるまつり　春祭　春に行われる祭。神祇令には、国家の常祀として仲春の祈年祭と季春の鎮花祭が挙げられており、古くからこの二つが春季の代表的な祭であったといえよう。このうち、一年の初めにあたってその年に災いがおこらず順調に推移していくようにと願う年ごいの祭は、とりもなおさず、稲成長の無事と豊熟とを期待するものであった。この心持は後代の神社祭儀や民俗行事の中にも多々認めることができる。奈良の春日大社など各地の大小の神社で、旧暦正月を中心に行われてきたいわゆる御田植祭は春祭の一種で、田神を迎えて播種から収穫までの水田稲作農業の過程を模擬的に演じることによって順調な稲作を祈念するものである。広く各家庭で行われる小正月の予祝行事や各種年占《としうら》も、同種のものといえよう。仏教行事としての修正会《しゅしょうえ》・修二会《しゅにえ》にも同じく春祭の要素が濃厚とされている。また、山宮から里宮へ祭神を迎えて春祭を執行している神社が各地にあるが、民俗行事にみられる農事開始期にあたって田神を迎える伝承と関連あるものであろう。一方、鎮花祭は、桜花の散乱するころにはそのように疫神も活潑化すると考え、その飛落を鎮めることによって疫癘の活動を押えようとするもので、京都の今宮神社境内の疫神社のやすらい花の祭（夜須礼祭）がよく知られている。鎮花祭はこのように御霊信仰を背景にしたものではあるが、折口信夫によると、古代には花、特に桜花は農事の象徴であったため、飛散のさまに秋に散る稲花の姿をだぶらせ、その遅速によって稲の豊凶を定める考えから、飛散せぬことを願って催され始めたものという。また折口によると、暦法が四季を分かつ以前には、あき・ふゆ・はるは一連続のものと考えられており、刈上げ前夜までのあきにつづく刈上げの夜がふゆで、この夜の鎮魂祭によって魂の復活がなされてはるになり、その明けの日に晴れやかな初春の神事が行われたのであるという。春祭の性格を考えるに際して、示唆に富む考えといえよう。　（田中　宣一）

はるやまのかすみおとこ・あきやまのしたひおとこ　春山之霞壮夫・秋山之下氷壮夫　『古事記』応神天皇段に登場する兄弟神。秋山之下氷壮夫が兄で春山之霞壮夫が弟である。名前の意味は、兄が秋の山の木の葉が色づいたさまを、弟は春の山に霞がたなびいているさまを擬人化したもの。兄弟はどちらが伊豆志袁登売神《いずしおとめのかみ》と結ばれるか賭けをしたが、母の助言によって弟が乙女を得て一子を設けた。しかし、賭けに敗れた兄は賭物を渡さなかったため、母からの懲らしめの呪詛によって病み衰えてしまったが、のちに許されて回復した。　（中山　郁）

はれ　晴　褻《け》の対語。日常的な普通の生活・状況に対して、非日常的な、あらたまった特別な状態を晴の語で表現し、両者を異なった場として区別する。したがって晴の状況は、多くの場合、公的な、晴れがましいものとなり、儀礼的なものに傾いていく。人間の一生には、誕生、成長に伴う通過儀礼、婚礼・年祝い・葬式といった晴の日があり、また毎年のサイクルに組み込まれた晴の日として年中行事や寺社の祭礼などがある。晴の状況は、伝統的に衣食住や立居振舞い、言葉づかいなどに表現されてきた。晴着（特別の形・色・柄・素材）、晴の食事（神饌・餅・赤飯・酒など。普段とちがった材料、調理の方法、飲食のしかた）などはその一例である。民俗学では、常民の文化における晴・褻の対比を基礎概念として重視しているが、両者の境界は常に一定しているわけではない。また歴史的諸事象についていえば、晴―褻と公―私の二つの対概念が関わり合い、晴・公寄りに史料が偏在することにも留意する必要がある。

参考文献　桜井徳太郎他『共同討議ハレ・ケ・ケガレ』　（杉本　一樹）

ばんしん　蕃神　外《と》つ国の神の意。『日本書紀』欽明天皇十三年条に、百済の聖明王の献じた仏像を「蕃神」とするのが文献上の初見。国神と対置して「となりのくにのかみ」と訓んでいるように、仏を日本在来の神とそれほど異質の存在とはみなしていなかったようである。しかし仏だけが蕃神であったのでなく、『古語拾遺』に「秦・漢・百済内附之民、各以為二万計一、足レ可二褒賞一、皆有二其祠一」とあるように、大化前代以来の三韓や大陸からの渡来人の奉ずる信仰対象をひろく含んでいる。だが、三韓系の神を韓神、秦漢系のものを漢神と呼んで区別したかどうかは明らかでない。これら蕃神は「未三預二幣例一也」と『古語拾遺』はいうが、百済の聖明王といわれる今木《いまき》神《のかみ》やその祖仇首《くど》王とされる久度神らを祭神とする平野神社（山城）、新羅の阿加留比売をまつる比売許曾神社（摂津）

などは平安時代前期までに名神大社で月次・新嘗などの官幣に与っており(『延喜式』神名帳)、在来の大社と同様のものとして令制の神祇制度に組みいれられている。御《み》神楽《かぐら》に「韓神」という曲名の神楽があり、宮内省内に祀られていた園神・韓神の祭(同四時祭)に由来するものと考えられることも、平安時代には在来の神と同視するようになったことを示すとしてよかろう。また『延喜式』神名帳に、鳳至《ふげし》比古神社(能登)・信露貴《しらき》彦神社(越前)・御出石神社(但馬)・辛国神社(河内)・呉津孫《くれつひこ》神社(大和)・於美阿志神社(同)・久麻加夫都阿良加志比古神社(能登)・美麻奈比古神社(同)・美麻奈比咩神社(同)・大狛神社(河内)・阿良加志比古神社(能登)・許麻神社(河内)などが認められるのは、地方においてもこれらの蕃神が在来の神祇信仰と同化して、それぞれの地域の人々の生活の中に融けこんでいったことを示している。ただ農民層の漢神信仰の中には、延暦十年(七九一)の太政官符「応レ禁三制殺レ牛用レ祭二漢神一事」(『類聚三代格』)の示すように、在来の雨乞いの儀礼とは質の異なる祭祀をするものもあった。このような道教の系譜をひくものは、たとえ雨乞いのためであっても律令国家によって禁圧されている。

参考文献 清原貞雄『神道史』、原田敏明『日本古代思想』、下出積與『日本古代の神祇と道教』、水野正好「道教的世界の成立」(『季刊考古学』二)　(下出　積與)

ばんしんこう　蕃神考　蕃神を祭神とする式内社を考証したもの。一巻。著者は江戸時代後期の国学者伴信友。自序や奥書に年紀はなく成立年次は不詳。本文と「附考」の二部から成る。本文では、山城国葛野郡の名神大社平野神社の祀る今木神・久度神・古開神・比売神の四座の神は、桓武天皇の生母である高野新笠の一族がその後裔とする百済の王朝の聖明王やその始祖都慕王に由来する蕃神であることを詳細に考証し、関連して河内国の飛鳥《あすか》戸《べ》神社(安宿郡)・杜本《もりもと》神社(同)・当宗《まさむね》神社(志紀郡)の祭神も百済ないし漢に起源をもつ蕃神であることを述べている。「附考」は、比売許曾神社(摂津)・大酒神社(山城)・伊豆志坐神社(但馬)・御出石神社(同)・敬満神社(遠江)ならびに大学寮の祀る釈奠十一座が蕃神であることの考証である。写本のみで伝えられ、板本はなく、明治四十年(一九〇七)に『神祇全書』二、『伴信友全集』二に収められた。ただ前者は「附考」に天竺の神として仏のことをのせるが、後者は欠いている。　(下出　積與)

ばんじんもんどうき　番神問答記　法華神道書。一冊。別名『兼倶記』『番神問答』『番神問答書』『法華番神問答記』とも。吉田兼倶と京都の主要な日蓮宗寺院との間で交わされた三十番神に関する質疑応答の書簡を集録したもの。明応六年(一四九七)二月六日、兼倶は安国論師門弟諸流との宛名で、京都の本圀・妙蓮・妙本(妙顕)の諸寺に対して日蓮宗に勧請する三十番神は天台宗の踏襲か、内侍所勧請の番神かとの質疑状を発し、わが国には三十二神(『旧事本紀』)のあること、さらに『兼益記』なる偽書を持ち出し、日蓮は卜部兼益から三十番神を伝受したとも述べた。これに対して日蓮宗側は三十番神は「当流独歩の稟承、他人不共の秘曲なり」(原漢文)と主張し、天台宗からの踏襲を否定したが、結局は兼倶の説に同意する者もあらわれ、これを契機に日蓮宗は吉田神道の影響を受けることになった。この一件は番神問答事件と称され、法華神道が形成される基底となった。当書は正保四年(一六四七)・承応二年(一六五三)・万治三年(一六六〇)・享保四年(一七一九)・文化九年(一八一二)・刊年不明と版を重ねた。なお、正保四年刊は『法華蕃神問答記』と題し、また文化十四年刊『番神問答抄』(二巻二冊)は『法華鎮護番神問答抄』とも称し、日達(了義院)が当書の漢文体であるのを和漢混淆文に直し流布せしめ、巻首に元禄十一年(一六九八)に卜部兼敬が妙顕寺上人に贈った賀礼を掲げる。なお『神光興耀記』は別名を『番神問答』と称し、当書と内容は酷似するが、別本である。

参考文献 広野三郎「唯一神道と法華三十番神」(『国学院雑誌』三〇ノ九・一〇)、園田健「吉田神道と日蓮宗との交渉」(『神道宗教』四五)　(三橋　健)

ばんのぶとも　伴信友　一七七三―一八四六　江戸時代後期の国学者、若狭国小浜藩士。安永二年(一七七三)二月二十五日若狭国遠敷郡竹原村的場(福井県小浜市)に生まれる。小浜藩士山岸惟智《これとも》の四男。母は同藩士片岡良雄次女サヨ。初名は惟徳《これのり》。通称鋭《おの》五郎、のちに州《しゅう》五郎と改める。号は、道歌の「惰《おこた》ラズ行カバ千里ノ末モ見ン、牛ノ歩ミノヨシオソクトモ」に因み特《ことひ》、また徳川家康遺訓の「人ノ一生ハ重キ荷ヲ負ヒテ遠キ道ヲ行クガ如シ、急グベカラズ」に従って事負《ことひ》ともいう。天明六年(一七八六)江戸詰の同藩士伴信当《のぶまさ》の養嗣子となり、翌年四月江戸に下り、寛政六年(一七九四)十二月信当季女美尾《みお》(十四歳)と結婚した。このころより荷田在満・賀茂真淵・本居宣長らの諸書を手写校読し、国学に開眼。享和元年(一八〇一)村田並木(春門)を介して伊勢松坂の本居宣長に名簿を呈したが、この年九月二十九日宣長が帰幽したためにいわゆる没後の門人となり、その養嗣子本居大平の懇切な指導をうけるとともに、同学では植松有信・上田百樹・内山真竜・足代弘訓・夏目甕麿・平田篤胤・藤井高尚・屋代弘賢らと交わり修養をつむ。文化三年(一八〇六)家督を相続(本知九十石・足高十石)、文化十三年(一八一六)五月御文庫御預に転じ、文政四年(一八二一)九月四十九歳で家督を長男信近に譲り退隠。爾来二十五年間、その志のもとから好むところの学事に傾注精励、目覚ましい著作活動によって、江戸の学界で重きをなし、平田篤胤・小山田与清とともに三大家(清宮秀堅『古学小伝』)、あるいは香川景樹・橘守部・平田篤胤らと並称して天保四大家(川喜多真彦『古今墨蹟鑑定便覧』)ともいわれた。終生私淑畏敬してやまなかった本居宣長に学びつつも、古典と歴史との研究のうえで師(宣長)とはまた違った境地を拓き、その学風、きわめて周到・精緻、ことに考証の領域に存分に発揮して異彩を放った。晩年は黒川春村・本居内遠・加納諸平・長沢伴雄・中島広足・西田直養・山田清安・服部肇敏《ながとし》(布古《のぶひさ》)・羽田野敬雄・平野広臣・鷲見《すみ》安歆《やすよし》・谷森善臣らと親交があった。藩主酒井忠義《ただあき》の京都所司代就任に伴い、弘化元年(一八四四)正月上京。同三年十月十四日京都所司代役宅に没した。七十四歳。若狭国遠敷郡伏原村(福井県小浜市)曹洞宗発心寺に葬られる。法号、善岳院道林信友居士。「平常皆遺言」と題する辞世「いまはにはなにをかいはんよの常に言ひしことはそ我こころなる」は、悠揚迫らぬものがある。現在、信友の自筆稿本・手択本類は、宮内庁書陵部・国立国会図書館・静嘉堂文庫・東洋文庫・大東急記念文庫・東京都立中央図書館・福井県小浜市立図書館・京都大学附属図書館などに多く蔵されている。著書『神名帳考証』『神社私考』『瀬見小河』『中臣祓詞要解』『倭姫命世記考』『八幡考』『験の杉』『高橋氏文考注』『松の藤靡』『長等の山風』『竹栄抄』『鎮魂伝』『神璽三弁』『若狭旧事考』『上野三碑考』『中外経緯伝』ほか多数、編輯に『古本風土記逸文』『逸各国神名帳』『東寺古文零聚』『武辺叢書』『義士流芳』『動植名彙』『遊古世』などがある。文政十二年の『鈴屋翁略年譜』が生前唯一の単行書であり、死去の翌年に『丹鶴叢書』外篇として『史籍年表』が上梓された。ついで嗣子信近により『比古婆衣』四冊、『仮字本末』四冊、『残桜記』二冊、『正卜考』三冊が出版。明治四十年(一九〇七)―四十二年『伴信友全集』全五冊(国書刊行会)、昭和七年(一九三二)『伴信友家集』が公刊されている。

参考文献 石田熊三郎『伴信友』(『新国学叢書』一二ノ二)、森田康之助『伴信友の思想』、川瀬一馬編『伴信友研究』(『伴信友全集』別巻)、川瀬一馬『伴信友―その生涯と業績―』(五島美術館『国学者展シリーズ』二)、山岸惟和「伴信友翁伝」(『伴信友全集』二所収)、河野省三「(近世学界の権威)伴信友翁」(『神道研究集』所収)、森田康之助「伴信友の史学」(『神道学』一〇〇)

(大鹿 久義)

ばんのぶともぜんしゅう　伴信友全集　江戸時代後期の国学者伴信友(一七七三―一八四六)の著作集。全五冊。市島春城を編集代表とする国書刊行会叢書の一つとして明治四十年(一九〇七)三月―四十二年四月に刊行された。昭和五十二年(一九七七)―五十四年、ぺりかん社覆印。国史・国文・国語など広範な領域にわたる研究・著作のうち、主著三十八部を載録する。神社・神道史関係には、巻一に『延喜式』九・一〇の神名帳を考証した『神名帳考証』、巻二に「神名帳標目私考」「若狭国官社私考」「若狭国神名帳私考」よりなる、著者の神社神道研究を集大成した『神社私考』、山城の賀茂神社の故実考証である『瀬見小河』、稲荷神考証である『験の杉』、若狭遠敷の八幡三所大神と本宮宇佐宮の考証である『八幡考』、山城の平野神社祭神の考証である『蕃神考』、『延喜式』祝詞の大祓詞を註釈した『中臣祓詞要解』、『正卜考』、祭儀研究である『鎮魂伝』、巻五に『倭姫命世記』の文献的考証である『倭姫命世記考』、『鬼神新論』の著者平田篤胤の求めに応じた率直な論評である『論鬼神新論草稿』ほか、『神楽歌考』、『仏神論』などを収める。伴信友の甥山岸惟和稿「伴信友翁伝」と和田信二郎稿「伴信友翁略年譜」(ともに巻二)を付載する。

参考文献 河野省三「近世学界の権威伴信友翁」(『神道研究集』所収)

(大鹿 久義)

はんぺい　班幣　国家の儀礼として、国家の祭祀にあたり、神祇官所管の神名帳に記載された神社の祭神にたてまつる幣帛《へいはく》をあらかじめ班《わか》つことをいう。初見は、『日本書紀』天智天皇九年(六七〇)三月壬午条である。その制度は、大宝の神祇令に規定され、『儀式』や『延喜式』に詳しく記載されている。百官が神祇官に集まり、中臣が祝詞を宣し、忌部が幣帛を班った。諸国も、これに準じて国府で行なった。→幣帛《へいはく》

(西山 徳)

はんほんじすいじゃくせつ　反本地垂迹説　⇨神本仏迹《しんぽんぶつじゃく》説《せつ》

ひ

ひえいざん　比叡山　大津市と京都市にまたがる山。日枝山・日吉山・稗叡山とも表記し、また叡山・天台山・叡岳・叡峯・台岳・台嶺・北嶺などと呼ばれる。東の大比叡岳(八四八メートル)と西の四明岳(八三九メートル)の二峯に分かれ、東峯の中腹に天台宗総本山延暦寺がある。また、大比叡岳・四明岳・釈迦ヶ岳・水井山・三石岳の五峯を総称しても比叡山と呼ぶ。『古事記』の大山咋神《おおやまくいのかみ》が鎮座したことを伝える記事が文献上の初見とされる。大山咋神という山の神を信仰する民衆が古くから存在していたことをうかがわせる。天智天皇が大津遷都のとき、大和の三輪の大物主神を迎え、これを大比叡神とし、大山咋神を小比叡神というようになった。ともに山の神として山岳信仰の対象となった。のち近江守藤原武智麻呂が神仏習合の禅院をつくり、子の仲麻呂もここを訪れたという(『懐風藻』)。古くより近江国には朝鮮半島からの帰化人が住み、大陸文化の影響をうける社会が形成され、比叡山にも仏教の聖地とする土壌が整えられてきた。この時期に日本天台宗の祖最澄が出て延暦寺を開創する。比叡山は平安遷都に伴い、王城鎮護の山として重視され、最澄は延暦四年(七八五)に登山し、同七年薬師像を刻んで延暦寺を創建するにあたって大山咋神と大物主神とを寺の守護神としてまつった。そして古来からの大山咋神を二宮、大物主神を大宮と呼び、日吉神社の主祭神とし、のち日吉権現・山王権現といい、一実神道の本尊とされるようになった。そして山王七社・山王二十一社を形成

し、日吉信仰が盛んとなった。延暦寺は東塔・西塔・横川(北塔)の三塔にわたり、総合仏教の拠点として発展するとともに、日吉信仰の権威をもって日吉神社の神輿をかつぎ、武装して朝廷に強訴することもしばしば行われた。また源信によって浄土信仰が発展し、鎌倉時代に至って法然房源空の浄土宗独立を契機に、道元・栄西・日蓮・親鸞など各宗の祖師が輩出し、日本仏教の母山として重要な位置を占めた。さらに織田信長による焼打、豊臣秀吉や徳川家康による復興、徳川家光による東照宮神殿の造営など、比叡山は延暦寺の歴史と密接に関係している。延暦寺には多くの坊舎を有し、高野山とともに天下の霊場として知られる。山の下は大津側を東坂本、京都側を西坂本といい、特に東坂本には延暦寺の里坊が多く点在する。そのなかには比叡山の寺院に所蔵していた貴重な文献などを集めた叡山文庫がある。山上は近代設備をととのえた観光休養地としての役割をも果たしている。

参考文献　『扶桑略記』二七、『朝野群載』一七、黒川道祐『雍州府志』一(『(増補)京都叢書』三)、大島武好『山城名勝志』一二(同八)、延暦寺編『比叡山』、叡山文化総合研究所編『比叡山』、村山修一編『比叡山と天台仏教の研究』(『山岳宗教史研究叢書』二)

(福原　隆善)

ひえさんのうごんげん　日吉山王権現　⇒日吉大社《ひよしたいしゃ》

ひえさんのうしんき　日吉山王新記　日吉社の山王神道書。天台学僧実俊編。一巻。成立は寛文四年(一六六四)。日吉社における中・近世の伝承、由緒などを、延暦寺や日吉社に伝わる典籍から引用、抄出している。引用文献の主なものは『扶桑明月集』『日吉社々参次第記』『日吉社年中行事』『日吉社神道秘密記』『山王密記』『三宝輔行記』『厳神霊応章』『延暦寺護国縁起』などである。その内容は山王二十一社の祭神・神号・神位・建立年代と間数・行幸・神輿造進・祭礼・縁起・本地など基本的事項を記し、日吉社の歴史的概要を知る上で有益である。『続群書類従』神祇部所収。

参考文献　『群書解題』二上

(嵯峨井　建)

ひえさんのうまんだら　日吉山王曼荼羅　本地垂迹思想に基づき神社の祭神の本地仏または垂迹神などを描く神道曼荼羅の一種で、天台宗開創後比叡山の地主神や伽藍神とされた山下の日吉社の諸神を対象とする。その構成には、本地仏を主とする山王本地曼荼羅、垂迹神で表わす垂迹曼荼羅、社殿や周囲の景観を加えた宮曼荼羅などがあり、山王上七社を主体とするものが多いが、中には霊雲寺(東京都文京区)本(重要文化財)のように山王二十一社の諸神を配するものもある。画面構成としては、密教の曼荼羅形式に表わすもの、祭壇形式に配するもの、景観描写風のものなどがある。『玉葉』元暦元年(一一八四)十二月二日条に日吉御正体図絵一鋪のことがあり、『明月記』正治元年(一一九九)八月四日条にも日吉社の御経供養に十二社御正体を図した御仏一鋪の記載があり、ともに山王本地曼荼羅と推定される。およそこのころ以降鎌倉時代を中心に流布したものとみられる。　⇒山王《さんのう》七社《しちしゃ》

参考文献　景山春樹『神道美術の研究』、京都国立博物館監修『神道美術』

(濱田　隆)

日吉山王曼荼羅　山王宮曼荼羅図

ひえさんのうりしょうき　日吉山王利生記　日吉社をめぐる霊験譚を集めた説話集。著者は日吉社に近い人物と思われる。全九巻。文永年中(一二六四―七五)ころの成立。滋賀県大津市坂本に鎮座する日吉大社が、日吉山王社と呼ばれた中世の霊験譚を集めた説話絵巻がもとであるが、絵の部分は失われ今は詞書のみしか伝わらない。「日吉山王は霊威一天にかがやき、利生万人にあまねく」社とされ、比叡山延暦寺の僧たちが仏法興隆のため、異国や遠国の地にあって困難や危機に臨むと、山王の神が現れ救ったり、さまざまな冥助を得る。仏法の護法神として山王権現から得た利生を、幾つもの説話としてまとめたもの。登場する天台僧は相応和尚・智証大師・宗叡・増命・明尊・忠尋、あるいは日吉禰宜希遠などである。山王の神が神託、夢託をなし、神威を示す。

内容に応じて『山門僧伝』とも称し『山王絵詞』とするものもある。『続群書類従』神祇部、『神道大系』神社編二九所収。→続日吉山王利生記《ぞくひえさんのうりしょうき》

参考文献『群書解題』二上、下坂守「『山王霊験記』の成立と改変」(京都国立博物館『学叢』二)　(嵯峨井　建)

ひえじにん　日吉神人　近江日吉社に属し、同社と山門(延暦寺)の権勢を背景に平安時代末期から戦国時代にかけて活躍した数多の神人。「ひよしじにん」ともいう。日吉社の神事・祭儀への奉仕を表としたが、その実態は京都および近江の坂本・大津などを拠点としつつ一貫して商業・高利貸を営んで蓄財し、同社の経済的基盤の一角を構成する点にあり、山門と朝廷との政治的対立関係においても、朝廷側にとって侮りがたい勢力となっていた。終始、絶大な山門の保護下で諸国往反の特権を得、積極的に交易をなすとともに、社領の貢納米を巧みに運用して、所領田地を主要な抵当物権としながら諸国の受領や都の院中に祗候する者にまで借上(貸付)を行い、出挙《すいこ》を営むなどして、保延年間(一一三五—四一)にはすでに首都の商業・高利貸業界の主力と目されるまでに成長。さらに鎌倉時代後期の弘安元年(建治四、一二七八)ごろには高利貸業者の連合体である土倉寄合衆の多くが山門支配下の日吉神人の経営する土倉とみられ、すこし下って正和四年(一三一五)ごろにはその八割近くもが「山門気風の土倉」、つまり日吉神人であった。また鎌倉末—南北朝時代には朝廷所属の四府駕輿丁座座人・石清水八幡神人、幕府の雑色・小舎人・政所下部などの集団と結んで米取引の米屋座を組み、一種の問屋的機構をも実現していた。

参考文献　脇田晴子『日本中世商業発達史の研究』、『京都の歴史』二・三　(横井　清)

ひえしゃじょうおうき　日吉社貞応記　⇨耀天記《ようてんき》

ひえしゃしんとうひみつき　日吉社神道秘密記　大津市坂本に鎮座する日吉大社の由緒を記した山王神道書。祝部(生源寺)行丸著。一巻。天正五年(一五七七)ころ成立。行丸は日吉社の創建者とされる琴御館宇志丸の三十七世にあたり、元亀二年(一五七一)の織田信長の比叡山焼き討ちに遭遇した人物で、本能寺の変(天正十年)を待たずに本書をまとめ、焼失した日吉社再建のために後鑑にそなえたものである。内容は山王二十一社のみならず社内の百八社、外の百八社に至る全ての摂末社についての古伝承、焼亡以前の状況を、絵図を交え記している。注目すべきは本書の記述の順であって、大己貴神の琵琶湖畔から唐崎の影向、そして山麓に至る鎮座過程を基調としている点である。これは秘密社参のルートと一致し、書名の日吉社神道秘密記の題とも一致するのも、こうした点に由来しよう。『群書類従』神祇部、『神道大系』神社編二九所収。→山王秘密社参記《さんのうひみつしゃさんき》

参考文献『群書解題』一上、嵯峨井建『日吉大社と山王権現』　(嵯峨井　建)

ひえしゃむろまちどのごしゃさんのき　日吉社室町殿御社参記　室町時代の社参記。一巻。編者・成立年次ともに不明。応永元年(一三九四)九月の将軍足利義満の日吉社(大津市)社参に関する記録。延暦寺僧の手によるものか。同年七月二十九日以降たびたび行われた社参についての衆議・評定の記録に始まるが、その中に社頭や馬場桟敷の修理掃除、門前町坂本の馬借・土倉・酒屋に対する課役や作事奉行の差定、橋供養の法華八講などの諸準備について記す。十一日の義満の社参については、供奉した公卿・殿上人・諸大名らの名前や、経供養などの社参の儀式について記し、翌十二日は童舞・奏楽、十三日は児番論義が行われたことがみえる。論義の内容は山王神道に関するものである。十四日の帰還に至るまで記録されている。この社参は義満の霊夢によるものであり、十二月には将軍職を義持に譲っている。『触穢考』にはこの社参にあたって卜部氏が注進した服忌の記事がみえる。『続群書類従』神祇部所収。

参考文献『群書解題』二上　(佐藤　眞人)

ひえじんじゃ　日枝神社　㈠埼玉県川越市小仙波町に鎮座。山王様とも呼ばれる。祭神は大山咋命《おおやまくいのみこと》。天長七年(八三〇)、比叡山延暦寺の僧円仁の勅願により当地に無量寿寺が開山されたとき、比叡山より日吉山王社を勧請したという。その後、二度の兵火による荒廃で、永仁四年(一二九六)の尊海による再建、慶長十七年(一六一二)の天海による中興を経ながらも、神仏分離に至るまで無量寿寺(喜多院)の鎮守として法楽がなされてきた。また、江戸城は、河越城・岩槻城とともに、長禄元年(一四五七)、太田資清(道真)・太田資長(道灌)父子によって築かれたが、道灌は文明十年(一四七八)、江戸城にまつる神として、河越城のあたりにまつられる神に倣い、すでに城域に鎮祭されていた山王社に当社を追勧請し、河越城の三芳野天神・氷川明神に対応させるために平河天神・津久戸明神(現筑土神社)を勧請したとされる。慶長十八年には、徳川家康より喜多院に五百石の寺領が寄進されたが、このうち当社へは二石の配当がなされた。現在の社殿は三間社流造で、室町時代末期から江戸時代初期の技法で建てられていることから、慶長期の喜多院再興時のものとみられ、内陣の宮殿とともに重要文化財に指定されている。例祭は四月初申日。　(髙橋　寛司)

㈡東京都千代田区永田町二丁目に鎮座。旧官幣大社。日吉山王神社・日吉山王権現・江戸山王権現・山王社などとも称する。祭神は、現在、主神に大山咋神、相殿に国常立神・足仲彦尊・伊弉冉尊を祀るが、『江戸名所図会』には、大宮(小比叡大明神、垂跡は国常立尊、本地薬師)・二宮(気比宮、垂跡は仲哀天皇、本地は聖観音)・三宮(客人宮、垂跡は伊弉冉尊にして白山妙理権現、本地は十一面観音)とあり、別当は観理院、神主は樹下《じゅげ》氏と記している。創祀は確定できないが、川越氏の一族の江戸重長が江戸郷へ移った際、河越荘(新日吉社領)の鎮守神新日吉

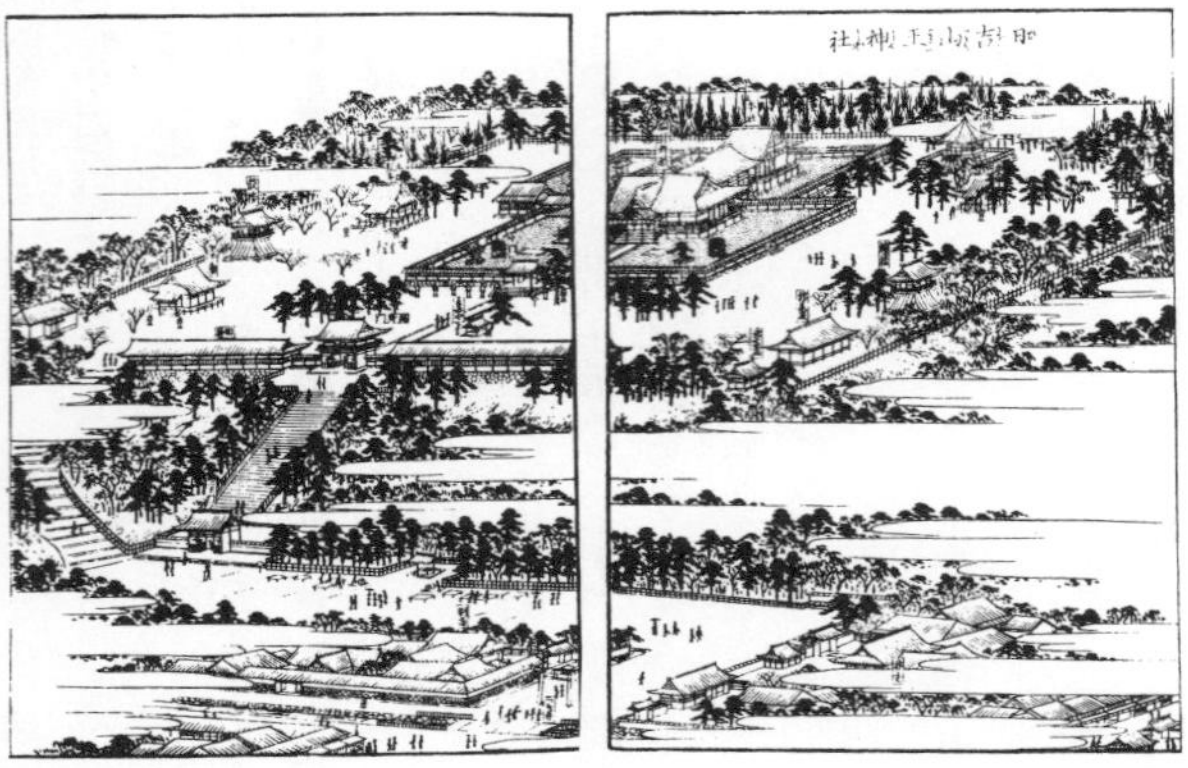

日枝山王神社(『江戸名所図会』3より)

山王宮の分霊を江戸の館に勧請したのに始まるという。紀州熊野『米良文書』の貞治元年(一三六二)十二月十七日付の武蔵国熊野御師願文に「武蔵国豊島郡江戸郷山王宮」とみえ、また同文書に、同年同郷の山王宮住僧が紀州那智山へ参詣したとの記事もみえる。この山王宮は当宮の前身と考えられるから、南北朝時代には成立していたことが確かである。一方、文明年中(一四六九―八七)に太田道灌が武蔵国入間郡星野山より山王三所を江戸の梅林坂へ遷祀したのを創祀とする説もある。当宮は、その後、江戸城内に鎮護神として祀られたが、天正十八年(一五九〇)、徳川家康が江戸城に入り、城域の拡張を行なった際、紅葉山《もみじ》へ遷祀され、以後、幕府直轄の神社となった。慶長十二年(一六〇七)、さらに西貝塚(千代田区隼町)へ遷され、三代将軍家光以後は朱印領六百石を寄せられた。明暦三年(一六五七)の江戸の大火で社殿を焼失したが、時の将軍家綱により万治二年(一六五九)現在地に社殿が落成し、遷宮式が行われた。以後、歴代将軍の崇敬は篤く、正月と六月の十五日には幣帛が奉られた。六月十五日の例祭は、山王祭・天下祭・御用祭・上覧祭などと称し、神輿が城内に入り、将軍の上覧を仰いだ。また神幸祭は豪華を極め、天和元年(一六八一)以降は神田祭と隔年で行うことになった。江戸第一の大祭として、神田祭・根津祭とともに江戸三大祭と呼ばれた。明治二年(一八六九)社名を日枝神社と改め、同五年府社、同十五年官幣中社、大正四年(一九一五)官幣大社に列した。社宝に国宝の則宗銘太刀、重要文化財の刀剣十四口(徳川歴代将軍奉納)などがある。 →山王祭《さんのうまつり》

参考文献 『日枝神社史』 (三橋 健)

(三)富山市山王町に鎮座。「富山の山王さん」と呼び親しまれる。祭神は大山咋命・大己貴命、天照大神・豊受大神。勧請年代は不詳。富山県の『古社寺調書』(原本明治三十三年(一九〇〇)ごろ)によれば、はじめ越中国新川郡針原郷大野(現富山市向新庄付近)の宮成村に鎮座したが、建武二年(一三三五)南北朝の戦乱により社殿焼失、神主平尾大和は神体を奉じて同郡鬼土山《おんどやま》(現上新川郡大山町隠土)へ避難した。のちに同郡中野村古宮(現富山市西中野)の白山社へ遷座し、さらに婦負郡藤居村(現在の富山城跡付近)に移された。富山城に入った佐々成政からの保護を受け、のちに現在地(現山王町)に遷座したと伝える。天正十五年(一五八七)前田利長が入城し、神主よりの祈禱・神札を受けて大いに悦び、富山城下の産土神とし、社地千九百歩を寄進、社殿・鳥居を造営したという。富山藩分藩ののち、前田利次の代には社殿が改修され、寛文三年(一六六三)社地五十歩の加増があり、歴代藩主より崇敬され、社殿改築などの際には手厚い保護を受けた。祭礼は山王祭と呼ばれ、吉川容山軒編『吉川随筆』に延宝八年(一六八〇)四月朔日の山王祭礼のおり神輿が富山城に入城した記録があり、それ以後毎年城内へ神輿の巡行が行われている。また元禄三年(一六九〇)や宝永四年(一七〇七)の祭礼には引山(曳山)も神輿に供奉したことが記録されている。明治三十二年県社昇格に伴い、富山城跡に遷座したが、同年八月富山市大火により社殿焼失、旧境内地に奉還。さらに昭和二十年(一九四五)八月には戦災により被災したが、昭和二十八年現本殿、同四十二年に現拝殿を竣工した。五月三十一日―六月二日に行われる春祭(山王祭)は、市内五十三町を神輿が巡行し、境内付近には露店が軒を並べ、多くの参詣者で賑わう。

日枝神社(三)拝殿

参考文献 富山県神社庁編『富山県神社誌』 (鈴木 瑞麿)

ひえだのあれ 稗田阿礼 生没年不詳 『古事記』(『原古事記』)の撰修に際し、天武天皇の勅により、著述を終えたその『古事記』をその文字に臨んで誦習し、やがて和銅四年(七一一)元明天皇の詔により太安万侶がこれを補注再編する作業をたすけた人物。この結果和銅五年の撰上、現にみる『古事記』となる。天武天皇の勅をうけた

年時は未詳であるが、諸種の徴証から天武天皇十三年(六八四)前後と推定される。当時二十八歳、身分は舎人。聡明を伝える(『古事記』序文)。姓の稗田については、『西宮記』裏書に縫殿寮に貢進する猿女《さるめ》につき「薭田」の姓がみえるので猿女君(公)氏に属することが知られる。この氏は天鈿女命《あめのうずめのみこと》のあとと称し(『日本書紀』神代宝鏡開始章主文)、『弘仁私記』序また阿礼をそのまま「天鈿女命之後」とする。この氏の猿女貢進の職掌から、阿礼を女性とする説もあるが、記序の「舎人」の表記からみて男子であろう。 ↓古事記《こじき》

参考文献 本居宣長『古事記伝』二(『本居宣長全集』九)、倉野憲司編『古事記大成』六、川副武胤『古事記の研究』、柳田国男「稗田阿礼」(『定本柳田国男集』九所収)

(川副 武胤)

ひえづくり 日吉造 大津市坂本の日吉大社にのみ伝えられる神社本殿形式。聖帝造ともいう。その平面は正面三間、側面二間の母屋の、背面を除く三方に庇を付加した形であって、この平面形式がそのまま外観にも表現される。すなわち、正面から見ると入母屋造のようであるが、背面では軒を途中で切り落としたような独特の屋根形態をもつ。 ↓日吉大社《ひよしたいしゃ》

(稲垣 栄三)

日吉造(日吉大社東本宮本殿)

ひえのしんよ 日吉神輿 比叡山の鎮守日吉神社(現日吉大社)の神輿。南都興福寺の僧兵が春日神木を奉じて嗷(強)訴したのとならんで、比叡山の僧兵が嗷訴の際にかつぎ出した。その神輿振は、嘉保二年(一〇九五)十月、三千の衆徒が日吉神社に集合し、神輿を山上の根本中堂に振り上げて、関白藤原師通を呪咀したのが初例。保安四年(一一二三)、別当寛慶追放事件に対する朝廷の処置を不満とした衆徒は、七月に日吉神輿を奉じて大挙入京した。以来、山法師の日吉神輿を奉じての入京は暴動化し、治承元年(一一七七)・弘安六年(一二八三)の神輿振は、京中を恐怖におとしいれた。鎌倉・室町時代には史上四十回の神輿振をみる。そして、入京の際神輿が破壊されれば、朝廷ではこれを造替する。正嘉二年(一二五八)には、入洛の神輿を衆徒が破壊して造替を要求した。以後は、入洛した神輿は必ず造替するのが例となった。

参考文献 勝野隆信『僧兵』(『日本歴史新書』)

(林 幹弥)

ひえほんぎ 日吉本記 山王神道書。一巻。嘉禎元年(一二三五)天台宗の僧謙忠の撰とするが、確証はない。『渓嵐拾葉集』には、謙忠は延暦寺山王堂の僧で弁財天十五童子の権者であるとの説がみえるが、ほかに山王信仰に関わる事蹟はみえない。本書は七言絶句形式での漢詩集である。延暦寺の鎮守である日吉社の山王二十一社(上七社・中七社・下七社)をはじめ祇園・北野にいたる天台末の諸社、さらに神宮寺や三塔九院を詠んだ四十二篇を収める。詩は韻を踏んでいないが、最上列の文字を横に読めば神名や事項名になっており、最下列も本地仏などの名となっている。さらに詩文自体も末尾から逆順で読めるように振り仮名が付されている。内容は山王神道の教説を述べているが、新味はなく、パズル的な構成ゆえに文意不通の部分も多い。延暦寺天海蔵の「神道雑々二十三冊」の中に含まれるものが古写本とされる。

『続群書類従』神祇部、『神道大系』論説編四所収。

参考文献 『群書解題』二上

(佐藤 眞人)

ひかえしんじ 火替神事 ⇩住吉祭《すみよしまつり》

ひかげかずら 日陰蔓 大嘗祭・新嘗祭などの神事に奉仕する官人が、鬘《かつら》として頭上から左右に懸け垂れた斎忌の標識。本来は原野に長く這い伸びて繁茂する常緑羊歯の一種の蔓草で、これをかざしとして太陽光線の直射を防ぐことから日陰という。『和名類聚抄』苔類には蘿として「日本紀私記云、蘿、比加介」と解している。『延喜式』践祚大嘗祭には「親王以下女孺以上、皆日陰鬘」と伝えている。この鬘は、植物の蘿の切り懸けを連想させるが、神事の儀容化につれて絹の緫紐を結び垂れて日陰の糸ともよばれた。『餝抄』下、日陰には「組タテ一丈二尺計ト云々、細円組(或分組)、平治秘記曰、日陰蘰、結㆓冠巾子㆒(結目有㆓纓上㆒、組用㆓青糸㆒、又以㆑糸造㆑之、小枝少々在㆑之云々、予用㆓生蘰㆒)、円結(白絹、若少人或用㆓紅梅㆒、又白相交、又用㆓萌木㆒云云、今度不㆑見)、以㆓細糸㆒付㆑蘰也、冠之上結、前方二筋、後方二筋垂也、或三筋、今度(嘉禎)大嘗会、通成朝臣用㆓青糸日陰㆒、実基卿曰、尤有㆓其謂㆒云々」とみえ、各種の日陰の存在を示している。

(鈴木 敬三)

ひがしもんじょ 東文書 ⇩松尾神社文書《まつのおじんじゃもんじょ》

ひかわじんじゃ 氷川神社 (一)さいたま市高鼻町一丁目に鎮座。氷川大明神と称した。旧官幣大社。須佐之男命《すさのおのみこと》・稲田姫命《いなだひめのみこと》・大己貴命《おおなむちのみこと》の三座を祀る。古くは須佐之男命が男体社、稲田姫命が女体社、大己貴命が簸王子社と、おのおの別社殿に祀られたが、江戸時代に三社同格とされ、明治以後、現在のように一社殿に祀られた。創祀は社伝によると、孝昭天皇の勅願により出雲国杵築大社から勧請したと伝える。社名の氷川は出雲の簸川に因むという。天平神護二年(七六六)に、官符により神封三戸が寄せられ、また『三代実録』には神階昇叙の記事がみられ、元慶二年(八七八)正四位上に叙せられた。延喜の制

氷 川 神 社㈠ 本 殿

明治時代の氷川神社㈠

では名神大社に列せられ、のちに武蔵国一宮として尊崇を集めた。武家にも広く信仰され、平貞盛・源頼朝、さらに執権北条氏などにより祈請・寄進が行われた。また江戸時代には、幕府により朱印地三百石が寄せられ、社殿が造営されるなど、厚く崇敬された。明治元年(一八六八)、東京遷都に際し、明治天皇は十月、勅書をもって勅祭社と定め、行幸親祭を行い、山城国賀茂神社の古例にならい、武蔵国の鎮守とした。例大祭は八月一日、勅使の参向と東遊《あずまあそび》の奉納があり、特殊神事には、的《いくは》神事(二月七日)をはじめ数多いが、特に大湯祭《だいとうさい》は十日祭《とおかまち》と呼ばれ、酉の市として賑わいを呈する。同名の社の大部分が埼玉県(百六十二社)・東京都(五十九社)に集中し、元荒川と多摩川との中間地域に存するのが特色である。

赤坂氷川社（『江戸名所図会』 3より）

㈡東京都港区赤坂六丁目に鎮座。地名により赤坂氷川神社と通称する。素盞鳴尊・奇稲田姫命・大己貴命を祀る。もと一ツ木古呂故岡《ころこがおか》にあったが、社伝によると、紀州藩邸に生まれた徳川吉宗(『徳川幕府家譜』乾には「紀州和歌山御誕生」とある)の産土神にあたるところから尊崇を受け、享保十四年(一七二九)、社殿を現在地に造営、朱印地二百石などを寄進された。明治五年(一八七二)郷社に、同十三年府社に昇格した。社地は備後三次藩浅野土佐守屋敷で東京都の指定旧跡。本殿・幣殿・拝殿は都の指定文化財となっている。隔年に行う六月十五日の祭礼は、御用祭と称され、日枝・神田両社の祭礼に次ぐ盛況を誇った。現在の例祭は九月十五日、神輿渡御祭などがある。

参考文献 『港区の文化財』五

（倉林 正次）

㈢埼玉県川越市宮下町に鎮座。旧県社。祭神は素戔鳴尊《すさのおのみこと》・奇稲田姫命《くしいなだひめのみこと》・足摩乳命《あしなずちのみこと》・手摩乳命《てなずちのみこと》であるが、これに大己貴命《おおなむちのみこと》を加えるという伝えもある。縁起によると、欽明天皇二年、入間川の川中から毎夜異光があり、これが足立郡(さいたま市大宮区)の氷川大明神の霊光であることを知って奉斎したという。境内からは、往時の祭祀に使われたと思われる石剣が出土している。長禄元年(一四五七)に太田資清・資長父子により河越城が築かれると、城の乾にあたったことから城の守護神として崇敬された。例祭は十月十四・十五日で、慶安元年(一六四八)に、幕府老中で川越藩主の松平信綱が神輿・獅子頭などを寄進したことにより神幸祭が始まり、元禄年間(一六八八―一七〇四)以降はこれに町人による踊り屋台や風流、山車などが随行して城内と十ヵ町を巡り、これが今も江戸天下祭の面影を伝える川越氷川祭(県指定無形民俗文化財)として続いている。摂社の八坂神社社殿(県指定有形文化財)は、寛永十四年(一六三七)に徳川家光によって江戸城に建てられた二ノ丸東照宮拝殿で、明暦二年(一六五六)、松平信綱が拝領し、河越城内の三芳野天神の外宇として再建したが、明治五年(一八七二)に当社八坂神社社殿として移築されたものである。なお、江戸の津久戸明神

(現筑土八幡神社)は、文明十年(一四七八)に太田資長(道灌)が河越城の乾に当社があることになぞらえて、江戸平河の観音堂にまつられていた平将門の首級を津久戸明神(素戔嗚尊)として江戸城の乾に勧請したものであるという。

(髙橋　寛司)

ひきめしんじ　蟇目神事　鏑矢《かぶらや》を射て、魔除・厄祓を行う神事。蟇目は朴や桐で作った鏃《やじり》の中をくり抜き、空気孔をつけた大鏑《おおかぶら》の鳴矢で、これを射ると高く響くことから妖魔降伏の効があるといわれ、年頭の初祈禱をはじめ病気祈禱・出産・屋越しなど種々の目的のために行われる。栃木県日光市の二荒山神社の蟇目式神事(正月四日)は武射《ぶしゃ》祭ともいい、二荒神と赤城神との争いの折、猿丸が赤城神を射たという古縁起に基づくとされる。二荒山神社中宮祠前の中禅寺湖畔でこの神事は行われ、神職が祝詞を奏上した後、鏃矢と雁又矢《かりまた》の二本を宮司が、ついで神職が放つと参会者は勝どきをあげる。その後、神社役員や弓道家諸氏が矢を射る。また、鳴弦《めいげん》も弓弦を鳴らして蟇目同様に妖魔を祓うもので、長野県諏訪市の諏訪大社上社本宮では、正月十五日の田遊神事後、蟇目鳴弦の儀が行われる。農作物の豊穣を祈願するとともに、妖魔や疫病神を退散させる神事である。田遊神事が終ると拝殿前の斎庭で神職一人が弓を持って立ち、四方に向かって弓弦を手で引き鳴らす鳴弦を行う。ついで鏑矢をつがえ空に向けて射放つ。この儀は上社神長官守矢家に伝えられる一子相伝の秘儀であるとされていた。

(加藤　健司)

ひきりしんじ　火鑽神事　厳重な物忌をへた者が火鑽《ひきり》臼や火鑽杵で浄火を鑽り出す神事。その火の威力で諸疾を退散させようとしたり、神饌を調理したりすることが鑽火祭などとも呼ばれ各地で広く行われる。島根県八束郡八雲村の熊野大社で十月十五日に行われる鑽火祭は忌火祭ともいい、出雲大社宮司が参向し、鑽火殿で新穀を炊いて献饌の後、燧《ひきり》(火鑽)臼、燧(火鑽)杵をもらいうける神事である。このほか、八坂神社白朮《おけら》祭などは大晦日、参拝者に授与された浄火を家に持ち帰り、元旦の雑煮などの調理に用いる。また、奈良県桜井市大神《おおみわ》神社の繞道《にょうどう》祭《さい》(元旦)では浄火を元旦の調理に用いるほか、浄火を点じた松明を担いで境内を練り回り、その燃え方の遅速や方向で豊凶作を占う。こうした例は山形県東田川郡羽黒町出羽三山神社の大晦日の松例祭《しょうれいさい》火鑽神事にもあり、二人の松聖《まつひじり》が燧石で浄火を鑽り出し、大松明への点火競べで東西三十三ヵ国の豊凶作を占う年占が行われる。また、埼玉県児玉郡神川町の金鑽《かなさな》神社では十一月二十三日夕刻、境内四隅に燎火《かがりび》を焚き、この火に甕水・赤土・川菜を順に投じて消火の式を行い、鎮火後新たに火が鑽られて点火するという火防の火鑽祭がある。

(加藤　健司)

ひこさん　英彦山　福岡県田川郡添田町と大分県下毛郡山国町の境にある。標高一一九六・六メートル。頂部は豊肥火山活動による安山岩。頂上は北岳・中岳・南岳の三峰があり、南岳が主峰で一等三角点がある。平安時代初期までは「日子山」と書き、以後の史料では「彦山」と書いたが、享保十四年(一七二九)霊元上皇より「英彦山」の称号を授けられ、以後この文字を使用している。中岳に英彦山神宮の上宮が鎮座し、同宮を中心に全山が彦山三千坊といわれた修験道場であった。中腹には牛馬安全の信仰のある高住神社(もとの豊前坊)、ほかに大南神社(もとの不動窟)、法蓮の修行した玉屋神社(もとの玉屋窟)があり、古い行場跡がある。山頂付近はブナの原生林があり、樹齢千年といわれる鬼杉は国の天念記念物に、また英彦山は耶馬日田英彦山国定公園に指定されている。山麓の各地から登山道路も整備され、望雲台は岩登りに利用されている。施設としては九州大学生物学研究所(旧座主院跡)、国民宿舎「ひこさん」、福岡県立英彦山青年の家などがある。竜門峡・鷹ノ巣原・豊前坊にはキャンプ場が設けられ、町営スキー場もある。上宮登拝路には奉幣殿―表参道石段―中岳上宮、奉幣殿―玉屋神社―梵字岩―磨崖仏―南岳―中岳上宮、豊前坊―北岳―中岳上宮などがある。

参考文献　川添昭二・広渡正利編『彦山編年史料』古代・中世篇、田川郷土研究会編『増補英彦山』、朝日新聞西部本社編『英彦山発掘』、同編『英彦山』

(中野　幡能)

ひこさんじんぐう　英彦山神宮　福岡県田川郡添田町に鎮座。別称英彦山権現。旧官幣中社。主祭神は正哉吾勝勝速日天忍穂耳尊。本宮についての最古の記録は建保元年(一二一三)の奥書のある『彦山流記』で、それによると祭神は「権現」であり、上宮南岳を伊弉諾尊本地釈迦、北岳を天忍骨尊本地阿弥陀、中岳を伊弉冊尊本地千手としその社名はない。元亀三年(一五七二)の『鎮西彦山縁起』には、現祭神と天穂日命・天津彦根命・活津彦根命・熊野櫲樟《くす》日命の五神となり、『彦山流記』の上宮三社の三神をあげる。両書ともに「彦山」と称し、寺を霊仙寺と号している。寺の開山を前者一本では藤原恒雄、後者『鎮西彦山縁起』では魏国の善正とし、さらに祭神・開山が整理され、藤原恒雄が出家して忍辱となり、善正につぐ霊仙寺二世になり、『日本書紀』用明紀の豊国法師と同一人物になり、はじめて役小角が彦山・宝満山に結びつく。これより前文明十四年(一四八二)、宥快は『修験道秘決灌頂巻』を編集、葛城・熊野修験と彦山を習合、彦山修験道二十七項をまとめており、大永のころには阿吸房即伝が『柱源記』を書き、彦山と宝満山を結ぶ峯中修行を完成し他山に影響を与えた。以上をみると、彦山山頂の秀麗な三山は神の山として自然崇拝が行われていたが、そこに中国で盛んであった王子晋の道教と仏教の融合した信仰が入ったようである。その源流は魏の山西省五台山系および浙江省天台山系の習合宗教や朝鮮系白山信仰で、それが日本の自然崇拝の神祇信仰と融合して彦山修験は成立したのであろう。平安時代にできた彦山修験種々相が『彦山流記』にみられ、中世末修験道完成期の諸相が『鎮西彦山縁起』に、江戸時代の衰退期の様相が元禄七年(一六九四)『豊之前州彦山縁起』にみえるとしてよかろう。彦山霊仙寺つまり彦山修験教団の創立および経過の真相は未詳であるが、史料からみると最初の聖地・施設は玉屋神社に始まり、現在の大講堂(奉幣殿)などの位置に施設が整うようになったのは中興真慶・増慶のころからで、道教的聖地が豊前坊として成立したのではないかと想像される。嘉保元年(一〇九四)には政治的に有利な安楽寺と乱闘し、大宰大弐藤原長房を逐電上洛せしめるほどの勢力になった。そのころを思わせる組織として山内山外を含めて四十九窟の末寺、山内別院五院・一堂・一宮・一寺、山外に俗に三千八百坊があったというのであろう。こうして中世を通じて着実に彦山勢力は成長したが、永禄―天正年間(一五五八―九二)には竜造寺氏や大友氏の焼打ちをうけ、豊臣秀吉に社領・兵器を没収されたが、慶長六年(一六〇一)細川忠興は二千石の黒印領を与え、小笠原氏に続いた。元禄九年彦山は天台修験別本山となり、享保十四年(一七二九)霊元上皇は「英彦山」の称号を授けた。読みは「ひこさん」という。山内二百五十坊は幕末まで続き、九州全土に四十二万戸の檀方《だんかた》(檀那)と約七十ヵ所の末山を有した。明治の神仏分離で英彦山神社となる。明治四年(一八七一)国幣小社、同二十三年官幣小社、同三十年官幣中社。昭和四十九年(一九七四)英彦山神宮と改称。例祭は九月二十八日、特殊神事に三月十五日の御田祭、四月十四日・十五日の神幸祭がある。奉幣殿は元和二年(一六一六)細川忠興の再建。奉幣殿・銅鳥居・修験板笈《おい》は重要文化財。

参考文献 川添昭二・広渡正利編『彦山編年史料』古代・中世篇、小林健三『英彦山神社誌稿』、田川郷土研究会編『増補英彦山』、中野幡能編『英彦山と九州の修験道』(『山岳宗教史研究叢書』一三)、佐々木哲哉他校注『阿蘇・英彦山』(『神道大系』神社編五〇)、『英彦山民俗資料緊急調査報告書』昭和四十六年度、同昭和四十七年度、北九州市立歴史博物館編『豊前修験道』、元興寺文化財研究所編『英彦山・求菩提山仏教民俗資料緊急調査報告書』

(中野 幡能)

ひこさんしんこう　英彦山信仰　福岡県南部に聳える英彦山(標高一二〇〇《メートル》)をめぐる信仰。伝承では古くは日子山、中世の記録には彦山とあり、享保十四年(一七二九)に霊元上皇の勅許で英彦山と改めた。『彦山記』(十一世紀)は蒼鷹《あおたか》が日胤《ひこ》と水盈尊《みずはめのみこと》の奇魂《くしみたま》として降臨したと説く。『彦山流記』(建保元年(一二一三))では彦山三所権現で、南嶽を俗躰嶽(本地釈迦、垂迹伊弉諾命《いざなぎのみこと》)、北嶽を法躰嶽(阿弥陀、天忍穂耳命《あめのおしほみみのみこと》)、中嶽を女躰嶽(千手観音、伊弉《いざ》冊命《なみのみこと》)とした。三所権現と九つの拝所を合わせて彦山十二所権現としてまつった。山中には般若窟(玉屋)、豊前窟、智室窟、大南窟など四十九の洞窟があり、弥勒の居所の兜率天内院の四十九院に擬し、往古の洞窟籠り修行の様相を伝える。天忍穂耳命の来山伝承、役小角の彦山・宝満山を経ての入唐伝説、寿元の熊野権現勧請の伝承もある。『彦山縁起』(元禄七年(一六九四))や『豊鐘善鳴録』(寛保二年(一七四二))では、北魏の僧侶の善正が入山し洞窟で修行中に狩人の藤原恒雄に出会い、恒雄は山で白鹿を射たが、白鷹によって蘇生する奇蹟を見て、殺生を悔い仏教に帰依して忍辱《にんにく》と改め、善正を開祖、みずからを二世とし仏像を祠に納めて霊山と称したとある。三世の法蓮は日子山を彦山に、霊山を霊仙寺に改め修験の基礎を固めた。修験の組織は惣方(神道系)、衆徒方(天台系)、行者方(大先達系)に分かれ、山中に門前町が形成された。九州全域に檀那を持ち、祈禱札や薬で布施を得て参詣を勧めて経済的基盤を固めた。室町時代に春夏秋の峰入りが確立し、日光から来た阿吸房即伝《あきゅうぼうそくでん》が教義書を整え、大峰山や羽黒山と並ぶ修験の拠点とされた。二月十五日の松会《まつえ》が重視され、涅槃会、御田祭、春峰の峰入りが行われた。現在では三月十五日の御田祭と四月第二土・日曜日の神幸祭に分割して継続されている。明治の神仏分離で英彦山神社(祭神天忍穂耳命)、昭和五十年(一九七五)に英彦山神宮と改まる。本社は中嶽にあり南嶽と北嶽の神を合祀する。霊仙寺大講堂は奉弊殿として残るが、修験の堂宇は大部分が失われた。

参考文献 田川郷土研究会編『英彦山』、長野覚『英彦山修験道の歴史地理学的研究』、中野幡能編『英彦山と九州の修験道』(『山岳宗教史研究叢書』一三)

(鈴木 正崇)

ひごとあさゆうおおみけさい　日別朝夕大御饌祭　伊勢神宮の恒例祭典の一つで常典御饌とも称す。大正三年(一九一四)の神宮祭祀令では中祭とされる。毎日朝夕の二度、豊受大神宮の板垣内の板校倉・刻御階《きざみきざはし》という古風な殿舎、御饌殿において、両正宮・相殿神・各別宮に大御饌を供進する祭儀であり、一般神社の日供に相当する。雄略天皇の代に天照大御神の御饌津神として豊受大神を丹波国から迎えたことに由来する祭儀である。『止由気宮儀式帳』によると、古儀は御饌殿内に天照大御神ならびに豊受大神および外宮相殿神の神座を設けて大御饌を供進していたが、明治五年(一八七二)十一月より内宮相殿神および両宮別宮の神座が追加された。旧儀では、神饌品目は御水・御米(飯)・御塩が中心であり、御贄は時に臨んで供進された。忌火殿より御炊物忌によって神饌が盛られた御饌机が奉持され、禰宜・大内人が前駈警蹕《けいひつ》、大物忌が副従して御饌殿に至り、大物忌・御炊内人のみが殿内に昇り神座に御饌を奉奠し、殿前で奉拝ののち退下した。現行では禰宜・権禰宜・宮掌により奉仕され、御飯・御酒各三盛、生魚(または乾魚)・乾鰹・海菜・野菜・塩・水各一盛、さらに両正宮には各果実一盛が供進される。

参考文献 吉川竜実「日別の祈り―神宮常典御饌再考―」(『神道宗教』一七一・一七二)

(本澤 雅文)

ひこほほでみのみこと　彦火火出見尊　『古事記』は天津日高日子穂々手見命とする。また別名を『古事記』では火遠理命《ほおりのみこと》、『日本書紀』では火折尊《ほのおりのみこと》ともいう。天孫の火《ほの》瓊瓊杵尊《ににぎのみこと》との一夜の契りにより妊娠した木花之開耶姫《このはなのさくやびめ》が、貞操の証明のため、火中で出産した三人の男児の末弟。山幸の弓矢を持ち、狩猟が得意だったので山幸彦と呼ばれた。兄の海幸彦の釣針と、その弓矢を交換し、魚釣りをしたところが、鯛に釣針を取られ、兄に返却を強要され困惑した。そこを塩土老翁《しおつちのおじ》に助けられ、海神の宮に行き、海神の娘の豊玉姫《とよたまびめ》と結婚した。三年後に潮満瓊《しおみちのたま》と潮《しお》涸瓊《ひのたま》を得て帰り、兄を降参させ、子孫の隼人の朝廷への奉仕を誓わせた。豊玉姫が産褥で正体を夫に見られ、生み捨てて去った子が、鸕鷀草葺不合尊《うがやふきあえずのみこと》で、神武天皇の父。
→海幸山幸《うみさちやまさち》

参考文献　松本信広『日本神話の研究』、同『日本民族文化の起源』一、大林太良編『日向神話』(『シンポジウム日本の神話』四)、吉田敦彦『ギリシァ神話と日本神話』

（吉田　敦彦）

ひしずめのまつり　鎮火祭　⇩ちんかさい

ひじやまじんじゃ　比治山神社　広島市南区比治山町に鎮座。旧称黄幡《おうばん》大明神・黄幡社。旧村社。祭神は大国主大神・少名毘古神《すくなひこのかみ》・建速須佐之男命《たけはやすさのおのみこと》・市寸島比売命《いちきしまひめのみこと》、相殿の車折《くるまざき》大明神である。比治山は、古くは広島湾頭に浮かぶ小島であったが、次第に陸続きになった。広島藩の地誌『知新集』(文政五年(一八二二)成立)によると比治山南鼻に鎮座する黄幡社の神は八将神随一にて軍陣守護の神明本地摩利支天とする。その地を黄幡谷と称した。寛文年間(一六六一—七三)よりのち、比治山北麓にある真言宗勝楽寺の鎮守社となり、同寺脇の現社地に移され、安芸郡段原村、城下稲荷町の西・下・中・東四組、沼田郡竹屋村の産土神となった。明治初年、神仏分離により現社名に改称し、勝楽寺は廃寺となった。昭和二十年(一九四五)の原爆により本殿など社殿を焼失したが、同二十九年に再建された。近世末の祭礼で、正月に門松添木を、九月に祭礼湯立の薪を毎年藩の御山方から渡された。例祭は十月二十九日。

参考文献　広島県神社誌編集委員会編『広島県神社誌』

（藤井　昭）

ひじりじんじゃ　聖神社　大阪府和泉市王子町に鎮座。信太社、信太大明神ともいい、『延喜式』神名帳には「聖神社」とみえる。旧府社。信太の森の守護神とされる聖大神を主祭神とする。社伝によれば、「白鳳三年八月十五日」天武天皇の勅願により、渡来系氏族の信太首が創祀したという。平安時代から鎌倉時代にかけて熊野詣が盛んになると、上皇・天皇らの参拝や奉納が相ついだが、天正十三年(一五八五)豊臣秀吉の根来衆討伐の際に、社殿は焼失し社領も没収された。慶長九年(一六〇四)、豊臣秀頼が片桐且元を普請奉行として本殿を再建。聖の神は、日知りの神、すなわち天文暦の神で、信太の森の狐と結びついて安倍晴明の伝説を生み出したと推測され、境内には、浄瑠璃『蘆屋道満大内鑑』の舞台とされるネズミ坂、鏡池が伝承される。例祭は五月十日。安土桃山時代の建築様式を残す本殿と、末社の三神社・滝神社本殿は重要文化財。末社の平岡神社本殿は府指定文化財。

参考文献　『和泉市史』

（髙島　幸次）

ひぜんのくにふどき　肥前国風土記　和銅六年(七一三)五月、律令政府が諸国に発した風土記撰進の詔によって、おそらく大宰府で、他の九州風土記とともに編述し言上した解文。写本の標題には『肥前風土記』『風土記肥前国』などとある。編者未詳。一巻。成立時期は、郷里制によって書かれているので霊亀元年(七一五)(三年説もある)以後といえるが、厳密にはわからない。秋本吉郎は天平四年(七三二)八月の節度使の始置より後、同十一年末の郷里制消滅より前と推定している。九州風土記に甲乙両類があるという井上通泰の説が現在支持されており、本風土記は甲類に属する。内容は、巻頭総記として、標題、郡・郷・里・駅《うまや》・烽《とぶひ》・城《き》・寺の数、「火の国」の国名由来伝承を記載する(その後半は『日本書紀』景行天皇十八年条とほぼ同文)。次に十一郡それぞれに、郡名、郷・里・駅などの数、郡名・郷名などの由来を述べる。現伝本は抄録本であるが、『豊後国風土記』と同様に、地名由来を説く伝承を主とする。伝承の主体は景行天皇が多く、他に倭建命・神功皇后・崇神天皇もその名がみえる。松浦郡郡名由来の部分は、『日本書紀』神功皇后摂政前紀の条にほぼ同文の記事がある。これも『豊後国風土記』と同じく土蜘蛛平定に関する話が多く、また女性の賊長が多く登場するのも特徴といえる。伝承説話には、海上の虚空に燃える火の話、鎧を欲しがる神の話、交通妨害をする神を鎮めた話、子宝の授かる石の話、茂り栄える樟の話、神功皇后が鮎を釣って戦勝の占いをした話、弟日姫子と褶振《ひれふり》の嶺の話などがある。古写本では、鎌倉時代書写かと推定される猪熊本(国宝)があり、ほかに、南葵文庫本(東京大学図書館蔵)、松崎義勝本(東京都立中央図書館蔵)、『肥前風土記纂註』(糸山貞幹著、佐賀県立図書館蔵など五本)所引本などがある。活字本では『風土記』の書名で『日本古典文学大系』二、『日本古典全書』『新編日本古典文学全集』『角川文庫』『東洋文庫』一四五などに収められている。

参考文献　井上通泰『肥前風土記新考』、佐賀県史編纂委員会編『校本肥前風土記とその研究』、植垣節也「肥前国風土記の伝写について」(境田教授喜寿記念論文集刊行会編『上代の文学と言語』所収)

（植垣　節也）

ひたかじんじゃ　日高神社　岩手県水沢市日高小路に鎮座。天御中主神《あめのみなかぬしのかみ》を主神として七神を合祀する。北上川流域(日高見)の産土神として祀られていたが、前九年の役に源頼義が戦勝を祈願、未《ひつじ》の刻に安倍氏を討ったことにちなみ未《み》ノ妙見宮と呼ばれた。その後藤原秀衡によって社殿が再建され、神事は羽黒修験多宝院が代々行なってきた。寛永九年(一六三二)水沢領主となった留守《るす》宗利は社殿を改築するとともに留守家祖霊を祀る瑞山神社を新たに創祀した。明治二年(一八六九)神仏分離令によって日高神社となり郷社に列し、胆沢地方の守護神として親しまれている。本殿は三間社流造で構造・内部意匠に室町時代末期の手法が見られる。重要文化財指定。例祭は八月二十二日。同社に伝わる火防《ひぶせ》祭は、留守宗景が江戸の明暦の大火に鑑み、不測の罹災を神仏の加護により防止せんと祈願し始めたものである。四月二十二日六組の町衆が町印を先頭に繰り出す打囃子・屋台は絢爛《けんらん》豪華で都風の趣がある。

参考文献 『水沢市史』資料篇七 （矢萩 昭二）

ひたかみのくに 日高見国 『日本書紀』などにみえる地名。大祓詞（『延喜式』祝詞）に「四方之国中登大倭日高見之国乎安国止定奉氏」とあり、これと同句が『釈日本紀』一〇所引中臣解除文にもみえる。『日本書紀』景行天皇二十七年条には「東夷之中有㆓日高見国㆒」、同じく同四十年条に「蝦夷既平、自㆓日高見国㆒還㆑之、西南歴㆓常陸㆒至㆓甲斐国㆒」とある。これをもってみると前二者は大倭にかかわる語、後二者は常陸よりも北方、蝦夷の地にかかわる地域の固有名として使用されていることがわかる。しかし前二者は大倭（大和国）の美称で、この場合「日」「高」を神霊ないし瑞祥語として構成しているわけである。日高見の語源としては『大言海』のいうように直高処《ひたかみ》すなわち一面に地勢の高い処の意味なら、常陸（古くは常道＝直道《ひたみち》のさらに奥地に、直高処の国が想定されても不思議ではなく、そのヒタカミに「日」「高」の文字、したがってその瑞祥の概念を充てたことが考えられる。そうなると『釈日本紀』一〇の公望窃案が中臣解除文（大祓詞）について「四（方）望㆓高遠㆒之地、可㆑謂㆓日高見国㆒歟、指似㆑不㆑可㆑言㆓一処之称謂㆒耳」とするのが正しいかも知れない。なお『釈日本紀』一〇所引『常陸国風土記』逸文信太郡条には「此地本日高見国」とあるので、その固有名の指す地域も変動があるか、または不確定ということになろう。『夫木和歌抄』三〇にみえる卜部兼直の「出づる日の高見の国を安国と祈るすゑをば神や照らさむ」とあるのは、日本国全体を指す美称である。いずれにしても奈良時代以降の「日高見国」の語には、その語源を離れて、大倭の美称と蝦夷の地にかかわる仮想的な地域名と二種があり、概念としては前者の方が古来のもののようである。 （川副 武胤）

ひたきのしんじ 火焚神事 熊本県阿蘇郡一の宮町宮地に鎮座する旧官幣大社阿蘇神社の摂社霜神社（阿蘇郡阿蘇町役犬原）において、八月十九日より十月十八日まで継続して行われる五穀豊穣（霜害防除）のための特殊神事。八月十九日霜社の天神が天神の森という森に神幸し、そこから常設の火焚殿に渡御する。それより六十日間、十二、三歳の少女をして神座の下で昼夜間断なく火を焚かしめ、九月一日温《ぬく》め上と称する真綿を奉って祭をなし、十月十六日に乙女揚といって一旦火焚を止め、霜の大神は火焚殿より天神の森を経て本社に還御する。さらに十八日の夕方より火焚殿の一部において盛んに火を焚き神楽を奏し、夜明に及ぶや少女らは巫に手をひかれて右の烈火の中を素足で舞い渉る。これを火の神楽といい、その終了を以て神事の終了とする。阿蘇大神の国土草創の時からの由緒を伝え、今なお行われる。氏子の部落（竹原や役犬原）は行事中一切鳴物停止という。

参考文献 神祇院編『官国幣社特殊神事調』五 （柴田 実）

ひだそうしゃ 飛驒総社 岐阜県高山市神田町に鎮座。飛驒国総社。旧県社。祭神は、水無神《みなしのかみ》など飛驒国内の式内社八座、国史見在社十座、飛驒国造の祖神。由緒不詳。社伝によれば、承平年間（九三一―三八）の創建。中世に退転したが、文明二年（一四七〇）に本殿・拝殿が再建されたという。近世には、「総社大菩薩宮」「七日町総社宮」といわれた。寛永五年（一六二八）、金森重頼が修造。天明の飢饉のころより荒廃し、これを嘆いた国学者田中大秀が考証し直し、『飛驒総社考』を著し、広く社殿再興を呼びかけ、文政三年（一八二〇）三月これを成功に導いた。例祭は五月四日・五日。

参考文献 『高山市史』下、神道大系編纂会編『神道大系』神社編二四、田中大秀『飛驒国総社考』 （秋元 信英）

ひたちおびしんじ 常陸帯神事 鹿島神宮で行われた特殊神事で常陸帯にちなむ神事。常陸帯は、神功皇后三韓征伐ののち、懐胎の腹帯を奉納されたものといわれ、一説に鹿島神宮から神功皇后に腹帯を献上したとも伝えられる。『鹿島宮年中行事』には正月八日日暮れより十四日まで七夜八座の常陸帯祭事の式が神宮寺堂内で行われたとあり、慶長九年（一六〇四）の神領割符に常陸帯料として神宮寺に百石があてられている。のちに常陸帯は神宮寺から神宮宝蔵に移され、祭日も正月十四日のみとなった。その次第は、文化年間（一八〇四―一八）の『年中定例祭式細記』などに、大宮司・社家・社僧立ち合いのもと常陸帯を宝蔵より出し輿に納め神宮寺内に安置、同日暮に神宮寺観音堂において執行式、篝火を焚き常陸帯を捧げ駅路の鈴をふり本堂の外縁を廻り、同夜宝蔵へ返し納めるとある。しかし明治維新後、仏教色の強い同神事は廃止された。また、歌枕として恋占いの常陸帯の習俗が平安時代より都びとに広く知られたが、同神事との関連は不明である。 （森本ちづる）

ひたちのくにふどき 常陸国風土記 和銅六年（七一三）五月の詔制に応じて撰進されたとみられる常陸国の地誌。巻頭に「常陸国司解 申古老相伝旧聞事」とあって、常陸国司から「解」の形式で提出された文書であることが知られる。はじめに常陸国全般にかかる総括的な記事が置かれ、ついで新治・筑波・信太・茨城・行方・香島・那賀・久慈・多珂（白壁・河内二郡の記事を欠く）の各郡の記事がつづく。各郡の記事は、はじめに郡名の起源、沿革などについて記し、ついで順次、里・村・駅・山川・井泉などに関する記述があり、地名起源説話を中心とする伝承、土地の状況、産物などが取り上げられる。古代の地誌として、その史料的価値はきわめて高く、特に大化改新後の地方制度整備の過程、造池造堤・開墾など開発途上にあった当時の常陸の姿が伝えられていることは貴重である。現在伝わる本は、冒頭の総記の部分と行方郡について「不略之」とあるほかは「最前略之」「以下略之」「已下略之」など省略を示す注記が十九ヵ所に存し、不完全な省略本である。撰者については、解文であるから国司の責任で編輯・提出されたことは明らかであるが、駢儷体の華麗な文章で綴られた記事(筑波郡の筑波岳、茨城郡の高浜、香島郡の童子女松原、久慈郡の小田里など)が散見することから、しかるべき文人の関与を想定し、当時、官人として常陸に在った藤原宇合(養老三年(七一九)七月前後、守として在任)、高橋虫麻呂、春日老を撰者に擬する説がある。霊亀元年(七一五)以前の成立とすれば、当時の守は石川難波麻呂、介は春日老であったらしいので、その責任での撰進という蓋然性もある。成立の時期については、菊多郡の分郡に触れないことと石城国が存在しないことから、ほぼ養老二年五月以前、郡の下に里が属することから、郷里制の施行された霊亀元年以前とみる説が有力であるが、国府以北の駅家は養老三年閏七月、石城の十駅設置と同時に置かれたものとみて、それ以降の撰進とする説、河内・白壁二郡の記事の欠逸、本文の省略などから、延長三年(九二五)十二月の風土記再提出の官命に応じた再撰本とみる説もある。伝本としては、現伝本の祖本にあたる彰考館本(戦災で焼失。加賀前田家の本の転写)の忠実な写本である菅政友本(茨城県立歴史館蔵)、武田祐吉旧蔵本(国学院大学蔵)、松下見林本(大東急記念文庫蔵)などが重要で、江戸時代の刊本には群書類従本・西野宣明校訂本(天保版本)がある。活字本には『日本古典文学大系』二、『茨城県史料』古代編、栗田寛著・後藤蔵四郎補『標註古風土記』常陸、『日本古典全集』一期古風土記集下(天保版本影印)、『寧楽遺文』下、『日本古典全書』風土記上などがある。

参考文献 秋本吉郎『風土記の研究』(『大阪経済大学研究叢書』六)、志田諄一『常陸風土記とその社会』、八木毅『古風土記・上代説話の研究』、井上雄一郎『評註常陸国風土記新講』

(飯田　瑞穂)

ひつぎのしんじ　火継神事　出雲国造家相続の際行われる特殊神事。出雲国造家において新たにその家を嗣いで国造となった者は、新たに斎火を鑽り出し、これをもって炊いた神饌を国内の熊野大神・大国主神ならびに諸神に供しみずからも相嘗してのち、はじめて国造の職を襲いだことを認められる。この式は国造の始祖天穂日命以来伝わった神事として国造家相続の要件と考えられ、あたかも天皇の場合における即位式と大嘗祭に相当するものといわれる。

参考文献 神道学会編『出雲学論攷』

(柴田　実)

ひつさじんじゃ　比都佐神社　滋賀県蒲生郡日野町十禅寺に鎮座。旧県社。祭神は彦火火出見尊・天津彦火瓊瓊杵尊・木花開耶姫尊・武甕槌神・天太玉神・大己貴神・経津主神・天児屋根神・猿田彦神。式内社。創建は不詳であるが、同社由緒記によると古来日吉神社の社領となり、日吉七社の一つである十禅師権現を勧請し必都佐十禅師とも呼ばれ、日吉社の勢力のもとに大変隆盛をみたという。また蒲生氏をはじめとする武家の尊崇を受け、当地域の総社として栄えたと記されている。同社所蔵の『御官請取日記』によると、応安四年(一三七一)の社殿造営後、百年余り経た文明十八年(一四八六)に再建。江戸時代に至って、享保二年(一七一七)・文化五年(一八〇八)にも社殿を造営した。ところが明治十七年(一八八四)に焼失。現在ある社殿は同十九年再建のものである。例祭は四月十四日。境内には嘉元二年(一三〇四)十二月二日の刻銘を有する宝篋印塔一基があり、重要文化財に指定されている。

参考文献 式内社研究会編『式内社調査報告』一二

(宇野日出生)

ひとがた　人形　「ひとかた」とも読み人像とも書き。また形代《かたしろ》、贖児《あがちこ》などともいう。現在も禊祓の際に、紙で作った簡単な立雛形式の人形に自分の名前や年齢を書き、それに息を吹きかけて罪穢や禍を移す祓具《はらえつもの》として用いられている。また、それで身体を撫でて祓うことから、撫物ともいう。今は紙製であるが、『延喜式』木工寮によれば金・銀・鉄・木製のものも作られたとある。ほかに藁や茅製の人形も見られる。大きさも一定しておらず、一五センチほどから等身大までのものもある(『親信卿記』天禄三年(九七二)十二月十日条)。『源氏物語』須磨の巻に、三月巳の日、陰陽師に祓をさせた後、「船にことごとしきひとがたのせて流す」とみえ、祓の後「ひとがた」を海へ流したとある。朝廷では毎月、陰陽師に「ひとがた」を奉らせて七瀬祓を行なった(『禁秘抄』上)。「ひとがた」の用途は呪いのためのもの(たとえば平城宮跡出土の「ひとがた」は薄板製で目と胸のところを釘で打った跡がある)、貴人の棺の中に入れたもの(『中右記』大治四年(一一二九)七月十五日条)、また神の仮の姿としての人形《ひとがた》、たとえば傀儡師《くぐつし》や巫女があやつった「かたしろ」や「おしら様」など、そして祭りの一ッ物や五月人形などのような「よりしろ」としての性格を持つものなどがある。「ひとがた」の源流は祓柱《はらえつもの》としての奴婢(『日本書紀』天武天皇十年(六八一)七月丁酉条)にあり、それが人形《ひとがた》・形代《かたしろ》となり、さらに人形《にんぎょう》へと変遷したものと考えられるが、いずれにせよ、それらの根底には祓の思想がみられる。なお幼児のための「ひとがた」は天児《あまがつ》と称された。現在、宮中や各神社で六月・十二月に行われる大祓神事は「ひとがた流し」「形代流し」とも称され、祓つ物として人形《ひとがた》が用いられている。　→撫物《なでもの》

参考文献 折口信夫「ひめなすびとひめあそび」(『折口信夫全集』一七所収)、三橋健「大祓研究序説」(滝川政次郎先生米寿記念論文集刊行会編『(滝川政次郎先生米寿記念論文集)神道史論叢』所収)

(三橋　健)

ひとことぬしのかみ　一言主神　奈良県御所市森脇の葛《かずら》城《きの》一言主神社の神。『古事記』によると、雄略天皇が百官を従え葛城山に登ったとき、向かいの山を行列や装束も天皇とそっくりにして登って行く者があり、天皇がこの国に自分をおいて王はないのに、何者かと問わせると、それと同じことを答え、天皇が怒って百官とともに矢をつがえると、先方も同様にした。天皇が互いに名を名乗ろうと言うと、「吾は悪事も一言、善事も一言、言ひ離つ神、葛城の一言主の大神なり」といったので、天皇は自分の太刀と弓矢をはじめ、百官の衣服まですべて献上し、拝礼した。すると一言主神は喜び、拍手してこの供物を受け、天皇が皇居の朝倉宮に帰るときには、長谷の山口まで天皇を送った。これが一言主神の出現のはじめだったという。『日本書紀』によれば、雄略天皇が葛城山で狩をしている最中に、自分とそっくりの容姿をしたこの神に会い、互いに名乗り合った後に、馬の轡を並べて同じ鹿を追い駈けながら、矢を射ることを譲り合って、日暮れまで一緒に狩をし、天皇の帰りを神は、来目水《くめのかわ》まで送って来たという。『日本霊異記』上には、役小角《えんのおづの》が吉野の金峯山から葛城山まで橋を架けよと命令して、鬼神たちを困らせたとき、この神が、朝廷に役小角が謀反を企てていると讒訴した。その後この神は、役小角に呪縛されたまま、今でも解放されていないという話が記されている。

参考文献　次田潤『古事記新講』、松村武雄『日本神話の研究』　（吉田　敦彦）

ひとつもの　一つ物　神社の祭礼の時、美しく扮装をこらし、神霊をかたどって、馬に乗って、神幸の行幸に加わる童子をいう。造り物の人形を用いる場合もある。『中右記』の長承二年（一一三三）五月八日の宇治祭の条に、「巫女、馬長、一物、田楽、散楽如レ法」とみえる。奈良市の春日若宮神社の祭礼（春日若宮祭）には、一つ物が四人供奉する例がある。

参考文献　永島福太郎「一つ物」（『日本歴史』四六四）、同「「一つ物」を追う」（同四八八）　（西山　徳）

ひとつやましんじ　一つ山神事　兵庫県宍粟《しそう》郡一宮町の播磨国一宮伊和《いわ》神社と、同県姫路市の播磨国総社射楯兵《いたてひょう》主《ず》神社で、式年に行われる大祭。伊和神社では二十一年目に一度、射楯兵主神社では六十一年目に一度行われている。射楯兵主神社では、丁《てい》卯祭《ぼうさい》の名があり、重要無形民俗文化財に指定されている。伊和神社では、神体山とされる宮山の頂に旗を立てて遥拝する神事となっているが、本来は境内に造山を立てる祭であった。射楯兵主神社では、現在も五色山と呼ばれる、高さ約一六㍍、直径約九㍍の造山に、浅葱・黄・赤・白・紫の五色の木綿を巻き付け、生松や源頼光の鬼退治などを象った押絵を飾り付けたものを境内に立てる。また、姫路城三の丸公園に神幸して、流鏑馬・競馬・神子渡・一つ物・弓鉾指の五種の神事が行われる。なお、伊和神社では六十一年目に一度の甲子祭として、射楯兵主神社では二十一年目に一度の臨時祭として、三つの山を立てる三つ山神事がある。　↓三《み》つ山神事《やましんじ》　（島田　潔）

ひとみごくう　人身御供　人のからだを神への供え物にすること。世界に広く分布していた。日本でもこの言葉はよく使用され、原意において、転用「いけにえ」において使用される。紀元前二世紀のケルトの供犠では五年ごとの大祭に罪人を養っておいて神々に捧げ、その数の多いほど国が栄えるとされ、祭司により矢で杙《くい》で火で殺された。毎年の祭でも人身供犠が行われた。メキシコでも人身供犠に使用された石台が今も残存する。血をあびたものである。東コーカサスのアルメニヤでは予言したり神憑る奴隷を養い、その一人を一年間贅沢させ、その年の終りに犠牲とした。マルセーユでも貧しい男が犠牲の羊となり一年間公費で養われ、よい食物を食べ、よい衣服を着、犠牲として石で殺された。アテネでも役にたたない者を公費で養っておき、疫病・飢饉・旱魃の時にこれを犠牲にした。一人は男のため、他は女のための犠牲である。全市をひきまわして殺す。古代での姿である。このように人身供犠はどこでもみられたが、日本でも「いにしへは、年毎に人身御供を受給ふ」（近松門左衛門『賀古教信七墓廻』）などにみられるが、実際は少ないように思われる。　↓生贄《いけにえ》

参考文献　フレイザー『金枝篇』（永橋卓介訳、『岩波文庫』）、柳田国男「人を神に祀る風習」（『定本柳田国男集』一〇所収）、同「松王健児の物語」（同九所収）　（野村　暢清）

ひとりがみ　独神　男女二神で生成する双神に対して、単独で生成する神のこと。『古事記』冒頭部では、天之御中主神《あめのみなかぬしのかみ》、高御産巣日神《たかみむすびのかみ》、神産巣日神《かみむすびのかみ》、宇摩志阿斯訶備比古遅神《うましあしかびひこじのかみ》、天之常立神《あめのとこたちのかみ》の別天神《ことあまつかみ》五柱と国之常立神《くにのとこたちのかみ》、豊雲野《とよくもの》神《のかみ》の七神がそれにあたり、すべて現身《うつしみ》を隠してあらわさなかったとある。きわめて抽象的な性格をもつ神であるが、男女の性をもたない無性の神とみるか、両性具備の神とみるか、いまだ定まらない。『日本書紀』に独神はみえないが、本書の「故曰く」ではじまる文脈に、国常立尊、国狭槌尊《くにのさつちのみこと》、豊斟渟尊《とよくむぬのみこと》の三神が「乾道独《けんどうひと》り化《な》」し、「純男《ひたお》を成《な》す」とある。乾道とは天の道、陽の道であり、純男とは陽の道のみで生成された神である。この純男を参照すれば、独神とは無性や両性の神ではなく、純粋な男性神の意ともみられる。いずれにしても、『古事記』において高天原《たかまのはら》で生成した最も重要な一群の神を指す用語である。　（青木　周平）

ひなまつり　雛祭　⇩上巳《じょうし》

ヒヌカン　沖縄で、家庭の台所にまつられる神。名称としては、ヒヌカン（火の神）系、ウカマ（竈）系、ミチムン系に大別される。ミチムンは「三つ物」で、かつて石を鼎立させ竈としたことに因む名称である。竈のない現在は、台所に香炉もしくは香炉とセットに小石三個を置い

て火の神の依代とする場合が多い。火の神の出自を海(ニライカナイ)に求める説や、火の神の原初的神格を太陽の化身とする説もある。火の神の前で神籤によって新生児の名前を決める習俗は広く分布し、屋外界の特定の神などへの遥拝の機能を果たすこともある。家族員の死に際して、竈石を代えたり香炉の灰や砂を入れ代えることによって火の神を更新する習俗がある。次、三男の分家に際して本家の火の神の香炉から分家の火の神の香炉へ灰を移して本分家の火の神の連続性を表現する事例もある。「ノロ火の神」や「地頭火の神」など特定の神役や役職に関わる火の神もある。十二月二十四日に昇天し新年に下天するという観念など、中国の道教の竈神信仰の影響も認められる。 ↓火《ひ》の神《かみ》

参考文献 伊波普猷「火の神考」(『伊波普猷全集』五所収)、仲原善忠「太陽崇拝と火の神」(『日本民俗学大系』一二所収)

(赤嶺 政信)

ひのかみ 日神 ⇩天照大神《あまてらすおおみかみ》

ひのかみ 火の神 火をつかさどる神で、その名称や信仰の対象は地域によって多様である。人間の生活において、火の使用は不可欠であり、とりわけ食物の煮炊きは、家族の生命を維持するために重要であることから、火は神聖視されてきた。イロリや竈など火を使う場所には、柱や棚に幣束や御札を納め、火の神としての竈神がまつられることが多いが、その名称や御神体は地域ごとに異なる。東北地方では、カマジン、カマオトコ、ヒオトコなどと呼ばれる、木製の醜い面を竈近くにかけてまつる民俗があり、沖縄では、ヒヌカンと呼ばれる竈神がまつられ、竈の原型を象徴する三つの石を御神体としている。竈神は、食物と火の関連性から、作物の神としての性格、さらには、生活全般をささえる家の神の性格をもつ場合もある。また、修験道や陰陽師の影響を受けた地域では、三宝荒神と呼ばれる神が、火伏せの神、あるいは災厄を祓う強い力をもつ神として信仰されている。荒神とは、もともと荒ぶる神を意味し、『古事記』や『日本書紀』では、高天原つまりアマテラスが支配する神々の世界や、天皇の権威に服従しない神を「荒振神」や「荒神」と呼んだ。これに仏教的な解釈が加えられ、仏教を守護する神として、三面六臂(三つの顔と六本の腕)と忿怒(怒り)の表情をもつ神として、イメージされるようになったのが三宝荒神である。近世には、荒神祓いといって、山伏や陰陽師が定期的に各家をまわり、竈を祓い清めたという。一般によく知られる火伏せの神としては、秋葉山本宮秋葉神社(静岡県周智郡)や愛宕《あたご》神社(京都市右京区)があげられる。特に、「火廼要鎮」と書かれた愛宕神社の御札は有名である。秋葉神社と愛宕神社に対する信仰は、修験道の布教とともに広がるようになり、各地に勧請され、まつられるようになった。近世には、秋葉講や愛宕講と呼ばれる講集団が各地に結成され、代参が盛んに行われた。

参考文献 飯島吉晴『竈神と厠神―異界と此の世の境―』、中野東禅・吉田俊英編『秋葉信仰』(『民衆宗教史叢書』三二)

(岩井 洋)

ひのくま・くにかかすじんぐう 日前・国懸神宮 和歌山市秋月に鎮座。旧官幣大社。祭神は日前大神・国懸大神で、同一境内に並んで建てられ、西側が日前神宮、東側が国懸神宮で、ともに南面する。両社をあわせて日前・国懸神宮とも、略して日前宮とも呼ぶ。古代より紀伊国造家がまつってきた。『日本書紀』神代天石窟戸章第一の一書によると、天照大神を天の石窟戸から出す方法として、思兼神が、「その神の象を図し造りて、招禱き奉らむ」(原漢文)といったので、石凝姥《いしこりどめ》を冶工とし、天の香山の金を採って日矛を作らせ、また真名鹿の皮をまる剝ぎにして、天の羽鞴《はぶき》を作り、これを使って神を造ったとあり、その神が「紀伊国にまします日前神なり」(同)とみえている。『古語拾遺』には、「思兼神の議に従ひて、石凝姥神をして日の像を鋳しむ、初度に鋳たるは、少《いささか》に意にかなはず、次度に鋳たるは、その状美麗し」(原漢文)とみえ、先のを紀伊国の日前神、次のを伊勢大神とするなどみえて、両神社の深い関係を伝えている。社伝には、日前大神を日像鏡、国懸大神を日矛鏡として霊代とする。『釈日本紀』に、日前と称するのは、「師説云、前度所㆑鋳日像之鏡也、故有㆓日前宮之号㆒耳」とみえる。『紀国造家記』には、神武天皇の東征の時、この神鏡・日矛は天道根命に託されて紀伊国名草郡毛見村に祀られたが、崇神天皇の代に至って名草浜宮に遷され、垂仁天皇の代に現在の秋月にあたる名草万代宮に遷されたとある。『日本書紀』天武天皇朱鳥元年(六八六)七月条に、国懸神に奉幣の記事があり、持統天皇六年(六九二)五月条には、紀伊大神に奉幣とみえ、『文徳実録』嘉祥三年(八五〇)十月条には、「左馬助従五位下紀朝臣貞守を遣し、紀伊国日前国懸大神社に向はしむ」(原漢文)とみえて、神財を奉った。『延喜式』によれば、両宮ともに名神大社・祈年・月次・相嘗・新嘗の官祭に預かる。選叙令の集解所収の、養老七年(七二三)の太政官符は、名草郡が神領として特別待遇を受けていたことを示している。その後、『新抄格勅符抄』の大同元年(八〇六)牒には日前神五十六戸、国懸須神六十戸(いずれも紀伊国)があてられ、ついで新たに各五戸がつけ加えられたことを記している。『後鳥羽院熊野御幸記』の建仁元年(一二〇一)十月八日条に、藤原定家が御幣使となって、神馬二匹と幣を奉ったこと、その際は両社の間の中央石帖の上に坐して拝したことがみえる。『百錬抄』に、長寛二年(一一六四)正月二十八日に両宮焼亡したが、御正体は出したという記事があり、また承久元年(一二一九)、両宮の社司より国懸宮の御戸が思いがけず開いたとの申出により、五月十四日に「軒廊御卜」が行われたことが知られる。『続左丞抄』二の「日前国懸遷宮事」の条には、寛治の例(寛治五年(一〇九一))にあわせて四十三年をもって遷宮年限としたとみえる。江戸時代には紀州藩主徳川頼宣が両宮を再興し、社領を寄進

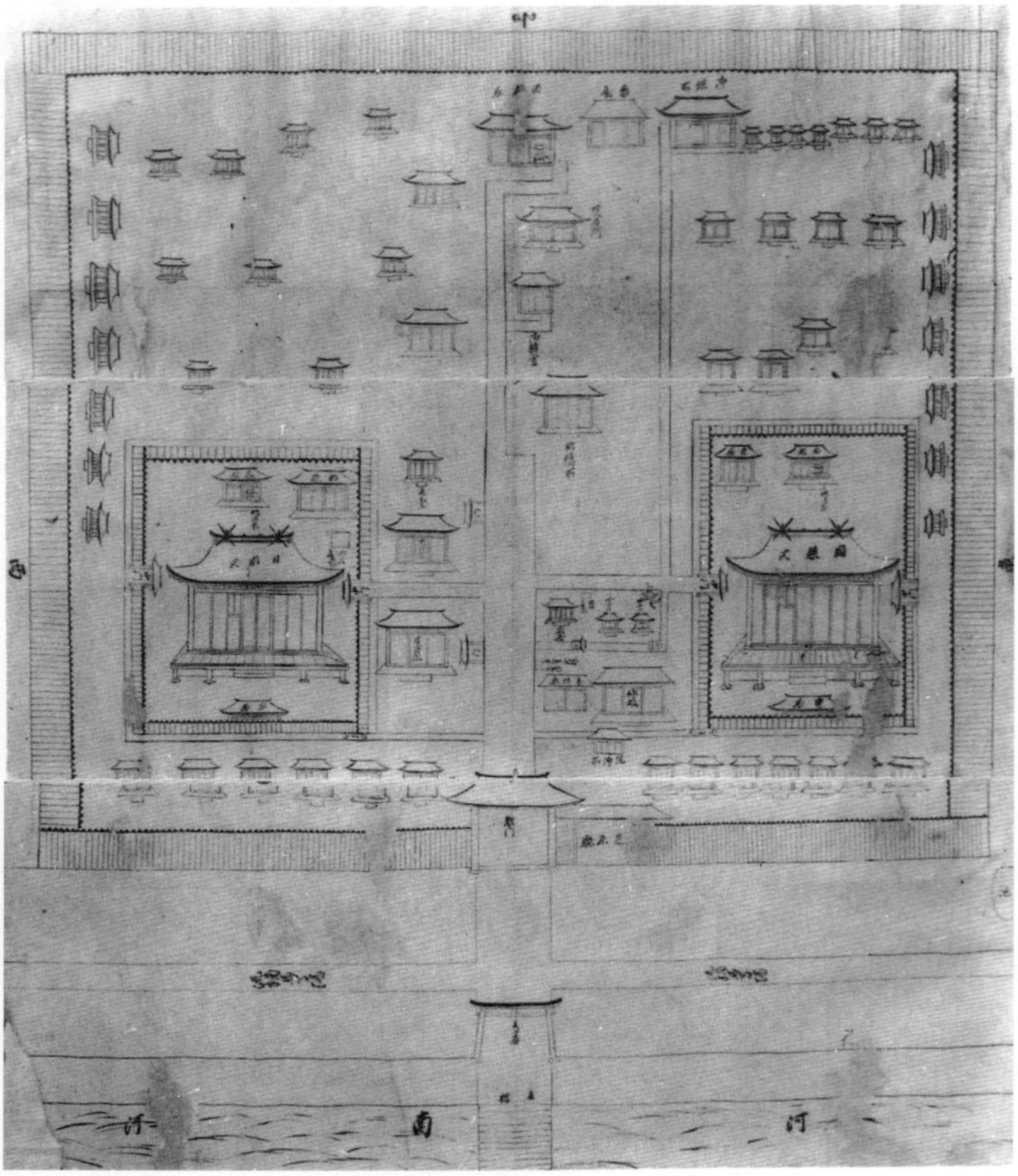

日前神宮国懸神宮社頭絵図

した。例祭は九月二十六日。

参考文献 『古事類苑』神祇部四　（西山　徳）

ひのみさきじんじゃ　日御碕神社　島根県簸川《ひかわ》郡大社町日御碕に鎮座。旧国幣小社。当社は上下二社に分かれ、上の宮を神の宮、下の宮を日沈宮《ひしずみのみや》と称する。上の宮は神素盞嗚尊を主神とし三柱の神を配祀する。下の宮は天照大御神を主神とし五柱の神を配祀する。本社は奈良時代に入り史上に現われ『出雲国風土記』に「美佐伎社」とあり、『延喜式』には「御碕神社」とみえて、小社に列し祈年の国幣に預かったのである。このように朝廷の尊崇を受けたほか、鎌倉時代以降幕府の崇敬を受け社殿の修理が行われ、近世初期堀尾氏が七百八十石の神領を寄進した。江戸幕府もまた六百石の社領を安堵し、出雲大社につぎ山陰における有力な大社である。松江藩主松平氏も以前に変わらぬ尊信を傾け社運盛んであった。明治四年(一八七一)国幣小社に列せられる。現在の社殿は徳川家光の命により、松江藩主京極忠高が着手し、正保元年(一六四四)松平直政の代に完成。各建物とも細部の様式が優美で、桃山時代の面影を残した江戸時代初期の遺構として重要文化財となっている。例祭は八月七日。春祭りは神の宮、秋祭りは日沈宮中心の形態をとる。社宝として国宝白糸威甲冑をはじめ、甲冑・刀剣などの美術工芸品が多い。古伝神事として旧正月五日の和布《めかり》刈神事、大晦日の神剣奉天神事は著名である。

日　御　碕　神　社

参考文献 志賀剛『式内社の研究』四、島根県教育委員会編『島根の文化財』一　（岩成　博）

ひのわかみや　日之少宮　『日本書紀』に高天原で伊弉諾尊が坐す宮をいう。神道の基本的観念で神道的死生観や霊魂観を知るうえで重要。近世神道家たちにおいては神道秘伝の一つとして伝えられた。吉田神道の道統を継承し吉川神道の始祖となった吉川惟足(一六一六―九四)はみずから厖大な秘伝類を作成し、その子従長はこれら秘伝類を一事伝から四重奥秘伝の四段階からなる神学に体系づけた。その中に「日之少宮伝」という秘伝があり、惟足は死後の霊魂はこの日之少宮に永遠に留まって、天地の造化を助けると説いた。この惟足の見解は神道的死生観をはじめて論じたものとして注目される。この秘伝は吉川神道を経て、玉木正英(一六七〇―一七三六)が垂加神道や橘家神道の百二十九秘伝を集録した『玉籤集』にも収められた。のちに正英へ入門した人々はこの秘伝の条文を独立した切紙として伝授された。

参考文献 平重道『吉川神道の基礎的研究』、谷省吾「日之少宮の伝の論理―その神学的意義―」(『神道宗教』三三)、同「『玉籤集』の編纂と焼却」(『芸林』二六ノ一)

(矢崎 浩之)

ひぶりしんじ　火振神事　熊本県阿蘇郡一の宮町の阿蘇神社の卯の祭(田作り神事)期間中の申の日に行われる神事。年禰神に比咩《ひめ》御前を迎える神婚神事であることから、御前迎えとも呼ばれている。申の日早朝、騎乗神職二名は阿蘇町赤水の吉松神社に赴く。神職は目隠しをして宮山に入り、最初に手にふれた樫の枝を伐って吉松神社拝殿で比咩御前の御神体を作る。神職以外は拝殿内に立ち入ることは許されない。御神体は真綿でくるみ、樫の葉で覆い、葛で結わえられる。吉松神社での神事のあと、阿蘇谷の村々を巡幸しながら阿蘇神社へと向かい、途中、塩井川神社では清流で御神体を清め、化粧原では粢《しとぎ》が御神体に塗られ化粧が施される。比咩御前一行が神社に到着するのは日没過ぎとなり、氏子たちが参道で萱を束ねたものに二㍍ほどの縄をつけて火を点じ振りまわす。いわゆる「火振り」で、以前は炭俵を巻いたものを用いたという。火の海の中を拝殿に進んだ比咩御前の御神体は年禰神の神輿に遷され、穢れを祓い清めた暗闇の中で神婚の儀が行われ他見を許さない。二柱の神の鎮まった神輿は再び火振りの炎海を抜けて神幸し、宅祭の行われる旧社家へと向かう。　→阿蘇神社《あそじんじゃ》　→卯《う》の祭《まつり》

参考文献 一の宮町教育委員会編『阿蘇の農耕祭事』、加藤健司「阿蘇の農耕神事と御前迎え」(高橋秀雄・坂本経昌編『祭礼行事熊本県』所収)

(加藤 健司)

ひまち　日待　集落の人々や一族があらかじめ定めた宿《やど》に集まり、前の夜から忌み籠りをしながら日の出を待つ民俗行事。マチは神の降臨を迎える信仰表出の一形態を示す語で、月待・庚申待・子《ね》待など、その用例は多い。神社の例祭をお日待と称する所が少なくないので、マツリの転訛とする説(『桂林漫録』)もあるが、定かでない。その起源は、天照大神の天岩屋の故事に由縁するとしたり、嵯峨天皇のとき天照大神の神託をうけて卜部氏の祖が始めた(『古今神学類編』)などと説くが、確証はない。この種の待行事は、庚申待が『入唐求法巡礼行記』に記載されるところから、中国道教の伝来によって起ったとされる。しかし古風を守る神社や民間の日待講に、精進潔斎して夜を明かし、太陽の来迎を仰いで解散する方式を執っているのをうかがうと、古代の祭式の面影を残している。日待に宴遊や娯楽、賭けごとが盛んになったのは後世の変化である。　→月待《つきまち》

(桜井徳太郎)

ひまつり　火祭　大きな火を焚くことを中心とする行事。民間の行事としては、正月と盆にことに多い。正月を迎える大晦日の夜に大火を焚くこともあるが、十五日の小正月を中心として行われるものが盛んである。これは、左義長《さぎちょう》・トンド・御幣焼《おんべやき》・マツヤキなどと呼ばれ、小屋を作って籠るなど子供の行事や道祖神の祭と結びついていることが多い。また正月飾りの処理としての一面もあり、年神送りとも考えられている。この火で焼いた餅を食べると風邪をひかないなどというほか、火の燃え方や煙の状態によって年占も行われる。また厄払の機会ともされている。九州地方では七日に行われることが多い。盆には各戸で精霊を送迎するために火を焚く例は多く、そのほか大きな松明を作って燃す柱松の行事などがある。盆に迎えた精霊を送る行事としては、京都の大文字山の送り火や信州松本の鳥居火などが名高い。これらは季節の変り目に行われるが、太陽の光が最も弱まった冬至にも火焚の行事がある。これは火の力で太陽の光を復活させようとするものと理解されている。このほか寺院における修正会・修二会などは火祭の形をとるものがあり、奈良東大寺二月堂のそれは代表的なものである。また秋葉神社などでも火祭を盛大に行なっているところは多い。修験がかかわって火祭を行う。また火祭は招福除災のためや、神の送迎のために行われることが多い。

参考文献 柳田国男『日本の祭』(『定本柳田国男集』一〇)、同編『歳時習俗語彙』

(倉石 忠彦)

ひむれはちまんぐう　日牟礼八幡宮　滋賀県近江八幡市宮内町に鎮座。旧県社。祭神は誉田別尊・比売神・息長足姫尊。古くは比牟礼社とも八幡神社とも称された。社記の一説によると創建は寛弘年間(一〇〇四―一二)ともいうが、伝承はさらに古くより存在し詳細は不詳。中世において当社は比牟礼荘内に鎮座しており、当社神職は荘官を兼務していた。南北朝時代の神職であった目賀田氏は、近江守護六角氏の被官として合戦に出陣し、戦功をたてている。また、後光厳天皇の祈願が当社に命じられている。江戸時代になると近江商人の尊崇も厚く、そ

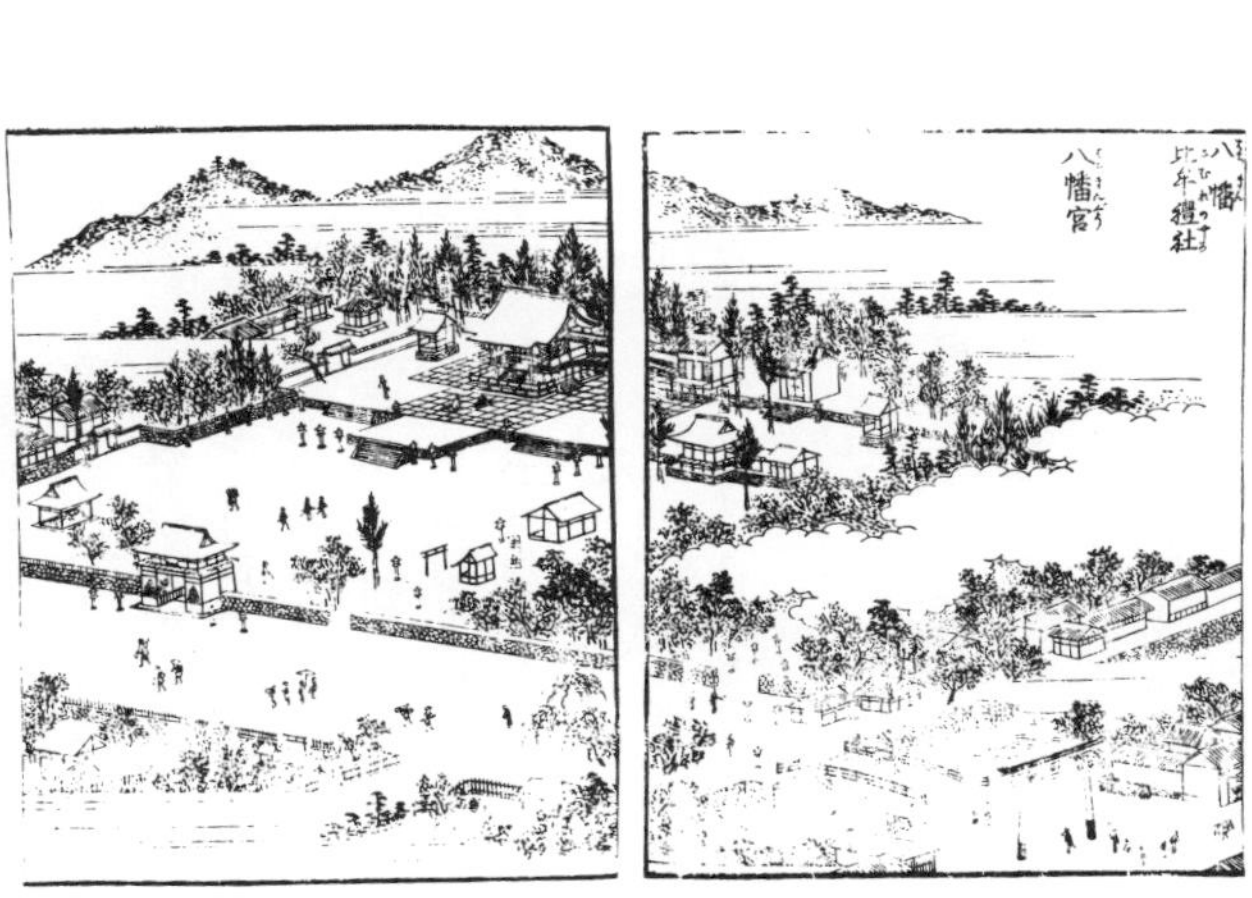

比牟礼八幡宮（『木曾路名所図会』１より）

れはかずかずの寄進によって知ることができる。氏子圏は一町十二村の広域から構成され、祭礼は盛大に執り行われる。なかでも三月中旬の土・日曜日の左義長(火まつり)、四月十四日(松明祭)・十五日(太鼓祭)の八幡祭は有名である。左義長と松明祭は、あわせて近江八幡の火祭として国の撰択無形文化財となっている。また誉田別尊・比売神・息長足姫尊・男神の四躯の神像は、鎌倉時代の作とされ重要文化財。昭和四十一年(一九六六)に日牟礼八幡宮と改称した。　(宇野日出生)

ひむろじんじゃ　氷室神社　奈良市春日野町に鎮座。祭神は闘鶏稲置大山主命《つげのいなきのおおやまぬしのみこと》・大鷦鷯命《おおさざきのみこと》(仁徳天皇)・額田《ぬかた》大中彦命《おおなかつひこのみこと》の三座。創建は、『遠弘神主記』に、和銅二年(七〇九)氷室を御蓋《みかさ》御料山に移し、闘鶏大神を祀ったと記し、神祇書の『元要記』には和銅三年造立とする。『大和国造本記』によれば、大宝元年(七〇一)に藤原不比等が福住から闘鶏稲置大山主命を遷座し、和銅三年夏に風神(志那都彦大神《しなつひこのおおかみ》)を移し、神亀四年(七二七)正月に大鷦鷯命と額田大中彦命の二座を合祀したという。現在では風神を合祀していない。天平勝宝八年(七五六)の『東大寺山堺四至図』の興福寺周辺には「氷池」「神地」「氷室谷」とみえ、御蓋山西麓に氷室関係施設が散在していたことがわかる。昭和五十二年(一九七七)には興福寺東松林の東に「神地」を「コ」の字形に囲むように築地跡が発見されているので、氷室社旧境内の内院を囲む築地塀である可能性が高い。鎌倉時代には春日社の別宮となっていた。寛文六年(一六六六)三月幕府は、楽所料として二千石の朱印状を下付。明治四十五年(一九一二)に献氷祭を復興。以後毎年七月十五日を祭日として氷を献供。現在では、五月一日に製氷業者を中心に献氷祭が行われている。例祭は十月一日。本殿は、三間社流造(県指定文化財)。拝殿は寛文五年造立され、奈良市有形民俗文化財に指定。宝物に木造舞楽面陵王一面(鎌倉期作、重要文化財)がある。

参考文献　『村社氷室神社及無格社調査書』、『氷室神社調査書』、『春日坐氷室神社由緒』　(大宮　守友)

ひむろまつり　氷室祭　奈良市春日野町氷室神社の祭。奈良時代にはその年の氷を神に献上ののち、朝廷に貢献すると伝え、平安遷都後は神祭のみ六月一日に行われた(『氷室神社調査書』)。永久五年(一一一七)には興福寺修南院の恵暁が近畿各地の悪疫発生を歎き、関白藤原忠実の奏聞により、九月一日に恒例の神祭が始まった(『明和三年別宮氷室社注進状』)。『南都氷室神社縁起』にも「氷室宮者、南都一村之地主、興福寺之鎮守也」と記し、御幣・白杖・十列・神主・巫女・日使という祭礼行列次第を載せる。『氷室神社調査書』には、古来はその年が温暖で氷が薄ければ十一月に氷池神および氷池風神祭を行なっていたが、のちには寒暖の別なく挙行。その儀式を当社で行なったのち、月日の磐の南丘の祭場(御蓋《みかさ》山北麓)で挙行していた。藤原俊成が「春日山、古き氷室の跡見るも、岩の景色は猶ぞ冷しき」(『夫木《ふぼく》和歌抄』)と詠んだのは氷池風神祭の行われていた場所であろう。一方、建保五年(一二一七)に左方舞人の狛近真が当社の社務、右方舞人中遠弘が神主になり、興福寺に属す狛姓の五氏、藤原姓の芝氏、大神《おおが》姓の楽人が祭祀を管掌。先の縁起にも「楽所を以て祀主となす、是故、楽所中より氷室を尊崇奉り、氏社となす」と記す。寛文六年(一六六六)から祭費を得て祭礼翌日の後宴祭には公武の別願の舞楽を朝から夜に入るまで奏するのを例とした(『氷室神社調査書』)。

参考文献　『氷室神社年中行事』　(大宮　守友)

ひめがみ　姫神　女神のこと。比売神・比咩神・日女神・毘売神とも表記する。『筑紫国風土記』逸文に「坤なるは比古神と曰ひ、中なるは比売神と曰ひ、艮なるは御子神と曰ふ」(原漢文)と「比売神」という語がみえる。また比売神は、伊勢都比古命・伊勢都比売命、玉依日子・玉依日売、若狭比古神・若狭比売神、若倭彦命・若倭姫命などのように、多くは比古神と配偶神となっているが、単独の場合もある。比売神ないし比売大神を祭神とする主要な神社には石清水八幡宮・春日大社・香取神宮・平野神社・大原野神社・枚岡神社・宇佐神宮などがある。『延喜式』神名帳の和泉国日根郡・越中国礪波郡・豊前国宇佐郡には比売神社が記載されている。その他、赤留比売命神社・味坂比売命神社・伊賀牟比売命神社などにも比売神を祀っている。なお比古神の配偶神としての比売神には地主神の女があてられる場合が多く、恐らくはじめはその地方の豪族の女で、それが宗教的に高められたものであろう。そのほか比売神には御子神を育てる母神として、また巫女信仰に基づく託宣神としての性格も顕著である。

参考文献　柳田国男『妹の力』(『定本柳田国男集』九)、石田英一郎『桃太郎の母』(『石田英一郎全集』六)、西田長男・三橋健「日本の聖母」(『神々の原影』所収)　(三橋　健)

ひめこそじんじゃ　比売許曾神社　大阪市東成区東小橋《ひがしおばせ》三丁目に鎮座。旧村社。祭神は主神に下照比売命《したてるひめのみこと》、相殿神に速素盞鳴命・味耜高彦根命《あじすきたかひこねのみこと》・大小橋命《おおおばせのみこと》・大鷦鷯命《おおさざきのみこと》(仁徳天皇)・橘豊日命(用明天皇)を配祀する。社伝によれば、その創祀は垂仁天皇二年七月、愛来目《あくめ》山の丘陵地に下照比売命をまつり、「こうづてんのう」と号したとする。大同元年(八〇六)牒(『新抄格勅符抄』)によれば封一戸、貞観元年(八五九)には従四位下の神位をうけ延喜式内大社に列するが、社伝は『日本書紀』垂仁天皇二年条の記事を援用したものであろう。「こうづてんのう」は高津(仁徳)天皇・牛頭《こず》天王とも解釈される。『古事記』では比売碁曾神を阿加流比売神《あかるひめのかみ》と同神とし、『延喜式』では比売許曾神社と下照比売社を同社とすることなどから、祭神・神社の考定に諸説が生じ、論社も挙げられるに至ったが、現在地への鎮祭は近世以降と論定されている。境内末社に大国主社・白玉稲荷神社、境外末社に産湯《うぶゆ》神社があり、この境内を当神社の旧社地とする説もある。例祭は十月十六日。社蔵の『比売許曾神社本縁起』二巻は寛政元年(一七八九)の撰修、『闕郡東郡戸御検地帳』一冊は文禄三年(一五九四)、『摂州闕東成郡木之村内小橋検地帳』一冊は慶長十二年(一六〇七)のもの、また慶長十三年の「摂津国東生郡味原村三ヶ村絵図」一幅、室町時代の武将の書状四通、江戸時代の記録類多数を保有している。

参考文献 式内社研究会編『式内社調査報告』五、谷川健一編『日本の神々―神社と聖地―』三、滝川政次郎「比売許曾神社偽書考」(『史迹と美術』二八五―二八七)、同「難波の比売許曾神社鎮座地考」(『神道史研究』六ノ五)、同「比売許曾の神について」(『国学院大学日本文化研究所紀要』九) (二宮 正彦)

ひめこそのかみ 比売語曾神 玉石から生じた美女の渡来伝承をもつ神。別名、下照比売(『延喜式』)。『古事記』応神天皇段によると、新羅国主の子天之日矛《あめのひほこ》の妻は日光感精により生じた赤玉から変身した美女で、日本に渡来し難波の比売碁曾《ひめこそ》社に坐す阿加流比売《あかるひめ》となった。『日本書紀』垂仁紀では、加羅国主の子都怒我阿羅斯等《つぬがあらしと》の妻が白石から生まれた美女で日本の難波に同様に渡来し比売語曾社の神となったとある。 (渡辺瑞穂子)

ひめじんぐうじ 比咩神宮寺 ⇩宇佐八幡比咩神宮寺《うさはちまんひめじんぐうじ》

ひめたたらいすずひめのみこと 姫蹈鞴五十鈴姫命 神武天皇の皇后で、綏靖《すいぜい》天皇の母。『古事記』では、富登多《ほとた》多良伊須須岐比売命《たらいすすきひめのみこと》、のちに、比売多多良伊須気余理比《ひめたたらいすけよりひ》売《め》。父である三輪の大物主神が丹塗矢となり三島湟咋《みしまみぞくい》の女《むすめ》の勢夜陀多良比売《せやたたらひめ》の陰部(ほと)を突いたことで姫が誕生したのが当初の名の由来。『日本書紀』では甘茂君《かものきみ》・大三輪君とならぶ大三輪之神の子としながらも、事代主神も父として併記されている。 (渡辺瑞穂子)

ひもろぎ 神籬 神祭りのための施設で、神霊の降臨する標示物(依代《よりしろ》)の一つ。神道祭祀の古い形式。『日本書紀』神代に高皇産霊尊の神勅として「吾は天津神籬及び天津磐境を起し樹てて、当に吾孫の為に斎ひ奉らむ」(原漢文)とあり、同書崇神天皇六年条には、天照大神を倭の笠縫邑に祀るにあたり「磯堅城《しかたき》神籬」(『古語拾遺』は「磯城《しき》神籬」)を立て、また同書垂仁天皇三年三月条には、新羅王子天日槍来朝に際して将来した「熊神籬」などがみえている。『万葉集』一一にも、「神なびにひもろぎ立てて斎へども」(原万葉仮名)とあることから、人為的に特設の対象物を造立したものであろう。ヒモロは御諸《みもろ》に同じく、ヒは霊力、モロはモリ(杜)と同根であり、神霊の憑依する場所をさすのが、もともとの語源。その形態は出雲国譲りの段にみえる熊野諸手船に載せられた「八重蒼柴籬《あおふしがき》」や京都賀茂別雷神社において賀茂祭(葵祭)に先立って斎行される御阿礼《みあれ》神事に設けられる「御囲《おかこい》」と称する柴垣で四方を囲み、松・檜・榊などを挿し込んだ形状など、常緑樹を用いて造られた。現行の神社祭祀では案の上に木の枠を組み、その中央に榊を立て、紙垂《しで》・麻などをつける。

参考文献 坪井洋文「ひもろぎ 神籬」(国学院大学日本文化研究所編『神道要語集』祭祀篇一所収) (岡田 荘司)

ひゃくおうせつ 百王説 天皇は百代で尽きるという、歴史思想の一つ。平安時代末・鎌倉時代に広まった。百王の語は、中国では単に数多くの王を意味し、日本でも「百王鎮護の伽藍」「百王の御願」というように、歴代の数多くの天皇という意味で用いられていた。「人代、百王おはしますべし」(『簾中抄』)という例も、天皇はいつまでも絶えることがないという意味の文であった。ところが、平安時代末に貴族社会の衰退が隠せなくなり、末法思想が広まると、当時、天皇の代数が八十を超えたこともあって、先行文献の中の百という字を実数の意に解する説が現われるようになった。『愚管抄』巻三に「神武天皇ノ御後、百王トキコユル、スデニノコリスクナク、八十四代ニモ成ニケルナカニ」とあり、巻七に「百王ヲカゾフルニイマ十六代ハノコレリ」とあるなどは、王朝の危機意識が、百王説という形をとっている例として知られている。『玉葉』にも「可守百王」(建久元年(一一九〇)十一月九日条)というような記述がある。百王説がいつごろ現われたかについては、『江談抄』五の「宝志野馬台識、天命在三公、百王流畢竭、猿犬称英雄」という記事が注意を引く。「宝志野馬台識」とは、梁の宝誌和尚作と伝えられる野馬台詩のことであるが、これは十二韻、百二十字の難解な詩で、おそらく日本の僧が宝誌に仮託して作ったものと考えられるが、鎌倉時代以降日本の未来記として広く読まれた。その中の「百王の流れ畢《ことごと》く竭《つ》きて」という一句は、百王説が成立するころに、何らかの役割を果たしたものと考えられる。日蓮が「人王は大体百代なるべきか」(『神国王御書』)と記しているように、鎌倉時代にはかなりの広がりを見せたが、北畠親房が「又百王マシマスベシト申メル、十々ノ百ニハ非ルベシ、窮ナキヲ百トモ云リ、百官百姓ナド云ニテシルベキ也」(『神皇正統記』)と述べているように、鎌倉時代の終りには、末法思想とともに、影響力を失ったと考えられる。

参考文献 大森志朗「中世末法観としての百王思想」(『日本文化史論考』所収)、西田長男「百王思想・その超克」(『国学院雑誌』四二ノ五・六) (大隅 和雄)

ひゃくだゆうしゃ 百太夫社 ⇩白太夫社《しろだゆうしゃ》・百太夫社《ひゃくだゆうしゃ》

ひゃくどいし 百度石 百度参のために神社や寺院の入口に立てられた石柱。百度参は本来毎日つづけて百度ほど特定の神仏に参詣する願かけの行為であったが、のちに一日に百回参る風に略化されるようになった。これは、社寺の入口から拝殿や本堂までの間を百遍往復して参拝する形式であり、このために目印として百度石がたてられた。また数取りのために珠数などの設備を設けたり、海辺の小石を百個用意するなどの工夫もなされた。

参考文献 柳田国男『村と学童』(『定本柳田国男集』二一) (飯島 吉晴)

ひゃくどのはらえ 百度祓 ⇩数祓《かずはらえ》

ひゃくどまいり 百度参 願かけの呪法の一つ。特定の神仏に百度参詣する行為をいい、個人的な心願で願かけする場合に多く行われる。はじめは村内の氏神や近くの霊験あらたかな神仏に毎日つづけて百度参る形式であったが、のちには一日に百度参詣する風に簡略化された。一度だけでなく百度参詣することで神仏の注意をより多く引きつけ、心願を果たそうとした点に百度参の意図がある。百度参をすることは俗に「お百度を踏む」とも称されている。

参考文献 柳田国男『村と学童』(『定本柳田国男集』二一) (飯島 吉晴)

ひゅうがしんわ 日向神話 『古事記』と『日本書紀』に、天孫降臨に続く神代の終幕の物語として、九州南部の日向を舞台に語られている神話。高千穂峯《たかちほのたけ》に降った天孫の火瓊瓊杵尊《ほのににぎのみこと》は、笠狭碕《かささのみさき》で大山祇神《おおやまずみのかみ》の娘の木花之開耶姫《このはなのさくやひめ》を見初め、この美女を妻にした。だが大山祇神が姉娘の磐《いわ》長姫《ながひめ》も一緒に奉ったのに、醜さを嫌って返し、そのために天皇の命が、岩のように恒久ではなくなり、花のように短くなった。木花之開耶姫は、一夜だけの契りで妊娠し、貞操を疑われると、戸のない産殿に火をつけた中で、三人の男児を無事に生んでみせて、潔白を証明した。その中の末弟の彦火火出見尊《ひこほほでみのみこと》が、山幸の弓矢を持って狩をする山幸彦で、長兄の海幸彦から借りた海幸の釣針を、漁の最中に失い、返却を兄に強要され、塩土老翁《しおつちのおじ》に助けられて海神の宮に行き、そこで海神の娘の豊玉姫《とよたまひめ》と結婚した。三年後に、なくした釣針とともに潮満瓊《しおみちのたま》と潮涸瓊《しおひのたま》を海神より授かって陸に帰り、この二種の玉の力によって兄を苦しめて降参させ、その子孫の隼人の朝廷への奉仕を約束させた。豊玉姫は、海から出てきて浜辺に急造された産殿で、鸕鷀草葺不合尊《うがやふきあえずのみこと》を生んだが、分娩のため正体の鰐または竜の姿になったところを、夫に覗き見されたのを恥じ、陸から海へ行く通路を杜絶させて、海中に帰って行った。だがのちに、夫への思慕の情を述べた歌を託し、妹の玉依姫《たまよりひめ》を陸に遣して、生み捨ててきた子を育てさせ、鸕鷀草葺不合尊は、成長するとこの叔母と結婚して、四人の男子を儲け、その中の末子の神日本磐《かんやまといわ》余彦《れひこ》が、日向から大和に東征し神武天皇になる。

参考文献 大林太良編『日向神話』(『シンポジウム日本の神話』四)、伊藤清司・大林太良編『日本神話研究』三、松村武雄『日本神話の研究』三、三品彰英『日本神話論』(『三品彰英論文集』一) (吉田 敦彦)

ひょうごけんこうべごこくじんじゃ 兵庫県神戸護国神社 神戸市灘区篠原北町に鎮座。祭神は兵庫県東部、丹波、摂津、淡路の九市五郡出身の戦没者五万三千二百五十七柱を祀る。はじめ神戸市兵庫区会下山に招魂斎庭を設けて官民合同主催の慰霊祭を行なっていたが、やがて灘区王子町に招魂社が建立された。昭和十六年(一九四一)に内務大臣指定兵庫県神戸護国神社となり、七月鎮座祭が行われた。同二十年六月には戦火により社殿が全焼したため、仮社殿に遷座した。第二次世界大戦後の占領下では社号を兵庫御魂《みたま》神社と改称したが、昭和二十七年兵庫県神戸護国神社に復称した。同三十四年、篠原北町の現在地に社殿が竣工し、十一月二十七日に遷座祭・奉祝祭が行われた。平成七年(一九九五)阪神淡路大震災のため、社務所等に多大の被害を被るも、同八年十一月六日には復旧し「阪神淡路大震災被害修復竣工奉告祭」が行われた。例祭は春季(五月六日)・秋季(十一月六日)。

参考文献 『全国護国神社会五十年史』、「護国神社」(『靖国神社百年史』資料篇下所収) (津田 勉)

ひょうごけんひめじごこくじんじゃ 兵庫県姫路護国神社 兵庫県姫路市本町に鎮座。祭神は戊辰戦争以降の国難に殉じた兵庫県西部(播州但馬地区十二市十五郡)出身の戦没者約五万七千柱を祀る。明治二十六年(一八九三)五月より毎年現鎮座地付近で招魂祭が行われていたが、戦没者への報謝と追悼を旨として県下各種団体市町村有志が兵庫県招魂社造営奉賛会を組織し県知事が会長に就任した。昭和十一年(一九三六)十二月二十八日姫路城麓の二千三百三十二坪を神域として招魂社造営の地鎮祭が行われた。同十三年四月に竣工し、同月二十九日鎮座祭が行われた。同十四年四月一日に護国神社制度施行に伴い、社名の招魂社を兵庫県姫路護国神社に改称した。第二次世界大戦後の占領下では社名を白鷺宮《しらさぎぐう》と改称したが、サンフランシスコ講和条約発効後の昭和二十九年五月二十日に兵庫県姫路護国神社に復称した。例祭は春季(五月二日)・秋季(十一月二日)。

参考文献 「護国神社」(『靖国神社百年史』資料篇下所収) (津田 勉)

ひょうずじんじゃ 兵主神社 『延喜式』神名帳には全国に十九社(大和二、和泉一、三河一、近江二、丹波一、但馬七、因幡二、播磨二、壱岐一)あり、特に山陰地方に多くみられる。『史記』の封禅書によると、天主・地主など八神の中に「兵主」がみえており、この神は黄帝と最後まで戦った諸侯の蚩尤《しゆう》とされ、漢の高祖も蚩尤をまつったという。また、『漢書』芸文志に「蚩尤二篇」とあり、藤原佐世の『日本国見在書目録』にも「黄帝蚩尤兵法一」とみえ、兵書に蚩尤の名が用いられている。『管子』によると、「兵主」とは兵権を握る者、もしくは軍の指揮官を意味しており、中国における兵主神は軍神・武神的性格を有する神であったらしい。わが国の兵主神は記紀にもその名をみせず、日本古来の神かどうか明らかでないが、『三代実録』貞観元年(八五九)正月二十七日条に、大和国の「穴師兵主神」、壱岐島の「兵主神」とあるのをもって初見とする。また、平城宮神祇官推定地より「兵主神社」と記された木簡も出土している。康安元年(一三六一)の『大国主命分身類社鈔』(『大神分身類社鈔並附尾』)に、大倭神社三座の注記に「左座 八千戈命(亦曰大国主命)神体広矛(兵主伊豆戈神是也)」とあり、応永二十九年(一四二二)の『大倭神社註進状』裏書には、穴師神社の項に

「両社(上・下社)共神体為矛、故云兵主神」とあることから、中世においては、矛(武器)と兵主神を結びつけ、この神を軍神・武神と見做していたようである。そこで、兵主神社の祭神は秦氏などの帰化人、あるいは但馬国に集中しているところから新羅王子天日槍《あめのひぼこ》が祀った外来神とする説が出てくる。しかし、兵主神社の祭神として伝わっているのはすべて日本の神々であり、外来の神が祀られたという形跡がみられない。また、大和国の穴師坐兵主神社・穴師大兵主神社の存在から、穴師《あなし》神と兵主神を同神異名とみる説もあるが、穴師神は風神的性格の神であり、兵主神とは別の神と見た方がよいであろう。ただ、『日本紀略』寛平三年(八九一)三月二十六日条にみえる「播磨国正六位上安志神」は『播磨国風土記』餝磨郡安師里条の「倭穴无神々戸託仕奉」の所伝から、この神戸に祀られていた神である可能性が大きく、のちにこの安志神と同郡因達里の「伊太代之神」が合祀され、『延喜式』神名帳にみえる播磨国餝磨郡の「射楯兵主神社二座」となったと思われるので、大和の穴師神社がのちに兵主神社と改名したのではないかとも考えられる。改名の理由ははっきりしないが、神仏習合に見られるように、神名は蕃神であっても実体は日本の神であるということがあり、わが国の兵主神は中国の八神の一つである「兵主」に因んだもので、大己貴神(八千戈命)などの武神的性格をもつ日本の神に対する尊称であったと解せられる。

㈠許野乃兵主《こののひょうず》神社。鳥取県岩美郡岩美町大字浦富《うらどめ》に鎮座。旧郷社。祭神は大国主命・素盞嗚命《すさのおのみこと》。『延喜式』神名帳には小社とする。同式九条家本の訓に、許野は「こや」とあるが、巨濃《この》郡の名から「この」と訓むべきであろう。付近に同じく式内社である佐弥《さみ》乃兵主神社もあり、地名に由来するものか一考を要する。例祭は四月九日。境内地から古窯跡が発見され、弥生式土器・土師器《はじき》・須恵器《すえき》などの土器が粘土とともに多数出土している。また、この神社には鳥居がないことも特色の一つである。

㈡穴師坐兵主《あなしにますひょうず》神社。奈良県桜井市穴師《あなし》鎮座。旧県社。祭神は兵主神・若御魂神・大兵主神。『延喜式』神名帳に名神大社とある。天平二年(七三〇)の『大倭国正税帳』に「穴師神」とあり、播磨国餝磨郡安師里には神戸があった(『播磨国風土記』)。『新抄格勅符抄』に引く大同元年(八〇六)牒に「穴師神」とし大和五戸・和泉八戸・播磨三十九戸の神封があったことがみえる。さらに貞観元年(八五九)正月には「従五位下勲八等穴師兵主神」とあって、この時正五位上に昇叙されている(『三代実録』)。古伝によれば、式内社の穴師坐兵主神社(上社)はもと巻向《まきむく》山中にあったが、応仁の兵火により焼失したため、同じく式内社の穴師大兵主神社(下社)に合祀し、また式内社巻向坐若御魂神社も合祀したという。すなわち現在の社地は旧の穴師大兵主神社の社地という。例祭は四月八日。相撲発祥の地ということで、境内に相撲神社があり、七月七日には相撲祭が行われる。

㈢射楯兵主《いたてひょうず》神社。兵庫県姫路市総社本町に鎮座。旧県社。祭神は射楯神・兵主神、播磨国十六郡百七十四座の神。往古は射楯と兵主の両社であったが(『播磨国風土記』餝磨郡因達里・安師里条)、のちに合祀されて射楯兵主神社と称する。『延喜式』神名帳では「射楯兵主神社二座」とし、小社とする。養和元年(一一八一)に播磨国内の大小明神百七十四座の神々を境内に合祀したと伝えられ、播磨国総社として今日に至る。もとは、現姫路市本町(姫路城の東、国立姫路病院付近)にあったが、天正九年(一五八一)羽柴秀吉による城郭修築に伴い、現在地に遷座。例祭は十一月十四日。特殊祭礼として、三ツ山祭(二十一年目ごとの祭礼)と一ツ山祭(六十一年目ごとの祭礼で、昭和六十二年(一九八七)に斎行された)がある。重要文化財の太刀一口を所蔵。

参考文献　内藤虎次郎「近畿地方に於ける神社」(『日本文化史研究』所収)、志賀剛「兵主神社」(『式内社の研究』一所収)、黛弘道「延喜神名式雑考」(『律令国家成立史の研究』所収)、今井啓一「兵主神は外来神に非ず」(『帰化人と社寺』所収)、小南淳子「「兵主神」成立に関する諸問題」(横田健一先生古稀記念会編『(横田健一先生古稀記念)文化史論叢』上所収)、橋川正「兵主神社の分布と投馬国」(史学地理学同攷会『歴史と地理』二〇ノ五)、大宮守誠「穴師及び兵主社に就いて」(『歴史地理』七三ノ七)、廣瀬明正「兵主神社について」(『芸林』二六ノ二)

(廣瀬　明正)

ひょうずだいみょうじんえんぎ　兵主大明神縁起　滋賀県野洲郡中主《ちゅうず》町五条に鎮座する兵主神社の縁起。一巻。成立は縁起奥書に「慶長九甲辰歳(一六〇四)十一月吉辰」とあり、江戸時代初頭に作成されたことが知られる。縁起末尾の文言によると、「いま再興の時いたらむ事を期するがゆへに、神官等略して記する所如件」とある。すなわち神社の由来を明らかにして、衰退した社殿を再興せんがための意図のもとに編纂された縁起であることがわかる。したがって、内容は古伝や史書からの引用を基にして作成された。記されている事柄の大半は、兵主大明神の神徳にかかわる叙述であり、また一方では神社荒廃の状況にも言及している。さらに現在の神社神紋である「亀甲に鹿角」の由来にかかわることも著わされている。ただ享保十九年(一七三四)成立の『近江国輿地志略』中の兵主大神社の項によると、当時神社においてさえ、かかる縁起の存在が知られていなかったことが判明する。おそらく当地に伝存していなかったものと考えられよう。『続群書類従』神祇部所収。

参考文献　『群書解題』一下

(宇野日出生)

ひょうずのかみ　兵主神　兵主神社の祭神。『延喜式』神名帳には大和国城上郡の穴師坐兵主神社をはじめ十九社(二十一座)の兵主神社がみえ、その分布は但馬国を中心に山陰道に多く集中している。兵主神の由来については、中国山東地方で祀られていた神とする説や、兵主神社の分布と『日本書紀』垂仁天皇三年三月条の天日槍《あめのひぼこ》渡来伝承との間に密接な関係が見出されることをもとに、天日槍系の人々の斎き祀った外来神とする説などがある。

→穴師神《あなしのかみ》

参考文献　内藤虎次郎「近畿地方に於ける神社」(『日本文化史研究』所収)、黛弘道「延喜神名式雑考」(『律令国家成立史の研究』所収)

（三宅　和朗）

ひょうのやま　標山　大嘗祭卯の日に、悠紀《ゆき》・主基《すき》両国の神供送納の行列の先頭に曳かれる、台車にのせた飾り物のこと。初見記事の『類聚国史』弘仁十四年(八二三)十一月条によれば、榊《さかき》を木綿《ゆう》と橘で飾り、その上に悠紀・主基と書いた札を掲げただけの簡素なものであったという。『儀式』には「曳夫」各二十人とみえ、その大きさが知られる。次第に華美になり、仁明天皇の大嘗会(天長十年(八三三))の標山は、悠紀は天老と日月・鳳凰など、主基は西王母に騏驎などをあしらい、樹上に五色の雲がかかるものであった。後世の祇園祭の「山」を思わせる形態であったらしい。卯の日には会昌門の前に置かれ、辰・巳の日の節会には豊楽院の前に置かれた。京中を曳き歩く時には多くの見物が出たことが、『栄花物語』や『台記』『吉記』などの日記にみえる。室町時代まで大嘗祭とともに行われたが、戦国時代の大嘗祭中断とともに廃絶し、復活をみなかった。

参考文献　出雲路通次郎「標ノ山について」(『大礼と朝儀』所収)、平野孝国「標山の民俗と斎国の民俗信仰」(『大嘗祭の構造』所収)

（岡田　精司）

ひよししんよごじゅらくけんもんりゃっき　日吉神輿御入洛見聞略記　南北朝時代の延暦寺嗷訴に関する記録。一巻。編者・成立年次ともに不明。応安元年(一三六八)八月、同二年四月、同七年六月の三回にわたり延暦寺の鎮守である日吉社(大津市)の神輿を奉戴しての嗷訴が行われているが、このうち二度目の嗷訴を除く記録である。一連の嗷訴は延暦寺と南禅寺(京都市左京区)の軋轢によるもので、初度の嗷訴は新興の禅宗の南禅寺が旧仏教と対立を深めていた折に、南禅寺楼門が山門管領の内に建ったことに対して抗議したもので、南禅寺を撤却し、同寺の長老を流罪に処すことを朝廷に要求したものだった。その結果、楼門は破却された。七年六月の嗷訴は、幕府が神輿の造替をしなかったために起きている。記事は康暦二年(一三八〇)六月の新造神輿の本社への奉送まで及んでいる。この事件に関しては、ほかに『八坂神社文書』所収の『応安年中日吉神輿入洛記』や『愚管記』『後愚昧記』『花営三代記』などがあり、本書の記述の欠落を補い誤りを訂正することができる。『群書類従』神祇部所収。

参考文献　『群書解題』一上

（佐藤　眞人）

ひよしたいしゃ　日吉大社　全国の日吉(日枝)神社・山王社の総本社で、大津市坂本本町(比叡山の東麓)に鎮座。比叡山の山岳信仰を源流とし、明治維新までは比叡山延暦寺の地主神として発展した。社名は、第二次世界大戦前までは日吉神社と称したが、現在は宗教法人日吉大社。古代は「ひえ」と称したが、中世以降は「ひよし」とよばれている。また神仏習合のもとでは、中国の天台山国清寺の地主神山王祠になぞらえて、日吉山王社とか山王権現などとよばれた。当社は多くの神社群から構成されることも特徴で、比叡山の神として『古事記』上にみえる大山咋神《おおやまくいのかみ》を祀る二宮《にのみや》と、天智朝に近江大津宮の鎮守として大和国の三輪神(大己貴神)を勧請したと考えられる大宮との二つの本殿を中心に、上・中・下各七社、計二十一社の本社・摂社と多くの末社群とからなり、かつては山王百八社と称されていた。天台宗延暦寺の創立とともにその鎮守神となり、二十一社の構成も平安時代末までには成立していたとみられる。『延喜式』では名神大社に列した。大宮は常に上位にあって、元慶四年(八八〇)に正一位に昇るが、二宮は官社に列することもなく、神階も従四位上にとどまった。延暦寺と一体の社として早くから神仏習合が進み、万寿二年(一〇二五)には礼拝講が始められたほか、法華八講や一切経会などが、社頭で行われた。神饌も魚鳥を禁じた精進であった。別表のように、本宮以下の本地仏も定められた。その運営・経済などもすべて延暦寺の支配下におかれており、大宮・二宮の禰宜以下の神職団が、別当以下の社僧とともに祭祀を行なった。延暦寺僧徒が朝廷に強訴する時に奉じた神輿は、日吉山王社の上七社の神輿であった。神職は祝部宿禰氏で、中世以後はその子孫が、大宮神主は生源寺《しょうげんじ》家、二宮神主は樹下《じゅげ》家として社家職を世襲した。中世後期の社殿の様子は、生源寺行丸の描かせた『山王二十一社並末社八十七社絵図』(叡山文庫蔵)などによって知られ、七

「比叡社印」
日吉大社印

日吉大社東本宮本殿

日吉神社社頭絵図

重塔・多宝塔のほか、各社殿に本地堂・経蔵・彼岸所などが付属していた。貴族らの参詣としては、室町時代には近江猿楽の日吉座が奉仕していた。貴族らの参詣としては、延久三年(一〇七一)の後三条天皇の行幸をはじめとして、白河・堀河・鳥羽ら天皇・上皇や、藤原道長ら摂関家の参詣がたびたびあり、室町幕府将軍も足利義満らが参拝している。長暦三年(一〇三九)以後、朝廷より奉幣のある二十二社に加えられた。元亀二年(一五七一)の織田信長の比叡山焼討ちによって、当社もすべて焼失、戦火の中をようやく出雲国に逃れていた神主生源寺行丸が復興に努力し、豊臣氏の援助によって、行丸の死後、慶長三年(一五九八)ごろまでに主要社殿を再建した。近世には、江戸城の鎮守が分社の山王社(東京都千代田区永田町の日枝神社)であることや、山王一実神道にもとづいて東照宮が創建されたことによって、江戸幕府から特に崇敬をうけた。明治元年(一八六八)四月、日吉社殿の鍵の引渡しをめぐって社司らと延暦寺とが対立し、社家出身の神祇権判事樹下茂国のひきいる神威隊が境内に乱入して、大宮・二宮以下の社殿から仏像・仏具を取り出し焼却した。これが廃仏毀釈の発端となった。この年、神宮寺をはじめ、境内の塔・堂などの仏教施設は一切撤去され、延暦寺より分離独立することとなった。明治四年に官幣大社となった。社領は『新抄格勅符抄』の大同元年(八〇六)牒によると、神戸十二戸が近江国などに置かれた。中世における社領は他の堂塔領とともに山門領を構成するが、元応元年(一三一九)十月の『(大社小比叡社)社家注進状』には、巻首は欠失しているが、十四ヵ国二十ヵ所に及ぶ所領がみえる。近世には慶長六年(一六〇一)に定まった山門領五千石のうち、五百二石が「山王日供御燈諸仏之割」として日吉山王社に割り当てられた。主要建造物は、豊臣秀吉による復興の桃山建築が遺っている。西本宮(旧大宮)・東本宮(旧二宮)と摂社宇佐宮の三棟は、聖帝《しょうたい》造り、または日吉《ひえ》造りとよぶ他に例のない様式で、仁和三年(八八七)

相応和尚の造立の時に始まると伝える。これらの社殿には、床下に下殿《げでん》という参籠施設があり、樹下《じゅげ》神社の下殿に井泉が湧いている。例祭は、古来、四月の中の午日から酉日まで四日続いたが、明治以降は新暦の四月十二日から十五日までとなった。東・西両本宮二棟が国宝、他の社殿・楼門十四棟(以上、桃山時代)と末社東照宮(江戸時代)の三棟が重要文化財に指定されている。ほかに石橋三基、神輿七基(いずれも江戸時代)も重要文化財に指定。

→山王信仰《さんのうしんこう》 →山王神道《さんのうしんとう》 →礼拝講《らいはいこう》

[参考文献] 『新修大津市史』、日吉神社編『官幣大社日吉神社大年表』、景山春樹編『日吉』(『神道大系』神社篇二九)、景山春樹『比叡山寺』、嵯峨井建「祝部行丸」(『神道宗教』八九)、同「日吉社の秘密社参」(『神道学』一〇一)、辻博之「中世における近江坂本の発展と都市景観」(『ヒストリア』八八)、宮地直一「聖帝造の考」(『国華』二九七)、岡田精司「日吉神社と天智朝大津宮」(『日本書紀研究』一六)、佐藤真人「山王七社の成立」(『神道古典研究会報』七)、黒田竜二「日吉七社本殿の構成」(『日本建築学会論文報告集』三一七)

(岡田　精司)

ひらいずみきよし　平泉澄　一八九五―一九八四　大正・昭和時代の国史学者。明治二十八年(一八九五)二月十五日、白山神社祠官平泉恰合の長男として福井県大野郡平泉寺村平泉寺(勝山市平泉寺町)に出生。第四高等学校を経て大正七年(一九一八)東京帝国大学文科大学国史学科を卒業。大学院で研究の後、同十二年、東京帝国大学文学部講師、同十五年、文学博士となり、助教授。この年に『中世に於ける精神生活』『我が歴史観』『中世に於ける社寺と社会との関係』(学位論文)を上梓し、新進の国史学者として注目され、西欧における中世史研究の動向を視野に入れた斬新な学風は、昭和初年の歴史学界に影響を与えた。昭和五年(一九三〇)三月、在外研究のため渡欧、ドイツ・オーストリア・イタリア・フランス・イギリスなどの諸国を歴訪。翌年七月に帰国した後、同七年『国史学の骨髄』、同九年『建武中興の本義』を出版し、同八年には東京本郷区駒込曙町(文京区本駒込)に青々塾を開くなど、急速に国粋主義的な立場に傾き、いわゆる皇国史観の指導者となり、日本精神を鼓吹して大きな影響力を持った。同十年、東京帝国大学教授。同十三年、日本思想史講座担当となり、国史学第一講座は兼担。同十一年『万物流転』、同十五年『伝統』を出版、同年三月、満洲国新京で皇帝溥儀《ふぎ》に進講。翌年太平洋戦争開戦とともに海軍勅任嘱託となった。同二十年八月、敗戦直後、大学に辞表を提出して平泉寺に帰り、翌年一月、白山神社宮司となった。同二十三年三月、公職追放。その後、同二十五年創刊の『芸林』、翌年創刊の『桃李』(のち『日本』と改題)、同二十八年創刊の『神道史研究』などに論考を発表、同二十七年刊行の『芭蕉の俤』をはじめ多くの著書をまとめ、同二十九年十一月には、東京銀座に研究室を開設し、右派の国史学者として、影響力を持ち続けた。同五十九年二月十八日、平泉寺で没。八十九歳。平泉寺に葬られる。

[参考文献] 平泉澄『悲劇縦走』

(大隅　和雄)

ひらおかじんじゃ　枚岡神社　大阪府東大阪市出雲井町に鎮座。旧官幣大社。祭神は天児屋根命《あめのこやねのみこと》・比売神・武甕槌命《たけみかずちのみこと》・斎主命《いわいぬしのみこと》の四神。中臣氏の一族平岡連は河内国を本貫とし、その祖神を現社地の奥の山頂に創祀したと伝える。元春日と称し、奈良の春日大社は当神社の祖神を勧請して藤原氏の氏神に奉斎する。大同元年(八〇六)に神封六十戸とあり、神階は、承和三年(八三六)に天児屋根命に正三位、比売神に従四位上が、同六年にはそれぞれ従二位、正四位下が、貞観元年(八五九)には天児屋根命に極位、正四位上の枚岡比咩神に従三位が授けられた。また、二月・十一月上申日の奉幣が例となり、延喜式内大社に列し、河内国一宮として崇敬される。永万元年(一一六五)平清盛は神馬、建久元年(一一九〇)源頼朝は剣・沙金を献じ、慶長十年(一六〇五)豊臣秀頼は社殿を改修、江戸幕府は百石の朱印領を安堵した。摂社に若宮神社、末社に天神地祇社がある。例祭は二月一日・十月十五日。特殊神事は一月一日の鶏鳴神事、一月十四日・十五日の年占い行事の粥占神事、五月二十一日の平国祭などがある。

[参考文献] 枚岡神社社務所編『枚岡神社の栞』、式内社研究会編『式内社調査報告』四、谷川健一編『日本の神々』三

(二宮　正彦)

ひらか　平瓮　『釈日本紀』に「平賀者盛ニ供神物一之土器也」とあり、上古より饌を盛る器として広く用いられた。比良加・比良迦・平賀とも書く。天平瓮《あめのひらか》・八十平瓮《やそひらか》・天八十毘良迦《やそひらか》などの美称をもって呼ばれることもある。土器または「かわらけ」ともいう。素焼または白陶磁器の無文のもので、直径三寸ないし八寸程度の、深からず平

枚岡神社(『河内名所図会』5より)

たい土器のことであるが、『儀式』に「比良加、径一尺三寸、深さ一尺四寸」とみえ、『延喜式』に「比良加一百口、各受㆓一斗㆒」などとあって、かなり大きなものもあった。『貞丈雑記』に「土器品々の事、小きをこぢうへそかわらけの事也、小ぢうより大なるを三《さん》ど入《いり》と云ふ、三ど入より大なるを大ぢうと云ふ」(『(新訂増補)故実叢書』一)とあり、五度入・七度入・以下十五度入、さらにあいの物、そくびなどの種類構造が記されている。賀茂別雷神社では今も三度土器・五度土器・コウロケなどが使用されている。現在は神社において、神饌を盛る際に用いられ、三方・折敷・高坏に載せて供えられる。

参考文献 金光慥爾『祭式大成』調度装束篇、川出清彦『神社有職』、八束清貫『神社有職故実』

(小野 和輝)

ひらかわてんまんぐう 平河天満宮 東京都千代田区平河町一丁目に鎮座。旧村社。麹町の天神、平河天神、平河神社とも称す。祭神は菅原道真。神体は五本骨の扇（武江神社録）という。別当は竜眼寺徳乗院。東都七天神の一つ。太田道灌が夢中で道真に接したことが機縁となり、文明十年(一四七八)六月二十五日、社殿を造営したのが創祀という(万里集九『梅花無尽蔵』六)。一説に、道灌が江戸城を築く際、鎮護神として川越の三芳野の天満宮を梅林坂に勧請したのが創祀とも(『平川天満宮略縁起』)。徳川家康は江戸城拡張の際、当宮を梅林坂から平河口へ遷祀し、城の鎮護神として崇敬した。ついで慶長年間(一五九六―一六一五)の本丸大拡張の際、さらに麹町(現社地)へ遷座した。もと平川口に鎮座していたことにより平川天神と称したが、明治五年(一八七二)、平河神社に改称し、さらに昭和四十八年(一九七三)、現社名に改称した。例祭は四月二十五日。

参考文献 竹内秀雄校注『武蔵国』(『神道大系』神社編一七)、柴田知常『平河天満宮略記』

(三橋 健)

ひらききじんじゃ 枚聞神社 鹿児島県揖宿《いぶすき》郡開聞町十町に鎮座。旧国幣小社。祭神は枚聞神。なお明治以降、大日孁貴命《おおひるめのむちのみこと》ほか皇祖神八神を祀る。原初は開聞岳(標高九二四メートル)を神体山としていたとみられる。平安時代には九世紀後半を主にしばしば噴火の記録があり(『三代実録』など)、火山に対する信仰もあったであろうが、その地理的位置と秀麗な山姿が遠望されるところからして航海神としても古くから崇敬されたとみられる。貞観二年(八六〇)に従四位下、同八年に従四位上、元慶六年(八八二)には正四位下に昇叙され、『延喜式』神名帳には薩摩国二座のうち穎娃《えの》郡一座として当社が載せられている。平安時代末期には社領四十二町を有したが、中世には新田神社の台頭により薩摩国一宮の座をめぐって争っている。その後、元亀二年(一五七一)には穎娃家の相続争いに巻き込まれて社殿を焼失した上に、文禄の検地によって社領約二百石となった。しかし、航海神としては尊崇され、

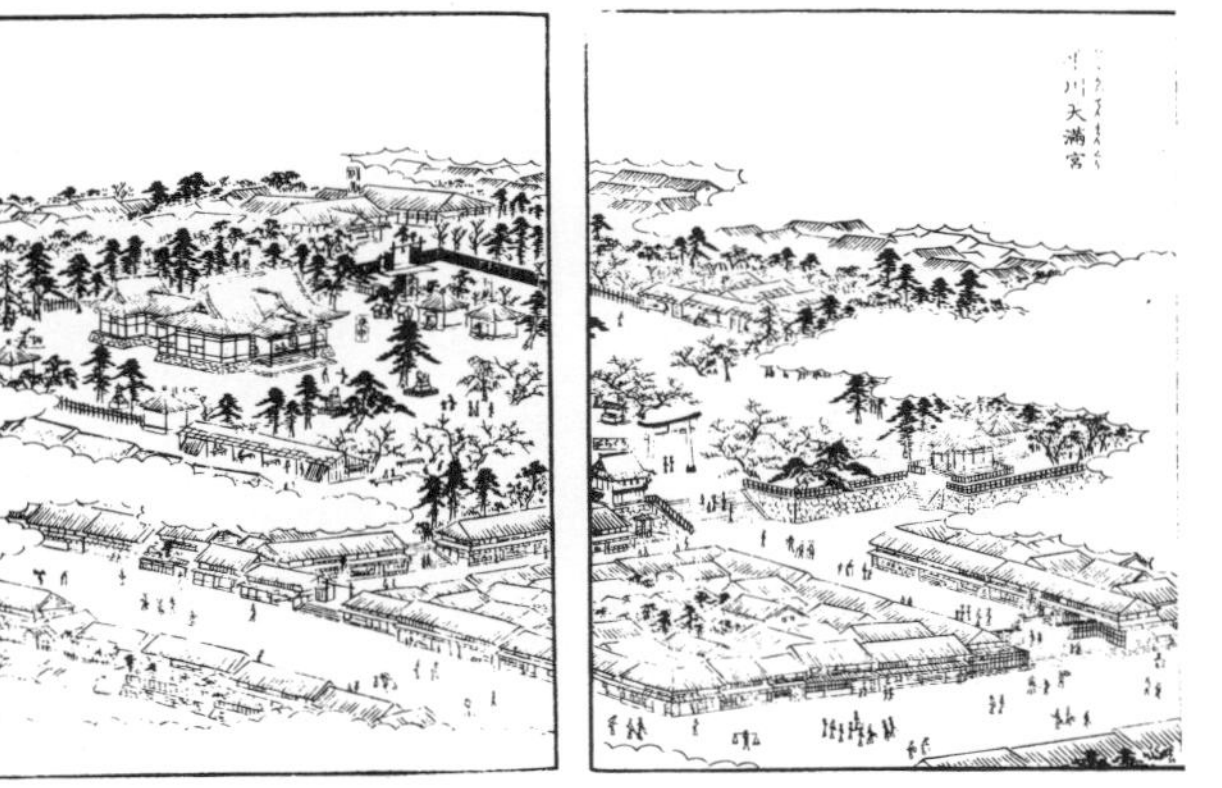

平川天満宮(『江戸名所図会』3より)

とりわけ琉球王は入貢時に献額し、その一部は現存している。慶長十五年(一六一〇)には島津氏により権現造の本殿ほかの多くの社殿が再興され、天明七年(一七八七)の改修をうけた。本殿は県の指定文化財。また、松梅蒔絵櫛笥《くしげ》は重要文化財になっているほか、古鏡・古面類が存す。例祭は十月十五日。例祭の前夜には古伝神舞鬼舞が奉納される。

参考文献 『開聞神社関係文書』、『開聞町郷土誌』

(中村 明蔵)

ひらたあつたね 平田篤胤 一七七六―一八四三 江戸時代後期の国学者。通称は大角または大壑《だいがく》。安永五年(一七七六)八月二十四日、出羽国秋田郡久保田(秋田市)で生まれた。秋田藩大番組頭大和田祚胤(禄高百石)の第四子。幼名正吉。二十歳で出奔して江戸に出てから、五年間の動静は不明である。寛政十二年(一八〇〇)備中松山藩士平田篤穏(禄高五十石)の養子となったが、文政六年(一八二三)には松山藩を辞めている。彼は独学によって国学者となり、享和三年(一八〇三)、太宰春台の『弁道書』を非難した『呵妄書《かもうしょ》』を著わし、翌文化元年(一八〇四)「真菅之屋《ますげのや》」と号して自立し、同十三年「気吹乃屋《いぶきのや》」と改めた。門人ははじめ三人であったが、最後には五百五十三人に達した。そのほかに没後の門人と称する者が千三百三十人いる。篤胤は幽契によって本居宣長の生前に入門したと称したが、実はその当時は宣長の名も知らず、文化二年に本居宣長の子である春庭に入門したというのが事実である。また彼は宣長の学問を古道学と規定し、宣長の後継者を以て自認したが、その文献学は継承せず、わが国にのみ正しく伝わった古道を明らかにするという目的だけを共通とし、宣長が古道を古代の事実とみたのに対して、篤胤は現実の規範とするなど、学問の方法や思想の性格ではその間に大きな差異がある。文化八年ごろまでに行なった講義が門人筆記というかたちでまとめられ、『古道大意』『俗神道大意』『西籍概論(漢学

大意)』『出定《しゅつじょう》笑語(仏道大意)』『志都《しず》の石屋(医道大意)』などの書名でのちに刊行されたが、宣長の学説の影響が強く篤胤独自の見解はまだ充分には現われていない。篤胤の思想が彼に固有の姿態をとって現われたはじめは、彼が文化十年に刊行した『霊之真柱《たまのみはしら》』であり、これ以後、篤胤の学は本格的な展開の時期にはいる。この書は「霊の行方の安定《しづまり》を知」れば「大倭心《やまとごころ》を堅むべく」、大倭心が堅められるならば、「真道《まことのみち》」を知ることができるとして、その第一条件の「霊の行方」すなわち死者の霊が、宣長の説くように「夜見」(黄泉)へではなく、大国主命の支配する「幽冥」へいくことを証するために、十個の図によって、開闢のはじめの混沌たる原質から天・地・泉(月)から成る宇宙がいかにしてできたかなどを説明し、死後の安心(「霊の行方の安定」)を説いたものである。その根拠は古伝であるが、『古事記』などの古典に含まれる古伝説には矛盾や非合理があるので、彼は古伝説を再編成した自作の文を注解するという方法で論をすすめた。また古伝の空白部を埋めるために、開闢は万国同一であるとの理由から諸外国の古伝説にも目を及ぼそうとした。古伝説によって宇宙の生成という事実を明らかにし、幽界の事実を解明するというのが彼の関心であるかぎり、それは自然である。しかし、宣長の方法とは全く異なる。篤胤は自作の文をさらに整備して文政元年『古史成文』を刊行し、『古史徴』『古史伝』など平田学の核心となる諸書の稿を草する一方、『仙境異聞』『勝五郎再生記聞』など幽界研究の書を著わす。前者は幽界に往来したと称する天狗小僧寅吉からの、後者は死んで生まれかわったという勝五郎からの聞書きで、篤胤が文献からだけではなく、実地について幽冥を解明しようとしたものである。文政六年、篤胤は関西に旅行して著書を仁孝天皇に献上し、和歌山に本居宗家を訪ね、松坂で宣長の墓に参るなど多年の宿望を遂げた。が、宣長門人の多くは露骨に篤胤を無視し、あるいは排斥した。この時期以後の篤胤はインド学・中国学・暦学・易学などに力をそそぎ、『印度蔵志』『赤県太古伝』『太昊《たいこう》古暦伝』『太昊古易伝』などを著わすが、これらはすべて『霊之真柱』に含まれていた芽の発展である。それとともに篤胤には権力者に接近しようとする傾向がみられる。たとえば全国の神官に支配的な影響力をもっていた吉田家に近づくために、『ひとりごと』(文政五年)を著わして、かつて『俗神道大意』で罵倒した吉田家を弁護したり、吉田家との関係が進展しないとみるや、その敵対関係にある神祇伯白川家に近づいたりしたこともある。また尾張藩や水戸藩にも接近し、天保五年(一八三四)、水戸の史館への採用を願ったが成功しなかった。水戸藩や幕府筋では、篤胤の学は「奇僻の見」であり、一時を欺くものにすぎぬと見られていたようであるが、その思想や学問のために処分を加える意向はなかったと思われる。同十二年、幕府によって著述差止めの上、国許帰還を命じられたのは、篤胤が尺座設立の運動に加わったとみられたからであるらしい。この事件がきっかけとなって篤胤は再び秋田藩士となり、十五人扶持と給金十両を給せられた。篤胤はこの後久保田に住み門弟を教えたが、江戸帰還の運動は成功せず、また『古史伝』などの筆を未完成のままに措かざるを得ず、天保十四年閏九月十一日失意のうちに死去した。六十八歳。墓は秋田市手形山にあり、国史跡。彼の主著というべきは『古史伝』である。文化九年に起稿され三十七巻百六十四段から成るが、二十八巻(百四十三段)までが篤胤の著、以後は矢野玄道が続けて完成させた。篤胤の幽界に関する所説は『霊之真柱』から『古史伝』に向かって発展し変貌する。『霊之真柱』で残っていた宣長の影響は払拭され、不分明であった顕界と幽界との分離は明確となり、皇美麻命《すめみまのみこと》(天皇)の行う顕政を幽冥から直接に補助するとされていた大国主命の行う審判ははっきりと「幽冥に入たる霊神」に対して行われることになり、さらに「抑《そもそも》此世は、吾人《われひと》の善悪きを試み定め賜はむ為に、しばらく生しめ給へる寓世《かりのよ》にて、幽世《かくりよ》ぞ吾人の本ツ世」とほとんど言及されない天御中主神が宇宙の主宰神として登場する。これらは『畸人十篇』『三山論学紀』などの天主教書からの影響によるものとも思われている。篤胤の学では最も重要な「幽冥」の説明が整合していない。『霊之真柱』と『玉たすき』(文政七年稿)とには共通点が多く、『本教外篇』(文化三年稿)と『古史伝』が類似点をもち、二つのグループの間にはかなりの違いがあり、発展・変貌とするには著作年代がうまく嚙み合わない。そのために篤胤の思想に一定した解釈が得られていないのが現状である。著書の制作年代は平田鉄胤作の『大壑君御一代略記』によるものだが、そこに問題があるのかも知れない。篤胤の学問は養嗣子の鉄胤をはじめ、大国隆正・矢野玄道らにうけつがれ、明治初期には新設の神祇官の主流となる。しかし、その後は死後の安心を中心とする宗教的な部分は消えて、天皇中心の国粋主義的な部分だけが著しく政治化されて肥大し、国家神道を支える柱となっていった。『新修平田篤胤全集』全二十一冊が刊行されている。また、『古史成文』『古史徴』『古道大意』など主な著作は「復古神道」として『神道大系』論説編二六に所収されている。 →国学《こくがく》

参考文献 村岡典嗣『宣長と篤胤』、三木正太郎『平田篤胤の研究』、田原嗣郎『平田篤胤』(『人物叢書』一一一)、子安宣邦『平田篤胤の世界』 (田原　嗣郎)

ひらたあつたねぜんしゅう　平田篤胤全集　江戸時代後期の国学者平田篤胤の全集。第二次世界大戦前に二回、戦後に一回刊行された。最初の全集『平田篤胤全集』(全十五巻)は、平田盛胤・三木五百枝の校訂、井上頼圀・角田忠行の監修により、明治四十四年(一九一一)から大正七年(一九一八)にかけて、一・二巻が一致堂書店から、三・四巻が平田学会から、五―一二巻が法文館書店から、一三―一五巻が平田篤胤全集期成会から、それぞれ刊行

された。二度目の『平田篤胤全集』(全九巻)は、上田万年を編者として、昭和六年(一九三一)から八年にかけて、内外書籍から刊行されたが未完に終わった。戦後は、『新修平田篤胤全集』(全十五巻・別巻一巻・補遺五巻)が、昭和五十一年から五十六年にかけて、平田篤胤全集刊行会の編により名著出版から刊行された。ただし一―九巻は戦前の内外書籍版の、一〇―一五巻は明治・大正版全集の複製。別巻に平田門人姓名録が収録されている。

(武田　秀章)

ひらたかねたね　平田鉄胤　一七九九―一八八〇　幕末・維新期の国学者。銕胤とも書く。伊予新谷藩士碧川某の子。名は篤真。寛政十一年(一七九九)生まれる。文政五年(一八二二)五月篤胤に入門、同七年養子となり、篤胤の長女おてうと結婚した。おてうは篤胤の最初の妻織瀬の子で、はじめ千枝といったが、のちおてうと改め、明治二十一年(一八八八)八十四歳で没した。鉄胤は控えめの性格で、奔放ともいえる篤胤の活動をよく補佐し、有力な後だてをもたぬ篤胤が『毎朝神拝詞記』『玉たすき』『古史成文』『古史徴』などの出版のため募金、また『古史伝』の予約出版を行なったときには、出資を勧誘したり、板本を売捌くなどの実務は鉄胤が中心になって行なった。また篤胤が秋田に移されたのちは江戸にあって平田門の中心となり、篤胤の江戸帰還運動に尽力した。維新の後は神祇事務局判事、内国事務局判事、大学大博士などを経て明治十二年大教正となり、同十三年十月死去した。八十二歳。墓は東京都板橋区小豆沢三丁目の総泉寺にある。

(田原　嗣郎)

ひらたじんじゃ　平田神社　⇨弥高神社《いやたかじんじゃ》

ひらたゆきえ　平田靱負　一七〇四―五五　江戸時代中期の薩摩藩国家老で、宝暦の木曾三川御手伝普請の総奉行。宝永元年(一七〇四)八月十二日、薩摩藩士平田正房の子として誕生。母は島津助之允忠守の娘。名は宗武、平蔵、さらに兵十郎と称し、のち靱負と改め、元服時正輔を名乗る。享保十四年(一七二九)二十六歳のとき物頭となる。同二十年三十二歳で、家督を継ぐ。元文四年(一七三九)御用人となり寛保三年(一七四三)大目付に転じ、寛延元年(一七四八)、四十五歳のとき、家老職となり、職田千石を貰う。宝暦三年(一七五三)十二月、薩摩藩に伊勢美濃尾張三州川々御普請御手伝の幕命が下ったとき、藩主島津重年から総奉行を拝命した。以後資金の調達、現地への藩士千人の出動を指揮、翌年三月現地美濃大牧村の元小屋に着任。木曾・揖斐両川の分流などの大工事を辛苦経営、同五年五月完工したが、その直後病死したと伝える。靱負の死は多くの犠牲者を出し、多数の藩費を費した責任を負っての自刃という。明治三十三年(一九〇〇)、岐阜県海津郡海津町油島に平田靱負ら八十余名の薩摩義士の霊を祀る治水神社が建立された。

参考文献　『濃飛偉人伝』

(丸山幸太郎)

ひらつかはちまんぐう　平塚八幡宮　神奈川県平塚市浅《せん》間町《げんちょう》に鎮座。旧県社。祭神は応神天皇・神功皇后・武内宿禰。もと鶴峯山八幡宮・八幡神社と称した。創祀は、社伝によると仁徳天皇六十八年大地震の時に国土安穏を祈願して応神天皇を祀ったといい、寛永十四年(一六三七)の『鶴峯山八幡宮之記』では聖武天皇の神亀年間(七二四―二九)に宇佐八幡宮を勧請したとも伝える。保元三年(一一五八)十二月に石清水八幡宮が朝廷から安堵された所領のなかに「旧国府別宮《ふるごうべつぐう》」とみえるのは当社のことと推定され、当時石清水八幡宮に従属し、古くは国府奉斎の八幡宮と考えられる(『石清水文書』)。建久三年(一一九二)八月に源頼朝が妻政子の安産を祈願した社寺のなかに四宮の次にみえる八幡宮は当社のことであろう(『吾妻鏡』)。現在も五月五日の国府祭《こうのまち》に相模国一宮以下四宮までとともに当社が五宮の位置付けで参加している。天正十九年(一五九一)徳川家康は社領五十石を寄進、慶長年間(一五九六―一六一五)に社殿を再建。例祭は八月十五日。

参考文献　『平塚市史』九

(土肥　誠)

ひらのぎょうこうしだい　平野行幸次第　平野神社への天皇行幸の次第を記したもの。一巻。鎌倉時代前期成立。行幸前日の準備段階から還御に至るまでの細かな進行手順について、具体的にさまざまな先例を示しつつ列挙しており、神社行幸の儀式作法をよく伝えている。先例は『小右記』『行親記』『土右記』『二東記』『雅兼卿記』『中右記』『殿暦』『中内記』『頼業記』などから引用され、その時期は正暦三年(九九二)から治承三年(一一七九)までに及び、賀茂社・稲荷社・法勝寺などへの行幸の例も含んでいる。これら先例の記事には原典の逸文も多く含まれている点も貴重である。編者については、写本に建保三年(一二一五)行幸時の次第と異なったことについての注記があることから、その時に行事を勤めていた藤原定家の可能性も考えられている。『群書類従』神祇部に所収されている。

参考文献　『群書解題』一中

(尾上　陽介)

ひらのじんじゃ　平野神社　京都市北区平野宮本町鎮座。旧官幣大社。祭神は今木神《いまきのかみ》(第一殿)、久度神《くどのかみ》(第二殿)、古開神《ふるあきのかみ》(第三殿)、比売神《ひめのかみ》(第四殿)。当社は延暦十三年(七九四)十月桓武天皇が平安遷都の後、生母高野新笠の祖廟として祀られていたのを外戚の故をもって大和国から皇居近くに遷し祀ったもので、その時期は、『類聚三代格』貞観十四年(八七二)十二月十五日の太政官符に、延暦年中に建てられた由がみえ、ついで延暦二十年五月十四日の太政官符には平野祭が載っているので、それ以前と思われ、したがって遷都から程遠くない時期と考えられよ

「平野文庫」
平野神社蔵書印

平　野　神　社

う。そして『延喜式』祝詞の平野祭には「今木与利仕奉来流皇太御神能広前爾白給久」とあるから、今木すなわち大和国高市郡今木より遷し祀られたものであり、また同祭の祝詞が今木神と久度・古開二所の宮とが別祝詞になっていることから、遷祀の順はまず今木神、ついで久度・古開両神が祀られたものであろう。さて今木神の今木はもと今来(新来)の意で、新たに渡来した帰化人を指したが、後にはその住居地をも称するようになった。高野新笠の出自は、『続日本紀』延暦九年正月壬子条に「后先出レ自二百済武寧王之子純陀太子一」とみえ、百済の王族のわが国に帰化したもので、その地に祖先を祀ったのが今木大神である。次に久度神は、『延喜式』神名帳の大和国平群郡二十座の中の久度神社の祭神と考えられ、大枝朝臣土師宿禰がその祖神を祀ったもの。次の古開神は、諸本に古関神ともあって、開・関のいずれに従うべきか明らかでなく、あまつさえ旧地名も見当らない。あるいは大和国添下郡の旧地名であるかも知れない。とすればこの地の佐紀神社を桓武天皇の外祖母大枝氏(貞観年中大江氏と改む)の氏神の故をもって新都に遷し祀ったものであろう。なお金子武雄は、この古開神と久度神とはもと同一の神であったであろうと『延喜式祝詞講』において述べ、また内藤湖南は、久度神は百済の祖、尚古王の子仇首王のことで、仇首は日本音で「くど」と訓ぜられるので、これを久度神と称して今木神とともに桓武天皇の外祖神として祀ったとしている(『日本文化史研究』)。次に比売神については、古くは神を奉斎した女性をのちに神として祀り比売神と称したもので、当社第四殿の神は高野新笠姫と伝えられている。なお『延喜式』太政官に「凡平野祭者、桓武天皇之後王(改レ姓為レ臣者亦同)、及大江和等氏人、並預二見参一」とあるのをみると、桓武天皇のあとの王と大江氏と和氏とが平野の祭神といかに特別な関係にあったかがわかる。この祭神四柱については、古来種々の説があり、これを次田潤は『祝詞新講』の中で次の三つにまとめている。第一説は、古く一般に行われた今木神を源氏の氏神、久度神を平氏の氏神、古開神を高階氏の氏神、比売神を大江氏の氏神とする説。第二説は、四柱をことごとく竈の神とみる説(『大祓執中抄』『平野神社祭神考』)。すなわち、今木は今食《いまけ》。久度は烟抜の穴のある竈(『和名類聚抄』)。古開は主上の朝夕の膳を調達するための竈の霊で、この竈は一代ごとに改造される例となっており、崩御の後に空器となった竈を古開と称えて祀ったもの。比売神は炊ぐことを諸民に教えた功ある神とする説。第三説は、平野の諸神をことごとく桓武天皇の母方の祖神とする説(伴信友の『蕃神考』)である。神階については、承和十年(八四三)今木神に名神を、ついで貞観五年久度・古開二神に正三位、比売神に従四位上を、同六年七月十日今木神は正一位に叙され、そして平安時代中期以後は二十二社のうちの上の第五位に、ついで明治四年(一八七一)五月官幣大社に列せられている。祭日は『延喜式』四時祭上の平野神四座祭の条に「右夏四月冬十一月上申日祭レ之」とあり、現在の例祭は四月二日。本殿(四殿二棟)の建築様式は平野造とも比翼春日造とも称し、寛永三年(一六二六)・同九年の再建で重要文化財。拝殿は東福門院寄進の「接木の拝殿」として有名。境内の桜苑は、花山天皇が寛和元年(九八五)に手植してより桜の名所として名高く、江戸時代には平野の夜桜として一般庶民に親しまれ、今日に至っている。→平野祭《ひらののまつり》

参考文献　鈴鹿連胤『神社覈録』、伴信友『神名帳考証』(『伴信友全集』一)、『平野宮御伝記』、遠藤允信編『増訂平野集説』

(鈴木　義一)

ひらののかみ　平野神　京都市北区平野宮本町の旧官幣大社平野神社に祀られる、今木神《いまきのかみ》・久度神《くどのかみ》・古開神《ふるあきのかみ》・比咩《ひめ》(比売)神《のかみ》の四神。『本朝月令』所引の『貞観式』逸文に「平野・久度・古開三神」とあり、平野神とはもとは、主神の今木神の呼名だった。今木は「今来」で、新しく渡来したという意味。百済系の渡来人集団の神で、平城京でも祀られたが、都が平安京に移されたとき遷座された。

(吉田　敦彦)

ひらののまつり　平野祭　京都市北区平野宮本町に鎮座する旧官幣大社平野神社の例祭。往古は夏四月、冬十一月両度の上申日をもって執行。『延喜式』では小祀とされ、天皇親らが諸親王および諸王を率いて祝詞を奏し、特に久度・古開二所の宮の前に山海の珍味を供して朝家の守護繁栄を祈ることと定められ、現在は毎年四月二日を例祭日とする。→平野神社《ひらのじんじゃ》

参考文献　西田長男『日本神道史研究』(『西田長男著作集』九)、義江明子「平野社の成立と変質」(『日本古代の氏の構造』所収)

(柴田　実)

ひらのりんじさい　平野臨時祭　平野神社の臨時祭。寛和元年(九八五)四月十日に始まった。臨時祭とは、恒例の祭祀に対する臨時という意味ではなく、特定の神社に対して天皇個人が行う特別な祭という意味である。平野臨時祭は、宇多天皇の時に開始された賀茂臨時祭、朱雀

天皇により開始された石清水臨時祭に準拠して、花山天皇により天皇御願として開始された祭祀である。祭日は平野祭と同日で、内裏から男使・舞人(東遊)・走馬が差遣された。平野神社は皇太子の守護神であったため、公祭としての平野祭には、元来天皇より内蔵寮の幣帛が奉献されることはなかったが、臨時祭の開始により天皇から御幣・東遊が奉られるようになった。祭日が同日であるのは、天皇の幣帛が奉献されない平野祭の欠を補う意味があると指摘されている。東遊に奏上された和歌は、『拾遺和歌集』五に、「ちはやぶるひらのの松の枝しげみ千世もやちよも色はかはらじ」とみえる。 ↓臨時祭《りんじさい》

参考文献 三橋正「天皇の神祇信仰と臨時祭—賀茂・石清水・平野臨時祭の成立—」(『平安時代の信仰と宗教儀礼』所収) (藤森 馨)

ひらはまはちまんぐう 平浜八幡宮 松江市八幡町に鎮座。主祭神は応神天皇・仲哀天皇・神功皇后。境内社として武内宿禰を祀る武内神社が鎮座することから別称、武内さんとも呼ばれる。旧県社。史料上の初見が、天永二年(一一一一)六月二十五日賀茂家栄日時勘文(『石清水文書』)であることから、創建は少なくとも十二世紀以前と考えられる。保元三年(一一五八)十二月三日官宣旨(同文書)には、出雲国内八ヵ所の石清水別宮の一つとして「枚浜別宮」とみえる。出雲府中に近接していた当社では、鎌倉時代には、国衙関係仏事として四季仁王大般若経転読が行われている。近隣には、社役の寺として迎接寺・宝光寺・能満寺・観音寺・菩提寺などが立地し、同社で行われる放生会などに奉仕した。近世には、松江藩松平家から五十石の社領が寄進され、藩庁直属の、いわゆる「一社一令」の神社として、出雲国内において杵築大社(出雲大社)・佐太神社に属さない特別な地位が認められた。例祭は九月十五日、祈年祭が四月十五日、新嘗祭が十二月十五日に行われる。

参考文献 『八東郡誌』、島根県神社庁編『神国島根』、島根県古代文化センター編『出雲国風土記の研究』二(『島根県古代文化センター調査研究報告書』七) (佐伯 徳哉)

ひらやませいさい 平山省斎 一八一五—九〇 幕末・維新期の幕臣。明治時代前期の宗教家。文化十二年(一八一五)生まれ。父は陸奥国三春藩士黒岡活円斎。幕臣平山家を継ぐ。名は敬忠。通称謙二郎。省斎は号。嘉永四年(一八五一)徒目付に進む。安政元年(一八五四)ペリー再来の際下田応接の一員となる。同四年の日蘭・日露追加条約調印に目付岩瀬忠震に同行して長崎に赴き、書物奉行に進んだが、翌年将軍継嗣問題が起った際に一橋党とみなされて、九月免職・差控を命じられた。慶応元年(一八六五)二丸留守居より目付に転じ、同年八月外国奉行となる。翌年の第二次征長戦争で小倉に出張、このころから徳川慶喜側近として幕政改革や仏公使ロッシュとの交渉にあたった。同三年四月若年寄並兼外国総奉行に進む。大政奉還から鳥羽・伏見の戦にかけて将軍慶喜と行動をともにし、敗戦後静岡移住にまで随った。明治以後は宗教の道に入り、敬神愛国を唱え神道大成教を創立した。明治五年(一八七二)教導職権少教正、その後大教正となり、その間衰微した大宮氷川神社(さいたま市)の祠官となり社殿復興に努めた。また東京の日枝神社の宮司も兼務した。明治二十三年(一八九〇)五月二十三日没。七十六歳。墓は東京都台東区の谷中墓地にある。平山成信は長男である。 ↓大成教《たいせいきょう》 (佐々木 克)

ひるこがみ 水蛭子神 『古事記』神代によると、伊耶那美命(女性)が伊耶那岐命(男性)に先に声をかけたので水蛭子が生まれ、葦船に入れて流し捨てたという。また『日本書紀』神代四神出生章本文では、伊奘諾尊・伊奘冉尊による日神、月神生みにつづいての蛭児出生を語る。記紀それぞれ伝えを異にするが、前者からは近親相姦、洪水神話にみられる第一子の生み損じとしての「蛭」が想定でき、後者を重視すれば「日子《ひるこ》」としての原義および箱舟漂流型説話との関連も考えられる。

参考文献 次田真幸『日本神話の構成』 (青木 周平)

ひろうじんじゃ 飛滝神社 和歌山県東牟婁《むろ》郡那智勝浦町那智山に鎮座。古く飛滝権現と称し、現在熊野那智大社別宮飛滝神社が正式名。旧郷社。祭神大己貴命《おおなむちのみこと》。社伝では神武天皇熊野上陸のとき、那智の大滝から光が出るのをみて、神としてまつったとし、滝が神体。熊野信仰の発達とともに、平安時代以降は神仏習合が進み、滝本に千手観音をまつる千手堂(飛滝権現本地堂)が建立され、山岳信仰の対象ともなった。花山法皇・文覚も修行したと伝承する。滝籠り・滝修行の場として発達、明治の神仏分離により仏堂は撤去され、那智熊野大社の別宮になった。例祭は七月十四日、扇神輿《おうぎみこし》をたて、大松明《おおたいまつ》が行列し、俗に「那智の火祭」という壮大な行事がある。 ↓熊野那智大社《くまのなちたいしゃ》 (鎌田 純一)

ひろさきはちまんぐう 弘前八幡宮 青森県弘前市八幡町に鎮座。旧県社。祭神は誉田別命《ほんだわけのみこと》、息長帯比売命《おきながたらしひめのみこと》、比売大神《ひめおおかみ》。創建年代は不明だが、『最勝院支配堂社帳』には、大浦城(同県中津軽郡岩木町賀田)の鬼門守護のため配置され、津軽氏の弘前築城に伴い、慶長十七年(一六一二)に現在地へ移ったとある。参道は禰宜《ねぎ》町と呼ばれ、神官・別当(最勝院)の下屋敷が置かれていた。神官小野氏は代々若狭守を称し、郡中社人頭として諸社支配にあたった。元禄六年(一六九三)から明治四十一年(一九〇八)に至る社務日記は貴重な寺社行政史料で、『弘前八幡宮古文書』として弘前大学に寄贈された。天和二年(一六八二)八月に始まった祭礼には各町内から山車が出され、多くの見物客を集めた。その華やかな様子は伝今村養淳筆『八幡宮祭礼図巻』五巻(弘前市立図書館蔵)に活写されている。現在の例祭は八月一日。三間社流造・平入屋根の本殿は、入母屋造・柿葺《こけらぶき》の唐門とともに江戸時代初期の優れた桃山風建築で、重要文化財。 (本田 伸)

ひろしまごこくじんじゃ　広島護国神社　広島市中区基町の広島城跡内に鎮座。祭神は明治維新の戊辰戦争以来、第二次世界大戦に至る事変・戦争において戦没した九万二千余柱を祀る(原爆の犠牲となった動員学徒約一万柱を含む)。明治元年(一八六八)十二月、広島藩主浅野長訓が広島大須賀二葉の里に水草霊社を創建して、戊辰戦争戦没者高間省三をはじめ七十八名の霊を祀ったことに始まる。同八年官祭招魂社となり、同三十四年官祭広島招魂社と改称した。昭和九年(一九三四)広島西練兵場(現市民球場のあたり)に遷座し、同十四年内務大臣指定を受け、広島護国神社と改称した。昭和二十年原爆に被災し、御霊代は宮島千畳閣に一時奉祀されるが、同二十二年八月旧社地の仮殿に奉遷された。二十二年広島神社と改称。同三十一年広島城内の現社地に社殿を造営し遷座した。同三十五年広島護国神社に復称した。例祭は春季(四月第二日曜日)・秋季(十月第三日曜日)、原爆慰霊祭(八月六日)。

参考文献　『全国護国神社会五十年史』、『広島護国神社戦後復興誌』
(津田　勉)

ひろせしゃえんぎ　広瀬社縁起　広瀬神社(奈良県北葛城郡河合町)の由緒を記したもの。吉田兼右著。一巻。弘治元年(一五五五)成立。兼右の奥書には、吉田家累代の神道研究の成果である「累葉秘伝之神抄」と、広瀬社の社家が伝えた「社家縁起」を取り合わせて執筆したことがみえ、そのため記事は本来の縁起による部分に兼右の潤色した部分が続く構成となっている。兼右は『日本書紀』や神祇令などを引きつつ、吉田神道の根本である三教枝葉花実説を展開しており、やはり兼右編と考えられる『諸社根元記』における広瀬社の記述に通じる内容も含まれている。天理大学附属天理図書館所蔵吉田文庫本は兼右自筆原本とみられ、翻刻は『群書類従』神祇部、『神道大系』神社編五に収められている。

参考文献　『群書解題』一上
(尾上　陽介)

ひろせじんじゃ　広瀬神社　奈良県北葛城郡河合町に鎮座。旧官幣大社。祭神は若宇加能売命(大忌神・広瀬川合神とも称す)を主神とし、櫛玉命・穂雷命を配祀する。その鎮座地は竜田川・富雄川・佐保川・初瀬川・寺川・飛鳥川・曾我川・葛城川・高田川の合流点にちかく、延喜式内大社である大和国広瀬郡の「広瀬坐和加宇加売命神社」に比定される。本来は農耕祭祀の原型である穀霊神の信仰を得ていたが、天武朝以後は竜田神社の風神祭とともに、当神社の大忌祭が五穀豊穣を祈念する国家祭祀にたかめられ、神祇令では孟夏・孟秋二季の恒例祭祀に制定された。『延喜式』四時祭に細則を規定し、祝詞も収録する。天平二年(七三〇)の『大倭国正税帳』には「広湍川合神戸、稲壱拾束、租壱拾束、合弐拾束」と記し、宝亀三年(七七二)には月次幣帛例に預り、大同元年(八〇六)封二戸を寄せられた。弘仁十三年(八二二)従五位下、貞観元年(八五九)正三位、永保元年(一〇八一)正一位の神位をうけ、「二十二社」制の一社に加列する。社伝によれば永正三年(一五〇六)兵火により社殿は焼失、その後、天文十四年(一五四五)に復興、さらに寛永四年(一六二七)に造替している。現在の春日造の本殿は、春日大社若宮の用材により、正徳元年(一七一一)の造営である。摂社に水分神社、末社に祓戸社があるが、往時は社殿二十一棟、七堂六坊の伽藍、定林寺・安隆寺・長明寺などの神宮寺があった。例祭は四月四日。特殊神事としては二月十一日の御田植祭(砂かけ祭)がある。社蔵の『河相宮縁起』一巻は大永二年(一五二二)、『新編広瀬神社記略抄』は享保四年(一七一九)の筆写であり、「和州広瀬郡広瀬大明神之図」一枚は江戸時代初期の作と推定される。なお別に『広瀬社縁起』一巻がある。天文二十四年(弘治元)九月に卜部兼右の撰修したもので、その外題は後奈良天皇の宸筆と伝える。→大忌祭《おおいみのまつり》

参考文献　式内社研究会編『式内社調査報告』二、谷川健一編『日本の神々―神社と聖地―』四、弥永貞三「大伴家持の自署ある文書」(『日本歴史』四二一)
(二宮　正彦)

ひろせのまつり　広瀬祭　⇨大忌祭《おおいみのまつり》

ひろたじんじゃ　広田神社　兵庫県西宮市大社町に鎮座。旧官幣大社。祭神は撞賢木厳之御魂天疎向津媛命《つきさかきいつのみたまあまさかるむかつひめのみこと》で、伊勢神宮の内宮の天照大御神の荒魂《あらみたま》という。『日本書紀』によると、神功皇后が三韓から凱旋した時、「我が荒魂をば、皇居に近づくべからず、まさに御心《みこころ》広田の国に居らしむべし」(原漢文)との天照大御神の神誨により、山背根子《やましろねこ》の娘葉山媛をして斎き祀らしめたと伝える。脇殿と称する住吉・八幡・南宮松尾、八祖神を祭る別殿四社を後年本社と並べて広田五社といった。大同元年(八〇六)には神封四十一戸が献ぜられ、嘉祥三年(八五〇)に従五位下より逐次神階が上り、貞観十年(八六八)には従一位に叙せられた。『延喜式』神名帳には名神大社として登載され、畿内において特に崇敬を受けた二十二社の一社とされ、奉幣勅使の派遣の事がしばしばあった。ことに和歌に霊験ある神として重んぜられ、社頭において歌合の行事がよく行われた。藤原俊成自筆で奉納した『広田社歌合』三巻は前田家の所有(尊経閣文庫)となり国宝に指定されている。例祭は三月十六日。
(加藤　隆久)

ひろはちまんじんじゃ　広八幡神社　和歌山県有田郡広川町上中野にある神社。祭神は応神天皇(誉田《こんだ》別命)、仲哀天皇、神功皇后。社伝によると、大阪の誉田八幡宮を勧請したという。神社が存在する丘陵には古代の祭祀遺跡も確認されているが、八幡宮が祭祀されたのは中世以降であると思われる。神社に伝わる最古の資料は応永二十年(一四一三)の棟札で、最古の建造物の楼門も室町時代中期に建立されたものであるが、鎌倉時代初期に当地方の有力武士団湯浅氏が創建にかかわったという説もある。別当寺の仙光寺などは豊臣秀吉の紀州征伐による兵火で焼失した。江戸時代には、地元の広浦漁民が出漁した関東(銚子)や九州(五島列島)から、神輿や手水鉢など

の寄進が行われている。例祭は十月一日で、田楽(国選択芸能)と乙田の獅子舞(県指定無形民俗文化財)が奉納される。田楽は例祭前夜の宵宮でも奉納される。室町時代建立の本殿、拝殿、摂社(三棟)、楼門は重要文化財。境内には小学校読本「稲むらの火」で知られ、防潮堤を築いた浜口梧陵の顕彰碑もある。

参考文献 和歌山県文化財研究会編『重要文化財広八幡神社 本殿・拝殿・摂社若宮社本殿・摂社高良社本殿・摂社天神社本殿 修理工事報告書』

(藤井 弘章)

広八幡神社　左より天神社・高良社・本殿・若宮社

ひろみねじんじゃ　広峰神社　兵庫県姫路市広嶺山に鎮座。旧県社。祭神は素戔嗚尊《すさのおのみこと》・五十猛尊《いそたけるのみこと》ほか二十一柱を主神とし、脚摩乳命《あしなずちのみこと》・手摩乳命《てなずちのみこと》・奇稲田姫命《くしいなだひめのみこと》ほか十数柱を配祀。広峯天王・牛頭天王《ごずてんのう》・武塔天神・白国明神などの別称がある。天平五年(七三三)吉備真備が唐より帰朝したとき、この地に霊異を感じ、翌年白幣山に社殿を造営したのが創祀と伝える。天禄三年(九七二)僧円如が当神社を京都に遷座する。貞観十八年(八七六)僧円如が当神社を京都八坂に勧請して祇園感神院を創建したことから、当神社は元宮として八坂神社同様の崇敬をうけ、江戸時代には朝廷・宮家より撫物《なでもの》をうけ、幕府は七十二石の朱印領を与えた。また伊勢参宮の帰途は必ず当神社に参詣し、五穀豊饒を祈願する風習があった。本殿は文安元年(一四四四)銘の棟札をもち、桁行十一間、梁間三間の入母屋造、拝殿は寛永三年(一六二六)の墨書銘があり、桁行十間、梁間四間の入母屋造で、ともに規模が大きい。国の重要文化財。境内の宝篋印塔一基は重要文化財に指定される。例祭は四月三日と同十八日。四月三日の御田植祭は姫路市民俗文化財。なお広峰氏は当神社の祠官であった。

参考文献 兵庫県神社庁編『兵庫県神社界誌』上

(二宮 正彦)

ひろみねじんじゃもんじょ　広峰神社文書　広くは兵庫県姫路市広嶺山にある広峰神社および筆頭社家広峰家に伝来した文書で、現在神社伝来した文書の総称。狭くは神社伝来文書で、現在神社所蔵のほか、姫路市の社家肥塚家と神戸大学附属図書館に分蔵されている。京都の祇園八坂神社と強い関わりを持つ当社は、古代吉備真備が牛頭天王を祀ったのに始まるといわれ、素戔嗚尊ほかを主神とし、中世では播磨・備前・備中・備後など近隣十ヵ国に檀那を持つ有勢な神社であった。受領的土豪という社家広峰氏は、承久の乱後、鎌倉幕府御家人として登場する。南北朝期以降室町・戦国時代を通じて自立勢力として社威を保ちつつ近世へと入っていく。家蔵文書の内容も豊富であり、歴代の事蹟、幕府以下赤松・浦上氏などとの関わり、社領支配の様相も知られ、『広峯氏系図』収録文書を含めると承久―天正期までの百九点を数える。神社文書は建保―慶長までの五十六点が現存し、同じく播磨地域権力との関わりが知られる。合わせて百数十点に及ぶ当文書は、播磨国内有数の神社文書・社家領主文書といえよう。『兵庫県史』史料編中世二所収。

参考文献 岸田裕之『大名領国の構成的展開』

(田沼 睦)

びんごごこくじんじゃ　備後護国神社　広島県福山市丸之内に鎮座。祭神は国家公共につくして殉じた「備後国」にあたる六市八郡の戦没者三万千余柱と大彦命を主神とする阿部神社の神霊を祀る。明治元年(一八六八)福山藩主阿部正桓《まさたけ》が深津郡吉津村に新宮と称する祠を設け石見国益田の役(長州征討)・箱館戦争の戦没者四十名の霊を祀ったのが始まりである。同二十六年に福山城跡(現福山公園)に移転し、同三十四年官祭福山招魂社となった。昭和十四年(一九三九)に広島県には二社の指定護国神社が認められたことから福山護国神社と改称した。同二十年八月八日空襲により罹災。昭和二十四年備後神社と改称。同二十七年、現在地での社殿復興を着手した。同三十一年に福山藩主阿部家の遠祖の大彦命・武沼河別命《たけぬなかわわけのみこと》・豊韓《とよから》別命《わけのみこと》をはじめ歴代藩主を祀る阿部神社と合併して遷座祭を行う。同三十二年社号を備後護国神社と改称した。例祭は春季(五月第二土曜日)・秋季(十月二十三日)。

参考文献 「護国神社」(『靖国神社百年史』資料篇下所収)

(津田 勉)

ヒンココまつり　ヒンココ祭　岐阜県美濃市大矢田の大矢田神社で四月第二日曜日に行われる祭。ヒンココとは、楽に合わせて舞う人形のことで、囃子の笛・太鼓・摺鉦の音から出た名称という。この祭は、室町時代に旱魃に悩まされた農民が水を求めて神に祈ったことから始まったと伝えている。五穀豊穣を祈願する素朴な人形劇である。ヒンココ祭では竹で編んだ体に衣装を着せた素戔嗚尊と農夫を象った人形、大蛇の人形を作り、夜更けに竜山の山腹のお旅所広場の祭場まで、大蛇と一緒に鉦・太鼓で送っていく。祭場では楽に合わせてヒンココ人形を舞わし、記紀神話に伝えられる出雲国における素戔嗚尊の八俣大蛇退治の物語にならって、素戔嗚尊の徳を称える農民の祭であり、麦まきをする農民、農民を襲い喰らう大蛇、大蛇を退治する禰宜殿から構成されている。演目としては、門出の舞・道行の舞、禰宜殿の舞、農民の舞、大蛇の舞、猩々の舞・竜の舞、葬送の舞などが演じられる。ヒンココ祭はヒンココ舞を中心とする竜山神事、稚児の舞を中心とする壇尻山神事などいくつかの奉納神事から成っている。終るとヒンココの断片は厄除けになるので見物人は奪い合う。十一月二十三日(祝日)のもみじ祭にもヒンココが演じられる。　(茂木　栄)

ふ

ふいごまつり　**鞴祭**　鍛冶屋の祭で、旧暦十一月八日に行われるが、月遅れの十二月八日に行うところもある。この日、京都伏見稲荷ではお火焚が行われ、鍛冶屋は仕事を休み、鞴を清め、注連《しめ》を張り、神酒・蜜柑・するめ・赤飯などの供物を供えてまつる。こうして鞴祭は稲荷信仰と重なっているが、この時祝うのは鍛冶屋だけではなく、鋳物師や石工、あるいは火を焚く商売である風呂屋やのり屋なども祝った。東京では蜜柑を撒《ま》いて子供に拾わせたし、餅を一緒に撒くこともあった。鍛冶の守護神としては、金山彦命・迦具土神・稲荷大神などが信仰されたが、京都を中心にして稲荷の信仰が盛んであった。ただし、住吉神社でも鞴祭が行われる例もあり、稲荷信仰だけが鞴祭と関係を有しているわけではない。長野県北部では、十一月十一日に鞴祭をするところがあり、ここでは剣を打って不動明王に供えるほか、神酒・米・野菜なども供えて祀る。　(倉石　忠彦)

ふうじん　**風神**　天然現象である風の働きを神格化したもので、その信仰はすでにインドの吠陀《ベーダ》時代にみられる。のち護世の八方天・十二天の一つとして風天とよばれ、密教における重要な天とされた。金剛界曼荼羅では成身会の大金剛輪を支える四大神の一つとして神将形で表現されている。宇宙における地水火風の調和のとれた状態を示すものと考えられる。また雷神とともに鬼形にあらわされる場合は上半身裸形で風袋をもっている。この姿も中央アジアや中国に作例がみられ、わが国では蓮華王院三十三間堂の千手観音像や二十八部衆とともに安置されているものが有名である(国宝)。千手観音の摺仏にも雷神とともに表現され、有名な建仁寺蔵の風神・雷神図屏風(国宝)や、東京国立博物館蔵の風神・雷神図屏風(重要文化財)は、それぞれ俵屋宗達や尾形光琳が三十三間堂像をイメージして絵画化したものと思われる。　(田村　隆照)

ふうじんさい　**風神祭**　⇩竜田祭《たつたのまつり》

ふうろうぐう　**風浪宮**　福岡県大川市大字酒見に鎮座。旧県社。別称風浪《かぜなみ》神社。祭神は少童命・息長足姫命・住吉神・高良玉垂命。神功皇后が三韓より凱旋したとき暴風雨が起り、船が危険になり、皇后が海神に祈ると、たちまち風や海は静まり、白鷺が現われたので、その地に宮を造り少童命を祀ったと伝える。古来、海上鎮護の神とされる。本殿は三間社流造、檜皮葺で、永禄三年(一五六〇)領主蒲池鑑盛(宗雪)が再建、慶長八年(一六〇三)田中吉政が修理し、社領五十二石を寄進。本殿と正平十年(北朝文和四、一三五五)銘の石造五重塔は重要文化財。例祭は一月二十九日(潮井詣)。

参考文献　大日本神祇会福岡県支部編『福岡県神社誌』下、福岡県教育委員会編『福岡県の文化財』　(中野　幡能)

ぶがく　**舞楽**　唐楽や高麗楽などの外来雅楽を、舞を伴って演奏する形式。舞を伴わない、器楽演奏のみの「管絃」や、行道楽・参入音声《まいりおんじょう》・退出音声《まかでおんじょう》のような付随音楽に対するものである。雅楽寮の楽人や諸寺社所属の楽人によって伝承された。『新儀式』四、「召二雅楽寮物師等一令レ奏二音楽舞等一事」の条に「大唐高麗逓奏二舞楽一」とみえるごとくである。〔奏演の場〕舞楽は朝覲行幸・白馬《あおうま》節会・御斎会・賭射・相撲召仰などの宮廷儀式や、塔供養・堂供養・舞楽曼陀羅供・御八講・舞楽四箇法要などの仏教法会において奏演された。儀式や法会を荘厳にしたり、それらの余興としての役割を果たしたりするだけでなく、儀式や法会の整備に伴って、それぞれの儀式の次第や法会の次第に密接に組み込まれていった。近年では、第二次世界大戦までは皇室行事の新年宴会(一月五日)・天長節(四月二十九日)・明治節(十一月三日)に豊明殿の南庭で奏された。現在は毎年春と秋の雅楽演奏会などで公開されている。寺社の舞楽では、大阪四天王寺の聖霊会舞楽法要(四月二十二日)、熱田神宮の舞楽神事(五月一日)、伊勢神宮の神楽祭舞楽(四月五・六・七日、秋分の日)などが代表的である。〔種類と形式〕伝来雅楽には唐楽・百済楽・新羅楽・高麗楽(実は高句麗楽)・渤海楽・度羅楽・林邑楽がある。これらは「唐楽師十二人(横笛師・合笙師・簫師(中略)儛師)、高麗楽師四人(横笛師・篳篌師・莫目師・儛師)」(『類聚三代格』大同四年(八〇九)三月二十一日付太政官符)のごとく、楽器師のほかに舞師もみえることから、独自の楽とともに独自の舞を伴っていたことが知られる。『東大寺要録』によると、天平勝宝四年(七五二)四月九日大仏開眼会では「唐古楽一舞、唐散楽一舞、林邑楽三舞、高麗楽一儛、唐中楽一儛」のごとく種々の楽舞が順不同に奏されているが、貞観三年(八六一)東大寺大仏御頭供養や、承平五年(九三五)五月九日東大寺講堂幷新仏開眼会の時には、高麗楽座・林邑楽座・新楽座・胡楽座の四部楽座が設けられている。このほか『教訓抄』一、乱声の項には三部や二部の楽座がみえ、種々の伝来雅楽がいくつかに整理統合されていく様子が窺われる。九世紀中ごろからは楽舞の改作や新作が大戸清上・大戸真縄・尾張浜主・良峯安世・和邇部大田麻呂らによって行われ、最終的には中国系の唐楽と朝鮮系の高麗楽に二分された。前者による舞曲を左方舞楽、後者による舞曲を右方舞楽と称し、両者は音楽・楽器編成・舞・舞楽作法・面・装束など全般にわたって対比的に扱われた。『教訓抄』によると唐楽百十数曲のうち舞を有する曲は四十数曲、高麗楽四十数曲のうち舞を有する曲は二十数曲を数える。現在では明治九年(一八七六)と二十一年に撰定された左右二十数曲ずつを現行曲としている。奏演の際には「左春鶯囀右新鳥蘇、左青海波右狛桙、左採桑老右新靺鞨、左陵王右納曾利」(『舞楽要録』上、朝覲行幸、康平三年(一〇六〇)三月二十五日条)のごとく、左右の舞の舞姿の似たものを対にして舞う番舞《つがいまい》の形式で行われる。左舞に対する右舞のことを答舞《とうぶ》という。舞楽は舞人の数からは一人舞《ひとりまい》(「陵王」「貴徳」など)・二人舞《ににんまい》(「青海波」「納曾利」など)・四人舞(「太平楽」「延喜楽」など)といわれる。四人舞がもっとも多く、これを六人で舞うこともある。また舞の動きの特徴から平舞《ひらまい》「万歳楽」「延喜楽」など)・走物《はしりもの》「陵王」「抜頭」など)という区別があり、また舞具を用いるか否かで文舞《ぶんのまい》「春鶯囀」「喜春楽」など)と武舞《ぶのまい》「太平楽」「陪臚」など)に分けることがある。子供によって舞われる場合童舞《どうぶ》「迦陵頻」「胡蝶」など)といい、内教坊の妓女などが舞った舞を女舞(「柳花苑」など)ともいった。〔演奏者〕雅楽寮設立当初は渡来人が中心となって演奏にあたったと思われるが、九世紀ごろからは、奏演に出仕する楽人は、衛府の官人で音楽堪能な者に移っていった。十世紀ころには内裏に楽所も置かれた。「左近府生(中略)狛行則(十二月日任、年十七、行高男、左舞人、興福寺)」(『楽所補任』元永元年(一一一八)条)のごとく楽器と舞を専業とする家も確立されていった。京都在住の楽家(京都方)には多・安倍・豊原・山井の各家がある。京都方はおもに右舞を伝承したが、多家は左舞の「胡飲酒」と「採桑老」を伝えた家としても著名である。奈良の楽家(南都方)には興福寺を本拠として左舞を担当した狛・辻・芝・奥・窪の各家がある。狛家は左舞の「陵王」「抜頭」を伝えた。大神・中・喜多・西京などの家は右舞を担当し、このほか「安摩」「二ノ舞」を伝えた玉手家がある。大阪の四天王寺(天王寺方)には薗・林・東儀・安倍姓東儀・岡の各家がある。各家の本家・分家によって左舞担当と右舞担当の違いがあった。薗家の「蘇莫者」、安倍姓東儀家の「還城楽」などが有名である。今日宮内庁楽部には、以上のような楽家の出身者のほか民間人も所属している。各楽師は楽器のほかに左舞・右舞のいずれかを習得することとなっている。→雅楽《ががく》

（蒲生美津子）

ふかしじんじゃ　深志神社　長野県松本市深志に鎮座。祭神は宮村大明神あるいは宮村天神、深志天神ともいう。祭神は、建御名方富命・菅原道真命。建御名方富命の鎮座は、年代不詳。暦応二年(一三三九)九月九日、信濃守護小笠原貞宗が諏訪上社から勧請し、宮村大明神と称したという。慶長十九年(一六一四)、松本藩主小笠原秀政が、筑摩郡鎌田の天満宮を同社に移し、合祀した。鎌田天満宮は、応永九年(一四〇二)、小笠原長基が京都北野天満宮から勧請した神社。江戸時代には松本藩歴代藩主に崇敬された。天保十二年(一八四一)、深志神社と改称。明治五年(一八七二)郷社、昭和三年(一九二八)県社に昇格。例祭は七月二十四・二十五日。天神祭と呼ばれる。祭に曳き込まれる舞台十八基は、松本市重要有形民俗文化財。

参考文献　長野県神社庁監修『信州の神事』、『東筑摩郡松本市・塩尻市誌』二

（山本　英二）

ふくいけんごこくじんじゃ　福井県護国神社　福井市大宮に鎮座。祭神は、明治維新前後および戊辰戦争以降の戦役・事変・戦争の殉難者の中で、靖国神社に奉斎される福井県出身者約三万二千柱を祀る。福井県では明治初年足羽山招魂社・大野招魂社が創立され、それぞれ官祭招魂社となっていた。昭和十四年(一九三九)の護国神社制度の施行にともなって、福井県知事を会長とする建設奉賛会が組織され、造営が着手された。同十六年に現社地の吉田郡円山西村の地に竣工し、内務大臣指定の福井県護国神社となった。第二次世界大戦後の占領下の昭和二十一年には社号を福井御霊宮と改称した。同二十三年六月二十八日の福井地方大地震により全社殿が倒壊した。ただちに復興に着手し、同二十六年四月十一日に本殿竣工遷座祭・奉祝祭が行われた。同二十六年十月一日福井

県護国神社の旧称に復した。例祭は春季(四月十二―十四日)・秋季(十一月一―三日)。

参考文献 「護国神社」(『靖国神社百年史』資料篇下所収) (津田 勉)

ふくいじんじゃ 福井神社 福井市大手三丁目に鎮座。旧別格官幣社。祭神は福井藩第十六代藩主松平慶永命(春岳)であり、昭和十八年(一九四三)九月の創祀。春岳は田安家より養嗣子として福井藩にはいり、藩政改革をすすめ、政事総裁として幕政に加わり、また尊王思想も推戴した。明治二十三年(一八九〇)九月死去。摂社恒道神社には橋本左内らを祀る。例祭は十月十日。社殿は昭和二十年七月十九日空襲により焼失。同三十二年十一月十一日に再建され、遷座祭が行われた。 (二宮 正彦)

ふくおかけんごこくじんじゃ 福岡県護国神社 福岡市中央区六本松に鎮座。祭神は戊辰戦争、その後の国事・事変・戦争に没した福岡県出身者の霊十二万九千余柱。明治元年(一八六八)十一月旧福岡藩主黒田長知は勅旨を奉じ、那珂郡馬出《まいだし》村、堅粕《かたかす》村に祠を建て、地域の戊辰戦争戦没者を祀り旌忠祠《せいちゅうし》と称した。同七年県内ほか四祠とともにおのおの官祭馬出招魂社、官祭妙見招魂社となるが、昭和十三年(一九三八)合併し官祭福岡招魂社、翌年福岡護国神社と改称。同十八年県内を総括する福岡県護国神社が現鎮座地に創建され、これに併合した。第二次世界大戦後、一時正中宮、サンフランシスコ講和条約締結後は護国神社正中宮と称したが、同三十二年現名に復した。境内は五万坪。社殿は錣《しころ》屋根入母屋造。例祭は春季が五月三日・四日、秋季は十月九日・十日。特に春は博多松ばやし、ドンタクで賑わう。八月十三―十六日のみたま祭は一万数千の献燈で境内は連夜にわたって参詣人が絶えない。

福岡県護国神社

参考文献 『全国護国神社会五十年史』 (椎原 晩聲)

ふくしまけんごこくじんじゃ 福島県護国神社 福島市駒山に鎮座。祭神は戊辰戦争以降第二次世界大戦に至る諸事変・戦役における福島県関係の殉難者の霊を祀る。福島県においては戊辰戦争の戦没者を北会津郡若松、相馬郡中村、田村郡三春の各地に招魂社を設けてまつっていたが、明治十二年(一八七九)十月、これらを福島駒山の現社地に社殿を造営して統合したのを創始とする。その後、順次各戦役の戦没者を合祀し、官祭の信夫山招魂社となる。昭和十四年(一九三九)に護国神社制度が公布された結果、一道府県に一社を限りとする内務大臣指定の護国神社となった。第二次世界大戦後の占領下、同二十二年には社名を大霊神社と改称したが、サンフランシスコ講和条約締結後の同二十七年九月に現社名に復した。例祭は春季四月二十三日、秋季九月二十三日となっている。

参考文献 『全国護国神社会五十年史』 (大井 鋼悦)

ふくしまだいみょうじん 福島大明神 宮崎県串間市南方に鎮座する福島金谷神社の旧称。櫛間大明神ともいった。福島大明神とは室町将軍足利義教の弟義昭《ぎしょう》(僧正尊宥)で、京都大覚寺に住し叛を企て、発覚後日向櫛間院に匿れたが、将軍の命によって嘉吉元年(一四四一)三月十三日、殺害された。それより怪異あり廟に祀られ、明応七年(一四九八)九月に福島大明神の号を受く。明治五年(一八七二)串間神社(串間市串間)に合祀されたが、のち復興し、福島金谷神社と改称(明治十五年)。例祭は十一月二十日。

参考文献 五代秀尭・橋口兼柄他編『三国名勝図会』八、松尾宇一編『日向郷土事典』 (中野 幡能)

ふくじんしんこう 福神信仰 ⇒福神《ふくのかみ》

ふくずみまさえ 福住正兄 一八二四―九二 幕末・明治時代の報徳運動の指導者。文政七年(一八二四)八月二十一日、相模国大住郡片岡村(神奈川県平塚市片岡)に大沢市左衛門の五男として生まれる。生家は大地主・郷士であった。幼名政吉のち九蔵、正兄と改む。天保の凶作に際し父市左衛門らは二宮尊徳の仕法を学び村の復興につとめた。正兄も弘化二年(一八四五)尊徳の門に入り、真岡の開発などに従い、在塾六年に及んだ。嘉永三年(一八五〇)十二月、同国湯本村の福住家に入籍、同家は温泉宿を営んでいたが、彼は報徳仕法により家政の改革につとめた。正兄は神道、国学にも関心を寄せ、元治元年(一八六四)鈴木重胤に師事し、平田国学を学び、明治四年(一八七一)小田原藩の国学一等助教を命じられた。同五年の湯本報徳社の設立をはじめ静岡県下の報徳社の設立に参画することが多かったが、特に結社の理論的体系化の面での貢献が大きかった。『富国捷径』『二宮翁夜話』『(日本信用組合)報徳結社問答』などの著作がある。明治二十五年五月二十日没した。六十九歳。墓は神奈川県足柄下郡箱根町湯本の早雲寺にある。

参考文献 田尻佐編『贈位諸賢伝』二、佐々井信太郎

『福住正兄伝』(『報徳文庫』)、原口清「報徳社の人々」(『日本人物史大系』五所収)　（伝田　功）

ふくのかみ　福神　福を授けてくれると信じられる神々の総称。日本にはいわゆる七福神の成立以前から、種々の神に幸を祈る風があった。『日本書紀』允恭天皇十四年条では、天皇が淡路で狩をし、島の神に海底の真珠を捧げ祈って多くの獣を獲たという。『山城国風土記』逸文に稲荷神社の木を家に植え、根づけば福が得られるとするのは、農業神が福神とされていたことの一例であろう。時代が降り、民衆の雑多な願望から、上方を中心に大黒神・夷《えびす》神の信仰が盛んになり、これに印度・中国からの種々の福神が加えられて、室町時代後期に七福神が成立した。印度に由来するものでは多聞天(毘沙門天)が重んぜられた。大黒天は大国主神と習合し、茶吉尼《だきに》天は穀物神である宇賀の神すなわち稲荷と同一視された。弁才天は海神とも信じられ、梵天・帝釈天・吉祥天女・愛染《あいぜん》明王・不動明王も時に福神とされた。中国伝来の招福神には、平安時代に盛んに祭られた泰山府君のほか、日月星辰も信じられた。南極寿星はのちに寿老人と福禄寿に分かれ、禅の布袋《ほてい》和尚とともに七福神に加えられたが、現実の信仰というより滑稽洒脱を好んだ世相の反映であろう。わが国の福神の代表は大黒・夷で、それぞれ大国主神・事代主神《ことしろぬしのかみ》の別名とされ、室町時代中期ごろから並祀されることも多い。ともに全国的な田神・家の神・漁業神・商業神の信仰を基盤に持ち、講組織や多彩な民俗を伴って展開しており、今後検討すべき数々の課題を残している。　→七福神《しちふくじん》

参考文献　喜田貞吉『福神の研究』(『喜田貞吉著作集』一一)、宮本袈裟雄編『福神信仰』(『民衆宗教史叢書』二〇)　（平井　直房）

ふくばびせい　福羽美静　一八三一―一九〇七　幕末・明治時代の石見国津和野藩士、国学者、官僚。「よししず」ともいう。はじめ名は美黙、のち美静、通称文三郎、雅号を木園・硯堂と称した。天保二年(一八三一)七月十七日津和野藩代官福羽美質の長男として、石見国鹿足郡木部村(島根県鹿足郡津和野町)に生まれ、嘉永二年(一八四九)十九歳の時、藩校養老館に入学。国学や兵学の修業に志し、岡熊臣の教えを受けたが同五年二十二歳にして京都に赴き、大国隆正を慕って報本学舎に入り国学を専修し、律令格式にも通じた。この間隆正の紹介で近江八幡の豪商にして国学者であった西川吉輔と知り合って彼の蔵書で学び、尊攘論に強い関心を持つようになる。安政三年(一八五六)帰藩して養老館の教師に任ぜられるが、文久より元治にかけて国内紛乱が急を告げて来たので単なる学究たることを許されず、藩命により京都に出て諸藩尊王の有志と交わりを結び内外の情報の収集にあたった。明治維新以降は藩主亀井茲監《これみ》を助けて新政府の神祇政策を推進。明治元年(一八六八)三月徴士として呼び出され、神祇事務局権判事となり、ついで明治天皇に『古事記』を進講した。即位新式の調査立案の実務を執り、神祇少副となってからは御系図取調を兼務し大嘗祭御用掛として勲労多く、維新の即位礼大嘗祭執行にあたり、その中心的人物として活躍した。のち文部省御用掛、元老院議官などを歴任し、明治二十年に子爵を授けられ、二十三年には貴族院議員となる。著書に『国民の本義』『一夢の記』『神官要義』『古事記神代系図』『忠孝本義』などがある。四十年八月十四日没。七十七歳。墓は東京都港区青山墓地にある。

参考文献　加部厳夫編『木園福羽美静小伝』、阪本健一『明治神道史の研究』、加藤隆久編『神道津和野教学の研究』　（加藤　隆久）

ふくやまはちまんぐう　福山八幡宮　広島県福山市北吉津町一丁目に鎮座。旧称野上八幡宮・延広八幡宮、通称両社八幡。旧県社。祭神は応神天皇・神功皇后・比《ひ》売《め》大《おお》神《かみ》である。伝承によると、往古穴の海とよばれた当地域の島山に二つの八幡が鎮座し、神辺《かんなべ》城主杉原盛重も崇敬していた。元和五年(一六一九)、水野勝成が入部するや、新居城(福山城)をこの地に造営することとし、鎮座する二つの宮を野上口と延広小路へ移し、それぞれ野上八幡宮、延広八幡宮と称した。天和三年(一六八三)、四代城主勝慶は現在地に二社を遷宮し、西御宮(野上八幡宮)、東御宮(延広八幡宮)として、社殿を東西に並べ、本殿以下各社殿を全く同じ構造で造営した。以後、城中・城下の守護神とされた。両社八幡として親しまれていたが、昭和四十四年(一九六九)両社の法人格を合し、現社名を称することになった。明和六年(一七六九)から祭礼は、西が八月十七日、東が同十三日であった。現在は十月十日。

参考文献　菅茶山編『福山志料』、広島県神社誌編集委員会編『広島県神社誌』　（藤井　昭）

ふげき　巫覡　神霊・聖霊・死霊などの霊的存在と交渉・接触できる宗教者。シャーマン。巫者・巫術師などと称し、漢語では女巫者が巫、男巫者が覡である。『和名類聚抄』では巫をカンナギ、覡をオトコカンナギとする。神霊の力を受けて託宣を伝えたり、死者の霊を降ろして語ったりすることができるとされる。神懸となって、人の未来、吉凶禍福を予言したり、治病や祭祀を行う。人の求めに応じて死者の霊を呼び出し、みずからその心意を語ることを口寄せという。巫覡のトランスには憑依型と脱魂(飛翔)型があるとされる。憑依型とは諸霊の憑入した巫覡がその霊自身として言動したりするもので、脱魂型は巫覡自身またはその霊魂が諸々の霊界に飛んでいき直接交流する型である。巫覡になる過程からは、巫覡となっている者にみずから弟子入りし、修行によって意図的に神憑りを獲得して巫覡となる修行型と、偶発的な神憑りによって巫覡となった偶発型の二つがあるとされる。後者は個人が神霊・精霊に選ばれて巫覡となるものであり、召命型という分類もされる。古代の巫女としては『魏志』倭人伝の卑弥呼、『日本書紀』の倭迹迹日百襲姫

命(崇神紀)、気長足姫尊(神功皇后紀)などが挙げられる。同皇極天皇二年(六四三)二月条・三年七月条では男性の巫者が神語(神のお告げ)を述べている。また古来、神懸をして神霊の意を託宣する呪術的な宗教能力を持った女性が置かれる神社があった。大神神社の宮能売、熱田神宮の惣ノ市、松尾大社の斎子、鹿島神宮の物忌、厳島神社の内侍、塩竈神社の若、羽黒神社の女別当などである。現在、口寄せで有名なものに東北地方のイタコ(青森県)、沖縄地方のユタがある。イタコの口寄せ(仏降ろし)は下北半島の恐山の地蔵講が特に有名である。また東北地方にはゴミソといわれる巫覡がいて、神の言葉の託宣や祈禱と占いをするが、口寄せはしない。現代日本で宗教といわれる教団の教祖や教師にも巫覡的性格を備えている者が少なくない。

参考文献 桜井徳太郎『日本のシャマニズムの研究』(『桜井徳太郎著作集』五・六) (河野　訓)

ふけんしゃ　府県社　社格制度の一つ。明治四年(一八七一)五月十四日より神祇院が廃止される昭和二十一年(一九四六)二月二日まで機能した。府社、県社をいう。府県社の社格制度は、明治四年五月十四日太政官布告の官社以下定額と同年七月四日太政官達の郷社定則とに起因する。官社以下定額によれば、官社と諸社との区別を設け、さらに諸社を府社・藩社・県社・郷社の四種とし、府藩県社は府藩県崇敬の社、郷社は郷邑の産土神《うぶすながみ》を列格の基準とした。藩社は藩の廃止とともにその名目は自然と消滅した。府県社以下神社の列格または昇格は、地方長官の具申により内務大臣が決定した(大正二年(一九一三)内務省令第六号第六条)。また、指定護国神社は、昭和十四年発社第五九号神社局長通牒により府県社に関する取り扱いとされた。昇格などの事務は神祇院が廃止される昭和二十一年二月まで行われたが、その直前の昭和二十一年一月に考証課課長が府県社と認定した神社が、現在判明しているもので五社ある。府県社の数は、宗教便覧(昭和二十三年版)によると昭和二十年三月末日現在で府社(東京・京都・大阪)八十一、県社千百十九、計千二百社となっている。筆者作成の一覧では、千二百十五社(昭和二十年までに解散・合祀・合併などで失われた神社四社は除く)、昭和二十一年二月二日現在の数は千二百三十六社であった(巻末府県社一覧参照)。ほかに海外の神社で県社は台湾八社、樺太六社があった。明細帳によれば官国幣社に昇格した県社は五十四社であった。昭和二十一年二月二日以降それらの神社で、市の観光課が管理するもの一社、境内神社となったもの一社、ほかの神社に合併または合祀されたもの三社、戦火に遭った神社が同様に罹災した神社の復興とともに合祀されたもの二社がある。現在、海外神社は別として、ほとんどの府県社が宗教法人として存在していることがわかる。　→郷社《ごうしゃ》

〔府県郷村社昇格内規(明治三十年)〕

第一条　左項ノ一ニ当リ、境内地六百坪以上ニシテ本殿、拝殿、(但シ同一建物ニシテ本殿、拝殿ヲ区画シタルモノヲ含ム)鳥居及社務所(社殿ノ構造、境内ノ風致等其府県内ノ壮観ニシテ最モ有名ナルモノ)ヲ具ヘ、現金五千円以上、若クハ之ニ相当スル国債証書又ハ土地、及弐千戸以上ノ氏子ヲ有スル神社ハ、府社若クハ県社ニ列スルコトヲ得

第一　延喜式若クハ六国史所載ノ神社

第二　一国ノ総社タリシモノ

第三　祭神ノ功績史上ニ顕著ニシテ其地方ニ縁故アルモノ又ハ特別由緒アル神社

第二条　左項ノ一ニ当リ、境内五百坪以上ニシテ本殿、拝殿(同一建物ニシテ本殿、拝殿ヲ区画シタルモノヲ含ム)、鳥居及社務所(社殿ノ構造、境内ノ風致等其府県内ノ壮観ニシテ最モ著名ナルモノ)ヲ具ヘ、現金参千円以上、若クハ之ニ相当スル国債証書、又ハ土地及千戸以上ノ氏子ヲ有スル神社ハ、郷社ニ列スルコトヲ得

第一　延喜式、若クハ六国史所載ノ神社

第二　一国ノ総社タリシモノ

第三　祭神ノ功績史上ニ顕著ニシテ、其地方ニ縁故アルモノ、又ハ特別由緒アル神社

第三条　無格社ニシテ、境内地三百坪以上ヲ有シ、本殿、拝殿(同一建物ニシテ、本殿、拝殿ヲ区画シタルモノヲ含ム)及鳥居ヲ具ヘ、現金弐千円以上、若クハ之ニ相当スル国債証書又ハ土地、及弐百戸以上ノ氏子ヲ有スル神社ハ村社ニ列スルコトヲ得

第四条　前条氏子ナキ神社ハ、崇敬者ヲ以テ氏子ト看做スコトヲ得(氏子同様ノ義務ヲ負担スルモノニシテ、其ノ名簿ハ町村長ノ証明ヲ要ス)

第五条　本内規ハ、北海道庁、沖縄県及新開地ニ適用セス

参考文献 阪本健一編『明治以降神社関係法令史料』、武若時一郎『神社法』(『地方行政全書』) (佐藤　弘毅)

ふじいし　藤井氏　平野卜部氏の嫡系。卜部氏は平麻呂五代の孫兼忠の子から吉田・平野の二流に分かれ、平野卜部氏は兼国以来、代々神祇官の次官(兼魚まで)と平野社預とを兼ね、また鎌倉時代には兼文・兼方らの学者を出し、『日本書紀』の家と称された。室町時代に入ると吉田流に比べて衰退していったが、吉田卜部氏の肝煎りもあって家が存続できた。宝永六年(一七〇九)兼充のとき猪熊の号を藤井氏に改め、堂上に列した。家格は半家(新家・外様)、家禄は蔵米三十俵三人扶持。明治十七年(一八八四)行道のとき子爵を授けられる。

参考文献 『卜部氏家譜』(『神道大系』卜部神道上) (岡田　荘司)

ふじいたかなお　藤井高尚　一七六四—一八四〇　江戸時代後期の国学者。明和元年(一七六四)備中国賀陽郡宮内(岡山市)に生まれる。父は吉備津宮社家頭高久。母は酒折宮祠官岡為長女小春。幼名忠之丞、通称小膳。号松

斎また松の舎。三十四歳のころ社職を継ぐ。従五位下長門守。天保十一年(一八四〇)八月十五日没。七十七歳。はじめ和歌を父とその師であった京の栂井一室に、和漢の学を備中笠岡の祠官小寺清先に学んだ。三十歳のとき京に上り、海量・橋本経亮らと識り、ついで伊勢松坂に下って本居宣長の門に入る。以後、おおむね文通によってその指導を受けた。宣長没後は関西における鈴門派の中心的存在となり、城戸千楯が開設した京の鐸屋《ぬでのや》にも出講したりした。江戸の平田篤胤らとも交わった。晩年は上方・讃岐などにも赴き、傍ら著述に専念した。その著作は刊行のもの十八種三十余巻に及ぶ。うち『三のしるべ』は、国学・歌・文について説いたもので、高尚の学問体系ないしその特質を最もよく示している。彼の文章は流麗暢達まさに鈴門の第一人者であった。門人は、義門・清水宣昭・業合大枝らがいる。『藤井高尚全集』全一巻がある。日本史学者藤井駿・学はその裔。

[参考文献] 吉備津神社編『藤井高尚伝』、森繁夫「藤井高尚と清水宣昭」(『国語研究』九ノ一〇・一一)、飯田正一「藤井高尚書翰集」(『国文学研究』五五―五八)、藤井芙紗子「藤井高尚と鐸屋」(『国語国文』四六ノ一二)、工藤進思郎「藤井高尚の晩年」(『岡山大学文学部紀要』一)　（飯田　正一）

ふじおかよしふる　藤岡好古　一八四六―一九一七　明治・大正時代の国文学者、神職。弘化三年(一八四六)正月、江戸浅草(東京都台東区)の青山家に生まれ、のち藤岡家の養子となる。幕末から明治前期の国学者堀秀成に入門して国学を学び、特に師の影響から音義学を最も研鑽した。明治五年(一八七二)二十七歳の時、教部省に出仕して権少講義に補せられて以降、田島神社権宮司、生国魂神社禰宜などを勤め権大講義に進んだ。同十一年神宮主典に転じ、同十五年には神宮権宮司、権少教正となる。同十八年権宮司を辞したが、翌年神宮教院弁理に任じられ、大教正・神宮教管長・神宮奉斎会会長などを歴任した。同四十一年臨時仮名遣調査委員を命ぜられ、大正四年(一九一五)には東京府神職会会長に推された。同六年六月十七日、日本大学の宗教科新設に伴う開講式に招かれ、「魂」につき音韻学上より講演中、脳溢血で倒れ没した。七十二歳。従五位に叙せられた。著書に『校訂音義全書』がある。（伴五十嗣郎）

冨士御室浅間神社本殿

ふじおむろせんげんじんじゃ　冨士御室浅間神社　山梨県南都留郡富士河口湖町富士山二合目に鎮座。小室浅間明神、富士山北口本宮御室浅間社ともいう。旧県社。里宮は同町の河口湖南岸に鎮座。同社は富士山中に最初に勧請された社という。祭神は木花咲耶姫命。日本武尊が富士山を遥拝した地に、大同二年(八〇七)坂上田村麻呂が社殿を造営したという由緒をもつ。戦国大名武田氏や郡内領主の小山田氏からの崇敬が厚く、社領の寄進状や種々の祈願状が残されている。例祭は四月二十五日と九月九日。四月二十九日には流鏑馬が奉納される。本殿は昭和四十九年(一九七四)に里宮へ移建された。慶長十七年(一六一二)谷村《やむら》藩主鳥居土佐守成次の建立による。昭和六十年に重要文化財の指定を受けた。同社が所蔵する『勝山記』は、当地域の戦国期の状況を知る貴重な古写本として、昭和五十年に県指定文化財となった。

[参考文献] 松平定能編『甲斐国志』三(『大日本地誌大系』四六)、『甲斐国社記・寺記』一(『山梨県史料』九)、『勝山村史』　（西田かほる）

ふじきあつなお　藤木敦直　一五八二―一六四九　大師流の能書家。地下《じげ》の書法としての甲斐流(賀茂流)の始祖。正心斎と号す。天正十年(一五八二)賀茂別雷神社の神官藤木主馬助教直の第一子として生まれる。敦直以前に曾我孝成、飯河秋共、伯父の加茂成定とつづく弘法大師の書法を源流とするいわゆる大師流があったが、『鑒定便覧』によると敦直は十九歳になるまで筆を取ることがなかったが、人にその愚を指摘され奮発して大師流の妙所を極め、流派をきずくほど名声を挙げた。後水尾天皇のときには持明院流に代わって任命された書博士として宮廷の額字、天皇即位式に際して旌旗万歳幡などの書を書いた。その書風は空海、三蹟の書をもとに展開したもので、入《じゅ》木道《ぼくどう》伝授に貢献するところ大きく、門人には敦直の第四子寂源はじめ本庄道芳・荒木素白・佐々木志頭磨がいる。慶安二年(一六四九)正月四日没。六十八歳。

[参考文献] 小松茂美『日本書流全史』　（樋口　秀雄）

ふじこう　富士講　原始・古代以来の富士山信仰を背景に、江戸時代に成立した民衆宗教の一派。富士講開祖と称される長谷川角行《かくぎょう》は、戦国時代の修験系行者の一人で、「御身抜《おみぬき》」「おふせぎ」などの呪《まじない》を使い、江戸の市中で信者を集めた。十七世紀後半に至り、村上光清の派と、食《じき》行身禄《ぎょうみろく》の両派に分かれ、それぞれ発展する。特に身禄派は従来の呪術的性格を脱却して、実践倫理を軸とした宗教思想を確立し、幅広く信者を集め富士講を拡大した。身禄行者は享保期の大飢饉や打ちこわしの最中に、「みろくの世」の到来を予言しながら、享保十八年(一七三三)富士山頂付近で入定し、その報が江戸に広まって身禄派が優勢となった。その後身禄の娘花から伊藤参行、小谷《こたに》三志と、身禄派は引き継がれ、実践道徳の教えが説かれ、三志は尊王思想をいだき「不二道」「不二孝」と称し社会活動を伴わせている。しかし一方では、民間信仰のなかの富士講は、加持祈禱を行い、病気治しをする現世利益の一面も保っていた。線香や護摩をたいて吉凶を占う「焚上げ」や「参明藤開山」の文字を記した護符を「おふせぎ」と称して用い、その霊験のあらたかなことで信者が倍増した。富士講ははじめ「同行」の名称でよばれていたが、宝暦七年(一七五七)以後富士講の名が一般的となった。富士講は、幕府の禁令の対象になっており、寛保二年(一七四二)の町触における弾圧を初見として、弘化四年(一八四七)に至るまで、再三幕府の宗教統制の対象となっている。富士講の思想で注目されるのは、「みろくの世」の実現であり、飢饉・一揆・打ちこわしで騒然とした世相において救世観を主張したことである。さらに日ごろ真面目に家職につとめられるならば「富貴自在の身に生れ増《ます》」という「生れ増」(生れ変り)を約束していること、また女性が差別されていた当時の社会にあって、男女平等観をうたっていたことなどがあげられる。近世封建制の身分制度の枠組という限定のなかではあるが、民衆宗教として高い価値を示したと評価されている。
↓富士信仰《ふじしんこう》　(宮田　登)

ふじさきはちまんぐう　藤崎八旛宮　熊本市井川淵町に鎮座。別称藤崎社・藤崎宮・藤崎宮寺。旧国幣小社。祭神は応神天皇、相殿に住吉大神・神功皇后を祀る。社伝では朱雀天皇の時、平将門・藤原純友の乱(承平・天慶の乱)の時、九州鎮護の勅願により、承平五年(九三五)石清水八幡宮を勧請したとするが、『藤崎宮文書』正平十二年(北朝延文二、一三五七)の文書等々には「承平年中」草創として石清水宮のことがない。これらの文書によると「五所別宮第三」とある。当宮ははじめ肥後国飽田郡宮崎郷内の茶臼山で国府の近くに社殿を創立し、その神宮寺は弥勒寺・勝成寺・妙楽寺の三ヵ寺があり「藤崎宮寺」(同宮正平十二年文書)といわれている。万寿年中(一〇二四—二八)・建長年中(一二四九—五六)・延慶年中(一三〇八—一一)に炎上、その後、康平年中(一〇五八—六五)・長承年中(一一三二—三五)・保延年中(一一三五—四一)・寛喜年中(一二二九—三二)に破壊しているが宇佐に准じて国衙の造営とある。その後は国主・藩主の崇敬により維持されてきた。社領は「宇佐弥勒寺喜多院所領注文」には「藤崎宮」とあるのみで面積の記載がないが、社伝には「神領八百町」とあり、宮崎荘などであろう。中世以降は菊池・鹿子木《かのこぎ》・大友・加藤・細川氏の崇敬をうけ維持したが、明治十年(一八七七)西南戦争の兵火をうけ現在地に移った。明治五年県社、大正四年(一九一五)国幣小社に列した。祠官には大宮司・宮師(社僧)・検校等等があった。宝物には古文書、僧形八幡神像(重要文化財)・女神像(同)などがある。例祭は九月十一日から十五日まで。九月十五日には神幸祭が行われ、随兵百騎・獅子・奉納飾馬などが神輿に供奉し、能楽が奉納される。一月九日には射去祭《いざりさい》が行われ、弓太郎ら十数名の射手が出場する。

参考文献　伊藤常足編『太宰管内志』、森本一瑞編『肥後国誌』、中野幡能『八幡信仰史の研究(増補版)』下、熊本県教育委員会編『藤崎台』(『熊本県文化財調査報告』二)　(中野　幡能)

ふじさん　富士山　静岡・山梨県境にそびえる日本の最高峰。標高三七七六メートル。天空に屹立し、なだらかな裾野をもつコニーデの美しい山容は神秘的でさえあり、万葉の時代から日本の鎮守の神がいます山、宝の山ともあがめられてきた。昔から絶えず白雪をいただく山として印象づけられてきたが、『常陸国風土記』には、新嘗の晩に富士山を訪ねた祖神《みおやがみ》に対し、富士の神が宿を断わったので祖神の呪詛により富士山にはいつも雪があり、人が登れないが、宿を断わらなかった筑波山には人が行き集まり、歌舞飲食が絶えないという話をのせている。『竹取物語』は、富士山の山頂でかぐや姫が残した不死の霊薬を焼いたので、今でも煙が絶えないと語っている。都良香《みやこのよしか》が著わした「富士山記」(『本朝文粋』一二)には、山頂に白衣の美女二人が舞う光景がみられたことがあり、この山の神は浅間大神と称するといい、またこの山は白沙が流れ下るので登頂することができないと述べている。この山の噴火の始まりは八万年前にさかのぼるというが、記録されるようになってからもたびたび噴火を重ね山容を変えた。貞観六年(八六四)の噴火の際は、北西の中腹から甲斐の側に向かって大量の溶岩を流し、剗海《せのうみ》を分断し百姓の居宅を埋没させた。永保三年(一〇八三)の噴火ののちは長く沈黙を守る。久安五年(一一四九)ころに末代が登攀し、山頂に大日寺を建て、一切経を埋納したのを契機に、修験の登山者が多くなる。須走《すばしり》・吉田・村山(大宮)・須山に登山口が開け、富士山は修験道の霊山として発展する。建久四年(一一九三)五月、源頼朝が富士の裾野で大規模な巻狩を行い、鎌倉武士の士気を鼓舞したが、そのとき曾我兄弟が父の仇を討った。そのことは南北朝時代に『曾我物語』に叙述され、のち幸若・能楽・歌舞伎などの題材として盛んに取り挙げられた。永享四年(一四三二)九月、将軍足利義教一行が富士遊覧と称して大挙して駿河に赴いたが、これに随行した飛鳥井雅世は『富士紀行』、堯孝は『覧富士記』という和歌を交えた紀行文を草し、その後も明応八年(一四九九)に飛鳥井雅康が『富士歴覧記』を、永禄十年(一五六七)には里村紹巴が『紹巴富士見道記』を著わしている。西北麓にある「富士の人穴」は、『吾妻鏡』に、建仁三年(一二〇三)、仁田(新田)忠常の一行がこの人穴に入って不思議な体験をした話を記しているが、人穴は「浅間大菩薩」の御在所とみなされ、洞窟の主は白髪の妖婆だともいわれて、その伝説は『富士の人穴草子』となって世間に流布した。

富士登山は中世にいよいよ盛んとなるが、数ある登山口のうち村山の修験が今川氏の庇護を得て強大な勢力を誇った。富士山の景は鎌倉時代の『聖徳太子絵伝』や『一遍聖絵』などに描かれたが、登拝習俗は室町時代の「富士参詣曼荼羅」にくわしく描写された。近世には長谷川角行・食行身禄《じきぎょうみろく》の流れをくむ富士講が発達し、江戸の民衆の富士登山を盛んにした。火山活動は、宝永四年(一七〇七)に大噴火があり、宝永山を生じたが、その後は休止している。近代的登山を行なったのはW・ウェストンが最初であり、厳冬の登山は明治二十八年(一八九五)十月—十二月に野中到が気象観測のため行なったのが最初であった。

参考文献 官幣大社浅間神社社務所編『富士の研究』、『富士宮市史』上 (鈴木 昭英)

ふじしまじんじゃ 藤島神社 福井市毛矢三丁目に鎮座。旧別格官幣社。新田義貞を主神とし、新田義宗・脇屋義助・新田義顕・同義興および殉難将士を配祀。義貞が延元三年(北朝暦応元、一三三八)に戦死したと伝える福井市新田塚町の燈明寺畷(史跡)に、万治三年(一六六〇)福井藩主松平光通が石碑「暦応元年閏七月二日新田義貞戦死此所」を建て、さらに明治三年(一八七〇)には福井藩知事松平茂昭が小祠を建立した。同九年に別格官幣社となり、地名の藤島によって現社名を称した。同十四年牧ノ島に遷座したが、低湿地のため同三十四年に足羽山中腹の現社地に移転。昭和二十年(一九四五)の戦災、同二十三年の福井地震のため社殿が炎上・崩壊。同三十四年に復興した。例祭は八月二十五日。鉄製銀象眼冑(燈明寺畷より出土)・銘吉次の太刀・銘則重の太刀・結城宗広書状は重要文化財。

明治時代の藤島神社

参考文献 藤島神社社務所編『旧別格官幣社藤島神社略誌』、福井県神職会編『福井県神社誌』、井上翼章編『越前国名蹟考』七(『福井県郷土叢書』五) (小倉 学)

ふじしんぐう 富士新宮 ⇨浅間神社《あさまじんじゃ》

ふじしんこう 富士信仰 富士山に対する信仰。富士を霊山として崇めたのは原始時代からのことで、静岡県富士宮市上条の千居《せんご》遺跡は縄文時代中期のものとされ、富士山を遥拝した祭の場所であるという。『常陸国風土記』筑波郡条に、昔、祖神尊が駿河国福慈岳の福慈神に一夜の宿を請うた説話がみえ、『万葉集』三には、富士山を詠んで「天地の分れし時ゆ神さびて高く貴き」「霊しくもいます神かも」「日本の大和の国の鎮ともいます神かも」(いずれも原万葉仮名)とある。このように富士山は神々しくて高く貴い山、霊妙な神の山、日本国鎮護の山などと考えられた。富士神の神格は複雑だが、古くは富士を聖なる水源の山として崇めた、水神としての富士神がある。一方、噴火による火山神(浅間神)としての富士神があり、そこに浅間信仰が展開した。『富士本宮浅間社記』に、富士山は孝霊天皇の御宇に噴火し、住民は逃散、国も荒廃したので、垂仁天皇三年八月、噴火を鎮めるために山麓に大神を奉斎したとある。正史に現われた富士噴火は、『続日本紀』天応元年(七八一)七月条に「駿河国言、富士山下雨レ灰、灰之所レ及、木葉彫萎」と記すのが初見である。ついで『日本紀略』に延暦十九年(八〇〇)・二十年・二十一年と噴火したとあり、『三代実録』には貞観年間(八五九—七七)の大噴火を「富士郡正三位浅間大神大山火」云々と伝えている。富士神を浅間神と記した最古の記事は、『文徳実録』仁寿三年(八五三)七月五日条の「以二駿河国浅間神一預二於名神一」、同年同月十三日条の「特加二駿河国浅間大神従三位一」であるが、浅間神がはじめから従三位に叙せられたとは考えられないから、この神名の成立はさらにさかのぼるであろう。前掲の社記に、大同元年(八〇六)坂上田村麻呂が富士神を山宮から富士山本宮浅間神社の現鎮座地へ遷したとある。そのころに富士神は浅間神と呼ばれるようになったと考えられる。しかして、その後の富士信仰はもっぱらこの浅間神社を中心にひろがっていった。現在、全国に所在する千三百余社の浅間神社の多くは、富士山を取り巻くように分布しており、それらの中には重要な古社が少なくないことからすれば、浅間神社は富士の霊妙な山容を拝するという古来の富士信仰を基礎に成立し、はじめは富士山を仰望できる地に設けられた遥拝所であり、それが神社へと発展したものと考えられる。中でも富士山頂に奥宮をもち、西南麓の富士宮市に本宮が鎮座する富士山本宮浅間神社は、『延喜式』神名帳の駿河国富士郡に登載される「浅間神社(名神大)」とされ、駿河国一宮、旧官幣大社であり、文字通り浅間神社の総本宮として浅間信仰の中心であった。中世になると、浅間神は仏教と習合して浅間大菩薩と称され、その本地は大日如来であるといわれた。一方、富士の人穴は「浅間大菩薩御在所」(『吾妻鏡』建仁三年(一二〇三)六月四日条)であると畏敬され、以来、人穴信仰が盛んとなった。また胎内穴は浅間大菩薩誕生地といわれ、多くの登拝者により胎内廻りが行われてきた。富士登山は役行者《えんのぎょうじゃ》の伝説(『日本霊異記』)もあるように、古くから行われていたが、室町時代になると参詣としての登山が確立し、富士山へ登ると災難から免れられると堅く信じられたので、江戸を中心に富士登拝が民衆の間にひろまった。また富士講の成立とともに講員らは先達・行人に導かれ、菅笠に白装束、金剛杖をつき、鈴を振りながら中臣祓・『般若心経』・呪文などを読誦して登拝した。とりわけ富士山が出現したという庚申の御縁年は「お山参り」と称して登拝が盛行し、それに伴い富士参詣曼荼羅が作成され、江戸では富士の山容を模倣した富士塚があちこちで築かれた。なお室町時代末期に出た長谷川角行は、人穴で苦行を重ね、万物の根源は仙元大菩薩の霊威に帰すと唱え、富士信仰に統一ある生命力を与えた。角行は正保三年(一六四六)に百六歳で人穴で死んだというが、その道統は弟子の日玥《にちがん》・玥心・月旺らへと継がれ、それはのちに光清派と食行派に分かれ、これもさらに多く分派し、俗に富士の八百八講と呼ばれるほど多くの富士講が成立した。中でも食行派の食行の末女お花、参行・不二道を指導した小谷三志へと継承された一派からは、実行教や扶桑教といういわゆる教派神道十三派の一派が独立し、また伊藤六郎兵衛が開教した丸山教も富士講の流れを汲む新宗教である。→浅間神社《あさまじんじゃ》　→小谷《こたに》三志《さんし》　→実行教《じっこうきょう》　→扶桑教《ふそうきょう》

参考文献　井野辺茂雄『富士の歴史』(『富士の研究』一)、宮地直一・広野三郎『浅間神社の歴史』(同二)、井野辺茂雄『富士の信仰』(同三)、遠藤秀男『富士山—史話と伝説—』、岩科小一郎『富士講の歴史』、鈴木昭英編『富士・御岳と中部霊山』(『山岳宗教史研究叢書』九)

(三橋　健)

ふじたとうこ　藤田東湖　一八〇六—五五　江戸時代後期から幕末期の常陸国水戸藩士、儒学者。名は彪、字は斌卿、幼名武二郎のち虎之介、嘉永六年(一八五三)十一月から誠之進と改めた。東湖はその号。文化三年(一八〇六)三月十六日藤田幽谷の次男として水戸城下梅香に生まれた。母は水戸藩士丹武衛門の女で名は梅。幼少から父の薫陶を受け、文政二年(一八一九)江戸に出て亀田鵬斎・太田錦城に儒学を、岡田十松に撃剣を学ぶ。同七年五月イギリスの捕鯨船員十二人が常陸大津浜に上陸した時、これを打ち払おうとしたが果たせなかった。同十年正月家督(二百石)を継ぎ進物番となり彰考館編修に補せられた。この時から父の私塾青藍舎を継ぎ子弟の教育にもあたった。同十二年彰考館総裁代役。このころ藩主徳川斉脩の後継をめぐって門閥派と幽谷門人を中心とする改革派とが対立。東湖は改革派に属し、同年十月無願出府して徳川斉昭の襲封実現に奔走した。天保元年(一八三〇)正月無願出府を咎められて逼塞させられたが四月許され郡奉行に抜擢された。以後藩主斉昭の厚い信任を得、その腹心として藩政改革を推進する重要人物となった。すなわち天保三年五月定江戸通事、同六年六月御用調役、同九年十二月土地方改懸、同十年十一月学校造営御用懸、同十一年正月側用人(格式用人上座、足高役料を含め四百石)、同十二年四月御勝手改懸(同年十二月足高百石加増)、同十四年八月寺社改懸(同年正月格式馬廻頭上座)、同年九月弘道館懸などに任じ、この間しばしば封事を呈上、人心一新、藩政刷新、武備充実の急務を訴えた。また同八年七月には斉昭の命で「弘道館記」の草案を起草。弘化元年(一八四四)五月斉昭に扈従して出府したが、幕命により斉昭が致仕謹慎処分を受けると同月東湖も役職を免ぜられ蟄居、江戸藩邸の一室に幽閉された。九月俸禄・第宅ともに没収、新たに十五人扶持を給され、水戸城下竹隈町に蟄居屋敷を与えられた。翌二年二月江東小梅村の下屋敷(東京都墨田区向島一丁目)に移った。同三年十二月幕命で蟄居を免ぜられ、藩命で遠慮小普請組に入り、四年正月水戸に帰ったが、十月宅慎を命ぜられて竹隈の蟄居屋敷に住んだ。幽囚中、『回天詩史』、『常陸帯』、「和文天祥正気歌」(通常「正気歌」と称される)を草し、『弘道館記述義』を著わした。斉昭が藩政関与を許されたのは嘉永二年三月であるが、この前後から宅慎もやや寛大に取り扱われるようになり、蟄居屋敷の一室で私塾を再開した。しかし塾生教育が公式に認められるのは同五年閏二月宅慎が解禁となってからである。この時から東湖と号した。閑居一年余にしてペリー来航に際会、同六年七月斉昭が幕政に参与するや江戸藩邸に召出され海岸防禦御用掛(定江戸詰)となり三百石を給された(先の十五人扶持は返納)。安政元年(一八五四)正月側用人兼務で役料百五十石。翌二年二月格式馬廻頭上座で側用人再勤、役料はさらに五十石が加えられた。同年九月学校奉行兼職となって役料はまた百石増加、本高役料通計六百石となった。対外関係の緊迫した嘉永年間以降、『回天詩史』「正気歌」『弘道館記述義』などはひろく尊攘志士の愛読愛唱するところとなってその精神昂揚を促進するとともに、水戸学の声価を全国的に高める役割を果たした。東湖はこれらの著作を通じて、対外的危機に直面している今こそ、国民的伝統たる「正気」(忠君愛国の道義的精神)を発揚して国家の独立と統一を確保すべきことを説いている。また横井小楠・橋本左内・佐久間象山・西郷隆盛らと交わって信望を集めた。豪快闊達な性格で、小楠は「其人弁舌爽に議論甚密(中略)色黒の大男、中々見事なり」(『遊学雑志』)と評している。安政二年十月二日に起った大地震の時、小石川藩邸内の官舎にあり、屋梁頽毀のため圧死した。年五十。墓は水戸市松本町の常磐共有墓地にある。著書・詩文・封事・日記などは『水戸藤田家旧蔵書類』(『日本史籍協会叢書』)、菊池謙二郎編『新定東湖全集』に所収。

参考文献　『水府系纂』七六、名越時正『水戸学の研究』、鈴木暎一『水戸藩学問・教育史の研究』、西村文則『藤田東湖』、『水戸市史』中三

(鈴木　暎一)

ふじたになりあきら　富士谷成章　一七三八—七九　江戸時代中期の国学者、歌人、文法学者。元文三年(一七三

八)京都に生まれる。父は東福門院御殿医皆川成慶(春洞)。通称専右衛門、字仲達、号層城・北辺。実兄の漢学者皆川淇園から大きな影響を受けた。宝暦六年(一七五六)富士谷家の養子となる。和歌の研究に専心し、歌風・歌語の分類を行い、語を名《な》(体言)・挿頭《かざし》(副用言・接頭語の類)・装《よそい》(用言)・脚結(助詞・助動詞・接尾語の類)に四分し、表的著作で、「脚結」などを著わした。『脚結抄』はその代『脚結抄《あゆいしょう》』「装図《よそいのかた》」などから用例を引いて論じ、さらに用言の『古今和歌集』などから用例を引いて論じ、を属《たぐい》・家《いえ》・倫《とも》・身《み》・隊《つら》に五分類し、活用表である「装図」を付す。国語史の時代区分・品詞分類・活用などに多くの新見を示した。その説は、本居春庭・義門などに継承され、明治以後、山田孝雄によりその業績の価値が宣揚された。近年、竹岡正夫によって、その稿本が研究され、本居宣長と並んで、江戸時代の国文法学者の双璧と称せられている。安永八年(一七七九)十月二日没。四十二歳。墓は京都市北区紫野十二坊町の上品蓮台寺にある。竹岡正夫編『富士谷成章全集』(全二巻)がある。

参考文献 山田孝雄『国語学史』、竹岡正夫『富士谷成章の学説についての研究』

(築島 裕)

ふじたにみつえ　富士谷御杖　一七六八―一八二三　江戸時代後期の国学者。京都の人。名は成寿、ついで成元、文化八年(一八一一)御杖と改めた。通称は千右衛門。明和五年(一七六八)に生まれる。国語学者富士谷成章の嗣子で、儒学者皆川淇園の甥にあたる。富士谷家は筑後柳川藩の京都留守居役を勤め、二百石を給されていた。幼少より父に従って歌の道に励み、父の死後は淇園に儒学と歌学を学んだ。寛政四年(一七九二)『歌道非唯抄』、同五年『歌袋』を著わし、詠法の心得、和歌の変遷・分類論を説いたが、まだ家学の継承という面が強かった。しかるに文化元年(一八〇四)刊の『百人一首燈』を著わすに及び、神道説を包含する独自の歌論を樹立、特異な思想体系を形成した。御杖の説によれば、人間は所思所欲をそのまま言行に表現すれば必ず時宜を破り禍を招く。したがってそれを回避するため所思所欲は言外に言霊《ことだま》として宿らせ、詞は倒語して心中思っていることとは別方向にそらして表現するものが和歌である、という。その際、理と対立する欲を慰める方法が神道であり、神道の抑制をすりぬけていっそう激成された鬱情を慰める方法が詠歌である、と考えられた。同四年に成った『古事記燈』では、「人といふは、神を身内にやどしたるもの丶名也、神といふは、人の身内にやどりたるものを云也」とする神観念、「神道とは身外に出しがたき所欲をいふなり」とする神道説をもとに、言霊により古代人の心を種々の説話として表現したのが『古事記』であって、本居宣長のようにこれらをすべて実在の事実とみる解釈は不合理であると非難した。『万葉集燈』『土佐日記燈』その他の著作においてもこの言霊説により古典の真意を解明しようとする態度は一貫している。文政四年(一八二一)十二月柳川藩から譴責を被って無禄の身となり、藩邸を引き払って蟄居。同六年十二月十六日死去。年五十六。洛北の上品蓮台寺(京都市北区紫野十二坊町)に葬られる。著作類は『富士谷御杖集』(全五巻)に収められている。

参考文献 池田勉『言霊のまなび』、三宅清『富士谷御杖』、鈴木暎一『国学思想の史的研究』、土田杏村「御杖の言霊論」(『土田杏村全集』一一所収)、平井武夫「富士谷御杖大人の生活」(『国学院雑誌』二五ノ四・六)

(鈴木 暎一)

ふじづか　富士塚　⇩富士信仰《ふじしんこう》

ふじつひこじんじゃ　藤津比古神社　石川県鹿島郡中島町藤瀬に鎮座。旧郷社。祭神として藤津比古神・熊野速玉神を祀る。延喜式内社とされ、鎌倉時代には熊野権現と称し、本地は阿弥陀如来で、五間二面の拝殿が建立されていた。能登国羽咋郡鉈打《なたうち》郷の惣鎮守で、永禄二年(一五五九)同郷の地頭国分氏の一族・被官のほか、郷内の長衆らが、米銭の奉加をはかっており、天正四年(一五七六)にも、国分慶胤が願主となって、本殿の天井の修復を行なっている。享保元年(一七一六)同社の神輿が新造されたのを契機に、鉈打郷の惣社大祭が行われるようになり、やがて郷内各村の末社神輿が集結し、鉦太鼓に合わせた猿田彦の乱舞や大きな真紅の幟旗(枠旗)も加わった新宮大祭《しんごのおおまつり》と呼ばれる寄合祭に発展した。例祭は九月十五日。本殿は、三間社流見世棚造で、室町時代中期の建立とみられ、重要文化財。天文年間(一五三二―五五)の墨書銘をもつ木造漆塗獅子頭や、弘治三年(一五五七)九月の陰刻銘のある木製の枡《ます》を社蔵する。

(東四柳史明)

ふじどう　不二道　⇩富士信仰《ふじしんこう》

ふじなみし　藤波氏　古代より明治維新時まで、伊勢神宮の祭主を世襲した家。天児屋命の後裔、大中臣清麻呂より興る。神宮の祭主は、古くは定置の官職ではなく、神宮恒例の大祭儀に朝使として派遣され、その祭儀を主として奉仕する役であり、神祇官の中臣氏が多く任ぜられた。平安時代に入ってその職制も確立し、『延喜式』伊勢大神宮では、祭主は神祇官の五位以上の中臣氏を任ずることと定められ、実際に神祇大副また権大副についた中臣氏が世襲してあたる例となった。以後、大神宮司の上にあって司務も職掌し、律令体制の乱れた平安時代末期より鎌倉時代には伊勢国に居住し、輔親・親定・隆通らはその住地により岩出を家号とした。のち南北朝の内乱で伊勢を離れて京都に移住したが、江戸時代に景忠が再び伊勢国度会郡藤波(三重県伊勢市)に住し、藤波を称するに至った。教忠が当家最後の神宮祭主・神祇大副。その子言忠は明治十七年(一八八四)子爵を授けられ、貴族院議員となる。なお、内宮禰宜の荒木田姓の藤波氏とは別である。また、国学院大学日本文化研究所編『神官祭主)藤波家文書目録』が刊行されている。

参考文献 藤波家文書研究会編『大中臣祭主藤波家の歴史』

(鎌田 純一)

ふじなみときつな　藤波時綱　⇩真野時綱《まのときつな》

ふじのもりしゃえんぎ　藤森社縁起　京都市伏見区深草鳥居崎町に鎮座する藤森神社の縁起。神社伝来の旧記をもとに吉田兼倶が撰述した書。一巻。奥書に「神祇長上卜部朝臣従二位誌」とあり、兼倶が従二位に昇った文明十二年(一四八〇)以降、永正八年(一五一一)に没するまでの間の成立とみられる。神護景雲年間(七六七―七〇)の垂迹、早良親王の崇敬と天応元年(七八一)の蒙古襲来における霊験、五月五日と七月十五日の祭礼の由縁、稲荷社との関係、弘法大師による仏舎利と大日如来像の奉献、祭神の本地仏について記す。末尾の「日本神国之諸神以二仏菩薩一称二本地一事、真言将来以後、伝教・弘法両大師始而被レ定レ之矣」の語に、旧記を尊重しながらも神本仏迹思想を説く兼倶の思いが現われている。『群書類従』神祇部所収。『諸社根元記』藤森社の条も同文であるが、末尾の仏舎利などの奉献と本地仏に関する部分を欠く。『諸社根元記』は『神祇全書』一、『神道大系』神社編二所収。

参考文献　『群書解題』一中　（高橋美由紀）

ふじのもりじんじゃ　藤森神社　京都市伏見区深草鳥居崎町に鎮座。旧府社。藤森天王社とも称す。祭神は素盞嗚尊・日本武尊・神功皇后・別雷神・応神天皇・仁徳天皇・武内宿禰で、のちに崇道天皇(早良親王)・天武天皇・井上内親王・崇道尽敬皇帝(舎人親王)・伊予親王を合祀したと伝える。創祀は不詳であるが、山城国紀伊郡藤尾の霊地に祭神を鎮祭、早良親王の崇敬あつく、天応元年(七八一)異敵襲来に際し大将軍に任ぜられ、その戦勝を当神社に祈請、その出陣の軍旅が神幸の武者行列として再現されたことから、弓兵政所《ゆづえのまんどころ》の別称があり、平安遷都に際し大将軍社を境内に勧請した。江戸幕府は二百石の朱印領を与える。例祭は六月五日(藤森祭)。境内の大将軍社・八幡宮本殿(ともに一間社流造柿葺《こけら》)、社蔵の紫糸緘鎧一領・木造狛犬一対は重要文化財に指定される。山崎闇斎は『藤森弓兵政所記』を著わしている。

藤森社（『都名所図会』５より）

参考文献　京都府神道青年会編『神社の文化財京都』　（二宮　正彦）

ふじまんだらず　富士曼荼羅図　富士山に対する信仰を象徴する諸仏・菩薩および神々などを網羅して描いた図。本地垂迹説による垂迹画の範疇に属する絵画であるが、現存する諸本の多くは富士山の神々を本地仏の姿で描く富士本地仏曼荼羅となっている。構図には一定の形式がみられ、一般的には中央に大きく富士山を置き、その左右の天空に日月を配し、駿河湾から富士山頂までの景観を数段に区切って描くという形である。静岡県の富士山本宮浅間神社所蔵の一本は、狩野元信筆とされ、画面の手前に駿河湾の風景、三保の松原、田子の浦、清見寺、富士川、本宮浅間神社、村山浅間社、女人堂、行者堂、白衣姿の登拝者の行列、そして富士山頂の三峰に本地仏の大日・阿弥陀・薬師を描いてある。同社の所蔵する別本には、日月や本地仏はみえないが、中央上部に黄金の富士の霊峰、その右奥に箱根三山、中心に本宮浅間神社、湧玉池を置き、さらに画面を横切るように富士川の流れを描くという構図になっている。いずれも室町時代の制作で、当時の社殿や登拝習俗の様子を伝える貴重な絵画資料であり、富士講などで絵解きに使用されたものといわれている。

参考文献　近藤喜博「『富士浅間曼荼羅』図説」(『神道宗教』六五・六六)　（三橋　健）

ふしみいなりたいしゃ　伏見稲荷大社　⇩稲荷大社《いなりたいしゃ》

ふじもうで　富士詣　⇩富士信仰《ふじしんこう》

ふしゃ　府社　⇩府県社《ふけんしゃ》

ぶしゃさい　歩射祭　一般に年頭・新春の弓神事。奉射・備射とも書かれる。馬に乗らず徒歩で弓を射ることから、あるいは奉納の射儀の意であることからこうした字をあてるといわれ、御弓神事・的射《まとい》・蟇目神事などと呼ばれることもある。破魔と年占を兼ねた行事として全国に広がっている。神職のみならず頭屋をはじめ選ばれた若者や稚児などが射手をつとめ的を射る。的には通常の丸印をつけたもののほか、「鬼」や「鬼」と墨書したもの、蛇眼を描いたものもある。名古屋市の熱田神宮、一月十五日の歩射神事は年中七十余度の祭のうち、大祭とされたもので宮中の歩射の的中数と熱田社の的中数とを勘合して年占を行なったといい(『尾張名所図会』三)、このほかにも京都市の伏見稲荷大社奉射祭(一月十二日)、松尾大社《まつのおたいしゃ》奉射式(一月十日・十一日)、福岡市の志賀海《しかのうみ》神社歩射祭(一月十五日)など古式を伝える古社も多い。また、関東一帯では東京都新宿区下落合の御霊《ごりょう》神社お備射祭献盃祝言式(一月十三日)などの厳重な古例を残す神社もある反面、実際の弓射の行事を略して祭の会食・酒宴だけを「ビシャ」と呼びならわしている。四国・九州地方では百手《ももて》と称されることが多いが、愛媛県などでは弓祈禱とも

富士曼茶羅図

いわれる。愛媛県東予市大元神社の旧正月三日の弓祈禱では二百八十本の矢が射られ、弓関と呼ばれる射手頭が最後に結願的の弓を射る。悪魔退散の願いをこめた射儀で、これを射損じると不吉になるといってもう一度初めから射直されることもある。なお、こうした歩射が終ると、参詣者たちが競って的を奪いあい、田の水口に挿して五穀豊穣を祈願したり病気除けなどの守りにすることが広く行われている。 →蟇目神事《ひきめしんじ》 →百手神事《ももてしんじ》

（加藤　健司）

ふじろくしょせんげんじんじゃ　富知六所浅間神社　静岡県富士市浅間本町に鎮座。通称三日市浅間神社。旧郷社。祭神は大山祇命、ほかに五柱の神を配祀する。主神とあわせて六神を祀るので六所（座）という。社伝によると孝昭天皇二年、富士山頂にまつったものを数次の山焼（噴火）により、延暦四年（七八五）現在地に遷した。また崇神天皇十四年、四道将軍を派遣した時、建沼河別命が東征の将軍として駿河国に下向し、奏聞して勅幣を勧めたという。『延喜式』神名帳にいう富知神社といわれている。大同元年（八〇六）五社浅間を勧請。弘仁二年（八一六）正五位に叙せられる。例祭は五月三日。境内には神木（ヒモロギ）として、樹齢千二百有余年の大樟がある。付近一帯からは奈良時代末・平安時代初期の瓦片を出土する。『三代実録』貞観五年（八六三）五月二日条の定額法照寺と考えられる寺跡があり、東海道に面した重要な位置にある。

参考文献　『富士市誌』

（安藤　孝一）

ふじわらせいか　藤原惺窩　一五六一―一六一九　安土桃山・江戸時代前期の朱子学者。名は粛、字は斂夫《れんぷ》。惺窩はその号。ほかに柴立子・北肉山人・惺々子・妙寿などと称した。永禄四年（一五六一）播磨国三木郡細河村（兵庫県三木市細川町桃津）で藤原（下冷泉）為純の三男として生まれた。彼が藤原定家の十一世の孫であったことは、彼の学風と深い関係をもつ。父為純は代々の地播磨細河荘を領したが、惺窩は七、八歳のころ仏門に入り、播磨竜野の景雲寺の禅僧東明宗杲《そうこう》、ついで文鳳宗韶に学んだ。十八歳の天正六年（一五七八）、父為純は三木城主別所長治に攻められて戦死。京都相国寺普広院住職の叔父清叔寿泉を頼って上洛、相国寺で禅学に励んだ。惺窩の儒学傾斜は三十歳ころ師承や五山の一部の風気によって醸成されていたが、文禄二年（一五九三）三十三歳で徳川家康に招かれ、翌年にかけて江戸に赴き、『貞観政要』を講じたころ、「をろかにもにしとばかりはたのむかな穢土に浄土はありける物を」（『惺窩先生倭謌集』四）と歌っているところにもすでに明瞭である。慶長元年（一五九六）六月、直接中国の新儒学に触れるため渡明を企て、冬に薩摩半島東南端の山川津から出帆したが風濤に遭って鬼界島に漂着（内藤湖南旧蔵『南航日記残簡』参照）、翌夏、京都に帰ってからは直接六経に学び、いよいよ儒者たる確信を堅めた。この確信への刺戟となったものに、竜野時代から彼と親交があり、その有力な後援者であった赤松広通を通じて文禄・慶長の役の捕虜で、朝鮮の有名な朱子学者李退渓の流れを汲む姜沆《きょうこう》と出会ったことがあげられるが、これはあくまで惺窩自身の裡に醸成確立しつつあった信念を鼓舞するものであったろう。慶長五年、入洛中の家康に深衣道服で謁したことは、形式的にも僧侶を去って儒者たることを顕示したもの。同九年にのちに家康に仕えて江戸時代朱子学の総本山の観を呈した林羅山が入門、また関西朱子学の大宗となった松永尺五《せきご》・堀杏《きょう》庵《あん》・那波活所・菅得庵・石川丈山・林東舟（羅山の弟）・吉田素庵・吉田意庵らがつぎつぎに入門、その余波は和歌山藩主浅野幸長をはじめ多くの大名に及び、後陽成天皇も惺窩に道を問うに至った。こうしたことが惺窩を近世日本朱子学の開祖といわしめた理由である。しかし彼

は朱子学啓蒙期のためもあって、深遠で独創的学者とはいいがたい。彼の最大の特色は、のちの一部の朱子学者のごとく固陋一徹ではなく、朱子学を主としつつも、陸象山・王陽明の長所をも捨てず、実践を旨とする大らかな学風を樹立したところにあり、一面またその先祖の血をひいて国学・和歌にも造詣深く、『日本書紀』『万葉集』『徒然草』などの方面でも啓蒙的役割を果たしている。彼は名誉欲に遠い詩人的性格のためもあって、慶長十年の夏秋の交に京都北郊の市原に山荘を営んで隠栖し、木下長嘯子・松永貞徳らと親交を結び、同十九年春、羅山の建議と推薦により、京都に設立されるはずであった学校の長官に擬せられたが受けず、市井の学者に終始した。その死は元和五年(一六一九)九月十二日のことで、京都において五十九歳で没した。現在、墓は相国寺林光院の墓地内にある。刊本の著書には、『惺窩先生文集』(藤原為経編)、『惺窩文集』(正編林羅山編・続編菅得庵編)、『惺窩先生倭謌集』(『惺窩先生文集』所収)、『寸鉄録』、『逐鹿評』(一名『大学要略』)、『文章達徳綱領』があり、ほかに自筆稿本に『明国講和使に対する質疑草稿』、『姜沆筆談』、『朝鮮役捕虜との筆談』、『南航日記残簡』、『日本書紀神代巻』(改修本)などがあるが、みな『藤原惺窩集』(上・下。国民精神文化研究所、昭和十三年(一九三八)・十四年)に所収。

参考文献　太田青丘『藤原惺窩』(『人物叢書』一八五)、池田亀鑑「藤原惺窩と国文学」(藤村博士功績記念会編『近世文学の研究』所収)、太田兵三郎「藤原惺窩の学的態度」(徳川公継宗七十年祝賀記念会編『近世日本の儒学』所収)、阿部吉雄「藤原惺窩と朝鮮儒学」(『日本朱子学と朝鮮』所収)、金谷治「藤原惺窩の儒学思想」(『日本思想大系』二八所収)

（太田　青丘）

ふじわらのかまたり　藤原鎌足　六一四―六九　大化改新の功臣で藤原氏の祖。もと中臣鎌子といい、『大織冠伝(鎌足伝)』(『家伝』上)によれば字は仲郎、推古天皇二十二年(六一四)大和国高市郡の藤原(のちの藤原京の地か)の邸に生まれた。父は小徳中臣御食子《みけこ》(『日本書紀』舒明紀に弥気、『大織冠伝』に美気祜)、母は大伴夫人(『尊卑分脈』に大伴咋《くい》の女の智仙娘とある)。幼年より学を好み、特に兵書の『六韜《りくとう》』を熟読し、体軀堂々たる偉丈夫だったという。鎌足を常陸地方の出身とする説が一部にあるが、確証はない。『日本書紀』『大織冠伝』によれば、舒明朝初年に朝廷は鎌足に錦冠を授けて、朝廷の祭祀を掌る中臣氏の宗業を継がせようとしたが、固辞して摂津の三島に引退した。やがて皇極朝に入ったころから皇族中の人材を求めて、まず皇極女帝の弟の軽皇子(孝徳天皇)に接近を試みたが、ついで舒明天皇と女帝の間の子である中大兄皇子(天智天皇)と親密になり、これと窃かに蘇我氏権力の打倒による政局転回の謀議を進めた。これを皇極紀・『大織冠伝』は主として皇権の回復を目的としたもののごとく叙述しているが、それだけでは改新によって律令制度を採用し、政治・社会制度の根本的改革を行なった理由が説明できないから、やはり当時の緊迫する国際情勢に対応して、根本的な改革を行おうとしたものとすべきであろう。まもなく皇極天皇二年(六四三)の冬に唐の太宗がいよいよ高句麗大遠征を決意し、国内で蘇我入鹿が実権を握り、聖徳太子の子の山背大兄王一族(上宮王家)をいきなり攻め滅ぼしたころから、鎌足と中大兄皇子は権力奪取の具体的計画に入り、翌三年鎌足の意見により、蘇我石川麻呂の女を皇子の妃に納れることによって石川麻呂を、ついで宮門警衛を専門職とする佐伯子麻呂らの武人を謀議の仲間に引き入れ、翌四年(大化元、六四五)六月十二日、飛鳥板蓋宮《いたぶきのみや》における三韓進調の儀式の場で、入鹿の不意を襲ってこれを斬った。その結果、皇族・群臣のほとんどが中大兄皇子の側についたため、翌十三日入鹿の父の大臣《おおおみ》蘇我蝦夷は孤立無援の中に亡び、翌十四日孝徳天皇が即位して、皇子はその皇太子となり、阿倍内麻呂と蘇我石川麻呂が左右大臣《だいじん》、鎌足が内臣、僧旻と高向玄理が国博士となって、いわゆる改新政府が発足した。『日本書紀』ではこのときまでは鎌足を鎌子と書き、以後は鎌足と書いている。また孝徳紀・『大織冠伝』にはともにこのとき鎌足が大錦冠を授けられたとあるが、大錦冠は大化三年制定の冠位であるから、これはやや後の事実をさかのぼって記したものか。なお鎌足はその後白雉五年(六五四)正月に紫冠を授けられている。改新政府は発足後、同月十九日に年号を建てて大化とし、同年末に都を難波の長柄豊碕宮《ながらのとよさきのみや》に移したが、以後大化五年の末ころまで、大化改新、すなわち長期にわたって律令制度を整備してゆくに必要な態勢への切り換えが積極的に進められた。ただその間における鎌足の改革に関する事蹟は、ほとんど史料上にみえないが、しかし内臣というのは、おそらく新制度の立案にあたる国博士を指揮し、実権者である皇太子を輔佐して、改新政治を推進する地位だったと推測されるから、鎌足の意志は改革のすべての面に及んでいたとみてよいであろう。やがて白雉四年に中大兄皇子は都を難波から飛鳥に戻し、これに同意しなかった孝徳天皇が翌五年独り難波の宮殿で世を去ったため、皇極上皇が再び即位(斉明天皇)したが、その斉明朝と次の天智朝には、すでに孝徳天皇・阿倍内麻呂(病死)・蘇我石川麻呂(譴死)・僧旻(病死)・高向玄理(入唐中に客死)はこの世になく、改新政府の中心人物で残るところは中大兄皇子(天智天皇)と鎌足の二人だけとなっていたから、海外情勢への対応も律令制度の整備も、すべて鎌足が皇子を輔佐して進めざるをえないこととなった。そのうちの対外政策は、鎌足が死に臨んで「生きては則ち軍国に務むること無く」云々と述べたように、自己の最大の責務としていたが、唐の圧倒的な軍事力によって、日本が支援した百済と高句麗は滅ぼされた。しかし律令制度、特に公地公民制関係の諸制度の整備は、最初の全国的戸籍である庚午年籍の完成が示すように、この時期に一応の段階に達した。またいわゆる

『近江令』の成立を意味するか否かは別としても、『大織冠伝』には鎌足が「礼儀を撰述し、律令を刊定」したということが述べられている。天智天皇は特に近江遷都(天智天皇六年(六六七))以後、大友皇子や一部の上流貴族とともに、専制的権力を形成する方向に進んだようで、鎌足はこれに対して天皇と皇太弟大海人皇子(天武天皇)の間を執りなしたり、自分の女を大友皇子の妃に納れたりして、天皇と中央貴族層全体との調和の維持に努めていたが、天智天皇八年十月十六日に近江の大津京の邸で病死した。年五十六。天皇は死の前日に大織冠と大臣の位と藤原の姓を鎌足に賜与したが、この大織冠は天智天皇三年制定の二十六階冠位の第一階で、日本人では他に例がないため、後世鎌足の異名となった。また大臣の位は、これまで鎌足が内臣であったところから、『日本書紀』以下はこれ以後鎌足をすべて内大臣と書いているが、このころ内大臣という官職があったわけではないから、これは単に大臣の身分を与えられたにすぎないものとみるべきであろう。鎌足が死ぬと百済からの亡命者沙宅紹明がその碑文を撰したといい、伝記として恵美押勝(藤原仲麻呂)が天平宝字年間に撰したとみられる『大織冠伝(鎌足伝)』(『家伝』上)が今日に伝わっている。鎌足の墓は『大織冠伝』によれば約一年の殯礼の後、天智天皇九年閏九月六日に山階(京都市山科区)の精舎(山階寺)に葬ったというが、『多武峯縁起』ははじめ摂津国島下郡の阿威山(大阪府高槻・茨木両市境界の阿武山古墳とする説がある)に葬り、のち長子定恵がこれを大和の多武峯に移したとする。なお天安二年(八五八)十二月の荷前《のさき》の幣を献じる十陵四墓の制を定めた詔には、「贈太政大臣正一位藤原朝臣鎌足多武峯墓、在二大和国十市郡一」とある。→談山《たんざん》神社《じんじゃ》 →中臣氏《なかとみうじ》

参考文献 田村圓澄『藤原鎌足』(『塙新書』三)、田口卯吉「藤原鎌足」(『鼎軒田口卯吉全集』一所収)、青木和夫「藤原鎌足」(『日本古代の政治と人物』所収)、横田健一「藤原鎌足と仏教」(『白鳳天平の世界』所収)、丸山二郎「中臣氏と鹿島香取の神」(『日本古代史研究』所収)、山田英雄「中臣鎌足伝について」(『日本歴史』五八) (関 晃)

ふそうきょう 扶桑教 富士信仰の流れを汲む教派神道十三派の一つ。開祖は長谷川角行。角行の道統は日玥《にちがん》・玥心・月旺らへと継承されたが、のち、光清派と食行派に分かれた。食行は俗化する富士行道に新たな生命を与え、小谷三志らが指導した不二孝教(不二道)成立の基礎を開いた。明治の初め、宍野半は角行以来の富士講を統一した。宍野は弘化元年(一八四四)薩摩に生まれ、維新後は駿河の大宮浅間神社などの宮司となったが、明治六年(一八七三)富士一山教会を組織し、神道事務局に属し、同九年、扶桑教会と改称、同十五年五月、神道事務局から独立、神道扶桑派と改称、さらに同年十二月、扶桑教と改め、初代管長に就任した。のち、東京市芝区神明町に扶桑教庁を造営し、邸内に模造富士を築くなど布教活動に従事していたが、同十七年五月、四十一歳で没した。のち、管長は宍野健丸、健弌へと世襲され、現在は杉山一太郎、東京都世田谷区松原に本部がある。平成十一年(一九九九)末現在、教会九九、布教所四三、教師八四四、信者四万五千(文化庁編『宗教年鑑』平成十二年版)。教典の『神徳経』によれば、大元の父母である大祖参神が主神で、万物はこの神から造化されたという。大祖参神との神名は、この時代の政策を意識してのものと思うが、「教規」に教団の主旨を記して「造化三神ノ無量無辺ノ神徳ヲ尊崇シ、惟神ノ大道ヲ修メ」とあるように、造化三神をさすことは明らかで、畢竟、従来の富士信仰にいう元の父母・仙元大菩薩を意味している。なお、当教から脱退した教派に伊藤六郎兵衛が唱道した丸山教がある。→宍野半《ししのなかば》 →富士信仰《ふじしんこう》

参考文献 田中義能『神道扶桑教の研究』、井野辺茂雄『富士の信仰』(『富士の研究』三)、岩科小一郎『富士講の歴史』、福田勝永『教祖伝』 (三橋 健)

ふたみおきたまじんじゃ 二見興玉神社 三重県度会郡二見町大字江に鎮座。旧村社。祭神は、御食津神・猿田彦神、不詳二座(『三重県神社誌』)。二見浦は、砂浜の続く伊勢湾の最南東部にあたり、「清き渚」と呼ばれていた。当社周辺は岩礁地帯で、東の神崎岬より志摩地方のリアス式海岸へと地勢が変わる。神社背後の夫婦岩はもと立石と称し、北東の海中に猿田彦神出現伝承をもつ興玉神石がある。境内の天の岩屋は三宮神(三狐神)が祀られていた。明治四十三年(一九一一)三月、三宮神社に境内社興玉社を合祀して現社名と単称。社記には天平年間(七二九―四九)僧行基の建立になる太江寺に興玉社が創祀され、のち立石崎へ遷座とも伝える。伊勢神宮参詣者の「垢離とり浜」となっており、現在も浜参宮と称し神宮遷宮祭のお木曳・お白石持ち行事などに先立ち、禊を行い当社授与の無垢塩草が用いられる。一月境内社栄野神社湯立神事、二月節分祭、五月藻刈神事、五月・九月・十二月

二見興玉神社 二見ヶ浦の夫婦岩

に地元民奉仕の大注連縄張神事がある。夏至のころは夫婦岩からの日の出を拝する人々で賑わい夏至祭が行われている。

参考文献 中西正幸編『伊勢の海と神宮―二見ヶ浦の神々―』（櫻井 治男）

ふたらさん 二荒山 ⇩日光山《にっこうざん》

ふたらさんじんじゃ 二荒山神社 ㈠栃木県日光市山内に鎮座。旧国幣中社。延喜式内大社。大己貴命《おおなむちのみこと》に后神の田心姫命、御子の味耜高彦根命《あじすきたかひこねのみこと》を配し、日光三社権現ともいい、本社(新宮)・中宮祠・奥宮(男体山頂)のほか別宮の滝尾神社(田心姫命)・本宮(味耜高彦命)がある。延暦元年(七八二)勝道が男体山(二荒山)登頂に成功したのに始まるというが、山頂遺跡から奈良時代以来の奉賽物が数多く出土(重要文化財)、神体山信仰の古さを物語っている。地名も甫陀洛・二荒・日光と転じたものという。二荒山神は承和三年(八三六)正五位下、ついで累進して貞観十一年(八六九)には正二位を授けられた。源義朝が「造日光山功」により保元元年(一一五六)下野守を重任された(『兵範記』)のをはじめ武門の信仰あつく、徳川秀忠は新宮本社の本・拝殿、徳川家光は神橋・滝尾神社、徳川家綱は本宮、徳川綱吉は中宮祠を造営した。明治四年(一八七一)二荒山神社・東照宮・輪王寺に分離、同六年国幣中社に列格。例祭は四月十七日。年初の厄祓神事である武射祭(一月四日)、中宮祠から奥宮への登山と御来光を拝する男体山登拝大祭(七月三十一日―八月七日)、神輿渡御の弥生祭(四月十三日―十七日)などが行われる。なお社宝の大太刀(銘備州長船倫光)・小太刀(銘来国俊)・黒漆蛭巻太刀拵は国宝。社殿その他社宝の多くが重要文化財に指定されている。

参考文献『栃木県史』史料編古代・中世、同通史編二、『日光市史』

㈡栃木県宇都宮市馬場通り一丁目に鎮座。正しくは「ふたあらやま」と称す。『延喜式』神名帳の河内郡に「二荒山神社名神大」とあるのが当社のよりどころとなっている。だが当時下野国西北部の山岳地帯のこととて、鬼怒川の支流大谷川を鬼怒川と誤り河内郡としたのではないかということが日光二荒山神社説の主張である。祭神は豊城入彦命・大物主命・事代主命。当社は永万元年(一一六五)の神祇官諸社年貢注文に「宇豆宮」。『吾妻鏡』文治五年(一一八九)七月二十五日条に源頼朝は奥州征伐の途次「宇津宮」に奉幣とあり、承久元年(一二一九)成立と見られる『続古事談』に「二荒ノ権現山ノ頂ニ住ミ給フ(中略)宇都宮ハ権現ノ別宮ナリ」としているように、山岳信仰の条件から見て日光に歩がある。当社の祭神を豊城入彦命となすのも近世以降のことであり、中世末当社より分祀した近津神社や宇都宮明神は、日光と同じ大己貴命を祭神としている。明治四年(一八七一)国幣中社に列格されたが同六年県社に降格、氏子の復活運動によって同十六年復格した。例祭は十月二十一日。花会祭(四月十一日)・田舞祭(五月十五日)・菊水祭(十月二十八日・二十九日)、おたりや祭として冬渡祭(十二月十五日)・春渡祭(一月十五日)などが行われる。社宝に伝藤原秀郷奉納の三十八間星兜(重要美術品)、建治三年(一二七七)二月在銘の鉄製狛犬(同)がある。

参考文献『栃木県史』史料編古代・中世、同通史編二、『宇都宮市史』三・七、栃木県神社庁編『栃木県神社誌』（日向野徳久）

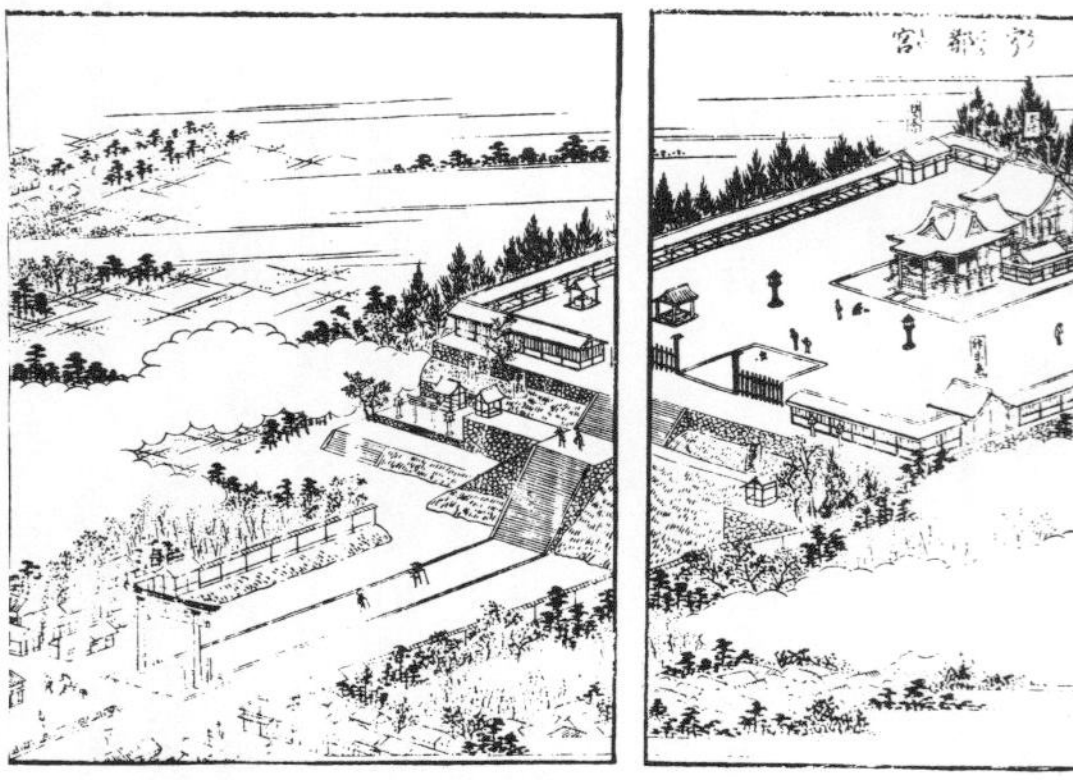

宇都宮二荒山神社（『木曾路名所図会』5より）

ぶっき 服忌 ⇩忌服《きぶく》

ぶっきょう 仏教 ⇩神道《しんとう》

ぶっけしんとう 仏家神道 仏教者による神仏習合を基調とした神道説の総称。「ぶっかしんとう」とも読む。真言宗系の両部神道と天台宗系の山王神道を代表とする。ただし両部神道の言説化は当初天台宗寺門派との関係が深かったので、それを真言宗系と単純に結び付けることには疑問もある。両部神道は平安時代末期から南北朝時代にかけて徐々に伊勢神宮およびその周辺の寺院を拠点に展開していった。その意味で伊勢神道の教説化を刺激したともいえる。この両部神道からは、鎌倉時代中期以降に大神神社の神宮寺大御輪寺を復興した叡尊およびその門流に相承された三輪流神道、鎌倉時代後期ごろ室生寺に住した円海がその起点とされる御流神道が形成され、いずれも中世を通じて教説の整備も進み、各寺院を越えて広く浸透した。また日蓮宗でも三十番神説を核とする法華神道が中世末期から近世初期にかけて組織化された。そのほかに禅宗や念仏諸宗、修験にも神仏習合の色彩が濃くみられる。いずれの神道も言説化の過程で吉田神道の教義から受容するところがみとめられる。近世に入ると神仏習合は儒学や国学からの厳しい批判に晒されたが、仏家側にも新たな神仏関係を構築する者も出てきた。天海の山王一実神道は中世山王神道を継受しつつも、東照大権現の祭祀化に際して教義的体系を提供した。その後山王一実神道の教義は慈等や慈本らの弟子たちによって充実されていくが、江戸時代中期に戸隠の乗因が従来の神道説に道家や修験道の要素を加味して、新たに修験一実霊宗神道を創唱した。この乗因にやや遅れて真言宗の僧侶慈雲飲光が出て独自の雲伝神道を唱えた。慈雲は従来の両部神道を附会としてしりぞけ、神道の真意を君臣関係などの秩序ある人倫関係に求めた。そして神仏一致の関係を本地垂迹ではなく妙合という言葉で説いた。これは山崎闇斎の神儒合一を妙契と説いたことにヒントを得たものと思われる。近世の仏教系の諸神道は排仏的な思潮を受けて、中世とは異なる新しい神仏関係の言説を生み出していった。

参考文献 大山公淳『神仏交渉史』、久保田収『中世神道の研究』、村山修一『本地垂迹』(吉川弘文館『日本歴史叢書』三三)

(矢崎 浩之)

ふっこしんとう　復古神道　近世国学の内部から展開した神道の学問・信仰ならびに運動。本居宣長により大成され、幕末から明治における神道学の主流となった。古語の一語一語の厳密な検討を土台に、古典のあるがままの理解と、そこに記された古代文化・思潮の探求を目指す文献学的方法を、日本古典の研究に導入した最初の学者は、契沖であった。彼の学的成果は国文や歌学に限られ、歴史的仮名遣いの発見と『万葉代匠記』が代表的とされる。神道関係の主張はあまりないが、『万葉集』などにみられる明るい素直な心を日本人の本質的な心性と評価し、また非合理的、神秘的見解を渋らすなどした。契沖の学統を継ぐ荷田春満《かだのあずままろ》は、京都伏見の稲荷神社社家の出身で、師は不明。契沖に師事した形跡はないが、その著『万葉集僻案抄』に『万葉代匠記』の説を採用し、影響を受けている。二十九歳ごろからは京都と江戸で歌文・和学を教え、幕命による仕事もしたが、晩年は京都にとどまった。春満の学問は契沖の領域を超えて古道(神道)・律令・古代史に及び、神学的関心も持ち復古思想を明確にした。彼の神道は『日本書紀』神代巻を重んじ、神話を教説の比喩と解したので、神代巻に拠って道徳を説く古い神道説の類型から脱し切れていない。神道関係の著作に『日本書紀神代巻劄記』『古事記劄記』などがある。国学校創立のための建白書「創倭学校啓(創学校啓)」は種々検討すべき問題を残すが、内容は春満自身の意見であろう。賀茂真淵は、遠州浜松在の賀茂神社祠官の分家に生まれ、国学や和歌を学び、やがて上京して春満の最晩年の四年間、本格的にその指導を受けた。続いて四十一歳で江戸に出、五十歳から六十四歳まで田安宗武に仕えている。真淵の学問は春満の国学と契沖の文献学を継ぎ、歌学から古典研究に進み、それらを踏まえて古意・古道を説いた。著書に主著『万葉考』のほか、『国意考』『祝詞考』『神楽歌考』『冠辞考』『日本紀訓考』や、中世文学の注釈書などがある。彼は『万葉集』にみられる素朴・明朗・剛健な時代思潮に憧憬して万葉調の歌を広め、歌人的感覚から日本の古代精神を昂揚したが、老荘思想にも共鳴し後進の批判を招いた。本居宣長は国学と復古神道の大成者である。伊勢松坂の富裕な商家の生まれだったが、親が神に祈願して授かった子だったので、宣長は生涯を通じ神の申し子の意識を持っていた。松坂はまた伊勢神宮に近く、伊勢信仰への傾斜もあった。二十三歳で上京し、医学を修める傍ら儒学者堀景山の塾で契沖の著作に触れ、古典への眼を開いた。二十八歳で帰郷後は医業を開き、歌会を催し『源氏物語』や『万葉集』の講義をするなど、盛んな学問活動に入る。有名な賀茂真淵との出会いは、真淵六十七歳、宣長三十四歳の時で、以後はもっぱら文通により指導を受けた。宣長は『宇比山踏』で国学の領域を古道学・官職・儀式・律令・有職故実・歴史学・歌学などに分けているが、彼自身の学問は、主著『古事記伝』に代表される古典の詳細な注釈書作成の間に、おのずから構成された。その著作は夥しいが、主要な分野は国語学・文学論ならびに神道論であろう。神道論の第一は古道の定義で、産霊《むすひ》の神の御霊により、伊邪那岐命・伊邪那美命が始め給い、天照大神が受け保ち伝え給うた道(『直毘霊《なおびのみたま》』)だとする。そこには外来思想による恣意的解釈を排し、古典の帰納的研究を基盤に理解を進める学的態度とともに、産霊神を背景に皇祖天照大神を神道の中心と見る宣長の神学が窺われる。第二は産霊の再発見である。神の恵みは神道を一貫する信仰だが、万物を生み出す霊妙な力または神霊としての産霊の語は、平安時代後期以降の神道に忘却されていた。その再発見と強調は、のちの神道神学に影響するところが大きい。第三は古代国語におけるカミ(神)の語の意味で、カミとは「尋常《よのつね》ならずすぐれたる徳《こと》のありて、可畏《かしこ》き物」(『古事記伝』三)とし、多神教的信仰をありのままに肯定した。その中で人々の信仰対象は神社などに祀られる神々だが、第四に特に天照大神の重視がみられる。この神は全国的な伊勢講やおかげ参りの対象となり、中世以来の神道説でも尊崇されたが、宣長は日本神話の展開の中軸となった至貴の皇祖神である点に注目し、この神を生み、その子孫の皇室を中核に継承発展した日本の国がらを説いている。第五は人生観である。人の世は決して坦々たるものでなく、善悪吉凶がつぎつぎに交替する流転の中にこそ前進があるとしつつ、最終的には善に至り吉にとどまるべき楽天観を、神代神話の筋の解釈から述べる。第六は死生観で、死後は神話の伝承どおり、善人も悪人も悉く暗い汚い黄泉《よみ》に行く、とした。だが「世中は何事もみな神のしわざに候、是第一の安心に候」(『鈴屋答問録』)というように、その背後には神に対する絶対信仰が窺える。「天地の神のめぐみしなかりせば一日一夜もあり得てましや」とし、「しらゆべき物ならなくに世の中の奇しきことわり神ならずして」(『玉鉾百首』)と詠んだ彼にとっては、人智の限界を超えた死後の問題は神に委せ切り、この世における各自の職分に精励することが人生の本旨であった。これを要するに宣長の神道論の根柢は、一切の後世的粉飾を退け、その主観に理想と映じた古代人の精神生活に回帰することにあり、その門流のおおむね共通した発想となった。復古神道における宣長の最重要な後継者は、没後の門人平田篤胤であろう。篤胤は秋田藩の下級武士の家に生まれて江戸に出、艱難辛苦して一家を成した。その教説の大半は本居学の祖述であるが、師説を超える独自の見解もあった。世に平田神道と呼ばれるゆえんである。主著『古史伝』から要点を拾えば、まず三神一体的神観念がある。中国明代の耶蘇会士が漢文で記したカトリックの教義書に影響された彼は、『古事記』冒頭の三神を一体と解し、天御中主神《あめのみなかぬしのかみ》を宇宙の主宰神、続く産霊の二神をその神徳の動的発現として、万物の生成発展の根源とした。第二は世界観で、西洋天文学の仮説を容れ、天(太陽)・地(地球)・泉(月)はもと一体で、その分離後は往来が不可能だとして、来世を黄泉と説く宣長説を否定した。彼によればわれわれの住む顕世《うつしよ》(現世)と幽世《かくりよ》(神々や死者の世界)は同じ場所にあり、眼に見えない幽世から顕世は見通しだとして、神々の照覧のもと、身を慎むべきことをいう。幽世とは葬送儀礼やみたま祭にみられる常民の他界観念の理論化で、他宗教の影響とはいい難い。第三は人間観である。人は産霊神により生を享け、本性は善で、現世では天皇、来世では幽世の主宰神たる大国主神に従う。この世で善悪応報が必ずしも適正でないのは、神が人心を試すためで、死ねば大国主神の裁判があり賞罰を受ける。したがって現世は仮の世、来世が真の世だとする。後半はキリスト教などの影響だが、原罪説は採用されず、幽世は天国に対する煉獄とはされなかった。また主宰神たる天御中主神と大国主神の関係は、不明確のまま残された。平田神道の教説にはほかに、国体の講明、日本精神の強調、家庭祭祀の奨励などあるが、おおむね宣長説の拡充強化とみられる。篤胤は、晩年、幕府の咎を受け、秋田に帰って六十八歳で没した。その学問は幕末の郷村名主・神主層に多くの支持者を得、明治維新の思想的原動力の一つになった。主な門人に大国隆正・権田直助・六人部是香・矢野玄道・岡熊臣らがある。明治二年(一八六九)からの大教宣布運動では、平田派がその主流を占めた。明治維新後、国学者の多くは教育者・神職となり、その国粋的、皇室中心的な歴史観・古典観は、近代化路線の中で文化的アイデンティティーを強調し、近代の初・中等教育を通じ国民に普及した。現代の神道神学は復古神道に根ざすが、篤胤説のうちキリスト教に影響された部分は、ほとんど行われていない。なお、関連史料が「復古神道」として『神道大系』論説編二三―二六にまとめられている。↓国学《こくがく》 ↓国家神道《こっかしんとう》

参考文献 上田賢治『国学の研究―草創期の人と業績―』、三宅清『荷田春満の神祇道学』、井上豊『賀茂真淵の学問』、同『賀茂真淵の業績と門流』、村岡典嗣『続日本思想史研究』、芳賀登『本居宣長』(『人と歴史シリーズ』)、松本滋『本居宣長の思想と心理』、三木正太郎『平田篤胤の研究』、伊藤裕『大壑平田篤胤伝』、国学院大学日本文化研究所編『神道要語集』宗教篇一・二、阿部秋生「契沖・春満・真淵」(『日本思想大系』三九所収)、松本三之介「幕末国学の思想史的意義」(同五一所収)、芳賀登「幕末変革期における国学者の運動と論理」(同所収)

(平井 直房)

ふつぬしのかみ **経津主神** 日本神話にみえる神で、香取神宮、春日・枚岡・吉田など各社の祭神。布津怒志命などとも記す。『古事記』神代では、伊邪那岐命《いざなぎのみこと》が迦具《かぐ》土神《つちのかみ》を斬った折の出生神のなかに、建御雷之男神《たけみかずちのおのかみ》をあげ、その別名を建布都神《たけふつのかみ》・豊布都神《とよふつのかみ》とする。『古事記』の国譲り神話では、『日本書紀』の国譲り神話と異なって、高天原からの派遣神に経津主神を加えておらず、経津主神は建布都・豊布都から造作された神名とする説がある。『日本書紀』神代、四神出生章第六の一書では剣の刃から滴たる血になれるものを経津主神の祖とし、また剣の鐔から滴たる血になれる神を武甕槌神《たけみかずちのかみ》の祖とする。同天孫降臨章では、武甕槌神と経津主神を高天原からの派遣神として併記し、第二の一書に「斎《いわい》主神を斎《いわい》の大人《うし》と号す、この神、今東国の檝取の地に在《ま》す」(原漢文)と述べる。『出雲国風土記』には布都怒志・和加布都怒志の神名がみえ、『出雲国造神賀詞』には天夷鳥命《あめのひなどりのみこと》・布都怒志命をあげる。『古語拾遺』や『延喜式』の遷却祟神祭祝詞では経津主と武甕槌(健雷)の両神を記し、『延喜式』の春日祭祝詞には「香取坐伊波比主命」とする。『常陸国風土記』には「香島天之大神」や「普都大神《ふつのおおかみ》」が登場するが、鹿島の武甕槌神、香取の経津主神とは明記していない。香取と斎主神・経津主神との結合には、発展のあったことを留意する必要がある。『肥前国風土記』には物部経津主神の神名がみえる。↓建御雷神《たけみかずちのかみ》

参考文献 津田左右吉『日本古典の研究』(『津田左右吉全集』一・二)、上田正昭編『春日明神』

(上田 正昭)

ふつのみたま **韴霊** 布都御魂とも書く。霊威ある剣の名。『日本書紀』の神武天皇即位前紀には、武甕雷神《たけみかずちのかみ》が熊野の高倉下《たかくらじ》に授けた剣を韴霊とよぶと記し、『古事記』の神武天皇段には、その刀の名を佐士布都神《さじふつのかみ》・甕布都神《みかふつのかみ》また布都御魂《ふつのみたま》というと注記し、大和の「石上《いそのかみ》神宮に坐《ま》す」(原漢字)と伝える。『旧事本紀』の『天孫本紀』では「韴霊剣刀」と記し、佐士布都・建布都あるいは豊布都神というと述べる。石上神宮は布都御魂神社とも称された。「フツ」については物を断ち切るの意とする説がある。ただしその原義を「光るもの、赤きもの―神霊」あるいは「神霊の降臨すること」にみいだす説などもある。↓石《いその》上神宮《かみじんぐう》

(上田 正昭)

ふどき **風土記** 奈良時代に諸国から撰進された地誌。『続日本紀』和銅六年(七一三)五月甲子条に「畿内七道諸国・郡・郷、名著ニ好字一、其郡内所レ生、銀銅彩色草木禽獣魚虫等物、具録ニ色目一、及土地沃塉、山川原野名号所レ

由、又、古老相伝旧聞異事、載于史籍言上」という詔が記載されている。これは㈠郡・郷の名に好い字(漢字二字で表記)をつけよ、㈡郡内の物産品目を列挙せよ、㈢地味の肥沃程度を記せ、㈣山川原野の名の由来を記せ、㈤土地の伝承を記せ、という五項目の要求と解される。この詔命に応じて各国から奉った解文を、のち、それぞれの国の「風土記」と呼ぶようになった。「風土記」とは地方誌の意で、漢籍の地誌標題(例、晋の周処撰の『風土記』)にならった命名である。六十余ヵ国全部が解文を提出したかどうか明らかでないが、ほとんどの国が編集したことは、逸文(後述)が多くあることから推定できる。ただ現伝本はわずかに五ヵ国(常陸・播磨・出雲・豊後・肥前)で、うち完本は出雲だけにすぎない。詔命の受け取りかたは各国さまざまで、記事も㈣㈤に重点を置いた常陸、㈢㈣㈤に重点を置いて標出地名すべての由来の説明や土品記載などに詳しい播磨、全体に目をくばっているが㈢に簡略な出雲・豊後・肥前など、各国庁の編述態度に差があるが、㈣㈤に重きを置いている点は共通している。成立時期については、二年以内に提出したらしい常陸・播磨など、約二十年のちに提出したらしい豊後・肥前など、早く提出したものが失われ、現伝本は再撰本とみられる出雲の場合などがあり、一斉に出揃ったわけではない。なお、ずっと後の延長三年(九二五)の「太政官符」によって新しく提出された「風土記」や、近世に多い「風土記」と題する書物と区別して「古風土記」と呼ぶことがある。風土記の文章には、一部分に出雲の「国引き」伝承のように口誦形を生かそうとした変体漢文や仮名書きがみられるが、骨格をなすのは六朝風の四字句を基本とする漢文である。それは地方官僚の学力を中央に示す好機とばかりに、漢籍の知識をふんだんに利用しようとする当代の「文学」の手法で書かれている。そのため、古代地方の神話・伝承・地理・生活が知られるだけでなく、学問的、芸術的状況をも伝える貴重な資料となった。平安時代以来、古典注釈書・歌学書・神道書などに引用されて伝わった断片を「逸文」といい、『釈日本紀』所引『丹後国風土記』の浦島伝承など著名である。逸文は右の五風土記以外の四十数ヵ国に及び、成立時期や伝来の信頼度に厚薄はあるというものの、相当な量にのぼる。これらの採集と整理は今井似閑・伴信友・栗田寛・秋本吉郎などの学者によって精力的に進められた。風土記の本文・注釈は栗田寛『標注古風土記』をはじめ、『日本古典全集』、『岩波文庫』、『日本古典文学大系』二、『日本古典全書』、『新編日本古典文学全集』『東洋文庫』一四五、『角川文庫』などに収められている。↓出雲国風土記《いずものくにふどき》 ↓播磨国風土記《はりまのくにふどき》 ↓肥前国風土記《ひぜんのくにふどき》 ↓常陸国風土記《ひたちのくにふどき》 ↓豊後国風土記《ぶんごのくにふどき》

参考文献 栗田寛『古風土記逸文考証』、秋本吉郎『風土記の研究』、小島憲之『上代日本文学と中国文学』上、植垣節也『風土記の研究並びに漢字索引』、志田諄一『風土記の世界』(『歴史新書』二一)

(植垣 節也)

ふとだまのみこと 太玉命 ⇩天太玉命《あめのふとだまのみこと》

ふとだまのみことじんじゃ 太玉命神社 ⇩天太玉命神社《あめのふとだまのみことじんじゃ》

ふとまに 太占 記紀にみえる占法の称。『日本書紀』神代大八洲生成章第一の一書の、天神が伊弉諾・伊弉冉両尊の言挙の順序を占った話、『古事記』垂仁天皇段の、天皇の夢を占い本牟智和気王の唖の原因を出雲大神の祟と占った話などにみえる。「ふと」は美称で、『古事記』神代天岩屋戸の条の天香山の鹿の肩骨を天香山のははか(朱桜)で焼いて占った話や『魏志』倭人伝の記事により、鹿卜法と理解されるが、最近の語義説に「まに」を亀とし、古代王権の卜法の鹿卜より亀卜への変化の反映をみる説もある。↓亀卜《きぼく》 ↓鹿卜神事《しかうらのしんじ》

参考文献 『古事類苑』神祇部、永留久恵「対馬の亀卜」(賀川光夫先生還暦記念論集編集委員会編『賀川光夫先生還暦記念論集』所収)

(小坂 真二)

ふなだま 船霊 ⇩漁業神《ぎょぎょうしん》

ふなつじんじゃ 舟津神社 福井県鯖江市舟津町に鎮座。通称「お舟津さん」。旧県社。祭神は大彦命。相殿に大山御板神社を祀る。祭神は猿田彦命・孝元天皇・素佐嗚雄命・金山彦命。大彦命はいわゆる四道将軍の一人で、崇神天皇十年に大彦命が北陸道に遣されたとき、逢山(王山)の峰に楯三枚で社形をなし猿田彦命を祀って国中の平定を祈り(大山御板神社)、成務天皇四年に大彦命五世孫市入命が勅をうけ大彦命を舟津郷に奉斎した(舟津神社)のがはじまりといい、上宮・下宮と称されたという。『延喜式』神名帳では、丹津(舟津)神社は今立郡十四座、大山御板神社は丹生郡十四座のうちに所載するが、これは上宮が王山の上に、下宮が王山の東に位置し、両郡の郡境に比定される叔羅《しゅくら》川(日野川)の流れが王山の東に位置していたことによるためと考えられている。寛仁三年(一〇一九)下宮が火災に罹り上宮に合祀されたが、上宮また老朽化し、応永二十三年(一四一六)下宮が再興され、以来上宮・下宮同殿となる。寛保二年(一七四二)王山の東二

舟津神社本殿

町離れていたところより東麓の現在地に社殿が遷された。古くより北陸鎮護の社として朝野の崇敬をうけ、享保六年(一七二一)の間部氏の鯖江入封後は祈願所とされた。本殿は五間社流造、背面中央三間庇付。神座が庇の部分に位置する。文政三年(一八二〇)再建。かつて境内の内外は舟津八景として知られていた。社家は橋本氏。本殿再建時の神主は橋本政恒(筑前守、一七六一—一八三八)。その子の政貞(淡路守、一八一一—六七)ともども国学者・歌人。近代日本における皮膚科学の開祖で『世界黴毒史』の著をもって知られる、土肥慶蔵(一八六六—一九三一)は政貞の外孫。明治八年(一八七五)五月、県社に列せられた。本殿、赤鳥居(上部木造・下部石造)、大鳥居(両部鳥居、石造)いずれも県指定文化財。なお、神社の裏山は国史跡王山古墳群。例祭は九月二十日。

参考文献　伴信友『神名帳考証』、『舟津社記』(『越前若狭地誌叢書』続)、伊原恵司・村田健一・橋本政宣『舟津神社本殿修理工事報告書』、同『福井県指定文化財舟津神社大鳥居修理工事報告書』、橋本政宣「舟津社記と祭神大彦命」(『神道大系月報』七〇)、同「舟津八景の成立」(『鯖江文学』一八)、同「舟津神社碑文と土肥慶蔵」(『鯖江文学』二一)、同「近世における地方神社の造営—越前鯖江の舟津神社本殿の再建—」(山本信吉・東四柳史明編『社寺造営の政治史』所収)

(橋本　政宣)

ふなばしだいじんぐう　船橋大神宮　千葉県船橋市宮本に鎮座。旧県社。天照皇大神を祀る。本地は大日如来。別当は薬王寺。『意富比神社明細帳』(明治十八年)によれば、景行天皇四十一年に日本武尊の東征の途次、当地に上陸した際、旱魃に苦しむ里人のために伊勢の皇大神宮を遥拝して雨を降らせ、その後に漂着した船の中の神鏡を天照大神の御霊代としてまつったことが当社の起源という。『延喜式』神名帳の意富比《おおひ》神社にあたる。関東一宮とも呼ばれた。神階は貞観五年(八六三)意富比神が正五位下、以後昇叙し、同十六年従四位下となる(『三代実録』)。船橋大神宮と意富比神社とは本来別個の神社。平安時代末期の保延四年(一一三八)、当地に伊勢神宮の神領の夏見御厨《みくりや》が成立し、そこに神明宮を祀ったが、当御厨が衰退すると、当宮は意富比神社に合祀された。慶長十三年(一六〇八)の棟札に「意富比皇太神宮」とみえる。のち、合祀された神明宮が有名になり、船橋大神宮と称されるようになる。天正十九年(一五九一)、徳川家康は社領五十石を寄進、ついで慶長十三年社殿を修復した。明治五年(一八七二)県社に列す。例祭は十月二十日。

参考文献　『意富比神社明細帳』(国立史料館蔵)、三橋健「意富比神考」(『国学院雑誌』八二ノ一)

(三橋　健)

ふなまつり　船祭　神霊を船や船形の作りものに移乗し、遊幸させる祭。神霊を神輿などに納め、それを奉安した御座船が供奉船を従えて海上や湖・河上を渡御して御旅所に至り、祭祀を営むというのが一般的である。島根県美保神社の青柴垣《あおふしがき》神事(四月七日)、大阪市大阪天満宮の天満天神夏祭(七月二十四・二十五日)、和歌山県熊野速玉大社の御船祭(十月十五・十六日)、茨城県鹿島神宮の御神幸祭(九月一—三日)などが有名であるが、祭礼の一部にこの形式を持つ神社は全国に多く、それらにはしばしば、祭神が海の彼方から訪れ来たったとか水辺に出現したとの伝承が伴っている。御座船は幕で囲まれたり色とりどりの幟や旗で飾りたてられ、同様に飾られた供奉船上では神楽が舞われたり管絃が奏せられたりという華やかな雰囲気で港内や水上を巡遊するため、神事本来の意味のほかに海上安全や豊漁祈願的性格も賦与され、観光行事化しているものも少なくない。また、神霊遊幸部分とは別に、熊野速玉大社のように早船の競漕という競技を伴う祭もあるが、美保神社の諸手船《もろたぶね》神事(十二月三日)や六月から七月にかけて長崎県の浦々で繰り広げられるペーロンなどはこの競漕のみである。以上のものとは別に、陸上において、船形屋台や船の作りものに神霊を乗せて境内を引き廻したり御旅所へ渡御させる形式をとっているものも長野県や山梨県などにはあり、長野県諏訪大社下社の御船祭(八月一日)や同県穂高神社の御船神事(九月二十六・二十七日)がよく知られている。

(田中　宣一)

船祭（長野県穂高町穂高神社）

ふのはちまんぐう　府八幡宮　⇨国府《こくふ》八幡《はちまん》

ふばはちまんぐう　不破八幡宮　高知県中村市不破《ふば》に鎮座。四万十川左岸の丘陵上にある。旧県社。祭神は品陀和気命(応神天皇)・玉依姫命・息長足姫命(神功皇后)。創建年代は不詳だが、応仁二年(一四六八)、応仁の乱を避けて下向した一条教房《のりふさ》(兼良の子)が中村に居を構えるに際し、山城の石清水八幡宮を勧請したという。一条家の崇敬が篤く、ついで入国した山内氏も崇拝し、代参が派遣されたという。幡多《はた》郡の総鎮守で、正八幡宮または広幡八幡宮と称したが、明治初年に不破八幡宮と改称し、同五年県社に列した。現在の社殿は永禄元年（一五五八）から翌二年にかけて再建されたもので、都風の洗練された技術による室町時代末期の建築として重要文化財に指定され、土佐一条氏の文化をいまに伝える唯一の貴重な遺構である。五穀豊穣を祈る十月十日の秋祭は、中村市初崎《はつざき》の一宮《いっく》神社から三体の女神の内の一体を鬮《くじ》で選び、四万十川を上り、当宮の神輿が迎え、旅所で両神の神輿を突き合わせるというもので、「神様の結婚式」ともいわれている。神饌や宵宮神事・奉納芸能などに民俗学的に貴重な内容を伝える。境内社に三島神社・住吉神社・高良神社がある。 （須藤　茂樹）

ふゆまつり　冬祭　冬季の祭。わが国の祭は、祈年（としごい）や水田稲作農業の予祝の意を持つ春祭と稲の収穫を感謝する秋祭が中心で、これとは別に疫病除けを願う夏祭も盛んに行われている。これらと比較して冬季の祭の性格は漠然としているが、冬の初めのものは能登半島のアエノコトや北九州の霜月丑日祭のように収穫感謝祭的であり、春に近づいたころのものは予祝・祈年祭的であるということができ、総じて秋祭もしくは春祭と共通の性格を有するものが多い。冬季の祭の代表的なものには、愛知県北設楽郡や長野県下伊那郡など天竜川中流域の多くの山間集落において年の暮から初春にかけて行われている冬の鎮魂を重視する霜月神楽系統のものがあり、北設楽郡一帯の花祭は最もよく知られている。その名も冬祭と称する下伊那郡天龍村坂部の諏訪神社のものは、現在一月四日夕方から五日朝にかけ湯立神楽と面形の舞や鬼神と禰宜との問答などを中心に祭が展開され、ここで一年間の除災と年の更新祝福がなされている。古典の知識を背景に霜月神楽をはじめ各種民俗芸能民俗行事を深く観察した折口信夫は、暦の導入によって春夏秋冬が等分される以前には、現在の秋・冬・春の祭は一続きのものであったと主張した。折口によれば、ふゆ（冬）という語は、元来、魂を身にふれる、密着させる意であって、秋の刈上げのすんだ夜にお礼として神を饗応する秋祭が行われ、続いて夜半には新しい魂がそこの主のもとに来たって密着し魂の更新がはかられる。これが冬祭の根本義で、その夜が明けるとはる（春）だと考えられていたのだという。この主張は、予祝と収穫感謝に分化している春秋の祭の中間にあって、性格的に曖昧さのみられる現在の冬祭の意味を理解しようとする際、示唆に富んだものといえよう。　→霜月神楽《しもつきかぐら》　→花祭《はなまつり》 （田中　宣一）

冬祭　湯立神事（長野県天龍村諏訪神社）

ふよじんぐう　扶余神宮　朝鮮総督府下の忠清南道扶余郡扶余面に造営中、戦争による状勢悪化のため未鎮座のまま廃絶した神社。官幣大社。祭神は応神天皇・斉明天皇・天智天皇・神功皇后の四柱一座。創建公表は紀元二千六百年を控えた昭和十四年（一九三九）六月十五日で、十八年中の鎮座を予定、造営費は総額百五十万円が計上されていた。扶余は古代日本と関係の深い百済の故都であり、総督府には当神社を中心に扶余を神都として開発する計画もあったらしい。拓務省の関係書類では、予定された祭神が「内鮮関係ノ歴史的縁由」「彼我ノ文化交流」「民族融合」を表すことが説明され、現下の戦時体制下における「一視同仁」「内鮮一体」の必要性と結びつけられている。ただし明確な日朝同祖論は、両民族間の差別を無化する恐れがあるためか、この段階でもやはり避けられていた。このような行政当局側の意識は、この神社に百済側を代表する祭神が含まれていないことにも明らかであろう。

参考文献　孫禎睦『日帝強占期都市計画研究』、「朝鮮忠清南道扶余郡扶余面ニ扶余神宮ヲ創立シ官幣大社ニ列格ノ件」（国立公文書館所蔵『公文類聚』昭和十四年）
（菅　浩二）

ふりゅう　風流　風流とは「花やかに飾り立てること」を意味するが、行事でも芸能でも、その花やかさを引き立てるため、笛・太鼓・鐘などではやし、歌唱の加わることが多かった。後世には「俗呼二拍子物《はやしもの》一曰二風流一」（『下学集』）といわれるごとく、音曲ではやすことを風流とよぶ慣わしまで生まれている。しかし、本来は設備や衣装・持ち物などの花やかなことが風流であり、神社の祭礼で鉾や山車《だし》が綺羅を飾ったり、行列の人たちが派手（時には異様）な衣装を競ったりするのは、風流の出発点だったといえよう。それに音曲の加わった時期は明らかでないけれども、久寿元年（一一五四）の今宮社御霊会《ごりょうえ》で「傘の上に風流（飾りの意）の花を差し上げ」唱いはやしたのが「風流のあそび」とよばれているから（『梁塵秘抄口伝集』一四）、それ以前のことである。その「あそび」が田楽になったのは、田楽の風流といってよいであろう。永長元年（一〇九六）に、宮廷人その他が華麗かつ異様な服装で田楽を演じながら街頭行進したのが（『洛陽田楽記』）、早い例である（永長大田楽）。これは伝統的な芸でなく、ある時期だけ急激な流行を見せたにすぎないから、特定の形態があったとは考えにくい。応永二十三年（一四一六）に、桂川地蔵への行列が花やかな姿で田植えの様子を演じて見せたのは、田楽以前の芸だから、田遊びの風流とでもよぶべきか。延年《えんねん》でも風流が演じられた。嘉元元年(一三〇三)に興福寺で催された延年の風流が文献上では初見で(『三会定一記』)、元文四年(一七三九)あたりまで存続したことが知られるけれども(『興福寺延年舞式』)、実態はよくわからない。特別な飾りつけや服装・持ち物などを伴うものだったろう。これらの芸から、目立つ服装で歌唱まじりに演ずる芸を風流と総称する慣わしも生まれた(前記『下学集』)。なかには、いくらかマイム風の芸がまじることもあったらしい。狂言の「伯母が酒」に「これに風流の面がござるほどに、これを掛けて(伯母ヲ)おどいて酒をたべうと存ずる」とあり、これに見るごとく、面を使うのは、単なる歌唱だけの芸でなかったことを示す。それは狂言の特殊演出にも採りこまれた。重要な際の「翁」には、「鶴亀の風流」(「千歳」のとき)とか「大黒の風流」(「三番叟」のとき)とかを出した。大蔵虎明は万治三年(一六六〇)に三十番を記録しているが(『風流之本』)、現在は廃絶に近い。そのほか、正月の松拍子《まつばやし》や盆の念仏踊りにも風流が入りこみ、やがて特定の行事に限らない風流踊りへと展開する。伊勢踊り・飛驒《ひんだ》踊りなど発祥地による名称と、小原木踊り・小町踊り・若衆踊りなど詞章や芸態による命名とがある。詞章は、牛若踊りのように筋を伴うもの、鞍岡太鼓踊り(「巴」「四節」など)のように中型抒情風のものもあるが、最も普通なのは小歌数首をセットにした形式である。風流踊りの最盛期は十六世紀後葉―十七世紀前葉だが、その末流は現在も各地に残存する。 ↓田遊《たあそび》

参考文献 池田広司・北原保雄編『(大蔵虎明本)狂言集の研究』本文篇下、浅野建二編『続日本歌謡集成』四、本田安次編『日本古謡集』、本田安次『田楽・風流(一)』(『日本の民俗芸能』二)

(小西　甚一)

ふるあきのかみ　古開神 ⇩平野神《ひらののかみ》

ふるかわみゆき　古川躬行　一八一〇―八三　江戸・明治時代前期の国学者、神主。号は汲古堂。文化七年(一八一〇)五月二十五日生まれる。江戸の人。故実を好み黒川春村考証の『考古画譜』を改訂編纂して完成した。その随所に「躬行曰」として達見を示し、絵巻などの考証は現在も注目されている。歴史画家菊池容斎と交あり。兼ねて管絃を好み、横笛・琵琶に堪能という。明治六年(一八七三)河内枚岡《ひらおか》神社大宮司、八年内務省九等出仕、十年大神《おおみわ》神社大宮司などを歴任する。十五年琴平神社に神官教導のため招聘されたが、十六年五月六日同地に没す。七十四歳。著書に『散記』『喪儀略』『鳴弦原由』、編纂に『考古画譜』がある。

参考文献 日本文学資料研究会編『国学者伝記集成』続篇、「明治以後大神神社宮司履歴」(『大神神社史料』三所収)

(鈴木　真弓)

ぶんえいさんねんごせんぐうさたぶみ　文永三年御遷宮沙汰文　文永三年(一二六六)九月十六日に行われた皇大神宮(内宮)式年遷宮についての記録。一巻。鎌倉時代後期成立。内容はこの年八月二十四日の造宮所沙汰に始まり、遷宮後、同五年九月二十一日の古物分配に関する記事までからなる。特に社殿工事や古物分配について細部に至るまで詳細に記録しているうえ、関連文書も原文がほぼそのまま含まれており、当時の遷宮儀をよく伝えている。編者は内宮の神官であろう。神宮文庫に鎌倉時代後期の古写本が伝わり、翻刻は『続群書類従』神祇部、『神宮遷宮記』一に収められている。

参考文献 『群書解題』一中

(尾上　陽介)

ぶんえいろくねんかねふみすくねかんもん　文永六年兼文宿禰勘文　鎌倉時代後期の神道書。卜部兼文著。一巻。文永六年(一二六九)成立。この年九月、伊勢滝原宮神宝と滝原並宮神形の紛失事件が起こり、神祇権大副であった兼文に対して善後策を勘申するよう綸旨が下されたため、同年十一月十日に兼文が提出した勘文。残念ながら冒頭と中間部に欠けている箇所があるが、兼文は貞観十八年(八七六)から文暦元年(一二三四)に至る範囲で、石清水、小朝熊、白山、高良、阿蘇、宗像、日吉、広田などの諸社の神宝紛失・神体焼損事件の先例を示した上で答申している。さまざまな先例が数多く引かれており貴重である。『続群書類従』神祇部所収。

参考文献 『群書解題』二上

(尾上　陽介)

ぶんかざいほごほう　文化財保護法　わが国の文化財の保護・活用に関する法律。昭和二十五年(一九五〇)、山本勇造(有三)ら参議院議員によって発議された議員立法。同年五月三十日法律第二一四号として公布され、同年八月二十九日施行された。従前の国宝保存法・重要美術品等ノ保存ニ関スル法律・史蹟名勝天然紀念物保存法を統廃合し、これらの法律の内容を飛躍的に発展・充実させるとともに、新たに無形文化財・埋蔵文化財を保護の対象として取り入れたもので、文化財保護の統一法として画期的意義を持つ。施行後、社会の変化、文化財保護思想の普及に伴って三回の重要な改定が行われた。昭和二十九年五月の改定で、新たに文化財の管理団体制度、無形文化財保持者および民俗資料の指定制度の新設、埋蔵文化財発掘の事前届出制の充実が行われた。四十三年六月には文化庁の設置に伴い、文化財保護委員会制度が廃止され、同委員会の権限のうち、指定に関するものは文部大臣、その他は文化庁長官が行うこととされた。ついで昭和五十年十月の改定では、民俗文化財の制度の整備、埋蔵文化財の保護の充実、伝統的建造物群保存地区制度および文化財の保存技術の保存制度の新設、有形文化財に歴史資料部門の追加などが行われた。なお、文化財保護法の施行に伴って廃止された国宝保存法は昭和四年三月二十八日公布、同年七月一日施行された法律で、従前の古社寺保存法を改正し、歴史上、美術上価値ある建造物・宝物その他をともに国宝として指定保存することとしたこと、指定の対象を社寺所有から国・公・私有に拡

げたこと、国宝の海外輸出を原則禁止としたこと、現状変更を許可制としたことなどに特徴がある。→古社寺《こしゃじ》保存法《ほぞんほう》

参考文献 文化財保護委員会編『文化財保護の歩み』、文化庁編『我が国の文化と文化行政』 (山本 信吉)

ぶんごのくにふどき 豊後国風土記 和銅六年(七一三)五月、律令政府が諸国に発した風土記撰進の詔によって、おそらく大宰府で、他の九州風土記とともに編述し言上した解文。写本の標題には「豊後国風土記」「風土記豊後国」などとある。編者未詳。編述に藤原宇合が参与したという説もある。一巻。現伝本は抄録本である。成立時期は、郷里制によって書かれているので霊亀元年(七一五)(三年説もある)以後といえるが、厳密にはわからない。秋本吉郎は天平四年(七三二)八月の節度使の始置より後、同十一年末の郷里制消滅より前と推定している(『風土記の研究』)。九州風土記に甲乙両類があるという井上通泰の説(『肥前国風土記新考』)が現在支持されており、本風土記は甲類に属し、漢籍趣味の文体をもつ(乙類の特徴は郡を県と記し、距離を「計可―里」と示す)。語辞や記事において『日本書紀』と酷似していることから成立順序について諸説あるが、現在は『日本書紀』を先、「風土記」を後とする説が有力とされている。内容は、巻頭総記に、標題、郡・郷・里・駅《うまや》・烽《とぶひ》・寺の数、国名由来伝承を記載する。次に八郡それぞれに、郡名、郷・里・駅などの数、郡名・郷名などの由来を記す。景行天皇を主体とした地名説話が多く、餅を的にして遊んだ農民の水田が荒廃した話、間歇温泉の湧き出た話、天皇に従わない土蜘蛛(土着豪族)が征討された話、苗を食わぬ約束を守った鹿の話などを伝えている。管見に入った写本は七十を越えるが、㈠永仁五年(一二九七)書写本系(冷泉家時雨亭文庫本・天理図書館蔵甲本など)、㈡永仁五年・文禄四年(一五九五)書写本系(蓬左文庫・万葉緯本など)、㈢無奥書その他の奥書本系(永青文庫本・親和女子大甲本など)に大別できる。江戸時代の刊本に荒木田久老校本(寛政十二年(一八〇〇)刊)・唐橋世済『箋釈豊後風土記』(文化元年(一八〇四)刊)がある。活字本では井上通泰『豊後風土記新考』(昭和十年(一九三五)刊)のほか、『風土記』の書名で『日本古典文学大系』二、『日本古典全書』、『新編日本古典文学全集』、『岩波文庫』、『東洋文庫』一四五、『角川文庫』などに収められている。 (植垣 節也)

ぶんし 分祀 特定の神社に祀られている祭神を、異なる場所において恒久的に祀ること。本社の祭神の分霊《ぶんれい》(わけみたまとも)を祀ることになり、分宮・新宮・今宮・遙宮《とおのみや》などを冠した社名は、本社の祭神の分霊が祀られたものである。特定社の祭神に限らず、神籬《ひもろぎ》に勧請しての祭祀形態は古くからあるが、分祀はあくまで特定社の分霊であるので、本社には分霊の本体である祭神は変わらず祀られている。本社と祀られる場所との関係は、神戸や御厨である場合や、封建領主の信仰神、稲荷・愛宕などの特定信仰など、歴史上さまざまな形態がある。近代以降の神社行政では、官国幣社の分霊は許可制であった。一方、本社の祭神のうちの一部を本社から別の場所に移して祀ることも、分祀と称する例がある。神社合祀された祭神を、元の氏神をして祀る場合がそうであり、これは復祀とも称される。この場合先の分霊とは異なり、分祀した祭神は本社に残らないので、本社では祭神として祀られないことになる。近年の靖国神社祭神の問題で報道される場合の分祀とは、後者の形態である。 (八幡 崇経)

ぶんれい 分霊 本社の祭神を、別の組織が本社とは異なる場所において祀ることを分祀と称し、その異なる場所に迎えた祭神を恒久的に祀る場合それを分霊《ぶんれい》(わけみたまとも)と称する。また分祀のこと自体も分霊という場合もある。分霊を祀る理由は、祭神の神託、巡幸の跡地、特別に勧請された守護神などとしてまつることが考えられる。ただし、異なる組織の地域に勧請された守護神で、後世に神託や巡幸跡地などの伝承が発生した場合もある。神託の事例として、東大寺守護の手向山八幡宮が知られる。巡幸地の例として、伊勢神宮別宮の遙宮《とおのみや》である滝原宮や、元伊勢の各社がある。氏神や都市の勧請守護神の例としては、藤原一門氏神の春日大社・石清水八幡宮など全国に数多い。特定の信仰として、神明社・愛宕社・稲荷社・八幡社・天満社などがあげられる。 (八幡 崇経)

へい　幣　本来は神・主君・賓客に贈る帛の意味。日本では神にささげる物の総称。幣物とも「みてぐら」ともいい、その種類には布帛・衣服・紙・玉・兵器・銭貨・器物や鳥獣・魚貝・酒・米・野菜・海藻などがあるが、普通には布帛の類をさし、幣と幣帛とは同意語に使用される。神社に幣帛を奉献する使者を幣帛使・幣使・奉幣使などということきである。『延喜式』によれば、その色目・数量が祭祀や神社によって異なるが、特に金・銀もしくは白色や五色の紙垂《しで》を幣串に挿んだものをのちには御幣《ごへい》と称し、普通に幣とのみいう場合には御幣をさすことが多い。『古事記』神代に「布刀御幣」、『日本書紀』に「青和幣」「白和幣」とみえ、『万葉集』三に「寧楽の手向に置く幣」(原万葉仮名)とみえ、『延喜式』祝詞には幣帛のほかに「伊都幣」の美称もみえる。神楽歌に「幣《みてぐら》にならましものをすべ神の御手に取られてなづさはましをなづさはましを」とみえ、幣に対する古代の人々のみかたが知られる。　↓幣帛《へいはく》　(西山　徳)

幣（『年中行事絵巻』より）

へいあんじんぐう　平安神宮　京都市左京区岡崎西天王町に鎮座。旧官幣大社。祭神は桓武天皇・孝明天皇。明治二十八年(一八九五)平安奠都千百年に際し創建された。京都市は市民の要望を納れて岡崎に大極殿を模造した記念殿を建て紀念祭を行うことを計画して四方に財を募った。一方、平安奠都紀念協賛会が設立され、明治二十七年一月桓武天皇奉祀の神宮を創立することを請願して許され、二十八年大極殿の模造を拝殿とする社殿が竣成、三月十五日勅使参向、鎮座の式典を挙行、平安神宮と号し官幣大社に列せられた。その後、平安京最後の天皇として内外未曾有の難局に対処した孝明天皇追慕の情が市民の間にとみに熾んとなり、昭和十三年(一九三八)同天皇合祀の儀が出され、同十五年合祀。例祭は四月十五日。世に著名な時代祭は十月二十二日に行われる。これは延暦十三年(七九四)の平安奠都の日によるもので、当時の風俗に模した文武百官が神幸に供奉することになっている。　(柴田　実)

平　安　神　宮

へいぐし　幣串　神の依代となる御幣や祓串・玉串・斎串(忌串)、あるいは神前に供える幣帛などを挟む木や竹で作った串をさしていう場合と、紙垂《しで》をとりつけた御幣を総称して幣串という場合とがある。幣串の串は「幣串八筋、黒塗平文」(『江家次第』)とあるように、黒や赤の漆塗りをした上に金の蒔絵をしたものや、白木の棒あるいは竹で作ったものもある。串の長さは『延喜式』木工寮に「著二幣帛一木卅六枝(長各八尺、方一寸五分)」、また『神道名目類聚抄』には「幣串、玉串、大なるは七尺余、或は三尺余、小は一尺余、或は八寸なり、必寸尺にかゝはるべからず(中略)幣物にはさみて神に物献上たり」、真野時綱は「幣法串長三尺六寸、広八分、厚八分、或四分(中略)玉串幣串也、多用二若竹一(中略)不レ削レ筋不レ取レ筠用レ之、次勧請串、(中略)依二社内広窄一寸法不レ用、奉幣串三尺六寸(準レ上)、大神宮官物、串毎有レ法、祓串長一尺二寸、或八寸ト云々」(『古今神学類編』祭物条)と記す。

参考文献　『古事類苑』神祇部二、半井真澄『神職宝鑑』、金光慥爾『祭式大成』調度装束篇、「神祇提要」(『続神道大系』首編)　(安江　和宣)

へいこくさい　平国祭　⇩くにむけまつり

へいそく　幣束　⇩幣《へい》

へいでん　幣殿　⇩神社建築《じんじゃけんちく》

へいはく　幣帛　広義には神前に供えるものの総称、狭義には布帛の奉献物をいう。ミテグラ・イヤジリ・幣物《へいもつ》などともいう。幣帛の上に宇豆乃《うずの》・布刀《ふと》・安《やす》・足《たる》・大《おお》・豊《とよ》などの美称をつけることが多い。幣帛の種類は、布帛のほか、神饌・衣服・紙・玉・武具・貨幣・器物などがある。ユウ・ヌサ・ニキテなどの語は、布帛の類をさす。

こんにちは、幣帛と神饌とは区別している。神前に奉献する幣帛の品目・数量は、古来、祭祀により、神社によって異なる。『延喜式』によると、祈年祭の幣帛は、神祇官が奉献する官幣と、国司が奉献する国幣とに大別され、さらにそれぞれに大・小の別があった。その品目は、官幣の大では、絁《あしぎぬ》・五色薄絁《いついろのうすきあしぎぬ》・倭文《しどり》・木綿《ゆう》・麻・庸布《ちからしろのぬの》・倭文纏刀形《しどりまきのたちがた》・絁纏刀形・布纏刀形・四座置《よくらおき》・八座置《やくらおき》・楯・槍鋒・弓・靫・鹿角・鍬・酒・鰒・堅魚・腊《きたい》・海藻・滑《あ》海藻《らめ》・雑海菜・塩・酒坩《さかつぼ》・裹葉薦《つつむはごも》などであり、官幣の小では、絁・木綿・麻・四座置・八座置・楯・槍鋒・庸布・裹葉薦などと定められており、大と小では、品目のみならず、それぞれの数量も異なるのである。竹や木の串に紙や金・銀を折って挟んだのを幣串・忌串《いぐし》などといい、串に紙垂《しで》をつけたのを幣束《へいそく》または御幣《ごへい》といい、幣を立てる台を幣台という。また、幣帛として金員を紙に包み、麻または熨斗をかけたのは幣帛料として供える。幣帛を供えるには、柳筥《やないばこ》(柳の木を三角の細木にして編んでつくる)に入れ、白布をもってこれを包み、麻で二ヵ所を結ぶ。幣帛料は、雲脚台《うんきゃくだい》もしくは大角《だいかく》にのせて奉献する。幣帛を奉献するために、神社に詣でる使者を、幣帛使・幣使・奉幣使・幣帛供進使・献幣使などという。現在、宮中から勅祭社の例祭に奉献される幣帛は、五色絁といって、青・黄・赤・白・黒の五色の布帛と麻とであり、伊勢の神宮に対してだけは、神嘗祭、六月・十二月の月次祭《つきなみさい》、祈年祭、新嘗祭に幣帛が奉献され、その品目・数量は祭祀により、また、皇大神宮(内宮)と豊受大神宮(外宮)によって異なるが、その品目は、五色絁・白絹・錦・木綿・麻・絹などである。神社本庁から全国の神社に奉献する幣帛は、金員を包んだ幣帛料である。ミテグラの語義については、およそ三説ある。その一は、ミテ・クラ(充座)で、布帛・武具・神饌など、どっさりと奉献すること、その二は、ミ・テ・クラ(御手座)で、ミは美称、手に持って捧げること、その三は、ミ・タエ・クラ(御妙座)の約、つまり、布帛の類をさすとする説。なお、クラは物をのせる台をいうのであろう。（沼部　春友）

へいはくきょうしんし　幣帛供進使　明治六年(一八七三)より昭和二十年(一九四五)まで、神社の例祭・祈年祭・新嘗祭に幣帛を供進して祭典を執行した使者。官・国幣社には地方長官または次官、府県社以下神社には市町村長あるいはその代理の者があてられた。はじめは奉幣使と称したようだが、明治四十四年四月二十九日、勅令第一三〇号「官国幣社以下神社幣帛供進使服制」以降、幣帛供進使の称が公式用語となった。　↓奉幣《ほうべい》　↓奉幣使《ほうべいし》　（沼部　春友）

へいもつ　幣物　⇩幣《へい》

へきれきしんのまつり　霹靂神祭　⇩かんときのかみのまつり

べっか　別火　物忌のために、生活の火を別にすることをいう。もしくは日常の生活の火とは違う特別の火によって煮炊きすることにより、象徴的に隔絶された状態に身を置くことをいう。日常の穢れから身を清浄に保つために、祭の前にはお籠りをし火を別にする。民俗のレベルではかつては産の忌を避けるため、出産間近の妊婦が産屋での別火生活を行なっていたところもあった。また、葬儀の手伝いをする者たちが仕事をするために借りる家を高知県長岡郡では別火といい、昼と夜の食事をここで摂ったという。山梨県ではかつて親の忌のある者は正月中は竈屋の中に籠っていた。家族の者でも同じ火で炊いたものは食べられなかった。もし家中忌がかかっている場合には、知人が別火見舞いと称して正月の支度一切をしたという。祭祀のレベルをみれば、宮崎県串間市北神社の十一月二十日の火舞神事は火を投げ上げる神事である。氏子の青年から舞人を選び、厳重な潔斎と別火の籠りの生活を祭日までの半月ほど続ける。静岡県小笠郡浜岡町池宮神社の秋彼岸の神事である納櫃《おひつおさめ》神事では、桜が池に神田から穫れた米の強飯をぎっしり詰め込んだ御櫃を沈め、吉凶占いをする。泳ぎ手の若者は、離屋で水垢離をとり別火精進生活を七日間続けたのち、この御櫃奉納の役を勤める。現在では民俗としての別火習俗はほとんど消えてしまったが、神社祭礼の前に祭員が別火生活をする例はまだ多い。（茂木　栄）

べっかくかんぺいしゃ　別格官幣社　明治五年(一八七二)に定められた神社の社格の一つ。官幣小社に準じて設けられたもの。明治維新後の同四年新たな社格制度として官幣社・国幣社の制が定められ、当初選ばれた官幣社(大・中社。小社は同十八年はじめて加列)は歴史的に皇室・朝廷の崇敬が厚かった二十二社や地方の一宮などの大社が優先された。ところが同五年創建された楠木正成をまつる兵庫県神戸の湊川神社は人臣をまつる神社であり、官幣社の選定基準にあわなかったため、新設された。明治三十年代に部外秘扱いとされていた「官国幣社昇格内規」の別格官幣社の項には「国乱ヲ平定シ国家中興ノ大業ヲ輔翼シ、又ハ国難ニ殉セシモノ、若クハ国家ニ特別顕著ナル功労アルモノニシテ、万民仰慕シ、其ノ功績現今已ニ祀ラレシモノニ比シテ譲ラサルモノ、但シ一神一社ニ限ル」とある。湊川神社につづいて、翌六年には徳川家康をまつる栃木県の東照宮、豊臣秀吉をまつる京都の豊国神社が加列。その後次第に増加し明治末年までに二十三社、昭和二十年(一九四五)の終戦時には二十八社。加列した神社はすべて人間が神としてまつられた人霊崇祀の社、また人霊から神霊へと昇華していった神社に限られている。祭神は楠木正成・名和長年・北畠親房・新田義貞ら南朝の功臣をまつる神社のほか、明治維新に功績のあった諸藩の大名、戦国の世を統一していった織田信長ら戦国大名、さらに古くは藤原鎌足・和気清麻呂・藤原秀郷らをまつる神社も含まれる。このほか明治十二年には東京招魂社を靖国神社に改め同時に列格した。昭和二十一年廃止。　↓官幣社《かんぺいしゃ》　↓社格《しゃかく》

参考文献　文部省文化局宗務課監修『明治以後宗教関

係法令類纂』、梅田義彦『(改訂増補)日本宗教制度史』近代篇　（岡田　荘司）

べつぐう　別宮　神社の本宮と関係のある神社をいう。特に伊勢・石清水両宮の例が知られており、本末関係で結ばれた神社の称号の一つ。伊勢神宮は現在、皇大神宮(内宮)の正宮のほか荒魂を祀る荒祭宮をはじめ別宮十社、豊受大神宮(外宮)は多賀宮はじめ四社のあわせて十四別宮があり、このほか摂社・末社・所管社の総計は百二十五社。内外両宮の正宮に準じて格は高く、祝詞には「わけみや」と訓まれ『延喜式』伊勢太神宮に初見するが、すでに延暦の『皇太神宮儀式帳』にも「宮」号の諸社が記されている。その後、伊佐奈岐宮、永仁元年(一二九三)には風日祈宮・風宮が加わり、大正十一年(一九二二)倭姫宮が創建されるなど、次第に増加していった。別宮は宮号、摂社・末社は社号・神号を称して区別されており、宮号は朝廷から宣下されることを例とした。式年遷宮に際しての造替、装束神宝の調進も正宮に準じて行われた。石清水八幡宮の場合は伊勢の例とは異なり、宮寺領の拡大に伴って荘園内に設けられた鎮守神をいう。なかでも大分宮をはじめとする九州五所別宮は重視され、ほかに宮寺領の別宮は保元三年(一一五八)には十八ヵ国三十五ヵ所を数えた。また熱田神宮境内の八剣宮や祇園社の祭神の一つ、少将井を「別宮」と称している例もあり、別宮の称は神社ごとに、本社の祭神との由縁・来歴によって用いられることが多い。

参考文献　『石清水八幡宮史』、阪本広太郎『神宮祭祀概説』(『神宮教養叢書』七)、上田正昭「別宮の祭祀」(『伊勢の大神』所収)　（岡田　荘司）

べっとう　別当　大寺・定額寺などの諸寺の代表権者の職名。三綱などの実務機関を指揮下に置いて仏法興隆・伽藍修治の任務を主宰した。『延喜式』によれば、同職の任期は原則として四年、欠員が生じた時には、その寺の五師・大衆もしくは檀越・氏人らが能治廉節の僧を簡定し、僧綱あるいは講読師の審査を経て太政官が任命する規定であった。東大寺の場合、当該職名の明確な初見は延暦二十三年(八〇四)、以後貞観十三年(八七一)までに造東大寺所・三綱を指揮下におさめ同寺の統轄者としての立場を確立した。なお、十世紀末期以降、同寺別当に寺外散住の真言宗系門跡が任じられるという事態が頻出し、次第に別当・寺僧間の乖離が顕著になってゆく。

参考文献　『古事類苑』宗教部二、永村真『中世東大寺の組織と経営』、富田正弘「中世東寺の寺院組織と文書授受の構造」(京都府立総合資料館『資料館紀要』八)、稲葉伸道「鎌倉期の興福寺寺院組織について」(『名古屋大学文学部研究論集』八〇)　（山陰加春夫）

べっとうじ　別当寺　⇨神宮寺《じんぐうじ》

べっぴょうじんじゃ　別表神社　神社本庁の定めた神社の区分名。近代の社格制度は、神道指令により廃されたが、神社本庁設立以後の神社行政の必要性から、神社の由緒や規模を考慮して定めた神社。神社本庁の役職員進退に関する規程(昭和二十三年(一九四八))の第五条にて「別表に掲げる神社」以外の神社の神職は、統理の指揮を受けて神社庁長が行う、と定めている。すなわち、全国神社の職員の任命権者は、神社本庁統理であるが、別表神社を除き神社庁長が、進退の事務を行う、との意である。別表神社は、平成十四年(二〇〇二)現在で三百四十八社で、当初は旧官国幣社のみであったが、その後追加選定されたものである。その選考基準は、由緒、社殿・境内地などの宗教施設の状況、常勤神職の数、最近三年間の経済状況、神社の活動状況、氏子崇敬者の概数、その分布などの崇敬状況などとなっている。別表神社は、社格ではなく事務取り扱い上の区分である。なお、伊勢神宮は全国神社の本宗につき含まれていない。　（茂木　貞純）

へびがみ　蛇神　蛇の霊魂で人に憑くと信じられた神。トウビョウ、トンボガミなどとも。『大和本草』に、「中国の小くちなはとて安芸に蛇神あり、又タウベウと云ふ、人家によりて蛇神を使ふ者あり、其家に小蛇多く集り居て他人に憑きて災を為す(下略)」とある。この俗信は中国・四国地方に多く分布する。たとえば広島県豊田郡宮原村(瀬戸田町宮原か)の海上に当廟島《とうびょうじま》なる島があり、また岡山県川上郡手ノ荘村(川上町)大字臘数《しわす》に小字トウ病神があった。これらはこの神を公に祭祀していたころの名残であろうという。讃岐西部のトンボガミ(土瓶神)は家主の心のままに他人に憑き、憑かれると急性神経痛のような症状を呈する。トンボガミ持ちは縁組によって新たにできるという。柳田国男によれば、蛇神の俗信は古代の蠱術《こじゅつ》に淵源するらしい。自分の意のままに蛇霊を使い、これを他人に憑かせて神の口を寄せることができ、それを利用して良くないことをした者があったために、他人に恐れ忌まれたのが癖となり、如上の威力を発揮したものか、また縁組により家筋が新たにできるのは、この職の血統が女子に専属することを意味したものであろうかという。

参考文献　柳田国男「蛇神犬神の類」(『定本柳田国男集』九所収)　（山本　節）

べんざいてん　辯才天　梵語サラスバティー Sarasvatī を音写して薩囉薩伐底、訳して妙音天・辯才天(弁才天)という。楽器を手にする音楽天としての妙音天、智慧弁才の辯才天、福徳財宝神としての弁財天いずれも同一の尊で、河神サラスバティーのはたらきを神格化したものである。『金光明最勝王経』大辯才天女品に説く八臂の立像と大日経系の二臂の坐像が信仰された。東大寺法華堂にある客仏、奈良時代後期の塑像(重要文化財)、浄瑠璃寺の吉祥天厨子の画像(東京芸術大学蔵、重要文化財)は前者、後者に鶴岡八幡宮の琵琶をもつ裸形像(鎌倉国宝館保管、重要文化財)がある。なお中世末以降八臂坐像の豊満な女神像として多く表現され、十五童子を伴ったものや宇賀神の蛇身を頭頂におくものもある。俗信の七福神の

一つとしてもよく知られている。　（田村　隆照）

べんざいてんしんこう　辯才天信仰　もと流浪期の古代アールヤ民族が尊び、のちにはインダス河の神ともブラフマー(梵天)の妻・太陽女神 Sāvitrtī ともされた、聖なる河川の女神サラスバティー Sarasvatī に対する崇拝。サラスバティーは古代農耕民の大地母神に比せられる。仏教では天部の神として妙音天・美音天・大辯才功徳天あるいは辯才天、略して辯天と訳されて弁舌・音楽・学問・智慧を司ると信ぜられ、わが国へは逸早く『金光明経』により伝えられた。民間では特に技芸天とみられ琵琶をもつ天女像が多く、市杵島姫命《いちきしまひめのみこと》とも習合され、また古代日本人が水神と仰いだ蛇をこの神の使視し、宇迦御《うかのみ》魂《たま》・宇賀神《うがじん》とも混同し、さらには金華山のように漁村では漁業神と崇めた。巳の日を縁日とし、ことに己巳《つちのとみ》の日に巳待講《みまちこう》も行われた。中世末期以降、俗に弁財天とし鎌倉の銭洗い弁天のように財宝の神とされ、七福神の一つに数えられた。水辺にまつられることが多く、中でも江ノ島・竹生島・厳島を三弁天、箕面《みのも》を加えて四弁天ともいう。

参考文献　『金光明最勝王経』大弁財天女品(『(大正新修)大蔵経』一六)、喜田貞吉『福神研究』、長沼賢海『日本宗教史の研究』、飯田一郎『神と仏の民俗学』、宮田登「弁天信仰」(和歌森太郎編『日本宗教史の謎』下所収)、鈴木高然「弁財天の信仰と修法」(『天台』六)　（中村　康隆）

べんどうしょ　弁道書　儒教の立場から神道・仏教を批判した書。一巻。太宰純(春台、一六八〇—一七四七)著。内容は、(一)近ごろ神道を一つの道というが、それは中世末ころからの一部のことで、もと世俗の小道であり儒仏の道と並べいうのは不当である。(二)仏教も個人の心の修行に帰結するもので天下の道には程遠い道である。(三)儒教(孔子の教える先王の道、聖人の道)こそ「我身一つを治《おさむ》るより天下国家を治るに至る迄、何にても足らぬこと無」い天下の大道である、と。本書には神道・仏教側から多くの反論が出た。賀茂真淵『国意考』はその早い例であり本居宣長『直毘霊』も暗に反論書の一つかという。また『弁道書』は実は神仏一般の批判ではなく、仕えていた上野国沼田藩主黒田直邦が幕府の禁書であった『旧《く》事大成経《じたいせいきょう》』の隠れた信者であると知り、その神儒仏三教鼎立思想の非を説くとともに信仰の誤りと危険を指摘し速かに儒教の正道に立帰るようにと警告の意をこめた書であるという。『日本倫理彙編』六、『日本思想闘諍史料』三所収。

参考文献　小笠原春夫『国儒論争の研究』　（小笠原春夫）

べんぼくしょう　弁卜抄　吉田神道(唯一神道)を大成した卜部(吉田)兼倶および卜部氏の偽作・偽称を批判した書。度会(出口)延経著。写本一冊。『卜部考証』『卜部弁証』『中臣卜部姓氏事』などの別名がある。無窮会図書館本の題名に『延経弁卜抄』とあり、本書を敷衍増補した吉見幸和の『増益弁卜抄俗解』序に「正四位下渡会ノ延経カ撰ミシ弁卜抄」と記されていることから延経の作とみられる。成立年代は不明ながらも、延経の没年である正徳四年(一七一四)の二年前の奥書を有する静嘉堂文庫本が存在することから、正徳二年以前の十八世紀初頭ごろの成立か。延経の父延佳は後期伊勢神道の集大成者であり、その晩年には、やはり兼倶を批判した『吉田兼倶謀計記』を編じており、そうした父の影響をうけながら、家学を発展させるとともに、卜部氏批判にも父に劣らぬ精密な研究を加えていった。卜部氏の出自、亀卜長上の由来、神祇管領長上に下された院宣・綸旨の類の信憑性、神位記の授与など十六項目にわたって、六国史や確実な史料を引用しながら、偽説・偽作のあることを論証・非難している。→度会延経《わたらいのぶつね》

参考文献　安蘇谷正彦『神道思想の形成』　（岡田　荘司）

ほ

ほうきいちのみやきょうづか　伯耆一宮経塚　⇩倭文神《しとりじん》社経塚《じゃきょうづか》

ほうきほんぎ　宝基本記　⇩造伊勢二所太神宮宝基本記《ぞういせにしょだいじんぐうほうきほんぎ》

ほうきょうかいし　宝鏡開始　八咫鏡の起源とその図および種々の神鏡の図を掲出した書。一巻。著者不明。南北朝時代に成立か。別名は『宝鏡開始抄』とも、『宝鏡化顕開始』とも、『宝鏡図説』ともいう。卜部家では『日本書紀』神代巻の八咫鏡の起源説話を記した部分を宝鏡開始と称呼するが、本書の書名もこれによるといわれている。八咫鏡の由来については、『伊勢二所皇太神宮御鎮座伝記』の「豊受皇太神一座」や「神鏡座事」および『日本書紀』神代巻によって記されている。ついで、無縁鏡・方笏鏡・辺津鏡・興津鏡・陰陽交儀鏡・日矛鏡・修行壇鏡・星祭鏡・盤鏡・御正体幷御撫物鏡などの各図と星祭図以下には、若干の解説が付されている。盤鏡図に「但別名あり、兼延神宝図にみゆ」とあることから、卜部家の人間により本書は述作されたとする説もある。しかしながら、『兼延神宝図』そのものが実は兼倶の撰述で、兼延に仮託したものと考えられ、今日では唯一神道をも継受した高野山関係者が述作したと推測されている。『群書類従』神祇部所収。

参考文献　『群書解題』一中　（藤森　馨）

ほうこくさい　豊国祭　豊国神社の祭礼。慶長三年(一五九八)八月、豊臣秀吉が没するや京都東山に豊国神社を創建し、翌年四月十八日に秀吉が鎮祭され、爾来春秋に行

われた。特に七回忌にあたる慶長九年八月十八日の豊国祭が有名である。その模様は『豊国大明神祭礼記』によって委細は記録され、狩野内膳重郷の描いた『豊国祭図屏風』六曲一双により極彩色で描写されている。おそらく徳川家康の意向により、人心収攬を目的として企図したものであろう。この豊国祭には上京三組・下京二組あわせて五百人の踊子が仮装して都大路を練った。屏風には社頭の田楽・猿楽と騎馬行列、また方広寺大仏殿前の豊国踊が描かれ、『豊国大明神祭礼記』には道行之踊唄・躍歌・帰りざまの歌の歌詞が記録されているから、舞踊史・風俗史などにも豊国祭は貴重な資料を提供するものといえよう。

（二宮 正彦）

豊国祭（『豊国祭礼図屏風』より）

ほうこくじんじゃ 豊国神社 ⇩とよくにじんじゃ ↓豊国神社《とよくにじんじゃ》

ほうさい 報賽 ⇩かえりもうし

ほうさんかい 奉賛会 神社の氏子や崇敬者によって構成され、神社の維持、造営や教化活動の実践などの活動をするための組織、集団。崇敬会の名称を称するものもある。恒常的、常設的に組織され、会員は奉賛会費を納めることにより神社の護持に協力するとともに、会員相互の親睦などを計りつつ、さまざまな教化事業や神賑《しんしん》行事に協力することを主な活動内容としているものと、神社の大規模な造営事業や記念行事にあたって組織され、主として募財活動を行い、目的が達成された後は解散する臨時設置のものとの両様の形態が認められる。前者には、神道指令と神社の宗教法人化により、従来の町内会などの地域住民組織が名義上、別組織として独立し、奉賛会や氏子会などの名称をもって運営されることとなったものが含まれる。また第二次世界大戦後、昭和二十八年(一九五三)の第五十九回神宮式年遷宮に際しては、神宮式年遷宮奉賛会が組織され、以後昭和四十八年の第六十回、平成五年(一九九三)の第六十一回の遷宮においても、同名の奉賛会が、財団法人として組織され、免税措置を認められて全国的な奉賛活動を展開した。

（佐野 和史）

ほうじょうえ 放生会 仏教の不殺生戒により魚鳥などを、山野池沼に放ち供養する仏会。大乗戒の代表的な経典、『梵網経』や『金光明経』には、放生の業を作善の一つとしている。中国では、南北朝時代の斉・梁のころより行われた。日本では、敏達天皇七年、六斎日にあたり殺生を禁じたことが、『扶桑略記』や『聖徳太子伝暦』に記され、これが放生の濫觴といわれている。両書ともに放生の言葉は使用していないが、『元亨釈書』では、それを「(敏達)七年春夏秋冬天下放生」と記し、放生にあてている。『日本書紀』天武天皇五年(六七六)八月壬子条に「是日詔二諸国一以放レ生」とあるが、勅による放生を官放生といい、私人のそれを私家放生ともいう。仏教の弘通に伴い、殺生禁断と放生の思想が普及し、各地の神社仏閣で放生会が行われるようになった。『扶桑略記』六によると、放生会は、養老四年(七二〇)、大隅・日向の乱逆平定後、宇佐大神の託宣により放生したが、それが諸国放生会の濫觴という。放生会のために設けられた放生池は、今日なお各地にあるが、一定時に生物を料理し、共同飲食する行事、たとえば、鯉切りの行事と、放生会の関わりなど、興味ある問題である。放生会は寺院・神社ともに盛んに行われたが、明治元年(一八六八)の神仏分離令以後、神社側では中秋祭・神幸祭等々名をかえている。今日、業者により鰻・鯲《どじょう》などの放生供養が行われているが、これは「はなし鰻」「はなし鯲」「はなし亀」(『(浪花襍誌)街廼噂』)と同様、放生会の系譜をひいている。↓石清水放生会《いわしみずほうじょうえ》 ↓宇佐放生会《うさほうじょうえ》

（北西 弘）

ほうそうがみ 疱瘡神 ⇩厄病神《やくびょうがみ》

ほうでん 宝殿 神社の神体または御霊代をまつる建物。一般に本殿と呼ばれる建物と同じだが、中世には、本殿を宝殿と呼ぶ例が少なからず存在した。たとえば、『続左丞抄』文永六年(一二六九)十一月十日の神祇権大副卜部宿禰兼文勘文によれば、感神院・高良宮・大和社・佐陀社・石清水社・日吉社で宝殿の呼称がみえる。宝殿という呼称については、神前仏前を宝前と呼ぶのと同様に神殿を宝殿と呼んだとし、その「宝」は仏法僧の三宝の「宝」であるという考え方や、神の御霊代としての神宝を納めている建物であるから宝殿と呼ぶという考え方がある。現在も、長野県の諏訪大社上社本宮では、宝殿の呼

称が残っており、東を奥にして建つ拝殿の左手に、神体山とされる守屋山の方角(南)を奥にして東西二棟並立で建てられている。一般に本殿との認識は希薄だが、神輿がまつられており、寅・申年の式年造営御柱大祭(御柱祭)に際して交互に建て替えられ、神輿の遷座が行われている。

(島田　潔)

ほうとくにのみやじんじゃ　報徳二宮神社　(一)神奈川県小田原市城内に鎮座。二宮尊徳(通称、金次郎)を祀る。尊徳は報徳仕法を唱道して困窮した農村の救済に尽力し、報徳社を設立、安政三年(一八五六)十月に没した。明治二十四年(一八九一)に従四位が贈られ、その際、尊徳を祀る神社創建の気運が高まり、同二十七年に建立された。同三十九年県社に列した。例祭は五月第三日曜日。宝物殿には祭神である尊徳の遺品を展示してある。

(二)栃木県今市市今市に鎮座。旧県社。主神は二宮尊徳、相殿に二宮尊行・富田高慶を祀る。明治三十一年(一八九八)尊徳終焉の地に創建。尊徳は、生地小田原の藩主の分家宇津家(旗本)の領地である下野国桜町領の復興に尽し、移住した。そこでの成功により広い地域へ報徳仕法が広まった。子の尊行と、尊徳没後に当地方の尊徳仕法を押し進めた門弟の富田高慶も神社創建の翌年に合わせまつった。境内に尊徳の墓(県史跡指定)がある。例祭は十一月十七日。

(三橋　健)

ほうねんまつり　豊年祭　収穫感謝ならびに豊年予祝の祭。南西諸島では、七月から八月(本来旧暦六月)にかけてその年の収穫を感謝し来年の豊作を祈る豊年祭が行なわれ、御嶽《うたき》を中心に、村々の祈りを込めた旗文字が描かれたさまざまな旗頭《はたがしら》や踊りが奉納される。夕暮になると、松明が燃え盛る中で、ツナヌミンや大綱引きがある。ドラや太鼓、三線などの音がにぎやかに鳴り響く、南鹿児島・奄美・沖縄地方の夏の最大の行事である。奄美大島では、旧暦八月十五日(十五夜)、九月九日、九月十五日(敬老の日)などに開かれている。奉納相撲に郷土芸能・仮装行列・踊りなどが披露され、夜には奄美の伝統芸能である八月踊が夜遅くまで行われる。鹿児島県瀬戸内町油井の豊年祭は旧暦八月十五日に老人たちを招いて行われる。イビガナシを祀る聖地の前の土俵上で演じる稲作に関する神楽風の芝居と奉納相撲で有名である。また、沖縄県八重山では、七月十三日の石垣島川平《かびら》の豊年祭を皮切りに二十一の集落で開かれる。色鮮やかな旗頭をかかげて奉納舞踊やミルク(ミロク、豊年神)の行列、綱引きなどが行われる。愛知県犬山市宮山の大県《おおあがた》神社では、姫の宮の豊年祭と称され三月十五日に近い日曜日に行われる。同時期に行われる愛知県小牧市の田県《たがた》神社の豊年祭と一対の奇祭。ともに性器崇拝の祭として有名で、田県の祭が木製の男根を載せた神輿が、男根を描いた大幟を従えて神社に渡御する陽の祭というのに対して、大県では陰の祭と呼び、女性の性器に形取ったオソ洞と呼ぶ岩石を中心に祭を行う。当日午前、女性器を示す木をのせた神輿や大幟・飾馬などが神社に渡御し、ハマグリをのせた御輿が出て福餅がまかれる。また、社前の大榊につり下げられた宝物を、参詣者が安産・縁結び・夫婦円満のお守りとして奪い合って持ち帰る。これを竹串にさして田に立てておくと豊作にめぐまれるという。大県・田県の両社に詣らなければ、神の利益を受けることができないとされていた。元は、稲穂の成熟を促進させるために行なった豊年予祝の行事であったと考えられる。名古屋市熱田区の熱田神宮でも五月八日に行われる農事にかかわる重要な祭を豊年祭と称している。日本武尊が東国平定の際に、人々に農耕・養蚕などの産業技術を授けた神徳を偲ぶ祭という。祭典が終ると西楽所の扉が開かれる。ここには盆景のような農村風景である畠所《はたどころ》と田所《たどころ》の模型が飾られ、農業関係者はこの村落風景のでき具合によって、その年の豊凶を占うという。

(茂木　栄)

ほうふてんまんぐう　防府天満宮　山口県防府市松崎町天神山に鎮座。旧県社。祭神は主神を菅原道真とし、天

防府天満宮（『松崎天神縁起』より）

穂日命・武夷鳥命・野見宿禰を配祀。『松崎天神縁起』(重要文化財)によると、大宰権帥に左遷された道真が赴任の途次、勝間浦(防府市)の漁人の苫屋で一夜を過ごしたが、延喜三年(九〇三)春道真が没すると、光明が勝間浦に現われ、瑞雲が酒垂山《さかたり》(天神山)にたなびいたので、時の国司がここに宝殿を建立したという。社名は天神宮・松崎天神・松崎酒垂山天満宮・松崎天満宮などと記されていたが、明治以後は松崎神社、昭和二十八年(一九五三)以後は現社号。本殿の造営はたびたび行われ、鎌倉時代に東大寺大勧進職の俊乗坊重源、室町時代に大内弘世・義弘・盛見・義隆、江戸時代に毛利重就によって行われた。江戸時代以降も毛利氏による寛永五年(一六二八)、同十六年、天明九年(一七八九)などの造営が知られる。社領は『毛利氏八箇国分限帳』に周防国佐波郡内で四百四十三石、旧藩時代は百六十五石。社坊は九坊あり、一山の総号を酒垂山満福寺と号し、真言宗御室派に属したが、明治初年に廃寺となった。例祭は十二月五日。神幸祭は裸坊祭といい、旧暦十月十四・十五日に近い新暦の土・日曜日に行われる。社宝は応長元年(一三一一)の奥書をもつ『松崎天神縁起』全六巻、木造大日如来座像、金銅宝塔、梵鐘、浅黄糸威鎧二領、紫韋威鎧一領(以上重要文化財)のほか多数ある。

参考文献 山口県文書館編『防長風土注進案』一〇、同編『防長寺社由来』三
(河村乾二郎)

ほうへい 奉幣 神に幣帛を奉ること。これを奉る使を奉幣使という。古代には、朝廷において幣帛を班つ場合には、掌侍が神祇官に行ってこれをつつみ、天皇はこれを臨見し、斎戒して御拝を行なった後に、使に渡す例であった。神祇令には、「祭祀に供する幣帛、飲食及び菓実の属は、所司の長官、みづから検校せよ、必ず精く細からしめよ、穢雑せしむることなかれ」(原漢文)と厳重に規定された。また、同令に「諸社にゆいて幣帛を供すべくは、皆五位以上の卜食める者をとつて充てよ」(同)とみえて、五位以上の高位の者で、亀卜によって神の心に叶った者とする信仰深い態度であった。『続日本紀』大宝二年(七〇二)三月己卯条に、「天皇新宮の正殿に御して斎戒す、惣て幣帛を畿内及び七道の諸社に頒つ」(同)とみえて、その情況を知ることができる。奉幣の明らかな例は、『日本書紀』天武天皇代より多く散見する。たとえば、朱鳥元年(六八六)七月癸卯条に、「幣を紀伊国にまします国懸神・飛鳥の四社・住吉の大神に奉りたまふ」(同)とあり、また、同書持統天皇四年(六九〇)正月庚子条に、「幣を畿内の天神地祇に班したまふ」(同)とみえるなどである。神社によって奉幣使の姓氏の決まっているものもあった。伊勢神宮の王氏、宇佐神宮の和気氏、春日神社の藤原氏などであった。奉幣には宣命があって、神社によって幣帛の紙を異にした。伊勢神宮には縹色、賀茂神社には紅色、その他は黄色を使用した。奉幣には、五畿七道や畿内などのように広範囲の諸社の奉幣、一社奉幣・三社奉幣・二十二社奉幣など時代と祈願・報賽の種類によってさまざまの実例がみられ、なかには私家の奉幣の例もあり、時代が下るとさらにその例が増加した。その使には、奉幣使・例幣使・由幣使などがあった。明治四十四年(一九一一)から奉幣使は幣帛供進使と改称されることになった。第二次世界大戦後では、勅祭社の例祭などには勅使が参向し奉幣する。

参考文献 『古事類苑』神祇部二
(西山 徳)

ほうへいし 奉幣使 もと勅命を受けて幣帛を神社や山陵に奉献した使。幣使・例幣使・由幣使《よしのへいし》などの名もあった。古くは伊勢の神宮には王氏、宇佐神宮には和気氏、春日神社には藤原氏などが命ぜられた。明治以降、昭和二十年(一九四五)までは、伊勢の神宮以外の神社には、地方官が奉幣使または幣帛供進使となった。現在は勅祭社や山陵への奉幣は勅使が、神社本庁から所属の神社への奉幣は献幣使が参向する。 →幣帛《へいはく》 →幣帛供進使《へいはくきょうしんし》
(沼部 春友)

ほうらく 法楽 神仏習合に関する語。法施とも。本来は仏法の教えを信受する喜びのことを意味するが、神仏習合の上では神に対して法会・読経・陀羅尼唱誦などの仏事を行うことをいう。法楽の語は平安時代末期以降の文献に多くみえるが、儀礼自体は奈良時代にさかのぼる。奈良時代の神仏習合説においては、神は迷い苦しむ存在であり仏道に入る機縁を求めていると理解され、神身を解脱《げだつ》させ神を救済するために神前読経や神宮寺建立、度者の奉献が行われた。平安時代に入り本地垂迹説が定着したのちも、仏の垂迹である神の威光を増すものとして神前に法楽の儀礼が盛んに行われた。伊勢神宮祭主大中臣氏出身で醍醐寺僧の通海が、建治元年(一二七五)大神宮法楽舎を建立しているが、この寺号も法楽の思想にもとづいている。さらに転じて、神前に和歌・連歌・神楽・巫女舞などを奉納することを指すこともある。中世から近世にかけて諸社において法楽和歌・法楽連歌などが盛んに奉納された。

参考文献 村山修一『神仏習合思潮』
(佐藤 眞人)

ほうりみやしず 祝宮静 一九〇五―七九 昭和時代の神道学者。元神社本庁参与。明治三十八年(一九〇五)十二月二十四日、大分県宇佐に生まれた。昭和三年(一九二八)国学院大学を卒業。第二次世界大戦後文化財保護委員会の民俗資料担当官として文化財行政に貢献した。定年後は名城大学教授となる。戦後の神社界で長年の懸案課題であった文化財保護法改正の実現に尽力し、昭和四十五年には文化財功労表彰を受けた。翌四十六年には全国の文化財保護行政関係者による民俗文化財研究協議会を結成し、その代表世話人として運動の推進に活躍。広い神社経済史の観点に立ってさまざまな年中の民俗行事を明らかにしつつ、生産・運搬・交易・信仰・芸能などの生活文化財を跡づけ、文化財保護法と民俗資料との関係を明らかにした。その結果、昭和五十年には全国の神社祭礼が重要無形民俗文化財として指定保護を受けるに至

った。この尽力に対して五十二年神道文化会より神道文化奨励の表彰を受けた。昭和五十四年四月二十日没。七十三歳。著書として『神社経済史概観』『神道・神社・生活の歴史』『日本の生活文化財』などがある。

（杉嵜　典子）

ほくしんしゃ　北辰社　北辰を祀った社。中国では北極星は北辰ともいい、天帝太一神の居所であり、天上の宮廷である紫微宮の中心として祭祀の対象となった。北辰は、群霊を統御する最高神であるとされ、さらに道教においては北極大帝・北極紫微大帝・北極玄天上帝と称し、玉皇大帝の命を受けて星や自然界をつかさどる神とされた。仏教においても北辰を妙見菩薩として崇敬し、道教と密教が習合した北辰北斗信仰が説かれた。密教系の北辰北斗信仰は日本にも導入されて、北斗法・妙見供・尊星王法などの修法が盛んになされた。平安時代には元旦の四方拝に際して天皇が北斗の神号を唱え、北辰に向かって属星を拝し、三月三日・九月三日に北辰に燈を献ずる北辰祭を行なった。北辰北斗信仰は、神道にも受容されて、各地に北辰社が建立されるようになった。中世に日蓮宗が北辰信仰・妙見信仰を取り込み、一般に広がった。北辰社は、明治以降には天御中主神《あめのみなかぬしのかみ》を祭神とする神社に改められたものが多い。

（林　淳）

ぼくせん　卜占　⇩占《うらな》い

ほこら　祠　神をまつる小規模な社殿。小祠・叢祠ともいう。秀倉・禿倉・宝倉・穂椋などと表記されることもある。ホコラはホクラすなわち神庫の転訛した語ともいわれる。『日本書紀』垂仁天皇八十七年二月条に「神倉、此を保玖羅《ほくら》といふ」（原漢文）としており、神宝を保管する高床の建造物を指していたようである。『和名類聚抄』では宝庫（神庫）も神殿とともに「保久良」といい、平安時代中期の『拾遺和歌集』に「稲荷のほくら」といい、平安時代末期の『続詞花和歌集』に「熊野の大島の王子のほくら」、『丹後守為忠朝臣家百首』に「なる神にいづこか社目に見えぬ雲のかくれやほこらなるらん」とあり、ほぼ平安時代末期にホクラがホコラに変化しつつあったことがうかがえる。すなわち社殿の一般的なものをヤシロあるいはミヤといったのに対し、路傍の小社や屋敷鎮守の類をホクラ、ホコラと呼んだのであろう。こうした祠は叢祠の呼称があるように、路傍・屋敷内はもちろんのこと、田の畔、小さな丘や杜、原野や山裾の一隅などにひっそりとまつられている。たとえ神社の境内であっても境内社よりも小規模で、いずれも民間信仰的な性格をもっている。まつられる神も民間信仰の多様性から、その種類も名称もきわめて多岐にわたる。祠の形態も神社の社殿と同じ形をしたものから、ただ屋根を葺いただけの簡単なものまでさまざまである。その材質も木造・石造・瓦製ときには陶製のものもある。また関東地方や東北地方の一部でワラホウデンと呼ばれているような、藁製のものもある。藁製のものは恒久的なものとはいえず、祭の時だけの臨時の社殿としての性格をもち、神社の祭のオハケやお仮屋と同じ意味をもつとも考えられる。そうすると神はそこに常住するのではなく、祭のたびに去来するという神観念を伝えているものともいえる。

（岩井　宏實）

ほしずめのまつり　鎮火祭　⇩ちんかさい

ほしなまさゆき　保科正之　一六一一―七二　江戸時代前期の陸奥国会津藩主。幼名は幸松。肥後守、侍従、左少将、左中将。正四位下。慶長十六年（一六一一）五月七日、徳川秀忠の四男として誕生。母は北条氏旧臣神尾栄加の娘、浄光院お静の方。同十八年武田信玄の娘である穴山梅雪の妻見性院に養われて田安邸に移り、元和三年（一六一七）秀忠の密命により保科正光の養子となる。寛永八年（一六三一）十一月正光の遺領信濃国高遠三万石を領し、元服して従五位下肥後守に叙任。同九年十二月従四位下に昇り、同十一年七月侍従に任じ、同十三年七月出羽国山形城主となり二十万石を領した。同十四年徳川家光の内命により、保科家の重器重書を養子正貞に譲る。同二十年七月会津城主となり、会津・耶麻《やま》・大沼・河沼の諸郡のうち、越後国蒲原郡のうち（東蒲原郡）および陸奥国安積《あさか》郡のうちに二十三万石を領し、あわせて南山（南会津地方）五万石余の幕領を預かった。正保二年（一六四五）四月少将に進み、徳川家綱元服の理髪の役を勤める。同年七月、従四位上に昇る。慶安四年（一六五一）四月、家光が死去し家綱が将軍となるに及び、家光の遺言により家綱を補佐し幕政を主導した。承応二年（一六五三）十月中将に進み、十一月正四位下に昇る。以後、会津中将と称した。寛文元年（一六六一）正月眼病にかかってからは、従来の毎月二度の出仕を免除され、重事を議す時の出仕に限られることとなった。この間、山形城主時代には寛永十五年六月におきた幕領出羽国村山郡白岩（山形県寒河江《さがえ》市）の農民一揆の鎮圧と処分を強行した。島原の乱鎮定直後の政治状況を考慮した処断に封建領主としての強固な姿勢を明示したものといえる。明暦三年（一六五七）の江戸大火に際しては、罹災した御家人らに対する復旧営作料の給与を有司の反対を押えて断行し、他方では万治二年（一六五九）営作が終った江戸城に天守閣を建設しようという老中らの議を退けた。また寛文三年の『武家諸法度』公布に際して、正之の持論に基づいて殉死の禁止が口達されるなど、理性的な意見によって幕閣を指導したことに注目される。幕政に関与したために会津藩主時代もほとんど江戸住いに終始したが、よく家老以下を指導して会津藩の基礎を確定させた。農民に対しては社倉制によって民力の安定をはかる一方、蠟・漆の生産奨励と専売制、買上米と江戸廻米など、生産と流通両面で規制を強めた。その治政の根幹となったのは、山崎闇斎と吉川惟足について究めた朱子学と神道である。彼が闇斎らと編纂した『伊洛三子伝心録』（寛文九年）、『玉山講義附録』（同十二年）、『二程治教録』（同）、『会津風土記』（寛文六年）、『会津神社志』（同十二年）は五部書とよばれて藩政と文教の古典となった。『会津神社志』は領内の古社二百六十八を調査確認して掲載した書物で、その神社改めによって神仏分離、「淫祠」破却および寺院整理を行い、神社保護に基づく宗教政策が確立した。この過程で磐梯山麓の峯明神(福島県耶麻郡猪苗代町)に対して、古来の神号を失ったものとして磐椅《いわはし》神社と改称し、社殿を修覆して社領十石を寄進し、また若松の鎮守諏訪神社、高田の伊佐須美神社、坂下《ばんげ》の塔寺《とうでら》八幡などの仏僧・仏具類を取り払い「唯一の宗源の神式」に改めた(『千載之松』)。寛文八年に制定した「家訓十五箇条」は、その第一条に「大君之儀、一心大切ニ可レ存ニ忠勤一、不レ可下以ニ列国之例一自処上焉、若懐ニ二心一則非ニ我子孫一、面々決而不レ可レ従旨」と将軍に対する絶対忠誠を訓示し、幕藩制主従倫理の範型を示している。藩祖正之の遺訓として毎年春秋二回、藩主以下がこれを拝聴した家訓は、二世紀後の会津戊辰戦争への軌道を敷設したものといえる。寛文九年四月、隠退。同十二年八月、友松氏興以下を従えて磐梯山麓の見禰山磐椅神社に参詣し、宴飲の後、四方の景色を眺望して「万代といはひ来にけり会津山たかまの原のすみかもとめて」の私歌を詠んだ。同年十二月十八日江戸邸において死去した。六十二歳。生前に定めていた土津霊社の諡号《しごう》をおくられ、生前の希望に従って磐椅神社に隣接する境地に葬られた。正之は寛永十四年、正光の養子正貞に保科家の重器などを譲与していたが、死後の元禄年中(一六八八—一七〇四)に至り、正容の時に、葵の紋を許されて保科から松平の本姓に復した。なお、正之の神道思想の影響をうけた著述がまとめられ「保科正之」一—三として『続神道大系』論説編一四—一六に翻刻、所収されている。

参考文献 会津藩編『会津家世実紀』、横田俊益編『土津霊神言行録』、『会津若松史』九

(小林　清治)

ほしのてるおき　星野輝興　一八八二—一九五七　明治から昭和時代にかけての宮内省掌典。明治十五年(一八八二)一月十五日、新潟県刈羽郡半田村(柏崎市)に星野芳造の子として生まれる。柏崎高等小学校を卒業、検定により皇典講究所司業を取得した。同四十一年に宮内省図書寮に入り、図書課に勤務。同年、式部職掌典部掌典補となり、さらに大正十五年(一九二六)掌典となった。大正天皇の大喪儀、ついで昭和の御大礼に中心となって奉仕した。昭和四年(一九二九)神社制度調査委員会幹事、同十五年、掌典職祭事課長となる。同十七年八月四日、勅任官を以て待遇されたが、同日依願退職した。その後は祭祀学会の存続につとめ「祭祀は神道の始にして終なり」「祭祀は日常生活の精髄」などと提唱し、宮中・神宮・神社などの祭祀の究明に尽力していた。同三十二年十月十四日死去した。七十五歳。没後、祭祀学会から祭祀に関する論考・主張などをまとめた『(星野輝興先生著作集)日本の祭祀』が刊行された。ほかに著書として『祭祀の本領』(昭和十年)、『祭政一致』(同)、『神社の根本義』(同)などがある。

参考文献 川出清彦「星野輝興」(『神道宗教』四一)

(三橋　健)

ほしまつり　星祭　密教・陰陽道で行われた星を供養する祭。中国には、生まれた年の干支によって各人の本命《ほんみょう》星《しょう》は定まり、その干支と同じ干支の日である本命日《ほんみょうにち》に、本命星や泰山府君をまつり、無病息災や長生を祈願する習慣があった。この習慣は、日本にも伝来し盛んになった。特に密教において本命星を供養する本命星供が行われて、息災延命が祈願された。また北斗七星を供養する北斗七星法も、北斗曼陀羅を懸けて大壇上に幣・幡を立てて荘厳にして行われ、北斗七星・当年星・本命星・本命宿の供養も実修されるようになった。密教系の寺院では正月・冬至・節分の時期に、星祭・星供《ほしく》という名称で本命星供・北斗七星供が実施された。密教僧だけではなく陰陽師・宿曜師《すくようじ》もまた、本命祭・属星祭・老人星祭などの星にかかわる祭を行なった。真言宗の寺院では現在も節分の折に星祭が行われている所もある。

(林　淳)

ほすそりのみこと　火闌降命　隼人の祖神。「ほのすそりのみこと」とも。『日本書紀』神代天孫降臨章本文によれば、天津彦彦火瓊瓊杵尊《あまつひこひこほのににぎのみこと》と木花之開耶姫《このはなのさくやひめ》との間に第一子として生まれた神。しかし、その他の一書では火酢芹命《ほすせりのみこと》・火進命《ほのすすみのみこと》などと表記されること、出生順が異なること、また山幸彦や海幸彦とされるなど異伝が多く残されている。『古事記』においても邇邇芸命《ににぎのみこと》と木花之佐久夜毘売の子として生まれるも第二子とされており、その表記は火須《ほす》勢理命《せりのみこと》となっている。「ほすせり」は炎が燃え進む意と解せられるが、「火(ホ)」は同時に穀霊を意味する「穂」を示すとも考えられる。宮崎県南那珂郡北郷町《きたごうちょう》の潮嶽《うしおだけ》神社などに祀られる。

→彦火火出見尊《ひこほほでみのみこと》　→火明命《ほのあかりのみこと》

(新井　大祐)

ほたかじんじゃ　穂高神社　長野県南安曇郡穂高町穂高に鎮座。同郡安曇村上高地字明神に奥宮が鎮座。穂高見命・綿津見命・瓊瓊杵命《ににぎのみこと》をまつる。奥宮は穂高見命をまつる。綿津見神をまつるのは、『古事記』にも「阿曇連等は其の綿津見神の子宇都志日金析命《うつしひかなさくのみこと》の子孫」(原漢字)とあり、その祖神としてであろう。創建年代不詳。社伝では、神代に穂高岳に降臨、中部山岳地帯を開発、さらに梓川流域を開拓、その子孫がその地に居住して奉斎したのが起源という。貞観元年(八五九)に「宝宅神」が従五位上に叙され、延喜の制で名神大社。諏訪大社・生島足島神社とともに信濃三社として崇敬されたが、中世には衰え、造替も地域の住民の奉仕によりなされた。慶長十九年(一六一四)松本藩主小笠原秀政より社領十石が寄進され、江戸時代を通じて松本藩主の尊信があった。昭和十五年(一九四〇)国幣小社。例祭は九月二十六日・二十七日。その二十七日に御船祭と称し、本宮では安曇比羅夫命の人形をかざる船形山車など五台が境内を勇壮にねり、奥宮では明神池に竜頭の船を優雅に浮べる神事があ

穂高神社

る。本殿は流造の変形で穂高造と称されている。社宝に造営の次第で記した『御造営日記』十一巻がある。

（鎌田 純一）

ほっかいどうじんぐう　北海道神宮　札幌市中央区宮ヶ丘に鎮座。大国魂神・大那牟遅神・少彦名神・明治天皇を祀る。明治元年(一八六八)新政府は北海道の開拓を決定し、翌二年九月一日神祇官で国土開発殖産興業の三柱の神霊を鎮斎。同月二十五日開拓長官東久世通禧は、その神霊を奉戴して函館へ上陸、ついで開拓判官島義勇が代わって、札幌仮役所へ神霊を遷した。翌三年五月北六条通に仮神殿が設立され、そこへ神霊が遷された。ついで社地として円山(現社地)が選ばれ、翌四年九月十四日社殿が完成し遷座祭が行われた。社名は札幌神社と称し、国幣小社に列した。翌五年一月官幣小社となり、さらに明治二十六年十一月官幣中社、そして同三十二年九月官幣大社に列した。昭和三十九年(一九六四)明治天皇を合

北海道神宮　明治時代の札幌神社

祀。九月二十九日、社名を北海道神宮と改称した。境内に北海道開拓功労者の神霊を祀る開拓神社をはじめとして鉱霊神社・穂多木神社が鎮座している。例祭は六月十五日。

参考文献　小笠原省三編『北海道拓植と神社』、北海道神社庁編『北海道神社史年表』、同編『北海道神社誌』

（三橋 健）

ほっけしんとう　法華神道　日蓮宗で説かれる神道説。日本国中に祀られる三十の神々が、一ヵ月三十日の間、毎日順番で国家と人々を守護するという三十番神信仰を中心とし、法華守護の善神として尊崇される鬼子母神・十羅刹女などの信仰も包摂する。鎌倉時代の仏教の新宗派は、はじめは仏教の革新運動としておこったが、庶民の間に浸透し始めるにつれて神祇信仰への対応を余儀なくされ、宗派ごとの神道説を持つようになる。法華神道はその代表的なものである。日蓮は、『法華経』の教主としての久遠実成の釈迦を信仰の中心とし、天照大神・八幡大菩薩などの神々は、日本の国土と仏法を護るものとして崇敬していたが、神道説といえるような神々に関する独自の教説を持ってはいなかった。しかし、日蓮宗が宗勢を伸ばす中で、平安時代以来天台宗で説かれていた三十番神の信仰を取り入れるようになり、室町時代の後期になって法華神道と呼ばれる神道説が成立することになった。法華神道では、その起源を日蓮にさかのぼって説いている。比叡山で修行中の日蓮に三十番神が現われたという『本化別頭高祖伝』(日省著、二巻、享保五年(一七二〇)成立)の説や、日蓮が吉田兼益から神道の伝授を受けたという『蓮公薩埵略伝』(日修著、一巻、永禄九年(一五六六)成立)の説などがそれで、法華神道のおこりを日蓮に仮託しているが、三十番神の信仰が日蓮宗に取り入れられたのは、室町時代に入ってのことと考えられる。当時、京都で布教につとめた日像が比叡山で信仰されていた神々の信仰を取り入れることによって、京都での布教活動を円滑にしようとしたことに始まったものであろう。京都の日蓮宗の間で広まった三十番神の信仰は、間もなく中山・富士門流にも浸透して日蓮宗全体の神道説となった。明応六年(一四九七)神祇大副吉田兼倶は、妙顕寺・妙本寺・本圀寺・妙蓮寺に対して、日蓮宗の三十番神についての質疑状を発し、妙顕寺の日具が日蓮宗の三十番神の独自性を主張した。吉田兼倶は、日具の返答を称賛して法華三十番神を公認したため、その後、法華神道は、吉田家との密接な関係のもとで教説を整えていくことになった。法華神道の教説は、永正年間(一五〇四—二一)に円明日澄によって著わされたと伝える『法華神道秘訣』四巻が日具の説を受けて体系化をはかったものとして知られる。この書は、第一巻で法華神道の理論を述べ、第二巻で八幡大菩薩について記述し、第三巻では広く諸神の功徳を述べ、第四巻で三十番神について論じており、法華神道説を述べた書として重んぜられている

が、日澄の著とすることには疑問も出されている。また、天正年間(一五七三―九二)に承慧日修が著わした『鎮守勧請覚悟要』一巻、仏心日珖の『神道同一鹹味鈔』六巻をはじめ法華神道の書は数多いが、日修・日珖が大きな役割を果たし、江戸時代の初期に教説が大成されたものと考えられる。↓三十番神《さんじゅうばんじん》

参考文献 阿部直義『法華神道論』、宮崎英修『日蓮宗の守護神』、園田健「吉田神道と日蓮宗との交渉」(『神道宗教』四五)

(大隅 和雄)

ほっけしんとうひけつ 法華神道秘訣 法華神道書。四巻四冊。著者は円明日澄(一四四一―一五一〇)と記すが、本文中に永禄元年(一五五八)の記事がみえるので、著者を日澄とするのは疑わしいことになる。一説に著者を四条門流の日澄とする。第一巻では神天上の法門について解説し、第二巻では法華神道の立場から八幡大菩薩を解説している。第三巻では諸神を法性神・有覚神・邪横神の三種に分類し、それらの本地は釈迦と説いている。第四巻では妙本(妙顕)寺の日具説に基づき、法華神道の中心思想である三十番神を解説し、その起源を比叡山の慈覚大師(円仁)としながらも、日蓮宗独特の思想であると説く。その一方で吉田神道説を引用し、日蓮が吉田兼益から三十番神を伝受したとの説も認めている。巻末に「永禄十三年六月」に書き終えたとの日歓の奥書がある。なお、当書は『番神問答記』『神道同一鹹味抄』(『神道私抄』)とともに法華神道三大書と称されている。

参考文献 鈴木常耀「法華神道秘訣の著者に就いて」(『大崎学報』八四)

(三橋 健)

ほてまつり 帆手祭 宮城県塩釜市の塩竈《しおがま》神社で、本来は旧暦正月二十八日、明治五年(一八七二)の改暦以降は毎年三月十日に行われている祭。火防の祭として知られ、塩竈神社に年間三度ある神幸を伴う祭のうち、最も歴史が古い祭とされ、天和二年(一六八二)に始まったと伝えられる。神輿の周囲に旗を船の帆のように押し立てて供奉することから、帆手祭の名が起こったともいわれる。神輿は、享保十六年(一七三一)に奉納された約一トンの重量のあるもので、荒神輿として知られる。祭当日の昼過ぎに、この神輿を十六名の男たちが担いで、二百二段ある神社の表参道(男坂)の石段を駆け下りる勇壮さが、祭の一つの見所となっている。神幸行列の先頭には、人形屋台に稚児を乗せたかつぎ神楽が進み、数百人もの人々が供奉する。また、女神輿や踊り連も加わっている。祭の二日前から、拝殿では神楽や巫女舞、倭舞などが舞われ、また当日には、各町内の山車・屋台の曳行も行われる。

(島田 潔)

ほどさんじんじゃ 宝登山神社 埼玉県秩父郡長瀞町長瀞に鎮座。旧県社。祭神は、神日本磐余彦命《かんやまといわれひこのみこと》・大山祇神《おおやまつみのかみ》・火産霊神《ほむすびのかみ》・日本武尊。社記によると、日本武尊が東征の帰途、大和の神日本磐余彦命の陵を遥拝するための神籬《ひもろぎ》を山頂に立てようと、当山に登ると巨犬が現れて先導をした。途中、突然の猛火に遭ったが、犬は火を防いで鎮めるや姿を消した。尊はこの犬が大山祇神の使いであることを知り、当山鎮護の大山祇神と火防の火産霊神とを拝礼した。よって当山を火止《ほど》(のちに宝登)と呼ぶようになり、当社はこの三神を鎮祭したことに創まる。その後、欽明天皇二年、当社に縁のある神として摂社に日本武尊を祀る。その後宝登山大権現と称するようになった当社に、永久元年(一一一三)僧空円が玉泉寺を開山して別当となった。江戸時代中期には、当社創建にちなんだ神犬(眷属)信仰が火防盗賊除、四足除などの利益を背景に盛んとなり、江戸市中をはじめ関東一円に今に続く講社が結成されていった。四月三日の例大祭には各地の講社から代参者が参拝に訪れ、眷属札のお借り替えと称して、社頭で神犬の神札を受ける。

(髙橋 寛司)

ほながもすけ 補永茂助 一八八一―一九三二 明治時代末期から昭和時代初期の神道学者。明治十四年(一八八一)六月二十日、愛知県渥美郡大崎村(豊橋市)に補永徳八郎の長男として生まれる。第一高等学校をへて三十九年東京帝国大学文科大学哲学科卒業。四十四年、東京帝国大学大学院修了。大正二年(一九一三)から六年まで、ドイツのイエナ大学、イギリスではロンドン、オックスフォード、ブリストルの各大学に留学する。十年、東京女子師範学校教授となり、修得商業学校校長、日本大学教授を歴任。十一年に「天照大神に関する古代的研究」により文学博士を授与される。宗教哲学・神学的研究方法によって神道を研究し、神道学会、神道奨励学会などの運営にもかかわった。また、アストンの『日本神道論』を翻訳するなど外国人による神道研究を紹介することにも力をそそいだ。昭和七年(一九三二)十月二十日、日本大学での講義の帰途、自動車事故に遭い、翌二十一日死去、五十二歳。著作として『欧米人の神道観』『天照大神の神学的研究』『日本思想の研究』などがある。

(松本 久史)

ほのあかりのみこと 火明命 尾張連などの祖神とされる。『日本書紀』神代天孫降臨章本文によれば、天津彦彦火瓊瓊杵尊《あまつひこひこほのににぎのみこと》と木花之開耶姫《このはなのさくやひめ》との間に第三子として出生する神。ただし、一書間では第一子や次子となるなど出生順の差異や、天杵瀬命《あまのきせのみこと》と吾田津姫《あたつひめ》との間の子、あるいは天忍穂根尊《あめのおしほねのみこと》や正哉吾勝勝速日天忍穂耳尊《まさかあかつかちはやひあめのおしほみみのみこと》と、高皇産霊尊《たかみむすひのみこと》の娘である栲幡千千姫万幡姫命《たくはたちちひめよろづはたひめのみこと》(天万栲幡千幡姫《あめのよろづたくはたちはたひめ》)との子とされるなど親神が違う点、また、「天火明命《あめのほのあかりのみこと》」・「天照国照彦火明命《あまてるくにてるひこほのあかりのみこと》」とされるなど多くの異伝がある。『古事記』には天火明命《あめのほあかりのみこと》がみえるが別神との説もあり定かではない。なお、『播磨国風土記』餝磨郡《しかまのこおり》条には、大汝命《おおなむちのみこと》の子として描かれている。「ほあかり」は炎が明々と燃える意であるが、兄弟神である火蘭降命《ほすそりのみこと》・彦火火出見尊《ひこほほでみのみこと》と同様、「火(ホ)」は「穂」を示すと解せられる。愛知県一宮市の真清田《ますみだ》神社や京都府宮津市の籠《この》神社などに祀られる。↓彦火火出見尊《ひこほほでみのみこと》 ↓火蘭降命《ほすそりのみこと》

(新井 大祐)

ほのいかずちのかみ　火雷神　『古事記』と『日本書紀』神代四神出生章第九の一書に、黄泉国で伊弉冉尊《いざなみのみこと》の死体に成り居たと語られている八雷神の一神。伊奘冉尊は八雷神に千五百の黄泉軍《よもついくさ》を副え、黄泉国から逃げ帰る伊弉《いざ》諾尊《なぎのみこと》を追跡させた。伊弉諾尊は、剣を抜き後手に振りながら、黄泉比良坂《よもつひらさか》の坂本まで逃げ、そこで桃の実を三個取って投げ、これを撃退した。『山城国風土記』逸文によれば、賀茂建角身命の娘だった玉依日売《たまよりひめ》が、川遊びしているところへ流れて来た丹塗矢《にぬりや》によって孕み、生んだ子が、上賀茂神社の祭神の賀茂別雷命で、丹塗矢は乙訓《おとくに》の郡の社(京都府長岡京市の乙訓神社)に坐す火雷神であったという。　(吉田　敦彦)

ほむたわけのみこと　誉田別尊　⇩応神天皇《おうじんてんのう》

ほりかわじにん　堀川神人　平安時代半ばころより京都五条堀川辺に集住し、祇園社に属して神人役を負い、中世を通じ活動した材木商人。丹波の山間部から京都への材木は保津川の筏流しで運漕され、特に五条堀川界隈が貯木場となっていた。「堀川材木商人」の称は治承四年(一一八〇)正月の記事が初見で、「五条堀川(後院町)」での造作にかかわる(『玉葉』)。また鎌倉時代初頭の建仁寺建立に際しては、栄西が堀川の材木購入を下知したという(『沙石集』一〇ノ三)。室町時代初期の応永十六年(一四〇九)の調査では洛中散在の材木神人は三十六名を数え、堀川に材木座が結成されていた。永享ころ、四十三貫文もの荘園年貢銭の保証人に五条堀川材木商人個人が立っていた例もあり、その富裕ぶりがしのばれる。

参考文献　広野三郎編『八坂神社記録』(『八坂神社叢書』一・二)、同編『八坂神社文書』(同三・四)、豊田武『増訂中世日本商業史の研究』(『豊田武著作集』二)、『京都の歴史』一―三　(横井　清)

ほりけいざん　堀景山　一六八八―一七五七　江戸時代中期の儒学者・医者。名は正超、字は彦昭・君燕、号は景山・垂山、通称禎助。元禄元年(一六八八)誕生。杏庵の曾孫、立庵の孫、蘭皐(玄達)の子で南湖の従弟にあたる。幼時父に学び、儒医をもって京中に聞こえた。享保四年(一七一九)安芸侯浅野吉長に召され、京都綾小路室町西(京都市下京区善長寺町)に居住のまま、たびたび広島に赴き進講した。本居宣長も国学に志す前、二十三歳の宝暦二年(一七五二)より数年間、景山宅に寄寓して儒学を学んだ。宝暦七年九月十九日没。七十歳。京都南禅寺帰雲院堀家墓域に葬った。著書は『教問釈義』『不尽言』『詩文制式』『景山筆記』『景山文集』や紀行文『幣乃錦』など。　(水田　紀久)

ほりひでなり　堀秀成　一八一九―八七　幕末から明治時代前期の国学者、神道家。別名茂足、通称八左衛門・内記。琴舎・足穂家と号す。文政二年(一八一九)十二月六日、下総古河《こが》藩士の子として江戸に生まれ、一旦は家督を相続したが、国学研鑽を志して家を弟に譲り、七年間諸家に師事して最も音韻学に精通した。嘉永二年(一八四九)以降、陸奥・駿河・甲斐・武蔵などを遊歴して国学を講じ、著述に努めた。安政四年(一八五七)時局を憂憤して『醜能御楯《しこのみたて》』を著わし、徳川斉昭に奉呈したが、同書はのちに孝明天皇の天覧に供されたという。維新後は言霊音義説論者を代表する国学者として活躍し、明治五年(一八七二)御前で『日本書紀』神武紀を進講、同六年大教院講師長となるなどして全国に講演し、大教宣布と神道の興隆に尽力した。明治二十年十月三日六十九歳で没す。著者は『言霊妙用論』『音義本末考』『古言音義考』『音義全書』『話学階梯』など多数。

参考文献　「堀秀成翁略譜附著書解題」(『帝国文学』三ノ三―五)、中里竜雄「堀秀成翁の自筆稿本に就て」(『国学院雑誌』三八ノ七)　(伴五十嗣郎)

ホルトム　Daniel Clarence Holtom　一八八四―一九六二　アメリカのバプティスト教会の在日宣教師、教育者、神道学者。ミシガン州のカラマズー大学(一九〇七年)、ニュートン神学校を卒業して明治四十三年(一九一〇)に来日した。日本語を早く修得し、大正四年(一九一五)から昭和十五年(一九四〇)まで、シカゴ大学で一九二五―二六年の一年の客員教授の期間を除いて、東京学院大学や日本バプテスト神学校(のちの関東学院大学神学部)、関東学院、青山学院などでキリスト教会史、神学などの教授をつとめた。第二次世界大戦前の緊迫した状況のなか、昭和十五年に米国にもどり、シカゴ大学、コルゲート＝ロチェスター神学校などで教授した。キリスト教の宣教師でありながら、ホルトムは近代宗教学的な理解があって早い時期から民族宗教として神道に関心を示した。神道が日本人の精神構造を理解する上に大切であるとともに、近代日本で高揚していた国家主義を理解するためにも神道の政治的役割に目をむけ、その新しい展開について詳しく書いた。戦後、ホルトムの神道観に過剰な政治的偏りがあるとして神道家に批判されたことがあるが、戦前という時代の背景とその神道非宗教論、キリスト教その他の宗教が置かれた法的立場などを考えると、ホルトムの見解は国家神道の当時の直接観察として現在も妥当性があると認められる。一九六二年没。著作には『近代神道の政治哲学』(大正十一年、The Political Philosophy of Modern Shinto)、『神道の起源考』(昭和二年、A Study in Shinto Origins)、『日本の国家的信仰』(昭和十三年、The National Faith of Japan)、『近代日本と神道国家主義』(昭和十八年、Modern Japan and Shinto Nationalism)などがある。　(ノルマン＝ヘイヴンズ)

ほんがくきょよう　本学挙要　大国隆正の主張する「本学」についての著。隆正は、自己の主張する独自の国学思想を『古事記』序文にみえる「本教」の語をもととして「本学」と称した。この書は、その内容を隆正自身が具体的、かつ端的に著した書である。上下二巻。安政二年(一八五五)の成立。上巻には、「本学」の定義、その徳目である「忠・孝・貞」の解説、「太卜《ふとまに》の区象《まちがた》」の解釈、日本は全世界の「帝国」を統轄する「大帝爵」の国であるとの主張などがみえる。下巻には、神代を五つの歴史的段階に区分する独自の神代史観が記されるとともに、自己の学問思想の特質として、「窮理」「大考証」(神話に内在する「理」を明らかにすることと、その方法)という概念も提示されている。なお、この書の付録として『馭《ぎょ》戎《じゅう》問答』がある。『日本思想大系』五〇、『(増補)大国隆正全集』一に所収。 (松浦 光修)

ほんぐう 本宮 ⇩本社《ほんしゃ》

ほんじすいじゃくせつ 本地垂迹説 仏・菩薩が人々を救うために、さまざまな神の姿を借りて現われるという教説。「本地垂迹」ということばは、後秦の僧肇が著わした『注維摩』の序に、「非本無以垂迹、非跡無以顕本、本跡雖殊、而不思義一也」とみえるのに始まるといわれる。本地は、本体・本源という意味で、垂迹は、本体が衆生を救うために仮の姿をとってこの世に出現することをいう。『法華経』寿量品には、永遠不滅の釈迦を本地の釈迦とし、現実の世界に現われた、史上の釈迦を垂迹の釈迦とする教説がみえ、『大日経』には、毘盧遮那仏は、衆生を救うために、あらゆるものの姿をとって現われると説かれているなどの例をあげるまでもなく、超歴史的な本体が、歴史の世界に姿形をとって現われるという思想は、大乗仏教の経論に広くみられるものであった。そして、そのような思想は、仏教が中国に伝えられた時、本地としての仏・菩薩が、儒教の聖人や道教の神仙として垂迹したという教説を生み、さらに日本では、仏・菩薩が神祇となって垂迹するという教えを生み出した。日本における本地垂迹説は、東大寺の大仏造立を発願した聖武天皇が、橘諸兄を伊勢神宮に遣わしてその成就を祈らせたところ、「日輪者大日如来也、本地者盧舎那仏也」という夢告を受けたと記す『大神宮諸雑事記』、垂迹の神が国政を護ることを述べた恵亮の表を載せた『三代実録』貞観元年(八五九)八月二十八日の記事、「権現菩薩垂迹猶同」と記す承平七年(九三七)十月四日の大宰府牒などを早い例とする。朝廷は、高度な外来文化としての仏教を重んじたので、神仏同体の思想を打ち出して土着の信仰を宥和しようとしたが、神仏習合の思想としての本地垂迹説が、一般に広まるのは平安時代も中期以降のことと考えられる。仏教が伝えられた後、神祇は衆生と同じく煩悩の苦しみに沈んでおり、仏の力によって苦悩から脱することができるものであるという教えが広められるようになり、神は仏になるための修行の過程にあるものと説明された。仏のさとりに達した境地を果位といい、さとりに達する過程、つまり菩薩の境地などを因位というが、神祇を因位説によって位置づける思想を背景に、奈良時代から平安時代の前期に多くの神社に、神宮寺が建てられた。また、延暦二年(七八三)に、八幡神に大菩薩の号が奉られるなど、仏教を中心に、仏・菩薩がそれより下位のものである神祇を救い、包摂する神仏習合が進んだ。同じころ、仏教の中で山岳修行が盛んになると、山岳で修行する僧侶と土着の諸信仰との接触が盛んになり、山の神々と仏・菩薩との習合が進められた。山の神々は、山中にまつられる仏・菩薩の守護神となり、さらに神々と仏・菩薩の同体が説かれることになった。吉野の蔵王権現が、仏・菩薩の護法神となって、権《か》りに姿を現じたとされるのはその例である。また、山中の他界を信ずる祖霊信仰と、阿弥陀、観音、弥勒などの浄土信仰とが習合して、熊野に見られるように神仏は対等で同体であるという教説が生まれたが、こうした信仰を広めたのは、多くは修験の行者であった。神仏習合はさまざまな面で進んだが、平安時代の中期になると、多くの神社で祭神の本地仏を特定するようになった。八幡宮は阿弥陀仏、伊勢神宮は大日如来または救世観音とするのは早い例で、平野・春日・日吉・広田・北野・熊野をはじめ主要な神社では、本地の仏・菩薩を決め、仏・菩薩をまつる本地堂を建てた。本地堂には、現在垂迹美術と呼ばれる彫刻や絵画が納められた。本地垂迹説が広まり、日本人の多くに受け入れられるようになると、日本においては、仏法は、垂迹の神々なくしてはありえないという考えが広まり、垂迹の神々こそ本体であるとする思想が芽生えてきた。鎌倉時代の中期以降、伊勢外宮の祀官の度会氏によって集成された神道説は、そうした動きをよく表わしており、仏本神迹・仏主神従・仏勝神劣の本地垂迹説を逆転させる契機をなした。室町時代に入って、反本地垂迹説(神本仏迹説)は次第に広まり、吉田兼倶によって大成された吉田神道では、神を根本とし、儒・仏を枝葉・花実と説くようになり(三教枝葉花実説)、本地垂迹説はさらに、天照大神を本地、伊勢神宮を垂迹と説明する神道そのものの説明にもとり入れられることになった。江戸時代以降、本地垂迹説に集約される神仏習合の信仰は、庶民の間に広く受け入れられ、本地堂への参詣は跡絶えることなく続き、本地垂迹説を背景にした本地物の物語は、人々の心をとらえつづけた。しかし、儒教との習合による神道説が説かれるようになり、さらに国学者による復古神道の思想が広まると、本地垂迹説に基づく神道説は俗神道として排斥されることになり、明治時代の神仏分離政策によって否定されることになった。 ↓神仏《しんぶつ》習合《しゅうごう》 ↓神本仏迹説《しんぽんぶつじゃくせつ》

参考文献 辻善之助『日本仏教史之研究』正篇上(『日本仏教史研究』一)、西田長男『神道史の研究』二、村山修一『本地垂迹』(吉川弘文館『日本歴史叢書』三三) (大隅 和雄)

ほんしゃ 本社 神社の中核基幹となる宮殿・社殿。神社は、その神社の基幹となる祭神を祀る宮殿を中核として、摂社や末社などの境内神社や別宮、飛び地境内社など複数の単位的な宮殿を複合して構成されている場合が、ことに規模の大きな神社において、見られることが多い。この場合、中心となるものを本社と称し、摂社・末社などの境内神社などと区別して呼称する。本宮とも称し、伊勢神宮では御正宮と称している。静岡浅間神社(神部神

社・浅間神社・大歳御祖神社、静岡市)や志波彦《しわひこ》神社・塩竈神社(宮城県塩竈市)、あるいは日吉大社(大津市)の東本宮・西本宮のように、本社(本宮)に相当する神社が複数存在する例もある。 (佐野 和史)

ぼんしゅん 梵舜 一五五三―一六三二 安土桃山時代・江戸時代前期の神道家、僧侶。吉田兼倶の創建にかかる京都吉田山下の神竜院住職でもあったので神竜院とも通称、また竜玄ともいった。天文二十二年(一五五三)生まれる。吉田神道の宗家卜部吉田家の人で、吉田兼右の子、神道管領長上兼見の弟。吉田神道をまなび、のち出家。古典また神道書の書写、校合につとめ、後陽成天皇に『古事記』『旧事本紀』を献上したほか、諸書の伝来上の功績で知られる。慶長四年(一五九九)豊臣秀頼が秀吉をまつる豊国社を創建することに関与、その創建後、社務兼見のもとで、預萩原兼従をたすけてその神宮寺別当として、その祭祀・運営の実際にあたった。また晩年の徳川家康に招かれ、伊勢の神宮のこと、二十二社のこと、北野・多武峯のこと、大嘗祭のことなど広く神道を講じ、慶長十八年には吉田神道の奥秘について答え、家康に神道伝授の約束までしたが、その寸前家康の意志により中止した。元和二年(一六一六)四月、家康の遺言により、その没後の祭儀は梵舜に一任され、久能山に吉田神道により葬った。しかし、のち天海の異議で山王一実神道でまつられることとなり、元和五年豊国社も以心崇伝らの策謀により廃止された。しかし、また一方で兼見なきあとの吉田神道相伝の危機に梵舜は大きな功績を挙げた。寛永九年(一六三二)十一月十八日没。八十歳。その日記は『舜旧記』(一名『梵舜日記』)という。

参考文献 『舜日記』解説(『史料纂集』八) (鎌田 純一)

ぼんしゅんにっき 梵舜日記 京都豊国神社社僧神竜院梵舜の日記。『舜旧記』『神竜院梵舜記』『梵舜記』『舜記』ともいう。天正十一年(一五八三)より寛永九年(一六三二)十一月に至る日記であるが、はじめの方は飛び飛びで、記事が存するのは天正十一年正―三・十一月、十二年正―七・十二月、十三年正・二・十―十二月、文禄元年(一五九二)正・三・十二月である。慶長元年(一五九六)以降はほぼ伝存するが、慶長十四・十六年、元和三年(一六一七)・七年、寛永二年の五ヵ年分が欠落している。兼倶の創建した神竜院の住職として、豊臣秀吉没後は兄吉田兼見とともに豊国社の創建に尽力しその社僧として活躍し、豊臣秀頼の帰依を得、後陽成上皇・徳川家康らより神道家・和学者としての信任を得るなど、社会的に枢要な立場と豊富な情報を入手しうる立場にあったので、記事は概して簡略ではあるが、安土桃山時代後期より江戸時代初期にかけての、政治・社会・宗教上の好史料である。ことに元和二年の家康死去、久能山葬送、二年より五年にかけての豊国社解体などについては一連の記事があり興味深い。六年二月には、神竜院(豊国社の北、社務職萩原屋敷の南東)を甥の梵瑛に譲り、西屋敷へ隠居するが、兄兼見の嫡子兼治早くして死し、その子吉田兼英・萩原兼従まだ若年であったためその後見にあたり、神道家としての活動なども続け日記の内容に変化はない。自筆本は完本としては伝来しないが、天正十一年より文禄元年に至る日記の自筆原本一冊(紙背文書あり)が国学院大学に所蔵されている。写本には、内閣文庫所蔵の和学講談所本三十三冊、御実紀調所本五十冊、吉田神社旧社家鈴鹿家本三十冊などがある。『史料纂集』所収。全八冊。 (橋本 政宣)

ほんそう 本宗 第二次世界大戦後の神社体制の中での伊勢神宮の称。古来、伊勢神宮は、単に神宮と称し、皇室によって手厚くまつられ、国民の崇敬を集めてきた。戦後、神宮・神社が国家管理を離れ、包括宗教法人神社本庁を設立し、祭祀伝統を守ろうとした中で、神宮をどのように位置付けるかは大きな問題であった。神社本庁設立時の庁規に「本庁ハ神宮ヲ奉戴シ、全国神社ノ総意ニ基キ、其ノ包括団体トシテ之ヲ設立ス」(第四条)と定め、さらに「神宮ハ神社ノ本宗トシ本庁之ヲ輔翼ス」(第六一条)と規定した。ここにはじめて「本宗」という表現が用いられた。その後、本条は「伊勢の神宮は、本庁の本宗として奉戴する」と改められた。「最高至貴の神」として、皇室と国民の信仰を集めてきたため、「本庁の本宗」として奉られることとなったのである。もとより仏教の「本山」とは異なるが、戦後神社界の精神的支柱、統合の中心との意味が含まれていよう。 (茂木 貞純)

ほんだはちまんぐう 誉田八幡宮 ⇩こんだはちまんぐう

ほんちょうじんじゃこう 本朝神社考 近世初期に著わされた神社研究の代表的基本書。板本は上中下三巻六冊。各冊の下に「羅浮子道春撰」と記されているとおり江戸幕府の儒官林家の祖、林道春(羅山)の編著。成立年代は不詳ながらも、寛永十五年(一六三八)ころ、盛んに神書を読み、神社への関心の高まりがみられ、本書の略本といわれる『神社考詳節』が正保二年(一六四五)に刊行されていることから、これ以前の寛永末年の成立と推定される。上巻は伊勢神宮以下の二十二社について記し、中巻には地方の有力神社や山岳信仰・修験系の古社、さらに二十二社には洩れたがかつて朝廷と深いつながりをもっていた諸社を掲げ、最後の下巻では幅広く俗信仰の方面にも研究の手をのばし霊異・方術の分野に及んでいる。その書載形式は各項目ごとに『日本書紀』『旧事本紀』『延喜式』などの古典や『神皇正統記』『公事根源』などの文献を忠実に示して考証し、特に排仏の立場を貫いて、仏教およびこれ以前の思潮の主流とされてきた神仏習合に関わる事項は一字低書して付載する方法を用いている。その編述目的は、序に述べられているとおり世人が神道を崇め仏道を排することによって、国家は上古の淳直に復し民俗が内外の清浄を致さんことを念じたものであった。道春は神儒一致を基本とし、仏教はもちろん、神仏習合も、さらには神主仏従を説いた吉田神道の主張をも、その神道説が両部習合説の盗用であることを見抜いて厳しく批判する。近世神道思想史の上で後世まで強い影響を与えた。『国民思想叢書』神道篇、『日本精神文献叢書』七・八、『日本思想闘諍史料』一などに所収。↓林羅山《はやしらざん》

参考文献　石田一良・高橋美由紀校注『藤原惺窩・林羅山』（『神道大系』論説編二〇）　（岡田　荘司）

ほんでん　本殿　⇩神社建築《じんじゃけんちく》

ほんでんせんざさい　本殿遷座祭　本殿の竣功に際して神社の御霊代を仮殿から本殿へ遷すこと。本殿遷宮・正（上）遷宮ともいう。それに対し、御霊代を本殿から仮殿へ遷すことを仮殿遷座祭・仮殿遷宮・外（下）遷宮などという。遷座祭は社殿の改造または修造などにあたって臨時に行われるものと、六年・十二年・二十年・三十年・四十年・五十年・六十年などの周期をもって行われるものとがある。遷座祭は神霊の動座を主眼とするため、古来神社にあって最も重要な祭儀とされ、大正三年（一九一四）勅令第十号官国幣社以下神社祭祀令では大祭と定められ、神社本庁の神社祭祀規程でも大祭とされている。　（本澤　雅史）

ほんぽうせいしのけんきゅう　本邦生祠の研究　⇩生祠《せいし》

ほんみょうのまつり　本命祭　『延喜式』陰陽寮所載の陰陽道祭の一つ。天皇・中宮・東宮の本命日に、この日罪悪を天神に報告するという司命・司過信仰に基づき益算・招福・攘災のため、動物の脯などを供して本命を祀る。臣下も仁和四年（八八八）に天曹・地府・司命・司禄・河伯水官・掌籍掌算の神を祀った例がみえるが（『卅五文集』）、密教との交渉の結果十世紀末までに、『剣南婁益開五路謝冥官焼本命銭文』を典拠とし冥道信仰に基づく祭祀に発展。祭神の本命は生まれ歳の干支を神格化したもので、星辰信仰の本命星（属星）とは異なる。またこの本命は、同じころ創出の泰山府君祭《たいざんぶくんさい》の祭神の一つとなり、臣下は本命日の祈禱として多くこの泰山府君祭や密教の本命供・北斗念誦を行なった。

参考文献　山下克明「平安時代における密教星辰供の成立と道教」（『日本史研究』三一二）、小坂真二「天曹地府祭」（『悠久』九五）　（小坂　真二）

ま

まいちょうのぎょはい　毎朝御拝　天皇が毎朝潔斎して清涼殿の石灰壇《いしばいのだん》において神宮・内侍所以下を遥拝すること。石灰壇の御拝ともいう。毎朝御拝のことは早く『宇多天皇宸記』仁和四年（八八八）十月十九日条にみえ、順徳天皇の『禁秘抄』上の首先にもあるごとく、禁中の作法はまず神事から始め他事に及ぶのが慣行で、天皇の日常も神宮・内侍所以下を遥拝することから始まった。その作法は『後水尾院年中行事』によれば、早旦天皇は起床してまず常御所にて手水をし、御湯殿に渡御して御行水をし、常御所に還り直衣を着し、ついで御清手水の儀があり、陪膳の典侍を扈従させ清涼殿に渡御、廂の中央の間より石灰壇に入り、大床の屛風によって囲われた円座に着し、神宮などを遥拝し、御拝が終って常御所に還御し、引き続いて鏡御拝《かがみのぎょはい》があり、その後朝餉となる。御拝の次第は、その伝授を行なった白川神祇伯家に伝来した「毎朝御拝御作法」によれば、「先御二拝（伊勢・内侍所両段再拝）、次御着座、次（天地《あめつち》於《を》清女《きよめ》、心身《こころみ》於《を》浄女給《きよめたま》比弖《いて》）、御拍手二、次御祝詞、御拍手二、次御退座」である。両段再拝とは四度拝ともいい、九社を拝するうち神宮・内侍所へは再拝を重ねて行い、ほかの七社へは二拝ということである。九社の順序と遥拝する方角は、伊勢両宮（辰巳）、内侍所両神（同）、石清水八幡宮（未申）、賀茂下上大明神（北）、春日四所大明神（南）、日吉大明神（丑寅）、祇園三所（辰巳）、北野天神（戌亥）、北斗（北）である。「天地於清女、心身於浄女給比弖」とは三種大祓を三度唱

祭

「祭る」とは「奉る」こと。すなわち、神を迎え供物などを捧げて、祈りごと、願いごとをするのが祭の本義である。しかしながら、神を祭る空間として立派な社殿が作られるようになれば、毎日の供え、月ごとの供えも行われるようになり、おのずとお社に神が常在するとの考えも生まれてくる。とはいえ祝福をもたらす神が異界より訪れ、人々のもてなしを受けて、ふたたび帰ってゆくとの信仰も、同時に長い時代にわたって続いた。神の乗り物、ダシを「山車」と表現し、共同体に設けられる仮設の社を「御旅所」と呼ぶのは、神が常には異界である山に坐し旅をして訪れるとの信仰に基づくものである。異界より来臨する神は旅の体で村や町を訪れるが、格の高い神になれば大勢の眷属・伴神を引き連れ、装いも華やかに共同体を訪れることになる。こうした信仰より発生したのが、行列がお渡りをする祭礼であった。

1　賀茂葵祭屏風(部分)　東京都　国学院大学神道史料館所蔵

賀茂祭　賀茂社は、賀茂氏の氏神を祭る神社であるが、都が平安京に移されて以降、京都鎮守の社となり、賀茂祭は勅祭として行われるようになった。祭神の誕生と鎮座を再現する「御阿礼の神事」が秘儀として行われる。その後、斎王・勅使一行が行列を組んで賀茂社へと赴く「路頭の儀」が行われるが、葵で飾った華やかな様子が印象深く「葵祭」の名で呼ばれるようになった。図1は、この行列を描いた屏風であるが、『源氏物語』以来、多くの古典文学に見物の熱気を帯びた様子が描かれる。

2・3　春日若宮御祭屛風　6曲1双
千葉県　国立歴史民俗博物館所蔵

（左隻）

4　奈良巫女のお渡り
植田英介撮影

春日若宮御祭　藤原氏の氏神、武甕槌命が奈良の三笠山に鎮座したのは神護景雲二年(768)と伝えられ、氏の祭として春日祭が始められる。その後、大和一国を実質的に支配した興福寺が、国の鎮守神を祭る祭礼として平安時代後期、新たに始行したのが春日若宮御祭であった。深夜、春日若宮神を興福寺領内の御旅所に迎えて祭は行われるが、興福寺は僧兵・大和士(やまとさむらい)を擁する軍事勢力でもあったので、その威勢を誇示する大規模な祭礼行列が行われた。図２・３は近世のお渡りの様子を描く屛風で、騎馬の随兵や、作り物の大太刀や槍をかつぐ一群が見られる。巫女神楽・舞楽・田楽・能など、奈良は古代以来芸能が盛んで、お渡りに奉仕したり(図４)、御旅所において芸能が奉納されたりする様子(図５)を現在でも目にすることができる。

(右隻)

5　御旅所前の舞楽　地久
植田英介撮影

祇園祭　平安時代、平安京の外の地で不本意な死を強いられた貴族たちが御霊となって都に戻り、市中に疫病を流行らせた。これに対処するため、貞観五年(863)に新たな祭、御霊会が行われた。祇園祭の始まりである。平安時代の様子を描いた絵巻(図9)には、神輿を中心として獅子や騎馬の巫女の様子が見られるが、行事には定まった方式はなく、相撲・歌舞・騎射など、とにかく疫神たる御霊を慰撫して怨み、祟りを鎮めることに躍起になったのであった。祇園祭は応仁の乱の間、三十年余中絶し、その後、町衆と呼ばれる京都の商工民の経済力と、尽力によって復興される。図6は、近世の様子を描いた屏風であるが、天空を射すが如き長大な鉾を立てた山車は山鉾と呼ばれ、神の資格を帯びた児が乗るものもあった(図8)。山鉾は町を単位として出されて、作り物の趣向などを競いあったが、その中～近世の風流の極致ともいえる行粧が、鉦・太鼓・笛による「コンチキチ」といった祇園囃子とともに、現在にまで伝承される(図7・8)。

7　祇園祭鶏鉾

8　長刀鉾の稚児
による注連縄切り

6　祇園祭礼屏風　6曲1双(日吉山王祭礼図屏風と1双)
東京都　サントリー美術館所蔵

9　祇園御霊会　『年中行事絵巻』(部分)　京都市立芸術大学芸術資料館所蔵

（右隻）

（左隻）

12　日吉山王祭　粟津の御供
斎藤ミチ子撮影

日吉山王祭　琵琶湖を臨む比叡山の麓、坂本に日吉大社は鎮座する。明治の神仏分離以前は、延暦寺の鎮守社であったが、その最大の祭が日吉山王祭であった。古代・中世、延暦寺は、数千の僧兵を擁する軍事勢力で、山王神の神輿を奉じて叡山を下り、朝廷に嗷訴を行なったりしたが、甲冑を着けて奉仕する現在の祭にも、その様を彷彿とさせるような熱気が満ち充ちている。大政所と呼ばれる神輿の奉安所における勇壮な宵宮落とし神事―祭神の出産・誕生を表現するという―をはじめ、興味深い行事の数々が行われる。神輿は船に乗って琵琶湖を渡御し(図10・11)、湖上で粟津の御供と称する古式の供えが行われるが(図12)、その昔、日吉山王神が、2人の漁師の船に乗って湖上でお遊びになられた際に、船上で粟飯の献上を受けたことに由来する行事だという。

10・11　日吉山王祭礼図屏風　6曲1双
東京都　国学院大学神道資料館所蔵

管弦祭　平安末期、平家の力によって海上に浮かぶがごとき壮麗な厳島神社の社殿が建立される。その例祭として行われるのが管絃祭である。夜、大鳥居前の沖より神輿を載せた船１艘と、楽人・神職が乗った船２艘、計３艘の御座船が、曳舟に曳かれて海上を渡御する。図14は、近世の祭礼図で、幔幕をめぐらし幡を飾り立てて、管絃を奏しながら渡御する御座船の躍動感あふれる様子が描かれる。図13は宮島の祭礼を描いた近世の屏風。いずれの祭礼であるか不明であるが、塩汲みの女性を先頭に、武者・住吉踊りなど近世の仮装風流の特徴を持つ行列を中心に、にぎわう様子が描かれている。

13　宮島祭礼図屏風　6曲1双　東京国立博物館所蔵

14　六月十七日夜安芸宮島御祭礼の図　3枚続き錦絵　広島県　宮島町立歴史民俗資料館所蔵

（松尾　恒一）

えること。祝詞は、「弥々天下泰平《いよいよてんかたいへい》、海内静謐《かいだいせいひつ》、朝廷再興《ちょうていさいこう》、宝祚長久《ほうそちょうきゅう》、子孫繁栄《しそんはんえい》、所願円満《しょがんえんまん》仁《に》、夜守昼守《よるのまもりひるのまもり》仁《に》、守幸比《まもりさいわい》給《たまえ》江戸《えと》、恐《おそれ》美《み》恐《おそれ》美《み》毛《も》申《もうし》弖《て》申《もう》左久《さく》」というものである。石灰壇での御拝が終ると常御所での鏡御拝があるが、これは上段北の障子の際に南向きに立ててある御鏡台に懸けられている、八咫鏡《やたのかがみ》(八寸)に向かい御拝あるもので、その次第は、「御二拝、次御着座、次三種大祓三返、御拍手二」であり、常には三種大祓ばかりであるが、立願などある時は中臣祓を唱えることになっていた。鏡御拝は日神の象徴である鏡に対峙し、天皇としての「御心クモリナカランコト」を祈求することであったと考えられる。

参考文献 橋本政宣「天皇の毎朝御拝と臨時御拝」(『近世公家社会の研究』所収)

(橋本 政宣)

まいみ 致斎 ⇩散斎《あらいみ》・致斎《まいみ》

まえだなつかげ 前田夏蔭 一七九三―一八六四 江戸時代後期の幕臣、国学者。『蝦夷志料』(『千島志料』ともいう)の編者として有名。通称は健助、鶯園とも号した。寛政五年(一七九三)江戸生まれ。清水浜臣に師事し、とりわけ歌学に通じていた。安政二年(一八五五)松前半島を除く蝦夷地全域を直轄支配下に置いた江戸幕府はそれまでの蝦夷地関係史料の集大化を計画し、その作業を夏蔭を主任として目賀田帯刀(守蔭)らに命じた。夏蔭は主として史料の収集にあたった。編纂作業は万延元年(一八六〇)に一応の完成をみ、最終的に完了したのは慶応元年(一八六五)で、このとき夏蔭はすでに没していた。この結果完成した史料集を『蝦夷志料』という。全二百九巻。附録図譜二十巻。本書の編目構成は、松前部・箱館部・江刺部・本蝦夷部・北蝦夷部・東蝦夷部の六部より成り、所引史料は約百五十種にのぼる。本史料は、江戸幕府自身による幕藩制期蝦夷地関係史料の集大成であり、エンサイクロペディア的性格を持っている。ほかに神道関係の著書として『稲荷神社考』『神事考疑』『日吉山王辨』『風土記逸文考証』などがある。夏蔭は元治元年(一八六四)八月二十六日、七十二歳で没した。

参考文献 高倉新一郎『北海道史の歴史』、海保嶺夫『列島北方史研究ノート』

(海保 嶺夫)

まがこと 悪い事柄、災難。また、それらを招くようなよくない言葉をも含む。禍事・凶事・枉などと表記する。『延喜式』祝詞の御門祭には「悪事」とあり、「古語云二麻《ま》我《が》許《こ》登《と》一」との訓注がある。よいこと・めでたいことを意味する善事・吉事(よごと)などの対語。マガはナホ(直)の形状対語で曲がっていることを意味し、そのような状態を古代人はよくないこと、すなわち「悪」ととらえたことが理解される。そもそも善悪対立する価値観の具体的表現には吉凶、正邪、浄穢、美醜、優劣などがあり、いずれも原初的には清浄と不浄という宗教的価値観を基調とする。神道においてはこの凶・邪・穢・醜・劣などと表記される悪事は忌むべきものであり、身に付いた時などに禊・祓によってそれらを除去しようとするのである。禊祓の神話にみる起源説話において、黄泉の穢をイザナギノミコトが筑紫の日向の橘の小門の阿波岐原で禊ぎ祓った時に成った神が八十禍津日神・大禍津日神二神であり、そしてこの禍を直さんとして神直毘神・大直毘神二神が成ったとあるが、本居宣長はこの禍津日神を悪の根元神とし、善の根元神である直毘神と対応させ、善悪二元神論を唱え、平田篤胤は禍津日神は悪を指摘し、それを糺す善神という一元神論を唱えた。その後も後学により近年に至るまで長く禍津日論争を展開している。

(福井 款彦)

まがつひのかみ 禍津日神 『古事記』神代に、黄泉国から逃げ帰った伊耶那伎大神が竺紫日向の橘小門の阿波岐原で禊祓をする場面がある。その中つ瀬で滌ぎをした時に化成した神として八十禍津日神・大禍津日神の二柱がある。この二神は、黄泉国に至った時に汚垢《けがれ》により所成した神とも記される。その禍を直そうとして神直毘神・大直毘神《なおびのかみ》という直毘神二柱が化成することになる。同様の伝えは『日本書紀』神代、四神出生章第六の一書にもみえるが、そこでは八十枉津日神のみを生む。また黄泉国と限定はないが、いわゆるケガレの象徴としての禍津日神は、御門祭《みかどまつり》の祝詞にも登場する。四方四角から災禍をもたらす「天能麻我都比登云神」がそれであり、ここでも咎過《とがあやまち》を神直び・大直びに見直し聞き直す神がつづいて記され、マガツヒとナホビの一体となった思想を伝える。人々によくないことをもたらす元凶の神とみられていたのであろう。

(青木 周平)

まがつひろんそう 禍津日論争 禍津日の神の神性をめぐっての論争。この神は禍事を指摘する神か、禍事から成った神かの相異による。記紀神話に禍津日(毘)神と直《なお》日《び》(毘)神《のかみ》の出成譚があり、『古事記』神代には「八十《やそ》禍津日神、次大禍津日神、此二神者《このふたはしらは》、所レ到二其穢繁国一之時《そのけがらわしきくににいたりしときの》、因二汚垢一而所レ成神之者也《けがれによりてなりませるかみなり》、次為レ直二其禍一而所レ成神名《つぎにそのまがをなおさんとしてなりませるかみのなは》、神直毘神《かんなおびのかみ》、次大直毘神」とある。ここで汚垢《けがれ》があることによって、その禍事を指摘するために成ったのが禍津日の神とみるか、汚垢から成った神だからこの神が禍事の根源であるとみるかが、論争の起点であった。本居宣長は『古事記伝』で後者とし、平田篤胤は『古史伝』で前者とした。以来、これまでに多くの学者によって、その神性が論じられ、第二次世界大戦後は『国学院大学日本文化研究所報』一八―二六に論壇特集が組まれ、沼部春友が前者とみる論を述べたのをはじめ、多くの研究者がそれぞれの立場から、善悪両論を展開している。

(沼部 春友)

まきやすおみ 真木保臣 一八一三―六四 幕末の尊攘派志士。文化十年(一八一三)三月七日筑後国久留米城下瀬下《せのした》町(福岡県久留米市瀬下町)水天宮に生まれる。父真木旋臣《としおみ》は同宮第二十一代神職で、のち久留米藩から年六十俵給付され、中小性格となる。保臣はその長男。大宮司・従五位下和泉守の官位を有し、通称和泉、号は紫灘《したん》。十一歳で父を喪い相続、十九歳のとき妻睦子を迎え二男一女をもうける。幼時従学した地元学者は、それぞれ折衷学および崎門学の流れを汲むといわれるがつまびらかでない。一方、三島神社(三潴《みずま》郡大木町)神職宮崎阿波守信敦に国学・和歌を学び、国史・神道・有職故実にわたる広い教養を培ったが、藩校明善堂考課においても「格別出精上達」の部に入れられた。弘化元年(一八四四)はじめて江戸行、在府中途水戸に赴き会沢正志斎に従学すること一週間、志気・器量ありと評された。帰国後水戸遊学の経験ある村上守太郎・木村三郎らと天保学連を結成し、明君といわれた藩主有馬頼永《よりとお》のもと藩政刷新をはかり、天下の雛型と心得て政務を行い、国土の持主たる朝廷に心をつくすべしという建白書を提出した。しかるに弘化三年頼永の没後、守旧派のまき返し、天保学連の分裂によって改革は挫折、嘉永五年(一八五二)同志とともに罪を得、弟大鳥居信臣(理兵衛)が神職をつとめる水《みず》田《た》天満宮(筑後市水田)のもとに蟄居を命ぜられる。翌年天満宮のかたわらに山梔窩《くちなしのや》を建て独居自炊の生活を始めたが、陪臣・医師・神職・村役人層の青年の従学するあり、のち保臣が討幕運動に挺身するやこれに従い、自殺・処刑された者が数名出た。蟄居中の安政五年(一八五八)十月『大夢記』を著わし、勤王の諸大名を率いた天皇が東征の途にのぼり将軍徳川家茂を江戸城から放逐、大いに更始の令をしくという尖鋭な徳川否定・王政復古希求の意欲を示した。やがて平野国臣・田中河内介・清川八郎らのすすめにより文久二年(一八六二)二月次男菊四郎・門人二名を伴って山梔窩脱出、鹿児島に走り島津久光上京に加わらんとしたが、これを嫌う薩摩藩のため抑留一ヵ月余におよんだ。ようやく許されて四月上京したが、寺田屋の変に会い身柄拘束、久留米藩に引き渡され七月藩地送還収獄される。一時処刑されようとしたが尊攘派公卿・長州藩の梃子入れで解囚され上京、学習院出仕となり三条実美の信任を得、長州藩を足場に大和行幸・攘夷親征を名目とする討幕決行をめざしたが、文久三年八月十八日の政変で挫折、三条ら七卿とともに長州退去。幕府ないし公武合体派の手中に帰した朝廷を奪還するには武力によるほかなしと率兵上京を主張、翌元治元年(一八六四)六月浪士隊を率い長州藩兵とともに京都に上ったが、禁門の変にやぶれ七月二十一日天王山頂に諸藩出身浪士十六名とともに自刃、ときに五十二歳。弘化四年以来、毎年五月かかさず楠公祭を営み、もっとも徹底した徳川体制否定・王政復古の直接行動者であった。墓は天王山頂にある。明治二十四年(一八九一)四月贈正四位。建白書・書翰・日記・詩文・歌詩を収めた真木保臣先生顕彰会編『真木和泉守遺文』(大正二年(一九一三))がある。

参考文献 宇高浩『真木和泉守』、小川常人『真木和泉守の研究』、山口宗之『真木和泉』(『人物叢書』一六九)

(山口　宗之)

まこと　近世に意識して用いられた文学論用語。もとは「正真の事・言葉」を意味する語で、それから「信誠」の意にも用いられ、記紀などの上代文献では、真・実・信・誠・忠・款・允その他の文字がこの語にあてられた。この語を和歌の重要な属性の意で用いることは、『古今和歌集』の序をはじめ、平安期歌論にも例を見たが、中世にはそれが著しく宗教化した。これが意識的に文学上の理念を説くに用いられるようになったのは近世に入ってからで、松尾芭蕉が俳論において「風雅の誠」(『三冊子』)をせめよと説き、ほぼ同時代の上島鬼貫も「まことの外に俳諧なし」(『独言』)と説いたのは、芸術的創造が特定の規範から解放された根源的な人間性にもとづくとするものである。また和歌の方では、「いにしへの歌は皆実のみにして少しも虚はなし」(『万葉集僻案抄』)として「まこと」を尊んだ荷田春満《かだのあずままろ》に学び、万葉調和歌の復活を唱えた賀茂真淵が「すべて歌てふものは、ただまことをいふ也」(『宇比麻奈備』)とし、歌の神髄は後世風の作為や技巧を用いない古意・古道すなわち古代精神にのっとったものであるべきことを説いたのが著名である。そのほか、真淵の復古主義に反対して『古今和歌集』を重んじた香川景樹も、その歌論の根底に「誠実」を据え、富士谷御杖は、父成章の所説を発展させて、感情と理性の融合調和した真心が「真わざ」として言葉に表わされるのが「まこと」で、それが和歌の本質であると説く(『真言弁』)など、さまざまな立場からの発言が見られた。

(太田　善麿)

まさかき　真榊　⇩榊《さかき》

まさむねじんじゃ　当宗神社　大阪府羽曳野市誉田《こんだ》の誉田八幡宮境内に鎮座。旧村社。祭神は宇多天皇の外戚当宗忌寸の祖とする。寛平元年(八八九)官幣に預かり、同五年に幣帛使が差遣され、爾来四月・十一月上酉日を祭日とする。河内国志紀郡の延喜式内大社当宗神社三座に比定されるが、中世以降は社運おとろえ、明治四十年(一九〇七)十一月に現在地へ合祀分立した。

参考文献 式内社研究会編『式内社調査報告』五、谷川健一編『日本の神々』三

(二宮　正彦)

まさやあかつかつはやひあめのおしほみみのみこと　正哉吾勝勝速日天忍穂耳尊　⇩天忍穂耳尊《あめのおしほみみのみこと》

ますほざんこう　増穂残口　一六五五―一七四二　江戸時代中期の民間で講釈を通じて神道を鼓吹したいわゆる俗神道家。似切斎残口・十寸穂最仲などと号したこともある。明暦元年(一六五五)生まれ。生地については諸説あるが、豊後説が比較的信憑性に富む。はじめ日蓮宗不受不施派の僧で、不受不施派の弾圧に連坐し、元禄十六年(一七〇三)には陸奥国八戸で『白山縁起』を著わしており、その縁からか、安藤昌益の思想形成に影響を与えているようである。京都に上り、神道家として多くの著作を刊行し、これらを台本として巷間で講釈をはじめ、その内容の魅力によって絶大な人気を博した。著書には、正徳五年(一七一五)の『艶道通鑑《えんどうつがん》』をはじめとし、享保元年(一七一六)の『異理和理合鏡』、同年の『有像無像《うぞうむぞう》小《ほ》

社探《こらさがし》』、同二年の『直路《すぐじ》の常世草《とこよぐさ》』、同三年の『神国加魔《しんこくかま》祓《ばらい》』、同年の『つれ〲東雲《しののめ》』、同四年の『神路の手引草』、同年の『死出《しで》の田分言《たわごと》』があり、この八書を「残口八部書」という。そののちも、『白山縁起跋』『七福神伝記』『神国増穂草』などを著わしている。残口の活動が広く世に知られ、戯作や浄瑠璃にもとり入れられる一方、『残口猿轡』その他残口の著作に反論を加える著作や、逆にその所説を祖述する著作類が続々として公刊された。なかでも主著『艶道通鑑』は平易で興深い内容の書として評判が高く、その文体が談義本の流行をよび起し、志道軒・平賀源内を生み出す根源となっている。残口の主張は、儒教的道徳説を痛烈に批判し、男女の性的結合を日本固有の神道理念として賞揚し、孝よりも夫婦の和をより高く価値づけるところなど、古学派の人欲人情の肯定やその流れをくむ本居宣長の恋愛賛美とも通ずるものがあった。寛保二年(一七四二)九月二十六日没。八十八歳。

→艶道通鑑《えんどうつがん》

参考文献　平重道・阿部秋生校注『近世神道論　前期国学』(『日本思想大系』三九)、野間光辰校注『近世色道論』(同六〇)、家永三郎「増穂残口の思想」(『日本近代思想史研究』所収)、中野三敏「増穂残口伝」上(『近世中期文学の研究』所収)、同「増穂残口伝」下(九州大学『文学研究』七三)

(家永　三郎)

ますみだじんじゃ　真清田神社　愛知県一宮市真清田一丁目に鎮座。『延喜式』をはじめ、「真墨田」とも書かれる。式内、尾張国一宮。旧国幣中社。祭神は天火明命。縁起には崇神天皇代の鎮座といい、仁寿元年(八五一)官社に(『文徳天皇実録』)、延喜の制では国幣の名神大社に列し、神階は正四位上に昇った(『三代実録』)。尾張守に任ぜられた大江匡房に伴い尾張に下った妻赤染衛門は長保四年(一〇〇二)春、当社に詣で「賤の男の種ほすといふ春の田を作りますだの神にまかせん」と祈願している(『赤染衛門集』)。この時点で一宮とされていたかは不明であるが、永万元年(一一六五)の「神祇官諸社年貢注文」にみえる「一宮」は当社のことである。社領は平安時代後期、白河天皇に寄進された皇室御領で、嘉禎元年(一二三五)の真清田社領注文(『久我家文書』)に、水田百二十九町九段三百歩のうち九十六町二十歩が定田とある。建治三年(一二七七)、鎌倉に向かう途中の阿仏尼が当社に詣でて和歌を詠んでいる(『いさよいの日記』)。中世以降、境内の東西に神宮寺があった。江戸時代には尾張藩初代藩主徳川義直の崇敬を受け、寛永八年(一六三一)に社殿の修復が行われ、同十六年には黒印領三百三十三石六斗が安堵された。明治六年(一八七三)二月二日県社となり、同十八年四月二十二日国幣小社に、大正三年(一九一四)一月四日国幣中社に昇格した。社殿は本殿のほか幣殿・祭文殿・勅使殿・楼門などを備えた尾張造であったが、昭和二十年(一九四五)七月、戦災により焼失した。江戸時代の神主家は佐分《さぶり》氏で、『寛文村々覚書』に、神主・神官三人、権官五人、中老七人、内人十五人、楽所二人、神楽座五人、巫女四人などとある。宝物に舞楽面十二面(重要文化財)がある。特殊神事に歩射神事(四月二日)・桃花祭・流鏑馬神事(同三日)などがある。例祭は四月三日であったが、第二次世界大戦後は四月二十三日となった。摂社の服織《はとり》神社は繊維産業の守護神として昭和四十年に創祀されたもので、七夕祭が盛大に行われる。

真清田神社社頭絵図

参考文献　『真清田神社史』本文編・資料編、佐分清円『真清探桃集』(『(新編)一宮市史』資料編六)、『(新編)一宮市史』本文編上

(太田　正弘)

ますやすえほぎ　益谷末寿　⇨荒木田末寿《あらきだすえほぎ》

またらじん　**摩多羅神**　中国・朝鮮半島から伝来した神の一つ。摩怛利神とも書く。入唐僧円仁(慈覚大師)も帰朝の際守護神として請来し、叡山常行三昧堂に祀ったという。起源は『孔雀経』中にとかれる摩怛哩薬叉で本来疫病の神であったが、それを祈ることによって疫病をのがれる信仰がひろまった。特に円仁にかかわる神として天台における念仏の守護神とされる。秦氏ゆかりの広隆寺にも大辟《おおさけ》神社があり、祭神はこの神といわれる。有名な牛祭は鬼面をつけた摩多羅神が珍奇な祭文を読みあげる奇祭で、源信が長和元年(一〇一二)に始めた念仏会がおこりという。種々の民俗的行事と結びついて複雑な展開をしていて、その姿についても不動明王・大黒天・吒枳尼天などの諸説がみられ、大梵天と七母女天を眷属とする場合もある。なお、烏帽子に袴をつけた俗体形で鼓を打ちつつ舞う、二童子を従えた近世の画もある。

（田村　隆照）

まつえごこくじんじゃ　**松江護国神社**　松江市殿町に鎮座。祭神は護国の戦没者約二万三千柱を祀る。昭和十年(一九三五)六月一日、官民議して市内殿町(現在松江城のある城山公園の一角)に松江招魂社を建設することになり、昭和十四年三月に社殿が竣工し明治維新以降日中戦争に至る殉難者・戦没者二千三百十三名を祀ったことに始まる。同年四月一日には内務大臣指定護国神社となり松江護国神社の社号を称した。第二次世界大戦後の占領下にあっては、昭和二十一年十二月九日に社号を島根神社に改称したが、同二十八年十二月二十八日に松江護国神社に復称した。境内には「母の像」「拓魂碑」(昭和五十二年建立)「翔飛の碑」(昭和五十七年建立)が建てられており、社地は二千三百二十九坪である。例祭は十月二十二日・二十三日。

参考文献　「護国神社」(『靖国神社百年史』資料篇下所収)

（津田　勉）

まつおかあきよし　**松岡明義**　一八二六―九〇　江戸・明治時代前期の有識故実家。幼名は明忠、のち明義。通称重三郎、太郎。文政九年(一八二六)五月生まれる。父は松岡流故実家行義。久留米藩有馬家に仕え江戸に住す。祖父辰方・父行義の家学を継承し、京都の有識家に交わる。明治維新後、明治三年(一八七〇)神祇権大史。その後正院などを経て、女子師範学校・皇典講究所教授。東京大学御用掛などを歴任し、この間明治十三年から『古事類苑』の編纂に従事す。著書に『差貫考』『坐具類聚』『申西雑記』などがある。明治二十三年六月二十二日没す。六十五歳。目黒の祐天寺(東京都目黒区中目黒五丁目)に葬る。

（鈴木　真弓）

まつおかちゅうりょう　**松岡仲良**　一七〇一―八三　江戸時代中期の垂加流神道家。元禄十四年(一七〇一)八月二十四日、尾張国に生まれる。家は代々尾張国熱田社の祠官。通称多助、字を仲良といい、名は文雄、のち雄淵と改む。十五、六歳の時、神道家吉見幸和に従って神道を学び、二十代で京都に出て崎門《きもん》派の若林強斎に師事、のち玉木正英(葦斎)に就学して諸伝を伝授される。だが享保十八年(一七三三)、師の玉木が多分に巫祝的な行事や極秘口伝を重んずる橘家神道を提唱したことを批判して破門された。その後、京都の神祇官吉田家の家士として仕え侍読となり、公卿の弟子となる者が多く輩出した。その神道説は、中国の禅譲放伐思想を否定し、皇位の天壌無窮性を強調するところに特徴がある。天明三年(一七八三)十一月十三日没。八十三歳。墓所は京都市左京区吉田下大路町の吉田神葬墓地。著述には、『神学自感抄』『神代巻埴鈴草』『神代巻師説』『神代巻要文口授』『神代巻或問』『中臣祓伝』『中臣祓啓秘録』『奥伝中臣祓口授』などがある。

（本郷　隆盛）

まつおかみつぎ　**松岡調**　一八三〇―一九〇四　幕末・明治時代の神官、神道家。天保元年(一八三〇)七月二日、讃岐国に高松藩士佐野正長の子として生まれる。はじめ信正、ついで春矜《はるとき》・美都岐と名乗り、滄溟・香木舎《かきのや》と号した。高松藩主松平頼恕の侍講友安三冬につき国漢典籍を学ぶ。画・和歌も学ぶ。梶原景紹『讃岐国名勝図会』(巻一—五は嘉永七年(一八五四、安政元)刊)の刊行事業に参加し多数の挿絵を描いた。嘉永三年多和神社(香川県大川郡志度町。志度寺の地主神)の神主松岡寛房の養子となる。慶応元年(一八六五)五月国学平田派入門。同二年八月寛房のあとを承けて神主となる。明治二年(一八六九)正月より神仏分離に際し東讃の神社の神体の調査を行う。同年牟礼村の神櫛王墓の修復を頼恕に建白し翌三年完成(多和文庫蔵『神櫛王御墓御修補留』)。同年十二月高松藩講道館皇学少教授、同四年十一月高松県学校教授。同五年正月国幣小社(のち中社)事比羅神社(金刀比羅宮、香川県仲多度郡琴平町)禰宜。同二十七年従八位下。同二十八年五月、日清戦争に伴い朝鮮・遼東半島などへの神道拡張を図ったとして金刀比羅宮宮司男爵南光利らが免職された事件に連坐して同宮禰宜を免職され下野。同三十年九月兵庫県国幣小社伊和神社宮司、同三十五年一月香川県国幣中社田村神社宮司、同三十七年十二月十七日病没。七十五歳。金刀比羅宮を舞台に、神社での公務や東京・四国・九州への出張のかたわら、小杉榲邨《すぎむら》などの学者・文人とも交わり、郷土研究、典籍の研究・蒐集、書画・考古遺物の蒐集に努めた。蒐集した「弘福寺領讃岐国山田郡田図」などの文書・典籍・古器物は多和神社の邸内に明治十八年に蔵造りの多和文庫を設け収蔵した。『中臣宮処連氏本系帳考証』『讃岐官社考証』『伊予官社考証』『新撰讃岐国風土記』、『多和叢書』『香木舎雑記』などの論文・著述や史料集が多数ある。また、文久四年(一八六四、元治元)から明治三十五年に及ぶ日記『年々日記』百五十四冊がある。その内容は、幕末の聞書と明治初期の高松の情勢、廃仏毀釈の実態、金刀比羅宮の運営と国家神道行政、学者・文人との交遊、古物・古蹟や典籍の情報など多岐にわたる。

（石上　英一）

まつきし　松木氏　伊勢神宮外宮(豊受大神宮)に、代々禰宜として奉仕した度会氏の一流。度会氏は天牟羅雲命の後裔で、大若子命が外宮鎮座のとき大神主に補されたと伝え、のち天武天皇のとき兄虫が禰宜に補されて以後、代々奉仕した。松木氏はその一流で、近世初頭の氏彦のころより居住地名の松木を称し、正員禰宜を出す有力一族として栄え、一族に神宮故実に通じた智彦(一六七九―一七五二)がいる。明治十六年(一八八三)美彦のとき華族に列し、翌十七年男爵を授けられた。　(鎌田　純一)

まつきともひこ　松木智彦　一六七九―一七五二　江戸時代中期の伊勢神宮祠官。本姓は度会氏。幼名竹松丸、別名彦敬・外記・雅楽と称し、得月・鶯馴亭主人と号す。字は公叟。延宝七年(一六七九)四月二十六日に生まれる。父直彦のあとを嗣いで二歳にして外宮権禰宜となり、元禄十三年(一七〇〇)二十二歳の時に禰宜に、延享四年(一七四七)六十九歳の時、一禰宜に進み、位階も正三位となる。同じ外宮祠官である出口延経の門下の俊英として信望厚く、神典および神宮の典故を究め、和漢の書に通じ、その見識の高さは当代に鳴り渡った。また慶長年間(一五九六―一六一五)より廃絶されていた外宮内玉垣御門の御扉を再興するなど外宮の整備充実をはかり、祭主藤波景忠の命により『校正度会系図』を起稿するなど、著述活動にも専念し、ほかにも『外宮正遷宮御餝奉仕一要記』など四十種ちかくの著作がある。宝暦二年(一七五二)十二月十日没。七十四歳。　(本澤　雅史)

まつざきじんじゃ　松崎神社　⇩防府天満宮《ほうふてんまんぐう》

まつざきてんじんえんぎ　松崎天神縁起　紙本著色絵巻。六巻。山口県防府市松崎町の防府天満宮蔵。『北野天神縁起』諸本のうち弘安本系の縁起であるが、第六巻は防府天満宮の前身松崎神社の創建縁起、すなわち菅原道真が大宰府へ配流の途中、勝間浦に泊った時、京と地つづきのこの地に住みたいと誓ったところ、海中から光明が放射され、背後の酒垂山に瑞雲が棚引いた。国司は渇仰の心をいだいてこれを見、そこに宝殿を建立し、松崎の社と号した、というもので、海中から出る光明と瑞雲たなびく酒垂山を対岸から拝す国司、社殿造営場面、完成なった社壇の景観の三段よりなっている。絵は伝統的な大和絵様式を伝えるもので、奥書に応長元年(一三一一)閏六月の年紀があり、その制作年代が判明する。重要文化財。『日本絵巻物集成』七、『続日本絵巻大成』一六に収載。　↓北野天神縁起《きたのてんじんえんぎ》　↓防府天満宮《ほうふてんまんぐう》　(宮　次男)

まつしたけんりん　松下見林　一六三七―一七〇三　江戸時代前期の儒医、歴史学者。名は慶、初名秀明、字は諸生、西峰散人と号した。通称見林。楠木氏の出で世々河内国松下村に住し、地名を氏にしたという。寛永十四年(一六三七)正月一日、大坂天満町に誕生。医者の父見朴に句読を受け、十三歳で古林見宜に入門して医を学び、穎才を称された。見宜が没し二十一歳で上洛、堀川に開業するかたわら、儒学・歴史などを研究し教えた。毎年人を長崎に遣わし船来の書籍を購入、蔵書は十万巻に及んだが、閲覧希望者には快く応じた。延宝年中(一六七三―八一)、京都所司代戸田越前守忠昌は見林の学識に心服、法印位を授かるよう朝廷に上奏を計ったが、儒医にして僧位を受けるを屑しとせず固辞した。元禄三年(一六九〇)五十四歳で讃岐高松侯松平頼常に禄百石で召され、在洛のまま皇陵の調査や著述出版の援助を受けた。三十余年を費やした『異称日本伝』は元禄六年刊行された。博覧強記、数理に長じ、貨殖に成功したが、『晋書』王戎伝より利殖が心の安定に益なきを悟り、蓄財を窮乏者に恵んだ。元禄十六年十二月七日没した。六十七歳。内野(京都市上京区七本松通下立売上ル)大雄寺に葬った。著書は他に『前王廟陵記』『諸大臣執柄年表録』『将軍称制年表録』『国朝佳節録』『公事根源集釈』『評閲神代巻』『神国言葉遣式』『職原抄参考』『読史随録』『神国学原考』『本朝学原』『西峰筆記』など多く、また『三代実録』『古語拾遺』などを校訂した。

参考文献　古田良一「史学者としての松下見林」(『芸文』一二ノ一)　(水田　紀久)

まつしたこうのすけ　松下幸之助　一八九四―一九八九　明治から昭和にかけての実業家、松下電器産業会社の創業者。明治二十七年(一八九四)十一月二十七日和歌山県名草郡和佐村(和歌山市)に生まれた。大正七年(一九一八)松下電気器具製作所を創設。電気器具の考案・製作を進め、昭和四年(一九二九)松下電器製作所と改称、同十年に松下電器産業会社に改組。独自の経営観を持ち、戦前・戦後を通じ、産業界の追い風とともに事業を拡大。三十六年に会長。四十八年に相談役。平成元年(一九八九)四月二十七日没。九十四歳。「繁栄によって平和と幸福を」の信念のもと、利潤追求のみでなく、社会への貢献との志により、PHP研究所の設立、松下政経塾の創設など、世の中に役に立つ人材育成を目指した。多くの文化的活動の一つとして、昭和五十年十一月十三日、任意団体(のち特定公益増進法人、財団法人)神道大系編纂会を発足させ、亡くなるまで会長を務めた。副会長に歴史学者坂本太郎を、実質的最高責任者に理事長小川鍛《きたえ》(一九〇八―二〇〇〇、内務官僚、松下電器産業専務取締役)を据え、事業の推進にあたった。幸之助の没後も事業は継承されている。同会は、神道関係の文献を調査・研究し、学術的に編纂して、世界に貢献することを目的に『神道大系』を刊行すると同時に、神道古典研究会を組織し、同会の紀要の編纂も行なっている。大系百二十巻は平成六年に完結、『続神道大系』を刊行中である。この学術事業は、各方面の人々の協力によってなされていることに特色がある。　↓神道大系《しんとうたいけい》

参考文献　井上哲次郎『神道大蔵経編纂の必要』(講演録)、真壁俊信「神道大系の編纂経過」(『土車』五六)、小川鍛「神道大系百二十巻完結の辞」(『神道大系月報』号外)、大野健雄「神道大系百二十巻刊行経過報告」(同)　(真壁　俊信)

まっしゃ　末社　神社の主祭神を祀る本社と関係をもち、これに付属している小社。本社との由緒が深い神社に対しては摂社と称して末社より格が高く扱われた。神社境内地に所在するものは境内末社、本社境外に鎮座するのは境外末社と呼ぶ。特に古い伝統をもつ神社の場合、多数の末社が祀られ、重層・複合的信仰形態が窺われる。末社が本来の地域の地主神であり、のちに流行神に本社の母屋をとられ、隷属していった例も多い。中世には中央の有力大社の神社領が地方に拡大し、本末関係をもつ神社が勧請されていったが、これを別宮とか末社とか呼ぶ例もあった。　→摂社《せっしゃ》　→別宮《べつぐう》　（岡田　荘司）

まつのいさお　松野勇雄　一八五二―九三　明治時代前期の国学者。嘉永五年（一八五二）三月二十九日、備後国御調郡三原（広島県三原市）の生まれ。諱は尚正。父は尚志。母は豊子。尚志は、平田篤胤没後の門人で、『門人姓名録』の第千三番。早くから国学・漢学に親しみ、広島藩藩校修道館に出講、維新後は皇学校の教授。明治六年（一八七三）に上京、平田鉄胤に入門。同七年から十四年まで断続的に大教院、神道事務局に勤務。この間、宇佐神宮・皇大神宮の神職も経験している。同十―十二年の間、本居豊穎の養子。十四年、皇典講究所の創建に尽力、同所幹事。ついで、二十三年、国学院の開学につとめる。雑誌『日本文学』と『古事類苑』の編集、経営をすすめる。二十六年、国学院の第一期卒業式をすませて重態となり、同年八月六日、東京牛込区西五軒町（東京都新宿区）に病没。四十二歳。墓は東京都豊島区の染井墓地にある。

参考文献　三矢重松『松野勇雄先生』、『国学院大学八十五年史』、国学院大学編『皇典講究所草創期の人びと』、大川茂雄・南茂樹編『国学者伝記集成』二　（秋元　信英）

まつのおしやけけいず　松尾社家系図　京都市西京区嵐山宮町に鎮座する松尾大社の社家の系図。当社ならびに摂社月読社に奉仕した社家伊伎氏の系図。『続群書類従』系図部所収。一巻。本系図の成立は、その序文「歌荒洲田卜部伊伎氏本系帳序」によれば、元和二年（一六一六）誕生の伊伎重種とその弟重康が、歌荒洲田卜部家の秘本である本系帳を増補訂正したもの。天児屋根命から重種の子の代までを載せる。伊伎氏が神祇官の宮主を兼ねて月読社の長官となったのは、天平八年（七三六）に遣新羅使の一行に加わった宅麿からであるとする。月読社の長官・松尾社の公文・神祇官の宮主を世襲し、室町時代以降には、摂社の衣手・宗像・三宮・四大神の四社の神主も兼帯したことを示す。天文年間（一五三二―五五）、松尾社月読太神宮の神領に関する紛争が生じたが、この関係文書なども載せる。最下限の年紀の記載は、重種の祖父重隆の没年次の寛永十三年（一六三六）。

参考文献　『群書解題』三下　（川島　慶子）

まつのおじんじゃもんじょ　松尾神社文書　京都市嵐山の松尾大社および旧社家所蔵の文書。大社所蔵文書は千八百五十九点あり、この内の五百五十二点は旧権神主家（東家）の奉納分で、他はその後に社納されたものである。旧神主家（南家）の文書の一部は、現在京都大学（松尾大社文書）、国学院大学（松尾神社文書）に所蔵されている。寛平八年（八九六）の山城国山田郷長解ほか『平安遺文』所載文書および鎌倉時代の若干の文書は旧権神主家の旧蔵文書で「東文書」という。『松尾大社史料集』（既刊十三冊）は社蔵および散在の旧社家文書を大社関係資料とともに収載している。社蔵文書は年代的には平安時代のものは少なく、大部分は鎌倉時代以降のものである。内容としては、「東文書」は平安時代初期の貨幣流通の様を知り得るとされ、社蔵文書は社家、社領、年中行事、祭祀、神祇伯関係の文書が多い。

参考文献　松尾神社編『松尾神社社蔵文書目録』、山中隆生「中世松尾社領に関する一考察―社家の系譜と伝領のあり方をめぐって―」（『年報中世史研究』六）　（西川　順土）

まつのおたいしゃ　松尾大社　京都市西京区嵐山宮町に鎮座。旧官幣大社。祭神は大山咋神・中津嶋媛命。『古事記』に、大山咋神は葛野の松尾にます、とみえ、在地の神である。五世紀ごろに秦氏がこの地に移り住み、大宝元年（七〇一）に筑紫の胸形神社の祭神中都大神（市杵嶋媛命）を秦忌寸都理が松尾に迎え（『秦氏本系帳』）、神殿を造立した（『江家次第』）。天平二年（七三〇）大社に預かり（同）、貞観八年（八六六）神階正一位に叙せられた（『三代実録』）。寛弘元年（一〇〇四）一条天皇の行幸があり、後一条・後朱雀・後三条・堀河・崇徳・近衛・後鳥羽・順徳の八天皇の行幸を受けた。延喜の制では名神大社、二十二社の制では上七社に数えられ、皇都鎮護の神として尊崇された。中世中ごろまでは十三の荘園を有した。足利氏・豊臣氏の崇敬を受け、豊臣秀吉は本社に九百三十三石、旅所に百四十五石の朱印地を奉献した。徳川氏も代々この例を継承し、ほかに神供米神事料を供した。明治四年（一八七一）官幣大社に列し、昭和二十五年（一九五〇）社名を松尾大社と改めた。例祭は四月二日、他に神幸祭（四月二十日以後の日曜日に出幸、三週間後の日曜日に還幸）、御田祭、八朔祭などがある。祠職は代々秦氏が世襲し、その数三十三家（『山城志』）に及んだが、明治四年に廃止。本殿は両流造檜皮葺で応永四年（一三九七）造立（天文十一年（一五四二）再建、重要文化財）。拝殿、神庫、神輿庫、客殿、参集殿、儀式殿、亀の井舎、社務所、楼門、庭園の「松風の苑」（昭和五十年造成）がある。境内地は十万八千九百八十八坪。摂末社は三十一社ある。この内、本社を含めて松尾七社といわれた四大神社・三宮神社・衣手神社・月読神社・櫟谷神社・宗像神社からは神幸祭に神輿（月読神社は唐櫃）が出幸する。また月読神社と櫟谷神社は延喜式内社である。社宝の男神像二体、女神像一体は平安時代の彫造で重要文化財に指定されている。

参考文献　『松尾大社史料集』、羽倉敬尚「未刊松尾社家系図」（『神道史研究』一三ノ四）、松原誠司「松尾社

松尾大社境内図（室町時代）

松尾大社本殿

松尾大社（『洛中洛外図屛風』より）

境内地の成立と性格」(『日本歴史』五一八)、田島裕久「平安時代の松尾社に関する売券群の検討」(『史学』五八ノ二)、山中隆生「中世松尾社領に関する一考察―社家の系譜と伝領のあり方をめぐって―」(『年報中世史研究』六)　（西川　順土）

まつのおのまつり　松尾祭　旧官幣大社松尾大社の例祭で、毎年四月上申日であったが、現在は四月二日に行われている。神輿渡御は明治以降四月下卯日(出御)・五月上酉日(還御)とされたが、現在は四月二十日以降の第一日曜日に出御、二十一日目に還御する。貞観年中(八五九―七七)にはじめて行われ、弁史が幣を受けて来向し、神部・祝・禰宜をしてこれを奉奠させた。その時、山城国司・葛野郡司ならびに騎兵を率いて参候させた。江戸時代、幕府は米二百九十余石、銀一貫八百目を祭祀料として献上した。本社・四大社・衣手・三宮・宗像・櫟谷・月読を松尾七社と称し、七社の神輿が御旅所(西寺跡)に幸し、途次に桂川を渡御するを古例とした。還御日には、神輿をはじめ供奉する全員が葵葛《あおいかずら》を使用することから、賀茂祭同様一般に葵祭と称せられている。　（柴田　実）

まつばらはちまんじんじゃ　松原八幡神社　兵庫県姫路市白浜町に鎮座。もと松原別宮とも恋の浜八幡宮とも称した。旧県社。祭神は品陀和気命・比咩大神・息長足姫命。はじめ、石清水八幡宮領である松原荘に同宮の別宮として祀られた。天平宝字七年(七六三)宇佐神宮より勧請したとも伝えるが、平安時代より国衙をはじめ、赤松氏など武門の崇敬した社。中世には社殿の造営もあり大いに信仰を集め、弘安十年(一二八七)には遊行中の一遍も参詣した。戦乱により社領の維持も難しく、また社殿焼失にもあった。江戸時代には将軍家より六十石の朱印領を安堵されたほか、姫路藩主の保護もあった。現在の社殿は享保三年(一七一八)、楼門は延宝七年(一六七九)の建立。例祭は十月十四・十五日。この例祭に行われる神幸祭は妻鹿《めが》の喧嘩祭として名高く、三基の神輿が互いに打ち合わせて勝負を争うことからこの名があるが、神輿のつき合わせの激しいほど神意があると伝えられている。　（加藤　隆久）

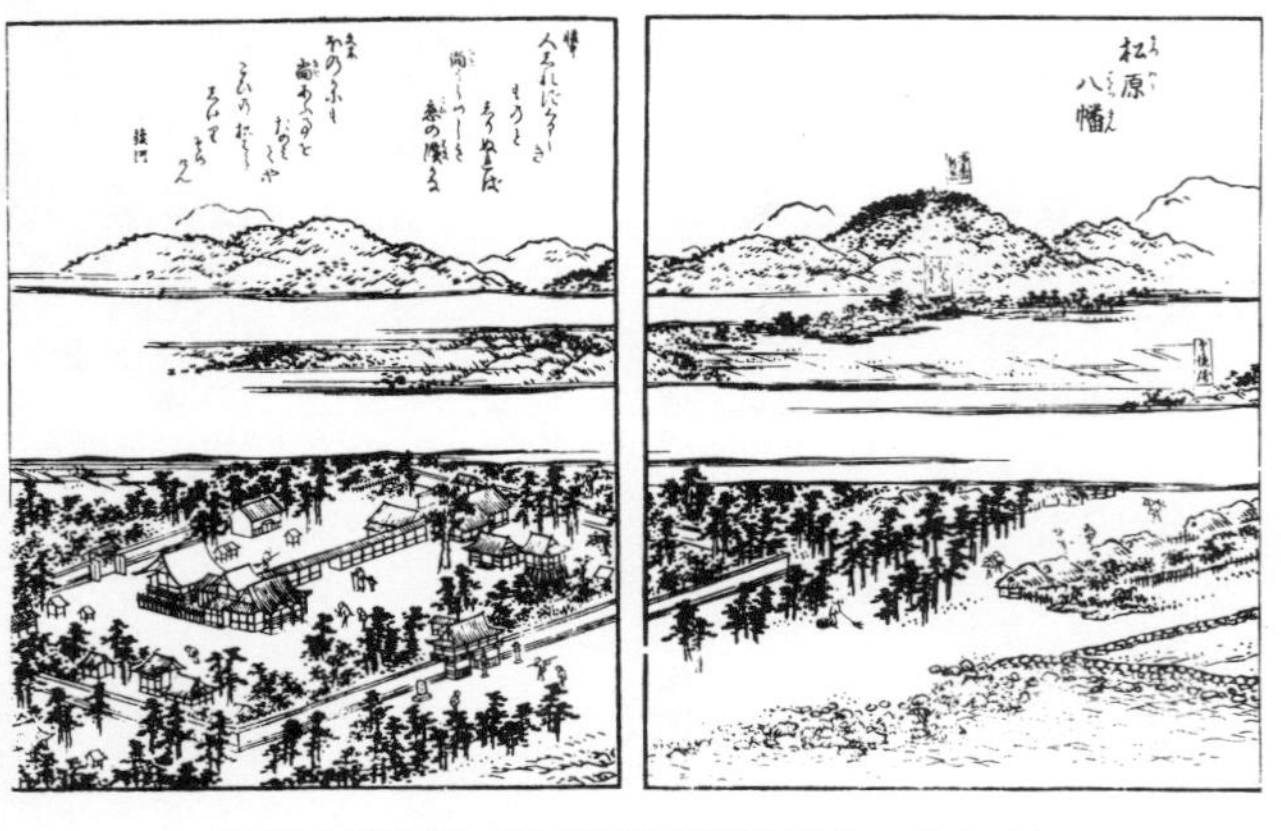
松原八幡神社（『播磨名所巡覧図会』4より）

まつむらたけお　松村武雄　一八八三―一九六九　大正・昭和時代の神話学者。明治十六年(一八八三)八月二十三日、保雄・登寿《とす》の子として熊本県に生まれ、熊本中学・第五高等学校を経て、同四十三年東京帝国大学文科大学英文学科を卒業。英文学科在学中に神話学を志すに至ったが、大学院の研究題目として「神話学」が認められないようななかで、手探りで道を求めつつ日本における神話学を開拓した。大正十一年(一九二二)、浦和高等学校の英語教授となり、同十一年から十四年にかけてヨーロッパに留学。この前後に松村の神話研究の基礎が固められ、『神話学論考』(昭和四年(一九二九))がまとめられた。そして、研究の大成は、一九四〇年代から五〇年代にかけての諸著、とりわけ、『神話学原論』(二冊、昭和十五・十六年)、『日本神話の研究』(四冊、同三十―三十三年)の二大著において果たされる。後者は松村の研究の総決算で、日本神話学史上の画期をなした。立場や方法の違いを越えて研究史を包括的に吸収して体系化された論考であり、その後の日本神話の研究の発展はこの松村の研究のうえに築かれたといってよい。なお、同書は現在でも基本研究書としての意義を失わない。なお、松村は、日本以外にギリシャ神話に深い関心を傾注し、『古代希臘に於ける宗教的葛藤』(昭和十七年)などを残している。また、神話学と関連して童話学にも目を向け、童話教育について『童話教育新論』(昭和四年)を著わしている。昭和四十四年九月二十五日没。八十六歳。

参考文献　大林太良「松村神話学の展開―ことにその日本神話研究について―」(『文学』三九ノ一一)　（神野志隆光）

まつらびょうぐうせんぞしだいならびにほんえんぎ　松浦廟宮先祖次第并本縁起　佐賀県唐津市鏡町宮ノ原に鎮座する旧県社鏡神社の縁起書。著者は当社の神宮寺知識無怨寺の住侶。一巻。本書の原史料「松浦縁起」(東京大学史料編纂所寄託の石清水文書『諸起記不足本』所収)は鎌倉時代中期の書写本で、この史料をもとに『続日本紀』『今昔物語集』『元亨釈書』その他をもって潤色し、鎌倉時代末期には成立したであろう。本書は松浦廟宮の先祖次第の部分と本縁起とからなり、前者は、祭神藤原広嗣の先祖と兄弟について、後者は、広嗣の五異七能、反乱の経由、吉備真備による廟宮および神宮寺の建立、春秋二季仏会の定行、寺領の施入などについて記す。内容は国史の記述と合致せず、荒唐無稽の神異譚が多く偽作の書ながら、広嗣の霊社と神宮寺の記事は『東大寺要録』と比較するに真実性があって興味深く、広嗣の上表文も一考の余地がある。伝本は内閣文庫所蔵の諸社縁起文書に収める一本のみである。『群書類従』神祇部所収。

参考文献 『群書解題』一中、西田長男「松浦縁起逸文」(『ぐんしょ』一ノ七)、坂本太郎「藤原広嗣の乱とその史料」(『坂本太郎著作集』三所収)　(伊藤　勇人)

まつり　祭　神をまつること。祭祀、神事、祭礼ともいう。神霊を招き饗宴をもって歓待し慰撫して、神威を高めそれに浴する儀礼をいう。

〔祭の名義〕原義は不可視のカミ(神霊)が現われるのをマツ(待つ)こと、出現したカミにマツラフ、服従し奉仕する意味とされる。マツリは動詞マツルの連用形が名詞化したもの。語源上はマツ(待つ)、マチ(兆)とも同根で、見えないものが見える場に現われるのを待ち迎え、供物をタテマツル(献る)ことによって下位にマツロフ(マツルの情態言、服従奉仕する)こと。『古事記』仲哀天皇段に「待酒を醸みて献らしき」(原漢字)とあるように来訪者を待って造る酒を「待酒《まちさけ》」といい、民俗に「庚申待」「二十三夜待」など夜通し忌み籠る行事や「日待」「月待」行事をマチといい、「酉の市」をマチ、「国府祭」をコウノマチといい慣わすように、祭や市をマチと称する例も多い。漢字の「祭」は古代中国で祭壇に肉を供えて祖先をまつる神事、「祀」は巳、すなわち蛇などの自然神をまつる語義だが、日本にその区別はない。なお古代中国の農村では「社」という土地の神をまつる春秋の野外集会を「社会」と称したが、仏教でも「法華会《ほっけえ》」「最勝会《さいしょうえ》」など経典を講読・読誦する集会から「修正会《しゅしょうえ》」「修二会《しゅにえ》」という仏事をもいい、その影響で宮中の大嘗祭を「大嘗会《だいじょうえ》」、祇園祭を「祇園会《ぎおんえ》」と呼び慣わすこともあった。

〔祭の本義〕古来万象に宿る不可視の霊性(タマ・モノ)のうち特にその霊威を畏怖してカミ(神霊)と特定することは、すなわちマツリすることであり、その意味でカミとマツリとは不即不離の関係にある。祭の本質は神を歓待する群れ共同の祈願にあり、慰撫された神霊は霊威を増進し、人々はその威力を享受する。鎌倉幕府が貞永元年(一二三二)に制定した『御成敗式目』には「神は人の敬に依りて威を増し、人は神の徳に依りて運を添ふ」(原漢文)とある。出現するカミを、本居宣長がいう「尋常《よのつね》ならずすぐれたる徳《こと》のありて可畏き物」(『古事記伝』三)とすれば、カミという不可視の霊性の外部性を帯びた無限定な力に人間の側が一定の方向性を与えるのが祭といえよう。神道においては、祭によってこそ荒ぶる神の荒御《あらみ》霊《たま》が穏やかな和御霊《にぎみたま》と鎮まり、若御霊《わかみたま》とも奇御霊《くしみたま》ともして神の恵みをもたらすとされる。山河や海島の自然にひそむカミと人間との境界となる山麓や海浜に、その関係性を明示する祭場としてホコラ(祠)やヤシロ(社)が設けられ、季節の節目の祭日という特定の時間、ハレ(晴れ)の時にカミがミアレ(御生れ、出現)するという構想が基本となる。したがって祭の構成は神霊の招迎、神人共食、神霊の鎮送が基本であって、カミは去来して祭場に常在しない。歴史的にヤシロ(社)がミヤ(御屋、宮、社殿)化して神社に神霊が常在する観念が生じても、基本的な祭の構成は変わっていない。特に祭では神霊に捧げる供物(神饌)の献供と共食の直会が重視され、食物を媒介とする神人交流が求められるが、これは宮中や伊勢神宮の祭祀、地方村落の祭礼にいたるまで多くの祭に共通する。

〔祭の構成〕祭は普段の生活から切り離された非日常の世界である。宗教的には汚穢を忌避し清浄を保つ禁忌(タブー)が支配する神聖な時間と空間となる。民俗的には日常の生活時間であるケ(褻)に対し祭の時をハレ(晴れ)として、ハレとケの交替を生活の節目としてきた。ハレとは晴れがましく改まった気分に満たされる状態である。ハレの日には家の内外を清め、普段着(ケギ、褻着)から晴れ着に服装を改め、特別な晴れの膳をととのえて改まった挨拶を交わす。神社の参道や地域の境には幟や旗が立ち、お旅所や神宿は注連縄《しめなわ》や浜砂で清められて地域全体がケからハレへの神聖空間に変化する。祭の期間中は死を忌む禁忌により地域内の葬儀や不祝儀は保留される。祭は一般に、こうした一種の舞台装置の上で演じられる神話的な社会劇(ソシオ＝ドラマ)であって、そこには日常潜在的に抱かれている神話的世界が一定の儀礼様式のなかでその場にまざまざと再現されるという、喜びと安堵の実感を人々が共有することを要する。そのために祭は、ほぼ三部構成を成すことが多い。まずは日常生活から離脱する「分離」の過程として、祭は奉仕する者の物忌み精進・潔斎から始まる。神職や神役たちは肉食を慎み別火して普段の生活を断ち、斎戒沐浴して神を迎えるにふさわしい清浄な心身に変えて神事に臨む。律令制の官祭では散斎《あらいみ》と致斎《まいみ》があって、大嘗祭などの大祀では散斎が一月、致斎が三日と定められた。散斎は祭に先立つ物忌み、致斎は祭の神事にあたることであるように、斎戒は祭の神迎えに属する。徹底した世俗からの分離に伴う神聖への接近として、普段は曖昧にする罪穢を峻拒し正装して祭式作法を厳守するという過度の形式追求をもって神の来臨を厳粛に迎える神事を執行する。民俗的には「忌籠り祭」もあるほどに「籠り」ともいうべき段階で、一般に「宵宮」と呼ばれる前夜はすでに神迎えの「忌み夜」にあたる。古来、昼は人間と歴史の俗なる時にしても夜は神霊と神話が支配する聖の時間帯であったから、神は祭に先立って夜間に来臨するのが古例である。賀茂葵祭に先立つ御阿礼《みあれ》神事や春日若宮御祭の神幸祭のように神の出現(ミアレ)は夜間の神事であり、伊勢神宮の神嘗・月次《つきなみ》も前夜の夕御食《ゆうみけ》から未明の朝御食の神事であり、天皇即位の践祚大嘗祭も夜通しの執行である。第二部は「移行」の過程ともいうべき場面で、来臨した神を歓待する「饗宴」を繰り広げるうちに神威を高めた神と人との開放的な交流が図られる。祭神が神輿や神馬に乗り、御幣や神榊など各種の造り物や物実《ものざね》に宿って地域を巡行して神威を全体にほどこし、住民もそれを歓待して山車や囃子屋台の歌舞芸能の賑いを供したりして、時には異様な仮装や競争や乱痴気騒ぎで日常的秩序を溶解せしめるような過度の祝祭状況が展開する。神も遊び、人も遊んで神人和楽の「遊び」の世界が出現する。外部性を帯びた神が社会の内部に参入し、自然と社会、神と人との融合と交歓のなかで社会が一時的にも秩序を溶解させ解放されたのちに、再び日常に立ち戻る第三の「再統合」の過程をもって祭が終息する。神事では神送りとして神輿の宮入りや還幸祭、解斎《げさい》として直会《なおらい》があり、住民も祭礼行事の始末をして礼参りや慰労のうちに新たな気分で日常の秩序に立ち戻るのである。

〔祭の名称と形式〕古典的な名称には律令制の神祇官が関わる四時祭と臨時祭がある。春夏秋冬の四時に定例として神祇令には祈年《としごい》祭・鎮花《はなしずめ》祭・神衣《かんみそ》祭・大忌《おおいみ》祭・三枝《さいぐさ》祭・風神《かぜのかみ》祭・月次《つきなみ》祭・鎮火《ほしずめ》祭・道饗《みちあえ》祭・神嘗《かんなめ》祭・相嘗《あいなめ》祭・鎮魂祭・大嘗《おおなめ》祭の名がある。『延喜式』臨時祭には霹靂神《かんときのかみの》祭《まつり》・大殿祭《おおとのほがい》・八《や》十《そ》島神祭《しまのかみのまつり》・疫神祭《やくじんのまつり》・祈雨神祭《あまごいのかみのまつり》・名神祭《みょうじんのまつり》などの臨時祭がある。いずれも宮中や二十二社など畿内の神々を中心に風水や治世の順調を祈り感謝する公的な祭事で、現存する祭も多い。地方的な祭の名には、祭神や土地の名をもつ山王祭・八幡祭・祇園祭・天王祭・天神祭・妙見祭・賀茂祭・北野祭・春日祭・春日若宮御祭《おんまつり》・国府《こうのまち》祭など、おくんち・事八日・七夕・春祭・夏祭・秋祭・冬祭・霜月祭など日付や季節にちなむ祭、やすらい・おこない・浜降り・忌籠り・斎刺《いみざし》・御田《おんた》・田遊び・喧嘩祭・裸祭・暗闇祭など特色ある行事を名とする祭、火祭・扇祭・船祭・弓祭・花祭・葵祭・御柱祭・竿頭祭・ねぶた・山車《だし》祭・地車《だんじり》祭・玉せせり・青柴垣《あおふしがき》神事など祭具に由来する祭など、きわめて多様である。祭の形式には、㈠神嘗・新嘗や饗祭《あえのこと》・行器《ほかい》神事のように特定の神饌を調製して供膳や陪膳の神人共食を主とするもの、㈡神輿の渡御や山車の巡行、御旅所への神幸などの行列形式、㈢相撲・競馬・玉取り・綱引き・船競争などの競技を中心とするもの、㈣神楽・田遊び・田楽・獅子舞・舞楽・能楽などの芸能を主とするもの、㈤忌籠り・禊祓い・神占い・託宣など祈願や予祝を重んじるものなどがある。

〔祭と社会〕祭は集団が主体で、その基盤は家・同族、組や字、村落や町内、村連合、郷や町連合、旧荘園、講社、教団、国家など多彩である。地域の神社を氏神・鎮守にしてそれに属する祭祀組織を氏子とするのが一般的である。神事は一般に神社の神職が主宰するが、ほかに毎年の当番を決めて順番に家長が一年神主を務める頭屋(当屋)制をもつ場合、宮座という特権的な祭祀組織を主体にする場合、年齢階梯制によって年齢に応じて神役の分担をする場合、祝《ほうり》や神人《じにん》など家柄で世襲の株をもつ者たちが神楽や特殊神事を担当する場合などがある。明治以前は神仏混淆の宮寺《みやでら》や寺持ち・修験持ちの神社が多く、神事祭礼にも別当僧や里山伏が少なからず関与したが、明治の神仏分離と国家祭祀化で仏教色が一掃された。古代には巫女が託宣や湯笹祓いなどで活躍し、中世からは山伏と巫女、法者と神子など男女一対の霊能者も神役を担ったが、近世から幕末にかけて吉田神道の地方浸透、儒家神道の台頭や国学運動の普及により神事から女性が次第に排除され、明治以来の神社の国家管理で祭祀は男性神職が独占するに至った。しかし神道は本来的に女性を忌避する理由はなく、第二次世界大戦後に国家管理を離れた神社界では女性神職も認められて現今はその数も次第に増加している。また奄美や沖縄などの南西諸島では、近代以前からの琉球神道が根強く伝承されてノロ・ユタなど女性祭司制が近代にも残存し、独特の神祭は今でも女性だけの主宰となっている。

〔祭と季節〕祭日はモノビ・コトビと呼ばれ、年中行事として毎年同じ日程で反復される例祭と、十二支に沿って六年・十二年、干支の六十年、あるいは二十年に一度の周期で例祭を大規模にする式年の祭、さらに祈雨・止雨・悪疫祓いなど臨時の祭がある。明治六年(一八七三)の太陽暦採用で、旧暦・新暦・月遅れなどに祭日が乱れたが、地方では旧暦や月遅れが残った。主なものは、㈠新月・上弦・満月・下弦など月齢の旧暦を継承した朔日・事八日・小正月・二十三夜など、㈡稲荷の二月初午・十月亥の日の亥子・庚申など十二支による祭日、㈢二月二十五日の天神祭のように祭神の命日や神霊出現、祭神鎮座の記念日などがある。明治以降は各社固有の例祭や特殊神事のほかに祈年・新嘗など全国一律の祭日も加わったが、現代では旧来の例祭日に近い日曜日や国民の祝日を祭にあてることも多くなった。祭は本来的に季節祭であって、四季の節目や生業の折り目をもたらして地域生活のリズムを刻む行事である。日本の祭は基本的に稲作栽培を主体とする農耕儀礼であるから、季節にしたがって死と再生を繰り返す植物生命の循環に連動して祭にも再生観が横溢する。四季のなかで生命を営む草木虫魚と人間も社会も同じリズムを生きているという実感があり、神々も自然の消長に同化して去来する。古代の王権祭祀もこの農事的な季節祭を多く官祭化したが、律令制下の宮中には中国の暦法に影響された年中行事が編成され、五節供や六月晦大祓など外来の祭日が地方の民間暦に普及し、中国暦でいう正月(第一月)も年の初めとなって元旦(朔旦)の大正月・十五日の小正月に年頭の行事が集中するようになった。トシとは稲の稔《みの》りをも意味して正月を迎える年神(歳徳神)は豊作をもたらす。春先の種蒔き時と秋の収穫時に祭が集中する。民俗学では山の神が田の神(作神・農神)となるというが、田の神の神迎えと神送りが各地で行われる。種蒔き祭では豊作祈願、田植え祭には生育祈願、夏の虫送りは害虫駆除、秋祭では収穫感謝となる。小正月には来訪神がきて農家を祝福し、豊作を予祝する。他方、京・大阪や江戸などの大都会には早くから夏の祭が盛んとなった。人口が密集して疫病が蔓延しやすく御霊会に類する祇園祭・天王祭、天満祭、神田祭のように疫神の歓待と鎮送によって災厄の除去が期待された。また近代の急激な生活の都市化で旧来の社会的連帯が薄れるにつれて伝統的な神事祭礼も流動化し継承が難しくなる一方で、クリスマスやカーニバルなど外来の祝祭や各種イベントを組み込んだ神不在の都市祭が流行するようになった。しかし最近では地方の活性化が盛んに模索されるなかで、在来の個性的な伝統文化財を再評価して新たなコミュニティ文化を再興しようとする住民運動が展開される場合に、地域の祭をその中核に据え直す動向が各地に見いだされている。 →別刷〈祭〉

参考文献 柳田国男『日本の祭』(『定本柳田国男集』一〇所収)、倉林正次『祭りの構造―饗宴と神事―』、岩崎敏夫他編『日本祭祀研究集成』、宮田登『神の民俗誌』(『岩波新書』黄九七)、桜井徳太郎『日本民俗宗教論』、柳川啓一『祭と儀礼の宗教学』、薗田稔『祭りの現象学』、鈴木正崇編『大地と神々の共生―自然環境と宗教―』(『講座人間と環境』一〇)

(薗田 稔)

まどこおふすま 真床覆衾 『日本書紀』神代にみえる、神の子の用いる衾、寝具。天孫降臨に際して天孫瓊瓊杵《ににぎ》尊《のみこと》がこれにくるまって降った例が有名。また瓊瓊杵尊の子彦火火出見《ひこほほでみ》尊《のみこと》が海神宮《わたつみのみや》で歓待を受けた時に真床覆衾の上に座した話がある。この神話は海神の後裔安曇《あずみ》氏が奉仕する、宮廷新嘗祭の反映と見られる。瓊瓊杵尊の子鸕《う》鷀草葺不合《がやふきあえず》尊《のみこと》は、生まれたばかりで真床覆衾と草に包まれて、その母神によって浜辺に置去られた。これらの神話の背景には毎年の新嘗の祭場である神嘉殿の中央に置かれた八重畳と衾があるであろう。折口信夫は昭和の即位礼に際して、大嘗宮の衾を真床覆衾とみなし、そこに臥すことで天皇霊を獲得し、新しい天皇の資格を得るとした説を提唱した。この説は今も信奉者が多い。しかし実証的な根拠は皆無であるし、大嘗祭は即位後の神事であって天皇就任の儀礼ではない。それと同じ衾は毎年の新嘗祭・月次祭にも用いられている。

参考文献 岡田荘司『大嘗の祭り』、折口信夫「大嘗祭の本義」(『折口信夫全集』三所収)、岡田精司「折口信夫の大嘗祭論と登極令」(『古代祭祀の史的研究』所収)

(岡田 精司)

まのときつな 真野時綱 一六四八―一七一七 江戸時代前・中期の神道家。家職は尾張国津島神社(牛頭天王社)累代の神官。慶安元年(一六四八)生まれる。正保二年(一六四五)に生まれたとする説もある。諱の時綱はみずから時縄とも書いている。太郎大夫・縫殿助と称し、蔵六翁・松陰亭・亀扇翁・藤波(浪)翁などと号した。父は重綱。はじめ名古屋の菅原直勝(吉見幸勝)に、のち上京してト部兼魚・久我雅通に国学・神道を学んだが、天和二年(一六八二)、父の死により帰郷、家職を継いだ。その師友に松下見林、出口(度会)延佳、天野信景があり、ために学風は考証学的研究法を受けついでいる。したがって時綱の神道説は伊勢や吉田神道的傾向を持つことが、『神家常談』や『古今神学類編』などの著作によってうかがうことができるが、単に伊勢や吉田神道に偏することなく、それらより脱して歴史的、国学的な面をも併せ持っているといえよう。元禄十六年(一七〇三)、家職を子の綱広に譲って隠居し、享保二年(一七一七)十一月六日、自邸に七十歳で没した。墓は愛知県津島市今市場町の延命寺にあり、法名を心廓了堂居士という。著書に前掲書のほか『中臣祓或問』『神代図解』『六根清浄祓風葉抄』『本朝学源浪華抄』『尾州天王祭記』などがある。時綱が時に家号として藤波(浪)を称しているのは、津島の旧名、下門真荘藤浪(波)里から採ったもので、伊勢の祭主藤波氏の庶流かとする説は誤りである。

参考文献 岡田米夫『古今神学類編』解題(『神道大系』首編二所収)、服部知一「真野時綱の研究」(『皇学』一ノ五、二ノ一・二)

(太田 正弘)

まめまき 豆まき ⇩節分《せつぶん》

まもりふだ 守札 ⇩護符《ごふ》

まるやまきょう 丸山教 明治十年代後半から二十年代初頭にかけて急速に発展した民衆宗教。丸山教の開祖は、武蔵国橘樹《たちばな》郡登戸《のぼりと》村(神奈川県川崎市多摩区登戸)の農民伊藤六郎兵衛で、明治三年八月、妻サノの病気を契機に神がかりするようになり、新たな民衆宗教丸山教をひらいた。六郎兵衛は、登戸村の農民清宮家の次男で、文政十二年(一八二九)七月十五日生まれ、幼名を米吉といった。幼少時に隣村の寺で、いろは、算盤、『百人一首』、『実語教』、『童子教』などを学んだが、江戸時代の寺子屋で普通に用いられたこうした教材は、米吉の思想形成に大きな影響を与え、のちに丸山教の教義形成の素材となった。また、この地方には十八世紀に富士講がつくられ、米吉の生家の本家の地所内に富士塚と小祠があって、米吉自身、三度の大患を富士講の祈禱で助けられ、富士信仰をつよめた。この地方の富士講が丸山講と呼ばれたことが、教派名の由来となった。嘉永五年(一八五二)、登戸村の伊藤家に婿入りし長女サノと結婚、しばらくして六郎兵衛と改名した。そして、明治三年(一八七〇)の妻の大病のあと、神の声をきいてみずから神に願いごとをするようになり、「地の神一心行者」という名前をおや神から与えられた。その後の六郎兵衛は、四気身の行、七身の行、断食行、烟行、水行、爪立行などをはげしく行うようになったが、これらの行法は、富士講の伝統をうけつぎながら独自に発展させた苦行だった。こうして、六郎兵衛は家業を放棄して宗教活動をすることが多くなり、その周囲に信者層が形成されたが、この初期の小さな教団は、明治六年から七年にかけて淫祠《いんし》邪教による人寄せとして弾圧された。六郎兵衛は苦境にたったが、ちょうどそのころ、近世以来の富士講を糾合して新たな宗教教団をつくろうとしていた宍野半《ししののなかば》が六郎兵衛たちの教団に注目し、明治八年、丸山教は宍野の富士一山講社に加入して、布教活動が公認された。それ以後、丸山教は急速に発展したが、とりわけ明治十五年の六郎兵衛による静岡巡教を機として、東海・中部・関東の諸地域で爆発的に発展した。この発展は、丸山教の世直し的な性格によるところが大きく、丸山教は困民党・貧民党によく似た集団とされ、松方デフレ下の貧民に受容された。丸山教の根本神は、富士山の神格化された表現である「参明藤開山」であるが、これはまた太陽神のことで、「元の父母」「もとのおやがみ様」「おやがみ様」などといわれ、「大元祖神」ともいって、太陽神の象徴として「日の丸」を拝む。その基本教典は、明治二十一年旧六月から六郎兵衛が書いた『お調べ』であるが、それに先立って明治十年代に『御宝伝』『丸山教会開山尊師御法御説教』『御教法』などが書かれており、これらの文献には、六郎兵衛の生活体験のなかから形成された独自の救済観念がみられる。とりわけ、明治維新以降の文明開化＝近代化過程を、「文明は人倒し」と、没落してゆく民衆の立場からとらえ、「天下泰平五穀成就」の平穏な世界の到来を約束したところに丸山教教義の特徴があり、明治十年代後半から二十年代初頭にかけて爆発的に発展した宗教思想史的な根拠があった。丸山教は、その世直し的な性格のために、地域社会の秩序が安定化した明治二十年代中ごろには急速に衰えたが、現在も登戸に本部をおく小教団として活動を続けている。平成十一年(一九九九)末現在、教会七五、教師五八六、信者一万〇八九五(文化庁編『宗教年鑑』平成十二年版)。→伊藤六郎兵衛《いとうろくろべえ》

参考文献　丸山教本庁編『丸山教祖真蹟御法お調べ』、村上重良・安丸良夫校注『民衆宗教の思想』(『日本思想大系』六七)、佐々木千代松『民衆宗教の源流』、安丸良夫・ひろたまさき「「世直し」の論理の系譜―丸山教を中心に―」(安丸良夫『日本の近代化と民衆思想』所収)

（安丸　良夫）

まるやままさくら　丸山作楽　一八四〇―九九　明治時代の政治家。天保十一年(一八四〇)十月三日、島原藩士丸山正直の長男として、江戸芝三田四国町の藩邸で生まれる。幼名勇太郎、維新後作楽と改め、盤之屋《いわのや》と号した。塩谷宕陰に漢学を学ぶ。のち平田鉄胤の門に入り国学を学び、尊王攘夷思想にめざめ勤王諸士と交わった。文久元年(一八六一)には、前年の桜田門外の変の嫌疑をさけて、長崎に遊学し蘭学を学ぶ。その後、肥前・筑後・長州・京都などを遊歴、国事に奔走、慶応二年(一八六六)には激論を唱えて藩命により投獄された。明治元年(一八六八)王政復古とともに許され、官途につく。二年徴士神祇官権判事、のち同年八月外務大丞に任ぜられ、樺太に出張し対露交渉にあたった。翌三年三月帰国、政府にロシア南下への積極対抗策を進言したが容れられなかった。四年外務省内におこった征韓意見に同調した科で一時福井藩御預け、翌五年四月改めて除族の上終身禁獄を申し渡され、長崎監獄に投ぜられた。十三年一月恩赦により出獄。十四年四月に忠愛社を設立、『明治日報』を創刊した。翌十五年には自由民権派の自由党・立憲改進党結成に対抗して、日報社の福地源一郎、東洋新報社の水野寅次郎とともに立憲帝政党を結成、欽定憲法、財産による制限選挙を主張し、政府支持の立場を明らかにした。十九年三月、伊藤博文の推薦により図書頭井上毅のもとで図書助となり、憲法・皇室典範の調査にあたる。翌二十年五月欧州へ出張、スタインの憲法講義をきくとともに各国帝室制度を調査、翌年六月帰国、帝室制度取調掛となった。二十三年六月元老院議官、同年九月に貴族院議員に勅選され、死去までその地位にあったが一度も登壇することはなかった。国学者として、万葉調の和歌をよくし、『盤之屋歌集』がある。明治十六年には黒川真頼・栗田寛らと史学協会を設立して『史学協会雑誌』を刊行し、同年には大槻文彦・福羽美静らと「かなのくわい」を興して、国粋主義の立場から仮名文字使用をすすめた。また、教育の重要性を説き、十八年には成城学校を創立するなど、多方面に関心を示した。明治三十二年八月十九日、心臓弁膜炎のため東京代々木の自宅で没した。享年六十。青山墓地に葬られる。山佐久良咲足彦命と諡された。

参考文献　丸山正彦編『丸山作楽伝』、入江湑『丸山作楽』、丸山季夫『国学史の人々』、平野静子・二木慶「丸山作楽」(『近代文学研究叢書』四所収)

（由井　正臣）

まれびと　異界より村・町などの共同体を訪れ、祝福などを授けて再び帰ってゆく神。いわゆる来訪者であるが、民俗学者折口信夫によって提唱された神観念で、国文学や芸能の発生を信仰を起源として考える上での基本的枠組ともなった。折口によるマレビト論の構想は大正十三年(一九二四)に発表された「国文学の発生」にはじまる。神が異界より来訪するとの考え方は、古代・中世の神話・説話から、祭礼などの民間習俗まで広くに認められるが、折口の着想は、大正十年に始まる沖縄地方の採訪旅行を契機として生まれた。すなわち、アカマタ、クロマタやアンガマァの習俗に触れたことにより、共同体におけるマレビト観念の重要性を認識したのであったが、この後、三信遠地方の花祭における鬼や、東北地方のナマハゲなどの民俗に接して、マレビト論はさらなる展開を見せる。すなわち蓑笠姿の旅人のほか、鬼や翁にマレビトの典型を見出していったのであるが、山づとを持って山より里に訪れるという山人論とも習合しながら、折口独自の学説「翁論」なども形成される。折口のマレビト論においては、マレビトが呪言や呪術的な所作によって、人々のために訪れた土地の精霊を制圧するといった独自の見解が提示される。普遍的なシェーマとして受け入れることについては、実証的なレベルでの批判も強いが、現在では、折口の学問大系において評価すべきとの見解が大勢である。→来訪神《らいほうしん》

（松尾　恒一）

まろうどがみ　客神　他所から来臨してその土地にまつられた神。客人神・訪人神とも表記し、「きゃくじん」「まらひとかみ」「まれびとがみ」ともいう。奈良時代の「仏足石歌」に「薬師《くすし》は常のもあれどまらひとの今の薬師尊かりけり」(原万葉仮名)とみえる「常の薬師」とは大己貴

命・少彦名命のことであり、大洗磯前薬師菩薩・酒列《さかつら》磯前薬師菩薩両神社にまつられている。これらに対し、また「まらひとの今の薬師」は他所から来た薬師仏のことである。『日本霊異記』上巻第五の説話にも「隣国の客神の像」(原漢文)を注記して「客神とは仏の神像なり」とあるように、奈良・平安時代においては他所から来た仏すなわち、蕃神《あだしくにの》神(『日本書紀』欽明天皇十三年十月条)・他国神(『元興寺縁起』)・仏神(『日本書紀』敏達天皇十四年二月条)のことを客神と称していたのである。しかし客神の源流は仏教渡来以前にさかのぼるのであり、古くは海のあなたの異郷(常世)から来訪してくる神のことであって、折口信夫はそれを「まれびと」と呼んだ。「まれびと」は一年にただ一度稀に訪れてくるとの意であり、多くは春の初めに来臨して、人々に富と長寿を齎し、その年の祝福を与えて去っていくと信じられてきた。このように客人神には福神的性格が認められるが、一方では祖霊的な神格もある。また神社に祀られている客神は地主神と今来神の両面がみられ、かなり複雑である。また、客神は、土地になじめないとして境内の片隅に祀られている場合もみられる。さらに客人社・客神社という神社の存在も注目される。

参考文献 折口信夫「国文学の発生(第三稿)」(『折口信夫全集』一所収)、西田長男「『日本書紀』の仏教伝来の記事」(『日本神道史研究』三所収)、伊藤唯真「仏教の民間受容」(大間知篤三他編『日本民俗学大系』四所収)

(三橋 健)

まろうとじんじゃ 客神社 広島県佐伯郡宮島町の厳島《いつくしま》神社境内に鎮座。厳島神社の摂社で客人宮《まろうどのみや》とも称し、天忍穂耳命・天穂日命・天津彦根命・活津彦根命・熊野杼樟命の五柱をまつる。社殿は厳島神社の本殿に向かって左側の廻廊に連結しており、同神社では最古の仁治二年(一二四一)の建造物で、五間四面単層切妻造檜皮葺の本殿・幣殿・拝殿・祓殿ともに国宝に指定される。島根県の美保神社境内にも客人神社がまつられている。

(二宮 正彦)

客神社 左より拝殿・幣殿・本殿

まんがん 満願 生没年不詳 奈良・平安時代前期の民間遊行僧。万巻とも称す。延暦七年(七八八)成立の『多度神宮寺伽藍縁起幷資財帳』によれば、天平宝字七年(七六三)十二月、伊勢国桑名郡の同神社の近くの道場に居住し丈六阿弥陀像を造り、「吾れ久劫を経て重き罪業を作し、神道の報を受く、今冀くは永く神身を離れんがために三宝に帰依せんと欲す」(原漢文)との多度神の託宣に接し、神坐山の南に小堂を建て、神像を安置してこれを多度大菩薩と称した。桑名郡郡司水取月足や美濃国優婆塞県主新麿が鐘や塔を寄進し、のちにこの小堂は多度神宮寺に発展した。また『類聚三代格』二所収嘉祥三年(八五〇)官符が引用する承和三年(八三六)の官符には、鹿島神宮司大中臣朝臣広年の解《げ》に称《いわ》くとして、「天平勝宝年中(七四九—五七)修行僧満願此部(常陸国)に到来し、神のために発願し始めて件の寺を建て、大般若経六百巻を写し奉り仏像を図画し、住持すること八箇年」(原漢文)にして去ったと記す。さらに建久二年(一一九一)成立の『筥根山縁起』にみえる万巻も、満願と同一人と考えられている。同書によれば養老四年(七二〇)沙弥智仁の子に生まれ、満二十歳で剃髪し、天平宝字元年箱根山に錫を投じ、練行すること三年、一夕に霊夢あり、比丘形・宰官形・婦女形の三容の権現応化の垂迹像を感得した。よってその三容を一社に祀り、箱根三所権現と称した。弘仁七年(八一六)十月二十四日、勅に応じ、上京の途中、三河国楊那郡(愛知県八名郡)に九十七歳で没すという。このように満願は、広く諸国を遍歴した遊行僧で、在地の神々と仏教を習合させ、神宮寺創立や神像製作に大きな役割を果たした。この時期、いわゆる神身離脱型の神仏習合は、新しい勧農神を求める富豪層の進出を背景に、民間遊行僧の主導によって行われたとされるが、満願の活動は、その典型的事例である。もと箱根三所権現社本地堂安置の木造万巻上人像(重要文化財)は、一木造りで平安時代初期の翻波様式を見せ、満願没後間もない時期の作とみられる。

参考文献 高取正男『民間信仰史の研究』、五来重『修験道入門』、西田長男「僧満願の神宮寺創立」(『神社の歴史的研究』所収)、五来重「箱根山修験の二種の縁起について」(『山岳宗教史研究叢書』一四所収)、久野健「万巻上人像について」(『平安初期彫刻史の研究』所収)

(速水 侑)

まんだら 曼荼羅 梵語マンダラ maṇḍala の音写。本質を得るの意で、円輪具足した境地を意味する。密教では、清浄の地に壇を設け諸神諸尊を勧請し修法を行なった。インドでは土壇を築き諸尊を安置したり、彩色の砂曼荼羅や壁画を描いた。中国・日本では布や紙に彩色され、修法壇の正面に掛ける掛曼荼羅や敷いて行う敷曼荼羅が用いられた。日本へは空海をはじめとする入唐八家の僧たちが将来したもので、両界曼荼羅など多くの諸尊が集会する総合曼荼羅と特定の主尊を中心とした別尊曼荼羅に大別される。このほか日本で生まれた独自の神道曼荼羅がある。本来、神道は神を図像や彫像によって可視的に表現する方法を持たなかった。神は石・樹木・森・山など自然の中に宿り、その場を聖地と定めて神祭を行なった。神は見るものではなく、感ずるものであって、その姿を露わにすることは稀であった。したがって神の姿を可視的に表現、描写されることはなく、日本の神の可視化すなわち図像化は仏教の影響によるもので、次のプロセスを経る。まず、六世紀の仏教伝来によって仏像が流入したが、日本人は仏を他国の神として受容、はじめてきらきらしい体を持つ姿を見た。やがて奈良時代から平安時代に入り、神仏習合化が進む中で、その衝撃は神の図像化を促した。当初は菩薩形で表現され、やがて感得されるままに、神像が誕生した。こうした神の図像化は、神仏習合の展開と深化によって多彩な宗教絵画を生み出し、垂迹曼荼羅・本地仏曼荼羅・本地垂迹曼荼羅・宮曼荼羅・参詣曼荼羅、あるいは梵字曼荼羅・名号曼荼羅と日本独自の曼荼羅が誕生した。垂迹曼荼羅は本地垂迹説に基づくもので仮の姿としての神々を神像あるいは俗形、僧形で描いたものである。これに対して本地仏曼荼羅は仮の姿である神像ではなく、本地(本姿)の仏像で表現され、構成配置を除けば見る限り普通の仏教曼荼羅と一見変わらない。本地垂迹曼荼羅は、本地仏と垂迹像の双方を並べて表現し、曼荼羅に構成したもので、本地垂迹説を目の当たりにすることができる。宮曼荼羅は神社の全域を鳥瞰して描いたもので、春日の三笠山、日吉の八王子山、三輪の三輪山などの神体山や、鳥居や神橋はもちろん堂塔など習合施設までほぼ実写を基本に描かれるが、上空に本地仏を並べる例も多い。いずれにしても制作時の神域の実況を知る得難い史料でもある。参詣曼荼羅は、神域(あるいは寺域)の全てを描く点で宮曼荼羅と似ているが、さらに参詣するおびただしい人々、境内の賑わい、行事、縁起なども描き込んでいることが特徴である。単なる礼拝画ではなく、御師・聖・神人などが勧進、布教などを目的とした説法や絵解きにも用いたものが多く、当時の宗教活動、庶民信仰の実体を知る上で貴重だが、意図する情報を多く描き込んでいるため、社堂の建築とその配置などあくまでイメージであり、そのまま実写とみるのは危険である。このほか種字によって構成される梵字曼荼羅、日蓮宗特有の妙法蓮華経と鬼子母神など墨書した名号曼荼羅、伊勢・八幡・春日の神号を記した三社託宣などもある。 ⇀別刷〈神道曼荼羅〉

参考文献 景山春樹『神道美術』 (嵯峨井 建)

まんどのはらえ 万度祓 ⇩数祓《かずはらえ》

まんようしゅう 万葉集 飛鳥・奈良時代の歌集。二十巻。〔成立〕現在見る形にまとめられたのは何時か不明。制作年代のもっとも新しい歌は天平宝字三年(七五九)正月の大伴家持の作歌だから、最終的編纂はそれ以後になる。最近の伊藤博説によれば、巻一から巻十六まで(これを第一部と呼ぶ)のうち、天平十六年(七四四)七月二十日の日付をもつ歌が新しく、第一部は天平十七年以降の数年間に成立、巻十七以降の四巻(第二部)は、少数の例外的に古い歌を除けば天平十八年正月から天平宝字三年正月までの作品であり、第一部に続き天平勝宝五年(七五三)八月から天平宝字二年初頭までに巻十七・十八・十九の三巻が成り、その後巻二十が加えられた。二十巻本編集の立役者は大伴家持で、現存の形とほぼ等しいものが作られたのは延暦元年(七八二)から翌二年にかけてであろうと推測される。巻一・巻二に関していえば、巻一前半部が持統天皇の発意により文武朝に編纂され、後半部の追補が和銅五年(七一二)から養老五年(七二一)までに行われ、同じころに持統万葉の企図を受けついで巻二が編纂された。この巻一・巻二を母胎に十六巻本、二十巻本に成長したのが現存の形だろうという。なお問題も多いが、数次の編纂によることと、大伴家持の手が多く加わっていることは間違いない。〔内容〕『万葉集』は実質的には舒明天皇時代(六二九―四一)から淳仁天皇の天平宝字三年まで、約百三十年間の長歌・短歌・旋頭歌・仏足石歌など四千五百首余りを収録する歌集である。文学史的には口誦の歌謡から記載の抒情歌の生み出された原初期の作品の集成であって、天皇・皇后をはじめ皇族や貴族・大宮人とともに階層的に低い防人《さきもり》の歌まで含むので、古代の人々の持っていた勃興的で意欲的なエネルギーに触れることができる。中世以降において和歌の歴史の行き詰まった時に、常に『万葉集』が顧みられ、万葉調の復興が唱えられたのも、このような『万葉集』のもつ清新なエネルギーを糧に、衰弱した歌の力の回復が求められたのだといえる。〔歌風〕『万葉集』の歌風を概観する場合、これを四期に分けるのが普通である。㈠第一期舒明朝から壬申の乱(天武天皇元年(六七二))まで。日本の古代史のなかでも激動の時期で、この期の歌は初期万葉歌とも呼ばれるが、文字との関係からいえば文字以前の口誦の歌といってよい。初期万葉歌に特に濃厚に認められる集団性・意欲性は限界芸術的性格で、宮廷儀礼や民間習俗の場と結びついている。舒明天皇の国見歌や中皇命の宇智野の猟の歌、近江遷都の時の額田王作歌などの長歌にはことに場の制約が強く認められる。歌謡や民謡との関係の濃密さは口誦歌として当然であろうし、この期の相聞歌のほとんどが求婚の贈答歌であるのは、その源流が歌垣の掛合いにあることを語っている。天智天皇七年五月五日蒲生野薬猟時の額田王と大海人皇子の贈答も、掛け合いの伝統を承ける宴席の即興歌で、いわゆる忍ぶ恋の歌ではなく、集団に共有されるものであった。自然に霊性を認め、それを畏怖しつつそれに依存し、自然と融即する傾向を持つのは、農業生活に根ざした必然的な性質でもあるが、そうした自然感情の濃厚にあらわれているのも初期万葉歌である。しかし天智朝には官人制の拡充、都城への集住、舶来の教養など文学的新風を生む条件も整った。漢詩を読み、それに模して和製の漢詩を作ることを通して得られた新しい文学の意識は、口誦とは別の世界を人々に教えた。そうした海彼の文学意識が徐々にやまと歌の発想や表現に浸透するのであって、主観語をあまり用いず、客観的即事的な表現を主としつつ、記紀歌謡より内面化し、対象の核心を簡浄な言葉でとらえ、独自の表現美を保持するところにこの期の歌の姿が示されている。㈡第二期　壬申の乱以後奈良遷都（和銅三年）まで。天武朝には強大な専制王権の確立を見た。皇親政治が実現され、政治機構が充実したばかりでなく、文化的にも活力に満ちた時期であった。柿本人麻呂の歌人としての出発がこの天武朝にあり、口誦の歌謡から記載の抒情歌への転換期にあたっていたことは、その歌の性格を根本的に規定している。人麻呂は文字によって作歌した最初の歌人であった。その作歌法が前代と異なることは、枕詞・序詞・対句などを見ても明らかである。長歌・短歌・旋頭歌などそれぞれの歌体の記載文学における可能性が探られたのもこの時期であった。記紀歌謡や初期万葉歌と異なり、数十句または百句を越える長歌が人麻呂によって作られたのは、中国の辞賦の影響である。反歌が、長歌の内容の要約とか反復にとどまらず、長歌に詠まれている時間・空間の枠を越え独立的傾向を強めたのも人麻呂からである。複数の反歌や短歌による連作的構成が見られるようになったのは、読む歌として享受されたことと関連している。人麻呂はまた、自然にせよ人事にせよ、対象と混然合一の境地にあるような歌を詠んでいる。これは前期に関して触れた自然との融即性ともかかわるが、そうした古代的な心情と新しい技法との微妙な調和が前後に類を見ない人麻呂的特色をなす。人麻呂と同時代の歌人として、天武天皇・持統天皇・大津皇子・大伯皇女・志貴皇子・穂積皇子・但馬皇女・弓削皇子などの皇族と、藤原夫人・石川郎女・志斐嫗・高市黒人・長意吉麻呂・春日老などがあげられる。㈢第三期　奈良遷都から天平五年まで。人麻呂没後の和歌史にさまざまな個性の開花した時期である。長屋王を中心とする奈良詩壇に藤原房前・藤原宇合・安倍広庭・吉田宜・背奈行文など貴族や文人が集まり、佐保の王邸ではしばしば詩宴が催された。その詩には『文選』『玉台新詠』ばかりでなく王勃や駱賓王など初唐詩の影響も指摘される。その影響はやまと歌にも及び、発想や表現の上にいちだんと明瞭な形であらわれるようになる。とりわけ注目されるのは、神亀五年（七二八）に大宰帥として九州に下向した大伴旅人を中心とする筑紫歌壇であった。山上憶良・小野老・沙弥満誓などを含む中国文学に造詣の深い官人たちの共作によって、初唐詩の詩序形式を模した梅花歌群が詠まれ、さらに『遊仙窟』や『文選』の「洛神賦」などの示唆を受けた松浦歌の歌序も作られる。旅人と憶良という、性格も文学観も対蹠的な二人の邂逅は、相互の特徴をいっそうきわ立たせることになった。現実的論理的な憶良が老病貧死の苦を佶屈な調べで歌ったのに対し、浪漫的空想的な旅人は嘆老・望郷の思いや亡妻思慕の情を流れるような調子で歌っている。これとは別に中央の歌人たちの中で、人麻呂の讃歌的伝統を継承したのは、笠金村・車持千年・山部赤人らであった。特に赤人は人麻呂の形式に学びつつ洗練された感性によって叙景的表現に特色を発揮した。また東国の地方官となった高橋虫麻呂は、旅愁や伝説を歌って異彩を放った。㈣第四期　天平六年以後淳仁天皇の天平宝字三年まで。この期間は天平文化の爛熟期にあたり、東大寺の造営、大仏開眼などもあったが、政権争いの深刻化していった時期である。この期に注目されるのは、大伴家持との恋の贈答に哀切な歌を多く残した笠女郎、技巧的な作品で家持を拝跪せしめた紀女郎、家刀自として祭神歌、怨恨歌、天皇への献歌など多彩な作品を残した大伴坂上郎女など、一群の女性たちである。それらの歌は末期万葉の風雅を代表するもので、王朝女流の作歌へつながる性格を持つ。男性歌人では越中時代の家持の歌友大伴池主、宮廷歌人の流れを汲む田辺福麻呂の作が目に立つ。そのほか天平八年六月難波を出帆した遣新羅使人たちの歌百四十五首、越前国に流罪となった中臣宅守とその赦免を待つ狭野茅上娘子との贈答歌六十三首、天平勝宝七歳の防人歌など、遊戯的または形式的な宴席歌の多いこの期の作品の中で率直な抒情が注目される。大伴家持の作品は天平五年から天平宝字三年に及ぶ。少年時代のほのかな恋心を歌ったものから、地方生活を経て内面的豊かさを加え、人麻呂・赤人・憶良などの作品に多くを学び、中国文学の示唆も得て独自の歌境をひらくに至る。特に天平勝宝二年三月の春苑桃李の歌や少納言となって帰京後に詠まれた春愁の歌などが高く評価されている。なお『万葉集』四千五百首余りの中千八百首強が作者未詳歌である。巻十四の東歌のほか、巻七、十―十三などに多く含まれるそれらの作品が大河の流れるように万葉の基層を成していたことも見逃せない点である。〔研究〕中世以前の注釈書の中、画期的なものは仙覚の『万葉集註釈』で文永六年（一二六九）の完成。その後、由阿の『詞林采葉抄』があり、近世には、北村季吟『万葉拾穂抄』（元禄三年（一六九〇））、下河辺長流『万葉集管見』（寛文元年（一六六一）？）、契沖『万葉代匠記』（初稿本（貞享末）、精撰本（元禄三年））、賀茂真淵『万葉考』などのほか、荷田春満の講義を弟信名が筆録した『万葉童蒙抄』、本居宣長『万葉集玉の小琴』、橘千蔭『万葉集略解』、岸本由豆流『万葉集攷証』、橘守部『万葉集檜嬬手』、鹿持雅澄『万葉集古義』などがまとめられた。明治以後になるとアララギ派の歌人による万葉調の唱導と批評の活潑化に伴い研究もいっそう盛んになった。『万葉集』の古写本および伝本の文字の異同を明らかにした『校本万葉集』（大正十三年（一九二四）・十四年）の出版のほか、橋本進吉・佐伯梅友らによる国語学的研究、折口信夫の民俗学的研究、岡崎義恵・高木市之助の文芸論的研究、北島葭江らによる風土地理的研究など多彩な方法で解明が試みられ、第二次世界大戦後の研究への足場が築かれたのである。翻刻・校注は『日本古典文学大系』四―七、『日本古典文学全集』二―五などに収められている。

参考文献 小島憲之『上代日本文学と中国文学』中、中西進『万葉集の比較文学的研究』、伊藤博『万葉集の構造と成立』、稲岡耕二『万葉表記論』 (稲岡 耕二)

まんようだいしょうき 万葉代匠記 江戸時代の『万葉集』注釈書。『万葉集代匠記』ともいう。契沖著。二十巻四十三冊(精撰本)。初稿本は貞享末ごろ、精撰本は元禄三年(一六九〇)の成立。はじめ徳川光圀の求めに応じ下河辺長流の没後、その業を受け継いで初稿本『万葉代匠記』が書かれ献上されたが、流布本のみによった本文校勘の不備を認め、異本によって原文の異同を吟味し、そのうえで注釈を書き改め、再度献上したのが精撰本である。したがって後者では本文批評の確度を増し、新説も多くなっている。また前者には下河辺長流の『万葉集管見』の説がしばしば引用されているが、後者ではこれを削り、独自の考証を記すことが多い。『万葉集』の成立や撰者の問題などのように、初稿本に示した考えを多くの証拠によって確実にしているところも見られる。全般的に初稿本は歌の自由な批評に優れた点が認められるが、精撰本の方が文献学的考証においてまさる。国書・漢籍を博捜した実証主義的研究は、『万葉集』のみでなく古典研究史上特筆すべき価値をもつ。久松潜一監修『契沖全集』一―七に所収。 →契沖《けいちゅう》

参考文献 築島裕他『契沖研究』、久松潜一『契沖伝』(『久松潜一著作集』一二)、同「万葉集註釈書の研究」(『校本万葉集』首巻下所収) (稲岡 耕二)

み

みあがのまつり 御贖祭 天皇および中宮・東宮の罪穢や災厄を除去するために神祇官で執り行われる祓の祭祀。広義には四時ないし臨時祭として六月と十二月以外の毎月の晦に行われる御贖、六月と十二月の晦に行われるつごもりの御祓、また六月・十一月・十二月の朔日より八日に至るまで日別に行われる御贖祭、そして一世一代に一度行われる羅城御贖《らじょうのみあがもの》などがある。これらの儀式については『貞観儀式』『延喜式』『西宮記』『北山抄』『江家次第』『宮主秘事口伝抄』『公事根源』などに詳記されており、おおよそは以下の次第で行われる。当日、まず中臣が御麻《みぬさ》を天皇(中宮・東宮)に奉り、ついで天皇はその御麻を卜部に賜う。卜部はこれを執って祓所に至り、解除《はらえ》を執り行う。次に東西の文部《ふびとべ》が横刀《たち》を奉り、次に宮《みや》主《じ》が進んで荒世《あらよ》の御服《みそ》を奉り、次に中臣の女が小竹の枝を執って御体(背丈)を量り奉る。これはおよそ五度に及ぶ。次に中臣が和世《にごよ》の御服を奉るが、それは荒世の御服の儀と同じように行われる。ここに御麻・横刀・荒世の御服・竹枝・和世の御服などは贖物であり、これらを天皇および中宮・東宮に奉り、祓を執り行なった後、宮主らにより河へ流し棄てられた。御麻は御祓麻・御撫物と同じで、『延喜式』四時祭上に「五色薄絁各一丈一尺、絲三両、安芸の木綿二斤、凡木綿《おおしのゆう》一斤、麻二斤、庸布二段(下略)」と記してあり、これらの祓料で御体を撫で、もろもろの罪穢や災厄を移して祓を行なったのである。次に東西(大和国・河内国)の文部が奉った横刀は、『延喜式』四時祭上に「金装横刀二口」とあり、また神祇令に「祓刀」と記してある。これは横刀の持つ霊威で御体の罪穢や病禍を祓除するものである。次に中臣の女が小竹《しの》の枝(荒世・和世)で御体を測り、測りおわるとそれらの小竹を折り、形代である荒世の御服・和世の御服にあて、御体の罪穢や病禍を移すのである。小竹の枝を折るので、この行事はのちに「節折《よおり》の儀」といいならわされ、中臣の女を「節折の命婦」とも称した。また鉄や木の人形を納めた壺が奉られ、天皇および中宮・東宮はそれに口気を吐きかけて病禍を移し入れることも行われた。御贖祭には日本古来の祓の行事と共通する点が多く認められ、さらに仏教・道教・陰陽道などの影響も見られる。 →贖物《あがもの》 →節折《よおり》

参考文献 『古事類苑』神祇部二一 (三橋 健)

みあれのしんじ 御阿礼神事 京都市北区の賀茂別雷神社(上賀茂神社)の賀茂祭(葵祭)を構成する諸神事のうち、最も重要なもの。古来四月中午日であったが、明治十七年(一八八四)以来新暦五月十二日の祭儀として執行される。賀茂祭における祭神来臨の神事と考えられ、ここで迎えた神に対する朝廷からの奉幣行事が中酉日(現在十五日)の路頭の儀、社頭の儀である。『延喜式』内蔵寮の賀茂祭条に「阿礼料」の五色帛各六匹がみえ、『貫之集』や『源氏物語』などにも「賀茂の御阿礼」の語が賀茂祭の代名詞のように使われているので、古代からの神事であることが知られる。明確な初見史料は、嘉元元年(一三〇三)の『嘉元年中行事』である。応仁の乱後文亀元年(一五〇一)に中断、元禄七年(一六九四)に再興。現在の神事次第はこの再興時の形を基本としている。現行の祭儀は次のとおりである。まず神事に先立って、本殿の北西八町の森の中に御生所《みあれどころ》を立てる。これは杭四十八本を打って高さ六尺、四間四方の方形の区画をつくり、周囲にマツ・サカキ・ヒノキなどの常緑樹の枝を沢山つけたもので、その中央から皮つきマツ丸太長さ四間の休間木《おやすまぎ》二本を斜

神道曼荼羅

曼荼羅はもともと密教のものだが、神仏習合思想の盛行によって垂迹画にも転用され、鎌倉・室町時代になると、わが国独自の垂迹曼荼羅が多作された。密教と関係の深かった春日・山王・熊野・八幡などの諸社に関する曼荼羅が典型的なものである。いずれも本地垂迹説に基づき垂迹形とその本地仏、あるいは社寺の景観などを曼荼羅風に描いてあることから垂迹曼荼羅と称され、仏教美術の範疇に属してきたが、現在では一般に神道曼荼羅と呼ばれている。表現に一定の形式が見られ、(1)本地仏と垂迹形とを合わせて描いた本迹曼荼羅、(2)本地仏のみを集めて描いた本地仏曼荼羅、(3)垂迹形のみを集めて描いた垂迹曼荼羅、(4)山川・橋梁・堂舎・社殿の建築および神域の景観などを描いた宮曼荼羅（社参曼荼羅・参詣曼荼羅）、(5)山川・橋梁・堂舎・社殿などの神域の景観の中に本地仏や垂迹形を描いた曼荼羅、(6)その他に分類される。これらは寺院の法会、本地仏の供養、護法善神の勧請、講中での崇敬、参詣者への絵解きなどに用いられた。

1・2　伊勢両宮曼荼羅図　紙本着色　江戸時代　内宮図㊧127.0×87.5 cm　外宮図㊨127.5×87.5 cm
東京都　三井文庫所蔵
伊勢両宮（内宮・外宮）の参詣曼荼羅。外宮図は宮川での禊、関所、山田の町、外宮、高倉山での神楽、演能の光景、日輪、間の山などを描く。内宮図は宇治での演能の光景、鳥居、宇治橋、五十鈴川、厩舎、内宮、風宮橋、風日祈宮、月輪、金剛証寺、二見の夫婦岩、船、富士山など描く。両図とも瑞垣の内外に神官、参詣道に山伏・武士・庶民がみえる。万延2年（1861）に京都の三井呉服店が伊勢神宮を信仰する出入りの職人の団体（三永講）へ寄贈の箱書がある。

4　八幡曼荼羅図　絹本着色　鎌倉時代　71.0×40.0 cm　重要文化財　大阪府 来迎寺蔵

3　石清水八幡曼荼羅図　絹本着色　鎌倉時代　127.3×74.2 cm　重要美術品　東京都 根津美術館所蔵

青水八幡の宮曼荼羅は男山全体の鳥瞰図と社殿の建みを描く図の２種に分類される。図３は前者に属す品で、男山の山上山下に散在する本宮・頓宮・摂末本地堂などを描く。図６は後者に属し、画面の上部簾の垂れた社殿、宝前に三対の狛犬、玉垣外の敷石殺に神饌案と立花と香炉を供えた黒塗り机、礼盤、こ楼門と回廊を描く。図５の技法・構図は図６と似るが、上部の三社と石畳の拝殿の左右に配する各二殺内に一尊ずつ本地仏を描くなど、本地仏曼荼羅とされる絵図である。図４は中央に僧形八幡、その背女神を２体、前方左右に女神と童子、さらに男神を都合７社の御影を描く垂迹曼荼羅である。

5　石清水八幡曼荼羅図　絹本着色　南北朝時代
137.4×63.7 cm　東京都 文化庁蔵

6　石清水八幡宮曼荼羅図　絹本着色
鎌倉時代　88.7×27.9 cm
京都府 栗棘庵所蔵

8　春日宮曼荼羅図　絹本著色　鎌倉時代
54.2 × 28.9 cm　東京都 根津美術館所蔵

7　興福寺曼荼羅図（春日社寺曼荼羅）　絹本著色
鎌倉時代　96.0 × 38.5 cm　重要文化財
京都国立博物館蔵

興福寺と鎮守神の春日社とは一体となって数多くの春日信仰に関する曼荼羅図を制作した。春日曼荼羅には、春日社の神域と興福寺の仏像を描いた社寺曼荼羅(図7)、春日の社景を描いた宮曼荼羅(図8)、鹿島神が白鹿に乗って常陸から春日山へ影向したとの由来をもつ鹿曼荼羅(図9・10)、春日の本地仏曼荼羅・本迹曼荼羅などがあり、神道曼荼羅のなかでも種類や数が最も多い。

10　春日鹿曼荼羅図　絹本著色　室町時代
102.6×35.6cm　大阪府 正木美術館所蔵

9　春日鹿曼荼羅図　絹本著色　南北朝時代
137.5×53.0cm　重要文化財
京都府 陽明文庫所蔵

比叡山の鎮守神である山王に対する信仰は延暦寺の隆盛に伴って栄え、山王六講・六彼岸講などの講社が結成されると、講中の礼拝用として種々の山王曼荼羅が多作された。図11は山王二十一社中で重要な八神の本地仏と十三社の垂迹形を描いた本迹曼荼羅、図12は厨子に描いた珍しい作品で、内部奥板の中央に山王七社、その上下に四社、左右の扉に六社、いずれも本地仏を描いてあり、山王本地仏曼荼羅図と称される。図13は中央に2本の大樹を背景とし山王七社の垂迹形を描く垂迹曼荼羅であるが、画面の上・下部に各7字ずつ梵字を配する。これらは摂末社の祭神の本地を表している。図14は山王七社をはじめ諸摂末社を社殿で表した宮曼荼羅図であり、社殿内の円鏡に本地仏らしき尊像を描いてあることから社名がわかる。山王本地供、護法神勧請、講中での崇敬の対象に用いられた。

11　山王本迹曼荼羅図　絹本著色　鎌倉時代
143.5 × 76.5 cm　重要文化財
滋賀県 百済寺所蔵

12　山王本地仏曼荼羅図　木造
鎌倉時代　89.4 × 50.3 cm
東京都 根津美術館所蔵

13　山王曼荼羅図　絹本著色　室町時代初期
113.6×40.6 cm　重要文化財
島根県 鰐淵寺所蔵

14　日吉曼荼羅図　絹本著色　室町時代
96.6×64.2 cm　重要美術品
奈良県 大和文華館所蔵

熊野三山の諸神と本地仏を集合した図を熊野曼荼羅という。図15は上段に修験の神仏を置き、雲下に熊野三所・五所・十二所の本地仏、その右に那智の滝と飛滝権現の本地十一面、天台宗寺門派の祖である円珍、最下段には熊野九十九王子の主要なものを配する。図16は几帳内に熊野三所の本地仏とその垂迹形を二段に分けて置き、下段にも本地仏とその垂迹形、諸王子などを配置してある。本地仏と垂迹形とを同一画面内に描いた本迹曼荼羅である。図17は中央に社殿を描き、内部を三段に分けて十五所を配してある。上方に熊野・大峰の連峰、下方に諸王子を配するという垂迹曼荼羅図である。

16　熊野曼荼羅図　絹本著色　鎌倉時代
82.5 × 40.0 cm　重要文化財
兵庫県 温泉神社所蔵

15　熊野曼荼羅図　絹本著色　鎌倉時代
104.5 × 51.3 cm　重要文化財
京都府 聖護院所蔵

17　熊野曼荼羅図　絹本著色　室町時代初期　100.7 × 39.7 cm　東京都 静嘉堂所蔵

18　吉野曼荼羅図　絹本着色　室町時代　94.2 × 39.8 cm　奈良県 西大寺所蔵
修験道の根本道場吉野山の主尊蔵王権現を中央に大きく描き、右に金精・役行者・前鬼後鬼・子守・左抛、左に牛頭天王・八王子・勝手・天満大政威徳天神、また若宮２体を配する。上方に八大童子と金峰山の連峰を描く。

19　伝柿本曼荼羅図　絹本著色　室町時代　133.5×59.9㎝
奈良県 大和文華館所蔵
柿本社は大和国添上郡の式内和爾下神社に比定される。画面上方に高瀬山と東大寺山がある。三間社流造の本殿上方に配する四つの円相内には本地仏を描く。境内に若宮・石燈籠・社務所・鐘楼があり、楼門の左右に回廊がのびている。正面の長い石段を降りると十二社と弁才天がある。

20　生駒曼荼羅図　絹本著色　鎌倉時代　105.3×41.9㎝
重要文化財　奈良国立博物館蔵
奈良県生駒山山麓に鎮座する往馬坐伊古麻都比古神社の実景を描いた垂迹曼荼羅。画面の中央に七座の社殿を配し、その前方に楼門、そこから坂をおりたところに高座旅所がある。一の鳥居の前方に摂末社があり、七座の社殿上方に各社の祭神の本地仏を円相内に置き、上方の生駒山山頂には白雲に乗る神人と二随身を描いてある。

21　富士曼荼羅図　室町時代末期　91.5×67.3㎝　静岡県 浅間神社所蔵
江戸時代以前の民衆による富士参詣の情景を描いた富士参詣曼荼羅図である。画面上方の中央に金色に輝く霊峰富士を描き、下方右に駿河湾へ突出した三保の松原、左に興津の清見寺の塔、また富士川のほとりには本宮浅間神社、社頭の神池での水垢離、白衣姿の登拝者の行列なども描いてある。上方に日月を配してないが、富士信仰の絵解き図として用いられたものと思われる。

22　立山曼荼羅図屏風　紙本着色　江戸時代初期　164.8×241.8㎝(4幅計)　富山市 来迎寺所蔵
日本三霊山の一つ立山に対する信仰を全国各地へ布教するために制作された社参曼荼羅の一種で、別名、越中立山縁起図ともいう。上方の左右に日月を配し、立山五峰の剣岳の下に地獄谷の諸相を、対する浄土山に二十五菩薩の来迎する姿を描く。芦峅寺の姥堂・閻魔堂、布橋勧請の情景、鬼の奪衣婆、六地蔵、立山神の熊を射る佐伯有若、道者衆の登拝の様子も描いてある。

23　熊野那智参詣曼荼羅図　紙本著色　桃山時代　155.5 × 165.0 cm　和歌山県 闘鶏神社所蔵

参詣曼荼羅は、宮曼荼羅の範疇に属するが、歴史的には新しい形式の曼荼羅である。特徴の一つは画面に世俗的な事物や人物を描き込んでいることで、そのため鑑賞者は同じ視線で容易に聖なる曼荼羅の世界へ誘われていく。道衆らは参詣する神社の縁起、祭神の神徳、参詣道などの絵解きに与ることにより、参詣の気運を高めたのである。のちに参詣者による講社が結成されると、この曼荼羅は礼拝の対象となり、室町から江戸期には多作された。熊野那智(図23)・多賀・浅間(図21)、伊勢両宮(図1・2)の参詣曼荼羅は有名である。

（三橋　健）

めに前方に出す。これは神の依代《よりしろ》の神籬《ひもろぎ》と考えられている。当日の午日(現十二日)は朝から御禊神事と神衣供献があり、夜八時より、御阿礼所前において宮司以下の神職により、燈火を消して御阿礼神事が行われる。まず神酒と摑《つか》みの御料(トビウオの干物とワカメを飯に混じたもの)で祭員の神宴がある。矢刀禰《やとね》が割幣をつけた御榊をもって御阿礼所の前の立砂を三度廻って神霊を移し、この榊を持って神幸があり、裏門を経て切芝の頓所に御榊(この榊も阿礼という)を立てる。宮司以下は本殿の御扉を開き松明を点じてこれを迎える。これは神社の北方二キロ半にある神山《こうやま》から御阿礼所に降臨した神霊を本殿に移すものである。この神事は『山城国風土記』逸文にみえる別雷命の誕生神話に対応する祭儀として理解されている。現在も厳重な秘儀として続けられている。なお、アレとはアラワレル意の古語で、神の誕生・顕現を意味するという解釈が有力である。この神事に用いられるものにもアレの名で呼ばれるものが多く、朝廷から奉献するアレは五色の帛であるが、吹流し状のものとする説、榊に鈴とともに着けたものとする説がある。『朝野群載』の賀茂祭宣命に阿礼乎止古・阿礼乎止女がみえるが、原形は賀茂県主家の神に仕える童男・童女であろう。平安時代には賀茂斎院の内親王を阿礼乎度女とよぶ例もある。阿礼乎止古については、その役を明記した史料はないが、奉幣使とする説がある。

参考文献 『賀茂大神宮年中神事略次第』(『日本祭礼行事集成』七)、伴信友『瀬見小河』(『伴信友全集』二)、栗田寛「賀茂のみあれ」(『神祇志料附考』上所収)、岡田精司「奈良時代の賀茂神社」(『古代祭祀の歴史と文学』所収)、同「賀茂別雷神社の祭祀の特色」(『祭祀研究』三)、座田司氏「御阿礼神事」(『神道史研究』八ノ二)、土橋寛「賀茂のミアレ考―日本のフェティシズム―」(『文学』五五ノ一一)

(岡田 精司)

みいのまつり　御井祭　井水の神をまつること。律令制下の宮中には座摩神《いかすりのかみ》として生井神《いくいのかみ》・福井神《さくいのかみ》・綱長井神《つながいのかみ》など五座があり、ならびに大社として月次・新嘗の奉幣に預かった。『延喜式』臨時祭条に産井祭と並んで御井祭の料として絹一疋以下が定められている。別に主水司に坐す神一座があり、また造酒司にも六座の神がまつられていた。つまり、流水(御溝水)、栄井《さくい》の水、醴御井泉の水など、それぞれの用に従ってその神をまつったのである。
↓座摩神《いかすりのかみ》

(柴田 実)

みえけんごこくじんじゃ　三重県護国神社　津市広明町に鎮座。祭神は明治維新以降の国難に殉じた三重県出身の戦没者六万三百余柱を祀る。明治二年(一八六九)、津藩主藤堂高猷《たかゆき》が安濃郡八幡宮の境内に小祠を建て、戊辰戦争戦没者三十七名を祀り表忠社と称して始まった。同七年官祭に列し、八年に招魂社と改称された。同四十二年に社殿が現在地の津市大字下部田に造営され、遷座祭が行われた。昭和十四年(一九三九)内務大臣に指定され三重県護国神社と改称した。昭和二十年七月二十七日、戦災にあい仮社殿となった。第二次世界大戦後の占領下の同二十一年十二月二十六日、社号を三重神社と改称したが、同二十八年十一月二日に三重県護国神社に復称した。つづいて社殿の再建に着手し、同三十二年十月二十一日に本殿遷座祭が行われた。例祭は春季(四月二十一日・二十二日)・秋季(十月二十一日・二十二日)、万燈みたま祭(七月二十三―二十五日)。

参考文献 『全国護国神社会五十年史』、「護国神社」(『靖国神社百年史』資料篇下所収)

(津田 勉)

みおじんじゃ　三尾神社　大津市園城寺町に鎮座。明治十四年(一八八一)郷社、同四十三年県社に昇格した。祭神の三尾明神は園城寺の地主神で、園城寺南院の中心祠として上ノ三尾(琴尾谷)に祀られていた。現在地に移ったのは明治九年である。『寺門伝記補録』三尾明神祠に、長等山に垂迹し長等南境の地主となると記される。『今昔物語集』巻一一の「智証大師初門徒立三井寺語」の中にも、三尾明神が園城寺護法神としてみえる。例祭は四月八日。七月二十二・二十三日には朝瓜《しろうり》祭が行われる。

参考文献 滋賀県神社庁編『滋賀県神社誌』

(宇野 茂樹)

みおやのみこと　神祖尊　『常陸国風土記』筑波郡条の神話に出現する神名。「祖神尊」と記す諸本もあるが、『日本古典文学大系』『神道大系』所収の底本に従い「神祖尊」とする。名義は父母神ではなく貴い祖先の神のことであろう。その神話によれば、昔この神が子孫の神々を訪ねて富士山に至り一夜の宿を乞うたが、新嘗《にいなめ》の物忌中だからと断られてしまった。そこで筑波山に行ったところ、新嘗の晩だがお泊めしない訳にはゆかないと鄭重に歓待された。神祖尊はこれを喜び、筑波の神々と人々の永遠の繁栄を祝福する。これゆえに富士山は降雪で登れない山となるが、筑波山は男女が多く参集し歌舞飲食して遊楽することが今も続くのだと記す。この神話は歌垣の賑いの背景に触れつつ、豊作の神は古くから氏神だけでなく、祖先神もそうなのだという信仰を伝えるもののようで、後世の村里に来訪する歳神や正月様は祖霊であるとの民間信仰と通底する、貴重な史料ということができよう。

(平井 直房)

みかくししんじ　身隠神事　松江市にある八重垣神社《やえがきじんじゃ》の神事。神社随一の古伝祭とされる。昔、稲田姫命が八岐《やまたの》大蛇《おろち》の難を避けるため、佐久佐女《さくさめ》(佐草女)の森の大杉を中心に八重垣を作って身を隠した故事にちなむという。神幸式は五月三日であるが、かつては四月三日であった。この日の早朝、宮司は、神社の背後にある「鏡の池」に赴き水を汲む。神事に用いられる神饌は、この池の水を使用し、松江藩主松平家から奉納された大丸御膳と丸椀十二台に盛りつけられて奉られた。祭典は、午後三時から始まり、献饌・祝詞奏上・悪切神事・玉串奉奠など一連の神事が行われたのち、宮司が本殿に参籠し、「いざさらば、いざさらば、連れて帰らん佐草の郷に宮造りして

宮造りして」「日も暮れぬ、さくさめの戸よはやとじよ、心のやみにわれまどわすな」などと歌いながら、榊のヒモロギに稲田姫の分霊を遷し、神輿に乗せて拝殿に降ろす。拝殿からは、八人の青年がこの神輿をかついで、鏡の池の背後の佐草女の森に神幸する。この時、多くの小幣串・塩水桶・榊を手にした氏子総代が先頭を進み、奏楽・神輿・稲田姫役・猿田彦役・手名槌《てなづち》役・足名槌《あしなづち》役・神職が続く。さらにその背後を、笛・太鼓に合わせ児童が赤白青の御幣を持って、「ヤイトウーマイトウー」と連呼して奥の院、夫婦杉まで練り歩く。しんがりを八重垣役という。その際に一行は、拝殿を左回りに二回まわることになっている。神輿の到着地は、夫婦杉と呼ばれる場所で、佐草女の森の中に柵で囲まれ注連縄《しめなわ》を施された空間となっている。一行は、ここに到着すると、左回りに二回まわって神輿からヒモロギを降ろし、これを神木に遷して、神酒を木の回りに注ぐ。その後、八重垣の布を周囲にめぐらし、御幣を立て、奉幣や玉串奉奠を行い、「千早振るその八重垣の榊葉に心の注連をかけぬ日ぞなき」という神唄を歌って神事を終了する。この式典に参加すると良縁に恵まれるという。この後、稲田姫は十二月十五日までここに滞在することになっている。 →八重垣《やえがき》神社《じんじゃ》

（森田喜久男）

みかぐら 御神楽 ⇩神楽《かぐら》

みかげまつり 御蔭祭 賀茂祭の一環として京都市左京区賀茂御祖神社（下賀茂神社）で行われる祭。上社の御阿《みあ》礼神事《れのしんじ》と同じく、古来四月中午日の行事であったが、明治十七年（一八八四）以後新暦五月十二日に行われることになった。文献上の確実な初見は『康富記』の嘉吉三年（一四四三）条であるが、御蔭山の名は『小右記』にもみえ、平安時代中期にはすでに行われていたとみられる。近世以降の祭儀次第は、早朝神職らが社頭を神馬とともに出発し、比叡山麓の摂社御蔭神社（左京区上高野東山）に向かう。ここで御蔭山の儀があって、神霊を移した御《み》生木《あれぎ》を神馬に載せて御錦蓋《ごきんがい》で覆い、神幸行列は摂社賀茂《かも》波爾《はに》神社を経て本社に還る。社頭で神馬の前で東遊《あずまあそび》などが行われる切芝神事ののち、御生木を神馬から本殿に移して（本殿の錠に挿す）、夕刻に終る。行列に波爾党・菖蒲党・鴨神人などの参加が現在もあるが、自動車列に変わり、神馬は摂社から本殿までの間だけの参加に省略されている。この祭は賀茂祭に先立って神霊を御蔭山から本社に迎える形をとるが、これは元禄年間（一六八八―一七〇四）の復興以後の形態であるから、本来は本社から御蔭山への神幸ではなかったか、とする考証もある。なお御蔭祭を御阿礼神事と混同する人が少なくないが、両者は全く異なる行事である。

参考文献 『鴨社年中行事』（『日本祭礼行事集成』一）、伴信友『瀬見小河』（『伴信友全集』二）、座田司氏「御蔭祭について」（『神道史研究』八ノ五）

（岡田 精司）

御蔭祭 神幸行列の際、御綿蓋で覆った御生木を乗せた神馬

みかたじんじゃ 御形神社 兵庫県宍粟《しそう》郡一宮町森添に鎮座。かつての延喜式内社で、旧県社。祭神は葦原志許男神ほか四柱とする。『播磨国風土記』によれば、この葦原志許乎命は、志爾嵩（現高峰山）において天日槍命と北播磨および但馬国の地を争い、その際三つのつづらを投げてその落ちた地を三条と称したといい、また葦原志許乎命の別名同神である伊和大神が形見として杖をたてたので御形《みかた》と称したともいう。最初の鎮座地は高峰山であったが、さらに一夜にして大杉が三本鼎形に出現したのを村民が深く驚嘆して遷座の奇瑞としたので、宝亀三年（七七二）二月十一日現在地に遷したと同社蔵の『高見大明神取調書上控』は記す。本殿は檜皮葺の三間社流造で側回りに高欄を付けた縁をもち、木鼻や手挟、蟇股などに室町時代末期の様式・技法をとどめている。社伝によれば大永七年（一五二七）に再建したのが、現在の本殿であるという。昭和四十二年（一九六七）に重要文化財に指定され、同四十六年二月から解体修理して翌年二月に完成した。例祭は十月十日で御当蔡が古式ゆかしく続けられている。

参考文献 兵庫県神職会編『兵庫県神社誌』

（芦田 岩男）

みかどまつり 御門祭 御門を鎮護し、邪神の侵入を防ぐための祭。古くは宮城にて、毎年四月と十二月の二度、斎部《いんべ》氏が掌った御門祭が有名である。この祭の神は、櫛《くし》石窓神《いわまどのかみ》・豊石窓神の二柱の神。『延喜式』祝詞の御門祭祝詞には、この二神が四方の御門にさしふさがって、邪神の侵入を防御することが述べられている。また同書四時祭上によると、この祭には、幣帛《へいはく》として、五色の帛、絁《あしぎぬ》、糸、木綿《ゆう》、麻、綿、紙、倭文《しどり》、布、銭、鍬、黄蘗《きはだ》、糯米《もちよね》、大豆、小豆、米、酒、糟、稲、塩、鮭、鰒、堅魚、腊、海藻、その他が供えられた。現行の御門祭は、長野県上田市の生島足島《いくしまたるしま》神社で、毎年正月八日に行われている。これは当日早旦に、切麻《きりぬさ》、散米《さんまい》、神酒をもって東西の御門を祓い、終って、東西の門に神名板《しんめいばん》を掲げる。

（沼部 春友）

みかみじんじゃ　御上神社　滋賀県野洲郡野洲町大字三上に鎮座。『延喜式』神名帳には名神大社として、月次・新嘗の官幣に預かり、大正十三年(一九二四)には官幣中社に列している。祭神は天之御影命。整備された社殿の後方には近江富士と称される神体山の三上山が位置し、古社としての風格を顕示している。『旧事本紀』に祭神は天之御影大神とし、『古事記』開化天皇段には「近淡海之御上祝以伊都玖天之御影神之女息長水依比売」とみえ、社記は御上祝が三上山を磐境と斎い定めて祀っていたと記している。この地は銅鐸が二十四個出土した小篠原銅鐸出土地と近接し、また安国造の本貫地でもあり、神体山の麓には古墳が群在する。『三代実録』に御上神に対し貞観元年(八五九)正月従五位上、同七年八月正四位下、同十七年三月従三位に神階昇叙したことがみえる。本殿(国宝)、拝殿(重要文化財)はともに鎌倉時代後期の建立で、楼門・摂社若宮神社本殿も重要文化財。社蔵の木造狛犬(重要文化財)は平安時代末期の数少ない秀れた作で、また鎌倉時代の小形の木造相撲人形一対も見逃すことのできない遺宝である。例祭は五月十四日。秋季古例祭は十月十四日で通称ずいき祭といわれる。

御上神社本殿

[参考文献]　宇野茂樹校注『近江国』(『神道大系』神社篇二三)、式内社研究会編『式内社調査報告』一二、『野洲町史』一　（宇野　茂樹）

建築　鎌倉時代の本殿(国宝)、拝殿(重要文化財)、室町時代(康安五年(貞治四、一三六五))の楼門(同)が三上山の西麓にある境内に、中軸線上に沿って建つ。本殿は方三間、各柱間を等間隔とし、入母屋造檜皮葺で正面中央に一間の向拝が付く。内部には四天柱を立て、三方を板壁で囲い正面に板扉を設けて内陣とする。天井は内陣が小組格天井、外陣は化粧屋根裏であって、外観・内部ともに仏堂のような観を呈しており、わずかに屋上の千木・堅魚木が社殿であることを示す。拝殿もまた方三間の舞殿形式であって、規模・外観が本殿と酷似しているため、拝殿が旧本殿の転用であるとする伝えはおそらく事実であろうと考えられる。

[参考文献]　太田博太郎『日本の建築』(『筑摩叢書』一一二)　（稲垣　栄三）

みかりしんじ　神狩神事　天富命《あめのとみのみこと》が東国の開拓にあたって海路安房に渡り田畑を荒らす猪や鹿を狩りしたことに由来する神事。ミカリには「神狩」の字があてられるが、「身変わり」の意味ともいわれる。千葉県館山市安房神社ではもとは旧暦十一月二十六日からの十日間であったが、大正時代ころから月遅れになり、現在は新暦十二月二十六日夕方から翌年一月四日までの十日間に行う。前半五日間を「下ミカリ」、後半を「上ミカリ」と呼ぶ。初日の二十六日をイチノビといい、この日から神主は参籠所に籠り別火して人に会わず、氏子も外出を控え、「竹縄の禁」といって竹や縄を使ったり、土を採ったり、壁塗り、屋根の葺き替え、家の建築などを行なってはならないとされる。またイチノビに箒や包丁を持ち、針仕事をするのはよくないとされ、これらの禁忌を犯すと指が腫れるなどという。同名の神事は、かつての安房国から上総国南部にかけて伝承されている。

[参考文献]　『千葉県の歴史』別編民俗一、大島建彦「安房神社のミカリ」(『西郊民俗』一八)　（木村　修）

みかわのこくないしんめいちょう　三河国内神明名帳　国内神名帳の一種。一巻ないし一冊。表題は「国内神名帳(参河国)」をはじめ十三種あって一定しない。諸本を整理すると、内容は上之山本系と猿投神社本系とに大別される。前者は巻頭に本文を総括した一葉を置き、そこに大明神・明神・天神の神号・小初位の神号を掲げ、それぞれの所数を示してある。次に全八郡に所在する神祇百六十六座(実際は百六十座)と記しその内訳は碧海二十三座・加茂九座・額田七座・幡豆八座・宝飯六十一座・設楽十一座・渥美十五座・八名二十六座であり、さらに式内と式外の社数も示してある。本文に掲げる実数は百五十七座である。後者は猿投神社(愛知県豊田市猿投町)の神宮寺白鳳寺で毎年正月五日の修正会結願日の夜に、社僧が奉唱した神名帳であり、この系統に属するのは白鳳寺本・慶安本・周海書写本・続群書類従本などである。本文はいずれも冒頭に八幡三所・若宮両所・砥鹿と主要な三神を配し、ついで八郡に所在の諸神百六十三座(実数は百五十八座)を神階順に列記する。最初に記載する十九所は大明神で三位以上、次の二十二所は明神で四位以上、次の百十五所(実数は百十)は天神で五位以上、最後に七所の小初位を記載する。当神名帳は平安時代に三河の国衙で作成されたものを原本としていると考えられるが、現存する諸本の多くは猿投神社の神宮寺で行われた修正会で奉唱されたものであり、最古の写本は慶安二年(一六四九)十二月に書写したとの奥書をもつ一巻(猿投神社蔵)であり、社僧によって作成されたものである。『続群書類従』神祇部、『神道大系』神社編一所収。

参考文献 『群書解題』一下、三橋健「『三河国内神名帳』の解題」(『国内神名帳の研究』論考編・資料編所収) 羽田野敬雄『三河国内神名帳集説』(『神道大系』神社編一所収)

(三橋　健)

みかんなぎ　御巫　「み」(御)は尊敬の意を表わす接頭語で、「かんなぎ」(巫)は一般には神前に奉仕する女性を指していうが、本来は神託を伝えるのを任務とする女性のこと。神子《かんこ》(かむのことも)、幾禰《きね》ともいう。「巫」については、『和名類聚抄』に「巫覡　説文云、巫、(無反、和名加牟奈岐)祝女也、文字集略云、覡、(乎乃古加牟奈岐)男祝也」とあり、また『和漢三才図会』には、「玉篇云、事レ神者、在レ男曰レ覡、在レ女曰レ巫」とみえ、巫を中国流に女性としている。いま、『説文』をみると、「巫、巫祝也、女能事ニ無形一、以レ舞降レ神者也」云々、また『説文通訓定声』には「巫、按、後世始別ニ女巫男覡一」とあって、古くは中国では巫も覡も別々ではなく、男女ともに巫といっていたものが後世に男の巫が男覡と変わったという。『周礼』春官、男巫、注に「巫能制ニ神之処位次主一者」とあるをみても証となろう。次に、巫を「かんなぎ」と訓むのは、『令集解』の御巫卜兆の註に「巫、神奈岐」とあり、『新撰字鏡』も、『巫、加無奈岐』といい、『伊呂波字類抄』・『東雅』五ともに「カンナギ」と訓んでいる。また『梁塵秘抄』に「カウナギ」とあるのは「カムナギ」の音便。次に、この語義については、『倭訓栞』前篇「みかんなぎ」の項に、「みかんなぎ、御巫と書けり、又みかんことよめり、神を斎つき祭る女にて、男の祝に同じ、今の神子の類にハあらず、昔ハ大御巫、生嶋御巫、御門御巫などあり、今は絶えぬ」と説き、また『東雅』五には、「巫、カンナギ　カンナギとはカンハ神也、ナギハネギ也、ネギと云ひ、ナギといふハ転語也、古語にネグといひしハ悦の義也」と解く。また次田潤は『祝詞新講』において、「祝詞考に巫をカムノコと訓んで神之子の義と解釈して以来、諸註多くは此の訓に従って居る。併し一説には又「カムコ」とも訓まれて居る。(中略)「カムナギ」は神和ぎの意で、神を祀り神楽などを奏して、専ら神の御心を和ける童女である」と記している。なおその実務については、和田英松の『(修訂)官職要解』六に、「神前で歌舞を奏するものであるが、また祓や、御祈禱などした。(中略)またかむなぎが、口寄だの、イチコだの、ヨリ人だの、ヨリマシだのというて、物怪《もののけ》を祈る事があったが、くはしい事は、『嬉遊笑覧』巻八に載せてある」といっている。なおまた、神子については、「神子　ミコとよむ、巫女《かんなぎ》と同じもの」として『太平記』二五の「三十五人の神子に、長時の御神楽を奉らしむるに云々」を例に挙げる。しかしながらそこには、小寺清之の『皇国神職考』にいう、「ミコと、カムナギの別をたてゝ、神社につかへるのを、昔はミコというて、良貴なものであるが、たゞ祈禱ばかりするのを、カムナギとも、カウナギともいうて、庶人だというて居る」との格差説をも併せ載している。次に、幾禰については、「これも巫子神子とおなじもの」と断じ、その例証に『古今和歌集』大歌所、とりものの歌を引いている。そして「キネとは、祈念の音によってつけた名だといひ、橘守部などは、神を禱《ね》ぐ人を禱宜といふのであるから、キネは禰部《ねぎべ》の約ったのであらうというて居るが、これもむづかしい」と結論を避けてある。なおまた引用文の中の「イチコ」については、『名言通』上二三に、「巫、(神和、カミナギ也)女巫ヲイチコト云フ。イチコハイツキコ(斎子也、ツキ反、チ)ミコハカミコ(神子)ノ略ナリ」云々とみえる。さて神が憑《よ》依者《りまし》の口を借りて託宣を語る信仰は、アジア諸国と同様に、日本にも古くから存在している。たとえば『魏志』倭人伝に載る鬼道を事とした邪馬台国の女王卑弥呼、垂仁天皇朝の天照大神の御杖代の倭姫命、仲哀天皇の皇后の気長足姫尊(神功皇后)、後一条天皇の御世、斎王であった嫥子女王の長元の託宣など。あるいはまた神霊憑依の現象が生じた高貴の女性である玉依姫が玉(神の霊)に感じて孕み、神聖な御子を生んだ伝承も伝えられ、祭神としても多くの神社に奉祀されている。たとえば、海神の女で鵜草葺不合命の后となった玉依毘売命、三輪の大物主神の妻となった活玉依毘売、『山城国風土記』逸文にある賀茂の玉依姫命など。そしてこの玉依姫の信仰は、ミコガミ信仰・若宮信仰の発生と発展に多大の関係を有するものであった。かくて巫は、後世にはもっぱらミコと呼ばれた。そして一方に神社に奉仕し続けてきた者と、他方には社を離れ、あるいは里巫女と化し、あるいは巫女村を形成していった者、または漂泊の巫娼化して行った者もあった。しかしいずれにしろ、長い年月の間に日本の宗教や文化面に果たした功績は実に大きかった。このことは、わが国の民俗研究の発展とともに、かなり広くかつ深く研究されているのが現状である。↓巫女《みこ》

参考文献 折口信夫『古代研究』民俗学篇一(『折口信夫全集』二)、中山太郎『日本巫女史』、大隅和雄・西口順子編『巫と女神』(『女性と仏教』四)、柳田国男「巫女考」(『妹の力』所収)、岡田精司「宮廷巫女の実態」(女性史総合研究会編『日本女性史』一所収)

(鈴木　義一)

みかんなぎきよなお　御巫清直　一八一二—九四　幕末・明治時代前期の神官、国学者。幼名寿之助光直、権之亮清直と改め、志津摩、尚書と称す。文化九年(一八一二)二月十五日伊勢国度会郡山田町(三重県伊勢市)杉原光基・都宇の長男に生まれ、文政九年(一八二六)従祖父御巫清富の家を相続する。天保七年(一八三六)加藤衛次の次女音野子(のち環子)を娶る。同九年豊受大神宮御巫内人に補任、弘化元年(一八四四)高宮権玉串内人の庁宣を受く。嘉永六年(一八五三)叙正六位上。慶応三年(一八六七)嗣子親衛清生に家督を譲る。明治元年(一八六八)度会府温故堂都講。同二年宮崎学校教授。四年神宮の改革により御巫内人の補任状および位階返上。九年教部省御用掛拝命。この間、私費をもって三重県下を巡歴、各社頭につ

いて考証検討して『伊勢式内神社検録』を編述。同年十等出仕。翌十年廃省により退官帰郷。十二年神宮司庁七等雇出仕、神宮教院一等教監。爾後もっぱら神宮教院にあって教義上に力を尽くす。なかんずく『喪儀類証』を著わしてわが国の神道葬祭の本義を闡明した功績は大きかった。十三年神宮教院職制改正により五等教監。同年神宮司庁六等雇、五等雇出仕と昇級。十五年神宮禰宜に任ぜられ、造神宮頭兼補。二十二年の式年造替の工事を監督、その間両宮諸殿舎を考究し、ひたすら古儀を尊重し、復興整備に努め、よく今日の規模を拝するに至った。十九年神宮権禰宜、奏任官六等。二十年叙正八位。同年十二月本官および兼補を辞退。二十一年神宮司庁儀式課顧問・神宮皇学館嘱託。二十六年神苑会委員を嘱託され、神宮古儀式図の取調べにあたり、神嘗祭旧式図・斎宮群行図などの下図を完成。二十七年七月四日病没。行年八十三。度会郡小木村に埋葬。のち遺骨は伊勢市宮後の養草寺墓地に移さる。遺著百数十部は、遺蔵の書籍約一万巻とともに御巫家の退蔵文庫に保存されている。著書の主なものは『大神宮叢書』に『神宮神事考証』として収載。

参考文献 神宮司庁編「御巫清直翁伝」(『大神宮叢書』神宮神事考証後篇附録)

(鈴木 義一)

みき 神酒 神々に献供する酒。一般にお神酒と呼んでおり、「しんしゅ」とも読む。ミは酒の美称あるいは敬称、キについては酒の古語、気の義、嚙みの約などと諸説あり、また、『古事記』の歌謡にみられる、酒をさすクシの呼称は、沖縄で現存するウグスの語と同根とされ、奇し・薬両説ある。ミキをミワとも称したことが古文献などにみえ、酒を司る神として三輪神は著名である。いずれにせよ、神をはじめ貴人に供する酒の呼称であり、神饌には欠かせぬ一品である。まつる側も、神酒を神とともに頂いて、心身を非日常的な境地に置いて、神々との交流を深めるところに神酒の意義がある。神酒には黒酒《くろき》、白酒《しろき》、清酒、濁酒、醴酒などがあり、祭祀によっては、黒酒と白酒あるいは清酒と濁酒を対で奉献する。酒造の古態の例として、数度繰り返して醸造する八醞酒《やしおりのさけ》、嚙んで醱酵させる醴酒《ひとよざけ》があげられる。記紀には酒壺の周囲で舞踏を行い、酒ほがいを行なったさまが記されているが、神酒を介して神意を確かめたり、酒造の首尾を神慮や魔物によるとして、策が講じられるさまは、民間伝承にもみられる。

(齋藤ミチ子)

みくじ 神籤 神籤は物事の決定や吉凶の判断など、客観的かつ人為的な器物・道具を用い、神意を判定するために行われる宗教行為である。「おみくじ」(神籤・御鬮)という。この呼称は「くじ」に尊敬・丁寧語の「御(お、み)」を重ねた語で、鎌倉時代ころより神仏の霊威を意識したものを御鬮(みくじ、おくじ)、それ以外の日常的な判定や和歌会・連歌会などで用いる場合は単に鬮《くじ》と使い分けられていたようである。神意を仰ぐ方法は古代では卜占《ぼくせん》や夢占《ゆめうら》をはじめ数々の神占が行われたが、平安時代末に至ると重要懸案の決定、物事の吉凶、多数の中からの優劣、勝敗、物事の順序などを決める際や後継者の人選などにあたり、神意を仰ぐ必要が感じられたときの手段として神籤も用いられた。その方法はさまざまで、多くは竹・木片、紙片に判断を神に仰ぐ事項や番号・記号・人名など目印となるものを記し、神に祈念してから一つを選び取り出させる短籍《ひねりぶみ》の形式がとられた。神社での祭祀や神事、奉仕者(神役)の人選など、現在においても地域で神籤の古い形式を窺うことができる。治承四年(一一八〇)由比郷にまつられていた鶴岡社を現在の鎮座地に遷座するため、源頼朝がみずから神籤をひいたとする『吾妻鏡』の記事はその初期の例といわれている。また『五代帝王物語』や『増鏡』には執権北条泰時が鶴岡八幡宮で籤を引き皇嗣《こうし》を決定した記事がみられる。中世には阿弥陀籤が出現した。これは阿弥陀仏の光背の後光を図式化して籤としたものであり、阿弥陀光とも呼ばれた。神意が仏意へと展開したものと思われる。近世では社寺で富籤《とみくじ》が流行した。神を判定者として神意により当選者を決定しようとするものであったが、商業的、娯楽的な色彩を濃くし博打の要素も加わるに至った。同様なものに福引がある。現在商店街などで行われている福引や宝くじはこれに由来するものである。また、一般に神社で御《お》神籤《みくじ》と呼ばれているものは、参拝者の運勢やさまざまな吉凶、祈念成就の可否など神意に仰ぐものである。特色ある御神籤にはからくり人形の神籤(錦天満宮)や神社に湧く霊泉の水に紙片をひたして占う、水占の神籤(貴船神社)などがある。近年では自動販売機によるものもみられる。

参考文献 岡田荘司「みくじ」(国学院大学日本文化研究所編『神道要語集』祭祀篇三所収)、中村公一『一番大吉!—おみくじのフォークロアー』(『あじあブックス』二〇)

(岡田 芳幸)

みくまりのかみ 水分神 流水の分配を掌る神。『古事記』によれば速秋津日子《はやあきつひこ》・速秋津比売(速開都比咩)両神の子とし、天《あめ》の水分神・国の水分神を祭祀する古社はかなりある。『延喜式』の大和国の水分社としては、葛上郡の葛木水分神社、吉野郡の吉野水分神社、宇陀郡の宇太水分神社、山辺郡の都祁水分神社があり、ほかに河内国石川郡の建水分神社、摂津国住吉郡の天水分豊浦命神社を載す。また安芸国の水分天神(『三代実録』)などもある。『続日本紀』の文武天皇二年(六九八)四月条には、吉野の水分峯の神に馬を献じて祈雨したことを記す。ミクマリはのちにミコモリとも訛って、水分神を子守神とする信仰もひろまった。

(上田 正昭)

みくりや 御厨 天皇家・伊勢神宮・上下賀茂社や摂関家などに、供御・供祭物・食料として魚介類その他を貢進する所領。史料上の初見は、延暦十九年(八〇〇)五月の太政官符(『類聚三代格』)にみえる近江国筑摩御厨である。御厨は、平城宮跡出土木簡の筑摩より醬鮒を貢進し

伊勢神宮御厨一覧

所在国郡	名称	所属	所済物	備考	典拠
摂津 東成郡	国分寺御厨	内宮		文明五年八月	氏経卿神事日次記
(郡未詳)	中村御厨	外宮	米	藤井中納言家領、口入神主度会行古	神鈔・諸国
伊賀 山田郡	喰代御厨	内宮	米	給主籠明入道等、永久宣旨	建久・神鈔
同	阿波御厨	内宮	米		神鈔
伊賀郡	穴太御厨	両宮	米・苧菓子	[建][諸]御園、給主荒木田氏子	建久・神鈔・諸国
同	長田御厨	内宮			神鈔
(郡未詳)	広瀬山田本御厨	内宮			神鈔
伊勢 桑名郡	稲光御厨	内宮		田積あり	神鈔
同	高苔御厨	内宮		同	神鈔
同	宮永西林御厨	内宮		同	神鈔
同	苦木御厨	内宮		同	神鈔
同	富津御厨	両宮	米	本領主平正弘没官地、保元元年宣旨、田積あり	建久・神鈔
同	富津猪飼御厨	外宮	米		諸国
同	奥村御厨	内宮		田積あり	神鈔
同	八太御厨	外宮		同	神鈔
同	末永御厨	内宮		同	神鈔
同	東富津御厨	内宮		同	神鈔
同	梅田御厨	外宮			神鈔
同	若江御厨	内宮			神鈔
同	原御厨	内宮			神鈔
同	多度御厨	外宮	米	員弁郡にもあり	諸国
員弁郡	大谷御厨	両宮	米	田積あり	神鈔・諸国
同	和泉御厨	両宮	米	同	神鈔・諸国
同	留米御厨	両宮	米		神鈔・諸国
同	治田御厨	両宮	米		神鈔・諸国
同	丹生河御厨	内宮	米		神鈔
同	大井田御厨	内宮	米		神鈔
同	高日御厨	内宮	米	田積あり	神鈔
同	鶴沢御厨	内宮	米		神鈔
同	梅津御厨	両宮	米	一名小泉とあり	神鈔
同	梅戸御厨	内、外			神鈔・諸国
同	志礼石御厨	内宮	米	田積あり	神鈔
同	饗庭御厨	両宮	米		神鈔・諸国
同	宇治野御厨	内宮	米	田積あり	神鈔
伊勢 員弁郡	萩原御厨	内宮	米	田積あり	神鈔
同	麻生田御厨	両宮	米	同	神鈔・諸国
同	大泉御厨	内、外	米	同	神鈔・諸国
同	穴太御厨	両宮	米	同	神鈔・諸国
同	大墓御厨	両宮	米	同	神鈔
同	曾原御厨	両宮	米	同	神鈔・諸国
同	石榑御厨	内宮	白米	田積あり、石榑荘ともいう	神鈔
同	佐々田御厨	内宮	米	田積あり	神鈔
同	小島御厨	内宮	米		神鈔
同	深瀬御厨	内、外	米	田積あり	神鈔・諸国
同	片火御厨	内宮	米	仁太御厨ともあり	神鈔
同	笠田御厨	外宮	米	田積あり	神鈔・諸国
同	岡本御厨	両宮	米	[諸]御園	神鈔・諸国
同	中河御厨	両宮	米	田積あり	神鈔・諸国
同	長深御厨	内、外	米	同	神鈔・諸国
同	志竈御厨	内宮	米		神鈔
同	河島御厨	両宮	米	田積あり	神鈔・諸国
同	宇賀御厨	内、外	米	同	神鈔・諸国
同	阿下喜御厨	内、外	米	同	神鈔・諸国
同	島田御厨	両宮	米	同	神鈔・諸国
同	小田中御厨	両宮	米	[諸]御園	神鈔・諸国
同	倉垣御厨	内、外	米	田積あり	神鈔・諸国
同	富津御厨	内、外	米		神鈔・諸国
同	東富津御厨	内宮	米		神鈔
同	島富御厨	両宮	米	田積あり	神鈔・諸国
同	松尾御厨	両宮	米	同	神鈔・諸国
同	小山田御厨	内宮	米		神鈔
同	曾井御厨	内宮	米		神鈔
同	石河御厨	内、外	米	田積あり	神鈔・諸国
同	高柳御厨	外宮	米	同	神鈔・諸国
同	山田御厨	内宮		同	神鈔
同	岡田御厨	内宮		同	神鈔
同	小中上御厨	外宮	米	同	神鈔・諸国
同	田中御厨	外宮	米	[諸]御園、田積あり	神鈔・諸国
同	星河御厨	両宮	米	田積あり	神鈔・諸国
同	小泉御厨	両宮	米		神鈔
同	多度御厨	外宮	米	[諸]御園、桑名郡にもあり	神鈔・諸国
同	茂永御厨	内、外	米	田積あり	神鈔・諸国

所在国郡	名称	所属	所済物	備考	典拠
伊勢 員弁郡	阿奈宇御厨	内宮			神鈔
同	勾庄大墓御厨	内宮		田積あり	神鈔
同	東禅寺御厨	内宮			神鈔
朝明郡	小島御厨	両宮	米		神鈔・諸国
同	長井御厨	両宮	米	田積あり	神鈔・諸国
同	山村御厨	内宮	米		神鈔
同	衣平御厨	内宮	米	田積あり	神鈔
同	保々御厨	両宮	米	〔諸〕御園	神鈔・諸国
同	鶴沢御厨	内宮	米	田積あり	神鈔
同	島田御厨	内宮	米		神鈔
同	田口御厨	両宮	米		神鈔・諸国
同	徳光御厨	内宮	米		神鈔
同	長松御厨	内、外	米	田積あり、三重郡に及ぶ	神鈔・諸国
同	石田御厨	外宮	米		神鈔
同	福永御厨	内宮	米	田積あり	神鈔
同	山田御厨	外宮	米	同	神鈔・諸国
同	弘永御厨	内宮		同	神鈔
同	坂(合)部御厨	両宮	米	田積あり、三重郡にもあり	神鈔・諸国
同	金綱御厨	両宮	米	〔諸〕御園、田積あり	神鈔・諸国
同	大矢智御厨			田積あり	神鈔
同	長橋御厨	内宮			神鈔
同	富田御厨	外宮	米	〔諸〕南・北に分ける、田積あり	神鈔・諸国
同	鵤御厨			田積あり	神鈔
同	本能登御厨				神鈔
同	吉沢御厨	内宮		田積あり	神鈔
同	開田御厨	内宮	米		神鈔
同	高野御厨	内宮	米		神鈔
同	坂本御厨	内宮	米		神鈔
同	末永御厨	外宮	米		諸国
同	小向御厨	内、外	米	〔神〕御園	神鈔・諸国
同	用永御厨	外宮	米	口入度会元彦	諸国
同	小泉御厨	外宮	米	三重郡に及ぶ	諸国
三重郡	智積御厨	内宮	米	田積あり	神鈔
同	治田御厨	両宮	米		神鈔・諸国
同	潤田御厨	両宮	米	田積あり	神鈔・諸国
同	大強原御厨	両宮	米		神鈔・諸国
同	栗原御厨	両宮	米	田積あり	神鈔・諸国
同	吉沢御厨	両宮	米		神鈔・諸国

所在国郡	名称	所属	所済物	備考	典拠
伊勢 三重郡	須久野御厨	内宮	米	田積あり	神鈔
同	豊岡御厨	両宮	米		神鈔・諸国
同	多米御厨	両宮	米		神鈔・諸国
同	今河御厨	内宮	米		神鈔
同	遠保御厨	両宮	米		神鈔・諸国
同	日長御厨	両宮	米	田積あり	神鈔・諸国
同	日長新御厨	外宮	米		諸国
同	稲田御厨	両宮	米	田積あり	神鈔・諸国
同	飽良河御厨	両宮	米	同	神鈔・諸国
同	松本御厨	両宮	米	同	神鈔
同	高角御厨	両宮	米	同	神鈔・諸国
同	小泉御厨	両宮	米	朝明郡に及ぶ	神鈔・諸国
同	又小泉御厨	外宮	米		諸国
同	桜御厨	両宮	米	〔諸〕御園	神鈔・諸国
同	采女御厨	両宮	米	田積あり	神鈔・諸国
同	長松御厨	外宮	米	朝明郡に及ぶ	神鈔
同	山田御厨	内、外	米		神鈔・諸国
同	南山田御厨		米		神鈔
同	北山田御厨	内宮	米	号河島とあり	神鈔
同	曾井御厨	両宮	米	田積あり	神鈔・諸国
同	長沢御厨	両宮	米		神鈔・諸国
同	長尾御厨	外宮	米		神鈔・諸国
同	池底御厨	両宮	米	田積あり	神鈔・諸国
同	小山田御厨	両宮	米	同	神鈔・諸国
同	小松御厨	内、外		〔諸〕御園	神鈔・諸国
同	新開御厨	内宮	米		神鈔
同	坂部御厨	内宮		朝明郡にもあり	神鈔
同	庭田御厨	外宮	米		神鈔・諸国
同	飯倉御厨	外宮	米	〔諸〕御園	神鈔・諸国
同	高柳御厨	外宮	米	〔諸〕御園	神鈔・諸国
同	良河御厨	内宮	米		神鈔
同	高岡御厨	外宮	米	〔諸〕御園	神鈔・諸国
同	衣比原御厨	外宮	米		神鈔・諸国
同	垂水(見)御厨	外宮	米	〔神〕(異本)〔諸〕御園	神鈔・諸国
同	寛丸御厨	外宮	米	〔諸〕寛御厨	神鈔・諸国
同	為元御厨	内宮			神鈔
同	志賀摩(真)御厨	外宮	米		神鈔・諸国

所在国郡	名称	所属	所済物	備考	典拠
伊勢 三重郡	深町御厨	内宮			神鈔
同	小林御厨				神鈔
同	鷹野御厨				神鈔
同	泉御厨				神鈔
同	河後御厨	外宮			壬生家文書
河曲郡	深馬路御厨	内宮	米	田積あり	建久・神鈔
同	野日御厨	内宮	米	同	建久・神鈔
同	長沢御厨	内宮	米		神鈔
同	若松南御厨	内、外	米	田積あり、平氏没官地	建久・神鈔
同	玉垣御厨	内宮	米	田積あり、殿下御領幷外宮権神主故晴康等、永久三年宣旨	建久・神鈔
同	斛光御厨	内宮	米	田積あり	神鈔
同	箕田御厨	内宮	米	田積あり、文治二年宣旨	建久・神鈔
同	箕田安田御厨		米	田積あり	神鈔
同	箕田永富御厨	外宮	米		諸国
同	多賀宇田御厨	内宮	米		神鈔
同	柳(楊)御厨	内宮	米	田積あり、保元年中建立	建久・神鈔
同	河南河北御厨	内宮	米	(建)河南御厨、田積あり、平氏没官地	建久・神鈔
同	高富御厨	外宮	米	田積あり	神鈔・諸国
同	若松御厨	内、外	米	平氏没官地、保元元年建立	建久・神鈔・諸国
同	南黒野御厨			田積あり	神鈔
同	黒野御厨	内宮		同	神鈔
同	江島御厨	内宮	魚介	庵芸郡にもあり、給主源定季、長元二年国司奉免	建久・神鈔
同	山辺新御厨	両宮	米	田積あり	神鈔
同	畔光御厨	内宮			神鈔
同	井戸御厨	外宮			神鈔
同	松永御厨	内宮		田積あり	神鈔
同	山鳥御厨	内宮			神鈔
同	柳新御厨	外宮		河曲新田に「近年号柳御厨」と注す	諸国
同	永(長)藤御厨	外宮	米	平氏没官地、鎌倉家知行、応保二年建立	建久・神鈔・諸国
同	成高(高成)御厨	外宮	米	平氏没官地、鎌倉家知行、仁平二年宣旨、本名高成	建久・神鈔・諸国
同	林崎(前)御厨	両宮	米	(神)奄芸郡とする	神鈔・諸国
鈴鹿郡	豊田御厨	内宮	米	田積あり、給主藤原氏子	建久・神鈔
同	末弘御厨	内宮	米	田積あり、給主検非違使政康等	建久・神鈔
同	黒田御厨	内宮	米	田積あり	建久・神鈔

所在国郡	名称	所属	所済物	備考	典拠
伊勢 鈴鹿郡	鷲岡御厨	内宮	米		神鈔
同	東開(関)御厨	内宮	米		神鈔
同	安乃(濃)田御厨	内宮	米	給主藤原氏子	建久・神鈔
同	高和田御厨	内宮	米		神鈔
同	立見御厨	内宮	米		神鈔
同	吉清御厨	内宮		神戸ともあり	神鈔
同	安楽御厨	内宮	米	承久三年北条政子寄進	神鈔
同	葉若御厨	内、外	紙	同	神鈔・諸国
同	井後御厨	内宮	米	同	神鈔
同	原御厨	外宮	米	田積あり、平氏没官地、鎌倉家知行	建久・神鈔・諸国
同	河南御厨			河曲郡に河南河北御厨あり	神鈔
同	深溝御厨	内、外	米	(諸)三重郡とする、田積あり	神鈔・諸国
同	八野御厨	内宮			神鈔
同	土師御厨	内、外	米	(諸)河曲郡・御園とする、田積あり	神鈔・諸国
同	那越御厨	外宮		(諸)御園	神鈔・諸国
同	永藤御厨	内宮		河曲郡にもあり、田積あり	神鈔
同	須可崎(碕)御厨	外宮	米	(諸)河曲郡とする、給主兵衛督局、白河院庁下文	建久・神鈔・諸国
同	成高御厨			河曲郡にもあり	神鈔
同	山部御厨				神鈔
同	庄野御厨	両宮	米	(神)御園	建久・神鈔・諸国
同	和田御厨	外宮	米		諸国
奄芸郡	窪田御厨	内宮	米		神鈔
同	大古曾御厨	両宮	米	田積あり、給主源俊清、承徳四年宣旨	建久・神鈔・諸国
同	上野御厨	内宮	米	田積あり、給主故源中将家	建久・神鈔
同	石丸御厨	内宮	米	田積あり	神鈔
同	林御厨	内宮	米	給主有覚等、仁安年中建立	建久・神鈔
同	吉清御厨	内宮	米		建久・神鈔
同	越智御厨	内、外	米	給主源能清、寛徳以前神領	建久・諸国
同	片淵御厨	内宮	米	(神)鈴鹿郡楠原と注す、田積あり、給主内宮禰宜成長等、永久三年宣旨	建久・神鈔
同	得田御厨	両宮	米	田積あり、給主故源中納言家子息	建久・神鈔・諸国
同	昼生御厨	両宮	米	田積あり、給主頭中将家、養和元年改寄進	建久・神鈔・諸国
同	為元御厨	両宮	米	田積あり、平氏没官地、鎌倉家知行、承安年中宣旨	建久・神鈔・諸国

所在国郡	名称	所属	所済物	備考	典拠
伊勢 奄芸郡	小林御厨	外宮	籾	[諸]御園	神鈔・諸国
同	古浜御厨	内宮			神鈔
同	南黒田御厨	外宮	米	給主醍醐寺、花園院太政大臣家領、延久・永保宣旨	建久・神鈔・諸国
同	北黒田御厨	外宮	籾・菓子		神鈔・諸国
同	尾崎御厨				神鈔
同	高成御厨			河曲郡にもあり	神鈔
同	部田御厨			安濃郡にもあり、田積あり	神鈔
同	江島御厨			河曲郡にもあり	神鈔
同	社御厨				神鈔
同	一身田御厨			安濃郡にもあり、田積あり	神鈔
安濃郡	安濃津御厨	内宮			神鈔
同	別保御厨	内宮		田積あり	神鈔
同	開田御厨	内宮	米		神鈔
同	大谷御厨	内宮	米		神鈔
同	野田御厨	両宮	米	[雑]御園	雑例・神鈔
同	長岡御厨	内、外	米	田積あり	神鈔・諸国
同	塩浜御厨	内宮	米	同	神鈔
同	長野御厨	内宮	米	同	神鈔
同	河智御厨	内宮	米		神鈔
同	部田御厨	内宮	米	[神]奄芸郡にもあり、奄芸郡か、給主内宮権神主利康等、永久三年宣旨	建久・神鈔
同	佐々礼石御厨	内宮	米		神鈔
同	大口御厨	内宮	米		神鈔
同	辰口御厨	両宮	米	田積あり	雑例・神鈔・諸国
同	小稲羽御厨	両宮	米	同	神鈔・諸国
同	切田御厨	両宮	米	同	雑例・神鈔・諸国
同	建部御厨	両宮	米	同	神鈔・諸国
同	五百野御厨	外宮	米	同	神鈔・諸国
同	松崎御厨	外宮	米		神鈔
同	一身田御厨	内宮	米	奄芸郡かと注す、田積あり	神鈔
同	岩(石)田御厨	両宮	米	田積あり	神鈔・諸国
同	豊古野御厨	外宮	米	同	神鈔
同	宿奈部御厨	外宮	米		神鈔・諸国
同	宅所御厨				神鈔
同	岩坪御厨	外宮	米		諸国
同	下内田御厨	外宮	米	[諸]御園	神鈔・諸国

所在国郡	名称	所属	所済物	備考	典拠
伊勢 安濃郡	泉上御厨	外宮	米		諸国
同	新永松御厨	外宮	米		諸国
同	草生御厨	外宮			諸国
同	乙部御厨	内宮		[神]御園	楓軒文書纂所収進藤文書・神鈔
一志郡	苽生御厨	内宮	米・絹	[雑]飯高郡とする、永承四年建立	雑例・建久・神鈔
同	蘇原御厨	両宮	米・塩	田積あり、領家八条院、永久三年宣旨	雑例・建久・神鈔・諸国
同	波氏御厨	内宮	米	[建]彼出御厨とするのは誤り、田積あり、給主前和泉守通基	雑例・建久・神鈔
同	永用御厨	内宮	米	田積あり、給主藤原親徳等	雑例・建久・神鈔
同	若栗御厨	内宮	米	[雑][建]御園、田積あり	雑例・建久・神鈔
同	小杜御厨	外宮	塩	[雑]御園	雑例・神鈔・諸国
同	大阿射賀御厨	外宮	米・絹	[建]大小に分けず、給主前皇后宮大夫入道并藤原氏子、永久三年宣旨、田積あり	雑例・建久・神鈔・諸国
同	小阿射賀御厨	外宮	米・絹	同	雑例・建久・神鈔・諸国
同	北黒野御厨	外宮	米	[建]南北に分けず、給主藤原氏子、永久三年宣旨、田積あり	雑例・建久・神鈔・諸国
同	南黒野御厨	外宮	米	同	雑例・建久・神鈔・諸国
同	中村拝野御厨	外宮	米・麦	[雑][諸]拝野御園	神鈔
同	中村拝野東御厨	外宮	米・麦	同	神鈔
同	都御厨	外宮	米	[雑][諸]御園	雑例・神鈔・諸国
同	野田御厨	外宮	米		神鈔
同	焼出御厨	外宮	米	[諸]安濃郡とし、所済物は塩	神鈔・諸国
同	徳友御厨	内宮			神鈔
同	河方御厨	内宮			神鈔
同	島抜御厨	両宮	塩		雑例・神鈔・諸国
同	垂水御厨	外宮	米	[諸]安濃郡とし、所済物は塩	神鈔・諸国
同	藤方御厨	両宮	塩	[諸]安濃郡とする	神鈔・諸国
同	宮野御厨	内宮			神鈔
同	一松御厨	外宮	塩	[神]御園	神鈔・諸国
同	八太(大)御厨	外宮	米	田積あり、給主左中将家	雑例・建久・神鈔・諸国

所在国郡	名称	所属	所済物	備考	典拠
伊勢 一志郡	西園御厨	内、外	紙	承久三年北条政子寄進	神鈔・諸国
同	吉清御厨	内宮		田積あり	神鈔
同	牛目野御厨	内宮			神鈔
同	小森御厨	内宮	米		神鈔
飯高郡	勾御厨	両宮	米	田積あり	雑例・神鈔・諸国
同	深長御厨	内宮	米		雑例・神鈔
同	英太御厨	両宮	米		雑例・神鈔・諸国
同	茅原田御厨	内宮	米		雑例・神鈔
同	岸江御厨	内宮	米	田積あり	雑例・神鈔
同	光用御厨	両宮	米	同	雑例・神鈔・諸国
同	鷹御厨	内宮	米	[雑]鷹生御園、田積あり	雑例・神鈔
同	若松御厨	内宮	米		雑例・神鈔
同	南黒田御厨	内宮			神鈔
同	真弓御厨	内宮		[雑]御杣、田積あり	雑例・神鈔
同	坂奈井御厨	内宮		「真弓御厨、号坂奈井」とあり、田積あり	神鈔
同	松山御厨	外宮		田積あり	雑例・神鈔・諸国
同	岩蔵御厨			同	神鈔
同	平生御厨	内、外	米		神鈔・諸国
同	県御厨	内宮		[神]御園	雑例・神鈔
同	会田御厨	内宮		田積あり	神鈔
同	櫛比御厨	内宮		同	神鈔
同	河南河北御厨	内宮		同	神鈔
同	福末御厨		米	[神]福木御厨ともする、[諸]神田、田積あり	神鈔・諸国
同	永方御厨	内宮		田積あり	神鈔
同	臼井御厨	外宮	米		神鈔・諸国
同	白加志御厨	内宮			神鈔
同	梅田御厨	外宮	米	[神]御園	神鈔・諸国
同	井村御厨	内宮	米	[雑]御園	雑例・神鈔
同	高志御厨	内宮	米	[雑][神]御園	島田家文書・雑例・神鈔
多気郡	志貴御厨	内宮	米		雑例・神鈔
同	矢田御厨	両宮		田中村三町と注す	神鈔
同	四藺生御厨	外宮	菓子	[雑][諸]御園	雑例・神鈔・諸国

所在国郡	名称	所属	所済物	備考	典拠
伊勢 多気郡	富墓御厨	内宮		田積あり	神鈔
同	川合御厨	内宮か		多気・飯野両郡に散在	東寺百合文書
飯野郡	若菜御厨	外宮	米	田積あり	雑例・神鈔・諸国
同	黒部御厨	両宮	米		雑例・神鈔
同	櫛田川(河)原御厨	外宮	米		雑例・諸国
同	治田御厨	外宮	菓子	[諸]御園	雑例・神鈔・諸国
度会郡	大淀御厨	内宮	米		雑例・神鈔
同	大方御厨	内宮	米		雑例・神鈔
同	高羽江御厨	両宮	米	田積あり	雑例・神鈔・諸国
同	泊浦御厨	内宮		[神]御園、志摩国にもあり	雑例・神鈔
同	伊介御厨	両宮		[諸]伊介浮島御厨とあり	雑例・神鈔・諸国
同	浮島御厨	両宮			雑例
同	固(堅・片)上御厨	内宮		御園ともする	神鈔
同	坂手御厨	内宮		志摩国にもあり	神鈔
同	久具御厨				神鈔
同	長屋御厨	内、外		[諸]御園	神鈔・諸国
同	牛庭御厨	外宮	米		雑例・神鈔・諸国
同	二見御厨	両宮		[諸]志摩国とする	神鈔・諸国
同	丹河御厨	外宮	米	[神]御園・多気郡とする	雑例・神鈔・諸国
同	有滝御厨	外宮	米	[神]御園	雑例・神鈔・諸国
同	若田井辺御厨	外宮	米	[雑]御園	雑例・諸国
同	无漏御厨	外宮	米	[雑][諸]御園	雑例・神鈔・諸国
同	村松御厨	外宮	米	[神]御園	雑例・神鈔・諸国
志摩 答志郡	布浜御厨	外宮		賀茂荘内	諸国
同	泊浦御厨	内、外		[神]伊勢国にもあり	神鈔・諸国
同	坂手御厨	内、外		同	雑例・神鈔・諸国
同	的屋御厨	内宮			神鈔
同	竃(蒲)子御厨	内、外		田積あり	神鈔・諸国
同	畔蛸御厨	内、外		[諸]羽畔蛸御厨	神鈔・諸国
同	猿田御厨	内宮			神鈔

所在国郡	名称	所属	所済物	備考	典拠
志摩　答志郡	坂崎御厨	内宮	塩		神鈔
同	伊志賀御厨	内宮			雑例・神鈔・諸国
同	越浜御厨	内、外		[神]伊介と注す、[諸]大浜御厨、小浜御厨のことか	神鈔・諸国・御塩殿古文書
同	笛御厨	外宮			諸国
同	菅島御厨	内、外			神鈔・諸国
英虞郡	立神御厨	内宮			神鈔
同	鵜方御厨	内、外			神鈔・諸国
同	大久田御厨	内、外			神鈔・諸国
同	小久田御厨	内、外			神鈔・諸国
同	比志加(賀)御厨	内、外			神鈔・諸国
同	南浜御厨	内宮			神鈔
同	相可御厨	内宮			神鈔
同	片田御厨	内宮			神鈔
同	奈波利御厨	内宮			神鈔
同	中津浜御厨	内宮			神鈔
同	中井須山御厨	内宮			神鈔
同	伊奈瀬御厨	内宮			神鈔
同	小路御厨	内宮			神鈔
同	上津長御厨	内宮			神鈔
同	長瀬御厨	内宮			神鈔
同	南船越御厨	内、外			神鈔・諸国
同	東船越御厨	内、外			神鈔・諸国
同	佐々良御厨	内宮			神鈔
同	中浜御厨	内宮			神鈔
同	錦御厨	内、外			神鈔・諸国
同	木本御厨	内、外			神鈔・諸国
同	丹島御厨	内、外			神鈔・諸国
同	須賀利御厨	内、外			神鈔・諸国
同	中島御厨	内宮			神鈔
同	伊熊御厨	内宮			神鈔
同	焼野御厨	内宮			神鈔
同	入江御厨	内宮			神鈔
同	大吹御厨	外宮			諸国
同	土具御厨	内、外			神鈔・諸国
同	迫御厨	外宮			諸国
同	越賀御厨	内宮			神鈔

所在国郡	名称	所属	所済物	備考	典拠
志摩　(郡未詳)	坂倉御厨	内宮			神鈔
(同)	船木原御厨	内宮			神鈔
(同)	寿根御厨				徴古文府
尾張　海部郡	伊福部御厨	両宮	絹・米	給主外宮権神主光親等、寛治七年建立、田積あり、一名福永	建久・神鈔・諸国
同	伊福部花正御厨	内宮		御封方、田積あり	神鈔
同	立石御厨	両宮	糸・絹	永長元年建立	建久・神鈔・諸国
同	田代喬島楊津御厨	内宮			神鈔
中島郡	笑生御厨	両宮		一名治開田神領とあり、田積あり	神鈔
同	奥村御厨	内宮	米	給主内宮一禰宜成長、治暦年中建立、建久二年宣旨	建久・神鈔
同	酒見御厨	外宮	糸	給主外宮権神主睦元等、畠地	建久・神鈔・諸国
同	玉江御厨	内宮			神鈔
同	陸田御厨	内宮		田・畠地、田積あり	神鈔
同	下津御厨	内宮			神鈔
丹羽郡	上搗栗御厨	内宮	油	[建]御園、上下に分けず、給主内宮権神主守長、田積あり	建久・神鈔
同	下搗栗御厨	内宮	油	同	建久・神鈔
同	瀬辺御厨	外宮	糸	給主外宮禰宜頼行等、田積あり	建久・神鈔・諸国
同	高屋御厨	外宮	糸・菓子	給主外宮一禰宜雅元等、畠地	建久・神鈔・諸国
同	前野御厨	内宮			神鈔
春部郡	清須御厨	内宮			神鈔
山田郡	末御厨	内宮			神鈔
愛知郡	一楊御厨	内宮	米	給主内宮禰宜元雅等、田積あり	神鈔
同	野田御厨	外宮	絹		神鈔・諸国
(郡未詳)	御母板倉御厨	両宮		給主大中臣宣実、国司収公、退転、田積あり	建久・神鈔・諸国
(同)	新溝御厨	外宮	糸	給主内宮権神主成仲等、畠地	建久・神鈔・諸国
(同)	清河御厨	内宮			神鈔
(同)	竹河御厨	内宮			神鈔
(同)	治開田御厨	両宮	絹	[建]神領とする、[諸]御厨の字なし、給主大中臣氏子、本新神戸内、嘉承二年宣旨	建久・神鈔・諸国
(同)	清納御厨	内宮			神鈔
(同)	柳御厨	外宮			諸国

所在国郡	名称	所属	所済物	備考	典拠
三河 幡豆郡	饗庭御厨	外宮	米	給主散位源国長、永久宣旨	建久・神鈔・諸国
同	蘇美御厨	外宮	米	領家前左大臣家、久安元年宣旨	建久・神鈔・諸国
同	角平御厨	外宮		蘇美同所とあり、田積あり	神鈔
設楽郡	細谷御厨	内宮		寛正五年五月	氏経卿神事日次記
八名郡	神谷御厨	両宮	米・菓子	給主前上野介星野範信、仁安三年建立	建久・神鈔・諸国
渥美郡	橋良御厨	内宮	米	給主内宮禰宜重章等、永久宣旨	建久・神鈔
同	高足御厨	内宮	米	平氏没官地	建久・神鈔
同	伊良胡御厨	外宮	米・干鯛	給主外宮権神主貞村等、永久宣旨	建久・神鈔・諸国
同	野依御厨	内、外	米		神鈔・諸国
同	赤坂御厨	内宮			神鈔
同	吉胡御厨				神鈔
遠江 浜名郡	尾名(奈)御厨	内宮	米・絹	田積あり	建久・神鈔
同	浜名御厨			承安二年十二月	玉葉
敷智郡	浜松御厨	内宮		松平弾正知行	享徳元年庁宣注文
引佐郡	都田御厨	内宮	米・魚	給主神祇少副故公宣等子息、永久宣旨、田積あり	建久・神鈔
同	刑部御厨	両宮	米・魚	給主散位大中臣親範等、永久宣旨、田積あり	建久・神鈔・諸国
同	祝田御厨	内、外		田積あり	神鈔・諸国
亀玉郡	宇治乃御厨	内宮			神鈔
長上郡	蒲御厨	内宮		給主内宮一禰宜成長等、永久宣旨、田積あり	建久・神鈔
同	美園御厨	両宮	米・紙	給主故九条女三位家子息、仁平元年宣旨、田積あり	建久・神鈔・諸国
磐田郡	池田御厨	内、外	米		神鈔・諸国
山名郡	鎌田御厨	両宮	絹	給主外宮権神主為康等、永久宣旨、田積あり	建久・神鈔
佐野郡	小高御厨	両宮	米	給主源侍従家・藤原顕季等、保安二年建立、田積あり	建久・神鈔・諸国
同	山口御厨	外宮		給主外宮権神主光親等、延久二年建立、勅免、[神]小高同所とあり	建久・神鈔・諸国
同	小松御厨				神鈔
(郡未詳)	豊永御厨	両宮	米	給主故源中納言家子息、元永元年・保安三年宣旨、田積あり	建久・神鈔・諸国
(同)	小牧御厨	内宮			神鈔
(同)	土田御厨	内宮			神鈔

所在国郡	名称	所属	所済物	備考	典拠
遠江 (郡未詳)	方田御厨	内宮			神鈔
(同)	小坂御厨	外宮			諸国
駿河 志太郡	大津御厨	両宮	紙・白布	給主故一条大納言家子息、永久宣旨、田積あり	建久・神鈔・諸国
同	大津新御厨	両宮		田積あり	神鈔
益頭郡	岡部御厨	外宮			神鈔
同	方上御厨	内宮	米	給主内宮禰宜重章等、永久宣旨、田積あり	建久・神鈔
同	小楊津御厨	外宮	米	[神]御園、田積あり	神鈔・諸国
同	蕩津御厨	外宮	米	給主故散位大中臣宗親等、長寛元年・治承元年宣旨	建久
廬原郡	高部御厨	内宮	米	給主藤原氏子等、応徳二年国免、永暦元年宣旨、田積あり	建久・神鈔
駿河郡	大沼鮎沢御厨	両宮	布・米	給主神祇権少副親広、永久宣旨、田積あり	建久・神鈔・諸国
(郡未詳)	小杉御厨				陽明文庫所蔵兵範記裏文書
(同)	小粉御厨	外宮		小杉御厨の誤りか	神鈔
伊豆 田方郡	塚本御厨	内宮		「自神宮買得、木部知行」とあり	神鈔
賀茂郡	蒲屋御厨	外宮	鍬	給主外宮権神主光倫等、長承三年・仁安元年宣旨	建久・神鈔・諸国
甲斐 山梨郡	石和(禾)御厨	外宮	紙	田積あり	神鈔・諸国
相模 高座郡	大庭御厨	内宮	籾・布・鮑	給主内宮権神主氏良等、永治元年宣旨	建久・神鈔
武蔵 都筑郡	榛谷御厨	内宮	白布・斎宮寮納物	給主故民部卿家、保安三年建立、国司免判	建久・神鈔
橘樹郡	橘御厨		米	前祭主幷宮司・内宮一禰宜跡、田積あり	神鈔
豊島郡	飯倉御厨		紙	[建]鎌倉御厨とするが誤り、鎌倉家祈禱所、田積あり	建久・神鈔
埼玉郡	大河土御厨	両宮	紙・絹	給主外宮権神主光親、元暦元年鎌倉家寄進、田積あり	建久・神鈔・諸国
(郡未詳)	七板(松)御厨	両宮	白布	給主外宮権神主光倫等、仁安二年宣旨、[神]一名岡田とあり、田積あり	建久・神鈔・諸国
安房 朝夷郡	丸御厨			平治元年源義朝寄進、治承四年源頼朝改めて寄進	吾妻鏡
長狭郡	東条御厨	外宮	白布・紙	給主外宮権神主光倫、元暦元年鎌倉家寄進	建久・神鈔・諸国
同	白浜御厨			「東条御厨内、号阿摩津御厨」とあり	神鈔
上総 山辺郡	武射御厨	内宮		一名南郷とあり	神鈔
下総 葛飾郡	夏見御厨	内宮	白布	給主内宮一禰宜成長、保延四年建立、国免、[神]一名船橋とあり、田積あり	建久・神鈔

所在国郡	名称	所属	所済物	備考	典拠
下総 葛飾郡	葛西猿俣御厨	内宮		祈願所、田積あり	神鈔
同	葛西御厨	外宮		文書存疑	櫟木文書
千葉郡	萱田神保御厨	内宮			神鈔
埴生郡	遠山形御厨	内宮			神鈔
相馬郡	相馬御厨	両宮	布・紙	源義宗沙汰、長寛元年宣旨、田積あり	建久・神鈔・諸国
常陸 新治郡	小栗御厨	内宮	絹	給主大中臣氏子、保元年中宣旨、田積あり	建久・神鈔
近江 甲賀郡	柏木御厨	外宮	米	給主前神祇大副兼友、文治三年宣旨、田積あり	建久・神鈔・諸国
同	柏木新御厨	外宮	米	田積あり	神鈔
蒲生郡	佐々木御厨	外宮	米	領家前斎院、永承九年宣旨、田積あり	建久・神鈔・諸国
同	佐々木新御厨	外宮	米		諸国
同	佐々木内武松新御厨	外宮	米		諸国
同	山室新御厨	外宮	米		諸国
同	建松山村御厨	外宮		武松・山室の誤りか	櫟木文書
同	蒲生御厨			承久二年八月	玉蘂
愛智郡	岸下御厨	外宮	米・鮎鮨	給主前法眼宗近弟子等、康治・天養宣旨、田積あり	建久・神鈔・諸国
坂田郡	坂田御厨	内宮			神鈔
同	福永御厨	外宮	米・馬・紙	保延四年宣旨、田積あり	建久・神鈔・諸国
浅井郡	浅井御厨	両宮	米	代々国免、近代宮司知行	神鈔
(郡未詳)	黒丸御厨	両宮	米	大給主俊貞、建仁二年国司庁判	神鈔・諸国
美濃 石津郡	止岐多良御厨	内宮		「近代依国妨、不勤供祭上分」とあり	建久・神鈔
安八郡	中河御厨	両宮	絹	給主左兵衛督家、永久宣旨、田積あり	雑例・建久・神鈔・諸国
同	小泉御厨	両宮	絹	給主左兵衛督家、平家没官領、田積あり	建久・神鈔・諸国
同	津布良開発御厨	内宮		建久以後神領	神鈔
同	青柳御厨				藤波家文書
武芸郡	下有智御厨	内宮	絹	給主大弐三位家、文治四年宣旨	建久・神鈔
可児郡	池田御厨	内宮	絹・紙	給主太皇太后宮職、田積あり	建久・神鈔
(郡未詳)	郡戸御厨	外宮			諸国
飛騨 大野郡	穴野御厨	内宮			神鈔
信濃 伊那郡	麻続(績)御厨	内宮	鮭・搗栗・干菜米他	口入内宮禰宜元雅等	建久・神鈔
諏訪郡	富部御厨	内宮		藤長御厨内とあり、田積あり	神鈔
信濃 筑摩郡	会田御厨	内宮		田積あり	神鈔
安曇郡	仁科御厨	内宮	布	給主禰宜重章、田積あり	建久・神鈔
更級郡	藤長御厨	両宮	布	給主左兵衛督家、田積あり	建久・神鈔・諸国
同	布施御厨	内宮		藤長御厨内とあり	神鈔
同	村上御厨	内宮			神鈔
高井郡	長田御厨	外宮	布・馬	給主橘俊貞等、永久三年宣旨、[神]一名保科とあり、田積あり	建久・神鈔・諸国
(郡未詳)	矢原御厨	内、外		元永元年建立、国免、田積あり	神鈔・諸国
(同)	芳美御厨			長承元年十一月、指したる公験なく御厨停止	中右記
上野 緑野郡	高山御厨	両宮	布	平氏没官地、康治元年宣旨、田積あり	建久・神鈔・諸国
那波郡	玉村御厨	内宮	布	給主内宮一禰宜成長、長寛年中建立、国免、田積あり	建久・神鈔
勢多郡	青柳御厨	内宮	布	給主内宮一禰宜成長、長寛年中建立、国免、田積あり、建永符	建久・神鈔
同	細井御厨	内宮		田積あり	神鈔
山田郡	薗田御厨	両宮	布・勅願御封物	給主内宮一禰宜成長、保元元年建立、御封済所、保元元年宣旨、田積あり	建久・神鈔・諸国
同	寮米御厨	内宮			神鈔
同	広沢御厨	内宮			神鈔
同	須永御厨	内宮	布	給主外宮権神主利弘、田積あり	建久・神鈔
邑楽郡	邑楽御厨	内宮	布	給主新中納言家、国衙の妨げにより係争中、田積あり	建久・神鈔
下野 梁田郡	梁(簗)田御厨	両宮	絹・布	給主足利義康、天養元年・永万元年宣旨、田積あり	建久・神鈔・諸国
寒川郡	寒河御厨	両宮	紙	給主神祇権大副為季、仁安元年院庁下文、田積あり、建保元年下文	建久・神鈔・諸国
若狭 三方郡	向笠御厨	内宮	絹	正治元年国免、建仁三年宣旨	神鈔
越前 丹生郡	泉北御厨	外宮	米・紙	田積あり	神鈔・諸国
今立郡	山本御厨	外宮	絹	同	神鈔・諸国
足羽郡	足羽御厨	内宮	絹	給主左兵衛督家、承安元年建立、国免、九条家領、田積あり	建久・神鈔
同	安居御厨	内宮			神鈔
加賀 (郡未詳)	富永御厨	両宮	米・魚	給主権中納言家、永万元年宣旨、田積あり	建久・神鈔・諸国
能登 羽咋郡	富来御厨	両宮		湯浦とあり、田積あり	神鈔
能登郡	能登島御厨	両宮	米	田積あり	神鈔・諸国
鳳至郡	櫛比御厨	内宮	布	給主大弐三位家、保元年中建立、田積あり	建久・神鈔

所在国郡		名称	所属	所済物	備考	典拠
越中	射水郡	伊(射)水御厨	内宮	鮭	近代退転	建久・神鈔
	婦負郡	鵜坂御厨	内宮		田積あり	神鈔
	新川郡	弘田御厨	両宮	紙・米・絹・布・綿	給主散位故友業子息、仁平三年宣旨	建久・神鈔・諸国
越後	(郡未詳)	色鳥御厨	内宮	紙		神鈔
丹波	何鹿郡	漢部御厨	内宮	米	給主散位源行貞子息、退転	建久・神鈔
丹後	加佐郡	岡田御厨	内宮	布	給主阿闍梨忠恵、田積あり	建久・神鈔
	与謝郡	大垣御厨	内宮	紙		神鈔
	(郡未詳)	太多御厨	内宮	絹・紙	但馬国の誤りか	神鈔
但馬	出石郡	大垣御厨	内宮	紙	給主大将法印、保元年中建立、国免、退転	建久
	二方郡	田公御厨	内、外	紙	給主前神祇大副兼友、養和元年建立	建久・神鈔・諸国
	気多郡	太多御厨	外宮	絹・紙	給主前治部大輔平行範、文治元年宣旨	建久・諸国
伯耆	会見郡	三野久永御厨	内宮	鉄・筵・絹	[神]三野御厨・久永御厨とする、給主大弐三位家、長寛年中建立、国免	建久・神鈔
播磨	飾磨郡	国分寺御厨	内宮			神鈔
備前	(郡未詳)	永沼御厨	両宮	米	建暦二年院庁下文	神鈔・諸国
備中	(同)	神代野部御厨	内宮	鉄	花山院前右大臣家領、建仁二年建立	神鈔
長門	大津郡	三隅御厨	内宮	米	給主藤原氏子、退転	建久・神鈔
伊予	越智郡	丹生河御厨	両宮		土御門前祭主領、建仁三年院庁下文、臨時祭料所	神鈔
	(郡未詳)	千富御厨	両宮	米	建保五年宣旨	神鈔
讃岐	香川郡	笠居御厨	内宮			神鈔
阿波	那賀郡	桑乃御厨	内宮			神鈔

(一)本表は『神宮雑例集』(略称、雑例・[雑])、『神宮雑書』所引「建久三年伊勢大神宮神領注文」(略称、建久・[建])、『神鳳鈔』(略称、神鈔・[神])、『諸国御厨御園帳』(『外宮神領目録』)(略称、諸国・[諸])をもとに作成した。
(二)所属欄の「内、外」は典拠によって内宮あるいは外宮とあるもの、また空欄は不明を示す。
(三)典拠欄には、原則として(一)の四文献を略称で記載し、これらの文献に所見のない場合のみ他の文献名を記載した。

た付札にみられるように、大膳職の下で雑供戸(贄戸)として編成された江人・網引などからの贄貢進体制に系譜を引くものであった。しかし仁和元年(八八五)九月、山城・河内・和泉・摂津各国の江長・贄戸を廃止して徭丁にかえているのは(『三代実録』)、贄戸から贄人へと現実に対応した転換で、九世紀末から十世紀初頭にかけて貢進体制は大きく変容をとげる。寛平九年(八九七)七月、四衛府下の諸供御所を小鮒日次貢進制に(『西宮記』巻十裏書)、延喜十一年(九一一)には内膳司下の山城・大和・河内・摂津・和泉・近江六ヵ国の供御所を日次御贄貢進制に(『侍中群要』二)編成している。他方、延喜二年三月の太政官符(『類聚三代格』)によって、志摩国・近江国筑摩・河内国江などのほかの諸院宮や王臣勢家の厨を停止し、同五年には蔵人所牒によって、河内国大江御厨に「国中池河津等」を御厨領としてその特権を認めているように(『山槐記』応保元年(一一六一)九月条)、貢進体制の強化がはかられている。しかし、この時期の御厨は土地支配を含むものではなく、贄人の居住地域を称するものでしかなかったが、開発の進行、贄人の交易活動の活発化につれ、十一世紀末には再び大きく転換する。延久元年(一〇六九)七月、内膳司の「諸国御厨子幷贄」、後院等の「御贄」が停止されたのは(『扶桑略記』)、この転換を表わす。その後、御厨の荘園化に伴い贄人は供御人集団として把握され、自由通行・営業・販売などの諸特権を保障されるとともに、本来の贄貢進は彼らの交易活動に対する営業税的性格に変質して行った。伊勢神宮の場合、『皇太神宮儀式帳』では、供祭物は神戸・神郡よりの貢進を基本としているが、これとは別に、禰宜らが伊勢・志摩の神堺で「雑具物」を漁し、御贄として供えており、『大同本記』では「御饌所」として淡海浦・伊気浦の設定を伝えている。これらはのちの麻生浦・伊介御厨の前身と思われる。御厨自体の初見は、延長六年(九二八)四月の伊勢国島抜御厨で(『大神宮諸雑事記』)、鎌倉時代には塩を貢進し、貢御人の存在が知られる(『神宮雑書』所引「二所太神宮神主解」)。建久三年(一一九二)八月、神宮は諸国御厨・御園を太政官に注申しているが(『神宮雑書』所引「伊勢大神宮神領注文」)、志摩国についてはさしたる田畠がなく、漁業・魚貝の御贄を貢進するのみと称してこれを省略しているのは、御厨の本来の性格をよく示している。また同注文には、十一世紀中ごろより末にかけて建てられたと伝える御厨が多く記載されており、これらは当初より四至が確定され、神宮が本家として上分米を収取する荘園そのものであった。上・下賀茂社の場合、寛治四年(一〇九〇)七月、白河上皇より公田を割り置き、荘園・御厨を寄進したと伝える(『百錬抄』)。これは四至を確定し、荘園化を示すものであって、御厨はそれ以前から存在したと思われる。これら賀茂・鴨社御厨住人は、供祭人として「櫓棹杵通路浜」を供祭所とする特権を得たと主張し(『鴨脚秀文文書』)、盛んに交易活動をしている。摂関家の御厨は、建長二年（一二五〇）の「九条道家初度惣処分状」（『九条家文書』）に越前国足羽・常陸国小栗・伊勢国富田・同五真加利・伊豆国三津の各御厨があり、このうち三津御厨は「一条摂政（実経）家所領目録」（同文書）に「年貢、魚貝・海藻」と記されている。暦応五年（一三三八）の「御摂籙渡荘目録」（同文書）に「志摩国和具、御贄三度進之」とあり、建長五年の「近衛家所領目録」（『近衛家文書』）には伊勢国麻生御厨がみえるが、いずれも詳細は不明である。

参考文献　赤松俊秀『古代中世社会経済史研究』、脇田晴子『日本中世商業発達史の研究』、網野善彦『日本中世の非農業民と天皇』、鬼頭清明「御贄に関する一考察」（竹内理三博士古稀記念会編『続律令国家と貴族社会』所収）、戸田芳実「御厨と在地領主」（木村武夫編『日本史の研究』所収）、勝浦令子「律令制下贄貢納の変遷」（『日本歴史』三五二）

（稲本　紀昭）

みけつかみ　御食津神　食物を主宰する神。ミは接頭語、ケは食物の意である。御饌都神、御膳神とも表記する。食物の祖神という点で、大宜都比売神《おおげつひめのかみ》・保食神《うけもちのかみ》・豊宇気毘売神《とゆけひめのかみ》なども、いずれもミケツカミであるが、おのおの所伝を異にしており、同一神かどうかは明らかではない。御食津神は、律令制度下、神祇官西院の御巫が奉祀した神八座のうちの一座、また、大膳職に坐す三座のうちの一座として祀られていた。現在は宮中の神殿に奉斎されており、伊勢神宮外宮には、大神に御饌都神が鎮まっている。『古事記』仲哀天皇段には、気比神宮（福井県敦賀市）の祭神気比大神は、角鹿浦へ禊に行った太子（応神天皇）と名を交換し、その礼物として御食之魚を賜わった故事に由来して、別称、御食津大神と称すと記されている。御食神社（祭神大御食主神、新潟県佐渡郡）のほかにも、祭神の一座に御食津神を数える神社は数社あり、また、稲荷神社の祭神に、宇迦之御魂大神《うかのみたまのおおかみ》、保食神、御食津神をまつる例は全国的に分布する。

（齋藤ミチ子）

みこ　巫女　神がかりして神霊の意中を託宣する女性の呪術宗教職能者につけた一般的名称。神子とも巫子とも書く。『和名類聚抄』で巫を加牟奈岐《かむなき》、覡を乎乃古《おのこ》加牟奈岐と分記するところから、今日のように女巫《みこ》・男巫が古くから存在したことがわかる。しかし『日本書紀』皇極紀で巫覡を「かむなき」と訓《よ》ませ、また令制に定める神祇官の女性神役、御巫が「みかんなき」と称され、宣命・『続日本紀』などに「みかんこ」（神子）と掲出されるので、もともと巫祝の業はもっぱら女性神役が担ったものと思われる。記紀の古代伝承や神話には、大物主命《おおものぬしのみこと》に仕えた倭迹迹日百襲姫《やまとととひももそひめ》、伊勢神宮の初代斎王となった倭姫命《やまとひめのみこと》、新羅征討の神託をうけた神功皇后、さらに天石窟《あめのいわや》に顕神明之憑談《かむかかり》した天鈿女命《あめのうずめのみこと》らの活躍が述べてある。ただしミコの語源には諸説あって定かでない。おそらく神霊の憑依する霊妙な物実《ものざね》としての神子《かみこ》か神子《みかんこ》の略称か、あるいは霊威高貴な出自を示す尊称のミコ（御子）から転用されたものであろう。琉球諸島の地域共同体祭祀を主宰する女性祭司や巫女が、カミングヮ（神の子）と称ばれる事例に類同している点は注意すべきである。古代律令国家の官制巫女がもつ宗教的機能は急速に低下し、中央では神祇官の、地方では国郡司の所管神社において、祭儀奉仕に専任する祭巫、舞楽巫の地位に限られてくる。けれども以前は、その巫呪的性格は顕著で、神託を通して発揮される宗教的カリスマは政治の帰趨を左右するほど重要であった。かの邪馬台国の卑弥呼にみるまでもなく、古代王朝で即位した女帝の多くが高級巫女であったことなど、巫と政とが相互に補強し合い、危機的状況を乗り越えてきた。祭政一致の段階では天皇の霊性が強く要請されたからであろう。また郡領層の献進する采女なども、のちには天皇の側近に侍って身辺の世話をする役掌をもっぱらとしたが、当初は宮廷祭祀の中心たる巫女集団のメンバーであって、神がかりや託宣の神儀を本務としていた。そうした宮廷巫女の巫祝体制が崩れ、巫祭分離、巫政の二分化が進められた契機に、律令制の成立と進展があったことは論をまたない。けれども中央といい地方といい、巫覡に対する人びとの宗教的ニーズは消滅したわけではない。それどころか、律令体制の動揺と崩壊によってその要請はいっそう活性化した。ことに地方鎮座の霊社、たとえば鹿島・香取・戸隠・弥彦・三島・諏訪・美保・吉備津・厳島・大宰府・開聞・宇佐などで巫女の機能が伝襲されている。往時の託宣記録や神託の巫儀が当時の活況を物語っている。律令制解体後の地方神社は、政治的にも財政上も国家権力の保障が得られないので必然的に自衛策を講じなくてはならない。一方では在地の土豪や領主に加護と支援とを求めるとともに、他方では信者の獲得をはかるために布教者を各地へ派遣して崇拝圏を拡大し、祭神の霊威を説き、神符を配布して頻りに宗教的関心を煽った。その影響をうけて士庶の社寺参詣が盛んとなり、勧請社創立の風がたかまった。たとえば熊野御師の活躍によって全国各地で熊野社の創祀がみられ、また御師の誘導により蟻の熊野詣といわれるほどの盛況を呈した。その傾向は近世にも引きつがれ、伊勢御師の地方めぐりと地方からの伊勢参宮とが伊勢信仰を盛りあげるに至った。それらの契機に、神がかりして霊験を植えつけた巫女の活躍が大きくはたらいたことを忘れてはならない。けれども幕末の復古神道、維新期の国家神道による神道改革のため、ほとんど潰滅の打撃をうけた。ただわずかにその残像が影を薄めながら尾を引いているにすぎない。イチ（市）、イチコ（市子・斎女）、ノリキ、ノリワラ（戸童）、シンメイ（神明）、モリコ（籠り女）、アレオトメ、ネーシ（内侍）、ミョウブ（命婦）などの名称に往時を偲ぶことができるのみである。神楽巫・湯立《ゆたて》巫など神社巫の衰退とは逆に、世に歓迎されたのは遊行のあるき巫女で、やがて地域へ土着して本来の巫祝色を存分に発揮するに至った。なかでも神の霊や死者霊の憑依を受けて神口《かみくち》や死口《しにくち》を人びとに伝える口寄せ巫の人気が高まった。ことに活況を呈するのが死口寄せの霊媒者で、近世には三都をはじめ諸国の城下町、寺社の門前町、物資流通の市や湊など人口の集中する都市で巫市《みこいち》が開かれた。巫の名称には地域ごとの特色があり多様である。梓巫女や大原巫女のように、ふだんは巫家を構えて信者の来訪をまつが、寺社の縁日祭礼など人びとの集まる場所へ出張して巫事を施行する。なかには未来を予言し権力者を批判する者もいて世直し一揆の要因にもなりかねない。そこで幕藩は厳重に禁圧する方策をとった。しかし法網をくぐって潜行し、民間宗教のエネルギー源となってきた。　↓あるき巫女　↓御巫《みかんなぎ》

参考文献　中山太郎『日本巫女史』、女性史総合研究会編『日本女性史』一、桜井徳太郎『日本のシャマニズム』、萩原竜夫『巫女と仏教史』　（桜井徳太郎）

みこがみ　御子神　親子関係にある子神。若宮・王神・王子神などともいう。神が幼童など周縁的人間存在として出現するとの信仰に基づくものであろう。『肥前国風土記』逸文、杵島山の条に、山の三峰を称して、「坤《ひつじさる》のかたなるは比子神《ひこがみ》と曰ひ、中なるは比売神と曰ひ、艮《うしとら》のかたなるは御子神と曰ふ」とある。また『延喜式』神名帳所載の式内社にも、早い祭祀の事例がある。このように親子一体としてまつられることが多いが、その場合母神は神妻的巫女で、処女懐胎により御子を出産するという、伝承類型を踏襲するものが少なくない。たとえば『山城国風土記』逸文の玉依比売とその子賀茂別雷神、『日本書紀』の神功皇后とその子応神天皇、『惟賢比丘筆記』の「大隅正八幡宮本縁事」条における、震旦国大比留女とその太子八幡などがそれである。下総の香取神宮と陸奥の香取御子神社、常陸の鹿島神宮と陸奥の鹿島御児神社・鹿島御子神社などにも、同様の親子関係が認められる。また御子神は、中国・四国では、ある特定の旧家に祭祀される。たとえば高知県香美郡北方のミコガミは、太夫筋の家で屋根裏にまつられ、太夫は死後ミコガミになるといわれる。愛媛県大三島では、ミコガミとは藪神のことである。十一月十五日に風が吹くと、ヤブガミサンの荒れといい、神職は甘酒をヤブガミに供える。岡山県真庭郡北部には、旧暦十一月十三日などにミコガミをまつる家が多い。このような家の子供の口の廻りや頭に出来物ができると、ミコガミによってミコガサができたという。ミコガミサマの機嫌が悪いといい甘酒を供え、供応によりカサが治るとする。この神をまつるのは村のカブウチ(同族)とその親戚に限られるが、娘の嫁ぎ先に付いてゆくこともある。祭祀をかつては女が司ったことを暗示するものであろう。ミコガミスジは憑き物筋に類似するが、後者のように共同体内で忌避されることはない。

参考文献　柳田国男「巫女考」(『定本柳田国男集』九所収)、千葉徳爾「ミコガミスジについて」(『日本民俗学』一ノ四)、村松いづみ「ミコ神をたずねて」(『岡山民俗』一一一)　（山本　節）

みこし　神輿　神幸にあたり神体(御霊代)を奉安する輿をいう。「しんよ」とも読む。輿は元来天皇の乗物の総称で、肩に舁く鳳輦《ほうれん》・葱花輦《そうかれん》と、手で舁く腰輿《たごし》(ようよとも)とに区別できる。輿については『日本書紀』垂仁天皇十五年条が初見で、神祇の料として使用されるのは、天平勝宝元年(七四九)の大仏建立の際、紫の輦輿により宇佐八幡大神を奉遷したことを濫觴とする。現存する神輿で最古の形式を残すものは、手向山神社の神輿(重要文化財)といわれる。神輿の構造は主に屋根・胴・台輪の三部から成り、四角造・六角造・八角造・お宮造などの様式が見られる。屋根の中央に鳳凰または葱花を据え、端には蕨手《わらびて》を付ける。台輪には二本の棒を縦に貫き轅《ながえ》とし、さらに横棒を取り付ける場合もある。特殊な形態としては、北野天満宮や御上神社の瑞饋《ずいき》神輿、あるいは熊野那智大社の扇神輿などが知られる。神体の乗御には神輿のほかに、天皇の料に準拠した鳳輦・御羽車《おはぐるま》が用いられ、その特徴として鳳輦は屋根の頂に鳳凰を飾り、御羽車は葱花

山王祭の神輿を乗せた船（『日吉山王祭礼図屏風』より）

稲荷祭の神輿（『年中行事絵巻』より）

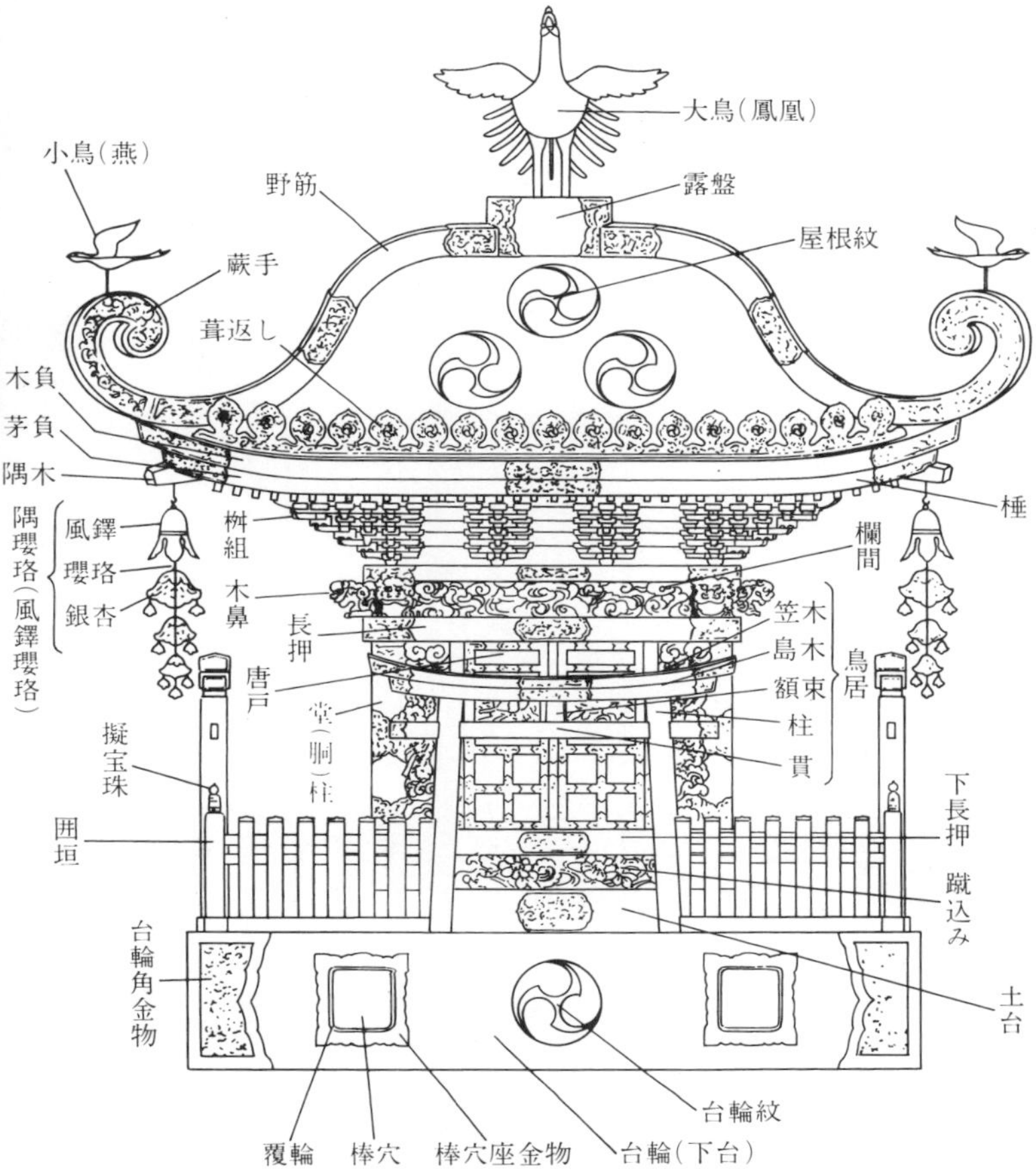

神輿の名所

祇園祭神輿巡行（「十二ヶ月風俗図」より）

輦を模して葱花を据えている（屋根を略したものもある）。古くは榊や幣串を神霊の依代として、浄闇裡に由縁の地へ神幸がなされていたが、祭礼が日中に行われるようになって、神輿の渡御が普遍化していったものと考えられる。神幸の由来は、㈠はじめて神を迎えたことの古儀を繰り返すもの、㈡歴史の事実、祭神の故事に由来するもの、㈢疫病消除の神事が恒例化したもの、㈣神慮を慰めるために行うもの、㈤祭神縁故の地、または氏子区域を巡幸するものなどに分類できる。神幸の方法は由緒に則って、陸路に限らず船渡御による場合もあり、また数基の神輿が祭場（御旅所《おたびしょ》）へ参集し、合同の祭祀を営む例など多岐に渡る。神輿の舁き方にも地域的な特色が窺われ、静々と優雅に舁くものや、豪壮で活動的に舁くものなどの諸相が見られる。

参考文献　金光慥爾『（祭式大成）調度装束篇』、八束清貫『有職の話』、川出清彦『神社有職』、監物恒夫『神輿』　（小野　和輝）

みこと　命　「みこと」には、㈠お言葉・御命令の意に用いられている場合と、㈡神や人を尊んで呼ぶ時、その名の下に付ける語として用いられている場合とがある。㈡の場合、「命」のほかに、「尊」の字も用いられた。『古事記』ではもっぱら「命」の字を用いるのに対して、『日本書紀』では、巻一神代上の訓註に「至貴曰ㇾ尊、自余曰ㇾ命、並訓二美挙《みこと》等一也」とあるように、「尊」と「命」を、尊貴の程度に応じ区別して用いている。　（青木　紀元）

みこともち　神道においては神の意をうける人のこと。一般には、天皇の勅命《みこと》を奉じて地方に赴任する国司を指す。宰の字をあてる。みこともちの原義は、みことは、御言・命であり、神や尊い方の言葉であり、その命《みこと》を持《も》つ意で、すなわち命令を受け持って、実際に政治を行う人の意となった。『古事記』神代に「天神諸《もろもろ》の命《みこともち》以て、伊邪那岐命・伊邪那美命二柱の神に、是のただよへる国を修理固成《つくりかためな》せと詔《のりご》ちて、天沼矛《あめのぬぼこ》を賜ひて、言依《ことよ》さし賜ひき」（原漢字）とあるように、伊邪那岐・伊邪那美二神も場合によっては、みこともちとなり、天皇も国司もさらに下級の役人もみこともちということができる。このような考え方から、第二次世界大戦後、神社本庁にて敬神生活の綱領（昭和三十一年（一九五六））が制定された折、「神のみこともちとして世をつくり固め成すこと」が、敬神生活の要とされた。その意味で神職も氏子の一人一人もみこともちである。神々の意志を実現する人これみこともちとなる、と解されている。　（茂木　貞純）

みこまい　巫女舞　神事芸能における巫女の舞。広義の採物を持って舞うことで身を浄め、神霊を招き迎えて身に憑依させ、神懸りして神態《かみわざ》を演ずる姿がもと。それが時代とともに儀式化し、洗錬されて、今みるような修祓攘災の祈禱や神慮を慰める意味の舞に推移した。「木の葉を手草となし、手に着鐸《さなぎ》(鈴)の矛」(原漢文、『古語拾遺』)を持って「俳優《わざおき》」し、「顕神明之憑談《かむがかり》す」(原漢文、『日本書紀』)とある天鈿女命の故事が、巫女舞の始原態をみせている。原義的な「舞」は平面上の静的な旋廻運動であり、「踊」は上下の動的な跳躍運動だから、天鈿女命の「汙気《うけ》(槽)伏せて蹈みとどろこし」(原漢文、『古事記』)た神懸りの所作は、没我の舞踏境を示し、隠れたアマテラス(太陽霊)を覚醒させて、活力を与えるタマフリの呪術的行為であった。その伝襲的な芸態が、鎮魂祭における御巫《みかんこ》・猨女《さるめ》の舞(『儀式』)である。園韓神祭で御神子が庭火を廻り舞う「湯立舞」(御巫舞)は、次の神部八(四)人による「神宝舞」(韓神の神態)の前提としての浄め・神迎え・神懸りの意義をもち、最後の「朝神楽」部における「御巫・物忌・神部等」の歌舞は、前段階の復演《もどき》と神送りの意義をもつ。石清水八幡系列の神楽では、早韓神・其駒曲のとき、人長とともに八乙女が舞い、早歌では八乙女だけが舞う(『楽家録』『宮寺縁事抄』)。平安時代の記録には奈良春日・京都梅宮大社の巫女舞が、鎌倉時代の記録には日吉・住吉神社などのそれが散見する。『梁塵秘抄』二には神社巫女の舞の姿態や神懸りして語るさまの歌(雑・神社歌)があり、『年中行事絵巻』には田神祭で鈴を振る巫女舞が描かれている。諸社の巫女舞は「里神楽」と呼ばれ、「鼓及び銅拍子を撃って神子鈴を鳴らし舞う」(『楽家録』)とある。ほかに笛・和琴が入ったり、笏拍子・簓《ささら》だけであったりする場合も少なくないし、榊・鈴のほかに幣・扇を持つ例も多い。千早・緋袴・白足袋の装いで、舞は大廻り・小廻りに、あるいは四方を拝しつつ順・逆にめぐるなど、単純な所作が一般の型。たとえば東京赤坂山王日枝神社では、幣を円形に振り廻して逆にめぐるのが「神招ぎ」、順めぐりを「神かがり」と称した。伊勢の神域では楽器類を忌み憚かり、古くは外宮から一里ほどの離宮院で、のちには山田八所の氏神に属して行われた巫女舞が「社《やしろ》神楽」と称され、それが祈禱主体の「寄合神楽」に結集され、やがて御師が神殿で行う湯立・奉納の神楽となった。吉備津彦神社(岡山市一宮)の神子たちも年中神事に巫女舞を奉仕し、郡下各社の祭礼にも招かれて演じたが、各村に在住の巫女たちも、旧六月には御幡(依代)を立て一宮に参じ神楽を奏したほか、所望によっては湯立・卜占・口寄まで行なっていたことが、康永―文明年間(一三四二―一四八七)ごろの記録にある。巫女舞に先立って「湯立」のあるのが普通で、吉備津神社(岡山市吉備津)でも「阿曾女」の奉仕する御釜神事(釜まわり)が今に続いている。湯立は諸国に盛行する霜月神楽に多く、一般には祓い浄めの行事と解されている。元来は神懸りして神意を判じ、託宣に及ぶものであったから、これに舞い狂う所作を伴うのは必然であった。この種の巫女舞が独立して「湯立神楽」となっているものが、関西・九州などに広く分布し、出雲流神楽の巫女舞にも入っている。関東の神楽には女面をつけた巫女舞も組まれているが、武蔵秩父神社で演じられる「湯笹の清め」などは、湯立ての形式化であろう。巫女舞の「巫女」は若い処女がつとめるのが古風だが、神職の妻女あるいは老女がつとめる例もある。　↓神楽《かぐら》　↓里神楽《さとかぐら》　↓人長《にんじょう》　↓湯立《ゆだて》

[参考文献] 西角井正慶『神楽研究』、本田安次『霜月神楽の研究』、同『神楽』、芸能史研究会編『神楽』(『日本の古典芸能』一)、小林茂美「韓神の芸態論」(伏見稲荷大社『朱』二一)、同「韓神の芸態伝承論」(同三一)

(小林　茂美)

みさきがみ　御前神　大きな神の先駆または使者として働くとされる神。熱田神宮の摂末社や、岡山市吉備津神社本殿の中外陣に祀られる神にも、この神名がみられ、本社の大祭や月次《つきなみ》祭には供饌する。稲荷の狐や熊野・厳島の烏のように、神使としての鳥獣もミサキと呼ばれ、霊験が信じられた。熊野の八咫《やた》烏の伝承や牛玉《ごおう》宝印の烏文字は、この信仰に根ざす。別に、怨霊となり旅人に憑いたりする死者の霊を御前神という場合もある。

[参考文献] 和歌森太郎『日本民族史』

(平井　直房)

みしなしょうえい　三品彰英　一九〇二―七一　昭和時代の歴史学者、神話学者。明治三十五年(一九〇二)七月五日滋賀県に生まれ、昭和三年(一九二八)京都大学文学部史学科卒業。海軍機関学校教授・エール大学客員教授、大谷大学・同志社大学教授を経て、昭和三十五年大阪市立博物館長に就任、同四十三年同館長を退官したが、四十六年十二月十九日に死去。六十九歳。早くから日朝神話の比較研究を試み、『建国神話論考』(昭和十二年)、『朝鮮史概説』(同十五年)、『日鮮神話伝説の研究』(同十八年)、『新羅花郎の研究』(同)などを著わした。文献史学の視角のみならず、神話学・考古学・民俗学・文化人類学の研究成果を総合しての、その実証的考察には注目すべきものが多い。『増補上世年紀考』(同二十三年)、『神話と文化境域』(同)、『日本書紀朝鮮関係記事考証』上巻(三十七年)のほか、『邪馬台国研究総覧』(四十五年)なども主要な著作である。『三品彰英論文集』全六巻がある。昭和三十五年五月からは日本書紀研究会を主宰し、『日本書紀研究』(第一―第五冊)の編者となった。

(上田　正昭)

みしまこよみ　三島暦　伊豆国賀茂郡三島(静岡県三島市)の暦師河合家より頒行されていた暦。河合家は三嶋大社の下社家であったと伝えられる。三嶋大社と鎌倉幕府との関係から、三島暦の起源を鎌倉時代にまでさかのぼるとする説もある。『空華日用工夫略集』応安七年(一三七四)三月四日条に、伊豆熱海に浴したところ三島暦にはこの日を上巳節としていたと記し、京暦と三島暦との間に暦日の相違があったことがわかる。またこれは三島暦の名の初出である。別本『北条五代記』に天正十年(一五八二)と推定される年、三島暦と武蔵大宮暦との間に暦日の

相違が起き、以後大宮暦が停止されたことを記している。これにより、後北条氏の分国においては広く三島暦が用いられたと考えられる。三島暦は早くから版暦であったところから、その名が版暦一般の名となり、中世末から近世初頭にかけては京都摺暦《すりごよみ》座で頒行した版暦まで「三島暦」と呼ばれたほどである。また三島暦の文字の細かいことによって、事柄や模様などのこまごましたことを指す言葉としても用いられた。現存する三島暦の最古のものは栃木県真岡市寺内荘厳寺所蔵の康永四年(貞和元年、一三四五)仮名版暦で、ついで同県足利市の足利学校遺蹟図書館所蔵の『周易注疏』表紙裏に用いられている永享九年(一四三七)の仮名版暦で、これには「三嶋」の文字が記されている。また、横浜市の金沢文庫に伝わる文保元年(一三一七)の具注暦断簡が版暦であるところから、これを三島暦とする説もある。三島暦は伊豆国を中心として、東海・関東・甲信地方に広く頒行されたが、貞享改暦(貞享元年(一六八四))以後は伊豆一国と江戸での賦暦のみが許され、のち願によって相模国が加えられた。古い三島暦には他暦にみられない「たいめん初め」「ひようちやう初め」「すなとり」などの暦注があり、また七曜の日の繰方が会津暦と同じく三日進んでいた。江戸時代の三島暦は綴暦《とじごよみ》で大小二版あり、別に幕府などに対する献上暦として写本の巻暦が作製された。

参考文献　渡辺敏夫『日本の暦』、『会津若松史』四、桃裕行「京暦と三島暦との日の食違いについて」(『桃裕行著作集』八所収)、佐藤政治「足利学校にある永享九年三島ごよみ」(『日本天文研究会報文』四ノ四)、神田泰・伊藤節子・岡田芳朗「荘厳寺で発見された仮名暦の調査」(『国立天文台報』一ノ三)

(岡田　芳朗)

みしまじんじゃもんじょ　三島神社文書　『静岡県史料』第一巻に収められた、旧伊豆国一宮の三嶋大社所蔵文書を中心とする文書群。昭和七年(一九三二)刊行の緒言によれば、当時の県史編纂主事足立鍬太郎は直接文書群を採訪したようで、その大体は「実物にして形式整備せり」と述べている。神社所蔵文書百十七通(三十三巻)、旧神主の矢田部文書四十五通、越後保阪文書一通、井口文書一通、旧別当の小出文書十一通のほか、伊達家所蔵とするもの五通を旧伊豆在庁文書として収め、「三島神社に関係あるを以て」収録したというが、これは東京大学史料編纂所影写本よりの採録である。狭義には、神社所蔵文書のみを『三島神社文書』というべきであろう。その時代別分布をみると、鎌倉時代九、南北朝時代六十、室町時代(天正十六年(一五八八)まで)四十九通、矢田部文書は、鎌倉三、南北朝十二、室町二十、文禄―享保年間(一五九二―一七三六)十通を収めている。写真版として、治承四年(一一八〇)八月十九日源頼朝袖判下文以下二通(いずれも袖判下文)をあげ、「当時のものに非ず」と注記しているほか、元久二年(一二〇五)二月二十九日北条時政御教書、安貞二年(一二二八)三月三十日将軍家裁許状、建長元年(一二四九)十月日国司庁宣案、元弘三年(一三三三)八月九日足利尊氏禁制、建武二年(一三三五)三月十二日雑訴決断所牒を併載している。昭和四十一年角川書店刊行の覆刻版には、写真版は載せられていない。『静岡県史』資料編五に収められている。

(福田以久生)

みしまたいしゃ　三嶋大社　静岡県三島市大宮町に鎮座。旧官幣大社。現在の祭神は大山祇神・事代主神の二神であるが、以前は大山祇神説と事代主神説とが行われていて論争が見られた。前者は鎌倉時代の『東関紀行』をはじめ『源平盛衰記』『釈日本紀』『二十一社記』『日本書紀纂疏』などにみえ、後者は平田篤胤の『古史伝』に記されている。篤胤は『二十二社本縁』賀茂社条を根拠にして事代主説を提唱した。爾後、事代主説は国学者らの支持を受け、明治六年(一八七三)一月六日、教部省の許可を得るに至るが、大正期に入り、検討が加えられて二神祭神説に落ち着いた。本地は薬師如来。天平宝字二年(七五八)、神封十三戸を受け(『新抄格勅符抄』)、天長九年(八三二)五月、深谷を塞ぎ高巌を摧き、平地二千町ばかりを造成した神異によって、神宮二院などが作られた(『釈日本紀』所引『日本後紀』)。このように三島神は伊古奈比咩神とともに伊豆半島の開発の祖神・伊豆諸島の造成神と称えられ、はじめ同じ場所に祀られていた。伊豆諸島の創世説話を伝える『三宅記』(『三島大明神縁起』『白浜大明神縁起』などともいう)にも、三島神は后の伊古奈比咩神とともに三宅島に宮居していたが、推古天皇二年(五九四)、下田の白浜へ飛んで来たと記している。つまり現在地(旧田方郡)に鎮座する以前は賀茂郡に所在していたのであり、『延喜式』神名帳にも「伊豆三嶋神社(名神大、月次・新嘗)」として賀茂郡条に登載されている。なお『延喜式』主税寮には祭料として稲二千束が寄せられたとあり、神階は嘉祥三年(八五〇)十月従五位上、仁寿二年(八五二)十二月従四位下、斉衡元年(八五四)六月従四位下(『文徳実録』)、貞観元年(八五九)正月従四位上、同六年正月従四位下、同十年従三位(『三代実録』)と昇叙している。また『伊豆国神階帳』には「正一位三嶋大明神」とある。鎌倉幕府は箱根神社・伊豆山神社とともに当社を篤く崇敬したが、なかでも源頼朝は、治承四年(一一八〇)八月戦勝祈願を行い、同年十月、御園・河原谷・長崎の神領を寄進、元暦二年(一一八五)六月の臨時祭料として河原谷・御園を、八月の放生会料として糠田・長崎を社家に寄進、文治四年(一一八八)正月、社参、建久六年(一一九五)、神馬・剣を奉納(『吾妻鏡』)するなど、ただならぬ崇敬を示した。東海道の交通が頻繁になると、当地は街道の要衝として栄えて参詣者も増え、東海道第一の名社と仰がれ、『東関紀行』『十六夜日記』などの紀行文学をはじめ、『一遍上人絵伝』などにも登場し、「日本総鎮守三島大明神」と称えられた。また伊豆の国府の地であることから、一宮・総社制の確立とともに伊豆国の一宮となった。江戸時代には幕府から朱印領五百三十石を受け、社家の発行

大正７年ころの三嶋大社

三 嶋 大 社 拝 殿

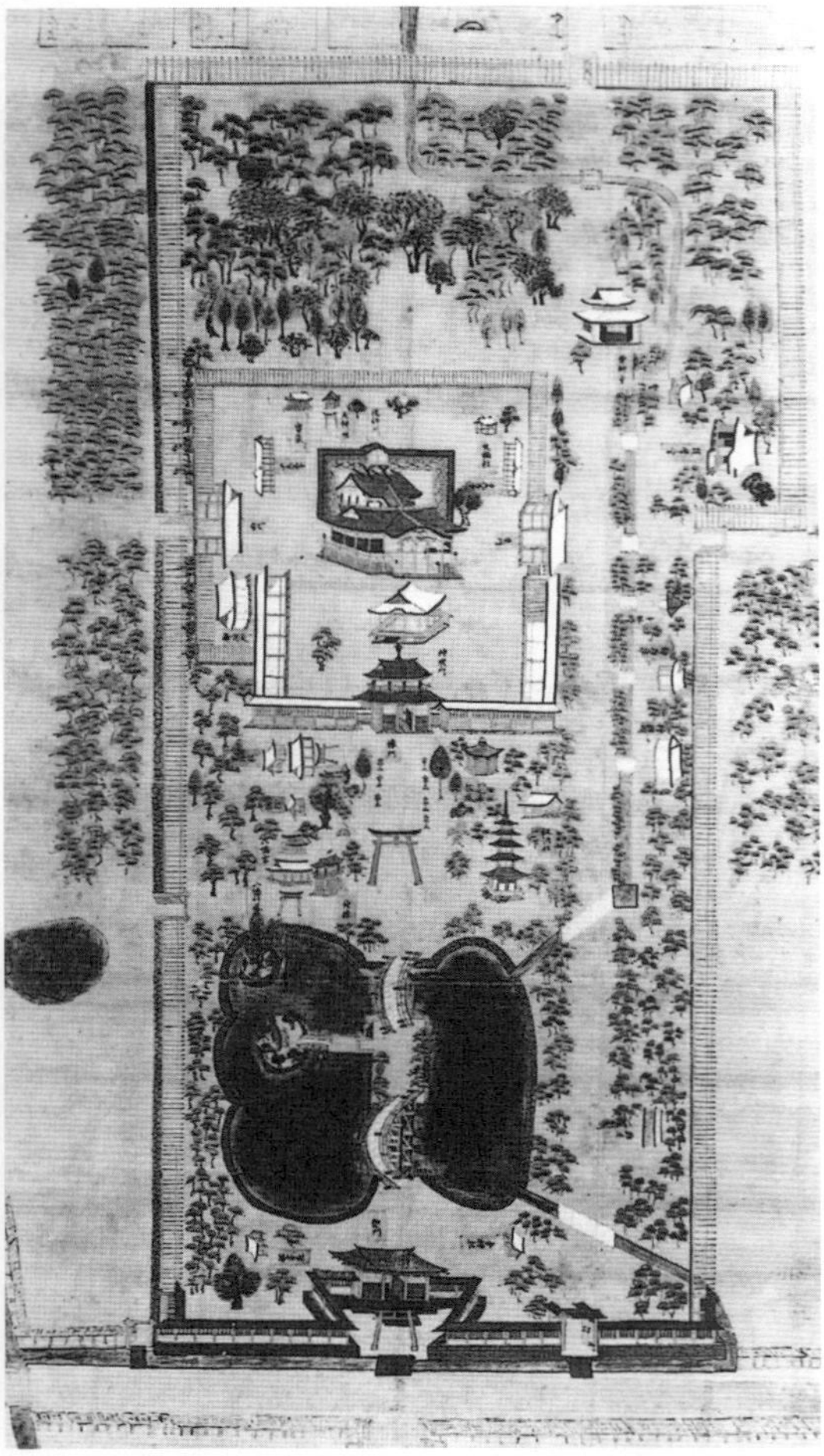

三嶋大社絵図（寛永年間）

する三島暦は幕府の許可を得て、伊豆・相模の二国に限り頒布された。明治四年、官幣大社に列した。別当は心経寺。社家は伊豆国造の矢田部家。本殿・拝殿が重要文化財に指定されている。例祭は八月十六日、ほかに正月七日に田祭、同十七日に奉射祭、四月・十一月に鳥祭などが行われる。社宝は多く、主なものに国宝の伝北条政子奉納蒔絵手箱、重要文化財の宗忠銘太刀・三島本『日本書紀』があり、古記録・古文書なども多く所蔵する。

参考文献 『古事類苑』神祇部四、秋山章編・萩原正夫増訂『増訂豆州志稿』、梅田義彦「伊豆三嶋神社」(式内社研究会編『式内社調査報告』一〇所収)、三橋健「三嶋大明神縁起」(『国学院大学紀要』一六)

(三橋　健)

みしまのみぞくいみみのかみ　三島溝橛耳神　神武天皇の皇后である姫蹈鞴五十鈴姫命の外祖父。『古事記』では三島湟咋《みぞくい》といい、大便をしている娘の勢夜陀多良比売《せやたたらひめ》の陰部を三輪の大物主神が丹塗矢となり厠《かわや》の溝を伝って突いた、という伝承がある。三島溝橛耳神は摂津の三島を本拠地とした古代有力氏族、三島県主と関係があるとされ、姫蹈鞴五十鈴姫命とともに溝咋神社(大阪府茨木市)の祭神である。

参考文献 西郷信綱『古事記注釈』三、吉井巌「崇神王朝の始祖伝承とその変遷」(『万葉』八六)

(渡辺瑞穂子)

みしょうたい　御正体　神霊の依《よ》ります物(正真正銘の物)を指す言葉として用いられる時と、円板の中央に仏像や梵字《ぼんじ》また神像などを表し、仏堂や社殿の内壁に懸けて礼拝の対象物とした懸仏《かけぼとけ》を指す場合とがある。前者は、神《しん》体《たい》そのものを意味し、鎌倉時代中期成立の歴史書『百錬《ひやくれん》抄《しょう》』久安六年(一一五〇)八月五日条に「御正体」の語がみられる。「御体」という記述も存する。後者は、平安時代前半に出現した鏡像に始まる。これは、本地仏の像や梵字などを神体である鏡に墨や朱で描く、または彫りこむなどしたもので、礼拝に用いられた。鏡像は、十二世紀ごろまで制作され、その後、次第に発達して十三、四世紀には立体的な像を取り付けたいわゆる懸仏形式となり、さらに円板も木板に銅板を貼り、大きな座金《ざがね》や天蓋《てんがい》・瓔珞《ようらく》・立華《りっか》などで装飾を施した完成形式となったが、十五世紀以降は次第に様式化していった。その根底には鏡に神が依りますという信仰が見られる。↓懸仏《かけぼとけ》 ↓神《しん》体《たい》

参考文献 難波田徹「鏡像と懸仏」(『日本の美術』二八四)、景山春樹『神道美術―その諸相と展開―』 (岡田 芳幸)

みずうみのでんがく 水海の田楽 ⇩能舞神事《のうまいしんじ》

みずがき 瑞垣 ⇩神社建築《じんじゃけんちく》

みずごり 水垢離 神仏に祈禱する前に水を浴びて身を清め、穢れを除いて心身を清浄にすることの意。寒中に行うのを「寒垢離」、海水を浴びるのを「塩垢離」ともいい、「みそぎ」「行水」と同意義で単に「垢離」ともいう。『古事記』神代にいう「吾者為二御身之禊一而、到二坐竺紫日向之橘小門之阿波岐原一而、禊祓也」に基づくものであろう。 (西島 一郎)

みずひき 水引 進物の包み紙などを結ぶ際に用いる紙の紐。和紙を縒《よ》って長い紙縒《こより》をつくり、米糊をひいて乾し固め、普通は五本並べて中央の部分をはりつけ、中央から金と銀、紅と白、黒と白、藍と白、黄と白などに染め分ける。古くは神事に食物の神饌とともに衣服が奉られ、神衣《かんみそ》を奉る神事が伊勢神宮その他にある。御幣のことをユフシデというが、ユフは「木綿」という字をあてるように、繊維すなわち麻に類した布帛であった。また幣をニギテ・ニギタエというが、ニギタエは「和栲」で、楮の繊維で織った布をさす。したがって古くは棒に布帛あるいは麻などの繊維の束をとりつけて神に奉られたのであり、それがのちに紙の御幣にかわったのである。この神への捧げ物の作法が人への贈り物の作法になった。したがって水引で結ぶ以前は布を巻き、それを麻緒をもって結ぶ形式で、これは今日も神社その他一部で行われている。御幣の布・麻緒から紙への変化に伴い、進物包みの麻緒が次第に紙縒になり、進物に白紙をかけ紙縒の水引で結ぶ礼法が室町時代に盛んになり、江戸時代にかたちをととのえ、進物の種類や目的によって水引の色や結び方を変えるようになった。しかし江戸時代の末にはまだ紅白の色の左右の定めはなかった。水引の名称は水糊を引くことに由来するといわれる。こうして進物に水引をかける礼法の一般化とともに、御所人形も進物に用いるものは、人形の額に水引模様を描き、それを水引手と称した。髪を束ねて結った元結《もとゆい》も、もとは組紐または麻紐を用いたが、江戸時代には髷に趣向をこらして水引元結と称する紙縒製のものを用いた。なお、伶人を乗せて池泉に浮かべて管弦を奏する竜頭鷁首《りょうとうげきしゅ》などの箱舟の舷側に張りめぐらした布を、それが水面を引いたところから水引と称したし、和船の後縁も水を引くところから水引と呼んだ。また、甲冑の化粧の板の下につける赤と白の二色の革または綾の飾りも、紅白であるところから水引と呼ばれた。

参考文献 額田巌『結びの文化』、同『結び』(『ものと人間の文化史』六)、同『包み』(同二〇) (岩井 宏實)

みずわかすじんじゃ 水若酢神社 島根県隠岐郡《こおり》五箇村大字郡に鎮座。旧国幣中社。水若酢命を主神とし、中言神・鈴御前を配祀する。創建年代不詳。社伝では祭神は北方伊後の海岸より上陸、宮原を開拓してその地に奉斎されたが水害にあい現地に遷座という。境内に隠岐最大の横穴式古墳があり、さらに付近にも古墳が多い。延喜の制で名神大社、のち隠岐国一宮。江戸時代には松江藩主松平氏の保護をうけ、社領十石、延宝六年(一六七八)に現地に遷座したと伝える。例祭は五月三日、流鏑馬ほか特殊神事がある。本殿は隠岐造といわれ、桁行二間・梁間三間、切妻造。梁間が長い切妻造妻入で向拝の屋根を大屋根と別にする形式は隠岐特有のものである。寛政七年(一七九五)造営で、重要文化財。 (鎌田 純一)

みそぎ 禊 水中に潜って汚穢を洗い清める行法。美曾岐・身曾貴・清身・潔・禊身・身祓・身滌・身潔・祓禊などとも書き、古くは「みそき」と清音でよんだ。東南アジア一帯にもみられるが、わが国では伊《い》弉《ざ》諾神《なぎのかみ》が黄泉国を訪れ、身体に付着した汚穢を除去しようとして、竺紫の日向の橘の阿波岐原の小門で禊祓をしたのが起源とされる。禊と祓は、その機能が似ていることから、すでに奈良時代に混同し、「禊祓」「祓禊」などと複合語として使用され、また「禊」を「はらへ」、「禊祓」を「はらひみそき」(『古事記』)、「祓除」を「みそきはらへ」(『日本書紀』)などともよんでいる。しかし、禊と祓は元来別々の行法で、たとえば、記紀の禊祓の起源説話で、伊弉諾神が禊祓を行うに際し、衣類を脱ぎ捨てたとあるのは「祓へ」にあたり、その後「中つ瀬に堕ちかづきて滌きたまふ」「御身を滌きたまふ」(原漢字、『古事記』)、「身の濁穢を滌ひ去てむ」「身の所汚《きたなきもの》を盪滌《すす》き」(原漢文、『日本書紀』)と記すのは「禊」を意味する。要するに、禊とは「身《み》滌《そそき》」の義で、身体を水中にすっかり浸して振り滌ぐことにより新しい威力ある魂を密着させ、純潔無垢の状態に立ち返らせることを目的とする。『出雲国造神賀詞』に「須須伎《すすき》振るをどみの水の、いや変若に御変若まし」と記すのは、身体を水中で濯ぎ振り動かして霊魂や生命の活力を呼びさます、いわば禊の行法を髣髴とさせる。本居宣長が「美曾岐は、必ズ水ノ辺に出てする」(『古事記伝』六之巻)と記述するように、水辺は禊を行う恰好の場所である。中でも禊のことを「しおかき・おしおい・しおかけ」などと呼ぶ地方が多いように常世波の打ち寄せる海岸で多く行われてきた。また、祭祀の前段行事として必ず禊が行われる。そのほか神仏へ参詣する前に海水や冷水で心身の汚れを清める。これを「沐浴」とか「水垢離

を掻く」「垢離を取る」などと呼んでいるが、要するに禊の一種である。このように禊はとりわけ水と関わりが深く、「水に流す」などの慣用句も禊の思想が生み出したものであるが、元来、禊という語には「水」の意味はない。上代特殊仮名遣によると、「み」には甲乙二種の別があり、発音上も区別があった。「みそき」は「身滌《みそき》」とあり、その「身《み》」は乙類の音ありで、一方、「水《み》」は甲類の音であるから、奈良時代の「みそき」禊を「水滌《みずそそき》」と解することは無理とされる。禊は祓とともに、日本人の罪穢観・清浄観を究明する上で重要である。↓祓《はらえ》 ↓水垢離《みずごり》 ↓禊祓《みそぎはらえ》

参考文献 折口信夫「水の女」（『折口信夫全集』二所収）、三橋健「年中行事における禊・祓・物忌み」（日本民俗研究大系編集委員会編『日本民俗研究大系』三所収）、坪井洋文「コモリ・ミソギ・ハラエの原理」（『民俗学論叢』二） （三橋　健）

みそぎきょう　禊教　教派神道十三派の一つ。教祖は井上正鐵。正鐵は四十四歳の春、霊夢の中で神明の使である女子から大道を授かり悟りの境地に入った。これが唯一神道すなわち、誠の道であり、それへ至る行法として息と祓の術を唱えた。これは正鐵が神祇伯王白川家から伝授された神拝式・三種祓などに基づき独自に体得したもので、御祓の徳（三種の祓）・永世の術（伝）と呼ばれ、入信者の根本的な行法（初学修行）となっている。また正鐵は鹿食少食・麁服・四恩などを唱えたが、それらは教典『神道唯一問答書』二巻、『問答書書継』、『井上正鐵遺訓集』八巻などに詳述されている。特に『遺訓集』は、正鐵が天保十四年（一八四三）に三宅島へ配流となり、嘉永二年（一八四九）に死去するまで、門弟へ送った書簡からなり、その思想や教えが最もよく表われている。正鐵の没後は門弟らが道統を継いだ。しかし布教活動は統一せず、東宮千別の吐菩加美講と坂田鐵安の惟神教会禊社本院とに分裂し、前者は身禊社を経て大成教所属の禊教、後者は明治十二年（一八七九）、井上神社を創建し、同二十七年、独立して禊教となり、坂田安治が初代管長となった。現在、山梨県北巨摩にある身曾岐神社、東京都中央区にある神道禊教などは、後者の流れを汲んでいる。禊教は、平成十一年（一九九九）末現在、教会二二、布教所四二、教師五九四、信者九万九九四八（文化庁編『宗教年鑑』平成十二年版）。↓井上正鐵《いのうえまさかね》 ↓吐菩加美神道《とほかみしんとう》

参考文献 田中義能『神道禊教の研究』、鶴藤幾太『教派神道の研究』、坂田和亮編『禊教の研究』、荻原稔編『井上正鐵年譜稿』、三橋健「井上神社の成立」（『神道大系』月報二一） （三橋　健）

みそぎはらえ　禊祓　禊と祓。禊と祓は元来以下に述べるごとく別の行事であるが、ともに罪や穢などの禍事を除去し心身を清めるという同じ機能を有し、一連の行事であったことなどから、記紀においてすでに混同され、禊が広義の祓に包括される形で今日まで複合語として多用されている。禊は特に川や海に入って水の清浄な力で洗い流すことをいう。「みそぎ」の語源には「身滌《みそそ》ぎ」あるいは「身清《すす》ぎ」とする説が有力で、ほかに「身削ぎ」とする説がある。記紀神話に、イザナギノミコトが黄泉国を訪問したのち、身体についた汚穢《けがれ》を除くために川で禊祓をしたとの起源説話を載せている。禊は神事に奉仕する人に対して要請されるもので、祭の前に行われる。天皇が大嘗祭の前月に行う御禊《ごけい》、伊勢の神宮の斎王・賀茂神社の斎院が祭の前に行う御禊は最も大規模なもの。天皇による御禊は、年中恒例の祭で勅使を発遣するときや、神社に行幸するときにも行われた。この禊の簡略化した形式が、神社への参詣に先だって行われる手水《てみず》（ちょうずとも）である。中世以降、禊には修行的要素も加えられ、「垢離《こり》を掻く・取る」といい、あるいは冷水を浴びるなどして、より内面的な清浄を得ることが重視された。一方の祓は解除とも記し、元来罪を犯した者に対して、その罪に応じた財物（祓つ物）を出させて、罪の贖《あがな》いをさせ、その罪を解き除く古代社会の儀式であった。その起源は記紀神話にスサノオノミコトの千座置戸の祓として語られている。六月・十二月の晦日に行われる大祓の儀は、この神話をもとに、天武天皇のころに始められ、その後、国家の制度として定着していくこととなった。そこでは、国中のすべての罪が、対象として祓い清められた。この朝廷の大祓で百官に対して宣読されたのが『延喜式』祝詞所収の大祓詞で、もっぱら中臣氏によって読まれていたところから「中臣祓」「中臣祭文」などとも呼ばれ、やがて百官に読み聞かせる文体から神前に申し上げる文体に改変され、私的祈禱の際に陰陽師や仏家によっても用いられるようになり、中世以降一般にも普及した。禊祓は日本人の罪穢観・清浄観を究明し、神道の中心思想を理解するうえに重要である。

参考文献 青木紀元『祝詞古伝承の研究』、岡田莊司「中臣祓信仰について」（『神道古典研究会報』一〇） （福井　款彦）

みたけ　御岳　東京都青梅《おうめ》市にある信仰の霊山。標高九九六メートル。山頂近くに蔵王権現を祀り、古来、武州御岳山・御岳金峯山といわれ、修験道の霊山として発展した。十三世紀中ごろ、散位大中臣国兼が宝殿を建立し、蔵王権現像を鋳造して安置したというが、これが蔵王権現の創祀を語るものかどうかは明らかでない。十四世紀初頭には多摩郡に勢力を有した大檀那の壬生氏や清原氏が、室町時代末には豪族の三田氏が帰依信仰した。戦国時代に入ると、神主浜名氏（大中臣国兼の後裔という）が一山を支配、掌握し、江戸時代には社領三十石を有した。多数の御師（享保ごろ三十六軒）がいて、檀那を巡り、御岳信仰を民衆に広めたが、青梅街道の発達とともに多数の講中が組織され、「御岳講」が盛んに行われた。社僧金峯山世尊寺鈴額院（山城醍醐三宝院末）があったが、その勢力は弱く、近世中期に至り、神主浜名氏の権力と御師団の成長に夾撃されて廃寺となり、御岳山は次第に神道色を

強めていった。明治維新の神仏分離にあたり、社号を御嶽神社と改め、祭神は櫛真智命《くしまちのみこと》を主神とし、相殿に大己貴命《おおなむちのみこと》・少彦名命《すくなひこなのみこと》を祀った。御嶽神社宝物殿に建武五年(暦応元、一三三八)銘の鰐口や暦応三年(一三四〇)・永和四年(一三七八)修復の『大般若経』、室町時代初期より中期にかけて製作された蔵王懸仏四面が所蔵されている。

参考文献 斎藤典男『武州御岳山史の研究』、西海賢二『武州御岳山信仰史の研究』 (鈴木 昭英)

みたけきょう 御岳教 ⇩おんたけきょう

みたけじんじゃ 御嶽神社 ⇩武蔵御嶽神社《むさしみたけじんじゃ》

みたけそうじ 御岳精進 御岳(嶽)すなわち大和国吉野郡金峯山に参詣するに際して行う精進潔斎をいう。御岳詣にかぎらず参詣の前に精進することは通例のことであるが、金峯山は蔵王権現が涌出した霊異あらたかな聖地とされ、平安時代中期には山岳信仰の代表的存在としての地位を確立しており、その登岳参拝に際しては道俗貴賤をとわず、ことさら厳格な精進を前もって行じたのであった。すでに十世紀中葉には中国にまで聞えたらしく、『義楚六帖』に金峯山は女人禁制であり、男子も登るときは三月酒肉欲色を断つと記されている。寛弘四年(一〇〇七)八月十一日に金峯山山上蔵王堂に参詣した藤原道長も、それに先立って閏五月十七日から長斎を始めている。道長は同日、鴨川で解除をしたのち精進所に籠り、看経や写経、諸社寺への参詣などを行い、八月二日京を発っている(『御堂関白記』)。『枕草子』あはれなるものや『源氏物語』夕顔にも、夜を徹し御岳精進を行ずる様子が感慨深げに語られている。また『発心集』八にも御岳精進を中途に怠れば厳罰のあることが書かれており、蔵王権現の猛烈な神威を説く諸説話と相呼応している感がある。

↓金峯山《きんぶせん》 (首藤 善樹)

みたて 見立て 一般用語では、見送る、見て選び定める、適当なものを見計らうことなどだが、記紀など神道古典での用語では一種の祭式言語として「そのものと見なす」と理解すべきもの。『古事記』神代では「其の島に天降り坐して、天の御柱を見立て、八尋殿《やひろどの》を見立てき」、『日本書紀』神代大八洲生成章第一の一書では「八尋之殿《やひろのとの》を化作《みた》つ、又天柱《あめのみはしら》を化竪《みた》つ」(原漢文)とあって、ともに男女二神が柱を廻って聖婚する国生みの段に「見立つ」と訓む。本居宣長は「此御柱を立、殿を造ることに、御《み》親《みずか》与り所知看《しろしめす》義」(『古事記伝』)と解し、平田篤胤は「見立とは、天なる柱に擬《なぞら》へて立て給へる故に云り」(『古史伝』)とし、また折口信夫は「あるものを柱と見立てて、祝福した」(「神道に現れた民族論理」)とする。さらに西田長男は「見立ての論理」を展開し、漢訳仏典での「化作」に拠って「無いものを有ると見る」とするが、こうした仮空の観念以前の祭式表現、つまり儀礼の場でこそ可能な「見ることにおいて立つ」という「仮象(シャイン)」(オイゲン=フィンク)とみなすべきであろう。

参考文献 折口信夫『古代研究』民俗学篇二、オイゲン=フィンク『遊戯の存在論』(石原達二訳)、西田長男「『見立て』の民族論理」(『日本神道史研究』二所収)、薗田稔「残響の彼方」(『祭りの現象学』所収) (薗田 稔)

みたなえしんじ 御棚会神事 京都市北区の賀茂別雷神社(上賀茂神社)の神事。一月十四日に行われる。中世の神領からの神饌供進の姿を伝える唯一の行事。後一条天皇が寛仁二年(一〇一八)に、山城国愛宕郡内の四ヵ郷(のちに分かれて賀茂・小野・川上などの六ヶ郷となる)を賀茂別雷神社の神領として寄進したのに始まると伝える。中・近世には、各郷から輸物(租税)に添えて神饌を御棚に盛って、一台ずつ献進したもので、数日かけて調製していたという。明治時代以降は神社から一台だけ用意して供えるが、現在は著しく省略されている。六人で担いできた御棚を祝詞舎《のりとのや》南庭に据え、その前に、鳥付木《とりつけのき》(山椒)の枝と大瓶子を置く。また魚読《さかなよみ》という神饌の品目を数えて記録することも行われる。 (岡田 精司)

みたま 神霊 ⇩しんれい

みたまのふゆ 恩頼 神々や天皇の御威《みいつ》による恩恵を受けること。神や天皇の神秘的なはたらきによる恩恵をいう。大国主神と少彦名神は、力を合わせて国土経営にあたったが、具体的に治療やまじないの方法を定め「百姓《おおみたから》今に至るまで咸《ことごと》く恩頼を蒙《かがふ》りて、皆効験《しるし》有り」(『古語拾遺』、原漢文)と伝えている。『日本書紀』では垂仁天皇後紀の「聖帝之神霊」、景行天皇四十年七月条の「皇霊之威」をみたまのふゆと訓ませている。すなわち、神々や天皇の霊威をみたまのふゆといったことがわかる。みたまとは御霊・御魂のことで、ふゆは振う、殖ゆの意と考えられる。神霊や天皇の御威にふれることにより、不思議なはたらきがあり、生産や実生活上、さまざまなことが進展成就すると考えられてきた。 (茂木 貞純)

みたままつり 御霊祭 先祖の祭。現在、先祖の祭といえばもっぱら盆行事の一部として営まれているものをさすが、かつては暮から正月にかけても同様のことが行われ、年二回の重要な祭事であった。平安時代、京都において年の暮に先祖の霊が訪れるとの考えのあったことは当時の和歌類から推測できる。『徒然草』によると、鎌倉時代末にはそれが東国にはまだ残っており、京都ではもう絶えていたらしい。現在、東北・中部地方各地に、暮から元旦にかけて白米の握り飯十二個に箸を立てたものなどをミタマノメシと呼んで仏壇もしくは神棚に供える風があり、中国・四国地方においても暮や正月には仏壇をミタマサマと呼ぶ地方のあるのは、古い先祖祭の名残りかと思われる。正月の先祖祭的性格が稀薄になったのは、仏教の浸透に伴って盆が寺院の管轄下に入る一方で、正月が次第に神事の色彩を濃くしてきたためかと考えられている。 (田中 宣二)

みたまや 御霊屋 祖先の霊や貴人の霊をまつる場所や施設の総称。御霊舎とも書き、「オタマヤ」とも読む。また、霊廟《れいびょう》、祖霊殿《それいでん》、祖霊社《それいしゃ》(舎)、大陸では祠堂《しどう》とも称する。古代には祖先の祭祀は家の祭とされ、氏神(ヤカツ神)とウカノミタマや竈《かまど》神がまつられた。霊は魂とも表記され、人間に限らず動植物にも宿るもので、祖神の霊は稲《いな》魂《だま》と考えられた。平安時代には怨霊《おんりょう》信仰が盛んとなり、浄土教の普及などにより、死者の霊魂を招きまつる(供養)思想が発達し、正月・盂蘭盆会《うらぼんえ》(七月十五日)が定着した。施設としての御霊舎も普及していった。中世には個人の御霊を安置してまつることも行われた。江戸時代中期以降には、神葬祭《しんそうさい》が行われるようになり、神職間では寺請《てらうけ》制度による仏葬強要に対し、寺院からの離檀運動が集団で展開された。しかし、実態は神葬ののち、願い出により、吉田・白川家より明神号・霊社号・霊神号の付与をうけ神として神社や霊舎でまつることを一部の者に許されるに留まった。その後、国学の普及に伴い祖先の御霊を祖霊としてまつることが増加し、その奉安場所を祖霊舎・御霊屋と称した。　↓祖霊社《それいしゃ》

参考文献　谷省吾『神道の祭祀』　(岡田　芳幸)

みたらし　御手洗　神域に入るものが、潔斎、またはその簡略化した作法としての手を洗い、口をすすぐなどの、手水の作法を行うための、川・湧水・海・湖などの自然の水域、あるいは手水舎などと称する、水を満たした水盤を中心に上屋を有する工作物をいう。前者の例として、伊勢神宮(内宮)の五十鈴川の御手洗は著名であり、富士山本宮浅間大社の湧玉池は、オツボとも称して、古来、富士登山の参拝者の禊の池であったといわれ、箱根神社では社前の芦ノ湖を御手洗池と称していることなどが挙げられる。手水舎の例としては、日光東照宮に石材の柱に飾金具を施す華麗な様式のものがみられるのに代表されるように、権現造様式の社殿が建立される時代以降に規模のしっかりした手水舎が造営されている。

(佐野　和史)

みちあえのまつり　道饗祭　厄神・疫神が京に入らぬよう祈願するもので、古代宮廷祭祀の一つ。毎年六月・十二月の二度、京の四隅(四方の京極大路)の路上において八衢比古《やちまたひこ》・八衢比売・久那斗《くなど》の三神を神祇官の卜部《うらべ》に祀らせた。この三神は低級な精霊神とみられる。『延喜式』八にこの祭の祝詞をのせる。祭具に鹿・牛・猪の獣皮を用いることが特徴。『令義解』の説では、外から来る鬼魅を京師に入れぬよう、あらかじめ路上に迎えて饗遏するものとしているが、祝詞の文意と矛盾することなどから疑問をもたれている。初見は『続日本紀』宝亀元年(七七〇)六月条であるが、都城の成立とともに藤原京で開始されたものであろう。八衢比古・八衢比売は道祖神の源流と考えられ、『古事記』神代のイザナギの神が橘の小門の阿波岐原で禊ぎをした時に褌から生まれた道俣神のことであろうとされる。『延喜式』臨時祭の八衢祭もこの祭と共通する行事であろう。

参考文献　平田篤胤『古史伝』六(『平田篤胤全集』一)、次田潤『祝詞新講』、和田萃「夕占と道饗祭」(『日本学』六)　(岡田　精司)

みちょうだい　御帳台　古代の貴族住宅には間仕切がなかったため、寝る時に寒さや人目を防ぐために用いた組立式の寝室。帳台・御帳ともいう。昼間の座所としても用いた。古墳時代の後期ごろから平安時代まで使われていたが、御帳台として形式が整ったのは平安時代である。正倉院には聖武天皇が使用した「御床」とよばれる帳台の台だけが残っているが、これは四脚形式で上面が簀子になっている。また平安時代の皇后用の帳台の台は浜床という高さ一尺ほどで三尺四方の箱形を四つつなげたものである。この上に畳を二帖、南北に敷く。この畳を地《じ》敷《しき》というが、のちには一般の貴族住宅では床《ゆか》の上に直接この地敷を敷くようになった。上部はいずれも同じで、地敷の四隅に土居《つちい》というL型の柱台を置き、これにそれぞれ三本ずつ柱を立て、上に鴨居をまわす。鴨居の上には白絹を張った明障子の天井をのせ、四周に帳を垂らす。帳は五《いつ》幅《の》のもの四条と、四《よ》幅《の》のもの八条から成り、四幅のものを四隅に、五幅のものを四方の中央に垂らす。そしてさらに上方に帽額《もこう》とよぶ横布一条を四周にめぐらす。その帳のなかには几帳を南・東・西の三方の口に立て、その几帳の高さにまで三方の帳を巻き上げておく。また前方の柱の左右の柱には、上から一尺ほど下がったところに肘金を打って、沈《じん》または檜製の懸角《かけづの》をかけ、後ろの左右の柱には八稜鏡をかける。いずれも魔除である。地敷の上には畳を敷き、上《うわ》むしろ(唐綾などに綿を入れた寝具)を敷き、衾をかける。南を枕とする。また、伊勢神宮や賀茂別雷神社の御帳台にみられるように、御帳台は神座としても用いられている。

(小泉　和子)

みつえしろ　御杖代　神の御杖となる者、御杖にかわる者の意味。単に御杖ともいう。伊勢の斎宮、賀茂の斎院をさしていうことが多い。前近代において、杖は単なる歩行の補助具ではなく霊力・呪力をもつものと信じられた。神楽の採物に杖が用いられたり、神の移座の際に杖が先立てられたりするのも、また、杖によって占有権が示されたり、宗教者がしばしば杖を携帯したのもこうした杖に対する考えに基づくといわれる。斎王は「神乃御杖代」と呼ばれるが、これは、杖が神の依代となり神がこれに降臨するとされたところによるのであろう。御杖代は、斎王だけをいうのではなく、高い地位にある者の補佐役についてもいうこともある。これは支えるという杖の本来の機能からいうのであろう。類似の語に御手代《みてしろ》があるが、これは天皇などに代わって神を祀る者をいい、伊勢の祭主をこう呼ぶことがある。また、近代に入ってから、出雲国造の国造の称を止め御杖代と呼んだことがある。

(並木　和子)

みつはのめ　罔象女　『古事記』神代の伊邪那伎・伊邪那美二神の神生みの段で、尿《ゆまり》に成った神として弥都波能売神がみえる。『日本書紀』神代、四神出生章第二・第三の一書には「水神罔象女」、第四の一書には「次小便、化二為神一、名曰二罔象女一」とある。また神武天皇即位前紀に、

丹生川で行われた祭に際して、祭に用いた水に「厳罔象女」の名を与えたことがみえる。その厳罔象女は「罔象女、此云㆓瀰菟破廼迷㆒」と注され、訓が確認できる。「罔」は「魍」に同じく(『康熙字典』)、「魍」は「すだま、もののけ」の意(『大漢和辞典』)。また「罔象」は『国語』(魯語下)に「水之恠曰㆓竜罔象㆒」とあり竜神とイメージされ、『淮南子』(氾論訓)に「水生㆓罔象㆒」とあり、高誘の注に「水之精也」と解される。折口信夫は、「みつは」は禊ぎに関連していた語とみている(「水の女」(『折口信夫全集』二所収))。『延喜式』神名帳に、「弥都波能売神社」(阿波国美馬郡)がみえる。 (青木 周平)

みつみねじんじゃ 三峯神社 埼玉県秩父郡大滝村大字三峯に鎮座。旧県社。伊弉諾尊・伊弉冉尊を祀る。縁起によれば、日本武尊が東征の際に創祀、その後景行天皇が東国巡幸にあたり三峯宮の称号を賜わったと伝える。雲取山・白岩山・妙法ヶ岳を拝することができることから、三峰と称することになったとされる。役行者の伝承など山岳信仰の対象となっていた。鎌倉時代畠山重忠ら関東武士の崇敬篤く、江戸時代には別当観音院は天台聖護院派の修験となり、同派にあって重きをなした。また、

三峯神社拝殿

狼を神使とし、「お犬」と呼ばれる護符を配り、猪鹿除けや火難・盗難除けとした。これにより関東一円に講が設けられ栄えた。神仏分離令の後、神社となった。大祭は四月八日、冬季大祭は十二月二日。特殊神事に筒粥神事・節分追儺祭がある。

参考文献 横山晴夫校訂『三峯神社史料集』、横山晴夫「本山派修験三峯山の興隆」(『国学院雑誌』八〇ノ一一) (横山 晴夫)

みつやましんじ 三つ山神事 兵庫県宍粟《しそう》郡一宮町、播磨国一宮伊和神社で六十一年目ごとに甲子の年に行う式年祭。三つ山祭、御《み》戸《と》開《ひらき》・御開帳ともいう。同社の周囲にある白倉山・高畑山・花咲山の三山の霊をまつる神事。昔は播磨一円の大祭で、旧暦三月一日から始めて、本社に一日、三山に各一日、各郡一日ずつ、都合三十日間にわたったといわれる。前々回は大正十三年(一九二四)が甲子で、四月十日から晴天十二日間の大祭が行われた。祭の期間中は、三山の山上に神紋を染めた白旗を一本ずつ立て、祠を安置し、祭に先立ち神社拝殿で祭典と、三山の遙拝が行われた。以前は山車・屋台・獅子舞が余興に出たというが、山車・獅子舞はすたれた。同社の二十年一度の式年祭を一つ山神事という。なぜ六十年に一度の祭かという疑問に対し、伊和神社の拝殿は春分・秋分の日の朝日が中央に差し込む位置に造られているところから、暦との関係を指摘される。また、兵庫県姫路市の播磨国総社射楯兵主《いたてひょうず》神社の二十年に一度の式年祭をも三つ山神事という。この神社では反対に六十年に一度一つ山神事を執行している。射楯兵主神社の祭神は射楯大神と兵主大神の二神であるが、神社創建伝説によれば、大神を飾磨の地に勧請してきたが、山がないことの苦情があり、六十年に一度一つ山を建て、二十年に一度三つ山を建てる祭を行うことを約して、鎮座を願うという。これが射楯兵主神社一つ山神事・三つ山神事の起源伝承である。一方歴史的には、藤原純友の承平天慶の乱(九三六)に際し、その鎮定の祈願祭を執り行なったのが一つ山神事のはじまりで、鎮座縁日の六月十一日の干支が丁卯《かのとう》となる日(六十年に一度)に斎行されるところから、丁卯《ていぼう》祭とも呼ばれてきた。また、三つ山祭は、一つ山祭の臨時祭として、二十年に一度斎行され、九月中の亥の日を中心に七日間にわたる。作り山は、竹を組上げ表面に布を張った十数メートルの高さがある二色山・五色山・小袖山と呼ばれる巨大な置き山である。近年では昭和三年(一九二八)・平成元年(一九八九)に一つ山祭が、昭和四十八年・平成六年に三つ山祭が盛大に斎行された。 ↓一《ひと》つ山神事《やましんじ》 (茂木 栄)

みてぐら 幣帛 ⇩へいはく

みてぶんこ 三手文庫 京都市北区上賀茂本山に鎮座の賀茂別雷神社(通称、上賀茂神社)の文庫。三手文庫の三手は、神社一帯の土地が東手・中手・西手の三地区によって成り、百数十家にも及ぶ社家のすべてがここに居住していたこと、および文庫の経営が社家の寄合の主体であった三手若衆の手にあったため、社家全体の文庫という意味からの命名である。当神社の文庫はすでに室町時代に置かれていたことが『賀茂史略』や『賀茂別雷神社由緒略記』によって窺われ、神官・社家の学問講習所としての役割を果たしてきた。のち元禄十五年(一七〇二)に至って、組織を整え、建物を新築して三手文庫の新しい発足をみた。この事業の中心となったのは、社家の岡本季輔であり、極力これを助けたのが賀茂(岡本)清茂であった。そして季輔が宝永六年(一七〇九)七月に没した後は、清茂が主として文庫のことにあたった。三手文庫が世によく知られている理由には、この清茂と親交のあった今井似閑の奉納書を多く蔵することがある。似閑は元来、書籍商を営んでいたが、国学を木瀬三之・下河辺長流に学び、のちに僧契沖の門人となっていっそう古典に専念し、さらにその指導を受け書物の蒐集に努めた。まず師の契沖関係の重要資料をはじめ、松下見林・木瀬

「賀茂文庫」

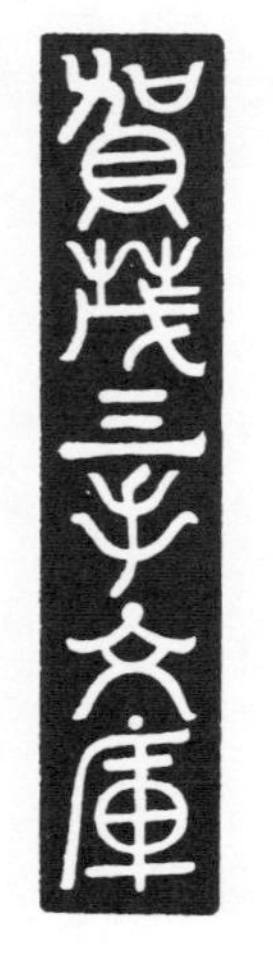
「賀茂三手文庫」
三手文庫蔵書印

三之・宮川松堅・野宮定基・伊庭種季らの筆蹟や関係資料、それに自己の著述や自写本を加えて、これを三手文庫に奉納し、以て貴重書の散逸防止を図ろうとした。そして享保六年(一七二一)七月にはみずから奉納書の目録を作成している。ただし似閑は晩年中風を病んでいたためか、献本は彼の死後の元文二年(一七三七)二月に、そして残部は同四年十一月に今井家より奉納されている。明治二年(一八六九)に至って当文庫の蔵書類は売却の憂目に遭ったが、幸いに社家の座田太氏や京都府庁の尽力によって奉納本のほとんどが文庫に戻り、そして神社に移管された。現在の三手文庫は、境内を貫流する奈良の小川沿いに在り、寛永五年(一六二八)冬遷宮の際に、神饌所に付属の穀物倉庫として建てられた高床式校倉造建物(重要文化財)を転用している。往時の文庫の場所はもっと南方にあったと伝えられるが、正確な位置はわかっていない。所蔵の写本・古文書・版本など約千数百点に及んでいる。 →今井似閑《いまいじかん》 →賀茂清茂《かものきよしげ》

参考文献 谷省吾・金土重順編『(賀茂別雷神社三手文庫)今井似閑書籍奉納目録』(『神道書目叢刊』二)、岡田温監修『日本文庫めぐり』、児玉幸多「京都上賀茂の三手文庫に就いて」(『史蹟名勝天然紀念物』一八集二・三)

(鈴木 義一)

みとがく 水戸学 『大日本史』の編纂事業を遂行する過程で水戸藩に開展した学問。一般的には、水戸藩に生起した学問全体を指すと考えられているが、十七世紀後半から十八世紀の三十年代にかけて『大日本史』の本紀・列伝・論賛の編纂に取り組んだ前期と、十八世紀末期から幕末期にかけて、修史事業の継続のみならず、現実社会の課題解決をも目指した後期との間には、学風にかなりの差違が認められる。したがって、前期と後期とを区別してみることが適切である。もともと水戸藩の学問の独自性が藩外から注目されるようになったのは天保年間(一八三〇―四四)以降であって、当時、これは天保学・水府の学などと呼ばれており、これらが水戸学という呼称に統一されたのは明治維新以後である。この点を考慮すれば、水戸学という語の本来の用法に基づいて狭義にとらえ、後期の学問に限定すべきであるともみられるが、ここでは通常のごとく広義に解釈して、前期をも含めて叙述することとしたい。〔前期〕二代藩主徳川光圀が明暦三年(一六五七)、史局を江戸駒込の別邸に開設して修史事業に着手したことに始まる(史局は寛文十二年(一六七二)から小石川の本邸に移して彰考館と命名)。京都をはじめ各地から招聘された学者は、儒学(主として朱子学)の歴史観、特に正名論と応報観とによって歴史を理解することを基本としていた。このため彼らは、㈠人間の運命や歴史の展開は究極的には道徳の理法に支配されるものであるから、歴史事実をありのままに記述すれば、そこにおのずから政治上また道徳上の教訓が示されるはずであり、したがって確実な史料に基づいた史書の編纂が必要であること、㈡そのことを通じて、本紀・列伝に記載する君臣双方の人物に対し、道徳上の評価を確定することを課題としなければならないこと、という二つの意識を強く抱いていた。いわゆる三大特筆を立てたことを含む本紀・列伝の構成、安積澹泊の執筆した論賛などにも、基本的には儒学の歴史観に基づく立場が示されている。前期の代表的学者には、安積澹泊のほか、史料収集に活躍した佐々十竹(宗淳)、『保建大記』の著者栗山潜鋒、『中興鑑言』の著者三宅観瀾らがいる。〔後期〕前期水戸学が、歴史の学問的研究を主眼としていたのに対し、後期には、内憂外患のもとで国家的危機を克服するための思想が形成された。その思想をまとまったかたちで表現した最初の人物は藤田幽谷である。幽谷は、立原翠軒の門人で、『大日本史』の編纂に従事した。幽谷は『正名論』において、君臣上下の名分を厳格に維持することが社会秩序を安定させるための要件であるとする名分論を唱え、これ以後の尊王思想に理論的根拠を与えた。幽谷の思想を継承、発展させたのは門人会沢正志斎と、子の藤田東湖である。正志斎は文政八年(一八二五)三月、『新論』を著わした。本書は、同年二月、江戸幕府が異国船打払令を発布したのを好機とみて、国家の統一と強化を目指し、このための政治改革と軍備充実の具体策を述べたものであるが、その際、民心の糾合の必要性を論じ、その方策として尊王と攘夷の重要性を力説した。ここに、従来から唱えられていた尊王論と攘夷論とがはじめて結び合わされた。日本国家の建国の原理とそれに基づく国家の体制という意味で「国体」という概念を提示したのも、本書が最初である。こうして「国体」観念と尊王攘夷思想を基軸とした整然たる国家主義思想の体系が成立することとなった。九代藩主徳川斉昭のもとで、天保期の藩政改革が実施されたが、この改革の眼目の一つに藩校弘道館の建設があった。弘道館の教育理念を明示したのが『弘道館記』であって、これは後期水戸学の思想を簡潔に表現した文章として重要である。『弘道館記』は斉昭の署名になっているが、実際の起草者は藤田東湖であり、東湖は斉昭の命でその解説書『弘道館記述義』を著わした。『新論』とともに後期水戸学の代表的著作である本書は、『新論』が日本全体の政治のあり方を論じたのに対し、日

本社会に生きる人々の「道」、すなわち道徳の問題を主題とし、記紀の建国神話に始まる歴史の展開に即して「道」を説き、そこから日本固有の道徳を明らかにしようとした。東湖は、君臣上下の各人が社会的責任を果たしつつ、「忠愛の誠」によって結びついている国家体制を「国体」とし、「忠愛の誠」に基づき国民が職分を全うしていく道義心が「天地正大の気」であると説く。したがって「天地正大の気」は、建国以来の「国体」を支えてきた日本人独自の精神態度であり、内外多難のこの時期にこそ「天地正大の気」を発揮して国家の統一を強め、危機を打開しなければならない、とするのが東湖の主張であった。東湖にはこのほか『常陸帯』や『回天詩史』などの著書があり、後者は「和文天祥正気歌」(通常「正気歌」と称される)とともに幕末の尊攘志士たちにひろく愛誦された。後期水戸学は、学問上の系譜からみれば、儒学・国学・神道の思想から影響をうけつつ、これらを融合して一つの思想体系を樹立したものといえるが、正志斎の政治論にせよ、東湖の道徳論にせよ、抽象的な理論ではなく、常に学問と政治的実践との一致を目指し、しかも一藩の範囲を越えた国家的視野から現実社会の課題に対処しようとした点に特色がある。『弘道館記』の中に「忠孝二無く、文武岐れず、学問、事業、その効を殊にせず」(原漢文)とあるのは、その精神の現われである。要するに後期水戸学の思想は、天皇の伝統的権威を背景としながら、幕府を中心とする国家体制の強化によって、日本の独立と安全を確保しようとしたところにあった。しかるに開国以後、幕府にその国家目標を達成しうる能力が失われてしまったことが明らかになるにつれ、後期水戸学を最大の源泉とする尊王攘夷思想は次第に反幕的色彩を強めていく。そして後期水戸学は、吉田松陰らを通じてさらに明治政府の指導者たちに受け継がれ、天皇制国家のもとでの教育政策や、その国家秩序を支える理念としての「国体」観念などのうえに大きな影響を及ぼしていくのである。この意味において後期水戸学は、近代日本における国家主義思想の主要な形成基盤をなしたものとみなすことができよう。後期の代表的学者には、前記の藤田幽谷・藤田東湖・会沢正志斎のほか、青山延于・青山延光・豊田天功・菅政友・栗田寛らがいる。

参考文献　『水戸市史』中三、瀬谷義彦・今井宇三郎・尾藤正英校注『水戸学』(『日本思想大系』五三)、菊池謙二郎『水戸学論藪』、瀬谷義彦『水戸学の史的考察』、松本純郎『水戸学の源流』、日本学協会編『大日本史の研究』、吉田一徳『大日本史紀伝志表撰者考』、名越時正『水戸学の研究』、鈴木暎一『水戸藩学問・教育史の研究』、尾藤正英「尊王攘夷思想」(『(岩波講座)日本歴史』一三所収)、同「歴史思想」(『中国文化叢書』一〇所収)　(鈴木　暎一)

みとしのかみ　御年神　『古語拾遺』などには、御歳神とも書く。『古事記』によれば、大年神《おおとし》と香用比売《かぐよひめ》の子。「とし」とは、年の穀物としての稲を意味し、大年の神やその孫として『古事記』に名を挙げられている、若年神《わかとしのかみ》・久久年神《くくとしのかみ》らとともに稲作を守護する神で、『延喜式』に載せる祈年祭《としごいのまつり》の祝詞では、「御年皇神等《みとしのすめがみたち》」と呼ばれている。御年神はこの祭のもっとも主な祭神で、その社には一般の幣帛のほかに、特に白馬と白猪と白鶏各一が供えられた。そのことに纏わる次のような話が、『古語拾遺』に記されている。神代に、ある日、大地主神《おおなぬしのかみ》が、田で働いている農夫たちに牛の肉を食べさせた。これを見た御歳神の子が、供えられた食物に唾を吐きかけ、父神にこのことを報告した。怒った御歳神は、田に蝗を放ち稲の苗を枯らした。大地主神が、巫女たちに理由を占わせると、御歳神の祟りで、白猪と白馬と白鶏を献り怒りを解かねばならぬと知れた。そのとおりにして許しを乞うと、御歳神が託宣して、田の水口に牛の肉を置き、男根の模形を添えるなどして、蝗の害を終らせる方法を教えた。その教えに従うと、稲の苗にまた葉が生い茂り、その年の実りが豊かだった。これが神祇官が祈年祭に、白馬と白猪と白鶏を御歳神に奉献することの起りだという。

参考文献　高木敏雄『日本神話伝説の研究』　(吉田　敦彦)

みとしろえしんじ　御戸代会神事　京都市北区の賀茂別雷神社(上賀茂神社)で、毎年七月一日に行われる神事。神能の奉納で有名。天平勝宝二年(七五〇)に孝謙天皇から御戸代田一町の寄進があった時以来続く神事という。御田植神事などと一連の行事で、五穀豊穣の祈願祭といい、献饌に先立って烏扇《ひおうぎ》を景物として奉献する。特殊神饌として、アユ・ゴリなどの魚を供える。午前の神事に引き続き、午後には御戸代会神能が演ぜられる。すでに鎌倉時代の年中行事には、田楽・猿楽などの芸能の挙行が記されており、古くは夕刻より、薪能の形式で行われたという。御田で働く農夫たちの慰労で始まったと伝える。場所は時代によって変遷があったが、現在は境内の庁屋《ちょうのや》において能楽が演ぜられている。　(岡田　精司)

みとしろたねまきしんじ　御歳代種蒔神事　長野県上田市下之郷の生島足島神社《いくしまたるしまじんじゃ》で七月一日に行われる神事。御歳代田のほとりに御形代と称する仮殿を設けて、降神を行い、祭典ののち、神前に供えてあった籾種を宮司が御歳代田に播く。なおこの日に先立ち、前月の二十五日に御歳代田作り、二十九日に仮殿作りが行われる。神社所蔵の元文五年(一七四〇)の『書留由緒』に、「六月朔日御張注連と申候て、御作田殿籾まき神事有之」「御歳代種蒔神事、六月一日神戸代播種之神事有之候也」とあり、この神事を御張注連と称していたこと、また旧暦時代は六月一日に行われていたことがわかる。なお、この神事は七月三十一日に行われる御歳代植苗神事とともに、十一月三日より翌年四月十三日まで七夜ごとに行われる御籠祭に関係のある神事である。社伝によると健御名方富命《たけみなかたのとみのみこと》が当国下降の折、当地にて生島神・足島神をまつり米粥を煮て献じたと伝え、御籠祭では、現在も摂社諏訪神社の祭神健御名方富命を本殿に移し、粥を煮て奉っている。この粥に使用する米を作る神事が御歳代種蒔神事と植苗祭である。（石田　武久）

みとじんじゃ　水度神社　京都府城陽市寺田水度坂に鎮座。『山城国風土記』逸文にみえ、延喜式内小社の後身というが、明治時代以前は天神宮と称した。旧府社。現在の祭神は天照皇大神・高皇産霊神・和多都美豊玉姫命の三座。祭礼は寺田祭といい、寺田郷の産土神として盛大であった。祭礼は宮座の座人を中心に行われ、九月三十日の御出祭から大祭（還幸祭）の十月二日まで神輿のお旅所渡御がある。祭に先立つ九月二十七日に宮座の当屋の門口にオハケサンを立て、座敷に籠子《ろうじ》という台に座ごとに特殊な神饌を盛り立てていた。現在は栗榧《くりやか》座のみが残り、今も座人が神饌を盛っている。本殿は、文安五年（一四四八）建造の棟札をもつ一間二面の流造であるが、正面は千鳥破風である。重要文化財。

参考文献　井上頼寿『京都古習志』（岡田　精司）

みととうしょうぐう　水戸東照宮　⇨東照宮《とうしょうぐう》

みなくちまつり　水口祭　稲作神事の一種。苗代祭ともいう。苗代田に種籾を播き下したとき、水口に土を盛って季節の花や木の枝を挿し、これに焼米を供えて田神を祀る。この作法は東日本一帯によく伝承された。木の枝は田の中に立てるところもあるが、これはもと飾物や目印などではなく、神の依代であった。長野県でタナンボゥなどと呼んだのは神の依ります棒、つまり玉串か幣かであった。福島県などでナエミダケというのも、苗の生育を計る竹と考えているが、これも苗忌竹であった。東北各地でナエジルシといって占有標の木印のように用いるが、これももとは同じ趣旨のものであった。これらの斎串《いぐし》は祭に際して野山から採り迎えたこと正月松・盆花と軌を一にした。所によっては小正月の粥播棒また氏神鎮守社春祭の神札、あるいは密教寺院の牛玉宝印《ごおうほういん》の札などを栗・楊などの棒に挟んで立てた。供物の焼米は種籾の残りで作った。鳥がこれを啄ばんで、播いた籾米を荒らさぬようにと配慮したともいう。この焼米は家族の直会には用いない。秋収穫の穂掛祭のときに作る新米の焼米に比べるとうまくなかった。村の子供たちの取るに委せた。貰い歩く子供が鳥追唄を唱えるところもあり、ここにも水口祭について豊作を祈る心持が表われていた。なおこの祭作法を初田植の日にも行うところがある。農耕諸段階に大型機具が採用され、中でも田植機の導入によって苗代作りも大きく変わってしまった。

参考文献　柳田国男編『分類農村語彙増補版』、倉田一郎『農と民俗学』（『民俗民芸双書』三九）、柳田国男「田の神の祭り方」（『定本柳田国男集』一三所収）（平山敏治郎）

みなしじんじゃ　水無神社　岐阜県大野郡宮村字石原に鎮座。式内社。飛驒国一宮。総社。旧国幣小社。祭神は大歳大神ほか十四柱。『三代実録』元慶五年（八八一）十月九日条に神階昇叙の記事があり、従四位上に叙せられる。中世には水無大菩薩と称され、近世には大明神とも八幡宮ともいわれる。天正十三年（一五八五）金森長近の侵攻により、退転。しばらくの期間、両部神道により千光寺の兼帯となる。社家は、元禄八年（一六九五）の検地以来、吉田家の唯一神道により、山下・森両氏が世襲。安永二年（一七七三）の大原騒動は、幕府天領での年貢増徴を意図した検地への反対一揆で、一揆成功の祈願と百姓の庇護を期待された神主山下和泉・森伊勢がほかの首謀者とともに極刑に処せられ、社家は絶家となった。安永七年信濃国より社家に梶原家熊が招かれ、吉田家の唯一神道により「大宮司」を称し、「神祇道取締」に充てられ、以来、世襲、明治五年（一八七二）の廃止に至る。作家島崎藤村の父で国学者の島崎正樹は、明治七年から十年にかけて、当社の宮司。慶長十二年（一六〇七）に長近により拝殿造営。例祭は五月一日・二日（宮祭・宮の節句）。そのほか一月十五日に天保年間（一八三〇—四四）の永徳講の流れをくむ大々神楽の奉納が行われる。

参考文献　『岐阜県史』通史編近世下、奥田真啓『水無神社の歴史』、式内社研究会編『式内社調査報告』一三（秋元　信英）

みなせじんぐう　水無瀬神宮　大阪府三島郡島本町広瀬に鎮座。旧官幣大社。祭神は後鳥羽天皇・土御門天皇・順徳天皇。本来、鎮座地一帯は正治元年（一一九九）ごろ後鳥羽上皇によって建てられた離宮「水無瀬殿」の旧跡であった。承久の乱で隠岐に流された上皇は延応元年（一二三九）二月に隠岐で崩ずると、その遺告により、藤原信成・親成父子が離宮跡に居住して御影堂を建て、上皇の菩提を末永く弔うこととし、親成以後は水無瀬氏を称したのである。これが当宮の創祀であり、仁治元年（一二四〇）と伝える。御影堂には上皇の遺告である暦仁二年（延応元、一二三九）二月九日の「後鳥羽法皇宸翰御手印置文」（国宝）、上皇の後宮修明門院藤原重子より寄せ

水無瀬神宮拝殿

られた上皇の俗体・法体の御影がまつられた。俗体像(国宝)は上皇の配流前に藤原信実が画いたとされる似絵《にせえ》であり、法体像は隠岐で上皇自身が画いた姿である。御影堂の所領は摂津水無瀬荘・同井内荘、出雲持田荘・同加賀荘、近江鳥羽上荘があり、朝廷・幕府の所領寄進・安堵・保護が加えられるが、それは上皇の怨霊を恐れたからでもあり、菩提寺として大興禅寺の建立、また社壇の新設も計画され、御影堂への信仰が弘められた。長享二年(一四八八)正月、連歌師宗祇・肖柏・宗長は法楽として百韻を吟じ、明応三年(一四九四)八月、後土御門天皇は隠岐より上皇の神霊を迎えて「水無瀬宮」の神号を奉じた。往時の建物は慶長元年(一五九六)の地震により被災するが、同五年内裏からの寄進をうけて再興するも、寛永八年(一六三一)の火災により一部の建物は焼失した。後水尾天皇は社殿復旧に意をそそぎ、同十五年の四百年遠忌には和歌を奉納し、以後五十年ごとの遠忌には天皇・公家の和歌奉納が続けられた。明治六年(一八七三)官幣中社に列し、土御門天皇・順徳天皇の神霊を合祀して「水無瀬宮」と称した。昭和十四年(一九三九)、後鳥羽上皇の七百年遠忌を迎えて官幣大社に昇格し、水無瀬神宮と改称する。例祭は十二月七日。後鳥羽天皇祭は四月四日、土御門天皇祭は十一月十三日、順徳天皇祭は十月十四日。特殊神事として一月三日の松囃神事がある。境内社として春日社・人麿社・稲荷社・星坂社を奉斎。現在の本殿は寛永年間に京都御所内侍所の旧材を以て建立、一重入母屋造桟瓦葺の客殿一棟は慶長五年の造営で、重要文化財に指定。また後水尾天皇奉納の茶室「燈心亭」一重寄棟造茅葺、東面庇付柿葺一棟も重要文化財に指定される。当神宮に所蔵する文書は総計二百二十点をこえるが、著名なものとしては、前記のほか、「後鳥羽院御置文案文」(嘉禎三年(一二三七)八月二十五日)一巻、「後鳥羽院宸翰御消息」(九月二十三日)一巻、「紙本墨書後村上天皇宸翰御願文」一通があり、重要文化財に指定される。その他、歴代天皇宸翰・綸旨・院宣、奉納法楽和歌、武家文書・記録類に大別して保有する。

参考文献 水無瀬神宮編『水無瀬神宮文書』、大阪府編『水無瀬神宮文書』(『大阪府史蹟名勝天然紀念物調査報告書』一一)

(二宮 正彦)

みなせじんぐうもんじょ 水無瀬神宮文書 大阪府三島郡島本町広瀬に鎮座する旧官幣大社水無瀬神宮に襲蔵されている文書。同文書は昭和十五年(一九四〇)三月、大阪府が『大阪府史蹟名勝天然紀念物調査報告書』第十一輯を『水無瀬神宮文書』とし、これに収録して公刊した。同書には暦仁二年(延応元、一二三九)二月九日「後鳥羽法皇御手印御置文」以下「明治六年(一八七三)御神霊御還遷記」に至る二百二十二点を掲載している。現在は文書の内容により歴代天皇宸翰・綸旨・院宣・奉納法楽和歌・武家文書・記録類に大別して当宮に保有する。伝藤原信実筆紙本著色「後鳥羽天皇像」一幅、「御手印置文」一巻が国宝、「後鳥羽院御置文案文」(嘉禎三年(一二三七)八月二十五日)一巻、「後鳥羽院宸翰御消息」(九月二十三日)一巻、「紙本墨書後村上天皇宸翰御願文」一通が重要文化財に指定される。なお水無瀬神宮から百四十七点の文書を採録した『水無瀬神宮文書』を刊行している。

参考文献 『島本町史』史料編

(二宮 正彦)

みなせちかなり 水無瀬親成 生没年不詳 後鳥羽上皇の臣下。上皇の水無瀬離宮跡を譲与され、この地に住して上皇の遺影を奉じたことから、親成以後は水無瀬氏を称するに至った。本来、祖父親兼・父信成は後鳥羽上皇の信任あつく、承久の乱のおきた承久三年(一二二一)には、『公卿補任』によれば、親兼は五十歳、信成は二十五歳であった。親成は当時五歳前後と推定され、成人後は「宰相中将」の官職を上皇より受けていたようであるが、委細は不詳である。信成・親成も上皇への忠節を守り、延応元年(一二三九)二月に上皇が隠岐で崩ずると、親成は上皇の遺詔(「御手印置文」)を遵奉し、上皇の所領であった出雲の持田・加賀荘の知行を弟の信氏とともに委託され、水無瀬離宮跡に居住して御影堂を建立し、上皇の菩提を弔うのである。

(二宮 正彦)

みなつきのはらえ 六月祓 ⇩名越祓《なごしのはらえ》

みなとがわじんじゃ 湊川神社 兵庫県神戸市中央区多聞通三丁目に鎮座。俗に楠公《なんこう》さんと呼称される。旧別格官幣社。祭神は楠木正成を主神に、子正行および湊川の戦に殉難した十六柱ならびに菊池武吉を配祀。楠木正成は元弘元年(一三三一)、後醍醐天皇の勅を奉じて兵を挙げ、金剛山および赤坂に築城、寡兵をもって鎌倉幕府の軍を破り、天皇親政を唱えて建武中興を成し遂げた。しかし、その後間もなく足利尊氏の謀叛により、これと戦い尊氏の京師に入るのを防いだが、衆寡敵せずついに敗れて七生報国を誓いながら弟正季以下一族とともに湊川にて延元元年(一三三六)五月二十五日自刃した。江戸時代初期に摂津国尼崎藩藩主青山幸利が、その故地に石碑を建てたのに始まり、元禄五年(一六九二)徳川光圀が「嗚呼忠臣楠子之墓」の碑(史跡)を建て、明治元年(一八六八)明治天皇の創祀御沙汰書が下され同五年現在地に鎮座した。例祭は七月十二日。五月二十五日楠公祭。段縅腹巻一領(重要文化財)、正成自筆の法華経奥書(同)などがある。

参考文献 森田康之助『湊川神社史』

(加藤 隆久)

みなとのかみ 水戸神 ⇩速秋津日命《はやあきつひのみこと》

みなみまつり 南祭 ⇩石清水臨時祭《いわしみずりんじさい》

みにげのしんじ 見逃神事 島根県簸川郡大社町の出雲大社の特殊神事の一つで秘儀。「みみげのしんじ」ともいう。爪剝祭《つめむき》と一対をなす。明治以前は陰暦七月四日深更に身逃神事、翌五日に爪剝祭を行なったが、現在は八月十四日に前者、翌日に後者を行う。出雲大社禰宜は八月十日から斎戒沐浴し、十三日夜に翌日の道見《みちみ》をする。十四日夜、出雲大社境内の諸門が開放され、午前一時、禰宜は狩衣を着け、右手には青竹の杖を、左手には真菰《まこも》で作った苞《しぼ》と火縄筒をもって大社本殿大前に参進し、祝詞を奏上、その後、祭神大国主神の神幸が始まる。禰宜は前夜の道見の通り湊社・赤人社を詣で、稲佐の浜の塩掻島で塩を掻き、出雲国造《こくそう》館に行く。その神幸の間、出雲国造は国造館からほかの社家宅へ移り、国造館は大国主神を迎える準備をする。この神幸中、人に出会うと神幸を初めからやり直すため、大社町内の人々は夜早くから門戸を閉ざし外出をさける。禰宜は国造館大広間の大社本殿に向かって設営された斎場を拝し、本殿大前に帰来して再拝拍手する。翌日、塩掻島で掻いた塩と稲穂・瓜・茄子・根芋・大角豆《ささげ》・大根の七種の神饌を供えるのが、爪剥祭である。この一連の祭事は、魂迎え神事とも早稲の初穂祭とも考えられている。

参考文献 『出雲大社由緒略記』、千家尊統『出雲大社』

(西岡 和彦)

みひしろ 御樋代 伊勢神宮で神体を納める円筒型の木製の容器。『皇太神宮儀式帳』に「御樋代一具(深一尺四寸、内八寸三分、径二尺、内一尺六寸三分)」、『止由気宮儀式帳』には「御坐一基、高一尺径七寸」と記す。『延喜式』伊勢太神宮は「太神宮(中略)樋代一具(正宮料、高二尺一寸、深一尺四寸、内径一尺六寸三分、外径二尺)、度会宮(中略)樋代一具(正宮料、径高各一尺五寸)」と記す。木製の御樋代のほかに、「奉㆑蔵㆓黄金樋代㆒」(『天照坐伊勢二所皇太神宮御鎮座次第記』)、あるいは「秘㆓蔵黄金樋代㆒」(『豊受皇太神御鎮座本紀』)とあり、のちに黄金の御樋代も作られた。文献の上では内宮は天正十三年(一五八五)度、外宮は永禄六年(一五六三)度の式年遷宮から確認され、以降明治二十二年(一八八九)度の式年遷宮まで造られた。用材の御樋代木は俗に御祝木とも殿内口伝木ともいわれ、この木を宮中に曳き入れるお木曳を御樋代木奉曳式とも官曳ともいう。お木曳行事の最初に行われる。

参考文献 薗田守良『神宮典略』前篇(『大神宮叢書』)、中川経雅『大神宮儀式解』前篇(同)、大西源一『大神宮史要』、阪本広太郎『神宮祭祀概説』

(安江 和宣)

みふなしろ 御船代 伊勢神宮で、ご神体を納めた御樋代を納め殿内に奉安するための船の型をした檜木の容器。檜木を二つに割り中を刳る。御樋代のほかに神宝の御衣以下その他の調度品を納める。御樋代とともに遷宮のたびに新しく作られる。『皇太神宮儀式帳』に「正体御代一具(長七尺五寸、内五尺七寸、内深一尺四寸、広二尺五寸、高二尺一寸、内弘二尺)、(中略)相殿坐神御船代二具(長各七尺六寸、内七尺六寸、広一尺五寸、内一尺五寸、高一尺九寸、内一尺)」、『止由気宮儀式帳』には「正体御船

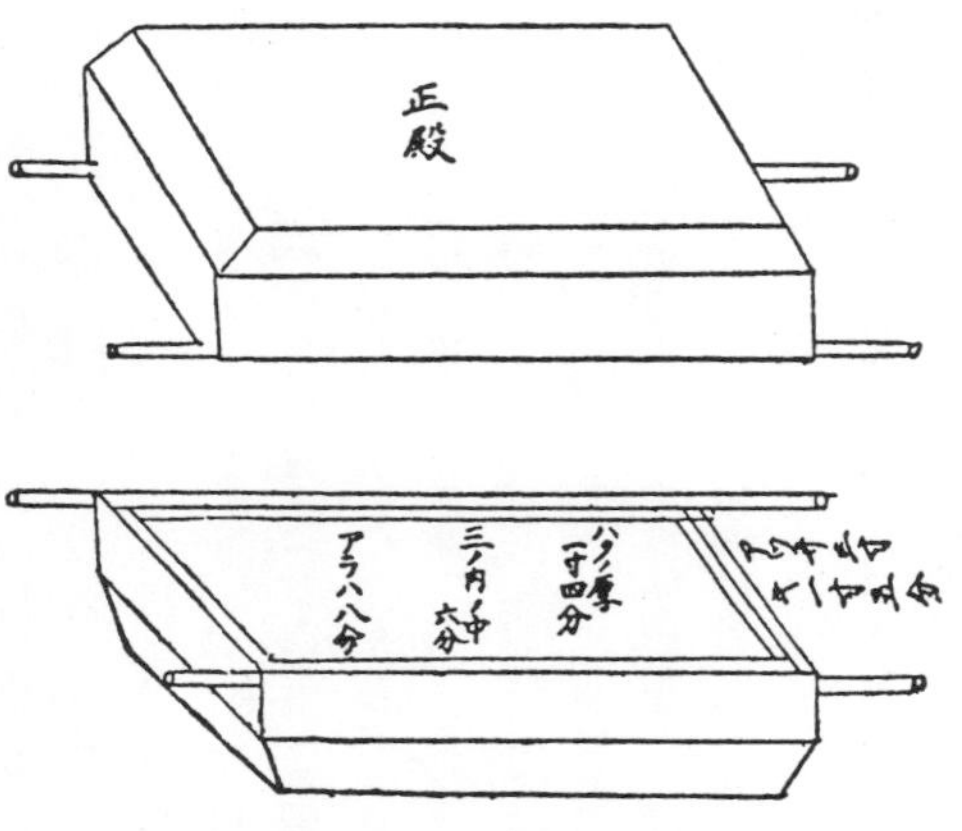

御船代(『貞和御餝記』より)

代壱具(長六尺、広二尺四寸)、(中略)相殿御船代弐具(長四尺、広一尺五寸)、高宮御船代壱具(長四尺、広一尺五寸)」とある。『延喜式』伊勢太神宮にも「太神宮船代三具」「度会宮船代四具」と記し、両宮の正宮と相殿の御船代の寸法を詳記。御船代の用材を伐採するにあたり、御杣山において、木本祭を行う(『皇太神宮儀式帳』)。

参考文献 『貞和御餝記』、薗田守良『神宮典略』前篇(『大神宮叢書』)、中川経雅『大神宮儀式解』前篇(同)、神宮司庁編『大神宮故事類纂』遷宮部、阪本広太郎『神宮祭祀概説』、大西源一『大神宮史要』

(安江 和宣)

みほじんじゃ 美保神社 島根県八束郡美保関町美保関に鎮座。旧国幣中社。関の明神ともいわれる。三穂津姫命・事代主神《ことしろぬしのかみ》を祀る。事代主神は大国主神の子で、天孫降臨に先立ち、高天原より使者が出雲の大国主神のもとに来て、この国土献上のことをたずねたとき、事代主神はこの美保碕で釣をしていたが、それを当然のこととし、自身は美保の海中に青柴垣《あおふしがき》をつくり、そこに退いたと記紀に伝えている。三穂津姫命は大国主神の后神《きさきがみ》。創建年代不詳であるが、この神話伝承、また付近の考古学上の遺跡・遺物などより、かなり古い時代の創建とみられ、延喜の制で小社ではあるが、日本海航行上の要衝の地に鎮座の神としても深く信仰され、中世武将からも注目された。所蔵の棟札によれば、吉川広家による社殿復興が知られる。江戸時代には松江藩主の庇護を受け、航海の

美保神社拝殿・本殿

安全や商売繁盛の神として尊崇された。本殿は文化十年(一八一三)造営で大社造二殿連棟の美保造(比翼大社造ともいう)、重要文化財。四月七日例祭当日の、大国主による国譲り神話に由来する青柴垣神事、五月五日の神迎神事、八月七日の虫探《むしばらい》神事、十二月三日の新嘗祭、諸手船《もろたぶね》神事など特殊神事も多い。↓蒼柴垣神事《あおふしがきのしんじ》

参考文献 国学院大学日本文化研究所編『美保神社横山家文書目録(社殿造営関係)』、同編『美保神社横山家文書目録(祭祀関係他)』二、和歌森太郎『美保神社の研究』 (鎌田 純一)

みむろ 御室 神が依りつき宿る場を示す言葉。ミモロ(三諸)も同義。奈良県の大神山など、神体山がミモロ山と称される例もある。平安時代から歌枕として知られる栃木県栃木市大神《おおみわ》神社の「室《むろ》の八島《やしま》」のように、水流に面した景勝地に室の呼称が付けられる例もある。室の八島のある大神神社には安産の信仰があるが、室という語は、籠りと関連深く、安産など生命誕生の観念と結び付いていることが知られている。神社の祭場として、御室が神祭の仮屋として造られる場合もある。たとえば長野県諏訪大社上社には、中世に御室と称される仮屋を造り、冬籠りをする祭があった。御室は十二月十五日に造られ、翌年三月卯日に撤去されており、その間、十二月二十二日から二十五日まで毎日、大祝以下神職が籠るとともに、御左口神とそそう神が交互に入れられ、大祝の生命力を賦活する祭祀が行われた。翌年三月未日にそそう神が、寅日に御左口神がそれぞれ出されると、春となったという。 (島田 潔)

みめぐりじんじゃ 三囲神社 東京都墨田区向島二丁目に鎮座。祭神は宇迦御魂命。三囲(巡)稲荷・田中稲荷・三井稲荷とも称される。別当寺は三囲山真珠院延命寺。伝えによれば弘法大師(空海)の創祀であり神像も同大師の作という。『武江神社録』に「神体稲ヲ負ヘル翁ナリ、本地仏ハ十一面自在尊」と記す。文和年間(一三五二—五六)三井寺の僧源慶が再興。元亀年間(一五七〇—七三)、社殿焼失。慶長のころ、現社地に遷祀(旧社地は現鎮座地の南方に所在)。元禄六年(一六九三)六月二十八日に村民が神前で雨乞いをしているところへ来合わせた俳人榎本其角が「夕立や田をみめぐりの神ならば」と発句を奉るとたちまち降雨があったという雨乞の霊験は有名である(『江戸名所図会』七)。京都の豪商三井家が江戸へ進出すると、当社を守護神として崇め、享保元年(一七一六)三井高治・高久は神祇管領長上吉田家に請願して正一位の神位を受け、同八年に高房が願主となり社地を拡張し、社殿を造営した。安政二年(一八五五)の大地震により社殿は全壊したが、三井家の援助により復興した。三井家が当社にただならぬ崇拝を示したことは、三越の本・分店に当社の分霊を勧進していることからも知られる。境内に蛭子社・大黒天社などの末社、石碑などが多い。明治六年(一八七三)社名を稲荷から三囲に改称。例祭は四月九日。

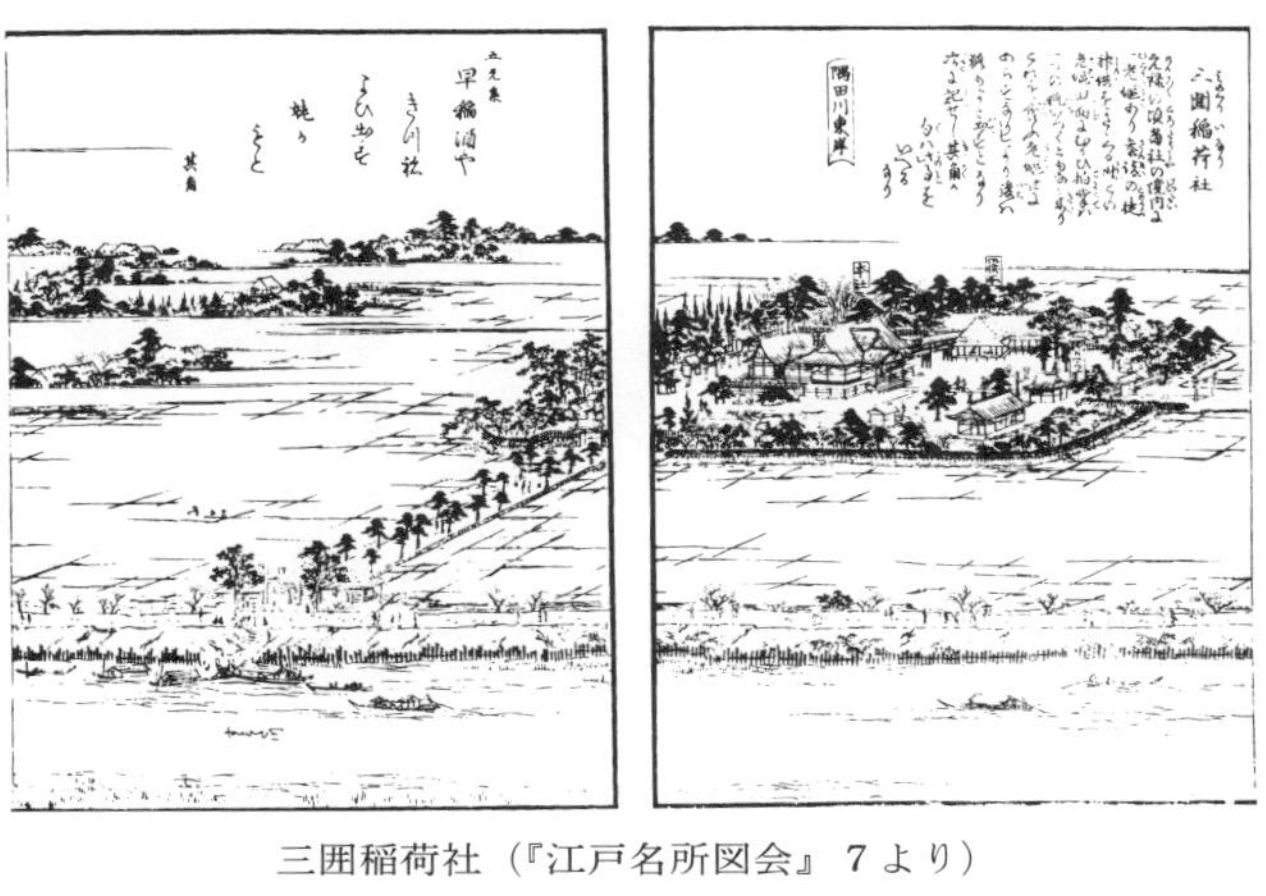

三囲稲荷社(『江戸名所図会』7より)

参考文献 『本所区史』 (三橋 健)

みもろ 御室 ⇩神奈備《かんなび》

みやがわにっき 宮川日記 多田義俊の伊勢旅行日記。有職家で古典に通じた著者が、その招きに応じ、延享三年(一七四六)二月より三月にかけて、神宮に詣でたあと、外宮禰宜以下に『職原抄』、『令義解』、中臣祓などを講じ、交友したことを記す一方で、神宮の故実、神庫の秘書について、また『倭姫命世記』などの不審のことから、沿道、神都の風俗習慣、信仰など広く記している。『大神宮叢書』所収。↓多田義俊《ただよしとし》 (鎌田 純一)

みやぎけんごこくじんじゃ 宮城県護国神社 仙台市青葉区天守台に鎮座。祭神は明治維新以降第二次世界大戦に至る諸事変・戦役における宮城県関係者の殉難者の霊を祀る。明治三十一年(一八九八)に組織された昭忠会が母体となって、青葉城旧本丸の現社地に昭忠碑を建立し、同三十七年八月招魂社を造営したことを創始とする。その後、満洲事変までは第二師団管内宮城・福島・新潟各県および一部山形県を含む戦没者の霊を祀り、昭和十四年(一九三九)四月、一道府県に一社を限りとする内務大臣指定の護国神社となる。同二十年七月戦災により社殿ほか施設を全焼したが、同三十三年、第五十九回伊勢神宮の式年遷宮(昭和二十八年斎行)に際し、外宮の別宮にあたる風宮の旧正殿が本殿として譲られ竣工がなり、八月遷座祭を斎行。第二次世界大戦後の占領下、昭和二十三年八月に社名を宮城神社と改めたが、同三十二年九月に現社名に復した。なお、別宮として、天照坐皇大神ほか三柱の神を祀る左宮と、古くよりこの地に鎮座の白水稲荷大神と藩祖伊達政宗を祀る右宮よりなる浦安宮が鎮座する。例祭は春季四月三十日・五月一日、秋季十月二十三日。

参考文献 『全国護国神社会五十年史』 (大井 鋼悦)

みやけしょうさい　三宅尚斎　一六六二―一七四一　江戸時代中期の朱子学者。山崎闇斎の晩年に入門したが、のちにその門流を代表する学者として、先輩の佐藤直方・浅見絅斎《けいさい》とともに崎門《きもん》三傑と称せられた。諱は重固、通称は儀左衛門、のち丹治。尚斎は号である。寛文二年(一六六二)正月四日、播磨国明石城下に生まれた。先祖は同国高砂の人で、戦国大名別所氏の老臣であったと伝えるが、父重直は、明石藩主松平忠国の家臣平出氏の養子となっており、尚斎はその三男で、十七歳の時、父が没し、翌年京都に遊学して、医術を学び、平出友益と称した。十九歳で闇斎に入門し、やがて僧形をやめて、三宅姓に復した。三年後に闇斎が没してからは、直方・絅斎に兄事した。貞享三年(一六八六)に母と弟を伴って江戸に出、元禄三年(一六九〇)、老中で忍《おし》藩主の阿部正武に仕えて、儒官となる。同七年三月と八年五月とに将軍徳川綱吉を藩邸に迎えた際には、進講して時服を賜わった。しかし藩主正武に対しては、儒学の道徳思想に基づいて、しばしば諫言し、さらに宝永元年(一七〇四)に正武が没し、正喬の代になってからは、批判を強め、それが聴かれないため、ついに退仕を願い出るに至った。これは、「君臣は義を以て合ふ、合はざれば則ち去る」(『孟子』万章篇の朱注)という、儒学の君臣道徳を実践しようとしたものであったが、君臣関係を絶対化した当時の武士社会の通念に反しており、同四年、同志の藩士四人が無断で出奔したことに責任があるものとみなされて、五月二十二日に江戸から忍に送られ、城内の牢に監禁された。同六年正月に、将軍綱吉が没すると、その大赦により二月十七日に釈放されたが江戸と忍藩領とに居住することは禁ぜられた。実際には江戸の本所相生町に隠れて住み、翌年、京都に移った。この幽囚に至る経緯を記録したものが、『白雀録』二巻であり、また獄中での思索の成果が、『狼疐録《ろうちろく》』三巻である。貧窮の中で学塾を開き、次第に名声が高まった。五十四歳の時、主著『黙識録』が完成。こののち土佐藩の家老山内規重や、多くの大名の尊信を受け、進講したが、享保八年(一七二三)以後は、禄仕の念を断って、著述と教育に専念した。同十八年、京都西洞院に培根堂と達支堂との二つの学塾を設け、前者では初学者を、後者では上級者を教育することとした。古代中国の小学と大学とにならったものとされる。元文元年(一七三六)には江戸へ下り、もとの藩主阿部正喬に謁して、厚遇を受けた。同五年、腹脹を患い、翌寛保元年(一七四一)正月二十九日に没し、京都黒谷(金戒光明寺)に葬られた。年八十歳。妻は田代氏、名は清で一男三女があった。尚斎は長寿で、直方・絅斎の没後は、崎門の長老となり、特に教育者としてすぐれ、多くの門人を育成した。その思想の性格は朱子学の中でも、「理」の観念を基本とした合理主義的な立場をとり、同じ闇斎門下でも、非合理な神秘主義に傾いた神道の系統、ないし神儒一致を唱えた学者たちに対しては、きびしい批判を投げかけた。ただしその合理主義の反面、獄中で会得した独特の神秘的な理気象数祭祀卜筮の論があり、それに基づく卜占の術にも相当の自信をもっていた。もとよりそれらは中国での朱子学にも含まれていた要素ではあるが、日本儒学の中では、それを重視したところに尚斎の思想の一つの特色がある。なお、『白雀録』には、岡直養による和装活字版本(昭和十三年(一九三八)、虎文斎刊)がある。

[参考文献]　大塚観瀾『日本道学淵源録』四、小林健三『垂加神道の研究』、伝記学会編『山崎闇斎と其門流』、阿部隆一「崎門学派諸家の略伝と学風」(『日本思想大系』三一所収)
（尾藤正英・本郷隆盛）

みやざ　宮座　村氏神をまつる組織の一形態およびそれを構成する人々の集会をいう。宮仲間・当仲間・宮講あるいは祭座・座衆・神事講・宮衆・結衆・座株・宮持・宮組・座仲間・宮筋などその呼び名は多い。これは氏子が同等な権利や義務をもって祭に参与するのではなく、氏子のうちの一部の者が独占的に神事執行に携わるもので、同じような組織は全国的に見られる。しかし、座という名称のもとに行われるものは、近畿地方全域と中国地方や九州北西部にのみ見られる。座は平安時代に荘園制と深いかかわりのもとに成立するが、神社とかかわる座はやや遅れて見られるようになり、宮座は中世後期の十五世紀前後から顕著になる。経済的な座と宮座との歴史的な関係については、必ずしも未だ明確ではない。だが、経済的な座も社寺・権門と結びついて、その庇護のもとに独占的に取引きを行う集団であって、その特権的集団という性格においては同一である。村落の神社が氏神として、同族団によってまつられているときにも、本家筋あるいは名主級のものだけが、祭祀権を持っているような例もあった。しかし、これらは宮座と呼ばれなかった。村に新しく入村し定着した人々などが増加し、氏神が単一の同族のみのものといえなくなってから、旧来の祭祀者たちが、神社との伝統的関係を維持しようとして、閉鎖的な内部集団を作り、ついで神事頭人の慣行と結びついて、祭祀組織をなすに至ったのが宮座であると考えられている。こうした神事組合としての宮座は、神事を主宰したり、施設にあたったりする代表者を何らかの方法によって選出するが、それは座を構成する座衆・座人などの中からである。座は戸主としての男子によって構成されるものが多い。所によっては主婦だけで座をなすものもあるが、その例は多くない。座は著しく階級的で、それは座において神事に携わった経験年数に基づいてであるのが普通である。ある年齢に達すると頭屋をつとめて座に加入するが、それ以来の年数が座における階級となるのである。したがって、その中心となるのは年寄層・古老で、これらをオトナ・宮年寄・宮衆・上官などという。これらの人々に対して、神事に奉仕するものとして、若衆・若者・若連中などと称せられる層がある。彼らは年寄と同じに座に入っている場合と、若衆座などと呼ばれるような集団を別に作っている場合とがある。宮座は神事を主宰する者を中心とする祭祀集団と考えられるが、この神主役には座の最長老があたる場合と、一年神主とか年番神主とかと呼ばれるような人が年々交代であたる場合とがある。またこのほか座に加入して一定年限を越えたものの中から神籤によって選ばれたり、中には年齢順・家並順などで選ばれたりする場合もある。時には子供が神主になる場合もある。座は氏神をまつる独占的な組織であるから一神社一座であったが、新入村者などが増加すると、従来の宮座から排除されていた層が新座を組織する動きもみられ、一神社に対して複数の宮座が組織される場合もおこってくる。もろと株とわき株、南座と北座、御幣座・御饌座・御酒座などというのがそれであり、二座並立されているところが多い。さらに村に住む一般の人々に開放された組織として、村座がつくられることもある。なお、近世村落成立期においては、それ以前の荘園を基盤としたものから、村落単位に宮座は再編成されている。宮座は年頭の行事とか、秋祭とかに神事を執行して直会《なおらい》をする。このときの座順は座によって厳格に定められており、このためのちには宮座の座は座席の意味であるとも理解されるようになった。神事においては、お籠りを主とするものと、弓を射ることを中心とするものとが著しい。宮座はその運営上、共有財産としての山林や、座田・頭田・宮田などといった田畑を所有することもある。その耕作は頭人が受け持つ。→頭屋《とうや》 →頭役《とうやく》

参考文献 肥後和男『宮座の研究』、和歌森太郎『中世協同体の研究』(『和歌森太郎著作集』二)、萩原竜夫『中世祭祀組織の研究増補版』

(倉石 忠彦)

みやざきじんぐう 宮崎神宮 宮崎市神宮二丁目に鎮座。旧官幣大社。神日本磐余彦尊《かんやまといわれひこのみこと》(神武天皇)を主神とし、その父鸕鶿草葺不合尊《うがやふきあえずのみこと》、母玉依姫命《たまよりひめのみこと》を配祀する。現社地は神日本磐余彦尊の高千穂宮の跡で、その子神八井耳命《かんやいみみのみこと》の子健磐竜命《たけいわたつのみこと》が筑紫の鎮守となり、この地に天皇の霊を鎮祭したのが本社の起源と伝承する。建久八年(一一九七)伊地頭土持太郎信綱が社殿を造営、文明五年(一四七三)伊東祐国が社領を寄進して以降、武将・藩主の社殿造営、社領寄進が続いた。古くより神武天皇社と称されて来たが、明治六年(一八七三)県社とするとともに宮崎神社と改称、同八年国幣中社に列格、同十一年宮崎宮と改称、同十八年官幣大社に昇格、大正二年(一九一三)宮崎神宮と改称、昭和十五年(一九四〇)皇紀二千六百年記念事業として境内を拡張整備した。例祭は十月二十六日、ほかに四月三日神武天皇祭には流鏑馬神事がある。古くは「ヤクサミの神事」と呼ばれ、秋の例祭に行われていたが、一時中断し昭和十五年(一九四〇)以後春の神事となった。

(鎌田 純一)

みやじ 宮主 神祇官の卜部二十人の中から補せられる卜術優長者。御所・中宮・東宮のほか、斎宮・斎院などに置かれた。㈠御所に候する宮主は、大宮主・内御宮主・御宮主とも称せられ、上宣官符により補せられる場合と、奉勅官符をもって補する場合とがある。その職掌は御燈の御卜・御祓、神今食に奉仕する小斎人の卜定をはじめ、御体御卜・御贖・忌火庭火祭・鎮魂祭・大殿祭・八十島祭・新嘗祭の忌火炊殿祭、大嘗祭の御禊、大嘗宮の点地などに奉仕し、また同祭抜穂使の稲実卜部を勤めるなど、総じて御所方の神事を司った。㈡中宮(皇后・皇太后・太皇太后)宮主は諸宮に候し、宮々の御燈・御贖・忌火庭火祭・鎮魂祭・大殿祭・八十島祭、その他の神事にあずかった。その補任は立后当日、諸宮からの申請に任せ、上宣官符をもって補することになっている。㈢東宮宮主は東宮に候し、中宮宮主とほぼ同様の神事に奉仕し、その補任もまた同じであるが、『文徳実録』天安二年(八五八)四月辛丑(十日)条の占部雄貞の卒伝や、『三代実録』貞観十四年(八七二)四月二十四日条の伊伎是雄の卒伝などの例が示すように、立太子の当日に補せられた東宮宮主は、東宮が即位すると、御所の大宮主となった。次に㈣斎宮宮主は同寮主神司に属し、従八位相当の官で、群行に先立って除目が行われる。伊勢では斎宮内院の神殿で行う諸神事に関与する。次に㈤斎院宮主は従八位下の官に准じ、忌火竈神祭や解除などに奉仕した。宮主の身分は当初高くはなかったが、慶雲元年(七〇四)に大宮主が長上の例に入り、ついで養老三年(七一九)には、宮主がはじめて把笏にあずかるなど、次第に地位が向上し、平安時代には五位に叙せられ、神祇官の祐や史に任ぜられている。元慶五年(八八一)に没した卜部平麿もその一人で、のちの吉田・藤井・猪熊の諸卜部は、この平麿から出ているという。また宮主の月料は、諸司要劇田に准じて山城の官田が充てられた。

参考文献 『古事類苑』官位部一、岩橋小弥太『神道史叢説』、安江和宣「宮主の職掌に関する一考察」(『皇学館大学紀要』一八)

(渡辺 直彦)

みやじいずお 宮地厳夫 一八四七―一九一八 明治・大正時代の神道家。宮中祭祀の要人。弘化四年(一八四七)土佐の高知城下に手島増魚の三男として生まれ、神官宮地重岑《みね》の養子になった。明治三年(一八七〇)、高知藩出仕となり、高知藩があずかったキリシタンの教化を担当した。明治六年より十年まで神宮に奉職し、ついで神宮教の教導職に専従し各地の教区に転じ、明治十九年には大教正に昇級した。この間には、『佐佐木高行日記』によれば佐佐木高行との関係が親密で、文教行政や宮中の事情に通じた。同二十一年、宮内省掌典に就任し、以後は宮中祭祀に専任した。四十一年には雅楽部長を兼ねた。大正二年(一九一三)、大正天皇の即位にあたり大礼使事務官、典儀部勤務となり、明治四十二年の登極令による最初の大嘗祭に参画した。大正七年六月十五日没、七十二歳。著書は『日本国家学談』『大正の天祐』『自修鎮魂法』『玉の舎歌集』その他。

参考文献 『明治会叢誌』

(秋元 信英)

みやじすいい 宮地水位 一八五二―一九〇四 明治時代の神道家、宮地神仙道の創始者。嘉永五年(一八五二)十一月、土佐国潮江《うしおえ》村の潮江天満宮の社家に、宮地常磐《ときわ》を父として生まれる。幼名は政衛《まさえ》。政昭《まさあき》、清海《きよみ》、中和、再来《よりき》とも称した。平田篤胤の没後の門人である父から、玄学(道教、神仙道)の教えを受け、神仙道を行じた。十二歳で祀職を継ぎ、十六歳で藩校に学ぶ。二十一歳で堅《か》磐《きわ》と改名、二十二歳でさらに水位と改名した。医学、植物学、鉱物学など百科を学び、禁厭治病も行なった。谷秦山らの垂加神道が全盛であった当時の高知の神道界では異端視された。水位は、神仙界の掟を破ったために人間界に流罪になった「謫仙《たくせん》」であったと信じられ、脱魂により神仙界に出入りするとされた。その神仙思想は、神道天行居の友清歓真《ともきよよしさね》に影響を与えた。明治三十三年(一九〇〇)から病床に伏し、三十七年三月に死去、五十三歳。著書に『異境備忘録』などがある。

(津城　寛文)

みやじだけじんじゃ 宮地嶽神社 福岡県宗像郡津屋崎町大字宮司に鎮座。正式には「みやちたけじんじゃ」と称す。別称は宮地嶽大明神・宮嶽さん。旧県社。祭神は息長足《おきながたらし》毘《ひ》売《め》命《のみこと》(神功皇后)・勝村大神・勝頼大神。本社縁起・伝説によると、神功皇后が遠征の時、宮地嶽山上で宗像三神に祈請し、勝村・勝頼の二神はこれに随行し、常に勝関をあげ抜群の功があったので、帰還後、これを祖神として神功皇后と合わせて祀り、この三柱を宮地嶽三柱大神と称すというが、祭神にも変遷があった。正平二十三年(北朝応安元、一三六八)『宗像宮年中行事目録』に「宮地嶽大明神」年中の神事のことがみえ、永享九年(一四三七)三月『宗像宮神事次第』に「宮地嶽祭神」云々とみえ、古来、宗像神社の摂社であった。江戸時代とくに修験化が進み民衆の支持があり、安政三年(一八五六)修理、明治五年(一八七二)十一月村社、同十五年七月宗像神社摂社、同三十二年県社、社有地も拡張し、急速に

宮地嶽神社拝殿

社運隆昌に向かった。境内社奥宮は終末期古墳で、金銅製壺鐙一対のほか多くの出土品があり、国宝に指定され本社が所蔵している。例祭は四月五日。

参考文献 伊藤常足編『太宰管内志』、加藤一純・鷹取周成『筑前国続風土記附録』、大日本神祇会福岡県支部編『福岡県神社誌』中、福岡県教育委員会編『福岡県の文化財』、宗像神社復興期成会編『宗像神社史』上

(中野　幡能)

みやじなおかず 宮地直一 一八八六―一九四九 明治から昭和時代にかけての神道学者。特に神道史を科学的に研究した先駆者として注目される。明治十九年(一八八六)一月二十四日に宮地直親の長男として高知県土佐郡江ノ口村(高知市)に生まれる。第三高等学校から東京帝国大学文科大学史学科へ進み、卒業後は内務省に入り、神社考証事務を担当した。ついで考証官、さらに考証課長に就任し、神社の由緒・昇格・造営、神職の人事行政面に携わる。その間、神祇史を体系化した著作『神祇史』を出版、また明治神宮造営局参事、東京帝国大学講師などを務め、「熊野三山を中心としたる神社の史的研究」により文学博士の学位を受ける。昭和十三年(一九三八)、内務省をやめ、東京帝国大学に新設の神道講座の主任教授に就任、同二十一年、同講座の廃講に伴い退官した。その間、京都・国学院・皇学館・東洋などの各大学で神道を講義。第二次世界大戦後は神社本庁顧問として連合軍指令部と折衝を重ね、神道指令により危急存亡の秋に直面していた神社の存続と安泰のために尽力した。その後は国民信仰研究所所長として、研究・著作の生活を送っていたが、同二十四年五月十六日、信州安曇野で客死。六十四歳。精緻で厳密な実証的研究を展開し、主著に『穂高神社史』『諏訪神社の研究』『熊野三山の史的研究』『八幡宮の研究』『神道史序説』『神道史』などがある。弟子の西田長男らは宮地直一先生遺著刊行会を設立し、昭和二十九年より遺著全六巻を刊行した。さらに同六十年、『宮地直一論集』全八巻が刊行された。没後、二十年を記念して、昭和四十四年四月二十七日、穂高神社の境内に胸像が造立され、そこに伝記の大要が刻まれている。

↓神祇史《じんぎし》

参考文献 国学院大学神道史学会編『(宮地直一博士三十年祭記念論文集)神道史の研究』、西田長男「宮地直一」(『日本神道史研究』七所収)、近藤喜博「宮地直一」(『悠久』三〇)

(三橋　健)

みやじまいり 宮島参 ⇩厳島詣《いつくしままもうで》

みやずひめ 宮簀媛 『日本書紀』にみえる日本武尊《やまとたけるのみこと》の妃。『古事記』では美夜受比売につくる。『古事記』景行天皇段の倭建命の東征の段によれば、往路倭建命は尾張国で国造の祖美夜受比売の家に入り、帰路の婚姻を約す。のち帰還の途上、再会して契を果たす。比売は皇子に「大御食」を献じ、その際の倭建命の歌と美夜受比売の歌

が掲げられている。翌朝皇子は草那芸剣を比売のもとに置いて伊服岐の山の神の征討に行き、そこで病んで伊勢国に到って死ぬ、とある。『日本書紀』は媛を尾張氏の女とし、尾張氏は尾張国造で火明命の裔という(神代)。『釈日本紀』所引の『尾張国風土記』逸文には熱田社(熱田神宮)の縁起譚を掲げ、その中に宮酢媛命の名がみえる。また『熱田大神宮縁起』(寛平二年(八九〇)十月勘造)には国造乎止与命の子稲種公の妹とみえる。

参考文献 川副武胤『日本古典の研究』　(川副 武胤)

みやでら 宮寺 ⇩神宮寺《じんぐうじ》

みやでらえんじしょう 宮寺縁事抄 ⇩ぐうじえんじしょう

みやなりし 宮成氏 宇佐八幡宮の大宮司家、宇佐氏の嫡流。南北朝時代、宇佐公世の長子公敦が宮成氏を称し、弟の公連は到津氏を称して南朝方となった。室町時代以降は、宮成・到津・安心院・出光氏らが大宮司職に補されたが、江戸時代には宮成・到津両氏の嫡流のみが大宮司に補任され、この二家は両大宮司家と称された。元亨二年(一三二二)公敦は最後の式年造営を勤め、応永十八年(一四一一)公則は自力で大鳥居を建立、その子公佐は行幸会を再興した。永禄四年(一五六一)公建は大友氏に所領を押領され、公基は松千代丸に大宮司職を譲り、黒田氏を称した。公恒は神領千石の受領に参府、公躬は御《み》禊会《そぎえ》を再興、公岡は神殿造営、公雄は遷宮、公綏は勅使奉幣に勤仕、公素は造営、公義は勅使奉幣に勤仕する。明治十七年(一八八四)公矩のとき男爵を授けられるが、昭和十一年(一九三六)爵位を返上し、同十四年姓を宇佐に復す。↓宇佐氏《うさうじ》

参考文献 『宮成文書』(『大分県史料』二四)、中野幡能『八幡信仰史の研究(増補版)』　(中野 幡能)

みやなりもんじょ 宮成文書 宇佐神宮旧大宮司家宇佐氏惣家宮成氏相伝の文書。宮成氏の起りは向野郷宮成山麓宮成屋敷からという。もと大分県宇佐市宇佐町の宇佐公康所蔵、いまその一部は東京都出光佐三(旧同族)所蔵。文書数は平安時代一点、鎌倉時代三十二点、南北朝時代二十一点、室町・戦国時代八十四点、江戸時代五百十二点(有年号分)、明治時代十二点、ほかに無年号文書約千点がある。重要な文書をあげると、大宮司職補任についての宇佐公方解状、異国降伏祈願の関東寄進状、六郷山の蕗寺や比咩神宮寺と惣家大宮司家との関係の濃密さを示す多くの文書、西征将軍宮懐良親王腰剣奉納の史料、摂社妻垣社との関係を示す史料、大内晴英願文は大友・大内氏の間の興味深い文書、中世の宇佐宮寺の組織規模を示す文書、放生会・心経会神事の神官社僧参加の文書、徳川家光の朱印状、地神盲僧管理をしていた時の文書など貴重な史料がある。貞享十五年(元禄十一、一六九八)までは『大分県史料』二四収録。

参考文献 中野幡能『宮成文書』解題(『大分県史料』二四)、同「豊後国富貴寺の建立」(『日本歴史』九〇)　(中野 幡能)

みやのめのまつり 宮咩祭 不祥を祓い、延命長寿、子孫繁栄、福徳円満を祈願する祭。宮売祭・宮咩奠とも書き、『延喜式』兵部寮には「宮売祭」と記す。正月と十二月の初午の日に行うのが慣例であったが、臨時に執行する場合もあった。高御魂命・大宮津彦・大宮津姫・大御膳津命・大御膳津姫・笠間神を祭神としてまつる。綿子をもって男女の神形をつくり、これに染絹の衣を着せる。供物は神一柱ごとに、飯・餅・菜・魚を各一坏とし、菜としては大根・蕪菁・芹・薺・蘘荷・芥子を、魚としては生鯛・鱒・鰡・鮑・鯯・堅魚・鰯などを奉献した。まつりをつかさどる宮主は、うつ伏せた斗の上に砥を置き、ここに尻うちかけて、北面して祭文を奏した。宮咩祭の祭文は『拾芥抄』などにみえている。　(上田 正昭)

みやまいり 宮参 ⇩初宮詣《はつみやもうで》

みやまんだら 宮曼荼羅 ⇩曼荼羅《まんだら》

みょうぎじんじゃ 妙義神社 群馬県甘楽《かんら》郡妙義町妙義に鎮座。旧県社。祭神は、日本武尊《やまとたけるのみこと》・菅原道真・花山院長親・丹生都姫命《にふつひめのみこと》。創建は、宣化天皇二年のことと伝えられ、『上野国神名帳』には波己曾《はこそ》明神とある。妙義山麓には、古くは七波己曾と称したといわれる波己曾神が祀られており、のちに妙義の名称が使われるようになったが、それは十六世紀中ごろからであり、妙義大権現と称し、神仏習合の色彩が濃い山岳修験の山として信仰された。江戸時代になり、慶安元年(一六四八)に、幕府より朱印地三十石の寄進を受けた。元文年間(一七三六―四一)以降、雨乞い・火防の信仰を中心とした妙義講が盛んになり、榛名講・赤城講とともに、関東・東北各地からの参詣者で賑わった。例祭は四月十五日と十月十五日、五月五日に山開き祭、十一月三日にふるさと祭が行われている。宝暦六年(一七五六)造営の権現造の本殿・幣殿・拝殿および総門・唐門は重要文化財。

明治時代の妙義神社

参考文献 『群馬県史』通史編三・六、池田秀夫「妙義

神社の歴史と民俗」(田島武夫他『奇岩の山妙義』所収)
(佐藤　孝之)

みょうけんしんこう　妙見信仰　北辰すなわち北斗星の本地スドリシュティSudrsti(妙見)を祀る信仰。妙見菩薩は妙見大士・尊星王・北辰菩薩などとも呼ばれる。星辰信仰は古代バビロニアに端を発すとされ、インドや中国などいち早く天文の発達した国々でも星祭、特に北辰信仰が重んじられた。わが古代古墳に北斗や二十八宿図や玄武など四神図が画かれたように、北辰は早くも道教や陰陽道の受容で司過・司命の神とされ、仏教の『宿曜経』の伝来や密教家の修法で一層弘まった。特に奈良・平安時代の怨霊思想の流行下、星供ことに妙見供の修法が盛行した。台密の三井寺では尊星王法を国家鎮護の秘法とし、東密では妙見法として除災増益の星供が盛んで、仁平三年(一一五三)八月鳥羽上皇も眼病治癒をこの法で祈った。また北斗の第七星を破軍星とするため、中世以降千葉・相馬・大内氏などの武士間では妙見菩薩を弓矢の神ともした。日蓮も伊勢常明寺で北辰を感得したとされ、広く同宗寺院では守護神として妙見堂を祀る習しも生じた。能勢妙見は特に名高い。図像は二臂ないし四臂で、左手に北斗七星を頂く蓮華、右手は説法印のもの、あるいは筆や紀籍や日月輪や剣をもったり亀や蛇に乗るもの、頭髪に七蛇をからませるものなどがあり、童形また吉祥天と同体視するものなどがある。熊本地方の妙見社は水神と重合され、東北相馬地方では勝善神と習合して牛馬の守護神とされる。妙見を祀る社寺では亀を飼わず殺さぬ禁忌がある。

参考文献　野村耀昌「妙見信仰の系譜と展開」(望月歓厚編『近代日本の法華仏教』所収)、坂本勝成「近世における妙見信仰」(中尾堯編『日蓮宗の諸問題』所収)
(中村　康隆)

みょうじん　名神　古代において諸国神社(天神地祇)のうち、特に霊験のすぐれた「名社神明」(『三代実録』貞観五年(八六三)三月四日条)の高名の神を称した。神社祭神の等級の一つ。『続日本紀』天平二年(七三〇)十月庚戌(二十九日)条に渤海からの信物を「諸国名神社」に奉ったとあるのが初見。記録の上では、その後、桓武朝から遷都や祈雨・止雨などのために「畿内名神」「七道諸国名神」への奉幣が散見される。弘仁二年(八一一)安芸国速谷神・伊都岐島神が「預二名神例一」とあり、同時に官社に列した例をはじめ、以降、名神加列の記事は国史に多い。弘仁の嵯峨朝からは年穀祈願のため、中央から遣使奉幣があるほか、国司委任の名神奉幣も頻繁となる。この名神から近京の特定有力社を選んだ数社奉幣が始まり十世紀初めには十六社へと拡大された。また宇多朝に成立する大神宝使発遣社、さらに一宮も、ほとんどが名神から選定されており、平安時代の祭祀制において重視された。『延喜式』臨時祭には「名神祭二百八十五座」(神社数二百三社、『延喜式』神名帳には三百六座(二百二十四社)とあって多少の違いがある)が列記されている。↓名神祭《みょうじんさい》

参考文献　梅田義彦『神祇制度史の基礎的研究』、二十二社研究会編『平安時代の神社と祭祀』
(岡田　荘司)

みょうじん　明神　神号あるいは神の尊称。官幣・国幣の社のなかで、その祭祀が古くかつ由緒ある神を特に名神と称したが、この名神と明神を同義とする説もあるけれども、その名称の由来は異なり、名神は社を指し、明神は神を指すとみなす説もある。『延喜式』以前にも明神を用いた例はかなりあり、本来の用法にあっては、名神すなわち明神ではなかった。しかし名神と明神の区別は次第にあいまいとなり、中世以後になると、名神の称は使われなくなって、明神を用いる例が増加した。そして明神を尊んで特に大明神と称する用法がひろまった。明神の語義には、別に「あきつかみ」とする場合がある。『日本書紀』大化二年(六四六)三月条に「現為明神御八嶋国天皇」と書き、文武天皇の即位の宣命に「現御神と大八嶋国知ろしめす天皇」(『続日本紀』)と述べる「明神」「現神」には、この代の「あら人神」とする思想が重層する。『大宝令』や『養老令』の公式令に記す、詔書に「明神御宇日本天皇」「明神御宇天皇」(対外)、「明神御大州天皇」(国内)と記す明神の用法には、至貴なる人神の思想が濃厚である。
(上田　正昭)

みょうじんさい　名神祭　朝廷が特に定めた名神に対して祈願奉幣する臨時祭。『延喜式』(臨時祭)には、宮内省に坐す園神社・韓神社をはじめとして、賀茂別雷神社・賀茂御祖神社以下二百八十五座をあげる。宮中二社(三座)のほかこれを国別にみると、山城国十三社(二十三座)・大和国二十五社(四十六座)・河内国四社(九座)・和泉国一社(一座)・摂津国九社(十八座)・伊勢国二社(四座)・尾張国七社(七座)・遠江国二社(二座)・駿河国一社(一座)・伊豆国五社(五座)・相模国一社(一座)・武蔵国二社(二座)・安房国一社(一座)・上総国一社(一座)・下総国一社(一座)・常陸国七社(七座)・近江国九社(十二座)・美濃国一社(一座)・信濃国三社(五座)・上野国三社(三座)・下野国一社(一座)・陸奥国十五社(十五座)・出羽国二社(二座)・若狭国一社(二座)・越前国二社(八座)・能登国一社(一座)・越後国一社(一座)・丹波国四社(五座)・丹後国五社(六座)・但馬国八社(十八座)・因幡国一社(一座)・出雲国二社(二座)・隠岐国四社(四座)・播磨国五社(七座)・美作国一社(一座)・備前国一社(一座)・備中国一社(一座)・安芸国三社(三座)・長門国一社(三座)・紀伊国十一社(十一座)・淡路国二社(二座)・阿波国二社(二座)・讃岐国一社(一座)・伊予国四社(四座)・筑前国七社(十五座)・筑後国二社(二座)・豊前国一社(一座)・肥前国一社(一座)・肥後国一社(一座)・壱岐島六社(六座)・対馬島六社(六座)となる。
(上田　正昭)

みょうじんたいしゃ　名神大社　古代における社格の一つ。諸国に鎮座する官社の中から、特に霊験あらたかで、

崇敬が著しく、かつ由緒も古く正しいものを選定して、名神大社(名神大とも)と称した。これらは朝廷が定めた特別の神社で、ほかの官社とは別に高い待遇を受けた。国家に異変が起った際は、これらの大社に対して奉幣・祈願し、臨時祭を行なった。『延喜式』臨時祭に「祈雨神祭八十五座(並大)」とあり、祈雨(止雨)祭に預かった八十五座(五十二社)の神社名を掲げている。これらはみな大社とあり、その過半数は『延喜式』神名帳に記載の「名神大」と重なっている。同じく臨時祭に「名神祭二百八十五座」と記し、そこには名神祭に預かる二百八十五座(二百三社)を列記してある。その内訳は、京中三座(二社)、畿内九十七座(五十二社)、東海道三十二座(三十社)、東山道三十九座(三十四社)、北陸道十二座(五社)、山陰道三十四座(二十四社)、山陽道十六座(十二社)、南海道二十座(二十社)、西海道三十二座(二十四社)であり、これらはみな名神祭に預かる名神で、しかも大社であることから一般に「名神大社」と称された。それゆえ臨時祭に記載の「名神祭」に預かる神社と神名帳に記載の「名神大」は重なることになるが、両者を詳細に比較すると座・社数に相違が見られる。そこで神名帳記載の「名神大」の内訳を示すと、京中三座(二社)、畿内百四座(五十六社)、東海道三十四座(三十二社)、東山道四十二座(三十七社)、北陸道十四座(七社)、山陰道三十六座(二十六社)、山陽道十六座(十二社)、南海道二十六座(二十六社)、西海道三十五座(二十七社)の計三百十座(二百二十五社)であり、臨時祭に列記する神社より二十五座(二十二社)増加していることが明らかとなる。山城国葛野郡の天津石門別稚姫神社、同国宇治郡の許波多神社・山科神社などは、神名帳に「名神大」と記すが、臨時祭には列記されていない例の一つである。このような事実から名神大社は逐次増加されていったことがわかる。名神に預かる手続きは、神祇官だけで行なったのでなく、各国からの言上による場合もあった。次に臨時祭と神名帳では、社名に相違がみられるものが四十四社ある。また名神大社の分布は地域によって相違が見られ、大和国は四十五座(二十六社)と最も多く、出羽国は二座(二社)、そして全く存在しない国もある。名神大社の制は古代の国家と神社との関係を知る上ではなはだ重要である。

参考文献 梅田義彦「名神考」(『神道の思想』二所収)、熊谷保孝「律令時代の名神」(『律令国家と神祇』所収)、巳波利江子「八・九世紀の神社行政」(『寧楽史苑』三〇)

(三橋 健)

みわうじ 三輪氏 古代、大和国の豪族。大物主神＝大己貴神(大国主神)の子孫といわれる名族で、はじめ君姓、天武天皇十三年(六八四)朝臣姓を賜わる。大和国城上郡大神《おおみわ》郷(奈良県桜井市三輪)が本貫で、三輪山に大物主神を祀る(大神神社)。崇神天皇のとき災を起し、大物主神の子孫の大田田根子に祀らせたところ止んだという。大田田根子は三輪・鴨君の祖といわれ、出生には名高い三輪山伝説がある。奈良時代以前には三輪氏、ついで大三輪氏、奈良時代には大神氏となった。賀茂氏と同じく奈良時代以前から全国の主要神社に巧みに入っているので、宇佐神宮神官の大神《おおが》氏もその係累と思われる。氏人の著名な人物には、敏達・用明朝の三輪逆、壬申の乱における天武天皇側の功臣三輪子首、天武・持統・文武三朝に仕えた大神高市麻呂らがおり、『続日本紀』には氏長者大神安麻呂、氏上大神忍人、大神神主大神伊可保らがみえるが、のち次第に衰えた。贈従三位大神高市麻呂が最も高い位についた人である。

参考文献 大神神社史料編修委員会編『大神神社史料』一・三、太田亮『(全訂)日本上代社会組織の研究』、佐伯有清『新撰姓氏録の研究』考証篇四、『大美和』七六

(中野 幡能)

みわじんじゃ 三輪神社 ⇨大神神社《おおみわじんじゃ》

みわだいみょうじんえんぎ 三輪大明神縁起 両部神道の一つとされる三輪流神道の初期の書。奥書に文保二年(一三一八)に抄録したとあるが、その原著となるものは大神神社の神宮寺大御輪寺の中興叡尊の手によるものと考えられ、その成立は弘安八年(一二八五)ころと推定される。本書は㈠天照大神本迹二位事、㈡両所太神御鎮座所事、㈢伊勢大神宮与三輪前後事、㈣両大明神社頭相貌事、㈤御室山形相事、㈥諸社御本地事、㈦当社神宮寺大御輪寺事、㈧大御輪寺影観音事、㈨当所霊神与日吉山王同躰事の九項目から成り、内容は伊勢と三輪の関係(㈠—㈢)、三輪山の両部曼荼羅的解釈(㈣—㈥)、大御輪寺の起源(㈦・㈧)、三輪と比叡の関係(㈨)に整理できる。その中心は㈠—㈢にあり、本地は天金輪王光明遍照大日尊で、地上にあっては伊勢の皇太神と三輪の大神《おおみわ》大明神に分かれると説く。山王神道説の影響下、三輪の尊貴性を主張。続群書類従本とそれを転写した三輪叢書本(底本永禄元年(一五五八)書写)とがある。

参考文献 『群書解題』一中、西田長男「三輪神道成立の一齣」(『神道史研究』九ノ六)、村山修一「伝書」(大神神社史料編修委員会編『三輪流神道の研究』所収)

(山田 浩之)

みわでんせつ 三輪伝説 奈良県桜井市に鎮座する大神《おおみわ》神社の祭神大物主神の神婚にまつわる神話。『古事記』『日本書紀』ともに伝えているが、神婚の相手の名を異にするなど若干の相違がある。すなわち『古事記』崇神天皇段では、大物主は陶津耳《すえつみみ》の女、活玉依毗売《いくたまよりひめ》の許へ毎夜通い、これを懐妊せしめながらその名も身分も告げなかったので、毗売は親の言葉に従って男の衣の裾に糸を刺しておいたところ、そのもとには三勾《みわ》しか遺らず、糸の他の端をたどって行けば、それが美和山(三輪山)の社につづいていたので相手が三輪山の神であることがわかったと伝えている。これに反し、『日本書紀』崇神天皇十年九月条は、倭迹迹日百襲姫《やまとととびももそひめ》の許へ通って同じく昼間その姿を見せなかった大物主が、翌朝姫の櫛笥の中で小蛇の形で発見されたのを恥じて虚空を飛んで御諸山(三輪山)に

帰ったことによって同じく山の神であることがわかったとしている。その他『新撰姓氏録』大神朝臣条にも異伝を伝えている。要するに妻問婚の露見する話である ↓大神神社《おおみわじんじゃ》

（柴田 実）

みわものがたり 三輪物語 教訓書。熊沢蕃山著。八巻。ある年の八月十五日と翌日との明月の夜に、大和の三輪社（大神《おおみわ》神社）の社頭で、社家・禰宜と、公家の公達《きんだち》、また居士・老翁など、数人が集まって、対話をするという設定で、神道・儒学・仏教の三教や、公家と武家との関係などの問題に関し、各種の見解を対比させながら、蕃山の信奉する神儒一致の立場へ誘導する形で、議論が展開されている。その立場から、仏教を批判し、その弊害を歴史上の事実に即して指摘するとともに、神道の根拠をなす記紀の神話や、その後の日本の歴史の動向について、儒学の道徳思想に基づく解釈を加えている点に、本書の内容の特色がある。本書は、蕃山の著書の中でも有名なものの一つであるが、その反面、これを偽書とみる説も流布している。しかし、偽書とする根拠はなく、むしろ逆に、蕃山の門人北小路俊光の日記の貞享二年（一六八五）十一月一日条に、「息游公筆作、密書也」と記されていることなどにより、蕃山の真作と正宗敦夫は考証しており（『蕃山全集』解題）、内容上も蕃山の著述とみて矛盾はない。偽書説が生まれた理由は、主としては本書の中で、神儒一致の思想に基づき、天皇の祖先は、中国から渡来した聖人、すなわち周の泰伯であるとする説や、また、歴史上で朝廷から武家へと政権が移ったのは、歴代の天皇が不徳であったためとみる説などの述べられていることが、明治維新以後における天皇制国家の歴史観に反していたので、蕃山がそのような説を主張するはずはないと考えられた点にあるのであろう。江戸時代にも公家の間には同種の歴史意識があり、そのため最初は同志の間だけの「密書」とされたのであろうが、実際には読書界に歓迎されて、多くの写本で広まった。活字版としては、国書刊行会本『神道叢説』（明治四十四年（一九一一）刊）に収められた。正宗敦夫編『蕃山全集』五（昭和十七年（一九四二）刊）所収本は、戦時下のため、本文のかなりの部分が伏字となっていたが、同全集の増補版（昭和五十四年刊、名著出版）では、補訂されている。

参考文献 尾藤正英『日本封建思想史研究』

（尾藤 正英）

みわやま 三輪山 奈良盆地をめぐる青垣の山々のうち、東にそびえるとりわけ秀麗な山（標高四六七・一メートル）。三諸《みもろ》山《やま》（御諸山）ともよばれた。古来、大物主神《おおものぬしのかみ》のいます神体山として信仰されてきた。西麓には名神大社の大神《おおみわ》大物主神社（大神神社）が鎮座する。『日本書紀』崇神天皇四十八年正月条によれば、崇神天皇は豊城命《とよきのみこと》と活目尊《いくめのみこと》（垂仁天皇）のみた夢の内容で夢占《ゆめうら》をし、活目尊を後継者としたが、二人の夢はいずれも三輪山の頂上を舞台とするもので、もともと大王みずからが三輪山祭祀にあたっていたことを微かに伝えている。また『日本書紀』や『日本霊異記』には、雄略天皇が少子部連蜾蠃《ちいさこべのむらじすがる》に命じて三輪山の神を捉えさせた伝承もみえている。私見によれば、六世紀以降、神君《みわのきみ》（天武朝に大三輪朝臣を賜姓される）が三輪山祭祀に預かるようになった。三輪山の山中には三つの磐座《いわくら》群がある。頂上に奥津《おきつ》磐座、標高三〇〇～四〇〇メートルの稜線に中津《なかつ》磐座、拝殿背後の三ツ鳥居《みつどりい》から少し進んだ場所に辺津《へつ》磐座があり、辺津磐座は禁足地となっている。三輪山の山麓にも小さな磐座や祭祀遺跡が点在している。大正七年（一九一八）開墾中に発見された山の神遺跡は、巨石を中心とする山麓の祭祀遺跡で、小型素文銅鏡、青瑪瑙や水晶の勾玉、臼玉、管玉、双孔円板、滑石製の板状勾玉、土師器《はじき》、須恵器《すえき》など、大量の祭祀遺物が出土し、三輪山山中の磐座での祭祀を推測する手掛りとなっている。三輪山の山中や山麓から出土する須恵器には、大阪府の泉北《せんぼく》古窯跡群で焼成されたものが多い。この事実は、『日本書紀』崇神天皇七年八月条に、大物主神の子である大田田根子が茅渟県《ちぬのあがた》の陶邑《すえむら》で見いだされ、大物主神の祭祀にあたるようになったとの伝承と相応していて興味深い。

参考文献 『大神神社史』、和田萃「三輪山祭祀の再検討」（『日本古代の儀礼と祭祀・信仰』下所収）

（和田 萃）

みわりゅうしんとう 三輪流神道 奈良県桜井市三輪に鎮座する大神《おおみわ》神社とその神宮寺に伝えられた仏教理論主導型の神道説。鎌倉時代初期に起源をもち、仏教と伊勢信仰の影響をうけて、鎌倉時代末期に成立した。文明十八年（一四八六）卜部兼邦著の『神道百首歌抄』には、聖徳太子・吉田卜部・弘法大師空海（室生寺＝宀一《べんいち》流の善女竜王説）とともに三輪慶円《きょうえん》上人の四つの神道説があげられていて、中世には流布した説。鎌倉時代初期（一二〇〇年ころ）三輪山の麓、大神神社の近くに慶円は真言灌頂の道場、三輪別所（のちの平等寺）を開き、真言仏教の教化を開始する。これは三輪の神の霊威を得て行われたが、さらに互為《ごい》灌頂と称する三輪明神との誓約、秘儀・秘法の交換を行い、神仏習合の極致に達した。初期は事相中心の内容であり、神道説としては未成熟であったが、鎌倉時代中期の幸円が慶円の説と律宗の高僧叡尊との橋渡しの役を果たし、幸円自身も三種神器を授け天照大神と一体となる秘伝（『三輪流神祇灌頂私記』）の伝承に努めている。鎌倉時代中・後期には叡尊が三輪の地を中心に三輪信仰を広く庶民に普及させる基礎を築いた。大神神社の神宮寺は鎌倉時代から平等寺に移っていったが、叡尊は本来の神宮寺である大御輪寺（現在の摂社大直禰子神社）の復興をとげるとともに、文永十年（一二七三）から三度伊勢参宮を行い、三輪明神と伊勢の天照大神との同体説を感得し『三輪大明神縁起』を著わした。「天照大神本迹二位事」「諸社御本地事」など諸章を収め、伊勢参籠の体験談も加えて、天照大神の名は「第一義天金輪王光明遍照大日尊」であり、三身即一の大日如来を本地とする。

そして同体二神のうち伊勢より三輪明神を上位と説く。叡尊によって確立した三輪流の相承は、慶円の平等寺の流派と叡尊の弟子に伝えられ、神宮寺平等寺、若宮神宮寺に扱われた大御輪寺の僧侶の系統に相互に流伝され、近世に入ると吉田神道(唯一神道)の影響をうけて、その教説や事相形式も再編されていった。

参考文献 『大神神社史料』五・六・一〇、『大神神社史』、大神神社史料編修委員会編『三輪流神道の研究』、和田萃編『大神と石上』 (岡田 荘司)

みんかんしんこう 民間信仰 地域社会の日常的な生活と結びついて展開している信仰現象をさす。特定の教理や組織・教祖をもたないという特徴があり、宗教体系の基層を形成する。呪術的信仰形態を示しており、精霊崇拝・自然崇拝の要素も含まれている。成立宗教のもつ創唱性には欠けるが、成立宗教を支える下部構造を占めており、創唱性を生み出す基盤となっている。民間信仰と類似する概念として、民俗宗教の用語も使われている。民俗宗教は、文明民族の基層社会に展開する民間信仰と同等にみられる性格をもち、両者の差異は、ほとんどないといえる。日本を含めて文明民族の歴史的過程のなかで、地域社会には外来宗教がくり返し受容され、習合と混融が行われたためその領域はさまざまな要素が錯雑しており、一律にとらえることができなくなっている。現象面からとらえてみると、まず第一に神社信仰がある。平安時代以後名社大社が制度化され、教理体系も整えられ、明治政府による国家神道化もあったが、その基本は地域社会の氏神《うじがみ》・鎮守・産土《うぶすな》神の信仰である。地域の社会生活に密着した同族や地縁集団が祀る小祠は多様であるが、そのなかで同族の先祖の霊を祀る祖先崇拝が中心となって氏神信仰が形成されていた。しかし純粋な形での氏神信仰は、時代が下がるにつれて変化し、地域の守護霊としての産土神となった。それでも同族団の総本家に祀られる屋敷神の存在に、氏神の古型をみることも可能である。また江戸時代に成立した神棚や仏壇をみると、神棚に祀られる氏神以外の勧請神や、仏壇を通して結びつく菩提寺のあり方、葬制や墓制に伴う祖霊・氏神信仰の関連などが反映している。また神社に伴う儀礼・行事などが仏教との習合の結果、成立していることもわかる。第二に仏教が民俗化した仏教民俗がある。日本仏教は、各地域社会に浸透したが、特に葬送儀礼と結びついた。死霊祭祀が先祖供養となり、盆や彼岸行事となって表出していることは、よく知られている。また山岳信仰と結びついた霊山・霊場信仰も中世以来発達したが、それに伴い修験道も地域社会の山岳信仰として民間に普及した。町や村から霊山・霊場へ代参をたてたり、巡礼を行なったりする現象は広くみられている。大峯講・出羽三山講・秋葉講・愛宕講など代表的事例である。仏教が地域社会に密着して展開する過程で講が組織化されたが、講は特定の宗派や寺院を離れ、地縁組織として存在している。子安講・念仏講・観音講・地蔵講などの信仰的講は、名称は共通していてもその内容に地域差のあることが知られている。第三に通過儀礼や年中行事にみられる信仰的要素がある。出産から子育ての過程にみられる産神信仰、危険な年齢に際して行われる厄払いや年祝い、そして葬儀や死者供養の基底には、神社や寺院に帰属しない民間信仰の特徴がみられる。同様に正月元旦から大晦日に至る年中行事には、歳神や田の神、山の神、祖霊や御霊といった神格が登場しており、とりわけ家の神の祭に顕著に表われている。第四に禁忌・予兆・卜占・呪いなどの俗信がある。吉凶の占いについては、陰陽道や易学などの知識のほかに石占や橋占・粥占などの伝統的な技術がある。また生業に伴う禁忌などは、山・海の日常生活のちがいから生まれた特徴がある。山や海・里など生活環境のなかから妖怪現象などに地域差がみられたり、動物霊の憑依による憑物の多様性がみられたりすることも注目されている。第五に民間信仰の担い手の性格がある。巫女・山伏・行者などは仏教・神道などの一定の教派に所属するわけではなく、その系譜も多様である。仏教系の聖、神社系の御師・巫女といった分類もできるが、共通して漂泊・遊行する民間宗教家として位置づけられており、外来宗教的要素を地域社会に伝播させるのに貢献したことは明らかである。かれらは、精霊を制御する力をもっていたのであり、直接高邁な教理を布教することはなかったが、地域社会の庶民の需要にこたえて宗教的な救済活動を行なっていた。また霊能者とか拝み屋などとよばれて大教団からは排除されてはいたが、時代の変動期には霊的な力を増加させて、新宗教形成の要因をつくった。そのことは民間信仰がしばしば民衆宗教の基盤となっていると指摘される理由でもある。 →講《こう》 →通《つう》過儀礼《かぎれい》 →年中行事《ねんじゅうぎょうじ》

参考文献 池上広正『宗教民俗学の研究』、堀一郎『民間信仰』(『岩波全書』)、桜井徳太郎『日本民俗宗教論』 (宮田 登)

みんしゃ 民社 官社以外の一般神社をさしていう。明治四年(一八七一)に官社以下定額と郷社定則が公布され社格が定められ、官国幣社(官社)の選定とともに、府県社・郷社などの諸社も地方官の所管する神社として制度化されていったが、このような諸社を官社に対して民社と称するようになった。しかし、正式名称ではなく、官社を除いた一般諸社を広く通称したものであり、民間の社という意で定着した。全神社のほとんどは民社であり、現在も神道界では、旧官社に対して民社と呼ぶ例は多い。 (岡田 荘司)
→官社《かんしゃ》

みんぞくがく 民俗学 ⇨神道《しんとう》

む

むかくしや　無格社　明治以後の神社の社格の一つ。社格に列することに値しない神社をさしていうが、のちには最下位の社格として扱われた。明治四年(一八七一)に社格制度が定められ、官国幣社・府県社・郷社に分かれ、これ以下は郷社付属の村社がおかれたが、のち村社が独立し、村社にも至らない格をもたない社を称した。無格といいながらも、格の一つに認められたが、他と異なる点は神饌幣帛料の供進と境内地の地租免除の特典をもたなかった。昭和二十年(一九四五)の神社数は五万九千九百九十七社で全神社の五五%を占めた。同二十一年二月社格は廃止された。　→社格《しゃかく》

参考文献　梅田義彦『(改訂増補)日本宗教制度史』

(岡田　荘司)

むきゅうかいとしょかん　無窮会図書館　平沼騏一郎が設立した神道・国学および漢文関係の図書館。明治以来劇変した世道人心の動向を憂えた平沼は、同志とともにこれを正す道を和漢の古典に探らんと、大正四年(一九一五)国学の大家井上頼圀の神道、古医書、近世名家自筆本、零細貴重書の叢鈔『玉簏』などを含む遺蔵書三万五千冊を一括購入したのを機に、無窮会を起し、東京府豊多摩郡の大久保(東京都新宿区西大久保)に書庫を建て、井上の斎名に因み神習《かんならい》文庫と名付けた。その後集めたものと合わせ『神習文庫図書目録』を刊行(昭和十年(一九三五))。続いて順次会に関係する主に漢学者の蔵書を入れた。漢籍善本と叢書が多い三宅真軒、崎門学・邦人詩文集・演史小説の織田確斎、金石・小学の川合槃山、礼学専門の加藤天淵など諸家別の旧蔵書目録があり、内田遠湖・牧野藻洲・松平天行・吉田学軒・上野不先斎・渡辺刀水らの旧蔵を含む和漢古典籍と一般書の『平沼文庫目録』がある。以上六冊既刊。松本如石などの書目は逐次編刊の予定。神習文庫の称呼は第二次世界大戦後に今の名に改め、また一部に戦火を被る。環境の悪化により昭和四十一年十二月三十一日に現在地の東京都町田市玉川学園八丁目に移転した。蔵書数三十万冊。

(市川　任三)

むこうじんじゃ　向日神社　京都府向日市向日町北山に鎮座。旧府社。祭神は向日神・火雷神・神武天皇・玉依姫命。養老年間(七一七―二四)の創祀と伝え、往時は向神社を上社、乙訓坐火雷神社を下社と称したが、建治元年(一二七五)に下社を上社に合祀して相殿に配祀した。向神は素盞嗚尊の孫大年神の子で向日明神とも称す。貞観元年(八五九)従五位下の神位をうけ、延喜式内社に列す。『中務内侍日記』に「なつかしむ心を知らば行くさきに迎ひの神のいかが見るらむ」と詠まれる。また乙訓坐火雷神の旧社地については、京都府長岡京市井ノ内鎮座の角宮神社に比定する説がある。中世には地域との繋がりも深く、一揆蜂起の場所ともなり、「於二西岡向大明神一号二徳政一土一揆等及二蜂起之企一云々」(『山科家礼記』文明十二年(一四八〇)八月二十九日条)の記事が知られる。向日神社の例祭は五月第二日曜。三間社流造檜皮葺の本殿には応永二十五年(一四一八)の棟札を蔵す。社蔵の紙本墨書粘葉装の『日本書紀』神代巻下一冊とともに重要文化財に指定される。四月十五日には「年頭《ねんど》」と称する座の祭、毎月六日には索餅《さつべ》祭がある。

向日神社拝殿

参考文献　式内社研究会編『式内社調査報告』一、京都府神道青年会編『神社の文化財―京都―』、六人部克巳『向日神社社誌』

(二宮　正彦)

むさしみたけじんじゃ　武蔵御嶽神社　東京都青梅市御嶽山に鎮座。櫛真智命・大己貴命・少彦名命を祀る。旧称、御嶽山蔵王権現。俗に武州御嶽と称す。社伝によれば、安閑天皇の時に創祀したといい、一説に崇神天皇の時に創祀、あるいは天平八年(七三六)僧行基が東国鎮護のため蔵王権現を勧請したともいう。建久二年(一一九一)畠山重忠は赤糸威大鎧(国宝)を奉納、文暦元年(一二三四)大中臣国兼は霊夢を受けて社殿を復興。徳治二年(一三〇七)壬生氏女は当社を庇護し、また北条時宗、足利義詮・基氏らも崇敬を示し、慶長十年(一六〇五)大久保長安を普請奉行として社殿が再興され、江戸城鎮護の神社となった。古来、蔵王権現の霊山として盛え、江戸時代には山内の組織もととのい、神主・社僧・御師の三者により衆議運営され大いに発展した。御嶽講の広まりとともに御師による武蔵・相模・甲斐を中心に周辺への檀家廻りがなされた。その際、配布された神札「御神狗」は火災盗難病難退除として有名。江戸時代末期より式内の大麻

止乃豆乃天神社に比定され、明治二年(一八六九)式内社名に改称。同七年、府社に列し、御嶽神社と改称、さらに昭和二十七年(一九五二)、現社名に改称した。金覆輪円文螺鈿《らでん》鏡鞍(国宝)、紫裾濃大鎧・鍍金長覆輪太刀(以上重要文化財)など多くの宝物を蔵している。例祭は五月八日。

参考文献 『南瞻部州大日本国東海道武蔵国奥院御嶽縁起事』、『壬生氏置文』、『御嶽山社頭由来記』、斎藤典男『武州御嶽山史の研究』、西海賢二『武州御嶽山信仰史の研究』、式内社研究会編『式内社報告』一一

(三橋　健)

むすび 産霊・産巣日・産日・魂・産魂などと表記される。名義については、すでに本居宣長『古事記伝』三の「字は皆借字《カリモジ》にて、産巣《ムス》は生《ムス》なり」や「凡て物を生成《ナ》すことの霊異《クシビ》なる神霊《ミタマ》を申すなり」という説が通説化している。ただし、すでに指摘があるように前者「生《ムス》」は自動詞で、後者「物を生成《ナ》す」は他動詞であり、どちらをとるかはいまだ結着がついていない。西宮一民は前者をとり「生成する霊性(霊力)の意」とし、神野志隆光は「ウムス」という他動詞的用法を指摘した上で、宣長の後者の説をとる。ほかに、ムスブ(結ぶ)という他動詞の古い形として清音のムスフという語形を考える説や、ムスフに霊魂を付着させる意を認める説もある。また、ウムスは穀物を炊く意であり、霊と結びつくと竈神の神格となるという説もある。ムスヒの名をもつタカミムスビやカミムスビなどの働きもあわせて考えていくならば、他にその生成の霊力を及ぼす語(他動詞)として解釈する方が納得しやすいであろう。

参考文献 西宮一民『上代祭祀と言語』、神野志隆光『古代天皇神話論』

(青木　周平)

むすひのしんこう 産霊信仰 ムスヒの神に対する信仰。その代表的な神は天之御中主神・高御産巣日神・神産巣日神(『古事記』)で、これらは造化三神と総称される。神名のムスヒは、ムスとヒの複合語で、ムスは万物が自然に生ずること、ヒは霊威の意。要するに生産力・生命力を神格化したもので、宇宙の生成をつかさどる創造神としての性格を持つ。後世、ムスヒとムスビの音が似ていることから両者は混同し、ムスヒの神は男女・夫婦の縁結び神、すなわち結びの神・結ぶの神であると解された(『伊呂波字類抄』など)が、ムスヒのヒは清音で、起源的にはムスビと関係がない。神祇官西院の八神殿の祭神に、神産日神・高御産日神・玉積産日神・生産日神・足産日神などのムスヒの神がみえ、これらは天皇の寿命の守護神とされ、鎮魂祭でも天皇の御魂を木綿に結びとめるはたらきをしている。また大嘗祭や祈年祭にもムスヒの神が祭られ、『延喜式』神名帳に羽束師坐高御産日神社(山城国乙訓郡)・巻向坐若御魂神社(大和国城上郡)など、ムスヒの神を祭る神社は少なからずある。ムスヒの神に対する信仰は神道の根本的な位置を占め、この神が古くから実際に信仰されていたことが知られる。近世、国学者らによりムスヒの神は神祖、あるいは司命神にあたるなどと説かれ、この神に対する諸説が展開した。

参考文献 『折口信夫全集』二・三、松前健『古代伝承と宮廷祭祀』、西郷信綱『古事記注釈』一、小野寿人「「ムスビノ神」と日本思想」(『史学雑誌』五三ノ三・四)

(三橋　健)

むとうてんじん 武塔天神 疫病の神。素戔嗚尊、祇園信仰にみられる牛頭天王《ごずてんのう》と同神。『備後国風土記』逸文では武塔神が日暮れに宿を請うと、弟の巨旦将来《こたんしょうらい》は富み栄えていたのに貸さず、兄の蘇民将来《そみんしょうらい》は貧しいながらも粟でもてなした。後年、弟一家は武塔神のおこした疫病で滅ぼされたが、神の命令で腰に茅輪《ちのわ》をつけた兄の一家は疫病を免れた。夏越祓《なごしのはらえ》などで見られる茅輪くぐりはこの伝承に基づくと考えられる。

参考文献 皇学館大学神道博物館編『日本の神々』

(渡辺瑞穂子)

むとべよしか 六人部是香 一八〇六―六三 幕末の国学者、神官。通称縫殿・宿弥・美濃守。葵舎また一翁と号す。文化三年(一八〇六)生まる。山城国乙訓郡向日神社祠官六人部節香(実は伯父、父忠篤は早く没す)の子。文政六年(一八二三)十八歳で平田篤胤に入門し、国学に研鑽し、平田派関西の重鎮と目され、のち孝明天皇にも進講した。晩年職を子の是房に譲り、京都三本木に神習舎を興し、多くの門人を教授した。その思想は主著『顕幽順考論』や『産須那《うぶすな》社古伝抄広義』などによれば、現実の世界の政治(顕明事《あらはにごと》)は天照大神の子孫がこれを行い、霊魂の世界の政治(幽冥事《かみごと》)は須佐之男命の子孫が行うものであり、大国主命は万物の根源である産霊《むすび》大神より委託され全体の幽政を統べ、みずからは幽冥の「本府」である出雲大社に座し、八十万の神を世界各地に派し産須那神とし、それぞれの領域内の人間(氏子)の生命、財産、行為、死後の霊魂に至る一切を掌らせる。産須那神は毎年十月大国主命の許に集まり、霊の生前の行為の善悪を審判し、善なるものは神位界に置いて幽政に登用、悪なるものは凶徒界に下して苦使する、というものである。是香は篤胤の思想の強い影響下に産須那神の役割を強調、産須那社尊崇運動を展開した。また彼は歌学にも造詣深く、歌格研究の大家でもあった。著書は前掲のほか『篤能玉籤』『長歌玉の小琴』『道能一言』『竜田考』『大祓詞天津菅麻』『神習舎置文』『古道本義』など。文久三年(一八六三)十一月二十八日、五十八歳で没す。

「安布日能屋乃富美」
六人部是香蔵書印

→産須那社《うぶすなしゃ》古伝抄《こでんしょう》

参考文献 芳賀登・松本三之介校注『国学運動の思想』(『日本思想大系』五一)、河野省三「六人部是香の学説」

(『神社協会雑誌』九ノ一)、岸本芳雄「六人部是香と国学」(『国学院大学紀要』五)　(沼田　哲)

むなかたうじ　宗像氏　福岡県宗像市田島に鎮座する宗像神社の大宮司家。宗像氏は、古代豪族胸肩(胸方・胸形・宗形などともつくる)君にさかのぼる。胸肩君は、荒海の玄界灘を渡る航海術を持ち、孤島沖ノ島を海上の守護神として信仰していた。ヤマト政権も朝鮮半島への侵攻を企て、その成就と海上安全のために沖ノ島で祭祀を行い、また大海人皇子(天武天皇)と胸肩君徳善の女との間に高市皇子が誕生するなど、両者は結びつきを持っていた。大化改新後、天武天皇十三年(六八四)には朝臣の姓《かばね》を賜わり、その後、宗像郡郡司職に補任され、天元元年(九七八)には初代大宮司職に氏能が補任された。大宮司職は官符によって補任されてきたが、一族内の抗争のなかでこれに勝利した氏信が宗像社を鳥羽上皇に寄進し、久安二年(一一四六)に鳥羽院庁下文によって大宮司職に補任されてからは、本家による補任に変わった。平氏政権下では一門の所領となり、平氏にならって対宋貿易を行なった。鎌倉幕府のもとでは没官領となるべきところ、当時の本家(八条院)の意向もあって氏実に本領安堵された。鎌倉御家人として幕府の後ろ盾のもとで安定した社内支配が続き、正和二年(一三一三)の「宗像氏事書」の成立へと結実した。御家人となって以後は武士的活躍が多く、南北朝時代には幕府方として数々の合戦に加わった。室町時代には大内氏に属し、充行われた所領にちなんで一時期黒川姓を名乗った。戦国時代には氏貞が一族をまとめて社内をよく治めたが、天正十四年(一五八六)に継嗣を得ることなく病没し、宗像氏は断絶した。　→宗像神《むなかたじん》社《じゃ》

参考文献　宗像神社復興期成会編『宗像神社史』、石井進「十四世紀初頭における在地領主法の一形態―「正和二年宗像社事書条々」おぼえがき―」(『日本中世国家史の研究』所収)、小島鉦作「筑前宗像氏の海外通交貿易に関する考察」(『政治経済論叢』一五ノ三)、安達直哉「中世前期の神宮領主の存在形態」(秀村選三編『西南地域史研究』二所収)　(河窪奈津子)

むなかたぐんき　宗像軍記　筑前国宗像神社の宗像大宮司家の興亡を書いた軍記物。『筑前宗像軍記』ともいう。著者は不詳。天正十四年(一五八六)最後の大宮司氏貞の死去に伴う大宮司家断絶で終るため、氏貞の遺臣がほど経ぬころに記したものと思われる。一冊。宗像大明神の縁起に始まり、延喜十四年(九一四)宇多天皇皇子という初代大宮司清氏の下向から、大宮司家が神官領主・有力国人へと成長してゆく過程を合戦中心に述べる。特に戦国動乱での氏貞の活躍は詳しく、戦国時代宗像地方の動静を知る文献。だが口碑・伝説にもとづく記事もみられ史料批判を要する記述もある。室町時代初期の『宗像宮創造記』などが典拠。元禄十七年(宝永元、一七〇四)、京都の川島屋半兵衛が開版し、清氏の一日国王伝説は『菅原伝授手習鑑』の大序大内山の場、重盛伝説は京都に阿弥陀経石摸刻碑の建立、沈鐘伝説は合巻の『白縫譚《しらぬいものがたり》』などに影響が見られる。刊本は『続群書類従』合戦部、『(改定)史籍集覧』一五、『宗像郡誌』上がある。

参考文献　『群書解題』一四、原田大六『阿弥陀仏経碑の謎―浄土門と宗像大宮司家―』、正木喜三郎「宗像清氏伝説考」(川添昭二先生還暦記念会編『九州中世史論攷』所収)　(正木喜三郎)

むなかたしことがき　宗像氏事書　筑前国の宗像神社の社領支配のため、正和二年(一三一三)正月九日に制定された基本法規。一巻、全十三ヵ条。制定者は当時なお幼少の嫡子松法師丸(のちの宗像氏範)に大宮司職以下の所職・所領を譲与したばかりの前大宮司宗像氏盛であった。宗像社領にはすでに正元元年(一二五九)二月八日に、神仏事の興行、諸社・寺堂の修造、勧農以下の所務条々を規定した基本法規の「大札」(その名から察するに大きな札に書かれた法令であろうが、今は伝わらず、その内容も不明である)があった。この事書は「大札」を前提にしながら、大宮司の代がわりや、宗像神社が乾元元年(一三〇二)に鎌倉幕府の直領と化したため、上納の年貢が増加するなどの新たな事態に対応して制定されたものである。「事書条々」と書き出し、第一条で大宮司松法師丸の命に背き、「内談」の決定を破る者は追放せよとし、ついで年貢済物未進者は「下地」を没収して「下作人」に与え、「分限之料」に行う(第二条)、諸郷の「弁済使・公文・名主以下沙汰人」が勝手に百姓を使役すれば直ちに「所職」を改易(第五条)、「関東御使以下雑事課役」を難渋すれば重科に行う(第七条)、鎧以下の武器や馬は集中管理し、みだりに使用を許さない(第十三条)など、宗像氏の社領支配の意慾をうかがわせる条文が並び、また大宮司松法師丸の支配を支える有力者たちの合議体の「内談」の存在(第一条・第三条)も注目される。種々の点で鎌倉時代における在地領主法の一つの形態を示す重要なものである。原本は宗像辰美所蔵、コロタイプ写真版は宗像神社復興期成会編纂『宗像神社史』下巻に収載、校訂本文は佐藤進一・池内義資・百瀬今朝雄編『中世法制史料集』三に収める。また本文の読み下しと注解は石母田正他校注『中世政治社会思想』上(『日本思想大系』二一)にある。

参考文献　石井進「十四世紀初頭における在地領主法の一形態」(『日本中世国家史の研究』所収)　(石井　進)

むなかたしんこう　宗像信仰　宗像神社および同社の祭神に対する信仰。胸形、宗形とも書く。治水・利水・水運・航海の安全・豊漁など水に関する信仰および鎮護国家・皇室守護の信仰をもつ。祭神は『古事記』や『日本書紀』にみえ、若干の差異はあるが本義は巫女、水の激しい状態や霧を神格化したもので、天照大神と素戔嗚尊との誓約《うけい》によって生まれたと伝える神である。福岡県宗像郡玄海町田島に鎮座する辺津《へつ》宮には市杵島姫神《いちきしまひめのかみ》を、海上約一〇キロ沖の大島の中津宮には湍津姫神《たぎつひめのかみ》を、玄海灘の

中央部にある沖ノ島の沖津宮には田心姫神《たごりひめのかみ》を祀り、三社を総称して宗像大社という。沖ノ島の学術調査の結果、四世紀から九世紀までの祭祀遺物十万余点が発見された。ほとんどは国宝や重要文化財に指定され、遺物中には朝鮮・中国・ペルシアからの伝来品も含まれていた。これらの祭祀遺物は巨大な磐境《いわさか》の麓や岩陰から発見され、日本の神の信仰や祭祀の原初形態をうかがい知ることができる。宗像三神を祀る宗像氏の勢力伸張や、信仰する海《あ》士《ま》族の活躍により、平安時代には下野国まで広まっていたことが『延喜式』神名帳によって確認できる。宗像三神の神階は高く『延喜式』では名神大社となっていること、元寇に対しては敵国降伏の祈願をして鎌倉幕府より恩賞を受けていることなどから、国の篤い信仰を得ていたことがわかる。沖ノ島から江戸時代の奉納品も出土しており、現在も神職が沖ノ島へ出向し祭祀を行なっており、大祭には漁船が出て神迎えをするなど信仰は現在までも続いている。現在、全国に六千余社の宗像神社を数えるが、ほとんどは河川湖沼に関わる場所に勧請されている。神仏習合に関する記事は八世紀からみえる。沖ノ島の祭祀遺物が遣唐使廃止と軌を一にして消滅しているのは、宗像三神への航海安全の信仰を考えさせるが、平安時代には社僧が遣唐使の成功を祈っている。社僧の制は平安時代に始まり、鎌倉時代に充実した。『宗像大菩薩御縁起』も製作され本地垂迹思想も展開した。神事も多いが、神仏習合時代の放生会は、現在秋季大祭として十月一—三日に行われている。

参考文献　宗像神社復興期成会編『宗像神社史』上・中・附巻、同編『沖ノ島』正・続、小田富士雄編『古代を考える沖ノ島と古代祭祀』

（野上　尊博）

むなかたじんじゃ　宗像神社　㈠福岡県宗像郡玄海町田島に鎮座。旧官幣大社で、宗像三女神を奉祀する全国六千二百余社の総本社。当社は、玄界灘のほぼ中央の沖ノ島にある沖津宮《おきつみや》、陸地近くの大島にある中津《なかつ》宮、内陸の玄海町にある辺津《へつ》宮よりなり、この三宮をもって一体を形づくる複合的組織の神社で、また広大な神域をもつ規模雄大な神社である。祭神は、沖津宮は田心姫神《たごりひめのかみ》、中津宮は湍津姫神《たぎつひめのかみ》、辺津宮は市杵島姫神《いちきしまひめのかみ》であり、いずれも天照大神の子神で、宗像三女神、また宗像大神とも呼ばれる。なお、祭神の配列順や神名の表記法、および三宮の神を総称する場合の神名などについては、古来種々の変遷があった。当社の由緒は、天照大神が天孫降臨に先だって宗像三女神に下した神勅に「汝三神、宜降㆓居道中㆒、奉㆑助㆓天孫㆒、而為㆓天孫㆒所祭也」（『日本書紀』神代、瑞珠盟約章第一の一書）とある。すなわち宗像三女神は海北道中の三ヵ所にあって、歴代天皇を助け、国家を守護するとともに、天皇の篤い祭祀を受けるようにとの神勅によって三宮の地に鎮座したという。この神勅は当社由緒の根本であり、他社にその例がなく、皇室・国家を守護する神社である。宗像三女神は、広く一般から生業の守護神として仰がれるとともに、大陸との交渉が頻繁になると、航海守護の神としても神威を仰がれるに至った。当社は古くより宗像（胸形・宗形）氏が奉仕し、中世に入って異姓のものも社職についたが、最高祀職は宗像氏が奉仕し、社家として社職を世襲した。大化改新後、筑前国宗像一郡は神郡として大社に寄進され、宗像氏は宗像郡大領と神主職の両職を一時期兼帯したが、延暦十九年

宗像神社辺津宮

宗像神社中津宮

宗像神社沖津宮

(八〇〇)十二月、当社神主が宗像郡大領を兼帯することを停められ、神主は社務に専念し、天元二年(九七九)二月の太政官符によって、宗形氏能がはじめて大宮司に補任され、宗像大宮司職が置かれた。神階については、承和七年(八四〇)四月に従五位下を授けられて以来、貞観元年(八五九)二月には累進して、平安京左京一条の太政大臣藤原良房第の宗像神社とともに正二位に至り、その後、天慶年中(九三八―四七)に正一位勲一等に昇る。社格については、宗像大神が三座とも名神・大社に列せられ、恒例の奉幣はもとより、臨時の奉幣にもしばしば預かった。なお、当社の摂社である玄海町鐘崎の織幡《おりはた》神社も、延喜の制では名神・大社に列した。明治四年(一八七一)五月国幣中社に、同十八年四月官幣中社に、さらに同三十四年七月官幣大社に昇格した。社領については、宗像郡を神領としてすべて寄進されるが、中世に入ると荘園(四十余ヵ所)となり、やがて皇室御領宗像社として神社領知制が確立し、皇室の庇護のもとに存立した。古代より現代まで、当社の信仰は全国に遍満して変わらず、『延喜式』神名帳によれば、宗像大神を祀った神社は十三を数え、東は関東まで分布する。文化財としては、石造狛犬・木造狛犬・阿弥陀経石・甲冑をはじめ、特に沖ノ島の遺宝が重要で、辺津宮の宝物館に陳列されている。沖ノ島は小島ながら、断崖絶壁が多くて容易に人を寄せつけず、また古来禁足地ともされ、土地の者はこれを「言わずの島」と呼び、島のことは一切他言を禁じられた。しかし、昭和二十九年(一九五四)以降、宗像神社復興期成会のもとで、専門学者による発掘調査の結果、古墳時代から平安時代初期にわたる遺品二万千余点と、わが国最大の祭祀遺跡が発見された。沖津宮祭祀跡からは約十二万点の遺物が発見された。祭祀の時、神に供えられた奉献品で、大きく分類すれば鏡・武具・工具・装身具・馬具・滑石製品・貝製品・金属製雛形品・土器などで、出土品のほとんどが国宝・重要文化財に指定され、昭和五十五年に開館した神宝館に収められた。現在、例祭は十月二日であるが、四月一日―三日の春季大祭、五月五日の五月祭、十二月十五日の古式祭など、恒例祭・特殊神事を中心として、祭典は多い。なお、関連史料が『神道大系』神社編四九に所収されている。

参考文献 宗像神社復興期成会編『宗像神社史』、同編『沖ノ島』、同編『続沖ノ島』、第三次沖ノ島学術調査隊編『宗像沖ノ島』

(小島 鉦作)

社領 大化ごろ筑前国宗像郡が神郡とされ、また『新抄格勅符抄』の大同元年(八〇六)牒には神封七十四戸とあり、ほかに神田もあった。天元二年(九七九)太政官直任の大宮司職を設置後、封戸・神田を荘園化し、社領を形成した。永承ごろの大宮司宗像氏高が開発私領の宗像郡須恵・土穴・稲本の三村を寄進して以来、神官・僧官や在地領主の開発私領が寄進され、社領となった。文永十一年(一二七四)ごろの社領は、本神領宮方三百六十三町、別符方八十三町三段、半不輸内当知行分三十町と大宮司私領とで構成された。宮方は封戸・神田を母体としたものと思われ、神事用途料所の性格をもち、宗像氏の氏長者職に伴う渡領として存在し、大宮司の一円支配であった。別符方は一円支配の及ばぬ地域で、特に検断権の行使に宮方と差があり、神官・僧官や在地領主が国領を開発して得た私領を寄進したことにより成立したものであろう。半不輸内当知行分は国半不輸の浮免田で、得分のみの収得地と思われる。大宮司私領は、赤間荘・山田村の名主(小地頭)職や荘官職よりなる。鎌倉時代末期の『宗像氏事書』は、大宮司家の在地支配の法として有名である。社領は、宗像荘のほかは村・郷・名・別符で、別名の系譜をもつものであろう。宗像郡内を主に、鞍手・遠賀両郡にも存在し、大化前代の胸形君の支配領域と重なるのが特徴的である。鎌倉幕府の御家人となった大宮司に、肥前・豊前国などに散在する地頭職が給付された。宗像社の本家職は、鳥羽院または同院准母令子内親王(白河天皇皇女)。鳥羽院→美福門院→八条院と伝わり、大覚寺統が伝領した。領家職は各院の院司が支配し、承久の乱後没収されて、関東御領となり、得宗領化した。建武元年(一三三四)後醍醐天皇は本家職・領家職を当社に寄進し、当社の一円支配となる。大宮司職は氏高以来、その子孫が相伝し、神官領主、南北朝時代以降は国人化する。戦国時代に宗像郡は大宮司の領国と化し、少弐氏の勢力を排除した。永禄四年(一五六一)大宮司氏貞は百町の社領を設定。氏貞の没後、天正十五年(一五八七)豊臣秀吉が没収したが、その後、小早川隆景が二百町を寄進した。ところが再び隆景の養子秀秋が没収した。その後、福岡藩主黒田氏が百三十三石余を寄進し、明治維新に及んだ。

参考文献 宗像神社復興期成会編『宗像神社史』下、伊東尾四郎編『宗像郡誌』中、石井進「一四世紀初頭における在地領主法の一形態―「正和二年宗像社事書条々」おぼえがき―」(『日本中世国家史の研究』所収)、安達直哉「中世前期の神宮領主の存在形態―筑前国宗像氏の在地支配を中心に―」(秀村選三編『西南地域史研究』二所収)、河窪奈津子「中世宗像社領に関する一

考察」(川添昭二編『九州中世史研究』三所収)、正木喜三郎「宗像社領考」(『東海大学文学部紀要』五二)

(正木喜三郎)

(二)奈良県桜井市外山《とび》に鎮座。当社は、筑前国の本社を勧請した最も古い神社で、俗に春日の宮と称する。高市皇子を当社の神主高階真人の始祖とする。旧村社。元慶五年(八八一)十月には従一位とみえ、延喜の制では名神・大社に列した。宗像三女神・天神雲命・春日四所神を祀る。南北朝時代、興国二年(一三四一)に当社の高階義岑が南朝方として合戦に及んだ際に、社殿を兵火で失い衰微した。その後、興福寺領となり春日社を勧請したため春日社と称するようになった。例祭は十月十九日に行われるが、九月八日の「夜の宮」は、大頭屋・小頭屋の講員が奉仕するので有名である。

参考文献 宗像神社復興期成会編『宗像神社史』下

(三)京都市上京区京都御苑内に鎮座。旧府社。延暦年間(七八二―八〇六)に藤原冬嗣が勧請し、平安京左京一条に創建。田心姫神・湍津姫神・市杵島姫神の宗像三女神を祀る。貞観六年(八六四)十月、三女神は従一位に昇進し、建治元年(一二七五)卜部兼文の勘奏により、四度の官幣に預かった。平安京東西市の守護神として市姫社とも称され、境内社に少将井神社などがある。例祭は九月十五日。

参考文献 宗像神社復興期成会編『宗像神社史』下

(小島 鉦作)

むなかたじんじゃもんじょ　宗像神社文書　福岡県宗像市田島の宗像大社所蔵の中世文書約三百点、近世文書約三千点をいう。ここでいうように所蔵史料全体を称すには、『宗像大社文書』というべきである。(一)中世文書。(1)重要文化財『宗像神社文書』八巻。永万元年(一一六五)を最古とする戦国時代までの文書で、宗像社研究の基本史料。この大半は宗像大宮司家伝来の文書が、天正十四年(一五八六)の同家断絶により姻戚関係の萩の草苅家にもたらされ、その後、半数以上が失われたものの、福岡藩の斡旋により返納されたものである。(2)『出光佐三氏奉納文書』一巻(松平定教旧蔵)、一幅、一通。おそらくは草苅家から巷間に流出したものを出光佐三が購入して大社に奉納したもので、(1)の八巻と一連の内容。(3)大宮司長氏注進状案、沙弥浄恵注進状案。ともに文永十一年(一二七四)に幕府に提出された社領関係の文書で、六波羅奉行人斎藤観意の合点、継目裏花押がある。前者二十八通の内正文が現存するものは七通、後者三通は正文が現存しない。(4)応永十六年(一四〇九)「宗像社家文書惣目録」は四百通以上の目録。現存する文書は百四十通余りで、失われた文書を知るのに貴重。原本はなく江戸時代初期までに成立の写本。(5)祭祀・造営関係では「宗像宮年中行事」「宗像三所大菩薩御座次第」「宗像大菩薩御縁起」「宗像宮創造記」「宗像社造営代々流記」。(二)近世文書。ペリー来航に始まる外患の祈禱を命じた綸旨、福岡藩主の社領寄進状・祝詞などをまとめた『続古文書』六巻、筑前の国学者青柳種信の写本約百冊。(三)当社には江戸時代の大宮司深田家相伝の文書も所蔵され、中世文書は文永九年「宗像大神宮神官僧官御燈衆等起請文」、正和二年(一三一三)「宗像社事書」など約四十通。中世の祭祀を伝える江戸時代の写本「応安神事次第」「年中諸祭礼衣装之事」など。近世文書は、神道裁許状、社務米目録、福岡藩の達状など約二千点。(四)また、承久二年(一二二〇)と寛喜三年(一二三一)の追刻銘をもつ阿弥陀経石、天正六年本殿再建の置札(いずれも重要文化財)も当社の中世史料として看過できない。宗像大社文書編纂刊行委員会より『宗像大社文書』第一・第二巻が刊行されている。

参考文献 宗像神社復興期成会編『宗像神社史』下、河窪奈津子「宗像大社所蔵文書・典籍について」(『古文書研究』一九)

(河窪奈津子)

むなかただいぐうじしだい　宗像大宮司次第　平安時代中期より南北朝時代までの宗像神社に奉仕した大宮司の補任次第を記した書。一冊。初代より四十八代まで鎌倉時代末期に成立し、五十一代までは室町時代後期の大宮司による書継と推測される。初代清氏から三代まではほかに所見なく全く信じ難い。四代能氏は天元二年(九七九)の太政官符により任命された初代大宮司。五代宗将は宗時の誤写。六代妙忠は弟為忠に譲与するが(『小右記』)本書では歴代より欠落。七代氏高より十一代氏尚まで歴代ごとに人を異にするが、十二代氏房より三十六代氏国まで数回補任されており、後者が本来の姿であろう。三十七代氏仲より五十一代氏正まで前任者との関係を肩書に記す。各歴代ごと補任年次と在職年数を記すが注意を要する。四十九代氏盛は延慶二年(一三〇九)に本印以下を譲与され、五十代氏範は正和元年(一三一二)、五十一代氏正は貞和二年(一三四六)に譲与されており、本書の記載とことごとく異なる。宗像辰美所蔵『宗像社務系図』『宗像宮社務次第』『宗像氏系図』『宗像大宮司系図』などが参考になる。『続群書類従』補任部所収。

参考文献 『群書解題』二上、『宗像郡誌』、『宗像神社史』

(伊藤 勇人)

むなかたのかみ　宗像神　海神の三女神、すなわち、『古事記』によれば、多紀理毘売(『日本書紀』によれば田霧姫、田心姫)命・市寸島毘売(同じく市杵島姫)命・多岐都毘売(同じく湍津姫)命をいう。福岡県宗像郡の宗像神社の三宮、奥津宮(大島村沖ノ島)・中津宮(大島村大島)・辺津宮(玄海町田島)にそれぞれ祭祀されている。その奥津宮のある玄界灘にうかぶ沖ノ島は、「海の正倉院」ともよばれるように、その祭祀遺跡からは四世紀―九世紀の貴重な祭祀関係遺物が検出された。そして国内のみならず、朝鮮半島や中国大陸などにつながる文物が出土した。神階宗像郡の宗像神社は『延喜式』の名神大社であり、神階も正一位にのぼった。中世にも幕府・諸豪族から尊崇されたが、天正十八年(一五九〇)小早川隆景らによって再興、江戸時代には筑前藩主黒田氏らの崇敬をうけた。

『延喜式』には筑前国ばかりでなく、大和国・尾張国・下野国・備前国・伯耆国などに宗像(宗形)神社の鎮座を載す。宗像神は宗像君らの奉斎神たるにとどまらず、海人集団のほか、航海の守護神として国家的な祭祀神となった。 ↓宗像神社《むなかたじんじゃ》

参考文献 第三次沖ノ島学術調査隊編『宗像沖ノ島』、小田富士雄編『古代を考える沖ノ島と古代祭祀』、上田正昭編『住吉と宗像の神』 (上田 正昭)

むなふだ 棟札 上棟式のとき、建物名・願主・工匠名・上棟年月日などを書いて、棟木に打ちつけた板。新築に限らず、大修理・屋根替の時にも造られる。また類似の内容を棟木に直接墨書したものを棟木銘という。古くは棟木銘が多いが、鎌倉時代の中ごろ以後は棟札がふえ、南北朝時代以後はほとんど棟札となる。棟札のもっとも古いものは中尊寺蔵の保安三年(一一二二)銘のものであるが、堂名は不明である。これにつぐものは天治元年(一一二四)の中尊寺金色堂と永暦二年(応保元、一一六一)の当麻寺本堂の棟木銘である。鎌倉時代では正治元年(一一九九)の東大寺法華堂の棟札、建保七年(承久元、一二一九)の法隆寺東院舎利殿絵殿の棟木銘が古い。禅宗では梁に打った梁牌が上梁銘として用いられている。初期の棟木銘の記載は簡単だったが、次第に詳しく書かれるようになり、中には板の裏にも書かれていて、近世になるとかなり長文のものも造られた。棟札は建物と棟札とは必ずしも同時とは限らない。これは社殿を造替する神社建築に多く、仁科神明宮には南北朝時代以後、三十一枚の棟札を存している。なお、塔や宝形造の建物では棟木がないので、宝珠・相輪を上げたときを上棟としており、薬師寺東塔檫銘・粟原寺《おばらでら》伏鉢銘のように露盤(今日の相輪)に銘を施している。 (太田博太郎)

むなもちばしら 棟持柱 ⇩神明造《しんめいづくり》

むねただじんじゃ 宗忠神社 京都市左京区吉田下大路町に鎮座。黒住教の教祖である黒住宗忠を祀る。旧府社。備前国の今村宮の神官であった宗忠は、天命(太陽神)を宇宙創造の中心とし人心をその分霊とみる神人合一の思想を説き、広い層に受け入れられた。彼の死後、吉田神社から宗忠大明神の号が授けられ、それから間もない文久二年(一八六二)に門人赤木忠春により創建されたのが当社である。数年後には孝明天皇の勅願所となり、従四位下の神階を授けられた。例祭は四月二十五日・十月十七日。なお、岡山市上中野にも宗忠神社がある。 (朧谷 寿)

むらおかつねつぐ 村岡典嗣 一八八四―一九四六 大正・昭和時代の史学者。明治十七年(一八八四)九月十八日、東京浅草生まれ。開成中学・早稲田大学・独逸新教神学校に学び、はやく佐佐木信綱門下の新進歌人、波多野精一門下の西洋哲学史家として令名を得ていた。明治四十四年、二十八歳で刊行した『本居宣長』は、その和洋の教養を凝集した理解と洞察に満ちた画期的名著で、独創的立場を築くとともに、大正文化史学の先駆を示し、また今日に至る日本思想史学の基礎を確立するものであった。宣長ないし国学の学問の本質を、ドイツの文献学(十九世紀、A・ベックにより大成されたフィロロギー)の「認識されたものの再認識」に斉しい科学的客観主義と見、それをさらに進めて日本思想史学として完成する道は、近代歴史学による史的文化学への発展にあるという。このような周匝綿密な方法論的用意は当時の日本の学界に例をみないもので、称賛の中に彼は東北帝国大学教授に推され「日本思想史講座」(国立大学では他に例がない)の開祖者となった(大正十一年(一九二二))。彼はその後漲りおこった国粋的、軍国的風潮に対して、厳密な学問の名において批判をやめず、みずから優れた業績を示し多くの門下を育成した。仙台での講義は二十四年間にわたり、ひろく方法論・通史・特殊問題(神道史・神儒仏耶交渉史・『源氏物語』『愚管抄』『神皇正統記』・国学・洋学など)に及び、それらは主として『日本思想史研究』正・続・第三・第四の四冊(岩波書店)、『村岡典嗣著作集・日本思想史研究』全五冊(創文社)に収められている。なお東大法学部・文学部、東京文理科大はじめ京大・九大などでの講義もしばしばで、強い刺戟を受けた多くの学者が生まれた。『日本思想史概説』(『村岡典嗣著作集・日本思想史研究』四)の末尾に詳細な年譜がある。昭和二十一年(一九四六)四月十三日、仙台で没。六十三歳。 (原田 隆吉)

むらかみしげよし 村上重良 一九二八―九一 昭和・平成時代の宗教学者。昭和三年(一九二八)十月十日、東京都に生まれる。二十七年、東京大学文学部宗教学宗教史学科卒業。慶応義塾大学講師などを務める。三十四年、「近代日本宗教史の研究」により日本宗教学会姉崎記念賞を受賞。天理教、金光教などの民衆宗教を主な研究テーマとしつつも、近代政教関係、宗教問題にも関心を寄せ、国家神道について近代日本における政治・教育・宗教を含めたイデオロギー体制と規定する学説は、戦後の国家神道研究、および政教関係に大きな影響力を持った。平成三年(一九九一)二月十一日死去、六十二歳。著書として『近代民衆宗教史の研究』『国家神道と民衆宗教』などがある。 (松本 久史)

むらさきののさいいん 紫野斎院 賀茂斎内親王が初斎院で三年の潔斎を終えた後、御禊参入して神事を奉仕する居所。斎院は山城国愛宕郡大野郷の紫野にあり、紫野の地名を冠した語の文献上の初見は、『文徳実録』仁寿二年(八五二)四月乙卯(十九日)条であるが、略称・別称で紫野院・紫野宮・紫野野宮・紫野・野宮・斎院・本院・有栖《ありす》川などともいう。この院の所在地に関して、角田《つのだ》文《ぶん》衛《えい》は、㈠斎院は大宮末路の西側に接して営まれ、一条大宮と雲林院の中間に所在した、㈡斎院の南に接して、「南大路」と呼ばれる大路が東西に通じていた、㈢斎院は南が正面である、㈣斎院は方五十丈の敷地を占めていた、

㈤斎院の西側を有栖川が流れていたとし、現在の京都市上京区社横町《やしろよこ》一帯の地に比定し、また建造物については、内院(東西四十丈・南北三十五丈)に神殿・寝殿・対屋・汗殿・客殿などがあり、外院には斎院司《さいいんし》その他の舎屋や鳥居などが配されていたと推定している。 →斎院

参考文献 『古事類苑』神祇部三、角田文衛『王朝文化の諸相』(『角田文衛著作集』四) (渡辺 直彦)

むらたはるみ 村田春海 一七四六―一八一一 江戸時代中期の国学者、歌人。江戸日本橋小舟町の干鰯問屋。通称平四郎のち治兵衛、字は士観《さちまろ》、号は織錦斎・琴後翁。延享三年(一七四六)村田春道の次男に生まる。兄春郷も歌人として著名。父春道・兄春郷とともに賀茂真淵に国学・歌文を学んだ。その入門は十一、二歳のころという。また儒学を、はじめ服部仲英、ついで鵜殿士寧(両名とも服部南郭の門人)に就いて学び、詩文をよくした。青壮年期の所伝はやや乏しいが、江戸屈指の豪商の家をついだ生活はきわめて派手なものらしく、遊名を漁長といい、大和屋文魚・大口屋暁雨(治兵衛)らとともにいわゆる十八大通の一人に数えられている。そのためや、また何度かの火事の罹災により家産を破り、浅草に籠居するに至った。天明八年(一七八八)三月、春海ははじめて本居宣長を訪ねている。春海は宣長の儒学排斥には反撥しており、折合は良くないが、その学問は尊敬していた。寛政元年(一七八九)ごろから春海は改めて国学・歌文に精励し、名声も高まる。国学者としては仮名遣いや五十音の研究に造詣深いが、特に歌人として著名となる。その歌風は師真淵の万葉調と異なり、同門の先輩加藤千蔭と結んで古今調の流麗な一派を立て、江戸派と称せられた。門人に清水浜臣・岸本由豆流・小山田与清らが出た。著書には『五十音弁誤』『仮字大意抄』『字説弁誤』『和学大概』『歌かたり』『織錦舎随筆』など多数あり。文化八年(一八一一)二月十三日六十六歳で没す。墓は春道・春郷ら一族とともに東京都江東区清澄三丁目の本誓寺にある。

参考文献 大川茂雄・南茂樹編『国学者伝記集成』一、内野吾郎『江戸派国学論考』、森銑三「村田春海」(『森銑三著作集』七所収)、同「村田春海遺事」(同所収) (沼田 哲)

むろうりゅうけつじんじゃ 室生竜穴神社 奈良県宇陀郡室生村鎮座。祭神は高龗神《たかおかみのかみ》。旧村社。延喜式内社。境内に竜穴と称する洞穴がある。弘仁九年(八一八)竜穴に遣使祈雨のことがあり、以後中央からの祈雨がたびたび行われている。神社は九世紀初めころ、室生寺と相前後して創立されたと推定される。『宀一《べんいち》山年分度者奏状』承平七年(九三七)の大和国解文案には、竜穴は室生寺の護法神で、旱天の時に祈雨を行うと記してあり、明治の神仏分離までは社寺一体の霊場として栄えた。貞観九年(八六七)に正五位下、応和元年(九六一)には正四位下の神階が授けられた。寛文十二年(一六七二)に本殿が再興され、元禄七年(一六九四)の補修により現在の結構となった。明治四十年(一九〇七)村内の春日・八坂・山神・水神の四社を合祀した。例祭は十月十四日・十五日。例祭の神幸は室生寺境内の天神社から発進し、神前で当渡しの儀が行われる。

参考文献 『奈良県宇陀郡史料』、『室生村史』、逵日出典『室生寺史の研究』、荒木良仙『室生の竜穴』、西田長男「室生寺の開基―東寺観智院本「宀一山年分度者奏状」―」(『神道及神道史』三・四) (西川 順士)

ムンチュウ 門中 沖縄における親族集団の名称で、イチムン(一門)ともいう。共通の始祖を中心に父系血縁関係で結びつく人々によって構成され、子どもは父親の門中の成員になる。門中が組織としてよく整備されているのは沖縄島中南部で、沖縄島南部には、門中成員が墓を共同で使用している例も多く見られる。門中の主な機能は墓や門中の本家で祀られる始祖や遠祖に対する祖先祭祀である。十七世紀の後半に王府に系図座という役所ができ、士族階層の間で家譜が編纂されることによって「士族門中」が成立したとされる。公文書である家譜の裏付けのある「士族門中」に対して、それを伴わない地方の門中を「百姓門中」として概念的に区別すると、「百姓門中」は「士族門中」をモデルとして、その多くは近代に入ってから形成されたものと考えられている。沖縄島周辺の離島や沖縄島北部からは、形成過程にある門中の実態が報告されており、また、宮古諸島など、門中という言葉およびそれに比肩できる親族集団が存在しない地域もある。

参考文献 小川徹『近世沖縄の民俗史』、比嘉政夫『沖縄の門中と村落祭祀』 (赤嶺 政信)

めいおうろくねんき　明応六年記　春日社権神主西(大中臣)師淳《もろあつ》(?—一五〇四)の明応六年(一四九七)の日記。一巻。正月から十二月まで、のべ九十六日の記事がある。同社の神事に関する記事が過半を占めるが、紀伊にあった畠山尚順(政長の子)が、同義豊(義就の子、初名基家)の拠る河内に侵攻し、これに連動して大和においても両派の衆徒国民間の戦闘が激化したことについても詳しい。神事については、同社権預北(中臣)祐辰の同年の日記『春日社司祐辰記』(『明応六年祐辰之日記』)が春日大社に現存し、併せ見るべきである。『続群書類従』神祇部所収。『春日権神主師淳記』などの名で内閣文庫ほかに写本が伝わり、いずれも明応八年記を伴う。京都大学架蔵本(勧修寺本)は、安永三年(一七七四)勧修寺経逸が同社神主中時廉から借用した師淳自筆本を書写したものである。なお、同時代の興福寺学侶である妙音院朝乗の日記によれば、師淳は「数年旧宅俗塵の交はりを捨て、朝暮社内清浄の地に居住し、日夜の神拝・不断の法楽」を欠かさない人物であったという(『文亀年中記写』永正元年(一五〇四)卯月条)。　(末柄　豊)

めいじこっかさいし　明治国家祭祀　明治時代に成立した、皇室祭祀を中心とし、神社祭祀とも結びついて広く国民の参与した祭祀の体系。律令国家祭祀を継承・復興したものと、明治以降創立された祭祀に区分され、また恒例・臨時の区別がある。恒例祭祀は、多くは明治初期に制度として定められ、宮中三殿・神嘉殿および陵墓を主たる斎場とした。これらの個別に制定された諸祭祀は、明治四十一年(一九〇八)九月の皇室祭祀令によってまとめられ、天皇みずからが皇族および官僚を率いて祭典を執行する大祭、天皇が拝礼し掌典長が祭典を執行する小祭に区別される。元始祭(一月三日)、紀元節祭(二月十一日)、春季皇霊祭・春季神殿祭(春分の日)、神武天皇祭(四月三日)、秋季皇霊祭・秋季神殿祭(秋分の日)、神嘗祭(十月十七日)、新嘗祭(十一月二十三日)、先帝祭、先帝以前三代の式年祭、先后の式年祭、皇妣たる皇后の式年祭が大祭、歳旦祭(一月一日)、祈年祭(二月十七日)、明治節祭(十一月三日、昭和二年(一九二七)制定)、賢所御神楽(十二月中旬)、天長節祭、先帝以前三代の例祭、先后の例祭、皇妣たる皇后の例祭、綏靖天皇以下先帝以前四代の歴代天皇の式年祭が小祭とされた。これらは祝祭日とも密接に関連し、明治六年十月の太政官布告によって制定された祝祭日のうち、特に祝日である新年・紀元節・天長節は三大節(のちに明治節が加わり四大節となる)と称され、官公庁や学校において式典が催されるなど、国民に浸透していった。これら皇室祭祀と神社祭祀との対応関係は、明治四年五月に官国幣社の社格が制定されるとともに、祈年祭・新嘗祭にあたって官祭としての奉幣があり、七年九月からは官国幣社における元始祭・紀元節・神武天皇遙拝式・孝明天皇遙拝式の執行に祭典費の国庫支出があり、八年四月制定の官国幣社神社祭式では神嘗祭遙拝が「官国幣社通式」として加えられ、同年八月には府県社以下も官国幣社祭式に準拠せしめるとし、皇室祭祀と神社祭祀との対応関係が次第に形成されていった。明治二十七年に内務省訓令によって、神宮および官国幣社の祭祀は大祭・公祭に区分され、祈年祭・新嘗祭(神宮では神嘗祭も加わる)は大祭、元始祭・紀元節は公祭と位置づけられた(大正三年(一九一四)一月の官国幣社以下神社祭祀令では歳旦祭・天長節祭・明治節祭が新たに中祭として加わった)。臨時祭祀としては践祚・大嘗祭および即位礼に関して四十二年二月の登極令によって規定され、大正天皇の大嘗祭がそれに則り京都で挙行された。喪葬儀礼に関しては皇室喪儀令が定められたのは大正十五年であるが、孝明天皇以降の神道式の皇室葬儀が集成された形で制定されたものである。これら臨時の儀式に関しても国民がさまざまな場面で参加する性格を有し、国民統合に寄与するところは大きかった。明治国家祭祀の意義としては、天皇親祭・祭政一致という明治維新の方針が皇室祭祀を中心として神社祭祀と結びつき、さらに祝祭日の設定、学校官公庁の行事などを通じて、広く国民生活に定着していったことにあり、天皇を中心とした国家形成の根幹に深く関わっていったといえるだろう。また、信仰の側面からは、「神武創業」「敬神崇祖」の実を天皇が率先して行うということに大きな特色があり、近代以前の仏教を中心に行われた祖先祭祀秩序から、神道式への転換という意義も見られ、民俗的信仰に対しては、春秋の彼岸の先祖祭祀を取り入れているが、一方では従来の五節句を廃し、三大節を中心とする祝日を設定するなど、年中行事の体系の変容が生じたという側面もある。宮中祭祀は昭和二十二年の皇室祭祀令などの廃止によって、多くが皇室の私的な内廷行事として行われるようになり、昭和天皇の大嘗祭をめぐってはその性格に関する議論を生じた。また、祝祭日に関しても、第二次世界大戦後は国民の祝日として名称を変えて残ったものもあるが、祭日という規定は消滅した。→宮中祭祀《きゅうちゅうさいし》

[参考文献]　神道文化会編『明治維新神道百年史』一　(松本　久史)

めいじじんぐう　明治神宮　東京都渋谷区代々木神園町に鎮座。明治天皇・昭憲皇太后を祀る。旧官幣大社。明治四十五年(一九一二)七月三十日明治天皇が崩御すると、国民の間から聖徳を偲び、遺徳を景仰する気運が高まり、明治天皇を祭る神社の建設の儀が盛り上がった。貴族院はその請願を採択、衆議院も議決し、大正二年(一九一三)

十一月青山練兵場が社地に選ばれ、同十二月神社奉祀調査会が発足した。ついで翌三年四月十一日明治天皇の皇后(昭憲皇太后)が崩御し、同じく国民の間から社会福祉や女子の教育などに尽力した国母を追慕し敬仰する気運が興った。同年八月、その気運に応えようと同神社へ昭憲皇太后を合祀することが決定し、翌四年四月伏見宮貞愛親王を総裁とする明治神宮造営局が設立され、明治天皇・昭憲皇太后と縁由の深い元の南豊島世伝御料地(代々木御料地とも)が新たに社地に選定され、同四年十月七日に着工、同八年七月十二日竣工、上棟祭が行われた。翌九年境内は、全国の青年などの勤労奉仕によって整備され、十万本余りの献木などが国民から寄せられた。十一月一日鎮座祭が執行され、三日に例祭が執り行われた。当社に対する皇室の崇敬は厚く、勅祭社の一つに加えられた。また例祭には勅使が派遣されて奉幣を行うことが例となり、参拝者も年々増加していったが、昭和二十年(一九四五)四月戦災にかかり本殿および拝殿などを炎上した。しばらく仮宮殿であったが、同二十八年七月明治神宮復興奉賛会が結成され、全国各地をはじめ海外からも浄財を得て、同三十三年社殿が再建され、同年十月三十一日本殿遷座祭遷御の儀が執り行われた。さらに同三十五年社務所・参集殿など各施設が復興し、その後も奉賽殿・神宮会館・禊場・武道場などが建造された。また同三十七年七月には明治天皇五十年祭が執り行われた。境内地は内苑と外苑から成り、内苑には本殿(流造)を中心に祝詞殿・内拝殿・外拝殿・祭器庫・神庫・神饌所などの殿舎が配置され、外苑には明治神宮聖徳記念絵画館をはじめ、結婚式場の明治記念館(憲法記念館)や運動施設(野球場・水泳場・テニス場など)がある。例祭は十一月三日(旧称、明治節、すなわち明治天皇の誕生日)。そのほか四月十一日に昭憲皇太后祭、七月三十日に明治天皇祭、十一月一日に鎮座記念祭が行われる。なお、境内の北方にある宝物殿には祭神に関係深い御物が陳列してある。

大正9年竣工当時の明治神宮南神門

大正9年竣工当時の明治神宮本殿

参考文献 溝口白羊『明治神宮紀』、明治神宮社務所編『明治神宮略記』、内務省神社局編『明治神宮造営誌』、明治神宮・明治神宮崇敬会編『明治維新百年―明治神宮の記録―』、明治神宮五十年誌編纂委員会編『明治神宮五十年誌』 (三橋 健)

めいじじんじゃしりょう 明治神社誌料 書名。正式には『府県郷社明治神社誌料』という。井上頼圀《いのうえよりくに》・本居豊穎《もとおりとよかい》・物集高見《もずめたかみ》の監修により、明治四十五年(一九一二)一月明治神社誌料編纂所編刊。全国の府県社五百八十余社、郷社三千四百五十余社に関する諸項目を、明治十二年六月内務省乙第三十一号達に基づいて調製された明細帳控により上・中・下三巻に記載する。府県郡の配列は、廃藩置県後に制定された順序による。上巻は北海道の部をはじめ三府十三県について、中巻は山梨県の部をはじめ十五県について、下巻は岡山県の部をはじめ十四県についてまとめている。各府県の冒頭でまずその府県の歴史地理を概説し、ついで神社ごとに所在地・神社名・社格・祭神名を記し、その由緒などを詳述し、さらに境内神社名を付記し、例祭日・神饌幣帛料供進指定年月日・会計法適用指定年月日・氏子戸数崇敬者員数など諸項目を記載する。当時の府県郷社の状況を把握する上で、数少ない貴重な資料となっている。 (大井 鋼悦)

めいじせつ 明治節 昭和二年(一九二七)に制定された祝日。近代日本の指導者であった明治天皇をたたえるということで、その誕生日(明治時代の天長節)の十一月三日をあてたが、これは大正天皇の死去により明治天皇祭(先帝祭)がなくなったことによる措置である。そして宮中では、三殿での明治節祭の儀、宮殿での明治節の儀が行われた。明治・大正時代には、四方拝(元日)・紀元節(二月十一日)・天長節が「三大節」であったが、明治節を加えて「四大節」となり、この日は学校や軍隊では式典が行われた。第二次世界大戦後は、吉田内閣が昭和二十一年の明治節に日本国憲法を公布している。同二十三年、「国民の祝日に関する法律」の制定で、明治節はなくなったが、この日は新たに「文化の日」となった。なお十一月三日というのは、明治天皇が誕生した嘉永五年（一八五二）の九月二十二日を太陽暦になおしたものである。→祝祭日《しゅくさいじつ》 →天長節《てんちょうせつ》 （佐藤 伸雄）

めいじてんのう 明治天皇 一八五二―一九一二 一八六七―一九一二在位。嘉永五年（一八五二）九月二十二日、孝明天皇の第二皇子として京都石薬師門内の権大納言中山忠能の邸に生まれる。生母は忠能の娘典侍中山慶子。幼称は祐宮《さちのみや》。幼少時は中山邸で起居したが、安政三年（一八五六）九月から内裏に移った。万延元年（一八六〇）七月十日儲君となり准后（のちの英勝皇太后）の実子とされ、九月二十八日親王宣下、睦仁《むつひと》の名を賜わった。慶応二年（一八六六）十二月二十五日孝明天皇が急死し、翌三年正月九日十六歳の睦仁親王が践祚して天皇となった。同年十月十四日薩長両藩に討幕の密勅が下されたが、同日十五代将軍徳川慶喜から大政奉還が上表され、翌日勅許された。慶応三年十二月九日には天皇が御学問所で親王・諸臣を引見し、勅諭を下して王政復古の大号令を発した。それにより摂政・関白・将軍などは廃止され、天皇のもとに総裁・議定・参与からなる新政府が成立した。そして同年十二月九日夜―十日早朝、天皇親臨のもとに小御所会議が開かれ、徳川慶喜に対する辞官・納地要求を決定した。慶応四年正月三日旧幕府勢力と新政府との間に鳥羽・伏見の戦がおこり（戊辰戦争の発端）、これに勝利をおさめた新政府は、同年正月十五日列国公使に王政復古と開国和親の方針を通達した。この日、御所では天皇の元服の式典が開かれた。同年三月十四日、天皇は、宮中の紫宸殿において、公卿・諸侯・百官有司を従え、天神地祇をまつり、「広ク会議ヲ興シ万機公論ニ決スヘシ」など、五箇条の誓文を宣言した。前年以来のびのびとなっていた即位の礼は、戊辰戦争における新政府の勝利が決定的となった慶応四年八月二十七日、紫宸殿において行われた。同年九月八日、改元が実施され年号は明治と定められ、一世一元の制が採用された。ついで天皇は京都から東京（同年七月江戸を改名）に移り、十月十三日江戸城（東京城と改称、のち皇城、ついで宮城）に入り、ここを皇居とした。同年十二月いったん京都に帰り、十二月二十八日女御一条美子が入内して皇后に冊立された（のちの昭憲皇太后）。明治二年（一八六九）三月再び東幸、政府諸機関をも東京に移した。同年六月全国を王土王民とする観念から版籍奉還が実現し、同四年七月には廃藩置県の詔が発せられた。このように明治維新（当時の表現では御一新）以来、「天皇親政」「万機親裁」の理念が大いに喧伝され、天皇を中心とする中央集権体制の確立が進められたが、それとともに宮中改革も実施され、天皇が政務をとるための表御座所の設置などにより、それまで公家と女官に取り囲まれていた天皇の生活環境は大きく変化した。学問所では元田永孚・加藤弘之らが侍講として漢学・洋学を講じ、また山岡鉄太郎（鉄舟）・村田新八らが侍従として剣道・乗馬など武術の訓練にあたり、いささかひ弱く女性的だった少年天皇は次第に文武両道に長じた勇武の青年君主に成長していった。また明治初年以来、全国各地に行幸して国内民衆に対して新しい日本の君主としての存在を印象づけた。外国の使臣や賓客ともしばしば会見したが、特に明治十二年来日した前アメリカ大統領グラントとの会談で、近代国家建設途上の日本に対するさまざまな助言・忠告を受けたことが、天皇にとって国際的視野の拡大の良い機会になったといわれる。立憲政治の実現については、明治八年四月に立憲政体漸次樹立の詔を発してその方向を明らかにし、同十四年十月十二日には明治二十三年を期して国会を開設するという勅諭を発布した。また十五年一月四日にはいわゆる軍人勅諭を下して、天皇が大元帥として軍隊の統率にあたるという理念を示した。ヨーロッパでの憲法調査を終えて帰国した伊藤博文は、明治十七年三月参議のまま宮内卿（のち宮内大臣）を兼任し、宮中の制度・慣習の近代的改革や女官の風俗の洋装化を進めるとともに、熱心に天皇に対する政治教育にあたった。憲法制定を前にして、天皇自身がヨーロッパ的立憲君主たるにふさわしい政治的素養を身につけるように厳しく訓練したのである。天皇はもともと武術や学問ほどには政務への関心を示さず、不例や悪天候を理由に公式行事にも欠席することが多く、国務をとる時間も短かったといわれるが、これに強い不満を抱いた伊藤は、明治十九年九月、「機務六箇条」を制定し、国務大臣が主管事務について拝謁を求めた時は、たとえ御内儀（私室）にてもこれに応ずること、重要国務の審議にあたっては、政府の要請により内閣に臨御することなどを定めた。このような帝王教育の過程で、伊藤らと、天皇自身、あるいは天皇側近の保守派との間には、時として、対立・軋轢を生ずることもあったが、その結果、天皇も次第に政務に熱意を示すようになり、第一次伊藤・黒田・第一次山県などの諸内閣ではしばしば内閣に臨御した。また、明治二十一年五月―二十二年二月の枢密院における憲法・皇室典範および憲法付属諸法令の草案審議では、合計百回近い会議にほとんど毎回出席して、顧問官や閣僚たちの論議を黙聴し、会議が終ってからも、しばしば伊藤らを呼んで説明を求めるという精励ぶりであったという。明治二十二年二月十一日、大日本帝国憲法（いわゆる明治憲法）が欽定憲法として発布された。この憲法においては、天皇は統治権の総攬者と位置づけられ、法律の裁可・公布・執行、帝国議会の召集・停会・衆議院の解散、緊急勅令・命令の発布、文武官の任免、陸海軍の統帥・編制と常備兵額の決定、宣戦・講和・条約の締結、戒厳の宣告、大赦・特赦・減刑など広汎な大権をもつものとされた。しかし同時にそれは、憲法の条規に従って、国務大臣の輔弼と議会の協賛のもとに行使されるという立憲君主制としての原則も明文化された。また、ヨーロッパの立憲君主国の憲法におおむね明記されているように、「君主無答責」の理念にもとづく天皇の「神聖不可侵」規定も取り入れられた。明治憲法のもとで、天皇がみずからの意志と判断で大権を積極的に行使し、政治的リーダーシップを取ることは行われず、あくまで国家諸機関や元老などの「輔弼と協賛」(助言と同意)により、大権を行使するという憲法運用上の慣行が次第に成立していった。明治二十四、五年ごろから、特に第二次伊藤内閣以降は、天皇の内閣への親臨はほとんどなくなり、特に重要国務の諮問を除いては、枢密院の会議に出席することも少なくなった。閣僚人事などについては、森有礼や陸奥宗光の入閣の場合のように政府首脳と意見を異にし、難色を示すことも時としてみられたが、天皇が輔弼の人々の意に逆ってあえてみずからの意思を押し通すことはほとんどなかった。明治二十七年八月、清国に対する宣戦布告に際しては、閣僚らの意見でやむなく宣戦したが本意でないとして、伊勢神宮・孝明天皇陵への奉告の勅使派遣を一時拒否し、また、宮中三殿での奉告祭にも出席しないという出来事もあったが、日清戦争中は、広島に大本営を設置し、二十七年九月—二十八年四月ここに起居して、政務・軍務をとっている。明治三十七—三十八年の日露戦争の勝利により、日本の国際社会における影響力は増大し、世界の列強に伍することとなった。近代国家形成に果たした天皇個人の役割を正確に判定することは至難である。天皇が単なる政府首脳の操り人形でなかったことは間違いないが、ヨーロッパ流の絶対君主でなかったことも明白である。帝王教育を通じ期待に応えて国事に深く通暁した立憲君主に成長したことはいうまでもないが、「裁可者」として以上に、みずから積極的に政治指導にあたったとはいえないであろう。しかし、日本の急速な近代化を反映して、国民にとって天皇は「明治日本の栄光」を一身に具現する聖天子とイメージづけられ、政府の政策と相まって、天皇が半ば神格化されたカリスマ的存在となったことは否定できない。日露戦争後、長年の激務の影響か、天皇は糖尿病と慢性腎炎を併発し、その健康は徐々にむしばまれた。四十五年七月十五日枢密院会議に出席したが、会議中坐睡するなど、健康の不調なことが明らかであった。七月十九日、四〇度五分の高熱を発し、昏睡状態となり、尿毒症と診断された。いったんは小康を保つかにみえたが、七月二十九日には危篤状態となり、同夜半死去した。六十一歳。天皇の正確な死去の日時は判然としない。宮内省の公式発表では七月三十日午前零時四十三分とされているが、当時、宮中に詰めていた内務大臣原敬は七月二十九日の日記の中で、「午後十時四十分天皇陛下崩御あらせらる」と記し、また、同じく海軍次官財部《たからべ》彪は「実際ノ崩御ハ十時四十三分」と同日の日記に記している。いずれにしても、天皇の死去が宮内省の公式発表とは異なり、実際には七月二十九日の夜半であることは確かのようである。ほぼ二時間その時間を遅らせ七月三十日としたのは、践祚・朝見・改元などの儀式の時間的余裕がなかったためとみられる(『原敬日記』『財部彪日記』による)。七月三十日大正と改元され、大正元年(一九一二)八月二十七日、明治天皇と諡《おくりな》された。大葬は青山練兵場内葬場殿で同年九月十三日行われ、遺体は列車で京都に運ばれ、九月十五日伏見桃山陵に葬られた。

参考文献　宮内省編『明治天皇紀』、飛鳥井雅道『明治大帝』(『ちくまライブラリー』二〇)、鳥海靖『「明治」をつくった男たち』、木村毅『明治天皇』(『日本歴史新書』)、鶴見俊輔編『天皇』(『(週刊)朝日百科日本の歴史』一〇九)、ドナルド＝キーン『明治天皇』(角地幸男訳)

(鳥海　靖)

めいじょうせいちょく　明浄正直　神々に奉仕するに際し、理想とされる心身の有様を示したもの。元来は、古代において天皇に奉仕する役人の勤務心得であった。『続日本紀』文武天皇元年(六九七)八月庚辰(十七日)条の文武天皇即位宣命に「明《あか》き浄《きよ》き直《なほ》き誠《まこと》の心以《こころもち》て、御称《いやすす》み緩怠《たゆみおこた》る事無《ことな》く、務結《つとめしま》りて仕奉《つかえまつ》れ」、慶雲四年(七〇七)七月壬子(十七日)条の元明天皇即位宣命に「親王《みこたち》を始めて、王・臣・百官人《もものつかさひと》等の、浄き明き心を以ちて弥務《いやつと》めに弥結《いやしま》りに、阿奈奈《あなな》ひ奉り輔佐《たす》け奉らむ事に依りて」(原漢字)などとあり、幾通りもの表現の違いはあるが明浄正直の字を当て、天皇の政治《まつりごと》を輔翼《ほよく》する心構えとされた。こうしたところから、古くより神職の神々奉仕の心構えとしても大切にされてきた。神社本庁の敬神生活の綱領(昭和三十一年(一九五六))には「神の恵みと祖先の恩に感謝し、明き浄きまことを以て祭祀にいそしむこと」としている。また、神社本庁の神職資格である階位の名称は、浄階・明階・正階・権正階・直階となっている。

(茂木　貞純)

メイソン　Joseph Warren Teets Mason　一八七九—一九四一　昭和時代前期の在日アメリカ人ジャーナリスト。一八七九年一月三日米国ニューヨーク州ニューバーグ生まれ。昭和七年(一九三二)はじめて来日した。メイソンは神道に好意的な数少ない外国人の一人で、多くの神道関係の論文を執筆した。代表的な論文として「日本文化に及ぼせる神道の影響」(英文、『明治聖徳記念学会紀要』三八(昭和七年))がある。日本の近代化が成功した理由はほかでもない神道にあると論じ、神道に三つの特徴を見い出した。(一)神道は万能の神の存在を信じないため、人間の自由を保証する、(二)神道は人間が神から生まれ、神＝霊が常に人間に存在すると唱えるため、人類の常なる進歩を可能にする、(三)神道は西洋の哲学と違い個人の現実性を否定しないため、個人の努力、個人の協力を奨励する、と。神道のこれらの特徴は全人類の啓蒙の鍵でもあると結論付ける。昭和十六年五月十三日没。六十二歳。遺言により遺骨は東京多磨墓地に葬る。井上哲次郎が碑文を書いた。主な著作として「神道の要諦」(『国学院雑誌』

三八ノ八)、「神道の想像的精神」(『皇学』一ノ二)、「神道における神話の根本義」(同一ノ四)、「古神道とムスビの精神」(『学苑』三ノ二)、「わが神道観」(『理想』六四)、「神道より観たる子供問題」(『神祇』一六六・一六七)、「日本神道論」(『大道』一ノ九)。 (ジョン＝ブリーン)

めいとくにねんむろまちどのかすがもうでき　明徳二年室町殿春日詣記　明徳二年(一三九一)、将軍足利義満の春日社参詣の際の記録。一巻。記主は不明。同年九月十五日、義満は春日社若宮祭見物のため、多数の公卿・殿上人を従えて奈良に下向した。以後、十六日春日社・東大寺八幡宮参詣、十七日若宮祭見物、十八日田楽猿楽賞翫、十九日東大寺・興福寺巡礼、二十日帰洛に至る。本書は、一行の動静については、簡略な記事しか載せていないが、各日における義満および公卿・殿上人・諸大夫各人の装束について、きわめて詳細な記述を行なっており、装束に関する有職書とみるべきものである。殿上人のうちに衣紋を家業とする高倉永行や山科教興の名がみえるので、記主はそのいずれかに求めるべきかも知れない。『続群書類従』神祇部所収。古写本に、宮内庁書陵部所蔵(西園寺家旧蔵)『管見記』一〇五「室町殿春日参詣記」がある。

参考文献　『群書解題』一中 (末柄　豊)

めかりじんじゃ　和布刈神社　福岡県北九州市門司区門司に鎮座。古くは速戸社・隼人明神・早鞆《はやとも》様ともいう。旧県社。祭神は比売大神・鵜草葺不合命《うがやふきあえずのみこと》・日子穂々出見命《ひこほほでみのみこと》・豊玉比売命《とよたまひめのみこと》・安曇磯良命《あずみいそらのみこと》。祭神も時代により変化がある。由緒は、社伝によると神功皇后の渡海前または凱旋のときに斎祀、あるいは仲哀天皇のときの創建という。皇后と磯良の故事による干珠・満珠の珠は本社北方奥津島(干珠島)・津島(満珠島)に納めるといわれ、十二月晦日の夜、海中に和布《わかめ》を刈り、元日の神供とした。社殿などは建武三年(一三三六)足利尊氏、応永年間(一三九四―一四二八)大内義弘、文亀年間(一五〇一―〇四)同義隆、天正年間(一五七三―九二)仁保常陸介(隆慰か)、寛永五年(一六二八)細川忠興、明和四年(一七六七)小笠原忠総が造営。明治六年(一八七三)奥社を造営。例祭は五月十三―十五日。年中行事は十二月除夜に行う和布刈神事(福岡県無形文化財)があり、神宝に干珠・満珠の玉、和布刈鎌、古文書がある。

和布刈神社

参考文献　『神道大系』四四、吉永禺山編『和布刈神社志』(『門司郷土叢書』神社編) (中野　幡能)

めかりのしんじ　和布刈神事　福岡県北九州市門司区の和布刈神社に伝わる神事。旧暦大晦日深夜干潮時、神職が松明・忌鎌・忌桶をもち早鞆瀬の宮前の海底に降り、若芽の和布を刈り取り、五柱神に供えまつる古式の祭で、新年を迎える予祝神事。この神事については『李部王記』に和銅三年(七一〇)に行うとあり、『諸国里人談』には、社人が宝剣を胸にあて海に下り、民家・舟は火を消し、一鎌だけ刈るとある。『和布刈神社神事』などに詳しい祭式がみえる。県指定無形文化財。

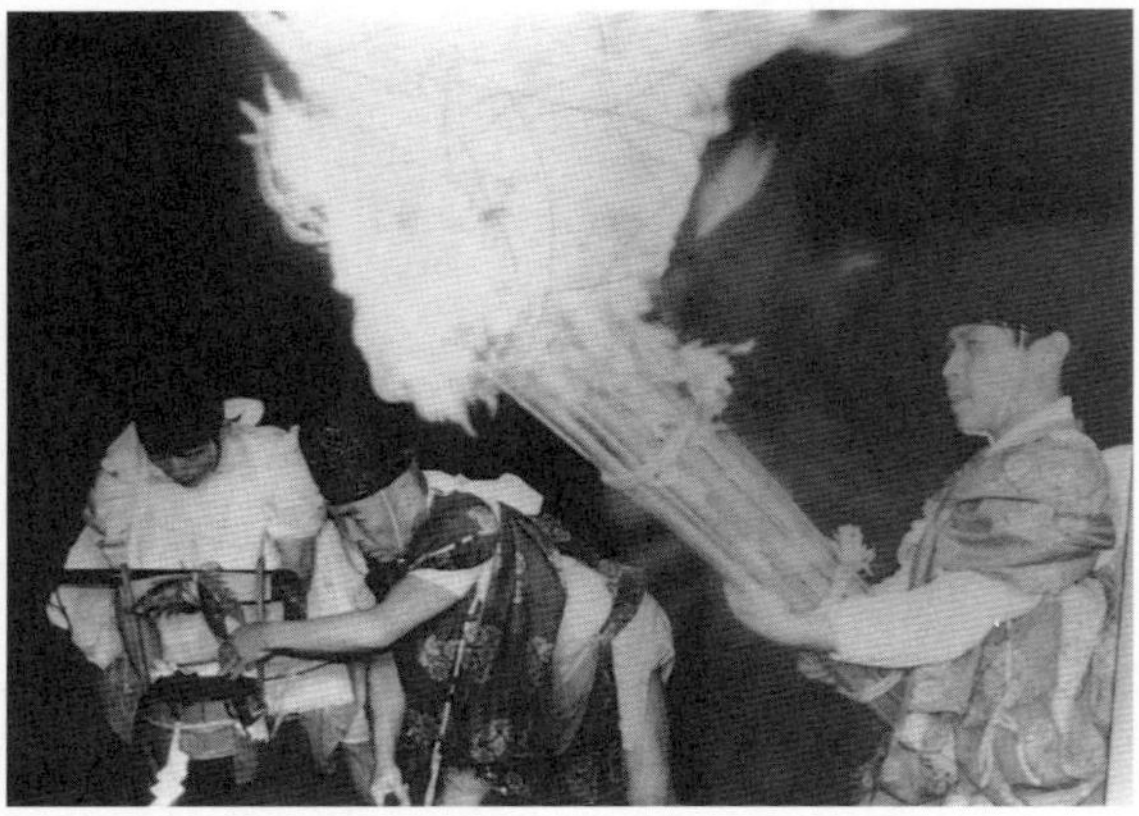

和布刈神事

参考文献　吉永禺山編『和布刈神社志』(『門司郷土叢書』神社編)、同『和布刈神事の話』(同雑誌編)、福岡県教育委員会編『福岡県の文化財』 (中野　幡能)

も

もうりょう　猛霊　⇩厳神《こんじん》・猛霊《もうりょう》

もがり　殯　人間の死後、埋葬するまでの間、遺骸を棺に納めて特別に設けられた建物に安置しておく葬喪儀礼の一つ。「あがり」とも読み、また荒城《あらき》ともいう。そのための建物を喪屋《もや》といい、特に天皇・皇族の喪屋を殯宮《もがりのみや》(あがりのみや・あらきのみやとも)という。天皇の場合、宮の南庭に設けられた例(推古・孝徳・天武)が比較的多く、持統の場合は藤原宮内裏の西殿がそれにあてられている。『魏志』倭人伝には、死後埋葬までの十日余り遺族は食肉せず、他人はその家で歌舞飲酒するとあり、のちの殯に共通する面をもった葬喪儀礼が早くから行われていたらしいが、六世紀ころ以降、中国の殯《ひん》の影響を受けて儀礼化が進んだ。天皇の殯宮儀礼の場合、殯宮内には皇后・皇太后・皇女など肉親の女性が籠り、土師氏の管掌のもとに遊部が奉仕して儀礼が行われたが、一方殯庭においては誄《しのびごと》の奏上や和風諡号《しごう》の献呈など、中国の影響に基づく儀礼が行われた。また殯宮儀礼の期間も長期化し、天皇や王族の場合は一年以上に及ぶことがまれではなく、敏達・斉明のように五年を超えることさえある。しかし殯宮儀礼が行われたことを明確に示す記録があるのは文武までで、以後は埋葬までの期間も大幅に短縮されており、これには仏教に基づく葬礼や火葬の採用が大きく影響していると見られる。

参考文献　『古事類苑』礼式部二、山折哲雄『死の民俗学』、和歌森太郎「大化前代の喪葬制について」(古代史談話会編『古墳とその時代』二所収)、和田萃「殯の基礎的考察」(『日本古代の儀礼と祭祀・信仰』上所収)

(吉岡　真之)

もずめたかみ　物集高見　一八四七―一九二八　明治・大正時代の国語学者。号は鶯谷・董園。弘化四年(一八四七)五月二十八日豊後国速見郡杵築城下(大分県杵築市)で生まれる。父は豊後国杵築藩士、国学者の物集高世。母たか。幼少から漢学・国学に親しみ、長崎に遊学を経て、慶応二年(一八六六)、京都の国学者玉松操に入門。明治二年(一八六九)東京に移り、翌三年、国学者平田銕胤に学ぶ。『門人誓詞帳』四〇五六番。神祇官・教部省・文部省を経て明治十六年三月二十六日東京大学文学部准講師、十九年三月六日帝国大学文科大学教授。三十二年三月二十七日文学博士、同四月八日辞職。この間、旧来の国学と近代的な国語学の架橋的地位を占める。退官後は、『群書索引』、『広文庫』(大正五年(一九一六)刊)の編纂につとめる。その処世は、伊藤博文など貴顕に頼ったので、学界の批判を招いた。昭和三年(一九二八)六月二十三日没。八十二歳。墓は、大分県杵築市の養徳寺。著書、『ことばのはやし』『日本文明史略』『日本の人』など。『物集高見全集』全五巻がある。

参考文献　日本文学資料研究会編『国学者伝記集成』続編、三上参次『明治時代の歴史学界』、稲村真里「物集高見先生」(『国学院雑誌』四六ノ一二)、藤井貞文「宣教使に於ける教義確立の問題」(『神道学』五一)

(秋元　信英)

もずめたかよ　物集高世　一八一七―八三　幕末維新期の国学者。通称は丈右衛門。雅号は葎屋《むぐらのや》。文化十四年(一八一七)二月一日、豊後国速見郡杵築城下(大分県杵築市、藩主松平親良、三万二千石)に生まれる。父は、商人の、金屋物集善右衛門。幼少から学問にすぐれ、藩儒元田竹渓(百平)に儒学を、定村直好(渡辺重名の門人)に国学を学び、明治三年(一八七〇)、平田銕胤に入門。『門人誓詞帳』三七四八番。明治元年、豊前国宇佐学館に招かれ、神典を講じ、ついで杵築藩の神官教授方ならびに藩校学習館国学教授。士族に列す。同二年、神祇官宣教使。同三年、宣教権少博士。子の高見は同史生。父子ともに大教宣布のために神典の研究、教本の著述に従う。国語の研究にすぐれ、格助詞「に」と係助詞「も」の接続など、格助詞の考証に新境地を開く。同十六年一月二日、六十七歳で没した。墓は、大分県杵築市の養徳寺。著書は、『神道本論』『説教話柄』『辞格考』『本言考』『葎屋文集』など。

参考文献　大分県教育会編『増補改訂大分県偉人伝』、杵築町教育会編『杵築郷土史』、大川茂雄・南茂樹編『国学者伝記集成』二

(秋元　信英)

もといせ　元伊勢　伊勢神宮内宮の祭神天照大神が垂仁天皇の代に大和国から巡幸し、伊勢の地に祀られるまでの間に、一時鎮座したという伝承のある土地や神社があり、それらの地を元伊勢と呼ぶ場合がある。天照大神の巡幸の地域については、『日本書紀』『大神宮諸雑事記』、なかでも『倭姫命世記』などの伊勢神道書に詳しい。それらによればおよそ大和から伊賀―近江―美濃―尾張―伊勢国への巡幸ルートとされ、その地域には多くの元伊勢伝承をもつ神社・史跡が残されている。これらの土地の中には平安時代以降、伊勢神宮の神戸・御園・御厨となった地もあり、そこに神明社が祀られることによって、巡幸伝承との融合が行われたとする説もあるが、古くからの伝承を残している場合も多いと思われる。外宮の祭神豊受大神についても、雄略天皇の代に丹波国から伊勢へ勧請されたとの伝承があり、同様の元伊勢伝承を各地に生んでいる。京都府宮津市鎮座の籠神社《このじんじゃ》や、同加佐郡大江町鎮座の皇大神社・豊受大神社などが知られている。

(八幡　崇経)

もとおりおおひら　本居大平　一七五六―一八三三　江戸時代後期の国学者。本居宣長の養子。旧姓は稲掛《いながけ》氏。

藤垣内《ふじのかきつ》翁と称せられた。宝暦六年(一七五六)二月十七日、伊勢国飯高郡松坂(三重県松阪市)に商家の子として生まれる。父の稲掛棟隆は宣長の門人であった。十三歳で宣長に入門。四十四歳の寛政十一年(一七九九)、宣長の養子となる。宣長は和歌山藩に召し抱えられていたが、宣長の没後、宣長の長男春庭が失明していたため、大平が代わって本居家の家督を相続することになり、四十七歳の享和二年(一八〇二)、跡目を仰せ付けられて和歌山藩に出仕した。文化六年(一八〇九)和歌山に移住。以後、本居家は、松坂に残った春庭の流れと、和歌山の大平の流れとに分かれた。人柄は温厚篤実で藩公の信任が厚く、古典を進講するほかに、『紀伊続風土記』の編纂にもあたった。また家学である宣長学の継承、本居学派の統率にも力を尽くして、千人を越える門人を育成した。ただ、学問的には宣長の説の祖述に終始し、見るべきものはほとんどない。天保四年(一八三三)九月十一日、和歌山に没する。七十八歳。法名は和心院意富必楽居士、国足八十言霊大人と諡号する。墓所は和歌山市男野芝丁の吹上寺。家は養子の内遠《うちとお》が継いだ。著書に、注釈書『神楽歌新釈』、古道論『古学要』、歌集『稲葉集』などがある『本居大平全集』(『(増補)本居全集』一一)がある。なお、東京大学文学部国文学研究室に蔵される本居文庫は、大平の蔵書を主とする和歌山本居家の旧蔵書で、大平の著書や手沢本のほか、宣長関係の資料をも含む。『東京大学国文学研究室所蔵本居文庫目録』が刊行されている。

参考文献 『(増補)本居全集』首巻　(日野　龍夫)

もとおりじんじゃ　本居神社　三重県松阪市殿町に鎮座。主祭神は本居宣長《のりなが》、相殿神として平田篤胤《あつたね》を祀る。旧社格は県社。明治八年(一八七五)三重県飯高郡山室村(松阪市)の本居宣長の墓域に接して祠を建てて山室山神社と称した。明治二十二年、神社を松阪町殿町に移し、大正四年(一九一五)に現社地に移築した。昭和六年(一九三一)本居神社と改称。例祭は四月八日。(西川　順士)

もとおりとよかい　本居豊穎　一八三四—一九一三　幕末・明治時代の国学者。天保五年(一八三四)四月二十八日、紀伊国和歌山に生まれる。父は本居内遠《うちとお》。二十二歳の安政二年(一八五五)、父のあとを継いで、和歌山藩江戸藩邸内の国学所の教官となり、同六年には国元和歌山の国学所の教官となる。明治維新後は、まず神官として活動し、四十歳の明治六年(一八七三)、東京の神田神社の祠官に任ぜられ、同二十七年まで在任、この間、神道界に重きをなした。一方で、明治十五年の東京大学文学部古典講習科の開設に際して、講師を委嘱された。同二十九年には東宮侍講に任ぜられ、皇太子(大正天皇)の教育にあたった。大正二年(一九一三)二月十五日没。八十歳。墓所は東京都台東区の谷中墓地。著書に『古今和歌集講義』『日本書紀講義』などがあるが、豊穎の業績として最大のものは、明治三十三年の本居宣長百年忌を機に、宣長のほかに本居春庭・大平・内遠の著述をも含む『本居全集』を校訂出版し、国学史研究の基礎を築いたことである。

参考文献 鈴木淳「本居豊穎伝」(国学院大学日本文化研究所編『(維新前後に於ける)国学の諸問題—創立百周年記念論文集—』所収)　(日野　龍夫)

もとおりのりなが　本居宣長　一七三〇—一八〇一　江戸時代中・後期の国学者。号は春庵。また、本来は書斎の名称である鈴屋《すずのや》を号としても用いた。享保十五年(一七三〇)五月七日、伊勢国飯高郡松坂(三重県松阪市)に生まれる。父は小津定利、母は勝。生家は木綿商で、宣長十一歳の時に父が没し、家は義兄が継ぎ、宣長は十九歳で伊勢国山田の紙商今井田家へ養子に出された。しかし幼時から読書を好み、学者肌であった宣長は、家業に身が入らず、二十一歳の時、養家を離縁になって実家へもどった。翌年、義兄が没して、宣長は家を継ぐことになったが、宣長の資質が商人に向いていないことを見抜いた母の勧めによって、医師として身を立てることを決意し、二十三歳の宝暦二年(一七五二)三月、医学修業のため京都に上った。京都において、宣長はまず堀景山に入門して漢学を学び、ついで堀元厚・武川幸順に医学を学んだ。景山は学統としては朱子学派に属するが、荻生徂徠の儒学説に親近して柔軟な人間観・文学観を抱懐し、また国学に関心が深くて、契沖の著述を尊重していた。景山を通じて徂徠と契沖の学問に接したことは、以後の宣長の学問・思想の形成の上で重要な意味を持っている。特に契沖の斬新な古典研究の影響は大きく、宣長を国学に向かわせる契機となったと思われる。京都遊学中の思索・勉学の成果に、宣長のまとまった著述として最初のものである歌論『排蘆小船《あしわけおぶね》』がある(成稿は松坂帰郷後ともいわれる)。なお遊学中に、小津姓を廃して、先祖の古い姓である本居に復し、名をそれまでの栄貞《ながさだ》から宣長に改めたが、これは新しい人生を始めるについて、気持を一新するためであった。宝暦七年、松坂に帰って医師を開業するが、その一方で国学にも本格的に取り組むようになり、研究と門人の教育に従事した。門人への講義としては、翌八年から『源氏物語』を開講したのをはじめ、『万葉集』『古今和歌集』『新古今和歌集』『伊勢物語』『日本書紀』などを取り上げた。宝暦十三年五月、かねて『冠辞考』などの著書を読んで敬慕していた賀茂真淵が、大和旅行の帰途、松坂に立ち寄ったのを訪ねて、生涯にただ一度の対面をとげ、三十五歳の翌明和元年(一七六四)正月、江戸の真淵に入門の誓紙を送って正式に入門した。以後、真淵からは書簡の往復を通じて教えを受ける。しかし、宣長は真淵に入門する以前の宝暦十三年六月に『源氏物語』の評論である『紫文要領』を、それから間もないころに歌論『石上私淑言《いそのかみのささめごと》』を書き上げており、この二著にはこの後の宣長がより精密な形で展開する特徴的な主張がほぼ出揃っているから、宣長学の骨格は、真淵入門以前、独学の段階ですでに固まっていたといってよい。真淵に入門後は、『古事記』を中心とする上代の文献に関心が向けられるようになる。『古事記伝』の執筆に取りかかったのは、入門直後の明和初年と考えられている。以後ほぼ三十五年を費して、この畢生の大著は六十九歳の寛政十年(一七九八)に完成した。『古事記伝』の執筆と平行して、他の分野でも精力的な活動を続け、数多くの著述を完成させている。国学者としての名声も次第に揚がり、伊勢のみならず諸国からの入門者が相ついだ。『授業門人姓名録』には、没するまでの五百名を越える門人を記載してある。松坂は紀伊徳川家の領地であり、五十八歳の天明七年(一七八七)には、藩主徳川治貞に為政者の心構えを説いた『秘本玉くしげ』を献上した。寛政四年には治貞のあとを継いだ治宝に松坂在住のまま召し抱えられ、同六年・十年・十二年には和歌山に赴いて、藩主の御前で古典の講義を行なった。寛政十二年七月に『遺言書』を記して、墓所を松坂郊外の山室山とすること、戒名を高岳院石上道啓居士とすること、諡号を秋津彦美《あきつひこみ》豆桜根大人《ずさくらねのうし》とすることなどをみずから定めた。享和元年(一八〇一)九月二十九日、七十二歳をもって没。葬儀その他、すべて『遺言書』の指示どおりに行われた。明治十六年(一八八三)贈正四位、同三十八年贈従三位。家は、実子の春庭が失明していたため、養子大平が継ぎ、大平は和歌山藩に仕えた。宣長の学問は、大きく㈠文学説、㈡語学説、㈢古道説の三つの分野に分けてとらえることができる。㈠文学説　『紫文要領』と『石上私淑言』が代表的な著述で、有名な「物のあはれを知る」の説が詳述されている。「物のあはれを知る」とは、喜ぶべきことに出会ったら喜び、悲しむべきことに出会ったら悲しむという素直な心の持ち方のことで、宣長は、いかに女々しく見えようと、それこそが人情の真実であると主張する一方で、儒教や仏教がうるさく道徳を説くのは、人情の真実を抑圧し、偽善を強制するものであるとして、厳しく批判した。この主張は、『源氏物語』や古来の和歌が、道徳的には許されない恋を好んで取り上げていることを、文学の目的は、道徳を教えることではなく、「物のあはれを知る」心を養うことにあるとして擁護する議論へと展開する。それは、人間を情の面からのみとらえるという欠点を含みながらも、文学を中世以来の道徳的文学観から解放する、画期的な文学論であった。文学関係の著述としては、他に注釈書『新古今集美濃の家づと』『古今集遠鏡』、『紫文要領』を増補改定した『源氏物語玉の小櫛』などがある。㈡語学説　古語の実証的な研究が宣長の学問の一つの柱となっているのは、古典の正確な読解のためには古語についての正確な知識がなければならないという考え方に基づくもので、これには荻生徂徠の古文辞学からの示唆があった。主要な業績に、『てにをは紐鏡』『詞の玉緒』において、「係り結び」の法則を明らかにしたこと、『字音仮字用格《じおんかなづかい》』において、五十音図のオ・ヲの所属が鎌倉時代以来誤っていたのを正したことなどがあり、また『古事記伝』をはじめとする注釈書類には、古語の意味・用法についての卓抜な見解が多数含まれている。しかし宣長の語学説には、国学者の通弊として、日本語を優秀な言語とする非合理的な価値判断がまつわりついていて、それが実証主義の徹底をさまたげていることを指摘しないわけにはいかない。㈢古道説　「物のあはれを知る」の説にすでに見えていた、儒教・仏教への批判とわが古代文学に現われている心情の純粋性への賛美とが、独特の神道として理論づけられたものである。『古事記伝』の序論として著わされた『直毘霊《なおびのみたま》』や、『馭《ぎょ》戎慨言《じゅうがいげん》』『葛花《くずばな》』『玉くしげ』などの著述に述べられる。すなわち、儒仏の道徳的強制を人情の自然を抑圧する作為としてしりぞけ、ありのままを尊重するという思想が、儒仏に代わるわが国固有の「道」にまで上昇し、万事を神のはからいと受けとめる神道として規範化された。具体的には、『古事記』に伝えられている皇祖神を中心とした神々の事跡をそのまま道の現れと見なし、そのような神々をいただくわが国を万邦無比の国と信じ、皇祖神の子孫たる代々の天皇に絶対服従すべきことを説く。以上の三つの分野が一体となって、宣長学という膨大な体系を作り上げており、質的にも量的にも国学の頂点をなしている。その学問と思想は、柔軟な人間観、徹底した思索、博捜の実証主義が発揮された側面においては、今日の国文学・国語学・国史学の研究にもなお刺激を与える偉大な業績を挙げているが、非合理的な側面においては、幕末から明治にかけて、偏狭な国粋主義に根拠を提供するという禍根を残した。宣長以後は、この膨大な体系をよく一人で支える門人はなく、文学説は石原正明・藤井高尚など、語学説は本居春庭・鈴木朖《あきら》など、古道説は宣長没後の門人を自称する平田篤胤などと、分割して継承された。『(増補)本居宣長全集』全十巻(『(増補)本居全集』一一一〇、吉川弘文館)、『本居宣長全集』全二十巻別巻三(筑摩書房)がある。なお、宣長の稿本類および関係資料は松阪市の本居宣長記念館に保存され、重要文化財に指定されている。

参考文献　城福勇『本居宣長』(『人物叢書』一七九)

(日野　龍夫)

もとおりのりながぜんしゅう　本居宣長全集　江戸時代中・後期の国学者本居宣長(一七〇三一一八〇一)の著作集。現在まで四種類刊行されている。㈠『本居宣長全集』。全六巻。本居豊穎校訂、片野東四郎発行。明治三十四年(一九〇一)―三十六年に刊行された。㈡『増補本居宣長全集』。全十巻。本居清造再訂、吉川弘文館発行。大正十五年(一九二六)―昭和二年(一九二七)に刊行された。㈢『本居宣長全集』。村岡典嗣編、岩波書店発行。昭和十七年より発行されたが六巻をもって中絶。㈣『本居宣長全集』。全二十三冊。二十巻、別巻三巻。大野晋・大久保正編。筑摩書房発行。昭和四十三年三月に第一回配本の第一巻が出され、最終巻の別巻三が刊行されたのは平成五年(一九九三)九月のこと。その間、版元の経営破綻、編者の急逝などの事態が重なり、およそ四半世紀の歳月が流れた。宣長全集の決定版というべきものであるが、その資料的基礎となったのは、昭和三十六年に本居清造が松阪市に寄付した宣長の自筆稿本、手沢本類(のち本居記念館所蔵)である。加えて養子大平の蔵書を伝える東京大学文学部国文学研究室蔵の本居文庫や天理図書館その他の資料を博捜し、必要な著述資料は、版本、写本はいうに及ばず、稿本・記録類に至るまで細大漏らさず収録し、厳密な校合を加え、正確な翻刻を期している。新出資料も数多いが、第十三巻の『本居宣長随筆』全十三冊、第十四巻の『和歌の浦』『古言指南』その他、第十九巻の『済世録』『諸用帳』などはいずれもはじめて公刊されたものである。また九百余通の書簡を収めた第十七巻、さらに来簡集その他周辺資料を総括した別巻三なども本全集の価値を高からしむるものである。　(鈴木　淳)

もとおりはるにわ　本居春庭　一七六三―一八二八　江戸時代後期の国学者。本居宣長の長男。母かつ(旧名たみ)。幼名は健蔵、のち健亭と改め、春庭と称す。宝暦十三年(一七六三)二月三日、母の里の伊勢国安濃郡津(三重県津市)に生まれ、飯高郡松坂(同松阪市)で育つ。少年時から父について国学を学ぶとともに、父の命によって多くの書物の書写に従事し、また『古事記伝』など父の著書の版下を書いた。寛政三年(一七九一)眼病をわずらい、三十二歳の同六年に失明したが、それ以後も、妹の美濃や、失明後に娶った妻の壱岐などの助けを借りながら、国学の研究を怠らなかった。宣長の没後、本居家の家督は宣長の養子の大平《おおひら》が継ぎ、春庭は大平の扶養人の立場になったが、門人の指導は続け、和歌山藩に仕える大平が文化六年(一八〇九)に和歌山に移住してからは、松坂で後《のちの》鈴屋社《すずのや》を開いて、父の学統の維持に力を尽くした。文政十一年(一八二八)十一月七日没。六十六歳。法名は明章院通言道永居士、後鈴屋芳琉爾波翁と諡号する。墓所は本居家の菩提寺である松坂の樹敬寺。大正十三年(一九二四)贈正五位。著書としては、文化三年成立、同五年刊の『詞八衢《ことばのやちまた》』と、その続編で文政十一年成立の『詞通路《ことばのかよいじ》』が聞える。前者は、国語の動詞の活用の種類と活用形とを、ほぼ今日の文法学説と同等のレベルで体系づけた書で、活用研究史上、画期的な業績である。後者は、前者を踏まえて、動詞が実際の文中で他の語句とどのようにかかわるかを、さまざまな視点から考えてみたものである。また春庭は和歌を好み、歌集として『後鈴屋集』を残した。『本居春庭全集』(『(増補)本居全集』一二)がある。

参考文献　『(増補)本居全集』首巻　(日野　龍夫)

もとだながざね　元田永孚　一八一八―九一　幕末・明治時代前期の儒学者、明治天皇の側近。幼名大吉、伝之丞、のち八右衛門と称す。字は子中、東野と号す。茶陽・東皐・猿岳樵翁の別号あり。文政元年(一八一八)十月一日肥後国熊本藩士元田三左衛門の長子に生まる。十一歳にして藩校時習館に入り、天保八年(一八三七)二十歳、時習館居寮生となり、塾長横井小楠とはじめて相識り学問につき教示をうける。同十四年長岡監物(米田是容)・横井小楠・下津休也・荻昌国と会読を始める(実学党の成立)。その「実学」は李退渓―大塚退野につながる純粋朱子学である。以後永孚は小楠の強い思想的影響をうけ、みずからその祖述者を以て任じていた。安政五年(一八五八)四十一歳、家督相続(五百五十石)、文久元年(一八六一)八月藩主細川慶順(韶邦)に従い出府、翌年十一月京都留守居となり上洛、諸藩士と応接。文久三年七月中小性番頭七百石となる。慶応三年(一八六七)末、大政奉還また王政復古に際し、藩主の上京を主張。十二月高瀬町奉行、翌閏四月用人兼奉行、七月中小性頭となるも明治二年(一八六九)正月辞任し東大江村に隠退。同三年五月実学党による藩政改革で、藩主の侍読となる。翌四年正月藩命で上京、宣教使・少参事に任ず。五月三十日宮内省出仕(奏任)侍読となり、六月四日はじめて明治天皇に『論語』を進講す。以後天皇の君徳培養実現のため三条実美・岩倉具視にたびたび建言し(五年「上三条公書」、六年「君徳輔導の上言」)、士族反乱や自由民権運動に対し、人心収拾の急務を論じ(七年「六輔臣親任の上奏」、十年「十事の疏」)、十年八月宮中に侍補が設置され、三等侍講兼二等侍補となる。十一年五月大久保利通の暗殺を機に、佐佐木高行・吉井友実・土方久元らと、「天皇親政」運動を展開、十二年三月勤倹の沙汰書発布に尽力、侍補の権限拡張をめぐり大臣・参議と対立、十月侍補廃止、永孚は皇后宮大夫兼二等侍講となる。その後も十三年参議大隈重信の外債募集計画への反対、十四年の政変をめぐり「中正党」支持など、薩長参議政治批判、親政実現のため運動す。一方十二年七月の「教学大旨」の起草、伊藤博文の「教育議」への反批判「教育議附議」執筆、同年に始まる「幼学綱要」の編纂(十四年完成)、さらに十三年秋の「国憲大綱」における国教主義に基づく国憲論の主張など、国教主義の立場から教育問題についてたびたび三条・伊藤らに自説を主張。その国教主義は憲法制定からは排除されたが、二十三年夏よりの教育勅語の起草過程に井上毅と協力し、十月の発布により結実したともいえよう。その間十九年五月宮中顧問官、二十一年五月枢密顧問官となり、一貫して天皇の「御手許機密の顧問」として天皇の信任をうけて活動した。明治二十四年一月風邪で病勢募り、特旨により従二位・男爵を授けられ、同月二十二日七十四歳で没。青山墓地(東京都港区)に葬る。自伝・日記・進講録・講義録を収めた元田竹彦・海後宗臣編『元田永孚文書』全三巻、書翰を収めた沼田哲・元田竹彦編『元田永孚関係文書』(『近代日本史料選書』一四)がある。

参考文献　海後宗臣『元田永孚』、同『教育勅語成立史の研究』、稲田正次『教育勅語成立過程の研究』、渡辺昭夫「天皇制国家形成途上における「天皇親政」の思想と運動」(『歴史学研究』二五四)、沼田哲「元田永孚の思想形成」(弘前大学『文経論叢』一二ノ四)、同「元田永孚と「君徳輔導」論」(同一三ノ四)、同「元田永孚

と明治二二年条約改正反対運動」(『日本歴史』四四四)

(沼田　哲)

ものいみ　物忌　㈠「物忌」と書いた札を用いる謹慎行為。平安・鎌倉時代の諸記録や物語類で単に物忌とある場合の大部分は、怪異(物怪)・悪夢の際に陰陽師の六壬式占で占申される物忌期をいう。たとえば占文の「期怪日以後三十日内、及来八月節中、丙丁日也」は、怪日より三十日以内の丙丁両日と、一年以内の八月(節切《せっきり》)中の丙丁両日が物忌日。怪日を剋する五行の十日ごとの兄弟《えと》両日が特徴。推断内容により、病事物忌・口舌物忌・火事物忌・失物物忌などといい、二つ以上の怪異の物忌が同日に重なる時二合物忌などという。蔵人・家司らが暦に注し、毎月陰陽師が書き進める物忌簡を陣・門・庭中に立て、当日は閉門して外来者を禁じ、所定の所々の簾などに出納・家司らの書いた物忌札を付け、自身も冠や袖などに紙・柳木で作った物忌札を付け籠居する。また宿紙など屋内の物を使用し、必要な者は夜前に参籠させる。物忌軽く一部開門の際は縄をかける。九世紀中ごろより知られ、怪異の種類や起った場所(怪所)の性格により、律令制国家の政治理念を体現する大怪と、内裏・諸司・諸氏・諸家など貴族社会の集団規制的側面を体現する小怪とに大別すると、大怪では主に天皇が、小怪では天皇・諸司長官・氏長者・家長などの各集団の長と各集団構成員の指年の者とが、物忌を行い、怪所ごとの怪異に対する責任体制を示す。しかし世人には厄災や外来鬼物の侵害に対する防護と強く意識され、『江談抄』や『今昔物語集』などに説話化される。鎌倉幕府でも摂家将軍以後物忌の式が整備されたが、院政権下や幕府の諸司間では発達せず、占文上は十六世紀中ごろまで確認されるが、南北朝時代ごろより漸次現実の意味を失っていった。物忌にはこのほかに占術によるものとして、陰陽道の八卦忌勘文中の大厄日に相当する八卦物忌(当該方位の閉門)、儒者や僧侶の易筮勘文による易物忌(年筮とみられ、毎年特定の月の特定の二支の日が特徴)、宿曜道の宿曜勘文・禄命勘文による宿曜物忌(多く行年勘文とみられるが、藤原行成の毎年正月二十七日は本命勘文か)・禄命物忌があり、いずれも占術の名を冠して呼ばれ、十一世紀以降見出される。占術によらないものでは、十一世紀ごろ以降の病後七日の物忌、喪家七日ごと・十三日目の物忌、院政時代ごろ以降の祇園・今宮御霊会の物忌があり、十世紀代の史料には「斎」ともある疫神横行・百鬼夜行の妖言による「物忌」との関係が注意される。この種の物忌札は鎌倉・室町時代では陰陽師が書き進めた例もみえる。元興寺極楽坊の物忌札はこの類のものか。五節童女・祭使童・大田楽参会人の物忌札は神事と関係するか、失火後七日の物忌は触穢と関係するかとも思われるが、特殊性が考えられ、また犯土を物忌とする例(『殿暦』永久五年(一一一七)四月二十三日条)、特定の干支の日を物忌とする例(物忌札あり。『明月記』天福元年(一二三三)八月八日条)もあるが、普通神事の斎や服忌・忌日、日時・方角の忌などは物忌と区別され、院政時代以降混用が進行し、使用範囲も拡大されるに至った。

参考文献　元興寺文化財研究所編『日本仏教民俗基礎資料集成』四、小坂真二「物忌と陰陽道の六壬式占」(古代学協会編『後期摂関時代史の研究』所収)、和田萃「呪符木簡の系譜」(『日本古代の儀礼と祭祀・信仰』中所収)、三和礼子「物忌考」(『宗教研究』一四九)、奥野義雄「物忌札とその世界」(『どるめん』一八)

(小坂　真二)

㈡魔物や不浄に触れないようにするために謹慎すること、また神霊を迎えるに際して、不浄を遠ざけ、何もしないで心身の安静な状態を保つこと。斎戒・斎忌・諱忌などとも書く。「潔斎《けっさい》」「おこもり」「参籠」ともいい、また仏教の「精進《しょうじん》」と結びついて「精進潔斎」とも称される。『日本書紀』神武天皇即位前紀に「斎戒して諸神を祭りたまふ」とみえ、崇神天皇七年条に「沐浴斎戒して、殿の内を潔浄りて、祈みて曰く」とある「斎戒」は、神をまつるために心身ともに清浄な状態に入り、これを保つことを意味している。このような斎戒は早くに制度化され、神祇令によれば散斎《あらいみ》と致斎《まいみ》の二段階に分け、散斎は、喪を弔うこと、病を問うこと、肉を食うこと、刑殺を判ずること、罪人を決罰すること、音楽を奏することを禁ずる、いわゆる六禁を掲げ、穢悪の事に触れないようにとあり、致斎はただ祭祀の事のみを行い、他の一切の事を行わないと規定している。つまり致斎は散斎の後に行う最も厳重な斎戒で、祭事の執り行われる三日前から始まるのである。このような規定は国家祭祀に関するものであるが、物忌ないし忌みの生活や思想は民間の祭りなどにも顕著にみられ、祭りの前夜に行われるヨミヤ・参籠なども神を迎えるに際しての一種のつつしみの期間で、物忌を厳重に守る必要のあったことを示している。また『日本書紀』雄略天皇七年七月条に、天皇が斎戒をしないで三諸岳《みもろのおか》の神を見ようとしたが、神は雷のように鳴りかがやいて見ることができなかったと記している。これは、神に近づくためには物忌が不可欠であるということを示すもので、このような観念は古くから著しかった。→散斎《あらいみ》・致斎《まいみ》　→斎戒《さいかい》

参考文献　岡田重精『古代の斎忌』、井之口章次「禁忌と物忌」(『日本民俗学』一〇九)

㈢伊勢神宮をはじめ賀茂・春日・平野・松尾・香取・鹿島などの大社に仕えた童女・童男のことを物忌と称する。なかでも伊勢・鹿島の物忌は有名。延暦二十三年(八〇四)の『皇太神宮儀式帳』に、大物忌をはじめ宮守・地祭《とこまつり》・酒作《さかとく》・清《きよ》酒作・滝祭・御塩焼《みさき》・土師器作《はじのうつわものつくり》・山向《やまげ》などの物忌の名がみえ、『止由気宮儀式帳』にも大物忌・御炊《みかしぎ》・御塩焼・菅裁《すがだち》・根倉・高宮などの物忌が記されている。このうち大物忌が重職で、もっぱら天照大御神の大御饌に奉仕した。各物忌には、補佐役である物忌父《ものいみのちち》が付き添ったが、それが婦人の場合を母良《もら》と称した。物忌は童女が

多く、子良館《こらのたち》(こらかんとも)に忌み籠って神饌を調え神楽に奉仕したりするので、のちに子良子《こらこ》・御子良《おこらご》、単に子良・子等・子娘《こら》、あるいは御座子《おくらご》などと称された。

→子良《こら》

参考文献　『内宮子良館記』、『外宮子良館旧記』、『内宮子良年中諸格雑事記』、度会益弘『外宮子良館祭典式』

(三橋　健)

ものいみなのみことじんじゃ　物忌奈命神社　東京都神津島村に鎮座。祭神は物忌奈命。旧府社。『延喜式』神名帳の伊豆国賀茂郡名神大社物忌奈命神社に比定される。当社所蔵の宝永七年(一七一〇)の宗源宣旨、また文政元年(一八一八)造営棟札には「定大明神」とあり、近世の呼称が知られる。『続日本後紀』承和七年(八四〇)十月十四日条には「物忌奈乃命」が従五位下を授けられたとの記事がみえる。この時とともに叙位された「阿波神」(現神津島村永浜鎮座阿波命神社)は物忌奈命の母神である。その後、嘉祥三年(八五〇)十月八日従五位上に昇叙、同年十一月一日官社に列格し、仁寿二年(八五二)十二月十五日に正五位下に昇った(以上『文徳実録』)。また中世の垂迹縁起『三宅記』には阿波神＝「長浜の御前」の二王子の一つ、「たたない王子」にあてられる。例祭は八月一・二日。二日に執行される「神事かつおつり」は青竹に組んだ舟形の中での勇壮な所作を演目に取り入れたもので、都の無形民俗文化財に指定されている。

参考文献　『東京都文化財調査報告書』七、式内社研究会編『式内社調査報告』一〇　(石倉　孝祐)

ものいみまつり　物忌み祭　一定の期間を特定の場所で、酒肉・五辛などの飲食物や肉欲などを断ち、沐浴をするなどして身心の穢れを除き去ることを特徴とする祭。潔斎のために仮設の建物を設けることもあるが、生活の場から日常的な要素を排除して斎戒の場とすることもある。斎忌を中心とした祭が、特定の日や祭そのものの名称になっている例として、出雲地方を中心とした山陰各地の忌祭(オイミマツリ・オイミサン)が知られている。旧暦十月の祭期間、歌舞音曲・嫁娶・建築・裁縫・理髪・爪切り・障子の張替・誦経・洗濯などを禁じ、僧尼を遠ざけた。山形県飽海郡遊佐町の大物忌神社では、旧暦正月と十月に各七日間の物忌祭がある。忌籠りの期間は、本殿の前に榊二本を立て、注連縄をかけて物忌を表わし、髪や爪を切ること・汚物の洗濯・病人見舞・葬式・音楽などを避ける。京都府相楽郡精華町の祝園《ほうその》神社の居籠り祭では、正月申日から亥日までの間、物音をたてないなどの禁忌がある。兵庫県播磨東部地方は、月の亥の日の亥の刻から、巳の日の巳の刻までをいう。御亥巳籠りと書くが、便所にも行かず、音を立てず、刃物も使わないという。加古郡の日岡神社の一月のオイミゴモリが著名である。

参考文献　柳田国男編『分類祭祀習俗語彙』

(福原　敏男)

ものざね　物実　物のたね、生成のもとになるもの。『古事記』神代、天照大御神と須佐之男命のウケヒの段において、天照大御神が須佐之男命に「この、後に生れませる五柱の男子は、物実あが物によりて成りませり、かれ、おのづからあが子ぞ、先に生れませる三柱の女子は、物実なが物によりて成りませり、かれ、すなはちなが子ぞ」(原漢字)と弁別した。『日本書紀』神代には「物根」とあり、物が生じた根元の意味である。なお『日本書紀』崇神天皇十年九月条に、武埴安彦の妻吾田姫が、倭の香久山の土を密かに領布のはしに包み、「是、倭国之物実(中略)(物実、此云望能《の》志呂)」と祈みて持って行った話がみえるが、その「ものしろ」は香久山の土が大和の代わりをなす実体だとの意である。　(本澤　雅史)

もののべじんじゃ　物部神社　島根県大田市川合町川合に鎮座。通称一宮《いっく》さん。旧国幣小社。宇摩志麻遅命《うましまじのみこと》をまつる。創建年代不詳。社伝では物部氏の祖饒速日命《にぎはやひのみこと》の子宇摩志麻遅命は、神武天皇の大和平定で功をあげたあと、物部一族を率いて播磨から丹波路を経て石見に入り、この地を平定して居を構え、亡くなってのち、八百山の陽《みなみ》尾《のお》に葬られたが、継体天皇八年勅命により、その南側に社殿を造営したことに始まるという。貞観十一年(八六九)正五位下、同十七年正五位上、元慶三年(八七九)従四位下、天慶四年(九四一)に従四位上に叙され、延喜の制では小社。のち石見国一宮となる。中世には戦国大名の大内氏や毛利氏の崇敬を受け、本殿・拝殿は吉川元春により天文十九年(一五五〇)造営されたが、享保三年(一七一八)に焼失した。古く多くの社領を有したが、中世以降減じ、寛文五年(一六六五)以降朱印地三百石となった。現社殿は宝暦三年(一七五三)の再建。社宝として天文十一年大内義隆奉納の了戒銘太刀一口(重要文化財)ほかがある。例祭は十月九日、ほかに一月七日の奉射《ぶしゃ》祭、十一月二十四日の鎮魂祭など特殊神事が多い。旧社家金子氏は、当地方の物部氏の族長で代々「石見国造」と呼ばれ、元男爵。なお、文書および縁起の一部が、『神道大系』神社編三六に所収されている。

(鎌田　純一)

明治時代の物部神社

もののべしんとう　物部神道　聖徳太子を創始者とし、神仏儒三教一致を説く神道の流派。中世以降、吉田神道において神・儒・仏についての根本枝葉花実説は聖徳太子(厩戸皇子)の密奏言にもとづくものであるとする説が広まったが、近世の段階に入ると、儒家神道の廃仏論が台頭し聖徳太子も批判の対象にされたため、仏教界や太子信仰の立場に立つ宗教家は、聖徳太子を擁護する必要に迫られた。そのために、本来は聖徳太子と組んで物部氏を討伐したはずの蘇我氏の専横ぶりを強調し、物部氏の功績を強調するような神道を創始するに至った。これが物部神道である。その理論的支柱とされたのが、『先代旧事本紀大成経』と『旧事本紀』である。まず、前者の中では神道を興したのは聖徳太子であり、宗徳経と神教経の二経を物部連獲小子に与えたとされ、太子には神儒仏三教に対する調和の精神があった点が強調されている。また、平安時代に作られたとされる後者の中では物部氏の祖とされる饒速《にぎはや》日《ひ》命《のみこと》が十種神宝《とくさのかんだから》を高天原から将来したことが重視された。物部神道は、大成経神道とも太子流神道とも呼ばれ、天和二年(一六八二)に『先代旧事本紀大成経』が禁書とされると歴史の表面上からは姿を消したが、裏面においてはなお広範囲に信仰が広がり、偏無為(依田貞鎮《よださだしず》)や沼田順義《ぬまたゆきよし》、大我《だいが》、坂井兼政などを輩出し、反国学の主張を展開した。

参考文献　小笠原春夫『先代旧事本紀大成経』解題(『続神道大系』論説編)

(森田喜久男)

もののべてんじんしゃ　物部天神社　埼玉県所沢市北野に鎮座。祭神については諸説があるが、現在、櫛玉饒速日命・八千矛命・菅原道真を祀る。俗に北野天神と称す。『延喜式』神名帳の武蔵国入間郡に登載する国渭地祇社《くにぬまのくにつかみ》の有力な論社である。社伝に日本武尊が東征の際、当地に櫛玉饒速日命と八千矛命を祀り物部天神社と国渭地祇神社を創建し、さらに欽明天皇の時に神託により小手指明神を合祀したという。また一条天皇の長徳元年(九九五)、武蔵国造の菅原修成は勅命により京都の北野神社の分霊を勧請したという。文治五年(一一八九)、源頼朝は社殿を改修、社領を寄進、天正十八年(一五九〇)、前田利家は社殿を再興。江戸幕府は累代所領を安堵した。明治五年(一八七二)郷社、同三十四年県社に列する。現在の社殿は、棟札によれば安永七年(一七七八)の造営。例祭は三月二十一日。『北野天神縁起絵』、足利氏満寄進状、北条家禁制など古文書類を多く所蔵する。

参考文献　『北野神社由緒其他調書』、栗原良介編『県社北野神社誌』、式内社研究会編『式内社調査報告』一一、菱沼勇・三橋健「国渭地祇(神)社」(『廃絶式内社調査報告』一所収)

(三橋　健)

もひとりしんじ　神水取神事　大神山神社《おおかみやまじんじゃ》の奥宮(鳥取県西伯郡大山町《だいせんちょう》)で行われる神事。御神水取神事《みもひとりしんじ》ともいう。七月十四日夜から十五日早朝にかけて行われ、正使《まさづかい》一人・副使《そえづかい》一人・先達二人の三役と信者たちが、大山の山頂に登り日の出を遥拝した後、八号目付近の火口池で頂上祭を行い、「山ノ上宮」と称される祠に幣帛をささげ、正使が祝詞を詠んだ後、神酒を池に注ぐ。この後、正使が池の水を「御神水」として樽に汲み入れる。続いて、信者たちも、池の水を汲み上げる。正使は、さらに鎌で池の周辺のヨモギやイチイといった薬草を刈り取る。これらの一連の神事を済ませて下山。奥宮の神前に神水と薬草を調合し、神饌として奉納する。この後、帰還祭を行なって神事は終了する。この神事に履いたわらじは安産のお守りとして、「御神水」で書かれた護符やヨモギは万病に効くものとしてもらい受ける信者が多く、ヨモギは煎じたり、もぐさとして活用されている。この神事は、神仏習合期に大山寺が執行していた「弥山禅定」という仏事に由来するものと考えられ、かつては大山寺の僧侶が陰暦の六月十四日に大山に登頂し、あらかじめ五月一日から写経しておいた法華経を火口池の経筒に納め、池の水を汲んで下山し、信者に分かち与えていたという。

↓大神山神社《おおかみやまじんじゃ》

(森田喜久男)

ももてしんじ　百手神事　島根県簸川《ひかわ》郡佐田町の須佐神社で毎年四月十九日に行われる弓神事。百手という名前は、弓を百度にわたって射ることを意味する。前日に神幸行列が行われるが、これは須佐神社の祭神である須佐之男命が天照大神に拝謁した故事にちなむものである。当日は神社のそばを流れる素鵞《そが》川のほとりに注連縄《しめなわ》を張り祭場を設け、対岸に的を立てる。それから、神職が弓箭を携え天地四方を拝し祓い清め、天下泰平国家の安穏を祈禱して矢二本を射た後、同好の者がこれに続く。同様の神事は、山陰地方のほかの神社にもしばしば見られる。たとえば、鳥取県気高《けたか》郡気高町の姫路神社でも四月第四日曜日に百手神事が行われ、ここでは面をつけ矛を持った神職が的に向かって十二本の矢を射て五穀豊饒などを祈願する。ここでいう十二本の矢とは、一年を意味するものと解されている。　↓須佐神社《すさじんじゃ》

(森田喜久男)

もり　杜　⇩神社《じんじゃ》

もりおかはちまんぐう　盛岡八幡宮　盛岡市八幡町に鎮座。祭神は誉田別命《ほむだわけのみこと》・白山姫命《しらやまひめのみこと》。旧県社。社伝によれば、康平五年(一〇六二)前九年の役に源頼義が浮囚長《ふしゅうのちょう》安倍貞任・宗任を討つため石清水八幡を不来方《こずかた》(盛岡)へ勧請したのが鳩森八幡で、盛岡八幡宮の起源とされる。以後この地の豪族日戸《ひのと》氏が代々崇拝してきたが、文禄・慶長期、不来方に築城を許された南部信直が同社を修復して城内鎮護の神とした。この後盛岡藩の総鎮守神として崇敬されたが、庶民の参拝は許されなかったので、寛文十一年(一六七一)南部重信は、庶民遊楽地であった志家《しけ》(現在地)に新八幡宮を造営し、本殿・神楽殿を完成させた。以来庶民の限りない信仰を集め、大社の威厳を保っている。明治五年(一八七二)、城内八幡社も御霊代が新八幡宮に鎮座され、翌年県社となった。例祭は九月十五日。室町時代以来の伝統をもつ流鏑馬《やぶさめ》神事と山車巡行は

城下町衆の意気を表す。文化財として太刀(蛇切丸)・脇差(新藤国義作)・獅子頭(延宝九年(一六八一)銘)が伝わる。

参考文献　岩手県文化財愛護協会編『盛岡の歴史』上　(矢萩　昭二)

もりもとのまつり　杜本祭　大阪府羽曳野市駒ヶ谷(旧河内国安宿郡)鎮座の杜本神社の公的祭祀。『延喜式』によると四月・十一月上申の日に朝廷から当宗《まさむね》祭使を兼ねた内蔵寮使が遣わされた。杜本神社は桓武天皇と飛鳥戸造出自の百済永継との間に生まれた良峯安世が祭祀する社であった。ところが永継ははじめ藤原内麻呂と婚姻を結び冬嗣が出生しており、冬嗣は文徳天皇の外祖父となったので、その母方の祭祀が文徳天皇即位後の仁寿三年(八五三)公祭に列したものである。従来の説(伴信友)は当宗祭の祭使が兼行していることから、当宗氏の奉祀する祭とみられてきたが、これは誤りである。

参考文献　伴信友『蕃神考』(『伴信友全集』二)、岡田荘司「平安前期神社祭祀の公祭化」(『平安時代の国家と祭祀』所収)　(岡田　荘司)

もりやまじんじゃ　護山神社　岐阜県恵那郡付知町に鎮座。旧県社。祭神は、大山祇命《おおやまずみのみこと》・久々能知命《くくのちのみこと》・鹿屋野《かやの》比売命《ひめのみこと》。両摂社に武甕槌命《たけみかずちのみこと》・経津主命《ふつぬしのみこと》を祀る。天保十一年(一八四〇)、名古屋藩主徳川斉荘により、山林鎮護の神社として奥社を創建、ついで同十四年に本社を建築した。尾州御祈願所と称し、同藩の扶持にかかる。毎年三月二十五日に、名古屋城下の柳原祈禱所にて遙拝、供物を進めた。例祭は、奥社四月二十日、本社四月二十四日・二十五日。

参考文献　『名古屋市史』社寺編　(秋元　信英)

もりやもんじょ　守矢文書　⇩諏訪神社文書《すわじんじゃもんじょ》

もろおかまさたね　師岡正胤　一八二九－九九　江戸・明治時代の国学者、神官、勤王家。諱は正胤、通称は豊輔、号は節斎・布志乃舎。文政十二年(一八二九)十一月江戸に生まれる。父は医者師岡理輔。京都に出て大国隆正に学び、嘉永三年(一八五〇)江戸で平田篤胤没後の門人となり、平田鉄胤に国典を学んだ。その後京都における尊攘運動に参加し、文久三年(一八六三)二月三輪田綱一郎ら十数人と洛西等持院から足利氏三代の木像の首と位牌を盗み出して三条河原に梟《きょう》して捕えられ(足利氏木像梟首事件)、上田藩に預けられること六年、その間に『みすず日記』『しのぶぐさ』『囚屋のすさび』『いささむら竹』を著わした。明治元年(一八六八)赦されて徴士に挙げられ、刑法官に出仕して監察司知事・弾正台大巡察を経て、三年宣教権中博士に転じ、六年官幣大社松尾神社大宮司兼権少教正、ついで神道事務局教授、十五年より十八年まで宮内省文学御用掛を歴任、晩年は神道の振興に尽力した。同三十二年一月二十三日没。年七十一。墓は東京都台東区谷中の多宝院にある。なお娘千代子は幸徳秋水と結婚している。

参考文献　渡辺玄包「足利三将軍木像梟首一件に関する事実」(『史談会速記録』八六)　(吉田　常吉)

もろたぶねしんじ　諸手船神事　島根県八束郡美保関町の美保神社で行われる年中行事の一つ。現在十二月三日に行われるが、明治時代中ごろまでは、十一月中午日を式日とし、新嘗祭も行われた。諸手船は、多くの漕ぎ手を乗せた早舟の意と説かれるが、神の船として、御幣やマッカと呼ばれる剣に擬した、鳥の翼を表すものという特徴的な飾りが立てられる。記紀の大国主神の国譲り神話にちなむ行事で、天つ神の使が、天鳥船《あめのとりぶね》あるいは熊野諸手船に乗って御子事代主神《ことしろぬしのかみ》に会い、国譲りの談合を行なった神話を再現する。神事では、古代の刳《く》り船《ぶね》を模した諸手船二艘に、それぞれ六人の櫂《かい》の漕ぎ手と大櫂・真《ま》榊持《さかきも》ち・大脇などの役が乗って宮の灘をこぎだす。美保湾内の客人山《まろうどやま》の下で、大国主神を祀る客人《まろうど》神社を拝し、宮の灘に戻って大櫂と神主とが、それぞれ天つ神の使いと事代主神の談合を擬した応答祝言の儀を行う。その後、二艘は競いながら湾内を六度回り美保神社に戻る。　(松尾　恒一)

美保神社《みほじんじゃ》

↓

や

やいづじんじゃ　焼津神社　静岡県焼津市焼津二丁目に鎮座。旧県社。日本武尊(主神)と、その東征に随行した吉備武彦・大伴武日連・七束脛(相殿)を祀る。入江大明神・入江様とも称す。社名は日本武尊が東征の途次、当地で火攻めに会った際、草薙剣で草を払って賊を焼き滅ぼしたことによるという。『延喜式』神名帳、駿河国益頭郡の焼津神社に比定。『駿河国内神名帳』に「正四位下八所」の一所として「焼頭明神、坐益頭郡」と登載。今川氏は社領五百石を寄進。江戸幕府は朱印地七十石を寄進。明治六年(一八七三)郷社、同十六年県社に列した。例祭(焼津祭)は八月十三日。　(三橋　健)

やえがきじんじゃ　八重垣神社　松江市佐草町に鎮座。旧県社。主祭神は素盞鳴尊・櫛稲田姫命・大己貴命・青幡佐久佐日古命。その淵源は、『出雲国風土記』にみえる佐久佐社であると考えられている。同社は、仁寿元年(八五一)従五位下(『文徳実録』)、貞観七年(八六五)従五位上、同十三年正五位下、元慶二年(八七八)正五位上(『三代実録』)に叙されている。南北朝・室町時代には、佐草社は、安国寺領となっている。八重垣の初見は、永禄八年(一五六五)九月二十三日、毛利元就判物(『北島文書』)で、「八重垣神楽田」とみえる。十七世紀半ばに成立した『懐橘談』や、『出雲風土記鈔』では、八重垣社がすなわち佐久佐社にあたるとしている。また『出雲風土記鈔』では、大原郡海潮郷の須我社が、意宇郡佐草村に進出して、いわゆる八重垣社となったとしており、これらの記述から、八重垣社の進出により、佐草社がこれに吸収されたものと考えられる。本殿は大社造。当社蔵で、かつて本殿にあった板絵著色神像三面は重要文化財。

参考文献　島根県神社庁編『神国島根』、石塚尊俊『出雲国神社史の研究』　(佐伯　徳哉)

やおとめ　八乙女　神事のとき舞や神楽を奉仕する巫女(子)の総称。八少女・八社女・八女とも記す。『神道名目類聚抄』に「八乙女といふは巫八人勤むることあり、是をいふ」と人数を八と限定しているが、複数の巫女という意。八乙女という名称の神楽は、美保神社(島根県八束郡美保関町)、春日大社(奈良市)、金刀比羅宮(香川県仲多度郡琴平町)、豊国神社(京都市東山区)などの神社で行われている。高良大社(福岡県久留米市)所蔵の『絹本著色高良大社縁起』の中に「八乙女」と記し八人の巫女の舞うところが画かれている。宮中で行われる大嘗祭・新嘗祭・神今食の神饌行立の儀に、八男とともに八人の采女(八姫とも八女とも記す)一人ずつが神膳を捧持し祭殿へと行立する。

参考文献　『古事類苑』神祇部二　(安江　和宣)

やおよろずのかみ　八百万神　数多くの神々を「八百万神」と称した。『古事記』の神代巻には「八百万神」と書き、『日本書紀』の神代巻や崇神天皇七年二月・同七年十一月条には「八十万神」「八十万群神」と記す。古代日本の汎神論的神観念を投影する呼称であり、『出雲国風土記』意宇郡には、「天神千五百万、地祇千五百万」と表記し、『延喜式』の大祓祝詞などにも「八百万神等」と述べられている。神道における神観念の多様さを象徴する用語でもある。　(上田　正昭)

やきゅういなりじんじゃ　箭弓稲荷神社　埼玉県東松山市箭弓町に鎮座。旧県社。祭神は保食命《うけもちのみこと》。天保十一年(一八四〇)の別当福聚寺法印順性が記した当社の略縁起によると、長元元年(一〇二八)に房総で平忠常の乱が起こり、同三年、忠常追討の命を受けた甲斐守源頼信は、当地に陣を張ったが、形勢悪く心を悩ましていた。時に頼信は本陣の傍らに祠を見つけ、これが野久稲荷大明神で十一面観音が本地であることを知った。頼信は野久は箭弓の意で、ことに十一面観音は神通の化現であるとして、朝敵退治の願書と太刀・駿馬を奉納した。終夜の祈願ののち、暁に軍勢を整えたところ、夜明けの空に白羽の矢のような雲が敵陣に矢を射たように飛び行くさまを勝利の奇瑞と見て、すぐさま軍を進めて勝利を得た。頼信は偏《ひとえ》に箭弓の神徳として社殿を再建したという。その後戦国の兵火によって衰微して野中の小社となり、近くの庵主が神前に一燈を供するのみになっていた。元和三年(一六一七)、天海が駿府より日光へ神輿(東照大権現の霊柩)の守護をして当地を通行の折、突然の風雨に見舞われ、神輿を庵に入れて晴れ間を待っていた。すると忽然と箭弓を携えた翁が庵を守るように現われたので、天海が問うたところ、翁は稲魂の使いで、僧正の警護する先を掃除して非常を静めたので、この野に永く鎮まれるよう願うと告げるや姿を消し、空が晴天になった。天海は庵主にこれを話し、当社の由来を尋ね、その神霊を尊んで社殿の造営を図らせし、庵を一寺に取り立てて福聚寺と、庵主を別当職としたとある。天保六年(一八三五)造営の豪壮な権現造の社殿は県指定文化財になっている。例祭は九月二十一日。　(髙橋　寛司)

やぎゅうやまぐちじんじゃ　夜支布山口神社　奈良市大柳生町に鎮座。素盞鳴命を祀る。神野宮《こうのみや》・神野森《こうのもり》とも呼ばれる。旧県社。『文徳実録』嘉祥三年(八五〇)十月辛亥(七日)条に「夜岐布山口神」を従五位下に、『三代実録』貞観元年(八五九)正月二十七日条に正五位に叙すとあり、同年九月八日条には「養父山口神」に風雨祈願のための奉幣があったと記す。『延喜式』神名帳に「夜支布山口神社(大、月次新嘗)」とあり、祈年祭には馬一匹が加えて奉られ、祈雨祭神にもその名がみえる。例祭は十月十八日。「廻り明神」という分霊を当屋に迎える宮座があり、八月十七日夜には当屋宅の庭で分霊に「賀当踊《がとう》」と称する太鼓踊りが奉納される。摂社立磐《たていわ》神社の祭神は手力雄命で、本殿の背後に巨岩をまつる。夜支布山口社は口碑に南約六〇〇《メートル》の小字山口から遷祀したと伝え、立磐神社の方が原初信仰とも考えられる。本殿は春日大社第四殿を延享四年(一七四七)に移したもので、重要文化財。

[参考文献] 式内社研究会編『式内社調査報告』二、谷川健一編『日本の神々』四　（山田　浩之）

やくさのかんだから　八種神宝　新羅《しらぎ》の王子天之日矛《あめのひぼこ》(天日槍)がわが国に来朝したおり持参したと伝えられる神宝八種をいう。『古事記』応神天皇段では、玉津宝《たまつたから》と称する珠二貫《たまふたつら》、振浪比礼《なみふるひれ》、切浪比礼《なみきるひれ》、振風比礼《かぜふるひれ》、切風比礼《かぜきるひれ》、奥津鏡《おきつかがみ》、辺津鏡《へつかがみ》の品々を神宝といい、これを「伊豆志之《いずしの》八前大神《やまえのおおかみ》也」と記している。この伝承に対し、『日本書紀』垂仁天皇三年三月条には羽太玉《はふとのたま》一箇《ひとつ》、足高玉《あしたかのたま》一箇、鵜鹿《うか》々赤石玉《かのあかしのたま》一箇、出石小刀《いずしのかたな》一口《ひとつ》、出石桙《いずしのほこ》一枝《ひとつ》、日鏡《ひのかがみ》一面《ひとつ》、熊神籬《くまのひもろぎ》一具《ひとそなえ》の七種《ななくさ》の神宝が但馬国に蔵せられているとする記事がみられる。これら神宝の意味について、本居宣長は、海上において航海の安全のため用いられた霊物類であるとし、浪をおこしたり鎮めたり、風を吹かせたり鎮めたりするなどの品々であったと解釈している。『日本書紀』の伝承には、垂仁天皇八十八年七月条に、その後垂仁天皇の詔により、これらの神宝は日槍の曾孫清彦により朝廷に奉られたが、小刀のみはみずから淡路島に至り奉祀されたと伝えている。現在この八種神宝を奉斎するのが出石神社(兵庫県)である。→十種神宝《とくさのかんだから》

[参考文献] 岡田米夫『神社』(『日本史小百科』)、阪田宗彦「神宝について」(奈良国立博物館編『古神宝―神々にささげた工芸の美―』所収)　（岡田　芳幸）

やくしじちんじゅはちまん　薬師寺鎮守八幡　奈良市西ノ京町、薬師寺南門南に鎮座。休岡《やすみがおか》八幡ともいう。旧村社。祭神誉田別命《ほむたわけのみこと》・息長足媛命《おきながたらしひめのみこと》・仲日売命《なかつひめのみこと》。寛平年間(八八九―九八)別当栄紹が薬師寺の鎮守として宇佐八幡を勧請したと伝える。祭神三神像は木像で平安時代の作(国宝)。三間社流造の本殿と切妻造の東西脇殿をあわせた三棟の現社殿は慶長元年(一五九六)銘の棟札があり豊臣秀頼の造営(重要文化財)と知られる。ほかに薬師寺休岡若宮社殿も重要文化財となっている。明治初年に神仏分離、村社となる。例祭は九月十五日。

[参考文献] 林宗甫『和州旧跡幽考』、『奈良市史』社寺編、『奈良県史』五　（宮坂　敏和）

やくしん　疫神　疫病をもたらすと信じられてきた悪神。「えきしん」あるいは「えきじん」とも呼ばれる。古くは神祇令の鎮花祭《はなしずめのまつり》条義解に「春花飛散の時に在つて、疫神分散し、厲を行ふ」(原漢文)とあるように、旧三月になると花の散るのとともに疫神も分散して、疫病を流行させるので、そうした疫神を鎮めるために、祭を営んだことが記されている。中世には、疫神は擬人化され、赤い着物をつけ、青白い顔をした白髪の老人や、奇怪な老婆の姿で考えられ、そうした疫神がどこからともなく出現し、特定の民家の門から忍び込むと、そこの家人は疫病におかされることになる、と信じられた。そのような疫神を防ぐために、門口に護符を貼ったり、鍾馗《しょうき》のような怖ろしい顔をした人形を置いたりすることが行われた。さまざまな疫病の中で、種痘という方式が普及するまでは、最も恐れられたのは疱瘡であった。疱瘡が流行すると、竹で疱瘡棚を作り、さまざまな供えものをして手厚く疱瘡神を祀り、最後は近くの川や海に流したり、村境まで送ったりした。疫病を流行させる疫神を統御する神として、京都祇園の牛頭《こず》天王ならびに北野天神(祭神菅原道真)の信仰が広まっていった点も注意すべきである。→鎮《ちん》花祭《かさい》　→厄病神《やくびょうがみ》

[参考文献] 紙谷威広「福神と厄神」(五来重他編『講座日本の民俗宗教』三所収)、草川隆「疱瘡神送り」(『日本民俗学』四ノ四)　（直江　広治）

やくしん　薬神　⇨薬《くす》の神《かみ》

やくどし　厄年　災いや障りのある年として忌み慎むべき一定の年齢のこと。陰陽道に基づく思考。厄年は好ましくない年とみられ、神仏の加護を得るための種々の手だてがとられた。古くは『源氏物語』で紫上が三十七歳の厄年にて身を慎んだことが述べられ、『小右記』寛仁三年(一〇一九)八月五日条にも厄日を慎むべきことが述べられている。厄年は七歳・十三歳、女子十九歳・三十三歳・三十七歳、男子二十五歳・四十二歳・六十一歳・七十七歳・八十五歳の形が多いが、室町時代の『拾芥抄』で男女の別なく十三歳・二十五歳・三十七歳・四十九歳・六十一歳・八十五歳・九十九歳を厄年とし、奄美や沖縄では、十三歳・二十五歳・三十七歳・四十九歳・六十一歳・七十三歳・八十五歳に男女ともに年祝いをしている。この両者の一致や厄年と神役の年の一致に注目する人々もある。特に、男の四十二歳、女の三十三歳が大厄とされ、その前年が前厄、後年がハネ厄(後厄)とされる。しかし、この厄年はいろいろで、太宰府天満宮の場合大厄が男二十五歳・四十二歳・六十一歳、女十九歳・三十三歳・三十七歳とされ、厄年は男女とも同じで、二十をあげる。このように厄年は概して類似しているが、異なりをも含んでいる。この厄年に集団として対処する処と、個的になす処がある。大阪府泉北郡福泉町(堺市)では前厄からハネ厄まで三年間を伊勢神宮や大和の長谷寺におこもりして節分の年をとり、また厄年の正月や節分に神参りを行い厄のがれの呪法を行なったり、餅切れを紙につつんで体をこすり、厄年の難をのがれようとしたり、食物その他を他人に拾わせて厄落しをしようとしたり、する。神社などでも厄落しを行うが、大晦日や節分の夜に厄年の人の家の門で厄払いの言葉を述べ銭を貰い歩くものもあった。この厄年は子供にも伝達される。父四十二歳か、母三十三歳の厄年に生まれた子供は箕に入れて道に捨てられ仮親をとる。厄子といい、この仮親との関係が一生涯つづけられる事例もある。厄年の思考が子供に

まで及んだものである。文化が時間を価値づける姿の一つの様式である。　（野村　暢清）

やくはらい　厄払　不幸を払うこと。厄年の厄難などを種々の形で払い落すこと。厄落しなどともいう。(一)餅や銭などとともに厄を捨てるもの、(二)山伏や乞食や願人坊主など門口に来るものによって払う、(三)稲の成長のための浮立舞のような行事で御霊を鎮めるものなどいろいろである。元日に厄年の者たちが氏神に参り銭をまいて厄こぼしをしたり、餅と銭を包んで辻に置いたり、食物を人に与えたり、投げたりして厄払する。また旧正月十四日の晩に厄年の人が七軒の家を回り、餅や銭を貰って厄を逃れる。これらが(一)で、(二)は節分の晩に山伏などが法螺貝を吹き『般若心経』を読んで門に立ち、乞食や願人坊主が祝言を述べ「悪魔外道を西の海へさらり」などといって払う。(三)は稲の成長を脅かす御霊を鎮めようと病害の発生しやすい夏から盆にかけて念仏踊をする。太鼓や鉦などを打ち鳴らして、田から村境まで厄送りの踊をなす。浮立舞などのように村の若者が中心になり、胸に締太鼓をつけ、手に鉦を持ち、背に幟・注連竹などをつけ、行列をなして辻や境に行き円陣を作って踊る。激しく跳躍して厄を追放する。厄の意味を考えさせられる。　（野村　暢清）

やくびょうがみ　厄病神　さまざまな災厄をもたらすと信じられている悪神。疫病神や行疫神とほぼ同義に用いられる。疱瘡神(天然痘などの厄病をもたらすとされている悪神)送りなど、疫病の流行期に厄病神送りをすることは、最近まで広く各地で行われていた。厄病神は道を群れ歩き、戸口をうかがうと考えられ、その来襲に備えて、あらかじめ村の道路でこれをまつる「道饗《みちあえ》祭」は、古くから知られている。道切と称して、村の境に注連《しめ》縄を張る慣しも、ここから内に厄病神を入らせまいとする俗信である。中世には、厄病神は擬人化され、赤い着物と冠をつけた姿とか、色青ざめた白髭の老人や、奇怪な姿で考えられ、それが家に忍び込むと、その家人が疫病にかかるものと信じられていた。　↓道饗祭《みちあえのまつり》　↓疫神《やくしん》

参考文献　草川隆「疱瘡神送り」(『日本民俗学』四ノ四)　（直江　広治）

やくぶくまい　役夫工米　⇩造大神宮役夫工米《ぞうだいじんぐうやくぶたくまい》

やさかじんじゃ　八坂神社　(一)京都市東山区祇園町北側に鎮座。旧官幣大社。八坂神社の名称は、明治元年(一八六八)五月三十日付布告を法源にしていて、歴史的には、祇園社《ぎおんしゃ》・感神院《かんじんいん》の名称が普通である。江戸時代の記録には、「感神院祇園牛頭天王社三座」「祇園大明神」という例がある。近代の社格は、明治四年に官幣中社、大正四年(一九一五)官幣大社に列格。祭神は、三座・十三前。中座には素戔鳴尊、東座には櫛稲田姫命、同座に神大市比売命・佐美良比売命、西座には、八柱御子神(八島篠見神・五十猛神・大屋比売神・抓津比売神・大年神・宇迦之御魂神・大屋毘古神・須勢理毘売命)、傍座に稲田宮主須賀之八耳神。もとは、本地垂迹により八大王子(八柱御子神)・牛頭天王(素戔鳴尊)・婆利采女(稲田姫)などを祀り、神座の東西が逆であった。創祀は、社伝によれば、斉明天皇二年(六五六)八月、高麗の伊利之が新羅の牛頭山に鎮座する大神つまり素戔鳴尊を山城国愛宕郡八坂郷に祀ったのがはじまりという。『社家条々記録』『二十二社註式』『伊呂波字類抄』によれば、貞観十八年(八七六)、常住寺の僧円如が託宣によって八坂郷に観慶寺(祇園寺)を建立し、ついで藤原基経が精舎を寄進したのがはじまりである。観慶寺には、祇園天神を祀る神殿(祇園天神堂)があり、僧侶が奉仕する精進神として発達した。観慶寺の名称は、次第に本堂の薬師堂のみを指すようになり、むしろ、祇園社感神院が全体を意味するようになった。平安時代には、疫病退治の霊威により崇敬を集め、天禄元年(九七〇)以来、六月の御霊会(祇園会)が盛況になり、二十二社の一つに列し、興福寺ついで延暦寺の支配に服した。中世には、京都下京を中心にして商家の信仰を集め、堀川材木座などの諸座が神人として所属して、商工の特権を蓄積した。近世には、氏子区域が下京の町に確定して、商家の産土神として栄える。長上の職は、社務執行といい、歴代の社僧宝寿院が世襲して明治に至った。朱印高は、百四十石であって、この制度の末期にあたる明治三年十月付、用度司充「八坂社神領並神職姓名秩録簿」は、神領百四十石、神職二十二家、百五十石を記載している。維新期の神仏分離では、明治元年、社僧らが復飾し、薬師堂(観慶寺)を撤去、仏像・仏具らを大蓮寺に移し、境内末社の位置などが変容した。旧時代の境内地は一万五千百二十二坪三合六勺であったが、上地令により円山公園を造営するためなどに供出して、明治三十一年の調査では四千六十四坪九勺に減少している。しかし社殿は旧観を残し、本殿と拝殿の二棟が一棟の屋根によって合体する貴重な事例(祇園造)を保持している。例祭は、六月十五日(勅祭)。年中行事には、白朮祭《おけらまつり》(元日の早朝に白朮木に神火を燃やして疫気を祓う、前夜来の参詣人はこの神火を火縄に移して帰宅する)、疫神祭(一月十九日・七月三十一日、茅輪《ちのわ》を設け、護符を授けて疫神の侵入を防ぐ)、祇園祭(七月一日—二十九日、十七日の山鉾巡行を中心とする)がある。本殿・楼門・石造鳥居、および末社蛭子社社殿は重要文化財に指定されている。当社には『建内文書』として知られる古文書や古記録のほかに、美術工芸の優品が多い。絵画では元徳三年(一三三一)祇園社絵図(重文)、洛中洛外図屏風、池大雅筆蓬萊山・富士山図、円山応挙筆双鶏図、工芸では出羽大掾藤原国路作太刀(重文)・同剣、豊後国行平作太刀(重文)、越中守藤原正俊作太刀、伝運慶作狛犬像などのほかに、百数十点の絵馬・算額がある。　↓白朮祭《おけらまつり》　↓祇園信仰《ぎおんしんこう》　↓祇園祭《ぎおんまつり》

参考文献　紀繁継編『八坂社旧記集録』、八坂神社社務所編『八坂神社記録』(『八坂神社叢書』一・二)、同編『八坂神社文書』(同三・四)、『祇園』(『神道大系』神社

八坂神社楼門

八坂神社拝殿

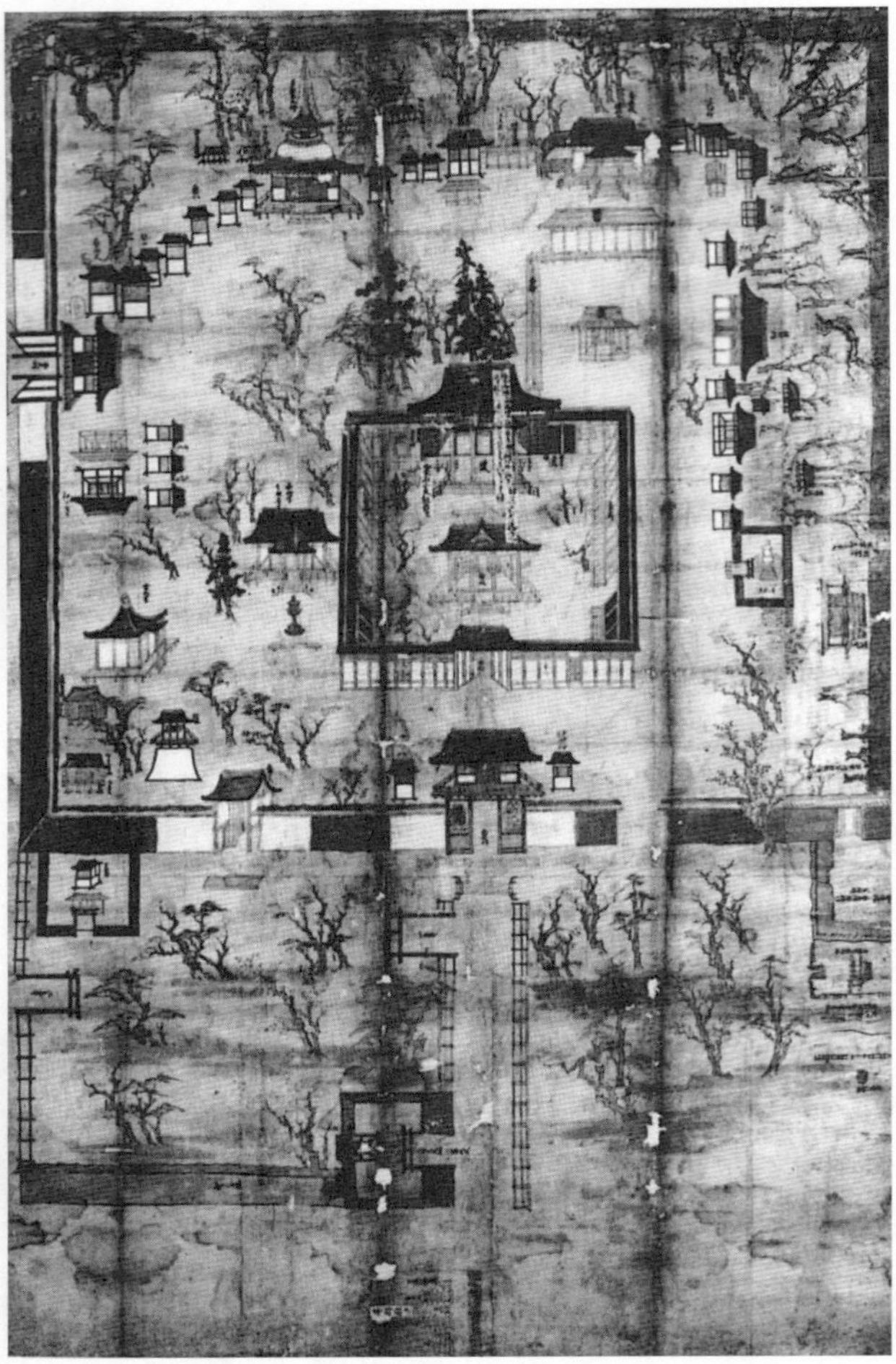

祇園社絵図

編一〇)、京都府編『重要文化財八坂神社本殿修理工事報告書』、田中尚房『八坂神社由来記』、神宮嵩寿『八坂誌』、『京都の歴史』、福山敏男『日本建築史の研究』、高原美忠『神ながらの道』、同『八坂神社』(『日本の神社』九)、久保田収『八坂神社の研究』、宮地直一「八坂神社の社領に就いて」(『八坂神社記録』下所収)、同「八坂神社の古文書に就いて」(『八坂神社文書』下所収)、魚澄惣五郎「播磨広峯社と京都祇園社」(『古社寺の研究』所収)、関口恒雄「中世前期の民衆と村落」(『(岩波講座)日本歴史』五所収)、樋畑雪湖「蘇民将来と印槌」(『民族と歴史』二ノ三)、西田長男「祇園牛頭天王縁起の諸本」(『神道史研究』一〇ノ六)、小島鉦作「祇園社領知の神社について」(同)、鈴木日出年「八坂神社日記抄」(同一六ノ五・六合併号)、小杉達「祇園社領「四ヶ保」の成立について」(同)、奥田淳爾「祇園社領越中堀江荘の変遷」(『富山史壇』四七)

社領　所領は、境内四至を中心にする山城および近江・丹波国の近国と、散在する遠国とに二分している。特に境内四至は、当社経営の基礎である。延久二年(一〇七〇)二月二十日付太政官符によれば、その範囲は、東は白河山、南は五条以北、西は堤(鴨川)、北は三条末以南であって、現在の八坂神社よりも広い領域に及んでいる。もともと、長和五年(一〇一六)に山城国司の国判により開発した地所であって、長元六年(一〇三三)に山城国司の免判を得たので、官省符荘ではないものの、実質的には社領として確定したのである。そして、この三条・五条通りの延長線上の洛中に小規模な所領が形成され、洛中の職人や商家に神人・氏子組織が充実し、地子収入が普及したわけである。その間には、三宗兼学の道場として成長してくる建仁寺との境界紛争が断続する。遠国の所領は、別表のごとくに北陸・中国・四国が大半であって、しかもみずから開発した形跡がない。権門勢家が祈禱料所・造宮料所として寄進した非体系的な所領群である。

この中では、近江国坂田保・成安保、丹波国波々伯部保、備後国小童保が、鎌倉・室町時代を通じて「祇園社四ヶ保」といわれて、重視された。逆にいえば、これ以外の所領は連絡が不充分であって、到底にみずから下地を掌握しているわけではなかった。中世的社領の最後の様子は、山城国山科音羽郷にみられる。同所は、延文三年(一三五八)に後光厳天皇からの寄進をうけたものである。こうした近郊の社領は、戦国時代まで維持できたが、天正三年(一五七五)には現地の百姓中から納付を拒絶される有様に至っている。近世になると、境内四至の経営が課題になる。充実してくる知恩院や、新興勢力である東本願寺大谷廟、さらには高台寺の参道のために用地を提供するようになり、平安時代以来の四至の範囲や道路事情が変容するのである。近世においては、江戸幕府将軍の朱印地山城国内百四十石に終始した。この総高は一貫していて、増減がないものの、具体的な地所は時代が下るほどに分解して、最終的には洛中と近郊に九ヵ所が散在して、明治維新に至った。はじめの元和元年(一六一五)七月二十七日付徳川家康朱印状写では、㈠愛宕郡祇園社廻(百十二石九斗六升)、㈡葛野郡西院村(八石八斗一升)、㈢紀伊郡東九条村(十八石二斗三升)の三ヵ所、百四十石であるが、天明八年(一七八八)九月十一日付徳川家斉朱印状写では、九ヵ所、百四十石に分散している。この間の事情を精査してみると、前者の朱印状の㈠が次第に削除され、その代替地が散在する結果になったのである。一例を指摘すると、後者の朱印状は五番目に葛野郡中堂(道)寺村(六石五斗)を記載しているが、これは、前者の朱印状の㈠の中から本多俊次の屋敷地を地上げした代替地に、寛文五年(一六六五)に京都所司代が支給した結果なのである。このように㈠の祇園社廻りの地所は、小刻みに削り取られ、その代替地として五条橋下西側(六斗)のような不良地に分散したわけである。したがって、後者の朱印状の九ヵ所は、中世以来の特権を保持した地所とはいいきれないのである。なお祇園社廻りの地子銭は、社殿修理料に充当されたらしい。 (秋元 信英)

㈡山口市上竪小路《かみたてこうじ》に鎮座。祭神は素盞嗚尊・稲田姫命・手名槌命・足名槌命を祀る。本殿(三間社流造、重要文化財)は永正年間(一五〇四―二一)の建築。南北朝時代の応安二年(一三六九)に大内弘世が京都八坂神社より勧請したと伝えられる。鎮座地は幾度か遷移したが、江戸時代末の元治元年(一八六四)に大内氏居館の築山館があった現社地に遷座鎮祭された。当社の祭礼は「山口祇園会」とも称され、現在は七月二十日から二十七日まで、神輿が御旅所に渡御して行われる。祭礼の初日、神輿渡御に先立ち神社境内で奉納されるのが「鷺の舞」(県指定無形民俗文化財)。この舞は、鷺二人、かんこ二人、しゃぐま二人の計六人で舞われ、ほかに囃子太鼓一名、笛二名がいる。今日の「鷺の舞」は、山口・津和野・京都のものが有名であるが、山口のものは京都から移されたもの、津和野のものは山口から吉見氏が伝えたものとされる。例祭は七月二十日。

[参考文献] 山口県神社庁編『山口県神社誌』、『山口の文化財』 (津田 勉)

やさかじんじゃもんじょ 八坂神社文書 京都市東山区の八坂神社に伝来・架蔵の文書群。合計二千三百六十点から成る。八坂神社は祇園社として平安時代より著名で、特に疫病退治の神として京都市民の崇敬が厚かった。文書は当社の社務執行であった宝寿院に伝来したもので、明治元年(一八六八)に当院繁継が還俗して建内氏を名のるに伴い『建内文書』となり、ついで東京大学史料編纂所の調査が行われている。昭和五年(一九三〇)に建内家から八坂神社に寄進されて現在に至る。他の社寺文書と同じくその内容は多岐にわたるが、八坂神社が平安京・京都に近く、『祇園執行日記』などの八坂神社記録とあわせて、その市民の社会生活のありさまをよく示しているのが大きな特色である。はじめ三上参次、つぎに寄進後に宮地直一を中心として調査が行われている。後者によって文書八十巻・記録五十二冊・絵図五点と整理され、さらにそれを総記一巻・三冊、崇敬六巻、祭儀十九巻・一冊、社殿一巻・二冊、調度一巻、神輿二巻、末社一巻、社僧十巻・一冊、社人五巻、境内一巻、社領二十六巻・二十六冊、算用一巻、宝物一巻、法規一巻・一冊、文学一巻、雑三巻八冊、に分類している。平安時代承徳二年(一〇九八)を最古とし、明治二年を最後とする。平安時代の文書は五点と少なく、大多数は鎌倉時代後期以降戦国時代にかけての中世文書である。昭和十四年・十五年に八坂神社社務所から『八坂神社文書』上・下(『八坂神社叢書』三・四)として公刊されている。のち平成六年(一九九四)に『増補八坂神社文書』(全三巻)として復刊され、さらに『新修八坂神社文書』中世編が刊行されている。

[参考文献] 『祇園』(『神道大系』神社編一〇)、宮地直一「八坂神社の古文書に就いて」(八坂神社社務所編『八坂神社文書』下所収)、皇學館大学大学院学生編「八坂神社記録・八坂神社文書人名索引」(『神道史研究』一六ノ五・六合併号) (井上 満郎)

やさかにのまがたま 八坂瓊曲玉 三種の神器の一つ。忌部氏が主張する二種の神器説では、神器は鏡と剣で、玉は含まれない。『日本書紀』の神話によれば、天照大神と素戔嗚尊《すさのおのみこと》の誓約《うけい》にあたり、天照大神が髻《みずら》・鬘《かずら》と腕にまいていた八坂瓊之五百箇御統《いおつのみすまる》がみえる。『古事記』には「八尺勾璁《まがたま》」と書くが、八尺(八坂)は大きいことを意味する。曲玉(勾璁)は曲がった玉で、翡翠《ひすい》や瑪瑙《めのう》、獣の牙などでつくる。また、天石窟(天石屋)にこもった天照大神を外にひき出すために行われた祭儀において、曲玉は真坂樹《まさかき》(真賢木)の上段にかけられた。ただし、この曲玉は誓約の折に天照大神が身につけていた曲玉と同一かどうかは定かでない。天照大神は、いわゆる天孫降臨に際し、八坂瓊曲玉を三種の神器の他の二種(鏡と剣)とともに、天津彦彦火瓊瓊杵尊《あまつひこひこほのににぎのみこと》に授けて天下らせた。八坂瓊曲玉の語自体には一般的な意味もあり、『日本書紀』には在地首長の大王への服属にあたり、鏡や剣とともに曲玉を賢木にかける儀礼がみえる。天皇即位時に献上される神器は、持統天皇四年(六九〇)の持統天皇即位の場合は神璽の剣・鏡、神祇令の践祚条も神璽の鏡・剣であり、八坂瓊曲玉はみえない。三種の神器の一つとして明確になるのは、中臣氏が忌部氏を圧倒した後、ほぼ九世紀のころと考えられている。→三種神器《さんしゅのじんぎ》

参考文献 黛弘道「三種の神器について」(『律令国家成立史の研究』所収)　(吉村　武彦)

やしきがみ　屋敷神　宅地内の一隅あるいはこれに接続した小区画、もしくはやや離れた持地の山林など、屋敷の付属地に祀られている神をいう。屋敷神とは学術用語であって、実際には地方ごとにさまざまな呼称が行われている。屋敷神をウチガミ(内神)あるいはウジガミ(氏神)と呼ぶことが、東北地方と鹿児島県というように、国の北と南に分布していることは注意すべき現象で、氏神信仰を解く重要な手掛りになろう。祭祀者の範囲という観点からみると、屋敷神には㈠集落のほとんど各戸ごとに屋敷神を祀る形(各戸屋敷神)、㈡特定の旧家、本家筋の家に限って祀る形(本家屋敷神)、㈢本家の屋敷神を同族が参加して祀る形(一門屋敷神)の三つの類型があることを指摘できる。この三つの類型がはじめから併存していたとは考えられない。本家を中心とする一門屋敷神の祭祀が最も古い型で、それが㈠同族結合の弛緩、分家群の脱落によって、本家屋敷神へ移行するとともに、㈡分家の実力が擡頭し、村落生活の単位として完全に独立すると、各戸屋敷神へと分化したものと考えられる。各戸屋敷神の成立には、屋敷神を家・屋敷、特に屋敷地の守護神と見る考え方の普及、また山伏・巫覡《ふげき》・祈禱師などの関与が指摘される。さらに、一門屋敷神ないし本家屋敷神が、その祭祀組織に非血縁者を包含して信仰圏を拡大し、地域神に昇格する場合もあった。屋敷神の祭日は、春秋二回、あるいは秋のみ一回というのが多い。この春秋二回の祭は、全国を通じてみられる田の神と山の神の交替の時期に応じており、屋敷神研究の重要な観点になる。また、開拓先祖あるいは家代々の祖霊を屋敷神として祀る土地が点々とあることは、屋敷神と祖霊との深い関連を示しており、重要な課題となろう。→氏神《うじがみ》　→荒神《こうじん》　→地神《じがみ》　→地主神《じぬしがみ》

参考文献 直江広治『屋敷神の研究』、同『民間信仰の比較研究』　(直江　広治)

やちはちまんぐう　谷地八幡宮　山形県西村山郡河北町《かほくちょう》谷地《やち》に鎮座。旧県社。祭神は応神天皇。寛治五年(一〇九一)源義家が、後三年合戦後、白鳥《しろとり》村に八幡宮を勧請したと社伝にはあるが不詳。永享四年(一四三二)六月二十四日、羽州村山郡北寒河江八幡宮(谷地八幡宮)に北寒河江庄領主中条長政らが梵鐘を寄進している。同梵鐘は戦国時代末期に最上山形の鳥海月山両所宮に移った。天正年間(一五七三—九二)に、白鳥十郎長久が谷地に入部した際、白鳥八幡宮を北寒河江庄八幡宮に合祀し、その後、内楯《うちだて》に城を構えるに及び、新たに現在地に社殿を建立して、谷地八幡宮と称した。当八幡宮は、溝延《みぞのべ》・寒河江の八幡宮とともに寒河江庄における三八幡といわれ、江戸時代には、十七石六斗の朱印地を有し、真言宗円福寺が別当寺であった。祭礼は、九月十四日・十五日の例大祭。この祭礼の時に舞われる林家舞楽は、平安時代後期に立《りっ》石寺《しゃくじ》に伝えられたものがのちに谷地八幡宮に移ったもので、重要無形民俗文化財。

参考文献 『河北町の歴史』　(誉田　慶信)

やしろ　社　⇩神社《じんじゃ》

やすくにじんじゃ　靖国神社　東京都千代田区九段北三丁目に鎮座。旧別格官幣社。明治二年(一八六九)六月二十九日、明治天皇の意志で東京九段に創建された招魂社に始まる。この年、伊勢神宮・春日大社に次ぐ一万石の社領を永代祭祀料として与えられた。明治七年、明治天皇はみずから参拝したが、この異例の優遇は、のち合祀の臨時大祭への天皇参拝として慣例となった。明治十二年六月二十五日、靖国神社と改称、別格官幣社に列格された。同神社は、幕末維新の政争、内戦で死亡した天皇側の「国事殉難者」と、明治初年以降の戦争の戦没者を祭神として合祀した。最も重要な祭儀は、合祀の際の招魂祭で、当初は幕末に各地の招魂祭が神儒仏の葬祭を離れた形式で招魂慰霊を行なった伝統を受けついでいたが、改称列格後は神社神道形式の臨時大祭となった。その所管は陸海軍省で、臨時大祭の委員長は天皇によって現役の将官が任命された。同社は、台湾出兵・日清戦争・日露戦争・第一次世界大戦・日中戦争・太平洋戦争とつづく、天皇の名による戦争のたびに、多数の戦没者を新祭神に加えた。社号の「靖国」は、天皇の国家を安んずる意味で、戊辰戦争の内戦でも、幕府側の戦没者は、「賊軍」であるとして合祀されなかった。戦没者は、天皇のために忠死したという唯一点で、国によって神として祀られ、

屋敷神　東京近郊の農家でまつる屋敷稲荷

靖国神社　明治初年の東京九段の招魂社

現人神天皇の礼拝を受けるという、無上の「栄誉」を与えられた。この構造は、日本人の生活でながい伝統をもつ霊魂観と祖先崇拝を、たくみに天皇崇拝と軍国主義に結びつけており、同神社の存在は、国民の間に天皇崇拝と軍国主義を普及徹底させるうえで、絶大な威力を発揮した。創建時から太平洋戦争の敗戦に至る間の合祀者は二百四十万余人に達し、社殿には、神体の鏡・剣とともに、合祀者の霊璽簿が奉安されている。敗戦直後の昭和二十年(一九四五)占領軍による神道指令で、同神社は国と分離し、翌年、東京都知事認証の単立宗教法人として再出発した。以後、再軍備の進行とともに、政府と神社界は同神社の国営化に動き出した。昭和三十一年、日本遺族会は、「国家護持に関する小委員会」を設置し、昭和三十九年自由民主党はそのための特別委員会を設けた。自民党は、昭和四十四年国営化をめざす靖国神社法案を国会に提出した。同法案は毎年、国会に提出されたが、四回にわたり廃案となった。昭和四十八年同法案は継続審議となったが、翌年反対運動の高まりに直面して、衆議院通過後に廃案となった。これを機に自民党と推進勢力は、方針を転換し、首相の公式参拝による同神社の公的復権を当面の目標とした。昭和六十年政府は、「閣僚の靖国神社参拝に関する懇談会」の結論を受けて、違憲の疑いがあるとする従来の政府統一見解を改めて、公式参拝実施を表明した。同年八月十五日、中曾根康弘首相は、閣僚を従えて公式参拝を行なった。しかし中国をはじめアジア諸国の反撥と批判を受け、以後は一部閣僚のみの公式参拝となった。春季例大祭は四月二十一―二十三日、秋季例大祭は十月十七―十九日。→招魂社《しょうこんしゃ》

[参考文献]　賀茂百樹編『靖国神社誌』、村上重良『慰霊と招魂』(『岩波新書』青九〇四)、同『靖国神社』(『岩波ブックレット』五七)、戸村正博編『靖国闘争』(『今日のキリスト教双書』)　（村上　重良）

やすくにじんじゃもんだい　**靖国神社問題**　東京都千代田区鎮座の靖国神社をめぐり、国家と宗教との関係を問われている問題。第二次世界大戦後、政教分離原則を掲げる日本国憲法下における日本国政府が、戦前の国家管理(敗戦時は陸海軍省所管)されていた別格官幣社から占領期以降に一宗教法人となった靖国神社とどのような関わりを持つべきかが問題となっていた。昭和二十年(一九四五)十二月二十八日制定の宗教法人令は翌年二月二日に改正、神社も他宗教と同様の扱いとなって靖国神社も「法人ト看做ス」とされ、六ヵ月以内に法人の体裁を整えて地方長官に届け出ない場合、解散に追い込まれることになった。そのため、靖国神社は二月一日付で復員省(旧陸海軍省)の所管を離れ、四月二十八日に社制改更奉告祭を執行、九月七日には宗教法人としての登記を完了したが、神社本庁には参加せず単立神社として再出発することとなる。また占領期間中、靖国神社は護国神社・招魂社とともにGHQにより「軍国的神社」(ミリタリー・シュライン)として警戒され、宗教団体使用中の国有地処分(社寺境内地)においても適用対象外となり、境内地の取得さえ保留されるなど、長く不安定な状態が続いた。しかし占領解除後、靖国神社の地位の回復を求める動きが活発化し、四十一年には、自由民主党の遺家族議員協議会を中心として「靖国神社国家護持」をめざす靖国神社法案が現実の政治日程にのぼる。靖国法案は四十四年から四十八年まで五回上程されるが五回とも廃案を繰り返し、ついには法案提出を断念した。一方、二十六年の吉田茂首相の参拝以来、靖国神社の春秋例大祭などにおける首相の参拝は定着していた(五十年に三木武夫首相がはじめて終戦記念日に「私的参拝」)。だが、五十九年七月十七日に内閣官房長官の私的諮問機関「閣僚の靖国神社参拝問題に関する懇談会」(靖国懇)が発足、翌年八月九日の報告書で、「公式参拝」是認の見解を出すと、中曾根康弘首相は八月十五日、本殿において「一礼」のみ行う方式で、「公式参拝」した。この参拝の前後、マスコミや野党などの批判とともに、中国政府が大々的に反発すると、中曾根首相は同年秋の例大祭、さらに翌年八月十五日における参拝を見送り、以後参拝することはなかった。とくに問題視されたのは「A級戦犯」合祀についてであったが、実際には東条英機ら十四人のいわゆる「A級戦犯」合祀はすでに五十三年十月に行われており、翌年には大きく新聞報道され大平正芳首相の参拝もあったが、当時は中国側からの抗議は全くなかった。以後は首相参拝はほとんどなかったが(平成八年(一九九六)七月二十九日に橋本龍太郎首相が参拝)、平成十三年八月十三日には小泉純一郎首相が「一礼」方式で参拝(以後十四年四月二十一日、十五年一月十四日、十六年一月一日にも参拝)。これを契機として同年十二月十四日に福田康夫内閣官房長官の私的諮問機関「追悼・平和祈念のための記念碑等施設の在り方を考える懇談会」(追悼懇)が発足、翌十四年

の無宗教の恒久的施設が必要」との報告書を出している。

[参考文献] 国立国会図書館調査立法考査局『靖国神社問題資料集』、板垣正『靖国公式参拝の総括』、田中伸尚『靖国の戦後史』 （藤田 大誠）

やすらいまつり 夜須礼祭 毎年四月に今宮神社で行われる祭り。京都市北区の紫野や上賀茂など四地域に伝承される、毎年花の季節に花を飾った長柄の風流傘を押し立てて行列を作って町々を巡回し、鉦と笛ではやしながら跳びおどる所作を中心とする祭礼。花の四散する候は疫癘や御霊も散舞するので、これをしずめようとする鎮《はな》花《しずめ》祭の趣旨に従って、稲の花の早く散らぬようにという農業の予祝と、人々の厄を祓おうとする祈りをこめたものと考えられる。平安時代の久寿年間（一一五四—五六）、平安京の子女が「安らへ花よ」の歌を唄いながら今宮社に参ったことが文献（『百練抄』）にみえ、風流踊や松拍子のことは室町時代ごろの史料・文献にしばしばみえるが、その典型的なものとして、今日国および市の重要無形文化財（芸能）に指定されている。上野・雲林院・川上・岡本の各町ごとに組を作り、巡回の前に今宮社に参り（川上・岡本両町では社参を略し、町内の一定箇所で遙拝するにとどめる）、巡回の途中、見物者は花傘の中へ立ち入り、また携えた履物を行列中の小鬼のものと交換する。ともに厄を去る呪という。家々の門前で特に請うて踊りをおどってもらう信者も多い。今宮神社では別に五月に神輿の巡行がある祭礼があり、これを今宮祭という。

[参考文献] 芸能史研究会編『やすらい花調査報告書』、河音能平「ヤスライハナの成立」（『中世封建社会の首都と農村』所収） （柴田 実）

紫野今宮やすらい祭（『都名所図会』６より）

やそしままつり 八十島祭 平安・鎌倉時代に大嘗祭の翌年、即位儀礼の一環として難波津で行われた宮廷祭祀の一つ。八十島神祭ともいう。嘉祥三年（八五〇）九月の文徳天皇即位によるものが初見で、以後史料に残るもの二十二回。鎌倉時代の後堀河天皇の元仁元年（一二二四）十二月を最後に断絶し、再興をみなかった。そのため不明な点が多い。祭使には典侍を任命し、天皇の衣を納めた筥をもって難波津に下向する。宮主《みやじ》が祭壇を築き、祭使が御衣の筥を開いて琴の音に合わせて振り動かす行為が祭儀の中心である。大量の祭物を海に投じて祭を終える。祭使は帰京後、御衣を天皇に返上する。祭物としては五十二種に及ぶ大量の品目があげられている。祭場は十一世紀初めまで熊河尻にあったというが、その位置は不明。祭の目的や祭神については諸説あるが、祭神は生《いく》島神《しまのかみ》・足島神《たるしまのかみ》＝大八洲《おおやしま》之《の》霊《みたま》とみる説が妥当と思われ、その目的は新しい天皇の体内に大八洲之霊を付着させて国土の支配権を呪術的に保証することにあった。宮廷の御《み》巫《かんなぎ》・生島巫が必ず同行するのは、この魂ふりに関与したものであろう。その起源についても、五世紀の難波を本拠とした大王の時代を想定する説から、初見の嘉祥三年の創始とみる説まである。しかし、『続日本紀』にみえる光仁以前のほとんどの天皇が、大嘗祭の翌年に必ず難波宮に行くのはこの祭儀の執行にかかわるものと思われ、七世紀以前からの伝統的祭儀とみられる。平安時代には中宮・東宮の祭使も同行するが、それは本来の形ではあるまい。この祭は、即位儀礼や大嘗祭以前の古い大王祭祀の痕跡をとどめるものとして、また国生み神話などの祭儀基盤として関心をもたれている。 →生島巫《いくしまのみかんなぎ》

[参考文献] 梅田義彦「大嘗祭と八十島祭」（『神道思想の研究』所収）、三谷栄一「国生み神話の特異性と意義—八十島祭との関連において—」（『古事記成立の研究』所収）、阪下圭八「八十島祭史料年表」（東京経済大学編『東京経済大学創立七〇周年記念論文集』所収）、岡田精司「即位儀礼としての八十島祭」（『古代王権の祭祀と神話』所収）、同「奈良時代の難波行幸と八十島祭」（『古代祭祀の史的研究』所収）、同「八十島祭の機能と本質」（同所収）、田中卓「八十嶋祭の研究」（『神道史研究』四ノ五）、同「再び八十嶋祭について」（同二五ノ三） （岡田 精司）

やそしままつりのつかい 八十島祭使 平安・鎌倉時代に難波で行われた八十島祭に派遣された朝廷からの使のこと。天皇側近の女官である典侍《ないしのすけ》（内侍司次官）が任命される。多くは新天皇の乳母があてられる慣例であった（『江家次第』）。御衣を持ち、神祇官の史《さかん》・宮主《みやじ》・御巫《みかんなぎ》・神琴師や蔵人・内蔵寮官人らを率いて牛車を連ねて出発し、淀津から五隻の船で難波津に向かった。二条天皇の時の祭使は平清盛の女であった。

[参考文献] 梅田義彦「大嘗祭と八十島祭」（『神道思想の研究』所収）、岡田精司「八十島祭の機能と本質」（『古代祭祀の史的研究』所収） （岡田 精司）

やたがらす 八咫烏 『古事記』と『日本書紀』の神武天皇東征の記事にみえる、鳥神。『日本書紀』には頭八咫烏

と書く。『山城国風土記』『新撰姓氏録』『古語拾遺』などによれば、賀茂県主の祖の賀茂建角身《かもたけつのみ》命《のみこと》の化身だった。天照大神または高木《たかぎ》神に派遣され、空より翔び降って大和まで道案内を務めた。天皇の軍が熊野の山中の険路に苦しんだときに、天照大神または高木神に派遣され、空より翔び降って大和まで道案内を務めた。その後『古事記』によれば、宇陀《うだ》の兄《え》宇迦斯《うかし》・弟宇迦斯《おとうかし》のもとに帰順を勧めに遣わされた。兄は矢を射て追い返したが、弟は勧告に従い、兄の仕掛けた押機《おし》のことを天皇に知らせた。『日本書紀』によれば、兄磯城《えしき》・弟磯城《おとしき》の家に派遣され「天神の子、汝を召す、いざわ、いざわ」と鳴いた。兄は矢で追い返したが、弟は歓待し帰順したという。慶雲二年(七〇五)大倭国宇太郡に八咫烏社が置かれている(式内社八咫烏神社、奈良県宇陀郡榛原《はいばら》町高塚所在)。→賀茂氏《かもうじ》

参考文献 大林太良編『日向神話』(『シンポジウム日本の神話』四)、三品彰英『日本神話論』(『三品彰英論文集』一)、吉田敦彦『ヤマトタケルと大国主』、佐伯有清「ヤタガラス伝説と鴨氏」(『新撰姓氏録の研究』研究篇所収)　(吉田　敦彦)

やたがらすしんじ　八咫烏神事　和歌山県東牟婁郡本宮町の熊野本宮大社で、一月七日夕刻に行われる牛玉宝印の奉製始めに関する神事で、宝印を捺し始めることから「宝印神事」とも称する。宝印は正月に神社境内に飾られた松の幹から、毎年新たに作られる。祭典は祝詞奏上に続き、あらかじめ刷った牛玉宝印を神前に供え、松明の火で清める。次に神職が宝印を捧持して進み、拝殿左方の柱に、裂帛の気合を以て三度捺す。続いて宮司の前に進み、宮司の持つ白紙へ宝印を捺し、そのほかの神職へもつぎつぎに宝印を捺印する。終って参列者へも同様に、捧げ持つ白紙へ宝印を捺印し、参列者はこれを護符として持ち帰る。これに類する行事に東寺の修正会があり、白紙に宝印を捺して参拝者に授与しているが、この形式は牛玉宝印の原型と考えられている。神仏習合時代の、修正会の名残を留める珍しい神事である。

参考文献 篠原四郎『熊野大社』、千々和到「『書牛玉』と『白紙牛玉』」(石井進編『中世をひろげる』所収)　(嶋津　宣史)

やたのかがみ　八咫鏡　三種の神器の一つ。忌部氏が主張する二種の神器説の場合も神器に含まれる。『古事記』『日本書紀』の神話によれば、天石屋(天石窟)にこもった天照大神を外にひき出すために行われた祭儀において、真坂樹(真賢木《まさかき》)の中枝にかけられた鏡。『古事記』には「八尺鏡」と表記し、「訓二八尺一云二八阿多一」の注記がある。天照大神は、いわゆる天孫降臨に際し、この鏡を三種の神器の他の二種(剣と玉)とともに天津彦彦火瓊瓊杵《あまつひこひこほのににぎ》尊《のみこと》に授けて天下らせた。『古語拾遺』には、「八咫鏡及薙草剣の二種の神宝を以て、皇孫に授け賜ひて、永《ひたぶる》に天璽《あまつしるし》としたまふ、(中略)矛・玉は自《おのずから》に従ふ」(原漢文)とし、神武天皇条に「天富命、諸の斎部を率て、天璽の鏡・剣を捧げ持ちて、正殿に安《お》き奉り、また瓊玉を懸け、其の幣物を陳ねて、殿祭の祝詞す」(原漢文)とある。八咫鏡の咫は周制の八寸のことで、八咫で巨大なことを意味する。真経津《まふつ》鏡ともいう。したがって、八咫鏡の語自体には一般的意味もあり、『日本書紀』には在地首長の大王への服属にあたり、八咫鏡や剣を賢木にかける儀礼がみえる。天皇即位において忌部氏が神璽の剣・鏡を献上するのは、持統天皇四年(六九〇)の持統天皇の即位からで、これが神祇令の規定にひきつがれた。なお、それ以前は、群臣が「天皇之璽印」「天子鏡剣璽符」などと表記される宝器を新帝に献上する儀礼が行われていた。→三種神器《さんしゅのじんぎ》

参考文献 『古語拾遺』(西宮一民校注、『岩波文庫』)、黛弘道「三種の神器について」(『律令国家成立史の研究』所収)　(吉村　武彦)

やちまたのまつり　八衢祭　『延喜式』臨時祭にみえる祭祀。同祝詞の中に出てくる道饗祭の祭神、八衢比古神・八衢比売神と称する夫婦神を祀る祭をいう。この神は、ともに街衢にあって、四方に通じる道の分かれるところを掌り、外部から侵入する邪神・鬼魅・魍魎など魔物の類を防ぐ神とされている。古く、道饗祭は京師の四隅の道上で、六月、十二月に執り行われ、その際この二神と久那斗《くなど》神が祀られた。『延喜式』臨時祭によると、八衢祭には大刀・弓・箭・鞆・五色薄絁・腊・海藻・海松・滑海藻などが供えられた。→道饗祭《みちあえのまつり》　(加藤　隆久)

やちまたひこのかみ　八衢比古神　八衢比売神とならび称せられ、道の分岐点を守るとされる神。塞の神、道祖神の源流ともされる神。賀茂真淵は『祝詞考』で『古事記』の道之長乳歯神《みちのながちはのかみ》を、本居宣長は『古事記伝』で『古事記』の道俣神《ちまたのかみ》をあてている。また『日本書紀』『古語拾遺』では衢神は防塞神で猿田彦神と同神としているが、『日本書紀』神代の一説では、道の分岐点の守り神、道路の巷に立ち塞がって種々の災禍を防ぐ神である久那戸神《くなどのかみ》(岐神《ふなとのかみ》、来名戸祖、来勿戸、経勿処神とも)と同神であるともしており、『古事記』にある衝立船戸神《つきたつふなどのかみ》も同神とされる。岐は分かれ道の意で「ちまた」の訓がある。『延喜式』祝詞の道饗祭祝詞では鬼や疫神などが都に入ることを防ぐ神として八衢比古神の名がある。かつて京で行われた災禍疾病をもたらす疫神を祓う道饗祭《みちあえのまつり》は、藤原京の成立とともに開始されたものであるとされる。同祭は伊弉諾尊が黄泉国から逃げ出す際、泉津醜女《よもつしこめ》に追われた折に蔓《かずら》などを投げ捨て、最後に杖を投げ捨てた時に岐神が生まれたという説話に由来しており、『古事記』にも伊邪那岐神が阿波岐原で禊した際に杖を投げ棄てた折に生まれたとする同様の説話がある。　(藤本　頼生)

やつしろぐう　八代宮　熊本県八代市松江城町に鎮座。正式には八代宮、別称将軍さん。旧官幣中社、祭神懐良《かねよし》親王、良成《よししげ》親王配祀。明治十一年(一八七八)宮内省が熊本県八代郡宮地村(八代市妙見町)の陵墓を後醍醐天皇第九皇子懐良親王に決定、同十三年親王顕彰のため住民の願により八代城本丸跡に社殿造営に着手。同年官幣中社、同十六年落成。翌年神霊鎮座、同十九年後村上天皇第七

皇子良成親王を配祀。本殿など総檜造り、大鳥居は昭和三十五年（一九六〇）造替。例祭八月三日、宝物に扇面一面（伝後醍醐天皇御物）などがある。

参考文献　原田敏明監修『熊本県の歴史』

（中野　幡能）

やつむねづくり　八棟造　棟の数が多い屋根を持つ建築の呼称。必ずしも棟の数が八つとは限らない。神社建築では本殿・相の間・拝殿で構成される北野天満宮本殿（国宝）など、いわゆる権現造の別称である。また民家では、平入の主屋の外壁を漆喰で塗り籠め、入母屋屋根に幾つもの小棟を付けたものをいい、奈良県橿原市、松山市などで使われている。　→権現造《ごんげんづくり》

（太田博太郎）

やなぎたくにお　柳田国男　一八七五—一九六二　明治から昭和時代にかけての民俗学者。日本民俗学の創始者。明治八年（一八七五）七月三十一日、兵庫県神東郡田原村辻川（神崎郡福崎町西田原辻川）に、父松岡賢次（操、医者・儒学者）・母たけの六男として生まれる。兄弟に、長兄鼎（医者）、三兄泰蔵（通泰、井上家に養子、医者・歌人・国文学者）、次弟静雄（海軍大佐、民族・言語学者）、末弟輝夫（映丘、東京美術学校教授・日本画家）らがいる。同二十年高等小学校を了えて、茨城県北相馬郡布川町（利根町布川）の長兄宅に身を寄せるため上京。二十三年東京市下谷区徒士町の三兄井上通泰宅に同居。二十六年第一高等中学校（のち第一高等学校）に入学。三十年東京帝国大学法科大学政治科に入学。三十三年卒業。同年農商務省農務局農政課に勤務。三十四年柳田直平（旧信州飯田藩士、大審院判事）の養嗣子として入籍（のち三十七年に、四女孝と結婚）。四十三年内閣書記官記録課長を経て、大正三年（一九一四）貴族院書記官長となり、八年書記官長を辞任する。九年東京朝日新聞社客員となる。十年国際連盟常設委任統治委員会委員に就任し、一時帰国するが、十二年まで、ジュネーブに滞在。十三年朝日新聞社編集局顧問論説担当となり、昭和五年（一九三〇）まで在社。昭和二年北多摩郡砧村（世田谷区成城）の新居に移る。二十一年枢密顧問官に就任。二十二年書斎に、民俗学研究所を設立（三十二年解散）。二十四年学士院会員。同年日本民俗学会を結成し、初代会長となる。二十六年第十回文化勲章受章。昭和三十七年八月八日、八十七歳で死去。戒名、永隆院殿顕誉常正明国大居士。川崎市生田の春秋苑に埋葬される。蔵書は遺言により、成城大学に寄贈される（「柳田文庫」）。柳田学と呼ばれる、柳田国男が創成した学問と思想の、まずなによりもの個性は、その「学」の形成のユニークさにある。それは、幼少年期から青年期にかけて体験した、さまざまな体験をベースとして学問を発酵させていったということである。その第一は、みずからもくぐった農村社会の「貧困」の体験であり、そこから農政学へさらに民俗学へと向かっていったモティーフの確かさにあった。第二は、少年期に体験した異郷体験であり、その延長線に展開されていった、日本列島への数多くの旅の体験であった。そして第三は、少年期から読書童子として育った、類いまれな読書家であり、その読書すなわち学問領域も、国学から西欧の自然主義文学へ、さらに農政学から民俗学へと幅広く積み重ねられていったなかにある。柳田学の個性は、こうした己れの不遇な体験核をベースとして、その解放を目指すために、日本農村社会の「貧」を歴史的に実証科学として明らかにし、「自己認識」するために創成されていったところにある。その農民すなわち柳田のいうところの「常民」の歴史学を形成するために、英雄貴人が書いた文書ではなく、文字を持たない常民の「伝承」資料（有形資料（冠婚葬祭・年中行事など）、言語資料（方言・昔話・民謡など）、心意資料（信仰・タブーなど））によって、常民史学を形成しようとしていったところに、柳田学の創造と不滅の位置がある。さらに柳田は、その学問を単なる己れの独占物にすることなく、「郷土会」をはじめとするさまざまな民間の研究会を組織し、あるいは『郷土研究』などの雑誌を発行し、地方・中央をとわず、研究者の育成と資料の収集を推し進め、日本民俗学の組織化と体系化を独学と独力で確立していった。その学問的成果は、百三十三冊の主著などを収めた『定本柳田国男集』全三十六巻に示されており、なかでも、日本民俗学の誕生を告知したといわれる『遠野物語』や、はじめての世相史『明治大正史世相篇』や、日本人の精神史の象徴を伝える『日本の祭』『先祖の話』、そして壮大な仮設の書といわれた、日本人の起源を説いた『海上の道』などは、不滅の書として読まれていくであろう。

参考文献　後藤総一郎編『柳田国男研究資料集成』

（後藤総一郎）

やのはるみち　矢野玄道　一八二三—八七　幕末・明治時代前期の国学者。通称茂太郎・谷九郎、字太清、号は子清・梅屋・谷蟆・真弓など。文政六年（一八二三）十一月十七日、伊予国大洲藩士矢野道正の子として喜多郡阿蔵村（愛媛県大洲市）に生まれる。天保十一年（一八四〇）十八歳で松山の日下伯巌に入門。弘化二年（一八四五）上京し順正書院に入り、伴信友・頼支峰・八田知紀らと交わる。同四年江戸の平田塾に入門、平田篤胤没後門人となり、また昌平黌にも入学す。嘉永四年（一八五一）再び上京、本覚寺・鳩居堂などで国学を講じた。以後慶応年間（一八六五—六八）まで、惟神の道による祭政一致体制を成立させるための建言活動を続け、皇学校設立建白（嘉永五年）、神祇官再興建議（元治元年（一八六四））、山陵復興建言（慶応二年）などを朝廷や薩・長両藩に対して行なった。また古典の研究を深め『皇典翼』『神典翼』の執筆に励む。慶応三年十二月の王政復古における「神武創業」への復古の理念は、彼や玉松操の意見が岩倉具視を動かしたためともいわれる。同年三十六ヵ条の『献芹《けんきん》詹語《せんご》』を新政府に建言したが、国学者による政権構想として重要である。新政府に登用され、内国事務権判事、大学規則取調を命ぜられ、ついで皇学所御用掛となる。

その廃止後大学中博士、御系図御用掛となる。明治四年（一八七一）外山・愛宕国事犯事件（愛宕通旭事件）への関わりを疑われ動静不審として逮捕、郷里で謹慎となった。同七年平田家から『古史伝』続修を依頼され十九年に完成させた。再出仕後は修史館御用掛（明治十年）、宮内省御用掛（十一年）、図書陵御用掛（十七年）など歴任。二十年五月十九日郷里にて没す。年六十五。諡号、稜威之道《いつのち》別命《わきのみこと》。贈従五位。

参考文献 芳賀登・松本三之介校注『国学運動の思想』（『日本思想大系』五一）、景浦勉編『矢野玄道・三上是庵』（『愛媛の先覚者叢書』三）、矢野太郎「矢野玄道の著書及び解題」（『伝記』四ノ五）、渡辺刀水「矢野玄道大人雑記」（同）　（沼田　哲）

やひこじんじゃ　弥彦神社　新潟県西蒲原郡弥彦村、標高五八五㍍の弥彦山東麓に鎮座。正式には「いやひこじんじゃ」という。伊夜比古神社・弥彦明神などとも呼ばれた。旧国幣中社。現在祭神は天香山命。『伊夜比古神社記』などは天香語山尊《あめのかごやまのみこと》を祭神とするが、文明三年（一四七一）の「古縁起」は、和銅二年（七〇九）に弥彦明神が弥彦山西麓の海岸米水浦に来臨したと記すのみで神名は挙げていない。『万葉集』一六に、「伊夜彦おのれ神さび」「伊夜彦神のふもとに」（原万葉仮名）とあり、山自体が神だったと考えられる。『続日本後紀』天長十年（八三三）七月戊子（三日）条には旱疫を救った「伊夜比古神」を名神となし、承和九年（八四二）十月壬戌（二日）条には「越後国无位伊夜比古神」を従五位下にする、とある。『三代実録』貞観三年（八六一）八月三日条には従四位下となる。『延喜式』臨時祭では、名神祭二百八十五座のうちに「伊夜比古神社一座（越後国）」、同神名帳には越後国五十六座のうちに「伊夜比古神社（名神大）」とある。大治四年（一一二九）宮城県の名取新宮寺所蔵経典奥書に「弥彦御庄」とみえ、『吾妻鏡』文治二年（一一八六）三月十二日条に「二位大納言家領弥彦荘」と現われる弥彦荘が、神領の中心であろう。本地は阿弥陀如来で神宮寺があったが、明治初年に廃止。中世には越後一の宮とされ、『義経記』には源義経参拝のことがみえる。県内に約三十社、また福島県只見川流域にも数社の伊夜彦神社・弥彦神社が分布しているのは中世期の発展を示すものと思われる。長尾上杉氏に外護されていたが、その移封後、慶長十六年（一六一一）大久保石見守長安から五百石を与えられ、慶安元年（一六四八）将軍家光の朱印状を受ける。現本殿は大正五年（一九一六）の建築であるが、境内に元禄七年（一六九四）建立の末社十柱神社があって重要文化財。ほかにも文書・工芸品など国・県指定文化財が多い。例祭は二月二日。神事・芸能では一月一―三日の夜宴神事、一月七日の弓始神事、七月十二日から十五日間にわたる燈籠神事などが著名で、「弥彦神社燈籠おしと舞楽」は国の無形民俗文化財。

明治時代の弥彦神社

参考文献 弥彦神社編『弥彦神社叢書』、新潟県教育委員会編『越後文書宝翰集・弥彦文書』、『新潟県史』資料編二・五、『弥彦村誌』、岡真須徳『弥彦神領史話』　（井上　慶隆）

やひらで　八開手　⇩拍手《かしわで》

やぶがみ　藪神　集落の一隅の藪の中に祀られ、激しく祟るとされている神。奈良県南部では、藪から出てきて子どもを驚かす魔神のことだと伝えている。佐賀県東松浦郡呼子町の小川島などでは、畑の隅に三角型の木立を残したものをヤボ神と呼び、時として夢枕に立つという。無縁になった塚が、法印のすすめによってヤボ神として取り上げられることが多かったようである。島根県西石見地方では、旧家の屋敷続きの森の中に小さな祠で藪神が祀られている。この藪神のことを「地主さん」または「塚神《つかじん》さん」と呼んでいる。また、えたいのわからない墓石が出たりすると、これを取り上げて祀ったりしているものもあれば、古木を依り代として祀ったりしているものもある。このような藪神さんの木を伐ることは、厳しく戒められている。森神信仰の一種としての性格も認められるが、藪神の場合は、特に祟りのことをやかましくいう。これは法印や巫女の関与が大きかった結果と考えられる。　↓荒神《こうじん》

参考文献 直江広治「西石見の森神信仰」（『民間信仰の比較研究』所収）　（直江　広治）

やぶさめ　流鏑馬　武士が馬を馳せながら鏑矢《かぶらや》を射る弓技。「やばせうま」「やばせめ」、転じて「やぶさめ」と称し、鏑矢を用いることから漢字の流鏑の字をあてたと解されている。武官の騎射に習い矢番の習練として武士に愛好され笠懸・犬追物とともに騎射の三ッ物と称された。『中右記』永長元年（一〇九六）にみえる白河院の流鏑馬が鳥羽の城南寺離宮において滝口武士によって張行され後世城南寺流と称されたのは著名であり、藤原明衡の『新猿楽記』には、天下第一の武者の中君の夫が歩射・騎射・笠懸とともに流鏑馬の名手であることが記され、当時の武士の間で盛んであったことを窺わせる。鎌倉時代には、幕府の行事として流鏑馬が取り入れられ、放生会《ほうじょうえ》以下の恒例・臨時に盛んに興行された。関東の流鏑馬は、もっ

ぱら藤原秀郷の故実を継承して、佐藤・首藤・波多野・小山・結城・下河辺・近藤・武藤・佐野・足利らの氏族により秀郷流と称して重んじられた。『吾妻鏡』文治三年(一一八七)八月十五日条には、鶴岡八幡宮の放生会に諏方盛澄は、「流鏑馬之芸窮、依㆑慣㆓伝秀郷朝臣秘決㆒也、爰属㆓平家㆒多年在京、連々交㆓城南寺流鏑馬以下射芸㆒訖」とみえ秀郷流に城南寺流の奥儀を極めて、源頼朝から評価されている。頼朝は、西行に故実を問い、弓馬に堪能な武士を集め、弓の持ち用、矢番の技術を糺し関東の流鏑馬の様式を整備して基を調えた。装束は、綾藺笠《あやいがさ》、武士の日常の姿の狩衣《かりぎぬ》・水干《すいかん》・直垂《ひたたれ》などに行騰《むかばき》・射籠手《いごて》を着け、箙《えびら》を負った狩装束を例とした。馬場は、長さ二町に的を三ヵ所に立て、馬場の走路の前後を扇形とし、埒《らち》を設けて、弓手《ゆんで》を雄埒、馬手《めて》を雌埒といい雄埒を高くする。的は、一尺八寸ほどの檜の板を長さ三尺五寸ほどの竹串に二ヵ所紙縒りで綴じ、走路から約三尺五寸ほどに立てた。室町時代になると弓馬を中心とした合戦から槍・鉄砲と戦闘様式も変化して、武術よりも神事としての奉賽のみとなり、地方に形骸化して、存するのみとなった。江戸時代故実を好んだ八代将軍徳川吉宗により、打球・流鏑馬などの旧儀が再興され、『徳川実紀』に「流鏑馬も中古以来絶たるを興し給はんとて、諸家の記録をあまた御参考ありて、成島道筑信遍に仰せて、流鏑馬の事類聚せる書をつくらしめ給ひ」とみえ、その実施は、享保十三年(一七二八)三月十五日徳川家重の疱瘡平癒祈念として高田馬場の穴八幡で再興されたが「綾藺笠をはじめ、万の調度ども、かたの如く備はりしかど、古の式法、其まゝに伝はりたるにあらねば」と遠慮して、騎射挟物と称したと伝えている。その式は、旗本の小笠原平兵衛にあずけ、のち小笠原縫殿助も加わり、元文三年(一七三八)家治の誕生祝い、宝暦元年(一七五一)の家重の厄年などに盛んに興行されたが、幕府の瓦解とともに衰退した。現存する流派には、徳川の伝統を引く小笠原流と、熊本細川藩で伝承された武田流が著名である。

参考文献 『古事類苑』武技部

(鈴木 真弓)

やふねのかみ 屋船神 家屋を護る神。『延喜式』祝詞の大殿祭《おおとののほがい》祝詞に屋船神とあり、屋船久久遅命《やふねくくのちのみこと》と屋船豊宇気《やふねとようけ》姫神《ひめのかみ》の二柱としている。屋船久久遅命は「木霊也《きのみたま》」とあり、また、屋船豊宇気姫神は「稲霊也《いねのみたま》」とあるが、転じて草をも司るとされる。家屋の建材となる草木を司る神であることから家屋の神とされた。現在でも新築工事などには上棟祭《じょうとうさい》が執り行われ、工匠の神である手置帆負命《たおきほおいのみこと》・彦狭知命《ひこさしりのみこと》とともに四柱の神がまつられる。→大殿祭《おおとののほがい》 →句句廼馳《くくのち》 →豊受気毘売神《とゆけひめのかみ》

(新井 大祐)

やまうちじんじゃ 山内神社 高知市鷹匠町二丁目に鎮座。旧別格官幣社。明治三年(一八七〇)十一月山内家祖先の霊を祀ったのに始まり、同四年創建。昭和九年(一九三四)四月別格官幣社に列する。祭神は十五代土佐藩主山内豊信(容堂)と十六代藩主豊範。相殿として藤並神社の祭神初代藩主山内一豊と夫人若宮氏女(見性院)および歴代の藩主を祀る。昭和九年社殿を新築し境内を拡張したが、昭和二十年の空襲で焼失し、同四十五年再建した。同年神社の西境内に山内神社宝物資料館が開館され、歴代藩主の遺品や古文書を収蔵展示している。また同館(のち山内神社)より『山内家史料』(歴代公紀)を刊行。同五十二年藤並神社(高知市丸ノ内)を合祀。資料館はその後、平成七年(一九九五)県に引き継がれ、土佐山内家宝物資料館となっている。例祭は十一月十日。

参考文献 近森茂樹編『別格官幣社山内神社御造営誌』

(山本 大)

やまかげしんとう 山蔭神道 古神道系の新宗教。直接の前身は、山蔭基央《やまかげもとひさ》(一九二五—)を主幹として昭和三十一年(一九五六)に設立された天社山蔭神道愛信会であり、それが四十一年に現在名に改称された。山蔭家七十九代を継承する基央の盛んな著述活動により、古神道系の教団として知られるようになった。山蔭神道では、そこにいたるまでの前史が、由緒正しきものとして強調される。山蔭とは天皇の蔭となることを意味するもので、歴代皇室に貢献したとされる。山蔭家七十五代の員衡は、吉田神道の分家の嫡男で、古伝神道を復活し、垂加説なども摂取して、山蔭神道を称した。七十七代の中山忠英は明治維新に参加し、明治二十三年(一八九〇)に皇道会を組織した。七十八代の中山忠徳ははじめ御岳教《おんたけきょう》に入信、管長になったのちに辞任して、昭和二年に御岳本教を組織、これは数年で人類愛信太祖教と改称された。第二次世界大戦後新たに愛信会が組織され、天社山蔭神道愛信会の直接の母胎となった。平成十三年(二〇〇一)末現在、神社三、教会一一、布教所七、教師一二〇、信者八四五〇(文化庁編『宗教年鑑』平成十四年版)。

(津城 寛文)

やまがそこう 山鹿素行 一六二二—八五 江戸時代前期の兵学者、儒学者。名は高祐(また高興)、字は子敬、通称は甚五左衛門、素行は号である。元和八年(一六二二)八月十六日に会津若松に生まれた。父貞以《さだもち》は、もと関一政に仕えた牢人で、会津藩主蒲生氏の家老町野幸仍《ゆきより》を頼り、その子幸和に寄寓していた。母は町野家の侍女から貞以の妻となり、法号を妙智という。寛永四年(一六二七)に蒲生氏が改易されると、一家は江戸に移り、貞以は町医を開業した。素行は六歳のこの年から漢籍を学び、九歳で林羅山に入門、早熟の秀才として知られた。十七歳からは広田坦斎について和学・歌学を、また高野山按察《あぜち》院の光宥から神道を学んだ。早くから武芸・兵法を修業し、十五歳で小幡景憲と北条氏長とに入門して、二十一歳で景憲から兵学の印可を授けられた。景憲は甲州流(武田流)兵学の代表者である。同年素行は『兵法神武雄備集』五十巻を著わし、諸大名から招かれたが、加賀藩の場合、知行千石でなければと父が要求したため、交渉が成立しなかった。同じころ町野幸和の妻祖心尼は、春日局の縁者として大奥で権勢を振るい、素行を幕臣に登

用させようとしたが、徳川家光の死などにより実現しなかった。こののち晩年まで素行は、幕臣となる夢を抱きつづけたようである。二十一歳で結婚。妻は法名浄智。承応元年(一六五二)には播磨国赤穂藩主浅野長直に仕えて、禄千石を与えられ、翌年赤穂へ行って、築城の設計に参画した。滞在七ヵ月余で江戸に帰り、教育と学問に専念して、三十五歳で『武教小学』『武教要録』『武教全書』などを著わし、独自の兵学(山鹿流)をほぼ完成した。万治三年(一六六〇)に浅野家を致仕。理由は明瞭ではないが、高禄にもかかわらず、一般の武士の職務である番役や使者役に宛てられることもなく、単なる学者として待遇されたことが、不満であったようである。この前後から朱子学に疑問を抱き、老荘の書を読んだり、禅宗に接近して隠元隆琦と問答(三十七歳)をしたりしたが、いずれにも満足できず、「今日日用事物の上」すなわち現実の生活の上に役立つ学問を求めて、ついに寛文二年(一六六二)のころ、朱子学など後世の注釈を捨てて、儒学の古典である「周公孔子の書」に直接に依拠した、新しい学問の体系を構想するようになった。これを聖人の学問の意味で、聖学あるいは聖教とよび、翌年から門人に大部の『山鹿語類』を編集させるとともに、その新しい学問の理論を『聖教要録』にまとめ、同五年に刊行した。このため翌年十月には幕府の大目付北条氏長から、「不屈なる書物」を著わしたとの理由で、赤穂藩浅野家への「お預け」すなわち流罪を宣告された。これは幕府の政策による思想弾圧ではなく、当時の幕府の有力者であった会津藩主保科正之が朱子学の熱心な信奉者であって、その個人的意見に基づく処分であろうと推測され、実際にも正之が没して三年後に素行は赦免された。赤穂への流謫は延宝三年(一六七五)まで九年間に及び、素行は絶望して自伝『配所残筆』を書いたほどであったが、この間に学問に専念することができ、『四書句読大全』『謫居童問』『中朝事実』『武家事紀』など、素行の学問を代表する大著を完成した。前の二書は、聖学の具体的な論証であり、後の二書は、実用の学問の基礎としての歴史の研究である。赦免されて江戸に帰り、浅草田原町に住んで、陳元《げん》贇《ぴん》の書いた扁額によりここを「積徳堂」と号した。晩年の著『原源発機』は、『易経』にならった象数の原理論であり、また『治平要録』などでは、儒学の徳治主義を否定した実際的な政治論を述べている。貞享二年(一六八五)九月二十六日、黄疸で病没。六十四歳。牛込弁天町(東京都新宿区内)の雲居山宗参寺に葬られた。同寺に素行と父母の墓がある。素行の聖学は、朱子学からの転回の時期は、伊藤仁斎とほぼ同時ながら、『聖教要録』として早く発表した点で、日本独自の儒学思想としての古学の先駆とされる。その思想上の特色は、社会事象に対する客観的な認識能力としての「知」(「知識」)を重視するとともに、それにより認識された社会的秩序の中での個人の「職分」の自覚に、人としての生き方の基本を見出そうとする点にある。「知」は朱子学でも重んぜられたが、朱子学における「致知」や「窮理」が、自己の心の本性についての内省的な自覚、すなわち主客未分の境地における道徳的原理の会得を目標としていたのに反し、素行は主観と客観とを明確に区別している点で、むしろ近代的な科学の立場に近いといえる。しかし聖学と称しながらも、古典の解釈に関しては朱子学に依存し、独自の実証的研究を試みるには至らなかった。儒学の面での影響力が乏しかったのは、そのためで、学統は主として兵学の面で継承された。素行を特に尊信した平戸藩主松浦鎮信と弘前藩主津軽信政とは、それぞれ素行の子高基(藤助)と、養子政実とを登用し、家系は幕末に至った。素行の著述は、『武家事紀』と『四書句読大全』とが単行されているほか、主要なものは、国民精神文化研究所編『山鹿素行集』八冊と、広瀬豊編『山鹿素行全集』思想篇一五冊とに収録されている。

参考文献 村岡典嗣『素行・宣長』、堀勇雄『山鹿素行』(『人物叢書』三三)、友枝竜太郎「山鹿素行」(相良亨他編『江戸の思想家たち』上所収)、尾藤正英「山鹿素行の思想的転回」(『思想』五六〇・五六一)

(尾藤 正英)

やまがたけんごこくじんじゃ 山形県護国神社 山形市薬師町に鎮座。祭神は明治維新以降第二次世界大戦に至る諸事変・戦役において戦没した山形県関係者の霊を祀る。明治二年(一八六九)一月、市内八日町に戊辰戦争の戦没者鹿児島藩二番大砲長久永竜助以下十名の慰霊の祭典を斎行したのを創立の由来とする。明治八年六月、官祭の招魂社となる。明治十一年九月、八日町東原に社殿を造営し、同二十一年十月、山形市宮町千歳公園内に遷座したが、同四十四年の山形市の大火により社殿を焼失し、翌四十五年二月に仮殿を造営、大正元年(一九一二)に社殿再建に着手し、翌二年三月に竣工する。昭和八年(一九三三)三月に官祭山形県招魂社と改称し、同九年十月に宮町の現在地に社殿を造営し、遷座する。昭和十四年四月に一道府県に一社を限りとする内務大臣指定の護

山形県護国神社　明治時代の山形県招魂社

国神社となる。第二次世界大戦後の占領下、同二十二年四月に社名を千歳宮と改めたが、サンフランシスコ講和条約締結後の同二十七年十二月に現社名に復す。例祭は春季五月十一日、秋季十一月二日。

参考文献『全国護国神社会五十年史』（大井　鋼悦）

やまがただいに　山県大弐　一七二五―六七　江戸時代中期の儒学者。いわゆる明和事件の中心人物。はじめ惟貞といい、字は子恒、通称を軍治という。諱は昌貞、通称を大弐といい、号を柳荘、医号を洞斎と称した。享保十年（一七二五）甲斐国巨摩郡篠原村（山梨県中巨摩郡竜王町）に生まれる。父は甲府与力。寛保二年（一七四二）十八歳のとき、兄昌樹とともに京都に遊学、帰郷後二十一歳、家督を世襲して村瀬軍治と名のり与力となるが、弟武門が殺人逃亡を計ったため、宝暦元年（一七五一）改易され浪人となって山県氏に復姓し洞斎と称した。同年秋、江戸に出て医業と寺子屋とを兼務しつつ生活を支えた。同四年若年寄大岡忠光（のち第九代将軍徳川家重の側用人となり権勢をふるった）に仕えて勝浦陣屋の代官、同六年医官兼儒官として藩邸出仕を歴任し、それぞれ当時の農民の窮状や幕府政治の現実を直接経験する機会をもったことが主著『柳子新論』（宝暦九年二月）の著述となった。同十年主君大岡忠光の死没を機に大岡家を辞去し、江戸八丁堀長沢町（東京都中央区八丁堀三丁目）に家塾を開講し、古文辞学の立場から兵学や医学を講ずるとともに著述に専念した。この間、上州小幡藩織田信濃守信邦の家臣吉田玄蕃ら多くの藩士をその弟子としていたが、同藩の内紛に巻き込まれ、また門弟の間からも大弐らに謀反の企てありとの密告者が出て、明和四年（一七六七）同塾に寄宿していた藤井右門らとともに捕縛され、同五年八月二十一日、謀反の証拠はないが、幕府をはばかる議論をしたとの理由で翌二十二日、処刑された。四十三歳。法名は倹昌院卓英良雄居士。墓は東京都新宿区舟町の全勝寺と生誕地竜王町篠原の金剛寺にある。また、竜王町篠原には山県神社があり、その境内にある町立民俗資料館には自筆の著書などが保存されている。大弐は、その学を崎門学派の加賀美桜塢（光章）と蘐園学派の五味釜川にうけ、儒学の正名思想と放伐思想にもとづいて幕政の現実を厳しく批判した（『柳子新論』）。その思想は、崎門派の大義名分論と荻生徂徠の政治社会思想とを礼楽論を媒介にして接合したものであるが、折しも近世社会の動揺・転換という時代状況にあって、尊王斥覇思想と幕政批判とを結びつけ、さらにそれが実践的な兵学思想と結びついたために幕府の疑惑を招いたものである。竹内式部らの宝暦事件とともに、実践運動としての尊王斥覇思想の先駆者として位置づけることができる。主著『柳子新論』のほかに『天経発蒙』『星経淘汰』『琴学発揮』『発音略』『楽律考』『楽制篇』などの著述がある。

参考文献　甲陽図書刊行会編『山県大弐遺著』、飯塚重威『山県大弐正伝』（本郷　隆盛）

やまぐちおきなり　山口起業　一八三一―八六　幕末から明治時代初期の神宮学者、国学者。通称を伝兵衛といい、藤園・春浦と号した。天保二年（一八三一）十月四日、和歌山藩領の伊勢国度会郡田丸町（三重県度会郡玉城町）の野口八平の次男として生まれ、六歳の時、伊勢山田前野町で家伝薬「如神散」を商う薬舗山口家の当主光顕の養子となった。十二歳より御巫《みかなぎ》清直の家塾で学び、次第に学才を発揮して、宮崎文庫の研究会に参加し、『神境人物誌料』『神籍一覧』などを著わした。明治四年（一八七一）神宮改革に伴って皇大神宮宮掌に任ぜられ、以後神宮主典に進み、神宮教院教監・編集課長などを歴任して、神宮の教化運動と地域子弟の教育に力を注ぎ、明治十九年二月十六日五十六歳で没した。著書に『神教綱領演義』『神典採用通解』といった、一般の理解を助けるための平易な解説書や、善悪の報の厳然たる幽世の理や、神徳の尊きを明らかにした『神判記実』などがある。

参考文献　中西正幸『伊勢の宮人』（伴五十嗣郎）

やまぐちけんごこくじんじゃ　山口県護国神社　山口市宮野下に鎮座。祭神は嘉永六年（一八五三）ペリー来航以来の国事・事変・戦争で没した山口県出身者約五万二千柱を祀る。昭和十三年（一九三八）現在地に山口招魂社造営に着手、同十六年八月竣工した。これより先、同十四年に護国神社制度が公布されたことから、社殿の竣工とともに一道府県一社を限りとした指定護国神社として山口県護国神社の称を以て、同十六年十二月二十七日鎮座祭が行われた。当地における戦没者慰霊の伝統は古く、現社地南の桜畠練兵場（現陸上自衛隊訓練場）では、北清事変後の明治三十六年（一九〇三）に防長靖献会が設立され、毎春の祭祀を行なっていた。第二次世界大戦後の占領下、一時御霊神社と改称されたが、サンフランシスコ講和条約締結後の昭和二十七年に現名に復した。例祭は春季（四月二十九日）・秋季（十一月三日）の慰霊大祭で、八月十日には献燈みたま祭が行われる。

参考文献『全国護国神社会五十年史』（津田　勉）

やまぐちのまつり　山口祭　造宮料材を御杣山より伐り出すはじめに山の上り口に坐す神を祀って伐採・搬出の安全を祈る祭。有名な伊勢神宮の式年遷宮の際の祭につき記述すると、(一)祭の行われる場所は、古来、皇大神宮は神路山の山口にある岩井田山の岩社の森の上、豊受大神宮は高倉山の北麓の土宮の前、その後、御杣山が伊勢国神道山、志摩国答志郡、伊勢国江馬山に移り、ついで三河国設楽山、さらに江戸時代後期には信濃国木曾山や伊勢国宮川の川上にある大杉山となったが、祭の行事は古の形状を遺して昔からの場所で行われている。(二)斎行の年月については、『神宮雑例集』に、「太神宮廿年可レ被二造替一者、十七年孟冬祭二山口并木本神等一云云」とあるから、少なくとも院政時代より鎌倉時代初期には、遷御四年前の十月（孟冬）を以て斎行されていた。また早く『延喜式』伊勢太神宮に「太神宮ノ年限満テ応二修造一者、遣レ使孟冬始作レ之」とみえ、さらに『永昌記』『代々遷宮記』

皇大神宮の山口祭　平成３年の祭場での神事

『類聚大補任』などにも十月の祭となっている。しかるにこの規定が室町時代に至って紊乱し、寛文九年(一六六九)九月の皇大神宮の正遷宮後は前八年の暮春(三月)に行われることとなった。ちなみに、昭和四十八年(一九七三)第六十回式年遷宮の山口祭は遷御前八年の五月に斎行されている。㈢日時については、およそ大神宮造替遷宮の諸祭は吉日を択んで行われる例であるから、延暦のころは明らかではないが、後は禰宜注進に随って日時を勘下された。当日造宮使参向、正宮奉拝の後、五丈殿に着き、日時の宣旨拝見および饗膳の式(遷宮四大饗の一つ)が行われた。明治以後の例も、日時は宣下され、祭主・造宮使以下参列し、古式に準じて行われている。㈣祭儀の式次第は、総裁以下・大宮司以下正宮奉拝。次、荒祭宮(外宮は多賀宮)遙拝所において奉拝。次、五丈殿に至る。次、饗膳。次、宮掌忌物神饌および諸員を祓い清む。次、忌物神饌辛櫃を舁立て諸員参進山口祭場に着く。次、宮掌祓を修し大麻を執りて祭場を祓い清む。次、物忌宮掌忌物神饌および鶏卵を奠す。次、権禰宜(外宮は宮掌)祝詞を奏す。次、諸員奉拝八度拍手両端。次、物忌宮掌忌物神饌および鶏卵を撤す。次、物忌宮掌忌物を地中に納める。次、物忌忌鎌を執りて草木を刈り初む。次、諸員一拝。次、諸員退下。

参考文献　中川経雅『大神宮儀式解』(『大神宮叢書』)、神宮司庁編『神宮要綱』

(鈴木　義一)

やまざきあんさい　山崎闇斎　一六一八―八二　江戸時代初期の儒学者。元和四年(一六一八)十二月九日、京都に生まれる。名は嘉、字は敬義《もりよし》、幼名は長吉、通称は嘉右衛門、闇斎と号し、神道の霊社号を垂加という。父、浄因は祖父と同じく、備中国の木下肥後守家定に仕えたが、四十七歳のとき辞去して浪人となり、京都に鍼医を業として住居した。母は貧困の浪人ぐらしの中で男女各二人を生み、厳格な躾を施した。闇斎は末子。幼少年時代は、鼻っ柱の強い暴れん坊であったため、十二歳ごろ、比叡山へやられ、その後京都の妙心寺に移ったが、野中兼山の眼にとまり十九歳のころ、土佐国の吸江寺に入ったことが生涯の転機となった。そこで南村梅軒の系譜を引く小倉三省や前述の兼山と交わりつつ、谷時中に師事して儒学を学んだ。二十三歳のころは未だ三教一致論を唱えていたが、二十五歳ごろ、朱子の書を読んで仏学を批判し儒学の立場に立った。だが、そのために藩公山内氏の怒りをかい、土佐国を逃れて京都に帰り、還俗した。正保四年(一六四七)三十歳のとき、朱子の仏教批判に関する論を文集・語類などから抜き出して『闢異《へきい》』一巻を編み、朱子学一尊の立場を闡明にした。その後約十年間は、無名の学者として朱子以後の朱子学派への内在的批判を通して朱子の教説を表章する編纂に専心従事した。明暦元年(一六五五)三十八歳のとき、市中に講席を開き、門人を教授した。四十一歳のとき江戸に遊学し、笠間藩主井上正利・大洲藩主加藤泰義らの知遇をうける。このころよりようやく名が揚がり、以後、毎年江戸に出講し、京・江戸間を往復することとなる。寛文五年(一六六五)四十八歳のころ、幕府の執政であった会津藩主保科正之の招聘に応じて賓師となり、正之が没するまでの七年間、厚遇された。その間、闇斎の盛名は大いに揚がり、四方より従学する者が増加し、京・江戸間の往復と講義・著述に明け暮れた。寛文十一年五十四歳のころ、正之が吉川惟足から神道の伝授を受けていたその縁により闇斎も惟足に学んで神道を渉猟し、また度会《わたらい》延佳の弟子の河辺精長から中臣祓の伝を受け、以後独自の神道説(垂加神道)を唱えるようになった。寛文十二年正之が没して以後、晩年の十年間は京都に在って講義・著述に専念した。この間、佐藤直方・浅見絅斎・三宅尚斎などいわゆる崎門の三傑が輩出し、活況を呈した。天和二年(一六八二)春、病を得て九月十六日没。享年六十五。墓は京都市左京区黒谷町の金戒光明寺にあり、また京都御所東南の下御霊神社に祀られている。闇斎の著作のほとんどすべてが、朱子学の浩瀚な著作の中からその思想の精粋を選んで編纂したものであることからも明らかなように、闇斎の思想的立場は、朱子の真説を闡明にすればもはやそれに付け加えるべき何物もないという朱子学一尊主義を貫いたものであったが、そこには幾つかの特色を認めることができる。まず第一に闇斎学の第一の思想史的意義は、江戸時代初期、日本に流入したのが、明末の朱子学文献であったことから、闇斎は、それらの「末書」の内在的批判を通して朱子の定説・真面目を闡明にしようとする作業を行なったことであり、その意味で闇斎を学祖とする闇斎学派は「程朱学を理論と実践にわたる世界観として一個一身に体認しようと格闘した最初の学派」(丸山真男)であった。林羅山以来の林家朱子学がいわば朱子学の概説的理解にとどまり、また他方、伊藤仁斎・山鹿素行・荻生徂徠らいわゆる古学派が朱子学説への異和感を媒介にしてそれぞれ独自の思想を形象化していったのとは際立った特色をなし、当時の学界に強いインパクトを与えた。さらにまた難解な朱子学理論を俗語を混えた和文で易しく解説し、講釈によって人々に語りかけたために、講義筆記は広く人々に伝写されて朱子学の普及に大きな役割を果たした。だが、第二にそこに形象化された思想は、朱子学それ自体が多様な思想要素を内包するとはいえ、中国朱子学とはかなり異なったものとなったことも否定できない。その一つは、朱子学がその道徳修養に際して、格物・窮理など事物の客観的認識を媒介にして心の在り方を正す方法を重視したのに対して、「敬《つつしみ》」を第一義的に重視したことに端的に表われているように、主観的および心情的な傾向性を強めたことである。二つは、その「敬」は心の自立性に対するそれではなく、むしろ「義」の重視となり、自己の所属する集団(藩や国・民族)などの主体性の自覚を基礎として内外・自他の区別を通して、拠るべき道徳規範を明らかにする思想を形成した。「拘幽操」の評価などに表われている君臣関係の絶対化や、中国＝中華思想に対するいわゆる日本主義の強調などがそれである。三つは、上記のような朱子学理解における精神修養的な側面の強調と、所属集団の論理の強調は、神道への傾斜を促進し、伊勢・吉田神道を承けて、敬と五行説とを以て神道を理論化するに至ったが、その結果、敬と土金説とを結びつけるという非合理的な解釈をも呼び込むこととなった。四つは、精神修養を強調する厳格な道徳至上主義は、一方ではその学問を『小学』『近思録』・四書などの朱子学文献に限定したことや、他方での講釈という方法での師説の継受の絶対性とも相まって、狭隘な「道学先生」の異名をはやらす源ともなった。思想史的意義の第三は、その講釈という独自の方法によって門人はすこぶる多く、前述の三傑のほかにも多くの弟子を有し、また儒学派・神道派への分裂を孕みながらも、闇斎を学祖とする崎門学派は、江戸時代中後期以降も大きな思想潮流となって幕末の政治思想に強い影響を与えることになった。『山崎闇斎全集』が刊行されている。

→崎門学派《きもんがくは》　→垂加神道《すいかしんとう》

参考文献　小林健三『垂加神道の研究』、伝記学会編『山崎闇斎と其門流』、尾藤正英『日本封建思想史研究』、阿部吉雄『日本朱子学と朝鮮』、西順蔵・阿部隆一・丸山真男校注『山崎闇斎学派』(『日本思想大系』三一)、近藤啓吾『山崎闇斎の研究』

(本郷　隆盛)

やまざきのじにん　山崎神人　⇩大山崎神人《おおやまざきのじにん》

やましなじんじゃ　山科神社　京都市山科区西野山岩ヶ谷町に鎮座。式内社。日本武尊・稚武王・宮道《みやじ》弥益・宮道列子を祀る。『延喜式』神名帳に登載され、月次・新嘗の官幣に与り、同右馬寮には、夏冬の官祭に使を遣わして走馬十疋を献上する事が定められた。四月・十一月の上巳の日に行われた祭を山科祭という。弥益の女列子と藤原高藤との間に生まれたのが、醍醐天皇の生母胤子である。したがって『師光年中行事』に「醍醐天皇寛平十年(昌泰元、八九八)三月七日丙子勅を奉じて山科祭を始む」(原漢文)とあるが、これは、宮道氏が醍醐天皇の外戚にあたり、その宮道氏の祖神を祀るが故に醍醐天皇の時より官祭となったのであろう。山科神社は延長六年(九二八)十一月八日正四位下が授けられ、山科の総社として一の宮また宮道神社と称し、明治六年(一八七三)村社となった。

(加藤　隆久)

やまじまい　山閉まい　⇩山開《やまびら》き

やまだあきよし　山田顕義　一八四四―九二　幕末の志士、明治時代の政治家。弘化元年(一八四四)十月九日長門国萩の松本村(山口県萩市椿東中ノ倉)に萩藩士(大組士)山田顕行の長男として生まれる。村田清風は大伯父。明倫館・松下村塾に学び、文久二年(一八六二)御楯組の結成に参加、尊王攘夷運動に従事。慶応二年(一八六六)第二次長州征討に際しては芸州口を転戦、三年には整武隊総督となり、大政奉還後先鋒として率兵上京した。四年七月官軍の参謀となり、北越・箱館戦争で活躍する。明治二年(一八六九)七月兵部大丞に就任、大村益次郎の横死後、近代兵制の整備を推進、四年七月陸軍少将兼兵部大丞となる。同年十一月岩倉遣外使節団に参加して欧米を視察、六年六月に帰朝した。翌年二月佐賀の乱の勃発に併い、叛徒鎮圧に出征、同年七月陸軍少将兼司法大輔となり、以後司法行政に関わる。十年三月西南戦争に伴い別働第二旅団長として出征、熊本城解囲作戦に参加した。十一年十一月陸軍中将に進み、十一年三月から十二年九月まで元老院議官を兼任、十二年九月には陸軍中将兼参議兼工部卿となり、政界の第一線に立つとともに文官色を強める。明治十四年の政変では大隈重信追放工作に協力、同年十月陸軍中将兼参議兼内務卿となる。十六年十二月司法卿に転じ、十八年十二月内閣制度創設に伴い第一次伊藤内閣で司法大臣に就任した。この間十七年七月には伯爵に列されている。黒田内閣・第一次山県内閣でも司法大臣を務め、民法・商法・民事訴訟法など各種法典の制定準備に尽力した。山田はフランス法の導入に熱意を見せ「法典伯」と呼ばれたが、神道の国教化にも精力を注ぎ十四年十月には「神道並に諸教改正要旨概目」を提出している。また二十三年秋の立憲政治開始に際しては神祇官再建の建議書を提出し「神祇官伯」の異名をとった。しかし二十三年十二月第一回議会で商法延期案が可決され山県首相がこれを容認する姿勢を見せたため、山田は辞意を表明して抗議した。辞表は説得により一旦撤回されたが、山田は山県内閣の退陣を機に再び辞意を表明、大津事件後の二十四年六月退任した。その後健康を害し一時第一線を離れたが、二十五年夏には第一次松方内閣退陣に重要な役割を果たした。二十五年十一月十一日、兵庫県の生野銀山を視察中、坑道に転落して死亡。四十九歳。山田ははじめ志士・軍人として名を挙げ、のちに文官に転じて司法行政に実績を残したが、教育・文化の方面でも皇典講究所(明治十五年賛襄。二十二年所長)、日本法律学校(二十二年、現日本大学当初、皇典講究所内に設立)、国学院(二十三年。はじめ私立国文大学として設立を準備)の設立に重要な役割を果たしている。統治技術としての西洋文化の導入と伝統的価値観を和魂洋才式に併存、両立させようとする山田の基本姿勢を窺うことができる。

参考文献　日本大学大学史編纂室編『山田伯爵家文書』、日本大学精神文化研究所・教育制度研究所編『山田顕義関係資料』、日本大学編『山田顕義伝』　（佐々木　隆）

やまださんぽう　山田三方　中世後期伊勢国山田に成立し、近世末まで長期間続いた自治町政組織。神宮（外宮《げくう》）鎮座地山田の神領町政を担当し三方会合とも称し、内宮の宇治会合と対比される。伊勢国度会《わたらい》郡沼木《ぬき》（ぬまきとも）郷山田《ようだ》村に坂《さか》・須原《すはら》・岩淵《いわぶち》の三保が、室町時代後期に発展して近隣諸郷を合わせて十二郷（大字《おおあざ》にあたる）から成る都市に成長した。中心の三保から三方と呼ぶとの説もあり、また幕府の三方引付に起因するともいわれるが不詳。神領は元来、神人層の刀禰《とね》職によって支配されていたが、山田の都市化による商工業の発展は富裕な商人や土豪層からなる地下人《じげにん》（神役人《かみやくにん》）の成長をもたらし、やがて神人層と対立・抗争を繰り返して次第に在地の行政権を獲得するに至る。永享年間（一四二九―四一）には神宮から承認され、神役人中の有力者より年寄が出て合議制の自治組織が誕生した。のちにも豊臣秀吉により公認、江戸幕府にも踏襲される。近世においては山田奉行所設置により自治権は縮小されたが、神宮御師を兼ねた有力町人層で構成される三方会合所は町政の中心的役割を荷負い、明治元年（一八六八）七月の廃止まで存続した。会合所に出座して町政を執行した三方年寄は、神宮祠官の支族や神役人層・土豪・有力商人の最有力者二十四家（近世初めに固定）の三方家から数人が選出された。各町の町政は三方家に次ぐ町年寄衆が分掌し、平師職やその他町民の上位に在った。三方会合の発行する文書には、山田三ツ判とよぶ三方の代表者の花押を居えたがのちには印判の花押に変わる。中世後期山田は伊勢神宮への年貢・貢納物の運漕や参宮者の増加によって商業活動も活発で、経済力を蓄積したが、三方は山田の座の取締りや御師職の統制を行い、神領の所務沙汰（年貢公事の徴収）および検断権をも有した。また宇治郷としばしば対立し、戦国大名北畠氏の軍勢とも戦闘を交える軍事力をも掌握した。近世には山田奉行支配下にあって権限は縮小したが、町政事務全般のほか、天災・火災時の指揮、闕所の犯過人財産の没収、横死者・処刑の立合などの勤役を果たした。会合所は中世末には宮川《みやがわ》渡料徴収など財源を有したが、近世にも前山山林や新田を所有し、さらに市中より羽書《はがき》（山田羽書）という私札発行を認可する権限を幕末まで保有した。三方会合所廃止後の明治元年以降、旧年寄一名が度会府市政御用係となり、明治五年まで度会県支配下、大年寄として県知事指揮監督下の町政を担当した。

参考文献　薗田守良編『神宮典略』後（『大神宮叢書』）、『宇治山田市史』上、西垣晴次・松島博『三重県の歴史』（『県史シリーズ』二四）、大西源一『大神宮史要』、西山克『道者と地下人』（『中世史研究選書』）、滝川政次郎『山田三方並に宇治会合所について』　（恵良　宏）

やまたのおろち　八岐大蛇　『古事記』と『日本書紀』の神話にみえる怪物の蛇。『古事記』には、高志之《こしの》八俣遠呂知とある。頭と尾が八つずつあり、長さは八つの谷と八つの丘にわたり、背には苔と檜と杉が生え、腹は血がしたたって爛れていた。毎年出雲の肥の河（斐伊川）の河上の鳥髪《とりかみ》の地にやって来ては、老夫婦の国つ神の足名椎《あしなずち》と手名椎《てなずち》の娘の八乙女を、一人ずつ食っていたが、最後に残った櫛名田姫を食いに来たとき、高天原から追放されこの地に降った須佐之男命《すさのおのみこと》に退治された。須佐之男命は、櫛名田姫を妻に貰い、櫛に変えて髪にさし、大蛇が来ると八つの酒槽に入った強い酒を飲ませて、酔い臥したところを剣で切り刻んだ。このとき大蛇の尾の中から発見した剣（天叢雲剣《あめのむらくものつるぎ》）を天照大神に献上したが、これが皇室の神器の草薙《くさなぎ》剣だという。　→出雲神話《いずもしんわ》　→素戔嗚尊《すさのおのみこと》

参考文献　松村武雄『日本神話の研究』三、三品彰英『建国神話の諸問題』（『三品彰英論文集』二）、大林太良『日本神話の起源』（『角川選書』六三）、松前健『日本神話の形成』　（吉田　敦彦）

やまだぶぎょう　山田奉行　江戸時代伊勢国度会《わたらい》郡に置かれた幕府遠国奉行の一つで、当時は「ようだぶぎょう」とよんだ。慶長八年（一六〇三）十一月長野内蔵允友秀が任命され（慶長五年設置説もある）、山田の高柳（三重県伊勢市曾禰）に役宅を構えたのが始まりとされ、当初伊勢町奉行とも呼ばれた。その後元和八年（一六二二）奉行が空席となったため山田三方（伊勢神宮外宮の門前町山田の自治機関）より幕府に願って寛永元年（一六二四）再置された。これまでは奉行が二人いたときもあるが、再置後は、元禄九年（一六九六）から享保十一年（一七二六）までの二人役時代を除き、維新まで一人であった。奉行所の位置は初期は明確でないが、山田の中で何度か移転し、寛永十二、三年ごろ山田の吹上（伊勢市吹上二丁目）より小林《おばやし》（三重県度会郡御薗村）に転じて維新に至った。江戸時代中期では千石高で役料千五百俵、老中支配で諸大夫の格、水主・同心七十五人が付属していた。伊勢神宮の監視を目的に設置されたとみられるが、その職掌は、神宮の警衛とその造替や修繕の際の神事奉行・監督、伊勢国の幕領の支配、志摩国鳥羽港（三重県鳥羽市）出入りの船舶の点検などであった。寛政の改革期の寛政二年（一七九〇）幕府は奉行の権限を強化し、山田三方が管理する山田羽書《はがき》（小額の紙幣）発行の実権を奉行が掌握し、神領の自治権を抑制したが、幕末には朝幕の力関係が逆転したのに伴い、奉行の神宮への影響力も弱められた。そして明治元年（一八六八）七月、度会府の設置とともに山田奉行も廃止された。

参考文献　「山田奉行関係史料」（『皇学館論叢』一九ノ一、二二ノ四）、『宇治山田市史』上、橋本石洲『伊勢

山田奉行沿革史』、堀江保蔵「山田羽書の寛政改革に就いて」(『経済史研究』三二)、松島博「山田奉行の創設及その神宮との関係」(『皇学』六ノ一・二)、藤枝恵子「幕末の伊勢神宮と山田奉行」(『日本史研究』三〇五)

(上野　秀治)

やまだよしお　山田孝雄　一八七三―一九五八　明治から昭和時代にかけての国語学者、国文学者、国史学者。明治六年(一八七三)五月十日(実際は同八年八月二十日)、富山総曲輪《そうがわ》(富山市)に父芳雄、母ヒデの次男として生まれ、富山県尋常中学中退後、小中学校教員検定試験に合格し、丹波篠山鳳鳴義塾・奈良県五条中学・高知県立第一中学などを経て、文部省国語調査委員会補助委員となり、日本大学に奉職した。大正十四年(一九二五)東北帝国大学講師、ついで昭和二年(一九二七)教授に任ぜられ、同四年文学博士の学位を受ける。同八年退官、同十五年神宮皇学館大学長、同十九年貴族院議員、同二十年国史編修院長となったが第二次世界大戦終戦で退職。同二十八年文化功労者、同三十二年文化勲章受章。国語学・国文学・国史学・文献学など広汎な分野にわたって顕著な業績を挙げたが、ことに文法学では主著『日本文法論』(明治四十一年刊)において、古来の国文法研究に西洋の論理学を取り入れて整然たる論理体系に基づく「山田文法」を提唱し、爾後の国文法研究の重要な基礎を確立した。『日本文法講義』『日本口語法講義』『日本文法学概論』などは、その説を敷衍・平明化した諸書である。『敬語法の研究』は文法学の新領域開拓の意義を持つ。また、文法の歴史的研究に志し、『奈良朝文法史』『平安朝文法史』『平家物語の語法』『誹諧文法概論』『漢文の訓読によりて伝へられたる語法』などの画期的な業績がある。『仮名遣の歴史』『五十音図の歴史』『国語の中に於ける漢語の研究』『国語学史』なども名著である。国文学関係では『古事記序文講義』『古事記上巻講義』『三宝絵略注』『源氏物語の音楽』『平家物語考』『連歌概説』『日本歌学の源流』など、堅実な実証主義に基づいた独創的な研究がある。国史学関係では『年号読方考証稿』のような基礎的な研究もあるが、『神皇正統記述義』『神道思想史』『平田篤胤』ないし『大日本国体概論』『国学の本義』など、国粋主義を鼓吹したものが多い。その立場から国語問題には強い保守的立場を主張した。他方、日本古典全集刊行会・古典保存会などを育成して古典の流布や古写本の複製などに多大の尽力を払った。『典籍説稿』『典籍雑攷』は古書解題の類を集録した、文献学上の名著である。昭和三十三年十一月二十日没。八十五歳。墓は富山市五艘の長慶寺境内にある。

参考文献　山田孝雄博士功績記念会編『山田孝雄著作年譜』、山田忠雄・山田英雄・山田俊雄編『山田孝雄年譜』、佐藤喜代治「山田孝雄先生を追慕して」(『国語学』三六)、山田俊雄「山田孝雄著述目録抄」(同)

(築島　裕)

やまとおおくにたまじんじゃ　大和大国魂神社　兵庫県三原郡三原町榎列上幡多《えなみかみはだ》に鎮座。旧県社。大和大国魂命を祀る。創立年月不詳。文徳天皇仁寿元年(八五一)官社に列し、延喜の制では名神大社。また、『延喜式』主税には淡路国正税のうち祭料八百束とある。のち淡路国二宮と仰がれ、公武の崇敬が厚かった。鎌倉時代には一遍の社参もあり、『一遍聖絵』には、社前での躍念仏の様子が描かれる。江戸時代には蜂須賀侯がふかく当社を信仰した。社殿は寛文十年(一六七〇)に本殿を再興。天明六年(一七八六)ならびに文化十四年(一八一七)に同殿を修復。明治六年(一八七三)県社に列せられた。例祭日は四月一日。

「大和社印」
大和大国魂神社印

参考文献　兵庫県神職会編『兵庫県神社誌』

(加藤　隆久)

やまとかつらぎほうざんき　大和葛城宝山記　鎌倉時代に成立した両部神道の書。宝山とは葛城山のことで、『大和葛宝山記』『神祇宝山記』ともいう。行基菩薩撰とされるが、後世の仮託。一巻。成立年代には諸説あるが、正安元年(一二九九)ころに成立した外宮禰宜度会行忠編の『古老口実伝』に引かれていることから、実際には鎌倉時代初期から中期にかけて、葛城山を中心とした修験道関係者によって撰述されたものと考えられる。内容は、葛城山の信仰を中心にして、日本の神々について述べている。すなわち根源の物質である水気が変じて天地となり、天神が生じ、その上首が天御中主神であり、伊勢止由気宮(外宮)に祀られるとする。また地神六合の大宗が大日霊貴尊、日神であり、大毘盧遮那如来であって、内宮に祀られるとする。さらに葛城の神として伊弉諾・伊弉冉二柱尊、葛木二上尊、豊布都霊神、大国魂尊、一言主神を挙げている。本書は『麗気記』と並んで、最も初期の両部神道書に属する。『続群書類従』神祇部、『神道大系』神社編五、『日本思想大系』一九などに所収。

参考文献　『群書解題』一下

(河野　訓)

やまとさんざん　大和三山　奈良県奈良盆地の東南に鼎立する三つの小山、畝傍《うねび》山・耳成《みみなし》山・香具《かぐ》山のこと。和州三山ともいい、俗に三ツ山という。畝傍山は畝火山とも書き、俗にお峰《むね》山・慈明寺山ともいう。一九九メートル。耳成山は耳梨山とも書く。一四〇メートル。香具山は天香具山ともいい、近世には指山《さしやま》とも称す。一五二メートル。畝傍山と耳成山はトロイデ火山形を示す独立した山であるのに対して、香具山は細川山の尾根の端部が隆起したもの。『伊予国風土記』逸文に、天より天降った時、二つに分かれて、一つは倭国の天加具山、他方は伊予の天山《あまやま》になったとの伝承を記している。「天降《あも》りつく天の芳来《かぐ》山」(『万葉集』三)とも称されるように、古代には神聖視された山であり、『日本書紀』神武紀や崇神紀には、天香具山の埴が呪力をもつとの伝承がみえている。中大兄皇子の有名な三山歌(『万葉集』一)や、『播磨国風土記』揖保郡上岡里条によると、畝火山をめぐって香具山と耳梨山が争い、出雲国の阿菩大神がそれを諫めようとしたとの伝承があったらしい。大和三山の内に藤原京が造営され、「藤原宮の御井の歌」(『万葉集』一)では三山や吉野の山が歌われている。香具山には天香山坐櫛真命神社、また西麓には畝尾坐健土安神社・畝尾都多本神社、畝傍山には畝火山口坐神社、耳成山には耳成山口神社などの式内社があった。

(和田　萃)

やまとたけるのみこと　日本武尊　景行天皇の皇子。『古事記』『日本書紀』に所伝があり、日本武尊は『日本書紀』の表記、『古事記』は倭建命につくる。訓は北野神社本・熱田神宮本のヤマトタケノミコトがよく、タケルではないとする有力な説がある。はじめ小碓命《おうすのみこと》・倭《やまと》男具《おぐ》那命《なのみこと》といい、のち倭建命となる。生母は吉備臣らの祖若建吉備津日子の女針間之伊那毗能大郎女(『日本書紀』は播磨稲日大郎姫・稲日稚郎姫につくる)。有史以来五・六世紀に至る大和朝廷の勢力の全土への拡大という歴史を踏まえて、これを象徴する伝説上の英雄で、記紀のほか、『常陸国風土記』『肥前国風土記』、諸書所引の風土記逸文では尾張・陸奥・美作・阿波などの諸国のそれにみえる。中でも『常陸国風土記』に数ヵ所みえるものはいずれも倭武天皇(『阿波国風土記』逸文は倭健天皇命)とするところから、その身分はあるいは天皇かとする説もある。『古事記』には皇子の異母弟若帯日子命(のちの成務天皇)、同じく五百木之入日子命とともに「負二太子之名一」とみえるが即位したことはみえない(『日本書紀』にはその立太子のこともみえない)。しかしその記事や「宮」「大御食」「崩」「御陵」などの用語・用字の扱いは天皇に準じ、またその后子女の項の生子は「生御子」と、同じく歴代天皇のそれに準じている。常陸・阿波両国の風土記の「天皇」号は、これらに拠って皇子の身分を格上げしたものとみることができる。ほかに『三代実録』貞観三年(八六一)十一月十一日条伴善男奏言所引の佐伯直豊雄の款に「倭武命」、『新撰姓氏録』には皇別氏の二氏と佐伯直の祖に因んで「日本武尊」の名がみえる。『古事記』景行天皇段によると、小碓命は天皇の命により兄の大碓命にその命を伝えるが、大碓命がこれに従わぬため、これを殺した。「朝曙に厠に入りし時、待ち捕へて搤《つか》み批《ひし》ぎて、其の枝を引き闕き、薦《こも》に裹《つつ》みて投げ棄つ」(原漢字)とある。天皇はこのため、その「建荒之情」を惶れて皇子を遠ざけることをはかり、西方の熊曾建(『日本書紀』は「熊襲有二魁帥者一、名取石鹿文亦曰二川上梟帥一」につくる)二人の征討を命ずる。皇子は姨《おば》の倭比売命の衣裳を給わり、女装して熊曾建に近づき御室楽《みむろのうたげ》の日に懐剣で二人を刺殺する。このとき弟建が「倭建御子」の名を献じた。これ以後倭建命と名をあらためる。ついで出雲国に入り赤檮《いちい》の詐刀で出雲建を欺いてこれを誅し、倭に帰還する。天皇は、今度は東国の賊(東方十二道《ひがしのかたとおあまりふたつみちの》荒夫琉神《あらぶるかみ》、及摩都楼《またまつろ》波奴人等《わぬひとども》)の征討を命ずる。皇子はまず伊勢神宮を拝し、ここで倭比売命に対し、「天皇吾をすでに死ねとおぼしめすなりけり」(原漢字)とうれい泣く。倭比売命は草那芸剣と御嚢を給う。尾張国で国造之祖美夜受比売と婚約し、東国に向かった。相武国で国造に欺かれて火難に遭うが、草那芸剣で草を刈りはらい、嚢中の火打でこれに火を放って助かる。進んで走水海に至る。ここで渡神《わたりのかみ》にさえぎられるが、后弟橘比売命が入海して暴浪を鎮め、倭建命は無事対岸に着く。かくて荒ぶる蝦夷や山河の荒神を言《こと》向《むけ》平和《やは》して帰路につく。足柄の坂本で白鹿に化した坂の神を殺し、甲斐の酒折宮を経て、科野の坂神を言向け、尾張国に帰還する。ここで美夜受比売と再会、約束を果たす。翌朝草那芸剣を比売のもとに置いて伊服岐の山の神の征討に赴き、ここで白猪に化したこの山の神のふらせる氷雨のために病み、伊勢の能褒野《のぼの》に崩ずる。后たち御子たちは倭より下って「御陵」を作るが皇子の霊は八《や》尋白智鳥《ひろのしろちどり》と化して「天に翔りて飛び行き」河内の志幾にとどまる。ここにも「御陵」が営まれるが、また白智鳥となって天に翔りて飛び行く、とある。この物語の中には弟橘比売の「さねさしさがむの小野に」の歌、甲斐の酒折宮における命と御火焼之老人《みひたきのおきな》との問答歌、美夜受比売が大御食を献じた饗宴の歌、尾張の尾津前の「尾張にただに向へる尾津の崎なるひとつ松吾兄を」や「倭は国のまほろば」の思国歌(くにしぬび歌)ほか三歌、后たちの歌四歌などがあり、この物語の浪漫的形象を優れたものにしている。倭建命には布多遅能伊理毗売命(『日本書紀』は両道入姫皇女)ほかの妃があり、帯中津日子命(同足仲彦天皇(仲哀天皇))以下六柱(同七人)の子を生んだとある。『日本書紀』は熊襲征討を、はじめ景行天皇の親征とし、その十二年から十九年にかけて長大な説話を展開し、その後二十七年の条に皇子の西征を述べる。ついで二十八年皇子の東征のことを記す。その内容は『古事記』と大同小異であるが、文学的形象において『古事記』に劣る。本居宣長が『古事記伝』二七において、皇子が東征に出発する段の両者を比較して「凡て書紀の此ノ段、殊に漢めきたり、上代の意言《ココロコトバ》に非ず、其は古ノ伝ヘ説《ゴト》の中に、漢めかぬことをば省《ハブ》き捨《ステ》て、漢ざまの文を多く潤《カ》色《ザ》り添へて書れたりと見えたり」と述べている。風土記の文はすべて地名起源説話である。別に『出雲国風土記』も同国の健部郷の条に御名代健部についてその起源説話として「倭健命」の名を掲げている。これらの風土記の説話のみならず記紀の所伝もすべて史実とは認められない。しかし、その説話がいつ、どのようにして形成されたか、ないし創作されたかは、なお今後の研究に俟たねばならない。記紀の伝えるこの皇子は、史上最も愛された英雄像の一つで、そのためにその遠征の伝えられる地方や、経路を延長してその遠征・滞在の説話がつくられ、また時代を超えて後世、近現代に至るまで絵画・文芸の題材となっている。

参考文献 川副武胤『古事記の研究』、同『古事記及び日本書紀の研究』、同『日本古典の研究』、中村啓信「ヤマトタケと訓むべき論」(『国学院雑誌』八八ノ六)

(川副 武胤)

能褒野墓《のぼののはか》 三重県亀山市田村町名越字女ヶ坂にある前方後円墳。文化庁編『全国遺跡地図』は、「能褒野王塚古墳」と表示する。『日本書紀』景行天皇四十年条は、名称を「能褒野陵」、通称を「白鳥陵」と記す。『延喜式』諸陵寮は、「能裒野墓」とし、「日本武尊、在㆓伊勢国鈴鹿郡㆒、兆域東西二町、南北二町、守戸三烟」と記し、遠墓に入れる。令制の陵墓管理制度崩壊により、当墓と称する処が何ヵ所も生ずることになった。明治九年(一八七六)一月教部省はこれらの当墓伝承地の中から、三重県鈴鹿郡高宮村丸山(鈴鹿市上田町字北松塚)の鵯《ひよどり》塚(白鳥塚古墳)を当墓に考定した。しかしこれについて郡内から異議が提出されたため、墓の修営を見合せて再調査することになった。同十二年十月宮内省は、先の教部省決定を取り消し、当墓を同郡川崎村名越字女ヶ坂の丁字塚(一名、王塚)に改定し、続いて墓域・陪冢・道路開設地の設定とその用地買収を行い、同二十六年墓の修営を行なった。これが現在の墓である。台地の端にある南東に面する前方後円墳で、空濠が巡り、正面に拝所を設ける。墳丘は長さ八九メートル、前方部幅四三メートル・高さ六・八メートル、後円部径五五メートル・高さ九・四メートル。墳丘裾末端に円筒埴輪が一部に遺存するが、このような位置の埴輪は天皇陵には見られない。台風災害により空濠底の腐葉土下に礫層があることが判明したが、これが葺石か自然層かは不明。墓域内北東面には九基の小円墳陪冢があり、墓域外の五ヵ所にある小円墳四基・小方墳一基・不整形小墳二基は陪冢に指定されている。宮内庁書陵部畝傍陵墓監区事務所所管。墓の近隣にある能褒野神社には、当墓出土と称する円筒埴輪がある。 →白鳥陵《しらとりのみささぎ》

参考文献 太政官記録局編『太政類典』五、宮内省編『明治天皇紀』四、亀山市教育委員会編『亀山の古墳』、『日本武尊能褒野墓之図』(宮内庁書陵部保管『陵墓地形図』二八九〔L六七〕)、大西源一「日本武尊能褒野墓存疑」(『考古学雑誌』三ノ一二)

(石田 茂輔)

やまとだましい 大和魂 漢詩文を読んだり作ったりする能力、あるいは漢籍に関する学識をいう「からざえ(漢才)」に対して、日本風の知恵・才覚をいう語として、平安時代から用いられた。「やまとごころ」「やまとこころばえ」ともいう。平安時代の用法としては、たとえば『源氏物語』乙女の巻で、光源氏が息子の夕霧の将来を気づかって、「なほ才《ざえ》をもととしてこそ、大和魂の世に用ゐらるるかたも強うはべらめ(やはり儒学という基礎があってこそ、政治的能力が世間に重んじられる点でも一層の強みがあろう)」などというように、学問に対して、実務的な事がらを処理する能力という意味で用いられていた。近世後期、国学の普及とともに国粋主義が起ってくるにつれて、この語は、平安時代の用法とはまったく別の、日本民族固有のいさぎよい精神といった意味で用いられるようになった。しかし、「やまとだましい」ではなく「やまとごころ」という語の場合であるが、有名な本居宣長の「敷島のやまとごころを人問はば朝日ににほふ山桜花」の歌についてみると、宣長の意図は民族性を優美でさわやかなものととらえるところにあったと解せられ、ことさら勇猛果敢などと結びつける傾向はまだ認められない。曲亭馬琴の『椿説弓張月』後編第二五回の「事に迫りて死を軽んずるは、日本《やまと》だましひなれど、多くは慮の浅きに似て」という用例になると、この語に、命をも惜しまない勇敢な精神という意味が込められてくるが、完全に肯定的なニュアンスの語として扱われているわけではない。幕末から明治にかけて、国粋主義が激しく高揚すると、「やまとだましい」は、馬琴の用例に見られたような否定的な側面を払拭して、民族性をいさぎよく勇敢なものとして誇示する役割を果たした。やがて天皇制国家のもとで、この語は、天皇の赤子の持つべき心構えとして喧伝されるようになった。夏目漱石の『吾輩は猫である』六に、「東郷大将が大和魂を有つて居る、肴屋の銀さんも大和魂を有つて居る、詐欺師・山師・人殺しも大和魂を有つて居る」などとあるのは、そうした趨勢を揶揄したものである。

(日野 龍夫)

やまとととひももそひめのみこと 倭迹迹日百襲姫命 孝霊天皇の娘と伝える三輪伝説の巫女的王女。『日本書紀』には倭迹迹日百襲姫命とあり、『古事記』には夜麻登登母々曾毗売命とある。類似の名に『日本書紀』にみえる孝元天皇の娘の倭迹迹姫命がある。『古事記』は三輪山の神との聖婚伝承は、活玉依《いくたまより》毗売《ひめ》のこととして物語るが、『日本書紀』では百襲姫命と三輪山の大物主神との聖婚伝承として描かれており、いわゆる三輪山型(苧環《おだまき》型)神婚譚も、『古事記』と『日本書紀』との間にはかなりの相違がある。『日本書紀』によれば、崇神天皇七年二月条に、百襲姫命が神がかりして、「倭国域内所居神」たる大物主《おおものぬし》神《のかみ》の名を告げ、御間城入彦《みまきいりひこ》(崇神天皇)が教えのままに祭祀したが効験がなかったと記す。同十年九月条には百襲姫命が武埴安彦《たけはにやすひこ》の謀反を予知して天皇に告げたことを述べ、別に百襲姫命が大物主神の妻となる伝えを載せる。その神婚譚は、夜ごとに来訪する夫(大物主神)に、その「尊顔」をみたいと語ることより始まる。大物主神は「明旦」に櫛笥《くしげ》に入っているが、「驚くな」と答えたという。そこで夜の明けるのを待って、櫛笥をみると、美麗の小蛇が入っていた。百襲姫命は驚き叫び、大神は「吾に恥見せつ」と三輪山に登り、後悔した百襲姫命は、どすんとすわって箸で女陰を突いて死去する。大市(奈良県桜井市の北部)に葬ったが、その墓を時の人は箸墓とよんでい

ると物語っている。その伝承には箸墓由来譚の色彩が濃い。百襲姫の神婚譚は、『古事記』に伝える活玉依毗売の場合のように神人が結ばれて子が生まれるという交流型ではなく、むしろ別離して死去するという神人隔絶型になっている点をみのがせない。『三国志』魏志東夷伝倭人条にみえる卑弥呼をその性格や地位から推定して百襲姫に比定する説がある。その名のトトビを「鳥飛び」とみなし、脱魂型（エクスタシータイプ）の巫女とする見解も提出されている。→三輪伝説《みわでんせつ》

参考文献 大林太良『邪馬台国』（『中公新書』四六六）、上田正昭『日本の女帝』（『講談社現代新書』三三七）

（上田　正昭）

やまとにますおおくにたまじんじゃ　大和坐大国魂神社　⇨大和神社《おおやまとじんじゃ》

やまとのくにしきのしものこおりかがみつくりだいみょうじんえんぎ　大和国城下郡鏡作大明神縁起　奈良県磯城郡田原本町大字八尾に鎮座の鏡作坐天照御魂神社（鏡作大明神）の縁起。飯趣山神宮寺聞楽院了円および社司萩主馬允員種の撰述。一冊。文明五年（一四七三）三月成立。当社は現在天照国照彦火明命・石凝姥命・天糠戸命を奉祀しているが、縁起によれば、忌部氏の一族鏡作の遠祖石凝姥命を主祭神に奉祀し、天糠戸命と天児屋命をそれぞれ左右に配祀している。『延喜式』神名帳の「鏡作坐天照御魂神社」が当社に比定されている。本書は天照大神の天岩戸籠りに際し、石凝姥命もしくは天糠戸命が神鏡を作製した故事を記し、さらに崇神朝に天照大神が皇居から笠縫に遷座した際、石凝姥の後裔が皇居に奉斎する宝鏡を鋳造したことが記されている。また鎮座地の八尾の地名由来や、はじめ石上の地に鎮座していた当社が、現社地に遷御・創祀される経緯が略記されている。『続群書類従』神祇部所収。

参考文献 『群書解題』一下

（藤森　馨）

やまとばしり　山人走り　福岡県豊前市山内の嘯吹《うそぶき》八幡神社で十一月二十七日に行われる秘伝の神事。二十七日夜明け前、宮座の者が八尋の浜で潮掻き禊ののち、宮ノ下島畑という場所で大根三本を抜き、その場に幣束を立てる。大根は神社に持ち帰り、白酒・黒酒とともに神前に供え祭典を行う。このころには夜も明ける。山人に扮する若者二人は白装束に身を固め、御幣を手に持ち榊葉を口に咥え、無言のまま神社境内から七ッ石と呼ばれる村境まで走り抜ける。七ッ石に到着すると、石の上に端座して祈念する。やがて山人役は石から離れ来頭屋《らいとうや》宅に向かう。そこで御幣を渡し、白酒・黒酒・大根を食すことによって神から人に戻るという。続いて宮座の者たちは頭屋宅に集まり神事を行い直会をし、山人走りは終了する。そして、頭屋を譲る座前渡の式があり、すべての行事は終了する。この神事は長く秘されてきたために、少数の宮座の構成員と神職以外知られることはなかった。この神事が人に見られることを嫌い、見られたらやり直すことが義務付けられていたからである。この神事には来年の豊穣を祈念する予祝の性格が窺えるとされる。

（茂木　栄）

やまとひめのみこと　倭姫命　『古事記』『日本書紀』によれば、垂仁天皇の皇女。母は垂仁天皇ののちの皇后日《ひ》葉《ば》酢《す》媛命《ひめのみこと》。『古事記』は倭比売命と表記する。『日本書紀』垂仁天皇二十五年条に、豊耜入姫命《とよすきいりひめのみこと》にかわって天照大神を託され、笠縫《かさぬい》邑に祀っていた天照大神を菟田筱幡《うだのささはた》・近江・美濃を経て、伊勢に鎮座させたとみえる。これは伊勢神宮の起源譚である。倭姫命は、『古事記』において第二代の伊勢斎宮。『日本書紀』の「一云」や『皇太神宮儀式帳』には、この鎮座とは別の異伝をのせる。『古事記』の倭建命《やまとたけるのみこと》（日本武尊）物語において、熊曾建への征討にあたっては御衣・御裳と剣、東国への征討に際しては草薙剣と御嚢《みふくろ》を倭建命に与えた。倭建命は、これらの与えられた物を使って、その基本的任務をはたした。伊勢神宮の霊威を示す話である。『日本書紀』景行天皇五十一年条には、伊勢神宮に献上された蝦夷が騒いだので、蝦夷を朝廷に進上した話がみえる。→伊勢神宮《いせじんぐう》

（吉村　武彦）

やまとひめのみことせいき　倭姫命世記　鎌倉時代の伊勢神宮において記された神道書。一巻。おもに、伊勢鎮座以前、倭姫命が天照大神の神体を奉じ、その鎮座地を求めて各地を巡幸する伝承を記すが、その中に伊勢神宮の伝統的奉仕態度であった清浄や正直などの神道教理を説く。著者について、度会行忠説があるが、最終的な現行本の形にする作業は行忠によるものとしても、その所拠文献の範囲はほとんど現行本の骨格を網羅していたとみられ、行忠の純粋な著作ではない。成立時期は鎌倉時代初期から中期。近世、本書を含む伊勢神道書五種に対し「神道五部書」と呼ぶ呼称が成立するが、中世では本書は『太神宮神祇本紀』あるいは『大同本紀』の下巻となす書とされた。上巻は近世には注目されず五部書にも称され、同じく上巻と呼ばれた『神祇譜伝図記』と対をなす書とされた。上巻は近世には注目されず五部書にも入っていない。複製を『神宮古典籍影印叢刊』八に収め、また『（新訂増補）国史大系』七、『続群書類従』神祇部、『日本思想大系』一九、『神道大系』論説編五などに所収。

参考文献 久保田収『中世神道の研究』、岡田米夫「神道五部書に見える古世祭祀組織の研究」、萩原竜夫『中世祭祀組織の研究』、岡田米夫「神道五部書に見える古縁起の遡及性」（千家尊宣先生還暦記念神道論文集編纂委員会編『千家尊宣先生還暦記念神道論文集』所収）、安蘇谷正彦「外宮神道教学の成立要因をめぐって」（神道宗教学会編『神道教学論攷』所収）、白山芳太郎「『倭姫命世記』成立に関する一考察」（『皇学館大学紀要』二〇）

（白山芳太郎）

やまとひめのみや　倭姫宮　三重県伊勢市楠部町に鎮座。皇大神宮別宮の一つ。垂仁天皇の皇女倭姫命を祀る。倭姫命は皇大御神の遷幸に際し「御杖代《みつえしろ》」として奉仕し、皇大御神を戴いて大和国三輪の諸宮を発ち、伊賀・近江・美濃などの諸国を経て伊勢国に入り皇大神宮を創建した。

「御杖代」とは、皇大御神の杖となって神慮を体して斎行する人の意で、倭姫命よりのち、「斎宮《いつきのみや》」として代々天皇は未婚の皇女を伊勢に遣わし奉仕せしめた。神宮創建に大きな功績を残したにもかかわらず宮社がなかったため、大正の初めから神宮当局や宇治山田市(昭和三十年(一九五五)一月、伊勢市に改称)の市民の宮社創立の熱望が実を結び、大正十二年(一九二三)十一月五日に鎮座祭が執り行われた。当宮は正宮に準じて祭典が行われ、祈年・月次・神嘗・新嘗の諸祭には皇室から幣帛が奉られる。倭姫命に対する神徳の敬慕、報恩感謝の儀を捧げるために、昭和二十三年崇敬者によって「御杖代講」が結成され、現在は「倭姫御杖代奉賛会」として五月五日に春の例大祭、十一月五日に秋の例大祭が執り行われている。
→伊勢神宮《いせじんぐう》　（西島　一郎）

やまとまい　**倭舞**　鎮魂祭・大嘗祭などの宮廷の祭、あるいは社寺などで行われた古来の舞の一つ。和舞・大和舞とも書く。雅楽寮などにおいて教習された。『続日本紀』宝亀元年(七七〇)三月辛卯条に、葛井・船など六氏による歌垣の後に河内大夫従四位上藤原朝臣雄田麻呂らが「和儛」を奏したとあるのが初見。『令集解』所引の大属尾張浄足説によると、天平年間(七二九—四九)には雅楽寮において五節舞に含めて教習されていたが、弘仁十年(八一九)十二月、嘉祥元年(八四八)九月の太政官符では五節舞とは別個に教習されていることが知られる。倭舞は元来、山の神を迎える祭の山人の舞であったと思われ、のちにはそれが渡来系氏族を媒体として百済系渡来氏族の和氏の舞となっていき、やがて倭舞とも書かれるようになったために大和の舞と解されるようになったものと察せられる。貞観元年(八五九)十一月の大嘗祭には、多治氏の田舞、伴・佐伯氏の久米舞、安倍氏の吉志舞とともに内舎人によって奏され、同三年三月には東大寺の無遮大会で東舞とともに行われている。倭歌(大和歌)は倭舞に歌われるもので『皇太神宮年中行事』に「宮人の挿せる榊を我挿して万代までに奏で遊ばむ」など、数首が伝えられている。ただし、宮廷における倭歌は鎌倉時代末期ごろに中絶し、現行の宮中に伝えられているものは、江戸時代中期以降に再興されたものである。なお、現在の宮中楽部では「大和歌」の字を当てた場合には、倭歌・大直日歌・大歌・田歌などの総称として用いている。

参考文献　上田正昭「神楽の命脈」(『古代伝承史の研究』所収)　（荻　美津夫）

やまなしおかじんじゃ　**山梨岡神社**　山梨県東山梨郡春日居町鎮目《しずめ》に鎮座。山梨明神、山梨権現ともいい、江戸時代には日光権現と称した。旧郷社。祭神は大山祇命・別雷神・高龗神。崇神天皇の時に疫病除の鎮守として日光山(御室山・三室山)に創建され、成務天皇の時に山麓の山梨岡に遷座されたという。国に災害がある時は、前兆として御室山が鳴動するという。また当社が山梨郡という郡名発祥の地であるとの由緒があり、社内には郡境を示すという郡石がある。式内社の一つと伝える。江戸時代には朱印社領八石余を有した。例祭は四月四・五日。従来は三月と十一月初午日に古社地である御室山へ神幸した。本殿は隅木入春日造、室町時代後期の建築と推定され、飛驒工が造立したという伝承をもつ。明治四十年(一九〇七)に国宝(現重要文化財)に指定された。また、当社の太々神楽は県の無形民俗文化財に指定されている。このほか、雷除魔除の守護として信仰を集めた夔神《きのかみ》という独足獣の木像がある。

山梨岡神社本殿

参考文献　『山梨県史』文化財編、『甲斐国社記・寺記』一(『山梨県史料』九)　（西田かほる）

やまなしけんごこくじんじゃ　**山梨県護国神社**　甲府市岩窪町に鎮座。祭神は明治維新以降第二次世界大戦に至る山梨県関係の国事殉難者の霊を祀る。明治十二年(一八七九)十二月、山梨県神道事務局の発議により、甲府市太田町遊亀公園隣接地に招魂社が建立され、西南戦争(明治十年)に出征して戦死した山梨県出身者の霊を祀ったことを創始とする。その後、明治四十一年四月、甲府連隊創設に伴い、遊亀公園内に招魂堂を建立し、西南戦争以来の諸事変・戦役の戦没者の霊を合祀した。その後、昭和十四年(一九三九)三月に山梨県護国神社創建会が設立され、同十七年二月に国指定史跡武田氏館跡(躑躅《つつじ》ヶ崎館跡)の南麓である現社地にて社殿の造営に着手する。同十九年十一月、一道府県に一社を限りとした内務大臣指定の山梨県護国神社となり鎮座祭を斎行する。第二次世界大戦後の占領下、同二十一年十月に社名を山梨宮と改めたが、サンフランシスコ講和条約締結後の同二十七年十一月、現社名に復した。例祭は春季四月五日、秋季十月五日。

参考文献　『全国護国神社会五十年史』　（大井　鋼悦）

やまのかみ　**山神**　神道家の説明では、古典神話の大山《おおやま》祇神《ずみのかみ》をこれにあてるが、大山祇神は木花開耶姫の父と伝えられるにとどまり、神話の上では語るべき行動に参与していない。この神を祀る古社に伊予大三島神社(大山祇神社)があって、分社の伊豆三島大社とともに知名度が高い。一般民間に信仰される山の神は、公称はこの大山祇神でも神格としては全く別個の、山岳に鎮まりあるいは山林を領する神とみなされる。農民の間では冬には山の

山神（岩手県和賀郡湯田町長松）

祠の中の山神像（山形県最上郡真室川町）

神として山中にあり、夏は里に降って田の神となるという神去来の信仰が行われるが、山仕事に従う杣・炭焼・木地師・猟師などは田の神となるといわず、山中常在の神とする。いずれも小祠や老樹に注連《しめ》をかけた簡素な斎場で、年に一、二回、冬の初めや終りに日を定めて神酒・供物を捧げて祭を行う。その日は山林に立ち入ることを慎み、山の神が木種を播いている、木を算えているので数え込まれる、何々を見ると災難に遭うなどといって厳しく戒める土地がひろい。祭には集落の全戸が参加する講形式がもと普遍的であったが、近世末から山稼ぎの者を主としたり、都市近在では子供のみに委ねたりするなど、やや衰退に向かった。一部の地方で山の神がこの日狩をするといって弓矢を作って供え、猟師は銃を持って狩を行い、この日は獲物が多いと伝える土地もある。東北地方で山神《さんじん》と呼んで産を守る女神とし、越後から上州・信州にかけて十二様《じゅうにさま》の名で子供を一年に十二人生む神と伝え、九州の山地とともに女性神であるとして、女性の入山や参拝を忌む地方も多い。少なくとも山の神の祭には男子のみ参加するという風習は全国的である。伊勢から近江にかけては夫婦の神として、木の枝の又を逆に立てた人の形に男女の性器をかたどり、正月の山の神祭として豊作を祈る風がみられるが、この習俗と東日本各地で山の神に祈願する際に供物として男根を供える慣行とは関係があろう。それらについては種々の説明が行われているが、定説というほどのものはない。ただ一方で山の神の神楽に巫女が杓子を執って舞うことがあり、中世末以降主婦を指して山の神の俗称もあり、山の神を女性神とする由来も解釈が複雑になったことだけは確かで、多くの性的なものがこれに付会されたことも推察される。山の神が子を産むのを二人の猟師がみて一人はこれを助け、他は助けず行き過ぎたので、助けた猟師は多くの山の幸に恵まれ、助けなかった猟師は不運であったという狩人の由来譚は、はじめ九州で知られたが、のちに四国・会津・秋田など全国各地にあることが明らかになり、日本の山の神信仰には信仰者の生業に伴う差異とともに、全国に共通した面もある点が注意される。別にその姿を狼・兎・猿などの動物や、一目一足の異形と伝える土地もあって、これを原始信仰の残留と説き、あるいはその使者と考える者もあって、現代まで民俗としての山の神の明確な理解は得られていない。→田神《たのかみ》

参考文献 堀田吉雄『山の神信仰の研究』、Nery Nauman: Yama-no-kami, Asian Folklore Studies. Vol. XXII–XXIII.

（千葉 徳爾）

やまのべじんじゃ 山辺神社 島根県江津市江津町に鎮座。ヤマノヘノカミノヤシロ。通称祇園さん、みたまさんなどと呼ばれる。旧村社。祭神は都々御魂(経津のみたま)・素戔嗚尊・稲田姫。社伝では、大和国山辺郡の石上神宮より布都御魂を遷したという。中・近世においては「祇園さん」と呼ばれ、牛頭天王祭が行われた。かつての別当寺として真言宗東向寺がある。江津は北前船の寄港地でもあったことから海上安全の神として信仰を集めた。現在、例祭は七月十四日。特殊神事として、かつての祇園祭以来の水上渡御が行われ、俗称「ホーランエー」「ホーラエッチャ」などと呼ばれている。

参考文献 式内社研究会編『式内社調査報告』二一、島根県神社庁編『神国島根』

（佐伯 徳哉）

やまびらき 山開き 霊山や高山でその年登山が解放される初日。信仰の山はことに神聖視されたため、登拝者は精進潔斎するものとされ、入山・参拝も定められた期間内とする山が多い。登拝解放の初日は四月八日、六月一日あるいは七月とするなど一定しないが、民間における山遊び・花摘みの習俗や薬師の縁日、山伏・行者の修行開始日などとの関連も指摘される。高山では雪解け時期となる。大峯山では五月三日(旧四月八日)の戸開式が初日。この日山上詰所で鍵渡式があり本堂の扉が開けられ、九月二十二日(旧九月七日)の戸閉式まで信者や講中

の参拝がある。日光男体山では山頂への登拝を男体禅頂といい、四月八日の御戸開禅頂から九月九日の御戸閉禅頂まで登拝が許される。四国石鎚山では七月一日(旧六月一日)でこの日、本尊の金仏が担ぎ上げられ、十日の間信者の参拝がある。青森岩木山では旧七月二十五日から八月十五日が山開きで、登拝後五葉の松を取って帰るという。

参考文献　西海賢二『石鎚山と修験道』、鈴木正崇「大峯山戸開式」(『仏教行事歳時記』五月所収)、柳川啓一「岩木山まいり」(『山岳宗教史研究叢書』六所収)、中川光熹「日光山修験道史」(同八所収)、柴田立史「日光山の入峰修行―華供峰を中心にして―」(同所収)

(藤田　定興)

やまぶし　山伏　修験道の宗教的指導者。山臥とも記す。山野に伏して修行し、験力を得た宗教者の意。験を修めた者という意味で修験者、また遍歴を旨とし、諸社寺に寄寓したことから客僧とも呼ばれた。室町時代末になる修験道教義では山伏の二字を説明して山の縦三画と横一画は三身即一・三部一体・三諦一念を示し、伏の人と犬は煩悩即菩提・無明法性不二を示すとする。これが山伏が修行の上で到達すべき宗教的理想とされたのである。山伏は頭巾《ときん》をいただき、柿色の鈴懸を身にまとい、結袈裟をかけ、笈《おい》を背負い、法螺《ほら》を吹くという独自の衣体で修行を行なった。山伏の起源は古代初期に道教や仏教の影響のもとに山岳に入って修行した山林修行者に求められる。彼らは山中の窟や庵に籠って『法華経』を誦し、陀羅尼《だらに》をとなえて修行し、里人の希求に応えて呪術宗教的活動を行なった。やがて平安時代になって比叡山・高野山など山岳を拠点に密教が隆盛すると、密教の験者《けんざ》のうち験を修め、呪術力に秀でたものが修験と名づけられた。山林修行者を山臥・山伏ともよぶようになった。特に紀州の熊野や吉野の金峯山《きんぶせん》が修験道場として知られ、多くの山伏が集まった。彼らは七世紀末ごろに葛城で呪術宗教的活動を行なった役小角《えんのおづの》を祖師に仮託して平安時代末ごろには修験集団を形成した。また羽黒山・日光・白山・立山・富士山・伯耆大山・彦山(英彦山)など全国各地の霊山も山伏の修行道場となっていった。鎌倉時代末になると熊野を拠点とした山伏は、京都の聖護院(天台宗寺門派)を本寺として本山派と呼ばれる天台系の宗派を形成した。一方、金峯山の奥の小笹には近畿地方の三十六の諸大寺に依拠した山伏の拠点が作られた。彼らは当山三十六正大先達衆と呼ばれ、室町時代末ごろは寄合にもとづく座のような組織を形成していたが、戦国時代からは醍醐三宝院を本寺にいただいて、真言系の当山派を形成した。鎌倉・室町時代には山伏は教義や儀礼をととのえ、各地の霊山を拠点に活発な活動を行なった。すなわち山岳を曼荼羅とし、ここで熊野権現・金剛蔵王権現・不動明王などを崇拝対象として、成仏過程の十界になぞらえた床堅・懺悔・業秤・水断・閼伽・相撲・延年・小木・穀断・正灌頂の十種の修行をすることによって即身成仏しうるとした。また山野を跋渉し、情報にくわしいことから、戦乱時には間諜として重用されもした。江戸幕府は山伏を地域社会に定住させたうえで、本山派・当山派あるいは、羽黒派・彦山派に統括させた。そこで山伏は地域社会で加持祈禱を行なったり、登拝の先達などの活動を行なったりした。江戸時代中期以降になると民衆登拝が盛んとなり、大峯・出羽三山・彦山・富士・御岳などには在俗の先達が輩出した。明治五年(一八七二)九月十五日、明治政府は神仏分離政策から修験道を廃止し、山伏は僧侶か神官とされた。けれども、第二次世界大戦後、聖護院の本山修験宗、三宝院の真言宗醍醐派、金峯山の金峯山修験本宗などの修験教団が成立し、現在山伏はこれらに属して活動している。↓神道《しんとう》

参考文献　和歌森太郎『修験道史研究』(『東洋文庫』二一一)、宮家準『修験道組織の研究』、『山岳宗教史研究叢書』

(宮家　準)

やまぼこ　山鉾　⇩山車《だし》

やまみや　山宮　山頂、または山中に神霊や祖霊を祀る神社・祠《ほこら》・祭場など。麓の村里の「里宮」と相対する。神社でいえば、かなり離れた二ヵ所以上の社殿で一社が構成され、それらを上社・下社、前宮・本宮、奥社・奥の院、春宮・秋宮、下ノ宮・中ノ宮・上ノ宮など呼ぶ場合もある。山を神霊の宿る神聖な場所とする信仰は古代から見られるが、古くは山そのものを畏敬して入山を禁じ、山容を拝するに都合よい麓の浄地を祭場として神を迎え祀り、やがてそこに社殿の発生を見た。ところが平安時代前期ごろから山岳仏教の盛行に伴い、修験者らの登拝修行の対象として霊山が選ばれ、頂上に祠宇を建てて奥宮など称したので、かえって山頂の社が元で、麓の里宮は後世の遷祀であるかのごとく説く例も生じた。山宮・里宮の構成を持つ社では、祭神が一神または親子・兄弟などの神とされ、祭礼にあたり一神が一方から他方に移動したり、両社の神が季節的に座を交代したりすると説かれる場合がある。こうした考え方の背景には、田の神・山の神の交代や、山を祖霊の住処とする信仰が見られる。広く全国的に農民の間では、田の神は春に山から里に迎えられ、秋の収穫がすむと送られて冬の間は山の神になると信じられてきた。日本の神まつりは本来、神は祭に際して降臨し、終れば元の住処に戻る形だったが、その名残りを濃くとどめるのは盆や彼岸の祖霊の送迎であろう。祖霊の「依代」たる盆花を採る場所を、長野県では近くの聖山に決めている村がある。迎え火・送り火はまず山上や墓地で焚く。漁村では海岸で焚く所もあるのは、海の彼方も祖霊の国とされたからであろう。柳田国男の「山宮考」は、伊勢神宮の神職荒木田・度会二氏の氏神祭に先立って行われていた山宮神事を、『神宮雑例集』巻二などにより解明し、その特殊な祭法から山宮祭場を二氏の古い葬場と推測し、死者の霊が清まって祖霊となり、山の霊地に住んで氏神祭のたびに里に迎え

られることに触れ、神社の山宮・里宮との関連を指摘している。→山岳信仰《さんがくしんこう》

参考文献　坪井洋文「山宮・里宮」(国学院大学日本文化研究所編『神道要語集』宗教篇一所収)

（平井　直房）

やまもとのぶき　山本信哉　一八七三―一九四四　大正・昭和時代の国史・神道学者。明治六年(一八七三)七月十九日愛媛県宇和郡立間村(北宇和郡吉田町)の森半平の次男として生まれ、同年、同村山本信成の養子となる。二十二年広島修道学校、二十八年国学院を卒業後、二十九年五月から大正三年(一九一四)三月に至る十九年間、『古事類苑』編纂助修、編修、出版準備委員、校訂委員主任として、佐藤誠実・松本愛重のもとで同書の完成に尽力した。大正二年十月東京帝国大学史料編纂所史料編纂官補、十四年五月史料編纂官として和田英松のあとをうけ『大日本史料』第一編の編纂に従事し、昭和十一年(一九三六)三月同所停年退官後は同年六月帝国学士院の『帝室制度史』編纂嘱託となり、没するまで『帝室制度史』の編纂にあたった。その間、大正十年十一月国学院大学教授となり、十二年四月東京帝国大学から神道史の研究によって文学博士を授与され、日本大学・東京帝国大学などの講師として神道史の研究、啓蒙に努めた。昭和十九年十二月十八日没。七十二歳。墓は東京都府中市多磨墓地にある。著書は『惟神の出典と其の新解釈』『神道綱要』『神道要典』など。→神道叢説《しんとうそうせつ》

参考文献　岸本芳雄「山本信哉」(『神道宗教』四一)、岩橋小弥太「山本信哉博士」(『国史学』別冊「特集五十年の回顧」)

（山本　信吉）

やまもとひろたり　山本広足　一六四二―一七一〇　江戸時代前期の神道学者。後年、名を広貞に改める。闇斎(勘斎)と号す。寛永十九年(一六四二)に生まれる。越前福井の人。初め仏門に入ったが、儒学に通じ、寛文年間(一六六一―七三)には伊勢山田の度会延佳の門人となり、神道を学んだ。延佳の高弟として師説の講録『日本書紀神代講述鈔』を寛文十二年八月にまとめ、『陽復記』にも跋文を記している。宝永七年(一七一〇)二月十一日没。六十九歳。法名外通。

参考文献　大川茂雄・南茂樹編『国学者伝記集成』一

（岡田　荘司）

ゆ

ゆいいつしんとう　唯一神道　室町時代後期に吉田兼倶が創唱した神道説の一流派。唯一は「ゆいいち」「ゆいつ」とも訓む。近世末期まで神道界の一大勢力となる。神祇道宗家の吉田家では唯一宗源神道・元本宗源神道と称したが、一般には卜部神道・吉田神道と呼ばれている。中世に流布した本迹縁起神道(社例伝記神道)・両部習合神道(仏家神道)に対して、天照大神より天児屋命《あまのこやねのみこと》の後胤と伝える吉田流卜部氏に唯一相承されてきた神道説をさしていう。吉田卜部氏は平安時代中期、兼延のとき神祇官の次官(副)となり家業である亀卜道の宗家として世襲化し、その地位を確立した。鎌倉時代には『日本書紀』をはじめとする古典、神祇故実に通じて家学を形成、さらに室町時代中期の兼熙のとき、はじめて公卿に列し公武社会に確たる地位を築いた。六百年以上にわたって継承されてきた家業・家学の伝統を基礎に、儒教・仏教・道教・陰陽道を巧みにとり込んで新たな教説を創作する。その成立期は、世相が混乱した応仁・文明の乱の最中、文明年間(一四六九―八七)前半のころ、宮廷儀式・祭祀が中断を余儀なくされた時期が、兼倶創作の教説形成期とみられる。文明二年二月、「宗源神道誓紙」五ヵ条を定め、「宗源神道、卜部正統の伝授也、口決切紙之正義、嘗不レ可二他門伝授一事」と記して切紙伝授による秘伝相承の正統性を明示し、神道説の骨格はほぼ形成されたとみられる。具体的には、翌三年に「解除呪文・重位口決」を神祇伯資益王に伝授したのを初見とし、同五年までに前

関白二条持通、海住山高清、柳原資綱、白川忠富らに盛んに伝授してゆく。また、神道説の大綱を論じた秘書とされる『神明三元五大伝神妙経』が同時期に成立しており、同五年より毎日読誦が行われた。数々の秘伝の切紙が文明八年ごろから増加していくことをみていくと、『三元五大伝神録』『三元神道三妙加持経』など、偽書とされる神経の類も早い時期にでき上がっていたと推定される。同八年からは『中臣祓』の講釈、ついで『日本書紀』神代巻の講述へと発展し、後土御門天皇へ進講したのをはじめ公家の人々、将軍足利義尚ら武家、禅僧ら当時の知識文化人を対象に幅広い活動が始まり、兼倶自身も「神道長上」「神祇管領勾当長上」などと自称して神道界の首長である立場を鮮明にしてゆく。唯一神道の学問基盤は『日本書紀』『中臣祓』を拠とする家学にあり、その思想形成には、一条兼良の『日本書紀纂疏』や賀茂在盛・清原宗賢・小槻雅久、それに桃源瑞仙・横川景三・蘭坡景茝ら五山叢林の禅僧との学問的交流の影響が大きかった。唯一神道の重要教典とされる『唯一神道名法要集』『神道大意』は、その神道説を理解するための入門編、総論編であり、この二書については、文明年間の後半、京都市吉田神社境内の現在地に八角(六角に後房を付した形式)の壮麗な斎場所太元宮が建立された文明十六年に前後して著述されたと推定されている。神楽岡の山麓に建立された太元宮は、唯一神道の教説を宗教的に実践していく霊場であり、『唯一神道名法要集』『神道大意』の成立とあわせて、それは唯一神道完成への第二期にあたる。これ以前の第一期(文明二年―八、九年ごろ)は、秘伝の体系化、教説の形成期に位置づけられる。斎場所も、その前身の斎場が、左京室町の兼倶邸内に、文明の初めころには創建されていた。すなわち兼倶の構想になる教説と宗教的実践施設の一体化は、当初より小規模ながらも存在していたことになる。兼倶は政治的手腕を発揮して、公武の援助をうけ、「神祇斎場万雑一芸一役」「神役諸商売一銭宛沙汰」の通行税を徴収して、斎場所の造替、祭祀料にあて、公的性格を加えて、戦乱後の神祇復興に尽くした。吉田卜部氏に唯一相承されてきたと伝える神道説の概要は『唯一神道名法要集』『神道大意』に明快に述べられている。兼倶の唱える元本宗源とは、陰陽不測の元々、一念未生の本々、一気未分の元神、和光同塵の神化を明らかにし、万法純一の元初に帰り、一切利物の本を開くことにある、と説いて宇宙の根本原理にさかのぼって道を論じるもので、神道は儒教・仏教の宗、万法の源であると主張。新たな神道的世界観に基づく神観とは、「神トハ常ノ神ニアラズ、天地ニ先テル神ヲ云」「夫レ神ト者、天地ニ先テ而モ天地ヲ定メ、陰陽ニ超テ而モ陰陽ヲ成ス」と説き、古典にみえる通常の神とは異なる、天地に先だちて陰陽を超越した絶対的存在、無始無終の霊的なもの。その神性は天地にあっては神といい、万物にあっては霊、人倫にあっては心とし、故に心は神明の舎、混沌の宮であり、心は一神に帰し、神は天地の根元、万物の霊性であるから、神即心、心即神になるという。天地の心も、諸仏・鬼畜・草木の心も、一切の含霊はすなわち神であるとみる。そして、すべての含霊は神の本質を有しているので「成神」ということはありえないとする。宇宙元本の根源の神格は道教や伊勢神道の系譜をひく太元尊神。この絶対原初の神は古典の国常立尊にあてられ、斎場所太元宮の主祭神として勧請された。その教説は大別して顕露教と隠幽教の二教に分け、外に顕われ出でた顕露教は『旧事本紀』『古事記』『日本書紀』の三部の本書によって、天地開闢、神代の元由、王臣の系譜などが示されている。一方の隠幽教は内面に隠れた教説をいい、『天元神変神妙経』『地元神通神妙経』『人元神力神妙経』の三部の神経のなかで三才の霊応、三妙の加持、三種の霊宝などが説かれる。三部の神経は隠幽教奥儀の拠とされたが、全くの架空のもので、歴史書である三部の本書に対応させ、浄土・大日・法華の各三部経に倣って三部を立てている。兼倶の教説は偽作の論であるとの批判をうけながらも、従来の儒仏道三教を巧みにとり入れて独創性を保っているところに特徴がみられ、それは隠幽教の理論面に顕著である。その骨格は、体・用・相の三義があり、体とは本体、根本、不変・不易なる道、用とは作用・働き、相とは形姿のことで、体を根本とし、用の働きによって相となる。この三義を天地人の三才にあてはめ、体は三元(天元・地元・人元)、用は三妙(天妙・地妙・人妙)、相は三行(天五行・地五行・人五行)の三種に分け、さらに用は働きであることから作用して、神通部・神変部・神力部のあわせて三妙九部を形作る。相の三行は陰陽五行説をもとに、天地人の五行には、それぞれ統一的霊力があり、天は元気円満神道、地は一霊霊応神道、人は性命成就神道を含んで、天地人の六神道(十八神道)となる。この三才九部妙壇十八神道説は、宇宙根本の原則である神道が、天地人三才に分かれて作用し顕われたものとみる。そこには真言密教をはじめとする異神道の影響が認められるが、兼倶は単なる習合論に陥ることなく、万有は天地人の一つに属しているものの、それらはすべて神の顕現であると説いて、神道の地位をたかめている。このことは、兼倶自身が儒仏道三教思想に傾倒していた禅僧に『日本書紀』を講じ、比叡山に登り天台僧の前で『日本書紀』『中臣祓』を講じて神道を喧伝していること、さらには文明九年の講釈において、仏教・儒教の根元が神道であると説いて人びとを驚かせたが(『晴富宿禰記』文明十年二月二十五日条)、これは『唯一神道名法要集』に記された、神道は万法の根本であり、天竺の仏教、震旦の儒教は、枝葉・花実であって神道の分化であるとする三教根本枝葉花実説に端的に表現されている。神道はここにようやく習合思想を超えて独自性を主張したのである。兼倶は理論・教学の方面だけではなく、個人祈禱にも積極的に応じ、事相行法の確立にも尽力している点は重要である。秘伝の奥儀を受けるには、初重の十八神道行事、二重の宗源行事、三重の神道護摩行事の三壇行事の実修が重視されたほか、安鎮法、地鎮作法など数多くの雑祭次第書を構成した。これ以前の個人祈禱・祓作法は陰陽師が中心となって宣布されてきたが、兼倶以後は行法の確立によって式次第書が完備し、神道界全体に向けての教線の拡大へとつながっていった。また神社と神職に対して宗源宣旨・神道裁許状を発給し、唯一神道を広めた功績は大きい。ただし兼倶の代は近江国など一部の地域に限られ、発給文書数も少ない。兼倶の晩年は、後継と認めた長子兼致に先立たれ、実子平野兼永がその地位を望んだことから不仲となり、兼倶没後も二十六年間にわたり吉田・平野両家の相論がつづき、一時的に発展は中断されたが、十六世紀中ごろの兼右・兼見の代になると有力大名の庇護を得て安定期をむかえ、創始者兼倶の教説をよく書写して学び、時の権勢者や神道界へその宣揚につとめている。天正十八年(一五九〇)には神祇官八神殿が吉田の斎場所内に再興され、名実ともに「神祇官代」として公認されるようになる。さらに江戸幕府は神職統制の一環として寛文五年(一六六五)に『諸社禰宜神主法度』(『神社条目』)を発布したが、この第三条には白張以外の装束を着ける時は吉田家の許状をうけることの一項が設けられたため、全国の神職は吉田家の支配をうけることになり、唯一神道に属する神社と神職の数は飛躍的に増加する。さらに十七世紀後半から仏葬を排して儒葬や自身葬祭が出現するようになると離檀運動が盛んとなったことから、なおさら吉田家支配下で神道葬祭次第の伝授、認可が必要とされ、朝廷・幕府の後ろ盾を得て神祇道宗家としての地位を不動のものにした。寛政三年(一七九一)には江戸に出張所の関東役所を置き、教線の拡大に伴う事務の円滑化をはかった。江戸時代後期には白川神道が急に伸び対立も目立つようになるが、全国の主要神社は触頭組織を通して吉田家がおさえていたため、神道界における動揺は少なく、その勢力は圧倒的に強かった。全国の神職は上洛して吉田家より神道裁許状をうけ神職資格を与えられた。京都の吉田斎場所は神道界の文化センターの役割を果たし、神職の学問知識・教養を高めることに効果があがったが、一方では伝授に際して高額の金子を必要としたため神職や氏子には大きな財政的負担となった。唯一神道の一派からは橘三喜のように「唯一宗源の大導師」と称して全国をまわり五千人に近い門弟をもって布教に努める者も出たが、反対に延徳の密奏事件をはじめとした兼倶の行動に非難を加え、唯一神道論への批判も近世に入ると当時の時代風潮の影響をうけて強くなり、度会延佳・天野信景・吉見幸和・臼井雅胤らが輩出して論難する。平田篤胤の『俗神道大意』はその代表的書物であり、唯一神道をはじめ他神道にわたって明快な批判が数多く出てくる。↓三壇行事《さんだんぎょうじ》 ↓宗源宣旨《そうげんせんじ》 ↓太元宮《たいげんきゅう》 ↓吉田兼倶《よしだかねとも》 ↓吉田《よしだ》氏《し》

参考文献 『吉田叢書』、『卜部神道』(『神道大系』論説編)、江見清風『神道説苑』、河野省三『神道研究集』、宮地直一『神道史』下一(『宮地直一論集』七)、久保田収『中世神道の研究』、西田長男『日本神道史研究』五、萩原竜夫『中世祭祀組織の研究』、出村勝明『吉田神道の基礎的研究』(『神道史研究叢書』一七)、橋本政宣「「寛文五年諸社禰宜神主等法度」と吉田家」(橋本政宣・山本信吉編『神主と神人の社会史』所収)、同「寛文五年「神社条目」の機能」(『神道宗教』一六八・一六九)、井上智勝「近世本所の成立と展開―神祇管領長上吉田家を中心に―」(『日本史研究』四八七) (岡田　荘司)

ゆいいつしんとうみょうぼうようしゅう　唯一神道名法要集　神道書。吉田兼倶著。一巻。室町時代末期の成立。兼倶の神道説を集約した本書は、問答体で書かれているが、巻頭で神道を三家に分け、本迹縁起・両部習合の神道に対し、元本宗源神道はわが国開闢以来純一無雑の唯一神道であると説いている。仏教色の濃い中世の神道を排撃した兼倶は、三部の本書と呼ぶ『旧事本紀』『古事記』『日本書紀』に拠って、神道の儀式作法を説明し、天児屋根命の神宣を、北斗七元星宿真君が書写したという三部の神経に拠って、根本の教義を論述するが、神経は実在しない。陰陽五行説を取り入れた兼倶の神道説は、近世社会で大きな力を持ったが、本書はその教典として重んぜられた。『吉田叢書』二に、吉田文庫蔵の兼倶自筆草稿本の写真版と、諸本との校異を注した翻刻とが収められ、ほかに『日本哲学全書』四、『日本思想大系』一九、『神道大系』論説編八などに収められている。↓吉田兼倶《よしだかねとも》 (大隅　和雄)

ゆうかずら　木綿鬘　神祇祭祀の重儀に際し、特にその斎戒の厳重清浄なるを表象するために、木綿《ゆう》をもって頭部に直接または冠の上からなどして巻き付け、鬘状とした神事服身具の一つ。なお、これを上体部に斜めに襷掛けにしたものは、「木綿襷《ゆうだすき》」という。「木綿」とは、植物の梶《かじ》(楮・穀とも記す、落葉喬木)の木の枝の皮の部分を剝がして細い糸状にし(靭皮《じんぴ》繊維が長く強靱であり、水や天日に晒すと真っ白になる)、糸のまま榊に掛けて玉串としたり、または平織りの布として使用する。実際には、古代すでに麻(大麻《たいま》・苧麻《からむし》など)を以てその代わりとなし、呼称はそのままとした。『日本書紀』允恭天皇四年九月戊申条に、各氏姓を称する由緒の混乱した真偽を正すに、「於レ是、諸人各著ニテ木綿手繦一ヲ、而赴レテ釜ニ探湯ス」とあり、探湯《くかたち》に際して「木綿手繦《ゆふたすき》」を着用する様が記されている。また平安時代初期成立の『皇太神宮儀式帳』禰宜大初位上神主公成条に、「諸内人・物忌等乎率弖明衣・冠着弖、木綿多須岐懸弖、(中略)三節乃祭、朝夕御饌供奉」とある。近時の神宮式年遷宮に際しても、大宮司以下神儀奉戴の諸役は束帯の上に明衣装、冠の磯前部より纓に沿って纓壺まで麻を引き回し、両鈎《もろかぎ》に結び下げて木綿鬘となし、さらに左右両肩に麻を斜に懸け、おのおの腰脇に両鈎に結び下げて木綿襷とする。また他の諸役は衣冠

装の左肩へ麻布一幅を内側へ四折りにしたものを掛け、右脇下にて片鈎《かたかぎ》に結び下げるを例とする。諸社遷座に際しても同様の装用となる。

参考文献 『古事類苑』服飾部 (宍戸 忠男)

ゆうきじんじゃ 結城神社 津市藤方に鎮座。旧別格官幣社。南朝の忠臣贈正二位結城宗広を主神として、結城親光一族殉難将士を配祀す。結城上野介藤原宗広は、陸奥国白河(福島県白河市)の城主で、元弘三年(一三三三)大塔宮の令旨ならびに綸旨を奉じて後醍醐天皇に忠義を尽くし、新田義貞と協力して鎌倉幕府を亡ぼし建武中興の大業をなし遂げた南朝の忠臣。当社は「結城明神」と称して、地元民が宗広の墓側に小さな祠を建て祀ったことを起源とし、俗に「結城医王大明神」とも称して、航海安全・病気平癒に霊験あらたかといわれている。寛永九年(一六三二)津藩主藤堂高次が千歳山(津市垂水)よりこの地に八幡神社を遷祀ののちも古社八幡宮と称し、産土神と同様崇敬されている。文政七年(一八二四)には藩主藤堂高兌が社殿を改築し規模を拡大した。明治十三年(一八八〇)明治天皇巡幸の折、幣帛料の下賜があり、同十五年一月二十四日特旨をもって別格官幣社に列せられた。例祭は五月一日。後醍醐天皇綸旨を含む『結城神社文書』四十六通は県指定文化財である。 (西島 一郎)

明治時代の結城神社

ゆうけい 幽契 表に現れない約束。遠く深い契《ちぎ》り、もしくは、目に見えぬ幽界での神と神との深い意味を秘めた契約などとも、解し得る。「かくれたるちぎり」と訓読する。斎部広成《いんべのひろなり》の『古語拾遺』に、垂仁《すいにん》天皇朝に伊勢の神宮が創祀されたことにつき「始め天上《あめ》に在《ましま》すときに、預《あらかじ》め幽れたる契りを結びて、衢《ちまた》の神の先降《まずくだ》ること、深き以《ゆえ》有《あ》り」(原漢文)とあるのが出典。天照大神が瓊瓊杵尊《ににぎのみこと》の地上への降臨にあたり、宝鏡を授けて「与《とも》に床を同じくし殿《おおとの》を共にして」(原漢文)奉斎するように神勅を下す神話が『日本書紀』神代天孫降臨章第二の一書にみえる。これによれば、皇居で丁重に祭祀をうくべき宝鏡が伊勢の地に遷されたのは、神勅の趣旨に背くことになりかねない。そこで同神勅と神宮鎮座を整合的に説明するための神学的思考の所産として、幽契という考え方が出てきたのだろう。池辺《いけべ》真榛《まはり》はこれを天照大神と猿田彦大神《さるたひこのおおかみ》(衢神)の契りとする。伊勢神道では外宮神との独自な幽契観が生まれた。 (高森 明勅)

ゆうけんろん 幽顕論 ⇩大社教《たいしゃきょう》

ゆうしょくこじつ 有識故実 有識と故実の二語からなる。有識は、平安時代末期までは有識と書いて「ゆうしょく」「ゆうそく」「ゆうそこ」などとよみ、鎌倉時代以来、慣用して有職と書き、「ゆうしょく」とよみ、江戸時代も公家は、このよみを踏襲したが、国学者の間では「ゆうそく」とよむのを例とした。故実も、古実とも書き、「こしつ」と清んでよんだが、武家は「こじつ」と濁ってよむのを例とした。有識も、故実も、本義は先例に立脚する伝統的信念の発露であり、『貞信公記』延喜七年(九〇七)九月九日条に、重陽に「与二年来例一相違、是故実也」とあるとおり、先例の中でも、時宜相応の例をもって、たとえ新例であっても、これを故実と称した。いわゆる「故実、故事之是者」(『史記』魯世家註)ということである。ただ故実は、当事者の信念なので、その当否については批判があり、『明月記』建久三年(一一九二)四月二日条に、後白河法皇崩御の諒闇の服を九条兼実の説として「雖二先例一雖二故実一不レ可レ用事歟者」とある。かような指導者として批判するに足りる識見をもつ博識を有識といい、その修得者を識者という。令制では、国の行事の細則を式に規定しているが、摂関制以来、幼帝や摂政による臨機の新例が勘案され、朝儀の場所も特殊の大儀のほかは朝堂から内裏に移行し、調度の敷設、装束、進退の作法なども、漸次、唐様から和様化した。かくて式によりながらも時の摂関の意向を反映した先例が時代とともに増加し、父祖の例を踏襲する子孫たちによる家流を生じた。そのための徴証として各自がそれぞれに禁中行事を中心とする日記を作成し、自家はもとより、他家の日記も借用書写して他日に備えた。摂関制以来の天皇以下貴顕の厖大な日記は、いずれも有識故実の記録であり、有識の家は多数の日記を収蔵した家といわれたほどである。家流の分派は、『延喜式』撰進に参加した貞信公藤原忠平の子、小野宮太政大臣藤原実頼と九条右大臣藤原師輔以来著名であり、前者の流派に『小野宮年中行事』、後者の流派に『九条年中行事』があって互いに径庭を示し、子孫それぞれに家流を伝えた。醍醐天皇の第七皇子源高明は、実頼の次女を嫡妻とし、その没後、師輔の三女を後妻として両流の機微に通じ、その著『西宮記《さいきゅうき》』には諸説を併載して古礼の有識書と尊重された。また実頼の孫の藤原公任は、御堂関白藤原道長の子の教通を婿とし、家流に九条流を加えて『北山抄《ほくざんしょう》』を著わし、一条院以来の有識書として注目された。さらに大江匡房が後二条関白藤原師通のために撰述したという『江家次第《ごうけしだい》』は、一部に師通の子の忠実の批判はあるが、延久年間(一〇六九―七四)以後の有識書の白眉とされた。忠実の子の頼長は『台記』久安六年(一一五〇)正月十四日条に「北山抄・小野記、年来所レ見也、而依レ非二先祖一不レ用二此説一、唯縁二土御門説一といい、さらに「先年禅閤語曰、九条殿委曲説也、而御堂為二一条左大臣聟一、受二彼大臣訓一、其説于レ今不レ絶者、御堂末流豈背二彼相府説一乎」として当時の家流の意識を伝えている。

院政以来、禁中・院中・私第の行事に祭祀・法会・遊宴が盛儀となって展開し、風流の一日晴《いちにちばれ》の増加とともに、故実は枝葉末節に拘泥して複雑となって形式化した。ことに如木《じょぼく》とよばれた装束硬化の風潮は衣文方《えもんかた》を登場させて、様式化が最高潮に達するとともに、爾後の有識は、その形骸の追随にとどまり、行事の改廃・中絶・再興に伴って、いかに往時の盛儀を復活するかという努力の繰返しにすぎなくなった。そのため憑拠の例証とする日記を引用しやすいように類別に抄出編集することが盛んになり、恒例《ごうれい》・臨時の行事部類には『節会部類』『諸儀次第部類』『朝儀部類記』『朝覲行幸部類』『拝賀部類』『新嘗祭部類』『乞巧奠部類』『除目部類』『大饗部類』『殿上淵酔部類』『改元散状部類』『年号勘文部類抄』『御即位部類』『御誕生部類』『元服部類』『立后部類』『准后宣下部類』『上表部類』『凶事部類』など、服飾部類では『服色部類』『御禊行幸服飾部類』『近衛服色部類』『凶服部類』など、職掌分類による故実集成として『貫首故実』『夕郎故実』『上卿故実』『廷尉故実』『作法故実』など枚挙に遑がない。聞書・覚書・意見書にも富家殿藤原忠実の『中外抄』『富《ふ》家語《けご》』、九条藤原伊通の『大槐秘抄』、後鳥羽院の『世俗浅深秘抄』などがある。装束中心の書としては、源雅亮の『満佐須計装束抄』、家流の一日晴の記録集成として久我(源)通方の『餝抄』、藤原定家の『次将装束抄』、鷹司冬平の『後照念院殿装束抄』、中山(藤原)忠定の『年中諸公事装束要抄』『物具装束抄』などは著名である。また朝儀の萎靡を憂えて撰修された順徳天皇の『禁秘抄』諸芸能事にも「天下諸礼時、御失礼尤左道事也、後三条・白河殊有識也、必々可レ学レ之也」として有識の必要性を説き、南北朝時代以来の後醍醐天皇の『建武年中行事』『日中行事』、北畠親房の『職原抄』、二条良基の『百寮訓要抄』、一条兼良の『桃華蘂葉《とうかずいよう》』『公事根源』『代始和抄』『女官飾抄』なども有識書の宝典と尊重され、近世以降、これらの書物の階梯・注解が行われた。行事の場所も里内裏が普通となり、装束も如木の普遍化とともに日常と行事の際の懸隔がはなはだしくなって、衣服の下剋上が一般の風潮となった。尋常の朝服は束帯から衣冠に移り、公卿日常の直衣《のうし》は狩衣《かりぎぬ》に、地下常用の水干《すいかん》は労働着から向上した直垂《ひたたれ》に、女房の重袿《かさねうちぎ》は重小袖《かさねこそで》に代わって、名称は同一でも、時代により着用者の地位も、衣服の形状も、地質・色目・文様も相違して、後代の認識で前代の内容を理解することが困難になった。行事の特殊装束も、中絶後に復活した様式は、その時点での研究水準に、製作者の技術と経済的負担の実状によって相違を生じている。そのため『伊勢物語』や『源氏物語』『枕草子』をはじめとする禁中を中心とする文学作品類の有識用語は、公家以外には理解困難となり、公家にあっても時代の下降につれて難解となったので、実際に行事を施行する識者としての有識本来の研究のほかに、物語類をはじめとする古文献にみえる有識故実の用語を研究することが盛んになった。すでに『源氏物語』に関しては、鎌倉時代ころから用語の解釈が試みられ、順徳天皇の曾孫である四辻善成の『河海抄』は、それら注釈の集大成として著名である。その補訂という一条兼良の『花鳥余情』をはじめ、『源語秘訣』『源氏物語之内不審条々』、その子冬良の『源語装束抄並肖柏問答抄』、この書を参考にした宗碩の『源氏男女装束抄』などは、いずれも当時の有識からみた考証解釈であり、この研究は、公家から武家・連歌師・僧侶と次第に発展した。これに反し、本来の有識は、室町時代末期以来、宮廷の不振につれて衰退し、行事や装束に中絶をみたが、天正十六年(一五八八)の聚楽第行幸は、応仁年間(一四六七―六九)以来の沈滞した有識の復活を促し、豊臣秀次も関心を示して『言経卿記』文禄二年(一五九三)二月二十四日条には「惣別、有職御草子之儀ハ奉行可レ仕由被レ仰了」と伝えている。

江戸時代に入ると、元和六年(一六二〇)の徳川和子入内、寛永三年(一六二六)の二条城行幸と盛儀が続いて、華麗な装束・調度の再興をみたが、時流の反映と武家様式の混入と相まって、特異な狂い咲きにも似たいわゆる寛永有識を生じた。これを一般好事家は近世有識と称したが、近衛基熙は、有識家として知られた平松時方・東園基量・野宮定基・滋野井公澄・高橋宗恒たちとはかって異風の払拭につとめ、有識書類の校合整理、古画や絵巻物類の考証参看、博捜した遺品類の実測図や標本の調成、装束・調度の製作技術の復活など、そのすぐれた識見を日記や諸本の奥書に伝えている。貞享四年(一六八七)には大嘗会、元禄七年(一六九四)には賀茂祭を再興し、左中将野宮定基は近衛使をつとめて有識研究の成果を発揮した。爾来、国学の発達と幕府の伝統尊重の政策と相まって、有識の道は、公家文化の伝統顕示の標識となって展開した。松平定信が、裏松光世の大内裏研究の業績(『大内裏図考証』)を採用して、保元内裏を規準に復元した寛政新造内裏は、その成果であり、調度・装束も殿舎相応に復活して配置され、王朝様の行事の進展をみるに至った。その前提には、父祖の有識の道を継承した滋野井公麗・野宮定晴・高橋宗直・広橋兼胤たちの尽力によるところが多い。いずれもすぐれた識者であり、宮廷内の指導者として、武家や民間の文献依存の研究者の追随を許さないが、日記・随想・覚書の類に業績や見識を伝えるほかは、公刊の著書のないことが遺憾である。なお山科家の歴代の日記も装束の調成と復元の実状を伝えて貴重であり、ことに現行の宮廷装束に関連する幕末の『言成卿記』や、山科言成の備忘書としての『篋底秘記』は重要である。公家の有識書梓行忌避は家流の秘事の公開回避のためであり、研究の成果は行事の際の発表にあった。歴史画家の有識研究の成果が作品に凝結したのと同様である。そのため公刊の書は、滋野井公麗の『禁秘御抄階梯』『公事根源鈔階梯』などの注釈書類にすぎない。古典理解のための有識の研究は、慶長古活字本以来、本文の出版刊行の盛行につれ、幅広く浸透して、武士をはじめ民間の好事家や学者にも普及し、古典の研究家で有識故実にふれぬものはないほど盛んになった。ことに文献だけで検討しやすい官職関係は、『職原抄』を基本として、壺井義知の『職原抄通考』『職原抄弁疑私考』『職原抄仮名抄』、その門下の多田義俊(南嶺)の『職原鈔弁講』などが知られている。装束・調度関係では、以上の二人をはじめ、新井白石・荷田在満・速水房常・大塚嘉樹・伊勢貞丈・松岡辰方・同行義・屋代弘賢・栗原信充・藤貞幹・山田以文・橋本経亮・田中善一など枚挙すべくもない。大名では田安宗武・松平定信が注目され、史料集として『装束色彙』『装束集成』『礼儀類典』などが編集された。その著述も公家を凌駕するほどとなったが、実物による知識は束帯や衣冠・直衣などを常用としていた公家に及ぶべくなく、いずれもその指導に俟ったので、多くは近世の遺品による知識をもとに古典を推測する傾向から文献相当の時代に対する復元的理解を欠いて現代に及んでいる。

明治以後の有識故実は、基本とする文献・遺品・絵画に面目を一新して、研究躍進の徴候を示したが、行事の西欧化とともに風俗史の一部門とするか、有識故実を細分して、制度史・典礼史・服装史・工芸史などの範疇に入れて、本来の有識故実は、特殊の宮中の儀礼や神社の祭典にわずかに面影をとどめるにすぎなくなった。

参考文献　国学院大学神道資料展示室編『(高倉家調進控)装束織文集成』

(鈴木　敬三)

ゆうとくいなりじんじゃ　祐徳稲荷神社　佐賀県鹿島市古枝字上古枝に鎮座。旧県社。倉稲魂大神《うかのみたまのおおかみ》・大宮売《おおみやめ》大神・猿田彦《さるたひこ》大神が祭神。鹿島藩主鍋島直朝後室万子が父の左大臣花山院定好邸内の稲荷社の分祀をすすめられ、貞享四年(一六八七)社を建立、彼女は宝永二年(一七〇五)この一角の岩壁を穿って庵を結びここで没した(古江田の御庵、のちの石壁社)。法号祐徳院殿にちなんで祐徳院と総称して神仏混淆が行われていたが、明治の神仏分離によって祐徳稲荷神社となる。例祭日は三月初午日。四月八日玉替、十二月八日御火焚《おひたき》の神事。現在は「祐徳院さん」の名で正月三が日をはじめ参詣者が多い。境内には万子を祀る石壁社、神令使の白狐を祀る命婦社がある。命婦社は十九世紀初頭の一間社流造の神殿建築で佐賀県重要文化財指定、外苑には祐徳博物館があり、鹿島鍋島家伝来の刀剣・甲冑類などを中心に展示している。鹿島鍋島家旧蔵の国文学典籍類(中川文庫)、藩の役所の日記を中心とする藩政史料(祐徳文庫)なども神社で保存されている。

参考文献　三好不二雄編『鹿島藩日記』一―五、『鹿島市史』中、佐賀県神職会編『佐賀県神社誌要』、鍋島直条『鹿島志』、森周造『肥前国誌』、勝屋弘義編『祐徳稲荷神社史』

(小宮　睦之)

ゆかもののつかい　由加物使　もと大嘗祭に祭料として、神に供える由加物を奉るための使者を称した。由加物とは雑贄《にえ》と雑器《うつわ》をいう。『延喜式』神祇七によると、雑器は河内・和泉・尾張・三河・備前の五国に造らしめた。八月(旧暦)上旬に、宮内省の史生《ししょう》を五国にさしつかわし、祓えをしてのち造作せしめた。造作の物は、蘭笥《おけ》・大手《おおきて》洗瓫《あらいのひらか》・瓶《かめ》・小手洗瓫・短女坏《ひきめつき》など、四十五種の物。九月上旬には、卜部《うらべ》三人を紀伊・淡路・阿波の三国につかわし、大祓をしてのち事を行わしめた。献る由加物は、薄《うす》鰒《あわび》・生鰒・生螺《なまにし》・都志毛《つじも》・古毛《こも》など、二十一種の物。なお、同書によると、由加物を献上するための由加物使が、京に向かう日は「路次の国、道路を掃きて祇承《しぞう》せよ」(原漢文)とある。

(沼部　春友)

ゆぎしょう　湯起請　中世の裁判において行われた鉄火起請・参籠起請・鬮《くじ》取起請などと並ぶ神意による裁判方式の一種。室町幕府および寺社の裁判における事例がよく知られている。古代の裁判において行われた盟神探湯《くかたち》に相当し、その方法も同様である。すなわち、熱湯の入った釜の中に石を置いて、これを訴訟当事者に探り取らしめ、その際の手の損傷(これを湯起請の失という)の有無によって当事者の主張の真偽を判定するものである。湯起請にあたっては、当事者はあらかじめ、みずからの主張に偽りがない旨の起請文を書くのが例であった。湯起請には各種犯罪の嫌疑者を審問する場合に行う一方的なものと境界相論のような民事事件に際して行う双方的なものとがあった。なお、湯起請を行うのは原則として、証人および証文によっても事実関係が不明の場合および両当事者提出の証拠が等価値の場合など、裁判官が容易に判定を下せない場合に限られていた。以下、主として室町幕府の民事裁判における湯起請の手続について説明する。湯起請は普通、神前において幕府の使節たる奉行、巫女(あるいは陰陽師)および奉行の随員で諸雑務を行う公人などの列席のもとに行われる。まず、巫女のお祓いによって開始され、釜に湯を沸騰させる儀式を行うが、これを湯立《ゆだて》という。原被告いずれの側が先に手を入れるかは抽選によって決める例であった。実際に熱湯中に手を入れる者を取手と称したが、取手は起請文を書き、これを焼いて灰にして飲み、次に熱湯中の石を取り上げた。失の有無の認定は、その後三日間取手をこの儀式が行われた場所(多くは神社内)に留め、三日目に奉行衆の立ち合いのもとに手の火傷の状態を検知して行うことになっていた。その結果、㈠一方にのみ失が現われた場合は、その者の主張が虚偽であると認定され、㈡両方ともに失が現われた場合は、両当事者ともに虚偽の陳述をしたとして係争物件は幕府に没収され、㈢両方ともに失が現われない場合は、両方の主張ともに真実だとして係争物件は中分された。なお、実際においては、みずから非理なりと考える当事者は湯起請の場への召喚に応じないことが多かった。この場合は、口頭弁論の場への召喚の場合と同様、三度にわたって召喚命令に違反すれば、相手方勝訴の判決を下すことになっていた。

参考文献 石井良助『中世武家不動産訴訟法の研究』、中田薫「古代亜細亜諸邦に行はれたる神判」(『法制史論集』三下所収)、同「古代亜細亜諸邦に行はれたる神判補考」(同所収)、可児光生「神判としての起請をめぐって—中世東寺を中心に—」(『年報中世史研究』五)

(植田 信広)

ゆき・すき 悠紀・主基 大嘗祭に、神饌料の米・粟を耕作、献上する斎田のことで、悠紀田《ゆきでん》と主基田《すきでん》の二ヵ所設定するものをいう。また、斎田の属する国郡を悠紀国・主基国といい、大嘗祭の神事を行う大嘗宮も、悠紀殿・主基殿の二つの神殿からなる。律令制下では七月に斎田をト定し(国郡卜定)、九月に収穫されると、京の大内裏の北野に設けられた悠紀・主基の斎院に、両斎国から国司に率いられて米などが搬入される。斎院では、精米・醸造などの準備が行われる。十一月下卯《しものう》の祭儀当日の朝には、斎院から大嘗宮へ神供の品々を搬入する。それは両国の人々が、悠紀は左、主基は右に分かれて列をなして朱雀大路を進み、米・酒・魚などを運び入れるものである。大嘗宮では、夕御饌《ゆうみけ》が悠紀殿において、朝御饌が主基殿において、それぞれの斎田の米を用いて供進される。豊楽院の節会も、辰の日が悠紀節会、巳の日が主基節会とされ、両国の国司以下も参列する。悠紀・主基の斎田は、天武・持統朝から記録があるが、古くは京を中心として東国のみ、あるいは西国のみが選定される場合も少なくなかったが、八世紀末の光仁天皇からは、悠紀は東国から、主基は西国から選ばれる慣例が定まった。十世紀末の円融天皇以後には、悠紀は近江国に、主基は丹波国または備中国に固定されて幕末に至った。語義については多くの説があるが、ユキは聖域、スキは副次の

悠紀国・主基国一覧

天皇	大嘗祭の年次	悠紀	主基
天武天皇	天武天皇二年(六七三)	播磨国	丹波国
同	同五年(六七六)	尾張国	同
持統天皇	持統天皇五年(六九一)	播磨国	因幡国
文武天皇	文武天皇二年(六九八)	尾張国	美濃国
元明天皇	和銅元年(七〇八)	遠江国	但馬国
元正天皇	霊亀二年(七一六)	同	同
聖武天皇	神亀元年(七二四)	備前国	播磨国
孝謙天皇	天平勝宝元年(七四九)	因幡国	美濃国
淳仁天皇	天平宝字二年(七五八)	丹波国	播磨国
称徳天皇	天平神護元年(七六五)	美濃国	越前国
光仁天皇	宝亀二年(七七一)	三河国	因幡国
桓武天皇	天応元年(七八一)	越前国	備前国
平城天皇	大同三年(八〇八)	伊勢国	同
嵯峨天皇	弘仁元年(八一〇)	三河国	美作国
淳和天皇	弘仁十四年(八二三)	美濃国	丹波国
仁明天皇	天長十年(八三三)	近江国	備中国
文徳天皇	仁寿元年(八五一)	伊勢国	播磨国
清和天皇	貞観元年(八五九)	三河国	美作国
陽成天皇	元慶元年(八七七)	美濃国	備中国
光孝天皇	同八年(八八四)	伊勢国	備前国
宇多天皇	仁和四年(八八八)	近江国	播磨国
醍醐天皇	寛平九年(八九七)	同	丹波国
朱雀天皇	承平二年(九三二)	同	同
村上天皇	天慶九年(九四六)	同	備中国
冷泉天皇	安和元年(九六八)	同	播磨国
円融天皇	天禄元年(九七〇)	同	丹波国
花山天皇	寛和元年(九八五)	同	同
一条天皇	同二年(九八六)	同	備中国
三条天皇	長和元年(一〇一二)	同	丹波国
後一条天皇	同五年(一〇一六)	同	備中国
後朱雀天皇	長元九年(一〇三六)	同	丹波国
後冷泉天皇	永承元年(一〇四六)	近江国	備中国
後三条天皇	治暦四年(一〇六八)	同	同
白河天皇	承保元年(一〇七四)	同	丹波国
堀河天皇	寛治元年(一〇八七)	同	備中国
鳥羽天皇	天仁元年(一一〇八)	同	丹波国
崇徳天皇	保安四年(一一二三)	同	備中国
近衛天皇	康治元年(一一四二)	同	丹波国
後白河天皇	久寿二年(一一五五)	同	同
二条天皇	平治元年(一一五九)	同	同
六条天皇	仁安元年(一一六六)	同	同
高倉天皇	同三年(一一六八)	同	備中国
安徳天皇	寿永元年(一一八二)	同	丹波国
後鳥羽天皇	元暦元年(一一八四)	同	同
土御門天皇	建久九年(一一九八)	同	備中国
順徳天皇	建暦二年(一二一二)	同	丹波国
後堀河天皇	貞応元年(一二二二)	同	備中国
四条天皇	嘉禎元年(一二三五)	同	丹波国
後嵯峨天皇	仁治三年(一二四二)	同	備中国
後深草天皇	寛元四年(一二四六)	同	丹波国
亀山天皇	文応元年(一二六〇)	同	備中国
後宇多天皇	文永十一年(一二七四)	同	丹波国
伏見天皇	正応元年(一二八八)	同	備中国
後伏見天皇	永仁六年(一二九八)	同	丹波国
後二条天皇	正安三年(一三〇一)	同	備中国
花園天皇	延慶二年(一三〇九)	同	丹波国
後醍醐天皇	文保二年(一三一八)	同	備中国
光厳天皇	正慶元年(一三三二)	同	丹波国
光明天皇	暦応元年(一三三八)	同	備中国
崇光天皇	観応元年(一三五〇)	同	丹波国
後光厳天皇	文和三年(一三五四)	同	同
後円融天皇	永和元年(一三七五)	同	備中国
後小松天皇	永徳三年(一三八三)	同	丹波国
称光天皇	応永二十二年(一四一五)	同	備中国
後花園天皇	永享二年(一四三〇)	同	丹波国
後土御門天皇	文正元年(一四六六)	同	備中国
東山天皇	貞享四年(一六八七)	同	丹波国

天皇	大嘗祭の年次	悠紀	主基
桜町天皇	元文三年(一七三八)	近江国	丹波国
桃園天皇	寛延元年(一七四八)	同	同
後桜町天皇	明和元年(一七六四)	同	同
後桃園天皇	同八年(一七七一)	同	同
光格天皇	天明七年(一七八七)	同	同
仁孝天皇	文政元年(一八一八)	同	同
孝明天皇	嘉永元年(一八四八)	同	同
明治天皇	明治四年(一八七一)	甲斐国	安房国
大正天皇	大正四年(一九一五)	愛知県	香川県
昭和天皇	昭和三年(一九二八)	滋賀県	福岡県
(今上天皇)	平成二年(一九九〇)	秋田県	大分県

(一)天武朝の例は、厳密には大嘗祭とはいいがたいが、二年・五年・六年の新嘗祭に悠紀・主基の斎国を定めた記事がある。斎国名の明らかな二年と五年の例を参考までに挙げておく。

(二)元明朝の悠紀国の遠江国は『続日本紀』によるが、『扶桑略記』『一代要記』等は近江国とする。

(三)崇光朝の大嘗祭は、悠紀・主基の国郡卜定まですんでいたが、戦乱のため御禊以後の行事はすべて中止となった。

意とする西宮一民説が妥当であろう。 →国郡卜定《こくぐんぼくじょう》 →大嘗祭《だいじょうさい》

参考文献 田中初夫『践祚大嘗祭』研究篇、川出清彦『祭祀概説』、八束清貫「悠紀主基に就て」(国史講習会編『御即位礼と大嘗祭講話』所収)、同「斎田点定と抜穂使」(同所収)、西宮一民「践祚大嘗祭重要語彙攷証」(皇学館大学神道研究所編『大嘗祭の研究』所収)

(岡田 精司)

ゆきまつり **雪祭** 長野県下伊那郡阿南町新野《にいの》の伊豆神社で、一月十四日昼から十五日早暁にかけて行われる豊作祈願の祭。雪を豊年の予兆とみ、これを神前に供えることからこの名で親しまれているが、祭の内容は、豊作を祈って神前に奉納される各種神楽や、正月の松飾りを集めて作った大松明の明りのもとで夜を徹して演じられる、斧と槌を持った鬼の打ちあいや鬼と禰宜の問答などを含む各種の古式豊かな夜田楽(庭能)にある。国重要無形民俗文化財。

(田中 宣一)

ゆさぼくさい **遊佐木斎** 一六五八―一七三四 江戸時代中期の儒学者。仙台の人。万治元年(一六五八)十二月十六日に生まれる。父は清兵衛といい伊達家の臣。はじめ養順といい、のち好生と改む。通称は清兵衛あるいは次郎左衛門、木斎と号す。十七歳で君命により大島良設に学び、その後、京都に出て米川操軒・中村惕斎に学び、のち山崎闇斎に師事し、神道の立場を固守した。天和年間(一六八一―八四)、仙台藩儒員となり藩主綱村に近侍して垂加流の神道を進講した。藩史の編纂にも従事し、その功績により番頭となる。その人となり恭謹順厚にして後進の指導にあたり、その門下から佐久間洞巌・菅原南山・高橋玉斎・国分悔愆などの逸材が輩出した。その思想は、闇斎学にふれる以前は儒道一筋であったが、闇斎を師とするに及んで闇斎を尊信し、儒道と神道とを峻別する立場に立って放伐を否定し、神道の優位性を主張した。享保十九年(一七三四)十月十六日没。七十七歳。著書に『敬説』『人倫箴』『彝生抄』『四十七士論』『遊佐氏紀年録』などがある。

(本郷 隆盛)

ゆしまじんじゃ **湯島神社** 東京都文京区湯島三丁目に鎮座。油島天神宮・湯島天満宮・湯島天神とも称す。旧府社。天之手力雄命・菅原道真を祀る。『地主戸隠大権現略縁起』に、手力雄命は貞観の中ごろの勧請と記すが、『湯島神社明細帳』には雄略天皇二年八月、勅命により勧請とある。『油島天神御縁起』などによれば、菅原道真は文和四年(一三五五)二月二十五日郷民が霊夢によって勧請し、文明十年(一四七八)太田道灌が再興したと記す。天正十九年(一五九一)十一月、徳川家康は武蔵国豊島郡湯島郷の内祭祀料として五石を寄進。明暦三年(一六五七)正月、江戸の大火により社殿を焼失。元禄十六年(一七〇三)十一月、社殿を焼失。幕府は造営料として金五百両を寄進。宝永元年(一七〇四)再建。安永元年(一七七二)二月社殿を焼失。同五年再建。文久三年(一八六三)三月、社殿および古記録などを焼失。別当は梅園寺喜見院。江戸時代、湯花神楽や富籤が行われた。特に富籤は、谷中天王寺・目黒不動とともに江戸の三富といわれ、突富当日は参詣人で賑わった。また神仏の開帳の場としても知られ、江戸時代を通し利用された。現在は、学問の神として知られ、毎年一・二月には受験合格祈願のため社頭が賑わっている。社殿は久しく復興しなかったが、明治十八年(一八八五)、再建し府社に列した。また、平成七年(一九九五)に本殿・拝殿の建替えが竣工し、同年十二月十四日に本殿遷座祭が行われた。同十一年には宝物殿も建築がなり、廻廊なども含め景観をあらたにした。なお、同十三年には社名を湯島天満宮と改めた。例祭は五月二十五日。

湯島天満宮（『江戸名所図会』5より）

参考文献　三上参次編『湯島神社新縁起』、『湯島天神誌』　（三橋　健）

ゆすはらはちまんえんぎ　柞原八幡縁起　大分市八幡字二葉山に鎮座する旧国幣小社柞原八幡宮の縁起書。二巻。原本は当社所蔵。成立は天文年間（一五三二―五五）。絵は土佐光茂が描き、詞書は二品尊鎮法親王の筆跡になる『由原八幡縁起絵巻』の優品である。いつしかこの絵巻は詞書のみ転々と筆写され、続群書類従本は貞享二年（一六八五）山口正致の書写奥書を有するもので、この底本が内閣文庫所蔵の『由原八幡宮縁起』である。本書の内容は神功皇后の三韓征伐物語に始まり、筥崎八幡宮・宇佐八幡宮の鎮座由来を記した後に、天長四年（八二七）延暦寺の僧金亀和尚が宇佐宮に参籠して示現を蒙り、豊後国大分郡の現在地に八幡神を祀るという由原宮の創立縁起を物語る。一般に流布の八幡宮縁起絵巻の典型に基づき、これに柞原八幡の部分を付加して成形されている。付加部分は正応二年（一二八九）三月日付の「大宮司経妙申状案」（『柞原八幡宮文書』）と旧記類に基づく。『続群書類従』神祇部に収められているが、誤字誤脱が多く注意を要する。　（伊藤　勇人）

参考文献　『群書解題』一下「由原八幡縁起」、『大分市史』

ゆすはらはちまんぐう　柞原八幡宮　大分市八幡に鎮座。八幡由原宮・由原宮・賀来《かく》社。俗称「いすはらはちまんぐう」。旧国幣小社。祭神は仲哀天皇・応神天皇・神功皇后。僧金亀が宇佐宮に参籠し、天長七年（八三〇）豊後国大分郡に勧請。承和三年（八三六）伝国司大江宇久宝殿建立、宇佐神宮寺の別宮、嘉応三年（承安元、一一七一）豊後一宮とみえる。国司の公田により祭祀、長徳四年（九九八）宇佐宮に準じ三十三年ごとに造替、祭儀は四季節会・御供九箇度・法花講などや放生会《ほうじょうえ》・神宝会は古くは国司が行なった。祠官は宮師を長に八坊・大山寺で当初は完全な宮寺であったが、鳥羽院のころ大宮司がみえ久安年間（一一四五―五一）には社務にあたり神職制も発達、近世には末坊神人も多くなる。社領は初期は国司奉免で大分郡四郷内にあり、末期には番制に編成、賀来荘が寄進される。中世には大友氏が崇敬庇護し、近世は府内藩主が崇敬、大正五年（一九一六）国幣小社に列した。宝物のうち銅造仏・太刀三・大山寺普賢像はいずれも重要文化財となっている。古文書は、平安時代の二十七通をはじめ、豊後一宮の変遷や国衙・守護などの関係が知られ、『柞原八幡宮文書』（十七巻二百十六通）として重要文化財となっている。現在の社殿のうち、本殿は安政年間（一八

柞原八幡宮絵図

「由原宮印」
柞原八幡宮印

五四―六〇)の再建による八幡造、ほかに東西の宝殿・宝庫・神楽殿・楼門などが建つ。例祭は三月十五日。神事は七月夏越祭、九月賀来社神幸、放生会がある。 ↓宇《う》佐神宮《さじんぐう》

参考文献 『大分県史料』九、中野幡能編『宇佐神宮史』史料篇、『由原宮略縁起幷宝物目録』(『神道大系』神社篇四四)、中野幡能『八幡信仰史の研究(増補版)』下、同編『大分の歴史―宇佐八幡と石仏―』二、渡辺澄夫「豊後国由原八幡宮領荘園の研究」(『大分大学学芸学部研究紀要』九) (中野 幡能)

ゆすはらはちまんぐうもんじょ 柞原八幡宮文書 大分市八幡の柞原八幡宮所蔵の文書。大分県史料刊行会編『大分県史料』九(昭和三十一年(一九五六)出版)所収。同宮所蔵文書二百三十七通、宮師文書五十一通、安部文書一通、宮成文書二通、総計二百九十一通。同宮は由原宮・八幡由原宮・賀来社といい、僧金亀が天長七年(八三〇)宇佐八幡宮を豊後国賀来郷(『和名類聚抄』になし)に勧請。最初から宮寺として発足。金亀の法統をつぐ宮師が金蔵院(護国院)で別当、末坊十四坊。当宮は宇佐別宮(弥勒寺末)、豊後国一宮。のちに大宮司以下の神職制も置く。平安時代には康和三年(一一〇一)以来二十八通の正文があり、同宮季供田・燈油料田などや斎会関係の国衙より免除の文書が多く、国衙の鎮守的な政治経済関係、荘園・国衙の変遷がみられる。鎌倉時代の文書には庁宣・留守所下文などがあり、当宮領賀来・阿南荘、同地頭・豊後守護大友氏との深い関係がみられる。また、南北朝時代以後になると守護大名大友氏が祭礼に大きく関与する有様がよくみられる。正文が多く遺されており、県有形文化財に指定されている。

参考文献 渡辺澄夫「柞原八幡宮領」(『大分市史』上所収)、同「豊後国由原八幡宮領荘園の研究」(『大分大学学芸学部研究紀要』九) (中野 幡能)

ゆぜんじんじゃ 湯泉神社 温泉の源泉や湯口などにまつられる湯の神を祭神とする神社。湯前神社・温泉神社なども書き、全国の温泉場にまつられている。『延喜式』神名帳にも、福島県いわき市湯本温泉の温泉《おんせん》神社、栃木県那須郡那須町那須湯本温泉の温泉《おんせん》神社、神戸市有馬温泉の湯泉《とうぜん》神社、島根県八束郡玉湯町玉造温泉の玉作湯《たまつくりゆ》神社、松山市道後温泉の湯神社などがみえる。温泉は、古くから傷病の治癒や養生の場として利用されていることが記録にみえており、『日本書紀』にも、舒明天皇や孝徳天皇・斉明天皇・天武天皇による摂津国有馬温泉や伊予国道後温泉などへの行幸のことが記されている。また、『出雲国風土記』には、意宇郡忌部の玉造温泉が、入浴すると容姿端麗になり万病が治癒する神湯として知られ、崇められていたことが記されている。温泉と治病祈願の薬師信仰との結び付きは強く、湯泉神社にも国土開発と医薬・治病の神とされる大己貴命《おおなむちのみこと》と少彦名命《すくなひこなのみこと》を祀るところが多くみられる。ただし、効能祈願の対象となる薬師如来とは異なり、湯泉神社は温泉場の鎮守、温泉の守護神としての性格が強いものとなっている。 (島田 潔)

ユタ 奄美以南の南島地域において、宗教的諸活動を行なっているシャーマン的職能者の総称。そのほとんどは中年以上の女性である。神霊界と直接交流する能力があると考えられており、その呪術宗教的能力の点で東北地方の「いたこ」との類似が指摘される。琉球王府の公的宗教組織の末端に配された女祭司ノロが村落祭祀に関わるのに対し、ユタは個人の私的な宗教的需要に応えてきた。その宗教的行為は個人の運勢や吉凶の判断、異常体験の解釈、神や祖先の意向の確認、伝統的知識の教示、あるいは儀礼(魂込め・魂抜き・屋敷祈願など)の執行など多岐に及んでいるが、その内容は地域や時代による偏差がみられる。ユタ的職能者はその地理的分布の状況からみて、島津氏の琉球入り(一六〇九年(慶長十四))以前にすでに琉球社会に定着していたと考えられる。十八世紀初頭以降、「時よた」として『公事帳』などの史料に登場するが、それは常に禁止条項としてあらわれる。琉球社会は十七世紀半ば以降、向象《しょう》賢や蔡温を中心に儒教化政策を伴う社会の再編成が進んでいくが、その動向の中でユタ禁止政策が固定化する。しかし、その実効が上がらなかった状況も史料が伝えている。ユタはオモテ社会の支配論理に基づいた禁止政策に耐えつつ、ウラ社会の呪術宗教に根ざした民衆の需要を満たしてきたといえる。その意味で琉球社会の文化的二重性を浮き彫りにしている。また、ユタが文化伝播の媒介的機能を持っていることも指摘されてきている。ユタが位牌継承や家産相続の問題に関与することによって、沖縄社会に「門中化現象」を結果していることなどはその一例である。 ↓ノロ組織

参考文献 『沖縄県史料』前近代一・六、桜井徳太郎『沖縄のシャマニズム』、山下欣一『奄美のシャーマニズム』、佐々木宏幹『シャーマニズムの人類学』、高良倉吉『琉球王国史の課題』、新崎進「位牌継承禁忌とユタ」(窪徳忠先生沖縄調査二十年記念論文集刊行委員会編『沖縄の宗教と民俗』所収)、上原エリ子「民間巫者と門中化との関係をめぐる一考察」(同所収)、安達義弘「沖縄・中国文化接触の一側面―ユタ的職能者とシジタダシと門中化現象をめぐって―」(『久留米大学比較文化研究所紀要』五)、大橋英寿「沖縄における shaman〈ユタ〉の生態と機能―ハンジ場面観察による client の事例研究―」(『東北大学文学部研究年報』二八)、同「沖

縄シャマニズムの歴史—ユタ禁圧の諸相と背景—」(同三二)

(安達　義弘)

ゆだて　湯立　(一)神前で大きな釜に湯を沸かし、巫女が神がかり状態となって笹の葉をその湯にひたしてまくのをいう。巫女が神がかり状態になり、笹で氏子の人たちに湯を振りかける。これを問湯と呼んでいる例もある。湯立神楽といって、平安時代の朝廷の神楽には湯立歌というものがあった。今日の民俗芸能に湯立を行う例がいくつかみられる。関東地方では神奈川県箱根の仙石原の諏訪神社の祭礼に湯立獅子舞が行われる。熱湯を入れた大釜の湯を神に捧げ、また舞を見物する人たちにも湯を振りかける所作がある。兵庫県有馬温泉では正月二日に湯開きの式をする。島根県美保神社の三月十日の湯立神事では一年間きびしい生活を送った一年神主が神事のさ中神がかりして年の豊凶などを伝える。

(大藤　時彦)

厳島神社湯立神事（『厳島図会』5より）

(二)　⇩湯起請《ゆぎしょう》

ゆたてしんじ　湯立神事　神を勧請するために釜などに湯を沸かす神事。神を招くために湯を立てることは古代より行われていた。争いごとなどの際に、神への誓約の後、熱湯の中に手を入れさせて、そのただれ具合で正邪を判断する盟神探湯《くかたち》がそれであるが、同様の方法は、中世においては湯起請の名で行われていた。起請とは、神を勧請して誓約することを意味する語である。古代寺院の湯屋における入浴は、賓頭盧尊者を本尊として営まれる宗教的な儀礼で、こうした姿は現在でも、東大寺の修二会(お水取り)などに見ることができる。神仏勧請の手段として湯を立てる祭儀は、諸社および村落の神祭祀に現在でも見ることができる。神社における湯立としては、春日若宮御祭における巫女の湯立などがあげられる。これは、参拝者の潔斎として巫女が煮えたぎった湯を笹で振りかけるものであるが、民間祭祀の中にも、興味深い湯立の例を見ることができる。高知県香美郡物部村に伝承される民間宗教いざなぎ流では、家や鎮守社の大祭において湯神楽を行うが、これは、熊野の新宮・本宮の湯を下ろして、招いた神々に湯浴みをしてもらうためのものだと説明される。湯神楽においては、湯の中に米粒を入れ、その散り具合によって神意を判ずる作法なども行われるし、また、この湯神楽の方法を応用した湯祈禱と呼ばれる病人治療の儀礼もあった。湯立神楽として著名なものに、十一月より二月ごろにかけて行われる愛知県北設楽《きたしたら》郡の花祭や、長野県下伊那郡の霜月祭(遠山祭)がある。花祭の場合についてみると、舞庭と呼ばれる民家や公民館には、土間の中央に土で竈を築いて、釜を据え湯が立てられる。行事は一昼夜を通して行われるが、その終結部分で、湯ばやしが行われる。参拝者に、湯立の湯を浴びせるものであるが、新たな年に向けての生命の再生を目的とする儀礼であると考えられている。

(松尾　恒一)

湯立神事　長野県遠山の霜月祭

ゆどのさんじんじゃ　湯殿山神社　山形県東田川郡朝日村大字田麦俣《たむぎまた》字六十里山に鎮座。旧国幣小社。大山祇命《おおやまずみのみこと》を主神とし、少彦名命と大己貴命を配祀する。標高一五〇四メートルの湯殿山は月山の南西約四キロの地点にあるが、その神体はこの山のすぐ北にある標高一二六二メートルの薬師岳とその北の品倉山尾根との間の渓谷にそそり立つ巨大な輝石安山岩で、その数ヵ所からわきでる温泉に含有する酸化鉄が岩肌に沈澱し、赤褐色を呈して神秘感をただよわせている。神仏習合時代にはこれを大日如来とあがめ、湯殿山大権現と拝し、出羽三山の奥の院と仰いで、諸国からの三山参詣道者は、もっとも多くここに集まった。明治七年(一八七四)神社に改め、国幣小社に列したが、神職は月山神社同様に出羽神社の神職が兼掌することになり、社務も出羽神社社務所で行われた。昭和二十六年(一九五一)、三社を統合して出羽三山神社と号した。例祭は七月十五日。　↓月山神社《がっさんじんじゃ》　↓出羽三山《でわさんざん》　↓出羽神社《でわじんじゃ》

湯殿山神社の御神体岩

参考文献 『出羽三山』(『神道大系』神社編三二)、戸川安章『新版出羽三山修験道の研究』 (戸川 安章)

ゆにわ 斎庭 神事を行うために祓い清めた清浄なところ。忌庭・由庭・斎場などとも記す。祭場となる斎庭は、占によって卜定《ぼくじょう》される。聖俗を区画するために、祭場の四方に斎竹《いみだけ》を立て、紙垂《しで》をつけた注連縄《しめなわ》を張る。神事は注連縄の内で行う。斎庭は、神事のたびごとに卜定する場合と、常設の建物を斎庭としそこを斎殿とする場合と、小石を敷きつめた境内の一隅を禁足地とし、そこを常設の斎庭とする場合がある。

参考文献 小野祖教『神道の基礎知識と基礎問題』 (安江 和宣)

ゆばなしんじ 湯花神事 ⇨湯立神事《ゆたてしんじ》

ゆみやはちまん 弓矢八幡 武士が誓いを立てる時に用いた言葉。八幡大菩薩(八幡大神)は武門の神とされていたので、武士が八幡大菩薩の御名に誓って、と願をかけることが多かったため発生したと考えられる。実際、『平家物語』那須与一事に「南無八幡大菩薩(中略)願はくは、あの扇の真中射させて給《た》ばせ給へ」とあるように、八幡神に願をかけたり、誓約することが多かった。「弓矢八幡照覧あれ」などと、照覧という言葉を伴って用いられることが多い。 (藤森 馨)

ゆめうら 夢占 夢を予兆《よちょう》として行動の基準としたり、夢を通して吉凶を判断するなど、夢を介する卜占《ぼくせん》の一種。古代から夢は神界と人間界とを仲介する回路と考えられ、神は夢を介して神意を告げると信じられた。この夢を判断の基礎と考えて行動し、内容により吉凶を予知する場合や、巫女や祈禱師の資格として、見た夢の当否が検討されることも行われた。また、枕神《まくらがみ》といわれるように、特定の信仰する神が夢に現われ、神の意志を伝える夢告《むこく》や託宣《たくせん》などの現象も夢占の一種と考えられる。古代においては、夢が政治的な判断として用いられた例は多く、『古事記』『日本書紀』をはじめとする古典類には数多く見られる。なかでも『日本書紀』崇神紀の夢告による疫病退散の伝承や、同四十八年正月条の皇位を夢占により決定した記事は有名である。また、社寺の縁起類には夢とのつながりから霊験や創祀を説くものも多い。近世には庶民の間で初夢《はつゆめ》の吉凶占いが盛んとなり、その結果多数の宝船図《たからぶねのず》が制作され配布された。

参考文献 西郷信綱『古代人と夢(新装版)』(『平凡社選書』一三)、近江昌司「図像としての宝船」(『季刊悠久』六四) (岡田 芳幸)

ゆらひめじんじゃ 由良比女神社 島根県隠岐郡西ノ島町浦郷に鎮座。『延喜式』に「元名二和多須神一」と注がみられる。旧郷社。祭神由良比女命。『隠岐国両島神明帳』などより、豊玉姫命、須勢理姫命と称した時代のあったことが知られる。承和九年(八四二)官社に預かり、延喜の制で名神大社、隠岐国一宮。本社はもと烏賊浜に鎮座、そこへ毎年烏賊の大群がよせたが、その遷座とともに烏賊が全く集まらなくなったと伝説する。応永五年(一三九八)、寛永十二年(一六三五)、貞享元年(一六八四)銘の棟札から社殿造立のことが知られ、永享十年(一四三八)にも造営がなされた。現本殿は明治二十九年(一八九六)建立。例祭日は七月二十八日、隔年に海上渡御祭が当日行われる。 (鎌田 純一)

よ

よいみや　宵宮　祭日の前夜を聖別して忌み籠もりや神事にあてる場合にいう。ヨミヤともヨイマチともいい、夜宮、忌夜、宵待、宵祭などと書く。祭の前夜に神霊の降臨を待つべき神聖な時間帯として奉仕者は謹慎して徹宵するのが本儀で、居籠もり祭という場合もある。月齢をもって日付とする旧暦の時代では、むしろ前日の日没から翌日の日没までを一日とする傾向が強く、また夜は霊的な存在が活動する神秘な世界であったから、特別な夜には人間のほうが寝ずに神霊を待ち迎えて奉仕するのが、むしろ祭の前儀ないし本儀であった。伊勢の神宮では、現在の日毎朝夕大御饌祭は同日の朝と夕方の二回だが、『延喜式』以来の古伝を守る六月・十二月の年中二度の月次祭と十月の神嘗祭では、由貴の大御饌が前夜の午後十時(亥の刻)と翌朝の午前二時(丑の刻)に供えられるなど、事実上宵宮の神事であると考えられる。日吉大社山王祭の午の神事・宵宮落としに見られるように、一般に古社の祭礼で、宵宮に祭神の降臨ないし出現《みあれ》を期する神事も多い。

参考文献　柳田国男「日本の祭」(『定本柳田国男集』一〇所収)、同「祭日考」(同一一所収)、岡田重精『斎忌の世界』　(薗田　稔)

ようぐう　遙宮　本宮に遠く隔たった場所に鎮祭される別宮の宮殿をさしていう。「とおのみや」とも訓む。『皇大神宮延暦儀式帳』や『延喜式』伊勢太神宮に滝原宮を「天照大神遙宮と称す」といった記述があるのをその出典として、伊勢(皇大)神宮の別宮のうち滝原宮・滝原並宮・伊雑宮のことをいうとされる。祭神はいずれも皇大神御魂と称し、皇大神宮とは同神格が祀られている。その鎮座の沿革には諸説があるが、同神格を離宮に祀られるものが遙宮と称されることから、神宮以外にも、何らかの特別の由緒により、本宮と同じ祭神を奉斎する宮殿が遠隔地に鎮座する場合に、これを遙宮と称することもある。　(佐野　和史)

ようごう　影向　神仏が現実の時空に示現すること。元来、仏典に基づく仏教語で、正しい用字は影嚮。気配や音でそこに存在していることを意味する語である。わが国においては、神祇の顕現にも影向の語が使われるようになるが、特に古代においては本地垂迹の意識のもとに使用される例が多い。奈良の古代寺院、興福寺・薬師寺には、仏堂背面中央の後戸の脇に影向戸と呼ばれる扉があるが、これは鎮守神・護法神の仏堂への顕現のために作られているもので、宗会慈恩会においては、神を迎えるための開扉の作法が存する。各地には影向松・影向石などと呼ばれる松や石があり、東京都江戸川区善養寺影向の松、岡山県倉敷市観音寺(不洗《あらわず》観音)影向の松、大津市園城寺三尾明神影向石などが知られる。影向の考え方が、神霊が依代によりついて降臨するという、わが国の信仰と結びついて理解されていたことが知られる。このうち、祭祀との関連において注目されるのが、春日大社一の鳥居の内側に聳える影向の松である。春日明神が翁の姿で万歳楽を舞ったと伝えられるこの松は、能舞台の鏡板に描かれる松であるともいう。また祭神の一つ春日若宮神を祀る春日若宮御祭においては、細男《せいのお》・猿楽・田楽などの芸能諸役を含む行列が行われるが、これら諸役は鳥居を潜ると、この松に対して、芸能の一節を奉じる松の下式といわれる儀式を行う。　(松尾　恒一)

ようてんき　耀天記　中世の山王神道および近江の日吉神社の由緒・行事などについての解説書。別名『山王縁起』『山王耀天記』『日吉社貞応記』など。比叡山延暦寺の周辺で成立したとみられる。内容は流布本では四十二項目からなるが、前半は「大宮御事」「祭日儀式事」など、日吉山王社に関する由緒・伝承・祭儀などの先行諸書からの短い抜粋を集めたもの。後半は長文の山王神道の理論書である「山王事」からなる。前半は近年発見された正応五年(一二九二)の奥書をもつ『山王縁起』と同じであるところから、室町時代に『山王縁起』と『山王事』の両書をあわせて一巻とし、本書が成立したとみられる。伝本としては、延徳二年(一四九〇)の祝部胤長筆写本(内閣文庫)がある。『神道大系』神社篇二九日吉、『続群書類従』神祇部所収。

参考文献　岡田精司「耀天記の一考察―「山王縁起」正応写本の出現をめぐって―」(『国史学』一〇八)　(岡田　精司)

ようはい　遙拝　神仏などを離れた所から拝すること。『晋書』江逌伝によれば、漢の儀式に天地の神々を別宮から遙拝することがあったが、『延喜式』斎宮には「凡斎内親王在レ京潔斎三年、即毎朔日著二木綿鬘一、参二入斎殿一、遙二拝太神一」とある。『徒然草』一三三では、天皇が京都から伊勢を拝するのに、「太神宮の遙拝は巽に向かはせ給ふ」という。遙拝所は伏拝みともいう。永正十五年(一五一八)の『一社奉幣使参向記』には内宮境内の荒祭宮遙拝所の名がみえている。

参考文献　『古事類苑』神祇部二、真野時綱『古今神学類編』二四(『神道大系』首編二)　(平井　直房)

ようふくき　陽復記　近世における伊勢神道(後期伊勢神道という)の代表的な解説書。上下二巻。伊勢の豊受大神宮(外宮)権禰宜度会(出口)延佳の撰。書名は、巻上の巻末に「此記をしるす事、慶安庚寅の冬、一陽復りし月なれば、陽復記と名付ぬ」とあり、一陽来復の月(十一月)に由来する。慶安三年(一六五〇)冬、延佳が三十六歳のとき書かれ、翌年刊行された。内容は平易な文章で記され、上巻は天神七代の化生、地神五代の出生、天孫降臨、三種神器、内外両宮鎮座の由来・沿革について。下巻は問答体の形式により、神道と儒教・仏教との関係、内外両宮の祭神、祠官、遷宮について述べる。特に近世初期以来、高い評価をうけることになる儒教との習合説については批判的である。「儒書のことを以、ことはる事は、弥神道をあかさんため、又腐儒の僻見を破らんがためなり」と論じて、林羅山をはじめとする当時流行の神儒一致説とは一線を画し、伊勢祠官独自の立場を貫いている。これは鎌倉時代に成立する前期伊勢神道を引き継ぎ、神宮の伝統を重視していたことによる。延佳の論じる神道とは、「上御一人より下万民に至るまでふみ行ふべき旦暮の道」と説き、従来の唯一神道(吉田神道)に代表される秘伝相承重視の神道に否定的であった。『大神宮神道或問』と同じく和文のわかりやすい文体を主旨とし、また版行による重版によって神道の通俗大衆化に寄与した。本書は承応元年(一六五二)後光明天皇の叡覧に供され、山崎闇斎の垂加神道にも影響を与えた。『大神宮叢書』度会神道大成後篇、『日本の思想』一四、『神道大系』論説篇七、『日本思想大系』三九所収。注釈書には度会(喜早《きそ》)清在の『陽復記衍義《えんぎ》』がある。　→度会延佳《わたらいのぶよし》　(岡田　莊司)

よおり　節折　毎年六月と十二月の晦日に行われる天皇の祓式。一般の大祓に相当する。節《よ》とは、竹の節と節の間をいうので、竹の節に御世《みよ》をかけた寿言。当日午後二時、天皇は御小直衣《おんこのうし》を着装のうえ、宮殿正殿竹の間に出御し、まず荒世《あらよ》の儀、続いて和世《にこよ》の儀の順で、同様の儀が二度くり返し行われる。その儀は以下のようである。まず御贖物《みあがもの》の御服《みそ》(白絹)を、掌典長が侍従を介して天皇に進めると、程なくして、侍従を介して掌典長に下される。次に御麻《みぬさ》(紅白の絹のついた榊)を進めると、天皇は御麻にて御身体を撫でて返す。次に侍従が篠竹で天皇の御身体五ヵ所の寸法を量り、そのたびに篠竹に墨で印をつけて掌典補に渡すと、掌典補はそのつど、篠竹を印のついたところでパシッと音高らかに折る。寸法を量るのは、身長、両肩より足まで、胸中より指先まで、左右腰より足まで、左右膝より足までの五ヵ所である。次に赤焼の壺を進めると、天皇はこれに三度息を吹き込んで返し、荒世の儀が終る。次に和世の儀となるが、そのお手ぶりは荒世の儀と同様で、ただ御贖物の御服が、和世の儀では紅絹が用いられる。荒世と和世との儀については、荒世は悪祓《あしのはらえ》で、和世は善祓《よしのはらえ》であるとの説(近藤芳樹『大祓執中抄』)や、荒御魂《あらみたま》の身《よ》、和御魂の身とする説(折口信夫『古代研究』)などがある。節折の古儀を記した文献には、『延喜式』をはじめ、『江家次第《ごうけしだい》』『宮主秘事口伝《みやじひじくでん》』などがある。なお、節折は応仁の乱以降中絶したが、明治四年(一八七一)に旧儀を復興した。　→御贖祭《みあがのまつり》

参考文献　沼部春友「節折考」(『国学院雑誌』一〇四ノ一一)　(沼部　春友)

よかじんじゃ　与賀神社　佐賀市与賀町に鎮座。旧県社。祭神は与止日女大神。欽明天皇の代に創建され、文明十四年(一四八二)大宰少弐政資によって、与賀城の鬼門鎮めとされたと伝えられる。現在の本殿・拝殿は宝暦八年(一七五八)鍋島宗教・重茂父子の造営である。例祭は十月十九日、初エビス祭一月十日、宮講十二月一日。例祭には、神輿のお下りとともに獅子舞が各家を廻る。また宮講は、宮座形式の祭祀を残している。楼門は建立年代が明確ではないが、構造や形式から室町時代と考えられ、和洋に唐様が混じったものである。三の鳥居は石造の肥前鳥居形式で、慶長八年(一六〇三)の銘があり、佐賀藩祖鍋島直茂の夫人の献納である。石橋は、欄干の擬宝珠に慶長十一年の銘があり、鍋島直茂の献納。以上の三つの建造物は、重要文化財となっている。また境内には、根回り約一五メートル、推定樹齢千四百年の楠木があり、県の天然記念物に指定されている。

参考文献　『祭礼事典佐賀県』(『都道府県別祭礼事典』)　(八幡　崇経)

よごと　寿詞　一般的には、人の幸福を寿《ことほ》ぎ祝う言葉の意であるが、狭義には、天皇の御代の長久繁栄を寿ぎ祝う言葉を指す。「よごと」とは、「古言《よごと》」の義と解する説が有力である。古代の寿詞として著名なものは、天皇の践祚大嘗祭に中臣氏が奏上した「中臣寿詞《なかとみのよごと》」(「天神寿詞《あまつかみのよごと》」とも呼ばれる)と、出雲国造《いずものくにのみやつこ》が新しく任命された後、朝廷に参向して奏上した「出雲国造神賀詞《かんよごと》」との二つである。このほかにも、『日本書紀』仲哀天皇八年正月の条に、筑紫の伊覩県主《いとのあがたぬし》の祖の五十迹手《いとて》が、天皇に八尺瓊《やさかに》・白銅《ますみ》鏡《のかがみ》・十握剣《とつかのつるぎ》を献上して、「臣、あへてこの物を献る所以は、天皇、八尺瓊の勾《まが》れるがごとくにして、曲妙《たへ》に御宇《あめのしたしろしめ》せ、また、白銅鏡のごとくにして、分明《あきらか》に山川海原を看《みそ》行《なは》せ、すなはちこの十握剣を提《ひきさ》げて、天の下を平《む》けたまへ、となり」(原漢文)と奏上した言葉は、まさしく古代の寿詞の好例とすることができる。この言葉では、献上する玉・鏡・剣の一つ一つに言寄せて、巧みに天皇の治世の繁栄を祝福している。これと全く同趣向の修辞を巡らした表現を、前記の出雲国造神賀詞の中にみることができる。すなわち、出雲国造は、神賀詞を奏上するにあたり、出雲の神宝として、玉(赤・白・青)・横刀・鏡・倭文《しつ》・白眼鴾毛馬《さめつきげのうま》・白鵠《しらとり》などの物を奉献するのであるが、奏上する神賀詞の末段において、これら献上物の一つ一つに言寄せて、次のように述べ上げる。「白玉の大御白髪坐し、赤玉の御あからび坐し、青玉の水江の玉の行相《ゆきあひ》に、明つ御神と大八島国知ろしめす天皇命《すめらみこと》の手長の大御世を、御横刀《みはかし》広らにうち堅め、(中略)まそびの大御鏡の面をおしはるかして見そなはす事のごとく、明つ御神の大八島国を、天地日月と共に、安らけく平らけく知ろしめさむ事の志《しるし》のためと、御禱《みほき》の神宝を擎《ささ》げ持ちて(下略)」(『延喜式』)。このように、奉献する品物と祝賀の心情とを巧みに結び付けて述べる寿詞独特の表現は、古代日本の修辞法として注目すべきもので、これらは朗唱されることによって、一段とその効果を発揮したことと思われる。ま

た、『日本書紀』顕宗天皇即位前紀にみえるいわゆる室寿《むろほき》の詞は、新しい建物の落成を寿ぎ、その家の主人の繁栄を祝福するもので、天皇に対する寿詞ではないが、古代寿詞の一実例である。この詞においても、建物の各部分の名称を挙げては、それと巧みに結び付けて、主人に対する祝意を懇切に表現している。品物に言寄せて祝賀を述べる日本の風習の源を、古代寿詞の中に見出すことができる。→出雲国造神賀詞《いずものくにのみやつこのかんよごと》 →中臣寿詞《なかとみのよごと》

参考文献 本居宣長『出雲国造神寿後釈』(『本居宣長全集』七)、鈴木重胤『中臣寿詞講義』(『国文註釈全書』)、安藤正次「出雲国造神賀詞考説」(『古典と古語』所収)、武田祐吉「祭典朝儀の文学」(『武田祐吉著作集』一所収)、倉野憲司「出雲国造神賀詞について」(『上代日本古典文学の研究』所収)

(青木 紀元)

よしいよしあきら 吉井良晃 一八六七―一九五二 明治から昭和時代前期にかけての神道家。兵庫県の西宮神社宮司。慶応三年(一八六七)八月二十一日、尼崎の肥料商梶久右衛門の次男として生まれる。実母は西宮神社宮司吉井良顕の長女満寿子。幼名幾太郎。明治八年(一八七五)実父の死を機に吉井良郷の養嗣子となる。武庫川中学卒業後、同十八年十八歳で西宮神社宮司となる。修復講、神苑会などを組織、五十年式年御造営竣功奉祝祭を執り行うなど、西宮神社の発展に力を注いだ。また、皇典講究所、国学院大学の拡張にもつとめた。全国神職会監事、兵庫県皇典講究分所受持委員、内務省神社制度調査会委員など歴任。戦後、神社本庁長老の称号を受ける。従六位勲六等。昭和二十七年(一九五二)三月二十二日没。八十四歳。墓所は西宮市の満池谷墓地。著書に『神社制度史の研究』(昭和十年)『古稀記念回顧随筆』(同十一年)『西宮神社略誌』(同十二年)『神国日本の顕現』(同十三年)などがある。

参考文献 国学院大学日本文化研究所編『神道人物研究文献目録』

(佐藤 晶子)

よしかわこれたる 吉川惟足 一六一六―九四 江戸時代前期の神道家で儒家神道系の吉川神道の創始者。元和二年(一六一六)二月二十八日江戸に生まれ、元禄七年(一六九四)十一月十六日、七十九歳で同地に没した。幼名を千代松丸、長じて五郎左衛門、諱は元成、壮年に及んで惟足といい、従時とも称した。号は相州鎌倉の寓居と同じ視吾《あれみ》堂。相山隠士ともいう。祖父は近江源氏の流れを汲む武士といわれ、徳川家康に仕え小田原攻めで討死。父も仕官を志したが若くして病没したので、惟足は九歳で江戸日本橋の商家の養子になった。中年まで家業に励んだが振るわず、三十六歳で鎌倉に隠居した。惟足は生来和歌を好んだが、歌道への精進から日本古典、さらに神道の研究に入り、承応二年(一六五三)三十八歳で上京して、当時吉田神道の最高権威たる萩原兼従の門下になった。やがてその学力と誠実な人柄は師の信頼するところとなり、明暦二年(一六五六)四十一歳で兼従から、吉田神道の教学面の秘伝をことごとく伝授された。当時吉田家では当主兼起が夭折し、その子兼連(のち兼敬)は幼少だったので、惟足は寛文十二年(一六七二)五十七歳の時、兼従との約束に従い兼連に「返し伝授」の講義をした。これより先、吉田門下の一部には惟足排斥の動きもあったが、惟足は四十二歳で紀州藩主徳川頼宣の招見に成功して以来、つぎつぎに有力大名の信頼を得、多くの武士が入門した。その教えを聞いた大名に芸州三次の浅野長治、相州小田原の稲葉正則、奥州弘前の津軽信政らがいるが、最も重要な人物は会津藩主保科正之である。正之は徳川家光の異母弟で、その没後遺命により四代将軍家綱の後見人となり、十余年間も幕政を指揮した。正之は深く朱子学を学んだが晩年神道に関心を持ち、寛文元年家臣服部安休を介し、天下を治める道としての惟足の教説に接してから、熱心な吉川神道の信奉者・保護者になった。寛文七年から始まった会津藩の神社制度改革は正之の最大の治績の一つで、これにより藩内神社の祭式は統一され、惟足の神道思想は領内の隅々まで浸透した。惟足は正之の深い神道理解と業績に対し、四重奥秘と土津《はにつ》霊社の号を付与し、寛文十二年正之の死に際しては、その遺言実現のため幕府の許しを得、仏葬以外の葬送が禁止されていた当時には異例の神葬祭で葬った。惟足の学的名声や社会的地位の向上は、正之の庇護と推挙によるところが大で、寛文七年に将軍家綱に謁見し、天和二年(一六八二)には六十七歳で幕府の神道方に任ぜられた。子孫は代々これを世襲し、本所押上(東京都墨田区)の屋敷に住んだ。惟足の墓は邸内にあり、墓上に祠を建てて視吾堂霊社と称した(のち墓は、明治時代に港区の青山墓地に移転)。その教説は、正之ならびに山崎闇斎との相互研鑽のうちに、吉田神道を朱子学で深化する形で大成されており、吉川神道の成立と垂加神道の形成は互いに深い関係にある。惟足の代表的著作には『神代巻惟足抄』『中臣祓聞書』『神道大意講談』などがある。

参考文献 平重道『吉川神道の基礎的研究』、同校注『吉川神道』(『神道大系』論説篇一〇)、千葉栄『吉川神道の研究』、土田誠一『伊勢神道と吉川神道』

(平井 直房)

よしかわしんとう 吉川神道 十七世紀後期に吉川惟足が始めた神道説とその学派。理学神道ともいう。萩原兼従から吉田神道を学んだ惟足は、四十一歳で四重奥秘の秘伝を受け、教学面での道統を継いだ。しかし惟足の神道思想は、単に吉田神道の正統の継承にとどまらず、これを宋儒の理論により解明・深化しており、吉川神道の形成には山崎闇斎らからの朱子学の影響が認められる。その完成にはまた、嗣子従長の努力に俟つところが少なくない。惟足の教説は『日本書紀』神代や「中臣祓」(大祓詞)を典拠に展開された。彼によれば神道には「行法神道」と「理学神道」の二種がある。前者は神職などが行う祭祀・行法のごときもの。後者は身を修め家をととのえ天下を治める道で、道徳や政治に関わるこうした分野

こそ神道の本旨だとする。たとえば皇位に付随する三種の神器は、上代の武を本に仁を施す理想を示したもので、その中心は勾玉すなわち仁徳の象徴にあるという。南宋以来の朱子学では、万物の根元を太極と呼び、それが流転して陰陽を生じ、変合して五行となり、これら三者が交感して万物を化生するとした。またすべての事象には理・気の二面があり、理は万物に内在する根元的、本質的なもので、形而上の「道」にあたる。気は物質的要素で事物に個性を与え、清明混濁の差がある。人が天賦の理を受けながら本然の姿を発揮できないのは、気に混濁があるからで、私欲を没却し修養に努めれば聖人君子たり得ると説いた。吉川神道においては、その中心的な神は『日本書紀』の冒頭に出現する国常立尊《くにとこたちのみこと》で、天地に先立って存在し、太極・混沌・虚無太元尊神とも呼ばれた。この神の理によって天地万物は生成し、万物にはこの本源神が宿っている。人も太極の理と陰陽の気を受けて成立するが、肉体の中に必ず根元の理を宿す。すなわち心は神明の舎《やどり》であり、人の心に国常立尊が内在するわけで、ここに神人合一の道が開けている。しかしながら人間は個々の気質や欲望により、自己に宿る神の明智を曇らせがちである。本来の人間性に立ち帰るには、心の内なる神と一体の境地に入らねばならない。そうすれば神的な本質が発揮され、人間存在の根源から発する明智によって理非曲直を判断することが可能となる。これこそが神道の眼目だという。それならば神人合一に達する道は何かというと、敬《つつしみ》すなわち謙虚な真心のこもった生活態度だとする。神の道は公正で一点の曇りもない。誠こそ神の道、天地生成の原理であり、そこに到達するための「つつしみ」はまた、天地の理、人の道でもある。これを具体的に実現する方法は祓《はらえ》で、祓には内清浄《ないしょうじょう》と外清浄《げ》が必要である。前者は邪念妄想を祓い除き心の清らかさを保持すること、後者は肉体的な清めで、両者はともに行われる必要がある。人が神の意志や判断を知るのは、神の感応を得てこそ可能となる。感応の原理は神人合一にあるが、感応を実現せしめるのは人の誠意であり、つつしみである。祈りも真心によってのみ神に感通する。しかし神の感応を得るには、心の誠だけでは足りない。一定の作法により誠を表現せねばならない。ここに行法や祭祀の意義がある。人はまた、天地生成の原理に根ざす五倫の道を行うべきだが、その核心は君臣の道で、国常立尊の直系たる天照大神によって伝えられたものとする。神籬磐《ひもろぎいわ》境《さか》の極秘伝は、「つつしみ」の心で君臣の道を守り、皇室を中核に国を治めることを説くものであった。惟足の教説は随所に秘伝を設け、土金《つちかね》の伝のごとき牽強付会もあって、国学の展開とともに批判を受けるのであるが、謙虚な真心を強調し、近世初期の世相の中で神道を国家社会を保持するための治道にまで進展せしめた点は、思想史的に林羅山の理当心地神道に類似の面も見られ、吉川神道の大きな特色をなしている。

参考文献 『吉川神道』(『神道大系』論説編一〇)、千葉栄『吉川神道の研究』、土田誠一『伊勢神道と吉川神道』、平重道『吉川神道の基礎的研究』、平重道・阿部秋生校注『近世神道論前期国学』(『日本思想大系』三九)

(平井 直房)

よしかわはちまんぐう　吉川八幡宮　岡山県上房《じょうぼう》郡賀陽《かよう》町吉川字東刈尾に鎮座。旧県社。祭神は仲哀天皇・神功皇后・応神天皇。社伝によれば天安元年(八五七)同町内の黒山に松原八幡宮として建立され、永長元年(一〇九六)現在の場所に社を遷したという。一説にはこの時山城国石清水《いわしみず》八幡宮を勧請し、合祀したともいう。保元三年(一一五八)の官宣旨《かんせんじ》(『石清水文書』)には、備中国吉川保《よしかわのほ》が石清水八幡宮の社領としてみえ、中世を通じて同社領として存続し、吉川八幡宮は吉川荘の鎮守であった。社殿のうち本殿は装飾の様式などから室町時代後期の再建とされ、重要文化財。桁行《けたゆき》五間、梁間《はりま》三間、檜皮葺《ひわだぶき》、入《いり》母屋造《もやづくり》。応永二年(一三九五)の再建棟札を有す。文禄元年(一五九二)豊臣秀吉から朱印地三百六十石を与えられた。寛永年間(一六二四—四四)には備中足守《あしもり》藩木下家の祈願所となり社領が与えられた。明治三十四年(一九〇一)村社から郷社へ昇格、昭和三年(一九二八)県社に列格した。毎年秋祭として十月に催される当番祭《とうばんさい》(県指定重要無形民俗文化財)は、かつては一日《ついたち》の当人を決める「当指し」に始まり、垢離取《こりとり》、口開け、仮屋打ち、宵祭と続き、二十六日の大祭、二十七日の「ハクケ揚げ」で約一ヵ月の祭事を終える。ただし平成二年(一九九〇)からは、大祭を十月の第四日曜日に固定している。

参考文献 『賀陽町史』、『重要文化財吉川八幡宮本殿保存修理工事報告書』

(三宅 克広)

よしだかねあつ　吉田兼敦　一三六八—一四〇八　南北朝・室町時代前期の神道家。神祇官人、吉田社祠官。応安元年(一三六八)兼熙の長子として生まれる。侍従、神祇大副、弾正大弼、治部卿となり、よく父兼熙を助け家学を継ぐ。永徳元年(一三八一)には十四歳で累家の秘本である『日本書紀』神代巻の書写を許され、秘説を父兼熙より受ける。自筆の『延喜式神名帳鈔』『日本書紀神代巻秘抄』、応永八年(一四〇一)の日次記を切り抜き一巻に仕立てた『三種神器伝』などがある。応永十五年六月二十六日没。四十一歳。同九年兼熙の死に続いて兼敦を失い、吉田家にとっては大きな挫折であったが、家学の秘説は一条経嗣から兼良へと引き継がれた。

参考文献 『大日本史料』七ノ一〇、応永十五年六月二十六日条、岡田荘司編『吉田叢書』五、西田長男「吉田兼敦の『延喜式神名帳鈔』」(『日本神道史研究』五所収)

(岡田 荘司)

よしだかねお　吉田兼雄　一七〇五—八七　江戸時代中期の神道家。神祇管領長上、吉田家の当主。宝永二年(一七〇五)正月二十四日生まれる。父は兼章《かねあき》。幼名、万丸。侍従・右衛門督・大蔵卿・神祇権大副に任ぜられ、明和六年(一七六九)正二位となる。安永八年(一七七九)

十一月には光格天皇の御諱(兼仁)を避け、良延に改む。江戸時代中期(宝暦―安永年間(一七五一―八一))は、全国の神職の間から離壇運動、神道宗門設立に向かう運動が盛んになっていったが、こうした動きを神祇道の宗家を自任する吉田家では巧みに利用し、唯一神道の教線拡大につとめた。吉田家は代々の当主が学問を好み、累代の書籍の継承を家学隆盛の礎としていたことから、数多くの書物を伝え神楽岡文庫と称してきた。兼雄はみずから『日本書紀』をはじめとする神道書の注釈を行うとともに、累代の書籍の書写や修補にも励んだ。現在、天理図書館吉田文庫に収蔵されている多くは、兼雄による修補と書写披見の記がある。天明七年(一七八七)八月十六日没。八十三歳。遺骸は邸内の鎮守の近くに密々納められ、専源霊社と称した。近世吉田家中興の人でもある。

参考文献 『良延卿薨去際記録』(天理図書館所蔵)、『卜部家系譜』(『神道大系』論説編八)　(岡田　莊司)

よしだかねとも　吉田兼俱　一四三五―一五一一　唯一神道を創唱した室町時代後期の神道家。永享七年(一四三五)兼名の子として生まれ、もと兼敏という。十三歳のとき伊勢神嘗祭の奉幣使となるのが文献上の初見。文正元年(一四六六)兼敏の名を兼俱に改め、翌応仁元年(一四六七)昇殿を聴され、侍従・神祇権大副に任ぜられ、明応二年(一四九三)神祇大副となる。応仁以前の三十代前半の前半生は、卜部氏嫡系として順調な道を歩み、六百年来伝えられてきた家業・家学をよく修めたが、唯一神道成立にあたる特筆すべき事績は見あたらない。こののち兼俱壮年期の文明年間(一四六九―八七)に入ると、応仁・文明の乱中・乱後の世相混乱のなかで、家の伝統を基礎にしつつ、活発な活動を展開して新たに唯一神道を確立、発展させ神道復興に尽くした。文明二年には「宗源神道誓紙」五ヵ条を定めて神道説伝授の組織化を進め、同三・四・五年には、資益王・海住山高清・二条持通・柳原資綱・白川忠富らに「解除呪文」の伝授(『相承秘抄』)を行い、唯一神道の教理を示した『唯一神道名法要集』『神道大意』の根本になる『神明三元五大伝神妙経』が文明五年九月以前には成立しており、ほぼ文明初年―五年ごろまでには、基本体系ができあがっていた。文明八年以降は「神祇管領勾当長上」「神祇長上」「神道長上」などと称して神道界の首長であることを自認し、また同年から神道の基本文献、『中臣祓』と『日本書紀』神代巻の講釈をしばしば開催して、その教線の拡大をはかった。その伝授者は後土御門天皇・勝仁親王(後柏原天皇)をはじめ公卿・殿上人や将軍家、禅僧など幅広い範囲にまで及び、特に後土御門天皇への進講は彼の絶頂期にあたり、この功により従二位に昇叙した。学問内容は神書・古典に限らず、儒仏二教、老荘、易道をも極めており、その思想形成には、当時五百年来の学者と称されていた一条兼良の影響から免れることはできず、あわせて博士家清原宗賢、陰陽道の賀茂在盛、小槻雅久、さらに桃源瑞仙・横川景三・蘭坡景茝ら五山叢林の禅僧との学問交流によるところが大きい。文明九年の『日本書紀』講釈に、仏教・儒教の根元が神道であると説いて人々を驚かしたが、これは『唯一神道名法要集』にみえる兼俱の代表的見解といえる三教枝葉花実説にほかならず、神道根本思想の定着に努めている。文明十三年には比叡山(東塔)に登り僧侶を前にして神道教化に立ち上がったことは歴史上においても破天荒の出来事であった。神道説の創唱とともに、教理の表象的場として、文明十六年に斎場所太元宮が大規模に再興され、文明末年には根本伝書の『唯一神道名法要集』『神道大意』が著わされた。この時期から神社と神職に宛てた宗源宣旨・神道裁許状が発行され、全国的な神社界の組織化へとつながっていく。延徳元年(一四八九)には皇大神宮の神器が吉田山に降臨したと密奏する事件があった。三条西実隆ら公卿、神宮祠官の反撥は強く、兼俱の意図した神宮の宗教的権威の吸収は十分に果たされなかったが、政治的手腕にすぐれた策謀家としての一面を窺うことができる。永正八年(一五一一)二月十九日没す。七十七歳。遺骸は没後、神楽岡の西、斎場所太元宮の北方に葬られ、社壇を建てて神竜社と称す(現在、吉田神社の末社)。神号は神竜《かみたつ》大明神、戒名は神竜院殿卯俱大居士。　→唯一神道《ゆいいつしんとう》

参考文献 『大日本史料』九ノ三、永正八年二月十九日条、『吉田叢書』、『卜部神道』(『神道大系』論説編八・九)、江見清風『神道説苑』、宮地直一『神道史』下一(『宮地直一論集』七)、西田長男『日本神道史研究』五、萩原竜男『中世祭祀組織の研究』、久保田収『中世神道の研究』、中村光「思想家吉田兼俱私考」(『国民精神文化』三ノ三)、出村勝明『吉田神道の基礎的研究』(『神道史研究叢書』一七)　(岡田　莊司)

よしだかねひろ　吉田兼熙　一三四八―一四〇二　南北朝・室町時代初期の神祇官人(神祇大副)、吉田社祠官、神道家。貞和四年(正平三、一三四八)卜部兼豊の男として生まれる。永和元年(天授元、一三七五)卜部宿禰を改め朝臣の姓を賜わる。家号は邸宅の所在する地名をとって室町と称してきたが、足利義満が同四年花御所(室町第)に移ると、室町の号をとどめ、累代祠官として奉仕した吉田社の地名を家号にはじめて用いた。至徳三年(元中三、一三八六)従三位に叙せられ、父祖代々の位階を越えて、はじめて公卿に列す。のち正三位に昇階。これ以前、神祇大副となり、永徳三年(弘和三、一三八三)後円融上皇より「日本紀自二他家一不レ可二注進一事」(『吉田家日次記』)との仰せを蒙り、二条良基・一条経嗣らに『日本書紀』の秘説伝授を行い、また神祇故実家として公家・武家の顧問に預かり、吉田流の地位を不動のものとし、平野流を完全に凌駕した。特に義満の信任はあつく、南北朝合体の交渉に直接あたり、明徳三年(元中九、一三九二)両朝合体を成功に導いた。神道の元老と称され、卜部氏の地位をたかめた功績は大きく、吉田卜部氏中興の祖とされた。応永九年(一四〇二)五月三日、五十五歳にて没す。

参考文献 『大日本史料』七ノ五、応永九年五月三日条 （岡田　莊司）

よしだかねみ　吉田兼見　一五三五―一六一〇　安土桃山時代の神道家。神祇管領長上、吉田家の当主、吉田社祠官。天文四年（一五三五）兼右の子として生まれる。侍従、神祇大副、左衛門督、慶長二年（一五九七）従二位にすすむ。はじめ兼和と称すが、天正十四年（一五八六）後陽成天皇の御諱（和仁）を避け兼見に改名。元亀元年（一五七〇）父兼右より家督を譲られ、唯一神道の学統を受け嗣ぎ、教線の拡充につとめた。特に天正十八年四月十八日に、かねてより請願していた神祇官八神殿の再興が叶った。吉田斎場所の大元宮の裏に、当初は二宇の神殿を造立しそれぞれ四神を合祀し、後陽成天皇より造営料二十石が下賜された。これにより名実ともに「神祇官代」の地位を得たことになる。功を果たした兼見は文禄元年（一五九二）十二月、子息兼治に家督を譲り、みずからは家君として文禄四・五年に後陽成天皇に『日本書紀』『中臣祓』を講じ、また豊臣秀吉が没すると秀吉を神として祀る豊国社の創建に弟梵舜らと尽力した。戦乱のはざまにあって時の権勢者との親交に巧みであり、織田信長・明智光秀・豊臣秀吉らの信任を得ていた。慶長十五年九月二日没。七十六歳。豊神霊社と称して祀られる。↓兼見卿記《かねみきょうき》

参考文献 『大日本史料』一二ノ七、慶長十五年九月二日条、萩原竜夫『中世祭祀組織の研究増補版』 （岡田　莊司）

よしだかねみぎ　吉田兼右　一五一六―七三　戦国時代の神道家。神祇管領長上、吉田家の当主。「かねすけ」と訓むのは誤り。天理図書館吉田文庫に収める血脈を記した伝書にも「カネミギ」の振り仮名がつけられ、『御湯殿上日記』にも「よし田かねみき」（元亀元年（一五七〇）九月二十八日条）とみえる。永正十三年（一五一六）四月二十日生まれる。実父は吉田兼倶の子清原宣賢。従二位、侍従、神祇大副、右衛門督。吉田家の当主兼満（兼倶の孫）は大永五年（一五二五）突然家を出奔、このため宣賢の次子兼右が十歳の若さであとを継ぎ、宣賢が後見役となって、唯一神道の道統を継承した。兼倶以来の神道説を宣揚して、積極的に全国の神社と神職に対して宗源宣旨、神道裁許状を発行するとともに、地方のオトナ衆・氏子との交流をはかり勢力の拡大に努めた。特に周防の大内氏、越前朝倉氏、若狭武田氏に招かれ神道伝授を行なった。『兼右卿記』の日記のほか、『日本書紀』をはじめ数多くの神道書の書写本が天理図書館にある。天正元年（一五七三）正月十日没。五十八歳。遺骸は遺言により、吉田社近くに社壇を建て唯神霊神と称して祀られた。↓兼右卿記《かねみぎきょうき》

参考文献 『大日本史料』一〇ノ一三、天正元年正月十日条、萩原竜夫『中世祭祀組織の研究増補版』 （岡田　莊司）

よしだかねむね　吉田兼致　一四五八―九九　室町時代後期の神祇官人、神道家。長禄二年（一四五八）吉田兼倶の長子として生まれる。童名彦千代、もと兼枝といい、延徳元年（一四八九）兼致に改める。侍従・神祇権大副・左兵衛佐となる。兼致は兼倶が大成した唯一神道をよく理解し、その秘伝の直授相承にはげみ、兼倶の期待も大きかったが早世。兼倶の命をうけ乾元本『日本書紀』神代巻を書写し、後土御門天皇に献じたほか、兼倶講釈の自筆筆記も遺されている。明応八年（一四九九）七月二十四日没。四十二歳。法名蓮致、諡は神類霊神。↓兼致《かねむね》朝臣記《あそんき》 （岡田　莊司）

よしだかねゆき　吉田兼敬　一六五三―一七三一　江戸時代の神道家。神祇管領長上吉田家の当主。承応二年（一六五三）十月二十二日に吉田兼起の子として生まれる。幼名は万丸、のち兼連と改め、さらに元禄十年（一六九七）十二月に兼敬と改めた。五歳の時、父兼起が四十歳で没し、幼少にして家を嗣ぐ。周囲によき補佐役を得て神道の教養を深め、寛文五年（一六六五）の諸社禰宜神主法度により神道界における吉田家の法的権威を確立。同八年・同十二年と吉川惟足から返伝授を受けた。父祖の遺業の安定と拡充を図り、幕府に接近して家の基を固めた。また霊元天皇に「祓本」を相伝、ついで元禄三年十一月より東山天皇に「祓本」を講じ、「御奉幣」「八雲神詠口訣」などの相伝にも奉仕した。侍従、左兵衛督、神祇権大副などを経て、享保十四年（一七二九）十二月、正二位に叙せられた。同十六年十二月十七日、七十九歳で死去。諡は妙応霊神。著書は『神道大意』『塩釜社縁起』『椋五所大明神由来』などがあり、『日本書紀』神代巻、『中臣祓』、『六根清浄大祓』などの注釈書も著しており、神道に関する著作を主とするが、歌人としても知られており、歌集もある。

参考文献 平重道『吉川神道の基礎的研究』、西田長男「『神道大意』提要」（『日本神道史研究』五所収）、同「兼倶以下吉田家の肖像画」（国学院大学神道史学会編『（宮地直一博士三十年祭記念論文集）神道史の研究』所収）、橋本政宣「「寛文五年諸社祢宜神主等法度」と吉田家」（橋本政宣・山本信吉編『神主と神人の社会史』所収） （三橋　健）

よしだけおひろまざっき　吉田家御広間雑記　吉田神道の本所である卜部吉田家の表役所の日記。慶安三年（一六五〇）より明治二年（一八六九）まで、まま欠冊があるが総計六百七十三冊を数える。天理大学附属天理図書館所蔵。初めのころは年一冊、寛文七年（一六六七）からおおむね二冊か三冊、元文二年（一七三七）ころからはおおむね四冊になっている。一冊は大体五百丁前後。江戸時代後期に全冊改装され渋引茶表紙を付す。外題を中央に年月を両端に書く。初期のものは「御広間雑記」「御広間日記」、また単に「広間雑記」とするが、元禄三年（一六九〇）以降はおおむね「御日次」とする。また原表紙を残したものが交じるのは、改装の際数冊を合綴したことによる。

「御広間」の称は「御広敷」「御広式」と同義で、表向きの役人の詰所を指すもののようで、吉田家の表向の役人数人により交代で筆録されたものである。本書は卜部吉田家のもつ三つの性格、すなわち吉田神社の預・神主、吉田神道の本所、そして堂上公家としての性格を反映し、内容は多岐にわたるが、吉田神道の本所としての記事にこそ最も特色がある。諸国の神社・神職に関する記事も多く、吉田神道の広範で精力的な活動の実体が窺われる。神位、社家の官位、各種許状、鎮札、祈禱、あるいは伝授に関するものはほとんど日本全国に及んでいて、各地域史においても重要な史料となるものである。

参考文献 島居清「吉田家御広間雑記に就いて」(『ビブリア』三三)、橋本政宣「『吉田家御広間雑記』について」(『季刊悠久』七七)、同「江戸初期の「吉田家御広間雑記」と諸事件」(『ぐんしょ』四七) （橋本 政宣）

よしだけひなみき 吉田家日次記 室町時代中後期の神祇官人・吉田社祠官の吉田卜部氏の四代の手になる日記を総称していう。吉田(卜部朝臣)兼熙の『兼熙卿記』(貞治五年(一三六六)―応安四年(一三七一))、その子兼敦の『兼敦朝臣記』(永徳二年(一三八二)―応永十年(一四〇三))、兼倶の子兼致の『兼致朝臣記』(文明五年(一四七三)―同十八年)、兼右の『兼右卿記』(天文二年(一五三三)―元亀三年(一五七二))をいい、その自筆の原本(巻子本四十八巻)は天理図書館に所蔵されている。このほか兼致・兼右を除いた兼熙・兼敦父子二代の日記である十一冊の転写本をさして『吉田家日次記』という場合もある。兼熙は吉田卜部氏中興の祖、神道の元老ともいわれ、子兼敦の応永年間までの記録は足利義満の全盛期にあたり、公武関係や神事・宮中儀礼が詳しく書かれている。兼致は吉田神道隆盛期における太元宮の建立、兼右は吉田神道説が全国に流布してゆく時期にあたり、吉田神道の発展と当時の世相を知ることができる。 →兼右卿記《かねみぎきょうき》 →兼致《かねむね》朝臣記《あそんき》

参考文献 岩橋小弥太「吉田家日次記」(『神道史叢説』所収) （岡田 莊司）

よしださだとし 吉田定俊 生没年不詳 江戸時代前期に活躍した神道学者。通称を靫負と呼び、定俊は諱である。京都の出身で、父は定賢と称す神道学者であり、定俊は父の影響を受けて、神道の学問を研鑽し、一般庶民の間に神道、なかでも吉田神道を平易に説くことにつとめた。ちなみに父の定賢は吉田神道に造詣が深かった。そのことは卜部兼直の『神道大意』に定賢点を伝えていること、また定俊編『唯一神道俗解』全六巻の五巻までは、父定賢が諸人に講義したのを側で聞書きして纏めたものであることなどからもわかる。定俊の代表的編著は、前記の『唯一神道俗解』(別名『唯一神道俗解(外)』)六巻六冊であり、当書は寛文十二年(一六七二)の跋、貞享二年(一六八五)の刊記、貞享三年の靫負の自序がある。そのほかに『大神大明神御縁起』一冊、『三種大祓俗解』(別名『唯一神道三種太祓俗解』『唯一神道祓三部抄』)一冊、『神道三部抄』三冊、『神道俗辨附録』一冊、『六根清浄大祓俗解』三巻二冊、『和歌職原鈔』三巻追加五巻八冊(貞享四年刊)、『三社託宣或問図説』などの編著がある。 （三橋 健）

よしだし 吉田氏 唯一神道(卜部神道)の宗家、京都吉田神社の祠官。卜部氏の吉田・平野(藤井・錦織)二流の一つ。堂上公家。卜部氏始祖は伊豆国出身の平麻呂に始まり、亀卜道の家として神祇官で勢力を得、『日本書紀』や神祇祭祀にも通じ、大中臣氏とともに神祇官の次官(副)の地位を継承。平安時代中期、兼親・兼国のとき吉田・平野の二流に分かれ、卜部氏氏長者も二流が交替で受け継ぎ、学問の家として知られた。吉田卜部氏中興の祖といわれる兼熙のとき、卜部宿禰から朝臣に改められ、至徳三年(一三八六)従三位に昇り、さらに正三位となる。卜部氏ではじめて公卿に列し、以来、歴代三位以上まで昇叙するのを例とし、堂上公家となる。家名は冷泉・室町などを称していたが、永和四年(一三七八)四月十五日、兼熙の邸宅のある北小路室町に足利義満の花御所が築造されたため、敷地と室町の称号を譲り、代わって吉田神社の祠官であったことから吉田を家名とした。卜部氏は十世紀後半の兼延以来「兼」を通字としてきたが、安永八年(一七七九)十一月二十五日、光格天皇(兼仁)の践祚にあたり、御名を避け、兼雄は良延、兼隆は良倶、兼業は良連に改め、こののちは「良」を通字とした。家格は半家(旧家、外様)、家禄七百六十石。墓所は京都市左京区の神楽岡の麓、吉田神社の近くにあり、近世までは神竜院が管轄してきた。明治十七年(一八八四)良義のとき子爵を授けられた。なお吉田家は、神道の古典をはじめその他の古典籍を後世に伝えていくことが家の使命とされ、神楽岡文庫と称する膨大な蔵書を伝来してきたが、第二次世界大戦後はそのほとんどが天理図書館に収められるところとなった。 →卜部氏《うらべうじ》

参考文献 西田長男編『卜部家系譜』(『神道大系』論説編八)、『吉田文庫神道書目録』(『天理図書館叢書』二八)、岩橋小弥太『神道史叢説』、宮地直一『神道史』下一、久保田収『中世神道の研究』、萩原竜夫『中世祭祀組織の研究増補版』、岡田莊司「吉田卜部氏の成立」(『平安時代の国家と祭祀』所収)、同「吉田卜部氏の発展」(同所収) （岡田 莊司）

よしだじんじゃ 吉田神社 (一)京都市左京区吉田神楽岡町に鎮座。健御賀豆知命《たけみかずちのみこと》・伊波比主命《いわいぬしのみこと》・天之子八根命《あめのこやねのみこと》・比売神《ひめがみ》の四座を祭神とする。旧官幣中社(式外社)。貞観年間(八五九―七七)に平安京の東、神楽岡の西麓に、藤原氏北家魚名流の裔、中納言山蔭が、藤原氏の氏神である大和の春日社の四座を勧請して、山蔭一門の氏神として創建したことに始まり、当初は山蔭の家の鎮守社の性格が強かった。のちに山蔭の子中正の娘(時姫)と藤原兼家との間に生まれた詮子(東三条院)が円融天皇の女御となり、一条天皇をもうけ、母后となるに及んで、外祖父

吉　田　神　社㈠

兼家の権勢のたかまりとともに、外祖母の家である山蔭子孫の地位も上昇し、家の祭祀が公的性格を帯びることになる。一条天皇が皇位に即いた寛和二年（九八六）の十二月には、同じく藤原氏一門の氏神である大原野の大原野祭に準じて、四月中申日と十一月中酉日の二季の吉田祭が朝廷の祭である公祭《おおやけまつり》に列することに定められ、翌永延元年（九八七）十一月にはじめて公祭に預かり恒例となる。同社は平城京における春日社、長岡京における大原野社に準じ、平安京における藤原氏の氏の社と位置づけられ、吉田祭には朝廷の公的の官人が祭祀の準備・執行に関わるほか、天皇の使である近衛使（近衛将監）や中宮・東宮の使が差遣され、藤原氏の氏長者から神馬が奉納される例となり、上卿以下内侍も参向した。神殿は四宇から成り、その南には行事所屋と北屋・着到殿・南屋（舞殿）・直会殿など諸殿舎が設けられ、饗饌は藤原氏出自の后宮が準備した。また一条天皇の時より、公家《こうけ》の大事や祈年穀のために伊勢以下十六神社に奉幣する制度が確立していったが、十六社に加えて広田社・北野社とともに吉田社も加えられるようになり、正暦二年（九九一）には正式に三社が加列して十九社奉幣となり、十一世紀に入ると二十二社奉幣制へと拡大され完成をみる。以来、公家をはじめ藤原氏の崇敬は厚く、同社の社司（預）には、神祇官人で平野社の預を兼ねてきた卜部氏の一族が鎌倉時代初期ごろ（確実な初見は兼直の父兼茂から）には任じられるようになり、兼茂の子孫である吉田流卜部氏が社司・神主職を相伝して明治に至る。この間、吉田家から代々すぐれた神道家が輩出し、『日本書紀』を家の学問として重視し、応仁の乱後には兼倶が唯一神道を創唱して、地方神職の宗家となり、同社は神道界の文化センター的役割を果たした。近世には唯一神道の隆盛の影響をうけて、現在末社になっている斎場所太元宮への参詣が賑わった。応仁の乱のとき兵火に遭い、本殿以下の殿舎を失ったが、この地は現在の京都大学教養部の南方付近といわれている。社殿はすぐに再建できず斎場所太元宮に合祀され、のち現社地へ再興された（延徳・明応年間（一四八九—一五〇一）ごろか）。現社殿のうち本殿は四棟の春日造で、慶安元年（一六四八）に造営され、神座の浜床、八重畳も新調された。以後何度か修築されている。摂社の神楽岡社は『延喜式』四時祭に記載する霹靂神三座にあたり同地の地主神。例大祭は四月十八日。特殊神事の節分祭は悪鬼を祓い春を告げる祭として有名。

参考文献 福山敏男『神社建築の研究』（『福山敏男著作集』四）、宮地直一「吉田神社の鎮座に就いて」（『歴史地理』一三ノ一）、森口奈良吉「吉田神社の鎮座地について」（『神社協会雑誌』三二ノ一二）、並木和子「平安中期の吉田社について」（『風俗』二一ノ三）

（岡田　荘司）

㈡水戸市宮内町にある延喜式内名神大社。中世は常陸国三宮として尊崇された。旧県社。祭神は日本武尊。日本武尊の東征時に創建されたという。神位は平安時代に正四位下に昇階し、吉美侯氏の奉斎が知られる。この後、左大史小槻氏の当社管領が実現し、また神官田所氏の奉斎も知られる。中世には百五十町余の社領を有し、江戸時代には徳川光圀による社殿の修理など水戸藩の外護を受け、明治六年（一八七三）には県社となった。『吉田神社文書』（昭和二十年（一九四五）全焼、彰考館蔵写本あり）は常陸有数の神社文書である。例祭は十月十五・十六日。

参考文献『茨城県史料』中世編二、中山信名編『新編常陸国誌』、『水戸市史』上

（糸賀　茂男）

よしだしんとう　吉田神道　⇨唯一神道《ゆいいつしんとう》

よしのじんぐう　吉野神宮　奈良県吉野郡吉野町吉野山に鎮座。旧官幣大社。祭神後醍醐天皇。後醍醐天皇は文保二年（一三一八）の践祚以来親政を志し、北条氏を倒して建武中興を成就したが、足利尊氏の反にあい吉野に遷幸、失意の中に崩御、在位二十二年であった。明治二十二年（一八八九）官幣中社吉野宮として創立、同二十五年社殿竣工、後村上天皇作と伝える後醍醐天皇像を吉水神社から遷座し、同三十四年官幣大社、大正七年（一九一八）吉野神宮と改称。昭和七年（一九三二）改築竣工祭。社地は元丈六山一ノ蔵王堂跡。例祭は九月二十七日。摂社は日野資朝・俊基を祀る御影神社、児島範長・高徳、桜山茲俊を祀る船岡神社、土居通増・得能通綱を祀る滝桜神社で、境外社北山宮（吉野郡上北山村小橡《ことち》に後南朝の尊秀王（北山宮）を祀る。　→吉水神社《よしみずじんじゃ》

参考文献 中岡清一『吉野名所誌』、池田末則・横田健一監修『奈良県の地名』（『日本歴史地名大系』三〇）

（宮坂　敏和）

よしのはらえ　由祓　古く宮中その他において、忌服などのため、神事がとりやめとなったとき、その由を神に申して行う祓。『左経記』長元元年（一〇二八）二月一日条には、「明日大原野祭也、宮使不ㇾ被ㇾ立之由、可ㇾ有二御祓一歟、仰云、重服人行二由祓一」とある。また、『台記』久安三年（一一四七）九月十七日条には、春日若宮祭が祖母の尼の喪中にあたったため、河原で由祓を行なったことが

みえている。（沼部　春友）

よしのはらえ　善祓　吉事の招来を禱《いの》るために科する祓。善解除・吉解除とも記す。罪あるものに科する悪祓《あしのはらえ》、または悪・凶解除に対する語。初出は「負二悪解除、善解除一而出二於長渚崎一令二祓禊一」とある『日本書紀』履中天皇五年十月条。この善悪二種の祓の縁由は神代宝鏡開始章第三の一書にみえるスサノオノミコトの「以二手爪一為二吉爪棄物一、以二足爪一為二凶爪棄物一」という祓の故事にあるとされる。その義について『釈日本紀』所引の『日本紀私記』では「凡、解除之道、必有二両種一、吉凶是也、吉解除者是招二禱吉事一也、凶解除者即除二却凶事一、兼招二吉事一、解除之道闕レ一不レ可也、故用二吉凶二解一也」と解している。また国学者の鈴木重胤は、『延喜式祝詞講義』一〇において「祓に善解除悪解除の二等有り、今世朝廷に行る所吉事祓、凶事清禊など有る其とは別事なる可く所思ゆ」と述べ、善解除を未発覚の罪に、悪解除を已発覚の罪に科せられたものと解している。悪祓・善祓の二祓は古来主として神職に対して科せられ、両祓に同じ分量の祓つ物を出させていたが、『類聚三代格』所載の延暦二十年（八〇一）五月十四日太政官符に「承前事有レ犯科レ祓贖レ罪、善悪二祓重二科一人一、条例已繁、輸物亦多、事傷二苛細一、深損二黎元一、仍今改張立レ例如レ件」とあって、この時以降一本化され、やがて廃絶した。ただ建久三年（一一九二）の『皇太神宮年中行事』の二月十二日津度恵之神態勤仕の条には「悪祓勤仕、次吉祓勤仕、御麻奉」とみえ、伊勢の神宮ではのちまでその遺風を伝えていたことが知られる。（福井　款彦）

よしのほうべい　由奉幣　即位・大嘗祭・元服あるべき由（事由と期日）を伊勢の両大神宮にそれぞれ四姓（王・中臣・忌部・卜部）の幣使を発遣して告げ奉る臨時の奉幣祭儀。古来、即位由奉幣・大嘗祭由奉幣・元服由奉幣の三奉幣がある。まず幣使発遣の儀については、一条兼良の『代始和抄』に、「伊勢大神宮に申されんが為、神祇官に行幸ありて奉幣使をたてらるゝ事なり、（中略）しかれとも後三条院治暦四年（一〇六八）即位の時建礼門なきによりて神祇官にして是をたてらる、しかりしよりこのかた流例となれり、諒闇の時は此事なし、幼主の時は摂政神祇官に参向して幣使をたつるなり、建武文和の即位の時は勢州敵陣になりしによりて幣使に及はさりしなり、行幸の儀式は常のことし、但御輿は葱花を用らる（中略）これは御神事の時の行幸に召るゝ御輿なり、又鈴の奏・警蹕・御綱を張れと仰する事などもなし、是また神事の行幸の例なり、御輿は神祇官の北門より入て北庁にて下御あり、今日の御服には帛の御装束をめさる、しろき平絹の御袍《うへのきぬ》なり、無文、巡方の玉の帯をさし給ふ、御幘《さく》となつけて白き絹をもて御冠の巾子をゆはせ玉ふ、是も御神事の時の儀式なり、次に主上御拝の座にうつりつかせ給て両段再拝し給ふ、これは神宮へたてまつらるゝ御幣を拝し給ふよしなり、次に舎人を二声めされて少納言すなはち版位につく時中臣忌部をめせと仰らる、内外宮の御幣をば忌部これを取て退出す、中臣参進すれは能申て奉進れと勅言を以て仰らる、すへて伊勢の幣には四姓の使を発遣せらる」とある。㈠即位由奉幣　この儀の初見は、天平宝字二年（七五八）八月十九日、左大舎人頭河内王・散位中臣朝臣池守・忌部宿禰人成を遣した時である。奉幣の趣旨については『北山抄』五の譲位条に「伊勢大神宮告二即位由一事（諒闇時只告二事由一不二奉幣一）駕二腰輿一幸二建礼門一」と述べ、また『江家次第』一四践祚上条には「建礼門行幸、御受禅之後以下可レ為二即位一之由上被レ申二伊勢大神宮一也、近則天慶・永観・寛弘・長久・延久等例也」とある。さらに『柱史抄』下にも「即位由被レ告二申伊勢大神宮一事、天皇御譲位以後可レ有二御即位一之由令レ告二申大神宮一」と説いている。なおその時期に関しては、大方譲位後即位以前であったが、ただし醍醐天皇は寛平九年（八九七）七月十三日即位、同年八月十三日由奉幣にて、即位後の場合もあった（『日本紀略』一、『園太暦』文和二年（一三五三）七月十五日勘文）。㈡大嘗会由奉幣　この儀に関しては『類聚国史』八大嘗会の大同三年（八〇八）十一月辛卯条に「奉二幣帛於伊勢大神宮一以二大嘗会事一也、是夜御二朝堂院一行二大嘗之事一」とみえ、これ以前には見あたらぬところからおそらくこの時がはじめてであろう。この後、『類聚国史』八大嘗会の弘仁十四年（八二三）十一月癸丑条・『続日本後紀』天長十年（八三三）十一月庚申条・『三代実録』貞観元年（八五九）九月十日条にみられ、いずれも大嘗会由奉幣であった。この大嘗会を行うべき由を告げ奉る由奉幣は、はじめ伊勢大神宮に限られていたが、『日本紀略』寛和二年（九八六）七月二日条に「奉二遣伊勢石清水賀茂幣帛使一被レ告二申御即位之由一」とあるので、伊勢に石清水八幡宮、賀茂上・下社を加え三社奉幣と称するようになったと察せられる。㈢元服由奉幣　天皇の元服にあたり、あらかじめ吉日を定め、その前に幣使を伊勢大神宮ならびに陵廟に遣して元服を加うべきの状を告げ奉る奉幣の儀については、『三代実録』貞観五年十二月六日条に「幣使発遣」、翌六年正月朔日条に「天皇加二元服一」がみえる。この儀式の詳細を『新儀式』四「天皇加二元服一事」の説明によって伺うと、⑴天皇元服の一年前に、執政の大臣はまず蔵人頭らに命じて内蔵寮作物所をして御調度を整える。⑵あらかじめ吉日を選定、その前十余日に幣使を伊勢大神宮、ならびに陵廟に遣し、天皇が明年正月元服を加うべき状を告げ奉る。⑶さらに註して、元服の日取りについては正月の朔日後七日以前であること。例証として（清和天皇の）貞観・（陽成天皇の）元慶・（朱雀天皇の）承平を挙げ、⑷ついで伊勢への遣使は皆その前の年の十二月上・中旬に行われたと力説する。今、国史を検するに、一条天皇の永祚元年（九八九）十二月二十五日行われた伊勢奉幣は下旬であり、近衛天皇の世には奉幣の儀が久安四年（一一四八）十二月六日庚申（『台記』）、元服は同六年正月四日（『本朝皇胤紹運録』）で翌年正月ではなかったことの例外を除けば正鵠を射たものといえよう。以上、述べてきた由奉幣も、応仁以来廃絶の憂目をみるが、慶長以後、朝儀も連々と古に復し、再興された。なおここに付言すべきことは、由奉幣と大奉幣とは別の奉幣であったということであり、由奉幣に即位由奉幣・大嘗会由奉幣・元服由奉幣があったのに対して、これとは別個に即位大奉幣・大嘗会大奉幣・一代一度大奉幣(あるいは一代一度大神宝使と称す)の三儀が行われている。→奉幣《ほうべい》

[参考文献] 『古事類苑』帝王部・神祇部一、度会弘訓『由奉幣大奉幣部類』(神宮文庫所蔵)、同『天保十三年二月大幣大嘗考察』(同)、神宮司庁編『神宮要綱』

(鈴木　義一)

よしのみくまりじんじゃ　吉野水分神社　奈良県吉野郡吉野町吉野山に鎮座する。子守明神《こもり》ともいう。旧村社。延喜式内大社。祭神は正殿に天水分神《あめのみくまりのかみ》、右殿に天万栲幡《あめのよろずたくはた》千々姫命《ちぢひめのみこと》・玉依姫命《たまよりひめのみこと》・天津彦火火瓊瓊杵命《あまつひこほほのににぎのみこと》、左殿に高《たか》皇産霊神《みむすびのかみ》・少彦名神《すなひこなのかみ》・御子神《みこかみ》。水分は「みくまり」と訓み、水配《みずくばり》を意味し、山から流出する水の分岐点や分水嶺に鎮まる神である。創祀は詳かでないが古くは芳野水分峯神として吉野山山頂の青根ヶ峯(八五七・九メートル)に鎮まり、のち吉野山の集落が西北方の尾根上に発達したので、奉拝に便利な今の社地に遷座したと伝える。青根ヶ峯頂上から約一キロ西北山腹の字ヒロノを旧水分神の拝所と伝える。この山は東へ音無川、西へ秋野川、南へ丹生川、北へ象川《きさ》を流す四水流の分水嶺である。『続日本紀』文武天皇二年(六九八)四月二十九日条に、馬を芳野水分峯の神に奉って雨を祈ったとあるが、古来祈止雨の神として皇室の崇敬篤く、大同元年(八〇六)牒に神封一戸とみえ(『新抄格勅符抄』)、承和七年(八四〇)従五位下の神階を(『続日本紀』)、貞観元年(八五九)正五位下を(『三代実録』)、延元二年(建武四、一三三七)後醍醐天皇は正二位を奉った。『延喜式』四時祭上では、祈年祭には幣のほかに馬一匹を加え、臨時祭には祈雨神八十五座の一つにあげられた。水分神の神格は万物生産の根源としての水の霊が「水籠《みごもり》」「身ごもり」を意味することから水配の神は子授け子育ての子守の神信仰として発展し、当社を子守明神、ここの地名を子守町と称する。同時に神仏習合の時代相から水分神は地蔵菩薩の垂迹とされ(『金峯山秘密伝』)、また金峯山修験の発展とともに当社は大峯山七十五靡《なびき》の靡第七十三番の行場となった。例祭は十月十六日。御田植祭は四月三日で古式に則った農耕行事が行われる。社殿は慶長九年(一六〇四)豊臣秀頼の改築で水分造(重要文化財)。神像玉依姫木像は建長三年(一二五一)宣陽門院寄進など胎内銘あり、鎌倉時代の美術精神あふれる国宝。なお天万栲幡千々姫命像は平安時代初期の作で重要文化財。

吉野水分神社本殿

[参考文献] 式内社研究会編『式内社調査報告』二、宮坂敏和「大和の水分の神」(『歴史手帖』一二ノ六)

(宮坂　敏和)

よしのもうで　吉野詣　大和国吉野郡吉野山の蔵王堂(金峯山山下蔵王堂)ならびに諸堂社に参詣すること。平安時代には金峯山に参詣することを御岳詣と称し、厳格な御岳精進ののちに吉野山を経て金峯山山上(大峯山)まで登拝した。しかし俗人の参詣者が増すにつれ山下のみの参拝が一般化したものと見られる。それは平安時代中期以降山下蔵王堂を中心に吉野山の寺観が整ったこと、山上は登岳が容易でないうえ、女人禁制であったことによる。また吉野山はすでに平安時代中期には都にまで聞こえた桜の名所となっており、花見をかねた参詣も行われた。中世にはおもに山伏や篤信の行者が山上まで参詣するほかは、ますます山下の吉野詣が盛行した。高野山・長谷寺ならびに天川弁財天などとの組合せによる参詣もよく行われた。天文二十二年(一五五三)三月に参詣した三条西公条《きんえだ》の『吉野詣記』はよく知られている。

(首藤　善樹)

よしのやま　吉野山　奈良県吉野郡吉野町に所在。大峯山脈の北端。青根ヶ峯(標高八五七・九メートル)を主峰とし、そこから西北に吉野川(紀ノ川の上流)まで連なる尾根筋を総称する。『旧事本紀』にその名がみえるほか、『日本書紀』には大化元年(六四五)六月に古人大兄皇子が吉野に入ったとある。しかし古代にいう吉野山は現在よりも広範で、吉野川右岸をも含んでいたものであろう。また『万葉集』にも「み吉野の耳我の嶺」「み吉野の御金の岳」「吉野の岳」「水分山《みくまり》」「青根が峰」などの名がみえ、歴史の古さがうかがえる。吉野は飛鳥のすぐ南に位置する山岳地帯である。はやくからその景勝が注目されて離宮が設けられ、また道教や仏教と結びつく山林修行者が群集する宗教的な土地柄であった。吉野山には『延喜式』に記載される金峯神社・吉野水分神社(子守社)・吉野山口神社(勝手社)がある。なかでも青根ヶ峯の近くに鎮座する金峯神社は地主神と見られ、その周辺がもっとも早く開けたものと推察されている。平安時代にはその近くに石蔵寺や安禅寺などが建立され、吉野執行も住み、中心地であったことがわかる。平安時代にその信仰が隆盛す

る金峯山《きんぶせん》は、山上（大峯山上ヶ岳）と山下（吉野山）とからなっている。したがって吉野山の歴史は金峯山信仰と密接に関連している。そして山上の蔵王堂《ざおうどう》と対をなす山下の蔵王堂は、平安時代後期に金峯神社よりもはるか麓の現在地に建立され、山下蔵王堂の地に吉野山の中心が移る基となった。金峯山詣すなわち御岳《みたけ》詣は、もちろん山上まで参詣するのが本来の形であったが、登岳が困難なことや、山上は女人禁制であったことなどから、山下蔵王堂への参詣をもって済ます風が一般的となった。山上は蔵王権現涌出の聖地であり、冬季は厳寒のため閉鎖されるのに対し、山下吉野山は一年を通じての宗教活動の場であり、山上をめざす宿坊の地であり、一山の住坊がたち並ぶ寺務の場であった。吉野山の発心門（銅の鳥居）は金峯山修行の入口とされ、続いて修行門（二の鳥居）がある。また一山の興隆とともに吉野曼荼羅に示されるように、蔵王権現を中心とした吉野八社明神の信仰も形成された。著名な桜は自生によるものであるが、すでに平安時代中期には都の貴族にも周知され、天徳四年（九六〇）の内裏焼亡後に植えられた左近の桜は吉野山の桜であった（『帝王編年記』）。平安時代中後期には藤原道長・藤原師通・白河法皇ら上級貴族の参詣が相つぎ、金峯山寺の寺観や組織も整備され、吉野大衆の勢威は都まで喧伝された。この大衆をたのみ文治元年（一一八五）に源頼朝と離反した義経が潜伏し、後世の文学や芸能に一段と吉野山の名をはせることとなった。平安時代以来中世を通じ、金峯山寺は興福寺の支配下にあった。そして吉野山は修験者の根拠地となっていた。元弘二年（一三三二）冬には、鎌倉幕府に抗戦し護良親王が吉野山に城郭を構え、翌元弘三年正月十六日に幕府の大軍が押し寄せ、閏二月一日落城するということがあった。また延元元年（北朝建武三、一三三六）十二月には建武新政に失敗した後醍醐天皇が吉野山に入り、最初は吉水院、ついで実城寺を御所とし、いわゆる南朝を開いた。後醍醐天皇は悲願である京都奪回を果たすことなく延元四年（北朝暦応二）八月十六日に崩じ、如意輪寺の傍ら塔尾に葬られた。その後正平三年（北朝貞和四、一三四八）正月、北朝側の高師直が攻め寄せたため後村上天皇は吉野山を退去し、同月二十八日師直は金峯山寺を焼いてしまった。現存の吉野山蔵王堂は天正十四年（一五八六）に焼亡したのち、同二十年ころに再建されたものである。文禄三年（一五九四）二月二十七日から三月二日にかけて、豊臣秀吉が多くの家臣を引き連れ、吉野山の花見を行なった。江戸時代の吉野山が花見客でにぎわったのはもちろんであるが、それよりも山上詣の拠点、宿坊の地として発達した。江戸時代には日光輪王寺宮の支配となり、蔵王堂・上社（子守社）・下社（勝手社）を中心に、寺僧方・満堂方と呼ばれる多くの院坊がひしめきあっていた。しかし、それも明治七年（一八七四）六月二十四日に金峯山寺の神仏分離が命じられ、一山もろとも瓦解した。山上・山下とも仏寺を廃され、神社とされたのである。明治十九年に仏寺への復帰が許可されたが、すでに元の組織に戻るすべはなかった。また山上詣の主要路もバス開通などによって洞川《どろがわ》側に移り、大きな打撃を受けた。現在、山上と切り離されて山下蔵王堂のみが金峯山寺となり、吉水院は吉水神社となり、かろうじて東南院・桜本坊・喜蔵院・竹林院が大峯山寺護持院ならびに宿坊として存続している。また明治二十二年に後醍醐天皇を祀る吉野神宮が創祀された。特産品として売薬陀羅尼助《だらにすけ》・吉野杉などがある。また吉野塗もあったが、今は廃れてしまった。昭和十一年（一九三六）二月に指定された吉野熊野国立公園に含まれ、現在は観光地となっている。↓金峯山《きんぶせん》

参考文献 『吉野町史』、中岡清一『大塔宮之吉野城』、宮坂敏和『吉野路案内記』、同『吉野―その歴史と伝承―』

（首藤　善樹）

よしみずじんじゃ　吉水神社　奈良県吉野郡吉野山に鎮座。古来、吉水院《よしみずいん》（「きっすいいん」の読みは誤り）と称し、金峯山寺一﨟の住寺であったが、明治時代の神仏分離令で明治八年（一八七五）三月五日廃寺、吉水神社と改称。旧村社。祭神は後醍醐天皇・楠木正成・宗信《そうしん》。吉水院創立は詳かでないが、役小角《えんのおづの》休息の庵室として創立と伝える。『吾妻鏡』文治元年（一一八五）十一月十七日条に源義経吉野入山とあるが、当院に潜居と伝える。元弘三年（一三三三）閏二月一日、大塔宮吉野城に二階堂貞藤の大軍が来襲、全山の堂坊とともに当院も全焼。延元元年（建武三、一三三六）十二月二十八日、当院主宗信穴生が後醍醐天皇を自坊に奉迎、しばしの行宮となる（金剛寺禅恵奥書）。文禄三年（一五九四）二月の豊臣秀吉吉野花見の節、当院がその本陣となった。伝後村上天皇自作の後醍醐天皇木像（『菅笠日記』）は、明治二十三年吉野神宮御神体として遷座した。当院主宗信は真遍とも号し、元弘元年から正平八年（文和二、一三五三）ごろまで吉野《よしの》執行《しゅぎょう》として吉野一山の衆徒を率いて大塔宮の吉野城に馳せ参じて北条方の大軍にあたり、後醍醐天皇の行幸を奉迎して南朝建設に尽力したほか、天皇

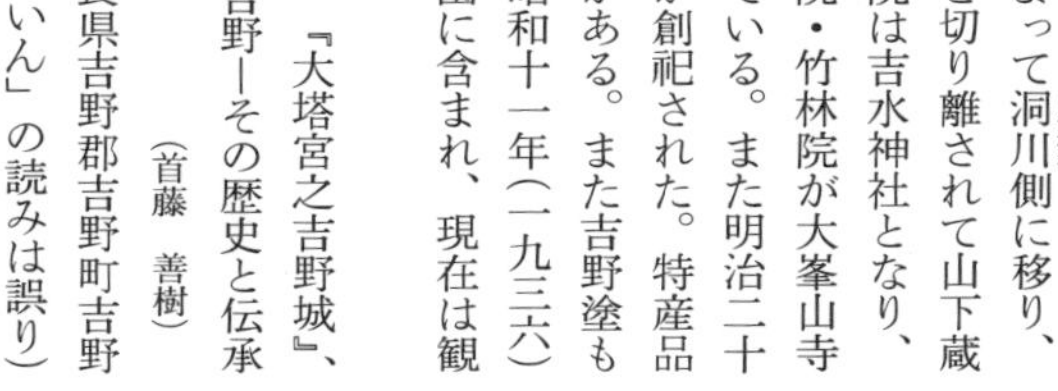

吉水神社本殿

崩御に際し群卿を励まして士気を鼓舞(『太平記』)するなど吉野における南朝の功臣である。皇女を降嫁、一子尊寿丸を産む(『大日本史』列伝九五)。元中七年(明徳元、一三九〇)の尊寿丸宛後亀山天皇綸旨が当社に所蔵されている。例祭は九月二十七日。当社社務所の元僧坊は吉水院の書院で、南北朝時代初期の改造。鎌倉時代の様式を伝えるわが国現存の書院建築中最古の一つ。消息紙本墨書(伝後醍醐天皇宸翰)は女房奉書形式で天皇身辺の消息を記したもの(ともに重要文化財)。このほか、南朝君臣の遺品はじめ南朝から当院へ下賜の綸旨、伝源義経所用の色々威腹巻(重要文化財)などを所蔵する。前述の綸旨や金峯山寺坊領紛失証文などは『吉水神社文書』と呼ばれ、東京大学史料編纂所に写本がある。→吉野神宮《よしのじんぐう》

参考文献 宮坂敏和「吉野の朝廷」(『吉野町史』所収)

(宮坂 敏和)

よしみゆきかず 吉見幸和 一六七三―一七六一 江戸時代中期の神道学者。諱は一説に「よしかず」と読む。字子礼、号緑山・恭軒・風水翁・風水散人、幼名定之助。祖父菅原氏園崎直勝が、尾張藩主徳川義直に仕え、名古屋東照宮祠官に任ぜられ、源氏吉見幸勝と改めた。幸和は、幸勝の子恒幸の三男。延宝元年(一六七三)九月十五日生まれる。母は藤原蓮子。元禄三年(一六九〇)十八歳、藩主綱誠の近習となり三輪勝弥を称していたが、同七年長兄幸寛が病気で家督を辞し、次兄は夭折していたので、幸和が後嗣となった。その冬、上京して松下見林に神道・古典一般を学び、一方翌八年秋には門人をとった。家学を、「崇道尽敬皇帝一流神道」と称していた。同九年正式に父の職を継ぎ、綱誠発案の『尾張国風土記』の編纂に加わった。この仕事が中止になったころから、幸和は垂加神道に傾倒し、宝永元年(一七〇四)、再度上京、浅見絅斎に朱子学・崎門学を、伏原宣通・壺井義知・平田内匠らに有職を、正親町公通・梨木祐之・玉木正英らに垂加神道を学び、『自従抄』を与えられ、正親町公通から猶子として遇せられ、神籬磐境極秘伝を授けられた。爾来、垂加神道者として講筵を開いた。その間、東照宮神主や弟知幸の叙任に関して吉田家と論争したこともある。五十六歳、病を得て、職を嫡子幸混に譲ったが、数年後には健康を恢復、著作に励んだ。伊勢神道・垂加神道の典拠『神道五部書』を偽書と断じた『五部書説弁』(元文元年(一七三六))、内外宮の別を論じ、伊勢神道を批判した『宗廟社稷答問』(同二年)、吉田家が神道管領・神祇長上と名乗る理由はないことを証明した『増益弁卜抄俗解』(同四年)その他で、「国史官牒」つまり確実な史料により神道各派を批判剝偽したもので、勢い垂加神道をも批判した。次に神道全般の原拠たる『日本書紀』の研究に専念、神代巻も人事を記した国史であると解し、註釈によらず素読みすべきだとさえいった。『神代正義』(延享二年(一七四五))、『神代尚絅』(宝暦十年(一七六〇))等を著わした。宝暦十一年四月二十六日没。八十九歳。→五部《ごぶ》書説弁《しょせつべん》

参考文献 阿部秋生『吉見幸和』(『新国学叢書』一一ノ一)、平出鏗二郎「吉見幸和及び其神学」(『鏗痴集』所収)

(阿部 秋生)

よしむらまさもち 芳村正秉 一八三九―一九一五 明治時代の宗教家。神習教教祖。天保十年(一八三九)九月十九日芳村泰治の次男として生まれる。津山藩士で、幕末、京都に出て儒学・国学を学び、鞍馬で修行した。この間、勤王派の志士と交わった。明治維新後、神祇官ついで教部省に出仕したが、大教院設置に反対して去り、明治七年(一八七四)神宮司庁に仕えた。祭神論争では伊勢派として活動した。同十三年教導職となり、独自の神道を求めて霊山をめぐり修行した。諸国の神職・修験者らを自己の神道説で結集した講社を、神道教会と称することを公許された。翌年、神道神習派と改め、教派神道の一派として独立を公認され、のち教名を神習教と改めた。同教は東京神田に本祠を設け、造化三神・天神地祇を祀る。芳村の著述「神道三要」を教典とし、惟神《かんながら》の道を宣揚し、国教を天下に明らかにすることを目的とする。神事に内伝・外伝があり、禊・物忌・鎮魂などの修行で、神人一体・幽顕一致の安心を得るとしている。大正四年(一九一五)一月二十一日没。七十七歳。→神習教《しんしゅうきょう》

参考文献 菅野正照『神習教管長芳村正秉君略伝』、野口珂北『神習教祖略伝』、田中義能『神道神習教の研究』

(村上 重良)

よせみや 寄宮 いくつかの小さな神社を合わせ祀った神社のこと。古くは淫祠・邪祠の類を一つに寄せて祀ることを「よせ宮」と名付けた(『続無名抄』中)。近世では由緒・祭神などの不明な小祠を整理するという形で寄宮政策が行われ、特に水戸・岡山・会津の諸藩などで顕著に行われた。たとえば寛文年中(一六六一―七三)、岡山藩領備中国浅口郡では八ヵ村に散在する千五百四十一社の小祠を一所にあつめて寄宮とした(『吉備温故』)。このように寄宮政策によっておびただしい数の神社が合併された。寄宮は明治に入ってもたびたび行われたが、とりわけ明治三十八年(一九〇五)・三十九年が盛んであり、それを神社合祀とか神社合併などと呼んでいる。

参考文献 米地実「「矮陋神祠」の取扱いについて―明治十年岡山県の場合―」(『社会と伝承』一三ノ二)、西川順土「神社合祀と祭神について」(『神道宗教』八八)

(三橋 健)

よださだしず 依田貞鎮 一六八一―一七六四 江戸時代中期の神道学者。通称は五十嵐定右衛門、五十嵐は母方の姓。伊織とも称し、偏無為と号す。天和元年(一六八一)三月十三日、武蔵国多摩郡府中本町(東京都府中市本町)で生まれる。江戸谷中に住居し、神儒仏三教の学問を修め、四十代に入ると『旧事本紀』の研究に専念し、『先代旧事本紀箋』三十三巻を著わす。延享三年(一七四六)には摂津四天王寺に伝来する祭法を学ぶため京に上り、在京すること三年。その学識は桃園天皇の知るところと

なり、著作の『三種神器伝』『従軍十宝伝』を進上した。彼の著作は百種以上にのぼり、このうち、伊勢・八幡・稲荷・熱田など二十社以上の諸神社鎮座記を編じている。晩年は江戸で生活し門人は四百名を数えた。明和元年(一七六四)三月十七日没。八十四歳。府中の善明律寺に葬られ、青木政勝が「依田伊織墓碑」を建立、その銘文は『事実文編』二六に収められている。

参考文献 大川茂雄・南茂樹編『国学者伝記集成』一

(岡田 荘司)

よどひめじんじゃ 与止日女神社 ⇨河上神社《かわかみじんじゃ》

よどへいぶるいき 四度幣部類記 伊勢神宮に対する毎年四回の勅使発遣に関する記録。著者不詳。鎌倉時代中期ころの成立か。一冊。伊勢神宮で行われる年中恒例の二月祈年祭・六月月次祭・十月神嘗祭・十二月月次祭、この四度の祭(四時祭・四節祭ともいう)には、宮中から勅使が発遣され、神前に幣帛が供進される。これを四度の祭の幣帛使あるいは四度幣ともいう。勅使は、王・中臣・忌部・卜部の四姓で構成されるところから四姓使とも四姓の幣使ともいう。また、例幣使ともいう。本書は、平安時代の末期承安元年(一一七一)から鎌倉時代の初期建久六年(一一九五)までの二十五年間に発遣された勅使が、発遣の日に宮中で行う諸祭儀の行事次第とその故実を、発遣の儀に関与した九条兼実の日記『玉葉』から、諸儀式の模様や出発前の様子、装束の色目や行事作法の記事を類聚したものである。『続群書類従』神祇部所収。

参考文献 『群書解題』一中、薗田守良『神宮典略』前篇(『大神宮叢書』)、神宮司庁編『大神宮故事類纂』祭祀部、阪本広太郎『神宮祭祀概説』、大西源一『大神宮史要』

(安江 和宣)

よはしらじんじゃ 四柱神社 長野県松本市大手に鎮座。祭神は、天之御中主神・高皇産霊神・神皇産霊神・天照大御神。明治七年(一八七四)、松本町南深志に設置された中教院に四柱の神々を祀ったことによる。同十二年、神社創立の許可を得て、東・西筑摩、南・北安曇、諏訪、上・下伊那の七郡の神職有志の寄付により、神道事務分局および社殿を創建した。同二十一年、松本町の大火により社殿を類焼。大正十三年(一九二四)に再建された。境内には、松本市招魂殿と恵比寿神社が合祀されている。例祭は十月二日で、十月一―三日にかけて神道祭が行われる。

参考文献 長野県神社庁監修『信州の神事』

(山本 英二)

よみ 黄泉 ⇨黄泉国《よもつくに》

よみさし 斎刺 ⇨忌刺《いみざし》

よみどにさやりますおおかみ 泉門塞大神 黄泉国から逃れた伊弉諾尊が、泉津平坂《よもつひらさか》において、あとを追いかけて来た伊弉冉尊に絶妻の誓いを言い渡した際に、冥界と現界を塞いだ磐石を称えた神名。「泉門」は黄泉国の入り口を意味し、黄泉国からの通路を遮断し、閉塞する大神の意。記紀ともに別名を道反大神《ちがえしのおおかみ》とする。冥界からの邪霊を防ぎ、死神を冥界へ送り返す神で、のちに民間においては塞ノ神・道祖神として信仰された。

(嶋津 宣史)

よみのおおかみ 黄泉大神 死後の冥界を主宰する神。『古事記』の伊邪那岐命の黄泉国訪問神話では、冥界に赴いた伊邪那美命を黄泉津大神というと述べる。黄泉国の訪問神話には「黄泉神」ほか、「黄泉戸の大神」「泉門塞の神」「道敷の大神」「道反の大神」などが登場する。また、『古事記』では「黄泉比良坂《よもつひらさか》」を「出雲国の伊賦夜坂《いふやさか》」に比定している。

(上田 正昭)

よもつくに 黄泉国 死後の冥界。「よみのくに」ともよむ。黄は中国では土の色とされ、黄泉の原義は地下の泉であったが、古語の「予《よ》(余)母《も》」は闇黒を意味したとする説が示唆にとむ。よみ・よもは黄泉のほか予(余)母・誉母・淯泉・泉などとも書く。『古事記』『日本書紀』の黄泉国訪問神話は有名であり、黄泉軍・泉津醜女・泉津日狭女・泉津平坂・泉門塞の大神などの伝承も記載されている。『出雲国風土記』出雲郡宇賀郷の条には黄泉の穴・黄泉の坂の伝承がある。海上他界観・地下他界観のありようを考える際にも、黄泉の観念は軽視できない。

(上田 正昭)

よもつしこめ 泉津醜女 「泉津」は黄泉国、「醜」は醜いの意であり、黄泉国の醜き邪神という意味で、死の穢れの擬人化とされている。「醜女」は『和名類聚抄』に「黄泉之鬼也」とある。『日本書紀』神代には泉津醜女、ないし泉津日狭女《よもつひさめ》、『古事記』神代では予母都志許売とある。記紀ともに同様の説話であり、伊弉諾尊が伊弉冉尊を連れ戻そうと黄泉国に行った際に伊弉諾尊は伊弉冉尊がその姿を「見てはならない」とする禁忌を犯してしまった。伊弉冉尊は怒り、逃げる伊弉諾尊を泉津醜女八人(八人は大勢の意)に命じて追わせたとある。このような神話は呪的逃走神話と呼ばれ、世界各地に広く分布するものである。

(藤本 頼生)

よもつへぐい 黄泉戸喫 死者の世界の黄泉国において、竈で煮炊きしたものを食べること。『日本書紀』では「食泉之竈」と書いてヨモツヘグヒと訓注する。記紀では、死んで黄泉国に来てその世界の食事を食べた伊弉冉尊を、伊弉諾尊は生命の世界に連れ戻そうとするが失敗する。また『日本霊異記』では、僧智光が死んで地獄に行き、閻魔大王の使いから、地獄の火で調理したものを食べてはいけない、生き返れなくなると注意されている。ギリシア神話ではペルセポネが冥王ハデスに誘拐され、冥界のザクロを食べたため、完全には地上に戻れなくなっている。死者の世界での食物摂取が生者の世界への帰還を困難にするという観念は、「一つ釜の飯を食う」という共食関係によって人々の結びつきが強まるという観念に由来するものであろう。横穴式石室からは移動式の竈とそれに架けた甕と甑の小型品がしばしば出土するという。死者が黄泉の国で食事をすることを意図したものらしい。

死者の甦りを忌み懼れたからと解釈されている。

参考文献　辰巳和弘『「黄泉の国」の考古学』(『講談社現代新書』一三三〇)　(松村　一男)

よりがみ　寄神　海の彼方から寄り来ったと信じられる神。四面を海に囲まれたわが国で、神の来臨の一形式とされている。『古事記』『日本書紀』によれば、大己貴神《おおなむちのかみ》の国作りに協力した少彦《すくなひこ》名《な》命《のみこと》は、出雲の海浜の波間に漂い寄った神であり、国土平定後、海原を照らして寄り来った大己貴神の幸魂《さきみたま》・奇魂《くしみたま》は、大和の三諸山(三輪山)に大神《おおみわ》の神として鎮まることとなる。『文徳実録』に斉衡三年(八五六)十二月常陸の磯に怪光とともに二個の石が出現、託宣して大洗磯前・酒列《さかつら》磯前の二神社が創立され、翌天安元年(八五七)八月には官社に列すとある。神が漂着して祀られたという伝承は能登・隠岐・三河・伊豆・房総地方をはじめ、海辺の町村に多い。また、神輿・御幣・神体の洪水による移動・遷座を伝えたり、神幣や神社の標木《しめき》を川や海に流して漂着鎮祭を期したりする例もあった。エビス神も寄神信仰を伴い、石を神体とすることが多い。

参考文献　堀一郎『遊幸思想と神社神道』(『堀一郎著作集』四)　(平井　直房)

よりしろ　依代　神霊がよりつくもの。神霊を招き迎える者の側からは、招代《おぎしろ》ともいう。依代には樹木・御幣・柱・神籬《ひもろぎ》・磐座《いわくら》などがある。人間(幼童)がこれに選ばれる場合は、ヨリマシ(尸童・憑坐)またはヒトツモノと呼ばれ、馬などに乗り渡御行列の中心になる。神道ではも と祭のつど依代に神を迎え、飲食や幣帛を供え、祝詞《のりと》を申し歌舞を演ずるなどした。社殿が発生してからは、本殿に神体(鏡・神像など)を納め依代とするが、特別な神社には神体山や心《しんの》御《み》柱《はしら》がある。神札や頭屋祭のオハケも依代の一種である。平安時代の宮廷神楽で舞人が手に持つ採物《とりもの》には、榊・幣・杖・篠・弓・剣・鉾・杓《ひさご》・葛の九種が見られるが、民間信仰でも御幣や榊の枝を持った巫《み》女《こ》が、神の憑依体として託宣を述べることがあり、いずれも神霊が樹枝などに宿るという信仰を背景にしている。

→よりまし

参考文献　国学院大学日本文化研究所編『神道要語集』祭祀篇一—三、柳田国男『神樹篇』(『定本柳田国男集』一一)　(平井　直房)

よりまし　尸童　神霊のより憑く童子・童女などのこと。樹木・御幣・岩など神霊のより憑くのがモノの場合に依代というのに対して、人間の場合には「よりまし」といい、通常、尸童などの用字があてられる。平安時代末期の『袖中抄』は「物つきをよりまし」と説明する。古代の「審神者」とも共通する点は多い。記紀神話には、笹を手にして神懸かるアメノウズメの様子がみられるが、古代、その子孫と伝えられる猿女《さるめ》一族はアメノウズメの呪術を受け継いで天皇の魂に活力を与える鎮魂の作法を行なった。古代・中世には、諸社に付属した巫女が、祈禱のために神憑りして託宣を行なった。中世末期、フロイスは『日本史』に、太鼓のリズムが鳴り響く中、御幣を手にして神懸かり狂う春日大社の巫女の姿を活写している。福島県相馬郡飯舘村大倉の葉山祭では、ノリワラ(宣り童)と呼ばれる男性の役が、託宣を行う。祭壇に向かい御幣を手にして座したノリワラは、籠り人と呼ばれる大勢の行人が取り囲む中で神憑りして、翌年の作柄・天候・災害など、共同体に関わる公的な事項に対して答えを発する。神憑りになる場合には御幣や榊など依代を手にする場合が多い。奄美大島のユタ神(主として女性)はススキを手にして、神憑り的な舞踊を行う。尸童は、託宣のほか病気治癒の祈禱において、病人に取り憑いた病魔を転移させる上で重要な役割を果たした。『枕草子』には、僧侶が少女の尸童をつかって病人を治療する様子がつづられる。密教法具の独鈷を手にしたよりましの「いみじうわび、泣いたる様の、心苦しげなる」様子や、僧侶が尸童に移された病霊と対話する様子などが詳らかに描かれる。　(松尾　恒一)

よろずはたひめ　万幡姫　『日本書紀』の女神。神代天孫降臨章本文には栲幡《たくはた》千《ち》千《ち》姫《ひめ》と記す。第一の一書では万幡豊秋津媛命、第二の一書では万幡姫、第六の一書では栲幡千千姫万幡姫命、第七・第八の一書では天万《あまよろず》栲幡《たくはた》千《ち》幡《はた》姫《ひめ》と記す。『古事記』では万幡豊秋津師比売命と記す。高皇産霊尊の娘で天照大神の子の天忍穂耳尊の配偶神、瓊瓊杵尊の母。第一の一書には思兼命の妹とあり、第六の一書の「亦曰」では高皇産霊尊の児火之戸幡姫の児千千姫命、第七の一書の「一云」では高皇産霊尊の児万幡姫の王依姫とする。高天原を主宰する高皇産霊尊と天照大神をつなぎ天孫降臨に至る記紀神統譜の要に位置するが、主祭神として祀る神社は少ない。名義によると機織、布、豊穣に関わる神とみられる。　(森　瑞枝)

ら

らいこうさい 雷公祭 五穀豊稔を祈る陰陽道系の祭。疫気流行のときにも行われた。元慶年間（八七七―八五）より藤原基経が毎年秋に祀らせたが中断され、寛平元年（八八九）宇多天皇が再興した（『西宮記』）。『寛平御遺誡』にも同祭を重視することが記されている。十世紀初めには天皇の臨時御願の祭儀となり、京都の北野・船岡を祭場とし、陰陽寮などが担当、舞楽も奏された。『左経記』長元五年（一〇三二）四月二十四日条には「神祇権大副兼忠、於二船岡一奉三仕雷公祭二」とある。『禁秘抄』には「雖レ有レ験、頗絶畢」とあり。鎌倉時代初期以前に中絶。『吾妻鏡』には「此祭公家之外不レ聞三被レ行之例二」とあるとおり、朝家のみが執り行なった。

参考文献 甲田利雄『平安朝臨時公事略解』 （岡田 荘司）

らいじん 雷神 天然現象の一つである雷は威怖すべき存在として神格化され信仰対象とされた神。インドではインドラの働きと考えられて帝釈天に集約されているが、胎蔵図像や旧図様には外院の尊の一つとして表現し右脚をのばし左脚を屈して雲中に立つ像がある。中国では上半身裸形の鬼神として連ねた小太鼓を背に表現され、わが国でもその形を踏襲している。『絵因果経』の降魔の場面にも小鼓を連ねた雷神が画かれており、千手観音の眷属二十八部衆にも風神とともに加えられ、画像や版画などに表現されている。蓮華王院（三十三間堂）の千体千手観音の前方左端には躍動的な彫像があり著名である。これを屏風絵とした俵屋宗達筆（建仁寺蔵、国宝）・尾形光琳筆（東京国立博物館蔵、重要文化財）風神・雷神図はよく知られている。浅草寺の雷門も雷神ゆかりの名称である。なお『北野天神縁起絵巻』にも怨念が造型化されて雷神（天神）となった由来が示され、鎮めるべき神として扱われている。 （田村 隆照）

らいでんじんじゃ 雷電神社 群馬県邑楽《おうら》郡板倉町板倉に鎮座。旧郷社。祭神は、火雷大神《ほのいかづちのおおかみ》・大雷大神《おおいかづちのおおかみ》・別雷《わけいかづちの》大神《おおかみ》。雷電さまとして、関東各地に分布する雷電神社の総本宮。創立年代は不詳であるが、推古天皇六年（五九八）に、聖徳太子によって伊奈良《いなら》沼に浮かぶ小島に祠が設けられたのが始まりと伝えられる。『万葉集』東歌《あずまうた》にも詠まれている伊奈良沼には竜が棲むといわれ、日照り時には雨乞いが行われた。延暦年中（七八二―八〇六）、坂上田村麻呂の東征の時に宮殿を造営したといわれ、その後天文十六年（一五四七）・十七年、元亀四年（一五七三）に造営があった。江戸時代には、慶長十六年（一六一一）・寛文四年（一六六四）・文政六年（一八二三）・天保六年（一八三五）・同十三年に本社などの造営があり、この間、延宝二年（一六七四）に館林藩主徳川綱吉による修復をはじめ、享保二十一年（一七三六）・文化八年（一八一一）・文政二年に修復があった。五月一日から五日まで雷電大祭が、六月第四日曜日には名越祓が執り行われ、雷雨の季節には雷除けなどの祈禱が行われている。天文十六年に造営の末社八幡宮稲荷神社社殿は二間社入母屋造で、重要文化財。

参考文献 『群馬県史』通史編三・六、『板倉町史』通史下・別巻六 （佐藤 孝之）

らいはいこう 礼拝講 仏徳を礼拝讃歎するため寺社で催される講会。特に叡山延暦寺の日吉大社で行う法華八講会をさし、天台礼拝講ともよんだ。永禄五年（一五六二）の『御礼拝講之記』によると、後一条天皇の万寿二年（一〇二五）三月十二日を中心に大宮の宝前で執行された盛儀には、碩学の講衆三十名が法華経二十八巻を三日間読誦礼拝し、社参の公武が神馬を献進するので神馬奉行を差定して整理にあたらせたという。神仏混淆の影響をうけ、精進のための参籠、湯立の潔斎、服忌の禁制なども厳重に守られた。またつづいて同月二十四、二十五日に行われる十禅師宮前の八講会を新礼拝講と称した。

↓日吉大社《ひよしたいしゃ》

参考文献 『古事類苑』神祇部四 （桜井徳太郎）

らいほうしん 来訪神 山や海などの彼方、異界より村落などの共同体を訪れ、祝福などを授け再び去って行く神。民俗学者折口信夫は日本の神観念を理解する上で、マレビト（客人）信仰の重要性を説いた。折口は、海上の彼方、常世より訪れるマレビトや漂泊するホカイビトの姿を、民俗や古典より明らかにしようとしたが、盆の時期に他界より帰ってくる祖霊や、浄土より来迎する仏・菩薩なども、広義の来訪神と見做すことができ、日本の神仏観念を理解する上で重要である。『常陸国風土記』には、富士の神・筑波の神のもとを訪れて、一夜の宿を請う、先祖の神の神話が語られるが、神が旅をして訪れるという信仰は、たしかに日本古来の神観念として認めることができる。神社祭祀においては、神輿の巡行を主行事とする例が数多く見られる。その際、村・町内に神輿がしばしとどまって、供物などの饗応を受ける仮屋を御旅所と称する例も少なくないが祇園祭・春日若宮御祭など、これらも、神が旅をして来訪する、といった信仰に基づくものである。こうした信仰は、民俗事例により顕著に見られる。秋田県男鹿半島において、鬼の扮装をして旧正月に各家々を訪問するナマハゲは、新たな年に来臨して、福を授ける神の信仰が民俗化した例である。ナマハゲを迎える家では、上座に上げて御膳を供え、感謝をもって歓待するが、「ナマハゲの来訪は縁起が良い」、「ナマハゲが来ないと正月は迎えられない」といわれ、新年の来訪神であることがはっきりと自覚されている。南島、八重山西表島古見・石垣島などのプーリ(豊年祭)のアカマタ、クロマタ、シロマタは海のかなたにあるとされるニーラスク(沖縄本島でいうニライ・カナイ)からやって来て、稲粟の豊作をもたらすと考えられている。旧暦六月、夕暮れ時にナビンドーと称する洞穴から出現すると、各家庭を訪問して祝福の言葉を授け、未明に村人たちの歌に送られて再びナビンドーの森に去ってゆく。当地の古謡には「遠い海の彼方の安海から渡来してこられたシロマタ、アカマタの御前、今日の吉日を選び、黄金に吉日を調べ、来年の豊穣、来る夏の豊作を祈願申しあげますから」(宮良高弘の口語訳による)と歌われ、豊作を祈願する神として、海のかなたより来臨すると信仰されていたことがわかる。これらの神は、つる草をまとう扮装に特徴が認められるが、旧暦八月・九月、石垣島において、豊作祈願を行い、農作物の播種の季節などを説き聞かせるマユンガナシは、やはり蓑笠を付け、また杖を手にして各家々を回る。稲の豊作を祈願する田の神は、田にまつられる神であるが、これも元来は外より迎え、再び送り返す神であり、来訪神の一形といえる。苗代などに、柳や萱などの木の棒を立てたり(山形県米沢市・長野県東筑摩郡)、最初に田植えをする田に正月の神様の幣と粟の新芽を立てたりして、神の依代とする例(岡山県真庭郡川上村)があるが、春の田植えにあたって山より里の田に迎え、秋の収穫の後に再び山に送るのが、田の神の典型であったと考えられている。　↓アカマタ・クロマタ　↓田神《たのかみ》　↓まれびと

(松尾　恒一)

り

りがくしんとう　理学神道　⇩吉川神道《よしかわしんとう》

りきゅういん　離宮院　伊勢の神宮三節祭に奉仕するため参向した斎宮が泊まった離宮。併せて大神宮司の政庁、度会《わたらい》郡の駅家も備わっていた。朝廷からの勅使も、ここに宿泊し船で宮川を渡った。延暦十六年(七九七)に度会郡沼木郷(三重県伊勢市宮後町)から現跡地(国史跡)である湯田郷宇羽西村(度会郡小俣町)に移された。現在は官舎神社と離宮院公園になっており、土塁(築垣)が残っている。承和六年(八三九)には官舎一百余宇を焼失しており、壮大な規模であったと想像される。大神宮司は室町時代前期まで同地におかれ、神宮の運営にあたっていた。↓斎宮寮《さいぐうりょう》

参考文献　薗田守良『神宮典略』(『大神宮叢書』)、御巫清直『離宮院考証』(同)、三重県編『三重県に於ける主務大臣指定史蹟名勝天然記念物』一、小俣町教育委員会編『離宮院跡発掘調査報告』

(岡田　荘司)

りきゅういんき　離宮院記　離宮院のあったとされる伊勢国度会郡小俣村(三重県度会郡小俣町)の平尾八社の縁起。一冊。本書は四部からなる。一部は神亀五年(七二八)十二月二十一日付の荒木田氏神主が離宮を守護する旨を記した部分。偽文書である。二部は「離宮之旧記」とあり『麗気記』『御鎮座本紀』『倭姫命世記』を引用し、離宮の由来を述べた部分。三部は「離宮平尾八社祭祀次第」として、正月朔日、正月七日、正月十五日、卯月初申日、六月十一日、七月七日、十一月初申日の「神事七度」を記した部分。最後に「写時年号次第」として神亀五年十二月二十一日から天文四年(一五三五)六月十八日に至る九回の写時と写人の名前が列挙され、天文四年当時の社家の構成が記されている。明治初年の『神三郡神社参詣記』によると、離宮院旧跡に大森社があり石神で七度の祭があるとされている。年七度の祭と神事七度の類似からすると、大森社と平尾八社に関係があるのかもしれない。『続群書類従』神祇部所収。

参考文献　『群書解題』二下

(西垣　晴次)

りきゅうはちまんぐう　離宮八幡宮　京都府乙訓郡大山崎町に鎮座。旧府社。祭神は応神天皇・酒解神《さかとけのかみ》・田心姫《たごりひめ》神《のかみ》・市杵島姫命《いちきしまひめのみこと》・湍津姫命《たぎつひめのみこと》。その鎮座地は嵯峨天皇の離宮「河陽宮」の故地であり、『朝野群載』所収の石清水八幡宮護国寺略記により、貞観元年(八五九)八月、八幡大神を宇佐より奉迎して石清水八幡宮に鎮祭する以前に、この地に神霊を暫時奉斎したことを創祀とする。当宮を「大山崎離宮八幡宮」とも称するのは、鎮座地の地名を冠したものである。淀川をはさんで男山と対峙する天王山には、山城国乙訓郡の延喜式内大社「自玉手祭来酒解神社(元名ニ山埼社一)」が鎮祭されていることから、その山麓を鎮座地とする当宮に、地主神としての酒解神が配祀されたのであろう。当宮と石清水八幡宮は創祀以来の密接な関係を持続するが、中世以降はこの地で燈油を製し、石清水・大山崎の八幡宮に献じたことから、朝廷は油司の免許を与え、やがて諸国の油座を統轄するに至った。足利義満は明徳三年(一三九二)に御教書を下して社領を定めて課役を免じ、戦国時代には鎮座地周辺が枢要であったことから、各武将の戦勝祈請をうけた。羽柴(豊臣)秀吉は天正十年(一五八二)大山崎に五ヵ条の掟書を下し、当宮の油座・麴座・買得田の既得権を保証、徳川家康は慶長六年(一六〇一)に社領七百石を寄進、同十八年京都所司代は制札をもって社領を保護、寛永十年(一六三三)徳川家光は永井直清に命じて社殿を造替した。元治元年

(一八六四)兵火に罹り、明治八年(一八七五)の鉄道敷設により境内は分断され、現在の社殿は昭和四年(一九二九)以後の造営である。例祭は九月十五日。特殊神事として日ノ使神事(四月三日)がある。境内には室町時代と推定される牓示石二基があり、社蔵の「離宮八幡宮境内図」は寛永十一、二年ころの作図。その他の関係文書二十四巻・一冊を保有し、製油器具も展示する。→大山崎神人《おおやまざきじにん》

参考文献 魚澄惣五郎・沢井浩三『離宮八幡宮史』

(二宮 正彦)

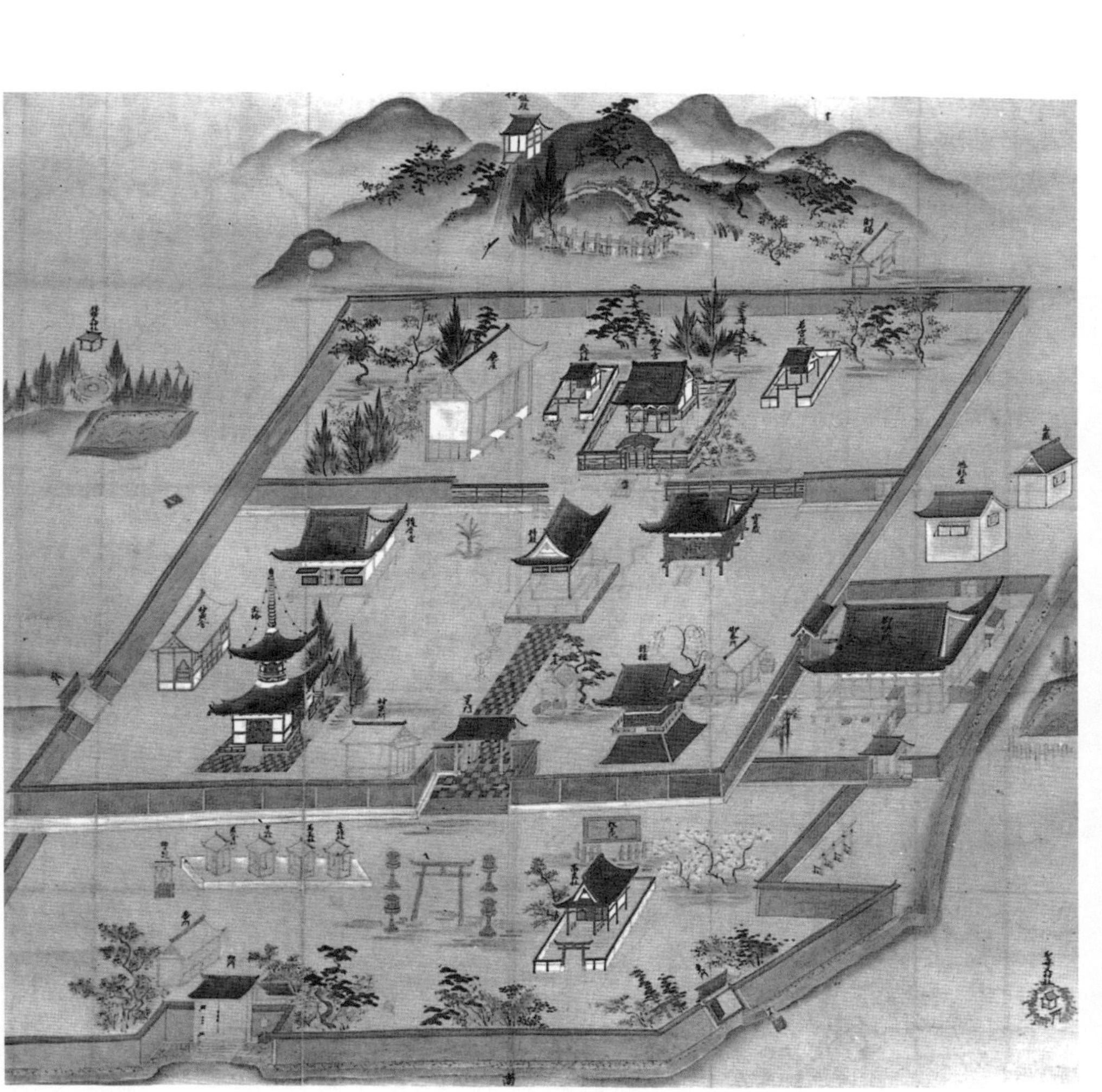

離宮八幡宮古図

りきゅうはちまんぐうもんじょ 離宮八幡宮文書 京都府乙訓郡大山崎町に鎮座する旧府社離宮八幡宮に襲蔵する文書。「大山崎離宮八幡宮文書二十四巻、一冊、一鋪、五十二通、付漆塗文書箱二合」が一括して重要文化財に指定される。その内容は油座・神人・社領関係、綸旨・御教書・感状・禁制など多種である。編年順では貞応元年(一二二二)十二月の美濃国司下文以下、天正十二年(一五八四)十一月の前田玄以書下状に至る約三百六十年間に、三百七十点以上の文書がある。また『万記録』一冊は、永正十七年(一五二〇)三月より慶安三年(一六五〇)に至る惣中の諸記録の集成であり、ほかに寛永十二年(一六三五)ごろに作製した当宮境内図があり、ともに当宮境内の集古館に保存する。元治元年(一八六四)七月の禁門の変により散逸した文書の一部は、大山崎町の疋田家に伝存している。離宮八幡宮編『離宮八幡宮文書』のほか、『島本町史』史料篇、『大山崎町史』史料篇に収められている。

(二宮 正彦)

りっちゅうさい 立柱祭 建物を建築する際、建物の中心になる柱(大黒柱・大極柱・忌柱)を立てるときに行う祭。柱立《はしらだて》(柱建・柱竪)ともいう。地鎮祭・手斧(釿)始祭・上棟祭などとともに建築工事に関する重要な祭の一つ。柱と棟木を同日に組み上げるところから、俗に建前ともいう。祭は、屋船久久能遅命《やふねくくのちのみこと》・屋船豊受姫命・手置帆負命・彦狭知命の四柱神を勧請し、工事の無事と建物が平安堅固であることを祈願する。明治時代以前は、主に番匠家の棟梁が斎主となって行なった。柱を立てる順番は、土公神思想に従って、春は南北東西、夏は北南西東、秋は東西北南、冬は西東南北(『拾芥抄』)という順に四季により柱を立てる方角を異にする式と、伊勢外宮の近世の式年遷宮にみられるように、常に東の柱から右廻りに柱を立てる式とがあった(『永禄遷宮記』)。

参考文献 松浦久信『匠家故実録』、平岡好文『(典故考証現行実例)雑祭式典範』、神社本庁編『改定諸祭式

要編』続篇、安江和宣『神道祭祀論考』　（安江　和宣）

りとうしんちしんとう　**理当心地神道**　林羅山の説いた神道。王道神道ともいう。仏教的神道を攻撃した最初の一人である羅山は、建仁寺の古澗慈稽・梅仙東逋から儒学を学び、吉田神道をも修め、朱子学の理・気の説をもって神道の理解を試みた。彼によれば神道は、卜祝随役神道と理当心地神道の二種に分けられる。前者は社家・禰宜・神主などの神職が、神社に奉仕し祭儀を執行するごとき、神を祭る道である。これに対し後者は天照大神からの相伝で、代々の天皇が世を治める道、すなわち王道であるという。そこでは神道は理（天地万物の本質・根源）で、国常立尊《くにのとこたちのみこと》こそが本源の神（理）、天地の霊である。八百万《やおよろず》の神々は、理が気（物質的要素・万物に個性を与えるもの）と結合して生成運用する霊妙な作用をいう。人の心は神明の舎《やどり》で、心のほかに別に神はない。心が清明なのは神の光、行跡正しきは神の姿、善政が行われるのは神の徳、国が治まるのは神の力だとする。かくて理当心地とは、心が理であることを意味する。朱子学の中心概念たる太極による神道理解は、まだ見られない。北畠親房以来の三種神器象徴論については、鏡・玉・剣に智仁勇の三徳があてられた。結局、羅山の説く神は永遠不滅の法のごときもの。人格を持たない抽象的存在であり、儀礼や行法を軽視した学的理論にとどまったので、宗教性が稀薄でやがて衰滅した。→儒家神道《じゆかしんとう》　→林羅山《はやしらざん》

参考文献　平重道・阿部秋生校注『近世神道論前期国学』（『日本思想大系』三九）、岩橋小弥太「理当神道切紙」（『神道史叢説』所収）　（平井　直房）

りゅうおう　**竜王**　梵語 nāga　音写して那伽と書く。水中の神、蛇身の神として多くの竜王が仏典に散説される。その中ですぐれた神通力をもつものは、雲をおこして空中を飛び雨を降らすと信じられている。八部衆の一つとして仏法を守護し、釈迦生誕の時灌水した二竜王をはじめ仏伝にもしばしば登場する。『法華経』には難陀竜王・跋難陀竜王・沙伽羅竜王・和脩吉竜王・徳叉迦竜王・阿那婆達多竜王・摩那須（斯）竜王・優鉢羅竜王の八大竜王が説かれている。その姿は蛇頭を冠にするもの、人頭蛇身のものなどである。なお中国古来の伝統的な竜概念は想像の動物青竜として四神の一つになっているが、仏典との複雑な関連から中国（唐）風の竜王を展開している。空海が神泉苑で請雨経法を修した時出現したと伝える善女竜王も唐服をまとって竜に乗る姿である。雨乞いに始まる室生寺も近くに竜穴神社があり、岡寺の別名竜蓋寺も農耕に深い関係をもつ竜王ゆかりの寺号である。また清滝権現も娑掲羅竜王の三女善女竜王のことで、わが国の固有信仰との結びつきを考えさせる。胎蔵曼荼羅には難陀竜王・烏波難陀竜王をあらわし、請雨経曼荼羅では輪蓋・難陀・跋難陀の三竜王が釈迦に対して合掌する姿が画かれている。なお水天の眷属として九頭竜・七頭竜・水天后などが表現されるが水天と同じく竜王の変容と思われる。　（田村　隆照）

りゅうきゅうしんとう　**琉球神道**　奄美・沖縄地方に伝承される神々への固有の信仰。近世初期の浄土僧袋中著『琉球神道記』の書名によってこの用語が広がる。中世・近世に琉球王国を形成した当地方は本土と歴史・文化が異なるため、地域的特色の強い信仰が醸成された。古くはそこに日本の原始信仰の姿を見出そうとしてきたが、近年では中世以降の本土の宗教文化や中国・韓国など近隣諸国の宗教文化との関わりの解明が追究されている。沖縄では御嶽《うたき》と呼ばれる聖地を信仰の対象としてきた。『琉球国由来記』には首里城内や京中のほか、沖縄・宮古・八重山の各諸島約九百ヵ所の御嶽が記載される。御嶽は一般的に森をなす。八重山ではオン・ワーなどともいう。奄美諸島のオボツヤマ・カミヤマも同様の聖地と考えられるが、本土の山岳信仰との繋がりを説く説もある。社殿は設けず、内奥部のイビと呼ばれる神域に香炉が置かれ、背後には神の依代としての岩・樹木や古墓などがある。御嶽のなかには「お通しの御嶽」という、遠隔地の御嶽を祀るために香炉を通して遙拝する形式のものもある。御嶽に祀られるのは村落を開いた祖先や英雄、天降した神や海の彼方から遠来した神などで、島・村落や船などを守護したり雨や豊穣をもたらすものとして信仰された。また当地方ではこうした神以外にも太陽や森・山・水などの自然を神として崇敬した。神の威力は強大で人々を加護する一方神意に反すれば神罰が下されると信ぜられ、現在でも一部の地域では神への畏怖・畏敬の念が強く存する。また他界として天上にオボツカグラ（『琉球神道記』など）、海の彼方にニライカナイ（『混効験集』）があるとされる。ニライカナイはニルヤ・ニーラなどともいい、海底・地底にあるともされる。天上または海の彼方はユー（豊穣や生命力）の源泉として信ぜられた。当地方ではニライカナイの信仰が基層にあり、オボツカグラの天界思想が王権強化のために説かれてそこに重層したとする説もある。ただ天や太陽に関わる神話は宮古諸島などにも見出される。神々への儀礼を担当するのは女性で、男性に比して霊的優位性を有するとされる。女性たちは神のセジを受けて神女になるとされた。セジは霊力というべきもので、セジがつくことによって宗教的な職能の執行能力を備えると信ぜられた。琉球王国の神女は王女・王妃などから任命される聞得大君《きこえおおぎみ》を頂点とし、その下に三平等《みひら》の大あむしられや三十三君を置き、さらにその下に地方のノロを置くというかたちで組織された。聞得大君の職は十六世紀初めには設置されており、この制度が整備されたのは第二尚氏の尚真王時代（一四七七―一五二六）と考えられる。王府は宗教的統治をはかるため、地域を支配する按司《あじ》一族出身の神女に辞令書を交付してノロを任命した。奄美諸島のノロは薩摩藩の直接支配下に置かれたのちも首里に上り、王府から辞令書の交付を受けた。地域にはこの公儀ノロ以外に各村落に御嶽を祭

祀する根神《ニーガン》と呼ばれる神女がいた。宮古・八重山両諸島では沖縄諸島と異なって大阿母《おおあも》という神女が一名ずつ任命され、各地域・村落のツカサと呼ばれる神女たちを支配した。こうした神女とは別にユタ・カンカカリャーなどと呼ばれる民間巫者も活動してきた。『琉球国由来記』には火の神の祭祀場所が数多く記載されるように火の神（ヒヌカン）の信仰も盛んであった。火の神は家の守護神とされ、各家庭でも一家の幸福や子孫の繁栄が祈願された。火がニライカナイから招来されたとするところから、火の神はニライカナイへのお通し神と信ぜられて五穀の豊穣も祈願された。この信仰には中国道教の竈神信仰の影響が強い。また女性が神として男性の兄弟を守護するというオナリ神信仰も固有信仰として注目されるが、これにも中国道教の媽祖《まそ》信仰の影響があると考えられる。ただ両者には守護する対象が異なるという点もある。また洞窟をテラと称して聖地とするのは本土の権現信仰の影響とされる。　↓御嶽《うたき》　↓ノロ組織《そしき》　↓ヒヌカン

参考文献　折口信夫「琉球の宗教」（『折口信夫全集』二所収）、仲松弥秀『神と村』、宮城栄昌『沖縄のノロの研究』
（真下　厚）

りゅうきゅうしんとうき　琉球神道記　琉球に関する神道書。僧良定（袋中）の著。全五巻。慶長八年（一六〇三）から十一年まで琉球の那覇に滞在した良定が、首里王府の士人馬幸（高）明の乞いにより執筆した。京都の袋中庵所蔵の自筆稿本はその清書本で、慶長十三年の識語がある。慶安元年（一六四八）刊の板本があるが、稿本とは本文に小異がある。横山重編著『琉球神道記弁蓮社袋中集』に、両本による校本を収める。全体は本地垂迹説に基づく中世的な神道神学の方法で書かれ、巻一では仏教的世界観による世界の成立ちを、巻二では天竺（インド）について仏法を、巻三では震旦（中国）について王法を説く。琉球に関しては、巻四で本地仏、巻五で神祇を取り上げ、仏や神の神学論を展開している。その説教の手法や引用された説話は、宗教文学としても興味深い。琉球に直接触れた部分はあまり多くないが、巻五の巻末にある「キンマモン事」の章は、伝統的な琉球神道のまとまった最古の記録として貴重である。創世神話から神出現の信仰の諸相まで、見聞によって体系的に述べ、他に説話十九条を記している。巻四の寺院とその本尊、巻五の神社とその縁起の記事と合わせて、中世末期の琉球の宗教の全体像を見ることができる。序文に記す首里・那覇の様子や、巻末に付載する八景を詠んだ漢詩は、当時の琉球を知る上で、たいせつな手がかりになる。
（小島　瓔禮）

りゅうきゅうしんわ　琉球神話　奄美・沖縄地方の神話。琉球王国の正史に記載される王朝神話と口承される民間神話とがある。最初の正史『中山世鑑』には「琉球開闢之事」としてアマミクという開闢神が降臨し、天からの土砂で島々を造ったのちに人種を乞い、下された天帝の子である男女二神が風を媒介に男三名・女二名の子をなして国王・諸侯・民衆・君（高級神女）・ノロ（地方神女）のはじめとなったという創世神話を載せ、王権の起源を説く。これに続く『中山世譜』『球陽』ではこの神話モチーフを省き、合理化したものとなっている。一方、民間神話は当地方の神々への篤い信仰と関わって豊かな様相を示す。まず祭儀において朗誦される呪詞形態のものがある。これは「生きた神話」というべきもので、宮古島の祭儀や奄美の死者儀礼においてみられる。また日常のことばで話される説話形態のものもある。神への畏敬の念が強い地域ではこうした話もむやみに口外しない。民間神話の内容には、国土の起源（天からの土砂による島造り、巨人神の天地分離、漂える島など）・人類の起源（原夫婦天降、人種子天降、粘土からの人間製造など）・文化の起源（鳥の穂落とし、穀種盗み、火の起源、家の起源など）を説く創世神話、民間宗教者や一族の起源を説く始祖神話（日光感精・天人女房・蛇聟入、兄妹始祖・犬祖など）、神々の神話（神々の土地争いなど）が伝承される。このうち、漂える島のように中国・韓国や本土などと繋がるもの、兄妹始祖のように東南アジア・中国南部・韓国や本土などと繋がるものがある一方、日光感精や犬祖のように近隣諸国の神話と共通する古層の上に本土から伝播した新たな昔話伝承が重層したと考えられるものもあって複雑な様相を呈する。

参考文献　福田晃『南島説話の研究』、真下厚『声の神話』、山下欣一『南島民間神話の研究』
（真下　厚）

りゅうきゅうはっしゃ　琉球八社　沖縄県（旧琉球国）の格式ある神社の総称。本来、神仏習合による、寺院と一体になった神社で、那覇市の波上宮（護国寺）・沖宮（臨海寺）・安里八幡宮（神徳寺）・識名宮（神応寺）・末吉宮（万寿寺、のちに遍照寺）・天久宮（聖現寺）、宜野湾市の普天間宮（神宮寺）、金武町の金武宮（観音寺）の八社を指す。安里八幡宮（八幡大菩薩）以外の七社は熊野三所権現で、「権現」と通称されている。波上宮は古来、琉球第一の霊場の地位にあり（『琉球神道記』）、歴史も古く、頼重法印（洪武十七年（一三八四）没）の開基と伝え、文明九年（一四七七）寄進の『熊野権現縁起』もあった（『琉球国由来記』）。神仏分離後は独立した神社として扱われ、波上宮は明治二十三年（一八九〇）には官幣小社の社格を得たが、他の七社は無格社のままに終った。八社の称は新しく、近世までは金武宮を除く七社が琉球国の鎮守としてまつられた。首里王府の寺社座に属し、各社に置かれた祝部や内侍などの神職は、特に大夫と呼ばれた波上宮の祝部職が掌理した。これは中世以来の制度で、『琉球神道記』にも大社としてこの七社をあげ、波上宮に祝部と内侍がいたことがみえている。八社の寺院は康熙十年（一六七一）以後はすべて真言宗になるが、それまでは神応寺・万寿寺・聖現寺は臨済宗であった。かつて五山僧によって神社が勧請されていたなごりであろう。

参考文献　真境名安興『沖縄一千年史』
（小島　瓔禮）

りゅうじんしんこう　竜神信仰　蛇を神霊化した竜に対する信仰。わが国では蛇は古く三輪山の神として知られ、記紀や風土記や『延喜式』神名帳の社名などに、八岐大蛇《やまたのおろち》(ヲロ＝峯、チ＝精霊)・クラオカミ(闇龗)・ミズチ(虬)・オカミ(大蛇)・ノツチ(野蛟)などとみえ、一に夜刀の神とも呼ばれていた。ヤトは谷津で、谷川や沼沢や水辺湿地に好んで住み水陸を蛇行し脱皮生長を続けるその特異な生態から古来水神と仰がれ、したがってまた田畑に豊穣を齎す神として崇められた。櫛稲田姫を救う八岐大蛇斬殺神話もチの力による稲田の賦活をはかる豊穣祈願の供犠儀礼の反映とされ、道成寺伝説や鞍馬の竹切り行事などもその残影と解されている。こうした古い信仰をうけついで今日でも広く正月や盆などに各地で藁蛇行事や藁縄飾りや綱引行事が行われ、また沖縄や出雲などで海蛇を海神・竜神として祀る風から竜宮伝説や竜燈説話も派生したとみられる。古代エジプトでも蛇はその霊能が崇拝され、特にコブラが神聖視された。文化単元論では夙に巨石文化と日の子信仰とドラゴン崇拝がセットでエジプトから各地に広く伝播したと説いた。インドでもナーガ(竜蛇)を族名とする部族が現存し、釈迦当時から王舎城内に蛇を祀っていた社地も現存している。インドでも特にコブラが神聖視されて神像や仏菩薩像の頭上を覆う傘蓋として飾られた。また単独でも竜王・竜神・海竜王と仰がれ、仏典の八大竜王や九頭竜神となり、中国での有角四脚の竜神信仰と習合して仏教の伝来とともにわが国へ伝えられた。古来、中国では守護として竜蛇の紋様が文身や装飾に用いられ、また青竜・朱雀・白虎・玄武を四神として四季四方に配当し、あるいは竜鳳麟亀を四瑞と崇めた。仏教でもこれらを仏殿の彫刻などに用いており、中でも竜は仏法守護の八部衆のナーガ(竜衆)とされ、わが国でも多くの仏寺で竜神を祀り祈雨治水の祈願が行われた。善女竜王を祀る神泉苑や室生寺の竜穴をはじめ、比叡山上の蛇ノ池、九頭竜弁天を祀る二尊院の竜女の池、千葉鹿野山の蛇ヶ窪、戸隠の九頭竜権現の池など、いずれも水神たる竜神の霊力による祈雨治水・豊穣祈願が仏寺の主な役割だったことを示している。今でも浄土宗で本堂後壁に王誉妙竜・竜誉高天を祀るのも同じ名残であろう。近ごろでは流燈祭と喧伝される箱根神社の湖上祭も本来は九頭竜明神に強飯を献ずる竜神祭で、遠州桜ヶ池の秋彼岸会お櫃納め行事も皇円の化身と伝える池底の竜神への祭祀で、ともに豊穣祈願が本来の意義と想われる。かように竜神は農耕・漁撈地帯では主に祈雨豊穣の守護神とされたが、欧州など牧畜麦作地帯では風水害を恐れてか有角四脚の悪竜退治の英雄譚が多く、中国の古代民も洪水や竜巻などの畏怖からか有角四脚の姿とされ、仏教東漸によって守護霊視されるに至ったのであろう。もっとも悪竜退治説話もそのもとは初期栽培民間の女神斬殺神話と同じ供犠による霊力拡布の豊穣祈願の残映と認むべきで、八岐大蛇斬殺と軌を一にするといえよう。なお仏教の宇賀神信仰も宇賀魂(穀霊・稲魂)との習合形で、当初は蛇身の老翁型で白山信仰や神事能の翁の神聖視の影響が濃いが、のちには弁天や水天や八坂祇園系の天王の崇拝へと座を譲ったのであった。祇園社ももとは雨乞の竜蛇神から牛頭《ごず》天王や素戔嗚尊《すさのおのみこと》と結びつけられたとされる。そして池・湖・海の祭礼には竜蛇を伴う弁天が、川祭りには河童を伴う天王の信仰が主流化したともいわれる。

参考文献　堀田吉雄『海の神信仰の研究』上、吉野裕子『蛇』(『ものと人間の文化史』三二)、中村康隆「仏教における竜蛇信仰」(『宗教学小論集』所収)、柳田国男「竜王と水の神」(『定本柳田国男集』二七所収)、同「海神宮考」(同一所収)、高橋克夫「竜神信仰」(『月刊文化財』二九二)、MacCullock and others: Serpent-worship, Encyclopaedia of Religion and Ethics. vol. 11.

（中村　康隆）

りゅうせいまつり　龍勢祭　埼玉県秩父郡吉田町下吉田に鎮座する椋《むく》神社の祭。龍勢とは、十月第二日曜日の例大祭に奉納される打ち上げ花火のことである。山裾の櫓から、轟音と白煙を上げて空高く勢いよく打ち上がる様子が、天に昇る龍の姿を思わせることからこの名がついた。かつては秩父郡内各所で行われたが、現在は当社だけとなった。当社は日本武尊《やまとたけるのみこと》が東征の折、道に迷っていたところ、尊の持つ矛《ほこ》から光が飛び、飛んだ先には椋の大木の根本に井戸があり、その傍らに猿田彦大神《さるたひこおおかみ》が現れて尊を赤井坂まで導いた。これにより大勝を得た尊は、この地に矛を神体として猿田彦大神をまつったとされ、これに因んで祭礼に神社前方の河原で火を焚き、火のついた木を投げ上げて神慮を慰めたことに始まるという。火薬を使って打ち上げるようになったのは、天正三年(一五七五)北条氏邦による再建の時奉納されたことによるとする説や戦国時代の敵襲を知らせる流星花火に始まるとする説がある。会社や有志から奉納される約三十発の龍勢は、氏子の各耕地の若衆がそれぞれ流派を名乗って制作を伝承し、ショイモノという唐傘などの仕掛けを競う。埼玉県指定無形民俗文化財。

（髙橋　寛司）

りゅうとうさんじんじゃ　龍頭山神社　江戸時代から近代まで存在した唯一の海外神社で、朝鮮慶尚南道の釜山(韓国プサン市)にあった。国幣小社。延宝六年(一六七八)三月、対馬藩主宗義真が和館に金刀毘羅神を奉斎したのが淵源である。以来さまざまな神が加わり、明治初年までに金刀毘羅神のほかに住吉神・菅原道真・天照皇大神が、また二つの摂社に武内宿禰・加藤清正・朝比奈義秀および弁財天・毘沙門天が祀られていた。本殿にはさらに明治十三年(一八八〇)に八幡神が、また同二十九年に宗義智が、同三十二年には神習教の芳村正秉《よしむらまさもち》の申し入れで素戔嗚尊・神功皇后・豊臣秀吉が祀られた。この間二十七年に居留地神社、三十二年に龍頭山神社と改称し、居留民会により維持されていた。早くは統監府政期以来官幣大社列格運動が数度起きており、また龍頭山の大鳥居は併合以降の釜山港のシンボルともなったが、結局昭和十一年(一九三六)に国魂大神を増祀してはじめて国幣小社に列した。二十年終戦により廃絶、現在は跡地にプサンタワーが建っている。

参考文献 山川鵜市編『龍頭山神社史料』、近藤喜博『海外神社の史的研究』、菅浩二「総督府政下朝鮮に於ける「国幣小社」」(『神道宗教』一八〇)　(菅　浩二)

りゅうひろちか　竜熙近　一六一六―九三　江戸時代前期の外宮祠官、伊勢神道家。号は尚舎・生白。竜野《たつの》熙近ともみえるが、竜野は誤りで、氏は竜。通称伝左衛門。元和二年(一六一六)伊勢国度会《わたらい》郡山田町大世古(三重県伊勢市)に生まれる。元禄六年(一六九三)八月二日病没。七十八歳。幼時病弱。十歳にして父熙香を失い、母(松尾氏)に育てられる。長じて学を好み、古典・神典、ことに伊勢神道の研究に励むうちに、神宮秘書の中に仏説に関するもの多く、仏教への理解なくしては神道を知ることの難事に気付き、爾来仏書の研鑽に思を潜め、戒を了慧にうけ、密法を玄心に学び、寛文三年(一六六三)には黄檗山隠元隆琦のもとに参じて大いに省悟、晩年の元禄三年には梅香寺和尚寅載に浄土宗旨を聴聞するなど、仏教教理の研究に励む傍ら日ごろ写経・読経して大神宮の法楽に供え、盂蘭盆会《うらぼんえ》にはみずから法要を営むなどして、道俗の教化に尽力した。そして一方、優れた神宮学者であったことも、外宮禰宜松木満彦の命を受け承応元年(一六五二)と延宝四年(一六七六)の両度にわたって尾張国真福寺(名古屋市中区大須二丁目)に赴いて神宮古典の調査を行い、度会行忠の親蹟の十二巻の目録、『神宮雑事記』の下巻、『類聚神祇本源』末巻を書写していること、『中臣祓俗解』『神代評註』『古語拾遺言余抄』『神道要決』『御鎮座本紀註』『外宮神徳略記』など四十部になんなんとする多くの書を著わしていること、さらに和歌・俳諧の道にも造詣の深かったことなどにて十分に理解される。にもかかわらず、熙近の経歴がほとんど知られず、特異な存在として疎外されてきた起因は、延宝元年二月に、寛文の初年の原稿を修訂して世に出した『神国決疑編』(三巻。神国の淵源につき種々の問題に関して弁証し、殊に神宮における仏教信仰や神仏交渉の史実に触れ、神宮の忌仏の思想には三疑があると主張した書)に伺われる彼の思想を神仏一致論、ないしは神仏習合論であると見る者が多く、これを是認するもの(多くは仏教関係者)と否認するもの(多くは神道や儒教側)とで評価が対立し、加えて時代的背景の影響も大きかった。近世は親儒的傾向の増大に比例して排仏的傾向も強化した上に、仏教を忌避する風潮の高い神宮にあって仏教的要素を容認し、神仏間に密接な関係のあることを主張した熙近の思想は仏教肯定にほかならぬとの批判を浴びたのであった。この問題に対して彼は『日所作祓鈔』の中で「日天子、月天子、福田等、内教ノ語ナレトモ取来テ、神道ヲ解述ス、此下ニ老子ノ語、礼記ノ文ヲ出ス、此等儒釈道ヲ神道トスルニ非ス、其理同キ所ヲハ取用ユ、彼ヲ借テ是ヲ解スルノミ(中略)三教ノ理ヲ以テ神理ヲ明ス事モ亦復カクノ如シ」と強調している。彼自身神道を理解するためにはあえて外国の学問思想を排斥する必要はないと考えたのである。熙近の学徳について現代の先学の見解の若干を枚挙すれば、村岡典嗣は「三教一致の態度の中に自ら仏教に重きを置き、近世の儒教派の神儒習合説こそむしろ附会であるとした。而して此の立場から神道五部書を弁護し、儒学派の所説は教化的見地から仏教の意義を承認し、一面感情的に流れた排仏説を破した点で、比較的公平で」(村岡典嗣『神道史』)と論評し、清原貞雄は「延佳が儒教に依って是迄の伊勢神道説に改革を加へたのに対して、古い伊勢神道を守った最後の人とでも云ふべきであらう」(清原貞雄『神道史』)と称え、宮地直一は「その著神国決疑編は仏性より神性を見んとする自覚により筆を執られて、そのかみの度会家の人々の主張に近づけるものといふべし」(『神祇史大系』)と断じ、また久保田収は「外宮における伝統的な神道思想は、熙近を通じて後代に伝へられたものがあった」(「竜熙近とその思想」(『皇学館大学紀要』七))と論決している。

参考文献 山口起業編『「神境人物誌料」中扶桑往生全伝の竜熙近』(神宮文庫蔵)、度会郷友会編『度会人物史』八七六、浅野松洞『続三重先賢伝』、松木素彦「竜熙近の国学」(『国学院雑誌』四七ノ九)　(鈴木　義一)

りょうあんじごりょうだいみょうじんりゃくえんぎ　霊安寺御霊大明神略縁起　奈良県五条市霊安寺字宮崎に鎮座の御霊神社の縁起書。著者は同地の出身と思われる春道房裕成という僧で、当時東大寺惣持院に住していた。一巻。長禄二年(一四五八)の成立。正長元年(一四二八)の土一揆によって紛失した古い縁起書に代わって、古老からの聞き採りもあわせて作成したとする。当時氏子も多くは祭神の由緒を知らず、ただ御霊大明神とのみ申している実情を嘆いて筆をとったことが文中にみえる。そもそも当社は奈良時代に政争の犠牲となった光仁天皇の皇后井上内親王とその皇子他戸《おさべ》親王の陵墓の地に、その菩提を弔うために造立された霊安寺(廃寺)の鎮守社であった。この社には同じく光仁天皇の皇子早良《さわら》親王と、井上内親王が配所で生んだという雷神を合わせてまつり、祭神の没後おこった数々の祟りを鎮めるため、怨霊の慰撫を目的として祭祀された経緯を述べたものである。文中「北畠ノ准三宮ノ御霊大明神ノ御事ヲ記録セラレタル書」を引いて祭神の本地を述べていることから、北畠親房の逸書を知る貴重な記事と指摘されている。『続群書類従』神祇部所収。

参考文献 『群書解題』一下　(岡本　彰夫)

りょういんいわしみずぐうごさんろうき　両院石清水宮御参籠記　鎌倉時代の宸記の一部。別に『後深草院宸記』『水早宸記』とも呼ばれているが、後深草天皇の宸記の一部であり、『両院石清水宮御参籠記』というのは内容による題名である。一巻。内容は弘長三年(一二六三)正月十九日から同二十五日にわたる七日間の後嵯峨・後深草両上皇の石清水八幡宮への参籠の記録である。両上皇の出発・宿院への到着・御禊・御経供養・五部大乗経供養・高良社参拝・薬師堂への参詣などが記されており、記事はいたって簡略である。なお後深草天皇の宸記はもと百余巻あったといわれているが、現在は本巻を含めて十巻しか伝わっていない。『群書類従』帝王部、『石清水八幡宮史』七、『歴代宸記』(『増補史料大成』一)に所収されている。

[参考文献]『群書解題』一下　（川島　孝二）

りょうじんひしょう　梁塵秘抄　歌謡集。後白河天皇撰。全二十巻のうち、巻一巻頭の断簡と巻二全体および口伝集巻一巻頭の断簡と口伝集巻十全体が現存する。歌謡集十巻と口伝集十巻から成っていたと推定される。十一世紀初頭ごろ、今様歌とよばれる流行歌謡がうたわれていた。それらは十一世紀後葉から十二世紀前葉にかけて最盛期を迎えたようで、傀儡《くぐつ》子の女性や遊女の芸として代表的なものであった。これらの女性は、当時の公家日記に散見する記事から知られるように、彼女らのもとに高位の貴族が訪れたり、あるいは彼女らが邸宅に招かれたりして、遊興の相手になることが多く、そのため、もともと地方神社の神歌とか民俗行事に伴う俚謡とかであったものが、次第に洗練されて都風に優雅なうたいかたへ変質していったと考えられる。他方、和讃など声明《しょうみょう》系統の歌曲も、本来の宗教的な場から離れ、世俗的な場でうたわれるようになり、詞章も曲節もそれにふさわしく変質したらしい。この両系統から派生した各種の新しい歌謡が今様歌(略して今様)だけれども、十二世紀中葉ごろから、洗練の度を増すとともに、従来のうたいかたが忘れられ、詞章も愛好されないものは伝わらなくなる傾向が生まれたようである。今様のすぐれた愛好者だった後白河天皇は、それらの伝統的なうたいかたを保存するため、傀儡子や遊女で伝承の確かな者について今様を習うとともに、その詞章をも集成し、歌謡集十巻が編成されたと考えられる。うたいかたのほうは口伝集に述べられたはずである。歌謡集は、現存本巻二の奥書に正韻(正徹の孫弟子)の名があるから、少なくとも十五世紀後葉ごろまでは伝存したらしいけれども、その後は姿を消していた。ところが、明治四十四年(一九一一)に、巻二が和田英松により発見され、ついで巻一断簡が佐佐木信綱により紹介されて、世に知られることになった。現存本巻二は唯一の伝本であり、十八世紀後葉ないし十九世紀前葉ごろの写しである上、おびただしい誤写があって、意味不通の箇所が多い。それにもかかわらず、巻一断簡を併せて五百六十六首の歌謡は、日本文芸のなかでも特異な様相を示す。巻一に収められていたはずの今様二百六十五首は、七五調・四句形式を基本とする最新の今様歌と考えられ(各種の今様歌に対し特に狭義今様とよぶこともある)、題材は世俗的なものが多く、なかには仏教的な詞章もまじっていたようだけれども、最新の歌曲様式でうたわれる点が共通なので、狭義に「今様」と称したものかと思われる。巻二の法文歌二百二十首は、仏教的な題材が共通する。曲調はおそらく声明系統の特色が豊かだったであろう。その興趣は、他の文献に出てこない民衆の日常生活が素材となっていることであろう。農民・樵夫・漁師・陶工などから、呪師・山伏・あるき巫女・遊女・博徒の類に至るまで、さまざまな人物が登場し、かれらの生態を演じ出してくれる。同じく巻二所収の二句神歌百二十一首は、諸社での神事にうたわれた歌謡と考えられ、既出の和歌を流用した詞章が多いけれども、民俗的な神事歌謡と認められるものもある。四句神歌も二句神歌も、実際に諸方の神事でうたわれることが少なくなかったのであろう。伊勢の御師が奏した太太《だいだい》神楽(明治五年に廃絶)の詞章に、四句神歌・二句神歌と共通するものが見られるからである。発想の類似だけでいえば、三河の花祭その他で用いられる詞章におびただしい共通表現があり、民俗歌謡の祖型を示す。複製は『古楽書遺珠』(『天理図書館善本叢書』和書之部一六)に、また、翻刻は佐佐木信綱編『増訂梁塵秘抄』などに収められている。

[参考文献]小林芳規・神作光一『梁塵秘抄総索引』、荒井源司『梁塵秘抄評釈』　（小西　甚一）

りょうせいき　両聖記　天神信仰のなかの一つ、渡宋天神信仰を示す文献で、特に、その信仰の成立を確実に語った史料。一巻。著者は、藤原(花山院)長親で、文中に「応永元年の秋」とあるから、成立は室町時代の応永年間(一三九四―一四二八)の初期といえよう。明徳のころ、蔵光菴玉幽林の同伴の僧、月溪の夢に、峩冠盛服をして絵にかいた唐人のような貴人が現われた。虚空に声があり、北野天満大自在天神であると伝えた。しかるに、応永元年の秋になると、幽林・月溪両人の同門の僧忠菴より「天神無準に受衣し絵ける御姿を図したる形象」であるとみて、幽林の許に送って来たものを、月溪が見たところ、夢に見た天神の様子と寸分も違わないので、感嘆のあまり幽林はこれを蔵光菴永代の土地神として勧請し、朝夕の焼香供養を怠らなかった。聞き伝えた仙洞奉仕の人びとや近辺閑居の僧侶も相ともに法楽の和歌を詠じ、一軸とした。以上の由来を幽林の依頼によって、長親が記すことになったという。『神道大系』神社編一一、『北野誌』、『群書類従』神祇部所収。

[参考文献]『群書解題』一上　（真壁　俊信）

りょうぜんじんじゃ　霊山神社　福島県伊達郡霊山町大石に鎮座。旧別格官幣社。祭神は北畠親房・顕家・顕信・守親。この地一帯は、陸奥守北畠親房・顕家父子が後醍醐天皇第七皇子義良親王(後村上天皇)を奉じて蕃居した霊山城の旧跡であり、伊達郡東端に位置する天然の要害地であった。文化十四年(一八一七)白河楽翁(松平定信)は儒臣広瀬典に文撰を命じ、みずから篆額を書いて霊山碑を建立し、北畠氏の忠節を顕彰した。明治に至り、米沢藩の儒臣中川雪堂は北畠氏奉斎の神社を故地に創祀すべきを唱導、明治九年(一八七六)夏、明治天皇の東北巡幸を機会に勅許を得、霊山の西方山麓、霊山城の支城古屋館の旧址に社殿を造営し、同十四年五月二十一日に竣功した。例祭は四月二十二日・十月十日。神事には濫觴武楽隊・奉納獅子舞があり、明治天皇宸筆・錦御旗・『神皇正統記』などを襲蔵する。境内は史跡地として県立公園の指定をうく。（二宮　正彦）

りょうだんさいはい　両段再拝　拝礼の一つ。再拝を二度行う作法をいう。再拝両段・四度拝とも称する。再拝は、くり返して二度礼拝することをいい、再段再拝では合わせて四度拝することとなる。再拝と再拝の間に拍手、あるいは祈念・祝詞奏上などを行う場合がある。古くは四拝を正式としたが、のちに唐風の再拝に改められた。『北山抄』一の「元日拝二天地四方一事」の注記に「本朝之風四度拝レ神、謂二之再段再拝一」とある。（倉林　正次）

りょうのぎげ　令義解　『養老令』の公的注釈書。十巻。〔成立と編者〕天長三年(八二六)、明法博士額田今足は、律令条文についての先儒の旧説を撰んで正しい義を取り、巻帙を成して後学の者の指針とすべきであるとの意見を、解に修して大学寮に上申した。この解は、式部省を経て太政官に至り、同年十月五日、裁可する旨の奉勅の太政官符が同省に下された。これを契機として、国家の事業としての注釈書編纂の事業が開始される。もっとも、天長十年十二月十五日の日付をもつ「上二令義解一表」では、それが成るまで「星霜五変」を経たといっているので、天長三年に開始された事業がそのまま『令義解』として結実したのではなく、天長五年ころ陣容が整えられ、それによって成ったものが『令義解』であるとみる見解もある。また、額田今足は律と令の公定注釈書の必要性を具申していたが、成ったものは令のそれのみであった。この注釈書は、編纂の途上では「新撰令釈疑義」と称されていたが、天長十年十二月に「令義解」の名称で上奏され、承和元年(八三四)十二月十八日の詔で施行された。詔によって施行されたため、その令文解釈は、以後、法としての権威をもつものとして尊重された。完成時の編纂メンバーは、右大臣清原夏野以下十二人であったが、そのなかには興原敏久・讃岐永直などの明法家のみでなく、菅原清公・小野篁などの著名な文人も含まれていた。〔構成と内容〕『養老令』は一部十巻三十篇であり、これを注釈した『令義解』も一部十巻三十篇である。ところが『本朝法家文書目録』と「令義解序」に記されている両書の編成を比較すると、相違するところがある。しかも現存する写本(版本を除く)は、みな、『令義解』でありながらその編成によらずに、『養老令』十巻の編成に従っている。令文の注釈は、条文の全文が引用されて、字句と字句とのあいだに「謂…」として義解の文章を細字双行で記すという方法で記述されている。その解釈の多くは断定的であって、明法家個人の記した令私記のように問答形式で注釈することは稀である。またその令文解釈は、それまで行われていた多くの明法家の解釈の中道をとり、おおむね妥当であるが、まま机上の空論と思われるもの、編纂時の慣行などに基づく解釈で令の本意とは異なると思われるものなどもみられる。〔写本と版本〕全巻そろった写本は残されていない。最もまとまった写本は、後述の紅葉山文庫本(内閣文庫所蔵)七巻であるが、三巻を欠いている。塙本(塙保己一が、京本に収録されなかった関市令を含め、紅葉山文庫本を校訂して寛政十二年(一八〇〇)に印行したもの)が『新訂増補国史大系』二二に、猪熊本(国学院大学所蔵)が『神道大系』古典編九にそれぞれ収められている。

参考文献　宮内庁書陵部編『図書寮典籍解題』続歴史篇、井上光貞他校注『律令』(『日本思想大系』三)、和田英松『本朝書籍目録考証』、岩橋小弥太『増補上代史籍の研究』下、押部佳周『日本律令成立の研究』、水本浩典『律令註釈書の系統的研究』、土田直鎮「律令―紅葉山文庫本令義解―」(『奈良平安時代史研究』所収)、石上英一「令義解」(皆川完一・山本信吉編『国史大系書目解題』下所収)、皆川完一「岡谷本令義解について」(『(新訂増補)国史大系月報』三九)（早川　庄八）

りょうのしゅうげ　令集解　『養老令』の私的注釈書。ただし令私記(明法家個人の学説を記した書)ではなく、九世紀半ば以前に行われていた諸学説を集成した書で、『令惣記』ともいわれた。もと五十巻とも伝えられるが、本来の巻数は未詳。『令集解』の書名で現存するのは三十五巻だが、そのなかには『令集解』でないものが三巻含まれている。〔編者と成立〕『本朝書籍目録』に「直本撰」とあるので、古来、編者は惟宗朝臣直本と考えられている。惟宗朝臣はもと秦公で、讃岐国香川郡を本居とする渡来系氏族。元慶元年(八七七)、直本は兄直宗とともに本貫を平安京右京六条に移し、同七年惟宗朝臣姓となる。兄弟ともに明法道を学び、直本は検非違使右衛門尉・勘解由使次官などを経て、延喜七年(九〇七)には主計頭兼明法博士であったことが知られる。晩年は明法道の重鎮として重んじられ、宣旨を受けて私第で律令を講じた。これをそのときの年号をとって延喜講書というが、この講書はかつて明法博士讃岐永直がその晩年にやはり私第で律令を講じた貞観講書の先例にならったもので、このとき直本はかなりの高齢であったと推定される。『令集解』のほか、『律集解』三十巻・『検非違使私記』二巻(ともに現存せず)などを著わしている。本書の撰述年代については、引用されている格および式が、後人の追記にかかるものを除くと、ことごとく弘仁の格式であって貞観の格式ではないことなどから、『貞観格式』の施行以前(格は貞観十一年(八六九)施行、式は同十三年施行)の貞観年間の撰とするのが通説である。とすれば本書は、直本の青年期の労作ということになる。功成り名を遂げたのちの晩年の作とする説もあるが、おそらくそうではあるまい。なぜならば本書において直本は、自説を述べるのに誠に禁欲的であって、先行学説をそのまま引用し、これを学ぶという態度に徹しているからである。自説を開陳した令私記ならば晩年の作としてふさわしいであろうが、『令集解』はそのような性質の書ではない。〔構成と内容〕現存する本来の『令集解』三十二巻の体裁は、以下のようになっている。令の条文の全文を引用し、字句と字句のあいだに先行学説を細字双行で注記する。先行学説に義解説がある場合は、まずこれを「謂…」として最初に記し、続いて令釈以下の諸学説を引用する。直本自身の解釈を記すことはごく稀で、多くの場合、諸学説を記し終えたのちに「私」として『弘仁格』『弘仁式』などを引用するにすぎない。引用されている先行学説の主要なものとしては、つぎのようなものがある。㈠古記。一般に「古記云」として引用される。天平十年(七三八)ころに成った令私記で、『大宝令』の注釈書として重要視されている。古記が引用する「一云」も『大宝令』の注釈。㈡令釈。直本が引用するときは「釈云」とするが、他の先行学説がこれを引用するときは「令釈云」とする。延暦年間(七八二―八〇六)に、『養老令』のなかば公的な注釈書として撰せられたもののようで、かなり権威のある学説として、その多くは『令義解』の解釈に継承されている。なお、これの引用する「師説」は『大宝令』の注釈。㈢跡記。直本は「跡云」として引用する。「跡」は安都(阿刀)で、安都宿禰某が延暦年間に、令釈におくれて著わした令私記とみられている。㈣穴記。直本は「穴云」として引用する。穴太内人が弘仁・天長のころに著わした令私記と推定されている。以上の四種の注釈書は、義解説とともに、本来の『令集解』三十二巻のすべてにわたって引用されている。つまり直本は、本書を編するに際し、古記・令釈・跡記・穴記・『令義解』それぞれの全巻の原本または写本を座右に置いて、それらの解釈を条文の字句ごとに引載したわけである。このほかに直本が座右に置いていたと推定される大部の令私記に、㈤讃記がある。直本が直接これを引用する場合は「讃云」とするが、しかしそれは本来の『令集解』三十二巻のすべてにわたってはいない。直本所持の讃記に欠巻があったものとみられる。この令私記は、讃岐永直に代表される讃岐氏の家説を記したものと推定されている。これらが『令集解』に引載されている主要な先行学説であるが、直本が部分的に引用したもの、およびそれらの学説が引用したものを含めれば、本書にはさらに多くの学説(唐の律令学者の学説を含む)・法令(唐の法令を含む)などが引載されている。本書が律令解釈学の原点といわれるゆえんである。次に、本来の『令集解』ではない三巻についてみると、巻一官位令・巻二十考課令第三・巻三十五公式令第五がこれにあたる。これらは、義解説を「義云」として引用し、先行学説は書名あるいは個人名を記さずに「或云」とし、問答形式で自説を主張するという点で、共通した形態をとっている。こうした形態は、讃記などと通ずるものであって、明法家個人の令私記とみなされる。その成った時期は明らかではないが、直本の曾孫の明法博士令宗允亮が主催して行なった長保度の律令講書のときであった可能性がある。それが、平安時代末期のころに、『令集解』の欠巻を補うものとして同書に混入されたのであった。なお、版本としては石川介校定のものがあり、活字刊本には三浦周行校訂『校定令集解』(国書刊行会刊)、三浦周行・滝川政次郎校定・注釈『定本令集解釈義』(『(新註)皇学叢書』二にも『令集解』として収める)、『(新訂増補)国史大系』二三・二四(吉川弘文館刊)がある。

[参考文献] 和田英松『本朝書籍目録考証』、岩橋小弥太『増補上代史籍の研究』下、水本浩典『律令註釈書の系統的研究』、押部佳周『日本律令成立の研究』、滝川政次郎『律令の研究』、同「定本令集解釈義」解題」(『日本法制史研究』所収)、中田薫「養老令の施行期に就て」(『法制史論集』一所収)、坂本太郎「列聖漢風諡号の撰進について」(『日本古代史の基礎的研究』下所収)、岸俊男「班田図と条里制」(『日本古代籍帳の研究』所収)、亀田隆之『令釈説』(『日本古代制度史論』所収)、井上光貞「日本律令の成立とその注釈書」(『日本古代思想史の研究』所収)、北条秀樹「令集解「穴記」の成立」(『日本古代国家の地方支配』所収)、早川庄八「異質令集解三巻について」(『日本古代の文書と典籍』所収)、佐藤誠実「律令考」(『(佐藤誠実博士)律令格式論集』所収)、青木和夫「古記の成立年代について」(『日本古代の政治と人物』所収)、黛弘道「令釈の成立年代について」(『史学雑誌』六三ノ七)、同「跡記の成立年代について」(同)、同「穴記の成立年代について」(同)、利光三津夫・斎川真「異質令集解の史料価値について」(同八六ノ一〇)、井上辰雄「令釈をめぐる二・三の問題」(『続日本紀研究』一〇ノ八・九)、同「跡記及び穴記の成立年代」(同一二二)、森田悌「令集解「穴記」について」(同一五五・一五六合併号)、神野清一「令集解「讃記」の性格分析」(同一三八・一三九合併号)、水本浩典「令集解」(皆川完一・山本信吉編『国史大系書目解題』下所収)

(早川 庄八)

りょうぶしんとう　両部神道　密教と結びついて展開した神道説。自然発生的な民族宗教を中心にして生活していた日本人は、外来文化との接触の中で神道なるものを自覚するようになったが、その場合、官人の思想であった儒学よりも、土着の諸信仰との間に多くの接点を持っていた仏教との関係を手がかりにして、天神地祇のことを考えることが多かった。神々についての説明を試みたのは僧侶の場合が多く、仏教の教義を援用して神々の性格を論じ、本地垂迹の説によって、仏・菩薩と天神地祇とを関係づけていった。他の諸宗教・諸思想との習合を図ることによって、祭式を整え、教説を作り出した神祇信仰を、古神道や復古神道と区別して、習合神道ということがあるが、習合神道のほとんどは仏教との習合であり、その中で最も大きな流れとなったのは、密教との習合であった。したがって、両部神道は、神仏習合思想の主流ともいうべきものであったといってよい。

密教では、その教義を大日如来を中心とした諸尊の配置図によって示すが、その基本的な図に、胎蔵界曼荼羅と金剛界曼荼羅とがあり、この二つを両界曼荼羅、または両部曼荼羅といった。平安時代以降、神仏習合の教説が整えられるに際して、密教の影響を受けた人々の間では、神と仏、神と神との関係を、両部の曼荼羅に付会し、密教の教理を援用して説明することが盛んになった。たとえば、金剛界の大日如来が垂迹した神を、伊勢大神宮の外宮豊受大神、胎蔵界の大日如来の垂迹を、内宮天照大神と説き、この二所の神も本有平等の一理の顕現であり、究極は一体であるとする神道説があらわれた。このように両部の曼荼羅にあてて、神と仏の習合や、神々の関係を説明する教説を立て、密教の儀式作法に倣って祭祀の形を整えた神道を両部神道という。密教は、真言・天台両宗にとどまらず、広く中世の仏教の間に浸透していたので、真言系・天台系その他諸宗の、密教による神道説を総称して、両部神道と呼ぶこともできるが、一般に、天台宗の流れを汲む神道説を山王神道または山王一実神道というのに対して、真言宗の系譜を引く神道説を、両部神道と呼ぶことが多い。両部神道は、中世以降、神祇信仰の中に広く受け入れられたが、吉田神道・垂加神道などのように、組織的な宗教活動や思想運動を展開したものではなく、神仏習合思想の中での最も大きな流れであり、神道思想の展開の上で重要なものであったといえよう。

両界曼陀羅に付会して神仏習合の教説を立てることは、平安時代末ごろに始まり、鎌倉時代に入ると、両部神道の理論書というべきものが書かれるようになった。しかし、「両部神道」という名称は、室町時代に吉田兼倶がその主著『唯一神道名法要集』の冒頭において、およそ神道というものは、本迹縁起・両部習合・元本宗源の三つに分類されると説き、両部習合の神道について「胎金両界ヲ以テハ、内外二宮ト習ヒ、諸尊ヲ以テハ、諸神ニ合ハス、故ニ両部習合ノ神道ト云フ」と述べているのが初出とされており、両部神道の名称が広まったのは、吉田神道が力を持った室町時代の半ば以降のことであった。また、吉田兼倶は、両部神道は「何人ノ所意ゾ哉」と記し、「伝教・弘法・慈覚・智証等、此ノ四大師の所意也」と述べて、この神道を大師流の神道ともいうと述べている。神仏習合の理論書は、鎌倉時代に作られたが、その大部分は最澄・空海に仮託されており、仏教史上重要な役割を果たした諸大師の権威を借り、その所説として弘布された。両部神道の教説を記した典籍は数多く伝えられているが、そのほとんどは作者も明らかでなく、書誌的な研究が進んでいないものが多い。そのため、両部神道の教説の成立過程も、まだ不明の部分が少なくない。西大寺の叡尊は、弘安八年(一二八五)に三輪寺を再興したが、それより前から三輪流神祇灌頂が始まっており、大神神社では密教的な神仏習合の儀式が行われていたと考えられる。その後、文保二年(一三一八)に成立した『三輪大明神縁起』は、高天原の天照大神・伊勢神道山の皇太神・三輪山の大神大明神は、三身即一の大日如来であり、比叡山の日吉三所も三輪から勧請されたものと説いており、両部神道の最も早い文献であると考えられている。また、同じころに成立した無住の『沙石集』にも、伊勢の内宮は胎蔵界の、外宮は金剛界の大日であるという記述があり、鎌倉時代中期には、両部神道の教説が流布し始めていたことを伺わせる。両部神道の典籍としては、空海に仮託されたものが多いが、『中臣祓訓解』は、早くから伊勢神宮で尊重されていた「大祓詞」を、伊弉諾尊の宣命、天児屋根命の諄解、最極の大神呪として、密教の立場に立って注釈したもの。『麗気記』は、「天地麗気記」など「□□麗気記」という題名を持つ十数編の書を合わせたもので、伊勢神宮の神秘な性格を密教を援用して説明している。ほかに、『雨宝童子啓白』『両宮形文深釈』なども空海の著として伝えられた。また、行基に仮託された『大和葛城宝山記』は、葛城山の信仰を中心にして、日本の神々について述べた書である。それらの両部神道の典籍には、神道五部書の影響が見られるものがあり、鎌倉時代末に書かれた『類聚神祇本源』に引用されているものもあるので、両部神道の教説が形成されたのは、鎌倉時代末のことで、伊勢神道の形成と密接な関係があるものと考えられる。

中世の神道思想として大きな流れとなった両部神道は、その中にいくつもの流派を見せるようになった。早くから密教と習合した神道を生み出していた三輪明神の信仰は、室町時代に入ると、三輪流神道と呼ばれるようになり、室生寺を中心に展開した流れは、御流神道、あるいは大師流神道と呼ばれるようになった。それらは、密教の伝授の形式を取り入れることによって、流派としての形を整えたが、同じころ吉田兼倶によって大成された吉田神道にはその影響が見られる。近世に入ってからの両部神道書としては、源慶安の『両部神道口決抄』(六巻、享保元年(一七一六))があり、神仏習合の教説をまとめた書として広く読まれた。鳳潭の『両部神道口決抄心鏡録』、僧慈の『祭典開覆章』などは、僧侶の立場から慶安の書を批判したものである。また、江戸時代後期に出た慈雲尊者飲光《おんこう》は、同時代の本居宣長の復古神道に対して、真言密教の立場に立つ新しい神道説を説いたが、その教説は雲伝神道・葛城神道と呼ばれている。明治時代になって、神仏分離の政策が実施される中で、神仏習合の主流であった両部神道は、その根底を否定され、力を失うことになった。

→山王神道《さんのうしんとう》 →神仏習合《しんぶつしゅうごう》 →本地垂迹説《ほんじすいじゃくせつ》

参考文献 久保田収『中世神道の研究』、村山修一『神道習合思潮』、大山公淳『神仏交渉史』 (大隅 和雄)

りょうぶしんとうくけつしょう 両部神道口決抄 近世の両部神道の書。『両部神道立派口決鈔』『両部神代一貫口決鈔』ともいう。源慶安著。六巻。享保元年(一七一六)成立。序によれば、両部神道は歌学家の間にも密伝され、歌学の道統を継いだ慶安は空海述作の両部の二図の古書を授かり、天台の慈眼大師の註録も伝えられているとする。巻一によれば、空海以来両部とは金剛界・胎蔵界の金胎両部を指すとされたが、もとは聖徳太子の兼学兼用の神道であり、神道・仏教の二者であるとする。巻二から巻四では空海述作二図のうち空海一貫の図を示し、日本・世界・流転・人界・夢相・草木の六つの濫觴を示したうえで、巻四では慈眼の註を追録している。巻五ではもう一つの両部立派の図を示し、仏教と神道が合わさって一派を立てる(立派)とし、諸学者に自性を悟らせて高天原に留まらせ、仏智に至らせるとする。『神道大系』論説編二に享保四年の刊本を所収。

(河野　訓)

りょうぼ　陵墓　〔定義と内容〕皇室の各種の墳墓の総称。天皇の墳墓のみをいうこともある。陵墓は現在の法律では、皇室用財産に指定された、皇室の用に供する目的を持った国有財産であって、宮内庁が管理する。陵、墓、分骨所、火葬塚、灰塚、皇族分骨塔、髪・歯・爪塔および塚、天皇皇族塔、殯斂地、陵墓参考地、陪冢、白鳥陵などの種類がある。〔陵〕陵は山陵・御陵とも書き、「みささぎ」とよむ。皇室典範(昭和二十二年(一九四七)一月十六日公布法律第三号)第二十七条に、「天皇、皇后、太皇太后及び、皇太后を葬る所を陵、その他の皇族を葬る所を墓」、同法附則に「現在の陵及び墓は、これを第二十七条の陵及び墓とする」と規定する墳墓である。『日本書紀』は神代三代と歴代天皇・神功皇后の墳墓のほかに、日本武尊、飯豊青尊・聖徳太子の墳墓を陵とするが、喪《そう》葬令《そうりょう》は先皇陵についてのみ記し、皇后・皇太子について記載がない。天平宝字四年(七六〇)十二月太皇太后宮子娘と、天平応真仁正皇太后(光明皇后)の御墓を勅して山陵と称することにして以後の、皇后・皇太后・太皇太后の墳墓は陵と称することになった。『延喜式』諸陵寮では、これ以前の皇后墳墓は、神功皇后のものを除き墓となっている。現在の陵には、歴代天皇百二十二方の百十一陵と、神代三代、北朝天皇五方、追尊天皇三方、太上天皇一方、追尊太上天皇二方、皇后・皇太后・太皇太后・中宮・贈皇后・贈皇太后・贈太皇太后の六十八方計八十二方の七十四陵とがあり、一都二府七県に所在する。この中には、霊廟を陵とした安徳天皇陵や、陵所が考定不能のため明治二十二年(一八八九)に天皇縁故の地に廟陵を造営した、崇峻・二条・仲恭の三天皇陵など、遺骸を葬ってない陵もある。歴代天皇陵は、現在すべて考定されており、各陵には陵名が付されている。追尊天皇や皇后には陵所不明の方がある。〔墓〕墓は現在五百五十七方の五百五十一墓があり、この中には、天皇の後宮で准后・女院となった皇族でない女子や、旧宮家や門跡寺院の皇族の墓もある。旧宮家や門跡寺院の皇族の墓は、一ヵ所に集まって集合墓地を形成している所が多い。〔分骨所〕分骨所は、天皇・皇后の火葬骨を分骨して、陵以外の所に葬った所である。現在、天皇八方・皇后二方の十二ヵ所があり、鎌倉・室町時代の方のものである。法華堂一ヵ所・方形墳三ヵ所のほかは石塔である。亀山・後土御門両天皇は現在二分骨所があるが、記録では数ヵ所に分骨された天皇もある。〔火葬塚〕火葬塚は天皇・皇后を火葬した火葬場に、拾骨後、塚を築いて霊を祀った所で、御墓所または御陵と称し、納骨所である御骨所より重んぜられ、山陵使も御墓所へ参向した。淳和天皇に始まり後花園天皇に終る天皇十八方と、醍醐天皇皇后穏子に始まり、鳥羽天皇贈皇太后苡子に終る九方のものが現在ある。現在、火葬塚が所在不明の方もある。〔灰塚〕灰塚は火葬が泉涌寺内で行われるようになってから、火葬拾骨後、残った灰骨を集め葬った所で、京都の泉涌寺雲竜院内陵墓地の後小松天皇灰塚と、泉涌寺内月輪《つきのわのみささぎ》陵域内の後土御門以下五天皇の灰塚がある。後陽成天皇灰塚には九重石塔があるが、他は石塔がない。〔皇族分骨塔〕皇族分骨塔は、皇族の火葬骨を分骨し、墓以外の石塔または石塔下に葬ったもので、現在、顕日王・天真親王・済仁親王の三基がある。〔髪・歯・爪塔および塚〕髪・歯・爪塔および塚は、天皇・皇后・皇太后・その他の皇族の髪・歯・爪を埋納し、追善供養を寺院に行わせた所で、現在宮内庁が管理しているものは、後宇多・光厳両天皇の髪塔以外は、江戸時代から昭和年代の方のもので、後水尾天皇髪歯塚のほか、笠塔婆・五輪塔・一石五輪塔・宝篋印塔・無縫塔・宝塔などの石塔である。髪塔二十一、歯塔・爪塔各一、髪爪塔二十三、髪歯塔四で、高野山金剛峯寺奥院のこの専用陵墓地に約半数があり、他は宮門跡・旧宮家の墓地にある。寺院境内などには未だ陵墓に指定されない塔のある所もある。〔天皇皇族塔〕天皇皇族塔は、天皇・皇族の追善供養塔である。後西天皇五輪塔と皇族十方の石塔がある。〔殯斂地〕殯斂地は陵・墓へ遺骸を埋葬する以前の遺骸埋葬地に霊を祀った所で、現在、仲哀天皇と来目皇子の二ヵ所が山口県下にある。〔陵墓参考地〕陵墓参考地は、記録、伝承、墳丘の規模形態、出土品などによって、皇室関係者の墳墓と認定されたが、被葬者や陵墓の種類を特定できる資料のない所である。二府十六県に四十六ヵ所ある。〔陪冢〕陪冢は前方後円墳などの古代高塚式陵墓の墳丘に随従するような、陵墓の墳丘周辺近傍にある小古墳で宮内庁所管のものである。〔陵墓の形〕陵および墓は、墳丘・仏堂・仏塔などの埋葬施設である主体部と、祭祀施設である拝所とで現在は構成されている。主体部の形態は、孝霊天皇までの歴代天皇陵は、山形と円墳であるが、これが原初の形か否かは不明である。古墳時代は、段築で各段を埴輪が囲繞する巨大な古墳で、前方後円墳が大部分を占め、他に円墳・上円下方墳・方墳・山形などがある。この中には、埴輪の配置が印度の仏塔ストゥーパの形態に似た南方仏教の影響を受けたものもある。飛鳥・白鳳時代は、前方後円墳はなくなり、中国の帝陵の影響とみられる方墳と、上円下方墳・

円墳・五重八角墳などになる。奈良時代は円墳と山形である。九世紀前半には、塚墓は鬼の棲家となり祟の根元となるとの思想から、高塚を作ることをやめ、古墳への二次埋葬や、山上への散骨、埋納地に石を置く形態が採られた。嘉祥三年(八五〇)仁明天皇陵に陵上に卒塔婆を建てた仏教式形態を採用して以後、種々の仏教式形態に変わり、墳上に石卒塔婆・仏堂を建てたもの、仏塔・法華堂・石塔などに埋納するものなどが生じたが、現在もこの木造堂塔形態を存するものは少数である。江戸時代に新営のものは、歴代天皇陵は九重石塔。このほかの陵および墓は九重以外の各種形態の石塔である。慶応三年(一八六七)孝明天皇陵に高塚式の円墳が復興された後の陵および墓は円墳となり、陵は明治天皇陵以降上円下方墳に変わったが、旧宮家皇族墓には大正十五年(一九二六)まで石塔の方もある。〔陵墓の拝所と鳥居〕陵の主体部が堂・塔・石塔以外の陵前には、通常、正面入口に石柱鉄扉の門を設け、両袖両側面を石柵で囲み、主体部に面し木造鳥居がある拝所がある。拝所のこの形態は、幕末の修陵で新設した拝所の木柵と入口神明門(扉付神明鳥居)を改造したもので、江戸時代以前の陵に、当初このような拝所があったか否か不明である。この拝所の鳥居はいずれも昭和年間以降の建替によるものである。江戸時代以前に陵前に鳥居が存在した史料のある陵は、山科陵・深草陵・村上陵・深草北陵の四陵で、深草陵は陵上卒塔婆を建てたもの、深草北陵は法華堂で、鳥居の半数は仏教形式主体部の陵にある。墓の江戸時代以前の鳥居は、京都の輪王寺宮墓地公辨親王墓主体部無縫塔正面の石鳥居がある。鳥居は神社特有のものとしたい偏見が明治以来一部にあるが、現実には、鳥居は神社のほか大阪四天王寺、高野山奥院墓地の石塔墓、陵墓などの神・仏・死者などの霊を祀る所に存在し、陵墓の鳥居は仏教に起因する霊廟の門である。〔陵墓祭祀〕陵墓の祭祀は、『令義解』職員令《しきいんりょう》の諸陵司の項に「正一人、掌祭陵霊、(謂十二月荷前幣是也)」とあり、諸陵司(のち諸陵寮)が荷前の幣物を毎十二月に諸陵墓に献じた。この定例祭祀のほか、即位・変事などの奉告、平安祈願などの特定陵墓の臨時祭や、陵前での寺僧による読経供養も行なわれた。諸陵寮の定例祭祀のほかに中務省が行う、毎年十二月荷前使を近陵・近墓へ遣し、内裏からの幣物を献ずる祭祀があったが、この祭祀は使者の陵墓不参が多く、平安時代末期以後、使者発遣の略儀だけで、陵墓へ奉幣しなくなった。これ以前承平四年(九三四)醍醐天皇陵の祭祀を醍醐寺に命じて以後、新営仏式陵墓は、所領を付すか、寺院に供養田などの所領または永代供養料を寄進するかして、僧侶に陵墓の祭祀をさせるのが通例となり、寺院の祭祀は廃絶寺以外は現在も続いている。明治時代以後は仏式祭祀のほかに神式祭祀を行うようになった。現在、皇室では、毎年陵墓には被葬者の命日に神饌供進または祭典を行い、命日不明の所は春秋いずれかの彼岸に神饌供進を行なっている。〔陵墓管理〕陵墓の管理は、令《りょう》では諸陵司が業務を統括し、陵には陵戸または守戸を置いて守らせた。『延喜式』の状況は各陵墓に預人を置き、このほか陵には陵戸、守戸、仮陵戸、陵戸と守戸、のいずれかを加えて守らせ、墓には墓戸または守戸または守丁を加えて守らせた所と、預人だけの所がある。令制の崩壊につれて、陵戸田・守戸田は諸陵寮の荘園化され、十五世紀中ごろにはこの管理制度は消滅した。この間承平四年醍醐天皇陵の造営にあたって、諸陵寮の管理を停め、陵に陵戸五烟と徭丁二十五人を付し、醍醐寺に陵の管理を命じた。以後寺院内に営建した仏塔・法華堂などの陵には所領を付けて寺院に管理させることが普通となり、この制度は幕末まで行われた。元禄十年(一六九七)江戸幕府は諸陵の探索をし、管理されていない諸陵に垣を設け、その管理を所在地の知行藩や幕府配下奉行所に行わせた。元治元年(一八六四)二月朝廷の命により幕府は新たに山陵奉行を設置し、朝廷の山陵御修補奉行戸田忠至《ただゆき》をこれに任命するにあたり、堺奉行の要望を入れ、諸陵管理業務を山陵奉行支配下に移し、慶応元年(一八六五)には各陵に現場職員の、取締・長・長格守戸・守戸を任命し、組合を組織させて管理させた。明治政府になると陵墓管理の統括は、明治二年神祇官諸陵寮、同四年神祇省、同五年教部省陵墓課、同十年内務省社寺局諸陵課、同十一年宮内省、同十九年宮内省諸陵寮へと移った。陵墓の現場管理は幕末の制度が継続されたが、明治七年府県職員に陵墓掌・陵墓丁・守丁を置いて管理することになり、同十六年これを宮内省職員に移し守長・守部に改称、大正六年(一九一七)現場管理の統括者に陵墓監を配置した。現在は宮内庁書陵部陵墓課が業務を統括し、陵墓所在地を地域別に多摩・桃山・月輪・畝傍・古市の五監区に分けて、各陵墓監区事務所を置き、監区事務所長に陵墓監を配置している。各陵墓監区は監区内陵墓所在地を地域別に部に区分して部事務所を各部内一陵の陵側に置き、守長・守長補・守部などの総理府事務官をこれに配置して、部内陵墓の管理を行なっている。部事務所には巡陵参拝者の参拝記念捺印用の、部内各陵陵印が配置されている。

参考文献 『古事類苑』帝王部、上野竹次郎『山陵』、宮内庁書陵部編『陵墓要覧』、和田軍一「皇陵」(『(岩波講座)日本歴史』所収)
(石田　茂輔)

りんじさい　臨時祭　㈠律令時代の宮廷祭祀で、不定期に執行されるもの。四時祭《しじさい》に対していう。『延喜式』は巻三をその規定にあて、祈雨《あまごい》祭・霹靂神《かんときのかみ》祭・御竈《みかまど》祭・御井祭、新宮殿の大殿祭《おおとのほがい》や行幸の路次の神社への神幣、また遣唐使発遣や蕃客入京に伴う祭祀などがあげられている。大嘗祭翌年の八十島《やそしま》祭や出雲国造の神寿詞《かんよごと》奏上も臨時祭とされている。㈡平安時代中期以後、特定の神社で行われた祭儀。恒例の勅使奉幣の祭儀と別に、さらに執行されるようになった勅使奉幣の祭典のこと。上下の賀茂・石清水《いわしみず》・春日・平野・日吉などの各神社で行われた。石清水八幡宮の天慶五年(九四二)が最初。開始の理由はそれぞれ異なる。時期ははじめは不定の神社もあったが、賀茂神社は十一月、石清水八幡宮は三月のように、各社ごとに固定する。賀茂の臨時祭は北祭《ほくさい》、石清水は南祭《なんさい》と呼ばれた。十五世紀室町時代末期までにいずれも中断した。賀茂と石清水は幕末までに再興されるが、明治三年(一八七〇)に廃止された。なお、石清水臨時祭以下、春日・賀茂・北野の各臨時祭の詳細についてはその項目を参照。

参考文献 三橋正「賀茂・石清水・平野臨時祭について」(二十二社研究会編『平安時代の神社と祭祀』所収)

(岡田　精司)

りんじのぎょはい　臨時御拝　天皇が年中三ヵ度、吉日を選び清涼殿の石灰壇《いしばいのだん》において諸神を拝すること。一度につき三ヵ日行い、連続三ヵ日、あるいは隔日三ヵ日の両様があったようである。この濫觴は分明でないが白川伯家の伝承によれば、平安時代以来大嘗祭・年中四度官幣(祈年祭・二季月次祭・新嘗祭)など諸祭の神事などが中絶し、敬神の叡慮が尽され難くなったことにより、年中三ヵ度の祝言月を定め、三ヵ日の臨時の御拝がなされるようになり、後柏原天皇のころより連綿のこととなったという。毎朝御拝の次に、さらにまた御湯殿事があって御拝がなされた。毎朝御拝に重ねて臨時御拝がなされたことから考えると、これには格別の祈願が込められることがあったのであろう。たとえば『御湯殿上日記』永禄十一年(一五六八)九月二十一日条に「天下の御きたうとて、りんしの御はいにならしまし候、けふより三日」とあるが、これは織田信長が足利義昭を擁して入京する数日前のことであったことからすれば、朝廷の対応の一つの表われを示していよう。→毎朝御拝《まいちょうのぎょはい》

参考文献 橋本政宣「天皇の毎朝御拝と臨時御拝」(『近世公家社会の研究』所収)

(橋本　政宣)

りんじほうべい　臨時奉幣　天変地異や天候不順などの凶事や、瑞祥および即位儀などの吉事に際し、臨時に幣帛を神社に奉献すること。年穀祈願を目的とする祈年穀奉幣や祈雨・祈止雨奉幣が多く、やがて十六社、ついで二十二社を主な対象とするようになった。その使者は、神祇令に「凡そ常に祀《まつ》の外に、諸の社に向《ゆ》いて、幣帛供《ぐ》すべくは、皆五位以上の卜《うら》に食《あ》へらむ者を取りて充てよ」(原漢文)とあるように、元来五位以上の卜食にかなったものが勤仕することになっていた。しかしながら、この規定はあまり厳密には遵守されなかったようで、平安時代には、賀茂社・松尾社・平野社には公卿、それ以外には五位以上の次侍従が任用されるようになった。宇多朝以後、殿上制度が整備されるに伴い、公卿・殿上人・諸大夫が任用されるようになったが、伊勢神宮のみは卜食にかなった五位以上の王と中臣・忌部が例幣使と同様臨時奉幣使を勤仕することになっていた。

参考文献 岡田荘司「十六社奉幣制の成立」(『平安時代の国家と祭祀』所収)

(藤森　馨)

る

るいじゅきげんしょう　類聚既験抄　神社や諸神の縁起類を本地垂迹思想の立場から執筆した書。吉田卜部氏の人間の撰作ともいわれるが、定かではない。内容が、吉田神道関係の諸説と必ずしも一致していないことや、本地垂迹思想を中心に記述されている点から僧侶によって執筆された可能性も否定できない。一冊。南北朝時代ころに成立か。冒頭に「諸社本地等を注す、分明なれば其の恐れ有るにより、薄墨に梗概《こうがい》を書き付け了んぬ」と、本地を詳細に記すことに忌憚ありとしている。「天照太神事」には『沙石集』の「太神宮御事」ときわめて類似する第六天魔王と天照大神との契約のことがみえ、「熱田明神不忌死人事」には多少内容に相違はあるものの『沙石集』の「神明慈悲ヲ貴給事」と同様の説話が収録されている。また、「解脱上人謂八幡宮精後生事」や「三井寺長吏」にも『沙石集』に所載のものと類似した説話を見出すことができる。『沙石集』もしくはその系統の説話を参看して記述された可能性が高い。『続群書類従』神祇部所収。

参考文献 『群書解題』二上

(藤森　馨)

るいじゅじんぎほんげん　類聚神祇本源　伊勢神道を体系化した書。度会家行著。十五巻。元応二年(一三二〇)正月の撰録。神祇の本源に関する多くの文献の枢要を抜き、天地開闢・本朝造化・天神所化・天宮・内宮遷座・外宮遷座・宝基・形文・心御柱・内宮別宮・外宮別宮・神宣・禁誡・神鏡・神道玄義の十五篇に分類している。

その引用書は日本・中国にわたり、神道・仏教・道教その他の分野に及んでいるが、根幹をなすのは神道五部書をはじめとする伊勢神道の書であり、一見雑駁に見えるが、全体として見ると、神宮の創始と神道の本義を説いたものとなっている。後宇多上皇と後醍醐天皇の叡覧を賜わり、北畠親房はその著『元元集』の基礎とした。古写本として貞和四年(一三四八)の奥書のある神宮文庫本、延文元年(一三五六)の奥書のある真福寺本があり、『続々群書類従』神祇部一に収められる。→伊勢神道《いせしんとう》 →元《げん》元集《げんしゅう》 →度会家行《わたらいいえゆき》

参考文献 神宮祠官勤王顕彰会編『(建武の中興と)神宮祠官の勤王』、久保田収『中世神道の研究』、小島鉦作『伊勢神宮史の研究』(『小島鉦作著作集』二)

(平田 俊春)

るいじゅだいぶにん 類聚大補任 伊勢神宮の祭主・宮司・内外宮禰宜の補任。巻三・七・八の残闕本で、巻三は首を欠き、文徳天皇の斉衡三年(八五六)から村上天皇の天徳三年(九五九)まで、巻七は安徳天皇の治承四年(一一八〇)から仲恭天皇の承久三年(一二二一)まで、巻八は後堀河天皇の貞応元年(一二二二)から後宇多天皇の文永十一年(一二七四)までを収める。編著者は不明だが、成立年代には少なくとも次の三段階があったらしい。第一は承久三年ごろで、文中の同年条に、一院(後鳥羽)・中院(土御門)・新院(順徳)・冷泉宮(退位後の仲恭)の記述がみえるからである。第二は正元元年(一二五九)から文永九年の間で、仁治三年(一二四二)の後嵯峨天皇の尻付や寛元四年(一二四六)条、後深草天皇の尻付などに、一院(後嵯峨)・新院(後深草)・今上(亀山)の記述がみえるからである。第三は文永十一年の後宇多天皇即位直後で、後深草・亀山天皇の尻付や文永十一年条に、本院(後深草)・新院(亀山)の記述がみえるからである。現存本の本文は文永十一年で終っているが、亀山天皇の尻付には嘉元三年(一三〇五)の崩御が記されているので、文永十一年以後の書継ぎ部分があった疑いもある。しかし、後深草天皇の尻付には嘉元二年の崩御が記されていないので、亀山天皇の崩御記事は後人の加筆で、本文は文永十一年で終っていたと見て良いであろう。また本書の成立年代が承久三年以前にさかのぼるか否かは、巻六以前が欠けているので分からないが、本書が成立後数次の書継ぎ増補を経ていることは誤りないと思う。本書は神宮累代の記録・文書を用いて編纂したものらしく、数多くの神宮関係の官符・宣旨・祭主下文・神祇官奏状などが引載されている。現存本は承応四年(明暦元、一六五五)以降の転写本ばかりで、いずれも伊勢宮司家または御師系統の蔵本がもとになっている。おそらく成立後永く司庫に秘蔵され、伝写の機会もない内に大半が失われたのであろう。

参考文献 『群書類従』補任部所収。『群書解題』二上

(菊地 康明)

れ

れいかいものがたり 霊界物語 『大本神諭《おおもとしんゆ》』と並ぶ、大本の二大根本教典の一つ。『大本神諭』が開祖出口なおの「お筆先《ふでさき》」を、聖師出口王仁三郎《おにさぶろう》が編集したものであるのに対し、『霊界物語』は出口王仁三郎の口述を、弟子たちが筆録したものである。大正十年(一九二一)から口述・刊行が始まり、昭和九年(一九三四)の末に最終巻が刊行された。第一次大本教事件により、鎮魂帰神の実践や『大本神諭』の宣伝が制限されたのを受け、それに変わる実践として、『霊界物語』拝読が位置付けられた。第一巻「霊主体従 子の巻」の冒頭には、布教に際して歌われた「基本宣伝歌」が、巻末には霊界物語を読む際の心得が書かれ、全八十一巻の縮図とされる。神の経綸、霊界の消息、神々の働き、大本の神業、出口なおと出口王仁三郎の役割、日本の使命などの教義、また出口王仁三郎の高熊山修行や入蒙などの事件が、霊界や宇宙や地上を舞台に、神々や歴史的人物を登場人物に、描かれている。→出口王仁三郎《でぐちおにさぶろう》

(津城 寛文)

れいきき 麗気記 鎌倉時代後期に成立した両部神道秘伝の理論書。寛文十二年(一六七二)の版本は十八巻全編を集成して『天地麗気記』と総称し、作者も空海に仮託されたが、もとは、各編それぞれが個別の秘伝伝授書であった。成立年代についても、真福寺・尊経閣文庫・天理図書館に鎌倉時代末の古写本が所蔵されているところから、おおよその年代は推測できるが、全編の成立に至るまでには相応の時間を要したであろう。二所太神宮麗

気記・降臨次第麗気記・神天上地下次第・天地麗気記・天照皇太神宮鎮座次第・豊受太神宮鎮座次第・心柱麗気記・神梵語麗気記・万鏡霊瑞器麗気記・神号麗気記・神形注麗気記・三界表麗気記・現図麗気記・仏法神道麗気記・神体図麗気記・神形図麗気記・図絵麗気記・深秘図麗気記の篇目から成る。伊勢の内外両宮の鎮座、祭神などについて密教の立場から解釈し、仏教神道に大きな影響を与えた天台本覚思想にも依拠している。秘伝伝授書の成立は、伊勢神道の成立期とも重なり、伊勢・両部の二系統の神道説は相互補完的関係を保っていた。『続群書類従』神祇部、『弘法大師全集』五所収。注釈書には良遍の『麗気記聞書』、聖冏の『麗気記私抄』がある。また、大正大学総合仏教研究所神仏習合研究会編『校註現代語訳麗気記』一が刊行されている。

参考文献 大山公淳『神仏交渉史』、久保田収『中世神道の研究』　（岡田　荘司）

れいげん　霊験　神霊の有する強大で不思議な感応の力や効験の意。神威、霊威あるいは神徳ともいう。霊験は人の尊信や崇敬により発揮されるすべての神威を指すものであるが、一般的には祈願により期待される特定の利益や結果をもたらす神の徳をいう。霊験の所在は、古典の記述や神社勧請《かんじょう》の縁由《えんゆ》、祭神の性格などによるが、奉祀の時代および背景、奉祀者の神観念などにより変遷や相違がみられる。古代における神社の性格には氏神型と勧請型があり、神道信仰の基本形態は氏神型であった。これは地域や祭祀者が限定されたものであり、神の霊験などはあまり重要視されなかった。しかしながら平安時代以降、霊験ある神々が地域を越え各地に勧請されるに至り、新たな勧請型、崇敬祈願型といわれる神社への信仰が発展した。これは神仏習合の影響を強く受け、現世《げんせ》利益《りやく》的な個人祈願がその信仰の基盤にあり、祭神の縁由に基づく神の霊威、神徳を強調するものであった。平安時代後期から中世にかけては、特定の神社や神をあげ、その霊験をたたえることが盛んになるに至った。たとえば、『平家物語』二康頼祝言事には熊野について「日本第一大領(霊)験熊野三所権現」と記していることなどである。また、武士階級を中心に八幡神《はちまんじん》を清和源氏の氏神とし、源頼朝が鶴岡八幡宮《つるおかはちまんぐう》を鎌倉幕府の守護社とし東国武士の中心的信仰となったことは、八幡神の霊験が武徳にあるとされる信仰の基ともなり、この八幡を奉じた武士たちが全国各地の領内に八幡社を勧請して、全国的に急激な発展をみたのも一例である。室町時代から近世初期にかけては、一般民衆を中心にみずからが欲する神々を勧請し、その霊験に浴することを願うようになり、多くの神社が勧請創祀された。近世には火難除けの愛宕《あたご》神・秋葉神、疫病除けの祇園神・津島神、商売繁盛の恵比須《えびす》神・稲荷《いなり》神など特定の祈願にのみ霊験を示す信仰が盛んとなり、『願懸重宝記《がんかけちょうほうき》』という個々の神の霊験の内容を記した書物も出版された。

参考文献 岡田荘司「霊威神と崇敬講」(薗田稔編『神道―日本の民族宗教―』所収)、宮田登『江戸のはやり神』(『ちくま学芸文庫』)　（岡田　芳幸）

れいこん　霊魂　人間の身体に宿ると観念されている超自然的存在。霊魂に対する観念は、人間に限らず動植物などの万物に霊が宿るとするアニミズムの観念に包含される。宗教の起源を論じたイギリスの人類学者タイラーは、宗教のなかで最も簡単で原始的なものが「霊的存在」に対する信仰であると規定し、「霊的存在」には人間の身体に宿る霊魂、死霊、精霊という人間以外の霊や浮遊霊との三種類があり、霊魂や精霊の観念から神祇・神の観念に発展したと説いている。タイラーの説くアニミズム観念のうち、それが宗教の起源であるとする考えや進化論的な考え方に対しては各種の批判があり、また霊魂と精霊との区別も民族によって必ずしも一様でないことが明らかにされている。しかし霊魂や精霊に対する信仰は、原始や未開社会の宗教のみではなく、諸宗教においても重要な問題であり、霊魂・精霊などの遊離・憑依によって夢・幻覚・病気・予言、幸・不幸などを説明することも多く、霊魂や精霊を操作したり、排除や憑依させたりすることによって治病あるいは託宣をする宗教的職能者の活躍が世界各地で認められる。日本においては、霊魂を古代よりタマと呼び、魂・霊の漢字をあててきた。タマは人間の霊魂のみではなく、動植物などにも宿るものとされ、タマの遊離によって病気や死が説明されており、タマの遊離を防ぐ鎮魂《たましずめ》、それとは逆に体内で静止した霊魂を活動させようとするタマフリなどの儀礼が古代より盛んに行われてきた。その意味では、日本人の霊魂観もアニミズムの概念に包摂できる。人間の霊魂に限ってみても幾つかの区別がなされており、古代における和魂《にぎみたま》・荒魂《あらみたま》、幸魂《さきみたま》・奇魂《くしみたま》などの区別もその一つであるが、生者の遊離した霊魂を生霊《いきりょう》、死者の霊を死霊、子孫より祀られ非個性的な清らかな霊を祖霊とする区別も古くからの一般的観念である。死霊は子孫からの祭祀を重ねられることにより祖霊となり、子孫を守護する存在となるものであるが、その一方で、非業の死をとげた者、この世に未練を残して死んだ者の霊は御霊《ごりょう》と呼ばれ、この世にさまざまな災厄をもたらすと信じられてきた。この祖霊と御霊という二つの観念が、日本人の霊魂観の基本をなしている。もっとも御霊という漢字をあててミタマと読み、天皇家の先祖霊を指す用法が『続日本紀』にみられる。しかし奈良時代末から平安時代にかけての頻発する政変・災害などを背景にして、非業の死をとげた者の怨霊が災厄をもたらすものとされ、貞観五年(八六三)、早良《さわら》親王以下の怨霊を鎮めるための御霊会が国家的レベルで執行された。また平安時代に災厄の要因とされたモノノケ(物怪)も、生霊・死霊・遊離霊などが主たる内容であったといえる。霊魂の処理は、仏教の普及によって次第に僧侶に委ねられるようになり、近世の寺請制度、寺檀関係の形成によって確立したものであるが、それでもなお、あるき巫女《みこ》・修験者・聖・行者などの下級宗教者の関与が認められ、とりわけ災厄の原因となる諸霊の処理に大きな役割を果たしてきた。

参考文献 岩田慶治『カミの誕生―原始宗教―』(『世界の宗教』一〇)、古野清人『原始宗教の構造と機能』、柳田国男『先祖の話』(『定本柳田国男集』一〇)、山折哲雄『日本人の霊魂観』

(宮本袈裟雄)

れいこんかん　霊魂観　人の肉体あるいは物に宿るとされる霊的存在についての観念。定まった教典・教義をもたない神道においては、霊魂についての見方も諸説あって、なかなか規定し難いと思われる。人間の死後の霊魂の行方《ゆくえ》なども、神道の立場から一定することは難しい。しかし神道の神は神の御魂(神霊)であり、神をまつることが神道の根本とすれば、そこにはおのずからある種の霊魂観がそなわっていることになろう。それを抽出するために、ここでは神の御魂、人の御魂、物の御魂の三つに分類して述べてみたい。それぞれの御魂の内実を捉えるために、神道信仰の言葉化を図るための素材というべき、祭の伝統、神社史、神道古典、神道思想史などを参考に検討するのが適切であろう。㈠神の御魂　神道の淵源を推測してみると、稲をはじめとする五穀の豊穣を神に祈願することから出発している。春に豊作を神に祈る祈年祭《きねんさい》、秋には豊作を神に感謝する新嘗祭《しんじょうさい》が、神道の祭の基本といえよう。これら祭の行われる場が、神の御魂の住居を象徴する神社の大前である。祭や神社は神の御魂の実在を大前提にしているのであり、神霊の実在が神道における霊魂観の第一に位置づけられる。神道古典においても、神々の実在が信じられなければ『古事記』や『日本書紀』は、架空の物語になるし、神道思想史においても神の実在がなければ、思想の根底が崩壊してしまう。なお、神社史や神道古典によると、神霊には和魂《にぎみたま》(平和や恵みの働き)と荒魂《あらみたま》(勇猛・積極的活動の作用)などの区別がある。大阪の住吉大社では底筒男《そこつつのお》命《のみこと》・中筒男《なかつつのお》命《のみこと》・表筒男《うわつつのお》命《のみこと》の三神の和魂をまつり、山口県の住吉神社では同様の神々の荒魂をまつっているといわれる。『日本書紀』神功皇后紀には、三韓(朝鮮半島)征討の際に住吉三神の和魂が皇后の寿命を守り、荒魂が軍船を先導する役割を果たしたとみえる。しかし現代において神々を崇敬する多くの人々が、神の和魂・荒魂を区別して祈願しているとは思われない。㈡人の御魂　神道の人間観には、人に御魂が宿っているという観念がある。古墳時代には明白である天皇の死後の御魂をまつる祖先祭祀は、神道的行事といってよかろう。また神道古典の一つに数えられる『続日本紀』の宣命には、皇祖の御魂の働きについて記述している。平安時代の菅原道真の御魂をはじめ、人間の死後の御魂を神としてまつる伝統が生じた。特に近世・近代においては、国家・藩・村落などの共同体のために尽力し偉業を成しとげた人々の死後の御魂を、神としてまつる習俗が盛んとなり、そのための神社も創建された。有名な例としては徳川家康をまつった東照宮、会津藩祖保科正之《ほしなまさゆき》をまつった土津《はにつ》神社、陸軍大将乃木希典をまつった乃木神社、明治天皇をまつった明治神宮などよく知られている。ここには人の御魂が神霊と同様の働きをするという考えがうかがわれ、それは近世神道思想家の主張にもみられる。たとえば神道思想家としてはじめて神道の生死観をまとめた吉川惟足《よしかわこれたる》は、死後の霊魂は高天原にある日之少宮《ひのわかみや》に永遠に留まり、天地の造化を助けると述べている。本居宣長も死後の霊魂は黄泉国《よみのくに》へ行くが、一部の霊魂はこの世に留まり神霊と同様にこの世の人々の幸福を支援する働きを有すると主張。このように神道の祖先崇拝や生死観から、人間に宿る御魂は神霊となる可能性が認められる。㈢物の御魂　神道の自然観からは、自然現象や動植物あるいは人間の作った道具類に至るまで、御魂の実在を認めていたという考えが導かれる。古代の日本人は、海・山・川・草・木などの自然物に対して、御魂の実在を信じ神として崇め祭祀を行なった。また太陽や風や雷なども崇拝の対象とし、神霊の働きを認めてきた。人間の生活とかかわりの深い動物や恐ろしい動物にも御魂の実在を認め神聖視した。本居宣長が神を「尋常《よのつね》ならず、すぐれたる徳《こと》のありて、可畏《かしこき》もの」と定義したことは有名であり、狐や狼なども神の一つとみていた。刀剣も道具の一つといえようがヤマタノオロチから出現した草薙《くさなぎ》の剣は、熱田神宮の主祭神と伝えられている。このように神道の伝統からいえば、自然の物体にも人工的道具類さえも神聖性が付与される場合などには、御魂が実在すると信じられていたと思われる。以上のような事象から、神と人と物には「御魂」が実在するという観念が導かれる。神道古典によれば、これらの生成には神の意志が働いていること(イザナギ・イザナミノ神による神生み・国生み)になる。神道の特色として神と人と物との一体観がよくいわれるが、その理由の一つは、三者は神から生まれ神の御魂を共有しているという霊魂観の影響が考えられる。

参考文献 安蘇谷正彦『神道の生死観(新装版)』

(安蘇谷正彦)

れいさい　例祭　神社における大祭の一つ。年に一度、祭神または神社に由緒ある日を定めて行われる。皇室や神宮には、特に例祭の定めはなく、恒例の諸祭のみを定める。全国神社にあっては、古来年に一度神社固有の由緒による大祭を例祭と呼んできた。官国幣社以下神社祭祀令(大正三年(一九一四)勅令)では、神社の祭祀を大・中・小祭と区分し、大祭として祈年祭・新嘗祭・例祭などとした。例祭日は、神社固有のもので、みだりに変更せず尊重されてきた。このような観点から、日本人の歴史が復元できないかと推測したのが柳田国男で、柳田は稲の収穫との密接な関連を推測している。明治の神祇制度下、例祭には、勅使もしくは幣帛供進使を遣わして、幣帛を奉って祭典が行われた。第二次世界大戦後、幣帛供進の制度は廃されたが、皇室より勅祭社などに限って恒例、臨時の奉幣が行われている。また、全国神社の例祭には、神社本庁より本庁幣が奉られ祭典が行われる。

参考文献 柳田国男「祭日考」(『定本柳田国男集』一一所収) (茂木 貞純)

れいしゃごう・れいしんごう 霊社号・霊神号 唯一神道の宗家吉田家が人霊崇祀のために授与した神号。近世初期より人を神として祀る神道葬祭が増え、谷秦山の『秦山集』一六には「号二何霊社・某霊社一者、不レ知二幾千百一」とあり、地域によっては相当流行したようである。吉田家では、明神号・霊社号・霊神号の三段階に分け、地方神職に対しては多く霊神号を与えた。生前より霊社号が授与された例には、保科正之の土津《はにつ》霊社、山崎闇斎の垂加《しでます》霊社などが有名。 (岡田 荘司)

れいしんごう 霊神号 ⇩霊社号《れいしゃごう》・霊神号《れいしんごう》

れいじんしんこう 霊神信仰 霊神とは一般に霊験あらたかな神の名称であるが、特に人神の系譜に位置づけられた霊神が顕著である。人が死後神化することは、神道のなかに認められている。人神でも生前恨みを残したため、怨霊化することを恐れ、鎮撫した結果、守護神に祀られる事例と、生前徳を積んだ優れた人間が死後神に祀られる事例とがある。両者ともに守護霊であり、善霊・和霊の性格をもっている。江戸時代には神職組織の中心にある吉田家に願い出ると霊神名が付与されていた。特に旧家で一族の先祖を神に祀ろうとする意図があると、霊神号をもらい、神社に祀った事例が多い。明治時代とくに木曾御岳信仰が教派神道に属すると、かつての霊力高い行者たちが何某霊神として、御岳講中によって代々祀られるようになる。御岳信仰では、木曾御岳の山麓に霊験あらたかであった行者が死後霊神として祀られており、霊神碑が建立されている。神号としての霊神は明神と比べて位が低いものとみなされた。明神より下位にあたるので、民間信仰のなかに数多く見出されるが生前同等な立場で人間として生活していた存在のなかから、人並み以上の力を発揮したと認められて霊神名を付与されており、しばしば流行神となる事例があった。川辺に漂着してきた無縁の人骨が、おこつ霊神となったり、川辺霊神となったりして、その霊験が説かれたりしている。江戸時代中期以後にこうした流行神化した霊神が続出している。

参考文献 宮田登『生き神信仰』(『塙新書』三五) ➡御霊信仰《ごりょうしんこう》 ➡流行神《はやりがみ》 (宮田 登)

れいそうしんとう 霊宗神道 仏家神道の一つ。江戸時代中期の天台宗僧徒乗因(一六八三—一七三九)の神道説をいう。霊宗神道の名は黄檗宗僧徒潮音道海の偽作といわれる『先代旧事本紀大成経』(『旧事大成経』)の「児天思兼命(中略)斯神伝霊宗道」に由来する。彼自身はこの経典の偽作問題を問われ処罰されたが、その神儒仏の三教一致思想はのちの神道界で支持する者も少なくなかった。乗因は初め智権といい、比叡山宝積院で師宣存に認められ山王一実神道の伝授を受け、その証しとして『山家要略記』なる経典も授けられた。その後江戸においていくつかの院に住したが、享保十二年(一七二七)に信州戸隠山勧修院へ転じた。戸隠の地はすでに道海が来山して『旧事大成経』を伝えており、乗因は『戸隠山権現鎮座本紀』で本朝三部本書として記紀と併記している。当地で乗因は生祠(生前の人を神としてまつる祠)を建て、さらに神道説の形成には山王一実や大成経、修験道、道家思想などを混然と取り込み、みずから修験一実霊宗と命名した。

参考文献 小林健三『日本神道史の研究』、曾根原理編『戸隠』(『続神道大系』神社編一・二) (矢崎 浩之)

れいびょう 霊廟 ⇩御霊屋《みたまや》

れいびょうけんちく 霊廟建築 霊廟とは、一般的には祖先の霊をまつるところであるが、神社信仰がある段階に達して祭神を特定の氏の祖先神と結びつけ、さらに神話中の神を祭神とみなすようになると、神社と霊廟との差は必ずしも明瞭ではなくなる。しかし八世紀以降、実在したあるいは実在したと信じられた人物の霊をまつる場合、その施設を特に廟と呼んで神社と区別することがあった。廟の名をもつ最古の例は香椎廟《かしいびょう》であって、『万葉集』巻六に神亀五年(七二八)十一月大宰官人らが香椎廟を拝み奉るとし、また天平九年(七三七)四月には伊勢神宮・大神社・筑紫住吉・八幡社ならびに香椎宮に新羅の無礼の状を告げる奉幣使が遣わされ、以後新羅と事あるごとに香椎廟に奉幣された。香椎は仲哀天皇が神功皇后とともに熊襲征伐に赴く途上橿日宮《かしいのみや》を造営したところであって、仲哀天皇はそこで新羅を征すべき神託を受けたが、それに従うことなくこの地で没した。『日本書紀』はこのあと神功皇后みずから神主となって神託を受け新羅征討に赴いたことを記し、社家の伝えでは神亀元年この地に社殿を建てて皇后をまつり、また神領を賜わったとある。したがって香椎廟は神功皇后を祭神とするのみならず新羅への強い関心のもとに成立したことがうかがわ

霊廟建築 真田信之霊屋宝殿(長野市松代町)

れる。『延喜式』神名に香椎宮(廟)の記載はないが、豊前国宇佐郡三座(いまの宇佐神宮)として八幡大菩薩宇佐宮・比売神社ならびに大帯姫廟神社が挙げられ、大帯姫(神功皇后)をまつる第三殿に廟の名があることに注意すべきである。香椎廟の建築的特色はいっさい不明であって、享和元年(一八〇一)再興の現社殿は三間に三間、左右に翼部を出す独特の形式をもち香椎造と称するが、この形式の起源も明らかでない。次に藤原鎌足の霊をまつる多武峯《とうのみね》(のちの談山神社)は鎌足の墓上に塔を建て、その南に三間四面堂を建てて妙楽寺と称し、また聖霊院に鎌足像をまつったというから仏教寺院的色彩の強いものであったであろう。近世に至って霊廟の建築形式はいわゆる権現造《ごんげんづくり》による例が多いが、その起源は北野天満宮にもとめられる。菅原道真の霊をまつる北野天満宮は北野神社とも北野聖廟とも呼ばれ、天暦元年(九四七)現在地に創始、その後天徳四年(九六〇)までの間に御殿を改め造ること五度、最後に造立した社殿は三間三面庇、檜皮葺であったというから、天徳ころの本殿は今日の日吉造《ひえづくり》のような形式であったらしい。その後五度の火災を経て慶長十二年(一六〇七)に再建されたのが現在の社殿であって、本殿と拝殿とを石の間によって連結するいわゆる権現造の形式をとり、八棟造とも称する独特の景観を呈する。本殿・拝殿をつなぐこの形式は天徳造営時にまでさかのぼる可能性があり、室町時代末の京都の情景を描いた『洛中洛外図』中の北野社は今日のものと大差ない。慶長三年に没した豊臣秀吉の遺骸は京都阿弥陀峰に葬られ、またその霊をまつる豊国廟《とよくにびょう》が死後ただちに着工されて翌年に竣工した。平内《へいのうち》氏の秘伝書『匠明』ならびに『豊国大明神臨時祭屏風』が示すように、その中心となる社殿は巨大な権現造であって、このほか大鳥居・楼門・回廊・舞殿など建物の数は八十余に及んでいる。豊国廟は元和五年(一六一九)ころまでにすべて破却されたが、ついで徳川氏の霊廟が各地に造営されるようになって、江戸時代初期から中期にかけて霊廟建築の全盛期を迎える。徳川家康の霊をまつる東照宮は久能山・日光のほか各地に造営され、ついで芝増上寺境内に徳川幕府歴代将軍のうち台徳院(二代秀忠)・文昭院(六代家宣)・有章院(七代家継)の霊廟が、また上野寛永寺境内に大猷院(三代家光)・厳有院(四代家綱)・常憲院(五代綱吉)の各霊廟、さらに日光に大猷院霊廟が造営され、また江戸城内には内廟として紅葉山および本丸天守台下(のちに二ノ丸に移し、さらに紅葉山に合祀)に東照宮がつくられ、紅葉山には六代将軍までの霊廟が営まれた。しかし享保五年(一七二〇)八月に至って幕府は「御銘々御霊屋」の造営を停止し、上野の大猷院霊屋がこの年三月焼失したにもかかわらず再建することなく他の霊屋に合祀することとし、全体として霊屋の数を減らす方針に転換した。そのため八代吉宗以降は新霊廟を営まず、位牌を芝・上野の各霊廟に合祀し、墓塔・唐門・拝殿だけが建てられることとなった。霊廟の中心施設は霊屋であって、その形式は権現造であるが、北野社のように石の間で本殿・拝殿をつなぐ本来の権現造の形式を踏襲するのは久能山・日光などの東照宮のみであって、台徳院廟以降は石の間の代りに梁間一間の細長い相の間でつなぐ形式に変形した。霊屋には華麗な装飾を施したものが多く、金箔・金具・極彩色・蒔絵など工芸技術を結集した例が少なくない。芝・上野の各霊廟はすべて第二次世界大戦の戦災で焼失し、今は門その他付属屋が若干残るだけである。このほか秀吉の室高台院の墓所の上に建てられた慶長十年の京都高台寺霊屋、代々高野山に納骨する慣習を受け継いで山上に造営された徳川家の霊台、上杉謙信や佐竹義重の霊屋などがある。これらはいずれも規模が小さい。また仙台・尾張その他の諸藩も城下に藩祖をまつる霊屋を造営したがその多くは戦災で失われた。

[参考文献] 田辺泰『徳川家霊廟』、福山敏男『日本建築史研究続編』、魚澄惣五郎「豊国廟」(『古社寺の研究』所収)

(稲垣　栄三)

れいへい　例幣　天皇が新穀を伊勢神宮に奉る神嘗祭《かんなめさい》に、特に使を遣して幣帛を奉ること。『公事根源』に「例幣とは、伊勢大神宮へ御幣を奉らせ給ふ、毎年の御事なるによて、例幣とは申也」とみえる。『続日本紀』養老五年(七二一)九月十一日条に、使を遣して伊勢神宮に幣帛を奉ったとあるのが国史上の初見で、以後常に九月十一日に例幣使を発遣した。神嘗祭の成立は古いだけに、勅使の派遣はその養老より行われたものと思われる。例幣使には諸王を充て、中臣・忌部がこれに従う。その発遣の日には、天皇は祭服を著し、御幣を拝した。幼帝の時は、摂政が代わって行う例であった。鳥羽天皇のころより、例幣発遣の日に天皇親臨の礼が絶え、源平合戦のころよりは、幣料も不足し、例日に使を発遣することができなくなり、戦国時代に入って後土御門天皇の末年ころ全く廃絶した。後光明天皇の正保四年(一六四七)勅して再興した。→伊勢例幣使《いせれいへいし》　→神嘗祭《かんなめさい》　→日光例幣使《にっこうれいへいし》

[参考文献] 『古事類苑』神祇部三

(西山　徳)

れいへいし　例幣使　伊勢神宮の神嘗祭に、中央から差遣される使者。王・中臣・忌部によって構成されていた。例幣使発遣儀は、毎年九月十一日を式日とし、平安時代には大極殿後房小安殿を式場として執行された。その初見記事は、『続日本紀』養老五年(七二一)九月乙卯(十一日)条で、その詳細は『政事要略』所引『官曹事類』養老五年符案にみられる。王は、五位以上の者四人の中から、卜食によって一人が定められる。神祇令によれば、例幣使は五位以上の者の参役が義務づけられているが、この規定に合致するのは王だけで、中臣・忌部に関しては、六位以下の者が参勤している例が多くみられる。平安時代中期以降、右にさらに執幣者として卜部が加わり、四姓使《しせいのつかい》と通称されるようになった。伊勢神宮までの行程は五日で、九月十六日には外宮で、翌日十七日は内宮で、奉幣儀が執行された。なお、臨時の神宮奉幣使も、例幣

使に準じて構成されることになっていた。↓日光例幣《にっこうれいへい》使《し》

参考文献 藤森馨『平安時代の宮廷祭祀と神祇官人』 （藤森　馨）

れきしがく 歴史学 ⇩神道《しんとう》

れんがく 石川県の能登地方の祭礼に登場するキリコとよばれる大燈籠の一形態。長方形の枠の四方に紙を貼り、なかに蠟燭を点した簡素な奉燈で、渡御の神輿を前後から囲むようにしてつき従うが、キリコとは異なり、担ぎ手は掛け声は出さない。八月三十一日から九月一日に行われてきた羽咋《はくい》郡富来《とぎ》町の富来八幡神社の八朔祭（くじり祭）では、縦一・八メートル、幅九〇センチ、奥行四五センチほどのものに、二本の担ぎ棒がついたれんがくが、それぞれ四人に担がれ四基でる。一基ごとに前面には青竜・白虎・朱雀・玄武の四神《しじん》名が墨書されており、祭礼時の宵祭に、渡御先の住吉社氏子地域（同町領家町）からまず本社に神輿迎えに赴くが、その際には、本社の境内の外で待機する。ついで神輿の渡御が始まると、その前後四方を四基が固め、終始つき従い、夜祭における四神旗の役割を果たしている。また鳳至《ふげし》郡穴水《あなみず》町中居南の秋祭（九月十六日）にも、類似したものがでる。 （東四柳史明）

れんげおういんちんじゅそうしゃ 蓮華王院鎮守惣社 蓮華王院に鎮守として諸国の大社を勧請したもの。安元元年（一一七五）六月、八幡以下二十一社、そのほか日前宮・熱田・厳島・気比などの社の本地を絵像に画き勧請（『百練抄』）。同年十月、蓮華王院に惣社祭を始行した。公卿・侍臣・僧綱などが騎進し、相撲や神楽・宴なども行われた（同）。弘安五年（一二八二）にも惣社祭が営まれる（『勘仲記』）など、その後も隆盛したがすべて廃絶した。 （福原　隆善）

ろ

ろくじきのきんき 六色禁忌 神事に預かる者は、穢悪に触れず、常に心身の清浄を心がけることが特に要請され、度会家行も名著『類聚神祇本源』で、清浄心を説く中に「或以二六色之禁法一為二潔斎之初門一者也」といっているように、潔斎中に守るべき六つの禁制のこと。六禁ともいう。その六目とは、「神祇令に、凡散斎之内（中略）不レ得二弔レ喪問レ病食一レ宍、亦不レ判二刑殺一、不レ決二罰罪人一、不レ作二音楽一、不レ預二穢悪之事一とあるのがそれである」と、薗田守良は『神宮典略』一七において指摘している。六禁の(一)の弔レ喪問レ病とは、『令義解』に「謂有二重親喪病一者、不レ在二預レ祭之限一也」とあるように、死や疾病は大きな穢であるからその穢を祭祀の場に持ち込んではいけない。(二)の不レ食レ宍とは、獣肉である宍は穢悪のもの故に食べないこと。宍はけものの生肉《しし》はもちろん乾肉（脯《ほじし》）・肉醤（醢《ししひしほ》）なども含まれ、いわゆる牛馬犬猿猪鹿の六畜の禁忌をいう。(三)の不レ判二刑殺一とは、刑罰の裁書に署名しないこと。一例として『延喜式』臨時祭に、出雲国造の場合、「潔斎一年（斎内不レ決二重刑一）」がみえる。(四)の不レ決二罰罪人一とは、前項とともに、社会の規範を犯す罪科の判定や罪人の決罰に預かることは禊斎中は不祥なことと考えられるためである。(五)の不レ作二音楽一は『令義解』に「謂不レ作二糸竹歌儛之類一」また『江家次第』五に、「依レ有二伊勢幣一散斎二日、（中略）致斎一日、（中略）当日朝夕御膳不二警蹕一、内竪不二音奏一」とあり、歌舞音楽は時によってはその志を散佚せしめるからである。(六)の不レ預二穢悪之事一とは、『令義解』に、「謂穢悪者、不浄之物、鬼神所レ悪也」を挙げ、「穢悪の事は雑々ありて記すに遑なし」と薗田守良は前掲の『神宮典略』に註記しているが、いわゆる穢悪とは、神に嫌悪される不浄の事象、具体的には『延喜式』大祓祝詞にある罪の中の近親姦とか、あるいは仏の法言の類とか出産時の婦女をみることなどを別のところで挙げている。なお、わが国の斎戒制度は唐の祠令を受け継いだものではあるが、『唐書』礼楽志には、(一)不二弔レ喪問一レ疾、(二)不レ作レ楽、(三)不レ判二署刑殺文書一、(四)不レ行二刑罰一、(五)不レ預二穢悪一の五項を挙げ、不レ食レ宍の項目はない。

参考文献 『伊勢二所皇太神御鎮座伝記』（『大神宮叢書』）、『造伊勢二所太神宮宝基本紀』（同）、西河原行忠『古老口実伝』（同）、岡田重精『古代の斎忌』 （鈴木　義一）

ろくじょうさめうしはちまんぐう 六条左女牛八幡宮 ⇩若宮八幡宮《わかみやはちまんぐう》

ろくしょじんじゃ 六所神社 (一)愛知県岡崎市明大寺町耳取に鎮座。旧県社。猿田彦命・塩土老翁ほか十三神を祀る。永和三年（一三七七）松平親氏が松平（徳川）氏発祥地の松平郷（豊田市松平町）東方に聳える六所山に奥州塩釜六所明神を勧請したと伝え（『朝野旧聞裒藁《ほうこう》』）、現在も山上と山下に六所神社がある（旧県社）。この六所神社は松平氏歴代の崇敬を受けたが、徳川家康の祖父松平清康が岡崎城を本拠地とするに及んで岡崎に勧請したものと伝える（清康の岡崎入城は大永四年（一五二四））。しかし、その勧請の年代は詳かではなく、由緒書に天文十一年、家康が岡崎城に誕生した時、産土《うぶすな》神として拝礼があったとするが、同十五年六月付の松平広忠寄進状（『竜海院文書』）に「東者六所之谷境」とみえるのが最古の徴証である。天正十六年（一五八八）九月二十日付の本田重次ら連署の社領境界確定証文（『大竹文書』）に、「明大寺六所大明神　殿様御氏神候」とあり、慶長七年（一六〇二）、家康より六十二石七斗の朱印領を受け、寛永十一年（一六三四）

には家光から百石の加増を受けたが、その朱印状には「東照大権現有降誕地之霊神也」とみえる。また同年より家光の命で岡崎藩主本多忠利を奉行として社殿の造営が行われた。現在の本殿・幣殿・拝殿など極彩色の権現造の社殿の多くはその時のもので、重要文化財に指定されている。江戸時代、九月十四日の大祭時には藩主より献馬があった。現在の例祭は十月十四日である。明治四十三年(一九一〇)、近在の天白神社など五社と境内末社を合祀して高宮神社と改称したが、大正十一年(一九二二)、旧称に復した。累代の神職家は大竹氏である。

参考文献 『(新編)岡崎市史』六・一八、宮地直一「三河国に於ける徳川氏の氏神」(『神祇史の研究』所収)

(太田 正弘)

(二)神奈川県中郡大磯町国府本郷(国府新宿内の飛地)に鎮座。もと相模国総社。旧郷社。古くは柳田野六所宮・柳田大神と称した。祭神は櫛稲田姫命・素盞嗚命・大己貴尊。社伝では崇神天皇甲申二年に柳田氏が出雲国から勧請したという。のち国府がこの地に置かれると、相模国一宮から四宮までと、平塚八幡宮が当社に合祀されて六所神社と称した。鎌倉幕府の祈願所でもあった古社で、後北条氏も社殿造営にかかわり、徳川家康も朱印社領五十石を与えている。近世の別当は古義真言宗の真勝寺で、当社の梵鐘は小田原市総世寺にある。当社の神事「鷺ノ舞」を含む国府祭が神奈川県無形文化財に指定されている。例祭は九月第一日曜日。 ↓国府祭《こうのまち》

参考文献 『新編相模国風土記稿』四〇(『大日本地誌大系』)、神奈川県神社庁編『神奈川県神社誌』

(三浦 勝男)

ろくしょのみや 六所宮 六所の神社を一所に勧請し、合祀した宮社のこと。六所社・六所明神・六所権現・六所神社などともいう。現在各地の六所神社と称する神社のなかに、その社伝より平安時代初期の創建と称する社もあるが、『吾妻鏡』などを文献上の初見とするところよりみると、古代末期、中世初頭に各国国府に近く総社が創建されたころ、相模・武蔵・常陸・出雲国の場合などのように、その国府に近い古社の相殿に、また境内に、国内神社中の有力社六所を特に勧請し合祀したことに始まるものが一般とみられる。よって相模国のそれ(神奈川県中郡大磯町国府本郷六所神社)は、国内一宮より四宮までと、八幡宮、それまでの主神櫛稲田姫命の六所であり、武蔵国のそれ(東京都府中市大国魂神社)は、国内一宮より六宮の六所とのように、その祭神は一定していない。また、その六の数は中国思想をもととした当時の思潮より出たものとみられる。

(鎌田 純一)

ろくそんのうじんじゃ 六孫王神社 京都市南区八条町に鎮座。旧村社。六孫王こと、源経基(清和源氏の祖)を祀る神社。「六孫さん」と通称される。当辺には貞純親王・経基父子の桃園邸があったとされ、十世紀中期、経基の死後に子息の満仲が亡父の遺骸をこの地に葬って一社を建立したのに始まると伝える。その後、十三世紀になって源氏三代将軍実朝夫人が亡夫の菩提を弔い、この地に遍照心院(大通寺)を建立するに及んでその鎮守社となったが、応永五年(一三九八)七月二十四日の火災にあって灰燼に帰した。足利義満により再建されたが、応仁の乱で荒廃。天禄十五年(一七〇二)徳川将軍家の援助により再興され、本殿以下の造営がなされた。宝永四年(一七〇七)には神輿一式と御旅所などが整備された。当社の祭礼が宝永祭と称するのはこれにちなむ。境内には経基の墓・六孫王誕生井と伝えるものがあり、また古文書を蔵する。例祭は十月十日。

(朧谷 寿)

六孫宮例祭(『都林泉名所図会』1より)

ろっきん 六禁 ⇩六色禁忌《ろくじきのきんき》

ろっこんしょうじょうはらえ 六根清浄祓 六根(眼・耳・鼻・舌・身・意《こころ》)から生ずる不浄を祓い清めるための行法ないしその詞章。近世以降に流布した「六根清浄祓」が有名。本文は「天照皇太神の宣く」で始まり「無上霊宝神道加持」という吉田神道流の祈禱語で終る。神道五部書の一部を借りて偽作したともいうが、「目に諸の不浄を見て心に諸の不浄を見ず、耳に諸の不浄を聞て心に諸の不浄を聞ず」などは、『臨済録』の「色界に入って色に惑わされず、声界に入って声に惑わされず」に通ずるものがある。当祓詞には多くの解説書がある。

(三橋 健)

わかうかのめのみこと　和加宇加乃売命　『延喜式』神名上の大和国広瀬郡に名神大社「広瀬坐和可宇加乃売命神社」とみえる。同祝詞の広瀬大忌祭には若宇加能売命とあり、『文徳実録』では嘉祥三年（八五〇）七月丙戌（十一日）条に若宇加乃売命神が従五位上、仁寿二年（八五二）七月庚寅（二十五日）条に従四位下、同年十月甲子（二日）条に従三位に叙されるとある。現在の奈良県北葛城郡河合町川合に鎮座する広瀬神社の祭神で広瀬大忌神とも称する。兵庫県多可郡中町糀屋の稲荷神社、埼玉県狭山市上広瀬の広瀬神社の祭神でもある。→大忌神《おおいみのかみ》　→広瀬神社《ひろせじんじゃ》　（薗田　稔）

わかぎ　若木　正月用の薪のこと。若木は若い木を意味する言葉とされるが、若水・若潮などと同様に年初の新しい神聖なイメージが「若」の中には含まれている。長野県下伊那郡阿南町新野では、若木を割って十二本の割木にし、戸口に立てた正月飾りや先祖の墓に十二月と墨書した割木を立てる。これをオニ木やオタッシャ木と呼んでいるが、十二月と書く前の割木を若木と呼んでいる。若木・オニ木・オタッシャ木・年木などは小正月の飾り木としての同一の習俗を表わしていると考えられる。正月の初山入りに小正月（正月十五日）の飾り木を切り採ってくることを若木迎えという。若木を山に採りに行く日は地方によって多少の違いがある。九州北部では正月二日または四日に山に切り出しに行くところが多い。熊本県上益城郡では、一家の人数分だけ若木を切ってきて、家に立てかけ、宮崎県西臼杵郡では、白紙を三角形に折ったものを若木に挟んで庭の回りに立てたという。これらの若木は薪とはせずに、のちに鋸や鉈の柄にして使ったという。東北地方の一部には六日に山の神をまつりに山に入ることを若木迎えと呼んでいるところがある。中部地方では、十一日に小正月の作り物に使う木を採りに入る。奥三河の山村ではこれをヒラキゾメと称している。いずれにしても、小正月の飾り物と若木迎えが一連の行事となっている。　（茂木　栄）

わかさのくにじんみょうちょう　若狭国神名帳　国内神名帳の一種。一巻。若狭の国司が管内の神社へ神拝や朔幣を行うための公簿として国衙に備えてあった神名帳を原形とするが、現存するものは奉唱用ないし勧請用へと変化している。現存する最古の写本は、享禄五年（一五三二）卯月十日に蓮乗坊が書写した小野寺本であり、ついで天文三年（一五三四）十二月二十五日に宝光坊栄応が書写した中村本があり、また元禄七年（一六九四）九月八日に栗栖治右衛門尉源貞が書写した若狭彦神社本がある。表題も一定しておらず、「若狭国内神名帳」「若狭国内神階記」「神階記」「神階帳」などとさまざまである。若狭国の全三郡（遠敷・大飯・三方）に所在する諸神を神階とともに郡ごとに記載してある。異本・諸本は多いが、寺院系と神社系とに大別され、前者に属するものとしては小野寺本・天徳寺本・中村本などがあり、後者に属するものとしては小浜八幡神社本・若狭彦神社本・続群書類従本などがある。寺院系は修正会、修二会などで奉唱されたもので、たとえば小野寺本では国内の諸神百四十八所（実数は百四十七）を記載し、はじめに鎮守大明神十二所を置き、続いて遠敷郡九十一所、大飯郡二十所、三方郡三十六所を掲げてある。次に神社系は神社の神事などで勧請されたもので、若狭彦神社本の場合では国内の諸神百四十五所を郡ごとに記載してあり、その内訳は遠敷郡八十九所、大飯郡二十所、三方郡三十六所である。『続群書類従』神祇部、『神道大系』神社編一所収。

参考文献　『群書解題』一下、三橋健『国内神名帳の研究』論考編・資料編、近藤喜博「若狭国神名帳と伊勢国神名帳」（『神道宗教』八）　（三橋　健）

わかさのくにちんじゅしんにんえけいず　若狭国鎮守神人絵系図　若狭国一宮の若狭彦神社と二宮の若狭姫神社の創立縁起絵および同社の神職を世襲した始祖の笠節文をはじめ歴代笠氏の肖像を描く。紙本彩色の絵巻。縦約三一《センチ》、全長約一四《メートル》。このうち巻首から九《メートル》までは、鎌倉時代の作で、後半部は江戸時代中期に至るまで書き継がれている。もともと笠氏が伝来し、若狭彦神社に伝えられたものであるが、現在は京都国立博物館に所蔵される。重要文化財。巻頭から始まる前段には、祭神の垂迹譚と社頭の結構が描かれ、詞書はない。ついで両宮に仕えた笠氏歴代の「絵系図」が初代節文より三十一代正房までつづく。十二代景継までは同一筆であり、景継二十五歳のとき、寛喜元年（一二二九）の成立か。鎌倉時代に流行する似絵の作品としても貴重なものといえる。両宮が勧請された時から笠氏が代々奉仕してきた由緒ある家筋であることを後世に伝える目的で作られた。『若狭国鎮守一二宮神人絵系図』が『神道大系』神社編三三に所収されている。

参考文献　景山春樹『神道美術の研究』、河音能平『中世封建制成立史論』、伴信友「若狭国官社私考」（『伴信友全集』二所収）、近藤喜博「若狭国鎮守一二宮神人絵系図攷」（『国華』五七ノ四―七・九）　（岡田　莊司）

わかさひこじんじゃ　若狭彦神社　福井県小浜市に鎮座。遠敷《おにゅう》川に沿って谷をさかのぼった竜前《りゅうぜん》に若狭彦神（彦火火出見尊）を祀る上社（若狭彦神社）があり、その川を下った北方一・五《キロ》のところ、遠敷に若狭姫神（豊玉姫命）を祀る下社（若狭姫神社）がある。『若狭大明神古縁起』によると、上社は笠節文の夢に神が顕われ、霊亀元年（七一五）に、下社は養老五年（七二一）にそれぞれ創建されたと伝える。

遠敷大明神・上下大明神とも称され、『延喜式』神名帳の「若狭比古神社二座」にあたり、ともに名神大社。若狭一国の総鎮守として国内の崇敬は厚く、上社は一宮、下社は二宮となる。もとは農耕神であったが、若狭湾沿岸の漁民の守護神的性格を加えていった。同社に所蔵する『詔戸次第』(重要文化財)は中世国衙祭祀の内容を明らかにしてくれる貴重な記録である。中世以降も守護や小浜藩主酒井氏の崇敬により社殿修造が行われた。本殿は文化十年(一八一三)、神門は天保元年(一八三〇)の造営、若狭姫神社の本殿は享和二年(一八〇二)、神門は同三年、随神門は寛保三年(一七四三)の造営となっている。いずれも県指定文化財となっている。明治四年(一八七一)、国幣中社に列す。例祭は上社十月十日、下社三月十日。

参考文献 『小浜市史』三、式内社研究会編『式内社調査報告』一五、河音能平『中世封建制成立史論』、伴信友「若狭国官社私考」(『伴信友全集』二所収)

(岡田 莊司)

わかさんじん **和歌三神** 和歌の守護神とされる三種の神。諸説あり、『類聚名物考』では「地下のあがむる所は人丸明神、赤人、天満宮」とし、橋本経亮の『橘窓自語』では「住吉社、天満宮、玉津島姫社の三柱たる事、後奈良院宸記にあり」という。平田篤胤の『歌道大意』では世に住吉・玉津島・人麿の三社をいうとしながら、これは『悦目抄』の奥書に六神を挙げて起請しているが、それを約めたもので、仏教にいう阿弥陀・観音・勢至の三尊にならって三社の託宣を作為したのと同じ考えにもとづくものであり、根拠はないとする。

参考文献 伊勢貞丈「和歌三神考」(『安斎雑考』上所収)

(久保田 淳)

わかどう **若童** ⇩乙童《おつどう》・若童《わかどう》

わかばやしきょうさい **若林強斎** 一六七九—一七三二 江戸時代中期の儒学者。延宝七年(一六七九)七月八日、京都に生まれる。家はもと武田信玄の家臣。名は進居《ゆきやす》。進七あるいは新七と称し、号を強斎、または寛斎という。その居所を望楠軒、神道の霊社を守中と号した。父、正印は京都で鍼医を営んでいたが、強斎二十歳のころ失明し、その後、長く貧困の真っ只中にありながら勉学に励んだ。元禄十五年(一七〇二)二十四歳ごろ、山崎闇斎門下の浅見絅斎に師事し、その高足となる。宝永六年(一七〇九)三十一歳のころ、父の疾を契機に京都から大津に移り、三井寺の支院微妙寺の空坊に居を移した。正徳元年(一七一一)師の絅斎の没後、その学統を継ぎ、その門下から山口春水・沢田一斎・西依成斎・小野鶴山・松岡雄淵などの俊才を輩出し、崎門学派の継承に大きな功績を残した。享保十七年(一七三二)正月二十日没、享年五十四。その思想は、師絅斎を紹述し、享保十年闇斎門下の玉木葦斎より神道の講義をうけ、山本主馬から神道の相伝を承けつつも、いわゆる巫祝性の強い社家神道には陥らず、儒学の合理主義を保持した。他方、朱子学との関わりでは、湯武の放伐を否定し、君に対する臣の絶対的忠誠を最高の道徳とするとともに、万世一系の天皇家の永続をもってわが国の特質として強調し、後期以降の尊王思想に影響を与えた。著述の大半は、儒学の経典に関する講義録であり、語録に山口春水筆録『強斎先生雑話筆記』二巻続録三巻がある。

参考文献 伝記学会編『山崎闇斎と其門流』、小林健三『垂加神道の研究』、西順蔵・阿部隆一・丸山真男校注『山崎闇斎学派』(『日本思想大系』三一)

(本郷 隆盛)

わかひるめのみこと **稚日女尊** 斎服殿《いみはたどの》で神の御衣《みそ》を織る神。『日本書紀』神代宝鏡開始章第一の一書にあらわれる神で、機織中に素戔嗚尊が逆剥ぎにした馬を投げ入れたのに驚いて梭《ひ》(緯糸《よこいと》を通すための先の尖った道具)で体を傷つけて亡くなった。天照大神が岩戸隠れする発端となる記述だが、『日本書紀』神代同章の本文では体を傷つけたのは天照大神自身であり、『古事記』では天服織女《あめのはたおりめ》が陰部に梭がささり亡くなった、とある。

(渡辺瑞穂子)

わかまつえびすじんじゃ **若松恵比須神社** 福岡県北九州市若松区浜町に鎮座。若松おえびすさんとも称する。旧村社。祭神は事代主命・大国主命・大山咋神・天照皇大御神・素盞嗚命・武内宿禰命。社伝によれば、仲哀天皇が熊襲征伐の時、岡県主《おかのあがたぬし》熊鰐《わに》は神功皇后を波静かな洞海より岡津に案内したが船は進まず、漁夫に海底を調べさせると一つの光り輝く石があり、これを拾いあげて祀ったのが当社の起源という。また天徳二年(九五八)蛭子大神を奉斎したとも伝える。文安五年(一四四八)の麻生家塩浜目録によると当地は塩田・漁業を営む寒村にすぎないが、江戸時代に福岡藩の藩米積出港として繁栄し、海岸に鎮座する当社は漁民・商人などより篤く信仰された。明治に入り若松港は筑豊炭田の積出港として埋め立てられ境内は内陸となった。豊漁・航海安全・商売繁盛を祈願する「若松おえべっさん」は春季大祭四月二—四日、秋季大祭十二月二—四日に行われる。後者が本祭で三日早朝に行われる福寿祭御座の儀は著名。

参考文献 『筑前国続風土記拾遺』

(伊藤 勇人)

わかみず **若水** 新春にはじめて汲む水。平安時代に宮中では、前年十二月土用以前に生気《しょうげ》の方《かた》の井戸を封じておき、立春早朝にそこから主水司《もいとりのつかさ》が若水を汲み、女房の手によって天皇の朝餉に奉った。その後、立春に汲む風が廃れ、室町時代から江戸時代にかけて元朝に汲む風が定着した。近代の民間の若水は、元旦未明に、年男が新調した柄杓と手桶を持って井戸や泉・川に行き、餅や洗米を供えたあと、「福汲む、徳汲む、幸い汲む」などのめでたい唱え言をして汲んでくるのが一般的で、この水は年神に供えたり、わかして福茶などと称して家族一同で飲んだり、雑煮の支度に用いたりする。年神祭の祭主である年男が汲むのが全国的であるが、西日本でこれを主婦の役目にしている所のあるのには、何か隠された理由があると思われる。若水には邪気を払い幸いを招く力が認められているが、同時に古代の変若水《おちみず》のように人を若がえらせる力も期待されているといえよう。

（田中　宣二）

わかみずまつり　若水祭　京都市山科区日ノ岡夷谷町の日向《ひむかい》神社で正月元日に行われる祭。午前三時から本殿前の朝日泉で祭儀を行い、その泉から若水を汲んで参詣者にも授与する。また向陽斎の護符を授与する。これは家業繁栄・陽気増長の祈禱札である。日向神社は粟田口の東に位置し、朝日宮とも呼ばれる。京の東の入り口であるので、朝日が昇る位置にあり、若水祭もこの立地と関係するものと思われる。元旦に汲む水を若水といい、それを汲みに行くことを若水汲み・若水迎えなどと呼ぶ。この行事の背景には、若水を飲むと若返るという信仰がある。若水は、年神への供え物であり、家族の元旦の食物を煮たり、口をすすいだり、茶をたてたりするために使われる。

参考文献　柳田国男編『分類祭祀習俗語彙』

（福原　敏男）

わかみや　若宮　若宮神に対する信仰。一般に若宮は本宮の祭神の子神であると説明されている(『神道名目類聚抄』)が、これは必ずしも若宮の本義を究めたものではない。若宮は本宮の親神や祖神である場合、また御旅所を若宮と称している地方もある。本宮と若宮の関係は祭祀の内容によりさまざまで一筋縄ではいかない。若宮を称する神社は全国に所在するが、なかでも八幡若宮が多く、ついで賀茂若宮・春日若宮などが知られている。これらの若宮の多くは天寿を全うしないで非業の死をとげた御霊の祟りを恐れて祀ったとの縁起をもっている。それゆえ初めは神の段階に至っていなかったが、巫女や神職のまつりをうけて神々に昇格したものと思われる。たとえば石清水八幡の若宮、また賀茂の若宮など常に巫女に憑いて顕われており、なかでも賀茂の若宮は「打臥《うちふし》の巫」(『大鏡』五)という臥して託宣を下したすぐれた巫女に寄りついてあらわれた。また若宮は八幡信仰の隆盛とともに全国へ伝播していったことも注目される。そして春日若宮の場合は、奈良の春日大社若宮の神主家に伝わる「秘記」によれば、保延二年(一一三六)九月十七日、洪水・飢饉・疫病などで世の中が荒れ、それらを鎮めるために若宮の「おんまつり」が始められたとある。このように若宮の多くは御霊信仰と関わりが深いが、祖神や氏神としてまつられる若宮もあり、これらは御霊とまったく関係がない。若宮の国史における初見は『三代実録』貞観十五年(八七三)八月条に記す飛驒国気多若宮神であるが、爾後、若宮は諸文献に散見するようになる。わが国の主要な神社は多く若宮を伴っているが、本宮と若宮との関係は複雑である。若宮祭が本宮祭より重要視されている場合もあり、前述の春日大社の若宮祭は「おんまつり」と称されて春日大社の第一の祭となっている。大神神社の若宮(大直禰子神社)も、本社の大神祭に先立って若宮の例祭が行われる。その次第は若宮の分霊が本社の拝殿の御棚に遷り、宵宮祭が行われ、翌日、本社の祭典が行われ、その後に、神幸祭があるが、これを若宮神幸祭と称している。このように本宮祭に先立って若宮祭を行う事例もあり、また本宮が若宮へ遷る場合、若宮が本宮へ遷ることもある。若宮は境内神社として鎮座しているが、いずれも本宮と深い関係にあり、特に本宮の祭礼には重要な役割を果たしている。なお広島県甲奴郡一帯では死者の霊を若宮と称し、「若宮」という木像を作って祖霊社に祝いこめ、「若宮遊び」と呼ばれる若宮祭を氏神の例祭の前夜に行なっている。

↓春日若宮神社《かすがわかみやじんじゃ》

参考文献　柳田国男『神道と民俗学』(『定本柳田国男集』一〇)、同「人を神に祀る風習」(同所収)、同『氏神と氏子』(同一一)、宮地直一『八幡宮の研究』、原田敏明『村の祭祀』、折口信夫「春日若宮御祭の研究」(『折口信夫全集』二所収)、堀一郎「若宮信仰」(『堀一郎著作集』四所収)、

（三橋　健）

わかみやどののりんじごせんぐうにっき　若宮殿臨時御遷宮日記　春日若宮(奈良市)の臨時造替日記。応永十五年(一四〇八)に若宮の常住神殿守《じょうじゅうかんとのもり》であった春雄が録したものである。一巻。式年として二十年ごとに行われる造替は応永十四年に執行されたが、翌年八月十二日の台風によって若宮社後方の大杉が倒れ、御殿と瑞垣が損壊した。これによって修繕のため臨時に遷宮が行われた。承久年間(一二一九―二二)・文保年間(一三一七―一九)に行われた臨時の遷宮の例によって執行したことがみえる。前年行われた造替の節に用いられた若宮殿の棟木は、塔の用木とされていた材を所望して用いたために、仏の物を用いたことが神慮に叶わなかったのでおこった災害だと考えられた。以下朝廷方との文書のやりとりや、興福寺方よりの下行米《げぎょうまい》のことと遷宮の祭具や所役の割りつけなどが日を追って詳しく記される。棟木のような太い材は当時としてもなかなか調達は難しかったようである。

『続群書類従』神祇部所収。

参考文献　『群書解題』一中

（岡本　彰夫）

わかみやはちまんぐう　若宮八幡宮　京都市東山区五条橋東五丁目に鎮座。左女牛《さめうし》八幡宮・六条左女牛八幡宮とも称した。旧郷社。祭神は応神天皇・仲哀天皇・神功皇后で、明治十年(一八七七)に仲恭天皇、昭和二十四年(一九四九)に陶祖神椎根津彦大神を配祀した。天喜元年(一〇五三)創祀と伝える旧社地は六条左女牛西洞院で「源義家誕生の地」付近の小祠である。石清水八幡宮の若宮として、その神輿が入洛すると当宮に奉安したため、保延六年(一一四〇)正月、石清水八幡宮の祝融(火災)に際し、その神霊は当宮に遷御したとの風評が広まり、一躍神威をたかめた。源頼朝は源家の氏神として当宮を崇敬し、社領を寄進して二度の上洛にも社参した。室町幕府も当宮を宗祀とし、歴代将軍の社参・祈請多く、社殿の造替、祭儀の盛行をきわめた。天正十一年(一五八三)羽柴(豊臣)秀吉は当宮を旅所に遷座、さらに慶長十年(一六〇五)に

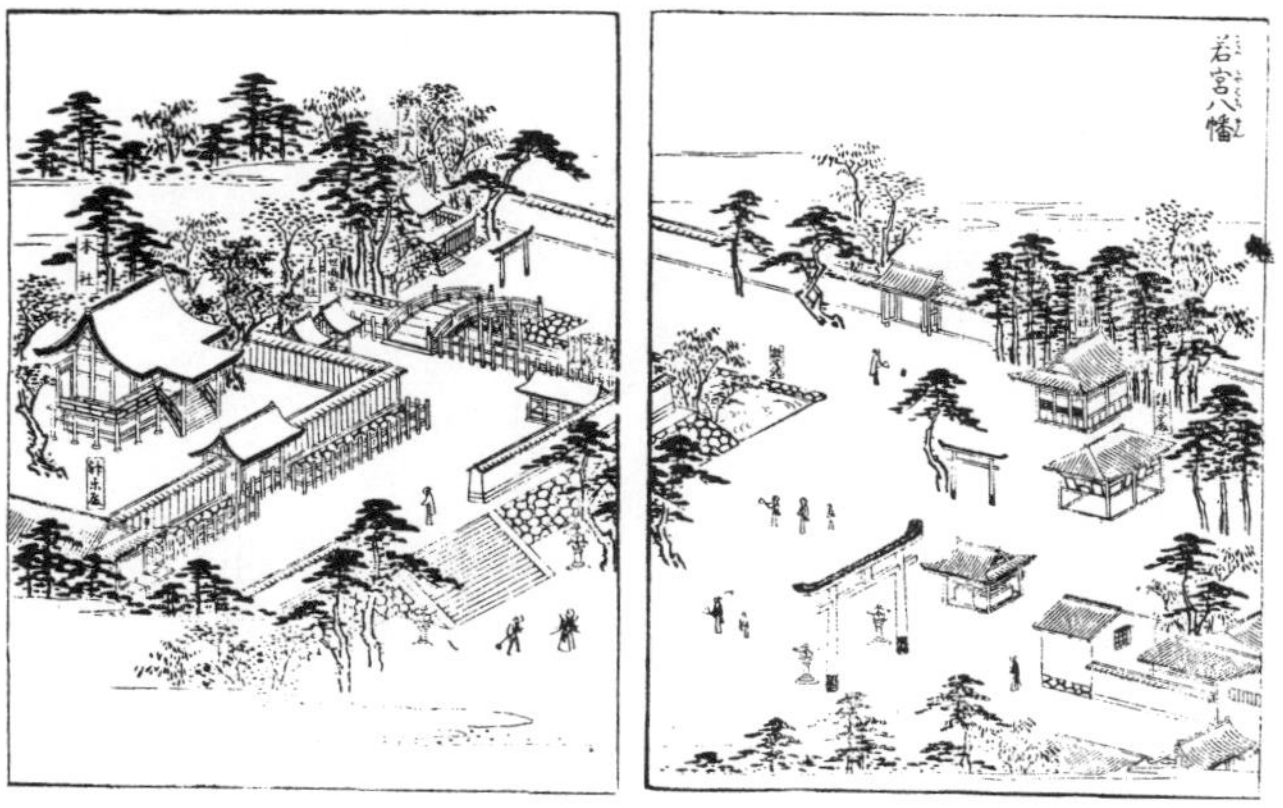

若宮八幡宮（『都名所図会』２より）

現社地へ移る。現在の社殿は承応三年(一六五四)後水尾上皇の勅により造営。徳川家康は七十三石余の朱印領を寄進した。例祭は八月八日。現社地周辺は清水焼の生産販売地であることから、例祭日より四日間、境内では陶器市が開催される。境内社は阿波天満宮・秋葉神社・稲荷神社・竹生島神社・産霊神社・蛭子社の六社。本殿横には至徳三年(一三八六)在銘の足利義満寄進と伝える八角形の手水石、拝殿前には孝明天皇胞衣埋納所の石碑がある。また紙本著色『足利義持参詣図絵巻』一巻その他を襲蔵する。

参考文献 魚澄惣五郎「六条若宮八幡宮について」(『歴史と地理』八ノ六)、宮地直一「六条新八幡宮の性質」(同一〇ノ三・四)　（二宮　正彦）

わかみやはちまんしゃ　若宮八幡社　名古屋市中区栄に鎮座。往古は若宮・若宮社と呼んだ。仁徳天皇・応神天皇・武内宿禰《たけしうちのすくね》を祀る。文武天皇代に那古野《なごや》今市場《いまいちば》(現名古屋城内)の地に勧請と伝え、慶長十五年(一六一〇)、名古屋城築城の時、現在地に移された。その間、天文元年(一五三二)、那古野合戦の兵火で焼失し、同八年再興された。当社は那古野荘の総鎮守と称し、神宮寺を安養寺といったが、寛文四年(一六六四)、名古屋藩二代徳川光友の寄進により社殿を造営、その際、社僧を廃して神官を置いた。元禄二年(一六八九)、千四百年祭にあたり光友より社領百石が寄進された。神官は江戸時代中期より氷室氏であった。明治五年(一八七二)郷社に列し、同九年県社に昇格。昭和二十年(一九四五)戦災により全焼、同三十二年復旧した。例祭は若宮まつりと称し、五月十六日に行われ、神輿と山車《だし》が那古野《なごの》神社をお旅所として渡御する。

参考文献 『名古屋市史』社寺編　（太田　正弘）

わかみやまつり　若宮祭　⇨春日若宮祭《かすがわかみやまつり》

わくむすび　稚産霊　若々しい生成力を持つ神の意か。『古事記』では伊耶那岐《いざなぎ》・伊耶那美命《いざなみのみこと》の神生みにおいて、尿《ゆまり》より生成した神として和久産巣日神《わくむすびのかみ》がみえる。『日本書紀』神代四神出生章第二の一書では、火神《ひのかみ》軻遇突智《かぐつち》が土《つち》神《のかみ》埴山姫《はにやまひめ》を娶《めと》って稚産霊《わくむすび》を生む。そして、稚産霊の頭《かしら》の上に蚕《かいこ》と桑《くは》が生《な》り、臍《ほそ》の中に五穀《いつくさのたなつもの》が生《な》ったとある。火と土から若々しい生成力を持つ神が生まれたとするのを、焼畑農業の起源説話とみる見方もある。　（青木　周平）

わけあまつかみ　別天神　⇨ことあまつかみ

わけのきよまろ　和気清麻呂　七三三―九九　奈良時代の政治家。備前国藤野(和気)郡出身。天平五年(七三三)生まれる。乎麻呂の子。天平宝字初年、孝謙上皇に近侍していた姉広虫の推挙により兵衛として出身したらしく、天平神護元年(七六五)、従六位上で勲六等に叙せられ、ついで右兵衛少尉、翌年、正六位上より従五位下に叙せられ、近衛将監となった。神護景雲三年(七六九)、道鏡の皇位覬覦事件に際し、宇佐神宮に使し、神託をうけてこれを阻止したため、一時因幡員外介にうつされ、除名されて別部穢麻呂《わけべのきたなまろ》となり、さらに大隅国に流された。光仁天皇の即位とともに召還され、本姓本位に復し、豊前守に任ぜられたらしいが、桓武天皇の即位によって急速に登用され、天応元年(七八一)従四位下、延暦二年(七八三)摂津大夫となり、翌年、長岡京の造営を建議し、造京の功により従四位上に叙せられ、その後、民部大輔をかね、摂津班田司長官となり、河内・摂津両国堺で大水利工事をおこすなど、民政につくし、また故郷備前の行政にも意を用い、美作・備前国造に任ぜられた。同九年、正四位下に叙せられたが、藤原種継の暗殺により長岡京の造営が滞ると、十二年潜奏して平安遷都を願い、十五年、従三位に進み、造宮大夫となり、子の造宮判官広世とともに、「造京式」を制し、新京を造営した。同十七年、致仕を乞うたが許されず、功田二十町を賜わり、翌十八年正月に姉広虫が没したのにつづいて二月二十一日に没し、正三位を贈られた。時に民部卿・造宮大夫で、年六十七。六男三女があり、生前に『民部省例』『和氏譜』を撰したという。長子広世は父の志をつぎ、私墾田百町を故郷八郡の百姓の賑救田にあてた。その墓所は神護寺にあるが、同寺は清麻呂が生前に建立した神願寺を子の真綱・仲世らが改めたもので、最澄はこの高雄山寺で悔過読経し、灌頂法壇をたて、またこれを空海に付して、神護国祚真言寺と名づけたという。また大学別曹として弘文院をたてたのも、広世が父の志をついで実現したものという。

参考文献 平野邦雄『和気清麻呂』(『人物叢書』一二二)、横田健一『道鏡』(同一八)、米田雄介「古代地方豪族に関する一考察―和気清麻呂の場合―」(『続日本紀研究』九ノ一・二)　（平野　邦雄）

わこうどうじん　和光同塵　『老子』第四章で、道は、鋭いものを挫き、紛争を解決し、強い光を和らげ、身を塵と同じに置くと説く「挫㆓其鋭㆒、解㆓其紛㆒、和㆓其光㆒、同㆓

其塵」の文に拠ったことば。中国の仏教書で用いられ、日本にもたらされたが、己の智徳才気の光を和らげ、隠し、世俗に随うという意味を、日本では特に、仏菩薩が、智恵の光を隠し、人々を救うために塵に交じり、日本の神祇として現われると解した。 （大隅　和雄）

わさびまつり　山葵祭　神饌として山葵を献ずる祭。神饌献供に特徴があり、それが祭の名称となっているところは少なくない。魚・和布《わかめ》などの海産物、果実・野菜・根菜の類、栗・榧《かや》などの野生の木の実など、それぞれの初物を神に供え、そのあとでないと人々はめったに食べないところがある。つまり、初物を供えて神慮を慰めようとする信仰である。山菜の神饌としては、京都貴船神社のイタドリ祭や京都府北桑田郡美山町の熊野神社の山葵祭が有名である。それぞれの地方で、その神饌品目が人々の食生活の上できわめて重要視されてきた。熊野神社では旧三月十五日に山葵祭が行われる。頭屋《とうや》から酒一升と山葵とを供える。またこの日までは山葵を食べない。もし食物禁忌を破れば罰があたるという。氏子が祭とは関係なく、町に出て刺身のつまに山葵を食べると、帰りに山中で歩けなくなるという。

参考文献　柳田国男編『分類祭祀習俗語彙』 （福原　敏男）

わしおあたごじんじゃ　鷲尾愛宕神社　福岡市西区愛宕に鎮座。旧郷社。祭神は天忍穂耳尊《あめのおしほみみのみこと》・伊邪那岐尊・火産霊神・伊邪那美尊。当社鎮座の愛宕山はもと鷲尾山・浦山とも称し、平安時代後期の瓦経遺跡、中世の九州探題跡がある。鷲尾権現は景行天皇時代の創祀と伝え、前二柱の神を祀り、社僧は天台修験の東林寺。中世の戦乱で焼失し衰退。一方の愛宕権現は福岡藩二代藩主黒田忠之が黒田騒動で幕府の嫌疑を受けた時、京都の愛宕社に祈願し、霊験を得て帰藩が叶い報賽のため寛永十一年（一六三四）後二柱の神を勧請して鷲尾山に祀った。以来愛宕山と称す。社僧は真言宗円満寺。その後、鷲尾権現は愛宕権現の末社となり、東林寺は宝暦年間（一七五一―六四）に廃止。明治三十四年（一九〇一）九月両社は合併して現社名となる。鎮火・開運・延命長寿・商売繁盛の神として庶民の崇敬篤く、禁断誓願の神として霊験があるという。春季大祭は四月二十三日・二十四日。秋季大祭は九月二十三日・二十四日。月詣りは毎月一日。

参考文献　『太宰管内志』、『筑前国続風土記』 （伊藤　勇人）

わしのみやじんじゃ　鷲宮神社　埼玉県北葛飾郡鷲宮町鷲宮に鎮座。旧准勅祭社、旧県社。主祭神は、天穂日命《あめのほひのみこと》・武夷鳥命《たけひなとりのみこと》を祀る。社伝によると天穂日命と御子の武夷鳥命が二十七の部族を率いて当地に入植し、まず、国土経営の神である大己貴命《おおなむちのみこと》をまつる神崎社（現摂社）を建て、次に当地を開いた天穂日命と武夷鳥命をまつる当社が建てられたとある。また、日本武尊が東征の折に当社の神威を崇尊して社殿を造営したとあるが、これは『神道集』の「三島大明神事」に記される伊予国一宮三島大明神（大山祇神社）が東征のため伊豆国に遷った時、社前の鷲大明神も武蔵国太田庄に遷り、国の鎮守と号して尊崇を受けたとある記事と類似性が認められる。なお、社名は、土師器《はじき》を生産する土師部が奉斎したことから「土師宮《はじのみや》」と呼んだことに由来する説もある。鎌倉時代以降は、幕府や武門から崇敬を受け、江戸時代は四百石の社領が安堵された。当社の土師一流催馬楽神楽（重要無形民俗文化財）は、神楽舞の中に雅楽の歌曲「催馬楽」が採り入れられているのが特徴で、関東における江戸里神楽の源流とされる。例祭は三月二十八日。 （高橋　寛司）

わたつじんじゃ　度津神社　新潟県佐渡郡羽茂町大字飯岡に鎮座。一の宮と通称される。旧国幣小社。『延喜式』神名帳佐渡国九座のうち羽茂郡二座の内の一座。祭神は五十猛命《いたけるのみこと》とあり、宝永年中（一七〇四―一一）の再建奉加帳に配祀神大屋津姫・抓津姫《つまつひめ》とある。名称からみて航海神を祀ったものであろう。江戸時代には「社地一町六段余、分米二石六斗余三か一御除地」と『佐渡国寺社境内案内帳』にある。社殿は妹背山を背にして羽茂川べりに鎮座し、社前に羽茂平野条里の取水口の神立堰がある。また、社殿の東には渡津山神宮寺があったが、明治元年（一八六八）廃仏毀釈によって廃された。度津神社が佐渡国一宮と称された最初は元禄年間（一六八八―一七〇四）成立の橘三喜の『一宮巡詣記』による。例祭は四月十五日で流鏑馬《やぶさめ》の神事があるほか、明治維新までは十一月初卯日に三日二夜の祈念、十二月晦日より正月十七日まで宮籠りの祈念があった。現在の例祭日は四月二十三日で、「つぶろさし」の大神楽がある。

参考文献　『羽茂村誌』 （田中　圭二）

わたつみしんこう　海神信仰　⇨かいじんしんこう

わたつみじんじゃ　海神社　神戸市垂水区宮本町に鎮座。「わたつみのかみのやしろ」「あまのじんじゃ」「かいじん

垂水神社日向明神（『播磨名所巡覧図会』2より）

じゃ」「垂水大明神」「日向大明神」とも称す。旧官幣中社。底津綿津見神《そこつわたつみのかみ》・中津綿津見神・上津綿津見神の三柱を主神に、相殿神として大日孁貴尊《おおひるめむちのみこと》を祀る。神功皇后が朝鮮に出兵しての帰途、当地の海上で暴風怒波が起り、御座船が進まなかったので、皇后が斎戒《さいかい》のうえ占いをし、海上三柱の神を現社地へ祀ったのが鎮座の由来と伝える。以後、舟運守護海上鎮座の神として仰がれ、大同元年(八〇六)牒に封戸十戸とあり、ついで『延喜式』には名神大社となり、月次・新嘗の二祭には官幣に預かった。天正十一年(一五八三)豊臣秀吉により、垂水郷山内の山銭をもって祈禱米に充てられた。江戸時代には明石城主が黒印を捧げて毎年二月参拝するのを常としていた。万治二年(一六六〇)、延享二年(一七四五)に社殿の修理・改築がなされた。例祭は十月十一日で、海上渡御祭が知られている。特殊神事として百燈明祈願神事がある。

（加藤　隆久）

わたつみじんじゃ　海神神社　長崎県上県郡峰町木坂伊豆山の中腹に鎮座する。「かいじんじんじゃ」ともよばれる。旧国幣中社。対馬国一宮。創建時期は不明。祭神は豊玉姫命《とよたまひめのみこと》を主神とし、彦火火出見命《ひこほほでみのみこと》・鵜茅葺不合命《うがやふきあえずのみこと》・宗像神・道主貴神を祀る。本社は平安時代以来、八幡宮と称されていたが、これは神功皇后が新羅征討の帰途、幡八流を祀ったことによるとする説がある。ところが対馬国の式内社は二十九社あるが、八幡宮の名はみえない。対馬の一宮が式内社にみえないことは、『延喜式』以後、八幡信仰の盛行により式内社に八幡が合祀され八幡宮となったためとする説もある。そして合祀前の式内社名については、和多都美神社とする説と和多都美御子《わたつみのみこ》神社とする説があるが、近年は後者とする説が有力である。『吾妻鏡』文治二年(一一八六)二月二日条によれば、前対馬守源親光が八幡宮以下鎮守諸大明神六十余社の御宝殿を修造した功により還任されており、このころすでに対馬国内諸社の筆頭にあったことがわかる。鎌倉時代以降は上津八幡宮あるいは木坂八幡宮と称されている。貞享三年(一六八六)に成立した『対州神社誌』によれば、神殿のほか拝殿と廊下があり、境内には十余座の摂社があると記されている。明治三年(一八七〇)和多都美神社と改称し、翌四年海神神社と改称し、同年国幣中社に列した時、祭神も応神天皇・神功皇后から豊玉姫命に変わった。所蔵されている新羅仏の銅造如来立像は重要文化財である。例祭は旧八月五日。

参考文献　川本達『海神宮考』、日野清三郎編『対馬島誌』、鈴木棠三『対馬の神道』、式内社研究会編『式内社調査報告』二四、永留久恵『対馬の文化財』

（瀬野精一郎）

わたつみのかみ　海神　古代の海洋神。綿津見神とも表記される。記紀神話では、伊弉諾尊《いざなぎのみこと》・伊弉冉尊《いざなみのみこと》二神の御子で、底津綿津見神・中津綿津見神・上津綿津見神の三柱の神である。海洋の綿津見宮に住む神とされ、天孫瓊瓊杵尊《ににぎのみこと》の子、彦火火出見尊《ひこほほでみのみこと》(火遠理命《ほおりのみこと》)が訪れて、その娘豊玉姫と結婚する神話がある。一般には海洋神はすべてこの神とされ、現在の海神をまつる神社の祭神も記紀の綿津見神に統一されている。しかし、この名で呼ばれるのは宮廷神話の世界だけである。古代日本の海洋神はもっと多様であり、さまざまな神格があった。第一には海人たちの斎《いつ》く漁撈神、第二に住吉神のような航海の神、第三は地域ごとの岬や海域にまつられる海洋神である。第一の海神は、記紀にみえる神や、『万葉集』に白玉(真珠)を持つと歌われた神々に相当するであろう。その中心は、朝廷にあって諸国の漁民を部民(海部)として統括した安曇連の本拠と推測される、摂津国明石郡(神戸市垂水区)の海神《わたつみ》社(『延喜式』神名帳)である。各地に式内社の「海神社」「和多都美神社」が分布しているが、安曇氏・海部とかかわって設定されたものが少なくないであろう。第二の航海の神として代表的な社は、摂津国住吉郡(大阪市住吉区)の住吉大社であるが、遣唐使の発遣にあたってまつられるなど、国家祭祀の性格が強く、式内社の分布も長門・筑前・壱岐・対馬など対外航路と、蝦夷地の陸奥に限られている。古代では民衆信仰の痕跡は見られない。筑前の宗像神社(福岡県宗像郡)も古代の航海神として国家祭祀を受けているが、玄界灘を中心とした大陸航路の限られた水域の神であったらしい。第三のそのほかの地域的な海洋神としては「海」の語が付かなくてもその立地・社名などから漁業や航海の守護神として信仰されたと推測される古社は少なくない。丹後国海部郡(京都府宮津市)の籠《この》神社は古代以来海部氏が神職を世襲しているし、上総一宮の玉前《たまさき》神社(千葉県長生郡)の祭礼では、九十九里浜南端の海中を十二基の神輿が波を蹴って渡御するのは、いずれも漁業の神であろう。瀬戸内海の海中に鎮座する厳島神社(広島県佐伯郡)も地域的な海洋神の典型である。また佐渡の度津《わたつ》神社(新潟県佐渡郡)も本土越後との航路にかかわる神であろう。このような例は、ほかにも少なくない。

参考文献　岡田精司「古代難波と住吉神」(林陸朗先生還暦記念会編『古代日本の政治と制度』所収)

（岡田　精司）

わたつみのくに　海神国　海神が住むと伝える国。海神は綿津見神とも書く。『古事記』や『日本書紀』の神話には「海神の宮」「海宮」の伝承を載せ、海神国の伝承は、道教の神仙思想とも結びついて、『日本書紀』雄略天皇二十二年七月条の浦島子や『丹後国風土記』逸文の浦嶼子の説話などを形づくってゆく。海上他界観の問題を考える際にも、海神国のありようはみのがせない。

（上田　正昭）

わたなべいかりまろ　渡辺重石丸　一八三七―一九一五　幕末・明治時代の神官・国学者。幼名重任のち重石丸。与吉郎、哲次郎、鉄次郎と称し、豊城・鶯栖園隠士・捫虱庵主人、鉄十字と号した。天保八年(一八三七)十一月十五日、中津藩奥平家の臣、吹出浜古表神社の神職渡辺重蔭の次男として、豊前国中津桜町（大分県中津市中津）に生まれる。八歳の時中津藩校進修館教授手島仁太郎の私塾誠求堂に学び、嘉永六年（一八五三）十七歳の時藩儒野本真城の白巌塾に入る。のち藩の剣術師範に剣術を学ぶ。文久二年（一八六二）会沢安（正志斎）の『新論』を読み入門を希望するが果たせず、国学に水戸学を施す学風をつくりあげる。元治元年（一八六四）私塾道生館を開き門弟を教える。慶応三年（一八六七）平田篤胤の没後の門人となる。そして明治二年（一八六九）京都皇学所御用掛兼講官となったが、のち皇学所が廃せられて平田銕胤の私塾の都講となる。同五年教部省出仕考証掛となり、東京に移住。同六年大教院皇学講師・香取神宮少宮司・大講義、同七年教部省十等出仕、諸陵掛、同九年教部省中録・神名帳編纂掛、同十年内務省社寺局事務取扱となる。同年西南戦争において道生館門弟増田宋太郎らが薩軍に応じたためみずから官途を絶ち、同十五年野に下って道生館を東京に移して再開、著述と教育に専念、大正四年（一九一五）十月十九日七十九歳で没した。墓は東京都豊島区の雑司ヶ谷墓地にある。著書は『弁学小言』『真天主教説略』『天御中主神考』『固本策』『皇統歌』『修身礼要稿』『皇学所問答』などがある。

参考文献　上田賢治「渡辺重石丸考」（国学院大学日本文化研究所創立百周年記念論文集編集委員会編『維新前後に於ける国学の諸問題』所収）　（加藤　隆久）

わたなべしげな　渡辺重名　一七五九―一八三〇　江戸時代後期の国学者、神官。通称造酒《みき》、名を堅石《かきは》といい、のちに重名と改めた。宝暦九年（一七五九）三月十六日、豊前国中津藩士で神主であった渡辺重堅の四男として生まれる。安永五年（一七七六）京に出て、頼春水・柴野栗山らと学ぶという。天明二年（一七八二）伊勢宇治の荒木田久老に入門、七年本居宣長に入門した。本居大平とは生涯親しく交際した。天明六年豊前吹出の浜古表八幡宮の宮司として従五位下上野介となる。寛政二年（一七九〇）宣長の著『馭戎慨言』の序を書く。同時代的には、肥後の長瀬真幸、筑前の青柳種信とあわせて、九州の三大国学者と称されたという。寛政二年七月藩校進修館の設立に伴い国学教授となり、また藩主奥平昌高の強い信頼をうけた。文化九年（一八一二）職を子重蔭に譲る。渡辺重《い》石丸《かりまろ》は重蔭の子である。著書には『木柴之雪』『萩の古枝』『神罰即報論』『楽山二幸楼歌集』『楽山二幸楼文集』などがある。天保元年（一八三〇）十二月二十三日、七十二歳で没。中津東林寺に葬り、のち明治十七年（一八八四）浄安寺に改葬。

参考文献　大川茂雄・南茂樹編『国学者伝記集成』二、渡辺刀根次郎「渡辺重名の伝」（『神社協会雑誌』一一ノ七・八）、渡辺重兄「鈴屋翁門下に於ける渡辺重名」（『国学院雑誌』一〇ノ二・三）　（沼田　哲）

わたなべしげはる　渡辺重春　一八三一―九〇　幕末・明治時代前期の国学者、神職。号は桜園。天保二年（一八三一）三月十日豊前国中津（大分県中津市）に生まれる。祖父は荒木田久老・本居宣長に学んだ重名、父は重蔭、六歳年下の弟が重石丸《いかりまろ》と学者を輩出している。代々、古表八幡社の神職の家系。嘉永三年（一八五〇）に大坂に出て、萩原広道・佐久良東雄らに学び、ついで伊勢の足代弘訓・御巫清直の門に遊び帰郷。その後、十数年を経て、明治元年（一八六八）に、平田篤胤没後の門人となった。翌二年に中津藩皇学校師範方、四年には教授となった。また、教部省による神社改革の政策と関連して、六年には、広田神社大宮司に任じられた。その後、竜田神社・丹生川上神社・大鳥神社の宮司を歴任して、二十三年五月九日大阪府堺市にて六十歳で亡くなった。墓は堺市南旅籠町の南宗寺にある。著述は多数あるが、その中には、地誌として知られる『豊前志』、三条教則を解説した『教義諺解』などがあり、歌学にも卓越していたことを示す『桜園長歌集』などがある。

参考文献　大川茂男・南茂樹編『国学者伝記集成』二、大分県教育会編『（増補改訂）大分県偉人伝』　（三澤　勝己）

わたなべまさか　渡辺政香　一七七六―一八四〇　江戸時代後期の国学者。『参河志』『鴨の騒立』の著者。通称助太夫、字は三善。磯泊散人・臥蝶園・保宝葉園・仙雲亭寿山・同心軒などと号す。安永五年（一七七六）七月十六日、三河国幡豆郡寺津村（愛知県西尾市）、寺津八幡宮神官の家に生まれる。父助三郎、母りや。寛政十一年（一七九九）家督を相続。神官としては、文化四年（一八〇七）白川家に入門。三河での吉田・白川の争論に主体的にかかわり、『伯卜論書』という記録を残している。文人としては、十五歳で同郡下羽角《しもはすみ》村（西尾市）の浜島錦城に入門し、のち伊勢外宮御師で漢詩人として知られ、考証を好んだ山口角太夫（凹巷）に学ぶ。その後、文政六年（一八二三）伊勢参宮の際、凹巷の紹介で外宮権禰宜・御師で本居大平・春庭門人の足代弘訓《あじろひろのり》の弟子になる。また、名古屋の本居大平門人、植松茂岳にも作歌の指導をうける。天保期には羽田野敬雄・竹尾正寛らを中心に影響力を強めつつあった三河の平田門人との交友を深め、天保九年（一八三八）には江戸で平田篤胤とも面談する。天保期には村内での窮民救恤や寺津村一揆の調停を行い、加茂一揆や甲州一揆、大塩平八郎の乱に強い興味を示し『鴨の騒立』や『天保甲斐国騒立』『浪華騒動聞書』などの著述をする。また、小領主の割拠する三河を古代以来の「三河国」単位で掌握し、諸文献を渉猟・考証して『参河志』を著わした。天保十一年九月二十八日、死没した。六十五歳。

参考文献　『西尾市史』近世下、岸野俊彦「渡辺政香覚書」（『名古屋自由学院短期大学研究紀要』一二）、同「天保期文人の思想的世界」（『歴史評論』三七五）　（岸野　俊彦）

わたらいいえゆき　度会家行　一二五六―？　鎌倉から南北朝時代にかけての伊勢神宮外宮の祠官で、伊勢神道の大成者。外宮三禰宜度会(村松)有行の子として、康元元年(一二五六)に生まれた。はじめの名は行家、徳治元年(一三〇六)外宮禰宜に補任され、家行と改名、それより累進して興国二年(北朝暦応四、一三四一)一禰宜長官に進み、従三位に叙され、執印九年、正平四年(北朝貞和五、一三四九)北朝方より違勅の科により罷免《ひめん》されるまで四十三年間禰宜に在任奉仕した。家行は和漢の書に通じ、文保元年(一三一七)『神道簡要』を著わしたあと、元応二年(一三二〇)『類聚神祇本源』十五巻を撰述しているが、この書を記すにいわゆる神道五部書のほか、神儒仏の書、また官家社家釈家の諸書を引用し、神祇、神宮の本源、また神道の根本を論じており、その奥書より後宇多上皇・後醍醐天皇の叡覧を得、また北畠親房も一覧したことが知られる。さらに『神祇秘抄』『瑚璉集』などの著もあるが、これらにより伊勢神道を集大成し、南朝方に大きな思想的影響を与えた。また家行は祠官として、学者として神宮に貢献しただけでなく、吉野の朝廷のために働き、延元元年(北朝建武三、一三三六)北畠親房が伊勢に下ったとき、これを迎え、次男顕信が玉丸城(三重県度会郡玉城町田丸)以下で戦ったとき、これを助けて戦い、同三年義良《のりよし》親王・宗良親王を奉じて親房らが東国に向かったときもこれを助け、興国四年(北朝康永二)親房が常陸より吉野へ帰るときもこれを助けた。その解却後の晩年は不詳。↓伊勢神道《いせしんとう》

参考文献 神宮祠官勤王顕彰会編『(建武の中興と)神宮祠官の勤王』、鎌田純一『中世伊勢神道の研究』

(鎌田 純一)

わたらいし 度会氏 伊勢の神宮の豊受大神宮(外宮)に代々禰宜として奉仕した氏。皇大神宮(内宮)禰宜家の荒木田氏と並ぶ。正史では『続日本紀』和銅四年(七一一)三月条に、伊勢国人磯部祖父・同高志に姓渡相神主を賜うとあるのを初見とするが、度会氏の伝承では、天孫降臨に供奉した天牟羅雲命の子孫大若子命が皇大神宮鎮座当時、大神主兼神国造に補され、のち天武天皇元年(六七二)大神主職を改め禰宜職をおいた時、兄虫が禰宜に補されて以後、世襲して奉仕したという。また『伊勢国風土記』逸文などより、神武天皇東征の時、天日別命が勅命をうけて伊勢の地に入り、伊勢津彦を追いその女弥豆佐佐良比売命を娶り、彦国見賀岐建与束命を生んだが、その天日別命の直系が伊勢朝臣を称し伊勢国造となり、その傍系が度会氏となり神宮奉仕とも伝える。いずれにせよ、古くは磯部氏を名のったこと、またその古くよりの宮川下流の居住地よりみて、鎮座当初より奉仕の地元有力氏族とみられる。建与束命八世の孫乙乃古命に爾波・飛鳥・水通・小事の四子があり、それぞれ一門・二門・三門・四門と称したが、一門・三門は早く絶え、四門は振るわず、二門が重代禰宜家として栄えた。禰宜は『延暦儀式帳』『延喜式』より、その初めは一員であったことが知られるが、古代中期より中世初頭にかけて次第に増員し、嘉元二年(一三〇四)十員となり江戸時代末まで続いた。また禰宜のほか、権禰宜が寛平九年(八九七)以降おかれたことが『類聚大補任』などにより知られるが、これも度会氏で占めた。古代末期以降、祭主・大宮司の勢力が衰えるとともに禰宜の力は増大し、その筆頭を長官と称したが、その中より鎌倉時代に行忠・常昌・家行など教学面でも大きな業績を出すものが出て、伊勢神道神学を確立した。また近世には、権禰宜層からも延佳ほかの学者を出した。近世、その度会姓のなかの檜垣・松木・久志本・佐久目・河崎・宮後の六氏が禰宜に補される神宮家(重代家、譜第)とされ、ほかに一族約三十家が存した。明治四年(一八七一)その世襲制を廃されたが、一門のうち松木家が同十六年華族に列せられ、翌十七年松木美彦が男爵を授けられた。

(鎌田 純一)

わたらいしけいず 度会氏系図 伊勢神宮外宮祠官度会氏の系図。撰者は度会常昌《つねよし》。一巻。元徳元年(一三二九)成立。『続群書類従』系図部所収だが、本来の正続群書類従には未収で、昭和三十二年(一九五七)訂正三版の『続群書類従』第七輯下に増補の形で収録された。元徳元年、神宮祭主大中臣隆実の命によって外宮一禰宜度会常昌(常良)が注進したもので、『元徳注進度会系図』また『元徳奏覧度会系図』の名で一般に知られる。本系図は、作製時点で現職として任官している五位以上の正禰宜また権禰宜の系譜をまず書き上げていて、その時点での死亡者の系譜は注進されなかったことが明記されているなど、史料的価値は極めて高いものがある。原本は伝わらないが、外宮祠官松木家が旧蔵し、現在神宮徴古館が所蔵しているもの(重要文化財)が、『神宮禰宜系譜』(『神宮古典籍影印叢刊』)に全文影印に付されており、田中卓のすぐれた解説共々有益である。なお、度会氏の系図に関して、最も詳細かつ網羅的であるものに『考訂度会系図』があり、本系図所見の人物の後裔を知る場合や検索に至便である。索引共々『神宮禰宜系譜』『考訂度会系図索隠』(『神宮古典籍影印叢刊』)に所収。

参考文献 『群書解題』三中

(平泉 隆房)

わたらいしんとう 度会神道 ⇩伊勢神道《いせしんとう》

わたらいつねあきら 度会常彰 一六七五―一七五二 江戸時代中期の神職。豊受太神宮権禰宜で神道学者。家の名を久志本と称する。本姓は度会神主。延宝三年(一六七五)権禰宜河崎延貞の第二子として伊勢国度会郡宮後《みやじり》(三重県伊勢市)に生まれた。幼名は延守、のち常昭、さらに常彰と改めた。通称は縫殿、号は鶯谷。はじめ中西氏の養子となり、のち久志本継彦の家を嗣ぎ、権禰宜となる。延享四年(一七四七)正四位下に叙せられた。父延貞と禰宜松木智彦とが企てた『外宮年中行事今式』について、その遺志を継承して完成した。祭主大中臣氏に召されて『日本書紀』の講義をしたこともあり、その深い学識は世に知られた。宝暦二年(一七五二)七月四日没した。年七十八。墓は伊勢市神田《こうだ》久志本《くしもと》町にある。著書に、

『日本国風』六巻、『神道明弁』、『神道考証』、『神民須知』、『両宮按内記略疏』、『神家問答』、『神風集』、『神籍総目志』、『斎居通』、『太神宮参詣記纂註』などがある。

参考文献 『宇治山田市史』下 （西山　徳）

わたらいつねありけひきつけ　度会常有家引付 中世の末から近世初頭にかけての伊勢神宮(外宮)の引付集。度会常有編。度会常有は、父は一禰宜貞晨、母は山田大路氏の女。明暦二年(一六五九)に九禰宜、元禄十三年(一七〇〇)に一禰宜。享保八年(一七二三)七月に没す。常有には『応永以来外宮注進状』があり、これは「古家之残稿」を整理したもので、所収文書は明応二年(一四九三)十二月の外宮解から寛文元年(一六六一)五月十九日の外宮解まで百三十五通。本書も同様にして編まれたものであろう。神宮文庫蔵の『外宮引付』は黒瀬益弘の自筆本で、奥書に「輯禰宜度会常有神主数年伝来之反古与古家之残稿而次序之以為一軸矣、聊欲便後人之考索而已、時寛文五年(一六六五)乙巳冬十一月日」とあるように、本書は益弘の手になる『外宮引付』(『三重県史』資料編中世一上所収)のうちに収められている。『続群書類従』神祇部所収。

参考文献 『群書解題』二下、恵良宏「解説と史料解題―外宮引付―」(『三重県史』資料編中世一上所収) （西垣　晴次）

わたらいつねよし　度会常昌 一二六三―一三三九　鎌倉から南北朝時代にかけての伊勢神宮外宮の祠官で、伊勢神道確立期の貢献者。外宮一禰宜度会(檜垣)貞尚の次男として、弘長三年(一二六三)に生まれた。はじめの名は常良。正応五年(一二九二)外宮禰宜に補され、以後累進して正和五年(一三一六)一禰宜長官となり、執印二十四年。延元四年(北朝暦応二、一三三九)までその任にあり、その年七月二十七日没した。七十七歳。常昌は学徳ともにすぐれ、文保二年(一三一八)参宮の禁忌令条を撰定して『文保服忌令』を著わしているが、元応二年(一三二〇)外宮高宮(多賀宮)への盗人乱入事件について上奏のため、翌年上京した際、祓に関する秘本を後宇多上皇・後醍醐天皇に奉り、また後醍醐天皇より神宮について種々の下問をうけ、それに明確にこたえたことで、さらに天皇所持の『太神宮御事』二巻を示され、それについての下問にも子細にこたえ、以後その信任を得て、元徳元年(一三二九)天皇は祭主隆実を通して外宮現任正員権官禰宜系図を注進するよう命ぜられたが、それにこたえたのが『元徳奏覧度会系図』である。その翌年武家追討祈願の功により、内宮一禰宜荒木田氏成とともに、神宮禰宜としては、はじめて従三位に叙された。そのあと、その名常良を後醍醐天皇諸皇子の諱名と同字を避け常昌と改めている。また後醍醐天皇中宮阿野廉子の命をうけ、『太神宮両宮之御事』を著わしているが、さらに常昌は、法華法楽のためと称して伊勢に来た京都卜部家の人、慈遍と結びつき、慈遍が伊勢神道教学を哲学的に、思想的にさらに深めるのを助け、その慈遍の著『旧事本紀玄義』ほかを後醍醐天皇の叡覧に供し、建武中興の思想的根拠に貢献している。常昌の詠歌は、『玉葉和歌集』『続後拾遺和歌集』『新千載和歌集』『新拾遺和歌集』にみられ、また永仁四年(一二九六)二月より翌年六月に至る間の両宮間の皇字沙汰についての記録『皇字沙汰文』もその編とみられている。 ↓伊勢神道《いせしんとう》

参考文献 神宮祠官勤王顕彰会編『(建武の中興と)神宮祠官の勤王』、鎌田純一『中世伊勢神道の研究』 （鎌田　純一）

わたらいのぶつね　度会延経 一六五七―一七一四　江戸時代中期の神職、豊受太神宮の権禰宜で神道学者。明暦三年(一六五七)十月十七日、伊勢国度会郡継橋郷岩淵(三重県伊勢市)に豊受大神宮の権禰宜度会延佳の第二子として生まれた。家の名を出口と称する。本姓は度会神主。幼名は市之丞、通称は権太夫とも帯刀とも称し、講古堂と号した。寛文二年(一六六二)十一月二十一日権禰宜に補任、正六位に叙せられ、同月二十四日にさらに従五位下にあげられた。正徳四年(一七一四)八月二十一日没した。年五十八。父、延佳と同じく伊勢尾上川妙見山の後ろの高源寺の墓地(伊勢市)に葬られる。著書に『太神宮殿舎考証』『斎宮部類』『神名帳考証』『二所皇太神宮神名略記』『弁卜抄』『(首書)延喜太神宮式』『伊佐波登美神考証』『延経考物』『延経筆乗』『中臣略譜考』などがある。考証的学風で、その門弟に吉見幸和や松木智彦らがいる。 ↓弁卜抄《べんぼくしょう》 （西山　徳）

わたらいのぶよし　度会延佳 一六一五―九〇　江戸時代前期の、神職豊受太神宮の権禰宜で神道学者。元和元年(一六一五)四月二十八日伊勢国度会郡継橋郷岩淵(三重県伊勢市)に、延伊の男として生まれる。本姓は度会神主で、家の名を出口と称する。通称は与三次郎、また信濃・愚太夫とも称し、直庵・講古堂と号した。延佳は、はじめ延良、後西天皇の諱を避けて承応三年(一六五四)延佳と改めた。元和六年豊受太神宮の権禰宜に補任され、同年閏十二月従五位下、承応二年九月従五位上に叙せられた。慶安元年(一六四八)に、同志の神職と相はかり、豊宮崎文庫を創設した。寛文十年(一六七〇)大火に罹災し、多年収集の書物一切を焼失。同年山田の御師三日市帯刀の配る御祓の銘「天照両皇太神宮」をめぐって、宇治・山田の師職間に訴訟事件が起り、三日市氏は延佳の舅であったので、延佳は豊受太神宮の神書考勘役として江戸に下向し、幕府より審問を受けて敗訴し、閉門謹慎を命じられた。その後は講書・著述に専念し、元禄三年(一六九〇)正月十五日没した。年七十六。伊勢尾上川妙見山の後ろの高源寺の墓地(伊勢市)に葬る。伊勢神道を再興した度会神道の創始者である。著書に『陽復記』『神宮秘伝問答』『神宮続秘伝問答』『太神宮神道或問』『太神宮神異記』『神代図』『中臣祓瑞穂抄』『神代巻講述鈔』『龗頭《ごうとう》古事記』『龗頭旧事紀』『二所太神宮遷宮次第記』『二所太神宮遷幸要略』『神家考異』などがある。 ↓伊勢神道《いせしんとう》

参考文献 江見清風「出口延佳神主の事蹟と学説」(『神道説苑』所収)、石谷斎蔵「出口延佳伝」(『国学院雑誌』一八ノ一二、一九ノ一―一二)、青木紀元「延佳神主の古事記研究」(『神道史研究』六ノ五) (西山 徳)

わたらいまさとき 度会正兌 一七八五―一八三七 江戸時代の伊勢神宮祠官。橋村正兌とも称した。はじめの名は正風、幼名亀丸、のちに、正淳と改め、さらに文化四年(一八〇七)正兌と改名する。通称隼人、または弾正、鶉居と号す。天明五年(一七八五)五月七日に生まれる。父は正衡。翌年二歳で豊受大神宮権禰宜に補せられ、享和三年(一八〇二)に副御炊物忌を兼任し、文化二年御炊物忌父に転じ、四年大物忌父となり、六年正五位下に叙せられ、文政八年(一八二五)従四位上となる。大物忌父として子良館に参籠して神事に奉仕する傍ら、はじめ広田助侑に学びさらには本居春庭に入門したが、多くは独学で『古事記』『日本書紀』『万葉集』などの古典に通暁し、神宮諸儀式の考証に生涯を尽くし、薗田守良や足代弘訓と並び称せられた神宮学者として知られる。天保八年(一八三七)八月二十八日没。五十三歳。著書には『止由気宮儀式帳』の注釈『外宮儀式解』(四巻)のほか、『類聚服忌令』(三巻)、『対問私言』(二巻)、『権禰宜職十一段再答』(一巻)、『大神宮御禊幷御祈禱之札問答手控』(一巻)など多数。 (本澤 雅史)

わたらいますひろ 度会益弘 一六四一―一七三二 江戸時代中期の神職で神道学者。寛永十八年(一六四一)七月二十日伊勢国多気郡前野(三重県多気郡明和町)に生まれる。父は豊受太神宮権禰宜種弘。通称は半兵衛、字は子謙。家の名を黒瀬と称する。承応二年(一六五三)九月十三歳にて豊受太神宮権禰宜に補せられ、明暦三年(一六五七)十七歳にて大物忌父に補せられ、享保九年(一七二四)八十四歳にて大物忌父の職を辞し、同十七年正月八日没した。年九十二。大世古町(三重県伊勢市大世古)の墓地に葬られる。学を度会延佳に受け、神典ならびに神宮の典故に通じた。著書に、『外宮子良館祭奠式』二冊、『参考禁忌要録』、『禁忌集唾』、『大祀詳説』二冊、『外宮神事要略』、『神代巻諺解』六冊、『日本紀集説』七冊、『中臣祓抄』、『元禄三年外宮別宮正遷宮記』、『元禄正遷宮記附録』三冊、『元禄外宮遷宮記』、『慶長遷宮輯録』、『永享遷宮記子良館記輯録』、『神事遷宮略記』、『宇治山田師職沙汰文』二冊など多数がある。 (西山 徳)

わたらいゆきただ 度会行忠 一二三六―一三〇五 鎌倉時代後期の伊勢神宮外宮の禰宜で、伊勢神道の興隆者。外宮権禰宜度会(西河原)行継の子として、嘉禎二年(一二三六)に生まれ、のち祖父行能の養嗣子となり、建長三年(一二五一)十六歳で外宮禰宜に補任され、弘安六年(一二八三)御杣《みそま》問題で罷免されたが、同十年還補、以後累進して嘉元二年(一三〇四)一禰宜となり、同三年閏十二月二十七日没した。七十歳。禰宜たること五十二年に及び、神宮の故実に通じ、また古典の造詣ふかく、それまでに成立していたいわゆる神道五部書などをふまえて、伊勢神道の興隆発展に大きく貢献した。その著書として『伊勢二所太神宮神名秘書』が有名である。この書は弘安八年、ときの関白鷹司兼平の命をうけて撰述した書であることが、その奥書より知られるが、また亀山上皇の叡覧を得ており、皇太神宮・豊受太神宮のすべてについて記した書であり、中世における神宮を知る上での重要書である。またそのほか『古老口実伝』『奉仕秘記』『心御柱記』などを記して、神宮学・伊勢神道教学の基礎を固めた上、その詠歌を『新後撰和歌集』『続千載和歌集』に残しているが、この行忠のころより、神宮禰宜が中央、また朝廷と結びつきをもつようになったことは、注目すべきこととみられる。 →伊勢神道《いせしんとう》

参考文献 鎌田純一『中世伊勢神道の研究』 (鎌田 純一)

わらいまつり 笑い祭 和歌山県日高郡川辺町丹生《にう》神社の祭。祭は供物を持った者を先頭に行列を組んで丹生神社に向かい、参加者たちは顔に厚化粧を施し、行列に従う天狗・鬼・ささら舞・獅子舞などの「笑え笑え」の言葉に合わせ笑いながら神社へ行き、神前で一同大笑いをする。出雲へ神々が集まる神無月(十月)、祭神の丹生津媛命が寝過ごして出雲の神々の集いに遅れ笑われた故事によるとの伝えがある。また、土地の守り神を笑いをもって慰めたのがはじまりとも伝える。名古屋市熱田区熱田神宮でも五月四日の夕暮から始まる通称オホホ祭という笑い祭がある。正式名称は酔笑人《えようど》神事という。狩衣姿の神職十数名が別宮の影向間社に行き、社前に二列に並び、面箱を置く。神面は誰も見てはいけないことになっており、神面役が箱から面を出すと同時に狩衣の袖に隠す。面役が三度神面を叩き「オホホ」と笑ったのち、神職全員で声を立てて笑う所作をする。これを四ヵ所で行う。 (茂木 栄)

わりはいでん 割拝殿 ⇨神社建築《じんじゃけんちく》

われいじんじゃ 和霊神社 愛媛県宇和島市和霊町に鎮座。祭神は山家清兵衛公頼《やんべせいべえきみより》。旧県社。山家清兵衛は、仙台藩主伊達政宗の家臣であったが、政宗の長子秀宗が宇和郡十万石の領主として宇和島に入部したとき、政宗から総奉行として秀宗に付された。しかし、藩財政の危機から藩内が紛糾し、彼は秀宗に讒訴されて一族ともども斬殺された。その死後、事件の関係者の相つぐ変死によって、怨霊の祟りと恐れる藩内の人々は、彼の霊をまつった。当初児玉《みこたま》明神という小祠に、ついで山頼和霊社としてまつられたといい、享保十三年(一七二八)以降和霊大明神と号し、同十六年、鎌屋(鎌江、鎌居)城跡の現在地へ遷宮された。江戸時代末期から明治にかけて和霊信仰が西日本全域に広がり、各地に和霊社が数多く勧請された。社殿は徐々に整備され、幕末期には『愛媛面影』によると、「殿社の結構も亦比類なし」といわれるまでになったが、昭和二十年(一九四五)の戦災で全て焼失し、戦後復興した。 (石野 弥栄)

われいたいさい　和霊大祭　愛媛県宇和島市和霊町に鎮座する和霊神社で七月(旧暦六月)二十三・二十四日に挙行される夏祭。「和霊さま」と呼ばれ親しまれている。『宇和旧記』(毛山本)によると、初期の和霊祭の祭礼について、当初は神楽などがあるぐらいであったが、神威が増すにつれて、元禄十六年(一七〇三)の神輿渡御の開始(『記録書抜』では同十五年)、練物(『伊達家御歴代事紀』享保十四年条にみえる笠屋台など)の登場、北川原足軽町(宇和島市大宮町)への御成り(御旅所)などが行われるようになったという。その他祭礼のとき、市町で操芝居の興行があるなどその賑わいの様子が知られる。明治・大正期の祭礼では、「お浜出し」と呼ばれる神輿渡御、牛鬼《うしおに》・鹿踊《ししおど》り・荒獅子・山鉾などの練物、「走り込み」という勇ましい神輿の神社への還御が見られる。現在ではこの祭は「うわじま牛鬼まつり」と呼ばれ、牛鬼のパレードを中心とし観光的要素が強くなっている。(石野　弥栄)

和霊大祭　牛鬼

わろんご　和論語　寛文九年(一六六九)刊行の教訓書。「やまとろんご」とも読む。十巻。作者は鎌倉時代前期承久元年(一二一九)の穀倉院別当清原良業をはじめ、寛永五年(一六二八)まで十七名の「代々撰者」が列記されているが、その信憑性はなく、偽書である。伊勢貞丈の『安斎随筆』によると、近江国雄琴の住人沢田喜太郎源内を編者として伝える。巻一は神明部、巻二人皇・親王部、巻三・四公卿部、巻五・六武家部、巻七貴女部、巻八―十釈氏部の十巻から成り、神代より近世初期までの神々、天皇、著名の人々の名言を集成したもの。神託に始まり、天皇の勅、公卿・武将の社会生活・人生論に対する心得を記す。この名言集ともいうべき書は、石田梅岩の心学書に引かれ、近世に流布した。『和論語』は版本のほか、明治三十三年(一九〇〇)活字版で刊行されている。嘉永三年(一八五〇)勝田充編『和論語抄』は、『和論語』の中より、すぐれた座右銘となるべき格言七十余編を抜粋、抄録したものである(『国民思想叢書』心要篇所収)。

参考文献　勝部真長『和論語の研究』　(岡田　荘司)

付編

官国幣社一覧

府県社一覧

終戦前の海外神社一覧

樺太の神社／台湾の神社／朝鮮の神社／千島（北方四島を含む）の神社／関東州および満洲国の神社／中華民国の神社／南洋群島の神社／ハワイの神社／アジア・北米・南米等の神社

紀元二千六百年記念事業海外神社の部（神社・神祠・社造営計画）

神社統計表

年度別国内神社数／年度別神職数／昭和21年現在官国幣社・府県社最終列格年別神社数／都道府県別神社数（明治39年、大正元年、6年、昭和元年）／都道府県別官国幣社・府県社以下神社数（昭和3年、7年、12年）／都道府県別官国幣社・府県社数（昭和21年）

昭和20年現在海外神社創立年別神社数／昭和19年現在台湾の神社および社・末社・遙拝所数／朝鮮の神社数／昭和20年現在朝鮮の創立年別神社および神祠数／昭和20年現在関東州および満洲国の神社数

神社規則

国内神社関係法令（抄）／樺太における神社関係法令（抄）／台湾における神社関係法令（抄）／朝鮮における神社関係法令（抄）／在中華民国の神社規則／在関東州および満洲国における神社関係法令（抄）／南洋群島における神社関係法令（抄）

付編作成資料一覧

（佐藤弘毅編）

官国幣社一覧

『官国幣社一覧』『神社大観』『神社名鑑』で基本を作成した。列格年は明細帳の記載により、相違する場合は備考欄に（ ）で示した。祭神の内、配祀神は『神社大観』によった。現宗教法人の所在地は、都道府県発行の平成十四年版宗教法人の台帳によった。『神社行政』によると、列格とは、神社が創立とともに社格を取得する場合および無格社がはじめて社格を取得することをいい、社格を有する神社が上級の社格に列せられるのを昇格といった。

官幣大社

神社名		祭神	住所		列格年	備考
列格時	現在		鎮座地(昭和20年以前)	現宗教法人の所在地		
鹿島神宮	鹿島神宮	武甕槌神	常陸国鹿島郡鹿島町宮中	茨城県鹿嶋市宮中二、三〇六-一	明治4年5月14日	
氷川神社	氷川神社	須佐之男命　稲田姫命　大己貴命	武蔵国北足立郡大宮町高鼻	埼玉県さいたま市高鼻町一-四〇七	明治4年5月14日	
安房神社	安房神社	天太玉命〈配祀〉天比理刀咩命　斎部五部神	安房国安房郡神戸村大神宮	千葉県館山市大神宮五八九	明治4年5月14日	
香取神宮	香取神宮	伊波比主命　姫大神　武甕槌神　天児屋根命	下総国香取郡香取町	千葉県佐原市香取一、六九七	明治4年5月14日	
三島神社	三嶋大社	玉籤入彦厳之事代主神	伊豆国田方郡三島町	静岡県三島市大宮町二-一-五	明治4年5月14日	昭和27年1月19日改称
熱田神宮	熱田神宮	草薙神剣〈配祀〉天照皇大御神　建速素盞嗚尊　日本武尊　宮簀媛命　建稲種命	尾張国愛知郡熱田町新宮坂	愛知県名古屋市熱田区神宮一-一-一	明治4年5月14日	
日吉神社	日吉大社	大山咋神　大己貴神	近江国滋賀郡坂本村	滋賀県大津市坂本五-一-一	明治4年5月14日	昭和3年11月10日祭神大己貴神1座増祀、昭和27年1月19日改称
稲荷神社	伏見稲荷大社	倉稲魂神　猿田彦命　大宮女命〈配祀〉田中大神　四大神	山城国紀伊郡深草村稲荷	京都府京都市伏見区深草薮ノ内六八	明治4年5月14日	昭和21年11月改称
賀茂別雷神社	賀茂別雷神社	別雷神	山城国愛宕郡上賀茂村	京都府京都市北区上賀茂本山三三九	明治4年5月14日	
賀茂御祖神社	賀茂御祖神社	玉依姫命　賀茂健角身命	山城国愛宕郡下鴨村	京都府京都市左京区下鴨泉川町五九	明治4年5月14日	
平野神社	平野神社	今木神　久度神　古開神　比咩神	山城国葛野郡衣笠村小北山	京都府京都市北区平野宮本町一	明治4年5月14日	
松尾神社	松尾大社	大山咋神　中津島姫命	山城国葛野郡松尾村上山田	京都府京都市西京区嵐山宮町三	明治4年5月14日	昭和27年1月19日改称
男山八幡宮	石清水八幡宮	品陀別命　比売神　息長帯比売命	山城国綴喜郡八幡町八幡荘	京都府八幡市八幡高坊三〇	明治4年5月14日	大正7年1月23日改称
生國魂神社	生國魂神社	生島神　足島神〈配祀〉大物主神	摂津国住吉郡西高津村	大阪府大阪市天王寺区生玉町一三-九	明治4年5月14日	
住吉神社	住吉大社	底筒男命　中筒男命　表筒男命　息長帯姫命	摂津国住吉郡住吉村	大阪府大阪市住吉区住吉二-九-八九	明治4年5月14日	昭和28年5月29日改称
大鳥神社	大鳥神社	大鳥連祖神	和泉国泉北郡鳳村大鳥	大阪府堺市鳳北町一-一-二	明治4年5月14日	
枚岡神社	枚岡神社	天児屋根命　比売神　斎主命　武甕槌命	河内国中河内郡枚岡村出雲井	大阪府東大阪市出雲井町七-一六	明治4年5月14日	

神社名		祭神	住所		列格年	備考
列格時	現在		鎮座地(昭和20年以前)	現宗教法人の所在地		
広田神社	広田神社	撞賢木厳之御魂天疎向津媛命	摂津国武庫郡大社村広田	兵庫県西宮市大社町七-七	明治4年5月14日	
春日神社	春日大社	武御賀豆智命　伊波比主命　天之子八根命　比売神	大和国奈良市奈良町春日野	奈良県奈良市春日野町一六〇	明治4年5月14日	昭和31年7月1日改称
石上神社	石上神宮	布都御魂剣〈配祀〉布留御魂神　布都斯魂神　宇麻志麻治命　五十瓊敷命　白河天皇　市川臣	大和国山辺郡丹波市町布留	奈良県天理市布留町三八四	明治4年5月14日	明治16年4月17日神宮号復旧
大神神社	大神神社	倭大物主櫛瓺玉命	大和国磯城郡三輪町	奈良県桜井市大字三輪一、四二二	明治4年5月14日	
龍田神社	龍田大社	天御柱命　国御柱命	大和国生駒郡三郷村立野	奈良県生駒郡三郷町大字立野一、七〇一-一	明治4年5月14日	
大和神社	大和神社	倭大国魂神　八千戈神　御年神	大和国山辺郡朝和村新泉	奈良県天理市新泉町三〇六	明治4年5月14日	(12月17日)
広瀬神社	廣瀬神社	若宇迦売命〈配祀〉櫛玉命　穂雷命	大和国広瀬郡河合村川合	奈良県北葛城郡河合町大字川合九九	明治4年5月14日	(12月17日)
日前神社	日前神宮・国懸神宮	日前大神	紀伊国海草郡宮村秋月	和歌山県和歌山市秋月三六五	明治4年5月14日	明治14年2月2日神宮号復旧
国懸神社	日前神宮・国懸神宮	国懸大神	紀伊国海草郡宮村秋月	和歌山県和歌山市秋月三六五	明治4年5月14日	
出雲大社	出雲大社	大国主命	出雲国簸川郡杵築町杵築東	島根県簸川郡大社町杵築東一九五	明治4年5月14日	
宇佐神宮	宇佐神宮	誉田別尊　比売神　大帯姫命	豊前国宇佐郡宇佐町南宇佐	大分県宇佐市大字南宇佐二、八五九	明治4年5月14日	
丹生川上神社	丹生川上神社下社	闇龗神	大和国吉野郡丹生村	奈良県吉野郡下市町大字長谷一-一	明治4年12月13日	
丹生川上神社(上社)	丹生川上神社上社	高龗神	大和国吉野郡南芳野村丹生	奈良県吉野郡川上村大字迫八六九-一	明治29年11月4日	明治6年4月郷社に列格、明治7年10月13日丹生川上神社の奥宮と定められた。
丹生川上神社(中社)	丹生川上神社	罔象女神	吉野郡小川村	奈良県吉野郡東吉野村大字小九六八	大正11年10月10日	大正11年9月2日蟻通神社を丹生川上神社中社に改称
霧島神宮	霧島神宮	天饒石国饒石天津日高彦火瓊瓊杵尊	大隅国姶良郡東山襲村田口	鹿児島県姶良郡霧島町田口二、六〇八-五	明治7年2月15日	同日社号を神宮に改定
伊弉諾神社	伊弉諾神宮	伊邪那岐命〈配祀〉伊邪那美命	淡路国津名郡多賀村	兵庫県津名郡一宮町多賀七四〇	明治18年4月22日	明治4年5月14日国幣中社に列格、昭和29年4月22日改称
宮崎宮	宮崎神宮	神日本磐余彦尊〈配祀〉鸕鷀草葺不合尊　玉依姫命	日向国宮崎郡大宮村下北方	宮崎県宮崎市神宮二-四-一	明治18年4月22日	明治6年県社、明治8年8月10日国幣中社に昇格、明治11年5月宮崎神社を宮崎宮、大正2年7月神宮号宣下
香椎宮	香椎宮	仲哀天皇　神功皇后〈配祀〉応神天皇　住吉大神	筑前国糟屋郡香椎村	福岡県福岡市東区香椎四-一六-一	明治18年4月22日	国幣中社より昇格
橿原神宮	橿原神宮	神武天皇　媛蹈鞴五十鈴媛皇后	大和国高市郡白橿村畝傍	奈良県橿原市久米町九三四	明治23年3月20日	創立並に列格

神社名（列格時）	神社名（現在）	祭神	住所 鎮座地(昭和20年以前)	住所 現宗教法人の所在地	列格年	備考
平安神宮	平安神宮	桓武天皇　孝明天皇	山城国京都市上京区岡崎町	京都府京都市左京区岡崎西天王町九七	明治27年7月2日	（6月30日）明治27年2月10日創立（6月29日）、昭和13年5月1日祭神孝明天皇1座増祀
氣比神社	氣比神宮	伊奢沙別命　帯中津彦命　息長帯姫命　日本武命　誉田別命　武内宿禰命　豊姫命	越前国敦賀郡敦賀町曙	福井県敦賀市曙町一一-六八	明治28年1月8日	明治4年5月国幣中社に列格、明治28年3月神宮号宣下
鹿児島神宮	鹿児島神宮	天津日高彦穂穂出見命〈配祀〉豊玉比売命　帯中日子天皇　息長帯毘売皇后　品陀和気天皇　中日売皇后	大隈国始良郡西国分村	鹿児島県始良郡隼人町内二、四九六-一	明治28年10月19日	（25日）明治4年5月14日国幣中社、明治7年神宮号宣下、明治7年3月25日官幣中社に昇格
鵜戸神社	鵜戸神宮	彦波瀲武鸕鷀草葺不合尊〈配祀〉神日本磐余彦尊　大日孁貴尊　天忍穂耳尊　彦火瓊瓊杵尊　彦火火出見尊	日向国南那珂郡鵜戸村宮浦	宮崎県日南市大字宮浦三、二三二	明治28年10月29日	（25日）明治7年3月25日官幣小社に列格と同時に神宮号宣下
浅間神社	富士山本宮浅間大社	木花咲耶姫命	駿河国富士郡大宮町	静岡県富士宮市宮町一-一	明治29年7月8日	明治4年5月14日国幣中社に列格、昭和57年3月11日改称
札幌神社	北海道神宮	大国魂神　大己貴神　少彦名命	石狩国札幌郡円山村	北海道札幌市中央区宮ヶ丘四七四-四八	明治32年7月7日	明治4年5月14日国幣小社、明治5年1月25日官幣小社、明治26年11月27日官幣中社に昇格、昭和39年8月18日改称
建部神社	建部大社	日本武命〈配祀〉天明玉命〈権殿〉大己貴命	近江国栗太郡瀬田村神領	滋賀県大津市神領一-一六-一	明治32年7月7日	明治18年4月22日県社より官幣中社に昇格、昭和52年4月9日改称
宗像神社	宗像大社	多紀理姫命　市杵島姫神　多岐都姫命	筑前国宗像郡田島村・大島村	福岡県宗像郡玄海町田島二、三三一	明治34年7月11日	明治4年5月14日国幣中社、明治18年4月22日官幣中社に昇格、昭和52年8月1日改称
吉野宮	吉野神宮	後醍醐天皇	大和国吉野郡吉野村吉野山	奈良県吉野郡吉野町大字吉野山三、二二六	明治34年8月8日	明治22年6月28日創立並びに官幣中社に列格、大正7年9月28日神宮号宣下
月山神社	月山神社出羽神社湯殿山神社	月読命	東田川郡立谷沢村立谷沢泉村川代	山形県東田川郡羽黒町大字手向字手向七	大正3年1月4日	明治7年8月31日国幣中社、明治18年4月24日官幣中社に昇格
多賀神社	多賀大社	伊邪那岐命　伊邪那美命	近江国犬上郡多賀村	滋賀県犬上郡多賀町多賀六〇四	大正3年1月4日	明治12年11月県社、明治18年4月22日官幣中社に昇格、昭和27年1月19日改称
阿蘇神社	阿蘇神社	健磐龍命	阿蘇郡宮地町	熊本県阿蘇郡一の宮町宮地三、〇五四	大正3年1月4日	明治4年5月14日国幣中社、明治23年4月8日官幣中社に昇格

神社名 列格時	神社名 現在	祭神	住所 鎮座地（昭和20年以前）	住所 現宗教法人の所在地	列格年	備考
筥崎宮	筥崎宮	応神天皇〈配祀〉神功皇后 玉依姫命	筑前国糟屋郡箱崎町	福岡県福岡市東区箱崎一-二二-一	大正3年1月14日	（4日）明治5年4月県社に、明治18年4月22日官幣中社に昇格
明治神宮	明治神宮	明治天皇 昭憲皇太后	東京府下豊多摩郡代々幡村大字代々木	東京都渋谷区代々木神園町一-一	大正4年5月1日	大正9年11月1日鎮座
日枝神社	日枝神社	大山咋神〈配祀〉国常立神 足仲彦尊 伊弉冉神	武蔵国東京市麹町区永田町二丁目	東京都千代田区永田町二-一〇-五	大正4年11月10日	明治15年1月9日府社より官幣中社に昇格
八坂神社	八坂神社	素戔嗚命 稲田比売命 八柱御子神	山城国京都市下京区祇園町北側	京都府京都市東山区祇園町北側六二五	大正4年11月10日	明治4年5月14日官幣中社に列格
竈山神社	竈山神社	彦五瀬命〈左脇殿〉神日本磐余彦天皇 御毛入沼命 稲飯命〈右脇殿〉高倉下命 可美真手命 天日方奇日方命 天種子命 天富命 道臣命 大久米命 椎根津彦命 頭八咫烏命	紀伊国海草郡三田村和田	和歌山県和歌山市和田四三八	大正4年11月10日	明治18年4月22日村社より官幣中社に昇格
熊野速玉神社	熊野速玉大社	熊野速玉神〈配祀〉熊野夫須美大神 家津御子大神 天照皇大神 天忍穂耳尊 瓊瓊杵尊 彦火火出見尊 鸕鶿草葺不合尊 国狭槌尊 豊斟渟尊 泥土煮尊 大戸之道尊 面足尊 天之御中主神 高皇産霊神 神皇産霊神 伊邪那岐尊 伊邪那美尊 国常立尊	新宮市新宮一	和歌山県新宮市新宮一	大正4年11月10日	明治4年県社に列格、昭和27年1月19日改称
熊野坐神社	熊野本宮大社	家都御子神	東牟婁郡本宮村	和歌山県東牟婁郡本宮町本宮一、一一〇	大正4年11月10日	明治4年5月14日国幣中社に列格、昭和36年7月1日改称
諏訪神社	諏訪大社・上社・下社	建御名方富命 八坂刀売命	信濃国諏訪郡中洲村字神宮寺・下諏訪町字下原・下諏訪町字湯之町	長野県諏訪郡下諏訪町五、八二八	大正5年12月12日	明治4年5月15日国幣中社、明治29年4月14日官幣中社に昇格、昭和27年1月19日改称
丹生都比売神社	丹生都比売神社	丹生都比売	伊都郡天野村	和歌山県伊都郡かつらぎ町上天野二三〇	大正13年2月11日	第1殿明治6年県社に、第2殿明治41年県社に昇格後第1殿に合祀
近江神宮	近江神宮	天智天皇	大津市神宮町一-一	滋賀県大津市神宮町一-一	昭和13年5月1日	創立並びに列格
水無瀬神宮	水無瀬神宮	後鳥羽天皇 土御門天皇 順徳天皇	三島郡島本村広瀬	大阪府三島郡島本町広瀬三-一〇-二四	昭和14年3月1日	明治6年8月14日官幣中社、昭和14年3月1日水無瀬神宮と改め同時に昇格
白峯神宮	白峯神宮	崇徳天皇 淳仁天皇	山城国京都市下京区飛鳥井町	京都府京都市上京区今出川通堀川東入飛鳥井町二六一	昭和15年8月1日	明治6年6月9日官幣中社、昭和15年8月1日白峰神宮と改め同時に昇格
赤間神宮	赤間神宮	安徳天皇	下関市阿弥陀寺町	山口県下関市阿弥陀寺町二三	昭和15年8月1日	明治8年10月7日安徳天皇社を改め同時に官幣中社、昭和15年8月1日赤間神宮と改め同時に昇格

国幣大社

神社名 列格時	神社名 現在	祭神	住所 鎮座地(昭和20年以前)	住所 現宗教法人の所在地	列格年	備考
気多神社	気多神社	大己貴命	羽咋郡一宮村一宮寺家	石川県羽咋市寺家町ク一-一	大正4年11月10日	明治4年5月14日国幣中社に列格
多度神社	多度大社	多度神	桑名郡多度村大字多度字宮地	三重県桑名郡多度町大字多度一、六八一	大正4年11月10日	明治6年県社に列格、平成8年2月8日改称
大山祇神社	大山祇神社	大山積神	越智郡宮浦村	愛媛県越智郡大三島町大字宮浦三、三二七	大正4年11月10日	明治4年5月14日国幣中社に列格
高良大社	高良大社	高良玉垂命〈配祀〉八幡大神 住吉大神	久留米市御井町一	福岡県久留米市御井町一	大正4年11月10日	明治4年5月14日国幣中社に列格、昭和27年1月19日改称
熊野神社	熊野大社	神祖熊野大神櫛御気野命	八束郡熊野村宮田	島根県八束郡八雲村熊野二、四五一	大正5年2月17日	明治4年5月14日国幣中社に列格、昭和51年7月9日改称
南宮神社	南宮大社	金山彦命〈配祀〉見野命 彦火火出見命	不破郡宮代村	岐阜県不破郡垂井町宮代一、七三四-一	大正14年10月31日	明治4年5月14日国幣中社に列格、昭和60年10月24日改称

官幣中社

神社名 列格時	神社名 現在	祭神	住所 鎮座地(昭和20年以前)	住所 現宗教法人の所在地	列格年	備考
北野神社	北野天満宮	菅原道真朝臣〈配祀〉中将殿 吉祥女	山城国京都市上京区馬喰町	京都府京都市上京区馬喰町	明治4年5月14日	
吉田神社	吉田神社	建御賀豆知命 伊波比主命 天之子八根命 比売神	山城国京都市上京区吉田町	京都府京都市左京区吉田神楽岡町三〇-一	明治4年5月14日	
貴船神社	貴船神社	闇龗神	山城国愛宕郡鞍馬村貴船	京都府京都市左京区鞍馬貴船町一八〇	明治4年5月14日	
大原野神社	大原野神社	建御賀豆智命 伊波比主命 天之子八根命 比売神	山城国乙訓郡大原野村	京都府京都市西京区大原野南春日町一、一五二	明治4年5月14日	
梅宮神社	梅宮大社	酒解神 大若子神 小若子神 酒解子神〈配祀〉嵯峨天皇 仁明天皇 檀林皇后 贈太政大臣橘清友公	山城国葛野郡梅津村西梅津	京都府京都市右京区梅津フチノ川町三〇	明治4年5月14日	
鎌倉宮	鎌倉宮	護良親王	相模国鎌倉郡鎌倉町二階堂	神奈川県鎌倉市二階堂一五四	明治6年9月9日	
井伊谷宮	井伊谷宮	宗良親王	遠江国引佐郡井伊谷村	静岡県引佐郡引佐町井伊谷一、九九一-一	明治6年9月9日	(6月)
八代宮	八代宮	懐良親王〈配祀〉良成親王	肥後国八代郡八代町	熊本県八代市松江城町七-三四	明治13年8月3日	明治19年11月良成親王を配祀
金鑽神社	金鑽神社	天照大神 素戔嗚尊 日本武尊	武蔵国児玉郡青柳村二ノ宮	埼玉県児玉郡神川町二ノ宮七五一	明治18年4月25日	(22日) 明治6年3月県社に列格
金崎宮	金崎宮	尊良親王 恒良親王	越前国敦賀郡敦賀町泉村字金崎	福井県敦賀市金ヶ崎町一-一	明治23年9月23日	創立並びに列格

神社名		祭神	住所		列格年	備考
列格時	現在		鎮座地（昭和20年以前）	現宗教法人の所在地		
太宰府神社	太宰府天満宮	菅原道真朝臣	筑前国筑紫郡太宰府町	福岡県太宰府市宰府四-七-一	明治28年1月10日	明治4年5月14日（8日）国幣小社、明治15年7月8日官幣小社に昇格、昭和22年10月改称
生田神社	生田神社	稚日女尊	摂津国神戸市下山手通一丁目	兵庫県神戸市中央区下山手通一-二-一	明治29年10月19日	明治5年7月県社、明治18年4月22日官幣小社に昇格
長田神社	長田神社	事代主神	摂津国神戸市長田	神戸市長田区長田町三-一-一	明治29年12月21日	明治7年県社、明治18年4月官幣小社に昇格
海神社	海神社	底津綿津見命　中津綿津見命　上津綿津見命〈配祀〉大日孁貴尊	播磨国明石郡垂水村西垂水	兵庫県神戸市垂水区宮本町五-一	明治30年3月15日	明治4年5月14日（12日）国幣中社に列格
英彦山神社	英彦山神宮	忍骨命〈配祀〉伊弉諾命　伊弉冊命	豊前国田川郡彦山村	福岡県田川郡添田町大字英彦山一	明治30年3月16日	明治4年5月14日（12日）国幣小社、明治23年11月4日官幣小社に昇格、昭和49年6月1日改称
厳島神社	厳島神社	市杵島姫命	佐伯郡厳島町	広島県佐伯郡宮島町一-一	明治44年1月6日	明治4年5月14日国幣中社に列格
住吉神社	住吉神社	表筒男命荒魂　中筒男命荒魂　底筒男命荒魂	豊浦郡勝山村楠乃	山口県下関市一の宮住吉一-一一-一	明治44年1月6日	明治4年5月14日国幣中社に列格
吉備津神社	吉備津神社	大吉備津彦命〈配祀〉日子刺方別命　千々速比売命　御友別命　中津彦命　倭飛羽矢若屋比売命　倭迹々日百襲比売命　若日子建吉備津彦命　日子寤間命	吉備郡真金町吉備中山	岡山県岡山市吉備津九三一	大正3年1月4日	明治4年5月14日国幣中社に列格
伊太祁曾神社	伊太祁曾神社	大屋毘古命	海草郡西山東村伊太祁曾	和歌山県和歌山市伊太祈曾五五八	大正7年10月14日	明治6年県社、明治18年4月22日（9月21日）国幣中社に昇格
熊野夫須美神社	熊野那智大社	家津御子神　熊野速玉神　熊野夫須美神	東牟婁郡那智町市野野	和歌山県東牟婁郡那智勝浦町那智山一	大正10年7月16日	明治6年4月県社に列格、大正10年7月16日熊野那智神社と改称し同時に官幣中社に昇格、昭和38年4月4日改称
御上神社	御上神社	天之御影命	野洲郡三上村三上	滋賀県野洲郡野洲町三上八三八	大正13年2月11日	明治9年10月郷社、大正2年10月県社に昇格
坐摩神社	坐摩神社	生井神　福井神　綱長井神　阿須波神　波比祇神	大阪市東区渡辺町	大阪府大阪市中央区久太郎町四渡辺三	昭和11年5月21日	明治5年11月府社に列格

神社名 列格時	神社名 現在	祭神	住所 鎮座地(昭和20年以前)	住所 現宗教法人の所在地	列格年	備考
志波彦神社	志波彦神社・鹽竈神社	志波彦神	陸前国宮城郡塩竈町塩竈一森山	宮城県塩竈市一森山一-一	明治4年5月14日	明治7年12月5日鹽竈神社へ遷座
大物忌神社	鳥海山大物忌神社	大物忌神	羽後国飽海郡吹浦村吹浦・蕨岡村	山形県飽海郡遊佐町大字吹浦字布倉一	明治4年5月14日	
二荒山神社	二荒山神社	二荒山神	下野国上都賀郡日光町	栃木県日光市山内二、三〇七	明治4年5月14日	(明治6年6月13日)
貫前神社	一之宮貫前神社	経津主神	上野国北甘楽郡一ノ宮町一ノ宮本町	群馬県富岡市一ノ宮一、五三五	明治4年5月14日	
玉前神社	玉前神社	玉埼神	上総国長生郡一宮町	千葉県長生郡一宮町一宮三、〇四八	明治4年5月14日	
寒川神社	寒川神社	寒川比古命　寒川比女命	相模国高座郡寒川村宮山	神奈川県高座郡寒川町宮山三、九一六	明治4年5月14日	
彌彦神社	彌彦神社	天香山命	越後国西蒲原郡弥彦村	新潟県西蒲原郡弥彦村弥彦二、八八七-二	明治4年5月14日	
射水神社	越中総鎮守射水神社	二上神	越中国高岡市高岡定塚町	富山県高岡市古城一-一	明治4年5月14日	
若狭彦神社	若狭彦神社	若狭彦神　若狭比咩神	若狭国遠敷郡遠敷村龍前・遠敷	福井県小浜市遠敷六五-四一	明治4年5月14日	
浅間神社	浅間神社	木花開耶比咩命	甲斐国東八代郡一桜村一ノ宮	山梨県東八代郡一宮町一の宮一、六八四	明治4年5月14日	
敢国神社	敢国神社	敢国津神〈配祀〉少彦名命　金山比咩命	伊賀国阿山郡府中村一宮	三重県上野市一之宮八七七	明治4年5月14日	
籠神社	籠神社	天水分神	丹後国与謝郡府中村大垣	京都府宮津市字大垣四三〇	明治4年5月14日	
出雲神社	出雲大神宮	大国主命　三穂津姫命	丹波国南桑田郡千歳村	京都府亀岡市千歳町千歳出雲無番地	明治4年5月14日	
出石神社	出石神社	八種神宝	但馬国出石郡神美村宮内	兵庫県出石郡出石町宮内字芝九九	明治4年5月14日	
宇倍神社	宇倍神社	武内宿禰命	因幡国岩美郡国府村宮下	鳥取県岩美郡国府町宮ノ下六五一	明治4年5月14日	
水若酢神社	水若酢神社	水若酢命	隠岐国隠地郡郡村	島根県隠岐郡五箇村郡七三三	明治4年5月14日	
安仁神社	安仁神社	安仁神〈配祀〉稲氷命　御毛沼命	備前国邑久郡大宮村藤井	岡山県岡山市西大寺一宮八九五	明治4年5月14日	
中山神社	中山神社	金山彦命〈配祀〉天糠戸神　石凝姥命	美作国西北条郡一宮村西一宮	岡山県津山市一宮六九五	明治4年5月14日	
忌部神社	忌部神社	天日鷲命	阿波国徳島市富田浦二軒屋町	徳島県徳島市二軒屋町二-四八	明治4年5月14日	
田村神社	田村神社	田村神(倭迹々日百襲姫命　五十狭芹彦命　猿田彦命　天隠山命　天五田根命)	讃岐国香川郡一宮村	香川県高松市一宮町二八六	明治4年5月14日	
土佐神社	土佐神社	一言主神	土佐国土佐郡一宮村	高知県高知市一宮二、四九九	明治4年5月14日	
田島神社	田島神社	多紀理毘売命　市杵島比売命　多岐都比売命〈配祀〉大山祇神　稚武王	肥前国東松浦郡呼子村大字加部島	佐賀県東松浦郡呼子町大字加部島三、九五六	明治4年5月14日	
住吉神社	住吉神社	上筒男命　中筒男命　底筒男命〈配祀〉八千矛命	壱岐国壱岐郡那賀村住吉	長崎県壱岐郡芦辺町住吉東触四七〇	明治4年5月14日	
海神神社	海神神社	豊玉姫命	対馬国上県郡木坂村	長崎県上県郡峰町木坂二四七	明治4年5月14日	

神社名 列格時	神社名 現在	祭神	住所 鎮座地（昭和20年以前）	住所 現宗教法人の所在地	列格年	備考
西寒多神社	西寒多神社	西寒多神〈配祀〉月読尊 天忍穂耳命 応神天皇 神功皇后 武内宿禰 大直日神 神直日神 天児屋根神 伊弉諾神 大歳神 倉稲魂神 天思兼神 経津主神 軻遇突智神 伊弉册尊	豊後国大分郡東植田村寒田	大分県大分市大字寒田一、六四四	明治4年5月14日	
都都古別神社	都都古別神社	都々古別神〈配祀〉日本武尊	磐城国東白川郡棚倉町	福島県東白川郡棚倉町大字棚倉字馬場三九	明治6年3月7日	
伊佐須美神社	伊佐須美神社	大毘古命 建沼河別命	岩代国大沼郡高田町	福島県大沼郡会津高田町字宮林甲四、三七七	明治6年6月13日	
大麻比古神社	大麻比古神社	大麻比古神〈配祀〉猿田彦大神	阿波国板東郡板東村	徳島県鳴門市大麻町板東字広塚一三	明治6年6月13日	
鹽竈神社	志波彦神社・鹽竈神社	鹽竈神（塩土老翁神 健甕槌神 経津主神）	陸前国宮城郡塩竈町塩竈一森山	宮城県塩竈市一森山一-一	明治7年12月5日	
鶴岡八幡宮	鶴岡八幡宮	応神天皇〈配祀〉仲哀天皇 神功皇后	相模国鎌倉郡鎌倉町雪ノ下	神奈川県鎌倉市雪ノ下二-一-三一	明治15年9月13日	県社より昇格
二荒山神社	二荒山神社	豊城入彦命〈合祀〉大物主命 事代主命	下野国宇都宮市馬場町	栃木県宇都宮市馬場通り一-一-一	明治16年4月25日	
都都古別神社	都都古別神社	味耜高彦根命〈配祀〉日本武尊	磐城国東白川郡近津村八槻	福島県東白川郡棚倉町大字八槻字大宮二二四	明治18年4月22日	近津神社を改め同時に列格
酒列磯前神社	酒列磯前神社	少彦名命	常陸国那珂郡平磯町	茨城県ひたちなか市磯崎町四、六〇七-二	明治18年4月22日	県社より昇格
大洗磯前神社	大洗磯前神社	大己貴命	常陸国東茨城郡磯浜町	茨城県東茨城郡大洗町磯浜町六、八九〇	明治18年4月22日	県社より昇格
金刀比羅宮	金刀比羅宮	大物主神 崇徳天皇	讃岐国那珂郡琴平町	香川県仲多度郡琴平町八九二-ノ一	明治18年4月22日	明治4年5月14日国幣小社に列格
新田神社	新田神社	邇々杵尊	薩摩国薩摩郡東水引村宮内	鹿児島県川内市宮内町一、九三五ノ二	明治18年4月22日	無格社より昇格
美保神社	美保神社	事代主命〈配祀〉三穂津姫命	出雲国八束郡美保関村	島根県八束郡美保関町美保関六〇八	明治18年5月5日	（4月22日） 明治7年県社に列格
函館八幡宮	函館八幡宮	品陀和気命	渡島国亀田郡	北海道函館市谷地頭町二-五	明治29年10月19日	明治10年5月28日国幣小社に列格
生島足島神社	生島足島神社	生島神 足島神	小県郡東塩田村下之郷	長野県上田市大字下之郷字中池西七〇一-甲	明治32年7月19日	県社より昇格
伊和神社	伊和神社	大己貴命〈配祀〉少彦名命 下照姫命	宍粟郡神戸村須行名	兵庫県宍粟郡一宮町須行名四〇七	明治45年5月29日	明治6年県社、明治18年4月22日国幣小社に昇格
真清田神社	真清田神社	火明命	一宮市大字一宮	愛知県一宮市真清田一-二-一	大正3年1月4日	明治6年2月県社、明治18年4月22日国幣小社に昇格
白山比咩神社	白山比咩神社	菊理媛神 伊弉諾尊 伊弉册尊	石川郡河内村三宮	石川県石川郡鶴来町三宮町ニ一〇五-ノ一	大正3年3月4日	明治4年5月14日国幣小社に列格
玉祖神社	玉祖神社	玉祖命 一座未詳	佐波郡右田村大崎	山口県防府市大崎一、六九〇	大正4年11月10日	明治4年5月14日国幣小社に列格
諏訪神社	諏訪神社	健御名方大神 八坂刀売大神〈配祀〉森崎大神 住吉大神	長崎市上西山町	長崎県長崎市上西山町一八-一五	大正4年11月10日	明治28年7月10日県社より国幣小社に昇格

神社名 列格時	神社名 現在	祭神	住所 鎮座地(昭和20年以前)	住所 現宗教法人の所在地	列格年	備考
大縣神社	大縣神社	大県神	丹羽郡楽田村宮山	愛知県犬山市宇宮山三	大正7年11月28日	明治6年1月郷社に列格、明治9年7月県社に昇格
速谷神社	速谷神社	速谷神	佐伯郡平良村	広島県廿日市市上平良字堂垣内三〇八-一	大正13年11月19日	郷社より昇格
伊曾乃神社	伊曾乃神社	伊曾乃神	新居郡神戸村	愛媛県西条市中野甲一、六四九	昭和15年11月1日	明治5年郷社、明治6年県社に昇格

官幣小社

神社名 列格時	神社名 現在	祭神	住所 鎮座地(昭和20年以前)	住所 現宗教法人の所在地	列格年	備考
大國魂神社	大國魂神社	武蔵大国魂神	武蔵国北多摩郡府中町府中	東京都府中市宮町三-一-一	明治18年4月22日	明治15年7月国幣小社に昇格
波上宮	波上宮	伊弉冊尊　速玉男尊　事解男尊	琉球国那覇若狭町村	沖縄県那覇市若狭一-二五-一一	明治23年1月27日	
竈門神社	竈門神社	玉依姫命〈配祀〉神功皇后　応神天皇	筑前国筑紫郡太宰府村御笠村	福岡県太宰府市内山字御供屋谷八八三	明治28年9月28日	明治5年村社に列格
住吉神社	住吉神社	底筒男命　中筒男命　表筒男命〈配祀〉天照皇大神　神功皇后	福岡市大字住吉	福岡県福岡市博多区住吉三-一-五一	大正4年11月10日	明治5年11月県社に列格
志賀海神社	志賀海神社	底津綿津見神　中津綿津見神　上津綿津見神	糟屋郡志賀村志賀島	福岡県福岡市東区志賀島字勝山八七七	大正15年1月4日	村社より昇格

国幣小社

神社名 列格時	神社名 現在	祭神	住所 鎮座地(昭和20年以前)	住所 現宗教法人の所在地	列格年	備考
駒形神社	駒形神社	駒形神	陸中国膽沢郡金ケ崎村西根	岩手県水沢市中上野町一-八三	明治4年5月14日	
度津神社	度津神社	五十猛神	佐渡国佐渡郡羽茂郷村飯岡	新潟県佐渡郡羽茂町飯岡五五〇-四	明治4年5月14日	
水無神社	水無神社	水無神	飛彈国大野郡宮村	岐阜県大野郡宮村一之宮字石原五、三二三	明治4年5月14日	
砥鹿神社	砥鹿神社	大己貴命	三河国宝飯郡桑富村一宮	愛知県宝飯郡一宮町大字一宮字西垣内二	明治4年5月14日	
大神山神社	大神山神社	大穴牟遅神	伯耆郡西伯郡大高村尾高	鳥取県米子市尾高一、〇三五	明治4年5月14日	
物部神社	物部神社	宇摩志麻遅命	石見国安濃郡川合村	島根県大田市川合町川合一、五四五	明治4年5月14日	
日御碕神社	日御碕神社	素戔嗚命	出雲国簸川郡日御碕村	島根県簸川郡大社町日御碕四五五	明治4年5月14日	
沼名前神社	沼名前神社	綿津見神〈配祀〉須佐之男命	備後国沼隈郡鞆町後地	広島県福山市鞆町後地一、二二五	明治4年5月14日	
都農神社	都農神社	大己貴命	日向国児湯郡都農村川北	宮崎県児湯郡都農町大字川北一三二九四	明治4年5月14日	
枚聞神社	枚聞神社	枚聞神	薩摩国揖宿郡頴娃村十町	鹿児島県揖宿郡開聞町十町一、三六六	明治4年5月14日	

神社名 列格時	神社名 現在	祭神	住所 鎮座地（昭和20年以前）	住所 現宗教法人の所在地	列格年	備考
出羽神社	月山神社出羽神社湯殿山神社	伊氏波神	羽前国東田川郡手向村	山形県東田川郡羽黒町大字手向字手向七	明治6年3月7日	（明治4年7月14日）
岩木山神社	岩木山神社	宇都志国玉命　多都比毘売命　宇賀能売命〈配祀〉大山祇神　坂上苅田麿	陸奥国中津軽郡岩木村大字百沢	青森県中津軽郡岩木町大字百沢字寺沢二七	明治6年6月13日	
小國神社	小國神社	小国神	遠江国周智郡一宮村五川	静岡県周智郡森町一宮三、九五六-一	明治6年6月13日	
湯殿山神社	月山神社出羽神社湯殿山神社	大山祇命	羽前国東田川郡東村田麦俣	山形県東田川郡羽黒町大字手向字手向七	明治7年9月5日	（8月31日）
古四王神社	古四王神社	武甕槌命　大彦命	羽後国南秋田郡寺内村	秋田県秋田市寺内字児桜八一	明治15年4月29日	明治9年3月県社に列格
神部神社	神部神社・浅間神社・大歳御祖神社	大己貴命	駿河国静岡市宮ヶ崎町	静岡県静岡市宮ヶ崎町一〇三-一	明治21年5月1日	（2日）　明治6年2月県社に列格
浅間神社	神部神社・浅間神社・大歳御祖神社	木之花開耶姫命	静岡市宮ヶ崎町	静岡県静岡市宮ヶ崎町一〇三-一	明治21年5月1日	（2日）　明治6年2月県社に列格
大歳御祖神社	神部神社・浅間神社・大歳御祖神社	大歳御祖命	静岡市宮ヶ崎町	静岡県静岡市宮ヶ崎町一〇三-一	明治21年5月1日	（2日）　明治6年2月県社に列格
戸隠神社	戸隠神社	天手力雄命	信濃国上水内郡戸隠村	長野県上水内郡戸隠村大字戸隠三、五〇六	明治23年2月14日	（2月7日）　明治6年4月県社に列格
菅生石部神社	菅生石部神社	菅生石部神	加賀国江沼郡藤田村	石川県加賀市大聖寺敷地ル乙八一	明治29年3月19日	（18日）　県社より昇格
須佐神社	須佐神社	須佐之男命〈配祀〉稲田姫命　足名槌命　手名槌命	飯石郡東須佐村宮内	島根県簸川郡佐田町宮内七三〇	明治32年7月7日	明治5年郷社、明治6年県社に昇格
藤崎八旛宮	藤崎八旛宮	応神天皇〈配祀〉住吉大神　神功皇后	熊本市井川渕町	熊本県熊本市井川渕町三-一	大正4年11月10日	明治5年6月県社に列格、明治6年10月郷社（兼）
忌宮神社	忌宮神社	仲哀天皇　神功皇后　応神天皇	下関市長府町	山口県下関市大字豊浦村一、七四六	大正5年12月12日	明治6年4月県社に列格
柞原八幡宮	柞原八幡宮	応神天皇　仲哀天皇　神功皇后	大分郡八幡村	大分県大分市大字八幡九八七	大正5年12月12日	明治6年県社に列格
高瀬神社	高瀬神社	高瀬神	東砺波郡高瀬村	富山県東砺波郡井波町高瀬二九一	大正12年6月16日	明治9年県社に列格
津島神社	津島神社	建速須佐之男命〈配祀〉大穴牟遅命	海部郡津島町	愛知県津島市神明町一	大正15年10月1日	明治6年2月県社に列格
秩父神社	秩父神社	八意思金命　知知夫彦命〈配祀〉天之御中主神	秩父郡秩父町	埼玉県秩父市番場町一-三	昭和3年11月10日	明治4年県社に列格
箱根神社	箱根神社	箱根神	足柄下郡元箱根村	神奈川県足柄下郡箱根町元箱根八〇-一	昭和3年11月10日	明治6年7月県社に列格
劔神社	劔神社	素戔嗚尊	丹生郡織田村	福井県丹生郡織田町織田一三号一	昭和3年11月10日	明治7年1月郷社、明治34年11月県社に昇格
伊豆山神社	伊豆山神社	火牟須比神　伊邪那岐命　伊邪那美命〈相殿〉火牟須比売荒魂　速玉之男命　泉津事解之男命〈合祀〉海都見神　奥津比古命　奥津比売命他	熱海市伊豆山	静岡県熱海市伊豆山上野地一	昭和3年11月10日	明治8年県社に列格

神社名		祭神	住所		列格年	備考
列格時	現在		鎮座地（昭和20年以前）	現宗教法人の所在地		
佐太神社	佐太神社	佐太大神	八束郡佐太村	島根県八束郡鹿島町佐陀宮内七三	昭和3年11月10日	村社・郷社（兼）、明治6年県社に昇格、明治14年佐陀神社を佐太神社に改称
吉備津彦神社	吉備津彦神社	大吉備津彦命〈配祀〉大吉備津彦命御祖神 大日本根子彦国牽天皇 稚日本根子彦大毘々天皇 御間城入彦五十瓊殖天皇 彦刺肩別命 稚武吉備津日子命	御津郡一宮村大字一宮	岡山県岡山市一宮一、〇四三	昭和3年11月10日	明治5年8月県社に列格
吉備津神社	吉備津神社	大吉備津彦命〈配祀〉大日本根子彦太瓊命 細比売命 稚武吉備津彦命	芦品郡網引村大字宮内	広島県芦品郡新市町大字宮内字上市四〇〇	昭和3年11月10日	明治2年郷社、明治9年県社に昇格
伊奈波神社	伊奈波神社	五十瓊敷入彦命〈配祀〉淳熨斗姫命 日葉酢媛命 彦多都彦命〈合祀〉物部十千根命	岐阜市伊奈波通一丁目	岐阜県岐阜市伊奈波通一-一	昭和14年11月1日	明治6年1月県社に列格
倭文神社	倭文神社	建葉槌命〈配祀〉下照姫命 事代主命 建御名方命 少彦名命 天稚彦命 味耜高彦根命	東伯郡舎人村	鳥取県東伯郡東郷町宮内七五四	昭和14年11月1日	明治5年2月県社に列格
雄山神社	雄山神社	雄山神	中新川郡立山町立山村	富山県中新川郡立山町立山峰一	昭和15年11月1日	
穂高神社	穂高神社	穂高神	南安曇郡穂高町	長野県南安曇郡穂高町大字宮脇六、〇七九	昭和15年11月1日	明治5年11月郷社、明治15年県社に昇格
尾張大國霊神社	尾張大國霊神社	尾張大国霊神	中島郡稲沢町	愛知県稲沢市国府宮一-一-一	昭和15年11月1日	明治6年郷社、明治9年県社に昇格
千栗八幡宮	千栗八幡宮	応神天皇 仲哀天皇 神功皇后	三養基郡北茂安村	佐賀県三養基郡北茂安町大字白壁二、四〇三	昭和15年11月1日	

別格官幣社

神社名		祭神	住所		列格年	備考
列格時	現在		鎮座地（昭和20年以前）	現宗教法人の所在地		
湊川神社	湊川神社	楠木正成朝臣〈配祀〉楠正行卿 楠正季卿 他一六柱	摂津国神戸市兵庫多聞通三丁目	兵庫県神戸市中央区多聞通三-一-一	明治5年4月29日	（5月24日）明治5年5月24日鎮座
東照宮	東照宮	源家康朝臣〈配祀〉豊臣秀吉公 源頼朝公	下野国上都賀郡日光町	栃木県日光市山内二、三〇一	明治6年6月9日	
豊国神社	豊国神社	豊臣秀吉朝臣	山城国京都市下京区茶屋町	京都府京都市東山区大和大路正面茶屋町	明治6年8月18日	（14日）
護王神社	護王神社	和気清麿朝臣 和気広蟲〈配祀〉藤原百川公 路豊永卿	山城国京都市上京区櫻鶴円町	京都府京都市上京区烏丸通下長者町櫻鶴円町	明治7年12月22日	
談山神社	談山神社	藤原鎌足命朝臣	大和国十市郡多武峯村	奈良県桜井市大字多武峯三一九	明治7年12月22日	
建勲神社	建勲神社	平信長朝臣〈配祀〉織田信忠卿	山城国愛宕郡大宮村紫竹大門	京都府京都市北区紫野北船岡町四九	明治8年4月24日	

神社名		祭神	住所		列格年	備考
列格時	現在		鎮座地(昭和20年以前)	現宗教法人の所在地		
藤島神社	藤島神社	源義貞〈配祀〉新田義宗　脇屋義助　新田義顕　新田義興　殉難将士	越前国吉田郡西藤島村牧島	福井県福井市毛矢三-八-二	明治9年12月15日	(11月7日)
名和神社	名和神社	名和長年	伯耆郡西伯郡名和村	鳥取県西伯郡名和町名和五五六	明治11年1月10日	同日氏殿神社を改称
菊池神社	菊池神社	菊池武時　菊池武重　菊池武光〈配祀〉菊池武政　菊池武士　菊池武朝　菊池武敏　赤星有隆　菊池武村　菊池隆舜　菊池武吉　深川武義　菊池武安　片保田武明　赤星武貫　葉室高善　葉室善安　加屋兵部大輔　見参岡高子　宇都宮隆房　国分行高　菊池頼隆　以下殉難戦没諸将士之神霊	肥後国菊池郡隈府村	熊本県菊池市隈府一、二五七	明治11年1月10日	
靖国神社	靖国神社	明治維新前後殉国者及び其れ以後の戦没者を合祀	武蔵国東京市麹町区富士見町二丁目三丁目	東京都千代田区九段北三-一-一	明治12年6月4日	東京招魂社を改め同時に列格
結城神社	結城神社	結城宗広	伊勢国津市藤方	三重県津市大字藤方二、三四一	明治15年1月24日	
阿部野神社	阿部野神社	北畠顕家　北畠親房	摂津国東城郡住吉村	大阪府大阪市阿倍野区北畠三-七-二〇	明治15年1月24日	
小御門神社	小御門神社	藤原師賢卿	下総国香取郡小御門村名古屋	千葉県香取郡下総町名古屋八九八	明治15年6月14日	
常磐神社	常磐神社	贈正一位源光圀　贈正一位源斉昭	常陸国水戸市常磐	茨城県水戸市元石川町二、七三六-五	明治15年12月15日	
豊栄神社	豊栄神社	贈正一位大江元就	周防国吉敷郡上宇野令村	山口県山口市上宇野令字野田八三二	明治15年12月15日	
照國神社	照國神社	贈正一位源斉彬	薩摩国鹿児島市山下町	鹿児島県鹿児島市照国町一九-三五	明治15年12月15日	明治6年県社に列格
霊山神社	霊山神社	源親房　源顕家　源顕信　源守親	岩代国伊達郡霊山村大石	福島県伊達郡霊山町大字大石字古屋舘一	明治18年4月22日	
梨木神社	梨木神社	贈正一位右大臣藤原実萬　三条実美	山城国京都市上京区染殿町	京都府京都市上京区寺町通広小路上る染殿町六八〇	明治18年10月10日	
東照宮	久能山東照宮	贈正一位源家康〈配祀〉贈正一位豊臣秀吉	駿河国安倍郡久能村根古屋	静岡県静岡市根古屋三八九	明治21年5月1日	明治6年9月県社に列格
四條畷神社	四條畷神社	贈従二位楠正行〈配祀〉楠正時　和田賢秀以下殉難戦没之将士	河内国北河内郡甲可村南野	大阪府四條畷市南野二-一八-一	明治22年12月16日	
唐沢山神社	唐沢山神社	藤原秀郷	下野国安蘇郡田沼町栃木	栃木県佐野市富士町一、四〇九	明治23年11月29日	(28日)
上杉神社	上杉神社	上杉謙信	米沢市南堀端町	山形県米沢市丸の内一-四-一三	明治35年4月26日	
尾山神社	尾山神社	前田利家	金沢市西町	石川県金沢市尾山町一一-一	明治35年7月3日	(4月26日)
野田神社	野田神社	毛利敬親〈配祀〉毛利元徳	山口市上宇野令字野田	山口県山口市上宇野令字野田八三二	大正4年11月10日	明治9年10月県社に列格
北畠神社	北畠神社	北畠顕能〈配祀〉北畠親房　北畠顕家	一志郡多気村上多気字馬場	三重県一志郡美杉村上多気一、一四八	昭和3年11月10日	村社より昇格
佐嘉神社	佐嘉神社	鍋島直正	佐賀市松原町	佐賀県佐賀市松原二-一〇-四三	昭和8年9月28日	
山内神社	山内神社	山内豊信〈配祀〉山内豊範	高知市鷹匠町	高知県高知市鷹匠町二-四-六五	昭和9年4月20日	
福井神社	福井神社	従一位松平慶永命	福井市大手三-一六-一	福井県福井市大手三-一六-一	昭和18年9月20日	

海外の官国幣社

官幣大社

地名	神社名	祭神	鎮座地(昭和20年以前)	列格年	備考
樺太	樺太神社	大国魂命　大己貴命　少彦名命	豊原市豊原町旭ケ丘	明治43年8月17日	昭和20年11月17日廃止
台湾	台湾神宮	能久親王　大国魂命　大己貴命　少彦名命	台北州台北市大宮町	明治33年9月18日	昭和19年6月17日天照大神1座増祀と同時に台湾神宮に改称、昭和20年11月17日廃止
南洋	南洋神社	天照大神	パラオ島コロル町、アルミス高地	昭和15年2月11日	創立並びに列格、昭和20年11月17日廃止
関東州	関東神宮	天照大神　明治天皇	関東州旅順市	昭和13年6月1日	創立並びに列格、昭和20年11月17日廃止
朝鮮	朝鮮神宮	天照大神　明治天皇	京畿道京城府南山	大正8年7月18日	大正14年6月27日朝鮮神社を改称、大正14年10月15日鎮座、昭和20年11月17日廃止
朝鮮	扶餘神宮	応神天皇　斉明天皇　天智天皇　神功皇后	忠清南道扶余郡扶余面	昭和14年6月15日	創立並びに列格、昭和20年11月17日廃止

官幣中社

地名	神社名	祭神	鎮座地(昭和20年以前)	列格年	備考
台湾	台南神社	能久親王	台南州台南市南門町	大正14年10月31日	昭和20年11月17日廃止

国幣小社

地名	神社名	祭神	鎮座地(昭和20年以前)	列格年	備考
台湾	新竹神社	能久親王　大国魂命　大己貴命　少彦名命	新竹州新竹市客雅	昭和17年11月25日	大正9年2月県社に列格、昭和20年11月17日廃止
台湾	台中神社	能久親王　大国魂命　大己貴命　少彦名命	台中州台中市新富町	昭和17年11月27日	明治44年2月県社に列格、昭和20年11月17日廃止
台湾	嘉義神社	能久親王　大国魂命　大己貴命　少彦名命　天照皇大神	台南州嘉義市山子頂	昭和19年2月28日	大正6年10月県社に列格、昭和20年11月17日廃止
朝鮮	京城神社	天照大神　国魂大神　大己貴命　少彦名命	京畿道京城府倭城台	昭和11年8月1日	大正5年5月創立許可、昭和20年11月17日廃止
朝鮮	竜頭山神社	天照大神　国魂大神　大物主命　表筒男命　中筒男命　底筒男命	慶尚南道釜山府弁天町	昭和11年8月1日	大正6年7月創立許可、昭和20年11月17日廃止
朝鮮	平壌神社	天照大神　国魂大神	平安南道平壌府慶上里	昭和12年5月15日	(15日)　大正5年10月創立許可、昭和20年11月17日廃止
朝鮮	大邱神社	天照大神　国魂大神　素盞嗚尊	大邱府城成町	昭和12年5月15日	大正5年4月創立許可、昭和20年11月17日廃止
朝鮮	光州神社	天照大神　国魂大神	光州府亀岡町	昭和16年10月1日	大正5年11月創立許可、昭和20年11月17日廃止
朝鮮	江原神社	天照大神　国魂大神　明治天皇　素盞嗚尊	春川郡春川邑	昭和16年10月1日	大正7年3月創立許可、昭和20年11月17日廃止
朝鮮	全州神社	天照大神　明治天皇　国魂大神	全州府華山面	昭和19年5月1日	大正5年9月創立許可、昭和20年11月17日廃止
朝鮮	咸興神社	天照大神　国魂大神	咸興府東雲町	昭和19年5月1日	大正5年8月創立許可、昭和20年11月17日廃止

府県社一覧

明治四十年（一九〇七）までを『明治神社誌料』、昭和十五年（一九四〇）までを『神社大観』、同十八年までを『皇国時報』、同二十年までを『官報』『神社名鑑』で基本を作成し、神社本庁包括下の神社は神社明細帳で列格年を確定し、相違するものは備考欄に記入した。その他神社本庁包括外三十社強の神社は、資料およびインターネットや電話等で確認した。一覧中、祭神が（ ）で括られたものは、当時の資料がないため、神社明細帳の記事を使用した。

北海道

神社名 列格時	神社名 現在	祭神	住所 鎮座地（昭和20年以前）	住所 現宗教法人の所在地	列格年	備考
姥神大神宮	姥神大神宮	天照大神 天児屋根命 住吉三柱大神	桧山郡江差町大字姥神町	北海道桧山郡江差町字姥神町九八	明治17年4月	（明治16年）、明治4年12月郷社に列格
住吉神社	住吉神社	底筒男命 中筒男命 表筒男命 息長帯姫命〈合祀〉大物主神 保食神 八重言代主神	小樽市量徳町	北海道小樽市住ノ江二-五-一	明治39年11月	明治8年3月郷社に列格
松前神社	松前神社	武田信広	松前郡福山町大字松城町	北海道松前郡松前町字松城一四五	大正7年5月	
金刀比羅神社	金刀比羅神社	大物主神〈配祀〉事代主大神 倉稲魂大神	根室郡根室町	北海道根室市琴平町一-四	大正7年8月	明治15年5月郷社に列格
東照宮	北海道東照宮	徳川家康公	函館市蓬莱町	北海道函館市陣川町八二-一五三	大正11年3月	大正3年4月郷社に列格
厳島神社	厳島神社	市杵島姫命 阿寒大神 稲荷大神 秋葉大神 金刀比羅大神 猿田彦大神 海津見大神	釧路市米町	北海道釧路市米町一-三-一八	大正12年5月	明治24年5月郷社に列格
上川神社	上川神社	天照皇大御神 大己貴大神 少彦名大神〈配祀〉他六柱	上川郡東旭川村	北海道旭川市神楽岡公園二-一	大正12年12月	明治39年村社、大正4年6月郷社に昇格
八幡神社	室蘭八幡宮	誉田別命〈配祀〉保食神 琴平神	室蘭市泉町	北海道室蘭市海岸町二-九-三	大正13年8月	
余市神社	余市神社	保食神 天照大神 大物主神 大己貴神	余市郡余市町富沢町	北海道余市郡余市町富沢町一四-四	大正13年9月	明治8年3月郷社に列格
岩内神社	岩内神社	応神天皇 市杵島比売神 保食神	岩内郡岩内町老古美村	北海道岩内郡岩内町字宮園四一	昭和3年11月	
三吉神社	三吉神社	大己貴神 少彦名神〈配祀〉藤原三吉 琴平宮 菅原宮	札幌市南一条西八丁目	北海道札幌市中央区南一条西八-一七	昭和5年4月	明治15年村社、明治30年郷社に昇格
帯広神社	帯廣神社	大国魂神 大名貴神 少彦名神	帯広市帯広	北海道帯広市東三条南二-一	昭和5年9月	明治44年無格社、大正7年11月郷社に列格
岩見沢神社	岩見沢神社	大己貴神	空知郡岩見沢町	北海道岩見沢市三条西一-三	昭和8年7月	明治43年村社、大正7年9月郷社に昇格
空知神社	空知神社	天照皇大神 大己貴神 少彦名神〈配祀〉大山祇神 埴安姫神 稲倉魂神	空知郡美唄町	北海道美唄市西三条南一-一-一	昭和8年8月	明治44年村社、大正14年2月郷社に昇格
網走神社	網走神社	市杵島姫命 田心姫命 湍津姫命	網走郡網走町大字網村	北海道網走市桂町二-一-一	昭和9年8月	明治41年無格社、大正12年5月郷社に昇格

神社名 列格時	神社名 現在	祭神	住所 鎮座地(昭和20年以前)	住所 現宗教法人の所在地	列格年	備考
樽前山神社	樽前山神社	大山祇神 茅野姫命 久久能知神	勇払郡苫小牧町大字弥生町	北海道苫小牧市字高丘六-四九	昭和11年7月	
滝川神社	滝川神社	天照大神	空知郡滝川町	北海道滝川市一の坂町東一-一-三	昭和11年8月	大正7年村社、昭和3年1月郷社に昇格
厳島神社	留萌神社	市岐島姫命	留萌郡留萌町大字留萌	北海道留萌市宮園町四-一六	昭和15年1月	明治9年村社、明治29年6月郷社に昇格
深川神社	深川神社	天照大神 神武天皇 豊宇気姫神 大国主神 大国魂神	雨竜郡深川町メム	北海道深川市六条四-一〇	昭和16年8月	
鷹栖神社	鷹栖神社	大己貴神 少彦名神 大国魂神	上川郡鷹栖村近文区画地	北海道旭川市末広八条三-七八三-二	昭和17年6月	大正5年村社、大正11年8月郷社に昇格
玉置神社	新十津川神社	国常立尊 伊弉諾尊 伊弉冉尊 天照大神 神武天皇	樺戸郡新十津川村字上徳富	北海道樺戸郡新十津川町字中央三七	昭和18年1月	大正4年村社、昭和5年8月郷社に昇格
砂川神社	砂川神社	天照大神	空知郡砂川町	北海道砂川市東五条南四-一	昭和19年2月	大正4年村社、昭和5年郷社に昇格
永山神社	永山神社	天照大神 大国主神 永山武四郎	上川郡永山村	北海道旭川市永山四条一八-二-三	昭和20年4月	大正3年村社、大正11年8月郷社に昇格
十勝神社	十勝神社	大海津見神	広尾郡広尾村大字広尾村字茂寄	北海道広尾郡広尾町茂寄一-三	昭和20年5月	明治9年3月郷社に列格
旭川神社	旭川神社	天照皇大神 木花咲耶姫命	旭川市東旭川南一条六丁目八番一四号	北海道旭川市東旭川南一条六-八-一四	昭和21年1月	(考証課長認定)、明治40年村社、大正11年8月郷社に昇格

青森県

神社名 列格時	神社名 現在	祭神	住所 鎮座地(昭和20年以前)	住所 現宗教法人の所在地	列格年	備考
善知鳥神社	善知鳥神社	市杵島姫命 多岐津姫命 多紀理姫命〈合祀〉海津見大神 宮比命 猿田彦命 倉稲魂神	青森市安方町	青森県青森市安方二-七-一八	明治6年9月	明治6年3月郷社に列格
糠部神社	糠部神社	南部三郎光行	三戸郡留崎村大字梅内	青森県三戸郡三戸町大字梅内字城ノ下三四-二	明治12年6月	
三八城神社	三八城神社	南部左衛門佐直房 新羅三郎義光 南部三郎光行	三戸郡八戸町大字八幡町	青森県八戸市内丸一-一-六九	明治12年8月	郷社より昇格
熊野奥照神社	熊野奥照神社	櫛御気野命 伊邪那伎命 伊邪那美命 事解男命 速玉男命〈合祀〉阿部比羅夫 坂上田村麿	弘前市字田町	青森県弘前市大字田町四四	明治13年6月	(5月)、明治6年4月郷社に列格
八幡宮	弘前八幡宮	誉田別尊 気長足姫尊 比売神〈合祀〉武内宿禰 坂上田村麿 坂上浄野 小野春風 源義家	弘前市字田町	青森県弘前市字八幡町一-一-一	明治13年9月	明治6年4月郷社に列格
神明宮	神明宮	天照皇大神〈配祀〉保食大神	弘前市字小人町	青森県弘前市大字小人町七三	明治13年9月	明治6年4月郷社に列格

神社名		祭神	住所		列格年	備考
列格時	現在		鎮座地(昭和20年以前)	現宗教法人の所在地		
高照神社	高照神社	天児屋根命　伊波比主神〈配祀〉津軽為信　武甕槌神　比売大神　津軽信政	中津軽郡岩木村大字百沢	青森県中津軽郡岩木町大字百沢字神馬野八〇七	明治13年10月	明治6年4月郷社に列格
東照宮	東照宮	徳川家康〈合祀〉神武天皇　藤原鎌足　豊臣秀吉	弘前市字笹森町	青森県弘前市大字笹森町二六	明治14年11月	(10月)、明治12年郷社に列格
黒石神社	黒石神社	津軽十郎左衛門信英	南津軽郡黒石町大字市ノ町	青森県黒石市大字市ノ町三〇	明治15年6月	
猿賀神社	猿賀神社	上毛野田道　保食神〈合祭〉日本武尊　阪上田村麿	南津軽郡猿賀村大字猿賀	青森県南津軽郡尾上町大字猿賀字石林一七五	明治16年10月	(9月)、明治4年郷社に列格
八幡宮	浪岡八幡宮	誉田別命	南津軽郡浪岡村浪岡	青森県南津軽郡浪岡町大字浪岡字林本三-二	昭和13年7月	明治6年4月郷社に列格
新羅神社	長者山新羅神社	素戔嗚尊　新羅三郎義光〈配祀〉天照皇大御神　応神天皇　大己貴命　宇迦能御魂命	八戸市糠塚	青森県八戸市長者一-六-一〇	昭和20年2月	明治6年4月郷社に列格

岩手県

神社名		祭神	住所		列格年	備考
列格時	現在		鎮座地(昭和20年以前)	現宗教法人の所在地		
八幡宮	盛岡八幡宮	品陀和気尊　白山姫命	盛岡市志家	岩手県盛岡市八幡町三-一	明治6年4月	(3月)
櫻山神社	櫻山神社	南部光行　南部信直	盛岡市字内丸	岩手県盛岡市内丸一-四二	明治14年1月	
配志和神社	配志和神社	高皇産霊尊　皇孫尊　木花開耶姫尊	西磐井郡山目村館	岩手県一関市山目字舘五六	大正4年4月	明治10年10月郷社に列格
岩手山神社	岩手山神社	大名牟遅命　宇迦御魂命　倭健命	岩手郡滝沢村	岩手県岩手郡滝沢村柳沢三〇五	大正5年11月	郷社より昇格
志和稲荷神社	志和稲荷神社	宇迦之御魂命	紫波郡水分村升沢	岩手県紫波郡紫波町升沢字前平一七	大正7年6月	村社より昇格
室根神社	室根神社	伊弉那美命	東磐井郡折壁村	岩手県西磐井郡室根村下折壁字室根山二	大正9年2月	郷社より昇格
早池峰神社	早池峰神社	姫大神	稗貫郡内川目村嶽	岩手県稗貫郡内川目村第一地割一	大正11年1月	郷社より昇格
鎮守府八幡神社	鎮守府八幡宮	誉田別命　天照大神　素戔嗚尊	膽沢郡佐倉河村	岩手県水沢市佐倉河字宮の内三	大正11年4月	明治4年村社に列格
呑香稲荷神社	呑香稲荷神社	天照大神　豊受姫神　仲哀天皇　応神天皇　神功皇后	二戸郡福岡町	岩手県二戸市福岡字松ノ丸三	大正11年	明治6年8月郷社に列格
志賀理和気神社	志賀理和気神社	(経津主命・武甕槌命)	紫波郡赤石村桜町	岩手県紫波郡紫波町桜町字本町川原一	大正13年3月	明治4年10月郷社に列格

宮城県

神社名		祭神	住所		列格年	備考
列格時	現在		鎮座地(昭和20年以前)	現宗教法人の所在地		
黄金山神社	黄金山神社	金山彦命　天照皇大神　猿田彦命	遠田郡元涌谷村大字涌谷字黄金迫黄金宮前	宮城県遠田郡涌谷町大字涌谷字黄金宮前三	明治5年5月	

神社名（列格時）	神社名（現在）	祭神	住所 鎮座地(昭和20年以前)	住所 現宗教法人の所在地	列格年	備考
登米神社	登米神社	品陀別命　田心姫命　市杵島姫命　湍津姫命　倉稲魂命　猿田彦命　大宮姫命〈相殿〉倉稲魂命	登米郡登米町大字登米寺池	宮城県登米郡登米町寺池道場山一五-一	明治6年5月	
青葉神社	青葉神社	伊達政宗	仙台市字通町	宮城県仙台市青葉区青葉町七-一	明治7年6月	
館腰神社	館腰神社	倉稲魂神　大宮姫神　猿田彦神〈合祭〉大雷神　武甕槌神　伊邪那美命　誉田別尊　中井新三郎　天照皇大神　応神天皇　熊野加夫呂杵櫛御食野命	名取郡館腰村大字植松	宮城県名取郡館腰村植松字山二	明治7年6月	
黄金山神社	黄金山神社	金山毘古神　金山毘売神　天神八百万神　地神八百万神	牡鹿郡鮎川村大字鮎川浜	宮城県牡鹿郡鮎川町大字鮎川浜字金華山五	明治7年6月	
竹駒神社	竹駒神社	倉稲魂神　保食神　稚産霊神	名取郡岩沼町字沼郷	宮城県岩沼市稲荷町一-一	明治7年6月	
桜岡大神宮	桜岡大神宮	天照皇大神　豊受大神　表筒男命　中筒男命　底筒男命　保食神	仙台市字本柳町	宮城県仙台市青葉区桜岡公園一-一	明治8年4月	村社より昇格
刈田嶺神社	刈田嶺神社	日本武尊	刈田郡宮村字宮	宮城県刈田郡蔵王町宮字馬場一	明治41年11月	(昭和3年11月)、明治12年4月郷社に列格
東照宮	東照宮	徳川家康	仙台市北六番丁	宮城県仙台市青葉区東照宮一-六-一	大正4年1月	明治12年5月郷社に列格
鹿島御児神社	鹿島御児神社	武甕槌命	石巻市門脇	宮城県石巻市日和が丘二-一-一〇	昭和10年3月	明治7年村社、大正10年5月郷社に昇格
熊野神社	熊野神社	速玉男尊　伊邪那册尊　事解男尊　事代主尊　泥煮尊　塗煮尊	名取郡高館村熊野堂	宮城県名取郡高館村熊野堂字五反田三四	昭和15年11月	大正10年8月郷社に列格
零羊崎神社	零羊崎神社	豊玉彦命	石巻市湊	宮城県石巻市大字湊字牧山七	昭和17年9月	明治7年郷社に列格

秋田県

神社名（列格時）	神社名（現在）	祭神	住所 鎮座地(昭和20年以前)	住所 現宗教法人の所在地	列格年	備考
波宇志別神社	保呂羽山波宇志別神社	安閑天皇　火産霊神　素戔嗚尊　大山祇命	平鹿郡八沢木村	秋田県平鹿郡大森町八沢木字保呂羽山一-一	明治5年4月	
秋田神社	八幡秋田神社	応神天皇　佐竹義宣　佐竹義堯	秋田市字上中城町	秋田県秋田市上中城町七-四	明治12年6月	秋田神社明治40年12月八幡神社と合併
日吉八幡神社	日吉八幡神社	大山咋命	南秋田郡寺内村大字八幡	秋田県秋田市八橋字八橋一五	明治12年10月	
日吉神社	日吉神社	大山咋神　大物主神	河辺郡新屋町大字百三段新屋	秋田県秋田市新屋日吉町一〇-六七	明治12年10月	明治5年郷社に列格
太平山三吉神社	太平山三吉神社	大名持命　少彦名命　三吉霊神	南秋田郡広山田村広面字赤沼	秋田県秋田市広面字赤沼三ノ二	明治12年12月	(2月)、明治6年9月郷社に列格
三森山神社	総社神社	天照皇大神　豊受大神　大国主命	秋田郡川尻村川尻	秋田県秋田市川尻町字総社町三八	明治13年6月	明治5年村社に列格

神社名 列格時	神社名 現在	祭神	住所 鎮座地(昭和20年以前)	住所 現宗教法人の所在地	列格年	備考
東湖八坂神社	東湖八坂神社	建速素佐之男大神	南秋田郡天王村大字天王	秋田県南秋田郡天王町天王字天皇二四	明治14年2月	(明治13年)、明治5年6月郷社に列格
神明神社	土崎神明社	天照皇大神	秋田郡土崎港町	秋田県秋田市土崎港一騎町郷社通三〇	明治14年3月	(明治13年)
真山神社	真山神社	天津彦瓊々杵尊　伊邪那岐尊　(真山大神)	南秋田郡北浦町大字真山	秋田県男鹿市北浦真山字水喰沢九七	明治14年7月	明治5年7月郷社に列格
八幡神社	八幡神社	誉田別命	仙北郡神宮寺村大字神宮寺	秋田県仙北郡神岡町神宮寺字神宮寺一九-一	明治14年10月	明治4年7月郷社に列格
七座神社	七座神社	国立常立尊　宇比地迩神　角機神　大斗能地神　豊斟渟神　須比智迩神　活機神　大斗之弁神　淤母陀琉神　訶志古泥神　伊邪那岐神　伊邪那美神	北秋田郡七座村大字小繋	秋田県北秋田郡七座村小繋字天神道上五五	明治15年3月	明治6年村社に列格
八幡神社	八幡神社	誉田別命　息長足姫命　玉依姫命	由利郡本荘町字谷地	秋田県本荘市谷地町五〇	明治16年5月	明治6年8月郷社に列格
八幡神社	八幡神社	誉田別命　他一〇柱	平鹿郡浅舞町大字浅舞	秋田県平鹿郡平鹿町浅舞字蒋沼二三五	明治19年3月	(5月)、明治5年3月郷社に列格
愛宕神社	愛宕神社	火産霊大神	雄勝郡湯沢町	秋田県雄勝郡湯沢町字愛宕山三	明治30年4月	明治11年村社に列格
彌高神社	彌高神社	平田篤胤大人命　佐藤信淵大人命	秋田市上中城町	秋田県秋田市千秋公園一-一六	大正8年2月	(3月)
諏訪神社	秋田諏訪宮	建御名方命　八坂刀女命　天照皇大御神　菊理姫命　事代主命　大名持命　応神天皇　宇気母智命　村雲劔　菅原朝臣	仙北郡六郷町六郷字本道町	秋田県仙北郡六郷町六郷字本道町一九	大正8年9月	明治5年村社に列格
日吉神社	日吉神社	大山咋神　大物主神　他五柱	山本郡能代港町	秋田県能代市御指南町三-二四	大正12年	郷社より昇格
月山神社	月山神社	月読命　他六柱	鹿角郡毛馬内町	秋田県鹿角市毛馬内町毛馬内字毛馬内沢三	大正14年7月	明治6年8月郷社に列格
八幡神社	金沢八幡神社	誉田別尊　息長帯媛命　玉依媛命〈配祀〉屋船豊受媛命　屋船久々奴智命　水波女神　伊邪冉命	仙北郡金沢町	秋田県横手市金沢字安本館四	大正15年	(昭和5年8月)、郷社に列格
八幡神社	八幡神社	八幡大神　住吉大神　他四柱	山本郡能代港町	秋田県能代市字柳町一三-八	昭和5年8月	

山形県

神社名 列格時	神社名 現在	祭神	住所 鎮座地(昭和20年以前)	住所 現宗教法人の所在地	列格年	備考
八幡神社	六椹八幡宮	応神天皇　息長帯姫命　玉依姫命	山形市鉄砲町	山形県山形市鉄砲町一-三-五	明治6年5月	明治6年5月郷社に列格
建勲神社	建勲神社	織田信長	東村山郡天童町字城山	山形県東村山郡天童町字城山二、〇四三-五	明治6年5月	
日枝神社	日枝神社	大己貴命　山末之大主大神　市杵島姫命〈相殿〉正哉吾勝勝速日天忍穂耳命　八衢比古神　八衢比売神　久那斗神　菊理比売命　天津彦火瓊瓊杵尊	西田川郡鶴岡町大字荒町	山形県鶴岡市山王町二-二六	明治6年8月	

神社名 列格時	神社名 現在	祭神	住所 鎮座地(昭和20年以前)	住所 現宗教法人の所在地	列格年	備考
荘内神社	荘内神社	酒井忠次　酒井家次　酒井忠勝	田川郡鶴岡町大字馬場	山形県鶴岡市馬場町四‐一	明治8年11月	
荒倉神社	荒倉神社	保食大神	西田川郡上郷村大字西目	山形県西田川郡上郷村大字西目字荒倉口三六	明治9年2月	
御嶽神社	金峯神社	大己貴命　少彦名命　安閑天皇	東田川郡黄金村大字青龍寺	山形県鶴岡市大字青龍寺字金峯一	明治9年2月	明治10年3月改称
椙尾神社	椙尾神社	竜田彦大神　竜田姫大神　積羽八重事代主命〈相殿〉天津羽羽命　月山大神　大物忌大神	西田川郡西郷村大字馬町	山形県鶴岡市大字馬町字宮ノ腰一六九	明治9年2月	明治6年2月郷社に列格
日枝神社	日枝神社	大己貴命　大山咋命　胸肩中津姫命	飽海郡酒田町大字下台	山形県酒田市日吉町一‐七‐三	明治9年2月	明治6年2月郷社に列格
八幡神社	八幡神社	誉田別命　足仲津彦命　息長足姫命	飽海郡一条村大字一条	山形県飽海郡一条村大字一条字水上壱一ノ内一	明治9年2月	
氣比神社	氣比神社	保食神　足仲彦天皇　大市比売命　宇迦之魂命　息長足姫尊　須佐之男命　大己貴命　伊弉冉命　迦具土神　少彦名命	西田川郡豊浦村大字三瀬	山形県鶴岡市大字三瀬字宮ノ前一	明治9年11月	明治9年2月郷社に列格
湯殿山神社	湯殿山神社	大己貴命　大山祇命　少彦名命　迦具土命	山形市旅篭町	山形県山形市旅篭町三‐四‐六	明治12年7月	
鳥海月山両所神社	鳥海月山両所宮	倉稲魂命　月夜見命	山形市宮町	山形県山形市宮町三‐八‐四一	明治12年8月	明治6年5月郷社に列格
愛宕神社	愛宕神社	火産霊大神	東村山郡天童町大字北目	山形県東村山郡天童町大字北目字城山九六八‐一	明治12年8月	明治6年村社に列格
天満神社	天満神社	菅原道真	最上郡新庄町大字小田島	山形県新庄市堀端町四一〇	明治12年8月	明治6年2月郷社に列格
浮島稲荷神社	浮嶋稲荷神社	宇迦御魂命　天熊大人神	西村山郡大谷村大字大沼	山形県西村山郡大谷村大字大沼字大比良九六六	明治12年10月	明治6年村社に列格
總宮神社	總宮神社	日本武尊　大己貴命〈合殿〉天児屋根命　稲倉魂命	西置賜郡長井村大字宮	山形県長井市横町一四‐一四	明治13年6月	明治5年郷社に列格
八幡神社	烏帽子山八幡宮	応神天皇	東置賜郡赤湯町赤湯	山形県南陽市赤湯字烏帽子石壱一、四一五	明治35年3月	明治12年9月郷社に列格
小物忌神社	小物忌神社	級長津彦命　級長津姫命　豊受比売命	飽海郡南平田村大字三ノ宮	山形県飽海郡平田町大字山楯字三之宮四八	明治35年3月	明治9年11月郷社に列格
松岬神社	松岬神社	建御賀豆智命　伊波比主命　天之子八根命　比売神　上杉治憲　上杉景勝	米沢市屋代町上ノ丁	山形県米沢市丸の内一‐一‐三六	大正元年9月	
戸澤神社	戸澤神社	戸沢衡盛　戸沢政盛　戸沢正実	最上郡新庄町小田島旧城郭内	山形県新庄市堀端町一‐三	大正5年8月	明治27年無格社に列格
熊野神社	熊野神社	伊弉册神　速玉男神　事解男神	東置賜郡宮内町宮内	山形県南陽市宮内字坂町三、七〇七‐一	大正6年6月	明治5年4月郷社に列格
飛鳥神社	飛鳥神社	八重事代主命　須佐之雄命　大名牟遅命	飽海郡平田村飛鳥	山形県飽海郡平田町大字飛鳥九二	大正12年2月	明治9年3月郷社に列格
春日神社	春日神社	建御賀豆智命　伊波比主命　天津児屋根命　比売神	東田川郡黒川村黒川	山形県東田川郡櫛引町大字黒川字宮の下二九一	大正13年10月	明治9年2月郷社に列格
白子神社	白子神社	火産霊神　埴山姫神	米沢市明神堂町	山形県米沢市城北二‐三‐一四	昭和3年11月	郷社より昇格
八幡神社	鮎貝八幡宮	応神天皇	西置賜郡鮎貝村鮎貝	山形県西置賜郡白鷹町大字鮎貝三、三〇三‐一	昭和5年10月	明治12年9月郷社に列格

神社名 列格時	神社名 現在	祭神	住所 鎮座地(昭和20年以前)	住所 現宗教法人の所在地	列格年	備考
城輪神社	城輪神社	倉稲魂命	飽海郡本楯村城輪	山形県飽海郡本楯村大字城輪字表忌三五	昭和7年3月	明治9年村社に列格
大宰府神社	鶴岡天満宮	菅原道真公 他五柱	鶴岡市天神町	山形県鶴岡市神明町三-四〇	昭和7年8月	明治9年村社に列格
大物忌神社	大物忌神社	稲倉魂命	飽海郡本楯村本楯	山形県酒田市大字本楯字新田目八〇	昭和7年9月	明治9年2月郷社に列格
熊野神社	熊野神社	櫛御気野命〈合祀〉伊弉册尊 速玉男命 事解男命 奇稲田姫命 大己貴命 他二柱	西田川郡温海村湯温海	山形県西田川郡温海町大字湯温海字湯温海六〇	昭和11年6月	明治9年2月郷社に列格
熊野神社	熊野神社	素盞嗚尊 速玉男尊	山形市六日町	山形県山形市六日町五-五七	昭和13年9月	明治13年村社に列格
八幡神社	寒河江八幡宮	誉田別尊 大山祇命	西村山郡寒河江町大字寒河江	山形県寒河江市八幡町五-七〇	昭和15年9月	明治6年5月郷社に列格
八幡神社	谷地八幡宮	応神天皇	西村山郡河北町谷地	山形県河北郡河北町谷地三四	昭和15年9月	明治6年8月郷社に列格
八幡神社	八幡神社	誉田別命 息長足比売命 玉依姫命	東田川郡櫛引町下山添字宮ノ越七	山形県東田川郡櫛引町大字下山添字上通八三	昭和21年1月	(考証課長認定)、明治9年村社、明治9年11月郷社に昇格
小物忌神社	小物忌神社	級長津彦命 級長戸辺命	西田川郡大山町馬町	山形県酒田市飛島字中村甲一七八	昭和21年1月	(考証課長認定)、明治9年11月郷社に列格

福島県

神社名 列格時	神社名 現在	祭神	住所 鎮座地(昭和20年以前)	住所 現宗教法人の所在地	列格年	備考
黒沼神社	黒沼神社	黒沼大神 石比売命	福島市大字御山	福島県福島市御山堂殿六	明治4年7月	(明治9年11月)
子鍬倉神社	子鍬倉神社	稲倉魂命	石城郡平町	福島県いわき市揚土三〇	明治6年3月	郷社(兼)より昇格
磐椅神社	磐椅神社	大山祇命 埴山姫命〈配祀〉品陀和気命 息長足姫命	耶麻郡磐瀬村大字西峯	福島県耶麻郡猪苗代町字西峯六、一九	明治6年10月	(明治4年)
土津神社	土津神社	武内宿禰 保科正之〈配祀〉徳翁 土翁 恭定 貞昭 欽文 忠恭	耶麻郡磐保村字見祢山	福島県耶麻郡猪苗代町字見祢山三	明治7年6月	(5月)
開成山大神宮	開成山大神宮	天照皇大御神 豊受太神〈配祀〉神倭伊波礼毘古命	安積郡桑野村	福島県郡山市開成三-一-三六	明治9年9月	(11月)
蚕養国神社	蚕養国神社	保食神 稚産霊神 天照大御神	若松市蚕養町	福島県会津若松市蚕養町二-一	明治9年11月	
飯野八幡神社	飯野八幡宮	誉田別命 息長帯姫命 比売神	石城郡平町	福島県いわき市平字八幡小路八四	明治12年7月	明治9年村社に列格
相馬神社	相馬神社	相馬師常	相馬郡中村町大字中	福島県相馬市中村字北町一〇一・一四三	明治14年7月	明治14年郷社に列格
中村神社	相馬中村神社	天之御中主命	相馬郡中村町大字中	福島県相馬市中村字北町一四〇	明治14年	(明治18年4月)、明治6年郷社に列格
稲荷神社	福島稲荷神社	豊受比売命	福島市大字福島	福島県福島市宮町一-二九	明治28年	明治9年11月郷社に列格
桙衝神社	桙衝神社	建御雷命(あるいは日本武命)	岩瀬郡桙衝村	福島県岩瀬郡長沼町大字桙衝字亀居山九七-一	明治29年5月	明治5年8月郷社に列格

神社名		祭神	住所		列格年	備考
列格時	現在		鎮座地(昭和20年以前)	現宗教法人の所在地		
太田神社	相馬太田神社	天之御中主大神	相馬郡太田村大字中太田字舘越	福島県原町市大字中太田字舘腰三九	明治29年6月	明治5年村社に列格
鹿島神社	鹿島神社	武甕槌命	西白河郡大沼村	福島県白河市大字鹿島二四	明治29年	(明治31年9月)、明治5年郷社に列格
隠津島神社	隠津島神社	市杵島比売命	安積郡喜久田村大字堀之内	福島県郡山市喜久田町堀之内字宮一九	明治31年9月	
飯豊山神社	飯豊山神社	一之王子　二之王子　三之大子　四之王子　五之王子　味耜高彦根命　御中神	耶麻郡一ノ木村大字一ノ木	福島県耶麻郡山都町大字一ノ木字飯豊山乙四、六四一	明治31年9月	明治4年郷社に列格
小高神社	相馬小高神社	天之御中主命	相馬郡小高町大字小高	福島県相馬郡小高町小高字古城三	明治31年9月	明治9年村社に列格
三春太神宮	三春大神宮	天照皇大御神　豊受毘売大神	田村郡三春町字尼ヶ谷	福島県田村郡三春町字馬場二四一	明治32年10月	明治9年11月郷社に列格
安積国造神社	安積国造神社	和久産巣日神　天津湯彦命　比止禰命　品陀和気命　倉稲魂命	安積郡郡山町	福島県郡山市字清水台一-六-三	明治33年9月	明治9年11月郷社に列格
熊野神社	熊野神社	伊邪那美命　速玉男之命　予母都事解男命	石城郡錦村大字大倉	福島県いわき市錦町字御宝殿八一	明治34年12月	明治9年11月郷社に列格
板倉神社	板倉神社	板倉重昌　板倉重矩	福島市大字福島字紅葉山	福島県福島市杉妻町二-二五	明治39年11月	
隠津島神社	隠津島神社	田心姫命　瀛津島姫命　湍津姫命	安達郡木幡村大字内木幡	福島県安達郡東和町大字木幡字治家四九	明治40年8月	(7月)、明治9年11月郷社に列格
二本松神社	二本松神社	伊邪奈美命　事解男命　速玉男之命　誉田別命	安達郡二本松町	福島県二本松市本町一-六二	明治43年8月	明治5年郷社に列格
安達太良神社	安達太良神社	高皇産霊神　神皇産霊神　飯豊和気神　飯津姫神　温泉神　弥宜大刀自神	安達郡本宮町菅山	福島県安達郡本宮町字舘ノ越二三	大正4年10月	明治9年11月郷社に列格
諏訪神社	諏訪神社	建御名方命　誉田別命	若松市栄町	福島県会津若松市本町二〇-三	大正9年1月	明治4年郷社に列格
田村神社	田村神社	坂上田村麿	田村郡守山町山中	福島県郡山市田村町山中字本郷一二五	大正10年10月	
南湖神社	南湖神社	松平定信	西白河郡白河町	福島県白河市字菅生舘二	大正12年5月	
大国魂神社	大国魂神社	事代主命　大己貴命　少彦名命	石城郡夏井村	福島県いわき市平菅波字宮前五四	大正12年11月	明治9年村社、明治12年11月郷社に昇格
苕野神社	苕野神社	闇淤迦美神　五十猛神　大屋津姫神　抓津姫神	双葉郡請戸村請戸字東向	福島県双葉郡浪江町大字請戸字東迎三八	大正13年2月	明治4年郷社に列格
心清水八幡神社	心清水八幡神社	応神天皇　仲哀天皇　神功皇后　武内宿禰	河沼郡八幡村塔寺	福島県河沼郡会津坂下町大字塔寺字松原二、六〇八	大正13年8月	明治9年11月郷社に列格
白和瀬神社	白和瀬神社	日本武尊	信夫郡大笹生村	福島県福島市大笹生字折戸四一	昭和2年2月	明治8年村社に列格
熊野神社	熊野神社	熊野櫛御気野命　那智国常立神　伊弉那美命　事解男命　速玉男命	耶麻郡慶徳村	福島県喜多方市慶徳町新宮	昭和2年	明治5年郷社に列格
住吉神社	住吉神社	底筒男命　中筒男命　表筒男命	石城郡玉川村住吉	福島県いわき市内郷高坂町字三本杉三	昭和3年1月	明治9年11月郷社に列格

神社名 列格時	神社名 現在	祭神	住所 鎮座地(昭和20年以前)	住所 現宗教法人の所在地	列格年	備考
温泉神社	温泉神社	大己貴命　少彦名命	石城郡湯本町湯本字三凾	福島県いわき市常磐湯本町三凾三三	昭和3年5月	明治9年村社、明治12年11月郷社に昇格
稲荷神社	稲荷神社	豊受大神	相馬郡福浦村	福島県相馬郡小高町蛇沢字廣畑二〇六	昭和3年8月	明治6年4月郷社に列格
北宮諏方神社	北宮諏方神社	建御名方命　八坂刀売命	耶麻郡喜多方町小原	福島県喜多方市字諏訪五九	昭和5年7月	明治9年11月郷社に列格
愛宕花園神社	愛宕花園神社	軻遇突智神	石城郡草野村下神谷	福島県いわき市平下神谷字宿八三	昭和12年6月	明治9年11月郷社に列格
宇迦神社	宇迦神社	倉稲魂神	東白川郡棚倉町風呂ヶ沢	福島県東白川郡棚倉町大字棚倉字風呂ヶ沢六六	昭和16年7月	明治6年村社、明治15年郷社に昇格
多珂神社	多珂神社	伊邪奈岐命	相馬郡太田村城ノ内	福島県原町市大字高字城ノ内一三	昭和19年10月	明治9年11月郷社に列格

茨城県

神社名 列格時	神社名 現在	祭神	住所 鎮座地(昭和20年以前)	住所 現宗教法人の所在地	列格年	備考
吉田神社	吉田神社	日本武尊	水戸市大字吉田	茨城県水戸市宮内町三、一九三-二	明治6年4月	
静神社	静神社	健葉槌命　手力雄尊　高皇産霊尊　思兼命	那珂郡静村大字静	茨城県那珂郡静村大字静二	明治6年4月	
楯縫神社	楯縫神社	普都主命〈配祀〉大己貴命　須佐之男命　宇迦魂命　皇産霊尊　市杵島姫命　熊野加夫呂岐命	稲敷郡木原村大字木原	茨城県稲敷郡美浦村木原二、九八八	明治6年8月	
阿彌神社	阿彌神社	健御雷之男命〈配祀〉経津主命　天児屋根命	稲敷郡舟島村大字竹来	茨城県稲敷郡阿見町竹来一、三六六	明治6年10月	
筑波山神社	筑波山神社	筑波男神　筑波女神	筑波郡筑波町大字筑波町	茨城県つくば市大字筑波一-一	明治6年10月	
東照宮	東照宮	徳川家康	水戸市上市柵町	茨城県水戸市宮町二-五-三	明治8年10月	明治4年郷社に列格
息栖神社	息栖神社	岐神　天鳥船命	鹿島郡中島村大字息栖	茨城県鹿島郡神栖町大字息栖二、八八二	明治10年8月	(9月)、明治6年10月郷社に列格
八幡宮	八幡宮	誉田別尊　息長足日売尊　姫大神	水戸市常磐	茨城県水戸市八幡町六、三九-一	明治12年7月	明治6年郷社に列格
鹿島神社	鹿島神社	武甕槌命	水戸市北三ノ丸	茨城県水戸市三の丸一-六-四	明治15年1月	明治4年郷社に列格
橿原神宮	橿原神宮	神日本磐余彦命　日本根子皇統彌照命	那珂郡湊町大字湊	茨城県ひたちなか市富士ノ上三-一	明治15年7月	
稲田神社	稲田神社	奇稲田姫之命〈配祀〉経津主命　菅原道真　大山咋命　大日孁貴命　他一座	西茨城郡西山内村大字稲田	茨城県西茨城郡西山内村大字稲田七三二	明治16年4月	明治6年郷社に列格
八幡神社	大宝八幡宮	足仲彦命　誉田別命　気長足姫命	真壁郡大宝村	茨城県下妻市大宝	明治29年5月	
総社神社	総社神社	伊邪那岐命　迦々芸命　大国主命　須佐之男命　大宮比売命　布留大神	新治郡石岡町石岡	茨城県石岡市総社二-八-一	明治31年5月	(明治33年)
健田・須賀神社	健田須賀神社	健田大神　素盞鳴尊	結城郡結城町	茨城県結城市大字結城一九五	昭和5年11月	

神社名 列格時	神社名 現在	祭神	住所 鎮座地(昭和20年以前)	住所 現宗教法人の所在地	列格年	備考
八幡宮	八幡宮	誉田別尊　日女大神　神功皇后	多賀郡松原町安良川	茨城県高萩市安良川一、一八〇	昭和13年2月	明治14年4月郷社に列格
西金砂神社	西金砂神社	大己貴命	久慈郡金砂村大字上宮河内	茨城県久慈郡金砂郷町大字上宮河内一、九二五	昭和19年8月	明治6年村社、大正9年12月郷社に昇格

栃木県

神社名 列格時	神社名 現在	祭神	住所 鎮座地(昭和20年以前)	住所 現宗教法人の所在地	列格年	備考
神明宮	神明宮	天照皇大神	那賀郡栃木町大字旭町	栃木県栃木市旭町二六-三	明治5年	(明治10年)
喜久沢神社	喜久沢神社	藤原藤房	鹿沼市見野一、五四二	栃木県鹿沼市見野一、五四二	明治7年6月	
高椅神社	高椅神社	磐鹿六雁命〈配祀〉天萬命　天鏡命	下都賀郡絹村大字高椅	栃木県小山市大字高椅七〇三-一	明治10年7月	明治5年郷社に列格
大前神社	大前神社	大己貴命〈配祀〉荒樫大神　天祖大神　皇祖大神　八百萬神	芳賀郡真岡町大字東郷字大前	栃木県真岡市東郷九三七	明治10年8月	(明治18年)、明治6年郷社に列格
大平山神社	大平山神社	天饒国饒天津日高彦火瓊瓊杵命　天照皇大神　豊受皇大神〈左殿〉倭大物主櫛瓶玉命〈右殿〉伊弉那岐命	下都賀郡栃木町平井町	栃木県栃木市平井町六五九	明治29年12月	明治10年郷社に列格
報徳二宮神社	報徳二宮神社	贈従四位二宮尊徳〈配祀〉二宮尊行　富田高慶	上都賀郡今市町大字今市	栃木県今市市今市七四三	明治33年6月	
八幡宮	八幡宮	誉田別命　大足姫命	足利郡山辺村大字八幡	栃木県足利市八幡町三八七-四	明治35年1月	明治5年郷社に列格
大神神社	大神神社	倭大物主櫛瓺玉命　彦火火出見命　木花開耶姫命　大山祇命　彦穂瓊瓊杵命　倉稲魂命　伊弉諾命　伊弉冉命	下都賀郡国府村惣社	栃木県栃木市惣社町四七七	明治44年10月	(明治14年)、明治5年郷社に列格
加蘇山神社	加蘇山神社	磐裂神　根裂神　武甕槌命	上都賀郡加蘇村	栃木県鹿沼市上久我御沢三、四四〇	大正4年3月	明治10年郷社に列格
乃木神社	乃木神社	乃木希典命〈配祀〉乃木静子命	那須郡狩野村石林	栃木県那須郡西那須野町石林七九五	大正4年6月	
今宮神社	今宮神社	大己貴神　田心姫神　味耜高彦根神　少彦名命	上都賀郡鹿沼町	栃木県鹿沼市今宮町一、六九二	昭和6年	明治5年郷社に列格
荒橿神社	荒橿神社	国常立命　豊雲野之命　阿夜訶志古根命　磐裂神　根裂神　素盞嗚命　大山祇命	芳賀郡茂木町小井戸字高藤	栃木県芳賀郡茂木町大字小井戸三三五	昭和13年2月	明治6年郷社に列格
朝日森天満宮	朝日森天満宮	菅原道真　豊受姫命　火産霊命	安蘇郡佐野町佐野	栃木県佐野市天神町八〇七	昭和14年3月	
蒲生神社	蒲生神社	蒲生君平	宇都宮市塙田町字三蔵山北	栃木県宇都宮市塙田五-一-一九	昭和15年6月	

群馬県

神社名 列格時	神社名 現在	祭神	住所 鎮座地（昭和20年以前）	住所 現宗教法人の所在地	列格年	備考
八幡宮	八幡宮	品陀和気命〈相殿〉比咩神　息長足姫命	前橋市連雀町	群馬県前橋市本町二‐九‐二	明治6年3月	明治5年11月郷社に列格
伊香保神社	伊香保神社	大穴牟遅神　少名毘古那神　建御名方神　大山津見神　宇迦之御魂神	群馬郡伊香保町大字伊香保字香湯	群馬県北群馬郡伊香保町大字伊香保字香湯一	明治6年9月	郷社（兼）より昇格
総社神社	総社神社	磐筒男命　磐筒女命　経津主命　総五九神	群馬郡元総社村大字元総社	群馬県前橋市元総社町二、三七七	明治6年	郷社（兼）より昇格
新田神社	新田神社	新田義貞	新田郡太田町	群馬県太田市金山町四〇‐四四	明治9年4月	明治12年4月郷社（兼）に列格
赤城神社	赤城神社	大穴牟遅神　豊木入日子命	勢多郡宮城村大字三夜沢	群馬県勢多郡宮城村大字三夜沢字境内二一四	明治12年5月	郷社（兼）より昇格
高山神社	高山神社	高山正之	新田郡太田町	群馬県太田市本町四六‐三	明治13年3月	
榛名神社	榛名神社	火産霊神　埴山姫命	群馬郡室田町大字榛名山	群馬県群馬郡榛名町大字榛名山甲八四九	明治17年3月	
熊野神社	熊野神社	伊邪那美命　事解之男命　速玉男之命	碓氷郡坂本町大字峠字峠	群馬県碓氷郡坂本町大字峠町字碓氷峠乙三九	明治28年11月	明治12年4月郷社に列格
木曾三社神社	木曾三社神社	宇気母智神　速須佐之男命　彦火火出見命　豊玉姫命	勢多郡北橘村箱田字宮廻	群馬県勢多郡北橘村大字下箱田一	明治29年6月	
高崎神社	高崎神社	伊弉冉尊　速玉男命　事解男命	高崎市赤坂町	群馬県高崎市赤坂町九三	大正14年3月	村社より明治18年3月郷社に昇格
玉村八幡宮	玉村八幡宮	誉田別命　気長足姫命　比咩神	佐波郡玉村町下新田字八幡	群馬県佐波郡玉村町川井八三	大正14年	明治7年村社に列格
天満宮	天満宮	天菩卑命　菅原道真公	桐生市天神町	群馬県桐生市天神町一‐二‐八	昭和3年4月	（大正8年）
榛名神社	榛名神社	波迩夜麻毘売神　建御名方命〈配祀〉倭建命　菅原道真公	利根郡沼田町沼田字根岸	群馬県沼田市榛名町二、八五一	昭和3年10月	明治6年2月郷社に列格
東照宮	東照宮	源朝臣徳川家康公　菅原朝臣道真公　木之花佐久夜毘売命　日子番能迩迩芸命　建御雷命	前橋市北曲輪町	群馬県前橋市大手町三‐一三‐一九	昭和4年4月	村社より昇格
妙義神社	妙義神社	倭建命　建御名方命　素盞嗚命　国常国常立命　八衢比古命　八衢比売命　大国主命　弥種継命　大地主命　大己貴命　疱瘡神　伊邪那美命　大日孁尊〈配祀〉菅原道真　丹生都姫命　権大納言長親	北甘楽郡妙義町妙義	群馬県甘楽郡妙義町大字妙義六	昭和9年4月	明治5年7月郷社に列格
生品神社	生品神社	大穴牟遅命　品陀和気命　健御名方命　火産霊神　宇迦之御霊神　豊城入彦命　磐筒之男命　磐筒之女命　菅原道真　素盞嗚命　市杵島姫命　大雷神　高龗神　大山祇命　八衢彦神　久那度神　三峯神	新田郡生品村野井字萩原	群馬県新田郡新田町大字市野井一、九七二	昭和9年11月	明治10年郷社に列格

神社名 列格時	神社名 現在	祭神	住所 鎮座地(昭和20年以前)	住所 現宗教法人の所在地	列格年	備考
伊勢崎神社	伊勢崎神社	(保食神 大日孁神 素盞嗚命 誉田別命 菅原道真 大雷命 健御名方命 火産霊命 大物主命 経津主命 市杵島姫命 表筒男命 武甕槌命 大山祇命 埴安姫命 大己貴命 少彦名命 速佐須良比咩命 速秋津姫命 火雷命 天羽槌雄命 別雷命 武内宿禰命 菊理姫命 櫛御気野命 罔象女命 八衢比古神 倉稲魂命 月夜見命)		群馬県伊勢崎市本町二一-一	昭和16年10月	
大森神社	大森神社	(国常立尊他一九柱)	群馬県室田町大字下室田	群馬県群馬郡榛名町大字下室田甲九一八	昭和19年10月	

埼玉県

神社名 列格時	神社名 現在	祭神	住所 鎮座地(昭和20年以前)	住所 現宗教法人の所在地	列格年	備考
三芳野神社	三芳野神社	素戔嗚尊 稲田姫命 〈合祀〉菅原道真公 誉田別尊	入間郡川越町	埼玉県川越市郭町二-二五	明治6年1月	明治4年郷社に列格
鷲宮神社	鷲宮神社	天穂日命 武夷鳥命	南埼玉郡鷲宮村	埼玉県南埼玉郡鷲宮町大字鷲宮字堀内一、一四九	明治6年4月	
広瀬神社	広瀬神社	若宇迦売命	入間郡水富村上広瀬	埼玉県狭山市大字上広瀬一、六三	明治7年	郷社(兼)より昇格
椋神社	椋神社	猿田彦大神 武甕槌命 経津主命 天児屋根命 比売神	秩父郡吉田町下吉田	埼玉県秩父郡吉田町大字下吉田七、三七七	明治15年6月	明治5年郷社に列格
三峯神社	三峯神社	伊弉諾尊 伊弉冉尊 〈配祀〉景行天皇 文武天皇 聖武天皇	秩父郡大滝村大字三峰	埼玉県秩父郡大滝村三峯二九八-一	明治16年8月	明治6年郷社に列格
八幡神社	八幡神社	誉田別尊 姫大神 神功皇后	児玉郡児玉町	埼玉県児玉郡児玉町本町一九八	明治17年4月	郷社より昇格
金鑽神社	金鑽神社	天照大御神 素戔嗚尊 日本武尊	児玉郡本荘町	埼玉県本庄市四、三七五	明治17年5月	(明治5年)、村社に列格
宝登山神社	寶登山神社	神日本磐余彦尊 〈配祀〉火産霊命 大山祇命	秩父郡野上村大字藤谷	埼玉県秩父郡長瀞町大字長瀞一、八二八	明治31年9月	明治5年村社に列格
調神社	調神社	天照大御神 豊宇気比売命 素戔嗚尊	北足立郡浦和町	埼玉県さいたま市浦和区岸町三-一七-二五	明治31年12月	明治6年4月郷社に列格
今城青坂稲実池上神社	今城青坂稲実池上神社	気吹戸主命 〈合祀〉豊受姫命	児玉郡神保原村大字忍保	埼玉県児玉郡上里村忍保三五	明治32年2月	(明治31年)、明治5年村社に列格
物部天神社・国渭地祇神社・天満天神社	物部天神社・国渭地祇神社・天満天神社	櫛玉饒速日命 八千矛命 〈合殿〉菅原道真公 〈合祀〉天穂日命 加屋野姫命 応神天皇 日本武尊	入間郡小手指村大字北野	埼玉県所沢市大字北野七〇三	明治34年3月	明治5年郷社に列格
甂甎神社	甂甎神社	櫛御気野命 櫛甂玉命	児玉郡松久村大字広木	埼玉県児玉郡美里町大字広木一	明治37年1月	村社より昇格
高城神社	高城神社	高皇産霊尊	熊谷市熊谷	埼玉県熊谷市宮町二-九三	大正5年4月	明治7年村社に列格
氷川神社	氷川神社	素盞嗚尊 櫛稲田媛命 足名椎神 手名椎神	川越市宮下町	埼玉県川越市宮下町二-一一-三	大正12年3月	明治5年郷社に列格

神社名（列格時）	神社名（現在）	祭神	鎮座地（昭和20年以前）	現宗教法人の所在地	列格年	備考
箭弓稲荷神社	箭弓稲荷神社	保食神	比企郡松山町	埼玉県東松山市箭弓町二-五-一四	大正12年5月	
楡山神社	楡山神社	伊邪奈美命	大里郡幡羅村原之郷八日市	埼玉県大里郡幡羅村大字原郷八日市三六	大正12年7月	明治5年郷社に列格
玉敷神社	玉敷神社	大己貴命〈配祀〉天照大御神　豊受大神　伊弉諾尊　伊弉冉尊　軻遇突智命	北埼玉郡騎西町	埼玉県北埼玉郡騎西町大字騎西五五二	大正13年3月	明治5年郷社に列格
古尾谷八幡神社	古尾谷八幡神社	神功皇后　応神天皇　比咩大神	入間郡古谷村古谷本郷	埼玉県川越市大字古谷本郷下組字八幡脇一、四〇八	昭和4年5月	明治4年郷社に列格
川口神社	川口神社	素盞嗚命　宇迦之御魂命　保食命　金山彦命　菅原道真公	川口市金山町	埼玉県川口市金山町六五	昭和10年9月	明治6年村社に列格
中氷川神社	中氷川神社	素盞嗚尊　稲田姫命　大己貴命〈合祀〉他七柱	入間郡山口村氷川	埼玉県所沢市大字山口一、八四九	昭和12年11月	
高麗神社	高麗神社	猿田彦神　他八柱	入間郡高麗村大字新堀	埼玉県日高市大字新堀八一三	昭和18年6月	
久伊豆神社	久伊豆神社	大己貴命	南埼玉郡岩槻町太田	埼玉県岩槻市宮町二-六-五五	昭和20年10月	大正12年6月郷社に列格
神明神社	神明神社	（天照皇大神　豊宇気毘売神　素戔嗚尊　軻遇突知命　木花開耶姫命　大己貴命　市杵嶋姫命　保食神　猿田彦大神　菅原道真　別雷神）		埼玉県南埼玉郡栢間村大字上栢間字本村三、三六六	昭和20年12月	明治6年村社、昭和16年9月郷社に昇格
八幡神社	八幡神社	誉田別尊　比売神　神功皇后	比企郡菅谷村鎌形	埼玉県比企郡嵐山町大字鎌形一、九九三	昭和21年1月	（考証課長認定）、明治2年8月郷社に列格

千葉県

神社名（列格時）	神社名（現在）	祭神	鎮座地（昭和20年以前）	現宗教法人の所在地	列格年	備考
意富比神社	意富比神社	天照皇大神〈相殿〉万幡豊秋津姫命　天手力雄命	東葛飾郡船橋町大字五日市	千葉県船橋市宮本五-二-一	明治5年8月	
姉埼神社	姉埼神社	志那斗弁命　天児屋根命　日本武尊　大雀命　塞神三柱命　大日孁尊　高皇産霊尊　神皇産霊尊　豊玉姫命	市原郡姉崎町大字姉崎	千葉県市原市姉崎二、二七八	明治6年3月	（9月）
洲宮神社	洲宮神社	天比理刀咩命	安房郡神戸村大字洲宮	千葉県館山市洲宮九二二	明治6年5月	
洲崎神社	洲崎神社	天比乃理刀咩命〈相殿〉天太玉命　天富命	安房郡西押村大字洲崎	千葉県館山市洲崎一、六九七	明治6年5月	
飽富神社	飽富神社	倉稲魂命〈相殿〉大己貴命　少彦名命	君津郡根形村大字飯富	千葉県袖ヶ浦市飯富二、八一三	明治6年5月	明治6年2月郷社に列格
橘神社	橘樹神社	弟橘比売命〈配祀〉日本武尊　忍山宿禰	長生郡本納町大字本納	千葉県茂原市本納七三八	明治6年5月	
大戸神社	大戸神社	天手力雄命	香取郡東大戸村大字大戸宮本	千葉県佐原市大戸字宮本五五二	明治6年8月	（9月）
千葉神社	千葉神社	天之御中主命〈相殿〉経津主命　日本武尊	千葉郡千葉町大字千葉	千葉県千葉市中央区院内一-一六-一	明治7年1月	（11月）

神社名 列格時	神社名 現在	祭神	住所 鎮座地(昭和20年以前)	住所 現宗教法人の所在地	列格年	備考
島穴神社	島穴神社	志那都比古命〈相殿〉日本武尊　倭比売尊	市原郡東海村大字島野	千葉県市原市島野一、一二九・一、一三〇	明治12年10月	明治4年11月郷社に列格
高瀧神社	高瀧神社	瓊瓊杵尊　別雷尊　玉依姫尊	市原郡高滝村大字高滝	千葉県市原市高滝一	明治13年12月	明治4年郷社に列格
八幡神社	飯香岡八幡宮	誉田別命　玉依姫命　息長帯姫命〈相殿〉日本武尊　足仲彦命　経津主命　猿田彦命　天穂日命　中筒男命　事代主命	市原郡八幡町大字八幡	千葉県市原市八幡一、〇五七-一	明治26年4月	明治6年3月郷社に列格
東大神	東大神	玉依姫命	香取郡橘村宮本字八尾山	千葉県香取郡東庄町宮本四〇六	大正8年2月	明治6年8月郷社に列格
神崎神社	神崎神社	少彦名命　大己貴命〈配祀〉面足命　惶根命	香取郡神崎町	千葉県香取郡神崎町神崎本宿字鳥居前一、九四四	大正10年6月	明治6年郷社に列格
葛飾八幡宮	葛飾八幡宮	玉依姫命　誉田和気命　息長帯姫命	市川市八幡宮ノ内	千葉県市川市八幡四-二-一	大正12年7月	村社・郷社(兼)より昇格
八幡神社	鶴谷八幡宮	品陀和気命　帯中日古命　息長帯日売命	館山市八幡	千葉県館山市八幡六八	昭和15年4月	明治6年郷社に列格

東京都

神社名 列格時	神社名 現在	祭神	住所 鎮座地(昭和20年以前)	住所 現宗教法人の所在地	列格年	備考
神田神社	神田神社	大己貴命　少彦名命	東京市神田区宮本町	東京都千代田区外神田二-一六-二	明治5年5月	
芝大神宮	芝大神宮	天照皇大神　豊受姫命　源頼朝　徳川家康	東京市芝区宮本町	東京都港区芝大門一-一二-七	明治5年5月	
金刀比羅宮	金刀比羅宮	大物主神　崇徳天皇	東京市芝区琴平町	東京都港区虎ノ門一-二-七	明治6年3月	
亀戸神社	亀戸天神社	天満天神〈配祀〉天菩日命	南葛飾郡亀戸町	東京都江東区亀戸三-六-一	明治6年6月	明治5年10月郷社に列格
新田神社	新田神社	新田義興	荏原郡矢口町	東京都大田区矢口一-二一-二三	明治6年6月	(1月)
東照宮	東照宮	徳川家康公	台東区上野公園九番八八号	東京都台東区上野公園九-八八	明治6年7月	
富岡八幡神社	富岡八幡宮	天照大御神　天児屋根命　誉田別命　大雀命　倉稲魂命	東京市深川区深川公園地	東京都江東区富岡一-二〇-三	明治6年7月	
御嶽神社	武蔵御嶽神社	櫛真知命〈合殿〉大己貴命　少彦名命	西多摩郡三田村大字御嶽山	東京都青梅市御岳山一七六	明治7年2月	大麻止乃豆神社を同年改称
物忌奈命神社	物忌奈命神社	(物忌奈命)	大島神津島一番地	東京都神津島村四二	明治11年9月	(明治5年11月)
氷川神社	氷川神社	素戔嗚命　大己貴命　奇稲田姫命　天忍日命	東京市赤坂区氷川町	東京都港区赤坂六-一〇-一二	明治13年2月	明治5年郷社に列格
湯島神社	湯島天満宮	天之手力雄神　菅原道真	東京市本郷区湯島梅園町	東京都文京区湯島三-三〇-一	明治18年9月	明治5年10月郷社に列格
天満宮	谷保天満宮	菅原道真〈相殿〉菅原道武	北多摩郡谷保村大字梅林	東京都国立市谷保五、二〇八	明治18年11月	明治6年村社、明治14年1月郷社に昇格

神社名 列格時	神社名 現在	祭神	住所 鎮座地（昭和20年以前）	住所 現宗教法人の所在地	列格年	備考
阿波命神社	阿波命神社	阿波咩神	大島神津島大字永浜山	東京都神津島村字長浜一-二	明治21年9月	（明治5年11月）
根津神社	根津神社	須戔嗚命 大山咋命 誉田別命 大国主命 菅原道真	東京市本郷区根津須賀町	東京都文京区根津一-二八-九	大正3年5月	明治5年5月郷社に列格
乃木神社	乃木神社	乃木希典命〈配祀〉乃木静子刀自命	東京市赤坂区新坂町	東京都港区赤坂八-一一-二七	大正13年8月	
松陰神社	松陰神社	吉田矩方	東京市世田谷区若林町	東京都世田谷区若林四-三五-一	昭和7年2月	
東郷神社	東郷神社	東郷平八郎	東京市渋谷区原宿三丁目二〇〇番地	東京都渋谷区神宮前一-五-三	昭和15年5月	
大宮八幡神社	大宮八幡宮	品陀別命 帯仲津彦尊 息長足姫尊	杉並区大宮町	東京都杉並区大宮二-三-一	昭和18年6月	明治5年11月郷社に列格

神奈川県

神社名 列格時	神社名 現在	祭神	住所 鎮座地（昭和20年以前）	住所 現宗教法人の所在地	列格年	備考
松原神社	松原神社	日本武尊	足柄下郡小田原町幸	神奈川県小田原市幸一-二三-一	明治6年1月	
阿夫利神社	大山阿夫利神社	大山祇命	中郡大山村	神奈川県伊勢原市大山三五五	明治6年7月	
皇大神宮	伊勢山皇大神宮	天照大御神	横浜市宮崎町	神奈川県横浜市西区宮崎町六四	明治8年	
江島神社	江島神社	多紀理毘売命 市寸嶋比売命 田寸津比売命〈窟屋〉天照皇大神 須佐之男命 多紀理毘売命 市寸嶋比売命 田寸津比売命	鎌倉郡川口村	神奈川県藤沢市江の島二-三-八	明治18年9月	明治6年7月郷社に列格
大久保神社	大久保神社	大久保忠世	足柄下郡小田原町大字十字町	神奈川県小田原市十字四-九九五-二	明治28年11月	
報徳二宮神社	報徳二宮神社	二宮尊徳	足柄下郡小田原町	神奈川県小田原市城内八-一〇	明治39年11月	（9月）
八幡神社	平塚八幡宮	応神天皇 神功皇后 武内大臣	平塚市平塚新宿	神奈川県平塚市浅間町一-六	昭和15年12月	明治6年7月郷社に列格
児玉神社	児玉神社	児玉源太郎	鎌倉郡片瀬町江ノ島	神奈川県藤沢市江の島一-四-三	昭和15年12月	
寒田神社	寒田神社	倭健命 弟橘比売命 菅原道真	足柄上郡松田町松田惣領	神奈川県足柄上郡松田町松田惣領一、七六七	昭和16年7月	明治6年郷社に列格

新潟県

神社名 列格時	神社名 現在	祭神	住所 鎮座地（昭和20年以前）	住所 現宗教法人の所在地	列格年	備考
石船神社	石船神社	水波女神	岩船郡岩船町大字岩船	新潟県村上市岩船三日市九-二九	明治5年8月	
青海神社	青海神社	椎根津彦命 大国魂命〈相殿〉鴨別雷命 鴨建角身命 玉依姫命	南蒲原郡加茂町大字加茂	新潟県南蒲原郡加茂町大字加茂字宮山三九	明治5年9月	（8月）

神社名（列格時）	神社名（現在）	祭神	住所 鎮座地(昭和20年以前)	住所 現宗教法人の所在地	列格年	備考
大幡神社	大幡神社	大股主命	佐渡郡外海府村大字大倉	新潟県佐渡郡外海府村大字大倉小平三	明治6年4月	郷社(兼)より昇格
居多神社	居多神社	大己貴命〈相殿〉奴奈川姫命　事代主命	中頸城郡春日村大字居多	新潟県上越市五智六-一-二	明治6年5月	明治5年5月郷社に列格
金峯神社	金峯神社	金山彦命	長岡市蔵王町	新潟県長岡市蔵王町三-六	明治6年9月	
三島神社	三島神社	大山祇命〈相殿〉日本根子彦太瓊命　吉備津彦命	刈羽郡枇杷島村剣野	新潟県柏崎市剣野町二-一六	明治6年9月	郷社(兼)より昇格
魚沼神社	魚沼神社	天香語山命	北魚沼郡小千谷町大字土川	新潟県小千谷市土川二-三-三	明治6年9月	
大山祇神社	大山祇神社	大山祇命　木花開耶姫命	佐渡郡相川町大字下山ノ神	新潟県佐渡郡相川町大字下山之神町七	明治6年9月	
物部神社	物部神社	宇摩志摩治命	佐渡郡畑野村	新潟県佐渡郡畑野町大字小倉乙六二八	明治6年	(明治7年)
眞野宮	眞野宮	順徳天皇〈配祀〉菅原道真　日野資朝	佐渡郡真野村大字真野	新潟県佐渡郡真野町大字真野六五七	明治8年7月	
榊神社	榊神社	榊原康政	中頸城郡高城村大字岡島	新潟県上越市大手町三	明治39年10月	
春日山神社	春日山神社	上杉謙信〈配祀〉経津主神　武甕神　菅原道真	中頸城郡春日村大字大豆	新潟県中頸城郡春日村大字大豆一、七四三	明治39年11月	明治6年郷社に列格
藤基神社	藤基神社	内藤信成　内藤信敦　内藤信思	岩舟郡村上本町	新潟県村上市三之町二-三	大正6年9月	(7月)、明治6年郷社に列格
豊田神社	豊田神社	溝口秀勝　溝口直諒	北蒲原郡五十公野村	新潟県新発田市大字五十公野五、四〇七	大正8年9月	
青海神社	青海神社	椎根津彦命　稚産霊神　倉稲魂神	西頸城郡青海町	新潟県西頸城郡青海町大字青海七六二	大正10年5月	明治6年村社、大正5年郷社に昇格
白山神社	白山神社	菊理媛命　伊弉諾尊　伊弉冊尊〈配祀〉天照皇大神　誉田別尊〈合祀〉宇迦之御魂神　菅原道真朝臣　大国主命　大物主命　少彦名命　大山咋命　大田命　大宮売命　猿田彦命　表筒男命　中筒男命　底筒男命　息長足姫尊　武甕槌命　天児屋根命　宮路大神	新潟市一番堀通町	新潟県新潟市一番堀通町一-一	大正12年5月	(大正13年5月)、明治5年郷社に列格
五十嵐神社	五十嵐神社	五十日足彦命　他四柱	南蒲原郡鹿峠村	新潟県南蒲原郡鹿峠村大字飯田三、二〇三	大正12年5月	(大正3年5月)、明治5年村社に列格
物部神社	物部神社	宇麻志摩自命　二田天物部命〈配祀〉稚桜命　健御名方命	刈羽郡二田村二田	新潟県刈羽郡西山町大字二田字入ノ沢六〇二	大正12年11月	明治4年村社に列格
西奈弥羽黒神社	西奈弥羽黒神社	奈津姫命　倉稲魂命　月読命　天照大神　迦具土命　他四柱	岩船郡村上町	新潟県村上市羽黒町二、四四四	昭和3年11月	(10月)、明治5年村社、明治27年郷社に昇格
平潟神社	平潟神社	健御名方富命	長岡市表町一丁目	新潟県長岡市表町一-六-一	昭和3年	大正10年郷社に列格
蒼柴神社	蒼柴神社	牧野忠辰　事代主命	古志郡栖吉村	新潟県長岡市悠久町七〇七	昭和5年1月	明治6年村社に列格
熱串彦神社	熱串彦神社	阿都久志比古命〈配祀〉金山彦命	佐渡郡吉井村	新潟県佐渡郡吉井村大字長江八五四	昭和5年11月	郷社より昇格
関山神社	関山神社	国常立尊　伊弉册尊　素盞嗚尊	中頸城郡関山村	新潟県中頸城郡妙高村大字関山四、八〇四	昭和6年7月	
日枝神社	日枝神社	大山咋命〈配祀〉天照皇大神　豊受大神　建御名方命　宇賀之魂命	高田市寺町三丁目	新潟県上越市寺町三-一-一九	昭和8年10月	明治15年6月郷社に列格

神社名 列格時	神社名 現在	祭神	住所 鎮座地（昭和20年以前）	住所 現宗教法人の所在地	列格年	備考
江野神社	江野神社	屋主忍男武雄命　影姫命　武内宿禰命　素佐男命　大己貴命　事代主命	西頸城郡名立町名立大町明神山	新潟県西頸城郡名立町大字名立大町二、三五	昭和9年4月	
天津神社	天津神社	瓊瓊杵尊　太玉命　児屋根命　表筒男命　中筒男命　底筒男命	西頸城郡糸魚川町一ノ宮	新潟県糸魚川市大字一ノ宮五四	昭和18年3月	明治6年村社、大正7年2月郷社に昇格
菅原神社	菅原神社	（天穂日命　菅原道真　菅原道雄）		新潟県中頸城郡清里村大字菅原一〇八	昭和18年8月	明治5年4月郷社、明治6年村社に昇格
西奈美神社	西奈美神社	（保食神）	岩船郡瀬波町大字瀬	新潟県村上市瀬波四八一	昭和20年4月	村社より昇格

富山県

神社名 列格時	神社名 現在	祭神	住所 鎮座地（昭和20年以前）	住所 現宗教法人の所在地	列格年	備考
櫟原神社	櫟原神社	素盞嗚尊	中新川郡滑川町大字神明	富山県滑川市神明町二、一七	明治6年8月	
八心大市比古神社	八心大市比古神社	大山祇神〈相殿〉少名彦命　軻遇突智命	下新川郡三日市町大字三日市	富山県黒部市三日市二、〇三六	明治6年8月	
鵜坂神社	鵜坂神社	淤母陀流神　可志古泥神〈配祀〉鵜坂姉姫神　鵜坂妻姫神	婦負郡鵜坂村大字鵜坂	富山県婦負郡婦中町鵜坂二三	明治6年8月	
気多神社	気多神社	大己貴命　奴奈加波比賣命〈相殿〉菊理姫命　事代主命	射水郡伏木町大字一ノ宮	富山県高岡市伏木一宮字大平二、〇〇三	明治6年8月	
於保多神社	於保多神社	菅原道真　前田利次	富山市字柳町	富山県富山市柳町一	明治9年4月	
高岡神社	高岡関野神社	稲荷大神　前田利長	高岡市堀上町郷社関野神社境内	富山県高岡市末広町九-四三	明治12年11月	明治11年郷社岡野神社を合祀
日枝神社	日枝神社	大山咋神〈相殿〉天照大御神　豊受大御神	富山市山王町	富山県富山市山王町五	明治32年8月	明治6年8月郷社に列格
放生八幡宮	放生津八幡宮	応神天皇	射水郡新湊町大字放生津町	富山県新湊市放生津五六一	明治32年12月	明治5年9月郷社に列格
護国八幡宮	護国八幡宮	誉田別天皇　息長足媛命　田心比売命　湍津比売命　市杵島比売命〈相殿〉天津児屋根命　経津主命　武甕槌男命　比売大神　波迩耶須比売命　建御名方命　八坂入姫命　東照宮分霊　尾山神社分霊　菅原道真　大国主大神	西礪波郡埴生村大字埴生	富山県小矢部市埴生二、九九二	明治40年3月	明治6年郷社に列格
道神社	道神社	彦屋主田心命　大彦命　気長足姫命　誉田別命　比咩大神　天照皇大神	射水郡作道村作道	富山県新湊市作道一、八四六	昭和2年8月	郷社より昇格
箭代神社	箭代神社	葛城襲津彦命　他二柱	氷見郡阿尾村北八代	富山県氷見市北八代七八七	昭和5年8月	明治5年7月郷社に列格
櫛田神社	櫛田神社	建速須佐之男命　櫛名田比売命　他一〇柱	射水郡串田村串田	富山県射水郡大門町串田字大澤六、八二六	昭和15年12月	明治5年9月郷社に列格

神社名 列格時	神社名 現在	祭神	住所 鎮座地(昭和20年以前)	住所 現宗教法人の所在地	列格年	備考
能登生國玉比古神社	能登生國玉比古神社	大己貴神〈相殿〉素戔嗚神　奇稲田姫命　事代主神　底筒男神　中筒男神　表筒男神　建御名方神	七尾市	石川県七尾市所口町ハ部四八	明治5年3月	
大穴持像石神社	大穴持像石神社	大穴牟遅命〈相殿〉少彦名命	羽咋郡一ノ宮村大字一宮寺家	石川県羽咋市寺家町ヶノ一	明治6年5月	
大野湊神社	大野湊神社	猿田彦大神　天照皇大御神　地主護国八幡大神　春日四柱大神　西ノ宮大神　荒魂大己貴命〈相殿〉神皇産霊神　高皇産霊神　玉積産霊神　生産霊神　足産霊神　大宮比咩神　御食津神　事代主神　素戔嗚命　五十孟命　宇迦之御魂命　武三熊大人	石川郡大野村大字寺中	石川県金沢市寺中町ハノ一六三	明治12年11月	明治5年10月郷社に列格
藤塚神社	藤塚神社	大山咋神　大己貴神〈相殿〉天照皇大御神	石川郡美川町大字美川	石川県石川郡美川町ヌ一六七	明治12年11月	(明治11年)
小濱神社	小濱神社	大己貴神〈相殿〉少彦名神　事代主命	河北郡内灘村大字大根布	石川県河北郡内灘町字大根布三-一五七-一	明治13年3月	明治5年1月郷社に列格
若宮八幡神社	若宮八幡宮	応神天皇	石川郡松任町大字石同新町	石川県松任市若宮一-一〇〇	明治13年8月	明治5年11月郷社に列格
賀茂神社	賀茂神社	別雷公神〈相殿〉貴舟高龗命　素戔嗚命	河北郡高松村大字横山	石川県河北郡宇ノ気町字横山リ一一九-一	明治14年2月	(明治15年)、明治6年郷社に列格
椿原神社	椿原天満宮	天満天神	金沢市字神町	石川県金沢市天神町二-六五	明治14年9月	明治6年6月郷社に列格
羽咋神社	羽咋神社	石撞別命〈相殿〉石城別命　弟苅幡刀弁命	羽咋郡羽咋町大字羽咋	石川県羽咋市川原町エ一四四-二	明治14年11月	(10月)、明治5年9月郷社に列格
多太神社・八幡神社・西宮神社	多太神社	衝桙等乎而留比古命　仁徳天皇　応神天皇　神功皇后　比咩大神　蛭児命〈相殿〉軻遇突智神	能美郡小松町大字上本折	石川県小松市上本折町七二	明治15年1月	
江沼神社	江沼神社	前田利治　菅原道真	江沼郡大聖寺町大字八間道	石川県加賀市大聖寺八間道六五	明治16年6月	明治12年6月郷社に列格
山下神社	加賀神明宮	天照大神	江沼郡大聖寺町大字大聖寺	石川県加賀市大聖寺神明町一六-甲	明治16年6月	明治5年郷社に列格
服部神社	服部神社	天羽槌雄命〈相殿〉菊理姫命	江沼郡山代村大字山代	石川県江沼郡山代町字山代一八ノ七ノ丁	明治17年3月	(明治16年)、明治8年7月郷社に列格
本村井神社	本村井神社	少彦名命　市杵島姫命　宇賀御魂命〈相殿〉応神天皇　武甕槌命　経津主命　天児屋根命　萬幡姫命	石川郡一木村大字村井	石川県石川郡一木村字村井マ一	明治27年11月	明治13年9月郷社に列格
松任金剣神社	松任金剣宮	都留運伎比古尊　天照大神　湍津姫命　素戔嗚尊	石川郡松任町大字西新町	石川県松任市西新町一八一	明治28年1月	明治9年郷社に列格
須須神社	須須神社	天津日子瓊々杵尊　木花咲耶姫命〈相殿〉美穂須々見命	珠洲郡三崎村大字寺家	石川県珠洲市三崎町寺家四部二	明治28年11月	明治4年郷社に列格
金剣神社	金劒宮	白山第一御子彦神(或云　天津彦根瓊瓊杵尊)	石川郡鶴来町	石川県石川郡鶴来町日詰町巳二八-五	明治28年12月	(10月)、明治5年郷社に列格

神社名		祭神	住所		列格年	備考
列格時	現在		鎮座地(昭和20年以前)	現宗教法人の所在地		
菟橋神社	菟橋神社	菟橋大神(健御名方命)〈相殿〉建御名方命 八坂刀売命	能美郡小松町大字浜田	石川県小松市浜田町イ三三-甲	明治29年9月	明治14年7月郷社に列格
忌浪神社	忌浪神社	倉稲魂神	江波郡作見村大字弓波	石川県加賀市弓波町イ一	明治30年1月	明治5年11月郷社に列格
出城八幡神社	出城八幡宮	応神天皇	石川郡出城村大字北安田	石川県松任市成町一	明治30年2月	明治5年郷社に列格
笠間神社	笠間神社	大宮咩神 住吉三前大神〈相殿〉八幡大神	石川郡笠間村大字笠間	石川県松任市笠間町一-一	明治30年9月	(明治32年9月)、明治25年郷社に列格
久氐比古神社	久氐比古神社	久延毘古神	鹿島郡久江村大字久江	石川県鹿島郡鹿島町久江へ部六六	明治31年11月	郷社より昇格
狭野神社	狭野神社	素戔嗚命	能美郡寺井野村大字佐野	石川県能美郡寺井町佐野ノ八六-二	明治32年	郷社より昇格
菅原神社	菅原神社	菅原道真〈相殿〉応神天皇 武甕槌命	羽咋郡南邑知村大字菅原	石川県羽咋郡志雄町字菅原フ二	明治34年3月	明治12年7月郷社に列格
楢本神社	楢本神社	伊邪那美命	石川郡一木村大字宮丸	石川県松任市宮丸町一	明治34年10月	明治29年3月郷社に列格
高爪神社	高爪神社	日本武尊	羽咋郡西増穂村大字大福寺	石川県羽咋郡富来町大福寺ナの五八	明治35年3月	(2月)
宇多須神社	宇多須神社	高皇産霊神 武甕槌男命 大国魂神 市杵島姫命	金沢市字八幡町	石川県金沢市東山一-三〇-八	明治35年3月	村社より昇格
加賀神社	加賀神社	健御名方命 八坂刀売命 誉田別尊 前田綱紀	河北郡中條村湯端新	石川県河北郡中條村字湯端新ト一〇	大正3年6月	
重蔵神社	重蔵神社	天之冬衣命 大国主命 他七柱	鳳至郡輪島町河井	石川県鳳至郡輪島町字河井町四部九六-甲	大正7年12月	明治5年9月郷社に列格
安江神社	安江八幡宮	天御中主神 仲哀天皇 応神天皇 神功皇后 稲荷大神 菅原道真公 水天宮	金沢市鍛治町	石川県金沢市比花町二-二七	大正13年3月	(大正14年3月)、明治5年郷社に列格
能登比咩神社	能登比咩神社	能登比咩神 淳名城入比売命	鹿島郡能登部町能登部下	石川県鹿島郡鹿西町能登部下三五甲部二九	大正15年7月	村社より明治14年9月郷社に昇格
幡生神社	幡生神社	倉稲魂命 太田命 大宮姫神 伊弉諾尊 伊弉冉尊 菊理姫命	能美郡苗代村吉竹	石川県小松市吉竹町へ二五三	昭和3年11月	明治15年郷社に列格
能登部神社	能登部神社	大入杵命〈合祀〉能登比古神 他五柱	鹿島郡能登部町上	石川県鹿島郡鹿西町能登部上ロ部七〇	昭和7年8月	明治14年7月郷社に列格
小坂神社	小坂神社	武甕槌命 経津主神 天児屋根命 他二柱	金沢市山ノ上町五丁目	石川県金沢市山ノ上町四三-一	昭和8年9月	明治6年郷社に列格
梯神社	小松天満宮	菅原道真 応神天皇 白太夫神	能美郡牧村上牧	石川県小松市天神町二	昭和10年10月	明治6年7月郷社に列格
本折日吉神社	本折日吉神社	大山咋命	能美郡小松町本折	石川県小松市本折町一	昭和12年9月	明治12年9月郷社に列格
泉野神社	神明宮	天照大神 豊受姫神〈配祀〉天児屋根命 応神天皇 布刀玉命	金沢市野町	石川県金沢市野町二-一-八〇	昭和14年5月	明治5年10月郷社に列格、昭和21年3月改称
石浦神社	石浦神社	大山咋神 天照皇大神 市姫神 応神天皇 春日神 白山比咩大神 大己貴神	金沢市広坂通町	石川県金沢市本多町三-一-三〇	昭和19年9月	郷社より昇格

神社名 列格時	神社名 現在	祭神	住所 鎮座地(昭和20年以前)	住所 現宗教法人の所在地	列格年	備考
神明神社	神明神社	天照皇大神　豊受比売神〈相殿〉誉田別尊	大野郡勝山町大字下元禄	福井県勝山市元町一-九-二四	明治4年8月	
神明神社	神明神社	天照皇大御神	福井市字宝永上町	福井県福井市宝永四-八-一	明治4年11月	
須波阿須疑神社	須波阿須疑神社	大野手比売神　倉稲魂神　建御名方命　大田命　大己貴命	今立郡上池田村大字稲荷	福井県今立郡上池田村稲荷第三号字宮下一八	明治6年9月	
宇波西神社	宇波西神社	天津日高日子波限建鵜草葺不合尊	三方郡八村大字気山	福井県三方郡三方町気山三九-五	明治6年9月	
八幡神社	大塩八幡宮	帯中日子天皇　品陀和気天皇　息長帯比売尊	南條郡王子保村大字国兼	福井県南條郡王子保村国兼第三-二	明治7年6月	明治4年10月郷社に列格
國神神社	國神神社	椀子皇子	坂井郡丸岡町大字石城戸	福井県坂井郡丸岡町石城戸町一-二	明治7年11月	
大虫神社	大虫神社	天津日高彦火々出見尊〈相殿〉豊玉姫命　水波乃売命　大山祇命　鵜草葺不合尊	丹生郡大虫村大字上大虫	福井県武生市大虫町二-一六	明治8年1月	
岡太神社	岡太神社	建角身命　国狭槌尊　大己貴命〈相殿〉継體天皇	今立郡粟田部村大字蓬莱	福井県今立郡今立町粟田部一九-三	明治8年2月	郷社より昇格
桜谷神社	三国神社	大山咋神　男大迹天皇(継体天皇)〈相殿〉雷神	坂井郡三国町大字坂井港字桜谷町	福井県坂井郡三国町山王六-二-八〇	明治8年4月	明治18年改称
総社大神	総社大神宮	大己貴命	南条郡武生町大字幸	福井県武生市京町一-四-三五	明治8年4月	郷社より昇格
足羽神社	足羽神社	継體天皇　生井神　福井神　綱長井神　阿須波神　波比岐神　大穴持像石神　事代主命　少彦名命	福井市足羽上町	福井県福井市足羽上町一〇八	明治8年4月	明治4年11月郷社に列格
佐佼治神社	佐佼治神社	素戔鳴命　稲田姫命　大己貴命	大飯郡高浜村大字高浜字宮崎	福井県大飯郡高浜町宮崎第五九-四	明治8年4月	
神明社	神明社	天照皇大神	今立郡神明村大字水落	福井県今立郡神明町水落第八一号鳥森一	明治8年5月	明治5年村社に列格
舟津神社	舟津神社	大毘古尊〈相殿〉孝元天皇　素盞鳴尊　猿田彦大神　金山彦命	今立郡舟津村大字上鯖江	福井県鯖江市舟津町一-三-五	明治8年5月	
篠座神社	篠座神社	大己貴命	大野郡大野町大字篠座	福井県大野市篠座四三-五	明治8年6月	明治5年10月郷社に列格
春日神社	安波賀春日神社	武甕槌尊　経津主尊　天児屋根命　比売大神	足羽郡一乗谷村大字安波賀	福井県足羽郡一乗村安波賀宮下一三	明治8年	
常宮神社	常宮神社	天八百万比咩神　気長足姫尊　足仲彦尊	敦賀郡松原村大字常宮浦	福井県敦賀市常宮字西ノ前一六	明治9年5月	
佐佳枝廼社	佐佳枝廼社	徳川秀康　徳川家康　松平慶永	福井市字福井城町	福井県福井市大手三-三-三	明治14年3月	
八幡神社	八幡神社	多紀理比売命　多紀都比売命　市伎島比売命　応神天皇　神功皇后	遠敷郡小浜町大字男山	福井県小浜市小浜男山第一〇	明治15年6月	明治9年郷社に列格
白山神社	白山神社	伊弉冉尊	大野郡平泉寺村平泉寺	福井県勝山市平泉寺町平泉寺五六号河上五一	明治16年	明治5年11月郷社に列格
柳廼社	柳廼社	土井利忠	大野郡大野町大野	福井県大野町亀山一ノ三八-二〇	大正4年	

神社名		祭神	住所		列格年	備考
列格時	現在		鎮座地(昭和20年以前)	現宗教法人の所在地		
彌美神社	彌美神社	室毘古王	三方郡耳村	福井県三方郡美浜町宮代第七号字森下二	大正14年1月	郷社より昇格
小浜神社	小浜神社	酒井忠勝	遠敷郡小浜町竹原	福井県小浜市城内一-七-五五	大正14年	郷社より昇格
大滝神社	大滝神社	国常立尊　伊弉諾尊	今立郡岡本村大滝	福井県今立郡今立町大滝一三-一	昭和3年11月	明治8年郷社に列格
八幡神社	八幡神社	誉田別尊　五十日足彦命	敦賀市三島	福井県敦賀市三島字八幡六	昭和12年8月	明治8年郷社に列格
杣山神社	杣山神社	瓜生一族〈配祀〉新田義貞　天照大神　他三柱	南条郡南杣山村阿久和	福井県南条郡南杣山村阿久和第四八号字八王子一-一	昭和12年11月	
広嶺神社	廣嶺神社	素戔嗚尊　稲田姫尊　三女五男神	遠敷郡小浜町	福井県小浜市千種二-三-二七	昭和17年3月	明治8年12月郷社に列格

山梨県

神社名		祭神	住所		列格年	備考
列格時	現在		鎮座地(昭和20年以前)	現宗教法人の所在地		
八幡社	八幡神社	応神天皇　神功皇后　姫大神	西山梨郡相川村大字古府中字宮崎町	山梨県甲府市古府中町五、〇八九	明治5年1月	
冨士浅間神社	北口本宮冨士浅間神社	木花開耶毘売命〈配祀〉大山祇命　天孫瓊瓊杵命	南都留郡福地村大字上吉田	山梨県富士吉田市上吉田諏訪内五、五五八	明治12年6月	明治5年郷社に列格
金桜神社	金桜神社	少彦名神　大己貴尊　素戔嗚尊	中巨摩郡宮本村	山梨県中巨摩郡宮本村御嶽二、三六八	大正5年6月	郷社より昇格
武田神社	武田神社	武田信玄公	甲府市古府中町	山梨県甲府市古府中町二、六二一	大正8年4月	
山県神社	山県神社	山県大弐	中巨摩郡竜王村	山梨県中巨摩郡竜王町篠原一九〇	大正10年9月	
玉諸神社	玉諸神社	大国玉大神	西山梨郡玉諸村	山梨県甲府市国玉町一、三三二	大正11年12月	郷社より昇格
浅間神社	浅間神社	木華開耶姫命	南都留郡河口村	山梨県南都留郡河口湖町河口一	大正13年3月	明治5年3月郷社に列格
御室浅間神社	冨士御室浅間神社	木花開耶姫命	南都留郡瑞穂村	山梨県南都留郡勝山村富士山二合目三、九五三	大正14年9月	郷社より昇格
菅田天神社	菅田天神社	素戔嗚尊　五男三女神〈配祀〉菅原道真	東山梨郡塩山町	山梨県東山梨郡塩山町上於曾一、〇五四	昭和3年10月	明治7年村社、大正13年郷社に昇格
窪八幡神社	大井俣窪八幡神社	誉田別尊　足仲彦尊　息長足姫尊　市杵島姫命	東山梨郡八幡村	山梨県東山梨郡八幡村北六五四	昭和12年12月	明治6年郷社に列格
美和神社	美和神社	大物主櫛甕玉神	東八代郡錦村二之宮	山梨県東八代郡錦生村二之宮二、四五〇	昭和13年3月	明治6年郷社に列格
武田八幡神社	武田八幡宮	誉田別命　息長足姫命　足仲津彦命	北巨摩郡神山村大字北宮地	山梨県韮崎市神山町北宮地一、一八五	昭和15年3月	明治6年郷社に列格

神社名 列格時	神社名 現在	祭神	住所 鎮座地（昭和20年以前）	住所 現宗教法人の所在地	列格年	備考
筑摩神社	筑摩神社	誉田別尊　気長足姫尊　多紀理比売命　狭依比売命　多岐津比売命	松本市字筑摩	長野県松本市大字筑摩二、九六六	明治5年8月	（11月）
健御名方富命彦神別神社	健御名方富命彦神別神社	健御名方富命彦神別命	長野市大字長野字城山	長野県長野市大字長野字本城東二、四二一	明治12年6月	
健御名方富命彦神別神社	健御名方富命彦神別神社	健御名方富命〈合祭〉誉田別尊　大山祇命〈合殿〉庭津女命　麻背命　八須良雄命　知奴命　沙南豆良姫命　武彦根命	下水内郡大田村大字豊田字伊豆木原	長野県飯山市大字豊田字伊豆木原三、六六二ノ一	明治13年3月	（1月）、明治6年4月郷社に列格
武水別神社	武水別神社	武水別神〈合殿〉誉田別命　息長足比売命　比売大神	更級郡八幡村	長野県更埴市大字八幡四六ノ二六	明治17年1月	（明治16年）、明治6年4月郷社に列格
神明宮	仁科神明宮	天照大御神	北安曇郡社村大字宮本	長野県大町市大字社一、一五九	明治26年8月	（明治20年）、明治5年11月郷社に列格
熊野皇大神社	熊野皇大神社	伊弉冉尊　速玉男命　事解男命	北佐久郡東長倉村大字峠町字碓氷峠	長野県北佐久郡軽井沢町大字峠町字碓氷峠一	明治28年11月	（明治29年）、明治6年4月郷社に列格
科野大宮社	科野大宮社	大己貴命　事代主命〈相殿〉健南方富命	上田市常入上常田	長野県上田市大字常入字上常田七三三ノ一	明治29年12月	明治6年4月郷社に列格
白鳥神社	白鳥神社	日本武尊　貞元親王　真保親王　滋野信之	埴科郡西條村大字東六工	長野県埴科郡西條村字東六工三、六七四	明治31年10月	明治6年4月郷社に列格
高杜神社	高杜神社	少彦名命〈合殿〉大國主命〈里宮〉建御名方命　少彦名命　大国主命	下高井郡科野村	長野県中野市字神宮寺下乙五六三	明治31年11月	（明治22年9月）、明治6年村社に列格
小野神社	小野神社	建御名方命	東筑摩郡筑摩地村大字北小野	長野県塩尻市大字北小野一七五一	明治32年6月	（明治33年5月）、明治5年村社、明治12年4月郷社に昇格
住吉神社	住吉神社	表筒男命　中筒男命　底筒男命　健御名方命　神功皇后	南安曇郡温村字大原	長野県南安曇郡三郷村大字温字大原五、九一三	明治33年1月	（明治32年12月）、明治5年村社、明治16年郷社に昇格
雨宮坐日吉神社	雨宮坐日吉神社	大山咋命　大己貴命　少彦名命〈相殿〉保食神　罔象女命　猿田彦命　久延毘古神	埴科郡雨宮村字大宮	長野県埴科郡雨宮縣村大字雨宮一	明治33年3月	明治6年4月郷社に列格
八幡宮	鳩嶺八幡宮	誉田別命　息長足姫尊　武内宿禰	下伊那郡松尾村大字松尾字八幡	長野県下伊那郡松尾村一、九九九	明治33年4月	明治5年11月郷社に列格
治田神社	治田神社	治田大神　倉稲魂命　事代主命	更科郡稲荷山町大字元町	長野県更埴市大字稲荷山一、八五〇	明治33年6月	明治6年村社、明治14年郷社に昇格
矢彦神社	矢彦神社	大己貴命　事代主命　健御名方命　誉田別命	上伊那郡小野村大字八彦沢	長野県上伊那郡辰野町大字小野三、二六七	明治33年6月	明治5年11月郷社に列格
沙田神社	沙田神社	彦火々出見尊　豊玉姫尊　鵜草葺不合尊	東筑摩郡島立村大字三ノ宮	長野県松本市大字島立字式内三、三一六	明治34年4月	（3月）、明治5年11月郷社に列格
八幡社	小川八幡宮	日本武尊　誉田別尊〈配祀〉素戔嗚尊	上水内郡南小川村	長野県上水内郡小川村大字高村九、七〇〇	大正4年11月	明治6年4月郷社に列格
御嶽神社	御嶽神社	大己貴命　少彦名命	西筑摩郡三岳村	長野県木曾郡三岳村御嶽山六、六六七	大正6年2月	明治5年11月郷社に列格

神社名（列格時）	神社名（現在）	祭神	住所：鎮座地(昭和20年以前)	住所：現宗教法人の所在地	列格年	備考
新海三社神社	新海三社神社	興波岐命　健御名方命　事代主命　誉田別尊	南佐久郡田口村宮ノ沢	長野県南佐久郡田口村大字田口字宮ノ沢二、三四	大正6年12月	明治6年4月郷社に列格
小坂神社	小坂神社	高角身神〈合殿〉誉田別尊	上高井郡井上村	長野県須坂市大字井上字小坂二、五七八	大正7年7月	明治6年4月郷社に列格
手長神社	手長神社	手摩乳命	諏訪郡上諏訪町	長野県諏訪市大字上諏訪字茶臼山九、五五六	大正13年2月	明治5年村社、明治32年2月郷社に昇格
伊豆毛神社	伊豆毛神社	素戔嗚命　大己貴命	上水内郡神郷村	長野県上水内郡豊野町大字豊野字下伊豆毛八〇五	大正13年4月	明治6年郷社に列格
上田神社	大星神社	建御名方命　前八坂刀売命　事代主命	上田市上田字大星東	長野県上田市中央北三-四-一	昭和2年12月	明治6年村社、明治13年郷社に昇格
深志神社	深志神社	建御名方命　菅原道真	松本市南深志	長野県松本市深志三-七-四三	昭和3年6月	明治5年11月郷社に列格
墨坂神社	墨坂神社	墨坂神　健御名方命	上高井郡須坂町須坂芝宮	長野県須坂市大字須坂字芝宮一、〇四八	昭和3年12月	明治6年4月郷社に列格
墨坂神社	墨坂神社	墨坂大神　帯中津日子尊　気長足姫命　品陀和気尊	上高井郡須坂町小山字八幡	長野県須坂市大字小山字八幡一、五九三-二	昭和3年12月	明治6年村社に列格
山家神社	山家神社	大国主命　伊邪奈美命　菊理姫命〈配祀〉日本武尊	小県郡長村山家	長野県小県郡長村四、四七三-ロノ二	昭和5年6月	明治6年4月郷社に列格
妻科神社	妻科神社	八坂刀売命〈合殿〉健御名方命　彦神別命	長野市妻科	長野県長野市大字南長野字本郷二三九ノ一	昭和6年4月	明治6年4月郷社に列格
若一王子神社	若一王子神社	若一王子　仁品王　妹耶姫　伊弉冉尊　天照大御神	北安曇郡大町	長野県大町市大字大町二、〇九七	昭和6年6月	大正13年3月郷社に列格
小菅神社	小菅神社	素戔嗚尊　伊弉冉尊　迩々杵尊　大己貴命　大国魂命　手力雄命　菊理姫命	下高井郡瑞穂村	長野県下高井郡瑞穂村字蓮池七、三三〇-イ号三地	昭和8年12月	明治6年4月郷社に列格
守田神社	守田神社	守達神　大碓神　久延毘古神　事代主神　健御名方神　誉田別命　素盞嗚命	上水内郡七二会村守田	長野県上水内郡七二会村乙三、七六九	昭和9年10月	明治6年4月郷社に列格
白山社	白山社	伊弉諾尊　菊理姫神　大己貴神	飯田市	長野県飯田市滝ノ沢六、六〇四	昭和9年10月	
美和神社	美和神社	大物主命〈配祀〉国業比売神　神服部神	長野市三輪字相木	長野県長野市大字三輪字相木東五二四	昭和10年8月	明治6年村社に列格
水無神社	水無神社	高照姫命	西筑摩郡福島町	長野県木曾郡木曾福島町一、〇七八	昭和10年12月	大正13年3月郷社に列格
坂城神社	坂城神社	大己貴命　事代主命　建御名方命　伊弉册命　倉稲魂命　菅原道真　誉田別尊　豊受姫命　天日孁命　天照大神　大山咋命　御穂須々美命　須佐男命　保食命	埴科郡坂城町大宮	長野県埴科郡坂城町一、二〇五	昭和12年11月	郷社より昇格
大宮諏訪神社	大宮諏訪神社	建御名方命	飯田市大宮	長野県飯田市宮の前四、一〇四-一	昭和13年2月	
象山神社	象山神社	佐久間象山	埴科郡松代町	長野県長野市松代町竹山町一、五〇三	昭和13年10月	
岡宮神社	岡宮神社	誉田別命　健御名方命　伊邪那美命	松本市北深志字和泉	長野県松本市大字北深志一、〇七〇-ノ一	昭和14年5月	明治5年12月郷社に列格
御嶽神社	御嶽神社	国常立尊　小彦名命	西筑摩郡大滝村	長野県木曾郡王滝村三、三五	昭和15年11月	大正5年9月郷社に列格

神社名 列格時	神社名 現在	祭神	住所 鎮座地(昭和20年以前)	住所 現宗教法人の所在地	列格年	備考
諏訪神社	諏訪神社	健御名方命	上伊那郡伊那富村大字伊那富	長野県上伊那郡辰野町大字辰野字町裏四、〇四九	昭和16年5月	昭和6年9月郷社に列格
八剣神社	八剣神社	八千矛神	諏訪郡上諏訪町田宿小路	長野県諏訪市小和田三-一八	昭和16年11月	
鉾持神社	鉾持神社	天津彦火瓊瓊杵尊 他三五柱	上伊那郡高遠町	長野県上伊那郡高遠町大字西高遠一、六〇〇	昭和17年10月	明治5年村社、昭和3年11月郷社に昇格
郊戸神社	郊戸神社	誉田別尊 息長足姫尊 武内宿禰	下伊那郡上飯田村大字今宮村	長野県飯田市大字上飯田今宮六、三〇七	昭和19年1月	明治6年郷社に列格
塩野神社	塩野神社	素戔嗚尊 大巳貴命 少彦名命	西小県郡西塩田村大字前山	長野県上田市大字前山字塩野一、六八一	昭和20年3月	明治5年11月郷社に列格
大宮熱田神社	大宮熱田神社	熱田神 他八柱	南安曇郡梓村	長野県南安曇郡梓村大字梓四、四一九	昭和20年7月	明治6年村社、明治23年郷社に昇格
子檀嶺神社	子檀嶺神社	(木俣神 健御名方富神)		長野県小県郡青木村大字田沢三、三七八	昭和20年12月	昭和4年10月郷社に列格
矢原神明宮	矢原神明宮	(天照皇大神)		長野県南安曇郡穂高町字宮地六三一	昭和20年12月	明治6年村社に列格
諏訪社	諏訪社	建御名方命 他一柱	北安曇郡北城村大林	長野県北安曇郡北城村字宮ノ入三、六三一	昭和21年1月	明治5年村社に列格

岐阜県

神社名 列格時	神社名 現在	祭神	住所 鎮座地(昭和20年以前)	住所 現宗教法人の所在地	列格年	備考
八幡神社	八幡神社	応神天皇 神功皇后 比咩神	安八郡大垣町大字外側	岐阜県大垣市西外側町一-一	明治11年8月	(明治12年5月)、明治7年郷社に列格
洲原神社	洲原神社	伊邪那岐命 伊邪那美命 大穴牟遅命	武儀郡須原村大字須原	岐阜県美濃市須原四六〇-一の一	明治12年6月	明治6年郷社に列格
飛驒総社	飛驒総社	水無神 槻本神 荏名神 走湍神 大津神 荒城神 高田神 阿多由太神 栗原神 大年神 走湍神 四天王神 遊幡石神 度瀬神 道後神 気多若宮神 木母国津神 剣緒神 加茂若宮神 大八椅命 飛驒国造祖神	大野郡矢名田村大字七日町	岐阜県高山市神田町三-一二四	明治13年7月	明治5年4月郷社に列格
白山神社	白山神社	伊弉諾命 伊弉冉名 菊理姫命 彦火火出見命〈合祭〉	郡上郡北濃村大字長瀧	岐阜県郡上郡白鳥町長瀧杁山九一	明治14年12月	明治6年郷社に列格
日吉神社	日吉神社	大己貴神	安八郡神戸町神戸字上ノ宮	岐阜県安八郡神戸町大字神戸字上ノ宮一-一	大正2年7月	
常葉神社	常葉神社	戸田一西 戸田氏鉄	大垣市郭町	岐阜県大垣市郭町二-四	大正6年10月	
伊富岐神社	伊冨岐神社	多々美比古命	不破郡岩手村伊吹	岐阜県不破郡垂井字伊吹字一、四四-一	大正7年4月	明治6年1月郷社に列格
白山神社	大山白山神社	伊弉諾神 伊弉冉神 菊理姫神	加茂郡西白川村水戸野字大山	岐阜県加茂郡白川町水戸野一、〇九六	大正7年9月	明治6年1月郷社に列格
白山中居神社	白山中居神社	伊弉諾尊 伊弉册尊 天照大神 他七柱	大野郡石徹白村	岐阜県郡上郡白鳥町石徹白第三-四八	大正10年5月	村社より昇格

神社名 列格時	神社名 現在	祭神	住所 鎮座地(昭和20年以前)	住所 現宗教法人の所在地	列格年	備考
八幡神社	武芸八幡宮	応神天皇	武儀郡南武芸村八幡	岐阜県武儀郡武芸川町八幡一、七三	大正11年	明治6年5月郷社に列格
護山神社	護山神社	大山祇命　久々能智命　草野比売命	恵那郡付知町護山	岐阜県恵那郡付知町一、五四	大正12年4月	明治6年1月郷社に列格
天満神社	加納天満宮	菅原道真　大国主神　天照大神　応神天皇	稲葉郡加納町	岐阜県岐阜市加納天神町四-一	大正13年9月	明治7年郷社に列格
久津八幡神社	久津八幡宮	応神天皇　他二柱	益田郡萩原町上呂	岐阜県益田郡萩原町大字上呂三、三四五-一	大正13年11月	郷社より昇格
恵那神社	恵那神社	伊邪那岐命　伊邪那美命	恵那郡中津町中津川	岐阜県恵那郡中津川町中津川字正ヶ根三、七六六-一	大正14年9月	明治6年1月郷社に列格
荒城神社	荒城神社	国之水分神　天之水分神	吉城郡国府村宮地字垣内	岐阜県吉城郡国府町宮地一、四四-一	大正15年2月	明治5年10月郷社に列格
気多若宮神社	気多若宮神社	気多若宮神　天照皇大神　広幡八幡大神　春日大神　高田大神	吉城郡古川町上気多	岐阜県吉城郡古川町大字上気多一、二九七	大正15年2月	明治4年郷社に列格
金神社	金神社	渟熨斗姫命　日葉酢姫命　五十瓊敷入彦命　市隼男命	岐阜市金町四丁目	岐阜県岐阜市金町五-三-一	昭和3年10月	明治7年郷社に列格
大津神社	大津神社	大彦命　武渟河別命　建南方富命	吉城郡船津町船津	岐阜県吉城郡神岡町大字船津字寺ノ上一、八三三-二	昭和5年12月	明治5年郷社に列格
日枝神社	日枝神社	日枝大山咋神	高山市片野字山王	岐阜県高山市城山一五六	昭和7年4月	明治4年5月郷社に列格
八幡神社	櫻山八幡宮	応神天皇　熱田大神　香椎大神	高山市合崎桜山	岐阜県高山市桜町一七八	昭和7年4月	明治4年6月郷社に列格
三輪神社	三輪神社	大物主大神	揖斐郡揖斐町三輪	岐阜県揖斐郡揖斐川町大字三輪一、三三三	昭和10年10月	明治5年10月郷社に列格
八幡神社	八幡神社	応神天皇	土岐郡妻木町	岐阜県土岐市妻木町三、〇五一-一	昭和17年10月	明治6年1月郷社に列格

静岡県

神社名 列格時	神社名 現在	祭神	住所 鎮座地(昭和20年以前)	住所 現宗教法人の所在地	列格年	備考
矢奈比売神社	矢奈比売神社	矢奈比売命〈相殿〉菅原道真〈合祭〉底筒之男命　中筒之男命　表筒之男命　火之迦具土命	磐田郡見付町大字大字見付宿天神平	静岡県磐田市見付一、一四-二	明治5年6月	
淡海国玉神社	淡海国玉神社	大国主命〈合祭〉瓊瓊杵命　木花開耶姫命　速玉男命　事解之男命　伊邪那岐命　御間城入彦五十瓊殖天皇　伊邪那美命　宇迦之御魂命　天照皇大御神　大山咋神　須佐之男命　迦具土神　大己貴命　受大神　豊	磐田郡見付町大字見付宿字宮小路	静岡県磐田市見付三、四五三-二	明治5年6月	
八幡神社	事任八幡宮	誉田別命　息長足姫命　玉依姫命	小笠郡東山口村大字八坂字宮屋敷	静岡県掛川市八坂六四二	明治5年	
山住神社	山住神社	大山祇命　事解男命　伊弉冉命　速玉男命　誉田別命　市杵島姫命　奥山金吾霊神　健御名方命　埴山姫命　健速須佐之男命　伊豆能売命　菊理姫命	周智郡水窪町山住	静岡県磐田郡水窪町山住二三〇	明治6年3月	

神社名		祭神	住所		列格年	備考
列格時	現在		鎮座地(昭和20年以前)	現宗教法人の所在地		
秋葉神社	秋葉山本宮秋葉神社	火之迦具土神	周智郡犬居村大字領家字秋葉山	静岡県周智郡春野町領家八四一	明治6年4月	(3月)
五社神社	五社神社・諏訪神社	太玉命　武甕槌命　経津主命　天児屋根命　姫大神〈相殿〉徳川家康　応神天皇	浜名郡浜松町大字利町	静岡県浜松市利町三〇二-五	明治6年5月	村社より昇格(戦災で全焼、昭和23年仮殿)
皇大神社	皇大神社	大日孁貴命〈合祭〉伊豆別命　大山咋命　加理波屋須多計比波夜命〈相殿〉菅原道真　平兼隆	田方郡韮山村大字韮山字下向山	静岡県田方郡韮山町山木字向山一、〇七二-二	明治6年8月	
伊古奈比咩命神社	伊古奈比咩命神社	伊古奈比咩命〈相殿〉事代主命　見目大神　若宮大神　剣御子大神	賀茂郡白浜村大字白浜	静岡県下田市白浜二、七四〇	明治6年9月	(明治9年)
丸子神社	丸子神社	金山彦命〈合祭〉大山祇命　火産霊神　豊受比売命　建速須佐之男命	沼津市大字本字浅間町	静岡県沼津市浅間町四	明治12年7月	明治6年村社、明治12年7月郷社に昇格
草薙神社	草薙神社	日本武尊　誉田別尊	安倍郡有度村大字草薙字芳沢	静岡県安倍郡有度村草薙三四九	明治12年7月	明治6年郷社に列格
鎌田神明宮	鎌田神明宮	豊受皇大神〈相殿〉少彦名神　火産霊神　倉稲魂命　宇遅稚郎子命〈別殿〉天照大皇神	磐田郡御厨村大字鎌田字神明山	静岡県磐田市鎌田二、〇六二	明治12年7月	明治6年村社に列格
焼津神社	焼津神社	日本武尊〈相殿〉吉備武彦　大伴武日連　七束脛〈合祭〉大日孁貴命　宇迦之御魂命　猿田彦命　景行天皇　日本武尊御子	志太郡焼津町大字焼津村字宮ノ腰	静岡県焼津市焼津二-七-二	明治16年6月	明治6年3月郷社に列格
府八幡宮	府八幡宮	誉田別命　足仲彦命　気長足姫命	磐田郡中泉町大字中泉字境松	静岡県磐田市中泉二-三-一	明治16年6月	
浅間神社	冨士浅間神社	木花開耶姫命〈相殿〉大己貴命　彦火火出見命	駿東郡須走村大字須走字日向	静岡県駿東郡小山町須走一二六	明治19年1月	明治8年2月郷社に列格
御穂神社	御穂神社	大己貴命　三穂津姫命	阿倍郡三保村大字三保字宮方	静岡県静岡市三保一、〇七三	明治30年9月	(明治31年9月)、明治6年郷社に列格
広瀬神社	広瀬神社	三島溝橛姫命　他三柱	田方郡田中村大字田京字深沢	静岡県田方郡大仁町田京一-一	明治32年6月	郷社(兼)村社より昇格
小梳神社	小梳神社	建速須佐之男命　奇稲田姫命〈相殿〉大己貴命　天照皇大神	静岡市紺屋町	静岡県静岡市紺屋町七-三	明治40年7月	明治8年郷社に列格
大井神社	大井神社	天照皇大御神　弥都波能売神　波迩夜須姫神	志田郡島田町大字島田字宮小路	静岡県島田市二、三一六	明治41年8月	明治8年郷社に列格
蒲神明宮	蒲神明宮	(内宮)天照皇大御神〈配祀〉天手力男神　万幡豊秋津師比売命(外宮)豊受比売神〈配祀〉国之常立神　天児屋根命　天津彦火瓊瓊杵尊　天太玉命	浜名郡蒲村神立字袖紫森	静岡県浜松市神立町四〇七-一	大正10年11月	明治6年3月郷社に列格
三熊野神社	三熊野神社	伊弉册尊　速玉男命　事解男命	小笠郡横須賀町西大渕	静岡県小笠郡大須賀町西大渕五、六三二-一	大正13年3月	明治6年郷社に列格
高松神社	高松神社	伊弉册尊　事解男命　速玉男命	小笠郡池新田村門屋字高松	静岡県小笠郡浜岡町門屋二、〇六六	大正13年9月	明治6年3月郷社に列格

神社名		祭神	住所		列格年	備考
列格時	現在		鎮座地(昭和20年以前)	現宗教法人の所在地		
浅間神社	村山浅間神社	木花佐久夜比売命	富士郡富士根村村山	静岡県富士宮市村山一、一五一	大正13年12月	
日枝神社	日枝神社	大山咋神 大己貴神 大歳神	沼津市三枚橋字平町	静岡県沼津市平町七-二四	大正15年11月	明治6年3月郷社に列格
県居神社	県居神社	贈従三位賀茂真淵	浜松市東伊場町	静岡県浜松市東伊場一-二二-一	昭和3年11月	
賀久留神社	賀久留神社	闇御津羽神 闇淤加美神 気長帯比売命 誉田別命 玉依比売命	浜松郡神久呂村神ヶ谷	静岡県浜松市神ヶ谷四、二七九	昭和4年7月	明治6年3月郷社に列格
白羽神社	白羽神社	天津日高日子穂穂出見尊 豊玉姫命 玉依姫命	榛原郡白羽村	静岡県榛原郡御前崎町白羽三、五一二	昭和5年2月	明治6年3月郷社に列格
天宮神社	天宮神社	湍津姫命 田心姫命 市杵島姫命	周智郡森町宮山	静岡県周智郡森町天宮五七六	昭和5年6月	明治6年郷社に列格
曾許乃御立神社	曾許乃御立神社	武甕槌命	浜名郡北庄内村呉松	静岡県浜松市呉松町三、五八六	昭和5年8月	明治6年3月郷社に列格
佐野原神社	佐野原神社	二條為冬	駿東郡泉村手松	静岡県裾野市平松三五〇	昭和16年12月	明治9年村社に列格
諏訪神社	五社神社・諏訪神社(合併先)	建御名方命 八坂刀売命 事代主命 東照大神 大己貴命	浜名市利町	静岡県浜松市利町三〇二-五	昭和17年5月	戦災で焼失
小笠神社	小笠神社	速玉男命 伊弉册尊 事解男命	小笠郡土方村入山瀬	静岡県小笠郡城東村入山瀬字小笠山八六二	昭和20年11月	大正8年10月郷社に列格

愛知県

神社名		祭神	住所		列格年	備考
列格時	現在		鎮座地(昭和20年以前)	現宗教法人の所在地		
猿投神社	猿投神社	大碓命 景行天皇 垂仁天皇	西加茂郡猿投村大字猿投	愛知県豊田市猿投町大城五	明治5年5月	(9月)
知立神社	知立神社	鵜茅葺不合尊 彦火火出見命 玉依毘売命 神倭伊婆礼毘古命	碧海郡知立町字知立	愛知県知立市西町神田三	明治5年9月	
東照宮	東照宮	徳川家康 徳川義直〈相殿〉徳川慶勝	名古屋市西区茶屋町二丁目	愛知県名古屋市中区丸の内二-三-三七	明治8年8月	明治5年村社に列格
那古野神社	那古野神社	速須佐之男大神 櫛稲田姫神〈相殿〉兵主大神 五男三女神	名古屋市西区茶屋町	愛知県名古屋市中区丸の内二-三-一七	明治9年11月	明治5年5月郷社に列格
若宮八幡宮	若宮八幡社	仁徳天皇 応神天皇 武内宿禰	名古屋市中区末広町	愛知県名古屋市中区栄三-三五-三〇	明治10年3月	郷社より昇格
内々神社	内々神社	建稲種命	東春日井郡坂下町大字内津	愛知県春日井市内津町二四	明治10年3月	
八幡宮	八幡宮	応神天皇 神功皇后 三女神	宝飯郡八幡村大字八幡	愛知県豊川市八幡町本郷一六	明治13年6月	郷社より昇格
御津神社	御津神社	大国主命	宝飯郡御津村大字広石	愛知県宝飯郡御津町大字広石字祓田七〇	明治15年5月	明治5年郷社に列格
針綱神社	針綱神社	尾治針名根連命	丹羽郡犬山町字稲置	愛知県犬山市大字犬山字北古券六五-一	明治15年11月	明治8年10月郷社に列格
巴江神社	巴江神社	児島高徳 三宅康貞	渥美郡田原町字田原	愛知県渥美郡田原町大字田原字巴江一〇	明治17年11月	無格社より昇格
神前神社	神前神社	神倭磐余彦命	知多郡亀崎町字亀崎	愛知県半田市亀崎町字里六	明治18年7月	明治4年郷社に列格
龍城神社	龍城神社	徳川家康公 本多忠勝朝臣	岡崎市康生町岡崎公園内	愛知県岡崎市康生町五六一	大正3年4月	明治11年無格社に列格

神社名		祭神	住所		列格年	備考
列格時	現在		鎮座地(昭和20年以前)	現宗教法人の所在地		
赤日子神社	赤日子神社	彦火火出見尊	宝飯郡蒲郡町神郷字森	愛知県蒲郡市大字神ノ郷字森五六	大正5年3月	明治5年郷社に列格
伊賀八幡宮	伊賀八幡宮	応神天皇　仲哀天皇　神功皇后　徳川家康	岡崎市伊賀町	愛知県岡崎市伊賀町字東郷中六六南郷中一・二七	大正6年7月	(大正元年7月)、明治5年村社、明治19年郷社に昇格
菟足神社	菟足神社	菟上足尼命	宝飯郡小坂井町小坂井	愛知県宝飯郡小坂井町大字小坂井字宮脇二	大正7年11月	明治5年郷社に列格
六所神社	六所神社	猿田彦命　他一四柱	岡崎市明大寺町字耳船	愛知県岡崎市明大寺町字耳取四四	大正9年10月	
幡頭神社	幡頭神社	建稲種命　誉田別命　大物主命	幡豆郡吉田町宮崎	愛知県幡豆郡吉田町大字宮崎字宮前六〇	大正10年3月	明治5年9月郷社に列格
藤島神社	藤島神社	市杵島姫命	海部郡七宝村秋竹	愛知県海部郡七宝町大字秋竹字柏田五〇九	大正10年5月	明治5年郷社に列格
八幡社	寺津八幡社	誉田別尊	幡豆郡寺津町寺津	愛知県西尾市寺津町西市場四一	大正10年6月	明治15年村社、大正5年郷社に昇格
尾陽神社	尾陽神社	徳川義直　徳川慶勝	名古屋市昭和区御器所町北市場	愛知県名古屋市昭和区御器所町一-二	大正11年6月	
六所神社	六所神社	猿田彦命　事勝国勝長狭神　岐神　日本武尊　天照大御神　倉稲魂命	東加茂郡松平村東宮口	愛知県豊田市坂上町大字東宮口字地蔵堂三	大正11年9月	明治5年村社に列格
吉田神社	吉田神社	素盞嗚命	豊橋市関屋町	愛知県豊橋市関屋町二	大正11年10月	明治4年郷社に列格
總社	總社	(三河国総社神)	宝飯郡国府町白鳥	愛知県豊川市白鳥町上郷中一	大正11年12月	
神明社	安久美神戸神明社	天照皇大神	豊橋市中八町	愛知県豊橋市八町通三-一七	大正12年5月	村社より昇格
形原神社	形原神社	埴安神　豊受姫神　天児屋根神　誉田別神　朝廷別王神	宝飯郡形原町形原	愛知県蒲郡市形原町八ヶ峯三九	大正12年8月	明治5年郷社に列格
賀茂神社	賀茂神社	賀茂別雷命	八名郡賀茂村神山	愛知県豊橋市賀茂町字神山二	大正12年12月	明治5年郷社に列格
石座神社	石座神社	天御中主命　天稚彦命　大山祇神　比売大神　素戔嗚尊　倉稲魂命	南設楽郡東郷村大宮	愛知県南設楽郡東郷村大字大宮字狐塚一四	大正13年3月	明治5年郷社に列格
片山八幡神社	片山八幡神社	品陀別命　天照皇大神　菊理姫命	名古屋市東区大曾根町	愛知県名古屋市東区徳川二-一三-二六	昭和4年9月	明治5年村社に列格
伊富利部神社	伊富利部神社	誉田和気尊	葉栗郡木曾川町門間	愛知県葉栗郡木曾川町大字門間字北屋敷三、七一四	昭和4年11月	明治5年郷社に列格
櫻井神社	櫻井神社	伊弉諾神　他七柱	碧海郡桜井村桜井	愛知県安城市桜井町桜林一七	昭和7年10月	(11月)、明治5年11月郷社に列格
前利神社	前利神社	神八井耳命	丹羽郡扶桑村斉藤字宮添	愛知県丹羽郡扶桑町大字斉藤字宮添三	昭和10年3月	明治5年村社に列格
若栗神社・八幡宮	若栗神社・八幡宮	天押帯日子命　応神天皇	葉栗郡葉栗村島村	愛知県一宮市大字島村字南裏山一五	昭和10年12月	(明治9年5月)
川原神社	川原神社	埴山姫命　罔象女命	名古屋市昭和区広路町	愛知県名古屋市昭和区川名本町四-四-一	昭和14年7月	明治5年郷社に列格
石刀神社	石刀神社	手力雄命　国常立尊　豊斟渟尊　国狭槌尊	中島郡今伊勢村大字馬寄	愛知県一宮市今伊勢町大字馬寄字石刀二	昭和15年9月	明治9年村社、昭和7年9月郷社に昇格
坂手神社	坂手神社	高水上神	葉栗郡葉栗村佐千原	愛知県一宮市大字佐千原字宮東九一	昭和16年8月	明治5年郷社に列格

神社名 列格時	神社名 現在	祭神	住所 鎮座地(昭和20年以前)	住所 現宗教法人の所在地	列格年	備考
堤治神社	堤治神社	(埴安姫神 天照皇大神)		愛知県尾西市小信中島字宮浦七八〇	昭和16年10月	大正14年村社に列格
成海神社	成海神社	日本武尊 宮簀媛命 健稲積命	愛知郡鳴海町	愛知県名古屋市緑区鳴海町乙子山八五	昭和16年12月	明治5年5月郷社に列格
日吉神社	日吉神社	大山咋神	西春日井郡清洲町	愛知県西春日井郡清洲町大字清洲字内須ヶ口二、二七二	昭和17年3月	昭和4年3月郷社に列格
神明大一社	神明大一社	天照大神 他一柱	岩倉市中本町西出口四番地	愛知県岩倉市中本町西出口四	昭和17年8月	明治5年村社、大正10年8月郷社に昇格
八百富神社	八百富神社	市杵島姫命	宝飯郡蒲郡町府相	愛知県蒲郡市竹島町三-一五	昭和18年10月	明治7年村社、大正5年4月郷社に昇格
深川神社	深川神社	天之忍穂耳命 田霧姫命 天穂日命 天津彦根命 熊野櫲日命 活津彦根命 市杵島姫命 多岐津姫命 建御名方命 活津毘売命	瀬戸市二番地	愛知県瀬戸市二	昭和19年10月	明治5年5月郷社に列格
酒見神社	酒見神社	天照皇大御神 酒彌豆男命 酒彌豆女命 須盞嗚命 伊弉册命	中島郡今伊勢村本神戸	愛知県一宮市今伊勢町本神戸字宮山一、四七六	昭和20年11月	明治5年郷社に列格
御裳神社	御裳神社	天照大神 日本武尊 加具土命	中島郡起町三條	愛知県尾西市大字三条字宮西一、一四五	昭和20年11月	明治4年5月郷社に列格
伊多波刀神社	伊多波刀神社	高皇産霊尊 息長足姫尊 品陀別尊 玉依姫命 大山祇命 伊豆能売命 市杵島姫命	春日井市上田楽町三、四五四番地	愛知県春日井市上田楽町三、四五四	昭和21年1月	(考証課長認定)、明治5年5月郷社に列格

三重県

神社名 列格時	神社名 現在	祭神	住所 鎮座地(昭和20年以前)	住所 現宗教法人の所在地	列格年	備考
諏訪神社	諏訪神社	建御名方命 八重事代主命	四日市市浜田	三重県四日市市諏訪栄町三-一六	明治6年3月	(明治8年)
箕曲中松原神社	箕曲中松原神社	大歳神	度会郡宇治山田市字岩渕町	三重県伊勢市岩渕一-一四-一五	明治8年12月	明治4年11月郷社に列格
高山神社	高山神社	従四位左近衛小将和泉守藤堂高虎	津市丸之内	三重県津市丸ノ内二七-一六	明治12年7月	
菅原神社	菅原神社	菅原道真〈合殿〉天照大御神 伊邪那岐大神 建速須佐之男神 応神天皇 宇迦能御魂神 天児屋根命 建御名方神 大山咋命 速玉之男神	阿山郡上野町大字東町	三重県上野市東町二、九二九	明治13年7月	明治6年郷社に列格
鎮國神社・守國神社	鎮國神社・守國神社	松平定綱 松平定信〈相殿〉旭八幡神社 日吉天満神社	桑名市吉ノ丸	三重県桑名市吉之丸九	明治13年9月	明治8年村社に列格
桑名神社・中臣神社	桑名神社	天津彦根命 天久々斯比乃命	桑名市三崎	三重県桑名市本町四六	明治14年6月	明治8年郷社に列格
桑名神社・中臣神社	中臣神社	天日別命〈相殿〉建御雷神 斎主神 天児屋根命 比売神	桑名市三崎	三重県桑名市本町四六	明治14年6月	
八幡神社	津八幡宮	応神天皇 神功皇后 住吉大神 藤堂高虎	津市八幡町	三重県津市大字藤方二、三三九	明治14年9月	明治6年3月郷社に列格

神社名 列格時	神社名 現在	祭神	住所 鎮座地(昭和20年以前)	住所 現宗教法人の所在地	列格年	備考
宇留富志祢神社	宇流富志祢神社	宇奈根神 武甕槌神 経津主神 天児屋根命 姫大神〈合殿〉火之迦具土神 菅原道真 宇迦能魂神	名賀郡名張町	三重県名張市平尾三、三一九	明治14年11月	(10月)、明治8年村社に列格
香良洲神社	香良洲神社	稚日女命〈合祀〉御歳神	一志郡香良洲町	三重県一志郡香良洲町三、六七五	明治15年2月	(1月)、明治8年郷社に列格
立坂神社	立坂神社	大日孁貴尊〈合殿〉矢田八幡社	桑名市矢田	三重県桑名市大字矢田一〇	明治17年5月	(10月)
八雲神社	八雲神社	建速須佐之男命〈相殿〉櫛名田比売命 多紀理毘売命 市杵島比売命 多紀都比売命 天之忍穂耳命 天之菩卑命 天津日子根命 活津日子根命 熊野久須毘命 国狭土命 大山津見命 応神天皇	松阪市日野町	三重県松阪市日野町六八九	明治28年1月	明治8年村社に列格
尾野神社	尾野神社	天押帯日子命〈合殿〉天照大神 品陀和気命 春日神 宇賀神 山神 船戸神	桑名市東方	三重県桑名市東方二、一九四	明治29年9月	(明治8年11月)、村社に列格
都波岐神社・奈加等神社	都波岐神社・奈加等神社	猿田彦大神 天椹野命〈相殿〉中筒之男命	河芸郡一ノ宮村中戸	三重県鈴鹿市一ノ宮町一、一八一	明治36年3月	明治6年村社に列格
山室山神社	本居神社	本居宣長〈相殿〉平田篤胤	松坂市殿町	三重県松坂市殿町一、五三三-二	明治36年3月	昭和6年改称
伊奈富神社	伊奈富神社	保食神 大国道命〈相殿〉豊宇賀能売神 稚産霊神 鳴雷之神 大山祇神	河芸郡稲生村稲生	三重県鈴鹿市稲生西二-二四-一〇	明治37年2月	明治8年郷社に列格
積田神社	積田神社	武甕槌神 天児屋根命 経津主命 姫大神	名賀郡箕曲村大字夏見	三重県名張市夏見二、一六三	明治37年6月	明治8年村社に列格
比自岐神社	比自岐神社	比自岐神 天児屋根命 大日孁貴命 劔根命 応神天皇 建速須佐之男命 火産霊神 大物主神 宇迦之御魂神 他五柱	名賀郡比自岐村比自岐字西出	三重県上野市比自岐六八三	大正13年12月	村社より昇格
能褒野神社	能褒野神社	日本武尊〈配祀〉健見児王 弟橘姫命	鈴鹿郡川崎村田村	三重県亀山市田村町一、四〇九	大正14年6月	明治40年村社に列格
椿大神社	椿大神社	猿田彦大神〈配祀〉天孫瓊々杵尊 栲幡千千姫尊	鈴鹿郡椿村山本	三重県鈴鹿市山本町一、八七一	昭和3年11月	明治4年郷社に列格
陽夫多神社	陽夫多神社	健速須佐之男命 五男三女神 合祀一四柱	阿山郡阿合村馬場	三重県阿山郡阿山町大字馬場九五一	昭和4年8月	明治4年村社に列格
大村神社	大村神社	大村神 武甕槌神 他一九柱	名賀郡阿保町阿保	三重県名賀郡青山町阿保一、五五五	昭和5年11月	明治17年郷社に列格
志氏神社	志氏神社	気吹戸主神 上筒之男命 中筒之男命 底筒之男命〈配祀〉伊邪那岐命 伊邪那美命	三重郡羽津村	三重県四日市市大宮町一四-六	昭和6年3月	明治8年郷社に列格
高倉神社	高倉神社	高倉下命	阿山郡新居村西村	三重県上野市西高倉一、〇四六	昭和11年1月	明治5年郷社に列格
鳥出神社	鳥出神社	(日本武尊 事代主命 天照大御神 豊石窓神 大鷦鷯天皇 菅原道真 櫛磐窓神 波迩夜須毘古神 波迩夜須毘売神 応神天皇 天児屋根命 蛭子命 大山祇命)		三重県四日市市富田二-一六-四	昭和17年7月	明治6年村社に列格

神社名 列格時	神社名 現在	祭神	住所 鎮座地(昭和20年以前)	住所 現宗教法人の所在地	列格年	備考
久留真神社	久留眞神社	大己貴命	鈴鹿市白子町	三重県鈴鹿市白子一-一五-一五	昭和18年4月	
佐那神社	佐那神社	(天手力男命 曙立王命 天鈿女命 速玉男命 伊邪牪册命 天照大御神 須盞嗚命 天忍穂耳命 天津日子根命 天穂日命 活津日子根命 熊野櫲樟日命 田紀理毘売命 湍津姫命 市杵島比売命 火産霊命 倉稲魂命 大山祇命 木花咲耶姫命 事解男命 誉田別尊 菅原道真 若沙那売命 弥志呂宿祢命 田心姫命)	多気郡佐奈村大字仁田	三重県多気郡多気町大字仁田一五六	昭和18年10月	村社より昇格
官舎神社	官舎神社	(春日大神四柱)	度会郡小俣町字離宮山	三重県度会郡小俣町本町二、六九	昭和19年11月	昭和15年官舎社を改称

滋賀県

神社名 列格時	神社名 現在	祭神	住所 鎮座地(昭和20年以前)	住所 現宗教法人の所在地	列格年	備考
井伊神社	井伊神社	伊頭鞆安彦命 稜威伊政彦命 稜威直孝彦命	彦根市古沢町	滋賀県彦根市古沢町字石ヶ崎一、一三	明治16年5月	明治9年10月郷社に列格
佐和山神社	井伊神社(合祀先)	井伊直政 井伊直孝	犬上郡青波村大字古沢	滋賀県彦根市古沢町字石ヶ崎一、一三	明治16年5月	明治9年創祀、明治12年村社、明治13年郷社に昇格、昭和13年2月井伊神社に被合祀
千代神社	千代神社	天宇受売命	犬上郡青波村大字古沢小字姫袋	滋賀県彦根市京町二-九-三	明治16年10月	明治9年10月郷社に列格
胡宮神社	胡宮神社	伊弉諾尊 伊弉冉尊〈相殿〉事勝国勝長狭命	犬上郡多賀村大字敏満寺	滋賀県犬上郡多賀町大字敏満寺四九	明治19年2月	明治13年郷社に列格
八幡神社	長浜八幡宮	誉田別尊 足仲彦命 息長帯姫命	坂田郡長浜町大字神前	滋賀県長浜市宮前町三-五	明治28年10月	明治9年10月郷社に列格
伊香具神社	伊香具神社	伊香津臣命	伊香郡伊香具村大字大音	滋賀県伊香郡木之本町大字大音六八八	明治32年10月	(明治33年)、明治8年10月郷社に列格
神田神社	神田神社	彦国葺命 天押帯日子命	滋賀郡真野村真野	滋賀県滋賀郡真野村真野字神田八五八	明治34年5月	明治9年村社に列格
那波加神社	那波加神社	宇賀御玉命〈相殿〉今雄宿禰	滋賀郡雄琴村大字苗鹿	滋賀県大津市雄琴苗鹿三五一	明治35年5月	(明治28年)、村社に列格
油日神社	油日神社	天忍日命 道臣命 撒取女	甲賀郡油日村油日	滋賀県甲賀郡油日村大字油日一、〇四二	明治39年7月	明治9年10月郷社に列格
馬見岡綿向神社	馬見岡綿向神社	天穂日命 天夷鳥命 武三熊大人命	蒲生郡日野町大字村井	滋賀県蒲生郡日野町大字村井七〇五	明治40年11月	明治9年郷社に列格
長等神社	長等神社	建速須佐之男大神 大山咋大神 八幡大神 市杵島姫神 三尾大神	大津市神出	滋賀県大津市三井寺町四-一	明治43年10月	(明治42年12月)、明治9年村社、明治16年9月郷社に昇格
三尾神社	三尾神社	伊弉諾尊 白尾大神 黒尾大神	大津市別所	滋賀県大津市園城寺町二五一	明治43年10月	明治14年2月郷社に列格
阿自岐神社	阿自岐神社	味耜高彦根神 道主貴神 天児屋根神 保食大神 須佐之男神 合祀八柱	犬上郡豊郷村安食	滋賀県犬上郡豊郷町安食西六〇三	明治44年12月	(11月)、明治6年郷社に列格

神社名		祭神	住所		列格年	備考
列格時	現在		鎮座地(昭和20年以前)	現宗教法人の所在地		
大島神社・奥津島神社	大島神社奥津島神社	大国主命　奥津嶋姫命	蒲生郡島村北津田	滋賀県近江八幡市北津田町五二九	大正3年3月	
兵主神社	兵主神社	国作大己貴神	野洲郡兵主村五條	滋賀県野洲郡中主町大字五條五六	大正4年4月	明治6年郷社に列格
乎加神社	乎加神社	宇迦魂神　白山比売神	神崎郡八幡村神郷	滋賀県神崎郡能登川町大字神郷九	大正4年4月	(大正5年4月)、明治9年郷社に列格
山田神社	山田神社	猿田彦大神　誉田別尊　湍津姫命　田心姫命　市杵島姫命	坂田郡鳥居本村宮田	滋賀県彦根市宮田町下沢三〇	大正4年5月	明治14年12月郷社に列格
天孫神社	天孫神社	彦火々出見尊　大名牟遅尊　国常立尊　帯中津日子尊	大津市四宮町	滋賀県大津市四宮町一九	大正4年10月	明治14年郷社に列格
水尾神社	水尾神社	磐衝別命　比咩命	高島郡高島村拝戸	滋賀県高島郡高島町大字拝戸七一六	大正4年10月	明治9年村社に列格後郷社に昇格
筑摩神社	筑摩神社	御食津大神　大年大神　宇賀野魂神	坂田郡米原町朝妻筑摩	滋賀県坂田郡米原町大字朝妻筑摩一、九八七	大正4年12月	明治16年郷社に列格
八幡神社	日牟礼八幡宮	誉田別尊　息長足姫尊　比売神	蒲生郡八幡町宮内	滋賀県近江八幡市宮内町二五七	大正6年4月	(大正5年)、明治9年10月郷社に列格
印岐志呂神社	印岐志呂神社	大己貴命　國常立命	栗太郡常盤村片岡	滋賀県草津市片岡町二四五	大正6年6月	(7月)、明治9年郷社に列格
北野神社	北野神社	菅原道真　菊理媛命	彦根市古沢町石ヶ崎	滋賀県彦根市馬場一-三-一〇	大正9年4月	明治9年村社、明治16年5月郷社に昇格
小津神社	小津神社	宇迦御魂命　建速須佐之男命　太市姫命　小津君	野州郡小津村杉江字玉津	滋賀県野州郡小津大字杉江四九五	大正9年6月	明治9年村社に列格後郷社に昇格
沙々貴神社	沙沙貴神社	少彦名神　大彦命　仁徳天皇　宇多天皇　敦実親王	蒲生郡安土村常楽寺	滋賀県蒲生郡安土町常楽寺一	大正9年10月	明治9年10月郷社に列格
押立神社	押立神社	火産霊大神　伊邪那美大神　合祀一四柱	愛知郡西押立村北菩提寺	滋賀県愛知郡西押立村大字北菩提寺三六五	大正9年10月	明治9年郷社に列格
苗村神社	苗村神社	名村彦神　名村姫神　国狭槌尊	蒲生郡苗村綾戸	滋賀県蒲生郡苗大字綾戸四六七	大正9年11月	明治9年村社、明治14年6月郷社に昇格
山津照神社	山津照神社	国常立尊	坂田郡息長村能登瀬	滋賀県坂田郡大字能登瀬三九〇	大正10年2月	明治9年村社、明治13年郷社に昇格
佐久奈度神社	佐久奈度神社	瀬織津比売命　速秋津比売命　気吹戸主命	栗太郡大石村東字馬場	滋賀県大津市大石東五六一	大正10年5月	明治9年村社に列格
日撫神社	日撫神社	少毘古名命　応神天皇　息長宿禰王	坂田郡日撫村顔戸	滋賀県坂田郡坂田村大字顔戸七七	大正10年5月	明治7年村社、明治13年郷社に昇格
都久夫須麻神社	都久夫須麻神社	浅井姫命	東浅井郡竹生村早崎竹生島	滋賀県東浅井郡竹生村大字早崎一、六六五	大正10年11月	明治9年10月郷社に列格
豊国神社	豊国神社	豊臣秀吉公　事代主神　加藤清正　木村重成	坂田郡長浜町南呉服	滋賀県長浜市南呉服町三九六	大正11年1月	明治13年村社に列格
白鬚神社	白鬚神社	猿田彦命	滋賀郡小松村鵜川	滋賀県高島郡高島町鵜川二二五	大正11年4月	明治9年5月郷社に列格
藤樹神社	藤樹神社	中江与右衛門命	高島郡青柳村上小川	滋賀県高島郡安曇川町大字上小川六九	大正11年5月	

神社名		祭神	住所		列格年	備考
列格時	現在		鎮座地(昭和20年以前)	現宗教法人の所在地		
篠津神社	篠津神社	素盞嗚尊	大津市膳所中庄町	滋賀県大津市膳所中津大字二五一	大正11年10月	明治14年村社に列格
軽野神社	軽野神社	袁邪本王　日子坐王　合祀九柱	愛知郡秦川村岩倉	滋賀県愛知郡秦川村大字岩倉第一三	大正12年1月	明治9年村社、明治14年郷社に昇格
上坂神社	上坂神社	素盞嗚尊	坂田郡北郷里東上坂	滋賀県長浜市東上坂町一、三〇二	大正12年3月	明治9年村社に列格
石作神社・玉作神社	石作・玉作神社	天火明命　玉祖命　健速須佐之男命　事代主命　八幡大神　他二柱	伊香郡木之本町千田	滋賀県伊香郡木之本町大字千田七九三	大正12年5月	(大正11年9月)、明治9年村社、明治18年郷社に昇格
奥石神社	奥石神社	天津児屋根命	蒲生郡老蘇村東老蘇	滋賀県蒲生郡安土町東老蘇一、六二五	大正13年2月	明治14年2月郷社に列格
水口神社	水口神社	大水口宿禰命　大己貴命　素盞嗚尊　稲田姫命	甲賀郡水口町水口	滋賀県甲賀郡水口町大字水口第四、六五一	大正13年6月	明治9年10月郷社に列格
意冨布良神社	意冨布良神社	素盞嗚尊　神前大神　蟻通大神　之彌大神	伊香郡木之本町木之本	滋賀県伊香郡木之本町大字木之本四八八	大正14年10月	(4月)、明治10年村社、明治18年郷社に昇格
田村神社	田村神社	坂上田村麿公　嵯峨天皇　倭姫命	甲賀郡土山町北土山	滋賀県甲賀郡土山町大字北土山第四六九	大正15年3月	明治9年村社に列格後郷社に昇格
膳所神社	膳所神社	豊受比売命	大津市膳所本町	滋賀県大津市膳所行啓町三三	昭和3年5月	(昭和5年5月)、明治15年郷社に列格
和泉神社	和泉神社	大山祇大神	東浅井郡小谷村上山田字泉谷	滋賀県東浅井郡小谷村大字上山田第九二四	昭和4年9月	明治9年村社に列格
豊満神社	豊満神社	足仲彦命　息長足姫命　誉田別命　他九柱	愛知郡豊国村豊満	滋賀県愛知郡愛知川町大字豊満三九二	昭和5年3月	明治9年村社、明治13年郷社に昇格
石部神社	石部神社	天照大御神　天日方奇日方命　国造大名牟遅命	愛知郡愛知川町沓掛	滋賀県愛知郡愛知川町大字沓掛一四七	昭和5年4月	明治9年村社、明治15年8月郷社に昇格
下新川神社	下新川神社	豊城入彦命　新川小楯姫命	野州郡中州村幸津川	滋賀県野州郡中州町大字幸津川第一、三五六	昭和6年4月	明治18年村社に列格、郷社より昇格
比都佐神社	比都佐神社	彦火々出見尊　天津彦火瓊々杵尊　木花開耶姫尊　他六柱	蒲生郡北比都佐村十禅寺	滋賀県蒲生郡北比都佐村大字十禅師四四〇	昭和6年6月	(11月)、明治15年8月郷社に列格
川田神社	川田神社	天川桁命　天湯川田奈命　天児屋根命　大己貴命	甲賀郡貴生川村北内貴川田	滋賀県甲賀郡貴生川町大字北内貴第四九〇	昭和11年6月	明治9年村社、明治13年郷社に昇格
柏木神社	柏木神社	大己貴命　誉田別命	甲賀郡柏木村北脇	滋賀県甲賀郡柏木村大字北脇第一八九	昭和20年	明治11年2月郷社に列格

京都府

神社名		祭神	住所		列格年	備考
列格時	現在		鎮座地(昭和20年以前)	現宗教法人の所在地		
宗像神社	宗像神社	田心姫命　湍津姫命　稲倉魂命　市杵島姫命　天岩戸開神	京都市上京区附属御苑内	京都府京都市上京区御苑内	明治10年3月	

神社名		祭神	住所		列格年	備考
列格時	現在		鎮座地(昭和20年以前)	現宗教法人の所在地		
向日神社	向日神社	向神 乙訓坐火雷神 神武天皇 玉依姫命	乙訓郡向日町大字向日町	京都府向日市向日町北山六五	明治14年4月	明治10年3月郷社に列格
今宮神社	今宮神社	大己貴命 事代主命 稲田姫命	愛宕郡大宮村大字東紫竹大門字紫野	京都府京都市北区紫野今宮町二一	明治14年5月	郷社より昇格
藤森神社	藤森神社	素戔嗚命 別雷命 武内宿禰 井上親王 日本武尊 応神天皇 崇道天皇 崇道尽敬天皇 神功皇后 仁徳天皇 天武天皇 伊予親王	紀伊郡深草鳥居崎	京都府京都市伏見区深草鳥居崎町六〇九	明治14年5月	明治6年郷社に列格
御霊神社	御霊神社	崇道天皇 他部親王 井上大皇后 火雷神 藤原大夫神 文屋宮田麿 橘逸勢 吉備大臣〈相殿〉小倉実起 小倉公連 中納言典侍局 小倉季伴 若宮 菅原利子	京都市上京区上御霊堅町	京都府京都市上京区上御霊前通烏丸東入上御霊前町四九五	明治14年6月	明治6年郷社に列格
御香宮神社	御香宮神社	神功皇后 仲哀天皇 応神天皇 宇倍大神 滝祭大神 高良大神 菟道稚郎子 白菊大神 河上大神	紀伊郡伏見町大字御香宮門前	京都府京都市伏見区御香宮門前町一七四	明治14年6月	(5月)、明治6年6月郷社に列格
真幡寸神社	城南宮	国之常立尊 八千矛神 息長帯日売尊 天照大御神 品陀和気尊 別雷神 大山咋神 宇気毛智神 天児屋命	紀伊郡下鳥羽村字中島	京都府京都市伏見区中島鳥羽離宮町七	明治14年6月	(5月)、明治6年郷社に列格、明治10年6月改称
下御霊神社	下御霊神社	吉備聖霊 崇道天皇 伊予親王 藤原大夫人吉子 藤大夫 橘大夫 文大夫 火雷天神〈相殿〉天中柱皇神 霊元院天皇	京都市上京区下御霊前町	京都府京都市中京区下御霊前町	明治14年6月	明治6年村社、明治13年3月郷社に昇格
新日吉神社	新日吉神社	大山咋命 大穴貴命 加茂玉依比売命 大山咋命荒魂 田心比売命 菊理比売命 加茂玉依比売命荒魂〈相殿〉素戔嗚尊 大年神	京都市下京区馬町通大和大路東入四丁目	京都府京都市東山区妙法院前側町四五一-一	明治14年6月	明治6年村社に列格
愛宕神社	愛宕神社	(本宮)稚産日命 埴山姫命 伊弉冉命 天熊人命 豊宇気姫命(若宮)雷神 迦具槌命 破无神	葛野郡嵯峨字旭ノ嶺	京都府京都市右京区嵯峨愛宕町一	明治14年6月	(5月)、明治10年3月郷社に列格
大宮売神社	大宮売神社	大宮比売命 若宮比売命	中郡大宮町周枳	京都府中郡大宮町周枳	明治16年	
鍬山神社	鍬山神社	大己貴尊	南桑田郡亀岡町上矢田	京都府亀岡市上矢田町三-二	明治16年	明治6年郷社に列格
山国神社	山国神社	大己貴命	北桑田郡山国村大字鳥居	京都府北桑田郡京北町大字鳥居小字宮ノ元一	明治33年4月	明治6年6月郷社に列格
菅大臣神社	菅大臣神社	菅原道真〈相殿〉尼神 大己貴命	京都市下京区仏光寺通西入菅大臣町	京都府京都市下京区仏光寺通新町西入菅大臣町	明治34年3月	明治6年村社に列格
東丸神社	東丸神社	荷田東満	紀伊郡深草村大字深草	京都府京都市伏見区深草藪之内六八	明治36年	
水主神社	水主神社	天照御魂神 天香語山神 天村雲神 天忍男神 建額赤神 建諸隅命 建筒草命 建多背命 倭得玉彦命 山背大国魂命	久世郡寺田村大字水主	京都府城陽市水主宮馬場一	明治36年	(明治35年)、明治6年村社、明治15年3月郷社に昇格

神社名		祭神	住所		列格年	備考
列格時	現在		鎮座地(昭和20年以前)	現宗教法人の所在地		
水度神社	水度神社	天照皇大神　高産霊神　少童豊玉姫命	久世郡寺田村大字寺田	京都府城陽市寺田水度坂六八	明治40年4月	(7月)、明治6年村社に列格
宇治神社	宇治神社	菟道稚郎子尊	久世郡宇治町宇治郷	京都府宇治市宇治山田一	明治44年12月	明治6年6月郷社に列格
摩気神社	摩気神社	大御饌津彦神	船井郡摩氣村竹井	京都府船井郡摩氣村字竹井小字宮ノ谷一	大正6年3月	明治6年郷社に列格
大虫神社	大虫神社	大己貴命	与謝郡桑飼村温江	京都府与謝郡加悦町字温江一、八二二	大正7年10月	明治6年村社に列格
大川神社	大川神社	五元神	加佐郡岡田下村大川	京都府加佐郡岡田下村字大川尾字徹光山一六九-一	大正8年6月	明治5年郷社に列格
金刀比羅神社	金刀比羅神社	大物主命	中郡峰山町泉	京都府中郡峰山町字泉小字奥山一、一六五-二	大正8年8月	明治6年郷社に列格
天満宮	生身天満宮	菅原道真朝臣	船井郡園部町園部字宮ノ下	京都府船井郡園部町美園町一-七〇	大正8年12月	明治6年6月郷社に列格
一宮神社	一宮神社	大己貴神	福知山市堀	京都府福知山市大字堀小字小谷三、四四〇	大正10年9月	明治5年郷社に列格
長岡天満社	長岡天満宮	菅原道真	乙訓郡新神足村開田	京都府長岡京市天神二-一五-一三	大正12年7月	
乃木神社	乃木神社	乃木希典命	京都市伏見区桃山町板倉周防	京都府京都市伏見区桃山町板倉周防三-二	大正12年11月	
八幡宮	八幡宮	応神天皇　玉依姫命　仲哀天皇　仁徳天皇　神功皇后	何鹿郡中筋村高津	京都府綾部市高津町宮ノ段一	大正12年11月	明治5年郷社に列格
大原神社	大原神社	伊邪那美尊　天照大日孁命　月夜見命	天田郡川合村大原	京都府天田郡三和町字大原小字ウラ山	大正13年2月	村社より昇格
朝代神社	朝代神社	伊弉諾尊	舞鶴市朝代	京都府舞鶴市大字朝代小字朝代町三・三・四	昭和3年9月	明治5年郷社に列格
日向神社	日向大神宮	天津彦火瓊瓊杵尊　天御中主神　多紀理姫命　市杵島姫命　多紀都姫命　天照大日孁貴尊	京都市山科区日ノ岡夷谷町	京都府京都市山科区日ノ岡一切経谷町二九	昭和3年10月	
豊受大神社	豊受大神社	豊受姫命　日子番能迩々杵命　天児屋根命　天太玉命	加佐郡河守上村天田内	京都府加佐郡大江町字天田内小字東平一七八-二	昭和5年2月	
皇大神社	皇大神社	天照皇大神　天手力男命　栲幡千千姫命	加佐郡河守上村内宮	京都府加佐郡大江町字内宮二七	昭和5年2月	
竹野神社	竹野神社	天照皇大神	竹野郡竹野村宮	京都府竹野郡竹野村字宮小字宮谷二四五	昭和6年9月	
離宮八幡宮	離宮八幡宮	応神天皇　酒解神　田心姫命　市杵島姫命　湍津姫命	乙訓郡大山崎村	京都府乙訓郡大山崎村字大山崎小字西谷二	昭和11年6月	明治6年村社、明治14年6月郷社に昇格
大石神社	大石神社	大石良雄	京都市東山区山科西野山桜ノ馬場町	京都府京都市山科区西野山桜ノ馬場町一一六	昭和12年4月	
粟田神社	粟田神社	建速素盞鳴尊　大己貴尊　奇稲田媛神　神大市媛神　佐須良媛神　八島小奴美神　五十猛神　大屋彦神　大屋媛神　抓津媛神　須勢理媛神　大歳神　倉稲魂神	京都市東山区粟田口鍛治町	京都府京都市東山区粟田口鍛治町一	昭和14年7月	明治6年村社、明治14年郷社に昇格
宗忠神社	宗忠神社	(宗忠　天照大神)		京都府京都市左京区吉田下大路町六三	昭和17年2月	
由良神社	由良神社	伊弉諾命　櫛御気野命　誉田別尊	加佐郡由良村由良	京都府加佐郡由良村字由良小字宮本二、三六二	昭和17年9月	

神社名 列格時	神社名 現在	祭神	住所 鎮座地(昭和20年以前)	住所 現宗教法人の所在地	列格年	備考
網野神社	網野神社	(住吉大神　浦島子神)		京都府竹野郡網野町字網野七八九	昭和18年10月	
弥加宜神社	弥加宜神社	天御蔭命　誉田別命	加佐郡梯村森	京都府舞鶴市字森小字井根口八〇七‐七	昭和19年3月	
倭文神社	倭文神社	(天羽槌雄神)		京都府与謝郡野田川町字三河内一、四五三	昭和19年11月	明治6年村社に列格

大阪府

神社名 列格時	神社名 現在	祭神	住所 鎮座地(昭和20年以前)	住所 現宗教法人の所在地	列格年	備考
天満宮	大阪天満宮	菅原道真〈相殿〉蛭子命　手力男命　猿田彦命	大阪市北区大工町	大阪府大阪市北区天神橋二‐一‐八	明治5年11月	
高津宮	高津宮	仁徳天皇　仲哀天皇　応神天皇　神功皇后　葦姫皇后　履仲天皇	大阪市南区高津町一番町	大阪府大阪市中央区高津一‐一‐二九	明治5年11月	
誉田神社	誉田八幡宮	品陀別命　帯中彦命　表筒男命　中筒男命　底筒男命　息長帯姫命　八后神	南河内郡古市村大字誉田	大阪府羽曳野市誉田三‐二‐八	明治5年	
男神社	男神社	彦五瀬命　神倭磐余彦命　熊野速玉命　天児屋根命	泉南郡雄信達村大字男里	大阪府泉南市男里三‐一六‐一	明治14年10月	明治6年郷社に列格
泉穴師神社	泉穴師神社	正哉五勝々速日天忍穂耳尊　栲幡千々姫命	泉北郡穴師村大字豊中	大阪府泉大津市豊中町一‐一‐一	明治27年6月	明治6年3月郷社に列格
難波神社	難波神社	仁徳天皇　速素戔嗚尊　宇賀御魂神	大阪市東区難波南之町	大阪府大阪市中央区博労町四‐一‐三	明治34年11月	
開口神社	開口神社	塩土老翁神　素戔嗚命　生国玉命	堺市甲斐町東一丁目	大阪府堺市甲斐町東二‐一‐二九	明治35年4月	明治6年郷社に列格
恩智神社	恩智神社	大御食津彦神　大御食津姫命	中河内郡南高安村恩智	大阪府八尾市恩智中町五‐一〇	大正元年8月	明治6年郷社に列格
御霊神社	御霊神社	天照大神　荒御魂坐瀬織津比売大神	大阪市東区淡路町五丁目	大阪府大阪市中央区淡路町四‐四‐三	大正2年6月	明治6年郷社に列格
建水分神社	建水分神社	天御中主神　天水分神　罔象女神　国水分神　瀬織津媛神	南河内郡赤阪村水分字宮山	大阪府南河内郡赤阪村大字水分三五七	大正2年6月	明治6年郷社に列格
豊國神社	豊國神社	豊臣秀吉　豊臣秀頼　豊臣秀長	大阪市北区中之島一丁目	大阪府大阪市東区大阪城二‐一	大正10年12月	
日根神社	日根神社	鵜茅葺不合尊　玉依姫命	泉南郡日根野村日根野	大阪府泉佐野市日根野六三一	大正13年2月	
稲荷神社	稲荷神社	宇賀御魂神　下照姫命　稚日女命　月読命　軻遇突智命	大阪市東区半入町	大阪府大阪市東区玉造二‐三‐八	昭和3年11月	郷社より昇格
波太神社	波太神社	角凝命　品陀別命	泉南郡東鳥取村石田	大阪府阪南市石田一六七	昭和3年11月	明治6年郷社に列格
杭全神社	杭全神社	素盞嗚尊　伊弉諾尊　伊弉册尊　速玉男尊　事解男尊	大阪市住吉区平野宮町	大阪府大阪市東住吉区平野宮町二‐一‐六七	昭和5年9月	明治5年郷社に列格
大依羅神社	大依羅神社	建豊波豆羅和気王　底筒男命　中筒男命　表筒男命	大阪市住吉区庭井町	大阪府大阪市住吉区庭井二‐一八‐一六	昭和6年10月	明治9年郷社に列格
百舌鳥神社	百舌鳥神社	誉田別命　表筒男命　中筒男命　底筒男命　息長帯姫命　天児屋根命	泉北郡百舌鳥村赤畑	大阪府堺市百舌鳥赤畑町五丁七〇六	昭和7年3月	明治5年郷社に列格

神社名 列格時	神社名 現在	祭神	住所 鎮座地(昭和20年以前)	住所 現宗教法人の所在地	列格年	備考
泉井上神社	泉井上神社	神功皇后　仲哀天皇　応神天皇　勲功神四十八柱　独化神社　井口皇子　菅原道真　素盞嗚尊　大歳神　保食神	泉北郡和泉町府中	大阪府和泉市府中町六‐二‐三六	昭和8年9月	明治7年郷社に列格
千早神社	千早神社	楠木正成卿　楠木正行朝臣　楠公夫人久子刀自	南河内郡千早村千早	大阪府南河内郡千早赤阪村大字千早一、三六	昭和10年5月	
櫻井神社	櫻井神社	誉田別命　足仲彦命　息長帯比売命	泉北郡上神谷村片蔵	大阪府堺市片蔵六四五	昭和17年1月	明治6年郷社に列格
聖神社	聖神社	聖神	泉北郡信太村	大阪府和泉市王子町無	昭和18年3月	明治5年郷社に列格
伴林氏神社	伴林氏神社	(天押日神　道臣神)		大阪府藤井寺市林三‐六‐三〇	昭和18年9月	(昭和17年2月)村社より昇格
溝咋神社	溝咋神社	溝咋玉櫛媛命	三島郡玉島村大字馬場	大阪府茨木市五十鈴町一‐七	昭和18年12月	村社より昇格
住吉神社	住吉神社	(底筒男命　中筒男命　表筒男命)		大阪府池田市住吉二‐三‐一八	昭和20年11月	

兵庫県

神社名 列格時	神社名 現在	祭神	住所 鎮座地(昭和20年以前)	住所 現宗教法人の所在地	列格年	備考
射楯兵主神社	射楯兵主神社	射楯神　兵主神	姫路市字姫路本町	兵庫県姫路市総社本町一九〇	明治4年2月	
大和大国魂神社	大和大国魂神社	大和大国魂	三原郡榎列村幡多	兵庫県三原郡榎列村幡多上組二宮八〇七	明治6年2月	
小田井県神社	小田井県神社	国作大己貴命	城崎郡豊岡町大字小田井	兵庫県豊岡市小田井町一五‐六	明治6年10月	
広峯神社	廣峯神社	素戔嗚尊　五十猛尊　奇稲田姫命　脚摩乳命　手摩乳命　正哉吾勝勝速日天忍穂耳命　天穂日命　天津彦根命　活津彦根命　熊野櫲樟日命　田心姫命　湍津姫命　市杵島姫命	飾磨郡北村広嶺山	兵庫県姫路市広嶺山五二	明治7年2月	
英賀神社	英賀神社	英賀彦神　英賀姫神　菅原道真　天児屋根神　誉田別命	飾磨郡英賀保村大字英賀	兵庫県姫路市飾磨区英賀宮町二‐七〇	明治7年2月	(明治13年5月)
多田神社	多田神社	源満仲　源頼光　源頼信　源頼義　源義家	川辺郡多田院村	兵庫県川辺郡多田村多田院字多田所一	明治7年9月	(大正元年4月)
西宮神社	西宮神社	西宮大神　天照皇大神　大国主神　須佐之男命	武庫郡西宮町	兵庫県西宮市社家町一‐一七	明治7年11月	(7月)
八幡神社	八幡神社	誉田別尊〈配祀〉比咩神　神功皇后	津名郡洲本町大字社地	兵庫県洲本市山手二‐一‐一〇	明治8年2月	(3月)、明治6年2月郷社に列格
七宮神社	七宮神社	大己貴命〈相殿〉天児屋根命　大日孁貴命	神戸市字北町内	兵庫県神戸市兵庫区七宮町二‐三‐二	明治10年5月	明治6年村社、明治8年2月郷社に昇格
中臣印達神社	中臣印達神社	五十猛命	揖保郡揖保村中臣	兵庫県龍野市揖保町中臣字宮下一、三六〇	明治12年5月	明治7年村社に列格
和田神社	和田神社	天御中主大神〈相殿〉市杵島姫神　蛭子神	神戸市字和田崎通三丁目	兵庫県神戸市兵庫区和田宮通三‐二‐四五	明治10年1月	(10月)

神社名 列格時	神社名 現在	祭神	住所 鎮座地(昭和20年以前)	住所 現宗教法人の所在地	列格年	備考
岡太神社	岡太神社	天御中主命〈合殿〉高皇産霊大神 素戔嗚大神 稲田姫大神 大己貴大神 蘇民将来	武庫郡高尾村大字小松	兵庫県西宮市小松南町二-二-八	明治12年4月	
養父神社	養父神社	倉稲魂命 五十猛尊 少彦名命 谿羽道主命 船帆足尼命	養父郡養父市場村大字養父市場	兵庫県養父郡養父町養父市場字宮ノ谷八二七-三	明治12年4月	明治6年10月郷社に列格
粟鹿神社	粟鹿神社	彦火々出見尊	朝来郡粟鹿村大字粟鹿	兵庫県朝来郡山東町粟鹿二、一五三	明治12年5月	明治5年2月郷社に列格
岩屋神社	岩屋神社	伊弉諾尊 伊弉冉尊 大日孁尊 月読尊 蛭子尊 素戔嗚尊	明石郡明石町大字戎町	兵庫県明石市材木町八-一〇	明治12年7月	(4月)、明治7年2月郷社に列格
伊弉冉神社	伊弉册神社	伊佐名美大神	明石郡明石町大字當津村字西ノ庄	兵庫県明石市壱番町二六七	明治12年7月	(6月)、明治7年村社に列格
住吉神社	住吉神社	底筒男命 中筒男命 表筒男命 気長足姫命	明石郡魚住村大字中尾字城山	兵庫県明石市魚住町中尾字社山一、〇三二	明治13年9月	明治7年村社、明治13年6月郷社に昇格
猪名野神社	猪名野神社	猪名野坐大神	川辺郡伊丹町大字伊丹字櫻崎	兵庫県伊丹市宮ノ前三-六-一	明治14年2月	(1月)、明治6年8月郷社に列格
林神社	林神社	少童海命 彦火股出見命 豊玉媛命 葺不合尊 玉依媛命	明石郡林崎村大字林村字上宮	兵庫県明石市宮の上五-一	明治14年2月	明治7年2月郷社に列格
高砂神社	高砂神社	素戔嗚命 大己貴命 奇稲田姫命	加古郡高砂町大字東宮	兵庫県高砂市高砂町東宮町一九〇	明治14年2月	明治7年2月郷社に列格
住吉神社	住吉神社	底筒之男命 中筒之男命 表筒之男命 神功皇后 大年神	加西郡北条町大字北条町	兵庫県加西市北条町北条一、三一八	明治14年3月	(2月)、明治7年2月郷社に列格
松原八幡神社	松原八幡神社	息長足姫命 比咩大神 品陀和気命	飾磨郡白浜村	兵庫県姫路市白浜町甲三九六	明治14年4月	明治7年2月郷社に列格
福応神社	福応神社	事代主命	武庫郡今津村大字今津	兵庫県西宮市今津大東町一-一六	明治14年5月	明治6年村社、明治13年10月郷社に昇格
阿宗神社	阿宗神社	神功皇后 応神天皇 玉依姫命	揖保郡誉田村大字広山	兵庫県龍野市誉田町広山字宮前四九二	明治14年6月	明治7年2月郷社に列格
佐保神社	佐保神社	天照皇大神 天児屋根命 大己貴命	加東郡社村大字社村字宮ノ前	兵庫県加東郡社町社七七	明治14年12月	明治7年2月郷社に列格
粒坐天照神社	粒坐天照神社	天照国照彦火明命	揖保郡龍野町大字日山	兵庫県龍野市龍野町日山四〇三	明治15年2月	明治7年2月郷社に列格
賀茂神社	賀茂神社	別雷神 速須佐之男命 菅原道真	揖保郡室津村大字神山	兵庫県揖保郡御津町室津七四	明治15年7月	(6月)、明治7年2月郷社に列格
天満神社	曾根天満宮	菅原道真 天穂日命 菅原公達	印南郡曾根村大字御茶屋	兵庫県高砂市曾根町二、二八六-一	明治15年8月	(7月)、明治7年2月郷社に列格
高嶺神社	高嶺神社	建速須佐之男命 奇稲田毘売命 足那津智命 手那津乳命	赤穂郡上郡村山郡村大字山野里村	兵庫県赤穂郡上郡町山野里字天王山二、七四五	明治16年4月	明治7年村社、明治15年郷社に昇格
姫路神社	姫路神社	酒井正親	姫路市本町	兵庫県姫路市本町六八	明治17年3月	
住吉神社	住吉神社	表筒男命 中筒男命 底筒男命	加東郡小野町垂井	兵庫県小野市垂井町九〇八	明治17年6月	
御形神社	御形神社	天日槍神 葦原志許男神 高皇産霊大神 須佐之男神	宍粟郡三方村大字森添	兵庫県宍粟郡三方村森添二八〇	明治19年2月	(明治7年2月)、明治6年11月郷社に列格

神社名 列格時	神社名 現在	祭神	住所 鎮座地(昭和20年以前)	住所 現宗教法人の所在地	列格年	備考
河上神社	河上神社	河上大神〈配祀〉吉祥女 中将殿〈相殿〉梅王 松王 菅原道真	津名郡鮎原村大字河上字天神	兵庫県津名郡鮎原村南谷五六二	明治27年6月	明治6年2月郷社に列格
稲荷神社	稲荷神社	倉稲魂命 若宇賀売命 保食神	多可郡中村大字糀屋村	兵庫県多可郡中町糀屋四三四‐一	明治30年4月	明治7年村社に列格
祝田神社	祝田神社	水波比売神 高龗神	揖保郡林田村大字上構	兵庫県姫路市林田町上構字上弓矢一九九	明治31年9月	明治7年2月郷社に列格
八幡神社	八幡神社	誉田別命 息長足姫命 姫三柱之命	氷上郡柏原町大字本町	兵庫県氷上郡柏原町柏原字八幡山一‐一	明治33年5月	明治6年10月郷社に列格
八幡神社	八幡神社	応神天皇 大歳神 仲哀天皇 神功皇后	宍粟郡山崎町大字門前	宍粟郡山崎町門前一七四	明治33年5月	明治7年2月郷社に列格
櫛岩窓神社	櫛石窓神社	櫛岩窓命 豊岩窓命	多紀郡大芋村大字福井	兵庫県多紀郡大芋村福井一、一七〇	明治37年3月	(明治36年)、明治6年村社に列格
荒田神社	荒田神社	少彦名命 木花開耶姫命 素盞嗚命	多可郡松井庄村福原	兵庫県多可郡加美町的場一四五‐一	大正3年12月	明治7年2月郷社に列格
本住吉神社	本住吉神社	底筒男命 中筒男命 表筒男命 神功皇后 天児屋根命 大山津見命	武庫郡住吉村	兵庫県神戸市東灘区住吉町宮西三八四ノ一	大正5年2月	
魚吹八幡神社	魚吹八幡神社	品陀和気命 息長足比売命 玉依比売命	揖保郡旭陽村宮内	兵庫県姫路市網干区宮内字小松原一九三	大正5年10月	明治7年12月郷社に列格
兵主神社	兵主神社	大名持神 少彦名神 天香山神	氷上郡黒井町黒井	兵庫県氷上郡春日町黒井四‐一	大正6年10月	明治4年5月郷社に列格
夜比良神社	夜比良神社	玉作大己貴命	揖保郡揖保村揖保上	兵庫県龍野市揖保町揖保上三九一	大正7年2月	明治7年2月郷社に列格
兵主神社	兵主神社	大己貴命	多可郡黒田庄村岡	兵庫県多可郡黒田庄町岡字二ノ門三七三‐二	大正8年12月	明治7年2月郷社に列格
貴布禰神社	貴布禰神社	高龗神 賀茂別雷大神 賀茂御祖神	尼崎市西本町六丁目	兵庫県尼崎市西本町六‐二四六	大正9年11月	明治6年8月郷社に列格
佐佐婆神社	佐佐婆神社	天忍穂耳尊 応神天皇 後鳥羽天皇 春日大神 住吉大神 天満大神 祇園大神	多紀郡畑村畑宮	兵庫県多紀郡畑村畑宮三七七	大正10年7月	
春日神社	春日神社	健甕槌命 経津主命 天児屋根命 姫大神	多紀郡城北村黒岡	兵庫県多紀郡篠山町黒岡一、〇一五	大正10年7月	明治6年10月郷社に列格
大避神社	大避神社	天照大神 春日大神 大避大神	赤穂郡坂越町坂越	兵庫県赤穂市坂越一、二九九	大正10年8月	明治7年2月郷社に列格
八幡神社	八幡宮	応神天皇 仲哀天皇 神功皇后	赤穂郡赤穂町尾崎	兵庫県赤穂市尾崎二〇三	大正11年5月	明治7年2月郷社に列格
八幡神社	鳥飼八幡神社	応神天皇 比売大神 神功皇后	津名郡鳥飼村鳥飼	兵庫県津名郡五色町鳥飼中組字コウ田三三四	大正11年6月	明治6年2月郷社に列格
佐地神社	佐地神社	天宇受売命	氷上郡佐地町小倉字森宮ノ下	兵庫県氷上郡青垣町小倉五七五	大正11年11月	明治6年2月郷社に列格
名草神社	名草神社	名草彦命	養父郡八鹿町石原	兵庫県養父郡八鹿町石原字妙見一、七五五ノ六	大正11年12月	
八幡神社	八幡神社	足仲彦命 品陀和気命 息長足姫命 五十猛命	揖保郡林田村八幡	兵庫県姫路市林田町八幡七四九	大正11年12月	明治8年5月郷社に列格
八保神社	八保神社	豊受姫命 素盞嗚命 誉田別命	赤穂郡船坂村八保	兵庫県赤穂郡船坂村八保乙八〇九	大正12年3月	明治7年2月郷社に列格
波々伯部神社	波々伯部神社	素戔嗚大神	多紀郡日置村波々伯部	兵庫県多紀郡日置村波々伯部五五	大正12年4月	明治6年村社、大正9年5月郷社に昇格

神社名 列格時	神社名 現在	祭神	住所 鎮座地(昭和20年以前)	住所 現宗教法人の所在地	列格年	備考
垣田神社	垣田神社	表筒男神 中筒男命 底津男命 神功皇后	加東郡下東條村小田字住社	兵庫県小野市小田町一、六四九	大正12年5月	明治7年郷社に列格
生石神社	生石神社	大己貴神 少彦名神	印南郡阿弥陀村生石字宝殿山	兵庫県高砂市阿弥陀町生石一七一	大正12年6月	明治7年2月郷社に列格
黒野神社	黒野神社	瓊々杵命 天御中主尊 木花咲耶姫命	美方郡村岡町村岡	兵庫県美方郡村岡町村岡字宮ノ上七三一-二	大正12年8月	明治6年10月郷社に列格
佐用都比売神社	佐用都比売神社	市杵島姫命 素戔嗚尊 大己貴尊 誉田別命	佐用郡佐用町本位田	兵庫県佐用郡佐用町本位田甲二六一	大正13年2月	
諸杉神社	諸杉神社	多遅摩母呂須玖神	出石郡出石町内町	兵庫県出石郡出石町内町二六	大正13年4月	明治6年10月郷社に列格
日吉神社	日吉神社	大国主命	城崎郡豊岡町本	兵庫県豊岡市山王町一〇-一三	大正13年5月	
大歳神社	大歳神社	大歳神	美方郡西浜村居組	兵庫県美方郡浜坂町居組字宮六二五	大正13年6月	(5月)
柿本神社	柿本神社	柿本人麿	明石市人丸町	兵庫県明石市人丸町四三	大正15年3月	明治7年村社、明治12年6月郷社に昇格
大生部兵主神社	大生部兵主神社	建速須佐之男尊	出石郡高橋村薬王寺	兵庫県出石郡但東町薬王寺六四八	大正15年9月	明治6年村社、大正5年9月郷社に昇格
大石神社	赤穂大石神社	赤穂四十七義士 萱野三平命	赤穂郡赤穂町上仮屋	兵庫県赤穂市上仮屋字東組二、三三九	昭和3年2月	無格社より昇格
神田神社	神田神社	大己貴命	多紀郡大山村大山上字古河坪	兵庫県篠山市大山上字古河坪七二八	昭和3年9月	明治12年5月郷社に列格
天満神社	天満神社	菅原道真 応神天皇 大歳大神 伊弉諾尊 伊弉冉尊 大己貴命 少彦名命	有馬郡三田町	兵庫県有馬郡三田町字天神垣内三、〇五〇	昭和3年11月	
阿陀岡神社	阿陀岡神社	吾田鹿葦津比売命 品陀別命 菅原道真	氷上郡春日部村多利	兵庫県氷上郡春日町多利二、四六七	昭和3年11月	
大売神社	大売神社	大宮売命	多紀郡城北村寺内字昼目谷	兵庫県多紀郡城北村寺内字晝目谷ノ坪三五六	昭和4年2月	大正10年2月郷社に列格
公智神社	公智神社	久久能智神 健速須佐之男尊 奇稲田姫命	有馬郡山口村下山口	兵庫県西宮市山口町下山口字公智山三〇二	昭和4年4月	明治6年村社、明治12年郷社に昇格
佐々伎神社	佐々伎神社	少彦名命	出石郡合橋村佐々木	兵庫県出石郡但東町佐々木四八二	昭和4年8月	明治6年村社、大正12年郷社に昇格
駒宇佐八幡神社	駒宇佐八幡神社	応神天皇	有馬郡本庄村上本庄	兵庫県有馬郡本庄村上本庄一、三三一	昭和4年9月	明治6年郷社に列格
敏馬神社	敏馬神社	素戔嗚大神 天照大神 熊野坐大神 倉稲魂命	神戸市灘区岩屋	兵庫県神戸市灘区岩屋中町四-一-八	昭和5年9月	明治6年村社、大正4年8月郷社に昇格
高岳神社	高岳神社	伊予親王 応神天皇 仲哀天皇 崇道天皇 事代主命 猿田彦神 住吉大神 藤原大人 宇賀魂命 市杵島姫命 水分神	姫路市西今宿	兵庫県姫路市西今宿八-五-八	昭和7年9月	明治7年2月郷社に列格
赤淵神社	赤淵神社	赤淵足尼命	朝来郡和田山町枚田	兵庫県朝来郡和田山町枚田上山二、一一五	昭和8年10月	
中嶋神社	中嶋神社	田道間守命	出石郡神美村三宅	兵庫県豊岡市三宅一	昭和10年10月	明治6年村社、明治28年12月郷社に昇格

神社名		祭神	住所		列格年	備考
列格時	現在		鎮座地(昭和20年以前)	現宗教法人の所在地		
白国神社	白国神社	神吾田津比売神	姫路市白国	兵庫県姫路市白国五-一五-一	昭和10年10月	
八幡神社	八幡神社	応神天皇　天照大神　仁徳天皇	三原郡賀集村八幡	兵庫県三原郡南淡町賀集八幡七三四	昭和12年6月	(3月)、明治6年郷社に列格
八幡神社	八幡神社	応神天皇　仲哀天皇　神功皇后	佐用郡三日月町乃井野	兵庫県佐用郡三日月町乃井野一、〇四九	昭和15年10月	
八幡神社	正八幡神社	応神天皇　仲哀天皇　神功皇后	神崎郡船津村字宮ノ元上	兵庫県姫路市船津町二、六九九	昭和15年10月	
盈岡神社	盈岡神社	息長足姫命	養父郡大蔵村宮内	兵庫県朝来郡和田山町宮内四三二	昭和16年12月	
八幡神社	八幡神社	応神天皇　神功皇后　玉依姫命	印南郡志方村志方字宮山	兵庫県加古川市志方町三〇一-二	昭和17年1月	
伊尼神社	伊尼神社	(日子番能迩迩芸命　神大市比売命)		兵庫県氷上郡沼貫村新郷字山添一、八〇六	昭和17年6月	

奈良県

神社名		祭神	住所		列格年	備考
列格時	現在		鎮座地(昭和20年以前)	現宗教法人の所在地		
手向山神社	手向山八幡宮	品陀別命　姫大神　足仲彦命　息長帯姫命	奈良市雑司町	奈良県奈良市雑司町手向山四三四	明治5年1月	
葛城一言主神社	葛城一言主神社	事代主神　幼武尊	南葛城郡吐田村大字森脇	奈良県御所市大字森脇四三二	明治16年3月	明治6年村社に列格
高鴨神社	高鴨神社	味鉏高彦根神〈相殿〉田心姫命　下照比売神　天稚彦命	南葛城郡葛城村大字鴨神	奈良県御所市大字鴨神一、一一〇	明治16年3月	
井光神社	井光神社	井光神	吉野郡川上村大字井光	奈良県吉野郡川上村大字井光三四九	明治34年7月	(明治35年)、明治6年村社に列格
阿紀神社	阿紀神社	天照皇大神　天手力男命　秋姫尊　八意思兼命　迩々杵命　菅原道真　天水分神　金山姫神	宇陀郡神戸村迫間	奈良県宇陀郡大宇陀町大字迫間二五二	明治35年12月	明治6年郷社に列格
宇太水分神社	宇太水分神社	天之水分神　国之水分神〈相殿〉天児屋根命　品陀和気命	宇陀郡榛原町下井足	奈良県宇陀郡榛原町大字下井足第六三五	明治37年6月	明治6年郷社に列格
墨坂神社	墨坂神社	墨坂神	宇陀郡榛原町萩原	奈良県宇陀郡榛原町大字萩原第七〇三	大正9年3月	
鴨都波神社	鴨都波神社	積羽八重事代主命　下照姫命　建御名方命	南葛城郡御所町	奈良県御所市五三三	大正10年	郷社より昇格
北山神社	北山宮	北山宮	吉野郡上北山村小橡	奈良県吉野郡上北山村大字小橡八〇七	大正11年3月	明治4年村社に列格
龍田神社	龍田神社	竜田比古神　竜田比女神	生駒郡龍田町	奈良県生駒郡斑鳩町龍田一-五-六	大正11年10月	
飛鳥川上坐宇須多岐比賣命神社	飛鳥川上坐宇須多岐比賣命神社	宇須多岐比売命	高市郡高市村稲渕	奈良県高市郡明日香村大字稲渕六九八	大正12年2月	
多坐弥志理都比古神社	多坐弥志理都比古神社	神武天皇　神八井耳命　神渟名川耳命　姫御神	磯城郡田村多	奈良県磯城郡田原本町大字多五六九	大正12年12月	郷社より昇格

神社名（列格時）	神社名（現在）	祭神	住所（鎮座地（昭和20年以前））	住所（現宗教法人の所在地）	列格年	備考
往馬坐伊古麻都比古神社	往馬坐伊古麻都比古神社	伊古麻都比古神　伊古麻都比売命　息長足比売命　足仲津比古命　誉田別命　葛城高額比売命　気長宿禰王命	生駒郡南生駒村	奈良県生駒市壱分町一、五三七-一	大正13年12月	明治6年郷社に列格
漢国神社	漢国神社	園神　大物主神　韓神　大己貴命　少彦名命	奈良市漢国町	奈良県奈良市漢国町六	大正13年12月	
神波多神社	神波多神社	須佐之男命	山辺郡波多野村中峯山	奈良県山辺郡山添村大字中峯山三〇-一	大正15年9月	(昭和19年12月)、郷社に列格
都祁水分神社	都祁水分神社	速秋津彦命　大国魂命	山辺郡都介野村友田	奈良県山辺郡都祁村大字友田字都介野一八二	昭和2年9月	明治5年郷社に列格
村屋坐彌冨都比賣神社	村屋坐彌冨都比賣神社	三穂津姫命　大物主命	磯城郡川東村蔵堂	奈良県磯城郡田原本町大字蔵堂四二六	昭和2年9月	明治14年郷社に列格
穴師坐兵主神社	穴師坐兵主神社	兵主神	磯城郡纒向村穴師	奈良県桜井市大字穴師一、〇六五	昭和3年4月	明治6年郷社に列格
石園座多久蟲玉神社	石園座多久蟲玉神社	建玉依比古命　健玉依比売命	北葛城郡浮孔村三倉堂	奈良県大和高田市片塩町一五-三	昭和6年10月	村社より昇格
夜支布山口神社	夜支布山口神社	素戔嗚命	添上郡大柳生村	奈良県奈良市大柳生町三、〇八九	昭和7年5月	明治6年郷社に列格
宇太水分神社	宇太水分神社	天之水分神　速秋津彦神　国之水分神	宇陀郡宇陀太町古市場	奈良県宇陀郡菟田野町大字古市場二四五	昭和9年9月	明治23年3月郷社に列格
篠畑神社	篠畑神社	天照大神	宇陀郡榛原町山辺三	奈良県宇陀郡榛原町大字山辺三第二、二三五	昭和10年10月	
鏡作坐天照御魂神社	鏡作坐天照御魂神社	天照国照日子火明命　石凝姥命　天児屋根命	磯城郡都村八尾	奈良県磯城郡田原本町大字八尾八二六	昭和11年8月	明治6年郷社に列格
八咫烏神社	八咫烏神社	建角身命	宇陀郡伊那佐村高塚	奈良県宇陀郡榛原町大字高塚四二	昭和11年10月	
矢田坐久志玉比古神社	矢田坐久志玉比古神社	久志玉比古神　女神　誉田別神	生駒郡矢田村	奈良県大和郡山市矢田町九六五	昭和13年10月	郷社より昇格
登彌神社	登彌神社	高皇産霊神　神皇産霊神	生駒郡富雄村大字石木	奈良県奈良市石木町四八-一	昭和14年12月	
等彌神社	等彌神社	大日孁貴尊	磯城郡桜井町大字桜井	奈良県桜井市大字桜井一、一七六	昭和15年7月	
畝火山口神社	畝火山口神社	気長足姫命　豊受比咩命　表筒男命	高市郡真菅村大字大谷	奈良県橿原市大谷町二四八-五	昭和15年12月	
賣太神社	賣太神社	(稗田阿礼)		奈良県大和郡山市稗田町三一九	昭和19年7月	
小杜神社	小杜神社	(太朝臣安万呂)	磯城郡多村大字多	奈良県磯城郡田原本町多	昭和19年7月	村社より昇格
御霊神社	御霊神社	皇后井上内親王	宇智郡牧野大字中之	奈良県五條市霊安寺町二、二〇六	昭和20年1月	村社より昇格
柳澤神社	柳澤神社	(柳沢吉保)		奈良県大和郡山市北郡山町二五五	昭和21年1月	

和歌山県

神社名（列格時）	神社名（現在）	祭神	住所（鎮座地（昭和20年以前））	住所（現宗教法人の所在地）	列格年	備考
刺田比古神社	刺田比古神社	刺底比古命〈配祀〉道臣命	和歌山市字片岡町	和歌山県和歌山市片岡町二-九	明治6年4月	

神社名		祭神	住所		列格年	備考
列格時	現在		鎮座地(昭和20年以前)	現宗教法人の所在地		
東照宮	東照宮	徳川家康	海草郡和歌浦町	和歌山県和歌山市和歌浦西二-一-二〇	明治6年4月	
須佐神社	須佐神社	素戔嗚神	有田郡保田村大字千田	和歌山県有田市千田一、六四一	明治6年4月	
木元八幡宮	木本八幡宮	応神天皇　神功皇后　日孁大神	海草郡西脇野村大字西庄	和歌山県和歌山市西庄一	明治8年10月	明治6年村社に列格
南龍神社	東照宮(合併先)	徳川頼宣(南龍)	海草郡和歌浦町	和歌山県和歌山市和歌浦西二-一-二〇	明治8年11月	明治6年5月合併
大屋都姫神社	大屋都姫神社	大屋都姫命	海草郡川永村大字宇田森	和歌山県和歌山市宇田森五九	明治13年7月	明治6年村社に列格
闘鶏神社	闘鶏神社	伊邪奈美命	西牟婁郡湊村	和歌山県田辺市湊六五五	明治14年2月	明治6年村社に列格
隅田八幡神社	隅田八幡神社	(誉田別尊　足仲彦尊　息長足姫命　丹生都比売命)	伊都郡隅田村垂井	和歌山県橋本市隅田町垂井六二二	大正5年11月	明治6年村社に列格
八幡神社	野上八幡宮	品田和気命　息長帯姫命　玉依姫命	那賀郡東野上町小畑	和歌山県海草郡野上町小畑六二三-一	大正5年	明治6年村社、明治17年8月郷社に昇格
八幡神社	八幡神社	応神天皇　仲哀天皇　姫大神	那賀郡鞆渕村中番	和歌山県那賀郡粉河町中鞆渕五八	大正12年4月	明治6年村社、大正6年7月郷社に列格
藤白神社	藤白神社	天照彦国照彦饒速日命　玉依姫命　祓戸王子　熊野坐大神　速玉男神　皇大神	海南市藤白	和歌山県海南市藤白四六	昭和12年12月	
海神社	海神社	豊玉彦命　浦上国津姫命	那賀郡池田村神領	和歌山県那賀郡打田町神領三七三	昭和18年9月	明治6年4月郷社に列格

鳥取県

神社名		祭神	住所		列格年	備考
列格時	現在		鎮座地(昭和20年以前)	現宗教法人の所在地		
長田神社	長田神社	事代主神　猿田彦神　誉田別尊　菅原道真命	鳥取市大字上町	鳥取県鳥取市東町一-一〇三	明治4年	
加知弥神社	加知弥神社	彦火火出見命　鵜草葺不合命　玉依姫命	気高郡勝谷村大字寺内字大立	鳥取県気高郡鹿野町大字寺内一五五ノ一	明治4年	
賀露神社	賀露神社	大山祇神　猿田彦命　吉備大神　武甕槌命	気高郡賀露村大字湊ノ一	鳥取県鳥取市賀露町一、一六四	明治5年2月	
樂々福神社	樂樂福神社	若建吉備津彦命　大日本根子彦太瓊命　福姫命　細姫命〈合祭〉倉稲魂命	日野郡宮内村大字宮内字東宮ノ廻リ	鳥取県日野郡日南町宮内一、六二五	明治5年	明治7年改称
樂々福神社	樂樂福神社	大吉備津彦命　大日本根子彦太瓊命　細姫命　彦狭島命〈合祭〉倉稲魂命　大山祇命	日野郡宮内村大字宮内字馬場ノ筋	鳥取県日野郡日南町宮内三二六	明治5年	明治7年改称
樗谿神社	樗谿神社	徳川家康〈相殿〉池田忠継　池田忠雄　池田光仲　池田慶徳	鳥取市大字上町字樗谿	鳥取県鳥取市上町八七	明治7年3月	

神社名		祭神	住所		列格年	備考
列格時	現在		鎮座地(昭和20年以前)	現宗教法人の所在地		
八幡宮	倉田八幡宮	品陀和気尊　帯仲津彦尊　息長帯姫尊　保食神　須佐之男神　大山津見神　木花佐久夜比売神　武内宿禰命	鳥取市馬場二九九番地	鳥取県鳥取市馬場二九九	大正13年7月	明治4年郷社に列格
波波伎神社	波波伎神社	事代主命　天稚彦神　下照姫神　少彦名神　建御名方神　味鉏高彦根命	東伯郡日下村	鳥取県倉吉市福庭六五四	昭和4年8月	郷社より昇格
松上神社	松上神社	国常立尊　大山咋尊	気高郡明治村松上字宮ノ谷	鳥取県鳥取市松上三二六	昭和6年2月	明治5年郷社に列格
国庁裏神社	国庁裏神社	大己貴命　少彦名命	東伯郡社村大字国分寺	鳥取県倉吉市国分寺四二六	昭和20年2月	郷社より昇格

島根県

神社名		祭神	住所		列格年	備考
列格時	現在		鎮座地(昭和20年以前)	現宗教法人の所在地		
玉若酢命神社	玉若酢命神社	玉若酢命　須佐之男命　稲田比売命　須世理比売命　大己貴命　事代主命	周吉郡磯村大字下西	島根県隠岐郡西郷町大字下西七〇一	明治5年10月	
須衛都久神社	須衛都久神社	伊弉冉尊　素戔嗚尊〈配祀〉速玉之男命　事解之男命　菊理媛神	松江市大字西茶町	島根県松江市西茶町一〇六	明治6年3月	明治4年郷社に列格
城上神社	城上神社	大物主神〈合殿〉恵比須神　稲荷神	迩摩郡大森町字佐摩	島根県大田市大森町イ一、四七七	明治6年5月	
多鳩神社	多鳩神社	積羽八重事代主命　国常立命	那賀郡二宮村大字神主字多鳩山	島根県那賀郡二宮村大字神主イ三〇七	明治6年5月	
天豊足柄姫命神社	天豊足柄姫命神社	天豊足柄姫命　豊受姫命	那賀郡浜田町大字浅井	島根県浜田市殿町七	明治6年5月	明治8年7月郷社(兼)に列格
柿本神社	柿本神社	柿本人麿	美濃郡高津村大字高津	島根県益田市高津町イ二、六二一	明治6年5月	
能義神社	能義神社	天穂日命　大己貴命　事代主命　誉田別命　息長足姫命　経津主命　国常立命　国狭土命　伊弉冉命　玉依姫命　順徳天皇　神皇魂命　惶根命	能義郡能義村大字能義	島根県能義郡安来町大字能義三六六	明治6年10月	
大祭天石門彦神社	大祭天石門彦神社	天石門別命　建御名方命	那賀郡石見村大字黒川	島根県浜田市大字黒川一、三七一	明治8年5月	(明治6年5月)、明治8年7月郷社(兼)に列格
松江神社	松江神社	松平直政〈配祀〉徳川家康	松江市大字殿町城山	島根県松江市殿町一	明治13年3月	
須我神社	須我神社	須佐之男命　稲田比売命　清湯山主三名狭漏彦八島野神〈合殿〉武御名方命	大原郡海潮村大字須賀	島根県大原郡大東町大字須賀三〇〇	明治25年11月	明治4年村社に列格
賣布神社	賣布神社	速秋津比売神　五十猛命　大屋津姫命　抓津姫命	松江市大字和田見町	島根県松江市和多見町八一	明治28年10月	明治4年7月郷社に列格

神社名 列格時	神社名 現在	祭神	住所 鎮座地(昭和20年以前)	住所 現宗教法人の所在地	列格年	備考
津和野神社	津和野神社	埴山比売命 宇迦能魂神 亀井茲矩〈合祭〉大己貴神 正哉吾勝々速日天忍穂耳命 天穂日命 天津日子根命 活津日子根命 熊野久須毘命 多岐都比売神 多岐理比売命 市寸島比売命 須佐之男命 少彦名命 大山祇命 御崎神 禍津日命	鹿足郡畑迫村大字田二穂字埴安山	島根県鹿足郡津和野町大字田二穂二、〇五一-甲	明治43年8月	明治8年7月郷社に列格
飯石神社	飯石神社	伊毘志都幣命	飯石郡飯石村多久和字飯石河原	島根県飯石郡飯石村大字多久和一、〇六五	大正6年2月	明治5年2月郷社に列格
井戸神社	井戸神社	井戸平左衛門正明	迩摩郡大森町	島根県大田市大森町イ一、三七二	大正7年5月	
神魂神社	神魂神社	伊弉册大神 伊弉諾大神	八束郡大庭村	島根県松江市大庭町五六三	大正7年10月	村社より昇格
焼火神社	焼火神社	大日孁貴尊	知夫郡黒木村	島根県知夫郡黒木村大字美田一、二九四	大正8年7月	
宇美神社	宇美神社	布都魂命 伊弉冉命 速玉之男命 事解之男命	簸川郡平田町	島根県平田市平田町六八八-続ノ一	大正9年10月	明治5年郷社に列格
長浜神社	長浜神社	八束水臣津野命 布帝耳命 淤美豆奴命	簸川郡園村西園	島根県出雲市西園町四、二五八	大正10年5月	郷社より昇格
許曾志神社	許曾志神社	猿田毘古命 天宇受売命	八束郡古江村古曽志字松尾山	島根県松江市古曽志町八五九-二	大正11年7月	明治5年村社に列格
八重垣神社	八重垣神社	素戔嗚命 櫛稲田姫命 大己貴命 青幡佐久佐日古命	八束郡大庭村	島根県松江市佐草町二二七	大正11年9月	郷社より昇格、佐久佐神社から大正11年7月改称
伊奈西波岐神社	伊奈西波岐神社	稲背脛命 八千矛神 白兎神	簸川郡鵜鷺村鷺	島根県簸川郡大社町大字鷺浦一〇二	大正12年3月	
売豆紀神社	売豆紀神社	下照比売命 天照大神 豊受比売命 大山咋命 木花之佐久夜比売命 倭姫命	松江市雑賀町	島根県松江市雑賀町一、六六三	大正13年7月	明治4年12月郷社に列格
田原神社	田原神社	建御雷之男命 経津主神 天児屋根命 姫大神 天手力男命 宇賀御魂神 奥津彦神 奥津比売神 波迩夜須毘売神	松江市奥谷町	島根県松江市奥谷町一二三	大正13年10月	郷社より昇格
六所神社	六所神社	伊邪那岐命 伊邪那美命 天照皇大神 月夜見命 素盞嗚命 大己貴命	八束郡大庭村大草	島根県松江市大草町四九六	大正14年9月	
阿羅波比神社	阿羅波比神社	天照大神 高御産霊神 素盞嗚命 大己貴命 少彦名命	松江市外中原町	島根県松江市外中原町一一四	大正15年10月	郷社より昇格
揖夜神社	揖夜神社	伊邪那美命 大己貴命 少彦名命 事代主命 大物主命 武御名方命 経津主命	八束郡揖屋町	島根県八束郡東出雲町大字揖屋町二、二二九	大正15年11月	郷社より昇格
富田八幡宮	富田八幡宮	誉田別尊 天照大神 神功皇后 仁徳天皇	能義郡広瀬町	島根県能義郡広瀬町大字広瀬八五	昭和2年9月	明治5年3月郷社に列格
内神社	内神社	和加布都努志能命 下照姫命 天照皇大御神	八束郡秋鹿村大垣字高ノ宮	島根県松江市大垣町七四六	昭和2年10月	明治4年郷社に列格

神社名 列格時	神社名 現在	祭神	住所 鎮座地（昭和20年以前）	住所 現宗教法人の所在地	列格年	備考
玉作湯神社	玉作湯神社	櫛明玉神　大己貴命　少彦名命　韓国伊太弖神社	八束郡玉湯村玉造	島根県八束郡玉湯町大字玉造五〇八	昭和3年3月	（昭和13年）
平濱八幡宮	平濱八幡宮	仲哀天皇　応神天皇　神功皇后	八束郡竹矢村八幡御笠山	島根県松江市八幡町三〇三	昭和3年11月	明治4年村社に列格
朝山神社	朝山神社	真玉着玉之邑日女命　神魂命　大己貴命	簸川郡朝山村上朝山	島根県出雲市朝山町一、四〇四	昭和3年11月	明治5年5月郷社に列格
長見神社	長見神社	天津彦火々瓊々杵尊　木花開屋姫命	八束郡本庄村	島根県松江市長海町五九	昭和4年11月	（12月）
比布智神社	比布智神社	伊弉册尊　伊弉諾尊　他一柱	簸川郡布智村	島根県出雲市下古志町一、三七五	昭和5年9月	明治5年村社に列格
市木神社	市木神社	市寸島姫命　誉田別命　姫大神　息長足姫命　墨江大神　田心姫命　湍津姫命	邑智郡市木村馬城山	島根県那賀郡旭町大字市木九七三	昭和6年10月	明治8年7月郷社に列格
染羽天石勝神社	染羽天石勝神社	天石勝尊　伊弉諾神　伊弉冉神　天照大神　国常立神　事解男神　速玉男神　忍穂耳神　瓊々杵神　彦火々出耳神　葺不合命　軻遇突智神　埴安姫神　事代主神　他九柱	美濃郡益田町	島根県益田市染羽町一-六〇	昭和6年	明治8年7月郷社に列格
賀茂神社	賀茂神社	賀茂別雷神　天照大御神　彦火瓊瓊杵尊　神武天皇	邑智郡中野村賀茂山氷上岡	島根県邑智郡石見町大字中野一、〇九二	昭和8年11月	明治7年村社、大正15年3月郷社に昇格
天健金草神社	天健金草神社	大屋津媛命　抓津媛命　誉田別尊　息長足姫命　玉依姫命　塩土老翁　建御名方命	隠岐郡都万村都万字砂子霊亀山	島根県隠岐郡都万村大字都万四、二四三	昭和9年4月	
櫛代賀姫神社	櫛代賀姫神社	櫛代賀姫命　応神天皇	美濃郡吉田町久城字明星山	島根県益田市久城町九六三	昭和12年3月	明治5年村社、大正8年3月郷社に昇格
多倍神社	多倍神社	須佐之男命　足仲彦命　誉田別命　息長足姫命　清之湯山主命　稲田姫命　和田津見命	飯石郡西須佐村反辺	島根県飯石郡西須佐村大字反辺一、〇六四	昭和12年11月	
隠岐神社	隠岐神社	後鳥羽天皇	海士郡海士村大字海士字吉田	島根県隠岐郡海士町大字海士一、七六四	昭和18年4月	

岡山県

神社名 列格時	神社名 現在	祭神	住所 鎮座地（昭和20年以前）	住所 現宗教法人の所在地	列格年	備考
総社神社	総社	大己貴神　須勢理姫命〈相殿〉神祇斎主八柱大神　国中大小神祇	吉備郡総社町字総社	岡山県総社市総社二-一八-一	明治5年11月	
徳守神社	徳守神社	天照大日孁尊〈相殿〉国常立尊　伊弉諾尊　月読尊　誉田別尊	津山市宮脇町	岡山県津山市宮脇町五	明治6年	
岡山神社	岡山神社	倭迹々日百襲姫命〈相殿〉大吉備津彦命（妹姫命　日本武尊　大山咋命　池田光政）	岡山市石関町字白旗山	岡山県岡山市石関町二-三	明治7年8月	

神社名 列格時	神社名 現在	祭神	住所 鎮座地(昭和20年以前)	住所 現宗教法人の所在地	列格年	備考
三勲神社	三勲神社(玉井宮境内社)	和気清麻呂　楠正行　児島高徳	岡山市門田町	岡山県岡山市東山一-三-八一(玉井宮)	明治8年1月	玉井宮に合併
閑谷神社	閑谷神社	池田輝政　池田利隆　池田光政	和気郡伊里村大字閑谷新田	岡山県和気郡伊里町閑谷新田七四八	明治8年10月	
作楽神社	作楽神社	後醍醐天皇〈相殿〉児島高徳	苫田郡院庄村大字神戸御館	岡山県津山市神戸四三三	明治10年3月	
足高神社	足高神社	大山祇命〈相殿〉石長比売命　木花咲耶姫命	都窪郡大高村大字笹沖	岡山県倉敷市笹沖一、〇三三	明治12年4月	明治6年郷社に列格
志呂神社	志呂神社	事代主神〈相殿〉保食神　大己貴神　品陀別命　息長帯姫命　猿田彦神　顕国玉神	久米郡神目村大字上目	岡山県御津郡建部町下神目一、八三四	明治12年12月	明治6年郷社に列格
高野神社	高野神社	鸕鷀草葺不合尊〈相殿〉鏡造命　大己貴命	苫田郡二宮村大字高野原	岡山県津山市二宮六〇一	明治13年7月	明治6年郷社に列格
天石門別神社	天石門別神社	天石門別命	英田郡河合村大字滝宮	岡山県英田郡英田町滝宮八九	明治13年9月	明治6年2月郷社に列格
総社	総社	大己貴命〈相殿〉鏡造命　鵜草葺不合尊	苫田郡西苫田村大字総社	岡山県津山市総社亀甲山四二七	明治14年1月	
由加神社	由加神社	手置帆負命　彦狭知命	児島郡琴浦村大字田ノ口字山村	岡山県倉敷市児島由加二、八五二	明治14年3月	明治5年村社に列格
形部神社	形部神社・佐波良神社	神阿多都姫命〈相殿〉佐波良神	真庭郡湯原村大字社	岡山県真庭郡湯原町大字社一、二七三	明治14年6月	
皷神社	皷神社	高田姫命　吉備津彦命　楽々森彦命　吉備武彦命　遣霊彦命　天穂日命　大名持命　太玉命	吉備郡岩田村大字上高田	岡山県岡山市上高田三、六六七	明治14年10月	
宗形神社	宗形神社	多紀理毘売命　市寸島比売命　田心比売命	赤磐郡山方村大字是里	岡山県赤磐郡吉井町是里三、一三五	明治14年12月	明治14年6月郷社に列格
伊勢神社	伊勢神社	天照大神〈相殿〉豊受大神　栲幡千々姫神	岡山市小畑町	岡山県岡山市番町二-一-一〇	明治15年2月	明治6年郷社に列格
春日神社	春日神社	天児屋根命〈相殿〉武甕槌命　経津主命　姫大神　菅原神	岡山市七日市町字道西	岡山県岡山市七日市九六	明治15年8月	明治6年9月郷社に列格
今村宮	今村宮	天照大神〈相殿〉春日大神　八幡大神	御津郡今村大字今	岡山県岡山市今四-三-一五	明治16年6月	明治4年郷社に列格
八幡神社	八幡神社	応神天皇　仲哀天皇　神功皇后〈相殿〉天照大神　仁徳天皇　玉依姫命　天児屋根命	上房郡松山村大字和田	岡山県高梁市和田町四、〇一三	明治16年11月	明治6年郷社に列格
大隅神社	大隅神社	大己貴命　少彦名命	苫田郡津山町字上ノ町	岡山県津山市上之町七八	明治16年	明治6年郷社に列格
貴布禰神社	貴布禰神社	高龗神　闇龗神〈相殿〉高皇産霊神　他五柱	久米郡倭文村東村大字桑上	岡山県久米郡倭文村大字桑上字宮山一九〇	明治17年10月	明治6年村社に列格
玉井宮・東照宮	玉井宮・東照宮	豊玉比売命　徳川家康〈相殿〉彦火々出見命　玉依姫命	岡山市門田町	岡山県岡山市東山一-三-八一	明治40年10月	(明治14年)、明治6年郷社に列格

神社名 列格時	神社名 現在	祭神	住所 鎮座地(昭和20年以前)	住所 現宗教法人の所在地	列格年	備考
八重籬神社	八重籬神社	伊賀守板倉勝重　周防守板倉重宗	上房郡高梁町内山下	岡山県上房郡高粱町大字内山下一三〇	大正6年10月	明治12年村社、明治18年郷社に昇格
和氣神社	和氣神社	鐸石別命　弟彦王命　和気清麿命　和気広虫姫命　天鈿女命　誉田別命	和気郡藤野村藤野字前ヶ谷	岡山県和気郡和気町藤野一、三八五	大正8年4月	
御鴨神社	御鴨神社	味鉏高彦根命　天御梶日女命　大己貴命　多紀理毘女命　倉稲魂命　天若彦命　天照大神　大山咋命　市杵島姫命　饒速日神	真庭郡新庄村	岡山県真庭郡新庄村五、三六八	大正11年7月	
沖田神社	沖田神社	天照皇大神　素盞嗚尊　軻遇槌命　倉稲魂神　句句智命	上道郡沖田村沖元	岡山県岡山市沖元四二一	大正12年5月	明治6年郷社に列格
諸神社	諸神社	伊弉諾尊　須佐之男命　級長戸辺神　国常立神　菅原神　倉稲魂神	勝田郡豊田村・豊並村入会	岡山県勝田郡豊田村大字成松九五	昭和2年10月	大正10年5月郷社に列格
八幡神社	吉川八幡宮	応神天皇　仲哀天皇　神功皇后　猿田彦命　佐々森彦命	上房郡吉川村	岡山県上房郡賀陽町大字吉川三、九三	昭和3年1月	明治6年郷社に列格
高田神社	高田神社	伊弉諾尊　伊弉冉尊　速玉之男命　事解之男命　天照大御神　豊受比売神	真庭郡勝山町大字勝山字熊野	岡山県真庭郡勝山町大字勝山七五	昭和5年10月	明治6年郷社に列格
日咩坂鐘乳穴神社	日咩坂鐘乳穴神社	大己貴命　誉田別命　他九柱	阿哲郡豊永村	岡山県新見市豊永赤馬六、三五二	昭和5年10月	明治4年村社に列格
木山神社	木山神社	須佐之男大神	真庭郡木山村木山	岡山県真庭郡落合町大字木山一、二六五-一	昭和9年3月	明治6年郷社に列格
牛窓神社	牛窓神社	応神天皇　神功皇后　武内宿禰	邑久郡牛窓町亀山	岡山県邑久郡牛窓町二、一四七	昭和15年10月	明治6年郷社に列格
阿智神社	阿智神社	素戔嗚命　大穴牟遅命　多紀理毘売命　多岐都比売命　市寸島比売命　応神天皇	倉敷市東町	岡山県倉敷市本町三-一	昭和17年4月	明治6年郷社に列格
穴門山神社	穴門山神社	天照大神	川上郡高山村高山	岡山県川上郡川上町大字高山市一、〇三五	昭和18年10月	明治6年郷社に列格
鴻八幡神社	鴻八幡宮	仲哀天皇（誉田別尊　足仲彦尊　息長帯姫命　仲姫命　玉依姫命）	児島郡琴浦町大字下村	岡山県倉敷市児島下の町七-一四-一	昭和19年7月	鴻八幡神社を昭和29年3月に改称

広島県

神社名 列格時	神社名 現在	祭神	住所 鎮座地(昭和20年以前)	住所 現宗教法人の所在地	列格年	備考
饒津神社	饒津神社	浅野長政〈相殿〉長政室末津姫	広島市大須賀町	広島県広島市東区二葉の里二-六-二四	明治5年11月	
多家神社	多家神社	神倭伊波礼毘古命〈相殿〉伊邪那岐命　伊邪那美命　天照大神　天之菩卑命　天之忍穂耳命　他五〇余柱	安芸郡府中村大字溎曾廼森	広島県安芸郡府中町宮の町三-一-三	明治7年5月	明治4年郷社に列格
阿部神社	備後護国神社	大彦命　武沼河別命　豊幹別命　阿部氏累代之祖	深安郡福山町字西町松山	広島県福山市丸ノ内一-九-二	明治10年4月	

神社名 列格時	神社名 現在	祭神	住所 鎮座地(昭和20年以前)	住所 現宗教法人の所在地	列格年	備考
和賀神社	和賀神社	小早川隆景	加茂郡荘野村大字新庄	広島県賀茂郡荘野村大字新庄城の本九二	明治23年4月	
八幡神社	御調八幡宮	品陀和気命 息長足比売命 宗像三女神 武内宿禰命 帯中日売命	御調郡八幡村	広島県三原市八幡町宮内三	大正9年2月	
糸碕神社	糸碕神社	帯中津日子命 品陀和気命 息長帯日売命	三原市糸崎町	広島県三原市糸崎町七一九	大正13年12月	
八幡神社	八幡神社	誉田別尊 息長帯姫命 宗像三女神 天照皇大神 他三柱	御調郡向島西村亀森	広島県御調郡向島町七三	昭和2年6月	
甘南備神社	甘南備神社	都味歯八重事代主命 大己貴神 少彦名神 龍王神	芦品郡府中町三室山	広島県府中市出口町七四五	昭和3年10月	明治5年11月郷社に列格
延広八幡神社	福山八幡宮	応神天皇 神功皇后 三女神	福山市北吉津町松廼尾山	広島県福山市北吉津町一-二-一六	昭和3年11月	昭和43年合併
野上八幡神社	福山八幡宮	応神天皇 神功皇后 比売大神	福山市北吉津町松廼尾山	広島県福山市北吉津町一-二-一六	昭和3年11月	郷社より昇格、昭和43年合併
和理比賣神社	和理比賣神社	櫛名田比売神	世羅郡東大田村本郷	広島県世羅郡東大田村大字本郷字鳥居木三九二	昭和4年3月	郷社より昇格
素盞嗚神社	素盞嗚神社	素盞嗚尊 稲田姫命 八王子神	芦品郡戸手村	広島県福山市新市町大字戸手字天王一-一	昭和5年9月	村社より昇格
今伊勢内宮・外宮	今伊勢内宮・外宮	天照皇大神 豊受毘売大神	沼隈郡神村	広島県福山市神村町甲六、〇〇二	昭和6年10月	
尾崎神社	尾崎神社	息長帯比売命 玉依毘売命 品陀和気命 埴安姫神	安芸郡矢野町	広島県安芸郡矢野町字宮ノ畝四、四三五	昭和8年8月	明治13年6月郷社に列格
天別豊姫神社	天別豊姫神社	豊玉姫命 事代主命 速進雄命 吉備津彦命 火之加具土神	深安郡神辺町川北	広島県深安郡神辺町大字川北甲一四三-二	昭和15年6月	明治6年5月郷社に列格
亀山神社	亀山神社	(帯中津日子命 息長帯日売命 品陀和気命 高御座巣日命 奥津比売命 奥津日子命 万黄幡豊秋津師比売命 久久能智神 火之加具土神 宇気母智神 伊賀古夜比売命 天吉蔦神)		広島県呉市清水一-九-二六	昭和16年10月	
高諸神社	高諸神社	須佐之男神	沼隈郡今津町字町前	広島県福山市今津町六-一五-一〇	昭和18年4月	明治5年村社、明治12年郷社に昇格

山口県

神社名 列格時	神社名 現在	祭神	住所 鎮座地(昭和20年以前)	住所 現宗教法人の所在地	列格年	備考
遠石八幡宮	遠石八幡宮	応神天皇 神功皇后 田心姫命 多伎津姫命 市杵島姫命〈配祀〉天御中主命 天水分神 国水分神 火産霊神 奥津彦神 奥津姫神	都濃郡徳山町字遠石崎	山口県徳山市大字徳山二、四〇八	明治6年4月	
松崎神社	防府天満宮	菅原道真公 天穂日命 野見宿禰	佐波郡防府町字宮市小字松ヶ崎	山口県防府市松崎町一四-一	明治6年4月	

神社名（列格時）	神社名（現在）	祭神	住所：鎮座地（昭和20年以前）	住所：現宗教法人の所在地	列格年	備考
清末八幡宮	清末八幡宮	足仲彦天皇　誉田天皇　気長足姫命〈相殿〉火産霊神　綿津見神　罔象女神	豊浦郡清末村大字清末字中村	山口県下関市清末中町一-五-一	明治6年4月	
仁壁神社	仁壁神社	表筒男命　中筒男命　底筒男命　下照姫命　味耜高彦根命	吉敷郡宮野村大字宮野下字神織機	山口県山口市大字宮野下二、一三六	明治6年4月	
春日神社	春日神社	武甕槌命　経津主命　天児屋根命　姫大神　磐筒之男命	阿武郡萩町字堀内	山口県萩市大字堀内二八五	明治6年4月	郷社より昇格
椿八幡宮	椿八幡宮	応神天皇　仲哀天皇　神功皇后	阿武郡椿郷西分村字椿	山口県萩市大字椿三、七一三	明治6年4月	
白山比咩神社	白山比咩神社	小白山比咩命　大己貴神　菊理姫命	玖珂郡岩国町横山	山口県岩国市大字横山二九八	明治6年11月	
志都岐山神社	志都岐山神社	毛利輝元　毛利元就　毛利敬親　毛利元徳〈配祀〉毛利隆元　毛利秀就　毛利綱広　毛利吉就　毛利吉元　毛利宗広　毛利吉広　毛利重就　毛利治親　毛利斉房　毛利斉熙　毛利斉元　毛利斉広	阿武郡萩町字堀内小字旧城	山口県萩市大字堀内旧城内一の二	明治15年7月	
豊功神社	豊功神社	毛利秀元　毛利光広　毛利綱元　毛利元朝　毛利元矩　毛利匡広　毛利師就　毛利匡敬　毛利匡満　毛利匡芳　毛利元義　毛利元運　毛利元周	豊浦郡長府村大字豊浦	山口県下関市大字豊浦村第二、九六三	明治16年6月	
吉香神社	吉香神社	吉川元春　吉川経義　吉川友兼　吉川経基　吉川興経　吉川元長　吉川広家　吉川経幹	玖珂郡岩国町字横山	山口県岩国市大字横山三三七	明治18年6月	明治12年6月郷社に列格
八幡磨能峰宮	八幡磨能峰宮	天照大神　蛭子大神〈相殿〉応神天皇　神功皇后　田心姫命　湍津姫命　市杵島姫命	美祢郡大嶺村大字大嶺東分字下領	山口県美祢市大嶺町東分一、七四四	明治30年4月	明治6年村社に列格
出雲神社	出雲神社	大己貴命　事代主命	佐波郡出雲村大字堀字中久和	山口県佐波郡出雲村大字堀字二宮牛久保第三、五七二	明治33年4月	明治6年10月郷社に列格
亀山八幡宮	亀山八幡宮	応神天皇　神功皇后　仲哀天皇　仁徳天皇	下関市中ノ町	山口県下関市大字中ノ町二九	明治34年5月	明治7年2月郷社に列格
八幡宮	正八幡宮	応神天皇　仲哀天皇　神功皇后	吉敷郡秋穂村大字秋穂西本郷字八幡山	山口県吉敷郡秋穂町大字西本郷三三七	明治34年7月	明治6年9月郷社に列格
松陰神社	松陰神社	贈正四位吉田矩方	阿武郡椿郷東分村大字新道	山口県萩市大字椿東一、五三七	明治40年10月	
石城神社	石城神社	大山祇神〈配祀〉雷神　高龗神	熊毛郡塩田村石城山	山口県熊毛郡大和町大字塩田石城二、二三三	大正2年1月	明治6年10月郷社に列格
熊毛神社	熊毛神社	三毛入沼命　玉依姫命　伊邪那美尊　菊理比咩命〈配祀〉応神天皇　神功皇后　仲哀天皇　田心姫命　湍津姫命　市杵島姫命	熊毛郡勝間村呼字上馬場	山口県熊毛郡勝間村大字呼坂第一、三三三	大正4年11月	明治6年10月郷社に列格
祐綏神社	祐綏神社	毛利就隆	徳山市城跡	山口県徳山市大字徳山五、八五四-七	大正4年11月	明治21年10月郷社に列格

神社名 列格時	神社名 現在	祭神	住所 鎮座地(昭和20年以前)	住所 現宗教法人の所在地	列格年	備考
築山神社	築山神社	大内義隆 二条尹房 三条公頼 持明院基規 大内義尊 冷泉隆豊 黒川隆像 岡部隆景 天野藤内隆長 太田隆通 小幡義実 岡屋隆秀 高橋右近 陶隆康 松興運 貫隆仲 相良武任 松原隆則 岡崎氏久 東儀兼康 園広忠 岡部昌歳 徳川家康 大内氏祖先 市川七郎	山口市上竪小路	山口県山口市大字上竪小路第一〇一	大正7年12月	明治12年村社に列格
三坂神社	三坂神社	大国主大神 事代主大神	佐波郡出雲村岸見字樋ノ口	山口県佐波郡徳地町大字岸見第五五七	大正8年4月	明治8年5月郷社に列格
乃木神社	乃木神社	乃木希典	下関市長府町	山口県下関市長府宮の内町三-八	大正9年2月	
八幡宮	徳佐八幡宮	応神天皇 仲哀天皇 神功皇后 田心姫命 湍津姫命 市杵島姫命 天御中主神 住吉荒御魂神 国常立尊 天照皇大神 豊受姫神 大物主神	阿武郡徳佐村	山口県阿武郡阿東町徳佐中第三、六七三	大正9年5月	明治14年2月郷社に列格
岡崎八幡宮	岡崎八幡宮	応神天皇 比売大神 神功皇后	厚狭郡船木町	山口県厚狭郡船木町第三五五	大正9年9月	明治5年村社に列格
八坂神社	八坂神社	素戔嗚尊 稲田姫命 手名椎命 足名椎命	山口市上竪小路	山口県山口市大字上竪小路字築山第一〇〇	大正10年7月	郷社より昇格
飯山八幡宮	飯山八幡宮	誉田別大神 足仲彦天皇 大足姫命〈配祀〉三女神 大鷦鷯天皇	大津郡深川町東深川	山口県大津郡深川町大字東深川第一、八〇三	大正10年7月	明治6年郷社に列格
佐波神社	佐波神社	田心姫命 市杵島姫命 湍津姫命 豊玉彦命 保食命 級長津彦命 級長津姫命 水分神 大己貴命 表筒男命 中筒男命 底筒男命 事代主命 倉稲魂命 健御名方命 武甕槌命 経津主命 大山咋神 応神天皇 仲哀天皇 神功皇后	防府市東佐波令	山口県防府市大字東佐波令二、五三三	大正11年4月	明治6年村社に列格
高泊神社	高泊神社	大綿津見神 市杵島姫大神 倉稲魂大神	厚狭郡高千帆町高泊	山口県小野田市大字西高泊一、七五九	大正11年6月	明治6年郷社に列格
杜屋神社	杜屋神社	三穂津姫命 応神天皇 仲哀天皇 神功皇后	豊浦郡黒井村黒井	山口県豊浦郡黒井村大字黒井第一、五四一	大正12年1月	明治7年2月郷社に列格
伊藤神社	東荷神社(合併先)	伊藤博文	熊毛郡東荷村樋ノ口	山口県熊毛郡大和町東荷二七〇	大正12年2月	大正8年10月創立、昭和35年被合併
花岡八幡宮	花岡八幡宮	応神天皇 神功皇后 田心姫命 湍津姫命 市杵島姫命	都濃郡花岡村末武上	山口県下松市大字末武上四〇〇	大正12年3月	明治7年2月郷社に列格
八幡宮	彦島八幡宮	応神天皇 神功皇后 仲哀天皇 仁徳天皇	下関市彦島	山口県下関市彦島迫町五-三-九	大正12年3月	明治7年郷社に列格
赤田神社	赤田神社	大己貴命〈配祀〉少彦名命 猿田彦命	山口市吉敷	山口県山口市大字吉敷七八〇	大正12年4月	明治6年郷社に列格
八幡宮	八幡宮	応神天皇 神功皇后 田心姫命 市杵島姫命 湍津姫命	都濃郡須々万村須々万	山口県徳山市大字須々万本郷三三三	大正13年7月	明治7年2月郷社に列格
八坂神社	八坂神社	素戔嗚命 櫛稲田姫命 毒蛇気神霊	大津郡仙崎町	山口県長門市仙崎町字祇園第一、三三九	大正13年9月	大正4年6月郷社に列格

神社名 列格時	神社名 現在	祭神	住所 鎮座地(昭和20年以前)	住所 現宗教法人の所在地	列格年	備考
中山神社	中山神社	中山忠光朝臣	下関市綾羅木町	山口県下関市大字綾羅木本町七-一〇-八	昭和3年5月	同年招魂社を改称
岩隈八幡宮	岩隈八幡宮	応神天皇 仲哀天皇 神功皇后 神武天皇 三毛入野命 玉依姫神 表筒男神 中筒男神 底筒男神 大歳神 金山彦神 素戔嗚命 保食神 菅原道真	玖珂郡玖珂町	山口県玖珂郡玖珂町第九〇三	昭和3年10月	明治6年11月郷社に列格
降松神社	降松神社	天之御中主大神	都濃郡久保村河内	山口県下松市大字河内一、九六四	昭和3年10月	明治7年2月郷社に列格
高峯神社	山口大神宮	(内宮)天照皇大神 天手力雄命 万幡豊秋津姫命(外宮)豊受皇大神 天津彦火瓊々芸命 天津児屋根命 天太玉命	山口市上宇野令伊勢門町	山口県山口市滝町四-四	昭和4年10月	明治6年9月郷社に列格
山崎八幡宮	山崎八幡宮	応神天皇 田心姫命 湍津姫命 市杵島姫命 神功皇后	都濃郡富田町山崎	山口県都濃郡富田町二、四四四	昭和5年8月	明治7年2月郷社に列格
住吉神社	住吉神社	表筒男命 中筒男命 底筒男命 神功皇后	萩市浜崎町	山口県萩市大字浜崎町一二四〇	昭和7年11月	大正5年6月郷社に列格
児玉神社	児玉神社	児玉源太郎	徳山市本丁	山口県徳山市大字徳山四、〇〇九	昭和8年5月	
琴崎八幡宮	琴崎八幡宮	品田和気尊 気長足比女尊 足仲津比古尊 多紀理比女命 多紀都比女命	宇部市大字上宇部第五七一番地	山口県宇部市大字上宇部第五七一	昭和13年8月	明治6年11月郷社に列格
花尾八幡宮	花尾八幡宮	応神天皇 神功皇后 玉依姫命	佐波郡島地村前山	山口県佐波郡島地村大字島地第三五四	昭和18年5月	明治6年郷社に列格
南方八幡宮	南方八幡宮	応神天皇 仲哀天皇 神功皇后〈別殿〉仁徳天皇	吉城郡西岐波村宮本	山口県宇部市大字西岐波二、四六七	昭和18年8月	明治6年9月郷社に列格

徳島県

神社名 列格時	神社名 現在	祭神	住所 鎮座地(昭和20年以前)	住所 現宗教法人の所在地	列格年	備考
天石門別八倉比売神社	天石門別八倉比売神社	大日孁尊	名西郡入田村大字矢野字神山	徳島県名西郡入田村矢野字宮谷五三	明治5年6月	
春日神社	春日神社	武甕槌命 斎主命 天児屋根命 比売大神	徳島市字寺町	徳島県徳島市眉山町大滝山一	明治6年8月	
國瑞彦神社	國瑞彦神社	蜂須賀家政 蜂須賀至鎮 蜂須賀忠英 蜂須賀光隆 蜂須賀綱通 蜂須賀綱矩 蜂須賀宗員 蜂須賀宗英 蜂須賀宗鎮 蜂須賀至央 蜂須賀重喜 蜂須賀治昭 蜂須賀齊昌 須賀齊裕	徳島市字富田浦町字西富田	徳島県徳島市伊賀町一-六-二	明治12年7月	明治7年郷社に列格
大御和神社	大御和神社	大己貴神	名東郡国府町府中字田淵	徳島県名東郡国府町府中字田淵六四	昭和11年9月	明治6年郷社に列格
一宮神社	一宮神社	大宜都比売命	名東郡上八万村一宮	徳島県徳島市一宮町西丁二三七	昭和17年1月	明治6年郷社に列格
阿波神社	阿波神社	(土御門天皇)		徳島県板野郡掘江村大字池谷字大石八七	昭和18年10月	村社より昇格、昭和15年12月丸山神社を改称

香川県

神社名 列格時	神社名 現在	祭神	住所 鎮座地(昭和20年以前)	住所 現宗教法人の所在地	列格年	備考
白峰神社	白峰宮	崇徳天皇	綾歌郡坂出町西庄	香川県坂出市西庄町弥蘇場一、七三	明治5年8月	
石清尾八幡神社	石清尾八幡神社	応神天皇　仲哀天皇　神功皇后	高松市宮脇町馬場	香川県高松市宮脇町一‐三〇‐三	明治5年11月	(明治4年)
白鳥神社	白鳥神社	日本武尊　両道入姫命　弟橘姫命	大川郡松原村大字松原	香川県東かがわ市松原字新町六九	明治5年	
屋島神社	屋島神社	徳川家康　松平頼重	木田郡潟元村大字東潟元	香川県高松市屋島中町一四〇	明治7年9月	(明治6年)
天満神社	天満神社	菅原道真　野見宿禰　島田忠臣　度会春彦	綾歌郡滝宮村大字滝宮	香川県綾歌郡綾南町大字滝宮一、三一四	明治9年2月	
粟井神社	粟井神社	天太玉命〈相殿〉天照大神　月読命　保食命	三豊郡粟井村大字竹成	香川県観音寺市粟井町一、七一六	明治12年8月	(明治5年)
宇夫階神社	宇夫階神社	大己貴命	綾歌郡宇多津町大字西村	香川県綾歌郡宇多津町一、六四	明治27年6月	(明治5年10月)
水主神社	水主神社	倭迹々日百襲姫命	大川郡誉水村大字水主	香川県東かがわ市水主一、四一八	明治35年3月	郷社より昇格
城山神社	城山神社	神櫛別命	綾歌郡府中村大字西山	香川県坂出市府中町四、七六〇	明治36年4月	明治5年郷社に列格
冠纓神社	冠纓神社	仲哀天皇　応神天皇　神功皇后	香川郡由佐村由佐	香川県香川郡香南町大字由佐一、四〇九	大正7年8月	明治5年郷社に列格
飯神社	飯神社	飯依彦命	綾歌郡飯野村東二	香川県丸亀市飯野町東二字山根三〇	大正10年2月	村社より昇格
琴彈神社	琴彈八幡宮	帯比売命　品陀和気命　玉依比売命	三豊郡観音寺町観音寺	香川県観音寺市八幡町一‐一‐一	昭和3年9月	明治5年郷社に列格
大水上神社	大水上神社	大山祇命	三豊郡二ノ宮村羽方	香川県三豊郡高瀬町大字羽方二、六七七‐乙	昭和8年3月	明治5年郷社に列格
大麻神社	大麻神社	天太玉命　天津彦々火瓊々杵尊　他三柱	仲多度郡善通寺町大麻字大麻山	香川県善通寺市大麻町大字大麻字上ノ村山二四一	昭和8年6月	明治5年郷社に列格
高屋神社	高屋神社	保食神　瓊々杵尊　木花咲夜姫命	三豊郡高室村高屋	香川県観音寺市高屋町二、七三〇	昭和11年3月	明治5年郷社に列格
賀茂神社	賀茂神社	賀茂別雷神	三豊郡仁尾町	香川県三豊郡仁尾町大字仁尾丁一、〇四六	昭和15年5月	明治5年郷社に列格

愛媛県

神社名 列格時	神社名 現在	祭神	住所 鎮座地(昭和20年以前)	住所 現宗教法人の所在地	列格年	備考
伊佐示波神社	伊佐爾波神社	足仲彦尊　気長足姫尊　誉田別尊　比売大神　東照大神	温泉郡道後村大字道後	愛媛県松山市桜谷町一七三	明治4年5月	(明治5年)
石鎚神社	石鎚神社	石土毘古神	新居郡大保木村大字西野川山	愛媛県西条市西田甲七九七	明治4年7月	(明治5年)
宇和津彦神社	宇和津彦神社	宇和津彦命　味鉏高彦根命　大己貴命	北宇和郡丸穂村大字丸穂	愛媛県宇和島市野川新三	明治4年8月	
伊予神社	伊予神社	彦狭島命　根子彦太瓊命　皇后細姫命　愛日売命　伊予津彦命　伊予津姫命　速後神命	伊予郡北伊予村大字神崎	愛媛県伊予郡松前町大字神崎字小斎院一九三	明治6年8月	

神社名		祭神	住所		列格年	備考
列格時	現在		鎮座地(昭和20年以前)	現宗教法人の所在地		
湯神社	湯神社	大己貴命　少彦名命〈合殿〉素戔嗚命　稲田姫命	温泉郡道後湯之町	愛媛県松山市道後湯之町四-一〇	明治12年8月	
伊予豆比古命神社	伊予豆比古命神社	伊予豆比古命　伊予豆比売命　伊与主命　愛日売命	温泉郡石井村大字居相	愛媛県松山市居合町三七	明治12年8月	
村山神社	村山神社	天照大神　斎明天皇　天智天皇	宇摩郡津根村大字津根長津	愛媛県宇摩郡長津村大字津根一、八六五	明治12年8月	
日尾八幡神社	日尾八幡神社	品陀和気天皇　帯中日子天皇　多紀理比売命　狭依毘売命　多紀都比売命　大帯姫命　武内宿禰　若子桂　猿田比古大神	温泉郡久米村大字南久米	愛媛県松山大字南久米字一-一二	明治12年	明治5年郷社に列格
東雲神社	東雲神社	天穂日命　菅原道真　息長福玉命	松山市字宮古町	愛媛県松山市丸之内七三	明治13年2月	
多伎神社	多伎神社	須佐之男命　多伎都比古命　多伎都比売命	越智郡下朝倉村大字古谷	愛媛県越智郡朝倉村大字古谷乙四七	明治13年7月	(6月)、明治4年11月郷社に列格
八幡神社	八幡神社	足仲彦天皇　誉田別天皇　息長足姫命	宇摩郡川之江町大字亀島	愛媛県川之江市川之江町亀嶋二、五六七	明治13年11月	明治5年郷社に列格
周敷神社	周敷神社	火明命　大山祇命　大己貴命	周桑郡周布村大字周布字本郷	愛媛県東予市大字周布字鈴ノ本一、五三三	明治14年3月	明治5年8月郷社に列格
徳威神社	徳威神社	大日孁大神　応神天皇　御食津神　武内宿禰	周桑郡周布村大字吉田	愛媛県東予市吉田字村廻り二一・二三	明治14年5月	明治5年郷社に列格
浮島神社	浮嶋神社	大山積命　雷神　高龗神〈相殿〉三神古面	温泉郡南吉井村大字牛渕	愛媛県温泉郡重信町大字牛渕五四	明治14年6月	
綾延神社	綾延神社	品陀和気命　息長帯姫命　三柱姫大神	周桑郡田野村大字田野上方	愛媛県周桑郡丹原町田野上方甲一、五四八	明治15年1月	
吹揚神社	吹揚神社	天照御神　事代主神　八幡大神　厳島大神	越智郡日吉村大字蔵敷	愛媛県今治市通町三-一-三	明治15年7月	
高智八幡神社	高知八幡神社	品陀和気命　息長帯比売命　比売大神　大雀命　帯中津日子命　武内宿禰命　猿田彦大神	周桑郡徳田村大字高智	愛媛県周桑郡丹原町大字高知七二九	明治16年5月	
石岡神社	石岡神社	誉田別尊　気長足姫尊　三女神(足仲津彦命)	新居郡氷見村大字氷見	愛媛県西条市氷見乙二、三四五-一	明治17年8月	明治5年郷社に列格
井手神社	井手神社	大山祇神　木花開耶姫命　橘諸兄公　橘清友公　橘大后	松山市立花町	愛媛県松山市北立花町九九	明治27年2月	郷社より昇格
西條神社	西條神社	旧西條藩主松平家代々神霊　徳川家康	新居郡大町村大字大町常心	愛媛県西条市大町一、一五九-一	明治27年6月	明治17年郷社に列格
高縄神社	高縄神社	大山積神　高龗神　雷之神	温泉郡河野村大字宮内	愛媛県北条市宮内甲一〇三	明治28年1月	明治4年11月郷社に列格
雄郡神社	雄郡神社	天宇受売命　品陀和気尊　帯中日子命　息長帯日子命　三女神　天児屋根命　宇迦之御魂神　大国主神　建速須佐之男命　伊邪那岐命　伊邪那美神	温泉郡雄群村大字小栗	愛媛県松山市小栗町字長通四三一	明治28年10月	郷社より昇格
野間神社	野間神社	飽速玉命　若弥尾命　須佐男命　野間姫命	越智郡乃萬村大字神宮	愛媛県今治市神宮甲六九九	明治28年11月	(10月)、明治4年10月郷社に列格

神社名		祭神	住所		列格年	備考
列格時	現在		鎮座地(昭和20年以前)	現宗教法人の所在地		
国津比古命神社	国津比古命神社	天照国照日子火明尊　宇麻志摩遅命　誉田別命	温泉郡正岡村大字八反地	愛媛県北条市大字八反地一〇六・一〇七	明治29年12月	郷社より昇格
綱敷天満神社	綱敷天満神社	菅原道真	越智郡桜井	愛媛県今治市桜井二-二-一	明治31年9月	
三島神社	三島神社	大山祇神　神津姫神　下津姫神〈配祀〉大雷神　高龗神	宇摩郡三島町大字三島	愛媛県伊予三島市宮川一-一-三三	明治43年9月	(明治15年)
阿沼美神社	阿沼美神社	大山積命　高龗神　雷神　味日命	松山市字宮古町	愛媛県松山市味酒町三-一-一	明治初年	
大洲神社	大洲神社	大国主命　他八柱	喜多郡大洲町大洲	愛媛県大洲市大字大洲四三七	大正3年8月	大正3年2月郷社に列格
鶴島神社	南予護国神社	伊達秀宗　伊達村候　伊達宗紀　伊達宗城	宇和島市丸之内	愛媛県宇和島市丸之内一-一四九	大正4年4月	(大正元年10月)
一宮神社	一宮神社	大山積神　雷神　高龗神〈配祀〉健御名方神	新居浜市金子一宮	愛媛県新居浜市金子甲七〇四	大正6年10月	郷社より昇格
八幡神社	八幡神社	田心姫命　湍津姫命　市杵島姫命　誉田天皇　大帯姫命	喜多郡大洲町阿蔵	愛媛県大洲市大字阿蔵字タケダ甲一、八〇四	大正6年10月	郷社より昇格
姫坂神社	姫坂神社	市杵島比売神	今治市日吉宮ノ下	愛媛県今治市大字日吉甲一、五〇四	大正7年11月	明治40年郷社に列格
和霊神社	和霊神社	山家公頼	宇和島市和霊町	愛媛県宇和島市和霊町一、四五一	大正8年4月	郷社より昇格
住吉神社	住吉神社	表筒男命　中筒男命　底筒男命　大帯姫命	喜多郡長浜町長浜	愛媛県喜多郡長浜町大字長浜字大平乙一六八-七	大正13年2月	郷社より昇格
八幡神社	八幡神社	田心姫命　市杵島姫命　誉田天皇　大帯姫命　湍津姫命	東宇和郡多田村東多田	愛媛県東宇和郡宇和町大字東多田一五五・河内一、三〇六ノ第二	昭和3年7月	郷社より昇格
石清水八幡神社	石清水八幡神社	品陀和気命　息長帯比売命　足仲彦命〈配祀〉市杵島比売命　松尾大神　多紀理毘売命　多岐都比売命	越智郡鴨部村八幡	愛媛県越智郡鴨部村大字八幡字日坂乙二九	昭和5年5月	明治14年郷社に列格
三島神社	三島神社	大山祇命　大雷公命　高龗命	西宇和郡宮内村船跡森	愛媛県西宇和郡宮内村五番耕地一	昭和8年4月	郷社より昇格
八幡神社	八幡神社	誉田天皇　大帯媛命　田心姫命　湍津姫命　市杵島姫命	八幡浜市神山	愛媛県八幡浜市矢野神山五一〇	昭和8年10月	
稲荷神社	伊予稲荷神社	宇迦能御魂命　伊邪那美命　迩迩芸命　菊理比売命　大宮能売命	伊予郡北山崎村稲荷	愛媛県北伊予村大字稲荷字地中一、三三〇	昭和8年10月	明治4年10月郷社に列格
三島神社	三島神社	大山積神　別雷神　高龗神	東宇和郡宇和町卯之町字大蔵山	愛媛県東宇和郡宇和町大字神領一〇四	昭和10年4月	郷社より昇格
大浜八幡神社	大浜八幡大神社	越智国造乎致命　品陀和気命　帯中日子命　息長比売命　饒速日命　天道日女命　武内宿禰命　市杵島姫命　大穴牟遅命	今治市大浜字ノッコ	愛媛県今治市大浜町三-一-九	昭和12年10月	明治4年郷社に列格
大山積神社	別宮大山祇神社	大山祇命　上津姫命　下津姫命	今治市大字別宮	愛媛県今治市大字別宮字吉本三一〇	昭和13年4月	村社より昇格
大山積神社	大山積神社	大山祇命　上津姫命　下津姫命	今治市別宮	愛媛県今治市石井繁栄一、〇三六	昭和13年4月	

神社名 列格時	神社名 現在	祭神	住所 鎮座地(昭和20年以前)	住所 現宗教法人の所在地	列格年	備考
星ヶ岡神社	星ヶ岡神社	(土居通増 得能通綱)		愛媛県松山市大字星ヶ岡二	昭和17年6月	
八幡神社	八幡神社	誉田天皇 息長帯比売命 多紀理毘売命 狭依毘売命 多岐都比売命	北宇和郡立間村市田	愛媛県北宇和郡吉田町大字立間壱番耕地三、六〇六	昭和17年8月	郷社より昇格
川上大宮五柱神社	川上神社	宇迦魂命 伊弉冉命 天孫瓊瓊杵尊 稚霊命 猿田彦大神	温泉郡川上村南方	愛媛県温泉郡川内町大字南方字川上三七五	昭和19年5月	明治4年郷社に列格

高知県

神社名 列格時	神社名 現在	祭神	住所 鎮座地(昭和20年以前)	住所 現宗教法人の所在地	列格年	備考
神峯神社	神峯神社	大山祇命 天照皇大神 天児屋根命 応神天皇	安芸郡安田町塩屋ヶ森	高知県安芸郡安田町唐浜二、五九五	明治5年1月	
朝倉神社	朝倉神社	天津羽羽神 天豊財重日足姫天皇(齊明天皇)	土佐郡朝倉村大字朝倉字赤鬼山	高知県高知市朝倉丙二、一〇〇-イ	明治5年	
大川上美良布神社	大川上美良布神社	大田田禰子神	香美郡美良布村大字韮生野	高知県香美郡香北町韮生野字大宮四三-一	明治5年	
高岡神社	高岡神社	大山祇命 吉備彦狭島命 伊予二名洲小千命 大日木根子彦太迩尊 今大神 磯城細姫命 伊予嶋天狭貫命	高岡郡窪川村大字仕出原	高知県高岡郡窪川町宮内一、八〇七	明治5年	
不破八幡宮	不破八幡宮	品陀和気命 玉依姫命 息長足姫命	幡多郡中村大字不破	高知県中村市不破一、三九二	明治5年	
天満宮	天満宮	菅原道真 高視朝臣 北御方〈相殿〉八幡宮 稲荷神社 秋葉神社 恵比須神社 早苗神社 稲毛神社 竃戸神社	土佐郡潮江町大字潮江	高知県高知市天神町一九-二〇	明治6年3月	
藤並神社	山内神社(合祀先)	山内一豊 同室若松氏 山内忠義	高知市追手筋大字公園	高知県高知市鷹匠町二-四-六五	明治8年11月	明治5年郷社に列格、戦火の為焼失後昭和45年旧別格官幣社に被合祀
深渕神社	深渕神社	深淵水夜礼花命	香美郡野市村大字ホノ丸	高知県香美郡野市町西野一、三一〇	明治12年9月	明治5年郷社に列格
八幡宮	高知八幡宮	応神天皇 神功皇后 多紀理比売命 市杵島姫命〈合殿〉多岐津比売命 青麻 三光社 瑞宮 子育宮 鉾宮	高知市山田町	高知県高知市はりまや町三-八-一	明治19年4月	明治5年郷社に列格
一條神社	一條神社	一条教房 一条房家 一条房冬 一条房基 一条兼定 一条内政及其簾中連枝の神霊	幡多郡中村町	高知県中村市本町一-一	明治33年6月	(明治23年)、無格社より昇格
春野神社	兼山神社	贈正四位野中伝右衛門良継命	長岡郡五台山村	高知県高知市吸江三〇-四	大正5年6月	
若一王子宮	若一王子宮	天照皇大神 池田親王〈配祀〉伊邪那美命 事解男命 速玉男命	香美郡徳王子村澪標	高知県香美郡香我美町徳王子字澪標一、七九一	大正12年6月	明治6年郷社に列格
小村神社	小村神社	国常立尊	高岡郡日下村	高知県高岡郡日高村大字下分一、七九四	大正13年	明治6年2月郷社に列格

神社名 列格時	神社名 現在	祭神	住所 鎮座地(昭和20年以前)	住所 現宗教法人の所在地	列格年	備考
八幡宮	八幡宮	応神天皇 神功皇后 比売大神 湍津姫命 田心姫命 市杵島姫命	高岡郡久礼町	高知県高岡郡中土佐町久礼六、五四五	昭和3年11月	明治5年郷社に列格
若宮八幡宮	若宮八幡宮	応神天皇 神功皇后 市杵島姫神 湍津姫神 田心姫命 高龗神 悪源太義平	吾川郡長浜町字長浜	高知県高知市長浜字若宮六、六〇〇	昭和5年10月	明治6年郷社に列格
椙本神社	椙本神社	大国主命 素盞嗚命 奇稲田姫命	吾川郡伊野町	高知県吾川郡伊野町字七丁ヶ芝三、〇九三	昭和9年11月	明治5年郷社に列格
天忍穂別神社	天忍穂別神社	天忍穂耳尊 海津見神 饒速日命	香美郡東川村	高知県香美郡香我美町山川字スズガサコ一、〇一四・一、〇一五	昭和17年7月	明治5年郷社に列格
秦神社	秦神社	長宗我部元親	高知市長浜	高知県高知市長浜八五七-一	昭和17年8月	

福岡県

神社名 列格時	神社名 現在	祭神	住所 鎮座地(昭和20年以前)	住所 現宗教法人の所在地	列格年	備考
鳥飼八幡宮	鳥飼八幡宮	応神天皇 神功皇后 玉依姫命	福岡市字西町	福岡県福岡市中央区今川二-一-七	明治5年	
水天宮	水天宮	安徳天皇 高倉平中宮 二位尼時子 天御中主神	久留米市字瀬下町	福岡県久留米市瀬下町二六五-一	明治6年3月	
伊勢天照御祖神社	伊勢天照御祖神社	天照国照彦天火明命	三潴郡鳥飼村大字大石	福岡県久留米市大石町一三	明治6年3月	
風浪神社	風浪宮	少童命 息長帯姫命 住吉神 高良玉垂命	三潴郡大川村大字酒見	福岡県大川市大字酒見七二六-一	明治6年3月	(明治5年11月)
御勢大霊石神社	御勢大霊石神社	足仲彦天皇 天照大神 八幡大神 吉富大神 春日大神	三井郡三国村大字大保	福岡県小郡市大保一、〇一三	明治6年3月	明治6年3月郷社に列格
豊姫神社(昭和20年解散)		豊玉姫命	三井郡御井町大字御井		明治6年3月	高良神社摂社より列格
八坂神社	八坂神社	天津日子根命 活津日子根命 熊野久須比命 市寸島姫命 多紀理姫命 多岐津姫命(北殿) 櫛稲田姫命 須佐之男命 天菩日命 天忍穂耳命(南殿) 大名牟遅命 少彦名命 須佐之男命 奇稲田姫命	小倉市字鋳物師町	福岡県北九州市小倉北区城内二-二	明治6年5月	
和布刈神社	和布刈神社	彦穂々出見命 豊玉比売命 多紀理比売命 多紀津姫命 市寸島比売命 神武天皇 阿津美磯良命	門司市字門司	福岡県北九州市門司区大字門司字速戸三、四九二	明治6年7月	
香春神社	香春神社	忍骨命 辛国息長大姫大目命 豊比咩命	田川郡香春町大字香春	福岡県田川郡香春町七一三	明治6年7月	(明治5年11月)、明治4年郷社に列格
光雲神社	光雲神社	黒田孝高 黒田長政	福岡市字荒戸町西公園	福岡県福岡市中央区西公園一三-一	明治8年3月	明治5年村社に列格

神社名 列格時	神社名 現在	祭神	住所 鎮座地(昭和20年以前)	住所 現宗教法人の所在地	列格年	備考
三柱神社	三柱神社	戸次鑑連　立花宗茂　立花宗茂之室	山門郡三橋村大字高畑字新町分	福岡県山門郡三橋町大字高畑三三-一	明治8年10月	
三笠神社	三笠神社	高橋鎮種　室斎藤氏　橘直次	三池郡大牟田町大字稲荷宮ノ下	福岡県大牟田市鳥塚町八八-一	明治9年10月	
篠山神社	篠山神社	有馬豊氏　有馬頼永　有馬頼咸	久留米市字篠山町六丁目	福岡県久留米市篠山町四四	明治12年7月	(明治13年)
玉垂神社	玉垂宮	玉垂姫命　荒木田疎津彦命　武内宿禰　八幡大神　住吉大神	三潴郡大善寺村大字宮本	福岡県久留米市大善寺町宮本一、四六三-一	明治14年2月	
大富神社	大富神社	田心姫命　湍津姫命　厳島姫命　表筒男命　中筒男命　斎主命　仲哀天皇　応神天皇　神功皇后	築上郡山田村大字四郎丸	福岡県豊前市大字四郎丸二五六	明治16年6月	(7月)、明治6年7月郷社に列格
小笠原神社	小笠原神社	小笠原長清　小笠原貞宗　小笠原忠真	京都郡豊津村大字豊津	福岡県京都郡豊津村大字豊津字巣鳥一、一二五	明治23年3月	
宇美神社	宇美八幡宮	誉田別命　息長足姫命　玉依姫命　伊弉諾命　住吉三柱命	粕屋郡宇美村大字宇美	福岡県粕屋郡宇美町宇美一-一-一	明治24年8月	明治5年郷社に列格
須佐神社	須佐神社	速須佐之男命　稲田姫命　八皇子	京都郡今元村大字元永	福岡県行橋市大字元永一、二九九	明治27年1月	明治4年8月郷社に列格
大祖大神社	大祖大神社	天御中主神　高皇産霊神　神皇産霊神	京都郡今元村大字元永	福岡県行橋市大字元永一、二九九	明治27年1月	明治4年8月郷社に列格
天満神社	天満神社	菅原道真　武内宿祢　上筒男神　中筒男神　底筒男神	三井郡北野町大字中	福岡県三井郡北野町大字中三、二八七	明治28年12月	(明治29年)、明治6年3月郷社に列格
天満神社	水田天満宮	菅原道真	八女郡水田村大字水田	福岡県筑後市大字水田六二-一	明治28年12月	明治6年3月郷社に列格
大祖神社	太祖神社	宝満大神　天照皇大神　八幡大神　伊弉諾命　志賀大神　聖母大神　住吉大神	粕屋郡勢門村大字若杉	福岡県粕屋郡篠栗町大字若杉字石ヒシキ一、〇四七	明治29年5月	(3月)、明治5年11月郷社に列格
大己貴神社	大己貴神社	大己貴命　天照大神　春日大神	朝倉郡三輪村大字弥永	福岡県朝倉郡三輪町大字弥永六九六	明治29年9月	明治5年11月郷社に列格
美奈宜神社	美奈宜神社	素戔嗚命　大己貴命　事代主命	朝倉郡蜷城村大字林田	福岡県甘木市大字林田字蜷郷二〇五	明治30年4月	明治5年郷社に列格
宮地嶽神社	宮地嶽神社	多紀理毘売命　息長足毘売命　狭依毘売命　多紀津比売命	宗像郡宮地村大字宮司	福岡県宗像郡津屋崎町大字宮司一、三〇四	明治32年4月	明治5年村社に列格
嚴島神社	嚴嶌神社	市杵島姫命　湍津姫命　田心姫命〈相殿〉狭野命　大山積命　保食命　倉稲魂命	嘉穂郡頴田村大字鹿毛馬村	福岡県嘉穂郡頴田町大字鹿毛馬一、〇八三	明治32年7月	明治5年村社に列格
多賀神社	多賀神社	伊邪那伎命　伊邪那美命　仲哀天皇　神功皇后　応神天皇	鞍手群直方町大字直方	福岡県直方市大字直方七〇一	明治32年11月	(明治33年3月)、明治5年村社に列格
鳥野神社	鳥野神社	保食大神　天照大神　月読大神　応神天皇　軻遇槌神	鞍手郡頓野村字内ヶ磯	福岡県直方市大字頓野九六	明治33年10月	(明治30年)、明治6年郷社に列格
八幡古表神社	八幡古表神社	息長帯姫尊　虚空都比売命	築上郡東吉富村大字小犬丸字吹出浜	福岡県築上郡吉富町大字小犬丸字吹出浜三五五ノ一	明治34年7月	明治6年7月郷社に列格
美奈宜神社	美奈宜神社	天照皇大神　住吉大神　春日大神	朝倉郡三奈木村大字荷原	福岡県甘木市大字荷原二、四二	明治35年5月	(明治34年)、明治5年村社、明治12年郷社に昇格

神社名 列格時	神社名 現在	祭神	住所 鎮座地（昭和20年以前）	住所 現宗教法人の所在地	列格年	備考
櫛田神社	櫛田神社	大幡主神　天照大御神　素戔嗚神	福岡市字社家町	福岡県福岡市博多区上川端町一-四一	明治42年1月	明治5年11月郷社に列格
筑紫神社	筑紫神社	白日別命　五十猛命　玉依姫命　坂上田村麿	筑紫郡筑紫村原田	福岡県筑紫野市大字原田二、五五〇	大正4年7月	明治5年村社、明治14年5月郷社に昇格
志登神社	志登神社	豊玉姫命　和多津見命　息長帯姫命　彦火々出見命　武内宿禰	糸島郡前原町志登	福岡県糸島郡前原町大字志登八二	大正4年11月	明治5年11月郷社に列格
警固神社	警固神社	神直日神　大直日神　八十枉津日神　建角身神　神功皇后　応神天皇	福岡市小鳥馬場	福岡県福岡市中央区天神二-二-二〇	大正5年2月	明治5年村社に列格
垂裕神社	垂裕神社	黒田長興	朝倉郡秋月町野鳥	福岡県甘木市大字野鳥六六	大正5年3月	明治8年10月郷社に列格
宇美八幡宮	宇美八幡宮	気比大神　八幡大神　仲哀天皇　神功皇后　玉依姫命	糸島郡長糸村川付	福岡県前原市大字川付七八七	大正7年12月	（大正8年12月）、明治5年11月郷社に列格
雷神社	雷神社	火雷神　彦火々出見尊　香椎大神　住吉大神　応神天皇　志賀大神　級戸辺大神	糸島郡雷山村雷山	福岡県筑紫郡水城村大字向佐野字前田四四一	大正9年3月	
高倉神社	高倉神社	大倉主命　菟夫羅媛命　天照大神　氏森大神　秋葉大神　室大神　高田大神　白山大神　山崎大神　中山大神　国常立神	遠賀郡岡垣村高倉	福岡県遠賀郡岡垣町大字高倉一、一三	大正9年9月	明治5年11月郷社に列格
神武天皇社	神武天皇社	神武天皇　仲哀天皇　神功皇后	遠賀郡芦屋町芦屋	福岡県遠賀郡芦屋町正門町一四-一五	大正10年7月	明治14年村社に列格
綱敷神社	綱敷天満宮	菅原道真　天穂日命　吉祥女	築上郡椎田村高塚	福岡県築上郡椎田町大字高塚七五四ノ二	大正10年10月	明治6年郷社に列格
甲宗八幡神社	甲宗八幡神社	市寸島比売命　多紀理毘売命　多紀都比売命　品陀和気命　息長帯比売命　品陀和気命	門司市門司八幡町	福岡県北九州市門司区旧門司一-七-一八	大正11年4月	明治5年7月郷社に列格
紅葉八幡宮	紅葉八幡宮	神功皇后　応神天皇　玉依姫命	福岡市西新町	福岡県福岡市西区高取一-二六-五五	大正11年4月	明治5年村社に列格
豊山八幡神社	豊山八幡神社	仲哀天皇　応神天皇　神功皇后　仁徳天皇	八幡市尾倉	福岡県北九州市八幡区大字尾倉字宮ノ前一、三	大正12年2月	
馬見神社	馬見神社	天津彦火瓊々杵尊　伊邪那岐命　木花咲耶姫命	嘉穂郡足白村馬見	福岡県嘉穂郡嘉穂町大字馬見一、五四	大正12年4月	明治6年11月郷社に列格
天照皇太神宮	天照皇太神宮	天照大神　天手力雄命　萬幡千々姫神	粕屋郡山田村字猪野	福岡県粕屋郡久山町大字猪野六〇四	大正12年5月	明治15年村社に列格
櫻井神社	櫻井神社	神直日神　大直日神　八十枉津日神	糸島郡桜井町桜井	福岡県糸島郡志摩町大字桜井四、三七	大正12年7月	村社より昇格
蒲生八幡神社	蒲生八幡神社	品陀和気命　息長帯姫命　多紀津姫命　大山祇命　細川勝孝　細川忠興	小倉南大南方	福岡県北九州市小倉南区蒲生五-六-一〇	大正12年8月	明治6年7月郷社に列格
八坂神社	八坂神社	素戔嗚命	山門郡瀬高町上庄	福岡県山門郡瀬高町大字上庄一五五番地外六筆	大正12年8月	無格社より昇格
曩祖八幡宮	曩祖八幡宮	応神天皇　天神地祇諸神　仲哀天皇　神功皇后　武内宿禰	飯塚市飯塚	福岡県飯塚市宮町二-三	大正13年7月	
到津八幡神社	到津八幡神社	息長帯姫命和魂　息長帯比売命荒魂　品陀和気命　市寸島姫命　多紀理姫命　多岐都姫命　豊日別命　倉稲魂命	小倉市板櫃	福岡県北九州市小倉北区上到津一-八丁目内	大正14年3月	郷社より昇格

神社名（列格時）	神社名（現在）	祭神	住所 鎮座地(昭和20年以前)	住所 現宗教法人の所在地	列格年	備考
御祖神社	御祖神社	天之御中主神　高皇産霊神　神皇産霊神　鐸石別命　和気清麻呂	小倉市足原	福岡県北九州市小倉北区妙見町一七-二	大正15年4月	明治12年村社、大正5年2月郷社に列格
高祖神社	高祖神社	彦火々出見尊　玉依比売命　息長足姫命	糸島郡怡土村高祖	福岡県前原市大字高祖一、二四〇	大正15年6月	明治5年11月郷社に列格
八幡宮	枝光八幡宮	神功皇后　応神天皇　比売大神　事代主神　武御名方命　須佐之男命　高龗命	八幡市枝光	福岡県北九州市八幡区諏訪二-一-一四	大正15年8月	明治5年村社に列格
篠崎八幡神社	篠崎八幡神社	帯中津日子命　品陀和気命　息長帯比売命　市寸島比売命　多紀理毘売命　多岐都比売命　玉依比売命	小倉市篠崎	福岡県北九州市小倉北区篠崎一-七-一	昭和2年10月	明治6年7月郷社に列格
織幡神社	織幡神社	武内大臣　志賀大神　住吉大神　天照大神　宗像大神　八幡大神　壱岐真根子臣　香椎大神	宗像郡岬村鐘崎	福岡県宗像郡玄海町大字鐘崎字岬三四	昭和3年8月	明治15年8月郷社に列格
高木神社	高木神社	高皇産霊神	嘉穂郡宮野村小野谷	福岡県嘉穂郡嘉穂町大字小野谷一四六	昭和3年9月	明治6年村社に列格
八幡宮	八幡宮	応神天皇　住吉大神　高良大神	朝倉郡上秋月村上秋月	福岡県甘木市大字上秋月一、七七	昭和3年	
春日神社	春日神社	天児屋根命　武甕槌神　斎主命　天照大神	筑紫郡春日村春日	福岡県春日市春日一-一一〇	昭和4年6月	明治5年11月郷社に列格
綱分八幡宮	綱分八幡宮	応神天皇　仲哀天皇　神功皇后	嘉穂郡庄内村綱分	福岡県嘉穂郡庄内町大字綱分八六六	昭和5年6月	明治5年11月郷社に列格
高住神社	高住神社	天照大御神　豊日別命　少彦名命　天火明命　火須勢理命	田川郡彦山村高住	福岡県田川郡添田町大字英彦山三七	昭和6年7月	明治14年村社に列格
日吉神社	日吉神社	大山咋命	山門郡城内村大字坂本町	福岡県柳川市大字坂本町六	昭和6年10月	明治6年3月郷社に列格
八幡神社	飛幡八幡宮	神功皇后　応神天皇　須佐之男命　比売大神　道祖神	戸畑市戸畑鳥旗町	福岡県北九州市戸畑区浅生二-二-二	昭和6年10月	大正13年5月郷社に列格
六所神社	六所神社	伊弉册尊　速玉男命　事解男命　中筒男命　表筒男命　底筒男命	糸島郡可也村馬場	福岡県糸島郡志摩町大字馬場三四	昭和8年3月	明治5年11月郷社に列格
鷹尾神社	鷹尾神社	応神天皇　仲哀天皇　神功皇后	山門郡大和村鷹尾	福岡県山門郡大和町鷹尾字馬場三七-一	昭和8年3月	明治6年3月郷社に列格
菊池神社	菊池神社	菊池武時公　大鷦鷯命　埴安命	福岡市七隈	福岡県福岡市城南区七隈七-一〇-一	昭和8年4月	大正11年村社に列格
下益神社	北斗宮	天之御中主尊　伊弉諾尊　伊弉册尊	嘉穂郡大隈町大隈	福岡県嘉穂郡嘉穂町大字大隈町九八八	昭和8年5月	明治5年村社に列格
八所神社	八所神社	泥煮尊　垈煮尊　面足尊　伊弉諾尊　伊弉册尊　他三柱	宗像郡吉武村吉留	福岡県宗像市大字吉留字宮ノ尾三、一八六	昭和9年9月	明治5年村社、明治42年郷社に昇格
八幡神社	八幡神社	応神天皇　仲哀天皇　神功皇后	浮羽郡千年村若宮	福岡県浮羽郡吉井町大字若宮三六六-一	昭和10年10月	明治6年郷社に列格
天照神社	天照神社	天照国照彦天火明櫛玉饒速日尊　八幡大神　春日大神　応神天皇　天児屋根命	鞍手郡宮田町磯光	福岡県鞍手郡宮田町大字磯光三六七	昭和11年4月	(昭和8年5月)、明治5年11月郷社に列格
春日神社	春日神社	天児屋根命　武甕槌命　経津主命　比売神他四柱	八幡市藤田	福岡県北九州市八幡西区藤田一-一〇-四	昭和12年4月	明治5年村社に列格

神社名 列格時	神社名 現在	祭神	住所 鎮座地(昭和20年以前)	住所 現宗教法人の所在地	列格年	備考
生立八幡神社	生立八幡宮	応神天皇 神功皇后 比売大神	京都郡犀川村木山	福岡県京都郡犀川町大字生立七	昭和13年4月	明治6年7月郷社に列格
戸上神社	戸上神社	(天御中主神 伊邪那岐神 伊邪那美神 奥津日子神 奥津比売神 須佐之男神 大山祇神 大穴牟遅神 少名比古那神 豊日別命 宇迦之御魂神 保食神 高淤加美神 高淤加美命 闇淤加美命 罔象女神 建御名方神 猿田彦神 安徳天皇 平宗盛)		福岡県北九州市門司区大里戸ノ上四-四-二	昭和14年6月	明治5年村社に列格
若宮八幡宮	若宮八幡宮	仁徳天皇 住吉大神 高良大神	三井郡草野町吉木	福岡県久留米市草野町吉木二、三〇三	昭和15年6月	郷社より昇格
白山神社	白山神社	伊弉册命 菊理姫命 事解男命	若松市山手通六丁目	福岡県北九州市若松区白山三-一-一	昭和15年9月	明治5年村社に列格
荒穂神社	荒穂神社	(瓊瓊杵尊)		福岡県嘉穂郡嘉穂町大字牛隈一、九二一	昭和20年12月	明治6年村社に列格

佐賀県

神社名 列格時	神社名 現在	祭神	住所 鎮座地(昭和20年以前)	住所 現宗教法人の所在地	列格年	備考
河上神社	與止日女神社	与止日女神	佐賀郡川上村	佐賀県佐賀郡大和町大字川上一	明治4年12月	
松原神社	松原神社	鍋島直茂 直茂室石井氏 鍋島清久 鍋島勝茂 竜造寺隆信 竜造寺政家 竜造寺高房 鍋島直正	佐賀市字松原町	佐賀県佐賀市松原二-一〇-一二	明治8年4月	
祐徳稲荷神社	祐徳稲荷神社	倉稲魂神 〈配祀〉大宮売命 猿田彦命	藤津郡古枝村	佐賀県鹿島市古枝乙二、八〇五	明治10年8月	(明治12年8月)、明治8年4月郷社に列格
櫛田社	櫛田宮	足名椎命 手名椎命 櫛稲田姫命 素戔嗚命	神埼郡神埼町	佐賀県神埼郡神埼町大字神埼四一九	明治13年7月	(6月)、明治4年郷社に列格
千栗八幡神社	千栗八幡宮	難波皇子 住吉明神 仲哀天皇 応神天皇 神功皇后 武内宿禰 宇治皇子	三養郡北茂安村	佐賀県三養基郡北茂安町大字白壁二、四〇三	明治36年	郷社より昇格
仁比山神社	仁比山神社	大山咋命 大己貴神 少彦名命 大年神 鴨玉依姫神 天知加流水姫神 大日本武尊 天照皇大神 素盞嗚命 水波能売命 倉稲魂命 海洋見命 市杵島姫命 菅原道真命 少弐冬尚 筑紫広門	神埼郡仁比山村	佐賀県神埼郡神埼町大字的字一、六九二	大正5年6月	明治44年日吉山王社を改称
稲佐神社	稲佐神社	天神 聖王神 阿佐神	杵島郡錦江村辺田	佐賀県杵島郡有明町大字辺田二、九二五	大正6年5月	郷社より昇格
松陰神社	松蔭神社	鍋島忠茂 鍋島正茂 鍋島直朝 鍋島直條 鍋島直堅 鍋島直郷 鍋島直熙 鍋島直宣 鍋島直彝 鍋島直永 鍋島直晴	藤津郡鹿島町高津原	佐賀県鹿島市大字高津原四六〇	大正12年5月	明治10年10月郷社に列格
須賀神社	須賀神社	武速須佐之男大神 櫛稲田姫大神 他一〇柱	小城郡小城町	佐賀県小城郡小城町大字松尾三、五四	大正13年2月	明治6年村社に列格

神社名 列格時	神社名 現在	祭神	住所 鎮座地(昭和20年以前)	住所 現宗教法人の所在地	列格年	備考
鏡神社	鏡神社	息長足姫命　大宰少弐藤原広嗣朝臣	東松浦郡鏡村鏡	佐賀県唐津市鏡町字宮原一、八二七・一、八二八	大正14年4月	明治6年郷社に列格
与賀神社	与賀神社	豊玉姫命　彦火々出見命　綿津見神　瀛津島姫命　市杵島姫命　湍津姫命　天児屋命　応神天皇　菅原道真公	佐賀市与賀町	佐賀県佐賀市与賀町一〇三	大正14年10月	明治4年11月郷社に列格
荒穂神社	荒穂神社	瓊々杵尊	三養基郡基山村	佐賀県三養基郡基山町大字宮浦二、〇五〇	昭和3年	明治6年10月郷社に列格
堤雄神社	堤雄神社	猿千代麿	杵島郡江北村	佐賀県杵島郡江北町大字佐留志乾二、六三〇	昭和4年2月	郷社より昇格
天山社	天山社	宇気物神	小城郡小城町	佐賀県小城郡小城町大字晴気三、二五八	昭和16年2月	郷社より昇格
丹生神社	丹生神社	丹生津姫大神	藤津郡塩田町大字馬場下	佐賀県藤津郡塩田町大字馬場下甲三、六五七	昭和16年6月	明治6年11月郷社に列格
唐津神社	唐津神社	底筒男命　中筒男命　表筒男命　神田宗次　罔象女神　大直日神	唐津市南城内三番三号	佐賀県唐津市南城内三-一三	昭和17年11月	明治6年郷社に列格
香橘神社	伊萬里神社	橘諸兄公　伊弉諾尊　伊弉册尊　天忍穂耳尊	西松浦郡大坪村町裏	佐賀県伊万里市立花町又八三	昭和19年10月	明治5年10月郷社に列格

長崎県

神社名 列格時	神社名 現在	祭神	住所 鎮座地(昭和20年以前)	住所 現宗教法人の所在地	列格年	備考
皇大神宮	皇大神宮	天照皇大御神　豊受比売大神　大山咋神　大物主命（左座）伊邪那岐神　高皇産霊神　天御中主神　神産霊神　大年神　経津主神（右座）御代々御孫神　健甕槌神	長崎西彼杵郡浦上山里村	長崎県長崎市坂本町二-六-五六	明治6年7月	
亀岡神社	亀岡神社	源大夫判官久公　源藤次持公　鬼八郎定公　左衛門尉勝公　七郎氏広命　十城別命　鴨一隼戸命　天照皇大神　表筒男命　中筒男命　底筒男命　天児屋根命　和加宇加乃売神　誉田別天皇　天御柱国御柱神　倉稲魂命	北松浦郡平戸町平戸岩ノ上免	長崎県平戸市岩の上町一、五二七-第二	明治12年6月	
宗像神社	宗像神社	湍津姫神　田心姫神　市杵島姫神（配祀）天照皇大神　保食命　武甕槌命　日本武命	北松浦郡田平村	長崎県北松浦郡田平町里免八五六	明治13年	(明治9年9月)、明治7年村社、明治9年9月郷社に昇格
志々伎神社	志々伎神社	十城別命	北松浦郡志々岐村	長崎県平戸市野子町二五一	明治14年11月	(12月)、明治7年5月郷社に列格
小茂田浜神社	小茂田浜神社	宗助国	下県郡左須村大字小茂田浜	長崎県下県郡厳原町大字小茂田七四二	明治15年12月	
松森神社	松森神社	天穂日命　菅原道真　菅原是善	長崎市上西山町	長崎県長崎市上西山町四-三	明治16年	
大村神社	大村神社	大村直澄　大村親澄　大村澄宗　大村澄遠　大村純興　大村純弘　大村純熙	東彼杵郡大村字玖島	長崎県大村市玖島一-三四-一	明治18年2月	明治7年村社に列格

神社名（列格時）	神社名（現在）	祭神	鎮座地（昭和20年以前）	現宗教法人の所在地	列格年	備考
高城神社	高城神社	龍造寺家晴	北高城郡諫早村	長崎県諫早市高城町一-五	明治35年11月	（明治12年6月）、無格社より昇格
温泉神社	温泉神社	白日別命　豊日別命　速日別命　豊久士比泥別命　建日別命　大己貴命　少彦名命　木花咲耶姫命	南高来郡小浜町	長崎県南高来郡小浜町雲仙三一九	大正2年	明治9年郷社に列格
八幡宮神社	八幡宮神社	応神天皇　神功皇后　仲哀天皇　姫大神　武内宿禰	下県郡厳原町中村	長崎県下県郡厳原町大字中村六四五-一	大正5年11月	
白鳥神社	白鳥神社	日本武尊	南松浦郡玉之浦町	長崎県南松浦郡玉之浦町玉之浦郷一、六二九	大正9年3月	
城山神社	城山神社	保食神　宇久次郎家盛　宇久競　五島純玄	南松浦郡福江町	長崎県福江市福江町東町二-一四	大正9年	明治27年無格社
大祝詞神社	太祝詞神社	大詔戸神　雷大臣命	下県郡鶏知村加志京ノ原	長崎県下県郡美津島町大字加志二五三	昭和6年9月	明治7年村社に列格
亀山八幡神社	亀山八幡宮	誉田別天皇　足仲彦天皇　気長足姫命　大鷦鷯天皇　保食神	佐世保市八幡町	長崎県佐世保市八幡町三-三	昭和7年12月	明治7年村社、昭和3年9月郷社に列格
猛島神社	猛島神社	五十猛神　大屋津姫神　抓津姫神	南高来郡島原町	長崎県島原市宮の町二四七	昭和13年8月	明治5年郷社に列格
霊丘神社	霊丘神社	源家康　松平忠定　松平好景　松平伊忠　松平忠利　松平家忠　松平忠房	南高来島原町字権現山	長崎県島原市弁天町二-七、二四一	昭和14年11月	
橘神社	橘神社	橘周太	南高来郡千々石町小倉名	長崎県南高来郡千々石町己五二九	昭和15年5月	
八幡神社	八幡神社	応神天皇　神功皇后　三女神	南松浦郡福江町	長崎県福江市下大津町六三二・六三三・六三四・六三五	昭和16年5月	明治4年郷社に列格
住吉神社	住吉神社	彦波瀲武鸕鷀草葺不合尊　豊玉姫命　玉依姫命	下県郡鶏知村	下県郡美津島町吉知一、二八一番地	昭和17年10月	明治7年6月郷社に列格
淵神社	淵神社	市杵島姫命　田心姫命　湍津姫命	長崎市淵町八番一号	長崎県長崎市淵町八-一	昭和19年10月	明治7年村社に列格
諫早神社	諫早神社	大己貴命　少彦名命　天照大神　応神天皇　御霊大神	北高来郡諫早町	長崎県諫早市宇都町一-三	昭和20年3月	明治7年5月郷社に列格

熊本県

神社名（列格時）	神社名（現在）	祭神	鎮座地（昭和20年以前）	現宗教法人の所在地	列格年	備考
北岡神社	北岡神社	建速素戔嗚尊　奇名田姫命〈相殿〉天忍穂耳尊　天穂日命　天津彦根命　活津彦根命　熊野久須毘命　多紀理姫命　市杵島姫命　田寸津比売命	飽託郡横手村大字下北岡	熊本県熊本市春日一-六-一六	明治5年	
八代神社	八代神社	天御中主尊	八代郡宮地村大字宮地	熊本県八代市妙見町四三五	明治5年	
国造神社	国造神社	国造速瓶玉命〈相殿〉雨宮媛命　高橋神　火宮神	阿蘇郡古城村手野	熊本県阿蘇郡一の宮町大字手野二、一一〇	明治7年10月	（明治5年）
加藤神社	加藤神社	加藤清正公〈相殿〉大木兼能　韓人金官	熊本市字新堀町	熊本県熊本市本丸二-一	明治8年6月	

神社名 列格時	神社名 現在	祭神	鎮座地（昭和20年以前）	現宗教法人の所在地	列格年	備考
出水神社	出水神社	細川藤孝卿　細川忠興卿　細川忠利卿　細川重賢卿〈相殿〉細川光尚朝臣　細川綱利朝臣　細川宣紀朝臣　細川宗孝朝臣　細川治年朝臣　細川斉茲朝臣　細川斉樹朝臣　細川斉護朝臣　細川韶邦朝臣　細川護久卿　伽羅奢姫	飽託郡出水村大字今	熊本県熊本市水前寺公園八‐一	明治12年5月	
川尻神社	河尻神宮	天照大御神　住吉大神　鶴岡八幡宮大神　春日大神　阿蘇大神	飽託郡力合村大字八幡村	熊本県熊本市八幡五‐一‐五〇	明治31年11月	（明治30年9月）、郷社より昇格
住吉神社	住吉神社	底筒之男命　中筒之男命　上筒之男命　気長足姫命〈合殿〉大海津見神　健磐龍命　宇気持命　事代主命　猿田彦命　菊池則隆	宇土郡網津村大字笠岩	熊本県宇土市住吉町二、〇六五	明治44年10月	（9月）、村社より昇格
疋野神社	疋野神社	波比木神	玉名郡弥富村大字立願寺	熊本県玉名市立願寺四四七	明治初年	
代継神社	代継宮	住吉大神　紀貫之朝臣　細川藤孝朝臣	熊本市本荘町	熊本県熊本市龍田町上立田字右閑山開二、五三二‐二	昭和5年10月	明治8年郷社に列格
宮原両神社	宮原両神社	高橋神　火宮神	阿蘇郡小国町宮原	熊本県阿蘇郡小国町大字宮原一、六七〇	昭和10年8月	郷社より昇格
青井阿蘇神社	青井阿蘇神社	健磐龍神　阿蘇都姫神　国造速瓶玉神	球磨郡人吉町上青井町	熊本県人吉市上青井町一一八	昭和10年11月	明治5年8月郷社に列格
大宮神社	大宮神社	景行天皇〈合殿〉三柱	鹿本郡山鹿町大字山鹿	熊本県山鹿市山鹿一九六	昭和18年5月	明治6年5月郷社に列格、明治4年12月山鹿神宮より改称
本渡諏訪神社	本渡諏訪神社	建御名方神　八坂刀売神　八幡大神	天草郡本渡町	熊本県本渡市諏訪町八‐三	昭和20年8月	

大分県

神社名 列格時	神社名 現在	祭神	鎮座地（昭和20年以前）	現宗教法人の所在地	列格年	備考
大波羅神社	大原八幡宮	息長足姫命　誉田別命　比売大神	日田郡三芳村大字田島	大分県日田市大字田島一六四	明治5年11月	
鷹居八幡神社	鷹居八幡神社	仲哀天皇　神功皇后　応神天皇	宇佐郡駅館村上田	大分県宇佐市上田字高居	明治5年	
城原八幡神社	城原八幡社	大帯彦淤斯呂和気命〈相殿〉比売大神　品陀和気命　息長帯比売命	直入郡城原村大字米納字神原	大分県竹田市大字米納一、〇四八	明治5年	明治4年郷社に列格
奈多神社	奈多宮	神功皇后　比売大神　応神天皇	東国東郡奈狩江村大字奈多	大分県杵築市大字奈多三三九	明治6年2月	明治6年11月宇佐神宮の摂社
早吸日女神社	早吸日女神社	八十枉津日神　大直日神　底筒男神　中筒男神　表筒男神　大地海原諸神	北海部郡佐賀関町大字関	大分県北海部郡佐賀関町大字関三、三三九	明治6年2月	
椎根津彦神社	椎根津彦神社	椎根津彦命	北海部郡佐賀関町大字関	大分県北海部郡佐賀関町大字関一、八二三	明治6年	
薦神社	薦神社	応神天皇　気長帯姫命　田心姫命　湍津姫命　市杵島姫命	下毛郡大幡村大字大貞	大分県中津市大字大貞二〇九‐一	明治7年10月	明治4年2月郷社に列格
健男霜凝日子神社	健男霜凝日子神社	健男霜凝日子神　豊玉姫命　彦五瀬尊	直入郡嫗嶽村大字神原字井手ノ上	大分県竹田市大字神原一、八三三	明治12年1月	明治6年郷社に列格

神社名（列格時）	神社名（現在）	祭神	住所：鎮座地（昭和20年以前）	住所：現宗教法人の所在地	列格年	備考
火男火売神社	火男火売神社	火軻具土命　伊邪那美命	速見郡朝日村大字鶴見	大分県別府市大字鶴見九四八	明治12年7月	明治6年郷社に列格
妻垣神社	妻垣神社	比咩大神　応神天皇　神功皇后	宇佐郡安心院村大字妻垣	大分県宇佐郡安心院町大字妻垣三〇三	明治12年9月	
若宮八幡神社	若宮八幡神社	大鷦鷯尊　隼総別皇子　大葉枝皇子　小葉枝皇子　嶋鳥皇子　多紀理比売命　市寸島比売命　多紀都比売命　天忍穂耳命　天菩日命　天津日子根命　活津日子根命　熊野久須比命　天照大御神　玉祖命　品陀別命	西国東郡高田町大字高田	大分県豊後高田市大字高田六七一	明治23年6月	（明治30年）、郷社に列格
弥栄神社	弥栄神社	素戔鳴尊　大己貴命　稲田姫命	大分市大字上野	大分県大分市大字上野七三八	大正5年2月	明治6年郷社に列格
春日神社	春日神社	武甕槌命　経津主命　天津児屋根命　姫大神	大分市勢家町字豊久	大分県大分市勢家町四-六-八七	大正5年6月	明治4年郷社に列格
三所神社	奥平神社	奥平貞能　奥平信昌　奥平家昌	中津市大字二ノ丁	大分県中津市大字二ノ丁一、二七三-二	大正5年11月	（6月）、明治12年郷社に列格
若宮八幡社	若宮八幡社	大雀命　菟道稚郎子命　宇礼姫命　久礼姫命	速見郡杵築町宮司	大分県杵築市大字宮司三六	大正10年	明治6年郷社に列格
宇奈岐日女神社	宇奈岐日女神社	国常立尊　国狭槌尊　彦火火出見尊　彦波瀲武命　神倭磐余彦尊	速見郡湯布院村川上	大分県大分郡湯布院町大字川上三、三〇	大正12年4月	明治6年郷社に列格
火男火売神社	火男火売神社	火之迦具土命　火焼速女命	別府市南立山字鶴見岳	大分県別府市大字東山一	大正12年5月	
八坂神社	八坂神社	健速須佐之男神　櫛名田比売神　大名牟遅神　事代主命　品陀和気命　宇迦御魂神　大市比売神　火産霊神	北海部郡臼杵町	大分県臼杵市大字臼杵字祇園洲一	大正12年6月	明治6年郷社に列格
別宮社	別宮社	応神天皇　仲哀天皇　神功皇后	東国東郡伊美村伊美字入江島	大分県東国東郡国見町大字伊美字入江島三、七〇	大正13年7月	明治4年11月郷社に列格
五所社	五所社	酒解神　建御雷之男神　別雷神　底筒之男神　宇迦之御魂神	南海郡佐伯町臼坪	大分県佐伯市三、一四	大正14年3月	明治6年4月郷社に列格
若宮八幡宮	若宮八幡宮	応神天皇　仲哀天皇　神功皇后	南海部郡佐伯町鶴望字伯潟	大分県佐伯市大字鶴望三、八四八	大正14年9月	
櫻八幡神社	櫻八幡神社	応神天応　比売大神　神功皇后	東国東郡国東町大字鶴川興導寺区興満	大分県東国東郡国東町大字鶴川二三	大正14年10月	明治6年郷社に列格
八坂神社	八坂神社	素盞鳴尊　稲田姫命　大己貴命　少彦名命	大野郡大野町大原字広峯山	大分県大野郡大野町大字大原一、二四六	昭和2年2月	
深山八幡社	深山八幡社	月弓尊　景行天皇　応神天皇　神功皇后	大野郡上井田村	大分県大野郡朝地町大字市万田三、二〇八	昭和4年3月	（1月）、明治4年11月郷社に列格
賀来神社	賀来神社	武内宿禰命　建磐竜命	大分郡賀来村賀来	大分県大分郡賀来村大字賀来字門田五六八	昭和5年4月	
八幡神社	八幡神社	誉田別尊　仲哀天皇　神功皇后	速見郡中山香町	大分県速見郡南端村大字南畑四、三〇	昭和5年11月	明治6年郷社に列格
浅草八幡社	浅草八幡社	月夜見尊　応神天皇　神功皇后	大野郡大野町宮迫字宮本	大分県大野郡大野町大字宮迫七〇五	昭和6年	（昭和7年12月）、明治4年4月郷社に列格
日吉神社	日吉神社	大己貴命　伊邪諾尊　伊邪冉命　菊理媛命	北海部郡坂ノ市町木田	大分県大分市大字木田一、五六七	昭和7年2月	

神社名 列格時	神社名 現在	祭神	住所 鎮座地(昭和20年以前)	住所 現宗教法人の所在地	列格年	備考
若宮八幡神社	若宮八幡神社	誉田別命 大雀命 足仲彦命 息長足姫命 大山守神 宇治皇子	速見郡日出町	大分県速見郡日出町字宮町二、八三	昭和7年11月	明治6年郷社に列格
上津神社	上津神社	月読尊 応神天皇 神功皇后	大野郡大野町片島	大分県大野郡大野町大字片島一、七五四	昭和9年3月	明治5年郷社に列格
若八幡神社	若八幡神社	大鷦鷯命	玖珠郡森町帆足	大分県玖珠郡玖珠町大字帆足一、六三七	昭和9年10月	明治5年郷社に列格
廣瀬神社	廣瀬神社	広瀬武夫命	直入郡竹田町竹田字向丁	大分県竹田市大字竹田二、〇三〇	昭和10年5月	
末廣神社	末廣神社	大山積之神 天御中主神	玖珠郡森町森字森	大分県玖珠郡玖珠町大字森八四	昭和11年2月	(昭和10年2月)、明治6年5月郷社に列格
八幡社	八幡社	応神天皇 比咩大神 神功皇后 素盞嗚尊	下毛郡耶馬溪村平田	大分県下毛郡耶馬溪村大字平田一、五三五	昭和11年6月	明治5年郷社に列格
別宮八幡社	別宮八幡社	誉田別命 息長足姫命 市杵島姫命 田心姫命 湍津姫命	西国東郡香々地町	大分県西国東郡香々地町大字香々地三、五九六	昭和12年2月	(昭和13年2月)、明治5年郷社に列格
八幡朝見神社	八幡朝見神社	応神天皇 仁徳天皇 仲哀天皇 神功皇后	別府市朝見	大分県別府市大字別府字朝見四、一八一	昭和12年12月	(11月)、明治6年村社に列格
椿八幡神社	椿八幡神社	応神天皇 比売大神 神功皇后	東国東郡武蔵町	大分県東国東郡武蔵町大字三井寺六五六	昭和13年8月	明治5年郷社に列格
大行事八幡社	大行事八幡社	仲哀天皇 応神天皇 他六柱	大野郡緒方村大化字竹ノ脇	大分県大野郡緒方町大字大化字竹ノ脇二、四六四	昭和14年3月	明治4年11月郷社に列格
赤八幡神社	赤八幡社	応神天皇 仲哀天皇 神功皇后	北海郡津久見町	大分県津久見市大字津久見浦字宮の前四六五	昭和17年6月	明治6年郷社に列格

宮崎県

神社名 列格時	神社名 現在	祭神	住所 鎮座地(昭和20年以前)	住所 現宗教法人の所在地	列格年	備考
都萬神社	都萬神社	木花開耶姫命	児湯郡下総北村大字妻字上妻	宮崎県西都市妻町一	明治6年1月	
愛宕神社	愛宕神社	火之迦具土神	宮崎郡佐土原町大字上田島字水ケ迫	宮崎県宮崎郡佐土原町大字上田島七八九	明治6年5月	
江田神社	江田神社	伊邪那岐尊 伊邪那美尊	宮崎郡檍村大字江田字産田	宮崎県宮崎市阿波岐原町字産母三七-イ・ロ	明治6年5月	
安賀多神社	安賀多神社	大日孁貴命 手力雄命 万幡姫命〈相殿〉伊弉諾命 埴安姫命 月読命 志那津彦命	臼杵郡岡富村大字岡富字古川	宮崎県延岡市古川町三七	明治6年5月	
二上神社	槵觸神社	天津日高番瓊瓊杵尊〈相殿〉天児屋根命 布刀玉命 健御雷命 布都怒志命	西臼杵郡高千穂村大字三田井字宮尾野	宮崎県西臼杵郡高千穂町大字三田井七三	明治6年5月	
神柱神社	神柱宮	天照大神 豊受大神〈相殿〉天津彦火瓊瓊杵命 天手力雄命 天津児屋根命 万旗豊秋津姫命 天太玉命	北諸県郡都城町大字宮丸字下年見	宮崎県都城市前田町二、四二七-一	明治6年5月	
母智丘神社	母智丘神社	豊受毘売神 大年神	北諸県郡五十市村大字横市字母知丘原	宮崎県都城市横市町六、六九一	明治6年5月	

神社名 列格時	神社名 現在	祭神	住所 鎮座地(昭和20年以前)	住所 現宗教法人の所在地	列格年	備考
狭野神社	狭野神社	神倭伊波礼彦天皇 吾平津姫命〈相殿〉瓊瓊杵尊 木花開耶姫命 彦火火出見尊 豊玉姫命 鸕鷀草葺不合尊 玉依姫命	西諸県郡高原村大字蒲牟田字狭野	宮崎県西諸県郡高原町大字蒲牟田二一七	明治6年5月	
生目神社	生目神社	品陀和気尊 藤原景清公〈相殿〉鸕鷀草葺不合尊 瓊瓊杵尊 彦火々出見尊	宮崎郡生目村大字生目字亀井山	宮崎県宮崎市大字生目三四五	明治6年	明治5年郷社に列格
霧島岑神社	霧島岑神社	瓊瓊芸能命 穂穂出見命 豊玉毘売命 鵜萱葺不合命 玉依毘売命 佐久夜毘売命	西諸県郡小林村大字細野字夷守	宮崎県小林市大字細野四、九二七	明治6年	(明治5年)
白鳥神社	白鳥神社	日本武尊	西諸県郡飯野村大字末永字白鳥	宮崎県えびの市大字末永一、四七九	明治38年	
今山八幡神社	今山八幡宮	品陀和気命 息長足姫命 玉依姫命 武内宿禰命 伊弉册命 事解男命 速玉男命 磐長姫命 猿田彦命 菅原道真公 倉稲魂命 市杵島姫命 素盞嗚命 稲田姫命	延岡市岡富	宮崎県延岡市山下町一-三、八七五	大正4年12月	明治34年8月岡宮神社を改称
粟野神社	粟野神社	大己貴尊 少彦名尊 事代主命 味鉏高彦根尊 下照姫尊 高光照姫命 御井神 建御名方神 破利斎命	東諸県郡高岡町三月田	宮崎県東諸県郡高岡町大字高浜三、一八六	昭和4年4月	明治5年郷社に列格
榎原神社	榎原神社	大日孁貴命 天忍穂耳命 彦火瓊瓊杵命 彦火火出見命 鸕鷀草葺不合命 神日本磐余彦命〈配祀〉天御中主命 国常立命 国狭槌命 大己貴命 下照毘売命 伊弉諾命 奥津彦命 他四柱	南那珂郡榎原村中尾	宮崎県南那珂郡南郷町大字榎原字中尾二甲一、一三四-四	昭和5年8月	明治6年郷社に列格
霧島東神社	霧島東神社	伊邪那岐命 伊邪那美命 天照皇大神 瓊瓊杵命 彦火火出見命 鸕鷀草葺不合尊 豊玉姫命 木花咲耶姫命 玉依姫命 神武天皇	西諸県郡高原町蒲牟田字祓川	宮崎県西諸県郡高原町大字蒲牟田六、四三七	昭和9年9月	明治13年10月郷社に列格
東霧島神社	東霧島神社	伊弉諾尊〈配祀〉瓊瓊杵尊 木花佐久夜毘売命 日子穂々出見命 鸕鷀草葺不合尊 豊玉毘売 玉依毘売命 狭野命	北諸県郡高崎町東霧島	宮崎県北諸県郡高崎町大字東霧島一、五六〇-イ	昭和10年10月	明治10年4月郷社に列格
舞鶴神社	舞鶴神社	品陀和気命 底筒男神 中筒男神 表筒男神 武内宿禰 菅原道真 漢高祖 熊野三神 闇淤加美神 財部貞綱 後漢霊帝 阿知使王 秋月家歴代神霊 大蔵春実 秋月種樹	児湯郡高鍋町	宮崎県児湯郡高鍋町大字上江一、三四五	昭和17年10月	大正14年1月郷社に列格

神社名 列格時	神社名 現在	祭神	住所 鎮座地(昭和20年以前)	住所 現宗教法人の所在地	列格年	備考
紫尾神社	紫尾神社	瓊瓊杵尊　彦火火出見尊　鵜草葺不合尊	出水郡高尾野村大字唐笠木村	鹿児島県出水郡高尾野町唐笠木七七	明治4年5月	(明治6年5月)
韓国宇豆峯神社	韓国宇豆峯神社	五十猛命　韓国曽保里神　有功神　大屋彦神	始良郡東国分村大字上井	鹿児島県国分市上井八九八	明治4年5月	(明治6年5月)
大穴持神社	大穴持神社	大穴持命　少彦名命　大歳命	始良郡東国分村大字山ノ口	鹿児島県国分市広瀬三-一、〇八九	明治4年5月	(明治6年5月)
知賀尾神社	知賀尾神社	伊弉冉命	日置郡伊集院村大字嶽村	鹿児島県日置郡郡山町嶽二、三三-一	明治4年8月	(明治6年)
鹿児島神社	鹿児島神社	火々出見尊　豊玉彦命　豊玉姫命	鹿児島郡下伊敷村大字草牟田	鹿児島県鹿児島市草牟田二-五八-三	明治5年	
紫尾神社	紫尾神社	瓊瓊杵尊〈配祀〉彦火々出見尊　鸕鷀草葺不合尊	薩摩郡鶴田村大字紫尾	鹿児島県薩摩郡鶴田町紫尾二、一四	明治5年	(明治6年5月)
伊邇色神社	伊邇色神社	伊迩色入彦命	鹿児島郡伊敷村大字戸越	鹿児島県鹿児島市下伊敷町三、一九七	明治6年5月	
月讀神社	月讀神社	月読命　迩迩芸尊　彦火火出見尊　鵜草葺不合尊　豊玉彦命	鹿児島郡西桜島村大字赤水字宮坂	鹿児島県鹿児島郡桜島町横山一、七三-八	明治6年5月	
志奈尾神社	志奈尾神社	志那津比古命　志那津比売命	薩摩郡隈之城村大字宮里	鹿児島県川内市宮里町三、一〇三-ロ	明治6年5月	
竹屋神社	竹屋神社	彦火々出見尊　豊玉姫命	川辺郡東加世田村大字宮原	鹿児島県加世田市宮原二、三六〇	明治6年5月	
加紫久利神社	加紫久利神社	天照大御神	出水郡下鯖渕町大字米津	鹿児島県出水市下鯖町一、二七二	明治6年5月	
多布施神社	多布施神社	塩槌神	日置郡田布施村大字尾下	鹿児島県日置郡金峰町尾下二、〇七四	明治6年5月	
宮浦神社	宮浦宮	神武天皇	始良郡福山村字宮田	鹿児島県始良郡福山町福山二、四二七	明治6年5月	
益救神社	益救神社	天津日高穂穂出見尊	熊毛郡上屋久村大字宮ノ浦	鹿児島県熊毛郡上屋久町宮之浦字水洗尻二七	明治6年7月	
鶴嶺神社	鶴嶺神社	島津義久　島津義弘　島津家久　島津光久　島津綱貴　島津吉貴　島津綱豊　島津宗信　島津重年　島津重豪　島津斉宣　島津斉興　島津斉彬	鹿児島市山下町	鹿児島県鹿児島市吉野町九、六九八-二	明治6年	
白羽火雷神社	白羽火雷神社	火雷命	薩摩郡平佐村大字平佐	鹿児島県川内市平佐町横木三、六三〇・三、六三〇-乙	明治初年	
八幡神社	蒲生八幡神社	仲哀天皇　応神天皇　神功皇后	始良郡蒲生町上久徳	鹿児島県始良郡蒲生町上久徳二、二五九-一	大正5年5月	明治6年5月郷社に列格
精矛神社	精矛神社	精予厳健雄命(島津義弘公)	始良郡加治木町反土字柳田	鹿児島県始良郡加治木町日木山三一-イ	大正7年7月	郷社より昇格
徳重神社	徳重神社	精矛厳健雄命(島津義弘公)	日置郡伊集院町徳重	鹿児島県日置郡伊集院町徳重一、七八七	大正7年	明治6年郷社に列格
松原神社	松原神社	島津貴久公	鹿児島市南林寺	鹿児島県鹿児島市松原町三-三五	大正9年10月	明治6年5月郷社に列格
竹田神社	竹田神社	日新偉霊彦命(島津忠良)	川辺郡加世田町武田	鹿児島県加世田市武田一七九三	昭和3年6月	(昭和2年6月)、明治6年郷社に列格
四十九所神社	四十九所神社	豊宇気毘売大神　天照皇大御神　皇御孫迩迩芸尊　大直日神　天児屋根命　天太玉命	肝属郡高山町新富	鹿児島県肝属郡高山町新富五、五八〇	昭和3年11月	

神社名		祭神	住所		列格年	備考
列格時	現在		鎮座地(昭和20年以前)	現宗教法人の所在地		
谷山神社	谷山神社	懐良親王	鹿児島郡谷山町上福元	鹿児島県鹿児島市下福元町三、七六六-三	昭和6年10月	
住吉神社	住吉神社	底筒男命　中筒男命　表筒男命	曾於郡末吉町二之方	鹿児島県曾於郡末吉町二之方三、九五-イ	昭和7年7月	明治6年5月郷社に列格
高千穂神社	高千穂神社	天津日高彦火々出見尊　天津日高彦火瓊瓊杵尊　応神天皇	大島郡名瀬町金久	鹿児島県名瀬市井根町一九-一	昭和10年5月	郷社より昇格
飯倉神社	飯倉神社	玉依毘売命	川辺郡川辺町	鹿児島県川辺郡川辺町宮四、七八	昭和13年5月	明治6年5月郷社に列格
豊玉姫神社	豊玉姫神社	豊玉姫命　彦火火出見命　豊玉彦命　玉依姫命	川辺郡知覧町	鹿児島県川辺郡知覧町郡一六五〇-一	昭和16年10月	明治6年郷社に列格
熊野神社	熊野神社	伊邪那美尊	熊毛郡中種子村	鹿児島県熊毛郡中種子町坂井六、〇三九	昭和18年1月	明治14年郷社に列格

沖縄県

神社名		祭神	住所		列格年	備考
列格時	現在		鎮座地(昭和20年以前)	現宗教法人の所在地		
沖縄神社	沖縄神社	舜天王　尚円王　尚敬王　尚泰王　源為朝	首里市當蔵町首里城内	沖縄県那覇市首里当蔵町三-一	大正15年10月	

海外の県社

樺太

神社名	祭神	鎮座地	列格年
豊原神社	天照皇大神　豊受大神　明治天皇　昭憲皇太后	豊原町大字豊原字落合字北二銭東四番地ノ乙	明治42年8月
真岡神社	天照皇大神　豊受姫大神	真岡郡真岡町大字真岡字山手町四丁目区画	明治43年3月
落合神社	大国魂命　大己貴命　少彦名命	営浜郡落合町大字落合字南一七線東三〇番地	大正10年5月
敷香神社	天照皇大神	敷香郡敷香町宮通	大正10年8月
恵須取神社	天照皇大神　明治天皇　誉田別尊　神武天皇	名好郡恵須取町大字恵須取	大正10年10月
知取神社	天照皇大神	元泊郡知取村大字知取字末広町区画	大正14年8月

台湾

神社名	祭神	鎮座地	列格年
開山神社	鄭成功	台南州台南市開山町	明治29年7月
宜蘭神社	天照大神　大国魂命　大己貴命　少彦名命　能久親王	台北市大宮町	明治33年9月
基隆神社	天照大神　大国魂命　大己貴命　少彦名命　能久親王　大物主命　崇徳天皇	台北州基隆市義重町	明治45年3月
花蓮港神社	大国魂命　大己貴命　少彦名命　能久親王	花蓮港庁花蓮郡花蓮港街米崙	大正10年3月
台東神社	大国魂命　大己貴命　少彦名命　能久親王	台東庁台東郡台東街	大正13年7月
阿緱神社	能久親王	高雄州屏東市大宮町	大正15年12月
高雄神社	能久親王　大物主命　崇徳天皇	高雄州高雄市寿町	昭和7年4月
澎湖神社	大国魂命　大己貴命　少彦名命　能久親王	澎湖庁馬公街文澳六四番地	昭和13年11月

樺太の神社

『大日本神社大観』、「神社局資料」、「昭和十二年拓務省管理局行政課備付原簿」による。神社の設立は、氏子または崇敬者となるべき者三〇人以上の連署をもって樺太庁長官の許可を必要とする。設立、移転または併合の許可の効力は、その日より二年とし、履行しなければ許可を取り消すこともあった。

豊栄支庁

社格	神社名	祭神	鎮座地	創立・列格年	神職	備考
官幣大社	樺太神社	大国魂命 大己貴命 少彦名命	豊原市豊原町旭ヶ丘	創立年 明治43年8月17日 列格年 明治43年8月17日	専任	内閣告示第七号
県社	豊原神社	天照皇大神 豊受大神 明治天皇 昭憲皇太后	豊原町大字豊原字北二線東四番地ノ乙	創立年 明治43年8月31日 列格年 昭和3年7月5日	専任	
県社	落合神社	大国魂命 大己貴命 少彦名命	栄浜郡落合町大字落合字南一七線東一〇番地	創立年 大正10年5月7日	専任	大正4年豊原神社に招魂社として創建
	樺太護国神社	西久保豊一郎命 他五三柱	豊原市大字南豊原字南三線一六番地	創立年 昭和10年9月3日		
無格社	栄浜神社	天照皇大神 倉稲魂命 大綿津見神 猿田彦命 大宮女命	栄浜郡栄浜村大字栄浜字柏浜南一四-一六番地	創建年 明治42年7月15日 創立年 大正7年7月25日	専任	
無格社	清川神社	天照皇大神	豊原郡豊原町大字清川字清川	創立年 大正9年7月3日		
無格社	大沢神社	天照皇大神 大国主命 稲荷大神	豊原郡豊原町大字大沢字大沢	創立年 大正10年4月19日		
無格社	大山祇神社	大山祇命	豊原郡川上村大字三井字川上炭山	創立年 大正10年5月17日		
無格社	深雪神社	誉田別尊	豊原郡豊北村大字深雪字深雪	創立年 大正10年5月17日		
無格社	下並川神社	少彦名命 天照皇大神 大国主命	豊原郡豊原町下並川	創立年 大正10年6月11日		
無格社	唐松神社	天照皇大神	豊原郡豊原町大字唐松字唐松	創立年 大正10年7月6日		
無格社	鈴谷神社	天照皇大神 大国主命	豊原郡豊北村大字鈴谷	創立年 大正10年7月28日		
無格社	川上神社	天照皇大神	豊原郡豊北村川上	創立年 大正10年7月28日		
無格社	白川神社	大国魂命 大己貴命 少彦名命 明治天皇	栄浜郡落合町大字白川字白川	創立年 大正10年9月20日		
無格社	追分神社	天照皇大神 豊受大神 八幡大神 天御中主大神 西久保豊一郎命 外一六柱	豊原郡豊原町追分	創立年 大正10年9月20日		
無格社	小沼神社	天照皇大神	豊原郡豊北村大字小沼字北一〇線東二号	創建年 大正3年6月15日 創立年 大正10年11月8日		
無格社	西久保神社	西久保豊一郎命 他一六柱	豊原郡豊原町西久保大字軍川字軍川	創立年 大正11年3月11日		
無格社	大谷八幡神社	応神天皇	栄浜郡落合町大字大谷	創立年 大正11年4月6日		
無格社	野寒神社	大己貴命 少彦名命 三吉霊神	栄浜郡栄浜村大字野寒字野寒	創立年 大正11年6月27日		
無格社	草野神社	天照皇大神	豊原郡豊北村大字草野字草野	創立年 大正11年7月28日		

社格	神社名	祭神	鎮座地	創立・列格年	神職	備考
無格社	富岡神社	八幡大神	豊原郡豊北村大字富岡字富岡	創立年 大正12年6月16日		
無格社	北辰神社	天御中主大神	豊原町大字北豊原字北二線西二番地	創立年 大正13年2月2日	専任	大日本神社大鑑 大正12年
無格社	竝川神社	天照皇大神	豊原郡豊原町竝川	創立年 大正13年3月31日		
無格社	東白浦神社	大国魂命 大己貴命 少彦名命	栄浜郡白縫村大字白浦字白浦区画外	創立年 大正14年11月13日	専任	樺太神社の祭神を勧請
無格社	内淵神社	天御中主神 渡辺菊太郎命 外二柱	栄浜郡落合町大字深草字内淵	創立年 昭和4年9月12日		
無格社	山中神社	品陀和気命 住吉大神 金刀比羅大神	栄浜郡落合町字山中	創立年 昭和5年5月24日		
無格社	小谷神社	応神天皇 金刀比羅大神	栄浜郡落合町字小谷	創立年 昭和5年11月12日		
無格社	奥川上神社	豊受稲荷大神	豊原郡豊北村大字本川上字奥川上	創立年 昭和5年11月18日		
無格社	円山神社	応神天皇	栄浜郡落合町字円山	創立年 昭和6年6月8日		
無格社	真縫神社	大国魂命 大己貴命 少彦名命	栄浜郡白縫村大字真縫三六番地	創立年 昭和7年11月11日		東白浦神社の祭神を勧請
無格社	川北神社	天照皇大神	栄浜郡落合町字川北	創立年 昭和8年6月15日		
無格社	小田寒神社	天照皇大神 豊受大神	栄浜郡栄浜村大字小田寒	創立年 昭和12年7月14日		

大泊支庁

社格	神社名	祭神	鎮座地	創立・列格年	神職	備考
県社	亜庭神社	大国主命 事代主命 御食津神 誉田別尊 市杵島姫命	大泊郡大泊町大字大泊字本町西一条南三丁目	創立年 大正3年8月14日 列格年 昭和5年7月5日	専任	
無格社	一ノ沢神社	天照皇大神	大泊郡千歳村字一ノ沢	創立年 大正2年4月16日		大日本神社大鑑 大正12年
無格社	船見神社	大物主命 倉稲魂命 大海津見神	大泊町船見町	創立年 大正10年1月1日	専任	大日本神社大鑑 大正9年3月3日
無格社	奥鉢稲荷神社	稲荷大神	長浜郡長浜村大字奥鉢字奥鉢	創立年 大正10年5月17日		
無格社	貝塚神社	大国主命 事代主命 御食津神 誉田別尊 市杵島姫命	大泊郡千歳村大字貝塚字貝塚	創立年 大正10年9月20日		大日本神社大鑑 30日
無格社	雄吠泊神社	大国主命 事代主命 稲荷大神	大泊郡深海村雄吠泊	創立年 大正10年10月10日		
無格社	小田井神社	大国主命 事代主命 御食津神 誉田別尊 市杵島姫命	大泊郡深海村小田井字円内	創立年 大正10年10月8日		
無格社	荒栗神社	倉稲魂命 猿田彦命 大宮女神	長浜郡長浜村大字荒栗字荒栗	創立年 大正10年11月16日		
無格社	彌満神社	稲荷大神	長浜郡知床村大字内知床字彌満	創立年 大正11年2月22日		
無格社	長浜神社	大国主命 事代主命 稲荷大神 大海津見命 産土大神	長浜郡長浜村大字長浜字池辺讃	創立年 大正11年3月9日	専任	
無格社	雨龍神社	天照皇大神 誉田別尊	留多加郡能登呂村大字雨龍	創立年 大正11年7月9日		
無格社	富内稲荷神社	宇迦之御魂神 須佐之男神 大市比賣神	富内郡富内村字恩洞	創立年 大正11年8月22日		
無格社	幌内保神社	大己貴命 少彦名命 保食神 大麻比古命	留多加郡三郷村大字幌内保字幌内保	創立年 大正11年12月19日		

社格	神社名	祭神	鎮座地	創立・列格年	神職	備考
無格社	遠淵神社	大物主命	長浜郡遠淵村大字遠淵字遠淵	創立年 大正11年12月15日		
無格社	女麗神社	御食津神 東伏見宮依仁親王 西久保豊一郎命	大泊郡深海村大字女麗	創立年 大正12年5月19日		
無格社	三ノ沢神社	倉稲魂命 佐田彦命 大宮能売命	大泊郡千歳村大字三ノ沢字三ノ沢	創立年 大正12年4月16日		
無格社	樺太出雲神社	大国主命 事代主命	大泊郡大泊町大字大泊字本町西三条南三丁目	創立年 大正12年10月23日		
無格社	山下竹駒神社	大国主命 宇迦之御魂神	大泊郡大泊町大字大泊字山下町	創立年 大正14年12月1日		
無格社	留多加八幡神社	八幡大神	留多加郡留多加町大字西留多加八幡町	創立年 大正15年8月13日	専任	大日本神社大鑑 11日
無格社	八幡神社	応神天皇	大泊郡深海村女麗字鳥居沢	創立年 大正15年1月9日		大日本神社大鑑 11日
無格社	古牧神社	大国主命 事代主命	大泊郡大泊町大字古牧字古牧	創立年 昭和3年6月8日		
無格社	二ノ沢神社	天照皇大神 宇迦之御魂神	大泊郡千歳村大字千歳字二ノ沢	創立年 昭和2年12月14日		
無格社	大禮神社	明治天皇 事代主命 大物主命 船魂神 月読命 天狭霧命	留多加郡能登呂村大字知志谷字右浜	創立年 昭和4年4月30日		
無格社	多蘭内神社	事代主大神 大物主大神 大海住大神	留多加郡三郷村大字多蘭内	創立年 昭和4年7月26日		
無格社	川口金刀比羅神社	金刀比羅大神	留多加郡留多加町大字川口	創立年 昭和4年12月4日		
無格社	小里八幡神社	八幡大神	留多加郡留多加町大字小里	創立年 昭和5年4月25日		
無格社	大豊神社	大国魂命 大己貴命 少彦名命	留多加郡留多加町大字河西字大豊	創立年 昭和5年5月20日		
無格社	江ノ浦神社	海住大神	留多加郡留多加町大字江ノ浦	創立年 昭和5年12月8日		
無格社	上喜美内稲荷神社	倉稲魂命 素盞嗚命 大市比売命	富内郡富内村大字喜美内字上喜美内	創立年 昭和6年3月18日		
無格社	南遠古丹神社	倉稲魂命 素盞嗚命 大市比売命	富内郡富内村大字落帆字南遠古丹	創立年 昭和6年4月14日		
無格社	小原神社	天照皇大神	留多加郡留多加町大字川西字小原	創立年 昭和6年11月14日		
無格社	平野神社	天照皇大神	留多加郡留多加町大字河東字南平野	創立年 昭和6年11月14日		
無格社	皆岸神社	大国主命	富内郡富内村大字喜美内字皆岸	創立年 昭和6年12月9日		
無格社	浜路神社	事代主命	留多加郡留多加町大字河東字浜路	創立年 昭和8年1月25日		
無格社	新場神社	天照皇大神 大国主命 倉稲魂神	大泊郡千歳村大字貝塚字新場	創立年 昭和9年10月24日		
無格社	中里神社		大泊郡千歳村中里	創立年 昭和10年以降		
無格社	遠淵沢神社	大国主命 事代主命 御食津神 誉田別尊 市杵島姫命	長浜郡遠淵村大字遠淵字遠淵沢	創立年 昭和12年8月16日		
無格社	札塔神社	事代主命	長浜郡知床村大字内知床字礼塔遠淵字遠淵沢	創立年 昭和12年8月26日		
無格社	利良神社	事代主命 金刀比羅大神	留多加郡三郷村大字多蘭内字利良	創立年 昭和12年5月21日		
無格社	知志谷神社	大国主命	留多加郡能登呂村大字知志谷	創立年 昭和13年4月25日		
無格社	胡蝶前神社		長浜郡遠渕村	創立年 昭和10年以降		

本斗支庁

社格	神社名	祭神	鎮座地	創立・列格年	神職	備考
無格社	麻内神社	事代主命 大綿津見神	本斗郡本斗町大字阿幸字麻内	創立年 大正10年10月5日		
無格社	南名好中央神社	大国主命	本斗郡好仁村大字南名好字南名好沢二五番一	創立年 大正10年10月12日		
無格社	本斗神社	大国魂命 大己貴命 少彦名命 天照皇大神 稲荷大神 聖徳太子 船魂大神	本斗郡本斗町大字本斗	創立年 大正10年12月8日	専任	
無格社	西ノ宮神社	恵比寿神	本斗郡海馬村字泊皿五三番地	創立年 大正12年9月7日		
無格社	内幌神社	天照皇大神 明治天皇 稲荷大神 金毘羅神 神武天皇	本斗郡内幌村字内幌	創立年 大正12年10月1日	専任	
無格社	内幌神社気主神社	天照皇大神	本斗郡内幌村字気主	創立年 大正12年10月1日		
無格社	内幌神社上内幌別社	天照皇大神	本斗郡内幌村字上内幌沢	創立年 大正12年10月1日		
無格社	南名好神社	大国魂命 大己貴命 少彦名命 天照皇大神	本斗郡好仁村大字南名好字南名好沢三番地右方	創立年 大正11年11月3日		
無格社	阿幸神社	事代主命	本斗郡本斗町大字阿幸字阿幸	創立年 昭和4年10月11日		

真岡支庁

社格	神社名	祭神	鎮座地	創立・列格年	神職	備考
県社	真岡神社	天照皇大神 豊受姫大神	真岡郡真岡町大字真岡字山手町四丁目区画	創立年 明治43年8月31日 列格年 昭和9年5月10日	専任	
無格社	小能登呂神社	大国魂命 大己貴命 少彦名命	野田郡小能登呂村字下能登呂	創立年 大正11年12月15日	専任	大日本神社大鑑 大正12年
無格社	蘭泊神社	大物主之大神 金刀比羅大神 伏見稲荷大神	真岡郡蘭泊村大字蘭泊村字蘭泊一五九ノ一	創立年 大正11年12月25日	専任	
無格社	姉苗三吉神社	大己貴命 少彦名命 三吉大神	真岡郡広地村大字大穂泊字姉苗	創立年 大正14年8月28日		
無格社	八幡神社	八幡大神	野田郡野田町字南沢	創立年 大正10年11月24日		
無格社	野田神社	天照皇大神	野田郡野田町大字野田字西三条区画外	創立年 大正12年8月20日	専任	明治39年遥拝所を起源
無格社	楽磨神社	大綿津見命	真岡郡蘭泊村大字本古丹字楽磨	創立年 昭和3年11月12日		
無格社	久良志稲荷神社	豊受比売大神	野田郡野田町大字久良志	創立年 昭和5年1月6日		
無格社	大国神社	大国主命	野田郡小能登呂村大字上能登呂字上能登呂	創立年 昭和6年11月27日		
無格社	北沢八幡神社	品陀和気命	野田郡野田町大字野田字北沢	創立年 昭和9年3月12日		
無格社	瑞穂妙見神社	天御中主神	真岡郡清水村大字二股字瑞穂	創立年 昭和9年6月11日		
無格社	広地神社	大綿津見神	真岡郡広地村大字広地	創立年 昭和12年6月18日		
無格社	逢坂神社	豊受大神	真岡郡清水村大字逢坂	創立年 昭和12年10月27日		
無格社	二股神社	天照皇大神 豊受稲荷大神	真岡郡清水村大字二股	創立年 昭和12年12月20日		

泊居支庁

社格	神社名	祭神	鎮座地	創立・列格年	神職	備考
県社	恵須取神社	天照皇大神 明治天皇 誉田別尊 神武天皇	名好郡恵須取町大字恵須取	創立年 大正10年10月25日	専任	
無格社	名好神社	誉田別尊	名好郡名好村大字名好字名好	創立年 大正10年10月25日	専任	
無格社	鵜城神社	大国魂命 大己貴命 少彦名命 応神天皇	鵜城郡鵜城村市外東方高地	創立年 大正10年11月3日	専任	樺太神社の祭神を勧請
無格社	泊居神社	天照皇大神 倉稲魂命 大山祇神	泊居郡泊居町大字泊居	創立年 大正10年11月8日	専任	
無格社	恵比須神社	豊受大神	久春内郡三浜村大字幸浜字恵比須	創立年 大正10年11月24日		
無格社	久春内神社	大己貴命 少彦名命 天照皇大神 大国主命 倉稲魂命	久春内郡春内村大字久春内	創立年 大正10年		
無格社	萌菱神社	倉稲魂命	久春内郡三浜村大字幸浜字萌菱	創立年 大正11年1月6日		
無格社	牛毛神社	豊受大神	久春内郡久春内村大字牛毛字牛毛	創立年 大正11年1月26日		
無格社	安別神社	大国魂命 大己貴命 少彦名命	名好郡名好村大字安別字安別	創立年 大正11年9月29日	専任	
無格社	元沢神社	豊受大神	泊居郡泊居町大字元沢字元沢	創立年 大正12年5月19日		
無格社	宝沢神社	応神天皇 神功皇后 比伊大神	久春内郡久春内村大字久春内字宝沢	創立年 昭和2年5月3日		
無格社	下追手神社	天照皇大神 明治天皇 稲荷大神 秋葉大神	泊居郡泊居町大字追手字下追手	創立年 昭和2年8月1日		
無格社	珍内神社	天照皇大神	久春内郡三浜村大字珍内字来知志	創立年 昭和3年1月28日	専任	
無格社	智来神社	天照皇大神	泊居郡泊居町名寄村大字智来字智来	創立年 昭和6年7月3日		
無格社	追手神社	天照皇大神	泊居郡泊居町大字追手字追手	創立年 昭和6年11月19日		
無格社	名寄神社	八幡大神 三吉大神 稲荷大明神	泊居郡名寄村大字名寄	創立年 昭和12年1月14日		
無格社	恵須取八幡神社	誉田別尊	名好郡恵須取町			
無格社	塔路神社		名好郡塔路町		専任	

元泊支庁

社格	神社名	祭神	鎮座地	創立・列格年	神職	備考
県社	知取神社	天照皇大神	元泊郡知取村大字知取字末広町区画地	創立年 昭和4年8月19日	専任	
無格社	八幡神社	誉田別尊 足仲彦尊 気長足姫命	元泊郡元泊村大字元泊字元泊浜亼三番地ノ一	創立年 大正10年7月6日	専任	
無格社	稲荷神社	大国主命 宇迦之御魂命 猿田彦命 大宮姫命	元泊郡知取町大字知取字浜町	創立年 大正15年11月1日		
無格社	北遠古丹神社	天照皇大神	元泊郡知取町大字北遠古丹	創立年 大正15年11月9日		
無格社	樫保神社	天照皇大神 春日大神 豊国大神	元泊郡元泊村大字樫保字樫保	創立年 昭和8年2月20日		
無格社	帆寄稲荷神社	稲荷大神	元泊郡帆寄村大字馬群潭字馬群潭	創立年 昭和8年5月6日		
無格社	大正神社	天照皇大神 大国主命 月読命	元泊郡帆寄村大字馬群潭	創立年 昭和11年2月4日		大日本神社大鑑に掲載なし
無格社	八幡神社	誉田別尊 足仲彦尊 気長足姫命	元泊郡帆寄村大字馬群潭字中馬群潭	創立年 昭和13年8月12日		

社格	神社名	祭神	鎮座地	創立・列格年	神職	備考
崇敬社	(三吉神社)	三吉大神	元泊郡知取町吉川高台	創建年 昭和2年8月		秋田県三吉神社の祭神を勧請

敷香支庁

社格	神社名	祭神	鎮座地	創立・列格年	神職	備考
県社	敷香神社	天照皇大神	敷香郡敷香町宮通	竣工祭 明治44年7月29日 創立年 大正10年8月1日 列格年 昭和15年12月28日	専任	
無格社	内路神社	天照皇大神	敷香郡内路村末広町	創建年 大正4年 創立年 大正10年5月7日	専任	
無格社	泊岸神社	大国魂命 大己貴命 少彦名命	敷香郡泊岸村大字泊岸字泊岸	創立年 大正10年5月7日		
無格社	散江神社	大国魂命 大己貴命 少彦名命	散江郡散江村大字散江字能登	創立年 昭和3年5月11日		
無格社	上敷香神社		敷香郡		専任	

台湾の神社

台湾総督府『台湾ニ於ケル官国幣社以下神社ノ概況』による。拓務省作成の一覧は創立年、台湾総督府の表は鎮座年を使用している。拓務省調査資料(昭和十六年版)では、創立年は総督府資料の鎮座年と同じであるが、県社以上の神社の調査(十五年版)では数社で相違が見られる。本一覧では総督府資料に従い鎮座年で表記した。台湾には、神社と見なされないが参拝の施設として社および遥拝所があった。現在地は、神社は消滅しているが、鎮座地を現在の住所に当て嵌めたもので、『日據時期神道統制下的台湾宗教政策』によった。

台北州

社格	神社名	祭神	鎮座地	現在地	鎮座・列格年等	神職
官幣大社	台湾神宮	能久親王 大国魂命 大己貴命 少彦名命 天照大神	台北市大宮町	台北市圓山大飯店	創立年 明治33年9月18日 列格年 明治33年9月18日 鎮座年 明治34年10月27日 昭和19年6月17日天照大神を増祀し、台湾神宮と改称	専任
県社	宜蘭神社	能久親王 大国魂命 大己貴命 少彦名命 天照皇大神	宜蘭郡員山庄外院山字員山	宜蘭県員山郷復興路忠烈祠付近	鎮座年 明治39年6月21日 (創立年 明治34年3月7日) 列格年 昭和2年4月18日	専任
県社	基隆神社	能久親王 大国魂命 大己貴命 少彦名命 天照皇大神 大物主命 崇徳天皇	基隆市義重町	基隆市中正公園忠烈祠	鎮座年 明治45年3月9日 (創立年 明治44年2月23日) 列格年 昭和11年3月25日	専任
総督指定護国神社	台湾護国神社	靖国神社ノ祭神ニシテ本島ニ縁故有スル英霊	台北市大直(台湾神社東隣)	台北市忠烈祠	鎮座年 昭和17年5月23日	専任
郷社	台北稲荷神社	倉稲魂神	台北市西門町	台北市成都路口到西門市場第一入口紅楼戯院旁	鎮座年 明治44年6月20日 列格年 昭和12年10月25日	専任

社格	神社名	祭神	鎮座地	現在地	鎮座・列格年等	神職
無格社	建功神社	明治二八年改隷以降台湾ニ於ケル戦死者準戦死者殉職者準殉職者及殉難者	台北市南門町	台北市中央図書館	鎮座年 昭和3年7月14日	専任
無格社	瑞芳神社	能久親王 大国魂命 大己貴命 少彦名命 天照皇大神	基隆郡瑞芳庄龍潭堵一〇三ノ七	台北県瑞芳鎮	鎮座年 昭和11年7月10日	専任
無格社	新荘神社	能久親王 明治天皇 倉稲魂大神	新荘郡新荘街字小田心子	台北県新荘市明中街一〇号	鎮座年 昭和12年11月16日	専任
無格社	羅東神社	大国魂命 大己貴命 少彦名命 明治天皇	羅東郡羅東街浮崙	宜蘭県羅東鎮純精路	鎮座年 昭和12年11月2日	専任
無格社	汐止神社	能久親王 大己貴命 天照皇大神 明治天皇 倉稲魂命	七星郡汐止街汐止字汐止	台北郡汐止鎮公園路七号忠順廟	鎮座年 昭和12年12月15日	専任
無格社	海山神社	能久親王 大己貴命 明治天皇	海山郡中和庄外員山	台北郡中和市員山路海山公園	鎮座年 昭和13年5月13日	専任
無格社	淡水神社	能久親王 明治天皇 大物主命 崇徳天皇	淡水郡淡水街油車口字油車口	台北県淡水鎮油車里中正路一段六港三三号忠烈祠	鎮座年 昭和14年6月1日（創立年 昭和14年3月11日）	専任
無格社	文山神社	能久親王 大国魂命 大己貴命 少彦名命 明治天皇	文山郡新店庄	台北県新店市太平里精忠路空軍公墓付近	鎮座年 昭和14年4月7日	専任
無格社	蘇澳神社	能久親王 明治天皇	蘇澳郡蘇澳庄糞箕	宜蘭県蘇澳鎮聖湖里福安街山坡上	鎮座年 昭和15年2月8日	専任

新竹州

社格	神社名	祭神	鎮座地	現在地	鎮座・列格年等	神職
国幣小社	新竹神社	能久親王 大国魂命 大己貴命 少彦名命	新竹市客雅	新竹市中山路成徳国中付近	鎮座年 大正7年10月25日 県社列格 大正9年2月17日 昇格年 昭和17年11月25日	専任
無格社	通霄神社	能久親王 天照皇大神	苗栗郡通霄庄通霄四三番地ノ二	苗栗県通霄鎮通西里虎山路	鎮座年 昭和12年1月25日	兼任
無格社	桃園神社	能久親王 大国魂命 大己貴命 少彦名命 豊受大神 明治天皇	桃園郡桃園街大桧渓王侯坑	桃園市忠烈祠	鎮座年 昭和13年9月23日	専任
無格社	苗栗神社	能久親王 大国魂命 大己貴命 少彦名命 明治天皇	苗栗郡苗栗街苗栗	苗栗市福星里福星山一五鄰一号	鎮座年 昭和13年11月4日	専任
無格社	中壢神社	能久親王 豊受大神	中壢郡中壢街三座屋字三座屋	桃園県中壢市三光路一五号中壢高中	鎮座年 昭和14年10月15日	専任
無格社	頭分神社	能久親王 豊受大神 明治天皇	竹南郡頭分庄	苗栗県頭分鎮	鎮座年 昭和15年2月9日	専任
無格社	竹南神社	能久親王 大国魂命 豊受大神	竹南郡竹南街	苗栗県竹南鎮大営路一二五号竹南鎮衛生所	鎮座年 昭和15年12月7日	専任
無格社	大湖神社	能久親王 大国魂命 明治天皇	大湖郡大湖庄山林八一	苗栗県大湖郷静湖村五鄰竹頭園一二-一号（大湖郷昭忠塔廟）	鎮座年 昭和16年3月25日	専任
無格社	竹東神社	能久親王 大国魂命 大己貴命 少彦名命 明治天皇	竹東郡竹東街上公館畑四六番地	新竹県竹東鎮中山里大林路一号竹東高級中学	鎮座年 昭和17年10月20日	専任

台中州

社格	神社名	祭神	鎮座地	現在地	鎮座・列格年等	神職
国幣小社	台中神社	能久親王 大国魂命 大己貴命 少彦名命	台中市新富町	台中市力行路三〇号忠烈祠	鎮座年 大正元年10月27日（創立年 明治44年2月28日） 県社列格 大正2年5月29日 昇格年 昭和17年11月27日	専任

社格	神社名	祭神	鎮座地	現在地	鎮座・列格年等	神職
郷社	彰化神社	能久親王 大国魂命 大己貴命 少彦名命	彰化市南郭	彰化市卦山里卦山路一之三号	鎮座年 社として昭和2年7月17日 神社昇格 昭和3年12月22日 列格年 昭和12年11月4日	専任
郷社	員林神社	能久親王 大国魂命 大己貴命 少彦名命	員林郡員林街	彰化県員林鎮出水里出水港三号忠烈祠	鎮座年 社として昭和6年3月29日 神社昇格 昭和7年10月21日 列格年 昭和17年2月28日	専任
郷社	清水神社	能久親王 大国魂命 大己貴命 少彦名命 天照皇大神	大甲郡清水街字清水	台中県清水鎮大街路	鎮座年 昭和12年11月23日 列格年 昭和17年10月30日	専任
無格社	豊原神社	能久親王 大国魂命 大己貴命 少彦名命 天照皇大神	豊原郡豊原街下南坑	台中県豊原市南陽路四四〇号南陽国小	鎮座年 昭和11年3月27日	専任
無格社	東勢神社	能久親王 大己貴命 明治天皇 大山祇神 彌都波能賣神	東勢郡東勢街東勢字上新	台中県東勢鎮東崎街東勢高級工業高校	鎮座年 昭和12年7月30日	専任
無格社	竹山神社	能久親王 大国魂命 大己貴命 少彦名命 明治天皇	竹山郡竹山庄竹圍子字竹圍子	南投県竹山鎮雲林里公所路一〇〇号竹山公園	鎮座年 昭和13年2月28日	
無格社	北斗神社	能久親王 大国魂命 大己貴命 少彦名命 明治天皇	北斗郡北斗街北勢寮	彰化県北斗鎮文苑路青商花廊	鎮座年 昭和13年10月6日	
無格社	田中神社	能久親王 明治天皇	員林郡田中庄	台中県田中鎮中南路三段一八七号	鎮座年 昭和14年10月30日	専任
無格社	鹿港神社	能久親王 明治天皇 事代主命 大綿津見神	彰化郡福興庄橋頭	彰化県福興郷橋頭村復興路七八号鹿港国中内	鎮座年 昭和14年10月10日	専任
無格社	秀水神社	能久親王 大国魂命 大己貴命 少彦名命 明治天皇	彰化郡秀水庄安東	彰化県秀水郷福安村中山路三四四号	鎮座年 昭和16年10月18日	専任
無格社	能高神社	能久親王 大国魂命 大己貴命 少彦名命	能高郡埔里街	南投県埔里鎮枇杷里中心	鎮座年 昭和15年10月6日	専任
無格社	南投神社	能久親王 大国魂命 大己貴命 少彦名命 天照皇大神	南投郡南投街三塊厝	南投市三興里建国巷四三号南投高中	鎮座年 昭和18年3月6日	専任
無格社	魚池神社	能久親王 大国魂命 大己貴命 少彦名命	新高郡魚池庄魚池	南投県魚池郷魚池村秀水巷三号	造営中 昭和18年	

台南州

社格	神社名	祭神	鎮座地	現在地	鎮座・列格年等	神職
官幣中社	台南神社	能久親王	台南市南門町	台南市府前路体育館	鎮座年 大正12年10月28日 列格年 大正14年10月31日	専任
国幣小社	嘉義神社	能久親王 大国魂命 大己貴命 少彦名命 天照皇大神	嘉義市山子頂	嘉義市東川里山仔頂一七三号忠烈祠	鎮座年 大正4年10月28日 県社昇格 大正6年10月23日 列格年 昭和19年2月28日	専任
県社	開山神社	鄭成功	台南市開山町	台南市開山路延平郡王祠	鎮座年 明治30年1月13日 (創立年 明治29年7月25日) 列格年 明治30年1月13日	専任
郷社	北港神社	能久親王 大国魂命 大己貴命 少彦名命 天照皇大神	北港郡北港街北港	雲林県北港鎮文化路二四六号	鎮座年 昭和9年11月26日 列格年 昭和13年7月11日	専任

社格	神社名	祭神	鎮座地	現在地	鎮座・列格年等	神職
郷社	新営神社	能久親王 大国魂命 大己貴命 少彦名命 倉稲魂命	新営郡新営街新営	台南県新営市忠政里信義街七三号新営医院	鎮座年 昭和12年11月27日 列格年 昭和17年9月18日	専任
無格社	五間厝神社	大国魂命 大己貴命 少彦名命 天照皇大神	虎尾郡虎尾街	雲林県虎尾鎮安慶里民主路安慶国小	鎮座年 大正5年5月25日	専任
無格社	南靖神社	大己貴命 天照皇大神	嘉義郡水上庄南靖	嘉義県水上郷靖和村二鄰南靖国小東北角	鎮座年 大正13年11月3日	専任
無格社	阿里山神社	能久親王 大国魂命 少彦名命 大国主命 大山祇命 火具津智命 彌都波能賣命 科津彦命	嘉義郡阿里山ララチ社	嘉義県阿里山郷来吉村四鄰五〇号	鎮座年 大正8年4月25日	兼任
無格社	北門神社	能久親王 大国魂命 大己貴命 少彦名命 天照皇大神	北門郡佳里街佳里	台南県佳里鎮延平路中山公園内	鎮座年 昭和11年7月15日	専任
無格社	東石神社	能久親王 大国魂命 大己貴命 少彦名命 天照皇大神	東石郡朴子街朴子	嘉義県朴子鎮山通路中正公園内	鎮座年 昭和11年9月10日	専任
無格社	曾文神社	能久親王 大国魂命 大己貴命 少彦名命	曾文郡麻豆街麻豆	台南県麻豆鎮南勢里三五隣南勢八五号	鎮座年 昭和13年9月19日	専任
無格社	斗六神社	能久親王 大国魂命 大己貴命 少彦名命	斗六郡斗六街斗六	雲林県斗六市民生路斗六高中	鎮座年 社として昭和4年10月20日 神社昇格 昭和12年6月25日	専任
無格社	林内神社	能久親王 大国魂命 大己貴命 少彦名命 豊受大神	斗六郡斗六街林内	雲林県斗六市林内郷公所対面山上	鎮座年 昭和15年12月20日	兼任
無格社	新化神社	能久親王 天照皇大神 豊受大神 明治天皇	新化郡新化街新化字王公廟	台南県新化鎮中興路虎頭埤風景区外	造営中 昭和18年	嘱託

高雄州

社格	神社名	祭神	鎮座地	現在地	鎮座・列格年等	神職
県社	高雄神社	能久親王 大物主命 崇徳天皇	高雄市寿町	高雄市寿山忠烈祠	鎮座年 明治45年2月5日 改称年 大正9年12月打狗神社を高雄神社 列格年 昭和7年4月22日	専任
県社	阿緱神社	能久親王	屏東市大宮町	屏東市中山公園内	鎮座年 大正8年10月4日 (創立年 大正7年1月13日) 列格年 大正15年12月4日	専任
郷社	岡山神社	能久親王 大国魂命 大己貴命 少彦名命 天照皇大神 明治天皇	岡山郡岡山街前峯	高雄県岡山鎮寿天里公園路一〇号岡山図書館	鎮座年 昭和10年12月9日 列格年 昭和17年1月24日	専任
郷社	潮州神社	能久親王 天照皇大神 豊受大御神 明治天皇 大国主神	潮州郡潮州街潮州	屏東県潮州鎮三星里三星路中山公園	鎮座年 昭和11年5月27日 列格年 昭和13年9月19日	専任
郷社	東港神社	能久親王 大国魂命 大己貴命 少彦名命 天照皇大神	東港郡東港街東港	屏東県東港鎮豊漁里豊漁街海浜国小	鎮座年 昭和10年10月18日 列格年 昭和17年10月31日	専任
郷社	鳳山神社	能久親王 大国魂命 大己貴命 少彦名命	鳳山郡鳳山街竹子脚	高雄県鳳山市鳳鳴路	鎮座年 昭和10年7月31日 列格年 昭和18年10月26日	専任
無格社	里港神社	能久親王 天照皇大神 彌都波能賣神	屏東郡里港庄里港	屏東県里港鎮郷永春村中山路一〇四号	鎮座年 昭和10年12月26日	兼任
無格社	佳冬神社	能久親王 大国魂命 大己貴命 少彦名命 天照皇大神	東港郡佳冬庄佳冬	屏東県佳冬郷佳和路	鎮座年 昭和11年4月13日	兼任
無格社	旗山神社	能久親王 大国魂命 大己貴命 少彦名命 安徳天皇	旗山郡旗山街	高雄県旗山鎮中山公園内	鎮座年 昭和11年10月30日	専任

社格	神社名	祭神	鎮座地	現在地	鎮座・列格年等	神職
無格社	恒春神社	能久親王 大国魂命 大己貴命 少彦名命	恒春郡恒春街網沙	屏東県恒春鎮	鎮座年 昭和17年5月11日	専任

台東庁

社格	神社名	祭神	鎮座地	現在地	鎮座・列格年等	神職
県社	台東神社	能久親王 大国魂命 大己貴命 少彦名命	台東郡台東街	台東市博愛路鯉魚山麓台東県忠烈祠	鎮座年 明治44年10月27日 （創立年 大正元年12月27日） 列格年 大正10年3月2日 遷座年 昭和5年10月27日	専任

花蓮港庁

社格	神社名	祭神	鎮座地	現在地	鎮座・列格年等	神職
県社	花蓮港神社	能久親王 大国魂命 大己貴命 少彦名命	花蓮郡花蓮港街米崙	花蓮県花蓮市尚志路	鎮座年 大正5年9月22日 （創立年 大正4年8月19日） 列格年 大正10年3月2日	専任
無格社	吉野神社	能久親王 大国魂命 大己貴命 少彦名命	花蓮郡吉野庄字宮前	花蓮県吉安郷慶豊村	鎮座年 明治45年6月8日	専任
無格社	豊田神社	能久親王 大国魂命 大己貴命 少彦名命	花蓮郡壽庄豊田村字森本	花蓮県寿豊郷豊裡村	鎮座年 大正4年6月5日	専任
無格社	林田神社	能久親王 大国魂命 大己貴命 少彦名命	鳳林庄林田村	花蓮県鳳林鎮大栄里自強路	鎮座年 大正4年6月6日	専任
無格社	佐久間神社	大己貴命 佐久間佐馬太	花蓮郡蕃地タビト社	花蓮県秀林郷富世村天祥路	鎮座年 大正12年12月8日	兼任

澎湖庁

社格	神社名	祭神	鎮座地	現在地	鎮座・列格年等	神職
県社	澎湖神社	能久親王 大国魂命 大己貴命 少彦名命	馬公街文澳九四番地	澎湖県馬公市文化中心内	鎮座年 社として昭和3年11月8日 神社昇格 昭和9年7月23日 列格年 昭和13年11月29日	専任

〔社・末社・遥拝所〕

台北州

社号	神社名	祭神名	鎮座地	鎮座年
社	金瓜石社	大国主命 猿田彦命 金山彦命	基隆郡瑞芳庄九分	明治31年3月2日
社	末広稲荷社	豊受比賣神	基隆市田寮町三〇	明治32年10月24日
社	瑞芳社	金山彦命 金山姫命	基隆郡瑞芳庄焿子寮一六三	明治39年5月28日
社	淡水稲荷社	倉稲魂命 猿田彦命 大宮女命	淡水郡淡水街淡水字砲台埔二六ノ一	明治39年11月15日
社	加羅山社	能久親王 大国魂命 大己貴命 少彦名命 天照皇大神	羅東郡蕃地大平山	大正7年10月1日
社	東澳祠	能久親王 天照皇大神	蘇澳郡蕃地東澳嶺枕山ノ北端	大正9年8月25日

社号	神社名	祭神名	鎮座地	鎮座年
社	二結稲荷社	大己貴命 倉稲魂命 猿田彦命 大宮能賣命 五十猛命 抓津姫命 大屋津姫命	羅東郡五結庄二結五〇九	大正10年5月10日
社	基隆天満宮社	菅原道眞	基隆市天神町一五六	大正10年12月25日
社	恵美須社	都味歯八重事代主命	基隆市真砂町三七	大正11年9月9日
社	シキクン祠	能久親王 大国魂命 大己貴命 少彦名命	羅東郡蕃地シキクン社	大正12年11月7日
社	崁脚山社	大山祇神	基隆郡萬里庄頂萬里加投字崁脚	大正13年10月25日
社	鼻子頭社	都味歯八重事代主命	基隆市入船町一丁目三	大正14年7月10日
社	大安稲荷社	豊受比賣神	台北市大安字三甲一	昭和2年1月8日
社	蘇澳金刀比羅社	大物主命 崇徳天皇	蘇澳郡蘇澳庄蘇澳字蘇澳二〇ノ四	昭和2年4月20日
社	北投社	大国主命	七星郡北投庄北投五三	昭和5年5月20日
社	台北天満宮社	菅原道眞	台北市文武町二ノ三	昭和6年9月24日
社	ウライ祠	能久親王 大国魂命 大己貴命 少彦名命	文山郡蕃地ウライ社桶後渓右岸	昭和8年5月22日
社	カンケイ祠	能久親王 天照皇大神	蘇澳郡蕃地カンケイ社	昭和8年8月11日
社	濁水祠	能久親王 大国魂命 大己貴命 少彦名命 天照皇大神	羅東郡蕃地バヌン社	昭和9年6月10日
社	南澳祠	能久親王 大国魂命 大己貴命 少彦名命 天照皇大神	蘇澳郡蘇澳庄大南澳	昭和11年10月7日

新竹州

社号	神社名	祭神名	鎮座地	鎮座年
社	大湳祠	能久親王 大国魂命 大己貴命 少彦名命	パアカサン社	大正12年12月25日
社	豊満社	大国主命 市杵島姫命	桃園郡桃園街大樹林四五八	大正13年10月15日
社	十八兒祠	能久親王 天照皇大神 明治天皇	竹東郡蕃地十八兒社	昭和2年11月10日
社	苗栗稲荷社	豊受比賣神	苗栗郡苗栗街苗栗七一七	昭和3年10月15日
社	大渓社	能久親王 大国魂命 大己貴命 少彦名命	大渓郡大渓街字草店尾一九三	昭和7年10月30日
社	角板山祠	能久親王 豊受大神	大渓郡蕃地角板山社	昭和13年8月15日
社	カウボー祠	能久親王 豊受大神	大渓郡蕃地カウボー社	昭和13年8月16日
社	ガオガン祠	能久親王 豊受大神	大渓郡蕃地ブトノカン社	昭和13年8月17日
社	尖石祠	能久親王 豊受大神	竹東郡蕃地ジヘン社	昭和13年11月25日
遙拝所	中壢遥拝所		中壢郡平鎮庄北勢五ノ一	
遙拝所	大湖遥拝所		大湖郡大湖庄大湖八九八	

台中州

社号	神社名	祭神名	鎮座地	鎮座年
社	台中稲荷社	倉稲魂命	台中市台中一、三五五・一、三九六	明治30年9月
社	南投稲荷社	倉稲魂命	南投郡南投街三塊厝六四ノ三〇一	大正元年10月
社	金刀比羅社	大物主神 崇徳天皇	彰化郡和美庄中寮字竹圍子一〇一	大正5年10月10日
社	八仙山社	能久親王 大国魂命 少彦名命 大国主命 大山祇神	東勢郡蕃地八仙山佳保台	大正12年11月14日
社	月眉社	天照皇大神	豊原郡内埔庄月眉三九六ノ二	大正12年12月21日
社	新高祠	能久親王 大国魂命 大己貴命 少彦名命 大山祇神	新高郡新高主山山嶺	大正14年7月12日
社	烏日社	天照皇大神	大屯郡烏日庄烏日一三‐一三	昭和2年10月22日
社	日月潭玉島社	市杵島姫命	新高郡魚池庄水社日月潭中ノ島	昭和6年11月24日
社	新高社	能久親王 大国魂命 大己貴命 少彦名命 大山祇神	新高郡集々庄字集々六九	昭和7年10月26日
社	大南八幡社	誉田別尊 大帯姫命 比賣神	東勢郡新社庄大南字大南一〇	昭和7年11月26日
社	沙鹿社	能久親王 大国魂命 大己貴命 少彦名命 倉稲魂命 猿田彦命 大宮能賣神	大甲郡沙鹿庄沙鹿字斗抵二四ノ一	昭和7年12月10日
社	霧ヶ岡社	能久親王 大国魂命 大己貴命 少彦名命	新高郡蕃地霧社	昭和7年12月16日
社	次高社	能久親王 天照皇大神 大山祇命	東勢郡蕃地シカヤウ社次高山々頂	昭和9年8月1日
社	久良栖祠	天照皇大神	東勢郡蕃地久良栖社	昭和9年10月26日
社	埋伏坪祠	天照皇大神	東勢郡蕃地埋伏坪社	昭和12年9月28日
社	川中島社祠	能久親王 大国魂命 大己貴命 少彦名命 天照皇大神	新高郡蕃地川中島社	昭和12年12月25日

台南州

社号	神社名	祭神名	鎮座地	鎮座年
社	大林金刀比羅社	大物主命 上筒男命 中筒男命 底筒男命	嘉義郡大林庄大湖四〇八	大正5年11月10日
社	新町稲荷社	倉稲魂命	台南市新町一ノ四八九	大正12年3月3日
社	大崙社	天照皇大神 大国主命 応神天皇	斗六郡斗六街大崙二八九	大正12年6月30日
社	玉井社	能久親王 天照皇大神	新化郡玉井庄玉井三三	昭和3年11月15日
社	新化社	能久親王 天照皇大神	新化郡新化街礁坑子五六九ノ二新化字王公廟一〇五〇ノ二	昭和4年6月16日
社	灣裡社	能久親王 天照皇大神 明治天皇	新化郡善化庄曾文四〇七	昭和5年10月20日
社	總爺社	天照皇大神 大国主命 大宜都比賣神	曾文郡麻豆四二九	昭和5年10月31日
社	三崁店社	能久親王 天照皇大神 豊受大神	新豊郡永康庄三崁点三二三	昭和6年5月20日
社	虎山社	能久親王 天照皇大神 豊受大神	新豊郡永寧庄牛稠子	昭和8年6月7日

社号	神社名	祭神名	鎮座地	鎮座年
社	ララウヤ社	能久親王 大国魂命 大己貴命 少彦名命 天照皇大神 大山祇命	嘉義郡蕃地ララウヤ社	昭和8年12月12日
社	タッパン祠	能久親王 大国魂命 大己貴命 少彦名命 天照皇大神 大山祇命	嘉義郡蕃地タッパン社	昭和8年12月17日
社	トフヤ司	能久親王 大国魂命 大己貴命 少彦名命 天照皇大神 大山祇命	嘉義郡蕃地トフヤ社	昭和8年12月17日
社	ララチ祠	能久親王 大国魂命 大己貴命 少彦名命 天照皇大神 大山祇命	嘉義郡蕃地ララチ社	昭和8年12月17日
社	ニヤウチナ祠	能久親王 大国魂命 大己貴命 少彦名命 天照皇大神 大山祇命	嘉義郡蕃地ニヤウチナ社	昭和8年12月17日
社	サビキ祠	能久親王 大国魂命 大己貴命 少彦名命 天照皇大神 大山祇命	嘉義郡蕃地サビキ社	昭和8年12月17日
末社	曾文神社末社六甲神社	能久親王 大国魂命 大己貴命 少彦名命	曾文郡六甲庄六甲六九九	昭和15年12月20日
末社	斗六神社末社竹園子神社	能久親王 大国魂命 大己貴命 少彦名命 豊受大神	斗六郡斗六街竹園子七〇六	昭和16年1月15日
末社	曾文神社末社下営神社	能久親王 大国魂命 大己貴命 少彦名命	曾文郡下営庄下営四三	昭和16年1月20日
末社	斗六神社末社渓辺厝神社	能久親王 大国魂命 大己貴命 少彦名命 豊受大神	斗六郡古坑庄渓辺厝	昭和16年2月10日
末社	斗六神社末社崁頭厝神社	能久親王命 大国魂命 大己貴命 少彦名命 豊受大神	斗六郡古坑庄崁頭厝三一七	昭和16年2月26日
末社	斗六神社末社古坑神社	能久親王命 大国魂命 大己貴命 少彦名命 豊受大神	斗六郡古坑庄字古坑六〇	昭和16年12月27日
末社	斗六神社末社石榴班神社	能久親王命 大国魂命 大己貴命 少彦名命 豊受大神	斗六郡斗六街石榴班七二一	昭和17年1月17日
末社	斗六神社末社樹子脚神社	能久親王 大国魂命 大己貴命 少彦名命 豊受大神	斗六郡莿桐庄麻園一九四	昭和17年2月27日
末社	斗六神社末社内林神社	能久親王 大国魂命 大己貴命 少彦名命 豊受大神	斗六郡斗六街内林一六二ノ一	昭和17年3月8日
末社	斗六神社末社大北勢神社	能久親王 大国魂命 大己貴命 少彦名命 豊受大神	斗六郡斗六街大北勢七〇	昭和17年3月11日
末社	斗六神社末社溝子墘神社	能久親王 大国魂命 大己貴命 少彦名命 豊受大神	斗六郡斗六街溝子墘字溝子墘一八八	昭和17年3月20日
遥拝所	竹崎遥拝所		嘉義郡竹崎庄竹崎一六九ノ三	

高雄州

社号	神社名	祭神名	鎮座地	鎮座年
社	末広稲荷社	倉稲魂命 猿田彦命 大宮能賣命	屏東市屏東九〇	明治45年2月初午日
社	六亀天満祠	菅原道眞	屏東郡六亀庄六亀	大正4年11月25日
社	海豊産土社	能久親王 大国魂命 大己貴命 少彦名命 天照皇大神 倉稲魂命 猿田彦命 大宮能賣命 安徳天皇 建礼門院 二位局 建御雷神 経津主神 鹽土神 大和武尊 外三柱	屏東郡海豊五四六	大正9年3月3日
社	水天社	安徳天皇	旗山郡旗山街旗山三六ノ一	大正11年10月5日
社	後壁林社	天照皇大神 倉稲魂命	鳳山郡小港庄小港三七	昭和3年11月23日
社	鵞鑾鼻社	能久親王 大国魂命 大己貴命 少彦名命 大物主命 崇徳天皇	恒春郡恒春庄鵞鑾鼻五〇五	昭和4年12月7日
社	渓州社	能久親王 天照皇大神 豊受大神	東港郡林邊庄渓州一七ノ一	昭和5年11月2日
社	橋子頭社	能久親王 天照皇大神 豊受大神	岡山郡楠梓庄橋子頭三九	昭和6年11月2日
社	旗尾社	能久親王 天照皇大神 大物主命	旗山郡旗山街二三	昭和8年10月26日

台東庁

社号	神社名	祭神名	鎮座地	鎮座年
社	台東稲荷社	倉稲魂命 猿田彦命 大宮能賣命	台東郡台東街台東四五ノ一	大正5年6月14日
社	鹿野村社	能久親王 大国魂命 大己貴命 少彦名命	開山郡鹿野庄鹿野八七	大正10年6月15日
社	太麻里祠	天照皇大神 豊受大神 明治天皇	台東郡太麻里庄太麻里	大正12年12月22日
社	都鑾祠	能久親王 大国魂命 大己貴命 少彦名命	新港郡都鑾庄都鑾	昭和2年10月2日
社	馬武窟祠	能久親王 大国魂命 大己貴命 少彦名命	新港郡都鑾庄大馬武窟	昭和2年10月3日
社	都歴祠	能久親王 大国魂命 大己貴命 少彦名命	新港郡都歴字都歴	昭和2年10月3日
社	新港祠	能久親王 大国魂命 大己貴命 少彦名命	新港郡新港庄新港	昭和2年10月4日
社	沙汝灣祠	能久親王 大国魂命 大己貴命 少彦名命	新港郡長浜庄沙汝灣字沙汝灣	昭和2年10月4日
社	石寧埔祠	能久親王 大国魂命 大己貴命 少彦名命	新港郡長浜庄石寧埔字石寧埔	昭和2年10月5日
社	加走灣祠	能久親王 大国魂命 大己貴命 少彦名命	新港郡長浜庄	昭和2年10月5日
社	三間屋祠	能久親王 大国魂命 大己貴命 少彦名命	新港郡長浜庄	昭和2年10月6日
社	姑子律祠	能久親王 大国魂命 大己貴命 少彦名命	新港郡長浜庄	昭和2年10月6日
社	里壠社	能久親王 大国魂命 大己貴命 少彦名命	開山郡里壠字里壠	昭和3年5月28日
社	射馬干祠	能久親王 大国魂命 大己貴命 少彦名命	台東郡卑南庄知本字射馬干	昭和5年2月11日
社	知本祠	能久親王 大国魂命 大己貴命 少彦名命	台東郡卑南庄知本字知本	昭和5年2月11日

社号	神社名	祭神名	鎮座地	鎮座年
社	北絲鬮社	能久親王　大国魂命　大己貴命　少彦名命	台東郡卑南庄北絲鬮字北絲鬮	昭和5年2月12日
社	卑南祠	能久親王　大国魂命　大己貴命　少彦名命	台東郡卑南庄卑南	昭和5年2月12日
社	呂家祠	能久親王　大国魂命　大己貴命　少彦名命	台東郡卑南庄呂家字呂家	昭和5年2月13日
社	大南社	能久親王　大国魂命　大己貴命　少彦名命	蕃地大南社	昭和5年2月13日
社	加路蘭祠	能久親王　大国魂命　大己貴命　少彦名命	台東郡台東街猴子山	昭和5年2月15日
社	大武社	能久親王　大国魂命　大己貴命　少彦名命	台東郡大武庄大武	昭和6年12月24日
社	徳高祠	能久親王　大国魂命　大己貴命　少彦名命	関山郡里壠字徳高班寮	昭和7年11月5日
社	雷公火祠	能久親王　大国魂命　大己貴命　少彦名命	関山郡里壠雷公火	昭和7年11月13日
社	池上祠	能久親王　大国魂命　大己貴命　少彦名命	関山郡池上庄新開園	昭和7年12月20日
社	大原祠	能久親王　天照皇大神	関山郡鹿野庄大原字大埔尾	昭和8年3月8日
社	カラタラン祠	能久親王　大国魂命　大己貴命　少彦名命	蕃地カラタラン社	昭和8年3月31日
社	大鳥社	天照皇大神	台東郡大武庄字大鳥	昭和9年2月16日
社	虷子崙祠	能久親王　大国魂命　大己貴命　少彦名命	台東郡太麻里庄虷子崙	昭和9年2月17日
社	嗄嘮吧灣社	能久親王　大国魂命　大己貴命　少彦名命	新港郡都巒庄嗄嘮吧灣	昭和11年8月28日
社	大竹高祠	能久親王　大国魂命　大己貴命　少彦名命	台東郡大武庄大竹	昭和12年3月28日
社	成広澳祠	能久親王　大国魂命　大己貴命　少彦名命	新港郡新港庄小湊子成広澳	昭和12年4月28日
社	鹽濱祠	能久親王　大国魂命　大己貴命　少彦名命	新港郡新港庄鹽濱	昭和13年12月25日
社	里都神祠	能久親王　大国魂命　大己貴命　少彦名命	関山郡蕃地	昭和15年12月22日

花蓮港庁

社号	神社名	祭神名	鎮座地	鎮座年
社	玉里社	能久親王　大国魂命　大己貴命　少彦名命	玉里郡玉里街玉里	昭和3年10月22日
社	高砂社	能久親王　大国魂命　大己貴命　少彦名命	平野帰化二五九・二六〇・二七	昭和6年9月26日
社	瑞穂祠	能久親王　大国魂命　大己貴命　少彦名命	鳳林郡瑞穂庄瑞穂村	昭和6年10月25日
社	観音山社	能久親王　大国魂命　大己貴命　少彦名命	玉里郡玉里街観音山	昭和6年11月2日
社	織羅社	能久親王　大国魂命　大己貴命　少彦名命	玉里郡玉里街織羅	昭和6年11月3日
社	抜子社	能久親王　大国魂命　大己貴命　少彦名命	鳳林郡瑞穂庄抜子	昭和8年2月12日
社	壽社	能久親王　大国魂命　大己貴命　少彦名命	花蓮郡壽庄壽	昭和8年10月21日
社	タガハン祠	能久親王　大国魂命　大己貴命　少彦名命	蕃地タガハン社	昭和10年11月9日

社号	神社名	祭神名	鎮座地	鎮座年
社	太平祠	能久親王 大国魂命 大己貴命 少彦名命 彌都波能賣命	玉里郡タビラ社	昭和10年12月22日
社	銅門祠	能久親王 大国魂命 大己貴命 少彦名命	蕃地ムクムゲ社	昭和11年6月27日
社	新城社	能久親王 大国魂命 大己貴命 少彦名命	花蓮郡研海庄新城圓満寺西陣	昭和12年10月
社	大港口祠	能久親王 大国魂命 大己貴命 少彦名命	新社庄大港口	昭和12年10月
社	太巴塱祠	能久親王 大国魂命 大己貴命 少彦名命	鳳林郡太巴塱	昭和12年11月
社	カウワン祠	能久親王 大国魂命 大己貴命 少彦名命	花蓮郡カウワン社	昭和13年3月9日
末社	花蓮港神社末社 佐倉神社	能久親王 大国魂命 大己貴命 少彦名命	花蓮港市佐倉	昭和17年12月10日
遙拝所	馬太鞍遙拝所		鳳林郡馬太鞍七九二	
遙拝所	チヤカン遙拝所		蕃地平林社	

朝鮮の神社

朝鮮総督府官報、「昭和十九年六月末朝鮮内神社一覧」、『大陸神社大観』による。神社の設立は、氏子又は崇敬者と成るべき者五〇人以上の連署をもって朝鮮総督の許可を必要とする。設立、移転または併合の許可の効力は、その日より二年とし、履行しなければ許可を取り消すこともあった。朝鮮には神社ではないが参拝を目的とした神祠が祀られた。設立は、崇敬者十人以上の署名と所定の書類を添えて朝鮮総督の許可を受けなければならないことになっていた。調査年ごとの神社数および神祠の数は別表「朝鮮の神社数」、「昭和20年現在朝鮮の設立年別神社数および神祠数」の通りであるが、『朝鮮終戦の記録』掲載の朝鮮神宮権宮司竹島栄雄の数値は、神祠数で本表に比しておよそ一〇〇社多い。この数は、紀元二千六百年記念事業計画（別表）と関係があると考えられる。表中、道供進社は県・郷社に、府・邑供進社は村社に相当する。

京畿道

社格	神社名	祭神	鎮座地	鎮座・創立・列格年	神職	備考
官幣大社	朝鮮神宮	天照大神 明治天皇	京城府南山	列格年 大正8年7月18日 創立年 大正8年7月18日 鎮座年 大正14年10月15日	専任	改称年 大正14年6月27日
国幣小社	京城神社	天照大神 国魂大神 大己貴命 少彦名命	京城府倭城台	鎮座年 明治31年10月3日 創立年 大正5年5月22日 列格年 昭和11年8月1日	専任	合祀祭 昭和4年9月25日
道供進社	仁川神社	天照大神 明治天皇	仁川府宮町	鎮座年 明治23年10月10日 創立年 大正5年4月24日 指定年 昭和11年8月	専任	拓務省管理局 大正5年5月24日 明治23年10月28日本公園内仁川大神宮に皇大神宮を奉斎 大正5年4月仁川神社に改称 大正11年10月明治天皇を合祀
道供進社	京城護国神社		京城府龍山区龍山町	創立年 昭和18年10月20日	専任	

社格	神社名	祭神	鎮座地	鎮座・創立・列格年	神職	備考
府供進社	開城神社	天照大神	開城府池町	創立年　大正5年2月2日 指定年　昭和11年8月	専任	
邑供進社	水原神社	天照大神	水原郡水原邑	創立年　大正4年12月20日	専任	大日本神祇会朝鮮本部　鎮座年大正6年10月29日
	加藤神社	加藤清正　金官	京城府龍山栄町	創立年　昭和20年5月15日		昭和9年4月11日設立の加藤神祠を廃止

忠清北道

社格	神社名	祭神	鎮座地	鎮座・創立・列格年	神職	備考
道供進社	清州神社	天照大神	清州郡清州邑栄町	創立年　大正11年6月12日 指定年　昭和11年8月	専任	
邑供進社	忠州神社	天照大神	忠州郡忠州町龍山里	鎮座年　大正12年9月17日 創立年　昭和9年8月7日 指定年　昭和11年8月	専任	大正12年9月設立の神祠を廃止
	報恩神社	天照大神	報恩郡報恩面	鎮座年　昭和3年11月8日 創立年　昭和19年10月13日		
	永同神社		永同郡永同邑	創立年　昭和20年7月19日		

忠清南道

社格	神社名	祭神	鎮座地	鎮座・創立・列格年	神職	備考
官幣大社	扶餘神宮	応神天皇　斉明天皇　天智天皇　神功皇后	扶餘郡扶餘面	創立年　昭和14年6月15日		造営中
道供進社	大田神社	天照大神　明治天皇　昭憲皇太后	大田府大興町	鎮座年　明治44年11月 創立年　大正6年6月11日 指定年　昭和11年8月	専任	
邑供進社	江景神社	天照大神	論山郡江景邑北町	鎮座年　明治41年5月 創立年　大正6年6月12日 指定年　昭和11年8月	専任	
邑供進社	燕岐神社	天照大神	燕岐郡鳥致院邑鳥致院里	鎮座年　明治40年 創立年　大正10年4月4日 指定年　昭和11年8月	専任	神社局・大日本神祇会朝鮮本部　14日
邑供進社	公州神社	天照大神	公州郡公州邑旭町	鎮座年　明治43年 創立年　大正15年11月6日 指定年　昭和11年8月	専任	
邑供進社	天安神社	天照大神	天安郡天安邑南山町	創立年　昭和3年10月12日 指定年　昭和11年8月	専任	
	成歓神社	天照大神	天安郡成歓面成歓里	創立年　昭和3年2月27日	専任	
	舒川神社	天照大神	舒川郡舒川面	鎮座年　大正7年7月10日 創立年　昭和18年11月9日	専任	大正7年設立の神明神祠を廃止
	瑞山神社	天照大神	瑞山郡瑞山邑	創立年　昭和19年12月7日		

全羅北道

社格	神社名	祭神	鎮座地	鎮座・創立・列格年	神職	備考
国幣小社	全州神社	天照大神 明治天皇 国魂大神	全州府華山面	創立年 大正5年9月27日 列格年 昭和19年5月1日	専任	明治43年神宮遥拝所
府供進社	群山神社	天照大神	群山府西浜町	創立年 大正5年12月19日 指定年 昭和11年8月	専任	内務省神社局 大正5年2月19日
邑供進社	裡里神社	天照大神	益山郡裡里邑	創立年 大正6年10月29日 指定年 昭和11年8月	専任	
邑供進社	金堤神社	天照大神	金堤郡金堤邑松洞里	創立年 大正13年9月3日 指定年 昭和11年8月	専任	朝鮮内神社調、大陸神社大鑑 3月10日
邑供進社	井邑神社	天照大神	井邑郡井州邑水城里	創立年 昭和6年12月18日 指定年 昭和13年9月	専任	
邑供進社	南原神社	天照大神 明治天皇	南原郡南原邑鷺岩里	鎮座年 大正12年8月 創立年 昭和11年8月1日 指定年 昭和15年4月	専任	大正12年8月設立の神祠を廃止
	瑞穂神社	天照大神 豊受大神 市杵島姫命	沃溝郡瑞穂面瑞穂里	創立年 大正5年8月30日	専任	神社局 9月4日
	大場神社	天照大神 大国主命 事代主命 素盞鳴尊 応神天皇 建磐龍命 菅原道真 細川藤孝	益山郡春浦面	鎮座年 明治45年12月15日 創立年 大正6年10月29日	兼任	朝鮮内神社調、大陸神社大鑑 大正5年5月10日
	泰仁神社	天照大神	泰仁郡泰仁面泰昌里	創立年 大正9年1月24日	専任	
	助村神社	天照大神	完州郡助村面東山里	創立年 大正14年11月25日	兼任	大日本神祇会朝鮮本部 24日 皇太子殿下御成婚記念として創立
	新泰仁神社	天照大神	井村郡新泰仁邑	創立年 昭和18年3月25日	兼任	昭和8年1月20日設立の神明神祠を廃止

全羅南道

社格	神社名	祭神	鎮座地	鎮座・創立・列格年	神職	備考
国幣小社	光州神社	天照大神 国魂大神	光州府亀岡町	創立年 大正6年5月1日 列格年 昭和16年10月1日	専任	大正元年神宮遥拝所として設立 道供進神社として指定 昭和11年8月
府供進社	松島神社	天照大神	木浦府松島町	創立年 大正5年5月3日 指定年 昭和11年8月	専任	
邑供進社	順天神社	天照大神	順天郡順天邑	創立年 昭和12年2月12日	専任	大日本神祇会朝鮮本部 昭和12年2月11日 指定年 昭和16年4月
邑供進社	羅州神社	天照大神 明治天皇	羅州郡羅州邑	創立年 昭和12年9月8日 指定年 昭和14年11月	専任	
	東山神社	明治天皇 昭憲皇太后	長城郡長城面寿山里	創立年 大正6年5月18日	専任	鎮座地は明治天皇御大葬遥拝所跡
	栄山浦神社	天照大神	羅州郡栄山浦邑	創立年 昭和4年7月10日	専任	
	小鹿島神社	天照大神	高興郡錦山面	創立年 昭和11年5月13日	専任	拓務省管理局 昭和11年5月12日
	麗水神社	天照大神 明治天皇 事代主命 大物主命 国魂大神 崇徳天皇 須佐男命	麗水郡麗水邑	創立年 昭和14年8月15日	専任	大正13年金刀比羅神祠を廃止

社格	神社名	祭神	鎮座地	鎮座・創立・列格年	神職	備考
	松汀神社	天照大神	光山郡松汀里	創立年 昭和16年4月17日	専任	大正11年11月設立の神明神祠を廃止
	潭陽神社		潭陽郡潭陽潭陽邑	創立年 昭和19年9月5日		

慶尚北道

社格	神社名	祭神	鎮座地	鎮座・創立・列格年	神職	備考
国幣小社	大邱神社	天照大神 素盞嗚尊 国魂大神	大邱府城西町	鎮座年 明治39年11月3日 創立年 大正5年4月22日 列格年 昭和12年5月15日	専任	大日本神祇会朝鮮本部 25日 道供進社指定年 昭和11年8月
道供進社	金泉神社	天照大神 豊受大神 国魂大神	金泉郡金泉邑黄金町	鎮座年 大正4年11月6日 創立年 昭和3年7月18日 指定年 昭和13年11月	専任	邑供進社指定年 昭和11年8月
邑供進社	浦項神社	天照大神 大物主神 倉稲魂神	迎日郡浦項邑	創立年 大正12年3月5日	専任	大陸神社大鑑・内務省神社局 大正12年9月30日
	鬱島神社	天照大神 大国主命 事代主命	鬱陵島南面道洞	創立年 昭和4年7月19日	専任	
	安東神社	天照大神	安東郡安東邑	創立年 昭和14年12月1日	専任	
	慶州神社	天照大神 国魂大神 素盞嗚尊	慶州郡川北面	鎮座年 大正12年5月9日 創立年 昭和19年4月21日	専任	

慶尚南道

社格	神社名	祭神	鎮座地	鎮座・創立・列格年	神職	備考
国幣小社	龍頭山神社	天照大神 大物主神 表筒男命 中筒男命 底筒男命 国魂大神	釜山市弁天町	創立年 大正6年7月10日 列格年 昭和11年8月1日	専任	創建 延宝6年3月金刀比羅神社 明治27年居留神社と改称 明治32年龍頭山神社に改称
道供進社	晋州神社	明治天皇	晋州郡晋州府本町	創立年 大正6年5月14日 鎮座祭 大正6年10月14日	専任	民社で明治天皇奉祀の例がない為長谷川朝鮮総督が御裁可を仰いだ。
府供進社	馬山神社	天照大神	馬山府桜町	鎮座年 明治42年10月15日 創立年 大正8年6月23日 指定年 昭和11年8月	専任	
邑供進社	統営神社	天照大神	統営郡統営邑	創立年 大正5年5月4日 指定年 昭和11年8月	専任	拓務省調 大正5年6月2日
邑供進社	鎮海神社	天照大神 豊受大神	邑原郡鎮海邑	創立年 大正5年6月2日 指定年 昭和11年8月	専任	
	密陽神社	天照大神 大帯姫命 誉田別尊 比売神	密陽郡密陽邑	創立年 大正5年9月12日	専任	
	(三浪津神社)	天照大神	密陽郡三浪津面	鎮座年 明治40年5月 創立年 昭和6年6月12日		昭和17年8月神社規則第3条第1項ニ依リ許可ノ効力ヲ失ヒタリ

黄海道

社格	神社名	祭神	鎮座地	鎮座・創立・列格年	神職	備考
道供進社	海州神社	天照大神 国魂大神 明治天皇 素盞嗚大神	海州府上町	創立年 大正7年6月11日 指定年 昭和11年8月	専任	
	兼二浦神社	天照大神	黄州郡兼二浦邑	創立年 大正12年8月16日	専任	
	(延安神社)	天照大神 国魂大神	延白郡延安邑	鎮座年 昭和10年11月8日		内承認 昭和15年12月21日 昭和16年・昭和17年の資料に掲載無し
	安岳神社	天照大神 国魂大神	安岳郡安岳邑	鎮座年 昭和5年1月27日 創立年 昭和17年2月21日	専任	同日神祠を廃止

平安北道

社格	神社名	祭神	鎮座地	鎮座・創立・列格年	神職	備考
道供進社	平安神社	天照大神 品陀別気命 天之子八根命	新義州府桜町	鎮座祭 明治44年7月15日 創立年 大正6年5月7日 指定年 昭和11年8月	専任	拓務省管理局・神社局 平安神宮
	龍川神社	天照大神	龍川郡龍岩浦邑	鎮座年 明治38年10月 創立年 大正5年7月18日	専任	拓務省管理局 18日
	義州神社	天照大神	義州郡義州邑	創立年 大正6年6月11日	専任	
	江界神社	天照大神 月読命	江界郡江界邑東部面	創立年 昭和3年2月27日	専任	
	宣川神社	天照大神 明治天皇	宣川郡宣川邑	鎮座年 大正7年12月7日 創立年 昭和17年12月26日	専任	大正7年12月7日設立の神明神祠を廃止
	恵山八幡神社		恵山郡恵山邑	創立年 昭和19年9月5日		
	北青神社		北青郡北青邑	創立年 昭和19年9月15日		
	興南神社		咸州郡興南邑	創立年 昭和19年10月3日		

平安南道

社格	神社名	祭神	鎮座地	鎮座・創立・列格年	神職	備考
国幣小社	平壌神社	天照大神 国魂大神	平壌府慶上町	鎮座年 大正2年1月1日 創立年 大正5年5月4日 列格年 昭和12年5月15日	専任	大日本神祇会朝鮮本部 10月17日 道供進社に指定 昭和11年8月
邑供進社	鎮南浦神社	天照大神	鎮南浦府龍井町	創立年 大正5年9月19日 指定年 昭和11年8月	専任	大日本神祇会朝鮮本部 10月19日

江原道

社格	神社名	祭神	鎮座地	鎮座・創立・列格年	神職	備考
国幣小社	江原神社	天照大神 国魂大神 明治天皇 素盞嗚尊	春川郡春川邑	創立年 大正7年3月11日 列格年 昭和16年10月1日	専任	改称年 昭和13年6月16日春川神社を改める 道供進社 指定 昭和11年8月
邑供進社	江陵神社	天照大神 国魂大神	江陵郡江陵邑	鎮座年 大正10年9月16日 創立年 昭和13年8月12日	専任	拓務省管理局 13日 大正10年9月16日設立の神祠を廃止
	鉄原神社	天照大神 明治天皇	鉄原郡鉄原邑	鎮座年 大正13年9月30日 創立年 昭和18年12月18日	専任	鐵原神祠を廃止
	(原州神社)	天照大神 国魂大神	原州郡原州邑	鎮座年 昭和8年12月6日		内承認 昭和15年9月6日 昭和16年・昭和17年の資料に 掲載無し
	麟蹄神社		麟蹄郡麟蹄面	創立年 昭和19年10月21日		

咸鏡北道

社格	神社名	祭神	鎮座地	鎮座・創立・列格年	神職	備考
道供進社	羅南神社	天照大神 明治天皇	清津府羅南生駒町	創立年 大正10年9月27日 鎮座祭 大正11年11月18日 指定年 昭和11年8月	専任	大日本神祇会朝鮮本部 26日
府供進社	清津神社	天照大神 明治天皇	清津府目賀田町	創立年 大正6年5月14日 指定年 昭和11年8月	専任	
府供進社	城津神社	天照大神 大物主命 誉田別尊 崇徳天皇	城津府本町	鎮座年 明治42年10月10日 創立年 大正6年6月8日 指定年 昭和11年8月	専任	
邑供進社	会寧神社	天照大神 明治天皇	会寧郡会寧邑	創立年 大正8年6月4日 指定年 昭和11年8月	専任	
邑供進社	雄基神社	天照大神	慶興郡雄基邑	創立年 昭和12年4月20日	専任	大日本神祇会朝鮮本部 8日 大正7年3月12日設立の 神祠を廃止
	吉州神社	天照大神 明治天皇	吉州郡吉州邑	創立年 昭和18年2月4日	専任	大正12年9月5日設立の神祠を廃止
	羅南護国神社		清津府生駒町	創立年 昭和19年10月5日		

咸鏡南道

社格	神社名	祭神	鎮座地	鎮座・創立・列格年	神職	備考
国幣小社	咸興神社	天照大神 国魂大神	咸興府東雲町	創立年 大正5年8月21日 列格年 昭和19年5月1日 指定年 昭和11年8月	専任	
府供進社	元山神社	天照大神	元山府泉町	鎮座年 明治15年5月23日 創立年 大正5年12月26日 指定年 昭和11年8月	専任	天照大神宮を改称
	安邊神社	天照大神 明治天皇	安邊郡安邊邑	鎮座年 昭和14年4月12日 創立年 昭和18年10月23日	専任	

〔神祠〕

地区名	神祠名	鎮座地	設立許可年
京畿道	神明神祠	京城府永登浦町	大正6年11月27日
	神明神祠	広州郡中岱面	大正6年11月27日
	神明神祠	富川郡素砂面深谷里	大正6年12月10日
	神明神祠	抱川郡抱川面	大正7年3月19日
	神明神祠	坡州郡臨津面	大正7年4月30日
	神明神祠	龍仁郡龍仁面	大正7年5月28日
	神明神祠	京城府龍頭町	大正11年4月19日
	神明神祠	振威郡丙南面	大正11年5月29日
	神明神祠	平澤郡平澤邑	大正11年5月29日
	神明神祠	安城郡邑内面	大正11年7月31日
	神明神祠	安城郡安城邑	大正11年7月31日
	神明神祠	長湍郡津南面	大正13年5月7日
	神明神祠	長湍郡長湍面	大正13年5月9日
	神明神祠	漣川郡漣川面	大正13年10月28日
	神明神祠	水原郡城湖面	大正13年11月28日
	神明神祠	江華郡府内面	大正14年9月24日
	神明神祠	利川郡邑内面	昭和2年6月30日
	神明神祠	利川郡利川邑	昭和2年8月30日
	神明神祠	驪州郡驪州面	昭和4年7月16日
	神明神祠	楊州郡九里面	昭和4年11月2日
	神明神祠	仁川府大正町	昭和4年11月6日
	神明神祠	富川郡富内面	昭和4年11月6日
	神明神祠	富川郡南洞面	昭和5年6月2日
	神明神祠	仁川府論硯町	昭和5年6月2日
	神明神祠	水原郡安龍面	昭和5年11月27日
	神明神祠	京城府新吉町	昭和7年4月25日
	神明神祠	水原郡郷南面	昭和7年6月2日
	神明神祠	水原郡郷南面	昭和7年6月10日
	神明神祠	広州郡彦州面	昭和7年7月4日

地区名	神祠名	鎮座地	設立許可年
京畿道	神明神祠	高陽郡中面	昭和8年6月10日
	神明神祠	高陽郡中面	昭和8年7月10日
	神明神祠	加平郡加平面	昭和8年10月18日
	漢江神祠	京城府黒石	昭和9年5月9日
	神明神祠	京城府梨泰院町	昭和10年3月1日
	神明神祠	高陽郡漢芝面	昭和10年3月1日
	神明神祠	楊州郡楊州面	昭和10年6月28日
	神明神祠	楊州郡檜泉面	昭和10年7月2日
	愛宕神祠	仁川府萬石町	昭和10年8月5日
	神明神祠	安城郡陽城面	昭和11年3月13日
	神明神祠	広州郡広州面	昭和11年3月20日
	神明神祠	楊州郡渼金面	昭和11年9月14日
	神明神祠	楊平郡楊平面	昭和11年11月28日
	神明神祠	金浦郡金浦邑	昭和12年2月19日
	神明神祠	安城郡二竹面	昭和12年9月1日
	神明神祠	始興郡南面	昭和14年1月30日
	神明神祠	楊平郡砥堤面	昭和14年7月8日
	神明神祠	平澤郡松炭面	昭和14年7月20日
	神明神祠	楊平郡玉泉面	昭和14年8月24日
	神明神祠	利川郡清渓面	昭和14年10月27日
	神明神祠	金浦郡陽西面	昭和14年11月15日
	神明神祠	金浦郡黔丹面	昭和14年11月15日
	神明神祠	金浦郡陽村面	昭和14年11月15日
	神明神祠	金浦郡月串面	昭和14年11月15日
	神明神祠	金浦郡高村面	昭和14年11月28日
	神明神祠	金浦郡陽東面	昭和14年11月28日
	神明神祠	金浦郡霞城面	昭和14年11月28日
	神明神祠	金浦郡大串面	昭和14年11月28日
	神明神祠	楊平郡陽西面	昭和15年1月17日
	神明神祠	加平郡外西面	昭和15年4月23日

地区名	神祠名	鎮座地	設立許可年
京畿道	神明神祠	水原郡陰徳面南陽里	昭和15年6月21日
	神明神祠	高陽郡□島面□島里	昭和15年9月24日
	神明神祠	漣川郡南面三巨里	昭和15年9月25日
	神明神祠	漣川郡西南面貴存里	昭和15年9月25日
	神明神祠	漣川郡積城面旧邑里	昭和15年9月25日
	神明神祠	漣川郡白鶴面斗日里	昭和15年9月25日
	神明神祠	漣川郡旺澄面江西里	昭和15年9月25日
	神明神祠	龍仁郡水餘面	昭和15年9月25日
	神明神祠	始興郡秀岩面秀岩里	昭和15年11月28日
	神祠	漣川郡官仁面初果里	昭和15年11月28日
	神祠	漣川郡朔寧面朔寧里	昭和15年11月28日
	神祠	漣川郡中面三串里	昭和15年11月28日
	神祠	漣川郡南面	昭和15年11月28日
	神祠	漣川郡嵋山麻田里	昭和15年11月28日
	神明神祠	楊州郡伊淡面東豆川里	昭和15年11月28日
	神祠	漣川郡嶺斤面	昭和15年11月28日
	神祠	富川郡吾丁面	昭和15年12月26日
	神祠	始興郡新東面	昭和16年1月11日
	神祠	利川郡麻長面	昭和16年1月11日
	神祠	水原郡長安面	昭和16年1月29日
	神祠	水原郡雨汀面	昭和16年2月3日
	神祠	始興郡西二面	昭和16年2月12日
	神祠	始興郡果川面	昭和16年2月14日
	神祠	水原郡八灘面	昭和16年3月24日
	神祠	水原郡梅松面	昭和16年3月27日
	神祠	水原郡西新面	昭和16年4月10日
	神祠	水原郡台章面	昭和16年4月17日
	神祠	始興郡東面	昭和16年6月9日
	神祠	楊平郡西宗面	昭和16年6月9日
	神祠	楊平郡龍門面	昭和16年6月9日

地区名	神祠名	鎮座地	設立許可年
京畿道	神祠	龍仁郡南西面	昭和16年6月9日
	神祠	始興郡西面	昭和16年6月16日
	神祠	水原郡麻道面	昭和16年6月16日
	神祠	始興郡君子面	昭和16年6月16日
	神祠	龍仁郡蒲谷面	昭和16年6月16日
	神祠	水原郡日旺面	昭和16年7月11日
	神祠	龍仁郡遠山面	昭和16年7月11日
	神祠	龍仁郡古三面	昭和16年7月11日
	神祠	水原郡東灘面	昭和16年7月11日
	神祠	龍仁郡慕賢面	昭和16年7月11日
	神祠	龍仁郡外四面	昭和16年7月11日
	神祠	龍仁郡内四面	昭和16年7月11日
	神祠	龍仁郡駒城面	昭和16年7月11日
	神祠	水原郡松山面	昭和16年8月8日
	神祠	加平郡北面	昭和16年9月8日
	神祠	水原郡半月面	昭和16年9月11日
	神祠	江華郡松海面	昭和16年9月12日
	神祠	長湍郡大南面	昭和16年10月9日
	神祠	水原郡飛鳳面	昭和16年11月4日
	神祠	長湍郡長南面	昭和16年11月4日
	神祠	長湍郡津西面	昭和16年11月4日
	神祠	水原郡正南面	昭和16年11月6日
	神祠	水原郡楊甘面	昭和16年11月6日
	神祠	水原郡峰潭面	昭和16年11月6日
	神祠	加平郡下面	昭和16年11月26日
	神祠	龍仁郡二東面	昭和16年12月1日
	神祠	江華郡佛恩面	昭和16年12月17日
	神祠	江華郡仙源面	昭和16年12月27日
	神祠	江華郡河岾面	昭和16年12月27日
	神祠	江華郡内可面	昭和17年1月17日

地区名	神祠名	鎮座地	設立許可年
京畿道	神祠	龍仁郡器興面	昭和17年1月27日
	神祠	江華郡吉祥面	昭和17年5月5日
	神祠	加平郡上面	昭和17年5月23日
	神祠	江華郡喬桐面	昭和17年7月18日
	神祠	江華郡良道面	昭和17年7月18日
	神祠	江華郡華道面	昭和17年7月23日
	神祠	富川郡蘇莱面	昭和17年8月31日
	神祠	龍仁郡水枝面	昭和17年8月31日
	神祠	抱川郡蘇屹面	昭和17年9月30日
	神祠	驪州郡陵西面	昭和18年4月10日
	神祠	驪州郡大神面	昭和18年6月19日
	神祠	驪州郡北内面	昭和18年6月19日
	神祠	楊州郡白石面	昭和18年6月22日
	神祠	江華郡西島面	昭和18年7月2日
	神祠	江華郡三山面	昭和18年7月8日
	神祠	高陽郡恩平面	昭和19年1月12日
	神祠	高陽郡知道面	昭和19年1月12日
	神祠	高陽郡元堂面	昭和19年1月12日
	神祠	高陽郡神道面	昭和19年1月14日
	神祠	高陽郡松浦面	昭和19年1月14日
	神祠	江華郡両寺面	昭和19年1月14日
	神祠	楊平郡江上面	昭和19年2月7日
	神祠	広州郡實村面	昭和19年2月7日
忠清北道	神明神祠	清洲郡四州面	大正7年1月17日
	神明神祠	沃川郡沃川面	大正7年4月30日
	神明神祠	永同郡永同面	大正7年7月1日
	神明神祠	清州郡芙蓉面	大正11年5月22日
	神明神祠	永同郡黄金面	大正12年7月3日
	忠州神祠	忠州郡忠州面	大正12年9月17日
	神明神祠	永同郡黄澗面	大正13年1月16日

地区名	神祠名	鎮座地	設立許可年
忠清北道	神明神祠	沃川郡委院面	大正13年8月29日
	神明神祠	鎮川郡鎮川面	大正14年9月24日
	神明神祠	堤川郡堤川面	昭和3年9月19日
	神明神祠	報恩郡報恩面	昭和3年11月8日
	神明神祠	陰城郡陰城面	昭和3年11月9日
	神明神祠	丹陽郡丹陽面	昭和3年11月9日
	神明神祠	槐山郡槐山面	昭和3年11月24日
	神明神祠	槐山郡曾坪面	昭和4年4月27日
	忠州神祠	忠州郡忠州邑	昭和9年8月7日
	神明神祠	陰城郡金旺面	昭和11年2月22日
	神明神祠	清州郡北二面	昭和15年4月13日
	神明神祠	清州郡光院面	昭和15年9月5日
	神祠	槐山郡沙梨面	昭和17年9月9日
	神祠	槐山郡七星面	昭和18年2月13日
	神祠	永同郡深川面	昭和18年8月5日
	神祠	永同郡陽山面	昭和18年8月5日
	神祠	永同郡楊江面	昭和18年8月5日
	神祠	永同郡上村面	昭和18年8月6日
	神祠	永同郡梅谷面	昭和18年8月6日
	神祠	永同郡龍山面	昭和18年8月6日
	神祠	永同郡龍化面	昭和18年8月6日
	神祠	永同郡鶴山面	昭和18年8月6日
忠清南道	神明神祠	扶餘郡鴻山面	大正6年8月2日
	神明神祠	保寧郡大川面	大正7年5月28日
	神明神祠	舒川郡舒川面	大正7年7月10日
	神明神祠	論山郡論山面	大正7年12月27日
	神明神祠	大田郡北面	大正8年2月15日
	神明神祠	論山郡夫赤面	大正8年5月13日
	神明神祠	燕岐郡南面	大正9年1月26日
	神明神祠	牙山郡温陽面	大正12年7月2日

地区名	神祠名	鎮座地	設立許可年
忠清南道	神明神祠	洪城郡洪州面	大正12年10月25日
	神明神祠	禮山郡禮山面	大正12年11月30日
	神明神祠	扶餘郡扶餘面	大正13年5月3日
	神明神祠	論山郡光石面	大正14年1月30日
	神祠	天安郡天安面	昭和2年6月30日
	神明神祠	燕岐郡錦南面	昭和2年8月18日
	神明神祠	瑞山郡瑞山面	昭和3年5月18日
	神明神祠	青陽郡青陽面	昭和3年11月8日
	神明神祠	扶餘郡恩山面	昭和3年11月9日
	神明神祠	洪城郡広川面	昭和3年11月9日
	神明神祠	舒川郡時草面	昭和4年2月8日
	神祠	大田郡儒城面	昭和4年2月18日
	神明神祠	論山郡連山面	昭和4年5月24日
	神明神祠	瑞山郡海美面	昭和9年9月12日
	神明神祠	舒川郡長項邑	昭和10年7月16日
	神明神祠	唐津郡合徳面	昭和10年12月10日
	神明神祠	扶餘郡窺岩面	昭和11年9月12日
	神明神祠	牙山郡道高面	昭和11年11月5日
	神明神祠	舒川郡神仁面	昭和12年12月6日
	神明神祠	舒川郡韓山面	昭和12年12月7日
	神明神祠	論山郡陽村面	昭和14年6月22日
	神明神祠	保寧郡熊川面	昭和14年9月16日
	神明神祠	唐津郡唐津面	昭和14年10月31日
	神祠	燕岐郡全義面	昭和17年4月20日
	神祠	禮山郡挿橋面	昭和17年9月8日
全羅北道	神明神祠	益山郡五山面	大正7年6月20日
	八幡神祠	群山府桃園町	大正7年7月1日
	八幡神祠	沃溝郡米面	大正8年7月1日
	神明神祠	益山郡礪山町	大正10年10月18日
	照徳神祠	完州郡山禮面	大正12年3月7日

地区名	神祠名	鎮座地	設立許可年
全羅北道	南原神明神祠	南原郡朱川面	大正12年8月8日
	神明神祠	茂朱郡茂朱面	大正13年6月18日
	神明神祠	淳昌郡淳昌面	大正14年4月13日
	神明神祠	錦山郡錦山面	昭和2年1月31日
	不二神祠	沃溝郡米面	昭和2年12月27日
	神祠	高敞郡高敞面	昭和4年7月1日
	神明神祠	沃溝郡沃溝面	昭和5年11月27日
	神明神祠	井邑郡龍北面新泰仁里	昭和8年1月20日
	神明神祠	井邑郡龍北面新禾湖里	昭和8年1月20日
	神明神祠	益山郡黄登面	昭和9年7月9日
	神明神祠	扶安郡扶寧面	昭和9年9月15日
	神明神祠	任實郡任實面	昭和9年12月18日
	神明神祠	鎮安郡鎮安面	昭和10年4月8日
	神明神祠	益山郡望城面	昭和11年11月16日
	神明神祠	益山郡咸悦面	昭和13年1月30日
	神明神祠	益山郡咸悦面	昭和13年10月8日
	神明神祠	扶安郡茁浦面	昭和14年2月10日
	神明神祠	長水郡長水面	昭和14年4月27日
	神祠	高敞郡興徳面	昭和17年12月26日
	神祠	任實郡屯南面	昭和18年4月10日
	神祠	完州郡雨田面	昭和18年4月28日
	神祠	金堤郡青蝦面	昭和18年12月26日
全羅南道	神明神祠	康津郡康津邑	大正10年6月8日
	金刀比羅神祠	麗水郡麗水面	大正10年9月21日
	金刀比羅神祠	高興郡蓬莱面	大正10年9月21日
	神明神祠	光州郡松汀邑	大正11年11月27日
	神明神祠	長興郡長興面	大正12年4月30日
	神明神祠	康津郡鵲川面	大正12年5月9日
	神明神祠	莞島郡莞島面	大正13年11月28日
	神明神祠	咸平郡咸平面	大正14年5月7日

地区名	神祠名	鎮座地	設立許可年
全羅南道	神明神祠	霊光郡霊光面	大正14年6月28日
	神明神祠	羅州郡南平面	昭和2年8月18日
	神明神祠	霊光郡霊光面	昭和2年12月27日
	神明神祠	潭陽郡潭陽面	昭和3年2月23日
	神明神祠	潭陽郡潭光面	昭和3年2月28日
	神祠	霊岩郡霊岩面	昭和4年5月23日
	神明神祠	和順郡和順面	昭和5年7月2日
	神明神祠	寶城郡寶城面	昭和6年6月3日
	神明神祠	済州島済州邑	昭和6年12月1日
	神明神祠	光山郡林谷面	昭和9年4月25日
	神明神祠	光陽郡光陽面	昭和9年5月29日
	神明神祠	求禮郡求禮面	昭和9年10月15日
	神明神祠	珍島郡珍島面	昭和9年11月2日
	多賀神祠	麗水郡召羅面	昭和10年5月31日
	金刀比羅神祠	高興郡蓬莱面	昭和10年9月21日
	金刀比羅神祠	麗水郡麗水面	昭和10年9月21日
	神明神祠	長興郡冠山面	昭和11年8月10日
	神明神祠	海南郡北平面	昭和11年12月10日
	神明神祠	咸平郡鶴橋面	昭和12年2月3日
	金刀比羅神祠	順天郡順天邑	昭和12年2月3日
	神明神祠	海南郡海南面	昭和12年2月22日
	神明神祠	谷城郡谷城面	昭和12年4月5日
	神明神祠	務安郡一老面	昭和12年9月9日
	神明神祠	康津郡城田面	昭和12年12月4日
	神明神祠	長城郡北二面	昭和12年12月4日
	神明神祠	光山郡大村面	昭和13年4月11日
	神明神祠	羅州郡鳳凰面	昭和13年4月12日
	神明神祠	順天郡栄安面	昭和14年2月13日
	神明神祠	順天郡別良面	昭和14年2月13日
	神明神祠	順天郡松光面	昭和14年2月13日

地区名	神祠名	鎮座地	設立許可年
全羅南道	神明神祠	谷城郡玉果面	昭和14年2月13日
	神明神祠	谷城郡火面	昭和14年2月13日
	神明神祠	谷城郡古達面	昭和14年2月13日
	神明神祠	順天郡黄田面	昭和14年2月13日
	神明神祠	順天郡雙岩面	昭和14年2月13日
	神明神祠	長城郡北上面	昭和14年2月13日
	神明神祠	長城郡東化面	昭和14年2月13日
	神明神祠	長城郡北一面	昭和14年2月13日
	神明神祠	長城郡森西面	昭和14年2月13日
	神明神祠	谷城郡梧谷面	昭和14年2月13日
	神明神祠	順天郡海龍面	昭和14年2月13日
	神明神祠	順天郡西面	昭和14年2月13日
	神明神祠	潭陽郡鳳山面	昭和14年2月24日
	神明神祠	潭陽郡月山面	昭和14年2月24日
	神明神祠	潭陽郡金城面	昭和14年2月24日
	神明神祠	潭陽郡昌平面	昭和14年2月24日
	神明神祠	潭陽郡大田面	昭和14年2月24日
	神明神祠	光陽郡骨苦面	昭和14年2月24日
	神明神祠	光陽郡津月面	昭和14年2月24日
	神明神祠	光陽郡玉谷面	昭和14年2月24日
	神明神祠	光陽郡津上面	昭和14年2月24日
	神明神祠	羅州郡旺谷面	昭和14年2月24日
	神明神祠	羅州郡金川面	昭和14年2月24日
	神明神祠	羅州郡細枝面	昭和14年2月24日
	神明神祠	羅州郡老安面	昭和14年2月24日
	神明神祠	羅州郡多侍面	昭和14年2月24日
	神明神祠	光山郡飛鴉面	昭和14年2月24日
	神明神祠	光山郡権楽面	昭和14年2月24日
	神明神祠	光山郡芝山面	昭和14年2月24日
	神明神祠	務安郡玄慶面	昭和14年2月24日

地区名	神祠名	鎮座地	設立許可年
全羅南道	神明神祠	長城郡珍原面	昭和14年2月24日
	神明神祠	長城郡南面	昭和14年2月24日
	神明神祠	長城郡森渓面	昭和14年2月24日
	神明神祠	長城郡西三面	昭和14年2月24日
	神明神祠	済州島大静面	昭和14年2月25日
	神明神祠	済州島城山面	昭和14年2月25日
	神明神祠	済州島朝天面	昭和14年2月25日
	神明神祠	済州島安徳面	昭和14年2月25日
	神明神祠	済州島南元面	昭和14年2月25日
	神明神祠	済州島旧左面	昭和14年2月25日
	神明神祠	済州島中文面	昭和14年2月25日
	神明神祠	済州島涯月面	昭和14年2月25日
	神明神祠	和順郡梨陽面	昭和14年2月25日
	神明神祠	和順郡同福面	昭和14年2月25日
	神明神祠	和順郡綾州面	昭和14年2月25日
	神明神祠	高興郡浦頭面	昭和14年2月25日
	神明神祠	高興郡道陽面	昭和14年2月25日
	神明神祠	高興郡道化面	昭和14年2月25日
	神明神祠	高興郡大西面	昭和14年2月25日
	神明神祠	高興郡南陽面	昭和14年2月25日
	神明神祠	高興郡東江面	昭和14年2月25日
	神明神祠	高興郡占岩面	昭和14年2月25日
	神明神祠	高興郡過駅面	昭和14年2月25日
	神明神祠	光陽郡鳳岡面	昭和14年2月25日
	神明神祠	潭陽郡古西面	昭和14年2月25日
	神明神祠	求禮郡良文面	昭和14年2月25日
	神明神祠	咸平郡孫佛面	昭和14年2月25日
	神明神祠	谷城郡兼面	昭和14年2月25日
	神明神祠	谷城郡立面	昭和14年2月25日
	神明神祠	海南郡馬山面	昭和14年3月1日

地区名	神祠名	鎮座地	設立許可年
全羅南道	神明神祠	海南郡松旨面	昭和14年3月1日
	神明神祠	海南郡渓谷面	昭和14年3月1日
	神明神祠	谷城郡本寺洞面	昭和14年3月1日
	神明神祠	谷城郡竹谷面	昭和14年3月1日
	神明神祠	谷城郡三岐面	昭和14年3月1日
	神明神祠	求禮郡山洞面	昭和14年3月1日
	神明神祠	求禮郡土旨面	昭和14年3月1日
	神明神祠	順天郡住岩面	昭和14年3月1日
	神明神祠	谷城郡石谷面	昭和14年3月1日
	神明神祠	咸平郡新光面	昭和14年3月1日
	神明神祠	麗水郡突山面	昭和14年3月4日
	神明神祠	麗水郡召羅面	昭和14年3月4日
	神明神祠	麗水郡三日面	昭和14年3月4日
	神明神祠	務安郡海際面	昭和14年3月4日
	神明神祠	務安郡智島面	昭和14年3月4日
	神明神祠	済州島翰林面	昭和14年3月4日
	神明神祠	霊岩郡都浦面	昭和14年3月4日
	神明神祠	霊岩郡金井面	昭和14年3月4日
	神明神祠	麗水郡栗村面	昭和14年3月4日
	神明神祠	麗水郡華井面	昭和14年3月4日
	神明神祠	麗水郡華陽面	昭和14年3月4日
	神明神祠	麗水郡雙鳳面	昭和14年3月4日
	神明神祠	霊巌郡始終面	昭和14年3月4日
	神明神祠	霊巌郡徳津面	昭和14年3月4日
	神明神祠	和順郡東面	昭和14年3月4日
	神明神祠	務安郡望雲面	昭和14年3月4日
	神明神祠	務安郡清渓面	昭和14年3月4日
	神明神祠	莞島郡青山面	昭和14年3月4日
	神明神祠	霊岩郡郡西面	昭和14年3月21日
	神明神祠	光陽郡王龍面	昭和14年3月21日

地区名	神祠名	鎮座地	設立許可年
全羅南道	神明神祠	高興郡錦山面	昭和14年3月22日
	神明神祠	長城郡北下面	昭和14年3月22日
	神明神祠	務安郡安左面	昭和14年3月22日
	神明神祠	済州島西帰面	昭和14年3月22日
	神明神祠	長興郡光山面	昭和14年3月23日
	神明神祠	長興郡大徳面	昭和14年3月23日
	神明神祠	長興郡安良面	昭和14年3月23日
	神明神祠	長興郡長東面	昭和14年3月23日
	神明神祠	珍島郡智山面	昭和14年3月23日
	神明神祠	珍島郡郡内面	昭和14年3月23日
	神明神祠	珍島郡義新面	昭和14年3月23日
	神明神祠	珍島郡古都面	昭和14年3月23日
	神明神祠	珍島郡臨淮面	昭和14年3月23日
	神明神祠	霊光郡佛甲面	昭和14年3月23日
	神明神祠	霊光郡大馬面	昭和14年3月23日
	神明神祠	霊光郡郡西面	昭和14年3月23日
	神明神祠	霊光郡鹽山面	昭和14年3月23日
	神明神祠	霊光郡弘農面	昭和14年3月23日
	神明神祠	潭陽郡永北面	昭和14年3月23日
	神明神祠	高興郡豆原面	昭和14年3月23日
	神明神祠	高興郡豊陽面	昭和14年3月23日
	神明神祠	麗水郡南面	昭和14年3月23日
	神明神祠	莞島郡金旦面	昭和14年3月23日
	神明神祠	務安郡錦城面	昭和14年3月23日
	神明神祠	済州島表善面	昭和14年3月23日
	神明神祠	潭陽郡武貞面	昭和14年3月23日
	神明神祠	霊光郡西面	昭和14年3月23日
	神明神祠	唐津郡唵川面	昭和14年3月24日
	神明神祠	唐津郡大口面	昭和14年3月24日
	神明神祠	唐津郡七良面	昭和14年3月24日
全羅南道	神明神祠	唐津郡道岩面	昭和14年3月24日
	神明神祠	珍島郡鳥島面	昭和14年3月24日
	神明神祠	長興郡長平面	昭和14年3月24日
	神明神祠	長興郡南面	昭和14年3月24日
	神明神祠	霊光郡南面	昭和14年3月24日
	神明神祠	康津郡郡東面	昭和14年3月24日
	神明神祠	唐津郡東面	昭和14年3月25日
	神明神祠	霊光郡白岫面	昭和14年4月8日
	神明神祠	長興郡有治面	昭和14年4月8日
	神明神祠	長城郡長城面	昭和14年8月7日
	神明神祠	羅州郡文平面	昭和15年3月6日
	神明神祠	羅州郡本良面	昭和15年3月6日
	神明神祠	羅州郡桐江面	昭和15年3月6日
	神明神祠	咸平郡海保面	昭和15年3月7日
	神明神祠	咸平郡羅山面	昭和15年3月7日
	神明神祠	咸平郡月也面	昭和15年3月7日
	神明神祠	務安郡飛金内面	昭和15年3月7日
	神明神祠	務安郡長山面	昭和15年3月7日
	神明神祠	務安郡三郷面	昭和15年3月7日
	神明神祠	務安郡押海面	昭和15年3月7日
	神明神祠	和順郡南面	昭和15年3月7日
	神明神祠	和順郡清豊面	昭和15年3月7日
	神明神祠	莞島郡所安面	昭和15年3月7日
	神明神祠	莞島郡古今面	昭和15年3月7日
	神明神祠	求霊郡光義面	昭和15年6月12日
	神明神祠	莞島郡郡外面	昭和15年10月5日
	神明神祠	和順郡春陽面	昭和15年10月5日
	神明神祠	莞島郡蘆面	昭和15年10月5日
	神明神祠	羅州郡潘南面	昭和15年11月7日
	神明神祠	羅州郡公山面	昭和15年11月7日

地区名	神祠名	鎮座地	設立許可年
全羅南道	神明神祠	羅州郡三道面	昭和15年11月7日
	神明神祠	羅州郡平洞面	昭和15年11月7日
	神明神祠	羅州郡山浦面	昭和15年11月7日
	神明神祠	羅州郡茶道面	昭和15年11月7日
	神明神祠	海南郡山二面	昭和15年11月7日
	神明神祠	海南郡黄山面	昭和15年11月7日
	神明神祠	海南郡門内面	昭和15年11月7日
	神明神祠	海南郡花源面	昭和15年11月7日
	神明神祠	寶城郡鳥城面	昭和15年11月7日
	神明神祠	光陽郡多鴨面	昭和15年11月7日
	神明神祠	咸平郡大洞面	昭和15年11月7日
	神明神祠	咸平郡厳多面	昭和15年11月7日
	神明神祠	求禮郡龍方面	昭和15年11月7日
	神明神祠	和順郡道岩面	昭和15年11月7日
	神明神祠	和順郡寒泉面	昭和15年11月7日
	神明神祠	和順郡二西面	昭和15年11月7日
	神明神祠	求禮郡馬山面	昭和15年11月7日
	神明神祠	潭陽郡龍面	昭和15年11月7日
	神祠	霊岩郡三湖面	昭和15年11月8日
	神祠	霊岩郡美岩面	昭和15年11月8日
	神祠	霊岩郡新北面	昭和15年11月8日
	神祠	霊岩郡西湖面	昭和15年11月8日
	神祠	霊岩郡鶴山面	昭和15年11月8日
	神祠	務安郡荷衣面	昭和15年11月8日
	神祠	務安郡慈恩面	昭和15年11月8日
	神祠	務安郡黒山面	昭和15年11月8日
	神祠	務安郡荏子面	昭和15年11月8日
	神祠	和順郡春陽面	昭和15年11月9日
	神祠	莞島郡蘆花面	昭和15年11月9日
	神祠	寶城郡栗於面	昭和15年11月9日

地区名	神祠名	鎮座地	設立許可年
全羅南道	神祠	寶城郡福内面	昭和15年11月9日
	神祠	寶城郡芦洞面	昭和15年11月9日
	神祠	寶城郡会泉面	昭和15年11月9日
	神祠	寶城郡兼白面	昭和15年11月9日
	神祠	寶城郡熊峙面	昭和15年11月9日
	神祠	寶城郡彌力面	昭和15年11月9日
	神祠	寶城郡文徳面	昭和15年11月9日
	神祠	順天郡道沙面	昭和15年11月9日
	神祠	順天郡月灯面	昭和15年11月9日
	神祠	順天郡外西面	昭和15年11月9日
	神祠	順天郡上沙面	昭和15年11月9日
	神祠	光山郡河南面	昭和15年11月9日
	神祠	光山郡西倉面	昭和15年11月9日
	神祠	光山郡東谷面	昭和15年11月9日
	神明神祠	光山郡石谷面	昭和15年11月28日
	神祠	海南郡花山面	昭和15年12月11日
	神祠	海南郡三山面	昭和15年12月11日
	神祠	海南郡県山面	昭和15年12月11日
	神祠	海南郡玉泉面	昭和15年12月11日
	神祠	務安郡石谷面	昭和15年12月14日
	神祠	莞島郡薪智面	昭和15年12月26日
	神祠	潭陽郡南面	昭和15年12月26日
	神祠	潭陽郡大徳面	昭和15年12月26日
	神祠	光山郡孝池面	昭和15年12月26日
	神祠	光山郡瑞坊面	昭和15年12月26日
	神祠	務安郡岩泰面	昭和15年12月26日
	神祠	務安郡都草面	昭和15年12月26日
	神祠	霊光郡落月面	昭和16年1月11日
	神祠	霊光郡畝長面	昭和16年2月3日
	神祠	霊光郡蝟島面	昭和16年2月14日

地区名	神祠名	鎮座地	設立許可年
全羅南道	神祠	和順郡北面	昭和16年3月24日
	神祠	和順郡道谷面	昭和16年3月24日
	神祠	済州島楸子面	昭和16年5月16日
	神祠	寶城郡得粮面	昭和16年6月9日
	神祠	霊光郡法聖面	昭和16年9月12日
	神祠	麗水郡三山面	昭和16年10月10日
	神祠	金堤郡青蝦面	昭和16年12月16日
慶尚北道	水天神祠	大邱府孝睦洞	大正3年5月5日
	神明神祠	清道郡華陽面	大正6年8月4日
	水天神祠	達城郡寿城面	大正6年8月27日
	神明神祠	達城郡解顔面	大正7年1月9日
	善山神祠	善山郡善山面	大正7年9月20日
	照明神祠	大邱府泛魚洞	大正8年4月27日
	照明神祠	達城郡寿城面	大正8年10月15日
	神明神祠	慶山郡安心面	大正11年7月14日
	神明神祠	清道郡大城面	大正12年2月10日
	神明神祠	慶州郡慶州面	大正12年5月9日
	神明神祠	慶州郡慶山面	大正12年9月25日
	亀尾神祠	善山郡亀尾面	大正12年11月19日
	漆谷神祠	漆谷郡漆谷面	大正13年3月10日
	倭館神祠	漆谷郡倭館面	大正13年7月10日
	英陽神祠	英陽郡英陽面	大正13年9月1日
	神明神祠	安東郡安東面	大正14年3月5日
	神明神祠	慶山郡河陽面	大正14年5月7日
	神明神祠	義城郡安渓面	昭和2年5月9日
	神明神祠	慶州郡江西面	昭和2年6月29日
	神明神祠	慶州郡甘浦邑	昭和2年7月4日
	神明神祠	慶山郡押梁面	昭和2年7月4日
	神明神祠	迎日郡滄州面	昭和2年7月15日
	神明神祠	慶州郡西面	昭和2年8月18日

地区名	神祠名	鎮座地	設立許可年
慶尚北道	神祠	義州郡安渓面	昭和2年9月3日
	神明神祠	聞慶郡聞慶面	昭和3年3月28日
	神明神祠	尚州郡尚州邑	昭和3年6月29日
	神明神祠	盈徳郡盈徳面	昭和3年10月2日
	神明神祠	奉化郡乃城面	昭和3年11月8日
	神明神祠	醴泉郡醴泉面	昭和3年11月9日
	神明神祠	安東郡安東面	昭和4年5月24日
	神明神祠	栄州郡栄州面	昭和4年7月14日
	神明神祠	奉化郡春陽面	昭和5年5月6日
	神明神祠	奉化郡春陽面	昭和7年9月9日
	神明神祠	星州郡星州面	昭和7年12月12日
	神明神祠	軍威郡軍威面	昭和7年12月20日
	神明神祠	迎日郡滄州面	昭和8年1月11日
	神明神祠	軍威郡軍威面	昭和8年5月3日
	神明神祠	義城郡義城面	昭和8年5月24日
	点満神祠	東莱郡西面	昭和8年8月23日
	神明神祠	義城郡義城面	昭和9年4月21日
	神明神祠	達城郡玄風面	昭和9年5月9日
	神明神祠	達城郡花園面	昭和9年5月25日
	神明神祠	永川郡永川邑	昭和9年7月10日
	神明神祠	盈徳郡寧海面	昭和10年6月19日
	神明神祠	慶山郡慈仁面	昭和10年9月18日
	神明神祠	永川郡琴湖面	昭和10年12月9日
	神明神祠	尚州郡牟東面	昭和11年6月8日
	神明神祠	金泉郡知礼面	昭和11年7月14日
	神明神祠	盈徳郡江口面	昭和11年7月14日
	神明神祠	尚州郡咸昌面	昭和11年12月2日
	神明神祠	聞慶郡戸南面	昭和14年3月6日
	神明神祠	善山郡海平面	昭和14年9月9日
	神明神祠	達城郡求智面	昭和14年11月15日

地区名	神祠名	鎮座地	設立許可年
慶尚北道	神明神祠	青松郡青松面	昭和15年3月20日
	神明神祠	永川郡新寧面	昭和15年4月25日
	神明神祠	迎日郡只杏面	昭和15年11月8日
	神祠	安東郡豊山面	昭和15年12月11日
	神祠	金泉郡南面	昭和16年6月9日
	神祠	金泉郡農所面	昭和16年6月9日
	神祠	金泉郡助馬面	昭和16年6月9日
	神祠	金泉郡代項面	昭和16年6月9日
	神祠	金泉郡亀城面	昭和16年6月9日
	神祠	聞慶郡虎渓面	昭和16年7月9日
	神祠	金泉郡甘文面	昭和16年7月10日
	神祠	金泉郡大徳面	昭和16年7月10日
	神祠	漆谷郡若木面	昭和16年10月11日
	神明神祠	金泉郡禦侮面	昭和17年5月20日
	神祠	金泉郡釜項面	昭和17年8月4日
	神祠	善山郡長川面	昭和17年9月26日
	神祠	達城郡論工面	昭和18年12月20日
	神祠	高霊郡高霊面	昭和19年1月20日
	神祠	金泉郡開寧面	昭和19年2月5日
慶尚南道	金刀比羅神祠	河東郡東面辰橋面	大正6年8月2日
	神明神祠	固城郡固城面	大正6年8月2日
	神明神祠	東莱郡東莱邑	大正7年11月6日
	稲荷神祠	金海郡進水面	大正8年8月25日
	稲荷神祠	金海郡二北面	大正8年9月26日
	神明神祠	昌原郡熊南面	大正10年11月25日
	神明神祠	蔚山郡蔚山邑	大正12年12月20日
	神明神祠	昌原郡昌原面	大正13年4月30日
	山清神祠	山清郡山清面	大正13年7月12日
	居昌神祠	居昌郡居昌面	大正13年8月19日
	神明神祠	蔚山郡方漁津邑	昭和2年6月30日

地区名	神祠名	鎮座地	設立許可年
慶尚南道	神明神祠	蔚山郡大峴面	昭和2年7月4日
	神明神祠	梁山郡勿禁面	昭和2年8月24日
	神明神祠	泗川郡泗川面	昭和3年10月2日
	神明神祠	東莱郡亀浦面	昭和3年11月9日
	神明神祠	南海郡南海面	昭和4年4月2日
	高邱神祠	固城郡会華面	昭和4年6月13日
	神明神祠	金海郡金海邑	昭和4年11月1日
	神明神祠	昌原郡鎮東面	昭和4年11月2日
	神明神祠	密陽郡下南面	昭和4年11月9日
	神明神祠	河東郡河東面	昭和4年11月19日
	神明神祠	統栄郡山陽面	昭和5年1月20日
	三島神祠	釜山府瀛仙面	昭和7年10月8日
	神明神祠	梁山郡梁山面	昭和8年1月18日
	金刀比羅神祠	昌原郡熊川面	昭和8年3月1日
	天満神祠	釜山府釜岩里	昭和8年3月1日
	神明神祠	咸陽郡咸陽面	昭和9年1月24日
	神明神祠	統栄郡長浦邑	昭和10年3月1日
	神明神祠	統営郡二運面	昭和10年3月1日
	神明神祠	昌寧郡昌寧面	昭和10年5月9日
	八幡神祠	金海郡大渚面	昭和10年6月19日
	神明神祠	泗川郡三千浦邑	昭和10年8月22日
	神明神祠	咸安郡咸安面	昭和10年11月20日
	神明神祠	陜川郡陜川面	昭和11年6月5日
	神明神祠	梁山郡勿禁面	昭和12年9月6日
	神明神祠	宜寧郡宜寧面	昭和13年2月22日
	天満神祠	東莱郡西面	昭和13年8月23日
	神明神祠	咸安郡伽倻面	昭和15年9月25日
	神祠	咸安郡郡北面	昭和15年11月6日
	神祠	普陽郡文山面	昭和16年10月10日
	神祠	密陽郡三良津面	昭和17年8月20日

地区名	神祠名	鎮座地	設立許可年
慶尚南道	神祠	泗川郡南陽邑	昭和19年1月15日
	神祠	昌寧郡都泉面	昭和19年1月18日
黄海道	神明神祠	海州郡海州面	大正6年9月1日
	神明神祠	黄州郡黄州面	大正9年4月14日
	神明神祠	載寧郡北栗面	大正13年5月8日
	神明神祠	鳳山郡沙里院邑	大正14年5月27日
	神明神祠	平山郡寶山面	昭和2年8月20日
	神明神祠	平山郡寶山面	昭和3年8月20日
	神明神祠	甕津郡馬山邑	昭和3年10月2日
	神明神祠	甕津郡甕津邑	昭和3年10月2日
	神明神祠	金川郡金川面	昭和3年11月9日
	神明神祠	載寧郡載寧邑	昭和3年11月24日
	神明神祠	信川郡信川邑	昭和4年5月31日
	神明神祠	安岳郡訓練里	昭和5年1月27日
	神明神祠	瑞興郡瑞興面	昭和7年11月19日
	神明神祠	遂安郡遂安面	昭和7年11月29日
	神明神祠	殷栗郡北部面	昭和9年8月6日
	神明神祠	瑞興郡禾回面	昭和9年11月27日
	神明神祠	碧城郡茄佐面	昭和10年4月25日
	神明神祠	延白郡銀川面	昭和10年5月30日
	神明神祠	新渓郡新渓面	昭和10年9月18日
	神明神祠	谷山郡谷山面	昭和10年11月4日
	神明神祠	延白郡延安邑	昭和10年11月8日
	神明神祠	殷栗郡長連面	昭和12年2月24日
	神明神祠	長淵郡海安面	昭和12年6月28日
	神明神祠	長淵郡速達面	昭和12年6月28日
	神明神祠	載寧郡清川面	昭和13年9月21日
	神明神祠	鳳山郡舎人面	昭和14年1月30日
	神明神祠	松禾郡豊海面	昭和14年10月31日
	神明神祠	谷山郡花村面	昭和15年2月19日

地区名	神祠名	鎮座地	設立許可年
黄海道	神明神祠	松禾郡松禾面	昭和15年2月26日
	神明神祠	谷山郡花村面	昭和15年5月27日
	神明神祠	平山郡積岩面	昭和15年5月27日
	神祠	長淵郡長淵面	昭和15年12月9日
	神祠	長淵郡候南面	昭和15年12月23日
	神祠	長淵郡薄沢面	昭和15年12月24日
	神祠	長淵郡龍淵面	昭和16年1月10日
	神祠	長淵郡大村面	昭和16年1月10日
	神祠	遂安郡大悟面	昭和16年1月11日
	神祠	殷栗郡殷栗面	昭和16年4月18日
	神祠	黄州郡都峙面	昭和16年4月24日
	神祠	黄州郡三田面	昭和16年4月30日
	神祠	黄州郡清水面	昭和16年6月27日
	神祠	黄州郡亀洛面	昭和16年6月27日
	神祠	黄州郡清龍面	昭和16年6月27日
	神祠	黄州郡天柱面	昭和16年6月27日
	神祠	黄州郡黒橋面	昭和16年6月27日
	神祠	延白郡松逢面	昭和16年6月27日
	神祠	載寧郡新院面	昭和16年7月26日
	神祠	載寧郡銀龍面	昭和16年7月26日
	神祠	載寧郡上聖面	昭和16年7月26日
	神祠	載寧郡長寿面	昭和16年7月26日
	神祠	松禾郡蓬莱面	昭和16年8月5日
	神祠	松禾郡長陽面	昭和16年8月5日
	神祠	松禾郡蓮井面	昭和16年8月5日
	神祠	松禾郡蓮芳面	昭和16年8月5日
	神祠	松禾郡泉洞面	昭和16年8月5日
	神祠	延白郡海月面	昭和16年8月5日
	神祠	延白郡温井面	昭和16年8月5日
	神祠	延白郡牡丹面	昭和16年8月5日

地区名	神祠名	鎮座地	設立許可年
黄海道	神祠	延白郡龍道面	昭和16年8月5日
	神祠	延白郡海城面	昭和16年8月5日
	神祠	碧城郡秋花面	昭和16年8月5日
	神祠	鳳山郡楚臥面	昭和16年8月5日
	神祠	鳳山郡萬泉面	昭和16年8月5日
	神祠	甕津郡文井面	昭和16年8月5日
	神祠	甕津郡西面	昭和16年8月5日
	神祠	甕津郡茄川面	昭和16年8月5日
	神祠	甕津郡富民面	昭和16年8月5日
	神祠	甕津郡興嵋面	昭和16年8月5日
	神祠	甕津郡鳳鵶面	昭和16年8月5日
	神祠	信川郡北面	昭和16年8月5日
	神祠	信川郡文化面	昭和16年8月5日
	神祠	甕津郡龍淵面	昭和16年8月5日
	神祠	谷山郡伊寧面	昭和16年8月6日
	神祠	谷山郡覚美面	昭和16年8月6日
	神祠	谷山郡雲中面	昭和16年8月6日
	神祠	遂安郡泉谷面	昭和16年8月7日
	神祠	平山郡新岩面	昭和16年8月7日
	神祠	鳳山郡岐川面	昭和16年8月7日
	神祠	碧城郡來城面	昭和16年8月8日
	神祠	甕津郡龍泉面	昭和16年8月8日
	神祠	瑞興郡木甘面	昭和16年8月8日
	神祠	瑞興郡九圃面	昭和16年8月8日
	神祠	殷栗郡西部面	昭和16年8月8日
	神祠	殷栗郡二道面	昭和16年8月8日
	神祠	殷栗郡南部面	昭和16年8月8日
	神祠	平山郡文武面	昭和16年8月8日
	神祠	平山郡安城面	昭和16年8月8日
	神祠	鳳山郡土城面	昭和16年8月8日

地区名	神祠名	鎮座地	設立許可年
黄海道	神祠	鳳山郡徳在面	昭和16年8月8日
	神祠	金川郡口耳面	昭和16年8月9日
	神祠	金川郡外柳面	昭和16年8月9日
	神祠	金川郡古東面	昭和16年8月9日
	神祠	新渓郡麻西面	昭和16年8月9日
	神祠	新渓郡村面	昭和16年8月9日
	神祠	新渓郡古面	昭和16年8月9日
	神祠	新渓郡赤余面	昭和16年8月9日
	神祠	新渓郡多美面	昭和16年8月9日
	神祠	瑞興郡龍坪面	昭和16年9月8日
	神祠	新渓郡古面	昭和16年9月12日
	神祠	信川郡南部面	昭和16年9月12日
	神祠	信川郡弓興面	昭和16年10月9日
	神祠	信川郡盧月面	昭和16年10月9日
	神祠	平山郡金岩面	昭和16年10月11日
	神祠	金川郡西泉面	昭和16年10月11日
	神祠	平山郡細谷面	昭和16年10月11日
	神祠	平山郡馬山面	昭和16年10月11日
	神祠	金川郡左面	昭和16年10月11日
	神祠	鳳山郡文井面	昭和16年10月11日
	神祠	碧城郡青龍面	昭和16年10月11日
	神祠	甕津郡東南面	昭和16年10月28日
	神祠	信川郡草里面	昭和16年11月10日
	神祠	信川郡温泉面	昭和16年11月10日
	神祠	甕津郡北面	昭和16年11月17日
	神祠	信川郡山川面	昭和16年12月4日
	神祠	金川郡兎山面	昭和16年12月29日
	神祠	安岳郡銀紅邑	昭和17年1月17日
	神祠	安岳郡大杏面	昭和17年1月17日
	神祠	遂安郡栗界面	昭和17年1月17日

地区名	神祠名	鎮座地	設立許可年
黄海道	神祠	安岳郡文山面	昭和17年1月19日
	神祠	長淵郡楽道面	昭和17年1月21日
	神祠	安岳郡大遠面	昭和17年1月27日
	神祠	逐安郡水口面	昭和17年5月9日
	神祠	逐安郡公浦面	昭和17年5月9日
	神祠	逐安郡大城面	昭和17年5月9日
	神祠	逐安郡道所面	昭和17年5月9日
	神祠	逐安郡延岩面	昭和17年5月9日
	神祠	安岳郡西河面	昭和17年5月21日
	神祠	安岳郡龍順面	昭和17年5月21日
	神祠	瑞興郡道面	昭和17年5月21日
	神祠	瑞興郡栗里面	昭和17年5月27日
	神祠	長淵郡白翎面	昭和17年6月21日
	神祠	長淵郡牧甘面	昭和17年8月18日
	神祠	長淵郡薪花面	昭和17年8月18日
	神祠	殷栗郡一道面	昭和17年8月31日
	神祠	安岳郡龍門面	昭和17年9月25日
	神祠	載寧郡下聖面	昭和17年9月26日
	神祠	安岳郡安谷面	昭和17年9月26日
	神祠	載寧郡南栗面	昭和17年10月6日
	神祠	載寧郡西湖面	昭和17年10月7日
	神祠	載寧郡三江面	昭和18年2月9日
	神祠	瑞興郡梅陽面	昭和18年8月16日
	神祠	瑞興郡内徳面	昭和18年8月20日
	神祠	瑞興郡細坪面	昭和18年8月21日
	神祠	谷山郡下図面	昭和18年9月6日
	神祠	鳳山郡山水面	昭和18年9月9日
	神祠	鳳山郡亀淵面	昭和18年9月9日
	神祠	平山郡古之面	昭和18年11月12日
	神祠	谷山郡桃花面	昭和18年12月14日

地区名	神祠名	鎮座地	設立許可年
黄海道	神祠	松禾郡栗里面	昭和18年12月14日
	神祠	松禾郡雲遊面	昭和18年12月14日
	神祠	谷山郡東村面	昭和18年12月14日
	神祠	谷山郡清渓面	昭和18年12月14日
	神祠	松禾郡桃源面	昭和18年12月14日
	神祠	碧城郡雲山面	昭和19年1月18日
	神祠	碧城郡西席面	昭和19年1月18日
	神祠	碧城郡東雲面	昭和19年1月18日
	神祠	碧城郡弥栗面	昭和19年1月18日
	神祠	碧城郡錦山面	昭和19年1月20日
	神祠	碧城郡月禄面	昭和19年1月20日
	神祠	碧城郡東江面	昭和19年1月20日
	神祠	金川郡牛峰面	昭和19年1月20日
	神祠	金川郡雄徳面	昭和19年1月20日
平安北道	八幡神祠	江界郡高山面	大正7年8月17日
	八幡神祠	楚山郡楚山面	大正7年10月18日
	神明神祠	慈城郡慈城面	大正7年11月6日
	神明神祠	宣川郡宣川面	大正7年12月7日
	神明神祠	慈城郡中江面	大正7年12月17日
	金刀比羅神祠	博川郡嘉南面	大正8年2月6日
	山神祠	厚昌郡南新面	大正9年4月7日
	中之島神祠	義州郡威化面	大正10年8月20日
	定州神祠	定州郡定州邑	大正12年9月25日
	神祠	碧潼郡雲時面	大正12年12月7日
	鶴峰神祠	龍川郡外上面	大正13年9月30日
	神明神祠	昌城郡昌城面	大正13年12月2日
	八幡神祠	厚昌郡東興面	大正14年9月24日
	八幡神祠	渭原郡密山面	昭和2年1月31日
	神明神祠	朔州郡朔州面	昭和2年9月23日
	神明神祠	厚昌郡厚昌面	昭和2年10月31日

地区名	神祠名	鎮座地	設立許可年
平安北道	神明神祠	亀城郡亀城面	昭和3年10月2日
	神明神祠	熙川郡熙川面	昭和4年5月25日
	神明神祠	博川郡博川面	昭和4年12月19日
	神明神祠	泰川郡泰川面	昭和7年9月14日
	神明神祠	定州郡大田面	昭和8年2月23日
	神明神祠	寧辺郡寧辺郡	昭和8年6月23日
	神明神祠	寧辺郡寧辺面	昭和8年8月10日
	神明神祠	碧潼郡碧潼面	昭和8年8月10日
	神明神祠	定州郡郭山面	昭和9年6月6日
	神明神祠	龍川郡楊光面	昭和9年12月14日
	神明神祠	博川郡東南面	昭和10年4月20日
	神明神祠	雲山郡北鎮面	昭和10年8月5日
	神明神祠	鉄山郡站面	昭和11年11月13日
	神明神祠	義州郡威遠面	昭和11年11月28日
	神明神祠	寧辺郡龍山面	昭和13年10月6日
	神明神祠	雲山郡雲山面	昭和14年2月14日
	神明神祠	朔州郡外南面	昭和14年8月14日
	神明神祠	朔州郡九曲面	昭和14年8月29日
	神明神祠	宣川郡東面	昭和14年9月2日
	神明神祠	宣川郡水清面	昭和14年9月5日
	神明神祠	鉄山郡鉄山面	昭和14年9月16日
	神明神祠	昌成郡東倉面	昭和15年4月24日
	神明神祠	義州郡古寧朔面	昭和15年8月21日
	神明神祠	慈城郡城土面	昭和15年12月17日
	神祠	慈城郡梨坪面	昭和15年12月26日
	神祠	龍川郡外上面	昭和16年5月2日
	神祠	江界郡前川面	昭和16年6月16日
	神祠	江界郡化京面	昭和17年4月18日
	神祠	慈城郡中江面	昭和17年8月31日
	神祠	江界郡吏西面	昭和17年9月11日

地区名	神祠名	鎮座地	設立許可年
平安北道	神祠	雲山郡委延面	昭和18年2月5日
	神祠	雲山郡東新面	昭和18年2月5日
	神祠	定州郡臨浦面	昭和18年4月2日
	神祠	龍川郡楊下面	昭和18年4月10日
	神祠	雲山郡城面	昭和18年6月19日
	神祠	慈城郡三豊面	昭和18年10月27日
	神祠	定州郡徳彦面	昭和18年12月15日
	神祠	定州郡馬山面	昭和18年12月15日
	神祠	定州郡古徳面	昭和18年12月15日
	神祠	定州郡南西面	昭和18年12月15日
	神祠	定州郡葛山面	昭和18年12月18日
	神祠	新義州郡玉尚面	昭和18年12月18日
	神祠	昌城郡新倉面	昭和18年12月18日
	神祠	宣川郡深川面	昭和18年12月20日
	神祠	定州郡高安面	昭和18年12月21日
	神祠	寧辺郡梧里面	昭和18年12月21日
	神祠	定州郡玉泉面	昭和18年12月21日
	神祠	寧辺郡泰平面	昭和18年12月21日
	神祠	寧辺郡八院面	昭和18年12月21日
	神祠	寧辺郡延山面	昭和18年12月21日
	神祠	寧辺郡寶山面	昭和18年12月21日
	神祠	寧辺郡古城面	昭和18年12月21日
	神祠	寧辺郡小林面	昭和18年12月21日
	神祠	義州郡広坪面	昭和18年12月21日
	神祠	定州郡安興面	昭和19年1月20日
	神祠	寧辺郡南薪峴面	昭和19年1月20日
	神祠	楚山郡松面	昭和19年1月20日
	神祠	義州郡古城面	昭和19年1月20日
平安南道	神明神祠	安州郡新安州面	大正6年8月25日
	神明神祠	大同郡秋乙美面	大正7年11月6日

地区名	神祠名	鎮座地	設立許可年
平安南道	神明神祠	价川郡价川面	昭和5年2月19日
	神明神祠	中和郡中和面	昭和7年9月9日
	神明神祠	江東郡江東面	昭和7年10月23日
	神明神祠	成川郡四佳面	昭和7年12月21日
	神明神祠	江西郡江西面	昭和8年5月31日
	神明神祠	順川郡順川面	昭和9年11月15日
	神明神祠	江東郡晩達面	昭和10年9月20日
	神明神祠	平原郡永柔面	昭和10年10月29日
	神明神祠	安州郡安州邑	昭和10年12月16日
	神明神祠	徳川郡徳川面	昭和11年1月21日
	神明神祠	孟山郡玉泉面	昭和11年3月26日
	神明神祠	陽徳郡陽徳面	昭和11年3月26日
	神明神祠	孟山郡孟山面	昭和11年7月7日
	神明神祠	寧遠郡寧遠面	昭和12年4月12日
	神明神祠	成川郡成川面	昭和12年8月28日
	神明神祠	大同郡南兄弟山面	昭和14年10月14日
	神明神祠	龍岡郡龍岡面	昭和14年12月13日
	神明神祠	龍岡郡吾新面	昭和15年5月2日
	神明神祠	龍岡郡大代面	昭和15年11月5日
	神祠	价川郡朝陽面	昭和15年12月2日
	神祠	价川郡忠南面	昭和15年12月2日
	神祠	平原郡順安面	昭和16年3月20日
	神祠	平原郡順安面	昭和16年8月3日
	神祠	价川郡北面	昭和16年12月17日
	神祠	大同郡柴足面	昭和17年7月30日
	神祠	龍岡郡池雲面	昭和18年4月10日
	神祠	大同郡南串面	昭和18年6月19日
	神祠	大同郡大寳面	昭和18年7月8日
江原道	神明神祠	三陟郡三陟面	大正6年8月2日
	神明神祠	平康郡平康面	大正10年3月8日

地区名	神祠名	鎮座地	設立許可年
江原道	神明神祠	江陵郡江陵面	大正10年12月24日
	神明神祠	江陵郡新里面	大正11年5月18日
	神明神祠	襄陽郡襄陽面	大正12年12月7日
	神明神祠	寧越郡寧越面	大正12年12月12日
	金刀比羅祠	三陟郡三陟面	大正12年12月17日
	神明神祠	鉄原郡鉄原面	大正13年9月30日
	神明神祠	通川郡通川面	昭和2年2月5日
	神祠	高城郡高城面	昭和3年6月15日
	神明神祠	高城郡外金剛面	昭和3年6月15日
	神明神祠	麟蹄郡麟蹄面	昭和3年10月3日
	神明神祠	蔚珍郡蔚珍面	昭和3年10月14日
	神明神祠	蔚珍郡蔚珍面	昭和3年10月20日
	神明神祠	旌善郡旌善面	昭和4年11月19日
	神明神祠	平康郡平康面	昭和7年10月18日
	神明神祠	金化郡金化面	昭和8年5月29日
	神明神祠	原州郡原州邑	昭和8年12月6日
	神明神祠	平昌郡平省面	昭和9年1月18日
	神明神祠	洪川郡洪川面	昭和9年7月19日
	神明神祠	横城郡横城面	昭和9年10月6日
	神明神祠	平康郡平康面	昭和10年10月29日
	神明神祠	華川郡華川面	昭和12年8月9日
	神明神祠	楊口郡楊口面	昭和12年8月27日
	神明神祠	伊川郡伊川面	昭和12年9月2日
	神明神祠	江陵郡江陵邑	昭和13年8月13日
	金刀比羅神祠	蔚珍郡蔚珍面	昭和14年1月30日
	神明神祠	寧越郡酒泉面	昭和14年2月18日
	神明神祠	淮陽郡淮陽面	昭和14年2月22日
	神明神祠	原州郡富論面	昭和14年10月25日
	神明神祠	金化郡金城面	昭和14年11月30日
	神明神祠	鉄原郡馬場面	昭和15年11月8日

地区名	神祠名	鎮座地	設立許可年
江原道	神明神祠	鉄原郡於雲面	昭和15年11月8日
	神明神祠	鉄原郡葛末面	昭和15年11月28日
	神明神祠	鉄原郡北面	昭和15年11月28日
	神明神祠	鉄原郡新西面	昭和15年11月28日
	神明神祠	鉄原郡畝長面	昭和15年11月28日
	神明神祠	鉄原郡乃文面	昭和15年11月28日
	神祠	鉄原郡東松面	昭和15年12月14日
	神祠	淮陽郡蘭谷面	昭和16年1月10日
	神祠	鉄原郡寅日面	昭和16年2月12日
	神祠	襄陽郡束草面	昭和16年4月23日
	神祠	洪川郡北方面	昭和17年7月2日
	神祠	旌善郡東面	昭和17年9月3日
	神祠	旌善郡北面	昭和18年9月29日
	神祠	原州郡文幕面	昭和18年9月29日
	神祠	通川郡臨南面	昭和18年10月8日
咸鏡北道	神明神祠	慶興郡雄基面	大正7年3月12日
	神明神祠	吉州郡吉州邑	大正12年9月5日
	神明神祠	慶興郡蘆西面	大正13年12月19日
	神明神祠	慶興郡慶興面	昭和2年6月30日
	神明神祠	鍾城郡鍾城面	昭和4年10月25日
	神明神祠	慶源郡慶源面	昭和4年11月1日
	神明神祠	慶源郡阿山面	昭和4年11月20日
	金刀比羅神祠	慶興郡豊海面	昭和8年6月30日
	神明神祠	穏城郡訓戎面	昭和9年6月4日
	神明神祠	明川郡西面	昭和9年10月11日
	神明神祠	茂山郡茂山面	昭和10年4月6日
	神明神祠	富寧郡富寧面	昭和11年3月13日
	神明神祠	穏城郡柔浦面	昭和12年8月18日
	神明神祠	穏城郡穏城面	昭和12年8月31日
	神明神祠	鏡城郡漁都面	昭和12年10月4日

地区名	神祠名	鎮座地	設立許可年
咸鏡北道	神明神祠	鐘城郡南山面	昭和13年10月6日
	神明神祠	慶興郡上下面	昭和13年10月8日
	神明神祠	茂山郡茂山面	昭和15年3月25日
	神明神祠	鏡城郡鏡城面	昭和15年6月24日
	神明神祠	富寧郡富寧面	昭和15年10月31日
	神祠	清津府康徳町	昭和16年3月28日
	神祠	明川郡阿間面	昭和16年9月8日
	神祠	明川郡下茄面	昭和16年9月8日
	神祠	城津府雙浦町	昭和16年11月6日
	神祠	明川郡下茄面	昭和17年1月12日
	神祠	明川郡西面	昭和17年1月14日
	神祠	明川郡下茄北面	昭和17年1月14日
	神明神祠	慶興郡雄基邑	昭和17年4月20日
咸鏡南道	男山八幡神祠	三水郡新坡面	大正5年8月18日
	北清神祠	北清郡北清面	大正6年10月8日
	神明神祠	北清郡新浦邑	大正7年10月23日
	八幡神祠	甲山郡恵山里	大正8年2月6日
	金刀比羅神祠	三水郡江鎮面	大正8年4月18日
	神明神祠	長津郡内面	大正9年8月25日
	神明神祠	永興郡洪仁面	大正14年9月24日
	神明神祠	新興郡永高面	昭和2年9月9日
	神明神祠	咸興州郡興南邑	昭和4年11月19日
	神明神祠	長津郡長津面	昭和5年7月28日
	神明神祠	新興郡新興面	昭和9年11月5日
	神明神祠	洪原郡洪原面	昭和10年1月21日
	神明神祠	洪原郡州翼面	昭和10年1月21日
	神明神祠	咸州郡下岐川面	昭和10年1月26日
	神明神祠	高原郡高原面	昭和10年2月2日
	神明神祠	甲山郡甲山面	昭和10年2月2日
	神明神祠	高原郡下鉢面	昭和10年2月2日

地区名	神祠名	鎮座地	設立許可年
咸鏡南道	神明神祠	利原郡利原面	昭和11年8月13日
	神明神祠	甲山郡同仁面	昭和11年8月17日
	神明神祠	豊山郡豊山面	昭和11年9月25日
	神明神祠	文川郡文川面	昭和13年10月6日
	神明神祠	定平郡定平面	昭和14年3月10日

地区名	神祠名	鎮座地	設立許可年
咸鏡南道	神明神祠	安辺郡文山面	昭和14年4月13日
	神明神祠	豊山郡天南面	昭和14年9月26日
	神祠	文川郡都草面	昭和16年6月11日
	神祠	利原郡東面	昭和16年7月15日
	神祠	咸州郡退潮面	昭和16年11月8日

千島（北方四島を含む）の神社

『北海道神社庁誌』第三章「千島列島並に北方領土鎮座の神社について（五六社）」による。千島列島における全ての神社は非公認であった。『日本帝国統計年鑑』によると、千島国には明治十三（一八八〇）・十四年に四社、十五年・十六年に五社が府県社以下の神社として確認されていた。統計年鑑では明治十九年以降千島国の項目がなくなっている。千島国は、日露通好条約（安政二年（一八五五））で択捉島とウルップ島の間を国境とし、明治二年国後・択捉・紗那・蘂取・振別の五郡を置き、明治四年廃藩置県により開拓使に、同五年九月根室市庁の管轄となった。明治八年樺太千島交換条約によりウルップ島から占守島までが日本領土に加わった。明治九年太政官布告によりクリル諸島に得撫・新知・占守の三郡が置かれた。また、明治十三年には色丹・国後・択捉の三島に役場が置かれ、明治十八年には根室国花咲郡色丹島が千島国へ編入され色丹郡となった。統計年鑑では、根室国に、明治十三・十四年に一社、明治十五―十九年に八社があった。一方、現在の明細帳に、根室に明治十三年一社、明治十五年から二社がみえる。

千島列島

神社名	祭神	鎮座地	創祀年	由緒等
占守神社	天照皇大神	占守島占守郡片岡湾郡司ヶ丘	明治26年頃	北千島水産会社
北上神社	北上大明神	幌筵島占守郡加熊別（日米水産会社後背地）	大正11年3月	
阿頼度神社	不詳	阿頼度島占守郡東京湾（北海道漁業連合会直営工場事務所内）	不明	北海道漁業連合会
松輪神社	不詳	松輪島新知郡大和湾後背地養狐番舎傍	不明	

択捉島

神社名	祭神	鎮座地	創祀年	由緒等
蘂取神社	金刀比羅大神 稲荷大明神 竜神	蘂取郡蘂取村大字蘂取	文化11年頃	伝高田屋嘉兵衛により創祀 明治43年社殿改築
紗那神社	大物主大神 崇徳天皇 少彦名神	紗那郡紗那村大字紗那	文化3年7月	高田屋嘉兵衛が四国金刀比羅宮より勧請
恵比須神社	事代主神	紗那郡紗那村大字紗那	嘉永3年	栖原家が西宮神社より勧請
散石神社	不詳	紗那郡紗那村大字紗那	不明	

神社名	祭神	鎮座地	創祀年	由緒等
散布神社	大山祇神　栖原角兵衛	紗那郡紗那村大字紗那村字散布		栖原漁業敷地内鎮座
別飛神社	事代主命	紗那郡紗那村大字紗那村字別飛	幕末から明治	高田屋嘉兵衛の開拓した土地
内岡神社	大物主神　崇徳天皇　伏見稲荷大明神	紗那郡紗那村大字紗那村字内岡	昭和14年10月	
有萌神社	金刀比羅大神	紗那郡紗那村大字紗那村字有萌	文化3年	高田屋嘉兵衛により創祀
留別神社	天照大神　明治天皇　稲荷大神	択捉郡留別村大字留別村字留別		大正元年社殿再建
年萌神社	男山八幡大神　伏見稲荷大明神　金刀比羅大神	択捉郡留別村大字留別村字年萌	伝明治40年頃	
昭和神社	天照大神　明治天皇	択捉郡留別村大字留別村字植別	昭和3年8月	昭和19年海軍に用地として接収された為天木山へ移転
具谷神社	金刀比羅大神　明治天皇　馬頭観音	択捉郡留別村大字留別村字具谷	昭和8年	
厳島神社	市杵島姫命	択捉郡留別村大字留別村字入里節	大正2年	
内保神社	金刀比羅大神	択捉郡留別村大字留別村字内保		栖原漁業の社が村民の希望で氏神となる

国後島

神社名	祭神	鎮座地	創祀年	由緒等
泊神社(国後神社)	天照皇大神　大物主大神　市岐島姫大神	国後郡泊村大字泊村	文化年間	高田屋嘉兵衛により創祀　天保6年近江屋宇右衛門奉納の鳥居がある
エカンコタン神社	源義経	国後郡泊村大字泊村エカンコタン		
善平古丹神社	保食神　龍神　弁天	国後郡泊村大字泊村字善平古丹		
ケラムイ神社	琴平大神	国後郡泊村大字泊村字ケラムイ		
古丹消神社	天照大神	国後郡泊村大字泊村字古丹消		
セイカラホール神社	金刀比羅大神	国後郡泊村大字泊村字東沸セイカラホール		
東沸神社	金刀比羅大神	国後郡泊村大字泊村字東沸	昭和元年	根室の金刀比羅神社に奉遷し祭典を執行
作喜神社	金刀比羅大神　稲荷大神　三吉大神	国後郡泊村大字泊村字東沸サクマンベツ		
中ノ古丹神社	崇神天皇	国後郡泊村大字泊村字東沸中ノ古丹		
セセキ神社	天照大神	国後郡泊村大字泊村字セセキ		
古釜布神社	金刀比羅大神	国後郡泊村大字泊村字古釜布		
近布内神社	八大竜王	国後郡泊村大字泊村字近布内	明治31年	大正11年社殿建立　根室の金刀比羅神社に奉遷し祭典を執行
ニキシロ神社	不詳	国後郡泊村大字泊村字ニキシロ		
秩苅別神社	不詳	国後郡泊村大字泊村字秩苅別		
白糠泊神社	不詳	国後郡留夜別村大字留夜別村字白糠泊		
千島神社	墨之江三神外二柱	国後郡留夜別村大字留夜別村字乳呑路		大正年間社殿改築

神社名	祭神	鎮座地	創祀年	由緒等
オダイバケ神社	豊受大神	国後郡留夜別村大字留夜別村字オダイバケ		
植内神社	大国主命	国後郡留夜別村大字留夜別村字植内	大正初期	
老登山神社	金刀比羅大神	国後郡留夜別村村大字留夜村別村字チフンベツ	明治初期又は江戸末期	昭和23年根室の金刀比羅神社に奉遷し祭典を執行
昌徳神社	大山祇尊	国後郡留夜別村大字留夜別村字シベトロ		
植沖神社	妙見大菩薩	国後郡留夜別村大字留夜別村字植沖	幕末頃	根室・常惺寺へ奉遷
戸野神社	不詳	国後郡留夜別村大字留夜別村字野塚		

色丹島

神社名	祭神	鎮座地	創祀年	由緒等
斜古丹神社	金刀比羅大神 明治天皇	色丹郡色丹村字斜古丹	明治20年代	大正2年7月社殿改築
稲茂尻神社	金刀比羅大神	色丹郡色丹村字イネモシリ	昭和12年	昭和23年根室の金刀比羅神社に奉遷し現在「色丹島神社」として祭典を執行
チボイ神社	金刀比羅大神	色丹郡色丹村字チボイ		大正12年9月社殿改築
能登呂神社	天照大神	色丹郡色丹村字ノトロ		明治28年社殿改築
切通神社	金刀比羅大神	色丹郡色丹村字キリトウシ		昭和3年6月社殿改築
相見崎神社	金刀比羅大神	色丹郡色丹村字相見崎		昭和8年10月社殿改築

歯舞群島

神社名	祭神	鎮座地	創祀年	由緒等
多楽島市杵島神社	市杵島姫命 多岐理姫命 多岐津姫命	多楽島字カガマ弁天島	昭和13年	根室の金刀比羅神社に奉遷し祭典を執行
多楽島金刀比羅神社	金刀比羅大神	多楽島税庫前	明治36年	根室の金刀比羅神社に奉遷し祭典を執行
大海竜王神社	竜王神	多楽島フレシマ	昭和7年	根室の金刀比羅神社に奉遷し祭典を執行
東前金刀比羅神社	金刀比羅大神	志発島字東前カフェノツ	明治後期から大正初期	佐々木宇八の創祀、根室の金刀比羅神社に奉遷し祭典を執行
相泊金刀比羅神社	金刀比羅大神	志発島字相泊	昭和2年	
西浦泊稲荷神社	稲荷大神 金刀比羅大神	志発島字西浦泊	昭和8年	元総代家にて祭祀
水晶島金刀比羅神社	金刀比羅大神	水晶島字税庫	明治40年頃	根室の金刀比羅神社に奉遷し祭典を執行
水晶島市杵島神社	市杵島姫命 多岐理姫命 多岐津姫命	水晶島三角崎	大正6年	根室の金刀比羅神社に奉遷し祭典を執行
水晶島稲荷神社	稲荷大明神	水晶島字モシリケシ	昭和10年頃トッカリ崎の稲荷社を遷座	
勇留島金刀比羅神社	金刀比羅大神	勇留島字税庫前	大正6年	

関東州の神社は、『関東州及ビ満州ニ於ケル神社調』、満洲の神社は、昭和二十年版『満州年鑑』を基本とし、在外神社一覧などほかの資料で補足した。鎮座地で旧とあるのは、古い鎮座地をそのまま掲載したことによる。神職の専任は昭和十七年（一九四二）九月現在の『大日本神祇会満州支部会員名簿』を、また神饌幣帛の指定は装束店の印のある『関東州・満洲国神社一覧』（編者架蔵）によった。神饌幣帛供進の規定は見当たらないが、『大陸神社大観』の沙河口神社の由緒には、「関東州に於ける神社は幣帛供進の規定なきも当社は内地神社の法規に従ひ自治団体より供進す」、また安東神社は昭和十三年より、図們神社は昭和十四年から供進があったことが記されている。『皇国時報』（昭和十八年五月二十一日）の新京神社糸永新の記事中、治外法権撤廃以後、相当なる施設を有し、専任神職を置く神社に限り教学部より神饌幣帛料を供進する制度を確立したとみえる。団名・造営年月・造営費調達法は近藤喜博の資料によった。神社行政は、『満洲開拓年鑑』によると、昭和十二年十一月九日の「満洲国ニ於ケル治外法権ノ撤廃及南満洲鉄道附属地行政権ノ移譲ニ関スル日本国間条約」により教育行政権ともに留保条項となり、勅令第六〇八号をもって、満洲国駐劄特命全権大使が事務を管掌するところとなり在満教務部がこれに当たった。施設は、開拓地の特殊事情を考慮し、設立当初においては必ずしも神社の施設の完備を要件とせず、漸次整備を進めさせ、建築様式などは開拓団出身地の神社様式を採用し、開拓地の環境風土に相応しいものとしている。

関東州

社格	神社名	祭神	鎮座地	設立許可年	神職	備考
官幣大社	関東神宮	天照大神 明治天皇	旅順市	創立年 昭和13年6月1日 列格年 昭和13年6月1日 鎮座年 昭和19年10月1日	専任	
	大連神社	天照大神 明治天皇 大国主神 靖国神〈配祀〉天之御中主神 高皇産霊神 神皇産霊神 産土神	大連市南山二ノ二	地鎮式 明治41年9月1日 創立年 明治42年10月10日	専任	大陸神社大観 明治40年9月1日 神社局 明治43年10月
	沙河口神社	天照大神 明治天皇 大国主神〈配祀〉伊斯許里度売神 玉祖神 手置帆負神 彦狭知命	大連市霞町一九一番地	創立年 大正3年10月17日	専任	大陸神社大観 大正4年10月5日 鎮座祭大正3年10月17日
	金刀比羅神社	大物主命 崇徳神社	大連市春日町七四番地	創立年 大正7年12月7日	専任	神社局 11月
	小野田神社	天照大神 明治天皇 猿田彦神	大連市泡崖屯一、〇八一番地	創立年 大正11年7月31日	専任	神社局 大正7年6月
	貔子窩神社	天照大神 大国主命 保食神 塩土老翁神	貔子窩会財神街第一五八番地	創立年 大正14年6月10日	専任	
	普蘭店神社	天照大神	普蘭店会南山街	創立年 昭和2年9月17日	専任	
	金州神社	天照大神〈配祀〉明治天皇 大国主神 靖国神	金州会金州三六一三	創立年 昭和9年5月25日	専任	
	金刀比羅神社	大物主命 崇徳天皇	旅順市白玉山町一丁目	創立年 昭和9年7月20日	専任	大陸神社大観 昭和11年10月10日
	関水神社	明治天皇 事代主命 大物主命 崇徳天皇	大連市転山屯	創立年 明治41年11月		
	（大連恵比須神社）	事代主命 大国主神	大連市	創立年 大正4年10月		神社局資料のみ
	柳樹屯稲荷神社	宇迦御魂命 胡三太爺神	大連湾会王家屯二六七番地	創立年 大正8年6月4日	専任	
	周水神社	天照大神 明治天皇 大国主神	大連市周水会周水屯	創立年 大正11年9月30日		

地区名	神饌幣帛	神社名	祭神	鎮座地	設立許可年	神職	備考
新京特別市	指定	新京神社	天照大神 明治天皇 大国主命	新京市敷島区平安町	設立年 大正4年10月29日 鎮座祭 大正5年11月3日	専任	長春神社から改称、昭和7年12月長春から新京に地名が代わったことによる。神社局 大正5年11月
		新京稲荷神社	宇加之御魂神	新京特別市曙町	設立年 大正9年11月20日		長春稲荷神社から改称、昭和7年12月長春から新京に地名が代わったことによる。神社局 大正2年5月
		力行神社	天照大神 明治天皇 神武天皇		設立年 昭和15年10月		
奉天省		千山神社	天照大神 大国主命	奉天省千山附属地	設立年 明治41年9月		
	指定	撫順神社	天照大神 大国主命 金山比古命 金山比売命	奉天省撫順附属地永安台西公園内	設立年 明治42年2月1日 鎮座祭 明治43年1月31日	専任	
	指定	遼陽神社	天照大神 豊受大神 応神天皇 神武天皇	奉天省遼陽船頭公園内	設立年 明治42年6月16日	専任	大陸神社大観 5月 神社局 9月
		鐵嶺稲荷神社	倉稲魂命 保食神	奉天省鐵嶺元町四丁目七三	設立年 明治43年6月		
	指定	瓦房店神社	天照大神 大国主命	奉天省瓦房店附属地東区旭村二	設立年 大正元年9月6日	専任	大陸神社大観 2月 神社局 12月
	指定	本溪湖神社	天照大神 明治天皇 大国主命	奉天省本溪湖	設立年 大正2年3月	専任	神社局 大正3年8月
	指定	海城神社	明治天皇	奉天省海城街	設立年 大正3年7月15日	専任	神社局 8月
		草河口神社	天照大神	奉天省草河口附属地	設立年 大正3年8月		
	指定	大石橋神社	天照大神 大国主命	奉天省大石橋盤竜山西南山腹	設立年 大正3年10月5日	専任	
	指定	鉄嶺神社	天照大神 明治天皇 大国主命 靖国神	奉天省鉄嶺街花園町二丁目	設立年 大正4年7月31日 鎮座祭 大正4年11月8日	専任	神社局 大正7年11月
	指定	熊岳城神社	天照大神 明治天皇 大国主命	奉天省熊岳城	設立年 大正4年8月3日	専任	神社局 10月
		橋頭神社	天照大神	奉天省橋頭	設立年 大正4年8月8日		関東州満洲国神社一覧 4月4日 神社局 10月
	指定	奉天神社	天照大神 明治天皇	奉天省奉天市大和区琴平町	設立年 大正4年10月25日 鎮座祭 大正5年12月16日	専任	神社局 大正5年12月
		煙台神社	天照大神 大国主命	奉天省煙台守備隊北方	設立年 大正5年6月25日		満洲年鑑 大正6年5月
		恵比須神社	事代主尊	奉天省撫順	設立年 大正8年6月		
		本溪湖恵比須神社	事代主命	奉天省本溪湖	設立年 大正8年6月		
		連山関神社	天照大神 明治天皇	奉天省連山関	設立年 大正9年8月13日		神社局 10月
	指定	営口神社	明治天皇 昭憲皇太后	営口新市街旭町三〇〇	設立年 大正9年10月28日	専任	関東州満洲国神社一覧 大正8年9月
		新台子神社	天照大神	奉天省新台子満鉄附属地	設立年 大正11年10月14日		関東州満洲国神社一覧 9月
	指定	鞍山神社	天照大神 明治天皇	奉天省鞍山鎮守山	設立年 大正13年6月23日	専任	神社局 10月
	指定	蘇家屯神社	天照大神 明治天皇	奉天省蘇家屯	設立年 大正13年6月25日	専任	神社局 9月

地区名	神饌幣帛	神社名	祭神	鎮座地	設立許可年	神職	備考
奉天省		本溪湖稲荷神社	宇賀之御魂神 佐太彦神 天宇豆売神		設立年 昭和6年6月		神社大観、神社局の資料に無い
		新民神社	天照大神 明治天皇	奉天省新民県城内	設立年 昭和8年7月16日		神社大観には無い
		蓋平神社	天照大神	奉天省蓋平附属地	設立年 昭和10年8月16日		神社局 10月
		新屯神社	神武天皇	奉天省撫順県第四区営盤村新屯	設立年 昭和13年6月1日		
		清原神社	天照大神 明治天皇 金山毘古神	奉天省清原県清原街紅毛溝北山	設立年 昭和14年3月29日		
		興京神社	天照大神 明治天皇 神武天皇	(旧)吉林省興京県興京街東興区北山	設立年 昭和14年4月21日		
		五湖嘴神社	天照大神		設立年 昭和16年1月		
		法庫神社	天照大神 明治天皇		設立年 昭和16年10月		
		康平神社	天照大神 明治天皇		設立年 昭和16年12月		
		遼中神社	天照大神		設立年 昭和17年10月		
		文官屯神社	豊受大神 明治天皇 大国主命	奉天省文官屯村	設立年 昭和17年11月		
		小市神社	天照大神		設立年 昭和17年12月		
四平省		昌図神社	天照大神	(旧)奉天省昌図大街	設立年 大正4年1月		神社局 大正5年9月
	指定	開原神社	天照大神 明治天皇 大国主命	(旧)奉天省開原神明街	設立年 大正4年8月	専任	神社局 11月
	指定	四平街神社	天照大神 明治天皇 大国主命	(旧)奉天省四平街西区利幸町一丁目	設立年 大正7年7月	専任	大陸神社大観 大正8年6月
		郭家店神社	天照大神	(旧)奉天省郭家店北一條街三丁目	設立年 大正9年5月10日		
		朝陽鎮神社	天照大神 明治天皇	(旧)奉天省海龍県朝陽鎮西門外	設立年 昭和13年7月25日		神社大観は大正となっている
		西安神社	天照大神 豊受大神 大山祇大神	(旧)奉天省西安県第一区仙城村	設立年 昭和10年11月5日		鎮座祭
	指定	鄭家屯神社	天照大神	(旧)奉天省遼源県鄭家屯	設立年 昭和11年9月11日	専任	大正12年3月25日守備隊より引き継ぐ
		山城鎮神社	天照大神 明治天皇	(旧)奉天省海龍県山城鎮北門街	設立年 昭和12年10月23日		
		西豊神社	天照大神 明治天皇 大国主命	(旧)奉天省西豊県豊街北山	設立年 昭和14年7月4日	専任	
		梅河口神社	天照大神 明治天皇 神武天皇	(旧)奉天省東豊県保明村	設立年 昭和14年8月3日		
		泉頭神社	天照大神 明治天皇	四川省昌図県	設立年 昭和15年6月		大陸神社大観では泉領神社となっている
		海龍神社	天照大神 明治天皇		設立年 昭和17年3月		
吉林省	指定	公主嶺神社	天照大神	吉林省公主嶺街花園町	設立年 明治42年5月	専任	神社大観 大正5年6月
		范家屯神社	天照大神	吉林省范家屯公園内	設立年 大正4年10月19日		
	指定	敦化神社	天照大神	吉林省敦化県城外鉄道用地	設立年 昭和7年9月23日	専任	

地区名	神饌幣帛	神社名	祭神	鎮座地	設立許可年	神職	備考
吉林省		新站神社	天照大神 明治天皇	吉林省額穆県新站湯明路	設立年 昭和9年10月8日		神社局 昭和11年10月8日
		蛟河神社	天照大神	吉林省額穆県蛟河東山	設立年 昭和9年10月15日		
	指定	吉林神社	天照大神 明治天皇 大国主命	吉林省吉林市三緯路	設立年 昭和9年1月13日	専任	
		徳恵神社	天照大神 明治天皇 大国主命	吉林省徳恵県窰門站前公園北寄	設立年 昭和11年11月3日		
		洮子山神社	天照大神	吉林省額穆県洮子山蛟河	設立年 昭和12年3月20日		
		磐石神社	天照大神	吉林省磐石県磐石街商埠用炮台山	設立年 昭和13年8月16日		
		豊満神社	天照大神 明治天皇	吉林省永吉県大豊満	設立年 昭和13年10月8日		
		八道河子神社	天照大神 明治天皇 大国主命	樺甸県八道河子	設立年 昭和15年6月		造営日 昭和15年10月 造営費調達方 団寄進（八道河子団）
		大日向神社	天照大神 明治天皇	舒蘭県四家房	設立年 昭和15年6月		造営日 昭和16年10月 造営費調達方 団寄進（四家房団）
	指定	九台神社	天照大神	吉林省九台県九台	設立年 昭和15年7月	専任	
		拉法神社	天照大神 明治天皇		設立年 昭和15年9月		造営日 昭和15年9月 造営費調達方 団寄進（拉法団）
		山路神社	天照大神 明治天皇		設立年 昭和15年12月	専任	（山路団）
		莫石神社	天照大神		設立年 昭和16年3月		
		興隆川神社	天照大神 明治天皇 大国主命		設立年 昭和16年7月		
		雙河鎮神社	天照大神（白山権現）		設立年 昭和16年10月		造営日 昭和16年5月予定 造営費調達方 団寄進（雙河鎮団）
		農安神社	天照大神		設立年 昭和16年11月		
		太和神社	天照大神		設立年 昭和17年3月		
		開原城子河神社	天照大神	舒蘭県開原城子河	設立年 昭和17年3月		造営日 昭和13年10月 造営費調達方 団寄進（城子河団）
		徳勝鳥取神社	天照大神		設立年 昭和17年6月		
		報馬神社	天照大神（黒髪神社）	吉林省	設立年 昭和17年6月		
		前郭旗神社	天照大神		設立年 昭和17年11月		
		樺甸神社	天照大神		設立年 昭和17年12月		
		黒石神社	天照大神		設立年 昭和18年4月		
		舒蘭神社	天照大神		設立年 昭和18年5月		
		扶餘神社	天照大神		設立年 昭和18年10月		
		煙筒山神社	天照大神		設立年 昭和18年11月		
		大石頭神社	天照大神		設立年 昭和18年12月		

地区名	神饌幣帛	神社名	祭神	鎮座地	設立許可年	神職	備考
吉林省		金馬神社	天照大神		設立年 昭和19年3月		
		白河神社	天照大神		設立年 昭和19年3月		
		平安神社	天照大神 明治天皇		設立年 昭和19年6月		
		楡樹神社	天照大神		設立年 昭和19年8月		
安東省	指定	安東神社	天照大神	安東省安東市鎮江山	設立年 明治38年10月3日 地鎮祭 大正13年2月18日	専任	神社局 11月
		鶏冠山神社	天照大神	安東省鶏冠山北町	設立年 大正4年11月9日		
		劉家河神社	天照大神	安東省劉家河鉄道附属地	設立年 大正6年3月17日		神社局 大正5年11月
		通遠堡神社	天照大神	安東省通遠堡附属地	設立年 大正8年5月5日		
		鳳凰城神社	天照大神	安東省鳳凰城鉄道附属地	設立年 大正8年10月1日		神社局 大正9年5月
		五龍背神社	天照大神		設立年 昭和14年11月		
		寛甸神社	天照大神		設立年 昭和17年10月		
		荘河神社	天照大神		設立年 昭和18年7月		
		岫巌神社	天照大神		設立年 昭和18年10月		
錦州省	指定	錦州神社	天照大神	錦州省綿県小亮山	設立年 昭和9年7月	専任	鎮座祭 昭和10年6月22日
	指定	北票神社	天照大神	錦州省朝陽県北票街旭ヶ丘高地	設立年 昭和13年7月6日 地鎮祭 昭和13年7月7日	専任	
		北鎮神社	天照大神 神武天皇		設立年 昭和15年11月		
	指定	阜新神社	天照大神 明治天皇 大国主命 大山祇神 神武天皇	錦州省阜新市	設立年 昭和14年12月	専任	
		大虎山神社	天照大神 明治天皇		設立年 昭和15年9月		
		彰武神社	天照大神		設立年 昭和16年1月		
		興城神社	天照大神		設立年 昭和16年1月		
		壺蘆島神社	天照大神		設立年 昭和17年3月		
		錦西神社	天照大神		設立年 昭和17年5月		
		盤山神社	天照大神		設立年 昭和17年10月		
濱江省	指定	哈爾濱神社	天照大神 明治天皇 大国主命	哈爾濱市南岡廟街	設立年 昭和10年3月9日	専任	(2月)
		五常神社	天照大神 明治天皇	濱江省五常県五常	設立年 昭和11年10月30日		(12月)
		雙城神社	天照大神 明治天皇 大国主命	濱江省雙城県雙城堡駅前	設立年 昭和12年8月11日		(6月)
		安達神社	天照大神	濱江省安達站西門外	設立年 昭和12年10月16日		
		九州神社	天照大神 明治天皇 神日本磐余彦尊 多紀理姫命	濱江省五常県小山九州村開拓地	設立年 昭和14年5月		造営日 昭和16年9月予定 造営費調達方 団寄進(小山子団)

地区名	神饌幣帛	神社名	祭神	鎮座地	設立許可年	神職	備考
濱江省		（福富神社）	天照大神	濱江省	設立年 昭和14年8月		年鑑に無いが満州拓殖公社調による造営日 昭和8年12月造営費調達方 団及団出身県寄進（大泉子団）
		呼蘭神社	天照大神 明治天皇 神武天皇	濱江省呼蘭県呼蘭	設立年 昭和15年9月		
		太平神社	天照大神 明治天皇		設立年 昭和16年5月		
		阿城神社	天照大神 明治天皇	濱江省阿城県	設立年 昭和16年7月		
		大分神社	天照大神 明治天皇 誉田別命（誉田別命 比売神 大帯姫命）	濱江省	設立年 昭和16年7月		造営日 昭和15年10月 造営費調達方 団寄進（大分団）
		山陽神社	天照大神		設立年 昭和16年9月		
		珠河神社	天照大神 明治天皇		設立年 昭和16年9月		
		一面坡神社	天照大神 明治天皇	濱江省珠河県一面坡街	設立年 昭和16年9月		
		太平川神社	天照大神 明治天皇（大国主命）	濱江省	設立年 昭和15年10月		造営日 明治15年12月 造営費調達方 団及団員寄付（太平川団）
		木蘭神社	天照大神		設立年 昭和17年2月		
		平陽神社	天照大神		設立年 昭和17年3月		
		裕徳神社	天照大神（豊受大神 神武天皇 明治天皇）	濱江省	設立年 昭和17年8月		造営日 昭和16年10月予定 造営費調達方 団及団出身県寄進（裕徳団）
		平房神社	天照大神 明治天皇		設立年 昭和17年8月		
		大青川神社	天照大神		設立年 昭和17年8月		
		四道河神社	天照大神		設立年 昭和17年10月		
		天理府神社	天照大神 神武天皇	濱江省阿城県天理村	設立年 昭和17年10月		天理村神社
		埼玉神社	天照大神 明治天皇		設立年 昭和18年3月		
		双龍神社	天照大神 豊受大神		設立年 昭和18年12月		
龍江省	指定	齊々哈爾神社	天照大神 明治天皇	龍江省齊々哈爾市公園南市場	設立年 昭和9年4月1日	専任	
		白城子神社	天照大神 明治天皇	龍江省洮安県城大北門外	設立年 昭和10年11月24日	専任	（11月）
	指定	洮南神社	天照大神 明治天皇	龍江省洮南県洮南城東門外	設立年 昭和11年11月15日		
		寧年神社	天照大神	龍江省富裕興陽保寧年	設立年 昭和12年3月1日		
		訥河神社	天照大神	龍江省訥河県第一区博爾多站	設立年 昭和12年5月27日		
	指定	昂々溪神社	天照大神 明治天皇	龍江省龍江県昂々溪田地街	設立年 昭和12年9月9日	専任	
		泰來神社	天照大神 明治天皇	龍江省泰来県泰来	設立年 昭和15年11月		
		朝陽山神社	天照大神 明治天皇	龍江省甘南県	設立年 昭和15年7月		
		青森神社	天照大神 明治天皇	龍江省	設立年 昭和15年8月		造営日 昭和14年12月 造営費調達方 団寄進（上学田団）

地区名	神饌幣帛	神社名	祭神	鎮座地	設立許可年	神職	備考
龍江省		開通神社	天照大神		設立年 昭和15年12月		
		江橋神社	天照大神		設立年 昭和16年1月		
		七道嶺神社	天照大神		設立年 昭和17年3月		
		龍山神社	天照大神		設立年 昭和18年3月		
		西寶神社	天照大神 明治天皇		設立年 昭和18年4月		
		六間房神社	天照大神 明治天皇		設立年 昭和18年11月		
		義合神社	天照大神		設立年 昭和19年4月		
		二昭神社	天照大神		設立年 昭和19年5月		
東満総省		間島神社(龍井神社)	天照大神	(旧)間島省龍井街第一区	設立年 大正14年10月		(龍井神社)は編者の注記による
		百草溝神社	天照大神	(旧)間島省汪清県百草溝	設立年 昭和4年9月18日		
		明月溝神社	天照大神	(旧)間島省延吉県明月溝西山	設立年 昭和8年6月9日		間島神社分霊
		頭道溝神社	天照大神	(旧)間島省延吉県頭道溝北山	設立年 昭和8年11月3日		
		榮溝神社	天照大神	(旧)間島省汪清県大荒溝	設立年 昭和9年3月1日		
	指定	図們神社	天照大神	(旧)間島省図們	設立年 昭和8年12月25日	専任	羅南神社分霊
		朝陽川神社	大国主命	(旧)間島省延吉県朝陽川機務段山	設立年 昭和9年9月30日		造営日 昭和16年10月 造営費調達方 団員出身県寄進(朝陽川団)
	指定	延吉神社	天照大神	(旧)間島省延吉県延吉街西公園	設立年 昭和10年5月	専任	神社局 9月24日
		林口神社	天照大神	(旧)三江省勃利県林口創成造	設立年 昭和11年5月6日		
		新安鎮神社	天照大神 明治天皇		設立年 昭和11年9月		
		鹿道神社	天照大神	(旧)牡丹江省	設立年 昭和11年10月		
		勃利神社	天照大神	(旧)三江省勃利城外	設立年 昭和11年12月1日		
		開山屯神社	天照大神 明治天皇	(旧)間島省和龍県光開村開山屯	設立年 昭和11年12月14日	専任	朝鮮神宮分霊
		哈達河神社	天照大神	(旧)東安省	設立年 昭和12年6月		満州拓殖公社調による 造営日 昭和12年6月 造営費調達方 団寄進(哈達河団)
		琿春神社	天照大神	(旧)間島省琿春	設立年 昭和12年8月11日	専任	
		横道河子神社	天照大神	(旧)牡丹江省安県横道河子	設立年 昭和12年9月18日		
		永安神社	天照大神 豊受大神 明治天皇	(旧)東安省蜜山県永安屯若草山	設立年 昭和13年8月		造営日 昭和12年10月 造営費調達方 団寄進(永安屯団)
	指定	牡丹江神社	天照大神 明治天皇 大国主命 神武天皇	(旧)牡丹江省牡丹江市安街	設立年 昭和13年9月21日	専任	
		龍爪神社	天照大神 明治天皇 大国主命	(旧)東安省勃利県龍爪雲雀ヶ丘	設立年 昭和13年11月8日		造営日 昭和13年9月 造営費調達方 団寄進(龍爪団)

地区名	神饌幣帛	神社名	祭神	鎮座地	設立許可年	神職	備考
東満総省		朝陽神社	天照大神 豊受大神 明治天皇	(旧)東安省蜜山県朝陽屯	設立年 昭和13年12月8日		造営日 昭和14年11月 造営費調達方 団寄進(朝陽屯団)
		土門子神社	天照大神	(旧)間島省琿春県春化村土門子嶺	設立年 昭和14年4月5日		
		満州諏訪神社	建御名方富命 八坂刀売命	(旧)牡丹省蜜山県第五次黒台信濃村開拓地	設立年 昭和14年5月18日		造営日 昭和12年10月 造営費調達方 団出身県及団寄進(黒台信濃団)
		汪清神社	天照大神	(旧)間島省琿春	設立年 昭和14年8月9日		
		東安神社(密山神社)	天照大神 明治天皇 応神天皇	(旧)東安省密山県新蜜山	設立年 昭和14年8月1日		(密山神社)は編者の注記による
		広島神社	天照大神 明治天皇 大国主命 速谷神	(旧)東安省蜜山県第一次広島村開拓団比治山	設立年 昭和14年8月11日		造営日 昭和14年7月 造営費調達方 団寄進(六人班団)
		興山鎮神社	天照大神	(旧)三江省鶴立県興山街利城外	設立年 昭和14年8月29日	専任	申請は興山神社
		杏樹神社	天照大神 明治天皇 大国主命	(旧)三江省杏樹	設立年 昭和14年12月		
		新秋田神社	天照大神 明治天皇 大国主命 大山祇神	(旧)間島省延吉県	設立年 昭和14年12月		造営日 昭和16年12月予定 造営費調達方 団寄進(新秋田団)
		湖北神社	天照大神	(旧)東安省密山県	設立年 昭和15年1月		造営日 昭和15年5月 造営費調達方 団寄進(西二道崗団)
		国礎神社	天照大神 明治天皇	(旧)東安省虎林県虎林街	設立年 昭和15年5月		造営日 昭和15年6月 造営費調達方 団出身県及団寄進(黒咀子団)
		蘭崗神社	天照大神 明治天皇	(旧)牡丹江省	設立年 昭和15年7月		
		仙洞神社	天照大神 応神天皇	(旧)牡丹江省	設立年 昭和15年7月		造営日 昭和12年11月 造営費調達方 (仙洞団)
	指定	東寧神社	天照大神 明治天皇 大国主命	(旧)牡丹江省	設立年 昭和15年8月	専任	
		寶清神社	天照大神	(旧)東安省	設立年 昭和15年8月		
		綏陽神社	天照大神 明治天皇 神武天皇	(旧)牡丹江省	設立年 昭和15年9月		
		虎林神社	天照大神 明治天皇	(旧)東安省	設立年 昭和15年10月		
		清和神社	天照大神 明治天皇	(旧)東安省	設立年 昭和16年5月		
		黒台神社	天照大神	(旧)東安省	設立年 昭和16年7月		造営日 昭和14年5月 造営費調達方 団寄進(黒台団)
		東京城神社	天照大神 明治天皇	(旧)牡丹江省東京城	設立年 昭和17年7月		
		安図神社	天照大神		設立年 昭和17年10月		
		虎頭神社	天照大神 明治天皇		設立年 昭和17年10月		
		久田見神社	天照大神	(旧)牡丹江省	設立年 昭和17年10月		
		温春神社	天照大神	(旧)牡丹江省	設立年 昭和17年11月		
		石城神社	天照大神 明治天皇 応神天皇	東満総省延吉県亮兵台	設立年 昭和18年2月		
		梅林神社	天照大神 明治天皇	(旧)牡丹江省梅林	設立年 昭和18年2月		

地区名	神饌幣帛	神社名	祭神	鎮座地	設立許可年	神職	備考
東満総省		更級神社	天照大神 明治天皇	東満総省宝清県	設立年 昭和18年6月		
		鏡泊湖神社	天照大神		設立年 昭和18年7月		
		高社神社	天照大神 明治天皇	東満総省宝清県	設立年 昭和18年7月		
		寧安神社	天照大神	(旧)牡丹江省寧安県	設立年 昭和18年8月		
		八面通神社	天照大神	(旧)牡丹江省	設立年 昭和18年10月		
		富士神社	天照大神		設立年 昭和18年11月		
		七日生坂下神社	天照大神 明治天皇		設立年 昭和18年11月		
		老黒山神社	天照大神		設立年 昭和18年12月		
		千曲神社	天照大神		設立年 昭和19年4月		
		水内神社	天照大神 明治天皇	東満総省宝清県索倫河	設立年 昭和19年5月		
		御楯神社	天照大神		設立年 昭和19年8月		
三江省		彌榮神社	天照大神	三江省樺川県彌榮村八里崗	設立年 昭和8年10月14日		造営日 昭和8年10月 造営費調達方 団寄進(彌榮団)
		富錦神社	天照大神	三江省富錦城内	設立年 昭和10年5月10日		
		千振神社	天照大神	三江省依蘭県千振郷東宮山北麓	設立年 昭和11年9月30日		造営日 昭和10年9月 造営費調達方 団寄進(千振団)
	指定	佳木斯神社	天照大神	三江省樺川県佳木斯市東山	設立年 昭和12年9月18日	専任	(11月)
		鶴岡神社	天照大神		設立年 昭和14年8月		満洲年鑑のみ
		静岡神社	天照大神 明治天皇 伊波比主命 木花咲耶姫命	三江省鶴林県静岡村	設立年 昭和14年12月		造営日 昭和14年9月 造営費調達方 団出身県及団寄進(静岡団)
		熊本神社	天照大神 明治天皇 大国主命 応神天皇	(旧)東安省	設立年 昭和14年12月	専任	造営日 昭和15年6月 造営費調達方 団出身県及団寄進(熊本団)
		湯原茨城神社	天照大神 明治天皇 大国主命 武甕槌命	(旧)東安省	設立年 昭和14年12月		造営日 昭和15年8月 造営費調達方 団及団出身県寄進(茨城団)
		同江神社	天照大神	(旧)東安省	設立年 昭和15年4月17日	専任	
		依蘭神社	天照大神 明治天皇 大国主命 月読命	三江省依蘭県城牡丹江対岸丘陵	設立年 昭和15年4月	専任	
		大八洲神社	天照大神 明治天皇	(旧)東安省大洲村	設立年 昭和15年7月		
		通河神社	天照大神 明治天皇		設立年 昭和15年7月	専任	
		大古洞神社	応神天皇		設立年 昭和15年10月		満洲拓殖公社調による 造営日 昭和16年10月 造営費調達方 団及団出身県寄進(大古洞団)
		宮城神社	天照大神 明治天皇 大国主命		設立年 昭和15年10月		造営日 昭和14年5月 造営費調達方 団寄進(宮城団)

地区名	神饌幣帛	神社名	祭神	鎮座地	設立許可年	神職	備考
三江省		庄内神社	天照大神 明治天皇（月読命）	三江省依蘭県馬太屯庄内郷	設立年 昭和15年11月		造営日 昭和15年8月 造営費調達方 団出身県及団寄進（馬太屯団）
		加能神社	天照大神		設立年 昭和16年		
		福島神社	天照大神 明治天皇 大国主命	三江省鶴立県	設立年 昭和16年3月		造営日 昭和16年3月 造営費調達方 団寄進（福島団）
		達連神社	天照大神		設立年 昭和16年3月		
		帯嶺神社	天照大神		設立年 昭和16年3月		
		西彌榮神社	天照大神 明治天皇	三江省西彌榮	設立年 昭和16年3月		造営日 昭和15年1月 造営費調達方 団員寄進（西彌榮団）
		湯原神社	天照大神		設立年 昭和16年3月		
		肥後神社	天照大神 明治天皇		設立年 昭和16年7月		
		東北神社	天照大神 明治天皇	三江省鶴立県東北村	設立年 昭和16年10月		
		太原山神社	天照大神	三江省通河口	設立年 昭和17年1月		太平山神社
		鶴立神社	天照大神 明治天皇 武甕槌神	三江省鶴立県鶴立街	設立年 昭和17年8月		
		大八浪神社	天照大神		設立年 昭和17年12月		
		福島神社	天照大神 明治天皇	三江省鶴立県	設立年 昭和17年12月		
		中川神社	天照大神		設立年 昭和18年3月		
		筆架山神社	天照大神 明治天皇	三江省山田錦県	設立年 昭和18年3月		
		久堅神社	天照大神 明治天皇		設立年 昭和18年6月		
		東海神社	天照大神	三江省鶴立県東海村	設立年 昭和18年6月		
		大通河礎神社	天照大神		設立年 昭和18年7月		
		南又神社	天照大神		設立年 昭和18年9月		
		羅北神社	天照大神		設立年 昭和19年2月		
		綏濱神社	天照大神		設立年 昭和19年2月		
		寶山神社	天照大神		設立年 昭和19年6月		
		張家（屯）神社	天照大神（諏訪神社分霊）		設立年 昭和19年9月		造営日 昭和16年10月 造営費調達方 団員寄進（張家屯団）
北安省		龍鎮神社	明治天皇	北安省龍鎮県龍鎮新市外	設立年 昭和8年10月1日		
	指定	北安神社	天照大神 明治天皇	北安省龍鎮県北安鎮天字十井神社村	設立年 昭和10年9月16日	専任	
		海倫神社	天照大神 明治天皇 大国主命	（旧）西安省海倫県海倫城東門外	設立年 昭和11年8月20日		（6月11日）
		綏化神社	天照大神 明治天皇 大国主命	（旧）西安省綏化県城外東門外	設立年 昭和11年9月		（12月）

地区名	神饌幣帛	神社名	祭神	鎮座地	設立許可年	神職	備考
北安省		綏棱神社	天照大神	(旧)西安省綏棱県北大溝	設立年 昭和12年7月13日		造営日 昭和10年10月 造営費調達方 団寄進(瑞穂団)
		克山神社	天照大神 明治天皇	(旧)西安省克山県城西門外	設立年 昭和12年9月15日		
		安拝神社	皇大神宮・明治神宮・塩竈神社・青葉・竹駒・金華山神社・各御分霊		設立年 昭和13年2月		年鑑に無いが満州拓殖公社調による 造営日 昭和13年4月 造営費調達方 団寄進(安拝団)
		嫩江神社	天照大神 明治天皇	(旧)西安省嫩江附郭段弓地	設立年 昭和13年6月20日		(4月)
		四国神社	天照大神 明治天皇 大国主命(崇徳天皇 大物主命)	(旧)西安省綏棱県黒馬列第六次四国開拓用地	設立年 昭和14年5月18日		造営日 昭和14年11月 造営費調達方 団出身県及団寄進(黒馬劉団)
		拉林神社	天照大神 明治天皇 大国主命		設立年 昭和15年11月		造営日 昭和15年12月 造営費調達方 団寄進及社領地収入(拉林団)
		白家神社	天照大神 明治天皇		設立年 昭和15年6月		
		鐵驪神社	天照大神 明治天皇 神武天皇		設立年 昭和15年9月		
		泰安神社	天照大神		設立年 昭和16年7月		
		埼玉神社	天照大神 明治天皇(素盞嗚尊 大己貴命 稲田姫命)	北安省通化県埼玉村	設立年 昭和16年10月		造営日 昭和15年10月 造営費調達方 団員及団出身県(老街基団)
		望奎神社	天照大神 明治天皇	北安省望奎県	設立年 昭和17年8月		
		北斗神社	天照大神		設立年 昭和17年10月		
		花園神社	天照大神 明治天皇	北安省克東県花園	設立年 昭和18年2月		
		綏楞神社	天照大神		設立年 昭和18年3月		
		三井神社	天照大神 明治天皇		設立年 昭和18年3月		
		繁家神社	天照大神 明治天皇	北安省慶安県繁家	設立年 昭和18年5月		
		恵那神社	天照大神 神武天皇		設立年 昭和18年5月		
		新潟神社	天照大神		設立年 昭和18年6月		造営日 昭和15年11月 造営費調達方 団及団員寄進(福堂団)
		徳命神社	天照大神		設立年 昭和18年8月		
		千葉神社	天照大神		設立年 昭和18年9月		
		芙蓉神社	天照大神 明治天皇	北安省克山県劉大櫃	設立年 昭和18年9月		
		慶安神社	天照大神		設立年 昭和19年3月		
		諏訪神社	天照大神		設立年 昭和19年7月		
通化省	指定	通化神社	天照大神	通化省通化県新立村古安屯	設立年 昭和12年10月17日	専任	
		輯安神社	天照大神		設立年 昭和14年12月		
		七道溝神社	天照大神 明治天皇		設立年 昭和15年10月		

地区名	神饌幣帛	神社名	祭神	鎮座地	設立許可年	神職	備考
通化省		煙筒溝神社	天照大神 明治天皇		設立年 昭和15年11月		
		大栗子溝神社	天照大神 明治天皇		設立年 昭和16年2月		
		鉄廠子神社	天照大神 明治天皇	通化省通化県	設立年 昭和16年6月		
		撫松神社	天照大神 明治天皇	通化省撫松県	設立年 昭和16年9月		
		林子頭神社	天照大神 明治天皇		設立年 昭和16年9月		
		五道江神社	天照大神 明治天皇		設立年 昭和16年9月		
		臨江神社	天照大神		設立年 昭和18年2月		
		輝南神社	天照大神		設立年 昭和18年5月		
		二道江神社	天照大神		設立年 昭和18年6月		
		濛江神社	天照大神		設立年 昭和18年9月		
		八寶神社	天照大神		設立年 昭和18年10月		
熱河省	指定	承徳神社	天照大神 明治天皇	熱河省承徳五火神廟	設立年 昭和9年11月2日	専任	
		圍場神社	天照大神 明治天皇	熱河省圍場県圍場頭道街山頂	設立年 昭和10年12月25日		
		凌源神社	天照大神 明治天皇	熱河省凌源	設立年 昭和10年10月19日		
		灤平神社	天照大神	熱河省灤平県灤平（灤平畔丘陵）	設立年 昭和10年12月15日		
		興隆神社	天照大神	熱河省興隆地区興隆山	設立年 昭和11年1月		編者資料 11月
		葉柏樹神社	天照大神 明治天皇	熱河省建平県葉柏樹駅南方高地	設立年 昭和11年10月14日		
		赤峰神社	天照大神 明治天皇	熱河省赤峰県駅前紫峰街二	設立年 昭和11年12月12日	専任	
		平泉神社	天照大神	熱河省平泉県平泉十牌河東中牌地旭ヶ丘	設立年 昭和10年12月8日		遷座祭
		豊寧神社	天照大神		設立年 昭和19年10月		
黒河省	指定	黒河神社	天照大神 明治天皇	黒河省瑷琿県黒河西崗屯	設立年 昭和11年10月15日	専任	編者資料 5月
		孫呉神社	天照大神 明治天皇 昭憲皇太后	黒河省孫呉県孫呉	設立年 昭和14年8月25日		
		瑷琿神社	天照大神 明治天皇	黒河省瑷琿県瑷琿	設立年 昭和16年9月		
		遜河神社	天照大神		設立年 昭和17年10月		
興安総省	指定	通遼神社	天照大神 明治天皇	(旧)興安南省通遼県城内永福大街	設立年 昭和10年5月4日		御神体奉遷
	指定	札蘭屯神社	天照大神 明治天皇	(旧)興安東省布特命旗札蘭屯四道街五四	設立年 昭和11年5月25日	専任	神社局 昭和10年5月
		海拉爾神社	天照大神 明治天皇	(旧)興安北省海拉爾西四道街	設立年 昭和11年8月22日		
		王爺廟神社	天照大神 明治天皇	(旧)興安南省科爾沁右翼前旗王爺廟西門外	設立年 昭和11年10月15日		

地区名	神饌幣帛	神社名	祭神	鎮座地	設立許可年	神職	備考
興安総省		興安神社	天照大神 明治天皇		設立年 昭和11年10月		満洲年鑑のみ
		博克図神社	天照大神	(旧)興安東省博克図官舎街	設立年 昭和12年8月10日		昭和10年9月15日遷座祭
		索倫神社	天照大神 明治天皇	(旧)興安東省索倫	設立年 昭和12年9月4日		
		満洲里神社	天照大神 明治天皇	(旧)興安北省満洲里市	設立年 昭和12年11月2日		
		林西神社	天照大神	(旧)興安西省	設立年 昭和15年11月		
		開魯神社	天照大神	興安総省開魯県開魯街東内外	設立年 昭和16年7月		
		免渡河神社	天照大神		設立年 昭和16年12月		
		那吉神社	天照大神		設立年 昭和17年9月		
		三河神社	天照大神		設立年 昭和18年4月		
		五叉溝神社	天照大神 明治天皇		設立年 昭和19年9月		

中華民国の神社

昭和十七年六月三十日現在の外務省東亜局第三課調の「在支神社一覧」および『大陸神社大観』による。神饌幣帛の資料は、『海外の神社』掲載の昭和十五年外務省東亜局第三課調によった。○印は昭和十五年度から供進、△印は供進せず、無印は昭和十六年度より供進の見込みの神社である。神社の設立は、氏子または崇敬者となるべき者二〇人以上の連署をもって所轄帝国領事官の許可を必要とした。設立、移転または併合の許可の効力は、その日より二年以内とし、履行しなければ許可を取り消すこともあった。

所轄領事館	神饌幣帛供進	神社名	祭神	鎮座地	設立許可年	備考
北京	○	保定神社	天照大神 豊受大神 明治天皇 神武天皇 国魂大神	保定城外李花村	昭和13年11月3日	
		南苑護国神社	天照大神 明治天皇 神武天皇	南苑市西方高地	昭和14年9月30日	
		長新神社	天照大神 明治天皇 国魂大神	長蚊辛店万歳山	昭和15年3月	
		北京神社	天照大神 明治天皇 国魂大神	北京特別市布貢院東大街	昭和15年6月6日	
		豊台神社	天照大神 明治天皇 国魂大神	豊台特区新房荘村	昭和15年12月	
		密雲神社	天照大神 明治天皇 国魂大神	密雲	昭和16年6月	
		(香河神社)			昭和15年2月神社造営計画を樹立。寄付金募集中。	昭和17年6月の外務省東亜局第三課資料には無い
張家口		蒙彊神社	天照大神 明治天皇 国魂大神 永久王	張家口特別市	昭和16年10月6日	
厚和		厚和神社	天照大神 国魂大神	厚和特別市大馬路	昭和15年12月30日	大陸神社大観 10月
		(集寧神社)		集寧居留地	集寧居留民会15年度予算に建設費三三〇〇円を計上	昭和17年6月の外務省東亜局第三課資料には無い

所轄領事館	神饌幣帛供進	神社名	祭神	鎮座地	設立許可年	備考
包頭	○	包頭神社	天照大神 明治天皇 神武天皇 国魂大神	包頭市富三元港	昭和15年11月9日	
太原	○	太原神社	天照大神 明治天皇 神武天皇	山西省太原	昭和14年4月3日	
		陽泉神社	天照大神 明治天皇	平定県陽泉徳勝街	昭和15年11月	
		楡次神社	伊邪那岐命 伊邪那美命	楡次城内東北	昭和16年10月	
大同		大同神社	天照大神	大同城内東北	昭和16年11月	
天津	○	天津神社	天照大神 明治天皇	天津市福島街一八	大正4年11月5日	大陸神社大観 6日
	△	(天津稲荷神社)	倉稲魂神 猿田彦神 田中神 大宮能売神	天津市伏見街五	大正15年4月27日 遷座年 明治40年4月9日	海外の神社及び大陸神社大観にはあるが、昭和17年6月の外務省東亜局第三課資料には無い
山海関		山海関神社	天照大神	山海関	昭和15年2月11日	
		秦皇島神社	天照大神 国魂大神	秦皇島北大通河傍	昭和15年11月	
唐山		唐山神社	天照大神 明治天皇 国魂大神	唐山市王謝荘	昭和15年2月3日	大陸神社大観 3月
塘沽		塘沽神社	天照大神 明治天皇 国魂大神	塘沽連塘荘	昭和15年12月7日	
石門	○	石家荘神社	天照大神 明治天皇	石家荘新民路	昭和13年10月10日	
		順徳神社	天照大神	順徳	昭和15年10月	
		彰徳神社	天照大神	城外新民街	昭和15年10月30日	
		新郷神社	天照大神	新郷河南大街	昭和16年7月20日	
		邯鄲神社	天照大神 国魂大神	翼南部邯鄲	昭和17年6月	
芝罘	○	龍口神社	天照大神 大国主命 大物主命	龍口会閑三(静海街一)	昭和5年10月8日	
		芝罘神社	天照大神 明治天皇 大国主命	芝罘烟台山上	昭和16年11月	
威海衛		威海衛神社	天照大神 明治天皇	威戎衛北倉村	昭和15年8月10日	
済南		済南神社	天照大神 国魂大神 天神地祇	済南市外梁家荘	昭和16年3月	
張店	○	張店神社	天照大神 明治天皇 大国魂神	張店博愛街	大正8年11月23日	
博山		淄川神社	天照大神 大地主神 大山祇神 磐裂根裂神 金山彦神 金山比売神 軻遇突智神 罔象女神 埴山姫神	淄川炭鉱	昭和15年2月	
青島	△	台東鎮神社	大国主命	台東一路三五	大正4年3月	
	○	青島神社	天照大神 明治天皇 大国魂神	遠寧路八	大正6年5月	
坊子	○	坊子神社	天照大神	坊子三馬路	大正7年7月11日	
徐州		徐州神社	天照大神 明治天皇 熱田大神	徐州豊財鎮	昭和15年2月10日	
		帰徳神社	天照大神	帰徳飛行場最北隅	昭和17年6月12日	

所轄領事館	神饌幣帛供進	神社名	祭神	鎮座地	設立許可年	備考
		(開封神社)			開封居留民会15年度予算に建設費五〇〇〇円を計上	昭和17年6月の外務省東亜局第三課資料には無い
海州		海州神社	天照大神 明治天皇	海州新浦鎮	昭和15年2月10日	
		連雲港神社	天照大神 明治天皇 大物主命 崇徳天皇	連雲市連雲港	昭和16年5月10日	
蘇州		(蘇州神社)			昭和15年地均工事ニ着手ス	昭和17年6月の外務省東亜局第三課資料には無い
上海	○	上海神社	天照大神 明治天皇 神武天皇	江湾路一八	昭和8年11月1日	
	△	靖亜神社	故近衛篤麿 故荒尾精 故根津一	法華区貳拾捌保	昭和10年2月11日	
南京		蚌埠神社	天照大神 明治天皇 国魂大神	蚌埠	昭和15年10月20日	
		南京護国神社	南京地区ニ於テ戦没セル軍人ノ英霊	南京五台山南京神社境内	昭和17年5月2日	
		南京神社	天照大神 明治天皇 国魂大神	南京五台山	昭和17年10月	
九江		九江護国神社	九江地区ニ於イテ戦没セル軍人軍属ノ英霊	九江湖畔路九江神社境内	昭和15年3月18日	
		九江神社	天照大神 明治天皇 神武天皇	九江環湖路	昭和16年11月	
		南昌神社	天照大神 明治天皇	南昌市潮浜公園内	昭和17年3月18日	
漢口	○	漢口神社	天照大神 明治天皇 神武天皇	日本租界一〇九	昭和10年2月11日	
杭州	○	杭州神社	天照大神	杭州湖浜路	昭和15年10月	
福州		福州神社	天照大神 明治天皇 能久親王	福州南台蒼前山	昭和11年11月3日	
厦門		厦門神社	天照大神 明治天皇 能久親王 大国魂神	厦門蓼花渓美山頂	昭和15年11月2日	
汕頭		汕頭神社	昭憲皇太后 大国魂神 大己貴命 少彦名命 能久親王	広東省澄海県汕頭市外馬路	昭和16年11月3日	
広東	○	広東神社	天照大神 明治天皇	広州市恵愛東路	昭和9年9月	
香港		(香港神社)	天照大神 明治天皇 神武天皇	香港堅尼地路(香港小学校々庭)	昭和15年9月7日	昭和17年6月の外務省東亜局第三課資料には無い
		(香港神社)		香港香ヶ峰中腹		昭和17年12月15日造営奉賛会を設立

南洋群島の神社

拓務省の資料による。神社の設立は、氏子または崇敬者となるべき者三〇人以上の連署をもって南洋庁長官の許可を必要とした。設立、移転または併合の許可の効力は、その日より三年以内とし、履行しなければ許可を取り消すこともあった。

パラオ支庁

社格	神社名	祭神	鎮座地	創立年	神職
官幣大社	南洋神社	天照大神	パラオ島コロル町アルミス高地	創立年 昭和15年2月11日 列格年 昭和15年2月11日	専任

社格	神社名	祭神	鎮座地	創立年	神職
	朝日神社	天照大神	パラオ島朝日村植民地	創立年 昭和14年9月3日	
	清水神社	天照大神	パラオ本島清水村	創立年 昭和15年6月1日	
	瑞穂神社	天照大神 金比羅権現	パラオ本島瑞穂村植民地	創立年 昭和15年9月1日	
	ペリリュウ神社	天照大神 明治天皇	パラオ諸島ペリリュウ島		
	アンガウル神社	天照大神	パラオ諸島アンガウル島	創立年 大正6年11月27日	

サイパン支庁

社格	神社名	祭神	鎮座地	創立年	神職
	八幡神社	大抵比賣神 息長帯姫	サイパン島東村	創立年 大正13年10月28日	
	南興神社	天照大神 大国主神 経津主神 罔像女神	サイパン島チャランカ	創立年 昭和12年11月29日	
	南陽神社	天照大神 豊受大神 貴船神	サイパン島南村アスリート	創立年 昭和11年7月27日	
	彩帆神社	天照大神 大国主命 香取大神	サイパン島ガラパン町香取山	創立年 大正3年11月3日	専任
	カラベラ神社	天照大神 豊受大神	サイパン島北村カラベラ	創立年 大正8年10月17日	

サイパン支庁テニアン出張所

社格	神社名	祭神	鎮座地	創立年	神職
	天仁安神社	天照大神 明治天皇 貴船神	テニアン島ソンソン市街	創立年 昭和9年11月23日	
	住吉神社	天照大神 豊受神 大国主神 貴船神	テニアン島ソンソン	創立年 昭和14年7月28日	
	和泉神社	天照大神 豊受神 大国主命 貴船神	テニアン島マルポ市街	創立年 昭和14年7月5日	
	橘神社	天照大神 豊受神 大国主神	テニアン島カーヒー	創立年 昭和14年8月3日	
	日之出神社	天照大神 大国主神 貴船神	テニアン島アンガー	創立年 昭和14年7月18日	
	羅宗神社	天照大神 大国主神	テニアン島チューロ	創立年 昭和14年7月14日	

サイパン支庁ロタ出張所

社格	神社名	祭神	鎮座地	創立年	神職
	南光神社	天照大神 豊受大神	ロタ島ルギー	創立年 昭和14年11月2日	
	ロタ神社	天照大神 大国主神 高龗神	ロタ島ソンソン	創立年 昭和14年10月2日	
	大山祇神社	大山祇命	ロタ島サバナマニラ高地		

ヤップ支庁

社格	神社名	祭神	鎮座地	創立年	神職
	弥津府神社	天照大神 明治天皇 大海津見大神 素盞鳴尊 天之水分神 国之水分神 志那津彦神 志那津姫神	ヤップ島コロニー町	創立年 昭和8年9月15日	
	フハエス神社	天照大神 明治天皇	ヤップ諸島フハエス島	創立年 昭和15年4月7日	

トラック支庁

社格	神社名	祭神	鎮座地	創立年	神職
	都洛神社	天照大神	トラック諸島夏島町	創立年 大正15年7月9日	

ポナペ支庁

社格	神社名	祭神	鎮座地	創立年	神職
	照南神社	天照大神	ポナペ島コロニヤ町	鎮座年 昭和5年4月25日	
	春来神社	天照大神	ポナペ島春来植民地	創立年 昭和11年10月17日	
	明治神社	明治天皇	ポナペ島マタラニーム村		

ヤルート支庁

社格	神社名	祭神	鎮座地	創立年	神職
	マーシャル神社	天照大神	ヤルート島	創立年 昭和3年11月10日	

日本の領有権の及ばぬ地域

ハワイの神社

「由緒等」の欄は、前田孝和『ハワイの神社史』によった。

地区名	神社名	祭神	鎮座地	設立年	由緒等
オアフ島	ハワイ大神宮	天照皇大神 他三神	ホノルル市	明治36年	
	ハワイ出雲大社(出雲大社教ハワイ分院)		ホノルル市	明治39年布教開始	
	ハワイ金刀比羅神社ハワイ大宰府天満宮		ホノルル市	大正9年	(相殿 白崎八幡宮 大瀧神社)
	ハワイ石鎚神社		ホノルル市	大正2年	
	ハワイ稲荷神社			明治41年	平成4年ハワイ出雲大社に合祀
	加藤神社	加藤清正 天御中主神 高産霊神 皇産霊神 天照皇大神 大国主神 産土神	ホノルル	明治44年	昭和40年7月6日ハワイ石鎚神社に合祀
	モイリリ稲荷神社			大正4年頃	廃絶

地区名	神社名	祭神	鎮座地	設立年	由緒等
オアフ島	カカアコ金刀比羅神社	大物主命	ホノルル市	明治45年	廃絶（相殿　長尾八幡宮）
	地神社		ホノルル市		廃絶
	ワイパフ石鎚神社				廃絶
	厳島(三鬼)神社				廃絶
	ワイアルア水天宮				廃絶
	ワイルア恵比須神社				廃絶
	ワイナットレーン稲荷神社				廃絶
	ワヒアワ大神宮				廃絶
	海津見神社			大正6年奉祀	戦後ハワイ金刀比羅神社に合祀
	アイエア恵美須神社			ハワイ出雲大社の講社	昭和45年ハワイ出雲大社に合祀
	ワイアナエ氏神神社			ハワイ出雲大社の講社	昭和51年ハワイ出雲大社に合祀
	松尾神社			酒造会社の神社	廃絶
	カリヒ・日車天王社				廃絶
	パラマ稲荷神社		ホノルル市	明治37年	昭和30年4月16日解散
	Auld Lane・豊受神社				廃絶
	西園神社		ホノルル市	昭和16年個人宅に仮殿設立	廃絶
	胡子神社				廃絶
	春日大社			昭和26年	廃絶
ハワイ島	ヒロ大神宮	天照皇大神	ヒロ市	明治31年11月3日	
	コナ出雲大社			明治42年ハワイ出雲大社コナ布教所	廃絶
	ヒロ出雲大社			ハワイ出雲大社ヒロ布教所	廃絶
	ワイレア大神宮				廃絶
	ヒロ稲荷神社(伊賀松太郎奉祀)			昭和3年	昭和42年ヒロ大神宮に合祀
	ヒロ稲荷神社(金森新六奉祀)				昭和46年ヒロ大神宮に合祀
	オノメア石鎚神社				昭和41年ヒロ大神宮に合祀
	ヒロ松尾神社			酒造会社の神社	廃絶
	椰子島石鎚神社				ヒロ出雲大社に合祀
	ホノム石鎚神社			ヒロ大神宮と同時期	廃絶
	オカラ祇園神社				廃絶

地区名	神社名	祭神	鎮座地	設立年	由緒等
ハワイ島	パウハウ祇園神社			明治42年以前	廃絶
	マウカ祇園神社				廃絶
	コナ・ホルアロア出雲大社教会				廃絶
	十三哩大神宮				廃絶
	ペペキア祇園神社				廃絶
	キョプ大神宮			明治44年8月	廃絶
	大神宮オラア支社				廃絶
マウイ島	マラエア恵比須金刀比羅神社		マラエア	大正3年	
	マウイ神社		ワイルク	大正6年	
	ラハイナ大神宮			明治43年11月1日	昭和20年解散
	ワイルク出雲大社				戦後マウイ神社に合祀
	パイア石鎚神社				廃絶
	下パイア稲荷神社				昭和34年マウイ神社に合祀
	ワイルク金刀比羅神社			明治42年以前	昭和30年マウイ神社に合祀
カワイ島	ラワイ大神宮			明治31年11月3日	ハワイ大神宮の分社となる
	ナベリベリ大神宮			明治36年4月	廃絶
	ワイルア水天宮			明治42年	廃絶
	カパア加藤神社				廃絶
	カパア厳島神社				廃絶
	黒住神社			明治42年以前	昭和11年ラワイ大神宮に合祀
	リフエ大神宮			ハワイ大神宮の分社	廃絶

アジア・北米・南米等の神社

海外地名	神社名	祭神	鎮座地	設立年	由緒等
タイ国	長政神社	山田長政	アユタヤ		
シンガポール	新嘉坡大神宮	天照皇大神	トムソンロード大平氏ゴム園丘	大正11年	昭和2年拝殿新築。昭和16年12月大東亜戦争の開戦と共に在留日本人はニューデリーに抑留され神社は荒廃後撤去される。
	昭南神社		マクリチ水源地内	昭和18年	昭和17年2月17日シンガポールを昭南島と改称
	豊川稲荷大明神社	倉稲魂神	エステートタンビニース路	大正13年	（小笠原省三著「海外の神社」）
インドネシア	八達威（バタビヤ）神社		ジャワ島バタビヤ		（近藤喜博著「海外神社の史的研究」）

海外地名	神社名	祭神	鎮座地	設立年	由緒等
インドネシア	タラカン神社		北東ボルネオ	昭和17年	オーストラリアキャンベラ戦争記念館所蔵社号表による(撮影 前田瑞行)
フイリッピン	ダバオの神社		ダバオ		(近藤喜博著「海外神社の史的研究」)
アメリカ	北米大神宮本院		452 Jackson St.		「羅府年鑑」昭和12年9月20日 羅府新報社発行
	米国神道教会		2626 East Second St.		
	明治神宮会		米国神道教会内		
	羅府稲荷神社	倉稲魂神	310 Jackson St.		
	出雲大社教北米教会		1117 Wilcox Place		
ブラジル	ボーグレ神社	ボーグレ族祖先	プロミッション植民地		(小笠原省三著「海外の神社」)
	東京植民地神宮	伊勢神宮	東京植民地		

紀元二千六百年記念事業海外神社の部（神社・神祠・社造営計画）

国・地域名	郡名ほか	事業主体	事業名称	事業年度	適要	創立等
樺太	内幌村	内幌神社造営奉賛会	内幌神社造営	昭和15—18年	町費供進金及一般寄付金並に村民の勤労奉仕に依り四箇年計画にて造営することとす。	大正12年10月1日創立日である。
	野田町	野田神社奉賛会	野田神社造営	昭和15年—	町費及寄付金並に一般の勤労奉仕に依り境内整地、参道の築造を為し落葉松一〇〇〇本、桜樹二〇〇〇本を植え尚ほ逐次本殿、拝殿、附属建造物の造営を為すこととす。	大正12年10月20日社殿落成。
	珍内町	珍内神社造営奉賛会	珍内神社造営	昭和15—19年	一般より寄付金を募集し労力奉仕を得境内一万八千坪の整地行ひ之に社殿・附属建造物等二五〇坪建築を五箇年計画にて行ふこととす。	昭和3年1月28日創立。
南洋	ポナペ島コロニヤ町	記念事業実行委員会	照南神社造営及境内拡張		一般の寄付金及勤労奉仕に依り実施す。	昭和5年4月25日創立。
	ロタ島ソンソン	記念事業実行委員会	ロタ神社拝殿造営		一般寄付金に依り建坪一三坪八合の拝殿を造営せり。	昭和14年10月2日創立。
台湾	新荘郡新荘街	癩療養所楽生院	神社造営	昭和15年	入院患者に皇国民としての信念を涵養せんがため、構内神社を造営し、之が経費は台湾癩予防協会補助並に本院団体費を充て之に要する労力は凡て奉仕に依り職員は主として神域三六〇坪の整理を、患者は延長約三町の参拝道路の整地を為したり。	
	基隆市	基隆中学校交友会	校内神社造営	昭和15年	校地より二〇mの高所なる勝景の地を敷地とし檜皮葺流造の校内神社を造営し神苑内に植樹を為したり。財源は校友会費及有志寄付金に求め尚ほ職員及生徒の労力奉仕ありたり。	
	文山郡新庄店	大坪林公学校	校内神社造営	昭和15年	保護者よりの醵出金に依り校内神社の建設を為す。	
	新竹市	新竹神社奉賛会	県社新竹神社造営	昭和13—15年	在住州民一二万人の寄付金並に五五〇〇〇人の勤労奉仕作業に依り昭和13年5月起工15年9月竣工す。	昭和17年11月25日県社列格
	中壢郡楊梅庄	楊梅神社造営奉賛会	楊梅神社造営	昭和16—18年	昭和15年12月楊梅神社造営奉賛会を設立し一般の寄付金に依り社殿を造営し一八年度迄に完成のこと。	
	竹南郡竹南街	竹南神社造営奉賛会	竹南神社造営	昭和15年	竹南街二万街民多年の念願に懸る竹南神社建立を謀り、竹南神社造営奉賛会を組織し全街民より寄付金五万円を募り造営位置は中港・竹南・常盤辺・潮館前の四大字に跨る地域にして竹南平野を囲繞する高台に位し、竹南中港両市街を跨る約六〇〇mの地点にあり昭和15年1月より造営工事に着手、同年12月完成せり。	昭和15年12月7日設立。
	竹南郡頭分街	頭分神社建立神社奉賛会	頭分神社建立	昭和14年	頭分神社の建立は二万三千余の街民の宿願にして街民の熱誠なる寄付金並に勤労奉仕作業に依り15年11月工事竣工す。明治天皇、豊受大神、北白川宮能久親王を御祭神とせり。	昭和15年2月9日設立。
	苗栗郡銅鑼庄	銅鑼神社造営奉賛会	銅鑼神社造営	昭和15年—	所要経費の内一万二千円は庄内祭祀公業神明会・祖公会等の公業地収益金其の他より寄付、一万二千円は庄民一般の戸税生産の基く割当寄付を得たるを以て資材の蒐集に努め造営の進捗を図りつつあり。	
	苗栗郡苑裡庄	苑裡神社造営奉賛会	苑裡神社造営	昭和17年	苑裡庄民の寄付金に依り神社の敷地を買収整地し造営に努めつつあり。	
	大湖郡大湖庄	大湖神社建立奉賛会	大湖神社造営	昭和12—15年	郡下在住庄民よりの寄付金及会員労力奉仕を以て造営す。	昭和16年3月25日鎮座

国・地域名	郡名ほか	事業主体	事業名称	事業年度	適要	創立等
台湾	曾文郡	曾文郡官田庄	官田神社社殿造営	昭和15年	一般庄民特志家の寄付金並に庄民の勤労奉仕に依り用地を買収し社殿の造営を為す。	
	曾文郡	曾文郡大内庄	曾文神社末社大内神社造営	昭和16年	庄下寺廟廃止に依る公業神明会解散のため生じたる財産の寄付にて建設す。	
	斗六郡	斗六郡古坑庄	神社建立	昭和15年	庄民の負担に依り崁頭厝神社一五〇〇〇円・古坑神社一六〇〇〇円・渓辺厝神社一二五〇〇円の神殿・拝殿・鳥居・手洗舎等を建立す。	昭和16年2月16日末社として鎮座
	新営郡塩水街	塩水神社造営奉賛会	塩水神社建立	昭和15年―	昭和15年11月に塩水神社造営奉賛会を結成し神社建立に関し各種に計画を進むることとせり。	
	斗六郡斗六街	林内神社建設委員会	林内神社造営	昭和14―15年	林内地方の氏子醵金及旧来の寺廟財産処分金並に同地方有志団体等の献資に依り造営す。	昭和15年12月20日鎮座。
	北門郡学甲庄	北門郡学甲庄	構内神社建立	昭和15年	庄民の勤労奉仕に依り役場構内に神社を造営す。	
	斗六郡斗南街	斗南公学校	校内神社造営	昭和15年	街費及学校職員児童の醵金により校内神社を造営す。	
	斗六郡斗南街	新崙派出所保甲聯合会	大東神社造営	昭和14―15年	保甲民負担に依り神殿・境内及参道の造営工事を行ふ。	
	斗六郡内林庄	内林青年団	内林社造営	昭和15―16年	部落民・斗六信用組合・造林公司・学校職員・児童の寄付金により造営す。	
	曾文郡六甲庄	六甲神社造営奉賛会	六甲神社造営	昭和15―16年	六甲庄内一円の奉賛会及庄街有志者の寄付金を以て、内外神苑九千坪の買収並に神殿其の他造営を為す。本工事に関し庄民の労力奉仕延一万八百人に及たり。	昭和15年12月20日末社として鎮座
	旗山郡内門庄	旗山郡内門庄	内門神社建立	昭和15―18年	敬神崇祖の観念を涵養し皇国精神の徹底を期せんがため内門神社建立委員会を設立し、庄民の寄付金及勤労奉仕に依り昭和18年度迄に完成することとす。	
	潮州郡枋寮庄	潮州郡枋寮庄	枋寮神社建立	昭和15―19年	枋寮神社建立のため委員会を設け之が財源として庄内旧祠廟の敷地・不動産等及神仏会財産並に一般の寄付金を充当することとし諸般の準備を進め19年度迄に完成の予定なり。	
	屏東郡九塊庄	日出部落	日出社建立	昭和15年	補助金・寄付金及部落民の負担に依り日出社を建立し、部落民の敬神の念を喚起す。	
	屏東郡里港庄	常盤部落	常盤社建立	昭和15年	部落民の負担金並に移民協会補助金に依り建立し村民敬神の中心たらしむ。	
朝鮮		公州刑務所	神祠造営	昭和15年	財源　職員の醵金。構内神祠を造営し大麻を奉斎す。	大麻は伊勢神宮の神札
		咸興刑務所	神祠造営	昭和15年	財源　寄付金・国費。咸興刑務所構内に神祠造営を成せり。砂利栗石等の採取運搬は職員の勤労奉仕による。	
		新義州刑務所	神祠及遥拝所造営	昭和15年	財源　職員の寄付。神祠及遥拝所を造営し在所者の教化敬神観念の涵養に資す。	
		釜山刑務所	神祠建設	昭和15年	財源　寄付金。構内神祠を建設し大麻を奉斎す。	大麻は伊勢神宮の神札
		光州刑務所	神祠建設	昭和15年	財源　国費・職員醵金。光州構内及小鹿島刑務所、支所構内に神祠を建設し職員及愛国日に礼拝せしめ敬神崇祖の念涵養に資す。	

国・地域名	郡名ほか	事業主体	事業名称	事業年度	適要	創立等
		全州刑務所	神祠造営	昭和15年	財源 職員・治刑協会寄付金。構内に神明造りの神祠を造営す。	
朝鮮		全州刑務所郡山支所	神祠造営	昭和15年	財源 職員及治刑協会寄付金。構内に神明造りの神祠を造営す。	
朝鮮		水原高等農林学校	神祠及忠魂碑建立	昭和15年	財源 校友会費・寄付金。校友会費及職員生徒篤志家の寄付金を以て演習林内に建立す。	
朝鮮		永興学院	神祠造営	昭和15年	財源 光風会費。永興学院職員生徒の作業に依りて建設す。	
朝鮮		陸軍兵志願者訓練所	扶余神宮造営地勤労作業	昭和16年	昭和15年11月4日より11日に至る間生徒九五八名を五団体に区分して扶余神宮造営地の勤労奉仕作業に従事せしめ、敬神崇祖の念を昂揚すると共に内鮮一体の事蹟をしらしめ貴き汗の奉仕により将来軍に入りては至誠奉公の誠となり郷に入りては内鮮一体の具現者となるべき決意をかたしめたり。	
朝鮮	京城府	国民総力朝鮮専売聯盟	神祠造営	昭和15年	聯盟員の寄付金及国費補助金を以て管下一六箇所の専売所聯盟庁舎構内に専売神祠を造営す。	
朝鮮	京城府	京城刑務所厚誼会	神祠造営	昭和15年	職員及在所者の敬神崇祖の念を涵養し国体観念を強固ならしむるため治刑協会を以て当刑務所構内に神祠を造営す。	
朝鮮	京城府	京城女子師範学校	明鏡神祠の造営	昭和15年	校舎の裏側丘陵地の一角に職員生徒の勤労作業に依り約九〇〇坪の清涼□広場を設け其の周辺を本校の精神修養の中心道場と為し、明鏡神祠の造営を始め、弓道場の施設或は神木の植樹を為す。財源は本校同窓会の醵出に依る。	
朝鮮	京城府	西大門刑務所交友会	神祠及遥拝所造営		在所者の教化に資するため治刑協会の補助及職員の醵出金其の他を以て当刑務所構内に神祠及遥拝所を造営す。	
朝鮮	開城府	開城少年刑務所職員振興会	神祠造営	昭和15年	治刑協会の補助及職員の寄付金を以て刑務所構内に造営す。	
朝鮮	茂朱郡	茂朱郡富南面	神祠建設	昭和15—19年	富南面事務所所在地たる大所里の前に在る山の緩傾斜にして清浄なる個所を富南面神明神祠の敷地に選定し、該部落民の勤労奉仕作業にて地均工事を為し爾後三箇年計画を以て造営せんとす。	
朝鮮	茂朱郡	茂朱郡赤裳面	神祠建設	昭和16年—	大旱年の直後にて寄進金の醵出容易ならざるため昭和16年度より工事に着手することとす。	
朝鮮	茂朱郡	茂朱郡安城面	神祠建設	昭和16—18年	三箇年計画にて面民の勤労奉仕作業及寄進金に依り神祠を建設す。	
朝鮮	井邑郡	井邑郡七宝町	神祠造営	昭和15—17年	神明神祠造営奉賛会を創立し昭和15年度より三箇年計画にて敷地地均及参道改良の諸工事を実施するものとす。	
朝鮮	任実郡任実面	任実神社奉賛会	神社造営	昭和15年	各方面の寄付金を得て造営を為す。	
朝鮮	錦山郡錦山邑	錦山神社造営奉賛会	神社造営	昭和15—18年	郡民の寄進金篤志家の寄付金を以て造営することとす。	
朝鮮	南原郡山東面	山東神祠奉賛会	神祠造営	昭和15年—	面民の寄進金及勤労奉仕に依り造営を為すこととす。	
朝鮮	南原郡	二白面神祠奉賛会	神祠造営	昭和15年—	面民の寄進金及勤労奉仕に依り造営を為すこととす。	
朝鮮	南原郡	朱川神祠奉賛会	神祠造営	昭和15年—	面民の寄進金及勤労奉仕に依り造営を為すこととす。	
朝鮮	南原郡	大山神祠奉賛会	神祠造営	昭和15年—	面民の寄進金及勤労奉仕に依り造営を為すこととす。	
朝鮮	南原郡	周生神祠奉賛会	神祠造営	昭和15年—	面民の寄進金及勤労奉仕に依り造営を為すこととす。	
朝鮮	南原郡	水旨神祠奉賛会	神祠造営	昭和15年—	面民の寄進金及勤労奉仕に依り造営を為すこととす。	

国・地域名	郡名ほか	事業主体	事業名称	事業年度	適要	創立等
朝鮮	南原郡	巳梅面神祠奉賛会	神祠造営	昭和15年―	面民の寄進金及勤労奉仕に依り造営を為すこととす。	
	南原郡	松洞神祠奉賛会	神祠造営	昭和15年―	面民の寄進金及勤労奉仕に依り造営を為すこととす。	
	南原郡	金池神祠奉賛会	神祠造営	昭和15年―	面民の寄進金及勤労奉仕に依り造営を為すこととす。	
	南原郡	帯江神祠奉賛会	神祠造営	昭和15年―	面民の寄進金及勤労奉仕に依り造営を為すこととす。	
	南原郡	徳果神祠奉賛会	神祠造営	昭和15年―	面民の寄進金及勤労奉仕に依り造営を為すこととす。	
	南原郡	宝節神祠奉賛会	神祠造営	昭和15年―	面民の寄進金及勤労奉仕に依り造営を為すこととす。	
	南原郡	雲峰神祠奉賛会	神祠造営	昭和15年―	面民の寄進金及勤労奉仕に依り造営を為すこととす。	
	南原郡	阿英神祠奉賛会	神祠造営	昭和15年―	面民の寄進金及勤労奉仕に依り造営を為すこととす。	
	南原郡	東面神祠奉賛会	神祠造営	昭和15年―	面民の寄進金及勤労奉仕に依り造営を為すこととす。	
	扶安郡扶寧面	扶安神社造営奉賛会	扶寧神社造営	昭和15年―	郡内有志に於て計画し篤志家の寄付金に依り造営することとす。	
	済州島済州邑	済州島済州邑	済州神社造営	昭和15―18年	多年の懸案たり済州神社を造営し本島守護神として二五万島民の敬神の対象たらしむるため、済州神社造営期成会を組織し寄付金を募り昭和18年度之を完成することとす。	
	光山郡	光山郡松汀邑	松汀神社建立	昭和15―16年	邑内一般寄付金及労力奉仕に依り社殿の造営及付属建設物の施設を為す。	昭和16年4月17日
	長城郡長城面	鈴泉里鎮座神明神祠奉賛会	神祠建立	昭和15―16年	一般寄付金及勤労奉仕に依り建立す。	(昭和16年8月7日)
	咸平郡	大洞面神祠奉賛会	神祠建立	昭和15年	崇敬者の寄付金に依り民有地千坪を購入し、各団体等の勤労奉仕に依り建立す。	昭和15年11月7日
	咸平郡	厳多面神祠奉賛会	神祠建立	昭和15―16年	崇敬者の寄付金に依り民有地六三〇坪を購入し、諸団体等の勤労奉仕に依り建立す。	昭和15年11月7日
	咸平郡	羅山面神祠奉賛会	神祠建立	昭和15年	敷地二三〇〇坪の寄付を得、崇敬者の寄付金及諸団体の勤労奉仕に依り建立す。	昭和15年3月7日
	咸平郡	海保面神祠奉賛会	神祠建立	昭和15年	崇敬者の寄付金に依り林野九百坪を購入し、諸団体の勤労奉仕を以て建立す。	昭和15年3月7日
	咸平郡	月也面神祠奉賛会	神祠建立	昭和15年	崇敬者の寄付金に依り林野一、三五〇坪を購入し、諸団体の勤労奉仕を以て建立す。	昭和15年3月7日
	莞島郡	郡外面神祠奉賛会	神祠建立	昭和15―16年	一般寄付金及労力奉仕に依り七一一坪の境内に建立す。	昭和15年10月5日
	莞島郡	薪智面神祠奉賛会	神祠建立	昭和15年	一般寄付金及勤労奉仕に依り五〇八坪の境内に建立す。	昭和15年12月26日
	莞島郡	所安面神祠奉賛会	神祠建立	昭和15―16年	一般寄付金及勤労奉仕に依り一、〇七一坪の境内に建立す。	昭和15年3月7日
	莞島郡	蘆花面神祠奉賛会	神祠建立	昭和15―16年	一般寄付金及勤労奉仕に依り一、〇九五坪の境内に建立す。	昭和15年10月11日
	霊巌郡	美巌面神祠奉賛会	神祠建立	昭和15年	面民の寄付金及勤労奉仕に依り施行す。	昭和15年11月8日
	霊巌郡	三湖面神祠奉賛会	神祠建立	昭和15年	面民の寄付金及勤労奉仕に依り施行す。	昭和15年11月8日
	霊巌郡	西湖面神祠奉賛会	神祠建立	昭和15―19年	面民の寄付金及勤労奉仕に依り施行す。	昭和15年11月8日
	霊巌郡	新北面神祠奉賛会	神祠建立	昭和15―19年	面民の寄付金及労力奉仕にて民有地を購入し建立す。	昭和15年11月8日

国・地域名	郡名ほか	事業主体	事業名称	事業年度	適要	創立等
朝鮮	霊巌郡	鶴山面神祠奉賛会	神祠建立	昭和15—19年	敷地の寄付を得、一般の寄付金及団体員面民の勤労奉仕に依り建立す。	昭和15年11月8日
	木浦府	木浦刑務所職員	神祠及遥拝所設置	昭和15—16年	職員の寄付金及勤労奉仕に依り構内に設け、在所者の敬神崇祖の年を涵養す。	
	潭陽郡	龍面神明神祠造営奉賛会	神明神祠建立	昭和15年	一般面民の寄付金及勤労奉仕に依り建立す。	昭和15年11月7日
	潭陽郡	南面神明神祠造営奉賛会	神明神祠建立	昭和15年	一般面民の寄付金及学校児童の勤労奉仕に依り建立す。	昭和15年12月26日
	潭陽郡	大徳神明神祠造営奉賛会	神明神祠建立	昭和15年	面民の寄付金及勤労奉仕に依り建立す。	昭和15年12月26日
	高興郡道陽面	道陽面神明神祠総代会	神祠復旧並に倉庫設立	昭和15—16年	地方崇敬者の寄付金及勤労奉仕に依り復旧及設立を為す。	昭和14年2月25日
	光山郡	孝池面神祠造営奉賛会	神祠建立	昭和15—16年	一般寄付金及勤労奉仕に依り造営す。	昭和15年12月26日
	光山郡	石谷面神祠造営奉賛会	神祠建立	昭和15年	篤志家より境内地二、二〇〇余坪の寄付を得一般の寄付金及勤労奉仕に依り建立す。	昭和15年11月28日
	光山郡	西倉神明神祠奉賛会	神祠建立	昭和15年	一般面民の寄付金及勤労奉仕に依り造営す。	昭和15年11月9日
	光山郡	東谷神明神祠奉賛会	神祠の建立	昭和15年	面民の寄付金及勤労奉仕に依り造営す。	昭和15年11月9日
	康津郡康津邑	康津神社奉賛会	康津神社造営	昭和15—16年	奉賛会を組織し邑民より寄付金を募り、邑民の勤労奉仕に依り造営す。	
	盈徳郡	盈徳郡知品面	知品神祠建立	昭和15年	知品面一円を区域とする神祠建立、奉賛会を組織し寄進金及勤労奉仕に依り建設す。	
	盈徳郡	知品小学校	学校神祠建立	昭和15年	郡学校費補助奨学会寄付金及職員児童の醵出金並に児童の勤労奉仕に依り建設す。	
	盈徳郡	江口神祠造営奉賛会	江口神祠造営	昭和16年	地方有志の寄付金及勤労奉仕に依り造営す。	
	永川郡	永川郡新寧面	新寧神祠建立	昭和15—16年	面内各氏子より醵金し氏子の勤労奉仕にて建立す。	昭和15年4月25日
	永川郡	北安小学校	神祠建立	昭和16年	後援会其の他の寄付金及児童の労力奉仕に依り建立す。	
	奉化郡	奉化郡祥雲面	祥雲神明神祠建立	昭和15—16年	面民の寄付金及勤労奉仕に依り建立す。	
	栄州郡	栄州郡浮石面	浮石神祠建立	昭和15—16年	面民の寄付金及勤労奉仕に依り建立す。	
	栄州郡	栄州郡豊基面	学校神祠建立	昭和15年	後援会の寄付金及児童の勤労奉仕に依り建立し敬神崇祖の念を涵養す。	
	金泉郡	金泉郡甘川面	神祠建立	昭和15年	崇敬者より醵金し神祠建立を為すこととす。	
	金泉郡	金泉郡代頂面	神祠建立	昭和15—16年	面神祠建立の期成会を組織し寄付金及面民の勤労奉仕に依り建立す。	昭和16年6月9日
	金泉郡	金泉郡甘文面	神祠建立	昭和15—16年	一般より資金募集を為し敷地を買収し面民の勤労奉仕に依り建立す。	昭和16年7月10日
	金泉郡	金泉郡禦侮面	神祠建立	昭和15—16年	面内有志の寄付金及一般の勤労奉仕に依り建立す。	昭和17年5月20日
	金泉郡	金泉郡知礼面	神祠建立	昭和15—19年	五箇年計画を以て一般の寄付金及労力奉仕に依り建立することとす。	(昭和11年7月14日)
	金泉郡	金泉郡大徳面	神明神祠建立	昭和15年	面民の寄付金及勤労奉仕に依り建立す。	昭和16年7月10日

国・地域名	郡名ほか	事業主体	事業名称	事業年度	適要	創立等
朝鮮	金泉郡	金泉郡釜頂面	神祠建立	昭和15—16年	面民の寄付金及勤労奉仕に依り建立す。	昭和17年8月4日
	金泉郡	金泉郡亀城面	神祠建立	昭和15—16年	面民の寄付金及勤労奉仕に依り建立す。	
	金泉郡	金泉郡開寧面	神祠建立	昭和15—16年	面民の寄付金及勤労奉仕に依り建立す。	
	金泉郡	金泉郡南面	南面神祠建立	昭和15—16年	面内有志寄付金並に面民の勤労作業にて建立す。	
	金泉郡金泉邑	金泉少年刑務所交友会	神祠設立	昭和15年	治刑協会及当所職員醵出金に依り構内に建立す。	
	清道郡	清道郡豊角面	豊角神祠建立	昭和15—16年	面民の寄付金及勤労作業にて建立す。	
	清道郡	清道郡梅田面	梅田神祠建立	昭和15—16年	面民一般崇敬者の寄付金及勤労作業にて建立す。	
	清道郡	角南面神祠期成会	角南神祠建立	昭和15—16年	一般面民の寄付金及勤労作業に依り建立す。	
	清道郡清道面	楡川小学校後援会	校内神祠建立	昭和15年	後援会費及学区内部落より毎戸五十銭宛の醵金に依り校内神祠を造営す。	
	善山郡	善山郡海平面	海平神明神祠建立	昭和14—15年	面内一般崇敬者の寄付金及勤労奉仕に依り建立す。	昭和14年9月9日
	大邱府	大邱本町小学校	学校神祠鳥居建設及大麻奉斎殿改築	昭和15年	父兄寄付金により学校神祠石鳥居建設及大麻奉斎殿の改築を為す。	大麻は伊勢神宮の神札
	大邱府	大邱刑務所職員三楽会	神祠及遥拝所造営	昭和15年	治刑協会及職員の寄付金に依り刑務所内に神祠を造営し在所者に対し朝夕拝礼を為さしめ敬神崇祖の念を涵養せしむ。	
	軍威郡	軍威神祠造営奉賛会	神祠建立	昭和15—16年	神祠造営奉賛会を結成し寄付金を募り神祠を造営し面民の敬神の念涵養に資せんとす。	
	軍威郡缶渓面	缶渓小学校奨学会	学校神祠建立	昭和15年	一般篤志者の寄付金に依り建設す。	
	慶州郡	慶州神社造営奉賛会	慶州神社造営	昭和14—17年	郡民の寄付金並に勤労奉仕に依り造営することとす。	昭和19年4月21日
	慶州郡	陽南面神明神祠奉賛会	神明神祠造営	昭和15—18年	一般崇敬者の寄付金及勤労奉仕に依り造営す。	
	慶州郡	兄山小学校	神祠造営	昭和15年	父兄・職員・児童の醵出金並に勤労奉仕に依り建設す。	
	慶州郡	神光小学校後援会	神祠造営	昭和15—16年	後援会の寄付金・児童の醵出金及勤労奉仕に依り造営す。	
	開慶郡	虎渓面神明神祠期成会	神明神祠建立	昭和15年	期成会よりの醵出金を以て建立す。	昭和16年7月9日
	尚州郡	尚州振興期成会	尚州神社造営	昭和12年—	一般の寄付金に依り尚州神社を造営することとす。	
	達城郡河浜面	河浜小学校	校内神祠建立	昭和15年	同上に依り校庭東面隅に建立す。	
	達城郡月背面	月背面小学校	校内神祠建立	昭和15年	面内有志の寄付金及児童の勤労奉仕に依り校内に建設す。	
	達城郡玉浦面	玉浦面小学校	校内神祠建立	昭和15年	校費及父兄寄付金に依り建立し記念樹を植付す。	
	達城郡論工面	論工面小学校	校内神祠建立	昭和15年	面内有志の寄付金に依り建立す。	
	達城郡東村面	東村小学校	校内神祠建立	昭和15年	学校組合員及篤志者の寄付金及児童の勤労奉仕に依り建立す。	
	英陽郡英陽面	英陽煙草耕作組合	神祠建立	昭和15年	組合員及同職員の醵金及び勤労奉仕に依り組合事務所構内に建立す。	
	安東郡北後面	北後小学校	学校神祠設立	昭和15年	父兄の寄付金及父兄児童の勤労奉仕に依り建設す。	

国・地域名	郡名ほか	事業主体	事業名称	事業年度	適要	創立等
朝鮮	安東郡安東邑	安東刑務所支所三楽会	神祠造営	昭和15年	職員の寄付金及勤労奉仕に依り構内に神祠を造営す。	
	釜山府	釜山刑務所職員有効会	神祠建設	昭和15—16年	治刑協会補助金及職員寄付金並に在所受刑者の勤労奉仕に依り構内に建設す。	
	宜寧郡	宜寧郡宜寧面	神祠造営	昭和15—16年	篤志家の寄付金及面民の勤労奉仕に依り神殿を改築、神域の拡張整備を為し、第二鳥居・灯籠・手水舎・倉庫等を建設す。	昭和13年2月13日
	密陽郡	密陽郡山外面	神祠造営	昭和15—16年	面内有志寄付金を以て造営す。	
	密陽郡	密陽郡初同面	神祠造営	昭和15—16年	面内有志寄付金を以て造営す。	
	密陽郡	密陽郡上東面	神祠造営	昭和15—16年	面内一般の寄付金を以て造営す。	
	密陽郡	密陽郡武安面	神祠造営	昭和15—16年	面内一般有志寄付金を以て造営す。	
	昌原郡	昌原郡熊川面	熊川神祠造営	昭和15—16年	神祠造営奉賛会寄付金及有志寄付金並に面民の勤労奉仕に依り造営す。	
	梁山郡	梁山公立農業実修学校	神祠造営	昭和15年	篤志家の寄付金に依り神祠を造営す。	
	梁山郡	院洞面連盟	神社造営	昭和15年	部落有志の寄付金に依り神社を造営し、之が地均作業には連盟員の勤労奉仕を以てせり。	
	咸安郡	伽倻神明神祠建立奉賛会	伽倻神明神祠建立	昭和14—16年	面内篤志者の寄付金及一般の勤労奉仕に依り建立す。	昭和15年9月25日
	咸安郡	法守小学校	神祠造営	昭和15年	面内一般の寄付金及児童の労力奉仕に依り神祠を造営し爾後毎年11月10日を以て例祭日と定む。	
	咸安郡	咸安郡郡北面	郡北神明神社造営	昭和15年	徳志者の寄付金並に面民の醵金及勤労奉仕に依り造営す。	
	泗川郡西浦面	西浦小学校	御神影奉安殿及神祠建設	昭和16—17年	学校期成会よりの支出に依り学校浦崖上の畠を切り下げて此の地を聖域とし将来校庭に真影奉安殿及神祠を建設することとす。	
	鳳山郡沙里院邑	鳳山郡沙里院邑	神祠造営	昭和15—16年	邑民一般寄付金の割当募集を為し、邑民及諸団体等の勤労奉仕に依り造営す。	
	海州府	海州刑務所職員温交会	神祠造営	昭和15年	海州刑務所職員を以て組織せる温交会員の醵出金に依り同所構内に収容者をして日夕参拝せしめ敬神崇祖の観念扶植に努む。	
	殷栗郡	平壌刑務所金山浦支所職員会	神祠新設	昭和15—16年	職員の醵出金及朝鮮治刑協会の補助金に依り支所構内に建設し鳥居・玉垣・灯籠等を整備し職員及在所者をして参拝せしめ崇祖の観念を厚からしむ。	
	龍岡郡	龍岡郡池雲面	神祠造営	昭和15年	一般寄付金に依り造営す。	昭和18年4月10日
	龍岡郡	龍岡郡大代面	神祠造営	昭和15—16年	面内一般の寄付金を以て造営す。	昭和15年11月5日
	大同郡	大同郡南串面	神祠造営	昭和15—16年	面内一般の寄付金及勤労奉仕を以て造営す。	昭和18年6月19日
	大同郡	大同郡柴足面	神祠造営	昭和14—15年	面内一般の寄付金以て造営す。	昭和17年7月30日
	大同郡	大同郡南兄弟山面	神明神祠造営	昭和14—15年	篤志家の寄付金及面民の勤労奉仕に依り敷地二、三〇〇坪内に建設す。	
	大同郡	大同郡大宝面	神明神祠造営	昭和15—16年	面民の寄付金及勤労奉仕に依り建設す。	
	安州郡	安州郡東面	神祠造営	昭和15年	一般面民の寄付金及勤労奉仕に依り造営す。	

国・地域名	郡名ほか	事業主体	事業名称	事業年度	適要	創立等
朝鮮	鎮南浦府	鎮南浦神社造営奉賛会	鎮南浦神社造営	昭和15—18年	氏子及敬神者の寄付金及府職員・各町連盟・中小学校生徒・児童の勤労奉仕作業に依り四箇年継続事業として造営することとす。	大正5年10月19日創立
	鎮南浦府	平壌刑務所鎮南浦支所	神祠及遥拝所造営	昭和15—18年	全職員の寄付金及朝鮮治刑協会の補助金並に職員の勤労奉仕に依り造営す。	
	孟山郡	東面神祠奉賛会	神祠造営	昭和18年	四箇年継続事業として一般寄付金を募り造営することとす。	
	龍川郡	龍川郡外上面	南市神祠造営	昭和15—16年	面内一般有志の寄付金を得て造営す。敷地地均工事は各官公署職員及面民の勤労奉仕に依りたり。	
	楚山郡	楚山郡古面	神明神祠造営	昭和15年	面内有志の寄付金及面民の勤労奉仕に依り造営す。	
	宣川郡	宣川郡宣川邑	宣川神社造営	昭和15—16年	有志の寄付金及邑民の勤労奉仕に依り造営す。	昭和17年12月26日創立
	清津府	清津刑務所職員	構内神祠造営		職員寄付金・治刑協会補助金及職員の勤労奉仕に依り刑務所構内に神祠を造営す。	
	咸鏡府	咸興神社奉賛会	咸興神社造営	昭和15年—	本道の総鎮護として庶民の崇敬も厚く、神威遍く全道を光被するに至れるも社殿其の他の施設完からざるを以て紀元二千六百年記念事業として之を整備することとなり奉賛会を組織し、一般及諸団体より寄付金を募り、社殿を造営し、神域並に諸施設を整へ弥々神徳の昂揚を図り、敬神崇祖の美風涵養に努ることとす。	大正5年8月21日創立
	元山府	咸鏡刑務所元山支所職員	神祠造営	昭和15年	支所職員其の他の寄付金並に同職員の勤労奉仕に依り神祠を造営す。	
	北青郡	北青神社奉賛会	北青神社造営	昭和15年—	一般の寄付金及勤労奉仕にて造営することとす。	昭和19年9月15日創立
	永興郡	永興神社奉賛会	永興神社造営	昭和14—17年	一般より寄付金を募り面民及諸団体の労力奉仕に依り神殿其の他建物の造営、境内拡張及参道築造を為す。	
満洲	農安県農安街	農安神社建設委員会	農安神社建設	昭和15年—	一般の寄付金及勤労奉仕に依り農安神社の建設を計画し其の完成を期す。	昭和16年11月創立
中華民国	包頭市	帝国在郷軍人会包頭分会	神社造営勤労奉仕	昭和15年	包頭神社の造営に当り率先して境域の整地並に植樹等に献身的に奉仕す。	昭和15年11月9日創立
	包頭市	大日本国防婦人会豊鎮分会	神社造営寄付金募集及勤労奉仕	昭和15年	包頭神社の造営に当り分会員其の他より寄付金を募集し更に境域整地等に勤労奉仕を為す。	昭和15年11月9日創立
	山西省運城	運城大日本居留民会	運城神社造営	昭和15年	居留民の寄付金及労力奉仕に依り運城神社を造営す。	
	江蘇省九江市	九江居留民団	九江神社造営	昭和15—16年	居留民会より支出し一般居留民及在郷軍人等の勤労奉仕に依り建設す。	昭和16年11月
	武昌市	武昌居留民団	武昌神社造営	昭和15年—	一般居留民団の寄付金及在郷軍人会員其の他居留民の勤労奉仕に依り造営することとす。	

創立等欄は編者調査による

年度別国内神社数

年次	官幣大社	国幣大社	官幣中社	国幣中社	官幣小社	国幣小社	別格官幣社	小計	府県社	郷社	村社	小計	境外無格社	合計
明治10年	30		12	48	2	20	7	119	257	3,030	50,699	53,986		54,105
11年	30		12	48	2	20	9	121	319	3,196	51,357	54,872		54,993
12年	30		12	48	2	20	10	122	337	3,120	52,978	56,435	120,287	176,844
13年	30		12	48	2	20	10	122	367	3,275	52,789	56,431	130,147	186,700
14年	30		13	48	2	20	10	123	414	3,365	53,310	57,089	130,144	187,356
15年	30		14	49	3	20	16	132	429	3,426	52,520	56,375	131,661	188,168
16年	30		14	50	3	20	16	133	445	3,447	53,454	57,346	132,393	189,872
17年	30		14	50	3	20	16	133	457	3,461	53,231	57,149	133,135	190,417
18年	33		21	52	6	21	18	151	454	3,457	52,063	55,974	136,050	192,175
19年	33		21	52	6	21	18	151	460	3,456	52,680	56,596	135,220	191,967
20年	33		21	52	6	21	18	151	458	3,453	52,778	56,689	135,518	192,358
21年	33		21	52	6	24	19	155	455	3,448	52,365	56,268	136,607	193,030
22年	33		22	52	6	24	20	157	456	3,468	52,426	56,350	136,783	193,290
23年	34		24	51	8	24	21	162	457	3,467	52,423	56,347	136,732	193,241
24年	34		24	51	8	24	21	162	458	3,470	52,410	56,338	136,652	193,152
25年	34		24	51	8	24	21	162	460	3,470	52,411	56,341	136,972	193,475
26年	34		25	51	7	24	21	162	462	3,469	52,420	56,351	136,916	193,429
27年	35		25	51	7	24	21	163	467	3,463	52,404	56,334	134,305	190,802
28年	38		25	50	6	25	21	165	472	3,461	52,413	56,346	134,242	190,753
29年	39		30	48	3	25	21	166	486	3,465	52,423	56,374	135,459	191,999
30年	39		30	48	3	25	21	166	493	3,462	52,419	56,374	135,421	191,961
31年	39		30	48	3	25	21	166	496	3,464	52,413	56,373	135,366	191,905
32年	41		28	48	3	27	21	168	496	3,467	52,414	56,377	135,332	191,877
33年	41		28	49	3	26	21	168	538	3,319	54,045	57,902	138,287	196,357
34年	43		26	49	3	26	21	168	543	3,318	53,037	56,898	138,189	195,255
35年	43		26	49	3	26	23	170	574	3,519	52,437	56,530	139,698	196,398
36年	43		26	49	3	26	23	170	571	3,476	52,133	56,180	136,947	193,297
37年	43		26	49	3	26	23	170	564	3,447	52,506	56,517	136,139	192,826
38年	43		26	49	3	26	23	170	571	3,476	52,467	56,514	135,681	192,365
39年	43		26	49	3	26	23	170	578	3,465	52,397	56,440	133,825	190,435
40年	43		26	49	3	26	23	170	580	3,463	51,052	55,095	121,474	176,739
41年	43		26	49	3	26	23	170	580	3,461	49,508	53,549	108,722	162,441
42年	43		26	49	3	26	23	170	580	3,463	47,988	52,031	95,239	147,440
43年	43		26	49	3	26	23	170	583	3,449	47,081	51,113	85,850	137,133
44年	43		26	49	3	26	23	170	587	3,446	46,455	50,488	79,599	130,257
大正元年	43		28	48	3	25	23	170	590	3,447	46,117	50,154	76,751	127,075
3年	47		25	48	3	24	23	170	599	3,452	45,680	49,731	72,691	122,592
4年	47		25	49	3	23	23	170	606	3,455	45,514	49,575	71,063	120,808
5年	52	5	22	46	4	22	23	174	625	3,447	45,332	49,404	69,338	118,916
6年	53	5	21	46	4	24	23	176	634	3,451	45,248	49,333	68,218	117,727
7年	53	5	21	46	4	24	23	176	648	3,456	45,165	49,269	67,418	116,863
8年	53	5	22	46	4	24	24	178	666	3,457	45,155	49,278	66,738	116,194
9年	53	5	22	46	4	24	24	178	685	3,462	45,112	49,259	66,069	115,506

年　次	官幣大社	国幣大社	官幣中社	国幣中社	官幣小社	国幣小社	別　格官幣社	小計	府県社	郷社	村社	小計	境　外無格社	合　計
10年	53	5	22	46	4	24	24	178	706	3, 462	45, 055	49, 223	65, 625	115, 026
11年	54	5	23	46	4	24	24	180	733	3, 471	45, 029	49, 233	65, 132	114, 545
12年	55	5	24	46	4	25	24	183	780	3, 474	45, 029	49, 283	64, 617	114, 083
13年	55	5	24	47	4	25	24	184	815	3, 480	45, 015	49, 310	64, 008	113, 502
14年	55	6	24	46	4	25	24	184	843	3, 486	44, 979	49, 308	63, 256	112, 748
昭和元年	55	6	24	46	5	26	24	186	857	3, 501	44, 972	49, 330	63, 188	112, 704
2 年	55	6	24	44	5	26	24	184	871	3, 524	44, 924	49, 319	62, 883	112, 386
3 年	55	6	24	46	5	26	24	186	888	3, 532	44, 898	49, 318	62, 674	112, 178
4 年	55	6	24	46	5	33	25	194	928	3, 545	44, 856	49, 329	62, 370	111, 893
5 年	55	6	24	46	5	33	25	194	951	3, 557	44, 875	49, 383	62, 157	111, 734
6 年	55	6	24	46	5	33	25	194	977	3, 580	44, 875	49, 432	61, 712	111, 338
7 年	55	6	24	46	5	33	25	194	998	3, 596	44, 860	49, 454	61, 500	111, 148
8 年	55	6	24	46	5	33	25	194	1, 016	3, 607	44, 864	49, 487	61, 351	111, 032
9 年	55	6	24	46	5	33	27	196	1, 031	3, 610	44, 864	49, 505	61, 261	110, 962
10年	55	6	24	46	5	33	27	196	1, 069	3, 607	44, 884	49, 560	61, 095	110, 851
11年	55	6	25	46	5	33	27	197	1, 092	3, 613	44, 837	49, 542	60, 703	110, 442
12年	55	6	25	46	5	33	27	197	1, 079	3, 613	44, 838	49, 530	60, 703	110, 430
13年	55	6	25	46	5	33	27	197	1, 098	3, 615	44, 831	49, 544	60, 647	110, 388
16年	59	6	22	47	5	39	27	205	1, 131	3, 633	44, 921	49, 685	60, 392	110, 077
20年	59	6	22	47	5	39	28	206	1, 201	3, 663	44, 959	49, 823	59, 704	109, 733
21年	59	6	22	47	5	39	28	206	1, 236	-	-	-	-	-

『日本帝国統計年鑑』によった。神社数は，大正元年以前は12月現在，大正３年以後は６月30日現在のもの。昭和20年は宗教便覧(昭和23年発行)による。昭和21年は編者の一覧による。官幣大社の内，丹生川上神社３社は別々に列格されているが内務省社寺局の一覧の通り１社として扱った。昭和16年の官国幣社の数字は岡田包義『神祇制度大要』附録による。なお，大正２年はデータを欠いている。「境外無格社」欄の項目名から境外の字が消えるのは大正14年から。昭和21年の府県社数は、一覧より佐和山神社(滋賀)、南龍神社(和歌山)、藤並神社(高知)、豊姫神社(福岡)の４社が除外されている。

年度別神職数

年　次	官幣大社	国幣大社	官幣中社	国幣中社	官幣小社	国幣小社	別　格官幣社	小計	府県社	郷社	村社	小計	境　外無格社	合　計
明治14年	223		63	233	6	72	44	641	769	4, 212	8, 798	13, 779	180	14, 600
15年	236		69	271	11	77	59	723	791	4, 332	9, 031	14, 154	27	14, 904
16年	236		74	286	12	86	72	766	781	4, 285	8, 819	13, 885	34	14, 685
17年	243		76	284	11	83	69	766	779	4, 088	8, 649	13, 516	275	14, 557
18年	275		120	290	27	91	78	881	767	4, 103	8, 588	13, 458	273	14, 612
19年	274		123	283	27	88	79	874	766	4, 084	8, 756	13, 606	310	14, 790
20年	-		-	-	-	-	-	-	758	4, 133	8, 742	13, 633	503	14, 136
21年	110		59	154	15	55	47	440	748	4, 039	8, 897	13, 684	402	14, 526
22年	116		63	157	18	57	55	466	746	4, 006	8, 984	13, 736	402	14, 604
23年	123		67	150	16	59	58	473	739	4, 032	9, 035	13, 806	377	14, 656
24年	128		74	163	17	61	58	501	732	4, 006	9, 034	13, 772	366	14, 639
25年	136		73	157	26	60	60	512	733	4, 070	9, 019	13, 822	371	14, 705
26年	130		76	159	22	59	62	508	742	3, 757	9, 277	13, 776	407	14, 691
27年	132		81	153	23	58	58	505	737	3, 831	9, 243	13, 811	452	14, 768
28年	147		76	151	17	62	58	511	770	3, 880	9, 109	13, 759	596	14, 866

年次	官幣大社	国幣大社	官幣中社	国幣中社	官幣小社	国幣小社	別格官幣社	小計	府県社	郷社	村社	村社以上	境外無格社	合計
29年	150		86	142	16	63	53	510	823	3,955	9,103	13,881	699	15,090
30年	147		98	146	6	64	66	527	869	3,897	9,264	14,030	838	15,395
31年	143		94	147	8	60	61	513	868	3,991	9,418	14,277	890	15,680
32年	153		89	145	6	62	60	515	863	3,787	9,238	13,888	971	15,374
33年	155		90	152	7	65	62	531	873	3,802	9,364	14,039	1,765	16,335
34年	162		86	150	6	66	64	534	896	3,703	9,228	13,827	1,931	16,292
35年	167		90	156	8	64	69	554	893	3,661	9,399	13,953	1,514	16,021
36年	175		83	159	8	63	76	564	901	3,726	9,073	13,700	1,131	15,395
37年	174		88	156	8	63	75	564	915	3,631	8,743	13,289	1,091	14,944
38年	174		88	161	8	66	76	573	906	3,647	8,670	13,223	1,143	14,939
39年	178		90	159	9	66	77	579	918	3,688	8,710	13,316	1,176	15,071
40年	179		90	165	10	65	75	584	923	3,608	8,660	13,191	1,161	14,936
41年	183		91	164	8	66	78	590	912	3,588	8,549	13,049	1,124	14,763
42年	179		93	167	9	67	75	590	910	3,604	8,543	13,057	1,101	14,748
43年	180		110	148	11	66	76	591	908	3,575	8,485	12,968	895	14,454
44年	177		108	153	9	71	77	595	902	3,532	8,513	12,947	883	14,425
大正元年	178		109	161	7	65	75	595	887	3,470	8,448	12,805	879	14,279
2年	192		101	161	10	64	80	608	894	3,394	8,378	12,666	876	14,150
3年	207		105	156	17	52	79	616	890	3,365	8,491	12,746	907	14,269
4年	229	12	83	160	12	55	79	630	907	3,422	8,679	13,008	908	14,546
5年	242	16	77	160	14	63	81	653	955	3,408	8,677	13,040	926	14,619
6年	250	16	79	159	14	61	83	662	951	3,405	8,716	13,072	925	14,659
7年	248	16	84	154	12	64	83	661	958	3,433	8,714	13,105	920	14,686
8年	252	17	85	153	13	63	82	665	969	3,417	8,624	13,010	950	14,625
9年	262	16	88	155	14	64	86	685	995	3,395	8,705	13,095	889	14,669
10年	265	16	90	158	14	61	83	687	1,041	3,419	8,721	13,181	895	14,763
11年	270	18	88	152	15	59	81	683	1,031	3,382	8,564	12,977	898	14,558
12年	267	19	100	153	14	63	86	702	1,099	3,277	8,559	12,935	880	14,517
13年	265	18	92	157	14	66	83	695	1,124	3,269	8,565	12,958	920	14,573
14年	265	20	91	150	18	68	83	695	1,185	3,230	8,469	12,884	929	14,508
昭和元年	272	22	90	155	21	73	87	720	1,184	3,260	8,568	13,012	910	14,642
2年	285	19	91	159	21	70	91	736	1,206	3,268	8,603	13,077	918	14,731
3年	283	22	100	168	16	103	99	791	1,258	3,291	8,617	13,166	955	14,912
4年	295	23	101	168	17	107	95	806	1,283	3,298	8,636	13,217	946	14,969
5年	283	24	100	170	17	103	105	802	1,302	3,323	8,621	13,246	946	14,994
6年	298	25	100	171	17	105	99	815	1,337	3,391	8,680	13,408	908	15,131
7年	301	26	102	174	15	105	99	822	1,382	3,436	8,711	13,529	957	15,308
8年	303	26	103	175	18	111	104	840	1,459	3,499	8,777	13,735	943	15,518
9年	308	23	104	187	19	107	112	860	1,495	3,494	8,811	13,800	968	15,628
10年	310	23	106	186	19	114	106	864	1,512	3,521	8,803	13,836	979	15,679
11年	336	25	124	178	19	118	105	905	1,539	3,500	8,852	13,891	1,034	15,830
12年	322	29	116	191	26	117	112	913	1,526	3,506	8,859	13,891	1,000	15,804
13年	347	42	123	186	22	123	113	956	1,592	3,512	8,811	13,915	975	15,846

『日本帝国統計年鑑』によった。昭和11年の統計には海外神社所属149名を含む。明治21年の官国幣社人員が19年に比べ減少しているのは19年度で従前の経費等の廃止によるものである。同20年については人員数は調査されていない。

昭和21年現在官国幣社・府県社最終列格年別神社数

列格年	官国幣社	府県社	計
大正元年	1	2	3
2年		5	5
3年	7	6	13
4年	15	19	34
5年	4	18	22
6年		15	15
7年	2	18	20
8年		13	13
9年		20	20
10年	1	26	27
11年	1	28	29
12年	1	49	50
13年	3	40	43
14年	1	16	17
昭和元年	2	14	16
2年		12	12
3年	8	47	55
4年		19	19
5年		33	33
6年		20	20
7年		16	16
8年	1	19	20
9年	1	14	15
10年		19	19
11年	1	13	14
12年		16	16
13年	1	15	16
14年	3	9	12
15年	7	23	30
16年		16	16
17年		23	23
18年	1	21	22
19年		17	17
20年		20	20
21年		7	7
合計	208	1,236	1,444

編者の資料によった。昭和21年現在の社格取得年(最終の列格・昇格年)ごとの神社数。官国幣社の合計が208とあるのは，奈良県丹生川上神社(内務省資料では1社扱い)が3社別々の列格年に入っているためである。

列格年	官国幣社	府県社	計
明治4年	70	14	84
5年	1	44	45
6年	9	103	112
7年	5	21	26
8年	1	26	27
9年	1	14	15
10年		11	11
11年	2	4	6
12年	1	44	45
13年	1	26	27
14年		46	46
15年	8	19	27
16年	1	23	24
17年		12	12
18年	13	6	19
19年		5	5
20年			0
21年	4	1	5
22年	1		1
23年	5	3	8
24年		1	1
25年		1	1
26年		2	2
27年	1	8	9
28年	5	15	20
29年	6	12	18
30年	2	8	10
31年		12	12
32年	4	12	16
33年		12	12
34年	2	12	14
35年	2	11	13
36年		6	6
37年		5	5
38年		1	1
39年		6	6
40年		7	7
41年		2	2
42年		1	1
43年		5	5
44年	2	4	6
明治(不明)		3	3

大正元年都道府県別神社数(『日本帝国統計年鑑』より)

県名	国幣社以上	府県社以下	計	無格社	合計
北海道	2	249	251	197	448
青　森	1	756	757	53	810
岩　手	1	476	477	545	1,022
宮　城	2	692	694	627	1,321
秋　田	1	638	639	935	1,574
山　形	5	975	980	1,596	2,576
福　島	4	1,180	1,184	3,091	4,275
茨　城	4	1,639	1,643	1,588	3,231
栃　木	4	1,134	1,138	2,904	4,042
群　馬	1	875	876	587	1,463
埼　玉	2	1,554	1,556	1,457	3,013
千　葉	4	2,222	2,226	2,916	5,142
東　京	3	681	684	1,242	1,926
神奈川	3	765	768	858	1,626
新　潟	2	582	584	5,224	5,808
富　山	1	2,286	2,287	1,003	3,290
石　川	4	1,670	1,674	342	2,016
福　井	4	1,386	1,390	444	1,834
山　梨	1	994	995	730	1,725
長　野	3	1,743	1,746	1,944	3,690
岐　阜	2	2,344	2,346	3,167	5,513
静　岡	8	1,801	1,809	1,804	3,613
愛　知	3	2,631	2,634	1,505	4,139
三　重	2	677	679	157	836
滋　賀	3	1,008	1,011	1,039	2,050
京　都	20	1,096	1,116	1,624	2,740
大　阪	7	632	639	107	746
兵　庫	8	2,128	2,136	2,938	5,074
奈　良	10	1,119	1,129	486	1,615
和歌山	5	366	371	180	551
鳥　取	3	743	746	789	1,535
島　根	7	985	992	694	1,686
岡　山	3	1,445	1,448	4,912	6,360
広　島	2	1,008	1,010	4,933	5,943
山　口	4	388	392	577	969
徳　島	2	751	753	2,741	3,494
香　川	2	331	333	2,592	2,925
愛　媛	1	861	862	793	1,655
高　知	1	1,495	1,496	3,518	5,014
福　岡	7	1,675	1,682	4,867	6,549
佐　賀	1	276	277	2,208	2,485
長　崎	3	430	433	1,102	1,535
熊　本	3	1,052	1,055	3,415	4,470
大　分	2	1,404	1,406	934	2,340
宮　崎	3	491	494	270	764
鹿児島	5	520	525	1,109	1,634
沖　縄	1		1	7	8
合計	170	50,154	50,324	76,751	127,075

明治39年都道府県別神社数(『日本帝国統計年鑑』より)

県名	国幣社以上	府県社以下	計	無格社	合計
北海道	2	284	286	294	580
青　森	1	776	777	63	840
岩　手	1	490	491	696	1,187
宮　城	2	945	947	1,682	2,629
秋　田	1	726	727	4,064	4,791
山　形	5	1,056	1,061	2,143	3,204
福　島	4	1,191	1,195	3,257	4,452
茨　城	4	1,685	1,689	2,659	4,348
栃　木	4	1,175	1,179	4,829	6,008
群　馬	1	1,108	1,109	2,914	4,023
埼　玉	2	1,931	1,933	5,446	7,379
千　葉	4	2,348	2,352	4,297	6,649
東　京	3	703	706	1,827	2,533
神奈川	3	825	828	1,783	2,611
新　潟	2	640	642	7,594	8,236
富　山	1	2,431	2,432	1,359	3,791
石　川	4	1,906	1,910	928	2,838
福　井	4	1,636	1,640	1,189	2,829
山　梨	1	1,012	1,013	836	1,849
長　野	3	2,044	2,047	4,787	6,834
岐　阜	2	2,523	2,525	4,271	6,796
静　岡	8	1,825	1,833	2,055	3,888
愛　知	3	2,737	2,740	2,309	5,049
三　重	2	1,739	1,741	4,750	6,491
滋　賀	3	1,026	1,029	1,846	2,875
京　都	20	1,105	1,125	1,795	2,920
大　阪	7	1,392	1,399	494	1,893
兵　庫	8	2,296	2,304	5,128	7,432
奈　良	10	1,189	1,199	696	1,895
和歌山	5	670	675	3,051	3,726
鳥　取	3	764	767	849	1,616
島　根	7	1,178	1,185	1,973	3,158
岡　山	3	1,668	1,671	7,758	9,429
広　島	2	1,081	1,083	8,439	9,522
山　口	4	442	446	2,146	2,592
徳　島	2	770	772	3,428	4,200
香　川	2	331	333	3,138	3,471
愛　媛	1	1,006	1,007	4,370	5,377
高　知	1	1,578	1,579	4,647	6,226
福　岡	7	1,714	1,721	6,044	7,765
佐　賀	1	279	280	3,270	3,550
長　崎	3	438	441	1,218	1,659
熊　本	3	1,062	1,065	3,646	4,711
大　分	2	1,561	1,563	1,614	3,177
宮　崎	3	531	534	347	881
鹿児島	5	623	628	1,656	2,284
沖　縄	1		1	240	241
合計	170	56,440	56,610	133,825	190,435

昭和元年都道府県別神社数（『日本帝国統計年鑑』より）

県名	国幣社以上	府県社以下	計	無格社	合計
北海道	2	293	295	151	446
青　森	1	758	759	49	808
岩　手	1	480	481	509	990
宮　城	2	689	691	623	1,314
秋　田	1	612	613	709	1,322
山　形	5	967	972	1,338	2,310
福　島	4	1,212	1,216	2,922	4,138
茨　城	4	1,616	1,620	1,133	2,753
栃　木	4	1,123	1,127	2,196	3,323
群　馬	1	877	878	411	1,289
埼　玉	2	1,500	1,502	833	2,335
千　葉	4	2,177	2,181	2,587	4,768
東　京	5	683	688	1,165	1,853
神奈川	3	747	750	510	1,260
新　潟	2	633	635	4,808	5,443
富　山	2	2,184	2,186	730	2,916
石　川	4	1,654	1,658	263	1,921
福　井	4	1,338	1,342	329	1,671
山　梨	1	977	978	632	1,610
長　野	3	1,719	1,722	1,644	3,366
岐　阜	2	2,301	2,303	2,783	5,086
静　岡	8	1,794	1,802	1,532	3,334
愛　知	5	2,564	2,569	955	3,524
三　重	3	644	647	75	722
滋　賀	4	1,028	1,032	885	1,917
京　都	20	1,102	1,122	1,588	2,710
大　阪	7	595	602	68	670
兵　庫	8	2,113	2,121	2,712	4,833
奈　良	10	1,100	1,110	403	1,513
和歌山	8	361	369	72	441
鳥　取	3	573	576	290	866
島　根	7	944	951	432	1,383
岡　山	3	1,338	1,341	3,693	5,034
広　島	3	980	983	4,341	5,324
山　口	6	407	413	451	864
徳　島	2	742	744	1,991	2,735
香　川	2	336	338	2,174	2,512
愛　媛	1	838	839	508	1,347
高　知	1	1,478	1,479	3,210	4,689
福　岡	9	1,669	1,678	3,470	5,148
佐　賀	1	281	282	1,637	1,919
長　崎	3	437	440	1,081	1,521
熊　本	4	1,047	1,051	3,254	4,305
大　分	3	1,376	1,379	743	2,122
宮　崎	3	486	489	253	742
鹿児島	5	557	562	1,037	1,599
沖　縄	1		1	8	9
合計	187	49,330	49,517	63,188	112,705

大正６年都道府県別神社数（『日本帝国統計年鑑』より）

県名	国幣社以上	府県社以下	計	無格社	合計
北海道	2	245	247	168	415
青　森	1	756	757	50	807
岩　手	1	472	473	529	1,002
宮　城	2	693	695	630	1,325
秋　田	1	629	630	737	1,367
山　形	5	970	975	1,445	2,420
福　島	4	1,198	1,202	3,002	4,204
茨　城	4	1,613	1,617	1,229	2,846
栃　木	4	1,120	1,124	2,371	3,495
群　馬	1	871	872	477	1,349
埼　玉	2	1,502	1,504	920	2,424
千　葉	4	2,201	2,205	2,712	4,917
東　京	4	682	686	1,216	1,902
神奈川	3	758	761	673	1,434
新　潟	2	589	591	4,978	5,569
富　山	1	2,243	2,244	842	3,086
石　川	4	1,652	1,656	278	1,934
福　井	4	1,353	1,357	397	1,754
山　梨	1	984	985	672	1,657
長　野	3	1,713	1,716	1,742	3,458
岐　阜	2	2,318	2,320	2,911	5,231
静　岡	8	1,779	1,787	1,694	3,481
愛　知	3	2,568	2,571	1,194	3,765
三　重	3	647	650	96	746
滋　賀	3	1,015	1,018	937	1,955
京　都	20	1,095	1,115	1,607	2,722
大　阪	7	595	602	76	678
兵　庫	8	2,113	2,121	2,804	4,925
奈　良	10	1,101	1,111	447	1,558
和歌山	6	381	387	165	552
鳥　取	3	623	626	404	1,030
島　根	7	957	964	546	1,510
岡　山	3	1,342	1,345	3,979	5,324
広　島	2	976	978	4,493	5,471
山　口	5	392	397	482	879
徳　島	2	743	745	2,335	3,080
香　川	2	332	334	2,248	2,582
愛　媛	1	838	839	560	1,399
高　知	1	1,489	1,490	3,294	4,784
福　岡	8	1,652	1,660	4,528	6,188
佐　賀	1	277	278	1,821	2,099
長　崎	3	430	433	1,133	1,566
熊　本	4	1,048	1,052	3,323	4,375
大　分	3	1,369	1,372	779	2,151
宮　崎	3	488	491	260	751
鹿児島	5	521	526	1,027	1,553
沖　縄	1		1	7	8
合計	177	49,333	49,510	68,218	117,728

昭和３年都道府県別官国幣社・府県社以下神社数（『日本帝国統計年鑑』より）

県名	官幣大社	国幣大社	官幣中社	国幣中社	官幣小社	国幣小社	別格官幣社	府県社	郷社	村社	無格社	合計
北海道	1			1				9	59	239	157	466
青森						1		10	55	694	48	808
岩手						1		9	30	441	509	990
宮城				2				8	39	642	623	1,314
秋田						1		18	38	555	705	1,317
山形	1			1		2	1	23	107	839	1,334	2,308
福島				3			1	33	93	1,093	2,915	4,138
茨城	1			2			1	13	49	1,554	1,133	2,753
栃木				2			2	10	50	1,063	2,190	3,317
群馬				1				12	42	824	409	1,288
埼玉	1		1					18	27	1,454	815	2,316
千葉	2			1			1	14	81	2,077	2,583	4,759
東京	2				1		1	15	67	605	1,161	1,852
神奈川			1	2				7	44	696	507	1,257
新潟				1		1		18	46	575	4,785	5,426
富山				1		1		11	35	2,107	667	2,822
石川		1		1		1	1	31	73	1,554	253	1,915
福井	1		1	1			1	24	49	1,270	336	1,683
山梨				1				8	74	894	630	1,607
長野	1			1		1		25	99	1,596	1,641	3,364
岐阜		1				1		16	175	2,068	2,761	5,022
静岡	2		1			4	1	24	142	1,633	1,499	3,306
愛知	1			2		2		28	182	2,354	952	3,521
三重		1		1			1	18	48	578	75	722
滋賀	3		1					42	68	919	885	1,918
京都	8		6	2			4	27	65	1,012	1,585	2,709
大阪	4		1				2	13	82	501	61	664
兵庫	2		3	2			1	64	162	1,890	2,701	4,825
奈良	9						1	18	30	1,052	403	1,513
和歌山	6		2					9	15	351	91	474
鳥取				1		1	1	8	57	507	287	862
島根	1			2		3		30	133	784	426	1,379
岡山			1	2				29	108	1,196	3,678	5,014
広島			1	1		1		8	25	946	4,338	5,320
山口			2	1		1	2	35	99	275	447	862
徳島				2				3	72	667	1,989	2,733
香川				2				11	79	246	2,161	2,499
愛媛		1						35	101	702	499	1,338
高知				1				13	209	1,253	3,194	4,670
福岡	3	1	2		3			54	118	1,495	3,375	5,051
佐賀				1				11	49	222	1,610	1,893
長崎				3				12	31	395	977	1,418
熊本	1		1			1	1	8	59	980	3,254	4,305
大分	1			1		1		23	117	1,240	739	2,122
宮崎	2					1		11	57	419	254	744
鹿児島	2			1		1	1	21	92	444	1,027	1,589
沖縄					1			1			7	9
合計	55	5	24	46	5	26	24	888	3,532	44,901	62,676	112,182

奈良県丹生川上神社３社を一社として扱う。

昭和７年都道府県別官国幣社・府県社以下神社数(『日本帝国統計年鑑』より)

県名	官幣大社	国幣大社	官幣中社	国幣中社	官幣小社	国幣小社	別格官幣社	府県社	郷社	村社	無格社	合計
北海道	1			1				12	65	261	146	486
青森						1		10	56	695	46	808
岩手						1		10	31	439	508	989
宮城				2				9	39	641	609	1,300
秋田						1		20	37	559	688	1,305
山形	1			1		2	1	26	107	834	1,306	2,278
福島				3			1	35	95	1,100	2,907	4,141
茨城	1			2			1	13	50	1,555	1,120	2,742
栃木				2			2	11	49	1,063	2,183	3,310
群馬				1				14	45	820	394	1,274
埼玉	1		1			1		18	27	1,452	810	2,310
千葉	2			1			1	14	86	2,073	2,560	4,737
東京	2				1		1	16	69	612	1,143	1,844
神奈川			1	2		1		6	44	700	500	1,254
新潟				1		1		23	48	594	4,721	5,388
富山				1		1		12	35	2,067	536	2,652
石川		1		1		1	1	32	82	1,548	246	1,912
福井	1		1	1		1	1	25	47	1,271	330	1,678
山梨				1				9	73	893	626	1,602
長野	1			1		1		30	103	1,589	1,623	3,348
岐阜		1				1		20	177	2,062	2,350	4,611
静岡	2		1			5	1	28	142	1,632	1,480	3,291
愛知	1			2		2		30	195	2,348	940	3,518
三重		1		1			2	22	50	570	70	716
滋賀	3		1					47	73	911	882	1,917
京都	8		6	2			4	33	64	1,007	1,580	2,704
大阪	4		1				2	18	77	501	59	662
兵庫	2		3	2			1	72	160	1,889	2,678	4,807
奈良	9						1	20	30	1,050	409	1,519
和歌山	6		2					9	17	349	91	474
鳥取				1		1	1	10	55	506	276	850
島根	1	1		2		4		35	134	782	411	1,370
岡山			1	2		1		30	115	1,187	3,675	5,011
広島			1	1		2		13	29	939	4,321	5,306
山口			2	1		1	2	39	99	278	440	862
徳島				2				3	73	672	1,964	2,714
香川				2				12	78	249	2,157	2,498
愛媛		1						37	100	706	489	1,333
高知				1				15	208	1,244	3,180	4,648
福岡	3	1	2		3			61	121	1,508	3,296	4,995
佐賀				1				13	48	225	1,560	1,847
長崎				3				13	33	396	975	1,420
熊本	1		1			1	1	9	58	980	3,236	4,287
大分	1			1		1		27	124	1,235	732	2,121
宮崎	2					1		13	57	417	247	737
鹿児島	2			1		1	1	23	91	451	993	1,563
沖縄					1			1			7	9
合計	55	6	24	46	5	33	25	998	3,596	44,860	61,500	111,148

奈良県丹生川上神社３社を一社として扱う。

昭和12年都道府県別官国幣社・府県社以下神社数(『日本帝国統計年鑑』より)

県名	官幣大社	国幣大社	官幣中社	国幣中社	官幣小社	国幣小社	別格官幣社	府県社	郷社	村社	無格社	合計
北海道	1			1				17	66	284	138	507
青森						1		10	56	697	30	794
岩手						1		10	31	440	509	991
宮城				2				10	39	641	603	1,295
秋田						1		20	37	558	685	1,301
山形	1			1		2	1	29	106	833	1,307	2,280
福島				3			1	36	97	1,100	2,907	4,144
茨城	1			2			1	14	50	1,562	1,110	2,740
栃木				2			2	11	49	1,063	2,180	3,307
群馬				1				16	43	824	390	1,274
埼玉	1		1			1		19	28	1,454	800	2,304
千葉	2			1			1	14	86	2,072	2,556	4,732
東京	2				1		1	16	72	622	1,062	1,776
神奈川			1	2		1		6	45	704	498	1,257
新潟				1		1		25	48	603	4,693	5,371
富山				1		1		12	36	2,058	519	2,627
石川		1		1		1	1	35	79	1,545	243	1,906
福井	1		1	1		1	1	25	48	1,273	318	1,669
山梨				1				9	73	894	623	1,600
長野	1			1		1		35	110	1,579	1,619	3,346
岐阜		1				1		21	179	2,059	2,285	4,546
静岡	2		1			5	1	28	143	1,634	1,478	3,292
愛知	1			2		2		33	203	2,340	936	3,517
三重		1		1			2	23	52	567	68	714
滋賀	3		1					48	75	909	880	1,916
京都	8		6	2			4	35	66	1,006	1,576	2,703
大阪	4		2				2	19	77	500	58	662
兵庫	2		3	2			1	77	159	1,883	2,671	4,798
奈良	9						1	24	28	1,048	409	1,519
和歌山	6		2					9	17	348	91	473
鳥取				1		1	1	11	56	506	273	849
島根	1	1		2		4		38	135	780	407	1,368
岡山			1	2		1		31	114	1,185	3,666	5,000
広島			1	1		2		14	29	940	4,314	5,301
山口			2	1		1	2	41	98	281	434	860
徳島				2				4	74	674	1,960	2,714
香川				2				15	76	248	2,148	2,489
愛媛		1						41	97	705	489	1,333
高知				1			1	16	207	1,251	3,149	4,625
福岡	3	1	2		3			69	120	1,458	2,998	4,654
佐賀				1			1	13	49	229	1,546	1,839
長崎				3				14	36	394	968	1,415
熊本	1		1			1	1	11	56	980	3,186	4,237
大分	1			1		1		34	124	1,239	721	2,121
宮崎	2					1		15	56	417	246	737
鹿児島	2			1		1	1	25	88	451	949	1,518
沖縄					1			1			7	9
合計	55	6	25	46	5	33	27	1,079	3,613	44,838	60,703	110,430

奈良県丹生川上神社3社を一社として扱う。

昭和21年都道府県別官国幣社・府県社数

県名	官幣大社	国幣大社	官幣中社	国幣中社	官幣小社	国幣小社	別格官幣社	小計	府県社	合計
北海道	1			1				2	25	27
青　森						1		1	12	13
岩　手						1		1	10	11
宮　城				2				2	12	14
秋　田						1		1	20	21
山　形	1			1		2	1	5	34	39
福　島				3			1	4	38	42
茨　城	1			2			1	4	16	20
栃　木				2			2	4	14	18
群　馬				1				1	18	19
埼　玉	1		1			1		3	24	27
千　葉	2			1			1	4	15	19
東　京	2				1		1	4	18	22
神奈川			1	2		1		4	9	13
新　潟				1		1		2	28	30
富　山				1		2		3	12	15
石　川		1		1		1	1	4	38	42
福　井	1		1	1		1	2	6	27	33
山　梨				1				1	12	13
長　野	1			1		2		4	48	52
岐　阜		1				2		3	22	25
静　岡	2		1			5	1	9	31	40
愛　知	1			2		3		6	44	50
三　重		1		1			2	4	28	32
滋　賀	4		1					5	49	54
京　都	9		5	2			4	20	41	61
大　阪	5		1				2	8	24	32
兵　庫	2		3	2			1	8	83	91
奈　良	11						1	12	32	44
和歌山	6		2					8	11	19
鳥　取				1		2	1	4	10	14
島　根	1	1		2		4		8	40	48
岡　山			1	2		1		4	35	39
広　島			1	1		2		4	17	21
山　口	1		1	1		1	2	6	44	50
徳　島				2				2	6	8
香　川				2				2	16	18
愛　媛		1		1				2	46	48
高　知				1			1	2	17	19
福　岡	3	1	2		3			9	74	83
佐　賀				1		1	1	3	17	20
長　崎				3				3	21	24
熊　本	1		1			1	1	4	13	17
大　分	1			1		1		3	39	42
宮　崎	2					1		3	17	20
鹿児島	2			1		1	1	5	28	33
沖　縄					1			1	1	2
計	61	6	22	47	5	39	28	208	1,236	1,444

編者の資料によった。奈良県丹生川上神社上社・中社・下社それぞれを一社として扱う。

昭和19年現在台湾の神社および社・末社・遙拝所数

鎮座年	台北州	新竹州	台中州	台南州	高雄州	台東庁	花蓮港庁	澎湖庁	合計 社・末社・遙拝所	合計 神社
明治29年				①					0	①
30年			1						1	-
31年	1								1	-
32年	1								1	-
33年	①								0	①
39年	2①								2	①
44年	①					①			0	②
大正元年	①		1①		1①		①		2	④
4年				①	1				1	①
5年			1	1①		1	①		3	②
7年	1	①							1	①
8年				①	①				0	②
9年	1								1	-
10年	2					1			3	-
11年	1				1				2	-
12年	1	1	2	2		1			7	-
13年	1	1							2	-
14年	1		1						2	-
昭和2年	2	1	1①			9			13	①
3年	①	1		1	1	1	1	①	5	②
4年				1①	1		②		2	③
5年	1			2	1	7			11	-
6年	1		1①	1	1	1	4		9	①
7年		1	4			3			8	-
8年	2			7	1	2	2		14	-
9年	1		2	①	1	2			6	①
10年					④		2		2	④
11年	1①		①	②	③	1	1		3	⑦
12年	③	①	2②	②		2	3①		7	⑨
13年	①	4②	②	②		1	1		6	⑦
14年	②	①	②						0	⑤
15年	②	②	①	1①		1			2	⑥
16年		①	①	5					5	②
17年		①		5	①		1		6	②
18年			①						0	①
不明		2	①	1①			2		5	②
合計 社・末社・遙拝所	20	11	16	27	9	33	17		133	
合計 神社	⑭	⑨	⑭	⑭	⑩	①	⑤	①		(68)

昭和20年現在海外神社創立年別神社数

創立年	樺太	台湾	朝鮮	中華民国	関東州	満洲	南洋	合計
明治29年		1						1
33年		1						1
38年						1		1
39年		1						1
41年					1	1		2
42年					1	3		4
43年	3					1		4
44年		2						2
45年		3						3
大正元年		1				2		3
2年	1					2		3
3年	1				1	2	1	5
4年		1	1	2		9		13
5年		2	16			1		19
6年			12			1	1	14
7年	1	1	2	1	1	1		7
8年		2	3	2	1	4	1	13
9年	1		1			2		4
10年	31		2					33
11年	16		1		2	2		21
12年	10		2					12
13年	2		1			2	1	6
14年	3		1		1	1		6
昭和元年	4		1				1	6
2年	3	1			1			5
3年	4	2	4				1	11
4年	6	3	2			1		12
5年	7			1				8
6年	9	1	1			1		12
7年	1					2		3
8年	4			1		7	1	13
9年	3	1	1	1	2	8	1	17
10年	1	4		2		12		19
11年	1	7	2	1		20	2	33
12年	8	9	3			16	1	37
13年	2	7	1	2	1	11		24
14年		5	3	2		24	8	42
15年		6		20		33	4	63
16年		2	1	10		37		50
17年		2	2	5		35		44
18年		1	6			43		50
19年			9			17		26
20年			2					2
不明(昭和)	5	2					4	11
合計	127	68	80	50	12	302	27	666

朝鮮の神社の内,『大陸神社大観』で内承認の神社2社が昭和15年以降の資料に掲載されなかったため除外。樺太の神社で崇敬神社1社を集計から除外。関東州の神社で他の資料にない1社を除外。

朝鮮の神社数

資料名	調査年	官幣大社	国幣小社	神社	神祠	計
『朝鮮事情』	昭和15年11月	2	4	55	604	665
	17年12月	2	6	55	828	891
竹島栄雄	昭和20年６月	2	6	69	1,062	1,139
佐藤弘毅	昭和20年７月末	2	8	70	969	1,049

『朝鮮事情』（朝鮮総督府編）は，昭和15年版—19年版によった。竹島栄雄は朝鮮神宮権宮司で，資料は森田芳夫『朝鮮終戦の記録』（昭和39年刊）によった。

昭和20年現在朝鮮の創立年別神社および神祠数

創立年	京畿道	忠清北道	忠清南道	全羅北道	全羅南道	慶尚北道	慶尚南道	黄海道	平安北道	平安南道	江原道	咸鏡北道	咸鏡南道	合計 神祠	合計 神社
大正３年						1								1	-
大正４年	①														①
大正５年	③			③	①	①	③		①	②			1②	1	⑯
大正６年	3		1②	②	②	2	2②	1	②	1	1	②	1	12	⑫
大正７年	3	3	3	2		2	1	①	5	1	①	1	1	22	②
大正８年	①		2	1		2	2①		1			①	2	10	③
大正９年			1	①				1	1				1	4	①
大正10年			①	1	3		1		1		2	①		8	②
大正11年	5	1①			1	1					1			9	①
大正12年		2	3	2	2	4①	1	①	2		3	1		20	②
大正13年	4	2	1	1①	1	3	3	1	2		1	1		20	①
大正14年	1	1	1	1①	2	2		1	1				1	11	①
昭和元年			①												①
昭和２年	2		2	2	2	7	3	1	3		1	1	1	25	-
昭和３年		5	4②		2	5①	2	5	1①		5			29	④
昭和４年	4	1	3	1	1①	2①	6	1	2		1	3	1	26	②
昭和５年	3			1	1	1	1	1		1			1	10	-
昭和６年				①	2									2	①
昭和７年	4					3	1	2	1	3	1			15	-
昭和８年	3			2		4	3		4	1	2	1		20	-
昭和９年	1	1①	1	3	4	4	1	2	2	1	3	2	1	26	①
昭和10年	5		2	1	3	3	6	5	2	3	1	1	6	38	-
昭和11年	4	1	2	1①	2①	4	1		2	4		1	3	25	②
昭和12年	2		2		7②		1	3		2	3	3①		23	③
昭和13年				2	2		2	1	1		1①	2	1	12	①
昭和14年	13		3①	2	133①	3①		2	6	2	5		3	172	③
昭和15年	19	2			77	4	2	7	4	4	8	3		130	-
昭和16年	42				10①	9	1	81	2	3	3	4	3	158	①
昭和17年	10	1	2	1		3	1	24①	3①	1	2	4		52	②
昭和18年	6①	9	①	3①		1		14	24	3	3①	①	①	63	⑥
昭和19年	8	①	①		①	2①	2	9	4③		①	①		25	⑨
昭和20年	①	①													②
合計 神祠	142	29	33	27	255	72	43	162	74	30	47	28	27	969	
合計 神社	⑦	④	⑨	⑪	⑩	⑥	⑥	③	⑧	②	④	⑦	③		(80)

昭和20年現在関東州および満洲国の神社数

設立年	関東州	新京特別市	奉天省	四平省	吉林省	安東省	錦州省	濱江省	龍江省	東満総省	三江省	北安省	通化省	熱河省	黒河省	興安総省	合計
明治38年						1											1
41年	1		1														2
42年	1		2		1												4
43年			1														1
44年																	-
大正元年			1														1
2年			1														1
3年	1		3														4
4年		1	4	2	1	1											9
5年			1														1
6年						1											1
7年	1			1													2
8年	1		2			2											5
9年		1	2	1													4
11年	2		1														3
12年																	-
13年			2														2
14年	1									1							2
昭和元年																	-
2年	1																1
3年																	-
4年										1							1
5年																	-
6年			1														1
7年					1												1
8年			1							3	1	1					6
9年	2				3		1		1	2				1			10
10年			1	1				1	1	1	1	1		4		1	12
11年				1	1			1	1	5	1	2		3	1	4	20
12年				1	1			2	3	3	1	2	1			3	17
13年	1		1	1	2		1			4		2					12
14年			2	2		1	2	2		8	4	1	1		1		24
15年		1		1	5		1	1	4	8	7	3	2			1	34
16年			3		4		2	7	1	2	8	2	5		1	2	37
17年			3	1	6	1	3	7	1	5	4	2			1	1	35
18年					5	2		2	3	10	6	9	5			1	43
19年					4				2	3	4	2		1		1	17
合計	12	3	33	12	34	9	10	23	17	56	37	27	14	9	4	14	314

神社規則

国内神社関係法令（抄）

官国幣社以下神社ノ祭神、神社名、社格、明細帳、境内、創立、移転、廃合、参拝、寄付金、神札等ニ関スル件

大正二年四月二十一日内務省令第六号

改正 大正三年九月内務省令第二二号

大正十五年六月内務省令第三三号

昭和二年三月内務省令第一四号

昭和三年五月内務省令第二〇号

官国幣社以下神社ノ祭神、神社名、社格、明細帳、境内、創立、移転、廃合、参拝、寄付金、神札等ニ関スル件左ノ通定ム

第一章 祭神、神社名、社格、明細帳

第一条 祭神ノ決定、変更又ハ訂正ヲ請ハムトスルトキハ官国幣社ニ在リテハ地方長官ヲ経由シ内務大臣ニ、府県社以下ノ神社ニ在リテハ地方長官ニ具申スヘシ

第二条 別格官幣社靖国神社ノ祭神ハ地方長官ノ許可ヲ受ケ縁故アル地方ノ〔招魂社〕ニ合祀スルコトヲ得

第三条 祭神ノ霊代ハ公衆ニ拝観セシムルコトヲ得ス

当該神職ハ特別ノ事由アルトキニ限リ官国幣社ニ在リテハ内務大臣、府県社以下ノ神社ニ在リテハ地方長官ノ許可ヲ受ケ之ヲ拝観スルコトヲ得

第四条 神社名ノ変更ヲ請ハムトスルトキハ官国幣社ニ在リテハ地方長官ヲ経由シ内務大臣ニ、府県社以下ノ神社ニ在リテハ地方長官ニ具申スヘシ

前項ニ依ル地方長官ノ処分ニシテ神社名ヲ宮名ニ改称若ハ復称シ又ハ延喜式内社、国史所載社其ノ他特別由緒アル神社ノ神社名ヲ変更セムトスルモノナルトキハ内務大臣ニ稟請スヘシ

第五条 〔招魂社〕ハ其ノ社名中ニ〔招魂社〕ナル文字を用フヘキモノトス

第六条 社格ノ変更又ハ訂正ハ由緒其ノ他特別ノ事由アルニ非サレハ詮議セサルモノトス

社格ノ変更又ハ訂正ノ詮議ヲ請ハムトスルトキハ地方長官ハ之ヲ内務大臣ニ具申スコトヲ得

第七条 神社、建物アル遙拝所及官修墳墓ニ付テハ地方長官ハ別記様式ニ依リ其ノ明細帳二通ヲ調製シ一通ヲ内務大臣ニ進達スヘシ

第八条 神社、建物アル遙拝所ノ管理者及官修墳墓ノ監守者ハ明細帳ノ様式ニ準シ調製セル明細書ヲ備付クヘシ

第九条 明細帳ニ脱漏ノ神社ハ其ノ編入ヲ地方長官ニ具申スルコトヲ得編入ノ許可ヲ受ケタルトキハ神社ニ於テ明細書ヲ調製シ地方長官ニ提出スヘシ

第十条 神社ハ明細帳ノ記載事項ニ変更ヲ生シタルトキ又ハ其ノ訂正ヲ要スト認ムルトキハ之ヲ地方長官ニ申出ツヘシ

第十一条 北海道ヲ除クノ外祭神ノ決定、変更、訂正又ハ明細帳脱漏神社ノ編入ヲ為サムトスルトキハ地方長官ニ於テ内務大臣ニ稟請スヘシ但シ明細帳脱漏神社ノ編入ニシテ編入ト同時ニ之ヲ他ノ神社ニ合併セムトスルモノナルトキハ官国幣社、延喜式内社、国史所載社、特別由緒アル神社ニ係ルモノヲ除ク外稟請ヲ要セス

第二章 境内

第十二条 新ニ境内地ヲ設定シ又ハ従来ノ境内地ヲ拡張セムトスルトキハ左ノ制限ニ超過スルコトヲ得ス但シ特別ノ縁故、土地ノ状況等ニ依リ地方長官ノ許可ヲ受ケタルトキハ此ノ限ニ在ラス

官国幣社 五千坪

府県社 千五百坪

郷社 千坪

村社 七百坪

〔招魂社〕 千五百坪

其ノ他ノ神社 五百坪

第十三条 神社ニ於テ其ノ境内地ノ設定、増減又ハ模様替ヲ為サムトスルトキハ地方長官ノ許可ヲ受クヘシ地方長官ニ於テ之ヲ許可セムトスルトキハ官国幣社境内地ノ模様替ニ付テハ内務大臣ニ稟請スヘシ

第十四条 境内地ニシテ古墳若ハ其ノ伝説又ハ特別ノ由緒アル地域ハ地方長官ノ許可ヲ受クルニ非サレハ之ヲ発掘スルコトヲ得ス地方長官ニ於テ之ヲ許可セムトスルトキハ官国幣社境内地ニ付テハ内務大臣ニ稟請スヘシ

第十五条 神社ハ地方長官ノ指揮ヲ受ケ境内ニ管轄地方庁名ノ制札ヲ建設スルコトヲ得

制札ニ記載スヘキ禁止事項ノ概目左ノ如シ

一 車馬ヲ乗入ルコト

一 魚鳥ヲ捕ルコト

一 竹木ヲ伐ルコト

第十六条 境内地ノ木竹ニシテ由緒アルモノ及風致ニ必要ナルモノハ之ヲ伐採スルコトヲ得ス

第十七条 境内地ニ於テ枯損木竹又ハ障碍木竹ヲ採取セムトスルトキハ地方長官ノ許可ヲ受クヘシ但シ北海道庁支庁並ニ府県支庁ノ管内及市ノ区域ニ在ル郷社以下ノ神社ニ在リテハ北海道庁支庁長、府県支庁長又ハ市長ノ許可ヲ受クルモノトス

第十八条 官国幣社ノ本殿其ノ周囲ノ垣、幣殿、拝殿、鳥居、神饌所、社務所又ハ府県社以下ノ神社ノ本殿、幣殿、拝殿、鳥居ノ造修用材ニ必要ナルトキハ地方長官ノ許可ヲ受ケ境内地ノ木竹ヲ伐採スルコトヲ得但シ神社ノ合併又ハ移転ノ場合ヲ除クノ外樹木ニ付テハ左ノ制限ヲ超過スルコトヲ得ス

一 目通五尺以上一丈未満ノ樹木ノ一割

一 目通一尺以上五尺未満ノ樹木ノ二割

前項ニ該当セサル建造物ト雖〔古社寺保存法〕ニ依リ〔特別保護建造物〕ニ指定セラレ又ハ同法ニ依リ修理費ノ補助ヲ受ケタル建造物及特別ノ由緒ヲ有スル建造物ノ造修用材ニ対シテハ前項ヲ適用ス

第十九条 前条ノ建造物ニシテ災害復旧等ノ為メ已ムヲ得サル事由アルトキハ前条ノ制限ニ拘ラス地方長官ノ許可ヲ受ケ之ヲ伐採スルコトヲ得

第二十条 民有借地境内地ノ木竹ニシテ地主ノ所有タル確証アルモノハ地主ヨリ神社ニ要求シ神社ニ於テ地方長官ノ認可ヲ受ケタルトキニ限リ之ヲ伐採スルコトヲ得

第二十一条 境内地ノ林藪経営上必要ナル間伐ヲ為サムトスルトキハ予メ地方長官ニ届出ツヘシ

第二十二条 境内地ノ林藪ニシテ五町歩以上ニ渉ルモノニ付テハ特ニ保護並施業ノ方法ヲ設ケ地方長官ノ認可ヲ受クヘシ但シ五町歩以下ノモノト雖地方長官ニ於テ必要アリト認ムルトキハ本条ノ規定ニ依ラシムルコトヲ得

第二十三条 監督官庁ニ於テ境内地ノ林藪経営ノ必要アリト認ムルトキハ其ノ方法ヲ指定スルコトヲ得

第二十四条 境内地ニ於テ土石、切芝又ハ樹根ノ採取ヲ為サムトスルトキハ予メ地方長官ニ届出ツヘシ但シ北海道庁支庁並ニ府県支庁ノ管内及市ノ区域ニ在ル郷社以下ノ神社ニ在リテハ北海道庁支庁長、府県支庁長又ハ市長ニ届出ツルモノトス

行政庁前項ノ届出ヲ受ケタル場合ニ於テ由緒又ハ風致上必要ト認ムルトキハ其ノ採取ヲ禁止スルコトヲ得

第二十五条 境内地ニ接続スル土地ニ火入ヲ為サムトスル者ハ境内ニ対スル防火ノ設備ヲ為シ警察官署ノ許可ヲ受クヘシ

警察官署ニ於テ必要アリト認ムルトキハ前項ノ許可ヲ取消シ又ハ必要ナル措置ヲ命スルコトヲ得

第二十六条 境内地ニハ国家ニ功労アルモノ又ハ頌揚スヘキ事蹟アルモノニ非サレハ其ノ碑表又ハ形像ヲ建設スルコトヲ得ス

前項ノ碑表又ハ形像ハ建設ヲ竣ルト同時ニ無条件ニテ神社ノ所有ニ移スモノニ非サレハ神社ハ其ノ建設ヲ承認スルコトヲ得ス

前二項ノ規定ハ碑表又ハ形像建設取締ニ関スル他ノ規程ノ適

用ヲ妨ケス

第二十七条　境内地ハ左記各号ノ一ニ該当スルモノヲ除クノ外其ノ神社以外ノ者ニ於テ之ヲ使用スルコトヲ得ス

一　一時限リノ使用

一　参拝者休息所等其ノ使用一年以内ニ止マルモノ

一　公益ノ為ニスル使用ニシテ境内地ノ目的ヲ損セサルモノ

前項ノ使用ヲ為サムトスル者ハ神社ノ承認ヲ得地方長官ノ許可ヲ受クヘシ但シ一時限リ使用ハ地方長官ノ許可ヲ受クルヲ要セス

第二十八条　地方長官ハ左記各号ノ一ニ該当スル場合ニ於テ境内地ノ使用ヲ禁止シ若ハ停止シ又ハ建設物ノ改造撤却其ノ他必要ナル措置ヲ命スルコトヲ得

一　制規ノ手続ヲ経サルトキ

一　期限ヲ経過シタルトキ

一　神社ノ為メ必要アリト認メタルトキ

一　公益上必要アリト認メタルトキ

一　法令若ハ許可ノ条件ニ違背シタルトキ

第二十九条　境内地ニ近接シ風致上必要ナル社有林ニ付テハ地方長官ニ於テ其ノ区域ヲ指定シ境内地ニ関スル規定ヲ準用スルコトヲ得

第三十条　本章ノ規定ハ建物アル遙拝所ニ之ニ準用ス

第三章　創立、移転、廃合

第三十一条　祭神ノ事蹟顕著ニシテ土地ノ情況又ハ縁故等特別ノ事由アルニ非サレハ神社ヲ創立スルコトヲ得ス

第三十二条　神社ヲ創立セムトスルトキハ氏子又ハ崇敬者トナルヘキ者五十人以上ノ連署ヲ以テ創立ノ事由ヲ具シ左記事項ニ関スル調書ヲ添ヘ地方長官ヲ経由シ内務大臣ノ許可ヲ受クヘシ

一　祭神及神社名

二　由緒

三　社殿

四　鎮座地及境内地

五　建設費及其ノ処弁方法

六　維持方法

第三十三条　神社創立ノ許可ヲ受ケタル者其ノ許可ヲ受ケタル日ヨリ二年以内ニ社殿ヲ建設セサルトキハ許可ハ其ノ効力ヲ失フ但シ特別ノ事由アルトキハ地方長官ノ許可ヲ受ケ年限ヲ延長スルコトヲ得

建設ヲ竣リタルトキハ神社ニ於テ明細書ヲ調製シ地方長官ニ提出スヘシ

第三十四条　前三条ノ規定ハ神社ノ再興、復旧及建物アル遙拝所ノ建設並私祭神祠ヲ神社ト為ス場合ニ之ヲ準用ス

第三十五条　官国幣社ニ於テ其ノ摂末社ノ指定又ハ廃止ヲ請ハムトスルトキハ地方長官ヲ経由シ内務大臣ニ具申スヘシ

第三十六条　神社ヲ移転セムトスルトキハ其ノ移転先ノ社地及建物ノ図面ヲ添ヘ地方長官ノ許可ヲ受クヘシ其ノ許可ヲ受ケタル日ヨリ二年以内ニ移転ヲ了ラサルトキハ許可ハ其ノ効力ヲ失フ但シ特別ノ事由アルトキハ地方長官ノ許可ヲ受ケ年限ヲ延長スルコトヲ得

移転ヲ了リタルトキハ神社ニ於テ明細書ヲ調製シ地方長官ニ提出スヘシ

第三十七条　神社及建物アル遙拝所ヲ廃止シ又ハ合併セムトスルトキハ地方長官ノ許可ヲ受クヘシ廃止又ハ合併ヲ了リタルトキハ地方長官ニ届出ツヘシ

第三十八条　道府県ニ渉リ神社ヲ移転シ又ハ合併セムトスルトキハ関係地方長官ノ許可ヲ受クヘシ

第三十九条　地方長官ニ於テ前三条ノ許可ヲ為サムトスルトキハ官国幣社、延喜式内社、国史所載社、特別由緒アル神社ニ付テハ内務大臣ニ稟請スヘシ

第四十条　社殿亡失シタル後五年以内ニ再建セサル神社ハ廃止シタルモノト看做ス但シ特別ノ事由アルトキハ地方長官ハ年限ヲ延長スルコトヲ得

第四章　参拝、寄付金、神札

第四十一条　神社ハ何等ノ名義ニ拘ラス参拝ノ為メ料金ヲ徴収スルコトヲ得ス

第四十二条「神社ハ地方長官ノ許可ヲ受クルニ非サレハ建造物、宝物等ヲ拝観セシムル為メ料金ヲ徴収スルコトヲ得ス」(改正により削除)

第四十三条　神社又ハ神社ノ為メニスル者ニ於テ寄付金ノ募集ヲ為サムトスルトキハ其ノ目的、方法、金額、区域、期間及募集員ノ身元ヲ具シ神社所在地地方長官(東京府ニ在リテハ警視総監)ノ許可ヲ受クヘシ其ノ事項ヲ変更セムトスルトキ亦同シ

神社ノ為メニ寄付金募集ヲ為サムトスル者ハ予メ神社ノ承認ヲ受クルコトヲ要ス

寄付金ノ募集ニ関シ神社ノ尊厳ヲ瀆シ其ノ他不都合ノ行為アリト認ムルトキハ地方長官(東京府ニ在リテハ警視総監ヲ含ム)ハ其ノ許可ヲ取消シ又ハ必要ナル措置ヲ命スルコトヲ得

第四十四条「神社ニ於テ其ノ付属ノ講社其ノ他ノ団体ヲ組織セムトスルトキハ其ノ目的、方法等ヲ記載シタル規約書ヲ具シ地方長官ノ許可ヲ受クヘシ」(改正により削除)

第四十五条　神社ニ於テ神札授与ノ為出張所ヲ設ケタルトキハ出張所所在地地方長官ニ届出ツヘシ

第五章　罰則

第四十六条　第二十五条第一項ノ許可ヲ受ケス又ハ同条第二項ニ依ル命令ニ違背シタル者ハ五十円以下ノ罰金又ハ科料ニ処ス

第四十七条　神社ノ為メニスル者ニ於テ第四十三条第一項ノ許可ヲ受ケス又ハ同条第三項ニ依ル命令ニ違背シタルトキハ五十円以下ノ罰金又ハ科料ニ処ス

付則

第四十八条　本令施行前調製シタル明細帳ハ第七条ニ依リ調製シタルモノト看做ス

付則　(大正十五年内務省令第三三号)

本令ハ大正十五年七月一日ヨリ之ヲ施行ス

従前ノ規定ニ依ル境内地ノ土石、切芝ノ採取又ハ樹根ノ採掘ヲ為サムトスル許可ノ申請ニシテ本令施行ノ際仍其ノ許可ヲ得サルモノニ付テハ之ヲ本令ニ依ル届出ト看做ス

樺太における神社関係法令(抄)

神社規則

大正九年十二月三十日樺太庁令第四八号

第一条　神社ヲ創立セムトスルトキハ崇敬者トナルヘキ者三十人以上ノ連署ヲ以テ左記事項ヲ具シ樺太庁長官ノ許可ヲ受クヘシ

一　創立ノ事由

二　神社名

三　建設地

四　祭神

五　例祭日

六　建物及境内地ノ坪数、図面並境内地周囲ノ状況

七　創立費及其ノ支弁方法

八　維持方法

九　崇敬者トナルヘキ者ノ戸数

第二条　神社ヲ移転セムトスルトキハ左記事項ヲ具シ樺太庁長官ノ許可ヲ受クヘシ

一　移転ノ事由

二　移転地

三　建物及境内地ノ坪数、図面並境内地周囲ノ状況

四　移転費及其ノ支弁方法

第三条　神社ノ創立又ハ移転ノ許可ヲ受ケタル者其ノ許可ヲ受ケタル日ヨリ二年内ニ本殿ヲ建設セス又ハ移転セサルトキハ許可ハ其ノ効力ヲ失フ但シ特別ノ事由アルトキハ樺太庁長官ノ認可ヲ受ケ其ノ年限ヲ延長スルコトヲ得

建設又ハ移転ヲ竣リタルトキハ十日以内ニ別記様式ニ依リ明細書ヲ調整シ其ノ謄本ヲ樺太庁長官ニ提出スヘシ明細書記載事項ニ変更ヲ生シタルトキ亦同シ

第四条　神社ヲ廃止シ又ハ合併セムトスルトキハ左記事項ヲ具シ樺太庁長官ノ許可ヲ受クヘシ

一　廃止又ハ合併ノ事由

二　廃止又ハ合併スヘキ神社及其ノ所在地

三　合併後存続スヘキ神社及其ノ所在地

四　社殿其ノ他財産ノ処分方法

廃止又ハ合併ヲ了リタルトキハ十日内ニ樺太庁長官ニ届出ツヘシ

第五条　神社建物ノ一部又ハ全部亡失シタルトキハ其ノ日時及顛末ヲ詳具シ五日内ニ樺太庁長官ニ届出ツヘシ

本殿亡失後五年内ニ再建セサルトキハ神社ハ之ヲ廃止シタルモノト看做ス但シ特別ノ事由アルトキハ樺太庁長官ノ認可ヲ受ケ其ノ年限ヲ延長スルコトヲ得

第六条　左ノ場合ニ於テハ樺太庁長官ノ許可ヲ受クヘシ

一　神社ノ名称、祭神、例祭日又ハ維持方法ヲ変更セムトスルトキ

二　神社ノ建物又ハ境内地ヲ増減セムトスルトキ

三　不動産ヲ売却、譲与又ハ交換セムトスルトキ

四　負担ヲ為サムトスルトキ

五　負債付ノ寄所ヲ受ケムトスルトキ

前項第二号ノ場合ハ増減スヘキ建物又ハ境内地ノ坪数及之ヲ表示シタル図面並費用及其ノ支弁方法ヲ第四号ノ場合ハ負債額及其ノ償還方法並不動産ヲ担保ニ供スルトキハ其ノ種類員数ヲ詳具スヘシ

第七条　神職交替シタルトキハ後任者着任後十日内ニ崇敬者総代ノ立会ヲ以テ社務ノ引継ヲ為スヘシ

神職死亡其ノ他ノ事故ノ為社務ノ引継ヲ為ス能ハサル場合ハ崇敬者総代ノ立会ヲ以テ後任者ニ於テ引継調書ヲ作製スヘシ

社務ノ引継ヲ終了シ又ハ引継調書ヲ作製シタルトキハ三日内ニ所轄樺太庁支庁長ニ届出ツヘシ

第八条　神社ニハ崇敬者中ヨリ選出セル崇敬者総代三人以上ヲ置キ其ノ住所氏名ヲ所轄樺太庁支庁長ニ届出ツヘシ其ノ異動アリタルトキ亦同シ

崇敬者総代ノ任期ハ三年トス樺太庁支庁長ハ崇敬者総代ヲ不適任ト認ムルトキハ臨時改選セシムルコトヲ得

崇敬者総代ハ神社ノ維持保存ニ関シ神職ヲ補助シ神社ニ関スル願出及負債若ハ不動産ノ得喪ニ関スル契約書ニ連署スヘシ

第九条　神職ハ神社ノ財産其ノ他重要ト認ムル事項ニ関シテハ崇敬者総代ト協定ノ上之ヲ処理スヘシ

第十条　神職ノ俸給額又ハ手当額ハ神職候補者推薦ノ際崇敬者総代会ノ議決ヲ以テ之ヲ定メ樺太庁長官ノ認可ヲ受クヘシ之ヲ増減セムトスルトキ亦同シ

樺太庁長官ニ於テ推薦ニ依ラスシテ神職ヲ補命シタルトキハ補命後直ニ前項ノ手続ヲ為スヘシ

第十一条　神職死亡シタルトキハ職員又ハ崇敬者総代ヨリ樺太庁長官ニ届出ツヘシ

第十二条　神職二十日以上ニ渉ル旅行ヲ為サムトスルトキハ所轄樺太庁支庁長ニ届出ツヘシ

第十三条　社務ノ為旅行スル神職ニ対シテハ其ノ神社ヨリ旅費ヲ支給スヘシ

旅費定額ハ崇敬者総代会ノ議決ヲ以テ之ヲ定ムヘシ

第十四条　神社ノ会計年度ハ毎年四月一日ニ始リ翌年三月三十一日ニ終ル

第十五条　樺太庁支庁長ニ於テ必要ト認ムルトキハ神社ノ収支予算書又ハ決算書ヲ提出セシムルコトヲ得

第十六条　許可ヲ受ケスシテ神社ヲ創立シ又ハ神社類似ノモノヲ設ケタル者ハ拘留又ハ科料ニ処ス

第十七条　本令ハ官国幣社ニハ之ヲ適用セス

付則

本令ハ大正十年一月一日ヨリ之ヲ施行ス

本令施行ノ際現ニ存在スル神社ハ本令施行ノ日ヨリ三月内ニ第一条ノ手続ヲ為スヘシ但シ既ニ設立ヲ公認セラレタル神社ハ本令ニ依リ創立ノ許可ヲ受ケタルモノト看做ス

台湾における神社関係法令(抄)

県社以下神社ノ創立、移転、廃止、合併等ニ関スル規則

大正十二年六月二十三日台湾総督府令第五六号

県社以下神社ノ創立、移転、廃止、合併等ニ関スル規則左ノ通相定ム

県社以下神社ノ創立、移転、廃止、合併等ニ関スル規則

第一条　神社ハ本殿、拝殿、社務所、手水舎、鳥居ヲ備ヘ其ノ他祭典ニ必要ナル設備アルヲ要ス

第二条　神祇ヲ奉祀スルモノハ本令ニ依ルニ非サレハ神社ト称スルコトヲ得ス

第三条　祭神ノ霊代ハ拝観スルコトヲ得ス

当該神職ハ特別ノ事由アルトキニ限リ知事又ハ庁長ノ許可ヲ受ケ霊代ヲ拝観スルコトヲ得

第四条　神社ノ再興、其ノ他ノ事故ニ依リ新ニ霊代ノ調進ヲ要スルトキハ神社ハ其ノ事由ヲ具シ台湾総督ノ許可ヲ受クヘシ

第五条　知事又ハ庁長ハ社格ノ詮議ヲ台湾総督ニ具申スルコトヲ得

第六条　鎮座式ヲ了シタルトキハ知事又ハ庁長ハ一月内ニ別記様式ニ依リ神社台帳二通ヲ作製シ一通ヲ台湾総督ニ進達スヘシ

神社ニハ神社台帳ノ謄本ヲ備付クヘシ

神社台帳記載事項ニ付加、変更、訂正ノ要アリト認メタルトキハ神社ハ直ニ其ノ旨知事又庁長ニ申請スヘシ

第七条　神社ヲ創立セムトスルトキハ氏子又ハ崇敬者トナルヘキ者五十人以上連署ヲ以テ其ノ事由ヲ具シ左記事項ニ関スル調書ヲ添ヘ台湾総督ノ許可ヲ受クヘシ

一　祭神及霊代

二　神社名

三　鎮座地ノ位置並其ノ周囲ノ状況

四　境内地坪数

五　社殿其ノ他境内地ニ於ケル工作物ノ図面、配置図及設計書

六　建造費及其ノ処弁方法

七　社殿ノ起工、竣工予定日時

八　例祭日

九　維持方法

前項各号ノ事項ヲ変更セムトスルトキハ台湾総督ノ許可ヲ受クヘシ

第八条　神社ヲ再興セムトスルトキハ氏子又ハ崇敬者トナルヘキ者三十人以上ノ連署ヲ以テ其ノ事由ヲ具シ台湾総督ノ許可ヲ受クヘシ

第九条　神社ヲ移転セムトスルトキハ神社ハ其ノ事由並左記事項ヲ具シ台湾総督ノ許可ヲ受クヘシ

一　移転先位置並其ノ周囲ノ状況

二　境内地坪数

三　社殿其ノ他境内地ニ於ケル工作物ノ図面、配置図及設計書

四　移転費及其ノ処弁方法

五　移転ヲ終ルヘキ予定日時

前項各号ノ事項ヲ変更セムトスルトキハ台湾総督ノ許可ヲ受クヘシ

第十条　神社ヲ廃止シ又ハ合併セムトスルトキハ神社ハ其ノ事由並左記事項ヲ具シ台湾総督ノ許可ヲ受クヘシ

一　霊代ノ処置

二　財産ノ処分方法

前項各号ノ事項ヲ変更セムトスルトキハ台湾総督ノ許可ヲ受クヘシ

第十一条　神社ノ創立、再興、移転、廃止又ハ合併ノ許可ヲ受ケタル者二年内ニ建設、再興、移転、廃止又ハ合併ヲ為ササルトキハ許可ハ其ノ効力ヲ失フ但シ特別ノ事由アルトキハ台湾総督ハ其ノ年限ヲ延長スルコトヲ得

第十二条　本殿亡失ノ日ヨリ五年内ニ再建セサルトキハ神社ハ廃止シタルモノト看做ス但シ特別ノ事由アルトキハ台湾総督ハ其ノ年限ヲ延長スルコトヲ得

第十条ノ規定ハ前項ノ場合ニ之ヲ準用ス

第十三条　社殿ノ新築、改築又ハ模様替ヲ為サムトスルトキハ神社ハ其ノ事由並左記事項ヲ具シ台湾総督ノ許可ヲ受クヘシ

一　図面及設計書

二　工事費及其ノ処弁方法

三　竣工予定日時

第十四条　神社ハ知事又ハ庁長ノ指揮ヲ受ケ所轄地方庁名ノ制札ヲ建設スルコトヲ得

制札ニ記載スヘキ禁止事項ノ概目左ノ如シ

一　触穢参入ノコト

一　車馬ヲ乗入ルコト

一　魚鳥ヲ捕フルコト

一　竹木ヲ伐ルコト

第十五条　境内地ノ増減又ハ社殿以外ノ工作物ノ新築、改築、模様替ヲ為サムトスルトキハ神社ハ其ノ事由並図面、配置図、設計書及費用処弁ノ方法ヲ具シ知事又ハ庁長ノ許可ヲ受クヘシ

第十六条　境内地ノ竹木ニシテ由緒アルモノ及風致ニ必要ナルモノハ之ヲ伐採スルコトヲ得ス

第十七条　境内地ノ枯損竹木又ハ障碍竹木ヲ採取セムトスルトキハ神社ハ知事又ハ庁長ノ許可ヲ受クヘシ

第十八条　社殿其ノ他ノ工作物ノ造修用材ニ必要ナルトキハ神社ハ知事又ハ庁長ノ許可ヲ受ケ境内地ノ竹木ヲ伐採スルコトヲ得但シ神社ノ移転、合併又ハ災害復旧ノ場合ヲ除クノ外目通直径一尺以上ノ樹木ノ一割ヲ超過スルコトヲ得ス

第十九条　民有境内地ノ竹木ニシテ伐採ノ必要アルトキハ地主ノ所有タル確証アルモノハ地主ヨリ神社ニ要求シ神社ニ於テハ知事又ハ庁長ノ許可ヲ受ケ之ヲ伐採スルコトヲ得

第二十条　知事又ハ庁長ニ於テ境内地ノ林藪経営又ハ保護上必要アリト認ムルトキハ神社ニ対シ其ノ方法ヲ指定スルコトヲ得

第二十一条　境内地ニ於テハ土石、切芝ノ採取又ハ樹根ノ採掘ヲ為スコトヲ得ス但シ知事又ハ庁長ノ許可ヲ受ケタルトキハ此ノ限ニ在ラス

第二十二条　境内地ニ接続スル土地ニ火入ヲ為サムトスル者ハ境内地ニ対スル防火ノ設備ヲ為シ郡役所、支庁若ハ警察官署ヲ経由シ知事又ハ庁長ノ許可ヲ受クヘシ

知事又ハ庁長ニ於テ必要ト認ムルトキハ前項ノ許可ヲ取消シ又ハ必要ナル措置ヲ命スルコトヲ得

第二十三条　境内地ハ左記各号ノ一ニ該当スルモノヲ除ク外其ノ神社以外ノ者ニ於テ之ヲ使用スルコトヲ得ス

一　一時限ノ使用

二　参拝者休息所等其ノ使用六月内ニ止マルモノ

三　公益ノ為ニスル使用ニシテ境内地ノ目的ヲ損セサルモノ

前項ノ使用ヲ為サムトスル者ハ神社ノ承認ヲ受クヘシ但シ第二号又ハ第三号ノ場合ニ於テハ神社ノ承認書ヲ添ヘ知事又ハ庁長ノ許可ヲ受クヘシ

第二十四条　知事又ハ庁長ハ左記各号ノ一ニ該当スル場合ニ於テハ前条ノ規定ニ依リ境内地ヲ使用スル者ニ対シ其ノ使用ヲ禁止シ又ハ建物ノ改造撤去其ノ他必要ナル措置ヲ命スルコトヲ得

一　神社ノ為メ必要アリト認メタルトキ

二　公益上必要アリト認メタルトキ

三　法令若ハ許可ノ条件ニ違反シタルトキ

第二十五条　境内地ニ近接セル社有林ニ付テハ知事又ハ庁長ハ其ノ区域ヲ指定シ境内地ニ関スル規定ヲ準用スルコトヲ得

第二十六条　神社ハ知事又ハ庁長ノ許可ヲ受クルニ非サレハ建造物、宝物等ヲ拝観セシムル為メ料金ヲ徴収スルコトヲ得ス

第二十七条　神社ノ提出スヘキ願届書等ニハ神職及総代連署スヘシ

第二十八条　第二十二条第一項ノ規定ニ違反シ又ハ同条第二項若ハ第二十四条ノ規定ニ依ル命令ニ違反シタル者ハ五十円以下ノ罰金又ハ科料ニ処ス

付則

本令ハ発布ノ日ヨリ之ヲ施行ス

明治三十二年府令第四七号中神社ニ関スル規定ハ之ヲ廃止ス

社、遥拝所ニ関スル件

大正十二年六月二十三日台湾総督府令第五七号

社、遥拝所ニ関スル件左ノ通相定ム

社、遥拝所ニ関スル件

第一条　本令ニ於テ社ト称スルハ神社ニ非スシテ公衆ニ参拝セシムル為メ神祇ヲ奉祀スルモノヲ謂フ

第二条　社ヲ創立セムトスルトキハ崇敬者トナルヘキ者二十人以上連署ヲ以テ其ノ事由並左記事項ヲ具シ知事又ハ庁長ノ許可ヲ受クヘシ

一　祭神、霊代及社号

二　建設位置

三　建物、敷地及図面、坪数並周囲ノ状況

四　建設費及其ノ処弁方法

五　起工、竣工予定日時

六　維持方法

前項各号ノ事項ヲ変更セムトスルトキハ知事又ハ庁長ノ許可ヲ受クヘシ

第三条　社ヲ移転、廃止又ハ合併セムトスルトキハ社ハ其ノ事由ヲ具シ知事又ハ庁長ノ許可ヲ受クヘシ但シ移転ノ場合ニ在リテハ前条第一項第二号乃至第五号ノ事項ヲ、廃止又ハ合併ノ場合ニ在リテハ敷地、建物等ノ処分方法ヲ具シ出願スヘシ

第四条　社ノ創立、移転、廃止、合併ヲ了シタルトキ若ハ建物ヲ亡失シタルトキハ社ハ七日内ニ知事又ハ庁長ニ届出ツヘシ

第五条　第二条第一項又ハ第三条ノ許可ヲ受ケタル者一年内ニ建設、移転、廃止又ハ合併ヲ為ササルトキハ許可ハ其ノ効力ヲ失フ

建物亡失ノ日ヨリ二年内ニ再建セサルモノハ之ヲ廃止シタルモノト看做ス

第六条　社ハ崇敬者ノ協議ヲ以テ総代二名又ハ三名ヲ定メ其ノ原籍、住所、氏名ヲ具シ知事又ハ庁長ニ届出ツヘシ其ノ異動アリタルトキ亦同シ

第七条　知事又ハ庁長ハ総代ヲ不適任ト認メタルトキハ其ノ改選ヲ命シ又ハ之ヲ指定スルコトヲ得

第八条　総代ハ社ニ属スル一切ノ事務ヲ担任ス

第九条　総代ハ社ノ祭祀ヲ依託スヘキ神職ヲ定メ其ノ奉仕神社名及職、氏名ヲ具シ知事又ハ庁長ノ認可ヲ受クヘシ

第十条　建造物アル遥拝所ニ付テハ本令ヲ準用ス但シ一時限ノ遥拝所ハ此ノ限ニ在ラス

遥拝所ノ名称ハ其ノ地方名ヲ冠スヘシ

第十一条　社ノ建設ヲ了シタルトキハ知事又ハ庁長ハ十五日内ニ別記様式ニ依リ台帳二通ヲ作製シ一通ヲ台湾総督ニ進達スヘシ

社台帳ノ記載事項ニ異動ヲ生シタルトキハ知事又ハ庁長ハ其ノ都度台湾総督ニ報告スヘシ

第十二条　本令又ハ別段ノ定メアル場合ヲ除クノ外台湾総督ノ許可ヲ受クルニ非サレハ公衆ヲ参拝セシムル為メ鳥居其ノ他社ニ類似ノ設備ヲ為スコトヲ得ス

第十三条　第二条ノ許可ヲ受ケスシテ社ヲ創立シタル者ハ五十円以下ノ罰金ニ処ス

付則

本令ハ発布ノ日ヨリ之ヲ施行ス

現ニ設立セル神社ニシテ本令ニ依リ社ニ該当スルモノハ本令施

行ノ日ヨリ六十日内ニ第二条第一項ノ事項ヲ具シ知事又ハ庁長ノ許可ヲ受クヘシ

知事又ハ庁長ニ於テ前条ノ許可ヲ与ヘタルトキハ第十一条ノ規定ニ準シ社台帳ヲ台湾総督ニ進達スヘシ

第九条ノ規定ニ依リ依託スヘキ神職ヲ定ムルコト能ハサル地方ニ在リテハ当分ノ内知事又ハ庁長ノ認可ヲ受ケ神社奉仕ノ心得アル者ヲ以テ之ニ充ツルコトヲ得

本令施行ノ際第十二条ノ規定ニ違反スル者ハ本令施行ノ日ヨリ六十日内ニ台湾総督ノ許可ヲ受クヘシ

朝鮮における神社関係法令（抄）

神社規則

昭和十一年八月朝鮮総督府令第七六号

第一条　神社ヲ創立セムトスルトキハ左ノ事項ヲ具シ崇敬区域タル府邑面ニ住所ヲ有シ崇敬者ト為ルヘキ者五十人以上連署シテ朝鮮総督ノ許可ヲ受クヘシ

一　祭神及神社名
二　由緒、例祭日及鎮座地
三　境内地ノ坪数並ニ神殿其ノ他境内地ニ於ケル工作物ノ図面配置図及設計書
四　境内地周囲ノ状況及図面並ニ崇敬区域ノ概況及略図
五　創立費予算及其ノ支弁方法
六　一箇年ノ収支予算及維持費負担ノ方法
七　崇敬区域及崇敬者戸数
八　基本財産造成ノ方法

第二条　神社ニハ神殿、玉垣、神饌所、拝殿、手水舎、鳥居及社務所ヲ備フヘシ

第三条　神社創立ノ許可ヲ受ケタル者其ノ許可ヲ受ケタル日ヨリ二年以内ニ前条ノ工作物ノ建設ヲ竣ヘサルトキハ許可ハ其ノ効力ヲ失フ但シ特別ノ事由アルトキハ予メ朝鮮総督ノ許可ヲ受ケ其ノ期間ヲ延長スルコトヲ得

前条ノ工作物ノ建設ヲ竣リタルトキハ遅滞ナク神社ニ於テ別記様式ニ依リ明細帳ヲ調製シ之ヲ朝鮮総督ニ提出スヘシ

前項ノ明細帳ニ異動ヲ生シタルトキハ其ノ都度遅滞ナク朝鮮総督ニ届出ツヘシ

第四条　神社ヲ移転セムトスルトキハ左ノ事項ヲ具シ朝鮮総督ノ許可ヲ受クヘシ

一　移転ノ事由
二　移転地
三　第一条第三号及第四号ノ事項
四　移転費予算及其ノ支弁方法

第五条　第三条第一項及第二項ノ規定ハ神社移転ノ場合ニ之ヲ準用ス

第六条　神社ヲ廃止シ又ハ合併セムトスルトキハ其ノ事由及財産ノ処分方法ヲ具シ朝鮮総督ノ許可ヲ受クヘシ廃止又ハ合併ヲ了リタルトキハ其ノ顛末ヲ具シ遅滞ナク朝鮮総督ニ届出ツヘシ

第七条　第二条ノ工作物滅失シ又ハ著シク毀損シタルトキハ直ニ朝鮮総督ニ届出ツヘシ

前項ノ場合ニ於テ神殿又ハ拝殿ヲ滅失又ハ毀損シタル時ヨリ五年以内ニ其ノ復旧ヲ竣ヘサルトキハ神社ヲ廃止シタルモノト看做ス但シ特別ノ事由アルトキハ予メ朝鮮総督ノ許可ヲ受ケ其ノ期間ヲ延長スルコトヲ得

前項ノ規定ニ依リ神社廃止セラレタル場合ニ於テ神社財産ニ残余アルトキハ道知事朝鮮総督ノ認可ヲ受ケ之ヲ処分ス

第八条　左ニ掲クル場合ニ於テハ朝鮮総督ノ許可ヲ受クヘシ

一　神社名ヲ変更シ又ハ祭神ヲ増減変更セムトスルトキ
二　維持費負担ノ方法ヲ変更セムトスルトキ
三　境内地ニ於テ建物ノ新築、改築、増築又ハ模様替ヲ為サムトスルトキ
四　鳥居、玉垣、燈籠、段階、碑表、形像其ノ他工作物ノ新設、増設又ハ改造ヲ為サムトスルトキ
五　境内地ノ増減又ハ模様替ヲ為サムトスルトキ

前項第三号乃至五号ノ場合ニ於テハ其ノ工事設計書、図面、所要経費予算及其ノ支弁方法ニ関スル調書ヲ許可申請書ニ添付スヘシ

前二項ノ規定ハ前条第一項ノ場合ニ於ケル工作物ノ復旧ニ付之ヲ準用ス

第九条　境内地ニハ祭神又ハ国家ヲ対称トスルモノニ非サレハ碑表又ハ形像ヲ建設スルコトヲ得ス

第十条　神社ハ道知事ノ指揮ヲ受ケ境内ニ所轄道名ノ制札ヲ建設スルコトヲ得

制札ニ記載スヘキ事項ノ概目左ノ如シ

一　清浄ヲ維持スル事
一　火気ニ注意スル事
一　建物ヲ汚損セサル事
一　樹木ヲ禁養スル事
一　魚鳥ヲ愛護スル事

第十一条　道知事ニ於テ境内地ノ林藪経営上必要アリト認ムルトキハ神社ニ対シ其ノ方法ヲ指定スルコトヲ得

第十二条　境内地及境内地ニ在ル建物ハ道知事ノ許可ヲ受クルニ非サレハ祭典及儀式ノ執行ノ目的以外ニ使用シ又ハ使用セシムルコトヲ得ス

第十三条　道知事ハ左ノ各号ノ一ニ該当スル場合ニ於テハ境内地ノ使用ヲ禁止シ若ハ停止シ又ハ工作物ノ改造、撤去其ノ他必要ナル措置ヲ命スルコトヲ得

一　制規ノ手続ヲ経サルトキ
二　公益上必要アリト認メタルトキ
三　法令又ハ許可ノ条件ニ違背シタルトキ

第十四条　神社ニ崇敬者ノ総代会ヲ置ク

総代会ハ崇敬者ノ協議ヲ以テ選任シタル崇敬者総代五人以上ヲ以テ之ヲ組織ス

総代会ハ総代中ヨリ総代長ヲ選任スヘシ

総代会ハ総代中ヨリ副総代長若干人ヲ選任スルコトヲ得

総代、総代長及副総代長ヲ選任シタルトキハ其ノ住所、職業及氏名ヲ遅滞ナク道知事ニ届出ツヘシ其ノ異動アリタルトキ亦同シ

道知事ハ総代、総代長又ハ副総代長ヲ不適任ト認ムルトキハ之ヲ変更セシムルコトヲ得

第十五条　総代会ハ神社ノ事務ニ関シ左ノ事件ヲ協議ス

一　収支予算ヲ定ムルコト
二　神社費ノ分賦及負担ノ方法ヲ定ムルコト
三　基本財産ノ設置、管理及処分ニ関スルコト
四　積立金ノ設置、管理及処分ニ関スルコト
五　借入金ニ関スルコト
六　前各号ノ外神社ノ維持経営ニ関シ重要ナルコト

第十六条　総代会ニ関シ必要ナル事項ハ総代会ノ協議ヲ以テ之ヲ定ム

第十七条　総代長ハ神社ノ維持経営ニ関シ上席社掌ヲ輔佐シ神社ニ関スル願届ニ連署スヘシ

総代長事故アルトキハ副総代長ヲ置キタル神社ニ在リテハ副総代長、其ノ他ノ神社ニ在リテハ総代中ノ年長者其ノ職務ヲ代理ス

第十八条　道知事ハ神社ノ監督ニ関シ本令其ノ他ノ法令ニ規定ナキ事項ニ付必要ナル規程ヲ設クルコトヲ得

第十九条　第一条乃至第十三条ノ規定ハ官国幣社ノ摂社及末社ニ付之ヲ準用ス

第二十条　神社ハ其ノ所有ニ属スル不動産及宝物ニ関シ左ノ事項ヲ具シ朝鮮総督ニ届出ツヘシ其ノ異動アリタルトキ亦同シ

一　土地ニ在リテハ所在地、地番、地目、地積及境内地又ハ境外地ノ区別並ニ境外地ニ在リテハ其ノ用途
二　建物ニ在リテハ所在地、名称、構造ノ種類、建坪数及境内地ニ在ルモノト境外地ニ在ルモノトノ区別並ニ境外地ニ

在ルモノニ付テハ其ノ用途
三　宝物ニ在リテハ其ノ名称、員数、品質、形状、寸尺、作者及伝来
第二十一条　神社ハ財産台帳ヲ備ヘ其ノ所有ニ属スル不動産及宝物ニ関シ前条各号ノ事項ヲ登載スヘシ
第二十二条　神社ハ朝鮮総督ノ認可ヲ受ケ借入金ヲ為スコトヲ得但シ予算内ノ支出ヲ為ス為一時ノ借入ヲ為ス場合ニ在リテハ道知事ノ認可ヲ受クヘシ
前項但書ノ借入金ハ其ノ会計年度内ノ収入ヲ以テ之ヲ償還スヘシ
第二十三条　神社ノ会計年度ハ毎年四月一日ニ始マリ翌年三月三十一日ニ終ル
第二十四条　上席社掌ハ毎会計年度ノ収支予算ヲ定メ年度開始ノ一月前迄ニ道知事ノ認可ヲ受クヘシ
予算ノ追加更正ヲ為サムトスルトキハ道知事ノ認可ヲ受クヘシ
道知事前二項ノ認可ヲ為シタルトキハ朝鮮総督ニ報告スヘシ
第二十五条　神社ノ出納ハ翌年度四月三十日ヲ以テ之ヲ閉鎖ス
上席社掌ハ毎会計年度ノ収支決算書及基本財産明細書ヲ調製シ翌年度五月三十一日迄ニ総代会ノ認定ヲ経テ道知事ニ報告スヘシ
道知事前項ノ報告ヲ受ケタルトキハ朝鮮総督ニ報告スヘシ
第二十六条　基本財産ハ神社維持ノ為已ムヲ得サル場合ニ非サレハ之ヲ費消スルコトヲ得ス
前項ノ規定ニ依リ基本財産ヲ費消シタルトキハ期限ヲ定メ之ガ積戻シヲ為スヘシ
第二十七条　基本財産ヨリ生スル収入ハ経費ニ充用スルコトヲ得
第二十八条　宝物ヲ処分セムトスルトキハ朝鮮総督ノ認可ヲ受クヘシ
第二十九条　左ノ事項ニ付テハ道知事ノ認可ヲ受クヘシ
一　基本財産ノ処分ニ関スルコト
二　不動産ノ処分ニ関スルコト
三　立竹木ノ処分ニ関スルコト
第三十条　朝鮮総督ハ神社ヲ維持経営シ難キ特別ノ事由アリト認ムルトキハ之ヲ廃止スルコトアルヘシ
第七条第三項ノ規定ハ前項ノ規定ニ依リ神社廃止セラレタル場合ニ之ヲ準用ス
第三十一条　許可ヲ受ケスシテ神社ヲ設ケ又ハ之ニ類似スル施設ヲ為シタル者ハ一年以下ノ禁錮又ハ二百円以下ノ罰金ニ処ス

付則

本令ハ発布ノ日ヨリ之ヲ施行ス但シ第二十四条ノ規定ハ昭和十二年度分ヨリ適用ス
本令施行前神社寺院規則ニ依リ創立ヲ許可シタル神社ハ本令ニ依リ許可ヲ受ケタルモノト看做ス
前項ノ神社ニシテ第二条ノ工作物ヲ備ヘサルモノハ本令施行ノ日ヨリ二年以内ニ之ヲ完備スヘシ但シ特別ノ事由アルトキハ予メ朝鮮総督ノ許可ヲ受ケ其ノ期間ヲ延長スルコトヲ得
第二項ノ神社ニ在リテハ第三条第二項ノ規定ニ準シ明細帳ヲ本令施行ノ日ヨリ一月以内ニ提出スヘシ
第二項ノ神社ニ在リテハ本令施行ノ日ヨリ二月以内ニ総代及総代長ヲ選任スヘシ
本令施行ノ際現ニ旧令ニ依リ神社ノ創立出願中ノモノハ本令ニ依リ出願シタルモノト看做ス

神祠ニ関スル件

大正六年三月朝鮮総督府令第二一号
改正　昭和十一年八月朝鮮総督府令第七九号

第一条　本令ニ於テ神祠ト称スルハ神社ニ非スシテ公衆ニ参拝セシムル為神祇ヲ奉祠スルモノヲ謂フ
第二条　神祠ヲ設立セムトスルトキハ崇敬者トナルヘキ者十人以上連署シ左ノ事項ヲ具シ朝鮮総督ノ許可ヲ受クヘシ
一　設立事由
二　神祠称号
三　設立地名
四　祭神
五　建物及敷地ノ坪数並ニ建物其ノ他工作物ノ構造、図面及配置図
六　設立費及其ノ支弁方法
七　維持ノ方法
第三条　前条第二号乃至第五号又ハ第七号ニ掲クル事項ヲ変更セムトスルトキハ其ノ事由ヲ具シ朝鮮総督ノ許可ヲ受クヘシ
第四条　神祠ヲ廃止セムトスルトキハ其ノ事由及敷地、建物等ノ処分方法ヲ具シ朝鮮総督ノ許可ヲ受クヘシ他ノ神祠ニ合祀セムトスルトキ亦同シ
第五条　神祠ニ崇敬者総代会ヲ置ク
総代会ハ崇敬者ノ協議ヲ以テ選任シタル崇敬者総代三人以上ヲ以テ之ヲ組織ス
総代会ハ総代中ヨリ総代長ヲ選任スヘシ
総代及総代長ヲ選任シタルトキハ其ノ住所、職業及氏名ヲ遅滞ナク所轄府尹、郡守又ハ島司ニ届出ツヘシ其ノ異動アリタルトキ亦同シ
道知事ハ総代又ハ総代長ヲ不適任ト認ムルトキハ之ヲ変更セシムルコトヲ得
第六条　総代長ハ神祠ニ関スル一切ノ事務ヲ担任ス
総代長事故アルトキハ総代中ノ年長者其ノ職務ヲ代理ス
第七条　総代長ハ神祠ノ維持経営ニ関シ重要ナル事項ヲ総代会ノ協議ニ付スヘシ
第八条　総代長ハ神祠ノ祭祀ヲ神職ニ委託シ其ノ住所及氏名ヲ道知事ニ届出ツヘシ其ノ異動アリタルトキ亦同シ
地方ノ状況ニ依リ前項ノ委託ヲ為スコト能ハサルトキハ道知事ノ許可ヲ受ケ崇敬者中神社奉祀ニ心得アル者ヲ以テ之ニ充ツルコトヲ得
第九条　総代長ハ神社ノ例ニ倣ヒ毎年度収支予算ヲ定メ帳簿ヲ設ケテ其ノ収支ヲ明ニスヘシ
総代長ハ神祠ニ属スル財産ノ台帳ヲ設ケテ其ノ増減ヲ明ニスヘシ
第十条　神社規則第十二条、第十三条、第二十六条、第二十九条及第三十条ノ規定ハ神祠ニ付之ヲ準用ス但シ同令第十二条中道知事トアルハ府尹、郡守又ハ島司トス
第十一条　許可ヲ受ケスシテ神祠ヲ設ケタル者ハ一年以下ノ禁錮又ハ二百円以下ノ罰金ニ処ス

付則

本令ハ発布ノ日ヨリ之ヲ施行ス
本令施行ノ際現ニ存在スル神祠ニ在リテハ本令施行ノ日ヨリ二月以内ニ総代及総代長ヲ選任スヘシ

在中華民国の神社規則

昭和十一年六月六日外務省令第八号
改正　昭和十一年第一七号
昭和十二年第一三号

在満洲国及中華民国神社規則左ノ通定ム

在中華民国神社規則

第一条　中華民国ニ於テ神社ヲ設立、移転、廃止又ハ併合セムトスルトキハ所轄帝国領事官ノ許可ヲ受クヘシ
第二条　神社ノ設立ノ許可ヲ受ケムトスルトキハ其ノ氏子又ハ崇敬者ト為ルヘキ者二十人以上ノ連署ヲ以テ左ノ事項ヲ具シ所轄帝国領事官ニ願出ツヘシ
一　事由
二　設立地
三　神社名
四　祭神
五　例祭日
六　神殿、拝殿、鳥居其ノ他ノ建物ノ位置、構造及建坪並ニ

境内地ノ位置、面積及模様
七　設立費及其ノ支弁方法
八　維持方法
九　神職ト為ルヘキ者ノ氏名
十　氏子又ハ崇敬者ト為ルヘキ者ノ戸数
十一　神殿其ノ他ノ建物ノ起工及竣成予定期日

前項ノ規定ニ依ル願書ニハ前項第六号ノ事項及神社ノ周囲ノ状況ヲ表示スル図面ヲ添付スヘシ

第三条　神社ノ移転ノ許可ヲ受ケムトスルトキハ左ノ事項ヲ具シ所轄帝国領事官ニ願出ツヘシ
一　事由
二　移転地
三　神殿、拝殿、鳥居其ノ他ノ建物ノ位置、構造及建坪並ニ境内地ノ位置、面積及模様
四　移転費及其ノ支弁方法
五　神殿其ノ他ノ建物ノ起工及竣成予定期日

前項ノ規定ニ依ル願書ニハ前項第三号ノ事項及境内地周囲ノ状況ヲ表示スル図面ヲ添付スヘシ

第四条　神社ノ廃止又ハ併合ノ許可ヲ受ケムトスルトキハ左ノ事項ヲ具シ所轄帝国領事官ニ願出ツヘシ
一　事由
二　廃止又ハ併合セラルヘキ神社ノ名称及鎮座地
三　併合スヘキ神社ノ名称及鎮座地
四　廃止又ハ併合セラルヘキ神社ノ社殿其ノ他ノ建物及財産ノ処分方法

第五条　神社ノ設立、移転又ハ併合ノ許可ヲ受ケ二年内ニ之ヲ為ササルトキハ其ノ許可ヲ取消スコトアルヘシ

神社ノ設立、移転、併合又ハ廃止ヲ了シタルトキハ遅滞ナク所轄帝国領事官ニ届出ツヘシ

第六条　神社ノ境内地ニ国家ニ功労アル者又ハ頌揚スヘキ事蹟アル者ノ碑表又ハ形像ヲ建設セムトスルトキハ左ノ事項ヲ具シ所轄帝国領事官ニ願出テ許可ヲ受クヘシ之ヲ移転又ハ除去セムトスルトキ亦同シ
一　事由
二　碑表又ハ形像ノ位置
三　碑表又ハ形像ノ物質、形状、寸尺及其ノ地盤ノ面積
四　工事費及其ノ支弁方法
五　起工及竣工予定期日

前項ノ規定ニ依ル願書ニハ前項第二号ノ事項ヲ表示スル図面ヲ添付スヘシ

第七条　神社ノ境内ハ其ノ神社以外ノ者ニ之ヲ使用セシムルコトヲ得ス但シ左ノ各号ノ一ニ該当スル場合ハ此ノ限ニ在ラス
一　一時之ヲ使用セシムルトキ
二　参拝者ノ休息所等トシテ一年内ノ期間之ヲ使用セシムルトキ
三　公益ノ目的ヲ以テ境内地ヲ損セサル範囲ニ於テ之ヲ使用セシムルトキ

前項但書第二号及第三号ノ規定ニ依リ神社ノ境内ヲ使用セシメムトスルトキハ神社ヨリ左ノ各号ノ事項ヲ具シ所轄帝国領事官ニ願出テ許可ヲ受クヘシ
一　使用ノ目的及方法
二　使用セシムヘキ場所及其ノ面積
三　使用期間
四　使用料

前項ノ規定ニ依ル願書ニハ前項第二号ノ事項ヲ表示スル図面ヲ添付スヘシ

第八条　神社ハ設立後遅滞ナク左ノ事項ヲ記載シタル神社明細書ヲ調整シ之ヲ所轄帝国領事官ニ提出スヘシ
一　神社名
二　鎮座地
三　祭神
四　配祀
五　神殿、拝殿、鳥居其ノ他ノ建物
六　境内社
七　境内地内碑表又ハ形像
八　境内地
九　例祭日
十　氏子又ハ崇敬者ノ戸数
十一　維持方法
十二　由緒沿革

第九条　神社ニ於テ設立後前条第一号、第三号乃至第六号、第八号、第九号及第十一号ノ事項ヲ変更セムトスルトキハ其ノ理由ヲ具シ所轄帝国領事官ニ願出テ許可ヲ受クヘシ

第十条　神社ハ設立後遅滞ナク其ノ所有ニ属スル不動産及宝物ニ関シ左ノ事項ヲ具シ所轄帝国領事官ニ届出ツヘシ
一　土地ニ在リテハ其ノ所在地、地目、段別又ハ坪数及境内地又ハ境外地ノ区別
二　建物ニ在リテハ其ノ位置、名称、構造、建坪又ハ間数及境内地ニ在ルモノト境外地ニ在ルモノトノ区別
三　宝物ニ在リテハ名称、員数、形状、品質、寸尺、作者及伝来

前項ノ届出ヲ為シタル後届出テタル事項ニ異動ヲ生シタルトキハ其ノ都度遅滞ナク届出ツヘシ

第十一条　神社ハ財産台帳ヲ備ヘ其ノ所有ニ属スル不動産及宝物ニ関シ前条各号ノ事項ヲ記載スヘシ

第十二条　神社ノ財産ノ管理其ノ他重要ナル事項ニ付テハ神職ハ氏子総代又ハ崇敬者総代ト協議シテ之ヲ処理スヘシ

神社ニ於テ其ノ所有ニ属スル不動産又ハ宝物ニ付売却貸付其ノ他ノ処分ヲ為サムトスルトキ又ハ負債ヲ為サムトスルトキハ其ノ理由ヲ具シ所轄帝国領事官ニ願出テ認可ヲ受クヘシ

第十三条　神社ノ会計年度ハ毎年四月一日ニ始マリ翌年三月三十一日ニ終ル

第十四条　神社ハ毎会計年度ノ収入支出予算ヲ定メ年度開始一月前ニ所轄帝国領事官ノ承認ヲ受クヘシ

第十五条　神社ハ毎会計年度ノ収入支出決算書ヲ作成シ年度経過後二月内ニ所轄帝国領事官ニ報告スヘシ

第十六条　神社ノ神職ハ神明ニ奉仕シ祭祀ヲ掌リ且庶務ニ従事スヘシ

神職ハ宗教上ノ職務ヲ兼ヌルコトヲ得ス

第十七条　神職ハ氏子総代又ハ崇敬者総代之ヲ推薦スヘシ

前項ノ規定ニ依リ推薦ヲ受ケタル者ハ左ノ事項ヲ具シ所轄帝国領事官ニ願出テ就職ノ認可ヲ受クヘシ
一　氏名、履歴
二　俸給又ハ手当額
三　他ノ神社ヨリ兼務スル者ニ在リテハ其ノ事項

前項ノ規定ニ依ル願書ニハ資格ヲ証明スル書類ヲ添付スヘシ

第十八条　神職死亡シタルトキハ他ノ神職ヨリ、神職在ラサルトキハ氏子総代又ハ崇敬者総代ヨリ所轄帝国領事官ニ届出ツヘシ

神職退職セムトスルトキハ氏子総代又ハ崇敬者総代三人以上ノ連署ヲ以テ其ノ理由ヲ具シ所轄帝国領事官ニ願出テ認可ヲ受クヘシ

神職死亡若ハ退職シ又ハ病気ニ因リ其ノ職務ヲ執ルコト能ハサルニ至リタルトキハ遅滞ナク後任者ヲ推薦スヘシ

第十九条　神職交代シタルトキハ遅滞ナク氏子総代又ハ崇敬者総代ノ立会ヲ以テ社務ノ引継ヲ為シ後任神職ヨリ其ノ顛末ヲ所轄帝国領事官ニ報告スヘシ

第二十条　神職其ノ職責ヲ怠リ若ハ其ノ体面ヲ汚シタルトキ又ハ其ノ他不適任ト認ムル行為アリタルトキハ所轄帝国領事官ハ其ノ退職ヲ命スルコトアルヘシ

第二十一条　神職ノ服装ハ正装、礼装、常装ノ三種トス

正装ハ衣冠ヲ著クルヲ謂ヒ大祭ニ著用ス

礼装ハ斎服ヲ著クルヲ謂ヒ中祭ニ著用ス

常装ハ狩衣又ハ浄衣ヲ著クルヲ謂ヒ小祭、日拝及恒例トシテ行フ式等ニ著用ス

第二十二条　神社ノ氏子又ハ崇敬者ハ神社設立後遅滞ナク各三人以上ノ総代ヲ推挙スヘシ
氏子又ハ崇敬者総代ハ其ノ住所、氏名ヲ所轄帝国領事官ニ届出ツヘシ
氏子総代又ハ崇敬者総代ハ神社ノ維持、管理ニ関シ神職ヲ補助シ且其ノ願届ニ連署スヘシ
第二十三条　許可ヲ受ケスシテ神社ヲ設立、移転、廃止若ハ併合シタル者ハ百円以下ノ罰金又ハ拘留若ハ科料ニ処ス
第二十四条　帝国領事官本令第八条、第十条及第二十二条第二項ノ届出ヲ受ケタルトキハ遅滞ナク之ヲ外務大臣ニ報告スヘシ

付則

本令ハ昭和十一年七月一日ヨリ之ヲ施行ス
本令施行前設立シタル神社ニシテ本令施行ノ日ヨリ二月内ニ第八条、第十条及第二十二条第二項ノ手続ヲ為シタルモノハ之ヲ本令ニ依リ設立シタルモノト看做ス
本令中氏子若ハ崇敬者又ハ氏子総代若ハ崇敬者総代ハ当分ノ間所轄帝国領事官ノ許可ヲ得テ居留民団又ハ居留民会ヲ以テ之ニ代フルコトヲ得

付則（昭和十二年外務省令第一三号）

本令ハ公布ノ日ヨリ之ヲ施行ス
本令施行前起訴セラレタル行為ニ付テハ本令施行後ト雖仍従前ノ例ニ依ル

在関東州および満洲国における神社関係法令（抄）

在満洲国神社規則

昭和十二年十二月一日在満洲国大使館令第一三号

在満洲国神社規則ヲ左ノ通定ム

在満洲国神社規則

第一条　神社ノ設立ノ許可ヲ受ケムトスルトキハ其ノ氏子又ハ崇敬者ト為ルヘキ者三十人以上ノ連署ヲ以テ左ノ事項ヲ具シ満洲国駐箚特命全権大使ニ願出ツヘシ
一　事由
二　設立地
三　神社名
四　祭神
五　例祭日
六　神殿、拝殿、鳥居其ノ他ノ建物ノ位置、構造及建坪並境内地ノ位置、面積及模様
七　設立費及其ノ支弁方法
八　維持方法
九　神職ト為ルヘキ者ノ氏名
十　氏子又ハ崇敬者ト為ルヘキ者ノ戸数
十一　神殿其ノ他ノ建物ノ起工及竣成予定日
前項ノ規定ニ依ル願書ニハ前項第六号ノ事項及神社ノ周囲ノ状況ヲ表示スル図面ヲ添付スヘシ
第二条　神社ノ移転ノ許可ヲ受ケムトスルトキハ左ノ事項ヲ具シ大使ニ願出ツヘシ
一　事由
二　移転地
三　神殿、拝殿、鳥居其ノ他ノ建物ノ位置、構造及建坪並境内ノ位置、面積及模様
四　移転費及其ノ支弁方法
五　神殿其ノ他ノ建物ノ起工及竣成予定期日
前項ノ規定ニ依ル願書ニハ前項第三号ノ事項及境内地周囲ノ状況ヲ表示スル図面ヲ添付スヘシ
第三条　神社ノ廃止又ハ併合ノ許可ヲ受ケムトスルトキハ左ノ事項ヲ具シ大使ニ願出ツヘシ
一　事由
二　廃止又ハ併合セラルヘキ神社ノ名称及鎮座地
三　併合スヘキ神社ノ名称及鎮座地
四　廃止又ハ併合セラルヘキ神社ノ社殿其ノ他ノ建物及財産ノ処分方法
第四条　神社ノ設立、移転又ハ併合ノ許可ヲ受ケ二年内ニ之ヲ為サザルトキハ其ノ許可ヲ取消スコトアルヘシ
神社ノ設立、移転、併合又ハ廃止ヲ了シタルトキハ遅滞ナク大使ニ届出ツヘシ
第五条　神社ニ於テ神殿、拝殿、鳥居其ノ他ノ建物ノ新築、増築、移築、改築若ハ撤去又ハ境内地ノ増減若ハ模様替等ヲ為サムトスルトキハ左ノ事項ヲ具シ大使ニ願出テ許可ヲ受クヘシ
一　事由
二　設計概要
三　所要ノ費用額及其ノ支弁方法
四　著手及竣成予定期日
前項ノ規定ニ依ル願書ニハ前項第二号ノ事項ヲ表示スル図面ヲ添付スヘシ
第六条　神社ニ於テ第一条第一項第二号乃至第五号、第七号乃至第九号及第十一号ノ事項ヲ変更セムトスルトキハ其ノ理由ヲ具シ大使ニ願出テ許可ヲ受クヘシ
第七条　祭神ノ霊代ハ之ヲ公衆ニ拝観セシムルコトヲ得ス当該神職ハ特別ノ事由アルトキニ限リ大使ノ許可ヲ受ケ之ヲ拝観スルコトヲ得
第八条　神社ノ境内地ニ国家ニ功労アル者又ハ頌揚スヘキ事蹟アル者ノ碑表又ハ形像ヲ建設セムトスルトキハ左ノ事項ヲ具シ大使ニ願出テ許可ヲ受クヘシ之ヲ移転又ハ除去セムトスルトキ亦同シ
一　事由
二　碑表又ハ形像ノ位置
三　碑表又ハ形像ノ物質、形状、寸尺及其ノ地盤ノ面積
四　工事費及其ノ支弁方法
五　起工及竣工予定期日
前項ノ規定ニ依ル願書ニハ前項第二号ノ事項ヲ表示スル図面ヲ添付スヘシ
第九条　神社ノ境内ハ其ノ神社以外ノ者ニ使用セシムルコトヲ得ス但シ左ノ各号ノ一ニ該当スル場合ハ此ノ限ニ在ラス
一　一時之ヲ使用セシムルトキ
二　参拝者ノ休息所等トシテ一年内ノ期間之ヲ使用セシムルトキ
三　公益ノ目的ヲ以テ境内地ヲ損セサル範囲ニ於テ之ヲ使用セシムルトキ
前項但書第二号及第三号ノ規定ニ依リ神社ノ境内ヲ使用セシメムトスルトキハ神社ヨリ左ノ各号ノ事項ヲ具シ大使ニ願出テ許可ヲ受クヘシ
一　使用ノ目的及方法
二　使用セシムヘキ場所及其ノ面積
三　使用期間
四　使用料
第二項ノ規定ニ依ル願書ニハ前項第二号ノ事項ヲ表示スル図面ヲ添付スヘシ
第十条　神社ハ設立後遅滞ナク左ノ事項ヲ記載シタル神社明細書ヲ調製シ之ヲ大使ニ提出スヘシ
一　神社名
二　鎮座地
三　祭神
四　配祀
五　神殿、拝殿、鳥居其ノ他ノ建物
六　境内社
七　境内地内碑表又ハ形像
八　境内地
九　例祭日
十　氏子又ハ崇敬者ノ戸数
十一　維持方法
十二　由緒沿革

第十一条　神社ハ設立後遅滞ナク其ノ所有ニ属スル不動産及宝物ニ関シ左ノ事項ヲ具シ大使ニ届出ツヘシ

一　土地ニ在リテハ其ノ所在地、地目、段別又ハ坪数及境内地又ハ境外地ノ区別

二　建物ニ在リテハ其ノ位置、名称、構造、建坪又ハ間数及境内地ニ在ルモノト境外地ニ在ルモノトノ区別

三　宝物ニ在リテハ名称、員数、形状、品質、寸尺、作者及伝来

前項ノ届出ヲ為シタル後届出テタル事項ニ異動ヲ生シタルトキハ其ノ都度遅滞ナク届出ツヘシ

第十二条　神社ハ財産台帳ヲ備ヘ其ノ所有ニ属スル不動産及宝物ニ関シ前条各号ノ事項ヲ記載スヘシ

第十三条　神社ニ於テ其ノ建物ノ全部若ハ一部又ハ其ノ宝物ヲ亡失シタルトキハ其ノ日時及顛末ヲ具シ遅滞ナク大使ニ届出ツヘシ

第十四条　神社ニ於テ社殿ノ要部ヲ亡失シタル後二年内ニ之ヲ再建セサルトキハ其ノ設立ノ許可ヲ取消スルコトアルヘシ

第十五条　神社ノ財産ノ管理其ノ他重要ナル事項ニ付テハ神職ハ氏子総代又ハ崇敬者総代ト協議シテ之ヲ処理スヘシ

神社ニ於テ其ノ所有ニ属スル不動産又ハ宝物ニ付売却、貸付其ノ他ノ処分ヲ為サムトスルトキ又ハ負債ヲ為サムトスルトキハ其ノ理由ヲ具シ大使ニ願出テ認可ヲ受クヘシ

第十六条　神社ノ会計年度ハ毎年四月一日ニ始マリ翌年三月三十一日ニ終ルヘシ

第十七条　神社ハ毎会計年度ノ収入支出予算ヲ定メ年度開始一月前ニ大使ノ承認ヲ受クヘシ

第十八条　神社ハ毎会計年度ノ収入支出決算書ヲ作成シ年度経過後二月内ニ大使ニ報告スヘシ

第十九条　神社ノ神職ハ神明ニ奉仕シ祭祀ヲ掌リ且庶務ニ従事スヘシ

神職ハ宗教上ノ職務ヲ兼ヌルコトヲ得ス

第二十条　神職ハ氏子総代又ハ崇敬者総代之ヲ推薦スヘシ

前項ノ規定ニ依リ推薦ヲ受ケタル者ハ左ノ事項ヲ具シ大使ニ願出テ就職ノ認可ヲ受クヘシ

一　氏名、履歴

二　俸給又ハ手当額

三　他ノ神社ヨリ兼務スル者ニ在リテハ其ノ事項

前項ノ規定ニ依ル願書ニハ資格ヲ証明スル書類ヲ添付スヘシ

第二十一条　満二十年以上ノ男子ニシテ左ノ資格ヲ有スル者ニ非サレハ神職ト為ルコトヲ得ス

一　神宮皇学館ノ本科、専科又ハ普通科ヲ卒業シタル者

二　師範学校、中学校又ハ高等女学校ノ国史若ハ国語科ノ教員免許状ヲ有スル者ニシテ祭式ヲ修メタル者

三　中学校又ハ之ト同等以上ト認ムル学校ノ卒業証書ヲ有スル者ニシテ祭式ヲ修メタル者

四　内務大臣ノ委託ニ依リ開設シタル皇典講究所神職養成部神職教習科ヲ卒業シタル者

五　皇典講究所ニ於テ内務大臣ノ認可ヲ得テ定メタル規則ニ依リ学階ヲ付与シタル者

六　内務省、北海道庁、府県庁、朝鮮総督府、台湾総督府、関東局及樺太庁ニ於テ執行シタル神職高等試験又ハ尋常試験ノ合格証書ヲ有スル者

七　判任待遇以上ノ職ニ在リタル者ニシテ祝詞作文及祭式ヲ修メタル者

八　現ニ社掌以上ノ職ニ在ル者

九　五年以上神社ノ雇員トシテ奉職シ現ニ其ノ職ニ在ル者

十　其ノ他大使ニ於テ適当ト認メタル者

第二十二条　神職死亡シタルトキハ他ノ神職ヨリ、神職在ラサルトキハ氏子総代又ハ崇敬者総代ヨリ大使ニ届出ツヘシ

神職退職セムトスルトキハ氏子総代又ハ崇敬者総代三人以上ノ連署ヲ以テ其ノ理由ヲ具シ大使ニ願出テ認可ヲ受クヘシ神職死亡若ハ退職シ又ハ病気ニ因リ其ノ職務ヲ執ルコト能ハサルニ至リタルトキハ遅滞ナク後任者ヲ推薦スヘシ

第二十三条　神職交代シタルトキハ遅滞ナク氏子総代又ハ崇敬者総代ノ立会ヲ以テ社務ノ引継ヲ為シ後任神職ヨリ其ノ顛末ヲ大使ニ報告スヘシ

第二十四条　神職二十日以上ニ亘ル旅行ヲ為サムトスルトキハ大使ニ其ノ旨ヲ届出ツヘシ

第二十五条　神職其ノ職責ヲ怠リ若ハ其ノ体面ヲ汚シタルトキ又ハ其ノ他不適任ト認ムル行為アリタルトキハ其ノ退職ヲ命スルコトアルヘシ

第二十六条　神職ノ服装ハ正装、礼装、常装ノ三種トス

正装ハ衣冠ヲ著クルヲ謂ヒ皇族参拝ノトキ及大祭ニ著用ス

礼装ハ斎服ヲ著クルヲ謂ヒ中祭ニ著用ス

常装ハ狩衣又ハ浄衣ヲ著クルヲ謂ヒ小祭、日拝及恒例トシテ行フ式等ニ著用ス

第二十七条　神社ノ氏子又ハ崇敬者ハ神社設立後遅滞ナク各三人以上ノ総代ヲ推挙スヘシ

氏子又ハ崇敬者総代ハ其ノ住所、氏名ヲ大使ニ届出ツヘシ

氏子総代又ハ崇敬者総代ハ神社ノ維持、管理ニ関シ神職ヲ補助シ且其ノ願出ニ連署スヘシ

第二十八条　氏子総代又ハ崇敬者総代ニシテ不適任ト認ムル者アルトキハ大使之ヲ改選セシムルコトヲ得

付則

本令ハ公布ノ日ヨリ之ヲ施行

本令施行前昭和十一年外務省令第八号在満洲国及中華民国神社規則並大正十一年関東庁令第七八号関東州及南満洲鉄道付属地神社規則ニ依ル処分其ノ他ノ手続ハ本令ノ規定ニ依リ之ヲ為シタルモノト看做ス

関東州及南満洲鉄道付属地神社規則

大正十一年十月二十六日関東庁令第七八号

改正　昭和十年関東局令第四一号

関東州及南満洲鉄道付属地神社規則左ノ通定ム

関東州及南満洲鉄道付属地神社規則

第一条　神社ノ設立ノ許可ヲ受ケムトスルトキハ其ノ氏子又ハ崇敬者ト為ルヘキ者三十人以上ノ連署ヲ以テ左ノ事項ヲ具シ満洲国駐劄特命全権大使ニ願出ツヘシ

一　事由

二　設立地

三　神社名

四　祭神

五　例祭日

六　神殿、拝殿、鳥居其ノ他ノ建物ノ位置、構造及建坪並境内地ノ位置、面積及模様

七　設立費及其ノ支弁方法

八　維持方法

九　神職ト為ルヘキ者ノ氏名

十　氏子又ハ崇敬者ト為ルヘキ者ノ戸数

十一　神殿其ノ他ノ建物ノ起工及竣成予定期日

前項ノ規程ニ依ル願書ニハ前項第六号ノ事項及神社ノ周囲ノ状況ヲ表示スル図面ヲ添付スヘシ

第二条　神社ノ移転ノ許可ヲ受ケムトスルトキハ左ノ事項ヲ具シ大使ニ願出ツヘシ

一　事由

二　移転地

三　神殿、拝殿、鳥居其ノ他ノ建物ノ位置、構造及建坪並境内ノ位置、面積及模様

四　移転費及其ノ支弁方法

五　神殿其ノ他ノ建物ノ起工及竣成予定期日

前項ノ規定ニ依ル願書ニハ前項第三号ノ事項及境内地周囲ノ状況ヲ表示スル図面ヲ添付スヘシ

第三条　神社ノ廃止又ハ併合ノ許可ヲ受ケムトスルトキハ左ノ事項ヲ具シ大使ニ願出ツヘシ

一　事由

二　廃止又ハ併合セラルヘキ神社ノ名称及鎮座地

三　併合スヘキ神社ノ名称及鎮座地
四　廃止又ハ併合セラルヘキ神社ノ社殿其ノ他ノ建物及財産ノ処分方法

第四条　神社ノ設立、移転又ハ併合ノ許可ヲ受ケ二年内ニ之ヲ為サルトキハ其ノ許可ヲ取消スコトアルヘシ
神社ノ設立、移転、併合又ハ廃止ヲ了シタルトキハ遅滞ナク大使ニ届出ツヘシ

第五条　神社ニ於テ神殿、拝殿、鳥居其ノ他ノ建物ノ新築、増築、移築、改築若ハ撤去又ハ境内地ノ増減若ハ模様替等ヲ為サムトスルトキハ左ノ事項ヲ具シ大使ニ願出テ許可ヲ受クヘシ
一　事由
二　設計概要
三　所要ノ費用額及其ノ支弁方法
四　著手及竣成予定期日
前項ノ規定ニ依ル願書ニハ前項第二号ノ事項ヲ表示スル図面ヲ添付スヘシ

第六条　神社ニ於テ第一条第一項第二号乃至第五号、第七号乃至第九号及第十一号ノ事項ヲ変更セムトスルトキハ其ノ理由ヲ具シ大使ニ願出テ許可ヲ受クヘシ

第六条ノ二　祭神ノ霊代ハ之ヲ公衆ニ拝観セシムルコトヲ得ス
但シ特別ノ事由ニ依リ大使ノ許可ヲ受ケタルトキハ此ノ限ニ在ラス

第七条　神社ノ境内地ニ国家ニ功労アル者又ハ頌揚スヘキ事蹟アル者ノ碑表又ハ形像ヲ建設セムトスルトキハ左ノ事項ヲ具シ大使ニ願出テ許可ヲ受クヘシ之ヲ移転又ハ除去セムトスルトキ亦同シ
一　事由
二　碑表又ハ形像ノ位置
三　碑表又ハ形像ノ物質、形状、寸尺及其ノ地盤ノ面積
四　工事費及其ノ支弁方法
五　起工及竣工予定期日
前項ノ規定ニ依ル願書ニハ前項第二号ノ事項ヲ表示スル図面ヲ添付スヘシ

第八条　神社ノ境内ハ其ノ神社以外ノ者ニ之ヲ使用セシムルコトヲ得ス但シ左ノ各号ノ一ニ該当スル場合ハ此ノ限ニ在ラス
一　一時之ヲ使用セシムルトキ
二　参拝者ノ休息所等トシテ一年内ノ期間之ヲ使用セシムルトキ
三　公益ノ目的ヲ以テ境内地ヲ損セサル範囲ニ於テ之ヲ使用セシムルトキ
前項但書第二号及第三号ノ規定ニ依リ神社ノ境内ヲ使用セシメムトスルトキハ神社ヨリ左ノ各号ノ事項ヲ具シ関東州ニ在リテハ民政署長、南満洲鉄道付属地ニ在リテハ警察署長ニ願出テ許可ヲ受クヘシ
一　使用ノ目的及方法
二　使用セシムヘキ場所及其ノ面積
三　使用期間
四　使用料
第二項ノ規定ニ依ル願書ニハ前項第二号ノ事項ヲ表示スル図面ヲ添付スヘシ

第九条　神社ハ関東州ニ在リテハ民政署長、南満洲鉄道付属地ニ在リテハ警察署長ノ指揮ヲ受ケ其ノ境内ニ関東局名ノ制札ヲ設クルコトヲ得

第十条　神社ハ設立後遅滞ナク左ノ事項ヲ記載シタル神社明細書ヲ調製シ之ヲ大使ニ提出スヘシ
一　神社名
二　鎮座地
三　祭神
四　配祀
五　神殿、拝殿、鳥居其ノ他ノ建物
六　境内社
七　境内地内碑表又ハ形像
八　境内地
九　例祭日
十　氏子又ハ崇敬者ノ戸数
十一　維持方法
十二　由緒沿革

第十一条　神社ハ設立後遅滞ナク其ノ所有ニ属スル不動産及宝物ニ関シ左ノ事項ヲ具シ大使ニ届出ツヘシ
一　土地ニ在リテハ其ノ所在地、地目、段別又ハ坪数及境内地又ハ境外地ノ区別
二　建物ニ在リテハ其ノ位置、構造、建坪又ハ間数及境内地ニ在ルモノト境外地ニ在ルモノトノ区別
三　宝物ニ在リテハ名称、員数、形状、品質、寸尺、作者及伝来
前項ノ届出ヲ為シタル後届出テタル事項ニ異動ヲ生シタルトキハ其ノ都度遅滞ナク届出ツヘシ

第十二条　神社ハ財産台帳ヲ備ヘ其ノ所有ニ属スル不動産及宝物ニ関シ前条各号ノ事項ヲ記載スヘシ

第十三条　神社ニ於テ其ノ建物ノ全部若ハ一部又ハ其ノ宝物ヲ亡失シタルトキハ其ノ日時及顛末ヲ具シ遅滞ナク大使ニ届出ツヘシ

第十四条　神社ニ於テ社殿ノ要部ヲ亡失シタル後二年内ニ之ヲ再建セサルトキハ其ノ設立ノ許可ヲ取消スコトアルヘシ

第十五条　神社ノ財産ノ管理其ノ他重要ナル事項ニ付テハ神職ハ氏子総代又ハ崇敬者総代ト協議シテ之ヲ処理スヘシ
神社ニ於テ其ノ所有ニ属スル不動産又ハ宝物ニ付売却、貸付其ノ他ノ処分ヲ為サムトスルトキ又ハ負債ヲ為サムトスルトキハ其ノ理由ヲ具シ大使ニ願出テ認可ヲ受クヘシ

第十五条ノ二　神社ノ会計年度ハ毎年四月一日ニ始マリ翌年三月三十一日ニ終ルヘシ

第十五条ノ三　神社ハ毎会計年度ノ収入支出予算ヲ定メ年度開始一月前ニ関東州ニ在リテハ民政署長、南満洲鉄道付属地ニ在リテハ警察署長ノ承認ヲ受クヘシ

第十五条ノ四　神社ハ毎会計年度ノ収入支出決算書ヲ作成シ年度経過後二月内ニ関東州ニ在リテハ民政署長、南満洲鉄道付属地ニ在リテハ警察署長ニ報告スヘシ

第十六条　神社ノ神職ハ神明ニ奉仕シ祭祀ヲ掌リ且庶務ニ従事スヘシ
神職ハ宗教上ノ職務ヲ兼ヌルコトヲ得ス

第十七条　神職ハ氏子総代又ハ崇敬者総代之ヲ推薦スヘシ
前項ノ規定ニ依リ推薦ヲ受ケタル者ハ左ノ事項ヲ具シ大使ニ願出テ就職ノ認可ヲ受クヘシ
一　氏名、履歴
二　俸給又ハ手当額
三　他ノ神社ヨリ兼務スル者ニ在リテハ其ノ事項
前項ノ規定ニ依ル願書ニハ資格ヲ証明スル書類ヲ添付スヘシ

第十八条　満二十年以上ノ男子ニシテ左ノ資格ヲ有スル者ニ非サレハ神職ト為ルコトヲ得ス
一　神宮皇学館ノ本科、専科又ハ普通科ヲ卒業シタル者
二　師範学校、中学校又ハ高等女学校ノ国史若ハ国語科ノ教員免許状ヲ有スル者ニシテ祭式ヲ修メタル者
三　中学校又ハ之ト同等以上ト認ムル学校ノ卒業証書ヲ有スル者ニシテ祭式ヲ修メタル者
四　内務大臣ノ委託ニ依リ開設シタル皇典講究所神職養成部神職教習科ヲ卒業シタル者
五　皇典講究所ニ於テ内務大臣ノ認可ヲ得テ定メタル規則ニ依リ学階ヲ付与シタル者
六　内務省、北海道庁、府県庁、朝鮮総督府、台湾総督府、関東局及樺太庁ニ於テ執行シタル神職高等試験又ハ尋常試験ノ合格証書ヲ有スル者
七　判任待遇以上ノ職ニ在リタル者ニシテ祝詞作文及祭式ヲ修メタル者
八　現ニ社掌以上ノ職ニ在ル者
九　五年以上神社ノ雇員トシテ奉職シ現ニ其ノ職ニ在ル者

第十九条　神職死亡シタルトキハ他ノ神職ヨリ、神職在ラサルトキハ氏子総代又ハ崇敬者総代ヨリ大使ニ届出ツヘシ
神職退職セムトスルトキハ氏子総代又ハ崇敬者総代三人以上ノ連署ヲ以テ其ノ理由ヲ具シ大使ニ願出テ認可ヲ受クヘシ
神職死亡若ハ退職シ又ハ病気ニ因リ其ノ職務ヲ執ルコト能ハサルニ至リタルトキハ遅滞ナク後任者ヲ推薦スヘシ
第二十条　神職交替シタルトキハ遅滞ナク氏子総代又ハ崇敬者総代ノ立会ヲ以テ社務ノ引継ヲ為シ後任神職ヨリ其ノ顛末ヲ関東州ニ在リテハ民政署長、南満洲鉄道付属地ニ在リテハ警察署長ニ報告スヘシ
第二十条ノ二　神職二十日以上ニ亘ル旅行ヲ為サムトスルトキハ関東州ニ在リテハ民政署長、南満洲鉄道付属地ニ在リテハ警察署長ニ其ノ旨ヲ届出ツヘシ
第二十一条　神職其ノ職責ヲ怠リ若ハ其ノ体面ヲ汚シタルトキ又ハ其ノ他不適任ト認ムル行為アリタルトキハ其ノ退職ヲ命スルコトアルヘシ
第二十二条　神職ノ服装ハ正装、礼装、常装ノ三種トス
正装ハ衣冠ヲ著クルヲ謂ヒ皇族参拝ノトキ及大祭ニ著用ス
礼装ハ斎服ヲ著クルヲ謂ヒ中祭ニ著用ス
常装ハ狩衣又ハ浄衣ヲ著クルヲ謂ヒ小祭、日拝及恒例トシテ行フ式等ニ著用ス
第二十三条　神社ノ氏子又ハ崇敬者ハ神社設立後遅滞ナク各三人以上ノ総代ヲ推挙スヘシ
氏子又ハ崇敬者総代ハ其ノ住所、氏名ヲ関東州ニ在リテハ民政署長、南満洲鉄道付属地ニ在リテハ警察署長ニ届出ツヘシ
氏子総代又ハ崇敬者総代ハ神社ノ維持、管理ニ関シ神職ヲ補助シ且其ノ願届ニ連署スヘシ
第二十四条　氏子総代又ハ崇敬者総代ニシテ不適任ト認ムル者アルトキハ関東州ニ在リテハ民政署長、南満洲鉄道付属地ニ在リテハ警察署長之ヲ改選セシムルコトヲ得
第二十五条　許可ヲ受ケスシテ神社ヲ設立、移転、廃止若ハ併合シタル者ハ百円以下ノ罰金又ハ拘留若ハ科料ニ処ス

附則

本令ハ大正十二年一月一日ヨリ之ヲ施行ス
本令施行前許可ヲ受ケ設立シタル神社ハ本令ニ依リ之ヲ設立シタルモノト看做ス
前項ノ神社ハ本令施行後二月内ニ第十条、第十一条及第二十三条ノ手続ヲ為スヘシ
前項ノ神社ニシテ神殿、拝殿及鳥居ノ設備ヲ有セサルモノニ在リテハ本令施行後二年内ニ之ヲ完備スヘシ

南洋群島における神社関係法令(抄)

南洋群島神社規則左ノ通定ム

昭和十六年四月二十日

南洋庁長官　近藤　駿介

南洋群島神社規則

第一条　神社ヲ創立セムトスルトキハ崇敬者トナルヘキ者三十人以上ノ連署ヲ以テ左記事項ヲ具シ南洋庁長官ノ許可ヲ受クヘシ
一　創立ノ事由
二　祭神及神社名
三　鎮座地
四　例祭日
五　神殿、拝殿、鳥居其ノ他ノ建物ノ位置、構造及建坪並ニ境内地ノ位置及面積
六　創立費及其ノ支弁方法
七　一箇年ノ収支予算及維持方法
八　崇敬区域
九　基本財産造成ノ方法
十　起工及竣功予定期日
前項ノ願書ニハ前項第五号ノ事項及境内地周囲ノ状況ヲ表示スル図面ヲ添付スヘシ
第二条　神社ニハ神殿、玉垣、鳥居、拝殿、神饌所、手水舎其ノ他祭典ニ必要ナル設備アルヲ要ス
第三条　神社ヲ移転セムトスルトキハ左ノ事項ヲ具シ南洋庁長官ノ許可ヲ受クヘシ
一　移転ノ事由
二　移転地
三　第一条第一項第五号ノ事項
四　移転費及其ノ支弁方法
五　移転ヲ終ヘキ予定期日
前項ノ願書ニハ前項第三号ノ事項及境内地周囲ノ状況ヲ表示スル図面ヲ添付スヘシ
第四条　神社ノ創立又ハ移転ノ許可ヲ受ケタル者其ノ許可ヲ受ケタル日ヨリ三年以内ニ第二条ニ規定セル工作物ノ建設若ハ移転ヲ竣ヘサルトキハ其ノ許可ヲ取消スコトアルヘシ但シ特別ノ事由アルトキハ予メ南洋庁長官ノ許可ヲ受ケ其ノ期間ヲ延長スルコトヲ得
建設又ハ移転ヲ竣リタルトキハ十日以内ニ別記様式ニ依リ明細書ヲ調製シ其ノ謄本ヲ南洋庁長官ニ提出スヘシ
前項ノ明細書ニ異動ヲ生シタルトキハ其ノ都度遅滞ナク南洋庁長官ニ届出ツヘシ
第五条　神社ヲ廃止シ又ハ合併セムトスルトキハ左記事項ヲ具シ南洋庁長官ノ許可ヲ受クヘシ
一　廃止又ハ合併ノ事由
二　廃止又ハ合併スヘキ神社及其ノ所在地
三　合併後存続スヘキ神社及其ノ所在地
四　社殿其ノ他財産ノ処分方法
廃止又ハ合併ヲ了リタルトキハ十日以内ニ南洋庁長官ニ届出ツヘシ
第六条　第二条ノ工作物ノ亡失又ハ著シク毀損シタルトキハ其ノ日時及顛末ヲ詳具シ三十日以内ニ南洋庁長官ニ届出ツヘシ
本殿亡失後五年以内ニ再建セサルトキハ神社ヲ廃止シタルモノト看做ス但シ特別ノ事由アルトキハ南洋庁長官ノ許可ヲ受ケ其ノ期間ヲ延長スルコトヲ得
前項ノ規定ニ依リ神社廃止セラレタル場合ニ於テ神社財産ニ残余アルトキハ所轄支庁長南洋庁長官ノ認可ヲ受ケ之ヲ処分ス
第七条　左ノ場合ニ於テハ南洋庁長官ノ許可ヲ受クヘシ
一　神社ノ名称、祭神、例祭日、崇敬区域、基本財産造成ノ方法又ハ維持方法ヲ変更セムトスルトキ
二　境内地ニ於テ建物ノ新築、改築、増築又ハ模様替ヲ為サムトスルトキ
三　鳥居、玉垣、燈籠、段階、碑表、形像其ノ他工作物ノ新設、増設又ハ改造ヲ為サムトスルトキ
四　境内地ノ増減又ハ模様替ヲ為サムトスルトキ
前項第二号乃至第四号ノ場合ニ於テハ其ノ事由並ニ工事設計書、図面、所要経費及其ノ支弁方法ニ関スル調書ヲ許可申請書ニ添付スヘシ
第八条　神社ノ境内ハ其ノ神社以外ノ者ニ之ヲ使用セシムルコトヲ得ス但シ左ノ各号ノ一ニ該当スル場合ハ此ノ限ニ在ラス
一　一時之ヲ使用セシムルトキ
二　参拝者ノ休息所等トシテ一年以内ノ期間之ヲ使用セシムルトキ
三　公益ノ目的ヲ以テ境内地ヲ損セサル範囲ニ於テ之ヲ使用セシムルトキ
前項但書第二号乃至第三号ノ規定ニ依リ神社ノ境内ヲ使用セシメムトスルトキハ神社ヨリ左ノ各号ノ事項ヲ具シ所轄支庁長ノ許可ヲ受クヘシ
一　使用ノ目的及方法
二　使用セシムヘキ場所及其ノ面積
三　使用期間
四　使用料
前項ノ規定ニ依ル願書ニハ前項第二号ノ事項ヲ表示スル図面

ヲ添付スヘシ

境内地ニ於テ喪祭ヲ行フコトヲ得ス

第九条　南洋庁長官又ハ支庁長ハ左ノ各号ノ一ニ該当スル場合ニ於テハ境内地ノ使用ヲ禁止シ若ハ停止シ又ハ工作物ノ改造、撤去其ノ他必要ナル措置ヲ命スルコトアルヘシ

一、制規ノ手続ヲ経サルトキ
一、期限ヲ経過シタルトキ
一、神社ノ為メ必要アリト認メタルトキ
一、公益上必要アリト認メタルトキ
一、法令若ハ許可ノ事項ニ違背シタルトキ

第十条　神社ハ南洋庁長官ノ指揮ヲ承ケ境内ニ南洋庁名ノ制札ヲ建設スルコトヲ得

制札ニ記載スヘキ事項ノ概目左ノ如シ

一、清浄ヲ維持スヘキコト
一、火気ニ注意スルコト
一、建設物ヲ汚損セサルコト
一、竹木ヲ伐ルコト
一、魚鳥ヲ捕ルコト
一、車馬ヲ乗入ルコト

第十一条　神社ニハ崇敬者中ヨリ選出セル崇敬者総代五人以上ヲ置キ其ノ住所、職業及氏名ヲ遅滞ナク所轄支庁長ニ届出ツヘシ其ノ異動アリタルトキ亦同シ

崇敬者総代ノ任期ハ三年トス

南洋庁長官ハ崇敬者総代ヲ不適任ト認ムルトキハ改選セシムルコトアルヘシ

崇敬者総代ハ神社ノ維持保存ニ関シ神職ヲ輔佐シ神社ニ関スル願届及負債若ハ不動産ノ得喪ニ関スル契約書ニ連署スヘシ

第十二条　神社ハ南洋庁長官ニ於テ崇敬者総代ノ推薦シタル候補者中ヨリ之ヲ命ス

南洋庁長官ハ神職其ノ職責ヲ怠リ若ハ其ノ体面ヲ汚シタルトキ又ハ其ノ他不適任ト認メタルトキハ其ノ退職ヲ命スルコトアルヘシ

第十三条　神職ハ神社ノ財産其ノ他重要ト認ムル事項ニ関シテハ崇敬者総代ト協議ノ上之ヲ処理スヘシ

第十四条　神職ノ俸給額又ハ手当額ハ神職候補者推薦ノ際崇敬者総代会ノ議決ヲ以テ之ヲ定メ南洋庁長官ノ認可ヲ受クヘシ之ヲ増減セムトスルトキ亦同シ

第十五条　神職交替シタルトキハ後任者著任後十日以内ニ崇敬者総代ノ立会ヲ以テ社務ノ引継ヲ為スヘシ

神職死亡其ノ他ノ事故ノ為社務ノ引継ヲ為ス能ハサル場合ハ崇敬者総代ニ於テ引継調書ヲ作製シ後任者ニ引継ヲ為スヘシ

社務ノ引継ヲ終了シ又ハ引継調書ヲ作製シタルトキハ二十日以内ニ所轄支庁長ニ届出ツヘシ

第十六条　神職死亡シタルトキハ職員又ハ崇敬者総代ヨリ南洋庁長官ニ届出ツヘシ

第十七条　神社ハ其ノ所有ニ属スル宝物及不動産ニ関シ左ノ事項ヲ具シ南洋庁長官ニ届出ツヘシ其ノ異動アリタルトキ亦同シ

一　宝物ニ在リテハ其ノ名称、員数、品質、形状、寸尺、作者及伝来
二　土地ニ在リテハ所在地、地番、地目、地積及境内地又ハ境外地ノ区別並ニ境外地ニ在リテハ其ノ用途
三　建物ニ在リテハ所在地、名称、構造ノ種類、建坪数及境内地ニ在ルモノト境外地ニ在ルモノトノ区別並ニ境外地ニ在ルモノニ付テハ其ノ用途

第十八条　神社ハ財産台帳ヲ備ヘ其ノ所有ニ属スル宝物及不動産ニ関シ前条各号ノ事項ヲ記載スヘシ

第十九条　神社ノ会計年度ハ毎年四月一日ニ始マリ翌年三月三十一日ニ終ル

第二十条　神社ノ出納ハ翌年度四月三十日ヲ以テ之ヲ閉鎖ス

神職ハ毎会計年度ノ収支決算書及基本財産明細書各二通ヲ調製シ翌年度五月三十一日迄ニ所轄支庁長ニ報告スヘシ

第二十一条　基本財産ヨリ生スル収入ハ経費ニ充用スルコトヲ得

第二十二条　左ノ場合ニ於テハ南洋庁長官ノ認可ヲ受クヘシ

一　宝物ヲ処分セムトスルトキ
二　基本財産ヲ処分セムトスルトキ
三　不動産ヲ処分セムトスルトキ
四　負債ヲ為サムトスルトキ
五　負担付ノ寄付ヲ受ケムトスルトキ

前項第四号ノ場合ハ負債ノ額及其ノ償還方法並ニ不動産ヲ担保ニ供スルトキハ其ノ種類員数ヲ詳具スヘシ

第二十三条　許可ヲ受ケスシテ神社ヲ創立シタルモノハ拘留又ハ科料ニ処ス

第二十四条　本令ハ官国幣社ニハ之ヲ適用セス

付則

本令ハ公布ノ日ヨリ之ヲ施行ス

本令施行ノ際現ニ神社トシテ崇敬者ヲ有スルモノハ本令公布ノ日ヨリ六月以内ニ第一条及第十一条第一項ノ手続ヲ為スト共ニ崇敬者総代ハ連署ヲ以テ神職ノ氏名並ニ履歴ヲ南洋庁長官ニ届出ツヘシ但シ第二条ニ規定セル設備ニ関シテハ当分ノ内仍現場ニ依ルヲ妨ケス

官国幣社および府県社一覧作成資料

1 明治神社誌料 上・中・下 宮地厳夫・佐伯有義編 1912年刊
2 官国幣社一覧 内務省社寺局編(1892年調査)
3 日本社寺大観 神社篇 禿氏祐祥監修 1933年 京都日出新聞社刊
4 神社大観 1940年 日本電報通信社刊
5 大日本神社志 1941年 国華社刊
6 皇国時報 1930-44年 全国神職会刊
7 神社名鑑 神社本庁・神社名鑑刊行会編 1962年刊
8 全国神社名鑑 上・下 三浦譲編 1977年 全国神社名鑑刊行会・史学センター刊
9 神社本庁所蔵神社明細帳マイクロフイルム
10 式内社調査報告 皇学館大学出版部刊
＊その他、官報、各県神社庁発行神社誌および各県発行宗教法人台帳

海外神社一覧作成資料

1 南満洲ノ神社ト宗教 関東庁内務局学務課編 1925年刊
2 海外の神社 小笠原省三 1933年刊
3 大日本神社大鑑 北海道樺太版 1935年 侭弘社刊
4 昭和十二年樺太神社一覧(写) 拓務省管理局行政課調査
5 羅府年鑑 1937年 羅府新報社刊
6 満洲の神社 『神社教会雑誌』第36年
7 海外ニ於ケル日本の神社及宗教団体調(1937年2月) 内務省神社局調査
8 南洋ニ於ケル神社ノ現況調(1941年6月) 拓務省管理局調査
9 台湾ニ於ケル神社ノ現況調(1941年6月) 拓務省管理局調査
10 大陸神社大観(写) 大陸神道連盟編 1941年刊
11 朝鮮ニ於ケル神社ノ現況調(1941年7月) 拓務省管理局作成
12 関東州・満洲国神社一覧(1941年8月)
13 台湾ニ於ケル官国幣社以下神社ノ概況 1942年 台湾総督府刊
14 在支神社一覧(1942年6月) 外務省東亜局第三課作成
15 大日本神祇会樺太支部会員名簿(1942年9月)
16 大日本神祇会満州支部会員名簿(1942年9月)
17 紀元二千六百年祝典記録 第10冊 紀元二千六百年祝典事務局編 1943年刊
18 海外神社の史的研究 近藤喜博 1943年 明世堂書店刊
19 台湾に於ける神社及宗教 台湾総督府文教局社会課編 1943年刊
20 朝鮮内神社一覧(神社及専任神職、1944年) 大日本神祇会朝鮮本部調査
21 軍政下の香港 東洋経済新報社編 1944年 香港東洋経済社刊
22 満州開拓年鑑 康徳11年版 1944年 満州国通信社刊
23 満州年鑑 康徳12年版(昭和20年版) 1944年 満州日日新聞社刊
24 現行台湾社寺法令類纂 台湾総督府文教局編 1936年 帝国地方行政学会刊
25 海外神社史 小笠原省三 1952年 海外神社史編纂会刊
26 神社綱要 10版 宮地直一 1955年 東洋図書会社刊
27 神社本庁十年史 1956年刊
28 朝鮮終戦の記録 森田芳夫 1964年 巌南堂書店刊
29 海を渡った日本宗教 井上順孝 1985年 弘文堂刊
30 日據時期神道統制下的台湾宗教政策 陳玲蓉 1992年 自立晩報社文化出版部刊
31 日本帝国主義下台湾の宗教政策 蔡錦堂 1994年 同成社刊
32 満洲の神社興亡史 嵯峨井建 1998年 芙蓉書房出版刊
33 朝鮮総督府官報
34 靖国神社百年史 資料編下 1984年 弘文堂刊
35 戦前の海外神社一覧Ⅰ—Ⅲ 佐藤弘毅 『神社本庁教学研究所紀要』2-4 1997-99年
36 北海道神社庁誌 1999年刊
37 ハワイの神社史 前田孝和 1999年 大明堂刊

統計および法令資料

1 神社法令輯覧 内務省神社局編 1925年 帝国地方行政学会刊
2 台湾法令輯覧追録 1928年 台湾総督府刊
3 神社に関する統計書 内務省神社局編 1933年刊
4 神道年鑑 昭和11年版 神道研究会編 弘道閣刊
5 朝鮮神社法令輯覧 朝鮮神職会編 1937年 帝国地方行政学会朝鮮本部刊
6 日本帝国統計年鑑1-59巻 内閣統計局編 (復刻版)1996年 原書房刊
7 神祇制度大要 岡田包義 1936年 政治教育協会刊
8 台湾法令輯覧 台湾総督府編 1926年刊
9 南洋庁法令類聚 下(昭和17年版) 南洋庁編 1943年刊
10 神社法 地方行政全書 武若時一郎 1943年 良書普及会刊
11 昭和年間法令全書 内閣印刷局編 (復刻版)1991年- 原書房刊
12 明治以降神社関係法令史料 (明治維新百年記念叢書) 神社本庁明治維新百年記念事業委員会編 1968年刊
13 日本宗教制度史 近代編 梅田義彦 1971年 東宣出版刊

製版印刷　株式会社　東京印書館
本文用紙　三菱製紙株式会社
表紙クロス　株式会社　八光装幀社
製　本　誠製本株式会社
製　函　株式会社光陽紙器製作所

装　幀　山崎　登

神道史大辞典

二〇〇四年（平成十六）六月　一日　第一版第一刷印刷
二〇〇七年（平成十九）六月　一日　第一版第二刷発行

編集　薗田　稔
　　　橋本政宣
発行者　前田求恭
発行所　株式会社　吉川弘文館
〒一一三―〇〇三三
東京都文京区本郷七丁目二番八号
☎（〇三）三八一三―九一五一（代表）
振替口座〇〇一〇〇―五―二四四

落丁・乱丁本はお取替えいたします

ISBN978-4-642-01340-6

索　　引

〈凡　例〉

＊本索引は，『神道史大辞典』所収の見出し語と，本文・別刷・付編より抽出した主要な語句を採録し，配列は現代仮名遣いの50音順とした．

＊文献を示す索引語には，『　』「　」を付した．

＊同じ表記で異なる内容を示すものには，(　)内に注記した．

＊社寺・地名索引語には，(　)内に国名・都道府県名を入れ，その所在を示した．

＊同訓異字は〔　〕内に適宜まとめ，同じ表記については - を用いて省略した．

＊索引項目のうち，行頭の・印は見出し語，◈はカラ見出し語を示し，数字は頁を，a b c はそれぞれ上段・中段・下段を表す．見出し語・カラ見出し語の頁・段は斜体・太字とした．付編・別刷から採集した索引については，それぞれ付編・別刷とした．

＊見出し語・カラ見出し語には読みを示した．

あ

う

え

お

か

き

く

け

こ

さ

し

す

せ

そ

た

つ

て

と

な

に

ぬ

ね

の

は

ひ

へ

ほ

ま

み

む

め

も

や

ゆ

よ

ら